如皋市志

（下册）

如皋市地方志编纂委员会 编

RUGAO SHIZHI

方志出版社

图书在版编目（CIP）数据

如皋市志 / 如皋市地方志编纂委员会编.
— 北京 ：方志出版社，2017.1
ISBN 978-7-5144-2203-0

Ⅰ．①如… Ⅱ．①如… Ⅲ．①如皋－地方志
Ⅳ．①K295.33

中国版本图书馆CIP数据核字（2016）第281779号

如皋市志

编　　者： 如皋市地方志编纂委员会
责任编辑： 冯　松　　黄　彦

出 版 人： 冀祥德
出 版 者： 方志出版社
地址　北京市朝阳区潘家园东里9号（国家方志馆4层）
邮编　100021
网址　http://www.fzph.org
发　　行： 方志出版社发行中心
电话（010）67110500
经　　销： 各地新华书店
印　　刷： 南京凯德印刷有限公司

开　　本： 787×1092　　1/16
印　　张： 108.5
字　　数： 3082千字
版　　次： 2017年1月第1版　　2017年1月第1次印刷
印　　数： 0001~6000册

ISBN 978-7-5144-2203-0　　**定价：** 680.00元

总　目

（上　册）

（下　册）

目 录

（下册）

卷十二 党派社团

卷十三 权力机构·行政机构·参政议政机构

卷十四 政法

卷十五 军事

卷十七 卫生·体育

卷十八 文化·史志·档案

卷十九 劳动人事·民政·信访

卷二十　社会生活与精神文明建设

卷二十一 方言

卷二十二　建制镇

卷二十三 人物

卷二十四 文献

卷 末

卷十二 党派社团

民国时期，县内建立地方及基层组织的党派有中国共产党和中国国民党。

辛亥革命时期，全县有中国同盟会会员3人。后又有2人加入。民国11年(1922年)，吴亚鲁加入中国共产党，成为如皋和南通地区第一位中共党员。民国15年9月，中共如皋独立支部建立，为如皋第一个中共地方组织，亦为南通地区最早的中共地方组织之一。民国16年7月，中共如皋县委员会成立，为江苏省最早成立的8个中共县委之一。中共如皋县委成立后，组织领导五一农民暴动，组建红军游击队，开展艰苦卓绝的革命武装斗争。在民国18年后的短短4年多时间里，中共如皋县委8任书记中有7位壮烈牺牲，在如皋人民革命斗争史上谱写了可歌可泣的壮丽篇章。民国22年4月，在多次恢复中共地方组织的革命斗争均告失败后，中共如皋地方组织停止活动。民国29年9月，中共如皋地方组织恢复建立，成为组织领导全县人民抗击日本侵略军、推翻反动封建统治的核心力量。中华人民共和国成立后，中共如皋地方组织领导全县人民投身社会主义革命和建设。1956年4月，中共如皋县第一次党的代表大会召开。1967年2月，全县中共党组织因“造反派”夺权而瘫痪。1971年2月，中共如皋地方组织恢复正常活动，即在全县组织轰轰烈烈的削平高沙土大会战。中共十一届三中全会以后，中共如皋地方和基层组织不断健全，领导核心作用进一步发挥。2010年，全市建有中共基层党委72个、党总支382个、党支部2822个，市委派出工作委员会8个、市级机关部门党组42个，全市中共党员66392人。

民国16年元旦，中国国民党如皋县党部在如皋城正式成立。如皋沦陷后，活动转入地下。民国35年，流亡于南通城的国民党如皋县党部恢复活动。民国38年1月，中国国民党如皋县党部随国民政府军撤离如皋，停止活动。

明代，县内始建立社团组织，为自发建立的行业协会、同业公会等。五四运动后，全县涌现一批进步团体，成为传播进步思想、推动新民主主义革命的重要力量。民国16年“四一二”后，大部分进步团体停止活动。民国29年起，如西抗日民主根据地工、农、商、学各类群众团体犹如雨后春笋，成为抗日斗争的重要力量。解放战争时期，全县群众团体进一步发展。中华人民共和国成立后，县工商联及总工会、共青团、妇联、文联、科协等均设常设机构，正常召开代表大会，组织活动。其他社会团体、学会等按各自章程正常开展活动。

第一章 中共如皋地方组织

第一节 沿革

一、中共如皋独立支部

民国14年(1925年)夏,江苏省第二代用师范(如皋师范)学生陆景槐(陆植三),参加上海暑期学生联合会演讲会学习,由曹壮夫、覃泽汉介绍加入中国共产党。回乡后,任教于镇涛区十七圩小学,利用星期日举办农民补习班,开展革命活动。民国15年2月,陆景槐转至江安区鄂埭小学任校长,接到中共江浙区委通知转为正式党员,以鄂埭小学为中心,在六甲、贲家巷一带开展革命活动。夏,在南通读书时已加入中国共产党的徐芳德毕业回县,与陆景槐取得联系。中共江浙区委派张连生、杭果人(张安志)到如皋,指导建党、建团工作。9月,经中共江浙区委批准,中共如皋独立支部于鄂埭小学正式成立,陆景槐任支部书记,成员有徐芳德。

二、中共如皋县委员会(1927.7—1931.8)

民国16年(1927年)6月中共江苏省委建立后,中共如皋独立支部即与省委取得联系,并被批准建立中国共产党如皋县委员会。7月,中共如皋县委于如皋城西南城脚内福成庵成立,书记王盈朝,委员苏德馨、徐芳德、叶胥朝、陈其理等。

民国17年5月1日,根据中共江苏省委的部署,中共如皋县委联合中共泰兴县委,举行威震大江南北的如泰五一农民暴动。暴动失败后,中共如皋县委大部分领导人及暴动骨干撤至上海。6月初,吴亚苏在上海接任中共如皋县委书记,奉命返回如皋,开展恢复党组织工作。7月,中共如皋县委重新建立,于如皋城东大街宝祥银楼隔壁开设读书消费合作社,作为县委联络站。县委分设东、西、南、北乡及城中5个区委,下设60个支部。

民国17年11月,在中共南通特委海门茅镇6县县委书记会议上,吴亚苏当选特委农委书记,徐芳德接任中共如皋县委书记。民国18年1月10日,徐芳德在江安区六甲负伤被捕,27日牺牲于如皋城,汤士伦接任县委书记,吴亚苏协助领导。6月,汤士伦调省委工作,吴亚苏被捕牺牲,韩铁心接任县委书记。

民国18年6月至民国19年9月,全县设江安、卢港、镇涛、石庄、东乡5个区委。民国19年2月9日,韩铁心率领如泰工农红军攻打南乡高家庄负伤,后去上海医治无效牺牲,县委书记由于咸接任。是月,如皋县行动委员会成立,负责人穆子奇、曹斌。10月,中国工农红军第十四军在如泰地区失利,县行动委员会主要领导人随同撤离如皋,县行动委员会解散。11月中旬,中共江苏省委决定恢复如皋县委,任命穆子奇为书记。冬,穆子奇与县委组织委员曹玉彬、宣传委员朱香九等5人从上海至如皋途经江阴时被捕。

民国20年春,中共江苏省委任命于咸为如皋县委书记,回如皋领导恢复工作。3月12日,穆子奇等5人在镇江被杀害。8月28日,于咸等3人在江安区油锅头一农民家中,被国民政府如皋县保安队包围,激战3小时,突围时全部牺牲。

三、中共如泰县委员会

民国21年(1932年)初,中共江苏省委在上海宣布成立中共如泰县委员会,由吴汝连(鲁连夫)任书记,负责恢复如皋、泰兴两县党的工作。吴汝连、何廷声等回如泰地区后,于境内恢复江安、卢港、镇涛、石庄、城区5个区委。

民国22年4月,吴汝连等9人在江安苍蝇头被国民政府如皋县保安队包围,吴汝连等7人牺牲，2人被捕。5月，中共如皋师范支部遭到破坏。至此，中共如皋地方组织和城乡基层组织活动停止。

四、中共如皋中心县委员会

民国29年（1940年）9月中旬，新四军东进至如皋西乡，在卢港建立中共如皋中心县委员会，书记钟民，委员周一峰、洪泽、顾尔钥。隶属中共苏北区委员会，领导南通、如皋、海门、启东、崇明5县党的工作。10月，黄桥决战胜利后，中共如皋中心县委、如皋县政府机关由卢港出发至海安和新四军三纵会合，随部队由海安沿运盐河向东挺进至掘港。11月，中共如皋中心县委更名中共南通中心县委。

五、中共如西县委员会

民国29年（1940年）10月，中共如西县委员会于如皋西乡建立，先后由许家屯、罗白桦（罗克）、周特夫担任书记。隶属中共泰兴中心县委，负责中共如皋中心县委撤离后如皋西部地区党的工作，内设组织部、宣传部、社会部。

民国30年2月，中共如西县委员会设立秘书处。3月19日，中共泰兴中心县委撤销，中共如西县委改属中共苏中第三地方委员会（简称苏中三地委）领导。

9月，根据苏中三地委决定，中共如西秘密县委（又称乙种组织县委）成立，书记李友白（李若平、胡锐），组织部长季一先。后改特派员制，季一先为特派员。中共如西秘密县委与中共如西县委为平行关系，直属苏中三地委秘工科领导。民国31年，中共如西县委增设敌工部。

民国33年11月，中共如西秘密县委与中共如西县委合并，乙种系统与敌工部合并组成城工部。

六、中共如皋县委员会（1945.9—1968.3）

民国34年（1945年）9月21日，新四军收复如皋城，中共如西县委奉命进城接管，易名中共如皋县委，仍隶属于苏中三地委。县委工作机构有组织部、宣传部、社会部、民运部、城工部和秘书处。12月，中共苏中三地委、四地委合并，于如皋城建立华中（苏皖）第一地方委员会（简称华中一地委），中共如皋县委改属其领导，辖城区、城东、南马塘、蒲西、车马湖、江防、石庄、江安、卢港、度军井、珊瑚11个区委。

民国35年2月，中共如皋县委增设生产部。4月，重建社会部。7月，县委机关撤出如皋城，增设联络部。8月，华中一地委析为苏中第一、第九地方委员会，中共如皋县委隶属中共苏中第一地方委员会（简称苏中一地委）。11月，根据苏中一地委决定，恢复中共如皋县委秘密系统（乙种系统），由县委副书记丁正铎分管。

民国35年秋至民国36年春，国民政府军队疯狂“清剿”“会剿”“驻剿”，全县中共基层组织遭到严重破坏。民国36年6月后，县委机关转至如皋西乡坚持敌后斗争，先后隶属于苏中一地委南线党政军委员会、中共南线中心县委员会、中共华中工委第一地方委员会。

民国38年1月，国民政府军撤离如皋城，中共如皋县委机关入驻，中共如皋县委乙种系统并入。5月，中共如皋县委改属中共苏北区委会泰州地方委员会。7月，撤销社会部。9月，工作机构有组织部、宣传部、民运部及秘书处。

中华人民共和国成立后，全县仍以行政区设立城区、城东、马塘、白蒲、车马湖（1956年1月2日改名下原）、平西、薛窑、江防、何正、江安、卢港、度军井（1950年6月1日更名磨头）、城西13个区委。1950年1月，中共如皋县委改属中共苏北区委会南通地方委员会。

七、中共如皋核心小组

1966年“文化大革命”开始后，中共如皋县委活动被迫停止，各公社、镇党委相继瘫痪。1967年4月，中国人民解放军如皋县军事管制委员会建立。1968年3月，县革命委员会建立，实行党政“一元化”领导。9月，中共如皋县革命委员会核心小组成立，履行县委职能。

八、中共如皋县委员会（1971.2—1991.5）

1971年2月，中共如皋县委员会恢复，隶属中共南通地区委员会。1983年1月，中共如皋县委员会隶属中共南通市委员会。

九、中共如皋市委员会

1991年6月1日，如皋撤县设市，中共如皋县委员会易名中共如皋市委员会。2000年1月，市委机关与市政府机关一起由中山路、海阳路口东北侧迁至福寿路、益寿路口东北侧原物资大厦内办公。2008年1月，迁至海阳南路西侧解放路南侧市行政中心办公。

2010年，中共如皋市委内设工作机构、部门管理机构、合署挂牌机构和直属事业机构为：市委办公室、组织部、宣传部、统战部、政法委、农工办、台湾工作办公室、老干部局、市机构编制委员会办公室、研究室、市精神文明建设委员会办公室、社会治安综合治理委员会办公室、市依法治市领导小组办公室、机要保密局、党代表联络办公室、610办公室、党校（市行政学校）、新闻中心、党史工作办公室、市档案局（馆）、市民族宗教事务局。派出机构为：市级机关工作委员会、如皋经济开发区工作委员会、如皋港区工作委员会、如皋高新技术园区（软件园）工作委员会、市新经济新社会组织工作委员会、如城顾庄生态园区工作委员会、如城工业园区工作委员会、长青沙生态旅游度假区工作委员会和42个政府工作部门、人民团体党组。市委下设基层党委72个。

民国15年（1926年）至民国22年中共如皋地方组织领导人更迭一览表

表12-1

机构名称	职务	姓名	籍贯	任 期
中共如皋独立支部	书记	陆植三	江苏如皋	民国15年（1926年）9月至民国16年3月
	书记	王盈朝	江苏如皋（现如东）	民国16年3月至民国16年7月
中共如皋县委员会	书记	王盈朝	江苏如皋（现如东）	民国16年7月至民国17年5月
	书记	吴亚苏	江苏如皋（现如东）	民国17年7月至民国17年11月
	书记	徐芳德	江苏如皋	民国17年11月至民国18年1月
	书记	汤士伦	江苏如皋	民国18年2月至民国18年6月
	书记	韩铁心	江苏海安	民国18年6月至民国19年5月
	书记	于　咸	江苏如皋	民国19年5月至民国19年6月
如皋县行动委员会	负责人	穆子奇 曹　斌	江苏如皋	民国19年7月至民国19年8月
中共如皋县委员会	书记	穆子奇	江苏如皋	民国19年11月至民国20年3月
	书记	于　咸	江苏如皋	民国20年3月至民国20年8月
	书记	吴汝连	江苏如皋	民国21年2月至民国22年4月

民国29年（1940年）至1950年中共如皋地方组织领导人更迭一览表

表12-2

机构名称	职务	姓名	籍贯	任 期
中共如皋中心县委员会	书记	钟　民	江西广昌	民国29年（1940年）9月至民国29年10月
中共如西县委员会	书记	许家屯	江苏如皋（现海安）	民国29年10月至民国30年7月
	书记	罗白桦	安徽贵池	民国30年7月至民国31年2月
	书记	周特夫	江苏阜宁	民国31年2月至民国34年9月
	副书记	曾　涛	江苏泰兴	民国32年1月至民国32年9月
	副书记	丁正铎	江苏如皋	民国34年4月至民国34年9月
中共如西秘密县委员会	书记（特派员）	李友白	缺载	民国30年9月至民国31年夏
	特派员	季一先	江苏泰兴	民国31年夏至民国33年冬
中共如皋县委员会	书记	周特夫	江苏阜宁	民国34年9月至民国34年10月
	书记	谢克东	上海金山县	民国34年10月至民国35年9月
	副书记	丁正铎	江苏如皋	民国34年9月至民国37年2月
	书记	周　泽	江苏泰兴	民国35年9月至民国38年3月
	副书记	季一先	江苏泰兴	民国37年5月至民国38年1月
	副书记	王遐松	江苏如皋	民国38年2月至民国38年4月
	书记	季一先	江苏泰兴	民国38年3月至1950年7月

1950—2010年中共如皋地方组织领导人更迭一览表

表12-3

届次	机构名称	职务	姓名	籍贯	任 期
	中共如皋县委员会	书记	左开运	江苏海安	1950-07—1954-05
		书记	倪锦瑜	江苏如皋	1954-06—1956-03
		第一书记	赵一平	江苏启东	1956-03—1956-04
		第二书记	倪锦瑜	江苏如皋	1956-03—1956-04
		副书记	巫云华	江苏南通	1951-08—1952-04
		副书记	徐炳如	江苏泰兴	1954-06—1956-01
		副书记	陈文斌	江苏南通	1955-03—1956-04
		副书记	徐　伟（女）	江苏南通	1956-03—1957-12
		副书记	严永祥	江苏如东	1956-04—1956-04
第一届	中共如皋县委员会	第一书记	赵一平	江苏启东	1956-04—1956-08
			黄树勋	江苏涟水	1956-11—1957-03

续表12-3

届次	机构名称	职务	姓名	籍贯	任 期
第一届	中共如皋县委员会	第一书记	胡奠南	江苏淮阴	1957-03—1959-03
		第二书记	倪锦瑜	江苏如皋	1956-04—1957-03
			王遐松	江苏如皋	1957-03—1959-02
		第三书记	倪锦瑜	江苏如皋	1957-03—1959-03
		副书记	陈文斌	江苏南通	1956-04—1957-12
			张　健	江苏南通	1956-04—1957-12
			严永祥	江苏如东	1956-04—1957-12
第二届	中共如皋县委员会	第一书记	胡奠南	江苏淮阴	1959-04—1960-04
			陈锦美	江苏涟水	1960-04—1962-11
		书记处书记	倪锦瑜	江苏如皋	1959-04—1962-11
			王长友	江苏如东	1959-04—1959-10
			陈文斌	江苏南通	1959-04—1961-02
			张　健	江苏南通	1959-04—1962-11
			刘维德	江苏启东	1959-10—1961-01
			严永祥	江苏如东	1960-07—1961-02
			张贤堂	山东邑堂	1960-07—1962-11
			魏志田	江苏如东	1961-01—1962-11
			葛苏人	江苏沭阳	1961-01—1961-10
		书记	陈锦美	江苏涟水	1962-11—1963-01
		副书记	倪锦瑜	江苏如皋	1962-11—1963-01
			张　健	江苏南通	1962-11—1963-01
			魏志田	江苏如东	1962-11—1963-01
第三届	中共如皋县委员会	书记	陈锦美	江苏涟水	1963-01—1965-03 (1964-03起因病休息)
			王飞岳	江苏东台	1965-03—1967-03 (1964-10到职)
		副书记	倪锦瑜	江苏如皋	1963-01—1965-01 (1964-03—10主持全面工作)
			魏志田	江苏如东	1963-01—1967-03
			陈文斌	江苏南通	1964-01—1967-03
			陆万璋	江苏如皋	1964-05—1967-03
			姚世群	江苏如东	1966-06—1967-03

续表 12–3

届次	机构名称	职务	姓名	籍贯	任期
	中共如皋县革命委员会核心小组	组长	窦祖银	安徽肥东	1969–09—1970–03
			张　鸣	山　西	1970–03—1971–02
		副组长	王飞岳	江苏东台	1970–03—1971–02
第四届	中共如皋县委员会	书记	张　鸣	山　西	1971–02—1973–02
			唐如浴	江苏如东	1973–02—1976–01
			黄克明	江苏启东	1976–01—1977–09
			严永祥	江苏如东	1977–09—1978–03
			黄克明	江苏启东	1978–03—1979–03（1978–12后因病休养）
		代理书记	刁守坦	江苏东海	1978–12—1979–03
		书记	刁守坦	江苏东海	1979–03—1982–05
			谢翼飞	江苏如皋	1982–05—1984–07
		副书记	唐如浴	江苏如东	1971–02—1973–02
			陆万璋	江苏如皋	1971–02—1979–03
			徐祥修	江苏南通	1973–02—1975–08
			邓兰芳（女）	江苏如东	1973–02—1979–03
			潘宝才	江苏海安	1974–11—1979–05
			严永祥	江苏如东	1976–11—1977–09
			徐希权	江苏如东	1978–03—1979–03
			徐兆元	江苏阜宁	1978–03—1979–03
			吴功祥	江苏如东	1978–03—1984–01
			谢翼飞	江苏如皋	1978–06—1982–05
			季　康	江苏启东	1978–12—1979–05
			陆明钰	江苏南通	1980–03—1984–01
			孙忠权	江苏如皋	1980–03—1984–01
			严绍恭	江苏南通	1982–03—1983–03
			张炳贤	江苏泰兴	1984–01—1984–07
			顾静珍（女）	江苏海门	1984–01—1984–07
			石秀峰	江苏如皋	1984–01—1984–07

续表12-3

届次	机构名称	职务	姓名	籍贯	任 期
第五届	中共如皋县委员会	书记	谢翼飞	江苏如皋	1984-07—1986-11
			程亚民	江苏东台	1986-11—1987-12
		副书记	张炳贤	江苏泰兴	1984-07—1985-09
			顾静珍(女)	江苏海门	1984-07—1985-07
			石秀峰	江苏如皋	1984-07—1987-12
			冯邦才	江苏如皋	1984-07—1987-04
			潘宝才	江苏海安	1985-08—1987-12
			汤志深	江苏海门	1986-05—1987-12
			储长林	江苏海安	1987-04—1987-12
第六届	中共如皋县委员会	书记	程亚民	江苏东台	1987-12—1988-07
		代理书记	潘宝才	江苏海安	1988-07—1988-12
		书记	潘宝才	江苏海安	1988-12—1990-12
			柯　文	江苏海安	1990-12—1991-02
		副书记	潘宝才	江苏海安	1987-12—1988-07
			石秀峰	江苏如皋	1987-12—1991-02
			储长林	江苏海安	1987-12—1989-10
			管贵方	江苏南通	1989-10—1991-02
			魏国平	江苏如皋	1989-10—1991-02
			陈　斌	江苏南通	1990-05—1991-02
第七届	中共如皋市(县)委员会	书记	柯　文	江苏海安	1991-02—1994-12
		副书记	石秀峰	江苏如皋	1991-02—1993-04
			管贵方	江苏南通	1991-02—1994-06
			陈　斌	江苏南通	1991-02—1993-01
			王耀光	江苏通州	1991-02—1994-12
			刘桂江	江苏如皋	1993-01—1996-01
			周宝生	江苏如皋	1993-02—1996-01
第八届	中共如皋市委员会	书记	郁　政	江苏启东	1995-02—1998-12
			刘井石	上海	1998-12—2000-12
			蓝绍敏	广东大埔	2000-12—2001-01
		副书记	刘井石	上海	1996-01—1998-12
			刘桂江	江苏如皋	1996-01—2001-01
			周宝生	江苏如皋	1996-01—2001-01

续表 12-3

届次	机构名称	职务	姓名	籍贯	任 期
第八届	中共如皋市委员会	副书记	殷 雄	江苏通州	1996-01—1997-12
			石 耀	江苏如皋	1997-11—2001-01
			章树山	江苏如皋	1998-12—2000-12
			蓝绍敏	广东大埔	1998-08—2000-12
			陈惠娟(女)	江苏海门	1999-12—2001-01
			徐长凤	江苏海安	2000-12—2001-01
			周铁根	江苏海安	2000-12—2001-01
第九届	中共如皋市委员会	书记	蓝绍敏	广东大埔	2000-01—2002-12
			陈惠娟(女)	江苏海门	2002-12—2006-06
		副书记	陈惠娟(女)	江苏海门	2001-01—2002-12
			石 耀	江苏如皋	2001-01—2003-01
			徐长凤	江苏海安	2001-01—2002-12
			周铁根	江苏海安	2001-01—2006-06
			姜永华	江苏如东	2002-08—2006-06
			杨曹明	江苏如东	2002-11—2006-06
			陈照东	江苏如皋	2002-11—2006-06
第十届	中共如皋市委员会	书记	陈惠娟(女)	江苏海门	2006-06—
		副书记	姜永华	江苏如东	2006-06—
			杨曹明	江苏如东	2006-06—
			羌 强	江苏南通	2008-02—

第二节 重要会议

一、党员代表大会

第一次党员代表会议 1954年10月31日至11月10日于如城召开。出席代表828人。县直机关支部委员、党员股长以上干部202人列席。大会主要议题:检查总结一年宣传总路线和统购统销工作的经验、教训,统一思想,明确统购统销的政策和做法。

第二次党员代表会议 1956年1月20—28日于如城召开。出席代表559人,其中正式代表440人。主要议题:贯彻中共中央七届六中全会和省委第二次党员代表会议精神,以整风精神,发扬民主,开展批评和自我批评,揭露工作中的缺点和错误;按照《农业发展纲要四十条》,制订全县全面规划,着重研究以互助合作为中心的农业增产运动。选举成立县委监察委员会,陈文斌当选监委书记。

二、党的代表大会

第一次县党的代表会议 1956年4月23—25日于如城召开,应到代表481人,实到代表448人,列席代表51人。主要议题:听取和审议通过县委

《关于1955年下半年工作总结和1956年工作任务》的报告；选举产生县委委员31人、候补委员6人，组成中共如皋县第一届委员会。第一次全委会选举产生常委9人，正、副书记4人，赵一平为第一书记。选举倪锦瑜等8人为出席中共江苏省第三次代表大会代表。

1958年1月17日至2月3日，首届二次党代会于如城召开，正式代表281人，列席代表824人。主要议题：开展大鸣大放，帮助县委整风；部署两年完成水利任务，三年实现亩产粮食400千克；动员干部下放。

第二次县党的代表会议 1959年3月27日至4月2日于如城召开，正式代表317人，候补代表30人，列席代表329人。主要议题：贯彻中共中央八届六中全会和省党的三届三次代表大会精神，听取上届县委《关于1958年工作总结和1959年工作任务》的报告；选举产生县委委员33人、候补委员7人，组成中共如皋县第二届委员会。第一次全委会选举产生常委10人，书记5人，胡奠南为第一书记。

1959年11月25—30日，二届二次党的代表大会于如城召开，正式代表303人，候补代表64人，列席代表798人。主要议题：贯彻中共中央八届八中全会精神，进一步以整风精神反右倾，鼓干劲，批判富裕中农思想，划清两条道路的界限和大是大非问题；通过1960年全县发展规划；部署冬春十大运动。选举胡奠南等6人为出席中共江苏省第四次代表大会代表。

第三次县党的代表会议 1963年1月11—20日于如城召开，正式代表427人，列席代表33人，县直机关党员股长以上干部270人旁听。主要议题：传达学习中共中央八届十中全会精神和省党代表大会的决定、决议；审查县委工作报告和县委监委工作报告；选举产生县委委员31人、候补委员8人，组成中共如皋县第三届委员会。县委第三届委员会第一次全委会选举产生常委8人，陈锦美任县委书记，倪锦瑜、魏志田任副书记。选举产生县委监察委员会。

1963年12月9—12日，三届二次党的代表大会于如城召开，应出席代表446人，实到代表320人，县四级干部大会907人列席大会。主要议题：贯彻中共江苏省委四届二次会议精神，根据中央《关于目前农村工作中若干问题的决定(草案)》，检查总结1963年工作；讨论确定今后工作任务，并作出决议。增补县委委员3人。

第四次县党的代表会议 1971年2月24—28日于如城召开；应出席代表1161人，实际出席代表1146人。中心议题：贯彻中共江苏省委五届二次会议精神；听取和审议中共如皋县革命委员会核心小组工作报告；选举县委委员50人、候补委员8人，组成中共如皋县第四届委员会。第一次全委会选举产生常委11人，张鸣任县委书记，唐如浴、陆万璋任副书记。

1975年12月7—12日，四届二次党的代表大会于如城召开，应出席代表1112人，实到代表1036人，各级党委、党支部负责人和区社党员干部1403人列席会议。中心议题：进一步贯彻全国农业学大寨会议精神；作出《关于"全党动员，大办农业，苦战三五年，根本改面貌，首战七六年，建成大寨县"的决议》。

第五次县党的代表会议 1984年7月2—5日于如城召开，应出席代表495人，实到代表483人，列席代表37人。中心议题：听取和审议上届县委工作报告和县纪律检查委员会工作报告，并通过相应决议；以党的十二大精神为指针，总结粉碎林彪、江青反革命集团以后，特别是中共十一届三中全会后取得的成绩，从全县实际出发，提出以经济建设为中心的各项任务指标；选举产生县委委员43人、候补委员7人，组成中共如皋县第五届委员会。第一次全委会选举产生常委10人，谢翼飞任县委书记，张炳贤、顾静珍(女)、石秀峰、冯邦才任副书记。选举产生中共如皋县纪律检查委员会，选举出席中共南通市第六次代表大会代表53人。

第六次县党的代表会议 1987年12月20—23日于如城召开，应出席代表400人，实到代表390人，列席代表50人，另邀请党外人士7人参加会议。中心议题：听取和审议上届县委工作报告和上届纪律检查委员会工作报告，作出相应决议；选举产生县委委员25人、候补委员5人，组成中共如皋县第六届委员会。第一次全委会选举产生常委7人，程亚民任书记，潘宝才、石秀峰、储长林任副书记。选举产生中共如皋县纪律检查委员会。

第七次县党的代表会议 1991年2月5—8日于县人民大会堂召开。听取和审议六届县委工作报告和县纪律检查委员会工作报告，并作出相应决议；选举产生中共如皋县第七届委员会，选举产生中共如皋县纪律检查委员会。第一次全委会选举产生常委10人，柯文任书记，石秀峰、王耀光、管贵方、陈斌任副书记。

第八次市党的代表会议 1996年1月29日至2月1日于市人民大会堂召开。听取和审议上届市委工作报告；审议通过有关决议；选举产生市委委员27名、候补委员6名；选举产生市纪律检查委员会委员15名。第一次全委会选举产生常委10人，郁政任书记，刘井石、刘桂江、周宝生、殷雄任副书记。

第九次市党的代表会议 2001年1月10—12日于如城召开。蓝绍敏代表市委作《凝心聚力，继往开来，带领全市人民向宽裕型小康社会阔步前进》的工作报告。姜永华代表市纪律检查委员会作工作报告。选举产生中共如皋市九届市委委员、候补委员和纪委委员。第一次全委会选举产生常委11人，蓝绍敏任书记，陈惠娟、石耀、徐长凤、周铁根任副书记。

第十次市党的代表会议 2006年6月18—20日于如城召开。陈惠娟代表市委作工作报告。顾保红代表市纪律检查委员会作工作报告。选举产生第十届市委委员、候补委员、市纪委委员和出席中共南通市第十次党代会代表。第一次全委会选举产生常委11人，陈惠娟任书记，姜永华、杨曹明任副书记。

附录：

一、如皋市(县)出席中国共产党全国代表大会代表

中共第十二次全国代表大会(1982年9月)

谢翼飞

中共第十六次全国代表大会(2002年7月)

陈美珍(女)

二、如皋市(县)出席中国共产党江苏省历次代表大会代表

第三次(1956年7月选举产生8人)

倪锦瑜　王金镛　杨银聪　何建民　陈　良

谢丕岳　叶胥朝　卢　政

第四次(1962年12月选举产生12人)

叶胥朝　吴以京　唐国法　胡蓂南　陈锦美

陈文斌　沙　田　杨银聪　黄国珍(女)

何健民　倪锦瑜(候补)

王　范　1963年1月增补

第五次(1970年12月选举产生9人)

张　鸣　王连明　陈仁礼　刘稳荣　张炳根

冒云芳(女)　曾发兴　宦松山　王美英(女)

第六次(1977年12月选举产生10人)

严永祥　田淑媛(女)　姚　华　李桂珠(女)

田明友　朱元海　金玉岗　周映涛　曾发兴

何永健

第七次(1984年12月选举产生4人)

刘培银　谢翼飞　沈美文　刘德美(女)

第八次(1989年12月选举产生4人)

潘宝才　王连贵　夏铭骝　沐美云(女)

第九次(1994年12月选举产生3人)

柯　文　吴迪平　许　娟(女)

第十次(2001年12月选举产生4人)

蓝绍敏　葛夕芳　沈良兵　周　萍

第十一次(2003年11月选举产生3人)

陈惠娟(女)　陈　强　陈美珍(女)

第三节 重大决策

一、组织发动五一农民暴动

民国17年(1928年)5月，中共如皋县委联合中共泰兴县委，组织发动五一农民暴动。5月1日凌晨，暴动农民首攻驻搬经文武殿国民政府如皋县政府公安队，毙敌2人，缴获长枪3支。晚上，县暴动总指挥部于西乡朝西庄举行暴动誓师大会。会后，暴动队伍分为向南、向北2路，沿途攻打驻江安徐家庄国民政府如皋县公安局和周庄头、卢家庄蒋家埭等10余家地主庄园，缴获步枪数10支，毙敌10余人，烧毁大量田契、卖身契、借据等，并将地主的粮食、衣服分给当地贫苦农民。5月5日，五一农民暴动在国民党军警“进剿”下遭遇失败。

二、组建红军武装，开展武装斗争

民国17年（1928年），如泰五一农民暴动失败后，中共江苏省委在上海召开如皋、泰兴2县暴动领导人会议。会上，省委农委主任王若飞听取王盈朝等汇报后，总结暴动经验教训，提出恢复暴动地区工作的方针：重新整顿和建立战斗组织，发动群众，发展革命力量，反击国民党的白色恐怖。同时，调整返回暴动区的干部配备，吴亚苏接任如皋县委书记。

吴亚苏返回如皋后，与在镇涛区坚持斗争的徐芳德、马剑华取得联系，经过艰苦工作，重新建立县委。根据镇涛区南临长江，东可策应南通，西和石庄、江安毗连，与靖江、江阴成犄角之势，而且党的工作有一定基础的实际，县委决定把这一地区开辟为如皋的第二革命中心（第一革命中心为江安、卢港），以领导全县恢复工作。并决定组建革命武装，开展武装斗争。经多方努力，建立一支拥有20多支枪、30多人的游击武装，对外号称中国工农红军江北总指挥部。8月23日，红军游击武装袭击江安区申家埭，为镇涛红军游击武装的第一仗。9月4日，吴亚苏、徐芳德根据密报，率红军游击武装再次袭击申家埭。此后，红军游击武装先后数次行动，打击国民政府如皋县政府公安武装和土豪劣绅。

民国18年4月7日，中共如皋县委在镇涛区庄屋圩刘宝川家召开会议，决定在红军游击小组基础上成立镇涛红军游击队，任命王世元为队长，下设3个分队，陈奎、胡老虎、陈德光任分队长。此后，中共如皋县委将工作重点转至江安、卢港地区，在整顿健全党组织的同时，开展搜缴地主枪支的斗争，武装斗争的活动范围扩展至如泰边境。至8月，除镇涛红军游击队外，如泰两县另有武装力量100多人、60多支枪。中共如泰中心县委报经中共南通特委同意，将如泰两县游击武装集中编队，建立如泰工农红军，下设2个分队，如皋县委军事委员于咸担任第一分队队长，泰兴县委军事委员戴奎担任第二分队队长。镇涛红军游击队改编为如泰工农红军镇涛红军游击中队，吴汝连担任中队长，仍留镇涛区活动。8月28日，中共如泰中心县委在如皋江安宝庆寺召开如泰工农红军成立大会。此后，如泰工农红军在如泰边境持续开展武装斗争，队伍不断壮大。11月，如泰工农红军扩编为大队，活动区域亦不断扩大。

民国19年1月，如泰工农红军粉碎国民政府（南）通、如（皋）、海（门）、泰（兴）、泰（县）、靖（江）6县地方武装和派驻南通的国民政府军十一旅一团的“围剿”。至2月，如泰工农红军发展至600多人，形成西起扬州吴家桥、许庄，东至南通平湖、如皋白蒲边界，南至长江边，北至东台莫庄、青墩（今属海安县），拥有200多万人口的红军游击区，成为此后中国工农红军第十四军正式建军的基础。

三、兴修水利

1949年，全县遭遇台风、暴雨、江潮同时袭击，江堤破决数十处，沿江圩田淹没17万亩，全县受涝面积70余万亩。险情、灾情出现后，中共如皋县委迅即成立县长江复堤工程总队部，动员、组织民力，抢修江堤。此后，县委一直把兴修水利摆在突出位置，统一规划，逐年组织民力、投入财力，在沿江实施并港建闸、加高加固洲岸江堤，并组织疏浚、拓宽、开挖骨干河道。调整水系，建立骨干河网。至20世纪90年代初，在江堤全面加高、加固的同时，建成覆盖全县的适应排灌、抗御自然灾害的一、二、三、四级河网。

四、治沙改土

1959年，城西公社组织劳动力削平6000余亩高沙土，栽种水稻获得成功。此后，县委将平整高沙土列入如皋经济发展规划，协调组织全县力量持续治沙改土。20世纪70年代初，县委举全县之力，组织削平高沙土，实现“旱改水”的大会战，取得巨大成效。此后，全县治沙改水工作以平整土地为重点，结合培肥改土、改革耕作制度，建设高产稳产农田。至2000年底，全市（县）高沙土平整工作全部完成。（详见卷八第一章第三节《农田建设·治沙改土》和卷首专记）

五、开展“爱我中华，兴我如皋”宣传教育活动

1989年6月20日，县委、县政府召开“爱我中华，兴我如皋”宣传教育活动动员大会，号召全县

干部群众坚持党的基本路线，进一步激发爱国爱乡热情，为振兴如皋经济群献群力。"爱我中华，兴我如皋"宣传教育活动，以学习、贯彻中共十三届四中、五中全会精神，进行四项基本原则的教育，激发党员干部和广大群众热爱祖国、振兴如皋热情为主旋律，举办广播、电视专题节目和图片、摄影、书画展览，编印系列宣讲教材广泛深入组织宣讲，开展演讲、征文、歌咏比赛，进行"为什么只有共产党才能救中国""中国为什么不能走资本主义道路"的大讨论。演讲大赛中，全县机关、工厂、商店、学校和乡镇的上千名干部群众登上演讲台，20多万人受到教育。在"我为振兴如皋献一计"活动中，全县共收到献计表6000多份，各类建议、意见8000多条。

县委宣传部从不同行业的特点出发，把全县划为机关、学校、工厂、商店、农村5大块，确定具体的教育目标和方法。机关主要通过专题报告、座谈讨论等形式，着重进行"廉政高效"的教育；工厂主要通过开展"我与企业共命运""我为企业献一计"等活动，着重培养"企业精神"；商店等窗口行业主要开展"满意在如皋"等活动，着重进行职业理想、职业道德、职业纪律、职业技能的教育；学校主要开展"社会调查""学英模见行动"等活动，着重培养良好校风；农村主要通过村情、乡情宣讲，创建文明户等形式，着重进行爱国家、爱集体的教育。县委先后在染织厂、如城第一中学、林梓镇等单位召开现场会，促进全县"爱我中华，兴我如皋"宣传教育活动广泛深入开展。

"爱我中华，兴我如皋"宣传教育活动历时7个多月，其宣传教育面之广、集中宣传教育时间之长、社会影响之大历史罕见。中央电视台等国家级新闻媒体多次予以报道，江苏省、南通市党报、电台、电视台予以系列报道。10月上旬，南通市委在如皋召开全市农村思想政治工作经验交流会，推广如皋组织"爱我中华、兴我如皋"宣传教育活动的经验。

六、实施"扭亏增盈"总体战

1988年下半年，在中央采取"双紧"方针的大背景下，全县部分企业未能适时调整产品结构，导致产品严重积压，生产经营陷入困境，效益大幅度下降。全县工业系统除电化、丝绸行业外，纺织、轻工、机械行业生产、效益全面滑坡。1989年，全县工业生产增幅从上年29.7%猛跌至3.9%，下降25.8个百分点。1990年，县委调整工作思路，深化企业改革，着力科技进步、外向开拓。1991年初，县委、县政府出台《鼓励发展县属工业企业的若干规定》，同时组织乡镇工业规模企业分档竞赛，紧紧扣住扭亏增盈、结构调整、体制改革，"三箭齐发"。1992年3月，市委、市政府召开全市工交工作会议，部署扭亏增盈总体战，培植新盈利大户，减亏扭亏，组织盈利企业开展"上台阶，争贡献"活动，重点解决部分企业生产能力放空、经营力量薄弱问题。同时，为企业加大技改投入积极融通资金。是年，全市乡（镇）以上完成工业产值41.79亿元，比1990年增长97%；实现工业利税25025万元，比1990年增长315%，其中市属工业实现利税10313万元，比1990年增长326%。全市市属工业产值、利税增幅均列南通市第一。

七、旧城改造

1958年11月，县委组织实施如城主干道南大街、东南大街拓宽改造工程，拆除街道两侧房屋近2000间，建成长1298米、宽20米的海阳路与长1916米、宽24米的跃进路（今中山路）。20世纪80年代，县委决定打通如城东门，新辟外环路、宁海路、健康路、普庆路等18条主次干道，建成一批商业街区。20世纪90年代初期，市（县）委决定相继实施跃进东路、环城南路及204国道与环城路交叉三角区等一批市政工程。

1995年，市委决策在如城地区实施大规模旧城改造，拆除北大街、古旧河巷等一大批弯窄街巷及破旧、低矮房屋，打通海阳北路，新建一批居民住宅小区。进入21世纪，市委决定实施内外城河整治、破旧房屋拆迁改造、城市路网升级、城市景观绿化、雨污分流管网建设等一批重点工程。

至2010年末，中心城区建成区面积由1990年的6平方公里拓展至48.5平方公里，城镇人口由1990年的10万人增加到30万人，城区道路总面积323.4万平方米、总长度202公里，排水管道总长度404公里，污水管网覆盖率100%，城区林木覆盖率26.52%。完成东大街和集贤里历史街区等保护性改造、水绘园景区改扩建工程。

八、围滩造田

中华人民共和国成立后，市(县)委先后决策组织实施对长青沙、又来沙、泓北沙等主要滩地的全面围垦和综合开发。至2006年，先后围垦土地10片，总面积44019亩。2007年，在泓北沙四号滩实施内港池工程，建成10多公里人造长江岸线。

九、沿江大开发

2003年，市委提出"一年大变、三年突变、五年巨变，八年再造一个如皋经济总量"的沿江开发目标，决定把沿江开发作为区域经济增长极、融入苏南和接轨上海的桥头堡、全面建设小康社会的突破口。

2006年，市委、市政府作出大沿江开发的决定，出台《关于进一步推进大沿江开发的意见》，提出放大沿江优势，以沿江经济的高效突破、主体功能区开发建设和沿江开放口岸、物流基地建设作为支撑，发展主导产业，带动全市经济发展的战略。

2010年，长江镇(如皋港区)完成全部工业产值525.45亿元，比2003年全市工业总产值200.48亿元超出324.97亿元，全面实现"八年再造一个如皋经济总量"目标。

十、成立如皋经济开发区、如皋软件园

1992年7月，市委决定建立如皋经济开发区。1993年12月，如皋经济开发区升格为省级经济开发区。2008年底，市委将柴湾镇并入经济开发区，形成以区带镇、区镇合一格局。2009年5月24日，市委决定建立如皋软件园。6月26日，江苏省科技厅批复同意如皋软件园为省级软件园。

2010年5月，"2010中国(如皋)软件和服务外包峰会"在如皋举行。12月，市委决定如皋科技城(软件园)、桃园镇"城镇合一"，组建如皋软件园(桃园镇)。是年，如皋经济开发区全部工业总产值328.04亿元。先后被评为长三角最具投资价值开发区、中国最具投资潜力经济园区(2014年，升格为国家级经济技术开发区)。至是年，入驻如皋经济开发区企业900多家，其中规模企业135家、外资企业72家。新能源电动汽车、光伏光电、电子电气、物联网等新兴产业纷纷落户并得到快速发展，汽车配件、锻压配件、锻压装备、纺织服装、特色食品等传统产业处于加快改造提升阶段。至2010年，如皋软件园先后被评定为全国首家中国呼叫中心产业标准化建设基地、江苏省软件和信息服务产业园及中国最佳投资环境软件园。

十一、实施工业强市战略

2003年，市委作出"以科学发展总揽全局，突出工业经济主体地位，走新型工业化之路"的战略决策。新型工业化战略的实施，促进全市工业经济的健康发展，推动全市经济社会迈入又好又快的良性发展轨道。

2010年，全市工业总产值2288.65亿元，是2002年147.92亿元的15.47倍。其中规模以上工业产值988.01亿元，是2002年60.07亿元的16.28倍；实现规模以上工业增加值210.62亿元，是2002年15.38亿元的13.69倍；完成工业投入240.54亿元，是2002年10.22亿元的23.54倍；产品销售收入972.29亿元，是2002年56.76亿元的17.13倍；规模以上工业利润总额58.71亿元，是2002年1.28亿元的45.87倍。

十二、发展现代农业

1988年1月，县委作出《关于加快发展农村经济的决定》，提出搞活农村商品流通、加快发展个体经济、大力扶持外向型经济、增加对农业的投入等11个方面实施意见。

1992年，市委、市政府组织实施提高农业科技含量、加快种植业结构调整、扩大区域生产规模、推进商品农业产业化建设等一系列现代农业工程。

2001年4月，市委下发《关于加快推进农村集体土地流转促进农业产业结构调整的意见》，建立土地流转领导小组和土地流转服务中心。2002年、2003年，市委先后作出《关于进一步推进农业产业化经营若干政策意见》《关于2003年农业产业化经营实施意见》等。

2005年，市委将加快调整农业产业结构，发展现代农业作为农村工作重点，提出加快构建"高效的种植业、发达的养殖业、一流的园艺业、先进

的加工业、活跃的流通业”的现代农业新局面的要求。

2010年，市委出台《关于2010年推进现代农业发展的激励意见》。是年，全市实现农业总产值68.59亿元，是1978年7.43亿元的9.23倍；农村居民年纯收入8695元，是1978年67.4元的129倍。

十三、“六城同创”

2003年，市委作出“六城同创”（创建江苏省文明城市、中国优秀旅游城市、国家卫生城市、国家环保模范城市、江苏园林城市、江苏省历史文化名城）决定。2005年，市委提出《关于全面实施“六城同创”的意见》。至2010年，如皋市先后建成中国优秀旅游城市、国家卫生城市、国家生态示范区、国家环保模范城市（通过国家级技术核查）、江苏省园林城市、江苏省文明城市。

十四、“万顷良田”建设工程

2009年初，市委先后制订出台《关于加快实施“万顷良田”建设工程的若干政策意见》《关于建立以“万顷良田”工程为突破口加快工业化、城镇化、农业现代化互动并进机制的意见》《关于以“万顷良田”为突破口，加快城乡一体化进程的实施意见》等文件，成立“万顷良田”建设工程领导组，统筹组织推进全市“万顷良田”建设工程。下半年起，“万顷良田”建设工程在长江镇（如皋港区）、如皋经济开发区（柴湾镇）、如城镇三个主体功能区内展开。2010年10月22—23日，江苏省“万顷良田”建设工程现场会在如皋召开，与会代表观看如皋市“万顷良田”建设工程电视专题片，观摩如皋市“万顷良田”建设工程集中安置区。至是年末，全市“万顷良田”一期工程3个项目区累计拆迁5638户，整理连片土地33870亩，腾出建设用地指标4725亩。

第四节 调查研究、督查督办与保密工作

一、机构沿革

1956年，中共如皋县委办公室设立。1985年7月，县委办公室设政策研究室，为办公室中层机构。1986年11月，县委政策研究室建立，为科级建制，与县委办公室合署办公[简称县委办（研究室）]。1991年6月后，市委机要室、市委保密委员会办公室（挂如皋市国家保密局牌子）与市委办公室合署办公。2001年，市级机关机构改革，市委办公室挂市委研究室、市委保密委员会办公室（市国家保密工作局）牌子。是年，市委办设立督查科。2010年，市委研究室、市委机要保密局与市委办公室合署办公。

二、调查研究

20世纪80年代初，县委办围绕农村经济改革进行调查研究，形成《关于调整农村经济的调查报告》《推行联产到劳责任制要进一步解决四个问题》《关于农村经济结构的初步调查报告》等，于1983年汇总编印《如皋县农村经济调查材料集》。同时，形成《落实生产责任制要注意解决思想问题》《调整责任田完善责任制》《承包形式不同效果不大一样》等调研成果，以《内部参考》形式印发全县。

1985年，政策研究室设立后，致力全县经济社会发展中出现的新问题、新事物和事关全县经济、社会发展重大问题的调查研究，为县委决策提供参考。

1987年，县委办（研究室）开始编印《工作研究》。1988年，与县政府办组织调查组，全面调查全县经济发展现状、面临的问题和发展战略，形成9份调查报告。是年，围绕农村经济工作开展调研，为制订《中共如皋县委关于加快发展农村经济的若干意见》提供依据。

1989年，配合南通市委、市政府调查组专题调查研究全县高沙土地区状况，形成的《如皋高沙土地区经济发展调查报告》和1988年的9份调查报告一起汇编为《如皋县区域经济调查报告汇编》，印发各乡镇、部门。是年，《乡镇企业发展外向型经济的设想报告》被省委研究室转发。

20世纪90年代初，市（县）委办（研究室）围绕推进企业改革、理顺产权关系、建立适应市场要求的企业制度开展调研，先后为市（县）委起草《关于健全和完善全市乡镇企业管理体制的若干意见》《关于乡镇企业推行股份合作制的实施意见》《关于加快推进乡镇企业产权制度改革的意见》《关于

放开搞活我市国有、城镇集体中小企业的若干意见》。1993年，发出《关于开展深化改革专题调查研究活动的通知》，组织全市层层开展专题调查研究，编印《如皋研究》33期介绍调研成果。

1995年，市委制订《关于市委常委分工负责进行专题调查研究的意见》。是年始，市委常委每年分头带领市委办（研究室）开展调查研究活动。

进入21世纪，市委办（研究室）重点围绕全市经济社会发展中遇到的新情况、新问题以及取得的新成绩开展调查研究，撰写调研文章，为市委决策服务。2003年，牵头起草《关于扩大如皋港区范围建立如皋沿江开发区进一步加速推进沿江经济综合开发的意见》。

2005—2007年，撰写《以推进高效农业规模化为突破口，倾力打造如皋新农村建设新品牌》《大力实施全民创业工程，加快农民增收致富步伐》《如皋市土地股份合作制的实践与思考》等80多篇调研文章。2007年开始，市委办（研究室）与中共江苏省委党校、江苏省社会科学院联合课题组合作编写《江苏沿江开发中的"如皋现象"》，总结如皋沿江开发经验，探索研究县域经济发展规律。2008年10月，此书由党建读物出版社出版发行。

2008—2009年，市委办（研究室）撰写《如皋推进新型工业化的实践与思考》《加快如皋服务外包发展的战略思考》《强势推进"三大合作"加快实现发展惠民》《坚持集聚集约发展，加快如皋产业转型升级》等90多篇调研文章。

2010年，撰写的《从南通小六子到跨江争强》《策应沿海开发谋转型》《长寿如皋统筹发展之路》《以产业基地建设促经济转型升级》等50多篇调研文章，分别在《江苏农村经济》《新华日报》《群众》《新华内参》《中国县域经济报》《学习时报》等报刊和国务院《决策参考》、省委《调查与研究》《江苏通讯》等内部刊物发表。

三、督查督办

1996年，根据中央及江苏省委文件要求，市委办出台《关于进一步加强督促检查工作的意见》，明确督促检查工作基本原则、范围及程序等，并成立督促检查工作小组。2001年，市委办设立督查科，专事市委重要工作部署贯彻落实情况的督促检查、南通市委办交办事项的督查办理和市委领导批示的转达、催办及落实等。

2003年，市委成立总督查领导组，市委办与市政府办联合发出《关于对全年目标任务完成情况按季进行督查的通知》，以督查督办推动年度工作。2005年，根据市委《关于进一步加强2005年督查工作的意见》，市委办以开展专项督办查办为主，主要为市委总督查组做好信息传递及反馈、督办查办交办事项等服务工作，市委领导督办督查件办结率100%。

2008年，市委办实施督办查办报告制度和定期通报制度，对重要会议精神贯彻情况、重大决策落实情况、重点工作推进情况和市委重要部署进行督查问效，撰写督查报告15篇。2009年，提出建设"紧跟力推的督察部"工作定位，将定期督查与跟踪督查相结合、领导交办与主动查办相结合。

2010年，根据市委《关于进一步完善和创新市委总督查机制的意见》精神，出台《关于进一步明确市委总督查相关要求的通知》，牵头制定督查方案，对市委年初以1号文件形式分解落实的各条线、各镇（区、园）工作任务，做到月度督查、季度点评、半年小结、全年总结环环扣紧，对督查中发现的存在问题和薄弱环节，分别拿出整改意见，并以市委总督查组交办单的形式交办，全年发出交办单125份，出具督办单7份。

四、保密工作

根据1950年10月15日中共中央颁发的《关于保守党与国家机密的决定》，1951—1965年，县保密组织逐步壮大，机构逐步健全，并在全县范围内开展保密宣传教育和保密检查工作。1966年，县委保密委员会成立。

"文化大革命"中，全县保密工作受到严重影响。

1978年初，县委保密委员会恢复，成员单位有县委办公室、组织部、纪检委、县人武部、公安局、县直机关党委等，全县各涉密部门均恢复和健全保密组织。5月，县委保密委员会印发《保守国家机密暂行条例》《关于保守国家机密问题的暂行规定》。

1986年开始，县委办在加强涉密人员保密教育的同时，对出国或赴中国港澳台地区人员严格把关，并在出行前统一进行安全、保密、外事纪律教育。此后，接待国外来宾和港澳台同胞，实行接待前有保密工作预案，接待中有专职保密工作人员参与，接待后及时总结经验的制度。

1989年，县委保密委员会办公室增挂县国家保密局牌子，统一协调指导全县保密工作。年内，印发《保密工作部门同检察、国家安全、公安、监察、党的纪检机关查处泄密案件协调配合的办法》，加强保密工作横向联动。

2001年，在市级机关机构改革中，市国家保密局调整为挂牌机构，市委办挂市委保密委员会办公室、市国家保密局两块牌子。2005年始，市委办每年3月开展信息化保密常识教育宣传活动，9月组织新任公务员及全体机关领导干部和涉密工作人员开展保密工作业务培训，全体参训人员均签订保密承诺书。

2010年10月，市委保密委员会办公室挂市国家保密工作局牌子，为市委的部门管理机构，由市委办公室负责管理，正科级建制。

第五节 纪律检查工作

一、机构沿革

1950年10月13日，如皋县委始设纪律检查委员会，书记由县委组织部部长兼任，下设办公室，配有秘书和检查员各1人。1956年1月27日，中共如皋县第二次党员代表大会选举成立中共如皋县监察委员会，设专职副书记1人。1959年4月23日，中共如皋县监察委员会改称中共如皋县委监察委员会。“文化大革命”初、中期，党的监察工作瘫痪，机构撤销。1974年3月，县委组织部设纪律检查组。1978年10月，如皋县委纪律检查委员会重建，县委副书记兼任书记，另配专职副书记2人。1980年2月22日，县委纪律检查委员会由原属同级党委领导改为同级党委和上级纪委双重领导，以同级党委领导为主。1983年9月15日，如皋县委纪律检查委员会升格为如皋县纪律检查委员会（简称县纪委），并建立常务委员

1950—2010年如皋市（县）纪委（监察委）领导人更迭一览表

表12-4

机构名称	职务	姓名	籍贯	任期	备注
中共如皋县委纪律检查委员会	书记	姜祝三	江苏如皋	1950-10—1951-11	兼职
	书记	徐炳如	江苏泰兴	1954-06—1955-03	兼职
	副书记	张　旭	江苏如皋	1950-10—1951-07	—
	副书记	朱　萍	江苏阜宁	1954-08—1956-12	—
中共如皋县监察委员会	书记	陈文斌	江苏南通	1956-01—1956-10	兼职
	副书记	周省吾	江苏启东	1956-10—1958-01	兼职
	书记	周省吾	江苏启东	1958-01—1961-01	—
	副书记	朱　萍	江苏阜宁	1957-01—1963-05	—
	副书记	顾敦行	江苏南通	1960-10—1965-02	—
	书记	魏志田	江苏如东	1962-01—1962-11	兼职
	书记	张贤堂	山东邑县	1962-11—1964-01	—
	书记	董法玉	山东金乡	1964-01—1965-01	—
	书记	葛苏人	江苏沭阳	1965-01—1967-03	—
	副书记	王宝鹤	江苏如皋	1965-03—1967-03	—

续表12-4

机构名称	职务	姓 名	籍贯	任期	备注
中共如皋县委纪律检查委员会	书记	吴功祥	江苏如东	1978-10—1983-09	兼职
	副书记	杨银聪	江苏如东	1978-10—1979-02	—
	副书记	薛世箐	江苏如皋	1979-02—1981-07	—
	副书记	马道来	江苏如皋	1979-02—1987-07	—
	副书记	赵成章	江苏如皋	1981-04—1982-02	—
	副书记	张鹏志	江苏如东	1982-02—1987-07	—
	副书记	魏国平	江苏如皋	1983-05—1985-06	—
中共如皋市(县)纪律检查委员会	书记	吴功祥	江苏如东	1983-09—1984-07	兼职
	书记	石秀峰	江苏如皋	1984-08—1985-06	兼职
	书记	魏国平	江苏如皋	1985-06—1987-12	—
	副书记	刘培银	江苏如皋	1986-08—1990-09	—
	书记	汤志深	江苏海门	1988-01—1990-06	—
	书记	刘培银	江苏如皋	1990-09—1996-07	—
	副书记	张大延	江苏如皋	1988-01—1993-07	—
	副书记	刘 健	江苏如皋	1990-09—1993-07	—
	副书记	庄绳武	江苏如皋	1992-10—2000-12	—
	副书记	杨海林	江苏如皋	1993-07—1996-01	—
	书记	浦文海	江苏如皋	1996-07—1998-01	—
	副书记	佘鸣皋	江苏如皋	1996-02—1998-04	—
	书记	李中林	江苏如皋	1998-01—2000-12	—
	书记	姜永华	江苏如东	2000-12—2006-06	—
	副书记	王 诚	江苏如皋	1998-05—2005-06	—
	副书记	沈永祥	江苏如皋	2000-12—2006-12	—
	副书记	费秀平	江苏如皋	2005-06—2007-04	—
	书记	顾保红	江苏海安	2006-06—2010-10	—
	副书记	赵建明	江苏如皋	2006-06—	—
	副书记	张 勇	江苏如皋	2007-04—2008-08	—
	副书记	沈良高	江苏如皋	2008-08—	—
	书记	马建明	江苏通州	2010-10—	—

会,由6人组成。1993年3月,市纪委与市监察局合署办公,1套班子2块牌子,市监察局仍属政府序列。2001年,增设干部管理室。2007年增设案件管理室。2008年9月,成立5个派驻纪检工作室。12月,增设效能办公室。2009年3月,市党风廉政教育中心成立,为市纪委下属全民事业单位。8月,市纪委成立派驻第六纪检工作室。2010年,市纪委内设纪检监察一室、二室等12个中层机构,下设6个派驻工作室、26个派驻市级机关部门纪检组(纪工委)。

二、党风党纪教育

1989年，县纪委先后推广城西税务所、柴湾乡政府、长江镇政府等单位实施“两公开一监督”经验和县供电局、邮电局关于“加强监督，纠正不正之风”的做法。先后组织全县党政机关干部观看党纪教育片《沉溺》《黑色的瘟疫》《淫乱罪恶录》《污痕》等，进行党纪教育。1991年，全市(县)各级纪检组织对党员进行“普纪”教育。在普纪教育中，全市(县)党员参学率98.5%，参考率97.8%，考试及格率99.8%。1993年，市纪委在市电视台开辟《廉政建设风采录》专题节目，报道全市反腐败斗争情况。举办党风廉政专题培训班，召开廉政勤政典型事迹报告会，要求各级党政组织联系实际对党员干部进行教育并加强监督和管理。

1997年，市纪委在全市党员干部中开展“树形象、作表率、创新风”主题教育活动。开辟党风廉政法律法规专栏、专题节目。组织领导干部家属开展“学法纪、话廉政、争当廉内助”活动。通过寄发廉政明信片《给领导干部家属一封信》等形式，提醒领导干部节日期间廉洁自律。对少数党员干部存在的轻微违纪问题，通过发函询通知书、实施诫勉谈话等方式进行教育。

2003年，市纪委下发全市党风廉政建设和反腐败工作部署责任分解表，建立党风廉政建设责任追究协调小组，建立全市1400多名科级领导干部廉政档案。推进廉政文化建设，确定如城镇孔庙社区、丁堰镇皋南村、如皋初中等为全市廉政文化建设试点单位，开展廉政文化进家庭、“廉政歌曲大家唱”活动。

2007年，市纪委在全市党员干部中开展“弘扬新风正气、建设廉洁如皋”主题教育活动。针对节日期间易于滋生腐败的特点，将每年1月定为党风廉政宣教月，打造海阳路“廉政文化一条街”，实施安定廉政广场建设。落实理论教育基地、警示教育基地、传统教育基地、典型教育基地、社会实践基地的构建工作。

2008年，市纪委贯彻落实中共中央《建立健全惩治和预防腐败体系2008—2012年工作规划》，出台如皋市实施意见，组织开展“5·10”思廉日、“政治日”谈话、“算账教育”、纪念“12·9”国际反腐败日活动。

2010年，市纪委重点组织学习宣传贯彻《中国共产党党员领导干部廉洁从政若干准则》，在全市党员干部中深入开展“学习《廉政准则》，争做勤廉表率”主题教育活动，把学习贯彻《廉政准则》与开展廉政风险点排查和岗位廉政教育活动有机结合，全市排查梳理廉政风险点761个，各镇、部门制订完善相关防控制度273项。

三、纠正不正之风

中华人民共和国成立初期，全县部分党员干部居功自傲，作风粗暴，官僚主义、命令主义作风严重。1950年9月，县委根据中共中央《关于在全党全军开展整风运动的指示》，以“反对强迫命令，走群众路线”为主题纠正不正之风。1951年12月，根据中共中央决定，在全县组织开展“三反”(反对贪污，反对浪费，反对官僚主义)运动。1953年4月，县委和县委纪律检查委员会根据中共中央指示，组织开展“新三反”(反对官僚主义，反对命令主义，反对违法乱纪)运动。1957年5月，县委和县监察委员会根据中共中央《关于整风运动的指示》，组织开展以反“三风”(主观主义、官僚主义、宗派主义)、“五气”(官气、暮气、阔气、骄气、娇气)为重点的纠风运动。不久，整风运动转入反右派斗争。此后，纠正不正之风工作被大规模群众运动替代。

1978年10月，县委纪律检查委员会复建后，开始从具体问题着手纠正不正之风。1989年，县纪委、县监察局、县土管局清理1985年后全县副乡、局级以上党政干部建购房情况，根据有关规定作出处理。是年，县纪委、监察局、财政局清理出全县国家干部拖欠公款75885.06元，清理出125个单位预算外资金713万元。县纪委、监察局组织清理整顿党政机关和县属事业单位开办的公司，党政机关公司清理9家、撤销6家、保留3家，党政机关干部在公司兼职18人退出17人。

1990年，县纪委全面清理副乡(局)级以下干部建私房情况，拆除139户建筑物9221.93平方米，收缴其购房差价和超面积占地罚款93852.48元，5人予以党纪处分，3人予以政纪处分。1991年，按照省委、省政府要求，市(县)纪委在全市(县)开展清理和纠正党政干部违反规定用公款超标准装修住房、党政干部违反规定用公款购买商品房工作，13个单位，购买商品房资金来源不当予以纠正，作出账务调整；165名干部退出装修住房用公款74204.20元。是年，市（县）纪委在全市（县）聘请24名党风党纪信息员。

1992—1996年，市纪委全面清理违规统一着装，全市清理乱着装18种，卸装1133人，收缴着装私人应付款12.07万元。清理全市公费出国出境旅游问题，确定35人为公费出国出境旅游，清退其着装费、个人零花钱和所得回扣款5.48万元。清理移动电话，制订《关于党政机关、事业单位领导干部购买、使用移动电话的暂行规定》，收缴不符合配备条件的移动电话86部，拍卖款38.9万元全部上缴市财政。

1997年，市纪委结合实际，协助市委下发《发扬艰苦奋斗精神反对奢侈浪费行为的规定》，全市压缩、取消会议29个，节约经费27.6万元；取消庆典活动40个，节省费用36.6万元；压缩、减少检查评比活动30次，节省费用21.8万元。1998年，进行科级领导干部住房清理，全市列入清理范围的共86个单位，92人主动采取自纠措施，共缴纳过户费、超面积房款等款项80多万元，退出住房3套。

2004—2006年，市纪委从社会各界选聘100名政风行风监督员，随机分组明查暗访和民主评议相关部门，重点评议与全民创业和群众生活关系密切的热点问题。围绕群众普遍关注的上学难、看病贵2个热点问题，在教育和卫生系统开展纠风治乱工作，着重治理教育乱收费。专项清理党政机关内刊，市级机关15家单位16种内刊被停办。开通政风行风热线，与市民零距离沟通。

2007年，市纪委起草下发《关于执行党员领导干部报告个人有关事项的实施细则》，抓好领导干部个人重大事项报告制度的落实。2009年，清理规范党群等系统评比达标表彰活动，撤销无法定依据评比达标项目17项。与市工商局联合出台《如皋市对外劳务管理暂行办法》，注销或吊销46家劳务中介机构营业执照。

2010年，市委在全市开展坚决制止党员干部违规收送礼金礼券专项工作，收到有关单位和个人上缴礼金、礼券60多万元。注重发挥政风行风监督员、镇党代表和村监委会作用，在市、镇、村3个层面广泛开展政风行风民主评议。

四、查案执纪

民国17年（1928年）8月，中共如皋县委《如皋七月份报告》载："为执行严格的纪律——铁的纪律，县委之纪律决议：因暴动失败私自逃跑不愿与团体发生联系和被捕在狱中向敌人告密以致同志牺牲，对该两同志决定给予开除党籍。另有5人分别因暴动失败后坚不回县，表示失败主义现象，与省委失去联系，行动散漫，工作不努力，无计划，自由行动，不守秘密，经济不清等原因而被严重警告3人，警告2人。"民国19年7月，中共通海特委书记刘瑞龙，于如皋水洞口主持召开万人整顿军纪大会，宣判腐化堕落、企图另立山头的坏分子、中共如皋县委原委员孙盛（绰号"破凉帽"）死刑，并立即执行。

民国36年全县土改复查时，中共如皋县委整顿一些存有地主富农思想、以功臣自居、有严重吃喝作风、同情包庇某些地主还乡团等错误行为的基层干部，分别处理1名区财政分局主任和1名区委组织科长，并撤销5名区委委员职务。

20世纪50年代至60年代中期，党的纪律检查工作的重点是加强党的组织性和纪律性，克服官僚主义，与党内违法乱纪的现象作斗争。

"文化大革命"期间，党的纪律检查监察工作处于瘫痪状态。

1980年，县纪委工作重点是：维护四项基本原则，贯彻《关于党内政治生活的若干准则》；参加清查"三种人"（造反起家的人、帮派思想严重的人、打砸抢分子）；整党、平反冤假错案，接受党员控诉和申诉，复查"文化大革命"前的违纪案件，按照有错必纠的精神，做好善后处理工作。1979年至1984年6月，全县查处561件案件，有400人受到党纪处分。为严肃党纪，搞好党性教育，县纪委向全县发出通报37期，接待来访1925人次，收到来信6735件，分别妥善处理。

1985—1987年，全县先后查处党员违纪案件348件，258名党员受到党纪处分。1987年，县纪委配合打击严重经济犯罪活动，接受群众来信2712件、来访628人次，16名党员受到党纪处分。至中共第十三次全国代表大会召开前夕，全县积存案件基本复查完毕。1988—1990年，全县立案检查违纪案件198件，受党纪处分党员

139人。

1992年，市纪委制订《基层党员违纪案件管理办法》。是年，参与剖析、整顿非正常亏损企业121个，从中发现经济案件4起，追回资金59.45万元，收缴应收款583.4万元，挽回经济损失549.77万元。1993年，立案查处案件80件，其中经济类案件30件；处理违纪党员53名，其中开除党籍6人，建议政纪处分16人，受处分人员中副科级以上干部4人。1996年，立案查处案件136件，查处过程中移送检察机关处理3件，给予各类党纪处分129人，移交政纪处分50人。1997年，查处案件151件，其中经济类案件特别是万元以上案件39件，给予党纪处分100人，政纪处分56人，受处分人员中副科级以上干部11人。2000年，查处经济案件92件，其中1万元以上77件、10万元以上9件、100万元以上5件，为国家和集体挽回经济损失2140多万元。2002年，组织协调市动力机厂剖亏挖蛀工作，查处该厂贪污受贿窝案，涉案总额近400万元，移送司法机关处理9人，追回赃款赃物200多万元。2003年，查处经济类案件120件，其中1万元以上、100万元以下经济案件85件、100万元以上经济案件3件，减少和挽回经济损失2675.95万元。2004年，根据群众举报，调查市教育系统系列案件，涉及8所学校，立案查处11人，其中副科级以上党员干部5人，移送司法机关处理6人，追缴违法违纪所得37.7万元。是年，直接查处市电信系统经济窝案，涉案6人，其中正科级领导干部1人，移送司法机关处理3人。

2004—2005年，市纪委（监察局）组织查处经济违法违纪案件162件，减少和挽回经济损失4066.18万元。2006—2010年，立案查处各类违纪、违章案件868件，其中贪污贿赂类案件198件、失职渎职类案件325件、涉及副科级以上领导干部103件（人）、移送司法机关34件，累计挽回经济损失5781.59元。

图12-1 南通市纪检监察案件审理助辩工作现场会 （2007年摄）

五、执法监察

1993年，市纪委、监察局组织开展减轻农民负担、药品经营管理、计外生育费管理、农村教育附加费和人民教育基金征、管、用情况和204国道如皋段改扩建工程经费筹集、管理、使用情况的执法监察工作，跟踪监察农用化肥的生产营销情况，及时纠正和处理部分存在问题，向市委、市政府提出合理化建议31条。1994—1998年，对农副产品收购、党政机关兴办经济实体和群众反映较为强烈的不正之风等事项，组织专项检查76项（次）。2001年，会同市财政、人事部门全面清理机关、事业单位工资福利待遇，有关部门审核取消16个补贴项目。2002年，开展执法监察项目16个，其中省、市以上立项5个、自立项目11个，查纠违纪金额1060.6万元，节省国家投资1528.6万元。2003年3月，组织专项监督检查如港公路、疏港公路、沿江公路和盐通高速公路等工程施工情况及旧城改造征地拆迁、补偿资金管理使用情况。

2006年，市纪委（监察局）推进"效能提速"软环境建设，在全市聘请42名经济环境监察员，设立30个经济环境监测点，及时掌握软环境动态，弘扬先进典型，大胆曝光存在问题。是年，受理并办结企业和群众的各类投诉、求助94件次，及时回复当事人，企业和群众满意率98.8%。制订下发《关于深化经济发展软环境建设的若干意见》《关于对损害经济发展软环境行为实施责任追究的意见》《如皋市市级机关效能建设检查考核办法》《市级机关行政服务考评实施细则（试行）》等一系列制度、规定，形成较为完备的软环境建设制度体系。2007年，制订《行政监察机构执法监察工作暂行办法》，下发《关于进一步加强公务接待监督管理的有关规定》文件，监察机关部门"五条禁令"等规定的执行情况，明察暗访机关部门261家（次），饭店96家（次），并及时通报情况，跟踪督查整改。

2008—2009年，市纪委（监督局）监督检查节能减排、土地管理、环境保护及扩大内需、促进经济增长等重大政策执行情况。专项检查中央20个新增投资项目和省14个新增投资项目推进情况，逐月检查138个自行开工项目。2010年，督查34个中央新增投资项目进展情况，监督检查市级重大项目和327个镇级项目。是年，市纪委实施执法监察项目78个。派员参与干部公选、机关补员、村干部招录等选人用人监督138人次，参与中心城区违章建筑拆除现场监督42场次。全市各基层纪检监察组织实施业内监督检查54项。受理各类投诉、求助23件次，办结率和满意度均为100%。

第六节 组织工作

一、机构沿革

民国16至民国19年(1927—1930年)，县委设有组织委员。民国29年9月，中共如皋中心县委始设组织部。1955年6月，县委组织部与县政府人事局合署办公。1962年11月，县委组织部与县政府人事局分设。1967年3月，县委组织部瘫痪。4月，县军事管制委员会“文化革命”办公室下设组织组。1968年4月，县革委会设组织组。8月，县革委会设政工组，替代组织组。1970年12月，县革委会政工组设组织组。1974年2月，县委组织部恢复。1983年，县委组织部设立审干办公室。2007年7月，市委组织部建立如皋市党员干部现代远程教育中心，为下属全民事业单位，相当副科级建制。2008年5月，中共如皋市委新经济新社会组织工作委员会建立，与市委组织部合署办公。2008年7月，市委党代表联络办公室设立。2010年，市委组织部内设党政干部科等21个中层机构。

二、组织建设

民国15年(1926年)9月，中共如皋独立支部成立。至年底，中共如皋师范支部、下漫灶支部建立。民国16年7月，中共如皋县委成立后，将党的基层组织建设作为党的建设基础和重点。民国17年7月，县委在上海完成改组，实行常委制。县委领导人返回如皋后，即着手恢复党的基层组织，全县设东、西、南、北乡及城中5个区委，下设支部60个。此后，全县党的基层组织发展壮大。12月12日《南通区工作报告》载：“如皋县委所属区委有西乡、镇涛、石庄、东乡、北乡、城区6个区委(南乡9月分为石庄、镇涛)，支部数由102—147(由102个发展至147个)……。”

民国19年9月底，红十四军失败后，中共如皋县委主要干部大都转移至上海。民国19年11月、民国20年春、民国21年初，县委3次努力恢复基层组织，其中民国21年恢复5个区委、27个支部。至民国22年5月，全县党的组织活动停止。民国29年8月，新四军东进至如皋西乡。9月中旬，中共如皋中心县委员会于卢港成立。此后，随中共如皋地方组织的建立，中共如皋基层组织逐步恢复、发展。至民国34年9月，中共如西县委辖区委10个、工作委员会2个，共有党员1212人。

中华人民共和国成立后，全县党的基层组织不断健全、完善。1956年，全县各党的基层组织全面实行班子成员民主选举产生。“文化大革命”初期，县委和全县许多基层党组织受到冲击而瘫痪。1970年1月始，全县各公社始相继重建党委。1983年5月，恢复乡村建制，乡镇通过党代会选举产生乡(镇)党委会，村建立支部委员会。1994年，全市各类新经济组织新建党支部62个。2001年，市委全面启动村干部素质工程，强化新经济组织党建工作，组建率95%。2002年，全市符合建支条件的181家非公有企业，全部建立党组织。

2004年，全市村党组织换届选举工作中，244个村、社区试行党组织书记直选。2009年，市委组织部开展支部班子成员“公推直选”试点工作。

党委(党工委) 民国16年(1927年)7月，中共如皋县委成立，下设西乡区委、城中区委。民国17年7月，中共如皋县委领导人从上海返回如皋后，恢复发展党的组织，建立东、西、南、北乡及城中5个区委，后改分为4道60个支部：第一道26个支部，第二道19个支部，第三道8个支部，第四道7个支部。12月，南乡区委分为镇涛、石庄2个区委。民国18年4月，西乡区委分为卢港、江安2个区委，全县设7个区委。

民国19年2月，中共中皋县委辖江安、卢港、镇涛、石庄、东乡5个区委。民国22年4月，辖卢港(11个支部)、江安(8个支部)、石庄(4个支部)、镇涛(2个支部)、城区(2个支部)5个区委。

民国29年10月，中共如西县委成立，建立卢港、江安区(工)委。民国30年，增建车镇、石庄、城区、南马塘、度军井5个区委。民国31年7月，增设蒲西区委。12月，撤销车镇区委，增设车马湖、镇涛区委，卢港小溪河北划建夏堡区委，城区区委划归中共泰县县委，更名如城区委。是年，时属如皋(东)县委的白蒲东乡地区及丁堰东部地区先后建立白蒲、丁东区委。

民国32年2月，中共如西县委撤销镇涛区委，新建东南边区工委(地下)。5月，时属如皋(东)县委的白蒲区委并入西南(汤园)区委。7月，中共如西县委撤销东南边区工委，恢复镇涛区委。10月，丁东区委更名城东区委。民国33年2月，夏堡区委划归中共泰县县委，泰兴县珊瑚区委划归中共如西县委。8月，中共如西县委增设江防区委。民国34年4月，增设平西区工委。9月，中共如西县委辖马塘、蒲西、车马湖、薛窑、江防、石庄、度军井、卢港、江安、珊瑚10个区委和如城、平西2个工委。民国34年10月至民国38年6月，随行政区划调整，中共如皋、泰兴、如东3县县委所属区委调整频繁。民国38年9月，如皋县委辖城区、城东、马塘、白蒲、平西、车马湖、薛窑、江防、何正、江安、卢港、度军井、城西13个区委。

中华人民共和国成立初，全县区级党组织调整、健全、完善。1957年10月，全县实行大乡制，109个乡、镇合并为48个乡和如城、白蒲、石庄3个县属镇，全县各乡、镇始建党委。除如城镇党委外，白蒲、石庄镇党委由所在地区委分管。1958年7月27日，区级基层党组织撤销，改设指导组。9月，全县实现人民公社化。至1959年3月，全县47个公社均设立公社党委。1961年8月，县委恢复建立城东、丁堰、白蒲、薛窑、石庄、江安、卢港、磨头、城西9个区委。1961年8月4日，县人民武装部党委建立。1965年10月，县粮食局、财政局、商业局、供销社、交通局五部门分别建立党委。11月，工业局党委建立。至"文化大革命"前，全县设9个区委、48个公社党委、3个镇党委、8个部门党委。

"文化大革命"初期，全县党政机关被造反派夺权，党委活动被迫停止。

1969年10月8日，全县各公社成立公社党的核心小组。1970年，各公社先后重建党委。1971年4月，县直机关党的核心小组改建为县直机关党委。1974年4月，县公安局党委建立。至1976年10月，全县设9个区党的核心小组、49个公社党委、4个镇党委、3个部门党委。

1978年9月，县公安局党委撤销。1984年6月，供电局党组改建党委。1986年3月，邮电局党委建立。至1987年底，县委辖60个基层党委。1991年11月，市供销社撤销党组建立市供销合作总社党委。1992年5月，市建筑工程管理局党组撤销，建立党委。市丝绸公司建立丝绸公司党委。1992年8月，市轻工建材工业公司党委建立。1994年7月，市卫生局、市电子化学工业公司、市机械工业公司、市交通局和市纺织工业公司撤销党组分别建立党委。1995年3月，全市乡镇党委由53个调整为50个。1998年12月，市邮电局分设为邮政局、电信局，新建市邮政局党委、市电信局党委，原邮电局党委自行终止。是年底，全市共有基层党委76个。

2000年4月，全市乡镇党委由50个调整为26个。2001年9月，全市26个乡镇调整为23个镇，党委建制数相应调减。是年底，全市共有党委(工委)56个。2002年，市委增设如城镇4个街道党委。2004年，增设英田集团党委、宁通社区党委、长寿集团党委、皋南村党委、招商局党委、凤山村党委、新堰村党委、城北社区党委、红星社区党委、湖刘村党委、蒲西村党委。2005年，全市共有党委65个，其中镇党委20个(2005年1月，全市调整合并为20个镇)，区党工委2个，机关、部门党委12个，企事业单位党委19个，街道村居社区党委12个。

2006年，全市共有党的工作委员会3个，党委65个。2007年，"两新"组织党工委、如城顾庄生态园区党工委、如城工业园区党工委、高新技术园区党工委建立，熔盛造船党委、江苏宏景集团党委、柴湾社区党委建立，全市共有党的工作委员会7个、党委68个。2008年，市私营个体经济组织党委、常青建筑工程公司党委建立，全市党委增至70个。2009年，长青沙生态旅游度假区党工委建立，原高新技术园区党工委改称为软件园党工委，文广集团党委建立。2010年，全市有党的工作委员会8个、党委72个，其中镇党委20个，政府工作部门党委11个，国有企业党委5个，非公企业党委19个，事业单位党委3个，街道、村、社区党委14个。

党组 1957年4月，县委设立县兵役局党组、县人民委员会党组（1958年2月后中断）。1958年4月，县兵役局改建为中国人民解放军如皋县人民武装部，仍设党组。5月，县总工会党组建立。9月，县法院、检察院、公安局共同建立政法党组。1962年2月，县人民委员会党组恢复。"文化大革命"开始后不久，全县党组处于瘫痪状态。

1979年2月，县革命委员会党组设立。1980年，县计划委员会、财贸领导小组（财贸办公室）等21个委、办、局、社、公司先后建立党组。1981年5月，县人民政府党组建立，县人民法院、人民检察院、多种经营管理局、农机局、科学技术委员会亦建立党组。1982年，县人大常委会、政协如皋县委员会及县民政局、司法局、人民银行建立党组。1983年，县农业银行党组建立。1984年，县劳动局、城乡建设环境保护局、税务局建立党组。1985年，县环境保护局、城乡建设委员会、乡镇企业管理局、总工会建立党组。1987年，县广播电视局党组建立。1994年12月后，市级机关新增委、局、行、社、公司等党组15个。2001年，全市共有党组56个。2010年，全市共有党组42个，其中政府工作部门党组33个、人民团体等党组9个。

党（总）支部 民国15年（1926年）9月，中共如皋独立支部于鄂埭小学成立，直属中共江浙区委。年底，中共如皋师范支部、下漫灶支部成立。民国17年《如皋7月份报告》载：南乡支部66个。8月1日《第三号报告》载：如皋县有支部102个，其中工人支部2个、农村支部91个、街道支部5个、村镇支部4个。12月《南通区工作报告》载：如皋县支部数由102个增为147个。民国22年省委巡视员带至上海的《如泰工作报告》载：如皋卢港区委有支部11个，江安区委有支部8个，石庄区委有支部4个，镇涛区委有支部2个，城区区委有支部2个。民国35年2月，全县有中共基层支部198个。

1949年10月，如皋县委辖支部128个。1956年，全县有党总支341个、支部650个。1965年，全县有党（总）支部1158个。1976年，全县有党总支9个、党支部1456个。1990年，全县有党总支37个、党支部2471个。至2002年，全市凡符合建支条件的181家私营企业全部建立党组织。2005年，全市共有基层党总支277个、党支部2306个。2010年，全市共有党总支382个、党支部2822个。

三、党员队伍建设

党员发展 民国15年（1926年），中共如皋独立支部发展党员3人。民国16年7月，中共如皋县委成立，全县有党员24人。此后，县委和各基层组织把发展党员作为党的建设的基础和重点。民国17年7月，中共如皋县委《如皋7月份报告》载：南乡有党员559人。8月1日，中共如皋县委《第三号报告》载：如皋县有党员813人，其中工人19人、农民757人、士兵12人、知识分子25人。12月，《南通区工作报告》载：如皋县党员数由813人增至为1025人。民国22年，省委巡视员带至上海的《如泰工作报告》载：卢港区委有党员80人，其中雇农8%、贫农70%、中农18%、富农4%；江安区委有党员60人，其中贫农70%、中农20%、富农10%；石庄区委有党员20人，其中贫农75%、中农20%、富农5%；镇涛区委有党员10人。民国35年2月，全县有党员7943人。民国38年9月，全县有党员6581人。

中华人民共和国成立后，党员发展从战争年代模式向和平年代发展模式转变，注重培养和发展社会主义建设人才入党。至1956年底，全县党员增至14418人。"文化大革命"开始后，党员发展条件、对象、程序等出现混乱。至1976年，全县党员增至43838人。

"文化大革命"后，全县党员发展工作逐步走上规范化轨道。县委组织部先后出台一系列文件，对入党积极分子和发展对象的确定、培养、教育、考察，新党员发展程序、材料要求等作出明确规定。1990年，全县有党员54662人。1992年始，市委组织部强调注意吸收生产一线优秀工人、农民和经济科技战线知识分子入党，全年发展新党员635人。1995年，市、乡（镇）、村三级入党积极分子和入党申请人档案管理制度建立。全市有入党积极分子3589人，发展党员1063人。

1996年始,市委组织部在中学生中加强党的基本知识教育,700多名中学生向党组织递交入党申请书,100多名品学兼优的学生被列为入党积极分子,7名学生加入中国共产党。1999年,全市发展学生党员38名,其中大专学生14名,中专学生6名,高中、职中学生共18名。2002年始,市委组织部建立入党积极分子集中培训制度,全市1045名入党积极分子参加集中培训,合格率97.6%。是年,全市发展党员665人。

2003年始,市委组织部实行发展党员考学制,全市912人参加集中封闭式培训,896人考试合格。是年,全市发展党员744名。2005年始,全市实行发展党员全程公示制、票决制,对发展党员程序、表决方式提出更高要求。市委组织部编印《发展党员程序框图》《党员发展手册》《党员发展材料示例》等提供示范。2008年,市委组织部出台《关于进一步加强党员发展源头队伍建设的意见》,组织入党积极分子、预备党员参与中心工作锻炼。

2010年,全市发展新党员836人。其中:女性296名,占发展总数的35.4%;流动人员63名,占发展总数的7.5%。培训入党积极分子1229名。是年底,全市共有党员66392名。

党员管理 1950—1954年,根据中共中央统一部署,全县广泛开展“整党”“整风”“三反”等一系列政治运动,以期提高党员素质,纯洁革命队伍。1964年,全县各级党组织建立健全组织生活制度,区、社党委和县直属企事业党总支(支部)每季度进行一次思想交流,开展批评与自我批评。

“文化大革命”期间,党员组织关系接转、档案管理、教育培训、组织生活等出现混乱。粉碎“四人帮”后,根据中共中央统一部署,全县开展揭、批、查运动,将一批在“文化大革命”中犯有严重错误的党员清除出党。同时,平反纠正一批冤、假、错案,恢复一批受到错误打击的老党员的党籍。1978年始,县委组织部每年组织全县农村党员“冬训”,利用冬闲时间,集中培训1周。

1988年5月始,县委组织部组织开展党员民主评议活动。历时两年半,对全县党员分7批组织开展民主评议。1990年下半年始,全县实行党员“目标管理、百分考核”制度,在全县党员民主评议中,评出优秀党员2692名、合格党员27460名、基本合格党员23711名、不合格党员881名。1991年,全市(县)全面实施党建工作目标管理责任制。1996年,全市机关和“窗口”行业的14800多名党员试行挂牌上岗。

1997年,市委组织部启动“晚霞工程”,筹集“晚霞工程”基金184万元,用于帮助中华人民共和国成立前入党的农村贫困老党员脱贫,291名农村老党员每人每年获300—800元救济金。1999年始,市委组织部加强对流动党员管理,健全台账,分类管理。2001年始,全市推广“量化测评、一票否决”民主评议党员的做法。2003年,全市开展农村无职党员定责上岗活动,按年龄、文化程度、技能特长等不同特征,设置创业富民岗、政策宣传岗、信息传递岗、治安调解岗、村务监督岗等基本岗位,要求无职党员切实发挥作用。2004年,市委组织部组织“党员找‘娘家’、组织找‘游子’”活动,开展党员身份确认和组织关系接转工作,为982名“口袋党员”找到党组织。

2005年始,市委组织部实施流动党员教育管理“一卡通”制度,全市2680名流动党员持卡外出务工。采取“四个一”(一张表、一件函、一份责任书、一套学习资料)配套措施,流动党员所属支部指定1名支委或设岗定责的岗位党员与在外党员联系,使流动党员接受双重管理。2008年,在南通地区率先开发流动党员信息采集软件,全面建立流动党员信息库。建立流动党员“1+X”结对机制,组织全市899名村干部与1400多名流动党员结成对子。

2009年始,市委组织部、团市委、市劳动和社会保障局、市总工会、市残联联合举办“新春开门红”招聘洽谈会,开设流动党员择业快速通道,为流动党员优先提供就业岗位。

四、干部队伍建设

干部选拔任用 中华人民共和国成立前,全县干部任用一般实行委派制。中华人民共和国成立初期,百废待兴,一批部队干部转入地方,仍不能满足工作需要,县委组织部从地方考察、提拔一批干部。1957年,全县实行大乡制,乡党委书记、乡长的配备由任命制改为选举制。1961年,县委组织部从全县工农群众的优秀分子和同工农群众密切联系的知识分子中选拔、提拔任用科员、股长以上干部31人。1964年,提拔任用各级领导干部42人。“文化大革命”期间,干部选拔任用工作受到冲击,一批“造反派”走上领导岗位。

党的十一届三中全会后,全面纠正“文化大革命”的错误,清除少数“造反”起家的干部,全县一些具有丰富实践经验的干部重新担任领导职务。

1980年起,按照党中央关于干部队伍“四化”(革命化、年轻化、知识化、专业化)要求,县委组织部考察、提拔一批中青年干部担任领导职务。1989年,提拔任用干部228人,其中45岁以下180人,中专、高中以上文化程度183人。1990年,考察县级主管部门和乡镇领导班子57个、领导班子成员255名,考察县属企事业单位领导干部68人。全县53个乡镇党委换届改选,选出党委委员400名,平均年龄41.91岁。1992年,市委组织部全面考察乡局领导班子106个、乡局级领导干部705人,按照大胆起用“能人”“新人”“贤人”的指导思想,提拔乡局级干部114人。1993年,选拔一批懂经济、有实绩的“能人”进入乡镇政府、人大工作班子,其中新提拔80人。1994年,选拔14名乡镇企业负责人担任乡镇党委副书记或副乡镇长职务,选配9名乡、局级女干部。

1995年,市委组织部先后建立干部工作通报联系制度、领导干部谈话诫勉制度、领导干部离任审计制度等,加强事前监督,保证干部选拔任用质量。全市52名35岁以下的优秀年轻干部走上领导岗位。提拔部、委、办、局局长(主任)助理17名,选配妇女领导干部17人,提拔党外干部4人。

2001年,市委组织部应用领导岗位人才民主测评计算机软件系统。2003年,首次组织市四套班子领导,民主测评26个政府组成部门主要负责人。2005年,选派百名年轻干部赴广东、浙江、上海等地驻点招商,选派乡镇20名副科职干部担任市招商局副局长。2007年,先后4次面向社会公开招考科级领导干部17名,公开选拔市直学校领导干部8名。2008年,采取自我推荐和组织推荐相结合、综合素质测试和群众公论测评相结合、德才表现考察和发展潜能考察相结合、差额考察和差额酝酿相结合的“双荐、双测、双考、双差”模式,选拔正科级后备干部100名及副科级后备干部300名。面向国内知名高校引进具有研究生以上学历的高层次党政后备干部人才30名(博士2名、海外留学生2名),其中3人被直接明确为科级领导干部。

2009年,市委首次采用无领导小组面试、全程差额竞争、引入公共评委等方式,选拔产生科级领导干部12名。坚持实绩导向,在市级机关择优明确副科级非领导职务干部50名。从国内外高校毕业生近3000名报名人员中,引进录用50名应往届博士和硕士研究生,充实到高学历党政后备人才队伍。2010年,在5个镇探索实施党政“一肩挑”模式,探索空岗预告制,首次面向社会发布空缺正科职岗位,面向国内外知名高校引进具有研究生以上学历的高层次党政后备人才48人,其中博士6人。

图12-2 如皋市高层次党政后备干部工作会议 (2008年摄)

干部监督管理 1950年9月,县委组织开展以克服骄傲自满、官僚主义和命令主义为重点的整风运动,教育、审查党员干部。1955年,全县开展肃反、审干工作。1963年始,县委组织部对干部任免和调配履行报批手续,实行分级管理。

1986年始,全县干部考核实行民意测验、德才测评、个别考察、述职小结、群众评议、质询答辩、行家评鉴等考核方法。县委组织部明确,干部提拔、任免和调整,须经过民意测验、民主评议、组织全面考察等必要程序,再由党委(组)集体讨论,报上级审批。1997年始,全市执行领导干部“双重”组织生活制度,干部调配之前听取纪检、监察部门的意见。实行领导干部个人收入申报制度、个人重大问题报告制度、定期谈话诫勉制度。是年,市委组织部受理个人收入申报329件、个人重大问题申报69件,诫勉谈话12人次。

2000年始,全市实行党政“一把手”离任和任期经济责任审计。是年，审计48个单位70名领导干部，审计发现案件线索10个，处分3人，通报批评和诫勉谈话4人。

2004年，市委制订《如皋市干部选拔任用工作监督检查办法》《关于上级组织部门列席下级党组织研究干部任用会议的暂行规定》，实施《干部任用责任监督书》监督。2006年，如皋市被江苏省委组织部确定为干部监督工作联系点。2007年，《市委组织部负责人与市管领导班子主要负责人提醒谈话制度》出台，把干部监督贯穿于干部日常管理之中。

2008年，市委制订《如皋市科级领导干部监督管理办法》《如皋市干部选拔任用监督管理试行办法》，从监督内容、监督方法、责任追究等方面对干部监督管理作出明确规定。2009年，市委组织部在全国县（市）中率先开通"12380"举报网站，建立来信来访、"12380"专用举报电话和"12380"举报网站三位一体的群众监督渠道。是年，市委制订《如皋市科级党政主要领导干部用人责任审查、经济责任审计、编制责任审核实施办法》，对党政领导干部用人、用编、用财权实施监督。出台《如皋市干部选拔任用工作"一报告两评议"实施办法》，规定各镇（区）、各部门党委（党组）书记每年度要代表党委（党组）对本镇（区）、本部门干部选拔任用工作情况在党代会和党员会上报告，并在一定范围内组织干部群众民主评议镇（区）、部门党委（党组）干部选拔任用工作情况，民主评议当年新提拔任用的干部履行岗位职责情况。

2010年，市委组织部研制开发干部选拔任用工作纪实监督系统，全程实时监控全市82家具有干部任用权限的单位选拔任用工作。纵深开展"三责联审"工作，出台《关于进一步加强"三责联审"整改工作的意见》，强调对联审发现问题的整改，注重"三责联审"结果运用。

后备干部建设 20世纪60年代初，县委组织部采取老带新、师带徒、上级培养下级、正职培养副职、老干部培养新干部等形式，培养后备干部。20世纪70年代，按照接班人的5条标准和老、中、青三结合原则，采取领导、群众、组织部门共同培养形式，培养后备干部。1986年，对后备干部的培养除在干部正规化培训中给予优先安排外，还将其派到合适岗位上锻炼。是年，全县县级后备干部15人，其中7人先后到省、南通市委党校及高校干部班接受培训，2人到基层党委担任正职。

1995年，市委制订《跨世纪优秀年轻干部培养五年计划》，采取党委和支部建议、群众推荐等形式，推选出一批后备干部。此后，市委组织部每年从大中专应届毕业生中挑选，从市、乡机关工作人员中物色，从工农业生产第一线挖掘，全市后备干部队伍逐步壮大。2002年，面向社会招考105名科局级党政领导班子后备干部。2003年，首次通过公开推荐，建立县处级后备干部人才库。通过一系列程序，初步确定县处级后备干部人选51名、正科级后备干部人选91名，并进行公示。是年10月，面向社会招考50名妇女后备干部和50名党外后备干部。

2004—2005年，市委制订《关于选派年轻干部参与市中心工作实践锻炼的实施意见》，实施"三线三百"（选派百名年轻干部参加旧城改造拆迁工作，丰富群众工作经验；选派百名年轻干部驻点招商，增强经济工作本领；选派百名年轻干部参加新农村建设，聚焦城乡统筹发展）实践锻炼工程。2006年，在全市重新推荐产生科级领导班子后备干部人选中，确定正科级后备干部141名、党政领导班子副科级后备干部260名。2007年，抽调年轻后备干部、机关新提拔领导干部及军转干部共333名，参与新农村建设、招商引资、城市拆迁等中心工作，选调16名年轻干部到如皋港参加园区建设。

2007—2010年，市委组织部通过笔试和面试、体检及考察等程序，分别择优招录126名、230名、43名、39名高校大学毕业生到村（社区）工作。2008—2010年，分别面向全国知名高校公开招录30名、50名、40名具有研究生学历的高层次党政后备干部，充实到镇（区）和专业性较强的市级机关部门。

干部人事制度改革 1986年，全县各企业试行厂长（经理）负责制和厂长（经理）工作目标责任制。县委组织部对乡镇招聘干部进行任期考核，办理续聘、解聘手续。在少数企业领导班子和中层干部中试行干部聘用制度。1989年，先后抽调县、乡（镇）机关142名干部到农村任职半年、培养锻炼。推行干部招聘制度，通过公开报名、笔试、面试、考察、初定、审批等程序，首批招录机关干部15人。1991年，抽调20名干部到12个乡镇任实职，招聘乡镇干部110名。1993年，提拔21名经济工作实绩突出人员担任乡镇或经济主管部门的领导。1995年，采用设置助理、下派锻炼、疏通“进出口”等措施，为年轻干部上岗创造条件。

1997年，市委组织部研究制订《市级机关试行中层竞争上岗的意见》，全市12个单位110名机关干部通过竞争上岗走上中层干部岗位。2000年，实行乡（局）职领导干部任前公示制、任期制、聘任制以及全员末位待岗。2001年，改革考察任用方式，实行考察预告、差额考察、常委会讨论干部全员票决、任前测试、任前公示制度。2004年，在推行考察预告任前公示中，试行追溯考察和差额考察。2005年，面向全市公推公选如城镇4个街道党委书记和办事处主任。在事业单位进行年薪制、组阁制试点工作。

2008年，市委组织部推进市镇机关中层干部交流轮岗。是年，市级机关之间交流30人，乡镇机关之间交流40人，市级机关与乡镇之间交流32人。2010年，制订出台《关于充分发挥不同年龄段优秀干部作用的意见》，将部分优秀干部适当推迟退二线。出台《如皋市国有企业领导人员管理暂行办法》，从党政机关选派15名科级领导干部，到首批实行市场化运作的国有资产公司担任负责人。

五、人才队伍建设

人才引进培养 1989年3月，县委把“科技兴县”作为经济发展重大战略方针。县委组织部从机关、企事业单位中，选派一批年轻科技人员担任科技副乡（镇）长，在农村第一线从事科技兴农工作。1995年，全市22个乡镇与高校、科研院所建立协作关系。市委组织部在知识分子骨干队伍建设中，落实党总支以上企业35岁以下125名骨干知识分子的具体培养措施。1998年，加强对高层次科技人才的选拔、培养，全市3人被确定为省“333工程”第三层次培养对象，10人被确定为南通市级专业技术拔尖人才，11人被确定为南通市第二批跨世纪学术技术带头人培养对象。

1999年，全市通过脱产进修、在职函授、自学考试形式，接受学历教育4600余人。市委组织部分别邀请江苏大学、南京航空航天学院、南京农业大学、江苏理工大学等高等院校的专家教授到如皋开办研究生课程进修班、专业证书班或专题学术技术讲座，培训人才。2004年，委托上海复旦大学举办民营企业管理人员MBA培训班。2005年，筹建如皋市人才评价推介中心，每季度邀请一位知名专家学者到如皋就全市经济社会发展中的重大问题举办高层论坛。2007年，从沪东重机等国内龙头企业引进“花甲专家”5名，从韩国大宇等国外公司引进核心人才3名。

2008年，全市企业及科研单位与全国400多所高等院校和科研院所建立长期合作关系，引进各类高层次人才1700余人，其中具有硕士以上学位者188人，具有高级职称者1508人。2009年，全市建立省级博士后科研工作站2个、院士工作站2个、各类高校毕业生实习基地26个。通过“第13届如皋经济技术（科技·人才）洽谈会”“院士专家如皋行”“硕士、博士如皋行”“海外留学人才如皋行”等活动，引进16名高层次领军型创业创新人才落户如皋。市政府成立上海交通大学如皋院士工作室，聘请19名两院院士、长江学者、中青年首席专家和高校校长担任如皋市经济社会发展高级顾问。市委组织部组织推荐全市重点科技型企业家参加人民大学、北京大学、清华大学和省委党校高级研修班10人次。

人才管理 1991年后，市委、市政府先后制订《如皋市科技进步工作意见》及其《奖励条例》《专业技术拔尖人才的选拔管理办法》《跨世纪学术技术带头人培养对象的选拔及其培养与管理办法》等一系列文件，旨在构建有效的人才引进、培养、管理、服务、激励机制。

1998—2000年，市委、市政府先后制订《如皋市跨世纪学术技术带头人培养对象培养与管理办法》和《如皋市第四批专业技术拔尖人才选拔管理办法》，在工厂企业推行技术人员竞争上岗和技术项目承包制，将科技人员的贡献与报酬挂钩。3年间，全市有4人4项成果获国际金奖，1人1项成果获国际银奖，16人14项成果获省以上科技进步奖，65人45项成果获南通市科技进步奖。

2005年，市政府出台《关于对服务我市企业的博士硕士等高层次人才进行补贴的意见》,对正式到如皋企业工作、服务期限满三年的合同制博士、硕士等高层次人才,按博士30000元、硕士18000元标准,给予一次性人才补贴。市委、市政府设立如皋市创新创业大奖,每3年评选2次,对在全市经济社会发展中取得突出贡献的优秀人才给予一次性5万元的重奖;对外来人才长期在如皋工作,并取得显著成绩的授予荣誉市民称号。

2007年,市委组织部制订《如皋市名教师、名医生、名工程师、名农艺师评选与管理办法(试行)》《如皋市优秀高技能人才评选管理办法》《如皋市农村优秀专业人才选拔管理办法》等一系列强化人才培养、选拔与管理的文件。根据省人事厅出台的《省人事厅关于为如皋经济社会发展提供人事人才服务的意见》,将如皋列为"人才特区"试点市,优先将一些国内外重点学科、重点领域的人才和项目引入江苏省留学生创业园如皋分园和博士后技术创新中心。

2009年,市委、市政府在人才资源相对集中的三大主功能区设立人才工作站。把高层次人才作为重点服务对象,实施优秀人才关爱工程,解除优秀人才户口落户、子女入学等后顾之忧。实施人才安居工程,建成保障性人才公寓8幢700余套,解决2000多名人才的住房需求。2010年,制订《2010年人才工作目标责任制考核意见》,加强对成员单位的考核管理。

六、党员干部现代远程教育

2007年7月,市委组织部成立市党员干部现代远程教育中心。是月,如皋党建网正式开通。是年,全市建设远程教育终端接收站点280个,形成宽带网、移动信息、有线电视"三合一"的党员远程教育服务体系。2009年7月,市委组织部开办《时代先锋》和《雉水讲坛》党建电视专栏。是年,实施网上"村村通"工程,全市建成网上"村村通"网站338家。南通市委组织部将如皋网上"村村通"工程列为创新项目,在南通各县(市、区)推广。

2005—2010年,市委组织部电教中心独立制作的党员电教片连续6年获南通市党建专题片评比特等奖。与中组部联合摄制大型电视系列片《燃烧的青春》,在北京举行出版座谈会,受到中组部、中宣部、团中央等20多家部门领导和专家的高度关注。全市各终端站点积极实施"富民工程",组织市镇村开展党员创业技能培训、农民经纪人培训等活动。各远教成员单位组织百名远教专家指导团赴基层站点和学用基地开展技术培训,现场指导。

图12-3　2010年9月21日,《燃烧的青春》一书在北京举行出版座谈会

第七节　宣传工作

一、机构沿革

民国16年(1927年)至民国19年,中共如皋县委设宣传委员。民国29年10月,中共如西县委始设宣传部。1967年3月,县委宣传部随县委瘫痪而瘫痪。1967年4月,县军事管制委员会"文化革命"办公室下设宣传组。1968年4月,县革命委员会设宣传组。8月,县革委会政工组下设宣传组。1971年2月,中共如皋县委恢复,县委宣传工作仍由县革委会政工组的宣传组负责。1974年2月,县委宣传部重建。2001年,市委宣传部增挂市精神文明建设指导委员会办公室牌子。2010年市委宣传部内设宣传科等4个科室,另设如皋市全民国防教育委员会办公室、市委对外宣传办公室、市政府新闻办公室等机构。

二、理论教育

理论学习、研究、宣传　民国25年(1936年)夏,中共党员叶胥朝参加如皋进步文艺团体"春泥社"活动,创办读书会和社会科学研究小组,学习研究《资本论》(第一卷)、《法治经济学批制》等马克思著作。抗日战争时期,中共如西县委利用报刊、会议等途径,广泛宣传共产党的抗日主张和“二五减租”政策;组织广大教师学习毛泽东《论政策》和党的文化教育方针;组织中学生学习马克思、列宁、毛泽东的经典著作,学习刘少奇《论共产党员的修养》和俞铭璜撰写的《新人生观》。解放战争时期,中共如皋县委向党员、干部和群众进行形势、任务和土改政策宣传教育,动员和组织全县人民提高阶级觉悟,支援前线,迎接新中国诞生。

20世纪50至60年代初期,全县上下以爱国主义、社会主义、集体主义教育为主线,用多种形式组织干部、群众,特别是党员、干部学习马克思主义、毛泽东思想,学习党的路线、方针、政策。1960年上半年,全县开展学习毛泽东思想运动。1965年,全县掀起学习毛泽东著作高潮。“文化大革命”开始后,全县各界以学习毛泽东“老三篇”(《为人民服务》《纪念白求恩》《愚公移山》)及《毛主席语录》为主。“文化大革命”中、后期,全县理论学习、宣传、教育基本围绕“无产阶级专政下继续革命的理论”进行。1977年,学习《毛泽东选集》第五卷。1978年起,重点学习有关“实践是检验真理的唯一标准”讨论的文章。1982年起,着重组织学习中共十二大文件、《邓小平文选》、新党章、《中共中央关于经济体制改革的决定》。

1986—1988年,县委组织开展干部正规化理论教育,组织乡、镇以上领导干部学习和研讨社会主义初级阶段理论。1989年5月,如皋县思想政治工作研究会成立。1992年,全市学习邓小平视察南方重要讲话,组织开展市场经济理论的学习和研讨。

1995年起,全市以《邓小平同志建设有中国特色社会主义理论学习纲要》为主要学习材料,举办研讨班、培训班。2000年5月,“三个代表”重要思想学习列入全市党委(组)中心组学习的中心内容和全市乡局级领导在职自学的必读内容。2007年,全市上下认真学习、全面贯彻落实科学发展观和构建社会主义和谐社会重大战略思想,推动全市新一轮思想大解放。2010年,市委全面启动学习型党组织建设。

理论学习中心组 1983年,县委和各乡镇、部门党委(党组)理论学习中心组建立。1992年,全市共建党委(党组)理论学习中心组117个。1998年,市委宣传部与组织部、党校研究制订《如皋市党委(党组)理论学习中心组规范化建设细则》。2000年,市委组织全面检查中心组学习情况,评选出先进学习中心组24个,对执行学习制度不严、学习活动规范化不高的10个中心组提出整改意见。是年,试行中心组学习旁听制度。

2001年始,市委实施部分主要负责人任职前必须参加政治理论考试,考试不及格取消任职资格制度。2005年,市委理论学习中心组被评为南通市县处级中心组先进集体。2007年,全市中心组围绕学习党的十七大精神,全面贯彻落实科学发展观和构建社会主义和谐社会等一系列党的重大理论创新成果,在搞好自学基础上,多层次开展集中交流活动。2008年,市委中心组成员带头参加解放思想大讨论,到基层开展学习实践科学发展观专题调研,形成一批具有指导意义和前瞻性的调查分析报告。2010年,组织“加快推进城镇化,促进城乡一体化”“创新思维下的区域整体开发”等重点专题学习活动。

“送理论到基层、送党课到支部”活动 1996年,市委宣传部启动“送理论到基层,送党课到支部”(简称“双送”)活动。1998年,江苏《党的生活》杂志专题介绍如皋市开展“双送”活动的经验。2001年,市委宣传部下发《进一步拓展、深化“双送”活动的意见》,要求每一名副乡局级以上领导干部在搞好自身学习的基础上,都必须到基层单位上党课,作理论辅导报告,并将其列入党员领导干部政治学习考核的重点内容。2006—2009年,围绕学昆山、学赶张家港,建设新如皋等重点课题,组建学习实践科学发展观宣讲团,赴基层巡回宣讲。编发建设全面小康社会专题“双送”教材,结合新闻媒体对4大类18项25个小康指标进行全面解读,聚焦全面小康建设。2010年,以“转型升级调结构,奋力跨江争八强,推进更高水平小康社会建设”为重点内容,组织开展“双送”活动。

农村党员冬训 1978年始,全县以“冬训”形式对农村党员、干部进行政治思想教育。冬训每年1期,以乡(镇)为单位,时间5—10天,由县委宣传部结合形势与任务、农村政策、党员思想、精神文明建设、必读文件等内容，编写教材，乡镇党委领导主讲，开展讨论交流，帮助农村党员、干部提高认识，推动农村建设。1978—1982年，全县农村党员冬训主要组织学习党的十一届三中全会以后党的路线、方针、政策，开展真理标准问题的讨论，开展彻底否定“文化大革命”教育，指导党员树立实事求是，一切从实际出发的指导思想。

1984—1986年，全县农村党员冬训重点宣传稳定和完善联产承包责任制；进一步放宽农村经济政策，鼓励农民大力发展多种经营，发展商品经济，大胆勤劳致富；专业户是农村先进生产力的代表等。通过宣传，清除部分干部群众中存在的怕富、妒富、卡富、怕变等思想障碍。

1989年，县委宣传部推广柴湾乡运用电教手段搞好冬训的做法。1990年，全县农村党员冬训主要开展社会主义思想教育，深化农村改革、发展综合生产力的教育，加强村级政权建设、密切党同群众联系的教育，加强农村社会主义精神文明建设的教育。1992年，全市农村党员冬训统一组织学习邓小平视察南方重要讲话。1993年12月下旬，南通市委宣传部在林梓镇召开南通市党员冬训工作会议，林梓镇党委作题为《紧贴经济建设，冬训务实创新》的介绍。1998年，全市农村党员冬训开展“我看改革开放20年”“我看农村冬训20年”等专题讨论、征文竞赛或演讲比赛，部分乡镇开展推荐、评选农产品“优秀经纪人”活动。针对农村“三风”(赌博、迷信、大操大办)，把“喜事不讲排场，家中不摆道场，佛事不进村庄，人人不进赌场”写进村规民约。

1999—2005年，全市农村党员农村党员冬训着重宣讲“三个代表”重要思想，学习科学发展观，进行保持共产党员先进性教育，加大力度对招商引资、项目投入、沿江开发、全面创业、新农村建设和“六城同创”等重大任务开展强势宣传。2007年、2008年，全市农村党员冬训主要内容是对市委、市政府推动经济社会持续腾飞的总体要求、目标任务、实施部署、关键举措进行全面解读。2010年，全市农村党员冬训采取听议辅导报告和看学先进典型相结合、学习理论知识与讨论发展举措相结合的方法，广泛开展忆变化、排差距、找定位活动，提升冬训实效。

基层党校 1984年，县委宣传部在大明乡搞业余党校试点，并在新民乡召开创建业余党校现场会。年底，全县53个乡镇业余党校全面建成。1985年，全县机关部门、设党委和党总支的县属企事业单位相继建立业余党校。1987年，南通市委宣传部在如皋县召开企事业党校经验交流会，推广如皋肉联厂利用业余党校对干部职工进行正面教育的经验。1990年下半年，全县恢复企业职工政治学校。至年底，建校143所，轮训职工2.18万多人。

1991年，新民乡率先创办农民学校，并在全市(县)乡镇迅速推开，《农民日报》予以专题报道并配发评论。至此，以市(县)委党校为龙头，以基层党校为主体，以职工政治学校、农民学校为补充的业余政治理论培训、辅导网络基本形成。1989—2006年，全市(县)计有34所基层党校被评为南通市先进基层党校，24所基层党校被评为南通市红旗基层党校，9所基层党校被评为省级先进基层党校。

2007—2009年，市委宣传部组织开展全市基层党校规范化建设情况调研、指导，对基层党校专职副校长进行专题业务培训，参训27人。2010年，全市各基层党校平均办班8期以上。

三、社会宣传教育

民国15年(1926年)9月，中共如皋独立支部建立后，开始秘密宣传马列主义。抗日战争爆发前，中共党员叶胥朝支持创立的如皋进步文艺团体“春泥社”，在如皋《导报》开辟副刊《春泥》，内容以宣传抗日救亡为主。

抗日战争爆发后，春泥社创办《救亡》《民族解放》，并在国民党如皋县党部《皋报》上开辟副刊《炮火》，宣传抗日救亡。组织春泥剧团，在城乡演出《放下你的鞭子》《汉奸的子孙》等活报剧，激发群众抗日情绪。民国30年4月，中共如西县委创办《如西报》，宣传中国共产党的抗日主张、抗日民族统一战线、减租减息政策、抗日战争时局等。

解放战争时期，中共如皋县委组织在广大农村宣传中共中央《关于清算减租及土地问题的指示》，发动解放区贫苦农民向地主展开清算斗争，实行土改。同时，号召参军参战，支援前线。

1950年，全县重点宣传“抗美援朝、保家卫国”,动员群众捐钱捐物,购买飞机大炮。1953年,县委组织开展关于过渡时期总路线和总任务的宣传教育活动。1958年,开展“鼓足干劲,力争上游,多快好省地建设社会主义”总路线的宣传教育活动。1965年,全县农村开展系统社会主义教育运动,后发展为“清政治、清经济、清思想、清组织”的“四清”运动。

“文化大革命”中,全县社会宣传活跃而混乱。

中共十一届三中全会后,全县社会宣传教育工作逐步走上正轨。1982年3月,县委组织部组织开展以“五讲四美”为重点的第一个“文明礼貌月”活动。此后,“五讲四美”活动与“三热爱”教育活动相结合,合称“五讲四美三热爱”活动(讲文明、讲礼貌、讲卫生、讲秩序、讲道德,心灵美、语言美、行为美、环境美,热爱祖国、热爱社会主义、热爱中国共产党)。县委将每年3月定为“全民文明礼貌月”。1987—1988年,突出宣传基层改革的成功经验,组织开展为改革献计活动。

1989—1990年,全县开展“爱我中华,兴我如皋”宣传教育活动,展开“为什么只有共产党才能救中国”“中国为什么不能走资本主义道路”大讨论等活动。1995年5月起,全市开展“如皋精神”大讨论,并确定“团结实干创大业,负重拼搏争一流”为如皋精神。1999年,全市城乡开展“看成就、话改革、争贡献”主题活动。2003年,开展以“实践三个代表,实现如皋经济全面起跳”主题教育活动。

2007—2008年,市委摄制并广泛组织观看大型电视政论片《惊涛拍岸》,组织“百万人看如城”活动,摄制电视政论片《大江作证》,编印画册《五年巨变——如皋市经济社会发展述略》,组织《放歌巨变》专场文艺演出,推动全市新一轮思想大解放。2009年,组织“如皋城市精神”大讨论,提炼形成“腾江越海,登高致远”为新时期如皋城市精神。2010年,全市开展“‘十一五’成就大检阅和‘十二五’规划大讨论”主题教育活动。

四、舆论宣传

重大题材宣传报道 1975年7月21日,戴庄公社遭龙卷风袭击,四面八方伸出援助之手。县委宣传部组织写作组采写的长篇通讯《共产主义精神的凯歌》,被江苏省委《江苏通讯》、南通地区《情况简报》全文刊载,并在《新华日报》《南通日报》头版整版刊登。县委发文(皋委发〔1975〕63号),将长篇通讯全文转发至各党组织,共印发3万多份,作为思想政治教育教材。

1985年4月7日,安徽庐江县天井乡孕妇杨菊林等,所驾满载大米的3条水泥船在营防乡地段江面翻沉,营防乡长江村村民闻讯赶至,将冻僵的杨菊林和10名船员营救上岸,3名妇女搂着杨菊林将其焐醒,村民捐钱捐物,让杨于2个多月后顺利返乡,杨生产后为儿子取名“营生”。县委宣传部组织采写长篇通讯《悠悠长江情》,附评论《长江的情怀》,《新华日报》《安徽日报》均头版整版全文刊登。

1991年,市(县)委宣传部强化经济典型宣传。1994年,市委宣传部组织连续报道全市“百强村”和“百村扶贫工程”。1995年,市各新闻媒体分别开设“话说如皋超百亿”“超百亿群英会”“万众一心奔小康”等专题、专栏。

1999年始,市委宣传部持续组织“爱心邮路”典型宣传。2002年始,围绕“项目投入、招商引资”“长江、长绿、长寿”,组织专题连续深度报道。2003年4—5月,中共中央宣传部组织12家全国主流媒体,江苏省委宣传部组织9家省级媒体,到如皋集中采访报道全国重大典型“爱心邮路”。

2008年,市委宣传部组织“沿江开发引领腾飞、喜看如皋五年巨变”大型新闻宣传行动,高密度、大强度连续报道全市以沿江开发为突破口,带动县域经济快速发展的巨大成果。是年,《半月谈》第十四期刊载长篇通讯《如皋沿江开发五年巨变》,时长90分钟的电视政论片《大江作证》由中组部党建读物出版社正式出版发行。2010年7月21日,就读于武汉大学的如皋籍学生赵小亭,在前往贵州省贵定县马场河小学开展暑期支教志愿服务途中不幸遇难后,市内媒体密集推出赵小亭先进事迹和社会各界弘扬小亭精神、立足本职比贡献的系列报道。其间,市委宣传部配合《人民日报》、新华社、中央电视台、《光明日报》《中国青年报》等采写报道近40篇。

对外宣传 1991年,市(县)委设立对外宣传办公室。1993年,市委宣传部有计划、有重点地对外宣传如皋重点企业和拳头产品。联系中央电视台为如皋数个厂家制作广告，在中央电视台一套黄金时间《榜上有名》栏目播放。同时，分别在《香港商报》、香港《文汇报》《新香港时报》上刊登专版，详细宣传如皋政治、经济、人文历史、投资环境等情况，并在《人民日报》(海外版)、《中国日报》(英文版)及香港中新社、新华社分社等刊物上，发表一批宣传如皋的文章。

1994年，如皋外宣网络建立。1996年，在《人民日报·海外版》《华东信息报》等媒体编发如皋专版、专稿。新华社为如皋经贸洽谈会编发500字通稿，海外20多家通讯社转发。1998—1999年，如皋市4部外宣电视专题片在欧洲卫视、美洲黄河电视台播出，29篇外宣稿件被涉外报刊录用。2002年，如皋市6部电视专题片在中央电视台播出，反映如皋长寿现象的电视片《和乐中华》在联合国第二届人口与老龄问题大会上播出，其光碟作为大会礼品赠送各国与会者。是年10月28日、29日，江苏卫视将《群星拜寿》大型文艺晚会、"太平盛世万岁宴"实况分别直接切入江苏新闻播出，时长分别为5分钟、3分钟。

2003年，市委、市政府邀请中央电视台、东方卫视、广东卫视及《人民日报》《经济日报》、新华社等50多家主流媒体对如皋经济社会发展、良好投资环境等进行全方位、多角度的采访、报道。中央电视台与如皋电视台联合摄制的7个多小时特别节目《今又重阳》和《让世界了解你——如皋》，在中央电视台四套播出。2006年4月，中央电视台10套在《走近科学》栏目播出《探讨如皋长寿之谜》专题片。2007年6月，《半月谈》第十一期以《满城尽开"爱心花"》为题，报道如皋市建设"爱心城市"情况。人民网、中国网、新华网2次专访市委书记陈惠娟，并现场直播。中国香港《大公报》刊发宣传如皋专版。2008年，中央人民广播电台《新闻和报纸摘要》栏目、江苏卫视《江苏新时空》栏目推出如皋市打造世界级造船基地的专题报道，《新华日报》报道如皋农村"三大合作组织"(农民专业合作社、土地股份合作社、农村社区股份合作社)建设情况。2009年，《新华日报》头版头条推出《如皋，困境中"抢"出发展新天地》《如皋：高新企业引跑转型升级》等报道。

图12-4　2003年12月5日，市委书记陈惠娟与美国长滩市市长在线视频对话交流

2010年，市委、市政府邀请市外主流媒体组团到如皋集中采访报道，报道如皋市以"绿色、低碳、环保"为主题的"一会两节"盛况和抢抓沿江、沿海开发机遇，辐射带动全市经济发展，实现"十一五"经济社会持续高位走强的成就。

第八节 统一战线工作

一、机构沿革

1951年7月，县委设统战委员。1953年8月，建立统一战线工作部。1967年3月，全县统战工作停顿。1974年2月，县委办公室内设统战组。1978年4月，县委恢复设立统一战线工作部。2001年10月，市委统一战线工作部与市民族宗教事务局合署办公。是年，全市每个镇均设专(兼)职统战委员。2003年，各镇党委统战委员均兼任民族宗教助理。2010年1月，市民族宗教事务局由与市委统战部合署办公调整为与市委统战部两块牌子，一套班子。

二、统一战线政策贯彻落实

民国30年(1941年)秋，中共如西县委为贯彻抗日民主统一战线政策，团结各阶层爱国民主人士共同抗日，召开如西县第一届参议会。此后，先后召开2届参政会。民国35年7月，县参政会停止活动。

民国38年1月如皋全境解放后，县委主要领导人负责统战工作。1950年后，全县各界人民代表会议和县人民代表大会均有各阶层爱国民主人士参加，所占比例逐年上升。1957年下半年，全县开展“反右派斗争”，出现扩大化错误，一些工商界人士和知识分子被错划为“右派分子”。

“文化大革命”中，党的统战工作陷于停顿。

1978年4月，县委统战部恢复后，开展落实工商业者、起义投诚人员、民族、宗教、侨务、对台及知识分子政策，平反纠正冤假错案，清退“文化大革命”中被查抄的物资，并处理一些历史遗留问题。1979年上半年，县委复查改正全县错划的265名“右派分子”，并落实安置工作；对在外地错划转如皋的70名“右派分子”，协助进行复查改正和安置；对内定“中右”受处理的298人，亦给予纠正。同时，根据有关政策妥善安置受株连的家属子女。

1980年始，县委统战部将1956年参加公私合营的530名私方从业人员，区别确认473人为劳动者。1983—1984年，县委组织全面清理和复查全县被错处的国民党起义投诚人员，认定起义人员123人、投诚人员93人。1984年，中共中央统战部向全国推广此项工作的经验。1988年，县委统战部会同有关部门解决部分少数民族同胞子女顶替、安排工作问题。至此，全县落实党的统一战线政策工作基本结束。

三、统一战线团体建设

1984年9月，县委统战部筹备召开如皋县第一次归国华侨侨眷代表大会，成立县归国华侨联合会（简称县侨联）。1986年4月，恢复在“文化大革命”中停止活动的如皋县工商业联合会。1985年6月，首届如皋县佛教协会会议于如城定慧寺召开，成立如皋县佛教协会。1988年11月，首届台胞台属代表会于如城召开，选举产生如皋县台胞台属联谊会理事会。

1992年，市委统战部筹备并成立如皋市海外联谊会。1993年5月，市工商联合会第六届会员代表大会暨如皋市商会成立大会召开，经批准，市工商联同时称市商会。年内，逐步恢复建立乡镇工商业联合会。1995年，如皋市道教协会成立。1996年，市委统战部筹备并成立如皋市少数民族联谊会。2000年6月始，市委统战部、市工商联协调成立各类行业商会。2005年，如皋市党外知识分子联谊会成立。至2010年，全市市级同业商会增至29个。

四、非中共党员干部培养

20世纪80年代，县委统战部重视做好非党知识分子思想政治工作，尽可能帮助改善工作和生活条件。定期调查考察县级机关、事业单位党外代表人士，根据人员变化，及时调整充实党外后备干部队伍。多次选送优秀党外干部参加南通市社会主义学院学习培训。

1997—1998年，市委统战部举荐60多名非公有制经济代表人士作为市人大代表、政协委员，工商联副会长和常、执委候选人建议人选。2001年初，与市组织部门共同研究制订《2001—2005年如皋市培养选拔党外领导干部工作规划》，市内科技、教育、文化、卫生等党外知识分子相对集中的部门，一批优秀党外知识分子逐步被纳入党外后备干部队伍。2002年，2名40岁左右的科级党外领导干部走上县处级领导岗位。

2003年12月，市委统战部、组织部首次招考科级党外后备干部，全市50名非党干部被纳入后备干部队伍。2004年8月，如皋市社会主义学校挂牌成立。2005年12月，如皋市党外知识分子联谊会成立，首批吸收会员170人。此后，市委统战部每年举办党外后备干部培训班。2007年，经选举，全市108名非中共人士当选县（市）级以上人大代表，其中全国人大代表1人、江苏省人大代表3人、南通市人大代表20人。207名非中共人士被安排为县（市）、市两级政协委员，其中南通市政协委员15名。2010年，全市在职非中共领导干部26人，其中市人大、政府、政协领导班子成员4人，部门、镇副科级领导成员22人。

五、港、澳、台同胞及海外侨胞服务

1987年11月，台湾当局决定开放民众赴大陆探亲，回如皋探亲的台胞人数急剧增加。1988年11月，如皋县台胞台属联谊会成立，召开首届台胞台属代表会，选举产生县台胞台属联谊会理事会，推进皋、台两地交流、交往。是年，回如探亲旅游台胞427人次。1989年，台北、高雄2市如皋同乡会会长及10余名理、监事先后回乡探亲，受到热情接待。是年，到如皋探亲、旅游、开展经贸考察活动的台胞514人。

1990年，如皋县台胞、台属联谊会被省政府

图12-5 1973年11月，日本前首相大平正芳会见县人民医院护士中国籍日本人伊藤郁子

台湾事务办公室表彰为省接待台胞工作先进集体。县侨办撰写的侨界先进典型人物华籍日人离休护士长伊藤郁子和归国华侨黄扶正（县人民医院主治医生）的先进事迹材料分别被《人民日报》、湖北省《统一战线》、江苏省《江海侨声》录用。是年，县委统战部开展"三胞"及其眷属情况调查，全县有台胞2020人，港澳同胞695人，"三胞"眷属8104人。20世纪90年代，市（县）委统战部受理台胞定居申请，对要求回如皋定居的台胞，按照政策规定认真办理。至2000年，市委统战部累计办理30多名台胞回乡定居手续。2001年起，台胞定居的受理审批改由公安部门负责。

2001年，如城大治、迎春、锦绣、丰乐等社区分别创建侨台眷属联谊会、"挚友之家"等载体，正常开展活动。2003年8月，南通市委统战部在如皋市召开现场会，将如城大治、迎春等社区的做法向其他县（市）推广。10月，市侨联与尘洁医院联合成立的如皋市华侨医疗保健中心揭牌，为市境内"三胞"及其眷属提供快捷高效的医疗保健服务。2005年5月，如皋海外联谊会聘请国际知名法学博士李昌钰担任名誉会长。2006年4月，"如皋统战"网站正式开通，为苏中、苏北地区首家县级统战网站。网站设有10个栏目、38个子目，全方位、多层次介绍如皋市统战工作情况，并与"江苏统一战线"网站链接。2007年，如皋市领南通市之先成立华侨、港澳投资者和归侨侨眷维权工作站。2010年7月，市委统战部与如皋海外联谊会在深圳举办香港同乡联谊活动，10多位旅港如皋知名乡贤参加联谊。

第九节 农村工作

一、机构沿革

1950年6月，如皋县委始设农村工作委员会。1954年7月，改设县委农业生产互助合作部。1958年10月，易名农村工作部。1966年，更名农村政治工作部。1968年县革委成立会后，农村工作由县生产指挥组负责。1984年1月，县委恢复设立农村工作部。1992年，市委农工部增挂如皋市农村经济工作委员会牌子（简称市农经委），负责指导、协调、督促、检查农村改革和农村经济工作。1996年，市委农村工作部增挂市农村经济委员会和市政府农村集体资产管理办公室牌子。2001年，市委农工部更名市委农村工作办公室，并挂市政府农村工作办公室牌子，为市委工作部门（简称市农办）。2010年，市农办内设农村现代化建设指导科等7个中层机构。

二、农业产业化经营

20世纪90年代初，全市（县）部分农民围绕市场需求，扩大种植青玉米、草莓、番茄、黄芽菜等经济作物，走上致富道路。1992年起，全市加快种养殖业结构调整，扩大区域生产规模，推进商品农业生产。至1996年5月，全市各类高效商品农业面积89849亩。是年，全市农村开始建设日光温室、拱形大棚，使用遮阳网、脱毒苗、专用肥料和生化制剂等新技术。2000年，全市各类瓜果蔬菜面积14.8万亩，商品农业基地辐射面40万亩，各类专业村120多个。荷兰豆、草莓、特色玉米、西瓜等8个商品农业生产基地面积9万亩。全市农副产品加工企业69家，其中销售收入超1亿元1家、超5000万元4家，列入省级龙头企业1家；农副产品营销公司48家，营销市场52个；农民经纪人3.3万人，年营销额近10亿元，其中年营销额10万元以上的农民经纪人614人。"雨香"牌小麦粉、挂面，"水明楼"牌白酒，"如通"牌黄酒，"千重浪"牌优质粳米，"玉兔"牌香肠、香肚、肉松，"如皋"牌香肠、肉松，"东皋"牌江苏萝卜条，"如皋绿园"牌盆景获南通市首届名优农副产品称号。

2001年,市委、市政府确定油米、花木、果蔬、蚕桑、生猪、黄鸡为全市农业结构调整的6大主导产业。全市形成百亩以上连片的经济作物基地84个。各类畜禽养殖大户6000多户,其中饲养百头以上生猪大户250多户、3000羽以上肉鸡或1000羽以上蛋鸡的养殖大户5700多户。有万羽鸡场150个,千头猪场8个。2002年,如皋市被列为国家优质油米基地市。

至2005年,全市以花木盆景、外向果蔬、优质油米、优质畜禽、优质丝茧等为主的特色主导产业,初步形成区域化布局、产业化经营。中部形成以如城、下原镇为主的20万亩花木产业园区,中、西部形成以袁桥、搬经、磨头、桃园镇为主的10万亩外向果蔬产业园区,东部、西部形成以丁堰、白蒲、常青、搬经等镇为主的100万头优质商品猪和3000万羽如皋黄鸡产业园区,西部、北部形成以高明、雪岸、柴湾镇为主的10万亩优质蚕茧产业园区,南部形成以长江、九华等镇为主的60万亩优质水稻和40万亩弱筋小麦产业园区。全市建有一定规模的各类农副产品专业或集贸市场81家,年交易额47.82亿元。全市有农民专业合作组织103家,活跃在如皋城乡、全国各地的如皋农民经纪人3.55万名。是年,江苏如皋花木大世界成为华东地区规模最大、功能最齐全的花木交易市场,交易额23.93亿元。市草莓协会被评为首批国家级50家优秀农民专业合作组织之一。

2006—2010年,全市农业到账外资1.48亿美元。建成农业规模企业176家。建成市级以上农业龙头企业38家,其中国家级1家、省级6家、南通级12家,带动种植基地50多万亩。拥有如皋花木大世界和中国肠衣城2家30亿元级企业、长寿集团和玉兔集团2家10亿元级企业、新丝路和赛天蓬等4家3亿元级规模企业。中国肠衣城将全市185家分散的肠衣企业进行产业集聚。2010年,如皋花木大世界和中国肠衣城被列为江苏省农业产业化经营会议参观典型。

三、农民负担控减

中华人民共和国成立前,如皋官府“漕粮”“地丁”“忙银”“田赋”“地价税”等主要由农民负担。

中华人民共和国成立后,全县农民负担明显减轻,但仍相对较重。1983年,全县农村实行家庭联产承包责任制,集体土地以农户为单位承包,原由集体支付的税收及其他相关费用,一次性分解到户,定额上缴,俗称“三粮五钱”(统购粮、调剂粮、水利公用粮,农业税、管理费、公积金、公益金及固定资产折旧费)。农村经济收益分配为“交足国家的、留足集体的,余下是自己的”,农民的主要负担总量一般控制在上年人均纯收入的5%以内。此外,一个劳力每年还应承担25个工日以内的劳动积累工和农村义务工,(简称“两工”)。全县实行家庭联产承包责任制后,绝大多数乡、村较好地执行国家农民负担政策,亦有一些地区乱摊派、乱收费、乱集资现象比较严重。此后,全市(县)农民负担管理工作的重点是总量控制,监控乱集资、乱收费,预防恶性案件的发生。

2001年3月,全市农村取消村提留、镇统筹,执行农民负担“一事一议”筹资、筹劳制度,并全面取消教育集资费等收费项目,逐步取消“两工”,农业开发等收费全部纳入控制的“一事一议”筹资、筹劳总量以内,农民负担大为减轻。是年,共取消不合理收费项目36个,降低收费标准35个。全市核定应税面积103.18万亩,《农民纳税通知书》和农民负担监督卡及时发放到户,农户直接签字率96.67%。2002年5月,市农办组织逐项梳理全市涉农收费项目和标准,累计审定涉农行政事业性收费项目48个、涉农经营性服务收费项目14个,减少收费项目13个,降低收费标准5个。是年始,全市实行涉农收费全面公示,涉农收费公示覆盖面100%。2003年,市委、市政府出台《关于加强农民负担监督管理的意见》,对村级3项资金全面实行专户管理。村干部报酬和分散“五保”户供养由市直接打卡到人,集中“五保”户供养由市直接拨至供养单位。是年,从1987年开始征收的农业特产税,全面按农业税及其附加的标准改征。

2005年,国家取消农业税,农民种田不再纳税。市委、市政府对农民负担作出明确规定:村民议事的基础上只承担不超过人均20元、劳均8个工日的“一事一议”筹资和筹劳。是年始,各级政府采取多种形式,对农民种田予以补贴,“反哺”农业。2007年,全市“一事一议”资金实行项目化管

图 12−6 市财政“一事一议”奖补工作会议（2010 年摄）

理。2008年下半年，市委农工办在全市12个村进行“一事一议”奖补试点。2009年，全市20个镇106个村107个项目，获省“一事一议”财政奖补资金999万元，均为农路项目，共建成水泥道路98.8公里。2010年，全市19个镇108个村109个项目，共获省“一事一议”财政奖补资金1733万元，亦均为农路项目，建成水泥道路131.2千米。

四、农村合作组织建设

2006年始，市农办推进农村三大合作组织（农民专业合作社、土地股份合作社、农村社区股份合作社）建设。2008年，省政府在如皋市召开发展农民专业合作社工作现场会。2009年，光远果蔬和齐富畜禽2个专业合作社被评为全省百家“四有”农民专业合作示范社。

至2010年，全市累计组建农民专业合作社478个、合作联社2个，登记成员7.19万多人，带动非成员农户22.54万户，新增基地13.3万多亩。农民专业合作社中，从事种植业的251个、畜牧业的155个、渔业的34个、农机服务业17个、其他21个。华鑫禽业、孙庄草坪等42家合作社被评为南通“四有”农民专业合作社，齐富畜禽和明兵蚕桑等10家合作社被评为南通“十佳”农民专业合作社。全市累计组建村级土地股份合作社324家，除8个城边村不具备条件外，其余均实现“一村一社”，土地入股农户13.02万户，入股面积21.47万亩。其中201家办理工商登记。全市累计组建农村社区股份合作社49家，入股农户1.3万户。白蒲镇康庄土地股份合作社和如城镇城南社区股份合作社被评为南通示范合作社。

第十节 政法工作

（参见卷十四第五章《政法管理与综合治理》）

第十一节 老干部工作

一、机构沿革

1979年，县委组织部设立老干部组。1980年，县革委会设立老干部管理局。1981年4月，改称县老干部局，属政府序列。1986年7月，划归县委系列，称县委老干部局。1995年，市老干部活动中心建成，为市委老干部局下属事业单位。2010年，市委老干部局内设退休干部管理科等3个科室，下辖老干部活动中心。

二、老干部作用发挥

20世纪80年代至90年代初，县委老干部局先后在老干部中开展“为党旗争光彩、为群众办实事”、评选“十佳”老干部支部书记、“五好”文明家庭和“五好”个人等活动，引导老干部参加各项经济活动和社会活动，发挥作用。1993年，陈秀英、沈良朋被省委、省政府表彰为老干部发挥作用先进个人，杨银聪、冒鸿福等10名老干部被省委老干部局评为离退休干部发挥作用先进个人。

1996年，市委老干部局在全市老干部中开展“讲政治、忆传统、做贡献”主题活动。市委组织部副部长、老干部局局长郭珍余被中共中央组织部表彰为全国老干部工作先进个人。1997年，全市老干部开展“我为富民强市献一计”活动，1100多名老干部献计献策1015条。1999年，全市老干部开展“学会积极养老，争做健康老人”活动。是年，搬经镇老干部党支部被评为江苏省先进离退休干部党支部，许吉甫、沈忠华被评为全省离退休老干部先进个人。

2000年，全市老干部开展“我为招商引资出把力”专题活动。2004年，全市老干部开展“扶贫帮困、共奔小康”主题活动，共结对帮扶358户困难户。2005年，市委老干部局向全市参加抗战老干部颁发抗日战争胜利60周年纪念章，并登门慰问。2010年，全市老干部开展“夕阳映江海，晚霞更生辉”主题实践活动，激励老干部在全市经济社会建设中发挥作用。

三、老干部服务

1979—1987年，老干部服务主要为个体服务，包括落实干部政策、帮助解决实际困难等。1988年，县政府在公费医疗改革方案中，对老干部看病、治病和医药费报销作出明确规定。1989年，全县离休干部生活待遇提高，941名离休干部每月增加补助共73000元，全年计发离休干部交通费202680元。是年，县委老干部局为5名老干部办理享受地市级政治、生活待遇手续，为21名老干部办理享受地市级交通医疗待遇手续，为无固定工资收入的离休干部配偶每人每月发放生活补贴200元。1993年，市委、市政府扩大离休干部享受护理费范围，并提高标准。年底，全市对每个离休干部增加特需费100元，获一次性补助300元。

2000—2004年，全市离休干部医药费保障机制建立，全市离休干部医药费实施统筹管理，离休干部医药费结报、管理的具体工作由市委老干部局移交市医保中心统一扎口管理。各镇离休干部省标工资和专项经费，列入市财政统一发放。离休干部特护费由每月80元调整为150元，离休干部特需费由每人每年100元增至200元。2005年始，市委、市政府对医药费发生较少的老干部实行奖励，医药费全年低于2000元的部分奖励个人60%。离休干部医药费由定点医院和指定药店(门诊部)用IC卡及时结报。2007年，市委老干部局向市委、市政府提交《如皋市离休干部住房补贴实施办法》，经市政府常务会议讨论批准，一次审批，分3年兑现到位。

2008年12月，市委、市政府将离休干部无固定收入配偶(含遗属)年终一次性补助标准由每人每年360元提高到600元，离休干部特殊护理费由每人每月150元提高到300元。2010年，全市各镇(区)、街道均建有老干部高龄养护服务站，共有服务队员514人，接受养护服务的离休干部153人。

四、老干部文体活动

1985年6月，县老干部文艺演出队建立。1989年，县委老干部局全面加强乡镇老干部活动室建设。1994年，位于如城西皋市场西侧的市老干部活动中心工程竣工，工程总投资300多万元，占地18.26亩，建筑面积4800平方米，内设棋室、牌室、球室、阅览室、图书室、阅文室、展览厅、歌舞录像多功能厅等，专供离退休老干部开展文体活动。1996年10月，市老干部文艺演出队改称市老干部艺术团。是年，市老干部活动中心新建门球场，举办迎香港回归书画展览，并组建老干部门球队赴泰兴、姜堰等地友谊比赛。2001年，在纪念建党80周年活动中，市老干部艺术团与文峰大世界、如城镇、磨头镇等单位联欢演出8场。是年，全市镇、部门和单位有老干部活动室63个。

2002年5月，江苏省第21届县级市老干部门球联谊赛在如皋市举行，如皋老干部组建2个队30人参加竞赛。2003年，市委老干部局先后举办老干部乒乓球比赛、老干部健身舞(操)比赛和门球、桌球等比赛。是年，市老干部活动中心医疗保健室进一步完善，增设健身房，扩大文艺室。2010年，市委老干部局举办老干部才艺大赛，全市300多名老干部参赛；举办市第九届运动会老年部比赛，118名老干部参赛。是年，市老年艺术团应邀赴韩国参加国际中老年艺术节，获4块金牌。

第十二节 党政干部教育培训

一、机构沿革

民国33年(1944年)，中共如西县委在江安宝庆寺秘密开办“县学”，主要承担县党政军干部培养、培训工作。“县学”没有固定校址，没有专职教员，属于游击办学，由县委领导分工讲课。民国35年，全县党员干部培训由地下转为公开，原县学更名党员干部训练班(简称“党训班”)。民国38年1月，如皋全境解放，党训班随县委至如城办学，先后设址于定慧寺、人民公园、张家花园、冒公馆等处。1953年始，县委调配党训班专职领导干部，配备理论教员及工作人员，定址于如城冒家巷原冒公馆。

1960年1月15日，中共如皋县委党校建立。1969年5月，如皋县革命委员会“五七”干校建立。1970年1月，“五七”干校迁至城西公社陆家庄县农科所。1974年，县委党校并入“五七”干校，实行两块牌子、一套班子，党校公章封存。1976年，“五七”干校迁回城内党校原址。1977年7月，县委决定恢复党校。1997年4月，市委党校增挂如皋市行政学校牌子。2002年7月，市委明确全市各部门、各系统干部培训统一由市委党校、市行政学校承担。2004年8月，市委党校迁至宁海路402号原如皋卫生学校校址。是年9月，增挂如皋市社会主义学校牌子。2010年，市委党校内设教育科等4个科室，在职教职员工47人。

二、培训

科级领导干部培训 1953—1970年，县委党校根据全县工作需要，先后举办多期不定期和不同类别科级领导干部培训班。1971—1975年，县委学校、“五七”干校先后举办3期领导干部轮训班，培训县直机关和公社干部255名。1979—1980年，县委党校办班1期，时间50天，培训公社干部80名。1981—1985年，举办各种轮训班6期，参训科级领导干部1200多名。1986—2010年，市(县)委党校举办各类轮训班44期，轮训内容为政治理论、领导方法、领导艺术、农村经济政策、招商引资和国际形势等。同时，正常举办科级领导干部培训班54期，其中2006年首次举办领导干部境外培训班1期。

机关、村镇基层干部培训 1974—2002年，市(县)委党校先后举办《毛泽东选集》(第五卷)读书班，组织、宣传、统战、妇女干部、市级机关新任中层干部、乡镇中层干部培训班等16期。组织学习《毛泽东选集》(第五卷)、中国特色社会主义理论、《中国共产党七十年》、邓小平视察南方重要讲话、经济体制改革理论方针政策、入世后的政府定位、党纪党规知识、《中华人民共和国行政法》、公共关系常识等，并开展普通话、英语培训。

2003—2010年，市委党校与市委组织部、市人社局等联合举办初任公务员培训班8期，主要培训内容有邓小平理论、“三个代表”重要思想、科学发展观、《中华人民共和国公务员法》、依法行政、干部素质教育、行为规范和公文写作等；举办公务员“5+X”培训班4期。同期，市委党校举办全市聘用干部培训班13期，举办贯彻中共中央重要会议精神学习培训班5期，举办全市理论骨干、党员冬训骨干培训班各1期；与市人大、市纪律检查委员会、市政法委员会、市委统战部、市级机关工委、市人才办公室、市人力资源和社会保障局、市科技局等部门联办各类培训班12期。

1974—2010年，市(县)委党校开办机关、乡镇非领导干部培训班60期，接受培训12176人次；举办各类村干部短训班46期(其中大学生村干部培训班2期)，受训人员13788人次。

中青年干部培训 1992—2010年，市委党校举办中青年干部培训班16期，参训人数846人，其中先后走上副科级以上领导岗位603人，占中青年干部培训学员数的71.3%。2006年，举办拔尖人才培训班，参训40人。2008年、2009年、2010年，分别举办3期政法系统年轻干部培训班，参训101人。2010年，举办党外后备干部培训班，参训30人；举办高层次人才培训班，参训40人。

企业干部培训 1975—1977年，县“五七”干校(县委党校)举办工交财贸系统干部轮训班、读书班3期，培训内容为学习《国家与革命》、毛泽东“三项指示”等。

1978—2000年，市(县)委党校举办企业领导干部、中层干部培训班、进修班等27期，培训内容为学习《毛泽东选集》(第五卷)、实践是检验真理的唯一标准、中共中央重要文件、中央领导重要讲话、《党内政治生活的若干准则》《关于经济体制改革的决定》等。

2001年12月，市委党校举办全市首期开放型经济培训班，主要培训内容为加入世界贸易组织与开放型经济、当前中国宏观经济形势分析、美国经济现状及中美贸易关系、江苏开放型经济形势及其走势分析、如何招商引资、如皋市“三外”工作基本情况等。2002年5月，举办非公有制经济组织负责人培训班，培训内容为加入世贸后的中国经济改革、现代企业制度建立与企业发展、如何运用法律武器保护自身合法权益、营销策略与商务礼仪及财务管理与企业决策等。2003年12月，举办非公有制经济组织负责人培训班，培训内容为非公有制企业的法律保护、企业劳动保障基本知识及民营经济二次创业、如皋市经济形势分析等。2004年5月，举办企业家培训班，培训内容为签订履行合同策略与技巧、市场营销与市场开拓、依法纳税与合法避税及21世纪企业家素质与修养等。2005年9月，举办全市规模非公企业党务工作者培训班。2006年，举办非公企业党务工作者培训班，培训242人。至2010年，累计举办企事业干部、企业家培训班37期，受训人数7027人次。

第十三节 对台事务

一、机构沿革

1981年4月，县委设立对台工作领导小组，下设办公室。1982年6月，对台工作领导小组改称对台工作小组。1984年1月，县委对台工作小组办公室改属县委统战部，与县政府侨务办公室合署办公，为县委统战部中层机构。1987年6月，县委对台工作小组办公室改称县委对台工作办公室（简称县委台办），为县委直属单位，仍设于县委统战部。1988年3月，县委台办和县政府台湾事务办公室实行两块牌子、一套班子，原隶属关系不变。1988年5月，如皋县台湾同胞接待站建立，为县委台办下属全民事业单位。2001年7月，市委台湾工作办公室机构单设。2010年，市委台办下辖市台湾同胞接待站。

二、对台经济

1989年，全县首家台资企业——丁堰金鼎化工有限公司建立。1995—1999年，全市每年新增台资企业5家以上。2009年3月18日，如皋市委召开南通市台湾同胞投资企业协会如皋市联络委员会成立大会，如皋市与台湾经贸合作进入新的阶段。至2010年，全市累计批准台资企业130家，项目投资实际到账33408万美元，投资领域主要涉及机械、电子、纺织、汽配和房地产开发。2010年，全市新增台资项目15个，其中千万美元以上项目13个，总投资25498万美元，实际利用台资9140万美元。全市台商投资定报企业9家，年产值42154万元，销售65720万元，利润8284万元。是年，全市895人次赴台考察、探亲、旅游。

三、交流交往

2001年5月，如皋首次组团赴台考察。其后，市领导相继率团赴台，先后考察台湾工业总会、和桐化学集团、怡盛集团、中信造船集团等50多家单位和企业，拜访台北、高雄市如皋同乡会，联谊老朋友，结交新朋友，在岛内积极推介如皋“长江、长寿、长绿”品牌。至2005年，计有37个台商团（组）到如皋考察投资。2006—2008年，市政府邀请台湾团组67批（个）、623人次到如皋考察访问。2009年，如皋市组团赴台考察，双方商务洽谈、研讨4期（次）。“台湾小吃周”活动在如城举办，数万如皋市民了解、品尝台湾美食。2010年，全市接待台湾商务考察团组11个402人次。

四、对台宣传

20世纪80—90年代，市（县）委台办向台湾省台北市如皋同乡会编辑的如皋史志资料《如皋文献》（1—5册）提供稿件142篇、图片210幅。1995年8月，市委台办创办面对旅台乡亲的《如皋乡情》，每季1期，着重反映如皋经济社会热点、人文风情和台商、台胞、台属信息。至2005年，市委台办先后邀请台湾中视媒体集团、非凡电视、TVBS电视台等6家电视台11次到如皋采风，录制并在台湾播放10多集“长江、长寿、长绿”专题；在台湾《中国时报》《工商时报》《江苏乡讯》等5家报刊上推介如皋。2006年，市委台办向台商赠送《经济合作项目》《投资指南》《如皋地图》1600多册。邀请台湾及香港媒体6批15人对如皋市进行全方位、多层次采访报道，年内台湾媒体播出10集（篇）如皋专题系列报道。

2007—2008年，市委台办先后举办形势报告会、座谈会、专题讲座和对台干部培训班42期（次）。2009年，《如皋动态》开辟《台商、台胞、台属园地》。2010年，台湾东森电视台、民视电视台、中天电视台到如皋专题采风，在岛内宣传报道如皋市经济社会发展情况。市委台办在上述媒体发表各类稿件97篇次。

第二章 中国国民党如皋地方组织

第一节 沿革

民国14年(1925年)夏,如皋师范毕业生、中共预备党员陆景槐,由中国国民党江苏省党部特派员、中共党员侯绍裘介绍加入中国国民党。不久,具有中国共产党、中国国民党双重党员身份的陆景槐,奉中国国民党江苏省党部密令,从上海回如皋发展中国国民党党员。

民国15年4月,中国国民党如皋县党务筹备委员会成立,陆景槐、王盈朝、季云、马健伯、汤克祚5人为委员。

民国16年1月1日,中国国民党如皋县党部于如皋城北门外许宅正式成立,陆景槐为负责人,下辖3个中国国民党区党部,有中国国民党党员86人。此后,中国国民党如皋地方组织开始秘密、分散活动。4月,北伐军第一军第二师进驻如皋,中国国民党如皋县党部随之公开,办公地点位于如皋城大寺巷北首广福寺内(原县人民剧场,今百花苑小区内),季忠琢、李韡(李济华)为中国国民党如皋县党部党务特派员。7月,中国国民党江苏省党部特别委员会委任成昌五接管中国国民党如皋县党部,设立中国国民党如皋县特别委员会,并设立中国国民党"清党"委员会。12月,国民党如皋县特别委员会改组,成立中国国民党如皋县临时执监委员会。是年,全县有中国国民党党员500多人,划分为6个区党部、34个区分部。

民国17年初,国民党如皋县特别委员会恢复。4月,又奉命停止工作,由董肖苏任中国国民党如皋临时党务指导员。6月,中国国民党如皋县党务指导委员会成立,设常委2人,委员7人。

民国18年2月,国民党如皋县党部恢复,并组织召开中国国民党如皋县第一次党员代表大会。3月,中国国民党如皋县第一届执监委员会经选举产生,有执委5人、候补执委3人、监委3人、候补监委1人。国民党如皋县第一届执监委员会成立后,即组织县内中国国民党党员登记、审查。全县登记、审查合格的中国国民党党员204人,按地区和人数划分为3个区党部、16个区分部和6个直属区分部。10月,国民党如皋县第一届执监委员会奉令撤销,中国国民党如皋县党务整理委员会成立,设委员4人。

民国19年10月,中国国民党如皋县第二次党员代表大会召开,选举产生国民党如皋县第二届执监委员会,有执委5人、候补执委2人、监委3人、候补监委1人。

民国20年10月,中国国民党如皋县第三次党员代表大会召开,选举产生国民党如皋县第三届执监委员会,设执委5人、候补执委2人、监委3人、候补监委1人。自此届始,除执委和监委中推定1人任常委主持日常工作外,其他委员不再兼任职务。

民国27年3月,日本侵略军占领如皋城后,国民党如皋县党部由如皋城迁至李堡(今属海安县),后迁至丰利(今属如东县)。10月,迁至东马塘(今属如东县)。11月,国民党如皋县第三届执监委员会撤销,改行书记长负责制,书记长由季瞻北担任,另设若干委员、干事。

民国28年6月,国民党如皋县党部下属组织重新划分为15个直属区分部。

民国29年4月,季瞻北调任国民政府如皋县政府秘书,国民党如皋县党部书记长由张万勤接任,县党部下属组织改划为18个区分部,计有国民党党员400多人。

民国30年2月,日本侵略军在苏中四分区进行"清乡""扫荡",东马塘沦陷,国民党如皋县党部转移至上海英租界中汇大楼。12月,上海英租界被日本侵略军占领后,国民党如皋县党部书记长俞时中潜回如皋城,秘密办公地点设于如皋城西大街大纶绸布庄楼上。

民国34年9月新四军收复如皋城后,国民党如皋县党部借用国民党南通县党部办公用房办公。民国35年7月,国民政府军重占如皋城,国民党如皋县党部迁至如皋城大寺巷北首,仍由俞时中任书记长。10月,俞时中辞职,国民党如皋县党部书记长由何伯仁继任。

民国36年3月,国民党如皋县党部奉命建立国民党如皋县第四届执监委员会,书记长由何伯仁担任,有执行委员5人、候补执行委员2人、执察委员3人、候补执察委员1人。是时,全县参加登记的中国国民党党员为137人,被划分为9个区分部,另以行政区为单位,设立15个直属小组,每组由县党部指定组长1人。4月,何伯仁辞职,国民党如皋县第四届执监委员会书记长由周庠接任。6月,因参加登记的国民党员较前增加30余人,经国民党江苏省党部批准,国民党如皋县党部下属组织重新划分为16个区分部。

民国37年1月,国民党如皋县党部与县内"三青团"组织合并成立中国国民党如皋县党团统一委员会,书记长由国民党如皋县第四届执监委员会书记长周庠兼任,并由国民党江苏省党部指定3人为常委,另设执委3人、监委9人。是时,全县有中国国民党党员、"三青团"员3899人。3—10月,全县参加登记的国民党员、"三青团"员共1765人(基中"三青团"员申请登记的533人)。

民国38年1月,如皋全境解放,国民党如皋县第四届执监委员会、国民党如皋县党团统一委员会及下属组织终结。

第二节 主要活动

民国14年(1925年)夏,陆景槐奉国民党江苏省党部令回如皋后,在如皋城知识青年和西乡青年农民中宣传打倒帝国主义及其走狗国内军阀,打倒土豪绅劣,铲除贪官污吏,解除民众痛苦,先后发展一批中国国民党党员,并成立县城和西乡2个国民党区党部。民国15年4月,国民党如皋县党务筹备委员会成立后,陆景槐等将县内申请加入中国国民党的人员情况呈报国民党中央,其中86人获准加入国民党。至民国16年3月,中国国民党如皋地方组织及其下属组织的活动均处于秘密状态。

民国16年4月,北伐军东路军第一军第二师攻克如皋,中国国民党如皋地方组织的活动随之公开,并公开进行全县中国国民党党员登记。国民党如皋"清党"委员会成立后,即对县内中国国民党党员的思想、言行进行逐一审查,并对全县国民党党员队伍进行"清洗"。经过"清洗",全县原原有的500多名中国国民党党员仅剩200多人。在"清党"的同时,国民党如皋县党部派员整顿和筹备组建县内民众团体,先后成立县商会、农会、妇女会和教育会,县总工会、学生会因黄包车工人罢工和学生闹学潮,未成立。

民国18年6月,国民党如皋县党部指派党务指导员兼常委董肖苏,携带挽联祭幛及雀舌盆景5盆,赴南京参加孙中山奉安典礼。

民国19年1月,国民党如皋党务整理委员会通过决议:将国民党如皋县党部报纸定名《皋报》,公开发行;将各级学校原设"修身"课程改设为"公民"课程,推行党化教育;派人在大街上和较多农民聚集的苗猪行、小茶馆等场所强行剪辫子。是年秋,国民党如皋县党部专门成立县保卫委员会和县"清乡"公署,并在各区、乡设立保卫委员会分会和"清乡"分局,由各区、乡长担任主要负责人,全面清除县内中共党员。县保卫委员会先后由县长刘昌言、钱佐伊任主任委员,县党务指导委员会常委俞时中任副主任委员。同时,将各区乡原实行的邻闾制度改为保甲制度,加强对县内行政组织和住户的管制,限制中共组织和党员的活动。民国21年春,国民党如皋县党部成立县修建中山堂委员会,主持修建中山堂。将原由如皋城城隍庙大殿因陋就简改建的大门、二门、戏楼及两侧厢房全部拆除,重建中山堂新楼1幢。

民国25年春,国民革命军二十六路军三十一师九十一旅一八一团进驻如皋城,国民党如皋县党部献计,将如皋城东门外的6.24公顷老荒场辟为射击场,供该团新兵作训练场地。6月,国民党如皋县党部根据国民党中央"全国所有党政机关人员均必须接受集训"的要求,建立全县公务人员训练班,由国民政府如皋县县长张渊扬任班主任,县保安大队大队长张翼任总教官，县保安大队中队长薛承宗、何其勇、詹长佑等任助教。

民国27年3月，国民党如皋县党部迁至如皋东乡后，将全县划分为4块，设立国民党党员登记处，以恢复国民党如皋县党部下属组织。全县原有中国国民党党员550人，按规定时间报到登记的16人。国民党如皋县党部被迫将全县划分为15个直属区分部，各指派1名国民党党员为书记，负责组织所辖地区的党员开展活动。是年底，国民党如皋县党部恢复出版党报，改名《大声报》，同时指导监督在掘港出版发行的《滨海日报》《前进报》。国民党如皋县党部还成立社会服务处，先后委派朱开治、钱本厚、冒维诚为主任，负责募款至上海购买书籍、杂志、画报、防空知识挂图等，于马塘三元宫开办阅览室，加强对民众的教化。此后，又增设巡回宣传队。

民国28年3月，国民党如皋县党部发展临时党员300人，其中领取临时党员证的130人。是年秋，国民党如皋县党部以"救济灾民"名义，共在各区、乡募款1.96万元(法币)。所募集救济款，后被国民党如皋县党部要员私分、侵吞。

民国29年10月，新四军东进至如皋东乡，国民党如皋县党部各区分部解散。民国33年秋至民国34年8月，由上海潜回如皋城的国民党如皋县党部书记长俞时中，以经营恒济钱庄如皋分庄为掩护，开展党务活动。

民国35年春，流亡于南通城的国民党如皋县党部会同国民政府如皋县政府，组织部分逃亡在南通城的如皋籍地主、劣绅等，先后成立如皋县临时参议会、肃清"奸匪"委员会、慰劳国军委员会、"戡乱建国"委员会、自治自卫经营管理委员会(后改称绥靖经营管理委员会)、自卫武力委员会等，积极准备"还乡"。7月，国民政府军重占如皋城后，国民党如皋县党政军联合办事处成立，胁迫中共党员和从事过革命工作的人员"自首""自新"登记。同时，在如皋城沙家河塘沙宅内设立"新生感训所"，强迫自首登记人员集中"感训"。

民国36年春，国民党如皋县党部号召全县中国国民党党员投入"国大"代表竞选和办理登记，并选出"国大"代表3人。秋，国民党如皋县党部以与年初同样的方法，选举国民政府"立法"委员。

民国37年1月，国民党如皋县党团统一委员会成立。3月，国民政府军第二十一师在县内西南各区"会剿""驻剿"，国民党如皋县党部书记长周庠主持编印《告西南六区同胞书》和传单，令如皋师范、如皋县立中学和邱陞中学每校选派有中国国民党党、团籍的学生约30人组成宣传大队，配合进行反共宣传。是月，国民党如皋县党部组织中国国民党党、团员合并总登记，全县分设10个登记处，由国民党如皋县党部各委派正副主任(党、团各1人)负责。夏，国民党如皋县党部奉令组建中国国民党如皋青年指导委员会。至10月，全县登记的中国国民党党、团员1765人，占实际党、团员总数的45%。

民国39年1月27日，国民党如皋县党部机关随国民政府军撤离如皋，中国国民党如皋地方组织及其下属组织活动终止。

第三章 社会团体

第一节 工会

一、机构沿革

民国16年(1927年)4月,北伐军抵达如皋,国民党如皋县党部特别委员会成立如皋县总工会筹备委员会,委任徐名友、苏德馨、王盈朝、周惠吾、任百川(除周外均系中共地下党员)5人为委员。10月13日,如皋县总工会正式成立,中共如皋城中区委书记刘君霞任总工会主席。民国17年6月,国民党如皋县党部指导委员会接管县总工会。抗日战争胜利后,中共如皋县委在如皋城职工总会和店员工会基础上筹建县总工会。民国35年7月,如皋县总工会于如皋城冒家巷重建。不久,战事爆发,工会活动停止。

民国38年2月,如皋县总工会筹备委员会成立。1950年5月1日,如皋县总工会在如城鹤颈

图12-8 苏北如皋县总工会标识

湾正式成立。1954年3月,更名如皋县工会联合会。1959年5月,复名如皋县总工会。6月,县委建立劳动工资部,县总工会对外保留名称,对内为劳动工资部的工会工作科。1962年6月,县委撤销劳动工资部,如皋县总工会独立挂牌。1966年"文化大革命"爆发后,县总工会机构瘫痪。1968年5月,如皋县"工人革命造反派"召开代表大会,成立"工代会",取代县总工会。1973年5月,县革命委员会成立如皋县总工会筹备小组。8月,如皋县总工会复建。1979年3月10日,县委决定县总工会与县革命委员会工交办公室合署办公,挂两块牌子。1981年,县总工会独立建制,迁址锦绣街。2010年,市总工会内设宣教生产部等6个中层机构,下设法律顾问处、职业技术交流站、职工学校、工人文化宫等直属事业单位。

二、代表大会

首次工会代表大会 1950年5月1日,于如城举行,正式成立如皋县总工会,选举产生第一届工会执行委员会。

第二次工会代表大会 1952年5月31日至6月2日,于如城召开,出席代表124人,选举产生工会委员27人,组成工会委员会,委员会选举候补执行委员4人,组成执行委员会,执委会再选举9人,组成常务委员会。

第三次工会代表大会 1954年10月14—17日,于如城举行,出席代表80人,列席代表12人,选举产生21人,组成第三届执行委员会。选举5人组成经费审查委员会。

第四次工会代表大会 1957年1月21—23日,于如城举行,出席代表92人,选举产生21名委员和7名候补委员,组成执行委员会,11名常务委员组成常务委员会,并选举出席省工会代表大会代表。

第五次工会代表大会 1961年12月18—22日,于如城举行,出席代表99人,列席代表33人,选举产生25名委员、7名候补委员组成执行委员会,执委会选举11人组成常务委员会,并选举产生5人组成经费审查委员会。1962年,举行五届

二次会议，选举出席省工会代表大会代表。

第六次工会代表大会 1965年11月29日至12月2日于如城举行，选举产生执委25人、候补执委4人组成执委会，执委会推选10人组成常务委员会。

“工人革命造反派”代表会议 1968年5月24—30日，于如城召开，出席代表579人，列席代表149人，选举产生如皋县工人革命造反派代表会议常务委员会，委员35人，其中常委13人。根据有关规定，尊重历史事实，此次会议视为如皋县工会第七次代表大会。

第八次工会代表大会 1973年8月27—30日，于如城举行，出席代表385人，选举产生委员30人组成工会委员会，11人组成常委会。

第九次工会代表大会 1981年12月23—26日，于如城举行，出席代表381人，列席代表22人，选举39名委员、5名候补委员组成第九届工会委员会和11名常委组成常务委员会。

第十次工会代表大会 1986年7月3—5日，于如城举行，应到代表411人，实到代表330人，新建的东陈、林梓、长江、搬经、磨头5个县属镇代表和其他相关人员列席。大会选举35名委员和5名候补委员组成十届委员会，5名常委组成常务委员会，并选举产生5人组成经费审查委员会。

第十一次工会代表大会 1994年12月28—29日，于工人影剧院召开，应到代表225人，实到代表212人，听取并审议上届工会工作、财务工作和经费审查3个报告，选举31名委员、5名经费审查委员组成十一届委员会和经费审查委员会，并由全委会选举9人组成十一届常委会。第十一届代表大会期间，先后召开9次全委会议。

第十二次工会代表大会 1999年12月15—16日，于如城召开，出席会议代表220人。选举35名委员组成委员会。12月17日，召开第一次全委会议，选举9名常委组成常务委员会。

第十三次工会代表大会 2005年4月9—11日，于工人影剧院举行，出席代表239人，听取审议并表决通过上届工会委员会工作报告、财务报告和经费审查报告，选举产生新一届工会委员会和常务委员会。

第十四次工会代表大会 2010年4月24—25日，于如城丽都大酒店举行，到会代表220人，列席代表9人，选举产生35名委员组成工会委员会和13名常委组成常务委员会。

三、主要活动

民国34年（1945年）10月，相继成立的如皋城职工总会和店员工会，领导组织全员参加恢复发展生产和惩奸斗争。民国35年8月，国民政府军占据如皋城，工会组织遭受破坏，6名工会积极分子惨遭杀害，工会活动被迫停止。民国38年2月，县总工会筹备委员会成立后，以老会员为骨干，物色和培养工人积极分子，发展新会员，帮助复工复业，协助调整劳资关系，解决职工迫切需要解决的困难。1950年5月，县总工会成立后，组织全县各行各业职工，订立爱国公约，开展生产竞赛，捐献飞机大炮，支援中国人民志愿军抗美援朝。同时，组织工人纠察队，协助政府镇压反革命和维护社会治安，组织开展反封建把头和旧行会规章的民主改革运动。1952年，组织工人参加“三反”“五反”运动，与贪污、漏税、行贿等行为作斗争。1956年，在对私改造中，团结推动资方人员走公私合营和合作化道路。1959年起，在全县工、交、建筑系统开展比思想、比产量、比质量、比品种、比安全、比劳动生产率、比成本、比协作、比措施“九比”竞赛，在财贸系统开展“夺红旗”竞赛活动。“文化大革命”期间，“工代会”组织多支毛泽东思想宣传队（简称“工宣队”）进驻机关、医院和学校，参与管理和领导“斗、批、改”。1973年，县总工会恢复重建后，持续开展“工业学大庆”活动。

1988年起，县总工会以经济建设为中心，持续开展劳动竞赛及“五创”（创先、创优、创新、创汇、创最佳效益）、“三优”（优美环境、优良秩序、优质服务）、“达标夺魁”等活动。1988—1990年，组织或组织参加各级各类竞赛12万人次，提合理化建议6万余条，被采纳1.5万余条，付诸实施0.8万余条，创经济效益2579.8万元，居南通6县（市）之首。1992年起，全市各级工会加强“职工之家”建设，开展爱国、爱党、爱社会主义的“三爱”教育和创企业精神、树主人翁形象的“创树”教育，开展劳动竞赛、岗位练兵、青工比武和巾帼立功活动，7个典型单位的“企业精神”被选送南通市和江苏省评选，市总工会获组织奖。

1994年，市总工会在江苏省总工会召开的宣传和思想政治工作会议上作经验介绍。1995年，市总工会获全国《中华人民共和国劳动法》知识竞赛江苏赛区组织奖一等奖。1996年11月28日，如皋市女职工人才培训中心建立，毛巾厂挡车工何亚萍获全国先进女职工荣誉称号，针织厂女职工李美珠家庭获江苏省总工会文明新风家庭称号，市总工会被评为江苏省送温暖工程先进集体、职工互助补充保险工作先进集体，市总工会女职工委员会被评为江苏省先进基层女职工委员会。1997年至20世纪末，全市1人获江苏省五一劳动奖章，4人获南通市五一劳动奖章，29人被授予南通市劳动模范称号，其中13名劳模和4名先进工作者受江苏省政府表彰。

图12-9 如皋市获江苏省工会工作十强县(市)

21世纪初，如皋市困难职工援助中心建立。如皋市获江苏省工会工作十强县(市)称号。市总工会被评为江苏省"两争一树"(争创学习型组织、争做知识型职工、树新时期职工形象)活动先进集体和工会舆论宣传工作先进单位，获江苏省厂务公开工作优秀组织奖、江苏省工会工作创新成果奖、江苏省工会财务工作一等奖。市诚成职业技术培训中心被省总工会表彰为"省创新创业示范行动"职工培训示范点。

2006—2010年，全市进一步完善职代会制度，在全国县(市、区)级率先推进工代会代表常任制，南通市总工会在如皋召开现场会总结推广。成立南通市首家市(县)级职工服务中心和劳动争议调解中心。市总工会与市法院联合成立市法院驻总工会劳动争议巡回法庭，在市第六建筑安装工程有限公司驻京办事处成立全国首家"流动会员之家"。其间，全市累计建立职代会制度的非公企业2775家，160家企业获如皋、南通和江苏省3级劳动关系和谐企业和模范企业称号。

2010年，全市完成市、镇两级工会换届，组织10个行业、16个工种技能比赛，评选并表彰学习型工会18个、学习型班组15个、文明职工标兵43人。如皋市被评为省工会工作模范县(市)。市总工会被中华全国总工会表彰为财务工作先进单位，被省总工会表彰为工会法律援助先进单位、"企业工会建设年"活动先进集体、工会舆论宣传先进集体、经济技术创新工程先进单位、财务工作先进集体。市总工会女职工委员会被评为江苏省先进女职工组织。

四、基层组织

乡镇工会 1989年始，全县筹建乡镇级工会。至1990年底，全县有如城镇、白蒲镇、石庄镇、丁堰镇、邓园乡4镇1乡建立工会组织。20世纪90年代初，市(县)总工会继续推动乡镇级工会组织建设。至1996年，全市50个乡镇全部建立工会工作委员会。2000年起，随着行政区划调整，乡镇合并，镇工会工作委员会亦随之合并或重建。常青、如城、白蒲、丁堰、袁桥、江安、搬经等镇工会先后跨入江苏省百强示范乡镇工会行列。2004年，如城镇4个街道均建立工会指导组。2006年11月8日，如城镇工会工作委员会改建为镇级总工会，为全市镇(区)首家。2010年，全市有镇级工会组织20个，其中如城镇、长江镇、如皋经济开发区为总工会。

基层行业工会 民国17年(1928年)，县总工会成立时，如皋城内的丝线工会和黄包车工会及汽车业、小车工会小组等基层组织，在中共如皋地下党组织策动下几次举行罢工，策应和声援西乡五一农民暴动。暴动失败后，丝线工会和黄包车工会等被迫停止活动，后自然解体。抗日战争胜利后，中共如皋县委支持组建全县木作、水作、挑挽、人力车、浴室、理发、缝纫、中装成衣、茶菜业、铁业、油漆、印刷业、汽车业、豆腐业、香业、短料木业16个基层行业工会。民国35年8月，国民政府军重占如皋城，基层工会活动停止。1949年11月，如城搬运、店员等20个基层工会相继恢复和建立，发展会员2127人。1950年下半年，供销社、粮食系统先后建立29个工会基层组织。1956年第三季度统计资料载：全县共有职工9347人，建有基层工会181个，会员7687人。1961年，全县有基层工会202个，会员1.2万人。“文化大革命”中，基层工会组织瘫痪。1980年5月，全县恢复建立基层工会244个，会员3.72万人。1990年底，全县有职工99873人，建有基层工会455个，会员77170人。此后，市（县）级机关工会工作委员会及教育、卫生、建筑等各系统工会亦相继建立。2000年，全市27家乡镇企业、631家私营企业、101家外商投资企业建立工会组织。全市企业建会率80%，职工入会率90%。常青镇工会组建纺织同业工会，覆盖企业87家。如城镇工会探索工业园区工会组织建设新形式，其中陆桥工业园区成立全市首家园区工会，覆盖企业56家。2004年，市总工会结合换发工会会员证，全面摸底核实基层工会会员数和基层工会状况。2006年10月，在丁堰镇召开全市工会组建工作现场会，向丁堰镇新建的23家基层工会集中授牌授印。2010年，全市3494家单位建立工会组织，共有会员228540人。有系统（产业）工会18家、直属工会30家。在基层工会换届改选中，双钱轮胎集团工会、东陈镇基层工会推行直选，均取得成功。

第二节 青少年组织

一、青年组织

市（县）级青年组织 民国16年（1927年）年初，在中共江浙区委派员指导下，社会主义青年团如皋特别支部建立，秘密发展团员。是年，共产主义青年团如皋县委员会成立，全县有团员1012人，并选派代表出席共青团江苏省第三次代表大会。民国17年，如泰五一农民暴动失败后，全县共青团组织几度消失，又几度恢复。民国21年4月，江苏省巡视员带回上海的《如皋县委工作报告》载：“如皋县城仅有一个团支部，其他地区尚无健全组织。”至民国23年4月，全县共青团组织消失。

民国35年3月8日，如皋县青年联合会成立。

民国38年4月，中国新民主主义青年团如皋县工作委员会成立。中华人民共和国成立后，县建有学生联合会。1953年4月，中国新民主主义青年团第一次代表大会召开，选举产生中国新民主主义青年团如皋县委员会（简称团县委）。1956年7月13日，全县第一次青年代表大会召开，成立如皋县民主青年联合会。1957年7月，中国新民主主义青年团如皋县委员会改称中国共产主义青年团如皋县委员会。“文化大革命”期间，学生联合会和共青团组织一度为“红卫兵”及“造反”组织所取代。1973年5月，团县委重建。1976年，全县恢复以学校为单位建立学生会组织，多与共青团组织一起开展活动。2003年12月28日，召开全市第二次青年联合会代表大会，未选举产生组织机构。2010年，团市委内设青工部等5个中层机构。

基层青年组织 20世纪50年代，全县各中学设立学生会，如皋师范及各县属完中、规模较大的县直机关、工厂、企事业单位均建立团委、团总支和团支部，农村各公社亦建立团委、大队建立团支部。“文化大革命”开始后，学生会、共青团组织一度为“红卫兵”及“造反”组织所取代。1973年，全县各系统共青团组织恢复。

1997年，经市委批准，全市农村基层团支部书记兼任村委会科技副主任、村农业技术员、村青年科技兴农带头人，报酬有保证，基层团的干部队伍得到落实和巩固，这种配置方法被江苏团省委总结定为“如皋模式”，予以推广。推进青少年读书计划、拓展“希望工程”活动，激发了全市各级团组织的活动，如城镇团委被评为全国“五四”红旗团委，6家团委被评为江苏省“五四”红旗团委，夏堡乡团委和国税局磨头分局团支部受到团省委表彰，市房地产交易所团支部和大明商业公司团支部被评为省青年文明号。2007年，如城镇信用社团支部获全国优秀青年中心称号。

2010年，全市共有青年46万人，团员青年8.35万人，其中学生团员3.52万人，团员在青年中占比为18.2%。全市市直团组织77个，其中青工系统团组织33个，青农系统团组织21个，学少系统团组织23个，专兼职团干部562人，大专以上文化程度100%。全市“两新”（新社会组织和新经济组织）基层团组织766个，其中规模以上非公有制经济组织和重点社会单位建立团组织578个。

二、团代会

第一次团代会 1953年4月6—10日，于如城召开，出席代表326人，列席代表14人。选举产生13名委员组成中国新民主主义青年团如皋县第一届委员会。

第二次团代会 1955年4月1—4日，于如城召开，出席代表289人，列席代表13人。选举产生第二届团县委和出席省团代会代表。经第二次会议补选，团县委由24名委员和4名候补委员组成。1957年6月6日，根据第三次青年团全国代表大会决议，中国新民主主义青年团更名为中国共产主义青年团。

第三次团代会 1959年4月1—3日，于如城召开，出席代表414人，各人民公社团总支书记330人列席，会议选举23名委员组成第三届团县委。

第四次团代会 1962年10月13—16日，于如城召开，应到代表414人，实到394人，选举23名委员和4名候补委员组成第四届团县委，并首次由全委会选举产生常委9人组成常委会。同时选举出席省团代会代表。

第五次团代会 1965年10月6—10日，于如城召开，应到代表462人，出席396人，选举产生委员20名、候补委员4名组成第五届团县委，11人组成团县委常务委员会。不久，共青团活动停止。

第六次团代会 1973年3月20—23日，于如城召开，出席代表1145人，红卫兵代表50人和特邀代表5人列席。选举39人组成第六届团县委，并选举产生出席省和南通地区团代会代表。

第七次团代会 1980年1月13—15日，于如城召开，出席代表1111人，选举产生39人组成第七届团县委，全委会选举产生11人组成常务委员会。

第八次团代会 1983年5月8—10日，于如城召开，应到代表548人，实到代表508人，应邀列席21人。大会选举33人组成第八届团县委，全委会选举11人组成常务委员会。

第九次团代会 1988年5月3—5日，于如城召开，出席代表320人，列席代表40人，选举产生15名委员组成第九届团县委，全委会选举8人组成常务委员会。

第十次团代会 1991年5月2—4日，于如城召开，出席代表320人，列席代表40人，选举产生27名委员组成第十届团县委，全委会选举9人组成常务委员会。

第十一次团代会 1995年11月7—8日，于如城召开，出席代表360人，选举产生第十一届团市委。委员的年龄结构、文化结构和专业结构进一步优化。

第十二次团代会 1999年10月13—15日，于如城召开，选举产生第十二届团市委。

第十三次团代会 2002年5月21—23日，于如师礼堂召开，出席代表348人，选举产生第十三届团市委。

第十四次团代会 2005年5月14—15日，于如城召开，出席代表272人，选举产生第十四届团市委。

第十五次团代会 2008年5月4—5日，于如城召开，出席代表196人，选举产生第十五届团市委。

三、青年组织主要活动

民国8年（1919年）6月4日，如皋县学生联合会集合学生200余人，检查发现县城大同商店私进日货，当即查抄运至东大街城隍庙内焚烧。12月7日，全县60多所学校近万名学生为声讨日本领事馆制造“福州事件”、殴打进步学生的暴行，举行游行示威，沿途散发传单，高呼宣传口号，将查获的日货集中至如皋公园销毁。民国15年，共青团如皋特别支部建立后，为加强对县学生联合会的领导，由中共党员王汝舟担任县学联会长，领导全县学生参加反帝、反封建斗争。

民国38年4月始，如皋团县委团结、带领广大青年响应中国共产党号召，投身土地改革、抗美援朝、镇压反革命、“三反”“五反”“一化三改造”及整风“反右”“大跃进”等政治运动。各机关、企事业单位积极发展团员，壮大组织，建立健全各级团的工作机构，正常开展团的活动。“文化大革命”期间，各中等学校“红卫兵”和“造反”组织兴起，团组织被取代。

“文化大革命”结束后，团县委在全县广泛深入开展争创新长征突击队、争当新长征突击手活动。同时，在城镇组织开展以“爱岗、立功、成才”为主题的“五小”（小发明、小革新、小设计、小改造、小建议）、“三优”（优秀青年企业管理小组、优秀青年管理者、优秀青年企业管理征文）活动；在学校开展以学习为中心、“三好”为目标的团队活动；在农村开展各类主题教育活动和“实用技术”培训。并组织青年服务队、学雷锋小组、五保户服务小组等，为社会、为人民做好事。至1987年，全县受江苏省、南通市表彰的新长征突击队196个、新长征突击手571人、各类单项标兵近千名。1993年，团市委实施人才工程，全市600多名青年进入如皋市人才库，其中120名青年进入南通市人才库。1997年至20世纪末，推进青年科技图书站、青年之家建设，全市500多家单位申报创建青年文明号。2003年，团市委被团中央宣传部和中国青年杂志社评为宣传工作先进集体，被共青团江苏省委评为全省保护母亲河行动先进集体、“希望工程”先进集体等。

2005年3月，如皋市被评为江苏省农村青年中心建设先进县（市）、江苏省团刊发行先进单位。2006年11月，如皋市青年商会成立，团市委组织会员素质拓展培训，会员中1人获南通市十大科技创业明星称号、4人获南通市青年创业先锋称号。是年，如皋市被评为全国团建先进县（市），团市委被评为江苏省宣传工作先进单位、江苏省团刊发行先进单位。2007—2008年，团市委举办“新春开门红”招聘洽谈会，举办“服务青年基层行”活动。全市组建青年中心17家，占南通地区三分之一。如皋市被评为全国乡村青年文化活动先进县（市）、全国青年中心建设先进县（市），2008年，市青年商会会长、南通市神马电力科技有限公司董事长马斌当选江苏省十大杰出青年，并被推荐为江苏省唯一的全国十大杰出青年候选人。2009年，团市委被评为江苏省团刊宣传工作先进单位。

2010年3月，团市委成立市青年志愿者协会。8月，成立“小亭”青年志愿者服务队。举办青年企业家经济论坛，邀请经济学专家郎咸平讲授青年创业专项知识。是年，如皋地税局团支部获全国五四红旗团支部称号。团市委获全省共青团工作创新创优成果奖三等奖，连续8年被团中央中国青年杂志社表彰为团刊宣传工作先进单位。

图12-11 2006年如皋市获全国团建先进县（市）

四、少年儿童组织

民国18年（1929年），中共如皋县委在西乡领导成立少年先锋队。民国19年4月，成立童子团。少年先锋队和童子团，参加巡逻、放哨、贴宣传标语、散发传单等革命活动。10月，少先队、童子团停止活动。是年底，随着部分游击区党组织的恢复发展，少先队组织秘密恢复。民国22年，再次停止活动。民国31年年初，如西县各小学组建抗日儿童团，联合校外儿童开展站岗放哨、联络通信等活动。解放战争期间，在解放区内儿童团活动一直比较活跃。

1950年，全县以完全小学为单位建立少年儿童队大队，班级为中队，中队下设小队。队员颈系三角形红领巾，队干部手臂佩白底红杠标识。1951年，全县有少年儿童队员17170人。1953年，少年儿童队更名中国少年先锋队，规定入队年龄为9—15岁。以学校为单位设大队、班级为单位设中队，大队、中队配有辅导员，有的学校还聘请校外辅导员，开展祭扫烈士墓、爱国主义教育等主题活动，从事植树、打扫公共场所、为孤寡老人做好事等公益活动。“文化大革命”期间，少先队被“红小兵”组织取代。1978年，全县仍以学校为单位恢复重建少先队组织，凡小学在籍学生均为少先队员。1986年，如皋师范学校附属小学少先队大队被评为全国红旗大队，受到教育部和团中央表彰。

20世纪90年代，全市（县）各小学注重提高少年儿童的综合素质，经常开展“小手牵大手”等各类主题活动，通过少年儿童向全社会进行“环境保护”“关爱生命”“人人都献一份爱”等宣传教育。

2004年12月5日，中国少年先锋队如皋市第二次代表大会假座如皋师范学校体育馆召开，出席代表152人，选举产生如皋市第二届工作委员会。

2005年，如皋市青少年维权中心成立。2010年，全市各小学都建有少先队组织。

第三节 妇联

一、机构沿革

民国34年(1945年)11月13日,如皋县妇女联合会筹备委员会成立。民国35年3月13日,全县妇女代表大会召开,选举产生如皋县妇女联合会。7月,县妇联撤往农村,在城活动中止。

1949年10月,如皋县民主妇联筹备委员会成立,物色各级妇女代表,筹建全县妇联组织。1950年2月,全县妇女代表大会召开,选举产生如皋县民主妇女联合会。1957年11月2日,按照上级统一规定,如皋县民主妇女联合会更名如皋县妇女联合会(简称县妇联)。"文化大革命"中,县妇联机构瘫痪。1968年,妇女工作纳入县革命委员会政治工作组。1973年9月6日,县妇联恢复建立。2010年,市妇联内设权益部等6个中层机构,下辖事业单位市妇女儿童活动中心。

二、代表大会

首次妇女代表大会 1950年2月,于如城召开,出席代表150人,选举21人组成县民主妇女联合会第一届执委会。

第二次妇女代表大会 1951年4月上旬,于如城召开,出席代表206人,选举产生县民主妇女联合会第二届执委会。

第三次妇女代表大会 1952年4月15—18日,于如城召开,出席代表356人,选举产生执行委员21人、候补委员3人,组成县民主妇女联合会第三届执委会,执委会选举9名常委组成常务委员会。

第四次妇女代表大会 1953年4月13—16日,于如城召开,出席代表436人,列席代表13人。选举26名执行委员组成县民主妇女联合会第四届执委会,执委会选举11名常委组成常务委员会。

第五次妇女代表大会 1955年5月,于如城召开,通过《1955年妇女工作和今后任务》的决议,选举产生县民主妇女联合会第五届执委会。

第六次妇女代表大会 1957年1月17—22日,于如城召开,应到代表504人,实到代表374人,列席代表15人,选举产生31名执行委员,组成县民主妇女联合会第六届执委会,执委会选举11名常委组成常务委员会。11月2日,县民主妇女联合会更名县妇女联合会。

第七次妇女代表大会 1959年4月1—3日,于如城召开,出席代表258人,列席代表20人,选举31名执行委员,组成县妇女联合会第七届执委会,执委会选举11名常委组成常务委员会。

第八次妇女代表大会 1961年12月17—20日,于如城召开,出席代表442人,列席代表22人,选举29人组成县妇女联合会第八届执委会,执委会选举9名常委,组成常务委员会。

第九次妇女代表大会 1965年3月11—15日,于如城召开,出席代表478人,特邀代表3人,列席代表25人,通过《给全县各条战线上妇女的倡议书》,选举产生29人组成县妇女联合会第九届执委会,执委会选举9名常委组成常务委员会。

第十次妇女代表大会 1973年9月6—9日,于如城召开,出席代表1042人,特邀代表13人,选举产生49名执行委员,组成县妇女联合会第十届执委会,执委会选举13名常委组成常务委员会。

第十一次妇女代表大会 1981年12月27—30日,于如城召开,出席代表445人,特邀代表22人,选举产生34名执行委员,组成县妇女联合会第十一届执委会,执委会选举13名常委组成常务委员会。

第十二次妇女代表大会 1988年12月7—9日,于如城召开,出席代表400人,特邀代表43人,选举产生25名执委,组成县妇女联合会第十届执行委员会,执委会选举7名常委组成常务委员会。

第十三次妇女代表大会 1995年11月1—3日,于如城召开,大会表彰三八红旗手(集体)共80个,选举产生23人组成市妇女联合会第十三届执委会,执委会选举5人组成常务委员会。

第十四次妇女代表大会 2005年4月9—10日,于如城召开,会议表彰"三八"红旗集体10个、三八红旗手32名、巾帼文明示范岗10个、巾帼创业带头人10名、带头致富和带领群众致富双带型女干部10名、"五好"文明家庭10个、学习型家庭10个,选举产生市妇女联合会第十四届执行委员会和常务委员会。

三、主要活动

抗日战争时期，如西抗日民主根据地区、乡妇女抗日联合会组织妇女纺纱织布、做军鞋、缝军衣支援抗日部队，参加抗日自卫武装斗争，送子、送夫参军。

解放战争时期，县妇联转入农村，带领区、乡妇联和广大农村妇女，与农会紧密配合，纺纱织布，缝军衣、做军鞋、磨送公粮、支援前线，救护伤病员，送夫、送子参军和直接参加惩奸、锄奸、土地改革、土改复查及反封建、争自由等政治斗争。丁东区妇女李桂英参加分区英模会，被命名为“伤兵的母亲”；卢港区各乡妇女干部百分之九十以上被吸收加入共产党组织，3名妇女被评为支前模范；度军井区大石乡340多名妇女3昼夜磨军粮3.05万千克，在全分区传为佳话。

1951年，全县妇女参加捐献飞机大炮运动，支援抗美援朝。1952年，全县妇女掀起学习、宣传、贯彻《中华人民共和国婚姻法》热潮。农业合作化运动中，车马湖乡妇女吴舜英带头组织全县第一个互助组，被评为模范互助组和生产能手，获县委奖励大黄牛1头。1955年，全县基层农业合作社中，有女社长244人。1959年，全县妇女参加农业劳动人数超过男劳力15%，涌现“花生姑娘”2万余名、“棉花姑娘”5万余名，12万余名姑娘学会插秧。1965年，全县48个公社开展妇女棉花丰产红旗循环竞赛活动。

1986年，随着家庭承包责任制推行和农业产业结构调整，全县农村以妇女为主的专业户有16530户，占总专业户的43%。进入乡镇企业的妇女42378人，占乡镇企业从业总人数45%。全县10万农村妇女参加《农村妇女实用技术培训教材系列》培训。20世纪90年代，各乡（镇）妇联组织妇女学习《农村妇女文化科技读本》。建设乡老南村妇代会主任冒秀梅掌握中稻抛秧技术，平均亩产718.8千克；新姚乡曹家桥村妇女王秀珍在全国银花竞赛中一举夺魁，赴北京参加表彰大会。全市（县）由妇女带头创立的养鸡村、花木村、柿树村、草莓村、银杏村、蔬菜村不断涌现。全市（县）有女村党支部书记28人，女村委会主任39人，村妇代会主任全部进入村委会班子，106个村妇代会受南通市表彰。全市（县）农村发展的新党员中，女性占20%以上。

2001年，市妇联发动有成就的女企业家与刚起步创业的女大学生村干部结对交流，在信息、资金、技术等方面向女大学生村干部提供帮扶。建立妇女专业维权队伍，对妇女的诉求全部予以查办答复。组织农村妇女劳力转移6000余人。开展“创争巾帼党员先锋”活动，创建妇女致富之家、妇女维权之家、妇女文明之家、妇女成才之家。召开“贤内助”“十佳”警嫂座谈会，动员妇女参与助廉活动。定期对全市20—64岁的已婚妇女进行以乳腺癌、宫颈癌为主的妇科病普查。举办母子读书会、“大手牵小手、一对一结对”“送温暖、助春蕾”、爱心基金会、爱心妈妈等多种形式主题活动，对小公民特别是留守儿童进行道德行为教育。全市建起由妇女牵头创办的农业龙头基地10个，示范性专业合作经济组织18个。城西乡（今如城镇）顾庄村花木能手王海霞获省“双学双比”十大女状元称号。是年，市国税局妇委会扶助87名孤儿完成学业，年助学金达11万元，被江苏省妇联和江苏省少儿基金会联合表彰为“春蕾行动”先进集体，为南通市唯一。

2002年，长江镇陈美珍被选为中共第16次全国代表大会代表，此后又被推荐为全国三八红旗手、南通市“十大女杰”。2006年5月，市妇联启动联合国留守儿童干预项目。10月，在市公安局建立“122”预防和制止家庭暴力投诉举报中心，在城镇社区和农村村居建立“122”家庭暴力投诉站。是年，如皋市被评为江苏省妇女儿童“十五”发展规划实施先进市、妇女儿童工作先进市，市妇联被

图12-12 如皋市第一期妇女“星火”技术培训（2008年摄）

评为省妇联系统“四五”普法先进集体、“共商国策和谐发展”活动组织工作先进单位。2007年，全市市、镇两级举办农村妇女实用技术培训班338期，培训4.88万人次。市妇联被评为江苏省“双学双比”先进集体。2008年1月，市妇联联合全国服装行业百强企业南通市泰慕士服装有限公司，建立“爱心妈妈结对贫困孤儿”助学基金，组织女职工“爱心妈妈”与孤困儿童结对帮助、照顾。是年，举办农村妇女“星火”计划培训班2期，培训200多人，获省实施“十一五”妇女儿童发展规划先进集体、省妇女报刊宣传工作先进单位称号。2009年，如皋市公安局110报警服务台被评为全国巾帼文明岗。

四、基层组织

民国35年（1946年）3月，县妇联初建时，全县有4个区、99个乡成立妇联组织，会员1.7万余人。1949年10月始，全县区、乡（镇）、村、厂矿等企事业单位相继建立妇联组织。1973年9月，全县各公社重建妇联工作机构，并设专职妇联主任，各大队配备妇女主任。1982年，全县各区设妇联主任，1986年撤销。2001年，全市有23个镇妇联、338个村（居）妇代会、7个系统妇委会，专兼职妇联干部368人。

2010年，全市新组建妇代会88个、系统单位妇委会2个、妇女工作小组106个。

第四节 工商联

一、机构沿革

民国35年（1946年）春，如皋县工商联合会建立。7月，县工商联合会活动中止。1952年9月24日，县委、县政府建立由29人组成的如皋县工商业联合会筹备委员会。1953年1月13日，如皋县工商联合会正式建立。“文化大革命”期间，县工商联合会组织瘫痪。1986年4月，如皋县工商业联合会（简称县工商联）恢复成立。1993年5月10日，市工商联增挂如皋市商会牌子。2010年，市工商联（商会）有会员单位3021家，其中工商直属会员单位785家、同业商会会员单位2132家。

二、代表大会

第一次会员代表大会 1953年1月13—16日，于如城召开，出席代表254人，讨论通过《章程》，部署工作任务，选举产生35人组成如皋县工商业联合会第一届执委会，执委选举产生主任、副主任及秘书长等13人组成常务委员会。

第二次会员代表大会 1959年8月4—13日，于如城召开，选举产生57人组成如皋县工商业联合会第二届执委会，执委会选举19人组成常务委员会。

第三次会员代表大会 1963年5月20—25日，于如城召开，出席代表105人，选举产生29人组成如皋县工商业联合会第三届执行委员会，“文化大革命”期间，工商联活动停止。

第四次会员代表大会 1986年4月8—9日，于如城召开，应到代表141人，实到代表114人，应邀列席代表150人，选举33人组成如皋县工商业联合会第四届执行委员会。

第五次会员代表大会 1989年12月20—21日，于如城召开，出席代表116人，选举产生39人组成如皋县工商业联合会第五届执行委员会，执委会选举13人组成常务委员会。

第六次会员代表大会 1993年5月10—11日，于如城召开，出席代表113人，列席代表40人，选举35人组成如皋市工商业联合会（商会）第六届执行委员会，执委会选举产生15人组成常务委员会。会上，成立如皋市总商会，与市工商联合署办公，1套班子、2块牌子。

第七次会员代表大会 1997年3月9日，于如城召开，应到代表158人，实到代表130人，列席代表10人，选举产生37人组成如皋市工商业联合会（商会）第七届执行委员会，并通过大会决议和给老商会成员的致敬信。

第八次会员代表大会 2001年11月29日，于如城召开，出席代表202名，选举产生如皋市工商业联合会（商会）第八届执行委员会，新增12名私营业主加入执委会。

第九次会员代表大会 2006年12月，于如城召开，选举产生如皋市工商业联合会（商会）第九届执委会和常务委员会。

三、主要活动

民国35年(1946年),如皋县工商联合会成立后,配合人民政府组织如皋城工商业复工、复业,发展生产,繁荣商品流通。1953年1月,如皋县工商业联合会成立后,团结教育会员接受中国共产党的领导,引导会员发展生产经营,发动会员积极捐献,支持抗美援朝,组织会员参加"三反""五反"和社会主义改造等政治活动。

1986年,县工商联恢复建立后,发展和健全基层各级工商联组织机构。1990年,组织全县工商企业分赴福州和南京参加华东6省1市工商联交易会和全国名、特、优产品博览会,先后与美国、韩国、德国、伊朗、沙特阿拉伯、马来西亚等15个国家和地区工商界建立联系。

1994年,市工商联组织6家企业参加海峡两岸商贸洽谈会。此后,持续组织以商引商等活动。

21世纪初,市工商联创建"如皋工商网",组织发动60家企业在网上发布经济信息。1家企业被推荐为第九届世界华商大会代表。

2006—2009年,中共中央候补委员、全国工商联党组书记、第一副主席全哲洙,副主席张近东一行和全国政协副主席、中华全国工商联合会主席黄孟复、全国工商联经济部部长欧阳晓明一行,先后到如皋考察熔盛重工、神马电力、中国肠衣城及沿江开发等。

图12-13 2008年3月,全国工商联全哲洙、张近东等一行到如皋视察座谈

2010年,市工商联在江苏省率先成立中共如皋市工商联委员会。

四、基层组织

1951年1月,如城工商业联合会成立,组建手工业分会、商业分会、摊贩商分会等6个分会,并设立学习、生产经营指导、劳资协商、工商业民主评议等工作。

1953年,如皋县工商业联合会成立,下设同业公会54个、手工业联合会1个、摊贩联合会1个。同时,建立如城、白蒲、丁堰、石庄4个区分会,江防、磨头、林梓、郭园、九华、袁桥、东陈、五接8个镇分会,马塘、搬经、城西、下原、营防、姜园、黄市、张黄港、吴窑、柴湾10个小组。

1959年,县工商联第二次会员代表大会上,建立如城、白蒲、丁堰、磨头、江防、郭园、林梓、东陈、九华、搬经、黄市、下原、柴湾、马塘、城西、吴窑16个基层分会。1963年,如皋县合作商贩联合会成立,设如城、白蒲、石庄、丁堰、薛窑、磨头、江安、卢港、城东、城西10个分会。

1986年,如皋县工商联重新建立,共有会员296家,其中新会员30家。1992年,吸收新会员单位120家,其中私营企业14家。1993年,调整组织结构,公有制企业与非公有制企业会员比例1:1,全年共吸收个体和私营企业会员118家。

1994年,市工商联着手恢复和建立乡镇工商联(商会)。至1996年,恢复建立13个乡镇工商联(商会),发展会员900余家。1998年,发展会员516家,其中非公有制企业会员占80%。

2006年,全市共有基层商会29家,会员668人(个),其中工业会员256人、商业会员330人、团体会员43个,个人会员31人。

2010年,市工商联(市总商会)下辖汽摩、太阳能、肠衣、纺织、服装、巾被、餐馆、食品、液压机、百货、供销、酒类饮料、油漆化工、小商品、长寿食品糕点、电动车、旅游、药品、医疗、纯净水、船舶、黄酒、家装、建筑业、红木、皮革、综合、青年、浙江市级同业商会29个;白蒲羊毛衫、林梓红木工艺品、九华服饰、常青纺织、搬经机械制造、东陈毛巾、丁堰皮革、丁堰服饰、丁堰化工、丁堰纺织、江安毛巾织造、江安肉制品、下原医疗器材、下原针织、长江砖瓦、桃园服装、桃园纺织、吴窑羊业、吴窑银杏、磨头橡胶再生资源、袁桥浦东畜禽养殖、袁桥复兴外向果蔬、袁桥陆姚花木种植、袁桥花园桥药材种植、袁桥民实养蚕、柴湾家纺、柴湾纺织、柴湾皮毛宠物玩具、石庄金属编制、雪岸蚕业镇级商会30个;深圳、上海、新疆、南京、北京、苏州异地商会6个。

第五节 科协

一、机构沿革

1956年6月10日，在全县科技工作者代表大会上，如皋县科学技术普及协会成立，县委书记兼任主席。1959年初，县科学技术普及协会停止活动。

1959年4月19日，如皋县科学技术协会（简称县科协）成立。1960年6月15日，县科协与县委宣传部合署办公。"文化大革命"开始后，县科协活动中止。1979年12月，县科协恢复建立，与县科学技术委员会合署办公。1984年1月，县科协从县科委析出独立建置。1987年3月，县科协始设中层机构。2010年，市科协设科普部等3个中层办事机构，下辖市科技咨询服务中心。

二、代表大会

按相关规定，本着尊重历史和事实的原则，将1956年、1959年召开的两次大会定为如皋县科学技术工作者的第一次、第二次代表大会，产生的协会领导办事机构，亦定为第一届和第二届。

县科学技术工作者代表大会 1956年6月10日，县委于如城召开首次科技工作者代表大会，宣布成立如皋县科学技术普及协会，讨论通过协会章程，部署工作任务，县委书记兼任协会主席。

县科学工作跃进誓师大会 1959年4月19日，于如城召开，成立如皋县科学技术协会，讨论制订新章程，部署科学技术跃进任务。

第三次代表大会 1979年12月9—10日，于如城召开，出席代表245人，选举委员73人组成如皋县科学技术协会第三届委员会，全委会推选常委31人，常委会选举产生主席、副主席、秘书长。

第四次代表大会 1985年5月21—23日，于如城召开，应到代表302人，出席代表233人，选举委员55人组成县科协第四届委员会，全委推选17人组成常委会。

第五次代表大会 1992年5月20—21日，于如城召开，应到代表256人，出席代表153人，听取和审议上届委员会工作报告，修改章程，选举58人组成市科协第五届委员会，23名常委组成常务委员会。

第六次代表大会 1998年5月25日，于如城召开，出席代表180多人，表彰先进集体和先进个人，修改并通过新章程，选举产生第六届委员会、常务委员会、主席和副主席等。

第七次代表大会 2007年11月10—11日，于如城召开，出席代表205人，选举产生新一届科协委员会和常委领导班子。

三、主要活动

学术交流 1990—2006年，市（县）科协连续组织8届科技论文评选，共评出优秀科技论文1364篇，市政府对论文作者给予表彰奖励。其中，1999年1月，选出1—3届一等奖论文53篇，汇编出版优秀科技论文集《迎接新世纪》。2006年，从4—7届特等奖和一等奖论文中选出82篇，汇编论文集《精品回眸》。

2007—2008年，全市50多人次参加省和南通市科技论坛等学术活动，获优秀科技论文156篇（次）。2009年，市科协组织全市第九届自然科学优秀论文评选，评出优秀论文157篇。

2010年，向中国科协和中国作协推荐，在大型文学月刊《十月》《科技工作者纪事》栏目中推出如皋熔盛重工陈强事迹大型报告文学《船梦》，《江苏科技报》全文转载。

科技普及 1989年，县科协以高明乡为科学普及和科技兴农试点，组织县、区、乡广大科技人员与高明乡干部、群众一起办成多项实事，基本达到试点预期目标。

1990年2月5—11日，举办如皋县首届科普宣传周，全县各乡镇共有240多个单位、约123万人次参加各类科普活动，普及面占全县总人口82%。12月10—16日，以"科技兴县，科技兴农"为主题，举办第二届科普宣传周。此后，每年举办1届科普周，集中围绕一个主题，举办专题农技广播讲座，印发农技宣传资料，举办科技画廊和图片展览，开展技术竞赛。1997年7月，市花木盆景协会组织科技人员至城西、大明、邓园等乡开展花木生产技术现场咨询和难题解答。2001年2月7日，市科协、科委、农业局等部门共100多名工作人员，开展"三下乡"活动。2009年，市科协开展

"百名专家兴百村"(117个村、101名专家、100个项目)小康工程,落实村、专家和项目的对接。至2010年,共举办科普宣传周22届,全市累计有214万多人(次)参与各类活动,科普宣传面达76%。

实用技术培训 1990年5月10日,省技术培训委员会将如皋县科协评为培训工作先进单位。1995年11月27日,省委组织部、省科协联合决定将城西乡顾庄村列为省实用技术培训花木栽培教学示范点。1997年,全市农村建立实用技术教学示范点20个。此后,全市各教学示范点每年举办各层次实用技术培训班。至2010年,全市累计举办各类实用技术培训近千场次。

农民技术职称评定 1997年下半年,市科协建立市农民技术职称评定工作委员会。1998年9月3日,全市首次评出农民技师5人、农民助理技师23人、农民技术员57人。2000年9月4日,市科协下发《关于开展农民技术职称评定工作的实施意见》,明确规定农民技术职称评定的对象、条件、程序、手续以及获得职称的农民技术人员享有的权利和义务。2003年,全市评出农民技术职称人员2416名,其中农民技师823名、助理农民技师853名、农民技术员740名。2010年,全市有农民技术职称人员2295人,其中农民技师832人、农民助理技师782人、农民技术员681人。

创建省和全国科普示范市 2005年12月,市委、市政府决定开展创建江苏省科普示范市活动。2006年12月13—14日,如皋市通过江苏省科普示范市检查验收。2007年1月17日,江苏省科协发文命名如皋市为江苏省科普示范市。2月,市委、市政府决定开展创建全国科普示范市活动。10月15—16日,江苏省科协受中国科协委托,考核、验收如皋市创建工作。11月21日,中国科协命名如皋市为全国第三批科普示范县(市、区)。至2010年,市科协多次被评为江苏省科协系统先进集体,连续8年获江苏省科普宣传先进集体称号。

图12-16 如城镇青云路科普画廊

(2007年摄)

四、基层组织

1956年,县科学技术普及协会成立时,建立农、医、理(工)3个学组和科学研究、技术推广等8个工作组,会员198人。1959年,县科学工作跃进誓师大会后,全县公社、大队分别建立科学技术协会分会,事业单位和工厂亦同时设立科协分会。1990年,全县53个乡(镇)和20家工厂成立科学协会,建有专业协会18个、专业学会31个,共有会员18650人。2001年,市科协下辖学会27个、镇科协23个、工厂科协12个、专业协会7个。2005年,市科协下辖学会23个、镇科协20个、企业科协5个、专业科协7个、拥有科普教育基地4个、农村科普示范基地32个。

2010年,市科协下辖农经学会、农机学会、通讯学会、质量技术监督学会、土木建筑学会、建筑会计学会、税务学会、金融学会、医学会、青少年科技教育学会、纺织学会、农林学会、水务学会、微机应用学会、电机工程学会、交通学会、环境科学学会、建筑行业协会、土管学会、统计学会、农村金融学会、广播电视学会、计生协会、法学会等省市级学会25个,草莓协会、蚕桑协会、食用菌协会、畜牧兽医协会、花木盆景协会、种植业协会、淡水养殖协会、红木工艺美术协会专业技术协会8个,水明楼酒业有限公司科协、九鼎集团科协、高压电器有限公司科协、恒祥化工公司科协、六建集团科协、神马电力集团公司科协、大生线路器材公司科协、振兴化工公司科协、万达特种轴承有限公司科协、鸿志化工有限公司科协、东方电缆公司科协、昌昇集团股份有限公司科协、江中集团科协、丁纺科协、如纺科协、顺远服饰有限公司科协、双马集团科协、皋液液压有限公司科协、兴武化工有限公司科协、华东油压公司科协、天盟养殖公司科协、熔盛重工科协、食品包装机械有限公司科协、南通中铁友邦照明电器公司科协、江苏力星钢球有限公司科协、透平叶片制造有限公司科协企业科协26个,如城、袁桥、雪岸、东陈、丁堰、林梓、白蒲、下原、九华、吴窑、长江、郭园、磨头、桃园、石庄、江安、高明、常青、搬经19个镇和如皋经济开发区(柴湾镇)科协镇(区)科协20个。

第六节 残联

一、机构沿革

1990年初,县委、县政府根据国务院及江苏省政府文件精神,决定成立如皋县残疾人联合会(简称县残联)。5月,县编办明确县残联为县民政局下属全民事业单位。1991年11月,市政府发文明确,市残联为副局级事业单位。1998年,如皋市残疾人劳动服务所建立。

1999年8月,市残联升为正科级建制。2002年,如皋市残疾人劳动服务所更名如皋市残疾人服务中心。2002年,如皋市残疾人服务社和如皋市残疾人用品用具供应站成立。2005年5月,如皋市第三次残疾人代表大会召开,选举产生专职残联理事长,市残联与民政部门脱钩单列。2010年,市残联下设20个镇(区、园)残联、5个残疾人专门协会。

二、代表大会

第一次代表大会 1991年8月20日,于如城召开,选举产生第一届残联主席团主席,主席团会议推举2人组成市残联第一届执行理事会。

第二次代表大会 1998年4月28日,于如城召开,主席团会议推举3人组成第二届残联执行理事会。会上,成立各残疾人专门协会。

第三次代表大会 2005年5月28日,于如城召开,出席代表149人,其中残疾人代表81人。会议听取并审议上届执行理事会工作报告,选举产生主席团委员43人和出席南通市第五次残联代表大会代表12人。主席团会议推举3人组成第三届残联执行理事会,通过各专门协会领导成员名单。

第四次代表大会 2008年3月29日,于如城召开,出席代表165人,其中残疾人代表103人。会议听取并审议上届执行理事会工作报告,选举产生主席团委员53人和出席南通市第五次残联代表大会代表12人。主席团会议推举5人组成第四届残联执行理事会。

三、主要活动

1989年5月,县政府成立县残疾人三项康复工作领导小组,制订《如皋县三项康复工作实施方案》,部署全县三项康复工作。20世纪90年代,市(县)残联结合《中华人民共和国残疾人保障法》和《江苏省实施〈中华人民共和国残疾人保障法〉办法》宣传,开展扶残助残先进集体、先进个人及残疾人自强模范评选表彰活动。重点开展白内障复明手术、小儿麻痹后遗症矫治手术和聋儿听力语言训练三项康复工作。鼓励兴办福利企业,集中安置残疾人就业,依法推进按比例安排残疾人就业,对安排残疾人不达标的用人单位,依法征缴残疾人就业保障金。

1992年,市残联组织完成白内障复明手术196例、小儿麻痹后遗症矫治手术82例,对42名聋儿童进行听力语言训练。1994年5月,市政府出台《关于对如皋市残疾人实行优惠待遇的暂行办法》。1997年,市残联推荐的江防乡残疾青年石小华主演的小品《求》,在第四届全国残疾人艺术会演中获特别荣誉奖,石小华受到胡锦涛等中央领导人接见。1998年,市残联在全市开展按比例安排残疾人就业工作。

1999年,市残联会同市财政局、物价局制订出台《如皋市残疾人就业保障金征收和管理暂行办法》,规范残疾人就业保障金征收和管理。2000年,市残联被省残联、省体委评为江苏省残疾人群众体育先进集体。至是年,全市累计完成白内障复明手术2576例、小儿麻痹矫治手术406例,对134名聋儿进行语言训练。全市建立社区康复站19个,免费肢体康复训练90人,低视力康复训练59人。市残联捐赠轮椅车320辆,为73户特困残疾人家庭实施草危房改造,资助39名残疾儿童入学。兴办福利企业231家,安排4480名残疾人就业。

2002年,市政府将原市粮食干部学校资产整体划拨给市残联,并投入资金230万元,用于改建市残疾人服务中心。是年10月,占地6000平方米、建筑面积3841平方米的残疾人服务中心落成运行。2003年,蒋小兰代表国家参加在印度举行的第六届国际残疾人职业技能大赛，获钩针组和棒针组2枚金牌。如城城区道路两侧人行道新建和翻建无障碍通道9730米，铺设盲道6000米。2004年3月，市政府办公室下发《关于规范残疾人就业保障金征收办法》的通知，规定企业单位的保障金由地税部门代征，机关事业单位由残疾人就业服务机构征收。

2005年始，市残联全面开展精神病防治康复工作，全市确诊精神病患者9303人，对241名特困精神病患者实施免费送药。是年，市残联帮扶特困残疾人家庭的新闻特写《3人撑起28个家》，被中纪委、监察部列为保持共产党员先进性教育典型教材，收录《浪淘沙》丛书。2001—2005年，市残联举办棒针、钩针编织、电子工、羊毛衫套口工、盲人按摩、波尔山羊养殖等培训班13期，培训残疾人568名，赠送波尔山羊羊羔410只；帮助20户特困残疾人家庭实施草危房改造；施行白内障复明手术3639例，聋儿语训43例，肢体、脑瘫、低视力康复训练236例；安装假肢39例，捐赠轮椅车869辆；城区建成6座无障碍公厕，在主要路口安装盲人过街语言提示器40套。

2006年，市残联启动残疾人社区康复和0—6岁残疾儿童抢救性康复工程。是年，如皋市被评为江苏省残疾人工作先进县（市）。2007年，市政府将市残疾人综合服务大楼项目列入为民办实事工程。白内障无障碍市和残疾人社区康复示范市创建工作通过省级验收。市残联被表彰为全省残联系统信息工作先进单位。

2009年，市政府出台《如皋市无固定收入重残人员生活救助办法》，对无固定收入的重残人员发放每年600元的生活救助金。是年下半年，市残联开展残疾人基础信息采集和第二代残疾人证核发工作，采集并录入残疾人基础信息5.5万人，核发第二代残疾人证4.2万份。

2006—2010年，全市实行白内障复明手术4006例，精神病人免费给药3649例，狂躁型精神病人免费住院救治34例，捐赠轮椅车1550辆、盲杖1700支，安装假肢183例，佩戴助听器15例，1—6岁残疾儿童抢救性康复441人次，镇、村残疾人康复站建设实现全覆盖。市残联举办各类职业技能和实用致富技术培训班23期，培训残疾人1787名，向贫困残疾人家庭赠送蚕种纸4323张、波尔山羊羊羔1242只。安排455名残疾人集中就业、125名按比例就业，鼓励和扶持169名残疾人自主创业，创建残疾人扶贫基地9个。

四、基层组织

1991年底，根据《中国残联章程》要求，全市53个乡镇残联成立。1999年始，市残联聘请乡镇人大主席担任乡镇残联名誉主席、分管镇长担任主席、刚刚退居二线的乡镇主要领导担任理事长。2005年，全市22个镇（区）配备专（兼）职理事长，设立单独的残联办公场所。

第七节 侨联

一、机构沿革

1984年9月，全县归侨侨眷代表大会召开，成立如皋县归国华侨联合会，选举产生第一届委员会和主席、副主席。

1989年11月11日，全县归侨侨眷第二次代表大会召开，选举产生第二届委员会及主席、副主席。

1991年6月1日，如皋县归侨侨眷联合会更名如皋市归侨侨眷联合会（简称市侨联）。

二、代表大会

第一次侨联代表大会 1984年9月12—14日，于如城召开，选举11人组成如皋县归国华侨联合会第一届委员会。

第二次侨联代表大会 1989年11月28—30日，于如城召开，选举11人组成如皋县归侨侨眷联合会第二届委员会。

第三次侨联代表大会 1995年2月21—22日，于如城绘园宾馆召开，选举产生10名委员组成如皋市侨联第三届委员会，专职驻会人员始有编制。

第四次侨联代表大会 1999年11月16日，于如城天成大酒店召开，选举15人组成如皋市侨联第三届委员会。

第五次侨联代表大会 2005年5月21日，于如城国瑞宾馆召开，选举产生市侨联第五届委员会。

第六次侨联代表大会 2010年11月20日，于市行政中心二楼报告厅召开，选举产生21名委员组成第六届侨联委员会，并产生主席、副主席、秘书长，表彰优秀侨(港)资企业、归侨侨眷先进个人、侨务工作先进集体和先进个人。

三、主要活动

1987—1994年，市(县)侨联累计接待探亲、观光、考察、洽谈的华人、华侨、港澳同胞361人次，接受捐赠(款、物)520.76万元，累计兴办侨、港企业183家，合同利用侨、港资金4033.06万美元。1991—1996年，接受加拿大籍华人顾尘洁父子捐款20余万美元兴建尘洁医院；接待华人、华侨、港澳同胞319人次，接受捐赠30余次。2003年4月9日，中国侨联副主席林丽韫到如皋市视察。

2006—2010年，市侨联引进侨界人士200多人次，资金近3亿美元，介绍引进智能人才30多人。如城镇归侨侨眷活动中心被南通市侨联授予归侨侨眷活动中心样板基地称号。市侨联在南通市率先成立如皋市华侨、港澳投资者和归侨侨眷维权工作站。2010年，全市旅居海外的华人华侨和港澳同胞及归侨、侨眷共6000余人，共有侨资企业123家。市侨联先后被江苏省侨联授予基层组织建设先进单位、抗震救灾先进集体等称号。

四、基层组织

2010年，市侨联按照有组织、有队伍、有场所、有经费、有活动的“五有”标准，在全市12个镇和如城镇4个街道建立侨胞小组21个。

第八节 文联

一、机构沿革

1950年10月，如皋县文学艺术工作者协会成立，有会员200余人，其中文学工作者43人。1951年6月，召开全县文学艺术工作者代表会议，讨论研究文学艺术工作方向和传统艺术研究改造问题，建立相应研究改造组织。1954年7月，协会撤销。

1958年12月，如皋县文学艺术工作者联合会成立。1962年，精简机构时撤销。1983年12月，如皋县文学艺术工作者联合会恢复重建，并着手筹建下属各艺术门类协会组织。

1986年始，县文联在县政府2楼设固定办公室，配备专职驻会办事人员。1989年9月，更名如皋县文学艺术界联合会。1991年6月，更名如皋市文学艺术界联合会。

二、代表大会

第一次文联代表大会 1983年12月26日，于如城召开，正式恢复成立县文学艺术工作者联合会。

第二次文联代表大会 1986年9月26—27日，于如城召开，选举34人组成县文联第二届委员会，并从中选举15人组成常委会，设专职副主席。

第三次文联代表大会 1990年11月24—25日，于如城召开，选举25人组成县文联第三届委员会，并选举其中11人组成常务委员会，设专职驻会副主席和工作人员。

第四次文联代表大会 1994年5月23—24日，于如城召开，选举13人组成市文联第四届委员会，设专职驻会常务副主席和秘书长，不再设常委会。

第五次文联代表大会 1997年5月，于如城召开，选举产生市文联第五届委员会。

三、主要活动

20世纪50—70年代，全县文化艺术活动大多由县文化主管部门及县文化馆组织。1983年县文联恢复重建后，工作重点为艺术创作，正常组织开展文学艺术传承、创作、发展、交流活动，每年“5·23”依据作者本人申报，组织优秀文学艺术作品评奖活动。至20世纪末，市(县)文联会员在市(地)级以上报刊发表和出版、参展、参演、参评、参赛的文学艺术作品近万件，其中文学作品3000多件，戏剧创作近百件，音乐舞蹈(含歌词)3000多件，理论文章近百篇，民间故事、人物传奇、灯谜、剪纸等作品近2000件。美术、书法、摄影作品近2000件，数十人获国内外奖项。

2001—2008年，市文联会员共创作各类作品1.67万余件。其中298件作品在省级以上比赛中获奖，79件作品在全国比赛中获奖；34人参加全国新人大赛，3人次获国家级奖励，9人次获省级奖励；出版专著15部。2004年12月，市文联组织少儿参加中日韩国际少儿艺术展示大赛，徐伟艺、韩晏、施慈分获少儿A、B组和少年B组竹笛演奏金奖。2007年8月，组织少儿参加首届中日青少年书法交流活动，缪纯、周楚凡、刘天慈分获金、银、铜奖；参加全国少儿拉丁舞比赛，余佳循、管箫获金奖。是年，会员创作的歌词《枫叶的秋天》获国家级"晨钟"奖。2008年10月10日，市文联组织人员参加全国亿万老年人健身活动展示大会，男子群舞"莲湘秧歌"获金奖。

2009年，市文联组织"目击如皋60年，我的老城故事——老照片征集"活动，协助、辅导江苏新空间民族乐团多次参加全市重大演出，结合60周年国庆组织开展文化艺术进校园、进军营、进镇村、进社区、进企业活动，《中国文艺报》专题报道并配发评论。是年，市文联会员有210余件作品在省级以上报刊发表或在省级以上比赛中获奖。

2010年，市文联组织江苏新空间民族乐团赴香港参加国际"江南丝竹"比赛，获非专业组金奖。会同8家单位联合主办如皋市首届社区优秀文艺节目调演。是年4月下旬，组队代表江苏省参加"相约浦东，走进世博"首届中老年艺术节，获3个金奖。10—11月，组队参加2010年大韩民国国际老年文化艺术节，获3块金牌和1块银牌，开如皋业余文艺团体走出国门参加交流并获奖之先河。年底，市文联被江苏省文联表彰为文联工作先进单位。

四、基层组织

1950年，县文学艺术工作者协会初建时，各区设分会，共有会员200余人。1951年6月，县文学艺术代表会议决定，建立京剧改造委员会，会员60人；音乐研究会，分设15个小组，会员232人；剧舞研究会，设剧团35个、文娱队15个，会员1107人。1952年，县文协建立音乐业余创作组。1954年，基层组织随县文协撤销而停止活动。

1982年12月，经县委宣传部批准，如皋县青年诗歌学会成立。1985年6月，县文联先后建立下属文学、戏剧曲艺、音乐舞蹈、书法、美术、摄影、民间文艺7个协会。此后，基层文学艺术团体、单位均以团体会员名义加入相关协会。1991年，市（县）文联有7个基层协会，会员428人，其中国家级会员3人，江苏省级会员46人，南通市级会员108人。

1992年5月2日，如皋市胡安定研究会建立。2000年12月30日，如皋市影视艺术工作者协会建立。

2010年初，市新闻工作者协会的业务主管部门变更为市文联。至年末，市文联下辖9个协会和1个研究会。

第九节 公益和宗教团体

一、社会公益团体

如皋市红十字会（中国红十字会如皋分会） 始建于民国11年（1922年）。民国16年秋，县内瘟疫流行，红十字分会组建防疫施诊所，由各界捐款，实施免费治疗。是年，成立救护讲习所，设址市立第十五学校，招收20余人，开展救护工作。民国29年，停止活动。

1989年12月29日，中国红十字会如皋分会成立，副县长兼任会长，隶属县卫生局管理。1990年4月23日，国际红十字会代表瑞典人卡尔·诺克勒在国际联络部翻译庄明陪同下，考查1989年如皋县水灾赈济资金使用情况，并实地查看灾情。1991年11月20日，中国红十字会如皋分会易名如皋市红十字会，挂靠市卫生局。

2002年起，市红十字会先后开展"三救"（救灾、救助、救护）工作，组织骨髓捐献志愿者队伍，开展"人道万人捐"活动，举办新汽车驾驶员救护培训，开展防灾减灾相关法律法规宣传和援建工程等。

2010年3月，市红十字会调整为独立设置机构，列入群团机关管理，为正科级建制。至是年，全市共有650位志愿者加入中国造血干细胞捐献者中华骨髓库。

如皋市慈善会（如皋市慈善基金会） 2002年3月，如皋市慈善会筹建，共吸纳团体会员182家、个人会员14084人。5月20日，在如城工人影剧院召开首届会员代表大会，与会代表535人，通

图12-18 如皋市慈善基金会成立大会
(2007年摄)

过《如皋市慈善会章程》和《如皋市慈善会资金管理办法》,选举产生第一届理事会、常务理事会、正副会长及秘书长。2005年8月,如皋慈善会网站开通。2007年12月23日,市委、市政府在如皋大剧院召开如皋市慈善基金会成立大会暨第二次捐赠现场会,市慈善基金会与市慈善会合署办公,实行两块牌子,一套班子。2009年12月20日,市慈善基金会建立儿童大病救助基金。

2010年,市慈善基金会和市慈善会共有理事24人,其中理事长1人、副理事长2人、秘书长1人。

如皋市消费者协会 1988年5月3日建立(简称县消协),会长由县分管领导兼任,副会长5人由相关部门领导兼任,秘书长由县工商局相关股(所)领导兼任,协会具体工作由县工商局负责,并在基层工商所设立消费者投诉站。20世纪90年代,市(县)消协以发展基层分会、帮助消费者强化维权意识为主要任务,并设立"12315"投诉举报网络。2008年,组建以市司法局局长任团长、5名资深律师参加的如皋市消费维权律师顾问团,市人民法院在县消协设立消费维权巡回法庭,市消协2名工作人员担任巡回法庭消费争议特约调解员。至是年底,市消协下辖11个基层分会,直接带动52个片区投诉组织,联系以村(居)为主的446个维权联络站。

1995—2010年,市消协共举办消费者法律法规大型宣传活动200余场,发放各类宣传资料近20万份,接受消费者咨询43124次,受理消费者投诉6774件,办结6672件,调解成功率98.5%,为消费者挽回经济损失567.33万元。

2010年,市消协完善理事会和基层消协分会、村(居)消费维权联络站和企业经营单位投诉处理站"一会两站"网络,调解万元以上消费纠纷8件。市消协被评为江苏省2010年度"消调对接"先进集体。

二、宗教团体

如皋市佛教协会 1985年6月3日,如皋县首届佛教徒会议于如城定慧寺召开,成立如皋县佛教协会,选举产生13人组成如皋县佛教协会第一届理事会。协会设名誉会长和正副会长,理事会为常设机构。1991年11月20日,定名如皋市佛教协会,业务主管部门为市民族宗教事务局。

如皋市道教协会 1995年10月20日,如皋市道教徒代表会议于定慧寺戒养堂召开,成立如皋市道教协会,为南通市首家市(县)级道教组织。协会依托灵威观开展会务活动,组织办法、章程、机构参照佛教协会,业务主管部门为市民宗教事务局。

第十节 学术和其他团体

一、学术研究团体

如皋市人大工作研究会 1996年5月7日成立,有团体会员26个、个体会员104人。2001年,研究会组织撰写的《变"选民登记"为"登记选民"》,在《中国人大》杂志发表。2006年,举办人大工作理论研讨会,如城、丁堰、袁桥、磨头、石庄、长江6个镇专职人大主席团副主席作专题发言,《南通人大》《人民与权力》等对研讨活动予以报道。2008年后,先后建立石庄、如城、长江3家镇级人大工作研究分会。2009年,组织纪念地方人大常委会设立30周年征文活动。围绕党的中心工作,开展调查研究,为推动人大各项工作建言献策。

如皋市党的建设研究会 2001年6月16日成立,隶属市委组织部。首批个人会员159人,单位团体会员120个,下设农村、企事业单位、机关、综合等11个研究小组。是年,组织口头交流论文6篇、书面交流论文42篇,并编印论文集。2003年,会员撰写研讨文章400多篇,其中2篇论文获国家级奖励，并有文章在中组部《组工信息》《党建研究》刊发，实现中组部《党建研究》用稿零的突破。2004—2010年，研究会每年召开1次如皋市党的建设研讨会，评选交流优秀论文。

如皋市思想政治工作研究会　1991年11月20日成立，隶属市委宣传部，下设5个系统研究会。是年，会员撰写理论文章55篇，其中5篇在南通市委宣传部举办的理论研讨会上交流，3篇获奖。研究会被评为江苏省职工政治思想工作优秀研究会。

1992年起，在开展多主题理论研讨的同时，根据上级要求组织“政工师”评审。2003年起，市研究会及5个系统研究会活动均与市委中心学习组学习、理论教育和思想道德建设等有机结合进行，研究会未独立举行活动。

2010年，研究会共有团体会员6个、个人会员166人、理事46人、常务理事20人、兼职工作人员3人。

如皋市长寿研究会　2002年6月16日成立，为非营利性法人学术团体，业务挂靠市卫生局，有团体会员99个、个人会员191人。先后编印出版《如皋长寿研究荟萃》《如皋长寿研究文集》《百岁人生不是梦》等专著。2007年，会长刘桂江被中国老年学学会老年科学健身与长寿研究委员会聘为副主任。

2010年，研究会编著出版《长寿名流精粹》，汇集全市183位寿星的人生之旅和长寿养生之道、21位古代名人的养生论述，全书50余万字；《走进寿乡——如皋》，全书12万字，由湖北科技出版社出版。

如皋市历史文化研究会　2007年4月30日成立，为非营利性社会法人学术团体，业务接受市文化局指导。初有会员48人，划分为《如皋文史》编辑小组、红十四军史料征集小组、如皋文物景点保护研究小组、文物古迹挖掘抢救研究小组和团体会员小组，下设灵威观、白蒲、石庄、丁堰4个研究分会。至2010年，先后撰写《关于加强对恢复性文物景点保护和管理的调查报告》《关于如城部分文物、古迹亟待抢救保护的建议》《关于石合泰民居文物价值的重新认识和包装的建议》等，向市委、市政府建言献策；再版革命回忆录《如皋火花》（1—6集）合订本；编辑出版县勇敢农中建立52周年专辑《激情岁月》；在全市开展“农村文化遗产”普查工作；参与名人故居修复、古迹保护。

2010年，研究会有团体会员10个、个人会员59人，会长、副会长、秘书长、副秘书长4人驻会办公。

二、其他团体

如皋市老区建设促进会（如皋市扶贫开发协会）　1992年12月6日，如皋市老区开发促进会在市绘园宾馆成立。1995年，如皋市扶贫开发协会成立，与市老区开发促进会两块牌子、一套班子。全市各乡镇建立分会，村建会员小组，主要开展社会调查研究和扶助贫困活动，向领导建言献策。2001年6月，市扶贫开发协会注销。

2005年，市老区开发促进会更名市老区建设促进会，基本达到镇有分会、村有小组、组有会员的要求。是年始，组织送医下乡与带头致富和带领群众致富的“双带”活动。2007年1月，根据上级要求，如皋市扶贫开发协会恢复建立，仍与市老建会2块牌子、1套班子。

图12-19　如皋市老区建设促进会成立10周年纪念大会（2003年摄）

至2010年，老区建设促进会和扶贫开发协会先后会同11个分会，重点走访、了解农家情况，提交报告向领导建言献策；主动牵线搭桥，利用省市扶贫开发基金，建立项目基地，让贫困户得到实惠；输送贫困学子外出免费就读；坚持智力扶贫，扶助特殊困难大、中、小学生每人每年分别3000元、1000元和600元。

如皋市关心下一代工作委员会　1992年12月8日成立，为以离退休干部为主体、各职能部门负责人组成、从事关心下一代的群众性工作组织，业务主管部门为市委老干部局。全市部分乡镇、单位亦建立基层关工委组织和“五老”（老干部、老军人、老教师、老模范、老专家）志愿者队伍，实施“爱心光明”工程。市关工委，先后组织各种形式的宣讲团、报告团，多次开展演讲和征文评比活动，开展创建关心下一代先进村和先进社区的“双创”活动。教育系统关工委按照《公民道德教育纲要》，以磨头小学为典型，全面建立家长学校，并在林梓小学成立全国首家关心留守儿童工作委员会。2007年8月21日，如皋市民营经济关心下一代工作委员会成立。2008年5月，市关工委建立“五老”联席会议制度。

至2010年，全市各级关工委组织848个，市关工委被中国关工委评为宣传工作先进集体，被江苏省关工委和文明办联合评为先进集体，被江苏省文化厅和江苏省关工委联合评为网吧义务监督工作先进集体。

如皋市政协联谊会 1999年7月6日成立，为市政协老委员自愿参加的爱国统一战线性质的非营利性的法人社会团体。联谊会成立后，每年正常组织多种形式的联谊活动2—3次，交流法治、经济、社会等各方面新信息，探讨改革开放、经济发展中的难点和社会民生方面的热点问题，并及时向市政协提交相关建议、意见。2010年，市政协联谊会共有会员94人，理事26人。

如皋市老科技工作者协会 1999年9月28日成立，是以离退休科技工作者为主体的非营利性社会法人团体。初建时，有会员93人，设5个专业组。

协会成立后，每年发动会员围绕党委、政府工作中心，开展调查研究、建言献策；组织会员参加“四送”（送科技、送法律、送文艺、送卫生）活动，提供“四技”（科技咨询、科技培训、科技开发、科技利用）服务。2008年，会员撰写的3篇调研报告被收入《江苏省老科技工作者协会建言献策选编》。是年，《小沼气，大文章》在全国沼气能源研讨会上交流。至2010年，协会约有调查报告30多篇、合理化建议200多条得到市委、市政府重视和采纳；有480多名会员创办各类企业或被企业返聘；会员编著的《电力系统内部过电压保护及案例分析》（20万字）、《建筑施工安全供用电》（40万字），由中国电力出版社出版；会员撰写的《如皋中华第一》（5万字），由作家出版社出版。协会先后3次被评为江苏省老科协先进集体、4次被评为南通市老科协先进集体。

2010年，设分会30个，有会员774个，其中具有中高级技术职称者占80%。

如皋市企业管理协会（如皋市企业联合会、如皋市企业家协会） 1984年8月30日，如皋县企业管理协会成立。1985年5月30日，在原县厂长、经理研究会基础上，成立如皋县企业家协会，与县企业管理协会合署办公，两块牌子、一套班子。1991年10月24日，在市民政局注册登记，均为非营利性社会团体。

2006年3月，市企业管理协会更名市企业联合会。1996—2010年，先后组织培训班，评选表彰优秀经营管理者和优秀企业家，举行春节团拜会、慰问会、座谈会，编发会刊《企业家通讯》，开展企业咨询，推进现代化管理，组织现代化成果评选等活动。2010年，共有会员152人。

如皋市私营个体经济协会 1984年1月，如皋县个体劳动者协会成立。不久，各区、乡（镇）亦分别成立个体劳动者协会，并广泛开展文明乡（镇）个协创建活动。至1990年，全县有20个乡（镇）个协被评为文明个协。1993年6月，如皋市私营企业协会成立。至2000年，全市加入个体劳动者协会的会员22118户、25214人，注册资金13976元；加入私营企业协会的会员514家、4490人，注册资金21580元。

2001年1月，如皋市个体劳动者协会、如皋市私营企业协会合并成立如皋市私营个体经济协会（简称市私个协）。市私个协成立后，组织全市私营、个体经济调研，向市委、市政府建言献策。市委、市政府根据市私个协建议，清理、废除行政审批项目217项，并规范与私营、个体经济发展密切相关的12个市级机关部门的服务职能和要求。2003年，市私个协始组织“光彩之星”私营企业、个体工商户评选活动。至2010年，全市有36家私营企业（个体工商户）被评为南通市“光彩之星”。

2010年，市私个协拥有会员39600家（户），其中私营企业6800家、注册资金187.73亿元，个体工商户32800户、注册资金10.44亿元。

如皋市体育总会 2006年1月成立，业务挂靠市体育局，第一次会员大会选举产生如皋市体育总会第一届领导班子，设名誉主席1人、副主席12人、主席1人、副主席5人、秘书长1人、副秘书长3人。总会为全市各体育项目协会、体育俱乐部、行业（系统）体育协会和其他专业性体育组织自愿结成的、非营业性的社会法人组织。2007年，市老年人体育协会被江苏省民政厅表彰为江苏省先进社团。

2008年，市伤残人体协主席阎建国当选第十一届全国人民代表大会代表，并被确定为北京奥运火炬手。

2010年，市体育总会下辖协会17个：邮政体育协会、伤残人体育协会、老年人体育协会、农民体育协会、社会体育指导员协会、体育舞蹈协会、武术协会、信鸽协会、篮球协会、桥牌协会、钓鱼协会、羽毛球协会、乒乓球协会、游泳协会、棋类协会、风筝协会、门球协会；民办非企业体育馆（部）13家：五环乒乓球馆、江枫跆拳道馆、东方跆拳道馆、不断樱棋道俱乐部、浩沙健身俱乐部、青少年体育俱乐部、乒羽中心乒乓球俱乐部、久甲羽毛球俱乐部、贝特羽毛球俱乐部、光华健身俱乐部、丰乐街道健身俱乐部、精英健身俱乐部、华尔兹体育舞蹈俱乐部。

2010年全市在民政部门注册登记的其他市级社团一览表

表12-5

社团名称	登记时间	业务主管部门
如皋市集邮协会	1991-09-16	市邮政局
如皋市农业机械工作者协会	1991-10-10	市农机局
如皋市卫生协会	1991-11-20	市卫生局
如皋市建筑行业协会	1991-11-20	市建筑工程管理局
如皋市职工技术协会	1991-12-05	市总工会
如皋市电信系统思想政治工作研究会	1991-12-10	市委宣传部
如皋市卫生系统思想政治工作研究会	1991-12-10	市委宣传部
如皋市建筑系统思想政治工作研究会	1991-12-10	市委宣传部
如皋市教育学会	1991-12-25	市教育局
如皋市事业管理协会	1992-02-22	市编制委员会
如皋市海外联谊会	1992-09-05	市委统战部
如皋市建设工程造价管理协会	1993-05-18	市建设局
如皋市财政学会	1994-11-19	市财政局
如皋市会计学会	1994-11-19	市财政局
如皋市珠算协会	1994-11-19	市财政局
如皋市钱币学会	1995-11-15	中国人民银行如皋支行
如皋市外商投资企业协会	1995-12-28	市对外贸易经合会
如皋市离退休教育工作者协会	1996-12-24	市教育局
如皋市技师协会	1997-01-30	市劳动局

续表12-5

社 团 名 称	登记时间	业务主管部门
如皋市煤炭流通协会	1998-04-08	市发改委
如皋市法官协会	1998-05-04	市人民法院
如皋市土地学会	1999-10-29	市国土资源局
如皋市工商行政管理学会	1999-11-16	南通市如皋工商局
如皋市市场协会	2000-03-23	南通市如皋工商局
如皋市福利企业管理协会	2001-08-01	市民政局
如皋市基层法律服务工作者协会	2001-11-21	市司法局
如皋市律师协会	2001-12-14	市司法局
如皋市经纪人协会	2001-12-14	南通市如皋工商局
如皋市房地产业协会	2002-03-27	市建设局
如皋市基督教三自爱国主义委员会	2002-05-23	市民族宗教事务局
如皋市离退休政法工作者协会	2002-07-10	市法制办公室
如皋市兰花协会	2003-09-30	市建设局
如皋市商品质量管理协会	2004-06-16	南通市如皋工商局
如皋市劳动模范协会	2004-06-18	市总工会
如皋市对外经济技术合作协会	2004-06-22	市对外贸易经合会
如皋市文化市场行业协会	2004-09.-11	市文化局
如皋市水工业协会	2004-09-22	市建设局
如皋市网络协会	2005-08-22	市人民政府办公室
如皋市生猪屠宰行业协会	2005-10-31	市经贸委
如皋市监察学会	2005-11-15	市监察局
如皋市党外知识分子联谊会	2005-12-14	市委统战部
如皋市肉鸽业协会	2006-08-07	市农林局
如皋市收藏协会	2006-08-15	市文化局
如皋市麝香鸭协会	2006-08-15	市农工办
如皋市癌友康复协会	2007-05-13	市卫生局
如皋市就业促进会	2008-01-06	市劳动和社会保障局
如皋市社会组织促进会	2008-01-06	市民政局
如皋市安全生产协会	2008-03-12	市安全监督局
如皋市烟花爆竹协会	2008-04-12	市安全监督局

续表12-5

社 团 名 称	登记时间	业务主管部门
如皋市资源综合利用协会	2008-05-26	市发改委
如皋市益友农机驾驶员培训协会	2008-07-15	市农机局
如皋市反邪教协会	2008-12-10	市委“610”办公室
如皋市广告协会	2009-01-12	南通市如皋工商局
如皋市中小企业应急互助协会	2009-08-06	市发改委
如皋市物业服务行业协会	2009-11-18	市城管局
如皋市苏皋长寿米业协会	2010-04-22	市农工办

附录:

已停止活动的社团组织

一、工、农、商团体

如皋同业公会(行业公所) 始于明代,初为地区性帮系会馆。至清末,全县有溧水、新安、太平府、京江、闽中等会馆。同期,有烟店、铁业、布店、染坊、油饼、肉店、面店、南货、药业等同业公所。此后,行业公所逐渐被同业公会取代。民国17年(1928年),全县始有典当、南货、绸缎、酱槽、油饼、京货等同业公会。民国36年,国民政府如皋县政府《如皋县民众团体一览表》载,如皋有广货、新药、酱槽、米粮、五洋、银楼、国药、香肠、肉松、草业、棉布、绸布、鲜肉、油饼陆陈、竹窑砖灰、糕饼、茶食、茶叶、旅馆、浴室、鞋帽、估衣、水菸、京货、茶漆、锅席、煤铁、香业、南货、汽车、民船、腌腊、皮毛油骨、水果、八仙、洗染、猪行、面饭、盐业、土工业、理发、木工、泥水、人力车、茶馆司役、中服缝纫、西服缝纫、印刷、手车、铜锡、锡箔、铁业、豆腐、蛋业54个同业公会。中华人民共和国成立后,全县同业公会有所调整。1950年,全县有同业公会71个,会员2678人。1953年,全县有54个同业公会隶属县工商联领导,主要职能为代表和维护本行业利益,处理协调本行业内部事宜。“文化大革命”开始后,全县同业公会停业活动。

如皋县商会 清光绪三十年(1904年),如皋县商会成立,以“保护商业、联络商情、开通商智、考核商品”为宗旨,公推邑绅沙元炳为总理,购买广福寺西侧地皮建商会用房。清光绪三十二年,更名如皋县商务分会。民国2年(1913年),复名如皋县商会,隶属南通七县总商会。县商会复建后,筹集资金,举办大咸官盐栈、新生港长江大通轮船公司、耀如电灯公司、广生德药店、因利布厂等地方实业;与南通张謇筹办以如皋投资为主的广生油厂;创办如皋乙种商业学堂,培养商业人才;筹建地方协防团,维持地方治安;筹集资金20万元,资助南京临时政府遣送客军;参与调处相关矛盾纠纷,平息事端,组织粮商赴上海采购仰光大米支援灾区等活动。民国16年8月,国民党如皋县党部组建商民协会筹备处,改组商会,设立商民协会整理委员会。是年,又改组为县商会理事会,设址雨香庵水明楼,并在全县各大集镇设立分会。民国20年,再次更名为县商会,各大集镇分会合并为4个分会。民国27年3月,如皋城沦陷,县商会自行解散。日本侵略军占领期间,汪伪政权在如皋城建立伪商会。民国35年7月,国民政府军复占如皋城后,设商会整理委员会。民国36年,如皋县商会重建。民国38年1月,国民政府军撤离如皋后,商会活动终止。

如皋城丝线工人工会 民国9年(1920年)7月28日,如皋全城丝线工人罢工,要求增加工资。民国14年6月,丝线工人参加全城“‘五卅’声援会”,声援上海工人斗争。民国16年,中共地下组织在如皋城领导组建如皋县总工会,并组建城区丝线工人工会。民国17年五一农民暴动失败后,丝线工人工会解散。是年7月,中共如皋城中区委书记徐家瑾秘密重建。10月,徐家瑾被捕后活动停止。

如皋县农民协会 民国15年(1926年)春,中共党员陆景槐以国民党县党部名义,在如皋西乡鄂埭、六甲、九甲、芹湖一带开办农民学校,向农民传播革命真理。10月,在中共江浙区委特派员张连生、杭果人指导下,如皋县农民协会成立,亦称农民运动委员会,设会长、副会长和组织、宣传、反霸等委员,提出:"打倒帝国主义""抵制英货、日货""反对封建势力,实行减租减息""不准地主拿田""没收庙田坟田归农民协会管理""禁止赌博、吸毒""剪辫子,放小脚,解放妇女"等口号。民国16年4月,中共党员叶胥朝在如皋东乡发动组织农民协会。国民党发动四一二政变后,县农民协会由中共如皋县委委员兼农民协会副会长苏德馨领导,继续与地主阶级进行合法斗争。民国17年4—5月,组织农民参加五一暴动。暴动失败后,停止活动。7月,中共如皋县委重新建立后,恢复和扩大农民协会,组织雇农工会。是年《如皋组织报告》载:西乡农民协会2个196人,邻里互助会1个102人;南乡农民协会4个282人,兄弟互爱会2个96人;东乡农民协会5个513人;北乡农民协会1个58人。民国19年,全县各乡农民协会停止活动。

同期,国民党如皋县党部亦组织县农民协会。民国20年《江苏省鉴》载:如皋有县农民协会1个,区农民协会12个,乡农民协会68个,会员总数4799人。

如皋城黄包车工人工会 民国16年(1927年)春建立。5月10日,中共如皋地下组织领导工会举行罢工,抗议国民政府如皋县政府禁止在大街、桥头、巷尾停车的规定,二三百辆黄包车全部集中到县政府公产处要求出售,迫使县政府放宽停车限制。民国17年4月29日,为策应如泰地区五一农民暴动,黄包车工人工会以反对增加月租为由,再次发动罢工,300多辆黄包车载着眷属,集中到县府门前请愿,将东、西、南3条大街塞满,迫使县政府宣布"月租不涨",罢工斗争取得胜利。五一农民暴动失败后,工会解散。后由中共地下城中区委书记徐家瑾秘密恢复重建,徐家瑾被捕后,活动停止。

如皋城区店员工会 民国17年(1928年)7月,由中共如皋城中区委书记徐家瑾秘密组建,参加抵制日货等活动。民国18年10月,因徐家瑾遭捕,停止活动。

如西县农民抗日协会 民国30年(1941年)5月下旬,中共如西县委召开如西县农民代表大会,出席大会500多人,选举成立如西县农民抗日协会(简称县农抗会)。7月,县农抗会创办《种田人》报,向农民宣传中国共产党的抗日救亡主张。民国31年秋收后,各乡召开农民抗日扩大会,宣传学习减租减息方针政策。石庄、车马湖、度军井、蒲西等区相继建立农抗会组织。民国32年7月26—31日,县农抗会于卢港区召开农抗扩大会,围绕反内战问题,解决农抗干部的模糊认识。是年底,全县组建乡农抗会32个、村农抗会224个。民国33年,江安区成立区农抗会,讨论研究租制、摘田、倒田、退雇、水利、筑圩等52件事项。是年秋,农抗会普遍开展查田减租工作。民国34年10月,县农抗会召开扩大会,宣告完成历史使命。

如西县工抗会 民国30年(1941年),如西县建立职工(实际上多为雇农)抗日协会,简称"工抗会",与农抗会、妇抗会等一道从事抗日救亡宣传、减租减息、惩奸和生产自救活动。民国34年抗日战争胜利后,停止活动。

如皋县农会(贫农团) 民国34年(1945年)10月27日,中共如皋县委召开农抗扩大会,宣告如西县农民抗日协会胜利完成历史使命,重新成立如皋县农会。此后,全县区、乡、村各级农抗会易名农会恢复活动。农会内部建立骨干组织"贫农团",下设小组,每组10—15人。解放战争期间,各级农会在对敌斗争、惩奸、土改复查、动员参军及支援前线等运动中,发挥积极作用。中华人民共和国成立后,在配合新区土地改革、征收公粮、抗美援朝、互助合作、统购统销等运动中发挥重要作用。1953年,县农会工作由县委互助合作部具体负责,各乡农会主任由党支部书记兼任。1954年,县农会组织撤销,各区、乡、村农会组织亦相继停止活动。

如皋县贫下中农协会(贫下中农代表会议常设委员会) 1965年1月18日,如皋县贫下中农代表会议筹备小组成立,举办阶级教育展览馆,配合代表大会召开,进行阶级教育。1966年9月24—30日,如皋县贫下中农代表大会于如城召开,出席代表1300余人,成立如皋县贫下中农协会,动员各级贫下中农协会组织农民参加清政治、清经济、清组织、清思想的“四清”运动。1967年3月,“造反”派层层夺权,贫下中农协会更名贫下中农代表会议常设委员会。1973年11月16日,县委建立如皋县贫下中农协会筹备小组。1974年4月10—13日,如皋县第三次贫下中农代表大会于如城召开,选举产生第三届委员会,派出贫下中农管理委员会、贫下中农管理小组管理学校、医院、商店。1976年后,公社、大队2级贫下中农协会停止活动。1979年3月8日,县革命委员会决定县贫下中农协会与县农水办公室合署办公。1984年1月21日,全县实施机构改革,贫下中农协会不再存续。

二、青、少、妇团体

如皋县学生联合会 民国8年(1919年),受五四运动新思想影响,以县立师范学校(如皋师范)为首的县城中小学校,响应北京大学学生会倡议,成立如皋县学生联合会,推举正副会长。先后领导全县青年学生开展抵制日货、声援“福州惨案”和“五州惨案”等爱国活动。至1966年,“文化大革命”运动开始后,停止活动。

童子军联合会 民国15年(1926年)1月,经中国国民党童子军司令部登记,如皋童子军联合会成立,全县有童子军10个团、34个队,共350余人,各团团址散居四乡,如师附小童子军为中国童子军343团,中年级儿童为童小军,低年级为童幼军。此后,随着学生毕业升学和学校人事变迁,童子军组织自然消失。

如皋县妇女协会(县妇女会) 民国16年(1927年)6月5日,国民政府如皋县政府于如皋城北门火星庙成立县妇女协会筹备处。年底,县妇女协会正式成立。民国19年,国民政府如皋县政府于如皋中山堂(原城隍庙)召开大会,成立如皋县妇女会,国民党如皋县党部派员指导。民国27年春,如皋城沦陷,县妇女会自然解体。

三民主义青年团如皋分团(区队) 民国26年(1937年),中国三民主义青年团苏北区团如皋区队成立。民国29年,区队长公开投伪,区队随之瓦解。民国34年8月,三青团如皋区队筹备处于南通成立。12月,三青团如皋区队于南通重新成立。民国35年8月,划归靖江分团领导。民国36年7月,三民主义青年团如皋分团于如皋城曹家巷敦善堂成立,各区先后成立18个区队,各乡镇成立分队,另设3个直属队。民国37年1月,国民党组织实行“党团合并”,各区三青团区队并入国民党区分部。

如西县妇女抗日协会 民国29年(1940年)始,如西抗日民主根据地区、乡陆续成立妇女抗日联合会,村建立妇抗分会,并以自然村庄建立妇抗小组。民国34年4月,如西县妇抗会成立。各级妇抗会组织妇女抗日支前,开展反封建、争自由等工作。抗战胜利后,妇抗会活动停止。

如西县青年学生抗日联合会(筹备会) 民国29年(1940年)秋,如西抗日民主根据地内的励志中学组织学生抗敌协会。随后,江安、卢港、石庄、度军井、车马湖等区迅速仿效,先后建立区、乡、村青年抗日联合会,由县委民运部分管。民国34年7月,如西县青年学生抗日联合会筹备会成立。9月,新四军收复如皋城,筹备会停止活动。

如西县青年解放团 民国32年(1943年)5月,如西县滨江中学和东南中学以学生党员为骨干,在先进青年中酝酿成立青年解放团小组。9月18日,苏中三地委在靖江成立青年解放总团,如西县青年解放团编为第五支团,下辖3个分团。民国33年9月22日,支团召开第二次改选大会。为适应战时斗争需要,三地委对青年解放团组织采取秘密形式垂直领导,并颁发团章。民国35年3月,苏皖一分区专员公署召开青年代表大会,宣布青年解放团不再存续。

如西(皋)县儿童团 民国31年(1942年)初,如西县各小学组建抗日儿童团,后发展至校外。其任务为站岗、放哨、盘查进入根据地的陌生人,帮助抗日游击队送信等。民国33年5月,如皋中学一院开展社会教育工作,于校外协助组织43个农村儿童团,团员1700余人。至年底,如中一院学生又协助组织16个乡儿童团。民国35年4月4日,如皋县儿童团代表大会在县人民剧场召开,成立县儿童总团。解放战争期间,儿童团组织一直在西乡革命根据地内,坚持活动,直至如皋全境解放。

三、教育、卫生团体

如皋县中医医学公会 民国8年(1919年)5月,根据国民政府内务部颁发的《管理中医规则》,

如皋县中医医学公会成立，会员20余人，后奉省会通知，更名中医协会。民国20年秋，为服从全国统一名称，更名国医公会。民国23年6月，奉省会通知，复名中医医学公会。民国27年3月，如皋城沦陷，县中医医学公会解体。

如西县教育界抗敌协会 民国29年(1940年)秋，新四军苏北指挥部号召："中小学教职工组织抗敌协会，担任抗敌任务，争取本身解放。"随后，如西县成立县教育界抗敌协会，区建立教抗会，乡建教抗分会，下设小组。教抗小组既是从事斗争的游击小组，亦为业务研究学习单位，在教学的同时，配合区、乡行政领导开展革命活动。民国34年抗战胜利后，全县教抗组织自行解体。

如西县小学教师联合会 民国32年(1943年)，如西县小学教师联合会成立，推选教联主任，各区成立区教联。是年8月，苏中三分区小学教师代表会讨论通过《小学教师联合会简章》，规定"凡服务小学教育界者皆为会员"，并决定重新改组各级小学教师联合会，建立分区小学教研会，使全分区小学教师在思想、组织、行动上团结一致，以保证各项工作的完成。民国34年抗战胜利后，教师联合会组织自行解体。

如皋县中医师公会、医师公会 民国35年(1946年)11月，国民政府如皋县政府指定陈爱棠、黄星楼等7名在城名中医筹组县中医公会。民国36年4月，国民政府如皋县政府指派丁志中、胡伯兰、胡晋侯等几位名医师筹组县医师公会，登记会员17人。5月21日，县医师公会正式成立。民国38年1月，国民政府如皋县政府撤离如皋后，县中医师公会、医师公会自然解体。

如皋县医务工作者协会、中医学术研究委员会 1951年4月，如皋县人民政府决定成立县医务工作者协会筹备委员会。10月，如皋医务工作者协会正式成立。1952年，按照卫生部通知精神，改称县卫生工作者协会。1955年7月，如皋县中医学术研究委员会成立，公推21位知名中医为委员。1963年，更名如皋县科学技术协会医案卫生学组中西医学组委员会。1966年"文化大革命"开始后，以上二会组织解体，未再恢复。

四、文艺社团

白蒲亲社 清康熙六十年(1721年)，白蒲进士、直隶清苑知县、人称"白面包公"的姜任修，因遭诬劾罢职回归故里，建筑"三以园"，亦名"白蒲书屋"，潜心著作和学术研究，主张文章"志隐而位深，思精而裁密"，论诗解文，剖经析义，诗况空前，生徒众多，尤以其子姜恭寿等10人成就为最，被誉为"蒲塘(白蒲古称)十子"，名闻大江南北。他们著书立说，操觚赋诗，以白蒲书屋为中心，成立文学团体"亲社"，明确提出"裁伪体、亲风雅"的学术主张，极力反对明末以后衰靡的文风和卑弱的文体，提倡继承和发扬《诗经》的现实主义传统。其时，极负盛名，同人甚多，以"蒲塘十子"为主体，人称"文阵雄师"。"十子"之外，俱为"临池泼墨又敲诗、赌酒吹箫更斗棋"之辈，他们常赴郊外和田夫野老杯酒相邀，课雨问晴，共话农桑。除各自著作付梓外，有《亲社同人宴集》留世。姜任修76岁逝世后，亲社团体自然消失。后辈文人"闲向名园忆旧游"，以示对昔日三以园、白蒲书屋的依念和追忆，或"泪洒青郊拜墓田"，以示对恩师的哀悼和缅怀。

春泥社 民国23年(1934年)下半年，如皋师范进步学生俞铭璜等人在共产党员叶胥朝支持下，于如皋城成立进步文艺团体春泥社，设址如皋《皋报》报社内。初期，春泥社有社员20多人，在如皋《导报》辟副刊《春泥》，刊登小品文、评论、杂文、诗歌等，揭露旧制度丑恶，宣传抗日救亡。后又在《皋报》辟文艺副刊《谷雨》。民国25年1月，俞铭璜、潘也如等春泥社成员在如皋城成立秘密革命活动小组，从事革命活动，并与上海中共党组织发生关系。夏，叶胥朝参加春泥社活动，利用《皋报》创办"读书会"，成立社会科学研究小组，以研究新文艺和业务为掩护，学习马克思著作。民国26年，抗日战争爆发后，春泥社创办进步刊物《救亡》《民族解放》，在《皋报》开辟副刊《炮火》，宣传抗日救亡。并成立春泥剧团，在如皋城乡演出《放下你的鞭子》《汉奸的子孙》等活报剧宣传抗日。民国26年11月，春泥社大部分成员在潘也如、俞铭璜带领下，北上寻找共产党组织。民国27年3月，如皋城沦陷后，春泥社自行解散。

五、其他社团组织

平民社 民国11年(1922年)8月27日，青年学生吴亚鲁、魏建功、吴舒国等发起，于江苏省第二代用师范(如皋师范)附属小学成立如皋第一个进步团体“平民社”，社员40余人。11月，创办社刊《平民声》，吴亚鲁任主编。吴亚鲁等先后在《平民声》发表文章，揭露社会丑恶现象，批评如皋机关团体，特别是教育行政界的陋习，督促改进。民国13年夏，平民社在掘港（今属如东县）召开年会，吴亚鲁在会上宣讲社会主义运动发展史，社会主义青年团员徐家瑾在会上宣讲国民党第一次全国代表大会宣言和联俄、联共、扶助农工三大政策精神。此时，平民社拥有会员200余人。民国14年，“平民社”内部分化，活动终止。

劲社 民国13年（1924年）上半年，如皋师范学校进步学生陆景槐（植三）、苏德馨、熊仁福、徐名友等，发起组织“劲社”，在学生和知识青年中宣传、学习社会主义科学等活动。民国14年1月7日，劲社在《民国日报》发表赞成孙中山主张的宣言。五卅运动后，陆景槐、苏德馨等通过上海学联，与中共早期党员恽代英取得联系，公开宣传打倒帝国主义、实行国民革命、反对国家主义派，并向学生推荐革命读物，宣传马克思主义。随着学生纷纷毕业离校或走上革命道路，组织活动停止。

如皋红卍字会 民国13年（1924年）4月1日，如皋西乡卢家庄（今属高明镇）的卢氏成立世界红卍字会如皋道院（分会），后称卢庄道院。10月1日，迁至如皋城东大街南侧北王家巷。民国16年，黄哲人、葛凤涛、戴吉人正式创办世界红卍字会如皋分会，内设道院组织，信奉项橐（春秋时期鲁国的一名神童，孔子称其为老师）、释迦牟尼、太上老君、耶稣、默罕默德和所谓“五教之师”洪钧老祖，初址南王家巷，后迁城东北隅泰山东侧，再迁文昌阁。是年9月，霍乱流行，世界红卐字会如皋分会组织临时时疫医院，聘请有经验的中西医生驻院为贫民患者施诊、施药。民国20年，苏北里下河发大水，红卍字会如皋分会收容灾民，赈济衣食路费。民国23年，迁至如皋城东云路巷南端东侧设会馆，并同时设立如皋施诊所，每年夏季开诊，为一般贫病者诊疗。民国36年4月，时疫医院扩充病房，分中、西两医部，有医务人员6人。红卍字会如皋分会会馆内大殿供奉5位教主铜牌，北极阁供奉洪钧老祖铜牌，于白蒲、石庄、东陈、马塘、掘港等小集镇设立分会，会员取道名，佩会章，交纳会费。会员每月农历初一和十五到会馆（道院）礼拜、念经，高诵“北极太乙真君”。红卍字会无恒产，每月经费由会员捐助。红卍字会一方面对贫困者施衣（寒衣）、施粥、施医，施药，对无人问津的遗体施棺（头上嵌有红“卍”字标记的小棺材）、施埋（收殓埋葬）、发放小额贷款。另一方面利用开坛、扶乩等迷信形式愚弄民众。民国38年1月，自动解散。

如皋县抗美援朝协会 1950年12月3日，全县首次各界人民抗美援朝代表大会在如城体育场召开，选举成立全民参加的中国人民“保卫世界和平，反对美帝侵略”抗美援朝委员会如皋协会，设秘书、宣传、组织等科。1951年5月1日，全县38万人参加抗美援朝、反对美国重新武装日本、保卫世界和平游行示威。6月，县抗美援朝协会发动群众修订爱国公约，开展增产节约运动，掀起捐献飞机大炮的热潮，做好优抚工作，为军烈属排忧解难。全县2次共2936名青年报名参加志愿军，1000余名青年学生报名参加军事干校。1953年，朝鲜停战，协会停止活动。

如皋县中苏友好协会 1950年，全县掀起宣传“中苏友好同盟互助条约”运动高潮，喊出“一边倒”口号，全心全意倒向苏联，许多男子头发都理成“一边倒”发型。1951年2月，如皋县中苏友好协会成立，全县机关、学校、工厂均建分会，各区、乡（镇）建立支会，凡会员均由协会发给会员证和会员证章。1956年后，中苏关系开始恶化，协会组织逐渐淡化直至解体。

图12–20 民国12年（1923年），平民社第一届年会会员合影

卷十三　权力机构·行政机构·参政议政机构

东晋义熙七年(411年),始设如皋县衙。此后,县令(知县)执掌全县一切权力。辛亥革命后,县设民政分府,行政长官为民政长,并设县临时议事会和市、乡董事会,一度实行地方自治。民国初,县改设民政公署,行政长官为县知事,基层改行市乡制,设市、乡行政局。民国16年(1927年),国民政府如皋县政府成立,行政长官称县长,与国民党县党部一起对全县实行残酷统治。民国27年3月,国民政府如皋县政府从如皋城迁东马塘(今属如东县),日本侵略军在如皋城建立伪政权。民国29年8月,新四军东进至如皋西乡,在西乡建立如皋县抗日民主政府和县参议会。县内一度同时存在抗日民主政府、国民政府、日伪政权县政府3种政权机构。10月,县抗日民主政府接管国民政府如皋县政府,并于西乡设县西南行政公署。民国30年3月,如皋县析为如西、如皋2县,县西南行政公署改建为如西县政府。民国34年9月,如西县政府进驻如皋城,复称如皋县政府,如皋县政府改称如东县政府,日伪县政权随之消亡。冬,国民政府于南通城建立流亡的如皋县政府,并建立县临时参议会。不久,国民政府如皋县政府随国民政府军占据白蒲镇、如皋城。民国38年1月28日,国民政府如皋县政府撤逃、消亡。

1950年1月,县各界人民代表会议召开。至1953年初,全县重要事务均由县各界人民代表会议讨论、协商、决议。1953年5月,全县首次普选人大代表。1954年6月,第一届县人民代表大会召开,始以县人民代表大会作为地方最高权力机构。1956年3月,中国人民政治协商会议如皋县委员会成立。"文化大革命"开始后,县人民代表大会、政协如皋县委员会均停止活动。1967年4月,中国人民解放军如皋县军事管制委员会成立,始对全县实行军事管制。1968年3月,县革命委员会成立,始对全县实施党政"一元化"领导。1979年,政协如皋县委员会及其常务委员会恢复。1981年,县人民代表大会恢复,并建立县人民代表大会常务委员会;各乡镇亦选举产生人民代表大会,恢复乡镇人民政府。此后,市(县)人民代表大会、人民政府、人民政协作为全市(县)权力、行政和参政议政机构,各乡镇(区)人大、政府作为乡镇权力、行政机构一直正常履职。至2010年,市(县)人大共召开15届代表大会,政协共召开12届全体委员大会。

第一章 权力机构

第一节 市(县)人民代表大会

一、代表

代表结构 20世纪60年代前,推荐选举人民代表主要考虑政治质量,包括阶级出身、社会关系、本人政治表现等。

中共十一届三中全会以后,注重人民代表的广泛性和代表性。1993年7月,市人大常委会内设人事代表工作委员会。2001年4月,市十三届人大常委会第二十四次会议出台《关于加强市人民代表工作的决定》,要求市人大代表推荐、选举更加注重文化层次、参政议政能力等综合素质。大批高层次科技人才、企业界人士进入市镇两级人大代表行列。市十四届人大代表共413名,其中工人农民238名,占57.62%;高中及中专文化120名,占29.06%;大专以上学历222名,占53.64%;妇女117名,占28.33%;非中共人士128名,占30.99%。

代表选举 1953年5月,县选举委员会成立,并于8月和12月分两批实行选民登记和普选,选举县、乡(镇)两级人民代表大会代表。第六届县人民代表大会之前,县、乡(公社)人大代表由乡(公社)、镇人民代表大会采用间接等额选举方式选举产生。1981年,县第八届人民代表大会始,按照《中华人民共和国选举法》规定,自下而上酝酿提名,并自上而下征求意见,协商确定候选人,由选区内选民采用无记名投票方法直接差额选举产生县和乡(镇)人大代表。

1983年12月至1984年2月20日,县、乡(镇)两级人民代表大会代表换届选举,登记有选举权的公民943390人,参加投票905120人,投票率95.94%。选举产生县人大代表447名,乡(镇)人大代表4290名。

1986年2月10日至1987年2月18日,县、乡(镇)两级人大代表换届选举,投票率96%。

1995年9月至1996年1月,乡(镇)人大代表换届选举,参加投票115万人,投票率98.9%。选举产生新一届乡(镇)人民代表大会代表2991名。

1997年9月至12月9日,市人大代表换届选举,参加投票1152818人,投票率99.8%。选举产生市人大代表416名(缺额1名)。

2007年10月10日至12月5日,市人大代表换届,选举产生市第十五届人大代表416名(缺额1名)。

代表作用发挥 1981年人民代表大会制度恢复后,市人大常委会经常组织市人大代表参与执法检查、考察评议。2001年4月,市人大常委会主任、副主任轮流接待市人大代表制度、市政府机关向市人大代表报告工作和重大事项制度、市人大代表就重大问题约见市政府机关及所属部门(单位)负责人制度以及代表持证视察制度等建立。

2003年始,市人大常委会组织开展人大代表带头学习、带头创业致富、带头招商引资、带领群众共同富裕的“四带”活动。2005年,市人大常委会在全市开展有硬软件设施,有规章制度,台账资料健全的“人民代表之家”建设活动,并以人民代表之家作平台,以人民代表联系选民、向选民述职为载体,强化人大代表与选民的联系。2007年,这一做法在江苏省人大工作会议上作典型交流发言,《中国人大》杂志作专门介绍。至2010年,全市建有人大代表之家98家。

二、代表大会

1954年,县第一届人民代表大会召开。1966年“文化大革命”爆发,人民代表大会制度中断。1968年3月30日,县革命委员会在如城成立,委员

71名，其中常务委员17名。县革命委员会持续13年，历任正、副主任均由上级任命。按照中央相关决定，县革委会被列为县七届人民代表大会。至2010年，市(县)人民代表大会共召开15届。

县第一届人民代表大会 1954年6月26日至7月6日，县第一届人民代表大会第一次会议在如城召开。应到代表475人，实到440人。会议听取和讨论县政府工作报告和县委关于今后工作任务的报告，讨论《中华人民共和国宪法(草案)》，通过政府工作报告和提案处理办法，并作出决议。选举出席省人民代表大会代表5人。

1955年12月16—17日，一届二次会议在如城召开，出席代表418人。会议通过将如皋县人民政府改为如皋县人民委员会(简称县人委)的决议，选举产生县人委委员19人，李普凡任县长，张朝模、沈忠怀任副县长，严永祥任县人民法院院长。

1956年12月14—16日，一届三次会议在如城召开，出席代表280人。会议听取和审议县人委工作报告、1956年全县财政收支预算执行情况报告、县人民法院工作报告、提案审查意见报告，并作出决议。

县第二届人民代表大会 1957年3月28日至4月1日，如皋县第二届人民代表大会第一次会议在如城召开，应到代表438人，实到349人，列席代表6人。会议听取和审议县人委工作报告、县人民法院工作报告并作出决议。选举产生县人委委员29人，李普凡任县长，沈忠怀、丁学文、潘逸尘、邹义良任副县长，严永祥任县人民法院院长。

1957年12月21—27日，二届二次会议在如城召开，出席代表296人。会议听取和审议县人委工作报告、1957年全县财政收支预算执行情况和1958年全县财政预算编制意见报告、人民法院工作报告并作出决议。批准李普凡辞去县长职务的请求，选举倪锦瑜任县长，李普凡任副县长。

县第三届人民代表大会 1958年5月23—24日，县第三届人民代表大会第一次会议在如城召开，应到代表445人，实到356人。会议听取和讨论县人委工作报告、人民法院工作报告并作出决议。选举产生县人委委员29人，倪锦瑜任县长，沈忠怀、丁学文、邹义良、陶肖溪任副县长，董法玉任县人民法院院长。

1960年1月11—13日，三届二次会议在如城召开，出席代表259人。会议听取和审议县人委工作报告、1958年全县财政决算、1959年全县财政预算执行情况和1960年全县财政预算的报告、县人民法院工作报告并作出决议。批准倪锦瑜辞去县长职务的请求，选举严永祥任县长，补选吴功祥任副县长。

县第四届人民代表大会 1961年12月28—31日，县第四届人民代表大会第一次会议在如城召开，应到代表449人，实到383人，列席代表81人。会议听取、讨论和审议县人委工作报告、1960年全县财政决算和1961年全县财政预算执行情况报告并作出决议。选举产生县人委委员31人，沈忠怀任县长，丁学文、吴功祥、沙镇祥、胡伯兰任副县长，董法玉任县人民法院院长。

1962年9月4—8日，四届二次会议在如城召开，出席代表371人。会议传达全国第二届人民代表大会第三次会议和省二届三次人民代表大会精神，听取、审查1961—1962年全县工作总结并作出决议。

县第五届人民代表大会 1964年1月25—28日，县第五届人民代表大会第一次会议在如城召开，应到代表449人，实到344人。会议听取、讨论和审议县人委工作报告、1963年度全县财政决算和1964年财政预算的报告、县人民法院工作报告并作出决议。选举产生县人委委员31人，魏志田任县长，沙镇祥、胡伯兰、沈忠怀、张贤堂任副县长，吴勇任县人民法院院长。

1965年4月21—23日，五届二次会议在如城召开，出席代表331人。会议传达省三届一次人民代表大会精神，听取和审议县人委工作报告并作出决议，补选刘勤(女)、曹怡、董法玉任副县长。

县第六届人民代表大会 1966年1月3—5日，县第六届人民代表大会第一次会议在如城召开，应到代表450人，实到371人，出席县政协第四届全体会议的委员列席大会。会议听取县委形势报告，听取、讨论和审议县人委工作报告、1966年县财政预算(草案)报告及县人民法院工作报告并作出决议。选举产生县人委委员31人，魏志田任县长，刘伯兰、刘勤(女)、曹怡、董法玉、吴凤琴任副县长，吴勇任县人民法院院长。

县第八届人民代表大会 1981年4月25—29

日，县第八届人民代表大会第一次会议在如城召开，应到代表450人，实到443人，出席县政协五届一次全体会议的委员和县直机关部门负责人列席大会。会议听取和审议县革委会工作报告、1980年全县财政决算和1981年全县财政预算（草案）报告、县人民法院工作报告、县人民检察院工作报告并分别作出决议，并做出撤销县革命委员会、恢复县人民政府的决议。选举产生县人民代表大会常务委员会委员17人，谢翼飞任主任，马宏谟、孙德明、杨炜昌、陈文翰、谢开生任副主任。同时选举陆明钰任县政府县长，冯邦才、许吉甫、严绍恭、沈霞、明道奎、季秀英（女）、胡国富任副县长，庞坚、高云鹏任县人民法院院长和县人民检察院检察长。

1982年4月26—28日，八届二次会议在如城召开，实到代表376人，出席县政协五届二次全体会议的委员和县直机关部门负责人列席大会。会议听取和审议县政府工作报告、1981年县财政决算报告和1982年县财政预算报告（草案）、县人民法院工作报告、县人民检察院工作报告并分别作出决议。

1983年3月17—20日，八届三次会议在如城召开，实到代表402人，出席县政协五届三次全体会议委员和县直机关部门负责人列席大会。会议听取和审议县政府工作报告、县人大常委会工作报告、1982年全县财政决算报告和1983年全县财政预算报告（草案）、县人民法院工作报告、县人民检察院工作报告并作出决议。补选王金镛、杨银聪任县人大常委会副主任，彭金龙任县人民检察院检察长，选举出席南通市第八届人民代表大会代表65人。

县第九届人民代表大会 1984年3月12—16日，县第九届人民代表大会第一次会议在如城召开，应到代表487人，实到474人，出席县政协六届一次全体会议的委员和县直机关部门负责人列席大会。会议听取和审议县政府工作报告、1983年全县国民经济和社会发展计划执行情况报告、县人大常委会工作报告、县人民法院工作报告、县人民检察院工作报告并作出决议。选举产生县人大常委会委员18人，孙忠权任主任，许吉甫、孙德明、陈文翰、杨炜昌任副主任，张炳贤任县政府县长，冯邦才、明道奎、季秀英（女）、徐朋（女）、袁泉任副县长，庞坚、刘桂江任县人民法院院长和县人民检察院检察长。

1985年4月26—29日，九届二次会议在如城召开，实到代表460人，出席县政协六届二次全体会议的委员和县直机关各部门负责人列席会议。会议听取和审议县政府工作报告、1984年全县国民经济计划执行情况报告、1985年全县国民经济社会发展计划报告（草案）、1984年县财政决算报告、1985年县财政预算报告（草案）、县人大常委会工作报告、县人民法院工作报告、县人民检察院工作报告并作出决议。会议接受相关人员辞去职务的请求，补选孙德明任县人大常委会主任，周宝生、郭载荣任县政府副县长。

1986年5月6—10日，九届三次会议在如城召开，实到代表465人，出席县政协六届三次全体会议的委员和县直机关各部门负责人列席大会。会议听取和审议县政府工作报告和关于全县国民经济社会发展第七个五年计划（草案）的报告、1985年县国民经济社会发展计划执行情况的报告、1986年县国民经济社会发展计划（草案）的报告、1985年全县财政决算的报告、1986年全县财政预算（草案）的报告、县人民法院工作报告、县人民检察院工作报告并作出决议。会议选举潘宝才任县政府县长。

县第十届人民代表大会 1987年3月24—28日，县第十届人民代表大会第一次会议在如城召开，应到代表429人，实到422人，出席县政协七届一次全体会议的委员和县直机关部门负责人列席大会。会议听取和审议县政府工作报告、1986年全县国民经济社会发展计划执行情况的报告、1987年全县国民经济社会发展计划（草案）的报告、1986年县财政决算的报告、1987年县财政预算（草案）的报告、县人大常委会工作报告、县人民法院工作报告、县人民检察院工作报告并作出决议。会议选举产生县人大常委会委员20人，孙德明任主任，陈殿文、王宝鹤、张鹏志、杨炜昌任副主任。同时选举潘宝才任县政府县长，袁泉、周宝生、郭载荣、张振刚、汤建华任副县长，马道来、范广友任县人民法院院长和县人民检察院检察长。

1987年11月27—29日，十届二次会议在如城召开，实到代表391人，县直机关部门负责人列席大会。会议选举产生出席南通市第九届人民代表大会代表69人。

1988年3月25—28日，十届三次会议在如城召开，实到代表419人，出席县政协七届二次全体会议的委员和县直机关部门负责人列席大会。会议听取和审议县政府工作报告、1987年全县国民经济社会发展计划执行情况和1988年全县国民经济社会发展计划（草案）的报告、县人民法院工作报告、县人民检察院工作报告并作出决议。

1989年3月29日至4月3日，十届四次会议在如城召开，实到代表424人，出席县政协七届三次全体会议的委员和县直机关各部门负责人列席大会。会议听取和审议县政府工作报告、1988年全县国民经济社会发展计划执行情况和1989年全县国民经济社会发展计划（草案）的报告、1988年县财政决算和1989年县财政预算（草案）的报告、县人民法院工作报告、县人民检察院工作报告并作出决议。会议接受潘宝才辞去县长职务的请求，选举石秀峰任县政府县长。

市（县）第十一届人民代表大会 1990年3月20—24日，县第十一届人民代表大会第一次会议在如城召开，应到代表440人，实到434人，出席县政协八届一次全体会议的委员和县直机关部门负责人列席大会。会议听取和审议县政府工作报告、1989年全县国民经济社会发展计划执行情况和1990年全县国民经济社会发展计划（草案）的报告、1989年县财政决算和1990年县财政预算（草案）的报告，县人大常委会工作报告、县人民法院工作报告、县人民检察院工作报告并作出决议。选举产生县人大常委会委员24人，刘桂江任主任，戴崇颐、杨炜昌、杜祝山、李昌焕任副主任。选举石秀峰任县政府县长，周宝生、郭载荣、汤建华、石耀、于永芳（女）、徐建平、陆耀良任副县长（其中陆耀良为省下派科技副县长），陈步高、范广友任县人民法院院长、县人民检察院检察长。

1991年3月18—22日，十一届二次会议在如城召开，应到代表439人，实到424人，出席县政协八届二次全体会议的委员和县直部门负责人列席大会。会议听取和审议县政府工作报告、关于制定如皋县国民经济和社会发展第八个五年计划（草案）的说明、关于1990年全县国民经济社会发展计划执行情况和1991年全县国民经济社会发展计划（草案）的报告、1990年县财政决算和1991年县财政预算（草案）的报告、县人大常委会工作报告、县人民法院工作报告、县人民检察院工作报告并作出决议。会议还通过关于议案若干问题的规定。

1992年3月14—17日，十一届三次会议在如城召开，应到代表438人，实到426人，出席市政协八届三次全体会议的委员和市直部门负责人列席会议。会议听取和审议市政府工作报告、市人大常委会工作报告、关于1991年全市国民经济社会发展计划执行情况和1992年全市国民经济社会发展计划（草案）的报告、关于1991年市财政预算执行情况和1992年市财政预算（草案）的报告、市人民法院工作报告、市人民检察院工作报告并作出决议。

市第十二届人民代表大会 1993年2月20—25日，市第十二届人民代表大会第一次会议在如城召开，应到代表450人，实到代表445人，出席市政协九届一次全体会议的委员和市直部门负责人列席大会。会议听取和审议市政府工作报告、1992年全市国民经济社会发展计划执行情况和1993年全市国民经济社会发展计划（草案）报告、1992年市财政决算和1993年市财政预算（草案）的报告、市人大常委会工作报告、市人民法院工作报告、市人民检察院工作报告并作出决议。会议选举市人大常委会委员24人，冯邦才任主任，戴崇颐、郭载荣、汤建华、汪如一任副主任。选举王耀光任市政府市长，石耀、于永芳（女）、徐建平、徐邦友、徐天明任副市长，陈步高、范广友任市人民法院院长、市人民检察院检察长。会议还选举出席南通市十届人民代表大会代表71人，通过如皋市市徽图案的决议。

1994年2月19—22日，十二届二次会议在如城召开，应到代表449人，实到433人，出席市政协九届二次全体会议的委员和市直部门负责人列席大会。大会听取和审议市政府工作报告、1993年全市国民经济社会发展计划执行情况和1994年全市国民经济社会发展计划（草案）的报告、1993年市财政决算和1994年市财政预算（草案）报告、市人大常委会工作报告、市人民法院工作报告、市人民检察院工作报告并作出决议。会议增选奚定九任市人大常委会副主任。

1995年3月2—5日，十二届三次会议在如城召开，应到代表447人，实到428人，出席市政协九届三次全体会议的委员和市直部门负责人列席大会。会议听取和审议市政府工作报告、1994年全市国民经济社会发展计划执行情况和1995年全市国民经济社会发展计划（草案）的报告、1994年市财政决算和1995年市财政预算（草案）报告、市人大常委会工作报告、市人民法院工作报告、市人民检察院工作报告并作出决议。

1996年3月6日，十二届四次会议在如城召开，应到代表446人，实到418人，出席市政协九届四次全体会议的委员和市直部门负责人列席大会。会议听取和审议市政府工作报告、全市国民经济社会发展"九五"计划和2010年远景目标规划、1995年全市国民经济社会发展计划执行情况和1996年全市国民经济社会发展计划（草案）的报告、1995年市财政预算执行情况和1996年市财政预算（草案）报告、市人大常委会工作报告、市人民法院工作报告、市人民检察院工作报告并作出决议。会议接受相关人员辞去职务的请求，补选石秀峰任市人大常委会主任，增选谭志旺、徐邦友任市人大常委会副主任，选举刘井石任市政府市长，章树山、刘培银任副市长。选举常连生、卢旭东任市人民法院院长和市人民检察院检察长。

1997年1月25—28日，十二届五次会议在如城召开，应到代表446人，实到428人，出席市政协九届五次全体会议的委员和市直部门负责人列席大会。会议听取和审议市政府工作报告、1996年全市国民经济社会发展计划执行情况和1997年全市国民经济社会发展计划（草案）的报告、1996年市财政预算执行情况和1997年市财政预算（草案）的报告、市人大常委会工作报告、市人民法院工作报告、市人民检察院工作报告并作出决议。

市第十三届人民代表大会　1998年1月3—6日，市第十三届人民代表大会第一次会议在如城召开，应到代表416人，实到代表411人，出席市政协十届一次全体会议的委员和市直部门负责人列席会议。大会听取和审议市政府工作报告、关于1997年全市国民经济社会发展计划执行情况和1998年全市国民经济和社会发展计划（草案）的报告、1997年市财政预算执行情况和1998年市财政预算（草案）的报告、市人大常委会工作报告、市人民法院工作报告、市人民检察院工作报告并作出决议。一致通过关于推进依法治市工作的决议。选举产生第十三届市人大常委会委员21人，石秀峰任主任，戴崇颐、郭载荣、汤建华、汪如一、奚定九、谭志旺、徐邦友任副主任。选举刘井石任市政府市长，徐天明、章树山、刘培银、陈惠娟、姜建国、张元健、刁玉章任副市长（其中刁玉章为省下派科技副市长）。选举蒋明华、卢旭光任市人民法院院长和市人民检察院检察长。同时选举产生出席南通市第十一届人民代表大会代表78人。

1999年3月24—27日，十三届二次会议在如城召开，应到代表417人，实到406人，出席市政协十届二次全体会议的委员和市直部门负责人列席大会。会议听取和审议市政府工作报告、关于1998年全市国民经济社会发展计划执行情况和1999年全市国民经济社会发展计划（草案）的报告、1998年市财政预算执行情况和1999年市财政预算（草案）的报告、市人大常委会工作报告、市人民法院工作报告、市人民检察院工作报告并作出决议。会议还审议并通过市人民政府提出的"关于加强骨干河道河床保护""加强全市公路建设""进一步加大再就业基金筹集力度"3个议案，并分别做出决议。

2000年1月15—18日，十三届三次会议在如城召开，应到代表413人，实到393人，出席市政协十届三次全体会议的委员和市直部门负责人列席大会。会议听取和审议市政府工作报告、1999年全市国民经济社会发展计划执行情况和2000年全市国民经济社会发展计划（草案）的报告、1999年市财政预算执行情况和2000年市财政预算（草案）的报告、市人大常委会工作报告、市人民法院工作报告、市人民检察院工作报告并作出决议。会议选举蓝绍敏任市政府市长。

2001年1月15—18日，十三届四次会议在如城召开，应到代表411人，实到397人，出席市政协十届四次全体会议的委员和市直部门负责人列席大会。会议听取和审议市政府工作报告、2000年全市国民经济社会发展计划执行情况和2001年全市国民经济社会发展计划（草案）的报告、市人大常委会工作报告、市人民法院工作报告、市人民检察院工作报告并作出决议。会议接受相关人员辞去职务的请求，补选浦文海、刘培银、周金仁、邵晓泉任市人大常委会副主任。选举陈惠娟任市政府市长，选举吴晓培任市人民检察院检察长。

2002年1月23—26日，十三届五次会议在如城召开，应到代表417人，实到代表407人，出席市政协十届五次全体会议的委员和市直各部门负责人列席大会。会议听取和审议市政府工作报告、关于2001年全市国民经济社会发展计划执行情况和2002年全市国民经济社会发展计划（草案）的报告、2001年市财政预算执行情况和2002年市财政预算（草案）的报告、市人大常委会工作报告、市人民法院工作报告、市人民检察院工作报告并作出决议。书面审议市政府“贯彻执行市十三届二次会议‘关于加强骨干河道河床保护工作的决议’情况的报告”，审议并通过“关于加强全市农村改水工作的决议”。

市第十四届人民代表大会 2003年1月4—9日，市第十四届人民代表大会第一次会议在如城召开，应到代表413人，实到409人，出席市政协十一届一次全体会议的委员和市直部门负责人列席大会。会议听取和审议市政府工作报告、关于2002年全市国民经济社会发展计划执行情况和2003年全市国民经济社会发展计划（草案）的报告、关于2002年市财政预算执行情况和2003年市财政预算（草案）的报告、市人大常委会工作报告、市人民法院工作报告、市人民检察院工作报告并作出决议。大会选举市第十四届人大常委会委员22人，石耀任主任，刘培银、徐天明、秦玉林、周金仁、程德兴、邵晓泉任副主任。选举周铁根任市政府市长，陈照东、李中林、张元健、黄成、沈品辉、陈冬梅任副市长。选举祝建华、吴晓培任市人民法院院长、市人民检察院检察长。同时还选举产生出席南通市第十二届人民代表大会代表78名，选举市人民陪审员76人。

2004年1月7—11日，十四届二次会议在如城召开，应到代表411人，实到402人，出席市政协十一届二次全体会议的委员和市直部门负责人列席大会。会议听取和审议市政府工作报告、关于2003年全市国民经济社会发展计划执行情况和2004年全市国民经济社会发展计划（草案）的报告、关于2003年市财政预算执行情况和2004年市财政预算（草案）的报告、市人大常委会工作报告、市人民法院工作报告、市人民检察院工作报告并作出决议。会议审议通过市政府提出的“关于进一步兴起全民创业热潮、努力实现富民强市目标”议案，并作出决议。

2005年1月7—11日，十四届三次会议在如城召开，应到代表407人，实到401人，出席市政协十一届三次全体会议的委员和市直部门负责人列席大会。会议听取并审议市政府工作报告、关于2004年全市国民经济社会发展计划执行情况和2005年全市国民经济社会发展计划（草案）的报告、关于2004年市财政预算执行情况和2005年市财政预算（草案）的报告、市人大常委会工作报告、市人民法院工作报告、市人民检察院工作报告并作出决议。审议通过市政府提出的“关于加快实施河道整治的议案”，并作出决议。

2006年2月6—11日，十四届四次会议在如城召开，应到代表401人，实到392人，出席市政协十一届四次全体会议的委员和市直部门负责人列席大会。会议听取和审议市政府工作报告、关于2005年全市国民经济社会发展计划执行情况和2006年全市国民经济社会发展计划（草案）的报告、关于2005年市财政预算执行情况和2006年市财政预算（草案）的报告、市人大常委会工作报告、市人民法院工作报告、市人民检察院工作报告、市国民经济和社会发展第十一个五年规划纲要，并作出决议。会议接受相关人员辞去职务的请求，补选吴晓培任人大常委会副主任，唐旭东任市人民检察院检察长。会议审议通过市政府提出“关于全面推进农民集中居住，建设新型现代农民社区”的议案，并作出决议。

2007年1月15—19日，十四届五次会议在如城召开，应到代表409人，实到402人，出席市政协十一届五次全体会议的委员和市直部门负责人列席大会。会议听取和审议市政府工作报告、关于2006年全市国民经济社会发展计划执行情况和2007年全市国民经济社会发展计划（草案）的报告、关于2006年市财政预算执行情况和2007年市财政预算（草案）的报告、市人民法院工作报告、市人民检察院工作报告并作出决议。补选姜永华任市政府市长。会议还听取审议通过市政府提出的“关于落实环保优先加快建设国家级生态市”的议案，并作出决议。

市第十五届人民代表大会 2007年12月26—31日，市第十五届人民代表大会第一次会议在如城召开，应到代表416人，实到401人，出席市政协十二届一次全体会议的委员和市直各部门负责人列席大会。会议听取和审议市政府工作报告、关于2007年全市国民经济社会发展计划执行情况和2008年全市国民经济社会发展计划（草案）的报告、关于2007年市财政预算执行情况和2008年市财政预算（草案）的报告、市人大常委会工作报告、市人民法院工作报告、市人民检察院工作报告并作出决议。会议选举产生市第十五届人大常委会委员27人，石耀任主任，刘培银、吴晓培、周金仁、程德兴、邵晓泉、张秀良、佘鸣皋任副主任。选举姜永华任市政府市长，单定方、沈品辉、陈冬梅、张军、杜永红、孙杰任副市长（其中孙杰为省下派科技副市长）。选举吴存银、唐旭东任市人民法院院长、市人民检察院检察长。同时选举产生南通市十三届人大代表92人。

2009年1月9—11日，十五届二次会议在如皋大剧院召开，应到代表414人，实到402人，出席市政协十二届二次全体会议的委员和市直部门负责人列席大会。会议听取和审议市政府工作报告、市人大常委会工作报告、市人民法院工作报告、市人民检察院工作报告、关于2008年全市国民经济社会发展计划执行情况和2009年全市国民经济社会发展计划（草案）的报告、关于2008年市财政预算执行情况和2009年市财政预算（草案）的报告并作出决议。审议通过"关于确保2009年如皋市总体建成全面小康社会的决议"。

2010年1月13—16日，十五届三次会议在如皋大剧院召开，应到代表408人，实到397人，出席市政协十二届三次全体会议的委员和市直部门负责人列席大会。会议听取和审议市政府工作报告、市人大常委会工作报告、市人民法院工作报告、市人民检察院工作报告、关于2009年全市国民经济社会发展计划执行情况和2010年全市国民经济社会发展计划（草案）的报告、关于2009年市财政预算执行情况和2010年市财政预算（草案）的报告并作决议。会议还审议通过市政府"关于建设更高水平小康社会为实现基本现代化奠定基础"的议案，并作出决议。

第二节 市（县）人大常委会

一、沿革

1954年6月至1966年1月，县人民代表大会仅在会议期间代表全县人民行使管理地方的权力。1981年4月，县第八届人民代表大会第一次会议，根据《中华人民共和国地方各级人民代表大会和地方各级人民政府组织法》，选举产生如皋县人民代表大会常务委员会（简称县人大常委会），作为县人民代表大会常设机构。此后各届人民代表大会常委会及其成员均由市（县）人民代表大会选举产生。

1981年4月至2007年12月，市（县）人民代表大会共选举产生8届市（县）人大常委会。

如皋市（县）人大常委会正副主任更迭一览表

表13-1

届次	职务	姓名	籍贯	任职时间
第八届	主　任	谢翼飞	江苏如皋	1981-04—1984-03
	副主任	马宏谟	江苏如皋	1981-04—1982-12
	副主任	孙德明	江苏兴化	1981-04—1984-03
	副主任	杨炜昌	安徽濉溪	1981-04—1984-03
	副主任	陈文翰	江苏如东	1981-04—1984-03
	副主任	谢开生	江苏如皋	1981-04—1983-02

续表13-1

届次	职务	姓名	籍贯	任职时间
第八届	副主任	王金镛	江苏如东	1983-03—1984-03
	副主任	杨银聪	江苏如东	1983-03—1984-03
第九届	主　任	孙忠权	江苏如皋	1984-03—1985-04
	主　任	孙德明	江苏兴化	1985-04—1987-03
	副主任	许吉甫	江苏如皋	1984-03—1987-03
	副主任	孙德明	江苏兴化	1984-03—1985-04
	副主任	陈文翰	江苏如东	1984-03—1985-04
	副主任	杨炜昌	安徽濉溪	1984-03—1987-03
第十届	主　任	孙德明	江苏兴化	1987-03—1990-03
	副主任	陈殿文	江苏如皋	1987-03—1990-03
	副主任	王宝鹤	江苏如皋	1987-03—1990-03
	副主任	张鹏志	江苏如皋	1987-03—1990-03
	副主任	杨炜昌	安徽濉溪	1987-03—1990-03
第十一届	主　任	刘桂江	江苏如皋	1990-03—1993-02
	副主任	戴崇颐	江苏南通	1990-03—1993-02
	副主任	杨炜昌	安徽濉溪	1990-03—1993-02
	副主任	杜祝山	江苏如皋	1990-03—1993-02
	副主任	李昌焕	江苏如皋	1990-03—1993-02
第十二届	主　任	冯邦才	江苏如皋	1993-02—1996-03
	主　任	石秀峰	江苏如皋	1996-03—1998-01
	副主任	戴崇颐	江苏南通	1993-02—1996-03
	副主任	郭载荣	江苏如皋	1993-02—1998-01
	副主任	汤建华	江苏如皋	1993-02—1998-01
	副主任	汪如一	江苏海安	1993-02—1998-01
	副主任	奚定九	上海崇明	1994-02—1998-01
	副主任	谭志旺	江苏海安	1996-03—1998-01
	副主任	徐邦友	江苏如皋	1996-03—1998-01
第十三届	主　任	石秀峰	江苏如皋	1998-01—2003-01
	副主任	郭载荣	江苏如皋	1998-01—2003-01
	副主任	汤建华	江苏如皋	1998-01—2003-01
	副主任	殷春和	江苏如皋	1998-01—2000-01

续表13-1

届次	职务	姓名	籍贯	任职时间
第十三届	副主任	谭志旺	江苏海安	1998-01—2003-01
	副主任	汪如一	江苏海安	1998-01—2000-01
	副主任	奚定九	上海崇明	1998-01—2000-01
	副主任	秦玉林	江苏海安	1998-01—2003-01
	副主任	浦文海	江苏如皋	2001-01—2003-01
	副主任	刘培银	江苏如皋	2001-01—2003-01
	副主任	周金仁	江苏海安	2001-01—2003-01
	副主任	邵晓泉	江苏如皋	2001-01—2003-01
第十四届	主　任	石　耀	江苏如皋	2003-01—2007-12
	副主任	刘培银	江苏如皋	2003-01—2007-12
	副主任	徐天明	江苏如皋	2003-01—2007-12
	副主任	秦玉林	江苏海安	2003-01—2007-09
	副主任	周金仁	江苏海安	2003-01—2007-12
	副主任	程德兴	江苏如皋	2003-01—2007-12
	副主任	邵晓泉	江苏如皋	2003-01—2007-12
	副主任	吴晓培	江苏如皋	2006-02—2007-12
第十五届	主　任	石　耀	江苏如皋	2007-12—
	副主任	谢新民	江苏如皋	2010-12—
	副主任	刘培银	江苏如皋	2007-12—2010-12
	副主任	吴晓培	江苏如皋	2007-12—
	副主任	周金仁	江苏海安	2007-12—
	副主任	程德兴	江苏如皋	2007-12—2010-12
	副主任	邵晓泉	江苏如皋	2007-12—
	副主任	张秀良	江苏如皋	2007-12—
	副主任	佘鸣皋	江苏如皋	2007-12—

二、市(县)人大工作机构

办公室　1981年6月25日，县人大常委会始设立办公室，正科级建制。

内务司法工作委员会　1982年12月7日，县人大常委会始设政治法律小组。1984年7月19日，更名政治法律专门工作组。1985年3月9日，改建为法制工作委员会，正科级建制。1997年9月25日，更名为内务司法工作委员会。

财政经济工作委员会　1982年12月7日，县人大常委会始设财政经济小组。1984年7月19日，更名财政经济专门工作组。1985年3月9日，改建为财政经济工作委员会，正科级建制。

城建环保工作委员会　1982年12月7日，县人大常委会始设市政建设小组。1984年7月19日,更名市政建设专门工作组。1985年3月9日,改建为市政建设工作委员会,正科级建制。1993年3月,更名为城乡建设工作委员会。1997年9月25日,更名为城建环保工作委员会。

教科文卫工作委员会 1982年12月7日,县人大常委会始设科教文卫小组。1984年7月19日,更名科教文卫专门工作组。1985年3月9日,改建为教科文卫工作委员会,正科级建制。1995年,与民族宗教侨务台务工作委员会合署办公。

农业和农村工作委员会 1990年3月13日,县人大常委会始设农村工作委员会。1993年1月13日撤销。2004年2月,农业和农村工作委员会建立,正科级建制,与城建环保工作委员会合署办公。

人事代表工作委员会 1990年7月5日,县人大常委会始设内务工作委员会。1993年7月27日,改称人事代表工作委员会,正科级建制。

民族宗教侨务台务工作委员会 1995年1月19日,市人大常委会始设民族宗教侨务台务工作委员会,正科级建制,与教科文卫工作委员会合署办公。

信访督办室 2005年12月27日,市人大常委会始设信访督办室,正科级建制,与办公室合署办公。

研究室 2007年12月6日,市人大常委会始设研究室,正科级建制,与办公室合署办公。

三、市(县)人大常委会主要会议、活动

1981年4月至1984年3月,县第八届人大常委会共举行常委会议18次。听取和审议11个部门工作报告24项,通过《关于严厉打击刑事犯罪活动,尽快实现社会治安根本好转的决议》《动员全民学习讨论宪法修改草案的决议》《关于县、乡(镇)两级换届选举的决定》等。

1984年3月至1987年3月,县第九届人大常委会,共举行常委会议21次。听取和审议10个部门工作报告40项,通过《关于开展普及法律常识教育的决议》《关于加强法制教育,维护安定团结的决定的决议》《关于如皋县县、乡两级人民代表大会换届选举时间的决定》等。围绕县人大常委会审议决定的内容,进行调查研究,写出调查报告20多份。

1987年3月至1990年3月,县第十届人大常委会共举行常委会议22次。听取和审议9个部门工作报告25项,通过《关于加强计划生育工作,严格控制人口增长的决议》《关于维护老年人合法权益的决议》《人事任免办法》《关于进一步开展全民义务植树运动,加速城乡绿化的决议》《关于保护如海河(如皋段)水质的决议》《关于县十届人大代表持证视察的暂行办法》《关于县人大代表小组活动日制度》等。组织人大常委会委员和部分人大代表视察、调查贯彻实施《土地管理法》《环境保护法》《食品卫生法》《道路交通管理条例》《安全生产劳动保护条例》《女职工劳动保护条例》等法律法规的执行情况,并提出建议和意见。

1990年3月至1993年2月,市(县)第十一届人大常委会共举行常委会议20次,主任会议68次,共讨论议题270多项,并提出相应的审议意见,围绕全市重大事项作出决议、决定18项,其中第十五次常委会做出《关于决定如皋市徽、市树、市花议案的决议》,经广泛投票评选,第十七次人大常委会决定银杏为如皋市市树、月季为如皋市市花,并组织市徽征集委员会,广泛征集市徽图案,由第十二届人大一次会议审议通过。共开展视察活动22次。先后听取和审议市(县)政府关于全市(县)工业生产、乡镇企业管理、贯彻执行《企业法》、发展外向型经济等情况的报告,把农业生产和农村工作中重大问题列为工作监督重点,着力推进计划生育、环境保护、土地管理等基本国策在全市(县)执行,听取市(县)政府有关部门对《中华人民共和国义务教育法》《中华人民共和国技术合同法》《中华人民共和国文物保护法》《中华人民共和国药品管理法》等9项法律法规执行情况报告。

1993年2月至1998年1月,市第十二届人大常委会共举行常委会议34次,主任会议104次,讨论审议议题480多项,提出相应审议意见。围绕全市重大事项作出决议、决定27个,开展较大规模视察活动17次。围绕全市工业经济,先后组织较大规模视察调查6次。听取和审议市政府关于科技兴农工作汇报、关于发展多种经营情

况汇报和关于保护基本农田汇报。围绕农村经济运行、农业产业结构调整、减轻农民负担、发展民营经济、发展第三产业、培育市场等进行视察调查。听取审议市公安局开展"严打"斗争、执行《中华人民共和国治安管理处罚条例》、维护社会治安、公安交警开展"学济南交警"活动的情况报告,市检察院经济检察、刑事检察、法纪检察和反贪污贿赂的情况报告,市法院刑事审判、民事审判、经济审判、行政审判及执行工作汇报,并提出意见。

1998年1月至2003年1月,市第十三届人大常委会共举行常委会议38次,主任会议106次,审议议题352项,依法做出决议、决定57项。对《中华人民共和国消费者权益保障法》《中华人民共和国种子法》《中华人民共和国药品管理法》《中华人民共和国广播电视管理条例》及环境保护、消防工作等与人民群众生命、生活密切相关的法律法规执行情况多次进行检查。根据市委《关于加强市人大代表工作的决定》,制订出台"主任、副主任轮流接待人大代表""国家机关向人大代表通报工作和重大事项""人大代表就重大问题约见同级国家机关及负责人""代表持证视察"等相应制度。

2003年1月至2007年12月,市第十四届人大常委会共举行常委会议46次,主任会议165次,审议议题316项,依法做出决议、决定87项。围绕全市工业经济发展、全民创业、沿江开发、农业结构调整、农业资源综合开发、重大基础设施工程建设等40多项议题,组织开展视察、调研和审

图13-1 如皋市举行纪念人民代表大会制度建立50周年暨全市人大工作会议（2004年摄）

议。审查批准生态示范区建设、创建国家环境保护模范城市等多部规划,局部调整沿江开发规划。先后对《中华人民共和国农业机械化促进法》《中华人民共和国人口与计划生育法》《中华人民共和国工会法》《中华人民共和国妇女权益保障法》《中华人民共和国消防法》《江苏省少数民族权益保障条例》《江苏省宗教事务条例》等40部法律法规的执行情况进行检查。

2007年12月至2010年,市第十五届人大常委会共举行常委会议27次,主任会议97次。审议、视察、调研活动89次。依法作出决定、决议45项,发出审议意见书32份,配合上级人大调研12次,对《中华人民共和国促进科技成果转化法》《中华人民共和国气象法》《中华人民共和国残疾人权益保障法》等9部法律法规贯彻执行情况开展监督检查。

第三节 依法履职

一、重大事项决策

1950年1月,县第一届各界人民代表会议召开,始以人民代表会议讨论、协商、决定全县重要事务。1954年6月,县第一届人民代表大会召开,始以人民代表大会讨论、审议、决定全县重要事务。1981年4月县人大常委会成立后,县人大常委会始在县人民代表大会闭会期间,讨论、决定全县重大问题。2002年7月31日,市第十三届人大常委会第三十三次会议通过关于市人大常委会讨论决定重大事项的规定。2002年10月1日规定正式施行,人大常委会讨论决定重大事项进一步常态化、规范化、法制化。至2010年,市(县)人大常委会共作出决议、决定244项。

二、"一府两院"监督

工作监督 1989年,县人大常委会在认真调查研究的基础上,向县十届人大四次会议提交《关于保护如海河(如皋段)水质的议案》,经大会审议、讨论通过,并做出相应决议。

1990年起,市(县)人大常务委员会围绕"三农"、环境保护、国有企业改制改革、社会治安综

合治理等重大课题，以及自来水水源保护、下岗职工再就业、打击假冒伪劣产品、减轻农民负担等与人民群众切身利益相关的具体问题，采用听取专题汇报、审议专项材料、开展视察和评议等形式对县政府、县人民法院、县人民检察院工作实施监督。1998年12月19日，市石油公司某油库两名工人违规操作，致使大量石油流入如海河中，自来水厂取水水源受到严重污染，水质严重下降，社会反响强烈，市人大常委会调查研究后作出决议，责成市政府及相关部门严肃查处，并切实整改。

进入21世纪，市人大及其常委会，加大政府环境保护工作监督力度，视察河道整治工程，要求市政府加强餐饮消费环节卫生管理，狠抓农民集中居住区卫生达标。

2006年后，市人大及其常委会对市政府贯彻执行《中华人民共和国殡葬管理条例》情况进行调查，要求市政府加强殡葬基础设施建设，并展开专项整治。对市政府水环境保护与整治、社会保障、农民集中居住、人口与计划生育、民营医院运营、备案案件审查、部分为民办实事落实情况、招商引资重大项目推进等工作进行审议。听取市政府关于沿江开发情况回报，并实地视察。对市政府生态市建设、教育均衡等发展工作进行专项检查。对市政府农民健康工程等实施情况经常监督。对市政府“十一五”规划实施中期评估。对市政府民族宗教工作、人口和计划生育工作、农民专业合作组织建设、建筑业发展等工作开展调研。对少数没有实现的小康指标，要求市政府采取措施扎实推进，让广大民众切实分享到改革开放成果。

2010年，市人大常委会先后对市政府14个规范性文件备案审查，并就市政府制订“十二五”规划在8个方面开展先期调研监督。

法律监督 1982年起，市(县)人大及其常委会通过多种方式，加强法律、法规贯彻执行情况的检查，及时指出问题。每届人民代表大会听取审议市(县)人民法院、人民检察院工作报告并作出决议。

1998年，市十三届人大常委会第四次会议作出《关于推行部门执法责任制的决定》，要求市政府和市人民法院、人民检察院按照国家机关工作性质，明确界定各自职权范围，明晰各自执法责任，做到执法程序公开，执法行为透明规范，同时推行执法过错责任追究制度，全面提高执法水平。市人大常委会注意从人民来信来访和控申案件中选择影响大、有代表性的典型案例，按照法律程序，实施监督检查。要求市政府加大对相关法律的宣传力度，确保国家法律在贯彻执行中不偏不倚，不枉不纵。

至2010年，市(县)人大常委会先后有针对性地就100多部法律、法规执行情况进行检查评议监督。

计划与预算监督 1950年实行人民代表大会制度特别是1981年县人大常委会建立以后，市(县)人大及其常委会采取提前介入，掌握情况，依法对全市(县)国民经济社会发展计划及市(县)财政预算进行初审监督。对照资料，分析对比，对计划和预算的中期执行情况认真审议监督。广泛听取各方面意见和反映，组织人大代表敞开思想，广开言路，座谈讨论，及时归纳整理，使计划预算的编制更臻完善。严格把关，实施市(县)财政年度决算和预算的审批工作，并对预算、决算整改情况实施监督。每年一次，听取和审议全市(县)国民经济发展计划完成情况和年度市(县)财政预决算报告，加强同级财政审计监督，推进部门预算改革。对国民经济建设五年发展规划开展中期评估调研监督工作，提高经济增长质量，增强综合实力。监督各项惠民政策的落实。

三、代表建议、意见办理

1981年县人大常委会建立特别是2005年市人大常委会信访督办室设立后，除经常检查督促信访部门和各相关单位，做好代表批评建议和群众信访办理外。对群众来信来访，按所属性质、范围，分别转交“一府两院”或直接批转相关部门办理。结合视察调研检查解决落实情况，对群众反映强烈的事项，人大常委会派员与相关部门共同查处，具有特殊性的个案，领导直接督查，并及时呈报上级。保证代表的议案、批评、建议和群众信访全部办结并答复当事人。

至2010年底，市(县)人大常委会直接收理代表议案、建议和批评5371件，群众来信4019件，接待来访2060人次。共组织各类专题视察调研240

次，配合上级人大调研12次。

四、执法检查

进入21世纪，市人大常委会经常对涉及农民切身利益的农药、化肥、种子市场管理，与城镇居民生活密切相关的物业管理、公共文化网络建设，以及市检察院侦查监督检察、市人民法院的民、商事审判等开展执法检查，发现问题及时与相关单位交换，要求采取措施整改。

2006—2010年，市十四、十五届人大常委会对中华人民共和国行政处罚法、药品管理法、保险法、土地管理法、森林法、工会法、行政复议法、执业医师法、农产品质量安全法、安全生产法、促进科技成果转化法、道路交通安全法、中小企业促进法、气象法、职业病防治法、残疾人权益保障法以

图13-2 市人大常委会视察《互联网上网服务营业场所管理条例》贯彻执行情况

（2007年摄）

及《中华人民共和国殡葬管理条例》《中华人民共和国农村五保供养条例》《江苏省历史文化名城名镇管理条例》等法律法规贯彻实施情况，通过法律知识考试、听汇报、召开座谈会、实地走访、阅台账资料等方式开展执法检查。此外还配合上级人大对中华人民共和国妇女权益保障法、归侨侨眷权益保障法、水污染防治法、红十字会法等法律法规实施执法检查。

五、人事任免、评议

人事任免 1981年4月县人大常委会建立后，开始讨论、决定县“一府两院”提请任免的干部。

2000年3月，市十三届人大常委会十五次会议修订《人事任免办法》，规范人事任免工作，市人大常委会决定任免市政府市长、市人民法院院长、市人民检察院检察长的代理人选和副市长的个别任免；决定市政府组成部门主要负责人的任免；根据市人大常委会主任、市人民法院院长、市人民检察院检察长的提名，任免市人大常委会办公室及工作委员会正副主任，市人民法院副院长、审判委员会委员、庭长、副庭长、审判员，市人民检察院副检察长、检察委员会委员、检察员；决定是否接受市人大常委会组成人员，市政府市长、副市长，市人民法院院长、市人民检察院检察长的辞职申请；决定撤销市政府个别副市长、市政府组成部门主要负责人，市人大常委会办公室及工作委员会主任、副主任，市人民法院副院长、庭长、副庭长、审判委员会委员、审判员，市人民检察院副检察长、检察委员会委员、检察员等；法院院长需要撤换，经人大常委会决定，由南通市中级人民法院院长报请南通市人大常委会批准；检察长辞职，须报经南通市人民检察院检察长提请南通市人大常委会批准。

2006年始，市人大常委会更加注意加强与组织、检察、纪检、监察等部门密切联系。严格把好人事任免议案的提请关、初审关和表决关；认真执行任前法律知识考试制度，考试成绩向市人大常委会组成人员公布；防止和杜绝带病升迁，拟任人员在人大常委会上作供职发言。通过任命后，由市人大常委会领导颁发任命书，提出供职要求，增强被任命人员的公仆意识和依法履行职务的自觉性。

至2010年，市人大常委会共接受“一府两院”提请干部任免1351人次，任命1049人次，免除职务178人次，撤销职务1人，接受辞职8人。

述职评议 1987年始，由市（县）人大常委会任命的市（县）政府组成人员、市（县）人民法院和检察院负责人，任职期内须就执行法律、法规，市（县）人民代表大会的决议、决定，市（县）人民代表大会议案、建议、批评、意见的办理及发扬民主，联系群众，秉公执法，勤政廉洁，为基层群众排忧解难等情况，向人大常委会书面和口头述职。市（县）人大常委会对所述职的内容展开评议，述职人员听取意见，回答询问，或对有关问题陈述说明。市（县）十届至十四届人大常委会先后组织述职评议364人次，其中到市（县）人大常委会会议上述职的159人次。

第四节 乡镇人大

一、乡镇人民代表大会

1953年5月全县实行普选后，各乡（镇）召开第一届人民代表大会。此后，乡（镇）人民代表大会每届任期2年。

“文化大革命”期间，乡（镇）人民代表大会停止。

1981年，乡（镇）人民代表大会恢复召开。此后，每届改为3年。乡（镇）人民代表大会每届至少召开1次，主要听取和审议乡（镇）政府工作报告和乡（镇）财政预决算报告，选举正副乡（镇）长，对政府部门负责人进行评议等。

二、乡镇人大常设机构

1993年起，各乡（镇）人民代表大会选举主席团常务主席，负责大会主席团闭会期间的日常工作，多数乡（镇）的人大主席团常务主席由党委书记兼任。1995年起，根据中华人民共和国选举法和地方组织法规定，各乡（镇）人大换届时，选举产生专职人大常务主席，部分乡（镇）设副主席。进入21世纪，一些较大的镇人大除设常务主席1人、副主席1—2人，并设人大秘书或人大办公室。

人大代表工作先进镇创建 2005年初，市人大常委会制订《关于开展争创人大工作先进镇活动的试行意见》，人大工作先进镇被市委列为年度重点评比表彰项目之一。2005—2010年，全市每年有5—6个镇被评为人大工作先进镇，其中如城被评6次，石庄被评5次，白蒲、丁堰、东陈、下原、磨头、常青、高明、江安分别被评2次，柴湾、搬经、吴窑、桃园分别被评1次。

附录：

如皋市（县）的全国、江苏省、南通市人大代表

一、全国人大代表

第四届 冒云芳

第五届 陆正友

第七届 李玉坤

第八届 李玉坤

第九届 李玉坤

第十届 陈惠娟

第十一届 阎建国

二、江苏省人大代表

第一届（1954年6月，县一届人大一次会议选举产生）

倪锦瑜 俞铭璜 罗清生 江明卿 刘志健

第二届（1958年5月，县三届人大三次会议选举产生）

江明卿 罗清生 单宗肃 倪锦瑜 张礼成

第三届（1964年1月，县五届人大一次会议选举产生）

张礼成 夏凤珠 魏志田 李锦成 宋瑞芝 郑学年 郑庆瑞 胡奠南 胡伯兰

第六届（由南通市人大会议选举产生）

许吉甫 夏明辉 严淑芳 王雨萍 顾敦沂 孙裕贵 阙剑冲 沈恒珠 冯竹明 陆朝凤

第七届（由南通市人大会议选举产生）

潘宝才 顾敦沂 徐名义 濮尊周 徐 进 丁忠信 季志伟 周 萍

第八届（由南通市人大会议选举产生）

贾晓明 沐美云 王耀光 花汉民 丁忠信 季志伟 王秀珍

第九届（由南通市人大会议选举产生）

刘井石 姜剑国 施祥贵 马宏裕 王秀珍 吴 琼 金来英

第十届（由南通市人大会议选举产生）

周铁根 李玉坤 花爱梅 沈良兵 张英田 吴 琼 许 梅

第十一届（由南通市人大会议选举产生）

姜永华 石 耀 张英田 李玉坤 左伯华 姚泽民

三、南通市人大代表

第八届（65名，由县八届人大二次会议选举产生）

丁学文 马学贤 王 煦 王世襄 卞仁余 叶世民 叶荣华 朱启祥 仲树清 刘国兴

刘建义 江锡清 许映和 孙玉如 李行之
杨友明 杨银聪 吴李芳 吴秀玲 吴展文
吴熙平 邱永祥 辛 峰 沙 冰 张乃卿
张宝新 陆明钰 陆朝凤 陆裕发 陈 美
陈克裕 陈继忠 邵静萍 环 斌 范有富
易广仁 季林祥 季念慈 周 尧 周久连
周秀芳 金宝华 金毓岗 宗序兰 赵兰芳
胡亚伟 冒良桂 姜祝三 洪德厚 顾兰美
顾琴和 顾敦沂 徐 朋 徐 尊 徐希权
钱同春 高德明 郭进荣 黄世洁 黄芝泉
曹林书 康美华 董介庚 程泉康 潘信征

第九届（69名，由县十届人大二次会议选举产生）

于永芳 马学贤 王 湛 王连生 叶荣华
刘正元 刘松岩 刘昌启 刘福平 许吉甫
许映和 孙希珍 孙范民 孙德明 李玉坤
吴秀玲 吴 琳 吴熙平 辛 峰 汪如一
沈从云 沈丽娟 张如芳 张振刚 陆中凯
陆朝凤 陆裕发 陈 时 陈 承 陈 强
陈继忠 陈璋炎 环 斌 环伟民 范钦志
金毓岗 周 尧 周久莲 周桂根 周善林
赵兰芳 冒良桂 俞树谟 恒 岳 姜祝三
夏 涛 顾袁明 顾琴和 顾嘉禾 徐 朋
徐邦友 徐国光 徐建平 高晓燕 高德明
郭进荣 唐宝莲 桑文祥 黄世娟 黄金红
曹 剑 曹林书 曹壁荣 康美华 程泉康
程浥禾 谢翼飞 蔡礼芳 潘信征

第十届（71名，由市十二届人大一次会议选举产生）

马玉兰 马能全 王克成 王丽梅 王连生
王学桂 王蔼如 石 耀 冯 植 冯邦才
华保良 刘昌启 许映和 许澄嘉 孙美祥
孙建国 纪国良 严绍恭 李玉坤 李传禄
邹 康 邹运才 沈良兵 张 杰 张 佩
张汉清 张如太 张宝蔚 张耀国 陆中凯
陆志平 陈有华 陈华汝 陈克然 环伟民
季念慈 全来英 周 萍 周久莲 周国祥
柯 文 冒传林 恒 岳 俞云猛 俞树谟
施祥贵 袁 泉 袁德凤 夏 涛 顾清波
顾嘉禾 钱建国 徐 朋 徐邦友 徐希权
徐耀武 郭雪宜 黄扶正 曹林书 龚玉芬
葛莉莉 程亚民 程纪新 焦友余 谢 健
谢翼飞 解志明 谭志旺 翟东春 潘信征
戴其南

第十一届（78名，由市十三届人大一次会议选举产生）

马玉兰 王 泉 王连生 王德忠 石秀峰
朱林军 朱德林 刘正光 汤建华 祁晓健
许 娟 严绍恭 严剑波 杜永红 李 刚
李文华 杨海山 吴 峰 吴伯兰 吴德顺
汪 剑 汪 梅 沈良兵 宏 学 张大延
张文魁 张如泰 张武林 张振刚 陈 灿
陈玉书 陈本高 陈振兴 陈爱玲 陈德萍
范建华 郁 政 季争游 周 萍 周子泉
郑振明 冒 安 冒传林 冒福来 洪远琪
姚寓韶 袁德凤 顾清波 顾嘉禾 顾曙平
柴逸永 倪 健 徐 朋 徐永昌 钱德平
殷天成 浦文海 高 如 高菊娣 郭再萍
黄 允 黄 健 黄 娟 黄扶正 黄忠仁
龚玉芬 章树山 蒋 琴 蒋兴龙 蒋厚甫
蒋厚余 程亚民 程德兴 谢翼飞 蔡成德
缪世明 戴武林 魏祝明

第十二届（78名，由市十四届人大一次会议选举产生）

丁兴华 马 斌 马特里 王 辉 王桂兰
王德忠 王德峰 左伯华 石 耀 卢瑞华
田祥云 孙汝建 孙晓霞 朱 晋 朱一飞
朱守祥 朱秀玲 朱林军 刘 凡 刘正光
刘晓京 刘晓洁 刘培银 刘德林 许友兰
严尚军 严绍恭 杜永红 李明生 吴 旭
佘鸣皋 沙晓明 沈 薇 沈长明 沈世和
沈永祥 宏 学 张兆民 张奎宏 陆 踊
陆书通 陈 进 陈 坚 陈玉书 陈爱玉
陈惠娟 陈照东 邵晓泉 周 萍 周子泉
郑振明 郑浩明 单亚男 赵彩莲 柯 文
施长凤 姜亚南 姜健荣 顾清波 钱德平
徐 朋 高 如 郭再萍 黄 伟 黄 毅
黄仁山 黄文斌 黄兰英 黄奎生 曹 娟
章建平 葛夕芳 葛长泉 蒋 琴 程亚民
蓝绍敏 潘建华 魏祝明

第十三届（92名，由市十五届人大一次会议选举产生）

丁正美 刁彩华 马 斌 王 辉 王飞云
王云娟 王庆煊 王咸钢 王桂兰 王德忠

左伯华	石　耀	石建彬	史传如	印国祥
朱　晋	朱一飞	朱林军	朱德炎	刘晓洁
江元宜	许　俊	许友兰	阮汝国	孙汝建
孙晓霞	苏　燕	杜松华	杨　飞	杨　甦
杨宁宁	杨国强	吴永建	吴存银	吴贵新
吴道元	汪正祥	沙晓明	沈　薇	沈长明
沈百新	沈孝峰	沈良高	沈品辉	宏　学
张　兴	张　俊	张　辉	张亚明	张奎宏
张德璜	陆金林	陆善平	陈　进	陈　坚
陈　莉	陈　斌	陈　强	陈爱玉	陈惠娟
邵晓泉	周时和	金义明	郑振明	赵彩莲
胡拥军	柯　文	冒　军	施乃平	姜建宁
姜健荣	姚明钊	顾明山	顾清波	徐　强
徐正洪	徐建文	高甫平	郭震寰	唐旭东
黄　飞	黄　毅	黄兰英	曹启雄	程信武
储开平	蓝绍敏	鲍兴来	蔡　波	缪宝迎
镇　翔	魏祝明			

补选南通市人大代表　依照《中华人民共和国选举法》第五十四条和江苏省选举实施细则第五十九条规定，根据代表出缺情况和人大工作需要，在人民代表大会闭会期间，由如皋市(县)人大常委会补选南通市人大代表。

1991年1月23日，县十一届人大常委会第六次会议，补选刘桂江为南通市九届人大代表。

1991年2月20日，县十一届人大常委会第七次会议，补选黄扶正为南通市九届人大代表。

1992年1月18日，市十一届人大常委会第十三次会议，补选杨任远为南通市第九届人代会代表。

1996年1月18日，市十二届人大常委会第十八次会议，补选郁政为南通市第十届人大代表。

2000年1月4日，市十三届人大常委会第十四次会议，补选蓝绍敏为南通市十一届人大代表。

2004年12月30日，市十四届人大常委会第十七次会议，通过罢免李明生南通市第十二届人大代表事项，补选沈品辉为南通市第十二届人大代表。

2008年6月25日，市十五届人大常委会第五次会议，同意接受沈品辉辞去南通市第十三届人民代表大会代表职务的请求，12月26日市十五届人大常委会第十次会议补选程晓强为南通市第十三届人大代表。

第二章 行政机构

第一节 封建王朝时期县衙

一、东晋置县至元代县衙

东晋义熙七年(411年),始设如皋县衙,位于古运盐河北岸,官员及其活动无考。

南唐保大十年(952年),如皋县衙复置,移址运盐河南淤高处(现中山路、海阳路交叉口东北侧)。

宋代,县衙设置县令、主簿、县尉、巡检、盐场催煎使等官职。宋淳化、至道年间(990—997年),胡令仪以大理寺评事出任如皋县令,为有史料记载的第一位县令。是时,境内"内属未久,吏奸民嚣,凌弱暴寡",胡令仪"以德绥化,先令后刑",官吏及庶民均"凛然惮之"。宋大中洋符至天禧年间(1016—1021年),曾巩父亲曾易占任如皋县令,建学宫大成殿,并于县内"劝农课桑,改建学校,清吏弊,通民情,居官廉洁,无愧冰玉"。宋庆历初,县令许元始建谯楼,"谯门出入,楼设钟鼓,司晨夜,时守望"。

宋代如皋部分县令更迭一览表

表13-2

姓名	籍贯	任职时间
胡令仪	河南开封	淳化元年(990年)至至道三年(997年)
钱　冶	江苏武进	景德二年(1005年)至大中祥符三年(1010年)
钱　勰	浙江临安	大中祥符三年(1010年)至大中祥符九年
曾易占	江西南丰	大中祥符九年(1016年)至天禧五年(1021年)
许　元	安徽宣城	庆历元年(1041年)至庆历八年
赵　抃	浙江衢州	皇祐元年(1049年)至皇祐五年
赵善瓘	(无考)	南宋淳熙元年(1174年)至淳熙十六年
耿　汉	(无考)	(与赵善瑾同期先后任职)
魏元甫	(无考)	南宋嘉定元年(1208年)至嘉定十七年

元至元二十一年(1284年),县衙增置达鲁花赤(掌印官)、县尹、主簿、县尉、典史、巡检、训导等官职。元至正元年至明洪武元年(1341—1368年),达鲁花赤仅有寿童1人,为蒙古人。县尹先后有陆仲高、朱省二。朱省二效忠元朝,率兵沿古运盐河追捕南宋丞相文天祥。

二、明至清县衙

明代，县衙置知县、县丞、司粮主簿、典马主簿、典史、儒学教谕、训导、税课局大使、盐课司大使和副使、阴阳术学训、医学训、僧会司僧会、道会司道会、巡检司巡检、守备、备倭等官职。明建文元年（1399年），知县史播到任后，以“持身廉洁，处事周详”，得到邑人拥戴，任满后邑绅冒嵩等赴京要求留任，后史播病逝于如皋，其家人清贫无力营葬，邑人纷纷资助，其子孙此后一直留居如皋。明成化十一年（1475年），向翀任知县，“持身清介，莅政逾年，百废俱举”。明成化十七年，胡昂任知县。任内全县饥荒，他截留苏州、松江上贡大米赈灾，救活贫民数万人。他还以运盐河为基础，疏浚县治西、南部小河，并开挖部分地段，使河流蜿蜒环抱县衙，形成玉带河（今内城河）。明弘治六年（1493年），县衙改建为全署，有正堂3间，左右库房各1间，后堂3间，左右厢房各1间，幕厅3间，东西吏舍10间，戒石亭1卒，仪门3间。明嘉靖十三年（1534年），刘永淮任知县，其注重城池建设，创建城门6个，奠定如皋城城池基础。明嘉靖十八年，黎尧勋任知县，见“人文堙郁”，即将学宫移建于东岳庙内，并主持兴建文丞相（文天祥）祠。明万历四十二年（1614年），李廷材任知县。任内，他看到境内地势高亢，常遭旱灾，建议“塞牙桥，于江边建础蓄水”。后因离任未能完成，邑人为其立“去思碑”。明泰昌元年（1620年），李衷纯任知县，实地考察到“皋地高亢，介通泰间，形如覆釜”，于是发动邑人每百亩筑一池塘，蓄水灌溉，并指导农民栽桑、养蚕、纺织、栽植花木，为发展全县蚕桑、花木盆景业发展奠定基础，乡民称赞他：“明敏廉毅，治邑为家。”

明代如皋县知县更迭一览表

表13-3

姓 名	籍 贯	任 职 时 间
宗行简	（无考）	洪武元年（1368年）
王 稷	（无考）	洪武三年
谢得民	（无考）	洪武四年
李 衡	山东陵县	洪武七年
刘国衡	（无考）	洪武十一年
王思直	（无考）	洪武十二年
徐 成	（无考）	洪武十三年
周公鼎	江西吉水	洪武十四年
安 定	山东	洪武十六年
杨 凯	（无考）	洪武十八年
辛 革	（无考）	洪武十八年
马 融	陕西金川	洪武二十二年
李德进	山东恩县	洪武二十五年
赵守信	（无考）	洪武二十六年
李 让	河南胙城	洪武二十七年

续表13-3

姓 名	籍 贯	任 职 时 间
张敬祖	（无考）	洪武二十九年
唐 彝	（无考）	洪武三十年
郭 敬	山东德平	洪武三十一年
李 光	浙江永嘉	洪武三十一年
史 播	河北	建文元年（1399年）
朱崇德	江西永丰	建文四年
王 琛	湖北崇阳	建文四年
黎天佑	江西余干	建文四年
张 徽	山西绛州	永乐十年（1412年）
张 敬	河北	永乐十七年
甘从修	江西丰城	永乐二十年
梁 温	山东濮州	宣德四年（1429年）
吴 复	浙江	宣德六年
曹 立	山东临清	正统二年（1437年）
方用宁	浙江鄞县	正统十三年
贺 庆	山东德州	景泰四年（1453年）
易 恒	广东吴川	天顺八年（1464年）
周 礼	湖北应城	成化二年（1466年）
王 伦	江西安福	成化四年
蔡 彝	（无考）	成化七年
向 翀	四川通江	成化十一年
姚 祯	浙江乌程	成化十四年
胡 昂	河北定兴	成化十七年
张 善	山东历城	成化二十二年
刘文宠	（无考）	弘治四年（1491年）
郭 秀	河南汤阴	弘治七年
马 清	河北	弘治九年
赵 嵩	山西平定	弘治十五年
刘 竑	广东阳江	正德元年（1506年）
田惟佑	浙江萧山	正德五年

续表13-3

姓 名	籍 贯	任 职 时 间
陶　楫	广西	正德八年
王世臣	山东昌邑	正德十年
杨齐贤	云南安宁	正德十二年
徐　相	江西都昌	正德十六年
梁乔升	广东顺德	嘉靖三年(1524年)
吴宗元	江西金溪	嘉靖八年
张　仕	湖南来阳	嘉靖十一年
刘永准	河北任丘	嘉靖十三年
许廷章	河北	嘉靖十五年
陈大壮	河南洛阳	嘉靖十六年
黎尧勋	四川乐至	嘉靖十八年
刘一中	江西泰和	嘉靖二十年
刘　本	江西万安	嘉靖二十三年
王　珽	浙江诸暨	嘉靖二十六年
陈　雍	江西泰和	嘉靖二十九年
陈　道	广东南海	嘉靖三十五年
童蒙吉	浙江临安	嘉靖三十八年
仇　炅	山西长治	嘉靖四十二年
嵇　钿	浙江德清	嘉靖四十四年
佘国玺	广东揭阳	隆庆三年(1569年)
孔宏盛	山东曲阜	隆庆五年
唐邦佐	浙江兰溪	隆庆六年
郑人逵	福建闽县	万历元年(1573年)
宋国相	山东滨州	万历六年
高　瀛	浙江鄞县	万历八年
马　晨	河南新蔡	万历十一年
倪　章	浙江余姚	万历十二年
刘贞一	河南通许	万历十五年
钭　惠	山东济宁	万历十八年
王以蒙	福建延平	万历二十一年

续表13-3

姓名	籍贯	任职时间
陈 涣	浙江临海	万历二十四年
陈天季	江西崇仁	万历二十五年
张 星	湖北蕲州	万历二十七年
陈文进	福建惠安	万历三十二年
张 藩	（无考）	万历三十七年
宋文昌	河南商城	万历三十七年
周承恩	湖南武冈	万历三十八年
李廷材	广东高要	万历四十二年
熊奋渭	河南商城	万历四十五年
李衷纯	浙江秀水	泰昌元年（1620年）
王珍锡	陕西咸宁	天启五年（1625年）
吴宏功	湖北江陵	崇祯三年（1630年）
高名衡	山东沂水	崇祯六年
杨观吉	福建诏安	崇祯六年
郑腾云	福建福清	崇祯八年
成 德	山西灌州	崇祯十二年后
林中桂	福建莆田	崇祯十二年后
王岇生	山东长山	崇祯十二年后
李丹衷	浙江嘉兴	崇祯十二年后

注：成德后4人，均系崇祯十二年（1639年）后任如皋知县，具体年份和任职先后次序无考

清初，县衙设知县、主簿、典史、巡检、场大使、教谕、训导、游击、城守营把总等。此后，知县改称县丞、主簿改称裁主簿，游击改设守备。清顺治二年（1645年），朱邦政以攻陷如皋城的战功而获任如皋县令，占据如皋城后，俘杀全县抗清起义军民数万人。

清雍正八年（1730年），县衙复设主簿、置署，守备改为都司。清乾隆十二年（1747年），郑见龙任知县，看到如皋城市河壅淤日久，主持疏浚畅通。清道光十一年至道光二十四年（1831—1844年），范仕义五任县知县，主持疏浚龙游河、护城河，建宏济闸。其体恤民情，邑人称他为“佛子”。第一次复任县知县时，乡民送对联。“士民皆慰望，父母喜来归”。两广总督林则徐和两江总督陶澍奏折，叩请皇帝对范仕义集资并带头捐款维修如皋城城墙的善举给予褒奖。清光绪三十一年（1905年），周景涛任知县，将如皋城德邻小学改建为孤幼学校，免费供给贫苦的孤幼子弟入学。“岁歉米贵”，他从县积谷仓调出米谷平价供应城乡居民。

清宣统三年（1911年）11月23日，县民政分府成立，由沙元炳出任县民政长，宣布结束清朝统治。

清代如皋县知县、民政长更迭一览表

表13–4

姓 名	籍 贯	任 职 时 间
马御辇	陕西	顺治二年(1645年),未到任
朱邦政	江苏宿迁	顺治二年
殷应寅	山东滕县	顺治三年
陈秉彝	辽宁海州	顺治五年
李　朴	湖广景陵	顺治十年
崔风宾	河北香河	顺治十三年
李振奇	河南商水	顺治十六年
范承先	辽宁沈阳	康熙元年(1662年)
李文秀	河北易州	康熙八年
高　瑚	辽宁辽阳	康熙十二年
赵宏化	山西寿阳	康熙十六年
卢　綖	湖北黄安	康熙二十年
董廷荣	镶红旗人	康熙二十六年
王所溆	四 川	康熙二十九年
崔绳武	山西蒲州	康熙三十一年
赵昌标	浙江山阴	康熙三十四年
周鼎鉴	镶红旗人	康熙三十六年
陈文海	福建永安	康熙五十八年
蒋依锦	广西灌县	雍正元年(1723年)
曹　枢	浙江桐乡	雍正二年
丁　铨	河北大兴	雍正四年
彭履仁	湖北孝感	雍正七年
冯国祺	浙江会稽	雍正十一年
丁元正	湖南衡阳	雍正十三年
邹廷模	浙江仁和	乾隆三年(1738年)
李光泗	湖北荆门	乾隆七年
汪亮卿	安徽歙县	乾隆九年
赵廷健	陕西富平	乾隆十一年

续表13-4

姓名	籍贯	任职时间
郑见龙	浙江淳安	乾隆十二年
王　纬	镶黄旗人	乾隆十六年
李　棠	河北河间	乾隆十六年
张朝鉴	福建晋江	乾隆十六年
陈　琨	浙江宁海	乾隆十七年
章纯儒	广东澄海	乾隆二十年
杨曹敏	浙江开化	乾隆二十年
李　蛟	广东嘉应	乾隆二十一年
何廷模	浙江仁和	乾隆二十一年
张起风	浙江海盐	乾隆二十六年
黄　佑	河北通州	乾隆三十一年
王　浩	广东乐会	乾隆三十二年
施　谋	浙江仁和	乾隆三十二年
庄拔萃	福建晋江	乾隆三十二年
陈占选	福建莆田	乾隆三十二年
崔正音	河北宁河	乾隆三十二年
陈　英	浙江会稽	乾隆三十五年
叶　端	浙江钱塘	乾隆三十九年
任锐锡	山东聊城	乾隆三十九年
郭占选	（无考）	乾隆四十年
宋学灏	镶红旗人	乾隆四十一年
舒元灏	浙江仁和	乾隆四十五年
万廷梧	江西南昌	乾隆五十一年
谭大经	广东新会	乾隆五十一年
曾自建	江西长宁	乾隆五十三年
王应奎	山东诸城	乾隆五十四年
张其缙	山东蓬莱	乾隆五十四年
曹龙树	江西星子	乾隆五十五年
任可举	河南信阳	乾隆五十九年
张致钧	安徽宣城	乾隆五十九年

续表13-4

姓 名	籍 贯	任 职 时 间
张驾山	浙江仁和	乾隆六十年
安纯仁	贵州安化	嘉庆三年(1798年)
方观鲤	安徽桐城	嘉庆三年
廖鸣球	广东河源	嘉庆四年
朱锡舜	河北大兴	嘉庆四年
王清汉	河南洛阳	嘉庆六年
杨受廷	山东历城	嘉庆六年
姚凤楷	山东巨野	嘉庆九年
左元镇	河北河间	嘉庆十年
侯维藩	陕西神木	嘉庆十三年
左元镇	河北河间	嘉庆十三年
郑其忠	贵州石阡	嘉庆十三年
左元镇	河北河间	嘉庆十四年
曹 约	安徽歙县	嘉庆十五年
左元镇	河北河间	嘉庆十五年
杨受廷	山东历城	嘉庆十六年
孟肇纪	云南昆明	嘉庆十六年
赵庭椿	浙江山阴	嘉庆十七年
田如芬	山西交城	嘉庆十九年
赵庭椿	浙江山阴	嘉庆二十年
王凤翥	山东费县	嘉庆二十年
陈玉成	广东东莞	嘉庆二十一年
刘大烈	安徽巢县	嘉庆二十一年
沈 涛	浙江嘉兴	嘉庆二十一年
贺崇禧	山东历城	嘉庆二十二年
托克托布	镶红旗人	嘉庆二十三年
胡 杰	河北大兴	道光元年(1821年)
托克托布	镶红旗人	道光四年
宁云程	山东宁阳	道光五年
李士森	山东章邱	道光六年

续表13–4

姓 名	籍 贯	任 职 时 间
王学洋	四川	道光六年
秦颐龄	山西风台	道光七年
王善业	浙江钱塘	道光七年
张泰清	浙江永嘉	道光八年
王善业	浙江钱塘	道光八年
冯思澄	浙江山阴	道光十年
范仕义	云南保山	道光十一年
徐 森	安徽桐城	道光十二年
范仕义	云南保山	道光十二年
李 蒪	湖南湘乡	道光十三年
范仕义	云南保山	道光十五年
孙炳炜	浙江仁和	道光十九年
范仕义	云南保山	道光二十一年
王庆瑞	河北宛平	道光二十三年
范仕义	云南保山	道光二十三年
杨维藩	福建连城	道光二十四年
白联元	山西平定	道光二十四年
顾鸿逵	浙江萧山	道光二十四年
马云鹤	云南蒙化	道光二十八年
陈敦诰	浙江嘉兴	道光二十九年
马云鹤	云南蒙化	道光二十九年
谢范卿	江西南康	咸丰元年（1851年）
马云鹤	云南蒙化	咸丰元年
李守诚	江西宜黄	咸丰五年
上官蘷	陕西乾州	咸丰六年
徐 锟	浙江德清	咸丰十年
张肄孟	四川巴县	同治元年（1862年）
周际霖	贵州贵阳	同治二年
李振黉	安徽舒城	同治三年

续表 13–4

姓 名	籍 贯	任 职 时 间
周际霖	贵州贵阳	同治六年
胡维藩	安徽合肥	同治十二年
周际霖	贵州贵阳	光绪元年(1875年)
朱廷球	安徽	光绪三年
周际霖	贵州贵阳	光绪五年
刘廷镜	广东南海	光绪七年
杨春芬	四川	光绪八年
黄本第	湖南	光绪十四年
林之蘅	浙江	光绪十五年
莫炳琪	湖南湘阴	光绪十六年
罗先觉	湖北	光绪十七年
梅 采	(无考)	光绪十八年
罗琼章	(无考)	光绪十八年
童秉厚	浙江	光绪十八年
葛毓清	山东	光绪十九年
龙 璋	湖南攸县	光绪二十一年
单儒绅	山西	光绪二十三年
胡廷琛	安徽徽州	光绪二十四年
张存彝	湖南	光绪二十五年
秦炳礼	湖南	光绪二十六年
单儒绅	山西	光绪二十七年
陈崇煌	(无考)	光绪二十八年
单儒绅	山西	光绪二十九年
胡廷琛	安徽徽州	光绪三十年
周景涛	福建闽县	光绪三十一年
郭曾程	福建侯官	宣统元年(1909年)
沙元炳	江苏如皋	宣统三年11月(民政长)

注:周鼎鉴与陈文海之间还应有其他知县,姓名等无考

第二节 民国时期县行政机构

一、如皋县民政公署(民政分府)

清宣统三年(1911年)11月23日,如皋宣告结束清朝统治,成立县民政分府,由进士、地方绅士沙元炳出任民政长。民国元年(1912年)3月,县民政分府改称县民政公署,仍设民政长,由国民政府江苏省政府指派李大年接任,内设总务、主计、学务、劝业、警卫5课。年底,县民政长改称县知事,由国民政府江苏省政府派刘焕接任。县民政公署内设第一科(民政)、第二科(财政)、第三科(教育)。

二、国民政府如皋县政府

民国4年(1915年)12月,袁世凯复辟帝制,全县沦为北洋政府统治。先后有陆振声等6任县知事。期间,参加江浙战争的北洋军阀齐燮元部和孙传芳部撤逃路过如皋城,县知事几次纵容军阀勒索如皋城商民数十万银圆。民国16年5月,北伐军抵达如皋,赶走北洋政府如皋县官员,国民党公开执政,建立国民政府如皋县政府,内设民政科、财政科、教育科、建设科、总务科,乐济安任首任县长。7月,国民政府如皋县政府各科改设局,并增设警察、清丈、水利事务、地政、邮政等局。8月,谣传北洋政府孙传芳部队卷土重来,县长乐济安捞取公款1.3万元逃离。谣言被澄清后,乐济安返回如皋,仍想就职,共产党员苏德馨以国民党县党部名义向国民政府江苏省政府告发。9月28日,国民政府江苏省民政厅免去乐济安职务。10月24日,新县长王浩然到任,乐济安拒绝交出公款。10月29日,全城各界5000人在国民政府如皋县政府前召开惩乐市民大会,乐济安被拘留20多天,交出盗用的公款。民国23年4月,国民政府如皋县政府实施保甲制度,编户口、贴门牌,厉行"防共""剿共"措施。民国26年1月,国民政府如皋县政府与泰县联合开挖焦港,因河床边挑边坍,半途而废。民国27年3月,国民政府如皋县政府先后迁逃李堡、丰利、马塘镇。民国29年11月,如皋县抗日民主政府和平接管国民政府如皋县政府。

民国35年1月15日,国民政府于南通城组建如皋县政府。不久,国民政府如皋县政府随国民政府军队进占白蒲镇。7月23日,进占如皋城,设有秘书室、民政科、财政科、田粮科、社会科、军事科、建设科、教育科、军法室、警察局等机构。历任县长谢问岑、简涤初、王检,均全力为内战抓丁、征粮,并在全县组织数千人的"还乡团""自卫队",进占境内各交通干线,对解放区轮番进行"清剿",搜捕和杀害革命干部、群众。民国37年3月,王检接任县长第一天,即电令丁堰、李堡等区强征民工近10万人,给国民政府军整编第二十一师筑工事,并强行征粮50万余千克。民国38年1月27日,最后一任县长潘焘率众撤逃,国民政府如皋县政府终结。

图13-3 国民政府如皋县政府钤记

三、工农兵革命委员会

民国19年(1930年)5月,于如皋西乡贲家巷建

中华民国如皋县民政长、知事、县长更迭一览表

表13-5

姓 名	籍贯	官职	任职时间
李大年	安徽	民政长	民国元年(1912年)2月
刘 焕	安徽凤阳	知事	民国元年年底
陆振声	江苏吴县	知事(北洋政府)	民国5年12月

续表13-5

姓 名	籍贯	官职	任职时间
刘式諆	河北天津	知事(北洋政府)	民国6年
沈陈縈	浙江余姚	知事(北洋政府)	民国11年
周　焘	湖南长沙	知事(北洋政府)	民国13年
王鸿翙	江苏吴县	知事(代)(北洋政府)	民国14年
周　焘	湖南长沙	知事(北洋政府)	民国15年
乐济安	江西	县长	民国16年6月
叶庆生	江苏吴江	县长(代)	民国16年8月
章遵时	(无考)	县长(代)	民国16年9月
王浩然	安徽萧县	县长	民国16年10月
江辅勤	浙江奉化	县长	民国17年10月
文钦明	湖南醴陵	县长	民国18年7月
刘昌言	四川成都	县长	民国18年11月
张　熚	四川巴县	县长	民国19年4月
钱佐伊	江苏松江	县长	民国19年5月
赵镜源	贵州清镇	县长	民国22年
林立山	江苏丹阳	县长(代)	民国22年8月
章　骏	江苏吴县	县长	民国23年6月
张渊扬	江苏句容	县长	民国25年8月
李承霖	江苏泰兴	县长	民国27年1月
温培楠	江西	县长	民国27年夏
吴卫久	江苏泗阳	县长	民国28年秋
薛承宗	江苏如皋	县长	民国28年冬
沈金钊	江苏如皋	县长	民国30年12月
彭复中	(无考)	县长	民国34年9月
王运典	河北深县	县长	民国35年7月
谢问岑	江苏沭阳	县长	民国35年8月
简涤初	湖南长沙	县长	民国35年12月
王　检	湖南祁阳	县长	民国37年3月
潘　焘	(无考)	县长	民国38年1月

立,由工人代表2人,农民代表3人,士兵代表2人组成。下辖江安、卢港、石庄、镇涛等区及所属乡,各区、乡成立土地委员会,领导开展平分土地的斗争,其中六甲、朝阳、陈堡等乡建立苏维埃政府。

四、如皋县抗日民主政府

民国29年(1940年)8月,新四军东进抗日至如皋西乡。9月,如皋县抗日民主政府于卢港成立，梁灵光任县长。11月，县抗日民主政府机关随新四军东进如皋东乡，接管国民政府如皋县政府。是月，在如皋西乡建立县西南行政公署，季恺任行署主任。

五、如西县政府

民国30年（1941年）3月，如皋县西南行政公署改建为如西县政府，季恺任县长。内设秘书室、民政科、保安科、粮食科（局）、财政科、文教科、财经局、贸易管理局、司法科、军事科、税务局、公产科、交通站、行政（总务）科、江淮银行如西县办事处等机构。在坚持武装斗争的同时，领导根据地人民进行减租、减息、锄奸肃特，并加强根据地经济建设和文化教育工作。

六、如皋县政府

民国34年（1945年）9月，新四军收复如皋城，如西县政府奉命进城接受伪县政府，复名如皋县政府，叶胥朝任县长。县政府根据《苏中管理战争罪犯及汉奸条例》，建立县惩处汉奸委员会，开展群众性惩奸运动。民国35年春，于如皋城召开自卫战争紧急动员大会，号召全县人民紧急做好自卫战争的准备。5—6月间，全县开展“五四”土改运动。7月，国民政府军队占领如皋城，县政府撤至如皋西乡，陆植三任县长。7—8月，县政府动员全县民工6.8万余人，组织担架1.1万多副，手推车1.2万辆，送军粮50多万公斤，支援苏中战役在如皋境内的皋南、丁林、如黄路战斗。民国36年，县政府组织开展土改复查运动。民国37年2—7月，组织发动军民投入反“扫荡”，国民政府军在如皋死伤3400多人。8月，全县开展报名参加解放军运动，并组织常备民工出征支援淮海战役。民国38年1月28日，全境解放，县政府从西乡解放区进驻如皋城，先后由张继中任县长、庄振华代县长。2月1日，如城地区军事管制委员会成立，由泰州专署副专员蔡美江兼主任，副主任周泽，委员张继中、朱光、王遐松。

民国29年（1940年）8月至民国38年9月如西（皋）县正、副县长更迭一览表

表13-6

姓名	籍贯	职务	任职时间
梁灵光	福建永春	如皋县县长	民国29年（1940年）8—10月
季　恺	江苏如皋	如皋县西南行政公署主任	民国29年10月至民国30年3月
季　恺	江苏如皋	如西县县长	民国30年3月至民国32年11月
吴一尘	湖南	如西县县长	民国32年11月至民国33年8月
曹衍正	江苏南通	如西县县长（代）	民国33年8—11月
顾维汉	江苏如皋	如西县副县长	民国33年8月至民国34年3月
顾维汉	江苏如皋	如西县县长（代）	民国34年7—9月
叶胥朝	江苏如皋	如皋县县长	民国34年9月至民国35年8月
顾维汉	江苏如皋	如皋县副县长	民国34年9月至民国35年8月
陆植三	江苏如皋	如皋县县长	民国35年9月至民国35年11月
张继中	江苏仪征	如皋县副县长	民国35年9月至民国36年6月
曹衍正	江苏南通	如皋县县长（兼）	民国35年11月至民国36年4月
张继中	江苏仪征	如皋县县长	民国36年6月至民国38年3月
夏正言	江苏如皋	如皋县副县长	民国38年2—9月
庄振华	江苏泰兴	如皋县县长（代）	民国38年3—9月

民国29年(1940年)8月至民国38年9月县直行政机构演变情况一览表

表13–7

单位名称	建立年月	撤销年月	改建后机构	备 注
秘书室	民国29年8月	—	—	续后
行政科	民国29年8月	民国30年3月	改建为民政科	—
保安科	民国29年8月	民国32年1月	改建为公安局	—
军事科	民国29年8月	民国30年1月	归属县警卫团建制	民国37年7—12月复建
文教科	民国29年8月	民国34年9月	改称教育科	—
财政科	民国29年8月	民国31年12月	并入财经局	—
粮食科	民国29年11月	民国30年6月	改建为粮食局	—
民政科	民国30年3月	—	—	续后
司法科	民国30年3月	民国38年7月	改建为人民法院	—
粮食局	民国30年6月	民国31年12月	并入财经局	—
税务局	民国30年6月	民国31年12月	并入财经局	—
公产管理科	民国30年7月	民国31年12月	并入财经局	—
交通科	民国31年2月	民国32年2月	并入三分区交通站	—
财经局	民国31年12月	民国34年12月	改建财粮科	—
公安局	民国32年1月	—	—	续后,民国36年3—9月撤销
交通站	民国32年2月	民国34年11月	改建为交通局	—
贸易管理局	民国33年4月	民国34年6月	改建为工商管理局	—
生产建设科	民国34年2月	民国38年7月	划建为建设科和生产合作推进社	—
工商管理局	民国34年6月	民国34年12月	改称货物管理局	—
教育科	民国34年9月	—	—	续后
交通局	民国34年11月	民国35年7月	复称交通站	—
货物管理局	民国34年12月	民国35年10月	并入财粮局	—
财粮科	民国34年12月	民国35年3月	改称财粮局	—
荣管科	民国37年3月	民国38年7月	并入民政科	—
支前科	民国37年10月	民国38年7月	撤销职能并入民政科	—
财粮局	民国35年3月	民国38年3月	划建为粮食局和财务科	—
粮食局	民国38年3月	—	—	续后
财务科	民国38年3月	民国38年9月	与税务局合并为财政局	—
税务局	民国38年3月	民国38年9月	与财务科合并为财政局	—
工商管理科	民国38年5月	—	—	续后

续表13-7

单位名称	建立年月	撤销年月	改建机构	备 注
生产合作推进社	民国38年7月	—	—	续后
建设科	民国38年7月	—	—	续后
人民法院	民国38年7月	—	—	续后
财政局	民国38年9月	—	—	续后
交通站	民国35年7月	民国38年1月	撤 销	—

附录：

伪如皋县公署、县政府

民国27年(1938年)3月，日本侵略军侵占如皋城，于志文与日本军人横山震秘密商定成立伪县维持会，并任会长。8月，伪县维持会改称县自治会，隶属日本侵略军宣抚班(后改名南通特务机关如皋班)。伪县自治会配合日本侵略军宣抚班施行奴化政策，奴役欺骗全县人民。冬，伪县自治会改称县公署，设县知事，由于志文担任。民国28年夏，改称县政府，设县长，仍由于志文出任。伪县政府内设民政、建设、财政、教育四科及警察局、税务征收所等机构。民国32年3月起，伪县政府在全县实施《战时物资移动取缔暂行条例》，对革命根据地进行经济封锁，同时配合日伪进行“政治清乡”，强编保甲，企图切断根据地党政军人员与人民群众的血肉联系。并强征民夫构筑竹篱笆封锁线，设立检问所，围歼抗日武装力量。民国33年秋，日伪为扩展“清乡”，成立如皋城伪清乡特别区公署，设署长1人，内设秘书室、第一科(保甲)、第二科(工商财粮交通)、第三科(教育)、封锁科和军法室。伪署长赵简子强迫群众构筑工事，配合日伪军扩展“清乡”。民国34年8月15日，日本侵略军宣布投降后，赵简子仍追随伪独立旅旅长孔瑞五，盘踞如皋城，拒绝投降。9月，新四军收复如皋城，赵简子被俘，伪政权告终。

伪政权如皋县县知事、县长、署长更迭一览表

表13-8

姓名	籍贯	职官	任职时间	备 注
于志文	江苏如皋	县知事	民国27年12月	—
于志文	江苏如皋	县长	民国28年夏	—
冯叔骞	河北涿州	县长	民国30年	—
夏 震	江苏句容	县长	民国31年	—
赵简子	江苏如皋	署长	民国33年秋	清乡特别区公署署长权力相当于伪县长

第三节 中华人民共和国成立后市(县)行政机构

一、如皋县人民政府

1950年8月，如皋县政府改称如皋县人民政府，下设民政、人事、文教、公安等行政机构和邮电局、银行、保险公司等通讯、金融机构。

二、如皋县人民委员会

1955年12月26日，如皋县第一届人民代表大会第二次会议通过决议，将县人民政府改称县人民委员会(简称县人委)，仍设县长、副县长，并按选举程序，选举产生县人委委员19人，选举李

普凡任县长。

“文化大革命”开始后，县人委正常工作被迫停止。

三、如皋县革命委员会

1967年4月20日，中国人民解放军如皋县军事管制委员会成立，由窦祖银任主任，开始对全县实行军事管制。1968年3月初，全县各造反派组织实现“联合”。3月30日，经中国人民解放军60军党委批准，如皋县革命委员会（简称县革委会）在如皋体育场群众大会上宣布成立，隶属南通专区革命委员会，设主任、副主任、常委和委员，由部队干部、地方干部、群众组织代表三方面人员组成。县革委会初为党政合一机构，实行党政“一元化”领导。9月，县委核心小组成立，行使县委职能，革委会党委和行政职能有所区分。1971年2月，县委恢复建立。此后，县革委会主要履行行政职能。1981年4月，县革委会撤销。

四、如皋市（县）人民政府

1981年4月，县革委会撤销的同时，县政府恢复重建。1991年2月6日，经国务院批准，如皋撤县设市。6月1日，市政府正式挂牌。政府所属部门（单位）亦办理更名手续并更换印章。1999年底，市政府由跃进路（今中山路）128号搬迁至环城南路（今福寿路）与环西路（今益寿路）交会处的原县物资大厦办公。2008年1月19日，市政府再次搬迁，迁入海阳南路与解放路交叉口西南侧市行政中心，市级机关部门除少数部门外随同迁入。

图13-4 2000—2008年如皋市政府办公大楼

1949年10月至1981年4月如皋县行政领导更迭一览表

表13-9

姓名	籍贯	职务	任职时间
庄振华	江苏泰兴	县长（代）	1949-10—1949-12
王遐松	江苏如皋	县长	1949-12—1951-08
夏正言	江苏如皋	副县长	1949-10—1951-05
倪锦瑜	江苏如皋	县长	1951-08—1955-10
丁春江	江苏泰兴	副县长	1953-02—1955-07
张朝模	江苏如皋	副县长	1953-02—1955-12
李普凡	江苏宜兴	县长	1955-10—1957-12
张朝模	江苏如皋	副县长	1955-12—1956-09
沈忠怀	江苏大丰	副县长	1955-12—1961-12
丁学文	江苏如皋	副县长	1957-03—1963-04
潘逸尘	江苏如皋	副县长	1957-03—1958-05

续表13-9

姓 名	籍 贯	职 务	任职时间
邹义良	江苏如皋	副县长	1957-03—1959-12
倪锦瑜	江苏如皋	县长	1957-12—1960-01
李普凡	江苏宜兴	副县长	1957-12—1958-02
陶肖溪	江苏如皋	副县长	1958-05—1960-09
严永祥	江苏如东	县长	1960-01—1961-12
吴功祥	江苏如东	副县长	1960-01—1963-04
沈忠怀	江苏大丰	县长	1961-12—1964-01
沙镇祥	江苏如皋	副县长	1961-12—1966-01
胡伯兰	江苏如皋	副县长	1961-12—1967-03
魏志田	江苏如东	县长	1964-01—1967-03
沈忠怀	江苏大丰	副县长	1964-01—1965-02
张贤堂	山东昌邑	副县长	1964-01—1965-02
刘勤(女)	江苏海门	副县长	1965-04—1967-03
曹 怡	江苏南通	副县长	1965-04—1967-03
董法玉	山东鱼台	副县长	1965-04—1967-03
吴凤琴	江苏南通	副县长	1966-01—1967-03
窦祖银	安徽肥东	县军管会主任	1967-04—1968-03
陈佩璜	江苏启东	军管会副主任	1967-04—1968-03
张明奋	山西洪洞	军管会副主任	1967-04—1968-02
韩 隽	江苏如东	军管会副主任	1967-04—1968-03
马亚保	江苏海门	军管会主任	1968-02—1968-03
窦祖银	安徽肥东	县革委会主任	1968-03—1970-03
王飞岳	江苏东台	革委会第一副主任	1968-03—1971-05
马亚保	江苏海门	革委会副主任	1968-03—1968-04
陈佩璜	江苏启东	革委会副主任	1968-03—1968-04
陈兰珍(女)	江苏如皋	革委会副主任	1968-03—1979-03
陆万璋	江苏如皋	革委会副主任	1968-10—1979-03
张 鸣	山西平遥	革委会副主任	1969-02—1971-05
许吉甫	江苏如皋	革委会副主任	1970-01—1981-04
于 赤	江苏海安	革委会副主任	1970-01—1978-10
张 鸣	山西平遥	革委会主任	1971-05—1973-02
唐如浴	江苏如东	革委会副主任	1971-05—1973-02

续表 13-9

姓 名	籍 贯	职 务	任职时间
唐如浴	江苏如东	革委会主任	1973-02—1976-01
邓兰芳(女)	江苏如东	革委会副主任	1973-02—1979-03
徐祥修	江苏南通	革委会副主任	1973-02—1975-08
徐兆元	江苏阜宁	革委会副主任	1973-02—1979-03
潘宝才	江苏海安	革委会副主任	1974-11—1979-05
黄克明	江苏南通	革委会主任	1976-01—1977-09
严永祥	江苏如东	革委会副主任	1976-11—1977-09
严永祥	江苏如东	革委会主任	1977-09—1978-03
黄克明	江苏南通	革委会主任	1978-03—1979-03
徐希权	江苏南通	革委会第一副主任	1978-03—1979-03
吴功祥	江苏如东	革委会副主任	1978-03—1981-04
谢翼飞	江苏如皋	革委会副主任	1978-06—1981-04
吴凤琴	江苏南通	革委会副主任	1978-06—1981-04
董介庚	江苏南通	革委会副主任	1978-06—1981-04
季 康	江苏启东	革委会副主任	1978-12—1979-05
刁守坦	江苏东海	革委会主任(代)	1978-12—1979-03
刁守坦	江苏东海	革委会主任	1979-03—1981-04
董法玉	山东金乡	革委会副主任	1979-03—1980-12
严绍恭	江苏如皋	副主任	1979-03—1981-04
孙忠权	江苏如皋	副主任	1979-03—1981-04
谢开生	江苏如皋	副主任	1979-03—1981-04
孙德明	江苏兴化	副主任	1979-03—1981-04
陆明钰	江苏南通	副主任	1979-03—1981-04

1981年4月至2010年如皋市(县)行政领导更迭一览表

表 13-10

届 次	职 务	姓 名	籍 贯	任职时间
第八届	县 长	陆明钰	江苏南通	1981-04—1984-01
	副县长	冯邦才	江苏如皋	1981-04—1984-03
	副县长	许吉甫	江苏如皋	1981-04—1984-03
	副县长	严绍恭	江苏如皋	1981-04—1984-03
	副县长	沈 霞	江苏南通	1981-04—1984-01

续表 13-10

届 次	职 务	姓 名	籍 贯	任职时间
第八届	副县长	明道奎	江苏如皋	1981-04—1984-03
	副县长	季秀英(女)	江苏南通	1981-04—1984-03
	副县长	胡国富	江苏如皋	1981-04—1981-05
第九届	县 长	张炳贤	江苏泰县	1984-03—1985-07
	代县长	潘宝才	江苏海安	1985-08—1986-05
	县 长	潘宝才	江苏海安	1986-05—1987-03
	副县长	冯邦才	江苏如皋	1984-03—1987-03
	副县长	明道奎	江苏如皋	1984-03—1987-03
	副县长	季秀英(女)	江苏南通	1984-03—1985-04
	副县长	徐朋(女)	江苏如东	1984-03—1984-09
	副县长	袁 泉	江苏如皋	1984-03—1987-03
	副县长	周宝生	江苏如皋	1985-04—1987-03
	副县长	郭载荣	江苏如皋	1985-04—1987-03
第十届	县 长	潘宝才	江苏海安	1987-03—1989-04
	县 长	石秀峰	江苏如皋	1989-04—1990-03
	副县长	袁 泉	江苏如皋	1987-03—1990-03
	副县长	周宝生	江苏如皋	1987-03—1990-03
	副县长	郭载荣	江苏如皋	1987-03—1990-03
	副县长	张振刚	江苏南通	1987-03—1988-07
	副县长	汤建华	江苏如皋	1987-03—1990-03
	副县长	刘桂江	江苏如皋	1988-07—1990-03
	科技副县长	陆耀良	上海市	1989-08—1990-03
第十一届	市(县)长	石秀峰	江苏如皋	1990-03—1993-01
	代市长	王耀光	江苏通州	1993-01—1993-02
	副市(县)长	周宝生	江苏如皋	1990-03—1993-02
	副市(县)长	郭载荣	江苏如皋	1990-03—1993-02
	副市(县)长	石 耀	江苏如皋	1990-03—1993-02
	副市(县)长	汤建华	江苏如皋	1990-03—1993-02
	副市(县)长	于永芳(女)	江苏如皋	1990-03—1993-02
	副市(县)长	徐建平	江苏东台	1990-03—1993-02
	科技副市(县)长	陆耀良	上海市	1990-03—1991-09
	科技副市长	王道波	(缺载)	1991-09—1993-02

续表 13-10

届　次	职　务	姓　名	籍　贯	任职时间
第十二届	市　长	王耀光	江苏通州	1993-02—1996-01
	代市长	刘井石	江苏姜堰	1996-01—1996-03
	市　长	刘井石	江苏姜堰	1996-03—1998-01
	副市长	石　耀	江苏如皋	1993-02—1998-01
	副市长	于永芳(女)	江苏如皋	1993-02—1998-01
	副市长	徐建平	江苏东台	1993-02—1996-03
	副市长	徐邦友	江苏如皋	1993-02—1996-02
	副市长	徐天明	江苏如皋	1993-02—1998-01
	副市长	陈照煌	江苏泰兴	1993-07—1996-01
	科技副市长	李明成	(缺载)	1993-09—1996-02
	副市长	秦玉林	江苏如皋	1994-09—1998-01
	副市长	朱　春	江苏如皋	1996-01—1997-11
第十二届	科技副市长	刁玉章	北京市	1996-02—1998-01
	副市长	章树山	江苏如皋	1996-03—1998-01
	副市长	刘培银	江苏如皋	1996-03—1998-01
	副市长	单晓鸣(女)	江苏如东	1997-07—1997-11
	副市长	陈惠娟(女)	江苏海门	1997-11—1998-01
第十三届	市　长	刘井石	江苏姜堰	1998-01—1999-12
	代市长	蓝绍敏	广东大埔	1999-12—2000-01
	市　长	蓝绍敏	广东大埔	2000-01—2001-01
	代市长	陈惠娟(女)	江苏海门	2001-01—2001-01
	市　长	陈惠娟(女)	江苏海门	2001-01—2002-12
	代市长	周铁根	江苏海安	2002-12—2003-01
	副市长	徐天明	江苏如皋	1998-01—2003-01
	副市长	章树山	江苏如皋	1998-01—1998-12
	副市长	刘培银	江苏如皋	1998-01—2001-01
	副市长	陈惠娟(女)	江苏海门	1998-01—2001-01
	副市长	姜剑国	江苏如皋	1998-01—2000-07
	副市长	张元健	江苏如皋	1998-01—2003-01
	科技副市长	聂东林	(缺载)	1998-03—2002-05
	副市长	陈照东	江苏泰兴	1998-07—2003-01
	副市长	蓝绍敏	广东大埔	1998-12—1999-12

续表13-10

届　次	职 务	姓 名	籍　贯	任职时间
第十三届	副市长	程德兴	江苏如皋	1999-12—2003-01
	副市长	李中林	江苏如皋	2001-01—2003-01
	副市长	沈品辉	江苏海门	2001-01—2003-01
	副市长	徐　峰	（缺载）	2002-05—2002-09
	副市长	黄　成	江苏启东	2002-11—2003-01
	副市长	陈冬梅(女)	江苏海安	2002-11—2003-01
第十四届	市　长	周铁根	江苏海安	2003-01—2006-06
	代市长	姜永华	江苏如东	2006-06—2007-01
	市　长	姜永华	江苏如东	2007-01—2007-12
	副市长	陈照东	江苏泰兴	2003-01—2004-03
	副市长	李中林	江苏如皋	2003-01—2006-06
	副市长	张元健	江苏如皋	2003-01—2007-012
	副市长	沈品辉	江苏海门	2003-01—2004-03
	副市长	黄　成	江苏启东	2003-01—2007-12
	副市长	陈冬梅(女)	江苏海安	2003-01—2007-12
	副市长	潘建华	江苏海安	2004-03—2007-04
	副市长	葛夕芳	江苏通州	2004-03—2006-11
	副市长	丁兴华	江苏如皋	2004-05—2007-11
	副市长	单定方	江苏启东	2006-06—2007-12
	副市长	沈品辉	江苏海门	2007-04—2007-12
	挂职副市长	孙　杰	江苏江都	2007-06—2007-12
	副市长	张　军	江苏海安	2007-11—2007-12
第十五届	市　长	姜永华	江苏如东	2007-12—
	副市长	沈品辉	江苏海门	2007-12—2008-12
	副市长	单定方	江苏启东	2007-12—2008-12
	副市长	黄　成	江苏启东	2007-12—
	副市长	陈冬梅(女)	江苏海安	2007-12—2010-03
	副市长	孙　杰	江苏江都	2007-12—2010-01
	副市长	张　军	江苏海安	2007-12—
	副市长	杜永红	江苏如皋	2007-12—
	副市长	陈万圣	江苏如皋	2008-03—
	副市长	马建明	江苏通州	2008-12—2010-11

续表 13-10

届 次	职 务	姓 名	籍 贯	任职时间
第十五届	副市长	吴道健	江苏如皋	2008-12—
	副市长	赵男男(女)	江苏通州	2009-01—
	副市长	杜松华	江苏南通	2009-01—
	挂职副市长	李 斌	江苏靖江	2010-05—

1978年4月至1984年4月如皋县革委会、县政府顾问一览表

表 13-11

姓 名	籍 贯	职 务	任职时间
沙 田	山东乳山	县革委会顾问	1978-04—1981-07
丁学文	江苏如皋	县革委会顾问	1978-04—1979-08
冯国良	江苏东台	县革委会顾问	1979-02—1981-07
姜 平	江苏如皋	县革委会顾问	1980-03—1981-07
沙 田	山东乳山	县政府顾问	1981-07—1983-01
冯国良	江苏东台	县政府顾问	1981-07—1983-03
姜 平	江苏如皋	县政府顾问	1981-07—1983-03
孙祥恩	江苏灌云	县政府顾问	1981-07—1984-04

1991—2010年如皋市(县)政府顾问一览表

表 13-12

姓 名	籍 贯	职 务	主要研究领域
沙 麟	江苏如皋	上海市人大常委会副主任、复旦大学教授、上海市外经贸委主任	超大规模集成电路器件
闵乃本	江苏如皋	南京大学教授、博士生导师，中国科学院院士	固体物理材料科学、光电功能晶体结构
韩德馨	江苏如皋	中国矿业大学教授、博士生导师，中国工程院院士	地质构造矿产资源
胡敏强	(缺载)	东南大学教授、博士生导师、电气工程系系主任	地质科学、煤炭资源、电磁场计算
马瑾(女)	江苏如皋	中国科学院地质研究所研究员，中国科学院院士	地质构造物理学、地震监测
张 曙	江苏如皋	同济大学教授、博士生导师，中国机械工程学会常务理事	机械制造科技工程
杨裕生	江苏如皋	中国人民解放军少将，中国工程院院士	核放射分析化学
王道波	(缺载)	南京航空航天大学教授	航空仿真、测试
朱美芳	江苏如皋	东华大学材料科学与工程学院副院长	纺织化学材料
刘家鑫	(缺载)	河海大学教授	数学逻辑、计算机结构

续表13-12

姓 名	籍 贯	职 务	主要研究领域
吕绍荣	（缺载）	江苏省科委计划高新处处长	果蔬技术
厉永茂	（缺载）	南通市科委党委书记、主任	无线电电子仪表

1949年10月至1967年3月如皋县直行政机构演变情况一览表

表13-13

单位名称	建立年月	撤销年月	撤销去处	备 注
秘书室	继前	1956-01-01	改为县人民委员会办公室	—
民政科	继前	1967-03	“文化大革命”瘫痪	—
公安局	继前	1967-04-08	“文化大革命”军管	—
教育科	继前	1950-08-10	改称文教科	—
粮食局	继前	1967-03	“文化大革命”瘫痪	1950-05-01改建中粮如皋库 1952-11-04与中粮公司合为粮办 1951-12-26与1953-07-03两度复名
工商管理科	继前	1950-08-10	改称工商科	—
生产合作推进社	继前	1950-05-03	改为县供销合作总社	—
建设科	继前	1954-12-16	并入农林水利科	—
人民法院	继前	1967-04-08	“文化大革命”军管	—
财政局	继前	1967-03	“文化大革命”瘫痪	1950-05-01划分为 税务局和财政科
财政科	1950-05-01	1958-07-29	与农税科合并为财政局	1953年1月与农税科合并为财粮科，1956年9月2日复名财政科
税务局	1950-05-01	1958-07-29	与农税科合并为财政局	—
农税科	1950-05-01	1953-01	并入财粮科	—
供销合作总社	1950-05-03	1967-03	“文化大革命”瘫痪	1958-04-22—1961-10-03并入商业局，对外保留其名
工商科	1950-08-10	1956-02-13	划建为工业科和商业科	—
文教科	1950-08-10	1954-12-16	划建为教育科和文化科	—
卫生科	1951-05-07	1967-03	“文化大革命”瘫痪	—
人民监察委员会	1951-08-23	1955-03-28	撤销	—
人事科	1951-10-02 1953-04-01恢复 1963-07-09恢复	1952-06-06 1962-01-16 1967-03	并入民政科 撤销工作划归民政科 “文化大革命”瘫痪	1953-04-01—10-03与民政科合署办公 1955-06-17—1963-07-09与县委组织部合署

续表 13-13

单位名称	建立年月	撤销年月	撤销去处	备 注
劳动科	1952-12-07 1956-07-10重建 1960-04-06重建 1963-10-28重建	1954-10-07 1959-06-04 1962-07-16 1967-03	首次撤销 并入劳动工资部 二次撤销 "文化大革命"瘫痪	—
财粮科	1953-01-01	1956-09-02	并入财政局	—
统计科	1953-02-23	1967-03	"文化大革命"瘫痪	—
计划统计科	1954-12-16	1962-12-08	复名统计科	—
农林(水利)科	1954-12-16	1955-12-26	复名农林科	—
计划委员会	1954-12-16	1967-03	"文化大革命"瘫痪	—
文化科	1954-12-16	1957-10-25	与教育局合并为文教局	—
教育科	1954-12-16	1956-11-13	改建为教育局	—
交通科	1954-12-16	1958-07-29	改建为交通局	—
手工业管理科	1955-05-24	1961-12-17	改为手工业管理局	1958-07-25并入工业局对外保留名称 1959-09-10恢复业务 1960-03-27独立对外
手工业生产合作联社	1955-07-04建筹委 1957-11-27建立	1967-05	"文化大革命"瘫痪	1958-07-25—1959-09-10并入工业局对外保留名称
农林科	1955-12-26	1956-07-12	划建为农业科和林业科	—
水利科	1955-12-16	1956-11-12	改称水利局	—
办公室	1956-01-01	1967-03	"文化大革命"中瘫痪	1959-03-04—1961-12-27与县委办公室合署办公
农产品采购局	1956-02-10	1957-04-30	撤销	—
工业科	1956-02-13	1958-02-24	改称工业局	—
商业科	1956-02-13	1956-06-22	改建为商业局	—
商业局	1956-06-22	1967-03	"文化大革命"中瘫痪	—
农业科	1956-07-12	1957-10-08	与林业、畜牧合并为农林局	—
林业科	1956-07-12	1957-10-08	与农业、畜牧合并为农林局	—
体育运动委员会	1956-09-12	1967-03	"文化大革命"中瘫痪	—
畜牧科	1956-10-24	1957-10-08	与农业、林业合并为农林局	—
水利局	1956-11-12	1967-03	"文化大革命"中瘫痪	—
教育局	1956-11-12	1957-10-25	与文化科合并为文教局	—
服务局	1957-04-30	1957-09-07	撤销业务并入供销总社	—
农林局	1957-10-08	1965-03-24	划出部分后改为农业局	—

续表 13-13

单位名称	建立年月	撤销年月	撤销去处	备　注
监察室	1957-10-25	1962-07-16	划归人事科	1959-03—1962-07-16 与县监察委员会合署办公
文教局	1957-10-25	1967-03	“文化大革命”中瘫痪	—
畜牧肥料局	1958-02-21	1959-10-30	并入农林局	—
工业局	1958-05-24	1967-03	“文化大革命”中瘫痪	1960-05-24—1961-01-04 划建为重工业局、轻工业局
经济委员会	1958-07-08	1962-07-16	复名计划委员会	—
交通局	1958-07-29	1967-03	“文化大革命”中瘫痪	—
科学技术委员会	1959-04-19	1962-06-15	划归县委宣传部	—
物价管理科	1959-07-14	1962-07-16	撤　销	1960-09-05—196207-16 并入经济委员会，对外保留名称
农业机械局	1960-04-12	1962-07-16	撤　销	—
气象科	1960-04-12	1962-07-16	撤　销	—
重工业局	1960-05-24	1961-01-04	与轻工业局合并为工业局	—
轻工业局	1960-05-24	1961-01-04	与重工业局合并为工业局	—
副业局	1960-08-30	1962-07-16	并入农林局	—
物资局	1961-01-07	1967-03	“文化大革命”中瘫痪	—
手工管理局	1961-12-17	1967-03	“文化大革命”中瘫痪	—
物价委员会	1962-11-16	1967-03	“文化大革命”中瘫痪	—
财贸办公室	1964-01-31	1967-03	“文化大革命”中瘫痪	—
农业局	1965-03-24	1967-03	“文化大革命”中瘫痪	—
多种经营管理局	1965-03-24	1967-03	“文化大革命”中瘫痪	—
工商行政管理局	1965-03-24	1967-03	“文化大革命”中瘫痪	—

1968 年 4 月至 1981 年 4 月如皋县直行政机构演变情况一览表

表 13-14

单位名称	建立年月	撤销年月	撤销去处	备　注
秘书组	1968-04-24	1968-12-22	县革会内机构调整	—
组织组	1968-04-24	1968-12-22	县革会内机构调整	—
政宣组	1968-04-24	1968-12-22	县革会内机构调整	—
政法组	1968-04-24	1968-12-22	县革会内机构调整	—
农村组	1968-04-24	1968-12-22	县革会内机构调整	—

续表13–14

单位名称	建立年月	撤销年月	撤销去处	备 注
工交组	1968–04–24	1968–12–22	县革会内机构调整	—
财贸组	1968–04–24	1968–12–22	县革会内机构调整	—
经济计划组	1968–04–24	1968–12–22	县革会内机构调整	—
教卫组	1968–04–24	1968–12–22	县革会内机构调整	—
农林局革命委员会	1968–04–30	1969–03–19	与水利局合建农水革命委员会	—
商业局革命委员会	1968–04–30	1969–03–18	并入生活资料公司革命委员会	—
水利局革命委员会	1968–05–09	1969–03–19	与农林局合建农水革命委员会	—
卫生科革命委员会	1968–05–11	1969–09–10	并入生产指挥组为卫生组	—
文教局革命委员会	1968–05–13	1969–08	并入政工组为教育组	—
供销合作社革命委员会	1968–06–18	1969–03–18	并入生产资料公司革命委员会	—
财税局革命委员会	1968–06–24	1969–09–10	并入生产指挥组财贸组	—
粮油公司革命委员会	1968–09–22	1974–02–01	撤销	—
交通管理革命领导组	1968–09–23	1969–09–10	并入生产指挥组	—
工业手工业革命领导组	1968–09–27	1969–09–10	并入生产指挥组	—
办事组	1968–12–22	1974–02–28	撤销	—
政治工作组	1968–12–22	1974–02–28	撤销	—
政法组	1968–12–22	1973–11–15	撤销	—
抓革命促生产指挥组	1968–12–22	1970–12–29	简称生产指挥组	—
知识青年上山下乡办公室	1969–01–15	—	—	续后
生产资料革命委员会	1969–03–18	1970–12–29	并入商业局	—
生活资料革命委员会	1969–03–18	1970–12–29	并入商业局	—
农水革命委员会	1969–03–19	1969–09–10	并入生产指挥组	—
五·七干校革命委员会	1969–05–07	1970–01–01	迁入县农科所	续后
生产指挥组	1969–12–29	1976–01–22	撤销	—
水电局	1970–12–29	1976–04–19	划建为水利局和供电局	—
文教局	1970–12–29	1974–04–09	改称教育局	—
卫生局	1970–12–29	—	—	续后
财税局	1970–12–29	1974–04–09	改称财政局	—
商业局	1970–12–29	—	—	续后
民政局	1970–12–29	—	—	续后
物资局	1970–12–29	—	—	续后
工业局	1970–12–29	—	—	续后

续表 13–14

单位名称	建立年月	撤销年月	撤销去处	备 注
交通局	1970–12–29	—	—	续后
农林局	1970–12–29	1974–4–9	改称农业局	—
计划生育领导小组办公室	1971–08–06	—	—	续后
公安局	1973–11–15	—	—	续后
粮食局	1974–02–01	—	—	续后
政府办公室	1974–02–28	—	—	与县委办公室合署办公 续后
农业局	1974–04–09	—	—	续后
教育局	1974–04–09	—	—	续后
财政局	1974–04–09	—	—	续后
体育运动委员会	1974–05–18	—	—	续后
农业机械管理局	1974–10–09	—	—	续后
社镇工业局	1975–12–03	1976–2–24	改称第二工业局	—
计划委员会	1976–01–22	—	—	续后
工交财贸办公室	1976–01–22	—	—	续后
农水办公室	1976–01–22	—	—	续后
工商行政管理局	1976–02–21	—	—	续后
第二工业局	1976–02–24	—	—	续后
水利局	1976–04–19	—	—	续后
供电局	1976–04–19	—	—	续后

1976年10月至1991年5月如皋县直行政机构演变情况一览表

表 13–15

单位名称	建立年月	撤销年月	撤销去处	备 注
办公室	继前	—	—	续后，1981–05–19之前与县委办公室合署办公
卫生局	继前	—	—	续后
商业局	继前	—	—	续后
民政局	继前	—	—	续后
物资局	继前	—	—	续后
交通局	继前	—	—	续后
农业局	继前	—	—	续后

续表 13–14

单位名称	建立年月	撤销年月	撤销去处	备 注
公安局	继前	—	—	续后
粮食局	继前	—	—	续后
教育局	继前	—	—	续后
财政局	继前	—	—	续后
体育运动委员会	继前	—	—	续后
计划委员会	继前	—	—	续后
工商行政管理局	继前	—	—	续后
水利局	继前	—	—	续后
五·七干校革命委员会	继前	1977–06–24	撤销	—
知识青年上山下乡办公室	继前	1979–09–06	并入劳动局	—
工业局	继前	1980–02–28	建立5大公司代行行业管理	1979–07—1980–02与第二工业局合署
计划生育领导小组办公室	继前	1979–03–03	改称计划生育办公室	—
农业机械管理局	继前	1984–01–21	并入水利局	—
工交财贸办公室	继前	1978–04–14	划建为工交、财贸两个办公室	—
农水办公室	继前	1981–04–11	改建为农业委员会	—
第二工业局	继前	1979–09	与工业局合署办公	—
供电局	继前	1976–10	改为系统垂直单位	—
爱国卫生运动委员会	1977–08–04	1978–04–08	设立专门办公室	—
对外贸易公司	1978–01–29	—	—	续后
工业交通办公室	1978–04–14	1979–07–13	撤销改建为经济委员会	—
财贸办公室	1978–04–14	1984–01–21	撤销	—
多种经营管理局	1978–04–14	—	—	续后
爱国卫生运动委员会办公室	1978–04–18	1984–01–21	与卫生局合署办公	—
科学技术委员会	1978–05–31	—	—	续后
基本建设局	1979–02–22	1984–01–21	改称建筑工程总公司	—
计划生育办公室	1979–03–07	1984–01–21	改称计划生育委员会	—
人事局	1979–04–15	—	—	续后
物价委员会	1979–06–21	1989–10–10	建立物价局	与计划委员会合署办公
经济委员会	1979–07–03	—	—	续后
供销合作社	1979–09–05	1983–09–29	改称供销合作联社	—
劳动局	1979–09–06	—	—	续后

续表 13-15

单位名称	建立年月	撤销年月	撤销去处	备 注
续编县志领导组	1980-02-27	1981-06-01	改称编史修志领导组	—
机械工业公司	1980-02-28	1984-03-05	改为企业主管单位	—
电子化学工业公司	1980-02-28	1984-03-05	改为企业主管单位	—
纺织工业公司	1980-02-28	1984-03-05	更名纺织丝绸工业公司	—
纺织丝绸工业公司	1984-03-05	1984-03-05	改为企业主管单位	—
工艺美术服装工业公司	1980-02-28	1984-03-05	改为企业主管单位	—
轻手工业公司	1980-02-28	1983-07-29	对外更名建筑材料工业公司	—
编制委员会	1980-03-17	—	—	下设办公室与人事局合署办公
环境保护办公室	1980-06-28	1981-05-21	改建为城乡建设环境保护局	—
统计局	1980-08-20	—	—	续后
老干部管理局	1980-08-20	1981-05-23	更名老干部局	—
司法局	1981-02-12	—	—	续后
农业委员会	1981-04-11	1984-01-21	改建为县委农村工作部	—
侨务办公室	1981-05-21	—	—	续后 1984-01-21—1987-06-19 划归县委统战部
老干部局	1981-05-23	1986-07-17	转为县委直属单位	—
编史修志领导小组	1981-06-01	1983-05-31	改建为编史修志委员会	—
文化局	1981-08-30	—	—	续后
气象局	1982-01-16	1984-01-21	改系统垂直单位称气象局	—
信访办公室	1982-06-28	1989-10	更名信访局	1982-6-28—1984-3-5 兼为县委信访办公室
编史修志委员会	1983-05-31	1987-03-11	更名地方志编纂委员会办公室	—
供销合作联社	1983-09-29	1984-03-05	列为企业主管单位	—
税务局	1983-10-10	—	—	续后
审计局	1983-10-10	—	—	续后
建筑工程总公司	1984-01-21	1990-12	列为企业主管单位	亦称建筑工程局
城乡建设环境保护局	1984-01-21	1985-04-10	复名环境保护局	—
计划生育委员会	1984-01-21	—	俗称“计生委”	续后
财贸领导小组	1984-01-23	1988-08	建立财贸办公室	—
轻工建材公司	1984-03-05	—	列为企业主管单位	1984-06-06—1985-07-29 对外称建筑材料工业公司
纺织丝绸工业公司	1984-03-05	—	列为企业主管单位	—
烟草专卖局(公司)	1984-03	—	政企合一专卖单位	—

续表 13-15

单位名称	建立年月	撤销年月	撤销去处	备 注
外事组	1984-11-29	1987-02-03	改建外事办公室	—
乡镇企业管理局	1985-01-03	—	—	续后
环境保护局	1985-04-10	—	—	续后
城乡建设委员会	1985-04-10	—	—	续后
档案局	1985-05-21	—	—	续后
老龄委员会办公室	1985-11-02	—	—	续后
外事办公室	1987-02-03	—	—	续后
地方志编纂委员会办公室	1987-03-11	—	与县委党史办一套班子	续后
广播电视局	1987-06-15	—	—	续后
土地管理局	1987-07-01	—	—	续后
经济体制改革委员会办公室	1987-07-18	—	—	续后
监察局	1988-01-20	—	—	续后
对外经济贸易委员会	1988-02-04	—	—	续后
标准计量局	1988-03-24	—	—	续后
财贸办公室	1988-08	—	—	续后
物价局	1989-10-10	—	—	续后
信访局	1989-10	—	—	续后
经济技术协作委员会	1989-12-27	—	—	续后
法制局	1990-05	—	—	续后
建筑工程管理局	1990-12	—	在建筑工程总公司增挂牌子	续后

1991年6月至2010年末如皋市直行政机构演变情况一览表

表 13-16

机构名称	建立时间	变更时间	变更状况	2010年末情况
政府办公室	继前	1996-11 1999-05 2001-09 2008-12 2010-01	法制局并入合署办公，增挂政府外事侨务办公室牌子 外事、侨务分开，政府办公室增挂两块牌子 法制局更名法制办公室，信访局与市政府合署办公，挂市外事办公室和市政府侨务办公室牌子 政府办公室内设外事侨务科，外事、侨务合并 政府办公室增挂外事侨务办公室、法制办公室市级机关事务管理局、政府金融工作办公室、市人民防空办公室牌子	运转正常

续表13-16

机构名称	建立时间	变更时间	变更状况	2010年末情况
市经济体制改革委员会	1992-02	1996-11	与市经济委员会等合并组建市计划与经济委员会	已撤销
卫生局	继前	1996-11 2010-01	增挂爱国卫生运动委员会办公室牌子 不再挂爱国卫生运动委员会办公室牌子	运转正常
商业局	继前	1996-11	不再列入政府工作机构	已撤销
民政局	继前	2001-09 2010-01	增挂老龄委员会办公室牌子，老龄办与其合署办公 不再挂“老龄委员会办公室”牌子	运转正常
物资局	继前	1996-11	不再列入政府工作机构	已撤销
交通局	继前	2001-09 2010-01	撤销铁路建设指挥部办公室 更名交通运输局	已撤销
农业局	继前	1996-11 2001-09	增挂“多种经营管理局”牌子 更名农林局，撤销“多种经营管理局”牌子	已撤销
公安局	继前	—	—	运转正常
粮食局	继前	2004-12 2010-01	与经贸委合署，后在发展和改革委员会挂牌	市发改委员会挂牌机构
教育局	继前	—	—	运转正常
财政局	继前	1996-11 2001-09 2010-01	增挂“国有资产管理局”牌子 牌子更为“国有资产管理委员会办公室” 牌子更为“政府国有资产监督管理办公室”	运转正常
体育运动委员会	继前	2001-09	更名“体育局”为政府直属事业单位	已撤销
计划委员会	继前	1996-11	并入“计划与经济委员会”	已撤销
经济委员会	继前	1996-11	并入“计划与经济委员会”	已撤销
对外贸易公司	继前	1996-11	不再列入政府工作机构	已撤销
工商行政管理局	继前	1999-06-03	改为垂直，更名“南通市如皋工商局”	条管
水利局	继前	2001-9	更名“水务局”	已撤销
多种经营管理局	继前	1996-11 2010-01	保留其名称，并入农业局	已撤销
科学技术委员会	继前	2001-09	更名“科学技术局”	已撤销
人事局	继前	1996-11 2001-09 2010-01	“机构编制委员会办公室”与其合署 机构编制委员会办公室列为市委序列，仍与其合署，增挂“事业单位登记管理局”牌子 并入“人力资源与社会保障局”	已撤销
劳动局	继前	2001-09	更名“劳动与社会保障局”	已撤销

续表 13-16

机构名称	建立时间	变更时间	变更状况	2010年末情况
统计局	继前	—	—	运转正常
司法局	继前	2010-01	增挂“市社会矛盾调解中心”牌子	运转正常
侨务办公室	继前	1996-11 1999-05 2008-12	政府办公室挂“政府外事侨务办公室”牌子 “外事”、“侨务”分开，同在政府办公室各自挂牌 “外事”、“侨务”合并	已撤销
文化局	继前	2005-04 2009-12	增挂“新闻出版局”和“版权局”牌子 连同“新”、“版”二局一起不再保留	已撤销
信访局	继前	1996-11 2001-09 2010-01	增挂“人民建议征集办公室”牌子 与市政府办公室合署办公 独立建制	运转正常
税务局	继前	1994-09	析建为“国税局”和“地税局”	已撤销
审计局	继前		—	运转正常
计生委员会	继前	2005-01	更名为“人口与计划生育委员会”	已撤销
财贸办公室	继前	1996-11	划入“财经贸易委员会”	已撤销
外事办公室	继前	1996-11 1999-05-04 2008-12-08	政府办公室挂“政府外事侨务办公室”牌子 “外事”、“侨务”分开，同在政府办公室各自挂牌 “外事”、“侨务”合并	已撤销
乡镇企业管理局	继前	20001-09 2004-01	并入“发展计划与经济贸易委员会”挂“乡镇企业管理局”牌子 更名“民营经济发展局”	已撤销
环境保护局	继前	—	—	运转正常
城乡建设委员会	继前	1996-11 2001-09	增挂“城市管理局”牌子 更名“建设局”	已撤销
档案局	继前	1996-11	列入市委直属工作机构	市委序列
老龄委员会办公室	继前	2001-09 2010-01	列于民政局内，为老龄委员会常设机构，对外挂“老龄委员会办公室”牌子 调整为非常设机构，民政局不再挂其牌子	已撤销
地方志办公室	继前	1996-11	与市委党史办两块牌子，一套班子，以“市委党史办”名称对外	列入市委序列
广播电视局	继前	2001-09 2009-12	改为政府直属事业机构 机构改革不再保留	已撤销
土地管理局	继前	1996-11	更名“国土规划管理局”	已撤销
经济体制改革委员会	继前	2001-09	并入“发展计划与经济贸易委员会”挂“经济体制改革办公室”牌子	已撤销
监察局	继前	1993-03 2005-01	与市纪律检查委员会合署办公 列政府序列，不计政府机构个数	运转正常（不计政府机构数）

续表13–16

机构名称	建立时间	变更时间	变更状况	2010年末情况
对外经济贸易委员会	继前	1996–11 1998–01 2001–09	更设“对外经济贸易局”，增挂“招商局”牌子 复名“对外经济贸易委员会” 改建为“对外贸易经济合作局”	已撤销
经济技术协作委员会	继前	1996–11	不再列入政府直属工作机构	已撤销
法制局	继前	1996–11 2001–09–03	与政府办公室合署办公 改称“政府法制办公室”	已撤销
标准计量局	继前	1996–11 2001–09	更名为“质量技术监督局” 不再列入政府直属工作机构改为条管部门	条管
物价局	继前	—	—	运转正常
建筑工程管理局	继前	2001–09	与建设局合署	住房城乡建设局挂牌机构
人民防空办公室	1994–04–15	1996–11 2001–09–03 2010–01–06	列为部门管理机构 与市政府办公室合署 职责划入政府办公室	市政府办公室挂牌机构
国税局	1994–09		实行垂直管理体制	条管
地税局	1994–09	1996–11 2001–09	列为政府直属工作机构 实行垂直，不再列入政府工作机构	条管
政府教育督导室	1994–11	2007–06	升格为正科级	市政府直属事业单位
农业机械管理局	1996–1	1996–11 2001–09 2010–01	不再列入政府直属工作机构 复列为政府直属事业单位 调整为农业委员会管理	部门管理机构
国土规划管理局	1996–11	2001–11	更名“国土资源局”	已撤销
财经(经济)贸易委员会	1996–11–18	2004–12 2007–12 2010–01	与发展和改革委员会合署办公 撤销党组，改为挂牌机构 不再保留	已撤销
计划与经济委员会	1996–11–18	1996–11 2001–09–03	挂“经济体制改革委员会”牌子 撤销组建发展计划与经济贸易委员会	已撤销
城市管理局	1996–11–18	2001–09 2006–04 2010–01	开始在建设委员会挂牌，建设局挂“城市管理局”牌子 重新成立“城市管理行政执法局” 复名“城市管理局”为政府工作部门	运转正常
地震局	1998–03	2001–09	市政府直属事业单位	与科技局合署
民族宗教事务局	2001–09–03	1999年前 2001–09 2003–02 2004–12	市委统战部一个科 统战部内设立民族宗教事务局 与市委统战部合署 不计政府机构个数	市委序列

续表13-16

机构名称	建立时间	变更时间	变更状况	2010年末情况
农林局	2001-09-03	2010-01	职责划入农业委员会，机构不再保留	已撤销
体育局	2001-09-03	2001-09 2010-01	市政府直属事业单位 调整为市政府工作部门	运转正常
发展计划与经济贸委员会	2001-09-03	2005-12	改组为发展和改革委员会	已撤销
水务局	2001-09-03	—	—	运转正常
法制办公室	2001-09-03	2010-01	职责划入政府办公室	市政府办公室挂牌机构
科学技术局	2001-09-03	2001-09 2005-07	地震局与其合署 增挂“知识产权保护局”牌子	运转正常
劳动与社会保障局	2001-09-03	2010-01	职责划入“人力资源和社会保障局”，机构不再保留	已撤销
安全生产监督管理局	2001-09-03	2001-09 2005-01	开始在经贸委挂牌 列为政府直属工作机构	运转正常
建设局	2001-09-03	2001-09 2010-01	建筑工程局与其合署，增挂“城市管理局”牌子 职责划入“住房和城乡建设局” 机构不再保留	已撤销
国土资源局	2001-09-03	—	—	运转正常
农业资源开发局	2001-09-03	2001-09 2010-01	政府直属事业机构 调整为农业委员会管理	部门管理机构
事业单位登记管理局	2001-00-03	2001-09 2010-01	人事局挂牌机构 随人事局撤销	已撤销
经济体制改革办	2001-09-03	2005-12	并入发展和改革委员会	已撤销
对外贸易经济合作局	2001-09-03	2010-01	职责划入“商务局”，机构不再保留	已撤销
旅游局	2001-09-03	2001-09 2010-01	委托建设局管理，市政府直属事业单位 调整为市政府工作部门	运转正常
行政审批中心	2001-09-03	2001-09 2006-12 2010-10	市政府直属事业机构 更名“行政服务中心” 更名“市民服务中心	已更名
市民服务中心	2010-10	—	正式举行新址入住仪式	市政府直属事业机构
招标投标管理办公室	2001-09-03	2001-04 2001-09	成立招投标中心，随后设立招标投标管理委员会，正式定名招标投标办公室， 政府直属正科级事业单位下辖招投标中心	市政府直属事业机构
接待办公室	2001-09-03	—	市委、市政府双重领导	市直事业机构
民营经济发展局	2004-01-03	2007-12	更名中小企业局	已撤销

续表 13-16

机构名称	建立时间	变更时间	变更状况	2010年末情况
人才交流中心	2004	2004	—	不作政府直属机构
发展和改革委员会	2004-12-28	2004-12 2010-01-06	挂乡镇企业管理局牌子 挂“经济和信息委员会”、“粮食局”、“服务业办公室”、“中小企业局”牌子	运转正常
人口与计划生育委员会	2005-01-12	—	—	运转正常
新闻出版局	2005-04	2009-12	原为文化局挂牌机构,随文化局不再存在	已撤销
版权局	2005-04	2009-12	原为文化局挂牌机构,随文化局不再存在	已撤销
知识产权保护局	2005-07-04	—	不另设编,在科学技术局挂牌	市科学技术局挂牌机构
第三产业办公室	2004-12	2008 2010-01	发改委下属部门管理机构 不再保留	已撤销
城市管理行政执法局	2006-04-07	2010-01	更名城市管理局仍挂原局牌子	城市管理局挂牌机构
中小企业局	2007-07	2007-7 2010-01	由民营经济发展局更名改建 发展和改革委员会挂“市中小企业局”牌子	发展和改革委员会挂牌机构
机关事务管理局	2007-07-25	2010-01	职责划入政府办公室	市政府办公室挂牌机构
社会矛盾调解中心	2007-12-12	2010-01	司法局挂“社会矛盾调解中心”牌子	司法局挂牌机构
畜牧兽医局	2007-12-12	2009-12	不再保留	已撤销
政府外事侨务办公室	2008-12-28	—	正科级建制	市政府办公室挂牌机构
政府金融工作办公室	2008-12-28	—	正科级建制	市政府办公室挂牌机构
信息网络管理中心	2009-05-27	—	—	市政府直属事业单位
人力资源和社会保障局	2010-01-06	—	—	运转正常
住房和城乡建设局	2010-01-06	—	挂市“建筑工程局”和“规划局”牌子	运转正常
交通运输局	2010-01-06	—	原“交通局”更名新建	运转正常
农业委员会	2010-01-06	—	挂市“林业局”牌子	运转正常
商务局	2010-01-06	—	—	运转正常
文化广电新闻出版局	2010-01-06	—	挂市文物局牌子	运转正常

续表13-16

机构名称	建立时间	变更时间	变更状况	2010年末情况
食品药品监督管理局	2010-01-06	—	原由省垂直管理的“药品食品监督局”改为市政府工作部门,并更为现名	运转正常
口岸和港务管理局	2010-01-06	—	—	运转正常
经济和信息化委员会	2010-01-06	—	—	市发改委挂牌机构
服务业办公室	2010-01-06	—	—	市发改委挂牌机构
政府国有资产监督管理局	2010-01-06	—	—	市财政局挂牌机构
规划局	2010-01-06	—	—	市住房和城乡建设局挂牌机构
文物局	2010-01-06	—	—	市文化广电新闻出版局挂牌机构
林业局	2010-01-06	—	—	市农业委员会挂牌机构

第四节 区、乡镇行政机构

一、区行政机构

民国18年(1929年),国民政府如皋县政府始将全县分为18个区,设区公所。民国29年,县抗日民主政府建立后,接管国民政府第九、十、十一、十二、十三区及白丁区区署,建立江安、卢港、石庄、磨头、车镇、白丁区公所,同时建立永东直属乡公所。民国30年7月,如西县政府撤销磨头、白丁区公所,新建南马塘、度军井区公所。民国31年7月,新建蒲西区公所。12月,车镇区划分为车马湖、镇涛两区,分设区公所,同时新设夏堡区公所。民国33年7月,新建如城行署。8月,建立江防行署。民国34年9月,全县共设南马塘、蒲西、车马湖、薛窑、石庄、江安、珊瑚、卢港、度军井9个区公所和江防、如城两个行署。如西县复名如皋县后,根据行政区划调整,全县区公所有所调整。县政府撤出如皋城后,部分区公所工作转为秘密工作。民国38年9月14日,根据苏北行政公署决定,各区区公所改称区政府。全县共设城区、城东、马塘、白蒲、平西、车马湖、薛窑、江防、何正、江安、卢港、度军井、城西13个区政府。1950年12月5日,各区区政府复称区公所。1958年7月27日,区公所建制撤销,改设指导组,为县人委派出机构。“文化大革命”开始后,各区指导组瘫痪。1967年,全县实行军管,各区均以区人民武装部部长为主建立生产领导组。1969年10月7日,县革委会决定各区建立革命领导组,作为县革委会的派出机构,并任命正副组长。1976年10月,全县区级行政机构有城东、丁堰、白蒲、薛窑、石庄、江安、搬经、磨头、城西9个区革命领导组。1977年2月11日,各区区委重建后,领导组组长均由区委书记担任。1984年1月24日,各区区公所恢复,作为县政府的派出机构,设正副区长。1987年1月9日,各区区公所撤销。

二、乡镇行政机构

清宣统二年(1910年),全县实行城乡自治制,始设城乡自治公所。民国3年(1914年),国民政府如皋县政府在全县13市、5乡设助理员办事处。民国16年，各市乡改设行政局。民国18年，国民政府如皋县政府在全县487乡、61镇设乡、镇公所。民国19年，如皋县工农兵革命委员会建立后，在江安区的六甲、朝阳、陈堡3个乡以雇农工会和农民协会为基础，建立乡苏维埃政府。民国23年，国民政府推行保甲制，全县乡镇级行政机构取消。县政府亦未设乡镇行政机构，由乡镇长负责行政工作。

1957年10月10日，全县实行大乡制，由109个乡镇合并为48个大乡和3个县属镇，各乡镇均选举产生乡镇人民委员会。除如城外，由10个区公所分管。

1958年9月，实行人民公社化。至1963年，全县3个镇和48个乡均设有人民委员会，同时在48个乡基础上建立的人民公社还设有管理委员会，公社管理委员会初与乡镇人民委员会并存，后逐渐形成"政社合一"体制。1961年12月，公社管理委员会主任改称社长。1967年2月，全县48个公社管理委员会和如城、白蒲、丁堰3个镇人民委员会均因"文化大革命"而瘫痪。全县实行军管期间，各镇和公社均由人武部长（干部）"抓总"。1968年3—4月，各公社（镇）均建立革命委员会，其领导按"三结合"原则由县革委会任命。1971年，公社（镇）党委恢复后，由党委书记实行"一元化"领导。1976年10月，全县设49个公社、4个镇革委会。1981年9—10月，各公社（镇）选举产生公社管理委员会和镇人民政府，公社（镇）革委会随之消失。

1983年，实行政社分设，49个公社先后组建乡人民政府。1987年，全县设44个乡人民政府和9个镇人民政府。此后，全市（县）乡镇行政区划多次调整，行政机构设置模式不变。2010年，全市设20个镇人民政府、3个区（园）管理委员会。

第五节 人民政府政务

一、重要政务会议

历届市（县）人民政府（人民委员会）根据工作需要定期、不定期召开政府常务会议、政府全体组成人员会议，还不定期召开市（县）长办公会、各项专题会议，市（县）长与分管市（县）长就共同关心的问题、市（县）内热点问题及分工工作中交叉问题等，通报情况、交换看法，共商解决和推进各方面工作的措施。

县（市）政府常务会议 1951—1955年，县政府常务会议共召开5次，主要就爱国生产、救灾、土地改革、镇压反革命、抗美援朝等进行动员部署，并进行"三反""五反"政策宣传。

1981年4月，县政府恢复设立。第十届县政府共召开常务会议20次。主要就县政府工作规则、政府工作报告、全县八五规划草案、"安力佳"项目、如皋轴承厂八五期间技改总体规划、全县养老保险金委托信贷、中小学招生、企业调整工资、殡葬改革、县技工学校招生计划、县建工局政企分开、组建县城建委、劳动就业、农业生产、农业发展基金筹集使用、预算外资金管理、益人桥市场恢复、二案开辟港口、城郊建房和户口管理、乡政府建房、区划调整及农桥维修，阎台煤矿集资，组建丝绸集团等议题进行讨论研究，并研究出台《关于扶持特困县属工业企业的暂行办法》《鼓励发展外向型经济的政策规定》等文件。

第十一届市（县）政府共召开常务会议36次，主要就年度财政预决算、政府工作报告、为民办实事工程、如皋印染厂兼并重组、生猪管理、乡镇财政体制改革、城市建设和管理、如皋肉联厂改革、如皋罐头厂等25家重点企业帮扶、如中操场搬迁扩建、劳动就业、黑色路面工程费集资、如皋港建港可行性等问题进行研究，研究出台《加快发展第三产业的意见》《市人民政府工作规则》《关于调整基本养老保险基金提取比例和实行金额收拨测算的方案》《关于促进我市个体私营经济加快发展的若干暂行办法》《如皋市2000年人人享有初级保健规划》《关于加强市级机关行政质量管理的意见》《关于黑色路面第一次实施方案》《建设卫生城市方案》等文件。

第十二届市政府共召开常务会议49次，主要就全市生猪屠宰、扶贫解困资金筹集、海阳北路工程款、职教中心征地优惠、开发区优惠政策、义务兵优待金标准、老干部病房兴建、热电厂蒸气价格调整、建筑市场清理、如皋中医院合并东迁、城西中学搬迁、如师附小及附小幼儿园扩改建、市直管住房出售、市职教中心建设、全市基本农田保护、农转非收费、铁路建设资金筹集等问题进行研究，研究出台《九五科技发展计划和推进科教兴市加速科技前进的决定》《完善茧丝集团运行机制的意见》《关于合并搬迁何庄城西两所高中的方案》《如师附小及附小幼儿园扩改建规划》《医改实施方案》《如皋市住房基金管理暂行办法》《关于修订征地剩余劳力安置管理办法》《关于调整机关事业单位工作人员津贴待遇的实施办法》《市国税系统深化税收征管改革方案》《市室内装饰行业管理办法》《关于加快发展第三产业和个体私营经济若干补充意见》《关于行政事业单位财会人员管理办法》《关于市属企业负责人加大经济激励和监督意见》《政府采购试行办法》《担保公司管理意见》《如皋市公路桥梁建筑管理养护实施办法》等文件。

第十三届市政府共召开常务会议58次，主要就全市年度财政预算、年度国民经济和社会发展计划、农业产业化经营、养老保险基金运转、拆迁安置、市级机关办公用房调整方案、如皋初级中学组建、土地利用总体规划编制和修订、革命伤残人员公费医疗管理办法、全面推进城市社区建设、加快信息化工作等进行研究，研究出台《进一步加强当前乡镇财政工作的意见》《如皋市建立再就业服务中心实施办法》《如皋市城镇私营企业职工、城镇个体工商户及其帮工养老保险暂行办法》《如皋市民营医疗机构经营管理办法》《如皋市房屋拆迁货币安置补偿办法》《如皋市如城地区房屋拆迁地段类别划分与货币安置补偿面积的暂行办法》《关于退伍义务兵、转业士官安置暂行办法》《如皋市城镇义务兵家属优待金统筹发放实施办法》《如皋市城镇退役士兵接待安置实施细则》《如皋市事故隐患有奖举报试行办法》《如皋市城市污水处理管理办法》等文件。

第十四届市政府共召开常务会议46次，主要就市政府工作报告、全市年度国民经济、社会发展计划、房屋拆迁补偿评估技术规范及补助费标准指导意见、违法建设查处暂行办法、如城地区自来水水价调整、职业教育发展、如皋港经济开发区水系规划、工业用地招标拍卖挂牌出让、质量兴市实施纲要（2007—2010年）、南水北调工程基金筹集等问题进行研究，研究出台《关于征地补偿和被征地农民基本生活保障实施办法》《被征地农民基本生活保障有关问题的处理方法》《建立农村集体土地面积和农村集体经济组织成员两个数据库的实施意见》《界定农村集体经济组织成员的试行办法等政策性文件》《关于简化企业抵押登记手续，降低抵押登记收费的意见》《小企业贷款风险补偿基金试行办法》《关于加快实施我市区域供水工程对接实行统一售水的实施意见》《城镇居民基本医疗保险试行办法》《如皋市食品药品安全工作综合评价考核暂行办法》《关于进一步深化完善政务公开工作的意见》《如皋市电子政务发展纲要》《关于机关事业单位民间非营利组织工伤保险实施意见》《新型农村合作医疗诊疗项目和医疗服务设施范围调整方案》《行政监察机构执法监察工作暂行办法》《破产企业六十年代精简退职人员给予生活费补助办法》《提高城镇退役士兵自谋职业安置金标准》《关于调整2008年新型农村合作医疗有关政策》等政策性文件。同意依法收回如皋港阳鸿、东方、华大石化等企业闲置土地及岸线使用权。

第十五届市政府共召开常务会议50次，主要就市进一步加强法治政府建设、市政府为民办实事项目、加强应急管理工作、城市搬迁、被征地农民基本生活保障、农村社会养老保险和职工养老保险重复参保或重复享受待遇等进行研究，研究出台《如皋市城镇职工基本医疗保险实施办法》《如皋市城镇居民基本医疗保险实施办法》《如皋市城镇居民基础养老金实施办法》《如皋市拥军优属工作若干规定》《如皋市城乡困难群众医疗救助办法》《关于统筹经营性土地出让净收益的通知》《关于开展村庄环境整治工作的实施意见》等政策性文件。

县人委委员会议 第一、二届县人委共召开委员会议12次，主要就全县农业、手工业和资本主义工商业社会主义改造，农产品价格，爱国卫生运动，交通事业发展，扫盲，中小学校布局及学校招生，兴修水利，文艺工作等进行研究，对灾害之年农业生产、粮食征购以及生产自救互救工作进行部署。第三届县人委共召开委员会议2次，主要就全县财政体制、农业税制改革、“右派分子”处理、“大跃进”等问题进行研究，要求克服保守思想，多快好省加强工农业生产。

政府全体成员会议 第十一届市（县）政府共召开全体成员会议2次，主要就如何通过外向开拓和科技兴市(县),促进全市(县)经济尽快越过低谷,迈上新台阶,求得持续稳定协调发展进行研究。

第十二届市政府召开全体成员(扩大)会议6次,主要就进一步转变职能,改进作风,强化服务,提高效率,促进如皋经济建设和社会事业的繁荣;如何力争提前一年建成百亿市;如何“抓投入、增效益、转机制、超百亿”等进行部署。

第十三届和十四届市政府共召开全体成员(扩大)会议18次,主要就转变政府职能,提高办事效率;坚持求真务实,确保任务落实;加强政风建设,提升政府形象等进行部署和动员。

二、为民办实事工程

赈灾救灾 1950年1月,县各界人民代表会议在如城召开,讨论关于生产救灾等工作。4月,县政府拨出以工代赈粮81万千克,拨出救济粮29.43万千克,救济灾民10万人;发救济款8.4亿元,救济13.9万多人。

1952年12月,全县遭受寒流袭击,麦苗大部冻死。县政府拨出大麦种30万千克,菜饼85万千克,发动农民补种。

1954年6—7月,全县遭受百年未遇暴雨,淹田163万亩,倒房1万多间。县政府组织排涝抢险,并发放救济款74.1亿元。

河道疏浚 1951年2月,县政府拨大米22.5万千克,疏浚龙游河老头湾地段,动员民工1.1万多人,完成土方28.5万立方米,受益面积30万亩。

1952年11—12月,县政府相继实施通扬运河柴湾至东陈段疏浚工程、周圩港疏浚工程,次年2月结束,其中周圩港工程共完成土方53.8万立方米。

1954年12月,县政府实施丝渔港疏浚工程,次年2月竣工,共完成土方48.4397万立方米。

1956年3月,县政府实施焦港、司马港、拉马河春季水利工程,动员民工近10万人,施工河道全长50千米。12月,实施南凌河第一期疏浚工程,动员民工3.5万人,施工河道全长16千米,次年1月竣工(二期工程在如东县境内)。

1984年11月底,县政府组织6万民工疏浚通扬运河林梓至丁北段,12月10日竣工。

发展合作医疗 1969年2月,县政府在全县农村普遍推行合作医疗制度。至1970年底,共培训赤脚医生1000余人,886个生产大队,有885个实行合作医疗,达到每个生产大队都有一名赤脚医生目标。

加强市场建设 1981年,县政府将市场建设列为为民办实事工程。建成吴窑山羊市场、如城和白蒲苗猪市场、城西和大明花木盆景市场、搬经禽蛋市场、如城家禽市场、丁堰和场南木材市场、长庄白果市场和物资贸易中心生产资料市场,新建如城环西路招商城、健康西村农副产品批发市场、如城粮油批发市场、城北塑料市场等一批以批发商品交易为主体的综合性市场,筹建如城纺织品市场,新生路及丁堰镇、石庄镇农贸市场等一批新的专业市场。

改善交通条件 1990—2003年,市(县)政府将改善交通条件列入为民办实事工程。其中:1990年完成环东路、环北路、通城路和东皋路的路面铺设及汽车站至二药厂路段的拓宽改造,完善健康西村的配套工程设施,拓建健康桥、环东大桥,实施白蒲镇车站路、丁堰镇团结路、东陈镇东西街、长江镇农民街的建设,接通郭园至车马湖、高井至石北公路、下原至马塘公路,逐步形成全县交通网络,新修市乡黑色公路超过70千米,维修部分乡村农桥,实施如皋联航机场基础设施建设和管理,实现安全正常运营;1996年全面完成市乡公路黑色化,实施8.6千米丁掘公路改线接三环南路工程(204国道至通榆路段),实施204国道如皋段西移改线工程,新建如泰河大桥,实施长青沙大桥及引道工程;2003年改造维修公路危桥和农村危桥30座,完成江曲公路江安至胜利段建设工程。

大力发展广播电视 1991年,市(县)政府开始将发展广播电视列入政府为民办实事工程。是年,全市(县)农村有线广播喇叭入户率、通响率分别提高至85%和90%,自办电视节目覆盖率上升至85%,如皋有线电视台开始筹建,如城、石庄镇开始兴办有线电视。1993年,如城有线电视用户超万户。2008年始,按先城区、镇区,后农村的顺序,以小区、村、光结点为单位,逐个区域进行有线电视数字化整体转换。至2010年,全市全面实现有线电视数字化。

推动企业改制 1992年下半年,市委、市政府组织人员赴山东莱阳学习股份合作制改革办法。1993年起，市政府将企业改革、改制列为为民办实事工程，维护职工合法权益。至1998年，乡镇企业全面推行股份合作制，市属企业股份合作制和公司制改造推广面达60%以上。建成以骨干企业和拳头产品为龙头的钢球轴承、农用机械、印刷机械、食品机械工业集团；以深度加工、城乡联动为特点的茧丝绸、绢丝织、丝绸和绢丝服装产销集团，融精粗加工于一体的工艺编织、工艺丝毯、绣品集团；以出口为目标、产销联合的毛巾、纺织品集团，以重点乡镇为龙头的花木盆景、皮革制品、建筑装潢集团。

加快发展电信事业 1993年，引进日本F150程控交换机13000门，建设9个区级程控交换局。如城至各区全部开通数字微波和光缆传输，乡镇程控率90%，全市百人电话机拥有率上升至1.1部，其中如城地区10部。建立汉字系统无线寻呼台和石庄移动通信基站。开通15条摩托化投递邮路。1996年，全市各乡镇全部建成程控交换局，交换机容量突破10万门。增建开发区、下原、搬经、江安等移动基站，无线寻呼实现全省联网。全市建成电话村、百部电话村100个。

基础教育工程 1994年，市政府始将抓好基础教育列入为民办实事工程。是年，全市又有20个乡镇全面实施九年制义务教育。此后，市政府一直将发展基础教育，实现教育现代化列为工作重点。至2010年，全市全面实现基础教育现代化。

改善生态环境 21世纪初，市政府始将改善群众生存和居住环境列为政府为民办实事工程。2003年，建成城市污水处理中心，形成日处理2万吨污水能力。是年，如皋市被评为全国生态示范市。2006年，城区全面完成公共厕所改建。

促进就业，社会保障 2001年，市政府将推进城镇居民医疗保险和新型农村合作医疗列为为民办实事工程。至2005年，全市医疗保险覆盖面上升至60%以上。是年，市政府推进"191"("要就业"谐音)就业援助工程，提供城市协管、社区服务等就业岗位700多个，安置年龄偏大，无专业技能人员就业。2006年，完善新型农村合作医疗制度，统筹经费政府补贴标准从人均20元提高到40元。2007年，实现镇级事业单位养老保险全覆盖，在职人员养老保险费由"全额结算、差额缴拨"改为全额征收。离退休人员基本养老金由单位发放改为社会化发放。将未参保的10.5万名城镇非职工居民(含学生、儿童)纳入医疗保障体系，逐步实现人人享有医疗保障。

农村饮水安全 2003年，市政府始将加快推进农村改水步伐列为为民办实事工程。是年，全市新增自来水受益人口40万人。至2005年，全市农村自来水普及率接近100%。

村级公共服务中心建设 2005年，市政府将村级公共服务中心建设列为为民办实事工程。至2007年，全市321个村建成集干部办公、便民服务、村民议事、党员活动、党务和村务公开、文化宣传、卫生体育等多种功能于一体的综合性公共服务中心。

全面改善农村中小学食宿条件 2006年起，市政府将学校食堂改造列入对各镇的考核内容，并采用以奖代补的办法，促进食堂改造工作。至2008年，全市全部消除C级以下食堂，中心初中、定点初中、中心小学、定点小学全部达到规定的食堂标准。

实施引江区域供水工程 2006年，市政府始将引江区域供水工程列为为民办实事工程。是年，主干管网完成工作量的50%，并启动沿线6个镇配套管网建设工程。2007年4月，完成取水口工程。5月完成境内主干管网建设工程。10月，建成净水厂和取水枢纽工程。年底，正式供水。

提高城乡居民最低生活保障水平 2007年，市政府将城市居民低保标准提高到220元/月·人，农村居民低保标准提高到70元/月·人，集中

图13-5 如皋市城镇居民基本医疗保险医保证卡发放仪式 (2007年摄)

和分散供养的五保对象供养标准分别提高到2600元/年·人和2200元/年·人,实现农村五保对象应保尽保,集中供养率60%以上。

城区老小区改造 2008年,市政府始将城区老小区改造列为为民办实事工程。至2010年,全面完成170多幢老住宅楼的改造,楼道安装楼宇对讲系统。小区主要进出道口安装视频监控系统,并安装消防栓,加强人防、设施防,提高安全防范等级。完成健康西村,皋南一组团,绘园一、二、三区,幸福新村,陆桥苑,健康东村,东皋二组团等10个小区的改造工作,实现封闭管理、环境优美、配套到位、居住安全目标。

司法救助 2008年,市政府设立司法救助专项资金,用于法律援助,执行救助,交通事故受害人、刑事案件受害人临时生活救济等。2008—2010年,市财政用于司法救助的专项预算200万元以上,并建立健全长效司法救助机制,完善资金使用办法。

村村通公交 2009年,市政府实施村村通公交汽车工程,如皋汽车总站主体工程竣工,柴湾、九华、桃园、江安四个农村客运车站建成,并在柴湾镇、九华镇进行试点,开通镇村公交班线。至2010年,全市实现村村通公交,并逐步实现100户以上的农民集中居住点全部开通公交车。

图13-6 村村通公交开通仪式

三、政府法制

1990年5月,县政府设立法制局,与县政府办公室合署办公,负责代表县政府办理行政复议事项,参与被复议和行政应诉案件,并负责规范性文件的制定审核、备案清理、修改废止和法制宣传、执法检查、行政处罚以及执法人员管理等。2005年,市政府法制办开始对农林、宗教、人武、城管、劳动、卫生、人事、文化、广电、国土资源等部门的执法人员实施系统培训,并形成制度。2006年7月,市政府法制网开通,并建立市依法行政工作领导小组。是年,市政府法制办完成全市行政执法主体资格确认和行政执法依据与行政职权梳理。国务院法制办牵头,新华社等8家新闻媒体联合组团对如皋公安系统行政执法工作进行集中采访报道,称"如皋公安是全国行政执法的一杆标尺"。

2007年,市政府法制办对全市40家行政执法部门的行政执法工作开展年终考核,组织37名行政执法部门法制科室及执法机构负责人进行复议知识考试。2008年,市政府建立行政决策听证代表库和领导干部任前法律知识考试办法,实施行政法误情况公示。是年,市政府法制局被表彰为江苏省2007—2008年度法制工作先进集体。2009年,市政府大力推进全市行政权力网试运行,全市各镇(区)建立政府法制工作室,明确专兼职法制工作人员62人。是年,市政府法制办被江苏省人力资源和社会保障局、江苏省政府法制办公室联合表彰为全省法制工作先进集体。

2010年,市政府开展依法行政示范单位评选活动。市公安局、工商局、交通运输局、卫生局、文广新局、质检局、烟草局和经济开发区(柴湾镇)等单位被评为市级依法行政示范单位。至2010年,市政府共组织执法培训90余场(批),受训总人数5140余人次。

四、行政审批

1999年,市城建委委托徐荣生实施建设系统行政审批制度改革研究,并制订项目审批流程表。

2001年5月31日,市政府行政审批中心建立。2002年6月28日,迁入位于环城南路(今福寿路)与西皋路(今大司马路)交会处西北侧原工业大厦,并更名为市行政服务中心。41个部门入驻,开设66个窗口,负责226个项目的审批和核发证照。2005年,市行政服务中心增设结算中心、商务中心等配套服务窗口,航道管理站、海事处、公路管理站、农机服务站等8个公共服务分中心、11个办证大厅纳入市行政服务中心统一管理。

在一站式完成221项行政许可事项的同时，将代码证、教师资格证、身份证、退休证、再就业证及税务咨询、人事代理、供水、供电、电信等行政服务95个便民服务项目纳入体系。2007年，市地税局的不动产税、房改办房改房上市，市交通局汽车驾驶员培训等非行政许可事项以及电话咨询、收费等非政府部门便民类事项纳入行市政服务中心窗口办理。2010年10月，位于市行政中心北侧的市民服务中心投入使用，集行政审批、项目招投标、矛盾调处、信访接办、行政服务及部分非行政服务于一体，开辟各类服务窗口58个。

五、外事侨务

外事 对外开放初期，全县确定对外开放单位10个。1984年11月29日，县政府办公室设外事组。1985年，全县对外开放单位增加到17个。

1987年2月3日，县政府设外事办公室。1993年，全市有涉外接待资格的宾馆仅市招待所（绘园宾馆）1家。2003年，全市涉外宾馆增加至8家。2005年始，按规定，因发展需要，符合条件要求，任何单位和个人均可直接与国（境）外开展对口贸易和合作交流，全市对外联系更加密切，交流、交往更加频繁。

2005—2010年，市政府在接待国（境）外友好访问团（组）的同时，先后出台《党政干部出国（境）相关规定》《出国（境）管理暂行办法》等，加强对出国、出境人员的管理，先后取消出访16批44人次，调整出访时间、地点等14批22人次。

1984—2010年外国友人及中国港澳台同胞组团到如皋参观考察简况一览表

表13-17

时间	团体名称	人数	主要活动地点
1984-11-15	苏、日、美、英、德、意、朝、新西兰8国在南京大学读书的留学生参观团	27	定慧寺 水绘园 邓园苗圃 城西乡顾庄村等
1986-01-30	日、意、美、法、印度等常驻南通的外国人和中国香港同胞参观团	14	定慧寺 水绘园 丝毯总厂 城西乡顾庄村等
1986-03-01—18	日本富士电机制造株式会社专家组	5	无线电厂
1986-11-07	中意盆景公司意方代表考察团	7	人民公园 邓园苗圃 城西乡花木公司
1987-03	西德英戈尔斯托公司专家组	2	纺织厂（气流纺车间）
1987-07	西德布鲁克纳公司项目专家组	3	电子材料厂
1987-10-28—29	西德肉类加工协会访华团	5	肉联厂
1989-03-21—23	日本中学生访华团	26	如皋师范
1990-01-17	苏联驻沪领事馆参观团	3	肉联厂 纺织厂 无线电厂 兔毛纺厂 染织厂 绿园
1990-05-19—16	日本六棱株式会社北京事务所技术组	4	无线电三厂
1990-07-30	荷兰全国家具协会考察组	3	如皋红木雕刻企业
1991-03-12—13	日本日精电机株式会社企划部	3	无线电三厂 电子材料厂
1991-03-26	日本NBJT-001第16次中学生访华团	17	如皋师范 定慧寺
1992-03-30—31	日本富山县妇中町日中友好协会访华团	7	全市

续表13-17

时间	团体名称	人数	主要活动地点
1992-10-21	日本东京都皮革产业调查团	7	全市
1996-10-08—09	日、美、韩、泰、澳等10个国家和中国香港地区客商	70	参加首届盆景艺术节并在全市考察参观
1997-10-18	美国洛杉矶安泰公司总经理李巽川一行	4	电子专用设备厂
1997-10-23	美国先进产品考察团	7	电子专用设备厂
1999-09-23	中国台湾江苏长江两岸旅台18县市敦睦联谊会文化经贸访问团	11	绿园 水绘园 鲜切花基地
2001-04-01	日本东京都丰岛区日中友好文化交流团	14	全市
2001-09-17—20	李昌钰夫妇及女儿、女婿一行	6	如师附小 如城镇
2002-11-02	日本商工会中国交流考察团	9	全市
2003-03-22	日本千叶县铫子市日中友好访问团	14	全市
2003-04-06—07	美国档案工作考察团	6	全市
2003-7-16—17	西班牙ES-PINA公司考察团	5	全市(旅游资源)
2004-04-07—09	美、英、德、荷、俄、日、斯洛文尼亚7个国家15家主流媒体首席记者“江苏沿江开发新闻团”采访团	19	全市
2004-05-01	美国、澳大利亚等20多个国家文教专家和国内外籍教师参访团	186	花木大世界 工艺丝毯博物馆 特殊教育学校
2004-08-08	美国洛杉矶教育行政官员和教育专家民间交流访问团	14	市特殊教育学校
2006	经贸洽谈和安装维修团(组)	35	外经局 建设局 东方长寿园和相关企业
2006	李昌钰投资考察团	5	如皋经济开发区
2006	20多个国家文教专家代表团	236	教育 文化 卫生 广电等
2006	李小枫生化专家参观团	4	相关单位对口接洽
2006-10-16	美国洛杉矶中美民间交流代表团	9	市特殊教育学校
2007	经贸洽谈安装维修团(组)	10	各相关单位和部门
2007	探亲访问团(组)共12批	80	各镇及相关部门
2008	经贸洽谈和安装维修团(组)35批	50	各相关镇 部门 企业
2008	华侨华人探亲访友团4批	20	各镇及相关单位部门
2009	华侨华人探亲访友团6批	20	各镇及相关部门单位
2010	日本、新西兰、美国、西班牙等国家和中国香港地区参访团8批	42	各镇和相关部门单位

注:非团组考察、访问、洽谈等未列入

侨务与港澳事务 1978年前，受“左”的影响，在历次政治运动中，华侨、港澳同胞及其眷属不少切身利益受到侵害，甚至遭到不公正对待。县侨办建立后，立即会同有关单位调查甄别，落实政策。受到不公正对待的，平反昭雪，公开恢复名誉；被占用的房屋财物，有原物的退还原物，原物损毁的给予经济赔偿。此后，县侨办与海外华侨、华人、港澳同胞保持密切沟通联系。县政府多次召开侨眷、侨属座谈会，进行恳谈，并尽力帮助排忧解难。不少华侨主动资助家乡文化、教育、卫生及社会公益事业。

至2005年，全市（县）有旅居海外的华侨华人约3600人，分别居住在美国等31个国家；有中国港、澳地区如皋籍同胞700余人；有归侨、侨眷和港澳同胞眷属820余户，4500余人。如皋籍华侨、华人和港澳同胞共捐赠98宗，其中货币79宗，物品19宗，折合人民币2100余万元；累计在家乡投资兴办企业236家，总投资近18亿美元，年销售净收入31.15亿元，缴纳税费9735元。

2006—2010年，市侨办进一步巩固和完善与侨胞、侨眷、侨属的通联制度，维护其合法权益，努力解决其就业、就医、子女入学等问题，并发挥其在参政、议政方面的作用。2010年，全市共有旅居海外的侨胞和港澳地区同胞约3900多人（含新移民和留学生），分布在世界29个国家和地区；有归侨、侨眷和港澳同胞眷属900多户计4500多人。至是年，全市累计兴建侨资企业123家。侨眷、侨属累计有27人次当选江苏省、南通市和如皋市（县）人大代表，有95人次当选省、市、县级政协委员、常委、副主席。

1980—2010年如皋籍华侨、港澳同胞捐赠情况一览表

表13-18

<table>
<tr><th colspan="3">捐赠者</th><th colspan="4">捐赠情况</th><th rowspan="2">备注</th></tr>
<tr><th>现籍</th><th>姓名</th><th>身份</th><th>时间</th><th>受益方</th><th>事由</th><th>金额</th></tr>
<tr><td>中国香港</td><td>陈娥</td><td>女士</td><td>1980-04</td><td>长江公社医院</td><td>添置设备</td><td>改装救护车1台</td><td>—</td></tr>
<tr><td>美国、泰国、马来西亚、加拿大，中国香港地区等</td><td>华侨、华人中国香港同胞佛教信徒僧人</td><td>各界友好人士</td><td>1980—2004</td><td>定慧寺及全市（县）有关庙宇</td><td>修建庙宇
重塑佛像</td><td>10.547万美元
72.8556万元
14.725万港元
642万新元</td><td>—</td></tr>
<tr><td>新加坡</td><td>张如观</td><td>牙医</td><td>1985年春</td><td>如皋人民医院</td><td>西医牙科设备</td><td>全套</td><td>—</td></tr>
<tr><td rowspan="6">加拿大</td><td rowspan="6">许大同</td><td rowspan="6">画家</td><td rowspan="6">1985—1992</td><td rowspan="3">南凌初中</td><td rowspan="3">资助办学</td><td>7906元</td><td>先后5次</td></tr>
<tr><td>画10幅</td><td>—</td></tr>
<tr><td>图书100余册</td><td>—</td></tr>
<tr><td rowspan="2">定慧寺</td><td rowspan="2">善捐</td><td>6500余元</td><td>—</td></tr>
<tr><td>画8幅</td><td>—</td></tr>
<tr><td>如皋侨联</td><td>友谊支持</td><td>画4幅</td><td>—</td></tr>
</table>

续表13-18

捐赠者			捐赠情况				备注
现籍	姓名	身份	时间	受益方	事由	金额	
美国	沈洪涛	核潜艇工程师	1985	白蒲小学	资助办学	彩电1台	—
			1988	白蒲小学	资助办学	钢琴1架	—
				新姚小学	资助办学	彩电1台	—
日本	钱荣琪		1988	如师附小	资助办学	1–5万元	—
美国	寿冶	佛教法师	1988	定慧寺	恢复重建	17.5万美元及华严经1部、卧佛1尊	—
中国香港	范止安	新亚洲出版社董事长	1991–05	县教育局	设立奖学金	81.7万元	分10次捐赠
			1992	如中、如师附小		摄像机各1台	—
			1994年后	市图书馆	迁建图书馆大楼及添置设备	100万元及电脑等	—
			1995–08	市政府	出版《如皋市志》	70余万元	—
			1999–08		建"范公苑"	138.66万元	—
加拿大	顾尘洁 顾海澄	名医	1991–06	市卫生局	兴办尘洁医院	18.64万美元	—
			1994–06			1万美元	
			1996–07			1.5万美元	
中国香港	邵逸夫	公司董事长	1992	如皋聋哑学校	兴建教学楼	50万港元	—
中国香港	丁伯骁	新亚洲文化事业董事长	1992	如皋师范	兴教助学	2000港元	—
			1993	定慧寺	添置设备	1400元	—
			1994—2001	如皋中学	资助3名学生出国留学	3.7万元	—
			2004			石狮2对约值4万元	—
美国	葛克全	美国国家卫生高级顾问、医学博士	1992	如皋师范	兴教助学	1000元	—
			2002–04	安定小学	兴教助学	6000美元	委托市侨联分发
				水洞口小学	兴教助学	6000美元	
				胜利卫生院	添置设备	4000美元	
美国	刘诒谨	教授	1993年秋	如皋中学	设立奖学金	1万美元	1997年病逝后，由遗孀缪蕴生代捐赠
			1999年初		装备电教室	5万美元	
			2000		奖学金基金	5万美元	

续表13-18

捐赠者			捐赠情况				备注
现籍	姓名	身份	时间	受益方	事由	金额	
中国香港	蒋泽安	同乡会理事长	1995-02	市教育局	资助困难学生	1.2万元	—
美国	姜森	公司总裁	1996-09	如城镇	资助办学	1000美元	—
中国香港	叶芝芬	女士	1996	丁堰镇	资助建造观音山寺	100万元	—
中国香港	汪中展	同乡会会长	2000	如皋公园	兴建“崇义亭”	5万元	—
美国	李王岸佛	百岁老人	2001-08	如师附小	辟建运动场	25万元	—
美国	印海	佛教法师	2001—2003	如城镇	重建法华寺	380万元	原属邓园乡
中国香港	张纪严	公司董事长	2005-05	长江镇小学	资助办学	20万元	—
中国香港	善龙食品有限公司	承善教育基金	2010-09	全市(重点如皋港)	品学兼优的贫困大学生助学生活费	首付100万元	以后视情递增

六、电子政务、政务公开

2009年5月27日,市政府信息网络管理中心(简称市网管中心)建立,主要负责全市电子政务和政务公开的规划、指导、协调、推进和网络管理等工作。是年,市网管中心完成全市行政权力网上运行硬软件建设方案拟订,机房改造工程和全市电子政务内网测试,“中国·如皋”网站改版,全市网上协同办公系统开发。市级机关首批24个部门试运行市政务信息平台,通过“中国·如皋”“如皋市委新闻网”及其网站群发布信息5万多条,以《如皋动态手机报》发布政务动态信息5469条,通过如皋广播电台公开信息3207条。主动公开的信息中,涉及政府文件、部门文件、工作报告、发展规划、机构人事、基础建设、新农村建设、民生保障等多个方面。以户外电子显示屏、《手机报》《阳光政务频道》等为重点,加快全市政务公开载体建设。

2010年,市网管中心以全面提升电子政务建设和应用水平为重点,按照“统一规划,统一标准,统一推进,统一管理”的要求,建成与外网物理隔离的市、镇两级电子政务内网,将电子政务外网延伸至全市所有部门、镇区和村居,完善外网“中国·如皋”网站信息公开、在线办事、公众参与等板块,内外网“一站式服务”站点基本建成,并制定出台《电子政务管理办法》《信息网络安全管理暂行规定》等多份文件,对电子政务进行规范。是年,全市88个部门、21个镇(开发区)全部实现网上收发电子公文,11家单位网上发文,共发出文件253份,部分市级机关部门实现跨部门协同办公。全年通过“中国·如皋”网站政务公开专栏公开政府信息8387条,通过“中国·如皋”网站和“市委新闻网”及各单位门户网站公开业务信息6万多条,通过《如皋动态》公开政务信息5868条,以《如皋动态手机报》形式发布政务信息1464条,通过如皋广播电台公开政务信息2946条。

第三章 参政议政机构

第一节 议事会·参政会·参议会

一、议事会

清宣统三年(1911年),辛亥革命爆发后,全县实行县和市乡自治制。12月12日,如皋县临时议事会成立,议长张汝霖,副议长任为霖,议员由各市乡指派或召集各界人士以票选方法产生,小的乡1人,市和大的乡3人。民国元年(1912年),县议事会、参事会正式成立。民国3年春,地方自治停止,县议事会、参事会撤销。民国12年6月,县和市乡恢复自治,县议事会恢复设立。北伐战争胜利后,国民政府长期实行"训政",县和市乡自治制终止,议事会工作停止。

二、参政会

民国30年(1941年)秋,如西县参政会建立。民国30年至民国33年,县参政会先后召开三届全体会议。县参政会闭幕期间,以驻会委员会为常设机构,设议长、副议长,驻会委员会委员原则上每区1人,选举产生,实际并不驻会,另配专职人员驻会办公。驻会委员会一般每月举行一次例会,必要时召开驻委扩大会。县参政会的办公机构随县党政机关多次转移,石庄区大顾庄、河南庄,江安区陶腰庄等地。

民国34年,新四军收复如皋城后,如西县参政会驻会委员会入城办公,如西县参政会随县名更名为如皋县参政会,驻会委员会办公地点先在秀女巷裴啸虎宅,后迁丰乐桥河西金诚松宅。民国35年4月,县参政会更名县参议会。

如西县第一届参政会 民国30年(1941年)秋于卢港区小朱庄小学召开,出席会议参政员200多人,包括根据地工人、农民、工商业者、知识分子、开明绅士代表,党派、团体、军队、妇女、青年、宗教界代表等,并有敌占区的民主人士参加会议。代表多由县、区有关单位、团体推举产生,少数由大会邀请参加。苏中三分区司令员叶飞、三地委副书记许家屯、三专署专员朱克靖和苏中知名爱国民主人士朱履先等参加大会。会议听取叶飞所作的政治报告,讨论如何进一步巩固抗日民主根据地、贯彻政府减租减息法令、壮大人民武装力量等问题。大会选举邱同为如西县第一届参政会议长,卢绿吟为副议长,宋廷贵、陈子平、汤慧余、沙国华、周元实、石坚白6人为驻会委员。

如西县第二届参政会 民国31年(1942年)11月15—19日于度军井区北石家庄朱宅召开。出席代表200多人。会议听取苏中三专署专员朱克靖所作的政治报告,听取并审议县长季恺所作的政府工作报告和政府重要议案,动员广大群众进行反伪化斗争,扩大边沿地区,巩固革命根据地。会议期间还检阅卢港、江安、度军井、石庄等区近千人的民兵队伍。选举邱同为议长,季耀、沙国华为副议长,陈子平、卢殿坤、周元实、汤慧余、汤桂林、丁行之、宋廷贵、叶健、成世珍9人为驻会委员。

如西县第三届参政会 民国33年(1944年)9月10—15日于江安区周庄小学召开。随着根据地的扩大,增加石庄、江防等区代表。会议听取中共如西县委书记周特夫的所作政治报告,听取并审议代县长曹衍正所作的政府工作报告,着重讨论如何动员组织人力、财力、物力参军备战,支持反"清乡",争取反攻胜利。会议还作出组织参政工作团,协助地方开展工作的决议。选举丁正铎为议长,沙国华、汤慧余为副议长,陆植三、陈子平、周元实、张朝模、宋廷贵、丁正纶、居家珍、石愚生、陈应雨9人为驻会委员。民国34年6月24—27日,于周庄小学召开县议事会三届三次扩大会，学习毛泽东《论联合政府》，着重讨论如何在中国共产党领导下，完成打败日本侵略者、建立新民主主义中国的历史使命。会议选举许家屯、丁正铎、陆植三、何景平、沙国华、张朝模等人为出席苏中人民代表会议代表。

三、参议会

民国34年（1945年）1月，流亡于南通城的国民党如皋县党部会同新组建的国民政府如皋县政府筹建县临时参议会。5月，国民政府江苏省政府批复同意如皋县临时参议会参议员30人，候补参议员8人。经遴选，薛承宗为国民政府如皋县临时参议会议长，罗奕民为副议长，指派金恩炳为秘书。

民国35年3月1日，苏皖边区第一行政区临时参议会筹备委员会于如皋城召开第一次会议。4月15—19日，苏皖边区第一行政区临时参议会在如皋城召开。如皋县参政会更名县参议会，并进行改选，丁正铎、汤慧余为正副议长，同时增选如皋城黄七五、潘逸尘、祝萌中及东陈、柴湾等地有代表性的人士为参议员。7月，国民政府军占领如皋城，县参议会及其常设机构停止活动。10月23—29日，国民政府如皋县临时参议会第一次会议在如皋城召开，出席会议的国民政府县参议员16人，候补参议员2人列席会议。此后，国民政府如皋临时参议会借如皋城锦绣街李宅办公。民国37年初，何其勇接任国民政府县临时参议长。民国38年1月，国民政府如皋县临时参议会随国民政府如皋县政府撤离如皋，终结。

附录：

如皋的江苏省“议员”“国民代表”及“中央立法委员”

民国2年（1913年），推选沙元炳、祝荫中为江苏省议事会议员，沙元炳还被遴选为江苏省议事会议长。

民国36年春，如皋举行国民代表大会代表竞选，罗奕民、沙毓奇（女）、朱焕彪当选为如皋县出席“国大”的代表。

同年秋，举行“中央立法委员”选举，葛克信当选为“中央立法委员”，储家昌当选为候补立法委员。

第二节 县各界人民代表会议

一、代表

1949年12月24日，县政府聘请13人为筹备委员，成立如皋县各界人民代表会议筹备委员会。季一先为主任，王遐松、何景平为副主任。县各界人民代表会议代表除少数民主人士依据中央人民政府《地方各界人民代表会议组织通则》，由政府特别邀请外，其余由各单位反复酝酿推选产生。代表涵盖工人、农民、教师、学生、民主人士、自由职业者、烈军属、荣誉军人和党政机关干部等社会各界，其中农民代表约占70%。

二、代表会议

县第一届各界人民代表会议 1950年1月6—9日于如城召开，出席会议代表390人。会议听取县委关于生产救灾问题的报告和县政府工作报告，答复和处理提案84件。通过开展生产救灾、克服财政困难、确保财政收入、加强冬防治安工作决议。选出25人组成如皋县首届各界人民代表会议常务委员会，主席季一先，副主席王遐松、何景平。常务委员会负责处理代表会议闭会期间的工作。

县第二届各界人民代表会议 1950年9月25—28日于如城召开，出席会议代表410人。会议以完成土地改革、做好军人复员工作及秋季征粮为主要内容。选举产生县第二届各界人民代表会议常务委员会委员31人，主席左开运，副主席王遐松、何景平。

县第三届各界人民代表会议 1951年9月27—30日在于如城召开，县第三届各界人民代表会议第一次会议，出席会议代表444人。会议听取和讨论县政府工作报告、县委《形势与任务》的报告，并通过深入持久开展抗美援朝运动、开展爱国售棉储棉运动、继续贯彻镇压反革命的方针政策、抓紧农时季节进行秋耕秋种、积极准备秋征工作等决议。选举产生县第三届各界人民代表会议常务委员会委员37人,主席左开运,副主席巫云华、倪锦瑜、陶肖溪、汤慧余。

1952年4月27—30日,县第三届各界人民代表会议第二次会议在如城召开,出席会议代表386人。会议听取如何普遍开展爱国丰产运动的报告并进行讨论,同时进行"三反""五反"政策宣传教育。

县第四届各界人民代表会议 1952年10月18—22日,县第四届各界人民代表会议第一次会议在如城召开,出席会议代表446人。会议以生产工作为中心议题,讨论秋耕、兴修农田水利,继续开展互助合作运动及城乡物资交流工作。会议选举产生县第四届各界人民代表会议常务委员会委员35人,主席左开运,副主席倪锦瑜、陶肖溪、汤慧余。

1953年4月18—20日,县第四届各界人民代表会议第二次会议在如城召开,出席会议代表410人。会议讨论研究继续加强抗美援朝力量,大力开展农业生产运动,整顿发展互助组,做好春耕春种,加强民主建政,做好普选准备,贯彻婚姻法及开展爱国卫生、治安、生产自救等工作。此次会议召开后,未再继续召开县各界人民代表会议。

第三节 政协如皋市(县)委员会

一、沿革

1950年1月6日,如皋县第一届各界人民代表会议召开。1956年3月2日,政协如皋县一届

图13-7 2009年9月27日,如皋市举行各界人士庆祝人民政协成立60周年茶话会

一次全体会议召开,宣布中国人民政治协商会议江苏省如皋县委员会(简称政协如皋县委员会、县政协)正式成立。

"文化大革命"开始后,县政协机构瘫痪、活动停止。1979年11月27日,政协如皋县委员会恢复活动。1981年4月24—30日,政协如皋县第五届第一次全体会议举行。至2010年底,政协如皋市(县)委员会组织不断健全,正常活动。

二、全体会议

政协如皋县第一届委员会全体会议 1956年3月1—2日,政协如皋县第一届第一次全体会议在如城召开。1日,召开预备会议,作出关于成立县政协的意义和组织章程的报告,讨论和协商政协组成人员59人。2日,会议正式召开,宣告中国人民政治协商会议江苏省如皋县委员会成立,同时撤销县各界人民代表会议常务委员会。会议选举第一届县政协常务委员11人,倪锦瑜为主席,张朝模、陶肖溪为副主席。

1957年9月30—10月8日,政协如皋县第一届第二次全体会议在如城召开,应到委员114人,实到98人,列席23人。会议总结政协一年半工作,确定今后工作任务,传达省政协第一届第三次会议决议,讨论、协商通过开展"大鸣大放"帮助共产党整风,调动一切积极因素,正确处理人民内部矛盾,扩大和增强人民内部团结,为社会主义建设事业多做贡献。

政协如皋县第二届委员会全体会议 1959年9月11—16日,政协如皋县第二届第一次全体会议在如城召开,应到委员131人,实到111人,列席代表12人。会议讨论、协商反右倾、鼓干劲,开展增产节约运动,调动一切积极因素,为完成和超额完成全年经济建设计划而贡献力量。选举政协如皋县常务委员38人,倪锦瑜为主席,沈忠怀、陶肖溪、胡伯兰、潘逸尘为副主席,黄克明为秘书长。

1960年1月10—14日,政协如皋县第二届第二次全体会议在如城召开,到会委员98人。会议讨论、协商进一步贯彻中共八届八中全会精神,进行社会主义总路线教育,动员政协委员为实现全县1960年生产计划而努力。与会委员同时列席县第三届二次人民代表大会,参与协商县长、副县长候选人。

政协如皋县第三届委员会全体会议 1962年5月5—9日政协如皋县第三届第一次全体会议在如城召开,到会委员117人。会议传达省政府召开的全省政协工作座谈会精神,听取第二届县政协委员会工作报告、形势与任务的报告,通过提案审查意见报告。选举第三届县政协常务委员39人,倪锦瑜为主席,沈忠怀、胡伯兰、潘逸尘、刘心灿为副主席,黄克明为秘书长。

1964年1月21—29日,政协如皋县第三届第二次全体会议在如城召开,到会委员129人。会议学习《中共中央关于目前农村工作中若干问题的决定(草案)》和《中共中央关于农村社会主义教育运动中一些具体政策的规定(草案)》,传达省政协第二届三次全委会议精神和省委关于国际国内形势的报告,听取全县形势与任务报告、县政协常务委员会工作报告,并通过决议,要求全体委员投入到社会主义教育运动中去,经受考验,加强自我改造。

政协如皋县第四届委员会全体会议 1966年1月3—6日,政协如皋县第四届第一次全体会议在如城召开,到会委员131人。会议听取县委、县政府形势和任务的报告,县政协常务委员会工作报告。选举第四届县政协常务委员39人,王飞岳为主席,魏志田、胡伯兰、潘逸尘为副主席,黄德银为秘书长。与会委员列席县人大六届一次会议,听取县人委工作报告和其他各项工作报告。

政协如皋县第五届委员会全体会议 1981年4月24—30日,政协如皋县第五届第一次全体会议在如城召开。到会委员189人。会议听取县政协常委会工作报告并讨论县政协今后工作初步意见。选举第五届县政协常务委员43人,吴功祥为主席,吴凤琴、王学源、安子余、沙宇清、殷宗焕、黄国珍(女)、黄道贯、阙剑冲、潘信征为副主席,张远猷为秘书长。与会委员列席县人大八届一次会议,听取县政府工作报告和其他各项报告。

1982年4月24—28日,政协如皋县第五届第二次会议在如城召开,到会委员172人。会议听取和审议县政协常委会工作报告,传达学习全省统战工作会议和省政协四届五次会议精神,通过提案审查报告和大会决议。与会委员列席县人大八届二次会议,听取和讨论县政府工作报告和其他各项报告。

1983年3月16—20日,政协如皋县第五届第三次会议在如城召开,到会委员170人。会议听取和审议县政协常委会工作报告,补选何剑芒、陈汝贤、袁靖东为第五届县政协副主席,何剑芒兼秘书长。与会委员列席县人大八届三次会议,听取和讨论县政府工作报告和其他各项报告。

政协如皋县第六届委员会全体会议 1984年3月10—16日,政协如皋县第六届第一次全体会议在如城召开,到会委员207人。会议听取和审议县政协常务委员会工作报告,商讨县政协今后工作,选举第六届县政协常务委员47人,吴功祥为主席,王学源、潘信征、殷宗焕、阙剑冲、黄道贯为副主席,谢明为秘书长。与会委员列席县人大九届一次会议。

1985年4月25—28日,政协如皋县第六届第二次全体会议在如城召开,到会委员191人。会议听取和审议县政协常委会工作报告,通过县政协主席和1名副主席申请辞职的报告,通过提案审查报告和大会决议。补选季秀英为主席,贲正祥为副主席。与会委员列席县人大九届二次会议。

1986年5月4日,政协如皋县第六届第三次全体会议在如城召开,到会委员202人。会议听取和审议县政协常委会工作报告。与会委员列席县人大九届三次会议。

1986年12月17—20日,政协如皋县第六届第四次全体会议在如城召开,到会委员162人。会议听取、学习《中共中央关于社会主义精神文明建设指导方针的决议》的报告,交流委员服务加强社会主义物质文明和精神文明建设的经验体会。

政协如皋县第七届委员会全体会议 1987年3月22—29日,政协如皋县第七届第一次全体会议在如城召开,到会委员251人。会议听取和审议县政协常委会工作报告、提案办理情况的报告,选举明道奎为主席,贲正祥、潘信征、黄道贯、马云鹏为副主席,谢明为秘书长。与会委员列席县人大十届一次会议。

1988年3月24—28日,政协如皋县第七届第二次全体会议在如城召开。到会委员240人。会议听取县政协常委会工作报告和提案工作报告。与会委员列席县人大十届三次会议。

1989年3月29日至4月2日,政协如皋县第七届第三次全体会议在如城召开，到会委员245人。会议听取、审议县政协常委会工作报告和提案工作报告，对全县改革开放、经济建设和各项社会事业的发展提出意见和建议。与会委员列席县人大十届四次会议。

政协如皋县(市)第八届委员会全体会议 1990年3月18—22日，政协如皋县第八届第一次全体会议在如城召开，到会委员247人。会议听取和审议县政协常委会工作报告和提案工作报告，审议并通过县政协八届一次会议决议，选举第八届县政协常务委员46人，明道奎为主席，袁泉、马云鹏、黄金红(女)、章骥为副主席，张国辉为秘书长。与会委员列席县人大十一届一次会议。

1991年3月10—14日，政协如皋县第八届第二次全体会议在如城召开，到会委员249人。会议先于县人民代表大会，听取和协商讨论县人代会上将听取、审议的几个重要报告，并提出充实和修改意见。听取、审议县政协常委会工作报告并作出决议。

1992年3月5—8日，政协如皋市第八届第三次全体会议在如城召开，到会委员250人。听取、审议市政协常委会工作报告、市政府工作报告。

政协如皋市第九届委员会全体会议 1993年2月18—23日，政协如皋市第九届第一次全体会议在如城召开，到会委员246人。会议听取和审议市政协工作报告和提案办理情况的报告。选举市政协第九届常务委员52人，石秀峰为主席，袁泉、马云鹏、章骥、王连生为副主席，史有生为秘书长。与会委员列席市人大十二届一次会议。

1994年2月18—21日，政协如皋市第九届第二次全体会议在如城召开，到会委员242人。会议听取和审议市政府工作报告和提案工作报告，选举王光国为市政协九届委员会副主席。与会委员列席市人大十二届二次会议。

1995年3月1—4日，政协如皋市第九届第三次全体会议在市招待所召开，到会委员249人。会议听取和审议市政协常委会工作报告和提案工作报告，表彰政协工作和提案办理工作先进集体、先进个人。与会委员列席了市人大十二届三次会议。

1996年3月4—10日，政协如皋市第九届第四次全体会议在如城召开，到会委员254人。会议听取和审议市政协常委会工作报告和提案工作报告，通过石秀峰同志辞去政协主席职务的请求，选举魏国平为主席，增选徐建平为副主席。与会委员列席市人大十二届四次会议，听取和协商讨论市政府工作报告和全市国民经济、社会发展“九五”计划和2010年远景目标规划以及其他有关报告。

1997年1月24—27日，政协如皋市第九届第五次全体会议在如城举行，到会委员251人。会议听取和审议市政协常委会工作报告和提案工作报告。与会委员列席市人大十二届五次会议，听取和协商讨论市政府工作报告和全市1996年国民经济、社会发展计划执行情况和1997年国民经济、社会发展计划(草案)以及其他有关报告，通过市政协九届五次会议决议。

政协如皋市第十届委员会全体会议 1998年1月2—6日，政协如皋市第十届第一次全体会议在如城举行，到会委员252人。会议听取和审议市政协常委会工作报告和提案工作报告，选举第十届市政协常务委员44人，魏国平为主席，袁泉、于永芳、徐建平、王连生、王光国、陆小兵为副主席，史有生为秘书长。与会委员列席了市人大十三届一次会议，就深化改革、优化结构、提高工业整体素质、发展农村经济、发展外向型经济、改善投资环境、发展大市场大流通、强化财税金融工作、发展第三产业等方面提出意见和建议。

1999年2月24—27日，政协如皋市第十届第二次全体会议在如城召开，到会委员242人。会议听取审议市政协常委会工作报告和提案工作报告，号召全市政协委员和各界人士，紧紧团结在党中央周围，坚持以邓小平理论和党的十五大精神为指针，高举爱国主义和社会主义旗帜，坚定信心，振奋精神，同心同德，开拓前进，以优异的成绩迎接建国50周年和澳门回归。增选严世进为市政协第十届委员会副主席。与会委员列席市人大十三届二次会议。

2000年1月14—18日，政协如皋市第十届第三次会议在如城举行，到会委员245人。会议听取和审议市政协常委会工作报告和提案工作报告，与会委员列席市人大十三届三次会议。

2001年1月13—18日，政协如皋市第十届第四次全体会议在如城召开，到会委员241人。会议听取和审议市政协常委会工作报告和提案工作报告，鉴于魏国平、徐建平两人因年龄关系，不再担任市政协主席、副主席职务，选举刘桂江为主席，杜永红为副主席。

2002年1月23—26日，政协如皋市第十届第五次会议在如城举行。到会委员232人。会议通过市政协十届五次会议决议和《关于加速解决市自来水厂水质水源问题的建议案》。

政协如皋市第十一届委员会全体会议 2003年1月4—8日，政协如皋市第十一届第一次会议在如城举行，到会委员275人。会议听取并审议市政协常委会工作报告和提案工作报告，选举市政协第十一届常务委员51人，浦文海为主席，袁泉、于永芳、陆小兵、杜永红、魏祝明为副主席，史有生为秘书长。

图13-8 政协如皋市第十一届委员会第一次会议开幕式 （2003年摄）

2004年1月8—11日，政协市第十一届第二次全体会议在如城举行，到会委员252人。会议听取和审议市政协常委会工作报告和提案工作报告。与会委员列席市第十四届人民代表大会第二次会议，审议、协商市政府工作报告。选举张秀良为市政协十一届委员会副主席。

2005年1月7—11日，政协市第十一届第三次会议在如城举行，到会委员242人。会议听取和审议市政协常委会工作报告和提案工作报告，增选章建平为市政协十一届委员会副主席，补选羌汉荣为秘书长，通过市政协机构设置由“一办三委”调整为“一办五委”的决定。

2006年2月6—11日，政协如皋市第十一届第四次会议在如城举行，到会委员286人。会议听取和审议常委会工作报告和提案工作报告，选举陈惠娟为市政协主席。与会委员列席市人大十四届四次会议，听取并协商讨论政府工作报告、“十一五”规划纲要和其他有关报告。

2007年1月14—18日，政协如皋市第十一届第五次全体会议在如城举行，到会委员291人。会议听取和审议市政协常委会工作报告和提案工作报告，会议选举李中林为主席，刘聪泉为副主席。与会委员列席市人大十四届五次会议。

政协如皋市第十二届委员会全体会议 2007年12月27—31日，政协如皋市第十二届第一次会议在如城举行，到会委员368人。会议听取和审议市政协常委会工作报告和提案工作报告。选举市政协第十二届常务委员54人，李中林为主席，张元健、魏祝明、章建平、刘聪泉为副主席，羌汉荣为秘书长。与会委员列席了如皋市第十五届人民代表大会第一次会议，听取并协商讨论政府工作报告和其他有关报告。

2009年1月7—11日，政协如皋市第十二届第二次会议在如城召开。会议听取并审议市政协常委会工作报告和提案工作报告，听取并协商政府工作报告和其他有关报告。选举殷高华为市政协秘书长。与会委员列席市人大十五届二次会议，

2010年1月12—16日，政协如皋市第十二届第三次全体会议在如城召开，到会委员364人。会议听取并审议市政协常委会工作报告和提案工作报告。大会期间，市政协举办以“推进城乡一体化”为主题的委员论坛活动。委员们经过调研，对如何进一步推进城乡一体化建设、促进城乡协调发展、建设更高水平小康社会等重大问题畅所欲言。与会委员列席市人大十五届三次会议。

第四节 市(县)政协常务委员会

一、沿革

1956年3月1—2日，县政协第一届第一次全体会议选举产生政协如皋县第一届常务委员会（简称县政协常委会）。政协如皋县委员会全体会议闭会期间，由政协如皋县常务委员会主持工作。决定召集并主持政协全体会议，审议提交全

体会议的文件；组织委员履行政治协商、民主监督和参政议政职责，完成人民政协章程和全体会议决议规定的任务；审议通过以常委会名义向县委、县政府提出的建议案；协商决定政协参加单位、委员名额和人选的变更及下届政协参加单位、委员名额和人选；决定政协如皋县委员会各工作机构的设置、变动和任免其领导成员等。

1967年3月，县政协常委会机构瘫痪。1981年4月，政协如皋县第五届委员会全体会议选举产生第五届县政协常务委员会，县政协常委会工作恢复。至2010年，市(县)政协共选举产生12届常务委员会。

政协如皋市(县)委员会正、副主席更迭一览表

表13-19

届次	职务	姓名	籍贯	任职时间
第一届	主　席	倪锦瑜	江苏如皋	1956-03—1959-09
	副主席	张朝模	江苏如皋	1956-03—1956-09
	副主席	陶肖溪	江苏如皋	1956-03—1959-09
第二届	主　席	倪锦瑜	江苏如皋	1959-09—1962-05
	副主席	沈忠怀	江苏大丰	1959-09—1962-05
	副主席	陶肖溪	江苏如皋	1959-09—1960-09
	副主席	胡伯兰	江苏如皋	1959-09—1962-05
	副主席	潘逸尘	江苏如皋	1959-09—1962-05
第三届	主　席	倪锦瑜	江苏如皋	1962-05—1965-01
	副主席	沈忠怀	江苏大丰	1962-05—1965-02
	副主席	胡伯兰	江苏如皋	1962-05—1966-01
	副主席	潘逸尘	江苏如皋	1962-05—1966-01
	副主席	刘心灿	江苏泰县	1962-05—1962-10
第四届	主　席	王飞岳	江苏东台	1966-01—1967-03
	副主席	魏志田	江苏如东	1966-01—1967-03
	副主席	胡伯兰	江苏如皋	1966-01—1967-03
	副主席	潘逸尘	江苏如皋	1966-01—1967-03
第五届	主　席	吴功祥	江苏如东	1981-04—1984-03
	副主席	吴凤琴	江苏南通	1981-04—1982-12
	副主席	王学源	江苏如东	1981-04—1984-03
	副主席	安子余	江苏如皋	1981-04—1984-03
	副主席	沙宇清	江苏如皋	1981-04—1981-12
	副主席	殷宗焕	江苏海安	1981-04—1984-03

续表13-19

届次	职务	姓名	籍贯	任职时间
第五届	副主席	黄国珍(女)	江苏如皋	1981-04—1982-12
	副主席	黄道贯	江苏如皋	1981-04—1984-03
	副主席	阙剑冲	上海市	1981-04—1984-03
	副主席	潘信征	江苏如皋	1981-04—1984-03
	副主席	何剑芒	江苏盐城	1983-03—1984-03
	副主席	陈汝贤	江苏如皋	1983-03—1984-03
	副主席	袁靖东	江苏南通	1983-03—1984-03
第六届	主　席	吴功祥	江苏如东	1984-03—1985-04
	主　席	季秀英(女)	江苏南通	1985-04—1987-03
	副主席	王学源	江苏如东	1984-03—1985-04
	副主席	潘信征	江苏如皋	1984-03—1987-03
	副主席	殷宗焕	江苏海安	1984-03—1987-03
	副主席	阙剑冲	上海市	1984-03—1987-03
	副主席	黄道贯	江苏如皋	1984-03—1987-03
	副主席	贲正祥	江苏如皋	1985-04—1987-03
第七届	主　席	明道奎	江苏如皋	1987-03—1990-03
	副主席	贲正祥	江苏如皋	1987-03—1990-03
	副主席	潘信征	江苏如皋	1987-03—1990-03
	副主席	黄道贯	江苏如皋	1987-03—1990-03
	副主席	马云鹏	江苏苏州	1987-03—1990-03
第八届	主　席	明道奎	江苏如皋	1990-04—1993-02
	副主席	袁　泉	江苏如皋	1990-04—1993-02
	副主席	马云鹏	江苏苏州	1990-04—1993-02
	副主席	黄金红(女)	广东灵山	1990-04—1990-12
	副主席	章　骥	江苏如皋	1990-04—1993-02
第九届	主　席	石秀峰	江苏如皋	1993-02—1996-03
	主　席	魏国平	江苏如皋	1996-03—1998-01
	副主席	袁　泉	江苏如皋	1993-02—1998-01
	副主席	马云鹏	江苏苏州	1993-02—1998-01

续表13-19

届次	职务	姓名	籍贯	任职时间
第九届	副主席	章　骥	江苏如皋	1993-02—1998-01
	副主席	王连生	江苏如皋	1993-02—1998-01
	副主席	王光国	江苏如皋	1994-02—1998-01
	副主席	徐建平	江苏东台	1996-03—1998-01
第十届	主　席	魏国平	江苏如皋	1998-01—2001-01
	主　席	刘桂江	江苏如皋	2001-01—2003-01
	副主席	袁　泉	江苏如皋	1998-01—2003-01
	副主席	于永芳(女)	江苏如皋	1998-01—2003-01
	副主席	徐建平	江苏东台	1998-01—2001-01
	副主席	王连生	江苏如皋	1998-01—2003-01
	副主席	王光国	江苏如皋	1998-01—2000-07
	副主席	陆小兵	江苏如皋	1998-01—2003-01
	副主席	严世进	江苏如皋	1999-02—2003-01
	副主席	杜永红	江苏如皋	2001-01—2003-01
第十一届	主　席	浦文海	江苏如皋	2003-01—2006-02
	主　席	陈惠娟(女)	江苏海门	2006-02—2007-01
	主　席	李中林	江苏如皋	2007-01—2007-12
	副主席	袁　泉	江苏如皋	2003-01—2006-02
	副主席	于永芳(女)	江苏如皋	2003-01—2007-12
	副主席	陆小兵	江苏如皋	2003-01—2007-11
	副主席	杜永红	江苏如皋	2003-01—2007-11
	副主席	魏祝明	江苏如皋	2003-01—2007-12
	副主席	张秀良	江苏如皋	2004-01—2007-12
	副主席	章建平	江苏如皋	2005-01—2007-12
	副主席	刘聪泉	江苏如皋	2007-01—2007-12
第十二届	主　席	李中林	江苏如皋	2007-12—
	副主席	张元健	江苏如皋	2007-12—
	副主席	魏祝明	江苏如皋	2007-12—
	副主席	章建平	江苏如皋	2007-12—
	副主席	刘聪泉	江苏如皋	2007-12—

二、市(县)政协工作机构

秘书处 1959年9月,政协如皋县第二届委员会始设,由秘书长、副秘书长和秘书组成,为政协市(县)委员会办事机构。协助主席、副主席工作,负责政协机关全面工作。至2010年,均设置。

委组工作室 1990年3月,政协如皋县第八届委员会始设,由主任、副主任和秘书组成,为组织各专门委员会、工作组和委员联系小组开展工作的办事机构。

专门委员会 1956年3月,政协如皋县第一届委员会始设,为县政协联系委员和各界人士,履行协商监督职能,为完成政协工作任务服务的统一战线的具体组织形式。政协如皋县第一届至第五届委员会设学习委员会和提案审查(工作)委员会。第三届增设文史资料委员会。第六届增设工作组委员会,并将文史资料委员会改称文史资料研究委员会。第七届增设经济工作委员会。第八届增设"三胞"(台湾同胞、港澳同胞、海外侨胞)工作委员会。第十届将学习工作委员会和文史资料研究委员会合并为学习文史委员会,"三胞"工作委员会改为海外联络委员会。第十一届新设社会法制、城乡建设工作委员会。

2010年,市政协设社会法制(城市建设、人口资源环境)委员会、学习文史(民宗侨台)委员会、提案委员会、经济科技委员会、文教卫体委员会。

工作组 1956年,政协如皋县第一届委员会始设,分别设文教、工商、医卫、社会、综合5个工作组。第四届未设工作组。第五届设教育、工商、医卫、侨务、对台、科技、妇幼、宗教8个工作组。第六届设教育、财贸、医卫、农业、工交、侨台、文化、宗教8个工作组。第七届设教育、财贸、医卫、农业、计划、工交、祖国统一、文化、妇幼、民族宗教10个工作组。第八届设教育、财贸、医卫、农业、计划、工交、"三胞"、文体、工青妇、民族宗教10个工作组。第九届至十二届设教育、工商财贸、医卫、农业、计划、工交、"三胞"、科技、文化、工青妇、民族宗教11个工作组。

委员联系小组 1956年3月,政协如皋县第一届委员会始在部分区镇设立综合工作组(学习小组),为县政协机关与乡镇委员取得经常联系,组织开展学习、参观、视察、调研及其他政协活动,以发挥全体委员作用的最基层的联系组织。

1981年,第五届县政协全委会始称委员联系小组。设如城、白蒲、石庄3个委员联系小组。第六届至第九届设如城、白蒲、石庄、丁堰、城东、薛窑、江安、搬经、磨头、城西10个委员联系小组。

附录:

如皋市(县)历届江苏省、南通市政协委员名录

一、江苏省政协委员

第一届(1955—1960) 潘逸尘
第二届(1960—1963) 潘逸尘
第三届(1963—1978) 潘逸尘
第四届(1978—1983) 黄星楼
第五届(1983—1988) 李浩然
第六届(1988—1993) 李浩然
第七届(1993—1998) 李浩然

二、南通市政协委员

第五届(1983—1988)

王学源	汤秀凤(女)	葛云霞(女)	薛加林
鲍学林	杨　龙	任吉兰(女)	娄加如
徐名义	崔名标	杨兴哉	王邦惠(女)
于　格	孙道盛	张振声	僧树德
沈　詧	谢璞臣	洪全义	张正藩

第六届(1988—1993)

明道奎	贲正祥	沈　詧	张正声
徐　琛	任吉兰(女)	鲍学林	建凤英(女)
赵　益	王邦惠(女)	崔名标	席进生
杨　龙	石秀琴(女)	洪美兰(女)	周　容
洪全义	杨兴哉	于　格	僧树德

第七届(1993—1998)

石秀峰	王光国	洪全义	芮国华
陈德萍(女)	沈　詧	张振声	徐　琛
席进生	崔名标	周　容	鲍学林
赵　益	王邦惠(女)	陆小兵	于　格
建凤英(女)	僧法如	司祝建	洪美兰(女)

第八届(1998—2004)

司祝建　芮国华　洪美兰(女)　丁俊红(女)
张英田　施锡平　唐家吉　席进生
周　容　朱传生　姚长清　徐　琛
丁正祥　程　然　李浩然　建凤英(女)
僧恒岳　严世进　魏国平　张如芳(女)

第九届(2004—2008)

吴　鹏　张淑萍(女)　朱　阳　陈德萍(女)
张英田　施锡平　姜　鹄　刘晓东
陈大明　姚长春　佘柳涛(女)　徐　琛
丁正祥　程　然　黄艳华　沈安明
僧恒岳　张如芳(女)　张秀良　浦文海

第十届(2008—　　)

李中林　刘聪泉　马汝明　马德凤(女)
刘保平　孙晓东　朱　阳　朱守华
许　梅(女)　僧宏修　张如芳(女)　张英田
张淑萍(女)　李百忠　李淑云(女)　沈安明
陈德萍(女)　居小刚　姚寓韶　徐东健
黄文斌　程　然

第五节 市(县)政协主要工作与活动

一、组织学习

1956年3月，政协如皋县第一届委员会全体会议召开后，设立学习委员会。1956年，组织全县工商界人士学习党的方针政策，学习中共中央和国务院的重要文件，动员工商界人士充分认识国家对资本主义工商业实行社会主义改造的重大意义，自觉接受并积极投入对私改造。1957年10月起，县政协组织政协委员和社会知名人士、文教卫生界及宗教界人士投入整风学习，先后举办8次辅导学习报告会、座谈会，20次讨论会。工商工作组会同县工商联举办历时4个月的整风学习班，有270人参加学习，发动工商界人员投入历时45天的向党交心活动，参加整风学习的各界人士，抱着帮助共产党整风的信念，对党和政府的各项工作提出了有益的批评和建议。1958年、1959年，县政协组织政协委员和各界人士学习党的社会主义建设总路线和中共八届六中全会关于人民公社若干问题的决议等文件，多次召开座谈、讨论会，参加学习人员在学习讨论中，愤怒声讨美帝国主义在台湾海峡进行的军事挑衅，坚决支持中央平定西藏上层反动分子策动的武装叛乱。

20世纪60年代初期，县政协组织集体学习，一般采取举办短期脱产政治学习班和组建经常性学习组两种形式。学习内容主要有毛泽东在《扩大的中央工作会议上的报告》《农村人民公社工作条例(修正草案)》《关于目前农村工作中若干问题的决定(草案)》《农村社会主义教育运动中目前提出的一些问题》，以及九评苏共中央公开信等文件、文章。1963—1964年，县政协先后选送9人到江苏省政治学校学习，50多人到南通专区政治学校学习。同时，组织全体委员和各界人士学习毛主席著作。

1966年5月，“文化大革命”爆发，县政协机构瘫痪，学习活动被迫停止。

1979年11月27日，县政协活动恢复。此后，县政协扩大学习直属组，将属于教育、医卫、文体界的政协委员编为一组，将工商界人士编为另一个组，每周集中学习半天。其他以委员联系小组按统一要求组织学习。学习内容主要有邓小平《目前的形势和任务》、党的十一届三中全会公报、全国人大和全国政协的文件。

1984年，政协如皋县第六届第一次全体会议召开后，县政协改进和完善组织学习的形式和方法：对居住如城无固定工作单位的委员和各界人士，组织其与机关干部一起听取文件传达或辅导报告；对分散在集镇和农村的委员，采取分片集中办法，传达文件精神，了解学习情况，定期或不定期举办不同规模、不同对象、不同主题的座谈会，交流学习心得，相互启发。1985—1988年，县政协围绕农村推行和完善家庭联产承包责任制，工商企业推进经营管理体制改革、产权制度改革，和平统一祖国等一系列重大问题，约请县委有关部门负责人给政协委员和各界人士作辅导报告，并开展多层次座谈讨论。1989年，国际形势发生急剧变化，县政协组织委员学习有关文件，深入进行坚持四项基本原则、反对资产阶级自由化的教育，爱国主义和社会主义教育，国情教育，人民政协优良传统的教育，着力提高委员思想政治素质和参政议政水平。

1992—1996年，市政协组织政协委员和相关人士学习贯彻邓小平视察南方重要讲话和中共十四大文件，学习邓小平中国特色社会主义理论，与有关部门联合举行香港回归祖国报告会、座谈会、茶话会，举办“迎香港回归三胞工作成果展览”，香港特别行政区基本法知识竞赛等活动。

1998—2004年，市政协先后组织委员和各界人士重点学习“三个代表”重要思想、党的三代领导集体关于统一战线和人民政协的论述以及重新修订的政协章程，学习《中共中央关于完善社会主义市场经济体制若干问题的决定》等。多次组织在如城部分委员、政协联谊会和老年科协成员参加经济社会发展形势报告会。

2005年3月、11月，市政协组织在如城政协委员、政协联谊会老委员和老科协成员，举行两期构建社会主义和谐社会报告会。组织市政协常委学习《中共中央关于进一步加强中国共产党领导的多党合作和政治协商制度建设的意见》。安排民族宗教、港澳台侨界政协委员及有关人士围绕《反分裂国家法》开展学习座谈。

2007年，市政协围绕社会主义荣辱观以及重新修订的政协章程等，组织多种形式的学习教育活动。

2008—2010年，市政协坚持常委会定期学习、政协主席会议定期学习、政协机关每周一集中学习等多层次学习，系统学习党中央关于科学发展的一系列重要文件及重要理论、观点，宣讲国家改革开放30年和如皋沿江开发5年的成果和经验。

二、政治协商

1956年3月至1959年8月，县政协先后参与讨论协商县第二届二次人民代表大会主席团、大会秘书长人选等。讨论、协商县第三届人民委员会组成人员，县长、副县长、法院院长候选人初步名单。

1959年9月至1962年5月，县政协组织政协委员着重对全县农业生产问题展开讨论，提出建议。先后汇集社会各界对中小学毕业生升学与就业安排、党的知识分子政策、市场供应和集市贸易、人民公社举办公共食堂等问题的意见、呼声和建议，及时反映给县委、县人委，并与县委、县人委协商解决问题的办法。

1962年5月至1966年1月，县政协召开常委会议及常委扩大会议9次，对一些重要问题进行协商。

“文化大革命”期间，县政协政治协商活动被迫停止。

1981年4月至1984年3月，县政协组织委员列席县第八届人民代表大会的各次会议，参与讨论如皋县以经济建设为中心的各项工作情况，协商县政府（县革委会）工作报告、市财政年度决算报告、年度预算（草案）等，提出建议和意见。此外，就县人大、政协人事安排，关系国计民生的价格调整与改革，加快农民致富，实行政社分设，县级机关机构改革，从重从快打击严重刑事犯罪活动等，由县委主要负责人主持，通报情况，组织政协常委和部分委员进行政治协商；就城建规划修订、工业布局调整、部分工厂企业污染治理、县人民医院传染病房污染源处理等，由相关主管部门提出问题，县政协组织部分有专长的委员，结合实际，对照政策，实地调查，并协商、研究、论证解决办法。

1984年3月至1987年3月，县政协召开常委会议14次，主席会议8次，先后就全县经济工作、“七五”规划、两个文明建设、县级机关整党、乡镇企业发展、集体商业脱困、扶贫和科技工作、对外开放、农村产业结构调整、城区干道兴修以及市人大、政协的人选和议程等，展开充分的协商讨论。

至1987年，县政协多次与有关部门协商、落实党对工商业者、知识分子、错划右派人员、宗教界人士、台胞台属、原国民党起义投诚人员的政策，合情合理全面解决历史遗留问题。

1987年4月至1993年1月，市（县）政协召开全体委员会6次，常委会33次，主席会议30次，就调整全市（县）工业结构、发展第三产业、治理整顿和深化改革、廉政建设、《关于如皋市国民经济和社会发展第八个五年计划（草案）》《如城工业小区的规划意见（讨论稿）》《关于加快如皋经济发展有关政策性意见》《如皋港区的发展规划（草案）》、改进机关作风、减少财政赤字等重要问题进行协商、讨论，政协委员对全市经济发展战略、建设规划、决策措施等方面提出数百条意见和建议，受到市

(县)委、市(县)政府的重视,多数意见被采纳。

1993年2月至1997年,市政协会除参与国民经济和社会发展规划讨论外,围绕贯彻中共十四大精神、抓住机遇加快如皋"一港两区"建设、促进民营经济发展、全面推进企业产权制度改革、加快城市现代化建设、教育收费、科教兴市、强化社会治安综合管理、维护社会稳定等重要议题充分讨论协商,提出大量建设性意见。

1998年,市政协围绕全市土地管理、计划生育、司法、检察、审判、劳动等工作与相关部门开展6次民主协商活动。

1999—2000年,市政协组织全体委员就全市发展农村经济、减轻农民负担、推进农业产业化经营、加快产权制度改革步伐、大力发展个体私营经济、提高非公有制经济比重、改善投资环境、扩大招商引资、发展大市场、完善社会保障体系、加强政府自身建设和干部队伍建设、保证和促进全市粮食系统改革发展等,展开协商,进言献策。

2001年3月,市政协常委会对全市农村危桥进行专题调研,提出意见和建议,得到相关部门的重视和采纳。4月,市政协组织委员围绕全市花木生产三年发展到十万亩议题进行可行性调查研究,提出的意见和建议,大多被吸收到市委《关于加快推进我市花木产业化经营的意见》中。10月,市政协常委会就全市教育、卫生、文化、农业场圃、机电排灌设施、市属工业企业、流通企业等13个方面的改革情况进行专题协商,形成政协常委会专题报告,得到市政府及相关部门采纳和落实。

2002年,市政协常委会就如何做大做强规模私营企业进行专题讨论。就如何实施全市人才战略问题进行协商讨论,吸取外县市的成功做法,对解决全市人才紧缺矛盾提出建议意见。

2004年,市政协围绕中国优秀旅游城市创建,提出《关于发展旅游产业、打造优秀旅游城市品牌的意见》。

2005年1月,市十一届政协三次全体会议上,围绕《如皋市国民经济和社会发展"十一五"规划纲要》,政协委员就促进科技创新,提高县域经济核心竞争力、完善农村养老保险体系推进和谐社会进程、推进教育公平、破解拆迁难题、化解村级债务等21个专题提出160多条建议、意见,得到市委、市政府及有关部门的重视并采纳。7月,市政协向市委、市政府提交关于《大力发展现代物流业》的报告,建议将物流业作为全市第三产业的重点进行规划发展,被采纳。2007年年初,市政协十一届五次全体会议上,政协常委会将政协委员讨论的建议整理分类为积极应对宏观调控、优化招商引资、继续推进沿江开发、稳步实施新农村建设、扎实抓好环境打造、大力加强和谐社会建设六个方面的协商意见,报送市委、市政府,得到市委、市政府高度重视。市政协还就发展花木特色产业、千万元以上项目投入情况、被征地农民社会保障、农业龙头企业在农业产业化中的带动作用、抓住苏通大桥通车契机促进经济发展方式转变等重点课题,分别向市委、市政府提出书面协商报告。是年,市政协召开全体会议5次,常委会议25次,主席会议89次,各种专题协商会议16次,向市委报送各类协商报告76份。

2008年,市政协常委会向市委报送《市政协常委会协商全市工业集中、产业集聚的报告》。市政协主席会议专题协商全市节能减排工作,听取市发改委、市环保局关于全市节能减排工作的情况汇报,就全市工业化、城市化加速推进期如何做好节能减排工作提出加强部门统筹协调、加强考核与监管、加快产业结构调整和优化升级、加快重点行业治理、加大节能减排资金投入力度等意见和建议。

2009年初,市政协十二届二次全体会议上,政协委员提出着力增加城乡居民收入、应对国际金融危机、推动工业经济发展、大力发展现代服务业、关注弱势群体等建议意见。协商讨论三大主体功能区开发建设工作,向市委报送《聚力主体功能区开发建设战略性突破,促进如皋经济社会发展持续腾飞》的协商报告。

2010年,市政协十二届三次全体会议上,市政协委员就全市城市建设、经济发展、环境保护、和谐社会建设等社会关注和群众反映强烈的热点、难点、焦点问题提出协商意见。市政协主席会议对纪检监察、土地管理、食品药品监管、区域供水、劳动就业、教师队伍建设、人口与计划生育、政法工作进行协商和问政,提出努力保障用水安全、大力推进劳动就业、推进教育改革和发展、建设文化大市强市、加强公正执法等百余条意见和建议。

三、提案办理

1956年3月至1959年8月，政协如皋县第一届委员会提案办理情况缺载。1959年9月，政协如皋市第二届委员会全体会议始，收到政协委员提案，全会立即进行审查立案，确定承办单位，并对提案办理情况进行督促、检查，推动承办单位及时办理、落实。

1986年，县政协六届三次全体会议上，丁邦敬委员提出：中共十一届三中全会后，丁堰镇经济迅猛发展，工厂企业快速增多，镇区人口由2000多人猛增到1万多人，学龄儿童大量增加，而丁堰小学校舍严重不足，不能接纳当地学龄儿童入学。此提案立案后，县政协到丁堰实地调查研究，并将调查结果反映至县委、县政府、县教育局。县委书记程亚明等专程到丁堰小学与镇领导研究解决的办法。丁堰镇人大作出动员全社会力量集资办学的决议，得到全镇热烈响应，建成一幢建筑面积1030平方米的教学楼。

1990年，郭必祥、石民委员根据如皋实情分析围垦又来沙的必要性和可行性，建议县委、县政府及早决策，采取分步实施方案，围垦又来沙。县政府采纳这项建议，从1990年12月起组织对又来沙全面围垦和综合开发，动土45万立方米，并建造进排水闸，修建配套的道路、涵洞及其他配套工程，建成土地基本平整成方，桥、涵、泵站齐全，沟、渠、路、林相互配套，面积8200多亩，紧贴长江深水航道的江边开发区块。

1991年，翟东春等委员提出“开展质量、品种、效益年活动”的提案，市政协常委会组织专题调查，参加调查的委员有170多人，历时3个月，走访调查企业79家，形成调查报告74篇。不久，市委、市政府即开展全市“质量、品种、效益年”活动。张大延委员提出“关于重视居民委员会建设”的提案，市政协组织赴如城迎春街道考察调查，弄清居民委员会在基层政权建设和社会稳定方面发挥的作用，了解居委会工作面临的实际困难，对如何加强居委会建设，向市政府写出书面报告。市政府常务会议专题研究，拟定并落实加强居委会建设的具体措施。是年，有16位政协委员联合提出“加强城市管理，整顿如皋市容”的提案。立案后，市政协会同市政府办公室组织工商、公安、城管部门，集中20天时间，出动450多人次，对如城四条干道和汽车站进行专项治理，拆除违章棚披100多处，搬迁临街售货亭24个，主城区市容市貌改观。

1993年始，市政协每年开展先进承办单位和优秀提案的评比。是年，29名政协委员联合提出“整治内外城河”的建议案，市政协会同市委宣传部、市级机关工委等9部门(单位)联合开展“爱我如皋、美化城河”系列活动。

1995年，多名政协委员联名提出“关于加强游戏机场所管理”的提案，市文化局根据委员的建议和上级有关规定，与工商、公安部门配合，用1个月时间，对全市游戏机房逐家逐台进行清理整顿，取缔13个违章违法经营点和109台电子游戏机。市政协组织提案委员对如城地区的电子游戏机娱乐场所进行明察暗访，清理整顿成果显著。

2001年，市政协召集部分委员、工程技术人员进行座谈论证，向市委、市政府提交《关于内外城河整治工程中有关问题的紧急建议》，在内外城河整治施工中付诸实施。

2002年1月，市政协委员就如城市民十分关注的自来水水源水质问题，形成《关于加速解决自来水厂水质水源问题的建议案》。市政协收到提案后，组织委员考察，向市委、市政府提出抓紧污水处理，在如泰运河兴建拦污闸，并尽快制订实施长江引水工程规划的建议。是年，市污水处理厂、如泰运河拦污闸工程开工建设，长江引水工程规划方案拟定、论证结束。

2003—2006年，市政协委员就改善全市城乡投资环境提升城市形象，城市美化、亮化、净化、绿化等提出一批提案，市政府高度重视，累计完成城乡基础设施投入140.2亿元，完成河道整治、道路建设、危桥改造、城市及景观建设等一批重点工程。

2007年始，市政协完善政协领导重点提案督办制度，实行承办单位主要领导负责制度，对办理、落实情况实行绩效考核，纳入市级机关目标责任制考核内容，实现从少数人办理向整体联动办理的转变。同时，采取难点提案联合督办、热点问题现场督办、遗留问题跟踪办理等方法，提高提案办理的速度和质量。是年，市政协委员作出“关于妥善解决城镇居民医疗保险问题”的提案后，市政府领导牵头办理，市政府出台《如皋市城镇居民基本医疗保险试行办法》。是年7月1日起，全市全面实施城镇居民基本医疗保险。

2010年，张奎宏委员提出“有效遏制谢师宴的蔓延”的提案，市纪律检查委员会、市教育局高度重视，专门下发关于《严禁党员干部借子女升学之机大操大办收敛钱财的通知》，并向全社会发出倡议。

至2010年，市政协共收到市（县）政协委员提案8795件。意见和建议得到采纳或列入规划办理的约占40%。

四、视察调查

1956年4月，部分县政协委员和各界人士50余人，视察、参观磨头区曙光农业生产合作社。9月，县政协组织各界人士20人至南通县参观三余区飞机治虫和环本农场拖拉机站，至南通市参观电力灌溉站。1957年7月，县政协组织部分政协委员视察焦港闸。

1958—1959年，县政协委员视察县工农业技术革新成果展览，县工、农、财、贸、政法、文卫建国十周年成就展览。1960年2月，全县文教、医卫、宗教界政协委员和社会知名人士46人视察、参观南通专区举办的社会主义教育展览会。

“文化大革命”开始后，县政协委员视察调查活动被迫停止。

1981—1984年，县政协委员和县人大代表就4个县属镇繁荣生产、市场供应与价格管理、城镇待业青年参加劳动、农村兴办沼气池、饮食服务行业推行经营承包责任制、如城内外城河状况以及农村“两户一体”（专业户、重点户、小型联合体）等事项进行联合调查视察，帮助有关单位总结经验并向市政府通报情况。

1985年5月下旬至6月初，县人大、县政协组织部分县政协委员、县人民代表并邀请在如城的部分江苏省和南通市人民代表和政协委员，就安全生产和劳动保护问题，视察16家县属及乡（镇）村办工厂，对安全生产和劳动保护方面的薄弱环节，提出整改要求。6月19日，江苏省人大常委会、省安全生产办公室发出一号简报，向全省通报如皋县政协委员、人大代表联合视察的情况。

1987—1989年，县政协对全县商业经济体制改革、机电排灌、“双增双节”、城市规划、食品卫生、环境保护、汽车站服务质量等事项，开展调查考察活动，共写出考察报告22篇，提出意见和建议82条，县委、县政府分别研究落实改进措施。

1990—1992年，市（县）政协围绕全市（县）农用物资供应、生猪生产和经营、庭院经济发展、企业负担、产品结构调整、“三资”企业发展、高沙土地区脱贫、血防工作、居委会工作等议题，开展专题调查视察活动计23次。

1993—1997年，市政协就搞好项目开发、推进股份合作制、发展民营经济、开发区建设与沿江开发战略实施、发展创汇农业、加快市场建设、加快旧城改造、城镇第三产业、环境保护、实施科技进步以及市政府承诺为民办理实事等数十个专题，开展视察调查活动近70次，形成书面报告54份，献计献策数百条，其中《关于如皋市个体私营经济发展情况的调查报告》《关于实施百项致富工程加快多种经营发展的建议案》，以及《迅速建立沿江开发统一协调的领导机构和强有力的工作班子》《尽快制定沿江开发整体规划和近期实施计划》《研究制定沿江开发的激励政策》《着力办好沿江开发的诸项实事》等建议，引起市委、市政府高度重视。

1998年，市政协以如何推动全市再就业工程顺利实施为重点，分别就再就业工程的政策措施、下岗职工分流途径和渠道、下岗职工教育管理、转变择业观念自谋职业4个专题进行20多天的调查视察，并组织政协委员赴海安、如东、射阳等县专题考察，向市委、市政府递交《关于再就业工程协商情况的报告》《进一步完善全市再就业政策的建议》等。同时，视察形成关于挖掘如皋古文化资源、发展地方特色旅游业的调查，市委主要领导在调查报告上批示，要求有关部门对调查报告中提出的意见和建议予以重视，认真办理、落实。

2001—2005年，市政协分别就房地产开发、农业科技园区建设、农民合作组织发展、花木生产经营、如城地区“一厕两场”（公共厕所、停车场、农贸市场）、民营医院运行、职业教育以及全市主要路、街、巷、桥命名、更名、注销等事项开展视察调研。组织相关委员先后赴湖南、浙江、山东、江西等省和江苏省10多个市（县）考察、学习、交流，形成数十份调研报告；组织政协委员赴湖北钟祥、广西巴马和四川都江堰等长寿之乡参观考察，考察后发出在长寿之乡间开展“长寿联谊论坛”的倡议。

2006—2009年，市政协围绕农民集中居住、土地流转和规模经营、创建省和国家科普示范市、市环境质量、社区卫生服务体系建设等课题、开展一系列专项视察和专题调研活动。针对视察调查中发现的问题，提出提高污水集中处理能力、发展生态产业、进一步重视农村环境建设、实施社区卫生服务体系规范化管理等建议。

2010年，市政协将为“十二五”规划建言献策作为全年视察调查的重点，一季度，围绕策应沿海沿江开发战略、加快城镇一体化发展、人力资源开发、教育改革和发展、加强文化建设、推进生态建设和环境保护6个课题，邀请相关界别的政协委员和专业领域内的专家学者共39人分别参与课题视察调研活动。形成6篇专题调研报告，汇编成册。第二季度，部分市政协常委就万顷良田建设工程开展调查研究，提出坚持科学开发、统筹兼顾、多渠道筹集资金、确保专款专用，加强农民培训及就业，提高失地农民生活保障水平，加强政策引导，科学推进拆迁与安置等建议。10月，市政协常委会到全市主导产业中有代表性的熔盛重工、宝众宝达、超达科技、双钱集团、美能得、泰慕士、九鼎集团等企业视察，组织部分工商、经济界政协委员视察如皋港物流园、九华工业园、郭园工业园、市软件园等特色工业园区，并在视察调查基础上召开专题座谈会，对工业企业运行和特色园区的转型、提升、优化、创新以及“十二五”期间如何拓展空间、寻求突破进行交流、探讨，形成《市政协常委会视察工业企业运行情况的报告》和《加快园区转型升级步伐，引领全市经济又好又快发展的报告》。

五、联谊交往

1959年9月29日，县政协举行报告会，听取县政府关于建国十年伟大成就的报告，举行国庆十周年联欢会，县政协委员和各界人士200多人参加。20世纪50年代，县政协参观、学习、交流活动正常开展。“文化大革命”中，县政协联谊交往活动停止。1981年起，每年重大节日，县政协均会同县委统战部组织安排联谊交往活动。

1981—2010年，市（县）政协先后举办两期书画展览，在深圳举办撤县设市联谊会，举办定慧寺建寺1400周年庆典、冒辟疆逝世300周年研讨会。组织有关委员多批次赴外考察、学习、交流，参加各类政协工作研讨会，走访在外地工作的政协委员及如皋籍知名人士。先后接待上级政协和来自全国各地兄弟市（县）政协以及国内外来宾至如考察、调研计386批、4000多人次。

图13-9　2009年3月18日，南通市台湾同胞投资企业协会如皋市联络委员会成立

六、“三胞”服务

1981年4月，政协如皋县第五届委员会设侨台工作组。10月5日，县政协召开有政协委员、台胞和对台办公室负责人参加的座谈会，就叶剑英委员长关于台湾回归祖国九条建议进行座谈。1982年7月29日，就《廖承志致蒋经国先生信》召开台商、台胞专题座谈会。

1983年2月，县政协侨务工作组会同县政府侨务办公室，对全县“三胞”进行联合调查，核实。是年，如皋籍旅外华侨共283户，1037人，分布在18个国家和地区，全县有侨眷侨属343户1666人。

1985年1月9日，县政协会同县委统战部召开首次“三胞”眷属座谈会，传达中央关于沿海开放城市统战、政协工作座谈会精神。1986年，重点走访回如皋探亲的去台人员及其亲属，召开“三胞”眷属致富座谈会，听取他们的意见和要求，尽可能地帮助他们解决生产和生活中的一些困难。

1987年3月，第七届县政协改设祖国统一工作组。1990年3月，第八届县政协改设“三胞”（海外侨胞、港澳同胞、台湾同胞）工作委员会、“三胞”工作组。1993年，市政协“三胞”委员会牵线搭桥协助“三胞”兴办乐泽水上乐园有限公司、蓝星时装有限公司、长江长招商有限公司3个合资项目，引进资金近100万美元。此后，市政协每年邀请部分“三胞”及其眷属参加春节、中秋、国庆等节日茶话会，开展参观活动，多次组织人员赴深圳，与如皋籍香港同胞见面，谈家常，叙乡情，联络感情。

七、文史编研

1956—1959年，县政协医卫工作组搜集民间单方183个，并协助县卫生协会搜集验方、秘方近2万个，由5位政协委员筛选整理，编写《如皋本草》一书，向国庆10周年献礼。

1961年7月起，县政协组织有专长的4位政协委员，历时一年半，整理古籍5万余卷，字画和文物1070件。

1963年5月，县政协设立文史资料研究委员会，下设文史工作组，负责征集、访核、编辑整理《如皋文史》。1985年，首辑《如皋文史》出版。

1999年，市政协学习文史委员会着手编辑胡安定研究专辑，在市内征稿的基础上，先后到湖州、苏州、上海、北京、开封等地，征集史料280多万字。2007年8月，市政协主动参与红十四军纪念馆工程规划论证工作。2009年4月始，市政协副主席刘聪泉撰写红十四军纪念馆布馆文本，主持展厅设计，并直接参加具体布展工作。

图13-10 《如皋文史》系列丛书 （2010年摄）

如皋市(县)政协所编印文史资料一览表

表13-20

书名	编纂单位	编者	出版形式	出版时间	字数(万字)	印数(册)
如皋文史(第1辑)	县政协	文史资料研究委员会	内部	1985-09	13	3500
如皋文史资料(第2辑)	县政协	文史资料研究委员会	内部	1986-12	9	3500
如皋文史资料(第3辑)	县政协	文史资料研究委员会	内部	1987-12	14	3500
如皋文史资料(第4辑)	县政协	文史资料研究委员会	内部	1989-12	14	2500
如皋文史(第5辑)	县政协	文史资料研究委员会	皋准出字第005号	1990-12	14	2000
如皋文史(第6辑)	市政协	文史资料研究委员会	苏通如出准字(91)第13号	1991-12	12	2000
如皋文史(第7辑)	市政协	文史资料研究委员会	苏通如出准字(92)第21号	1992-12	12	1500
如皋文史(第8辑)	市政协	文史资料研究委员会	苏通如出准字(94)第6号	1994-01	11	1200
如皋政协四十年	市政协	文史资料委员会	苏通如出准字(95)第22号	1996-01	30	1500
如皋文史(第10辑)	市政协	文史资料研究委员会	苏通如出准字(96)第10号	1996-12	14.90	1000
如皋文史(第11辑)	市政协	学习文史委员会	苏出准印JSE-000125	1998-11	15.50	1000

续表 13-20

书名	编纂单位	编者	出版形式	出版时间	字数（万字）	印数（册）
胡 瑗	市政协	学习文史委员会	(京)新登字第107号 中国文史出版社出版发行	2000-10	26	2500
如皋文史(第13辑)	市政协	学习文史委员会	苏出准印JSE-0004650	2001-12	16.50	1200
古邑如皋一片金	市政协	市政协	黄山书社出版	2002-10	11	5000
如皋文史(第15辑)	市政协	学习文史委员会、市政协联谊会、文史研究会	通新出备03-110号	2003-11	15.50	2000
如皋文史(第16辑)	市政协	学习文史委员会、市政协联谊会、文史研究会	通新出备03-110号	2004-12	19.70	2000
如皋历史文化	市政协、市政协联谊会	学习文史委员会、市政协联谊会、文史研究会	ISBN7-80105-447-6 国际文化出版公司出版	2005-12	38	2000
如皋文史(第18辑)	市政协、市政协联谊会	学习文史委员会、市政协联谊会、文史研究会	通新出备03-110号	2006	21.20	2000
如皋方言研究	市政协	吴凤山	中国文联出版社	2006-06	40	2000
如皋文史(第19辑)	市政协、市政协联谊会	学习文史委员会	通新出备03-110号	2007-10	18.3	2000
如皋文史(第20辑)	市政协、市政协联谊会	学习文史委员会	通新出备03-110号	2008-12	23	2000
如皋文史(第21辑)	市政协、市政协联谊会	学习文史委员会	内部	2009-12	16	2000
如皋文史(第22辑)	市政协	学习文史委员会	通新出备03-110号	2010-12	18	4000

卷十四 政 法

封建王朝时期，域内断案等均由县令(知县)主宰，报上级审核。宋代以前，域内无专门的治安管理机构。宋代，县衙始设巡检司，负责缉拿人犯和社会治安。明代，巡检司改称巡检铺。清末，改设保甲局、巡警总局。民国元年(1912年)，北洋政府县民政公府设审检厅，实行审判、检察合一，始改变县官1人断案局面。此后，国民政府(北洋政府)县审检厅改称审检所、法院、地方法院等，均实行审检合一；县巡警总局改为县警察所、县公安局、县政府司法科等，负责社会治安。民国27年3月，国民政府如皋县政府司法科、地方法院撤逃东乡后解散。日本侵略侵军占如皋后，设立伪如皋警察所(局)，伪南通地方法院在如皋设分庭，作为侵略者的帮凶残酷迫害共产党人和爱国人士。

民国29年秋，抗日民主政权如皋县政府设保安科和司法科，负责根据地的社会治安和惩恶除奸等。民国32年，县政府保安科改称县公安局。民国35年秋，国民政府如皋县政府复驻如皋城后设立县警察局，同时恢复地方法院，仍实行检审合一。民国38年1月，国民政府如皋县公检法机构均随国民政府如皋县政府撤逃、解散。7月，县政府撤销司法科，建立县人民法院。1952年8月，县人民检察院建立，始实现公安、审判、检察既相互监督，相互制约，又相互配合的司法体制。"文化大革命"初期，全县公、检、法机构瘫痪，法治环境遭到严重破坏。1973年，县人民法院和县公安局恢复重建。1978年，县人民检察院恢复重建。1981年，县司法局建立。

20世纪80年代起，全市(县)法治建设逐步走上制度化、规范化的轨道，县公安、检察、审判、司法行政机关既相互配合、监督，又相互制约，强化法制教育，打击违法犯罪，清除黑恶势力，加强社会治理，维护社会公平正义，为全市(县)经济社会建设保驾护航。市人民法院2006年被评为江苏省文明单位、被江苏省高院记集体三等功，2007年被江苏省高级人民法院记集体二等功；市人民检察院1999年被评为全国"五好"人民检察院，2001年被评为江苏省人民满意"五好"人民检察院，2010年被最高人民检察院记集体一等功；市公安局1992—2008年连续19年命案全破，创造刑侦奇迹，先后被评为江苏省文明单位、江苏省优秀公安局和江苏省平安创建先进公安局；市司法局1997年获江苏省司法系统先进集体二等奖，2003年被江苏省司法厅记集体二等功，2010年被江苏省人力资源和社会保障厅和江苏省司法厅评为全省司法系统先进集体。

第一章 公安

第一节 机构沿革

一、巡警总局(巡检司、巡警铺、保甲局)

宋嘉祐年间(1056—1063年),全县始在如皋城设巡检司,配巡检1人。明洪武三年(1370年),改设巡检铺,巡检增至3人。明万历十一年(1583年),全县置巡检铺6处,分设于如皋东、南、西、北4厢和如皋城东水关、北水关。明万历二十八年,各巡检铺裁革。清光绪二十七年(1901年),县衙复设巡检铺。清光绪三十年2月,巡检铺改称保甲局。次年如皋巡警总局设立,下设75个分局,其中如皋城设8个巡警分局。

二、国民政府如皋县警察局(警察所、公安局)

民国元年(1912年),如皋巡警总局改称如皋警察所,县知事兼任所长。各巡察分局改称警察分驻所,其中如皋城设4个警察分驻所,各所设巡官1人,另设2个警察分所。民国16年5月,北伐军进抵如皋城,改县警察所为县公安局,内设警察长、军事教练等官员及侦缉队、直属警察中队等机构,并在如皋城设城中和东、西、南、北4厢共5个公安分局。民国24年,国民政府如皋县公安局改称如皋县警察局,各公安分局改称警察分驻所。民国26年1月,县公安局裁撤,国民政府如皋县政府设司法科,下设8个分驻所。各区设立公安分局。如皋城4门设立稽查所,东门外设水上派出所,专事盘查过往船只。民国27年3月,国民政府如皋县司法科随县政府撤至东乡,活动终止。

民国35年1月,在南通组建的国民政府如皋县流亡政府进驻白蒲镇,设立如皋县警察局。7月,县警察局下设10个警察所、2个直属分驻所和4个乡驻所。民国38年1月,国民政府如皋县警察局随国民政府如皋县政府撤离、终结。

三、市(县)公安局(保安科)

民国29年(1940年)9月,如皋县抗日民主政府设立保安科。10月,如皋县西南行政公署设保安科,并内设执法队。民国30年,县政府保安科建短枪队,各区配设社会科长和公安助理,乡设治安员。民国34年9月21日,如西县公安局随新四军入驻如皋城,更名如皋县公安局,下设警备科、消防队、看守所、警卫排、如皋城公安分局和白蒲公安分局。民国36年3月,县公安局直接编入部队序列参加武装斗争。10月,县公安局恢复重建,各区设公安股长。民国38年1月28日,县公安局进驻如城办公,设于县政府大院内。

1950年夏,县公安局迁武庙巷22号(今如皋初级中学内)。1955年,各区公安股长改称公安特派员。1958年,各公社设公安员。1959年,各区公安特派员撤销,各公社公安员改称公社公安特派员。1964年,县公安局迁至如城镇丰乐桥东北河边24号。"文化大革命"期间,全县公安机关瘫痪。1967年4月,中国人民解放军江苏省如皋县公检法军事管制委员会成立,公安局被实行军管,建制消失。1973年11月15日,如皋县公安局恢复建立。1996年1月,市公安局迁至如城环西路88号。2010年,市公安局设110指挥中心、政工监督室、警务保障室、法制室、国内安全保卫大队、刑事侦查大队、经济犯罪侦察大队、治安管理大队、交通巡逻警察大队、出入境管理大队、网络安全监察大队、巡防大队、如皋看守所、如皋拘留所等机构,下辖派出所24个。

附录：

伪如皋县警察局（警察所）

民国27年（1938年）3月，日本侵略军侵占如皋城，伪如皋县公署设立伪县警察所，下辖城区、丁堰、东陈等伪分驻所和伪警察分所。民国28年，伪县公署改为伪县政府，伪警察所改称伪警察局，局内建有侦缉队、警察中队和水上巡逻队，下设白蒲、丁堰、石庄、张黄港等伪警察分局。民国34年9月，伪警察机构随汪伪政权消亡。

第二节 安全保卫

一、沿革

民国38年（1949年）1月，县公安局担负政治安全保卫工作的职能部门称侦察课。1950年，更名政保股。1967年，公检法军管会下设侦破组，政治保卫和刑事侦查合一。1973年，县公安局重建后恢复政保股。1980年，政保股增加出入境管理职能。1998年7月，政治保卫大队建立，下设侦察中队、经文保中队、出入境管理科、综合室4个机构。2002年1月，政治保卫大队更名为国内安全保卫大队，经文保中队析出升格为经济文化保卫大队，出入管理科同时析出。2008年，出入境管理办公室升格为出入境管理大队。

二、取缔反动道会门

抗日战争和解放战争期间，县内有“大刀会”（又名“红头”“龙华坛”）、“一贯道”“西乾道”“先天道”“皇吉道”等10多个反动道会门组织。1949年，吴炳羊、蒋步洲等为首的反动道会门骨干转入地下继续从事罪恶活动，妖言惑众，攻击政府，奸淫妇女，破坏生产，甚至残害地方干部和无辜群众。1952年，全县开展取缔反动道会门运动，对罪大恶极的6名道首判处死刑，12名骨干分子判处徒刑，并依法取缔各类坛、堂。全县有102名小道首向政府投案登记，1784名道徒宣布与道会门断绝关系。

1983年，“红三教”“一贯道”“先天道”“皇极道”4个反动道会门组织被取缔。1995年，市公安局破获“先天道”反革命复辟案件，取缔“门徒会”非法聚会点，抓获骨干成员19人和外地流窜至如皋的骨干分子6人。1999—2002年，全市共查禁取缔白蒲、林梓、下原等处非法宗教聚会点13个，搜缴非法宣传品198026件，查获“观音法门”非法宣传品89件，破获非法宗教案件4起，抓获非法宣传品制售嫌疑人4名，教育、挽救非法“练功”者457人。2004年，市公安局破获“9·15”散发非法宗教宣传品案件，查处25名非法宗教人员。此后，全市未再发生反动道会门从事非法活动或公开聚集滋事事件。

三、镇压反革命、剿匪肃特

镇压反革命 民国19年（1930年）6月，中共如皋县委于营防港召开大会，公开镇压抵制土地革命的大地主陆瑞。民国32年10月，县政府在江安地区召开宣判大会，处决汉奸姚延祖。民国34年秋，新四军收复如皋城，成立县惩奸运动委员会，处决汉奸赵清玉、晏子善、黄锡兰。民国35年1月，县惩奸运动委员会在如皋城召开两万余人参加的群众大会，公审并处决汉奸孔瑞五、孟宪平。1950年，县委根据中共中央指示，建立保卫委员会，乡（镇）建立镇压反革命宣传委员会。

江海導報
中華民國三十五年一月九日
第三〇號
大漢奸孔瑞五、孟憲平 交付人民法庭公審
受害區人民從速伸寃報仇！
揚泰綫勝利影響下 蘇陳區人民抬頭 伸寃控訴頑僞保長
國民黨進犯蟠城時 僞軍帶路鬼子衝鋒
反動派血腥屠刀下 泰興城內外

图14-1 民国35年1月9日《江海导报》关于公审孔瑞五、孟宪平的报道

1951年，全县收到群众检举材料5000余份。1952年至1953年上半年，全县执行“专门工作与群众运动相结合、镇压与宽大相结合”和“首恶必办，胁从不问，立功受奖”的政策，收到群众检举揭发反革命线索材料数万份，破获一批反革命案件，惩处反革命分子16名。1955年12月，县委成立审干和肃反运动五人小组，下设办公室，开展干部内部审查和肃反运动，确定专案18件，另有14名肃反重点对象主动坦白交代。

剿匪肃特 1950年3—5月，全县侦破9股武装残匪，缉获匪徒72人。6月，县剿匪委员会建立，先后抓获残匪30余人，判处梅书、徐良、徐建、徐振华、王正庆等7名匪特死刑，判处26名匪特无期或有期徒刑，共缴获轻机枪1挺、步枪167支、短枪138支、电台5部和弹药一批。其中，在白蒲地区破获以陈春华为首的国民党“东南人民反共救国军”武装特务组织；在小李港查获海匪船1艘，捕获海匪3人、潜伏特务2人，在马塘区捕获潜伏特务6人，在江防区捕获土匪5人，在城区擒获武装匪特14人。

1959年，全县肃反和审干工作告一段落后，按全国统一部署，县委从“五人小组”办公室和审干办公室留下一部分骨干，组建县委整档办公室，对从旧政府缴获和肃反、审干中发现的各类档案材料按敌伪旧组织系统逐一进行整理。1960年秋，县委又抽调20余人组成清理敌特组织领导小组办公室，由公安局政保股具体负责，在整档的基础上，对国民党中央调查统计局及各类涉特（含外围）组织情况进行清理和追查。按“组织见底，对号入座，一个不漏，下落明白”的要求，至1962年，对中统如皋县室及下属各组织系统200多名特务一一查明下落，弄清面目，并挖出县室行动队队长郭海秋等潜伏特务多人。

四、清理登记汪伪和国民党人员

民国38年（1949年）1月，县政府宣布解散一切反动组织，限令汪伪和国民党党、政、军、警、宪、特人员主动到县公安局投诚。3天时间内，有国民政府秘书、科长、电台台长等115人到县公安局登记自新。1949—1950年，全县各级公安机关接受登记汪伪政权和国民党县党部、国民政府如皋县政府及下属科（局、室）公职人员、旧军官、旧警察、乡保长、国民党员、三青团员等1335人，收缴枪支109支、子弹1874发、文件1箱、电话机3部。

五、出入境管理

1981—2000年，全市（县）出入境资料无完整记载。2001—2002年，全市出入境人数为6147人，国（境）外人员申请办理入境签证502人。2003—2005年，市公安局受理上报公民因私出国（境）申请材料13742件，新办护照10291人，换发护照97人，补发遗失申请护照48人，办理出境证件4079件（其中赴台46人次，赴港、澳1809人次），办理往来港、澳通行证1245件，办理大陆居民往来台湾通行证23件。2006—2010年，市公安局受理中国公民因私出国（境）44437人次。新办护照22621件，补发护照52人，换发护照45人。办理大陆居民往来港、澳通行证5673件，往来台湾通行证156件。办理台湾居民签证127件，办理外国公民签证居留许可747件，办理临时入境到如皋的境外人员证件7396件，其中外国人6032人次、华侨43人次、中国香港居民202人次、中国台湾居民1119人次。

六、经济、文化保卫

经济保卫 1987年前，全县经济保卫以工厂、银行、仓库、电力设施及重要建筑设施等要害部位为重点。1987年始，随着乡镇企业迅猛发展，经济保卫向乡镇延伸。1997年始，市公安局将大型民营企业、三资企业列为保卫对象。2002年，全市确定经济保卫监督指导单位860家。其中重点单位46家，水、电、气、金融、邮政、电信等要害部位213处。2006年，市公安局在全省银行业金融机构安全防范百日整治专项行动中，检查营业场所175处、金库6个、运钞车13辆，查出各种安全隐患306处，发出责令限期整改通知书1份。至2010年，全市列入经济保卫范围的单位共1400余个。

文化保卫 2002年，如皋人民广播电台、如皋电视台被确定为全市文化保卫监督指导单位。2004年，市公安局大力整治学校周边安全环境，破获涉校刑事案件和治安案件35起，抓获犯罪嫌疑人26名。2005年，市公安局调查登记包括医院、学校、幼儿园在内的各类单位1152个，确定其中115个为重点保卫单位。2006—2010年,市公安局每年会同工商、城管、文化等部门,有重点地整治学校周边环境,办理机关文卫团体的行政案件14起,重点检查非法营业网点352个次,收缴赌博机164台、游戏机6台,查处非法网吧74个,整治违法校车165辆次。

第三节 刑事侦查

一、沿革

民国前,知县(县令)兼管司法,县衙设皂班、壮班、快班、查访、缉捕盗贼和刑事犯罪人员。中华人民共和国成立初,刑事侦查工作由县公安局领导挂帅,治安等部门参与。1958年,县公安局从治安股析出部分人员成立刑事侦查股,负责侦查刑事案件,打击刑事犯罪。“文化大革命”期间,县公检法军管会下设侦破组,负责刑事案件侦破和政治保卫。1973年,县公安局刑侦股恢复,专事刑事案件的侦破工作。1981年8月,县公安局刑侦股更名刑警队。1994年1月,升格为刑警大队。1998年7月,更名为如皋市公安局刑事侦查大队(简称刑侦大队)。1998年12月,增设法医鉴定所。至2010年,全市共设责任区刑侦中队5个。

二、命案侦查

20世纪50至60年代,县公安局杀人案件破案率一直保持100%,多次受到江苏省公安厅和南通专署公安处的表彰和奖励。“文化大革命”期间,全县命案侦查受到严重干扰,案件侦破率有所下降。1981年,破大案百日竞赛活动开展后,全县命案侦破率快速上升。

1998年3月,场南乡连续发生11起命案,群众误以为发生“人瘟”而产生恐慌。市公安局用近1个星期时间,侦破这起特大系列投毒杀人案,将犯罪嫌疑人谢某抓获,揭破“人瘟”谜团。1998年6月16日,丁堰镇高场村发生一家4人被害、2人重伤的特大命案。案发后21小时,市公安局即将犯罪嫌疑人陈某擒获。2000年6月30日凌晨,市农机公司2名退休人员被杀,市公安局接报后40小时侦破,在无锡将犯罪嫌疑人贲某擒获。2001年5月26日,有人在九华镇郭李村发现一人体尸块,市公安局在省公安厅协调下,与苏州、南通、常熟警方协同作战,8天侦破,将犯罪嫌疑人苍某缉拿归案。2004年5月21日,如城镇海宁苑2人被害,市公安局经过4昼夜侦查破案,将犯罪嫌疑人邹某(张家港人)、徐某(如城镇人)抓获。2005年2月16日凌晨,柴湾镇范某夫妇被害,市公安局经过5昼夜侦查破案,在高邮将犯罪嫌疑人、死者生前生意合伙人郭某(高邮人)抓获。2007年7月13日晚,一出租车驾驶员被杀害于九华镇境内,案发7小时后市公安局即侦破,将已分散逃跑的3名犯罪嫌疑人全部抓获。2008年12月11日,长江镇永建村17组一妇女被杀害,市公安局于案发3天后侦破,在河北省雄县城关镇将犯罪嫌疑人李某抓获。1992—2010年19年间,全市共发生命案193起,全部侦破,被国际著名刑事鉴识专家李昌钰誉为刑侦奇迹。

三、其他刑事案件侦查

1949年1月至1966年初,全县刑事案件一直保持较高的侦破率。“文化大革命”开始后,刑侦工作受到严重干扰。至1980年,全县重大刑事案件侦破率为80%。1981年,全县开展破大案百日竞赛活动后,县公安局刑侦队伍、刑侦装备、刑侦手段不断完善,全县刑事案件特别是杀人、放火、抢劫、强奸、爆炸、伤害、绑架、劫持等八类主要刑事案件侦破率快速上升。至2010年,全市八类主要刑事案件侦破率上升至98.81%。

团伙案件侦查 1990年,全县共捣毁犯罪团伙24个,抓获团伙成员118人。1991—1995年,在破大案,挖团伙百日竞赛和打黑扫恶、治乱除霸等专项斗争中,市(县)公安局共侦破、捣毁犯罪团伙184个,抓获团伙成员1022人。1997—1998年,全市共侦破、捣毁抢劫、盗窃、暴力犯罪团伙129个,抓获团伙成员578人。1999年1月,如皋中学门前有两伙流氓黑恶势力成员准备械斗,市公安局迅速行动,控制事态。经侦查逮捕7人,拘留14人,劳动教养16人,治安处罚23人。是年,侦破高井乡哄抢集体资产和殴打公安干警案,抓捕15名黑恶骨干分子。2003—2005年,市公安局侦破、捣毁犯罪团伙141个,抓获犯罪嫌疑人587人。其中2004年侦破、捣毁犯罪团伙28个,抓获犯罪嫌疑人172人。赵某、马某特大流氓杀人、盗窃、抢劫犯罪团伙共涉案210起、案值30余万元,孟某盗窃缝纫机头犯罪团伙,涉案16起、案值170余万元。

2006年,市公安局抽调17名干警,成立打黑除恶专业队,重点打击如城地区欺行霸市、寻衅滋事、横行乡里的黑恶势力,摧毁涉黑涉恶犯罪团伙41个,抓获犯罪嫌疑人322人,其中具有黑社会性质的组织2个。2008年,市公安局侦破、摧毁新疆籍人员绑架勒索等恶势力犯罪团伙10个,抓获犯罪嫌疑人87人,破获涉恶案件73起。至2010年,市公安局共捣毁各类黑恶团伙637个,抓获犯罪嫌疑人2768人。

逃犯侦查 1994年初开始,市公安局开展追逃专项行动。1995年,通过清理房屋出租户,查出暂住人口中负案在逃犯罪嫌疑人6人。1998—1999年,市公安局共侦查、缉获犯罪嫌疑人376人,其中在册犯罪嫌疑人246人,外地犯罪嫌疑人46人。2000年,市公安局创新侦查手段,建立信息员队伍,根据信息员提供的信息,侦查缉获在逃犯罪嫌疑人12人。2003年,全市共抓获犯罪嫌疑人104人,往年犯罪嫌疑人追回率32.7%,当年犯罪嫌疑人追回率94.4%。2004年,抓获经济负案在逃犯罪嫌疑人29人,追回赃款713.9万元。1994—2010年,市公安局共缉获犯罪嫌疑人2000余人。

涉毒案件侦查 1997年11月9日,市公安局侦破中华人民共和国成立后全市(县)首例特大贩毒案件,缴获海洛因114克,抓获犯罪嫌疑人5名,查明贩毒总量800余克。2006—2010年,全市共侦查破获涉毒案件251起,抓获涉毒人员183名,缴获海洛因149.6克、冰毒157.54克、K粉2280克、摇头丸5.5粒、大麻0.44克。

盗车案件侦查 1994—1998年,市公安局先后侦查、缴获被窃摩托车148辆,价值118万余元。1999年,共破获盗车案件215起,抓获涉车犯罪嫌疑人166名。2004年,破获如城地区系列盗窃摩托车案52起。2005年4—7月,破获如城地区系列盗窃电动自行车案件、搬经地区系列盗窃拖拉机案件等南通市挂牌督办案件2串100余起,追回被盗摩托车、电动自行车210余辆。2006年,查获涉嫌盗抢机动车32辆。至2010年,全市盗车和盗窃车内财物案件均明显下降。

抢劫、流氓等案件侦查 1988年9—12月,县公安局组织打击拦路抢劫、强奸、流氓犯罪专项斗争,共侦破抢劫、流氓犯罪案件8起,经批准逮捕12人。1999—2007年,市公安局侦破如城地区及系列"白日闯"案和飞车抢夺、诈骗、盗窃等恶性案件。2008年后,全市拦路抢劫、强奸、流氓滋事等恶性案件发案率明显下降。

第四节 经济侦查

一、沿革

1982年,县公安局始对重大经济案件进行专项侦查。1997年6月,市公安局从刑事侦查大队抽出部分人员,析建经济案件侦查大队。对重大经济案件进行专项侦查始于1998年7月,如皋市经济案件侦查大队正式挂牌。

二、重大经济案件侦查

1998年,市公安局共受理各类经济案件93起,侦破75起,涉案金额2197.4万元。其中,重大案件57起,侦破48起,为企事业单位挽回经济损失924万余元。2000—2005年,共受理经济案件457起,侦破405起,抓获作案人员420人,移送起诉353人,经批准逮捕139人,刑事拘留230人,挽回经济损失5115.8万元。2005年1月,侦破南通三联科技发展公司郭某大量生产、销售假冒"阿米西达""雷多米耳"等品种农药案和磨头镇场南制售假酒案。2006—2010年,市公安局组织经侦民警与全市61家重点企业和税前50强企业挂钩联系,共受理经济案件435起。抓获经济犯罪嫌疑人258人,移送起诉227人,经批准逮捕90人,刑事拘留99人,挽回直接经济损失8197.84万元。

三、严重职务侵占案件侦查

1997年,市公安局侦破中华人民共和国成立后首例特大职务侵吞、挪用资金案,案值117万元,挽回全部经济损失。2000年,开展打击违反《公司法》犯罪、追缉经济犯罪逃犯等专项行动,侦破一批有影响的经济大案。2003年,以夏季治安整治行动及百日破案竞赛为契机,破获一起职务侵占案,案值112万元。2004—2010年,市公安局侦破职务侵占案件19起，抓获犯罪嫌疑人55人，挽回经济损失334.44万元。

第五节 治安管理

一、治安组织

维持会 辛亥革命后，县内建有各级地方维持会，维持地方治安。民国16年（1927年）3月，为迎接北伐军，石庄、镇涛和江安等沿江地区建立地方安全维持分会。民国17年5月，国民政府如皋县政府成立县治安维持会。民国27年3月，于志文组织伪维持会，助纣为虐，帮助日本侵略军残害抗日组织和进步人士。

治保委员会、治保小组 民国32年（1943年），如西县抗日民主政府试行新乡制，设乡治安委员会，村或大村庄建立秘密或半公开治保小组。民国38年1月，县公安局在如城建立以分段民警为主任的治保委员会12个，居委会、企事业单位建立治保小组35个，农村以村为单位建立治保组织。1973年起，各级治保组织恢复，并不断加强。1990年，全县有单位治保委员会1056个，基层治保小组5249个、成员15918人，专业治安消防队156个、成员650人，有兼职治安消防员477人。是年，全县治保组织提供各类影响治安线索521条，制止违法犯罪573起，配合抓获违法犯罪人员958名，调解各类矛盾纠纷2330起，为群众排忧解难1934起。

护厂队、护校队、治安联防队 民国37年（1948年）至民国38年年初，中共如皋地下组织组织建立护厂队和护校队严防特务破坏。1993年，部分乡镇、工人、学校建立群众性治安防治组织，其中护厂队、护校队364个1679人，联防队53个321人。1996年，全市百分之九十的村（居）委会建立联防队，队员总数2940余人。1998年，全市有护厂队、护校队44个，治安联防队156个605人。治安联防队中，专职联防队56个264人，由市公安局各公安派出所直接管理。2003年，全市农村通过市场化运作组建633人的保安联防队伍，在各村组巡逻。2006年后，治安联防工作列入社会治安综合治理工作范围。2008年，市政府组建全市专职保安联防队伍。

图14-2 2003年，如皋市举行保安联防比武竞赛

治安管理大队 1951年，县公安局设立治安股，负责治安行政、侦察破案、安全防范、消防、交通、户政管理等。1958年，侦察破案职能析出。1974年，消防管理职能析出。1987年，交通管理职能析出。1989年，户政管理职能析出。1998年7月，治安管理大队组建，户政管理职能再度并入。2002年1月，“110”处警中队由治安管理大队管辖。

保安公司 1993年，市公安局治安科筹建保安公司。此后，大型企业、学校、医院、机关等始聘专职保安。2006年，全市实行保安派驻制，保安公司向机关、企事业单位派驻保安800人，全市168个金融网点全部实行保安武装押运。2006年，保安公司与公安局脱钩，并允许民营保安公司并存。2010年，全市有保安公司5家，保安队员1400人。

二、治安防范

抗日战争时期，全县治安形势严峻复杂，中共及抗日民主政府机关、设施，国民党、国民政府机关及重要场所、设施，日伪军政机关、设施等均由各自部队守卫。解放战争时期，解放区治安由人民地方武装和群众治安组织管理，国统区治安由国民政府军警管辖。中华人民共和国成立初，学校、工厂等重要部位、设施则由护厂队、护校队、治安联防队等负责治安防范。至20世纪80年代，各部门单位治安防范工作多由各自聘请的门卫负责。20世纪90年代始，党政机关、企事业单位、居民小区等由专职保安守卫，运钞车等实行武装押运。2001年起，全市建立警务区162个，警务站27个，明确社区民警174人，逐步建立起“110”为龙

图14-3 2002年，全省公安技防工作现场交流会在如皋举行

头，查报站、警务区（站）为依托，治保组织、专职保安为基础，联防队和治安巡查志愿者为补充覆盖全城、辐射全市的人防、科技防、设施防安全保卫体系。随着地方经济的发展，政府投入逐年增加，安全保卫网络功能增强。2009年，市政府将以社会面监控为主体的技术防控体系建设列入为民办实事工程。至2010年，全市人防、技防、设施防进一步完善。居民楼角、水管等可攀处安装倒刺；未实行封闭管理的居住小区增设围墙或栅栏，增配保安，并补装单元安全防盗门、对讲电话和电子锁，重要部位安装探头、“电子狗”、CK报警系统和远红外报警设施及夜视摄像仪；如城海阳路和宁海路率先建成电子安保一条街和区域报警系统；车站、市场、医院、重要路口、银行营业厅、柜员机房等重要场所实现电子监控全覆盖；宾馆、旅社等场所均安装治安信息管理系统；农村除专职保安联防队流通巡逻外，重要路口、设施亦安装安全监控系统。2005—2010年，如皋市连年被评为江苏省最安全县（市）、江苏省平安县（市），南通市“长安法治建设工作先进县（市）”。

图14-4 如皋港区平南社区小区全天候视频监控（2010年摄）

三、治安整治

禁烟肃毒 清咸丰年间（1851—1861年），县衙官员、地主豪绅、殷商富贾，开始有人吸食鸦片，因查禁不力，后逐步扩散。民国时期，全县吸毒成瘾者众多。清末，如皋城有“烟土栈”2家，领取牌照公开售卖烟土鸦片。中华民国成立初，全县严厉查禁烟土，取得一定成效。北洋政府时期，县内禁烟松懈，部分官员亦“抽大烟”（吸鸦片）。民国16年（1927年）10月，国民政府如皋县政府明令禁止吸食鸦片，并于如皋城北门设立禁烟办公室，“抽大烟”者送游民教养所强迫戒除或罚款。民国23年，国民政府如皋县禁烟委员会成立。次年，破获烟毒案件119起，查处吸、贩毒人员205人。其间，国民政府一边设立禁烟机构，查处吸毒贩毒人员，一边开办专卖公司，发放购烟（鸦片）证券，缴税领证者，即可公开经营毒品，吸毒在全县合法化，距县城较远的张黄、黄市及平西、江防等沿江乡镇尤甚。张黄镇共有住户270余户，其中250余户吸贩毒品。民国29年，县抗日民主政府张贴告示，明令禁烟肃毒，投靠日伪的搬经芹湖大毒枭刘凤英被公开处决。

1949年，县公安局和县政府民政科等部门联合实施戒烟（鸦片）计划，全县登记在册的230名吸毒人员中，强制戒毒成功130余人，少数顽固的吸毒、贩毒人员依法受到惩处。1952年，县人民政府成立肃毒委员会，开展声势浩大的肃毒运动，召开动员大会120余次，收到群众检举揭发材料4391份，集中训诫涉毒人员70余人，依法逮捕42人，处决大毒枭张圣丰。全县吸毒贩毒现象被禁绝。

20世纪90年代初，市（县）内吸毒现象死灰复燃。1995年8—11月，全市开展禁毒专项斗争。1998年，举办“珍爱生命，远离毒品”宣传教育活动。1995—2010年，全市共强制铲除罂粟6.44万株，查获罂粟干果500克，对私植罂粟和阻挠铲除的31名人员予以治安处罚。

查禁赌博 清末至民国时期，如皋城和各集镇茶馆多半设有赌场，经营各式各样的抽头聚赌。1949年，县政府、县公安局明令禁止赌博，打击赌头赌棍，赌博现象明显减少。20世纪70年代后期，县内赌博现象抬头。1988年1月11日至3月10日，全县开展477次集中抓赌行动，抓获参赌人员

1859人次，依法刑事处罚8人，治安处罚174人。此后，持续组织禁赌专项整治。1989年，县公安局抓获参赌人员1859人次，依法逮捕8人。1990年，查处赌博案件53起，治安处罚223人，其中拘留88人，罚款处理135人。1999年，市公安局查获参赌人员2704人次。2008—2010年，摧毁赌博团伙5个，抓获涉赌人员367人，刑事拘留36人，治安拘留115人，劳动教养16人，搜缴赌博游戏机561台。

取缔娼妓 清末，域内娼妓泛滥。民国初，县民政分府一度禁娼，取缔妓院，勤令妓女"从良"，部分妓院改为旅馆、茶馆、理发店。北洋政府时期，禁娼松懈，如皋城及部分集镇开设妓院30余家，县警察局征收"花捐"，允许公开卖淫。北伐胜利后，国民政府组织禁娼。日伪时期，再次泛滥。1949年，县政府严令取缔娼妓，并在如城成立游民习艺所，由县公安局负责对娼妓教育挽救和改造，使其成为自食其力的劳动者，同时严惩逼良为娼的鸨儿和坏人，娼妓现象很快绝迹。20世纪80年代初，县内卖淫嫖娼沉渣泛起。1989年，县公安局开展除"六害"（卖淫嫖娼、拐卖妇女儿童、利用封建迷信谋财害命、聚众赌博、制贩淫秽物品、吸贩毒）专项整治，责令卖淫嫖娼人员向公安机关投案登记。1996年，市公安局开展突击行动11次，捣毁部分卖淫窝点，对卖淫女及嫖客依法做出刑事或治安处罚。1990—2010年，全市（县）组织大规模打击卖淫嫖娼专门行动50余次，共捣毁卖淫窝点63处，抓获涉娼人员1262人，经批准依法逮捕12人，刑事拘留68人，劳动教养8人，其余给予治安处罚。

搜缴枪支和爆炸物品 1949—1950年，全县结合国民党、国民政府人员清理登记，组织枪支和爆炸物品收缴，共收缴枪支109支、子弹1874发。此后，一直严禁民间私藏枪支及爆炸物品，一经发现，及时收缴。

1981年，开始开展搜缴枪支和爆炸物品集中行动。1990年9月至2010年，全市（县）共开展大规模治爆、缉枪、搜缴管制刀具等专项行动50余次，搜缴废旧炮弹9枚、各式枪支490支、仿真和土制枪支891支、手榴弹38枚、雷管1103枚、导火索20根、各式管制刀具1913把、炸（火）药157千克、各式子弹13071发。共取缔烟花爆竹非法生产销售点948处（次），没收非法运输和销售烟花爆竹成品91.85万只、半成品300余箱、各类火药原料1200余千克。

扫黄打非 1996—2000年，市公安、文化、工商部门联合组织大规模清查行动46次，共搜缴录像带、扑克等黄色淫秽物品687件、非法出版物6190种（件）、非法录像带1378盒、非法激光唱片55张、非法VCD片50张、非法录音磁带150盒，集中公开销毁。2001—2005年，共查缴淫秽光盘428张。2006—2010年，市社会治安综合治理办公室、公安局、工商局、文化局4部门联合进行大规模行动30余次，取缔黑网吧29家，处罚违规经营的网吧4家，查封非法游戏厅6家，在40家网吧、21家歌舞娱乐场所、86家宾馆、浴室等安装视频监控系统，其中网吧、宾馆、浴室监控系统与市公安局监控中心联网。

水上治安 明万历十一年（1583年），全县置巡检铺6处，有两处设于县城东水关和北水关。民国26年（1937年）1月，国民政府如皋县政府司法科于东门外设水上派出所。

民国38年7月至1950年4月，匪首徐良、徐建乘民船夜间在通扬运河停泊，先后作案11起，杀害船民15人，抢劫民船8条及大量货物。1950年，被县公安部门抓获，后处以死刑。1952年，县公安局水上派出所成立，重点进行水上治安整治。1990年9月至2005年，市（县）公安局共清查水上杂船3062条次，查破水上刑事案件36起、治安案件37起、行政案件669起，抓获逃犯2人，刑事拘留13人，经批准逮捕5人，收容劳教2人，治安处罚319人，行政处罚401人，遣送回原籍6人。2006—2010年，共处理水上碰撞沉船事故43起，突击检查杂船639条，侦破水上刑事案件60起，逮捕10人，刑事拘留11人，直接起诉5人，查处治安、行政案件175起，治安、行政处罚194人。

第六节 户政管理

一、沿革

封建王朝时期，户政主要为赋税服务。北宋崇宁元年（1102年），全县始有户籍统计，有住户2276户。清光绪年间，全县强化户籍管理，主要由保正（又称地保）、乡约具体负责。民国2年（1913

年)，国民政府如皋县政府设民政科(第一科)，负责以区、乡、保、甲行政系统对全县户籍进行管理。民国28年，日伪如皋县政府亦设民政科管理控制区户籍。民国29年，县抗日民主政权建立后，由县政府民政科兼管户政。1951年，户政管理划归县公安局，列为全县治安监管的一项重要内容。

二、户籍制度

保正户口管理制度 清光绪、宣统年间，全县实行保正户口管理制度，由保正负责户政管理。每10户居民为1牌设牌长，10牌居民为1甲设甲长，10甲居民为1保设保正。住户稀疏处，按“七并八分”法，10—15户为1牌，16户居民以上为两牌，由乡(市)编发纸或木质门牌贴挂于居民住宅门前。

乡镇、保甲户口管理制度 民国18年(1929年)6月，全县居民户籍由乡(镇)具体管理。居民以5户为邻，25户为闾，百户以下村庄为乡，百户以上为镇。民国23年3月，基层推行保甲制，改乡镇户口管理为保甲户口管理制度。农村户设户长，10户为甲，设甲长，10甲为保设保长；城市25甲为保设保长。全县委任保长3087人，甲长30891人。日伪统治如皋时期，沿用国民政府保甲制度，以编查保甲为中心，强力推行政治清乡，并颁发“良民证”。民国35年秋，国民政府如皋县政府复驻如皋城后，组织“还乡团”“自卫队”破坏抗日民主政府建立的新乡制度，强行编制保甲，实行“联保联坐”的所谓“十家连环保”制度，发现一家“通共”，十家均要受罚，并强行装钉门牌，颁发“国民身份证”。

新乡村组户口制度 民国29年(1940年)秋，如皋县抗日民主政府推行新乡制，改“保”为“村”，改“甲”为“组”。1949年10月，县政府根据《苏北区户口管理暂行办法》，先城镇后农村全面进行户口登记，颁行出生、死亡、迁出、迁入4项户口申报制度。

户口簿和身份证制度 1951年，县公安局进行全县居民户口登记，普查核对人口、职业、成份等情况。1954年12月16日，全县开始集训户政人员。在城镇建立集体户口簿和居民户口簿，作为个人身份证明。1964年第二次全国人口普查后，全县各公社、大队分别建立户口登记簿册。1987—1989年，年满16周岁的公民，首次领取居民身份证，作为个人身份证明。2005年起，全市居民分批全面换领具有防伪功能的第二代居民身份证。

“城镇定量”和“农业”二元户籍制度 1955年9月1日起，根据国务院《市镇粮食定量供应暂行办法》，全县机关、团体、学校、工厂、国营商业等单位实行口粮分等定量供应。此后，全县居民户籍分为城镇户口(亦称定量户口)、农业户口或农业户口、非农业户口，“农转非”(农业户口转非农业户口)受到严格限制。1992年8月1日，市政府办公室第21期《会议纪要》，鼓励农民进城兴办第三产业，进市区和农村集镇的农民交纳城镇增容费后即可将农业户口转为非农业户口，在城镇落户，农民称其为“买户口”。此后两年中，先后有市城建资金管理委员会、市第三产业办公室、市公安局、市劳动局、市技工学校、如皋电大、市职教中心、市第一职业高级中学、市教师进修学校9个单位经办“农转非”业务，全市通过“买户口”实现“农转非”的近2万人。2003年5月1日，江苏省实行户籍制度改革，废除城市定量户口和农业户口二元户籍，统一改成居民户和集体户，建立以合法固定住所或稳定生活来源为户口准迁条件的新型户籍制度。

三、户籍管理

常住户口管理 1949年10月，全县始执行户口4项申报制度和外来人员临时申报制度。1951年，城镇建立集体户口簿和居民户口簿。1954年，如城结合普选进行常住户口详细登记。1964年，第二次全国人口普查后，各公社、大队建立常住户口登记簿册。1973年，全县公安工作恢复正常秩序后，户籍管理趋于正常。1987年，根据江苏省政府部署，县公安局始制作居民身份证。至1988年，全县共建人口卡片1094893份，完成1415868人的人口基本信息微机编码工作。1989年，全县共制作居民身份证底卡105万余份，发放居民身份证101万份。1997年，全市实现居民户口信息网络管理。

2001—2005年，市公安局制作身份证229173份，办理户口准迁证2751人，新登记入网常住人口9783人，提供户口咨询25000余人(次)，出具户籍证明19700余份，换发新户口簿1万余本，编制各类门牌338920块，其中楼栋牌551块、大门牌404块、居户小门牌334551块、室号牌3158块。至2005年，全市网上登记总人口1426118人。

2006—2010年，市公安局办理户口迁移1.1万件，变更人口信息1.5万件，换发补发二代身份证186万张，办理临时身份证9458张。2010年，结合第六次全国人口普查，全市入户核对455171户1407270人，登记人户分离56962人。

暂住户口管理 1988年，县公安局在17个乡镇进行暂住人口调查登记试点，发放暂住证。1992年，市公安局在邓园乡、张黄港乡开展暂住人口资料台账建设试点。1993年始，清理登记私房出租户。1995年，针对暂住人口急剧增加的实际，开展暂住人口、房屋出租户清理整顿工作，重新登记暂住人口。对房屋出租户，开始发放房屋出租许可证。全市暂住证和出租许可证领证率分别为92%和92.51%。2000—2005年，市公安局清理中介机构48家，处罚房屋违法出租户19户，取缔非法出租户3户，梳理各类违法线索542条，查处外来违法犯罪分子296人，破获各类案件663起。2006年，市、镇（开发区）两级外来人口管理服务中心建立，为外来人员提供登记办证、房屋租赁、就业介绍、法律咨询、权益维护、计划生育等多种服务。2006—2010年，全市每年网上新登记暂住人口2万—4万人，注销1万—2万人，登记私房出租户1万—1.5万户。2010年末，全市登记在册外来暂住人口74306人、私房出租户18002户、寄住54006人。

水上户口管理 民国26年（1937年）春，国民政府如皋县政府在东门外设派出所，专事水上户口管理，盘查过往船只。1952年，县公安局在如城设水上派出所，1966年合并于如城派出所。2002年，市水上派出所登记水上暂住人口168人，全部发给暂住证，换发临时船民证1829张，审验户口簿865本，新发船户牌82块，户口簿86本。2006—2010年，全市共换发临时船民证5021张，审验户口簿2189本，新发船户牌86块、户口簿86本，登记喷号145条。核对和采集水上信息501户，其中核销23条计38人，有1359人从水上迁回陆上居住。

第七节 道路交通管理

一、沿革

民国前，全县无专门的道路交通管理机构。1954年12月，县政府设交通科。1956年8月，县交通局建立，设专门交通秩序管理机构，并下设区交通管理站。“文化大革命”中，全县交通秩序管理机构瘫痪。1976年5月，县公安局治安股设交通警察4人，负责如城地区主干道交通管理，为全县交通警察之始。1981年，县交通局恢复建立，下设监理股，具体负责水陆交通秩序管理，县公安局协助处理交通事故。

1987年8月，县交通局交通监理股和下属区交管所（站）整建制移交县公安局。此后，全县交通秩序管理主要由县公安局承担。是年，县公安局增设交警队，下辖车辆管理所和如城交警分队。1988年5月，县公安局增设丁西、城西、杨庄、搬经交通管理所和白蒲、磨头、葛市交通管理站。1989年12月，县公安局交警队升格为交通警察大队。1992年1月，市公安局交警大队下属交管所（站）更名为交警中队，计有丁西、白蒲、杨庄、葛市、搬经、城西、磨头7个中队。1994年4月，市公安局增设东陈、九华两个中队。1997年6月16日，市公安局交警大队增挂市公路巡逻民警大队牌子。1998年7月，如皋市公安局交通巡逻警察大队（简称市交警大队）成立，内设秩序科等4个中层机构，下辖10个交巡警中队。2010年，全市交巡警中队撤并为12个。

二、交通安全管理

法规宣传 20世纪50年代起，县交通局经常结合各种会议和中心运动，广泛开展交通法规宣传教育。1987年始，县公安局交警队，开展有计划地交通法规宣传教育。1995—2010年，市交巡警大队每年派员到公路沿线中小学上交通法规课，经常在交警大队驻地、公路沿线悬挂和张贴宣传标语、举办图片展览、开设宣传橱窗、印发宣传资料，多次召开交通安全会议，并与如皋电视台联合开办《交通长廊》专题节目，宣传交通法规。

安全设施 1977年，如皋汽车站十字路口（今中山路与益寿路交会处）首设交通岗亭。不久，设置交通信号灯，此为如皋交通指挥信号灯之始。1997—2010年，市公安局在全市交通要道新增各类警示标牌3166块，划设和刷新如城和近郊交通标线450.85千米，新装安全护栏25374.50米、减速坡1639.80米，在国道、省道和城区特别繁忙

图14-5 交警在汽车站道口指挥交通
（1991年摄）

图14-6 市交巡警出警处理交通事故
（2008年摄）

路段安装电子监控系统和电子警察26处，开辟停车场10处、车辆临时停靠点5852个，在城乡主干道增设多相位交通信号灯91组、可移动应急交通信号灯5台、太阳能曝闪灯88盏，在47处危险路段、2座危险桥梁、11处事故多发地点，安装警示标志、警示柱821处。

违章查纠 1987年前，全县交通违章，由县交通局所属监理部门查处。1987年8月始，交通违章查处由县公安局交警队负责。1989—2010年，全市（县）共查处各类交通违章4392691万起。对违章者法制教育16011人次，记证（扣分）329944人次，暂扣证照4992件次，暂扣车牌164辆次，暂时扣车25359辆次，吊扣执照567人次，拘留1138人次，直接起诉174人次。

事故处理 1987年前，全县交通事故由县交通监理部门查处，公安部门协助处理重大交通事故。1987年8月，全县交通事故始由交警队负责处理。1991年初，县公安局交通警察大队建立事故调处科，专门负责交通事故调查处理。至2005年（缺1992和1995两年资料），全市（县）共发生交通事故14912起，死亡1727人，受伤8166人次，直接经济损失1766.86万元。

2006—2010年，全市共发生交通事故4816起，死亡713人，受伤2962人，直接经济损失665.3万元。市公安局交巡警大队适用一般程序处理交通行政案件5469起，一般程序处理道路交通事故943起，简易程序处理事故8043起。至2010年，市（县）内汽车共发生肇事逃逸案件329起，侦破250起、侦破率75.99%，抓获交通犯罪嫌疑人144人、肇事嫌疑人90人，截获肇事逃逸车45辆。

交通安全专项整治 1989—1997年，市（县）公安局共开展全市（县）主要公路沿线尤其是城镇地区和城乡接合部地区交通环境专项整治20余次。1999年，市公安局开展机动车专项整治，共清理登记各类机动车93632辆。

2001年始，市公安局交巡警大队重点实施城区交通秩序专项整治。是年，市区实行机动车和非机动车分道行驶，如城海阳路和跃进路（今中山路）禁止拖拉机和货车通行。2002年，市公安局实施“畅通工程”，对城区占道经营、乱堆乱倒等实施专项治理。2003年3月，始禁止载客机动三轮车在如城主干道行驶。2004年7—8月，开展取缔非法改装机动三轮车营运载客、整顿出租汽车营运秩序、规范人力三轮车营运行为专项整治行动，共查扣违法改装营运载客机动三轮车396辆，查处出租车交通违章1055起、吊扣驾驶证13本、责令出租车停业整顿11车次，查处人力三轮车交通违规行为1354起。2005年，配合“六城同创”，先后3次开展大规模城区交通秩序整顿，共查纠交通违规违法行为59916起。2006—2010年，随着交通法规深入宣传，道路通行条件不断改善，指示灯具、标牌、提示性标线铺设等日益齐全，道路交通秩序明显改善。

三、车辆检验和驾驶员检训

车辆检验 1991年，市（县）交警大队完成机动车辆检测线和微机房的建筑安装、调试工作。1996年，全市年检各类机动车7820辆。1998年，市公安局共检测各类机动车24581辆。2001—2005年，检（审）各类机动车辆204177辆，其中大型货车、客车12516辆，特检车辆10775辆，强制报废汽车及其他机动车2879辆，强制报废二轮摩托车757辆，强制纠正"大吨小标"机动车450辆，426辆车被强行拆除私自改装部件629件，查获假牌照278件。2006—2010年，市公安局共办理二轮摩托注册上牌、领证换证、年检289980辆次，检验汽车等机动车辆216873辆次，汽车注册登记9516辆，为23942辆汽车和100603辆摩托车核发检验合格标志，依法强制报废机动车17281辆。

驾驶员检训　1989—2010年，如皋市(县)交警大队共培训、考测摩托驾驶员42.5万人次、汽车和"五小"机动车驾驶员29.49万人次，培训、核发毒化物品准驾资格383人。2010年底，全市共有机动车驾驶员培训学校12家，其中AAA级信誉驾校1家、AA级信誉驾校3家、A级信誉驾校5家，拥有教练车576辆，教练员693人，具有年培训驾驶员3.1万人的能力。

第八节 消防

一、消防组织

民间救火会　明代，各地由巡检铺组织居民轮值，每夜巡逻守宿，防盗防火。专门查看火情的称为"火兵"，后裁撤。清代，如皋城和各大集镇相继建立民间救火会，救火会下设水龙会馆，其中如皋城共有水龙会馆15处，拥有水龙等救火器械57件。水龙会馆的大门上有对联"水曰润下，龙之为灵"。兼职救火人员参与救火后有一定奖励。各水龙会馆公推经理1人，主持集资购置、维修救火器械及招募救火的"水兵"等事宜，经费向商店和富户募集。

消防队(救火联合会)　民国2年(1913年)，县公署成立救火联合会，负责火灾抢救的组织协调，一旦遇有重大火情，协调各水龙局联合扑救。是年，如皋城增设水龙局3处，建太平水池5处。民国24年，县警察局于冒家桥南侧建专职消防队，配有"洋龙"(机动水泵)，队员受过专业训练。民国27年3月，如皋城沦陷后县警察局消防队解散。

公安局消防队(股)(城区救火总会、县消防委员会)　1949年，城区政府成立城区救火总会，下辖15个分会，共有水龙46具，义务救火员276人。1951年，城区救火总会升格为如皋县消防委员会。1964年，县公安局成立消防队，人员从县属各单位临时借调，购发统一服装，在县公安局集中食宿和训练。1966年，"文化大革命"爆发后县公安局消防队解散。1974年7月，县公安局增设消防股，具体负责全县消防工作。

消防大队(如皋消防中队)　1972年，如皋消防中队正式成立，位于跃进路，编制14人，队员均为现役军人。1974年，划归县公安局消防股领导，配置消防车。

1983年，县公安局消防股及如皋消防中队划入武警序列，归属中国人民武装警察部队南通消防大队，业务上接受县公安局指导。

1994年，如皋消防中队升格为中国人民武装警察部队如皋消防大队，直属南通消防支队领导，正营级建制，下设如皋、如皋港两个消防中队。2007年，如皋消防大队位于如城镇许庄村三组的消防指挥中心工程立项，用地2公顷。

2010年，如皋消防大队下辖如皋市消防中队、如皋港区联合特种消防队和5个企业专职消防队。建筑面积1.11万平方米消防指挥中心主体工程封顶，购置40米云梯消防车和泡沫车及进口手抬泵等消防装备。全市有义务消防队318个，兼职消防队1055个。

二、火警信号

民国前，如皋城无高层建筑，县衙在谯楼上设瞭望台，委派专人轮番日夜守望，发现火情，以乱棒锣声报警，再用彩旗指示火情发生地方位。红旗表示在东门，绿旗表示在南门，蓝旗表示在西门，白旗表示在北门，黄旗表示在城中。夜间发生火情，锣声过后，用彩色灯笼取代白天彩旗，不同颜色所指方位与彩旗相同。

民国20年(1931年)，中山钟楼建成交付使用后，报警人登楼日夜轮值，如有火情发生，报警以紧急钟声为号，紧急钟声过后，再以单一钟声指示火情发生方位。一声一声地敲表示在东门，两声两声地敲表示在南门，三声三声地敲表示在西门、四声四声地敲表示在北门、五声五声地敲表示在城中。1964年，开始按照全国统一规定，设立"119"火警电话。

三、消防安全管理

1951年，县消防委员会贯彻"预防为主，防消结合"的方针，在全县范围内宣传普及防火知识，发动企事业单位和居民签订防火爱国公约，制定各项消防规章制度。1990年，各基层公安派出所明确消防监督员，全年共开展10次防火专项检查，查出火险隐患655处。1998年《中华人民共和国消防法》颁布后，如皋消防大队先后3次对80余家消防重点单位开展消防安全检查，发现隐患253处，逐一督促整改。1999年，如皋消防大队加大消防监督检查和处罚力度，共查处消防违法行为39起，拘留3人，警告10人，行政处罚23起，收缴一批违禁品。2002年始，全市实施新建单位消防验收制度，消防验收不达标的单位不得开业。

图14-7　消防知识宣传进学校（2010年摄）

2004年初，市政府会同如皋消防大队在丁堰镇皋南村开展农村消防工作试点，建立消防工作"以厂包村，十户联防"管理模式。2006—2010年，如皋消防大队出动检查人员3698人次，检查单位5860家次，发出整改通知书694份，行政处罚48家1559人，责令停业整改430家次

四、灭火救援

民国24年（1935年）前，如皋灭火救灾，主要靠人力压杠式水龙，水龙队出动，则以乱棒锣声在前开道，并向人们告知火灾发生方位。民国24年，县警察局开始配置机动水泵。1974年，开始使用消防车。2001—2010年，如皋消防大队共接火警6033次，出动车辆10291辆次，出动消防警力4.17万人次，扑灭火灾2130次，挽回经济损失近2亿元。

第九节 监所管理

一、沿革

明、清时期，县衙于北门曹家桥西侧设地方监，由县衙直接管理。清光绪三十一年（1905年），县衙于如皋城曹家桥西侧设罪犯习艺所。民国元年（1912年），县民政公署改地方监为县监狱署（亦称县看守所），由县公署警察局管理。民国27年，如皋沦陷后，日伪以原县看守所作为监狱，由日伪县政府（公署）警察局管理。民国34年9月，如西县政府进驻如皋城接受日伪政权，将日伪监狱改作看守所，由县公安局负责管理。民国35年秋，国民政府如皋县政府复占如皋城后，县看守所由其警察局管理。民国38年1月，县政府接管国民政府如皋县看守所，交由县公安局管辖。1986年，县看守所迁址如城工农桥北侧。2000年，如皋市看守所增挂如皋市行政拘留所牌子。2006年12月13日，市看守所迁移至袁桥镇334省道南侧。

二、羁押

封建王朝时期，人员羁押由县令（知县）决定。民国17年（1928年），如泰五一农民暴动失败后，大批共产党人、进步人士和无辜群众遭到国民政府逮捕关押，高峰时被羁押人数有七八百人，县看守所容纳不下，于国民政府如皋县政府西侧巷口设立看守分所。此后，县看守所、看守分所成为国民政府、日伪迫害进步人士的重要场所，人们将国民政府如皋县政府西侧巷道称为"申冤巷"（1949年后改称菜场巷）。中华人民共和国成立后，县看守所羁押始有明确法律规定和程序。

三、思想教育

民国元年（1912年），县监狱署设教诲课，并有教诲堂负责教育羁押人员悔过自新。北洋政府时期，由江苏省监狱管化会派员专事羁押人员"教诲"工作，通常以佛教人生格言和因果报应关系为主要教化内容。国民政府如皋县政府建立后，向羁押人员灌输“三民主义”“绥靖主义”和反共思想。汪伪统治时期，主要进行“大东亚共荣”等奴化教育。县政府接管县看守所后，主要对羁押人员进行世界观、人生观、价值观和伦理道德教育，组织学习讨论，使其深刻了解共产党的方针政策，促使其遵守监规，服从管教，认罪伏法，重新做人。

四、生活管理

民国元年（1912年），县监狱署设供给课，负责管理在押人员伙食。看守对羁押人员随意虐待，羁押人员家属必须买通看守，乞求宽待。狱警、看守对共产党人、进步人士更是倍加摧残。县政府接管国民政府如皋县看守所后，开始实施人道主义管理。不断建立健全各项管理规章，看守所内配设专职财会人员，专管羁押人员待遇，并有内部审计制度。看守所内设有医务室，负责检查治疗在押人员的常见病，进行卫生防疫保健，患有重大疾病的人犯送医院治疗，必要时给予住院治疗，慢性疾病人犯符合政策规定者可准予保外就医。

附录：

如皋境内的劳动改造场所

如皋县劳动改造所（队） 1950年1月，位于如城许家巷西端，初名如皋县游民习艺所。1951年4月，更名如皋县劳动改造所。先后收容改造地痞流氓、强讨恶要人员、扒手、娼妓、吸毒人员等265人。1965年，停办。

如皋县公安局劳动改造队 1950年建立，位于如城古旧河巷。主要收容轻刑犯罪人员，在如城东门外原飞机场废墟开垦荒地，种植粮食、蔬菜，通过劳动改造思想、行为。1957年，撤销。

江苏省第25劳动改造农场 1951年，迁入如皋境内，位于永安沙，归江苏省公安厅劳动改造局直接管理。1969年4月，撤销。

第十节 公安法制、科技、装备

一、接处警

20世纪20年代前，巡警铺、警察所、警察局等设警员接受民众上门报警。20年代后期，始有电话接警，并始使用自行车出警。中华人民共和国成立后，全县接处警技术、装备逐步改进。

1997年9月28日，如皋“110”报警服务台正式开通运行，全天候接受社会各界电话报警和求助，并直接将报警、求助信息传达至各相关警种或部门，迅速出警。2002年，市公安局研究开发接处警反馈软件。2003年，相继开通经济“110”、英语接处警服务和受理家庭暴力投诉举报服务。2004年，市公安局投资50余万元，完成“110”报警、“122”交通事故报警和“119”火警报警3个报警服务台合一，同时完成“110”报警系统升级改造。2005年，投资100多万元，购买5辆多功能警务车，车上安装GPS卫星定位系统，专用于如城地区的处警和巡防工作。2008年，将350兆指挥调度系统与“110”接处警系统对接整合，并开通“12110”短信报警平台，建成接处警同步录音录像存储系统。至2010年底，市“110”接处警系统共接警50.13万次，其中有效接警33.47万次、占66.77%，接受群众求助8.87万次，占有效接警25%以上。

图14-8 如皋市“110”指挥中心 （2007年摄）

二、公安法制

1990年1月，县公安局设立法制办公室。1998年7月，市公安局法制办公室更名法制监管大队。2000年3月，市公安局法制监管大队撤销，复建法制办公室，副科级建制。2008年7月，法制办公室更名法制室。1996—2010年，市公安局共治安处罚16867人，劳动教养716人，办理复议诉讼案件246起。

三、信息通信

有线通讯 1993年前，全市(县)公安信息通讯主要依靠人工传递、人工电话接转或传真收发等。1993年11月，全市公安系统通信设备升级，原有的50门供电式总机升级为250门程控交换机，市话中继升级到10对。2002年5月，程控交换机升级到1200门，30对中继至电信网，30对中继至移动网。全市公安系统内部开通覆盖各基层所队的内线电话，每所队话机8部。

无线通信、网络 20世纪80年代，全县公安民警出警始使用无线对讲机。1998年10月，市公安局寻呼台开通，并与南通市及南通地区各县(市)公安局寻呼台联网。2000年4月，如皋市在南通市公安系统率先建立覆盖全市的350兆无线集群系统。2002年8月，建成覆盖全市公安系统各基层所队的公安4级无线网络，所有单位均用2兆宽带接入，局域网从十兆集线式交换升级为主干千兆、桌面百兆的3层交换。是年，市公安局通信科研发成功"执法质量考评"系统软件，被留置人员网上实时报备及留置室网上实时监控软件，"110"网上接、处警反馈软件，5类基础台账软件以及嫌疑人员、嫌疑物品、嫌疑线索、嫌疑失窃车辆管理系统并得到广泛运用。建成夜巡盘查人员数据库、高危人群数据库、工作对象数据库。2003年9月，建成延伸公安系统各基层所队的4级网电视电话会议系统和网上办公自动化系统。

四、防范、监控

20世纪90年代前，全县治安防范以人力群防、群治为主。1996年，全市始实施"三防"(人防、技防、设施防)三位一体防控体系建设，重点单位重点部位安装报警器37套。1997年，全市重点地区、路段、部位建立治安岗亭32个。1998年，全市各学校、金融网点及一些重要部位建立CK区域报警防范系统。

2002年，从市区开始，向重点集镇延伸辐射，全市机关、学校、企事业单位安装CK报警系统439只，国道、省道及城镇临街，特别是城郊结合部的路边商店、经营网点，共安装远红外区域报警和机动车辆防盗报警器8882只，监控探头2628只，"电子狗"报警器6217只。同时建成区域报警网28个，装置防盗锁28258只，居民住宅楼安装防盗钢叉倒刺10056只，初步形成技防网络。2003年，以构建"110"一级指挥为龙头，信息侦破、预警管制、"三防"、网络、警种联动、矛盾缓冲等治安防控体系为主线，实施警务区治安板块承包制度，警务区服务点965个，安装报警系统466套，新安装远红外报警装置578处，探头5958只，建成区域报警网41个。

2004—2005年，全市新装CK报警系统935套，区域报警网145个，安装远红外探头24597只，防盗钢叉、倒刺11027只。12所市直学校和9所省级重点中学安装电视视频监控系统。重点内保单位电视视频监控系统实现全覆盖。如城海阳路和宁海路建成电子防控一条街和区域报警系统。此后，市财政又投入1860万元，建设"技防镇"16个，"技防街"29条，"技防小区"8个。2008年，全市警车全部安装GPS系统，并将GPS系统向出租车、租赁车及高档轿车延伸。2009年，全市新增监控摄像头365只，所有监控全部安装辅助光源，图像均实时传输到市公安局监控中心。是年，如皋市被江苏省公安厅、科技厅授予江苏省科技强警示范区称号。2010年，主城区监控系统加密升级，同时实施道路监控网工程，新增治安监控系统328套，"平安E家"电话报警系统16万户。2006—2010年，各工业园区建成区域报警室31个，新安装CK区域防范报警系统390套，安装视频主机918台，摄像头10353只，远红外报警主机2710台，探头20835只。老小区安装楼寓防盗对

图14-9 2010年5月，市政府在电信大楼召开"技防入户"工程建设推进会

讲系统1221套，安装监控系统12套152只摄像头，建成封闭小区4个。

五、刑事侦查技术

20世纪50年代及以前，公安刑侦几无专用设备。60年代始配备照相、化验、痕迹提取等装备。1994年，市公安局刑警大队设立技术中队和法医鉴定所，增加一批刑侦科技仪器设备，并开始运用刑事痕迹比对、鉴识、查证，以及根据头骨特征作人体面貌复原、电脑成像等，辅助重大刑事案件侦破，受到江苏省公安厅表彰，并在江苏省首次单指纹管理工作会议上作经验介绍。1995年，市公安局刑侦技术室通过公安部一级示范点验收。此后，市公安局刑侦技术、装备不断完善。

六、交通指挥

1977年，全县安装第一台交通指挥信号灯。此后城区交通道口交通指挥灯逐步普及，并逐步向农村重要道路平交口延伸，县内国道、省道和城区交通繁忙路段安装电子监控系统和电子警察系统。进入21世纪，市交警部门在继续添置、安装自动控制红绿灯、太阳能曝闪灯、测速仪、电子警察、自动报警装置、摄像头等科技含量较高的交通管理设备、设施的同时，普遍配备使用酒精度现场测定器。

2010年9月，市交巡警大队整合城区和主干道监控系统，建立集成区交通绿波控制、国道道路监控系统以及卡口查控系统于一体的智能监控中心。至2010年，全市城乡主干道有多相位红绿灯91组，移动应急指挥灯5台，有太阳能曝闪灯88盏。

七、基层派出所装备

2002年，如城地区各金融部门、社会治安复杂场所等重点部位电视监控系统建立，覆盖全市各公安分局、基层派出所、中队的公安四级信息网络建成，在市公安局程控交换机升级的基础上，全市公安系统开通覆盖各基层派出所的内线电话。2004年，全市以“技防镇”建设为主线，强化科技防控网络建设。建成派出所视频监控中心24个，镇区区域报警室27个。2005年后，各派出所从自身实际出发，实施科技创新。锦绣派出所电子技防一条街管理向全省推广；皋南派出所在辖区内重要部位，安装探头直通警务巡逻车电台，与市公安局指挥中心联网；丰乐派出所自筹资金建成以派出所为中心覆盖全辖区沿街路边店的网络监控系统；白蒲派出所被公安部、科技部联合表彰为全国第一批科技强警示范城市建设先进集体。

图14-10　2009年，如皋市公安局为基层所队配备120辆警用摩托车

八、单警装备

20世纪80年代前，全县单警装备主要为警棍等简单器械。20世纪80年代，部分警员始配无线对讲设备。2005年，市财政投入600余万元，公安干警电脑、打印、自动成像等成套设备配备率95%以上，一线民警配备防弹背心、录音笔、对讲机、数码高清便携摄像机、活体指纹自动采集仪、测速仪等随身设备。2008年，一线民警全部配备警务包，内含现场勘测、笔录、痕迹搜取、GPS定位系统和必需的救急物品等。

第二章 检察

第一节 机构沿革

一、如皋检察处(审检厅)

民国元年(1912年),县内始建地方审检厅。民国3年,审检厅改为审检所,审判、检察合一。民国4年,裁撤。民国16年,如皋县法院成立,设检察官。民国25年,县法院改称如皋地方法院,仍设检察官。日伪统治期间,伪南通地方法院成立如皋分庭,检察官改称公诉代理人,后裁撤,由伪县长兼管。民国35年11月,如皋地方法院恢复,设检察处,检察处设首席检察官和检察官。

二、如皋市(县)人民检察院(检察署)

1952年8月20日,如皋县人民检察署于如城北门烈女祠内成立。1954年12月14日,更名如皋县人民检察院(简称县人民检察院),迁如城东大街224号(今如皋市初级中学内)。1957年7月,迁如城鹤颈湾(今华联超市与新华书店之间)。1959年冬,迁如城武庙巷22号(今如皋市初级中学内),与县人民法院、县公安局同在一个大院办公。1964年4月,与县公安局、人民法院一起迁沙家河塘(今如城望月桥东南侧百花苑内)。1966年,县人民检察院瘫痪。1967年4月8日,实行军管,县人民检察院建制消失。1978年10月27日,县人民检察院恢复建立。1988年11月30日,在东陈镇设立检察办事处。1990年3月25日,设县人民检察院驻税务检察室(1997年10月撤销)。1995年12月,市人民检察院迁如城宁海路西端北侧。2004年,于惠政路重建办公大楼,建筑面积10099平方米,主楼9层,附属用房3层,占地总面积1.8万平方米。是年,市人民检察院被评为江苏省检察机关先进集体、江苏省文明单位。2010年,市人民检察院内设公诉科等12个中层机构,有干警103名。

附录:

如皋市(县)人民检察院检察长更迭

董法玉 1955-07—1957-05
徐长达 1957-06—1959-05
吴云辉 1962—1963-12
徐瑞平 1964-01—1967-04
徐长达 1978-09—1980-04
高云鹏 1980-04—1982-03
彭金龙 1982-03—1984-03
刘桂江 1984-03—1986-11
范广友 1986-11—1996-03
卢旭光 1996-03—2000-08
吴晓培 2000-08—2006-02
唐旭东 2006-02—

第二节 刑事检察

一、公安移送批捕、起诉案件审查

批捕审查 1952年,县检察署建立后,开始对公安机关移送的各类刑事案件进行检察审查,批准逮捕。"文化大革命"期间及以前的资料大多散失。1978年11月,县人民检察院恢复重建,与县公安局、县人民法院既相互制约,又紧密配合,共同打击各类刑事犯罪活动。1980年7月始,县人民检察院提前介入重大案件侦查、预审和复核。1991年,提前介入72件重大刑事案件侦办,审查批捕的时间由原来至少7—10天缩短为平均

2.8天。1998年，面对犯罪嫌疑人翻供、证人翻证案件增多的新情况，适时介入案件侦查。市人民检察院刑事检察第一科受到江苏省人民检察院集体记二等功奖励。2004年起，市人民检察院实施一般案件适时介入，重大案件全程介入，重点案件审查批捕不超过2天，重特大案件当日提请，当日审查批捕。2006年，市公安机关报捕销售假冒注册商标的商品案，犯罪嫌疑人姚钧拒不供认，为一例“零口供”案件。市人民检察院派员介入侦查，确认证据链完善后，依法做出批准逮捕的决定，并将另3名同案犯罪嫌疑人抓捕归案，《检察日报》头版作专题报道。是年始，市人民检察院掌握宽严相济的刑事司法政策，对故意杀人、抢劫、绑架、强奸等直接危害社会稳定的暴力犯罪，贯彻从重、从严、从快方针坚决打击；对未成年人犯罪、初犯、偶犯和轻微犯罪案件依法从宽处理。1978—2010年，市(县)公安局共报捕8836人，经审查批准逮捕7664人，不予逮捕986人，增加逮捕99人，退回侦查190人，公安撤案16人，未有错捕漏捕发生。

1978—2010年如皋市(县)人民检察院审查公安报捕案件情况统计表

表14-1

单位：人

年份	公安提请批准逮捕	审批结果				
		批准逮捕	不予逮捕	增加逮捕	退回侦查	公安撤回
1978、1979	95	70	18	—	5	—
1980	209	177	23	—	11	—
1981	172	141	15	—	12	—
1982	142	121	3	—	11	7
1983	380	368	8	—	8	4
1984	400	381	19	—	—	—
1985	160	120	25	—	—	—
1986	152	113	24	—	11	—
1987	104	87	17	—	—	—
1988	156	134	21	—	3	1
1989	193	174	14	—	—	—
1990	222	196	17	—	9	—
1991	186	167	13	—	1	—
1992	266	228	37	—	—	1
1993	267	225	24	—	18	—
1994	390	301	76	5	13	—
1995	352	303	36	5	13	—
1996	338	280	39	—	19	—

续表14-1

年份	公安提请批准逮捕	审批结果				
		批准逮捕	不予逮捕	增加逮捕	退回侦查	公安撤回
1997	272	214	58	—	—	—
1998	275	193	80	—	—	2
1999	305	246	59	3	—	—
2000	350	310	40	—	—	—
2001	429	401	25	3	3	—
2002	280	275	4	—	—	1
2003	247	240	7	1	—	—
2004	237	235	2	10	—	—
2005	326	317	9	4	4	—
2006	344	314	20	—	—	—
2007	304	288	16	7	—	—
2008	405	357	49	25	13	—
2009	400	321	78	13	9	—
2010	478	367	110	23	27	—

起诉审查 1952年，县检察署建立后，对县公安机关移送的各类刑事案件进行检察审查，提起公诉；对县公安局侦查和县人民法院审判实行监督。1991年，市（县）人民检察院提前介入72件重大刑事案件的预审，审查起诉的时间由原来至少15—20天，缩短为平均10.9天。2003年，市人民检察院推行普通程序简化审理、庭前证据展示，提高庭审效率，降低诉讼成本。对办理的案件进行全程审查，挑出21类常见瑕疵，提出以完善监控机制为重点的综合纠正方案。1978—2010年，市（县）人民检察院共受理公安移送审查诉讼案件9474案13848人，办结9197案13112人，其中向市（县）人民法院起诉8172案11500人，移送南通和其他人民法院155案178人，免诉115案221人，不诉255案350人，退回公安局补查354案629人，公安局撤案146案234人，无一错诉。

1978—2010年如皋市（县）人民检察院审查公安提请起诉案件情况统计表

表14-2

年份	受理								审结											
	小计		新送		上年积存		退回补查重新起诉		小计		起诉		免诉		移送南通和其他法院		不诉		退回公安补充侦查	
	件	人	件	人	件	人	件	人	件	人	件	人	件	人	件	人	件	人	件	人
1978 1979	86	106	86	106	—	—	—	—	82	101	74	91	3	3	—	—	—	—	5	7

续表14-2

年份	受理								审结											
	小计		新送		上年积存		退回补查重新起诉		小计		起诉		免诉		移送南通和其他法院		不诉		退回公安补充侦查	
	件	人	件	人	件	人	件	人	件	人	件	人	件	人	件	人	件	人	件	人
1980	188	213	177	201	4	5	7	7	185	210	164	189	8	8	—	—	2	2	11	11
1981	122	148	113	138	3	3	6	7	116	141	110	133	4	4	—	—	2	4	5	6
1982	117	133	113	129	1	1	3	3	113	128	104	119	3	3	—	—	1	1	4	4
1983	271	357	261	345	4	5	6	7	268	353	263	347	2	2	—	—	3	4	3	4
1984	326	422	326	422	—	—	—	—	310	401	292	381	15	17	—	—	3	3	—	—
1985	129	159	113	138	16	21	—	—	112	137	111	136	—	—	—	—	—	—	1	1
1986	106	128	105	127	1	1	—	—	98	114	92	107	3	3	3	3	—	—	—	—
1987	87	110	81	97	6	13	—	—	73	87	70	84	3	3	—	—	—	—	—	—
1988	113	144	105	134	8	10	—	—	103	126	95	113	1	2	4	8	—	—	2	2
1989	102	184	100	176	2	8	—	—	95	148	87	138	—	—	4	6	—	—	4	4
1990	179	331	174	303	5	28	—	—	164	291	146	251	2	8	10	21	—	—	6	11
1991	142	226	132	214	10	12	—	—	126	192	114	170	6	12	5	9	1	1	—	—
1992	173	335	167	313	6	22	—	—	152	273	135	237	8	19	8	17	—	—	—	—
1993	147	305	147	305	—	—	—	—	141	278	123	236	10	14	—	—	1	4	7	24
1994	227	391	227	391	—	—	—	—	223	375	203	342	9	11	11	22	—	—	—	—
1995	267	484	263	468	4	16	—	—	263	468	229	400	14	14	20	54	—	—	—	—
1996	281	457	277	441	4	16	—	—	277	351	233	337	24	38	20	66	—	—	—	—
1997	211	278	211	278	—	—	—	—	187	245	178	218	—	—	9	27	—	2	—	—
1998	285	396	262	365	23	31	—	—	262	373	243	341	—	—	12	22	—	2	7	10
1999	387	524	387	524	—	—	—	—	391	528	335	445	—	—	—	—	4	4	52	79
2000	347	476	347	476	—	—	—	—	347	476	338	452	—	—	8	23	1	1	—	—
2001	477	719	477	719	—	—	—	—	477	719	434	650	—	—	—	—	19	19	14	24
2002	532	763	532	763	—	—	—	—	532	763	464	663	—	—	9	19	9	9	19	30
2003	412	562	412	562	—	—	—	—	412	562	368	507	—	—	2	3	13	20	7	10
2004	385	488	385	488	—	—	—	—	385	488	345	430	—	—	6	11	4	8	7	14
2005	424	590	424	590	—	—	—	—	424	590	393	541	—	—	4	8	4	4	10	10

续表14-2

年份	受理								审结											
	小计		新送		上年积存		退回补查重新起诉		小计		起诉		免诉		移送南通和其他法院		不诉		退回公安补充侦查	
	件	人	件	人	件	人	件	人	件	人	件	人	件	人	件	人	件	人	件	人
2006	426	624	426	624	—	—	—	—	426	624	399	572	—	—	2	5	8	16	17	31
2007	514	738	514	738	—	—	—	—	514	738	471	687	—	—	10	11	10	11	21	24
2008	584	902	555	841	10	14	19	17	556	855	502	750	—	—	2	4	18	24	22	51
2009	717	987	641	843	28	47	48	97	653	909	522	686	—	—	8	21	47	59	63	127
2010	796	1168	661	927	64	78	71	163	730	1058	535	747	—	—	5	5	105	112	67	152

二、人民检察院侦查案件移送批捕、起诉审查

县人民检察院自行立案侦查的贪污、贿赂、渎职、侵权等职务犯罪案件，一般由经济检察科、反贪污贿赂局或法纪检察科、反渎职侵权局自行侦办。

20世纪80年代前，自侦刑事案件侦查、逮捕、起诉等均由经济检察科、法纪检察科全程办理。

1987年后，根据最高人民检察院要求，县人民检察院自办刑事案件实行侦、诉分开，经济检察科和法纪检察科自行立案侦查的案件移送刑事检察科审查批捕和起诉。

1989—2010年，市(县)人民检察院审查自侦移送批捕240人，批准逮捕207人，移送起诉544案719人，审结508案666人，其中起诉398案485人，免予起诉55案107人，不予起诉27案33人，退查21案28人，撤案7案13人。未有错诉错捕案件发生。

1989—2010年如皋市(县)人民检察院自侦案件审查情况统计表

表14-3

年份	批捕(人)					起诉											
	受理	办结				受理		办结									
		逮捕	不捕	增捕	退查	(件)	(人)	起诉		免诉		不诉		退查		撤案	
								(件)	(人)	(件)	(人)	(件)	(人)	(件)	(人)	(件)	(人)
1989	9	6	2	—	1	16	20	6	6	10	14	—	—	—	—	—	—
1990	15	13	—	—	2	50	66	24	29	15	20	4	4	3	4	—	—
1991	10	10	—	—	—	50	65	21	27	14	14	—	3	1	1	3	3
1992	7	7	—	—	—	37	49	32	41	—	—	—	—	—	—	—	—

续表14-3

年份	批捕(人)					起诉											
	受理	办结				受理		办结									
		逮捕	不捕	增捕	退查	(件)	(人)	起诉		免诉		不诉		退查		撤案	
								(件)	(人)	(件)	(人)	(件)	(人)	(件)	(人)	(件)	(人)
1993	8	3	5	—	—	18	32	12	12	—	14	—	—	3	3	—	—
1994	12	10	2	—	—	21	35	17	20	—	9	—	—	3	5	—	—
1995	13	10	3	—	—	—	69	—	45	—	18	—	1	—	3	—	3
1996	6	6	—	—	—	33	40	17	22	16	18	—	—	—	—	—	—
1997	13	11	2	—	—	25	26	25	26	—	—	—	—	—	—	—	—
1998	3	3	—	—	—	19	20	19	20	—	—	—	—	—	—	—	—
1999	13	13	—	—	—	15	19	15	19	—	—	—	—	—	—	—	—
2000	17	15	2	—	—	21	25	20	24	—	—	—	—	—	—	1	1
2001	12	12	—	—	—	36	36	28	28	—	—	6	6	—	—	—	—
2002	18	16	2	—	—	42	43	36	36	—	—	—	—	—	—	—	—
2003	13	11	2	—	—	24	27	20	20	—	—	2	3	—	—	1	1
2004	17	14	3	1	—	19	21	15	15	—	—	—	—	—	—	1	3
2005	7	5	2	—	—	17	18	17	18	—	—	—	—	—	—	—	—
2006	13	10	3	—	—	20	22	14	14	—	—	3	4	—	—	1	2
2007	15	14	—	—	1	21	22	14	15	—	—	7	7	—	—	—	—
2008	11	11	—	—	—	23	24	15	15	—	—	3	3	5	6	—	—
2009	8	7	1	—	—	20	22	15	16	—	—	2	2	3	3	—	—
2010	—	—	—	—	—	17	18	16	17	—	—	—	—	3	3	—	—

三、公诉

20世纪50年代起，县人民检察院对重大或特别有影响的案件，派员以国家公诉人身份出席法庭支持公诉，包括宣读起诉书，论述诉讼主张，指控犯罪，询问被告人、证人、被害人、鉴定人或出示物证，宣读证词、证言、证据文书，进一步揭露犯罪，对被告和辩护人的辩护意见进行答辩和反驳，依法对诉讼参与人的合法权益予以维护，对人民法庭审判活动予以法律监督等。

1997年始，市人民检察院根据《中华人民共和国刑事诉讼法》，出庭公诉更加注重有理有据，有法可依，实事求是，以理服人，既揭露犯罪，又注重法制宣传。

1955—2010(缺1966—1977年)年，市(县)人民检察院共出庭支持公诉7290次9287人。

1955—2010年如皋市（县）人民检察院出庭支持公诉情况统计表

表14-4

年份	出庭支持公诉		适用简易程序（件）
	件	人	
1955—1965	780	780	—
1966—1977	缺	载	
1978—1979	81	99	—
1980	159	159	—
1981—1985	959	1194	—
1986	112	130	—
1987	63	74	—
1988	110	136	—
1989—1990	225	377	—
1991	134	207	—
1992	137	232	—
1993—1996	792	1326	—
1997	203	244	—
1998	267	352	—
1999	333	446	—
2000	305	420	—
2001	306	306	—
2002	333	333	—
2003	295	295	118
2004	196	196	158
2005	282	282	128
2006	284	284	121
2007	263	263	226
2008	185	364	315
2009	201	335	326
2010	285	453	253

四、侦查活动监督

1984年，县人民检察院审查批捕时发现公安机关将沈某盗窃案的一名同案人沈某错定为名字相近的另一人沈某，及时避免一起错捕事件。1986年，审查批捕黄某案件时，发现黄某神志不够正常，经司法鉴定，其患有精神病，遂做出不批准逮捕决定。1989年，审查县公安局报捕陈某、王某流氓犯罪案时，增加逮捕同案犯蔡某。1991年后，市(县)人民检察院对公安机关收容审查人员只收不审、对案件赃款收缴处理发还不规范、对刑事拘留人员讯问过于简单、办案中证据不及时转换、与未成年人谈话不通知法定监护人到场等12类共性问题书面向公安机关提出纠正整改意见。

1978—2010年，市(县)人民检察院共口头通知纠正违纪违法错误行为为221人次，书面通知纠正违法违纪和错误行为为143人次，向公安机关发出“提供法庭执法意见书”22份，开展立案监督18人。

五、刑事审判监督

1954年，县人民检察署开始结合出庭公诉对人民法院刑事审判实施监督。20世纪50年代末，县人民检察院参与上级政法部门组织案件复查，发现法院判决不当，依法建议改判。1967—1978年，县人民检察院建制撤销，刑事审判监督工作中止。1980年，县人民检察院建立刑事检察科，刑事审判监督工作恢复正常。1996年始，根据修订后的《中华人民共和国刑事诉讼法》和最高人民检察院制定的《中华人民共和国刑事诉讼法规则》，市人民检察院将法律监督贯穿于刑事审判的各个环节。对某些有争议的案件，市检察委员会事先讨论形成统一意见，在起诉前主动与审判机关联系，共同进行法理探讨。其他案件审判中及时提出建议，庭审后及时交换意见，遇有重大原则问题发出书面建议或纠正意见。1980—2006年，市(县)人民检察院正式向法院提出纠正意见25次，其中口头24次，发出纠正违法通知书1次。公诉过程中向市(县)人民法院提出量刑建议534案696人，市(县)人民法院采纳468案587人，采纳率为84.33%。2007年，按上级“量刑建议规则”，就480名被告人向市人民法院提出量刑建议，市人民法院采纳率为98%。

六、案件监督管理

2008年3月，市人民检察院在南通市率先成立市(县)级案件监督管理中心。是年始，制定案件动态管理制度、重点案件评查制度和案件回访制度，完善办案质量与流程管理监督制约机制。推进办公、办案软件运用管理，实行信息资源共享、网上流程管理、网上审批和监督、网上执法质量考评通报等。运用侦查指挥系统、审讯及监管场所监控、自动举报系统等科技手段，实现全面、全程、实时、动态监督管理执法工作，按年网上发布《案件质量监督管理简报》。

第三节 职务犯罪案件检察

一、职务犯罪案件受理

20世纪70年代末，县人民检察院始直接受理，立案侦查经济犯罪、法纪犯罪等职务犯罪案件1979—2010年，市(县)人民检察院共受理职务犯罪线索3581件，经初查，确定立案989案1166人，其中贪污贿赂834案971人、渎职侵权155案195人。

二、职务犯罪案件侦查

1980年7月，县人民检察院设经济检察科、法纪检察科，负责职务犯罪案件侦查。1987年5月25日，县委将建于1983年的县经济案件办公室并入县人民检察院经济检察科。1994年10月，市人

图14-11 1996年9月，如皋市人民检察院反贪污贿赂局挂牌

民检察院经济检察科升格为市反贪污贿赂工作局。1996年6月更名为反贪污贿赂局，副科级建制。2002年4月，法纪检察科更名为渎职侵权检察科。2006年7月升格为市反渎职侵权局，副科级建制。

贪污贿赂案件侦查 1982年，按全国统一部署，全县开展严厉打击严重经济犯罪活动。是年，立案侦查22案31人，逮捕10人。1985年，全县立案侦查贪污贿赂案件24件28人，其中万元以上大案3案5人。1987年10月下旬，县人民检察院用两天时间，侦破原新民乡工业公司副经理杨某和乡管电站电工蒋某多次从搬运站开具现金支票套取大量现金的一起万元大案。1988年8月25日，县人民检察院接到举报，如皋纺织厂与素无业务联系的场南继忠制品厂有转汇万元巨款往来，经10天侦查，侦破一起万元贪污大案，将2名犯罪嫌疑人逮捕归案。20世纪90年代始，市（县）人民检察院将贪污贿赂案件列为职务犯罪侦查重点，少数中学校长、乡科级干部、司法干警贪污受贿的串案、窝案和百万元大案连续被侦破。1979—2010年，市（县）人民检察院共查结贪污贿赂案件629案739人，挽回经济损失10220.81万元，未有撤诉、不诉、无罪判决和缠访缠诉的事件发生。如皋反贪工作经验被江苏省检察院《反贪动态》《检察日报》等专题报道。

渎职侵权案件侦查 1979年，县人民检察院开始自行立案查处渎职侵权案件。1986年，立案侦查重大责任事故案件3案5人，玩忽职守案件2案5人，重婚案件2案3人，起诉3案6人，免诉2案2人。1990年，县人民检察院重点查处刑讯逼供、非法拘禁、玩忽职守、重大责任事故、徇私舞弊等5类案件，并号召举报。对情节恶劣，社会影响大，群众反映强烈的案件，突击查处，快侦快结。1979—2010年，市（县）人民检察院共侦查终结渎职侵权案件158案220人。

1979—2010年如皋市（县）人民检察院职务犯罪案件侦办情况统计表

表14-5

年份	获取线索				初查	立案								侦查终结				
	总数	贪污贿赂	涉税涉农	渎职侵权		总数		贪污贿赂		涉税涉农		渎职侵权		贪污贿赂			渎职侵权	
	件	件	件	件	件	件	人	件	人	件	人	件	人	件	人	挽回损失（万元）	件	人
1979	6	2	—	4	—	—	—	—	—	—	—	—	—	2	2	—	4	5
1980	31	10	—	21	31	16	19	10	11	—	—	6	8	9	11	1.04	6	8
1981	37	15	—	22	37	29	34	15	20	—	—	14	14	12	15	3.65	14	14
1982	67	59	—	8	67	24	33	22	31	—	—	2	2	11	16	—	2	2
1983	23	22	—	1	23	23	27	22	26	—	—	1	1	18	23	—	1	1
1984	46	46	—	—	46	24	29	24	29	—	—	—	—	22	25	5.71（另有粮食8.10吨）	1	1
1985	35	35	—	—	35	24	28	22	25	—	—	2	3	23	27	8.43	7	11
1986	107	82	—	25	107	37	47	30	34	—	—	7	13	31	35	12.83	7	16
1987	68	34	—	34	68	27	33	18	19	—	—	9	14	16	21	9.76	9	14
1988	142	121	—	21	142	23	29	15	20	—	—	8	9	15	20	60	8	9
1989	310	257	19	34	291	37	55	26	38	4	4	7	13	26	34	75	7	13
1990	386	306	52	28	386	56	71	41	52	4	4	11	15	32	41	111	8	10
1991	298	226	28	44	298	55	62	40	43	6	6	9	13	18	19	100	9	13

续表14-5

年份	获取线索				初查	立案								侦查终结				
	总数	贪污贿赂	涉税涉农	渎职侵权		总数		贪污贿赂		涉税涉农		渎职侵权		贪污贿赂			渎职侵权	
	件	件	件	件	件	件	人	件	人	件	人	件	人	件	人	挽回损失(万元)	件	人
1992	193	100	54	39	193	40	46	29	33	7	8	4	5	11	14	91.72	4	5
1993	216	120	49	47	216	46	59	32	41	7	8	7	10	32	41	100	7	10
1994	162	78	46	38	162	41	51	27	35	8	10	6	6	14	15	160	16	29
1995	255	153	57	45	255	57	77	35	51	12	16	10	10	13	22	450		
1996	285	150	61	74	285	61	72	37	43	14	16	10	13	37	43	450	9	12
1997	91	85	—	6	91	41	45	35	37	—	—	6	8	35	37	200	6	8
1998	92	66	—	26	92	17	17	16	16	—	—	1	1	12	12	200	1	1
1999	66	54	—	12	66	17	21	16	20	—	—	1	1	14	18	200	1	1
2000	72	61	—	11	72	22	26	21	24	—	—	1	2	19	22	200	1	2
2001	88	76	—	12	88	37	40	34	37	—	—	3	3	34	37	—	3	3
2002	91	76	—	15	91	42	42	38	38	—	—	4	4	38	38	400	4	4
2003	55	47	—	8	55	26	28	24	26	—	—	2	2	22	25	700	3	3
2004	69	60	—	9	69	20	22	19	21	—	—	1	1	18	21	450	1	1
2005	46	40	—	6	46	18	18	17	17	—	—	1	1	15	15	180	1	1
2006	41	37	—	4	41	19	21	16	16	—	—	3	5	13	13	200	3	5
2007	36	32	—	4	36	22	23	18	19	—	—	4	4	18	19	2000	4	4
2008	34	16	12	6	22	28	30	16	17	8	8	4	5	18	18	282.77	4	5
2009	67	45	17	5	25	24	31	23	20	7	8	4	5	17	18	169.75	4	5
2010	66	46	15	5	22	25	28	19	19	3	5	3	4	14	14	337.80	3	4

第四节 监所检察

一、监所法律监督

认罪伏法教育监督 中华人民共和国成立至1979年，全县监所教育监督主要通过县人民检察院与公安局联合组织教育活动实施。1979年5月始，县人民检察院重点检察在押人员认罪伏法、遵守监规等情况，及时发现并纠正监所教育方面的问题。1980年始，县人民检察院每月与县看守所汇合一次在押人员动态和伏法表现。1982年始，根据看守所关押经济罪犯、团伙罪犯、大案罪犯、留所服刑人员较多，在押人员思想复杂的新情况和新特点，县人民检察院监所教育科主要监督看守所每年上好8—10次集中教育课，并及时对重点对象开展个别谈话教育。

监所安全看管监督 1955年,县人民检察院发现县公安局劳改队在押人员管理混乱,及时通告公安机关和县中队加强看管。此后,县人民检察院经常派员不定期到县看守所内组织查监,搜查出刀片、火柴、香烟、打火机、铁丝、铁钉等违禁品。1980年,诈骗犯陈某某公然煽动同监犯人静坐抗拒管教,蛊惑已被判死刑的罪犯汤某某自杀,驻所检察人员发现后,立即督促县看守所给予严肃处理。2006年起,市人民检察院不定期开展监所夜间突击巡查。至2010年,市人民检察院共至如皋看守所夜间突击巡查21次,会同市看守所清监15次。

依法关押监督 1954年起,县人民检察院开始加强关押监督。是年,检察发现县劳改队有4名犯人年事已高,建议改为保外人民管制。1956年,检察发现原伪县长夏某某关押3年尚未判决,另有5名在押犯一年多未接受提审,向办案单位提出后得到及时纠正。1983年,县人民检察院组织办案单位执行法定期限专项检察,发现侦查阶段超期关押5起,起诉阶段超期关押2起,审判阶段超期关押2起,及时督促看守所通知办案单位采取措施予以纠正。1997—1998年,市人民检察院组织开展假释、减刑、保外就医专项检查整治行动。2005年,制订完善《如皋市人民检察院减刑、假释工作制度》《保外就医工作制度》《监所监察部门与看守所联席会议制度》等,实行期满前7日提示制度。2007年,市人民检察院向办案部门发出超期羁押预警提示函20余份。2008—2010年,市人民检察院共纠正刑期计算错误5人。

在押人员生活管理监督 1981年起,县人民检察院经常至看守所号房了解在押人员生活状况,督促看守所坚持每天定时放风,白天供应开水,晚上供应女犯热水,夏季监房经常灭蚊灭蝇,冬季在押人员床铺铺垫稻草,对衣服单薄且家庭经济困难的在押人员冬天发给棉衣棉被。加强看守所财务监督和囚粮、囚款专项检察,就在押人员的劳动提成、生活用品价格、伙食调剂、疾病预防、大病救治,以及在押人员家属所送钱物管理等具体问题,经常与看守所交换意见。

违法行为查处 1987年,县人民检察院发现并纠正个别公安干警违反规定给在押人员戴戒具问题。1991年、1995年,市(县)人民检察院查处办案干警违规单人提审在押人员问题。1995年,查处1名武警战士帮助在押人员传递信息事件。2001年8月3日,查处两名律师擅自带犯罪嫌疑人家属与犯罪嫌疑人见面谈话的违法行为。2004年,查处看守所个别干警对严重违反监规的在押人员变相体罚等违法现象。

二、监外执行检察监督

1982年前,全县监外执行监督主要依靠社会力量进行。1983年,县人民检察院派出7批人员,组成3个小组分赴全县10个乡镇和3个工厂,召开座谈会12次,走访干部群众53人次,对监外执行人员中生活确有困难的,会同基层组织共同解决。1984年始,每年对监外执行人员逐人检查考察,对脱管、漏管现象及时检察纠正。对被判管制、缓刑已经到期和即将到期的,督促公安机关及时办理解除手续。对监管组织不健全,监管措施不落实的监外执行人员,整顿重建监管组织,落实监管措施。2005年始,安置帮教和社区矫正工作纳入司法行政工作范畴。

三、监所案件办理

1988—2007年,市(县)人民检察院共办理各类监所案件135人(件),其中,审查批捕34人,审查起诉55人,涉财申诉35人,刑期申诉11人,并追回财产7万余元。1999年,市公安局移送袁某某监外执行期间重新犯罪案件,市人民检察院审查批捕并出庭支持公诉,首开市人民检察院监所案件批捕、起诉、出庭公诉先河。2008—2010年,市人民检察院办理监所涉财案件30件,追回财产近8万元。

第五节 控告申诉检察

一、控告举报案件的接受与办理

1952年,县人民检察署在城区各街道及车站、轮船码头、剧场、县政府前等公共场所设置检举箱18只,接受人民群众举报。群众举报案件办结或转办后,将办理结果函复举报人。1952—1965年,县人民检察院共接受检举5421件,转各有关部门处理4914件,由县检察院自行查处416

图 14-12 2008 年，如皋市人民检察院获最高人民检察院文明接待示范窗口奖牌

件。1984 年，县人民检察院设立控告申诉检察科，建立举报、控告联系点，定期巡访，并与县信访局加强横向联系，互通信访情况，尽可能把人民群众控告、举报的问题解决在基层。县人民检察院制定的《控告申诉检察工作补充细则》，被南通市和江苏省两级人民检察院转发。1993 年，市人民检察院举报中心设立。2002 年起，市人民检察院推行和落实举报、控告首问责任制，并开展检察企业行、村镇行等活动，主动接受群众举报、控告等。1965—2010 年，市（县）人民检察院共受理控告举报 18377 件。

二、刑事申诉案件的接受与办理

1987—2010 年，市（县）人民检察院共受理各类刑事申诉 116 件，经复查纠错或部分纠正改错 37 件，维持原处理决定 49 件，驳回 16 件，申诉人息诉 13 件，其他 1 件。

1987—2010 年如皋市（县）人民检察院控申案件审理情况统计

表 14-6

单位：件

<table>
<tr><th rowspan="2">年份</th><th colspan="4">控 告 审 理</th><th colspan="5">刑 事 申 诉 审 理</th></tr>
<tr><th>受 理</th><th>初 查</th><th>移送自侦立案</th><th>移送其他部门</th><th>受理</th><th>复查纠错</th><th>维持原处理决定</th><th>驳回</th><th>息诉</th></tr>
<tr><td>1987</td><td>75</td><td>21</td><td>21</td><td>33</td><td>5</td><td>—</td><td>5</td><td>—</td><td>—</td></tr>
<tr><td>1988</td><td>171</td><td>—</td><td>—</td><td>171</td><td>5</td><td>2</td><td>—</td><td>3</td><td>—</td></tr>
<tr><td>1989</td><td>614</td><td>26</td><td>24</td><td>564</td><td>4</td><td>2</td><td>2</td><td>—</td><td>—</td></tr>
<tr><td>1990</td><td>306</td><td>93</td><td>8</td><td>205</td><td>4</td><td>2</td><td>2</td><td>—</td><td>—</td></tr>
<tr><td>1991</td><td>226</td><td>21</td><td>121</td><td>84</td><td rowspan="2">12</td><td rowspan="2">4</td><td>—</td><td rowspan="2">8</td><td rowspan="2"></td></tr>
<tr><td>1992</td><td>289</td><td>22</td><td>108</td><td>159</td><td>—</td></tr>
<tr><td>1993</td><td>257</td><td>29</td><td>166</td><td>62</td><td>3</td><td>1</td><td>—</td><td>2</td><td>—</td></tr>
<tr><td>1994
1995</td><td>513</td><td>68</td><td>20</td><td>425</td><td rowspan="3">11</td><td rowspan="3">9</td><td rowspan="3">—</td><td rowspan="3">2</td><td rowspan="3">—</td></tr>
<tr><td>1996</td><td>376</td><td>112</td><td>11</td><td>253</td></tr>
<tr><td>1997</td><td>194</td><td>124</td><td>18</td><td>52</td></tr>
<tr><td>1998</td><td>381</td><td>117</td><td>12</td><td>252</td><td>6</td><td>—</td><td>—</td><td>—</td><td>6</td></tr>
<tr><td>1999</td><td>443</td><td>149</td><td>—</td><td>294</td><td>6</td><td>1</td><td>5</td><td>—</td><td>—</td></tr>
<tr><td>2000</td><td>458</td><td>98</td><td>—</td><td>360</td><td>1</td><td></td><td>1</td><td>—</td><td>—</td></tr>
<tr><td>2001</td><td>468</td><td>128</td><td>12</td><td>328</td><td rowspan="3">24</td><td>—</td><td rowspan="3">23</td><td>—</td><td rowspan="3">1</td></tr>
<tr><td>2002</td><td>343</td><td>136</td><td>18</td><td>189</td><td>—</td><td>—</td></tr>
<tr><td>2003</td><td>202</td><td>87</td><td>9</td><td>106</td><td>—</td><td>—</td></tr>
</table>

续表14-6

年份	控告审理				刑事申诉审理				
	受理	初查	移送自侦立案	移送其他部门	受理	复查纠错	维持原处理决定	驳回	息诉
2004	200	56	6	138	6	—	—	—	6
2005	163	64	—	99	1	—	—	—	1
2006	152	35	1	116			—		
2007	175	31	4	140	1	—	—	1	—
2008	55	26	3	26	3	—	3	—	—
2009	39	28	3	8	4	2	2	—	—
2010	53	12	4	37	20	14	6	—	—

第六节 民事行政检察·检调对接

一、民事行政检察

1991年8月，市人民检察院设立民事行政检察科，始实施民事经济审判、行政诉讼活动法律监督。1996年，如皋市手套厂不服法院关于许某和于某等15人追索劳动报酬一案的判决提起申诉，经查确属法院判决认定主体错误，市人民检察院依法提请抗诉，市人民法院改判。1992—2010年，市人民检察院共受理各类民事、行政申诉案件796件，决定立案审查371件，提请抗诉和建议提请抗诉149件，发出再审检察建议33件，出庭支持公诉37次。

二、检调对接

1993年始，市人民检察院与市人大常委会、市人民法院、市司法局、市律师事务所联合建立息诉平台，帮助民事案件原、被告双方协商、和解、息诉。2009年9月，市人民检察院设立检调对接案件办理中心，配备4名检察官，以中心为窗口，集中办理交通肇事，故意伤害致人轻伤，发生在亲友、同学、同事之间的案件。是年，市人民检察院累计办理轻微刑事犯罪和解案件36件、民生诉求和解案件8件、民事申诉执行和解案件9件。2007年，如皋市检察工作与社会矛盾纠纷大调解机制对接，开展民事行政息诉工作的经验被《江苏政法》《检察日报》等媒体专题报道。2010年，市人民检察院在全国县级市中率先成立以检察官个人名字命名的“玉山检调对接工作室”，推行有心理学理论支撑的“玉山工作四法”（情感交融法、认知重构法、结果分析法、乡情俗礼法），建立、完善多向释法说理机制，化解纠纷，钝化矛盾。是年，市人民检察院共办理轻微刑事犯罪和解案件191件、民生诉求罢访和解案件38件、民事申诉息诉和解案件45件，调处成功率90%以上，协议履行率100%。市人民检察院开办“玉山检调对接工作室”加强检调对接的做法被《检察日报》等多家媒体报道。

第七节 犯罪预防

一、职务犯罪预防

20世纪90年代始，市（县）委、市（县）纪委每年组织警示教育活动。1997年6月，市人民检察院建立经济犯罪预防中心，具体负责职务犯罪预防工作，及时向有关方面提出意见和建议。1997年11月12—13日，市人民检察院举办金融系统预防职务犯罪培训班，100余人受训。1998年6月，全市财政系统举办职务犯罪预防专题讲座，180多名财政干部受训。1998年12月，全市粮食系统100多名干部接受预防职务犯罪培训。1999年3月，全市供电系统200余人接受预防职务犯罪培训。此后，市国土、审计、建设、工商、国税、金融证券、技术监督、交通、邮政、海事等部门，英田集团、南天集团等企业，柴湾、东陈等镇（区）普遍开展预防职务犯罪培训或开展警示教育。2000年开始，全市重大建设工程项目均签订廉政协议，以预防职务犯罪，市人民检察院作为监督方在协议上签字，开展同步监督。2002年，市人民检察院制订《个案预防工作流程》。2003年4月，如皋市预防职务犯罪指导委员会建立。2007年，市人民检察院个案预防工作经验被江苏省人民检察院向全省转发。2009年6月16日，《检察日报》头版头条以《南通如皋监察农村饮水工程建设》为题，报道市人民检察院查办和预防涉农职务犯罪工作经验。2010年，市人民检察院对如皋港内港池、农村公路通达工程等省市重点投资项目以及涉及群众切身利益的40余个重大项目开展同步监督。

图14-13 如皋市人民检察院干部到国税局举办预防职务犯罪专题讲座 （2000年摄）

二、未成年人犯罪预防

1992年，市人民检察院会同市人民法院、公安局、司法局，市妇联、团市委和部分学校、家长，组成"政治一条龙""社会一条龙"帮教体系，将未成年人的帮教、引导、预防犯罪工作从公、检、法、司向全社会延伸。2002年，市人民检察院建立未成年人保护领导小组，先后制订和修正8项维护青少年权益的制度。1996年起，市人民检察院、市人民法院刑事审判庭、市看守所定期召开联席会议，通报青少年违法和帮教等方面的情况，共同商讨对失足青少年的教育、感化、挽救工作。2008年7月，市人民检察院与华东政法大学青少年犯罪研究所签订合作协议，建立江苏省首家未成年人犯罪研究基地，主要从事与青少年犯罪、权益保护、少年司法制度等有关的科研活动。2009年5月，市人民检察院建立青少年维权流动服务站。9月，设立检调对接案件办理中心，配备4名业务能力较强的干部，以中心为窗口，集中办理发生在亲友、同学、同事之间的未成年人、在校生犯罪等四类案件。

2002—2010年，市人民检察院共受理公安机关提请审查逮捕的未成年人犯罪案件48件76人，通过审查批准逮捕42件66人；受理公安机关移送审查起诉的未成年人犯罪案件206件317人，经审查决定起诉169件257人。公安机关主动撤回起诉的未成年人犯罪案件11件25人，决定不起诉未成年人犯罪案件20件26人。

第八节 检察技术

一、检察技术应用

1990年2月，县人民检察院增设技术室，具体负责文检、司法会计鉴定、法医鉴定、视听技术、摄像、照相、通信、录音、文鉴、信息传输、网络信息管理等检察技术装备的配置管理。1993—2000年，市人民检察院共办理各类文件检验鉴定700余件。2001年起，不断扩大检察技术运用范围，为办案提供法医、视听、文检、司法会计鉴定等技术帮助120件。2002—2005年，市人民检察院提供各类办案技术帮助324件。2006—2010年，受理同步录音录像委托14件，制作录音、录像资料92份，受理文件审查37件，文件检验38件，司法会计鉴定5件。市人民检察院自行研制的11台便携式办案设备，由江苏省人民检察院向全省推广。

二、检察信息化建设

20世纪90年代起，市人民检察院开始加大投入，先后建成检察内网网络系统、外网网络系统、侦查指挥系统、电子查询导航台、看守所监房监控系统、智能档案管理系统等。2006—2010年，市人民检察院投资300余万元，建成办案远程控制指挥系统、全自动网上受理举报系统等综合信息网络平台，建立数据库、资料库11个。2010年，市人民检察院获江苏省检察装备先进集体称号。

第三章 审判

第一节 机构沿革

一、市(县)级审判机构

民国前,如皋司法、审判统由县令掌管。民国元年(1912年),县地方审检厅设立,民政分府如皋县知事任审检厅审判推事,办理案件。民国12年始,由江苏省高等法院任命推事,设书记官和承发吏若干人。民国16年,北伐军进驻如皋城,成立如皋县法院,内设检察官、主任推事和推事。民国21年,国民政府成立如皋临时法庭,由县长任庭长,策应反共。民国25年,如皋临时法庭改称如皋地方法院。民国27年3月,国民政府如皋地方法院迁至李堡,宣告解散。日伪南通地方法院设立如皋分庭。民国29年,如皋县抗日民主政府西南行政公署司法工作由行署主任兼理,设司法承审员,负责民事、刑事案件审理。民国30年5月,如西县政府设司法科,负责民事、刑事案件审理。各区设司法股,配备司法助理员。民国34年9月,日伪南通地方法院如皋分庭随日伪政权消亡。民国35年11月,国民政府如皋县政府恢复设立地方法院。民国38年1月,国民政府如皋地方法院撤离如皋,终结。7月28日,县政府司法科撤销,如皋县人民法院(简称县人民法院)建立,在县政府东花厅办公。各区仍保留司法股。1950年,县人民法院迁如城东大街224号古城隍庙内。1955年夏,迁如城鹤颈湾北箆箕巷南端东侧原城区区政府内。1959年底,迁武庙巷22号,与县公安局、人民检察院同驻一个大院办公。1964年4月,与县公安局、人民检察院一起迁沙家河塘。1966年,"文化大革命"爆发后,县人民法院机构瘫痪。1967年4月8日,全县实行军管,县人民法院建制消失。1973年6月,县人民法院恢复建置。1991年6月,市人民法院迁宁海路495号。2008年9月20日,迁惠政路与益寿南路交会处东北侧。2010年,市人民法院内设刑事审判庭等15个中层机构,共有干警194名,其中审判员107名,助理审判员3名,书记员62名,法警18名,法医2名,工人2名。

附录:

如皋市(县)人民法院院长更迭

庄振华 1949-07—1950-03
环金安(副,主持全面)1950-03—1952-06
丁春江 1952-06—1954-07
严永祥 1954-07—1958-05
董法玉 1958-05—1963
吴　勇 1963—1966
高云鹏 1973-12—1978-09
陈文翰 1978-09—1981-04
庞　坚 1981-04—1984-05
陈禹峰 1984-05—1987-04
马道来 1987-04—1990-04
陈步高 1990-04—1996-02
常连生 1996-02—1998-01
(1996-02代,1996-03任)
蒋明华 1998-01—2002-11
祝建华 2002-11—2007-11
(2002-11代,2003-01任)
吴存银 2007-11—

二、基层(专门)法庭

平西分庭 1950年10月,县人民法院设立如皋县人民法院平西分庭,支持平西17个乡、白蒲6个乡、薛窑5个乡等新解放区,运用法律程序惩治破坏社会治安的恶霸地主、土匪、特务、反革命分子及一切违抗土地改革法令的犯罪分子。1951年6月,土改结束撤销。

县人民法庭 1952年1月,县人民法院成立如皋县人民法庭,专门受理审判贪污、受贿、偷税、漏税、盗骗国家财产、偷工减料、盗窃国家经济情报等案件,“三反”“五反”运动结束后撤销。

普选法庭 1953年,首次进行县人民代表普选,8月和12月分两批进行,县人民法院特设4所普选法庭配合普选。第一普选法庭先后管辖城西、花园两区和城区、城东、马塘3区;第二普选法庭先后管辖何正、海圩、江安3区和平西、薛窑、新坝3区;第三普选法庭先后管辖磨头、城西两区和江防、石庄两区;第四普选法庭先后管辖卢港、夏堡两区和白蒲、车马湖两区。第二批普选结束后,普选法庭撤销。

巡回法庭 1954年4月6日,县人民法院设立3个巡回法庭。第一巡回法庭设于薛窑区公所,管辖平西、新坝、薛窑、白蒲、车马湖、江防6个区案件审判;第二巡回法庭设于邹家岱供销合作社,管辖石庄、海圩、江安、何正4个区案件审判;第三巡回法庭设于夏堡区公所,管辖夏堡、卢港、城南、花园4个区案件审判。10月,增设第四巡回法庭,设于白蒲区公所,管辖白蒲、马塘、下原3个区案件审判。第一、二巡回法庭于1955年8月撤销。第三、四巡回法庭于1956年4月24日分别改建为石庄人民法庭和白蒲人民法庭。

区(镇)人民法庭 1956年,县人民法院设立石庄法庭和白蒲法庭,“文化大革命”中消失。1974年12月,石庄、白蒲法庭恢复重建。1979年底,丁堰法庭和搬经法庭建立。1982年2月,城西、城东、薛窑、江安、磨头5所区法庭建立。1983年8月,如城法庭建立。至此,全县9个区和如城镇均建立法庭。1988年10月,长江人民法庭建立,1999年底撤销。2000年初,如城法庭撤销。11月,城东、薛窑、江安法庭撤销。2004年12月,城西法庭撤销,城东法庭恢复。2009年,城东法庭更名为如皋经济开发区法庭,另增设如皋港区法庭。2010年,全市共设白蒲、石庄、磨头、搬经、长江镇(如皋港区)、如皋经济开发区6所基层法庭。

第二节 审判制度

一、刑事诉讼审判程序制度

明、清时期,普通民众对《大明律》《大清律》等法律知之者甚少,县衙审理案件时,诉讼程序常由县令(知县)随意决定。

民国17年(1928年)如泰五一农民暴动失败后,国民政府多以“危害民国罪”,审判迫害共产党人和进步人士,审判多不依司法程序执行。法官有自由取舍证据决定被告人有罪或无罪的权力,常施法外之法和法外之刑。

民国30年5月,县政府成立司法科,开始实施人民审判制度。民事案件通常由当事人起诉,提交诉状,并提供作为证据的证明材料。重大刑事案件由公安保卫机关立案侦查、拘捕、审讯,向司法科起诉。民国34年9月,县政府组建县惩奸委员会,邀请地方绅士和群众团体代表陪审,并召开万人大会对主要汉奸进行公审,发动群众揭发控诉。民国37年始,县政府司法科沿用抗战期间的一般简易诉讼和审判程序。反革命政治案件和重大刑事犯罪由公安机关立案、侦查、起诉,县政府司法科收案后审核案卷、开庭审理、合议、判决、执行、结案、归档。审级设置,采取两级终审制,县司法科为第一审,苏中三分区法院(1949年后为专区中级人民法院)为终审。刑事案件上诉期为10天。

1954年始,县人民法院实行起诉、陪审、辩护、合议4项制度。在庭审辩论后,听取旁听人发言,最后宣判。1956年2月始,实行公判、陪审、合议、辩护、上诉程序制度。1958—1960年,采用“一员三代”(一人代行预审员、检察员、审判员职责)的方法,携卷下乡,分片包干,就地办案,迅速完成审判任务。1961年6月始,县人民法院独立行使审判职权,接受县人民检察院法律监督。1979年7月1日《中华人民共和国刑法》《中华人民共和国刑事诉讼法》实施后,全县严格执行刑事诉讼审判程序制度。

二、民事诉讼审判程序制度

民国30年(1941年)5月始,全县民事案件由县政府司法科统一审理。民间纠纷先由乡调解委员会调处,调处无效的转区司法股,司法股可传讯双方当事人到场答辩,亦可由代理人到场答辩,未经乡调处的民事案件区司法股不受理,未经区司法股调处的案件县司法科不受理。审级设置,亦采取两级终审制,县司法科为第一审,苏中三分区法院(1949年后为专区中级人民法院)为终级审。民事案件上诉期为15天。1949年始,全县民事案件审判程序、诉讼手续以便利诉讼为原则,受理人民群众的诉讼,口头诉讼或书面起诉具有同等效力,以调解为主,判决为辅。1956年始,全县实施律师辩护制。1958—1960年,县公安、检察、审判3部门合署办公,统审民、刑案件。1979年起,县人民法院按《中华人民共和国民事诉讼法(试行)》规定程序审理民事案件。1991年4月9日《中华人民共和国民事诉讼法》颁布实施后,全市(县)民事审判程序制度依《民事诉讼法》执行。进入21世纪,全市民商事案件审理推行诉调对接,充分发挥大调解机制的作用。

图14-14 20世纪80年代,如皋法院刑事庭审判现场

三、人民陪审员制度

中华人民共和国成立初,县人民法院邀请机关、团体代表陪审。1953年,结合首届县人民代表普选,产生人民陪审员101名。1954年4月,由县代表推选人民陪审员57人参加巡回法庭陪审。9月,在全县人民代表普选中,正式选举产生人民陪审员83名。11月,在如城依法选举产生人民陪审员28名。

1956—1957年,全县共选举产生人民陪审员187人,以各庭为单位统一编制轮流陪审表,陪审员每次陪审时间一般为5—10天。县政府对新当选的人民陪审员均组织法律知识培训。“文化大革命”中,人民陪审制度废止。1980年,人民陪审制度恢复,全县重新选举产生人民陪审员204名。2002年,经基层推荐,市人民代表大会正式选举30名妇女为人民陪审员。2005年,市12名女陪审员专门参与未成年人犯罪和涉及妇女权益的案件审理。2005—2010年,根据全国人民代表大会常务委员会关于选任人民陪审员决定,《南通日报》发布如皋市选任人民陪审员公告,市人大常委会审议通过,确认21人具备人民陪审员任职资格,由市人民法院举行仪式,颁发任命书。

四、辩护制度

民国时期,县内有律师开业,业务只限于代写诉状,不代理案件。民国30年(1941年)始,县政府司法科在审理案件时,允许被告本人或亲友、辩护人到庭辩护。1956年5月15日,如皋县法律顾问处建立,顾问处律师接受委托出庭辩护。1958年撤销。1980年7月,县人民法院增配律师1人,受法院指定或被告人委托出庭辩护。1981年7月25日,县法律顾问处恢复建立。此后,市(县)人民法院审理案件,被告可以自由选聘律师代理辩护。

五、审判程序改革和法律文书更新

2003年3月26日,市人民法院始依据最高人民法院、最高人民检察院、司法部联合下发的《关于适用普通程序审理〈被告人认罪〉的若干意见(试行)》《关于适用简易程序审理公诉案件的若干意见》,审理冒某诈骗一案,整个庭审(含合议)仅用30分钟,并当庭宣判,庭审时间大为缩短,被告人当庭表示认罪,《江苏法制报》专题报道市人民法院这一做法。此后,市人民法院刑事审判庭又根据被告人认罪案件审理特点,自行设计一套被告人认罪格式文书,在南通市法院系统推广。

第三节 刑事审判

一、一般案件审判

民国前,全县刑事案件审理,主要审理杀人、抢劫、偷盗等案件。抗日战争期间,县政府司法科审判重点是严厉镇压汉奸、惩办抢劫、涉毒等破坏社会秩序的刑事犯罪分子。对被判处徒刑而执行有困难的交当地群众监督,称之为坐“人民牢”。解放战争期间,全县解放区刑事审判主要惩办破坏军婚犯、贪污犯和社会其他刑事犯罪分子。

1949年始,县人民法院依据中央人民政府颁布的各项法律、命令和条例,在严厉打击杀人、抢劫等危害人民生命财产安全的暴力犯罪的同时,配合政治运动,审理判处反革命分子。20世纪80年代,县法院与公安、检察、司法等部门一度联合办公,严厉打击刑事犯罪。至1985年(缺1967—1968),县人民法院共受理一般刑事案件17862起,审结16821起。

1991年,市(县)委统一组织如城地区社会治安秩序整治。市(县)人民法院在10多天时间内,选择犯罪情节恶劣、社会反响强烈的刑事犯罪案件,连续两次召开万人公审公判大会。

1986—1997年,市(县)人民法院共受理一般刑事案件2460件,审理结案2432件3925人,其中判处10年以上有期徒刑125人,判处5—10年有期徒刑802人,给予缓刑、拘役、管制等其他刑事处罚2998人。1998年,根据修改后的《中华人民共和国刑法》《中华人民共和国刑事诉讼法》,市人民法院选择非法集资、涉及“三农”等一批新型刑事犯罪案件集中公审公判,案犯被判处9—15年有期徒刑。

2005年,市人民法院制订《常见刑事案件量刑规则》,对21种常见犯罪量刑条件、幅度做出明确规定,统一量刑标准,并将自诉刑事案件交由基层人民法庭审理,薛窑、石庄、白蒲、城东、磨头、如城等法庭都开展自诉刑事案件的审理。1998—2010年,市人民法院共受理一般刑事案件5797件7914人。其中,交通肇事等危害公共安全罪1135件1153人,虚开增值税发票、假

1949—1985年如皋县人民法院刑事案件审结情况统计表

表14–7

年度	受理(件)	审结(件)	年度	受理(件)	审结(件)
1949	103	103	1967—1968	资料缺失	
1950	399	356	1969	404	325
1951	1797	1768	1970	856	716
1952	465	431	1971	541	247
1953	926	811	1972	354	162
1954	1089	1095	1973	247	155
1955	1635	1503	1974	109	84
1956	542	663	1975	104	92
1957	410	418	1976	130	151
1958	3031	2711	1977	105	92
1959	1760	2114	1978	25	48
1960	332	344	1979	81	88
1961	262	224	1980	195	190
1962	204	214	1981	142	148
1963	191	197	1982	120	92
1964	203	183	1983	299	288
1965	155	189	1984	323	327
1966	184	155	1985	139	137

1986—1997年如皋市(县)人民法院刑事案件审结情况统计表

表14-8

年份	收案(件)	审结(件)	判决		判处10年以上有期徒刑(人)	判处5—10年有期徒刑(人)
			(件)	(人)		
1986	143	133	126	150	4	30
1987	89	86	85	107	3	27
1988	140	137	126	155	2	29
1989	141	140	104	148	4	49
1990	217	214	163	275	20	95
1991	199	196	118	178	9	46
1992	206	203	177	279	13	75
1993	191	190	136	252	3	52
1994	246	245	181	306	10	68
1995	301	301	289	485	25	145
1996	336	336	230	339	20	113
1997	251	251	251	324	12	73

1998—2010年如皋市人民法院刑事案件审结情况统计表

表14-9

年份	受理(件)	危害公共安全犯罪		破坏市场经济秩序犯罪		侵犯公民权利犯罪		侵犯财产犯罪		妨害社会管理犯罪		贪污受贿犯罪		审结	
		(件)	(人)	(件)	(人)	(件)	(人)	(件)	(人)	(件)	(人)	(件)	(人)	(件)	(人)
1998	278	42	42	12	20	76	95	120	169	11	12	17	18	279	358
1999	363	116	117	19	34	56	65	133	216	29	55	9	9	363	497
2000	398	78	78	16	22	106	137	142	199	41	64	13	18	397	522
2001	474	99	102	14	35	78	92	183	277	77	186	21	26	473	713
2002	465	75	77	28	76	82	85	179	268	66	111	24	25	463	645
2003	438	62	64	27	46	95	104	191	273	33	47	21	23	438	566
2004	395	92	92	14	22	71	86	172	273	20	40	16	16	395	493
2005	436	88	72	20	29	64	79	209	293	33	60	16	17	436	550
2006	438	71	72	18	33	69	76	217	343	43	63	12	12	437	574
2007	510	102	102	28	80	86	94	247	373	32	70	12	13	508	705
2008	522	85	85	22	43	70	81	257	412	65	111	14	14	516	749
2009	536	128	149	19	26	84	103	235	341	51	84	13	13	531	717
2010	544	97	101	34	60	66	80	246	389	71	108	16	18	542	762

冒注册商标等破坏社会主义市场经济秩序犯罪271件526人，杀人、强奸、故意伤害等侵犯公民人身权利、民主权利犯罪1003件1177人，抢劫、盗窃、诈骗等侵犯人民财产犯罪2531件3825人，寻衅滋事、聚众斗殴等妨害社会管理犯罪572件1011人，贪污受贿犯罪204件222人。审理结案5778件7851人，其中处10年以上有期徒刑223人，处5—10年有期徒刑621人，处5年以下有期徒刑2541人，判处徒刑缓期执行3259人，给予拘役、管制、罚金等其他处罚1207人。

图14-15　法官庭后对未成年被告心理疏导（2003年摄）

二、未成年人案件审理

圆桌审判　2002年起，市人民法院对在实施犯罪时未满18周岁的未成年被告人开展“圆桌审判”，由女法官、女检察官、女书记员、女陪审员组成少年犯合议庭，与被告及法定代理人、辩护人等同坐一圆桌周边，以严肃而又充满关爱的大家庭氛围取代威严的法庭气氛，从家庭、亲情、友谊、伦理道德等方面晓之以理，动之以情，着重法制教育、感化和挽救，多起案例中的少年被告心灵受到震撼当庭痛哭流涕，决心重新做人。

法庭教育和判后帮教　1980—2010年，市（县）人民法院共审理未成年犯罪嫌疑人545人。审理时，注意查明实施犯罪的主、客观原因。确定有罪被告人及辩护人未作无罪辩护的，继续对被告人给予认罪伏法法庭教育，并明确告知被告人上诉权利，特别阐明上诉不加刑的法律规定。对于已经宣判的未成年案犯，市（县）人民法院商请公安、检察、司法、共青团、妇联、教育等部门及家长共同参与加强判后帮教。对于判处管制或者拘役、有期徒刑宣告缓期执行、免予刑事处罚的少年罪犯，市（县）法院主动协助公安机关同罪犯原所在学校、单位、街道、居民委员会、村民委员会、监护人等共同制订落实帮教措施，并进行必要的回访考察。

2003—2010年，市人民法院刑事审判庭先后5次被评为江苏省优秀青少年维权岗。

1980—2010年如皋市（县）未成年人犯罪情况统计表

表14-10

年份	人数	年份	人数	年份	人数	年份	件数	人数
1980	6	1988	5	1996	13	2004	18	23
1981	16	1989	7	1997	10	2005	30	47
1982	8	1990	0	1998	12	2006	33	43
1983	17	1991	0	1999	16	2007	44	63
1984	25	1992	9	2000	11	2008	31	46
1985	8	1993	27	2001	21	2009	9	12
1986	11	1994	24	2002	21	2010	14	15
1987	15	1995	28	2003	38	—	—	—

第四节 民事审判

一、案件审理

1952年,《中华人民共和国婚姻法》颁布施行后,全县受理婚姻案件1250件,占民事案件总数的43.42%。1953年,县人民法院建立民事审判庭,专门审理基层调解未果的民事案件。是年,县人民法院选择38件有代表性的民事案件,在马塘区公开调解,通知相关乡镇调解委员会的40多名主任委员和100多名当事人到场。先由县人民法院院长集体阐述民事矛盾纠纷调解、判决程序等知识和道理,9名当事人当场撤诉。随后分头召开当事人小型调解会,23案调解成功。"文化大革命"期间,民事案件的正常调解审理秩序遭到破坏。1978年始,县内个体工商户之间,农村承包经营户之间,合伙、联营者之间等经济纠纷案件多发。肖像权、名誉权、著作权等新型民事纠纷出现,民事案件审理量上升。

1986年起,债务纠纷类案件明显上升,比例超过婚姻案件,居于首位。1999年,市人民法院受理债务案件1568件,占民事案件总数的45.82%。2001年起,民事案件审理更加注重保护妇女、儿童和老人的合法权益。市人民法院在审理劳动争议案件时,既注重保护劳动者合法权益,又注意支持企业改革发展。2004年始,市人民法院注意选择有代表性、社会影响大的案件开大庭公开审理,同时,根据原、被告实际情况采取灵活的审理形式,方便当事人。是年4月,原告黄某起诉离婚一案,因被告陈某瘫痪不能应诉,搬经人民法庭到当事人家中开庭,原告主动承诺离婚后继续承担扶养被告的义务,最终达成离婚协议,《人民法院报》《江苏法制报》、江苏教育电视台、江苏卫视等多家媒体作专题报道。2005年,如师附小学生黄某父母对黄某生前未用完的社会捐款主张权利诉讼案,市人民法院公开审理,并做出判决,认定黄某父母不享有此款项的任何权利,驳回诉讼请求,央视《今日说法》栏目高度关注并作出报道,黄某夫妇和社会民众均受到深刻的法制教育。1951—2010年,市(县)人民法院共受理各类民事案件80273件,审结67654件。

1951—2010年如皋市(县)人民法院民事案件审理情况表

表14-11

单位:件

年份	受理	审结
1951	1047	1279
1952	2879	2887
1953	2572	2427
1954	1105	1535
1955	631	815
1956	603	561
1957	651	687
1958—1973	2357	缺载
1974—1978	386	300
1979—1985	2397	2368
1986	569	556
1987—1988	1262	1055

续表14-11

年份	受理	审结
1989–1990	2473	2378
1991–1995	2315	6876
1996	2315	2310
1997	2815	2800
1998	2841	2839
1999	3422	3371
2000	3560	3589
2001	4280	4272
2002	5221	5606
2003	2400	2196
2004	4004	3913
2005	2714	2773
2006	3308	3294
2007	2169	2180
2008	1117	1092
2009	2100	1977
2010	1682	1748

二、诉调对接

民国29年(1940年),全县抗日民主根据地建立县、区、乡调解委员会,民事纠纷一般通过调解解决,调解不成,由县政府司法科审理。此后,全县民事案件坚持调解与审判相结合。1992年4月,市人民法院成立经济纠纷调解服务中心,依法调处20家企业经济纠纷50起,标的额321万元,其中"三角债"30万元。2003年初,市人民法院开始实施民事案件诉讼调解与市社会矛盾纠纷大调解机制对接。10月7日,《人民法院报》以"如皋调解成效显著"为题,对市人民法院"站准坐标、找准症结、摸准脾胃、看准火候、借准外力"的"五准调解法"予以肯定。2004年,市人民法院建立诉讼调解与人民调解对接工作领导小组,31名民事法庭审判人员与全市23个镇的社会矛盾调处中心结对,担任镇人民调解法律指导员。通过举办讲座、组织民调人员旁听民事庭审等形式,对民调人员进行法律知识和调解业务培训,《江苏法制报》以《特殊的旁听者》为题对如皋市人民法院培训民调人员的做法予以报道。2006年始,市人民法院尝试推行委托调解制。交通事故赔偿案件委托交巡警大队调解,劳动争议案件委托市劳动保障部门特邀调解员调解。2007年,全市民事案件调解撤诉率为64%。市人民法院审结刑事附带民事案件及受害方当事人自诉刑事案件51件,其中42件调解结案,调解率82.4%。2010年,市人民法院建设"全方位覆盖、一体化运作"的诉讼服务中心,并建立行政争议诉前协调、行政诉讼协调和行政诉讼相结合的诉调对接机制。基层人民法庭全部附设人民调解窗口,白蒲人民法庭被江苏省高级人民法院、江苏省司法局评为人民调解先进集体和诉讼调解工作先进集体。石庄人民法庭庭长被评为江苏省诉讼调解工作先进个人。

第五节 商事审判

一、合同纠纷审理

1982年，县人民法院成立经济审判庭，负责受理法人之间、个体工商户与法人之间以及农民与生产队之间拖欠款项纠纷，经营承包合同纠纷等。1991年，农村土地承包合同纠纷突出，市(县)人民法院从9个庭室抽调40人，组成6个巡回法庭，到丁北、马塘、丁西、建设、林梓、场南6个乡(镇)挂牌办公，依法清收4520户土地承包合同欠款98万余元，清收77个企业拖欠款161.4万元。

1992年，市人民法院派出15个巡回法庭，依法到15个乡镇清收承包合同纠纷欠款和企业个人拖欠款685万元。1994年，市人民法院受理如皋集贤实业总公司诉张家港美华实业总公司钢管购销合同纠纷案，当夜赶到合同履行地上海港，就地审理，就地查封货物，仅用3天时间，800吨钢管全部按合同兑现，为集贤实业总公司挽回损失260万元。2002年，长江钢厂依法申请诉前保全，市人民法院裁定并就地查封废钢原料400余吨，长江钢厂少损失70余万元。2005—2007年，市人民法院共诉讼保全327件，涉及山东、广东、上海等20多个省市，保全金额7282万元。2008年，市人民法院针对银行、信用社、基金会案件借款人流动量大的特点，实行商事案件审理专人负责，快审、快执、快结。

2010年，市人民法院制订《坚持能动司法，为全市加快经济转型升级提供司法服务和保障的意见》，尽最大可能支持和服务经济发展。全年共受理商事案件3767件，审结4309件(含旧存)，审结标的额2.4亿元。在审理如皋丰禾粮油贸易公司与江苏盱眙天鹅湖国家粮食储备局粮食购销合同纠纷中，依法采取先予执行的措施，保障国家粮食安全和农民合法权益。至2010年，市(县)人民法院共受理合同纠纷类案件58901件，审结51855件，诉讼标的额418479.87万元。

二、破产案件审理

1994年1月，市人民法院受理如皋袜厂申请破产案，是为中华人民共和国成立后全市首例。1994—2004年，市人民法院共受理78家企业破产申请，其中国有企业19家，市属集体企业6家，乡镇集体企业45家，股份、责任、联营公司8家，共涉及企业职工24890人，资产总额78807.08万元，负债总额136172.46万元。其中，撤回申请1家，依法驳回2家。2005—2010年，市人民法院立案受理企业破产案件68件，经审理，破产终结56家，其中国有企业11家、集体企业30家、合资企业2家、股份合作制企业5家、有限公司6家、其他2家，共涉及企业职工6058人，资产总额38990.43万元，负债总额59996.41万元。

1982—2010年如皋市(县)人民法院经济案件审理情况统计表

表14-12

年 份	受理(件)	审结(件)	诉讼标的额(万元)	备 注
1982-1985	281	201	199.99	—
1986	89	97	238.17	—
1987	97	98	249.91	—
1988	105	130	361.49	—
1989	190	196	643.39	基层法庭受理50件，审结42件
1990	375	342	350	基层法庭受理280件，审结249件
1991	1415	1396	553.35	—
1992	1327	1405	598.95	—

续表14-12

年份	受理(件)	审结(件)	诉讼标的额(万元)	备注
1993	406	415	1270.51	—
1994	398	465	3260.55	基层法庭审结251件
1995	558	578	4499.53	—
1996	934	934	14367.90	—
1997	2703	2701	7027.13	—
1998	2042	2037	8837.93	—
1999	2213	2189	12501.05	—
2000	1733	1702	11013.38	—
2001	2881	3409	7122	—
2002	3441	3170	13300	—
2003	2905	2768	9822	—
2004	2460	1824	7083	—
2005	2668	1847	6632	—
2006	4561	2226	13218	—
2007	4131	3915	28568	—
2008	7149	6984	140656	—
2009	6759	6322	102660	—
2010	7080	7357	23445.64	审结案件含陈积案

第六节 行政审判

一、行政诉讼案件审理

1988年9月13日，夏堡乡农民张某不服县公安局给其行政拘留7天处罚向县人民法院提起诉讼。是为全县首例“民告官”行政诉讼案件。县人民法院借人民剧场公开审理，有近千名群众到场旁听。经法庭调查、辩论、合议庭合议，裁定被告方县公安局所作治安处罚，事实清楚，证据充分，运用法律正确，处罚程序合法，维持县公安局作出的处罚决定。1988年10月30日，县人民法院设立行政审判庭，专事行政案件的受理审判工作。1992年10月15日，市人民法院在市公路管理站建立全市第一个驻行政管理机关的专项行政审判合议庭。1995年4月，市人民法院受理长庄乡沙秦村八组村民联名起诉长庄乡政府违法增加农民负担一案，长庄乡政府主动纠错，召开乡民代表座谈会，当众退回多收款项，并公开向全乡农民致歉。鉴于乡政府的诚恳态度和实际行动，沙秦村八组农民主动撤回起诉。

1998年10月27日，南通市中级人民法院在如皋召开南通市法院系统工作会议，观摩市法院行政审判变究辩式为诉辩式的庭审活动。2006年，市人民法院尝试普通简化程序审理行政诉讼案件，采用电话、捎信等简便方式传唤当事人，法庭调查和法庭辩论交叉进行，当庭宣判。2010年，如皋市人民法院行政审判庭被江苏省高级法院评为江苏省行政审判工作先进集体，并在全省人民法院系统表彰大会上作经验介绍。1998—2010年，市人民法院共受理行政诉讼案件1457件，其中涉及治安管理241件，涉及土管、城市建设370件，涉税6件，涉及计划生育19件，其他821件。审结1451件，其中维持原决定215件，全部撤销92件，部分撤销26件，当事人撤诉612件，驳回起诉151件，履行49件，移送24件，其他282件。

1988—2010年如皋市（县）人民法院行政案件审理情况统计表

表14-13

单位：件

年度	受理							审结									未结
	小计	治安管理	土地管理	城市规划	税务	计划生育	其他	小计	维持	全部撤销	部分撤销	撤诉	驳回起诉	履行	移送	其他	
1988	10	7	1	2	—	—	—	7	6	1	—	—	—	—	—	—	3
1989	6	2	3	—	—	—	1	9	3	1	—	4	—	—	1	—	—
1990	20	7	7	2	1	—	3	18	6	—	—	12	—	—	—	—	2
1991	20	4	9	—	—	—	7	20	11	—	—	9	—	—	—	—	2
1992	19	2	9	1	—	2	5	20	6	1	—	11	1		1	—	1
1993	20	6	6	—	—	2	6	20	10	3	—	7	—	—	—	—	1
1994	18	8	3	—	—	—	7	18	7	1	3	4	2	1	—	—	1
1995	44	11	4	3	—	1	25	45	9	3	3	21	3		—	6	—
1996	42	8	2	1	—	—	31	42	5	3	7	9	5	5	—	8	—
1997	57	16	6	1	—	1	27	51	11	5	3	17	3	6	—	6	—
1998	72	16	11		—	1	44	72	14	8	7	26	1	2	—	14	—
1999	86	10	12	2	—	3	59	86	21	3	1	40	2	1	1	17	—
2000	67	10	8	1	—	—	45	67	22	13	—	21	6	4	1	—	—
2001	92	23	5	1	—	—	63	92	25	9	1	34	13	1	—	9	—
2002	103	23	6	6	—	—	68	103	9	4	—	40	22	4	1	23	—
2003	111	13	15	14	—	1	58	111	7	4	—	46	13	12	7	22	—
2004	75	7	14	15	—	1	38	74	5	8	—	28	9	—	—	24	1
2005	99	9	4	38	1		47	99	3	6	1	53	7	3	2	24	1
2006	125	16	5	42	2	2	58	123	10	5	—	55	15	5	—	33	3
2007	116	19	15	31	2	1	48	119	16	7	—	36	23	3	1	33	—
2008	99	9	10	13	—	4	63	98	6	3	—	50	12	1	5	2	1
2009	79	10	3	14	—	—	52	79	2	3	—	40	11	—	3	3	—
2010	77	5	8	17	—	—	57	78	1	1	—	49	3	1	1	2	—

二、非诉执行案件审查

2001年始，市人民法院行政审判庭探索“立案审查、裁决审查、执行再审查”的非诉行政案件执行办法，将追缴农业税、拆除违章建筑，以及计划生育、征兵等行政行为纳入司法审查、执行范畴。2001—2010年，市人民法院共受理非诉执行案件2664件，审结2275件，审结标的额1715.6万元，拆除违章建筑1663.52平方米，追缴农业税392案51.3万元。2010年，如皋市人民法院行政审判庭被评为江苏省涉诉矛盾纠纷化解工作先进集体。

2001—2010年如皋市人民法院非诉执行案件审查执行情况统计表

表14-14

年度	受理(件)	审结(件)	审结标的额(万元)	备　注
2001	97	87	38.81	拆除违章建筑896.52平方米
2002	355	180	35.40	拆除违章建筑257平方米
2003	276	134	15.90	—
2004	164	164	208	拆除违章建筑510平方米
2005	144	82	38.70	—
2006	88	88	32.60	—
2007	213	213	29.77	—
2008	305	305	339.28	—
2009	531	531	75.36	—
2010	491	491	901.78	—

第七节 审判监管与立案

一、审判监督

1961年8月，县公、检、法机关抽调8人组成案件复查小组，查出判处不当的案件16件，及时纠正。1962年6月，再次组织甄别复查，共复查231案262人，发现判决不当20人，占复查案件总人数的7.63%，其中错判2人，量刑畸重12人，均按规定程序改判。

1978年12月至1979年10月，全县共复查受审判的1168人，其中反革命案217人，普通刑事案件951人。维持原判937人，占复查总数的80.22%；平反177人，改判54人，占复查总数的19.77%。1980年，县人民法院对“文化大革命”中受牵连的46件“现行反革命”案分别给予平反纠错。1984年3月至1987年2月，共审结各类刑事申诉复查案件474件。其中，维持原判313件，占申诉复查案件总数的66.03%，改判157件，占33.12%；另有撤诉3件，终止1件。改判人员中有投诚人员143人，知识分子11人，宗教界人士1人，台属2人。1986年，县人民法院共复查1958—1960年判处的反革命和其他政治性案件3108件，改判121件，占3.9%。复查“文化大革命”期间有遗留问题的案件98件。1989年10月，县人民法院试行刑事再审案件公开开庭。1991—1994年，市(县)人民法院共审理申诉案件141件。1996年，审理各类申诉案件124件。

1999年起，市人民法院开始推行复查听证制度。是年，共受理各类申诉、抗诉、申请再审、指令再审、决定再审案件80件，审结79件，评查各类案件10823件，纠正程序性问题48条。其中，58件复查案件中，有41件举行听证会。2001年，市人民法院受理孟某长期为其母申诉一案，孟母

1958年因“反革命复辟”罪被判处有期徒刑10年，经复查，依法撤销原判，宣告无罪。2002年起，对事实清楚、证据充分、当事人又举不出新证据的案件，不拘泥听证制度，改用书面审查。同时根据规定，试行民事再审案件开庭程序。

2000—2010年，市人民法院共受理复查、抗诉、申诉、申请再审、指令再审等案件544件，审结514件，其中审结再审案件157件中，再审后改判136件，占86.62%。

二、审判管理

1996年起，市人民法院案件评查组对一审审结、执结案件进行一般评查，对二审改判、发回重审的案件进行重点评查，对医疗纠纷等专业性较强的案件开展专项评查。是年，共评查案件5677件，其中重点评查35件，专项评查26件。2005年起，市人民法院对包括审、执结案件的立案、审理、执行、程序安排、实体裁判、法律文书制作、诉讼费收取、执行款项交接、卷宗装订归档等进行逐月逐项全面评查。是年，共评查案件7876件，其中重点评查50件，专项评查61件。

2006年起，市人民法院对初评为不合格案件及被改判、发回重审、再审改判的案件，向承审法官发出案件质量评查信息反馈表，列明存在问题。是年，评查案件7379件，其中重点评查18件，专项评查63件。2007年，市人民法院共评查案件9553件，其中重点评查21件，专项评查536件。至是年，通过案件质量评查，共追究错案14件，追究错案责任人22人。2008年6月，市人民法院审判委员会制订《庭长审判管理考核实施细则》《关于进一步规范审判流程管理的几点意见》。是年，评查一般案件11129件，其中评查重点和涉诉涉访案件19件。案件审理时间平均为20.03天，综合结案与受案比为98.9%，案件上诉率5.34%，上诉案件发回率0.36%。2009年，市人民法院共评查一般案件6380件，其中专项评查2次26件，审判人员人均结案245.89件，综合结案与受案比为99.36%。2010年，市人民法院先后出台《案件流程管理工作职责》《案件质量监督评查实施办法》《审判管理考核实施细则》《疑难复杂案件评定标准》《优秀案件、优秀裁判文书评定标准》《庭审考核评定标准》《法官审判业绩岗位目标考核办法（试行）》等一系列管理制度。是年，共评查一般案件1.3万件，其中专项评查2次1980件，重点评查2次26件。

三、立案

1990年，县人民法院审判委员会制订《关于受理各类告诉案件的工作细则》，县人民法院受理、立案工作程序更加明确，方式更加规范。1995年9月，市人民法院开始对自诉刑事、民事、经济案件立案实行基层人民法庭和告诉申诉庭双轨管理，实现告诉申诉、立案、接待分离。1997年起，市人民法院立案工作归口告诉申诉审判庭统一管理。1998年8月，市法院设立立案庭，专事案件受理、审查、立案工作。1999年，市人民法院制订《立案工作实施细则》，明确各类刑事、民事、经济、行政、执行案件和各类申诉、再审案件、法医学鉴定案件，以及公示催告、支付令、诉前保全、诉前调解等各类诉前案件，统一归口由立案庭受理审查，决定是否立案，并实行窗口、柜台“一站式”服务。2006年，如皋市人民法院立案庭被授予江苏省“青年文明号”称号。至2010年，市人民法院共立案170486件，签发支付令623件，诉前保全252件，公示催告184件。

第八节 司法鉴定·法警·执行

一、司法鉴定

县人民法院建立初期，遇有涉及法医学问题，由县人民医院医师协助鉴别。1986年，县人民法院法医技术室设立，配法医1人。至1988年，法医鉴定大多为公安局委托的尸体检验。1989年6月，县人民法院获“鉴定人”资质，为南通市最早获此资质的基层法院。此后，市（县）人民法院内部委托检验鉴定案件逐渐增多。2002年起，全市司法鉴定统一归口由市法院管理。至2005年，全市（县）司法鉴定1768件，其中尸体检验23件、评残227件；司法鉴定结案1058件，法医学鉴定结案306案。2005年10月1日起，根据《全国人民代表大会常务委员会关于司法鉴定管理问题的决定》，市人民法院不再进行自主鉴定，涉诉司法鉴定实

1987—2005年如皋市(县)人民法院司法鉴定情况统计表

表14-15

单位:件

年份	受理(委托)	其中			
		尸体检验	评残	司法鉴定结案	法医学鉴定结果
1987	17	1	—	—	—
1988	33	9	—	—	—
1989	37	10	—	—	—
1990	34	3	—	—	—
1991	20	—	—	—	—
1992	13	—	—	—	—
1993—1997	88	—	51	—	—
1998	64	—	83	—	—
1999	94	—	93	—	—
2000	106	—	—	—	—
2001	104	—	—	—	—
2002	136	—	—	105	75
2003	337	—	—	319	76
2004	358	—	—	328	88
2005	327	—	—	306	67

行对外委托,并制订《对外委托司法鉴定管理规定》,实施“阳光鉴定”,赋予鉴定当事人知情权、参与权、监督权。2007年,市人民法院制订《关于选择社会鉴定机构的若干规定》,委托司法鉴定机构均随机选取。2008年,市人民法院实施监、审分离,所有司法鉴定均由司法鉴定中心统一委托,各庭、室不再参与对外委托司法鉴定。2009年,市人民法院成立司法鉴定科,实施司法鉴定委托网络管理。2010年,市人民法院委托司法鉴定2618件,全部实行网络管理。

二、法警

1953年,县人民法院始配法警3人。1980年,建立法警班。1995年,市人民法院法警班改建为法警队。1998年,法警队扩建为法警大队。2005年3月,市人民法院法警大队内设刑事押解、协助执行、后勤保障3个中队。是年,市人民法院法警大队根据《人民法院组织法》规定,制订刑事押解、看管、处理突发事件、武器装备和警衔警容警风管理等20余项制度。1996—2010年,市人民法院法警队、法警大队共执行押解21130人次,宣判大会押解147次,查封押解896次,强制执行4326次(执结3687件),协助南通中院开庭押解96次,执行司法拘留2130次,处理突发事件398次,执行死刑警务33次,被江苏省高级人民法院评为示范法警大队。

三、执行

1987年前,县人民法院实行审判执行合一。1987年3月,县人民法院设立执行庭,各基层人民法庭配设专职执行人员。2001年,市人民法院实施执行机制改革,在执行庭内设立6个执行实施组和1个执行裁决组,实行执裁分离。实施组负责调查掌控被执行人财产状况,并依法采取执行措施。依法应该终结或中止执行程序的,由裁决组审查裁决。2002年8月13日,执行庭改建为执行局。

2003年,市人民法院改分散执行为集中管理,统一执行。2004年始,执行案件办理,采取公开集中谈话办法,增加透明度。2007年,全市建立由市公安、司法、工商、土管等部门及金融机构、相关团体组成的执行联动机制。2010年,全市逐步形成政法委牵头组织,法院依法主办,社会各方全力支持的"大执行"网络。至2010年,市(县)人民法院共受理执行案件69700件,执结66097件,执行标的额234294.39万元,其中赴省外执行22件,挽回损失89万元。

图14-16 2007年4月,市法院在九华镇强制执行

1987—2010年如皋市(县)人民法院执行案件执结情况统计表

表14-16

年份	受理(件)	执结(件)	执行标的额(万元)	备 注
1987—1989	—	292	—	去外省执行22件,挽回损失89万元
1990	631	506	193	—
1991	2003	1636		—
1992	1147	1056	536.90	—
1993	978	1108	604	—
1994	1648	878	725.34	—
1995	1075	1118	1127.34	—
1996	2031	1974	2197.57	—
1997	2357	2232	3012	—
1998	3630	2648	3252.23	—
1999	3520	4428	10659.96	—
2000	4275	4403	9367.10	—
2001	4256	4198	7069	—
2002	4455	4416	8154	—
2003	3203	2107	8.65	—
2004	5112	5180	16490	—
2005	3655	3076	5584	标的总额为8388.16万元,到位5584万元
2006	3647	3094	13206	—
2007	4442	4391	23800	—
2008	5221	5245	42300	—
2009	5965	5977	22900	其中执结当年新收案件3921件
2010	6449	6462	63107.30	—

第四章 司法行政

第一节 机构沿革

清朝以前，司法和审判合一，由县令掌管。民国元年（1912年），县内始设地方审检厅，统管司法和审判。民国16年始，由县法院兼理司法。民国27年，如皋沦陷后，由伪县知事（伪县长）掌管司法。民国30年3月，如西县政府设立司法科，司法行政与审判合一。民国35年秋，国民政府如皋地方法院恢复，兼理司法。民国38年1月，国民政府如皋地方法院撤逃，终结。7月始，全县司法行政事务由县法院兼理。1981年2月，从县公安局、检察院、法院抽调8名工作人员，组建如皋县司法局，正科级建制。1988年10月，县司法局于如城环城南路305号兴建司法大楼。2010年，市司法局内设法制宣传科等6个科室，在编37人，下辖公证处和法律援助中心2个直属单位。

第二节 法制宣传

一、实施普法规划前法制宣传

1981年前，全县法制宣传由县公、检、法部门共同承担。1981年始，县司法局组织基层司法助理员和公社公安特派员及普法教员深入机关、工厂、学校及社队宣讲法制常识。1982年，在全县各区、公社，集中培训200多名写作骨干，根据《中华人民共和国刑法》《中华人民共和国婚姻法》《中华人民共和国民事诉讼法》《社会治安处罚条例》等主要内容，编写法制宣讲教材，运用县、乡两级有线广播，进行法制宣讲300余场次。1983年，县司法局选择27个典型案例编印法制宣讲资料，共举办各种报告会135场、法制课3025课时。1984年，围绕《中华人民共和国经济合同法》向企业相关人员宣讲法制知识，听众2.7万余人次。1985年，县司法局编印20余万册《职工法律读本》《农民法律读本》和《中华人民共和国宪法》《中华人民共和国刑法》《中华人民共和国婚姻法》宣讲资料10期3.5万余份下发至各区、乡、村及机关、工厂、学校，作为宣讲和培训骨干的教材。至1985年，全县法制宣传共出黑板报3534期，办法制专栏875期，展出图片3568张、绘制宣传画182幅，电影映前宣传328场，接待法律咨询5343人次，张贴宣传标语2087张，拉过街横幅35幅，文艺宣传演出221场。

二、"一五"普法宣传

1986年起，全县正常开展普及法律知识的五年普法宣传活动，与国民经济第七个五年计划同步开展，称为"一五"普法宣传。其间，县司法局举办县级机关、乡（镇）、村干部及全县普法教员培训班，规范巡回授课方式，共举办9期8400余人次参培的法制培训班，结业时书面测试，及格率100%。县司法局与县文化局联合创作排练法制专场文艺宣传节目，代表南通市赴连云港参加苏北片法制文艺会演，并在县内各乡镇巡回演出30余场。如皋县被评为江苏省普法先进县（市），县分管领导在省表彰大会上作典型介绍，并获全国"一五"普法先进县（市）称号。

三、"二五"普法宣传

1991—1995年，全市（县）"二五"普法的重点内容为《中华人民共和国工会法》《中华人民共和国妇女权益保障法》《残疾人权益保障法》《老年人权益保障法》《治安管理处罚条例》，简称"四法一条例"。并对不同对象有选择地宣讲《中华人民共和国公司法》《中华人民共和国反不正当竞争法》《中华人民共和国消费者权益保障法》《中华人民共和国经济合同法》《中华人民共和国教育法》《中华人民共和国劳动法》等，辅导学习《邓小平论民主法制建设》等理论。全市建立180余人的普法联络员队伍和28人的常年普法讲师团，深入进行法制宣讲的同时，组织全市广大青少年参加各级法律知识竞赛，在南通市司法局组织的经济法规知识竞赛中，如皋代表团获团体总分第一名。全市98.9万人次受教育，顺利通过南通市检查验收。

四、"三五"普法宣传

1996—2000年，每年开展"普法宣传月"活动，组织"三五"普法大篷车开进农村大道和城镇街巷，重点宣传普及《中华人民共和国行政诉讼法》《中华人民共和国行政处罚法》《中华人民共和国行政复议法》《中华人民共和国行政监察法》《中华人民共和国国家赔偿法》《中华人民共和国刑法》《中华人民共和国刑事诉讼法》《中华人民共和国合同法》《中华人民共和国担保法》《中华人民共和国价格法》《中华人民共和国会计法》《中华人民共和国民事诉讼法》《中华人民共和国民法通则》《中华人民共和国票据法》《中华人民共和国劳动仲裁法》《中华人民共和国保险法》《中华人民共和国银行法》《中华人民共和国未成年人保护法》《中华人民共和国预防未成年人犯罪法》等20多部法律法规。将"三五"普法宣传与社会主义法治国家、法制社会、依法治国、依法治市教育紧密结合，全市受教育200余万人次，10多万重点普法对象参加南通市统考，成绩均在及格线以上。

2000年，市司法局被江苏省委、省政府评为法制宣传先进集体。

五、"四五"普法宣传

2001—2005年，市司法局邀请上海复旦大学、南京河海大学、南京经济学院、扬州大学，以及江苏省和南通市知名法学教授和专家为如皋400多名副科级以上领导干部和执法人员作法制讲座。市委出台领导干部学法用法具体规定。全市96所初中以上学校配法制副校长或辅导

图14-17 2009年6月，全省领导干部述法考评现场会在如皋召开

员，举办《法制校园行——校园让暴力走开》大型文艺晚会。

市司法局、教育局联合召开依法治校经验交流会，组织6所学校负责人和部分师生赴江苏省第一少年犯管教所接受警示教育。司法局制定普法"百分督查标准"。农村每10户配备1名法制辅导员或普法志愿者。"四五"普法期间，全市共宣讲普及法律100余部，顺利通过江苏省和南通市验收。

六、"五五"普法宣传

2006年，市司法局在如皋人民广播电台、如皋电视台、《如皋日报》和市人大、市政府、市司法行政网站，开辟普法专题栏目，推行领导干部学法套餐，建立领导干部和公务员法律知识学习、考试平台。领导干部和公务员任前法律知识必考形成制度。

2007年，市委政法委举办首届"法制创和谐"

图14-18 2008年10月，第二届"法制创和谐"文艺演出在安定广场举行

广场文艺调演活动，在如城安定广场、常青、九华、下原、江安、丁堰、经济开发区等镇（区）举办“法制创和谐”专场文艺宣传演出。2010年，市政府投资建成法制文化广场。“12·4”全国法制宣传日，举办如皋市第四届法治文艺调演。至2010年，全市共编印各类学习辅导资料、宣传宣讲材料、“法律读本”、各级干部法制宣传卡40余种共333万余件，通过省和南通市对如皋的“五五”普法检查验收。

第三节 律师·公证

一、律师

民国初年，如皋城有开业律师5人。民国25年（1936年），全县律师增加至36人，并建有县律师公会。如皋城东马塘、李堡、石庄等地有挂牌开业的律师。律师不代理具体案件，仅接待诉讼当事人咨询和代书诉状等。民国27年，日本侵略军侵占如皋后，全县律师停业。

1956年5月15日，如皋县法律顾问处建立，有律师接受委托出庭辩护。1980年7月，县法院配设律师1人，受法院指定或被告人委托出庭辩护。1981年7月25日，如皋县法律顾问处恢复建立。1985年3月，更名如皋县律师事务所。

1996年3月，市律师事务所析建为市律师事务所（现名南通绘园律师事务所）、市对外经济律师事务所（现名南通东皋律师事务所）、市经济律师事务所（现名南通九鼎律师事务所）、市金城律师事务所（现名南通天剑律师事务所）。

2000年10月，根据国务院规定，全市律师事务所实施脱钩改制，由原全民事业单位改制为社会法律服务中介机构。

诉讼代理 1956—1957年，县法律顾问处代写诉状和解答咨询1208件，接受委托出庭辩护126案。1981年，县法律顾问办理刑事被告人委托辩护27件，民事案件代理6件，参加调解提请仲裁的非诉讼事务2件。1983年，接受县法院指定或受被告人委托，担任未成年人和聋哑人的刑事辩护。1987年，县律师事务所为县化肥厂、建设工艺服装厂等单位的涉外经济活动提供法律咨询7次，代理非诉讼调解58件。1989年，代理民事案件213件，办理非诉讼法律事务569件。

1997年，市律师事务所参与企业改制工作，办理非诉讼法律事务360件。市法律顾问处恢复建立至2000年，全市（县）律师共接受刑事辩护1005件，民事代理2245件，非诉讼事务5133件，行政诉讼13件。

2000年，市律师事务所改制后，随着辩护制度的不断完善，律师代理诉讼、参与庭审辩护更多，无具体数据统计。

法律服务 1981年，县法律顾问处解答法律咨询100多次，代写诉讼文书24份，接待群众来访400余人次。1983年，县法律顾问处律师应3家企业聘请，担任常年法律顾问。1984年，如皋县电化公司经理部与安徽蚌埠贸易中心签订两份购货合同，标的额42.4万元，供方不按合同规定发货，县法律顾问处参与调解和代理诉讼，县电化公司收回全部汇款，并获赔偿109万元。

1986年，全县法律服务由单一代理诉讼、追要欠款发展到参与经济改革和生产经营重大决策，帮助聘请单位培训法制人才等。1989年，县律师事务所共代写法律文书278份，接待法律咨询1237起，接待来访1824人次。担任90家企事业单位法律顾问，办理经济事务817件，帮助索赔和避免经济损失1533万元。

20世纪90年代起，市（县）律师事务所广泛参与政府采购、建筑市场招投标、旧城改造、国有资产产权置换、幼儿园和区乡卫生院产权转让、农村双清等工作，提供调查和法律论证，协助草拟和审查经济合同，出具公诉文书等，并在招商引资中参与洽谈，随时提供法律咨询。1997年，全市聘请律师担任法律顾问的企事业单位增加至276家。是年，全市律师共办理各类诉讼代理1067件，为当事人（单位）避免和挽回经济损失5900余万元。

县法律顾问处恢复建立至2000年，全市（县）律师共接待法律咨询28173人次，代写法律文书3624份，开展法制宣传98场次，办理法律事务11465件，追回拖欠款7433.87万元，为代理单位（个人）避免和挽回经济损失137176.29万元。2000年，全市律师事务所改制，律师法律服务市场化。此后，全市法律服务无具体统计数据。

1981—2000年如皋市(县)律师工作情况统计表

表14-17

年度	律师代理(案)			法律服务			法律顾问			为代理人(单位)避免和挽回经济损失(万元)
	刑事辩护	民事代理	非诉讼案件代理	法律咨询(人)	代写法律文书(份)	接待来访(人)	常年应聘(家)	办理法律事务(件)	追索拖欠款(万元)	
1981	27	6	2	100	24	400	—	—	—	68847.40
1982	30	31	25	493	116	1595	—	—	—	—
1983	33	26	—	668	178	1145	3	21	—	21.70
1984	134	50	63	1897	202	2370	18	—	—	149.78
1985	57	74	59	814	385	1263	42	—	—	85
1986	85	89	71	718	432	1047	50	—	—	—
1987	80	137	—	608	558	—	73	666	603.87	1048.71
1988	59	157	557	1562	325	1832	77	574	—	1200
1989	—	213	569	1237	278	1824	90	817	—	1533
1990	132	149	52	1250	296	—	94	935	—	1000
1991	146	173	350	2500	350	—	94	75	400	1400
1992	120	100	65	4850	480	—	100	400	850	—
1993	102	214	—	—	—	—	170	2225	—	6884.70
1994	—	—	—	—	—	—	210	488	—	2160
1995	—	826	1492	—	—	—	239		—	23950
1996	—	—	320	—	—	—	245	839	—	7500
1997	—	—	360	—	—	—	276	1067	—	5900
1998	—	—	69	—	—	—	198	1092	760	2340
1999	—	—	311	—	—	—	172	1004	4820	8900
2000	—	—	768	—	—	—	197	1269	—	4246

二、公证

1956年5月15日，县人民法院设立公证室，由一名书记员兼管。1957年，白蒲法庭兼办公证业务。1958年秋始，全县公证业务由县人民法院指定专人兼管。1981年7月，根据《江苏省公证条例(试行)》，县公证处始对收养子女、遗嘱、财产继承、赠予、房屋买卖等法律行为和事实开展公证。1982年始，增加各类协议书、债务文书、财产分割、房屋租赁、经济合同、银行开奖、有奖促销，以及涉外婚姻状况、亲属关系、出生证明、经济贸易、承包经营、劳务合同等的公证。进入21世纪，国有资产转移，企业改制，旧城改造，区、乡(镇)卫生院、幼儿园、社队办企业及国有、大集体企业产权置换，破产企业清产核资，政府采购，农村“双清”，建筑市场招投标等均列入公证范围。市法律顾问处恢复建立至2010年,市(县)公证处共受理公证事项120184件,其中经济合同65518件,权利与义务39159件,涉外4324件,涉台849件,驳回拒证161件,协办公证7612件,综合公证19件,办理其他公证2542件。办理公证总数和依法收费总数双列南通市各县(市、区)之首,实现公证零投诉,未有错证和假证发生。

1981—2010年如皋市(县)公证处办理公证情况统计表

表14-18

单位:件

年度	受理公证	其中					驳回拒证	协办公证	综合公证	见证公证
		经济合同	权利义务	国内	涉外	涉台				
1981	31	—	—	26	5	—	—	—	—	—
1982	118	—	—	95	13	—	6	—	—	—
1983	95	—	—	83	12	—	—	—	—	—
1984	243	144	99	—	—	—	—	—	—	—
1985	785	494	283	—	8	—	—	—	—	—
1986	560	—	—	—	—	—	—	—	—	—
1987	1015	445	557	—	10	—	37	42	—	—
1988	2917	2349	561	—	7	—	10	1360	—	—
1989	2346	2045	243	—	22	—	78	—	—	—
1990	2354	2155	193	—	4	—	30	821	—	—
1991	2680	2392	270	—	—	18	—	—	—	—
1992	2740	2162	559	—	—	—	—	—	19	—
1993	5510	2846	2625	—	—	39	—	—	—	—
1994	3875	—	—	—	—	—	—	—	—	—
1995	3599	1553	1962	—	—	84	—	—	—	—
1996	2310	1138	1068	—	—	91	—	—	—	—
1997	2210	—	—	—	74	147	—	—	—	—
1998	5873	—	—	—	—	—	—	—	—	—
1999	5960	—	—	—	—	—	—	—	—	—
2000	7000	—	—	—	—	—	—	—	—	—
2001 2002	16652	11099	3973	—	1462	118	—	3239	—	16383
2003	8606	—	—	—	—	—	—	—	—	—

续表14-18

年度	受理公证	其中					驳回拒证	协办公证	综合公证	见证公证
		经济合同	权利义务	国内	涉外	涉台				
2004	7221	—	—	—	—	—	—	—	—	—
2005	5655	3938	—	—	—	—	—	—	—	—
2006	4696	2601	2095	—	990	66	—	—	—	—
2007	5083	3179	1904	—	—	—	—	—	—	—
2008	4222	2572	1650	—	—	—	—	—	—	—
2009	5599	4320	1279	—	—	—	—	—	—	—
2010	6615	4999	1616	—	—	—	—	—	—	—

第四节 基层司法·人民调解

一、基层司法

1982年3月，全县9个区和部分乡镇设司法助理员27人，负责基层司法工作。1985年，全县建立乡（镇）司法办公室16个。1987年，乡（镇）司法所、办公室等统称法律服务所，全县共建有法律服务所49个。1988年，全县实现乡（镇）法律服务所全覆盖。1992年，丁西乡法律服务所被司法部授予全国优秀法律服务所称号。1993年，长江镇法律服务所被评为江苏省优秀法律服务所。1995年，柴湾、九华、东陈3乡（镇）法律服务所被江苏省司法厅命名为优秀法律服务所。2001年，全市建立镇司法所23个。2002年3月12日，根据基层法律服务机构改制的相关要求，全市基层法律服务所与乡镇政府脱钩，由原来镇属事业单位改制为社会法律服务中介机构。1987—2002年，各乡镇法律服务所共调处各类民事纠纷32432件，解答法律咨询27584人（次），代写法律文书10610件，举办法制宣讲3925场，提出司法建议1400余条，受聘担任常年法律顾问累计共14161家，代理诉讼28498件，办理非诉讼法律事务7996件，协办公证29045件，见证114297件，为受委托单位和个人避免、挽回经济损失57550.56万元。2005年，全市乡镇司法所整合为20个。2007年，全市有16个司法所被评为江苏省规范化司法所。2009年7月，搬经、江安、长江、磨头4镇司法所被江苏省司法厅命名为优秀司法所。至2010年，全市司法所共有在职工作人员60人。

1987—2002年如皋市（县）基层司法服务情况统计表

表14-19

年份	调处各类民事纠纷（件）	解答法律咨询（人次）	代写法律文书（件）	法制宣讲（场）	提出司法建议（条）	受聘担任法律顾问（家）	代理诉讼（件）	办理非诉讼事务（件）	避免经济损失（万元）	协办公证（件）	见证（件）
1987	1231	1000	207	—	—	33	—	—	68.44	163	—

续表 14-19

年份	调处各类民事纠纷（件）	解答法律咨询（人次）	代写法律文书（件）	法制宣讲（场）	提出司法建议（条）	受聘担任法律顾问（家）	代理诉讼（件）	办理非诉讼事务（件）	避免经济损失（万元）	协办公证（件）	见证（件）
1988	3211	8530	906	733	—	191	169	191	—	1360	—
1989	2999	—	807	1304	—	360	451	334	546.9	753	—
1990	2269	5542	2047	1281	—	422	771	—	485.3	821	—
1991	缺载	5487	4168	263	—	517	—	906	790.3	1289	4590
1992	1576	7025	2475	—	—	806	757	409	1498.42	930	1658
1993	1643	—	—	—	—	963	834	441	—	3668	10307
1994	缺载	—	—	—	—	1100	—	—	1659.3	1942	—
1995	2324	—	—	—	—	1266	1728	734	2438.6	1853	12239
1996	缺载	—	—	—	1400	1305	2767	—	8300	—	—
1997	2473	—	—	—	—	1352	3314	937	—	—	—
1998	2523	—	—	344	—	1378	3318	1201	14022	3220	17357
1999	7800	—	—	—	—	1396	3637	986	10200	3651	34333
2000	1195	—	—	—	—	1327	3575	830	5672	4100	2837
2001	1642	—	—	—	—	988	4033	440	7543	3239	16383
2002	1546	—	—	—	—	757	3144	587	4326.3	2056	14593

二、人民调解

1940年，县抗日民主政权建立后，县委、县政府将人民调解作为钝化、化解人民内部矛盾，处理民事纠纷的重要手段。县、区、乡成立人民调解委员会，调解不成交县政府司法科审理。1952年，各区、乡均设调解干事，负责基层民事纠纷调解。1953年，各区设民调助理，亦称民调委员，专事人民调解工作。1955年，各区调解助理（干事）编制撤销。1957年，全县实行大乡制，各乡（镇）建立调解委员会。1959年，全县各大队、各县属企业建立人民调解组织。1962年，各公社设专（兼）职民调委会，具体负责人民调解工作。“文化大革命”开始后，全县人民调解工作停止。1981年，全县各乡镇（公社）调解委员会建立，各大队和生产队调解组织恢复或重建。是年始，县司法局统一印制民事纠纷处理情况登记簿、调解成立书、调解不成立书等供各级调解组织使用。1982年，全县建有公社调解委员会（领导小组）52个，成员336人；建有大队调解小组861个，调解人员4295人；建有企事业单位调解组织60个，调解人员291人。如城镇各街道建立调解组织7个，调解人员37人。1983年，全县大部分调解组织会议、学习、汇报、纠纷调处登记、回访5项活动制度得到落实。1985年，全县共有调解组织1019个，成员4870人。1987年，全县整顿村组调解组织172个，新选配调解委员会主任140人，充实调解人员175人。1988年，全县充实调解人员193人。1989年，全县整顿人民调解委员会281个。1990年，结合村民委员会换届，全县村民委员会实现民调组织全覆盖，并在健全生产队调解组织的同时开始建立十户调解委员会。1992年，市司法局先后在邓园乡蔡家庄村、何庄乡笪箕村、新民乡仙鹤村、城西乡石桥村和如城镇各街道开展标准化调解委员会试点。是年，全市建成标准化调解委员会50个。1993年，全市建成标准化调解委员会781个，占调解委员会总数的87.5%。1997年，全市建成标准化调解委员会906个，占调解委员会总数的92%。2001年，全市建立司法调解中心23个，基层人民调解委员会534个。基层人民调解委员会中村（居）调解委员会362个，企事业单位调解委员会170个，联合调解委员会2个，共有调解人员2800人。2003年初，全市开始建立社会矛盾纠纷大调解机制。5月，市委下发《关于建立如皋市镇村两级社会矛盾纠纷大调解体系的实施意见》。7月，市委、市政府召开全市大调解工作动员大会。12月30日，由市司法、社会治安综合治理、公安、法院、信访、国土、民政、卫生等部门联合组成的市社会矛盾纠纷调处中心正式建立。2004年，全市建有基层调解委员会733个，调解人员8950人。市法院为各镇调解中心选配调解指导员31名，并组织人民调解员通过旁听民事庭审和民事调解接受业务培训。2008年5月30日，市社会矛盾纠纷调处中心成立如皋市劳动争议调解中心，专事劳动争议调解。2010年11月，市社会矛盾纠纷调处中心“四诊式”（坐诊式接待受理，巡诊式排查化解，会诊式分析研判，急诊式应急处理）能动调解新机制，被江苏省司法厅和司法部推广。

图14-19　2008年7月，全省人民调解与公安机关接处警对接工作现场会在如皋召开

1984—2010年如皋市（县）人民调解组织调解情况统计表

表14-20

年份	人民调解组织		调处各类民事纠纷		避免非正常死亡		避免激化矛盾民事转刑事		避免集访群访		制止械斗（起）
	组织（个）	成员（人）	合计（起）	成功率（%）	合计（起）	涉及（人）	合计（起）	涉及（人）	合计（起）	涉及（人）	
1984	—	—	10100	—	174	174	—	—	—	—	—
1985	1019	4870	9398	90%	123	123	18	18	—	—	—
1986	—	—	12002	95%	363	363	190	196	—	—	—
1987	—	—	15234	93%	193	251	115	115	—	—	—
1988	—	—	12770	93%	192	237	148	148	—	—	—
1989	—	—	13356	—	149	237	—	—	—	—	—
1990	893	—	8886	94%	75	93	—	—	—	—	—
1991	—	—	8700	96%	72	143	—	—	—	—	—
1992	—	—	11011	92%	151	162	—	—	—	—	—
1993	—	—	12588	94%	141	192	—	—	—	—	—
1994	—	—	12328	96%	51	55	75	102	—	—	—

续表 14–20

年份	人民调解组织		调处各类民事纠纷		避免非正常死亡		避免激化民转刑		避免集访群访		制止械斗(起)
	组织(个)	成员(人)	合计(起)	成功率(%)	合计(起)	涉及(人)	合计(起)	涉及(人)	合计(起)	涉及(人)	
1995	—	—	10944	96%	91	93	106	129	—	—	—
1996	—	—	10529	93%	79	84	—	—	—	—	—
1997	—	—	10138	95%	46	54	64	64	—	—	—
1998	—	—	10458	96%	43	43	34	41	115	1955	69
1999	1107	—	10074	96%	54	54	41	62	128	128	83
2000	1016	—	9980	96%	48	48	61	83	57	930	49
2001	597	2800	10985	96%	—	—	163	193	—	—	—
2002	—	—	10635	97%	—	—	—	—	—	—	—
2003	—	—	9076	97%	48	48	61	61	38	38	
2004	733	8950	7418	96%	—	—	42	42	—	—	—
2005	439	1233	3368	96%	—	—	—	—	—	—	—
2006	439	1576	3953	98%	—	—	—	—	—	—	—
2007	474	1869	4114	98%	—	—	—	—	—	—	—
2008	474	1975	3855	99%	—	—	—	—	—	—	—
2009	486	1975	4095	98%	—	—	—	—	—	—	—
2010	486	2024	4244	99%	—	—	—	—	—	—	—

第五节 安置帮教·社区矫正·法律援助

一、安置帮教

1997年，如皋市刑释解教人员安置帮教工作协调小组建立，各乡镇相继成立安置帮教工作领导小组和工作站。在刑释解教人员安置单位和住所附近，依靠社区村组干部、单位领导、亲朋邻居组成帮教小组。离退休老干部、老党员中的帮教志愿者与刑释解教人员结成一帮一帮教对子，防止漏管、脱管现象发生，刑释解教人员的帮教有效率90%以上。是年，将市食品公司皮革厂更名新生皮革厂，作为全市刑释解教人员的过渡性安置帮教基地。帮教对象中，原为城市户口的，首先落实住处。其中，原单位尚在的，尽量回原单位安置，愿意外出或在本地打工的，帮助办理相应手续；愿意从事个体经营者，帮助与城管、工商、税务等部门联系协调，在场地安排，资金周转等方面尽量予以扶持。家居农村的，帮助落实责任田及住房、劳动工具、农药、化肥、种子等。2000年始，帮教工作向监所延伸，组织各镇工作站人员和相关部门，分赴上海、常州、溧阳等监狱、劳教所，对正在服刑和劳教的如皋籍人员介绍家乡发展情况，鼓励服刑和劳教人员争取早日回归社会。至2010年，全市共接受刑释解教人员3627人，重新犯罪81人，重新犯罪率2.23%。

1998—2010年如皋市安置帮教情况统计表

表14-21

年 份	建立帮教组织		刑释解教人数（人）	安置就业（人）	重新犯罪	
	组织（个）	成员（人）			合计（人）	重新犯罪率(%)
1998	117	519	118	114	13	11
1999	222	670	226	222	10	4.42
2000	271	850	276	262	14	5.1
2001	297	698	310	271	18	5.81
2002	280	900	286	271	24	8.39
2003	310	1511	315	275	0	0
2004	265	1419	267	254	1	0.37
2005	25	27	223	216	1	0.42
2006	25	27	326	326	0	0
2007	25	27	254	254	0	0
2008	25	27	273	273	0	0
2009	21	23	162	162	0	0
2010	21	23	591	590	0	0

二、社区矫正

2005年5月，市司法局、公安局实施社区矫正工程，实施对假释、缓刑、管制、剥夺政治权利、监外执行人员5种人员社区矫正。各镇建立社区矫正工作领导小组，下设办公室，由镇司法所负责具体工作，对5种人员的帮教逐一与社区签订监管责任状。

2006年3月，各镇建立社区阳光服务中心，下设社区阳光矫正工作站，招聘并培训专职社工每镇3人以上，充实社区矫正工作队伍。让5种人员“失足不失帮，失家不失爱，失业不失志，闲散不失管”，从源头上预防和减少重新犯罪。

2010年，市委政法委按中央社会治安综合治理委员会等5部委指示精神，制订下发《如皋市社区矫正管理工作细则》，在桃园镇建立南通市首家集公益劳动、文化学习、法制教育、心理疏导等多功能于一体的社区矫正集中教育管理中心暨启航公益劳动基地，设立专门检察警务室。全市矫正对象分批在社区矫正集中教育管理中心接受每月1次的综合性集中教育。至2010年，全市共有5年内归正人员946人，新接受刑释解教177人，全市在册社区矫正对象591人，无一重新犯罪。

三、法律援助

1999年3月2日，市司法局开通“148”法律服务专用电话，成立“148”法律援助中心。2002年，市司法局将法律援助正式列入司法行政工作范畴。全市律师、公证人员和基层法律工作者，参与法律援助，免收一切服务费用。2004年，受理白蒲镇1599户农民农作物污染赔偿诉讼案件、安徽阜阳19名农民工投诉包工头拖欠工资案件，帮助弱势当事人维护合法权益。

1999年3月至2004年，全市共办理法律援助案件428起，免收费用近40万元；通过“148”专用电话解答民众法律咨询5358次，接待民众来访783次。

2005年，市司法局健全和规范法律援助接待、咨询、受理、审查、指派、办理、监督等环节，开通“7288148”24小时法律服务热线。全年共办结法律援助案件96件，其中刑事案件71件，民事案件25件。2006年，开辟法律援助绿色通道，重点解决农民工工资拖欠问题，同时与市侨联、残联及驻如空军部队共建维权工作站，为港澳台投资者和华侨、归侨、侨眷、残疾人和现役军人提供法律援助服务。是年始，市法院在民事审判中，对弱势群体和生活困难的当事人通过减、缓、免缴诉讼费和发放救助金等实施司法救助。

2008年，市法律援助中心全年投入20多万元，共办理法律援助案件826件，结案率96.97%；接待来访咨询2787人次，来电咨询2364人，受援群众5156人。2009年9月，推出“爱心簿”，建立法律援助“爱心基金”，主要用于来访困难群众的餐费、交通费等开支。10月，与黑龙江省友谊县签订城际《法律援助协作协议》。11月，推选全市“十佳”法律援助工作者和典型案例，为全国法律援助工作经验交流座谈会提供观摩现场。年底，市法律援助中心被评为江苏省法律援助工作先进集体。

2010年，市法律援助中心累计受理并办结法律援助案件1330件，受援群众8075人，法律援助案件办结数、咨询数等均居全省县级市第一。

2006—2010年，市法院共对2137件民事案件中的弱势群体和生活困难者实施司法救助，减、缓诉讼费用226.2万元，同时依法对146件执行案件当事人中困难申请者发放司法救助资金73.13万元。

图14-20 2010年4月，全省法律援助现场会在如皋召开

第五章 政法管理与综合治理

第一节 机构沿革

1956年5月，如皋县委设立政法工作部。1957年9月，县委建立政法党组，负责县法院、检察院及公安局重大事项决策。1958年5月，县委政法工作部撤销。1967年2月，如皋县公检法军事管制委员会成立。1968年4月，县革命委员会设立政法组。1971年2月，县政法党组复建。1978年9月，县委设政法领导小组。

1982年3月，县委政法委员会(简称县委政法委)建立。1985年1月，县委组建社会治安综合治理领导小组，于县委政法委设办公室。1997年，市委政法委挂市社会治安综合治理委员会办公室(简称市综治办)牌子，为市委工作机构。2001年10月，市综治办与市委政法委合署办公。2006年4月，原设于市司法局的市依法治市领导小组办公室改设于市委政法委。2010年，市委政法委内设执法督查处等5个中层机构。

第二节 政法工作管理

一、执法督查

2000年，市委政法委增设案件督查协调科。2001年，市委政法委从政法各部门抽调人员组成"严打整治"斗争督查协调组，检查督促各乡镇、部门开展斗争情况。是年，督促公安部门全面清理1997年后未进入法律程序的案件、查而未决的案件、裁决未执行的案件、扣压当事人钱物未作处理的案件。

2002—2006年，市委政法委协调处理各类重大疑难案件、事件44件，完成上级领导交办件28件，处理涉法上访57件。组织集中检查市人民检察院不捕批、不起诉、撤销(自侦案件)的案件及法院判处缓刑的案件。制订《关于进一步加强执法督查工作的意见》，通过案件协调、督查等形式，加大对公、检、法3部门执法质量的监督。是年，成立市集中处理涉法上访问题专项治理领导小组，研究制订《关于开展集中处理涉法上访问题专项治理工作的实施方案》。在政法系统开展"规范执法行为，促进公正执法"专项整改活动。组织政法各部门全面自查行政审判、执行、打黑除恶等案件，并通过南通市抽查。

2007年，市委政法委完善执法监督、绩效考核机制，落实执法责任例查制、首访责任制和督办制，重点抓好群众反映强烈的个案以及上级交办的疑难案件督查协调工作。建立政法队伍明查暗访机制。

2009—2010年，市委政法委建立、健全涉法、涉诉信访案件例查整改机制，强化对立案、侦查、批捕、起诉、审判、执行等执法环节的监督检查。如皋市执法督查工作组织推进的做法，经南通市政法委批示，以文件形式在南通市推广。

二、政法队伍建设

20世纪50年代，县委政法工作部除正、副部长外，设有组织员，负责政法干部的配备、管理和教育。

"文化大革命"中，公检法系统一些干部被送进"牛棚"或下放劳动。1973年始，县委对"文化大革命"中公检法系统受到冲击的干部逐步落实政策，回归政法队伍。

1982年3月，全县政法部门接受军队转业干部116人。1985年，县人民法院、县人民检察院与县人事局联合，首次面向社会招录24名国家干部(县人民法院15名，县人民检察院9名)。1990年，县委政法委全面了解政法部门领导班子状况，为县委发现和推荐一批局级后备干部，配合县委组织部考察任用政法部门中层领导干部31人。

1992年，市委政法委集中开展政法系统思想、作风、纪律整顿，市人民法院建立健全20项规章制度并汇编成册；公安系统推广东陈派出所早会面经验及江安派出所系统化、规范化的规章制度；市人民检察院制订为企业服务的8条措施，为企业排忧解难，保驾护航。1994年，市委政法委首次邀请市人大代表评议公检法机关。在全市政法部门组织开展学习胜利乡联防队长环加林英雄事迹活动。

1995年，市委政法委在全市政法系统树立朱林军（市公安局）、冒福来（市人民法院）、刘培琪（市公安局）等身边的先进典型，为全市干警树立榜样。1996年，为市人民法院配备专职纪检监察干部，为11个基层人民法庭和5个机关业务庭配备政治指导员兼廉政建设监督员。

1998—2001年，全市政法部门均聘请行风监督员，加强外部监督，开展行风评议。2001年，全市政法系统先后组织开展"公正执法、文明执法"主题教育整顿活动、"双争"（争创人民满意先进单位、争当人民满意优秀干警）活动和"以人民满意为标准，以公正执法为重点"的集中教育整顿活动，强化理想信念、职业道德、纪律作风和廉洁自律教育，着力解决政法队伍在思想、纪律、作风等方面存在的问题。市公安局柴湾镇派出所被江苏省公安厅记集体二等功，全市公安系统1人被评为全国优秀民警，1人被省公安厅记三等功；市人民检察院2人被评为江苏省人民满意检察干警；市人民法院城西法庭被省高院评为人民满意法庭并被记集体二等功，1人被省高院评为人民满意法官。

2002—2005年，全市政法系统全面实行中层干部竞争上岗或双向选择，市公安局、人民检察院、人民法院相继建立和完善执法质量考评体系，其中市公安局的"三三制"考评机制被公安部推广。2005年，全市政法系统开展"业务大培训、岗位大练兵、技能大比武、素质大考核"活动。政法部门进行领导班子成员分工交流和干警轮岗交流，并开展向南通市政法系统"五十佳"先进人物学习活动。

2007年，全市政法系统通过理论学习、战训合一培训、技能比武等形式，提高干警执法水平、执法效率。是年，全市政法系统"大督察"机制建立、实施。2009年6月，省委组织部、省政法委在如皋市召开领导干部述法考评工作现场会，总结推广如皋市开展领导干部述法考评工作经验。是年，全市政法系统开展创新创优竞赛活动，并开展社会治安满意度和执法形象满意度"双满意"评议。

2010年，全市政法系统以"全警百日冬训""青蓝工程"等形式加强队伍建设，涌现出全国先进工作者、公安二级英模卢俊，全国模范人民调解员、全省"十佳政法干部"刘平林，二等功臣郑云娟等先进典型。

第三节 社会治安综合治理

一、矛盾纠纷排查调处

1990—1996年，市（县）综治办调处停尸闹丧、阻止施工、婚姻纠纷、土地纠纷等各类重大疑难纠纷和重大疑难民事、治安事件108件。1998年，市综治委成立如皋市民间疑难纠纷调处指导中心，各乡镇相继建立调处中心，全市891个村及百人以上企事业单位相应建立健全矛盾纠纷调处组织，通过排查、调处，使社会矛盾及时化解和缓和。

2000年，市综治办向市委、市政府上报各类不安定因素预警性信息200余条，妥善处理长庄、吴窑、郭园、东陈、搬经、袁桥等乡镇的群体性事件70余起。2001年，市综治委组织开展社会矛盾"排查月"和"百日排查调处"活动，建立矛盾纠纷激化过错追究制度。

2003—2010年，市委政法委统一部署构建市镇两级社会矛盾纠纷"大调解"机制，并开始实施"诉调（诉讼和调解）对接""检调（检察与调解）对接"等，全市社会矛盾纠纷排查调处工作网络进一步健全。

二、治安防控体系建设

1996年初，根据南通市综治委要求，全市农村分片建立警区办公室，并按总人口万分之九的比例,招聘村级保安联防队员,各镇区建立监控中心区域报警室。至年底,全市16个镇达到社会治安技术防范标准,建成"技防镇";全市城镇凡有固定办公场所的单位均安装报警器并更新加固保险柜和配套设施,按总人口万分之十二比例组建联防队,保安实行派驻制,金融网点实行武装押运,市区建立电子监控一条街,繁忙交通干道设置电子警察录像探头;全市"110指挥中心"、诸警种、联防队、治安卡口等人防、设施防和科技防控体系框架基本形成。至2006年,全市建成镇区监控中心16个、镇区区域报警室27个、工业集中区区域报警室31个,机关、学校、企事业单位全面落实保安派驻,168家金融网点全部实行武装押运。

2008年,全市安装监控主机1180台,党政机关、金融网点、大型商场、集贸市场、公共娱乐场所、涉危涉爆企业视频监控覆盖率100%。2009年,全市安装视频监控1720套、摄像头13268只,远红外主机2191台、探头13439只,CK报警系统2236只。是年,如城组建180人保安巡防队伍,各农村镇(区)设立巡防中队,新配警用摩托车120辆。如皋市与周边市(县)出入口设立查报站6个,如城镇和其他镇(区)主要道路出入口建立治安岗亭68个,形成主城区出入口、各镇(区)出入口、市际出入口3道治安防线。

2010年,全市14.3万余户家庭安装"平安E家"报警器,新增治安监控系统328套、摄像头2842只,新增义务巡防人员722人,组建70人的金融特巡队加强对金融自助网点的巡查,村(社区)治安巡防组织、长治久安工作队、"红袖标"志愿者队伍等群防力量不断增强,如皋市建设"大防控"体系的经验在省和全国专题会议上作介绍。是年始,全市1400余名专职保安队员参与处理矛盾纠纷及现场处置突发事件。

三、综合整治

1990年,县委政法委统一安排,县综治办以如城地区为重点,组织全面清查社会治安,参加检查的干警、保安、联防队员2542人次,共清查旅社、招待所360家,私房出租户415家,车站码头64处,候诊室80处,桥梁涵洞1869处,重点单位1912个,公共繁杂场所470处,破获一批刑事和治安案件。

1993年,市综治办组织力量对公共繁杂场所、路边店、摊点等容易滋生违法犯罪和藏匿犯罪人员的地方加强管理和约束,获取犯罪线索1231条,查获各类案件1086起,抓获各类违法犯罪人员653名,缴获赃款和赃物折款17469元。

1997—2010年,全市共查处各类治安案件5.94万起。在重要会议和节庆之前,市综治办均有重点、有针对性地组织社会治安综合治理活动,改善全市社会治安状况。

四、创"三安"

1997年始,市综治委组织创建安全文明小区、安全文明村镇、安全文明单位活动(简称"创三安"),市成立"创三安"领导组,各乡镇成立"创三安"领导小组和相应工作机构。是年,全市建成安全文明小区5个、安全文明乡镇5个、安全文明村(居)328个、安全文明单位644个。

图12-7"长安法治如皋"建设工作会议
(2010年摄)

1998年,市文明委规定"创三安"不达标的单位、乡(镇)、村(居)不得参加各级文明单位评选。是年,市综治委在全市范围内结合安全文明学校(校园)、安全文明医院等创建活动,共建成安全合格财会室476个。1999年,全市镇(区)、村、企事业单位全部参加安全文明创建,镇(区)创建合格率89%,村(居)创建合格率80%,企事业单位创建合格率94%。

2003年,根据"平安江苏"创建要求,市综治委印发《平安如皋系列创建活动意见》,扩大创三安的外延,将范围扩大到创平安机关、平安学校、平安医院、平安市场、平安企业、平安小区、平安村(居)、平安大道、平安航道、平安金融网点、平安娱乐场所、平安商店、平安建筑工地、平安无毒地区、平安镇区15个类别。是年,全市112所学校、318个村(居)、230家200人以上企业、20个居民小区达到创建标准, 10所学校被命名为南通市最安全学校, 17个镇被南通市综治委命名为社会治安安全镇,如皋市被省委、省政府评为社会治安安全市。

2006—2010年,如皋市连续5年被评为江苏省最安全县(市)。2010年,如皋市被南通市委、市政府评为长安法治建设工作先进县(市)。

第五节 依法治市

1995年,市政府制订依法治村、依法治厂实施方案。1996年,全市891个行政村全部制订《村民自治管理章程》。1997年,市委政法委在5个乡镇、2个行政机关、2所学校、3家企业开展8个方面的依法治理试点,并召开全市依法治厂动员大会和依法治校经验交流会。

1998年,市委、市人大常委会分别对《如皋市人民政府1998—2000年依法治市实施规划》作出决定和决议,并召开全市依法治市动员大会。1999年7月起,全市启动以政务公开为主要内容的依法治市工作。是年,全市38家行政执法单位和市法院、市检察院制订印发执法责任手册。

2000年,市委政法委、市人大内司委、市政协办公室、市委市级机关工委、市政府法制局等部门联合组队,对全市26个乡镇、32个市级机关部门和市法院、市检察院开展执法检查考核,34个单位获优秀,优秀率57%,其余均为良好。

2001年5月,如皋市在全省率先启动新一轮依法治市工作。2005年,市委政法委将"法治如皋"建设工作目标任务分解到各镇、各部门(单位)。是年,全市建成省级基层民主法治示范村(社区)2个、南通市级基层民主法治示范村(社区)7个、如皋市级基层民主法治示范村(社区)138个。至2007年,全市建成省级民主法治示范村(社区)11个、南通市级民主法治示范村(社区)30个、如皋市级民主法治示范村315个,占全市村(社区)总数的91.38%。

2008年,全市新增省级民主法治示范村(社区)7个,南通市级民主法治示范村(社区)32个,全市348个村(社区)中的322个村(社区)为市级以上民主法治村。至2009年,全市348个村(社区)中,建成省级民主法治示范村26个、南通市级民主法治示范村118个、如皋市级民主法治示范村277个,建成率98.3%。

2010年,全市申报南通市级以上民主法治村(社区)116个,56个村(社区)经验收获得通过。是年,如皋市被评为江苏省法治县(市)创建工作先进单位和首批全国法治县(市)创建活动先进单位。

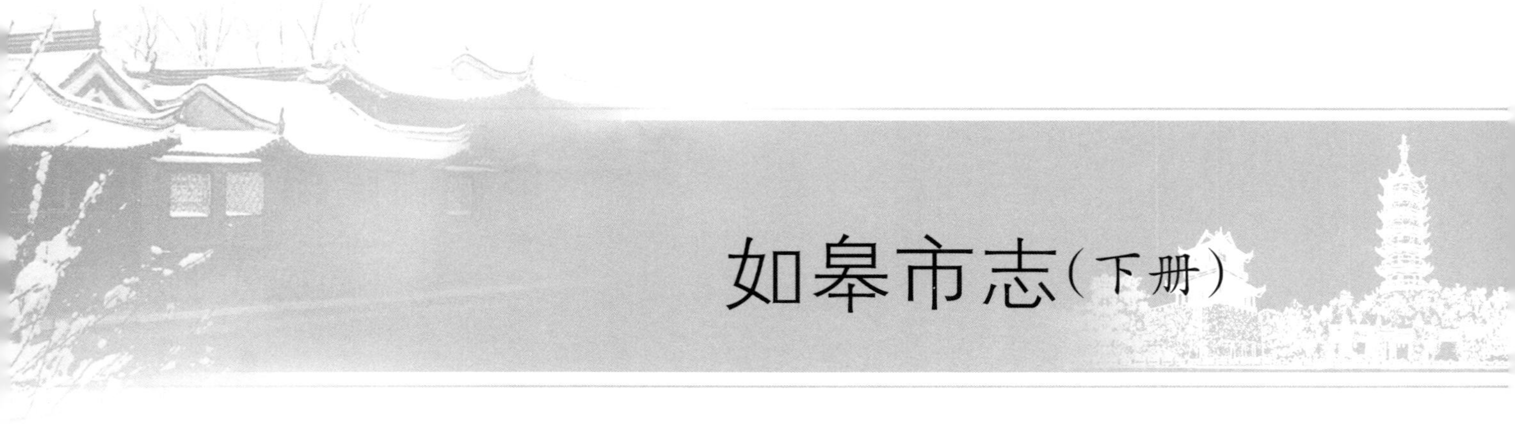

卷十五 军事

如皋分县前，滨江临海，为江海防要地。东晋和隋朝时，前护军将军庾希、东海李子通在域内举兵造反。唐开皇三年(838年)，朝廷派捉军驻守掘港亭，后李德裕亦统兵驻守。宋代，县内设弓手寨等军事设施，掘港驻捍海兵数百人。南宋建炎、绍兴年间，金兵攻陷如皋，岳飞、张荣先后奉调至如皋抗金。元末，张士诚举兵造反，其弟张士德率部占领如皋13年。明代，日本海盗和倭寇多次从如皋登陆，并侵入如皋城残杀无辜贫民。明嘉靖三十三年(1554年)，如皋城筑城防倭，形成城河、城墙、城楼等一系列军事设施。清代，县内常有陆营和水师等官军驻守，并设有地方团练。土地革命时期，国民政府派重兵驻剿如泰工农红军和红十四军，此后一直有国民政府军及国民政府地方部队驻防。抗日战争时期，为更有效地组织抗日，如皋县分为如西、如皋2县。如皋城、如西公路沿线及沿江地区有日本侵略军、伪军众多据点，如皋城东还设有日本侵略军机场。中华人民共和国成立后，中国人民解放军在磨头兴建机场，在如皋港设边防检查站。

如皋是具有光荣革命传统的红色热土。明永乐至嘉靖的140余年中，如皋人民配合刘荣、刘景韶、邱陞等部英勇抗敌，给日本海盗和倭寇以沉重的打击。北伐战争中，如皋农协聚集西乡农民万余人围攻孙传芳“五省联军”，迫其北逃海安。土地革命时期，中共如皋县委8任书记有7位壮烈牺牲；如泰五一农民暴动威震大江南北；中国工农红军第十四军于如皋西乡建军，如皋作为红十四军活动中心，成为全国15块红军游击区之一。抗日战争时期，如西抗日民主根据地为苏中三分区领导机关驻地，有“苏中小延安”之称；新四军旅长叶飞率部于如皋西乡高明庄大规模歼灭日伪军；如皋军民开展火烧竹篱笆、反“清剿”、反“伪化”、反“清乡”斗争，配合新四军主力收复如皋城。解放战争时期，新四军苏中战役七战七捷，有3战奏凯于如皋境内；如皋沦为敌后以后，人民地方武装和民众在残酷环境下坚持敌后斗争，粉碎国民政府军数番“清剿”，赢得民国38年(1949年)1月如皋全境解放。

如皋人民与人民军队始终保持血肉联系。土地革命时期，红十四军为中共如皋地方组织和政权建设作出巨大贡献，如皋人民亦成为红十四军的坚强后盾。抗日战争时期，“如皋具有良好群众基础”成为新四军决定东进的重要原因之一，如皋人民亦在配合新四军抗日中建立不朽功绩。解放战争时期，全县更谱写出一曲曲军爱民、民拥军的感人乐章。如皋全境解放初，全县人民克服困难，支援解放军渡江作战，踊跃捐献支持抗美援朝。此后，中国人民解放军驻如空军部队、武警消防官兵、边防检查部队、预备役部队和人民武装部、民兵组织除加强人民防空、进行战备训练、执行消防检查等任务外，配合地方抢险救灾、维护稳定；如皋人民发扬光荣传统，经常组织拥军优属活动。

第一章 军事设施·地方军事机构·兵役

第一节 军事设施

一、城池

（参见卷三第一章第二节《城池》）

二、弓手寨、校场、打靶场

弓手寨 宋建隆三年(962年)建,内设弓兵,由县尉管领和操练。寨址失考。

小校场(射圃) 明嘉靖年间,建于孔庙泮池南(今如皋师范附属小学河南),初名射圃,后更名小校场。

大校场 清初建立,位于如皋西门(今如城中山路与益寿路交叉口西南侧)。清末,为死刑犯执行处,“民三三烈士”被杀害于此。

演武厅 清初建立,民间称为考武厅,位于如城许庄原火葬场附近。

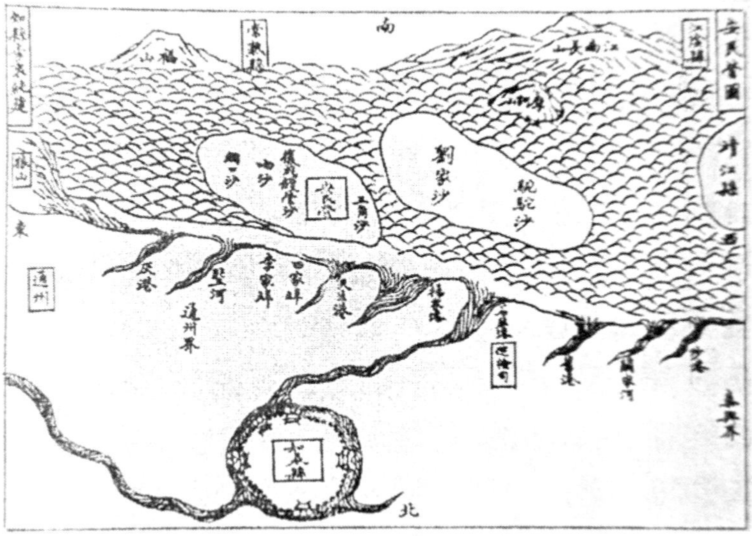

图15-1 明代如皋安民营区位图

打靶场(射击场) 民国25年(1936年)建立,位于如皋城东门外,初名射击场。民国27年日本侵略军侵占如皋城后,为日本侵略军侵占使用。中华人民共和国成立后,更名打靶场。

三、土堡、军营、墩台

土堡 明洪武元年(1368年),信国公汤和于如皋城东65千米的掘港场(今如东县城所在地)建土堡1座,周长918.33米,驻军称掘港营。土堡沿用至清代。

安民营 明万历四十八年(1620年),如皋知县李衷纯于长江边南沙立安民营,以加强江边防务,沿用至明朝末年。

海防墩台 明天顺年间(1457—1467年),朝廷于如皋沿海垒土为高墩(称墩台)驻兵守望(称“墩汛”)。有彭家灶、方前、寨前、新团、长沙、火烧苴、尹家堡、白沙口、丰利等10墩,驻兵管领黔徒举号传烽、观望和传递海洋警备信息。清顺治十六年(1659年),朝廷增设海防墩台15座,由如皋知县李振奇监筑,其中掘港设大洋梢、漫灶、高墩、南坎、川水洼、北坎、田家园、谢家灶、杨家坡9墩,丰利设三总、八总、十三总、十八总、二十三总等6墩。

江防墩台 清顺治十八年(1661年),知县李振奇奉旨筑如皋江防墩台17座,派兵驻防。清康熙八年(1669年),裁3墩,保留营防港、宋家圩、管家圩、下阴沙、天生港、朱家圩、张家圩、瓦庙港、丁家圩、佘家圩、石家圩、沈家圩、李小圩、百姓圩14墩。次年,南沙涨连陆地,大臣苏宜会同总督踏勘南沙,召集乡民复业,免课税5年。同时,增设石庄西北、东南4墩及五洞口、白蒲河南、百姓圩、鹅玩庄、沙杨庄等墩台。

四、碉堡(碉楼)、哨所(检问所)、瞭望台(警报器)

碉堡(碉楼) 境内碉堡、碉楼多用砖、石、混凝土等建成,为防守用坚固军事设施。碉堡俗称“地鳖子”,多为半地下、半地上,地上设射击孔;碉楼俗称“炮楼”,通常2—3层,有圆形、方形、多角形。土地革命时期,域内大地主庄园多筑有碉楼,供家丁瞭望、守卫。抗日战争时期,日本侵略军在全县各交通沿线集镇筑碉堡和炮楼,如城、磨头、石庄等镇至今仍遗存日本侵略军构筑的碉堡7个。解放战争时期,国民政府军仅在如皋西部地区即构筑碉堡数百个。

哨所(检问所) 哨所为警戒队或哨兵所在处所,检问所为警戒队检查来往行人的场所,一般均设于交通要道口。抗日战争期间,日伪在苏中第一期“清乡”时,从天生港向北沿通扬运河经平潮、白蒲、林梓至丁堰,再从丁堰向东沿串场河经掘港、南坎抵黄海海岸,折向东南至寅阳,再向西至天生港,构筑长约170多千米的封闭式竹篱笆封锁线,每1.5千米设一哨所,每2.5千米设一检问所。

瞭望台(警报器) 抗日战争时期,日伪军、国民政府军和人民武装均设有瞭望台,主要用于观察周边的情况。中华人民共和国成立后,瞭望台主要用于人民防空。1953年,全县建有6个对空瞭望台。1962年,全县各区和重点公社建立瞭望哨,建有瞭望台,并安装防空警报器。1995年,市人防办在如皋信合大厦楼顶安装警报器。2000年,在市政府办公大楼(原物资大厦)、金安大厦分别安装警报器1台和远程多方位电子警报器1台。2000年后,在市人民武装部,市环保局、市交通局、市公路管理处和市地税局安装警报器。

五、军用机场

国民政府军简易军用飞机场 解放战争时期,国民政府军利用日本侵略军机场建简易军用飞机场,供小型军用飞机起降。

中国人民解放军空军机场 1964年8月,中国人民解放军空军于磨头建军用机场。1965年7月,建雷达站。1987年2月27日,机场改为军民两用,起降如皋至北京航班。1999年4月1日,民用航空停航。

附录:

日本侵略军机场

民国27年(1938年),日本侵略军侵占如皋城,将如皋城东门外老坝头打靶场辟为简易军用机场,构建跑道、碉堡等设施。

第二节 地方军事机构

一、封建王朝和国民政府等地方军事机构

县尉署 宋建隆三年(962年),始设如皋县尉署,由县尉掌领、操练弓兵,县尉姓名、署址失考。元初沿袭宋制,县尉有陈肇衡等。

万户府 元世祖至元中(1264—1294年),在如皋设置。

典史署 元朝始设,明清两朝沿袭,掌管县内缉捕、监狱。元明两朝历任典史姓名、署址失考。清朝,典史署设于县衙东南隅,民间称为“二衙”(因典史相当于县丞),二衙巷由此得名。典史任职时间可考者有:清乾隆十四年(1749年),沈昌国;清乾隆十八年,汪庭元;清乾隆二十四年,李业昌;清乾隆三十一年,李星桥;清道光十一年(1831年),程勷。

军政分府 清宣统三年(1911年)11月23日,武昌起义成功后,邑绅沙元炳和同盟会会员黄七五宣布如皋光复,成立如皋民政分府和军政分府,公推蔡和林为军政长,统辖通泰各场缉私营,兼管地方治安。

警卫课 民国时期,国民政府如皋县政府下设警卫课,负责地方治安。

二、人民政权地方军事机构

如皋县五一农民暴动委员会 民国17年(1928年)4月13日,于如皋城成立。王盈朝、顾仲起、杭果人(张安志)3人组成主席团,军事部部长徐芳德(徐芳),交通部部长石勋光,宣传部部长吴亚苏,经济部部长杭果人。

如皋县五一农民暴动总指挥部 民国17年(1928年)5月1日,于如皋西乡朝西庄成立。总指挥顾仲起,副总指挥徐芳德,肃反委员苏德馨,经济委员葛显功。

县政府军事科 民国29年(1940年)8月3日,如皋县抗日民主政府设立军事科,负责全县抗日自卫队的训练。科长陈伟达,副科长宋邦基(后任军事科长)。

如城军事管制委员会 民国38年(1949年)2月1日,于如皋城成立。主任蔡美江(苏皖一专署副专员),副主任周泽(中共如皋县委书记),委员张继中(如皋县政府县长)、朱光(如皋县团政治处主任)、王遐松(中共如皋城区区委书记、庄振华(如皋县公安局局长)。

如皋县警备司令部 民国38年(1949年)2月1日成立。司令员张继中(兼),政治委员周泽(兼),副司令员朱光(兼)。

中国人民解放军苏北南通军分区如皋县人民武装部 1950年4月9日,由如皋县大队改建,简称县人武部,隶属苏北南通军分区和中共如皋县委双重领导,驻地如城南门闸桥东原江苏省农民银行内。

如皋县兵役局 1954年11月23日,根据中央军委和华东军区指示,县人武部改为如皋县兵役局,并被定为特级县兵役局。局长李希成,政治委员倪锦瑜(兼)、1957年5月后胡奠南(兼),副局长韩隽,副政治委员仲萱。

中国人民解放军江苏省如皋县人民武装部 1958年4月8日,由县兵役局改建(简称县人武部)。根据中共中央"三支两军"指示精神,1967年3月,县人武部成立生产办公室,领导全县工农业生产。1967年4月,如皋县军事管制委员会(简称县军管会)成立,对全县实行军事管制(生产办公室和军事管制委员会列入地方行政组织)。县人武部部长、政治委员均由上级军事部门任命。地方工作和军内工作配2套班子,大都配双正职。1974年后,"支左"人员均撤回。1979年5月,县委书记兼县人武部第一政治委员制度恢复。

江苏省如皋市(县)人民武装部 1986年6月6日,根据中共中央文件精神,县人武部改归地方建制。1991年6月1日,如皋撤县设市,随行政建制改称江苏省如皋市人民武装部。部长谭志旺,政治委员管贵方。1994年后,政治委员吴晓培,副部长周金仁,副政治委员杨文留。

中国人民解放军江苏省如皋市人民武装部 1996年4月1日,如皋市人民武装部由地方建制收归为部队建制,称中国人民解放军江苏省如皋市人民武装部。

附录:

人民政权地方军事机构领导人更迭

一、中国人民解放军苏北南通军分区如皋县人民武装部领导人更迭

部长

李一先(兼)1950-04—1950-07(1951-08免)

陈　德1951-07—1953-02

郭远顺1953-02—1953-09

陈加友1953-10—1954-10

政治委员

左开运(兼)1951-08—1954-05

副部长

谭　英1950-04—1951-08

陈　德1950-08—1951-07

丁春江1951-06—1952-07

陈　德1953-02—1954-01

副政治委员

巫云华(兼)1951-08—1952-04

二、中国人民解放军江苏省如皋县人民武装部领导人更迭

部长

李希成1958-04—1958-07

刘　浩1958-07—1960-10

窦祖银1960-10—1970-02

王克祥1970-12—1978-05

王新庆1975-09—1981-07

周昌富1981-07—1983-06

吴良柱1983-07—1985-01

谭志旺1986-04—(续后)

政治委员

胡奠南(兼继前)至1960-04(1961-06免)

陈锦美(兼)1961-06—1965-03(1965-11免)
王飞岳(兼)1965-10—1967-03
陈佩璜(代)1967-05—1968-10
张　鸣(代)1968-10—1973-03
徐祥修1973-03—1975-08
孙　云1975-09—1978-05
隋清源1979-06—1983-07
管贵方1983-07—1986-06(续后)

第一政治委员

刁守坦(兼)1979-05—1982-07
谢翼飞(兼)1982-07—1986-06

第二政治委员

韩　隽1962-03—1963-01
吴广华1963-01—1966-01

副部长

韩　隽1958-04—1960-01
祁泽民1960-01—1962-02
刘继达1960-02—1979-03
孙行俊1967-03—1967-10
蒋　民1967-04—1967-10
李有用1967-03—1968-03
孙培亨1970-02—1978-05
王　培1970-08—1973-10
王庆全1971-04—1979-05
周永和1972-01—1979-03
倪金龙1973-10—1978-05
张武勤1975-05—1975-11
王道顺1978-03—1980-09
吴恩九1979-04—1981-06
孙浩生1979-08—1981-06
谭志旺1983-04—1986-04
李复生1985-01—1985-11
杨文留1986-01—1986-06

副政治委员

仲　萱(继前)—1958-07
陈理才1958-06—1960-08
韩　隽1960-09—1962-02
陈秉伦(代)1961-04—1961-08
张　俊1961-08—1966-04
朱枝桂1964-08—1971-06
吴春和1969-11—1983-02
黄汉臣1970-04—1978-05
钮振龙1971-07—1978-05
石昭义1974-10—1980-05
陈学康1980-05—1981-09

三、中国人民解放军江苏省如皋市人民武装部领导人更迭

部长

周金仁1996-04—2000-02
万维庆2000-02—2006-05
张志忠2006-05—2008-03
蔡卫红2008-03—2010-05
胡宏杰2010-05

政治委员

吴晓培(继前)—2000-03
王圣柏2000-02—2005-04
陈　磊2005-04—2007-03
于　勇2007-03—

副部长

赵　明1996-10—1998-4
王圣柏1999-06—2000-02
陆永新2000-03—2002-03
周德良2001-03—2005-04
万有富2002-04—2005-04
车树兵2005-06—2009-03
闫　勇2009-04—

第三节 兵役

一、籍民为兵制·世袭制·世兵制·举族皆兵制

籍民为兵制　春秋时,如皋实行“籍民为兵”制,按田亩制订军赋,按丁授田,凡有受田权利的成年男丁,都有服兵役的义务。服兵役年龄为20—60岁,每户出1丁为正卒,其余男丁为羡卒。朝廷有紧急战事时,正卒随时听召从军,人数不足即从羡卒中挑选健壮者从军。

世袭制　三国时,曹魏在如皋实行世袭制兵役,将辖区内居户分别编为民户和军户,编入军户者“父死子继、兄终弟及”。两晋时期,沿用世袭兵役制,军户另行立户造册,世代为兵。镇北

将军毛璩曾强迫逃亡于海陵青蒲(今如皋白蒲)附近沼泽地带的万余“亡户”补充其军队。

世兵制　南朝时,如皋实行世兵制,兵户世代为兵。

二、府兵制·卫所兵役制

府兵制　北朝与隋唐时,如皋实行府兵制,府兵来源于成年农民。所有府兵都经严格挑选,通常每年挑选3次,资产中等以上家庭并有3丁之户,从中选1丁充当府兵。府兵平时散居务农,农闲习武,战时奉令集中,由朝廷任命将军统领。战争结束后,兵士散归于府,将军回归于朝。

卫所兵役制　明代,如皋实行卫所兵役制,卫所的兵称军士,世代为兵。规定民户每3户出1丁,出丁者为正军户,其余为贴军户。正军户如有死亡或逃跑,由原籍亲属或贴军户补充。各卫所之兵,多数屯田,少数驻防,农时耕种,农闲军训,遇有战事,由朝廷任命将领从各卫所调集士兵组织成军。明末,军政废弛,在籍士兵逃亡过半,卫所兵役制告终。

三、征兵制·募兵制·征募制

征兵制　战国时,七雄争霸,各自拥有庞大军队。楚国在如皋采取郡县征兵制,男子16岁登记,随时准备应征入伍,60岁免役。秦汉两代,如皋亦主要实行征兵制。秦代兵役制规定,17—56岁的男子均须向官府登记,称为“户籍”,都有随时应征服兵役义务。凡年满23岁的男子,首先轮流到郡县服杂役1个月,称“更卒”,而后到京都守卫1年,称“正卒”,再到边防部队屯田守边1年,称“戍卒”。秦代用兵无度,5口之家至少2人服役。汉代兵役制规定,凡年满20岁的男子必须登记,23岁起服兵役2年,1年在郡学习攻战,1年守卫京城或戍守边防,服役期满还乡为民,作为后备兵,至56岁免除兵役。民国时,国民政府亦实行征兵制。民国22年(1933年)6月,国民政府公布《兵役法》,规定“三丁抽一,五丁抽二,凡中华民国男子年满18—45周岁者,均有服兵役的义务”。

募兵制　五代时,如皋实行募兵制,招募对象为15—70岁男子,先测试才能,观测走步、跳跃及视力,合格者赏赐钱币和衣服,在面部刺纹记,记上军号。北宋时,沿用募兵制,按身高和技巧确定等级,编入不同部队。宋皇祐元年至皇祐六年(1049—1054年),朝廷于如皋募兵编入“厢军”。熙宁元年至熙宁十年(1068—1077年),在如皋选调兵员送京师充实“禁军”。清同治三年(1864年),湘军曾国藩部围攻太平天国首都天京(今南京),兵力衰落,在如皋等地不断加募新兵。淮军与湘军相同,其兵源主要来自安徽、江苏淮河流域,故称淮军,如皋主要属淮军募兵范围。民国初期,实行募兵制,被招募入伍者,由部队按月发给定额粮饷。民国16年(1927年),国民政府实行“征募兼施”,在如皋仍按募兵制补充兵员。

征募制　清光绪二十一年(1895年)始,清廷仿照西洋军制编练新军,新军兵员主要是征募,带有征拨性质。清光绪三十一年农历六月,两江总督张之洞,于如皋设立征兵机构,办理征兵事宜,要求征兵对象年龄16—25岁,身高4尺6寸以上,身份来历清楚。

抽丁制(抓壮丁)　为征兵制演变而成的一种强制征兵方式。民国26年(1937年),全县共有壮丁225486人,编造成壮丁花名册,根据上级征兵机构下达的定额,按区、乡摊派抽签确定应征对象,群众称为“抽壮丁”。抽签抽中的壮丁不愿当兵,可出钱(粮)买人代替,群众称为“买壮丁”。不愿当兵而又无钱“买壮丁”者,纷纷躲避隐藏,国民政府则出动人员抓回,强制入伍。民国37年年初,国民政府迫于战事吃紧,急需大量补充兵员,地方政府无法按抽丁制实施征兵,下令看到青壮年男性即强制征召,群众称为“抓壮丁”。3月14日,国民政府如皋县县长王检下令抓壮丁。26日,驻石庄国民政府军包围沈家甸,抓壮丁80余人。其余各据点也纷纷出动抓丁抢粮,全县共抓壮丁1388人。

四、动员参军·志愿兵役制·义务兵役制

动员参军　20世纪30年代始,中国共产党领导的人民军队和地方武装,以自愿为原则动员青年参军。民国19年(1930年)6月,中共如皋县委于高明庄召开赤卫队、少年先锋队约400人大会,动员参军,会上26人报名参加红军。抗日战争时期,如西抗日民主根据地动员参军、地方武

装上升正规部队、个别参军入伍，都以自愿为原则。同时，为保护抗属不受日伪迫害，均采用秘密动员吸收青年入伍的方法。民国29年，全县1200名青年自愿报名参军。民国30年1020人，民国31年600人，民国32年270人。民国33年初，随着抗日根据地的日益巩固，中共如西县委、县政府公开动员青年参军。5月，全县有1365人参军。年底，有379人参军。民国34年，动员一批基干民兵参军。

如皋大众
第6期
卅三年七月二十日
参军中的劳军优抗工作
一区 不空手来欢送
五区 各乡士绅捐助忙 参军青年多荣光
共产党员做参军模范
参军是人人的事
好男要当新四军 抗属到处受尊敬

图15-2　1944年（民国三十三年）《如皋大众》动员民众参军

解放战争时期，全县有4次大规模参军运动。民国35年9月下旬至10月中旬，1000余人参军。民国36年7月下旬至8月下旬，695个村2482人参军。民国37年8月，1900人。民国38年3月，1000余人参军。

志愿兵役制　中华人民共和国成立初期，实行志愿兵役制。征兵条件为年满18—30周岁男子，成分好（以贫下中农为主）。1951年，在抗美援朝运动中，全县有5360名青年报名要求参加志愿军，超过上级定额1300名的任务。1953—1954年，分别征集1920名、1550名新兵入伍。

义务兵役制　1955年7月31日，第一届全国人民代表大会第三次会议通过《中华人民共和国兵役法》，全国正式实施义务兵役制。规定男女青年凡年满18—22周岁、思想品德好、政治历史清楚、身体健康的可报名应征。9月，县征集办公室成立，开始征兵工作，全县213个乡镇18—19岁的适龄青年中，报名率96.5%，共挑选1788名应征青年入伍，其中党团员占入伍数的41%。1956年5月29日，县兵役委员会成立。1958年，全县首次招收飞行学员，合格30人，选送14人。1956—1963年，全县共征集新兵6468人。1964年冬，全县适龄青年3.76万人，有3.56万人报名应征，1.39万人参加目测，1.08万人参加初检，2542人被定为预征对象，经严格复查复审，有2170人被输送入伍。1966—1976年，根据上级命令，全县完成征兵1.91万人的任务。

1978年始，全县根据全国人大《关于兵役制问题的决定》《中华人民共和国兵役法》开展征兵工作。1979年，全县应征青年1.44万人，有1.31万名青年报名。1983年，全县适龄青年1.66万人报名应征。1984年，全县报名应征适龄青年3.17万人。1994年，市政府下发文件（皋政发〔1994〕第28号），要求将征兵工作纳入乡镇干部工作目标责任制，严格考核，实施奖惩。全市征集新兵中党团员占87.5%，特种兵复查合格率和普通兵抽查合格率100%。1998年，全市适龄青年参加体检、政审，平均合格率分别为68.1%、88.5%，南通市征兵体检组抽、复查合格率分别达97.5%、100%。应征入伍新兵中高中以上文化程度占57.2%，党团员占89.7%，南京军区征兵办公室表彰如皋市为征兵工作先进单位。

2002年9月，如皋市被江苏省政府、省军区表彰为征兵工作先进单位。2008年，如皋市征兵心理控测工作受到南通市征兵办公室表彰。2009年，如皋市纪委、市人武部联合下发《关于进一步加强廉洁征兵的意见》，市征兵办公室相应制订《如皋市廉洁征兵具体实施意见》，形成公开、公平、公正、廉洁征兵工作机制。征集兵员中高素质、高学历成分明显提高。是年，全市所征新兵中，大专以上学历的占比达24%。至2010年，全市均圆满完成征兵任务。

五、预备役

1956年4月，县委召开预备役工作会议，学习、贯彻《中华人民共和国兵役法》，实施预备役制度。5月，县兵役局于何庄乡进行预备役登记试点。6—8月，全县进行预备役登记工作，共登记10.40万人，其中19—30岁适龄公民7.88万人，可服预备役对象7.21万人，占适龄对象91.5%。可服预备役对象中，服一类预备役人员1942人，服二类预备役人员7.02万人。其后，首次组织预备役士兵训练，受训400人，为期20天，考核合格率93.5%。1957年，根据中央军委预备役和民兵“合二为一”指示，全县预备役士兵编入民兵组织。1965—1979年，全县预备役工作中断。

1980—1983年，根据国务院、中央军委《退伍军人预备役登记暂行规定》，恢复退伍军人预备役登记，并全部编入民兵组织。1987年，全县进一步完善民兵与预备役相结合体制，县人武部对地方党政干部分专业登记造册。1989年，全县开展民兵、预备役整组工作。10月5—10日，南京军区民兵预备役部队训练现场会于如皋县召开。1994年，根据中国人民解放军总参谋部等7部委《关于企业民兵、预备役工作的规定》，全市重点实施企业预备役工作。1997年8月8日，市预备役军官授衔仪式在南通市矿山机械厂举行，授予或改授预备役军衔。此后，每年均对预备役士兵和军官进行登记编组工作，实现预备役组织建设、军事训练常态化。

民国29年（1940年）至1949年如皋县参加人民军队情况统计表

表15-1

单位：人

年份	参军人数	其中输送主力部队	其中上升分区部队	备 注
民国29年（1940年）	1200	300	—	—
民国30年	1020	—	—	—
民国31年	600	—	—	—
民国32年	270	—	—	—
民国33年夏	1365	700	—	一批基干民兵补充县团
民国33年冬	379	—	—	城东区250人，江安区129人
民国34年	不详	—	—	一批基干民兵参军
民国35年	1000	400	400	补充县团200余人
民国36年	2482	1800	382	补充县团300余人
民国37年	1900	1290	360	补充县团250人
1949年	1000	1000	—	县团上升主力部队
合 计	11216	5490	1142	—

附录：

地方武装“上升”与收编改编

一、地方武装“上升”

下一级武装组织成建制充实上一级武装组织，形成新的建制武装，称为“上升”，同样以自愿为原则。民国30年至民国38年（1941—1949年），全县地方武装9次“上升”，其中“上升”分区部队1000余人，“上升”主力部队5400余人。

二、收编改编

土地革命时期，中国工农红军第十四军和如皋地方党组织，注重开展敌军工作（亦称士兵工作），策动敌军士兵起义。先后起义的有驻黄桥国民政府军8人、驻卢港国民政府军8人、驻张家港国民政府如皋县警察第三中队20余人等。民国19年（1930年）4月，江苏省保安队驻季家市1个中队80余人，在中队长杜俊生带领下，携枪68支、小炮1门投奔红十四军。

民国30年（1941年）至民国38年如皋县人民地方武装上升主力部队情况一览表

表15–2

时　间	上升前建制名称	上升后建制名称
民国30年（1941年）10月	如西县警卫团	10月，编入新四军三旅，对外称新三团。12月，编入新四军一旅二团
民国32年1—2月	如西县警卫团1个连	编入新四军一旅七团
民国34年8月	如西县独立团	编入新四军新二旅第十六团
民国34年11月	如皋县总队3个连	分区特务三团
民国35年10月	如皋县警卫团1—3连	分区特务团三营
民国36年10月	如皋县警卫团四连	分区特务团
民国37年8月	如皋县警卫团一营营部及一、二连和二营六连	分区特务三团，编为该团第三营
民国38年2月	如皋县警卫团二营四连	泰州分区城防团
民国38年3月	如皋县警卫团一营	分区特务四团三营（后改编为华东警备第六旅十七团三营）

民国29年，新四军东进抗日至如皋后，中共如皋地方组织和县抗日民主政府，本着团结抗日的目的，通过各种关系和方法，教育和争取国民政府地方武装人员，将愿意和人民武装一道抗日的予以收编和改编。同时，多次派人打入伪军内部，开展政治工作，策动伪军起义、反正，收编、改编为抗日武装。民国31年2月，驻林梓伪军200余人向新四军投诚。民国32年冬，芹湖据点伪军1个连全连反正。民国33年1月5日，驻加力伪三十四师参谋长兼一三五团团长施亚夫（中共地下党员）与中共派到该部的负责人李友白、李元儒共同策划，率一个营300余人在加力起义。1月22日，起义官兵被编为苏北人民抗日自卫军通如纵队，隶属三分区，施亚夫任纵队司令员。2月7日，驻薛家窑伪三十四师特务二营营长薛人杰，在中共地下党策动下率部起义，被编为苏北人民抗日自卫军通如纵队第三支队，薛人杰任支队长。7月16日，新市据点伪军连长于海江与中共江安区委内外配合，率20多人投诚。7月，驻永安沙伪如皋县保安大队一个中队150余人，在中队长王宝树（中共党员）率领下起义，被编为江防大队，隶属如西县独立团，由王宝树任大队长，张浩任政治教导员，同时成立如西县江防行署，王宝树兼任行署主任。是月，伪三十四师一三三团第一营营长郭达才率官兵200余人，携轻重武器集体反正，被收编入苏北人民抗日自卫军通如纵队。月底，驻永安沙伪军官兵40余人反正。8月，伪独立十九旅团副率部300余人于驻地分界反正。对战场上放下武器的伪军官兵，一律不杀害、不侮辱、不搜腰包，伤病者给予治疗，要求回家者给予路费，愿意留下者一律补入部队。

解放战争中，根据中共中央关于"随俘、随补、随战"的指示，进行补俘工作，其中4次收编改编起义、投诚部队官兵共800余人。收编、改编杂牌地方武装和教育争取俘虏，成为补充人民武装的又一途径。

第二章 驻军·地方武装·战事

第一节 驻军

一、起义军

庾西反晋起义军 东晋咸安二年(372年),前护军将军庾希于如皋举兵反晋。后率部去京口(今镇江)。

李子通反隋起义军 隋大业十一年(615年)冬,李子通举兵反隋,守宁海县(含如皋),控制长江。

张士诚反元起义军 元至正十二年(1352年),农民起义军张士诚部将占据如皋,历时13年。

陈君悦抗清起义军 清顺治二年(1645年)农历五月十七日,邑人原明军游击将军陈君悦,号召天罡党数百人,于如皋城立中营,据城抗清。七月,清军攻打如皋城,陈君悦弃城转移乡间。九月,陈君悦联合徐健吾先后3次围城,均未能攻克。十月,陈君悦遇难,徐健吾被擒,抗清失败。

李七、赵云抗清起义军 清顺治四年(1647年)农历正月,如皋沙民起义首领李七、赵云,于江边聚众1600余人,推举邑人原南明礼部侍郎李之椿为盟主,起兵抗清。后遭清凤阳巡抚陈之龙率大军至如皋镇压,李七、赵云及全部将士战死。

二、官军

丰利场水兵 北宋治平二年(1065年),使相富弼兼管扬州时,以水兵驻丰利场,防海寇。其战船常被风涛击损,因而靠海滩停泊,训练水军士兵、演练水战,人称"郑公滩"。

岳飞抗金军队 南宋建炎三年(1129年),岳飞任通泰镇抚使,率兵至何庄及白蒲等地抗击金兵。今有度军井、济忠井等遗迹。

金兵 南宋建炎四年(1130年),金兵攻陷如皋城,占据如皋城数月。

掘港营 明洪武元年至五年(1368—1372年),信国公汤和于如皋设土堡1座,领兵1300名守堡,守军称掘港营。另立兵府于掘港营,每年汛期委扬州卫指挥1人,领军防御。

防倭卫所军 明洪武十六年(1683年),信国公汤和设防倭卫所于如皋掘港场,籍民4丁抽1为兵,兵员560人,编为两个营,东营310人,西营250人。设19墩(彭家灶、方前、白沙口、丰利、南坎等),每墩守兵5人。另设4寨、4汛。

御倭指挥使张明化部 明嘉靖三十二年(1553年),驻守如皋掘港场,防御倭寇(日本海盗)侵扰。

仪征守备张寿松部 明嘉靖三十三年(1553年)农历四月,仪征守备张寿松奉巡盐御史黄国用令,率部至如皋抵御倭寇进犯。

扬州守备杨缙部 明嘉靖三十三年(1553年)农历四月,扬州守备杨缙奉江北巡抚都御史郑晓令,率部驻守如皋抗击倭寇。

徐州守备李天宠部 明嘉靖三十三年(1553年)农历五月,徐州守备李天宠部奉旨进驻如皋抗击倭寇。

备倭军 明嘉靖三十四年(1554年),明世宗为抗倭,于如皋设游击1人、中军指挥1人、管哨千户4人,率边兵3000人。掘港营设把总,另添设海防兵备、总兵参将等衙门。巡抚都御史李遂统东西二营,招募民兵3000人,备战船100艘。明嘉靖三十八年,倭寇被灭,裁如皋城守游击,改掘港把总为守备,保留水陆官兵66人。

海防兵备副使刘景韶部 明嘉靖年间,湖北崇阳人刘景韶,以进士出任如皋海防兵备副使,驻军如皋掘港。明嘉靖三十九年(1559年),奉命提兵驻守如皋城。

游击将军邱陞部 明嘉靖三十七年(1557

年),山西平阳府游击将军邱陛奉旨提兵镇守如皋。是年,因抗倭有功升任扬州参将,仍带兵驻守如皋。后因追剿倭寇殉国,所带兵卒撤离。

狼山协标驻军 清顺治三年(1646年),在如皋境内设掘港守备1人,陆汛把总1人驻岔河,把总1人驻李堡,专防海汛,共有兵员400人。清顺治十六年,增设海防墩台15座,由如皋知县李振奇监筑。其中掘港设大洋梢、漫灶、高墩、南坎、川山窪、北坎、田家园、谢家灶、杨家坂9墩,丰利设三总、八总、十三总、十八总、二十三总、二十八总6墩。

狼山镇标中营、左营 清顺治十八年(1661年),狼山协标改为狼山镇标,下辖中、左、右3个营。其中中营一部驻防如皋陆汛,左营一部驻防白蒲、石庄陆汛。是年,如皋知县李振奇奉命筑江防墩台17座,由狼山镇标拨兵驻防,另增千总1人镇守石庄。同时,将南沙圩田全部弃置,沙民迁移内地安插。清康熙元年(1662年),狼山镇标中营设把总1人,驻扎如皋城范家桥海防道旧署,外委1人驻扎北郊立发桥。城守营统兵115人,派马战兵2人,于县城北门外递送文报。步兵113人,分派沿河各汛,所辖墩汛20处,各汛派兵5人。其中:城内游巡兵10人,四城门及县西神庙5处,共28人;东路十里至七十里,每10里1墩,共7处;西路十里、二十里、三十里各1墩,共3处;北路十里、二十里、三十里、立发桥汛、界牌汛,共5处。以上20处,每处驻兵5人。另狼山镇标左营设把总1人,分驻石庄镇西北东南4汛,五洞口1汛,白蒲河南1汛,每汛派兵5人,共驻有汛兵30人。清康熙八年,沿江墩汛裁3墩,保留营防港、宋家圩、冒家圩、下阴沙、天生港、朱家圩、张家圩、瓦庙港、丁家圩、佘家圩、石家圩、沈家圩、李小圩、百姓圩14墩。次年,沿江墩台属江南江阴县黄田总兵分兵汛守,石庄镇守仍属江北狼山镇标下,由狼山镇标分兵汛守。

京口协标左营 清康熙元年(1662年),京口协标左营千总1人,外委把总1人,分别防守如皋南沙百姓圩、鹅玩庄、沈家圩、沙杨庄、杨家庄、管家圩、李家圩7汛。每汛驻兵8人,共驻有汛兵56人。

郑成功水军 清康熙十六年(1677年),明朝抗清名将郑成功,率水师溯江而上,屯兵如皋南沙、石庄,攻京口(今镇江)。

狼山镇驻掘港水师 清同治七年(1868年),狼山镇移调中营游击1人、右营守备1人至掘港营,专隶水师。清光绪三十三年(1907年),设狼山镇兼隶水师总兵官1人。水师为外海6个营,内洋5个营。如皋境内有外海水师掘港营。

三、南京临时政府、北洋军阀、国民政府驻军

清乡国际兵 民国3年(1914年),10月,清乡团防兵一团400余人,分驻如皋城东、南2门,另有马队不时游探,各港如有警信,立遣大队驰往。

军阀孙传芳五省联军 民国3年(1914年)8月,军阀孙传芳部以镇守使为司令官驻南通,其一部驻如皋,民国5年调离。民国16年3月,五省联军一师陆殿成部及混成旅梁春甫部,占驻如皋沿江一线,师部驻石庄。4月8日,该部于张黄港遭如皋农民协会会员1万余人围攻,连夜逃往海安。

国民政府军陆军第三十二军 民国17年(1928年)5月,该军两个团一度至如皋驻防。

国民政府军陆军第十师 民国17年(1928年)12月11日,国民政府军陆军第十师第二十八旅一度驻如皋。

国民政府军陆军新编第七旅第二团 民国18年(1929年)8月11日,该团一个营一度驻如皋马塘,团长甘达潮。

国民政府军陆军新编第三旅第三团 民国18年(1929年)9月14日驻如皋,撤离时间不详。

江苏省警察大队 民国18年(1929年)11月10日,由海安、南通移驻如皋,撤离时间不详。

江苏警察总队第一大队 民国19年(1930年)8月30日,自海安调防如皋,驻如皋城演武场。

江北"剿共"总指挥部骑兵一连 民国19年(1930年)9月27日,由总指挥李明扬率领,从黄桥移驻如皋,参与"围剿"中国工农红军第十四军和如皋人民地方武装。

国民政府军陆军第二十六军第三十一师第九十一旅第一八一团 隶属冯玉祥部,团长乜子彬。民国25年(1936年)秋,驻如皋进行军政训练,在如皋城东门外6.9公顷荒冢地上挖墓平坟,修筑射击场。年底离境。

国民政府军陆军第五十七军第一一一师 师

长常恩多,兼长江下游北岸各县戒严司令。民国26年(1937年)8月,该部于长江下游北岸各县沿江一带设防,其中一部驻如皋。

江苏省保安第九团 民国26年(1937年)6月,进驻如皋,团长杨仲华。9月,杨仲华兼任江苏省第四区(南通)、第六区(扬州)联防指挥官,统一指挥2地区地方部队,指挥部驻如皋师范学校。民国27年3月17日,日本侵略军侵犯如皋,该团不战而撤。

江苏省保安第四旅(江苏省第四行政区常备一团) 原为南通县保安大队。民国27年(1938年)3月南通沦陷后,先后撤至如皋东乡栟茶镇及如皋西南地区。5月,改编为江苏省第四行政区常备一团,团长何克谦,团部设于卢港。后吞并如皋人民抗日自卫第二大队及如皋西南6区自卫队。次年3月,改编为江苏省保安第四旅,旅长何克谦(俗称何四旅),副旅长张骥。下辖七、八2个团和旅部直属营、教导总队,七团团长郑靖,八团团长张骥。分驻黄桥、周家桥、卢庄、分界、古溪一带。是年秋,何克谦任江苏省保安第四路指挥部指挥官和鲁苏皖边区游击总指挥部第二分区指挥官,旅长和副旅长职务由张骥和刘秉政升任。下辖保安第七、八2个团,全旅官兵2000人,旅部驻海安镇。

江苏省保安第一旅(江苏省第四行政区常备二团) 原为如皋县义勇壮丁常备大队,后改称如皋县保安大队。民国27年(1938年)初,编为如皋常备第三大队,大队长由县长李承霖兼任,副大队长薛承宗。后大队长薛承宗,副大队长张昭。大队部设于县城文峰阁。3月,日本侵略军侵占如皋,该部先后撤至如皋西北乡丁所、李堡等地,后转移至东乡丰利、马塘、岔河、掘港一线。5月,扩编为常备二团,团长薛承宗,副团长童甠、束玉才。民国28年3月,改编为江苏省保安一旅,旅长薛承宗,副旅长范步周、彭鸿文。下辖一团、二团、补充团,团长束玉才、詹长佑、童甠。民国29年9月,薛承宗表示接受新四军领导,担任人民政权第四行政区抗日游击指挥部副指挥兼保安一旅旅长。后,薛承宗借口至泰州看望李明扬一去不返。民国30年4月,一团团长童甠乘日本侵略军"扫荡",企图叛变投敌。苏中军区司令员粟裕命令新四军三旅和县警卫团将该部大部缴械改编,其残部逃窜投敌,充当伪军。

鲁苏皖边区游击总指挥部第十纵队(如靖保安旅) 民国28年(1939年)秋,鲁苏皖边区游击总指挥设如靖保安旅,旅长何其勇,副旅长范杰(宝璋)、刘芷勋。下辖常备一团、二团,团长田铁夫、许其元,有官兵2000人,旅部驻卢港。后改编为鲁苏皖边区游击总指挥部第十纵队,司令范杰、副司令徐天璋,下辖二十八、二十九支队,支队长徐伯年、朱从义,有官兵2600人,司令部驻黄桥镇。民国29年7月25日,何克谦率部进攻新四军,被新四军歼俘2000余人。冬,何克谦被江苏省省长韩德勤处决。民国30年2月,保安旅余部之一被新四军收编,另一部投奔李明扬,编入伪苏皖边区绥靖军第五师,师部驻石庄镇。

国民政府军陆军第七十一军九十一师 民国35年(1946年)1月13日起,该师二七一、二七二、二七三团先后侵犯白蒲,挑起"白蒲事件",占驻白蒲镇。

第一绥靖区整编第四十九师 民国35年(1946年)7月初,占驻如皋南部白蒲地区,师长王铁汉,副师长王克俊。7月18—21日,在苏中战役皋南战斗中,师部、二十六旅全部、七十九旅大部及一〇五旅一部被华中野战军歼灭。23日,余部占驻如皋城。民国36年8月上旬,调赴东北。

第一绥靖区整编第六十九师九十九旅 民国35年(1946年)7月,在苏中战役皋南战斗中,被华中野战军歼灭一部。8月23—27日,在苏中战役如黄路战斗中被全歼,旅长朱志席被俘。

第一绥靖区整编二十一师 民国35年(1946年)7月底,调驻南通、如皋地区,师长刘雨卿,副师长傅炳勋,下辖3个旅。8月,师部由南通城移驻如皋城。新七旅旅长黄伯光率第十九、第二十一团先驻如皋,后驻海安。新七旅在苏中战役李堡战斗中被全歼。民国36年3月初,整编第二十一师调往台湾。8月,调接第四十九师苏北防地。10月,师部驻如皋,辖一四五旅、一四六旅,旅长凌谏衔、旅长戴传薪(后为岳星明),计6个团。师部率一四五旅驻如皋城,师直一部驻磨头,四三四团驻如黄线,四一五团驻如新线,四三七团驻通如线。12月,该师一四六旅调驻如东县。民国37年4月,师长刘雨卿被撤职惩办,王克俊接任。该部后改建北调。

交通警察第七总队、第十一总队 民国35年(1946年)8月，占驻如皋白蒲、林梓、丁堰。8月21—22日，在苏中战役丁(堰)林(梓)战斗中，被俘2000余人，死伤1500余人。

国民政府军荣誉第二师 民国35年(1946年)9月26日，所属3个团进驻如黄线，后被新四军歼灭于如皋、海安一带。

第一绥靖区整编第七十九师四三五团、四三六团 民国35年(1946年)底至民国36年10月，占驻如皋。

第一绥靖区整编第二十五师、第三十八师 民国37年(1948年)，先后占驻如皋境内，民国38年1月离境。

四、人民军队驻军

中国工农红军第十四军军部及第一师(第二支队) 民国18年(1929年)底，中共中央军委根据中共江苏省委书记李维汉的建议，决定将如泰工农红军和活动在通海地区的中国工农红军江苏第一大队合并建立中国工农红军第十四军，如泰工农红军编为第二支队。民国19年3月2日，红十四军正式对外公布《中国工农红军第十四军十大政纲》。4月3日，中共通海特委和红十四军军部在如皋西南乡贲家巷召开红十四军建军大会，有万余军民参加。4月16、24日，第二支队攻打老户庄和顾高庄战斗中，军长何昆和参谋长薛衡竟先后牺牲。5月，中央军委和江苏省委任命通海区特委书记李超时任红十四军军长兼政治委员、前委书记。是月，红十四军整编，第二支队编为第一师，辖第二团和师直属教导人。9月，在国民政府军“围剿”下，形势恶化，红十四军军部决定将红军分成4个游击队坚持斗争。是月，红十四军在如皋田家铺与李长江部激战失利，转入地下斗争，少数干部转移至中央苏区。

新四军第一师一旅(华中军区第三军分区) 原为新四军苏北指挥部第一纵队。民国29年(1940年)7月29日，进驻加力、搬经、磨头、西来。8月3日，在卢港、江安等地区开辟如西抗日根据地。民国30年初，改编为新四军第一师第一旅，旅长兼政治委员叶飞，参谋长张藩，政治部主任吉洛(姬鹏飞)。3月19日，中共中央华中局批准建立苏中第三行政区，该部兼苏中军区第三军分区，司令员陈玉生，副司令员兼参谋长张藩，叶飞兼任政治委员。民国31年，旅长叶飞，政治委员阮英平。民国32年，旅长兼政治委员叶飞，副旅长张藩，政治部主任阮英平。民国33年，旅长兼司令员叶飞，副司令员陈玉生、张藩，参谋长邱玉权，政治部主任许家屯。民国34年，新四军一师一旅调往浙江地区。

新四军苏中军区教导旅 民国34年(1945年)9月18日，由苏中军区司令员管文蔚、副政治委员兼政治部主任姬鹏飞率领，围攻驻如皋城伪军。

人民抗日自卫军通如纵队 民国33年(1944年)1月5日，伪第二集团军暂编陆军第三十四师参谋长施亚夫率一三五团一部起义，加入抗日部队，编为人民抗日自卫军通如纵队，司令员施亚夫。该部活动于南通、如皋地区。

华中军区一分区司令部、独立旅 民国34年(1945年)12月5日，华中军区一分区司令部于如皋城建立，司令部设于如皋城小校场郭宅，司令员张震东，政治委员钟民，副司令员兼参谋长梅嘉生，副政治委员兼政治部主任许家屯，指挥东南(海门、启东)行署、南通县、泰县、靖江县、泰兴县、紫石县(今海安县)、如皋县、如东县、东台县、台北县10县的地方武装。一分区独立旅驻如皋，旅长陈玉生，政治委员李干辉，副旅长饶守坤，参谋长罗桂华，政治部主任童炎生。下辖五二、五三、五四3个团。民国35年6月，张震东率部离开如皋，编入华中野战军一师一旅。一分区司令员段焕竞，参谋长谢中光。7月23日，一分区司令部撤出如皋城。

新四军华中野战军第一师 民国35年(1946年)5月8日，于如皋城建立，师部驻如皋城东门准提庵，华中野战军司令员、政治委员粟裕兼任师长、政治委员，副师长陶勇，副政治委员兼政治部主任王集成，参谋长梅嘉生。7—8月，于如皋境内先后参加苏中战役皋南、丁(堰)林(梓)、如黄路战斗。

华中野战军第六师 民国35年(1946年)7—8月，于如皋县境内先后参加苏中战役的皋南、丁(堰)林(梓)、如黄路战斗。华中野战军政治委员谭震林兼任师长、政治委员，副师长王必成，副政治委员江渭清，参谋长张闯初，政治部主任李干辉。

华中野战军第七纵队 民国35年(1946年)7—8月,该部于如皋县境内参加苏中战役的皋南、丁(堰)林(梓)、如黄路战斗。司令员管文蔚,政治委员姬鹏飞,副司令员戴心宽,副司令员兼参谋长胡炳云。

中国人民解放军华中军区第一分区南线支队 民国36年(1947年)5月,由一分区特务团一营,靖江县警卫团一、三连,如皋四连组成。先由彭桂卿、金瑞伯负责指挥。后改为司令员柴荣生,政治委员许淦,副政治委员金瑞伯,参谋长赵容,政治处主任柯德全。该部于如皋、泰兴、泰县、靖江地区坚持敌后武装斗争。10月上旬,建制撤销。

中国人民解放军华中军区一分区第一团 民国36年(1947年)下半年至民国37年下半年,于如皋地区与国民政府军作战。

中国人民解放军空军94995部队 1965年6月组建,隶属南京军区空军,团级建制,负责航空兵训练、执勤。

中国人民解放军空军雷达站 1965年7月组建,连级建制,隶属空军雷达兵第三派启东营,位于磨头镇天阳村。主要负责航空兵飞行引导,兼负苏北方向和黄海、东海空中的警戒侦查。

中国人民武装警察部队如皋市消防大队 20世纪50年代组建,副团级建制。2010年,下辖如皋市消防中队、如皋经济开发区专职消防队、如皋港特种联合消防中队3个执勤中队。

中国人民武装警察部队如皋中队 1955年7月组建,隶属南通地区公安大队如皋公安局领导。1966年9月,中国人民公安大队整编为中国人民解放军,如皋县中队归如皋县武装部管辖。1976年1月,如皋县中队移交地方,隶属如皋县公安局领导。1983年1月,中国人民武装警察部队成立,如皋县中队接受部队、地方双重领导。为营级建制。常年担负市(县)看守所的外围武装看守、武装解押任务和如皋地区的反突、反恐任务。

中华人民共和国公安边防部队如皋边防检查站 2010年组建,团级建制,主要负责如皋开放码头、泊位的出入境人员及其行李物品、交通运输工具和载运货物的边防检查及监护管理任务,预防和打击偷渡、走私、贩枪、贩毒等违法犯罪活动,维护如皋口岸出入境秩序和口岸限室区管理。

附录:

一、中国工农红军第十四军组织序列

军　　长　何　昆

民国19年(1930年)2—4月

李超时　民国19年5—9月

政治委员　董畏民

民国19年2—4月(未到任)

李超时　民国19年5—9月

参谋长　薛衡竞　民国19年2—4月

政治部主任　余乃诚　民国19年2—9月

第二支队支队长　何　昆(兼)

政治委员　黎昌圣

第一大队大队长　朱松寿

第二大队大队长　张爱萍　副大队长　曹松楚

第三大队大队长　秦　某

民国19年5月,红十四军第二支队改编为红十四军第一师。

师　　长　张世杰

政治委员　黎昌圣

团　　长　张世杰(兼)

政治委员　黎昌圣(兼)

第四营营长　曹松楚　副营长　傅克高

政治指导员　张爱萍(至6月)

骆家流(何杨)

第五营营长　时克祥　副营长　宗　琪

政治指导员　许　坤(周方)　丁广之

第六营营长　杜俊生

政治指导员　郑文林(曹玉彬)

师直属教导队队长　沈　诚

民国19年9月6日,红十四军一师改编为如泰红军游击队。

第一游击队负责人　王益之

第二游击队负责人　沈　诚

第三游击队负责人　骆家流　丁广之

第四游击队负责人　李超时

二、日本侵略军、伪军驻军及兵力分布

(一)日本侵略军驻军

南浦旅团 民国27年(1938年)3月19日,南浦旅团青木大队侵占如皋城及丁堰、白蒲、石庄、磨头等主要集镇。民国30年,神代大队接防。民国31年,石原大队接防。民国32年,乌山大队接防。

第六十四师团检木队 民国33年(1944年)接替南浦旅团乌山大队占据如皋,次年8月离境。

独立混成第九十旅团第六二八大队 民国34年(1945年)2月25日,由泰州移驻如皋。

如皋"宣抚班" 民国27年(1938年)随南浦旅团青木大队侵占如皋,隶属于日本侵略军南通特务机关班长先后为野村正雄、横山震、佐久间。民国31年,改称联络事务所,联络官先后为村井、高濑实。

宪兵如皋小队 民国27年(1938年)随南浦旅团青木大队侵占如皋,隶属宪兵南通队,为日本侵略军谍报机关和特务武装,又为军队监察机构。小队长崛内三郎。

(二)日本侵略军兵力分布

如城 驻1个中队,80余人。

白蒲 民国27年(1938年),驻2—3个小队30余人。民国33年,驻1个小队。

磨头 民国27年(1938年),驻100人,其中西河湾1个分队,七姓庄1个小队。民国32年,驻20余人。

图15-3 磨头小学校园内的日军地堡

(2006年摄)

丁堰 民国27年(1938年),驻100余人。民国29年至民国34年,驻30余人。

林梓 民国27年(1938年),驻5人,后撤离。

石庄镇 民国27年(1938年),驻50余人。

新生港、张黄港 民国27年(1938年),驻30余人。

搬经 民国31年(1942年),驻1个小队。

(三)伪军驻军

伪第一集团军第二十六师 先后隶属伪军第一集团军李长江部、伪第五集团军项致庄部、伪第九军颜秀五部(受伪第二方面军孙良诚指挥),师部驻曲塘,其一部驻如皋。师长陈才福、副师长陈迎祥。

伪如皋警卫总队(伪苏皖边区绥靖军独立第四旅) 民国30年(1941年)初至民国31年初,由原江苏省保安第八旅杨仲华部投降日本侵略军后改编而成,又称伪如皋县自卫旅。旅长黄志远,副旅长朱开治,下辖第七、八2个团,兵力近千人。旅部一度驻如皋城。第七团团长朱开聪率300余人驻白蒲,第八团团长吴钢率300余人驻丁堰,教导总队队长丁尔斌率300余人驻如皋城。民国31年1月,隶属于伪第二集团军。是年,改编为伪如皋警卫总队,原第七团、第八团改称第一团、第二团。总队部设于丁堰东岳庙,孟宪平部驻如皋城,朱开聪部、张谦部驻通如线。

伪苏皖边区绥靖军第七师 师长施亚夫(中共党员),副师长钱铎。下辖第一、第二旅和特务团。第二旅旅长张圣柏,所属第六团(团长陈海山)一部驻南通观音山,一部驻白蒲。民国31年(1942年)2月,驻白蒲一部被新四军一旅二团击溃,伪连长以下百余人被俘。第七师解散后,一部分武装编入伪第二集团军暂编第三十四师。

伪第二集团军暂编第三十四师(伪苏皖边区绥靖军第五师) 原为苏皖边区绥靖军第五师,师部驻石庄,下辖第九旅、第十旅、特务团等约1千余人,隶属苏皖边区绥靖总司令杨仲华部。民国31年(1942年)初,以第五师为基础,与六师及第四、第七、第八师各一部组合改编为伪第二集团军暂编陆军第三十四师,司令部移驻如皋城,师长田铁夫,副师长范杰。隶属于伪第二集团军杨仲华部,有官兵1700余人,后扩充为六十七、六十八

2个旅,旅长赵峻尧、施亚夫。民国32年,整编扩充为第一三三、第一三四、第一三五3个团。第一三三团团长王凤鸣,率500余人驻如皋、黄桥一线。第一三四团,团长陈光寒(后为安常德),率600余人,驻如皋城及如皋至新生港一线。第一三五团团长李彬,率600余人先后驻丁堰、东陈、柴湾一线及陆家庄、搬经、加力一线。民国33年1月5日,师参谋长施亚夫率第一三五团一部300余人于如黄线起义,被改编为苏北人民抗日自卫军通如纵队,施亚夫任司令员。2月6日,伪三十四师特务二营营长薛仁杰、副营长严一江于薛窑率部200余人起义。秋,伪三十四师调往东台加编1个团。民国34年初,调往浙江双林。是年8月,被新四军歼灭。

伪第五集团军第二十五师 民国32年(1943年)底至民国33年9月,其一四五团等部驻如皋加力等地,隶属第五集团军项致庄部。

伪第五集团军第三十七师 民国33年(1944年),师部驻如皋城。隶属于第五集团军项致庄部,师长丁聚堂。

伪独立十九旅 原三十七师丁聚堂部一四六、一四七团改编而成,隶属伪第二方面军。旅长孔瑞五,副旅长李瑞生,旅部驻如皋城。民国34年(1945年)8月,该旅拒绝向新四军投降,据城顽抗,被新四军和地方抗日武装歼灭,毙伤200余人,俘旅长以下3000余人。

伪第二集团军第三十二师 其一部曾驻永安沙。师长徐绍南,副师长陈浩天,下辖4个大队。

(四)伪军兵力分布

如城 守备兵力2个团。先后驻有伪三十四师、伪三十七师、伪独立十九旅等部。

通如线 白蒲镇驻1个团部又1个营,丁堰镇驻1个营,林梓镇驻1个连,张八里驻1个连,东陈镇驻1个连,三官殿驻1个连。

如新线 磨头驻1个营,吴窑驻1个连,石庄镇驻1个团部又1个连,江防驻1个连,新生港驻1个连,张黄港驻1个连,西来镇驻1个连。

石平线 郭家园驻1个连,薛家窑驻1个连,姚家桥驻1个连,九华山驻1个连。

如黄线 新庄庙驻1个连,陆家庄驻1个连,加力驻1个营,搬经驻1个团部又1个营,芹湖驻1个连,水洞口驻1个营(后移驻高明庄),卢家庄驻1个营。

如海线 柴湾驻1个营。

三、解放战争时期国民政府正规军、地方武装兵力分布

通如线 白蒲驻正规军2个营和4个联防中队。林梓驻1个联防中队。丁堰驻正规军1个营和4个区、乡自卫队。东陈驻保安队1个连和1个联防中队。马塘驻正规军1个连和1个联防中队。

石平线 姚家桥驻保安队1个连和1个联防中队。郭家园驻保安队1个连和1个联防中队。李家桥驻1个联防中队。下驾原驻正规军1个营。车马湖、范湖洲均驻有自卫队。

如新线 刘家渡驻保安队1个连。磨头驻正规军1个营和区自卫队1个大队。司马港驻县保安队1个连。观音堂驻县保安大队部及1个连。吴家窑驻保安队1个连。新生港、张黄港驻军不详。永安沙驻保安队1个连。

如黄线 陆家庄驻保安队1个连。加力驻正规军1个营和自卫队1个中队。搬经驻正规军1个营和自卫队1个中队。朱家庄驻正规军1个团部及1个营,保安队1个中队和自卫队大队部。芹湖驻正规军1个连和1个联防中队。

如海线 柴湾驻自卫队1个中队。

中心地区(不含临时据点) 袁家桥驻自卫队1个中队。虾儿桥驻保安队1个营。朱家庄驻自卫队1个中队。董家庄驻保安队1个连。福兴庄驻保安队1个连。明家埭驻保安队1个连。铁篱笆驻保安队1个连。九龙口驻保安队1个连。周庄头驻自卫队1个中队。西来镇中桥沟北驻省保安队1个连。蒋家庙驻保安队1个连。

第二节 地方武装

一、封建王朝如皋地方武装

忠义巡社 南宋建炎元年(1127年)设置,募乡兵充额。

巡防捕盗司 元大德三年(1299年)设置。

如皋巡检司 明洪武三年(1370年),配巡检

3人，分别驻石庄、掘港、西场3地，各有弓兵40人。明弘治六年（1493年），招募丁壮为民兵，称为民壮，或称快手、会手。按时操练，10年整编1次。明嘉靖二年（1523年），增募士兵500人，协同民壮防守。明天启年间撤销。清顺治三年（1646年），裁撤掘港巡检司。清同治年间（1862—1874年），石庄、西场两巡检司各有弓兵20人。清光绪二十一年（1895年），全县有铺司兵33人，石庄、西场巡检司各有弓兵10人。

如皋巡警铺　明万历二十一年（1583年）设置，共分6处，分设于如皋东西南北四厢及东水关、北水关。“时议以受廛之民户佥1丁，更番守宿，谓之火兵，以守库狱及巡警防市之役。”明万历二十八年裁革。

安民营　明万历四十八年（1620年），知县李衷纯于南沙立安民营，招募士兵100人，造船4艘，设镇抚官1人统领。明天启五年（1625年），知县王珍锡将安民营改由石庄巡检司管辖。清崇德元年（1636年），安民营增募民兵1000人。清崇德四年，知县王蚪生恢复安民营旧制。安民营副将朱大统，游击胡维宁。

如皋团练　清道光二十一年（1841年），两江总督因英军滋事，命如皋知县范仕义督办团练，分派至县内各港防堵。2年后撤防。

清咸丰三年（1853年）农历八月，两江总督陆建瀛为防御太平天国起义军，命知县马云鹤督办团练，至县内各港防堵。

清咸丰十年，督办江北团练大臣晏端，命翰林院编修沈锡庆监督办理如皋城厢各港要隘团练。次年农历正月，两淮即补场大使许大榕会办团练。农历七月，由六品军功曹俊办理。农历十二月，候补同知彭祖籛帮办。清同治元年（1862年）农历二月，盐运使乔松年命候补知县王秉璋会办。农历三月，通州知州依勒通阿命如皋县教谕姜埥南、训导龚清彦帮办。农历四月，盐运使乔使年命即补同知沈光曾会办。闰八月，漕运总督吴棠命候选县丞王茂华办理。农历十一月，命令尽先试用县洪雨金、候补县王思培帮办。次年农历六月，命候选主事王祖荫帮办。农历七月，命候补运判张元恺帮办。农历九月，通州知州黄金韶命候补府经历徐以骀帮办。农历十一月，奉江宁藩司命，候选知县任履坦办理。清同治四年，江南肃清署两江总督李鸿章下令撤防。

清光绪二十年（1894年），中日甲午战争爆发，沿江各州县戒严。两江总督张之洞令在籍翰林院庶吉士沙元炳督办如皋团练，团练局设于县城内中禅寺，分局设于石庄大圣庙。武举黄廷荣、廪贡生朱祖荣、监生宋鑑等助办。招勇丁200人，领得省发后膛枪400支。1年后撤防缴械。清光绪三十年，江苏巡抚恩寿行文严令各下属整顿保甲团练，参用警察办法。清光绪三十一年农历正月，知县单儒　，以10户为1牌、10牌为1甲、10甲为1保，全县编查刊发门牌。城中设保甲总局1所、分局4所，四乡各镇市旧有分局50所，新增15所，总分各局共74所。每牌10户中挑1丁，每甲10丁，10甲合为1团。即以各乡保甲局改为团练保甲分局。城内保甲团设有总局1所、分局4所，四乡共设分局6所，团丁151团，每月逢五由甲长操演1次，逢十赴局会哨，由团董查阅。遇有盗案，鸣锣为号，各团丁向锣响处疾驰救援。同时，于岔河、吴家窑、石庄、搬经、黄家市、李堡设团分局各1所。于张黄港增设巡警局1所，有练勇20人。于滨江之新华、周圩、碾砣、营防、丝渔各港设局募勇丁100人，四乡挑选勇丁200人，组成团练巡警局。延请在籍翰林院编修沙元炳为总理，城守汛把总缪龙标为管带。

缉私营　清末设置，营长李庆荣。分驻县城、丰利、掘港、李堡等地，主要职守为缉拿贩运私盐商贩，兼职维持地方治安。

二、国民政府如皋地方武装

义勇队　清宣统三年（1911年），辛亥革命成功，同盟会员黄七五（家瑞）联系邑绅沙元炳，由沙元炳出资3万银元，赴上海向日本商人购三八式步枪300支、手枪10支、子弹数万发。乡绅公推黄七五为司令，招募乡丁组成义勇队，于11月23日宣布如皋光复。

如皋县警备队　民国3年（1914年）9月，地方士绅申请办理警备队，经江苏巡按批准，士绅公议，先设筹办警察队事务所。民国4年，于西门外大校场建造营房，募兵400人，成立警备队，编为3个营。

如皋县保安大队（警察大队）　原为国民政府

如皋县警察所警备队。民国16年(1927年)6月，扩建为大队，大队长先后为沈靖华、高明。汪伪时期改称如皋县保安大队，大队长孟宪平。民国36年1月，国民政府重建如皋县保安大队，扩编为4个中队，大队长俞仲志。

区警察队(区民团、保卫团) 民国17年(1928年)10月，国民政府如皋县政府在所属各区建立民团，后改称保卫团。民国19年，县长刘昌言通令全县18区："因所有县警察队不敷分防，各区保卫团、村团改为区警察(中)队""每25户出壮丁1人作为预备队士"。

如皋县义勇壮丁常备大队 民国26年(1937年)设置，大队部驻如皋城东南隅文峰阁。民国27年1月，编为如皋常备第三大队，大队长由县长李承霖兼任，副大队长薛承宗。3月，日本侵略军侵占如皋城，该部撤至如皋西北乡。5月，扩编为江苏省常备二团。

如皋自卫总队 民国28年(1939年)秋设置，总队长何其勇，有官兵1000余人，总队部驻卢庄。

如皋民众自卫总队 民国35年(1946年)秋，由驻如皋城国民政府军第一绥靖区整编四十九师师长王铁汉与县长谢问岑共同组建，下辖区中队14个、乡镇队82个，总队长谢问岑，加上"还乡团"等计1000余人。民国36年1月初，扩编为15个区队，总队长由县长简涤初兼任，各区区长兼区队长，连同警察队共有官佐342人、士兵3300余人、机枪69挺、长短枪2400余支。民国37年3月14日，新任县长王检接替简涤初。上任不足1周，即下令抓壮丁1300余人，补充兵员。

三、人民地方武装

镇涛红军游击队 民国17年(1928年)，中共如皋县委于镇涛区成立红军游击小组，对外称中国工农红军江北总指挥部。民国18年初，中共如皋县委决定在游击小组基础上成立镇涛红军游击队。4月7日，于镇涛区庄屋圩刘宝川家召开成立大会，队员50余人，队长王世元，划为3个分队，负责人分别为陈奎、胡老虎、陈德光。8月，镇涛红军游击队扩编为镇涛红军游击中队，中队长吴汝连，后为王世元。

如泰工农红军 民国18年(1929年)8月28日，根据中共南通特委决定，如皋、泰兴两地红军游击队集中编队，于如皋西乡戈家堡宝庆寺成立如泰工农红军，共100余人、60多支枪(不含镇涛红军游击队)。由王玉文、韩铁心任指挥，下设2个分队，一分队长于咸，二分队长戴奎。10月中旬，如泰红军发展至200余人。11月16日，中共江苏省委派薛衡竞到如泰工农红军，红军整编为大队，薛衡竟任大队长，下设2个中队，第一中队中队长于咸，第二中队中队长戴奎。11月23日，中共江苏省委派黎昌圣到如泰工农红军，负责政治工作。至民国19年2月，如泰工农红军开辟南至长江，东至镇涛，西到季家市、黄桥，北至通扬运河的大块游击区。3月，编入中国工农红军第十四军第二支队。

如皋县人民抗日自卫队第二大队 民国27年(1938年)6月，由如皋西乡进步青年组建，大队长季恺，共产党员俞铭璜、薛汉杨和进步青年徐静渔等担任政治指导员。在葛家桥、八里庄等地抗击日本侵略军。后被国民政府军江苏省第四区常备一团何克谦部缴械。

如皋县政府警卫连(特务连) 民国29年(1940年)8月，如皋县抗日民主政府设军事科，下辖警卫连(特务连)，连长江庆曾，政治指导员贾鸿钧。10月，该连随新四军继续东进至如皋东乡，开辟苏中第四区。

如西县警卫团 民国30年(1941年)2月建立，下辖2个营。团长季恺(兼)，政治委员许家屯(兼)，副团长兼参谋长周毅，副政治委员兼政治部主任梁竹吉，一营营长宋邦基，二营营长江庆曾。

如泰警卫团 民国30年(1941年)7月，如西县警卫团一、三营与泰州警卫团一营合编为如泰警卫团。10月，该团调至东台，归新四军一师三旅指挥。12月，调至如皋(东)县境内，编入一旅二团，下辖3个营。团长汤万镒，政治委员梁竹吉，副团长吴立批，副团长兼参谋长周毅，政治处主任周维生、张荣生。

如西县自卫总队 民国30年(1941年)7月，如西县警卫团调出2个营编入如泰警卫团后，余下的1个连与新上升的区队合编为如西县自卫总队。下辖3个营。总队长季恺(兼)，政治委员罗克(兼)，参谋长肖克祥，政治处主任邱同(丁正铎)。民国31年3月，周特夫兼任政治委员。

如西县独立团 民国31年(1942年)9月，苏中三分区抽调两个连与如西县自卫总队。组成如西县独立团,下辖2个营(后为3个营)和直属机炮连、特务连。民国32年底,精兵简政,撤销营建制,缩编为3个连。民国33年底,恢复营建制,辖3个营。民国34年6月,奉命渡江,支援苏南六分区军民歼灭“忠义救国军”。8月,“上升”为新二旅第十六团。

如皋县总队 民国34年(1945年)9月,如西县独立团团部率团直属机构连、特务连及一、三营(河东营)上升,以留下的河西营(1个连)和各区队上升新建的6个连改编成县总队,直辖7个连。9月21日,为加强沿江防务,以倪健为大队长,叶明章为政治教导员,成立江防大队,隶属于县总队,下辖一、二、三3个中队(由县总队五、四、七连改称),驻石庄、张黄港一线。11月,周特夫、杜仕金率3个连“上升”分区特务三团。后,总队部移驻石庄,直辖3个连。

如皋县警卫团 民国35年(1946年)9月6日,由县总队3个连及1个直属队于马家坪扩编组建,辖一营7个连。10月,分区组织特务团,如皋县团上升3个连为分区特务团第三营。县团直辖4个连,营建制撤销。民国36年11月,以一连为骨干复建一营。年底,以区队为基础,先后组建江防大队和城郊大队。民国37年4月,将江防大队、城郊大队分别列为二、三营。民国37年8月,一营营部及其一、二连和二营六连“上升”分区特务三团,编为该团三营。以三、四连及三营八、九连合编复建一营,保留二营,撤销三营充实一营。民国38年2月下旬,一营“上升”主力后,余部改编为如皋县大队。其间,该团曾于民国37年2—3月,与靖江县团合编为如靖团,并统一行动,但两团机关并未合并。该团一营一连在解放战争中,参加大小战斗212次,歼俘敌1100人,被华中一分区荣记特等功。

如皋县大队 民国38年(1949年)2月,如皋县警卫团二营四连“上升”泰州分区城防团,一营由副团长柯德全率领“上升”分区特务四团三营,后改编为警备第六旅十七团三营。3月,原县警卫团六连与区队合编成的3个连,组建如皋县大队,先后隶属泰州、南通军分区。大队长宋邦平,政治教导员宋邦平(兼),副大队长徐柏生,副政治教导员李书恒。民国38年6月,谭英任大队长,李书恒任政治教导员。1950年4月9日,如皋县大队改为中国人民解放军苏北南通军分区如皋县人民武装部。

附录:

一、人民地方武装领导人更迭

(一)如西县独立团领导人更迭

团长	邱玉权	民国31年(1942年)9月至民国32年5月
	谢中光	民国32年6—10月
	刘史明	民国33年8—11月
政治委员	周特夫	民国31年9月至民国34年9月
副团长	万海峰	民国31年9月至民国32年7月
副政治委员	朱群	民国31年9月至民国33年4月
参谋长	万海峰	民国31年9月至民国32年7月
	曾阿缪	民国32年12月至民国33年9月
	周维生	民国33年8月至民国34年9月
政治处主任	朱群	民国31年9月至民国32年1月
	杨恺	民国32年1—8月
	江潮	民国32年8—9月
	陈坚	民国32年11月至民国34年9月

(二)如皋县总队领导人更迭

总队长	汤景延	民国34年9—11月
	顾维汉	民国34年11月至民国35年9月
政治委员	周特夫	民国34年9—11月
	谢克东	民国34年11月至民国35年8月
副总队长	顾维汉	民国34年9—11月
	潘国荣	民国34年11月至民国35年9月
参谋长	杜仕全	民国34年9—11月

政治处主任 闾鸿祥 民国34年9月至民国35年8月
政治处副主任 朱　光 民国34年9—11月

(三)如皋县警卫团领导人更迭

团　　长 钟志锴 民国35年9—12月
政治委员 周　泽 民国35年9月至民国38年2月
副团长 何　正 民国36年5月
柯德全 民国36年12月至民国38年2月
参谋长 何　正 民国35年2月至民国36年5月
副参谋长 钱洪福 民国35年12月至民国36年3月
倪　健 民国36年12月(已任命待到职,牺牲)
高一心 民国37年5月至民国38年2月
政治处主任 闾鸿祥 民国35年9—12月
柯德全 民国35年12月至民国36年3月
朱　光 民国36年5月至民国38年2月
政治处副主任 王遐松 民国35年9月至民国36年12月
宋邦平 民国37年9月至民国38年2月

二、民国时期中共如皋地方组织军事情报机构

如西交通站 民国30年(1941年)3月,如西县抗日民主政府于卢港建立交通站。5月,于卢港建立如西县交通站,隶属苏中交通站第三交通分站,站长朱一飞(后为宿元博)。民国31年冬,改称如西县交通支站,驻度军井区,设正副站长、收发员、会计各1人,下设交通班,有交通员10—13人。民国33年底,全县建有卢港、江安、石庄、江防、度军井、珊瑚、车马湖、薛窑、马塘、蒲西10个区交通站,各区站设站长、收发员各1人。民国34年9月,改称如皋县政府交通局,党内称中共如皋县委交通科,驻如皋城西云路巷。

如西县敌工部 民国31年(1942年)夏,中共如西县委设敌工部,又称联络部,部长由县委书记周特夫兼任。此后,部长先后为董铁山、宋邦基、石元道、季一先、邱同(丁正铎)等。主要任务为收集情报和对敌策反等。民国33年11月,敌工部与县委"乙种组织"合并为城工部。

如皋县情报站 民国34年(1945年)8月,中共如皋县委、县政府恢复完善情报系统,设立县情报站。县委和县团对县情报站实行双重领导。站长余龙泉(丁正富),后由石元道兼任县团情报站站长,副站长余龙泉。石元道调往分区情报总站后,站长徐记柱,支部书记余龙泉,副站长姜平。下设江安、石庄、如城等10个区情报站和河东地区中心情报站,并代管靖(江)东区情报站。

如皋县交通局 民国34年(1945年)8月,苏中一分区成立交通一分局,下辖11个县交通局,如皋县交通局局长卢宗英。民国35年2月,卢宗英奉令接管中华邮政如皋邮政局,任政治特派员,局长崔文魁。7月初,卢宗英任局长。下辖石庄、丁堰2个3等局。7月23日,县交通局随县委、县政府撤出如皋城,重新恢复战时交通机构和网络。民国35年10月至民国37年12月,局长先后为苏星、杨陆维,副局长先后为费占才、杨陆维、周国亮、李甦生。下设车马湖中心站、度军井中心站和江安中心站,分别领导马塘、白蒲、薛窑、车马湖、度军井、城西、石庄、卢港等区站的交通工作。

如皋县交通情报委员会 民国36年(1947年)春成立,书记石元道(兼县团情报站站长),副书记杨陆维(兼县交通站站长)。各区交通站和情报站合署办公。民国37年底,全县10个区交通(情报)站共有人员60余人。

如皋县武装交通队 民国36年(1947年)4月,苏中区党委交通工作会议决定在敌封锁线两侧建立武装交通队,开展反封锁斗争。5—7月,如皋县武装交通队成立。如(皋)黄(桥)线武装交通队为连建制,辖2个班30多人,隶属县团,配备机枪1挺、长短枪18支。季(家市)黄(桥)线、如(皋)新(生港)线武装交通队各1个班、各12人,分别配长短枪8支。武装交通队的基本任务是武装保证交通线畅通,及时传递党政军文件、信件,护

送干部、伤员和军用物资，破坏敌方公路交通和通信联络，参与武装斗争等。在武装斗争中，李忠、李松波、奚兴长等15人先后牺牲。民国37年6月，如新线、季黄线武装交通队选拔20名精干队员充实分区武装交通大队。

四、民兵

土地革命时期民兵组织　民国18年（1929年）夏秋，如泰工农红军游击区内各村庄先后建立赤卫队，20人为一小队，3小队为一中队，3中队为一大队。赤卫队主要任务是参加武装斗争、镇压反革命等，此为民兵的前身。民国19年4月，红十四军正式建军后，江安、卢港、石庄、镇涛、磨头等地区赤卫队快速发展。5月8日，《通海特委报告——转发如泰工作报告》载："如皋已组织赤卫队5万人，和红军配合作战。"7月，省军事特派员徐德到如皋西乡，将赤卫队改称赤卫军，并制订《赤卫军工作条例》，按照红军建制建立军、师、团、营、连。是年，如皋县赤卫队总队成立，中共如皋县委委员王长生兼任总队长。9月8日，中共如皋县委向中共中央长江局军委书记刘伯承呈送的《如泰工作的报告》载："经过半个月的努力，……（如泰）成立赤卫军有四五万人。……8月3日，红十四军参加黄桥总暴动，每人胸前都佩有红布或红纸标志，上书'共产军'或'共产赤卫军'。"10月，红十四军失利，赤卫军随之解散。

抗日战争时期民兵组织　民国30年（1941年）5月，如西县建立抗日民兵组织，准备反"扫荡"。民兵组织以保为单位建立分队，三四个保联合建立中队，以乡为单位建立大队，由中共党员和抗日积极分子担任各级民兵组织的干部。在下半年反"扫荡"斗争中，如西抗日自卫队和民兵配合主力部队及地方武装作战，掩护群众撤退转移，捉汉奸，挖坐探，为反日伪"扫荡"作出巨大贡献。是年1—9月，如西抗日自卫队和民兵组织，共袭扰日伪军15次，伏击3次，配合主力和地方武装活动10次，破路30次，俘日军3人、伪军63人、土匪23人，缴获长枪3支、短枪6支、自行车2辆。10月6日，苏中三地委机关报《江潮报》发表题为《民兵自卫模范》社论，指出："如西的民兵运动是值得各县学习的！"泰兴、靖江等县参政会代表，均慕名至如西县参观、学习。11月，中共如西县委、县政府在度军井区大石家庄举行民兵大检阅，度军井、石庄、卢港、江安4个区有数千民兵参加，其中卢港区2000人。年底，全县7个区新发展民兵1427人，基干民兵855人。

民国31年5月，根据苏中区党委《关于加强人民自卫武装工作的决定》，如西县建立县人民武装总队部，主管全县民兵工作。同时，建立健全区乡人民武装队部。苏中三地委《关于秋季反伪化斗争与群众工作总结》载：1942年，如西民兵发展到7434人，其中民兵基干队1576人，有步枪71支、土枪104支、手榴弹1848枚、大刀176把、小插子（匕首）185把。民兵组织带领民众1万余人包围西河湾，带领2万余人包围水洞口，带领3万余人包围加力伪据点，被苏中区党委誉为"苏中楷模"。时属如皋（东）县的城东区各乡亦建有民兵和基干队组织，并以5—8个乡联合组成联防队，经常打击从如皋城下乡骚扰的日伪军。

民国32年冬，如西县根据苏中三地委书记叶飞在分区党政军机关干部会上提出的"今冬中心任务是武装工作，民兵工作又是武装工作的中心环节，民兵要以分散作战为主，纠正大规模集体行动的做法"的要求，加强民兵的整顿和教育训练。至年底，全县民兵发展至3.72万人。

民国34年9月16日，如西县万余民兵配合新四军主力部队围攻如皋城，取得胜利（参见第三节《战事》）。

率部四千向我投降
圍攻如臯時全縣萬餘民兵配合作戰

图15-4 延安《解放日报》报道围攻如皋城战斗中，万余民兵配合作战情况

民国31年(1942年)9月如西县自卫队、民兵组织情况统计表

表15-3

类别	项目 \ 区名	卢港区	江安区	石庄区	度军井区	车马湖区	蒲西区	马塘区	总 计
民兵	有民兵的乡	7	6	4	4	5	4	—	30
	有民兵的保	47	51	34	16	49	29	—	226
	总数	411	639	371	400	980	514	—	3315
自卫队	有组织的乡	3	12	4	12	11	10	—	52
	有组织的保	25	107	41	100	99	95	—	467
	总数	1900	8560	4066	5600	5930	5000	—	31056
有武委会的乡		2	4	3	1	2	—	—	—
有队部的乡		2	5	4	1	4	2	—	—

解放战争时期民兵组织 民国35年(1946年)1月,国民政府军制造“白蒲事件”。为应对国民政府军的进攻,结合“土地改革”运动,全县加强民兵组织建设,凡年龄在18岁以上、30岁以下,经动员教育、领导审查符合条件的,均编入民兵组织。一般以自然村编民兵小队,每小队有民兵约20人。普通民兵中挑选出的优秀人员掌握武器,称为基干民兵或武装民兵。为适应斗争需要,有时将若干村基干民兵合编为联防队,车马湖区民兵建有中心联防队和西北、东南、东北等联防队。部分村一度建有民兵保田队,区建有保田大队,城西区有民兵保田大队300余人。7—8月,在苏中战役皋南战斗、丁堰林梓战斗、如黄路战斗中,全县民兵积极参战。国民政府军新编第七旅旅长黄伯光在向其上司报告中哀叹:“如皋地方民众,不分男女老幼,皆为共党之民军,到处袭击国民党。”苏中战役结束后,华中野战军北撤,如皋沦为敌后,国民政府军重兵压境。根据苏中一地委要求,除如皋县团留1个连,各区队保留30—40人枪、以2—3个区组合为1个联防区或游击营外,民兵则以3—5个乡组成联防队或游击队,不超过15人枪,多余的人枪妥善安排和隐藏。至12月中旬,成建制人民武装在龙游河东地区已难以立足和周旋,马塘、白蒲、车马湖、薛窑、江防区大部分区乡干部和民兵干部先后撤至龙游河西地区。民国36年1月始,国民政府军重点“会剿”龙游河以西地区,如皋地方武装和民兵又被迫撤至如黄路北。2月19日,分区部队和如皋县团拔除周庄头国民政府军据点后,全县民兵组织逐渐恢复、发展。至民国37年淮海战役开始时,全县各区乡村民兵组织全部恢复健全。

全境解放后民兵组织 民国38年(1949年)1月,如皋全境解放初,县建立民兵总队,区建立民兵大队,乡建立民兵中队,村建立民兵分队,分队内再根据人数多少编成1—3个骨干民兵小队。全县民兵积极参与剿匪肃特的同时,全力投入支援解放大军渡江,全县出动的17165名民工中,绝大多数是民兵。至1950年4月县人武部成立时,

图15-5 民国38年(1949年)5月13日,苏北第一渡江司令部奖给季市(时属如皋)支援解放军渡江民工周德才的奖状及通行证

全县共有民兵4.2万余人。

1953年初，根据全民实行民兵制的要求，全县民兵分为基干民兵和普通民兵。3月，县人武部组织8人工作组，在江防、薛窑2区开展全民民兵制工作试点。5月，以村为单位进行民兵调查登记审核，并组织民兵入队宣誓。是年，全县建立普通民兵大队120个、中队365个，共有民兵4.87万人。

1958年4月，根据中央军委《关于改进兵役工作指示》和江苏省军区《关于预备役编入民兵组织的实施计划》，县人武部将全县预备役军人和民兵合二为一，在全县48个乡、3个县属镇进行民兵与预备役合组工作，全县有基干民兵4.47万人，其中转复军人2568人；普通民兵4.15万人，其中转复军人491人。8月5日，南通军分区在如皋县召开现场会，推广如皋县的做法。9月，贯彻毛泽东主席"要大办民兵师"的指示，县委、县人武部制订颁发《全民皆兵实施方案》：县成立民兵师，4万人以上的公社建民兵团，4万人以下的公社及大队建立民兵营，生产队设民兵连；如城镇所辖工厂、学校及各区完中设基干民兵营。全县年满16—50岁能拿武器的男女公民全部编入民兵组织。其时，地主、富农、反革命分子、坏分子及其子女均不得吸收参加民兵。10月上旬，根据南通军分区命令，县委、县人武部在如城镇召开民兵师成立大会，宣布全县实行全民皆兵。县民兵师共有36个民兵团、165个民兵营、5431个民兵连、民兵总数32.8万人，占全县总人口的30.9%。

1962年10月19日，根据毛泽东主席民兵工作"三落实"指示，县委、县人委、县人武部下发《关于贯彻执行"三落实"指示的意见》。是年，县民兵师有48个民兵团、897个民兵营、30.92万名民兵。1964年，贯彻民兵工作条例，本着"好中选优"原则，采取边学习、边对照、边整顿的方法，调整武装基干民兵连排组织，增添新的力量。至1965年，全县有30个武装连、28个武装排，武装民兵5880人。

1969年3月，苏联军队入侵中国领土珍宝岛，毛泽东主席发出"要准备打仗"的号召。12月25日，如皋县民兵独立团成立，下设4个营、20个连、80个排、302个班，分布于城西、磨头、搬经、城东4个区，共3146人。1972年3月，县人武部在48个公社的877个大队，武装201个大队基干民兵。1973年5月，全县民兵代表大会召开，710名民兵代表参加会议，其中女民兵代表107名。1975年，在民兵整组中，贯彻党的阶级路线和"给出路"政策，"可教育好的子女"开始可编入基干民兵和普通民兵。是年，全县2.5万名适合民兵年龄的"可教育好子女"中，参加民兵组织的有2.18万人。1978年1月，第二次全县民兵代表大会召开，出席会议930人。

1981年8月，县委、县政府、县人武部贯彻中共中央文件(〔1981〕8号)精神，出台《关于做好民兵组织调整的意见》。至1982年1月，开展民兵组织调整，男性民兵由16岁—45岁调整为18岁—35岁；女性民兵按照基干民兵的年龄适当编入。同时，坚持标准，好中选优，简化民兵组织层次，保留基干民兵和普通民兵，取消武装基干民兵，减少民兵数量，扩大武装面。全县民兵总数由1980年的44.36万人减到16.84万人，武装面由1980年的16个公社(镇)、680个大队扩大到50个公社(镇)和880个大队，武装面从76.6%上升至99%。

1982年，县委、县人武部从改革发展的实际需要出发，因地制宜调整民兵组织编制，取消民兵师建制，以乡为单位建立基干民兵连，以行政村为单位建立民兵营和基干民兵排，以村民小组为单位建立民兵排。城镇根据工厂企业、单位民兵人数，分别编连、排，并将过去民兵班不跨班组，民兵排不跨车间的编组方法，改为可跨班组、跨车间进行编组。至1985年，全县企业技术型民兵有4935人，占企业基干民兵总数的40.2%。

1986年9月初，县机械、电化、纺织、工艺美术、轻工建材5大公司建立人民武装部。是月，根据"减少数量，提高质量，抓好重点，打好基础"的方针，县人武部进一步调整全县民兵组织。调整后，全县基干民兵人数压缩至27.5万人，占总人口比例由1985年2.4%降至1.98%，专业技术兵种比例从11%上升至14%。参训人员比例从40%提高到80%以上，初、高中生比例提高到75%。9月14—16日，南通市政府在如皋县召开民兵组训改革经验交流会，推广如皋县的做法。1990年始，县人武部摸索组建农村应急分队。是年8月13日，城东区建立南通市第一个农村民兵应急连。

1991年秋，市政府、市人武部制订《民兵组织整顿暂行规定》。至1992年，全市基干民兵压缩至2.14万人，其中党团员占29.8%。1993年9月25日至1994年1月20日，根据国家7部委《关于企业民兵、预备役工作的规定》，市人武部在如皋绢纺厂试点，探讨企业在市场经济体制下开展民兵编组、军事训练、经费筹集工作的路子。1994年，市人武部制订《加强民兵预备役工作实施意见》，并在市机械、纺织、电化工业公司所属企业试点。1997年，市人武部制订《基层人民武装部正规化建设三年规划》，开始加强基层人武部"两室一库"（办公室、资料室、武器库）建设和办公自动化建设。

2000年，随着国有、集体企业的破产、改制，全市民兵组织开始向新兴民营企业、科研院所和"三区"（新区、开发区、工业园区）拓展。2002年，市人武部先后在吴窑建筑安装工程公司、英田柴油机厂、九鼎集团等非公有制企业组建人武部。2006年，按照南通军分区党委制订的乡、镇人武部"五条标准"和民兵组织建设"七条要求"，进一步加强乡、镇基层人武部规范化建设。2008年4月，3次分片召开推进会。全市民兵整组本着"布局合理、分类规范、结构优化、组织科学、制度落实、管理有效"的原则，民兵总数逐步由20世纪90代的2.14万人精减至8700人。在结构优化中，突出组建水、电、气、化、火、交通运输、通信、工兵应急维修保障和应急队伍建设。是年，全市基干民兵8700人中的民兵作战勤务保障、应急等队伍兵员达3187人，占比达36.6%。2009年，市人武部在柴湾镇与如皋经济开发区实行镇（区）合一后，同步调整、组建人武部。民兵整组注重将民兵对口专业分队流进与军事专业相近的单位，将后勤保障分队编进卫生系统各大医院及相关单位，把船舶装备维修分队编进长青沙船舶工程公司。2010年，市人武部着手实施民兵应急力量组织建设实施从有到优的转变，职能建设实施从单一专业到一专多能的转变，装备建设实施单一靠市人武部到"市人武部建队伍，地方政府配装备，军地共同抓演练"的转变。年底，重新调整组建180人的民兵快速反应应急分队，并在原有专业应急救援分队基础上，重新调整组建一支集防化救援、抗震救灾、维稳处突、抗洪抢险等职能一体化的合成化应急救援分队，增建抗洪抢险、防火救援、水上救援等应急救援分队，民兵应急兵员总数1019人，占比达12.4%。是年，在熔盛重工、双钱轮胎等千人以上大型民营企业建立人武部。乡镇人武部规范化建设以磨头、搬经2镇为试点，组织各镇分管武装书记、人武部长现场观摩学习，使全市基层人武部"三重一库"建设再上新台阶。

附录：

1960年如皋县出席全国民兵代表大会代表

1960年4月18—27日，全国民兵代表会议在首都北京召开，全国民兵工作战线上的先进单位、模范人物出席会议。如皋县出席会议代表共7人。会议期间，毛泽东主席和其他中央领导亲切接见会议代表，国防部授予每个模范人物五六式半自动步枪1支、子弹10发。如皋县7位代表为：

宋翠兰（女）	长江镇民兵
陈树严	长江镇大队民兵营长
卢锦凤（女）	柴湾镇民兵
张光汝	石庄镇大队民兵营长
陆秦毅	桃园镇大队民兵营长
刘勇祥	如皋纤维厂厂长
方先余	白蒲镇人武部副部长

第三节 战事

一、封建王朝时期重要战事

吴越王与吴王江面水战 南吴武义元年（919年）农历三月，吴越王钱镠任命其子传瓘为水军都指挥使，率战船500艘进攻吴国，吴王杨隆演派舒州刺史彭彦章迎战，双方激战于通州狼山至如皋摩诃山江面。吴国战船乘风而进，传瓘率战船避开正面交战，绕至吴国战船后，以沙、灰顺风而扬，吴兵不能睁眼。两军战船相接时，传瓘又令吴越军将预先准备好的大豆撒至对方船上，吴兵战斗时踏上即跌倒。传瓘又令吴越军浇油纵火焚烧，焚毁吴国战船400余艘，俘裨将70余人，斩吴兵1000余人，吴将彭彦章身负重伤后自杀。

元军陷如皋城 元至元十三年（1276年），元军进攻如皋城，城陷。如皋城损失惨重，县衙前谯楼及集贤里均毁于兵火。

张士诚起义军攻占如皋城 元至正十三年

(1353年)农历五月,农民起义军领袖张士诚委派其弟张士德率部进攻如皋城,攻克。后据守如皋13年。

抗击倭寇 明永乐十七年(1419年),倭寇侵扰如皋,都督刘荣率兵围歼,斩倭寇742人,俘857人。明嘉靖三十三年(1554年)农历三月,倭寇窜扰掘港等地,如皋驻掘港主簿阎士奇率部至曹家庄迎战,击退倭寇。三月三十日午时,倭寇4000余人由掘港烧掠至马塘、丛家坝,屯聚丁堰,进逼如皋城。知县陈雍拟弃城逃跑,属吏宗椽坚决请求迎战,率乡兵400余人出击,斩倭3人,生俘1人,倭寇撤逃。四月,倭寇数百人于如皋沿海,轮番上岸抢劫,巡盐御史黄国用命令仪征守备张寿松至如皋追剿。杨缙追剿至海边,兵陷淤淖,倭寇蜂拥而上,杨缙跃马扬弓,射死倭寇首领,其余倭寇不战而退。五月,倭寇由海上登陆劫掠如皋东陈镇,主簿阎士奇率乡兵截杀,缴获铜佛郎机(大炮)2门。与此同时,100余倭寇突入蒋婆铺,逼近如皋城。时如皋城无城可守,几乎陷落。徐州兵备李天宠率部策应,杀死倭寇9人,生擒1人,其余倭寇溃逃入海。战后,主簿阎士奇等获赏银5两;掘港场御倭指挥张明化失责被充军;军士部秀,冒雨与倭寇博战,斩倭后刀拔不出,被倭寇俘去,砍成肉齑,其壮烈事迹广为传颂。鉴于县城原城防抵御外敌,邑人李镇倡议,奏请朝廷发国帑银2.8万两,开凿濠河,修筑城墙。

明嘉靖三十六年农历四月,倭寇90余人由掘港登陆白蒲镇焚烧抢劫,兵备副使马慎率部将倭寇围于陈家庄2天,杀死倭寇30余人,后倭寇逃往天生港,如皋知县陈道率兵夹击。五月,倭寇又至白蒲、丁堰、林梓等地焚烧抢劫,并抵达如皋城下,四面围攻。知县陈道、主簿叶梦麟据城严守,击退倭寇进攻。

明嘉靖三十八年农历四月初一,倭寇大举进犯通州,直扑白蒲。抚军李天宠领兵出如皋城,遇倭寇于白蒲,双方激战。初七,倭寇抵达丁堰镇,千户王良、吕雄率兵抵抗,杀倭寇7人。倭寇增兵力战,王良、吕雄阵亡。山西游击邱陞奉命进驻如皋抗倭,斩倭寇29人。初九,倭寇进逼如皋城,邱陞在东门外迎敌,海防兵备副使刘景韶仗剑登城督战。邱陞率众于东门外斩倭寇17人,生擒2人,倭寇溃退。邱陞、刘景韶奉命追击,倭寇退据龚家庄。是时,副总兵邓城发兵参战,一触即溃,倭寇长驱直入,杀民众1000余人。后邓城按律被处斩。四月十四,邱陞追杀倭寇至仲家庄,用火攻,杀死倭寇200余人。后,倭寇乘夜降大雨,突围去锅团。邱陞穷追,与倭寇大战于海安镇西曹家庄,斩倭120人。倭寇沿海窜掠,邱陞联合刘景韶尾追,大破倭寇于庙湾,再歼敌于虾子港,共歼倭寇数千人。地方民众在西场(今属海安县)筑"平倭冢"收殓抗倭烈士。邱陞论功升为扬州参将,仍驻守如皋。二十一,邱陞又围倭寇于县西周家庄,倭寇固守,邱陞身先士卒力斩倭寇90余人,残敌向海边逃去,邱陞誓将敌"翦尽乃食",穷追三昼夜,在追往刘庄场途中,马失前蹄为倭所害。二十九,刘景韶猛追倭寇至刘庄场,将其全歼。此次抗倭战斗,斩倭3000余人,烧死、溺死3000余人,俘100余人,缴获兵器辎重甚多。

农民起义军抗击清兵 清顺治二年(1645年)农历五月十七,清军入扬州,如皋知县李丹衷挂印潜逃。前明游击陈君悦等号召天罡党数百人,于如皋城结立中营,拥典史王家瓒主持县事,据城抗清。六月初二,清廷委派陕西解元马御辇任如皋县令,王家瓒私开城门将其迎入城内。陈君悦获悉后,乘夜袭击,杀死马、王2人。七月初四,清廷凤阳巡抚赵福先令扬州总兵张士忠、守备孟三涧及委署如皋知县朱邦政等,统兵攻打如皋,陈君悦等撤出县城。十五,陈君悦结集农民起义军1000余人围攻县城1天,失利。九月十三,抗清首领徐健吾、道士王耀等聚众1万余人围城日夜攻击。十八,清总镇将军杨希贵和苏见乐率大军至如皋增援,徐健吾等被迫撤退。十月十五日,陈君悦联合徐健吾再次围城,因寡不敌众,陈君悦被杀,徐健吾等被俘。

清顺治四年农历正月,如皋抗清起义军江边沙民李七、赵云等自封都督,推前明朝官员李之椿为盟主,起兵抗清,谋攻通州、泰州等地。清廷凤阳巡抚陈之龙上奏,清廷派兵至如皋袭击起义军营寨,起义军死1600余人,起义失败。

二、辛亥革命、北伐战争时期重要战事

辛亥如皋光复 清宣统三年(1911年)10月,孙中山领导的武昌起义告捷,在如皋的同盟会会

员黄七五和邑绅沙元炳等响应革命。沙元炳出资，由黄七五到上海从日商手中购得步枪300支，手枪10支、子弹数万发。沙元炳出面联络驻如皋的缉私营、水师并招募新兵100余人，成立义勇队。11月23日，义勇队宣布起义，成立军政、民政分府，蔡和林任军政长，沙元炳任民政长，周莲任义勇队总司令。如皋宣告光复。

西乡农民围攻“联军” 民国16年（1927年）3月，军阀孙传芳联军1个师进驻如皋，师部驻石庄，在如皋西南乡强征苛捐杂税，强拉民夫。4月8日，如皋农协会员与“联军”在张黄港一带发生冲突，农协聚众万余人围攻驻张黄港联军营地，打死联军10人，农民牺牲17人。农协会员和民众撤退后，驻张黄港联军连夜逃至石庄，与师部一道北逃至海安境内。

三、土地革命时期重要战事

如泰五一农民暴动 民国17年（1928年）春，中共江苏省委决定在如皋西南乡、泰兴东乡组织如泰农民暴动。4月初，中共江苏省委常委、农委书记王若飞到如皋，在县城总商会内召集在城负责干部会议，讨论暴动准备工作。4月13日，如皋县暴动委员会成立，下设军事、交通、宣传、经济4部，并和泰兴取得联系，决定于5月1日同时行动。泰兴因故提前于4月30日行动。5月1日晨，徐芳德率芹湖等地农民协会会员，首攻搬经文武殿公安分队，缴获长枪3支。晚，县暴动委员会于朝西庄召开3000余人誓师大会，宣布暴动总指挥部成立，顾仲起任总指挥，徐芳德任副总指挥。会后，暴动农民兵分两路，南征江安，北扫卢港，先后攻下徐家庄公安分局和东燕庄、北小庄、蒋家埭等地大地主庄园。

5月2日，暴动队伍至朝西庄会合。晚，分头进攻卢港、三十亩等地，暴动队伍扩展到1万余人，歼灭西乡大地主卢三的保卫团，活捉团长刘锦春，并火烧卢三地主庄园。

5月3日上午，暴动总指挥部在孙严墩小学开会，研究联合泰兴暴动农民攻打黄桥、与如皋东乡农民联合攻打县城和成立县苏维埃政府等问题。并决定下午召开群众大会，布置各村成立苏维埃政权和组织赤卫军。下午，会场刚到60余人，遭国民政府如皋县政府公安大队突袭，大会被迫取消。至5月4日晚，暴动队伍继续进攻三十亩、申家网、李家洋等地主庄园。

5月5日，国民政府江苏省政府调泰州、扬州、高邮、南通、靖江等县公安大队和驻泰州四十六军一部共1500余人至如皋、泰兴联合“进剿”。同时，派军舰封锁沿江江面。暴动总指挥部宣布解散，转入地下斗争。此次暴动，共发动农民2万余人，攻打和火烧敌2个据点及23个地主庄园。

镇涛红军游击小组（队）在如皋地区的战斗 民国17年（1928年）8月中旬，中共如皋县委常委、组织委员徐芳德于镇涛区（今薛窑地区）成立镇涛红军游击小组，对外称中国红军江北总指挥部。8月23日，吴亚苏、徐芳德率领游击小组以到江安申家埭恶霸地主周殿伦家买小麦为名，一举击毙周殿伦的弟弟周竹青和“狗腿子”倪生儿，周殿伦受伤倒地装死逃过。9月17日夜，徐芳德率游击小组30余人，攻打国民政府九华山公安分局，毙敌4人，缴枪4支。22日，攻打国民政府下驾原公安分局，救出红军游击队员李长春等3人，毙、伤敌各6人，缴枪5支。后，相继严惩营防港土豪劣绅刘仰琨、小圩桥巡长祝培初和告密杀害镇涛区委书记马剑华的恶霸地主郭忆东等。

民国18年1月，中共如皋县委书记徐芳德带领警卫员杨春轩、李二回江安区六甲老家，准备恢复江安地区革命活动，不幸被驻贲家巷国民政府吴公超警察中队包围。激战中，杨春轩牺牲，李二被俘，徐芳德腿部中弹落入敌手。

4月7日，镇涛游击小组改称镇涛红军游击队，王世元任队长，下辖3个分队，共有50多人。11日，中共如皋县委书记汤士伦带领10名队员，扮成采桑人，到长江圩缴获地主李昌太家德国造手枪4支。月底，国民政府江苏省警察总队李长江，率数百人进攻镇涛，游击队分三路转移：第一路驾船下长江；第二路隐蔽于江边鲤鱼荡；第三路潜伏于平潮附近。李长江于镇涛骚扰5天，一无所获收兵而去。群众就在帆船上挂起红被面作暗号，通知游击队可以返回。同年端午节，国民政府镇涛区公安分局局长带领警察队到赵家园一带搜捕，于咸带领镇涛红军游击队予以痛击，击毙巡官贾明堂。

如泰工农红军在如皋地区的战斗 民国18年（1929年）8月28日，如泰工农红军在如皋西乡宝庆寺成立。次日，首战石桥头，活捉江安区公安分局局长朱介卿，缴长短枪3支。10月9日，攻打申家埭反动地主周松平据点，活捉周松平，没收其财产和粮食2万余千克，全部分给当地贫苦农民。10月11日，在沿河口伏击，激战3小时，击退卢家庄保卫团和古溪保卫团100余人的进攻。10月26日，攻克国民政府蒋垛区公所和公安分局，缴获一部分枪支子弹，并乘胜攻克蒋垛西首的顾高庄据点。

11月中旬，如泰工农红军扩编为大队，首战马家坪，全歼马家坪地主保卫团，缴获长短枪60余支。16日，从陈家市、扒头、营防港等地进攻国民政府镇涛区公所和公安分局，击毙书记、巡长各1人、巡士2人，缴获长短枪27支、子弹3箱。19日，于野吴庄遭100余人包围，激战1天，二中队长戴奎等9人牺牲。21日，40余红军攻打国民政府江安区公安分局，缴获长枪22支、盒枪4支。12月12日，如泰工农红军攻打国民政府江安区重要据点周庄头，激战2小时，攻破据点，活捉地主走狗张云卿，缴获步枪4支。并乘胜追击逃入西来庵的周庄头据点保卫团长周仁甫，连克西来庵和长安市据点。周仁甫逃往张黄港，被班长石宏根击毙，石宏根率保卫团20余人投奔红军。

民国19年1月16日，如泰工农红军攻打搬经，烧毁国民政府卢港区区分部、区公所、公安分局及其警察大队第二中队部驻地。18日，夜袭顾高庄据点，俘40余人，缴获长枪38支、小炮1门。2月9日，国民政府清乡督查队到高家庄捕去革命干部和群众8人。红军获悉后立即前往救援，击毙国民政府清乡督查队班长马天池等，救出被捕干部群众。

中国工农红军第十四军在如皋地区的战斗　民国19年（1930年）2月，中国工农红军第十四军军部在如皋西乡组建，如泰工农红军被编为第二支队。军长何昆率二支队红军，解放尤三圩，攻克高家庄，进击刘家渡，烧毁官盐栈。3月23日，攻打如黄线上的重要据点卢家庄，惩办7个反动地主，军威大震。司马墩和季家市、黄桥等地国民政府军80余人，携枪68支、小炮1门投奔红军。红十四军第二支队发展至1000余人。4月3日，红十四军在西乡贲家巷召开建军大会。4月16日，攻打西南乡大地主张符秋庄园，庄内有张符秋的保卫团和国民政府如皋县警察大队、省保安队各1个中队。军长何昆指挥二支队3个大队，在地方赤卫队1万余人配合下，分3路攻打老户庄。激战至天明，未能攻克。军长何昆身先士卒，骑在二大队长张爱萍肩上，依着草堆，用手提机枪向敌人火力点猛扫。红军战士冲至敌碉堡下，军长何昆不幸左胸中弹牺牲，红军被迫撤出战斗。4月24日，红十四军二支队围攻顾高庄，激战两小时，因蒋垛、黄桥之敌增援，红军主动转移。为掩护红军主力撤出战场，军参谋长薛衡竟英勇牺牲。

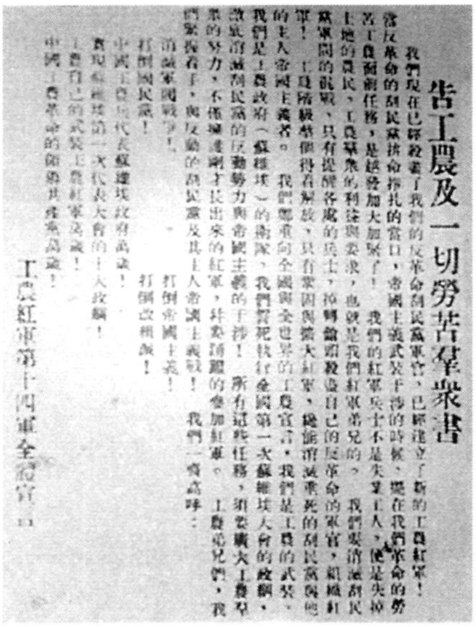
告工農及一切勞苦羣衆書

我們現在已經殺盡了我們的反革命刮民黨軍官，已經建立了新的工農紅軍！當反革命的刮民黨拚命掙扎的當口，帝國主義武裝干涉的時候，現在我們革命的勞苦工農當前任務，是越發加大加緊了！　我們的紅軍兵士不是失業工人，便是失掉土地的農民，工農羣衆的利益與要求，也就是我們紅軍弟兄的。　我們要消滅刮民黨軍閥的混戰，只有提醒各處的兵士，掉轉槍頭殺盡自己的反革命的軍官，組織紅軍！　工農階級要得着解放，只有鞏固與擴大紅軍，纔能消滅垂死的刮民黨與他的主人帝國主義者。　我們鄭重向全國與全世界的工農宣言：我們是工農的武裝，我們是工農政府（蘇維埃）的衛隊，我們誓死執行全國第一次蘇維埃大會的政綱，肅清消滅刮民黨的反動勢力與帝國主義的干涉！　所有這些任務，須要擴大工農羣衆的努力，不僅擁護剛才長出來的紅軍，並要踴躍的參加紅軍。　工農弟兄們，我們緊握着手，與反動的刮民黨及其主人帝國主義戰！　我們一齊高呼：

消滅軍閥戰爭！　打倒帝國主義！
打倒國民黨！　打倒改組派！
中國工農兵代表蘇維埃政府萬歲！
實現蘇維埃第一次代表大會的十大政綱！
工農自己的武裝工農紅軍萬歲！
中國工農革命的領導者共產黨萬歲！

工農紅軍第十四軍全體官

图 15-6 红十四军《告工农及一切劳苦群众书》

5月，红十四军重建军部，第二支队改编为第一师。根据中共通海特委："要占据主要集镇，如泰需要向石庄、卢港进攻"的指示，师长张世杰和中共如皋县委决定攻打石庄。6月11日，红十四军一师和赤卫队1000多人围攻石庄，击垮驻军唐东如部，救出被捕战士，发动1万余人分掉石庄闵姓大地主家的粮食和衣物。6月23日，攻打如泰边境的迴家垛和黄柯庄据点，缴获部分子弹。战斗中，四营政治指导员张爱萍负伤，去上海治疗。6月25日，驻黄桥国民政府军"剿共"总指挥部，以驻黄桥的省保安大队1个营、寇于卿的"剿共"游击队1个中队为主力，纠合泰县警察大队驻横巷的1个中队、省保安大队驻季家市的1个连、卢庄保卫团共2000余人，向红十四军一师活动中心地带发动"围剿"，号称"八路围剿"。当天凌晨，省保安大队长杨蔚率西来庵的1个连为先头部队，进入江安地区。师长张世杰决定在六甲桥河西设伏。"八路围剿"先头部队刚进入六甲桥河西，即遭红军迎头痛击，激战3小时，死伤100余人。其余7路敌军见先头部队全军覆没，不知红军虚实，纷纷缩回原防地。国民政府军和国民政府地方武装"八路围剿"破产。

7月，中共通海特委执行"左倾"路线，要求红十四军"准备会攻南通，截断长江，进攻上海、南京"。7月29日，中共通海特委和红十四军军部召开联席会议，决定8月3日在黄桥进行总暴动，共组织发动5万多农民参战。战斗由红十四军新任军长兼政治委员李超时指挥。在红军已由黄桥北门、西门突进黄桥市区时，红十四军中的内奸、特务大队大队长李吉庚从东门、南门将敌军放出，使红军腹背受敌。红军伤亡很大，李超时只得忍痛下令撤出战斗。负责佯攻古溪，迴家垛的红军和赤卫军正准备撤退时，突遭如皋城及附近据点国民政府军反扑，红军和赤卫军伤亡100余人。9月9日，李超时在如皋田家埠召开赤卫队和群众大会，国民政府军"剿共"副总指挥李长江率部攻击，双方激战。红军掩护群众撤离会场后，亦被打散。此为红十四军在如皋的最后一仗，亦为红十四军的最后一仗。

四、抗日战争时期重要战事

如皋城沦陷 民国27年（1938年）3月18日，日本侵略军飞机轰炸如皋城，在北门投下炸弹数枚。国民政府军驻如皋的省保安第九团团长兼省第四区（南通）第六区（扬州）联防指挥官杨仲华，率部连夜逃往海安；国民党如皋县党部、国民政府如皋县政府连夜撤往李堡（今属海安县）；县保安大队在薛承宗带领下撤至西乡。3月19日中午1时，日本侵略军在飞机掩护下，未遇任何抵抗，直入如皋城。

图15-7 日本侵略军军旗插在如皋中山钟楼上（载于日本《支那战线写真》第三十八期）

抗日自卫武装的抗日战斗 民国27年（1938年）3月中旬，泰兴抗日救亡大队大队长陈玉生逃至如皋西来镇（今属靖江市），集合原部100余人组成抗日游击队。

图15-8 民国27年（1938年）日本侵略军在白蒲镇构筑的岗楼

6月，如皋西乡的国民党左派人士季恺，在原红十四军干部、中共党员朱明亚等帮助下，成立如皋县人民抗日自卫第二大队。先后攻打日本侵略军葛家桥、八里庄据点。7月12日，陈玉生率部袭击季家市，日军弃季家市南逃。3月下旬，陈玉生收缴国民政府如皋县张黄港税务所、石庄和西来区公所、江安区常备队及泰兴古溪警察分局的枪支，组成200余人枪的抗日武装，编入张公任的通如右翼指挥部任第三支队第二大队长。4月16日、19日、22日，连续在曹家埠、黄家市、季家市一带与日本侵略军作战，毙伤日本侵略军30余人。

国民政府军在如皋地区的抗日战斗 民国27年（1938年）3月20日，驻如皋日军至如皋西乡"扫荡"，国民政府如皋县常备第三大队大队长薛承宗命令第四中队第一分队在搬经河南监视日军。夜间，日军奸淫掳掠，群众惨叫呼救。一分队士兵向日军哨兵射击，击毙2人，战斗至天明，日军撤回如皋城。战斗中，一分队长高守亭、小队长孙进和士兵6人牺牲。4月29日，薛承宗部首次攻打如皋城。一中队攻西门，四中队攻北门，二中队直插东门。深夜1时，战斗打响，二中队、四中队先后打进城内，日军据守公立医院原址的警备队营房，未能攻克。6月7日，日军自丁堰向双甸"扫荡"，已改编为国民政府江苏省常备二团的薛承宗部1个排在崔家河阻击，击毁日军卡车1辆，后被日军迂回包抄，排长王成林及全排士兵全部壮烈牺牲。是年秋，薛承宗部三营在夏堡、孔家桥一带伏击下乡日军，击毙日军中队长1人。

8月5日，国民政府江苏省常备一团何克谦部兵分2路，同时袭击驻新生港和磨头日军，于新生港毙敌哨兵1人，于磨头毙敌3人，缴获军马1匹。是月，何克谦部攻打驻如皋城日军，从东水关潜入，臂缠“抗战”臂章，在城内与日军展开巷战，多名官兵壮烈牺牲，余部仍从东水关退出。此役，日本《读卖新闻》《朝日新闻》均有报道。冬，国民政府如皋县自卫总队中队长赖星绿率队夜袭碾砣港日本株式会社，毙日军2人，缴获棉花、布匹等物资。阻击日军自石庄驶向吴窑的机艇，毙敌3人，缴获机艇1艘和大米、食油及三八式枪弹等物资。国民政府江苏保安第四旅张撰部徐绍章、张永奎2个营，配合税警团徐继泰2个营及迫击炮连，攻打如黄线驻陆家庄日军据点。税警团主攻，苦战8小时，日军不支逃回如皋城。

民国28年1月17日夜11时，省保安一旅薛承宗部陈昆第三营攻打石庄日军据点。在猛烈攻击下，日军被迫撤至石庄东街头油坊，依靠防御工事固守。次日晨7时，率先冲入石庄镇的排长李德本、王书义等30多人英勇牺牲。2月，日军100余人从如皋城出发，侵犯鲁苏皖边区游击第十纵队范杰部驻地，二十八支队徐柏年部和国民政府如皋县自卫总队一支队田铁夫部于十里墩击退来犯之敌，毙日军曹长等数人。是年冬，日军从如皋城调动百余人，并配有空军侦察机1架，沿如黄公路向西进犯。第十纵队二十八支队徐柏年所属3个大队驻守加力、袁庄、大桥、野关帝庙一带布防，与正面来犯之敌发生激战，范杰调三十支队胡部支援，迂回夹击，日军不支退回如皋城。是役，队长李刚及士兵3人阵亡。

民国29年1月8日，薛承宗部第三营奉命攻打如皋城北门外据点，七连正面主攻，八连攻毛猪加工厂，九连攻城东北三里群据点。战斗从深夜10时至次日9时许，未能攻克，八连伤亡较重，阵亡23人。

新四军东进后与日伪军及国民党顽固派军队在如皋地区的战斗　民国29年(1940年)7月23日，陈毅率新四军推进纵队由江都大桥地区挥师东进，原驻如皋西乡和黄桥一带的江苏省保安第四旅(何四旅)、鲁苏皖边区游击队十纵队范杰部、如皋县自卫队总队何其勇部，奉国民党顽固派韩德勤命令，分2路阻截新四军东进黄桥。陈毅以一纵攻如皋加力、搬经，以二纵攻黄桥以北及东北的蒋垛、营溪、古溪，以三团配合九团攻黄桥及其以南地区。7月28日，经一夜激战，全歼范杰部二十八、二十九支队及教导团，打垮七团，陈宗宝率八团战场起义。7月29日，新四军进驻黄桥，叶飞率一纵进至加力、搬经，派一团攻打西来镇日伪军据点，毙伤日伪军数十人。同时，派二团攻打磨头日伪军据点。

新四军及如西县地方武装在如西的抗日战斗　民国30年(1941年)4月17日，日伪军大举“扫荡”如、泰、靖地区。23日，新四军一旅一团于姚家埭全歼日本侵略军1个分队，毙日本侵略军12人，生擒3人，缴获迫击炮、六〇炮等轻重武器。是役，创新四军苏中地区生擒日本侵略军新纪录。与此同时，日伪军为打通如黄线，从如皋和黄桥同时出动，强行修筑如黄公路。新四军一旅和如西县地方武装多次袭击修路日伪军，致道路未能筑成。

7月5日，日伪军“扫荡”如西，袭击苏中三分区司令部驻地卢家庄，分区司令员陈玉生率部反击，不幸脚部负伤。是日，伪军1个营驻加力小学构筑据点，如西独立团奉命攻打，激战2小时，伪军不支逃回如皋城。17日，如皋城、黄桥、曲塘日伪军4000余人“扫荡”如西，企图再次打通如黄线，叶飞率新四军一旅及分区部队、如西地方武装迎战，毙伤日伪军20余人，俘56人。

11月14日，驻黄桥日本侵略军加藤大队长率日本侵略军50余人、伪军1000余人，配合其他2路日伪军“扫荡”如西卢港、高明庄一带，企图聚歼新四军一师一旅机关和主力部队。叶飞假设目标吸引日伪军合围，使敌连连扑空疲惫不堪。当日伪军一无所获撤回据点时，叶飞率部于高明庄袭击撤回黄桥的日伪军，毙日伪军300余人，俘日本侵略军2人，加藤负伤率残部逃回黄桥。是战，即为著名的“高明庄战斗”，创新四军东进后大规模歼灭日伪军的范例。

12月月初，日伪军集中通、如、海、启兵力，对苏中根据地发动冬季大“扫荡”，新四军主力和地方武装在取得丰利、三仓战斗胜利后，组织约10个团兵力向日伪军据点发起攻击，史称“十团大战”。11日，叶飞率部进袭如皋城，击溃如皋城外围日伪军警卫部队，直追至如皋城下。日伪军惊慌失措，闭城不出，以乱枪盲目扫射。冬，苏中三分区特务团在石庄东北的伍厢庵向调防中在此宿营的伪军发起攻击，俘伪军副团长以下100余人。

民国31年2月14日，叶飞率新四军一师一旅二团击溃白蒲近郊伪第七师一部，生俘伪连长徐日畅以下100余人，缴获全部武器。19日，驻林梓伪军200余人，携小炮1门、轻重机枪1挺、步枪100余支，向新四军投诚。4月12日，叶飞率部攻打如皋城西5公里的陆家庄日伪军据点，毙伤伪军93人，生俘42人。15日，叶飞率部攻打白蒲镇日伪军据点，歼灭伪三十四师特务团大部及全部伪警察，烧毁日本侵略军进行经济掠夺的江北公司，打乱日本侵略军“扫荡”三分区计划。7月下旬，日伪军3000余人“清剿”苏中三分区，并在如西抗日民主根据地中心地区水洞口和卢港构筑据点。8月1日，叶飞率新四军一旅一团、特务营一部和如西县自卫总队全部，向搬经、芹湖、卢港等伪军据点发起攻击，毙伤伪军70余人，拔除伪军在卢港新筑的据点。2日，叶飞率部袭击水洞口据点，重创伪二十六师陈才福部。是日，县自卫总队突袭加力据点，俘伪军20余人，缴获战马5匹、步枪18支。

10月，活动于龙游河东三角区的如西县独立团二营四连，于通扬公路伏击日本侵略军卡车运输队，活捉日本侵略军3人，缴获长、短枪5支、伪币3麻袋。11月27日，如西县独立团配合三分区部队1个连，在丁堰北陈家庄北洋桥口伏击日本侵略军江北公司的汽车，击毙日本侵略军官佐2人，生擒日本侵略军3人、伪军副官1人，缴获伪币2.8万余元及大批物资。

群众武装自卫反伪化斗争 民国31年(1942年)7月14日，驻石庄伪军至空田乡17保强行征草，后又改要钱，未能满足，即将该保一甲甲长带走，行至癞宝庄，被当地群众拦住。经拷问，伪军供出他们与保长勾结敲诈群众的罪行。当晚周围七八个乡数千群众闻讯而至，愤怒的群众杀死3名伪军和伪保长。揭开全县群众武装自卫反伪化斗争的序幕。

8月30日傍晚，驻西河湾据点伪军到附近徐家庄绑票抢掠，绑走长工1人，抢走耕牛2头。徐家庄联庄会鸣锣报警，附近各乡群众1万余人迅速集结，拿着铁叉、钉耙、锄头、铡刀追赶，伪军吓得逃回据点。群众即包围据点，捣毁据点周围的竹篱笆，并活捉伪哨兵1人，要求交出下乡作恶的伪军及被绑去、抢去的人和物。至次日上午，迫使伪区长毕继宗承认放人还物，并承认不再下乡抢掠和绑票。

9月5日，驻水洞口据点伪军到大贲庄绑走13人，抢走耕牛3头。大贲庄民众鸣锣求援，附近石庄、江安、卢港3个区11个乡2万余群众，在民兵自卫队率领下，手持手榴弹、铁叉等武器，包围水洞口据点，并冲过战壕，拆毁篱笆，向据点投掷手榴弹，炸死伪军7人，夺得伪军长短枪各1支。相持4个多小时，迫使伪营长承认不再下乡抢掠，并放回绑去的群众及耕牛。

9月26日晨，驻加力据点伪军50余人，分2队至大丁庄抓人，民兵鸣锣报警，度军井、卢港等区民兵自卫队、少先队和周围群众2万余人包围加力伪军据点，打死伪军2人，拔电杆100余根，拆割电话线250余千克。斗争中，3名民兵负伤。如西县政府派1个班武装力量前往支援群众斗争，斗争坚持至下午，取得胜利。

反“清乡”火烧竹篱笆 民国32年(1943年)3月，日伪为加强对苏中四分区“清乡”，从江南调运500万余支毛竹和大量木材，从天生港经平潮、白蒲、林梓、丁堰(沿通如线)折向东至海边构筑150公里封锁竹篱笆，以阻隔苏中三、四分区之间的联系。如西县军民配合“清乡”区内军民，开展反“清乡”火烧竹篱笆斗争。5月4日，如西县蒲西区游击队和民兵300余人，配合主力部队将白蒲至林梓一线的封锁竹篱笆全部拆毁焚烧，并拆割电话线1650千克。5月16日夜，如西县蒲西、南马塘区游击队、民兵和群众800余人，配合如西县独立团，将通如线林梓至丁堰沿河6千米的封锁竹篱笆全部破拆焚毁，并拔光沿线电线杆。5月20日，三、四分区联合行动，2万余群众以100人拆0.5千米分工，将平潮至白蒲、林梓、丁堰再折向东至掘港近100千米的竹篱笆，于1小时内拆毁，并放火焚烧，烈焰冲天，破竹之声沿线数里可闻。6月4日、16日，连续将白蒲至丁堰的另一段竹篱笆拆毁。7月1日，为纪念中共诞辰和“七七”卢沟桥事变，三、四分区又一次组织破拆竹篱笆联合行动。夜11时，数万民兵、群众进行总破拆。如西县负

图 15-9　日本侵略军构筑的竹篱笆封锁线

责平潮至丁堰段，动员1万余人，破拆竹子80余万支。时属如皋（东）县的城东地区仅冯石乡即有350多人参加。此次总破拆，为苏中反"清乡"斗争中规模最大的一次行动，使日伪军苦心经营3个多月的封锁竹篱笆，一夜之间化为灰烬。

连续破拆，致日伪军来不及从江南运毛竹，即从如西农家竹园强砍竹子。如西县军民又掀起保卫竹园斗争，使日伪军无法补充竹子。10月，日伪军宣布延期"清乡"3个月，并将如西县和时属如皋（东）县的城东地区列为"扩展清乡"范围。民国33年6月25日，为迎接中共诞生23周年和抗战7周年，如西县军民配合新四军某部插入四分区，攻克日伪军南坎、北坎、鲍家坝3个据点。日本侵略军丹木中队长率部增援，于南坎附近被歼，丹木中队长被击毙，日本侵略军翻译1人、士兵1人被俘。26日晚，如西军民配合四分区统一行动，对白蒲至东陈的封锁篱笆进行彻底拆除，经3个小时行动，将长25千米竹篱笆全部拆除焚毁，并将丁堰至如皋的公路全部挖毁。与此同时，为牵制如皋城日伪军，如西县独立团及民兵向如皋城西宗家庄、加力2据点发起攻击。盘踞如皋城日伪军1000余人出援，刚出城就遭如西独立团伏击。激战4小时，日伪军伤亡100余人。7月11日，苏中三分区特务团和如西县独立团进攻伪军石庄据点，战斗从夜11时开始，至次日晨8时结束，占领日伪军在石庄的12个碉堡及所有工事、营房，活捉伪区长张玉华、伪连长沈家桂等150余人。7月3日，江安区游击队带领基干民兵，攻打新市伪军据点，击毙伪区长、区队副及伪军15人，缴机枪1挺、步枪13支、短枪2支、子弹300余发、手榴弹和地雷300余枚。16—17日，苏中三分区特务团和如西县独立团攻打新坝、老坝2据点，日伪军2次增援均被击溃，毙日本侵略军伍长以下8人、伪团副以下30余人。25日，苏中三分区特务团和如西县独立团于新坝围点打援，毙俘日伪军15人，其中俘日本侵略军小队长1人，缴获九六式机枪和掷弹筒等武器装备。

从民国32年4月支援四分区反"清乡"，至民国33年10月反"扩展清乡"，如西县军民计攻克日伪据点18个，收复永安沙和沦陷乡49个，解放群众20余万人，取得反"清乡"和反"扩展清乡"全胜。

反封锁、反"扫荡"战斗　民国33年（1944年）11月，日伪军集结兵力先后侵入如西县石庄、季家市、新生港、永安沙等地，修复通如、如新、如黄等公路，再次进行割据、封锁。11月21日，重占石庄的日伪军280余人向北"扫荡"如西根据地，如西独立团于岔林港、大小腰庄组织拦截，从上午10时至下午4时，毙伤日伪军60余人。此役，如西独立团二连指导员潘云壮烈牺牲。12月29日晚，马塘区民兵和自卫队600余人组成破拆大队，由区游击队负责新庙、磨头2据点的警戒，于如新公路上深挖6个大缺口，截断日伪军"扫荡"通道。民国34年3月10日，如黄线日伪军30余人到爱民乡抢粮，城西区游击队迎头阻击，毙伤日伪军10人。3月17日上午8时，驻磨头日伪军到东陶庄"扫荡"，如西独立团一、二连与车马湖区游击队立即出击，一连冲入庄内与敌人肉搏，激战至9时，歼日本侵略军伍长以下7人，活捉3人，缴获轻机枪1挺、步枪10余支。4月，驻如皋城伪军到宗家庄据点接防，如西独立团在加力与宗家庄之间的谢家甸设伏，活捉伪营长以下200余人，缴获重机枪3挺、轻机枪20余挺、小炮4门、步枪300余支、驳壳枪5支、炮弹100余发、子弹1万余发、电台1部。20日，如西独立团在如黄线芹湖、分界之间设伏，激战1小时，俘伪团副王光荣及伪军48人，缴机枪1挺、步枪40余支。5月2日，度军井区六窑乡民兵集合数百人围攻日伪军宗家庄据点，伪军惊惶失措逃往如皋城，民兵平毁据点工事。7月12日夜，如西独立团包围加力伪军据点，进行政治喊话，伪营长率200余人携小炮3门、机枪4挺、步枪150枪支、短枪16支、战马3匹、电台1部投诚。7月17日，驻如皋，泰兴线伪军王孝礼部6

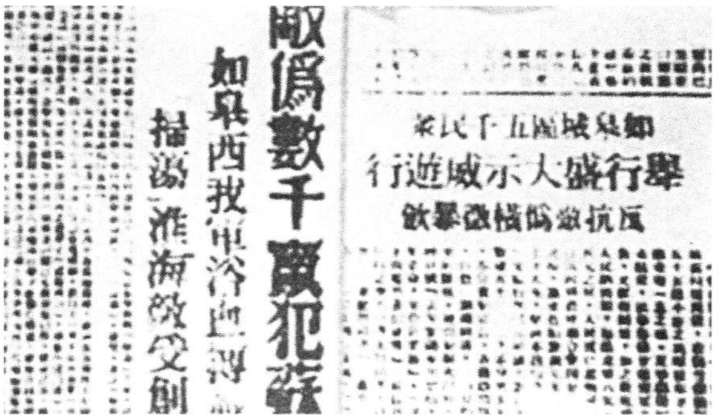

图15-10 延安《解放日报》报道如西军民反“扫荡”、反清乡斗争

个连，在新四军政治攻势下全部反正。8月14日，如西独立团围攻搬经、加力据点，迫使伪军全部投降。8月15日，如西独立团围攻分界伪军据点，迫使伪独立十九旅补充团团副李明华率300余人投诚。随后，芦湖据点伪军1个排、卢庄据点伪军1个连反正。

围攻如皋城 民国34年（1945年）9月2日，日本政府正式签字投降，驻守如皋城的伪独立十九旅旅长孔瑞五和伪如皋县保安大队长孟宪平，率3000余伪军负隅顽抗，拒绝向新四军和抗日民主政府投降。9月15日，如西县民兵攻城大队，泰县城西、雅周区民兵攻城大队及如皋（东）县丁东区民兵攻城大队共1万余人，将如皋城包围，并清除如皋城四门外的伪军据点。18日，新四军主力部队3个团在苏中军区司令员管文蔚、政治委员吉洛（姬鹏飞）率领下，全部抵达攻城前线，加上通如纵队、如西县独立团，总兵力5000余人。苏中军区特务旅二团、三团主攻西门、北门，苏中军区特务团攻打东门，通如纵队，如西县独立团攻打南门。下午4时，部队全部进入指定阵地，向城内炮击，并加紧进行工事、器材准备。万余民兵挖战壕、填城河、架浮桥。城东区民兵苦干一夜，在离城40米处用泥土堆起一个与城墙一样高的大碉堡。围攻北门的卢港区民兵用粪桶套上衣服，乘天黑推入城河，吓得伪军扫射一夜，天明才知上当。

21日凌晨1时，总攻开始。通如纵队施亚夫部二连副连长王先纪组织突击队，率18勇士在猛烈炮火掩护下，从南门登上城头，并打开南城门，攻城部队冲进城内，守敌终瓦解。下午1时，攻城战斗结束。此役，俘伪独立十九旅正副旅长孔瑞五、李瑞生，伪保安大队长孟宪平，伪国民政府如皋县长彭复中、伪国民党县党部书记任一和及以下官兵3000余人，毙伤200余人，缴获八二炮2门、七五小炮等30余门、重机枪4挺、轻机枪88挺、步马枪2530支、汽车6辆、电台6部、马6匹、子弹4万余发。

附录：

一、日本侵略军及伪军在如皋的暴行

民国27年（1938年）3月19日，日本侵略军在飞机大炮掩护下侵占如皋城，在全城烧杀抢掠。火烧南门，从南门吊桥一直烧至地藏庙，其中明代建造的大觉庵200余间房屋全部被烧毁。火烧东南城脚文峰阁、东门外的菩提社，含唐代塑就佛像在内的全部建筑被烧毁。恒大、恒昌、春生福、福和、郭子记等南货店、京货店，西门、北门典当货栈、钱庄均被洗劫，其中北门外公裕钱庄被洗劫一空。泰来面粉厂堆栈的面粉全部被抢劫，公裕栈一次就被日本侵略军抢走面粉4万多袋、豆饼10万千克、火腿两万只，价值20余万元（银圆）。沙元炳家藏唐人手抄佛经、宋版书籍等古书近万册被付之一炬。4月19日，日本侵略军火烧东门和北门，烧毁191户1300余间房屋。

日本侵略军还大肆屠杀如皋城手无寸铁的老百姓。南大街马家巷口看家的刘二胖子出门买食品，被日本侵略军一枪打死。西门中药店老板赵海洲出门行医，被城头上的日本侵略军看见，也被一枪打死。德商北门火腿栈老板雇100余农民夜间偷运火腿，遭日本侵略军重机枪扫射，死60余人。5月3日，如皋城西街蓝恒大鞋店老板蓝裕平，在城门口被搜出2枚私章，日本侵略军硬说他是中国兵，抓去绑在树上毒打后割去头颅。如皋城卖烧饼的王凤年，在日本侵略军侵占如皋城时逃往乡间，5月11日带着大儿子回城探望，在如皋城西门被搜出1本卖烧饼的账簿，王凤年不识字，他记的卖烧饼账是用印泥点红点记数。日本侵略军硬说他是中国兵的大官，红点是中国兵的数字，抓去用蜡烛火烧鼻子，用烧红的铁板贴在身上，最后碎尸7块，扔在老松林饭店后面垃圾堆里。如皋城北街曹家桥木匠张扣林，在日本侵略军进城时逃往乡间，留下徒弟桂儿看家，桂儿因家里吃的食物被抢光，饥饿难忍，到体育场抓日本侵略军喂马的马料充饥被发现。日本侵略军用刺刀将桂儿刺得全身血肉模糊，然后涂上糖稀让蚂蚁和苍蝇活活叮死。日本侵略军抓获国民政府军保安四旅地下工作人员陈达五后，用刺刀将其刺得血肉模糊，然后撒上盐活活痛死。

5月，是蚕豆收获季节，农民王进喜进如皋城挑粪，从身上查出4粒蚕豆。日本侵略军硬说是中国兵的联络暗号，下令四门搜查，凡是身上带有蚕豆的一律扣押，共抓27人。日本侵略军宣抚班长横山震在审不出任何口供的情况下，凶残地将其中25人押至南门斗姆宫，剥光衣服，让士兵当活靶子练刺杀，25人全被刺死。此惨案如皋人称为"蚕豆血案"。

日本侵略军到处强奸妇女，上至70多岁的老太婆、下至八九岁的小女孩都不放过，许多妇女被先奸后杀。日本侵略军如皋城宪兵队长崛内三郎在雁桥西章家祠抓妓女12人，先拍裸体照，然后强奸。伪维持会还强抓民女于长巷东首广雅楼设立"慰安所"，供日本侵略军奸淫作乐。日本侵略军先后在白蒲、磨头、石庄等集镇设点"慰安所"，强抢民女供其发泄兽欲。

10月15日，日本侵略军至江安蒋家庙"扫荡"，烧毁民房97户400余间，杀死民众13人。10月22日，日本侵略军再次至蒋家庙烧杀，一个100余户800多人口的村庄，只留下断垣残壁。11月23日，驻白蒲日本侵略军至蒲西薄刀池"扫荡"，全庄10余户房屋全部被烧光，70多岁的吴老太被活活烧死。

民国28年5月3日，日本侵略军再次至薄刀池"扫荡"，抓走农民张文、姜文伯、潘七、管和尚、顾门三等7人，强迫他们自己挖塘、挑水、打浆，然后将他们推入泥塘活活呛死。9月26日，驻石庄日本侵略军和伪军300余人到大石家庄"扫荡"，屠杀群众107人，烧毁民房300余间，并将抓走的民夫18人带到石庄，用刺刀活活刺死。

伪军为虎作伥，不仅随日本侵略军下乡扫荡、烧杀抢掠，还积极为日本侵略军扩展伪政权，编保甲、登记户口及拉夫派差，奴役人民。同时，统制重要物资，加强对抗日民主根据地的封锁。石庄是如西沿江地区的重要集镇，日伪军设有据点，不仅向群众征收苛捐杂税，还使用种种手段敲诈，仅砖桥乡一年中被绑票敲诈即达21万元(银圆)。郝李乡一年中负担较大的项目有田赋3000元，年粮9000元，自卫队费5000元，伪区公所、警察所、戒烟所经费2076元，伪永安公司股票7000元，树木捐5000元。民国31年4月，伪三十四师副师长陈光寒率领二三团进驻石庄，原驻守石庄的伪自卫队沙冲霄部调驻吴窑，双方常为争地盘、夺物资发生争斗，民众更加遭受灾难。民国33年5月2日，抗日民主政府车马湖区副区长陈锋被驻田家埠伪军俘去，伪连长殷福如凶残地用刺刀砍去陈锋一只手臂，活活将其折磨死亡。民国34年3月，丁东区联防队指导员冒品端，被驻丁所伪军捕去，

图15-11　日本侵略军在丁堰等地"扫荡"

伪军挖坑灌水打浆，将其推下活活呛死。

1974年全县调查统计：日本侵略军从民国27年3月18日侵占如皋至民国34年8月22日投降离境，杀害干部群众2924人，烧毁房屋20285间，抢劫39572户，绑票43359人，强奸妇女仅知晓的即有数千人。

二、城东、丁堰、白蒲等地区的抗日战斗

如皋沦陷后，时属东台县的城东地区和时属如皋（东）县的丁堰、林梓、白蒲等集镇均筑有日伪军据点，日伪军经常下乡"扫荡"，人民不堪其苦。如皋（东）县警卫团及丁东、白蒲区抗日游击武装，连续在这一地区作战，打击日伪军。民国30年（1941年）6月11日，如皋（东）县警卫团配合地方武装，破毁林梓至白蒲交通道

路，拆除桥梁1座。同时，分兵袭击林梓，一度攻入镇内。13日，如皋（东）县警卫团在东陈地区与100余名日伪军遭遇，激战2小时，毙伤敌50余人，生俘30余人，缴获步枪50余支。

8月13日，日本侵略军南浦旅团和伪军数千人“扫荡”如皋东部地区，史称“‘八一三’大扫荡”。新四军三旅八团在丁堰、林梓、白蒲、马塘和南通县北刘桥、石港等地作战20余次，给日伪军以重大杀伤。9月10日，在任家口击沉日本侵略军汽艇1艘，毙日本侵略军10余人。

民国32年4月初，驻丁堰日本侵略军100余人下乡抢掠，丁东区游击连和李冯乡联防队于杨庄设伏，活捉3名日本侵略军，其余日本侵略军扑河而逃。4月中旬，如皋（东）县独立团和丁东区游击连，在丁东区范埑伏击强拉民工构筑“扩展清乡”土墙的伪军1个营，战斗约10分钟，歼伪军1个排，缴轻机枪1挺、步枪39支、短枪1支。4月20日，驻丁堰据点日本侵略军1个分队、伪军1个连和数十名伪自卫队员，分2路奔袭丁东区机关和区游击连常驻地徐杨家庄、陈家油坊，区游击连和民兵分2路向南包抄其中一路日伪军，出其不意，打得日伪军措手不及。日伪军偷袭不成，拖着尸体逃回据点。5月15日，丁东区民兵在汤家湾袭击通扬运河中行驶的日伪军快艇，俘伪指导员和副官各1人，缴获短枪2支、日本侵略军“扩展清乡”宣传材料及军需品若干。6月初，为支援如西军民的反“扫荡”斗争，丁东区游击连连长张贵喜率全连和全区联防队700多人，从埑南乡出发，跨过如李公路，经葛家桥河东向柴湾方向反“扫荡”，沿途袭击日伪机关和驻军。日伪惊慌失措，调集1个团兵力围追堵截。连长张贵喜留下1个班阻击敌军，率大部队安全撤离。6月17—19日，丁东区游击连主动出击，打死打伤伪军40多人。

民国33年秋，丁东区游击连一排排长周骏发探知驻东陈伪军调防丁堰，决定在东陈南边的双车篷打伏击。上午9时许，敌军露头，但情况发生变化，不是调防的伪军，而是1个中队日本侵略军。一部分日本侵略军由骑着大洋马的军官率领在河岸上行军，一部分日本侵略军乘汽艇在河中前行。当日本侵略军进入伏击圈时，周骏发举枪将骑着大洋马的日本侵略本军军官射下马。战士们与日本侵略军展开肉搏，一班长薛如松追上一个扛机枪的日本侵略军，抓住机枪杆子与日本侵略军扭打。周骏发一个箭步冲上，用脚踩住日本侵略军的喉咙，薛如松乘机夺过机枪。另一旁冲来的一个日本侵略军刺中周骏发腹部。周骏发因流血过多而牺牲。9月6日傍晚，日本侵略军100多人、伪军50多人押运10多艘满载着从盐城、大丰抢掠的棉花、大米的木船，由通扬运河开往南通，中途依靠东陈据点过夜。丁东区游击一连、二连，由张贵喜连长统一指挥，连夜组织运河两岸的联防队民兵140多人，埋伏于东陈南边的徐家湾。次日清晨，岸上护卫船队的日伪军进入伏击圈后，手榴弹像雨点般在敌群中开花，日伪军乱成一团。游击连战士和民兵奋勇与日伪军肉搏，仅用7分钟解决战斗，毙日本侵略军小队长以下40多人，缴获捷克式机枪1挺、三八式步枪数支、掷弹筒1个。是月，四分区部队攻克丁堰日伪据点，俘伪团长以下600余人，缴获轻机枪17挺、步枪380支、电台1部。

民国34年9月20日，四分区军民为配合解放如皋城战斗，发起围攻丁堰战斗，歼伪独立十九旅和县保安大队各一部，俘伪团副以下600余人，缴轻重机枪17挺、小炮14门、步枪380余支。

五、解放战争时期重要战事

“白蒲事件” 民国35年(1946年)1月，在国共两党《停战令》发布当天，驻苏、锡、常国民政府军七十一军九十一师二七一团、二七二团、二七三团及师部直属工兵营、输送营，先后渡江登陆向如皋方向推进。13日晚12时《停战令》生效时，第一批渡江的二七一团、二七二团派出小股部队由平潮向白蒲进犯。驻守白蒲的新四军苏中一分区特

图15-12 淮阴执行小组赴如皋等地调处“白蒲事件”

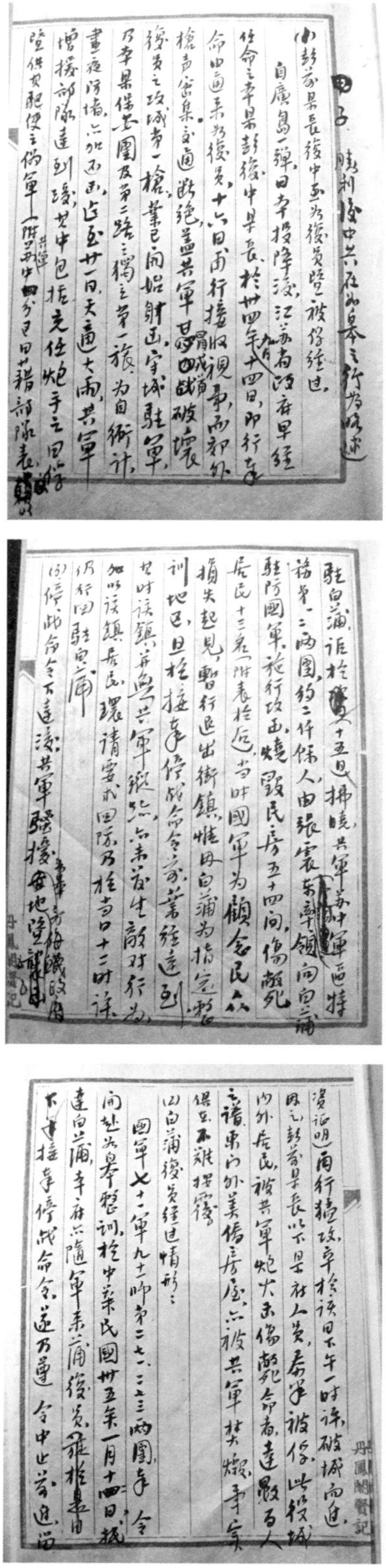

图15-13 白蒲事件备忘录

务三团已接到《停战令》，未予还击，将部队撤至朱家窑、姜家园一线。14日上午7时，国民政府军九十一师师长、副师长率二七一、二七三团2000余人，以原伪军朱开治部为先导，一路至新坝、腰庄桥，另一路经四十里（地名）、观音堂、李家桥向驻防朱家窑、姜家园的新四军彭桂卿部进攻。彭部坚守阵地，喊话要求国民政府军执行《停战令》。国民政府军进攻部队暂退。下午5时，国民政府军重犯朱家窑、姜家园，仍被彭部劝止。当晚，彭桂卿收到国民政府军信函，称已收到停战命令，今日的战斗纯属误会。15日上午8时，国民政府军突然进攻彭部。彭桂卿为执行《停战令》，命令部队于10时撤出防地，退守白蒲。国民政府军继以大炮猛轰白蒲。彭部再次忍让，于下午2时撤出白蒲，退守三里楼、黄家庄一线。16日，国民政府军强占三里楼、黄家庄，彭部退守林梓。19日，苏中军区司令员管文蔚派员赴南通国民政府军九十一师师部交涉，请其执行《停战令》，恢复13日以前状况。20—23日，国民政府军九十一师派员赴东台与管文蔚会谈。谈判期间，国民政府军二七三团于21日到白蒲、朱家窑接防，原二七一、二七二团调驻南通、新坝，仅撤出白蒲外围阵地。彭桂卿部派少数警戒部队前往接防。二七三团则不断挑衅，炮击三里楼等阵地。彭部始终未予回击，于26日将警戒部队撤回林梓。

3月6日，在苏皖一分区党、政、军机关及如皋县各界的强烈要求下，北平军事调停处执行部决定在徐州执行组下设淮阴执行小组，负责调处"白蒲文件"。执行小组来往如皋、南通调处83天，美方代表始终偏袒国民政府军，未有结果。

苏中战役在如皋境内的三战 民国35年（1946年）7月中旬，国民政府军第一绥靖区司令汤恩伯（后为李默庵）指挥5个整编师15个旅共12万人，在南通、靖江、泰兴、泰州一线，向苏中解放区进犯，并决定从南通、泰兴分2路首攻如皋。新四军华中野战军司令员粟裕采取先机制敌战略，仅留下少数地方武装坚守如皋，于13日亲率所属一师、六师和七纵，发起泰兴和宣家堡战斗。国民政府军第一绥靖区司令部不明华中野战军虚实，急令四十九师从白蒲缩回平潮，以保南通。当发现华中野战军主力确已在宣泰地区后，又急令四十九师从平潮返白蒲，乘虚攻打如皋。该师第七十九旅、二十六旅分2路北犯，左路七十九旅于16日占领林梓、杨花桥，右路由师部率第二十六旅进至丁堰鬼头街一带，准备会攻如皋城。华中野战军结束宣泰战斗后，随即一夜急行军，以一师抢占鬼头街东南公路线上的林梓，切断国民政府军退路，六师前进至杨花桥西南的贺家坝，先期回如皋城的七纵则由如皋城及其东北地区向东南出击。18日晚，皋南战斗打响。一师5个团与七纵南北配合，将敌压缩于鬼头街田肚里地区。至19日晚，将四十九师师部和二十六旅大部歼灭于田肚里以西地区，师长王铁汉率百余人逃往七十九旅阵地。此时，七十九旅被围困在杨花桥和宋家桥狭长地带。19—20日，华中野战军六师主力和七纵一部发起猛烈攻击，国民政府军七十九旅亦大部被歼，残余收缩至宋家桥继续顽抗。此时，华中野战军已连续作战多日，部队十分疲劳，且国民政府军增援部队已从泰州、黄桥、南通方向逼近。23日，为保持主动，华中野战军撤出战斗。此战，史称苏中战役皋南战斗，亦称如南战斗。华中野战军歼国民政府军四十九师1个半旅1万余人，俘6000余人，缴获各种口径炮200余门、轻重机枪500余挺、长短枪4000余支。华中野战军伤亡2000余人。

皋南战斗后，华中野战军相继发动李堡战斗、海安战斗。

8月21—23日，粟裕率部在如皋境内发起丁(堰)林(梓)战斗。21日晚，华野一师三旅七团、八团从丁堰东北、西北2面夹攻，至23日10时，全歼国民政府军交通警察第七总队4个大队约1300余人。华野六师亦于21日晚6时，向驻林梓的交通警察第十一总队2个大队和四十九师残部1个营发起猛攻，至22日下午5时战斗结束，俘国民政府军交警少将总队长熊剑东以下2000余人，毙伤1500余人，缴获该部全部美式装备，其中美制载重汽车7辆。丁林战斗中，华中野战军共歼敌3000余人。华中野战军伤亡900余人。

丁林战斗结束时，国民政府军驻扬州整编第二十五师正北犯江都邵伯。粟裕决定“攻黄(桥)救邵”。8月25日，华中野战军六师进至分界，一师进至加力，分别与国民政府军九十九旅和从如城出城接应的国民政府军遭遇，展开激烈战斗。26日，粟裕集中优势兵力，先将一师一旅及军区特务团调至分界，于下午2时全歼分界国民政府军。接着，会同六师共15个团围攻谢家甸、加力国民政府军。27日晨，战斗结束，国民政府军不足1000人逃回如皋城。此为华中野战军苏中“七战七捷”之如黄路战斗，共歼敌2个半旅1.7万余人，其中俘九十九旅旅长、八十七旅旅长以下1.2万余人。华中野战军伤亡3500余人。

华中野战军苏中战役“七战七捷”，共歼国民政府军5.6万余人，其中在如皋境内的3战歼3.3万余人。

反“清剿”战斗 民国35年(1946年)7月23日，国民政府军占领如皋城后，立即在丁堰、东陈、柴湾构筑据点。11月11日，国民政府军集结2个师兵力，对苏中一分区南线4县进行第一期“清剿”，亦称示范“清剿”。次日，国民政府军第一绥靖区司令部由南通移至如皋，以5个直属营及三一四团2个营驻防如皋，重点“清剿”如皋龙游河东三角区及靖江县靖东地区。17日，县警卫团团部及二、三连在驻地杨家埭遭国民政府军5个营分路合围，苏中一分区特务团(简称分区特务团)与县警卫团一连分别从大王庄和岔林港出发支援。由于兵力悬殊，分区特务团伤亡130余人，县警卫团损失1个多连。

12月4日，驻磨头西河湾国民政府军对河东地区进行拉网式“扫荡”。21日上午，中共如皋县委民运部副部长兼马塘区委书记林忠棠率武工队在车马湖沈广富庄与郭园地主“还乡团”遭遇，激战至下午，林忠棠令武工队向西撤，自己吸引追兵，最后连中数弹牺牲。车马湖区交通站站长李忠也于此次战斗中牺牲。22日，白蒲区区长程志远及区队30余人，于花园乡杨元头被国民政府军2个营包围，苦战7个小时，程志远牺牲。

民国36年初，国民政府军以整编第四师一〇二旅2个团、四十九师一〇五旅1个团及省、县保安大队共18个营，在地主还乡团配合下，对如、靖、泰进行第二次“清剿”。1月3日，国民政府军出动4个营，在地主“还乡团”配合下，进至龙游河河西地区，并逐步增设据点。此时，全县县、区武装仅有县警卫团2个连、5个区队(每个区队20—40人)和一些游击队(每队5—10人)。20日晨，驻石庄国民政府军出动1个中队北犯，县警卫团一连出击，于楼房头毙伤国民政府军30余人，缴轻机枪1挺、步枪32支，县警卫团无一伤亡。是日，县警卫团在吴家庄与“会剿”的国民政府军遭遇，战斗受挫，损失1个多排。28日晚，分区特务团二连配合县警卫团，由如黄路北长途奔袭石庄区铁篱笆据点，毙伤国民政府军16人，救出被关押群众。县警卫团由曹衍正、柯德全率领夜进河东地区袭击国民政府军，当夜返回。

2月18日晚，分区特务团一营会同如皋、泰兴县警卫团各2个连计7个连兵力，分3路横渡芹湖大河，到达国民政府军江安周庄头中心据点。19日，分区特务团一营和如皋县警卫团由江安区队引导攻打周庄头，以伤亡30人的代价摧毁周庄头13个碉堡工事，救出100余名被捕干部群众，毙俘还乡团、自卫队200余人，摧毁国民政府如皋县第十二区（江安区）区公所及其下辖6个乡公所，镇压乡、保乡和"还乡团"108人。21日，分区特务团一营和泰兴县警卫团各1个连，奔袭贲家巷国民政府军据点，仅5分钟歼守军1个排，龙游河西地区的18处据点守军撤逃。

3月初，国民政府军四十九师2个营及省、县保安队共18个营，采取"空心"战术，对龙游河西及两泰地区进行"三月会剿"，分数路乃至十数路拉网合击。3月25日，如靖团一部化装成国民政府军智取朱家楼，国民政府军一〇二旅闻讯赶赴河东，如靖团迅速撤出。28日晨，如靖团发现张莫庄附近有国民政府军烧杀抢掠，为解救群众，以疲惫之旅投入战斗。此时，张莫庄附近有国民政府军3000余人。战斗打响后，靖江县团2个连即遭5路合围，许淦和教导员贾锐负伤，作战参谋季一藩、一连连长王希贤等100余人牺牲。

4月10日，国民政府如皋县第九保安中队与袁庄自卫队至申家网"扫荡"，如皋县警卫团参谋长何正率一连歼敌数十人。当日中午，国民政府军出动3个保安中队包围县警卫团驻地井儿头，何正率部毙伤敌30余人，俘11人，缴机枪1挺、步枪25支。当夜，何正又率部袭击国民政府军石庄据点，毙自卫队队长以下20余人，缴步枪7支、短枪1支。一日三捷，受到军分区通报表扬。11日，何正又率县警卫团一连和度军井区队，于卢港叶家庄毙、俘国民政府军10余人，缴步枪7支。

4月24日，国民政府军第一绥靖区主任李默庵决定，在南线进行第五次"清剿"，即"会剿""搜剿""驻剿"三结合的"硬性清剿"，动用一〇二旅、二十六旅、省保安队共1.5万人。5月5日，国民政府军"硬性清剿"开始。南线人民武装避其锋芒，国民政府军三〇四团北调，如皋地方人民武装乘隙出击。9日，袭击高明庄据点，俘3人，缴枪2支。10日，歼灭大桥乡自卫队。15日，县警卫团攻克角谢庄，毙伤国民政府军8人，俘6人，缴枪16支。17日，县警卫团歼钱家庄自卫队。20日，县警卫团一连与度军井区队击退磨头下乡的国民政府军，毙伤20余人，俘15人，缴枪30余支。26日，时属泰县的如皋城西区游击连迂回至国民政府军花园桥、袁家桥、谢家甸、夏堡据点之间，在倪家厦南全歼谢家甸自卫队，缴轻机枪2挺、步枪50余支、驳壳枪1支。6月3日，华中军区第一分区南线支队由两泰地区南下，突袭国民政府军侉子庄中心据点，国民政府军由季黄线、分黄线4路前往支援，如皋县警卫团于珊瑚庄歼季家市援军，毙俘90余人，缴重机枪1挺、轻机枪3挺、步枪60余支、短枪2支。继而又配合击溃黄桥、分界等几路援军。战后，如皋县警卫团一连一排被授予"野战英雄排"称号。

国民政府军第五次"清剿"失败后，组织一〇二旅三〇四团、省保安队2个大队等共7个营兵力待命，拟从7月3日起再度实施"全面清剿"。7月1日，南线支队先发制人，率如皋县警卫团奔袭西来镇，摧毁国民政府军碉堡7座，并同时拔除四口圩等附近据点5个，毙11人，俘靖江县督导员以下53人，缴轻机枪管6根、步枪31支、短枪4支。

反"扫荡"战斗 民国36年（1947年）8月27日，县警卫团副团长何正率一、四连，攻打国民政府军范湖洲据点，俘32人，缴步枪27支，打开龙游河河西与河东通道，并旋即向河东地区国民政府军据点进击，连克车马湖、下驾原、周圩闸、朱家庄等据点，郭家园、白雁桥、李家桥等据点国民政府军撤逃。

9月18日，县警卫团三、四连和江安区队，会同靖江团五连及靖东武工队，粉碎国民政府军10个中队约1000余人对靖东的4路围攻，俘国民政府军中队长以下83人，毙伤近100人，缴轻机枪3挺、步枪70余支。10月17日，国民政府军整编二十一师1个营及国民政府地主武装"扫荡"龙游河东地区，县警卫团一连和车薛区队首先击溃从磨头出发的国民政府军，继而于红庙头击溃白蒲出发的国民政府军二十一师辎重营一、二连及四三三团八连，歼营长丁任凤以下110余人，缴轻机枪3挺、步枪70余支、子弹万余发。

11月13日，分区特务团二、三营和如皋县警卫团袭击石庄（史称"一打石庄"），摧毁石庄北街、老坝头、石桥、西街等国民政府军4个碉堡，歼敌55人，缴小炮1门、步枪30余支、子弹1000余发。12月1日，又向如新线国民政府军据点发起攻击，至2日上午8时战斗结束，攻克观音堂、吴家窑、司马港、小沈家甸国民政府军据点，共缴获国民政府军轻机枪13挺、步枪250余支、短枪7支、掷弹筒两门。新生港、李家桥、徐庄、石家田、湾子、陈家埭等据点国民政府军撤逃。

12月8日，分区特务团、泰县警卫团各1个连及东台县警卫团1个营又2个连攻打国民政府军加力据点，俘中队长韩复如以下115人，毙伤30余人，缴获机枪2挺、步枪100余支，六〇炮、掷弹筒各1门，子弹1500余发。12月10日，重占石庄的国民政府军整编二十一师四三八团1个连及地方武装2个中队出石庄据点北犯，县警卫团副团长何正率部出击，于癞宝庄展开激战，歼国民政府军170余人，缴轻机枪7挺、步枪70余支、掷弹筒4门。战斗中，何正头部中弹牺牲。31日夜，分区特务一团在如皋、泰兴、泰县警卫团配合下，对石庄发动第二次攻击（史称“二打石庄”），次日晨战斗结束，歼国民政府如皋县保安大队第一 队及石庄区大队一部和车马湖、卢港区中队各一部，毙伤俘国民政府地方武装大队长以下300余人，缴重机枪1挺、轻机枪13挺、掷弹筒3门、步枪200余支。

民国37年1月15日，县警卫团新任副团长柯德全率一营和江防大队六连及薛窑区队，长途奔袭李三圩，歼国民政府军46人，缴机枪1挺、步枪20余支。2月2日，国民政府军整编二十一师一四五旅四三五团二营重占石庄。4日，留1个连守备，余部和国民政府地方武装1个中队由石庄北犯。正在贲家巷、邹家埭一线休整的分区特务一团与其发生战斗，毙伤国民政府军100余人，俘210余人，缴获八二炮2门、六〇炮4门、轻重机枪17挺、长短枪110多支。分区特务一团伤亡33人。8日，县警卫团出击磨头北张家庄、八角殿国民政府军，毙20余人，俘30余人，缴获轻机枪1挺、步枪27支。18日，县警卫团于珊瑚庄西设伏，毙国民政府军30余人，俘少校参谋王钰林等20余人，缴获轻机枪4挺。

4月16日起，国民政府军动用16个团兵力，对苏中解放区进行为期20天，军事“清剿”、政治欺骗、经济掠夺三位一起的总体战。国民政府军二十一师及地方武装共2000余人，以龙游河东地区为重点“扫荡”如皋地区。是日，县警卫团一营至通如线西侧任家口设伏，截获国民政府军汽车1辆，俘二十一师上校军务处长顾勉伯、中校军需课长苏学成等14人，缴获纸币3.98亿元及部分金银首饰。7日，季市国民政府地方武装100余人至八户庄增筑据点，县警卫团于小庄、新庄一线设伏，歼20余人，并于二甲附近伏击增援的国民政府军二十三师1个营，歼师部少校中队长以下40余人，缴机枪5挺、步枪20余支。17日，县警卫团二营四连配合度军井区队于城郊歼国民政府军100余人。21日，驻如皋国民政府军一四五旅四三四团团长李宜，率二、三营及团直属3个连1000余人，向城南王林庄一带报复性“扫荡”。县警卫团迎击，毙国民政府军300余人，俘7人，缴获重机枪1挺、轻机枪4挺、小炮两门、步枪32支、信号枪和手枪各1支、子弹2000余发。7月8日，国民政府军二十一师一四五旅四三五团220人，从吴窑出发至磨头。县警卫团以6个连的兵力于司马港设伏，毙伤国民政府军60余人，俘156人，缴获重机枪2挺、轻机枪4挺、长短枪128支、六〇炮1门、炮弹100余发、子弹6000余发。9月22日晚，分区集中一、三团和如皋、靖江、泰县、泰兴4个县团，攻打石庄（史称“三打石庄”），次日下午攻克，全歼国民政府军守军710余人，其中毙70余人，俘640余人。同时，击退磨头出援国民政府军，毙伤100余人，缴获八二炮3门、轻重机枪25挺、卡宾枪2支、长短枪332支、炮弹15发、机步枪子弹万余发、电台3座、五门电话总机1台。

10月7—17日，河东地区人民武装歼国民政府军及其地方武装60余人，并攻克薛家庄据点。11月12日，又在李家桥伏击国民政府如皋县第十区（车镇区）自卫队二中队，毙伤20余人，俘14人。13日，如皋县团袭击石庄，歼国民政府军60余人，并在磨头和丁堰至白蒲公路段割拆电线，平毁李家桥等处国民政府军工事。18日，白马区队攻克并平毁南马塘国民政府军据点，毙俘21人。

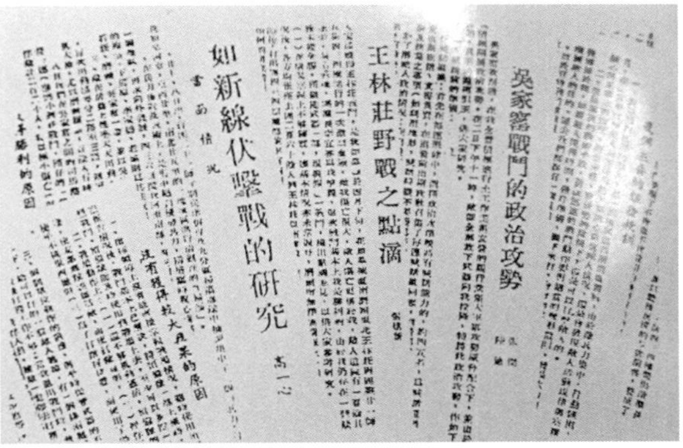
如新線伏擊戰的研究

王林莊野戰之點滴

吳家窯戰鬥的政治攻勢

图15-14 如皋县警卫团对战例的研究

如皋全境解放 民国37年(1948年)11月23日,县警卫团配合分区部队在如新线发起新的攻势,连克国民政府军及其地方武装11个据点,歼国民政府地方武装350余人。至此,国民政府军在龙游河东地区内线的据点消失。河西地区也仅剩如皋城、磨头、石庄等据点。民国38年1月7日,驻如皋城国民政府军二十一师师部撤逃至南通。10日,国民政府如皋县县长王检,国民党如皋县党部周庠、薛承宗、何其勇、季瞻北、俞时中、季璞成(季忠琢)等相继逃离如皋。19日凌晨,驻石庄国民政府军二十一师四三五团一营官兵及地方自卫队1个排,乘船逃往江南,其中有一小股驾船至江上为盗。25日,驻磨头国民政府军从南哨口逃往南通。27日,驻如皋城国民政府军二十一师四三三团和国民政府如皋县新任县长潘涛率政府官员全部逃离如皋。分区一团二营奉命至如皋截击国民政府军,截获运输船两艘,缴获文件30箱及部分枪支。同日,国民政府军丁堰、东陈守军逃往南通。28日,林梓、白蒲、季家市(时属如皋)等地国民政府军守军全部逃散。至此,如皋全境解放。

電訊
第五期
如皋城解放
安徽東部再度收復
解放後的天津
交通水電迅速恢復
就責國政府遣回岡村等戰犯
中共中央發表聲明
這些戰犯應追回移交解放軍處理

图15-15 《电讯》报道如皋城解放消息

附录:

解放战争期间国民政府军和地主还乡团在如皋的恶行

民国35年(1946年)1月15日"白蒲事件"后,国民政府军及地主"还乡团"在蒲西康庄乡烧毁12户62间房屋,杀害民众10余人。4月27日,江苏省保安团在江边头案、二案、新生港等地,抓青年100余人,杀害民众20余人,强奸妇女20余人,抢去粮食100余担。8月9日晚,新华社女记者、柴湾土改工作组组长叶邦瑾于柴湾镇被国民政府自卫队抓捕,被押至如皋城后,惨遭"灌肚肺""坐老虎凳"酷刑,并被用烧红的铁丝穿乳房。被枪杀后,仍遭割乳剖心。9月,国民政府军二三七团至柴湾捕捉革命干部家属265人,活埋和打死22人。

民国36年2月6日,国民政府军队"扫荡"如黄线和如新线,捕去群众100余人。次日,又至珊瑚区野庙血腥屠杀群众350余人,其中妇女50余人。在"扫荡"的国民政府军中,一〇二旅作恶最甚。有民谣:"一〇二旅真正坏,杀人如同刀切菜;一〇二旅下乡来,家家户户穿白鞋。"2月,驻戈家堡国民政府自卫队,抓捕西戈堡农会主任周竹轩和东戈堡民兵队长尤福友,吊在树上当活靶子射击其头部,并暴尸3天不准家属收尸。

民国37年1月7日,重占石庄镇的国民政府军一四五旅四三五团,在全镇勒索25万元,迫使数十家商店关闭,民主政府发给困难群众的1万千克救济粮也被其抢去。2月4日,驻石庄国民政府军"扫荡"何正区,沿途烧毁房屋956间,抢劫粮食5900千克、耕牛107头、生猪429头,抓壮丁131人。11日,驻磨头国民政府军自卫队和地主"还乡团"至北小庄,抓走群众100余人,杀害22人。3月下旬,驻石庄国民政府军包围沈家甸,抓走壮丁150余人。驻永安沙国民政府军同时出动,抓壮丁157人。国民政府如皋县县长王检,上任不足1周,即下令抓壮丁1388人。5月5日,国民政府军一〇八旅于城东区新民乡、刘亮乡抢去耕井73头。27日,又至榴树园、海河滩口、蔡家庄等烧杀抢掠,烧毁房屋780户,打死干部群众118人。7月18日,国民政府军丁堰自卫队下乡"扫荡",至钱家桥抓走干部群众70余人。

民国38年4月11日《江海导报》载:据不完全统计,民国35年7月至民国37年底,如皋县被国民政府军和地主"还乡团"杀害的干部群众有4913人,被烧毁的房屋有12125间,被抢劫的家庭有65685户,被关押的有45878人,被害致残的有10737人,被抓的壮丁有15261人。

第三章 拥政爱民·国防动员·人民防空

第一节 拥政爱民

一、帮助地方政权建设

红十四军与县苏维埃政权 民国19年(1930年)2月,如泰工农红军活动地区西起扬州吴家桥、许庄,东至平潮、白蒲边界,南至长江边,北至东台青墩、莫庄,人口200多万。

中国工农红军第十四军于如皋西乡成立后,游击区扩大至南通、海门、启东、如皋、泰兴、泰县、靖江、东台8县,成为斯时全国15块红军游击区之一(民国19年4月《上海报》目前全国苏维埃区域及红军游击发展形势略图),其中如皋地区游击区覆盖91个乡,面积648平方千米,人口44万。江安、卢港为红十四军游击区中心根据地。

民国19年5月1日,红十四军军部和中共如皋县委根据中共通海特委指示,于如皋西乡贲家巷召开数万人大会,选举成立如皋县工农革命委员会(县苏维埃),于咸任主任,徐名耀为经济委员,徐达基为土地委员,徐永良为青年委员,施赤君为妇女委员。为江苏省第一个县级苏维埃政权。6月,在江苏省委和红军帮助下,江安区六甲、朝阳、陈堡3乡,以雇农工会和农会为基础,选举成立乡苏维埃政府。未成立苏维埃政府的乡,亦由雇农工会负责地方行政事务。是月,红军帮助县苏维埃政权,在如西红十四军活动区域6个区,成立土地委员会,进行平分土地的斗争。

新四军与县抗日民主政权 民国29年(1940年)8月3日,新四军东进至如皋西乡,接管国民党如皋县政府西南行政公署及如皋西部6个区及永东直属乡。8月29日,帮助创建如皋抗日民主政权如皋县政府,县长梁灵光。10月,新四军黄桥决战胜利后,率如皋县抗日民主政府接管国民政府如皋县政府,帮助建立如皋县西南行政公署(民国30年3月改称如西县政府),季恺任主任(县长)。

民国30年1月,日本侵略军侵占黄桥,苏中三地委、苏中第三专员公署、第三军分区,全部转移至如皋西乡。从此,如西抗日民主根据地,既是新四军一师一旅根据地,又是苏中三分区根据地,领辖如西、泰兴、泰县、靖江,后增加紫石县(今海安县),人口70多万人,有“苏中小延安”之称。

二、维护地方稳定

驻如人民武装不仅平时支持、配合地方维护稳定,还先后三次在关键时期根据指示对地方实行军事管制,以维护社会稳定。

如城军事管制委员会 民国34年(1945年)9月21日,新四军收复如皋城后,成立如城军事管制委员会,防止残存日伪破坏,稳定如城秩序,维护人民生命财产安全。

民国38年2月5日,如城军事管制委员会再次成立,华中第一专员公署副专员蔡美江兼任主任,中共如皋县委书记周泽任副主任,县长张继中、县警卫团政治处主任朱光、中共如皋城区区委书记王遐松、县公安局长庄振华任委员。军管会成立后,在剿匪肃特、镇压反革命、维护社会政治稳定的同时,领导如城市民成立排除匪币(金圆券)委员会,实施金融管制,并发动群众打击奸商投机行为,对具有严重违法行为的奸商予以法律制裁,稳定市场物价。

如皋县军事管制委员会 1967年3月10日,中国人民解放军江苏省如皋县人民武装部奉命成立生产办公室,领导全县工农业生产。3月28日,中国人民解放军第六十军和驻如空军部队进驻如皋,开展“三支两军”。4月2日,如皋县军事管制委员会成立,县人武部部长窦祖银任主任,中国人民解放军第六十军某团政委陈佩璜、空军如皋机场第一政委张明奋、县人武部副政委韩隽任副主任。军管会下设“文化革命”办公室、生产办公室和公检法军管会(小组)。为控制“文化大革命”初期全县混乱局势、维护社会稳定,产生关键作用。1974年2月,“三支两军”人员陆续撤回部队。

三、支援地方建设

1954年,全县实行粮食统购统销,县人武部配合公安部门控制、打击奸商走私和犯罪分子破坏活动。1956年4月,县兵役局全体机关干部带头捐款2469.5元,支援建设县拖拉机站,其中捐100元以上6人、50元以上12人。

1973年,县人武部组织8703名民兵为主体的农田基本建设突击队,参加全县农田基本建设。1979年、1983年,县人武部先后在基层民兵组织中,创办青年民兵之家和青年民兵业余综合学校,人武部机关干部每月下基层指导民兵学科技、用科技,带动民兵走致富之路,并成建制组织民兵参

图15-16　民兵成建制投入农田水利建设
(20世纪70年代摄)

加南通华能电厂、204国道改道、宁通一级公路备土等国家重点工程建设。1988年9月,参加华能电厂建设的如皋县通信工程队被南通市委、市政府和军分区记集体三等功。

1997年,市人武部支持地方“刹三风”(封建迷信、赌博、大操大办)精神文明建设活动,配合平埋坟头、土地庙1万多个,制止封建迷信活动和赌博行为1000余起,打击流氓团伙7个。是年3月,市人武部支持地方卫生城市创建,组织驻如部队官兵清理如皋汽车站以西如黄公路。

1998年,市人武部组织宁通一级公路(如皋段)沿线的葛市、江安、石庄、长江、郭园、营防、九华7个乡镇200余名民兵开展军民共建文明路活动。12月25日,市人武部在江苏省“宁连、宁通、南京机场公路军民共建文明路工作会议上”作专题经验介绍。

2002—2003年,市人武部机关干部捐资4.5万元,支持如皋旧城改造和中国盆景园建设。2005年,市人武部机关干部职工捐资5万元,帮助江安镇中心村、皋南镇钱长村建设,扶助5名特困学生上学和5名特困户致富。是年底,市人武部被江苏省军区表彰为“双带双扶”先进单位。2006年,在创建卫生城市活动中,驻如部队共组织480多人次,在如泰运河、皋南新村等地开展突击性、攻坚性、公益性劳动。

2007年,市人武部动员组织民兵参加垃圾清理、整治河道、植树绿化等重点工程。2008年,组织民兵预备役人员3万余人次,参加创建卫生城镇义务劳动。组织1.5万人次参加抗击冰、冻、雪灾害,清理交通要道、机场跑道40余千米。

2009—2010年,市人武部参与“六城同创”、抢险救灾、扶贫帮困等活动4.7万余人次。

四、关心群众·抢险救灾

关心群众 民国18年(1929年)8月至民国19年3月,如泰工农红军和红十四军官兵为减轻群众负担,主动将月饷从30元降至6元,又从6元降至3元。

民国29年,新四军东进到达如皋后,明确要求:“各级军政机关应迅速作深入的动员与订出各类各项生产计划,实行开荒、植树、种田、种菜、种麻、种豆、养猪、养鸡、养鹅、养鸭,自制鞋袜、毛巾,凡是军队机关所需要的一切东西,都设法自己动手,以减轻群众负担。”民国37年9月22日“三打石庄”战斗后,参战的某部五连奉命前往季家市构筑工事,从地里挖出许多山芋,战士们无人动一个山芋,工事挖好后,将挖出的山芋全部重新埋进土里。某连接受任务挖战壕,沿线长满庄稼,他们把已成熟的花生、芋头一颗颗挖起来堆好,战斗结束后全部点交给田主人。

如皋全境解放以后,驻如部队和市(县)人武部指战员经常关心驻地群众。1985年,县人武部建立1093个服务小组、学雷锋小组,经常为群众做好事。

抢险救灾 1952年7月，全县沿江地区遭受台风、潮汛袭击，县人武部组织抢救队，投入抢险救灾。1983年，全县遭受罕见龙卷风袭击，县人武部组织驻如部队和民兵救出受灾群众492人、物资110.5吨。1987年，县人武部组织民兵预备役人员1.3万人次参加抗洪抢险。

1997年7月17日，长青沙江堤崩塌350米，决口宽300米，市人武部率5乡1镇5000多民兵，苦战13天，筑堤1700米，完成土石方12万立方米。1998年9月，市人武部部长周金仁被江苏省军区评为抗洪抢险先进个人。

2008年1月24—26日，全市普降大雪。26日，市人武部发出通知，动员人武部机关、驻如部队指战员、全市专职人武干部、民兵11500多人次，完成抗雪救灾任务。12月13日下午4时许，如城镇纺织厂发生火灾，市人武部民兵应急分队140多人，奋战8小时，成功扑灭大火，挽回经济损失100多万元。

第二节 国防动员

一、机构沿革

1954年起，县兵役局兼管国防动员工作。1970年后，如皋县军民联防委员会、如皋县战备领导小组、如皋县交通战备领导小组、如皋县无线电管理委员会、如皋县军警民联防指挥部、如皋县无线电管理小组等机构相继建立。

1979年9月1日，县交通战备办公室成立，设于县交通局内。1996年6月15日，根据国务院、中央军委颁发的《关于成立国家国防委员会的通知》，市国防动员委员会成立。

1997年5月16日，市国防动员委员会增设人民武装动员办公室、经济动员办公室、人民防空动员会办公室。2003年8月，市国防动员委员会增设综合办公室、政治动员办公室、科技动员办公室和信息动员办公室。

二、人民武装动员

1956年4月，全县预备役工作会议召开。5月29日始，县兵役局在何庄乡开展预备役工作试点，6—8月，首次在全县开展预备役军官士兵普遍登记工作。全县共有10.4万人登记，可服预备役者7.22万人，占适龄公民总数的91.5%，其中服一类预备役1942人，服二类预备役7.02万人。是年，县兵役局于城西区解放乡、丁堰区丁北乡、城东区汪洋乡开展预备役士兵训练试点，参加训练士兵400人。

1957年6月16日，县兵役局普及预备役训练工作，设立3个训练点，主要实施射击、战术、队列训练。1958年4月，县兵役局贯彻执行中央军委关于"为积蓄预备兵员，并便于平时管理教育和战时动员，实行'民兵预备役合二为一'"指示，对48个乡、3个镇进行民兵与预备役合组工作，将预备役登记与民兵整组同时进行，一并训练。8月5日，南通军分区在如皋县召开兵役工作现场会，推广如皋县的经验。8月15—18日，县兵役局召开预备役军官誓师大会，214名预备役军官参加活动。对选定培训第一批预备役军事教员426人，进行为期8天的培训。

1962年2月11日，县人民武装部按照中央军委提出的4条标准，审查432名预备役军官，确定373人列入战时服现役。1980年冬至1983年上半年，遵照国务院、中央军委关于"新的历史时期，全党抓好后备兵员储备，加强预备役工作"的指示，在35岁以下退伍军人中进行预备役登记，对94个专业号码进行分类和归档，全县退伍军人经过预备役登记的1.11万人，其中1980年后的退伍军人7572人。

1984年4月29日，县人民武装部为恢复健全预备役体制，有机搞好"两个结合"，对全县预备役

图15-17 如皋市预备役官兵战备训练
（2009年摄）

“五种对象”进行调查摸底核对工作，摸清数量、质量及分布状况。1985年初，全县55个乡（镇）、工厂对2331名预备役人员实施队列、火箭筒、战场救护等科目训练，2306人领取合格证。

1987年，根据上级统一部署，县人武部实施部分动员潜力调查工作。1992年，遵照党中央、中央军委指示，市人武部每年均对人民解放军、武警部队转业回乡工作的干部进行预备役登记、发证工作。1995年12月，根据国防动员委员会的统一部署，调查全市国防潜力。

1996年8月，根据国务院、中央军委指示，开展预备役军官评衔授衔工作。此后，市人武部和市军队转业干部办公室每年对预备役军官予以登记编组。

1997年5月16日，市国防动员委员会人民武装动员办公室成立，地点设于市人民武装部。根据上级要求实行国防潜力资料软件化，提高兵员动员工作质量。2003年，市国防动员委员会研究探索体制结构大变化、兵员大流动情况下的兵员动员工作。2007年，完成全市退伍军人的核查和专业登记，落实首批兵员动员对象。

三、经济动员

1951年，县委、县政府动员全县各行各业增产节约，支援抗美援朝战争，共捐献“如皋号”战斗机1架、大炮1门，计19.42亿元（时币），并捐子弹金0.25亿元。

1970年，全县建立物资储备网、医疗救护网、装备维修网、后勤保障网。1971年7月16日，县人武部分别在搬经、雪岸召开“全民办后勤”现场会，落实经济动员工作。

1987年，县人武部根据上级统一部署，对医疗卫生、军地通用物资常储量、油库、军地通用工程机械、战时可转军工生产的工厂等情况开展“动员潜力”调查。1997年5月16日，市计划经济委员会设立国防动员委员会经济动员办公室，具体实施经济动员潜力调查工作。

2003年3月，市经济动员办公室组织全市农业资源、工业概况、重点生产企业、矿产资源、建筑资源、医疗卫生、物资储备、财政金融、气象水文9个方面10个项目调查，进一步掌握全市国防经济动员第一手资料。

2008年，市国防动员委员及各办公室根据南通市国防动员委员会统一部署，完善反“台独”应急作战及保障工作预案，并提高经济动员信息化水平。

四、交通战备动员

中华人民共和国成立后，按照“平战结合”原则，全县加强公路、铁路、港口、航道、航空等国防交通战备动员的基础建设。1970—1971年，全县围绕建立交通运输网标准化，加强交通战备动员。1979年，县交通战备办公室设立后，县（市）交通战备动员工作进一步加强。

五、政治动员

1990年5月，县国防教育委员会建立。县人武部在民兵中开展“巧手学军”国防教育活动，组织民兵预备役人员利用空余时间和废旧材料，制作兵器模型百余件，举办展览。6月4日，县国防教育委员会制订颁发《如皋县全民国防教育实施办法》，规定每年9月为全县国防教育月，除组织英模事迹报告、国防法规教育等活动外，组织党政干部过“军事日”、高中一年级学生军训。9月21日，县人武部、团县委、县人事局、县民政局、县劳动局等12个单位联合组织机关干部、预备役学校师生、共青团员和12个企业民兵计1500余人走上街头，开展形式多样的国防宣传教育活动。

1991年7月4日，市国防教育委员会、市委宣传部、市人武部和市保险公司联合在市文化宫举办如皋市“八一”杯国防知识竞赛。1994年，全市开展“爱我中华”征文、演讲、知识竞赛系列活动。1996年9月14日，市国防教育委员会于打靶场举行全市中学生国防教育、训练成果汇报会。

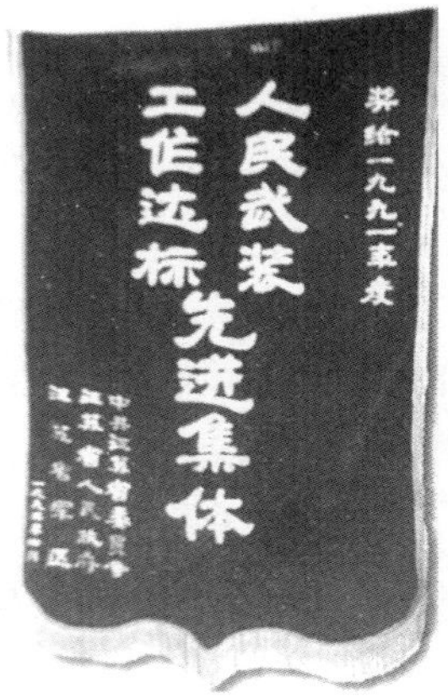

图15-18 如皋市人武工作获省表彰

1997年始，市国防教育委员会开展“学法签约”活动，每年接受国防教育的党政干部约400人、学生7500余人。1998—2000年，全市以《如皋人民武装斗争简史》为教材，开展国防教育。2002年9月7日，市国防教育委员会在如皋中学礼堂举办国际形势报告会，全市副科级以上党政军干部参加。

2005年，全市开展“认清形势，牢记使命，不断加强国防后备力量建设”主题教育，印发宣传资料2000余份，张贴宣传画130余张，直接受教育3000余人。在民兵预备役人员中开展“爱中华、奔小康、强国防”主题教育活动。

2006—2010年，全市国防教育由市委宣传部和市人武部联合组织，每年都结合形势开展主题教育活动。

六、科技与信息动员

2002年4月，市国防动员委员会首次组织全市科技动员潜力调查，高压电器厂等9个相关企业共有科技人员83人，其中工程类24人、化工类3人、机械类12人、电子类3人、其他41人。2003年，市国防动员委员会科技动员办公室、信息动员办公室成立。此后，全市科技动员和信息动员工作进一步加强。

第三节 人民防空

一、机构沿革

1950年至1970年8月，全县人民防空工作由县人武部(兵役局)负责组织。1970年8月，县人民防空领导小组成立，人民防空日常工作仍由县人武部负责。1971年11月，如城地区人民防空指挥部成立。1978年5月17日，如皋机场保卫委员会成立。1994年4月15日，根据国务院、中央军委《人民防空条例》和江苏省政府、江苏省军区《关于在县级市开展人民防空工作的批复》，如皋市人民防空委员会成立，下设人民防空办公室(简称市人防办)，负责人民防空日常工作，属市政府主管人民防空战备工作的常设职能机构。2010年，市人防办与市政府办合署办公，设编4人。

二、组织指挥

防空预案 1962年3月、1963年10月、1965年9月、1967年6月，县人武部先后4次编制防空预案。1971年2月，制订全县反空降作战预案。1973年11月，修改完善全县反空降作战预案。1976年5月，制订防敌渗透、袭扰、窜犯作战方案。1994年4月，市人民防空委员会成立，制订防空袭预案。1999年，形成内容较完整细致的人民防空预案。

人口疏散 1962年3月、1963年10月、1965年9月、1967年6月，县人武部4次制订的全县战备方案(军民联防方案)中都有防空袭人口疏散计划。1971年9月10日，如城地区先后6次组织人口疏散演习。1995年，人口疏散方案制订结合城市防空预案一并进行，人口疏散按照“五定、四对口”(定对象，定疏散批次和时间，定交通工具，定疏散路线，定安置地点；街道对乡镇、居委会对村委会、居民组对村民组、疏散户对农户)要求具体落实。

训练演习 20世纪50—70年代，县战备领导小组、军民联防委员会、人防领导小组、如城地区人民防空指挥部，均设有治安、消防、救护等专业组织，每年组织训练。1970年3月，县人武部、县民兵中队、县电信局和磨头区、石庄区民兵开展反空降演习。

1972年初，县人武部机关、县民兵中队、县电信局、县人民医院、县粮油公司、县交通局、县物资局、县商业局和城西区、磨头区、丁堰区民兵共2680人，举行反空降演练。

1994年起，市人防办每年结合民兵整组一并调整组织，实施专业训练。1999年，市人防办组成通信、防化、治安、运输、医疗、救护、工程抢修等11个、370人的专业队伍，并组织训练。

2001年，市人武部机关组织城市反空袭、重点目标守护2个科目的网上演练。2003年5月，组织30人的医疗救护队训练。2004年后，全市每年均对人防组织成员进行集训或轮训。

警报 1953年，全县建立6个对空瞭望哨。1962年，全县在各区和重点公社建立瞭望哨。1962年始，全县战备方案中设防空警报，并多次试鸣。1998年，市人防办于信合大厦安装警报器1台。2000年，于市政府办公楼、金安大厦分别安装普通警报器和远程多方位电子警报器各1台。

2002年，市人防办于市人武部、市地税局、市环保局、市房改办、市公路管理处、市交通局大楼安装警报器。至2010年,市人防办每年8月1日上午均组织防空警报器试鸣。

三、人防工程

1969—1970年,县医药公司、县水利局宿舍楼下分别兴建300平方米和200平方米地下防空室。1971年,县人武部发动如城民兵制砖坯5万块,建成80平方米地下室,并在肉联厂兴建300平方米坑道。

1995—1999年,市人防办结合旧城改造和新居民小区建设,新建11个地下人民防空设施。2000—2005年,按照"平战结合"的方针,新建7项人民防空工程。2006年,全市完成人民防空工程3项,在建工程6项,新立项工程8项。是年,按照人防"长期准备,重点建设,平战结合"方针要求,市人防办自建的休闲乐园人防工程通过对外出租,收益30万元。

2009年11月,市人民防空委员会地下指挥所工程开工。至2010年8月,土建工程完工。2010年,全市人防工程新立项8个,开工8个,竣工3个。

四、宣传教育

1965年6月,县委宣传部、县人武部制订《关于反空降、反空袭的战备教育意见》。1970年1月,县人武部举办历时12天,有260人参加的人民防空战场救护训练班。1972年,县战备办公室举办人防教育展览,在全县巡回展览近3个月,受教育人数16.3万人。

2000年,市人防办为如皋初级中学、如城一中、如城六中等校师生征订人民防空知识教育读本。2001年5月5日,组织3所学校开展人民防空知识竞赛。2007年,全市43所学校、301个班级开设人防教育课程,接受教育人数近1.9万人。

2010年,市人防办运用新闻媒体、人防网络、宣传橱窗、路牌广告、人防展览、文艺演出,结合人防工作创立60周年,宣传贯彻《中华人民共和国人民防空法》《江苏省实施〈中华人民共和国人民防空法〉办法》和民防防灾应急知识。与市教育局联合组织学生参加全省人防知识竞赛,参加学生近3万人,其中17名学生分获一、二、三等奖。

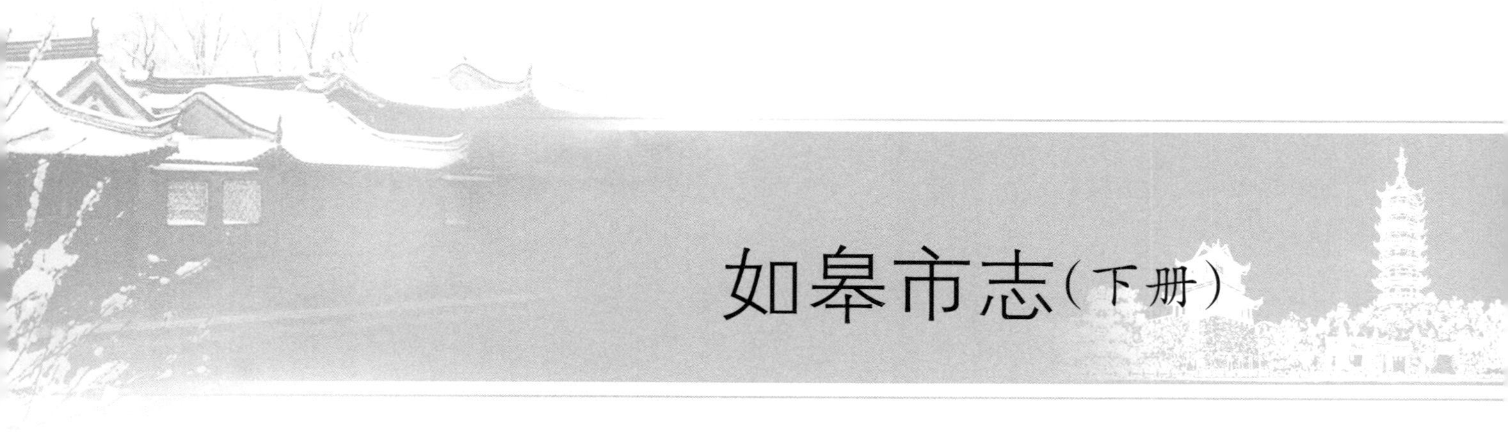

卷十六 教育·科技

如皋是著名的教育之乡。官办儒学始于五代。宋代，如皋籍教育家胡瑗即主张“致天下之治者在人才，成天下之才者在教化，教化之所本者在学校”，被誉为“三吴木铎之鼻祖，百化帝师之功臣”。清光绪二十三年(1897年)，深受维新思想影响的如皋县令龙璋创办如皋小学，“为各县先河之导”。清光绪二十七年，邑绅沙元炳创办公立完全小学。清光绪二十八年9月，创办如皋公立简易师范学堂，随后乙种工业学堂、乙种商业学堂建成，在江苏乃至全国均处领先地位。中华人民共和国建立特别是党的十一届三中全会后，全县教育事业飞速发展。进入21世纪，适应人民日益提高的教育需求，整合教育资源，改善办学条件，深化教学改革，全市教育教学水平进一步提高。农村城市均衡发展，普教职教齐步前进，成人实用技术教育、外出劳务技术培训等协调发展。每年高考，全市高分段人数均居江苏省各县(市)第一。2001年，如皋市被教育部、民政部、中国残联联合表彰为全国特殊教育先进县(市)。2006—2009年，被江苏省教育厅等部门表彰为江苏省职业教育先进集体、普及高中阶段教育先进县(市、区)、江苏省义务教育均衡发展先进县(市、区)、教育现代化建设先进县(市、区)。“活动单导学”模式，得到全国教育专家学者肯定，成为国内知名教学品牌。“教育如皋”成为如皋的一张靓丽城市名片。

民国前，全县科技含量较高的是食品制作工艺和花木盆景栽培制作技艺、手工艺品制作技艺等。民国9年(1920年)，县农业试验站创办，为全县科研机构之始。中华人民共和国成立后，全县群众性科技革新、普及活动广泛开展，农业科技队伍不断扩大，科学种田成果丰硕，不少工业新产品研发成功。“文化大革命”中，科技工作受到严重干扰。1978年全国科学大会召开后，全县科技事业迅猛发展。1990年，如皋县跻身全国科技实力百强县(市)行列。进入21世纪，全市科研院(所)、院士工作站、博士后工作站和科技孵化器成批涌现；高新技术园(软件园)、农业科技示范园、科技创业园如雨后春笋；一大批高新技术企业、高新尖科研成果落户如皋，高新技术产业迅猛发展。2010年，如皋被列为江苏省创新型试点城市和可持续发展实验区、创新型试点城市，被认定为国家级技术创新工程示范市。绝大多数镇被评为江苏省和全国科技示范镇，气象科普工作进入全国先进县(市)行列。

第一章 教育

第一节 管理机构

一、市(县)管理机构

隋唐前,史料缺失,教育管理机构无考。南唐年间,县内始建儒学,县衙学官缺载。元代,县衙设教谕、训导各1人,管理地方学政。明代,县衙置儒学教谕1人、训导2人。清代,全县教育管理沿袭明制。

如皋县劝学所(学务公所) 清光绪三十一年(1905年)农历四月,如皋县学务公所在如皋师范学校建立,主持全县学务。清光绪三十三年农历八月,县学务公所改称劝学所,迁址如皋城冒家巷,次年再迁如皋城北门篦箕巷,设视学(兼总董)及其工作人员3人,管理全县学务。

如皋县教育局(民政公署学务课、第三科) 民国元年(1912年),县民政公署下设学务课,主管全县教育、文化。民国2年,县民政公署学务课改称第三科,有科长及工作人员14人。民国4年9月,县民政公署第三科改称县劝学所。民国7年,复称县民政公署第三科。民国12年3月,北洋政府如皋县政府始建教育局,并在如皋城孔庙尊经阁西北侧建5间办公用房。

国民政府如皋县政府教育科(教育局) 民国16年(1927年)5月,北洋政府如皋县教育局改为国民政府如皋县政府教育科。民国26年12月,国民政府如皋县政府教育科改称第一科。民国27年1月,国民政府如皋县政府第一科撤销,国民政府如皋县教育局建立。民国29年冬,国民政府如皋县教育局和县政府一起被县抗日民主政府接管。民国35年7月23日,国民政府如皋县逃亡政府占领如皋城,复设教育科。民国38年1月27日,国民政府如皋县政府教育科终结。

如皋县政府教育科(文教科) 民国29年(1940年)8月,如皋县抗日民主政府设文教科。10月,如皋县西南行政公署,仍设文教科。民国30年3月,如西县政府亦设文教科。民国34年9月,如西县政府复名如皋县政府时,改设教育科。1950年8月10日,县政府改设文教科。1954年12月16日,县政府文教科析建为文化科和教育科。

如皋市(县)教育局(文教局) 1956年11月,县人委撤销教育科,改建如皋县教育局,教育局办公地点在西云路巷19号。1957年10月25日,县政府文化科并入县教育局,县教育局易名如皋县文教局。1964年,县文教局迁址武庙巷22号。1967年2月,县文教局机构瘫痪。1968年4月24日,县革委会下设教卫组。5月13日,如皋县文教局革命委员会建立。12月22日,县革委会机关合并为四大组,教育系统归属县革委会政工组下设的教育组管理。1969年8月,县文教局革委会并入县革委会政工组。1970年12月,县革委会建立文教局。1974年4月,县文教局改称县教育局。2010年,市教育局下设基础教育科等13个中层机构,有13所直属学校。

二、基层教育管理机构

董事会 封建王朝时期,官办儒学和公办学堂,通常由县划拨或接受学田和公房捐赠,以地租和房租抵充教育经费,学田、公房的经营管理,一般公推当地有声望的绅士(1人或几人)为学董(又称校董)或组建董事会负责。

督学 民国期间,县教育主管部门下设督学分管学区。民国26年(1937年),全县划分5个学区、25个协进团,协进团以首席学校冠名,首席学校校长负责对下属学校的辅导和管理。民国27年年初,国民政府对县、区、乡(镇)各级官员的教育管理职能都有明文规定,后因如皋城沦陷,未能实施。

区文教股、中心小学 民国29年(1940年),县抗日民主政府建立后,各区设文教股。1949年,各区文教股股长改称文教助理,同时建区教育工会,教育工会主席兼任区中心小学校长。文教助理主管教育行政,工会主席兼管教学。区中心小学负责对全区各公、民办小学辅导和示范。

区文教辅导片、公社中心校 1958年,全县9个区及如城镇设立文教辅导片,片设文教辅导员和文教会计,文教辅导片通常设于区委所在地的公社中心小学,如城片设于安定小学内。同时,各公社确定一所学校为中心校,中心校长负责检查督导全公社的教学工作。

小教革命委员会(工宣队、贫宣队、贫管组) "文化大革命"爆发后,各学校停课"闹革命",区文教辅导片被架空,中心校瘫痪。1967年,工人阶级毛泽东思想宣传队、贫下中农毛泽东思想宣传队、贫下中农管理学校小组进驻各学校。随后,全县一度将学校下放给工厂、街道、农村大队主办。1969年,全县以公社为单位建立工人(或贫下中农)代表、教工代表和原学校负责人三结合的小教(含中学)革命委员会,领导"复课闹革命""开门办学"和学工、学农、学军。1977年,各公社小教革命委员会撤销。

区教育督导组、乡(镇)教委办 1985年2月,各区教育辅导片改为教育辅导组,设组长、教学辅导员、成人教育辅导员和会计辅导员。1987年1月,区教育辅导组撤销。1987年8月,各区教育督导组建立,增设勤工俭学辅导员。1988年2月,各乡(镇)建立教育委员会,由乡镇分管教育的副书记或副乡(镇)长担任教委主任,中心初中、中心小学、成人教育中心、工业公司和财税部门负责人为教育委员会成员,并于中心校设办公室,称"教委办"。1997年4月,各区教育督导组撤销。2000年,各乡(镇)教委办停止履行职能。

教学管理站、中心初中 2000年,全市乡镇区划调整后,各乡镇政府设科教文卫办公室,负责协调教育等有关工作,同时设教学管理站,负责教育、教学管理。2003年,各镇教学管理站易名中心初中,设校长、副校长、教研员、财务主管、财会人员等职位,管理全镇教育教学工作。

附录:

伪如皋县教育管理机构

民国28年(1939年),伪如皋县政府下设教育科,主管全县文化、教育。民国33年秋,如皋城清乡特别区公署成立,下设第三科主管教育。民国34年9月,日伪如皋县教育管理机构随伪政权终结。

第二节 体制变革、学制改革

一、办学体制

南唐保大前,如皋城乡无官府投资兴办的教学机构,学塾均为富绅独立创办或几户联办,教育自家或邻家子弟,称私塾。南唐保大十年(952年),县内官府始建学宫,兴办儒学。明初,县内始出现民间集资兴办社学。

清雍正年间,县内出现官办书院,民间亦集资举办义学。清光绪年间,县令龙璋捐款并发动地方富绅捐款创办学堂,县衙创办公立小学堂,沙元炳投资并动员富绅捐资兴办如皋公立简易师范学堂。此后,全县逐步形成官府投资、集资办学、私人办学等多元投资办学的格局。

民国29年(1940年)始,县抗日民主政府先后投资兴办一批小学和中学。民国38年1月,县政府接管国民政府如皋县政府所属各学校。中华人民共和国成立初,县政府在加大教育投入力度,兴办一大批小学、中学、幼儿园的同时,允许民间资本、私人资本投资办学,并改造县内部分私塾。如城兴办私立初中补习班、会计补习班等。

1958年3月,勇敢乡创办全国第三所乡办农业中学——勇敢农业中学。是年始,在县人委投资兴办卫生、畜牧、农业、中技等中等专业学校的同时,部分乡镇兴办农业中学。至1965年,全县兴办农业中学79所,办班115个,在校学生4123人。期间,部分农村社队兴办耕读小学,县级机关和部分企业创办"红专学校"。

1966年,全县农业中学转为民办(乡镇办)中学,部分耕读小学转为公办小学,部分停办。"文化大革命"开始后,根据毛泽东"七二一"指示,部分企业创办“七二一”工大,部分乡镇创办“五七”农大。1976年,全县有“七二一”工大42所,“五七”农大近50所。

70年代末80年代初,提倡全民办教育,县级机关共创办粮食干部学校、商业干部学校、供销合作联社职工学校、农业银行干部学校、农机技术学校、工业学校、建筑专业学校、技工学校等13所。部分企业和工商户亦创办缝纫、烹饪、电脑打印、出国劳务、外语等培训学校或培训班。

21世纪初,全市一度实施幼儿园产权制度改革,部分公办幼儿园改制为民营、个体幼儿园,改制面约80%。2002年,如皋实验初中创办,是为全市第一所公有民办初中。2003年,公有民营如皋实验小学、如皋市双语实验小学创办。2004年,安定高级中学(如城)、博爱双语实验学校(白蒲)、育贤双语学校(石庄)、苏元高级中学(江安)、风华高级中学(如城)、丁香高级中学(丁堰)6所公有民办高中创办。

此后,公有民办学校停止创办,并逐步转为公办学校。至2010年,除驾驶员培训学校等职业、技能培训学校、培训班外,全市所有中小学校均为公办,大部分幼儿园恢复公办。

二、管理体制变革

清光绪二十九年(1903年),县内始有劝学所、学务课、第三科、教育局等教育管理机构。

中华人民共和国成立初,全县中学、小学、幼儿园及专业、特殊教育学校等均由县政府(人委)教育行政主管部门统一管理。

“文化大革命”期间,工宣队、贫管组进驻并管理学校,城镇中学、城乡小学下放给工厂、街道、公社、大队主办,管理一度混乱。

1977年,全县公办学校管理体制调整。南通地区教育局恢复对如皋师范学校的领导,如皋中学受南通地区教育局和如皋县教育局双重领导,6所县属完中及4所区属完中归如皋县教育局领导,公社中小学实行县教育行政部门领导为主,公社参与共同管理。

1985年,根据《中共中央关于分级办学、分级管理的决定》,全县乡镇初级中学、小学、幼儿园、成人教育中心的办学由乡镇政府负责,县教育局负责宏观管理。各完全中学、职业中学,如师附小(含幼儿园)、特殊教育学校、教师进修学校等由教育局直接管理。此后,全市(县)学校管理体制未再变化。

三、学制改革

清光绪年间(1857—1908年),全县公、私立初等小学堂7岁入学,修业5年(后改为4年),高等小学修业4年,师范和简易师范修业期为5年(入学前须读预科1年)。

民国11年(1922年),北洋政府学制会议提出缩短小学修业年限,模仿美国学制,中、小学从“七四制”(小学7年,中学4年)改为“六三三制”(小学6年,初中3年,高中3年)。民国29年,如西抗日根据地始实行小学四二分段制,初小4年,高小2年,校名称初等小学和高等小学,初等、高等合办者称完全小学或直呼××小学;中学三三分段制,初中、高中各3年,只办初中称初级中学,初、高中同办,称完全中学或直呼××中学。

1951年秋,全县小学试行五年一贯制。1952年,如皋中学高中部开始招生,初中、高中学制各3年。1953年秋,全县小学恢复四二分段制。1968年下半年,根据江苏省学制试验要求,全县小学再次试验五年一贯制,中学改为二二分段制,初中、高中各2年。

1974年暑假后,全县初中招收新生,恢复实行三年制。1981年,县区属完中招收的高一新生,学制改为3年,其他中学高中部亦逐步恢复为3年制。1990年,如城、石庄、白蒲、丁堰4个县属镇小学保留五年制,其余49个乡镇的小学逐步向六年制过渡。

2002年始,全市全面实行小学6年,初中3年,高中3年学制。

第三节 旧学

一、儒学

南唐保大十年(952年),如皋城始建学宫,兴办儒学,初址城东北隅中禅寺(今公园巷与通城巷交会处东北侧)。宋绍兴元年(1131年)初,学宫迁址如皋城西南隅。元初,毁于兵燹。明洪武三年(1370年),重修。明嘉靖十九年(1540年),迁如皋城东南隅(今如皋师范附属小学内)。明万历二年(1574年)七月,毁坍于风潮。明万历四年,重修。清乾隆十三年(1748年),毁倾于烈风。次年,再葺。

图16-1　原孔庙前的崇正学牌坊
（1958年摄）

儒学学规苛严,禁例勒石于明伦堂内。讲授课程历代大致相同,清代讲授《御纂经解》《理性》《诗》《古文辞》《校订十三经》《二十二史》及《三通》等儒家学术经典著作。"若非圣贤之书或一家之言,不立于学宫,士子亦不得诵习"。儒学生员(俗称秀才)定额不等,均由省按级考试录取。

二、社学

社学由地方集资兴建。明洪武八年(1375年),全县42里,共兴办社学84所。明嘉靖三年(1524年),全县社学减为毓秀与正蒙(县城)、小治(马塘)、回澜(掘港)、敦风(丰利)、佩英(东陈)、兴贤(丁堰)、新民(白蒲)、清源(八里庄)、乐贤(谢家甸)、春阳(芹湖)、时雨(石庄)、时雍(西场)、明善(立发)、存性(李堡)15所。明万历十五年(1587年),全县有社学7所,分别位于如皋城中禅寺右、王公祠左、西门外、丁堰、白蒲、马塘和掘港。至清代,全县存处马塘盐场、丰利盐场、掘港社学及李堡赤岸社学。

社学学规苛严,掘港社学规约有"立志""虚心""端品行""开眼界""务实学""去浮靡""毋剿袭""勿作辍""亲正人""惜寸阴""损嗜欲""求义理"共12条。教学内容初为《百家姓》《千字文》,继而学习经、史、历、算等,亦讲习冠、婚、丧、祭之礼。社学向学生收取一定费用。

清嘉庆二十一年(1816年),知县贺崇禧为李堡赤岸社学作记:"有房屋50余间,内设进修堂,为生徒讲业所,堂后培佳楼,供奉魁星,东为双愿堂,为董事们议事办公之地,余为学子诵读寝兴处。再东有园,园中有假山,周以水环之,构亭曰会心,杂植佳花异木,以供游憩。"清光绪三十一年(1905年),全县社学停办。

三、义学

清雍正年间,如皋城集资兴办免费学塾,称之为"义学",亦称"义塾",附设于崇正书院。清乾隆十二年(1747年),知县郑见龙组织迁至雉水书院旁。清乾隆二十九年后,知县崔正音、宋学灏相继组织修缮,另于掘港文荣巷建掘港义学。清同治二年(1863年),知县周际霖捐款于县城安定书院西,建养蒙义塾,同时组织集资于学宫西太平水龙局内建正蒙义塾。

此后,全县自然村一村或数村联合建立义学。清同治七年,石庄建正始义塾,东马塘建怀少义塾,丁所河南魁星阁建引蒙义塾。清同治九年,如皋城建悦来义塾(痘神祠)。清同治十一年,掘港建成童义塾。义学教学内容多"授之句读,教之洒扫,应对进退"。要求生徒"其理不须精,其事不必大,其功不必烦,由末至本,予以育德"。清光绪三十一年(1905年),全县义学废止。

四、学塾

如皋学塾兴于五代十国时期。有富户聘请塾师在家教授,有塾师设馆授徒,有公众出资聘塾师教授学童,亦称私塾。塾师每日在学生背书后,点读教授生字。学生识字累至千字后逐一教授《三字经》《百家姓》《千字文》,继而先《大学》,次《中庸》,再《论语》《孟子》,再《诗经》《尚书》《周易》《礼记》《春秋》等。学生读至能粗解文字时,塾师便辅导作对、作诗,习“八股文”,亦有少数学子以此作为科举应试准备。

清宣统元年(1909年),知县郭曾程下令改良私塾,加授尺牍、日用杂字、珠算等。民国初年,如皋城部分学塾,开始使用小学教材,招收不同学龄的学生,进行复式教学。如皋师范学校毕业而未受聘从教的学生亦创办学塾并按现代教育方式方法授课,称“新私塾”。

民国26年至民国28年(1937—1939年),部分失业的教师在县内创办学塾,教授中学课程。民国30年,如西县政府进行乡村私塾改良,学塾成立董事会,课程除保留农民欢迎的尺牍、珠算、日用杂字等外,还采用民主政府编印的小学教材和《新三字经》。对学生实行民主管理,废除体罚,组织儿童团参加社会活动。

民国33年10月,各区设私塾改良辅导员,成立塾师协进会,开展私塾登记、塾师检定工作,取缔封建教材,提倡使用抗日民主教材,改革旧的教育教学方法。民国35年前后,国民政府如皋县政府辖区内部分进步教师以私塾为掩护,坚持新民主主义教育。

民国37年,随着解放区不断扩大,全县私塾大多改为学校。民国38年始,县政府有计划地接管县内私塾,改为民办小学。

五、书院

宋代,县西北水泽有王尧明(俊乂)书院,窑子头有丁天锡书院。元代,县城安定祠侧有陈省元(应雷)书院,县城北柴市湾(今柴湾)有许芳书院。

清雍正二年(1724年),知县曹枢,邑人胡香山、沈宗聃等捐如皋城南育才圩沙田577.5亩,沈宗聃又独捐复兴沙沙田125亩,以地租为基金,在县学宫东南百步建崇正书院。清乾隆十二年(1747年),崇正书院改为育婴堂。知县赵廷健捐俸,原崇正书院“膏火田”和袁士彪、沈全道等捐田702.5亩。于明代张氏露香园故址(今安定小学内)兴建雉水书院。清道光元年(1821年),知县托克托布率邑绅胡萱生等组织重修雉水书院,建正屋3间及魁星阁、洗砚池等设施,为纪念宋代教育家胡瑗,更名安定书院。后改为安定学堂。

第四节 基础教育

一、幼儿教育

清末,县育婴堂内附设蒙养院,院教与家教合一,无具体课程设置。民国4年(1915年),北洋政府如皋县公署在如皋城西门创办县立第一蒙养园,入园幼儿35人,设教养员1人。民国11年,部分初等小学校附设幼稚园。民国12年,县立初级中学创办,亦附设幼稚园1个班,民国14年停办。民国15年,县教育局、育婴堂于如皋城南门合办城婴幼稚园。民国19年,城婴幼稚园改由县教育局独办,易名城南幼稚园,民国27年停办。其间,如皋城另有私立幼稚园,时办时辍。

中华人民共和国成立初,全县幼儿班多附设于小学。1952年6月,全县单独幼儿园2所,班级5个,幼儿206人,教员13人;小学附设幼儿班242个,幼儿11641人,教员242人。1958年,全县各公社、大队、生产队都办起“四集体”(集体食宿、集体教学、集体活动、集体管理)全托幼儿园。1959年初,公社、大队、生产队所办幼儿园全部停办。1963年,全县幼儿园缩减为30所,班级43个。

“文化大革命”开始后,全县保留少数公办幼儿园,部分企业单位为解除职工后顾之忧创办托儿所性质的幼儿园。20世纪70年代初,部分乡镇幼儿园恢复。1977年7月,国家计划生育委员会

图16-2 江苏省学前教育改革发展现场推进会在如皋召开 (2010年摄)

副主任林佳楣视察如城、白蒲、南凌等乡镇幼儿园。1980年7月，全国妇联副主任吴全衡视察丁堰镇幼儿园。1983年，县妇联发起并组织捐款9.4万元，兴建安定幼儿园教学组合楼。是年，全县61个村民委员会兴建扩建幼儿园。1984年，如师附小幼儿园、安定小学幼儿园创办父母学校。1986年6月，如城新光幼儿园父母学校获全国妇联、国家教委授予少年儿童工作先进集体称号。1988年，全县开办父母学校700多所，发放教材1.2万多册。1991年4月21日，林佳楣再次视察如皋幼教事业。

1992年，全市首批幼儿园注册。共有独立建制的公办幼儿园2所，附设于小学的公办幼儿班90个，有企业、集体、民办幼儿园750所、班级1013个、在园幼儿36675人，有公办幼儿教师147人，非公办教职人员1380多人。

2001年暑期，除如城、九华等少数乡镇外，全市乡镇幼儿园实行产权制度改革，转让为民营。2005年，如师附小幼儿园、白蒲镇中心幼儿园、柴湾镇戴庄幼儿园等成为江苏省示范性实验幼儿园和江苏省基本实现现代化幼儿园。丁堰镇中心幼儿园、东陈镇中心幼儿园、袁桥镇何庄幼儿园、吴窑镇中心幼儿园、下原镇中心幼儿园成为江苏省实验示范性幼儿园和江苏省基本实现现代化幼儿园。全市50所幼儿园中，南通市一类幼儿园17所，如皋市一类幼儿园23所。

2010年，全市共回收改制幼儿园30所，调整撤并幼儿园121所，取缔非法幼儿园22所。是年，全市有注册幼儿园60所（其中公办48所），班级853个，在园幼儿29886人。教职工1843人，专任教师1265人中公办教师237人。全市所有幼儿园均被评为江苏省标准幼儿园。

1985—2010年如皋市（县）幼儿园基本情况统计表

表16-1

年份	幼儿园数（所）	班级数（个）	在园幼儿数（人）	年份	幼儿园数（所）	班级数（个）	在园幼儿数（人）
1985	639	946	33172	1998	689	1035	29736
1986	642	951	34456	1999	631	1034	29981
1987	650	955	32076	2000	559	961	28207
1988	817	929	26048	2001	242	856	24095
1989	789	899	24486	2002	171	762	21842
1990	750	949	29104	2003	131	709	21076
1991	752	1013	36675	2004	79	683	21378
1992	866	982	45307	2005	50	624	21249
1993	793	1063	40890	2006	56	694	24900
1994	773	1090	43952	2007	62	691	26400
1995	824	1104	40293	2008	59	762	28063
1996	768	1079	35263	2009	51	815	29663
1997	752	1054	31050	2010	60	853	29886

2010年秋如皋市幼儿园布局一览表

表16-2

镇别	所数	幼儿园名称
如城	13	附小幼儿园 东皋幼儿园 启艺幼儿园 皋南幼儿园 安定幼儿园(含分园) 健康幼儿园 实验幼儿园 新民幼儿园 建设幼儿园 大明幼儿园 光华幼儿园 江中幼儿园 软件园幼儿园
开发区	4	开发区实验幼儿园 杨宗幼儿园 戴庄幼儿园 柴湾幼儿园
雪岸	2	雪岸幼儿园 南凌幼儿园
东陈	1	东陈幼儿园(含丁北点)
丁堰	2	丁堰幼儿园(含刘海点) 丁西幼儿园
白蒲	4	白蒲幼儿园 勇敢幼儿园 新姚幼儿园 蒲西幼儿园
林梓	2	林梓幼儿园 奚斜幼儿园
下原	3	下原幼儿园 花园幼儿园 山珀幼儿园
九华	3	九华幼儿园(含马桥点) 营防幼儿园 郑甸幼儿园
郭园	2	郭园幼儿园(含分园) 车马湖幼儿园
石庄	3	石庄幼儿园 石北幼儿园 张黄幼儿园
长江	2	港城幼儿园(含新港园、永平园、长新园) 城中幼儿园
吴窑	2	吴窑幼儿园 长庄幼儿园
江安	3	江安幼儿园 葛市幼儿园 黄市幼儿园
高明	2	高明幼儿园 东燕幼儿园
常青	2	常青幼儿园 高井幼儿园
搬经	3	搬经幼儿园 夏堡幼儿园 加力幼儿园
磨头	3	磨头幼儿园 场南幼儿园 场北幼儿园
桃园	2	桃园幼儿园 新华幼儿园
袁桥	2	何庄幼儿园 黄蒲幼儿园

江苏省如皋师范学校附属小学幼儿园 民国37年(1948年)创立,附设于如师附小,初名幼稚园,有幼儿40人,教师2人。1949年,在许公祠内增设1个班。1956年,迁许公祠(闸桥东路1号)。1958年,试办幼儿全托。1960年,增至6个班。至1990年,累计入园幼儿3600多人。2000年,扩为20多个班。2002年,建成800平方米塑胶操场,成为江苏省示范性实验幼儿园、江苏省优质幼儿园。2010年,占地0.53公顷,建筑面积0.4万平方米,班级19个,在园幼儿1012人,教职工71人。

如皋市东皋幼儿园 1952年,县政府文教科创办,初名县教工托儿所。1954年,县人委创办县级机关托儿所。1955年下半年,两所幼儿园合并,易名县职工幼儿园,迁址如城东门玉带桥,有班级2个,附民政局办孤儿班1个。1961年,县职工幼儿园迁址如城公园巷,有班级5个(含孤儿班1个),幼儿110人,教职工19人。是年下半年,孤儿班撤销。1964年,迁址如城大刘巷南首。1984年夏,复迁公园巷与通城巷交汇处东北侧,更名如皋县机关幼儿园。2002年,划归市教育局直属管理。2008年8月28日,迁至如城镇宁海东路568号,市政府投入4000余万元重建新园,占地2.13公顷,更名如皋市东皋幼儿园,为江苏省优质幼儿园。2010年秋有班级21个,在园幼儿696人,教职工72人。

如皋市皋南幼儿园 1998年9月,市妇联自筹资金创立,位于如城镇皋南新村。占地0.71公顷,建筑面积4009平方米,开设4个班级,教职工14人,为江苏省优质园。2010年秋,共开办班级13个,在园幼儿870人,教职员工47人,其中专业教师26人。

二、小学教育

清光绪二十三年(1897年),县令龙璋崇尚新

图16-3 孙中山赠龙璋题字

学，捐款并发动地方富绅捐款，“假考舍创办学堂，招致生徒，专习英美格致各科，养育人才，为各县先河之导，卓识尤不可及”（民国《如皋县志》）。清光绪二十八年春，如皋公立高等小学堂创设。清光绪二十九年，安定书院改为安定学堂。清光绪三十二年至光绪三十三年，与进、道南、孤幼等公立小学堂和养正、乐善、僧侣、京江、兴仁、沙氏等私立小学堂在如皋城先后创办。石庄、白蒲、镇涛、江安、卢港、车马湖等乡镇亦开办一批公、私立小学堂。清宣统三年（1911年）底，全县共有中小学堂95所，学生4882人，其中部分初小系私塾改良而成，少数尚在改良中。

清宣统三年（1911年）秋如皋县小学一览表

表16-3

区域	学校名称	性质	地址	校长姓名	教职员数（人）	学生数（人）	年级数（人）	设立时间	年支出银圆数（元）
如皋城	第一两等小学堂	公立	北门内	贾兴	10	181	5	清光绪二十九年（1903年）3月	2597
	师范附属两等小学堂		学宫前	何镇寅	16	298	8	清光绪三十年3月	6409
	第二两等小学堂		焦家桥南	姜渭璜	9	129	5	清光绪三十二年3月	1780
	孤幼初等小学堂		南门内	陈宓	8	68	2	清光绪三十二年9月	3860
	第三初等小学堂		北门外	许玉成	3	64	2	清光绪三十二年9月	495
	第四初等小学堂		南门外	马绍周	3	61	2	清光绪三十二年11月	530
	第五初等小学堂		西门外	贾桂龄	4	76	2	清光绪三十四年2月	672
	第八初等小学堂		东门内	顾思齐	2	70	1	清光绪三十四年10月	392
	第七初等小学堂		北门内	余笃	2	62	1	清宣统二年（1910年）8月	203
	京江旅如初等小学堂	私立	曹家田	赵臣杰	4	51	2	清光绪三十三年2月	749
	常华初等小学堂		西门外	王舄	2	56	1	清光绪三十三年2月	336
	沙氏初等小学堂		西门内	沙琴	2	34	1	清光绪三十三年2月	425
	僧侣初等小学堂		雨香庵西	陈其嘉	4	51	2	清光绪三十四年4月	964
东陈市	第一两等小学堂	公立	东陈镇	冒之干	7	112	3	清宣统元年2月	2536
	徐氏初等小学堂	私立	徐家湾	徐玉珩	3	41	2	清光绪三十三年2月	369
丁堰乡	第一初等小学堂	公立	丁堰镇	杨立人	4	72	2	清光绪三十二年3月	755

续表16-3

区域	学校名称	性质	地址	校长姓名	教职员数（人）	学生数（人）	年级数（人）	设立时间	年支出银圆数（元）
白蒲市	第一初等小学堂	公立	白蒲镇	吴维森	3	75	2	清光绪三十三年2月	1126
	第二初等小学堂		林梓镇	吴汉章	3	60	2	清光绪三十三年3月	674
	第四初等小学堂		顾高桥	赵四聪	3	47	2	清光绪三十四年3月	638
	第五初等小学堂		顾葭埭	顾　闾	1	23	1	清宣统元年4月	243
	严氏初等小学堂	私立	姜家园	严祖光	2	34	2	清宣统二年3月	200
双甸市	第一两等小学堂	公立	双甸镇	陈　健	5	72	3	清光绪三十二年12月	475
	第三初等小学堂		东岳庙	张国熙	2	36	1	清光绪三十三年7月	418
	第二初等小学堂		洋涨庵	王国宾	3	51	2	清光绪三十三年9月	629
	第四初等小学堂		佘家庄	李　澍	3	81	2	清光绪三十四年2月	631
	第五初等小学堂		双甸镇	管俭诚	2	41	1	清光绪三十四年4月	368
	第六初等小学堂		双甸镇	任　宜	2	28	1	清宣统二年2月	350
	第一初等小学堂	私立	石家甸	陈桂林	3	35	1	清光绪三十三年2月	564
岔河市	第一初等小学堂	公立	岔河镇	曹　溥	4	45	2	清光绪三十二年12月	475
	第二初等小学堂		季家园	顾元忠	3	35	1	清光绪三十三年2月	560
马塘市	第一两等小学堂	公立	马塘镇	赵如镜	5	59	2	清光绪三十二年2月	1100
	第二初等小学堂		马塘镇	李士杰	5	75	3	清光绪三十四年2月	1060
	第三初等小学堂		沙家庄	郭绳绪	4	51	2	清光绪三十四年2月	640
	第四初等小学堂		潮桥镇	唐仁寿	5	43	1	清光绪三十四年2月	641
掘港市	第一两等小学堂	公立	掘港镇	刘寅亮	7	129	4	清光绪三十二年3月	1453
	第三初等小学堂		掘港镇	刘赞基	3	48	2	清光绪三十二年10月	560
	第二初等小学堂		掘港镇	管俭培	2	40	1	清光绪三十三年3月	412
	第四初等小学堂		南坎	许征禧	3	29	2	清宣统三年9月	700
	初等小学堂	私立	下漫灶	程金铭	4	17	1	清光绪三十三年3月	296

续表16-3

区域	学校名称	性质	地址	校长姓名	教职员数（人）	学生数（人）	年级数（人）	设立时间	年支出银圆数（元）
丰利市	第一两等小学堂	公立	丰利镇	赵庠林	10	124	4	清光绪三十三年3月	2783
	第二初等小学堂		丰利坝	姚 棠	5	58	3	清光绪三十四年2月	1082
	潘氏初等小学堂	私立	丰利坝	潘荫东	1	7	1	清光绪三十三年3月	96
苴镇乡	第一初等小学堂	公立	苴 镇	缪 鳌	4	48	2	清宣统二年5月	650
卢港市	第一初等小学堂	公立	加 力	朱 灿	3	27	1	清宣统元年3月	306
	卢氏初等小学堂	私立	卢家庄	卢 骧	5	60	2	清光绪三十二年12月	406
	季氏初等小学堂		夏 堡	季秉刚	2	10	1	清光绪三十四年10月	230
江安乡	第一两等小学堂	公立	周家庄	马家驹	6	89	3	清光绪三十二年9月	738
	第二初等小学堂		黄家市	陶廷辉	2	43	2	清宣统元年3月	439
	第三初等小学堂		西来庵	陈 琨	2	40	1	清宣统元年3月	329
	第四初等小学堂		徐家庄	陶师潜	1	24	1	清宣统元年7月	76
	黄氏初等小学堂	私立	黄家市	黄渭川	2	22	1	清宣统元年2月	80
	周氏初等小学堂		戈家堡	周 潮	3	28	1	清宣统二年8月	350
磨头市	第一初等小学堂	公立	八角殿	沙 俨	3	30	2	清光绪三十三年8月	530
	马氏初等小学堂	私立	马平田	马邦申	2	21	2	清光绪三十二年10月	614
车马湖市	第一初等小学堂	公立	李家桥	朱焕彤	2	30	2	清光绪三十二年10月	399
	第二初等小学堂		车马湖	吴震南	2	35	1	清光绪三十三年2月	536
	第三初等小学堂		范湖洲	朱建勋	2	32	2	清光绪三十三年3月	634
	第四初等小学堂		下驾原	陈 焕	3	47	2	清光绪三十三年9月	440
	第五初等小学堂		王高岸	朱汝夔	2	30	2	清宣统元年3月	535
	周氏初等小学堂	私立	何家庄	周鹏程	6	38	2	清宣统元年4月	377

续表16-3

区域	学校名称	性质	地 址	校长姓名	教职员数（人）	学生数（人）	年级数（人）	设立时间	年支出银圆数（元）
镇涛乡	第一初等小学堂	公立	丝鱼港	马光镜	4	80	2	清光绪三十二年11月	460
	第二初等小学堂		郑家庄	陈鸿奎	5	81	3	清光绪三十三年3月	637
	第三初等小学堂		营防港	马光庭	3	70	2	清光绪三十三年9月	1666
	第四两等小学堂		薛 窑	薛冠瀛	5	102	3	清光绪三十三年9月	839
	正则初等小学堂	私立	丝鱼港	祁云程	1	45	1	清宣统元年4月	190
石庄乡	第一两等小学堂	公立	石庄镇	石昭许	6	76	3	清光绪三十二年9月	612
	第二初等小学堂		石庄镇	汤 樾	3	54	2	清光绪三十三年8月	453
	第三初等小学堂		石庄镇	李育洪	3	38	1	清光绪三十四年3月	297
	第四初等小学堂		郭家园	马德乾	2	43	2	清光绪三十四年4月	412
	张氏初等小学堂	私立	鹅玩庄	张汝霖	2	51	2	清光绪三十三年3月	253
李堡市	第二两等小学堂	公立	西场	陆树荣	5	89	3	清光绪三十二年4月	777
	第三初等小学堂		丁家所	李颐昌	4	27	1	清光绪三十二年10月	311
	第一两等小学堂		李堡	仲翰芳	6	81	3	清光绪三十二年9月	865
	第四初等小学堂		薛家庵	吴恩熙	2	47	1	清宣统元年3月	646
	益善初等小学堂	私立	周家庵	吴芸轩	4	25	1	清宣统元年3月	299

民国16年（1927年），全县共有小学176所，在校学生10055人。民国26年，全县共有公私立小学332所，其中县立完全小学29所，私立完全小学3所，公立初等小学239所，私立初等小学4所，独设“义务学校”（短期小学）57所。民国27年，县内沦陷区有小学160所，国民政府如皋县政府控制区学校时办时停。民国32年6月，如西抗日民主根据地共有小学300多所，其中完全小学40所。民国34年，新四军收复如皋城，县政府进城接管公私立小学8所，计38个班级。民国35年4月，如皋城小学在校学生3300多人。民国36年9月，江安、卢港、石庄、珊瑚4个区，有民办小学50所，教师92人。民国37年2月，全县解放区有民办小学429所，教师591人。国民政府如皋县政府控制区有中心国民学校33所，国民学校84所。是年秋季开学，国民政府如皋县政府控制区剩国民学校35所，67个班级。

民国38年初，县政府接管国民政府如皋县政府管理的位于如皋城的如师附小、安定小学、普济小学、丰乐小学、陆桥小学、宏济小学、兴仁小学、坝桥小学、东垣小学、宗港小学、大兴桥小学、城西小学、孔庙小学、迎春国民中心小学14所小学。是年底，全县有小学380所，学生49019人，教职工1256人。

1952年上半年，县政府调整学校布局，全县有公办小学564所、学生81818人、教师1202人，民办小学247所、学生35061人。1959年底，全县小学学龄儿童入学率80%。1964年7月，部分公社、大队创办农业小学，后称简易小学、耕读小学。1965年，全县有公民办小学1892所、教职员工4833人、学生138957人，其中，耕读小学班（组）计1263个，学生28181人。

“文化大革命”期间，每个大队都兴办1所5年制完全小学。1976年，全县调整充实各乡镇中心小学，撤并35所农村小学（办学点），减少小学班级241个。

1983年11月，全县小学学龄儿童入学率增至99.3%，年巩固率98.6%，毕业率95.7%，普及率97.4%。江苏省政府给如皋县颁发普及初等教育合格证书。1987年，全县有小学566所，班级4681个，在校学生120507人，入学率、巩固率、毕业率、普及率均达到国家规定的合格标准。

2000年始，如皋市中小学布局调整和农村中小学“三新一亮”（新课桌、课凳、讲台，教室光线明亮）工程等通过省级验收。至2005年，全市共创建江苏省实验小学8所，省基本实现教育现代化乡镇8个。优质资源覆盖率，义务教育入学率、巩固率均符合省上限标准。2006年，全市各小学主动接纳1086名外来务工子女入学。如皋市被江苏省教育厅、科技厅评为未成年人科技创新先进单位。2008年，如皋市被评为江苏省义务教育均衡发展先进县（市）。2009年，全市撤并小学33所，小学学龄儿童入学率、巩固率均保持100%。

2010年，全市共有小学52所，班级1190个，在校学生61064人，教职工3421人。

1985—2010年如皋市（县）小学基本情况统计表

表16–4

年份	小学数（所）	班级数（个）	在校学生数（人）	年份	小学数（所）	班级数（个）	在校学生数（人）
1985	582	4696	132120	1998	443	3255	136026
1986	573	4690	125722	1999	405	3157	130978
1987	566	4681	120507	2000	379	3029	125027
1988	564	3182	115354	2001	312	2679	117118
1989	558	3097	108890	2002	272	2406	104766
1990	555	3193	107581	2003	152	2011	93301
1991	528	3256	109384	2004	137	1808	84794
1992	517	3205	106001	2005	123	1670	77281
1993	513	3211	106707	2006	117 + 4	1546	71500
1994	512	3210	110180	2007	117 + 2	1400	64600
1995	500	3205	117940	2008	91 + 2	1277	64600
1996	490	3292	128221	2009	58	1197	60479
1997	471	3038	135406	2010	49 + 3	1190	61064

注：“+”号后为九年一贯制学校数

2010年秋如皋市小学布局一览

表16-5

镇 别	小学数(所)	学 校
如城	8	市属:如师附小 安定小学 实验小学 外国语学校小学部
		镇属:城东小学 大明小学 老南小学 软件园小学
开发区	3	柴湾小学 开发区实验小学 第二实验小学
雪岸镇	2	雪北小学 南凌小学
东陈镇	2	东陈小学 丁北小学
丁堰镇	2	丁堰小学(及刘海点)丁西小学
林梓镇	2	林梓小学 奚斜小学
白蒲镇	3	白蒲小学 新姚小学 勇敢小学
下原镇	2	下原小学 花园小学
九华镇	3	九华小学 营防小学 郑甸小学
郭园镇	2	郭园小学 车马湖小学
长江镇	2	江防小学 港城学校小学部(及新港分部、长新分部)
石庄镇	2	石庄小学 张黄小学
吴窑镇	2	吴窑小学 凤毛小学
江安镇	3	江安小学 葛市小学 黄岱小学
高明镇	2	高明学校小学部 东燕小学
常青镇	2	业庄小学 铁草小学
搬经镇	3	搬经小学 夏堡小学 加力小学
磨头镇	3	磨头小学 大高小学 刘岱小学
桃园镇	2	桃园小学 新华小学
袁桥镇	2	何庄小学 黄蒲小学

如皋小学堂 清光绪二十三年(1897年),县令龙璋带头捐款并发动富绅捐资创建,校舍借用县衙东侧原县考舍。学堂开设文、史、理、化等课程,为如皋现代教育之发端,亦开周边各县现代教育先河。因系新生事物,有保守思想的家长不愿送子弟前往就读,导致生源不足。戊戌变法失败后,被迫停课。

江苏省如皋师范学校附属小学 清光绪二十七年(1901年),邑绅沙元炳等在位于定慧寺河北的东岳庙(今如皋高等师范学校内)创建如皋公立高等小学堂。清光绪三十一年,如皋公立高等小学堂改为如皋师范学堂附属两等小学堂。清宣统二年(1910年)春,迁至学宫内。民国16年(1927年),划分为孔庙小学和实验小学。民国21年,孔庙小学、实验小学合并为江苏省立如皋师范学校附属小学(简称如师附小)。民国22年,学校校园一分为二,南半部开办县立孔庙小学,北半部为如师附小。民国27年春,如师附小迁址海安李堡。如皋城沦陷后,伪县维持会利用校舍开办县立实验小学。民国34年9月,县政府接受日伪开办的县立实验小学。民国35年秋,国民政府如皋县政府进驻如皋城,县立实验小学北半部改为国民政府迎春镇中心国民小学校，南半部被用作国民政府军营房。民国36年，国民政府军调离，南半部恢复开办如皋师范附属小学。民国38年1月，县政府接管国民政府迎春镇中心国民小学校和如皋师范附属小学，合并建立苏皖一分区如皋中学附属小学。秋，更名苏北如皋师范学校附属小学。1952年12月，始称江苏省如皋师范学校附属小学，规模扩至4轨24个班，并附设幼儿园。1960年，被定为江苏省十年一贯制试点小学。1971年，改称如城"五七"小学。1974年，复称江苏省如皋师范学校附属小学。1981年，被确定为江苏省重点小学。1984年，被确定为江苏省94所实验小学之一。1987年，学校少先队被评为全国少先队红旗大队。1995年，被评为江苏省环境教育先进集体。1996年，被评为全国优秀家长学校。1999年，获江苏省模范学校称号。2000年，西扩0.83公顷。2002年，被评为全国小公民道德建设实验学校。2003年，获江苏省德育先进学校称号。是年始，与南京师范大学联合办学，成为其教育科研实验基地。2004年，被评为江苏省爱国卫生先进集体。是年，征用原如皋印刷厂土地0.47公顷，创办公有民营如皋市实验小学。2006年，被评为江苏省青少年科技活动四星级先进集体。2008年，与新疆伊宁第十五小学缔结友好对口交流学校。2010年秋，学校（含幼儿园）占地4.8公顷，建筑面积3.8万平方米，绿化面积0.9万平方米，共开设班级80个，在校学生4600人，教职工210人。

如皋市（县）安定小学　前身为清乾隆十二年（1747年）创建的雉水书院（后更名为安定书院）。清光绪二十九年（1903年），安定书院改为安定学堂。清光绪三十一年，安定学堂改称城市第一两等小学堂。民国14年（1925年），始称如皋县安定小学。民国36年，改称如皋县党治镇中心国民小学校。民国37年，改称如皋县霞山镇中心国民学校。民国38年1月，复称如皋县安定小学。1953年11月，被县政府确定为县实验小学。"文化大革命"中，更名东方红小学。1979年，复称如皋县安定小学，为如城镇中心小学。1995年5月，如城旧城改造，于原址西侧重建。2001年4月，被确定为江苏省实验小学。此后，市城北小学、丰乐小学相继并入。2010年，分设安定、城东、陆桥3个校区，班级增至82个，在校学生4017人，教职工238人。

如皋市（县）白蒲小学　清光绪三十年（1904年），南通县蒲南镇创办南通县白蒲初等小学堂，位于白蒲镇中心街，俗称"南校"。清光绪三十三年，如皋县蒲北镇创办如皋县白蒲第一初等小学堂，俗称"北校"。民国38年（1949年）年初，如东县政府接管国民政府白蒲镇南校、北校，合称如东县白蒲小学。1954年，白蒲镇由如东县划归如皋县后，更名如皋县白蒲小学。1960年，附设幼儿园。1964年，学校分部（北校）并入本部。1972—1976年，增设初中班。1982年，初中班划出。1998年，被命名为江苏省科技教育特色学校。2005年12月，被确定为江苏省实验小学。2010年秋，学校开设班级35个，在校学生2162人，教职工86人。

如皋市（县）丁堰小学　清光绪三十二年（1906年），丁堰镇于镇东碧霞宫创立，初名如皋县丁堰第一初等小学堂。民国3年（1914年），校本部开办高等小学，并于丁堰镇西地藏殿开办初等小学，作为分校，俗称"西校"。民国27年3月，校园被日本侵略军占为兵营，被迫停止办学。民国30年，伪如皋县政府将东西两校合并，校址移至丁堰镇中关帝庙。民国34年秋，学校由如东县政府接受。民国36年，国民政府如皋县政府利用校舍开办如皋县丁堰镇国民学校。民国38年1月，丁堰镇国民学校被如东县政府接管，更名如东县丁堰小学。1954年，丁堰镇由如东县划归如皋县后，更名如皋县丁堰小学。1962年、1978年，两次被确定为县属重点小学。2001年，市万坊小学、土兴小学并入。2002年，迁址丁堰镇光明路508号。2004年，市新堰小学、冯石小学并入。2005年，市皋南小学并入。2006年，在全国珠心算竞赛中获团体冠军。2010年秋，学校占地2.4公顷，建筑面积0.8万平方米，共开班级27个，在校学生1300余人，教职员工76人。

如皋市（县）林梓小学　清光绪三十二年（1906年），举人陈其嘉组织创办，初名林梓公立学堂，位于林梓镇北真武殿内。1949年，定名如皋县林梓小学。2004年5月10日，学校成立关心留守儿童工作委员会。2005年8月1日，《中国教育报》《南通日报》刊文介绍"留守儿童教育林梓模式"。2006年，被全国妇联授予全国流动人口、留守儿童示范家长学校称号。是年，联合国儿童基金会派员到如皋调研“留守儿童社会干预项目”实施情况，给“留守儿童教育林梓模式”给予充分肯定。2010年，林梓初中校舍并入，学校占地面积增至3.98公顷，建筑面积1.16万平方米，共开班级26个，在校学生1236人，教职工64人。

如皋市(县)石庄小学 清光绪三十二年(1906年)，石庄镇创办如皋县石庄第一初级小学堂，设于回龙庵内，俗称“一校”。清光绪三十三年，创办如皋县石庄第二初等小学堂，设于天真堂内，俗称“二校”。清光绪三十四年，创办如皋县石庄女子小学堂，设于石庄镇北街，俗称“女校”。民国19年(1930年)，国民政府如皋县政府将“一校”改称如皋县石庄高等小学校，二校和女校改为其分部。民国27年7月，被日本侵略军停办。民国29年，恢复办学。民国34年8月，被如西县政府接受。民国35年，再次被迫停办。民国36年，国民政府如皋县政府于石庄东街开办如皋县石庄镇国民小学校。民国37年冬，石庄镇国民小学校停办。民国38年2月，县政府征用民宅及法澍庵恢复办学，定名如皋县石庄小学，设4个分部。1954年，县政府兴建校本部，另设石庄镇镇南、镇北两个分部。2009年，于石庄镇临江大道北侧异地重建。2010年秋，学校占地4.69公顷，建筑面积1.5万平方米，共开设班级44个，在校学生2685人，教职工120人。

如皋市(县)陆桥小学 清光绪三十四年(1908年)创办，初名养正小学，位于如皋城西。民国元年(1912年)，更名城区第五国民学校。民国22年，复名养正小学。民国36年1月，国民政府如皋县政府将常华、六桥2所私立初等小学并入，更名陆桥镇中心国民学校，校本部在如皋西门外铁匠巷，借水龙会馆和附近民宅上课。民国38年2月，县政府接管后，改办完全小学，定名如皋县陆桥小学。1959年，县兴仁小学并入。“文化大革命”中，更名红卫兵小学。1970年，增设初中，更名红卫兵学校。1972年，停止初中班招生。1976年，复名如皋县陆桥小学。1988年始，连续多次改建扩建。至2006年，学校占地0.5公顷，建筑面积0.22万平方米，开办班级14个，在校学生780名，教职员工46人。2009年，并入如皋市如城实验小学。

如皋市(县)磨头小学 民国3年(1914年)创立，位于磨头镇南。1949年，定名如皋县磨头小学。1975年3月，创办校办“小英雄”墨水厂。1976年9月，中央人民广播电台介绍学校办厂助教的事迹。1978年始，兴建教学楼并开办幼儿园。1980年，校办工厂受到江苏省政府嘉奖。1982年，校办工厂年产值增加至40万元，被评为全国教育系统勤工俭学先进单位，受到国家计委、经委及财政部、教育部联合嘉奖。1985年，校办工厂年产值增至50万元，新建教学组合楼一幢。2003年，校办工厂停办。2010年，占地2.18公顷，建筑面积5666平方米，共开设班级30个，在校学生1670人，教职员工70人。

如皋县如城军工子弟学校 1951年2月1日创立，位于如城镇范家桥南西侧，为单轨完全小学。招生对象主要为军、烈、荣(伤残转复军人)、工(干部、职工)属子弟，学杂费用享受一定照顾。1955年1月14日，改以志愿军战斗英雄黄继光名字命名为继光小学。1982年，撤销，师生分别并入县安定小学和丰乐小学。

如皋市如城实验小学 2009年7月，由如皋市陆桥小学、健康小学合并组建，为市直属小学，位于如城镇福兴路108号。2010年秋，学校占地2.87公顷，建筑面积2.6万平方米，共开设班级56个，在校学生2896人，教职员123人。

三、中学教育

清光绪三十四年(1908年)至民国元年(1912年)，如皋公立简易师范学堂兼办中学。民国12年6月，如皋县立初级中学于县乙种工业等校内创办，是为如皋第一所独立中学。民国19年秋，如皋女子师范讲习所并入，列为二院(女子部)。

图16-4 20世纪30年代如皋县立初级中学师生毕业留影

民国23年，县立初级中学二院停办，另开办女子初级中学。民国26年8月，县立掘港初级中学于掘港镇（今属如东县）创办。马骏一于永安沙（今属长江镇）创办友农学塾，原苏州女师校长室秘书苏元于江安区葛家巷（今属江安镇）创办蒙正学塾。民国27年3月，县立初级中学迁李堡（今属海安县），与私立敬业商业初中组成联合初级中学。8月，国民政府江苏省第四行政区常备二团团长薛承宗，于东马塘许家楼（今属如东县）创办私立邱陞中学。民国28年2月，贾文光在磨头区贾蔡庄（今属磨头镇）创办大夏大学附属中学，招收失学学生100余人，开设初一、初二、高一3个年级3个班。是为全县有文字记载的最早高中教学班。8月，国民政府江苏省保安四旅旅长何克谦，于鞠家厦（今属搬经镇）创办私立励志中学，大夏大学附属中学并入。民国29年8月，如皋县抗日民主政府接办励志中学。10月，励志中学更名如皋县西南中学，首次招收高中一年级新生。民国30年3月，如皋县西南中学更名如西中学，并于戈家堡（今属江安镇）创办如西中学分部。5月，如西中学（鞠家厦）停办。暑假期间，如西中学分部（戈家堡）更名为如西县立滨江中学，停办高中班。是年，伪如皋县政府于县城开办如皋县立中学，伪34师亦于县城开办南淮中学。民国31年2月，部分有民族气节的师生，在校长赵耀如带领下，从何其勇于上海恢复的励志中学返回如皋。于永安沙永平仓房创办耀如学塾。8月，耀如学塾以励志中学名义招生。是年，如西县政府以花园头（今属下原镇）助成学塾为基础，建立如西县立东南中学，并于范湖洲小学（今属郭园镇）设立东南中学分部。不久，如西县立东南中学迁沙家晓庄（今属吴窑镇）。民国32年8月，苏中三分区创办区立如西中学，本部设于度军井区大高庄（今属磨头镇），同时将县立滨江中学（戈家堡）和东南中学（沙家晓庄）并入，分别改称如西中学一院（滨江分部）、二院（东南分部）。民国33年初，泰兴县私立建国中学分部迁至西张庄，并随珊瑚区划入如西县管辖。8月，白蒲镇创办承治中学。10月，私立建国中学并入苏中三分区区立如西中学，列为第三院（建国分部）。是年底，苏中三分区区立如西中学高庄校本部迁至薛家老庄（今属郭园镇），平潮中学自平潮镇迁至平西区大李港交由如西县管辖。

民国34年2月，二院（东南分部）从沙家晓庄东迁野苏庄（今属下原镇）。9月，县政府接受如皋师范、如皋县立初级中学和私立南淮中学，合并组建如皋第一中学，本部设在安定小学内，为高中部；如西中学改称如皋第二中学仍设4院，其中一院设于宝庆，二院迁范湖洲，迁在石庄镇的红卍字励志中学改为公办，列为三院；原三院（建国分部）划归泰兴县管辖。原申家锎（今属常青镇）分部改为四院。平潮中学迁回平潮镇，划归南通县管辖。民国35年4月，如皋第二中学三院迁至范湖洲。7月，县政府设在如皋城的如皋第一中学撤办，至度军井区殳家社游击办学。如皋第二中学一院从戈家堡迁西张庄，改为如皋第一中学本部；如皋第二中学四院改为如皋第一中学分部；如皋第二中学二院改为第二中学本部。9月，国民政府如皋县政府于伪县政府开办的如皋县立中学原址开办如皋县立中学，附设师资短训班。10月，县政府开办的如皋第一中学、第二中学师生先后疏散，教学集中活动停止。

民国37年6月，苏皖边区第一专员公署制发《恢复中等学校方案》，决定恢复如皋中学。7月下旬，苏皖边区一分区如皋中学在江安区张庄小学旧址开学。设初一、初二和简师共4个班。民国38年1月，县政府接管国民政府如皋师范学校、如皋县立中学、私立邱陞中学，合并划归苏皖边区一分区如皋中学，统一办学，为单轨完中。原苏皖边区一分区如皋中学校舍改为如皋中学分校。9月，如皋师范、如皋中学分设，如皋中学迁至原国民政府如皋县立中学校址。是年，私立滨江初级中学在白雁桥（今属下原镇）创立，并在范湖洲（今属郭园镇）设滨江初中分校。1949年，全县有如皋中学和滨江初级中学2所初级中学，学生469人，教职工38人。1950年9月始，全县中学加快发展。1951年秋，如皋中学分部独立，更名苏北初级中学。1952年如皋中学开始招收高一新生。1956年，全县初级中学增至23所，学生6982人，教职工436人。是年，石庄中学增设高中班。1958年，江安中学、白蒲中学、磨头中学等相继设立高中部。至1959年，如皋、石庄、江安、白蒲、磨头、薛窑、搬经及水洞口民办中学先后建成完全中学。1965年，全县有公办初级中学36所，在校学生10601人，教职工716人；民办初中6所，学生933人，教职工54人。20世纪60年代末至70年代，全县部分学校实施逐级“戴帽子”，完全小学开办初中班甚至高中班，初级中学开办高中班，一般每4—5个村设一所双轨初中，每公社开办一所完中，全县中等教育学校数迅速增加。1982年，全县102所小学“脱帽子”，不再开办初中班；32年初级中学“脱帽子”，撤销高中，全县完全中学降至19所。1983年，全县16所民办初级中学转为公办。1984年，全县完中合并至13所。1987年，长江镇被江苏省政府表彰为基础教育先进乡镇。1990年，全县有初中150所，班级973个，在校学生45848人，专任教师2957人。全县有高中12所。1997年9月，如皋中学在全市首开完全中学“脱靴子”（初中部划出）先河，由完全中学变成独立高级中学。此后，全市大部分完全中学相继停办初中班。2000年，全市初中73所，班级1088个，在校学生58860人，专任教师3186人。初中入学率、毕业率100%，巩固率99.28%。2007年，如皋市被评为江苏省普及高中阶段教育先进县（市）。2010年下半年，全市共有初级中学26所（含九年一贯制学校3所），开设班级717个，在校

1985—2010年如皋市（县）初中教育基本情况统计表

表16-6

年份	初中学校数（所）	初中班级数（个）	初中在校学生数（人）	年份	初中学校数（所）	初中班级数（个）	初中在校学生数（人）
1985	154	1093	53042	1998	77	879	44006
1986	159	1098	53223	1999	74	962	50525
1987	150	1066	50912	2000	73	1088	58860
1988	154	1065	48449	2001	77	1198	67696
1989	151	1056	49214	2002	76	1256	72719
1990	140	973	45848	2003	59	1259	73325
1991	142	851	39596	2004	48	1144	66361
1992	128	850	40093	2005	45	1026	57392
1993	121	937	44614	2006	41+4	1468	51500
1994	115	981	50698	2007	43+2	890	49800
1995	101	997	50134	2008	38+2	850	49800
1996	97	953	47464	2009	30	782	43139
1997	84	890	43806	2010	20+3	717	37278

注：“+”号后为九年一贯制学校数

2010年秋全市初级中学布局一览表

表16-7

镇 别	初中数（所）	初中校名	班级数（个）	学生数（人）
市直属	4	如皋级初中、如皋市实验初中、如皋市外国语学校（初中部）、如皋市少体校	171	9896
如城镇	2	新民初中、邓园初中	13	452
开发区	1	城北初中	24	1030

续表16-7

镇 别	初中数（所）	初中校名	班级数（个）	学生数（人）
雪岸镇	1	雪岸初中	12	466
东陈镇	1	东陈初中	21	789
丁堰镇	1	丁堰镇中	20	692
林梓镇	1	林梓初中	19	927
白蒲镇	1	白蒲镇中	37	2055
下原镇	1	下原初中	37	1943
九华镇	1	九华初中	26	1328
郭园镇	1	郭园初中	26	1503
长江镇	1	港城实验学校(初中部)	34	1485
石庄镇	1	石庄初中	30	1381
吴窑镇	2	吴窑初中	37	1979
江安镇	1	滨江初中	47	2772
高明镇	1	高明学校(初中部)	21	1148
常青镇	1	常青初中	34	1673
搬经镇	1	搬经镇中	37	1829
磨头镇	1	磨头镇中	35	2223
桃园镇	1	桃园初中	13	549
袁桥镇	1	袁桥初中	23	1158

学生37278人，教职工总数3431人，入学率和巩固率保持100%；共有普通高中10所，其中江苏省四星级4所，三星级6所，共开设班级541个，在校学生28793人，教职工总数2462人，其中专任教师2047人。

江苏省如皋中学 清光绪三十四年(1908年)，如皋公立简易师范学校兼办中学，易名如皋初级师范兼中学附属两等小学堂。民国12年(1923年)6月，国民政府如皋县政府于如皋城乙种工业学校内创办如皋县立初级中学，招收初一新生1个班，如皋师范和如皋第四高等小学各并入初三、初二各1个班，形成如皋第一所独立中学。民国17年，如皋女子师范讲习所并入，列为如皋县立初级中学二院，专办女子初中。民国27年春，迁李堡(现属海安县)，与私立敬业商业初级中学等校合并组建如皋县联合中学。民国30年，县联合中学迁东乡草场头(现属如东县)。是年，伪如皋县政府于如皋城国民政府如皋初级中学校址开办如皋县立中学。民国34年9月，县政府接受伪如皋县政府开办的如皋县立中学和伪军开办的南淮中学，合并组建如皋县第一中学。民国35年3月，如皋县第一中学被苏皖边区政府列为11所重点中学之一。7月，县第一中学随县政府撤至度军井区殳家庄游击办学。9月，国民政府如皋县政府于伪如皋县政府开办的如皋县立中学旧址开办如皋县立中学并设简师班和高中班。民国37年7月，苏皖边区第一专员公署于张庄小学(今江安镇)旧址恢复如皋中学，命名为苏皖边区一分区如皋中学。民国38年1月，苏皖边区一分区如皋中学随县政府接管国民政府如皋县立中学、如皋师范，校本部设于如皋师范，在江安的原校址改为如皋中学分部。9月，如皋师范、如皋中学分设，如皋中学迁至原国民政府如皋县立中学校址，高中部并入泰兴中学。1951年，如皋中学江安分部独立，更名江安初级中学。1952年，如皋中学恢复招收高一新生。1953年，更名江苏省如皋中学。1955年，高中毕业生中有4人被直接公

1985—2010年如皋市(县)高中教育基本情况

表16-8

年份	高中学校数（所）	高中班级数（个）	在校学生数（人）	年份	高中学校数（所）	高中班级数（个）	在校学生数（人）
1985	14	146	8512	1998	13	262	15256
1986	14	156	8984	1999	13	274	15280
1987	14	164	9434	2000	12	278	15254
1988	14	171	9465	2001	11	320	17640
1989	14	171	8954	2002	11	383	21471
1990	14	171	8737	2003	11	438	25332
1991	14	171	8932	2004	11	474	27512
1992	14	171	9331	2005	10	508	30556
1993	14	171	8994	2006	10＋1	542	31900
1994	14	172	8822	2007	10＋1	538	30794
1995	14	182	9990	2008	10	536	30131
1996	14	198	12080	2009	10	536	29719
1997	13	231	14449	2010	10	541	28793

派留学苏联。1959年，被确定为江苏省45所重点中学之一。1963年，被列入江苏省15所示范中学。1980年，被江苏省教育厅列入“首先办好”的95所重点中学。1990年，被江苏省教委列为首批合格高中。1993年和2000年，两次被评为江苏省德育工作先进学校。1997年9月，如皋中学迁址如城东郊新校园。2000年4月，被江苏省教委确认为国家级示范高中。是年，被评为1997—1999年度江苏省模范学校。2001年，沈沉参加高考成为江苏省“文科状元”。2005年，被评为江苏省心理教育实验学校。2006年，被评为江苏省神文明建设先进单位。是年，南扩60亩，新建综合楼。至2009年，4次(2001年、2004年、2006年、2009年)被评为江苏省文明单位。2010年，获全国励志教育示范基地、全国作文教学先进单位和江苏省平安学校、江苏省模范职工之家等荣誉。高三(12)班学生王云飞高考中用骈体文写作《绿色生活》，获作文满分，被誉为古文奇才。是年，学校占地12.6公顷，建筑总面积7.16万平方米，绿化面积4.5万平方米，共开设班级63个，在校学生3490人，教职员工313人。

江苏省江安高级中学 民国37年(1948年)7月，苏皖边区一分区如皋中学在张庄小学(今江安镇)创立。1949年，苏皖边区一分区如皋中学随县政府至如皋城接管国民政府如皋县立中学和如皋师范，原校舍改为如皋中学分部。1951年2月，独立办学，定名如皋县江安初级中学。1958年，增设高中班，成为完全中学，并更名如皋县江安中学。2002年，被评为江苏省三星级高中。2009年3月，更名为江苏省江安高级中学。至2010年，被评为全国青少年科普创新示范学校、江苏省德育先进学校、江苏省实施素质教育先进学校。是年秋，学校占地5公顷，建筑面积2.79万平方米，共开设班级60个，在校学生3450余人，教职员工263人。

江苏省白蒲高级中学 1950年，如东县中学分部于白蒲镇南首创办。1951年，更名如东县白蒲初级中学。1954年，由如东县划归如皋县，改称如皋县白蒲初级中学。1958年，增设高中部，成为完全中学，并更名如皋县白蒲中学。“文化大革命”中，一度易名东方红中学。1976年，恢复原名。1992年,被评为江苏省绿化先进学校。1993年,获江苏省模范中学、江苏省德育先进学校称号。1996年,被确认为全省126所重点高中之一。1997年,被确认为江苏省重点示范高中。1998年,被确认为江苏省电化教育实验学校。

2000年,学校更名为江苏省白蒲高级中学。是年,与市政协联谊会联合创建公有民办六年一贯制博爱双语实验学校,面向如皋、海安、如东、海门、南通等县市招收初一新生;经省政府及外事部门批准,与美国德克萨斯州休斯敦市艾尔斯克中学结为联谊学校。2002年,被确认为国家级示范高中,并获江苏省教育科研先进集体称号。2003年,被评为江苏省四星级高中。2004年,被命名为江苏省文明单位,被国家环保总局确定为"环保小硕士"(YMP)国际合作项目单位。2006年10月,被中央教育科学研究所德育研究中心授予全国百所德育科研名校称号。2009年,被江苏省教育厅授予"十五"期间100所优美校园称号。2010年,被评为江苏省教育现代化县市先进学校。是年秋,占地10.71公顷,建筑面积6万平方米,共开设班级65个教学(含初中班3个),在校学生4315人(含初中生194人),教职工308人。

江苏省石庄高级中学 1951年5月23日,如皋县石庄初级中学于石庄镇北大街北端创办。1956年,增设高中班,成为完全中学,并更名如皋县石庄中学。1983年,被江苏省教委、体委确定为省级排球传统项目学校。1996年,获江苏省德育先进学校称号。1997年,撤销初中部,被确认为南通市重点高中。1999年4月,被确认为江苏省重点高中。2002年,被评为江苏省三星级普通高中。2004年,被评为全国教育网络系统示范单位、江苏省科技教育先进集体。2007年,被确认为江苏省四星级普通高中,并获江苏省德育先进学校称号。2008年,更名为江苏省石庄高级中学。2010年秋,占地面积11.02公顷,建筑面积6.36万平方米,共开设班级62个,在校学生3400余人,教职工298人中。

图16-5 20世纪60年代石庄中学校门

江苏省搬经高级中学 1959年,私立倪建初级中学迁至搬经镇,改为公办,更名如皋县搬经中学,共招收初中4个班,高中2个班,成为完全中学。1963年秋,高中班暂停招生,在校高中学生分别撤并至磨头中学和江安中学,初中部亦由4轨缩为2轨。1964年,恢复完中建制。1999年4月,被确认为江苏省重点高中。2001年8月,撤销初中部。2003年10月,被评为江苏省三星级高中。2006年,被评为教育部外语教学研究中心英语口语实验学校和江苏省电化教学示范学校。2010年秋,学校占地7.68公顷,建筑面积4万平方米,共开设班级51个,在校学生2780人,教职员工228人。

如皋市第一中学 1954年,城南初级中学创办,位于如城南门外宏济闸东。1956年,附设师范速成班2个(学制1年)。1960年,定为五年一贯制试点中学。1970年,增设高中班,成为完全中学。1979年,更名如城第一中学。1985年,被确定为县属完中。1997年,停办初中部。1999年,被确定为南通市重点中学。2001年,更名为如皋市第一中学,学校大门转向宁海东路。2002年,被确定为江苏省重点高中。2003年,被评为江苏省三星级高级中学。2006—2010年,先后被评为江苏省德育先进学校、江苏省青少年科技教育先进集体。2010年秋,校园占地8.04公顷,建筑面积5.63万平方米,共开设班级63个,在校学生3122人,教职员工297人中。

如皋市磨头高级中学 1955年,如皋县磨头初级中学创立,位于磨头乡桥北村。1958年8月,增设高中班,成为完全中学。1998年,撤销初中部。1999年,被确定为南通市重点中学。2004年,被评为江苏省二星级高中。2005年,被评为江苏省三星级高中。2006年,被确认为江苏大学优质生源基地。2008年,整体并入如皋市第二中学。

如皋县白雁桥中学 民国38年(1949年)2月,私立励志中学在营防乡李三圩开办实习班。

9月,励志中学补习班迁下驾原乡白雁桥村,更名私立滨江中学。1952年上半年,改为公办,更名如皋县白雁桥初级中学。9月,于范湖洲设分部。1958年,分部独立设置。1969年,增设高中班。1985年,改为县属完全中学。2000年,并入薛窑中学。

如皋县丁堰中学 1958年8月创办,位于丁堰镇东首,初名如皋县丁堰初级中学。1968年,增设高中班,1972年,改为完全中学。2001年5月,晋升为南通市重点中学。2004年,被评为江苏省二星级普通高中。2005年,占地2.81公顷,建筑面积2.49万平方米,开设班级34个,在校学生1972人,教职员工134人。2008年,整体并入如皋市第二中学,空置校舍开办通用技术教育实验学校。

如皋初级中学 1997年,江苏省如皋中学停止开办初中班并搬迁至如城东郊,初中部留原址与如城第四中学联合办学,俗称市联合中学。1998年8月,更名如皋市初级中学。2000—2004年,被确定为如皋中学优质生源基地。2006—2010年,先后被确定为中国科学院心理研究所实验学校、全国教育科学“十五”规划重点课题实验学校、全国小公民道德建设实验学校、全国“十一五”教育科研实验基地。2010年秋,校园占地3.51公顷,建筑面积2.2万平方米,共开设班级62个,在校学生3700余人,教职员工245人。

如皋市实验中学 2002年,市政府利用原如城第二中学校舍创办,学校性质为国有民营,试行所有权与经营权分离。同时,于204国道与334省道交汇处东南侧兴建新校区,总投资1.2亿元。2003年9月,新校区建成交付使用,面向全市招聘3名校长和31名教职工。开设12个班级,面向全市招收初一新生667人,以寄宿为主。2006年始,转为公办普通初级中学。2010年秋,校园占地9.6公顷,建筑面积3.6万平方米,共开设班级68个,在校学生4390人,教职工206人。

如皋市外国语学校 2009年8月创办,位于如城镇解放路和大司马路交汇处西北侧,为市政府投资兴建的九年一贯制学校,各个教室均装备多媒体教学系统,平时将英语作为主要交流语言,定期邀请外籍教师到校导教。2010年秋,如皋市少年体育学校并入。全校占地9.07公顷,建筑面积6万多平方米,设小学班21个、初中班30个,在校小学生1168人、初中生1400人,教职员工168人。

第五节 中等专业教育

一、师范教育

清光绪二十七年(1901年),如皋公立高等小学堂附设简易师范科、师范传习所。清光绪二十八年,如皋公立简易师范学堂创办。清光绪三十一年,定名如皋初级师范兼附属高等小学堂。清末,全县实行市乡制,卢港、石庄、双甸、丰利、李堡开办市立师范传习所,丁堰和江安开办乡立师范传习所。民国元年(1912年),如皋初级师范兼附属高等小学堂更名如皋县立师范学校,各市、乡师范传习所改称小学教员讲习所。民国4年,全县小学教员讲习所易名师范讲习所,有如皋甲种女子师范讲习所、卢港市乙种师范讲习所、双甸市塾师讲习所、岔河市塾师讲习所、磨头市师范讲习会等。民国10年,县立师范学校更名江苏省第二代用师范学校,市、乡师范讲习所先后停办。民国13年,县立初级中学附设女子师范科,毕业3届学生后停办。民国31年2月,如西县政府于滨江中学附设简易师范科1个班,学生结业后停办。民国33年下半年,如西中学二院增设简易师范实验班,1届学生毕业后停办。民国37年秋,苏皖边区一分区如皋中学增设简易师范班。民国38年8月,全县及邻县5所中学附设的师范班划归新组建的苏北如皋师范学校。1952年、1956年,磨头大高庄、城南初中先后举办两期师资速成班,为期半年至1年。1957年8月,全县师资速成班并入如皋师范学校。1959年,如城丰乐桥西职工学校增办工农速成师范,不久解散。此后,全县师范学校唯如皋师范1所。

江苏省如皋师范学校 清光绪二十八年(1902年)9月创办,设于定慧寺河北常胜庵内,初名如皋公立简易师范学堂。进士、翰林院编修沙元炳为创办总理,举人马文忠、拔贡张藩为副办。清光绪二十九年,附设师范传习所。清光绪三十一年,兼办附属高等小学堂。清光绪三十四年,兼办中学,易名如皋初级师范兼中学附属两等小学

图16-6 20世纪50年代如皋师范学校校门

堂。民国元年(1912年),更名如皋县立师范学校。民国元10年,获得省款补助,改名江苏省第二代用师范学校。学生吴亚鲁(吴肃)为南通地区最早的中共党员,通海地区的共产主义启蒙人。民国15年9月,毕业生陆景槐、苏德馨创办中共如皋独立支部,是为如皋第一个中共组织。冬,成立中共第二代用师范支部,为通海地区早期中共地下支部之一。民国16年8月,与县立初级中学合并,改称第四中山大学区立如皋中学。民国17年,改称中央大学区立如皋中学,设师范科3个班。民国18年,改称江苏省立如皋中学。民国21年始,专办师范,改称江苏省立如皋师范学校。民国28年1月,迁址栟茶镇(今属如东县)。8月,改称江苏省立第三临时师范学校。民国30年,在丰利镇(今属如东县)疏散。民国31年,日伪在如皋师范学校原址复校办学。

民国34年底,国民政府江苏省教育厅将设于泰州东门的江苏省立第一临时师范学校改称省立如皋师范学校。民国36年春,省立如皋师范学校从泰州迁如皋。民国37年底,迁往常熟。民国38年5月,县政府接管并返迁如皋。8月,泰州、泰兴、靖江、黄桥和如皋5所中学附设的师范班并入,更名苏北如皋师范学校。1952年12月,更名江苏省如皋师范学校(简称如皋师范、如师),返迁如皋。至1966年,共招收97个班级、学生5058人,毕业115个班级、学生5340人。"文化大革命"中,正常教学被迫停止,以"红师班"等形式培养部分师资。1976年,恢复正常办学。至1992年,共招收中等师范班级100个、学生5003人。1994年秋,首次招收"三二分段"小教大专班。1995年4月19日,省政府批准如皋公立简易师范学堂旧址为江苏省文物保护单位。1999年秋,全部招收"五年一贯制"大专班和"三二分段"大专班。2001年7月,3年制学生全部毕业,完成大专化过渡。2002年,获江苏省首届树勋师范教育科研二等奖。2005年,升格为江苏省如皋高等师范学校。

二、职业教育

清光绪三十二年(1906年)7月,县令周景涛

图16-7 如皋县立乙种工业学校织工工场摄影

组织,于县城西南隅创办县孤幼初等小学堂,聘用教职员工8人,开设班级2个,招收艺徒68人,教授手工技艺。清光绪三十三年2月,于县公署东侧创办艺徒学堂(后更名乙种工业学堂),聘用教职员工25人,开设班级7个,招收艺徒206人。清宣统元年(1909年)2月,县劝学所总董沙元榘于如皋城范家桥南创办私立乙种商业学堂,聘用教职员工5人,开设班级3个,招收学生50人。民国元年(1912年),清末所办各实业学堂,改称学校。民国3年5月,县女子职业学校于县公署东创办。城市第二国民学校、车马湖第一国民学校、卢港第七国民学校、掘港第三国民学校开设工业补习科,县立第六高等小学校(马塘)、白蒲第二国民学校(林梓)、岔河第一国民学校开设商业补习科。民国6年,县女红传习所于县城烈女祠巷创办,以培养刺绣女工为主。民国20年,私立敬业商业初级中学于如皋城南门外创办。民国24年,县女红传习所增设护士班,培养初级护士。民国26年,县妇女教养所停办。民国27年初,私立敬业商业初级中学迁李堡,合并于如皋县联合中学。民国32年10月29日,苏中三分区于江安区

创办医务学校，招收学员16名，开设药理学、内科学及野战外科学等课程。民国33年11月，如西中学二院增设财政经济会计班。民国34年年底，苏中三分区卫生部接办设于如皋城东北隅中禅寺内的医务学校，招收学员120人，开设解剖学、生理学、微生物学、寄生虫学、药理学、内科学、外科学等课程。民国35年秋，医务学校解散。1952年，如城私立刘氏会计班、私立青峰会计班开办，培训初级财会人员。1953年，如城私立业恒会计班开办。1956年，各私立会计班停办。1964年8月，如皋县职业中学于如皋师范学校内创办。1966年，易名如皋县工读中学。1968年8月，更名如城第二初级中学。1980年始，全县改革中等教育结构。9月，如城第二初级中学开设建筑技工班。10月，奚斜民中开办农技专业班。部分企业、个体户开办出国劳务、电脑、英语、会计、烹饪等学校或培训班。至1984年，全县有职业中学2所，20所普通中学附设职业班，全县普通中学招生数与职业中学招生数之比为2.4:1。1990年，全县有职业中学5所，13所普通中学和7所成人教育中心校附设职业教育班。全县共有职业教育班62个，在校学生2256人，教职员工297人。2005年始，市财政全额预算、足额拨付职业学校教职员工资，并确保财政统筹的职业学校学杂费全部用于学校还债和自身再发展。2006年，市教育局被评为江苏省职业教育先进单位。2006—2010年，全市4所市属职业中学共招录初中毕业生3.14万人，参加对口高考学生总数5170人，对口高考本科上线2643人。2010年秋，全市市属职业学校4所，在校学生12744人，教职员工720人。

如城职业中学 1983年，如城第二初级中学更名为如城职业中学，为全县最早开办的职业中学之一。1990年，学校有机械、建筑、幼儿师范3个专业9个职业高中班，另有初中职业班6个，在校学生587人，教职员工99人。1997年7月，合并入如皋职教中心校。

江苏省如皋第一职业高级中学 1980年，奚斜农业初级中学始办职业班。1983年，奚斜民中改称如皋县奚斜中学。1984年，更名为如皋县奚斜职业中学。1988年，奚斜职业中学被列为省重点职业中学。1992年，迁址白蒲镇北郊，更名如皋市第一职业高级中学（简称市一职高）。1995年，评为国标省重点职业中学。2003年，被确定为江苏省合格职教中心。2004年，被确定为国家级重点职业学校。2006年始，与高等职业技术院校合作，开办高职大专班。2010年秋，学校占地12公顷，建筑面积5.6万平方米，共开设班级78个，在校学生4142人，教职员工279人。

如皋市大明电子职业高级中学、如皋市熔盛中等专业学校 1984年，大明初级中学开设职业教育班。1986年，职业教育班独立建制，称大明职业中学，隶属大明乡教委办。1995年，大明乡成人教育中心并入。1996年，更名如皋市大明电子职业高级中学。2005年夏，列为市直学校，并被确定为江苏省重点职业学校。2008年12月，被确定为三星级职业学校。2009年，电子技术应用专业被确定为江苏省示范专业。2010年初，整体并入江苏省如皋职业教育中心校。8月，复从市职教中心析出，迁址长江镇（如皋港区），更名为如皋市熔盛中等专业学校。

如皋市（县）技工学校 1986年4月创办，位于如城镇健康新村，隶属县劳动局。主要招收城镇定量户口的初中毕业生，学制3年；同时招收部分高中毕业生，学制2年。使用劳动人事部规定的技工学校教材，毕业生由学校发给中技学历证书。1994年，被江苏省政府命名为江苏省级重点技工学校。2002年，如皋市建筑职工学校、如皋市供销学校、如皋市商业学校、如皋市农机学校、如皋市农业干部学校、中央农业广播学校如皋分校、如皋市工业学校7所学校合并组建新的如皋市技工学校。校本部位于如城海阳路21号，并于农业广播学校、建筑职工学校、农机学校、供销学校原校址设立分校，开辟电工、数控、汽车维修、计

图16-8 如皋市技工学校开展职业培训（2003年摄）

算机等专业实习工场18个，拥有各专业实习设备2000多台套。2006—2010年，常年培训电工、焊工、建筑等特种作业人员及其他技术人员，先后被确定为西南交通大学网络教育学院如皋校外学习中心、国家星火计划农民科技培训学校、江苏省安全生产培训三级机构、北京大学（青岛集团）如皋计算机教育示范学校、南通市劳力转移培训基地、南通市外出务工培训基地。2010年，学校占地3.73公顷，建筑总面积2.6万平方米，在校学历班学生近3000人。

江苏省如皋职业教育中心校 1997年7月创办，位于如城福寿东路与仙鹤路交会处东北侧，简称市职教中心。是年，如城职业中学、邓园职业中学并入。1999年，被确定为江苏省重点职业中学。2001年，东陈中学并入，增挂如皋市金城高级中学牌子。普通高中学生毕业后，停办普通高中班。2004年，学校被确定为国家重点职业中学，电子电工专业实训基地被确定为省级重点实训基地，信息技术专业被确定为江苏省计算机中级培训考点。是年，始与高等职业技术学院联办五年一贯制高职大专班，并与如皋思源电器集团、英田集团、大生电子、九鼎集团等企业合作办学，实行“订单式”培养，毕业后定向就业。

2005年，如皋市少年体育学校并入。2007年，新民中专并入。2008年，被确定为江苏省课程改革实验学校、江苏省首批四星级暨高水平示范性中等职业学校。2009年，南通广播电视大学如皋分校、如皋市继续教育中心整体并入。2010年初，大明电子职业中学整体并入。秋季开学，市少体校和大明电子职中析出。学校占地约15公顷，建筑面积17万平方米（含在建），在校在籍学生1万余人，参加短期培训的学员约5000人。共设机电、数控、旅游、烹饪、电子商务、3G软件、船舶制造与维修等30多个专业，其中汽车专业为国家实训基地，电子应用技术专业为省优秀实训基地，机电、电子电工、计算机、船舶焊接技术专业为省级骨干示范专业。

农业学校 1958年3月，如皋县勇敢农业中学创办，是为全国第三所农业中学。7月，江苏省农业中学现场会议在白蒲镇召开，《光明日报》《文汇报》《新华日报》和江苏人民广播电台记者到会采访。此后，《新华日报》两次载文介绍勇敢农中办学经验，《光明日报》等转载。至年底，全县共创办农业中学87所，共开设班级164人，在校学生7332人，教职员工189人。1959年，勇敢、下原、柴湾、搬经4所农中，被确定为南通地区重点农业中学。1960年6月，江苏省教育厅确定勇敢农中为省重点学校。1961年2月，勇敢、仁静、下原、搬经4所农中高中部和白蒲职业中学高中部停办，从388名学生中挑选110人，并入县农业中等技术学校学习，其余回乡务农。4月，县文教局将农业中学改为农忙劳动、农闲上课的半农半读学校。1962年8月，县人委决定保留勇敢、高明、大明3所农业中学，黄市农业中学改为民办中学，其余43所农业中学停办。1964年，全县复办30所农业中学，其中农业高中1所。1966年，全县农业中学全部转为民办普通中学。1975年9月，如皋县“五七”农业大学创办，位于何庄乡陆家庄农场，隶属县农业局。此后，全县兴起公社办“五七”农业大学的热潮。1976年前后，全县农业大学相继停办。

三、其他中等专业教育

1950年7月，如皋中学招收财政班1个。1951年，再招财政班1个。1952年下半年，并入苏北财经学校。1958年8月，如皋县卫生学校于如城南门外建立。9月，如皋县畜牧技术学校、如皋县农业技术学校、如皋县中等技术学校创立，如城镇8名老中医联合开办中医学校。1959年9月，县畜牧技术学校、县农业技术学校部分教师和全部学生并入南通农业学校。1961年，如城中医学校招收的3届150名学员毕业后，停止办学。1962年，如皋卫校停办。1976年底，复办。1992年，新民中专创办。2007年，并入市职教中心。

南通市如皋卫生职工中等专业学校 1958年8月，县政府于县妇幼保健所内创办。9月始，承接国家医士专业招生。1959—1960年，先后迁县水泥厂、县体育场、如皋师范等处办学。1962年3月，改为医训班，附设于县人民医院。5月，停止办学。1976年底，借用县人民医院房屋恢复办学，更名为如皋县人民医院卫生学校，隶属县人民医院。1983年6月，从县人民医院析出独立建制，在城西乡许庄村（今宁海路188号）征地兴建校舍，并更名南通市如皋卫生职工中等专业学校。至2000年,共毕业中药药剂、防疫人员等860多人,护士近900人。2002年8月,再次划归市人民医院,更名如皋市卫生职工培训中心。2004年,与市委党校实行资源整合。

如皋中等专业学校 1958年9月创办,附设于如皋中学。1960年,县中等技术学校撤销,67名学生转如皋师范二年级继续学习,其余学生或直接分配当教师或进入其他专业学校继续学习。

第六节 高等教育

一、普通高等教育

1994年秋,如皋师范学校首次招收"三二分段"小学教育大专班。1999年秋,改为全部招收"五年一贯制"大专班和"三二分段"大专班。2001年7月,三年制中等专业教育学生全部毕业,完成大专化过渡。2005年,江苏省如皋师范学校升格为江苏省如皋高等师范学校,同时增挂江苏教育学院如皋分院校牌,行政隶属南通市教育局,业务归属江苏教育学院管理,共开设五年一贯制普师、科学、英语、三二分段大专班信息技术、日语、社会保障事务等16个专业,50个班级,在校学生2137人。2010年秋,江苏省如皋高等师范学校占地7.07公顷,总建筑面积6万平方米,开设学前教育、小学教育综合文科方向、综合理科方向、双语方向、英语教育方向师范类专业5个,计算机应用、市场营销、国际商务管理、商务英语、商务日语、应用韩语、社会体育、装潢艺术设计、财务管理等非师范类专业9个,共开设班级92个,在籍学生3836人,教职员工220人。

二、高等职业教育

2004年始,江苏省如皋职业教育中心校先后与南通航运职业技术商贸高等职业学校、江苏健雄职业技术学院、江苏农林职业技术学院等联办五年一贯制高等职业教育。2006年起,江苏省如皋第一职业高级中学与北京大学、南京师范大学、苏州工业园区职业技术学院、扬州大学及青岛、无锡、南通等高等职业技术院校合作,兴办涉及5个门类20多个专业的高职大专班。

三、成人高等教育

"文化大革命"结束后,全县未有机会进入高等学校学习、未能取得高等教育学历的成年人,迫切希望通过成人高等教育弥补缺憾,取得学历。1977年,如皋县教师进修学校开始开办教师函授教学班。1979年2月,江苏广播电视大学南通地区分校如皋县管理站创建,开始以电视教学的形式开展成人高等教育。1984年,如皋县委党校开始举办党政干部学历教育班,并逐步扩大招生范围,提高教学层次。20世纪80年代至90年代中期,全市(县)脱产、半脱产、函授、电大、夜大等各种形式成人高等教育形成高潮。进入21世纪,随着大多数未读大学成人高等教育梦的实现和普通高校录取率不断提高,函授等形式高等教育的层次逐步提高,参加人数逐渐减少,不少成人选择参加研究生班或本科第二专业的学习。

如皋市继续教育中心(如皋市教师进修学校) 1960年,县委、县政府在如皋师范函授部的基础上创办如皋县教师进修学校,由县委书记刘维德兼任校长。1961年,设立高等师范函授辅导站。1963年,县教师进修学校撤销。1979年3月,县教师进修学校恢复办学,并始办高师函授班。1982年上半年,中文、数学、物理、化学专科函授班毕业。下半年,继续招收中文、数学、物理、化学专科函授班学员。1983年,位于如城镇宏坝村的校舍投入使用,建筑面积14323.62平方米。至1990年,县教师进修学校中师函授毕业生累计1744人,高等师范专科函授毕业生640人。并先后举办幼儿园园长培训班、小学校长提高班、小学教材教法培训班、小学教师"专业合格证书"考试辅导班、小学教育管理大专班、小学语文数学教研班、小学自然、史地、音乐教师培训班、小学德育研究班、初中校长岗位培训班、初中班主任培训班、初中数、理、化、生物教师培训班、教育学心理学专修班、新教师上岗培训班等。2004年,市教师进修学校与南通市广播电视大学如皋分校合并组建如皋市继续教育中心。2009年,如皋市继续教育中心整体并入市职教中心。

南通市广播电视大学如皋分校 1979年2月创办,初名江苏广播电视大学南通地区分校如皋县管理站。先后开办于如皋中学、安定小学、如城四中、如师附小、县染织厂、县纺织品公司仓库等处。行政上由县教育局代管，业务上由上级电大领导。开办机械、电气、化工、土建、纺织、汉语言文字、工业企业管理、财会、文秘、档案等大专班，学生主要为企事业单位的职工和干部。1986年10月，县电大管理站更名南通广播电视大学如皋分校，增设电视中专，土建、机电、财会等专业共招生219人，招生范围扩至应届初中毕业生。1990年，共开办大专班5个，中专班7个，学生515人。1992年6月，中专招生170人，大专招收财会、企管、文秘三个业余班53人。8月，招收财会大专班学员31人。1998年8月，位于城西乡城南村建筑面积3439平方米的新校舍投入使用。2004年，与教师进修学校合组建市继续教育中心。至2005年，先后开办会计学、涉外会计、财务会计、法学、计算机、计算机应用、计算机信息管理、小学教育、教育管理、经济管理、财务管理、工民建筑施工与管理、企业管理、建筑企业管理、行政管理、电子电器、电子商务、市场营销、机电、化工工艺、服装设计、对外贸易、军转本科、汉语言文学等20余个专业，在籍学生最多时2414人。2006年，奥鹏远程教育中心成立，与东北财经大学、东北师范大学、大连理工大学、福建师范大学、北京航空航天大学合作开设电子商务、计算机信息、商务日语和机电等专业11个。2009年，整体并入市职教中心。

市(县)委党校学历教育 1984年，县委党校始举办两年制脱产中专和脱产大专学历教育。1985年，始举办中央党校大专函授。1988年，始举办省委党校中专、大专及本科函授，函授时间2—3年。专业主要为行政管理、经济管理、财经、计算机、法律、外经等。2010年，始与部分高等院校联合办学，学员毕业由合作院校颁发毕业证书。至2010年，市委党校学历教育共毕业成人大专学员2629人、成人本科学员2988人。

第七节 社会教育与特殊教育

一、公共社会教育

民国初，全县公共社会教育场所主要有阅报社、通俗教育讲习所、公园、县体育场等。民国23年(1934年)，全县公立公共社会教育场所有民众教育馆、民众学校、公共体育场，私立公共社会教育场所有僧伽图书馆、中国佛教历史博物馆、盲哑学校。社会教育内容主要为中国传统道德，亦灌输封建迷信思想和反共意识。民国24年2月，根据国民政府江苏省政府令，全县公共社会教育改为公民训练。7月，全县15个区各设1所中心民众学校，31个乡(镇)各设1所民众学校。民国26年，国民政府如皋县政府增设农民教育馆、农事试验场、实验区等社会教育机构。民国27年，如皋沦陷，全县民众学校全部停办。民国35年秋，国民政府如皋县政府创办第一民众教育馆。民国36年4月，又在永安实验乡设第二民众教育馆，区乡国民学校恢复，均设成人部，配备专职社会教育教师，以“政教合一”，加强反共宣传。

中华人民共和国成立后，各区中心学校配有专职社教教师一人，在全区范围内举办各种识字班、职工学校、冬学等，基层群众文化机构同时参与社会时政宣传教育工作。20世纪50年代，县广播站始办自办节目，高音喇叭进入乡村，报纸发行至生产队，全县始以报纸、广播等开展公共社会教育。至70年代，有线广播进入千家万户，报纸发行量增加，广播和报纸成为开展社会教育的主要工具。80年代，电视逐步普及，成为公共社会教育的重要方式。进入21世纪，网络逐渐普及，全市公共教育方式进一步多元化。

二、农民教育

民国31年(1942年)，如西抗日民主政府创办“冬学”，教育方针为“明理第一，识字第二”。课本初为苏中行署文教处编印的《万事通》，民国32年改用《国民读本》。全县第一期共办“冬学”150所，平均每所有学员50人左右，冬学教师146人，多由基层干部、学校教师、青年学生和塾师兼任，亦有部分社会人士主动加入。民国33年10月，如西县试办第一期“乡学”(以乡为单位的冬学)，开办初级民校、妇女识字班、讲习会等。12月，江安区先后举办第一、二期“区学”，实行“区学”“乡学”相结合。卢港区芹界乡劝募冬学经费，三官殿住持献庙产土地38亩。1949年始，全县普遍开办冬学。1951年11月，全县各区建冬学大队，区长任大队长、文教助理任副大队长;相邻几个乡,联合建立冬学中队;各乡建立扫盲分队,乡长任分队长。是年,全县兴起第一次扫盲高潮,入学11万多人,专职教师58人,兼职教师3000多人。1952年,冬学以政治教育为主,文化学习着重推广"大量突击,稳步前进,逐步占有,巩固提高"的"速成识字法",掌握注音字母读音并能拼读的学员近95%。1953—1954年,全县各乡开办中心农民业余学校,继续以民教民和以劳力换智力,加强农民扫盲。1955年,如皋县扫盲协会建立,下设扫盲办公室。县政府教育科设工农教育股,各区乡设扫盲辅导员。1956年,全县兴起第二次扫盲高潮。1958年2月,江苏省教育厅向全省推介如皋县河工扫盲工作的经验。是年,县扫盲协会办公室改称县业余教育办公室。1960年7月,城西公社冒庄大队第5生产队农民教师魏明德,代表南通地区赴天津出席全国业余教育工作会议。"文化大革命"开始后,全县扫盲工作一度停止。1972年,恢复,花园公社成为全县第一个"无盲公社"。1979年,全县举办农村技术干部培训班2期,培训公社、大队基层干部、农技员,结业学员212人。1980年,江苏省农业广播电视学校如皋分校创办。1980—1983年,全县有2.4万农民参加业余高小班学习。1985年,全县扫除文盲、半文盲工作达到国务院规定标准,脱盲率89.6%。1986年,各区乡业余教育辅导员改称成人教育中心校长。1999年6月9日,各乡镇成人教育中心校设立高等自学考试服务站。2002年9月,市教育局任命17名成人教育中心学校专职副校长,并增加学校人员编制。2006—2010年,全市各镇成人教育机构共举办各类培训班9237期次,受训总人数147.5万人次。2010年冬,全市共有成人教育专职教师30人,77名农民取得大专以上学历证书,尚有67人在读。

如皋农业机械化技术学校 1959年,县人委开办县机电灌溉训练班和县农业机械化训练班,办学地点在如城镇丰乐桥西。不久,于原址创办农业机械化技术学校。1962年,迁至如城环城南路东兴桥东,隶属县水利局(其中1974—1983年隶属县农机局)。至1990年,共开办拖拉机、内燃机、农机修理及抽水机运行、农村电工、安全监理、农机会计、水利工程、农机管理、节能、企业管理、农民农机技术员等10多个专业培训班,累计办班136期,结业1.35万余人。此后,招生和举办培训班逐步减少。2002年,人员、资产并入如皋市技工学校。

江苏省农业广播电视学校如皋分校 1980年创办,位于何庄乡陆家庄农场。1989年5月,迁至新民乡仙鹤村。1990年,与农业干部学校合并,两块牌子一套班子,负责农业广播电视学校学员的学习辅导、乡村干部培训等,办有校微肥厂、农业服务公司等经济实体。2002年,人员、资产并入如皋市技工学校。

三、职工教育

1950年,全县职工业余教育开班14个,以识字为主,结合进行政治教育。1951年,县职工教育委员会建立,先后创办商业、农业、卫生、工业等系统在职人员业务培训学校。1958年,县直机关干部学校、县职工学校、工人夜校合并为如皋红专学校。"文化大革命"期间,全县职工教育以思想政治教育为主,亦开办部分"职工大学"。至1976年,全县开办"七二一"工人大学42所,人们称"挂的大学牌子,不足初中底子"。1977年前后,全县"七二一"工人大学停办。1981年,县工农业余教育委员会设职工教育办公室。此后,全县职工教育全面加强。不少大中型企业增设职工教育科室,配备职工教育师资。机关、企事业单位鼓励职工参加电大、函授等学习。1987年始,全县企业职工教育逐步转入中技、中专学校和高级中学的培训班,重点为岗位培训。1990年,全县参加岗位培训、学历培训的职工74236人。其中,适应性短期岗位培训57908人,规范性中长期岗位培训16328人,干部任职资格、管理知识培训等27337人。20世纪90年代中期始,随着企业经营机制、产权制度改革不断深化,部分职工学校自行解体。2002年,市建筑学校、供销学校、商业干校、农机学校、农业干部学校、农业广播学校等并入市技工学校。此后,全市职工教育以职业资格等培训为主,多为企业为职工取得合格职业资格选送职工参加专业学校培训或聘请师资到企业培训。

如皋职工学校 1951年9月创办,初名城区职工业余学校,位于广福寺东侧创建。1952年,迁如城丰乐桥西北河边。1953年,更名如皋县如城职工业余学校。1955年,于如师附小、安定小学设立分校。至1957年,累计招收学员6届、约300人,毕业学员发给小学毕业证书。1958年10月,如皋县机关干部学校和如城手工业社员学校并入,更名如皋县干部职工“红专学校”。1959年,高峰时开设班级近百个,培训学员4000多人次。1962年6月,如皋县机关干部学校和如城手工业社员学校先后析出,更名为如皋县职工业余学校。施教对象为县属工厂企业职工。办学方式为校办与厂办相结合,以厂办为主,职工学校办初中和高中,工厂办初小和高小。1962—1964年,每学期办班约40个,学员约1200人次。1965年,复称如皋县职工“红专学校”。1966年始,“停课闹革命”。1969年,学校教职工集中至县机关干部学习班学习,不久转县“五七”干校,学校撤销。1979年,恢复办学,隶属县总工会。1984年,更名如皋县职工学校。1979—1990年,累计办班339个,学员18900多人次,学员中考取各类成人高校继续学习595人。2009年,整体迁至如城福寿路,建制保留,成为总工会下属职工培训机构。

如皋供销合作联社职工学校 1956年创办,初名县财贸训练班,位于如城沙家花园。1958年,迁至如城西门外南河边,更名县财贸职工学校,隶属县供销合作联社。“文化大革命”开始后,停止办学。1979年始,恢复办学。是年于丁堰、城西供销社举办培训班。1981年8月,复校,并更名如皋县供销合作联社职工学校,担负供销系统和农村集体商业干部、职工文化业务培训任务。至1990年,共举办电大班3期、中专班2期,培养大中专毕业生169人。举办各类培训班170期,培训职工近11000余人。此后,招生和举办培训班逐步减少。2002年,人员、资产并入如皋市技工学校。

如皋商业干部学校 1961年9月创办,初名江苏省商业干部学校如皋分校,位于如城东门外安居庄,隶属省商业厅。“文化大革命”开始后,停止办学。1981年3月,恢复办学,更名如皋县商业干部学校,隶属南通地区商业局。1984年,如皋县商业职工学校创立,隶属县商业局,与商业干部学校2块牌子、1套班子。至1990年,共开办电大商业企业管理班1期、学员27人,中级营业员业务技术培训12期、学员628人,零售商店经理(主任)岗位培训3期、学员68人,其他培训班近94期、学员12408人次。此后,招生和举办培训班逐步减少。2002年,人员、资产并入如皋市技工学校。

如皋县粮食职工学校 1982年创办,初名如皋县粮食系统干部学校,位于如城西南城脚,有教职工20人,占地面积0.29公顷,建筑面积3000平方米。1984年,更名如皋县粮食系统职工学校。是年,开办3年制电视大专班,培养大专毕业生43人;举办各类培训班100多期,培训干部职工8000多人次。共为高一级学校输送生源120多人。1990年,开设财会、粮油保管、企业管理、中级技术业务等培训班10个。20世纪90年代中期,改为内部培训机构,建制撤销。

中国农业银行如皋支行干部学校 1982年创办,位于跃进西路(今中山西路),开办中国农业银行江苏省分行职工中专函授如皋教学班1个,有教职工9人,占地0.50公顷,建筑面积2000平方米。至1990年,有中专函授学员2届、76人毕业,开办各种岗位培训班、短期适应性培训班等36期、受训2160多人次。20世纪90年代中期,改为内部培训机构,建制撤销。

如皋建筑专业学校 1984年创办,位于如城宁海路南、如皋技工学校西,有教职工64人,占地0.96公顷,建筑面积4900平方米。开设给排水、工民建、建筑工程管理、建筑企业经济管理、建筑施工与管理等专业,并开办各种岗位培训班。至1990年,累计毕业电大生152人,职工中专生117人。2002年,人员、资产并入如皋市技工学校。

如皋工业学校 1988年创办,位于如城南门外,隶属县经济委员会,与如皋县工业系统职工教育中心2块牌子,1套班子,有教职员12人,占地0.47公顷,建筑面积2800平方米。先后开设小型工业企业厂长、企业支部书记、车间主任、职能科室科长等岗位培训班,累计结业学员1108人。其中,有115名厂长获国家统考合格证书,990名企业中层干部获江苏省、南通市岗位统考合格证书。1990年,开办班级5个,结业学员176人。2002年,人员、资产并入如皋市技工学校。

四、老年教育

20世纪80年代前,全县无专门老年教育机构。1987年9月,县委、县政府在县委党校内创办如皋县老年学校,教学人员多为兼职,办学费用由县财政负担,学员学习费用由原工作单位报销。

1989年，县老年学校更名如皋县老年大学，由县老龄问题委员会负责管理。招生对象为在城离、退休人员。1995年7月，市老年大学迁至如城西皋路(今大司马路)市老干部活动中心二楼。12月，市老年大学白蒲分校开学。1997年6月，市老年大学石庄分校开学。1998年5月，搬经镇老年学校开学。至2010年，市老年大学先后开设文学、英语、书法、国画、摄影、音乐、舞蹈、戏剧、电子琴、二胡、古筝、保健常识、心理卫生、太极拳(剑)、颐年武术、手工、烹饪、家庭养花、科普、法律知识、电脑、历史等专业。全市(县)参加老年大学(学校)学习的学员累计近2000人次。

五、特殊教育

民国18年(1929年)初，国民政府如皋县救济院院长沙元榘主持筹建县盲哑学校。秋，县盲哑学校在县感化院开学，有教职员2人，因无法找到盲文教师及缺少教具，仅招收聋哑学生10多人。民国27年，日本侵略军占据如皋城后，县盲哑学校被迫解散。县盲哑学校培养的聋哑学员冒怀苏后成为全国著名的板画家。1959年8月，县民政局于如城大刘巷创办如皋县盲聋哑学校，学制6年，毕业生文化水平相当于初小毕业。学校设缝纫、制钉等勤工俭学小组，学生劳动所得，除提留部分生产积累资金外，其余用于改善学生生活。1962年5月，县盲聋哑学校停止办学。1976年7月，县教育局将位于如城大刘巷的民办井冈山小学(县盲聋哑学校旧址)改建为如皋县聋哑学校。县聋哑学校开设班级1个，招收聋哑学生17人，学制8年，毕业生文化水平相当于完小毕业。1977年、1978年，各招生20人，并始聘技师传授雕刻、缝纫、刺绣等技艺。1979—1980年，因校舍不足未招生。1981年下半年，县聋哑学校迁何庄乡原县精神病医院旧址，恢复招生。1990年，聋哑儿童听力语音康复训练中心创办，对3—6岁有残余听力的聋童进行康复训练。1992年，香港邵逸夫捐助市聋哑学校50万元(港币)。1994年9月，位于城西乡红星村三组的市聋哑学校新校舍(含“逸夫楼”)投入使用，部分师生迁入新校上课，学制改为9年。1995年9月，安定小学培智班划入。1998年9月，市聋哑学校二期工程竣工，师生全部迁入。2004年5月，市聋哑学校更名如皋市特殊教育学校。是年，20多个国家的150多名友人到市特殊教育学校参观。2006年，市特殊教育学校被评为全国少年儿童消防教育示范学校。2007年12月，被评为江苏省文明学校。2008年，如皋市被评为全国特殊教育先进县(市)。2010年，市特殊教育学校占地1.92公顷，建筑面积6500平方米，开设特殊教育班级11个，在校聋哑和智障学生119人，教职员工49人，成为集聋儿听力语言恢复训练、听障教育、智障教育、职业教育于一体的特殊教育基地，被确定为南京特殊教育职业技术学院实习基地，联合国EPD项目成员学校。是年，全市残疾儿童入学率98.54%。

第八节 普通教育教学管理

一、课程设置

南唐保大十年(952年)，县内开办儒学后，各朝讲授课程大致相同。主要为《御纂经解》《更性》《古文辞》《二十二史》等儒家学说，要求“若非圣贤之书，一家之言，不立于学宫，士子亦不得诵习”。明、清时期，县内私塾教学内容有《三字经》《百家姓》《千字文》《幼学琼林》《唐诗三百首》《古文观止》《龙文鞭影》及“四书”(《大学》《中庸》《论语》《孟子》)、“五经”(《诗经》《尚书》《周易》《礼记》《春秋》)、制艺(八股文)等。女生另有《女儿经》《女四书》等。

清末，初等小学堂完全科的必修学科为修身、读经讲经、中国文学、算术、历史、地理、格致、体操，随意学科为图画、手工；简易科的课程与完全科的必修学科大致相同。高等小学堂必修学科与初等小学堂相比，历史易为中国历史，增加图画，其余相同；随意学科为手工、商业、农业。师范学堂、简易师范科开设的必修科为修身、读经讲经、中国文学、教育学、历史、地理、算学、博物、物理化学、习字、乐歌、图画、体操；随意学科为英语、农业、手工。

民国初年，县内学校课程设置沿袭清制。民国5年(1916年)，县内蒙养园开设课程为谈话、识字、识数、手工、图画、唱歌、游戏，并教儿童日常生活知识、技能。初等小学开设课程为修身、国文、算术、游戏、体操，另有图画、手工、唱歌三科，各地根据实际情况加设其中一科或数科，女子加缝纫课。高等小学必修科为修身、国文、算术、中国历史、地理、博物、理化、手工、图画、体操（兼游戏），随意学科为唱歌、外国语及农、工、商科。初级中学课程设置基本同于高等小学，算术改为数学，理化改为物化，唱歌改为乐歌，增加法制、经济二科，无农、工、商科，女生增加缝纫、家政等学科。师范学校预科开设课程为修身、读经、国文、习字、英语、数学、图画、乐歌、体操，本科增加历史、地理、博物、物理、化学、法制、经济、手工、农业。甲种女子师范讲习所普通课为修身、国文、习字、算术、珠算、理科、地理、历史、图画、体操、唱歌，专业课为烹饪、缝纫、刺绣、家事、教育学。职业学校通习课程为修身、国文（商校增读经）、算术（商校分为笔算、珠算）、历史、地理（女校不设历史、地理二科）、工业史（商校为商史，女校不设）及英文、图画、体操、理化大意、习字、实习、唱歌、体操等，乙种工业学校专业课程为木工、漆工、染织、贴绒等科，乙种商业学校专业课程为商业、簿记、商事纪要，县立女子职业学校专业分刺绣、缝纫、染织、贴绒等科。孤幼国民学校，除安排初等小学课程外，三四年级学生每日散课后及星期日上午兼习漆工、木工等。实业补习科开设与乙种实业学校相当之课程。县私立敬业商业初级中学自行拟定所学科目。

此后，全县学校的课程设置基本稳定，略有变化。其中，初级小学将卫生、公民、历史、地理合并为社会科，将自然、园艺合并为自然科；高级小学取消修身，增加公民、卫生两科，手工改为公用艺术，图画改为形象艺术，体操改为体育，国文改为国语；初级中学改设社会科（含公民、历史、地理），言文科（含国语、外国语），算术科，自然科，艺术科（含图画、手工、音乐），体育科（含生理卫生、体育）。

民国17年，全县初级小学校增设三民主义、童子军课。民国18年，初级小学课程改为党义、国语、常识、算术、工作、美术、体育、音乐8科，完全小学课程改为国语、常识、算术、工作、唱游及公民训练6科，初级中学增设党义、职业科目、童子军课。民国21年，初级中学党义改为公民，外国语改为英语，自然科分解为植物、动物、化学、物理、劳作，增加音乐科，减去职业科目及童子军课。民国25年，体育易为体育及童子军，卫生复名生理卫生。

民国27年，县内日伪统治区始实施奴化教育，小学课程设置改为日语、国语、算术、自然、地理、历史、图画、音乐、体育，教材亦作删改、重编。

民国29年秋，如西抗日民主根据地初级小学设国语、算术、常识、音乐、体育、美术等课程。民国30年，普通中学开设国文、英文、历史、地理、算术、代数、几何、三角、动物、植物、化学、物理、公民、体育、音乐、图画等课程，取消初中童子军课和高中军训课。民国31年2月，如西县滨江中学附设简易师范科，课程设置为国文、算术、历史、地理、社会科学、农艺、体育、美术、音乐、教育概论、教育心理、教材教法和小学行政等基础课和专业课。民国32年，根据地初小一、二年级设国语、算术2科，三、四年级设国语、算术、常识3科，高级小学设国语、算术、公民、历史、地理、自然6科，另设唱歌、艺术等科。是年秋，如西中学附设简师班，设政治、国文、算术、音乐、教育心理、实习等课程。民国33年，根据地初级小学课程设置为国语、常识（一年级国语常识合并）、算术、文娱，高级小学课程设置与初小相比，常识易为社会（时政史地），增设自然科。民国34年，根据地普通中学初中部课程设置为9门，保留国文、史地，增设根据地建设、生产知识、军事知识，停授英文，将数、理、化、动植物精简为数学（包括珠算）和自然，公民改为政治常识，音乐改为文娱活动，此外设若干选科。民国35年上学期，如皋第一中学、第二中学（初中）开设国文、公民、算术、代数、自然、历史、地理、文娱、体育等课程，英文列为选科，停授根据地建设科目，毕业班增设化学、植物、生理卫生等课程。

民国35年下半年至民国37年，全县解放区小学校均设团体训练、国语、算术、音乐、体育、图画、劳作，初小设常识，高小设社会（含公民、历史、地理三科），中学设公民、体育及童子军、国文、算学、生理及卫生、博物、物理、化学、历史、地理、劳作、图画、音乐、英语（选修）。国民政府如皋县政府控制区，初级小学设团体训练、音乐、体育、国语、算术、常识、图画、著作，高级小学（四、五年级）设团体训练、音乐、体育、算术、国语、社会（公民、历史、地理）、自然、图画、著作，中学设公民、体育及童子军、国文算学、生理及卫生、博物、物理、化学、历史、劳作、图画、音乐、英语（选修）。民国37年，如皋中学初中开设国文、民主政治、数学、自然、历史、地理、文娱等7科。

中华人民共和国成立初，全县中、小学课程设置，均执行教育部、江苏省教育厅、南通地区教育局制订的教学计划。"文化大革命"初期，小学开设政文、数学、生产劳动、军体、革命歌曲等课程，中学开设政文、数学、生产劳动、农机、外语、物理、化学、军体、革命歌曲、图画、时政等课程。1972年，小学开设政治、语文、数学、科学常识、音乐、美术、体育、劳动等课程，中学开设政治、语文、数学、工业基础知识、农业基础知识、外语、物理、音乐、美术、体育、卫生、劳动等课程。1993年秋季开始，全市所有小学增设地方课程和健康教育，初中始用江苏教育出版社出版的九年义务教育课程标准实验教材，高中课程设置则按高考科目设置。职业高中除设基础课、专业课外，亦根据对口高考需要设置部分课程。2004年，全市小学始用"江苏历史文化名城、中国花木盆景之都、世界长寿养生福地"系列地方教材。

2006—2010年，全市除按省教育厅规定设置各年级课程外，市教育局职教社教办公室牵头编写16.9万字的地方教材《创业教育》。根据《国家学生体质健康标准》《学校体育工作条例》及《学校体育艺术工作条例》规定，市教育局出台《中小学体育艺术"2+1"项目实施指导意见》，要求每个学生都要具备2项体育技能和1项艺术技能。

二、教师

清代前，全县教师以塾师为主，无具体统计人数。清朝末年，全县始有师范和中小学教员，共有教职员335人。民国5年(1916年)，全县教职员586人，多为一年制师范简易科及师范讲习所毕业生，一般文科水平较高，理科水平偏低。民国24年，国民政府如皋县政府成立塾师训练委员会，分别在孔庙尊经阁、马塘小学、石庄小学分小组进行讲习，受训塾师250名，训练期满考试合格的，发给合格证明书。民国38年2月，各类学校开学时原有教职员工一律留用。1954年，全县中小学教职员增至1962人。县政府文教科对全县教师队伍进行考察分类，不称职的在职、离职进修或转业。1964年1月，全县小学教师中中师以上水平的占60%，中学教师中大专水平的占80%。"文化

图16-9 如皋县模范教育工作者合影(1951年摄)

大革命"期间，一批骨干教师被下放劳动，初中、小学层层"戴帽子"，部分教师被硬性提升到高一级学校任职，同时吸收大量民办教师、代课教师。20世纪70年代末，县教育局开始组织以整顿民办教师队伍为重点的教师队伍整顿。部分不适宜继续任教的民办教师、代课教师被安排到事业单位、乡镇企业工作；部分民办教师被安排到县教师进修学校进修，经考试、考核合格的被录用为公办教师；如皋师范学校开办民办教师班、招录部分民办教师参加中师学习，成为合格教师。1980年，全县高中专任教师778人，其中大学本科学历245人，占31.49%；初中专任教师1936人，其中大专学历236人，占12.19%；小学专任教师5040人，其中中师毕业以上文化水平的1190人，占23.61%。1987年，全县教育系统全民事业单位首次开展专业技术职务评聘，全县教师中，取得高级职称任职资格的167人，取得中级职称任职资格的2159人。1990年，全县高中专任教师602人，其中具有大学本科以上学历的357人，占59.30%；初中专任教师2957人，其中具有大学本科、专科学历或大学本科肄业(2年以上)的1660人，占56.14%；小学专任教师4846人，其中具有中师、高中及以上学历的3531人，占72.86%。进入21世纪，全市教师队伍结构不断优化，学历水平不断提高。体育、音乐、美术等学科均配备专业、专职教师，高中新聘教师全面要求大学专科，并大量吸收大学本科毕业生到初中任教，小学新聘教师逐步由中师转为大学专科，并始吸收大学本科毕业生到小学任教。2005年，全市中小学专任教师9980人。其中，高中教师2081人，大学本科及以上学历的1971人，占94.7%；初中教师3912人，本科及以上学历的1341人，占34.3%；小学教师3987人，本科及以上

学历的658人,占16.5%。2006年始,全市面向全国招录新教师。2010年,全市教职工总数12011人(含幼教),其中高中2462人,初中3431人,职中722人,小学3421人,成教30人,特教49人,幼儿教师1843人,教育局机关教师编制53人。专任教师中,高中教师学历合格率99.76%,初中和小学教师学历合格率100%。

三、教学研究

宋代,如皋籍教育家胡瑗,在浙江湖州实施分斋教学制度,是为宋代学校教学制度的创举。他还倡导因材施教。主要采取传统教材及教学方法,学童读书、习字,塾师等讲解。学童启蒙入塾,塾师多采用个别教授方法,教学生读书、习字。清光绪二十七年(1901年),县内兴办学堂后,始引进现代教育教学方式、方法,对传统教学方式、方法进行改良,小学堂各主要学科设有研究会,制定章程,鼓励会员对教育、教学工作开展研讨。清光绪三十二年,如皋师范学堂第一次使用幻灯教学,知县、学务公所董事、教育会长、如城各小学堂教师近百人观摩。清光绪三十三年,如皋师范学堂举行首次音乐会。清光绪三十四年,如皋县首届学生体育运动会举行。辛亥革命初期,全县加大教育改革和学校教学方法改进力度。如师附小教师姚旨静等应中华书局约请,编纂初等小学用新式教科书《国文》,被采用发行全国,毛泽东在延安文艺座谈会上讲话时提及此书。民国5年(1916年),北洋政府如皋县督学视导时,始倡导启发式教学方法。民国12年,如皋师范学校博物教学采用实物标本,配以绘图说明,开展启发式教学。是年,如皋师范学校研究形成“普通教学法”,将课堂教学归纳为7项程序。北洋政府如皋县教育局在全县推行。民国24年,教师杨振麟等制作教具“注音符号教学片”“四则练习器”等。民国25年10月,县孔庙小学创办校刊《孔小月刊》。民国26年,全县设25个小学协进团,分片开展教学研究活动。民国29年始,如西抗日民主根据地内学校师生平等,课堂教学民主化,多采取讨论式教学,并在实践中创造游击办学形式。解放战争中,县政府主办的学校大多采取游击办学方式,教学方式、方法随战争形势变化,不断创新。

1951年,全县中小学普遍建立自然(含数理化)、社会(含政史地)、技能(含体音美)三科教研会。1952年,全县各学校课堂教学中运用组织教学、检查提问、讲授新课、复习巩固、布置作业5个环节,教学活动中掌握直观性、自觉性(积极性)、巩固性、系统性、量力性5大原则。1954—1955年,教育系统学习苏联凯洛夫教育理论与教学方法。1956年8月,县教育局创设小学教学研究室,后改称教研室,设中、小学主要学科及幼儿教育教研员。各县属完中设各学科教研组,各乡中心初中、中心小学牵头设学科教研组,定题、定人、定时开展教研活动。1958年,全县出现重视社会实践,忽视基础知识教学研究倾向,教学质量下降。1959年,全县各学校调整教学、劳动和生活安排,恢复以教学为主,主要学科、基础学科的教学研究同时恢复。1960年,县文教局始强调“双基”(基础知识、基本技能)教学研究。1961年,全县中小学始根据《全日制中小学语数教学大纲(草案)》实施教学研究。1963年,全县中小学提倡教师精讲,学生多练。1964—1965年,全县学校开展学习上海育才中学经验,提倡“少而精、启发式”的教学方法,将读、讲、思、议、练活动有机结合,克服教学上的形式主义。“文化大革命”开始后,全县中小学各科教学研究活动中断,教学活动渗透浓重政治运动色彩。

1976年,县教育局相继组织高、初中和小学教师学习新教材,举办中学物理、化学、英语教材分析会及小学中、高年级语文、数学备课班。1981年,全县小学教师学习新教学大纲。下半年起,中小学各学科以“打好基础、发展智力、培养能力”为中心,开展专题研究活动。1983年,县教育学会成立,下设中小学各学科及幼儿教育、职工教育等分会及研究小组。是年至1984年,全县先后举行小学、初中语文、数学等9个学科的青年教师课堂教学比赛。1985年始,全县建立教研网络,县教育局教研室下设10个片、13所完全中学、51个乡(镇)教学研究组织,领导各校教研组,定题、定人、定时组织并完成各项教研任务。教学研究实施课题研究,其中小学为“注音识字、提前读写”“识字、阅读、写作三线并进、整体优化”“第二课堂教学”,中学为“自学、议论、引导教学法”“培养学生自学能力”“语文结构教学”。是年,如城五中教师石琦代表江苏省在全国青年教师观摩研讨会上执教示范。1990年,城西乡郎庄小学数学教师陈昭银在教学实践中探索研究,发现“圆方率”[圆与其外切正方形之间的周长、面积之比为π/4,圆柱、圆台、圆锥与其相应的外切正四棱柱、正四棱台、正棱锥之间的面积(底面积、侧面积、表面积)与体积之比为π/4],引起全国教育界高度关注。是年,县教育局增设教育科学研究室、教育技术装备室及电化教育中心,全县教育系统设电视录像放映点63个。如皋教育电视台建立,始实施远程教育、教学,如皋为江苏省建立教育电视台的两个试点单位之一。1987—1990年,县教育局教研室各科教研员主编或参与编写出版各类教育参考资料20多种,出版乡土教材《如皋历史》《如皋地理》各1本。教师张汉清编著的《语文板书设计》《引读导写》、王学东编著的《课文作文实例与指导》、沈长生编著的《应用题的解题思路》等著作相继出版。1995年始,市教育局教研室每学期举办新教材培训。小学语文强调“以读为本”,推广“初读感知→精读感悟→熟读导练”的基本教学模式;小学数学强调“思维训练”,推广“激趣导入→自主探究→训练反馈”的基本教学模式;小学自然(课改后称“科学”)强调“探究意识”,推广“提出问题→获取证据→形成概念”的基本教学模式。

2002年始,市教育局每年组织骨干教师参加国家和江苏省、南通市的课程改革培训,观摩和学习课程改革实验区的先进经验,邀请教育专家和著名特级教师等到如皋作学术报告,2004年始,全市推进以“活动单导学”模式为重点的课堂教学改革、探索。2009年始,以构建“均衡、优质、和谐”为目标,推进教育现代化建设,如皋市被评

图16-10 如皋市区域教育现代化推进大会（2009年摄）

为江苏省教育现代化县(市)。

附录:

“活动单导学”模式

产生背景

“建立自主合作探究的学习方式,倡导学生主动参与、乐于探究、勤于动手,培养学生搜集和处理信息的能力、获取新知识的能力、分析和解决问题的能力以及交流与合作的能力。”是新课程改革的主要目标。但在实际教学中,以教师为中心,以教材为中心,以教室为中心的现象依然存在,单调、沉闷、低效的课堂,压抑了学生个性的发展。如何让素质教育的先进思想落地生根?如何将新课程的先进理念转化为现实的教育生产力?如何通过课堂教学改革促进教育整体优质均衡发展,特别是内涵的优质均衡,让后进的学生也能很快提高,享受成功的体验?如何建立一个相对系统、科学、具有区域特色、让教师可以操作的课改平台和抓手?如皋教育系统走上课堂教学改革的征程。

探索历程

2004年,市教育局高中化学学科组研制出教学“活动单”,探索非常态课型,强调让“教室”成为“学堂”,“教学”成为“让学”,“听课”成为“学习”。在课堂上,教师根据学生的实际需求,不再刻意追求课堂教学程序的严密和教学结构的完整,不再墨守封闭型教学过程的预设,不苛求完美,灵活地安排教学程序,适时地调整教学环节,引导学生主动参与、主动探索、主动思考。以吴窑镇金盛初中为代表的一些学校,开始探索实施“活动单”导学。通过研究和实践,逐步确立“以活动促进学生主动学习”的教学理念,并形成“活动单导学”课堂教学流程。市教育局及时论证、总结、完善课改实验学校的经验,并在初中和小学中、高年级进行实验。此后,全市分个微型课题项目中心,进行“活动单导学”教学模式的专题研究,探索与“活动单导学”教学模式相匹配的教学流程,解决“活动单导学”教学中操作层面的实际问题。全市教育系统各课题组组织不同学段、学科的骨干教师对活动的类型、形式、时空及组

织管理等进行深入研究，使活动真正成为达成课堂目标的最优化途径。部分学校、学科成立教科研共同体，实施“活动单导学”模式的联合探索、研究。在此基础上，市教育局邀请专家、学者把脉、指导，不断建构、完善教育哲学视野下，“活动单导学”模式的思想理念、教学原则、操作程序以及教学管理制度和推广策略。由此，“活动单导学”教学模式基本成型，并在全市全面推广。

模式解读

“活动单导学”教学模式，是教师以“活动单”为媒介引导学生在“活动”中自主、合作学习的模式。

“活动”是“活动单导学”教学模式的灵魂。“活动单导学”将教学目的蕴藏于活动过程之中，其一堂课主要由3个左右不同类型、不同形式的活动模块组成。学生通过调查、实验、探究、交流、讨论、反思等多元活动，进行“自主学习”“合作探究”“展示交流”“点评提升”，亲身经历并充分享受学习的过程，从而获得知识、技能、情感与态度，特别是探索精神与创新能力的提升和发展。

“活动单”是“活动单导学”教学模式的载体，是学生学习的“路线图”“行动图”，是教师导学的抓手，是学科课程活动化的载体，保证课堂“形散而神不散”。“活动单”一般由“学习目标”“活动方案”“检测反馈”三个部分组成，根据教学目标，把教材的内容和要求以及相关教学资源，转化为具有可操作性、目标性和开放性、生成性的活动方案。

“导学”是“活动单导学”教学模式的关键，老师通过讲授、点拨、评价等予以引领、提升学生的学习，引导学生获得最大限度的身心解放和自我价值实现的幸福。

“活动单导学”教学模式具有很大的包容性和灵活性，在坚持“活动教学”思想和教学原则的前提下，不同的学校、学段、学科、课型都可以进行适度的改造和创新，使得模式从有形走向无形，虽有模式但不模式化，从而有着更强的引领性和适应性。

实践效果

经过近7年的实践，“活动单导学”教学模式体现出明显的成效。一是发展了全体学生。“活动单导学”教学模式，以全体学生的发展为本，学生的主体地位得以最大限度、最为真实、最为有效地凸显，学生的兴趣浓了，胆子大了，热情高了，心气畅了。他们在精神面貌发生变化的同时，可持续发展的能力也获得大幅提升。学生参加各级各类比赛，获奖频频。二是提升了教学质量。“活动单导学”教学模式的推广与实施，提高了课堂教学效率，也带动了区域教学质量的稳步提升。三是培养了幸福教师。“活动单导学”教学模式的实践和推广，点燃了教师探索的火种，激活了教师思想的灵感，萌生了教师自我发展的教育自觉，成就了一批爱学习、勤思考、善研究的发展型教师。2009—2010年，全市有38名教师获得全国教学比武一等奖。2010年，新增特级教师4名，南通市学科带头人、骨干教师43人。

社会影响

先后编写出版《活动单导学实践案例》《活动单导学实用手册》以及各学科《活动单导·学·练》。《江苏教育》《江苏教育研究》(整刊)系统介绍“活动单导学”教学模式。《人民教育》把“活动单导学”教学模式作为全国“深化课程教学改革经验谈”的开篇之作，推向全国。在2010年江苏省首届基础教育教学成果评比中，“活动单导学”教学模式获一等奖，并在全省教学工作会议、全省基础教育工作会议等会议上做专题交流。在全国中小学公开课电视展示活动中，“活动单导学”课堂教学获特等奖，并被作为经典案例向全国推广。《中国教育报》《中国教师报》等十多家知名刊物报道、推介“活动单导学”教学模式。各地专家、学者、教育考察团到如皋考察、学习逾万人次。

（节选自如皋市教育局局长金海清在南通市基础教育工作会议上的发言）

第九节 考试·升学·留学

一、考试

科举考试 隋唐时期科举考试资料缺载。

北宋宣和元年（1119年），王俊乂廷试第一，状元及第。宋代至清代，全县共有3人考中进士，200多人考中举人。清代，县试考场设于如皋城考棚巷。县试每次录取名额视缴纳赋税多少而定，遇皇室恩诏增录4—5名。县试主考为县令（知县）和学官（教谕、训导），试题由县官拟定。县试第一名称为县首，亦称案首，合格者至通州（今南通）参加院试，院试考中的称为庠生（或称生员、附生，俗称秀才，书称诸生）。清光绪三十一年（1905年），科举制度废除。

此外，《王荆公集·右侍禁周君墓志》载："女嫁如皋史堪（德安）、郑玢，皆为进士。"王观撰《丁锡墓志》刻："女二人，长适进士张卫、次适进士顾伟。"《李氏族谱》记载，李登观为进士，未确考。

如皋县文科进士一览表

表16-9

朝代	姓名	殿试			官职		备注
		时间	甲第	名次	累官	品级	
北宋	查　道	端拱元年（988年）	缺载	缺载	户部度支副使 龙图阁待制	从四品	赐金紫（从三品）
	王惟熙	景祐元年（1034年）	缺载	缺载	司封员外郎	正七品	—
	胡志康	庆历六年（1046年）	缺载	缺载	杭州观察推官	从六品	胡瑗长子
	胡志宁	与兄志康同榜进士	缺载	缺载	湖南永州知州	从五品	胡志康弟
	王　观	嘉祐二年（1057年）	缺载	缺载	大理寺丞 知江都县	从六品	—
	王　觌	嘉祐四年	缺载	缺载	龙图阁学士	从三品	—
北宋	丁　传	缺载	缺载	缺载	缺载	缺载	初举进士
	丁　傅	缺载	缺载	缺载	缺载	缺载	—
	史　声	元祐三年（1088年）	缺载	缺载	缺载	缺载	—
	王俊乂	宣和元年（1119年）	缺载	1	湖南岳州知州	从五品	状元
	王咸乂	宣和六年	缺载	缺载	缺载	缺载	—
南宋	王　岐	淳熙五年（1178年）	缺载	缺载	缺载	缺载	
	王正纲	淳熙十四年	缺载	缺载	缺载	缺载	—

续表16-9

朝代	姓名	殿试			官职		备注
		时间	甲第	名次	累官	品级	
元	管重和	泰定四年（1327年）	缺载	缺载	缺载	缺载	《管氏族谱》
元	连原霖	至正二十三年（1363年）	缺载	缺载	明永乐四年通政使	正三品	《古今万姓统谱》载："本朝有连原霖，洪武中任翰林院编修。"
明	黄　用	明永乐二年（1404年）	三	368	河南河阴县知县	正七品	—
明	刘　鉴	永乐四年	二	24	直隶平谷县知县	正七品	—
明	邵　聪	永乐九年	三	34	翰林院庶吉士、御史	正七品	
明	许　鹏	永乐十六年	三	131	翰林院庶吉士	正七品	—
明	冒　政	成化十一年（1475年）	二	79	都察院右副都御史巡抚宁夏	正二品	—
明	马继祖	弘治三年（1490年）	三	25	云南道监察御史	正七品	—
明	冒　鸾	弘治六年	二	57	福建布政司左参议分守建宁道	从四品	—
明	何　瑭	弘治十五年	二	48	南京都察院右都御史	正二品	—
明	冯世昌	正德六年（1511年）	三	175	给事中	正七品	—
明	孙　裒	嘉靖二十六年（1547年）	三	205	陕西道监察御史	正七品	—
明	孙应鳌	嘉靖三十二年	二	65	工部尚书、经筵讲官	正二品	赠太子少保 谥文恭
明	钱　藻	嘉靖三十八年	二	63	顺天府府尹	正四品	—
明	苏　愚	嘉靖四十一年	二	31	广西左布政使	从二品	—
明	马　洛	万历二年（1574年）	三	197	四川重庆府通判	正六品	—
明	郭师古	万历五年	二	27	陕西布政司右参政	从三品	—
明	冯上知	万历十七年	三	155	光禄寺少卿	从五品	—

续表 16–9

朝代	姓名	殿试			官职		备注
		时间	甲第	名次	累官	品级	
明	李之椿	天启二年（1622年）	三	238	尚宝寺卿 礼部侍郎	正五品	—
	冯上宾	缺载	三	313	湖广参政	从三品	
	冒起宗	崇祯元年（1628年）	三	8	按察司副使 督理七省漕储道	正四品	—
	田见龙	缺载	三	66	缺载	缺载	—
	许　直	崇祯七年	三	40	吏部文选司 员外郎	从五品	—
	曹鼎臣	崇祯十年	三	69	给事中	从七品	—
清	朱凤台	顺治三年（1646年）	三	91	兵部车马司主事	正五品	—
	佘一元	顺治四年	二	17	礼部仪制司郎中	正五品	—
	丁其誉	顺治十二年	三	171	山西石楼县知县	正七品	—
	许嗣隆	康熙二十一年（1682年）	三	81	翰林院侍讲	从五品	—
	张　祚	康熙二十四年	二	31	山东朝城县知县 行取主事	正五品	—
	石为崧	康熙二十七年	三	15	户部贵州司员外郎	从五品	—
	朱廷宁	康熙四十二年	二	45	户部广西主事	正五品	—
	丛方菡	康熙四十五年	二	48	四川德阳县知县	正七品	
	郑大德	康熙六十年	二	28	浙江山阴县知县	正七品	—
	姜任修	康熙六十年	二	34	直隶清苑县知县	正七品	—
	胡香山	雍正元年（1723年）	二	44	河南道监察御史	从五品	—
	姜颖新	雍正元年	三	126	直隶按察使	正三品	—
	黄克业	乾隆二年（1737年）	三	139	安徽池州府学教授	正七品	—
	范承宣	乾隆七年	三	60	浙江德清县知县	正七品	—

续表16-9

朝代	姓 名	殿 试			官 职		备注
		时间	甲第	名次	累官	品级	
清	顾人骥	乾隆十三年	二	34	福建上杭县知县	正七品	—
	史鸣皋	乾隆十六年	二	36	广西梧州府同知	正五品	—
	程化鹏	缺载	三	83	江西饶州府同知	正五品	—
	范曾辉	乾隆十九年	三	87	缺载	缺载	会试第一名，不求宦达，杜门课徒
	顾　駉	乾隆二十六年	二	45	湖北汉阳府同知	正五品	—
	戴联奎	乾隆四十年	二	11	礼、吏、兵部尚书	从一品	—
	范　辂	—	三	34	四川长宁县知县	正七品	—
	沈　岐	嘉庆十三年（1808年）	二	44	都察院左都御史光禄大夫	正一品	光绪《通州志》有载，白蒲人
	朱　琦	道光六年（1826年）	三	53	四川宜宾县知县	正七品	—
	顾　暄	道光十二年	三	35	礼部仪制司主事	正六品	—
	吴开阳	道光十三年	二	60	湖北宜昌府、安徽太平府知府	从四品	—
	朱为霖	道光十六年	三	41	湖北枝江县知县	正七品	《朱氏族谱》有载，郭园人
	胡连耀	道光二十四年	三	27	吏部主事	正六品	—
	沈锡庆	道光二十五年	二	47	湖北荆宜施兵备道按察使	正三品	光绪《通州志》有载，白蒲人
	沈　锽	道光二十七年	二	73	山东兖州运河同知	正五品	光绪《通州志》有载，白蒲人
	袁祖安	同治元年（1862年）	三	18	广西钦州知州	正五品	—
	黄文元	同治七年	三	35	户部主事山东司行走	正六品	—
	邓　煐	同治七年	三	102	山东临清直隶州知州	正五品	—
	沈汝奎	同治十三年	三	83	河南祥符县知县	正七品	光绪《通州志》有载，白蒲人

续表16–9

朝代	姓名	殿试			官职		备注
		时间	甲第	名次	累官	品级	
清	刘邦槐	光绪十二年（1886年）	三	60	安徽婺源县知县	正七品	—
	吴肇嘉	光绪十五年	—	缺载	缺载	缺载	未殿试卒
	谢福庆	光绪十六年	三	12	浙江建德县知县	正七品	—
	沙元炳	光绪二十年	二	47	翰林院编修	正七品	—
	周炳荣	光绪二十一年	三	119	缺载	缺载	—
	钱昌颐	光绪二十四年	三	59	湖北宣恩县知县	正七品	—

如皋县武科进士一览表

表16–10

朝代	姓名	殿试时间	官职		备注
			累官	品级	
明	张楫	弘治九年（1496年）	虎贲卫指挥使	正三品	—
	冒爵	嘉靖十四年（1535年）	泰州所镇抚	从五品	—
	陶灿	万历十七年（1589年）	扬州卫左所镇抚	从五品	—
	罗光烈	崇祯元年（1628年）	广东巡海道中军守备	正四品	—
清	邹斌	顺治六年（1649年）	直隶天津卫守备	正四品	—
	刘愈炌	顺治六年	掌印都使司都使	缺载	—
	蒋煦	康熙十八年（1679年）	缺载	缺载	—
	丛中紘	康熙二十一年	湖广提督守备	正四品	—
	苏廷珍	康熙三十三年	缺载	缺载	—
	缪伟臣	康熙三十六年	缺载	缺载	—

续表16-10

朝代	姓 名	殿试时间	官 职		备注
			累官	品级	
清	蒋世琦	康熙四十二年	太和殿侍卫	正四品	—
	汪为霖	乾隆四十五年（1780年）	山东兖州守	缺载	—
	徐 璋	乾隆四十九年	福建金门镇守备	正四品	—
	陈嘉谟	乾隆五十二年	御前侍卫襄阳营守备	正四品	—
	沈 彪	嘉庆七年（1802年）	候补卫守备	正四品	—
	陈金标	道光六年（1826年）	缺载	缺载	—
	卢殿材	同治七年（1868年）	漕标守备	正四品	—
	秦文源	光绪三年（1877年）	缺载	缺载	民国《南通县图志》有载
	陈汝玉	光绪十二年	三等侍卫	正五品	—

学校考试 民国时期，全县公私立学校自行组织考试，每学期一般有期中和期末2次，部分学校加设月考。高中学生毕业时举行全县会考。中华人民共和国成立后，全县学校沿袭期中、期末2次考试制度，部分学校增加单元考试和平时小测验，考试实行100分制计算成绩。1952年始，一度实行"五级记分法"，对学生答问（口试）、板演或单题、题组测验记分，列入学生平时成绩。县教育行政部门或教育业务检查指导机构，常就某年级某学科举办统一考试，考试成绩列入学生个人成绩总评，学校或班级平均成绩作为评定学校或任课教师教学质量优劣的参考。全县各学校中，低年级升入高一级，主要学科均须及格（不及格科目准予补考），补考仍不及格者则予以留级。成绩特优或特差的学生，可作跳级或降级处理。"文化大革命"初，考试制度取消，学生随年龄升级。20世纪70年代始，全县各学校逐步恢复期中、期末考试和平时测试，并以一定比例列入一学期学生学习成绩的评定。1977年，随着高考制度恢复，全县除按上级统一要求组织高考外，升学考试逐步实行单人单座考试，统一集中阅卷。部分学年除组织毕业班升学考试外还组织非毕业班期末交班统考，部分学校将学生考试成绩排名公布。进入21世纪，考试制度基本沿袭，一般考试不再公布考试成绩，不排列名次。

自学考试 1983年，县内设立高等学校自学考试考点。1985年，县高等学校自学考试指导委员会建立。具体考试由县高校招生办公室兼管。此后，县高招办根据上级教育主管部门统一安排，每年4月和9月组织高等学校自学考试。1990年，全县高等学校自学考试设中专、大专、大学生本科3个层次。考试科目视考生自学科目和上级安排确定，最多时设近百个。1995年，全市取消中等专业学校自学考试。至2008年，全市共组织自学考试50余次，参加自学考试的学员6万多人次，毕业2019人。

二、升学

民国时期，县内学校招生、升学、录取等均由学校自行决定，各校招生时间不一，方式各异。

1949—1953年，沿袭旧制。1954年7月，江苏省中等学校招生委员会如皋支会和县招生工作委员会成立，全县统一领导全县初中、小学招生工作。如皋中学高中部招生由学校自行负责。1957年5月，如皋县毕业生工作指导委员会成立，全县普通中学、师范和各类中等专业学校不参加统一招生，采取统一考试日期，由各校单独招生或同一地区同性质学校联合招生，注意保证"政治"质量，结合学业成绩和健康条件择优录取。1961年，全县中等学校招生仍采取同一地区学校联合招生，一次考试，分批录取的办法，首先录取如皋中学、如皋师范的新生，其次录取各普通中学、中专的新生，最后农（职）业中学、民办中学录取新生。1962年，县内首次设立高等学校招生考试考场，如皋、海安2县应届高中毕业生和社会知识青年945人应试。1963年，高校招生如皋考场，接纳如东、海安、如皋3县考生1907人应试。1964年，高校招生如皋考场，接纳如皋、海安2县考生1126人应试。中等学校招生仍采用一次考试、分批录取的办法。"文化大革命"开始后，全县高中、中专、大学升学考试均停止。1968年，全县中小学采取学生本人报名，家长同意，贫下中农、革命干部、革命师生推荐，各级革命委员会审批的方法招生。1969年，全县高中由秋季招生改为春季招生，仍采取推荐与选拔相结合的办法。小学、初中招生亦推迟到寒假进行。1970年，高等学校恢复招生，不进行文化考试，实行"群众推荐，领导批准和学校复审相结合"的招生方法，于县内第一次招收工农兵学员3名。1972年冬，全县高中招生实行统考，单人单座，统一阅卷。高中录取新生按考试成绩分班，是为"文化大革命"期间唯一一次招生统考。1973年，全县根据"自愿报名，群众推荐，领导审查，学校复审"的办法，选拔学员150名升入大学、中技和师范学校。是年，全县恢复秋季始业，中小学各年级均延长半年，至1974年暑假升级或毕业。高中和初中的招生方法仍恢复1971年前的方式。1976年6月，县教育局执行新的招生分配制度，巩固普及小学五年制教育，基本普及初中教育，有计划地发展高中教育。是年，高校招生时明确，毕业生"社来社去""厂来厂去""哪里来哪里去"。1977年，高等学校恢复以文化考试方法在县内招收新生，全县有474人被高等院校和中等专业学校录取。1980年，如皋中学恢复面向全县招生。1983年，县内开始试行委托培养办法，由用人单位委托高等学校定向培养学生，学生毕业后至委培单位就业。是年，如皋县高等学校招生委员会建立。1990年，全县参加高考被录用考生1401人。是年，如皋中学试行县内提前招收新生方法。2005年，全市向高等学校输送新生7734人，向各中等专业学校输送新生1276人，职业学校学生参加对口高考被录取811人，录取飞行学院3人，合计9824人，为1990年的7倍多。2010年，全市高中和中等专业学校招生制度改革，统一由南通市组织网上填报志愿、网上阅卷、网上招生录取，招生录取综合评价学生综合素质评定、学业水平测试、文化科目考试和体育测试等。是年，全市共有10007名高中毕业生参加全国普通高校招生考试，被高等院校录取9398人（不含保送和提前录取），录取率93.9%。其中，升入本科院校考生6577人（含民办本科），占录取总数69.98%，升入专科院校考生2821人，升入飞行学院3人。

1985—2010年如皋市（县）学生被高校录取情况统计表

表16-11

单位：人

年度	本科	专科	五年制高师	五年制高职	合计
1985	510	333	—	—	1075
1986	460	334	—	—	1019
1987	350	340	—	—	854
1988	405	446	—	—	1021

续表16-11

年度	本科	专科	五年制高师	五年制高职	合计
1989	403	385	4	—	908
1990	486	441	1	—	1035
1991	603	396	3	—	1124
1992	356	595	3	—	1038
1993	610	1001	—	—	1799
1994	624	1105	17	—	1961
1995	536	1085	28	—	1750
1996	868	1076	51	—	2075
1997	957	811	71	—	1862
1998	1325	713	97	—	2139
1999	2522	933	117	—	3455
2000	2800	1767	130	—	4567
2001	2422	2248	118	268	4670
2002	2667	2142	240	286	4809
2003	2862	2262	204	973	5124
2004	3772	3112	148	1121	6884
2005	4106	3628	59	647	7734
2006	4635	3348	—	—	7983
2007	6367	4218	—	—	10585
2008	6325	3658	—	—	9983
2009	6215	3674	—	—	9889
2010	6577	2821	—	—	9398

1985—2005年如皋市(县)学生被中等专业学校录取情况表统计表

表16-12

单位:人

年度	大中专	普通中师	普通中专	合计
1985	232	171	122	293
1986	225	138	217	355
1987	164	145	296	441
1988	170	119	294	413

续表16-12

年度	大中专	普通中师	普通中专	合计
1989	120	122	267	393
1990	108	105	260	366
1991	125	101	312	416
1992	87	105	342	450
1993	188	171	246	417
1994	232	146	339	502
1995	129	143	732	903
1996	131	186	775	1012
1997	94	214	1064	1349
1998	101	101	1067	1265
1999	—	—	1164	1281
2000	—	—	443	573
2001	—	—	313	699
2002	—	—	688	1214
2003	—	—	1372	2549
2004	—	—	819	2088
2005	—	—	570	1276

注:1979—1998年中专分为招收高中毕业生和招收初中毕业生两种,其中招收高中生的称“大中专”,1999年起中专停止招收高中生。2006年后,录取中专不再填报

1989—2010年如皋市(县)学生被飞行学院录取情况统计表

表16-13

单位:人

	合计	如皋中学	东陈中学	金城中学	丁堰中学	白蒲中学	白雁中学	薛窑中学	石庄中学	二案中学	江安中学	搬经中学	何庄中学	城西中学	磨头中学	市一中
合计	109	9	4	2	6	14	5	9	12	6	4	7	5	11	7	8
1989	5	0	0	0	0	0	0	0	1	0	0	0	0	1	1	2
1990	8	0	1	0	0	1	2	0	2	0	0	1	0	0	0	1
1991	8	1	2	0	1	1	1	0	0	0	0	0	1	0	0	1
1992	10	2	0	0	0	1	0	2	1	0	0	0	0	1	1	2
1993	8	1	0	0	0	0	1	0	1	1	1	2	0	1	0	0

续表16-13

	合计	如皋中学	东陈中学	金城中学	丁堰中学	白蒲中学	白雁中学	薛窑中学	石庄中学	二案中学	江安中学	搬经中学	何庄中学	城西中学	磨头中学	市一中
1994	9	2	0	0	0	1	0	0	0	0	1	0	2	2	1	0
1995	7	0	0	0	1	0	0	2	0	0	0	2	2	0	0	0
1996	6	0	0	0	0	0	1	1	1	1	1	0	0	0	1	0
1997	6	0	1	0	0	1	0	1	1	2	0	0	0	0	0	0
1998	6	0	0	0	1	2	0	0	1	0	0	0	0	2	0	0
1999	6	2	0	0	1	0	0	0	1	0	0	1	0	1	0	0
2000	5	0	0	0	0	2	0	0	0	1	0	0	0	0	0	2
2001	4	0	0	0	1	2	0	0	0	0	0	0	0	0	1	0
2002	5	0	0	1	0	0	0	0	2	1	0	0	0	0	1	0
2003	8	0	0	0	0	2	0	2	1	0	0	0	0	2	1	0
2004	5	1	0	0	1	1	0	0	0	0	0	1	0	1	0	0
2005	3	0	0	1	0	0	0	1	0	0	1	0	0	0	0	0
2006	3	0	0	0	1	0	0	1	0	0	0	0	0	1	0	0
2007	6	0	0	0	0	1	0	1	0	0	1	0	0	1	1	1
2008	2	0	0	0	0	0	0	0	2	0	0	0	0	0	0	0
2009	3	0	0	0	1	0	0	0	1	0	0	0	0	0	1	0
2010	3	2	0	0	0	0	0	0	0	0	0	0	0	1	0	0

2004—2010年如皋市职业学校学生参加“对口高考”被录取情况统计表

表16-14

单位:人

年度	本科	专科	合计
2004	183	391	574
2005	393	418	811
2006	547	—	—
2007	551	—	—
2008	339	—	—
2009	665	—	—
2010	551	—	—

注:2006—2010年,职高对口高考、录取专科不再填报

三、留学

清朝末年，沙元炳等倡议如皋师范学堂公费派遣教习姜渭璜、黄家瑞及学生刘之洵、宗孝忱等东渡日本留学，探索先进办学经验。此后，大批如皋青年，包括举人、秀才等纷纷自费出国留学，留学国家以明治维新后的日本为主。民国中后期，县内战事频仍，再未直接向外派遣留学人员。

1954年，教育部开始尝试从应届高中毕业生中选派学生出国留学，南通中学4名毕业生入选留学苏联，其中有如城人周祖毅。1955年，如皋中学首届毕业生马洵、陈顺生、黄桂冬、钱山德4人被国家选派至苏联留学。此后，直至"文化大革命"结束，全县未有留学人员记录。随着改革开放和高校恢复招生，如皋出国留学人员迅速增加，无准确完整的情况统计。

民国4年（1915年）前如皋县出国留学人员一览表

表16-15

性质	姓	籍贯	住　址	生卒年份	出国前身份	留学校名
公费派遣	姜渭潢	如皋	城内武定桥南	1870—1937	教习、秀才	日本 弘文学院
	黄家瑞	如皋	城内鹅颈湾	1882—1964	通州师范学生	日本东京体育专门学校
	刘之洵	如皋	城内严家湾	1886—1934	秀才	日本东京早稻田大学
	任为霖	如皋	双甸镇	1869—?	秀才	日本 弘文学院
	王福基	如皋	城内草行桥东	1860—1936	教习、秀才	日本 弘文学院
	项本源	安徽歙县	如皋城内	1871—1936	教习、秀才	日本 弘文学院
	石重光	如皋	李堡	1889—1933	学生	日本东京成城中学高等学校
	邹士冕	如皋	车马湖邹家小桥	不详	学生	日本弘文学院大冢分校
自费	赵邦荣	如皋	九华一甲	？—1915	教习	日本东洋哲学馆清华学校
	潘恩元	安徽徽州	丰利镇	1874—1944	举人	日本法政大学
	张汝霖	如皋	石庄镇北郊	不详	不详	日本法政大学
	胡兆沂	如皋	掘港胡家园	不详	不详	日本法政大学
	汪庆沅	安徽徽州	丰利镇	不详	不详	教育会附设法政讲习所
	张　相	如皋	丰利坝	不详	拔贡	教育会附设法政讲习所
	马燮光	如皋	马家坪	不详	不详	日本法政大学
	周藻祥	如皋	城内百岁巷	不详	不详	日本盛冈农林学校
	黄锡龄	如皋	城内鹤颈湾北	不详	不详	日本盛冈农林学校
	汤　相	如皋	缺载	不详	不详	日本盛冈农林学校
	孙恩绪	通州	如皋东水关河南	不详	秀才	日本弘文学院
	张金铃	如皋	双甸镇	不详	秀才	日本弘文学院

续表16-15

性质	姓	籍贯	住　址	生卒年份	出国前身份	留学校名
自费	李 莲	句容	东马塘	1886—1935	不详	日本弘文学院
	张金华	如皋	双甸镇	不详	不详	日本弘文学院
	贾 琪	如皋	缺载	不详	不详	日本弘文学院大冢分校
	黄家政	如皋	城内鹅颈湾	1889—1965	不详	日本千叶县医药专科学校
	陈达德	丹徒	如皋城内	不详	不详	美国耶鲁大学(未毕业、病故)
	马同生	如皋	城内南大街	不详	不详	日本国民英语学会高等科
	崔师成	如皋	缺载	不详	不详	日本东京早稻田大学
	吴 东	如皋	缺载	不详	不详	日本东译大学高等警务科
	何廷式	如皋	缺载	不详	不详	日本东译大学高等警务科
	何廷琛	如皋	缺载	不详	不详	日本东译大学高等警务科
	何廷辉	如皋	缺载	不详	不详	日本东译大学高等警务科
	缪振东	如皋	缺载	不详	不详	日本东京铁道学校
	俞铭德	安徽	丰利镇	1882—1938	不详	日本东京实科学校
	杨 甲	如皋	缺载	不详	不详	日本东京经纬学校
	马程仁和	如皋	缺载	不详	不详	日本体育学校
	罗 则	如皋	缺载	不详	不详	日本美术学校
	罗倩鹤	如皋	缺载	不详	不详	日本东京女艺学校
	黄明第	如皋	缺载	不详	不详	英国××大学

注:此表根据民国5年(1916年)县公署第三科所编《如皋县教育状况第二编》,周思璋录

第二章 科技

第一节 管理机构

一、市(县)管理机构

如皋市(县)科学技术委员会 1959年4月,如皋县科学技术委员会建立,下设办公室。1964年,停止工作。1975年,县革委会生产指挥组下设科技组。1976年,县革委会科技组划归县计划委员会领导。1978年5月,县革命委员会复建县科学技术委员会。1989年,如皋县科技兴县领导小组成立,于县科委设办公室。

如皋市科学技术局(知识产权局) 2001年11月,市科学技术委员会更名为如皋市科学技术局,原市计划经济委员会编制重大科技攻关项目和重点实验室项目计划及相关经费安排的职能,划归市科技局。原科委承担的综合管理全市引进国外智力、科技干部和专业技术职称管理的职能移交市人事局。2005年7月,市科技局增挂如皋市知识产权局牌子。2010年市科技局内设高新技术科等11个科(室)。

如皋市地震局 1975年5月,溧阳发生5.5级地震后,如皋由县水利局负责全县地震监测工作。是年秋,县革命委员会将地震监测工作划归生产指挥组科技组负责,并建立如皋县防震领导小组,下设办公室。1978年11月,县地震办公室建立,设编5人。1981年,撤销,于县科委设地震组。1990年,县地震办公室恢复。1998年,市地震办公室改建为如皋市地震局,为市政府直属正科级事业单位。2010年,与市科技局合署办公。

如皋市(县)气象局 1932年,如皋气象测候所成立。1956年12月,如皋县气象站在如皋农科所成立,隶属上海市气象局。1957年12月,改属江苏省气象局。1958年冬,行政隶属县政府,业务由南通市气象台指导。1959年11月,迁址如城镇宏坝村。1973年3月,划属县政府管理。1978年1月,迁址城西乡城南村8组。1979年,被中央气象局确定为国家级农业气象基本站。1981年,如皋县气象局建立,与县气象站两块牌子,一套班子。1983年,建制撤销。1989年,如皋县气象局恢复建立,仍为局、站合一。2004年4月,迁址如城镇纪庄村24组。2007年1月,晋升为国家气象观测一级站。2010年,在职人员25人,其中高级工程师4人,中、高级技术人员占71.43%。

图16-11 如皋市气象局 (2006年摄)

二、基层管理机构

20世纪80年代起,县经济主管部门建立科技科(股),配备专职科技干部。部分中型以上企业设立总工程师室,配备总工程师。一般企业配备业务主管工程师。

1989年,各乡(镇)建立科技领导组,共配备43名专职和10名兼职乡镇科技助理。1990年,改设科技副乡(镇)长。2000年始,各镇设科教文卫助理办公室,在分管副镇长领导下,协调全镇科教文卫工作。

第二节 科研及科技服务机构

一、科研机构

如皋市农业科学研究所 1959年创立，位于十里墩大桥西（今袁桥镇），有职工107人，其中高级职称2人、中级职称6人。1981年，发展“两旱一水”耕作制度，获江苏省科技成果四等奖。先后培育出适应三熟制生产的早熟玉米“皋单1号”“皋单2号”，成为县内主推品种。试验并在全县大面积推广棉花良种通棉5号、徐州142、四棉2号，水稻良种，南粳、盐粳，三麦良种，扬麦3号、扬麦5号，玉米良种，丹玉6号、苏玉3号等。试验推广棉花小畈深墒种植，激素实用技术等多项栽培模式，3麦免耕条播技术等均获成功。1986年，实施体制改革。此后，继续承担农业科学试验、示范、推广任务。

如皋市农业机械化研究所 1976年1月创立，位于如城南门外东兴桥东，有职工4人，其中农机工程师2人，助理工程师2人。主要从事农业机械化新机具、新技术、新成果的普及推广。初建时隶属县农业机械局。农机局撤销后，划属县水利局，1997年1月，市农机局恢复建立后，重新划归市农机局管理。20世纪90年代，先后完成科研推广项目20余项。

如皋市轻工研究所 1982年创立，隶属县轻工建材工业公司。先后形成衣物洗涤剂、指甲油、洗发精、速溶豆乳粉、玻璃马赛克及“一品香”白酒等研究成果，其中部分研究成果有偿转让给省内外生产厂家。20世纪90年代，随市轻工建材工业公司撤销。

江苏省（熔盛）船舶工程研究设计院 2008年，由江苏熔盛重工有限公司创立，为江苏省造船行业第一个省级研发机构。至2010年，建成6个研究设计中心，其中生产设计中心与焊接理化中心获得省科技厅资助科研资金1000万元。研究设计的产品分别获得江苏高新技术产品、中国企业新纪录、国家重点新产品等称号。

1959—2010年如皋市（县）科学技术研究机构一览表

表16-16

序号	机构名称	主办（管理）单位	建立时间	2010年状况
1	如皋市（县）农业科学研究所	如皋市（县）政府、市农委（县农业局、市农林局）	1959	民营定补运转正常
2	如皋市（县）农业机械化研究所	如皋市（县）农机局、水利局、农机局	1976-01	运转正常
3	如皋县电子研究所	如皋县革委会工交办、经委、科委、电化公司等	1977-08	已撤销
4	如皋县轻工研究所	如皋县轻工建材工业公司	1982	已撤销
5	如皋县建材研究所	如皋县轻工建材工业公司	1988-05	已撤销
6	如皋市（县）化工研究所	白蒲化肥厂	1988-05	随厂改制
7	如皋市（县）当代艺术壁挂研究所	如皋工艺丝毯厂	1988-05	随厂改制
8	如皋市（县）食用菌研究所	新姚乡	1988-05	改制民营
9	如皋市（县）光源电器研究所	如皋无线电二厂	1988-10	随厂改制
10	南通市永磁应用研究所	邓园永磁厂	1989-06	改制民营

续表16-16

序号	机 构 名 称	主办(管理)单位	建立时间	2010年状况
11	如皋市(县)药物研究所	如皋市(县)第二制药厂	1990-09	改制民营
12	南通磁性材料成型设备研究所	南通市锻压设备厂	1990-12	运转正常
13	如皋市电子材料研究所	如皋市电子材料厂	1992-04	运转正常
14	如皋市高新技术开发应用研究所	市科委	1992-07	2002年撤销
15	如皋市草坪技术研究所	皋南镇(大明乡)	1993	运转正常
16	如皋市动力机械研究所	如皋动力机械厂	1995-08	已撤销
17	如皋市柳树研究所(下原镇)	如皋市柳树研究所(民营)	2001	运转正常
18	南通苏中新型肥料研究所	新姚复合肥厂	1997	随厂改制
19	如皋市世明特种水产养殖研究所	如皋市世明特种水产养殖研究所	1999-05	运转正常
20	如皋市净华工业发酵与污染防治实用技术研究所	如皋市净华工业发酵与污染防治实用技术研究所(民营)	1999-12	运转正常
21	如皋市白玉蜗牛研究所	如皋市白玉蜗牛研究所(民营)	2000-06	已撤销
22	江苏省(熔盛)船舶工程研究设计院	江苏熔盛造船有限公司	2008	运转正常
23	大生线路器材公司院士工作站	如皋市大生线路器材有限公司	2009	运转正常
24	熔盛造船公司院士工作站	江苏熔盛造船有限公司	2009	运转正常
25	江苏省(神马)电力复合材料及装备研究院	江苏神马电力股份有限公司	2010	运转正常
26	祥源电气设备公司院士工作站	江苏祥源电气设备有限公司	2010	运转正常

二、科技服务机构

如皋科技创业园 2000年6月,由市委、市政府创办,位于如城镇福寿东路168号。为公益性全民事业单位。以“低门槛、轻税赋、零租金”等一系列优惠政策,提供入园注册、科技查询、技术培训、资金借贷、风险担保、项目申报、奖励申办等一系列服务,吸引市内、外高新技术企业、高新技术产品入园孵化。同时,成立博士后技术创新中心。2002年,与如皋市生产力促进中心合并。2004年,被认定为南通市级科技企业孵化器。2005年,被省科技厅认定为省级高新技术创业服务中心(科技企业孵化器)。至是年,共孵化企业62家,其中,3家企业被认定为省高新技术企业,5

图16-12 如皋市科技创业园(2000年摄)

家企业被认定为南通市高新技术企业；共孵化项目76项，其中，列入国家火炬计划3项，国家“富民强县”计划1项，省火炬计划2项，省科技攻关计划2项，省科技创新资金计划4项，省农业科技示范推广计划2项，省国际科技合作项目1项，南通市制造业信息化示范项目2项；有4项成果获南通市科技进步奖，有17名创业者分别受南通市和如皋市政府表彰。2006—2010年，正式投入运营的孵化器5家，孵化器总建筑面积18万平方米，建成省级科技企业孵化器2家、南通市级1家、如皋市级2家。累计孵化科技企业129家，承担国家、省、市科技计划项目25项。2010年12月，如皋科技创业园被科技部正式认定为国家级科技孵化器，在孵企业118家。

江苏省如皋软件园 组建于2009年6月，位于如城福寿路以南、惠政路以北、万寿路以西、龙游河以东，为省级软件园，范围32平方千米。2010年，主办2010中国（如皋）软件和服务外包峰会。至是年，有厦门、上海、北京等地86家软件和服务外包企业正式入驻，先后被评定为全国首家中国呼叫中心产业标准化建设基地、江苏省软件和信息服务产业园、中国最佳投资环境软件园。（详见卷七第三章《江苏省如皋软件园》）

1956—2010年如皋市（县）科技服务机构一览表

表16-17

序号	机 构 名 称	主办（管理）单位	成立时间	2010年状况
1	如皋市（县）种子公司	如皋市（县）农业局、粮食局，如皋市农委	1956	改制为民营
2	如皋市（县）沼气试验站	如皋县沼气办公室，如皋市计委、市能源公司	1978	运转正常
3	如皋市（县）农业技术推广中心	如皋市（县）农业局，如皋市农委	1978	运转正常
4	如皋市（县）经济技术信息中心	如皋市（县）科技局	1984	运转正常
5	江苏科技信息网络如皋分中心	如皋市（科委）科技局	1997-05	运转正常
6	如皋科技创业园	如皋市科技局	2000-06	运转正常
7	如皋市博士后创业中心	如皋市科技局	2000-05	运转正常
8	如皋市生产力促进中心	如皋市科技局	2000-08	运转正常
9	区、乡（镇）农业技术推广站	如皋市（县）农业局，如皋市农委	1955—1957	区站撤销 镇站运转正常
10	如皋市科技成果转化服务中心	如皋市生产力促进中心	2009	运转正常
11	如皋软件园	市政府	2009	运转正常
12	如皋花卉苗木技术服务中心	如皋市花木大世界有限公司	2010	运转正常

第三节 运行机制

一、科技进步行政推动机制

1978年，全国科学大会后，如皋科技进步工作行政推动机制逐步建立并日臻完善。1991年，由市长任组长，市委、市人大、市政协分管领导任副组长，12个相关部门主要负责人为成员的市科技工作领导小组、市科技创业园领导组、市信息化工作领导组和市农业科技园区建设领导组建立。市委、市政府建立健全科技工作目标责任制考核体系。此后，市委、市政府每年均对科技部门、乡镇和相关单位科技工作的组织领导、科技投入、技术创新、成果转化、科技政策落实等5个方面工作进行考核。

2010年，全市将调结构，抓创新，促转型作为科技工作的首要任务，实施科技兴市和人才强市战略，发挥人才集聚效应，提升自主创新能力。如皋市被列为江苏省创新型试点城市和可持续发展实验区。

二、科技成果转化机制

1993年，全市以申报实施火炬、星火、科技成果推广计划为重点，加强产学研合作，引导企业引进高校、科研院所的科技成果，推进科技成果产业化。

2000年，市科技局引导企业建立创新机制，实施专利保护战略，提高企业自主创新能力和核心竞争力，将科技成果转化转向培育具有自主知识产权的区域支柱产业。至2005年，全市实施省级和国家级重大科技成果产业化项目2项，获资金扶持1660万元。2006—2010年，全市申报的专利产业化项目中，具有自主知识产权的10项，其中8项共获江苏省政府资金支持9600万元。

三、科技投入机制

市政府每年加大科技经费投入，纳入预算，并及时拨付到位。2003年，市财政安排科技专项资金804万元。2004年，安排1414万元。2005年，安排1697万元。分别占当年财政收入的1.56%、1.85%、2.4%。市政府还建立科技开发与工商担保基金、科技风险投资基金、科技奖励基金、技改投入与招商引资奖励基金各1000万元。

2003—2004年，驻如金融机构共向全市科研机构、企业发放科技项目贷款15亿元。2006年，全市9家企业享受技改贴息488.5万元。2008年，神马电力科技有限公司空心绝缘子项目获江苏省项目滚动扶持资金2500万元。

2010年，全市40多家科技型中小企业与全省20多家银行开展银企对接，建立300万元的科技“种子”资金、5000万元的成果转化风险补偿资金，发放1500万元的成果转化风险补偿贷款。

四、科技进步激励机制

1978年始，市(县)委、市(县)政府设立科技进步奖，对作出重大贡献的单位和科技人员进行奖励，并推荐申报国家、江苏省和南通市科技进步奖。1989年，县纺织厂工程师王连贵研究发明空心锭多功能花式纺捻机获联合国发明专利金奖。1990年，县政府设立如皋县科学技术进步奖，奖励科技进步先进集体和个人，并建立科技成果评审委员会。1991年，王连贵、李玉坤成为首批享受国务院特殊津贴的中青年专家。

1996年，市政府制定《关于科技进步的政策措施》，规定获省级以上优秀中青年专家和南通市级拔尖人才，均晋升一级工资。

2000年，市政府明确，凡到如皋工作的博士生年薪不低于6万元，硕士生年薪不低于3.6万元；引进的高层次人才按其所创效益的30%奖励，其无形资产可作为企业股份，股份占比最高可达50%；高层次人员的配偶、子女可落户如城，子女入学免交择校费；带成果入园并落户开办企业的博士、硕士、高级科技人员，免费办理一切手续，由政府人才开发基金和园区开发基金给予一年的工作津贴，标准为博士每月5000元、硕士每月3000元，同时提供住房，标准为博士三室一厅、硕士两室一厅。

五、科技创新服务促进机制

2000年，市政府明确全市专利申请资助办法。同时明确，每位市领导联系国家级和省级有突出贡献的中青年专家、享受国务院特殊津贴人

图16-13 江苏省船舶及配套产业技术创新战略联盟2010年会暨技术创新论坛在如皋召开

员、南通市专业技术拔尖人才、省“333工程”(30名中青年首席科学家,300名科技领军人才,3000名中青年科学技术带头人)培养对象、南通市专业技术带头人、获南通市科技兴市功臣称号的专业技术人员、正高级专业技术人员以及其他有突出贡献的知识分子等2—3名，随时帮助解决科技创新中遇到的实际困难。是年，如皋市科技创业园创立，并在园区建立创新服务中心，成立由工商、税务、金融、担保公司、环保等8个部门参与的联合办公室，为入园企业提供方便和服务，组织新技术项目入园孵化。

2003年，全市专利申请数为184件。2004年，增至308件。2005年，市科技局增挂如皋市知识产权局牌子，建立如皋市江海专利事务所、南通友维知识产权代理有限公司，从专利申请代理、知识产权纠纷调解等方面强化知识产权保护。

2009年，如皋科技城（软件园）创立，为软件企业落户如皋提供高质量平台和全方位服务。全市培育神马电力等省级知识产权战略推进计划企业和南通市级知识产权示范企业。建立各类科技推广服务中心站（所）和民办科技服务组织。建立网络信息服务中心和科技信息库，开展信息查询、信息发布、技术培训等服务。2006年、2008年、2010年，全市专科申请数分别增至866件、2376件、5848件。

2010年，全市先后建成省级重大研发机构、公共服务平台和省级工程技术研发中心，产业技术创新联盟数量位居南通第一。如皋市被认定为国家级技术创新工程示范市。

第四节 工、农及建筑科技

一、工业科技

科技计划组织实施 1978—1989年,全县承担南通地区和南通市级科技计划项目93项,承担省级科技计划项目6项,其中工业科技开发项目主要有A806花式线纺捻机(J81211)、有机硅应用研究(J8229)、空心锭多功能捻线机(J86071)、空心锭多功能纺捻机中试(H89413)、玉米直接制糖生产味精新工艺(X89026)等。

1990—2005年,全市(县)组织实施国家火炬计划31项、国家星火计划13项、国家级新产品开发61项,承担国家其他计划(含创新基金、成果推广、资源开发等)项目12项。组织实施省级火炬计划66项、省星火计划11项、省新产品及高新产品开发165项,承担省级其他计划(含科技攻关、社会发展、地方专项、信息化和重大成果转化)项目24项。承担南通市级科技项目62项,如皋市级科技开发项目226项。

2006—2010年,全市共组织实施省级以上各类科技计划项目549项,获江苏省政府经费支持9464.7万元。其中,实施国家级火炬计划项目34项、星火计划项目13项、科技型中小企业技术创新基金项目11项、重点新产品项目22项、其他(含国家富民强市计划、国家科技重大专项、国家农转资金)计划项目15项,组织实施省级科技支撑项目20项、科技型中小企业创新资金项目10项、高新技术产品项目217项、国际合作项目5项、其他（含自主创新产品、科技成果示范)计划项目24项,承担南通市级科技项目68项。

高新技术企业培育 进入21世纪,市科委、市科技局着力培育科技型龙头企业和高新技术企业,制定10个方面评价标准和27项指标,进行综合考核评分,对重点企业进行跟踪服务指导,推进企业科技进步。2005年始,根据江苏省科技厅关于启动建立高新技术新兴产业和高新技术优势产业统计监测体系的要求,全市对符合《中国高新技术产品目录》的企业进行单独统计。是年,全市有高新技术产业69家,产值43.3亿元,集中在电子及通信设备制造、医药制造、专用科学仪器设备制造、电器机械及控制设备制造、新材料产业等5大产业,企业占比分别为:15%、8%、9%、25%、43%。2006—2008年,全市新认定国家火炬计划重点高新技术企业和省高新技术企业共33家,开发试制成功省级以上新产品221项。2009年,全市高新技术产值211.95亿元。

2010年,全市共有高新技术企业206家,比2005年增加137家;高新产业实现产值323.05亿元,比2009年增长49.94%。全市高新技术企业中省级以上高新技术企业36家,国家火炬计划重点高新技术企业2家。

2010年如皋市省级以上高新技术企业一览表

表16-18

序号	所在镇(区)	企 业 名 称	备注
1	白蒲镇	南通皋液液压机有限公司	—
2	白蒲镇	南通华东液压铸业有限公司	—
3	白蒲镇	江苏南天农科化工有限公司	—
4	白蒲镇	南通华东油压机械制造有限公司	—
5	搬经镇	如皋透平叶片制造有限公司	—
6	搬经镇	如皋市非标轴承有限公司	—
7	长江镇(如皋港区)	江苏华灿电讯股份有限公司	—
8	长江镇(如皋港区)	森松(江苏)海油工程装备有限公司	—
9	长江镇(如皋港区)	江苏德峰医药化工有限公司	—
10	丁堰镇	南通恒康数控机械有限公司	—
11	丁堰镇	江苏隆昌化工有限公司	—
12	丁堰镇	江苏恒康家居科技有限公司	—
13	江安镇	江苏汤臣汽车零部件有限公司	—
14	如皋经济开发区	如皋市包装食品机械有限公司	—
15	如皋经济开发区	南通锻压设备有限公司	—
16	如皋经济开发区	江苏祥源电气有限公司	—
17	如皋经济开发区	江苏省如高高压电器有限公司	国家火炬计划重点
18	如皋经济开发区	江苏省思源赫兹互感器有限公司	国家火炬计划重点
19	如皋经济开发区	江苏省顺远服饰有限公司	—
20	如皋经济开发区	南通松野自动化设备有限公司	—
21	如皋经济开发区	双钱集团(如皋)轮胎有限公司	—
22	如城镇	江苏昌昇集团股份有限公司	—
23	如城镇	如皋市大生线路器材有限公司	—
24	如城镇	南通市电站阀门有限公司	—
25	如城镇	南通市力威机械有限公司	—
26	如城镇	江苏省九鼎新材料有限公司	—
27	如城镇	江苏省力星钢球有限公司	—
28	如城镇	南通神马电力科技有限公司	—

续表 16-18

序号	所在镇(区)	企 业 名 称	备注
29	如城镇	江苏万达特种轴承有限公司	—
30	如城镇	江苏通用钢球滚子有限公司	—
31	如城镇	江苏天南电力器材有限公司	—
32	石庄镇	南通天泽化工有限公司	—
33	石庄镇	如皋市恒祥化工有限公司	—
34	石庄镇	南通市华峰化工有限责任公司	—
35	如皋软件园	南通超达机械科技有限公司	—
36	下原镇	如皋市日鑫电子有限公司	—

产品、工程技术研发 中华人民共和国成立初，县委组织群众性技术改造、技术革新活动，县内工业企业开始研发新产品。1958年，地方国营如皋通用机械厂研发切草机，经江苏省机械厅认证，填补省级空白。至1988年，全县共研发填补南通地区(市)以上空白工业产品171项，其中，填补国家级空白45项。1989年，王连贵发明的空心锭花式纺捻机获联合国发明专利金奖。此后，全市(县)新产品研发力度进一步加大，成果不断涌现。20世纪90年代，市(县)科委创建企业工程技术研发中心，承接外部科技创新资源和创新技术成果辐射、吸收和配置社会科技资源、凝聚企业内在创新能力，为企业提供成熟的配套技术、工艺和装备方案，并示范带动同行业产品升级和科技创新等。1997年，市政府制订《如皋市工程技术研发中心试行管理办法》。至2010年，全市共建立省级和南通市级工程技术研发中心81家，其中省级30家。建立省级院士工作站3个，省级科研成果转化服务平台2个，省级科技服务骨干企业1家，落实江苏省高层次创新创业人才引进计划4名，2家省级重大研发机构获省立项；建成南通市级工程技术研发中心68个，4人被评为南通市科技兴市功臣4名；建立市级公共服务平台2个，获南通市级以上科技进步奖77项(其中省级2项)，5家企业获江苏省创新研发型企业称号，神马电力跻身江苏省百强民营科技研发企业行列。

2010年如皋市省级工程技术研发中心一览表

表 16-19

序号	立项年份	中心名称	所属企业
1	1997	江苏省滚动体工程技术研究中心	江苏力星钢球有限公司
2	2006	N-甲基2-羟乙基吡咯烷	如皋市恒祥化工有限公司
3	2006	南通市特种植物资源深加工工程技术研究中心建设及水溶性银杏粉生产技术产业化	南通康威尔生物化工有限公司
4	2008	江苏省输变电设备复合外绝缘工程技术研究中心	南通市神马电力科技有限公司
5	2008	江苏省高压电器工程技术研究中心	江苏省如高高压电器有限公司
6	2008	江苏省含氮类杂环类化合物工程技术研究中心	南通市华峰化工有限公司

续表16–19

序号	立项年份	中心名称	所属企业
7	2008	江苏省玻璃纤维表面处理及复合工程技术研究中心	江苏九鼎新材料股份有限公司
8	2008	江苏省海洋装备工程技术研究中心	江苏熔盛造船有限公司
9	2009	江苏省吡咯类药物中间体工程技术研究中心	如皋市恒祥化工有限公司
10	2009	江苏省丁基再生胶工程技术研究中心	江苏东旭科技有限公司
11	2009	江苏省杂环类化合物工程技术研究中心	江苏德峰医药化工有限公司
12	2009	江苏省生态节能低污染纱线染色工程技术研究中心	江苏顺远纺织科技有限公司
13	2009	江苏省特种种植资源深加工工程技术研究中心	南通康威尔生物化工有限公司
14	2010	江苏省智能化小型化移动基站天线工程技术研究中心	江苏华灿电讯股份有限公司
15	2010	江苏省超大吨位锻压设备工程技术研究中心	南通锻压设备有限公司
16	2010	江苏省高性能胶印机工程技术研究中心	江苏昌昇集团股份有限公司
17	2010	江苏省(长寿)特色肉制品加工工程技术研究中心	江苏长寿集团股份有限公司
18	2010	江苏省(泰慕士)针织高档面料工程技术研究中心	南通泰慕士服装有限公司
19	2010	江苏省环保多功能(聚丙烯PP)户外遮阳装饰布工程技术研究中心	南通市田园装饰布有限公司
20	2010	江苏新型无机颜料工程技术研究中心	南通宝聚颜料有限公司
21	2010	江苏省(如皋)脂肪酸化学制品工程技术研究中心	上海制皂(集团)如皋有限公司
22	2010	江苏省菊酯类农药中间体工程技术研究中心	南通天泽化工有限公司
23	2010	江苏省太阳能温差发电工程技术研究中心	江苏浴普太阳能有限公司
24	2010	江苏省汽车制动装置工程技术研究中心	江苏汤臣汽车零部件有限公司
25	2010	江苏省海洋作业平台系泊自动定位系统工程技术研究中心	南通力威机械有限公司
26	2010	江苏省大型复杂模具工艺及制作工程技术研究中心	南通超达机械科技有限公司
27	2010	江苏省全钢丝子午线轮胎工程技术研究中心	双钱集团(如皋)轮胎有限公司
28	2010	江苏省(万达)特种轴承工程技术研究中心	江苏万达特种轴承有限责任公司
29	2010	江苏省(大生)电力线路金具工程技术研究中心	如皋市大生线路器材有限公司
30	2010	江苏省高电压复合绝缘子工程技术研究中心	江苏祥源电气设备有限公司

二、农业科技

农业科技试验 民国9年(1920年),县农业试验站建立,未实际进行农业科技试验。中华人民共和国成立初,全县区、公社(乡)、大队农业科研网络逐步建立健全,江苏沿江地区农业科学研究所、如皋县农业科学研究所、如皋县种子站以及如皋县农机研究所等相继建立。农业科技试验作为全县科技工作的一项重点工作,取得一系列成果。1990年,县委、县政府贯彻国务院科技兴农的决定,组织县农业局、多种经营管理局、水利局、乡镇企业管理局技术人员在林梓镇和高明乡进行科技兴农试点。林梓镇粮食总产增至1850万千克,人均增产75千克;棉花总产575吨,居全县第一名。高明乡实现棉花产量翻一番,人均收入增加100元,粮食每亩增产50公斤的目标。是年,全县粮食总产555927吨,为历史上第三个丰收年;皮棉总产7484吨;油料总产16896吨。1991年,全市(县)科技兴农试点扩大到10个乡(镇),100个村,1000家农户。20世纪90年代中期,科技兴农试点成果在全市推广。此后,全市农业科技试验的重点逐步转向试验推广优良品种的先进耕作技术。2006—2010年,全市共承担各级各类农业科技项目536项(次),其中国家级57项,省级45项。

农业科技项目开发 1976—1980年,县农技部门承担农村自然资源综合利用试点、通如黑猪选育、工厂化养鱼、稻田养鱼、柳杉赤枯病防治、综合改造高沙土、三黄鸡选育、南桔北移引种试验、花生高产栽培等20余个项目。1981—1990年,承担提高蚕茧出丝率、农村沼气工具使用研究、如皋萝卜地方品种提纯复壮与栽培技术研究、利用湖桑条、棉秆栽培银耳、如皋黄羽肉鸡杂交试验及饲养加工一条龙综合技术开发、盐粳2号紫金糯高产栽培研究、如皋盆景生产工艺及技术开发、鳖的人工繁育、饲养技术研究、意大利杨树综合开发利用等数十个项目。

20世纪90年代,市(县)农技部门先后承担研究和推广沿江高沙土培肥及多熟制配套技术综合试验示范基地百里河堤银杏速生丰产技术研究、南通市长青沙绿色食品基地建设及产品开发、后季稻抛秧品种及配套技术、苏玉9号及其高产高效配套技术等15项。组织实施省级、南通市级和如皋市级农业科技成果转化项目95个。

图16-14 20世纪90年代大棚专用小型耕田机械试制成功

2001年,市农科所组织实施名优菊花引选及繁育技术示范应用、如皋名优萝卜种性提高与优质高效栽培技术开发、鮰鱼引进繁殖生产加工技术开发与应用、黄鸡规模化饲养智能管理系统开发与示范等项目。2002—2004年,市农林局组织引进农业新品种50个,推广农业新技术170项,实施各类农业科技计划235项,吸引高校研究所各类农业科技成果18项,苏北星火带科技先导性支柱农业——如皋食品深加工正式列项。2005年,全市农业项目开发被列入江苏省南通市科技计划的项目26项,上级资金扶持275万元。2006—2010年,全市引进优良品种1000多个,良种覆盖率增至98%以上,推广新技术365项。

农业科技龙头企业 进入21世纪,全市始着力培育科技型星火农业农头企业。至2005年,全市建成如皋长寿集团有限公司、南通光远速冻制品有限公司等一批科技型农业龙头企业,形成食品加工、黄鸡、花木、草莓、肠衣、银杏等6大农业

2010年如皋市省级农业科技型企业一览表

表16-20

序号	所在镇(区)	创建年份	企业名称
1	如皋经济开发区	2008年	江苏长寿集团有限公司
2	如城镇	2008年	如皋市天寿生物科技开发有限公司
3	如皋经济开发区	2009年	如皋市坝新肠衣有限公司
4	丁堰镇	2009年	南通天盟养殖有限公司
5	如城镇	2010年	如皋市花木大世界有限公司

2010年如皋市科技型星火农业龙头企业一览表

表16-21

序号	企　业　名　称	所在镇	序号	企　业　名　称	所在镇
1	江苏长寿集团有限公司	如城	11	如皋黄鸡原种场	搬经
2	南通玉兔集团有限公司	黄市	12	南通皋寿黄鸡技术开发有限公司	搬经
3	南通银燕食品有限公司	磨头	13	南通凤凰食品有限公司	搬经
4	如皋市长生食品罐头有限公司	如城	14	南通天盟养殖场	丁堰
5	南通精灵农业化学工业有限公司	搬经	15	如皋下原柳树研究所	下原
6	如皋市天寿生物科技开发有限公司	如城	16	南通丰正彩叶树种研究所	如城
7	南通光远速冻制品有限公司	如城	17	南通水明楼酒业有限公司	如城
8	江苏九鼎现代农产品科技开发有限公司	搬经	18	如皋市九鼎花木有限公司	柴湾
9	如皋市复合肥有限公司	白蒲	19	南通市山野实业有限公司	东陈
10	如皋市农化开发服务公司	如城	20	南通水绘园酒业有限公司	如城

支柱产业。2006—2010年，全市发展壮大科技型星火农业龙头企业20家。

农业科技示范园区与示范基地　1991年，全市（县）科技示范园区（基地）建设起步。2005年，全市建有国家、省、市、县级科技示范园区（基地）45个，其中国家级园区（基地）1个，省级园区（基地）2个，南通市级园区（基地）4个。园区（基地）总面积1.67万公顷。2006—2009年，新建省级技术创新战略联盟单位江苏省花木产业技术创新战略联盟和省级农业科技园区如皋现代花卉苗木科技园。

至2010年，全市有省级农业科技型企业5家，省级农业科技型专业合作社2家，南通市级农业科技型企业9家。

科技富民强市　2006年7月，全市科技富民强市专项行动计划正式启动。科技部星火计划办公室将如皋市列入国家科技富民强县试点县（市），并授予铜牌，为南通市唯一。PIC五元杂交配套种猪引进与繁育、畜禽养殖及肉制品深加工关键技术的应用与示范等8个项目列入国家星火计划，获国家、省科技拨款300万元。2006—2010年，全市共承担各级各类科技项目536项次，其中国家级57项、省级45项。

三、建筑科技

20世纪90年代起，全市（县）建筑企业在引用借鉴外地先进经验和技术的同时，不断加强科研攻关。1997年，吴窑建筑安装公司“运用科学决策，向高大工程进军，发展规模经济”和戴庄建筑安装公司“推行质量目标管理，精品名牌开拓市场，企业迅速发展”获得中国施工企业管理协会企业管理现代化优秀成果三等奖。20世纪末，全市建筑企业普遍应用大模板、组合模板、逆作法施工新技术，推广数模、飞模、钢精气压焊、混凝土外加剂等新工艺。

2000—2007年，南通六建集团“规范合同管理贯穿项目全过程”等6项研究成果先后获全国企业管理现代化优秀成果二或三等奖，“转换层钢框架组合吊装施工工法”等5项工法被认定为江苏省级施工工法，“复合土钉墙施工工法”被认定为国家级工法，“巨型框架结构转换层钢框架组合吊装工法”“体外管内预应力吊拉多层外调结构施工工法”被认定为国家二级工法。江中集团“地下室结构梁兼深基坑支护内支撑施工工法”被认定为国家级二级工法，另有5项工法获江苏省级施工工法。

2008年,全市建筑企业获国家级实用新型专利14项,有1项工法被认定为国家级工法,QC(优秀质量管理小组活动)成果奖37项。2009年,全市建筑企业获国家专利16项,有4项成果列入江苏省建筑业新技术应用示范工程,有2项工法被认定为国家级工法,有4项工法被认定为省级工法,获国家级QC成果奖2项、省级QC成果奖3项。

2010年,全市建筑企业获全国建筑新技术应用示范工程称号1项、省级示范工程称号7项,获发明专利2项、实用新型专利24项,有9项工法被认定为省级工法。

1990—2005年如皋市(县)实施科技计划项目情况统计表

表16-22

单位:项

年份	国家级				省级				南通市级	如皋市级
	火炬	星火	新产品	其他计划	火炬	星火	新产品	其他计划		
1990	—	1	3	—	—	—	—	省攻关1	—	—
1991	2	1	—	—	1	1	—	省攻关1	6	—
1992	1	2	3	—	2	2	12	省专项2	8	—
1993	1	1	2	世行贷款1		2	24	1	8	—
1994	—	—	9	资源利用1	2	1	9	—	5	—
1995	—	—	11	—	3	1	9	省专项1	1	—
1996	—	1	2	成果推广1	3	2	9	社会发展1 省专项2	6	—
1997	1	1		成果推广1	1	—	—	—	4	—
1998	5	1	3	—	—	—	19	省专项1	2	—
1999	1	—	6	—	3	1	13	省攻关1 省专项1	2	15
2000	2	—	3	创新基金1	6	—	16	—	3	50
2001	2	—	3	—	10	—	7	省攻关5	2	17
2002	6	—	3	成果推广1	8	—	11	省攻关1 信息化1	1	24
2003	5	1	4	—	9	1	11	信息化1	4	25
2004	2	—	2	创新基金1	6	—	12	省重大成 果转化	9	43
2005	3	4	7	创新基金3 研发项目1 成果转化1	12	—	13	省攻关4 省重大科技成 果转化项目1	9	52
合计	31	13	61	12	66	11	165	26	62	226

2006—2010年如皋市实施科技计划项目情况统计表

表16-23

单位:项

级别	国家级					江苏省省级							南通市级
年度	火炬	星火	中小企业创新基金	重点新产品	其他计划	科技支撑			中小企业创新资金	高新技术产品	国际合作	其他计划	
						工业	农业	重要技术标准					
2006	12	—	—	5	国家富民强县计划8	2	2	—	—	9	—	农业科技成果示范计划4	5
2007	8	—	1	5	—	3	2	—	4	16	2	—	12
2008	7	6	1	6	—	1	1	1	3	37	1	—	9
2009	—	—	5	—	—	2	1	1	1	55	1	—	24
2010	7	7	4	6	国家科技重大专项1;国家农转资金1;国家富民强县计划5。	3	1	—	2	100	1	科技支撑(社会发展)1;自主创新产品19	18
合计	34	13	11	22	15	11	7	2	10	217	5	24	68

第五节 科技合作·技术市场

一、科技合作

科技信息资源开发 1984年,如皋经济技术信息中心建立。此后,机械、化工、纺织、电子、商业、金融、农业等10多个信息研究会相继建立信息中心,编印《经济技术信息》和《动态与研究》发送各部门和乡(镇)。1985—1989年,县经济技术信息中心与800多名在外地工作的如皋籍科技人员以及北京、南京、上海、合肥等大专院校建立联系,获取一批科技成果介绍。1992年,市经济技术信息中心与北京122所高校建立合作关系,进一步拓宽信息渠道。是年,全市发布各类科技信息648项次,其中落实开发14项。1995年,市经济技术信息中心推荐的镭射玻璃、太阳能热管、多功能保护插座、高档猪皮带等生产工艺被企业采用并投入生产。

1997年,江苏省科技信息网络如皋分中心建成开通。是年,全市共组织200多人去北京、张家港、扬州参加中外高新技术项目洽谈活动,与10所高等院校建立合作关系,并邀请东南大学18人到如皋恳谈,签署共同建立高压电器研究所等4项协议。1998年,市政府与江苏省技术市场联合举办首届如皋经济技术洽谈会,参加院校21所、企业350家,签订协议41项。至2010年,如皋市经济技术洽谈会共举办8次,参加洽谈会的高等院校200余所,签约578项。全市200多家企业与100多所高等院校科研所建立合作关系。

2010年,如皋经济技术洽谈会共征集技术和人才需求信息1746项,征集科研成果6876项,签订科技合作意向458项,签订人才合作协议707项,引进孵化项目98项,获取各类人才引进信息645条。

产学研合作 2008年,市科技局举办产学研合作与科技招商北京行、上海行、南京行等活动,签订合作意向协议628项、人才合作协议633项,吸收柔性人才625人。2009年11月1日,全国首届县域经济产学研合作高峰论坛在如皋举行,如皋经济开发区被确认为中国产学研合作创新示范基地试点单位。是年,全市新建紧密型产学研合作关系49个。熔盛重工集团与上海交通大学、哈尔滨工程大学、江苏科技大学等建立战略合作关系,与上海船舶研究设计院(SDARI)、708所、702所等单位建立稳定业务合作关系。力星钢球集团与北京航空航天大学就共建国家级重点实验室达成协议。江苏九鼎集团与中国矿业大学就土工格栅加工工艺的自动化技术达成初步合作意向。华灿电讯集团公司投入300万元,引进江苏大学电子信息学院专业团队技术,专门开发3G天线;投资460万元,与电子科技大学共同进行三频带(08/09/1721)电调天线移相器的设计与开发。

2010年,市政府与中国船舶702研究所共建的如皋(江苏)绿化船舶技术研究院,与清华大学、

图16-15 2009年11月1日,全国首届县域经济产学研合作高峰论坛在如皋举办

北京大学合作共建的产学研合作办公室等平台项目,与中科院上海光机所共建的先进光电子材料与器件研发中心项目、与合肥工业大学共建的太阳逆变器项目等相继投入运行。

国外智力引进 1998年,部分企业开始申报国际科技合作项目,引进国外智力,解决企业生产中的技术难题。2006年始,市内企业主要与美国、德国、俄罗斯、日本、英国等制造业处于领先地位的国家进行合作,其中美国是与市内科技企业国际合作交流最多、领域最广、程度最深的国家。2006—2008年,高性能环保型无毒增塑剂DX-360等4个项目获得江苏省国际合作项目支持。2009年,江苏力星通用钢球股份有限公司与美国某公司合作的"风能发电专用钢球"项目,突破封闭热挤压无环带连续成型新工艺、快速冷却合成淬火与表面硬度均匀性控制等关键技术达到国际同类产品先进水平,填补国内空白,取得专利8项,其中发明专利3项,发明授权专利1项,实用新型专利3项。

二、技术市场

1989年8月,县科委建立如皋县科技市场办公室。1990年,如皋县科技市场办公室培训4500余人,其中参考4393人。1991年,县科技市场办公室更名为如皋市技术市场管理办公室,受南通市技术市场办公室委托,对全南通市的技术市场输出合同进行认定登记,对技术输入合同进行备案,并负责如皋市范围内技术贸易活动的组织和管理,对科技管理人员和科技人员逐级分批进行《中华人民共和国专利法》《中华人民共和国技术合同法》《江苏省技术市场管理条例》等法律、法规、政策的培训。是年,培训考试近2000人。

技术合同登记 20世纪90年代,市科技技术市场管理办公室,指导登记农业科技合同20多份,合同金额140余万元,并对技术贸易机构取得的技术性收入按规定提成发放奖酬金。全市农业技术承包合同登记额,1991年为145万元,1995年为806万元,2000年为2380万元,2005年为7000万元,2010年为1.5亿元。

常设技术市场 1993年,市政府将建立如皋市常设技术市场列入为民办15件实事之一,由如皋工商局提供场所,由市科委提供启动资金,在西皋市场建立如皋市常设技术市场。1994年4月8日,市常设技术市场正式挂牌。技术市场实行会员制。是年,提供4项技术论证,2项技术咨询。1995年始,不再运行。

技术贸易 1989年前,全县技术贸易活动未纳入统一管理,不够规范。1990年,县科委依法对技术市场进行整顿。1991—2005年,全市(县)共组建技术贸易机构51家,年审中撤销12家,保留39家,另有非独立机构20家。至2005年,市科委组织市(县)企业参加各类技术交易会超100

次。2006—2010年,市科委组织200多家企业与100多所高校、市科研院所建立产学研技术贸易合作关系。

第六节 科技队伍与知识产权管理

一、科技队伍

中华人民共和国成立前,全县仅有中小学教师及少数工程、工业和医疗卫生技术人员。中华人民共和国成立后,全县各类科技人员逐年增多。1957年增至289人,1961年增至679人,1982年增至3175人,1986年增至8569人。1989年,县科委始组织以《中华人民共和国专利法》《中华人民共和国技术合同法》为主要内容的科技人员培育。1990年,全县科技人员增至19857人。1991年秋,中共如皋市委知识分子工作领导小组成立,下设办公室,知识分子工作步入正轨。是年,如皋染织厂王连贵,如皋工艺丝毯总厂李玉坤被评江苏省有突出贡献的中青年专家,享受国务院特殊津贴,是为全市(县)科技人员首次获得这样的荣誉。1992年,市人事局始办理对全日制大专院校毕业生见习期满定职手续,并向南通市推荐23名拔尖专业技术人才。是年,市委宣传部和市科委联合举办十佳科技人员评选活动,花汉民、李玉坤、王连生、孙家林、姜鹄、李文裕、杨春和、高迪、张如太、陈林被评为十佳科技工作者。1993年,姜剑国、张如太、施祥贵获首批南通市科技兴市功臣称号,分获奖金11.9万元、7.3万元、5.3万元。1995年,市科委、市人事局启动科技人员计算机、外语等级考试,作为科技人员继续教育的重点内容。至2005年,全市参加培训的科技人员近万人。是年,全市科技人员增加至38853人。

2007年,全市具有各类专业技术职称的科技人员增至44934人,其中具有高级职称的347人。2010年,全市具有各类技术职称的科技人员增至7.2万人,其中具有高级职称者2629人,中级职称1.6万人。

二、知识产权管理

1985年《中华人民共和国专利法》颁布实施后,县科委明确1名工作人员兼管知识产权管理,为企事业单位提供专利咨询,统计上报专利申请、授权情况。1997年始,配备一名专职工作人员。1999年,市科委设立专利管理办公室。2005年7月,市科技局增挂如皋市知识产权局牌子(正科级建制),不另设编,科技局一名副局长兼任知识产权局局长。2005年4月,市文化局增挂如皋市新闻出版局和如皋市版权局牌子,不另设编。

专利实施 1991年前,全县专利申请32项,授权18项,实施18项,实施率100%。其中,有5项专利被列入江苏省专利实施计划。1992—2000年,全市授权专利中大多为企业主导产品的技术核心和秘密,总体实施率95%以上。2000年始,全市专利申报量、授权量迅速上升,实施项目明显增加。2002年,市科技局对专利申报奖励办法进行修订,增加专利实施奖励。2006—2010年,全市具有自主知识产权的10个专利产业化项目被江苏省科技厅列为科技成果转化资金扶持项目,获得资金支持11260万元。参加中国国际专利与名牌博览会评奖活动获9项金奖,位列南通市各县(市、区)第一。其中,2010年市科技局培育认定知识产权示范企业54家,组织申报专利实施项目447项,获得立项267项,获各级扶持资金4490万元。

知识产权保护 2000年始,市科委进一步加大知识产权保护宣传教育力度,并先后在恒祥化工公司、南通好年华一卡通公司、九鼎集团等单位进行试点,组织所有在重要岗位上的科技人员和管理人员与厂方订立保密协议,防止关键技术尤其是专有技术外泄。2004年,市科技局开始持证执法,调处知识产权纠纷。2006—2010年,全市以“4·26”世界知识产权日和“12·4”全国法制宣传日为契机,加大知识产权保护宣传力度,累计开展专题执法活动8次,查处专利侵权案件8件。市新闻出版局、市版权局和市文化稽查大队亦正常开展打击非法出版物等侵犯知识产权行为。

专利申请 1995年前,全市(县)专利申请较少。1996—1999年,全市年申报量亦均不超过40项。2000年,市政府始对专利申请给予奖励。是年,全市专利申报59项。2002年、2005年,市政府、市科技局相继出台奖励办法,加大专利申请扶持、奖励力度。2001—2005年,全市发明专利申报量较1996—2000年翻了两番多,其中2005年申

如皋市(县)科技专利申请、授权情况统计表

表16-24

单位:件

年 度	当 年 合 计 数			历年累计数	
	申报量	其中发明专利	授权量	申报量	授权量
1996年前	—	—	—	—	95
1996	34	—	20	34	115
1997	28	—	16	62	131
1998	39	—	17	101	148
1999	30	23	33	131	181
2000	59	23	27	190	208
2001	132	62	34	322	242
2002	184	30	15	506	257
2003	184	113	45	690	302
2004	308	136	42	998	344
2005	510	386	97	1508	441
2006	866	419	132	2374	573
2007	1146	419	288	3520	851
2008	2376	430	682	5896	1533
2009	3717	994	1702	9613	3235
2010	5848	2504	3522	15461	6757

报510项。是年,如皋市被省科技厅、知识产权局评为知识产权维护先进集体,并被确定为江苏省知识产权工作试点县(市)。

至2010年底,全市累计专利申请15461件,授权总量6757件,其中2006—2010年专利申请总量13953件,授权6326件。2010年,如皋市被列为江苏省知识产权示范县(市)。

第七节 科技成果

一、受省级以上奖励成果

1978年,如皋染织厂中长雪花呢项目获江苏省科技成果四等奖,是为全县有记载的第一个省级科技成果奖。1979年,县农业局实施的“苏甜1号选育与应用”科研项目获江苏省科技成果四等奖。县人民医院蟾力稣研究项目在全国科学技术大会上获科技进步奖。

1980年,如皋矿山机械厂“ZLP-86A型自动联单配页机”获省科技成果四等奖。1981年,县农业局实施的“粮棉轮作、两育配套、两年五熟”、如皋无线电五厂研制的“YMP-型精密研磨刨光机”、如皋丁堰化工厂研制开发的“808洗涤剂”同获江苏省科技成果四等奖。

1983—1989年,全县共获江苏省科技成果三等奖1项、四等奖3项。1990年,国家、省、南通市相继取消“科学技术成果奖”,设立“科学技术进步奖”,更注重高新技术含量和社会、经济效益。

1990—2010年,全市(县)共获国家级科技进步奖2项获江苏省科技进步奖24项,其中二等奖4项,三等奖11项,四等奖9项。

1978—2010年如皋市(县)获省以上科技奖项目(产品)一览表

表16-25

年度	项目(产品)名称	获奖等次	主要完成单位
1978	中长雪花呢	江苏省科技成果四等奖	如皋染织厂
1980	蟾力稣	全国科技进步奖	如皋人民医院
1980	弹花机	江苏省优秀新产品奖	如皋动力机厂
1981	“安泰”牌ZX系列无动力真空吸盘	机械工业部科技成果三等奖	如皋装卸机械厂
1981	DJF-1型4米夹包机	机械工业部科技成果四等奖	如皋铲车厂
1981	双面艺术屏风丝毯	轻工业部四新产品奖	如皋工艺丝毯总厂
1981	“丁堰”牌808洗涤剂	江苏省科技成果四等奖	如皋化工二厂
1982	“敦煌”牌360道高密度工艺丝毯	轻工业部优秀创新设计奖	如皋工艺丝毯总厂
1982	SG系列玻封二极管	江苏省科技成果四等奖	如皋无线电厂
1982	YMP-1型精密研磨抛光机	江苏省科技成果四等奖	如皋无线电五厂
1983	SCP-320破碎机	江苏省轻工业科技成果四等奖	如皋塑料机械厂
1983	82型金属清洗剂	江苏省轻工业科技成果奖	如皋化工厂
1984	FDA-834型之罗拉多功能花式捻线机	江苏省科技进步三等奖	如皋染织厂
1984	NBJ-1型半自动拨号接口电路	江苏省科技成果四等奖	如皋邮电局
1985	“如意”牌RY10-20稀土永磁自动成型液压机	国家科技成果奖	如皋液压机厂
1985	WJ-200型小瓦机	江苏省科学技术进步三等奖	如皋砖瓦机械厂
1985	Dg50口径锻造截止阀	江苏省科技进步四等奖	如皋塑料机械厂
1985	KH滤紫外节能膜	江苏省科技成果三等奖	如皋特种薄膜厂
1985	90484涤条呢	江苏省内销新产品开发一等奖	如皋丝织厂
1985	92478仿毛花呢	江苏省内销新产品开发二等奖	如皋丝织厂
1985	92562涤纶花呢	江苏省内销新产品开发三等奖	如皋丝织厂
1985	“五洲”牌钩针衣	江苏省钩衣工艺设计一等奖	如皋工艺编织总厂
1986	“敦煌”牌手编艺术壁毯	轻工业部优秀创新设计奖	如皋工艺丝毯总厂
1989	花色纱线及纺捻设备	世界产权组织专利发明创造金奖 国家专利金奖	如皋染织厂
1989	S195柴油机	国家节能新产品奖	如皋动力机厂
1989	玉米直接制糖生产味精新工艺	江苏省科技进步三等奖	国营如皋县粮油味精厂
1989	LCWB6-110型电流互感器	江苏省科技进步四等奖	如皋高压电器厂
1989	牛肉、火腿罐头	江苏省第六届轻工优秀新产品奖	如皋罐头厂

续表16-25

年度	项目(产品)名称	获奖等次	主要完成单位
1989	高道现代艺术壁挂	江苏省第六届轻工优秀新产品奖	如皋丝毯总厂
1989	120道手工高级羊毛地毯	江苏省第六届轻工优秀新产品奖	如皋地毯厂
1989	工艺编织衫	江苏省第六届轻工优秀新产品奖	如皋工艺结网厂
1989	高档真丝钩针衣、机织手编多工艺豪华衫	江苏省第六届轻工优秀新产品奖	如皋工艺编织厂
1989	勾绣雕贴镶拼台布	江苏省第六届轻工优秀新产品奖	如皋绣品总厂
1990	YTS柔性凸性印刷机	第五届中国新技术新产品博览会银奖	如皋塑料机械厂
1990	丝织人像壁挂	中国工艺美术品百花奖优秀新产品一等奖	如皋工艺丝毯总厂
1990	高级马海毛系列工艺时装	中国工艺美术品百花奖优秀新产品一等奖	如皋工艺结网厂
1990	新工艺平编系列产品	中国工艺美术品百花奖优秀新产品一等奖	如皋工艺编织总厂
1990	120道拉绞高级手工立体型地毯	中国工艺美术品百花奖优秀新产品二等奖	如皋地毯总厂
1990	麻布镶拼勾绣衣	中国工艺美术品百花奖优秀新产品二等奖、轻工部优秀新产品二等奖	如皋工艺绣品总厂
1990	高低毛印喷无捻毛巾	经贸部科技进步三等奖	如皋毛巾厂
1990	石油开采降粘防蜡(盐、水)垢设备	江苏省科技进步三等奖	如皋强磁厂
1990	1-乙基-乙-胺甲基四氢吡咯	江苏省科技进步四等奖	如皋县有机化工厂
1990	YND05-100B磁性材料湿式成型液压机	江苏省科技进步四等奖	南通锻压机床厂
1990	磁性材料湿式成型液压机	江苏省科技进步四等奖	南通铸压机床厂
1990	稀土强磁防蜡器	江苏省科技进步四等奖	如皋强磁厂
1990	四氢吡咯	江苏省科技进步四等奖	如皋有机化工厂
1990	磁性材料湿式成型液压机	江苏省星火科技四等奖	南通锻压机床厂
1990	稀土强磁防蜡器	江苏省星火科技四等奖	如皋强磁厂
1990	四氢吡咯	江苏省星火科技四等奖	如皋有机化工厂
1990	农村能源综合建设试点	江苏省星火科技四等奖	如皋县政府
1991	空心锭多功能花式纺捻机	国家科技发明三等奖	如皋纺织厂
1991	玉米直接制糖生产味精新工艺	国家星火科技二等奖	国营如皋县粮油味精厂
1991	LKSQ(H)-25型梯形开沟机	江苏省科技进步四等奖	国营如皋拖拉机修理厂
1991	AR-105新型圆网印花感光胶	江苏省星火科技四等奖	如皋化工厂
1991	经阴道LPS全子宫切除术	江苏省星火科技四等奖	如皋人民医院

续表16-25

年度	项目(产品)名称	获奖等次	主要完成单位
1991	120道高级立体型地毯	江苏省第七届轻工业优秀新产品金奖	如皋地毯总厂
1991	高效能电炒勺	江苏省第七届轻工业优秀新产品金奖	如皋精密电器厂
1991	多功能美洁器	江苏省第七届轻工业优秀新产品奖	如皋理发工具厂
1991	高道丝麻交织软雕艺术毯	江苏省第七届轻工业优秀新产品奖	如皋丝毯二厂
1991	LX双层双色立体雕绣衣	江苏省第七届轻工业优秀新产品奖	如皋尔雅服装厂
1991	200道精工豪华依皮斯毯	江苏省第七届轻工业优秀新产品奖	如皋地毯厂
1991	双色立体抽拉雕饰品	江苏省第七届轻工业优秀新产品奖	如皋工艺绣品总厂
1992	微机控制全自动供丝设备	江苏省科技进步二等奖	国营如皋烟草设备厂
1992	高精度轴承钢球	江苏省科技进步三等奖	如皋钢球厂
1992	YG-320型摇摆冲印滚切式饼干成型机	江苏省科技进步四等奖	如皋市食品机械厂
1992	微型控制全自动供丝设备	江苏省星火科技二等奖	如皋烟草设备厂
1992	高精度轴承钢球	江苏省星火科技三等奖	南通钢球厂
1992	YG-320型摇摆冲印滚切式饼干成型机	江苏省星火科技四等奖	如皋市食品机械厂
1992	花木盆景生产工艺及技术开发	江苏省星火科技四等奖	如皋市多种经营管理局
1993	DBJ-600型多功能接缝式裹包机	江苏省科技进步四等奖	如皋市食品机械厂
1993	高级丝毛交织水洗地毯	江苏省第八届轻工优秀新产品金奖	如皋工艺地毯厂
1994	G3级高精密钢球	国家重点新产品	江苏钢球厂
1995	“水明楼”牌白蒲黄酒	国际食品及加工技术博览会金奖	如皋酒厂
1995	LW16-35型SF6断路器	中国高新技术成果金奖	如皋高压电器厂
1995	NTD-Y792-40干粉自动成型液压机	中国昆明新技术、新产品展览交易会金奖	南通电子专用设备厂
1995	ZCL70-75、77系列、CL01-09、12系列塑封高压硅堆	中国昆明新技术、新产品展览交易会银奖	南通皋鑫电子股份有限公司
1995	二元复合纱及织物	国家级新产品	丁堰纺织厂
1995	OE丝	国家级新产品	如皋纺织厂
1995	NTD-Y79Z-40干粉自动成型液压机	江苏省科技进步四等奖	南通电子专用设备厂
1995	微波炉用大电流塑封高压硅堆	江苏省科技进步四等奖	南通皋鑫电子股份有限公司
1996	NTD-Y91-315A金属液态成型液压机	联合国发明创新“三星奖”	江苏南浦机电股份有限公司

续表16-25

年度	项目(产品)名称	获奖等次	主要完成单位
1996	干粉自动成型液压机	江苏省星火科技三等奖	南通电子专用设备厂
1997	精密微小型及汽车专用轴承钢球	江苏省科技进步三等奖	江苏钢球厂
1997	YGDT2F-40稀土永磁双向成型液压机	江苏省星火科技四等奖	南通电子专用设备厂
1997	LB6-110、LB3-110电流互感器内部模拟计算软件	江苏省新产品科技进步奖	如皋高压电器厂
1998	屋面和防水用玻璃纤维织物	江苏省科技进步三等奖	如皋市玻璃纤维厂
1998	N-乙－基－α胺甲基吡咯烷	江苏省科技进步三等奖	如皋市恒祥化工有限公司
1999	35KVSF断路器	国家级新产品	如皋高压电器厂
1999	双面胶印机	国家级新产品	如皋市印刷机械厂
1999	N-Z基-α胺甲基吡咯烷	江苏省科技进步奖	如皋恒祥化工有限公司
1999	屋面和防水用玻璃纤维织物	江苏省科技进步奖	如皋市玻璃纤维厂
1999	棉田玉米螟灾变规律与综合控制技术研究	江苏省星火科技二等奖	如皋市植保站
1999	玉米田杂草防除技术研究	江苏省星火科技三等奖	如皋市植保站
1999	N-乙基-α-胺甲基吡咯烷	江苏省星火科技三等奖	如皋市恒祥化工有限公司
1999	渠道防渗节水技术推广应用	江苏省星火科技三等奖	如皋市水利局
1999	屋面和防水用玻璃纤维织物	江苏省星火科技三等奖	如皋市玻璃纤维厂
2000	YP1B1E大对开单色胶印机	江苏省科技进步三等奖	如皋市印刷机械厂
2001	YPI1B1E大对开单式胶印机	江苏省星火科技三等奖	江苏昌昇集体股份有限公司
2002	五一乙硫基四氮唑	国家重点新产品	南通华峰化工有限公司
2002	玻璃纤维自粘带	国家重点新产品	江苏九鼎集团
2002	YP1B1E大对开单色胶印机	国家重点新产品	如皋印刷机械厂
2004	多元多熟轻型高效种植制度下病虫草发生演变与综合防治技术研究	江苏省星火科技三等奖	如皋市植保站
2005	塑封高压硅堆系列产品	全国高新技术成果暨新产品交易博览会金奖	南通皋鑫电子股份有限公司
2005	循环冷却水全碱性运行处理剂	国家级新产品	南通省水王水处理剂厂
2005	YP2BOEA全张双色胶印机	国家级新产品	江苏昌昇机械制造有限公司
2005	GW4A-126户外高压隔离开关	国家级新产品	江苏省如高高压电器有限公司
2005	5-苄硫基四氮唑	国家级新产品	南通市华峰化工有限责任公司
2005	玻璃纤维缠绕增强塑料贮罐	国家级新产品	江苏九鼎集团股份有限公司
2005	9Cr18MO高强度不锈钢球	国家级新产品	江苏力星钢球有限公司

续表16-25

年度	项目(产品)名称	获奖等次	主要完成单位
2005	N-甲基-Z-羟乙基吡咯烷	江苏省星火科技三等奖	如皋市恒祥化工有限公司
2006	耐高温聚丙烯电容器薄膜	国家级新产品	江苏南天集团股份有限公司
2006	CL01-12A型封高压硅堆	国家级新产品	南通皋鑫电子股份有限公司
2006	高速砂轮用玻纤增强网片	国家级新产品	江苏九鼎新材料股份有限公司
2006	N-甲基-乙-羟乙基吡咯烷	国家级新产品	如皋市恒祥化工有限公司
2007	全钢丝子午线工程胎系列产品	江苏省星火科技二等奖	双钱集团(如皋)有限公司
2007	特高压正负800KV直流支柱复合绝缘子	江苏省高新技术产品	南通市神马电力科技有限公司
2008	低成本、低能耗三高集热真空管	国家级新产品	江苏元升太阳能有限公司
2009	复合绝缘子及生产方法发明专利	江苏省第六届专利金奖	神马电力科技有限公司
2009	806-906、1710-2170北赫双频双极电调查站天线	江苏省高新技术产品	江苏华灿电讯股份有限公司
2010	发酵肉制品加工关键技术研究	江苏省星火科技二等奖	江苏长寿集团有限公司
2010	多频段双极化移动通信智能开线设计技术	江苏省星火科技三等奖	江苏华灿电讯股份有限公司
2010	制造装备的嵌入式智能监控与集成研究及应用	江苏省星火科技三等奖	南通锻压设备有限公司

2006—2010年如皋市获省支持的科技成果转化项目一览表

表16-26

序号	年度	项目名称	承担单位	省拨款(万元)
1	2006	大型全钢丝子午线工程机械轮胎系列产品开发及产业化	双钱集团(如皋)轮胎有限公司	1300
2	2006	轿车用精密钢球制造关键技术研究及产业化	江苏力星钢球有限公司	1000
3	2007	智能化高精度多色平版胶印机	江苏昌昇集团股份有限公司	800
4	2008	高压、超高压、特高压空心、支柱复合绝缘子	江苏神马电力股份有限公司	2500
5	2009	3000米深水铺管起重船设计与产业化	江苏熔盛造船有限公司	1800
6	2010	面向3G及LTE的新型多频双极化基站天线关键技术的研究与产业化	江苏华灿电讯股份有限公司	800
7	2010	大型高性能框架精密成型液压机	南通锻压设备有限公司	800
8	2010	高性价头孢丙烯的研发及产业化	南通康鑫药业有限公司	600
合　计				9600

二、获南通市科技进步奖项目

1983年始,南通市(地区)设立科学技术成果奖。至1989年,全县共获科技成果一等奖2项,二等奖7项,三等奖32项,四等奖27项。1990—2010年,全市(县)共获南通市科技进步奖278项(不完全统计),其中特等奖2项、一等奖12项、二等奖49项、三等奖140项、四等奖75项。

第八节 防震减灾

一、地震设防区

1989年,如皋被划在南黄海及沿岸地震重点设防区内。1990年,国家地震局的烈度区划图将丁堰—搬经一线以北地区划在7度区内,以南地区划在6度区内。域内有几个小地震活动区:张黄港—黄市,郭园—薛窑,搬经—加力,均位于活动断裂的交会点附近。地震活动性:市境内在历史上未出现过震级大于4.0级的地震记载。

二、测报预防

1976年前,全县无地震测报机构。1976年8月,江苏省政府发布地震预报后,群众性地震观测点遍布全县。至1977年4月,全县保留20多个骨干测报点。是年底,如皋县加入苏中地区六县一市地震联防区。

1978年始,县科委在县种猪场、棉种场、气象站、酒厂、染织厂、江安中学、如皋中学、如城二中、搬经中学、石庄中学建立地震前兆宏观观测哨和业余测报点,并经常举办业余测报员培训和评比。1985年,全县有宏观测报点18个,其中活动较为正常的二类点2个、三类点9个。1991年,南通市对如皋21个宏观测报点抽查评比,雪岸角池和戴庄竹园两点分获二、三名。

1997年始,如皋市与江苏省地震局及南通、通州、如东、海安等县(市)地震测报台(站)定期联系制度建立,及时交换测报信息。2000年,全市保留地震测报点8个,其中以观测动物、气候为主的7个,市自来水厂以测报、记录井水水位为主。2002年,市地震局新增微观电磁波监测台,并经常至各测报点巡查和辅导。各测报点监测资料收集、传递、分析、上报率均为100%。

2006年,电磁波监测台与强震台合并管理。是年11月,东台地震和2010年7月如东附近海域连续两次地震,如皋台均捕捉到清晰的强震波形和相关数据及时上报,被江苏省地震局作为向国家地震局汇报的资料。

2010年,全市设有地震微观测报台和地震前兆宏观测报点14个,专职检测管理人员4人,业余测报管理人员34人。

三、防震减灾管理

2001年,市地震局始受市政府委托,行使全市防震减灾行政管理职能。是年,首次完成对市人民医院综合大楼工程地震安全性评价审定。2003年始,全市地震安全性评价由社会中介机构承担,市地震局对一般建设工程的抗震设防直接审批,对重大工程和可能产生严重次生灾害的工程,在业主取得地震安全评价结果后审批。

2005年,市政府明确全市13个示范村农民集中居住房抗震标准,是为市内首次明确农村住宅抗震标准。2007年,市政府印发全市2006—2010年防震减灾专项规划。2009年,市地震局组织对全市防震情况进行全面调查,全市333个村(社区)493个农民集中居住点,已开工建设452个点,49225户,建成40037户,入住33902户,所有建筑全部采用设计单位的标准图纸,均由有资质的施工队伍承建,并按规定抗震设防。市中医院门诊楼和市经济开发区实验小学均按8度设防要求设计。2010年,市地震局获江苏省强震动观测管理优秀奖。

四、应急救援

1976年,县气象局始开展地震预报,部分部门、单位建立防震应急预案。2000年,市政府督促各相关单位全面修订地震应急预案。

2002—2003年,市地震局制订和完善《破坏性地震应急预案及震后震情趋势快速判定工作方案》,并同步推进市级机关、镇、如皋经济开发区及相关企事业单位制订《破坏性地震应急预案》。2004年,《如皋市破坏性地震应急预案》下发全市,同时建立如皋市抗震救灾指挥部和如皋市防震减灾工作联席会议制度，完善如皋市地震灾害速报网络。2005年，如城镇花园社区试建地震安全与应急救援志愿者队伍。

2006—2007年，全市155个部门、企业和学校制订地震应急预案，并组织2200余人参加防震减灾应急预案演练。2010年底，全市有地震救援志愿者2782人。是年，根据江苏省地震厅、建设厅、民防局意见，红十四军公园同步规划建设占地261亩的市级地震应急避难场所，可同时容纳6万人避难。市人民公园、新世纪广场、靖海门广场、安定广场及部分中小学校园规划为应急避难场所。

附录：

如皋市(县)有震感地震情况

明隆庆二年(1568年)至2010年，如皋市(县)及邻近地区出现过7次地震活跃期。明隆庆二年至天启六年(1568—1626年)，发生地震6次。清顺治十五年至康熙十七年(1658—1678年)，发生地震4次。清雍正五年至乾隆十七年(1727—1752年)，发生地震4次。清道光八年至同治十一年(1828—1872年)，发生地震9次。清光绪三十三年至民国16年(1907—1927年)，发生地震7次。1975—2010年，发生地震22次。

宋天圣五年(1027年)至民国16年(1927年)如皋县有震感地震年表

表16-27

年 份	震区及震情	资料来源
宋天圣五年(1027年)	如皋地震	民国《如皋县志》
明弘治十八年(1505年)	10月9日，如皋、通州、扬州、京口、淮安等地均有震感	明万历《如皋县志》《明史·五行志》
明隆庆二年(1568年)	2月，如皋、通州、泰兴、高邮等地均有震感	明万历《如皋县志》、清光绪《通州志》
明万历二十一年(1593年)	泰兴、如皋、通州地震	明万历《如皋县志》
明万历四十三年(1615年)	3月，扬州府、如皋、通州地震	清乾隆《如皋县志》 清光绪《通州直隶州志》
明天启四年(1624年)	1月10日，应天、苏州、松江、淮安、扬州等府大震，通州、如皋地震有声如雷	清康熙《通州直隶州志》《如皋县志》
明天启六年(1626年)	7月，如皋、泰州、通州同时地震	清康熙《如皋县志》
清顺治十五年(1658年)	9月19日，如皋、通州、泰兴、苏州、上海等地同时地震	清光绪《通州直隶州志》
清康熙四年二月(1665年)	如皋地震	民国《如皋县志》
清康熙七年(1668年)	5月，如皋地生白毛；7月，地震；8—9月，江苏54个府、县均发生地震	清康熙、乾隆《如皋县志》、 光绪《通州直隶州志》
清康熙十七年(1678年)	如皋地震，江苏11个府、县地震	清康熙《如皋县志》
清雍正五年(1727年)	12月，如皋、通州地震	清乾隆《通州志》《如皋县志》
清雍正九年(1731年)	11月，如皋、通州地震	清乾隆《通州志》《如皋县志》
清雍正十年(1732年)	12月，如皋、通州地震	清乾隆《通州志》《如皋县志》
清乾隆十七年(1752年)	5月17日，如皋、通州地震	清乾隆《通州志》、嘉庆《如皋县志》

续表16–27

年 份	震区及震情	资 料 来 源
清道光八年(1828年)	12月,如皋地震	清道光《如皋县续志》
清清道光二十四年(1844年)	12月2日17—19时间,如皋地震	清同治《如皋县续志》
清道光二十六年(1846年)	8月3日,如皋大地震	清同治《如皋县续志》
清咸丰二年(1852年)	12月16日,如皋地震	清同治《如皋县续志》
清咸丰三年(1853年)	农历正月二十四日,如皋地震;三月初七,地大震;初八,又震。三四月间,江苏54个府、县地震,通州数次震	清同治《如皋县续志》 清光绪《通州直隶州志》
清咸丰五年(1855年)	12月19日夜,如皋地震	清同治《如皋县续志》
清同治十一年(1872年)	9月21日21—23时,如皋地震	清同治《如皋县续志》
清光绪三十三年(1907年)	11月,如皋地震	民国《如皋县志》
清宣统元年(1909年)	1月8日,如皋地震	民国《如皋县志》
清宣统二年(1910年)	5月6日,如皋地震。12月28日21—23时,如皋大地震	民国《如皋县志》
清宣统三年(1911年)	5月25日,如皋地震	民国《如皋县志》
民国16年(1927年)	2月3日,如皋、通州地震,震后家具移动10多厘米,大雨	1927–02–06《新闻报》

1975—2010年如皋市(县)有震感地震一览表

表16–28

时间	地震中心	震级	对如皋影响	资料来源
1975–05	溧阳	5.5级	县境内有震感	1990版《如皋县志》
1975–09–02	如东县南黄海朗家沙	5.2级	县境内有震感,吴窑公社小郝庄地面多处冒火球,雪岸、柴湾少数水井水位上升变浊变味	1975.9.3《人民日报》 县内震情调查
1977–10–06	如东县北黄海	5.5级	县境内有震感,磨头畜牧场震前奶牛发疯、嚎叫、不吃食、不回棚	1977.10.7《新华日报》 县内震情调查
1979–07–09	溧阳县	6.0级	县境内有震感,震前长庄、郭园等50多处地下冒火球	1979.7.10《新华日报》 县内震情调查
1983–07–03	沙洲县(今张家港市)	2.6级	县境内有震感,震前江安中学土应力测值发生明显变化	1983.7.4《新华日报》 县内震情调查
1984–05–21	如东县南黄海勿南沙	6.2级	如城护城河河水激荡,楼房摇晃,有地声、地光,人民剧场屋檐掉砖,邮政大楼裂缝,建设小学倒墙	1984.5.22《人民日报》 县内震情调查
1991	如皋西南苏中老震区	MS=4.5级	县境内有震感	《如皋年鉴》(1992)

续表16-28

时间	地震中心	震级	对如皋影响	资料来源
1991-07-06	靖江孤山	2.9级	黄市、葛市、江安、胜利等乡有感	《如皋年鉴》(1992)
1993-02-20	郭园至薛窑之间	MS=2.7级	震中周边20多个乡镇有房屋掉瓦、倒屋脊情况	《如皋年鉴》(1994)
1995	如皋及周边地区	2级以上震5次 小震群多次	县境内有震感	《如皋年鉴》(1996)
1997-07-28	大丰县东近海	5.1级	局部有震感	《如皋年鉴》(1998)
2000-03-03	靖江斜桥	MS=3.2级	黄市、江安、石庄地区力度4度，多数人被惊醒，灯摆碗响	《如皋年鉴》(2001)
2001-11-03	常熟	ML=3.7级	沿江局部地区有震感	《如皋年鉴》(2002)
2001-12-25	南通市经济开发区	ML=3.9级	有震感	《如皋年鉴》(2002)
2004-05-27	东台与大丰之间	ML=3.9级	局部地区有震感	《如皋年鉴》(2005)
2004-12-26	印尼苏门答腊岛附近印度洋海域	ML=8.7级	夏堡某服装公司25×25米的水池水激烈涌动，人站旁边头有眩晕感	《如皋年鉴》(2005)
2006-11-25	东台	4.1级	有震感	《如皋年鉴》(2006)
2010-07-09 2010-07-19	如东附近海域	3.8级	有震感	《如皋年鉴》(2011)

第九节 气象测报

一、气象观测

1956年12月，如皋气象站建立。初期，资料统计用算盘，信息传递主要通过邮电局电话、电报、信函。1980年4月17日起，开始向江苏省水利部门拍发汛期雨量报告(全省只3家)。1996年7月，装备遥测仪器，报表始由电脑制作。1995年，9210卫星通信工程建成，增加卫星云图接受系统。1999年1月1日，试行网络传送气象重要天气报文。是年4月1日起，气象信息不再经电信报房转发。2003—2008年，全市乡镇建立自动监测站18座，与市气象站的Ⅱ型自动站一起形成覆盖全市的气象信息自动监测网。至2010年，如皋气象数据监测、采集、整编及发报等均实现自动化。地面观测全日值守，增加雪压、冻土和大型蒸发器(E601B)观测，同时编发全部重要天气报告。

二、气象预报

20世纪60年代，县内开始气象预报。天气预报采用听、看、收、转办法，收听上级台天气预报，根据上级提供的资料、数据。绘制简易天气图、点绘气象要素的曲线图、点象图、剖面图等。全县聘请10多位老农为看天顾问，并饲养泥鳅、乌龟等动物，观察其活动情况，作为天气预报参考。70年代初，如皋气象站与如皋机场建立军民联报气象预报业务。1971年，如皋气象站在全国气象工作会议上介绍开展天气预报的经验和体会。1986年，如皋气象站在全县范围内建立天气警报系统，除每日定时广播天气预报外，遇有重大或特殊天气，随时传递突发性天气信息。1987年，开始运用南通市甚高频无线通讯联网进行天气预报。1997年年初，如皋气象站开通“121”电话咨询服务系统。7月1日，如皋电视台电视天气预报节目首播。1999年，如皋气象局开始使用天气预报智能业务系统为平台的气象信息综合分析处理系统。2006年后，建成天气可视会商系统，天气预报准确率进一步提高。

农业气象 1956年，如皋气象站建立，农业气象观测点，依靠物候，开展农作物生育期观测。1957年始，重点观测棉花、冬麦（大麦或小麦）、玉米。"文化大革命"期间，农业气象观测预报一度中断。1979年始，县气象站参加江苏省农业区划委员会的农业气候区划测定工作。是年，中央气象台确定如皋气象站为国家级农业气象基本站。1980年春播开始，县气象站开展作物生育期物候观测和自然物候观测。1981年，完成县级农业气候区划编测工作，编写出版《如皋县农业气候手册》，与南通地区各县气象部门协作编制《南通地区农业气象规划》。1983年，始开展木本植物银杏、楝树和青蛙、布谷鸟等动物的观测。1978—1983年，如皋气象站承担江苏省"棉花气象"试验课题，《棉花花铃期干旱指标及其防御措施的研究》入编1984年江苏省气象学会论文集。1994年，夏季持续干旱，省人工增雨办公室在如皋实施人工增雨作业。2005年6月27—28日，市气象局在江安镇实施2次人工增雨作业，全市普降中雨，局部地区暴雨，农田的旱情得以缓解，连日的高温亦趋缓和。是为如皋气象部门首次实施人工增雨。

湿度测报 1956年，如皋气象站用人工取土烘干的方法，进行50厘米深度的土壤湿度观测。"文化大革命"开始后，深度测报工作中断。1980年，全县土壤湿度测报工作恢复，测定深度调整为100厘米。1992年，市气象局始实施固定地段观测，同时开始使用湿温两用箱进行烘土。2005年5月，首次采用自动土壤水分数据采集系统。2008年，再次对测报设备进行更新，测报准确率和时效性进一步提高。

气象编报 1958年1月16日，县气象站始开展单站农业气象旬报。1962年1月起，如皋气象资料发至江苏省气象局。1965年，县气象站气象编报工作中断。1970年2月，恢复，并开始向中央气象台发报。1975年始，县气象站新增不定期编报农业气象情报工作，主要有农作物生育期阶段的气象条件，农业气象灾害调查、墒情、雨情、农情、灾情等情报资料。1983年1月11日始，执行农业气象旬（月）报，并试行新电码（HD-02）。1984年5月起，开始编报冬小麦、棉花长势。1989年，按国家气象局通知，农业气象旬（月）报项目纳入县气象站日常业务。1991年7月中旬起，启用新的气象旬（月）报电码（HD-03）。

三、气象服务

公众气象服务 1956年，如皋气象站始向如皋县广播站提供早、中、晚3次天气预报。1995年，始向如皋市电视台提供天气预报内容，由电视台制作电视气象节目。1997年7月1日，市气象局应用非线性编辑系统自行制作电视天气预报节目并首播。是年，"121"电话自动答询天气预报系统开通。2008年，全市20个镇和2个经济开发区安装气象信息电子大屏。至2010年，市气象局运用电视、电台、"96121"、兴农网、电子大屏、短信等媒体全方位开展气象服务，"96121"电话咨询，日最高拨打量超过2万人次。

决策气象服务 20世纪80年代前，气象决策服务主要为提供资料，方式为口头、书面或电话向县委、县政府提供。90年代始，采用传真或电脑打印《重要天气公报》。进入21世纪，市气象局使用微机终端、电子邮箱和短信服务平台，多种方式提供气象服务。重要天气信息通过短信平台快速服务到市、镇、村各级领导、防汛指挥部成员、各镇气象信息员以及规模设施农业大户。

专业气象服务 1984年，如皋气象站始提供专业气象服务，主要为砖瓦厂、水泥厂、纸箱厂等以露天生产为主的企业提供天气预报信息。1989年始，提供防雷设施设计、施工、检测等服务。1999年8月，如皋市防雷设施检测所建立。2000年，如皋市气象科技开发中心成立。此后，全市专业气象服务范围不断扩大，手段不断更新。2008年，针对不同行业的特殊气象服务需求，用安装自动站、电子大屏、发送邮件和传真等方式，为供电、船舶行业提供短期、中期、旬天气过程以及气象要素预报、高空风等级预测、气象历史资料信息和气象灾害风险评估等气象服务。2010年，全市专业气象服务覆盖全市10多个行业的近200个单位。

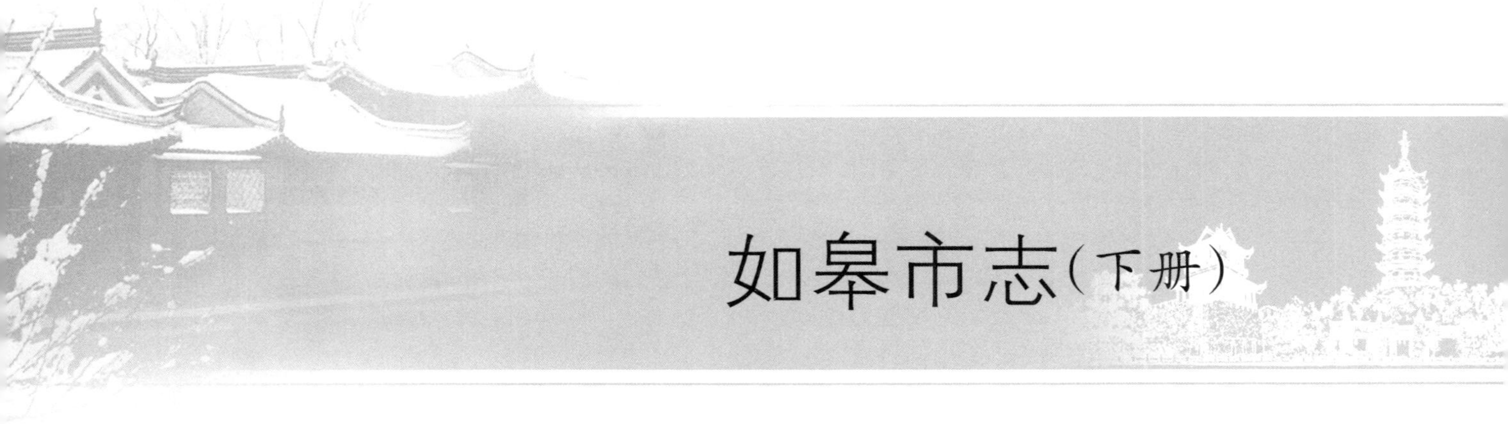

如皋市志（下册）

卷十七 卫生·体育

作为著名世界长寿乡，如皋医疗卫生水平一直相对较高。明代，全县知名中医人数在苏北仅次于兴化县。清朝晚期，如皋有2位名中医先后晋京为太后、皇帝诊病。民国3年(1914年)，如皋始有西医。民国10年4月，如皋县出现首家公立医院。中华人民共和国成立后，如皋卫生事业进一步发展。1950年始，各地组建中西医联合诊所。1958年开始，建立人民公社医院。至1979年，建成县、区、乡(镇)、村(企事业单位)医疗卫生网络。进入21世纪，全面推进医疗卫生体制改革，除保留市人民医院等6家医院和市疾控中心等3家防疫保健单位，以及各镇新设公办卫生所外，全市医疗机构全部改制为民营医院。至2010年，如皋市先后建成江苏省级和国家级卫生城市，建成国家级卫生镇1个，建成江苏省级卫生镇17个，建成省级卫生村131个，占全市村(居)总的40%以上；疾病预防控制、卫生保健等工作全面到位。2010年，全市共有各类医疗卫生机构616家，人员6162人，其中高级职称医务人员233人；医疗机构拥有万元以上医疗卫生设备2675台(套)，平均每千人拥有病床1.86张；全市初级卫生保健普及率、新型农村合作医疗普及率均为100%。

如皋人素爱体育运动。明清时，放风筝、踢毽子、跳绳、打拳等传统体育项目已盛行。清末，体操、长短跑等现代体育项目开始在学校出现。清光绪三十四年(1908年)，县首届学生运动会在如皋城西门外大校场举行，开如皋竞技体育之先河。民国5年，集锻炼、训练、比赛等各项功能于一体的公共体育场建成。中华人民共和国成立后，全市(县)体育事业进一步发展，先后建成市(县)体育场、体育馆、游泳池(馆)等体育设施，学校、企业、社区等体育设施亦逐步完善，相继涌现一批省级群众体育先进乡(镇)和传统体育项目学校。进入21世纪，全市体育事业迅猛发展，市全民健身中心、乒乓球馆、羽毛球馆、乡镇健身广场及社区、村公共体育设施快速普及，私营(个体)体育活动场馆快速发增加，群众性体育活动广泛开展。至2010年，全市(县)有近30名运动员在全国和国际比赛中获90余项(次)冠亚军，如皋市被命名为全国田径之乡、全国体育先进市。

第一章 卫生

第一节 管理机构

宋朝及之前，域内医疗管理机构及县衙医官缺载。明洪武十七年(1384年)，县衙始设医学训科，管理全县医务。清嘉庆九年(1804年)，县医学训科撤销。清光绪至清末(1875—1911年)，县衙设医官1人。民国元年(1912年)始，国民政府县警察所兼管部分卫生事务，并建立清洁队负责公共卫生。民国16年5月始，全县卫生事务由县公安局兼管。不久，国民政府如皋县政府设立第一科(民政)，卫生行政事务改属第一科管辖。民国32年，伪如皋县政府在许家巷祝室建立县卫生事务所，管理日本侵略军侵占区卫生行政事务。民国34年秋，新四军收复如皋城，建立县人民医院。民国35年7月，国民政府如皋县政府复驻如皋城，建立县卫生院，负责全县卫生行政兼办医疗事务。民国38年1月，国民政府如皋县政府撤离终止，县卫生院由县人民政府接管。3月，中国人民解放军如城军事管制委员会重建如皋县人民卫生院，负责全县卫生行政、医疗及保健工作。

1951年，县政府建立卫生科，为全县卫生行政主管部门。1955年底，县政府卫生科改称县人委卫生科。1967年4月，如皋县军管会生产指挥组下设卫生组。1968年3月，县革委会下设教卫组，管理卫生事务。5月，县革委会卫生科建立革委会。9月，县卫生科革委会撤销。1970年12月29日，如皋县革命委员会卫生局建立，独立建制，并从县人委大院迁址海阳路16号。1995年11月，市卫生局迁址如城东郊育贤路妇幼保健大楼。2001年5月，如皋市乡镇卫生所成立。是年8月8日，迁址宁海路卫生学校(今市委党校)前楼。2008年1月，迁址市行政中心。至2010年，市卫生局内设疾病预防控制与公共卫生监管科等8个中层机构，下辖市人民医院(含尘洁分院)、市中医院、市惠民医院、市第三人民医院、第四人民医院、市卫生监督所、市妇幼保健所、市红十字血站及20个镇卫生所。

图17-1 2001年5月，如皋市乡镇卫生所成立

第二节 体制、机制变革

一、医药卫生体制改革

中华人民共和国成立后，全县陆续建立县、乡、村三级医疗卫生网，形成公共卫生、医疗、医疗保障、药品供应保障四大体系。此后，随着卫生建设、改革不断推进，卫生资源配置不断整合、完善。2010年3月，根据中共中央、国务院《关于深化医疗卫生体制改革的意见》和江苏省、南通市改革时间表、路线图，市政府建立如皋市深化医药卫生体制改革领导小组。提出加快推进基本医疗保障制度建设，初步建立国家基本药物制度，健全基层医疗卫生服务体系，促进基本公共卫生服务均等化和推进公立医院改革试点五项改革任务。9月，南通市确定如皋市为全省2010年底前第二批实施基本药物制度的45个县(市)

之一。此后，全市医药卫生体制改革稳步推进。

二、产权制度变革

民国前，除民间医人(郎中)走乡串户行医外，全县医寓、诊所等均为个体私有。民国时期，始设公立医院，全县公立、私立医疗机构并存。

中华人民共和国成立初，全县逐步建立全民所有制医疗卫生机构。同时，准许部分个体医生经考核合格后行医。20世纪50年代，部分个体医生组成联合诊所。初为合作经济性质，后均加入集体所有制性质的公社医院。1974年，各公社医院改为县属大集体性质。2001年6月，全市医疗机构产权制度改革启动。15日，黄市乡卫生院竞拍转让，开全市国有、集体医疗机构产权制度改革之先河。至2005年11月8日，全市47所集体所有制乡镇医院、6所全民所有制中心医院及全民所有制市皮防所，全部改制为民营医院，其中个人独资36家，股份合资18家。独资医院法人代表或股份所有制医院董事会享有独立的资产所有权和医疗经营权。与此同时，全市各镇建立全民所有制性质的卫生所，承担域内公共卫生、保健、疾病预防控制等职能；部分民资开始投资医疗机构，新建民营医院。至2010年，全市医疗机构国有、股份合作、个体私营等多种所有制形式并存，其中公共卫生、保健、疾病预防控制等机构仍均为国有或集体所有制性质。

如皋市市属医疗机构产权制度改革情况一览表

表17-1

出让单位名称	占地面积(公顷)	建筑面积(平方米)	转让方式	实际转让支付价(万元)	改制基准日	改制后单位名称
黄市乡卫生院	0.52	3073.0	竞拍	117.0	2001.5.20	黄市医院
第四人民医院	1.19	2993.35	竞拍	389.0	2001.5.31	博爱医院
皮肤病防治所	0.4	5593.92	协议	321.36	2002.7.31	皮肤病专科医院
城东中心医院	0.99	2614.15	协议	147.86	2004.6.30	城东医院
磨头中心医院	0.9	6484.52	协议	346.41	2004.8.31	磨头中兴医院
丁堰中心医院	1.06	3350.52	协议	183.98	2004.6.30	天济医院
搬经中心医院	0.89	4600.00	协议	111.82	2004.8.31	仁爱医院
薛窑中心医院	0.92	5413.52	协议	231.42	2004.9.30	薛窑医院
江安中心医院	1.33	3900.00	协议	281.68	2004.10.31	江安医院

如皋市乡镇集体医院产权制度改革情况一览表

表17-2

序号	医院初建时间	初建时院名	改制前院名	改制时间	改制后				
					院名	院址	核定床位数	职工人数	卫技人数
1	1958-06	黄市人民公社医院	如皋市黄市乡卫生院	2001-06	如皋市黄市医院	江安镇黄市中心村21组	30	21	14
2	1964-01	邓园人民公社医院	如皋市第四人民医院	2001-06	如皋市博爱医院	如城镇庆余路468号	99	150	138

续表17–2

序号	医院初建时间	初建时院名	改制前院名	改制时间	改制后				
					院名	院址	核定床位数	职工人数	卫技人数
3	1958–10	磨头人民公社医院	如皋市磨头镇医院	2001–07	如皋市磨头医院	磨头镇邓高村1组	40	39	28
4	1958–10	毕云人民公社医院	如皋市常青镇医院	2001–09	如皋市常青医院	常青镇叶庄居委会8组	20	34	31
5	1975–09	长青沙人民公社卫生院	如皋市长青沙乡卫生院	2001–09	如皋市长青沙医院	长江镇长兴街19号	20	8	7
6	1959–01	下原人民公社医院	如皋市下原镇医院	2001–10	如皋市下原医院	下原镇下原居委会5组	20	30	28
7	1958–10	建设人民公社医院	如皋市建设乡医院	2001–11	如皋市建设医院	如城镇老南村4组	30	22	20
8	1958–08	吴窑人民公社医院	如皋市吴窑镇医院	2001–11	如皋市吴窑福康医院	吴窑钱庄村1组	19	28	22
9	1963–05	石北人民公社医院	如皋市石庄镇石北医院	2001–11	如皋市石北医院	石庄镇杨远村15组	20	21	18
10	1958–10	大明人民公社医院	如皋市皋南镇大明医院	2001–12	如皋市皋南医院	如城镇贺洋村7组	25	29	26
11	1958–09	红旗人民公社医院何庄(公社)分院	如皋市袁桥镇何庄医院	2001–12	如皋市何庄医院	袁桥镇何庄村14组	24	31	26
12	1958–06	蔡炎人民公社医院	如皋市常青镇高井医院	2001–12	如皋市高井医院	常青镇铁篱村2组	20	20	17
13	1958–10	胜利人民公社医院	如皋市高明镇胜利医院	2002–01	如皋市胜利医院	高明镇胜利居委会	30	42	38
14	1958年	营防人民公社医院	如皋市九华镇营防医院	2002–01	如皋市营防医院	九华镇营西村3组	20	25	17
15	1958–09	倪建人民公社医院	如皋市搬经镇加力医院	2002–01	如皋市加力医院	搬经镇加马村	30	35	31
16	1958–10	搬经人民公社医院	如皋市搬经镇医院	2002–01	如皋市搬经医院	搬经镇人民西路30号	30	34	30
17	1959–02	红旗人民公社医院子厚分院	如皋市袁桥镇袁桥医院	2002–03	如皋市袁桥医院	袁桥镇蒲东村1组	30	29	28
18	1958–10	仁静人民公社医院	如皋市磨头镇场南医院	2002–04	如皋市场南医院	磨头镇高庄村	20	19	13
19	1958年	胡芝人民公社医院	如皋市磨头镇场北医院	2002–06	如皋市场北医院	磨头镇新联村6组	19	19	15

续表 17-2

序号	医院初建时间	初建时院名	改制前院名	改制时间	改制后				
					院名	院址	核定床位数	职工人数	卫技人数
20	1958年秋	夏堡人民公社医院	如皋市夏堡镇医院	2002-06	如皋市夏堡医院	搬经镇兴夏村1组	25	30	24
21	1958-10	马塘人民公社医院	如皋市桃园镇马塘医院	2002-06	如皋市马塘医院	桃园镇新华村13组	20	25	17
22	1958年	姚园(蒲西)人民公社医院	如皋市白蒲镇蒲西医院	2002-06	如皋市普惠第二医院	白蒲镇蒲西村22组	25	31	24
23	1958年	丁堰人民公社医院	如皋市丁堰镇丁东医院	2002-06	如皋市丁东医院	丁堰镇丁石村7组	20	20	13
24	1963年秋	二案人民公社医院	如皋市长江镇卫生院	2002-06	如皋市长江医院	长江镇健康路1号	40	36	32
25	1959-01	薛窑公社医院九华分院	如皋市九华镇卫生院	2002-07	如皋市九华医院	九华镇郭李村11组	30	52	35
26	1958-09	高明人民公社医院	如皋市高明镇医院	2002-07	如皋市高明医院	高明镇中心居委会	20	22	14
27	1958年	柴湾人民公社医院	如皋市柴湾镇医院	2002-07	如皋市柴湾医院	柴湾镇柴湾居委会7组	30	25	22
28	1959年	勇敢人民公社医院	如皋市白蒲镇勇敢医院	2002-07	如皋市勇敢医院	白蒲镇康庄村7组	30	39	28
29	1958-10	桃园人民公社医院	如皋市桃园镇医院	2002-08	如皋市桃园医院	桃园镇夏庄村9组	20	27	22
30	1958-08	红旗人民公社医院戴庄分院	如皋市柴湾镇戴庄医院	2002-08	如皋市戴庄医院	柴湾镇双龙村10组	20	25	20
31	1958-10	龙舌人民公社医院	如皋市九华镇龙舌医院	2002-08	如皋市龙舌医院	九华镇郑甸村12组	16	28	26
32	1958-04	新姚人民公社医院	如皋市白蒲镇新姚医院	2002-09	如皋市新姚医院	白蒲镇钱园村22组	25	26	26
33	1958-10	长庄人民公社医院	如皋市吴窑镇长庄医院	2002-09	如皋市长庄医院	吴窑镇四房村3组	20	27	21
34	1958-10	雪岸人民公社医院	如皋县雪岸镇卫生院	2002-09	如皋市普惠医院	雪岸镇雪岸居委会5组	30	38	33
35	1958年	奚斜人民公社医院	如皋市林梓镇奚斜医院	2002-10	如皋市奚斜医院	林梓镇斜庄村4组	25	29	23
36	1958-04	林梓人民公社医院	如皋市林梓镇卫生院	2002-10	如皋市林梓医院	林梓镇高阳路52号	25	44	41

续表17-2

序号	医院初建时间	初建时院名	改制前院名	改制时间	改制后				
					院名	院址	核定床位数	职工人数	卫技人数
37	1958-10	如城人民公社医院	如皋市如城镇医院	2002-11	如皋市第三人民医院	如城镇西典巷17号	52	108	85
				2005-07	如皋市百信医院				
38	1958年秋	郭园人民公社医院	如皋市郭园镇医院	2002-11	如皋市郭园医院	郭园镇郭园居委会15组	30	32	27
39	1958-10	骏发(丁北)人民公社医院	如皋市东陈镇丁北医院	2002-11	如皋市丁北医院	东陈镇杨庄居委会	25	26	20
40	1958-06	新建(葛市)人民公社医院	如皋市江安镇葛市医院	2002-12	如皋市葛市医院	江安镇西来桥北首	30	17	14
41	1959-01	花园人民公社医院	如皋市下原镇花园医院	2002-12	如皋市花园医院	下原镇沈杨村6组	20	21	19
42	1959年秋	车马湖人民公社医院	如皋市郭园镇车马湖医院	2003-01	如皋市车马湖医院	郭园镇潘湖村17组	20	21	16
43	1958-10	江防、二案联合医院	如皋市长江镇江防医院	2003-01	如皋市江防医院	长江镇永平居委会	50	49	37
44	1958-10	南凌人民公社医院	如皋市雪岸镇南凌医院	2003-05	如皋市南凌医院	雪岸镇南凌居委会	30	32	26
45	1958年秋	红旗人民公社医院城西(公社)分院	如城镇城西医院	2003-08	如皋市城西医院	如城镇许庄村9组	25	47	38
46	1959-05	石庄人民公社医院	如皋市石庄镇医院	2003-08	如皋市石庄医院	石庄镇北大街19号	60	85	65
47	1958-10	赵明(丁西)人民公社医院	如皋市丁堰镇医院	2005-11	如皋丁堰福友医院	丁堰镇鞠庄村13组	30	34	28

三、运行机制变革

20世纪50年代，全县各联合诊所及各人民公社医院，实行“独立核算，自负盈亏”。各县区属医疗卫生单位人员实行固定工资制，各项经费由经营收入加县财政和上级财政拨款解决。1974年，各公社医院改为县属大集体性质，收归县卫生局管理。1986年，全县医疗机构始实行院、所、站长负责制，院长对副职有提议权，对中层干部有任免权，对全体员工有考核奖惩权。1987年8月6日，全县集体医院推行以乡(镇)为主，县和乡(镇)分工负责的管理体制。市级全额预算单位普遍实行“预算包干，专款专用，结余留用，收节支提奖”；乡镇医疗卫生机构普遍实行“国家补助，独立核算，自负盈亏，民主管理，按劳分配”。1988年1月1日起，全县51所乡(镇)卫生院保留大集体性质不变，全部交由乡(镇)管理。

2004年9月28日，市尘洁医院与市人民医院合并，委托上海仁济医疗集团管理有限公司托管。2005年起，市中医院、市精神病防治医院及白蒲、石庄两家中心医院在保持所有权国有性质不变的前提下，全部实行综合目标责任制，经营权与所有权分离，在卫生行政主管部门核准的诊疗科目范围内开展自主经营、自负盈亏、独立承担民事责任的医疗服务。是年12月18日，市人民医院与白蒲、石庄中心医院组成如皋市人民医院医疗集团，实行优势互补，资源共享。2008年，市人民医院委托上海仁济医疗集团管理关系解除。2010年9月，市人民医院（含尘洁分院）亦开始实行综合目标责任制，“所有权”“经营权”分离改革。

四、医疗制度变革

公费医疗制度　民国36年（1947年），国民政府如皋县政府颁发《如皋县公立医院优待县政府直辖公教人员及军警暂行办法》，凡县政府直辖公教人员及军警因病诊治持公函，经主管长官盖章后，各项费用可享受不同比例的优待。是为如皋公费医疗之始，只有极少部分人员享受公费医疗优待。

战争年代和中华人民共和国成立初期，人民干部及革命军警实行供给制，负伤、生病直接到部队卫生队诊治，经批准到医院诊治按实报销医药费。1952年9月1日起，全县执行卫生部批准的《国家工作人员公费医疗预防实施办法》。1954年1月5日始，全县开始执行县政府颁发的《如皋县公费医疗预防管理实施暂行办法》，党政机关、人民团体在编人员、事业单位工作人员以及革命残疾军人享受公费医疗待遇。患病到指定医疗机构就诊，按一定比例报销费用。1957年1月27日，县人委出台关于公费医疗定额和管理方面的具体规定。1962年3月，全县核实公费医疗人数，办理加贴复查凭证手续。1965年2月始，实行分区下达公费医疗费用指标，包干与调度相结合。1979年，改革公费医疗经费管理办法，试行按乡镇、系统或单位全额包干，经费按一定标准下拨，由乡镇、系统或单位掌握使用，结余不上缴，超支由乡镇、系统或单位负责。包干的具体标准，根据医疗费用变化而多次调整。1988年1月始，全县试行公费医疗经费定额包干、分级管理的办法，经费由县财政于年初一次性分解到各乡镇、主管局和单位，按各自实有人数，分3种对象下拨包干经费。在职国家干部和公办教师每人每年90元，退休干部和退休教师每人每年200元，离休干部、教师和二等乙级以上残废军人每人每年300元。癌症、精神病患者和其他危重病人不受定额标准限制。各乡镇、主管局及部分单位，都具体制订乡镇、部门、单位的公费医疗管理办法，分年龄段确定具体标准，医药费用由单位和个人共同承担。同时规定，享受公费医疗的人员，原则上分片定点就诊，离休人员、残废军人、危重病可以就近在镇以上医疗单位就诊。20世纪90年代，各单位根据费用基数和各自实际情况，制定具体报销比例和办法。2001年3月1日起，实行城镇职工基本医疗保险制度，公费医疗制度废止。

农村合作医疗　1958年，人民公社医院建立后，全县开始在部分农村社队试行农民保健费半统筹办法，通常平均每人每月缴纳保健费0.02—0.03元，农民患小病可享受基本医疗。1968年，何庄公社和江防公社个别大、小队试行社员看病全统筹治疗。1969年2月，全县开始推行农村合作医疗，有社办、社队联办和队办3种形式，每人每年缴纳合作医疗基金1.50—3元，其中社员个人缴纳0.15—1.50元，其余由生产队在公益金中列支。社员患一般常见病、多发病，在大队“红医室”或公社医院就诊，确需转院的费用，办理一定报批手续，由大队、生产队先行垫支，年终再跟公社合作医疗管理机构结算，全额或部分给予报支。1983年，推行农村家庭联产承包责任制后，合作医疗制度不再施行。1990年下半年始，全县逐步恢复合作医疗制度。2000年，市政府下发《关于全市农村合作医疗的意见》，推行以合作、合防和大病补助为模式的合作医疗制度。

新型农村合作医疗　2001年，全市始实施新型农村合作医疗。2001—2002年度，筹资标准为农村参加人员每人每年1元，市、镇财政各补助1元。全市农业人口参加率为83.31%。此后，筹资和补助标准多次调整。2004年度，筹资和补助标准为，个人每年缴10元，南通市、如皋市、镇三级政府扶持每人每年10元，省政府补助每人每年10元。是年，全市筹资金额3192.86万元，参加农民103.79万人。2005年4月1日，市卫生局公布新型农村合作医疗定点医疗机构名单，主

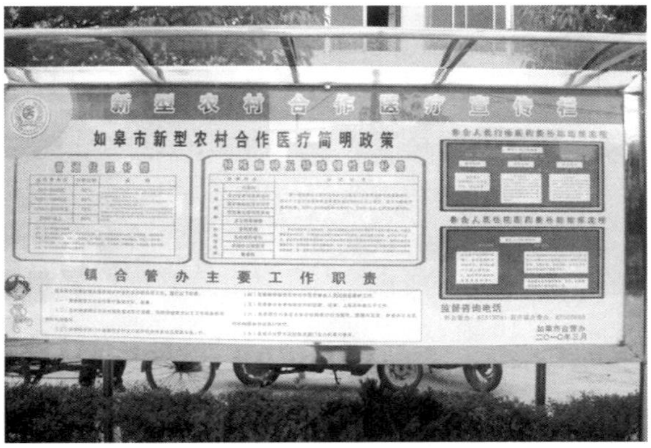

图17-2 如皋市农村新型合作医疗宣传板（2010年摄）

要为市内58家医院。此后，增加南通瑞慈医院。11月1日起，推行全市农村合作医疗计算机网络结报系统建设。2010年，全市参加122.11万人，参加率100%。年人均筹资标准调整为160元，其中农民以户为单位每人每年缴费40元，各级财政补助每年人均120元，全年共筹个人资金4884.42万元，市配套资金5000万元，省补助资金8993万元，总计1.96亿元。全年门诊医药费补助、住院补助、特殊病补助总计支出1.94亿元，基金使用率98.9%。

划区医疗制度 20世纪70年代中期，全县开始试行划区医疗制度。县、区、人民公社三级医疗机构，负责所辖地区医疗业务。如有诊治困难，逐级上转，直至省级医院或外地大医院。90年代后，随着医疗市场开放，病人可自主投医，方便就诊。

医师负责制度 20世纪50年代，在县、区级医院实行高年资医师负责制，由其主管门诊及病区医疗业务工作。70年代，城市医务人员下放农村，部分中高级医师充实县、区医院，负责所在科的诊疗业务。1979年，一批中西医晋升主任医师、副主任医师和主治医师，逐步建立健全三级医师负责制。在部分乡镇医院，往往由高年资且具丰富实践经验的医师代理行使住院医师或主治医师的职能。

护理制度 1949年，县人民医院初建时，各科统收病人，建立一个护理单元，以常日班护理为主。1958年，始建立三班制护理，对危重病人及手术后病人实行特护。此后，实行三级护理，普通病人二级护理，病危及术后病人一级护理，特重病人实行特护，并根据病情变化随时调整护理等级。“文化大革命”初期，区级医院实行“医护一条龙”。1970年后，全县开始建立护理单元，实行三班制护理及三级护理制。进入21世纪，市人民医院和市第三人民医院陆续建立重症监护室，对危重病人、大手术术后病人进行重症护理。

第三节 医疗卫生队伍、设施

一、队伍

沿革 如皋有医人记载始于元代。明、清时期，全县载于地方志书的医人242人。清顺治十二年（1655年），进士丁其誉编撰《寿世秘典》留世；清光绪六年（1880年），丁堰名中医薛宝田应诏晋京为慈禧太后治病，历时98天，慈禧称其“看脉立方均尚妥”。清光绪三十四年，知县、名中医周景涛被荐为光绪皇帝诊病。民国3年（1914年），西医传入如皋。民国36年，国民政府如皋县卫生院统计，全县医药开业人员164人，其中西医17人、助产士2人、牙医3人、中医师142人；有中西医药房人员23人，其中西药房6人、中药房17人。中华人民共和国成立后，县委县政府注重医疗卫生人才的引进和培养，医疗（中、西医）、护理、检验药剂、各类技师队伍不断壮大，技术水平提升。1990年，全县共有中、西医（包括厂、校、乡村和私人开业），药（技）人员4925人，每1000人占有医生1.4人。1995年，全市每1000人占有医生数增至2.47人。2005年，全市每1000人占有卫技人员增至2.88人，其中医师0.83人，医生1.29人，护士0.64人。2010年，全市

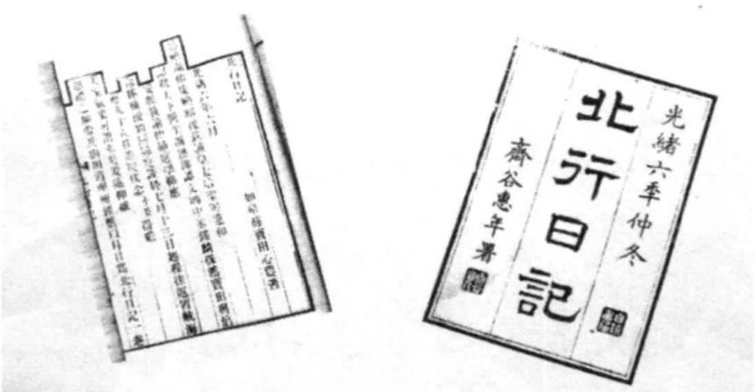

图17-3 名医薛宝田晋京所著《北行日记》

共有医疗卫生机构616家(不含民政部门所辖江滨医院),共有员工6162人。其中,医院医务人员4050人(卫技人员3221人),卫生监督所、疾病预防控制中心、妇幼保健所、血站及20家镇卫生所333人(卫技人员299人),企事业医务员工51人(卫技人员48人),个体开业医生48人(卫技人员50人),社区卫生机构执业医师47人、执业助理医师84人、注册护士8人,乡村医生1136人,全为卫技人员。全市平均每1000人拥有执业卫技人员(不含个体和社区)2.7人,其中执业医师(士)1.24人、注册护师(士)0.7人、药师及其他技术人员0.37人。

技术层次 1965年前,如皋全县无高级卫生技术人员,中级技术人员均为外地引进,且为数不多,医院一般按学历区分:大专以上毕业者为"师",如医师、药剂师等;中专毕业者为"士",如医士、护士、药剂士等。高中以下无规范学历者为"员",如护理员、检验员等。1979年开始评定技术职务,"士""员"同为初级职称。至1983年,全县始有主任中医师和副主任中医师各1人。后正常申报、评定、晋升。2005年,全市有技术职称的医务人员3053人,其中,正高级职称8人,副高级职称79人,中级419人,初级2323人。2010年,全市医疗卫生系统,共有正高级职称45人,副高级职称188人,中级职称806人。有本科以上学历1468人,其中硕士55人。

二、设施

房屋 清代以前,民间医寓、诊所多用私房或租赁房屋、店房。民国年间,始建专门的医院。民国12年(1923年),美籍传教士、荷兰医生海深德于如皋城西大街百岁巷口开设门诊。民国17年,如皋县公立医院于益人桥南建砖木结构小楼房一幢。1949年,新组建的医疗卫生机构多利用原有旧公房或就地租借民房。1956年7月1日,如皋县卫生防疫站于如城宏坝村建立,有比较完善的防疫用房,被评为乙级站。1958年,县人民医院开始建设病区平房及部分生活用房。各公社医院一般借用旧公房或搭建简易房。1960年,国家投资17万元建如皋卫校砖混结构三层教学楼,后移交县人民医院作医疗用房。20世纪70年代起,县人民医院依靠国家投资,逐步建立病房楼和门诊楼。全市各区中心医院、各乡镇卫生院利用政府拨款、地方自筹资金逐步建起医用平房,有的建有专用病房。1994年12月,市妇幼保健所业务大楼于如城东郊育贤路落成,占地面积0.24万平方米,建筑面积0.23万平方米。1995年,市尘洁医院竣工,并完成市皮肤病防治所、精神病防治医院搬迁。全市区中心医院、乡镇卫生院共建成病房楼或综合楼16幢,建筑面积2.27万平方米,改造危房3.94万平方米。2001年9月,南通市如皋药品监督管理局于如城中山东路296号设立专用办公楼。2003年7月,市人民医院1.88万平方米9层综合病房楼投入使用。2006—2010年,市人民医院门急诊病房综合楼、市第二人民医院病房综合楼、中医院门急诊大楼、市第三人民医院病房楼、第四人民医院病房楼等新建或改、扩建工程集中实施均交付使用。至2010年底,全市医疗卫生机构,占地总面积45.56万平方米,建筑面积38.07万平方米。

医院床位 民国4年(1915年),德辅医院始设病床10张。民国18年,县公立医院设病床30张。民国21年,同仁医院设病床40张。民国35年,县卫生院设病床30张。1949年,组建县人民医院,设病床50张。1991年,全市各机构共有病床2647张,平均每千人占有床位1.82张。2001年,全市各医疗机构有病床2723张,平均每千人占有床位1.90张。2005年,全市每千人占有医院床位增加至1.93张。2010年,全市64家医院,核定病床3630张,平均每千人拥有床位2.57张。

设备 民国年间,全县私立、公立、教会等医院规模均很小,医疗设备简陋。民国36年(1947年),县公立医院购置1台30毫安X光机。中华人民共和国成立后,各级政府注重医疗设备的投入。20世纪60年代,全县城乡医院基本普及显微镜。1960年,县人民医院始配备心电图机。1962年,县直机关肝炎疗养所购置A型超声波诊断仪,县人民医院配置救护车。20世纪70年代,县人民医院购置纤维胃镜;乡镇卫生院装备化验室、放射科和手术室;区、乡卫生院基本普及X光机、无影灯、手术床、刀包、检验仪器等常用设备。80年代,B超机、超声心动图机、脑电图、冷光源膀胱镜及500毫安X光机逐步装备县级医院。90年代,800毫安X光机、CT机、彩色多普勒、全自动生化分析仪、心脏监护仪、高压氧舱、肾透析仪、放疗设备逐步装备市(县)级及部分中心卫生院。2005年,全市医疗机构拥有万元以上设备1182台(套),其中50万—100万元21台(套),100万元以上13台(套),总资产4.14亿元。2006—2010年,市人民医院、中医院等国有医院,添置核磁共振、螺旋CT、大C臂机、直线加速器、直接数字摄片系统等大型、现代化、高科技设备;博爱、胜利等民营医院也更新、添置现代化医疗设备。至2010年底,全市医疗卫生单位(不含镇卫生所),拥有万元以上设备2675台(套),其中50万—100万元69台(套),100万元以上48台(套),总资产14.10亿元,是2005年的3.23倍。

第四节 医疗机构

一、公立、国有医院

民国初,北洋政府如皋县民政分府始建公立医院。民国29年(1940年),县抗日民主政府在西乡创建公立医院。中华人民共和国成立后,市(县)政府相继创办一批综合、专门国有医院和各区中心医院。21世纪,实行公立医院产权制度改革。至2010年,全市有公立医院5所。

如皋公立医院(广济医院) 民国10年(1921年)4月,如皋县首家公立医院由邑人沙元炳、黄季平(家政)等于沙家河塘创立,沙元炳任院长。民国17年2月,迁址益人桥南,共43间,设内、外、儿、皮肤、五官、待诊、手术、调剂、诊察、人工太阳能治疗等科室,病房分一、二、三等,有床位30

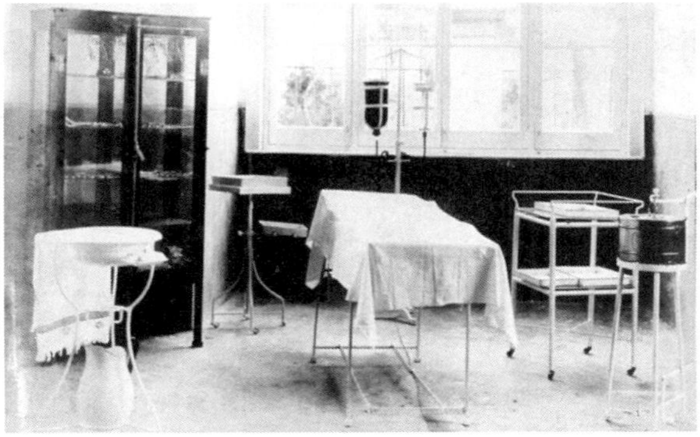

图17-4 县公立医院手术室

[民国18年(1929年)摄]

张。民国24年,易名如皋广济医院。民国27年3月,如皋沦陷后停办。

如皋县立医院 民国20年(1931年)9月,国民政府如皋县政府于如皋城钱家桥西原闽中会馆创办,后移至中禅寺。民国27年10月,国民政府如皋县政府于马塘镇(今属如东县)前街仁和桥王家祠堂恢复。民国29年,由新四军接管。民国34年9月,停办。

如皋县戒烟医院 民国23年(1934年)6月,国民政府如皋县政府于南门大觉庵设立如皋县禁烟(鸦片)局,下设戒烟医院,亦称戒烟所。民国25年春,停办。民国35年9月,国民政府如皋县警察局于县卫生院内设戒烟所兼戒烟医院,11月戒烟运动结束停办。

如西县立医院 民国29年(1940年)10月,县抗日民主政府在卢港设立,有医务员工30多人,设戒毒部,并派遣医护人员驻如西县警卫团,从事医疗和救护工作。后随县委机关打游击,医院无固定房舍和床位,主要接受伤病员,因陋就简施行清创、截肢等手术,并治疗常见病。民国32年10月,奉命裁撤。

如皋县公医院 民国35年(1946年)2月,由邑绅李耆卿等人在上海发起筹办。民国36年2月,迁如皋城益人桥南原广济医院址,3月18日开诊。先后接收国民政府江苏省民政厅卫生处配发医疗器材52件和苏宁救济分署配给药物器材256件,并有30毫安X光机1台。民国38年2月5日,中国人民解放军如城军事管制委员会建立后接管。

如皋市(县)人民医院 民国34年(1945年)9月,由新四军接管日本人开办的江北综合研究所如皋病院后,于如皋城长巷原同仁医院旧址建立县人民医院。民国35年7月,停办。民国38年3月,中国人民解放军如城军事管制委员会在接管的原县公医院和县卫生院基础上,于如皋城文定桥北原红卐字会内重建。1950年10月,更名如皋县卫生院。1954年,解放军康复医院迁离如皋,县卫生院迁至益人桥南原康复医院所在地。1958年,始建病区平房和部分生活用房,复名县人民医院。1961年,原址扩建住院部,门诊部迁益人桥北(今中医院门诊部)。1962年,接受如皋卫校教学楼作内科诊室。1965年,于城西公社城南大队(今宁海路188号市人民医院址)建医院职工宿舍。1968年,更名如皋县人民卫生院。1971年前后,院职工宿舍陆续改作住院部。1975年12月,门诊部迁至现人民医院址。1991年6月,更名如皋市人民医院。1994年,与上海医科大学基础医学院联办心血管疾病防治中心如皋分院。1995年12月,被核准为二级甲等医院。2002年3月27日,于医院建立市120急救中心。2004年9月28日,市尘洁医院并入,并一起由上海仁济医疗集团管理有限公司托管。2005年12月18日,与白蒲、石庄两中心医院组成如皋市人民医院医疗集团。2008年,与上海仁济医院终止托管。医院实行“所有权”“经营权”分离,“所有权”国有性质不变,由法人代表自主经营。后相继设立上海胆道疾病会诊中心如皋分中心、泌尿生殖中心、心血管中心、儿童哮喘中心等。2010年,全院占地6.15公顷,建筑总面积(不含在建)7.09万平方米,其中业务用房5.82万平方米;医护员工总人数843人,其中卫技人员669人;年门急诊量37.74万人次。

如皋市(县)精神病防治医院(第二人民医院、惠民医院) 1975年,县江滨医院在何庄公社辟建精神科。1978年12月,精神科从江滨医院析出建立如皋县精神病防治医院(简称县精神病院)。1979年12月22日,县精神病院迁城西乡何堡村原城西区卫生院院址。1989年11月,增挂如皋县第二人民医院牌子,为以精神科为主的一级甲等综合医院,具有计划生育技术服务资质。1994年9月1日,定址城西乡红星村(今中山西路158号)。2005年,实行“所有权”“经营权”分离,国有性质不变,由法人代表自主经营。2007年11月2日,增挂如城镇第一社区卫生服务中心牌子。2008年5月10日,增挂如皋市惠民医院牌子。主要为城乡困难民众提供最基本的多发病、常见病医疗服务,全市低保人群、16458户农村五保供养人员列入优惠范围,为南通市首家县级福利型医院。是年,门诊5303人次,优惠15.34万元;住院11人,优惠5.14万元。2009年,市政府调整惠民医院优惠对象和优惠政策。将城乡领证残疾人、需住院治疗的精神病人纳入优惠对象,将药品材料按零售价优惠15%调整为优惠25%,定期为优惠对象体检;并逐人建立健康档案。2010年,“三院一中心”共占地0.85公顷,建筑面积7200平方米,核定床位80张,有职工102人,年门急诊量1.9万人次。

如皋市第三人民医院 1958年,县人委将位于石庄镇东大街15号的石庄区卫生所,改建为石庄地区医院。1968年,易名石庄区卫生院。1987年,更名石庄中心卫生院。2001年11月,定名如皋市石庄中心医院。2005年,实行“所有权”“经营权”分离,国有性质不变,由法人代表自主经营。是年12月18日,加入如皋市人民医院医疗集团。2007年9月28日,被评定为二级乙等医院。2008年,设立如皋市120急救中心石庄分站。2010年3月29日,更名如皋市第三人民医院。是年,全院占地面积1.5公顷,建筑面积1.45万平方米,共有医护员工119人,年门急诊量6万人次。

如皋市第四人民医院 1958年,白蒲区卫生所改建为白蒲地区医院。1968年,更名白蒲区卫生院。1987年,更名白蒲中心卫生院。1996年,被评定为一级甲等医院。2001年,体制改革,防疫保健及公共卫生职能剥离,更名白蒲中心医院。2002年7月2日,白蒲镇医院并入。2005年,实行“所有权”“经营权”分离,国有性质不变,由法人代表自主经营。是年12月18日,加入如皋市人民医院医疗集团。2010年3月29日,更名为如皋市第四人民医院。至年末,医院占地总面积3.33公顷,建筑面积1.56万平方米,有医护员工153人,年门急诊量近6万人次。

如皋市(县)中医院 1975年12月创办,位于如城益人桥北西侧原人民医院门诊部旧址。1981年8月,于如城镇西郊村建成住院部。1995年,住院部改扩建,大门转至大司马路269号。2001年,南通市中医院(含中西结合)系统年终检查评比,如皋市中医院位列第三。2003年8月,加入南通中医医疗集团。2005年,实行“所有权”“经营权”分离,国有性质不变,由法人代表自主经营。2010年,全院占地面积2.16公顷,建筑面积3.47万平方米,有医护员工346人,年门急诊量37.71人次。

尘洁医院 1992年2月1日,由加拿大华裔顾海澄捐资兴建,位于新民乡城东村1组,初名海澄医院。1993年8月10日,更名尘洁医院(以顾海澄父名命名)。1994年6月18日落成。占地面积1.06公顷,建筑面积6932平方米。市人民医院传染科和新民乡卫生院整体并入。7月18日,正式开诊。是以肿瘤治疗、传染病防治为特色的一

图17-5 如皋市人民医院尘洁分医（2010年摄）

级综合医院。1995年8月6日，医院增挂肿瘤治疗中心牌子。2001年7月14日，升格为二级综合医院。2003年4月10日，增挂如皋市华侨医疗保健中心牌子。2004年9月28日，整体并入市人民医院，由上海仁济医疗集团管理有限公司托管，保留尘洁医院名称，挂如皋市人民医院尘洁分院牌子，人员、资产、功能统一由市人民医院整合。

附录：

伪如皋县政府设立的县立医院

民国30年（1941年）冬，日伪在如皋城创办如皋县立医院，初址南街袁宅小楼。民国31年，迁许家巷祝宅，同时在白蒲镇设立分院。民国34年，日本投降后解散。

二、集体医院

20世纪50年代初，部分个体医生被组织起来建立联合诊所。1958年8月至1959年5月，全县各联合诊所，以公社为单位合并组建人民公社医院48所。1963年6月至1964年4月，如城、白蒲、石庄3个县属镇的公社医院相继改为镇医院。邓园公社医院、长江公社医院建立。1964年4月，石北公社医院建立。至1964年秋，除如城、丁堰、林梓、江安、搬经、城西外，各地药店全部并入公社医院。1968年7月，各公社医院统一更名公社卫生院。1974年，全县公社卫生院改为县属大集体性质。1975年9月，长青沙公社卫生院建立。1976年10月，丁堰镇与丁堰公社分设，增建丁堰镇卫生院。1987年7月，东陈镇卫生院并入城东中心医院。1987年12月，丁堰镇卫生院并入丁堰中心卫生院。1992年7月，如城中心卫生院更名如皋市第三人民医院。1994年7月，新民乡卫生院由市尘洁医院兼并。1995年4月，张黄港乡卫生院并入石庄镇卫生院，蒲西乡卫生院并入白蒲镇卫生院。1996年6月，邓元乡卫生院更名如皋市第四人民医院。2001年3月，各乡镇建立卫生所后，乡镇卫生院公共卫生和防疫保健职能剥离，乡镇卫生院全部更名为乡镇医院。是年5月20日始，全市乡镇医院进行产权制度改革。2002年7月，白蒲镇医院并入白蒲中心卫生院。至2005年11月，全市集体性质医院全部改制为民营医院。

三、私立、民营医院

民国前，全县诊所、医寓均为私立、民营。民国时期，全县医疗机构亦以私立为主。中华人民共和国成立后，全县社会医生联合组建集体性质医疗机构。2001—2005年，全市集体性质医院又全部改制为民营医院，市皮肤病专科医院及部分区中心医院亦改制为民营医院。与此同时，亦有民资投资新建民营医院。至2010年末，全市有民营医院58所。

如皋博爱医院 民国3年（1914年）春，泰兴籍医师陈绍先、王新国在如皋城章家祠筹建，当年5月1日开诊。此为全县第一所现代医院，除诊治疾病外，同时实施戒烟。民国4年停办。2001年3月，市第四人民医院更名博爱医院。

如皋医院（德辅医院） 民国4年（1915年），泰兴籍医师阚德辅租赁如皋城沙家花园11间房屋创办私立如皋医院，除诊治一般内外科疾病，亦实施戒烟。民国10年，易名如皋德辅医院。民国27年3月，如皋沦陷时停办。

如皋同仁医院 民国21年（1932年）7月，由丁志中、胡晋侯、胡伯兰联合，创办位于如皋城长巷东。民国25年，迁长巷西首。民国35年，3人各自招收门徒单独开业，医院解体。

如皋市江安医院 1963年4月县人委创办，初名江安区医院。1968年，区医院和区卫生所合并为江安区卫生院。1987年，易名江安中心卫生院。1999年，江安镇卫生院并入。2001年7月，更名江安中心医院。2004年12月10日，产权变更，改制为民营如皋市江安医院。2010年，全院占地面积3.02公顷,建筑面积1.14万平方米,共有职工67人,年门急诊5.07万人次。

如皋市城东医院 1963年县人委创办,初名城东区医院。1968年,城东区医院与区卫生所合并为城东区卫生院。1987年7月,东陈镇卫生院并入。2001年11月,更名城东中心医院。2004年9月8日,产权变更,改制为股份制民营如皋市城东医院。2010年,除院本部外,设3个基层门诊室,占地总面积1公顷,建筑面积2900平方米,共有职工74人,年门急诊2.17万人次。

如皋市磨头中兴医院 1963年县人委创办,初名磨头区医院。1968年6月,区医院和区卫生所合并为磨头区卫生院。1987年,易名磨头中心卫生院。2004年10月12日,产权变更,改制为民营如皋市磨头中兴医院。2010年,全院占地面积0.88公顷,建筑面积6500平方米,共有职工90人,年门急诊2.14万人次。

如皋市天济医院 1963年县人委创办,初名丁堰区医院。1968年,区医院和区卫生所合并为丁堰区卫生院。1987年12月,丁堰镇卫生室并入。2001年7月,更名为丁堰中心医院。2004年10月18日,产权变更,改制为民营如皋市天济医院。2010年,全院占地面积0.78公顷,建筑面积6000平方米,共有职工38人,年门急诊1.32万人次。

如皋市仁爱医院 1968年,县革委会将卢港区卫生所改建为搬经(伴今)区卫生院。1987年,更名搬经区中心医院。2004年11月12日,产权变更,改制为民营如皋市仁爱医院。2010年,全院占地面积0.93公顷,建筑面积5600平方米,共有职工67人,年门急诊2.56万人次。

如皋市普惠薛窑医院 1968年,县革委会在原薛窑区、下原区儿家卫生所基础上,组建薛窑区卫生院。2001年11月,更名薛窑区中心医院。2004年11月20日,产权变更,改制为民营薛窑医院。2007年8月1日,产权再度转让,更名民营如皋市普惠薛窑医院。2010年,全院占地面积0.92公顷,建筑面积7000平方米,共有职工79人,年门急诊2.49万人次。

如皋市皮肤病专科医院 1974年,县江滨医院设皮肤科。1983年9月,县江滨医院皮肤科析出,于城西乡许庄村(今如城镇益寿南路)建立如皋县皮肤病防治所。2002年9月30日,产权变更,由国有改制为民营如皋市皮肤病专科医院,不设病房。2010年,全院占地面积0.3公顷,建筑面积1100平方米,共有医护员工46人,年门诊8.16万人次。

如皋市眼科医院 2001年6月由上海奥银投资有限公司投资创办。2008年6月,更名为如皋市眼科医院、初名如皋市人民医院近视眼分院。2010年,占地0.35公顷,建筑面积2800平方米,共有职工54人,年门急诊1.18万人次。

如皋市文慈医院 2004年4月新建,市第二人民医院创办眼科分院。2008年8月,更名南通市眼科医院如皋分院。2009年11月,更名如皋市文慈医院。2010年,全院占地0.08公顷,建筑面积1500平方米,共有职工25人,年门急诊0.62万人次。

如皋康美妇科医院 2007年6月由上海惠康医院投资管理有限公司投资创办。2010年,全院占地0.12公顷,建筑面积5000平方米,共有职工35人,年门急诊1.23万人次。

如皋港人民医院 2009年6月19日由上海申慈医院管理有限公司投资创办。占地5.33公顷,一期建筑面积2.5万平方米,共有职工78人。2010年9月,试运行。是年,门急诊3757人次。

四、教会医疗机构

长老会医院 民国14年(1925年),由荷兰籍美国传教士、医生海深德于西街百岁巷附近创立,医护人员多为教会培养的医务专业教徒,器械均为教会捐资购买。主要诊治内外科常见病,并施行一般外科手术。民国27年,如皋沦陷后,迁至东门城外。民国38年1月,停办。

世界红卐字会如皋施诊所 民国16年(1927年)9月,霍乱流行,世界红卐字会如皋分会成立临时时疫医院,聘请有经验的中西医医生驻院为贫民患者施诊、施药。民国23年后,于东云路巷南段东侧,设立如皋施诊所,每年夏季开诊。民国26年7月27日至9月19日,县内疫病流行,为贫困无力购药者施诊施药。民国36年4月,扩充病房,分中、西两医部,有医务人员6人。民国38年1月,红卍字会撤离如皋,施诊所停办。

圣教医院 民国22年(1933年)创立,位于如皋城东门(20世纪80年代县防疫站),附设麻风诊所,为县内麻风病防治重要机构,民国26年开出麻风病治疗药方8000余份。日本侵略军侵占如皋城后停办。

五、军队医疗机构

如西警卫团卫生队 民国30年(1941年)2月,如西警卫团团部设卫生队,有队长和医务员2人。民国31年,警卫团各营设卫生所,配卫生员1—2人,各连配卫生员1人。民国32年,县警卫团卫生队有军医4人,司药1人,派至连队卫生员2—3人。团部设休养所,最多时收治伤病员80余人,分散住在卢港、江安、石庄一带老百姓家中。民国34年,县警卫团奉命渡江,卫生队随部队转移。

苏中三分区卫生部、卫生队 民国30年(1941年)春,苏中三分区设卫生部,下设材料、医政、保健3科(后3科合并为医保科),并设医务学校、休养所及药房等。各团建卫生队。三分区医疗机构及人员常在西乡东燕庄、西燕庄、高明庄一带活动。民国34年9月,分区机关卫生部及下属机构随部队进驻如皋城,下设医疗队,有药房、医疗室、化验室等,能治疗一般常见病,施行清创、截肢和普通小手术。民国35年7月,战事紧张,撤离如皋。

康复医院 1951年初,由南通、淮阴专区军人疗养院合并于如皋成立,初名苏北第二康复医院。1952年下半年,更名江苏省第七康复医院,受军队和地方卫生部门双重领导。医院总部设于长巷原同仁医院旧址,下设3个队。一队驻益人桥南原公医院,以收治消化系统病员为主;二队驻如城西大街原长老会医院,收治伤员,设有手术室;三队驻如城沙家河塘,以收治结核病员为主。1954年夏,迁往泰州。

驻如空军部队卫生队 1965年6月创办,位于如皋空军机场场站。1981年,开始兼收地方病员。一度以治疗支气管哮喘闻名如皋及周边县市。

附录:

日本侵略军设立的医疗机构

民国27年(1938年)7月,日伪在如皋城许家巷祝宅开办“县立医院”,并设白蒲分院。民国28年6月,日本侵略军于如皋城长巷原同仁医院旧址开办综合研究所江北病院如皋分院,由日籍人员任分院长,有医务员工20多人,并于如皋城西门原长老会医院旧址设病房。民国34年9月,被如西县政府接管。

六、农村基层、企事业单位医疗机构

农村基层医疗机构 1966年6月始,根据毛泽东“把医疗卫生工作的重点放到农村去”的号召,全县培训一批“赤脚医生”。“赤脚医生”又务农又行医,报酬一般以工分形式由集体负担。至1970年,全县886个农村大队全部设立卫生室,共有“赤脚医生”1547名,根据农村合作医疗相关规定,诊治一般性疾病。部分女“赤脚医生”为接生员。农村实行家庭联产承包责任制后,部分村卫生室关闭,部分“赤脚医生”改称乡村医生,继续行医。至1990年,全县有村医务室386个,有乡村医生1258人。2007年,市卫生局选定搬经、常青、雪岸、郭园、丁堰5镇和如城镇孔庙、大治、宏坝、迎春、秀水5个社区作为农村和城市社区卫生服务社建设试点单位。至2010年,全市村(社区)卫生服务站增至424个,实现全覆盖。

企事业单位医疗机构 中华人民共和国成立后,经县卫生行政主管部门批准,市属完中等企事业单位开设卫生所、医务室等。最多时,全县有企事业单位卫生所、医务室、保健室等70余个。20世纪90年代开始,企事业单位医疗机构随所属单位撤并、整合、重组、注销或变更。2010年,全市共有企事业单位卫生所、医务室26个,其中卫生所3个,医务室23个。共有医务用房3500平方米,员工52人,其中执业医师21人,执业助理医师18人,注册护士3人,药师2人,其他医技人员4人。年门诊总量7.6万余人次。

七、私营诊所、个体医生

中华人民共和国成立前,全县除少数公立、教会医院外,行医的多为私营诊所、个体医生。20世纪50年代初,部分个体医生联合诊所。50年代末,个体医生联合诊所合并组建公社医院。1963年,经县人委卫生科考核,全县101名个体医生获准开业。"文化大革命"开始后，个体医生、私营诊所停止行医。农村实行土地承包经营后，部分"赤脚医生"开办个体诊所。

1990年，全县有个体医生131名。

2010年，全市有私营诊所48个，其中牙科23个、口腔科2个、西医内科1个、皮肤科2个、中医内科6个、中医骨伤科10个、中医痔科2个、中医针灸1个、中医推拿1个。医务用房6000余平方米，共有员工65人，其中执业医师9人、执业助理医师40人、中药师1人。全年门诊近10万余人次。

八、采供血机构

如皋市单采血浆站 1985年5月8日，上海市中心血站与夏堡乡卫生院联合组建采血站。1990年初，移交如皋县卫生局，易名如皋县红十字血站夏堡采浆站。1999年5月4日，定名如皋市单采血浆站。进入21世纪，采血浆业务停止。

南通市中心血站如皋分站 1989年4月5日，县政府借用邓园苗圃楼房建立如皋县红十字血站，为集体性质事业单位，独立核算，自负盈亏。1996年7月，迁入位于邓园乡卫生院旧址（现志颐路北首）的业务综合楼。1997年10月24日，改为社会公益性全民事业单位。主要负责组织公民无偿献血，开展血源备量、储存及医疗单位供血、临床特异血型鉴定、输血技术指导、技术培训、科研等。2010年，占地面积0.68公顷，建筑面积0.36万平方米，共有职工23人，全年采血9136人次，采血量14992单位，供应临床用全血172单位，红细胞类14285单位，血浆17516单位。

图17-6 南通市中心血站如皋分站

（2009年摄）

第五节 医疗服务

一、医疗业务

门诊 清代前，域内医疗业务以上门服务为主。清代，慈善性医局、施诊所等临时医疗机构，诊疗方式为出诊或门诊，均不稳定。民国年间，公、私立医院普遍设置内、外、妇、皮肤、花柳、中医等科室，一般平民百姓看不起病，门诊量有限。民国35年（1946年）10月1日，国民政府如皋县政府设立的县卫生院开诊。至民国36年5月底共门诊4017人次，健康检查2762人次。民国36年3月18日，县公医院开诊。是年，共门诊24478人次。民国37年，门诊16624人次。

1949年起，县公医院设置内、外、妇、儿、五官、中医等临床和化验、放射医技科室，诊治一般常见病、多发病，同时开展门诊小手术、健康检查、孕期检查等。20世纪50年代，县人民医院各科日均门诊为300人次左右，区卫生所、乡联合诊所日均门诊10余人至上百人。20世纪60年代末，随着乡村"赤脚医生"和合作医疗的出现，"一般疾病不出村"，各级医院门诊量一度减少。20世纪70年代，区乡卫生院化验、放射、手术室逐步健全，门诊量再度上升。1980年，全县门诊量159万人次。1985年，全县门诊量上升至212.7万人次。20世纪90年代初，全县以往多发的传染病、地方病、常见病显著减少，有的甚至绝迹。至1995年，全市门诊降至159万人次。2005年，全市门诊总计136.6万人次，另有健康检查3万人。进入21世纪，全市医院诊疗水平不断提高，门诊量亦逐步上升。2010年，全市64所医院共诊治245.61万人次，20家镇卫生所共诊疗16.7万人次，26家企事业单位医疗卫生机构共诊疗7.5万人次，48家个体诊所共诊疗11万人次，424家卫生服务站共诊疗188.5万人次，合计接待诊治病员470.3万人次。另在各医院门诊健康检查15.3万人次，家庭卫生服务356人次。

急诊与抢救 20世纪60年代，县人民医院始设门诊抢救室和观察室，装备救护车。70年代，急诊与抢救逐步在区、乡卫生院开展。1990年4

月24日,县中医院设立急诊室。1991年8月1日,市卫生局公布3家市级医院和8家中心卫生院抢救组织成员名单。1996年10月16—18日,市卫生局举办内科急诊培训班。2001年,市红十字会以204国道和宁通高速公路沿线10个乡镇卫生院为基地建立救护站,每5千米左右在村卫生室建立救护点,初步形成全市急救抢救网络。2002年12月31日,以市人民医院为依托的市120急救中心建成,配备救护车6辆。至2004年6月,市120急救中心救护车增至13辆,抢救成功率一直保持在90%以上。2010年,全市共急诊病员96761人次,抢救危重病人3468人,抢救成功3219人,成功率93.2%。

住院治疗 民国36年(1947年),县卫生院收治住院病人94人次。民国37年,县公医院收治住院病人356人次。20世纪50年代,县人民医院开设病床。一般小手术和常见病无须住院护理观察的,均在门诊处理;重病或大手术方住院治疗。60年代,白蒲、石庄两地区医院开始接受病人住院治疗。70年代,各区、乡卫生院逐步设立病床,开始接受病人住院治疗。1980年,全县各级医院接受住院治疗病员5.6万人次。1990年,住院病人人均每次住院时间为9.5天,平均每人次住院费用788.54元。1995年,人均每次住院时间为10.2天,平均每人次住院费用1932.01元。2000年,人均每次住院时间为10.9天,平均每人次住院费用3194.05元。2005年,全市各级医院住院治疗病员增加至5.1万人次,人均每次住院时间为7.88天,平均每人次住院费用5660.68元。2010年,卫生系统63家医院统计,共入院9.4万人次,出院9.6万人次,治愈5.02万人次,好转3.31万人次,未愈0.38万人,死亡152人,未获信息反馈0.84万人。出院者平均住院时间9.37天,费用8643.61元。

三项康复 根据1989年江苏省"三项康复"(白内障复明、小儿麻痹后遗症矫正、学前儿童语言训练)实施方案,1991年5月,县卫生局开始组织医疗单位实施"三项康复"工程。至年底,共完成小儿麻痹后遗症矫正手术67例,施行白内障复明手术180例。1995年8月,市卫生局建立"三项康复"指导组,在全市开展防盲工作。2007年4月18日,市卫生局与市残疾人联合会联合启动白内障"光明工程"。11月26日,市卫生局会同市残联、市教育局联合发文明确:市人民医院为肢残康复技术指导中心和脑瘫儿童康复技术指导中心,市第二人民医院为精神病防治、康复技术指导中心,胜利医院、博爱医院为白内障复明技术指导中心和低视力康复技术指导中心。是年,全市医疗机构为全市180名贫困患者和9名老党员实施白内障免费复明手术。2008年,市卫生局会同市残联、市慈善会等6家单位,用半年多时间,对全市0—6岁儿童进行全面筛查,查出残、病儿童357名,经专家组逐一检查鉴定,确诊具有康复可能的残疾儿童192名,其中132名家庭贫困残疾患儿获得免费康复训练。2009年,实现全市残疾儿童康复工程全覆盖。2010年,全市首期白内障"光明工程"目标实现。

二、诊疗技术

诊断技术 至中华人民共和国成立初,域内中医诊断靠望、闻、问、切做出脉案;西医诊病靠询问症状、观察体征和使用简单的器械检查。20世纪50年代后期,随着大中专医学院校学生分配和医务人员外出进修,规范的视、触、叩、听物理诊断技能,血、尿、粪常规检查和X线透视、摄片等得到广泛应用。60年代中期,胸穿、腹穿、腰穿普遍推广,县人民医院开展肝穿和心包穿刺,建立生化和细菌检验,B超机和心电图机开始装备临床,X光钡剂胃肠、胆囊、肾盂造影逐步开展。70年代初期,大批城市医院医务人员到基层医疗单位工作,促进基层医疗水平普遍提高。80年代以后,各类高新仪器设备相继投入临床使用,各医疗单位诊断水平跃上一个新的档次。

治疗技术 清代,县内中医以内科为主,普遍使用汤药和丸散膏丹;外治常用针灸、推拿、按摩、拔罐,并对部分浅表脓肿切开放置药线引流。民国初年,西医传入,除口服药物外,普遍使用注射给药。私立同仁医院和公立医院具有施行截肢、乳房肿瘤切除、疝修补、大隐静脉曲张结扎、包皮切除、应用产钳助产、处理一般难产、对死胎和骨盆狭窄的产妇施行碎颅术以及内脏摘出技术。1951年1月16日,县人民医院成功施行县内首例阑尾切除手术,治疗进入腹腔,获县政府通令嘉奖。20世纪50年代末,县内医院始施行胆、脾、肾、肠、胰头及乳房等癌瘤切除术。60年代，手术进入胸腔，开展肺叶、全肺切除。同时，始实施甲状腺、食道、结肠代食道、脾肾静脉吻合、输尿管移植等手术。70年代，始施行双侧开胸、缩窄性心包炎心包剥离手术，并实施颈椎结核病灶清除及脑外伤开颅探查清除血肿等手术。80年代，开始施行膀胱癌根治术，妇产科能作剖腹取婴、子宫破裂修补、子宫切除、盆腔大扫除、宫外孕破裂及卵巢囊肿等盆腔手术。五官科手术范围也扩大到白内障、超声乳化摘除和人工晶体植入术、青光眼手术、兔唇修补、乳突根治术、鼻旁窦手术等。1991年3月，县人民医院首例全髋关节置换手术成功。1993年3月，首例椎间盘脱出放射介入髓吸出手术成功。1995年，中医院微创手术覆盖临床各科，市人民医院开放"ICU"重症监护病房。1997年7月，成功施行心脏修补手术，同年12月，尘洁医院开始肿瘤放射治疗。2004年12月，在上海仁济医疗集团专家指导下，市人民医院成功施行经腋下小切口肺大泡切除、肺纤维板剥离、肺修补、等离子前列腺切除及心脏瓣膜置换等手术；市中医院永久性和临时性心脏起搏器及心包穿刺引流等手术均获成功。2010年末，市人民医院和市中医院为二等甲级医院，市第三人民医院(石庄)、民营博爱医院为二等乙级医院，38家医院为一级甲等医院，均具相应诊疗水平。

三、特色专科

1990年，县中医院增设气功推拿科。1995年4月，市人民医院设置心血管内科。同年8月，市尘洁医院增设肿瘤治疗中心。1996年9月，市人民医院与上海医科大学基础医学院联办心血管病治疗中心如皋分院，并成为南通医学院教学医院。12月，市人民医院心血管内科被确定为县级重点临床专科。2001年，市中医院着重针灸、骨伤、肛肠、妇科为医院的特色专科建设，其中妇科被南通市卫生局确定为重点专科。2002年，市中医院发扬中医特色，开设骨质增生、脾胃病、肝病、慢支哮喘、小针刀等19个专病专科门诊，研究开发特色制剂50多种，组建集针灸、推拿、理疗于一体的康复治疗中心。是年12月，胜利医院获准增挂如皋市鹏程眼科医院牌子。2003年4月，市尘洁医院增挂如皋市华侨医疗保健中心牌子。11月，中医妇科被评定为南通市重点中医专科，同时挂牌成立口腔诊疗中心。2004年，市中医院设立肛肠病治疗中心。2005年8月，市人民医院上海胆道疾病会诊中心如皋分中心签约揭牌，并相继建立泌尿生殖中心、心血管中心、儿童哮喘中心、上海胆道疾病会诊中心如皋分中心；市中医院肛肠科被确定为南通市重点中医专科。全市列入年报的专科有市人民医院消化道内科、神经内科、心血管内科、胸外科和脑外科，中医院妇科、肛肠科、骨质增生科和肝病专科，市精神病防治医院的精神病科。2006—2010年，市中医院妇科等4个科室被确认为全国农村中医特色科室建设单位，肛肠科为南通市重点专科；市人民医院心血管内科等4个科室为南通市重点专科。

第六节 疾病预防控制

一、防控机构

中华人民共和国成立前，域内疾病预防控制工作比较薄弱。1919年(民国八年)，县公署在德辅医院内设县防疫公所，不久停办。1956年9月20日，县委成立如皋县防治血吸虫病五人小组。1984年4月，县血防小组增加地方病防治职能。1986年8月22日，如皋县计划免疫领导小组建立。1991年，易名如皋市计划免疫协调领导小组。1991年6月，市委血吸虫病、地方病防治领导小组建立。1997年3月，如皋市血防达标领导小组建立，市卫生局建立血防达标技术指导小组。2003年4月26日，市委、市政府建立如皋市非典型性肺炎防治工作指挥部，同时建立如皋市防治非典医药用品协调小组。市卫生局建立防治"非典"专家指导组。2004年8月6日，市政府残疾人工作协调委员会内设如皋市精神病防治和康复工作领导小组，同时成立技术组。2006年3月13日，市政府建立如皋市艾滋病与结核病防治工作委员会。5月10日，如皋市预防艾滋病娱乐场所高危行为干预工作领导组建立。2009年5月5日，市政府成立如皋市甲型HINI流感防控领导小组。2010年5月18日，市卫生局建立如皋市麻风病监测工作领导组。

如皋县防疫公所 民国8年(1919年),国民政府如皋县公署于德辅医院内设立,配有中西医师。民国27年3月,如皋城沦陷时停办。

如皋市(县)卫生防疫站 1956年7月1日,如皋县卫生防疫站(简称县防疫站)于如城宏坝建立,为全县卫生防疫指导中心,承担全县卫生防疫技术指导、培训科研和结核病门诊业务,属乙级站。1959年,县防疫站迁址如城海阳路16号。1962年,回迁原址。1999年1月18日,位于如城东郊育贤路的县防疫站综合业务大楼交付使用,占地面积0.96公顷,建筑面积0.37万平方米。2002年9月,建制撤销。

如皋市疾病预防控制中心 2002年11月18日,在原市防疫站基础上建立,兼挂如皋市卫生检测中心牌子。为社会公益型全民事业单位,副科级建制,主要承担全市传染病、地方病、慢性病防治的业务指导、疫情监测等。2005年5月,增挂如皋市健康教育所牌子,迁址育贤路南侧。2009年,获江苏省疾病预防控制中心职业病防治、农村饮用水监测先进集体称号。2010年,中心占地面积0.28公顷,建筑面积3600平方米,内设防疫科等9个中层机构,共有职工60人,其中卫技人员49人。

二、疫情报告与监测

县内疫病流行记载最早见于明代,主要有天花、麻疹、霍乱、伤寒,痢疾和恶性疟疾。民国16年(1927年),县内不少地方出现狂犬病。全县疫情报告始自国民政府民国23年《如皋县政纪要》,载有伤寒等9种传染病逐月统计报告。民国25年秋,如皋东乡恶性疟疾流行,感染5万余人,死亡3000余人。

民国27年冬,如皋城白喉流行,感染者众多,部分患者不治身亡。

1950年,全县报告白喉等5种传染病87例。1951年,全县报告麻疹等7种传染病5802例。1960年,全县报告疟疾、白喉等9种传染病42505例。1970年,全县报告麻疹、疟疾等10种传染病49316例。1980年,全县报告病毒性肝炎等12种传染病15065例。1990年,全县报告病毒性肝炎等12种传染病7911例,总发病率550.42/10万。

1992年6月,脊髓灰质炎疫情专报制度建立。1996年5月,新生儿破伤风、肺结核、性病等列入疫情报告范围。1999年,市人民医院、尘洁医院、8所中心卫生院和雪岸等8所乡镇卫生院被明确为市级哨点监测医院。2002年1月,市卫生局始启用新的江苏省传染病报告卡。2003年,对全市8所中心医院和46所民营医院疫情报告卡使用情况进行专项检查,并监测哨点医院及各民营医院540次,对5例AFP(甲胞蛋白)报告均进行调查随访,遏制传染病蔓延。2005年,全市共报告传染病15种1872例,死亡29例,总发病率131.27/10万。2008年,全市报告甲、乙、丙类传染病2474例,发病率175.53/10万,低于南通市平均水平。2010年,全市报告乙、丙类传染病20种2886例,年发病率204.38/10万,在南通市平均水平之下传染病总死亡率0.21/10万,艾滋病呈上升趋势,疟疾、乙脑与上年持平,未有狂犬病报告,甲型H1N1流感、猩红热、出血热、痢疾、淋病、肺结核、肺炎、梅毒等均有明显下降。

三、计划免疫

辛亥革命前后,全县城乡始有预防接种,主要为牛痘苗和鼻苗接种。民国34年(1945年),开始注射脑膜炎浆苗。1950年,全县开始普种牛痘、霍乱疫苗和霍(乱)伤(寒)二联疫苗。1955年,开展结核菌素试验和卡介苗接种。1957年,开始小儿麻痹糖丸和乙脑疫苗接种。1967年,开始接种麻疹疫苗。1985年卡介苗、脊髓灰质炎糖丸、百(日咳)-白(喉)-破(伤风)三联疫苗、麻疹疫苗被列为基础性接种的“四苗”,脊灰糖丸为龙头,流脑疫苗和乙脑疫苗同时纳入,接种对象为12—24月龄儿童。1986年,开始装备乡镇卫生院计划免疫冷链设备。1989年,全县52个乡镇实行儿童计划免疫保健保偿制,50所乡镇卫生院开设接种门诊。1990年,全县“乡筹县管”计划免疫保健保偿办法得到江苏省肯定。进入21世纪,计划免疫工作由新建立的各镇卫生所接管。2005年,5个镇卫生所达到示范化门诊要求,15个镇卫生所达到规范化门诊要求。2006年1月1日起,所有预防接种工作人员一律持证上岗。2008年,全市对当年出生的所有儿童(包括常住和建卡2月以上的流动儿童)免费发放预防接种卡,实行免费接种,全年共发放预防接种卡9287本。2009年1—11月,累计接种各类疫苗210532针(次),年中抽查

1991—2010年如皋市计划免疫疫苗接种情况统计表

表17-3

年份	建卡		12－24月龄儿童数	糖丸		百白破		基础免疫	
	实建人数	建卡率(%)		卡介苗(BCG)	脊灰糖丸(TOPV)	百白破(DPT)	麻疹疫苗(MV)	四苗覆盖	乙肝疫苗
1991	17191	100	23615	23387	23132	23087	23044	22876	—
1992	14978	100	17947	17846	17631	17526	17438	17212	—
1993	14670	100	16025	15957	15350	15440	15611	14909	8000/8121
1994	15050	100	15286	15197	14945	14946	14800	14521	9415/9464
1995	14266	100	15795	15745	15538	15522	15509	15246	11040/11108
1996	10679	100	14956	14944	14900	14892	14867	14862	9914/9947
1997	9446	100	11289	11285	11262	11259	11235	11232	8235/8541
1998	8892	100	9991	9981	9963	9959	9956	9956	7959/8057
1999	8892	100	9421	9418	9391	9386	9379	9378	8716
2000	8825	100	8856	8850	8835	8823	8814	8807	8850
2001	8538	100	9302	9298	9282	9279	9266	9266	9266
2002	8745	100	9130	9120	9085	9077	9063	9063	9041
2003	8926	99.9	9166	9162	9120	9106	9102	9094	9124
2004	10310	100	9896	9891	9886	9881	9875	9870	9873
2005	10272	100	10786	10781	10767	10753	10728	10725	10742
2006	9430	100	10312	10308	10307	10295	10296	10285	10300
2007	9287	100	10001	9982	9999	9995	9994	9972	9994
2008	10341	100	9943	9932	9942	9936	9934	9922	9936
2009	11660	100	10419	10407	10402	10389	10387	10363	10393
2010	11230	100	11708	12277	10874	10919	11130	10756	11125

302名0—7岁儿童的建卡率和接种率，均为100%。至2010年，全市连续30年无白喉发生，27年未发现脊髓灰质炎，16年无百日咳报告。麻疹及流行性脑炎、乙型脑炎发病率均在卫生部、江苏省规定的标准以下。

四、卫生检验检测

20世纪60年代初，县防疫站始建卫生检验室。1963年，始对急性传染病副霍乱病源进行细菌学检索。1973年，始进行环境卫生监测。1974年，逐步添置工业卫生监测仪器设备。1979年，开展乙型肝炎表面抗原测定。是年，上海生物制品检验所从营防公社五星大队12岁女孩马某粪便中分离出1颗甲型肝炎病毒。1980年，县防疫站始开展食品卫生检测。2002年，市疾病预防控制中心组建后，各项检验检测手段得到进一步发展。2004年，市卫生检验检测中心完成痰检2910份、水检550份、消杀2800份、血常规检验1100

份、健康体检9930份、结核病防治门诊2200人次、特种行业体检1950人次、狂犬病抗体810份，两对半(乙型肝炎抗原—抗体)280份，工作量仅次于南通市疾控中心。2006年，完成医疗机构消毒质量采样2040份、餐饮业采样1581份、公共场所采样1205份、新生儿甲状腺功能检测采样4842份。2009年，市疾控中心通过江苏省实验室质量认定监督评审。2010年，全市卫生检验检测工作成绩列南通市各县(市)第一。

五、传染病防治

明嘉靖三十九年(1560年)，全县“大疫”，是为全县急性传染病流行记载。明崇祯，清顺治、嘉庆、道光、咸丰年间，全县亦发生“大疫”“疹疫”等。县内发生的急性传染病主要有天花、麻疹、白喉、霍乱、痢疾、疟疾、流行性脑脊髓膜炎、乙型脑炎等。中华人民共和国成立后，市(县)政府不断加大传染病防治力度。至1978年，全县“六病两脑”(天花、脊髓灰质炎、百日咳、白喉、破伤风、麻疹及流行性脑脊髓膜炎、流行性乙型脑炎)病例极少。

麻疹防治 麻疹为县内常见传染病，多发生于儿童。民国22年(1933年)，圣教医院附设麻风诊所，为县内麻风防治主要机构。日本侵略军侵占如皋后，麻风防治中断。1951—1981年，每年全县发病均在1000例以上，其中1971年超10万例。1978年，实施计划免疫后，疫情控制在江苏省南通市标准内。2003年2月，部分地区发生中小学出疹性疾病，其中一起报告疑似麻疹16例，确诊5例。市卫生局发出紧急通知，加强春季传染病防治。此后，全市一直未有报告。

肠道传染病防治 清嘉庆二十五年至道光二年(1820—1822年)，县内霍乱连续流行。清光绪十四年(1888年)、民国23年(1934年)、民国35年，全县霍乱大流行。20世纪60年代初，全县霍乱得到有效控制。1980年，全县病毒性肝炎流行，发病7225例。1994年9月2日，市委招待所承办宴席，40余人就餐，3日后，其中15人相继发生无痛腹泻，2人病危，从排泄物中检测出霍乱弧菌。1996年7月上、中旬，白蒲镇杨园村发生病毒性肝炎暴发疫情，共发病11例，罹患率为872.30/10万，市卫生局通报全市，全市共发病449例，疫情得到控制。此后，每年都对肝炎防治“压春峰”，广泛施行疫苗接种。1998年8月，发生1例霍乱确诊病人，24小时输液1.6万毫升，未发生二代病人。2003年7月18日，袁桥镇发生历史上首例O139霍乱病例，24小时输液1.6万毫升，获救。2004年，全市共建76个霍乱抢救小组，26个疫情控制小组，共报告腹泻病人11847例，检索1988例，仅发现霍乱疑似病人2例；全年共接种甲肝疫苗近5万人份；全年检索3株痢疾、1株伤寒，痢疾个案调查率80%以上，伤寒个案调查率100%。2006年，全市建立93个抢救小组、84个疫情监控小组，共报告腹泻病人15051例，检索15.8%，痢疾个案调查率89.2%，伤寒个案调查率100%，霍乱年发病率在十万分之一以下。2006年后，未有霍乱、伤寒等恶性肠道传染病例发生。2010年4月起，入学、就业体检，乙肝病毒不再列入检测项目。

麻风病防治 民国22年(1933年)，长老会医院附设麻风诊所。1957年2月20日，如皋县麻风防治所正式成立。是年，在全县进行麻风病普查，其中城东区以128例高居全县之首。1958年，县麻风病管理委员会建立，并在丁堰观音山建立

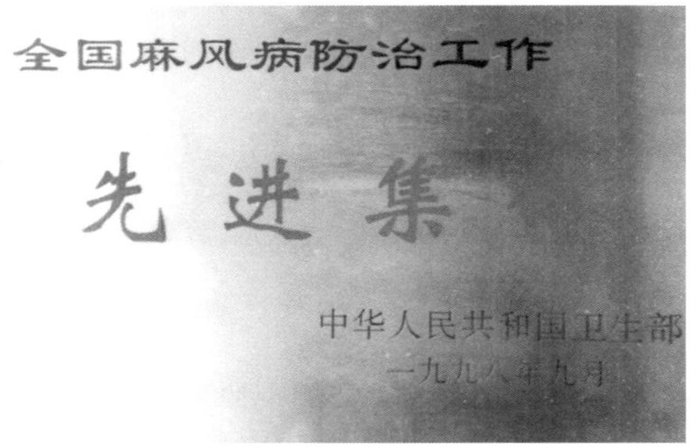

图17-7 1998年，如皋市皮防所获卫生部表彰

小型麻风村和麻风村管委会。1965年，县麻风病防治所迁何庄乡后，增设床位，实行强制住院隔离治疗。1971年，在二案公社原五七农场江堤外划出170亩新建麻风村。1972年，全县麻风病总患病率1.22‰，在全省乃至全国属流行较严重的县(市)。全县各乡镇均发现麻风病例，有麻风病人的行政村占全县总村数的64.91%，村民小组占18.14%。1976年，县江滨医院全面开展查、服、管、治工作，查出现症病人1689例，收院隔离治疗1134例。至1984年，累计治愈1403人。1987年

始,所有现症病人接受联合化疗(MDT)。1997年5月,江苏省皮防所考核组对如皋考核验收。10月,省卫生厅发文确认如皋市为全省达到基本消灭麻风病标准的14个县(市)之一。如皋市皮防所被评为全国麻风防治工作先进集体,在第15届国际麻风防治大会上受到表彰。2000年4月,应卫生部邀请,国际麻风救济会官员安格丽卡专程到如皋考察。2002年,市皮防所改制后,麻风病防治管理职能划归市疾控中心。2003年,全市通过江苏省卫生厅中英麻风病康复合作项目终结评审。2004年,新增麻风病1例,判愈1例,有7例现症病人在治疗中。2006年,全市麻风病门诊362人次,其中现症病人5例,MBT规则治疗率100%。2010年,市卫生局新建如皋市麻风病监测工作领导组,对麻风病严密监测。

结核病防治 1955年,县内始接种卡介苗。1960—1976年,一度中断。1975年,县卫生局组织对肺结核病进行流行病学调查。1983年,始实行新结核病人登记制度。1984年8月24日,县结核病防治所建立,与县防疫站合署办公。是年,全县结核病治愈率为100%。1985和1990年,全县两次参加全国结核病流行点调查,查出结核病6人。1994年2月始,市卫生局实行结核病报告制度和归口管理。是年,全市新登记结核病655例,规则化治疗率、痰菌转阴率、治愈率均高于90%。2001年,全市初诊肺结核986例,PPD(结核菌素)试验600例,新列入项目治管病人44例。2004年3月,磨头中学在高考体检中发现肺结核病人6例,疑似病人3例,市疫控中心对磨头等6所农村中学的688名学生、41名教师进行结核筛查,共发现结核病8例。2005年4月,全市市、镇(区)、村(居)三级防治结核病网络建立健全。是年,苓美服装有限公司结核病暴发,市卫生局筛查1076人,PPD阳性84人,新发现结核病人5人,其中传染性2人,全部进行规范治疗和3HL预防用药。2006年,市政府制发全市结核病防治五年规划(2006—2010年),并对发现有传染性结核病人的学校师生进行胸透筛查和预防性用药。2010年11月,中盖结核病项目工程正式实施,美国盖茨基金会总部官员、博士丹尼尔、中国盖茨基金会结核病项目办公室、中国疾控中心及省市有关领导和专家到如皋对此项目实施现场督导检查,并对全市29例患者给予治疗。

性病防治 1949年前,梅毒、淋病、尖锐湿疣、非淋菌性尿道炎等疾病,在全县城流传较广,公、私医院开设皮肤科、花柳科,接诊性病感染者。中华人民共和国成立初,县委、县政府在狠抓性病治疗的同时,大力整治社会风气,取缔娼妓,性病很快绝迹。1988年6月,全县新发现一例性病。此后,性病发病率上升,且病种不断增加,从城镇向农村蔓延。1999年,全市报告性病1053例。2000—2005年,全市共发现梅毒218例、淋病1295例。2004年,如皋首次发现艾滋病(HIV)病毒感染者。2005年,全市累计发现HIV感染者6例,被江苏省政府确定为全省23个艾滋病娱乐场所高危行为干预项目县之一,列入重大疾病防治项目。2006年5月10日,市娱乐场所干预工作领导小组建立。此后,城区各大卖场、道路旁、社区内、高等学校、娱乐场所周边设置安全箱,内装安全套,供取用。2006—2009年,全市累计对娱乐场所女性服务人员2528人次开展高危行为干预,同时还筛查海外劳务归国人员4108人次和公安羁押人员1454人次,共发现HIV感染者19例,确诊艾滋病患者1例。至2010年,全市共发现和报告HIV感染者31例,存活19例,其中确诊艾滋病人9例,在公安羁押人员中筛查阳性2例。

狂犬病防治 民国16年(1927年),县内始有狂犬病记载。中华人民共和国成立初,全县狂犬病一度呈高发态势。1954年1月,县政府紧急动员捕杀野犬,号召被咬伤者接种狂犬疫苗。是年,全县报告狂犬病23例。1984—1988年,全县有3336人被犬咬伤,县政府再次进行狂犬病防治紧急动员。1990年,全县报告狂犬病3例。1991—2006年,全市(县)累计报告狂犬病56例。2006年,全市报告狂犬病4例。2008年,经市疾控中心测定,全市注射狂犬疫苗后产生抗体的1784人。2009年1月18日,市卫生局指定白蒲、石庄两所中心医院和戴庄等23所一级医院为狂犬病疫苗预防接种单位。疫苗由市卫生局统一招标,从疾控中心领取,使用专用病历加强管理,全年发生狂犬病3例。2010年2月,市卫生局指定37所医院为狂犬病疫苗预防接种单位,全年未有狂犬病发生。

人感染猪链球菌病防治 1998年7月23日至8月8日,全市共发生人感染猪链球菌病27例,死亡7例。感染者中,女性2例,男性25例,年龄在32—70岁之间,分布于全市13个乡镇的25个村。2005年7月下旬,境内再次出现猪链球菌疫情,未发现有人感染。2008年,如皋市被卫生部确定为国家级人感染猪链球菌监测点。是年,采样120份,疑似病例病源学监测报告5例,均采血培养,出现1例阳性。此后,全市再未有发现。

传染性非典型性肺炎防治 2003年春,传染性非典型性肺炎在全国流行,市卫生部门建立专门组织机构和工作班子,对过境车辆和过往旅客严密监测。全市累计接诊高度可疑发热病人1260人次,收住观察36人次,家庭观察23835人次,其中高热病人240人,未有"非典"确诊病人。

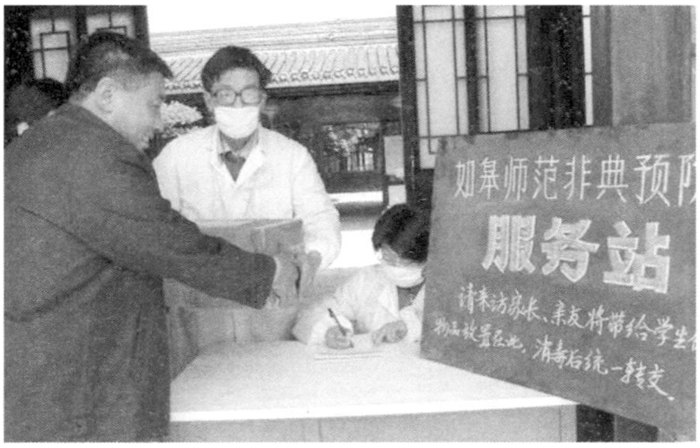

图17-8 2003年5月,如皋师范门卫处严防"非典"

流行性腮腺炎防治 2005年9—10月,丁堰小学发生一起流行性腮腺炎暴发疫情。9月25日,发现首例病例,其后迅速增多,患者年龄均在8—11岁之间。至10月中旬,共发病33例,确诊为一起校园腮腺炎暴发疫情。学校及防疫部门采取隔离消毒等措施,疫情很快得到控制。

手足口病防治 2008年,市卫生局始将全市206所学校、幼儿园手足口病列入监控范围。全市共报告手足口病134例,涉及19个镇、104个村、20所学校及幼儿园,未出现重症病例和疫情暴发。2010年5月19日,市卫生局建立手足口病防治工作领导组和专家组,并与市教育局联合发文要求各级学校加强手足口病等传染病预防控制工作。是年,全市共报告手足口病1266例,其中重症病例9例,聚集性病例2起,涉及1所中学,75所小学和幼托机构。市卫生局、教育局决定8所学校停课防治,共采集标本60份送南通市检测,测得EV71确诊19例,CO2A16型8例,其他肠道病毒6例,均得到及时治疗。

甲型H1N1流感防治 2009年,国内部分地区发生甲型H1N1流感疫情。7月8日,如皋市疾控中心跟踪追查到密切接触者4例,为有发热症状的归国人员,均按要求采取防治措施。同时,对全市重点人群,实施甲型H1N1流感疫苗接种。年底,开展二、三轮接种,累计接种17003人次,未有确诊病例发生。

水痘防治 2009年10月12—27日,邓园小学发生水痘暴发疫情,共临床诊断13例。市疾控中心派出疫情处置小组赶赴现场,采取以隔离传染源为主的措施,两周后再无新发病例。

六、寄生虫病防治

疟疾防治 县内疟疾发病以农村居多,常见有间日、三日、恶性3种症状。民国25年(1936年)秋,丁堰至掘港一线,恶性疟疾流行。《中国光华医学杂志》载:"如皋按照保甲调查,染疫者多至5万—6万,死者5000—6000人之多,实地惨景,十室九病,满目荒芜。"1961年,全县发病42万人次,发病率40.48%。1962年,全县全面开展休止期抗复发治疗,近百万人服药。至1964年,全县发病人数降至3万多人。1984年起,以乡镇卫生院为基地,建立"疟疾防治(显微)镜检(查)站",对发热疑似病人及时查血,检索传染源。1991—1993年,全市(县)疟疾发病率连续降至卫生部"基本消灭疟疾"标准以下。1996年2月,全市开展疟疾休止期根治,1374人服药,其中有疟疾病史10人,全程足量服药率100%。5—10月,各乡镇卫生院对发热病人血检8630人,无一阳性。2002年11月上旬,如皋市通过江苏省卫生厅基本消灭疟疾考核验收。2006—2010年,全市共发生疟疾病45人次,均及时治愈。

血丝虫病防治 1949年前,全县无关于血丝虫病的记载,有丝虫病晚期象皮腿和睾丸鞘膜积液的门诊记录。1955年,全县开展血丝虫病防治。至1979年,先后开展24次大规模血丝虫病排查、治疗。1987年,经江苏省血丝虫病考核组考核验收,确认如皋县已达基本消灭血丝虫病标准。至2010年,全市范围内多次对血丝虫媒体解剖,进行微丝蚴监测,均未发现人体幼丝虫感染。

血吸虫病防治 民国以前,县内不知有血吸虫病存在。20世纪50年代,丁堰、白蒲地区首次发现血吸虫中间宿主钉螺。普查后发现,全县各乡镇均有钉螺,县政府立即采取措灭螺。1982年,全县累计查出血吸虫病人1020例,分布于17个乡镇。1990年4月,大明乡孙庄小学组织学生在学校周围沟、渠、塘查螺,发现有螺面积1万多平方米。南通市在大明乡召开春季查螺现场会,并给孙庄小学及大明乡政府予以表彰。会后,全县组织10万多人力,共查出有钉螺乡镇19个,有钉螺村55个,有钉螺面积51万多平方米,并完成首次灭螺和二次覆灭任务。1992年,市卫生局会同市教育局,选择如师附小和城东区建立全国首家"血防"教育示范学校和示范区。1994年,全国40名"血防"专家到如师附小和城东区参观考察。1995年,全市未有新感染血吸虫病人出现。1997年4月,江苏省血防达标考核组确认如皋市已达到血吸虫传染阻断病源标准。2005年,全市监测抽查人和牛、羊,均未发现阳性病症。2007年春,在如城镇钱长村再次发现钉螺,有螺面积约5300平方米,为南通地区发现的唯一有螺区。春秋两季,有钉螺区采用药物灭螺7次,活螺平均密度由灭前的每框土2.93只,降至每框土0.01只。是年,市卫生局选择抽查2360人,均未发现血吸虫病阳性。2008年春季,如城镇十里村发现有螺区域约300平方米,为历史有螺环境复现的残存钉螺,采用开新填旧方法灭螺。是年,全市检测2297名原血吸虫病患者,均未发现阳性。2010年,全市开展有奖报螺等活动,未再发现阳性病例和钉螺。

肠道寄生虫病防治 1956年,全县肠道寄生虫普查,粪便镜检钩虫卵阳性占60%—60.25%,引起劳动能力全丧失的占1.86%,半丧失的占2.5%,有影响的占10.68%。1957—1960年,全县广泛宣传防护知识,大规模开展查病驱虫,病情得到控制。1976年12月,全县多处选点进行姜片虫病流行病学调查,圩田地区感染率为20.68%—29.8%,老岸地区在1%左右。至20世纪80年代,县内常见肠道寄生虫有蛔、钩、蛲、鞭等土源线虫,沿江圩田地区存在姜片虫,钩虫病导致严重缺铁性贫血,俗称"懒黄病"。1996年,全市开展群众性肠道寄生虫服药驱虫活动,服药186035人次。1999年,全市驱虫服药233146人次,检查监测,蛔、钩、鞭总感染率13.2%。2003年,全市抽样进行肠道蠕虫病监测,共抽查3120人,总感染率为5.4%,完成预防性驱虫服药8.8万人次。2006—2010年,市疾控中心组织力量对中小学生进行粪便抽样检查,共检查8000余人,肠道寄生虫病逐年下降。

七、慢性非传染性疾病防治

慢性病基线调查 1980年前,如皋县为江苏省高血压病发病率较低地区。2005年末,全市慢性病患病率为123.3‰,居前10位的依次为高血压、胃肠炎、类风湿性关节炎、慢性阻塞肺炎、脑血管病、胆结石胆囊炎、糖尿病、椎间盘疾病、缺血性心肌炎、消化性溃疡。至2006年,全市累计建立"慢三(五)病"(高血压、糖尿病、肿瘤,加冠心病和脑卒中)病例档案近14万份,建档率82%。2007年,如皋被列入中国慢性病及其危害因素监测江苏扩展点。2010年,如皋市在南通市率先对"慢三(五)病"人实行分级管理并分批随访。是年,市卫生局建立60岁以上居民慢性病档案266668份,建档率87.04%。

精神病防治 1975年,县麻风防治所辟建精神科治疗精神病人。1976年,县精神病防治医院建立,始全面开展精神病防治工作。1985年11月,县卫生局在何庄乡进行普查,发现精神分裂症、躁郁症、癔症、癫痫、智能发育不全等各类精神病人占总人口0.85%。1990年,全县建立健全精神病防治网络。2005年11月,市卫生局和市残疾人联合会实施"686"工程,对精神病患者,给予免费治疗。2008年,市政府出台《如皋市精神病防治考核标准(试行)》,推进"社会化、综合性、开放式"精神病防治工作,要求实现全市精神病患者监护率100%,肇事率低于0.2%,社会参与率达到55%。随后又出台《2009—2010年重症精神疾病管理治疗项目工作方案》。2010年,全市排查疑似患者7027人,对新发现的4058名重症精神病人实现建档管理,对符合国家"686"项目标准的病人给予免费治疗。

癫痫防治 癫痫,俗称"羊儿疯"。2006年,市疾控中心负责项目日常管理,各镇卫生所具体实施。8月，经专家组逐例复查确诊，全市初筛635人，确诊认定446人进入苯巴比妥治疗组。9月1日起，统一实施服药和管理。2007年4月，江苏省卫生厅在如皋市召开中期总结会议。至10月，退组25人，421人仍在治疗和管理中。2008年，全市初筛疑似病人437人，复查确诊310人。10月1日起，开始服药管理。2009年，复查、确诊、退组、入组的老病员继续服药和随访，又初筛查出疑似病人108名，确诊入组66人。2010年，对老病员及时督促服药和随访，全年新筛查297人，确诊126人入苯巴比妥组治疗管理，97人入丙戊酸钠组治疗管理。

职业病防治 1976—1978年，县防疫站对全县接触粉尘危害的23个单位的549名职工进行健康检查，共发现肺癌1例，活动性肺结核25例，矽肺1例，疑似矽肺2例，单位均及时给予有效治疗。1979—1985年，县防疫站对全县铅、苯作业的工厂和车间进行检查，确诊铅中毒患者68人，苯作业单位白细胞低于正常人的患者10人，患者单位及时给予治疗或调换工种。1996—1998年，市防疫站对54个接触尘毒的单位1051人次进行体检，查出职业中毒14人、疑似病例42例。2001年起，对有毒有害作业的企业进行健康监护，开展职业病危害项目申报，从严监管，并对接触尘、毒作业的职工全面体检。此后，连年例行检查，全市均未有职业病报告。2009年，对49家单位1325人次进行体检，查出职业禁忌症80人，疑似职业病48人，健康损害841人；对10家企业进行职业危害因素监测，监测有毒有害作业因素73点次，及时向相关单位提出整改意见。

第七节 卫生保健

一、卫生保健机构

爱国卫生运动委员会 民国38年(1949年)7月1日，城区区公所建立夏令卫生委员会。1950年3月，如皋县防疫委员会建立。1952年4月2日，更名为如皋县爱国卫生运动委员会(简称县爱卫会)。1977年8月4日，始设县爱卫会办公室。1984年1月21日起，县爱卫会办公室与卫生局合署办公。1986年4月，各乡镇建立爱卫会。1995年5月，如皋市健康教育所建立。2002年7月，撤销。2005年6月，如皋市健康教育协调指导委员会建立。各镇政府、市级机关各部门及下属单位均建立健康教育领导小组。2010年7月，市级机关机构改革，市卫生局不再挂市爱卫会办公室牌子，内设爱国卫生科。

市(县)妇幼保健所 1952年7月，县政府在如城镇建立如皋县第一妇幼保健站。1953年，在石庄镇建立县第二妇幼保健站。1954年10月，两站合并建立如皋县妇幼保健所，地址在如城镇冒家桥河南西侧原安乐家内，有病床6张，卫技人员6名。1960年春，迁海阳路16号。1993年，得到联合国计划开发署及省和南通市资助，在如城镇宏坝村11组(今育贤路668号)征地兴建妇幼保健所业务大楼，占地面积0.24公顷，建筑面积2800平方米。1997年3月，得到日本政府援助仪器设备29项，折合人民币118万元。2004年，被评定为江苏省第二家、南通市第一家甲级妇幼保健所。2010年，共有工作人员28人，其中卫技人员21人。

区卫生所 1950年9月5日，县政府首先建立卢港区卫生所。区卫生所为全额拨款全民事业单位，承担医疗和卫生防疫保健职能。1951年2月，石庄区卫生所建立。6月5日，磨头区卫生所建立。11月6日，平西区卫生所和城区卫生所建立(如东县于1951年7月建立蒲东区卫生所、1952年建立丁堰区卫生所)。1952年，马塘区卫生所和白蒲区卫生所建立。1953年2月，平西区卫生所改为薛窑区卫生所。3月，城区卫生所改为城西区卫生所。1954年10月，马塘区卫生所迁东陈改为城东区卫生所。是年，如东县蒲东、丁堰两区卫生所随行政区划划归如皋县，蒲东区卫生所更名白蒲区卫生所，原如皋县白蒲区卫生所迁横埭改为何正区卫生所。1956年3月，下原区卫生所建立。何正区卫生所迁西张庄改为江安区卫生所。10月，如城镇卫生所重建。1958年，白蒲、石庄两所改地区医院。1961年8月，下原区撤销，区卫生所并入薛窑区。1963年4月，开始实行所、院分开，城东、丁堰、薛窑、江安、卢港、磨头6区卫生所(城西卫生所无医技力量)除保留3—4人搞卫生行政外，其余医务人员转区医院。1965

年12月2日，卢港区卫生所更名为搬经(伴今)区卫生所。1968年6月，全县各区医院、卫生所合并组建区卫生院。1979年，城西区卫生院改为城西区卫生所。1987年1月20日，撤销区建制，区卫生所一并撤销。

镇卫生所 2001年前，各乡镇公共卫生管理职能由镇医院承担。2001年5月，市政府决定实施制度改革的同时，在各乡镇建立卫生所。首批核定卫生所编制217人，分批录用为防疫人员和妇幼保健人员。7月1日，全市26个乡镇卫生所全部开业。乡镇卫生所为全额拨款，全民事业单位，具体承担所在乡镇的计划免疫、传染病与慢性病监控、初级卫生保健、妇幼保健、卫生监督、卫生宣教、爱国卫生、医疗机构管理、信息统计等工作。2010年，全市有乡镇卫生所20所，都有固定的办公场所和必要的设备、设施。

村、社区卫生服务机构 农村实行家庭联产承包责任制前，全县农村大队公共卫生由卫生室、"赤脚医生"兼管。20世纪80年代中后期，全县农村公共卫生服务机构一度不够健全。至2000年，全市有村卫生室668个。2002年春，市政府在调整撤并镇村的基础上着力筹建村和社区卫生服务体系。市设社区卫生服务总部，镇(如城各街道)设立卫生服务中心，镇卫生所挂社区管理部和预防保健部牌子，在镇政府所在地选择一家医院挂医疗康复部牌子，村、社区建立村(社区)卫生服务中心(站)。至2010年，全市有村(社区)卫生机构424个，有工作人员1193人；全市村公共服务中心或集中居住小区的社区卫生服务站覆盖率90%以上，其中省级示范中心(站)150个。

图17-9 如皋市桃园镇肖陆社区卫生服务站 (2010年摄)

附录：

伪县卫生事务所

民国32年(1943年)7月，伪如皋县政府于如皋城南街许家巷祝宅建立如皋县卫生事务所，主要实施公共卫生、食品卫生、预防注射，并管理开业医生。民国34年，日本侵略军投降后解散。

二、公共卫生

健康教育 民国17年(1928年)，国民政府如皋县政府始向民众宣传卫生健康知识。中华人民共和国成立初，县政府卫生主管部门结合各种会议和中心运动，宣传普及卫生知识。县爱卫会特别是市健康教育所成立后，健康知识宣传教育逐步实现经常化、系统化，宣传教育形式亦日益多样、实用。1995年9月、2005年4月，市爱卫会对如城4个街道和全市各中小学开展健康知识知晓率和健康行为形成率抽查，其中2005年健康知识知晓率和健康行为形成率分别为100%和90%。2006—2010年，随着文明城市、卫生城市创建等活动的大力度推进，全市健康知识宣传普及率进一步提高。2010年，全国文明城市创建省级检查中，如皋健康知识知晓率100%。

公共卫生活动 民国17年(1928年)9月，国民党如皋县指导委员会及国民政府如皋县政府举行党政联席会议，决定组织如皋城全城清洁运动，并组织党政机关全体人员参加全城清洁运动大检查。民国35年8月，国民政府如皋县警察局召开清洁运动大会，要求城区以镇为单位进行清洁打扫。中华人民共和国成立后，贯彻预防为主的方针，全县广泛开展公共卫生活动。1952年，结合反对美帝国主义在朝鲜发动细菌战，全县开展清洁卫生运动。是年始，城镇推行地段保洁制度。1989年始，每年4月全县开展"爱国卫生月"活动。1992年起，公共卫生运动被列为卫生城市、文明城市创建重要内容，除"爱国卫生月"活动，结合迎接全国、江苏省文明城市、卫生城市检查、验收、复查，迎接"一会两节"等重大活动，全市公共卫生活动开展频率提高，范围扩大，标准提升。清洁卫生从突击活动向常态化转变；打扫区域从城市主干道、迎街店面，向后街后巷、城乡接合部、卫生死角延伸。1993年10月，市政府制订如城地区“星期六卫生活动日”制度，将“每日一小时、每周一大扫”经常化、制度化。1994年，市爱卫办对全市公共场所卫生状况巡回监督检查1072次。1994—1996年，全市共组织群众性卫生突击活动15次，参加活动10万人次以上，清除卫生死角250多处，堵塞鼠洞4500多处，清理污水沟塘万余处，清运垃圾2.8万余吨。1949—2010年，全市(县)共组织全市(县)、全如城群众性卫生活动109次，其中1991—2010年，共开展“爱国卫生月”活动22次，组织突击性集中卫生打扫活动数十次。至2010年，全市公共卫生达到全国卫生城市标准。

农村卫生 20世纪20年代，国民政府如皋县政府提出开展“农民健康促进”运动，未能落实。中华人民共和国成立后，农村卫生和农民健康问题被列为公共卫生的重要内容。1990年，部分镇开始开展创建“卫生城镇”活动，农村卫生工作进一步得到落实和推进。进入21世纪，全市农村普遍实行河道整治和生活垃圾集中清理，卫生面貌发生深刻变化，露天“灰堆”(垃圾堆)逐年减少。2006年初，市政府建立农民健康促进行动领导小组，重点推进农民健康工程。4月，印发《如皋市农民健康工程实施方案》。12月，市委、市政府下发《关于实施新农村建设“十大工程”的意见》。2009年1月，市委、市政府制订新农村建设“十大工程”考核意见，将农村卫生服务机构建设、农村基本公共卫生服务、新型农村合作医疗、农村饮水安全“四大任务”列入考核。是年，如皋市被南通市评为农民健康工程先进县(市)。

劳动卫生 民国前，劳动卫生不为店铺、作坊业主甚至劳动者本人所重视。中华人民共和国成立初，县政府卫生科和县总工会在城区建立生产安全委员会，各厂建立安全小组，并对城区企业220多名职工进行健康检查。1978—1984年，县劳动局、县总工会等部门多次组织对有铅、苯作业的工厂和车间进行卫生调查。对铅中毒者及时给予治疗；苯作业的工厂，亦按标准落实防护措施。1985年，县劳动、卫生等部门重点对接触有毒物质的企业职工进行健康监护检查。至2005年，全市有可能引起劳动健康问题的企业2362家，从业人员12624人，特种作业人员693人，均落实防护措施。2010年，市卫生部门会同市总工会，组织对全市接触有毒有害因素的542人进行全面健康检查，未发现严重劳动卫生问题。

学校卫生 民国26年(1937)，国民政府如皋县卫生教育实验区成立学校卫生教育委员会，举办学生体格检查，开展大扫除，培训卫生队，实施秋季种痘等。民国36年，国民政府《如皋县学校卫生报告表》载：全城学生总数1985人，健康检查1970人，矫正缺点89人，治疗156人。中华人民共和国成立初期，规模较大的学校建立校医室，配备保健员，备有一般内外科常用药品。1959年始，中等专业学校建立学生健康卡；中小学生推广少儿广播操，建立早操、课间操、眼保健操制度。各学校经常对教室采光照明和学生寄生虫情况组织检查，广泛开展驱蛔、补碘、灭头虱、治疥疮，并对学生视力情况进行检测。20世纪末，全市学校布局调整，办学条件普遍改善，新建教学楼采光、通风等均按照教育现代化目标实施，校园卫生状况大为改观。2001年，全市各学校全面建立学生健康档案。2003年11月，江苏省教委授予如皋市“农村学校卫生先进县(市)”称号。至2010年，一直保持这一荣誉。

改厕 1949年前，县内西部地区部分农户有将牲畜圈舍置于人居房舍内、茅坑露天的习惯；城镇有私家小茅厕，街巷有部分简易公厕，城乡接合部有大量路边茅坑。中华人民共和国成立后，县政府在改善城区公厕、完善城区居民粪便收集、处置方式的同时，开始动员并资助农户改圈改厕。至1976年，全县农村改造畜圈12712个，建沼气池4000多个，基本改变畜圈置于农民住房内及茅坑露天的状况。20世纪90年代，改厕开始列入农村初级卫生保健和创建卫生城市重要内容，并开始推广无害化厕所。2005年9月，如城镇城郊接合部的7个村(居委会)，无害化厕所普及率84.06%。2009年6月，如城新建水冲式公厕48座。至此，市区居民户厕所和公共厕所基本消灭“旱厕”(无水冲刷的厕所)。2010年，全市农村累计改建无害化卫生户厕32.23万个，普及率90.06%。

改水 民国前，全县农民和集镇居民，生活用水均使用河水或井水。民国36年(1947年)5月，国民政府如皋县政府一度制订城镇给水工程实施方案，未得实施。1951年，县政府拨款在如城、石庄等镇修凿公井，并制订用水公约，保障用水卫生。1976年，全县农村开凿水井2700多眼，460个大队实现井水化。1978年，如皋自来水厂建成投产，城区居民开始改用自来水。1985年1月，全县农村有水井7万眼，饮用井水人数超过100万，并有计划实施“甘泉工程”，逐步推进自来水入户。1990年，全县自来水受益人数增加至18万人。至1997年底，全市建成自来水厂30座。全市25万余眼水井，经卫生部门检测，87%达到“安全卫生水”标准。2004年，全市自来水主管道延伸4296.53千米，支管道12710.93千米，受益人口增加至143.74万人，自来水普及率97.78%；农村自来水供水单位采样检测合格率82.8%，市区自来水厂合格率94.6%。2005年，全市20个镇达到“自来水普及镇”标准。全市322个村和居委会，达到“自来水普及村（社区）”标准。至2010年，全市改水工程全面完成，自来水全面普及，并完成东线区域供水支管线工程建设，在南通市率先实现区域供水全覆盖，所有居民都能饮用到以长江水作水源的自来水。

戒毒控烟 19世纪80年代，鸦片传入中国，吸毒之风波及如皋。民国3年（1914年）5月，如皋博爱医院兼施戒烟（鸦片）。民国10年，私立德辅医院亦开展戒烟（鸦片）业务。民国23年6月，国民政府如皋县政府成立戒烟局，亦称戒烟所，并开设戒烟医院。民国30年，如西县立医院专设戒烟（鸦片）部。中华人民共和国成立后，全面禁毒，全县戒毒控烟的重点转向“控烟”，倡导人们少抽、不抽香烟、水烟、旱烟。1988年4月始，县爱卫会广泛开展控制吸烟宣传教育和创建“无烟草广告城市”“无吸烟单位”活动。1998年7月，市政府颁布《如皋市公共场所禁止吸烟的暂行规定》。2003年，市爱卫会统一制发“禁止吸烟”宣传牌，全市机关、学校、医院等公共场所广为张贴。至2005年底，全市先后6批命名“无吸烟单位”103个，两批命名“无吸烟学校”51所。同时，南通市爱卫会命名如皋“无吸烟单位”10个。2010年，全市评出无吸烟学校52所、无吸烟单位23家。

病媒生物防止控制 1951年，城区广泛开展灭鼠灭虱活动。1953年起，全县开展除“四害”（苍蝇、蚊子、老鼠、麻雀，后将麻雀改成蟑螂）运动。1958年，如皋县除“四害”讲卫生总队部建立，开始开展“全党动手，全民动员，人人参与”的除“四害”运动，全县“四害”密度大幅度降低。1983年，全县县、区、乡三级灭鼠办公室建立。1991年11月，全市灭犬灭鼠工作领导组建立。1992年5月至2005年4月，全市组织除“四害”和灭鼠专项活动25次，城区建筑物四周均设置毒饵点。2006年后，更加注重贯彻“以防为主，防治结合”的方针，将除“四害”与提升公共卫生水平结合进来，逐步消灭“四害”滋生环境，除“四害”效果进一步提升。

“五小”行业卫生 1997年，全市将“五小”（小饮食店、小理发美容店、小旅馆、小歌舞厅、小浴室）行业卫生列为公共卫生的重点内容。市爱卫办对如城旅店业、游泳池等28个单位检测680项次，合格率87.8%。同年对全市4家医院处理污水采样21份，合格率57.1%。1999年，市爱卫办对全市71处公共场所采集卫生状况标本132份，检测合格率95.5%。2005年4月，市爱卫办对如城“五小”行业集中检查并对其卫生环境开展专项整治。全年监测公共场所101家，其中空气检测111份，合格率97.3%；茶杯60份，合格率90%；毛巾128份，合格率97.66%；床单、噪音、风速等合格率均为100%；一氧化碳、二氧化碳、台面照明度合格率均在98%以上。此后，全市“五小”行业卫生始终列为公共卫生的重要内容之一。2010年，全市全国卫生城市考核评估中，全市“五小”行业卫生受到好评。

三、妇幼保健

妇女保健 民国前，县内妇女分娩，习惯由社会稳婆（催生婆）接生，不少产妇死于难产、大出血、产褥感染及中暑等。民国10年（1921年），县公立医院始设妇产科，少数思想解放家庭条件优越的产妇到医院分娩。1951年，县政府卫生科大力宣传和推广新法接生，并着手培养新法接生员。是年，全县城镇新法接生率50%，农村为5%，产妇死亡率为0.8%。1956年6月，全县范围妇女病普查。1958年，县政府整顿全县接生员队伍，除县人民医院等增加产科病床外，基层医院建立简易产科，设立简易病床。1969年，全县培养一批女“赤脚医生”，兼任接生员。1975—1976年，全县共普查妇女196478人，受查率90%以上。此后，每年全县都进行妇女病普查普治，妇女健康水平逐步提高。20世纪80年代，全县大力提倡住院分娩。90年代，全市（县）住院分娩率逐步达到100%。2010年，全市开展“关爱女性健康行动”。从4月12日至9月底，实行农村产妇住院分娩补助、农村妇女增补叶酸预防神经管缺陷和“两癌”普查3个项目，农村产妇住院分娩回补9570人，补助金总额222.72万元，占省下达数98.36%；共采购叶酸3.2万瓶，发放2.1万瓶，增补7207人；共普查妇女214514人，普查率达107.27%，查出妇女常见病22436例，患病率10.46%，其中宫颈癌55例、乳腺癌3例、卵巢癌1例，均给予追踪治疗。

儿童保健 民国36年至民国37年（1947—1948年），全县医院有助产人员5人，共接产新生儿178人，其中死亡14人，死亡率12.7%。20世纪50年代，县内开始组织婴幼儿健康检查。1980年，各医院开始实施产妇及儿童系统管理。民国前受科学文化水平、经济条件及传统观念影响，儿童死亡率较高，辛亥革命前后，始有儿童免疫苗接种。1990年，全县始实施妇幼保健保偿责任制。1991年，全市（县）接受体格检查的儿童1.3万人，体检率94%，对儿童身高、体重进行科学评价，正常开展儿童血色素测定，发现小儿贫血及时治疗。此后，每年全市儿童体检率均保持在95%以上。2010年“六一”儿童节，市妇幼保健所为1.1万儿童提供全面免费检查。是年，儿童进入幼儿园体检2100人次，体检率100%；0—2岁儿童保健检查9000人次；发育筛查688人，发现异常264人；出生3个月内小儿听力筛查10084人，确诊听力障碍22人；儿童视力筛查57049人，发现异常3971人。此外，进行儿童微量元素、血红蛋白检测3300人次，进行早期教育1420人次，对发育异常小儿开展营养分析142人次，皮黄疸测试145人次，骨密度测定2256人次。检查中发现问题的儿童均得到及时有效治疗、指导。

爱婴医院创建 1994年，全市启动爱婴医院创建工作。1995年，市人民医院通过国家级爱婴医院评审，薛窑医院通过省级爱婴医院评审。1997年2月，全市建成国家级爱婴医院2所、省级9所、南通市级47所，爱婴医院覆盖面100%。1998年3月，江苏省政府授予如皋市爱婴县（市）称号。2010年，全市参加复查评估的爱婴医院50所，一次性合格47所，需要整改3所。

产科技术规范化 1992年7月，全市启动产科技术规范化建设。1998年3月，经培训、考试，全市有289人获得母婴保健技术考核合格证书。2005年，全市首批取得母婴保健技术服务执业许可证的医院有市人民医院、白蒲中心医院、石庄中心医院、江安医院、博爱医院、普惠医院、普惠第二医院、下原医院、长江医院、磨头中兴医院、百信医院和建设医院。2010年，全市妇产科建设符合标准化要求、取得助产服务资格的医院增加至50所，合格技术服务人员293人，其中医师（生）249人，助产师（士）44人。

妇幼卫生初级保健 1991年，市（县）卫生局始开展妇幼卫生初级保健规划试点。1992年，试点扩展到每区一个乡镇创建等级医院，其余每乡镇先试点一个村。至年末，全市有469个村5843人参加妇幼卫生初级保健，参保率89.5%。1996年，在南通市妇幼卫生初级保健评审中，如皋市取得14.73分（总分16分）。2000年，市“中国出生缺陷监测”“中国孕产妇死亡监测”“中国5岁以下儿童死亡监测”（简称“三网监测”）技术指导小组暨专家评审组成立。2005年1月，如皋通过省级妇幼“初保先进县（市）”评审。2006年，经南通市考核评估，如皋市“三网”建设列各县（市）之首。

妇幼保健保偿 1990年，全县开始实施妇幼保健保偿责任制，孕产妇和0.6岁以内儿童参保，受保对象一次性缴费，在合同期内接受婚姻保健、孕产期保健和婴幼儿保健3项服务，如发生保偿范围内的相关疾病或异常，承保方给予一次性补偿。1991年9月，全市有40个乡镇673个村3012人参保。1993—2000年，全市妇幼保健参保率一直保持在85%以上。2001年9月，市卫生局修订《如皋市妇幼保健保偿责任制管理办法》，调整收费标准。是年，全市参保8089人，参保率97.95%。2002—2010年，全市妇幼保健参保率一直保持100%。

孕产妇及儿童系统管理 1980年，县内医院始实施孕产妇及儿童系统管理。2001年，全市接受妇幼健康宣传教育60余万人次。2006年，全市孕产妇保健管理率92.1%，高危妊娠发生率35.3%，管理率100%。7岁以下儿童保健管理率96.97%，3岁以下儿童系统管理率94.1%，体弱儿童发生率29.03%、管理率94.43%,5岁以下儿童死亡率10.36%,婴幼儿死亡率6.68%,无孕产妇死亡。2009年后,全市孕产妇及儿童系列管理各项指标均符合规定标准要求。

四、初级卫生保健

1990年,如皋县初级卫生保健委员会建立,全县初级卫生保健工作全面启动。全县初级卫生保健以合作医疗、基层卫生组织和乡村卫生队伍建设为主要内容,范围涵盖健康教育、村卫生室建设、改水改厕、食品卫生、传染病防治、妇幼保健等。1995年,市初级卫生保健评审领导小组和专业小组设立,具体负责全市初级卫生保健技术指导。2005年,如皋获"江苏省农村初级卫生保健先进县(市)"称号。2010年,全市20个镇(区)都达到初级卫生保健合格镇标准。

第八节 医疗卫生监管

一、卫生监管

1979年,县卫生局开始配合工商部门对申领食品生产、经营执照,实施卫生监督审查。1983年,全县食品卫生监督执法队伍建立,开始对违反职业卫生法规的行为实施查处,对冷库、农贸市场、肉制品生产场所重点检查,查处制售病毒死禽畜产品和假冒伪劣食品,学校卫生环境和食堂等亦列入监督监测范围。1991年年初,县内始实行卫生许可证制度,将卫生许可作为食品生产、经营行业、生活服务行业经营许可的前置条件,并定期年检和换证。同时,定期组织食品行业、生活服务行业、公共场所从业人员体检,发现患有肝炎、肺结核、伤寒、痢疾、化脓性和渗出性皮肤病及其他有碍公共卫生疾病患者,责令调离工作岗位。对从事放射性工作的人员核发江苏省放射工作人员证。

二、医疗执业许可

医疗机构执业许可 民国36年至民国37年(1947—1948年),国民政府如皋县政府组织执业医生考试,考试合格者发给执行执照。1963年4月份,县人委卫生科、公安局公布《如皋县开业医工人员暂行管理办法》,对个体开业医生进行考试鉴定、发照工作。改革开放以后,全县医疗市场恢复、发展。1995年,根据国务院《医疗机构管理条例》,全市启动医疗机构执业登记工作。市卫生局对各级各类医疗机构进行评审,登记合格的发给中华人民共和国医疗机构许可证。1996年4月,市卫生局对新批准执业的个体医疗机构和村卫生室进行逐一评审,具备执业资格的发给执业许可证。1997年,全市医疗机构正常考试考核和年检验(换)证制度建立,对登记到期的个体诊所、村卫生室和新申请登记者进行评审校验。至2010年,全市社区卫生服务站执业许可证核发工作全面结束,全市所有医疗机构全部持证执业。

医师执业资格认证 1979年3月,县卫生局对全县卫生系统医务人员分级进行考试。此后,又进行2次考试。1999年6月,市卫生局组织首次全市执业医师、助理执业医师资格考试,1700余人报名参考,474人获执业资格认证登记。2005—2006年,全市参考医师执业资格822人,合格注册569人。2007年,南通市公布乡镇公共卫生专业培训合格人员名单,如皋市131人合格。此后,对两次以上考试未合格的98人进行培训,其中95人重新考试合格,全年累计注册和变更注册269人。2008年,经考试、考核,全市认证临床检验技术人员146名。2009年,南通市卫生局公布上年度医师定期考核业务水平测试合格名单,其中如皋合格844人。市人事局公布全市参加全国执业(助理)医师资格考试合格人员147人。2010年,认证经上年全国资格考试合格执业医师98人,助理执业医师34人。至2010年,全市共有认证执业医师1523人,其中中医执业医师85人,执业助理医师222人。

护士执业资格认证 1995年6月,市卫生局首次组织80名护理人员参加全国护士执业考试,对其中56名考试合格者给予执业资格审核注册。是年,全市有567名护士完成执业资格考试审核注册。1997年,市卫生局组织52人参加全国护士执业考试,其中46名合格者准予注册登记,并颁发护士执业证书。1998年,市卫生局对53名考试合格者给予登记注册发证,对1995—1997年的605名注册护士复核并重新注册。至2005年,全市有在册注册护士764人。2006年,市卫生局对新取得护士资格的71人予以注册，并开始规定护士考核每2年1次。2007年，全市申报注册的408名护士中，403人考核合格。是年，完成中级职称护理人员考核工作。2008年，921名换发护士执业证书。2009年，全市护士注册、再注册和变更注册203人。2010年，全市共有在册执业护士989人，其中助产26人。

三、医政管理

医院规范化建设 1991年8月，市卫生局对病案统计及疾病分类工作制订具体规定。1992年3月，出台购置医疗仪器设备管理办法。各级医院建立健全院内感染监控组织。1993年，市卫生局明确各医院注射室、换药室、病房护士办公室、治疗室、抢救室、手术室、供应室等科室的规范化建设标准。1999年，突出加强医疗机构聘用医务人员的执业管理。2001年7月，明令禁止未经批准的药店坐堂行医活动。2004年6月，将中草药列入门诊特定项目使用范围。2005年11月，全面清理医疗和计划生育服务机构对外出租、承包科室。2006年上半年，对58所医院标准化检验室建设开展质评检查，并将检查结果通报全市。其中37所合格，19所基本合格，2所不合格。是年，对不合格的5所医院消毒供应室限期整改。2009年，惠民医院医疗服务对象和服务内容调整，百信医院、博爱医院停止使用市第三、第四人民医院名称。2010年，市卫生局对市妇幼保健所和城东医院临床生化检验室给予黄牌警告。

医院管理与考核 1958年始，全县医院实行县和公社两级管理。1974年始，各公社医院改由县卫生局统一管理。1988年1月，全县乡镇卫生院由乡镇政府直接管理。1990年5月，县卫生局将原7项关键性医疗制度修订为8项，即岗位责任制与首诊负责制、交接班制、病历书写制、急诊抢救制、病例讨论制、查房制、查对制、消毒隔离制。8月，县卫生局对全县6所中心卫生院和31所乡镇医院进行夜巡，重点检查应急能力、岗位责任制和医疗文书。2004年4月，市政府印发民营医院管理办法。2007年，全市开始开展星级医院创建活动。2008—2010年，共评出石庄、白蒲、博爱、城西、下原、胜利6家三星级医院。

护理建设与管理 1992年9月，市卫生局下发20余种护理文书格式，规范全市护理文书书写要求。是年起，连续举办乡镇护理人员、护士长、护士骨干、总护士长等不同对象的护理知识和技能培训班，并组织专业技能考核与考试。1996年8月，市卫生局对303名40岁以下临床护理人员进行无菌操作、吸氧、鼻饲、铺床、口腔护理等5项护理操作技术考核，抽考88人，抽考率29%。2003年10月，根据江苏省卫生厅《医院整体护理质量评价标准》，全市开始传统功能护理模式向以病人为中心的整体护理模式转变。至2010年，全市医疗机构护理模式转变目标全面实现。

中医振兴 20世纪20年代末至30年代中期，全县中医界发起反对北洋政府废止中医的斗争，在全国产生影响。中华人民共和国成立初，全县150余名民办中医学校毕业生，大部分加入如皋中医队伍。县人民医院设中医科和针灸推拿科，中医常应邀参与病房会诊，开具中药处方。1959年，县政府卫生科组织专人在全县采访搜集，探明中药材222种，编撰《如皋本草》。1975年，县中医院建立。1986年，县卫生局在全县组织中草药资源普查，编著《如皋中草药志要》。至1990年，全县有中医、中药人员533人，其中副主任中医师3人，主治中医师42人，中医师141人，中医士49人，其他中医3人，主管中药师60人，中药师71人，中药士54人，药剂员110人。1999年，全市开展创建中医合格乡镇活动。2010年6月，市卫生局印发《2010年如皋市中医药知识宣传普及项目实施方案》。11月，市中医院举办首届中医膏方节，为期1个月。至2010年年底，全市执业中医师85人，执业助理中医师3

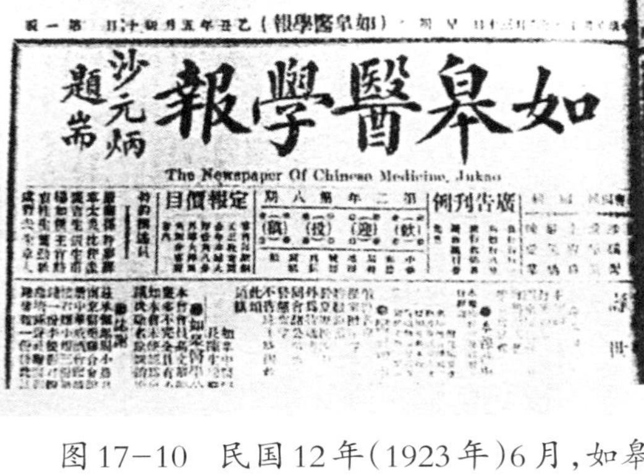
如皋醫學報
沙元炳題耑
The Newspaper Of Chinese Medicine, Jukao

图17-10 民国12年(1923年)6月，如皋县中医医学公会创办《如皋医学报》

人，执业中药师（士）150人，见习中医（士）13人。除市中医院外，各普通综合医院亦开设中医科或中医门诊室。

输血与血源管理 至中华人民共和国成立初，县内输血多为患者直系亲属配型供血。1953年，有志愿军伤病员回国休养，如城广大民众自愿献血。20世纪60—70年代，全县医疗机构输血一般采取患者直系亲属配型供血与医疗机构购血供血相结合的方式，并开始建立相对稳定的供血队伍。1985年，夏堡采血站建立后，成为全县医疗单位输血的重要供血单位。1989年4月，县红十字血站建立，开始大力倡导民众义务献血。至1996年，主要由市（县）人民医院血库、市单采血浆站和市红十字血站共同承担接受献血和供血职能。1997年4月起，市红十字血站全面履行采供血职能，向全市各级医疗单位供应临床用血。各医疗单位献血员全部移交红十字血站管理。1998年5月，市红十字血站开展血源感染因子测定工作。9月，全市无偿献血动员大会召开。2003年，全市实现100%临床用血来自无偿献血，并有志愿者开始志愿捐献骨髓（造血干细胞）。至2005年，全市累计征集骨髓捐献志愿者328人。2007年，全市骨髓捐献志愿者增加至446人，丁堰福友医院陈海波成为如皋第一个成功配型捐献骨髓的志愿者。2008年，保持临床用血100%来自无偿献血，骨髓捐献志愿者增至495人。2010年，全市有近0.9万人次参加无偿献血，献血总量近15万单位，骨髓捐献志愿者增至460余人。

医院消毒监测 1995年5月始，全市自上而下层层开展医疗机构消毒质量监测。具备条件的单位自查自测；不具备条件的单位，由市防疫部门帮助监测。内容包括高压蒸汽消毒器效果，室内空气细菌总数，医疗器械及人员、物体的污染情况，无菌器械浸泡液和使用中消毒剂污染情况及紫外线灯辐照强度等方面。2010年3—5月，全市65所医疗卫生机构共采集样品2328份，按国家标准检测评价，合格2298份，合格率为98.71%，其中公办医疗卫生机构合格率99.31%，民营医院合格率98.63%。

医疗事故鉴定 1984年11月，县卫生局择定卫生系统15名具有高中级医疗技术职务人员组成如皋县医疗事故技术鉴定委员会。1986年3月，县卫生局决定8个区卫生院和城西区卫生所建立医疗事故技术鉴定组和病案质量评审组。1989年3月，县级医院、区中心卫生院和如城镇卫生院均建立医疗事故技术鉴定小组，负责本院及所属乡镇卫生院医疗事故纠纷调查、鉴定和处理，双方不服或有争议的，再提请县鉴定委员会鉴定。是年4月，县政府重新组建县医疗事故鉴定委员会，委员中增加法医1人。1999年起，市医疗事故鉴定委员会增加市检察院、市政府法制局、市司法局人员。2002年，如皋市呼吸内科、神经外科、心胸外科、耳鼻喉科和药学共5位专家被南通医学会聘为首批医疗事故技术鉴定专家库成员，聘期4年。

医疗纠纷调处 1987年前，全县医疗纠纷及纠纷调处情况无资料记载。1987年，全县发生医疗纠纷23起，经鉴定为医疗事故7起，占30.4%。1999年，全市共发生医疗纠纷45起，经鉴定均不构成医疗事故。2005年，市卫生局对发生医疗事故的7所医院予以通报，对4名责任人依法给予暂停6个月执业的处罚，对9名医务人员和7所医院负责人予以行政警告处分。是年，全市医疗纠纷补偿费用占医疗业务总收入的1.63‰。2006年，全市查处影响较大的医疗纠纷8起，相继转送南通市和江苏省医学会鉴定16起，其中认定医疗事故2起（4级）。2007年，全市医疗纠纷调处中组织尸体解剖7起；与法院转送南通市及江苏省医学会鉴定27起，其中市卫生局直接转送18起；确定为医疗事故15起，其中市卫生局直接转送定事故7起。2009年8月30日，市社会矛盾纠纷调处工作领导小组设立市医患纠纷调处中心。2009年，全市受理医疗纠纷（含法院委托）26例，确定事故8例，其中三级3例、四级5例。

四、医疗市场监管

民国以前，全县医疗单位很少，无专门医疗市场监管机构。中华人民共和国成立初，全县医疗市场监管由县政府、县人委卫生科负责。个体医生组建联合诊所、乡镇卫生院后，全县医疗单位以国有、大集体所有，由县卫生局统一管理。20世纪90年代始，全市（县）医疗市场日渐繁荣，同时出现非法行医、不正当竞争等现象。1995年，市卫生局建立医药市场管理办公室，并与市公安局、如皋工商局、市城管中队联合行动，出动500多人次，对232名非法行医人员和3个窝点依法给予取缔。1996年，全市清查非法个体诊所76家。1998年，共查处无证行医和超范围行医259起、立案37起。1999年7月15日，不具备执业资格的无证流医蒋某，为白蒲镇糖尿病患者注射胰岛素120单位，致患者抢救无效身亡，由市人民法院判处蒋某有期徒刑2年6个月，并处罚金。是年，全市共查处违法行医178起，责令停业166起。2001年，全市共查处违法行医78起，其中无证行医38起，乡村医生站外执业8起，医院无序执业15起，医生违规在药店坐堂行医5起，未经申报擅自执业11起，非法经营生物制品1起。2005年，市卫生监督所出动执法人员8742人次，立案查处149件，下发卫生监督意见书743份；对韩某非法行医致人伤害案，查结后报送司法部门，韩某被依法判处有期徒刑3年。2009年11月，市卫生监督所查办的“如皋市女子医院非法实施计划生育手术案”案卷，在全省案卷质量评比中获一等奖。

图17-11 2010年5月，江苏省打击非法行医现场会在如皋召开

第九节 卫生创建

一、卫生镇村创建

1990年，全县10个镇先期开始卫生城镇创建活动。1995年11月16日，市爱卫会发出通知，要求从1996年起，除如城外的建制镇全面开展创建南通市卫生镇和江苏省卫生镇活动。2000年5月18日，市爱卫会再次发出通知，要求在全市广泛开展创建卫生村活动。2004年，丁堰镇成为全市第一个南通市级卫生镇，如城镇宏坝村等12个村（社区）建成首批江苏省卫生村。至2010年，桃园镇被命名为国家卫生镇，另17个镇被命名为江苏省卫生镇，占全市建制镇总数的90%；全市有131个村（社区）被命名为江苏省卫生村（社区），占全市村（社区）总数的40%。

二、省级卫生城市创建

1992年5月，市委、市政府召开动员大会，正式启动江苏省卫生城市创建工作。1996年2月10日，如皋市被江苏省爱国卫生运动委员会命名为江苏省卫生城市，授予铜质奖牌和荣誉证书。1998年，全国第四次卫生城市复查时如皋市未能达标，被取消江苏省卫生城市称号。此后，全市围绕存在问题，逐项整改，并将卫生城市创建与改善投资环境，提高人民生活质量结合起来，调动广大居民创建积极性。2006年10月27日，江苏省爱卫会再次命名如皋市为江苏省卫生城市。

三、国家级卫生城市创建

1992年，全市启动省级卫生城市创建工作时，即以创建国家级卫生城市为目标。2006年，如皋市再次被命名为江苏省卫生城市后，全市上下乘势推进国家级卫生城市创建，多次顺利通过国家卫生城市的各级明察暗访和考核验收。2010年5月13—15日，国家卫生城市技术评估组对如皋市创建工作作全面技术评估，确认如皋全面达到国家级卫生城市标准。是年5月31日，全国爱国卫生运动委员会办公室发文，确认如皋市通过国家卫生城市技术评审（2011年12月20日，正式向如皋市颁发“国家卫生城市”铜牌）。

图17-12 2009年6月，如皋市创建国家卫生城市省级调研考核通报会

第二章 体育

第一节 机构沿革

明清时期，全县民间体育无专门组织管理机构和管理人员。清朝末年，体育列入学校教育范畴，由县教谕、训导连同学校教育一并管理。

民国时期，全县体育先后由北洋政府如皋县公署学务科、第三科、劝学所，国民政府如皋县政府教育科、第一科管理。民国29年（1940年）始，如西抗日民主根据地体育由县政府文教科管理。

1949年，县人民教育馆兼管全县体育工作。1951年12月，改称县文化馆。1956年9月，如皋县体育运动委员会（简称县体委）建立，1名副县长兼主任，另设专职副主任主持日常工作。1962年，县体委撤销，由县文教局文化股兼管全县体育工作。

1968年，县体育场与县文化馆、县图书馆、县人民公园、县人民剧场联合组建如皋县毛泽东思想宣传站革命委员会，体育归属县革委会政宣组和县文教局革命委员会管理。1969年，全县体育工作划归县革委会政工组体工组领导。1974年5月，县体委重新建立。

1991年底，市体委改为市政府工作部门。1995年9月，市政府建立由分管副市长牵头、各职能部门参加、市体育运动委员会负责具体工作的如皋市体育工作领导组。

2001年，市体委改建为市体育局，全市26个乡（镇）均相应建立体育领导小组。2010年，市体育局内设群众体育科等3个中层机构，下设体育场、市全民健身中心、市体彩中心。

第二节 体育设施

一、市（县）级体育设施

体育场　民国5年（1916年），北洋政府如皋县公署将位于如皋城北门泰山前的旧公学运动场改建为县公共体育场，占地约2亩，场内设柔软体操部、器械体操部、球部、田径赛部、室内运动部。柔软体操部以垫上运动为主，器械体操部有单杠、双杠、轩轾板（俗名跷跷板），球部有篮球、排球、垒球，田径赛部包括土质跑道、铁饼、铅球、标枪，室内运动部有跳箱、木马、乒乓球等。

民国18年，国民政府如皋县政府教育科主持，于如皋城西南隅邱公祠附近，重建县公共体育

图17-13　如皋体育场　（2003年摄）

场,土质地面,场地中央为足球场,周边设200米跑道及跳远、跳高沙坑、篮排球场等,场地东侧为妇孺部,有秋千、滑梯、轩轾板等器械。民国38年2月,县公共体育场更名人民体育场,增设爬杆、爬绳、天桥、浪桥等。1958年,原地改扩,拓建400米6条跑道、100米8条直道。1974年,土面跑道改铺煤渣。

1986年,县体育场再次扩建,占地增至约30亩。1989年,县政府在新民乡城东村征地53亩,新建如皋体育场,建有24米×36米多功能体育馆、训练馆及多种球类、田径场地,以及50米×25米游泳池,集教学、训练、比赛及运动员生活设施于一体。2005年,位于城区的县体育场拆迁,改建为安定广场。

灯光球场 20世纪60年代初开辟,位于如城锦绣街西端北侧泥土场地,上悬8盏大功率白炽灯。70年代初,改为水泥场面,并增建看台,普通白炽灯改为碘钨灯。1980年,至人民体育场东侧。1993年,拆除改建体育馆。

溜冰场 20世纪80年代末至90年代初,健康桥南西侧建露天溜冰场。1993年,在新建体育馆内铺设光滑水泥地面兼作溜旱冰场地,每天下午对外开放。2006年拆除。

举重训练馆 1985年创办,位于县体育馆南侧,有2层小楼1幢,总面积250平方米,楼下125平方米用作专门举重训练。2005年,拆除。

体育馆 1993年,市政府在人民体育场东侧原灯光球场,建体育馆1座,面积近900平方米,用于体育训练和室内各类球赛,并兼作晨舞舞厅和室内旱冰场,正常向社会开放。2006年,拆除。

游泳池 1995年,由市体委和市总工会合资兴建位于如城环城南路(今福寿路),为室外游泳池,并在池两旁建有看台及附设楼房1幢。除举行训练和比赛外,每逢夏季向社会开放。如皋体育场建成后,亦辟建50米×25米游泳池一座。

全民健身中心 2010年建成,位于安定广场东南侧,占地9000平方米。主要设施有篮球馆、乒乓球馆、健身广场等,每天开放时间为凌晨至晚上9点,参加健身活动人员1000—3000人。篮球馆为综合性场馆,可以开展多种体育项目比赛。

二、学校体育设施

清光绪末年,部分学堂辟有简易土面操场,并配有简单的体育器械。如皋师范学堂体育设施较为完善,有50米×70米的土面体育场,设双杠、木马、秋千、平台、天桥、浪桥等。铁皮盖顶、水泥地面的晴雨运动场,建筑面积300平方米,使用面积280平方米,内有哑铃、杠铃、棍棒、乒乓球等器材。如皋中学亦建有健身房。抗日战争胜利后,如皋师范重建180平方米的健身房,砖墙小瓦,室内青砖铺地。

中华人民共和国成立后,全县各级各类学校逐步增加体育设施。至20世纪80年代,有篮球场、排球场,大操场一般设有200—400米环形跑道和100米直道,具备举办学校运动会的条件。规模较大的小学设有与中学标准相近的大操场,一般小学辟操场,可供学生跑步、做操、上体育课。

20世纪90年代初,兴建5120平方米的体育馆,馆内设看台1087座,同时建成室内温水游泳池,馆内可举办游泳、体操、篮球、排球及各小球类训练和比赛。暑假里,游泳池对社会开放。1993年,全市教育装备总投入70万元,用于各完全中学及中心初中的体育文化设施建设。1997年,如皋中学迁至东郊后,400米田径运动场和设有2000余观众看台座位的体育馆一并落成,成为如皋举办国内外重大赛事的场所。

进入21世纪,随着学校布局调整、资源整合和星级学校创建,全市高级中学都建有室内体育馆或健身房,室外辟有田径运动场;各初级中学、乡镇中心小学和部分农村完小都有水泥篮球场、小型田径场或短距离跑道、跳高跳远沙坑、单杠、双杠、哑铃、乒乓球台及相关健身器材等。

三、乡镇体育设施

中华人民共和国成立前,除如皋城和白蒲镇有少量社会体育场所和器具外,其余乡镇基本无体育设施。20世纪50年代,部分乡镇辟建公共篮球场。此后,乡镇体育设施逐步增加。

1995年始,全市宣传贯彻《中华人民共和国体育法》和《全民健身计划纲要》,乡镇体育设施快速增加。至20世纪末,白蒲镇等28个乡镇被评为全国和江苏省体育先进乡镇。全市建有乡镇篮球场38个，乒乓球室100余个，棋牌室52个，文化体育活动中心26个。

2001年起，市体育局在如城除辟建室外篮球场、草坪小足球场、门球场等外，在居民小区、内外城河畔等陆续安装新型吊环、单杠、双杠、曲杠、肋木器、太空漫步机、太极推揉器、“水车”、扭腰器、蹬力器、滑梯、跷跷板等各类运动器械。是年春，吴窑镇和建设乡投资30余万元建成全民健身点，辟有足、篮、羽毛球场和健身路径。2002年，如城镇陆桥、孔庙社区及林梓镇、东陈镇辟建健身路径。

2003年，在全市建立晨（晚）练健身点30个，新辟健身路径20条，各镇（区）健身点覆盖面100%。2004年，如城镇和市棉花原种场新辟健身路径5条。是年，全市计有各类体育运动场600个，其中标准场地308个，居南通市各县（市、区）之首。

2006年，全市329个村（社区）全部按照江苏省体育局制定的体育设施“三类”标准建设到位，每个村（居）均建有水泥地面篮球场，配制标准篮球架，室内或室外乒乓球台。2007年，全市各村在上年“三类”标准基础上，提升为“一类”标准（新增一条健身路径和一个健身房）的村（社区）80个，提升为“二类”标准（新增一个健身房）的村（社区）110个。

2008年，全市新建社区体育健身路径17条，20个村（社区）提升体育健身工程档次，新建农村集中居住点健身工程143处。2009年，继续提升10个镇区、30个村（社区）、50个农民集中居住点提升健身工程档次，新建主城区街道、社区体育健身工程设施8处。

2010年，全市再提升5个镇、15个村（社区）和30个农民集中居住点全民健身工程档次。

四、民营体育场馆（俱乐部）

20世纪90年代，市（县）内民营体育场馆（俱乐部）逐步增多。至2010年，全市登记民营体育场馆和俱乐部共13家。分别为江枫跆拳道馆、东方跆拳道馆、五环乒乓球馆、不断樱棋道俱乐部、青少年体育俱乐部、久甲羽毛球俱乐部、浩沙健身俱乐部、光华健身俱乐部、丰乐街道体育健身俱乐部、精英健身俱乐部、乒羽中心俱乐部、贝特羽毛球俱乐部、华尔兹体育舞蹈俱乐部。

第三节 学校体育

一、少年体育学校

1964年，县政府在县体育场开办如皋县少年儿童业余体育学校，设田径、乒乓球两个班。“文化大革命”开始后停办。1989年4月6日，县少年儿童业余体育学校恢复，与县体育场合署，场校合一，学员总数87人，教练和工作人员由体委、体育场工作人员兼任，不另设编。1990年，县体委试办教学、训练、食宿三集中体育班，运动员寄读于如城五中、健康小学和如皋师范附属小学，训练和食宿在体育场。1991年，市（县）教育局与市（县）体委联合创办如皋市少年体育学校，招收小学三、四、五年级和初中一、二、三年级6个班，设田径、举重、篮球3个专业。1995年，市少年体育学校迁如皋体育场，增招小学六年级班。1996年，增加排球专业。2005年秋，并入市职教中心，保留如皋市少年体育学校牌子，亦称市职教中心体训部，文化课程教学由市职教中心负责，体育训练事项由市体育局安排。2009年12月，国家体育总局命名如皋市少年体育学校为国家高水平体育后备人才基地。2010年，如皋市少年体育学校挂靠市外国语学校，被国家体育总局命名为国家田径单项（2009—2012）奥林匹克高水平后备人才基地。

二、体育课和传统竞赛项目

清末，如皋师范及全县各中小学每周设3—4

图17-14　民国4年（1915年），如城县立学校联合运动会在公园内举行

节体育课。民国期间，中小学每周设体育课2—3节。中华人民共和国成立初，一度受办学条件限制，部分学校特别是农村初小的体育课不能固定。1951年，全县各级各类学校开始推广广播体操。此后，全县中、小学专兼职体育教师逐步配齐，并建立每天早操、课间操和眼保健操、每周两节体育课和两节体育课外活动制度。

1958年起，全县中小学普遍开展航模活动，并先后举行4届比赛。县、区、乡(镇)每年中、小学生春季、秋季体育运动会举办。1960年，首届全县幼儿运动会举办。20世纪60年代，部分中学被确定为传统项目学校。“文化大革命”期间，体育课改为军训课，高中新生入学，请部队帮助军训，后逐步延伸至初中和部分小学，同时体操被“忠”字舞取代。1978年始，学校正常开展冬季踢毽子、跳绳、健身长跑3项运动，各完中、中心初中和中心小学，组建1—2个田径、篮球、排球、乒乓球、棋类、游泳等特色代表队。2004年，如皋中学、白蒲中学、磨头中学、薛窑中学、如皋初中、如师附小、安定小学、柴湾镇陈庄小学8所学校被命名为南通市体育传统项目学校。2010年6月22日，市体育局与市教育局联合召开全市体育传统项目学校建设工作会议，命名8所三星级体育传统项目学校。安定小学晋升为省级体育传统项目学校，同时被江苏省体育局命名为“江苏省奥林匹克体育俱乐部”。2006—2010年，全市中小学每周设体育课2节，另安排2节左右体育活动课。

三、劳卫制和体育锻炼达标

1954年起，如皋师范、如皋中学、石庄中学试行“准备劳动与卫国”的体育制度，按照全国统一的体育锻炼项目和考核标准，对各年龄段青少年学生分男女制定不同的体育锻炼标准要求。1958年10月，“劳卫制”停止施行。

1989—1990年，全县707所学校全面施行体育锻炼标准，达标人数169726人，达标率95.70%。2005年4月，全市组织8个裁判组，下设14个考试点，4天完成25403名初中毕业生升学体育考试。是年秋季，全市中小学生165229人，体育锻炼达标161358人，达标率97.66%。

2006年始，全市开展《国家学生体质健康标准》测试和初高中学生“跑、跳、操”活动。

第四节 群众体育

一、沿革

中华人民共和国成立前，县内群众体育活动大多自发开展。20世纪50年代，始有单位间小型体育比赛。1975年以后，乡镇文化站相继建立，将农民体育运动纳入文化站工作内容，具体发动和组织农民体育活动。1986年6月，群众性体育组织拳操功辅导站指导委员会成立，下设武术、保健、气功等小组，开全县群众体育有组织培训、锻炼之先河。2001年，全市招募全民健身社会体育志愿者，并从中选定100名为社会体育指导员。2005年3月，市体育局建立国民体质监测中心。是年，全市20个镇相继建立老年体协办事处、篮球协会办事处、乒乓球协会办事处，新增晨(晚)练健身点258个。2006年，全市329个村(社区)建立全民健身运动领导组，确定健身点637个，配备社会体育指导员1020人。至2010年，全市有桥牌、信鸽、棋类、钓鱼、羽毛球、篮球、乒乓球、体育舞蹈、武术、游泳、风筝、门球等传统群众体育项目协会17个，群众性健身俱乐部8个，全民健身点655个，三级以上社会体育指导员1497人。是年，全市经常参加业余体育锻炼的有56万余人，占总人口的38.1%，其中学生20多万人、农民近30万人、干部职工5万余人、其他人员1万余人。

二、职工体育

民国38年(1949年)2月，县总工会和人民教育馆开始组织职工进行体育锻炼，以丰富职工业

图17-15 1951年，如皋县人民教育馆举办篮球、足球、台球及象棋竞赛留影

余生活。1951年始，全县机关、企事业单位推广工前、工间广播体操，并建立俱乐部，经常开展棋牌、乒乓球、篮球、羽毛球等体育活动。“文化大革命”期间，正常体育活动常被政治运动所挤占。1978年后，全县(市)职工体育锻炼得到恢复和发展，经常开展的项目有工间操、乒乓球、篮球、棋牌、羽毛球、长跑、拔河、信鸽、武术等。

单项比赛 20世纪50年代起，机关部门、企事业单位之间经常自发举行篮球、乒乓球友谊比赛。1974年起，如城地区每年元旦举办职工乒乓球、象棋赛，元宵节举行全城迎春长跑比赛，“五一”劳动节举办职工篮球、乒乓球预赛，国庆节举行决赛，形成传统。1980—1986年，县体委连续7年组织如城镇、白蒲镇、石庄镇、丁堰镇、县直机关、经委、矿机厂之间篮球、乒乓球邀请赛。1988年6月，江苏省17支乙级职工桥牌队在如皋举行比赛，如皋队获团体总分第三名，晋升为江苏省甲级队。1994年，市级机关工委开始将象棋、乒乓球、扑克列为机关职工传统比赛项目。1998年，市信鸽协会参加江苏省放飞比赛，获1000千米第一名。2001年3月30日，市乒乓球协会参加南通市比赛，获男团第二名、女团第三名、男单第一名、男双第一名共4块奖牌。

职工运动会 1950年，县政府举办首届全县职工田径运动会，100多名运动员参加比赛。1952年，举办民族形式职工运动会。1964年7月，举办全县首届职工运动大会，44个单位组团参赛。1985年，举办第六届全县职工运动会，有500多名运动员参加田径、篮球、游泳、乒乓球等比赛。1997年，市级机关举办首届趣味运动会，此后每2年举办1届，形成制度。

三、农民体育

农村体育项目 清末，全县农村较为流行的体育项目为赛马、风筝、毽子、陀螺、石担、铁环、石锁、空竹(俗称天龙)、武术等。每年农历二月至四月，西乡江安、卢港地区庙会期间常举行赛马。北乡戚家庄、朱家庄，南乡车马湖、奚斜一带，风筝较为普及，风筝上装有嗡子、嘟子、哨子，多少大小不等，大的如斗、小的如铃，多则数十上百，少则十几数十，声音有的浑厚、有的尖脆。

中华人民共和国成立初，全县农村体育仍以风筝、石锁、石担、武术等为主，每逢大风无雨，农村田野上空，常有数十甚至上百只大小风筝竞飞。20世纪50年代初，奚斜乡有一只九角板鹞风筝，高5米，上缀嗡子、嘟子、哨子1500余只，一二十人一齐用力方使其升空，声音传及数里。

20世纪70年代，部分乡镇开始举办农民运动会，将田径项目引入，大多与生产劳动相结合，注重趣味性。80年代，全县农村一度流行康乐球。90年代，全市(县)农村体育事业迅猛发展，除增加篮球、乒乓球、羽毛球，气功等亦开始流行。进入21世纪，各级政府加大农村体育投入，乡镇(村)农民健身器材逐步安装到位，农村体育健身项目日益丰富。2006年后，农村镇、村及农民集中居住点体育设施普及率95%以上。农村家庭亦购置哑铃、吊环、跑步机等新型体育器具。

农民体育运动会 1971年，白蒲镇举办农民运动会，首开全县农民运动会先河。1977年，全县首届农民运动会举办，9个区组队参加，有田径、自行车、拔河等比赛项目，从基层预赛选拔开始，参加者逾万人。1984年5月，第二届全县农民运动会，分白蒲、石庄、江安、磨头、丁堰5个赛区。11月，第三届全县农民运动会召开，以田径项目为主，9个区共270名农民运动员参加比赛。1992年3月11日，第四届全市农民运动会召开，9个区和如城镇近百名运动员参加12个项目比赛。3月25日，如皋市农民田径代表队12人参加南通市农民田径选拔赛，5人入选南通市农民田径代表队，参加江苏省农民运动会田径比赛。2007年3月，市体育局承办南通市首届“长寿杯”农民体育特色项目运动会，如皋代表队获团体第二名。2008年4月18—20日，如皋市农村工作办公室承办江苏省农民运动会暨全民健身运动会钓鱼、风筝项目比赛。2010年，如皋第九届运动会设农民赛部，农民乒乓球、象棋、拔河等项目比赛分别在常青、袁桥、吴窑等镇进行。

体育先进乡(镇)创建 1971年，白蒲镇建立体育运动委员会，在全县率先开展体育先进镇创建。1976年，白蒲镇被评为全国群众体育先进乡(镇)。1988年，长江镇在全县第一个被授予江苏省“体育先进乡(镇)”称号。是年，长江镇、林梓镇首批获南通市“体育先进乡(镇)”称号。此后，全市(县)体育先进乡镇创建工作逐步形成高潮。获江苏省体育先进乡(镇)命名表彰的乡镇有长江镇(3次获命名表彰)、白蒲镇(2次获命名表彰)、林梓镇(2次获命名表彰)、如城镇、石庄镇、丁堰镇、磨头镇、搬经镇、袁桥镇、东陈镇、雪岸乡、新姚乡、丁堰乡、龙舌乡、加力乡、夏堡乡、城西乡、勇敢乡等。1993年、1996年和1997年,白蒲镇分别被评为全国亿万农民健身活动先进乡(镇)、群众体育先进集体、群众体育先进单位。2005年,在第十届全国运动会上,白蒲镇再次被国家体育总局表彰为全国群众体育先进单位。至2010年,全市各镇(区)都达到江苏省体育先进镇标准要求。

四、残疾人体育

市残联建立后,将残疾人体育作为残疾人康复、励志的重要方式。1981年,县聋哑学校乒乓球队参加南通市比赛,获团体总分第一名,参加江苏省比赛获团体总分第七名。1986年,肢残工人阎建国自费举办南通市6县1市乒乓球友好邀请赛,《人民日报》《南通日报》《江苏拼搏报》和省、市电台、电视台均予报道。1989年3月,如皋县残疾人体育协会成立,同时举办全县首届残疾人运动会,农村9个区、如城镇、聋哑学校共11支代表队参赛。1991年3月,县民政局、残疾人体育协会和县体委共同举办残疾人体育文化节,组织文艺演出和乒乓球赛。此后,每年举办1—2项全市性残疾人体育竞赛。2006年7月,市残联组队参加南通市第五届残疾人运动会6项比赛,获团体总分第1名。2008年,全国人大代表、市残疾人体育协会主席阎建国担任北京奥运会火炬手。2010年6月26日,如皋市第九届运动会期间,在市特殊教育学校举办全市残疾人综合运动会。

五、老年人体育

(参见卷二第二章第四节《老年体育活动》)

六、全民运动会

清光绪三十四年(1908年),县公署在如皋城西门外大校场举办全县第一届体育运动会,个人比赛项目有乒乓球拍托球跑,团体比赛项目有“拐子马”(用带子将运动员右手腕绑扎在右膝下赛跑)、游戏、徒手操、器械操等。1951年5月10日,县政府在人民体育场举办如皋县首届人民体育运动会。此后,全民运动会时断时续。1995年5月6日,市第六届全民运动会在如皋体育场举行开幕式,如皋师范学校、如皋卫校、白蒲镇、如城职中等单位在开幕式上表演团体操。运动会设学生部、职工部、农民部共12大项比赛,参赛运动员2000多人。2002年5月26日至12月26日,市政府举办如皋市第七届运动会,设职工部、农民部、少儿部、机关部、老年部共5个部别,3000多人参加30多个项目的竞赛和表演,运动员中,年龄最大的77岁,最小的10岁。此后,市全民运动会每四年举办一届。2006年5月29日至12月24日,市第八届全民运动会暨全民健身月活动启动仪式在如皋体育场举行,设职工、农民、机关、老年、少儿、残疾人6个部别共27个大项比赛,22个镇(区)组织彩车方队、各部运动员方队及大型文体表演参加开幕式,直接参赛4150人。2010年6月29日,市第九届全民运动会开幕式、全民健身月启动仪式暨高明镇首届运动会开幕式在高明镇举行。此届全民运动会在全市各镇举办乒乓球、风筝、武术、象棋、拔河、广播操、羽毛球等数百场比赛,至年底,比赛尚在进行中。

图17-16 如皋市第九届全民运动会开幕式表演 (2010年摄)

第五节 竞技体育

一、体育训练

教练员培训 县体委建立后,开始在体育场

2010年如皋市国家级体育裁判员统计表

表17–4

单位：人

项　目	国家一级	国家二级	备　注
篮 球	1	10	其中5人兼其他项目二级裁判
排 球	—	6	其中1人兼其他项目二级裁判
足 球	—	8	其中1人兼田径二级裁判
乒乓球	1	5	其中1人兼羽毛球二级裁判
田 径	4	51	其中6人兼其他项目二级裁判
举 重	1	—	—
体 操	—	1	其中1人兼田径二级裁判
羽毛球	2	1	—
射 击	1	—	—
信 鸽	—	2	—
其 他	3	6	围棋和门球
合 计	13	90	二级中共有15人身兼2个项目

工作人员中择优选送参加上级体育部门或体育院校举办的教练员培训，全市（县）逐步形成以体育场教练为骨干的篮球、排球、举重、田径教练员队伍。2010年，全市共有各项目体育教练员16人，其中高级教练1人、一级教练9人、二级教练4人、三级教练2人。

裁判员培训　20世纪80年代前，全县体育赛事由体育场教练、学校体育教师担任裁判。90年代始，随着体育事业的发展，各项体育赛事不断增多，市（县）体委先后举办篮球、排球、乒乓球、足球、举重、田径等项目裁判员培训数十次，并鼓励裁判员参加专业学习或函授进修、考评定级。至2010年，全市有国家一级裁判员13人，二级裁判员90人。

运动员训练　1964年，县少年儿童业余体育学校从在读学生中挑选基础素质较好的少年儿童入学，因材施教。至2010年，如皋市（县）共向省级以上体育团队输送篮球、足球、举重、自行车、击剑、射击、射箭、划船、皮划艇、航模等优秀选手180余人。其中，国家集训队3名（女子自行车周玲美、女子田径秦旺平、女子标枪薛娟），八一体工队2名（女排倪金兰、男篮石剑如），南京军区体工队3名（女篮金华、男篮仲言贵、女子田径李惠），江苏省体工队队员49名，江苏省运动学校60名，江苏省少年体育学校58名。通过高考录取体育院校的近100名。市体委、市体育局先后荣获江苏省人才输送奖和江苏省体育事业突出贡献奖。

二、竞赛成绩

1977年，徐克华在菲律宾马尼拉举行的第二届亚洲青年举重比赛中，获抓举、挺举、总成绩3项冠军。是为如皋籍运动员在国际体育比赛中获奖的最早记录。1990年，周玲美在第十一届北京亚运会上，获女子自行车计时赛冠军，并破世界纪录。1999年，秦旺平在第八届亚洲青年田径锦标赛和第十届全国运动会上两次夺得女子100米、200米和4×100米接力各3块金牌，后又在国际大赛夺冠。至2010年，如皋籍运动员共在全国和国际比赛中获奖牌120余项次。

如皋籍运动员参加国家级和国际比赛成绩一览表

表17-5

时 间	比赛名称	姓 名	项目(级别)	项目成绩	名 次	地点
1977年	第二届亚洲青年举重比赛	徐克华	67.5公斤级	抓举97.5公斤 挺举132.5公斤 总成绩230公斤	冠 军	菲律宾马尼拉
1979年	全国青年举重比赛	陈 平	110公斤级	抓举125公斤 挺举155.5公斤 总成绩280.5公斤 （破抓举、挺举、总成绩三项全国青年纪录）	第一名	长沙
1979年	全国青年举重比赛	徐克华	67.5公斤级	抓举125公斤 挺举157.5公斤 总成绩282.5公斤	第一名	重庆
1979年	第四届全运会举重赛	徐克华	67.5公斤级	抓举122.5公斤 挺举162.5公斤 总成绩285公斤	第三名 第三名 第三名	北京
1979年6月	世界举重锦标赛	徐克华	67.5公斤级	抓举125公斤 挺举157.5公斤 总成绩282.5公斤	第四名 第五名 第四名	匈牙利
1981年	全国业余田径达标赛	吴雪兰	100米栏	15秒	第一名	徐州
1981年	全国女排锦标赛	石剑秋（江苏队）	女子排球	—	第二名	锦州
1981年	全国女排甲级联赛	石剑秋（江苏队）	女子排球	—	第一名	南宁
1982年	全国举重锦标赛	陈 平	100公斤级	挺举180公斤(破全国纪录和总成绩全国青年纪录)	第一名	武汉
		徐克华	67.5公斤级	抓举127.5公斤 挺举167.5公斤 总成绩295公斤	第三名 第一名 第三名	
1982年	全国举重个人冠军赛	徐克华	67.5公斤级	抓举127.5公斤 挺举170公斤 总成绩297.5公斤	第二名 第一名 第一名	合肥
1982年	国际努赛尔杯举重赛	徐克华	67.5公斤级	抓举120公斤 挺举160公斤 总成绩280公斤	第一名 第一名 第一名	埃及亚历山大

续表 17–5

时 间	比赛名称	姓 名	项目(级别)	项目成绩	名 次	地点
1982年	全国排球锦标赛	石建秋（江苏队）	女子排球	—	第二名	延边
1983年	全国少年排球赛	石晓平（江苏队）	少年男子组	—	第三名	南京
1983年	第五届全运会举重赛	陈 平	100公斤级	挺举(成绩缺载)	第三名	北京
1983年	全国举重锦标赛	龚俊林	100公斤级	总成绩260公斤	第三名	烟台
1983年	全国举重锦标赛	徐克华	67.5公斤级	抓举132.5公斤 挺举167.5公斤 总成绩300公斤	第四名 第三名 第二名	南京
1983年	国际巴赫曼杯举重比赛	徐克华	67.5公斤级	抓举130公斤 挺举170公斤 总成绩300公斤	第一名 第一名 第一名	伊朗
1983年	全国少年举重比赛	马军辉	52公斤级	挺举110公斤	第二名	扬州
1984年	全国举重个人冠军比赛	徐克华	67.5公斤级	抓举130公斤 挺举162.5公斤 总成绩292.5公斤	第一名 第二名 第二名	青岛
1984年	全国少年排球赛	石晓平（江苏队）	少年男子排球	—	第二名	镇江
1984年	全国举重锦标赛	龚俊林	男100公斤级	挺举总成绩(成绩缺载)	第三名	成都
1985年	全国举重锦标赛	徐克华	67.5公斤级	挺举167.5公斤 抓举97.5公斤 总成绩265公斤	第一名	杭州
1985年	全国自行车单车载重比赛	如皋队 如东队	集体	—	亚军(华东冠军)	海门
1986年	全国少年篮球赛	焦宜春（江苏队）	少年篮球	—	第一名	丹东
1988年	“梅兰春杯”全国女子举重锦标赛	肖 兰	56公斤级	抓举65公斤 挺举85.5公斤(挺举超过世界纪录) 总成绩150.5公斤	第一名	泰州
1990年	全国女子举重锦标赛	丁红娟	56公斤级	挺总破世界纪录	第三名	盐城

续表17-5

时 间	比 赛 名 称	姓 名	项目(级别)	项目成绩	名 次	地点
1990年	十一届亚洲运动会	周玲美	自行车1千米计时赛	1分13秒899(破世界纪录)	冠军	北京
1992年	全国青少年田径分龄赛	谢 鞠	男13—14岁组	田径300米(成绩缺载)	第一名	缺载
				田径四项全能(成绩缺载)	第三名	
1995年	全国中学生田径分龄赛	邵小荣	男16岁组	标枪 66.82米	第一名	吉安
				铁饼 51.12米	第二名	
				全能 194分	第一名	
		白海燕	女13—14组	标枪 44米	第一名	
				铅球 12.9米	第一名	
				全能 208分	第一名	
		鞠 鹏	男13—14组	铁饼 44米	第一名	
				铅球 14.32米	第一名	
				全能 182分	第一名	
1996年8月	全国田径分龄赛	何 兵	男青年17岁组	标枪 49.80米	第一名	缺载
		鞠 鹏	男青年组	铅球 15.05米	第一名	
		邵小荣	男青年16岁组	标枪46.3米	第一名	
				100米 12秒5	第一名	
				铅球 14.27米	第一名	
				铁饼 53.54米	第一名	
				标枪38.5米	第二名	
1996年8月	全国田径分龄赛	陈 霞	女青年组	铅球13.21米	第一名	缺载
				铁饼36.12米	第一名	
				100米 12秒8	第一名	
				800米 2分48秒3	第一名	
				铅球13.80米	第一名	
				铁饼40.14米	第一名	
1997年8月	全国少年田径分龄比赛	白海燕	女13—15岁组	标枪全能127.3分	第一名	石家庄
1997年8月	全国少年女子举重比赛	裴小扬	女46公斤级	抓举70公斤 挺举90公斤 总成绩160公斤	第一名 第一名 第一名	三明市

续表 17–5

时 间	比 赛 名 称	姓 名	项目（级别）	项目成绩	名 次	地点
1998年10月	世界中学生田径比赛	白海燕	女16岁组	标枪51米	第二名	上海
1999年	全国中学生田径运动会	白海燕	女青年组	标枪（成绩缺载）	第一名	缺载
1999年10月	第八届亚洲青年田径锦标赛	秦旺平	中国田径代表队女子组	100米（成绩缺载） 200米（成绩缺载） 4×100米（成绩缺载）	金牌	缺载
1999年10月	全国田径锦标赛	秦旺平	女青年组	200米（成绩缺载）	金牌	缺载
2000年	全国中学生田径锦标赛	薛 娟	女青A组	标枪（成绩缺载）	第一名	缺载
2000年8月	全国少年田径锦标赛	潘海燕	女青A组	铁饼33.37米	第二名	无锡市
2002年	世界中学生第十二届田径运动会	薛 娟	女子组	标枪54.4米	冠 军	法国卡昂
2002年10月	第十四届亚洲运动会	秦旺平	女子组	100米（成绩缺载） 200米（成绩缺载） 4×100米（成绩缺载）	铜牌 金牌	韩国釜山
2003年7月	第三届世界青少年田径锦标赛	薛 娟	女子青年组	标枪 56.80米	冠军	加拿大
2003年10月	全国第五届城市运动会	薛 娟	女子青年组	标枪 62.93米	冠军	长沙市
2003年8月	第二十二届世界大学生运动会	秦旺平	女子组	100米（成绩缺载）	金牌	韩国大邱
				4×100米（成绩缺载）	金牌	
2004年10月	全国山地自行车锦标赛	王静静	女子组	自行车越野赛	冠军	安徽
				自行车计时赛	冠军	
2004年	雅典第二十八届奥运会	薛 娟	女子组	标枪	无	希腊
2005年10月	全国第十届运动会	王静静	女子组	山地越野车	金牌	北京
		薛 娟	女子组	标枪	银牌	
		秦旺平	女子组	100米（成绩缺载）	金牌	
				200米（成绩缺载）	金牌	
				4×100米（成绩缺载）	金牌	

续表17-5

时 间	比赛名称	姓 名	项目(级别)	项目成绩	名次	地点
2005年1月	东亚运动会	秦旺平	女子组	100米(成绩缺载)	金牌	韩国
2006	全国田径锦标赛	秦旺平	女子	100米(成绩缺载)	金 牌	石家庄
				4×100米(成绩缺载)	金 牌	
				200米(成绩缺载)	银 牌	
	第十五届多哈亚运会	秦旺平	女子	4×100米(成绩缺载)	金 牌	卡塔尔
	全国自行车比赛	王静静	女子	山地车越野	金 牌	缺载
				山地车计时锦标赛	铜 牌	
2007年3月	全国室内田径大奖赛	秦旺平	女子	60米(成绩缺载)	金 牌	上海
2007年6月	全国田径大奖赛	秦旺平	女子	4×100米(成绩缺载)	金 牌	苏州
2007年9月	世界自行车锦标赛	王静静	女子	山地车	第三名	英国
2007年9月	全国田径冠军赛	薛 娟	女子	标枪(成绩缺载)	冠 军	新疆
2008年	第二十九届残奥会	陈山勇	男子	“五人制”盲人足球	银 牌	北京
2010年10月	第十六届亚运会	薛 娟	女子	标枪(成绩缺载)	银 牌	广州

注:1. 由于各年成绩记录表表式不一,所列栏目时有变化,部分内容缺载

2. 省际或地区性比赛成绩未载入

附录:

在如皋举办的省级以上体育赛事

国家男排表演赛 1970年,江苏省体育运动委员会安排,国家男子排球队在如皋举行公开表演赛,地点在如皋中学大操场,观众数千人。

全国女足锦标赛 1985年5月,“雪花杯”全国女子足球锦标赛分区赛(南通赛区)在如皋人民体育场举行,江苏、湖南、辽宁、广西4支代表队举行2场比赛。

国际风筝节暨全国风筝赛 1994年10月26日,中国首届国际风筝节暨第四届“乔土杯”全国风筝比赛在如皋体育场举行,共有美国、英国、日本、韩国、比利时等9个国家和地区的19支代表队以及北京、上海、天津、广东、河北、湖北、吉林、辽宁、浙江、四川、陕西、新疆、江苏等省、市、自治区25支代表队参加比赛和表演,首开如皋市承办国际大赛之先河。

优秀男篮表演赛 1994年,如皋市篮球协会承办比赛,地点在如皋人民体育场体育训练馆。江苏、河北、浙江、广东4支省级男子篮球队参赛。

全国女篮邀请赛 2000年11月19—21日,由市篮球协会承办的全国甲级女子篮球四强(北京、上海、浙江、江苏)邀请赛在新落成的如皋中学体育馆开幕,历时3天,江苏队夺得冠军,北京、上海、浙江分获二、三、四名。

美国男篮争霸赛 2001年10月2日晚,市篮球协会邀请在江苏访问的美国“体育使者”明星男子篮球队和美国“探险者”明星男子篮球队在如皋中学体育馆,进行争霸赛。

美俄男篮争霸赛 2002年5月23日晚,访问江苏的美国“快思特”男子明星篮球队和俄罗斯“滨海动力”男子明星篮球队在如皋中学体育馆进行争霸赛。次日上午,美俄部分运动员访问如城镇百岁寿星,并向百岁寿星陈鑫赠送球衣。

江苏浙江女篮赛 2003年4月7日晚，市体育局和市篮球协会在如皋中学体育馆联合举办江苏女子篮球队对浙江女子篮球队公开比赛。

中俄男篮争霸赛 2003年10月24日，市体育局和市篮球协会邀请正在江苏访问的俄罗斯“火车头”男子篮球队和陕西“东盛”男子篮球队，在如皋中学体育馆进行争霸赛。

“鲁能杯”乒乓球超级联赛 2003年12月3日，市体育局和市乒乓球协会联合承办2003—2004年“鲁能杯”中国乒乓球俱乐部超级联赛江苏队对四川队的比赛，开如皋承办高水平乒乓球赛事和(江苏)省级电视台现场直播之先河。

中韩女篮对抗赛 2004年6月23日晚，市体育局和市篮球协会邀请正在江苏访问、拥有4名国手的韩国新世界“酷猫”女子职业篮球队和江苏女子篮球队，在如皋中学体育馆进行对抗赛。

中美职业男篮赛 2005年10月27日晚，市体育局和市篮球协会邀请美国“体育使者”职业男子篮球队和上海东方“大鲨鱼”俱乐部男子篮球队在如皋中学体育馆进行中美职业男子篮球赛。

图17-17 2008年，中国乒乓球俱乐部超级联赛在如皋举行

2006年6月11日晚，市体育局和市篮球协会邀请到江苏访问的美国“筑梦者”职业男子篮球队和江苏“南钢”职业男子篮球队在如皋中学体育馆举行中美职业篮球赛，南钢队以95:86战胜对手。

中国乒乓球超级联赛 2005年11月30日，市体育局和市乒乓球协会在如皋中学体育馆承办中国乒乓球超级联赛第21轮江苏对山东的比赛。山东队由奥运会、世乒赛、世界杯“三冠王”孔令辉领衔，刘国正、蒋澎龙、张勇等参加，江苏队由奥运会冠军陈玘挂帅，阎森、单明杰、朱江等参加。中央电视台体育频道作现场直播。是为中央电视台第一次现场直播在如皋市举行的体育赛事。

中塞男子职业篮球赛 2007年6月13日，市体育局和市篮球协会邀请在江苏访问的塞尔维亚男子篮球队与中国山东男子篮球队在如皋中学体育馆举行中塞职业篮球赛，山东队以70:75负于对手。

中国女子乒乓球超级联赛 2008年12月6日晚，中国女子乒乓球超级联赛(半决赛)山西华东理工俱乐部对阵山东鲁能集团俱乐部比赛，在如皋中学体育馆举行，山东队以3:2战胜山西队晋级总决赛。

国际男子篮球明星争霸赛 2009年9月16日，市体育局和市体育总会邀请在中国访问的美国“海浪”职业篮球队和巴西“宇宙”俱乐部篮球队在如皋中学体育馆举行比赛，美国队以70:60战胜巴西队。

中国·如皋公路自行车比赛 2010年3月28日，由江苏省自行车协会和如皋市政府主办，市体育局和市文广传媒集团承办，市交通局冠名的“交通杯”中国·如皋公路自行车大赛在如皋市行政中心广场开幕。全国20个省市的代表队和4个国外自行车队共300多名运动员参加比赛。比赛线路从如皋市行政中心广场出发，沿如港公路至江苏熔盛重工集团，全程42千米。

中约男子篮球对抗赛 2010年6月10日晚，在江苏访问的“约旦王国”国家男子篮球队与江苏“南钢”俱乐部男子职业篮球队在如皋中学体育馆举行对抗赛，江苏南钢队以73:98负于对手。

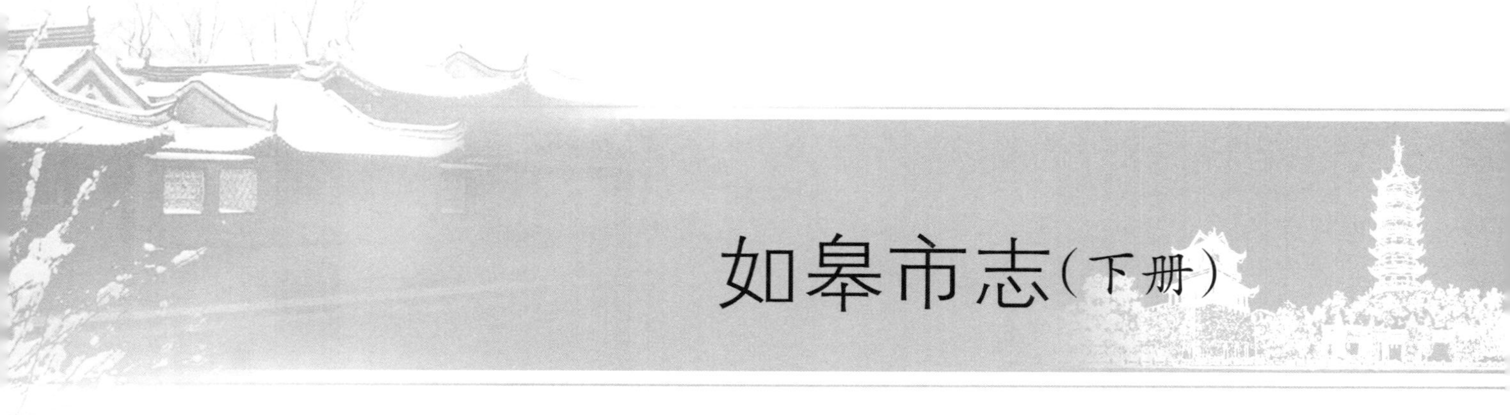

卷十八　文化·史志·档案

如皋是江苏历史文化名城，自古人文荟萃，文化底蕴深厚。宋代，县内以胡瑗、王观等的作品为代表，诗词、小说、散文作品颇丰。元代，如皋杖头木偶制作、木偶剧创作演出兴起。明嘉靖、隆庆年间(1522—1572年)，邵潜、黄经等为代表的如皋篆刻艺术风格独特，被印界誉为“东皋印派”。明末清初，全县文学艺术创作进入高潮，以冒辟疆、李渔等为代表的戏剧、诗词、小说、散文创作，以冒辟疆为代表的音乐创作成果丰硕，其中李渔被誉为“东方的莎士比亚”。清代，如皋杖头木偶走向成熟，成为宝贵的非物质文化；李渔、冒辟疆、沙元炳等及白蒲“蒲塘十子”创作大量诗词、歌赋及文艺评论作品留世，其中“蒲塘十子”文学评论风格犀利，号称“文阵雄狮”；冒辟疆、戴联奎、蔡含等书画大家作品流传各地，不少作品今北京故宫博物院和上海、苏州等博物馆有藏；“东皋印派”名扬全国。清光绪年间，县内始有电影放映，早于周边县市数十年。清末民国初，县内开始创办报刊，冒广生、顾仲起、祝见山等开始新体词和白话小说创作，留下许多脍炙人口的作品。抗日战争、解放战争期间，县内战地文化十分活跃，《高明庄战斗歌》《别处哪儿有》等在宣传组织群众中发挥巨大作用，其中《别处哪儿有》流唱全国。20世纪50—70年代，全县有线广播逐步普及，群众文化普及、提高，在传承基础上创作的《倒花篮》《如皋莲湘》等一大批优秀作品在全国比赛中获奖，有的被选送出国演出。70年代末，电视事业开始发展。80年代始，全县文物保护、文化基础设施建设、文化团体改革、群众文化等全面加强。90年代，全市(县)文化事业迅猛发展。至2010年，苏北一流的如皋大剧院投入使用，市广播电视中心开工建设，苏北规模最大、规格最高的文化广场土建工程全面封顶，群众文化成为全省乃至全国靓丽的品牌。

如皋地方志编纂始于15世纪中叶，至民国时，共进行11次编修，其中不乏精品力作。20世纪80—90年代，在进行县志编修的同时，全市(县)专业志、乡镇志编修亦取得进展。2007年，《如皋市志》开始编修。中共如皋地方史编研工作起步于20世纪50年代，至2010年先后编纂出版党史资料书籍40余部。《如皋年鉴》编纂出版始于1989年，为江苏省最早编辑出版综合年鉴的县(市)之一，先后2次获国家级一等奖。

如皋档案工作始于20世纪20年代。1959年6月，县档案馆建立。2006年后，《大事如皋》《经典如皋》《巨变如皋》《见证如皋》等一批档案编研成果先后面世。至2010年，市档案馆档案管理电子化工程全面推进。

第一章 文化

第一节 管理机构·体制变革

一、管理机构

民国前，全县无文化管理机构，县衙设教谕和训导，管理全县教育和文化。民国时，随着新学兴起，全县文化初由县学务公所（学务课）、劝学所管理，后由国民政府如皋县公署第三科、县教育局管理。

如皋县政府文教科、文化科 中华人民共和国成立初，全县文化由县政府文教科管理。1954年12月16日，县政府文教科析为教育科和文化科，文化科由政府大院迁大寺巷北端苏皖一专署旧址（今百花苑东南角）办公。

如皋县文教局 1957年10月25日，县政府文化科并入县教育局，县教育局相应更名如皋县文教局。1967年2月，受"文化大革命"冲击，县文教局机构瘫痪。1968年4月24日起，全县文化工作划归县革委会政宣组领导。1968年5月13日，县文教局革命委员会成立。

如皋县革命委员会宣传组、县委宣传部文化组 1968年12月22日，全县文化划归县革委会政工组下设的宣传组领导。1974年2月28日，县委宣传部下设文化组，为全县文化行政主管部门。

如皋市（县）文化局 1981年8月30日，如皋县文化局成立，与县委宣传部文化组合署办公。1982年11月23日，县文化局单独设立，县委宣传部文化组整体并入县文化局。县（市）文化局先后迁址中山路文化馆四楼、环西路图书馆四楼及市行政中心B5楼。2005年4月26日，市文化局增挂如皋市新闻出版局和如皋市版权局牌子，不另设编。2009年12月29日，市文化局建制撤销，原人员职务自然消失。文化行政管理职能并入新组建的市文化广电新闻出版局。

如皋县广播站、市（县）广播电视局 1956年1月，如皋县有线广播站建立。1966年，更名如皋人民有线广播站（简称县广播站）。至如皋县广播电视局成立，全县广播电视行政和音像管理、发行均由县广播站管理。1987年7月，如皋县广播电视局（简称县广电局）建立，设址如城益人桥北。1997年12月，市广电局迁址如城宣化路。2001年，市广电局列为市政府直属事业机构，原行政管理职能不变。2009年12月29日，市广电局建制撤销，原人员职务自然消失，广电行政管理职能并入市文化广电新闻出版局。

如皋市文化广电新闻出版局 2010年1月，市直机关机构改革，组建如皋市文化广电新闻出版局（简称市文广新局），为市政府工作部门，挂如皋市文物局牌子，原市文化局、广播电视局、新闻出版局、版权局职能全部整合划入。市文广新局内设文化艺术科等5个中层机构。下辖市文化行政综合执法大队（挂市扫黄打非工作办公室牌子）、市文化馆、市图书馆、市博物馆4个直属事业单位。

二、体制变革

清代前，全县民间文化活动处于自发状态，演出团体均为私营。民国时期，县民众教育馆、图书馆、公园等均属财政拨款社会公益单位，工作人员多为雇员。

中华人民共和国成立初，县文化馆（站）、图书馆、新华书店、电影院（队）、人民剧场等均属全民性质（亦称公办）事业机构，干部职工均为国家工作人员。

20世纪50年代起，部分民间剧团经过政府登记、考核发证，定为县属剧团，性质为大集体，经济上自负盈亏。1958年，全县各公社普遍建立文化站。1969年，各公社普遍建立毛泽东思想宣传队。公社文化站长和宣传队人员多为半脱产，农民身份不变，报酬部分由县财政补贴，部分由所在生产队记工分计酬。1970年，因排演“革命样板戏”需要，县京剧团重组，经费由县财政拨款。1974年，县木偶队从县京剧团析出，后县京剧团建制撤销，县木偶队发展成木偶艺术团，为差额拨款集体事业单位。1975年起，各公社文化站陆续恢复建立，性质仍为“民办公助”的社办集体事业单位，人员农民身份不变。1985年，根据国务院及江苏省、南通市人事部门通知精神，全县分3批从乡镇文化站长中吸收录用国家干部34名。1993年，市文化馆、市图书馆、市博物馆（文管会）、市文化市场管理办公室（含市文化市场稽查大队）、各区文化站、市书画院为全额拨款事业单位。市人民剧场、市木偶艺术团（大集体）为差额拨款事业单位。如皋新华书店、市电影公司（含院、队）、市文物商店（大集体）为自收自支事业单位。各乡镇文化站为乡镇属事业单位。

1999年，全市文化系统实施体制改革。如皋新华书店划归省垂直领导，市文物商店改制解体，市电影公司按法律程序破产，人民剧场建制撤销、人员分流。2000年，各镇文化站更名文化服务站，仍为镇属事业单位，人员性质不变。2004年，如皋新华书店实施改制，由垂直管理事业单位改为企业性质的江苏新华书店集团有限公司下属子公司。2007年11月，如皋新华书店更名如皋新华书店有限责任公司。

2009年12月29日，市政府组建如皋市文广传媒集团，原市广播电视台、市新闻传媒中心（含如皋教育电视台、如皋大剧院）、市木偶艺术团等实体整体并入，实行企业化管理、市场化运作的运行机制。

第二节 文学艺术

一、诗词

宋代，县内词人以王观为代表，作品颇丰，《冠柳集》失传，《扬州赋》《芍药谱》清时被收入《四库全书》，词作《卜算子·送鲍浩然之浙东》尤脍炙人口。明、清时期，何瑭、孙应鳌、冒起宗、冒愈昌、冒襄、李渔、姜任修、江大键、冒丹书、冒春荣，以及以姜恭寿、姜会照为骨干的“蒲塘十子”均有大量诗作留存。有范德、范姝、范贞仪、高鬘、高蕴玉、吴师蕴、吴师韬、丛祁志、沙懿清、石学仙、石可仙、袁机、熊琏、洪素、顾碧晖、顾槐卿、宫婉兰、姜宜等女诗人诗作传世。冒辟疆《朴巢诗文选》《巢民诗文选》《六十年师友诗文同人集》等诗集有11种。李渔一生共写各体诗词1400余首。汪之珩《东皋诗存》，今南通图书馆有存，计52卷。清末科进士沙元炳传世之作有《志颐堂文集》。《全清诗抄》收录如皋21位词人作品。

辛亥革命后，旧体格律诗词日渐减少。五四运动后，新诗渐多，现代学者冒广生著有《小三吾诗文集》《龙游河棹歌》等。顾仲起著有诗集《红光》。抗日战争期间，祝见山著有长诗《两把刀》《正月初二》，发表于《自卫战争小丛书》；耿林莽运用诗词作武器，宣传抗日救亡。1979年，陈白子出版诗集《青藤颂》。1980年起，理陶（沙白）先后出版诗集《走向生活》《杏花春雨江南》《大江东去》《砾集》《南国小夜曲》和《沙白抒情短诗选》。1987年，《耿林莽散诗新作选》、陈玉麟诗集《青草之歌》出版。是年，《诗歌报》刊出《阮晓星专版》，舞台诗《贝尔格莱德的中国情结》被中国革命历史博物馆收藏。此后，曹剑有《青春流派》《曹剑诗集》等结集付梓，日本早稻田大学图书馆将其载入《中国当代名作家辞典》。朱广英出版诗集《心灵独白》等。

二、小说·散文

如皋小说、散文有作者、作品可考始于宋朝。宋代胡瑗及其父胡讷，明代何瑭、冒起宗、孙应鳌、严怡、冒襄、李渔，清代范方、姜任修、姜恭寿、冒春荣、顾锡爵、陈国璋等均著有多部经、史、子各类著作。民国初年，严禹门有《奇童子》，姚更生有《情侠》等科幻、文言小说留世。

五四运动后，白话文体小说在全县逐渐普及。顾仲起创作出版中长篇小说《残骸》《葬》《坟自供状》《爱的病狂者》及短篇小说集《生活的血迹》《笑与死》《最后的一封信》《归来》等。祝见山创作出版中篇小说《妈妈》。

中华人民共和国成立后，全县小说、散文创作进入新的历史阶段，创作队伍扩大，作品数量增加，影响力增强。20世纪50—70年代，陈膺浩先后出版中短篇小说20余部，顾萍浩先后创作出版《大江南北》《只有我知道》《粟裕舌战顾祝同》《陈毅指挥战莱芜》《粟裕在浙西》《一代劲旅》《壮士十年归》等小说和人物传记。1977年，卢新华发表小说《伤痕》，成为全国“伤痕文学”创作的先导，《伤痕》亦成为全国“伤痕文学”的代表作。20世纪80年代至21世纪初，陈根生创作的散文《巷韵》被选入九年制义务教育初中语文课外自读教材，卢新华创作出版长篇小说《细节》，喻耀辉创作出版微型小说集《又见花雨伞》，朱广英创作出版长篇小说《水边佳丽》。黄蓓佳创作出版《芦花飘飞的时候》《雨巷同行》《午夜鸡尾酒》《派克式左轮》《输掉所有的游戏》《想象出婚姻的流程》等数十部中长篇小说，以及亲情小说系列《今天我是升旗手》《亲亲我的妈妈》《我要做个好孩子》《漂来的狗儿》《小船，小船》《我飞了》等，为创作成果最丰者。

图18−1 作家黄蓓佳应邀在如皋初中举办读书报告会 （2009年摄）

三、文学研究、文艺评论

如皋文学研究、文艺评论有作者、作品可考始于明代。明代，黄经编著书法研究专著《六书论著》20卷。清康（熙）乾（隆）年间，如皋“蒲塘十子”号称“文阵雄师”，文学评论风格犀利，影响较大。20世纪30年代，如皋春泥社一度掀起文学研究和评论高潮，批评、抨击文坛衰靡文风、卑弱文体和宣扬复古倒退的旧体诗文。20世纪70年代始，周溶泉、吴功正、徐应佩成为如皋文学研究、文艺评论创作的代表，主要从事“样板戏”和中学语文教材研究，在《光明日报》《文汇报》《人民文学》等报刊联袂或独立发表评论文章，出版文学研究、文艺评论专著。其中：周溶泉创作出版评论专著《中国现代小说名篇鉴赏》《中国现当代文学思潮》《巴金》《叶圣陶》等；吴功正创作出版文学评论专著《小说美学》《中国文学美学》《六朝美学史》《唐代美学史》等20余部；徐应佩发表文学研究和评析文章400余篇，编著文学评论和研究专著20余部。此后，邑人中亦有部分文学研究、文艺评论作品产生一定影响。主要有：沈新林编著的研究专著《李渔与无声戏》《稗海探骊——古代小说新论》《李渔新论》《李渔评传》等；顾启编著出版的《江苏艺文志·南通卷》《明清小说概要》《冒襄研究》等；陈根生编著出版的《鲁迅与青少年》《鲁迅名篇问世以后》《缀在巍巍昆仑山上的疑问号》《鲁迅的教育故事》《鲁迅——伟大的教育家》等。

四、音乐

歌曲创作 宋代，胡瑗2次奉召进京更定雅乐，留有《皇祐新乐图记》传世。明末清初冒襄、清代抱瓮子均擅长音律，并常为诗词谱曲，发现有作品留世。清末，如皋师范学校教习姜渭璜、黄七五东渡日本学成回国，为全县早期音乐教育培养出一批人才。民国29年（1940年），如西抗日民主根据地建立以后，根据地军民常开展群众性歌咏活动，并创作出一批音律简单、易于传唱、群众喜闻乐学的革命歌曲，最著名的有《高明庄战斗歌》《反“清乡”胜利之歌》《嫁娶歌》《做军鞋》《新四军攻打如皋城》《不是新四军来，乡下人哪里敢上街》《别处哪儿有》《当个好民兵》等，其中《别处哪儿有》成为红色经典歌曲传唱全国。

中华人民共和国成立初，马旅贤、杨冰、方友谅、王尚志、郭云门、王淦清等创作许多校园歌曲和群众歌曲。20世纪70年代后期始，如皋作者创作的歌曲在专业期刊发表或在省以上比赛中获奖。黄玲创作的2首歌曲在《战地新歌》发表，其中《歌声飞向地拉那》入选文化部新歌集；黄里奇作词、高昌达作曲的新歌《铃声叮当追夕阳》获江苏省征歌二等奖，江苏电视台《每周一歌》连播1个星期。1980—2010年，全市（县）涌现出一批较有影响的词、曲作者和作品。高如创作发表歌曲70余首，影响较大的作品有《美丽的梳》《快乐老师》《长江情长》《情醉南通》《乡村老戏迷》《乡里乡亲》《有一种爱》，其中部分作品由宋祖英、朱砂、哈辉等全国著名歌星演唱，并在中央电视台播出；洪小江创作出版歌词集《圆满歌》、作词歌曲集《甜蜜歌》，作词歌曲《江南雨恋》《多彩的盐城》分获国家级金奖和国际“华人音乐奖”；缪新华作词歌曲《打开春天》在中央电视台元宵晚会演唱。在全国第三至第七届群众创作歌曲大赛中，高如创作的歌曲《绿色的风采》，丁春华创作的歌词《江边女人》《早安中国》，汪洪创作的歌曲《共享阳光》，蔡彬、丁春华创作的歌曲《社区民警小唱》，周忠达、丁春华创作的歌词《在心里种花》获金奖。

舞台音乐创作 明末清初，冒襄和抱瓮子常为昆曲打谱，创作戏剧音乐。20世纪50年代始，随着地方戏剧、舞蹈作品创作的发展，戏剧、舞蹈音乐创作相应发展。代表作品先后有：方友谅以如皋民歌主旋律，为赴省会演的山歌剧《庄稼会》所谱乐曲；郭云门运用如皋民歌作基调，为歌剧《叶邦瑾》和民间舞蹈《倒花篮》所谱乐曲；王顺康为大型越剧《红浪》《南海长城》《椰林怒火》《刘介梅》《雷锋》《焦裕禄》《红色娘子军》《秋风夜雨》等所谱乐曲；高如以如皋民歌为主旋律，借鉴吸收国外音乐元素，为大型神话木偶剧《红螺女》《大禹治水》及舞蹈《倒花篮》(重新配曲)《扒沟狮子》《木虾舞》《妹子玩䊀灯》《金秋鼓韵》等所创作的乐曲等，其中部分戏剧、舞蹈作品多次赴省、晋京和出国演出。

五、舞蹈

20世纪50年代，杨冰、马旅贤搜集整理的民间舞蹈《如皋莲湘》，传遍大江南北。1960年，宣民彝和郭云门编舞、吴丕能和郭文和作词、方有谅配曲的民间歌舞《倒花篮》，经层层选拔，代表江苏省晋京参加全国职工文艺会演，被中央新闻电影制片厂摄入纪录片《万紫千红总是春》，其中一些动作和舞台画面被上海舞剧《小刀会》借鉴和移植。1986年，王良玉、石昭则等重新整理加工的民间舞蹈《䊀子灯》《花担》《倒花篮》《莲湘》，被收入《中国民间舞蹈集成·江苏分卷》，另有舞蹈《火流星》被收入《江苏省资料卷》。1990年，如皋民间男舞《扒沟狮子》，被选拔参加中国第二届艺术节(华东片)演出，并应邀参加江苏省第二届电视艺术节演出，获南通市政府文学一等奖。1991年，由《䊀子灯》进一步加工改编的《妹子玩䊀灯》，获江苏省音乐舞蹈节创作一等奖、表演二等奖、作曲三等奖。民间舞蹈《木虾舞》获文化部群星奖。2006—2010年，如皋舞蹈节目《挂红灯》《山路十八弯》等参加全国老年舞蹈演出、比赛，获“夕阳红”金奖，并被选拔参加组团赴韩国访问演出。

六、戏剧

明末清初，李渔创作剧本《比目鱼》《蜃中楼》《怜香伴》《慎鸾交》《巧团圆》《奈何天》《风筝误》《玉搔头》《意中缘》《凤求凰》《万年欢》《偷甲记》《四元记》《双锤记》《鱼篮记》《万全记》，被戏剧界称为“戏剧十六种”。冒襄创作传奇剧《山花锦》《朴巢记》。清代，黄振创作的《石榴记》，江大键创作的《柴桑乐》，范驹创作的《送穷》，均为中国古典戏剧珍品。此间，李之椿家乐戏班教习陈敬仲、司琴韦乐窗，冒氏家乐戏班教习蔡云生、朱音仙、苏昆生等亦均为全国戏剧(昆曲)名流。

民国时期，冒广生创作《疚斋杂剧》《云郎小史》，冒舒諲创作《精忠报国》《董小宛》。

20世纪50—60年代初，全县创作的较有影响的戏剧作品主要有木偶京剧《梁祝》，大型京剧《湘江会》《公社红旗飘》《东游记》和京剧连台本《吕梁英雄传》(1—3)，大型越剧《吴越春秋》《义和团》《红浪》《焦裕禄》，现代剧《红色接班人》，大型歌剧《叶邦瑾》《秋风夜雨》等。“文化大革命”期间，全县戏剧创作和演出以改编“样板戏”为主，同时以锡剧、曲艺等形式创作部分配合政治宣传的文艺节目。20世纪80年代，吴丕能创作大型京剧《醉翁记》《端午门》，由南通地区京剧团演出。陈元琪创作大型神话木偶剧《红螺女》，参加全国第二届艺术节和第十一届亚运会艺术节演出。赵云舞创作独幕京剧《经理不在家》《家常事》《归来》《杏梅改嫁》等，分别在省级以上文艺期刊发表或排练参加省级以上演出。张权创作的电视连续剧《玉连环》发表于《江苏戏剧》丛刊。孙永明创作的木偶神话剧《大禹治水》，参加欧洲木偶艺术节演出产获特别奖，参加江苏省第三届戏剧节演出获江苏新剧目奖和6个单项奖。1990—2010年，全市(县)戏剧创作、演出以小戏曲和小品为主。主要作品有陈元琪创作的《如意客栈》《不速之客》《新娘卖茧》《妇唱夫随》《一张假币》，赵云舞创作的《拾婴记》《料勺问题》等，葛继延创作的《眼界》《承诺》《风雨窗口》《丈夫的职责》《送不出去的鸡毛信》《撞击》《日子如歌》《亲爱的爸爸》(与周忠达合作)《飞翔的维纳斯》(与张权合作)等,孙永明创作的《寡婶洗三》等。

七、书画

书法 元代至清代,全县有记载的书法家30余人,风格各异,作品颇丰。元代,唐志大行草“落笔峻激,略无滞思”。明代,冒起宗擅大字,遗墨被北京故宫博物院收藏;郑腾云精草书,有草字帖石刻本传世;夏时行真草隶篆四体俱精;黄应征“善草书,得二五笔法”,精古篆文,好魏人《受禅》《劝进》2碑,所写八分书,可称神似。清代,戴联奎擅写馆阁体,方正肥圆,独具一格;顾锡爵书法以中锋寸楷见长;顾鸿诰善隶楷,化作行草,书法古拙,大雅不俗。

民国时期,全县知名书法家有20余位。其中如皋师范教习冒兴,书宗魏碑,民国5年(1916年)上海公祭黄兴,冒兴自撰自书挽联“北伐阻渡河 留守徒悲宗泽志 东游甘蹈海 帝秦难屈鲁连臣”,被公认为公祭挽联之冠;许树枌被誉为“诗书画三绝”;黄七五,书宗魏碑,原定慧寺“藏经楼”和文峰阁内“天开文运”匾额均出自其手;宗孝忱,四体兼长,更擅小篆,海内外有其墨宝留传。

中华人民共和国成立初期,书法艺术一度被人们轻视,主要用于题写标牌。全县较知名的有黄星楼,善擘窠大字,常为机关、学校、工厂题写标牌;王福祥,1954年为县人民大会堂题写门额。1957年始,书法主要为政治运动服务,用于书写宣传标语,誊写大字报,出版宣传栏等。至“文化大革命”结束,全县书法知名者仅有叶枫。

“文化大革命”结束特别是改革开放后,书法艺术重新得到社会重视,沈正、徐尔昌、陈秀骥、王见山、房鸣皋等开始研习,并逐步成为书法家。至20世纪末,沈正每年都有作品被省级以上报刊录用,多次在国内国际书法展览、比赛中获奖;徐尔昌、陈秀骥、王见山、房鸣皋均有作品入选上饶三清山碑林、河南开封翰园碑林刻石,部分作品赴日本、韩国展出交流;汤正幅有2幅作品获全国书法大奖,并有作品入选《中国楹联墨迹荟萃》;鞠如凡有作品获全国硬笔书法大赛一等奖,并有作品入选国际硬笔书法家精品展;闵杰书写出版《小学生楷书字帖》,专著《一点论和书法创作》获全国书法论文评比一等奖。进入21世纪,全市书法家队伍进一步扩大,获奖作品进一步增多。其中沈正《兰亭后序》、马鹏图《李白赞怀素诗名》、陈秀骥《天下为公》、王见山《毛泽东诗词》在全国书法艺术大赛上获奖;房鸣皋、蔡国柱、刘翔、张建军等亦有书法作品在国家级各类展览、评比、竞赛中获奖,或入选全国书法艺术展览,或在省级以上报刊发表。

绘画 明、清时期,全县著名画家近40人,其中一些人书画兼长。明代,陈鹄早年成名画作《紫云出浴图》,经冒辟疆、王渔洋等74位名人欣赏题咏,现存沈阳博物馆。清康熙年间(1662—1722年),冒辟疆画作《为方密之作茅亭秋思图》《写秋兴诗意图》和与董小宛共绘的《孤山感逝图》,被列入《宋元明清书画家年表》,收藏于北京故宫博物院,亦有部分画作现存上海、苏州和如皋博物馆;蔡含画作被收入《历代书画名家目录印存》;金玥画作被收入上海博物院;石为崖绘画有宋元遗韵,其侄女石学仙仿效董小宛的贴梅扇,创造出独特的工艺品如皋贴绒画,进贡朝廷,获皇帝旌表。清雍(正)乾(隆)年间,凌瑚擅长写生和着色山水,书画界以凌瑚的写生与浙江梁同书的行楷、钱维乔的山水并称书画“三绝”。清嘉庆年间(1796—1820年),沈复有国画《水绘园旧址图》,现存上海博物院。

民国时期,全县知名画家20余位。其中:戴杰善工笔山水;堪舆乔赞卿善指画,先将棉花嵌入食指指甲缝中,然后蘸色涂抹成蝉头、蝉腹或柳叶、柳枝等,再将小指甲剪尖,蘸色勾勒蝉翼或柳枝茎脉,天然成趣;顾启以画菊为长,有时亦画虎,所绘花卉翎毛尤具神韵,今台湾画坛名家多数出自其门下。

1952年,戴师古创作的长篇连环画《枯井沉冤》,参加苏北地区首届书画作品展。20世纪80—90年代,许大同用汉克力丝绸油彩画成《孔雀》,用水粉喷烟、喷墨、泼墨画成《牡丹》,获太平洋国家艺术创作展览会油彩画组和水彩画组2项冠军;冯健男有画作《九色鹿》《神话》《神鹿》《神鱼驮屈原》《中国神话》(共8册)及美术片《好猫咪咪》《钱包》《神农杯药》等;张宝蔚创作中国画《情系雨花》《小夜曲》《醉秋》《红叶醉秋》《金陵怪石》《石趣》《天落花雨》《香淹雨花》《哺春》《蕉荫双鸣》《绿池》,招贴画《良性循环致富路》(与吴庆生合作)等被省级以上报刊录用,部分作品在省级以上比赛中获奖,创作的30册连环画由江苏、河南、湖北、北京等出版社出版,工笔画“雨花石系列”在书画界和收藏界引起强烈反响,被誉为“中国画雨花石第一人”;贲道立创作的花鸟画《紫藤》《春》《鱼乐图》,国画《月浴》《凌霄鸣情》《生气盎然》《水中仙子》等被省级以上报刊录用,部分作品在省级以上比赛中获奖;吴庆生创作的国画《龙的传人》,与张宝蔚合作的《良性循环致富路》,装饰画《元宵》《端阳》等参加省级以上展览,部分作品在省以上比赛中获奖。进入21世纪,张宝蔚创作的美术作品有40余幅或在省以上报刊发表,或在省以上比赛中获奖。《吴信礼漫画》《张宝蔚画集》《贲道立素描》等由出版社正式出版发行。

八、篆刻

明嘉靖、隆庆年间,通州人邵潜(字潜夫)寓居如皋,研究六书艺术和金石镌刻,上承汉印遗韵,旁及江南文(彭)何(震)诸家和徽、浙、扬派之长。明天启元年(1621年),邵潜编辑《皇明印史》(4卷),“开专题”“印谱之滥觞”。在邵潜影响下,全县治印蔚然成风,并逐步形成以邵潜为代表的“结构紧密、构思巧妙、刀法细腻、一丝不苟、注重调和匀称”的治印独特风格,被印界誉为东皋印派,亦称如皋派、东皋派、雉皋派。此后,数代如皋印人不断传承、创新和发展东皋印派,至清道光时,如皋印派名扬全国。其主要代表人物及作品有:黄经、周亮工著《印人传》,黄楚桥著《东皋印人传》,皆推黄经为东皋印派第一;许容著有《谷园印谱》《蕴光楼印谱》《许实夫印谱》《篆书破难草》《石鼓文钞》等;童昌龄留世作品有《印史》《韵言篆略》等;乔林著有《篆例汇编》《金石萃言》《墨庄印谱》《寒碧轩诗钞》等;黄楚桥著有《历朝史印》(清两广总督林则徐有五言诗赞誉此书)、《楚桥印谱》和《东皋印人传》(清两江总督陶澍为其作序)。民国时期,如皋印派影响力有所减弱。吴朗亭、王景陶为此期知名者,均以仿汉为主,所刻印章流传上海。

中华人民共和国成立后,如皋印派有成就者首推梁明晖,在继承东皋印派金石遗韵的基础上,大胆改革创新,《百寿图》蜚声国内外,被开封翰园碑林镌刻成石碑留传后世,多幅作品被毛主席纪念堂、中国老一辈革命家和美、英、法、德、日、澳等国家政要收藏。同期,全县篆刻艺术方面较有影响者有:如城刻字社职工严有泰,为台湾如皋同乡会刻制“举头望明月”“家在龙游河畔”“情系雉水”等20余方印章,在如皋旅外侨胞和台、港、澳如皋籍同胞中产生广泛影响;白蒲镇教师陶路著《篆刻汇编》,收录诗词组印、名言赘语、风景名胜、斋馆姓名等印蜕千余方。1999年,《梁明晖篆刻艺术作品专辑》出版发行。2001年,刘翔一组篆刻作品入选江苏省第二届书法篆刻新人展,同时入选江苏省书法篆刻精品展。2002年,吴建军篆刻《月白风清》发表于《美术大观》。此后,刘聪泉等在学习如皋印派名家之长,潜心研究篆刻技艺的同时,致力东皋印学研究。至2010年,刘聪泉撰写研究文章数十万字,其中1篇论文获西泠印社国际印学峰会大奖。

九、摄影

如皋摄影始于清咸丰、同治年间。1951年,始有新闻照片在报刊发表。1974年始,摄影作为艺术门类列入全县文艺创作。1985年,县摄影协会成立,开始有组织地进行摄影创作。此后,全市(县)较有影响的摄影作品有康健拍摄的《天寒地暖》《洁》《少儿义务英语教学》《觅》《雪中送炭》《风筝》等,黄友谊拍摄的《群星捧月》《游子》《龙游河的后代》《奶奶的金牌有多重》《百岁老人穿针引线》等,王海龙拍摄的《告别班长》《给班长留个影》《找儿子》等。至2010年,全市有1000余幅(次)新闻及艺术照片在省级以上报刊发表或入选省以上艺术摄影作品展。

第三节 文艺演出

一、演出团体

家伶曲班 元末,如皋城乡始有达官显贵和殷实大户,蓄养家伶曲班(俗称家乐戏班或家班)进行堂会演出,主要为家庭文化消遣、婚丧喜庆和接待宾朋。至明清时期,此风更盛。明万历十年至天启二年(1582—1622年),如皋城较著名的家伶曲班有北门张氏(勉学)家班,冒家巷冒氏(梦龄)家班、李氏(之椿)家班。有的“每当玉兰花开,便挂红灯于枝,命家伶度曲佐觞”,有的“家班演剧，累月不倦”。清顺治三年至康熙二十八年（1646—1689年），全县最著名的为冒氏家族的家伶曲班，其中为纪念冒辟疆父冒起宗百岁冥诞，除家班演出外，还邀木偶戏班同台演出，为如皋木偶戏最早文字记载。清乾隆十六年（1751年），黄振在柴湾仿效冒辟疆的水绘园，建造“斜阳馆”，蓄家乐戏班度曲演出，并亲自创作剧本《石榴记》传世，是为农村富绅蓄养家伶曲班最早文字记载。清光绪三十四年（1908年），周象臣自组昆曲家班，由上海迁回如皋鹤颈湾家中，常年演出，是为家伶曲班最晚文字记载。

职业戏班 清康（熙）乾（隆）时期，家伶曲班开始向职业戏班演化。乾隆五十五年（1790年）后，一些小型、零散徽班艺人，在苏北里下河地区集结，形成里下河职业戏班。常年在如皋城乡演出且较为知名的有常胜、庆福、双福、新双福、顾爱银、杨龙关、杨裕源、花玉珍、葛次江、林三、红鼻子、毛团子、癞红子、李长三等戏班。清中期至清末，全县较有名的职业戏班除徽剧戏班外，以如皋杖头木偶戏班为主，县内有大小木偶戏班数十个。民国时期，战事连年，全县戏班多数停演。如皋全境解放至1953年，全县戏班陆续恢复演出，大小木偶戏班即有百余个。1954年4月始，按文化部规定，职业戏班经考核合格，政府批准，组建专业剧团。

民营演出团队 20世纪50年代，经县政府（人委）考核、登记、发证，全县部分职业戏班转为民营剧团，从事商业演出自负盈亏。至20世纪60年代，相继解散。中共十一届三中全会后，全县民营演出团体开始恢复并迅速发展，主要为通剧、黄梅戏、曲艺、杂技等类演出团体。20世纪80年代始，市（县）文化局对全县民营演出团体加强法规宣传、业务培训和依法管理，全市（县）民营演出团体在数量增加的同时，演出质量提高，逐渐消除低级趣味演出。2007年，全市登记注册的民营演出团体113个，从业人员823人，其中经纪人50余人，舞台、灯光、音响出租及道具运输、服装加工等200余人。演出人员中，从全国各类艺术院校招聘毕业生100余人。民营演出团体除走村串户从事商业演出外，全年参加“送戏”500多场，成为全市基层文化活动的重要力量。2008年，江苏省首届民营演出团体优秀剧（节）目调演在如皋市举行，如皋市代表队获十项金奖和十项银奖。市文化局《农村民营表演团体“如皋现象”解读》获江苏省文化理论创新工程一等奖。2010年，全市登记注册的民营表演团体118个。

图18-2 江苏省首届民营表演团体调演在如皋市举行 （2008年摄）

如皋市木偶艺术团（如皋县木偶京剧团） 1954年11月，县政府文教科组建如皋县木偶京剧团。1964年始，县木偶京剧团排演现代戏。“文化大革命”中，县木偶京剧团因“木偶不能表现英雄人物”而被责令停演。1970年3月，县木偶京剧团经过整顿，精减部分人员后，并入重新组建的县京剧团。1974年7月，木偶演出队从县京剧团析出，独立活动。1978年5月，县木偶京剧团恢复建立，并受南通地区革委会委派，赴新疆乌鲁木齐、独子山、克拉玛依等地慰问外派民工和当地党政军民，演出40余场。1989年，创新人偶同台演出，新型神话木偶剧《红螺女》参加全国第二届艺术节（华东·南京）和第十一届亚运会（北京）艺术节演出，并应邀赴中南海为中央领导专场演出，受到亚运会艺术节组委会、文化部及各级表彰，内地及香港地区几十家新闻媒体予以专题报道。

1991年6月1日，县木偶京剧团更名如皋市木偶艺术团，为全市保留的唯一专业剧团。1998年6月、1999年5月和2005年8月，先后赴韩国、罗马尼亚和泰国交流演出。2006年5月，应常熟市邀请，与来自俄罗斯、巴西、泰国、韩国、斯洛伐克等10多个国家和辽宁、安徽等省市民间表演团体参加第二届尚湖国际文化节暨国际民间艺术节，人偶同台的舞蹈节目《水绘春晓》参加巡街表演，引起国内外艺术团体关注。2009年，机构改革中，如皋市木偶艺术团由市文化局划归如皋市文广传媒集团管理。2010年，如皋杖头木偶获准列为江苏省非物质文化遗产保护项目，如皋木偶艺术团被审定为江苏省非物质文化遗产传承基地。

如皋县越剧团 1954年，浙江大众春风越剧团到如皋接受登记，开始在全县演出。1955年6月29日，县政府文化科正式发证，定名如皋县大众越剧团。1957年11月10日，更名如皋县越剧团。1958—1960年，剧团先后到南通、上海、南京、汉口、长沙等大中城市演出，各地媒体发表大量报道和评论。在长沙演出，观众自发在剧场勒石纪念。在上海演出，俞铭璜在《文汇报》《解放日报》撰文，对如皋县越剧团给予肯定和赞扬。在南京演出，《南京日报》《新华日报》除大量报道评论外，还刊载多幅剧照和大段唱词。《江苏戏曲》将裘艳芳剧照刊作杂志封面。1966年，剧团因"女扮男装不能塑造工农兵英雄形象"而被停演。1967年5月16日，宣布解散。

如皋县京剧团 1955年6月29日，经县政府文化科登记核准，组建如皋县新乐京剧团。1958年2月13日，大丰县新洋农场京剧团并入。4月10日，定名如皋县京剧团。此后，剧团到苏州、无锡、常熟、大丰等地演出。时任国家主席刘少奇和夫人王光美在南通观看剧团演出。1959年10月，剧团被南通专署文教局并入南通专区京剧一团。

1970年3月，县革委会重建如皋县京剧团，并开县财政向剧团拨款先例。剧团恢复成立后，开始排演"样板戏"。1976年起，恢复排演古装传统戏。1984年5月14日，剧团解散。

如皋县杂技团 1957年5月24日，阜宁县王姓杂技班和海安县曲塘陈姓马戏班接受县政府文化科登记发证，"王家班"为如皋县杂技一团，"陈家班"为如皋县杂技二团。1959年11月，两团合并，定名如皋县杂技团。主要演出"登技""顶技""飞人"等节目。1960年5月，擅长"车技"的如东杂技团部分演员并入，开始由广场演出转入室内灯光舞台演出。1964年，招收说唱演员，增加紧跟形势的文艺宣传节目。1965年，海门杂技团并入，增加驯犬节目。1967年，试图改杂技团为杂技话剧团，并试排杂技剧《飞越大渡河》及一些杂技歌舞节目。1968年，与县木偶京剧团合并建立革命委员会，试排人偶同台的《奇袭白虎团》未成。1970年3月，精减下放部分人员后，并入新组建的如皋县京剧团。

如皋县民兵师文工团 1958年11月，东陈公社文工团和如城公社丰乐工区文工团代表如皋县参加南通专区文艺会演，演出结束后，县人委决定成立县文工团。1959年3月，正式建团，适逢大办民兵师，定名如皋县民兵师文工团。文工团代表节目有歌剧《叶邦瑾》《秋风夜雨》与话剧《鸡毛飞上天》等。1961年，解散。

如皋县评弹团 1961年，丁堰艺人徐海清组建如皋县评弹团，进书场售票演出。1962年如城任春丰和李少卿2个评弹小组合并，成立如皋县评弹二团。1965年，2个评弹团同时解散。

如皋县农村文化工作队 1964年秋，全县学习"乌兰牧骑"（蒙语，意为红色文艺轻骑队）经验，县文化馆报经县委批准，抽调12名文艺骨干组成"三秋"（秋收、秋种、秋管）文化宣传工作队，并从县卫生系统抽调2名医务人员、新华书店抽出1名图书推销员，在送戏下乡的同时，送医、送书下乡。1965年3月，经县委、县人委批准，如皋县农村文化工作队正式建立。1966年5月，改称中共南通地委社教总团文化工作队。1967年，南通社教总团撤销，文化工作队返回如皋解散，部分演员被县杂技团录用，其余演员回原单位工作。

如皋县曲艺队 1975年秋，由县委宣传部文化组抽调8名文艺骨干组建。先后在全县城乡和靖江县西来、焦荡等公社演出50余场。1976年，代表如皋县参加南通地区文艺调演。1977年，解散。

如皋县艺术团 1980年1月20日，由县文化馆组建。排演的歌剧《王老虎抢亲》，借如皋中学大会堂8天演出16场，场场爆满。此后，应邀赴泰兴、靖江、海安、东台等地演出。1981年8月，解散。

二、演出场所

庙台 明洪武四年（1371年）至民国15年（1926年），每逢香期庙会，全县庙台均有文艺演出。庙台通常是在庙宇院墙内外，倚墙筑一高台，亦称戏台。简陋的为土墩，讲究的周边有砖砌方框，中间填实泥土，上用砖石铺面。全县比较知名的庙台有如皋城的关帝庙庙台、大圣庙庙台、城隍庙张仙楼庙台、火星庙庙台、天后宫庙台、都天庙庙台,石庄镇的城隍庙庙台、火星庙庙台,白蒲镇的南关帝庙庙台、文峰阁庙台,丁堰镇的关帝庙庙台、东岳庙庙台等。民国中后期,庙台演出日少,逐渐渐废。

大棚 明、清时期,全县民间文艺演出场所,散见于县城和农村集镇。一般搭一草棚,以挡风遮阳,再在棚下搭建供演出的戏台。全县较知名的大棚有:白蒲镇南北2座大棚,建于清光绪元年(1875年),上演徽剧;如皋城的南门小校场大棚,建于清初,初建时每年农历正月初一至二十,晴好天气均有演出。

茶园 清中期至民国时期,茶园为文艺演出场所。全县最知名的为阳春茶园,清光绪三十四年(1908年)9月开业,由吴克明等几家殷实大户集股于如皋城东门十字街西北侧兴建。茶园呈矩形,戏台朝北,东、西、北3面均为2层小楼,楼上楼下均设座席,观众一边品茗,一边赏剧,常邀戏班演出和放电影。民国14年(1925年)6月,黄七五发起集50股将其改拓,设600余座位,更名兴商茶园。民国27年3月后,日本侵略军在园内养马,不久被毁。

草台 民国时期至中华人民共和国成立初期,全县较常见。初为供小型演出团体演出的简易文艺演出场所,故有将不正规文艺团体称为“草台班子”的说法。后,逐步向剧场转变。全县较知名的草台有:白蒲吴家祠草台,1949年在白蒲吴家祠内搭建,由观众自带板凳,一度接待京剧团演出,1952年停止使用;如城草台,1950年建于如城北门范家桥南继善堂巷,坐东朝西,戏台北向,茅草、毛竹上盖,木条凳,可容观众800余人,对外称如城烈军属剧场,先后接待上海韩良根滑稽剧团、苏州滑稽剧团、常州京剧团等演出,1959年改为烈军属废品收购站;二案草台,1950年由二案浴室临时改建,能容纳200多名观众,1953年集股投资改建为毛竹、芦帐结构,能容纳观众800人,定名工农剧场,后更名军工剧场,先后接待苏州京剧团、南通更俗京剧团及海门姐妹越剧团演出,1957年夏遭龙卷风摧毁。石庄草台,1953年建于石庄西巷吴宅天井内,1956年由镇工商联用毛竹、芦帐加以扩建,1961年底停止使用。

书场 至民国时期,县内书场多与茶馆结合,茶馆以艺人说书招揽顾客,茶客在茶馆听书喝茶。中华人民共和国成立后,除县文化馆、区文化站开办书场作为文艺宣传阵地外,部分饭店亦利用饭余时间开办书场。全县较有影响的书场有:朝花书场,1960年由县文化馆开办,可容纳观众300人,1966年5月停业;百花书场,1960年由如城镇文化站利用原如城教堂开办,1966年5月停业,1975年县文化馆书场恢复亦称百花书场,1984年停业;磨头文化站书场,1965年由磨头区中心文化站开办,初由观众自带板凳,后设固定座椅150座,1985年停业;白蒲文化站书场,1971年由白蒲区中心文化站开办,1981年时可容观众250人,1985年改为录像放映厅。20世纪80年代,如城南大街老松林饭店、西大街龙凤园饭店、北大街曹桥饭店等都兼营书场,其中曹桥饭店书场至1995年旧城改造拆除停业。

如皋市(县)人民剧场 民国38年(1949年)2月,如城军管会接管兴皋剧场,更名如皋县人民剧场。1958年5月10日,动工拆迁。当年9月2日,在大治巷北段原广福寺旧址(今农工商超市附近)建成新剧场,舞台、房架等均为木质结构,设座位1050个,并建演员食堂、宿舍等配套设施。此后40余年中,正常接待全国各剧种、剧团演出。1993—1994年,连续2年被评为江苏省明星剧场。2000年,被消防部门责令停演整改。2003年,旧城改造中拆除。

白蒲人民剧场 1952年,由白蒲镇政府和白蒲镇工商联以北泰山庙改建,坐东朝西。初建时,场内无固定座位。1958年,镇政府添置长椅,设固定座位1037个。后,多次修建,改座位为952个。先后接待上海红旗歌舞团、江苏省锡剧团、江苏省京剧团等演出。1984年,白蒲影剧院落成,剧场改为录像放映厅。

丁堰剧场 1958年,由丁堰镇党委、政府于原关帝庙旧址兴建,为简易剧场。先后接待江苏省歌舞团等演出。1984年,简易剧场停止使用。1985年8月,建丁堰文化站大楼时,原剧场舞台部分拆除,其余改作文化站活动用房。

石庄人民剧场 1963年,由石庄镇政府集资,利用行宫巷城隍庙残留大殿扩建而成,为木架平瓦结构,可容纳观众700人。文艺演出和电影放映兼用,先后接待海门姐妹越剧团、江苏省歌舞团等演出。1985年5月,经鉴定为危房而停止使用。

如皋大剧院 2001年动工兴建,位于如城福

图18-3 央视《军营大舞台》栏目在如皋大剧院举办红十四军纪念馆开馆庆典大型文艺晚会“江海军旗红” （2010年摄）

寿路与益寿路交会处东南侧,2005年6月竣工启用。总造价8000万元,建筑面积12000平方米,设观众席1028个,舞台、乐池均为升降式,配套设施齐全,时为苏北县级规模最大、规格最高的剧院。主要承接大型文艺演出,兼营电影放映,全市除大型广场文艺演出外的大型文艺演出均在此进行。

附录:

伪如皋县政府设立的文艺演出场所

白蒲大民会剧场 民国27年(1938年)3月,日本侵略军侵占白蒲,伪维持会长晋瞻仁下令拆除原农业银行仓库,于原大民会建大民会剧场,可容观众800余人。民国35年,因修筑白蒲至汤家园公路被拆除。

如皋城兴皋剧场 民国29年(1940年),伪县长于志文下令拆除位于如皋城西南隅的孤幼小学和北门的游民教养所,在东水关河北建兴皋剧场。民国34年秋,被新四军接管。解放战争前夕,新四军前线话剧团在此演出话剧《甲申记》。民国35年7月,国民政府如皋县政府复占如皋城后被占用。民国38年2月,被如城军事管制委员会接管。20世纪50年代初,拆除,材料用于兴建人民大会堂。

三、演出活动

剧场商业演出 20世纪30年代末,全县始有剧场商业演出。民国27年(1938年)如皋沦陷后,白蒲大民会剧场竣工时,上演日本剧《痴女婿》《牛肉馒头》等,观众买票入场观看演出。民国29年,兴皋剧场建成后,邀请上海著名京剧演员高百岁、李仲林、姜云霞等演出。1950年始,县人民剧场正常接待专业剧团售票演出,票房收入按剧团级别等规定不同比例,剧场与剧团拆账分成。上海京剧名旦谢兰玉演出《玉堂春》《红娘》等剧目。1959—1965年,县人民剧场共接待剧团商业性演出约1200场,观众约40万人次。“文化大革命”中,剧场商业性演出停止。中共十一届三中全会后,县人民剧场商业演出恢复并逐步繁荣,如皋影剧院、人民大会堂、如城电影院等亦承接各类商业演出。1978—1995年,市(县)人民剧场共接待各类剧团商业性演出约3300场,观众约110万人次。至2010年,在全市(县)进行商业演出的省级剧团有江苏省京剧团、江苏省昆剧团、江苏省话剧团、江苏省歌舞团、江苏省锡剧团、江苏省淮剧团、上海市京剧团、上海市沪剧团、上海市歌剧团、上海市舞剧团、上海市淮剧团、上海市儿童艺术剧院、浙江省越剧团、安徽省黄梅剧团、山东省京剧团、贵州省京剧团、北京市京剧团等,随团演出的全国著名演员有张辉、田野、姚澄、黄孝慈、丁是娥、任桂珍、朱逢博、童芷龄、童祥龄、童寿龄、艾世菊、李玉茹、李炳淑、赵燕侠等。先后在全市(县)从事商业性演出的著名演员有靳小才、曹燕珍、许幼黎、殷秀梅、宋祖英、朱枫、彭丽媛、张也、毛宁、董文华、龚一、萧白镛、汤良兴、刘晓庆、严顺开、朱时茂、陈佩斯、梁波罗、毛永明、郝爱民、石钟琴等。

调演、会演及各类业余演出 民国29年(1940年),如西抗日民主根据地建立后,群众性文艺演出活动成为“团结人民、教育人民、打击敌人、消灭敌人的有力武器”,经常举行。

中华人民共和国成立后,庆祝中华人民共和国成立1周年、抗美援朝、捐献飞机大炮、“三反”“五反”、镇压反革命、粮食统购统销、人民公社化、国庆10周年等重大节日和重大活动,全县上下都组织群众性文艺演出活动。如皋师范、如皋中学、青年工人等业余剧团除演出小型宣传节目外,先后演出大型歌剧《赤叶河》《白毛女》《刘胡兰》《王秀鸾》《王贵与李香香》及大型话剧《保尔柯察金》等。白蒲镇志远剧团的大型歌剧《枯井沉冤》演遍全县及如东县、南通县部分乡镇。“文化大革命”期间,全县工厂、学校“毛泽东思想宣传队”,业余文艺演出异常活跃。1976年粉碎江青反革命集团后,全县群众性业余文艺演出趋向舞台化、规范化。县工业、商业业余文工团分别上演大型歌剧《骄阳》《江姐》《红霞》和话剧《与无声处》等。1983年,纪念反"清乡"斗争胜利40周年专题节目,在县人民剧场演出20余天,观众2.8万余人次。1984年,中华人民共和国成立35周年纪念日前后,全县各系统层层会演选拔,挑选优秀节目集中于县人民剧场公演。1991年撤县设市、1993年毛泽东诞辰100周年、1997年香港回归、1999年国庆50周年和澳门回归,市人民剧场都有文艺专场演出。

2000—2010年,如皋市参加南通市级以上文艺调演、会演,组织文艺彩车方队并配以人偶同台的如皋特色节目参加南通市巡街表演等30多次,共获组织、创作、演出等奖励近100项次。

"群星拜寿"大型文艺晚会 2002年10月28日,如皋"两节一会"(长寿文化节、花木盆景艺术节,经贸洽谈会)开幕,市委、市政府主办的"群星拜寿"大型广场文艺晚会于如皋中学体育场举行。中央电视台周涛、张政主持,歌唱家彭丽媛、阎维文、董文华、张明敏、付笛声、任静、林萍,相声艺术家师胜杰、孙晨,喜剧明星德江、韩兰成、于小飞,轮回乐队、绿宝贝演唱组合、江苏青年舞蹈团、江苏时装艺术团、如皋市木偶艺术团、全市有关业余文艺团体及部分老年和学生参加演出,全场共演出歌舞、独唱、相声、京剧清唱、小品、如皋民俗歌舞组合等18个节目,观众2万多人。全市6名百岁寿星应邀观看演出,主持人现场采访百岁寿星,百岁寿星集体登台向歌星献花,将晚会推向高潮。如皋电视台全程录像,并错时实况转播。

图18-4 如皋市首届长寿文化节大型广场文艺晚会"群星拜寿"在如皋中学体育场举办（2002年摄）

"心连心"慰问演出 2004年10月22日上午,中国广播"心连心"艺术团分为2个演出分队在如皋市慰问演出。王馥荔、王洁实、红霞、白桦、孙晨、杨洪波等为九鼎集团逾千名职工和如城宏坝社区的20对金婚夫妇慰问演出,并给金婚老人赠送重阳节慰问礼品;莫岐、朱砂、徐瑾等前往英田集团慰问一线工人。下午,在如皋港经济开发区举行《登高寄情 沿江抒怀》大型广场文艺演出,相声演员郝爱民与县广播电视局刘晓洁共同主持,演出在如皋大型腰鼓、木偶组合《金秋鼓韵》中拉开帷幕,青年女歌星徐瑾、杨洪波、红霞,相声表演艺术家莫岐、张志强、白桦、孙晨、郝爱民、李立山,歌唱家王洁实、司玉杰,表演艺术家王馥荔和如皋部分演员,共演出近2小时。

《如皋如歌》大型广场文艺焰火晚会 2004年10月28日晚,在如皋中学大操场举行。出席第二届中国如皋沿江经济洽谈会、第二届如皋·中国长寿文化节、第三届中国(如皋)花木盆景艺术节的3000多名中外来宾与万余名如皋市民观看演出。晚会由中央电视台张政、王雪纯主持,张也、孙楠、殷秀梅、阿朵、李光曦等歌唱明星,相声表演艺术家姜昆、戴志诚,阿里郎组合、高原红阿佳组合等担纲主演,陈爱莲舞蹈学校艺术团参加伴舞。具有如皋乡土特色的舞蹈《金秋鼓韵》和主题歌曲《长江情长》同台演出。文艺演出结束后,举行近30分钟的焰火晚会,燃放各式焰火近万支。

《欢乐中国行·魅力如皋》大型广场文艺晚会 2006年10月28日晚,在如皋中学大操场举行。中央电视台董卿主持,佟铁鑫、耿为华、成方圆、韩红、周华健、井冈山、张信哲、巫启贤、麦穗、周慧、黄征、齐豫、庞龙、陈慧琳、李慧珍、张洪量、刘永俊等歌星及"凤凰传奇""元气组合"参加演出。如皋木偶、如皋民间舞蹈、如皋萝卜、如皋风筝、如皋工艺丝毯穿插在19个节目中展示。晚会近2小时,观众近2万人。

2008年10月27日晚,由董卿主持,文欣、汤子星、张惠妹、韩磊、陈明、张宇、杭天琪、扎西顿珠、刘若英、胡彦斌、花儿、斯琴格日乐、陆毅、苏慧伦、齐秦、周彦宏、戴娆、王力宏、毛宁等著名歌星、舞星、影视明星联袂献艺,演出中穿插介绍如皋市经济建设、历史文化、风俗习惯及如皋木偶、如皋民歌、如皋盆景、如皋方言等。中央电视台全程摄像,并在第九套节目播出40分钟录像剪辑,并公开发行演出录像影碟。

第四节 图书

一、公共图书馆(社)

阅报社 民国元年(1912年)始,县民政公署将公众阅报社列入社会教育范畴,拨款和发动地方人士捐资,先后兴建7所公众阅报社。其中:如皋阅报社,民国4年建于如皋城,由县教育会出资购买各种报刊,免费供人阅读;磨头阅报社,建于民国4年,由地方豪绅朱谷莺出资购买报刊供人阅读;车马湖阅报社,建于民国5年,由当地商家捐资购买报刊供人阅读。另4所阅报社在岔河、马塘、丰利和掘港(今均属如东县)。民国6年,县通俗图书馆对外开放,各地阅报社相继停办。

如皋县立图书馆(如皋县通俗图书馆) 民国4年(1915年),县公署择文庙尊经阁为馆址,在原如皋阅报社基础上,筹建如皋县通俗图书馆,民国6年,建成对外开放,书报刊物只供在馆内阅读,概不外借。民国15年,如皋县通俗图书馆更名如皋县立图书馆,由县教育局聘请如皋师范学校毕业生熊仁福负责图书馆工作,熊系中共地下党员,县立图书馆一度成为中共秘密联络点。民国17年,熊奉调离开如皋,县立图书馆停办。民国23年,县立图书馆并入县民众教育馆。民国25年,从县民众教育馆析出,独立建制。民国27年春,再度并入县民众教育馆,对外停止开放。民国36年1月,国民政府如皋县政府恢复县立图书馆。4月,县立图书馆及全部藏书并入县民众教育馆,其余物资运至永安沙筹建县第二民众教育馆。民国38年2月,县民众教育馆连同县立图书馆由如城军管会接管。

如皋市(县)图书馆 1951年3月1日,县政府在人民公园内建如皋县人民图书馆。7月26日,县人民图书馆并入如皋县人民教育馆。12月25日,如皋县人民教育馆更名如皋县文化馆,含图书馆在内迁址大治巷北端苏皖边区第一专员公署旧址(今百花苑内)。1959年5月1日,如皋县图书馆在县文化馆内独立建制。1961年8月,再次并入县文化馆。1962年4月,县图书馆从县文化馆析出,迁至鹤颈湾,与工人俱乐部合署,行政上归属县总工会领导。1964年4月,从总工会工人俱乐部划归县文化馆,对外挂如皋县文化馆、如皋县图书馆2块牌子,始办借书证,读者凭证借阅图书。1968年8月,县图书馆与县文化馆、县人民剧场、县人民公园、县体育场联合成立如皋县毛泽东思想宣传站革命委员会。图书馆仅有的2名工作人员均下放劳动,停止对外开放。1983年1月,县图书馆独立建制,购置鹤颈湾原总工会房产并迁入,拥有固定读者4000余人。1990年,接管县文管会收藏的30609册古籍图书,馆内设立古籍室。1995年8月28日,市政府择环西路(今益寿路)宏林桥北侧,兴建图书大楼,共5层3720平方米。因如皋籍香港人士范止安捐助部分建馆经费,增挂范止安图书馆牌子。1998年,市图书馆被评为国家一级图书馆。

图18-5 1995年兴建的如皋市图书馆(2000年摄)

2001年,市图书馆内设图书外借室等10个服务窗口。2003年6月,少儿外借自动化管理系统正式启用。7月,成人外借自动化管理系统正式启用。年底,加入江苏文化网。2008年5月1日,市图书馆实行全面免费开放。是年始,开展破损和濒危古籍修复工作,并公开向社会征集手稿、精装本、海外版地方文献,建立古籍数据库。2009年,馆藏13部古籍被列入江苏省珍贵古籍名录,其中《汉书一百卷》《淮海易读四卷》等3部被列入国家珍贵古籍名录。2010年,市图书馆馆藏图书

22.2万册,其中古籍30706册。古籍中普通古籍2143部30417册、善本25部289册(明代古籍18部、清代古籍5部、手抄本2部),经部2部,史部4部,子部10部,集部9部。馆藏《元史地名考》《三朝北盟汇编》《书学大成》3部古籍,被列入第三批国家珍贵古籍名录;《元史地名考》等古籍参加《国家珍贵古籍名录》特展,江苏省入选的23部古籍全部出自如皋市。是年,市图书馆被江苏省文化厅推荐为江苏省上海世博会对外文化宣传单位,为南通市唯一。位于市行政中心西侧的新图书馆土建工程全面竣工。

二、学校图书馆

如皋(高等)师范学校图书馆 清光绪二十九年(1903年),如皋师范学堂建400平方米2层小楼1座,楼下为礼堂,楼上为图书馆,藏书5000余册,多为私人捐赠。至民国26年(1937年),馆藏图书增加至3万余册。民国27年3月,如皋沦陷时被日本侵略军焚烧。1949年后,数次改建、扩建。2010年,全馆总建筑面积1080平方米,藏书18万余册。

如皋中学图书馆 民国12年(1923年),如皋中学独立创建时,即建有图书室。民国34年9月,私立南淮中学健庵图书馆并入。1950年,如皋中学图书馆楼落成,藏书3万余册。"文化大革命"中,图书馆停止开放,图书散失严重。1978年后,逐步恢复。1997年,新校区建成3层2800多平方米图书馆大楼,馆藏图书增至10余万册。2010年,全馆藏书近20万册。

其他中小学图书馆(室) 1978年始,全县普通中小学先后建立学校图书馆(室)。1995年,全市各学校图书馆(室)参加南通市示范图书馆(室)创建活动,磨头小学、柴湾小学图书馆被评为南通市教育系统示范图书馆。1999年,市政府拨出专项资金,购置图书26.8万余册,用于装备各中小学图书馆(室)。2000年,市教育局出台《如皋市初中、小学图书馆(室)评估细则》,对50个乡镇中心初中、小学逐一检查评估。2001年,全市中小学新购图书9万余册。2002年,全市8所学校加入图书和文献资料管理信息化系统。至2005年,全市建成规范化学校图书馆13个,其中职教中心图书馆建筑面积2000余平方米、藏书10万余册。至2010年末,除如皋师范和如皋中学外,全市各级各类学校建成图书馆(室)84个,藏书250余万册。

三、机关、单位图书馆(室)

20世纪50年代始,县内如皋肉联厂等大企业设立职工图书室。"文化大革命"期间,各单位图书室闭歇。1978年始,县建工局、县农业局、县人民医院、白蒲化肥厂、丁堰纺织厂、如皋肉联厂、如皋动力机械厂、如皋绢纺厂、南通矿山机械厂等相继恢复或新建职工图书室,藏书2000—5000册不等,配有专人管理。1980年,县图书馆举办单位图书管理员培训班,40余家单位派员接受培训。至2010年,全市部分机关事业单位设立职工阅览室,有图书、报刊等供职工阅读;昌昇、九鼎、力星钢球等创办时间较长的大型企业图书馆(室)仍正常运行;熔盛重工、英田集团、南通神马等新建民营企业亦设立图书室。

四、区、乡镇及其他图书馆(室)

文化站图书室 20世纪60年代,如城、白蒲、丁堰、石庄、磨头、搬经等区文化站除图书室固定开放外,还备有流动图书箱,为农村广大读者巡回服务。1974年,全县学习"小靳庄经验",一些大队购置数百册乃至上千册图书,建立大队图书室或文化室,因管理不到位,不久图书全部散失。1990年始,图书阅读被列为创建群众文化先进乡(镇)和文化站达标定级的重要内容。至1999年,全市46个乡镇文化站建有图书室,其中藏书量5000册以上的26个,白蒲、林梓、奚斜、下原、夏堡5个乡镇文化站图书室有图书万册以上。至2010年,全市各镇(区)文化服务站图书室拥有图书均达万册以上,各村公共服务中心图书室一般拥有图书千册以上。

农家书屋 21世纪初,农家书屋在全市兴起。袁桥镇复兴庄村退休干部吉书明腾出家中2间房屋,自备书籍、报刊等举办农家书屋(文化室),义务向村民开放,为全市兴办农家书屋第一人。如城镇张八里村妇女主任张玉梅兴办的农家书屋规模较大,藏书近千册,免费供村民借阅。2006—2008年,市政府将兴建农家书屋列为为民办10件实事之一。是年底,市文化局建成示范农家书屋25家,全市有276家农家书屋被列入江苏省级援建计划，获省专项补助资金100余万元。至2010年，全市建成初具规模的农家书屋332家，在南通地区率先实现村（居）农家书屋全覆盖，一些农家书屋还配有电脑，定期正常开放。

佛教图书馆 民国23年（1934年），如皋城东门外菩提社（又名菩提禅院）住持松樵指派弟子洁莲负责筹建中华佛教图书馆，藏书3万余册，大多为佛教善本经书，其中宋刻版《大般若经》为海内罕见，张謇慕名察访。民国26年，日本侵略军攻占上海后，松樵、洁莲等雇工将所藏图书迁移至掘港东郊庄房。民国27年，如皋沦陷，中华佛教图书馆和菩提社一同被日本侵略军焚毁。

附录：

日伪军设立的健庵图书馆

民国33年（1944年）初，驻如皋城伪34师将私立南淮中学图书馆，以沙元炳之字“健庵”命名。3月2日，在《如皋日报》刊登赠书启事，公布34师官兵向健庵图书馆赠书的消息，借以表示34师面向社会、关心教育，实际从未开放出借图书。民国34年秋，健庵图书馆被新四军接管，并入如皋中学图书馆。

五、国营书店

民国34年（1945年）抗战胜利后，苏中三分区大众书店和四分区明理书店合并组成苏皖一分区韬奋书店，开设于如皋城大寺巷北端石合泰内，下设书报印刷厂。民国35年7月，新四军华中野战军战略转移，韬奋书店随军北撤至海安、东台、台北（今大丰）等地，继续坚持出版和发行工作。

民国36年秋，书店组织流动服务队南下，至如皋、泰县、泰兴解放区发行教科书，支持中小学复课，并与中共如皋县委取得联系，在如皋西乡贲家巷建立如皋韬奋书店。是年，在鄂家埭桥口设立如皋韬奋书店门市部，采取“晚上收，白天放，一遇情况（指国民政府军‘扫荡’）赶快藏”的游击经营方式，除售书外，还协助收购黄金，供中共地下组织和人民政权去上海等敌占区购买战略物资。民国37年夏，如皋韬奋书店更名如皋新华书店。

民国38年2月，如皋新华书店在如城鱼市口的1座2层小楼内设门市部。1952年，在石庄区（镇）建立第一个农村集镇门市部，其他各区建立代销处，后改由书店直管。1955年9月，经理赵锦伦和农村图书发行组组长周其发出席全国图书发行先进工作者代表大会，并在会上作经验介绍。1965年，如皋新华书店于县政府大门外东侧（今中山路如皋初中南侧）兴建6间2层营业楼。

1981年，如皋新华书店移址县政府西侧菜场巷口（今如皋新华书店东侧）建造5层综合发行大楼。同时，在丁堰、白蒲、薛窑、磨头、石庄、二案、江安、搬经、城东、城西等处建造3层或局部4层的新华书店门市部。1983年，如皋新华书店被总店授予全国新华书店先进单位称号。1991年，成为全省销售总额超千万的4个县（市）之一。

1992年，如皋新华书店被中共中央宣传部和国家新闻出版署授予全国百县农村图书发行先进单位称号。此后，全省农村图书发行工作现场会议2次在如皋市召开。1995年，在原址西侧新建图书发行大楼。1998年，改制为江苏新华发行集团子公司。1999年5月9日，由江苏新华发行集团有限公司直接管理。2003年8月起，由事业单位改为企业。2007年11月，更名如皋新华书店有限责任公司。

图18-6 如皋市新华书店获全国先进单位奖旗（1992年摄）

2009—2010年，如皋新华书店被江苏省人事厅、知识产权局、新闻出版局等部门评为知识产权保护工作先进集体、双优诚信书店、价格诚信单位、一般图书发行先进单位、重点图书发行先进单位、助学读物发行先进单位、连锁经营绩效先进单位等。总经理贲勇被国家新闻出版总署授予中国书刊发行业最高荣誉中国书刊发行奖。至2010年，如皋新华书店有限公司除如皋书城外，辖11家发行门店和1家报刊零售公司，总建筑面积1万余平方米，全市图书销售额一直居南通地区第一和全省市（县）前10名。

六、个体民营书店

南唐保大年间（943—957年），县内始办儒学，有木刻版启蒙书销售。至清中期，县内尚无专业书店，一些百货、文具等经营商店所售书籍多数来自南京、镇江和扬州。

清光绪末年，县内始有专门销售图书的店铺，主要销售石印版教科书等。辛亥革命后，全县书店逐渐增多，经营范围逐渐扩大，销售货品有尺牍、字典、辞源、杂志、图书等。清末民国初，如皋城可考的书店有广图书馆、青云馆、大同书店、宏文社、善成堂、世界书店、读书消费合作社、正中书局、华通书局、上海书店、一大书店、金城书店等。

中华人民共和国成立初期，如城保留1家古旧书店，位于鱼市口四海楼北侧，坐西朝东，至“文化大革命”闭歇。1977年始，如城等集镇恢复街头连环画出租摊，出租由如城文化站审查并加盖公章的连环画。

20世纪80年代始，如城出现出租书籍、杂志的个体租书摊，后逐步演变为租、售兼营的小店铺。20世纪90年代初，全县始有一定规模的民营书店问世。至1999年，全市共有民营书店96家，分布于如城及各乡镇。2010年，全市有个体、民营书店143家。

第五节 电影

一、机构沿革

20世纪60年代前，域内无电影管理机构。1968年7月23日，经县人民电影院和县电影放映队联合申请，县文教局革命委员会批准在曹家巷内建立如皋县电影管理站革命委员会，统一管理全县电影院、电影放映队的影片发行和电影放映工作。1974年，于如城锦绣街新建3层办公楼房。

1987年12月24日，县电影管理站由企业性质改为事业单位，更名如皋县电影发行放映公司。1993年，被列为自收自支事业单位，直属放映单位有人民、如城、宁海（租用人民法院审判庭）、丁堰、白蒲、如皋6家电影（剧）院。2000年，试行改制，未果。2002年5月27日，宣告破产，直属放映单位建制撤销，场地、设施拍卖或转让。

二、影片发行

20世纪50年代，县电影院、队均由省或南通直接供片，委托往返于南通、如皋及各乡镇之间的客运汽车转送。60年代始，南通专区电影公司只负责35毫米影片的直接供片，16毫米影片由专区发至县电影队，再由县电影队在各放映队之间调度、周转，称为“跑片”。

1968年，县电影管理站建立后，设影片发行组，代理南通电影公司发行影片，影片使用单位按放映收入上缴片租。1977—1993年，全市（县）电影发行放映总收入为2605万元，其中发行收入981万元，占总收入38%，平均年发行影片约600部。

1994年，如皋与南通公司之间对35毫米影片发行收入实行底数包干。1995年始，全市各放映单位和个人均可购买影片拷贝，而且可以互相交流、转让或出租。县电影公司影片发行量锐减。

进入21世纪，随着电影科技不断进步，除发行胶片外，市内各影院主要由省级电影院线集团通过卫星传送电影信号。

三、电影放映

清光绪三十一年（1905年），如皋城南门闸桥口丁姓商号，始用煤油灯光源放映幻灯。清光绪三十四年始，偶有上海大商号在如皋城冒家巷痘神祠放映黑白无声电影作广告宣传。

民国10年（1921年），如皋城东门十字街兴商茶园放映无声电影故事片《东吴招亲》等。民国17年，县内几位青年从上海租机、租片，在孔庙大成殿售票放映黑白无声电影《马介甫》，为全县售票放映电影之始。此后，如皋大德颜料店为招徕顾客，夏晚借北门火星庙前空地，露天放映卓别林主演的电影喜剧片《罗克休妻》等。民国19年始，兴商茶园通过电影演员赵丹父亲赵子超，从上海租用黑白无声影片《火烧红莲寺》等售票放映。

1951年,县人民电影院筹建阶段即正常放映电影,每天平均1—3场。每逢新片上映,800余座位(后改为900余座)常常连续客满。

1954年春节,江苏省第45电影教育工作队在城南顾庄小学操场放映苏联故事片《金星英雄》,为如皋农村电影放映之始。1956年,县电影队建立后,迅速发展为每区1个电影放映队,全县设立200多个流动放映点。至1963年,全县农村共放映电影1884场,观众176万人次,多为露天放映。"文化大革命"开始后,全县农村电影放映停映2年。恢复放映后,主要轮番放映"样板戏"和极少几部故事片,每次放映前一般加映《新闻纪录片》,每遇放映群众喜欢的影片,一些农民步行数千米甚至10余千米赶看。20世纪70年代初,全县电影放映恢复正常。至1973年,除城区正常放映外,全县农村共放电影7525场,观众1100多万人次。

1978年始,一批遭禁锢的影片解禁,如皋县人民电影院、如城电影院每天各放映6—7场,场场爆满。1995年始,各电影院上座率下滑。至1999年,每场放映只有观众几十人、十几人,甚至因观众太少而停映。2005年6月始,如皋大剧院停止电影放映。

2006年始,按江苏省统一规定,市文化行政主管部门开展"三送"(送图书、送戏、送电影)下乡活动,送电影下乡由市文化馆具体组织,市红叶民营电影队负责放映,放映经费主要由上级拨款和地方财政配套拨付。

2005—2010年,市文化行政主管部门组织送电影下乡15830场次。全县电影放映方式始向多映厅、小映厅、多片种、多形式,甚至观众自由选择方向发展。

如皋县电影放映队 1953年底,江苏省文化事业管理局派第45电影教育工作队到如皋农村巡回放映电影。1954年,派第46队和123队到如皋。1956年4月,江苏省人民委员会决定省电影教育工作队与省脱钩,归属所在县(市)领导和管理。县人民委员会接管3个电影队后,正式组建如皋县电影放映队。此后,陆续建立农村巡回放映队14个、市镇流动放映队1个。

乡镇(公社)电影放映队 1970年,车马湖公社和新建公社相继建立8.75毫米电影放映队,为全县乡镇(公社)电影放映队之始。至1977年,全县48个公社普建电影放映队。20世纪90年代始,乡镇(公社)电影放映队逐步改制为民营、个体放映队(组)。

红叶电影队 2007年,经注册登记成立,为民营电影放映队,片源主要为自购和江苏新希望农村数字电影院线有限公司通过卫星传送。主要负责实施江苏省"送电影下乡"工程,下辖20个电影放映组(每镇1组),共配备16毫米胶片机21部、35毫米胶片机12部。

四、电影院

如皋县人民电影院 1951年1月6日,由县人民政府和城区区公所联合筹建,为县人民政府文教科直属单位。筹建期间,先借用县人民剧场正常放映。1954年9月16日,移至新落成位于锦绣街(今安定步行街附近)的县人民大会堂放映,始有836座,后扩至914座。1968年,县人民大会堂成为县电影管理站下属固定放映场所,改称如皋县人民电影院。2002年,停止电影放映。2006年,拆除。

如城电影院 1977年,县电影管理站向如城镇租借镇大会堂(今如师附小北大门西侧)放映电影。1978年5月1日,县电影管理站与如城镇政府达成协议,将如城镇大会堂稍加修建,改为如城电影院。1995年,旧城改造时拆除。

图18-7 如皋影剧院 (1996年摄)

如皋影剧院 1980年,由县电影管理站投资90万元兴建,位于今中山路与大司马路交叉口西南侧。1983年春节,竣工并交付使用。总建筑面积2700多平方米,设有座位1466个,演员宿舍床位60余张。20世纪80年代始,电影上座率逐步下滑，楼下底层改作银海商场，门厅地下室改作太阳城夜总会。2002年，随县电影发行放映公司破产而闭歇。

丁堰影剧院 1983年，由丁堰镇政府投资34万元新建，位于丁堰镇中部、丁掘公路（丁新路）南侧。总建筑面积1300平方米，座位1000个。1984年，竣工开业，除正常放映电影外，接待专业剧团演出。开业后，即整体出让给县电影管理站。2002年，随县电影发行放映公司破产而闭歇。

白蒲影剧院 1984年，由县电影管理站投资36万元兴建，位于白蒲镇中部。总建筑面积1774平方米，设座位1037个。是年底，竣工开业，正常放映电影，亦承接剧团演出。2002年，随县电影发行放映公司破产而闭歇。

宁海电影院 1990年，县电影放映发行公司租用位于宁海路西端的人民法院审判庭放映电影，对外称宁海电影院。1994年12月，租约期满未再续约。

乡镇（公社）影剧院 1984年前后，全县新增新姚、林梓、奚斜、丁西、丁北、东陈、雪岸、南凌、柴湾、九华、郭园、车马湖、长江、石北、吴窑、高井、张黄港、场北、磨头、葛市、江安、胜利、搬经、袁桥、戴庄、鄂岱乡镇（公社）影剧院26所。20世纪90年代始，乡镇（公社）影剧院通过承包等形式逐步改制为民营、个体性质。

单位电影院 1984年，焦港闸管所建电影院，因经营情况不佳，断续放映，未满3年即停映。1992年，市工人俱乐部电影放映队借肉联厂会堂建立肉联厂电影院放映电影，当年停映。1993年5月，市工人文化宫与奇乐有限责任公司共同出资，于环城南路（今福寿路）兴建东方娱乐城，其中包括工人影剧院，正常放映电影2年，于1994年底停止电影放映，改作会堂。

声屏世纪影城 2010年10月30日，由市文广传媒集团和上海世纪环球电影院线发展有限公司共同投资兴建，位于如城中山路西欧国际广场，为全市首家5星级影城。总面积约2000平方米，设5个多功能数字化电影放映厅，并附带咖啡室、广告发布、电影衍生产品及音像制品发售等。

幸福蓝海影城 2010年11月，由江苏省广电集团下属公司投资新建，位于如城新文峰大世界六楼北区。面积1500平方米，设4个标准放映厅，采用新型数码放映机，通过卫星直接接收所属院线集团发射信号。

第六节 文物与博物馆

一、管理机构

1961年7月，如皋县文物事业管理委员会成立（简称县文管会），未配设专职人员。1976年3月17日，县文管会重新建立，始配专职工作人员1名。2009年12月，市级机关机构改革，市文化广电新闻出版局增挂如皋市文物局牌子，不另设编。2010年，1名副市长兼市文管会主任，下设办公室于市文广新局，有专职工作人员3名，与市博物馆合署办公。

二、考古挖掘

“地下古如皋”挖掘、考证 1969年，建筑工人开筑如城跃进路地下水道时，在冒家巷北端西侧邮电大楼建筑工地地下约3米处，发现有青石板铺成的与原如皋城石板街道十分相似的道路及一些残砖破瓦。挖出部分的石板街道东西长约10米，发现的瓦片大于常见之瓦，长宽均约33厘米。其时，未引起有关方面重视，未取出石板，亦未进一步向两端开挖。

1973年，县百货公司施工工地（今中山路、海阳路交叉口西南侧）地下约3米处，发现古河流、猪圈遗迹，河流由百货公司向东北菜场巷方向延伸，猪圈位于河岸边。1979年，如城清泉浴室（今中山路与安定步行街交叉口东侧）开工建设，在地下约3米处，再次发现古水井、茅厕遗迹，古井井栏用砖略呈弧形，顶端有榫头、榫眼。此后，“地下古如皋”引起全县文物界高度重视，并开始结合工程建设有意识挖掘、考证。

1995年，原如皋中学礼堂（今如皋初中校园内）西侧地下约3米处，挖出原关帝庙墙砖200余块，上有“如皋制造”4字。经考证，南唐保大十年（952年）如皋县衙重建于运盐河南，原址改建为道观，明代为关王庙，后更名关岳庙，此处应为古关岳庙遗迹。

1996—2004年，如城第四中学（今信合大楼附近)、东水关等处先后发现地下古水井40余口，并出土十尊20多厘米高塑金弥勒佛、古陶器及大量陶瓷碎片。地下古水井与此前挖出的地下石板街道、古茅厕及没有上盖的猪圈等，均有遭江海激浪冲刷的痕迹。

根据《如皋县志》“北周至隋开皇初年，如皋、蒲涛、临江三县均被海水湮没或侵蚀，三县均废”的记载，考证确认今如城地下约3米处，存在古如皋城遗迹。

“地下古如皋”挖掘发现一览表

表18-1

序号	发掘时间	发掘地点	挖掘发现
1	1969年	跃进路邮电大楼建筑工地	地下约3米处有东西长约10米石板街、长宽约33厘米的瓦片等
2	1973年	百货公司建筑工地	地下约3米处有暗河由百货公司地下斜向原菜场巷，猪圈位于河岸边，无上盖，结构与现代不同
3	1979年	清泉浴室建筑工地	地下约3米处有水井、茅厕，井栏用砖略呈弧形，顶端有榫头、榫眼
4	1986年	县文化馆建筑工地	地下约3米处有水井、茅厕，状况与清泉浴室工地发现相同；陶器水壶10只，被建筑工人全部损毁
5	1995年	如皋中学礼堂后楼西侧	地下约3米处有墙砖200余块，上有“如皋制造”4字，现古砖存于市博物馆
6	1996年	如城第四初中及南门外工地	地下约3米处有水井，井栏用砖略呈弧形，2头有榫头
7	1999年	市工人文化宫工地	地下约3米处有2口古井，其中1口井砖为弧形2端有榫头，1口为弧形上下有榫头。瓷器、陶器多为碎片
8	2002年	东水关内河底	河底清淤时发现有4口古井，其中1口在半河坎上
9	2004年	迎驾巷工地	地下30米多处有11口古井及大量陶器、碎瓷片等
10	2004年	人民剧场、沙家河塘工地	地下约3米处有20余口古井，井砖均有榫头
11	2004年	甘蔗巷工地	地下3米有塑金弥勒佛1尊，高20多厘米
12	2008年	市文化馆东侧“小舞台”工地	地下近4米处有2口古水井，井砖均有榫

其他挖掘、考证 民国26年(1937年)1月,焦港河开挖时,楼房头(今石庄镇楼房村)农民丁明宗在自家田里挖得几只质薄且有光泽的黑碗。后经博士李济鉴定,此碗为3500年前龙山文化时期的"黑陶碗",即致函国民政府如皋县政府,要求派员实地树立标识,加以保护。因日本侵略军正向苏中地区侵犯,未能落实。

1982年冬,龙游河疏浚时,城西乡桥儿头附近离地面6米深处,出土鲸鱼脊椎骨一节。经鉴定,距今约5000多年。1989年5月、8月,如城南门外和马塘乡分别发现古墓1座,出土文物20余件。经考证,此2墓均为宋墓。2007年,吴窑镇挖掘发现古井1口,经考证为宋井;白蒲镇出土巨瓦,经考证为古蒲涛县治建筑物用瓦。

三、文物保护

文物普查 1951年,全县开展文物普查,因无专门机构,无果。1978年始,全县几次开展文物普查,并按程序整理申报文物保护单位。县政府先后2批发布文物保护单位名单。20世纪80年代始,县文管会组织调查认定文保单位,设立标识,对重点文保单位逐一勘查建档。2006年,市文管会逐个核实全市36个文物保护单位,明确责任主体单位,确定保护范围和建设控制地带,竖立标志牌(碑),搜集整理文化资料和图片拍摄采样,并组织相应人力对全市具有文物保护价值的古老建筑、民宅民居、庙宇寺院、石碑石刻等50余处逐一现场调查踏勘。2008年,在全国第三次文物普查第二阶段"田野调查"中,市文管会组成6人普查技术指导小组,完成全市文物数据登录、GPS定位、测量、拍摄、绘图等,全面掌控全市文物基本情况和生存态势。

文物征集 20世纪80年代前,全县流失于社会上的文物主要通过县文物商店以购买的方式征集。1990年,县文管会向海内外发出征集文物藏品的公函,收到全国著名书画家、上海书画院院长韩天衡,南京美术学院教授陈大羽、张华清等字画30余幅。1992年,如皋师范学校修建大会堂时,出土王学士古墓群墓志铭4方、宋砚2方、色缸2只、石榴笔洗1只。文物部门知晓时文物已被群众取走,在公安人员帮助下追回文物。1993年10月12日,台北市如皋同乡会常务理事季耀,将耗资5万元台币拍得的冒辟疆绘画山水图轴捐赠给如皋博物馆。11月,市古玩协会号召会员自愿向市博物馆捐赠文物35件。1997年,如皋师范大会堂再建时,出土王惟清夫妇墓葬品,墓志铭2方。1982—1999年,市(县)文管会几次接收市(县)文物商店捐赠或平价转让各类文物200余件。2001年,市文管会于如城长巷征得宋井井栏1只、砖雕1块,于苏家巷和百岁巷分别征得明清时期石鼓3对、石刻1块。2007年,如城镇庆余路建筑工地出土双口木棺,桃园镇河道疏通时出土石马,出土文物均得到妥善保护。2008年始,市文管会以创办博物馆及鼓励社会创办博物馆的形式征集、利用文物。

文物收藏 1992年,市博物馆复建前,全市(县)文物收藏无专门库房,亦无严格管理制度和管理办法。1998年,市博物馆文物仓库建成后,全面清理几十年长期积压的各类藏品。入库藏品总共3992件,经南通市级文物部门初步鉴定,暂定为国家三级(含以上)藏品99件(套)。其中:字画类64件(套),精品有冒辟疆行草书轴、张翀工笔人物屏、恽寿平花鸟图轴、陈洪绶王母图轴、冒辟疆题蔡女罗金玥合画蜂蝶图等;瓷器类18件(套),精品有青花盖血红盘、绿地粉彩什锦碗、雪花蓝描金碗等;石器、象牙、玉、青铜等其他类共17件(套),精品有象牙寿星、白玉菊花片、乔林"楼外青山"印章、蟾钮海兽葡萄镜等。2006年,市博物馆对包括古字画在内的

图18-8 明代象牙雕刻寿星

图18-9 唐代蟾钮海兽葡萄纹铜镜

馆藏品重新核对、清理保护并建账造册。2009年，南通市文化局组织专家组对市博物馆馆藏古字画进行阶段性评估，其中19件(套)作品通过验收。同期，省文物局和南通博物苑专家对市博物馆馆藏三级品文物进行第二次鉴定。

文物抢救、修缮 “文化大革命”初期，全县文物损毁、散失严重。1967年6月6日，县军管会发出《关于在无产阶级文化大革命中保护文物、图书的几点意见》，收效甚微。20世纪80年代始，县政府组织抢救维修年久失修文物。1983年，县政府组织修复“文化大革命”中遭浩劫的定慧寺，分批修复楼、堂、殿、室，重塑佛像。1988年，县文物管理部门组织修缮东北、西北2角下沉的文庙大成殿，江苏省文管会下拨8万元专款，由南通市文化局古建筑队耗时半年，进行抢救性矫形维修。

1990年，江苏省文管会再次下拨专款5.3万元，由苏州古建筑工程队承接大成殿二期修缮工程，并根治白蚁。此后，灵威观、福成庵、白蒲法宝寺等庙宇相继易地重建。1997年夏，大成殿部分檐头和殿角被暴风雨损坏。8月，完成修复。2002年，如皋师范学校百年校庆前，完成如皋师范学堂部分校舍修复，全面整修房舍，并恢复重建原校门“光绪门”。2004年，定慧寺重新建成7层观音塔1座，总高度43.88米。2006年上半年，市文管会配合市建设局制订修缮方案，启动石合泰古民居、集贤里明清古建筑群抢救保护工程。2007年，江苏省文管会拨专款30万元，维修文庙大成殿屋面和彩绘。是年，市博物馆鉴定馆藏等级品时，发现部分字画因历史原因和保管条件所限，红、白、黑霉变并存，受虫蛀侵蚀、皮破、残缺等损毁现象严重。2008年，市文化局将古字画抢救修复工作列入博物馆和申报历史文化名城的重点，全面启动以古字画为主的馆藏等级品抢救修复工程，将博物馆2楼会议室辟为书画修复室，并安装防盗门、窗，配备必要设施，聘请上海资质专家具体负责修复工作。是年，耗时4个月，对水绘园内建筑屋面漏雨、墙面剥落、油漆爆裂、墙体中的木柱和椽子朽烂、地面凹凸不平及外观残损等进行全面维护保养。2010年，市博物馆将第二批字画送南京修复竣工，暂由南京博物院代保管，另邀请专业人士对馆藏铁画、座钟、床、椅等红木构件进行抢救性修复。至2010年末，石合泰古民居、集贤里明清古建筑群抢救保护工程，文庙大成殿屋面维修和彩绘修复工程仍在进行中。

四、全国重点文物保护单位

全市全国重点文物保护单位为水绘园。

水绘园，位于如皋古城东北隅(今如城中山路与东外城河交汇点西北侧)，为今水绘园风景区的一部分。始建于明万历年间(1573—1619年)，为冒氏九世祖冒一贯别业，传至十二世冒辟疆。入清后，冒辟疆绝意仕途，寄情园林，更名水绘庵，并增建妙隐香林、壹默斋、枕烟亭、寒碧堂、洗钵池、小浯溪、鹤屿、小三吾、月鱼基、波烟玉亭、湘中阁、悬雷山房、涩浪坡、镜阁、因树楼、碧落庐等10余处佳境，融琴、棋、书、画、戏于一园。

清康熙十二年(1673年)，徽州人黄支于中禅寺东、洗钵池西、北宋隐玉斋旧址建雨香庵。清康熙十八年，旅如徽商于庵东建新安会馆。清乾隆二十三年(1758年)，徽商汪之珩于会馆东侧砌水明楼，庵、馆、楼之间有门相通，连成一体，习惯统称雨香庵或新安会馆。水明楼为船舫式水阁建筑，造型精美，被古园林建筑专家陈从周教授誉为“徽派园林风格的海内孤本”。1958年，县人委建立如皋县雨香庵古迹整修委员会，整理修复古建筑原貌，冠名水绘园。1980年，水绘园由县文管会负责整理后正常对外开放，平均每年接待游客约5万人次。1982年3月25日，被省政府核准为江苏省文物保护单位。2001年6月25日，被国务院核准为全国重点文物保护单位。

五、江苏省文物保护单位

2010年，全市有江苏省文物保护单位如皋公立简易师范学堂、文庙大成殿、东水关、集贤里历代名人故居建筑群、白蒲镇明清民居建筑群5处。

如皋公立简易师范学堂 清光绪二十八年(1902年)，由进士、翰林院编修沙元炳等兴建，位于今如皋高等师范学校南大门北侧，面宽5间，一进4堂，为庭院式结构。房舍为9脊单檐，青砖小瓦，单格门窗；中间有1条南北通道，东西两侧有南北向甬道2条，小砖铺地，呈鱼背形；一院有4棵200余年树龄的落地盆景罗汉松，四院有雕刻“如皋师范学堂”汉白玉碑牌。整个学堂亭轩临风，花木扶疏，松风、天竺、玉兰、听涛、竹影、报春等均具有浓重的学府气息，被誉为中国中等师范教育的博物馆。1991年12月30日，被市政府公布为如皋市第一批文物保护单位。1995年4月19日，被省政府核准为江苏省文物保护单位。2002年，百年校庆，完成校舍全面修缮。2005年12月18日，重建如皋公立简易师范学堂老校门“光绪门”。至2010年，保护完好。

文庙大成殿 始建于南唐保大十年（952年），明嘉靖十九年（1540年）迁于如师附小内，先后经过60多次维修。殿面宽5间23米，进深17米，上盖9脊单檐，前有回廊、月台，绕以青石雕栏，殿内有直径80厘米的楠木圆柱30根，柱下置复盆式莲花柱基，梁枋有彩绘。1974年，省文物部门派至如皋调查的专家鉴定，大成殿立柱全为楠木。1982年3月25日，被省政府核准为江苏省文物保护单位。至2010年，殿内尚存乾隆皇帝手书“圣集大成”匾额，屋面维修和彩绘修复工程仍在进行中。

东水关 位于水绘园风景区东北角，为明嘉靖三十三年（1554年）所筑城墙唯一遗存，高4.8米，涵洞呈莲瓣形，洞宽3米，进深7.2米。明嘉靖三十四年，为防倭堵塞。明万历十一年（1583年）复开。2006年7月，被省政府核准为江苏省文物保护单位。是年，整修水绘园东大门时，同步修整东水关。至2010年，横额“东水关”石刻等保护完好。

集贤里历代名人故居建筑群 （参见卷三第一章第七节《旧城改造·古城保护》）

白蒲镇明清民居建筑群 位于白蒲镇秀才巷、市大街及通扬运河两侧，有明清居民房屋26户40幢142间，占地面积5540平方米，建筑面积

图18-10 白蒲镇明清民居 （2010年摄）

3672平方米，其中具有代表性的为顾氏住宅、沈氏住宅、高大门、典当行、古戏台、葆春堂、双庆堂、诵经楼、双堂屋及美国长老会旧址等，大部分系明代建筑。2006年7月，被省政府核准为江苏省文物保护单位。至2010年，保护完好。

六、南通市文物保护单位

2010年，全市有南通市级文物保护单位定慧寺、顾氏住宅、戴联奎墓石刻、红十四军军长何昆（坤）纪念碑4处。

定慧寺 参见（卷二十第三章第二节《佛教》）

顾氏住宅 始建于明初，位于白蒲镇顾家老宅巷，坐北朝南，分内外2个院落。外院2进原为顾氏书屋，门堂在整个院落东南，与藏书楼合一，后为书斋，3间7檩，中为天井，青砖铺地；内院有正房3间，为穿顶式硬山顶建筑，建筑面积190平方米。1755年（清乾隆二十年），顾氏于此创办蒲涛学塾，延续办学200余年，学塾各式用具保存完好。2004年8月21日，被南通市政府核准为南通市文物保护单位。至2010年，保护完好。

戴联奎墓石刻 位于东陈镇尚书村。“文化大革命”期间被毁。改革开放后修复，御赐4尊石翁仲、石马和墓门牌坊石刻均复归原位。2004年8月29日，被南通市政府核准为南通市文物保护单位。至2010年，保护完好。

红十四军军长何昆纪念碑 1960年，中国工农红军第十四军成立30周年之际，由中共如皋县委、如皋县人委设立，位于磨头镇老户庄村。碑名“中国工农红军第十四军军长何坤（昆）烈士纪念碑”由张爱萍题写，碑后刻有何昆（坤）烈士生平，亦由张爱萍提供。原中共通海特委书记、时任农业部副部长刘瑞龙谒墓时题诗：“奋战不顾身，衷心爱人民。勇开光明路，青史育后昆。”

1983年6月29日，被南通市政府核准为南通市文物保护单位。至2010年，保护完好。

七、如皋市文物保护单位

1991年12月30日和2004年5月8日，市政府分2批公布如皋市文物保护单位28处，其中东水关、如皋公立简易师范学堂为江苏省文物保护单位，东大街、王学士宅（集贤里）后被列为如皋古城保护区。

中共如皋县委办公处旧址 位于如城冒家巷李府刘宅。为民国17年（1928年）如泰五一农民暴动失败后，中共如皋县委的秘密联络办公处。有3间瓦房朝南，3间瓦房朝北，中为天井。1991年12月30日，被市政府公布为如皋市第一批文物保护单位。1999年，如皋师范学校扩建时被拆除。

百花亭 位于原如皋商会内（今如城百花苑南区）。民国17年（1928年）4月，中共江苏省委常委、农委书记王若飞到如皋，在此通宵召开会议，部署如泰五一农民暴动。1949年后，一直为新华书店职工宿舍。1991年12月30日，被市政府公布为如皋市第一批文物保护单位。2004年，旧城改造时被拆除。

中国工农红军第十四军建军纪念碑 位于高明镇周庄社区，为全市重要革命纪念设施。1990年4月3日，由南通市委、市政府、军分区及如皋县委、县政府立碑，张爱萍题写碑名，碑文："本世纪二十年代末，通海如泰地区农民武装斗争蜂起。1930年4月3日，根据中共中央军事委员会决定，中国工农红军第十四军于如皋县贲家巷建军，何坤（昆）任军长，李超时任政治委员。在中共通海特委的直接领导下，红十四军转战江海平原，打土豪，分田地，创立苏维埃，威震大江南北。红军浴血奋战，何坤（昆）等英勇献身。由于国民党反动派的军事围剿和血腥镇压，红十四军的武装斗争是年秋转入低潮，但革命的火种已在人民群众中萌芽生根。为弘扬革命传统，缅怀先烈，值红十四军建军60周年之际，敬立此碑，永志纪念。"1991年12月30日，被市政府公布为如皋市第一批文物保护单位。至2010年，保护完好。

新四军烈士纪念碑 民国34年（1945年）9月20日，新四军攻克丁堰镇，丁东区群众将战斗中牺牲的16位新四军烈士安葬于丁堰镇东首。11月，筑墓立碑，时任丁东区区长缪永安题写碑文。1979年，丁堰镇政府在此建烈士陵园，重建碑身高1.35米、底座高1.2米纪念碑。1991年12月30日，被市政府公布为如皋市第一批文物保护单位。1995年1月，丁堰镇政府将1946年丁（堰）林（梓）战斗中牺牲的60位烈士遗骨从观音山原墓移葬于此。至2010年，纪念碑和墓园均保护完好。

迎春桥 位于如皋东大街内城河上，原为木桥。明崇祯三年（1630年），改为石拱桥。清同治九年（1870年）重修。民国14年（1925年），改为砖石平拱桥，长16.6米，宽6.6米，两侧桥栏有古石刻"愿天常生好人""愿人常行好事"各1块。1991年12月30日，被市政府公布为如皋市第一批文物保护单位。至2010年，保护完好。

海月寺钟鼓楼 位于如城广福路望月桥西颐园新村内，始建于宋天禧年间（1017—1021年），明代重建，清乾隆至道光年间（1736—1850年）几次重修。为南通市（含五县市）寺庙钟鼓楼唯一遗存。1991年12月30日，被市政府公布为如皋市第一批文物保护单位。至2010年，保护完好。

九狮图假山 民国5年（1916年），由邑人吴少萱用水绘园内散落太湖石堆垒而成，位于水绘园风景区内。主峰高4米，大狮抱小狮，姿态各异，形象逼真。1955年始，自生爬山虎，经人工培育，磐石穿孔，攀援至峰顶。1976年，人工将顶端爬山虎修剪成迎客松样式。1991年12月30日，被市政府公布为如皋市第一批文物保护单位。至2010年，保护完好，为水绘园景区重要景点之一。

图18-11 位于水绘园内的九狮图假山（2010年摄）

中山钟楼 民国18年（1929年）6月1日，为纪念孙中山，由县教育局和县建设局共同投资兴建，位于原县政府大院南大门内（古县城谯楼址，今海阳路与中山路交汇处东北侧）。砖木结构，上下5层，阳台栏杆顶端距地面16.22米，东西长5.36米，南北宽5.32米，楼底门高3.5米。第四层安有铜钟，钟面朝南，直径1.525米。1956年12月，县人委重铸铜钟。“文化大革命”中，铜钟被毁坏，1981年修复。1991年12月30日，被市政府公布为如皋市第一批文物保护单位。1995年，如城旧城改造时被拆除。

中山亭 民国18年（1929年）3月，为纪念孙中山而建，位于水绘园风景区内，初为砖木结构。1949年，按其形状改称“六角亭”。1961年，将木柱改为水泥柱。1978年大修，全部改为水泥结构。1981年10月重修，复名中山亭。1991年12月30日，被市政府公布为如皋市第一批文物保护单位。至2010年，主体完好，屋面和墙体部分破损。

秀女巷 位于东大街迎春桥西侧，建于南宋。长130米，宽1.5米，中部弯曲，路面由青砖侧铺，呈鱼背形。相传巷中闺秀善刺绣、贴绒、灯扎，工琴棋书画者颇多。清嘉庆年间，女词人熊琏居于此。因街巷窄小，遮阳串风，夏日女子常坐巷内做女红，故名秀女巷，又称女儿巷。2004年5月8日，被市政府公布为如皋市第二批文物保护单位，并实施修缮。至2010年，保存完好。

郜家巷 位于东大街迎春桥东侧，约建于南宋时期，因画家郜琏及其后人定居而得名。长240米，宽约1.8米，诸多门首构筑颇具特色，且以保存完整而著称。2004年5月8日，被市政府公布为如皋市第二批文物保护单位，并实施修缮。至2010年，保存完好。

药王庙 位于东大街迎春桥东北侧，始建于唐代，祀神农，后加祀孙思邈。清康熙年间（1662—1722年），道士朱瑶璋重修殿宇，设静室，构药园，植百草。其园中艾草相传为药王孙思邈手植。2004年5月8日，被市政府公布为如皋市第二批文物保护单位。至2010年，存殿宇十座、古银杏2株、药园旧址1处。

戴联奎宅 位于如城镇冒家巷内，始建于明代。原为提槛大门3进，存有门堂及厅堂遗构、门堂3间，槛门有鸡血红竹叶石鼓1对；厅堂面阔3间，长13.2米，进深七檩5.6米。宅内珍藏戴联奎肖像1轴、墨迹2帧及清乾隆年间诰命2轴。2004年5月8日，被市政府公布为如皋市第二批文物保护单位。至2010年，保护良好。

石合泰民居 位于如城镇大治巷北端西侧，为民国初年建筑的商家宅院，总面积2500平方米，建筑面积1407平方米，自东至西分为店房与住宅2区。店房第三进面东临街，依次为店堂、账房与银房（洽谈室），第一、二进与厢房构成四合院；住宅坐落于南向小花园内，有客厅和四合院各1所，园东有明代古井1眼。2区之间有走马廊檐沟连，另沿北侧有仓库、作坊等附属建筑，整个宅院呈比较规整的矩形。2004年5月8日，被市政府公布为如皋市第二批文物保护单位。至2010年，民居的木质基础、斜铺地砖等保存完好。

胡瑗墓 宋嘉祐四年（1059年），胡瑗殁后葬于浙江湖州乌程何山，其三子志正携其衣冠回故里安葬，名“安定坟”，位于如城镇安定村。“文化大革命”期间，被毁，仅存民国26年（1937年）洪友兰书“宋大儒胡安定先生之墓”碑刻1方。1999年，胡安定研究会复建墓园，占地面积900平方米，墓前立汉白玉质胡瑗全身雕像，冢封直径3米、高1.5米，后壁镌刻胡瑗名言“致天下之治者在人才成天下之才者在教化 教化之所本者在学校”。园内松柏苍翠，庄严肃穆。2004年5月8日，被市政府公布为如皋市第二批文物保护单位。至2010年，保护完好。

俞铭璜故居 位于如城镇北门外大街后巷49号，院门东向，居室朝南，面阔6间20米，进深5檩3.5米。2004年5月8日，被市政府公布为如皋市第二批文物保护单位。2005年底，如城旧城改造时被拆除。

如皋县公立医院 民国10年（1921年），由邑绅沙元炳发起创办于沙家河塘，为全县第一所公立医疗机构。民国18年，迁址益人桥南端东侧建2层楼房1幢，房屋43间。2004年5月8日，被市政府公布为如皋市第二批文物保护单位。至2010年，保存完好。

安乐家 位于如城闸桥东路33号（原市委河南招待所内），为民国初年美籍传教士海深德私人居宅，朝北原有门堂，饰有冯玉祥手书“安乐家”石额，占地面积500平方米，建筑面积336平方米，为硬山顶中式平房，面宽5间19米，进深17.8米。2004年5月8日，被市政府公布为如皋市第二批文物保护单位。不久，随市委招待所产权转让后被拆除。

泮池 位于如城镇闸桥东侧，为内城河的一部分，属文庙的组成部分。明嘉靖十九年（1540年），巡盐御史吴悌、焦琏和知县黎尧勋等，移建文庙于内城河北，并将庙前城河段开凿为泮池。明万历三十年（1602年），教谕黄梦麒移泮池于棂星门外，建东西石拱桥两座，东名文德桥，西称武定桥。清乾隆三十六年（1771年），邑人张殿武捐修泮池，于南北两畔安装青石栏杆。此后，泮池成为附近居民淘浇的重要场所，直至20世纪六七十年代。2004年5月8日，被市政府公布为如皋市第二批文物保护单位，并与内城河疏浚、驳坡时一并捞浅、驳坡、维护。至2010年，泮池呈半月形，东西长76米，南北宽35米，池壁用块石驳坡，石桥护栏等修缮完好。

唐井 位于石合泰民居东侧，原为唐代广福寺僧侣生活设施，无井栏，井口开有双孔，孔径0.33米，2孔相距0.3米，俗称双胞井。井深约10米，井壁原用带榫卯竖砖砌筑，呈椭圆形，长径1.4米，宽径0.8米。2004年5月8日，被市政府公布为如皋市第二批文物保护单位。不久，如城旧城改造时被填没。

玉涓井 位于如城镇公园路西河边16号，原为唐代中禅寺生活设施，后寺废井存。明代冒泰然于中禅寺旧址修建玉涓园，井在园中，故名玉涓井。井栏为大理石质，呈鼓形，外雕凤凰，井栏内径0.36米、外径0.66米、腹径0.78米、高0.45米。井壁用榫卯竖砖圈砌，深约10米。2004年5月8日，被市政府公布为如皋市第二批文物保护单位。至2010年，保护完好。

图18-12 玉涓井

度军井 位于袁桥镇八角井村，井栏呈八角形，高0.45米，内径0.36米，外径0.60米，井砖有榫卯，竖砖圈砌，颇具唐风。传说岳飞经略通泰期间，率将士经过此地，叩井栏而泉涌不歇，使上千人马得解焦渴，故获名度军井，亦称八角井。2004年5月8日，被市政府公布为如皋市第二批文物保护单位。至2010年，保护基本完好。

八、市内知名文物

市博物馆、市烈士陵园、市档案馆和文物保护单位留存大量珍贵文物。

古琴台 相传为董小宛弹奏瑶琴所用之物。瓦制，中空，长0.96米，宽0.47米，高0.22米，四周为汉代纹饰，琴置于其上弹奏可产生共鸣效果。现存于如皋水绘园内。

麋鹿头角 1969年夏，由马塘公社开挖河道并兴建红旗桥时，从地下挖出。经专家鉴定，为5000多年前的麋鹿头角，且头角之大、骨质完整为全国罕见。现保存于如皋市博物馆。

图18-13 麋鹿头角

红木竹屏 清末制品，系用4块红木整板雕刻成成排竹子的屏风，高2.75米，宽3.2米，厚3.2厘米。刀法有镂空亦有浮雕，分远近4个层次，竹子竿竿清晰，叶叶分明，玲珑剔透，海内罕见。现存于如皋水绘园内。

鲸脊椎骨 1986年冬，在疏浚龙游河时，于城西乡桥儿头附近地下6米深处挖掘出土。经专家鉴定，为一节鲸脊椎骨，据其石化程度推测，距今约5000余年。现保存于如皋市博物馆。

何昆使用的机枪 手提式机枪，原为如皋开明绅士季恺私人武器，中国工农红军第十四军在如皋西乡成立后，借给军长何昆使用。1930年4月16日，军长何昆在围攻老卢庄战斗中使用此机枪扫射敌人时中弹牺牲。现陈列于如皋红十四军纪念馆。

土地革命时期中共如皋县委印章 1965年秋,民工清理原县民政局(今海阳路与中山路交叉口西北侧)下水道时,在一铁锅内发现。铁锅内与印章一起埋藏的还有1副脚镣、数颗子弹和1双绣花鞋。印章为石刻,上圆高1.5厘米,下方高1.9厘米,印章下方正文形平面边长3.9厘米,篆字全文为“中国共产党江苏如皋县委印章”。经考证,此印章为中共如皋县委第三任书记徐芳德于民国18年(1929年)1月被围捕时随身携带的中共如皋县委印章。现保存于市档案馆。

如泰五一农民暴动时使用的铁皮“洋油桶” 民国17年(1928年),如泰五一农民暴动时,暴动农民将鞭炮置于火油桶内点燃,其声酷似机枪,用以迷惑敌人。1959年,全县征集中国工农红军第十四军遗物时,共征集火油桶2只,1只送中央军事博物馆陈列,1只陈列于县烈士馆。现陈列于红十四军纪念馆。

关帝像石刻 由南宋画家马远绘拓平镌,冒辟疆题额“万代瞻仰”,高2.5米,宽1.1米,厚0.4米。原陈设于如城关帝庙内。1970年,拆关帝庙大殿时移至水绘园内。1998年,设于水绘园内的如皋博物馆新建文物库房和展厅时,将石刻砌贴于水绘园院内墙上,并于石刻两侧镌刻著名书法家范曾的题联。现保存完好。

九、博物馆

如皋市博物馆 1960年6月14日成立,1961年4月1日撤销。1992年6月1日,于如皋水绘园恢复建立,与市文管会合署办公。2005年4月30日始,纳入水绘园景区管理,与水绘园实行“一票通”,对社会开放,供游人参观。2008年5月1日始,对社会免费开放。是年,市政府于市行政中心西侧兴建市文化广场,含市博物馆新馆工程。至2010年末,新博物馆土建工程全面竣工。市博物馆共收藏文物1842件(套)、2981件,其中字画类789件(套)、瓷器类475件(套)、铜器类161件(套)、陶器类35件(套)、杂件334件(套)、刺绣类48件套,列入等级的文物67件(套)。

如皋市丝毯艺术博物馆 2002年10月18日,于如城镇环南路如皋工艺丝毯总厂内正式开馆。后,迁址如城镇靖海门下,展出面积约800平方米。馆内具有代表性的丝毯作品有:国务院赠送联合国的2幅丝织挂毯《和平的春天》和《桂林山水》(均为原作缩样);美国纽约现代艺术博物馆和美国国家工艺博物馆珍藏品、如皋丝毯《自画像》(同原作),《85系列6号》和《85系列8号》(图片);北京人民大会堂香港厅、新疆厅、湖北厅专用丝织大型挂毯《欢乐的海湾》《天池》《楚韵》(照片);北京申奥用丝毯《球星》《北京千年风景画》(同原作);中南海、国务院迎宾楼专用丝毯《繁花似锦》《国色天香》(图片);中央民族大学民族博物馆专用丝毯、以56个民族61个人物组成的壁画《中华各民族大团结》(图样);画家邓琳为父亲邓小平90寿辰定制的丝毯《邓小平生活照》(同原作);美国前总统克林顿收藏的如皋丝毯《幸福鸟》(同原作);香港特首董建华收藏的挂毯《任重道远》(同原作);世界石油巨头哈默收藏的挂毯《奔象》(同原作)。馆内还有世界最宽的丝织艺术挂毯《千里江山图》(实物),世界最高密度的仿波斯毯(实物),世界最大的丝织地毯和丝织挂毯(图片)等。博物馆附设丝毯织造车间,60余名技术人员和工人,现场创作、织造丝毯,供观摩。至2010年,接待国内外参观者10余万人次。

江苏盆景博物馆 2009年,经国家林业局批准建立,为园林式盆景博物馆。2010年3月奠基,4月动土,10月建成,位于如城镇益寿南路,由如皋绿园主持经营和管理。园内分1园、4区、8厅,总面积1.8万平方米。建有川、扬、苏、如、岭南5大流派最具代表性盆景浓缩景观,陈列珍藏盆景、古盆等,辅以小桥流水、亭台楼阁,集博览与观光于一体。园内还设有红木工艺、古玩、象牙雕刻、字画、根雕、奇石、花、鸟、虫、鱼等展厅。

李昌钰刑侦技术博物馆 2009年5月18日,正式开馆,位于如城镇迎春桥东南侧内城河畔,展厅面积470余平方米。博物馆以李昌钰人生格言“使不可能成为可能”为主题,根据馆舍南北对称的特点,分为两大功能展示区4个展厅。南区(序厅和第一展厅)重点展示李昌钰家庭史、成长史、发展史和李昌钰及其母李王岸佛的如皋情结;北区(第二、三展厅)侧重展示李昌钰侦破震惊全球的七大经典案例。馆内展出大量图文资料和李昌钰提供的部分实物,现暂由如皋市博物馆管理。

长寿博物馆 2010年，正式开馆，位于水绘园风景区内。博物馆利用水绘园内固有景点布展，匿峰庐内设序馆和第一展厅“如皋长寿风情”；还朴斋内设第二展厅“长寿人文”，一楼“长寿文化”，二楼“长寿人瑞”；安居草舍内设第三展厅“长寿产业”，展出如皋具有代表性长寿食品等；罗树庵内设第四展厅“长寿探秘”，展出长寿研究成果等。现由水绘园管理处统一经营和管理。

戴氏家藏博物馆 2003年，由戴联奎后裔戴时祥创建，原位于广福路步行街口，2010年9月28日迁址中山东路市初级中学南大门东侧。馆内藏品有清嘉庆皇帝给兵部尚书戴联奎的奖赏品、五大古名窑烧制的皇室藏品。具代表性的藏品为宋瓷第一大名窑出产的汝窑瓷器及圣旨、官服等。展品有自秦汉时期至“文化大革命”期间家族藏品960件，其中与戴联奎相关藏品568件，珍品有秦俑童女像，汉代混釉瓶，三国彩陶罐，唐三彩花果瓶，宋代汝官窑尊、哥窑笔洗、钧窑水仙盆、定窑瓜棱笔洗，元代鱼草纹酒杯，明朝万历年梅瓶，嘉庆皇帝赐品等。至2010年，先后接待国内外观众10万余人。

如皋市博物馆馆藏国家级文物一览表

表18-2

文物名称	时代	质地	数量	级别
紫檀盒铭文紫端砚	明	石	1	二
冒辟疆行草书轴	清初	纸	1	二
郑孝胥行书横幅	民国	纸	1	二
齐白石松八哥图轴	民国	纸	1	二
蟾钮海兽葡萄镜	唐	铜	1	三
刻花白玉带头	宋	玉	1	三
赵佰驹青绿山水楼阁图轴	宋	绢	1	三
张翀工笔人物屏	明(嘉靖)	绢	8	三
陈洪绶王母图轴	明末	纸	1	三
象牙寿星	明	象牙	1	三
邵子庸墨竹图轴	明	绢	1	三
王铎行草书轴	明	绢	1	三
王云山水手卷	清(顺治)	绢	1	三
冒辟疆题桃花鸳鸯图	清(康熙)	纸	1	三
冒辟疆题蔡女罗金圆玉合画蜂蝶花木图	清(康熙)	绢	1	三
冒辟疆座像图	清(康熙)	绢	1	三
雪花兰描金碗	清(康熙)	瓷	1	三
绿底粉彩什锦碗	清(乾隆)	瓷	1	三
蓝地白花龙盘	清(乾隆)	瓷	1	三
紫端砚	清(乾隆)	石	1	三
白玉童子戏荷	清(乾隆)	玉	1	三
双圈牡丹花白玉片	清(乾隆)	玉	1	三

续表18-2

文物名称	时代	质地	数量	级别
翁方纲描金宫绢行草图轴	清(乾隆)	绢	1	三
粉彩灯台	清(道光)	瓷	1	三
青花冰蒂梅花蕉叶蟠螭耳瓶	清(道光)	瓷	1	三
薄胎粉彩碗	清(道光)	瓷	1	三
粉彩荷叶边碗	清(道光)	瓷	1	三
粉彩兰花小碗	清(道光)	瓷	1	三
官窑祭蓝描金二龙戏珠瓶	清(光绪)	瓷	1	三
徐琪工笔兰石图轴	清(光绪)	绢	1	三
赵冕无量寿佛图轴	清(光绪)	绢	1	三
奉天诰命手卷	清(光绪)	绢	1	三
粉彩牡丹吸杯	清(光绪三十四年)	瓷	1	三
青花盖血红盘	清	瓷	2	三
水晶观音	清	水晶	1	三
老山玉锁(福庆玉锁)	清	玉	1	三
玛瑙鱼戏荷叶	清	玛瑙	1	三
白玉菊花片	清	玉	1	三
朱绣水帘洞图轴	清	纸	1	三
何绍基行书轴	清	纸	1	三
郑板桥行书轴	清	纸	1	三
吕焕成群仙祝寿图谱	清	绢	1	三
吴筱山水图轴	清	绢	1	三
高其佩人物图轴	清	纸	1	三
狄平子题瓜蝶图轴	清	绢	1	三
王学浩山水图轴	清	绢	1	三
潘思牧山水图轴	清	纸	1	三
李卉松鼠葡萄图轴	清	绢	1	三
林则徐行书轴	清	纸	1	三
周拔竹石图轴	清	纸	1	三
吴霖桂花芙蓉图轴	清	纸	1	三
王兰梅花八哥图轴	清	纸	1	三
周拔竹石图轴	清	纸	1	三
黄秋园行书册页	清	纸	1	三
恽寿平花卉图轴	清	纸	1	三
蒋廷锡花鸟图轴	清	绢	1	三

续表18-2

文物名称	时代	质地	数量	级别
吴熙载花卉图轴	清	纸	1	三
翁方纲行书对联	清	纸	2	三
李泰画薛修远图并跋记手卷	清	纸	1	三
何维朴书法团扇	清	绢	1	三
书班大家女诫泥金扇面	清	纸	1	三
张嘉祥金书团扇	清	绢	1	三
童兆颐金书团扇	清	绢	1	三
瞿念慈金书团扇	清	绢	1	三
王震枇杷图轴	民国	纸	1	三
张謇行书轴	民国	纸	1	三
三垣二十八宿图团扇	民国	绢	1	三

第七节 群众文化

一、机构沿革

文化馆(教育馆) 民国6年(1917年)1月,国民政府如皋县民政公署于文庙明伦堂建立县通俗教育馆。民国23年,县通俗教育馆与县通俗图书馆合并为县民众教育馆。民国31年,县民众教育馆迁址北门继善堂巷商业学校。不久,迁至如皋公园。民国34年9月,县人民政府接管县民众教育馆,更名县人民教育馆。民国36年3月,国民政府如皋县政府在如皋公园原址复建县民众教育馆;4月,在永安沙新港镇建立第二民众教育馆。民国37年2月,国民政府如皋县政府撤销县民众教育馆。民国38年2月10日,县政府重建县人民教育馆。1951年12月,更名如皋县文化馆,迁址大治巷北端苏皖边区第一专员公署旧址。县文化馆除组织开展文化活动外,兼管县图书馆、人民公园、人民剧场、人民体育场及有线广播站等。1960年1月,县文化馆迁址原私立京江小学(今中山路)。1963年4月,被明确为甲等馆。"文化大革命"期间,一度更名如皋县毛泽东思想宣传站,并与县图书馆、人民公园、人民剧场、体育场等联合组建革命委员会。1979年,县文化馆恢复。1989年12月28日,于原址翻建的5层大楼启用,面积2780平方米。2006年初,新建7层(地下1层)文化馆大楼。

区中心文化站 1951年2月,县政府文教科建立新港、石庄、柴湾3所大众俱乐部。12月,更名中心文化站。1952年冬至1953年春,全县共建石庄、磨头、城东、白蒲、薛窑、车马湖、平西、卢港、夏堡、江防、城南、江安、海圩、新坝14所区中心文化站。1954年,原属如东县的白蒲、丁堰2区中心文化站划入如皋县。至1960年10月,全县共建区中心文化站25所。1962年5月24日,全县区中心文化站精简为如城、白蒲、丁堰、薛窑、石庄、江安、城东、城西、磨头、卢港10所。"文化大革命"开始后,各区中心文化站停止活动。1970年1月,县革命委员会政工组向各区派遣毛泽东思想宣传员。1973年2月,各区中心文化站恢复,毛泽东思想宣传员改任站长。2000年4月,区中心文化站撤销。

乡镇(公社)文化(服务)站 1958年4月,全县各公社建立文化站。1961—1962年,相继撤销。1975年10月,除如城镇、石庄镇外,全县51个公社(乡镇)文化站恢复。2000年4月,各乡镇文化站撤销。2001年10月,市编制委员会下发关于乡镇事业单位设置的意见,乡镇文化站改称文化服务站,挂靠广播电视站,每站编制2—4人。后,相继独立建制。2010年,全市20个镇(区)文化服务站文化活动场所建筑面积均有800平方米以上,其中桃园镇、吴窑镇、如城镇有1400多平方米。

俱乐部、文化宫、青少年宫 1952年2月1日，县总工会于如城鹤颈湾建立工人俱乐部，有图书2000余册、报纸6种、收音机1架、幻灯机1台，并建有2个业余剧团。1960—1964年，县图书馆迁入工人俱乐部。"文化大革命"期间，工人俱乐部停止活动。1976年，工人俱乐部恢复活动，并建立工人俱乐部电影放映队。1981年8月1日，工人俱乐部随县总工会迁址锦绣街，更名工人文化宫。1987年，如城镇于严家湾(今安定广场西北侧)兴建如城人民文化宫。1990年，工人文化宫随县总工会迁址环南路(今福寿路)，原址约1500平方米3层楼房划给团市委兴建如皋青少年宫。1998年3月1日，如皋青少年宫迁址海阳路武定苑南大门外。2003年，如城人民文化宫拆除。2005年后，如师附小等规模较大的小学兴办学校少年宫。

图18-14 如皋市工人文化宫（1999年摄）

二、文艺资料编印和骨干培训

文艺宣传材料编印 20世纪50—80年代，县文化行政主管部门和县文化馆先后定期或不定期编印《黑板报材料》《俱乐部》《文娱材料》《说演弹唱》《毛泽东思想宣传材料》《革命文艺》《如皋文艺》《文艺演唱》《创作歌词选》《民间音乐资料》《如皋民间故事》《创作歌曲选》《春泥》等文艺宣传材料，免费下发。基层各文艺团体、单位根据文艺宣传材料组织宣传活动，并作为基本脚本，排演文艺节目，开展文化活动。

文艺骨干培训 1953—1984年，县文化馆每年春节前均举办文艺骨干训练班。至80年代末，每年举办2—3期以戏剧、小品、曲艺为主要内容的文艺创作培训班。1955年7月，举办全县文化站长和发有收扩机的俱乐部收音员培训班。1954年及1958—1961年，每年举办全县教歌员训练班。1965年，举办全县故事员训练班。1975—1980年，县文化局每年均举办1—2期文化站长专业技能培训班。1987年10月6日至1988年1月5日，县文化局在城西区文化站开办业余文化艺术学校，招生40人，部分学员结业后被专业剧团录用，多数成为民间剧团骨干。。1993年7月、1997年8月和1998年7月，市文化局3次举办民间艺术团体演职人员培训班。1994年，市文化馆建立文化艺术培训中心，常年开办声乐、写作、书画、民族乐器演奏等艺术培训班，先后有100多名受训学员被艺术院校录取。2006年始，市文化馆常年免费举办声乐、器乐、舞蹈、书画、写作等11大类22个项目的艺术培训和周末视频讲座。

三、群众文化特色活动

农村文化活动 20世纪60年代，磨头区文化站集文字、图片、实物于"一担挑"的阶级教育巡回展览，搬经区文化站的流动图书箱等，被作为基层文化创新项目，在南通地区推广。改革开放后，磨头区文化站每年举办一次庙会系列活动，长江、夏堡、葛市、建设等乡(镇)文化站每年一届农民艺术节，磨头、龙舌、搬经、长江、丁堰、东陈等33个乡镇文化站农民艺术节及春节文化一条街，丁堰镇连续20年举办元宵焰火晚会，丁堰镇、白蒲镇五一大联欢；常青镇、郭园镇文化服务站组织张家港市、如皋市(县)跨江联动大型文艺演出等都独具特色。各镇文化服务站还从自身条件出发，组织"高跷""龙灯"及球牌棋大赛，舞龙灯走村串户拜年，农民家庭才艺大赛、家庭演讲、演唱会，全面活跃老年文化、社区文化、校园文化、企业文化、军营文化。2005年5月14日，江安镇宁通社区首届艺术节，开农村集镇社区文化节之先河。至2010年，市九鼎老年艺术团被省文化厅命名为特色文化团队，白蒲镇被省文化厅命名为江苏省京剧之乡。

城市社区文化活动 2000年始，如城镇组织社区广场文艺演出活动，并以此推进各社区群众文化活动的广泛深入开展。社区广场文艺演出一般每次明确一个街道的社区为演出主体，域内企事业单位编排的文艺节目亦参加演出。2008年始，丁堰、白蒲等镇社区亦选送节目参加城市社区的集中公演，被称为"送戏进城"。至2010年，如城每年举办社区广场文艺演出、公演均约有10场，并以社区、街道为单位选拔节目，参加每年夏季“雉水之夏”社区专场广场演出。

“雉水之夏”广场文艺晚会　1994年始，市委宣传部、市文化局每年夏季均举办群众性“雉水之夏”广场文艺演出。初期，每年举办4—5场，每场演出约2小时。演出地点均在如城市民广场，舞台由市文化局搭建，并设置部分座椅，参演单位有学校、医院、工厂、机关及在城各企事业单位。随着演出活动影响扩大，各镇演出团体、民间剧团等亦纷纷参演，参演节目均为由市文化局审查指导，基层群众文化活动中逐步成熟的优秀节目，观众除如城居民外，有如城周边乡镇市民，亦有大量外地在如经商、务工人员，每场广场演出观众少则数千人，多则上万人。2006年后，“雉水之夏”广场文艺演出逐步向农村、军营、工厂、社区、敬老院甚至邻近县市延伸，每年演出场次增至30余场。

四、民间文艺

民歌　1950年，县人民教育馆派员协助苏北行政区音乐家至全县农村采风，编印《如皋民歌采风集》。1956年，石庄文化站山歌剧《庄稼会》赴省演出后，所有曲调被江苏省群众艺术馆编入《江苏民歌选集》。由此，如皋民歌传遍全国。20世纪50年代，民间小调《如皋探妹》通过层层会演，流传全国。1962年5月，省文化厅派音乐专业工作者到江安、卢港地区搜集挖掘如皋民间曲调120多首，出版《江苏省如皋民歌采风录》第一集后，县文化馆又多次组织民歌采风，共采集民歌200余首，编印《如皋民歌选》，其中46首被选入《中国民间音乐资料——江苏专辑》。1979年，1台如皋民歌节目参加南通地区会演，并应上海电视台邀请到上海录像播出。此后，江苏电视台专程到如皋拍摄电视专题片《如皋民歌》，播出并作为经典收藏。80—90年代，部分如皋民歌旋律被融入影视音乐，其中如皋民间小调《叹五更》曲调被融入长春电影制片厂摄制的故事片《今夜星光灿烂》音乐中、如皋民歌《倒花篮》主旋律被融入上海电影制片厂摄制的电视连续剧《海盗》主题歌《海边情思》中。2006年，在第七届“世界之春”中国民族民间歌曲演唱高端选萃中，高如创作的民歌《乡里乡亲》获中国民歌创作优秀专家奖。

民间文学　1986年12月始，在全国《民间故事集成》《民间歌谣集成》《民间谚语集成》采编过程中，县委宣传部组织县文化局、县文联、县文化馆及区乡文化站人员，耗时近3年，在全县寻访200多名故事员和民歌手，共搜集民间故事1800多则、民间歌谣2000余首、民间谚语8000余条，由中国民间文学出版社出版《如皋民间故事选》，计21万字。20余首如皋民谣入选《南通民间歌谣》，100余条如皋谚语入选《南通谚语选》，4则如皋民间故事和5首如皋民间歌谣入选《江苏民间文艺专辑》。

民间器乐曲　如皋民间器乐曲演奏历史久远，以宗教器乐曲为主。道教器乐曲以灵威观器乐队演奏的音乐为最，曲牌有套曲《小上边》《大开门》及各种单曲约200种；佛教器乐曲创作演奏的曲牌有套曲《五方咒》《小华严》及单曲200余种。佛道2教创作风格和演奏技巧不一，形成各种流派。1990年4月至1992年5月，全市（县）开展民间器乐曲搜集工作，先后在全市（县）及周边县市寻访100多位民间艺人和宗教界人士，采集民间器乐整曲和散曲203首、“工尺谱”10余本[其中最早的手抄本成于民国24年（1935年）]，并录制搜集到的民间器乐曲5盒，上报采录的乐谱132首，翻译编印《如皋民间器乐曲·简谱本》。

民间舞蹈　如皋民间舞蹈历史悠久，丰富多样。封建王朝时期，逢年过节，全县城乡都有舞龙灯、舞狮、舞苍龙（小草龙）、蚌舞、荡湖船、挑花担、打莲湘、大刀舞等，或走街串巷、走村入户，或自发聚焦、集中展示。为展示翻滚、造型等舞技，舞龙灯、舞狮等还常常有几支队伍相互比斗，锣鼓喧天，鞭炮齐鸣，甚是热闹。在长期的民间舞蹈活动中，如皋莲湘、倒花篮、糏子灯、火流星、扒沟狮子、木虾舞等特色舞蹈形式或节目逐步形成，成为如皋民间舞蹈的奇葩。战争年代，在如皋西乡革命根据地盛行扭秧歌。中华人民共和国成立后，全县文艺工作者挖掘、改编、完善传统民间舞蹈节目，参加全省、全国乃至出国演出，部分节目在全省、全国性比赛中获奖，有的还被拍摄成电影、电视放映、播出。至2010年，民间舞蹈仍为群众自娱自乐的重要形式，亦常参加全市（县）重大节庆活动演出。

五、文化创建与达标定级

群众文化先进县（市）、乡（镇）创建　1991

年，根据江苏省政府《关于开展创建群众文化先进乡镇活动的意见》，市委、市政府召开群众文化先进县(市)创建工作会议，号召各乡镇广泛深入开展群众文化先进乡镇的创建活动。1992年(首批)、1994年(二批)和1997年(三批)，白蒲、丁堰、林梓、搬经、丁西、马塘、建设、新民、石庄、龙舌、下原、郭园、夏堡、搬经、邓园、加力、大明、黄市、葛市、东陈、雪岸、南凌、柴湾、勇敢、新姚、长江、长庄、如城、如城大治街道等30个乡(镇、街道)先后被省文化厅命名为江苏省群众文化先进乡(镇、街道)。1997年3月，如皋市获江苏省群众文化先进市(县)称号。

文化馆(站)达标定级 1993年，市文化馆被评定为江苏省二级文化馆和国家级达标馆，如城、白蒲、丁堰3个镇文化站被评定为江苏省一级文化站。1996年9月，市文化馆晋升为江苏省一级文化馆。1998年9月，夏堡乡文化站被评定为江苏省二级文化站，石庄、新姚、勇敢、新民、柴湾、东陈、南凌、雪岸、大明、营防、下原、黄市、加力、邓园14个乡镇文化站被评定为江苏省三级文化站。2006年12月，市文化局重新制订《文化馆站达标创建规划》。2008年5月，在全国第二次文化馆站定级中，市文化馆被评定为国家一级文化馆，全市20个镇文化服务站全部达标。2010年，全市332个村级文化活动室全部达标。

图18-15 1996年9月，江苏省文化厅授予市文化馆“江苏省一级文化馆”铜牌

第八节 非物质文化遗产保护

一、调查保护

20世纪50—60年代，县文化馆根据“深入基层，深入群众，深入生活”的要求，组织文化工作者寻访民间艺人，发掘民间艺术类非物质文化遗产，并根据寻访成果编辑创作大量具有地方特色的文艺作品，一些非物质文化遗产得到保护和传承。80年代始，随着改革开放的深入和经济社会的发展，如派盆景、如皋董糖等部分美术、技艺类非物质文化遗产不断被发掘、传承。

2005年3月，市文化局开始组织市文化馆、各镇文化服务站在全市范围内全面排查、逐一登记非物质文化遗产。2009年7月，市文化局将全市非物质文化遗产普查成果整理汇编成《江苏省非物质文化遗产普查如皋市资料汇编》(上、中、下)内部出版，共载全市非物质文化遗产项目572项，其中民间文学类293项、传统美术类10项、传统音乐类22项、传统舞蹈类11项、传统戏剧类5项、传统曲艺类21项、传统技艺类36项、传统习俗类118项、民间知识类6项、传统竞技游艺与传统体育项目9项、传统医药32项、其他3项。此后，市文化局在大力保护、传承非物质文化遗产项目的同时，组织向南通市以上申报。

至2010年，如皋杖头木偶、如皋莲湘、如皋倒花篮、如皋董糖、如派盆景5个项目被列入江苏省非物质文化遗产名录，如皋工艺丝毯、如皋风筝、如皋香袋等14个项目被列入南通市非物质文化遗产名录，全市有19人被列为江苏省和南通市级非物质文化遗产代表性传承人，并明确市木偶艺术团、市文化馆、如皋绿园、如皋人民公园等单位为非物质文化遗产项目保护单位和传承基地。市文化局被评为江苏省非物质文化遗产普查先进单位和江苏省非物质文化遗产保护工作先进集体。

二、非遗项目

如皋杖头木偶 如皋杖头木偶起源于明末。相传，一黄姓木偶艺人从皇宫中逃出，落户如皋，改姓邝，带徒授艺，传授宫中杖头木偶的制作及操作技艺，带出一批较有影响的杖头木偶艺人。此后，如皋木偶制作博采众家之长，雕刻绘画技艺快速进步，形成独具特色的如皋杖头木偶。

如皋杖头木偶戏表演时，演员用右手握住举杆，木偶的身躯、头、颈动作主要依靠举杆；食指勾动眼线、嘴线和头线，运用顶、拉、提、勾、夹、挑、转等技巧，演绎出木偶各式各样的表情。

清代，如皋杖头木偶表演已成为民间最常见的艺术表演形式之一。《中国戏剧志》载：清康熙二十八年（1689年），如皋才子冒辟疆为纪念父亲冒起宗百年诞辰，邀邝姓木偶戏班在如皋城冒家巷得全堂与冒氏家乐班一同演出。20世纪初，如皋杖头木偶戏班发展至100多个，其中，知名度较高的有丁堰的娄家班、雪岸的金家班、岔河的颜家班、东陈的钱家班。娄家班的祖爷爷即为邝姓皇宫木偶艺人的嫡传弟子。

1951年10月，县内娄、钱、金、李4个木偶班联合组成新艺木偶艺术团。1954年，如皋木偶京剧团成立。民间木偶班加入县文学艺术联合协会。此后，如皋杖头木偶戏一直为全县文艺演出、文艺宣传的主要形式之一。

20世纪90年代，如皋木偶艺术造型设计制作创新发展，制作材料改木头为纸浆脱胎、玻璃钢或海绵等，创造出软体木偶、木偶飞天、动漫木偶等更具魅力的新型木偶，演出亦融入现代声光等表现手法。1990年，县文化局陈元琪创作的人偶同台表演的木偶戏《红螺女》，进一步丰富、提高如皋木偶艺术表现力。是年，该剧作为全国唯一由县级剧团表演的剧目赴北京参加第十一届亚运会艺术节演出，《人民日报》、中央电视台等40多家新闻媒体进行报道，并被评为全国优秀木偶十佳节目。

1991年，如皋木偶京剧团改建为如皋木偶艺术团。如皋木偶剧团组建后，创作排练木偶剧《王宝钗》《四郎探母》《群英会》《借车风》《龙凤呈祥》《红娘》《梁山伯与祝英台》《孙悟空三打白骨精》《海防前哨》《芦荡火种》《渡江侦察记》《智取威虎山》《洪湖赤卫队》《奇袭白虎团》《红螺女》《大禹治水》《小鸡历险记》《小鸭子船长》《小蚂蚁搬骨头》，人演卡通剧《东郭先生》《白蛇传》《三姐下凡》《孙悟空大闹盘丝洞》《水绘情韵》《木偶总动员》《紧箍咒》《智取贾家庄》《寿星题字》《唐寅作画》《高跷女孩》《八礼四仪》等数百部。1999年，儿童木偶剧《大禹治水》受文化部委派，赴罗马尼亚参加第四届欧洲木偶艺术节，获艺术节组委会“特别奖”（最高奖）。2000年9月，《大禹治水》获第六届中国艺术节贡献奖。2003年9月，《大禹治水》获全国第二届木偶皮影金狮奖大赛“金狮奖”银奖。此外，《水绘情韵》获中国成都第21届国际木偶艺术节优秀节目奖，木偶电视短剧《紧箍咒》《智取贾家庄》获江苏省电视文艺奖。

2006年11月，如皋杖头木偶被列入江苏省第一批非物质文化遗产名录，为戏剧类非物质文化遗产，江苏省级代表性传承人为颜伯林，南通市级代表性传承人为张大华，项目保护单位和传承基地为如皋市木偶艺术团。此后，如皋杖头木偶戏一直为市民喜闻乐见的文艺演出形式，演出活动更加频繁。

如皋莲湘　起源无考。清朝末年至1948年，如皋城乡常有妇女（一般1—2人）手持长约130厘米、涂红白两色、用彩布裹着两端、中间嵌有数枚铜钱的竹制莲湘棒沿街或走村串户卖唱，称为“打莲湘”。

如皋全境解放初，如皋师范学校组织几百人的莲湘队，在各类庆祝、游行活动中表演，在原有打莲湘动作的基础上增加转打、对打和双棒动作，并增加朗诵、快板等表演形式。此后，如皋莲湘吸取大秧歌、腰鼓、京剧、杂技中的一些动作、技巧、套路，创造出单棒单打、对打，双棒单打、对打、群打等20多套新动作，形成风格独特、套路完整的舞蹈形式。表演的节目主要有“土改大莲湘”“抗美援朝大莲湘”和“农业合作化大莲湘”等。1950年9月，苏北行署文化局调如皋师范莲湘队至扬州，为苏北文代会和苏北物资交流大会表演“抗美援朝大莲湘”，深受欢迎，扬州的工厂、学校纷纷邀请如皋师范莲湘队队员传授表演技艺。如皋师范学校莲湘队队员陆续走上工作岗位后，如皋莲湘在全县乃至苏北地区广为流传。

1960年2月，如皋莲湘作为南通地区代表队的一个节目，参加江苏省第二届群众文艺汇报观摩演出，获一等奖。4月，入选江苏省代表团参加全国职工文艺会演。20世纪70—80年代，如皋莲湘经常出现在如皋文艺舞台上。1983年，如皋莲湘被收入《中国民族民间舞蹈集成》（江苏卷）。

20世纪90年代，市（县）文化局组织文艺工作者对如皋莲湘进行整理改编。改编后的如皋莲湘，编队少则几十人多则数百人，优美欢快具有浓郁地方特色的音乐配以撼天动地的锣鼓节奏，场面壮观、气势恢宏。先后参加中国·南通国际风筝节、中国·南通民间艺术节、中国·如皋长寿艺术节、中国·如皋盆景艺术节等重大活动的舞台、广场和行街表演。

21世纪初，如城老年莲湘队排练的如皋莲湘，在南通市老年文艺会演中获奖后，参加全国老年风采大赛又获得唯一的特等奖，并参加中央电视台《夕阳红》长寿专题节目的演出。

2009年，如皋莲湘被列入江苏省非物质文化遗产名录，为传统舞蹈类非物质文化遗产，项目保护单位和传承基地为市木偶艺术团。

倒花篮 原为如皋传统民间乐曲。1958年，县政府文教局举办春节文艺会演，卢港区表演的花担采用《倒花篮》曲调，优美的旋律给文艺工作者留下深刻印象。此后，县文化馆和县民兵师文工团的文艺工作者共同创编民间舞蹈《倒花篮》。舞蹈以如皋传统民间乐曲《倒花篮》为主旋律，以如皋民间花篮舞的“踮步”为基本步伐，以民间舞的“探海”“卧鱼”“晃手”“掖步”“踏步蹲”等为基本动作，以“巨龙腾飞”“孔雀开屏”“龙舟竞发”“福满人间”等形象为造型，设计2个手拿彩球和扇子的“吉祥如意”女童，穿梭在十二个双手倒执花篮的姑娘中间，载歌载舞，寓意“吉祥如意”“天女散花”。整个舞蹈热烈欢快，和谐优美。演员造型采用汉族青年女性的传统打扮，梳一条齐腰的大辫子，头戴绢花，手持方手帕，着小立领大襟盘纽彩衣，中式彩裤，黑色绣花围腰，绣花布鞋，鞋面上装饰绒线彩球，盈盈清秀，楚楚动人。

1959年春节，舞蹈《倒花篮》参加南通专区文艺会演，受到广泛好评。1960年春，参加江苏省第二届群众业余文艺会演，获一等奖。4月，被选拔参加在北京举办的全国职工文艺会演，引起强烈的反响，被誉为中国汉族民舞的代表。演出结束后，演员受到周恩来等中央领导人的接见。此后，中央新闻电影制片厂将舞蹈《倒花篮》拍摄编入舞台艺术纪录片《万紫千红总是春》，在全国展映，其中精彩的场面被上海舞剧《小刀会》选用。1986年6月，《倒花篮》作为南通市民间舞蹈的代表节目之一，再次到北京参加汇报演出。

至2010年如皋市南通市级非物质文化遗产项目一览表

表18-3

序号	项目类别	项目名称	传　承　基　地	代表性传承人
1	传统舞蹈	如皋倒花篮	如皋市老年体协	—
2	传统舞蹈	如皋莲湘	如皋市老年体协	—
3	传统舞蹈	如皋鞘子灯	如皋市老年体协	—
4	传统美术	如皋盆景技艺	如派盆景研究所、如皋人民公园、绿园有限公司	朱本涛、花永怒
5	传统戏剧	如皋杖头木偶戏	如皋市木偶艺术团	张大华
6	传统技艺	如皋董糖制作技艺	南通麒麟阁食品厂	段昊翔
7	传统美术	红木雕刻技艺	南通华星木业有限公司、南通锦隆红木工艺品厂	陈洪生
8	传统技艺	如皋丝毯织造技艺	如皋博艺丝毯有限公司	李玉坤
9	传统技艺	如皋风筝制作技艺	如皋郭氏风筝工艺品厂、如皋市松山风筝艺术馆	郭承凯、单峰、陆松山
10	传统技艺	如皋香袋制作技艺	—	芮兰芳、姚家凤
11	传统技艺	白蒲茶干制作技艺	白蒲三香斋茶干厂	周平海、周洪兵
12	传统技艺	林梓潮糕制作技艺	林梓老万和潮糕店	王建明
13	传统技艺	白蒲黄酒酿造技艺	白蒲黄酒有限公司	张斌
14	传统医药	黄氏“玉容丸”	如皋市中医院	黄陈俊

2009年，舞蹈《倒花篮》被列入江苏省非物质文化遗产名录，为传统舞蹈类非物质文化遗产，项目保护单位为市文化馆。

如皋董糖 2009年，被列入江苏省非物质文化遗产名录，为传统技艺类非物质文化遗产，南通市级代表性传承人为段昊翔，项目保护单位和传承基地为麒麟阁食品厂。（参见卷十第一章第十节《名菜·名点·土点》）

如派盆景 2009年，被列入江苏省非物质文化遗产名录，为传统美术类非物质文化遗产，江苏省级代表性传承人为王如生，南通市级代表性传承人为花永怒，项目保护单位为市花木盆景协会，传承基地为如皋绿园和如皋人民公园。（参见卷八第二章第二节《如派盆景》）

第九节 战地文艺

一、文艺创作

民国17年（1928年），中共如皋县委配合发动如泰五一农民暴动，组织人员创作《工农革命歌》等歌曲，广泛传唱。抗日战争时期，中共苏中三地委和中共如西（皋）县委大力提倡革命文艺创作，以文艺形式动员组织群众抗击日本侵略者和伪军。抗日民主根据地文艺工作者搜集民歌曲调、民间小调，填写新歌词，创作出《红娘子来，女娥皇》等大量易记、易唱、易传播的抗日歌曲，并集体创作排演

民国31年（1942年）至民国37年如皋（西）县根据地、解放区创演话（歌）剧一览表

表18-4

年份	作品名称	形式	创作、演出单位	演出范围
民国31年（1942年）	冒险立功高红英	话剧	朱夏乡农民剧团	如西抗日根据地
民国31年	女汉奸陶桂英	话剧	肖马乡农民剧团	如西抗日根据地及泰县
民国33年	六月初二	话剧	肖马乡农民剧团	如西抗日根据地及泰县
民国33年	周长山上前线抬担架	话剧	芹界乡农民剧团	如西抗日根据地
民国33年	大后方的一角	话剧	县文工队	如西抗日根据地
民国33年	刘桂英戴上大红花	歌剧	芹界乡农民剧团	如西抗日根据地
民国33年	王大婶翻身	歌剧	朱夏乡农民剧团	如西抗日根据地
民国33年	拜军属年	歌剧	加北乡农民剧团	如西抗日根据地
民国34年	王小二过年	歌剧	肖马乡农民剧团	如西抗日根据地及泰县
民国34年	三十夜	歌剧	芹界乡农民剧团	如西抗日根据地及泰县
民国36年	半天还乡梦（老母猪作死）	话剧	高明乡农民剧团	如皋县西部解放区
民国36年	胡老儿之死	话剧	周严墩农民剧团	如皋县西部解放区
民国36年	倒苦水	歌剧	薄湾乡农民剧团	如皋县西部解放区及泰兴
民国36年	文化诉苦	歌剧	周严墩农民剧团	如皋县西部解放区及泰兴
民国36年	一根扁担换一根枪	歌剧	朱夏乡农民剧团	如皋县西部解放区及泰兴
民国37年	阴审汪精卫	歌剧	杨庄乡农民剧团	如皋县西部解放区及泰兴
民国37年	南京八怪	话剧	杨庄乡农民剧团	如皋县西部解放区

《冒险立功高红英》《刘桂英戴上大红花》等话剧、歌剧。抗日战争胜利至解放战争暴发，全县歌曲创作空前繁荣，成果丰硕，大量创作歌曲反映解放区欣欣向荣的景象，表达人民群众翻身解放的喜悦心情。其中，《别处哪儿有》反映解放区废除苛捐杂税，商贸繁荣兴旺的景象，深受人们喜爱，很快唱遍全中国，吸引许多国民党统治区青年投奔解放区。解放战争时期，面对国民政府军和国民政府地方武装的血腥围剿，解放区文艺工作者创作排演《同志，你走错了路》《六杯酒送参军》《月儿渐渐高》等文艺节目和《半天还乡梦》《倒苦水》等话剧、歌剧，动员军民不畏白色恐怖，踊跃参军，英勇抗敌。

二、群众歌咏

民国17年(1928年)4月，中共如皋县委配合发动如泰五一农民暴动，在江安、卢港地区组织群众歌咏活动，传唱《工农革命歌》等歌曲。暴动中，广大农民在县委领导下，齐声高唱“打倒土劣，除军阀，工农革命成功，齐欢唱；打倒国民党，除蒋介石，工农革命成功，齐欢唱”攻打国民政府军据点和地主庄园。

民国29年，新四军苏北指挥部进驻黄桥后，在新四军一师服务团和各旅服务团的影响和推动下，根据地群众歌咏活动蓬勃开展。首先广为传唱的是由陈毅作词的《新四军军歌》。此后，《跟着共产党走》《共产党领导真正确》《五更打游击》《逃难的同胞想家乡》《送夫参军歌》《民兵自卫歌》《把东洋鬼子打落太平洋》《在太行山上》《救亡进行曲》《大刀进行曲》《义勇军进行曲》《黄河大合唱》《黄桥烧饼歌》《团结就是力量》等数十首歌曲在歌咏活动中传唱。

民国32年，在苏中三分区歌唱共产党的歌曲《你是灯塔》，“老到八十三，小至手里搀”，几乎人人会唱。抗日战争胜利后，华中野战军前线剧团、华中文联的大批专业文艺工作者至如皋，广泛开展群众性歌咏活动，“星海歌队”为最受群众欢迎的演唱队伍。解放战争爆发后，面对国民政府军队疯狂进攻，文艺工作者编印《小唱集》等，以群众性歌咏活动鼓舞民心，为参军支前大造舆论。

三、文艺演出

民国29年(1940年)，新四军东进至如皋县后，一旅政治部战地服务团演出话剧《雷雨》及《兄妹开荒》《一条扁担》《菜刀杀鬼子》《红鼻子参军》等小戏。苏中三分区文工队演出话剧《抓壮丁》《打鼓骂汪》等节目。战地青年组织大众剧团演出现代京剧《巾帼英雄》《母女送公粮》《送子参军》等。如西抗日根据地军民常组织群众性秧歌舞，参加跳秧歌的有十数人、几十人乃至上百人，军民排成长队或圆圈，按三进一停基本步伐，随着自唱歌曲起舞。

民国31年，如西县立东南中学组建剧团、歌咏队、文艺社等。此后，东南中学(如西中学)先后排演《放下你的鞭子》《月亮上升》《送郎当兵》《荡湖船》《理发师杀鬼子》《父与子》《同志，你走错了路》《烈士王八保》等节目，与乡村农民剧团一起在马家平田、长庄、大石家庄、石庄镇、二案等地宣传演出数十场次。

乡村剧团、如西中学演出队每次外出演出，演出服装由扮演人员自借自带，演出用的刀枪、手榴弹等向基干民兵临时借用或用木制，照明全靠烧煤油的桅灯或汽油灯，戏台则由当地干部、农民无偿预先搭好。演出结束回家，有的演员要步行五六公里，从没有人叫苦叫累。民国32年10月，如西中学本部500多人在宝庆寺与部队文艺团体、如西县党政机关联欢演出，中共如西县委书记周特夫演出活报剧《三巨头》，旅顺自修大学实验剧团、前线剧团亦演出《大后方的一角》《父与子》《夜正黑》等节目。

民国35年3月，华中野战军前线剧团(原新四军一师文工团、苏中公学前线剧团)在新皋剧场演出大型历史话剧《甲申记》。是年，西乡朱夏、肖马、芹界、加北、高明、周严墩、薄湾、杨庄等乡村，均建立农民剧团，自编自演文艺节目。民国36年，中共如皋县委、如皋县政府，将卢港区高明乡剧团、薄湾乡剧团和江安区周严乡剧团合并组建县文工队，到石庄、江安、珊瑚等区进行土改复查宣传，主要节目有《半天还乡梦》《倒苦水》《文化诉苦》等。

民国36年11月至民国37年1月，配合农村土改，全县参加演出的农村剧团37个，队员573人，共演出109场，观众约29.7万人次。民国37年春，如黄线上的国民政府军据点大多被拔除，沿线各乡亦建立农民剧团，并经常举办文艺会演，进行反攻、参军、征粮运动等宣传。

附录：

战地流行歌曲选介

一、工农革命歌

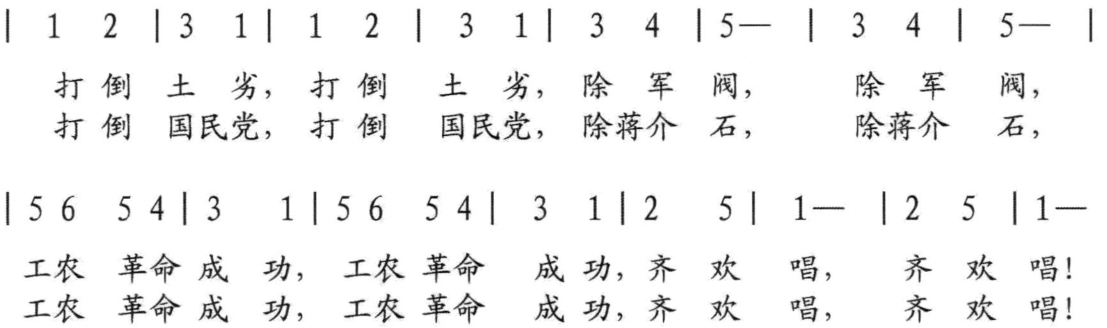

二、别处哪儿有

D 2/4

史　白 词
沈亚威 曲

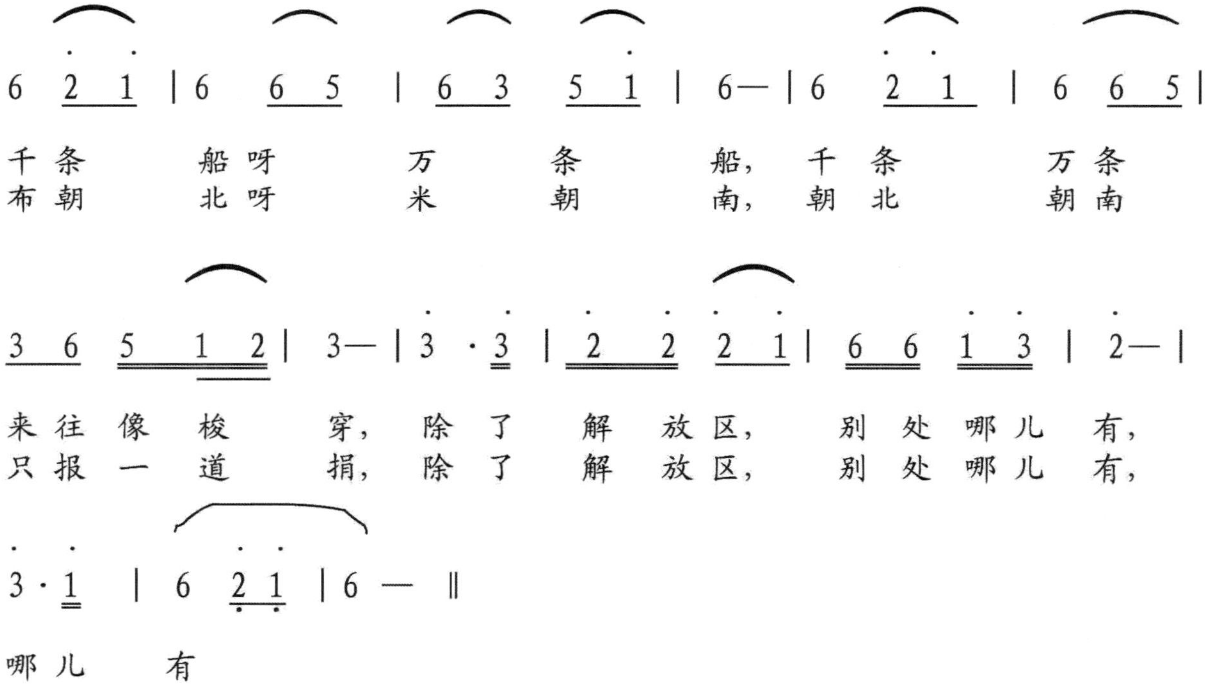

第十节 文化市场管理

一、管理机构、网络

1951年春，县政府发布公告，明确由文化部门负责流动卖唱艺人登记领证，并通过汇报演唱，进行内容审查；对民间剧团亦进行登记发证，并建立汇报审查制度。

1983年，县文化局建立后，明确专人兼管外来剧团的接待、安排和演出管理工作。1988年6月26日，县文化局设立演出管理办公室。1990年5月，县文化市场管理办公室建立，原演出管理办公室并入，为文化局下属全额拨款事业单位。同时，在全县建立以县、区、乡(镇)3级文化干部为主体的文化市场管理网络，经培训颁发检查证。是年，全县有文化市场管理人员68人。

1991年8月，由市委分管副书记牵头，成立由公安、工商、宣传、文化、广电等部门参加的如皋市文化市场管理委员会，负责统一协调各职能部门，开展文化市场管理工作。

1995年8月6日，如皋市文化稽查队建立。2002年，原属市广播电视局的音像管理办公室并入市文化市场管理办公室，组建如皋市文化稽查大队。2004年，全市聘请网吧义务监督员52名。2006年，全市聘请93名离退休老干部为网吧义务监督员。2007年，全市聘请文化市场协管员25名，全市文化市场管理网络初步形成。

2010年9月，市文化稽查大队更名市文化行政综合执法大队，挂市扫黄打非工作办公室牌子，为市文广新局直属全额拨款事业单位。

二、文化市场

中华人民共和国成立前，全县有个体艺人、戏班流动卖艺，少数演出场所、电影院卖票经营。

“文化大革命”期间，全县几无文化市场。改革开放后，文化市场逐步恢复、发展、繁荣。1990年，全县文化市场主要有3个行业、50多家经营单位。县文化市场管理办公室建立后，坚持一手抓严格管理，一手抓繁荣发展。

至1996年，全市文化市场发展至10个行业、700余家经营单位。1999年底，全市文化市场有15个行业、873家经营单位(网点)，其中出版物发行业365家、文化娱乐业245家、演出业125家、音像零售出租经营业47家(不含广电部门发证管理户)、电影放映业90家、广告装潢1家，基本形成国办、集体办、个人办“三位一体”的文化市场多体制、多元化格局。

2004年，全市共有文化经营单位708家，其中娱乐业151家(歌舞厅22家、游戏室24家、音乐茶座20家、桌球室46家、保龄球馆2家、溜冰场6家、网吧31家)、演出业95家(演出团体89家、演出场所6家)、出版物发行业240家(书籍报刊经营单位110家、音像零售出租130家)、印刷业175家(打字复印90家、印刷企业85家)、农村电影放映队47家。

2007年，经过调整整顿，全市文化经营单位(户)压缩至648家，其中民营演出团队113家、歌舞娱乐场所27家、网吧45家、电子游戏室24家、书刊零售单位134家、音像制品经营单位121家、印刷企业96家、打字复印88家。全年文化经营单位经营总额4.2亿元。是年，全市一批文化经营单位因经营不善退出市场，新增文化经营单位88家，投资总额4400多万元。新增文化经营单位设于农村的59家，占新增总数67%。是年始，农村电影放映队不再列入文化市场管理范围。

2010年，全市新增文化经营单位53家，其中投资额超1000万元6家、超500万元3家、超150万元6家、超100万元10家，投资总额1.2亿元。

图18-16 如皋市文化市场行业协会成立大会 (2006年摄)

全市共有文化经营单位663家，其中演出团体119家(含专业剧团1家)、演出场所1家、书报发行企业143家、音像制品销售单位90家、印刷企业100家、打字复印社90家、歌舞厅30家、电子游戏室25家、网吧61家、电影放映厅4家。乡镇电影队、桌球等不再列入文化市场管理范围。

三、执法检查

1990年5月，县文化市场管理办公室成立后，始正常组织检查书报摊点、录像放映、印刷企业、舞厅等文化娱乐场所。

1991年始，市(县)文化市场管理办公室对全市(县)图书销售、出租，印刷、复印等经营摊点逐一审查发证，有序管理。1993年，出台28项规章制度,汇编成册,并建立健全管理网络,依法管理。

2000年始,市委宣传部牵头组织文化、广电、公安、工商等部门分批次对全市电子游戏室、网吧、音像制品专卖店、服务性娱乐市场和书刊、出版物市场等分别进行专项整治,取缔无证经营。2001年,市文化局在如皋新华书店各门市部设立揭批邪教组织出版物专柜,并在教育部门配合下,组织学生举行"告别网吧"宣誓和签名活动。

2002年,市文化市场管理办公室根据"压缩总量,提高质量,扩大规模,优化结构"的原则,对全市文化市场组织专项整治,对100平方米以下、规模小、设备差、业务单一、管理落后的责令停业,遏制超时服务等不正当竞争行为。

2003年,市文化局组织清理天平市场、招商城、亿圆大厦等集贸、批发市场无证经营出版物摊位。是年,文化、公安等部门一起取缔白蒲、城西2地的黑网吧。此后,全市打击盗版音像制品和非法出版物,一直保持高压态势。2004年,文化市场管理机构专项整治接纳未成年人进网吧违法行为,在全市网吧安装"净网先锋"和"吉胜妙管家"管理软件。市文化市场管理办公室设立保护未成年人维权岗。

2001—2010年,市文化、公安、工商、广电等部门联合行动,连续开展"扫黄打非"(扫除"黄色"文化垃圾,打击非法出版物)专项整治。共集中行动90余次,出动人力8896人次,检查图书、音像制品经营场所4046家(次),取缔违法、无证经营450家(次),收缴盗版图书37419本、盗版磁带75530盒、盗版VCD光盘5700盒、淫秽VCD光盘7558件、非法电子出版物322631件,查扣非法经营音像制品小车6辆(依法给予处罚)。共立专案7件,捣毁地下印刷窝点1个。在1000余名工人、市民、学生全程参与下,集中销毁非法音像制品80余万件。

四、版权维护

2005年4月前,版权维护为市(县)文化局、市(县)文化市场管理办公室工作范畴,由市(县)文化市场管理办公室和文化稽查大队统一执法管理。2005年,市新闻出版局和市版权局正式挂牌,并根据省委宣传部等8部门通知精神,由市委宣传部1名副部长任组长,成立如皋市印刷复制业专项整治工作领导小组、如皋市出版物发行工作委员会。此后,每年结合"打非",正常组织版权维护活动。至2010年,全市未出现严重盗版、侵权事件。

第十一节 广播电视

一、机构沿革

1951年,县政府和城区区公所均设立收音站。县收音站配设专职收音广播员,负责编辑、播出收听到的重要广播内容。1952年开始,重要广播内容改由县文化馆负责编播。

1956年1月,如皋县有线广播站于如城镇闸桥西路26号(益人桥北)建立,隶属县委宣传部。1963年,如城镇和全县9个区相继建立广播站。1964年,全县53个公社(镇)均建立广播放大站。1966年,如皋县有线广播站更名如皋县人民有线广播站。

1978年8月,如皋电视差转台建立,隶属县人民有线广播站,1979年开播,功率10瓦,九频道差转中央电视台一套节目。1980年,如皋县人民有线广播站更名为如皋县广播站。1983年2月,如皋电视差转台更名为如皋电视转播台。此后,相继开通三、十一、三十频道,转播中央和省、南通市电视节目。1984年5月,江苏微波如皋分支站建立,频率8兆赫,双收双发。

1987年10月,经广播电影电视部批准,如皋县广播站撤销,建立如皋县人民广播电台,调频频率98.3兆赫,呼号为如皋人民广播电台,隶属县广播电视局管理。

1988年9月,经广播电影电视部批准,如皋县电视台正式建立,位于如城宣化路151号,呼号为如皋电视台,隶属县广播电视局管理。是年始,全县乡镇广播放大站陆续更名为广播电视站,隶属市县广播电视局管理。

1991年7月,市广播电视局筹建如皋有线电视台。10月18日,如皋市教育电视台于如城镇宁海东路建成开播,为全国首家县级教育电视台。1993年10月,市教育电视台在全市建成卫星传递网络,建立卫星地面接收站8个、收视网点149个,覆盖面积1600平方千米。是年,全市乡镇广播电视站重新划归所属乡镇管理。

1997年12月，市广播电台、电视台、有线电视台（筹）合并，组建如皋市广播电视台。2002年，全市乡镇广播电视站更名广播电视服务站，再次划归市广播电视局管理。

2005年12月26日，市教育电视台与市新闻信息传播中心整合为如皋市新闻传媒中心，为市委直属事业单位，同时挂如皋市教育电视台牌子。

2009年12月，市广播电视台、市新闻传媒中心（含市教育电视台、市报社、如皋大剧院）、如皋木偶艺术团组建如皋市文广传媒集团。2010年，全市有20个镇广播电视服务站。

二、设施、设备

有线广播信号传输设施 1951年，县政府于如城南大街和西大街鱼市口设置高音喇叭箱2只，并于中山钟楼顶层设置播音室。1956年8月1日，县有线广播站正式开播时，机房扩大机功率100瓦，有线广播覆盖如城主要街道及附近居民点。1956年10月，借用邮电线路作馈线，至城西区委所在地安装喇叭30只。至1963年底，全县有小喇叭11700只，扩大机总功率1500瓦。1966年，县和各区（镇）广播站扩大机总功率增至4850瓦。

1969年始，县人民有线广播站向各公社（镇）架设广播专线。至1972年，全县共架设至各公社（镇）有线广播专线4条，实现有线广播全县各公社（镇）全覆盖。此后，各公社（镇）开始架设至所属大队、小队的馈电线路。

1978年，全县有线广播通大队率100%，农户家庭有线广播全部通响。1986年，县广播站在原址建成广播大楼1座，面积1070平方米。

20世纪80年代中后期，听众对压电、舌簧喇叭音质等不满意，全县有线广播入户率急剧下降。

1990年始，全县实施有线广播"大力发展动圈喇叭（音箱），控制发展舌簧喇叭，逐步淘汰压电喇叭"的发展方针。至1999年底，全市（县）动圈喇叭入户率86.25%，通响率95%以上，如皋市建成动圈音箱合格市。

2004年，全市启动有线电视和有线广播共缆传输"双入户"工程。至2010年，全市共有广播喇叭28万只，"双入户"工程仍在推进中。

调频广播信号传输设施 1992年12月15日，市广播电台调频广播正式开播，发射功率300瓦，播出频率98.3兆赫。如东、海安、泰兴、张家港、东台等市县大部地区都能收听到如皋人民广播电台的节目。调频广播建成后，全市各乡（镇）广播电视站和部分村广播室开始改有线接受为直接接受市调频广播信号。2010年，白蒲、林梓、下原等镇分村设点安装调频大喇叭。

无线电视信号传输设施 1978年8月，如皋电视差转台初建时，发射机功率300瓦，电视信号覆盖如城周边5千米。1983年1月，101.4米的自立式电视、微波、调频信号接收、发送综合铁塔建成。1984年元旦，县电视台开播三频道，转播江苏电视台节目，发射功率1000瓦，覆盖半径25千米。

1984年1月始，电视发射设备更新升级，首次发射彩色电视信号。6月，县电视台在如城健康西路建成730平方米的电视台综合大楼。1986年10月，开播三十频道，转播中央电视台一套节目，发射功率1000瓦，覆盖半径17千米。

1988年12月，县电视台正式开播自办节目，共设三、十一、三十、四十4个频道，三频道转播江苏电视台节目，十一频道转播上海电视台节目，三十频道播出如皋电视台自办节目，四十频道转播中央电视台一套节目，发射总功率4700瓦，覆盖全县及周边县市300多万人口。1998年，进一步更新电视信号发送设施，节目信号覆盖半径从原35千米扩大到45千米。

有线电视信号传输设施 1991年底，如城有线电视卫星地面接收设施安装调试成功。第一期有线电视入户设施开始施工，覆盖区内1800户用户。随后，丁堰、白蒲、石庄、东陈、长江等乡镇广播电视站独立前端接收、发送设施相继完成安装调试。至1998年底，东南线（如皋—勇敢）、南线（如皋—九华）、西南线（如皋—长江）、西线（如皋—搬经、江安）、北线（如皋—柴湾、雪岸）5条光缆干线先后形成。

2000年，全市各乡镇与市有线电视联网成功。至2005年，全市有线电视实现村村通、组组通，建成有线电视达标市。2009年10月，初步完成全市有线电视数字化整体转换。

2010年，全市有线电视总用户30万户，其中数字电视用户27.25万户。

广播电视节目制作及播出设施、设备 1997

年，市广播电视台组建后，广播、无线电视、有线电视节目制作及播出设施、设备全部合并到市广播电视台节目制作中心和播出中心，完成资源整合、优化，并建成总控机房及有线前端、发射机房。

2010年，市广播电视台有广播电视演播厅1座，面积近500平方米。拥有摄像机30台、录像机31台、非线性编辑网2套、制作设备管理系统1套、三维虚拟演播室系统1套、硬盘播出系统1套、广告管理系统1套、分米波发射机8台、米波发射机4台、电视现场直播系统1套、广播高频发射机5台、广播直播间3间、广播直播车1辆、音频工作站1套、有线电视总前段机房1个、模拟频道7个、有线数字电视总前端机房1个、设计传输频点26个。播出数字电视节目140套、数字音频广播11套、“阳光政务”数据广播1套，硬盘播出系统承担6个频道播出。

三、节目设置

1956年8月，县广播站创办广播节目《如皋新闻》。此后，如皋人民有线广播站、如皋人民广播电台节目不断丰富。1988年12月，如皋电视台创办电视节目《如皋新闻》。如皋广播电视台建立后，广播电视节目进一步丰富。自办节目有广播节目和电视无线30频道和2个有线频道。2个有线频道为“生活娱乐”频道和“资讯购物”频道，节目资源靠商家提供，各频道的广告节目、天气预报节目、电视连续剧节目均由局(台)各相关部门提供。自办节目和数十个转播频道节目24小时全天候播映。

新闻类节目 广播节目《如皋新闻》，创办于1956年8月1日。1977年始，陆续增设《新闻你我他》《本台评论》《听众来信》《当日快讯》《简讯》等子栏目。1987年广播电台建立后，“现场报道”“录音报道”“连续报道”“本台评论”成为《如皋新闻》的几大亮点。至2010年，一直正常不间断播出。

电视节目《如皋新闻》，创办于1988年12月。至1990年12月，每周一档，每档20分钟。1991年1月至1996年6月，每周2档，每档15—20分钟。1996年7月始，每天一档，每档20分钟，每周6档。进入21世纪，整体节目量逐年增加。至2010年，正常每晚一档，每档30分钟，第二天中午重播，周末增加《一周新闻回顾》。遇有重特大新闻，现场直播，不受时间限制，或每天增加播出次数。

广播节目《上海经济区新闻联播》，创办于1984年1月，初为上海、江苏、浙江3省市24家县(市)广播电台联手创办的新闻节目。至1990年，联办单位发展至5省市43个县(市)广播电台。节目稿件按年会要求由各台相互提供。1992年12月，调频广播开播后，并入《98.3新闻网》作为子栏目。2000年停播。

广播节目《98.3新闻网》，创办于1992年12月，内容主要由经济新闻、社会新闻和上海经济区新闻组成。2000年停播。

电视节目《一周要闻回顾》，创办于1996年7月，每周一档并重播。2007年，更名《回望本周》。至2010年，正常播出。

电视栏目《东皋纵横》，由创办于1988年12月的《东皋风韵》更名，内容亦由原人文话题增加社会透视、热点点评等，为专题报道类节目。至2010年，每周一档，每档15分钟。

电视节目《爱我中华、兴我如皋》，创办于1989年9月，1992年6月停播。

电视节目《书海扬帆》，创办于1998年6月，始与市新华书店联办，一般每周一档。2004年2月10日，改版为《东皋人文》。至2010年，正常播出。

《民生零距离》，为广播电视共同播出节目，2009年初开辟，为原《如皋新闻》中的民生新闻单独析出的新闻类节目，主要抓住群众关注的热点问题进行剖析，加强舆论监督。至2010年，每周一档，正常播出。

社教类广播节目 《农业学大寨》，创办于1969年10月，1983年改版为《如皋大地》，1985年改版为《乡镇风貌》，1998年改版为《希望田野》。至2010年，正常播出。

《理论与实践》，创办于1987年12月，主要宣传党的现行政策。1997年12月停办。

《青年之声》，创办于1984年10月，为如皋广播第一次以主持人形式出现的对象性节目。设有《金色年华》《团徽闪烁》《青年信箱》等子栏目。1992年，改版为《青少年之声》。

《红领巾》，创办于1985年7月，设有《小红花》《小小故事会》《学习园地》等子栏目。1992年改版为《青少年之声》。

《青少年之声》，1992年由《青年之声》《红领巾》改版合并而成。至2010年,正常播出。

《万花筒》,创办于1988年,是一档融知识性、理论性、趣味性于一体的板块节目。1997年12月停播。

服务类广播节目 《科技节目》,创办于1980年,2003年1月停播。

《联办浪花》,创办于1988年,主要宣传相关法规,2001年停播。

《空中立交桥》,创办于1992年12月,是如皋广播电台第一个听众参与的互动性直播节目。

《阳光列车》,创办于1992年12月,1997年12月停播。

《市民热线》,创办于2004年2月,是一档听众直接参与对话的直播节目,对市民关注的政策性、民生性话题释疑解难。至2010年,正常播出。

《天气预报》节目 广播《天气预报》创办于1956年8月如皋广播站建站初,电视《天气预报》创办于20世纪80年代。至2010年,均正常播出。

文艺类广播节目 《每周一歌》创办于1982年1月。至2010年,正常播出。

《文艺之窗》,创办于1984年2月。至2010年,正常播出。

《文艺大观园》,创办于1992年12月,是一档听众参与互动的直播节目。至2010年,正常播出。

《共度好时光》,创办于1992年12月,是一档以群众参与为主的文艺直播节目。2002年停播。

《广播书场》,创办于1987年。至2010年,正常播出。

生活娱乐类电视节目 《经济十分钟》,创办于1998年1月,每周一档。至2010年,正常播出。

四、节目播出

广播节目播出 1956年8月1日,如皋县广播站开播。此后,全县有线广播,每天早、中、晚3次正常播出,一般为6:00—8:30、11:30—13:00左右、18:30—20:30左右,节目播出总时长6—7小时。此外,每天上午9时和下午3时2次对城区广播,播出总时长约3小时。1958—1959年,为配合“大跃进”等政治运动,一度开办深夜对城区广播,随时报道各机关单位运动动态。“文化大革命”期间,全县有线广播播出时间随意性较大,常临时开机。改革开放以后,每天早间播出时间推迟。

1987年12月,调频广播正式开播。播出初期,调频广播与有线广播同步播出相同内容。

1992年12月始,调频广播和有线广播不同步播出,调频广播每天连续播出10小时40分钟,其中早中晚约7个小时与有线广播同步。

电视节目播出 1978年8月至1983年11月,如皋电视差转台每天8:00—24:00差转中央电视台一套节目。

1983年12月至1988年8月,如皋电视转播台3个频道转播时间均为8:00—24:00。

1988年9月至1997年11月,如皋电视台,拥有三、十一、三十、四十4个频道,其中三、十一、四十3个频道每天8:00—24:00分别转播江苏、央视一套、南通或上海电视台节目,三十频道为如皋电视台自办节目,每周播出自办节目约70小时。

1997年12月至2010年,如皋广播电视台,拥有三、三十、四十3个无线频道和30个有线频道。其中:三、四十频道8:00—24:00分别转播江苏台和央视一套节目;三十频道为如皋台自办节目频道,每天播出时间约在7:25至次日0:30左右,广播电视自办节目年播出总时间3100小时以上;30个有线频道除转播自办节目的频道,其他均全天24小时转播中央台和有关省(市)台卫视节目。

如皋教育电视台建立之初,每天播出6小时以上。1997年,全年播出2800多小时。2000年,全年播出3600多小时。2010年,全年播出节目6396小时。

第十二节 报刊、网站

一、机构沿革

民国时期,全县报刊由民间团体创办和发行。民国时期,全县“国统区”创办报纸、刊物由国民政府如皋县政府或中国国民党如皋县党部审查备案,并报国民政府内政部登记;抗日民主根据地和解放区创办发行报刊由中共如皋县委直接管理。民国34年(1945年),中共如皋县委建立新华通讯站,县委宣传部部长兼站长,另设副站长1人、通联干事1人、记者1—2人。后,改为县委通讯站，负责为上级党报采写稿件。1962年，县委办公室配设专职新闻秘书。1968年，县革委会政工组设通讯报道组。1974年，通讯报道组归属县委宣传部领导，区、公社（镇）始设通讯报道员。1989年10月，县委宣传部始设新闻报道站。1993年，如皋市报社建立。2004年5月9日，如皋市新闻信息传播中心建立。2005年12月26日，市委、市政府将如皋市新闻信息传播中心、如皋教育电视台整合为如皋市新闻传媒中心。2009年12月29日，市新闻传媒中心、如皋广播电视台整合为如皋市文化广播电视传媒集团。

如皋日报（市报）社　1993年初，如皋市报社创立，为市委直属事业单位，位于海阳路天成大酒店。不久，搬迁至如城海阳路西外城河边（原百货公司仓库），下设印刷发行所，编印、发行《如皋市报》。1999年，更名如皋日报社，编印、发行《如皋日报》，2004年2月21日，建制撤销。

如皋市新闻信息传播中心　2004年5月9日，市委组建如皋市新闻信息传播中心，为市委直属正科级事业单位，定编30人，下设办公室、专题部、新闻部、网络部、内宣部、外宣部等。被中共南通市委宣传部表彰为2004—2005年度宣传思想工作先进集体。2005年12月26日，与如皋教育电视台整合，建立如皋市新闻传媒中心。

如皋市新闻传媒中心　2005年12月26日，由如皋市新闻信息传播中心、如皋教育电视台整合组建，为市委直属事业单位，主要负责《如皋日报》改版后的《如皋动态》及《如皋新生活》等平面宣传媒体编辑出版，领辖市教育电视台、网络信息中心、远程教育中心、如皋大剧院等机构和实体，正科级建制，定编30人，内设新闻部等5个中层机构。2009年12月29日，与如皋广播电视台等组建如皋市文化广播电视传媒集团。

二、报刊

《如皋白话报》　清宣统二年（1910年）4月10日创刊，县办学所所长沙元榘主办，8开4版。初为半月刊，后为旬刊，逢十出版。发行量1250份，其中：县教育会1000份，寄发18个区；县慈善会250份，专送如皋城城区。民国2年（1913年）10月，总期第124期推出“大改良”版，并更改期号为第1期，8开2版，设社说、选电、世界要闻、中国要闻、如皋要闻、专件、大事记、小说、谐谈、时评10个栏目。停刊时间不详。

《共和演说报》　民国元年（1912年）2月创刊，由掘港镇（今属如东县）“共和演说会”主办。民国2年9月，因经费困难而停刊。

《皋鸣报》　民国2年（1913年）2月创刊，为县议会部分议员发起创办，设于如皋城东门姐姐桥南塊东首黄少轩别宅内，副议长李亚青任经理。报社自购印刷机、铅字。每周出版1期，每期16开10余页，装订成册。内容有文言社论、白话社论、政令、新闻、短评、诗文、小说等。发行量700份。民国11年停刊。民国23年10月，以4开3日刊复刊，改为无党派人士主办的民间报纸，发行量1000份。民国27年3月，日本侵略军侵占如皋城后停刊。

《通俗报》　民国2年（1913年）10月创刊，为国民政府如皋县公署机关报。4开4版，周刊。由《皋鸣报》报馆印刷所承印，每期石印1200份，分送各市、乡阅报社。民国5年停刊，共出143期。

《如皋周报》　民国4年（1915年）11月创刊，由县教育会主办。4开周刊，发行量1000份。停刊时间不详。

《平民声》　民国11年（1922年）11月创刊，为“如皋平民社”社刊，主编吴亚鲁。4开4版，半月刊。民国14年停刊。

《如皋医学报》　民国12年（1923年）6月23日创刊，县中医医学公会主办，主编黄星楼，4开4版，月刊。由南通通新印刷公司承印，发行量1000份。民国21年，绌于经费停刊。

《教育行政周刊》　民国17年（1928年）3月31日创刊，由县教育局主办。停刊时间不详。

《皋报》　民国17年（1928年）冬创刊，初名《如皋报》，系中国国民党如皋县党部机关报，总编为中共地下党员徐家瑾，对开4版，周刊，发行量1500份。民国19年1月，更名《皋报》，主编为中共地下党员叶胥朝，对开4版，日刊，发行量1000份。民国24年秋，如皋春泥社借该报第四版开办文艺副刊《谷雨》，民国25年停刊。民国26年，抗日战争爆发后，《皋报》改为4开版，副刊《炮火》由春泥社编刊。民国27年3月，如皋城沦陷时停刊。

《皋农》　民国19年（1930年）夏创刊，为农业杂志专号，16开本，月刊。先后由“如皋县立农场”“如皋农业改良场”“如皋县农业推广所”“如皋县建设局实业课”和“如皋县建设局皋农月刊社”主编，受制于机构更迭和经费、人手等时办时辍。现存刊物至民国26年2月总第59期，具体停刊时间不详。

《儿童报》 民国19年（1930年）秋创刊，8开4版，周刊。发行数1000份。民国21年停刊。

《如皋民报》 民国21年（1932年）11月创刊，系黄希陶创办的中国国民党地方派系报纸。对开4版，日刊。由如皋城“快廉”印刷所承印，发行量1500份。民国24年9月1日，首届记者节在杭州举办全国报纸展览会，该报入选展览。民国25年春，春泥社借该报第四版主办文艺副刊《十日风》，同年6月休刊。民国27年3月，如皋城沦陷后停刊。

《如皋导报》 民国21年（1932年）创刊，系国民党地方派系报纸。4开4版，日刊。发行量800份。民国23年秋，春泥社俞铭璜、梁明晖、祝见山等借该报第四版主办文艺副刊《春泥》。民国27年3月，如皋城沦陷停刊。

《民声报》 民国22年（1933年）夏创刊，系何克谦创办的中国国民党地方派系报纸，4开4版，3日刊，发行量600份。是年秋，俞铭璜主编该报文艺副刊。民国24年春休刊，民国36年9月复刊，民国37年底停刊。

《如皋日报》 民国22年（1933年）创刊，系国民政府如皋县政府机关报。初名《新皋报》，民国23年秋，更名《如皋日报》，报头由陈立夫题写。初为4开2版3日刊，后改为4开4版日刊，发行量1500份。民国27年3月，如皋城沦陷停办。1999年，市委机关报改版后，亦名《如皋日报》。

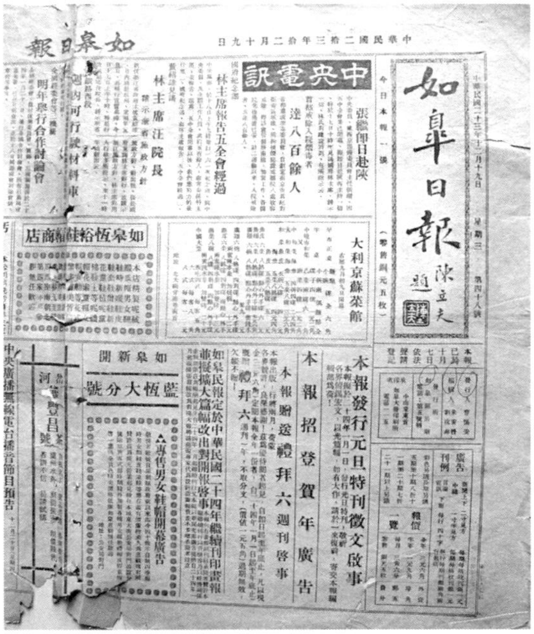
如皋日報
中華民國二十三年十二月十九日
如皋日報 陳立夫題
中央電訊
張繼即日赴陝
林主席報告五全會經過
明年舉行合作討論會
如皋恆裕鞋帽商店
大利京蘇菜館
如皋新開 藍恆大分號
專售男女鞋帽開幕廣告
如皋民報定於中華民國二十四年繼續刊印畫報並擬擴大篇幅改出對開報啓事
本報附送禮拜六週刊啓事
本報招登賀年廣告
本報發行元旦特刊徵文啓事
中央廣播無線電台播音節目預告
廣告刊例

图18-17 1934年12月19日《如皋日报》

《四维报》 民国23年（1934年），由民间集资创办，4开4版，3日刊。民国27年3月，如皋城沦陷停刊。

《如皋教育月刊》 民国25年（1936年）3月1日创刊，为教育行政管理杂志，由国民政府如皋县教育局主办，16开本，68页。民国27年1月停刊，共出刊19期。

《杂货》 民国26年（1937年）春创刊，为春泥社社刊，32开32页，半月刊，发行量700份。是年夏停刊。

《民族解放》 民国26年（1937年）9月创刊，为春泥社宣传抗战的理论刊物，8开4版，10日刊。发行量1200份。是年11月停刊，共出刊5期。

《救亡》 民国26年（1937年）9月创刊，为春泥社宣传抗日的通俗刊物，8开4版，旬刊，发行量1500份。至第10期后，改在《皋报》第四版发刊，至《皋报》停刊时止。

《滨海日报》 民国27年（1938年）10月，由中国国民党如皋县党部撤至马塘（今如东县）后创办。民国30年2月，日本侵略军侵占掘港（今如东县）后停刊。

《大声报》 民国28年（1939年）1月创刊，系薛承宗创办的中国国民党如皋县党部机关报，4开2版，日刊，发行量300份。1941年2月，日军侵略军占马塘后停刊。民国36年夏，于如皋城复刊。民国37年停刊。

《新华社新闻稿》 民国29年（1940年）冬创办，由中共如西县委编辑出版，初为8开1版，后扩为8开2版，油印。民国30年4月《如西报》创办后停止编印。

《如西报》 民国30年（1941年4月）创刊，系中共如西县委机关报，为苏北沿江地区出版的第一张中共地方报纸。16开4版，初为油印，后一度由“新业”印刷所铅印，发行量不详。民国30年7月停刊，人员及所用电台、印刷设备等转苏中三地委。

《江潮报》 民国30年(1941年)7月，于如西县创刊，系中共苏中三地委机关报，先后由周擎宇、徐中尼任主编。8开4版，初为油印5日刊，后为4日刊、3日刊，最大发行量2560份。民国31年12月，报社将1—60期合订本通过苏联在上海出版的中文《时代》杂志社辗转送往莫斯科，作为献给斯大林62岁寿辰礼品。民国32年8月，改为铅印2日刊，仍为8开4版。是年9月，更名《江潮日报》，4开4版，最大发行量1万份。民国34年11月停刊，共发刊150多期。

《种田人报》 民国31年(1942年)3月创办，由如西县农民抗日联合会主办，主编丁正铎。停刊时间不详。

《如皋大众报》 民国33年(1944年)5月创办，系中共如西县委机关报，8开2版，刻写油印，不定期出版。民国34年9月休刊。民国36年12月复刊，系中共如皋县委机关报，8开2版，刻写油印。初为周刊，后改为3日刊，每期发行量300多份。民国37年秋停刊，共出50多期。1956年5月1日复刊，报头由陈毅题写，改为铅印，8开2版。初为5日刊，后改为每周二、三、六刊，发行量7万份。1961年10月停刊，共出刊1022期。

《青年解放》 杂志，民国33年(1944年)6月于如西县创刊，由苏中三分区青年抗日联合会主办，32开，铅印。民国34年12月停刊。

《如皋报》 民国34年(1945年)9月创刊，系中共如皋县委机关报，社长祝见山，主编周向阳。对开2版，初为3日刊，后改为周6刊，发行量2500份。民国35年7月，县委机关撤出如皋城前夕停刊，共出刊250期。

《江海导报》 民国34年(1945年)11月于如皋城创办，为华中一地委机关报，由苏中三分区《江潮日报》和四分区《江海日报》合并开办，社长李俊民，总编先后为徐中尼、樊发源。4开2版。民国36年10月停刊。

《前线》 民国36年(1947年)于如皋泰兴农村创刊，苏皖一分区《前线》报社出版，一地委宣传部部长汪海棠任社长，汪普庆任总编，8开2版，2日刊。民国36年12月，第100期出版时更名《前线报》。民国38年初停刊。

《皋声报》 民国35年(1946年)12月创刊，系中国国民党如皋县党部机关报。初为4开4版，日刊，由如皋城“大发”印刷所承印，发行量500份。民国37年底，扩为对开4版。民国38年1月，国民党如皋县党部撤离如皋时停刊。

《鸡鸣报》 民国36年(1947年)春创刊，由三民主义青年团如皋分团主办。8开，日报。开办一个多月后停刊。

《商报》 民国36年(1947年)10月创刊，由如皋商会主办。4开4版，3日刊，发行量不详。民国37年10月停刊。

《热血》 杂志，民国37年(1948年)8月1日创刊，由三民主义青年团外围组织江苏如皋青年服务社主办，仅出刊1期。

《新皋》 杂志，1958年创刊，系中共如皋县委机关理论刊物，由县委宣传部主办。月刊，发行量3000余册。1960年停刊。

《如皋文艺》 杂志，1959年1月创刊，由县文联主办。月刊，发行量3000余册。1961年停刊。

《春泥》 杂志，1979年创刊，由县文化馆和县总工会联合主办。初名《如皋文艺》，1980年2月更名《春泥》，由江苏省委书记许家屯题写刊名，双月刊，发行量8000余册。1981年4月停刊。

《卫生与健康》 1981年5月创刊，由县爱国卫生运动委员会、县卫生防疫站主办。4开4版，半月刊，最高发行量6万份。1985年7月停刊。

《如皋农业科技报》 1983年4月创刊，由县农业局、县多种经营管理局主办。8开4版，半月刊，发行量8万份。1993年停刊。

《如皋市(日)报》 1993年6月1日试刊(每周1期)，10月1日正式创刊，初名《如皋市报》，为中共如皋市委机关报。每周3期，4开4版，一版要闻、二版综合、三版政文，四版副刊。是年，刊出48期，发行量3.2万份。1995年，一版增辟《超百亿新思路》，二版增辟《农事要领》，三版增辟《政治大舞台》《人口与健康》《法制天平路》《有话直说》《校园之声》，四版增辟《影视苑》等栏目，全年出版255期，用稿1万多篇。

1996年1月1日始，创刊星期版，4开4版，套红印刷。是年，共出版228期。1998年，由每周4期改为每周6期，全年出版313期，共刊登各类稿件3万余篇。

1999年6月1日，更名《如皋日报》，仍为每周6期，4开4版，一版要闻、二版综合、三版政文、四版时事。周末版辟有《雉水广角》《休闲绿岛》《生活向导》《文体看台》《社会万花筒》《水绘园》等栏目。是年,《如皋日报》有26篇稿件在全国、省、南通市好新闻评比中获奖。

2000年,《如皋日报》经国家新闻出版署批准,获全国统一刊号"CN32-0130",并获江苏省邮政发行代号"27-156"。至2003年12月31日,《如皋市(日)报》共出刊2619期,用稿6531万余字;在全国和江苏省好稿评比中获奖161项,其中一等奖16项。

2004年1月1日,根据中央报刊治理相关规定,停刊。

《情况通报》《如皋要览》《如皋信息》《如皋动态》 2004年,《如皋日报》停刊后,如皋市新闻信息传播中心先后编印《情况通报》,每周1期;《如皋要览》,每周3期;《如皋信息》,每周3期;发行量1.5万份,免费向读者赠阅。2005年,增加编印《如皋动态》(每周3刊),每期发行1.1万份,免费向全市社会各界赠阅。

2006年始,《如皋动态》由每周3期改为每周6期,并自行设计制作发行电子版,开全国县(市)级平面媒体电子版先河。2007年5月8日,《如皋动态》全面改版。2008年4月,《如皋动态》增加B版,成为8版彩报。2006—2010年,《如皋动态》共出版1516期,通过邮递和专送方式,免费送达读者手中。

附录:

伪如皋县政府主办的《如皋日报》

民国30年(1941年)5月,伪如皋县政府主办《如皋日报》,属汪伪宣传部乙级地方报。民国34年秋,日本侵略军投降后停刊。

三、网站

2000年,如皋教育电视台网站正式开通。2001年,如皋市电视传输网络公司建立,在有线电视网络基础上,建设如皋市党政数据和国民经济宽带综合信息网(简称市党政综合信息网)。是年,接通市党政电子政务网点70个、其他网点近200个。

2002年7月,市政府网站正式开通。2002—2003年,全面建成覆盖全市的市党政综合信息网,各镇(区)均建成独立数据机房。2004年元旦,市党政综合信息网正式开通。

2004年3月8日,市教育电视台开通网上《如皋要闻》视频点播。10月18日,在全国县级首先开办英文报道栏目,实现网站与国务院新闻办公室主办的中国网链接,以英、法、德、日、俄、西班牙6种语言向世界发布信息。是年,市政府网站在南通地区率先现场视频直播重大新闻,被评为江苏省优秀政府网站,获信息产业部推进司优秀服务奖。市新闻信息传播中心成立后,主管市政府网站,并全面改版,日点击量超过5000人次,投票满意率95%以上。

2005年,扬子热线、中国花木网、中国长寿网、如皋房产、如皋美食等专题网站相继建成开通,其中定位沿海开发的扬子热线网站平均日点击率3.8万人次。是年12月,市政府网站被评为江苏省优秀政府网站。

2006年始,市政府各部门和各镇(区)建立网站或设置网页,与市政府网建立链接或通过政府网与域外建立链接。是年,市政府网平均日访问量5187人次,发布信息超过7000多条次,一些国内外著名网站每天均检索如皋市政府网站的新闻并引用。

2007年3月、5月和7月,如皋党建网、如皋网、中共如皋市委新闻网建成开通,并建立正常的新闻发布和信息更新机制,成为全市重要的新闻、信息窗口。2009年,市委新闻网累计编发新闻11091条,其中英文新闻564条,并相继开通《如皋论坛》《如皋博客》频道,增设《辩论》栏目。同时,对理论板块、新闻板块、资料板块及《如皋访谈》《雉水人文》等栏目进行全面改版。

2010年,市党政电子政务网基本完成如皋城区双向网改造工程,全市300多个村(居)实现数字业务全覆盖。至2010年末,除市委、市人大、市政府、市政协、市纪委建立门户网站外,全市各镇(区)、市级机关各部门、各市属事业单位、各金融机构和规模以上企业大多设有网站(网页),"如皋老乡会""网友之家"等民间网站亦大量出现。

2010年如皋市党政机关、镇(区)主要网站一览表

表18-5

网站名称	域名	上线时间
中共如皋市委新闻网	www.cpcrugao.cn	2007
如皋政府网	www.rugao.gov.cn	2003
如皋人大网	www.rgrd.rg.gov.cn	2007
如皋市政府网	www.rugao.gov.cn	2003
如皋政协网	www.zx.rg.gov.cn	2007
如皋廉政网	www.rglz.gov.cn	2005
投资如皋网	www.shangjia.baidu.com	2006
如皋党建网	www.rgdj.gov.cn	2007
如皋机关党建网	www.jggw.rgdj.gov.cn	2005
如皋论坛	www.rugaobbs.com	2007

2010年如皋市主要社会网站一览表

表18-6

网站名称	域名	上线时间
中国花木网	www.huamu.com	2004
中国长寿网	www.chcs.roboo.com	2009
如皋房产	www.rgfcw.cn	2009
如皋老乡会	www.rugao.xici.net	2002
网友之家	www.ai0513.com	2010

附录:

驻如新闻单位

1994年3月,《南通日报》社设如皋记者站。1994—2004年,先后采写、刊用各类新闻稿件2200余篇。2004年8月,《南通日报》如皋工作站正式挂牌,与记者站合署办公,负责在如皋市的新闻宣传、报业经营、报纸发行及通联工作。2005年9月1日,南通日报社、如皋市教育局联办,如皋市教育系统29家单位协办的《如皋教育之窗》在《南通日报》开栏。2006年始,《如皋卫生之窗》在《南通日报》开栏。2007年,《南通日报》A3版开辟《雉水新潮》栏目。

第二章 史志

第一节 党史

一、机构沿革

1960年，县委建立革命历史资料编辑室。不久，工作中断。1981年6月，县编史修志办公室建立。1983年5月31日，县委建立党史资料征集小组，下设办公室，与县编史修志办公室合署办公。1985年6月14日，县委党史资料征集小组更名县委党史资料征集委员会，办公室改为常设机构(简称县委党史办)，位于如城冒家巷北首。2001年，市级机关机构改革，市委党史办列为市委直属事业机构，与市地方志办合署办公。2010年，市委党史办设党史科等3个科室。

二、资料征集

1983—1988年，县委党史办征集各类历史资料6749件1020万字，其中重要文献262件10.5万字、回忆录1163件375万字、报刊5324件633.74万字、档案资料193件15万字，征集革命历史照片33张、地图14幅、烈士遗像28张、烈士遗物3件。1991—2000年，市(县)委党史办征集革命回忆录、大事记载等2626篇(条)135.91万字。2001—2005年，重点征集社会主义时期如皋地方党史专题资料，共征集120篇158万字。2005年，结合纪念抗战胜利60周年，走访全市41位亲历者，获日本侵略军在如皋设立慰安所直接证据和珍贵口述资料10份，其他史料352条、4.21万字。2006年，配合中国工农红军第十四军纪念馆筹建，市委组建史料征集小组，重点征集与红十四军相关史料及革命文物。至2010年，共征集照片1322幅、文章675篇、书籍(复印件)61本、档案资料(复印件)264份、电子资料16份、实物57件。2001—2010年，共记载、整理中共如皋地方组织大事纪要1335条69.51万字。

三、党史编写

1960年，县委革命史料编辑室建立后，即着手中共如皋地方史编写工作。不久，编写工作中断。1981年，党史编写工作恢复。至2010年，市(县)委党史办共编写各类党史专著、资料20多部。

《如皋火花》 1960年4月5日，出版第一集。1963年1月，第六集付梓。2009年6月，1—6集合订本出版。

《滨江红浪》 1962年11月，内部出版。全书共10章，约12万多字。

《如皋文史(史志)资料》 20世纪80年代始，县委党史办编印《如皋文史资料》，后更名《如皋史志资料》。至2007年1月，共编辑并内部出版丛书17辑，每辑收录重要党史(文史)资料约10万字，其中第17辑《雉水雄鹰——被荣记一等功的如皋警卫团一连战史》，计15万字。2000年，始以《难忘的岁月》编辑出版。至2006年，共出版2期，计29万字。

《中共如皋组织史资料》 由市委党史办、市委组织部、市档案局联合编写，1993年1月由中共党史出版社出版发行。全书52万字，共收录各历史时期组织机构951个、领导人7578人。

《如皋英烈》 1995年始，由市委党史办、市民政局联合编写。1997年10月，由新华出版社出版，共收录108位革命烈士传记、25位革命烈士传略、110多幅烈士遗像，计22万字。

《如皋党史大事记(1949—1999)》 1998年11月，完成初稿编写，收录1949—1995年中共如皋地方组织大事纪要1045条。次年，下限延伸至1999年，内部出版。

《如皋人民革命史》 1999年9月，由中国文史出版社出版，30万余字，分中国共产党的创立和大革命时期、土地革命时期、抗日战争时期、解放战争时期4个部分，记述如皋人民在中国共产党领导下进行新民主主义革命的历史。2001年12月，获江苏省政府社会科学优秀成果二等奖。

《如皋五十年》 1999年9月，由中国文史出版社出版，50余万字，分农村经济、工业经济、财贸经济、对外开放、社会事业、精神文明6个部分，全面记述中华人民共和国成立后50年中，中共如皋市（县）委带领全市（县）人民取得的经济和社会发展成就。

《如皋人民武装斗争简史》 2000年9月，由中央文献出版社出版，20万余字，市委党史办与市人武部联合编纂，主要反映土地革命至解放战争时期，如皋老区人民开展武装斗争的光辉历程。

《如皋党组织创始人——陆植三》 2002年7月，内部出版，18万字。共收录陆植三生前的领导、同事及亲友的纪念文章20余篇及陆植三遗墨等，着重反映如皋第一个中共组织创始人的人生历程。

《江苏人民革命斗争群英谱·如皋分卷》 2003年7月，江苏人民出版社出版发行，22.7万字，由市委宣传部、市委党史办、市关工委、如皋市报社共同征集、编写，共收录如皋人民革命斗争中的群众英雄人物事迹270篇。

《季恺纪念文集》 2003年11月，市委党史办与无锡市史志办、无锡市新四军历史研究会联合编写。2004年12月，季恺100周年诞辰前由时代文艺出版社出版，30余万字，全面记述季恺的传奇人生。

图18-18 如皋地方党史主要编研成果

《苏中小抗大——如西中学》 2005年8月，为纪念抗日战争胜利60周年编写，内部出版，19万字。共收录如西中学校友回忆文章74篇，反映1941—1945年如西中学办学历程。

《腾江越海创辉煌——如皋解放60年大事记》 2010年12月，由广陵书社出版发行，收录1949—2009年中共如皋地方组织大事20余万字、图片近1000幅。

四、党史研究、宣传

党史研究 20世纪80年代前，全县党史研究以历史史实挖掘研究为重点。

1991年，市委党史办开始进行党史理论探讨。是年，撰写党史研讨、党建论文8篇。1996年，完成社会主义建设时期6个党史专题的研究。1997年，全面实地勘察全市革命遗址、遗迹，并进一步考证整理相关史实。

1998年9月18日，市委党史办会同市委宣传部、市教育局等单位联合召开改革开放20周年理论研讨会，集中展示改革开放党史理论研究成果。2000年，论文《新四军取胜黄桥决战之因探微》在江苏省纪念黄桥战役胜利60周年研讨会上交流，论文《陈独秀与中国共产党》在江苏省纪念建党70周年研讨会上交流。2001年，论文《试论党的过渡时期总路线的独创性贡献》在《世纪风采》等杂志发表。2002年，《兵民是胜利之本》《爱国主义精神在苏中四分区反"清乡"斗争中的体现》《政策和策略是党的生命》《宣传工作是党紧密联系群众的纽带》《苏中四分区反"清乡"是一场群众性的武装斗争》等论文公开发表或参加省级研讨。2004年8月，市委党史办组织撰写6篇论文参加省和南通市党史系统纪念邓小平诞辰100周年理论研讨会。

2008年始，市委组织红十四军专题党史研究，中央党校、解放军军事科学院、省委党史办、省委党校和近20所高等院校的教授、学者参加研讨。

党史宣传 1985年县委党史办建立至2010年，市（县）委党史办党史工作者至基层宣讲中共党史和地方史570多场次，28.5万余人次受到教育。先后与各级电视合联合摄制《砥柱中流》《鲜红的党旗》《赤血丹心》《如皋抗战风云录》《江海怒涛》等电视专题片18部，先后在各级媒体发表《龙游雉水军旗红》等宣传中共如皋地方史的文章100多篇。

2010年5月,红十四军纪念馆土建工程完工,开始布馆。

第二节 地方志

一、机构沿革

明、清时期,《如皋县志》编修由县衙直接组织,多由知县担任主修,县学教谕或训导担任主纂,邀集部分进士、举人、秀才、邑绅等组建编修班子进行编纂。民国时期,县志编修由县民政公署直接组织。

1980年2月27日,如皋县续编《县志》领导组成立,下设办公室,开始组织中华人民共和国成立后第一轮县志编修。1981年6月1日,如皋县编史修志委员会组建,下设办公室。其时,全县多数系统、部门和乡镇相应建立编史修志领导组和编纂办公室,搜集资料,编纂部门(专业)志和乡镇志。

1989年7月,县编史修志委员会更名如皋县地方志编纂委员会,办公室相应更名如皋县地方志编纂委员会办公室。2006年,市政府成立《如皋市志》编纂委员会和编委会办公室,具体负责中华人民共和国成立后第二轮地方志编修工作。至2010年末,市地方志办为市政府直属事业单位,与市委党史办两块牌子、一套班子。

二、市(县)志编纂

明天顺八年(1464年),《如皋县志》创修。至1995年,先后重修7次、续修5次,共成志12部,其中明代5部、清代5部、民国时期1部、中华人民共和国成立后1部。2006年始,《如皋市志》编纂工作启动。至2010年,完成纲目评审,基本完成资料搜集,并形成部分分纂稿。

明天顺《如皋县志》 主修缺载,主纂周鼎,明天顺八年(1464年)成书。国内早已散佚,英国伦敦博物馆有藏本。

明嘉靖十五年《如皋县志》 主修刘永准,主纂陈源清。明嘉靖十五年(1536年),始修并成书,为续修本,共设6卷。时评该志“典而莹,庄而密,核而不浮。”早已散佚,现存序文2篇。

明嘉靖三十九年《如皋县志》 主修童蒙吉,主纂谢绍祖。明嘉靖三十九年(1560年),始修并成书,为国内现存最早《如皋县志》。重修本,共设区域、建置、食货、典礼、官政、杂志、秩官、人物、诗文等10卷,下设46目及4个附目,卷首有图片6张,共7万字。今,上海图书馆存有天一阁收藏本,为民坊木刻版,有丝栏,半页10行,每行20字,计175页,线装为1册;市地方志办存有翻摄本。

明万历二十八年《如皋县志》 主修张星,主纂不详。明万历二十八年(1600年)成书,为续修本,共设14卷。乾隆初散佚,历代旧志序中亦未见序文。

明万历四十八年《如皋县志》 主修李廷材等3人,主纂吕克孝等2人。明万历四十三年(1615年)始修,万历四十八年成书,为重修本,志书后记载:“通计25篇,凡为表6,为类7,为卷10,为字204686字,为版252块。”书首有序文5篇,其中序作者孙慎行,江苏武进人,万历进士,礼部尚书,翰林院学士。每卷前置弁言,卷后附“外史氏曰”。印版由邑人李上林刻制,共订为6册。今,北京图书馆有藏本,民坊木刻版;市地方志办存有翻摄本。

清康熙《如皋县志》 主修卢綎,主纂许纳陛。1681年(清康熙二十年)始修,康熙二十二年(1683年)成书,为重修本,共设16卷。今,南通市民间有藏本,市档案馆存有序文1篇。

清乾隆《如皋县志》 主修郑见龙,主纂周植等2人。清乾隆十四年(1749年)始修,次年成书,为续修本,共设32卷及附录1卷,卷下设55目和1个附目,附图9幅,附表2张,计806页,书版413块,39万字。每卷卷首冠以小序,卷末赘以赞语,行文中有按语。今,上海市图书馆有藏本,由“金陵徐尔章镌”,字为正楷,半页11行,每行22字,有丝栏,线订;市地方志办和档案馆存有翻摄本、精楷抄本各1部。

清嘉庆《如皋县志》 主修杨受廷等2人,主纂马汝舟、江大键。清嘉庆六年(1801年)始修,清嘉庆九年完稿,清嘉庆十三年继任知县左元镇刊行。为重修本,共设24卷112目和4个附目,每卷卷首有小序,另设附录1卷,附图9幅,附表1.53万字。

该志凡例提出艺文收录标准:"艺文于邑究利弊、关风化、著事实者收录,即间涉平庸语,不雅驯,亦不忍弃。若流连景物,不过月露风云,虽工妙不取。"今,市内存有藏本,民坊木刻版,线订为8册。

清道光《如皋县续志》 主修范仕义,主纂吴铠。清道光十六年(1836年)始修,次年成书,共设12卷30目,附目1.1万字,并增补清嘉庆九年至道光初年县内大事。每目开始均注"以上载前志",并有小序。今,市内有藏本,民坊木刻版,有扉页,线订为2册。

清同治《如皋县续志》 主修周际霖等2人,主纂杨泰熯等3人。清同治十年(1871年)始修,同治十二年成书,共设16卷42目,附目1.19万字,主要记载清道光十六年(1836年)至清同治十二年(1873年)间地方史料,编纂上限以前史料不列,注明"载前志""载前续志"。时评该志:"按其大都,义例则严而核,文采则彰而确。"今,市档案馆有藏本,民坊木刻版,线订为6册。

民国《如皋县志》 主修刘焕,主纂始为沙元炳,沙氏去世后,由金鉽、陈其嘉继任。民国4年(1915年)始修,民国18年完稿。为重修本,上限自事物发端,下限至清宣统三年(1911年),共设113目和6个附目,全书150万字。民国22年,铅印卷首和卷1—5,线订为4册,卷6起订为14册,每册页数不等。民国28年,作序之六,插入原序五之后,作跋语及续补题名于稿本之末,未作明显增续。今,市地方志办存手稿本,毛边纸,精楷誊写,半页11行,每行33字,有方格。

1995年《如皋县志》 主编李实秋,为重修本,上限自事物发端,下限至1990年。全志设22卷108目1492子目,120万字,由香港新亚洲出版社赞助出版。1980年3月始修,1995年夏成书,历时15年。共有360多人参与编纂,征集旧县志7部,其中明代2部、清代4部、民国时期1部。累计征集档案资料2262件1016万字、回忆录1163件375万字、报刊资料5324件633万字。1995年8月27日,正式发行,获南通市史志评选一等奖。1998年,根据江苏省委领导指示封存。

三、地情书编纂

1980年,县地方志办公室建立后,在编纂地方志书的同时,组织编纂地情书,作为地方志书的拓展和延伸,亦作为地情宣传资料。

《如皋要览》 1988年10月,由上海科技教育出版社出版发行,全书14.5万字,分区划建制、自然环境、人口、经济综述、工业、农业、水利、建筑业、交通运输、邮电、商业、外贸、土特名产、财政、金融、保险、教育、科学技术、文化艺术、体育、卫生、名胜古迹、人物、杂录等篇目,简要介绍如皋县基本情况。

《记忆如皋》画册 2006年10月,由《人民日报》出版社出版发行。共收录地方历史图片300余幅,编配引文和说明文字2.4万余字,分古老的记忆、红色的记忆、难忘的记忆、清晰的记忆4部分,展示如皋悠久、深厚文化底蕴,如皋人民不屈不挠的革命斗争精神以及在革命斗争和社会主义建设中取得的辉煌成就。

《如皋指南》 2009年10月,由广陵书社出版发行,20万字,共收录图片100余幅、各类服务信息1200余条。从生活、消费、求职、交通、通讯、投资、旅游等7个方面介绍如皋基本市情,为在如皋生活、工作的指南。

四、乡镇、部门(专业)志编纂

清道光二十一年(1841年),《白蒲镇志》成书,为全县第一部乡镇志。20世纪80年代始,全县乡镇、部门(系统)普遍组织修志。至2010年,如城、工会、卫生、土地、保险、金融、邮电、电力等乡镇、部门(专业)志书公开出版发行,部分镇和部门(专业)志内部出版,部分仍在编修中。

《白蒲镇志》 清道光《白蒲镇志》,主纂姚鹏春。清道光十七年(1837年)始修,清道光二十一年成书,15万字,设建置、选举、风土、人物、烈女、艺文、名迹、杂录等9卷,其中风土2卷。都察院左都御史沈岐评为:"今读是篇,乃恍然于源流本末,件系条分……他日采之輶轩,登之国史,其将以是篇为征信也夫。"志书传抄本,中国科学院、南开大学及北京、南京、上海、南通等地图书馆均有藏。1979年,南通市图书馆将抄本印刷,发行。

1983年秋,白蒲镇党委、政府组织重修《白蒲镇志》,形成30余万字志稿。2006年,再次组织编修,下限延至2005年。至2010年末,完成约120万字重修稿。

《如城镇志》 1981年,编纂工作启动,初名

《如城镇志》,形成城建、人口、工业、商业、金融等分卷初稿。1995年,编写工作中断。1998年始,重新启动编修工作。至1999年,完成下限至1998年末的初稿50多万字。2004年3月1日始,再次编修,记述范围扩大至区划调整后管辖范围,下限延至2006年末。2008年10月,定名《如城志》,126万字,设19卷109目315子目,由方志出版社出版发行。

《丁堰镇志》　1992年底,完成下限至1990年初稿。2003年7月始,丁堰镇党委、政府组织重修,下限延至2004年底。2005年9月,形成初审稿,设17卷67目,约27万字。2008年,内部出版。

《石庄镇志》　20世纪80年代中期,编纂工作启动,上限自事物发端,下限至2009年。2010年9月,搁笔,设19卷91目共60万字。

《人民法院志》　由市(县)人民法院编纂。1986年,印制16开手刻油印本,上限自清宣统三年(1911年),下限至1985年,设3篇34节,约14万字。21世纪初,市人民法院在油印本基础上组织续写,下限延至2000年末。2008年,再次续写,下限断至2008年10月。2010年,内部出版,设14章37节,共29万字。

《教育志》　由县教育局编纂。上限自南唐保大十年(952年),下限至1984年,共约26万字,分为4编:第一编,南唐保大十年(952年)至清光绪二十六年(1900年);第二编,清光绪二十七年(1901年)至民国37年(1948年),分上下2部;第三编,1949—1984年;第四编,人物。1987年8月,印制铅印本,内部发行。

《土壤志》　1981年,由县土壤普查办公室与江苏省土壤普查办公室联合编纂,如皋县农业局审定。上限自事物发端,下限至1985年,分10章36节,约30万字。1987年,印制铅印本,内部发行。

《体育志》　由县体育运动委员会编纂。上限自清光绪三十四年(1908年),下限至1987年12月,设9章20目,60万字。1987年12月,完成编撰,印制16开油印本,内部发行。

《工业志》　1981年,由县经济委员会组织编纂。上限自民国元年(1912年),下限至1985年,共4卷6编23章83节。1988年8月,完稿,印制16开油印本,内部发行。

《交通志》　1981年初,由县交通局编纂。上限自事物发端,下限至1986年,分9篇38章59节。1987年6月完稿,1988年8月印制铅印本,内部发行。

《商业志》　1981年,由县商业局编纂。上限自1911年(清宣统三年),下限至1985年。1988年,成稿,印制油印本,内部发行。

《畜禽疫病志》　由县农林局和县多种经营管理局联合编纂。上限自1949年,下限至1988年,全书18万字。1989年6月,完稿,印制油印本,内部发行。

《劳动志》　由县劳动局编纂。上限自1949年,下限至1989年,全书设4章72节,12万字。1991年1月,完稿,印制16开油印本,内部发行。

《保险志》　由中国人民保险公司如皋支公司编纂。上限自1950年,下限至1990年,全志分3节5目11子目,近3万字。1992年10月完稿,现存手工复写本。

《供销志》　1990年,由县供销合作总社编纂。上自事物发端,下限至1990年末,设14章45节及概述、大事记、附录,共约28万字。1994年3月脱稿,现存油印本。

《金融志》　由如皋人民银行牵头编纂。上限自事物发端,下限至1990年,设16章73节,共35万字。1994年6月,由南京大学出版社正式出版。

《卫生志》　1985年初,由县卫生局编纂。首轮上限自明洪武十七年(1384年),下限至1990年。1996年冬完稿,设13章52节,约32万字。1998年4月,由新华出版社出版发行。2007年始,续修,下限至2012年。至2010年底,仍在编修中。

《工会志》　1992年5月,由市总工会编纂。上限自清光绪二十五年(1899年),下限至1991年如皋撤县设市,照片下延至截稿。1999年12月完稿,分工人运动、工会组织、工会工作、工会人物4篇16章53节,近37万字。由北京大众文艺出版社出版发行。

《邮电志》　由如皋邮电局编纂。上限自事物发端,下限至1991年6月1日。1997年春,完成初稿,设5章20节67目,共11万字。1998年,完稿,概述和大事记下延至1998年9月8日。1999年4月,由江苏人民出版社出版发行。

《土地志》　由市国土规划管理局编纂。上限自事物发端，下限至1994年末，全志设11章37节79目，22万字。2001年，由中央文献出版社出版发行。

《文化志》 由市（县）文化局编纂。上限自事物发端，下限至1999年，设12章33节78目，共34.5万字。2003年7月，内部出版。

《粮食志》 由市（县）粮食局编纂。首轮编修上限自民国元年（1912年），下限至1985年，设19章70节，37万字。1991年11月，印制油印本，内部发行。1993年始，首次续修。2004年11月，完稿，下限至2001年，设6章20节，4.5万字，电脑打印成册。2005年，第二次续修，下限至2005年。2006年完稿，电脑打印成册。

《电力工业志》 由如皋供电局（公司）编纂。首轮编修上限自民国7年（1918年），下限至1985年。1989年成稿，设8章32节64目，12万字。2004年，续修，下限至2005年，分10章40节，20万字。至2010年末，形成统合志初稿。

《军事志》 由市人武部、市地方志办联合编纂。上限自事物发端，下限至2004年6月，分8章32节89目，共45万字。2004年9月1日，南通市地方志编纂委员会和南通军分区军事志编纂委员会审定，同意出版。11月，作为内部资料刊印。至2010年末，尚在继续征求意见，进一步修改中。

《食品药品监管志》 由市食品药品监督管理局编纂。上限自2001年，下限至2006年末，共6万字。2007年7月完稿，电脑打印成册。

《检察志》 由市检察院编纂。上限自1912年（民国元年），下限至2007年末，分12章44节，约25万字。2010年10月，内部出版。

《农林志》 由市农业委员会（农林局）编纂。上限自事物发端，下限至2005年，分10篇31章129节421目，约25万字。2010年完稿，内部打印成册征求意见。

五、年鉴

1989年始，《如皋年鉴》编纂出版发行，为全省最早的地方综合年鉴之一。始由县档案局承编。1994年12月，《如皋年鉴》（1991）获江苏省档案编研优秀成果二等奖。2002年始，《如皋年鉴》编纂工作由市地方志编纂委员会办公室负责。2004年12月，《如皋年鉴》（2004）获全国年鉴评比综合一等奖。2005年12月，《如皋年鉴》（2005）获首届江苏省地方志年鉴评比综合一等奖。2009年，《如皋年鉴》（2008）获第四届全国年鉴编纂出版质量评比地州县区年鉴综合一等奖，同时获"条目编写"一等奖和"框架设计"二等奖。至2010年，《如皋年鉴》共编纂出版22部。

图18-19　第四届全国年鉴编纂出版质量评比奖杯

（2010年摄）

第三章 档案

第一节 管理机构、队伍

民国16年(1927年),国民政府如皋县政府秘书室设"管卷员",负责档案收集、管理。民国38年2月,县政府秘书室设1名专职档案员。1959年6月14日,如皋县档案馆成立,有专职人员3人。县公安、教育等部门先后建立档案室,一般有专兼职人员1—2人。"文化大革命"期间,县档案馆特别是基层档案机构瘫痪,全县多次发生争抢档案事件。1981年5月21日,县档案局成立,设编2人。1984年1月21日撤销。1986年11月14日,恢复建立,为副科级建制,与县档案馆合署办公,共有人员12人。1990年,全县共有基层单位档案室1200多个,专(兼)职档案人员1240人。2008年12月,市档案局升格为正科级建制,参照国家公务员制度管理。2010年,市档案局(馆)内设监督指导科等5个职能科室,在职15人。全市有综合性档案馆1个、专业档案馆(城建)1个、基层档案室1221个,共有档案工作人员1450人。

图18-20 原如皋市档案馆 (2004年摄)

第二节 基础设施建设

一、市(县)档案馆

库房 1949年,县政府接管国民政府如皋县政府秘书室位于如皋城长巷的1间档案库房。1956年,县人委将档案库房迁至县政府机关大院(今中山路128号),扩至3间。1970年1月,县档案馆库房迁至县政府机关后院,增至5间。1979年,县档案馆翻建632平方米综合楼,辟库房280平方米。2008年6月,市档案馆迁至市行政中心A一楼,库房使用面积扩至1500平方米。

橱、箱 1958年前,档案使用木架、木橱、木箱存放。县档案馆建立后,逐步更换为铁橱、铁箱。至1990年,共有档案铁箱804只、木箱153只、铁橱22张。2004年,添置密集架1组80多立方米。2008年,库房迁至市行政中心后,添置密集架1100立方米。

图18-21 20世纪80年代档案馆库房设备

配套器具 1990年,县档案馆备有灭火器10架、除湿机3台、吸尘器1架、空调1台、警报器1台、相对湿度自动控制记录仪1台,后陆续备有静电复印机、照相机等。2000年,市档案馆添置激光打印机等设备。2001—2007年，添置电脑、扫描仪、摄像机，增设报警系统、档案管理软件系统等。2008年，迁市行政中心后，库房配备恒温恒湿、防火、防盗等设施，保管条件大为改善。

二、基层档案馆（室）

1990年，全县1200多个基层单位档案室共有库房2700余间，计25000余平方米，一般与办公用房相对独立；有档案橱8100余套、档案箱960余只、复印机7台、除湿机6台、电脑3台。此后，县供电局等条件较好的部门档案室，普遍添置专用空调、专用电脑、去湿机、吸尘器、复印机等设备。县农业局等部门设置专用档案库房。至1995年，全市（县）市（县）级机关部门、乡镇以及部分市属企事业单位，档案装具基本实现铁制化。1996年始，市公安局、检察院、法院、建设局、供电局等档案数量较大、使用频率较高的部门档案室，在全面配套空调、电脑、除湿、吸尘等设备的同时，使用密集架。进入21世纪，各基层档案室推广、普及档案管理软件的应用。2005年底，全市有68家单位使用清华紫光档案管理软件。2006年后，各基层档案室包括各村公共服务中心档案室，全面参加标准化档案室创建，部分档案室申报定级。至2010年，全市各基层档案室基本达到防潮、防虫、防火、防盗、防光等要求。

第三节 档案管理

一、档案管理定级达标

市档案馆定级达标 1990年始，县档案局（馆）启动创建江苏省三级档案馆工作。1991年1月10日，以高于标准分12.83分的成绩跨入省三级档案馆行列。1999年12月18日，通过省三级档案馆复查验收。

基层档案管理定级达标 20世纪80年代始，全市（县）开展基层档案管理“六有”达标检查考评验收工作。每年年底，市（县）档案局均组织现场检查验收，发现存在问题及时纠正，发现先进典型及时总结推广，全市（县）档案管理规范化水平迅速提高。2008年始，全市开展星级档案室创建活动。至2010年，全市基层单位建成江苏省五星级档案室8家、三星级档案室37家；档案标准化合格村创建率100%，达标率96%；各镇（区）、部门、单位档案管理基本达到有人员、有规章制度、有较高质量、有分类方案、有完备目录、有安全保障“六有”标准。

二、专门档案管理

科技档案管理 1982年初至1986年10月，全县实施科技档案整顿恢复集中行动，科技档案步入规范化管理轨道。全县569个建档单位完成建档任务，科技档案立卷归档24221卷。此后，市（县）档案局、科技局等部门以巩固整顿成果、完善管理制度、落实管理措施为重点，持续推进科技档案管理质量提升。

县属企业档案工作 在全县科技档案整顿恢复的基础上，从1985年起，结合企业五项基础工作整顿验收，县企业整顿办公室、县档案局将档案工作列入企业整顿验收内容，至1987年底，156家县属企业全面建立文书档案工作，共主卷52489卷，大中型企业实行了档案的集中统一管理。

改制企业档案管理 1996年始，全市实施企业产权制度改革，市档案局（馆）将改制企业档案管理作为防止档案散失的重点。1999年，全市2086家乡镇改制企业档案，全部规范整理移交有关乡镇档案室保管。2000年，依照《国有企业资产产权变动档案暂行办法》，市档案局（馆）形成全市23家大中型国有企业档案状况书面汇报材料。2003年11月，对全市57家破产企业的档案管理进行专题业务辅导，各破产企业档案均得到规范整理，安全保存。2004年始，对全市破产企业实施档案代保管。至2010年，共接受代保管120家破产企业档案212478卷。

民营企业档案管理 2001年，市档案局（馆）调研5家骨干民营企业档案工作，完成大生机械厂建档试点工作。2004年5月，市档案局发出《致全市民营企业主的一封公开信》，呼吁民营企业从保护企业合法权益的角度重视企业建档工作。2005年9月，全市68家亿元企业规模派员参加档案业务培训和研讨。至2010年，全市民营企业档案管理工作基本得到落实。

农业和农村档案管理 20世纪80年代初，县档案局会同农办、农业局等职能部门实施农业科技档案和乡镇、村民委员会、农技站、农经站、土管所、财管所及农村种、养大户建档工作。1984年4月，县农业局所属64个单位全部完成农业科技档案收集整理，共整理农业科技档案1337卷、资料2698卷。1990年，县农业局系统建档发证单位36个，占单位总数56.2%。1992年年底，全市839个村（居）委员会中，建档单位447家，整理档案46002卷，其中文书档案9389卷、会计档案36613卷。1995年，如皋市被评为江苏省土地档案工作先进集体。至2001年7月，全市28个乡镇（区）财政所会计档案工作全部达标；全市334个村会计档案全部实行由镇农经站集中统一管理。2006—2007年，白蒲镇、九华镇农经站档案室达江苏省二级标准；市国土资源局下属8镇国土资源所及9个市农田水利试验站档案管理工作通过江苏省二级标准验收。2010年，全市有63个村、社区通过省级验收。

会计档案管理 1985年7—12月，全县共清理会计档案252342卷，其中待销毁档案29666卷。2001年6—10月，市档案局（馆）会同有关部门鉴定市法院、市民政局、市水务局1980年以前的会计档案，销毁3526卷（册）。2002年3月，市档案局鉴定市水利局1956—1980年机关财务档案特别是150多项水利工程的会计凭证，销毁票据2057本、账簿130册，归档整理应保留会计档案65卷。2006年8—12月，市档案局会同市财政部门，开展全市1985年以前会计档案鉴定销毁工作。2007年6月，完成市经贸委、市自来水厂会计档案的鉴定、清理和销毁工作。

基本建设项目档案管理 1993年，市档案局指导完成如皋热电厂、全市各港闸工程和204国道4个重点工程项目档案立卷归档工作，直接参与基本建设项目档案的建设。1998年，市江堤护坡档案技术资料收集整理，通过南通市水利部门验收。1999年，市城建档案馆对如城镇高层建筑重点工程项目普查核实建档。2000年，市档案馆整理长江如皋中汉节点工程及江堤护坡工程档案51卷，并接收进馆。2002年，市档案馆派员参加如城内外城河整治工程的竣工档案验收。2003年7月底和8月初，市人大教科文委员会组织市档案局、建设局、建工局对全市水利、国税、地税系统及市信用合作联社、如皋中学、市人民医院等单位基本建设项目档案进行检查指导。2005年，市档案馆对定慧寺文峰塔、如港公路、江安小学教学楼等重点工程竣工档案进行指导，确保项目竣工档案规范整理、及时归档。

其他专门档案管理 2006年4月，市档案局对环球劳务、中南劳务有限公司形成的档案，进行建档试点指导劳务中介机构档案建立、规范工作，并在全市推广，劳务中介机构档案管理工作明显加强。2010年5月，市档案局协同市民政局、社保局实地调研全市低保户、养老保险档案等社保档案，研究制订低保户建档归档范围及保管期限等规范。至2010年，全市17万农保人员全部建档，并应用档案软件进行现代化管理。

三、档案业务培训

1987年，《中华人民共和国档案法》颁布实施后，全县机关、部门、单位相继组建档案馆（室），明确专职档案管理员。市（县）档案局采取综合和专题相结合、系统授课和专门辅导相结合、培训班和会议讲座相结合、集中和分散相结合的方式，对全市（县）档案工作人员开展业务培训和上岗培训，以提高基层档案人员的法治观点、文化水平和档案综合素质。1988—2010年，共举办各类专业培训班近150期，学员4000余人，系统学习《〈中华人民共和国档案法〉及其实施办法》《文件基础管理》《档案馆室工作基础》《科技档案工作理论与实践》《实用档案保管技术学》5门专业课。学员的参与率和合格率均达100%，全部取得省档案局统一颁发的上岗证书。全市在岗专、兼职档案工作人员均接受档案业务培训。

第四节 档案保管、利用

一、档案接收

1949年1月如皋全境解放时，县公安局接管国民政府遗留的1946—1948年档案2914卷。1959年6月始，县档案馆分期分批接收县级党政机关各部门档案。1981年，县公安局保管的国民政府如皋县政府档案移交县档案馆。1987年始，县档案馆接收各区、乡镇和撤并机关档案，进行分类、整理、编目、上架。1989—1990年，县档案局制订《如皋县档案馆收集档案范围实施细则》《如皋县档案接收进馆名册》等文件，建立科学进馆序列。1990年，县档案馆共接收39个县直机关部门和县直事业单位1982年前、33个乡镇机关1983年前的文书档案、资料等共15600多卷。此后，相继接收县卫生局、县委统战部、县社教办公室、如皋工商局、县落实政策办公室、县人口普查办公室、县户粮办公室、县人事局、县生产指挥组和如皋动力机厂、如皋丝毯总厂等部门、单位档案2.2万余卷进馆。

1996年后，市档案馆按规定接收一批撤销建制的机关部门和市直单位档案进馆，将市委、市政府1990—1996年未立卷文件材料和2套文件1900多卷分期分批接收进馆。1999年，接受资产重组或破产的原86家国有市属企业改制档案进馆。是年，全市1074家乡镇企业改制档案全部规范整理并移交有关乡（镇）档案室。2000年，市档案局监督移交撤并的24个乡镇档案，接收市改制办公室、市纪检委、市水利局等单位档案689卷。2001—2005年，市档案馆共接收撤销的机关部门、破产企业及全市婚姻登记、"一会两节"、创建江苏省和全国生态示范市等重大事件档案164597卷（件、册）。2006—2009年，共接收市委、市政府文书档案、2套文件及撤并市级机关部门（单位）、各乡镇、婚姻登记、市文明创建等各类档案1927盒53388卷（件、册），并接收代保管47家破产企业23866卷（册）档案。2010年，依法接收东陈、丁堰、吴窑等29个乡镇应进馆档案31514件(559盒)、13923卷；接收市委组织部、市公证处、市教育局等单位77665卷人事、公证、会计档案代保管。市档案馆馆藏档案210个全宗、352071卷、95378件，主要为民国档案、革命历史档案、中华人民共和国成立后档案、史志谱类档案和部分声像档案、电子档案和实物档案等，另有馆藏资料计7413册。

图18-22 21世纪初市档案馆库房设备

二、档案征集

1986年9月始，县档案馆征集新民主主义革命时期和社会主义建设时期有一定影响的如皋籍人士和在如皋工作过一定级别外籍人士的照片档案。1987年5月，县政府发出《关于征集档案资料的通知》，广泛征集散落于民间的各类档案资料。至2010年，市（县）档案馆共征集各类档案资料2万余件。

志谱类 20世纪90年代，县档案馆征集到明嘉靖、万历，清乾隆、嘉庆、道光、同治及民国年间编修的《如皋县志》及《吴氏家乘》《冒氏家谱》《宗氏家谱》等。2002年，征集到南通《顾氏家谱》4卷、《杨氏家谱》1卷、《沈氏家谱》4册12卷。2004—2010年，征集到《如皋文化志》《如皋军事志》《如城志》《顾氏宗谱》《冒氏宗谱》《郭氏家谱》《周氏家谱》《如皋沙氏世系略述》等。

报刊类 至2010年，市（县）档案馆共征集到《皋报》《大声报》《如皋报》等中华人民共和国成立前出版的报纸10多种。

题词类 至2010年，市（县）档案馆共征集到20世纪50年代朱德为如皋烈士陵园的题词原件，1957年陈毅、郭沫若为如皋焦港闸水利工程的题词原件及信函3件，张爱萍为中国工农红军第十四军纪念馆的题词原件，黄火青为红十四军的题词原件。2006年，朱德、陈毅、张爱萍、郭沫若等领导人题词被列为南通市珍贵档案。

声像类 1987—2010年，市（县）档案馆共征集到1987年后市（县）领导22人照片；1989年前一批反映如皋历史的珍贵照片；1989年拍摄冒广生捐赠的冒辟疆书画照片12幅，其中包括冒辟疆手书卷轴、稿本及戴本孝为冒辟疆篆刻的六面印照片；反映如皋改革开放20年主要成就的照片14幅；部分百岁老人的图片；100多幅反映如皋中心工作的照片；如皋古盆景、古树木、古盆等方面的图片；《如皋抗战风云录》《纪念如皋抗战60周年》2个展览的全部图片；如皋撤县建市后的主要成就、发生的重大事件、如皋历史文化、如皋名人等各类图片12978幅等。

2006—2010年，市档案局（馆）通过网上下载、与电视台合作和刻录光盘等方法，获得如皋电视台《东皋人文》《天下如皋人》等专题片、如皋对外开放的3张名片专题报道、《探秘长寿之乡如皋》《如皋抗日风云录》、领导视察、热点聚焦及局（馆）活动等录像资料。累计形成相关音像视频资料共2038分钟。

实物类 至2010年，市（县）档案馆共征集到清光绪三十四年（1908年）《如皋税务执照》，土地革命时期中共如皋县委印章，民国26年（1937年）土地通知单（周玉才捐赠），1949年前白蒲镇地图（吴宗裕捐赠），1949年渡江纪念章、渡江捷报（徐运山捐赠），1954年房屋所有证和摊贩登记证（周玉才捐赠），反映如皋民俗风情的漫画87幅（马驰捐赠），2005—2007年度如皋全国中小城市综合实力百强县证书、奖杯等。其中中国共产党如皋县委印入选《江苏珍贵档案文献》。

图书类 1999年前，市（县）档案馆征集到清光绪三十四年（1908年）木刻复印件《皋南舌耕山房赏菊诗存》，民国5年（1916年）《如皋教育状况》（市教育局捐赠），图书资料179册（张远猷5次捐赠），《如皋文献》第1—4册（台北如皋同乡会捐赠）。

2000—2008年，市档案馆征集到《俞铭璜文集》《季恺纪念文集》《龙游河棹歌一百首（书法作品）》《中国漫画家吴信礼漫画》《老山画册》《如皋灵威观》《如皋古树名木》《跳春楼集》，以及黄裕龙著《沧粟集》、陈根生著《乡音袅袅》、于永芳编著《奋斗人生蒋家瑞》、赵云舞编《如皋民间故事选》等10余册书画专著。

2009—2010年，征集到社会捐赠各类图书资料119册（卷）。

专题类 20世纪90年代初，县档案馆征集到《如皋县在台北同乡会会员通讯录》。2003年，市档案馆征集到如皋市“两节一会”的会议材料、《如中校友录》《石庄中学校友录》等专题资料。2005年，征集到《如皋民间文学三套集成·歌谣卷》2册，计5.7万多字。2007年，征集到如皋市第一中学校庆档案资料。2008年8月，征集到如城文化站站长杨树坤创作的108首快板作品。

三、档案整理

1965年6月，县档案馆成立鉴定专业组，对全县档案进行鉴定，并结合鉴定开始对馆藏档案案卷、资料、实物等进行系统整理。至1989年6月，县档案馆将馆内存放的58076卷（册）各类档案、资料和实物分为革命历史档案、旧政权档案、中华人民共和国成立后的档案、史志谱类档案4个组成部分，排架总长1172.5米。在整理、修复旧档案的同时，凡有征集、接收的新档入馆，均及时分类、登记、整理、鉴定、编号归档和上架。对旧档案和满30年的新档案本着成熟一批开放一批的原则，向社会各界开放。1990年，组织鉴定旧政权档案、历代《如皋县志》和《吴氏家乘》《冒氏家谱》《宗氏家谱》，划控开放。1991—1999年，市（县）档案馆完成1961—1969年，馆藏档案11389卷划控开放。1997年，鉴定馆内乡镇全宗不归档文件，并报经有关部门和县鉴定委员会批准，销毁无保存价值的部分档案。

四、档案保护

“文化大革命”期间，县档案馆全部档案材料和县公检法档案材料全部转移至驻如空军机场保存。20世纪90年代起，市（县）档案局（馆）每日定时记载和及时调节库房内温、湿度，并进行统计分析。根据季节和天气变化及时做好防盗、防高温、防潮、防霉、防尘、防光、防火、防有害气体侵蚀等预防工作。2009—2010年，市档案局（馆）先后特聘专业人员从事消防安全检查，更换重点档案破损封皮，重新抄录或打印不规范的卷内目录，托裱党和国家领导人的题词，复制《如皋县志》《如皋教育状况》等重点档案，严密封存暂不提供利用或限制提供利用的档案，将民国档案和革命历史档案目录全部录入计算机，对外使用复制品，尽量减少直接使用档案原件。同时，经常督促检查基层档案的安全保管状况。

五、档案利用

县档案馆自建立起，即将档案利用作为档案工作的重要内容，按相关规定和手续，接受单位、公众查询。2003年8月28日，如皋市现行文件资料服务中心正式对社会开放。服务中心收集全市

86个成员单位2000年后形成、需社会了解和执行、现行非涉密政策性、法规性、公益性文件资料，包括单位向社会的公开承诺、办事程序等，计1312件，其中文件或资料汇编80余册，向社会公布，供公众查阅。同时，接收开放23个镇和2个开发区招商引资汇编资料25件(套)，向社会公布，供公众查询。

1980—2010年，市(县)档案馆累计接待阅档78486人，平均每年接待2532人；提供档案132520卷，平均每年提供档案4275卷。在经济建设、科学研究、职称评定、工资调整、离休退休、寻亲访友、编史修志、落实政策、婚姻家庭等方面，为公众提供基础、原始资料。其中2006—2010年，为村级老干部、老党员、插队知青及居民等提供相关学历、工龄、婚姻、职务、工资、调动等方面的档案42486卷(册)，出具各类证明21124份。

六、档案编研

1960年始，县档案馆系统整理收集的零散文件和资料，开展编研工作。先后独立主编和与有关部门合编内部资料(历史名人专辑、革命文史资料、名胜古迹介绍、大事记、党政文件汇编)、年鉴和专著等90余部(种)，其中6部正式出版发行。

名人专辑类　至2010年，市(县)档案馆主要编印《宋初理学家胡安定专辑》《清初文学家冒襄专辑》《如皋县名人简介》《如皋市名人录》《历届如皋市级机关“十佳”公仆》《如皋长寿名人》《撤县设市以来如皋市省级以上人大代表事迹》《党的十六大代表陈美珍》等。

文史资料类　至2010年，市(县)档案馆先后编印《历届党代会简介》《历届人代会简介》《如皋县组织志》《中共如皋县组织史资料(1926—1987)》《中共如皋县组织史资料(1988—1989)》《中共如皋县委、如皋县政府领导人更迭表》《如皋市级机关沿革》《如皋行政体制区划变更简表》《如皋市(县)党组织沿革》《如皋市(县)地方武装、统战系统、群团组织机构沿革》《如皋县先进集体、先进个人名册》《如皋县青年组织沿革》《1989—2005年如皋市(县)党代会简介》《1989—2005如皋市(县)人代会议简介》《1989—2005如皋市(县)政协会议简介》《经典如皋》《巨变如皋》《见证如皋》。其中：《经典如皋》利用如皋历代县志史料，浓缩如皋政治、经济、文化、社会信息，获江苏省第二次全省优秀档案编研成果二等奖，被国家图书馆收藏；《巨变如皋》为文献图集、全国档案编研重点出版项目；《见证如皋》为向如皋置县1600周年和如皋撤县设市20周年献礼的大型文献图集。

大事记类　至2010年，市(县)档案馆先后编印《如皋解放40年大事记》《档案工作40年大事记》《如皋县组织工作大事记》《如皋市(县)大事记》《如皋改革开放以来20年大事》《如皋解放60年大事记》。《如皋市(县)大事记》，创刊于1986年4月，每月1编，每年12期。主要反映全市(县)政治、经济、科学、文化等活动，为各级党委政府、各部门决策提供档案信息服务。2002年6月始，每月大事记在如皋档案信息网上发布。2007年始，每年汇集编辑《大事如皋》出版发行。至2010年，连续出版3部。分别获2007年度南通市档案系统工作理念创新奖、2009年度江苏省档案文化精品二等奖。

名胜古迹、地方特色介绍类　1997年，市档案局(馆)编印《如皋市人民公园简介》《如皋市水绘园介绍》2部资料，计2.6万字。2002年，与市长寿文化研究会合编《如皋长寿文化研究荟萃》，共21万字。2005年获全省档案编研二等奖，被国家和上海市图书馆收藏；编纂的《长寿如皋》由方志出版社出版发行，获2009年度江苏省档案系统档案文化精品三等奖。2004年10月编纂的《如皋花木盆景》分《如皋花木》《如皋盆景》2个分册，由吉林人民出版社出版，被国家和上海市图书馆收藏，获全省档案编研三等奖。

党政文件汇编类　至2010年，市(县)档案馆主要编有《如皋县机构编制汇编》《如皋县农业中学经验汇编》《1957年如皋县农业生产合作社收益分配情况调查资料汇编》《如皋县各界人民代表大会汇编》《更改地名、单位名称文件汇编》《如皋县行政区划变更纪要》《如皋市(县)人民代表大会文件汇编》《调处如皋县与靖江县边界纠纷文件汇编》《如皋市(县)工业改革文件汇编》、《城市规划文件汇编》《科学技术文件汇编》《如皋市(县)环保文件汇编》《如皋市(县)计划生育文件汇编》《如皋市(县)土管文件汇篇》等。

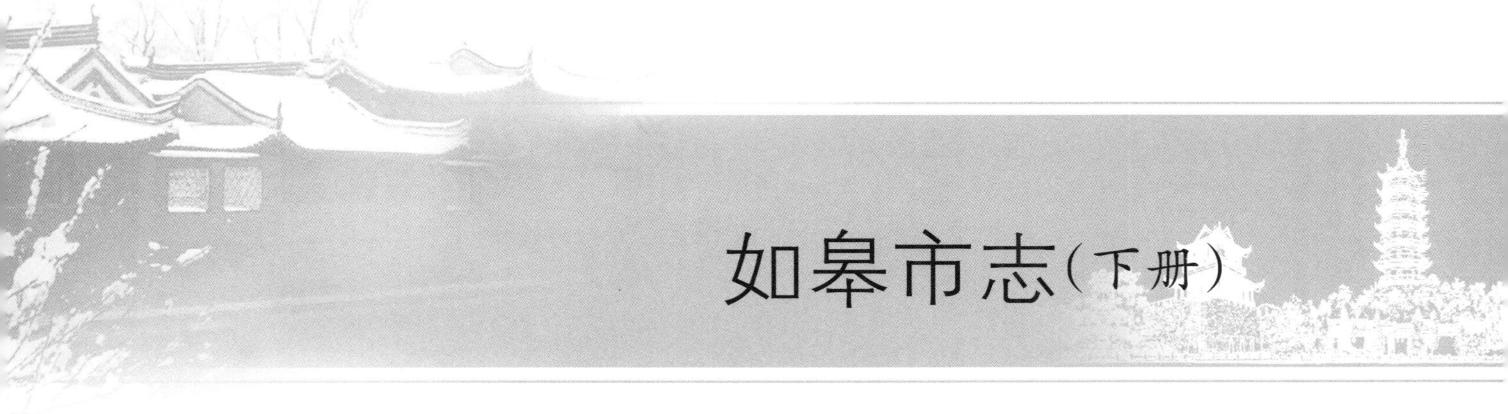

如皋市志（下册）

卷十九　劳动人事·民政·信访

民国以前，除官员任命和衙门工作人员聘用外，官府对农工商等各业用工均不加管理，雇主自行雇用，佣工被迫出卖劳动，无保障可言。民国时期，国民政府如皋县政府出台过一些人事及用工制度，但落实的甚少；中共和人民政权党政军人员多实行供给制。中华人民共和国成立特别是完成对手工业和个体工商业社会主义改造后，县委、县政府（县人委、县革委会）在加强干部队伍建设的同时，不断强化用工管理、就业安置和社会保障工作，逐步建立与计划经济体制相适应的劳动人事制度。中共十一届三中全会以后，全县实施与社会主义市场经济体制相适应的劳动人事制度改革。1981年，启动劳动合同制改革。1984年，全面启动就业双向选择改革。1993年，全市始建立完善人才市场，进一步促进人力资源合理配置。1997年，始推行国家公务员制度。2010年，全市社会劳动者77.02万人，其中第一产业16.48万人，第二产业35.58万人，第三产业23.95万人，失业率2.9%；离退休干部职工养老金全面实现社会化及时足额发放；城乡居民医疗保险、养老保险实现全覆盖。

封建王朝时期，全县民政事务以地方管理为主，同时负责赈济、慈善等事宜，赈济大多杯水车薪。民国29年（1940年），如皋县抗日民主政府建立后，始创立以民为本的民政事业，民政部门承担拥军优属、抚恤安置、支前、生产自救、劳资租佃、土改、社会管理等职责。中华人民共和国成立特别是中共十一届三中全会后，随着政府以民为本理念进一步确立，民政部门优待抚恤、拥军优属、社会救济、最低生活保障力度不断加大。至2010年，全市在养老、医疗保障基本实现全覆盖的同时，五保户供养、特困家庭救助、城乡居民最低生活保障等均实现全覆盖。

封建王朝时期，官府往往“八字大门朝南开，有理无钱莫进来”，民众诉求很难表达。民国时，民众亦无向国民党县党部和国民政府县政府表达诉求的渠道。民国36年9月，中共如皋县委、如皋县政府在解放区始以信访方式倾听民声，为民解难。1958年，县委、县政府建立专门信访机构。1984年，县主要领导轮流接待来信来访制度建立。1998年，市长接待日制度建立。2001年，“12345”市长热线电话开通。2008年，市委书记大接访制度建立。2010年，经省信访工作组审核，如皋市被表彰为信访“三无”市（无进京重复上访、非正常上访、到省集体上访，无信访积案，无因信访问题引发有影响的事件）。

第一章 劳动人事

第一节 机构沿革

民国前，全县无专门劳动管理机构。民国35年（1946年）初，国民政府如皋县政府始设人事管理员。5月，设人事室。约民国36年冬，国民政府如皋县政府人事室撤销，人事工作改由国民政府如皋县政府民政科（一科）负责。

中华人民共和国成立初，全县人事管理工作由县政府民政科负责，劳动管理由县政府工商管理科、工商科兼管。1949年10月，县政府人事科成立。1952年6月，县政府人事科并入民政科。12月，县政府建立劳动科。1953年，县政府人事科重新单独设立。1954年10月，县政府劳动科撤销，劳动管理工作分别由县总工会、县委财委、县民政科负责。其中，县总工会负责办理劳资协商、劳动保护和保险等工作，县委财委负责工资工作，县政府民政科负责劳动力调配和失业工人救济、安置等工作。1955年6月，县政府人事科与县委组织部合署办公。1956年7月，县人委设立劳动科。1959年6月，县委建立劳动工资部。1962年6月，县委劳动工资部撤销。7月16日，根据中央关于精兵简政的指示精神，县人委人事科撤销，职能划归民政科，劳动科撤销。10月，县计委设劳动工资科。1963年7月，县人委人事科建制恢复。10月，县人委劳动科恢复建立。

1967年3月，全县劳动、人事工作瘫痪。1968年4月，全县人事工作归县革委会政工组管理，县革委会生产指挥组设劳动计划组，负责劳动管理。1974年2月，全县人事工作划归县委组织部管理。1976年1月，县计委设立劳动工资组。1979年9月，县革委会人事局建立，县计委劳动工资组与县知青办合并建立县革委会劳动局。1980年3月，县编制委员会建立，编制委员会办公室、军队转业干部安置办公室与县革委会人事局合署办公。1981年5月，县革委会劳动局更名为县劳动局，县革委会人事局更名为县人事局。1990年，县科委人才交流中心划归县人事局。

2001年10月，市劳动局撤销，如皋市劳动和社会保障局建立，为主管全市劳动和社会保障事业的市政府工作部门，负责市再就业工作领导小组办公室日常工作，全市社会保障基金筹集、运营、管理和内部审计工作，负责制订离退休人员实行社会化管理的规划和政策并组织实施。市人事局承担的机关事业单位社会保险管理职能、市民政局承担的农村社会保险职能一并移交市劳动和社会保障局，原市劳动局承担的安全生产综合管理、职业安全监察职能和职业卫生监察职能分别交由市发展计划与经济贸易委员会和市卫生局承担。2003年起，各镇统一设立劳动和社会保障事务所，为镇政府直属全民事业单位，与镇企业服务站合署办公，撤销镇企业服务站原增挂的劳动人事与社会保障服务站牌子。城镇各街道统一设立劳动和社会保障服务站，为街道办事处的办事机构；各社区统一设立劳动和社会保障服务部，为街道服务站的派出工作机构。

2005年12月10日，经江苏省人事厅同意，江苏省沿江开发（如皋）人才市场组建。至2009年底，全市332个农村行政村（社区）均建立劳动和社会保障服务站。

2010年1月，全市政府机构改革，组建市人力资源和社会保障局（简称市人社局），将市人事局的职责、市劳动和社会保障局的职责，整合划入市人力资源和社会保障局。不再保留市人事局、市劳动和社会保障局。与人事局合署办公的市机构编制委员会办公室单独设置，列市委机构序列，既是市委工作机构，又是市政府工作机构。是年，市人社局内设13个中层机构，辖技工学校、劳动就

图19-1 首届江苏省沿江开发(如皋)人才市场招聘会 (2006年摄)

业管理处、工人技术考核办公室、劳动保障监察大队、劳动争议仲裁院、信息管理中心、社会医疗保险管理处、社会养老保险管理处、社会保险基金管理中心、农村社会养老保险管理处、被征地农民基本生活保障资金管理中心等下属事业单位,工作人员365名。

第二节 机构编制管理

一、民国及以前机构编制管理

唐代始,县衙编制由朝廷直接实行定职、定人管理。宋代,如皋县被朝廷确定为中下县,设县令、主簿、尉、巡检、盐场催煎使各1人。元代,如皋县升格为上等县,设达鲁花赤、尹、主簿、尉、典史、巡检、教谕、训导各1人,掘港、丰利、马塘3场设司令、司丞、管勾各1人,又设3场批验所提领、大使、副使各1人,均隶属两淮都转运盐使。明代,县衙设知县、县丞、司粮、典马、主簿、典史、儒史、儒学教谕各1人,训导2人,税课局大使、阴阳学训术、医学训科、僧会司僧会、道会司道会各1人。石庄、掘港、西场巡检司设巡检各1人。掘港、马塘、丰利3课设盐课司大使各1人。掘港守备营设守备、备倭各1人。

清初,县衙设知县、主簿、典史各1人,巡检、场大使各2人,教谕1人,训导2人。掘港营设守备、城守营设把总各1人。后增设县丞、裁主簿、训导各1人。清雍正八年(1730年),县衙复设主簿,并设门子2人、皂隶14人、仵作2人、马快8人、民壮30人、禁卒8人、伞扇轿夫7人、库子4人、斗级4人、铺兵33人,主簿衙门设门子1人、皂隶4人、马夫1人,典史衙门设门子1人、皂隶4人、马夫1人,石庄、掘港、西场司巡检衙门各设皂隶2人、乡兵10人,儒学教谕训导衙门设斋夫3人、门斗2人、廪生20人、膳夫2人。清末,县级机构设置调整,人员编制仍实行定职、定人管理。县设军政分府、民政分府、审判厅和检察厅。军政分府设总司令和军政长各1人,另招募民兵百余人,称"义勇队";民政分府设民政长1人,下设总务、学务、主计、劝业、警卫5课,各设课长1人;审判厅、检察两厅各设厅长1人,公务人员编制数无考。

民国初,全县机构编制仍实行定等设置,定职、定人管理。民国元年(1912年)11月,如皋县被国民政府裁定为二等县,设县知事1人,科员4人,技士1人。民国16年,国民政府如皋县政府设县长、秘书各1人,下设农、工、商3科,各设科长1人,科员2至4人,另设警察、财政、建设、教育、土地等局,各设局长1人,事务员、职员若干人,并设保安队若干人。民国27年初,如皋县上升为一等县,国民政府核定全县县、区、乡机构编制951人。日本侵略军侵占如皋后,建立伪政权,国民政府如皋县政府迁东乡,机构编制混乱。

民国29年,如西抗日民主根据地建立,其机构、编制根据工作需要设置和确定,县、区配备各级各类干部900余人。民国32年,如西县管理人员精减为600人。

二、中华人民共和国成立后机构编制管理

中华人民共和国成立初,全县机构编制管理办法随着革命和建设事业发展而变化,大多按上级要求和工作需要设置机构,定职、定人,随缺随补。1949年末,县委及群众团体设部门6个,县政府下设部门10个和区级派出机关13个,全县国家干部总数为1251人(不含中小学教职工)。1958年,县编委根据"以任务定机构,以任务定人员"的原则对县直机关进行撤并、调整,撤区委、区公所,合并小乡,全县国家干部2817人(不含中小学教职工)。1965年,县委及县各人民团体设部门14个,县人委下设部门24个,共配备干部686人。全县国家干部总数为7073人,其中中小学教职工

3794人。1979年,县委共设10个部门(含县各人民团体),县政府下设25个部门,配备干部961人;9个区级机关配81人。全县配备国家干部9441人,其中党政机关1771人,企事业单位7670人。1981年,全县县级机关共设二级局以上机构51个。全县有国家干部9805人,其中党政机关1898人。1983年,全县有国家干部10097人,其中党政机关2301人。至1987年末,全县国家干部12631人,其中党政机关干部3021人。

1991年初,县委、县政府下发文件,冻结全县机关、事业单位机构编制。县编委编印《如皋县县级机关各部门职能汇编》,对1987年以后机构编制工作进行清理整顿,撤销2个长期不开展工作的事业单位。6月1日,如皋撤县设市,全市各乡镇、部门(单位)除更名外,编制不变。年底,全市市级机关共设二级局以上机构77个、合署办公机构6个、挂牌机构6个。其中市委设工作部门6个、直属机构4个、合署办公机构3个、挂牌机构1个;市人大常委会设工作机构7个;市政府设工作部门36个、直属机构5个、合署办公机构2个,直属事业单位和企业管理机构9个,另设挂牌机构1个、驻外机构4个;市政协设秘书处和6个工作机构;全市有人民团体7个。

1993年,市编委、市人事局贯彻中央机构改革精神,依据人口、社会生产总值、财政收入、土地面积等指标,组织力量对53个乡镇进行分类测算,确定干部职数和人员编制数。是年,全市市级机关二级局以上机构调整为68个,比上年减少21个。其中党委序列工作部门6个,直属机构2个;政府序列工作部门37个,直属机构5个,合署办公机构4个,各类全民事业单位减至854个。全民事业单位中财政全额拨款单位585个、差额拨款单位86个、自收自支单位183个,核定编制16757人。撤销50个非常设机构。市委组织部、市人事局还联合下发《关于控制机关中层干部职数的通知》。

1994年,市编委进一步明确各区、乡(镇)、各部门(单位)编制总数。全市市级机关(不含统计和政法部门)定编1004人,其中政法部门定编709人;53个乡(镇)和9个区工委机关定编1559人;全市核定各类事业单位1131个,其中财政全额拨款单位588个、差额拨款单位305个、自收自支单位238个,核定全市事业单位人员编制18567人。1996年,市委、市政府在对全市各部门、各乡镇机构设置、职能、人员编制等调查的基础上,按照“转变职能、理顺关系、精兵简政、提高效率”的要求,研究制订《如皋市党政机构改革方案》及配套文件。市级党政机构由原来的52个调整为39个,精简25%。1997年,市委、市政府改革乡镇机关编制。乡镇机关的内设机构按照江苏省、南通市规定,统一设置为党政办公室、财经办公室、社会事务办公室、乡(镇)村建设办公室、工业办公室和农业办公室。1999年,工商、地税和技术监督部门调整为上级主管部门的垂直管理部门。按当年统计口径,全市市级机关党政群机构数为48个,定编922人。市档案局、农机局、农发局、物资总会等4个事业局列入政府序列统计,共核定事业编制67名。政法部门定编952人。全市50个乡(镇),核定一类乡(镇)31个,二类乡(镇)19个,共核定人员编制2124人。全市各类事业单位1445个,其中财政全额拨款691个、差额拨款445个、自收自支309个,共核定编制21726人。

2001年,市委、市政府出台《市级党政群机关、事业单位机构编制管理暂行办法》。市人事局、编办将编制各部门、单位职能配置、内设机构和人员编制规定,分别以市委办公室、市政府办公室文件形式下发各部门、单位。市编委会下发市级机关各部门后勤服务人员使用控制数。此后,市级机关不再新增行政附属编制人员。是年,市级机关各部门共强化职能44项,下放权力25项,调整职能28项,减少审批事项673项。共撤销机构4个,合并机构3个,改变体制机构2个,精简编制15%。各乡(镇)撤销6个办公室,实行委员、助理制。全市乡(镇)行政编制精简25%。各乡镇事业单位由13个精简为8个,事业编制人员精简37.5%。全市共清理乡镇机关、事业单位编外和临时人员5941人,2500多名乡(镇)事业单位在编人员参加竞岗。经区划调整和乡(镇)撤并,全市改设23个乡(镇),核定乡(镇)机关编制1532人,核定各类事业单位836个、编制19151人。

2002年,全市重点实施市属事业单位改革,实行分类管理。撤销职能萎缩、运转艰难、名存实亡的事业单位34个;20个实行企业化管理和从事生产、经营的事业单位改制转企;2个既有行政或行业管理职能，又从事经营的事业单位实行事企分开；合并规模过小、职能相近或交叉的事业单位24个；41所乡（镇）医院产权转让改为私营医院。全市共裁减事业单位123个，裁减人员编制1225人。2003年，全市精减各类事业单位102个，减少编制187人。2004年，精减事业单位4个。2005年，全市乡（镇）数由23个合并为20个，事业单位由597个减至538个。

2007年，全市机关事业单位始实施编制人员实名制管理。2008年，全市市级机关机构减至43个，定编817人，政法部门定编1084人，20个镇机关定编1532人，各类事业单位减至507个，定编17656人。至2009年，全市调整农村中小学校布局，共撤并生源不足的中小学校82所。2010年，市委、市政府按照南通市委、市政府要求，出台《如皋市人民政府机构改革实施意见》《如皋市镇机构改革实施意见》，市政府工作部门调整为29个。是年，市政府各部门"三定"（定机构、定编制、定职能）工作全面结束，全市镇机构改革通过省检查组检查验收，全市核定市级机关机构57个、定编330人（不包括政法部门），镇（区）机关定编431人，各类事业单位497个、定编2515人。

第三节 人事管理

一、干部（公务员）管理

干部（公务员）录用 封建王朝时期，县衙除主要官员由朝廷直接任命外，工作人员由县令（知县）根据规定职数聘用。民国初，县民政分府（公署）未认真执行北洋政府制订颁布的人事管理法规，县府工作人员录用方式混乱。民国29年（1940年）8月，如皋县抗日民主政府建立后，实行党对党政军干部工作一元化领导，根据战争和地方工作需要任用干部。民国35年，在南通组建的国民政府如皋县政府占领如皋城，并建立人事机构，开始执行民国31年国民政府颁布的人事任用规定。

民国38年1月，国民政府如皋县政府撤逃，县政府留用原国民政府如皋县民教馆、邮电局、银行、医院、如皋师范及如皋中学6个单位的93人。此后，全县除文教、卫生等系统外，干部任用工作由县委组织部门负责。"文化大革命"期间，干部录用工作混乱，部分农民、工人直接到干部岗位工作，形成"以工代干"等。20世纪80年代初，在落实干部政策、清理干部队伍基础上，开始按规定吸收大学、中专毕业生为国家干部，并按一定程序从工人、农民、教师中选拔任用干部。1984年，全县干部任用始实行"三制并行"，探索打破干部终身制办法，其中乡镇机关补充干部实行选聘合同制，企业和企业化管理事业单位试行内部选聘制，县级机关和部分事业单位实行干部选拔聘任制。1989年，全县试行"公开、平等、竞争、择优"选拔干部，部分民办教师经考试、考核转为公办教师。1994年，按《国家公务员录用暂行条例》，全市党政群机关录用科级以下职务公务员、参照公务员管理人员始实行"凡进必考"制度。1999年始，全市公务员招录实施考试、面试、体检及考察程序，由江苏省和南通市组织人事部门统一组织、统一管理。2002—2010年，全市招录市级机关、乡镇机关公务员666名。此外，市人事、公安部门招录农村交巡警（专用编制）39人；接收警校应届毕业生90名。

公务员过渡、登记 1997年，根据《中华人民共和国公务员法》及相关配套法规，市政府出台《如皋市国家行政机关及参照管理单位人员向国家公务员过渡工作实施意见》。市人事局在对全市市、乡两级在编在职机关干部（不含公安系统）资格认定基础上，组织具备过渡为公务员资格的人员进行培训和过渡考试。全市2131名市、乡机关干部中，2094人过渡为公务员，37人暂缓过渡。

2006年，如皋市被列为江苏省第二批公务员登记试点单位，完成公务员登记工作。登记对象为市委、市人大、市政府、市政协、市法院、市检察院、市工商联机关和镇机关工作人员，参照公务员法管理的市总工会、团市委、市妇联、市科协、市文联、市侨联、市红十字会等人民团体、群众团体机关人员，经批准参照（依照）公务员管理的市委党史办、市委党校、市农机局、市农发局、市广电局、市体育局、市旅游局、市地震局、市行政服务中心、市档案局（馆）、市招投标办、市残联、市供销社、市物价检查所、市国土局监察大队、各镇国土资源所工作人员及市财政局机关参照管理人员，1993年以后执行机关工资制度的事业性质人员78人亦列为参照公务员管理人员，其中予以登记3054人、暂缓登记41人、不予登记19人。

干部调配 民国29年(1940年)，如皋县抗日民主政府建立时，全县县、区干部大多由新四军部队和上海等地党组织派进。民国32年，全县实施精兵简政，被精减干部由县委另行安排工作。此后，全县县、区干部，地方武装干部根据形势变化和工作需要，实行县内、县外统一调配。1949—1951年，全县抽调121名干部支援苏南地区和浙江、福建等省新解放区工作。1952年，全县调配科级干部52人、股级干部180人、一般干部205人，其中从县外调进干部107人。是年，全县调出干部137人。1954年，全县配备县级干部10人、县级机关部门领导干部11人、区领导干部172人，乡领导干部1178人。1955年，全县新增县级领导干部6人、县级机关部门和区领导干部48人、乡领导干部196人。此后，除县级领导干部外，县级机关部门和区、乡干部县外调配减少。1965—1966年上半年，配合社会主义教育运动，全县增配一批干部。“文化大革命”开始后，全县一度实行军管，部分部队干部调任县内领导职务。不久，县委、县人委及各部门工作瘫痪，干部调配工作混乱。“文化大革命”结束后，全县干部调配工作恢复正常。1989年8月，陆耀良调任县政府科技副县长，为县政府第一任科技县长。1982—1990年，县人事局共办理干部异地调动手续1247份，其中调进712人，调出535人，解决690个干部家庭长期夫妻分居、308个干部家庭老人无子女照顾问题。20世纪90年代起，随着领导干部挂职锻炼、领导干部异地任职、省委调干生等制度的实施，市(县)内干部到市(县)外任职或挂职锻炼、市(县)外干部到市内任职或挂职锻炼等由上级组织部门按一定程序实施。市(县)组织人事部门主要负责一般公务人员市(县)内调配。

干部(公务员)培训 民国23年(1934年)，国民政府如皋县政府分2期培训全县乡、保长，第一期培训1316人，第二期人数不详。是为全县有文字记载的最早基层干部培训。民国33年初，中共如西县委在江安区举办“县学”，培训县直党政军干部和区干部。10月，试办“乡学”，培训基层干部。12月，举办2期“区学”，以区为单位培训干部。民国34年，中共如西县委委托江安中学兼办区、乡干部训练班，共培训区、乡干部500多人。民国35年，中共如皋县委举办党训班。

1950年，如皋县机关干部文化学校建立，组织高小以下文化程度机关干部补习文化。是年，培训机关干部近300人。1960年，中共如皋县委党校建立。此后，每年分期分批对在职党员干部进行长、短期培训。“文化大革命”开始后，县机关干部文化学校停办。1984年，县人事局在对全县干部基本状况调查摸底基础上，根据干部年龄、行业、职务、文化业务水平等，制订分类型、分层次，脱产、半脱产、在职培训等多样培训形式相结合的培训计划，其中45岁以下、初中文化程度以下的干部分批参加高中、中专补习班学习。1990年，全县1802名45岁以下、初中文化程度以下干部，高中、中专补习毕业的405人，正在参加学习的380人，有职称缓学的627人。1996年，全市45岁以下、初中文化程度以下干部全部参加培训。1998年，根据江苏省人事厅《关于在全省开展国家公务员培训工作的意见》，市人事局开始根据要求组织全县公务员全面、系统培训。至2003年，全市累计培训公务员38232人次，其中初任培训161人，新明确列入公务员管理机关工作人员过渡培训39人，新任中层干部任职培训168人，专业知识培训19400人次，法律法规培训、考试9664人次，更新知识培训7500多人次，普通话培训、测试1300多人。其间，相关单位以按比例报支学费、学习毕业一次性奖励、有计划选送参加脱产培训等多种方式，鼓励公务员参加各种形式的学历培训、函授教育、在职进修，全市有1000多人次取得大学、大专学历证书。2004年起，市人事局在继续组织初任培训、专业知识培训、法律法规培训、更新知识培训等的同时，实施公务员“5＋X”(公共服务、公共政策、公共经济、依法行政和创新能力5门必须课，加1门选修课)系统培训，每年参加培训人员均超过公务员总数的80%。2008—2010年，全市公务员参加以国家公务员依法行政能力、公务员调查研究能力、社会主义法治理念、建立健全惩治和预防腐败体系为主要内容的系统培训。

干部(公务员)考核奖惩 封建王朝时期，朝廷对县衙官员定有奖惩办法，具体奖惩办法和奖惩情况缺载。民国31年(1942年)，苏皖边区政府苏中第三行政区专员公署在如西抗日民主根据地发布《各级行政人员奖惩暂行条例》，奖励分晋级、加薪、传令嘉奖3个等次，惩戒分警告、记过、停职、撤职4个等次。

中华人民共和国成立初，受政治运动影响，全县干部作风建设等形成一些制度，未形成系统、规范的干部奖惩制度和办法。1983年，县政府转发江苏省政府《贯彻执行国务院关于国家行政机关工作人员的奖惩暂行规定的实施办法》。1984年，县委、县政府始推行岗位责任制，探索机关和事业单位干部年度考核，有突出贡献的由县委、县政府记功奖励。1993年，市人事局根据《国家公务员暂行条例》完善机关工作人员年度岗位目标责任制考核办法，考核分德、能、勤、绩、廉5个方面，重点考核工作实绩，考核结果分优秀、称职、基本称职、不称职4个等次。1994年，岗位目标责任制年度考核对象扩大到事业单位全体人员，并向每名机关干部印发岗位责任制纪实，强化量化考核。是年，市委市级机关工作委员会组织首届市级机关"十佳公仆"评比表彰活动。此后，每2年评选表彰1次。2001年始，机关事业单位工作人员年度考核分优秀、称职、不称职3个等次，部分考核优秀者由市委、市政府嘉奖，不称职者根据有关规定给予处罚。此后，市委、市政府下发多个文件，对干部（公务员）考核奖惩制度和办法进行完善。同时，强化考核结果运用，将干部年度考核等次与干部提拔任用、职级晋升、工资提前晋级等挂钩。2010年，市人事局细化考核细则，进一步完善干部考核奖惩办法。

二、军转干部安排

人员安置 20世纪50年代，全县军队转业干部安置由县转业建设委员会、转业干部安置领导小组牵头，县组织人事部门负责具体安置。1969—1975年，军队干部实行复员制，由民政局负责相关工作。1975年，如皋县委军队转业干部安置工作办公室成立。

1976年，根据上级要求，全县恢复安置军队转业干部工作。第一批安置军转干部82名，其中团职干部7名，营职干部31名，连、排职干部44名，安置单位以国有、集体企业为主。1977—1989年，全县共安置军转干部（含复改转干部）2166名、随调家属549名，均实行指令性分配，主要安置在工业企业和乡镇机关、供销社、粮站、银行、商贸物资基层单位。1979年县革委会人事局建立后，军队转业干部安置工作改由县人事局、县军转办负责。1980年，县人事局根据中共中央、国务院、中央军委指示，对1969至1975年间作为复员处理的411名军队干部改办转业手续，补发工资，安置或调整工作，并按原职级安排相应的干部职务。1990—1998年，全市（县）实行由军转干部选择接收单位和接收单位挑选军转干部的双向选择办法，共安置军转干部282名、随调家属83名。1999—2002年，按照"安置任务，指令下达；用人条件，共同商定；分类排队，分批'双选'；双向选择，指定范围"的安置原则，实行指令性前提下的"双向选择"，全市共接收安置189名军转干部和95名随调家属。2003—2004年，市人事局始推行量化军转干部情况，以积分高低为序，自主选岗的办法，全市共安置军转干部71名、随调家属95名。2005年，市人事局完善积分安置办法，在"指令计划、公开职位、量化积分、自主选岗"的基础上加上"双向选择"，由垂直管理部门、市法院、检察院与军转干部进行双向选择，尽可能安排军转干部进入公务员队伍。是年，全市安置的33名军队转业干部中，进公务员队伍的26人，占78.79%。2006—2010年，全市安置军转干部184名。

2009—2010年，在贯彻落实企业军转干部各项解困政策中，市财政为企业军转干部支付生活保障费515.88万元，养老保险基金139.91万元，医疗保险基金55万元，慰问金138.34万元，发放地方性生活补助405.78万元。

住房安排 1981年，县革委会启动军转干部统建住房建设工程。是年，动工兴建两栋住宅楼。至1991年，全市（县）兴建军转干部住宅楼25栋、39654平方米，并改修住房400平方米、腾让住房1200平方米，共安置军转干部家庭1000多户。1992年起，全市军转干部安置房土地继续由市政府划拨，市财政不再拨款，改由市军转办垫资兴建住宅楼，再以成本价向安置单位或军转干部个人出售。至1997年，市（县）军转办集资兴建住宅楼7栋239套，面积23780平方米，房屋产权均由市军转办移交军转干部个人或安置单位。1998年起，市军转办停止军转干部安置住宅楼建设，军转干部不再安置住房，改发放建房补助费。标准为：1992年转业未安置住房军转干部补助3200元/人，1993—1997年转业未安置住房军转干部单迁户补助3200元/人、双迁户补助4000元/人，1998—1999年转业未安置住房军转干部单迁户补助4800元/人、双迁户补助5600元/人，1999年以后转业军转干部由部队发给住房补贴费。

三、职称评聘

中华人民共和国成立初期，沿用民国时期专业技术人员职务任用制度。根据单位职务岗位，符合条件人员任命相应的专业技术职务，技术职务与工资挂钩。技术干部分为16级，1—4级为高级工程师，5—8级为工程师，9—13级为技术员，14—16级为助理技术员。

1961年，县科技部门始进行中华人民共和国成立后首次专业技术人员职称评定。是年，评定中级以上专业技术人员3人，初级专业技术人员33人。"文化大革命"期间，职称评定工作中止。

1977年，技术职称评定工作恢复。全县共设22个职称系列，主要对学术技术进行评价，仅作为专业技术人员工作成绩、学术水平和业务能力的标志，不与待遇挂钩。1978年，县科学技术委员会根据国家职称评定条例，对农业、财经、卫生等国家技术人员进行职称评定工作。1983年，根据上级指示，全县职称评定工作暂停。

1984年，专业技术人员职称与工资等待遇挂钩。1986年，全县技术职称评定工作恢复，并根据上级有关文件精神进行改革，实行专业技术职务聘任制，贯彻"以岗设职、评聘结合、职权明确"原则，废除技术职务终身制。是年11月，县科委建立职称改革办公室。1987年6月，县专业技术

如皋市专业技术职称情况统计表

表19-1

单位：人

年度	正高		副高		中级		助理		员级		小计	累计
	事业	企业	事业	企业	事业	企业	事业	企业	事业	企业		
1996年前	0	0	394	0	3980	0	9930	0	7562	0	21866	21866
1997	0	0	53	0	772	53	759	133	751	144	2665	23653
1998	6	0	64	3	779	109	699	139	733	91	2623	25315
1999	6	0	75	2	672	133	1031	223	1185	51	3528	27955
2000	5	0	68	2	643	83	884	273	768	66	2792	29946
2001	3	0	91	3	534	147	759	236	426	0	2199	31937
2002	5	0	27	2	640	121	763	157	358	48	2121	33263
2003	8	2	99	4	423	124	1344	154	857	24	3029	35642
2004	11	0	119	6	753	136	1407	206	288	101	3027	37644
2005	5	0	153	86	614	399	675	490	259	116	2389	38853
2006	2	2	173	42	699	454	769	1234	260	132	3767	42620
2007	3	2	197	78	598	683	877	2013	336	178	4965	47585
2008	5	3	220	186	689	897	650	2784	157	228	5819	53404
2009	4	5	268	208	469	1107	1150	3884	43	327	7465	60869
2010	12	4	292	211	962	1379	1299	3251	19	295	7724	68593

职称评定委员会成立，对专业技术人员进行复查、考核、考试，分专业进行评议、整理、晋升，并按规定报请各级评审委员会审批。1988年，全县职称评审工作转入正常化。所有专业技术职称都按相应级别由专业评审委员会评审。1991年，部分专业实行职称资格和执业资格考试制度，全市（县）开考职称资格有经济、会计、审计、统计专业中、初级资格和计算机软件师、国际商务师等；开考执业资格有监理工程师、造价工程师、注册结构工程师、执业药师等。1997年，职称工作职能由市科委划归市人事局，并成立如皋市职称工作领导小组，综合管理全市专业技术人员职称评审、晋升、考试等工作。2001年，市政府根据省、市有关文件精神，出台《如皋市专业技术职务聘任管理办法（试行）》，完善专业技术职务聘任制，把专业技术任职资格评审与专业技术职务聘任区分开来，专业技术人员取得技术资格后，还需经单位聘任相应职务，方可享受相应待遇。2005年，根据江苏省人事厅、经贸委《关于在业绩突出的企业经营管理人员中开展高级经济师资格认定工作的意见》，全市认定高级经济师35人。是年，市政府出台《关于在我市农村开展农民专业技术职称认定工作的通知》，全年评审公布农民专业技术人员216人，其中农民农艺师121人，助理农艺师95人。2006年，市人事局以非公企业技术人员职称评审为重点，针对非公企业无主管部门的特点，采取请进来、走上门的办法，开辟职称申报“绿色通道”。是年，全市有4500多人申报各类技术职称，其中非公企业申报技术职称人员1000人以上。2007年，全市具有各类专业技术职称人员44934人，其中具有高级职称人员347人。2010年，全市具有各类专业技术职称人员7.2万人，其中具有高级职称人员2629人，中级职称1.6万人。

四、人才服务

1984年4月，县人才交流咨询服务中心（简称县人才中心）建立，隶属县科委，为全额拨款事业单位，主要负责科技人员兼职、辞职、停薪留职等事项咨询服务。1990年10月，县人才中心划归县人事局管理，改称如皋县人才交流服务中心。1998年3月，市人才交流服务中心更名为如皋市人才服务中心，为副科级建制事业单位，负责全市人才市场、人事代理、毕业生就业服务、聘用干部管理等工作。

进入21世纪，市委实施党政人才、企业经营管理人才、专业技术人才、劳动技能人才和农村实用人才“五支队伍”一齐抓的人才战略。2005年，市政府修订《关于对服务我市企业的博士、硕士等高层次人才进行补贴的意见》，对正式到如皋工作服务三年以上的全日制博士、硕士毕业生按博士30000元、硕士18000元标准给予一次性人才补贴。2006年8月，江苏沿江开发（如皋）人才市场组建。是年，市委出台《如皋港人才高地实施意见》，对引进的优秀人才采取结构工资与绩效年薪相结合的激励机制，对攻读港口开发急需专业硕士及以上学位在职人员给予全日制毕业生相同补助和奖励。2007年，如皋港经济开发区被列为南通市“人才特区”试点单位，神马科技被确定为南通市人才工作示范基地。是年，江苏省人事厅发出《关于为如皋市经济社会发展提供人事人才工作服务的通知》，在江苏省县级市中尚属首例。

图19-2 如皋市优秀人才联谊会表彰高层次人才 （2008年摄）

2007—2010年，市委、市政府公开招考录用438名大学生村（社区）干部，其中2007年126名，2008年229名，2009年43名，2010年40名。

人才市场 1993年初，如皋人才市场建立，与市人才交流服务中心合署办公，主要负责全市人才市场管理和业务指导，提供固定人才集市、专场招聘、组团赴外地人才市场招聘、组团赴高校招聘、代理招聘、网上招聘及个别推荐等服

1997—2010年如皋市人事代理情况统计表

表19-2

单位：人

年份	代理人数	年份	代理人数
1997	35	2004	2555
1998	191	2005	3010
1999	581	2006	1800
2000	1647	2007	2780
2001	1538	2008	3610
2002	2236	2009	未统计
2003	2254	2010	未统计

务。7月28日，市政府举办首期人才市场，110多家用人单位在市场摆摊设点，签订用工合同、意向书220份。2000年起，全市形成每年2期大型人才市场，每月1期小型人才市场，聘用单位不定期举办零星人才市场的惯例。2001年3月，人事人才网站建成投入运行。通过网站，发布人才需求信息，建立求职人员信息库。2005年12月10日，江苏省人事厅同意如皋建立江苏省沿江开发（如皋）人才市场。2006年8月8日，江苏省沿江开发（如皋）人才市场在丽都假日酒店举办首届沿江开发人才招聘会。2008年4月，市人事人才公共服务网和江苏沿江人才网改版，与34家市重点企业、35个大中城市人才服务机构、江苏省23所重点高校和15所技师学院网站实现链接，免费注册企业会员184家、个人会员3258个，创建人才俱乐部QQ群、用人单位（求职人员）手机群组。免费发布企事业单位招聘信息和各类人员求职信息每年1万余条。至2010年，江苏省沿江开发大型人才市场已举办8届。

人事代理 1997年11月，市人事局始开展人事代理服务。接收、承办流动人员和毕业生挂靠人事关系、寄存人事档案；受委托为各类企事业单位管理人员、技术人员代管人事关系和人事档案；承管人员身份认定、档案工资定级（晋升）、转正定级、职称申报、出国政审、年报统计及户口暂存等手续；代办流动人员失业、养老、医疗保险及公积金收缴；负责流动人员党团组织关系管理和组织关系接转等。1999年，始代理新进事业单位人员人事服务。2000年，新增教师人事代理业务。2009年起，全市人事代理全面实施免费服务。2010年，人事代理工作职能随市人事局划归市人力资源和社会保障局。

毕业生分配 中华人民共和国成立前，全县有少量大学和中专毕业生，均自主择业。中华人民共和国成立初期，大学、中专毕业生或由政府聘用或自谋职业。1953年起，到如皋就业大学毕业生由县政府统一分配，中专毕业生由相关部门接收并自行分配。至20世纪60年代初，全县大学、中专毕业生分配数量较少。“文化大革命”期间，部分大学、中专停办，到如皋就业毕业生更少，安置工作比较混乱。1982年起，县人事局按“统筹安排、合理使用、保证重点、兼顾一般、面向基层、加强生产、学以致用、人尽其才”的原则分配到如皋就业大学、中专毕业生。1986年始，县人事等部门按照“面向基层、专业对口、优才优分、合理使用”的原则，除接收、分配国家计划内统招的大学、中专毕业生外，先后多次从城镇自费大专毕业生和国家招生计划内统一录取的电大、函大、中函师范普通班毕业生中，择优录用教师和国家干部。1988年，县人事局、劳动局、乡镇企业局和动力机厂、矿机厂、轴承厂、无线电厂、电子材料厂、第二制药厂等单位至沪、宁、苏、锡、常、扬、通等地14所院校，吸收全县急需的工程技术类大学毕业生20多人，分配至全县重点企业。

至1988年，全县共接受、分配大学、中专毕业生13528人。1989年始，部分到如皋就业大中专毕业生与用人单位“双向选择”。是年，县政府举办首期毕业生分配双向选择市场。1997年始，市内不再实行大学、中专毕业生统一分配。在国家就业政策指导下，市组织人事部门变大学、中专毕业分配为就业服务。

人才引进 1991年秋始，市人事部门建立全市人才结构及中外合资企业人员基本情况台账。市人才交流中心建立乡镇科技人员、中外合资企业中方管理人员、全市聘用干部台账。1993年，市人事局在举办人才双向选择市场和人才市场，同时组织用人单位参加各地人才交流活动，引进急需人才。是年，全市引进各类紧缺专业人才47人，其中高级人才3人。2000年初，市政府出台《如皋市人才发展规划》《如皋市引进外地高层次工程技术人员暂行办法》。6月，如皋市博士后技术创新中心建立。2003年，市政府探索人才租赁，市信用联社租赁人才42人，市广电中心租赁人才13人。2007年，市人事局协助熔盛重工从韩国大宇等国外公司引进核心人才3名，从沪东重机等国内龙头企业引进专家5名。2008年，神马电力引进美国HVB电器工程副总裁朱曦博士。2009年，市委、市政府启动人才引进“111”工程，引进10名领导型高层次创新人才，100名硕士学历以上或高级职称人才，1000名优秀本科毕业生。2009—2010年，全市引进各类人才3900多人，其中高层次领军型创新创业人才16名，海外留学人员15人，硕士、博士研究生178人，高技能人才922名。

图19-3 如皋市委中心组实施科教兴市、人才强市发展战略专题研讨会 （2004年摄）

五、聘用干部管理

1986年，县人事局在全县各系统实行干部聘用制，采用“公开报名、统一考试、组织考核、体格检查、择优聘用”的办法，接受群众监督，增强人事工作透明度。至1990年，全县共聘用干部418人，其中行政机关74人，事业单位27人，企业单位317人。1993年，市委、市政府完善干部聘用制，允许聘用干部进入人才市场。对企业单位聘用干部实现备案制度。是年，全市新增聘用干部650人。1999年，市人事局出台《关于进一步加强聘用干部管理的意见》，全年办理聘用干部手续1500多人。2000年，办理聘用干部手续1229人。2002年始，按上级要求全市除解决遗留问题外，不再办理聘用干部手续。

第四节 劳动就业

一、劳动就业制度

统包统配制度 中华人民共和国成立初，全县城镇失业人员，由县总工会负责登记，除按技能介绍就业外，还组织开展生产自救或动员回农村参加农业生产。1953年始，县政府采取政府介绍与自行就业相结合的办法安置城镇失业人员就业。对大学、中专毕业生和城镇复员退伍军人、军队转业干部，实行统包统配。1956年，对私改造中，对私营工业、商业、服务业、手工业的资方从业人员、职工和个体劳动者，基本实行统包，全县共安置私营工业人员76户596人，私营商业人员3595户5674人，饮食服务业人员1175户1895人，手工业人员2105户7351人（不含兼营农民）。此后，国营、县属集体企业招收工人，均由劳动部门统一招收，统一分配。1979年10月，返城的下乡知青和按政策规定安排的对象，仍执行统包统配做法。

公开招收、择优录用制度 1979年10月，根据江苏省劳动局转发国家劳动总局《关于招工实行全面考核的意见》，全县企业经批准招收工人，实行公开招收，自愿报名，德智体全面考核，择优录用。企业可以择优录用工人，待业青年也可根据志愿选择企业。1986年，全县按照国务院发布的《国营企业招用工人暂行规定》，全面实行“面向社会，公开招收，全面考核，择优录用”的用工办法。

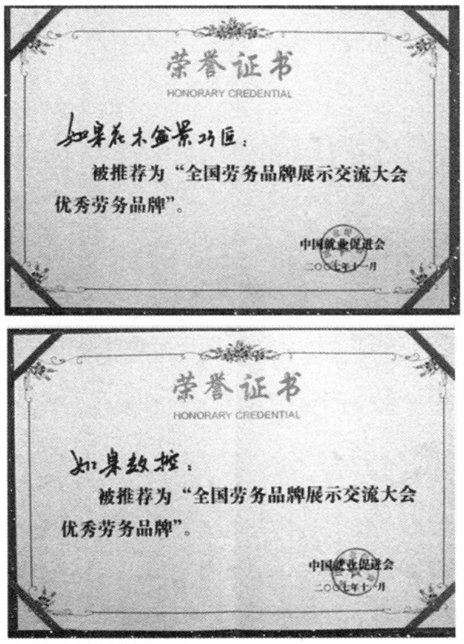

图19-4 2007年，如皋劳务品牌获中国就业促进会表彰

“三结合”就业制度 1979年，全县开始实行劳动部门介绍就业、自愿组织起来就业和自谋职业相结合的就业制度。各镇在建立劳动服务站的基础上，相继建立劳动服务公司，帮助农村劳动力转移。进入21世纪，随着全民创业热潮掀起，组织起来创业、自谋职业人数快速增加。

市场化就业 1992年，全市取消招工指标。1994年，根据《中华人民共和国劳动法》，全市劳动就业全面走向市场化。劳动合同成为保障企业和劳动者双方合法权益的依据、确定和调整劳动关系的基本方式。进入21世纪，全市逐步建立和完善社会保障体系和劳动力市场，形成用人单位和劳动者双向选择、合理流动的就业机制。

二、就业安置

城镇居民就业安置 1949年，全县城镇失业人员2000多人，形成第一次就业高峰。县政府在对失业人员进行救济的同时，组织生产自救，并号召部分居民到农村参加土地改革，分田务农。1951年，县政府安置城镇烈军工属77人。1952年1月，县烈军属针织社、丝线社成立，安排城镇烈军属138人就业。是年，还介绍城镇烈军属41人从事其他工作。1953年，县政府安排31名失业工人就业，同时介绍253名工人临时就业，发放失业救济585户2920人、5364.12元（折新币）。县总工会组织城镇失业工人生产自救，兴办军服生产社、群生饭店、大众饭店、工人浴室、茶食生产组等。城区政府组织无业居民兴办针织社、丝线社、烈军属剧场等。至1955年，县政府共安排如城地区1743人就业。1956—1958年，县政府共安置城镇居民624人就业。

20世纪60年代初，县政府根据上级指示精神，动员城镇居民下乡务农。1965年，白蒲化肥厂从城镇招收工人169人。1968年4月19—22日，县革委会召开专题会议，动员城镇知识青年“上山下乡”。是年，全县1643名城镇知识青年下乡务农。1969年，“上山下乡”城镇知识青年1700人。

1978年，城镇知识青年停止“上山下乡”。至1979年，全县城镇待业人员累计5699人，待业率8.5%，其中城镇高、初中毕业生1500人，回城知青4199人，城镇下放居民子女150多人，形成第二次就业高峰。县革委会建立城镇就业领导小组，采取鼓励自谋职业、县属企业临时工由单位安排、“困退”回城知青统一分配到县属集体单位就业、新办家具公司安排待业青年、增设农村商业网点就地安排下乡知青、县属集体企业扩大招工、扶持困难企业恢复生产、无招工指标全民企业兴办集体车间、允许退休职工子女顶替等一系列措施安置城镇待业人员。石庄、如城、丁堰、白蒲4个县属镇相继兴办劳动服务公司，各劳动服务公司不断增设劳动服务站、点，组织待业青年就业。至是年底，全县共安置城镇待业人员4000多人。此后，全县通过招工、组织自谋职业等，基本实现城镇待业人员全部就业。

1986年，随着全县城镇人口自然增长、机械增长加速，形成第三次就业高峰。上半年，县委、县政府采取清退计划外农民工（共清退3263人）、巩固发展劳动服务社（公司）、发展镇办企业、县属集体企业招工等措施，安置13080名城镇待业人员就业。8月，县劳动就业培训指导站建立，县技工学校、职业中学在待业人员中招收培训生2009名，进一步减轻城镇就业压力。1987—1989年，全县每年新增城镇就业人员约2500人。

1990年初，县政府清退国营、大集体企业计划外农民工约3000人，改招城镇待业人员约2000人。7月，县劳动局在人民公园开设大型劳务市场，全县19个系统212个单位分别设点招工，

3400多人报名应招，实际招工近2000人。此后，全市（县）城镇待业人员就业实行市场调节，自主择业。

落实政策就业安置 1979年，县革委会始按有关政策，安置落实政策人员或子女就业。“文化大革命”中因冤假错案非正常死亡的干部、职工，由县劳动局安排1名符合招工条件的子女就业。1969—1975年军队转业干部未安置的随军家属，经组织、人事部门审核后，由县劳动局安排工作，其子女为城镇户口、年满16周岁且不在校读书的，作为城镇“上山下乡”知识青年安置。20世纪60年代因学校停办下放的大专肄业、中专毕业生，经县人事局核实学历，由县劳动局安排工作。

至1990年，全县共安置落实政策人员及子女1261人。此后，市（县）劳动人事部门根据有关政策，继续安置部分落实政策人员或子女就业。至21世纪初，全市落实政策人员及子女安置工作基本结束。

就业安置服务组织 20世纪50年代，县政府组织县烈军属针织社、丝线社，县总工会组织城镇失业工人军服生产社、群生饭店、大众饭店、工人浴室、茶食生产组等，城区政府组织无业居民针织社、丝线社、烈军属剧场等安置城镇烈军属及失业人员就业。

至1978年，如城4个街道办有综合厂、服务站等，设门市部和小组76个，除工业生产外，亦从事白铁加工、自行车和钟表修理、机面、修鞋、出租被子、磨刀剪、爆炒米、理发、画像和饭粥加工等便民生活服务，安排社会青年和闲散人员。1979年，石庄、如城、丁堰、白蒲4个县属镇相继兴办劳动服务公司，新办劳动服务站（点）88个。

至1980年，如城、丁堰、白蒲、石庄4个县属镇，有劳动服务站29个，安排待业人员183人，介绍务工1466人次。1981年2月，县劳动服务公司建立，负责统筹、协调、指导全县劳动就业工作。7月，县政府指导基层劳动服务站（社）制订章程，明确集体所有，自负盈亏，独立核算。是年，如皋肉联厂、针织内衣厂和服装厂进行劳动服务站（社）试点，县粮食局建立劳动服务社。此后，全县劳动服务站（点）改称劳动服务社，除城镇、街道外，部分县直机关、企事业单位亦兴办。

1985年，县政府组织全县劳动服务社清理整顿，经验收合格的由县工商局注册登记，改称××工厂、××商店，性质为集体所有制企业，从业人员可转为集体性质劳动合同制工人，工龄自参加劳动服务社实际劳动之月起计算。1989年11月，县政府出台《关于试行〈如皋县企事业单位劳动服务公司（社）暂行规定〉的通知》，对全县各级劳动服务社性质、生产经营和收益分配等问题作出明确规定。

1990年起，县劳动服务公司职能由就业管理向就业服务转变，增加职业介绍、就业培训、失业保险、劳动服务职能。劳动就业逐步实现市场化、社会化。1993年9月，市劳务市场更名为市职业介绍所。1995年2月，市劳动服务公司更名市劳动就业管理处。此后，全市就业安置重点转为就业和再就业服务。

三、劳动用工制度

雇佣制 民国前，全县用工实行雇佣制。行业招收艺徒，年龄一般12—20岁，须“中人”担保，订立契约，习艺期多为3年，习艺期不发工资，只供伙食，中途不得退约，否则需赔偿经济损失。职员均由雇主雇佣，雇主可随意解雇，俗称“卷铺盖”“百页卷”。多数工厂采用童工，年龄一般10—16岁，进厂时订立合同，缴纳保证金，在“养成期”内，除膳宿外，无任何报酬，“养成期”满，一般须为厂家服务3年，只拿最低工资，中途不得离厂，否则要追回“养成期”的一切费用，亦有部分工厂雇佣包身工，由包工头招雇青少年到手工作坊、工厂做工，包身期一般为3年，分期付给包身费20—30元，只供膳宿，没有人身自由。

聘用制 民国2年（1913年），县立平民工厂用工实行聘用制，100名徒工均由厂方招聘。民国5年，皋明电灯公司创立，有电气工人10多名，多由厂方从上海、南通招聘。民国13年，丁堰阜昌染织股份有限公司创建，技术工人多从上海、南通等地招聘，挡车工多招本地工人，至民国20年先后聘用工人400余名。民国18年，中国制腿公司如皋制造厂制腿技术工、洗脏工、熬油工、助理工等均为聘用。民国29年后，如西抗日民主根据地创建的印刷厂、被服厂等，工人除志愿参加工作外，亦有部分为招聘。

固定工制度 1949年后，全县国营企业除使用少量临时工外，实行固定工制度，在国家指令性劳动计划控制下，人员统包统配，劳动关系一经建立，即固定下来，捧上“铁饭碗”，直至退休。企业按计划招收的新工人，学徒期满即转正为固定工。国家统配的大、中专毕业生，见习期满后转为固定工。

20世纪50年代，全县县属集体企业亦实行固定工制度。1987年初，全县实施固定工制度改革试点。根据国家、江苏省、南通市搞活固定工制度试点要求，以县五金公司、县煤球厂为试点单位，通过考核择优上岗，层层择优聘用，实行岗位合同制，破除干部“铁交椅”、工人“铁饭碗”。6月，增加县拖拉机修配厂、县轴承厂、县百货公司、江安粮管所、县毛巾厂、县水泥厂、县橡胶厂、县交通机械厂和县编织总厂9个试点单位。此后，固定工制度改革在全县逐步推开，所有企业固定工均逐步改为合同工。

2001年，市劳动部门不再对企业招用城镇职工进行审批，改为按照劳动力市场管理法规和劳动合同制度进行管理，不再审核新建国有企业定员标准。

亦工亦农工制度 1951年起，部分企业生产加工旺季从农村招用季节工，生产旺季务工，淡期务农。1958年，亦工亦农工制度正式提出。1959年起，全县每年使用亦工亦农工人数有所减少。1964年，县食品加工厂（肉联厂）、酱醋厂、轧花厂、酒厂和五家油米厂，共使用965人，占企业职工总数的53%。县供销社系统使用亦工亦农工602人。1965年9月，县人委发出关于推行亦工亦农工劳动制度的暂行规定。是年，全县使用亦工亦农工4109人次。

1976年下半年起，为解决招工用人计划困难，省和南通地区所属企业亦至县内招用亦工亦农工，列为计划外临时工，长期务工，不再务农，其工资开始时返还给生产队记工分，后直接发给本人，工资福利待遇与计划内临时工相同。1988年11月，未清退的亦工亦农工始转为计划内临时工。至1990年6月，全民企业396名、县属集体企业1317名亦工亦农工，全部转为计划内临时工。

合同用工制度 1981年12月，按江苏省和南通地区通知要求，县邮电局和如皋新华书店招收的18名新工人均定为一年以上计划内合同工，与单位签订一年以上劳动合同。1983年起，全县新招工人均实行劳动合同制，原一年以上计划内合同工亦改为劳动合同制工人，顶替退休职工子女一律实行劳动合同制。1986年1月起，征地安排剩余劳力亦为劳动合同制工人。1986年10月1日起，全县新招工人全部实行合同用工制。

四、职工队伍

私营企业职工 民国前，全县职工多为私营商店店员和私营手工业作坊工人。民国2年（1913年），全县有私营工厂徒工100名。至民国37年全县私营企业职工有电灯、榨油、机米、驳船、汽车、邮电等产业工人；缝纫、丝线，铜、铁、锡业，山竹行、染坊、织袜、织布等手工业工人；浴室、豆腐店、饮食店、制烟、茶叶店等服务行业工人、泥瓦工、木工及箩行、脚行、草行、黄包车行、小车行的苦力工人、店员等。

1949年，全县私营企业有职工1861人，其中商业1270人，饮食业150人，其他服务业220人，工业221人。1954年，全县有手工业行业97个、2105户，从业人数7351人。1955年，私营工商业社会主义改造前，全县有私营职工1322人，其中商业507人，饮食业100人，其他服务业272人，工业443人。私营工商业社会主义改造后，私营企业职工均成为国营、公私合营或合作化企业职工。

1979年，全县私营和个体经济恢复发展。至1990年底，全县经工商管理部门发证的私营企业和个体户20343家，从业人员27032人。2005年，全市有私营企业12771家，个体工商户33059户，其中规模以上私营企业从业人数42528人。此后，私营、个体从业人员不列入从业人员统计。

全民、大集体职工 1949年，全县共有全民所有制职工2624人，其中工人为公私合营群益、新生油米厂工人61人。1952年，全县全民和公私合营企业工人增至544人。

1956年，私营工厂并入国营的22家，有工人153人；合并建立合作社的3家，有工人49人；改为公私合营的16家，有工人103人；走合作化道路的25家，有工人176人；由商业部门改造的1家，有工人4人。全县饮食、服务业接受改造的

1175户，有员工1895人（含小业主及从业人员）。商业系统组织参加合作商店（小组）的2445户，手工业组织参加手工业合作社的2015户。是年，全县全民所有制工人增至10839人，另有国家干部2573人（不含中小学）。1970年，始有县属集体企业职工人数统计。

1977年，始有镇属集体企业职工人数统计。1990年，全县有全民所有制工人39252人，县属集体所有制工人47650人，镇属集体所有制工人13634人。

2000年，全市全民所有制性质单位在岗职工41721人，其中企业18431人、事业17901人、机关5389人；市属企事业单位在岗职工25458人，其中企业22715人、事业2706人、机关37人。年末城镇集体单位（不含私营、个体）从业人员55820人，其中企业32502人、事业18256人、机关5062人。

亦工亦农工 1958年，县内开始招录亦工亦农工，农闲务工，农忙务农。1964年，全县使用亦工亦农工1567人，其中工业965人、商业602人。1965年，全县41家企业有亦工亦农工4109人。1981年，全县全民和县属集体企业先后招收亦工亦农工2100多人。1988年，按南通市劳动局通知，全县亦工亦农工全部转为计划内临时工。

土地工 1976年起，县内经国家批准征用农村土地，按规定安排土地工。至1983年，全县经县级政府批准，由劳动部门安排的土地工2434人。1984年6月起，土地工由企业主管部门直接审批、安排，报县劳动局备案。国家机关、团体等仍由县劳动局统一安排。是年，全县安排土地工700人。1985年，县政府重申谁征用土地谁安排土地工原则，并规定安排土地工年龄16—35周岁。征地单位无法安排土地工，则按每个劳力2000元标准向安排单位支付安置费，36岁以上不能安排为土地工的，由征地单位按每个名额5000元一次性支付给村民组，年老体弱不能安排为土地工的，由征地单位发给每人每月32元生活费直至死亡。是年，全县安排土地工453人。

1986年，调整土地工安置政策。未到土地工安排年龄的，可以先迁户口，待到龄后安排工作。超龄、体弱不能安排为土地工的，一次性给予补偿，建设性项目一般为每人4000元，市政公用与公路建设项目每人3000元。新安排的土地工一律实行合同制，转为城镇定量户口。1986—1990年，全县共安排土地工4119人，同时将1966年5月16日至1979年底安排的土地工转为城镇定量户口，并将4661名地地工改为县属集体固定工。

协议工、轮换工 均为如皋阎台煤矿用工形式。1984年，按国务院规定，统一称为农民轮换工。至1990年底，如皋阎台煤矿招收农民轮换工77人。

临时工 食品加工、粮棉收购和加工等单位，每年均雇用季节性临时工。部分企业遇有突击性生产任务，亦使用临时工，任务完成后辞退。1957年起，各单位使用临时工须经县劳动部门批准。是年，县劳动局批准县属单位使用季节性临时工1263人次，工商、卫生、邮电等部门辞退临时工358人。1960—1965年，全县企业每年使用季节性临时工400—1000人。

“文化大革命”开始后，临时工使用一度失控，不经批准私自招用，到期应辞退的亦不辞退。至1971年6月，全县全民所有制单位使用临时工增至5339人，县属集体所有制单位使用临时工近万人。1972年，按国务院规定，1971年6月底前，在全民所有制单位常年性生产岗位，生产工作确实需要，适合继续工作的临时工，经劳动部门批准转为固定工。至1973年6月，全县有4200名临时工转为固定工。1973年，按南通地区下达的指标，全县全民所有制单位精简临时工1000多人。1974—1980年，全县每年批准使用收购加工棉花临时工1700人左右。1979年，全县清退计划外农民临时工2200多人。1980年，按南通地区劳动局规定，县劳动局将县属集体单位城镇户口的计划内临时工1330人、计划外临时工118人转为固定工。

1981年，全县清退计划外农民临时工2030人。1982年，全县特殊行业招工难，经南通地区劳动局批准，县劳动局从农村招收建筑工、装卸工和船员610人，为计划内临时工。1984年，全县有计划内临时工8055人，计划外临时工7889人。1985年，县劳动局批准从农村招收建筑工、装卸工和船员等计划内临时工711人。1987年，全县清退计划外农民临时工3001人。1990年清退4420人。

此后,市劳动部门不再审批企业临时工。市属企业产权制度改革后,企业自主招工,职工临时就业方式趋于多样。

农民工 1983年,县供销合作社系统按中央和江苏省有关规定,自行从农村招收农民合同工390名。是年,农村信用合作社系统,亦招收90名农民合同工。1984年7月起,按照改革经济体制,增强企业活力要求,县劳动局允许工作苦脏累和地处农村的34个单位20多个工种,按计划从农村招收农民合同工,工资福利待遇与计划内临时工相同。1984—1985年,县属工厂共使用农民合同工1011人。1985年,县供销合作社系统以集资扩股的名义,自行招收农民合同工300名。

1987年9月,县劳动局、人事局、供销合作社将农民合同工转为县属集体性质合同制工人,纳入劳动工资计划,签订劳动合同,参加养老保险,工资福利待遇按劳动合同制工人执行。1990年,全县停止农民合同工招收。此后,随企业产权制度改革、用工制度改革,农民工使用不再受限制,部分企业大量使用农民工。

劳动合同制工 1986年,根据国务院《关于发布改革劳动制度四个规定的通知》,从接到传真电报之日起至9月30日,全县一律停止国营企业招工、招生、转干,停止办理子女顶替工作。集体所有制企业亦按此办理。新招工人一律实行劳动合同制,劳动者与用人单位之间签订劳动合同确定劳动关系。至1989年,全县劳动合同制职工占职工总数的15.22%。

1994年,根据《中华人民共和国劳动法》"建立劳动关系应当订立劳动合同"的规定,全市市属企业万余名临时性用工及市外调进的固定工全部改为合同制工。是年,全市合同制职工3.6万人,占全市在职职工总数的54%。1995年1月,全市实施《如皋市全员劳动合同制度暂行办法》。是年,全市市属企业除个别单位外,固定工均改为劳动合同制工,共签订劳动合同28455份。1996年,劳动合同用工制度向乡镇企业和私营企业延伸,全市乡镇有21700名职工与用工单位签订劳动合同。

2002年,全市开展"劳动合同管理年"活动,共鉴证劳动合同13500份,市属企业、国有控股及城镇集体企业合同签订率98%,外商投资企业合同签订率90%,私营企业、个体经济组织合同签订率72%。此后,劳动合同制用工形式逐年巩固、拓展,在全市形成全覆盖。

五、精简下放与城镇知青插队

精简下放 民国32年(1943年),如西县政府实行精兵简政,精减297人。

1954年、1958年,全县亦进行精简下放。1960年,全县动员1958年后新招收工人和新迁转为城镇户口的人员共42537人充实农业第一线,其中全民单位2453人、城镇集体单位1211人、农村集体单位38873人。1961年,全县精减全民职工3002人,其中回农村务农2125人、转集体单位512人、退休退职63人、其他302人,动员下放城镇定量户口人员6903人。1962年,全县精减全民职工2265人,压缩定量人口3391人、定销人口772人。1963年,全县精减全民职工2150人。是年,县委、县人委始动员城镇居民下乡插社插队,全县共动员城镇居民217户556人下乡插队,其中到外县的24户63人。1964年,县文教卫生系统精减53人,农林系统精减33人,如皋师范毕业生182人、如皋卫校毕业生39人,均未分配工作,动员下农村支农。

1969—1970年,按照省革委会通知精神,县革委会动员机关、企业单位干部、职工和城镇居民689户3079人下乡,其中不带薪下乡职工733人、职工家属子女755人、城镇居民241人,带薪下放干部1050人携家属子女300多人。其间,省、地、市和外县亦有干部下放至如皋。

精简下发人员政策落实 1965年,按照国务院《关于精简退职的老职工生活困难救济问题的通知》,县政府发给1961—1965年在全民性质单位精减下放的1957年底前参加工作的48名老弱残职工救济费,标准为原工资的40%。至1979年2月,全县享受救济费的下放职工增加至265人。1980年,全县共发放60年代初精减退休老职工困难救济费9.6万元。1981年,全县领取生活困难补助费的有811人,标准为城镇户口每人每月15元,农村户口每人每月12元,从是年7月起计发。1985年7月起,在原基础上每人每月增加5元。1987年3月,按江苏省、南通市统一部署,60年代初精减至农村的老职工和1957年底前下放的城镇居民，户口转为城镇定量户口。至1989年，全县迁转为城镇定量户口的精简下放人员4113户7974人。

城镇知青到农村插队 1963年，全县动员、组织30名城镇居民插队，插队人员中有部分年满16周岁的知识青年。1964年，根据中共中央批转共青团中央书记处《关于组织城市知识青年参加农村社会主义建设的报告》，县委、县人委正式提出并动员知识青年下乡插队。1965年，动员城镇知识青年358人至新围垦的长青沙垦区，建立知青大队。1966年，结合系统的社会主义教育运动，如城镇动员部分镇办厂青年工人下乡插队。1968年，县革委根据毛泽东主席“知识青年到农村去”的指示，召开“上山下乡”工作会议，动员1966—1968年高、初中毕业生（惯称“老三届”）1643人到农村插队落户。1969年，全县下乡插队的城镇青年共1708人。至1978年，全县下乡插队的城镇青年共7632人，其中到生产队6766人，到农林场圃866人。另接受上海等地到如皋农村插队知青600多人。全县共建知青住房9443间，其中24个知青点建房560间，国家下拨木材1437立方米、钢材72吨、安置费用173万元。“文化大革命”结束后，部分知青开始回城，至1979年底，通过招工、参军、上学、病退、困退等渠道解决知青回城问题，全县城镇下乡知青先后全部转为城镇户口，安排就业。

1963—1977年如皋县城镇青年到农村插队情况统计表

表19-3

单位：人

年份	总人数	其中	
		到生产队	到农林场圃
合计	7632	6766	866
1963	30	30	0
1964	562	562	0
1965	411	361	50
1966	269	269	0
1967	0	0	0
1968	1487	1487	0
1969	1708	1708	0
1970	412	412	0
1971	208	0	208
1972	1	1	0
1973	229	229	0
1974	554	554	0
1975	640	426	214
1976	400	229	171
1977	488	284	204
1978补办	233	214	19

六、下岗职工再就业管理与服务

1995年，全市登记城镇下岗、失业人员4956人。是年，市委、市政府正式启动下岗职工再就业工程，加大对市职业介绍所的软、硬件投入，兴建劳动力交流大厅，实施招工资格、信息发布扎口审查，招收各类培训生2138名，实现再就业2161人，对外输出劳动力1567人。

1996年，全市登记下岗、失业人员8864人。是年，市政府下发《关于进一步实施再就业工程的意见》，全年安置下岗职工9523人，再就业率60.8%。为18家停产、半停产、破产、关闭企业的8004名职工发放救济扶持金190.2万元。为397名失业职工发放救济金31.6万元。兴办劳动服务企业12家，吸纳下岗人员800余人。

1997年，全市登记下岗、失业人员10535人。是年，市政府先后出台《关于建立企业职工解困基金的通知》《关于印发〈如皋市城镇企业职工下岗与再就业管理试行办法〉的通知》，全市8000多名企业下岗职工领取“下岗待工证”；利用现有市场，优先吸纳下岗职工，全市有600多个摊位安置城镇下岗、失业人员1921人；全市新办劳动服务公司6家，吸收下岗、失业人员292人；为困难企业职工发放解困资金238万元，向19家破产、停产企业6228名下岗职工提供救济142.9万元。市委、市政府进一步加大再就业服务组织组建、扶持力度。

至1998年，全市有下岗职工的12个企业主管部门和113家市属企业均建立再就业服务中心（站），并对下岗职工进行梳理分类，符合再就业条件的人员100%进入再就业服务中心（站）。市政府筹集再就业基金240万元，救助下岗职工52209人次。全市登记下岗、失业人员降至7527人。

1999年，全市筹集资金1227万元，为市属企业下岗职工72512人次提供基本生活保障，其中发放生活费610万元，代缴养老保险费551万元，代缴失业保险费66万元。根据中央要求，按时提高下岗职工基本生活保障待遇标准。全年下岗职工实现再就业5318人。

2000年，全市下岗职工人数下降至2583人。2001年，劳动力市场职业介绍大厅配置了大型彩色投影仪、电视显示屏、触摸屏等现代化信息发布设施，建成了就业信息局域网，所有就业信息都可以通过网上查询，并逐步推行和完善就业信息管理系统，职工介绍工作实行前台服务计算机化。全市下岗保障和失业保险并轨目标基本实现。

2002年起，市政府对大龄、无技能下岗人员由保障基本生活为主转移到以促进再就业为主，由市政府购买就业岗位，购买再就业培训成果。

2003年，市政府出台《关于进一步促进失业人员再就业的通知》，并出台7个再就业优惠政策文件，规范收费项目和税收减免政策。

2005年，市政府把开发700个“191”（要就业）就业岗位作为政府为民办实事的第一件大事向社会公布，进一步明确“4050”人员（女性40岁以上、男性50岁以上，有就业愿望，但自身就业条件较差，难以在劳动力市场竞争就业者）、双失业家庭等就业困难群体为再就业重点援助对象，继续开发就业项目，安排困难弱势群体人员再就业。

2006年，市政府建立就业与社会保障工作联动机制。全市提供就业岗位17500个，城镇新增就业6700人，城镇失业职工实现再就业3800人，城镇登记失业率为3.32%。是年，市政府共发放失业人员小额担保贷款285万元，累计为“4050”对象1117人次提供社会保险贴补25.9万元，提供公益性岗位补贴18.2万元，对吸纳279人次失业职工就业的服务型企业提供补贴19.06万元。

2007—2010年，全市新增城镇就业人员29207人，下岗失业人员再就业13519人，就业困难人员再就业1888人，安置“4050”人员就业1579人。城镇登记失业率分别为3.32%、3.39%、2.7%、2.99%。

图19-5　2008年1月，如皋在全国县（市）中首家成立就业促进会

七、劳动力转移

支援边疆建设 中华人民共和国成立初，全县有部分知识青年去青海、福建等省参加社会主义建设。1959年5月，全县抽调5名汽车驾驶员去西藏工作。7—9月，全县有3003名青壮年赴新疆参加生产劳动。是年，如皋县动员青壮年前往新疆参加社会主义建设委员会建立。1961年7月，动员支边倒流人员400人返回新疆。1965年，分5批选送233名技术工人分别去云南、贵州、四川，参加“三线”建设。1980年9月，全县抽调9名在职技术人员去西藏。

劳务输出 1958年，全县2400多人应召去南通市参加“大跃进”建设。1959—1960年，全县428人到长江大桥工程处，另组织3200名青壮年去徐州煤矿，50人去南京参加采运石料。1965年，县政府组织45人到上海参加青浦公路修建。20世纪70年代初，全县1000多名农村退伍军人到南京、南通和上海铁路局工作。1973年，全县154人到徐州煤矿工作。1976年，县政府动员、组织1500名农民工到徐州煤矿采煤。1982年，柳新煤矿在如皋招收协议工300人。1988—1989年，县劳动服务公司向苏州、无锡、常州、南京、徐州等地输出农村剩余劳力3403人。

20世纪80年代，全县数万裁缝、木工等赴北京、南京、石家庄等大中城市创业。1990年，县劳动局把城镇待业青年纳入劳务输出的范围。1993年，全市始发展外经劳务。是年，如皋中江公司派出首批出国劳务人员。1994年，全市劳动服务企业发展到107家。1996年，如皋市被江苏省劳动厅确定为第三批农村劳动力开发试点市和北京市劳务基地。至1998年，全市出国劳务人员计3000多人。2005，全市新增劳务输出28531人，为历史最好水平。2010年，全市出国劳务人员3586人。

建筑施工 1979年2月，县建筑民兵团成立。是年，全县赴市外建筑施工6081人。1985年起，部分建筑企业涉足国际建筑市场，部分建筑工人赴苏联、美国等国家施工。至1986年，随如皋“建筑铁军”影响不断扩大，全县外出建筑施工人数发展到22896人。1989年，全县外出施工工人有28000人。2005年，全市参与建筑施工人数增至82223人，建筑队伍遍布全国20多个省、直辖市、自治区，有万名工人以上规模市场3个，5000人以上规模市场5个。是年，全市出国（境）建筑劳务人员1141人，建筑业外经劳务输出在南通市排名第三，在江苏省排名第四。

图19-6 2007年3月，江中集团组织建筑工人赴无锡务工

2010年，全市总承包和专业承包建筑业企业全部从业人员年平均人数175631人，劳务分包建筑业企业年平均人数7934人，合计从事建筑业人数183565人。

农民至企业务工 1978年，全县有乡镇工业企业1448家，职工近2万人，大多为农民。实行家庭联产承包责任制以后，全县大量农村劳动力向工业、三产服务业转移。1986年，全县村办工业企业从业人数增加至38642人，城乡合作经营工业、个体工业从业人数4225人，镇办、乡办企业全部职工年平均人数61139人，乡镇企业合计务工人数104006人。1990年，全县在乡镇工业企业务工农民人数合计116738人。随着全市国有、集体企业改制，全市个体私营经济迅速发展，特别是用工制度改革，进入企业务工和自主创业农民急增。

2010年，全市50岁以下农村劳动力极少长期务农。

第五节 劳动争议处理

一、劳资协商

1950年，贯彻中央人民政府《关于在私营企业中设立劳资协商会议的指示》，全县始开展劳资协商。协商工作由县工商科负责，县总工会和县工商联派员参加，根据“公私兼顾、劳资两利”原则，主要解决工资、报酬和歇业停工等问题。1956年，资本主义工商业社会主义改造基本完成，劳动者和企业之间的争议，一般通过信访渠道处理。进入21世纪，市总工会指导部分外商投资企业、私营企业实行劳动工资集体协商，解决劳资争议。2005年，市政府出台《关于进一步推进企业工资集体协商工作的意见》，推进全市企业工资集体协商。

二、劳动争议仲裁

1986年10月，县劳动争议仲裁委员会建立，由县劳动局正、副局长和总工会负责人任仲裁委员会正、副主席，团县委、妇联有关干部及有关委、办、局人事劳资股长为委员。仲裁委员会在县劳动局设办公室，负责全县劳动争议仲裁案件的处理，办理各类劳动合同鉴证和信访接待处理工作。

1988年，贯彻国务院《国营企业劳动争议处理暂行规定》，全县企业建立劳动争议调解委员会，隶属企业职工代表大会，委员由企业行政、工会和职工代表三方人员组成，主任由委员选举产生。1988—1989年，县劳动局举办企业劳动争议调解委员会主任、劳动工资干部等培训班6期，430多人参加培训。1989年，县仲裁委员会立案受理劳动争议申诉案件3起，均通过调解达成协议。

1990—1996年，全市（县）处理劳动争议案件48件。1997—2006年，全市处理劳动争议案件427件。2007年6月25日，市劳动争议仲裁院成立。2008年4月，如皋市劳动争议调解中心成立，为集行政调解、行政执法和劳动仲裁三位一体的人民调解组织。为全国首家县级劳动争议调解中心。是年，市劳动争议调解中心收理劳动争议案件1202起（其中30人以上集体案件6起）审结1172起，涉及职工利益960余万元。

2009年，全市受理劳动争议仲裁案件1035件，全部审结，其中处理集体案件13件，涉及289人。是年，市劳动争议调解中心“调解六法”（提前介入法、多方联动法、案结事了法、代为支付法、宏观处理法、标本兼治法）被新华社《国内动态清样》第685期刊载，中央电视台《焦点访谈》及新华社记者进行专访。

2010年，市劳动争议调解中心立案649件，涉及787人，涉案金额1500万余元，审结585件。处理群体性事件20余起，涉及1230余人，涉案金额2000余万元。

三、劳动合同鉴证

1986年，县劳动服务公司将开展劳动合同鉴证工作，对用人单位与劳动者签订劳动合同的真实性、合法性、可行性进行审查、鉴定。至1989年11月，共鉴证劳动合同制工人劳动合同10637份。

1989年12月起，劳动合同鉴证工作改由县劳动争议仲裁办公室负责办理。2003年始，全市劳动合同鉴证工作改由市劳动就业处和各乡镇劳动保障事务所办理。2008年1月1日，根据新施行的《中华人民共和国劳动合同法》，全市劳动用工合同由劳动者与用工单位签订，签字生效，不再经过劳动鉴证。

第六节 工资与福利

一、工资制度

俸工制 明清时，县衙用工多实行年薪，称“俸工”。清代，县知县衙门年俸工银821两6钱，其中知县年俸工银45两，门子、皀隶、仵作、马快、禁卒、伞肩轿夫、库子、斗级年工食银6两，铺兵年工食银7两2钱。主簿衙门年俸工银69两1钱1分4厘，其中主簿年俸工银33两1钱1分4厘，门子皂隶、马夫年工食银6两。典史衙门年俸工银67两5钱2分，其中典史年俸工银31两5钱2分。石庄、掘港、西场司巡检衙门年俸工银各73两5钱2分，其中巡检年俸工银31两5钱2分，弓兵年工食银3两。儒学教谕年俸工银80两，斋夫年工食银12两，门斗7两2钱，廪生年廪粮银4两，闰月银6两6分7厘，膳夫年工食银6两6钱6分6厘。

薪金制 民国元年（1912年），根据江苏都督规定，县知事薪金每月200元。民国2年，如皋县被核定为二等县，县知事薪金调整为每月260元，科员、技士平均薪金为每月50元。民国16年，国民政府如皋县县长薪金调整为每月350元，县政府各局22名书记薪金为每月60元，其余10名工作人员无固定薪金。县内手工作坊和商店员工，一般采取计时薪金制，另以货物售出所得利润“拿厘头”，以技术对应为利润“拿分头”。轧包工薪金，带有承包性质，完成某一物件或工程领取预定的薪金。此外，部分员工有外出补贴、小账（旅馆、饭堂、浴室等顾客付给的小费）、泡儿银（回扣）、分红（资方至年终将纯利分配给工人，一般为20%）、月资（由资方发给店员和学徒的理发、洗澡费用）等附带薪金。

1956年实行合作化后，雇主与员工之间按惯例实行的薪金制停止执行。

供给制 民国29年（1940年），如西抗日民主根据地按照“军事第一，生活第二”方针，以供给制提供各类工作人员最低限度生活保障。县区党政军机关、学校、公营工厂和公司干部每人每天口粮0.75千克，杂务人员每人每天口粮0.78千克。

民国36年，解放区干部增加猪肉供应，标准分为8个类别，第1类最低，第8类最高。是年，解放区干部增发津贴费，分普通津贴、特别津贴和儿童津贴3种。普通津贴每人每月猪肉0.5千克。特别津贴主要补贴有特殊困难的家庭，按行政职务、工作能力分10个等级，1级每人每月增加大米75千克，10级每人每月增加大米30千克。机务员、报务员、机要员、医务员根据技术水准、职务、工作经历、健康状况、工作和思想表现等亦享受特别津贴，一等每人每月增加猪肉2千克、二等1.5千克、三等1.25千克、四等0.75千克、见习员0.5千克，技术熟练的油印员、电话员、会计员减半发给。儿童津贴主要补贴工作人员子女，1—5周岁每人每月大米25千克，6—8周岁每人每月大米15千克、火草15千克。

民国37年，解放区一般工作人员享受“大灶”伙食，每人每天粗菜0.5千克、豆油12.5克，其中警卫武装人员每人每天粗菜0.5千克、豆油15.625克。正副县长级干部参加革命工作满8年的、一般干部参加革命工作满12年的、会计等专业技术人员连续参加革命工作满8年的可享受“中灶”伙食，每人每天粗菜1千克、细菜0.5千克、豆油9.325克、肉62克。参加革命工作满15年以上、受敌人残害及多次作战负伤而影响健康的在职县长级以上干部，享受“小灶”待遇，每人每天粗菜1千克、细菜0.5千克，豆油9.325克，肉93克。住院伤病员享受特殊待遇，每人每天粗菜0.5千克、豆油15.625克、肉187.5克。

1949年，全县严重春荒。11月起，解放区干部和工作人员每人每天节约大米31.25克救济灾民，县区干部每人每天粗菜调整为0.5千克、豆油调整为12.5克。是年，全县党政机关干部服装用品待遇仍执行民国36年供给标准。棉衣，党政机关不分级别每人3年1套，警卫武装不分级别每人1年1套；棉帽，党政机关不分级别每人2年1顶，警卫武装不分级别每人1年1顶；棉被，党政机关不分级别每人4年1条，警卫武装不分级别每人3年1条；大衣，党政机关区级以上每人3年1件，警卫武装连级以上每人2年1件；绑腿，党政机关不发，警卫武装每人1年1付；单衣，不分党政机关、警卫武装和级别，每人每年2套；单帽，亦不分岗位、级别每人每年1顶；布袜，不分岗位、级别每人每年2双；布鞋，县以上党政机关干部每人每年2双，区以下干部和工作人员每人每年3双，警卫武装人员每人每年4双，交通员每人每年6双；蚊帐，县团级发大蚊帐，营级发小蚊帐，区连级以下每人每年发纱布1.66米。

1950年，全县公务人员津贴恢复，分普通津贴、技术津贴与有军籍并实行供给制的工人工种津贴3种。普通津贴不分等级、职务，每人每月猪肉0.5千克。技术津贴，话务、报务、机要、医务等人员分5个等级，一等每人每年猪肉2千克、二等1.5千克、三等1千克、四等0.5千克、五等0.25千克；司号长每人每年0.75千克，司号员0.5千克；学员以3个月学习期为限，每人每日发鸡蛋1只；理发员每人每年猪肉0.5千克。工种津贴，汽车司机每人每月猪肉2.5千克，印刷、被服工人每人每月0.5千克。是年始，全县公务人员供给实行供给金制度，除生活费划出由单位包干使用外，津贴、服装、日用品等经费发给个人。1951年1月，津贴标准调整。1953年，供给制停止执行。

薪给制 民国35年（1946年），县政府对部分警察及文教、货管、银行系统干部试行薪给制。

1950年如皋县实行供给制人员供给金标准一览表

表19-4

单位:元

项目	对象	标准	
菜金、燃料	单位15人以上	每人每日	850
	单位11—15人		910
	单位10人以下		940
	公安武装人员		950
	中灶轻伤病员		1750
	小灶重伤病员		2350
子女保育费	1—2周岁	每人每月	65000
	3—4周岁		70250
	5—6周岁		80750

项目	对象	标准	
津贴	县级干部	每人每月	24800
	区以下干部		17300
	勤杂、警察		15400
	公安连排干部		16250
	公安武装战士		14350
冬衣	共分6个类别,每人供给标准由低到高分别为:100000、124000、142000、165000、194250、222750。		

其中警察薪给标准划为3等,一等每人每月大米65千克、二等60千克、三等55千克;货管系统人员划为4等,征收员每人每月大米70—80千克、所长90—100千克、分局主任110—120千克、局长130—140千克。

民国38年1月,县政府对接管留用的国民政府如皋县政府所属银行等机构工作人员保留原工资,新接收人员实行薪给制,大部分以实物计发工资,部分根据物价状况以货币计算。此后,未再实行薪给制。

工资分制 1953年,根据全国第一次工资改革要求,供给制改为工资分制。1个工资分含粮食375克、白布0.066米、食油15.635克、食盐62.5克、煤1千克,每月工资分值按当月上述物品价格确定,略有浮动。一般1个工资分值约合2100—2300元(华中币)。全县实行工资分制的共11823人,每月工资分总数1354730分,人均114.59分。其中,原实行供给制的共10192人、1115568分,人均109.46分;原实行薪给制的1631人、239162分,人均146.65分。1954年,国家机关、企事业单位进行工资分调整,共调整505人,占总人数的47%,每月增加工资分3242分,时工资分值2280元,共增资719176元。1956年,工资分制停止执行。

月工资制 1956年7月,根据全国第二次工资改革要求,全县取消工资分制和物价津贴制度,始实行直接以货币为标准并以货币发放的月工资制度。此后,全市(县)机关、事业单位人员一直以月工资制为基础,企业干部职工亦大多实行月工资制。

计件工资制 民国初,阜昌染织公司员工始实行计件工资制,工人每天工作10小时以上,以生产合格成品多少计算工资,挡车工每人每月工资17—20元不等;一般职工每月工资17—18元。

1957年,根据国务院发布的工资改革决定,全县推广和改进计件工资制,县针织厂和群益油厂试行计件工资。1958年初,县政府劳动科对全县实行计件工资的情况进行调查,全县实行计件工资的企业有近30家,一般实行直接计件工资、累进计件工资和计件奖励工资。是年,全县取消计件工资制。1959年,部分企业恢复推行计件奖励工资制。"文化大革命"中,全县再度取消计件工资制。1980年,石庄、丁堰服装厂和县丝毯厂探索对128人实行纯计件工资。针织内衣厂等企业对所属17个车间3870人实行超定额计件工资。1982年,全县实行超定额计件工资制的全民所有制工厂10家、2851人,集体所有制工厂16家、4726人。1983年,全县国营、大集体企业大多实行计件工资制,并将其作为不突破企业工资总额的前提下,优化企业内部分配制度的一种重要方式。如皋毛巾厂推行计件工资制的经验,被江苏省计经委、劳动局编入《搞活企业内部分配经验》一书。

半供给半工资制 1958年"大跃进"期间，县政府在县第一钢铁厂试点，实行职工吃饭、看病、看戏、看电影、洗澡、理发、住房、茶水、点灯8个"不要钱"，另每人每月发工资10元、零用钱2元。此后，一度受到效仿。1959年，停止执行。

浮动工资 1981年，部分企业开始试行。1984年，全县企业工资标准全面随经济效益浮动。工交企业8级从原标准29.5—80元浮动至31—93元，商业企业10级工资制改为参照工交8级浮动工资制，建筑企业由工交级改为建工级，对上浮不足4元的补足到4元，未上浮的每人每月补4元，列为补贴。全县工资浮动人数29784人，月增资人均2.57元。是年，县政府赋予整顿验收合格企业的厂长（经理）对有特殊贡献职工浮动晋级权，晋级面在3%以内，全县全民企业浮动晋级392人，集体企业浮动晋级603人。

1987年，全县22家国营工业企业中，有12家实行工资总额与经济效益挂钩，实行工资浮动。挂钩形式有工资总额与企业上缴利润挂钩，工资总额与企业最终产品销售量挂钩，工资总额与实现利润、上缴国库利润和技术改造归还贷款3项指标挂钩等。1990年，全县有40家全民所有制企业、75家县属集体企业将浮动升级工资改为固定工资，有212家企业在落实经营承包后，实行工资与经济效益挂钩。此后，随着企业改革的不断深化，浮动工资制被更加灵活的企业工资制度取代。

二、工资调整

封建王朝时期，境内官员俸禄、薪金根据县等级核定等由朝廷确定、调整，店员、作坊工人等佣金由雇主在学徒期满时根据惯例调整。民国时期，如皋县被核定为二等县，官员薪金进行较大幅度调整。

1956年，全县参加工资改革的人员大多工资有所调整。其中，全民事业单位工改前月工资总数20581元、人均月工资29元，工改后月工资总额265184元、人均月工资37元，工资得到调整的6834人，占总人数96%，工资增长幅度27.58%；国家机关工作人员工改前人均月工资32.36元，工改后增至40.51元，工资增长幅度25.10%，增资总人数1627人；工业、商业、粮食和供销社系统参加工改的533人，工改前人均月工资27.88元，工改后人均月工资30.14元，增长8.1%；手工业系统管理干部一般每人每月增资3.5元，少数工资低的增资近5元，社员增资情况与干部相同；小业主按技术级别评定工资，不参加工改的单位基本不调资，临时工与正式工同工同酬，学徒工转正按同工种最低一级工资发给。

1959年，全县工业、建筑、交通、城市公用事业单位的产业工人2065人调资，调资面24.9%；国家机关、金融、保险、财贸和中小学工人调资193人，调资面2%；工业、手工业、邮电、农机、农林、粮食、商业系统867人调资，平均月增资3.29元。

1963年，根据南通专区下达如皋县调资指标，全县总升级面为50%，其中工商、文教、区社干部升级面55%。共调资8669人，占调资单位人数的67.2%，其中升级7209人、升级面为49.21%，工资总额增加7.4%，月工资由36.01元上升为39.2元。

1965年10月，全县工资小范围调整，其中由22级调整为21级的3人，21级调为20级的17人，20级调为19级的11人，19级调为18级的9人。

1971年，根据国务院通知精神，调整部分低工资的干部和工人工资。其中全民单位1957年底前参加工作的3级工、1960年底前参加工作的2级工、1966年底前参加工作的1级工及低于1级工工资的调升1级，1957年底前参加工作的2级工、1960年底前参加工作的1级工和低于1级工工资的调升2级，级差工资少于5元的，均按5元进行调整。

1977年，全县重点调整工作多年、工资偏低干部职工工资，调资对象根据干部职工政治表现、劳动态度、贡献大小和技术水平高低评定。其中全民所有制干部职工调资9818人（含计划内临时工593人），月增资人均5.84元，县属大集体企业干部、职工调资5600人（含计划内临时工676人），月增资人均5.56元。

1978年，全民和县属集体单位生产和工作成绩特别突出的职工工资升级，升级面为2%。全县共升级754人。

1979年，全县按劳动态度、技术水平高低和贡献大小进行考核，调整、升级部分人员工资。其中，全民所有制干部职工调资10300人，月增资人均5.78元;县属集体企事业单位调资7758人,月增资人均5.75元;镇办集体企事业单位调资1504人,月增资人均4.67元。全县工资调整升级面45.1%,超过规定调资面5.1个百分点。

1981年10月,县革委会调整1978年底前参加工作中的小学教师和卫生、体育系统工作人员工资。其中,中小学教师升级4109人,月增资人均8.86元;卫生系统全民单位升级592人、月增资人均7.31元,集体单位升级1415人,月增资人均6.17元;体育系统77人全部增资,月增资人均12.64元。教卫体系统外的教卫人员增资93人,月增资人均6.03元。

1982年10月,全县国家机关、事业单位工作人员工资调整。其中,全民所有制单位升级4547人,月增资人均7.35元;农场职工调资1044人,月增资人均5.14元;集体事业单位固定工升级294人,人均月增资5.99元。另计划内临时工相应增资,1971年底前下乡知识青年职工月工资增至37元。

1983年,全县企业职工调资,调资对象为1978年底前参加工作的固定工和1971年底前参加工作的计划内临时工。其中,全民所有制企业调资1097人,月增资人均6.67元;集体企业调资16196人,月增资人均6.12元。

1984年,全县工资调整重点解决1983年工调遗留问题。1971年底前参加工作的3级工(含1971年前插队知识青年)工资不足3级半的调至3级半,2级工调至3级,插队不满5年未能调资的2级升为2级半;1982年退休未调资的调升半级。

1985年,全县机关企事业单位职工工资全面调整。

1986年,全县企业人均增资半级,少数增一级。全县36478人增资,月增资人均6.33元。企业领导干部250人随职务变化升降工资。是年12月起,商业企业职工起点工资从34元调为35元,工业企业职工起点工资从35元调为36元,交通、建筑企业职工起点工资调整为36.5元,海洋捕捞企业职工起点工资调整为37元。企业离、退休人员“四改五”,按五类工资区标准工资计发退休费,全县7279人,人均月增3.53元。

1989年,根据国务院和江苏省、南通市有关规定,全县行政机关、事业单位和企业单位分别调整增加工资。其中,全民所有制职工调整工资39571人,增资总额8049.3万元;县属集体所有制职工增加工资48047人,增资总额7936.11万元。

1994年起,市政府不再对企业职工工资统一规定调整政策,改实行宏观调控。工效挂钩企业对职工标准工资实行考核晋级,企业根据新增效益工资幅度确定职工晋级面,申请考核晋级的企业必须存有支付晋级增资额2年左右的工资储备资金。晋级指标企业可自行安排,考核晋级只增加档案工资,实得工资仍按企业内部分配办法执行,职工离、退休时,考核晋级工资列入工资基数计发离、退休费。

1996年、1997年,全市职工起点工资标准两次提高,起点工资分别增加25元、20元。

1997年,市政府首次公布企业工资增长指导线,预警线为18%,基准线为14%,下线为4%。1998年,市政府根据南通市劳动局公布的企业工资增长指导线,将全市企业工资增长预警线调整为14%—18%,基准线调整为8%—10%。是年,市人事局为各级各类专业技术人员调整工资,其中教育部门1876人、卫生部门178人、其他事业单位282人。

1985年如皋县机关、事业单位职工工资调整情况统计表

表19-5

项目	人数(人)	进入职务工资最低等级		就近套改		高套		职级不变		新定级和套改实习工资	
		人数(人)	增资额(元)	人数(人)	增资额(元)	人数(人)	增资额(元)	人数(人)	增资额(元)	人数(人)	增资额(元)
机关	2340	155	3911.13	238	1276.55	1901	40283.80	9	178.80	37	133.50
事业单位	2900	2	18.24	233	1424.22	2544	46929.55	2	36.00	119	1158.53

1985年如皋县企业职工工资调整情况统计表

表19–6

企业性质	企业数（家）	增资总人数（人）	月增资(元)	人均增资（元）	套改		升级	
					人数(人)	月增资(元)	人数(人)	月增资(元)
全民	58	11505	169560.19	14.74	11072	86684.99	11154	102875.20
集体	222	22955	326000.53	14.20	21310	127038.31	21975	198962.22

1999年，全面贯彻落实党中央、国务院“努力增加城镇中低收入居民收入，进一步扩大内需，促进经济发展，维护社会稳定”要求，在提高社会保障水平的同时，引导企业根据自身经济效益状况，合理增加职工工资收入。是年，全市企业工资指导线预警线调整为20%—24%，基准线调整为15%—18%，下线调整为12%。是年，按照“同城同水平”要求，全市企业职工综合补贴标准由66元调整为120元。2000年，企业职工综合补贴标准进一步调整为165元。此后，全市机关事业单位工作人员、企业职工工资随工资改革多次提高。其中机关工作人员按照职务、职级正常增资，事业单位工作人员按照技术职称、技术等级、职务等正常增资，企业职工工资在人力资源市场配置下较快增长。

三、工资改革

1953年，根据全国统一部署和要求，全县进行中华人民共和国成立后第一次工资改革，将供给制改为工资分制。

1956年7—11月，根据全国统一部署和要求，全县进行第二次工资改革，将工资分制改为直接货币发放的月工资制度。

1985年，根据《中共中央、国务院关于国家机关和事业单位工作人员工资制度改革问题的通知》《国务院关于国营企业工资改革问题的通知》精神，全县进行第三次工资改革，国家机关、事业单位工作人员开始实行以职务工资为主的工资制，工资结构包括基础工资、职务工资、工龄工资、奖励工资，中小学教师和护士加发教龄工资和护龄工资；企业职工开始实行与企业经济效益、职工贡献挂钩的级别工资，列入企业工资改革的是企业固定职工、劳动合同制工人、计划内临时工。改革后的新工资从是年7月起执行。

1988年，全县各级各类专业技术人员专业技术职务开始与工资挂钩。1991年，根据国务院《关于进一步搞好全民所有制企业内部工资分配的意见》，全市（县）深化企业工资制度改革。强化工资总额管理，并由事先审批改为事后监督，根据工资总额增长幅度低于本企业经济效益增长幅度，职工实际平均工资增长幅度低于本企业劳动生产率增长幅度的原则，实行工资总额与实现（上缴）税利、营业收入、单一产品销售量等经济效益指标挂钩，逐步扩大企业内部分配自主权。不具备条件的企业，实行工资总额包干，控制工资总额。

1993年10月1日起，全市机关干部实行职务、级别工资制，工资结构改为职务工资、级别工资、基础工资、工龄工资4部分。机关编制技术工人实行岗位技术等级工资制，普通工人实行岗位工资制。事业单位开始与机关执行不同的工资制度，根据工作岗位不同，事业单位工作人员的工资结构分专业技术人员工资结构、管理人员工资结构、工人工资结构三大类。其中专业技术人员根据单位属性分别实行专业技术职务等级工资制、专业技术职务岗位工资制、艺术结构工资制、体育津贴奖金制、行员等级工资制，管理人员实行职员职务等级工资制，事业编制的技术工人、普通工人工资结构亦有所区别。是年起，全市企业职工、干部不同的基本工资制度统一合并为技能工资制度。

1995年起，劳动部门逐年公布市区部分行业企业职工年工资水平，并规定外商投资企业可参照公布的企业工资水平，结合企业实际，确定企业中方职工的实得工资水平。1996年起，逐年公布企业工资指导线。1997年起，全市全面推行事业单位工效挂钩，市城建委、国土局、水利局、广电局、文化局、司法局、农业局7个系统的69个事业单位推行工效挂钩。1998年起，劳动部门不再对企业职工个人的工资进行审批，也不再以档案工资作为核定职工退休待遇的唯一依据。2001年起，市劳动人事部门重点监控企业的工资总额及工资水平，并公布人力资源部分职位工资指导价位，为劳动者在人力资源市场就业和企业招收职工时提供工资水平参考。2002年，市劳动和社会保障局根据南通市《关于在我市部分企业试行自主确定工资总额的意见》明确：已按照《公司法》完成公司制改造或直接登记设立股权多元化、法人治理结构完善的有限责任公司与股份有限公司，在“两低于”的原则下，自主决定企业工资总额和工资发放水平，企业内部实行按劳分配原则，适当拉开差距，允许和鼓励资本、技术等生产要素参与收益分配。

2006年7月，全市机关公务员工资制度和事业单位工作人员收入分配制度改革。其中，机关公务员实行职级工资制，基本工资由职务工资和级别工资两项组成；事业单位实行岗位绩效工资制，工作人员工资由岗位工资、薪级工资、绩效工资和津贴补贴四部分组成。此后，全市机关、事业单位和企业的工资制度改革重点转向深化和完善。

四、最低工资标准

1995年5月，市劳动局下发文件首次公布全市最低工资标准。最低月工资标准，执行江苏省制定下发的最低工资标准。2001年起，全市增加公布最低小时工资标准。2002年，始公布最低社会保险费标准。

1995—2010年如皋市企业最低工资标准一览表

表19-7

单位：元

执行年度	最低工资标准			文件号
	月标准	小时标准	社会保险费	
1995年5月24日至1996年6月30日	175	—	—	皋劳薪〔1995〕36号
1996年7月1日至1997年6月30日	200	—	—	皋劳薪〔1996〕84号
1997年7月1日至1999年6月30日	210	—	—	皋劳薪〔1997〕77号
1999年7月1日至2000年6月30日	250	—	—	皋劳综〔1999〕48号
2000年7月1日至2001年6月30日	290	—	—	皋劳综〔2000〕37号
2001年7月1日至2002年6月30日	300	2.60	—	皋劳综〔2001〕23号
2002年7月1日至2003年6月30日	320	2.70	41	皋劳社劳〔2002〕43号
2003年7月1日至2004年6月30日	390	3.30	60.55	皋劳社劳〔2003〕47号
2004年7月1日至2005年10月31日	440	3.70	72.50	皋劳社劳〔2004〕53号
2005年11月1日至2006年9月30日	480	4.10	—	皋劳社劳〔2005〕65号
2006年10月1日至2007年9月30日	520	4.40	—	皋劳社劳〔2006〕56号
2007年10月1日至2010年1月31日	700	5.90	—	皋劳社劳〔2007〕103号
2010年2月1日—	790	6.40	—	—

五、奖金

1953年3月，全县评选劳模19人，优秀工作者102人，发奖金2850元。是为全县首次发放奖金。1958年，县人委核发“跃进奖”，奖金金额以1958年11月份单位工资总额为标准，不超过50%。全县发奖单位126个，奖金总额10.24万元，受奖14019人，最高奖金19元，平均7.30元。

1960年，部分企业在计时制职工中实行综合奖励制，奖励面50%—70%，奖金每人2—10元。全县共发奖金6.3万元，占工资总额1%。1963年，在计时制职工中继续实行综合奖励制，全县共发奖金11.6万元。1964年，除实行综合奖制和设置部分单项奖外，另有计时工资质量奖和计件工资节约奖，奖励面不超过75%，奖金分8元、6元和4元3个等次，全县共发奖金35413元。

“文化大革命”中，奖金制度取消，采用“附加工资”作为临时奖励措施。

1978年，奖金制度恢复。全县有23个县属工厂按工资总额提取奖金比例为3%，未实行计件工资和未提取奖金的全民企事业单位、国家机关年终人均奖金10元。1979年，全县企业普遍试行奖金制度。1980年，全县全民所有制单位实行经常性奖励的共74个单位，实行利润挂钩的有县化肥厂，有奖金自主权的有县针织厂、动力机厂、棉织厂。集体所有制单位实行经常性奖励的共49个单位，实行利润挂钩的1个单位。全年共发奖金162.60万元，人均57.07元。

1981年，全县发奖金单位165个，其中全民所有制单位108个、集体所有制单位57个，共发奖金230.04万元，人均73.23元。1982年，根据南通地区劳动局下达的奖金指标，全县人均奖金85元，结合推行经济责任制，奖金开始拉开差距，高的单位人均100余元，低的人均46元。

1987年，县政府始设“现代化管理成果奖”，根据年节约价值分为5个等级，其中一等奖2500—4000元、二等奖1500—2500元、三等奖500—1500元。

1988年，县政府始设“安全奖”，全年未发生事故的企业，每名职工增发1个月工资。同时，设企业管理“升级奖”，企业被评为南通市优秀管理企业的每人起点工资增加1元，达到省级的每人起点工资增加2元，达到国家二级的每人起点工资增加3元。

2001年起，全市党政机关工作人员开始核发奖金。按照人事部规定，对年度考核为称职以上的人员，年终发放一次性奖金，标准按该员当年12月份的月基本工资计发。此后，奖金成为企业绩效挂钩、党政机关目标责任制考核重要奖励手段。

六、劳动福利

劳保用品 民国及以前，全县除执法人员外，职工均无劳动保护福利。

中华人民共和国成立后，职工开始享受劳动保护福利。企业除劳保服装免费发放外，按不同工种、不同季节免费发放劳保鞋、帽、手套、毛巾及洗洁用品等。机关、企事业单位只有驾驶员等需要劳动保护的对象有劳保福利。

2010年，职工劳保用品福利继续保留。

劳保医疗 民国及以前，全县无劳保医疗。中华人民共和国成立初，全县机关、事业单位及国有企业相继建立卫生室、医务室等，职工小伤、小病在单位、企业内予以治疗，危重病人送医院就诊或住院，医药费用由所在单位结算支付。

1952年4月7日，磨头供销合作社建立社员诊疗所。至1956年，全县私营、个体企业店员和工人医药费均自理，资方酌情补助，无明确规定。实行社会主义改造初期，全县职工医疗仍无统一规定。如城合作商业职工每人每月报支1元；公社合营企业按国家工作人员对待医药费全部报销。

1989年，县企事业单位医务管理委员会建立，有条件的机关、企事业单位视情分别建立卫生所、保健站、医务室，未设卫生室的工厂单位职工（不享受公费医疗对象）生病，由单位签发特约记账单，前往指定医疗单位就诊。条件好的单位，除职工本人享受免费治疗外，直系亲属的医药费亦可在单位报销50%。

2001年，城镇职工医疗保险制度实施后，劳保医疗逐步取消。

困难补助 20世纪50—60年代，生活困难职工享受困难补助，由县民政部门和所在单位发放。

1987年，福利费按人均每月2.5元提取，用于集体福利事业、子女统筹医疗、干部个人困难补助。企业职工生活困难补助费，从福利费、奖励基金和工会费中列支。1989年，县政府规定，城镇职工家庭人均月生活费收入低于45元的，由所在单位按月给予生活困难补助。

20世纪90年代特别是进入21世纪以后，员工工资收入逐渐增加，社会养老保险日益完善，医疗、失业、工伤保险相继推行，下岗保障与失业保险全面并轨，社会扶贫帮困体系逐步建立，干部职工困难补助逐年减少。

探亲待遇 1950年起，国家机关干部享受探亲待遇，原则上每年1次，往返旅费报销。1964年，县政府规定，配偶是军官的职工每年享受1次探亲旅费报销。

1967年起，全县各单位停止执行探亲假制度。1981年，探亲假恢复。根据国务院规定，探望配偶每年探亲1次享受假期30天，两年探亲1次，享受假期45天；未婚职工和已婚职工探望父母，均每四年1次，享受假期20天。

1994年，全市始执行人事部、财政部《关于国家机关、事业单位职工探亲假工资和探亲路费计算基数问题的通知》。

休假待遇 中华人民共和国成立后，全县机关事业单位职工、企业单位职工，执行国家规定的公休假、婚丧假、病假等制度，享受相关待遇。进入21世纪，部分民营企业结合生产经营实际，根据相关法律和规定，自行制定休假制度。不少企业除安排规定假期外，还安排职工集体旅游。

生育待遇 1953年，全县始执行《劳动保险条例》规定，女职工生育正常产假期56天，小产假期30天，难产或双胞胎假期70天，产假期间工资照发，产假后仍不能工作按病假待遇处理，生多胎的发补助费。

20世纪60年代，实行计划生育后，职工施行节育手术，女职工放环假期7天，人工流产同时结扎30天，人工流产同时放环的假期14天，中期终止妊娠的假期30天，同时结扎的再加假期10天，产后结扎加假期7天，输卵管结扎的假期21天，男职工输精管结扎的假期7天。

1979年6月，始对独生子女发放保健费，标准为父或母一方每月5元。1982年11月，开始对领独生子女证的儿童发放独生子女费，标准为从领证之日起至小孩14周岁止，父母双方每人每年20元。

1987年11月，始对晚婚晚育的女职工增加产假30天，保胎休息按疾病待遇处理。1988年9月起，女职工产假为90天，其中产前15天。难产加产假15天，多胞胎多生育一个增加产假15天。妊娠不满4个月小产的，产假为15—30天；4个月以上的，产假为42天。

七、退职、退休、离休

1951年，全县开始执行职工退职、退休制度。党政机关、事业单位人员退职时办理退职手续，由县政府一次性发给大米。企业职工退休，按《劳动保护条例》规定执行。是年，全县党政机关有10人办理退职手续，县政府发给每人大米250千克。

1953年，党政机关开始区别不同对象，按不同标准发放退职大米。是年，全县有6人退职，每人发给大米240—313.5千克不等。1956年，县人事部门按照国家规定开始办理干部退休手续。

1958年，县内始按国务院《关于工人职员退休处理的暂行规定》办理全县企业职工退休。1960年，根据规定，公私合营企业私方人员不退职、退休，采取请长假办法，工资照发。1963年，县人委人事科始办理党政机关、事业单位职工退养。至1964年，全县共办理编外休养3人，休养23人。

1965年，全县试行党政机关、事业单位老职工退职由其子女“顶替”的制度，始办理机关职工提前退休。是年，党政机关职工退职21人，其中5人有子女顶替。44名体弱但不够退休条件的干部和7名公勤人员提前退休。

1966年，全县始全面实行职工退休，子女顶替政策，党政机关职工退休后子女顶替亦由劳动部门安排，一般当工人。是年，1962年精减、退职的老职工符合退休条件的补办退休手续，自愿退职和连续工龄不满2年、因病停工1年的人员办理退职。1968年，职工退休、退职、死亡等由子女顶替制度暂停执行。

1973年，根据有关规定，全县始执行工人男年满60周岁，女年满50周岁，连续工龄满8年，一般

工龄满20年(女满15年)的可以退休。年老、工龄不符合退休条件、确实丧失劳动能力的，可以采取保养的办法，保养费为本人原工资的40%。

1978年初，职工退休子女顶替制度恢复，并始对退休职工发给安家费。6月，根据国务院《关于安置老弱病残干部的暂行规定》，全县始实行干部离职休养制度(简称离休)。是年，全县全民和县属集体单位干部和工人退休、退职、离休共2324人，退休退职后有子女顶替的占85%。1979年，职工退休安家费标准为由如城至农村的每人300元，由其他集镇回农村的每人150元。

1980年，县劳动局、人事局联合下发《当前干部、职工退休的意见》，批准符合条件的460人病退。是年，全县共退休1031人，其中全民641人、大集体390人；退职51人，其中全民31人、大集体20人。

1981年，县劳动人事部门根据上级文件，办理离、退休手续时，获得全国劳动模范称号、省政府认定在革命和建设中有特殊贡献的工人和部队军以上单位授予战斗英雄称号的转业退伍军人，退休时仍保持荣誉的，退休费比例提高5—15个百分点，提高后不高于本人原标准工资；独生子女父母退休费比例提高5个百分点；终身无子女的职工退休费按本人原工资发给。

1982年，根据国务院《关于发布老干部离职休养制度的几项规定的通知》规定，全县进一步提高离休干部和1945年9月2日前参加革命工作老干部的待遇。1983年，全县有离休干部1842人。1984年，县政府对退休人员返聘待遇做出规定。除补足退休费与原工资差额外，与在职职工同样享受生产奖、岗位津贴等。

1985年5月1日起，增发离退休人员生活补贴费每人每月17元。1986年8月起，增发退休补助费。每月退休费和退休补助费之和低于40元的，补足至40元；每月退职生活费和退职生活补助费之和少于35元的，补足至35元。10月起，根据国务院77号文件，职工退休子女顶替制度废除。

1988年1月起，全县离退休人员每人每月增发生活补助费5元。3月，部分企业实行厂内退休办法，退休年龄可提前1—3岁，其中1959年底前参加工作、家住农村的老工人厂内退休后可照顾招收1名符合招工条件的子女就业。7月，县政府对达到退休年龄的临时工生活待遇作出规定。1978年底前进单位从未间断的临时工按月发给生活保养费，其中农村户口职工45元、城镇户口职工50元；1979年以后进单位，每满1年发给1个月企业平均工资的劳动补偿费。

图19-7　2005年5月，如城镇宏坝社区在南通率先成立企业退休人员自管组织

1989年3月起，退休、退职费最低标准调整为每月45元和40元。6月起，厂内退休年龄可提前5岁。12月12日，县劳动局等4部门联合发出通知：1959年底前参加工作的老工人，男50周岁、女45周岁以上，家居农村，可以退养，并招收一名符合招工条件的未婚子女参加工作。1990—2010年，全市(县)共进行21次养老金标准调整，离休、退休、退职、人员待遇不断改善。

2010年末，全市有离休干部749人，其中党政机关229人，事业单位280人，企业单位240人；有企事业退休人员48072人，其中事业单位5510人、企业单位42562人。养老金全面实现社会化及时足额发放。

第七节 社会保障

一、养老保险

1953年，县内始有职工养老保险。“文化大革命”中，全县职工养老保险中断。

1986年10月，如皋县社会劳动保险管理处建立，具体负责县属以上全民、集体企事业单位劳动合同制工人的养老保险工作。1993年7月1日，

市政府试行机关事业编制人员、事业单位职工养老保险。市人事局、财政局、税务局制订实施细则，明确参保范围及养老金支付标准。

1994年1月起，全市统一基本养老保险基金提取比例，并实现由基金统筹向全员保险过渡。

企业职工养老保险 1953年4月，县毛猪加工厂在全县率先实施职工养老保险。是为全县企业养老保险之始。至1956年，全县享受劳动保险待遇的企业职工1806人。1957年，县人委批准实行劳动保险集体合同。至1963年，全县实行劳动保险合同的企业职工有40个单位3484人，其中实行劳动保险集体合同的7个单位754人。

1964年，县人委批准县机修厂等10家企业、2000多名职工执行《县属工厂劳动保险集体合同》。1984年10月，县劳动局会同县保险公司在部分县属企业进行职工养老保险试点，投保对象为劳动合同制工人，由县保险公司承办保险业务。

1986年12月，如皋保险公司将1986年9月30日前投保的劳动合同制工人养老保险手续和养老保险金移交县社会劳动保险管理处。养老保险金征缴起步阶段，少数企业拒付、拖欠养老金现象时有发生，一度造成社会劳动保险基金收不抵支。1987年，如皋县在南通市六县中率先对全县62个全民所有制企业实行退、离休费统筹。1988年，全县县属集体企业实行退、离休费统筹。

1990年，县政府下发157号文件，县社会劳动保险机构不再与企业签订缴款协议，改由相关银行按委托收款方式代为扣缴，未经批准任何企业都不得拒付、拖欠。1991年3月，县政府办公室转发江苏省劳动局《关于加强养老保险金的征缴和管理工作的意见》。

1992年11月，《如皋市企业职工养老保险暂行办法》颁发。从是时起，全市全民、市属集体和外商投资企业的基本养老保险基金，实行国家、企业、职工个人三方共同负担，按照以支定收、略有结余、留有部分积累的原则，统一筹集，由市社会劳动保险管理处根据各企业上季度的在职职工工资总额和退休费用实际，于每季度的第二个月与企业结算，一次性办理托收、拨付手续。

1993年1月，市政府试行由市保险机构直接发放退休费，对象为如城地区24家市属企业2049名退休职工。1994年8月，《如皋市镇办企业职工、城镇私营企业职工、城镇个体工商经营者养老保险实施意见》公布实施，鼓励经工商行政管理部门登记的城镇私营企业主、城镇个体经营者及依法签订劳动合同的从业人员（不含达到领取养老金年龄的人员）参加社会养老保险。

1996年8月，市政府下发《关于进一步加强社会劳动保险工作的通知》，要求所有市属企业，都必须参加养老、失业、工伤、生育保险。是年，市政府将33家企业4196名职工养老金列入市保险机构直接发放。如城、丁堰2镇51家镇办企业的5414名职工参加养老保险，1360名退休职工纳入全市养老保险统筹。全市27家企业651名职工参加企业补充养老保险。

1997年1月起，市政府将全市企业中的离休干部、中华人民共和国成立前老工人的养老金均列入市社会劳动保险处直接发放。3月起，缴费工资基数实行申报审核制度。企业为所有职工建立工资性收入台账，按照国家和省规定的工资总额统计口径逐月登记职工工资收入情况，经本人确认后，作为职工和企业的缴费工资基数向社保机构申报，企业和职工按申报核定的缴费工资基数和缴费比例逐月缴纳。

1999年4月起，市政府将全市离退休人员养老金统一改为委托银行发放。2000年8月，市政府办下发《关于切实做好行政区划调整后乡镇劳动和社会保障工作的通知》，要求民政部门停办农村养老保险，参保对象按规定参加劳动部门经办的基本养老保险；已参加商业人寿保险的，可停保或作为补充养老保险，但必须按规定参加劳动部门经办的基本养老保险。9月1日起，全市社会保险费征收移交地方税务部门，“地税征收、财政监督、社会保险部门发放”体制建立。2001年6月底，全市企业21131名离退休人员养老金全部实现社会化发放。

2002年，全市企业基本养老保险参保职工71562人。2005年，市政府下发《关于进一步做好城镇企业职工社会保险工作的意见》，规定对未按规定参保的，由劳动保险部门确定限期改正对象，并在新闻媒体上进行公告。2006年，全市参加企业职工养老保险的人数增至84623人。

2008—2009年，市劳动和社会保障局根据《中华人民共和国劳动法》《社会保险稽核办法》《江苏省社会保险稽核实施办法》等，对全市各参保单位的社会保险工作情况进行专项稽核，不按规定为职工办理养老保险、不按规定标准及时缴纳养老

图19-8 如皋市“五保合一”系统开通仪式（2004年摄）

保险基金的单位逐一整改。2010年，全市基本养老保险参保职工136927人，养老金全部实行社会化发放。

机关事业单位职工养老保险 1993年7月1日，市政府试行机关、事业单位职工养老保险。至1994年12月，全市参保单位418个，在职参保人员7160人，离退休人员中有参保人员1280人。

2001年，机关、事业单位职工养老保险参保对象调整为机关公务员、参照公务员管理人员，所有事业单位工作人员。养老保险基金由国家、单位和个人共同负担，按照“以支定收、略有节余、留有部分积累”的原则统一筹集。

2004年起，机关、事业单位职工养老保险费的征缴由新组建的如皋市社会保险基金管理中心负责，养老金的支付由如皋市养老保险管理处负责。机关、事业单位养老保险与失业、医疗、工伤、生育保险统一登记、申报、结算、稽核，称“五保合一”。

2005年7月起，机关事业单位职工养老保险费单位缴纳比例调整为31%，个人缴纳比例调整为6%。2007年1月起，单位缴纳比例仍为31%，个人缴纳比例调整为7%。机关事业单位离退休人员基本养老金开始试行社会化发放。2008年，全市所有参保事业单位全面实行退休人员养老金社会化发放和社区管理。

至2010年末，全市机关事业单位养老保险参保单位共416个，在职参保人数7292人，离退休参保人数2457人。

农村社会养老保险 1992年7月，市农村社会养老保险管理处（简称农保处）建立，由民政局管理，负责管理全市农村社会养老保险基金。是年，市政府颁发《如皋市农村社会养老保险暂行管理办法》，开始培训工作人员，进行试点。此后，农村社会养老保险工作逐步推进。2001年9月30日，农村社会养老保险改由新成立的市劳动和社会保障局管理。

图19-9 2010年7月，如皋市新农保基础养老金首发仪式

2002年起，基金征缴由市农保处和南通市商业银行合作，农民养老金发放由市农保处与市邮政储蓄银行合作，实行社会化发放。2003年，市政府颁发《如皋市撤建制（预撤建制）征地人员安置暂行办法》《关于做好计划生育特困家庭救助工作的通知》和《关于做好村定补干部养老保险工作的意见》，明确失地农民、计划生育特困家庭、村干部等对象参加农保的有关政策。

2004年，市政府颁发《关于进一步完善我市农村社会养老保险工作的意见》，系统规范和调整农保的范围和对象、筹集比例和列支渠道、养老待遇和基金管理与监督。2005年，全市开始加大农保扩面推进力度。全市参保人数增至12.22万人。

2006年，开始实行农保参保人员原则上按每

人每年不低于400元的标准缴费，市财政通过直接补贴或转移支付的形式，按每个投保人员每年35元的标准进行补贴。2007年，如皋市被列为江苏省新型农保制度试点的12个县市之一。是年，《如皋市农村社会基本养老保险暂行办法》出台，建立农保“高龄补贴”制度和“养老调整”制度。至年末，全市纯农户参加新型农保累计16.8万人。2009年，全市农保参保缴费人数增至25.26万人。

2010年，全市新型农保参保人数45.16万人，农村参加企事业职工养老保险人数11.49万人，覆盖率96.39%，全市有超过60周岁的农村老人18.34万人领到每人每月60元的新农保基础养老金。

二、医疗保险

2001年3月1日，全市始推行“城镇职工基本医疗保险”，含基本医疗保险、大病医疗救助和补充医疗保险。基本医疗保险，根据财政、用人单位和个人的承受能力，保障职工基本医疗需求，费用实行单位和个人共同负担，统筹和个人账户相结合；大病医疗救助，在保障基本医疗的基础上，按照“互助共济，分散风险”的原则，筹集大病医疗救助基金，为参保人员大病时提供救助；补充医疗保险，在基本医疗保险基础上，按照国家有关规定增加特定医疗保险项目，一般在职工医疗消费水平较高的特定行业，有条件的企业和经费自收自支事业单位中施行。基本医疗保险金由用人单位和职工个人共同缴纳，比例为10%，其中用人单位缴纳职工年工资总额8%、职工个人缴纳年工资总额2%、退休人员由原用人单位每年为职工每人定额预缴200元启动金。大病医疗救助保险金每人每年120元，单位和个人各缴一半。所缴基金，建立个人账户用于门诊，不足由个人支付。糖尿病、高血压、尿毒症、恶性肿瘤、人工器官置换等特殊病例，另各有专项规定。至2010年，全市城镇职工基本医疗保险参保率100%。（详见卷十七第一章第二节《体制、机制变革》）

三、工伤保险

1994年前，全市（县）职工因工伤残、因工死亡及其家属权益，按照国务院《劳动保护条例》及其他相关规定办理。1994年12月，市政府印发《关于转发〈南通市企业职工工伤保险试行办法〉的通知》，启动全市职工工伤保险。1995年1月1日起，全市工伤保险基金缴纳比例为在职职工工资总额的0.7%。

2000年4月，市政府转发《南通市人民政府关于印发南通市城镇企业职工工伤保险办法的通知》，原《市政府关于转发〈南通市企业职工工伤保险试行办法〉的通知》停止执行。根据《工伤保险条例》，2004年初，全市机关企事业单位职工工伤保险与失业、医疗、养老、生育保险一起实行统一登记、申报、结算、稽核，列为强制保险项目。7月，市劳动和社会保障局发布《关于调整工伤保险费率的通知》。明确一类行业工伤保险费率为0.5%，二类行业为1.0%，三类行业为2.0%。2007年，市政府办公室发文，根据“以收定支、收支平衡”的原则，全市机关、事业单位、民间非营利组织的工伤保险费率暂定为0.5%，统一筹集。

2009年7月，市政府办公室下发《关于做好村（居）干部参加工伤保险的通知》，要求已参加社会保险的在职村（居）干部，以社会养老保险缴费基数缴纳工伤保险费，费率为0.5%，按照《工伤保险条例》的规定享受工伤相关待遇。至2010年，全市职工工伤保险、因工伤残待遇、因工死亡待遇等，分别按照上级相关规定和条例执行，未再作特别规定。

四、生育保险

1989年3月，县政府制订《如皋县企业女职工生养基金统筹暂行办法》，在全省率先实行县属全民、集体企业女职工生养基金统筹。女职工生养基金按全部在职职工每人每年20元的标准于每年7月份一次性缴纳，由市社会劳动保险管理处组织实施。女职工生养按每人1000元的标准一次性补偿。

1995年1月1日起，全市城镇企业根据劳动部《企业职工生育保险试行办法》，按照企业工资总额的一定比例缴纳生育保险费，建立生育保险基金。女职工生育的检查费、接生费、手术费、住院费和药费由生育保险基金支付，超出规定的医疗服务费和药费及自费药品、营养药品费由职工个人负担。

2003年1月1日起，全市城镇各类企业职工生育保险费的缴费标准，由每人每年20元定额缴纳改为按企业职工工资总额缴纳，比例为0.3%。2008年7月，市政府办公室制订《如皋市职工生育保险暂行办法》，2008年7月1日起，全市企业按全部职工工资总额缴纳生育保险费，费率为0.8%，参保职工个人不缴费；国家机关、事业单位缴费率为0.4%。同时提高女职工生育补偿标准。

五、失业保险

1986年，全县始办职工失业保险，称待业保险，由县劳动就业管理处负责办理，企业按全部职工标准工资总额缴纳职工失业保险基金，费率为1%。1994年，全市失业人数增加，其中非自愿失业600多人，正常失业300多人，隐性失业2000多人。市政府加大国有、集体企业失业保险推进力度，参保企业增至477家，参加失业保险的职工增至82596人，投保率为98.5%。

1997年1月起，全市职工失业保险基金缴纳比例调整为1.5%，其中职工个人缴纳0.5%。1998年7月起，全市职工失业保险基金缴纳比例调整为3%，其中个人缴纳1%，失业救济金标准同时调整为每人每月136元。至年末，全市累计支付失业救济金689万元。1999年，市政府将失业保险范围扩大到国有企业、城镇集体企业、外商投资企业、城镇私营企业、其他城镇企业、城镇事业单位职工，全市失业保险费征缴948万元，失业保险覆盖面98%。2001年，如皋市在全省率先实现事业单位失业保险全覆盖，全年失业保险费总收入1387万元；全面实行失业保险金银行发放，下岗职工每月通过银行足额领取失业保险金，共发放失业保险金2157万元。2002年，全市征收失业保险费1691万元。市政府从再就业基金中先后拨付950万元用于失业保险工作，确保失业保险金按时足额发放。是年，全市享受失业保险金的人员16962人，全年发放失业保险金3440万元。2003年，全市贯彻落实《江苏省社会保险费征缴条例》，将国有控股企业、股份有限公司及其职工、社会团体及其专职人员、国家机关及其编制外聘用人员、民办非企业单位及其职工、有雇工的城镇个体工商户及其雇工纳入失业保险范围。2004年，全市失业保险金总支出3005.63万元，失业保险资金累计倒挂3589万元。是年，全市新增失业职工5254人，享受失业保险金17600多人次。2005年，全市失业保险参保人数73025人，基金征缴率92.3%。

2006年7月1日起，全市实行城乡统一的失业保险制度。用人单位按工资总额的2%、劳动者个人按本人工资总额的1%缴纳失业保险费。是年，全市失业保险参保人数为73004人。2007年、2008年、2009年，全市失业保险参保人数分别为73021人、73029人、100825人。2010年，全市失业保险参保人数112327人，全年累计征收失业保险费7011万元。

六、政策性农业保险

1951年，全县试办生猪保险。1952年，增办耕牛保险。1953年下半年，全县生猪、耕牛保险停办。1956年，生猪保险恢复。1958年5月，中保如皋支公司开办生猪三包保险（包防疫、包医疗、包死亡赔偿），年底停办。1988年，中保如皋支公司开办农业保险，范围为农村收获季节的场头保险及农村部分养殖业保险等。1994年5月，停办。2007年8月，市政府与财保如皋支公司联办政策性农业保险，以农作物品种和牲畜为保险标的，对在从事种养殖生产过程中，因遭受自然灾害和意外事故所致的损失，由保险人给予经济补偿。政策性农业保险享受政府财政保费补贴政策。

2007—2010年，全市政策性农业保险保费9416.19万元，其中农户自缴2706.53万元、市财政补贴1510.96万元、省财政补贴3186.01万元、中央补贴2012.69万元。2010年，全市政策性农业保险赔款支出3851.89万元，其中财保如皋支公司支出1452.37万元、政府支出2399.52万元；全市政策性农业保险承保水稻69.47万亩、小麦65.61万亩、油菜16.74万亩、设施大棚2813个、能繁母猪38165头，总保费3234.97万元，理赔总金额946.22万元。

七、离休干部、残疾军人医疗保障

2001年7月1日起，市政府将党政机关（含条管部门）、企事业单位的离休干部医药费列入统筹管理范围，离休干部医药费报支实行在制度规定范围内实报实销。2002年,条管部门离休干部不再列入统筹管理范围,其医药费由各部门参照《如皋市离休干部医药费统筹实施办法》有关规定报支。2007年1月,市委组织部、老干部局,市财政局、市劳动和社会保障局等部门形成会议纪要,加大离休干部合理使用医药费奖励力度,无违规使用的最高奖励4000元。

2003年4月1日起,在乡镇的二等乙级以上革命伤残军人医疗费用,由市职工医疗保险基金管理中心单独列账管理,药品费用报销范围按市城镇职工基本医疗保险制度和《如皋市离休干部医药费统筹实施办法》的有关规定执行。2005年初,市政府出台《如皋市在乡一至六级革命残疾军人医疗保障统筹实施办法》,4月1日起,在乡镇的六级以上革命残疾军人门诊医疗费用由个人医疗账户资金支付。个人医疗账户资金由市职工医疗保险基金管理中心按季划入,划入标准为每年2000元。经确认患有糖尿病、高血压等医疗保险规定的一类门诊特定项目的,个人医疗账户资金为每年4000元。在乡镇的六级以上革命残疾军人住院治疗,符合规定的医疗费用由统筹费支付。《如皋市在乡二等乙级以上革命伤残军人医疗保障统筹实施办法》(皋政发〔2003〕81号)同时废止。

八、失地农民生活保障

2005年9月,市被征地农民基本生活保障工作领导小组成立。市政府颁布20号令,对被征地农民基本生活保障作出规定。2006年11月,长江镇(如皋港区)首次办理被征地农民基本生活保障353人。2007年10月,按照江苏省政府26号令,市政府下发《如皋市被征地农民基本生活保障实施意见》,制订3个配套办法。2009年4月,市政府出台《关于被征地农民基本生活保障工作的补充意见》,自7月起调整被征地农民的保障待遇标准。至是年底,全市18000人享受被征地农民基本生活保障。至2010年,全市11个镇(区)30469名被征地农民享受基本生活保障,累计征收保障金5.93亿元,累计发放生活保障资金1.21亿元,保障资金积累4.72亿元。

九、居民最低生活保障

1997年9月,市城乡居民最低生活保障工作领导小组成立。12月,市政府颁发《如皋市城乡最低生活保障制度暂行办法》。是年,市民政局在高明、城西、何庄3乡进行居民最低生活保障试点工作,确定城镇居民最低生活保障标准为每人每年1320元,农村居民最低生活保障标准为每人每年600—1000元。

1998年,全市正式实施城乡居民最低生活保障。城镇居民向户籍所在地居民委员会提出申请,经居民委员会调查,镇政府审核,报市民政局批准,发给城镇居民最低生活保障金领取证;村民最低生活保障由户主申请或村民小组提名,村民委员会申报,经乡镇农经、民政部门调查审核,报乡镇政府批准,并报市民政局备案,发给农村村民最低生活保障金领取证。城镇所需经费由市财政负担,列入年度财政预算;农村所需经费由乡镇财政负担20%—30%,集体经济组织负担70%—80%,在乡镇财政预算和农业承包合同统筹费中安排。是年,全市确定城镇保障对象142户157人,累计发放生活保障金12.45万元;确定农村保障对象1398户3332人,累计发放生活保障金63.8万元。

1999年,市政府出台残疾人优惠政策,把无劳动能力的残疾人纳入“低保”对象。2002年3月,市政府颁发《如皋市城乡居民最低生活保障制度实施办法》,在全省率先实现城乡“低保”工作一体化。

2005年,市政府明确农村最低生活保障金由市、镇两级财政按7:3比例负担,改变过去保障金单一由各镇负担的做法。城市“低保”对象每季度审核一次,农村“低保”对象每半年审核一次,并建立保障标准自然增长机制,保障金统一通过银行按时足额打卡发放到户。

2010年1月1日起,农村“低保”保障标准提高至每人每月210元。7月1日起,城市“低保”保障标准提高至每人每月340元。是年,市政府出台《如皋市城乡最低生活保障家庭收入核定办法》《如皋市城乡主要行业收入基本标准(试行)》,增强“低保”家庭收入测算准确性和规范性,全市城乡“低保”继续在动态管理下做到应保尽保。全市核定城市“低保”对象1249户2575人、农村“低保”对象15731户34343人。全年发放城乡“低保”保障金604.6万元,发放物价补贴和节日慰问金5029.53万元。

第二章 民政

第一节 机构沿革

明、清时期,县内办有慈善机构,分官办、民办两种。是时,全县民政事务大多由知县直接管理,有时亦设有专门管理民政事务的官员,依委职的不同,其职责有所变化。

辛亥革命后,县衙改为县民政分府,设民政长。民国2年(1913年),县民政公署始设民政科(第一科),具体负责全县民政事务。民国16年,国民政府如皋县民政公署改称县政府,仍设民政科,负责管理地方行政经费、区划、选举、征兵、赈济、慈善事务和官员的任免、考核等。

民国28年,伪如皋县政府设民政科,管理其控制区内的户籍、地政、卫生等。民国29年9月,如皋县抗日民主政府设民政科。民国30年3月,如西县抗日民主政府设民政科,乡政府设民政委员。

民国34年8月,伪如皋县政府民政科消亡。9月,如西县复称如皋县,县政府亦设民政科,承担解放区基层政权建设、人事、地政、户政、拥军优属、抚恤、安置、支前、动员参军、生产自救、劳资租佃、土改、遣送战俘等职能。

民国35年7月,国民政府如皋县政府随国民政府军队占领如皋城后设民政科,负责控制区民政事务。民国37年,国民政府如皋县政府增设荣军管理科、支前科,与民政科合署办公。民国38年1月,国民政府如皋县政府民政科随政府撤逃,消失。

中华人民共和国成立初,县政府、县人委均设民政科,负责基层政权建设、土地改革、生产自救、拥军支前和改造游民、妓女、烟民等工作,办公地点先后在如城菜场巷、县政府大院。1953年,各乡镇始设民政委员。1967年3月,县人委民政科瘫痪。1968年4月,县革委会办事组下设民政事业领导组。1970年12月,县革委会建立民政局。

1981年,县革委会民政局改称如皋县民政局。1984年9月,县政府将复员、退伍军人安置办公室和军队退休干部安置办公室调整为县退伍军人和军队离休退休干部安置领导小组,下设办公室,办公室人员列入民政局编制。1991年撤县设市后,全市53个乡镇,均设民政助理1名(乡镇编制)。

2010年,市民政局内设优抚安置科等6个科室,下辖市烈士陵园管理处、市殡葬管理所、市江滨医院、市军队离休退休干部休养所、吴庄烈士陵园管理处、市公墓管理处、市殡仪馆、石庄殡仪馆、市社会福利院、市社会福利有奖募捐委员会办公室、市婚姻登记处11个全民事业单位。

第二节 优抚安置

一、拥军优属

抗日战争时期,如西县政府民政科组织各乡建立优抚委员会,乡政府民政委员担任乡优抚委员会主任。各村建立优抚小组,每逢春节、端午、中秋等节日,优抚组带着礼品上门慰问烈军属,春节时,不少村还专门宴请抗属(抗日军人家属)。乡村经常召开抗属座谈会,了解抗属生产、生活情况,征求意见。县政府通过向社会各界劝募、向群众筹集等多种渠道,募集优抚费用,解决优抚经费。各村还组织代耕队,对缺乏劳力的烈军属助耕助种,有的村还安排人员每天为鳏寡孤独的抗属挑水。

民国34年(1945年),全县各乡村妇女抗日协会累计发动2690名妇女，组成337个纺织组，纺纱6620千克，织毛巾3000条，做军鞋1.1万双，做军衣3880套，战地周围的乡村还发动妇女救护伤员。

民国35年7月起，根据华中分局、苏皖边区政府发出的《关于战时后勤工作指示》精神，全县各乡镇组织100—200人的慰劳队，分成洗衣组、食物组、宣慰组。部队经过村庄时发动群众呼欢迎口号、烧茶水，部队宿营时动员群众腾房、挑水、煮饭，并组织儿童和妇女唱歌、跳舞、打花鼓慰问。

民国38年，如皋城解放，郊区农民连续3天进城慰问中国人民解放军。此后，各区、乡（镇）相继建立拥军优属委员会。如城区成立烈军工属协会，创办如城军工子弟学校，组织生产自救，解决军工子弟就学就业问题。全县农村普遍建有代耕队，为烈军属代耕代种。全县烈军属门框上均挂“光荣人家”木质标牌。1951年“抗美援朝，保家卫国”，全县累计制作慰问袋3500只，寄出慰问信975封，赠送书刊2.81万册，慰问志愿军。

1955年3—10月，全县开展优抚对象调查登记工作，调查登记烈军属2.18万户。县委、县政府组织对烈军属逐户落实代耕，并在生活上给予照顾安排。1970年4月16日，县军民联防委员会成立，对如皋空军机场实施军民联防。1985年春，县军人家庭服务中心指导委员会成立，全县建立军人家庭服务中心54个。

1986年，全县军人家庭服务中心发展到63个，累计为152户军人家庭安置住房1863平方米，为396名军人家属调整工种，为239名军人子女解决入托问题，为59名生病住院的军人家属解决护理问题，为326户军人家庭调解纠纷保护军人妻子合法权益182人次，为34名军人妻子提升职务。城东区军人家庭服务中心还开展“六上门、十优先”（六上门：技术、劳力、信息、资金、物资送上门，思想工作做上门；十优先：优先安排军属承包集体的一些营利性项目；优先调整责任田；优先发放扶贫救济款；优先提供贷款；优先在军属中招工；优先安排建房宅地和提供建房材料；优先安排军人子女入托入学；优先调整合理工种或上班时间；优先安排乡、村工厂军人家属探亲；优先对生病的军人家属进行治疗）服务活动，为现役军人家庭提供服务和优待。

1987年，县政府先后组织537件慰问品寄给老山前线如皋籍指战员，折合人民币2.32万元。

1988年，全县始实行义务兵家属优待制度。农村义务兵家属一般以一个整劳动力年收入50%—70%的标准享受优待金，并一次性兑现；城镇义务兵家属的优待金由民政局向各系统统筹，年底一次性发放。南凌、丁北、新姚、林梓等乡镇，还优先向义务兵家属提供平价生产资料、农用机械，农忙季节组织乡村干部、党员、团员及民兵，帮助义务兵家属耕种。江安、桃园等乡，奖励在部队立功受奖义务兵立一等功奖300元，二等功奖200元，三等功奖100元。

1989年，县政府根据《军人抚恤优待条例》，开始以乡统筹农村义务兵家属优待金，并向适龄青年征收义务兵役费，将全县义务兵优待金标准提高至人均每年400元。同时调整6000余名革命烈士家属、因公牺牲军人家属、病故军人家属和复员军人定补标准。1990年4月3日，红十四军建军60周年纪念日，县委、县政府组织对健在的6名红军失散人员逐户走访慰问，并核定每人每月定补56元。是年，全县4281名农村义务兵家庭优待金标准均提高至440元。

1991年秋，市拥军优属、拥政爱民领导小组建立，开展评比拥军优属模范乡镇、拥军优属先进单位活动。是年起，供电局（公司）每年保障驻军战备、飞行、训练用电20万度以上，市物资部门常年保障驻军燃料用煤，市粮食部门常年设点供应驻军优质粮油。1992年，市政府安排10万元为“三老”（老烈属、老伤残军人、老复员军人）修建住房。下拨10万元临时救济费，解决“三老”治病难问题。煤电调价后，向“三老”发放生活补贴费35万元。拨款20万元，用于提高“三老”的定补标准。

1994年，市委、市政府在全市适龄青年中组织开展“国防义务日”活动。此后，每年每个适龄青年用六天半时间为军烈属义务做好事。邓园、丁西等乡对“三老”对象就医实行“两免、三减半、四优先”（免收挂号费、注射费；减半收取检查费、住院费、手术费；优先挂号、就诊、取药、住院）。1999年，市政府将义务兵家属优待金标准提高为第一年度600元,第二年度700元,第三年度800元,第四年度900元。

2000年4月12日,空军某部1架飞机在如皋机场转场飞行过程中,于境内失事,市有关部门组织警力840人次、民工100多人次,出动吊车、压路车、电力工程车等35台次,动用抽水机4台,连续20小时对人、机进行妥善处置。是年,市政府制订《如皋市解决"三老"抚恤对象治病难的实施办法》。

2001年,市政府将城镇义务兵家属优待金标准提高至每年1200—1300元。2005年1月起,城镇义务兵家属优待金标准提高至每年不低于3000元,农村义务兵家属优待金每年不低于2200元,在西藏服役的义务兵以3倍发放。另立三等功的义务兵一次性奖励不低于优待金的20%,立二等功的奖励不低于40%,立一等功的不低于50%。是年,全市将"三老"优待金、义务兵统筹金按标准纳入镇财政预算。针对企业改制、破产现状,市政府制订《对革命伤残军人有关问题的处理意见》。

2003年,市政府组织开展科技拥军活动,组织资金60余万元支持驻如部队建设。江苏凌云置业有限公司安置军嫂59名,并为她们办理养老、医疗、失业三项保险,驻如部队随军家属就业率100%。

2005年年底,如皋市被江苏省政府、省军区授予"双拥"模范城称号。2007年,市民政局在全市组织"双拥"工作"六进"(进机关、进企业、进医院、进学校、进乡村社区、进军营)活动。2008年,城乡义务兵家庭优待金分别提高到每人每年4400元和4000元,其中在西藏服役义务兵家庭优待金分别提高到每人每年1.32万元和1.2万元,现役军人立功受奖荣誉金由市财政承担。

2010年7月,如皋市再次被授予江苏省"双拥"模范城称号。纪念抗日战争胜利65周年之际,市委、市政府组织对全市427名抗日老战士进行慰问,其中登门慰问41名抗日老功臣,累计发放慰问金120万元。

二、烈士褒扬

民国3年(1914年),陈克宏参与讨伐袁世凯复辟,失败后惨遭杀害,国民政府表彰其为烈士。

民国17年,中共党员苏德馨、刘君霞和工会干部周惠吾等,因参加领导如泰五一农民暴动而牺牲,先后受到中共如皋县委和中共江苏省委的褒扬。

民国23年9月,国民政府如皋县政府奉江苏省民政厅令,在如皋公园内建造"民三三烈士"纪念塔,表彰民国3年讨伐袁世凯时在如皋被害的程强、冯余庭、杨桂馨3位烈士。

抗日战争中,国民政府江苏省保安一旅、四旅在如皋地区抗击日军,先后牺牲官兵100多人,每次战斗结束后,均召开追悼大会,追认和表彰在抗日战争中牺牲的官兵为烈士。民国29年起,在如西抗日民主根据地,每次重大战斗后,均召开追悼大会,以悼念和表彰在抗战中牺牲的烈士。

民国37年3月12日,县政府在西乡根据地召开追悼大会,公布全县革命烈士117人。同月,县委、县政府在吴庄建烈士祠(后改名吴庄烈士陵园)。是年,经苏皖边区第一专员公署批准,如皋部分区、乡改以烈士名字命名,其中石庄区以何正烈士的名字命名为何正区,以胡之、朱仁静、邓白、毕云、周骏发、蔡炎、王子厚、倪健、刘亮、杨万富、赵明11位烈士的名字命名10个乡(其中1个乡以刘亮、杨万富2位烈士的姓合起来命名为刘杨乡)。同时,不少乡为褒扬烈士亦以烈士姓名作村名,其中东陈镇"刘亮村"保留至今。

1949年,县政府建立专门领导小组,对战争时期在如皋牺牲的烈士逐一调查、取证、登记,并报上级审批、追认。1952年9月,县烈士馆在县人民公园内建成。是年,全县普查认定烈士2995人(含第一批),报苏北泰州行政专员公署核定,向烈士家属颁发烈士证明书。此后,县民政部门继续进行烈士调查、取证、追认工作。1959年,县委成立革命史料编辑室,全面搜集整理烈士事迹资料,并开展烈士事迹宣传。至1962年,全县共认定烈士3500余人。至1966年,全县认定烈士3700余人。"文化大革命"期间,受"左"倾思想影响,全县烈士被减为2831人。1978年冬至1979年,根据民政部通知,县民政局组织16人,历时半年,查核认定烈士3736人。

1985年5月,县委党史工作办公室和县民政局联合成立烈士传记征编组,历时6年,召开座谈会78次,访问老干部、老党员、烈士家属及知情人1246人次，发函5338件，征集烈士遗物67件，征集烈士遗像115帧，在取得大量第一手资料的基础上，整理撰写烈士传记117篇。其中64篇被江苏省、南通市党史部门出版的党史书籍刊用，53篇上报中央，被编入民政部编辑出版的《中华英烈大辞典》。1989年，县委、县政府于如城东南环城南路（今福寿路）北侧，开工兴建如皋烈士陵园。

1991年，市（县）民政局拨款维修勇敢乡徐浩泉烈士墓、花园乡程志远烈士墓、高明乡张兆山烈士墓、搬经镇王玉文烈士墓，龙舌乡19位无名烈士墓。1992年4月4日，如皋烈士陵园落成。此后，每年清明节前后，至烈士陵园凭吊革命先烈、敬献花圈花篮、缅怀烈士的干部、群众络绎不绝。1997年10月，《如皋英烈》正式出版发行，收录烈士传记108篇、传略25篇。2000年4月3日，为纪念中国工农红军第十四军成立70周年，南通市、如皋市联合在红十四军诞生地——贲家巷举行瞻仰纪念活动。

2010年，市民政局组织实施“慰烈”工程，在吴庄烈士陵园、鞠庄烈士陵园和高明镇红十四军纪念碑周围建成烈士墓154座，总投资92万元。至是年，全市经多期核定上报批准、登记注册、建有档案的革命烈士有3809人，其中土地革命时期293人、抗日战争时期569人、解放战争时期2485人、抗美援朝时期239人、社会主义革命和建设时期223人（其中对越自卫还击战中牺牲烈士11人）。全市建有烈士陵园和革命遗址、遗迹及纪念设施69处。

皋南战斗烈士墓 共4座，均建于民国35年（1946年）7月。中华人民共和国成立后，均兴建纪念碑，部分改建为陵园。1座位于磨头镇光明东路，安葬在苏中战役皋南战斗中牺牲的新四军华中野战军六师烈士72人。1座位于柴湾镇柴湾社区，安葬在苏中战役皋南战斗中牺牲的新四军华中野战军一师烈士22人和1名支前民工。1座位于如城镇老南社区，安葬在苏中战役皋南战斗中牺牲于宋家桥附近的新四军华中野战军烈士及在其他战斗中牺牲的烈士56人。1座位于东陈镇杨庄社区，安葬在苏中战役皋南战斗中牺牲的新四军华中野战军烈士12人。

丁堰烈士陵园 位于丁堰镇东首。民国34

图19-10 丁堰烈士陵园
（2007年摄）

年（1945年）解放丁堰时牺牲的11名新四军指战员埋葬于此。1979年，重建墓碑，并修陵园。

如皋县吴庄烈士陵园 民国37年（1948年）3月，县委、县政府于吴庄（今属搬经镇）建烈士祠。1985年，更名如皋县吴庄烈士陵园并改扩建。陵园占地1.07万平方米，建有纪念碑1座。陵园内葬有土地革命战争、抗日战争和解放战争时期牺牲于如皋西乡的烈士67名，其中知名烈士14名。

图19-11 吴庄烈士陵园 （2007年摄）

如皋烈士陵园 1952年4月，县政府募集1.52亿元，于县人民公园内兴建县烈士馆，9月建成。1956年，县烈士馆建烈士纪念碑，碑文“革命烈士永垂不朽”由中国人民解放军元帅陈毅题写。1968年，烈士纪念碑碑文改用毛泽东题词“死难烈士万岁”。1976年，在馆内建革命文物

图19-12 如皋烈士陵园 (2007年摄)

陈列室，瞻仰厅陈列烈士遗像和铜质烈士英名牌，馆内藏有烈士档案4000多卷、烈士遗物和文物300余件。1992年，如皋烈士陵园落成，占地2.34万平方米，其中建筑面积0.14万平方米，设门厅、序厅、瞻仰厅、革命文物陈列厅、报告厅等，并建有27.7米高的纪念碑1座。1995年，如皋市烈士陵园被民政部命名为全国爱国主义教育基地，被江苏省教委命名为省级学校教育基地。2002年，如皋烈士陵园被评为江苏省民政系统先进集体。

三、烈士家属抚恤及伤残复员军人优抚

民国17年(1928年)，中共如皋县委在如皋西乡领导的五一农民暴动失败后，县委救济科发给在暴动中牺牲的刘君霞、周惠吾家属津贴费各50元，发给苏德馨家属津贴费40元，另发给其他受伤及失散人员家属津贴费共150元。民国18年至民国22年，西乡红军游击区，对烈士和因公牺牲、病故军人家属发钱送粮。抗日战争时期，如皋、如西县抗日民主政府对烈士和因公牺牲、病故军人家属改发粮券，凭券领粮。

1949年，县委、县政府组织专人对烈士和因公牺牲、病故军人重新登记，对被认定的优抚对象补发抚恤金。是年冬，县民政部门对革命战争中伤残人员开展评残换证工作，核定全县伤残人员1178人，其中评定为二等乙级以上225人、三等甲级以下953人。1951年2月，县政府创办军工子弟学校，免费招收生活困难的烈、军、工属子弟入学。7月，县民政部门再次验定评残，登记换发证件。

1952—1955年，县政府民政科累计拨给军工子弟学校学生学习费和伙食费4.14万元。1956年始，全县优抚对象定期定量补助由大米改为现金。1979年始，县革委会给予对越自卫还击战烈士的家属定期发放定量补助。

1980年起，县革委会发放特等、一等残疾军人生活护理费，伤残军人及配偶、16周岁以下子女转为城镇户口。1983年起，定期发放尽过烈士、病故军人抚养责任的其他亲属或已改嫁的配偶定量补助。1990年，全县享受县政府定期定量抚恤烈士家属1063人，全年抚恤金额53.54万元；享受定期定量补助4725人，全年补助额115.69万元；享受因公牺牲、病故军人家属抚恤待遇160人，全年补助额7.4万元；享受优抚的残废军人1620人，全年优抚金额66.9万元。

1991年底，市政府提高1337名农村伤残军人优抚金标准。至1992年，拨专款20万元，为250户"三老"优抚对象修建住房。煤、电调价后，享受定抚和定补对象，城镇户口每月增加7元，农村户口的每月增加3元。1993年1月1日起，抗日战争时期复员军人定补标准调整为每月35元以上，解放战争时期复员军人定补标准调整为每月29元以上，中华人民共和国成立后复员军人定补标准调整为每月27元以上。1995年起，全市农村老复员军人5000多人，凡在部队立功人员每月享受荣誉金10—16元。1996年，全市230名孤老"三老"优抚对象实行社会供养。

1998年，市财政建立"三老"优抚对象定期补助自然增长机制，以保证其生活水平略高于当地群众的生活水平。先后拨款46.4万元，为151名"三老"特困户修建房屋。2001年，全市1400名1995年、1996年入伍的退伍军人、带病回乡军

人定期定量补助列入各镇财政包干基数。2002年，市政府与各镇签订责任状，将“三老”优待金纳入镇财政预算。2003年7月1日起，以如皋市2002年度全部职工平均收入9428元和农村人均收入3320.85元为基数，调整提高农村革命伤残军人伤残抚恤金、“三属”抚恤金和特、一等革命伤残军人护理费标准。2004年10月1日起，市政府再度提高部分优抚对象抚恤补助标准。根据民政部相关规定，原“革命伤残军人”改称为“残疾军人”。

2005年7月1日起，调整提高农村残疾军人、“三属”、老复员军人优抚补助及4级残疾军人护理费标准。全年优待伤残军人1280人计768万元，优待复员军人4958人计1228.4万元，优待带病退伍军人2107人计207.8万元。

2007年12月，市民政局普查登记全市1954年11月1日以后入伍的参战人员，认定享受定期补助的584人。是年，市政府建立重点优抚对象补助标准自然增长机制。2008年，市政府提高在农村革命残疾军人、病故军人遗属、老复员军人优抚补助和1—4级革命残废军人护理费标准，全市“三老”优抚对象纳入优抚补助范围，所需经费由市财政承担。核定全市已故复员军人配偶2034人，全额享受城市“低保”，并与城市“低保”标准同步提高。

2009年，市政府根据《江苏省实施〈军人抚恤优待条例〉办法》，下拨已故老复员军人配偶生活补助经费和重点优抚对象节日补助900多万元。市民政局核定已故复员军人配偶2341人，对无档案已故老复员军人配偶开展调查核实，经审核认定的对象享受同等补助。

2010年初，市民政局按照南通市2009年度职工人均收入和农民人均收入比例，建立重点优抚对象抚恤补助标准自然增长机制，确保重点优抚对象生活水平与社会总体生活水平同步提高。7月，将已故老复员军人配偶生活补助标准提高至每人每月340元。12月，复核已故老复员军人配偶情况，认定2560人，核减103人。

四、退伍军人安置

1950年，县复员军人安置工作委员会成立，负责接受、安置复员、退伍军人工作。1952年，改称县革命军人转业建设委员会，各区、乡亦建立相应组织。1958年12月，撤销各级转业建设委员会，有关复员、退伍军人的安置工作由县民政部门负责，有关劳动就业问题由县劳动部门负责。1961年，县退伍军人接待安置办公室建立。20世纪60年代开始，县民政局每年从抚恤事业费中拨出专项经费，帮助当年退伍回乡无房、缺房的退伍军人解决住房问题。1982年10月，县复员、退伍军人安置和军队离休干部安置领导组建立，下设办公室。1984年9月，县政府组建县退伍军人和军队离休、退休干部安置领导小组，下设办公室（简称“双退办”）。是年，县“双退办”开办退伍军人军地两用人才介绍所，介绍一批农村退伍军人中有专业技术的人才到苏州、无锡、张家港、南通等地对口安排工作。

1985年始，全县只接受安置军队团职以下离、退休干部，对复员、退伍军人按照“从哪里来，到哪里去”的原则安置，对从农村参军退伍女兵、具有8年以上军龄义务兵安排到大集体单位工作。1986年3月，如皋县军队离休、退休干部修养所建立。1990年春，县政府始办理义务兵养老保险，为全县2015名义务兵办理保险手续，投保总金额102万元。2000年3月始，实施城镇退伍义务兵、转业士官安置办法改革，制定《如皋市城镇退伍义务兵、转业士官安置暂行办法》，变单一的政府安置为政府安置就业和鼓励自谋职业并举，变政府指令性分配为按照本人有关条件积分、自我选岗，实行“阳光操作”。全市审核确认企业军转干部709人，审核发放各类经费95万元，为所有军转干部办理医疗保险，在江苏省率先开展市级机关与困难企业军转干部“结对帮扶”活动。

2002年，市劳动与社会保障局为全县727名军转干部建立台账，发放企业军转干部基本生活费57.66万元，补发各类费用23.97万元。2006年，市政府提高退役士兵自谋职业补偿标准。2008年10月，市政府出台《如皋市退役士兵免费技能培训实施办法》。2010年，全市选择自谋职业退役士兵114人，岗位安置2人，兑现自谋职业补偿金360.6万元，退伍军人安置率100%，退役士兵参训率、推介就业率、用人单位和学员就业满意率分别为92%、100%、90%。

1950—2010年如皋市(县)退伍军人安置情况统计表

表19-8

年度	接收人数	需安置人数	安置结果		安置率(%)	发放自谋职业补偿金(万元)
			自谋职业(人)	岗位安置(人)		
1950—1958	—	11615	—	11615	100	—
1959—1990	—	34397	—	34397	100	—
1991	494	251	—	176	70.1	—
1992	618	275	—	220	80	4.65
1993	572	159	—	159	100	9.80
1994	1255	512	—	512	100	10.10
1995	1255	512	—	512	100	—
1996	288	288	—	288	100	—
1997	529	222	—	222	100	3.50
1998	830	324	—	324	100	7
1999	665	227	—	227	100	—
2000	921	301	—	301	100	—
2001	693	165	127	38	100	260
2002	720	129	115	14	100	257
2003	720	129	119	10	100	234
2004	1016	174	161	13	100	—
2005	831	144	138	6	100	227.50
2006	111	111	106	5	100	244
2007	730	100	96	4	100	200
2008	813	131	126	5	100	316
2009	701	145	136	9	100	—
2010	—	116	114	2	100	360.60

五、军人疗养

1976年,全县有营连级军队离退休老干部9人,均在县人民医院东8号楼居住疗养。1985年12月30日,如皋县军队离退休干部休养所(简称县干休所)落成,位于如城镇宁海路。所内建有老干部宿舍楼2幢,并拥有阅览室、健身房、医疗室、服务部、户外保健场地等配套设施。县干休所建立以后,县委、县政府和相关部门,每年八一建军节、重阳节和春节均组织慰问军队离退休老干部活动,干休所亦常年组织开展多种形式的活动,丰富疗养军人生活。1989年,除在县干休所

图19-13 如皋市军队离退休干部休养所（2007年摄）

疗养外，副团级以上军队离退休老干部6人在健康西村303楼居住疗养。此后，增加10名军队离退休老干部在如城镇分散居住疗养，干休所根据实际情况提供相应服务。

2003年7月，市干休所实施老年福利服务“星光计划”，市民政部门下拨福利资助金8万元，用于添置和完善“星光计划”所需的器材、设施。2004年，市干休所为疗养人员新建5间棋牌室、阅览室，并开辟户外保健活动场所，供老干部就近开展健身锻炼。2005—2010年，市干休所正常居住军队离退休干部30多名，另为47名军队离退休老干部的遗孀提供服务。

六、关爱功臣

2002年，市政府开展“爱心献功臣”行动，组织市级机关57个帮扶单位与159户“三老”优抚对象、325个镇级部门与768户“三老”优抚对象实施“一助一”帮扶，帮扶任务一定5年。2003年，在全市“三老”优抚对象的子女中开展“敬革命功臣，做孝顺儿女”评比活动，通过自下而上推荐，评比出孝顺儿女53名，在《如皋市报》登报表彰，并颁发荣誉证书和奖品。2005年8月，市委、市政府组织慰问446名抗日老战士，给每人颁发纪念章。同时慰问抗日烈士遗属207人，发放慰问金63.7万元。

2007年，市委、市政府再次组织全市300多个单位与1043户重点优抚对象结对帮扶，资助金额总计100余万元，《如皋动态》公示各单位的帮扶情况。

2009—2010年，全市57个市级机关部门与164名重点优抚对象结对帮扶，371个单位与768户重点优抚对象结对帮扶，各帮扶单位主动资助款物，帮助其发展家庭种植、养殖业，解决实际困难。

第三节 社会救济

一、灾害赈济

民国前，县内有少数官办、民办慈善机构。遇有灾荒，官府采取抚恤、蠲免、宽限、放贷、赈济、调粟等方式赈济灾民，但大多做表面文章，欺上瞒下，有的官吏甚至借赈灾营私舞弊，中饱私囊。民间开展捐赈互助，多有感人善举。

民国时期，战乱频繁，灾荒不断，国民政府如皋县政府拨付的赈济款物杯水车薪，不少灾民流离失所。

民国30年（1941年）春，如西县政府拨专款并发动社会互助救济，帮助根据地人民群众度过春荒。民国34年9月，新四军收复如皋城后，县政府发放赈灾粮2.5万千克。民国35年春荒，县政府发放农业贷款20万元（华中币）及大麦2.25万千克，并发放疏浚龙游河以工代赈小麦65.5万千克。

1951年9月，县救济委员会成立。1952年，春荒，县委、县政府组织农民41万人开展副业生产，组织如城居民6700人平城墙，敲碎砖，修港堤，发放以工代赈款8.9亿元，并发放粮食18万千克、救济款19.20亿元。12月，全县遭受强寒流袭击，121.5万亩麦苗被冻死。县政府拨出大麦种30万千克、菜饼85万千克，发动农民补种。1953年，全县有21.2万多亩麦子获得好收成。1954年夏秋，全县遭遇洪灾，县政府组织排涝抢险，安排灾民生活，并发放救济款74.10亿元。1956年，全县春雪伤禾，8月又遭强台风、龙卷风袭击，县政府拨放救济款16万元。1959—1961年，全县约有6000人患浮肿、消瘦等疾病，县人委下拨专项救济款94.53万元。1963年，全县两次遭龙卷风袭击，县人委下拨救济款25.5万元，计划供应粮食14万千克、木材926立方米、毛竹920支、杂树棍920根、煤2649吨,发放棉絮5000条、布1.56万米、棉衣200件,组织7.3万人开展生产自救。1965年5月,全县遭遇大风、暴雨,冰雹灾害。7月又遭龙卷风、冰雹灾害,县人委下拨救济款3.6万元及部分民房建材。1972年夏,全县遭遇台风、暴雨、大涝灾害,县革委会下拨木材750立方米、毛竹7000支、杂木棍15万根、毛竹梢15万根、砖450万块、平瓦30万片救助灾民。1975年7月,部分地区遭龙卷风、冰雹、大雨袭击,县革委会拨款14.5万元及大批建材,安置灾民生活,帮助恢复生产。

1978年,全县早春霜冻,夏大旱,夏秋屡遭冰雹、大雨、龙卷风袭击,县革委员下拨救济款210万元,发放无息贷款180万元,减免农业税94万元,发放支农经费127万元,并下拨救灾物资若干。1983年7月,桃园、磨头、场北等乡遭龙卷风、大暴雨袭击,县政府下拨救济款111万元,减免农业税35万元。1984年,春季风雪成灾,夏季龙卷风为患,县政府下拨救济款39.46万元,并采取向外输送劳力,专业户挂钩帮贫等措施帮助受灾群众。1986—1990年,全县遭受暴雨、台风、龙卷风灾害,县政府共下拨救灾款312.81万元。

1991年5月18日至7月15日,部分地区连续下雨44天,其中大暴雨7次,总降雨量923毫米,沿江地区1004.4毫米,暴雨有时还伴有8—9级大风、龙卷风或冰雹。沿江地区20多个村成为一片汪洋,倒塌房屋3097间,损坏房屋5323间,307家企业被迫停产、半停产,直接经济损失约1.01亿元。市(县)委、市(县)政府动员社会各界向灾区捐献款物,先后募集捐款40多万元、各种衣物用品10万多件,同时向灾区下拨玉米40吨、水泥45吨、救灾款73万元,解决17600人的缺粮问题,帮助1432户受灾群众建房3580间。

1992年8月6日,特大暴雨5小时降雨超过200毫米,其中丁堰地区为279毫米。城乡三分之一民房、厂房进水,8.67万公顷农作物被淹,因灾死亡4人、受伤9人,直接经济损失2.53亿元。市委、市政府组织抗灾突击队2000多个,农村党员在第一线救灾的91.3%。市政府筹集下拨救灾款459万元,解决17600人的缺粮问题,帮助1637户受灾群众建房4092间,并在入冬前拨款15万元制作棉被2000条、棉衣2000件发给灾民。1993年,在国家下拨救灾款29万元的基础上,市民政局采取“国家补助一点、集体资助一点、社会捐赠一点、亲友互济一点”的方法,为500个重灾户、特困户建房1450间;免费发放棉被2000条、棉衣2000件。

1996年夏秋,全市先后有19个乡镇遭受龙卷风、暴风雨袭击。市财政先后下拨救灾救济款67万元,并制作棉被2000条、棉衣2000件发给受灾群众。10月下旬,如城地区开展“扶贫济困送温暖”捐赠活动,共有169个单位及个人捐赠衣被46981件(条),捐款7505元,连同南通市捐赠的款物一起下发给灾区贫困户。1997年,市政府继续下拨142万元,用于安排5666户特困户、“五保”户和重灾户生活,制作棉衣2000件、棉被2000条,帮助4256名受灾群众过冬。

1998年3月19日起,强冷空气入侵如皋,全市普遍遭受强寒潮、暴雪、低温冰冻灾害,直接经济损失超过1.3亿元。市民政部门争取上级拨款145万元,市财政下达生活安排款50万元,保证“双缺户”(缺粮食、缺衣被)8264户23140人麦收前的基本生活;下拨救济款60万元,帮助295户受灾群众建房826间;制作棉被2500条、棉衣1500件,连同南通市下发的棉被100条、棉衣7.5万件,分发给15600户43200人。

2000年6月,最大风速每22.9米/秒、降雨量150毫米以上的暴风雨袭击市域西部地区,成灾面积2.68万公顷,受灾47万人,其中死4人、伤6人。市财政向灾区拨款81万元、大米17.25万千克。市政府在如皋文峰大世界门前广场开展“万人献爱心”救灾募捐活动,全市140个单位及1万余人参加签名募捐,募捐金额10万元。

2007年7—8月,全市先后遭受大暴雨和龙卷风灾害,倒塌瓦房435户1034间,市财政发放救灾款150万元。

2008年,全市遭遇百年不遇的低温雨雪冰冻灾害,21个镇(开发区)受灾人口4400多人,倒塌房屋369间、损坏168间,直接经济损失750余万元。市政府发放灾害生活补助款84万元、修房款100万元,发放救灾棉被、棉衣各2200件。

2009年,全市多次遭遇大风、暴雨、冰雹等灾害,市政府先后发放救灾救济款73.71万元。是年，全市发生火灾62起，市政府发放救灾资金7万元，发放棉衣2200件、棉被2400条、食用油1452桶，保障受灾群众基本生活。

2010年，全市用于救灾的救济款85.28万元，下发棉衣、棉被各2200件(条)。

二、农村“五保”户供养

1955年前，全县农村鳏、寡、孤、独等生活困难农民主要靠群众互助解决生活问题。1956年，农业合作社、人民公社始对鳏、寡、孤、独等生活困难农民实行“五保”(保吃、保穿、保住、保医、保葬)。1959年，全县享受“五保”待遇对象共6553人。实行家庭联产承包以后，“五保”户供养资金通过农村公益金提留、福利企业赢利、乡镇补助、县政府救济等多渠道解决。

1987年10月，根据《江苏省农村“五保”户供养工作暂行规定》，县政府制订实施办法，“五保”户供养采取集中供给分散供养和敬老院集中供养两种形式供养，乡(镇)兴办的农村敬老院优先接受已丧失生活自理能力的“五保”对象入院。1990年，全县有3856人享受“五保”，共建立“五保”户服务中心34个、包护组563个，明确包护人740人。

1991年，全市(县)新建敬老院6所，翻建、扩建敬老院35所，新增入院“五保”对象194人，入院率30%。有条件的敬老院开始兴办经济实体，积聚资金，改善老人生活，增添敬老院设施。1992年，敬老院集中供养标准平均每人每年600元，分散供养标准平均每人每年550元。1993年，全市初步建立乡镇统筹、以厂补院、以敬老院为中心的农村“五保”服务工作管理体系，创立院办经济实体22个，实现总产值340.80万元、总利润22.28万元。市民政局拨款21万元，支持翻建乡镇敬老院14所。全市乡镇敬老院共有楼房138间3290平方米、砖瓦平房776间13876平方米。

1995年，市民政局组织“五保”户普查，全市有“五保”对象1887户2003人，其中集中供养915人，入院率45.7%。是年，市财政拨款20万元，帮助部分乡镇敬老院翻建扩建。东陈、戴庄两所敬老院被评为江苏省文明敬老院。1996年，市财政下拨经费24万元，用于部分乡镇敬老院维修，重点支持常青乡、车马湖乡新建敬老院。1997年，

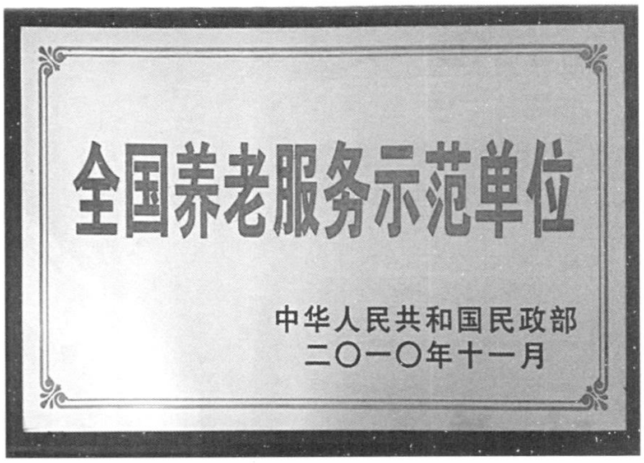

图19-14 如皋市福利中心被民政部表彰为全国养老服务示范单位

全市“五保”对象集中供养标准提高到每人每年1000元，分散供养标准提高到每人每年900元。市财政下拨专项经费47.5万元，用于20所敬老院的硬、软件建设。1998年，市财政投入120万元，翻建、扩建敬老院15个。

2001年，全市调整行政区划，农村敬老院相应调整为23个，集中供养“五保”对象901人，供养水平为每人每年1650元。分散供养1839人，供养水平为每人每年1400元。2004年，全市投入900万元用于农村敬老院建设，新增建筑面积6000平方米，新增床位700张。2005年，全市投入1500万元用于敬老院建设。2006年，市政府出台《如皋市农村“五保”供养工作暂行办法》，核定“五保”供养对象2457人，其中集中供养1352人，集中和分散供养标准统一提高到每人每年1920元。全市共投资1000多万元，实施“关爱工程”项目7个，新增敬老院(福利院)床位328张。

2007年，市政府建立“五保”对象供养标准自然增长机制，集中和分散供养标准分别提高到每人每年2600元和每人每年2200元。全年累计下拨农村“五保”供养经费882.35万元。全市累计投入资金1369.6万元，完成敬老院建设“关爱工程”项目10个，新增床位450张。全市敬老院调整为21所，总床位增至2313张，集中供养率提高至65.41%。是年，市民政局、财政局联合出台《关于加强农村“五保”供养经费管理的通知》《关于进一步加强农村敬老院管理的意见》，明确“五保”供养经费由市、镇两级各负担50%，市财政统一筹集发放。如城、丁堰、九华、石庄、长江5个镇敬老院被

命名为省文明敬老院,另有14个镇敬老院被命名为南通市文明敬老院。

2008年3月，市政府将“五保”集中和分散供养标准分别提高到每人每年2720元和2320元。年内，全市累计发放“五保”供养经费936.27万元，投入资金300多万元，实施敬老院建设“关爱工程”项目8个，新增床位400张。建成如城、丁堰、九华、长江、石庄5个镇级福利中心，全市敬老院总床位有2293张。

2009年，全市“五保”对象集中和分散供养标准分别提高到每人每年3220元和2620元，全年发放“五保”供养经费1190.73万元，桃园、丁堰、林梓、长江、江安5个镇敬老院共新增床位550张，完成附属设施建设1523平方米，“关爱工程”争取省拨款476.5万元。如皋经济开发区、林梓、白蒲、郭园、搬经、常青、东陈、袁桥、吴窑、磨头10个镇（开发区）农村福利中心通过南通市验收。

2010年初，全市核定农村“五保”供养对象4121人。7月起，农村“五保”集中供养和分散供养标准分别提高到每人每年3920元和3020元。继续实施农村敬老院“关爱工程”建设项目，投入525.5万元，实施白蒲镇敬老院和吴窑镇敬老院床位建设项目，新增床位100张；实施附属设施建设项目7个，总建筑面积3228平方米。至是年年末，全市镇敬老院床位总数2893张，全市“五保”集中供养率70%。

三、困难救助

农村社会困难救助 1949—1979年，县政府对家庭人口多，劳力少或遭遇不幸事故而导致生活困难的农户，以及麻风病员在集体照顾、群众互助后仍不能解决困难的对象，给予临时救济，冬季发放棉衣、棉被等。除定期下拨指标性救济款给各乡（镇）支付结算外，临时性救济分县和乡（镇）两级支付。1980年始，县民政局与各乡（镇）实行救济经费包干使用，不再直接向困难户发放临时救济款。少数救济金额较大，乡（镇）无力在包干经费中支付的特殊困难户，由县民政局审批增拨经费指标。1981年起，求助方式多样化。由单纯救济改为救济与扶助贫困户生产相结合，由单纯提取救济款无偿扶持改为国家、集体、各有关部门多方集资和无息有偿周转金扶持，并广泛开展党员干部联系贫困户活动。

1988年，如皋县被列为江苏省特困户重点建房县。县政府采取“国家补一点、集体拿一点、亲友帮一点、保险赔一点、个人筹一点”的办法，下达救济建房款22万元、木材33立方米、钢材11吨等，帮助17个重点乡、32个一般乡的291户特困户修建住房790间。

1992年，全市农村社会养老保险工作起步。1998年，全面实施农村最低生活保障制度。1999年，将全市农村经鉴定丧失劳动能力的残疾人员纳入“低保”对象。

进入21世纪，全市推进“百村万户”帮扶活动［市级机关部门（单位）、乡镇机关结对帮扶100个相对薄弱村，市级机关部门（单位）、乡镇机关干部帮扶1万户相对贫困家庭］，普遍开展全社会助学、助老、助残、助困等公益性活动。2007年，全市建成镇级“爱心超市”21家，村级“爱心超市”306家。市“爱心基金”接受现金捐赠2430万元、食品捐赠2万多千克、日用品捐赠1万余件、衣被捐赠10万件、书籍捐赠3万册、家电捐赠500件及各类生产资料捐赠，受助对象有1万多人次。市民政局累计组织资金657万元，慰问全市困难群众1.5万多人，发放棉衣、棉被各2100件（套），发放冬令、春荒救济款112万元。

至2010年，全市农村初步建成弱势群体、困难群体救助帮扶体系，农村困难群体基本生活得到保障。

城镇困难救助 中华人民共和国成立初，县政府主要以组织城镇贫民生产自救实施困难救助。1954年起，无依无靠、无生活来源的孤老残幼和无固定职业、无固定收入、收入不能维持家庭基本生活的居民，被纳入城镇救济对象。1980—1990年，县政府累计向如城、白蒲、石庄、丁堰4个县属镇发放社会困难救济款51.20万元。

1996年起，市总工会、市委组织部、市级机关工委组织城镇特困职工帮扶活动，发动市级机关各部门（单位）与特困职工结对帮扶。1998年，全市全面实施城市最低生活保障制度。2008年，全市城市“低保”对象92户217人，共安排廉租住房2923.51平方米，市民政局发放补助计18.48万元。至2010年，全市城镇困难救济实现全覆盖。

支边返籍人员救济 1959—1961年，全县共有19588人支援边疆建设。此后，部分去新疆人员私自流回原籍。县人委除动员其返回新疆外，对其中重返新疆确有困难的，予以就地安置。1962年6月，县人委拨款4万元、木材计划30立方米、毛竹计划1600根，帮助支边返籍人员建房，并由社、队集体腾让住房598.5间，安置628户975人。

精减退职老职工救济 1961—1965年，全县有1500多名职工被精减退职。1965年下半年起，县民政部门陆续对1957年底前参加工作，1961年1月1日至1965年6月9日被精减退职，并领取过一次性退职金的原全民所有制单位人员给予救济。全部或大部分丧失劳动能力、年老体弱、长期患病影响劳动而生活无依靠的，按其原工资标准的40%发放救济金，医药费报销三分之二，未丧失劳动能力，生活确有困难的老职工给予临时救济。此后，多次调整救济条件和标准。2010年，全市享受救济的精减退职人员共656人，共发放救济金256.52万元。其中，城市人口336人，补助标准为每人每月340元；农村人口464人，补助标准为每人每月320元。

下放人员救济 1969年冬至1970年春，全县动员部分渔民、城镇无业人员及县属、镇办企业职工1107人到农村安家落户。1971—1979年，县民政局对其中不善耕种或因故自身难以维持生活的，累计拨发救济款44.15万元。1980年，该批下放人员全部得到安置。

三峡移民救济 2004年6月26日，重庆市万州区58户223名三峡移民落户如皋。市委、市政府按照国务院、江苏省政府提出的“以农为主，以土为本”和“相对集中到县乡、分散安置到村组”的安置原则及方式，将三峡移民安置于如城、吴窑、丁堰、桃园、磨头、搬经6个乡镇，其中如城镇9户40人，吴窑镇11户41人，丁堰镇12 户42人，桃园镇2户8人，磨头镇13户46人，搬经镇11户46人。各移民安置镇根据国家移民政策和江苏省政府提出的相关要求，为落户移民落实住房和土地，解决生产和生活方面的实际困难。2006年7月，全市移民工作移交市民政局统一管理。2009年，市民政局发放三峡移民救济资金13.44万元、节日慰问金3.72万元，落实后期扶持项目45个，下发项目补助资金117万元。

2010年，市民政局发放三峡移民后期扶持资金13.41万元，下拨三峡移民应急资金52.03万元。改造移民危旧住房12户，发放补助金18万元。春节、中秋节等节日期间组织走访慰问，发放慰问金2.34万元。

国民党起义投诚人员救济 1980年，县革委会始对年老体弱、丧失劳动能力、无人赡养的原国民党起义投诚人员给予定期救济。1990年，全县共有48人享受定期补助。2005年，全市享受定期补助的有26人，补助标准为每人每月320元。2010年，全市享受定期补助的有9人。

被特赦、宽释人员救济 1975年底，全县接受安置国家特赦的原国民党县团级以上党政军特人员10人，其中3人进工厂就业、7人到农村或场圃劳动，给予每人每月定额救济。1982年10月至1984年，全县累计接收宽释的原国民党县团级以下党政军特人员95人，其中83人安置在农村、12人安置在城镇。1985年起，县政府给予全部被特赦、宽释人员定额救济。2005年，全市有47人享受定额补助，补助标准为每人每月20元。2010年，全市有21人享受定额补助，补助标准为每人每月20元，全年累计发放补助款5040元。

麻风病人救治 1956年，县麻风病防治所建立，设于磨头镇北。1957年，开始门诊，并在全县范围内开展麻风病普查，共查出麻风病人736例，其中，完全丧失劳动能力的占45.5%。1956年10月起，住院治疗的麻风病人的医疗费由县人委承担，生活费由病人所在生产队补助一部分，医院组织有劳动能力的病员生产自给一部分，县民政局按月救济一部分。1958年，县麻风村管理委员会成立。1959年，丁堰公社观音堂建立小型麻风村，定名第一康乐村，收治麻风病人23人。是年，如皋县麻风病防治委员会成立。1960年，全县共核实麻风

图19-15 江滨医院 （2009年摄）

病人1078例。1966年，县麻风病防治所迁址何庄公社。1974年，迁址长江公社，易名江滨医院。1976年，全县进一步加强麻风病查、收、管、治工作，共查出麻风病人1689例，其中住院隔离治疗1134例。至20世纪80年代，全县麻风病发病率得到控制，新发现麻风病人5例。1990年，新发现病例2例。

此后，全市（县）麻风病防治工作贯彻“积极防治、控制传播”的工作方针，采取查、防、收、治、管等措施，降低麻风病危害。1997年，如皋市通过江苏省基本消灭麻风病市（县）达标验收。1998年10月，市皮肤病防治所被评为全国麻风病防治先进集体。2003年，市江滨医院在治麻风病人265人，全市未有新发病例。2006年，市江滨医院在治麻风病人236人，全市未有新发病例。

2007年，市政府将市江滨医院迁建工程列入为民办实事工程，医院迁至长青沙，工程总投资3300多万元，占地4.4公顷，总建筑面积2.3万平方米，能够容纳精神病人200人、麻风病人200人。2010年，市江滨医院在院治疗麻风病人153。

免费医疗 民国时期，遇有疫病流行，国民政府如皋县政府抽调人力、财力、物力，建立临时诊疗机构，对患者免费治疗，以及时扑灭和遏制疫情的蔓延。1950年起，县财政每年均有专款下拨给卫生部门，用于贫困病人医药费用减免。各级医疗单位对危重病人急需抢救而患者一时又无钱支付费用的，医院暂予赊欠，治愈后仍无力偿还，由医院凭票造册报县民政部门，作为社会救济减免，一次拨款给医院抵偿。20世纪80年代，流行性脑膜炎、乙型脑炎等烈性传染病患者医药费用享受部分减免。2003年，“非典”疫情防治费用由市财政全额专项支出。

大病救助 2001年5月起，市政府制定并实施城乡大病救（补）助医疗保障制度，并下发《如皋市农村大病补助实施细则》，对农村患癌症等大病的对象实行补助。2009年7月8日，市政府下发《如皋市城乡困难群众医疗救助办法》，进一步明确资金来源、救助对象。2006—2010年，全市共救助2990名大病患者，救助总金额656.22万元。

四、慈善

明嘉靖二十一年（1542年），善堂建立，位于如皋城武庙西侧，为民间慈善机构，有草房、瓦房共29间，收养孤贫者98人。是为全县最早的慈善机构。

清康熙七年（1668年）秋，县绅范端倡议于如皋城露香园创办如皋育婴堂。清乾隆十一年（1746年），育婴堂迁至学宫东南崇正书院。清嘉庆二十年（1815年），育婴堂迁武定桥西南，有捐募义田2245亩9分及房屋店铺百余间，靠收取地租、房租养育弃婴，年收养弃婴最多时1600人。清道光元年（1821年），如皋育德堂于灵威观内创设。清道光二十五年，如皋慈志局创设。清咸丰七年（1857年），如皋公善堂于东乡薛家庄创设。清咸丰十年，石庄养济所于石庄镇创设。清同治六年（1867年），白蒲育婴堂于白蒲镇创设。清光绪五年（1879年），县保婴局于育婴堂内创设。

民国元年（1912年），如皋城善堂更名救济院。民国17年，如皋育婴堂易名如皋县救济院育婴所。至民国27年，全县先后在如皋城及白蒲、石庄、掘港、丰利、李堡等地创设善堂等50多所，多为民办，且大多经费不足，加之战事连年，创办不久即停办。

民国34年9月，县政府接受被日伪控制的县救济院。民国35年7月，县救济院归国民政府如皋县政府管辖。民国38年1月，县政府接管县救济院，并接受弃婴、难民等112人入院。1950年1月，县救济院附设烈军工属安老所，收养烈军工属23人。是年夏和1951年夏，全县发生大面积肠道性疾病疫情，县政府在如城和各区设立施诊所对患者免费医疗。1954年12月，县救济院和如城游民习艺所合并为县生产教养院。1956年2月，改称如皋安老院。

1958年9月，县安老院易名如皋县社会福利院，下设敬老院、安老部、精神病疗养所和教养队、煤球厂，收养如皋、如东两县城镇孤老残幼、孤老烈军工属、烈士遗孤。1959年8月，如皋县盲聋哑学校创办。

1961年8月起，全县收容的婴幼儿转送南通市婴儿院养育，精神病人转南通专区精神病疗养院收治。县福利院不再设分部。1975年，县江滨医院设精神科。1978年12月，江滨医院精神科划出，单独建立如皋县精神病防治医院。此后，全县收治的精神病人均送至县精神病院救治。1984年，县"送遗站"改称"救助站"。

1991年7月，市残疾人联合会建立。是年，全市推进白内障复明、小儿麻痹后遗症矫治、聋儿语训三项康复工作。为500多名眼疾患者进行白内障鉴定，为其中204人免费施行白内障复明手术，手术成功率100%；为600多名小儿麻痹症患者进行检查鉴定，免费施行矫治手术81例；免费招收25名聋儿参加语训班学习。1995年，市残疾人联合会组织免费实施白内障复明手术463例、小儿麻痹后遗症矫治10例、聋儿语训10名、低视力康复19人。市民政局、中国台湾曹氏基金会各向全市残疾人员捐赠轮椅60辆。1996年，市残联为56名肢残人员装配假肢矫形器，建立社区康复站5个。

2002年5月2日，如皋市慈善会建立。此后，经常组织发动全市各单位和广大市民开展慈善救济活动。2003年春，"非典型性急性肺炎"在全国蔓延，市政府拨出专项经费，于市尘洁医院设立"非典"救治医疗中心，在全市各医院皆设"发热门诊部"。

2009年9月，南通泰慕士服装有限公司捐资200万元，成立南通泰慕士爱心基金会，为全市贫困孤儿提供学习和生活资助，同时组织50位员工担任"爱心妈妈"，给予受助孩子精神关爱。

2010年10月，经江苏省民政厅批复同意，江苏熔盛爱心基金会设立。全市省级慈善机构增至市慈善基金会、南通泰慕士爱心基金会、江苏熔盛爱心基金会3家。

第四节 社会事务管理

一、地名管理

1980年10月，如皋县地名领导小组成立，抽调力量对全县地方名称开展普查。全县共有地名4576条，其中行政区划名称952条，自然村、镇名称2570条，专业部门名称20条，名胜古迹、纪念地名称16条，人工建筑物名称494条，自然地理实体名称12条，其他地名512条。

1981年，县地名领导小组根据国务院《关于地名命名、更改的暂行规定》文件精神，在对全县地名的来历、含义、历史沿革和地理概况进行调查研究、核对、考证，广泛听取各方面意见的基础上，对原有地名重新审定确认，更正"文化大革命"时期任意修改的地名，改正因其他缘故不宜采用的地名，调整互相雷同、容易混淆的地名，全县共命名、更名地名684条，确定地名4258条。是年，县政府发出《关于确定地名标准名称的通知》，公布全县确定的标准地名，并明确规定任何单位或个人无权随意更改地名。全县643个生产大队的命名、更名获江苏省政府批复同意。

1982—1984年，县民政局先后编印出版《如皋县地名录》《新旧地名对照手册》。

1990年7月，县地名领导小组再次组织对全县地名进行核查、考证，确定地名4902条，新增地名191条。1991年底，全市完成地名补查、更新，共有地名4896条，其中补查2175条、资料更新1829条。1997年，市地名领导小组对如城旧城改造后新建的23条道路、街巷、广场及13个居民新村进行命名，并相应对4个街道的管辖范围做出调整。1998年，完成204国道如皋段沿线17个村的村牌设置，调整如城部分地区的区划、路名，设置路牌45个。

2003年，如皋市地名委员会建立，下设办公室（简称地名办）。2004年1月18日，市政府

1991—2010年如皋市火化情况统计表

表19-9

单位:具

年度	火化尸体数	年度	火化尸体数
1991	6300	2001	11293
1992	10528	2002	12472
1993	10300	2003	12251
1994	10572	2004	10674
1995	11135	2005	11423
1996	11544	2006	11141
1997	10280	2007	11649
1998	11116	2008	11830
1999	10381	2009	11475
2000	10165	2010	11825

颁布《如皋市地名管理办法》。4月，市地名办对农村各镇地名逐一核对。市政府公布全市区划调整后镇、村（居）名称演变沿革简表。10月，市地名办、如城镇政府、市历史文化研究会等，在调查论证的基础上，制订旧城改造、城市发展后如城镇路、桥、巷等命名方案。如城地区命名、更名靖海桥等桥梁9座、中山路等道路104条、安定街等街巷14条，同时注销南城脚等地名80个。此后，市政府又公布如城城区居民区37处，广场2处的命名。年底，市国土局完成行政区划图绘制，附新旧地名对照表。

2005年，市地名办将全市行政区、群众自治组织、居民点、建筑物、企事业单位、河流、旅游景点7大类地名信息全部录存，建立地名数据库，并报上级备案。2006年，市民政局组织对全市22个镇（开发区）辖区内的道路、桥梁、街道、居民区等地名逐一核查，完成全市地名命名工作。2007年，全市完成标准地名设标工作。

2009年，市地名委员会组织开展第二次地名普查工作。至2010年，全市第二次地名普查基本结束。

二、殡葬改革

20世纪60年代前，除少数佛教信徒，域内居民殡葬习惯木棺土葬，一般堆坟头埋棺，亦有建圹存棺。

1964年，县人委倡导实行火葬，并于城西乡许庄村建立如皋县火葬场。受传统葬俗影响，全县火化率上升较慢。1976年，全县火化尸体895具，火化率9.1%。1978年，县政府于杨庄增建如皋县石庄火葬场。1979年，于县火葬场东侧建如皋县革命公墓，并对县火葬场进行扩建。县火葬场扩建后，总建筑面积1057平方米，配备殡仪车2辆，年火化尸体能力1万具以上。1985年，县火葬场更名为县殡仪馆，石庄火葬场更名为石庄殡仪馆。

1989—1990年，县委组织“爱我中华，兴我如皋”主题教育活动，将殡葬改革列为“刹三风”（封建迷信、赌博、大操大办）的重要内容，动员干部群众丧事简办，倡导尸体火化，并平掉部分坟头，撤除部分明圹，并在石庄等地试点建立免费存放骨灰的村“安息堂”。

1991年初，县委、县政府把殡葬改革列为全县社会主义精神文明建设重要内容。3月，县政府发布关于殡葬改革的通知。4月，全县展开大规模宣传发动和平坟拆圹活动。5—12月，全市（县）累计火化尸体6300多具，火化尸体总数超过前26年的总和。

1992年，部分地区出现尸体火化后又装棺土葬的现象。1993年4月，市政府颁布《关于进一步加强殡葬管理，制止骨灰装棺埋葬的通告》，并在搬经、何庄、邓园等乡镇试点建立公益性公墓，骨灰装棺率由75%下降到30%左右。是年，石庄殡仪馆获江苏省财政厅支持，投入70万元进行馆内修复整理，于年底正式对外服务。

1996—1998年，全市平坟172284个，拆除圹、冥亭等10315个，复垦土地224.87公顷，大部分乡镇无乱埋乱葬现象，在农田保护区和主要交通干线两侧300米内无坟头。

1999年初，市政府投入1300万元，将市殡仪馆、市公墓搬迁至如城镇十里村。5月，石庄殡仪馆扩建工程启动，于年底竣工。是年，部分乡镇启动公益性骨灰墓地建设，石庄镇平整老坟地7亩，投资20万元，在全市率先建成集“安息堂”（骨灰盒存放厅）与绿化工程于一体的骨灰存放场所。

2001年，市委、市政府将禁止骨灰装棺土葬列入相关部门年度考核目标。2003年，市民政局启动骨灰海葬活动。至2005年，全市累计有50具尸体骨灰由亲属撒向大海。

2006年10月，市委、市政府出台《关于进一步深化殡葬改革工作的意见》《如皋市殡葬管理目标考核细则》。2007年4月，全市启动规定区域内的迁坟工作，累计迁（平）坟49200个。是年，全市规划建设的295个公益性公墓（骨灰堂）全部建成并通过验收，骨灰进公墓集中安葬率85.6%。

图19-16 如皋市经济开发区公益性公墓（2010年摄）

2010年3月，市民政局出台《关于进一步深化殡葬改革促进殡葬事业科学发展的意见》《殡葬改革目标考核奖励办法》。8月1日起，全市所有新死亡“五保”“低保”、重点优抚对象殡葬基本服务费全部由政府承担。是年，全市以村级公益性公墓环境整治为重点，实现尸体火化率100%、骨灰进公墓率90%。

三、婚姻、收养登记

婚姻登记 1949年前，境内无婚姻登记。1950年4月《中华人民共和国婚姻法》实施后，结婚和自愿离婚，男女双方亲自到婚姻登记机关登记。初期，婚姻登记工作由县政府民政科直接为当事人办理手续。1951年起，交由各区和镇政府办理登记。1957年全县撤区并乡后，结婚登记和自愿复婚登记由各乡、镇人委（公社）办理，离婚纠纷调解和自愿离婚登记由县政府民政科直接办理。1964年起，离婚登记重新交由公社、镇办理。

1981年1月，全县实施修改后的《中华人民共和国婚姻法》，各乡镇政府建立婚姻登记处，办理结婚和男女双方自愿离婚并对子女抚养和财产处理达成协议的婚姻当事人的登记手续。结婚证、离婚证、夫妻关系证明书均由省民政厅按照民政部规定样式统一印制。1987年，县民政局组织对全县1981年1月至1986年12月7804对早婚或结婚不登记对象进行清理，累计补办婚姻登记6712对。

2003年10月，市民政局婚姻登记处组建，为自收自支的全民事业单位，负责全市婚姻登记工作。各乡镇不再办理居民婚姻登记事宜。是年，市民政局婚姻登记处被省民政厅表彰为江苏省民政系统行风建设先进基层单位。2009年1月，被民政部授予2007—2008年度全国婚姻登记规范化示范单位称号。至2010年年末，市民政局婚姻登记处累计办理结婚登记24200对、离婚登记2714对，补领结婚证1002件。

收养登记 中华人民共和国成立前，全县收

1952—2010年如皋市(县)结婚、离婚登记情况统计表

表19-10

单位:对

年度	结婚登记	离婚登记	年度	结婚登记	离婚登记
1952	580	482	1992	11876	46
1957	628	64	1993	10822	35
1961	7250	(缺)	1994	13513	48
1962	11320	201	1995	13487	54
1963	5396	195	1996	12542	116
1964	(缺)	154	1997	11587	161
1965	(缺)	73	1998	4800	35
1978	7879	176	1999	8580	166
1979	8842	58	2000	8707	181
1981	14661	42	2001	8454	192
1982	9934	103	2002	8240	197
1983	7536	146	2003	6853	254
1984	6465	159	2004	8902	591
1985	7104	81	2005	8308	642
1986	8587	77	2006	15452	1570
1987	18438	106	2007	17126	1964
1988	8584	131	2008	15740	1846
1989	13200	108	2009	18708	2282
1990	11800	118	2010	24200	2714
1991	9000		—		

养、送养弃婴登记由善堂、县育婴堂办理。中华人民共和国成立初，收养、送养弃婴登记由县救济院、教养院、社会福利院负责。

《中华人民共和国收养法》颁布和江苏省民政厅《关于认真贯彻中华人民共和国收养法做好收养工作的通知》下发以后，市民政局对不满14周岁的孤儿和查找不到生父母的弃婴、儿童以及有特殊困难家庭无力抚养不满14周岁的儿童，按规定予以收养，并办理收养登记。1996年，市民政局办理收养登记22例。2001年，市民政局共办理收养登记290例，为收养登记高峰年。2006—2010年，市民政局共办理收养登记463例。

四、福利企业及管理

清光绪三十三年(1907年)，县衙开办艺徒学堂，贫困子弟实行半工半读。清光绪三十四年，又开办孤幼小学，亦实行半工半读。

民国3年(1914年)，县公署设平民工厂，从事

造纸、木工、织布等生产，厂址位于如皋城马家巷内。民国6年，县公署又开办女工传习所，帮助贫困女子学习技艺。

1953年8月，县救济院组织生产煤球、草鞋、草绳，平均每月获纯利100余万元。1954年，县救济院组织织麻袋布、造包装纸、轧棉花，另组织种地3.33公顷，生产杂粮、棉花。1958年秋，县社会福利院先后兴办煤球厂、纤维厂、江边芦菲厂，安排困难户家庭成员、烈军属和其他闲散人员。1964年，县人委将县福利院煤球厂、纤维厂、芦菲厂交由县工业局管理。1971年3月，县社会福利院兴办骨灰盒生产工场。

“文化大革命”期间，全县福利企业生产经营处于停顿状态。

1978年，根据国家发展福利生产要求和一系列优惠政策，全县福利企业恢复生机。至1986年，全县福利企业发展至61家，拥有职工2003人，其中“四残”（盲、聋、哑、肢体残疾）人员829人。1990年，全县52个乡镇共兴办社会福利工厂83家，招收职工1500人，其中“四残”人员575人。1993年，全市福利企业231家，其中新增154家，安置残疾人3400名，占一线工人的50%以上。

1998年，如皋市社会福利企业管理办公室成立。1999年，全市福利生产企业155家，实现产值3亿元，销售收入2.3亿元，创利税2000万元，累计获退税3496万元。

2001年，市民政局加大对福利企业监管力度，把企业按比例安置残疾人作为福利企业年检的重要内容，严格按照福利企业的11项标准逐一年检，对不符合条件的企业限期整改，到期验收仍不合格，则取消福利企业资格。全市127家福利企业年检合格，当年实现产值4.5亿元，销售收入4.49亿元，创利税4000万元，福利企业退税1500万元。

2005年，全市福利企业116家，其中新办1家、变更8家、年检合格110家，实现产值3.11亿元，创利税3696万元，安置残疾职工3330人。2010年，全市核定福利企业72家，安置残疾人2065人。

五、民间组织、社会团体管理

1990年，如皋县社会团体清理整顿领导小组建立，对全县社会团体进行调查核实、清理整顿。至1991年末，全市原103个社会团体，经清理整顿，撤并和不予登记14个，保留89个。此后，市民政局逐年进行社会团体年检工作。

1993年，全市共有市级社会团体91个，乡镇社会团体116个，新成立社团9个，变更登记6个。是年起，在全市性社团年检后，市民政局对登记和变更登记的社会团体予以公告。

2002年3月，市民政局、财政局、物价局、审计局联合颁发《如皋市社会团体财务管理暂行规定》，单位会员会费标准为每年300—700元，个人会费标准每人每月不超过3元。2004年，全市培育发展各类农村专业经济协会32个。

2010年，全市共有社会团体169个、民办非企业单位157个，农村专业经济协会36个，其中新批准成立社会团体2个，变更14个。

第五节 基层民主政权建设

一、社区建设

2001年上半年，市民政局、市建委、如城镇择定如城镇皋南新村四组团、锦绣二区作为全市社区建设与管理工作试点单位。组织试点单位部分人员到武汉市、江阴市、海门市、南通市崇川区参观学习，制订社区组织建设、社区服务、环境治理、文化教育、卫生管理、社会治安等方面的工作规划。7月，市民政局在如城镇丰乐街道蒲行新村、大治街道绘园新村、迎春街道花港新村进行

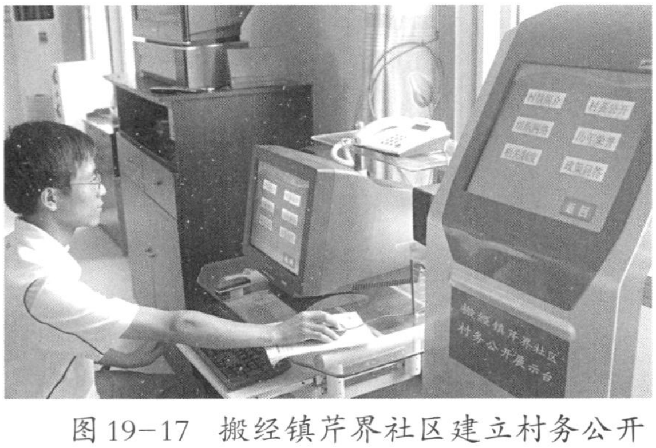

图19-17 搬经镇芹界社区建立村务公开平台 （2007年摄）

社区建设与管理扩面工作。

2002年4月，市政府办公室下发《关于全面推进城市社区建设的实施意见》和《如皋市社区建设协调领导小组成员单位主要职责》。9月，锦绣街道、皋南社区、锦绣二区等部分小区完成封闭式管理。是年，市委、市政府在全市推进“党委和政府领导、民政部门牵头、群众广泛参与”的社区建设机制。全市设立社区警务室20个、卫生服务站14个，组建社区志愿者服务队8支、志愿者2000多人，建成健康休闲场所8处，安装室外体育锻炼器具4处，限期整改违章建筑76处，建成街道服务中心和社区服务站等12个。如城镇安定社区、长巷社区、红星社区、孔庙社区被南通市人民政府表彰为南通市2001—2002年度社区建设示范社区，孔庙社区被评为南通市文明社区。

2003年，市民政、城建等部门，协同解决陆桥、普济、迎新、西郊、仙鹤等社区办公、活动用房等问题。65个机关部门和企事业单位与城区12个社区挂钩结对共建，38个党组织与19个社区挂钩结对共建。是年，城区各社区大都建有体育健身场所、图书馆、文化活动中心，社区办公条件和服务环境明显改善。孔庙社区被评为全国“百佳”学习型社区。社会志愿者、市供电局职工纪斌斌被民政部评为全国社区志愿者先进个人，作为南通市唯一代表在北京人民大会堂接受表彰。2004年，如城镇建成社区服务站14个，备有阅读、健身、医疗等公益或微利服务项目10多个。

2005年，市政府先后出台《关于进一步加强社区建设的实施意见》《关于建立全市社区建设组织协调机构的通知》。按“一场、二栏、三站、四室”[一个以上室外体育活动场，社区居务公开栏、社区宣传栏，社区服务站、社区卫生站、社区劳动就业和社会保险站，社区警务室、社区青少年活动室、社区图书馆（阅览室)、社区文体活动室]标准，加强社区基础设施建设。

2007年，各社区开展创建“和谐社区”活动，全市164个社区，建立社区服务中心151个、便民利民服务网点302个。如城镇长巷社区被表彰为全国学习型社区。2008年，全市325个村（社区）全部建成公共服务中心，建成便民利民服务网点302个。

2010年，市政府围绕“领导协调机制全覆盖，社区建设规划全覆盖，社区综合服务设施全覆盖，社区各项服务全覆盖，社区各项管理全覆盖”要求，推进农村社区建设。

二、村民自治

1983年，全县实施农村政治体制改革，取消生产大队管委会，建立村民委员会。1993年4月，根据《中华人民共和国村民委员会组织法》《中华人民共和国居民委员会组织法》，全市891个村委会、26个居委会进行换届选举，一次选举成功率91.8%。

1998年初，如皋市村民自治示范活动领导小组成立。5月，在下原镇召开村民自治现场会，全市村民自治工作全面铺开。年底，丁堰镇、邓园乡、加力乡、下原镇被命名为南通市“村民自治”模范乡镇。1999年，全市举行第五届村委会换届选举，887个村、995万村民参加选举，参选率97.3%。选出村主任886人、副主任446人、委员4325人，其中高中、大专以上文化程度的1410人。常青乡土山村实行村委会“海选”，为全市首例。白蒲镇在全市率先建立村民代表会议制度。

2000年，依据《江苏省创建村民自治示范村检查验收标准》，市民政局组织对全市上报的170个村民自治示范村检查验收。2001年，全市依法举行第六届村民委员会换届选举，共登记选民968266人，选民参加提名候选人率90.69%、参选率93.8%，一次选举成功率99.7%。

2002年4月，市政府下发《关于开展村民自治模范单位创建活动的意见》和《创建村民自治模范单位操作规程》。市民政局举办村委会主任培训班，352名村委会主任、镇民政助理、镇分管领导参加培训。8月，市民政局在东陈镇召开村民自治工作现场推进会。年末，如城、桃园、江安、柴湾、袁桥、吴窑、东陈7个镇被南通市民政局表彰为2001—2002年度南通市村民自治工作先进镇。

2004年初，全市对照江苏省村民自治模范市、镇、村75条标准，强化“两委”（村委会、村支部委员会）阵地建设，实施村办公室、村民议事室、村务公开栏等8项硬、软件建设，并强化村级档案管理工作。6月，如皋市被江苏省民政厅命名为江苏省村民自治模范市。12月，全市各村举行换届选举，其中62个村实行无候选人直接投票选举，296个村选举一次性成功，一次选举成功率97%。新当选的村委会主任中，大专以上文化程度的101名，村委会平均职数5个，村“两委”交叉兼职90%以上。

2005年初，全市完成第二届社区换届选举。是年，全市村民自治工作着力推进“四个民主”（民主选举、民主决策、民主管理、民主监督）的落实。10月中旬至12月底，全市完成第八届村（居）委会换届选举工作，184个村委会164个居委会中，实行无候选人直接选举的65个，实行村（居）书记和村（居）委会主任“一肩挑”的205个，占比分别达20%、58%。除2个村因村情复杂需延期选举外，一次选举成功的村(居)委会346个，占村（居）委会总数的99%。2008年9月，丁堰镇鞠庄村被评为江苏省民主管理示范村。

2010年9月中旬至11月底，全市各村（居）开展第九届村（居）委会换届选举工作。全市347个村（居）委会一次选举成功率100%，其中，实行一次性直选的村(居)委会73个，实行“一肩挑”村(居)主要负责人215个，占比分别为21%、62%。是年，全市村（居）依法自治率99%，村（居）委会每年至少召开两次村（居）民代表会议，研究决定村（社区）重大事务，做到大事村（居）民决策，小事村（居）民知情。

图19－18 2007年12月，如城镇城南社区居民参加选举

第三章 信访

第一节 机构沿革

1958年前，全县无专门工作机构，信访工作由县领导或县领导指定专人负责。1958年8月，县委建立人民来信来访办公室（简称信访办）。“整风反右”中，全县信访量急剧上升，县委组织部、纪检委，县监察局、公安局、检察院、法院、国土局、文化局、教育局、卫生局、民政局、劳动局、人事局、粮食局等部门及各乡镇相继建立专门信访机构或设专人负责人民来信来访接待、办理。

“文化大革命”开始后，县信访办被红卫兵接待站和民政信访组所取代。

1972年1月，县委办公室设立信访组，恢复县领导批示人民来信并试行来访接待制度。1982年6月，县信访办恢复建立。1985年，县信访办定为正科级建制，与政府办公室合署办公。

1989年10月，县信访办更名县信访局。1991年6月，市信访局设址如城镇芙蓉路东段。1996年11月，市信访局调整为市政府办公室管理机构。是年，市信访局增挂如皋市人民建议征集办公室牌子。2000年，改为市政府直属机构。2001年10月，市信访局复与市政府办公室合署办公。是年，各镇建立以专职信访助理为主任的信访办公室，配备专（兼）职工作人员。

2010年4月，市信访局调整为市政府直属工作机构，迁址市民服务中心B4楼。是年，全市建立“大信访”“大调处”机制，市级机关各部门（单位）、各镇（区）均参与信访、维稳工作。市信访局内设接访科等5个中层机构，定编12人。其他信访机构有市人大常委会信访督办室、市纪检委信访接待室、市公安局信访科、市国土局信访室、市民政局信访接待室等。20个镇（开发区）均建有信访领导组和信访办公室。全市有专职信访干部43人，兼职信访工作人员120人。

第二节 信访接办

一、信访受理

信函受理 1954—2000年（其中“文化大革命”开始3年资料缺失），全市（县）共受理信访信函126322件。2001—2005年，全市共受理信访信函6350件，其中外地信函285件，领导阅批信函1661件。信访信函中揭发控告类信函1403件，占22.09%；申诉类信函1336件，占21.04%；求决类信函1613件，占25.4%；建议类信函21件，占0.33%；其他信函1857件，占31.14%。2006—2010年，全市共受理人民信访信函5664件。办理省交办信件278件，其中委托复信52件、联名信55件、异常信19件，求决类初次来信152件。办理南通市“市长信箱”信件823件。

来访接待 1940—1945年，如皋（西）县抗日民主政府领导直接接待、批示或指定专人接待人民群众来访。1945年、1949年，县委、县政府两次从西乡革命根据地进驻如皋城，均配备专职干部配合接待群众来访。

20世纪50年代初，县级党政机关部门（单位）始设专人负责接待信访。社会主义改造、“反右”“大跃进”“人民公社化”期间，特别是“文化大革命”后，关于政策问题、历史问题的信访量急增。1979年，县信访办临时借调29名机关干部参与信访接待。1980年，县和区、乡（镇）共聘请66名离退休老干部参与信访接待。

1984年，县委、县政府发出《关于进一步做好信访工作的通知》，恢复县领导亲自接待人民群众来访的制度，县委常委、县人大常委会主任和党员副主任、县政府县长和副县长、县政协主席和党员副主席每月逢五轮流值班，接待人民群众来访。是年，如皋被确定为省信访工作联络点。1998年起，市政府建立不定期“市长接待日”制度。1999年起，明确每周一为市长接待人民来访日。是年10—11月，《人民日报》对如皋“市长接待日”做法作专题报道，《江苏信访》杂志先后两次详细介绍。1954—1999年，全市（县）共接待群众上访98086批。

2001年2月，市信访局始设市长热线电话，同时改综合接访为专题接访。市信访局提前将接访的市长姓名、分工工作范围、接访时间等进行公告。2002年，市政府始邀请律师参与市长接访。2003年，市长接待日由每周一接访改为每周一、三、五接访。

2006年，如皋市在江苏县级市中率先开通“12345”市长公开热线电话。至2007年，“市长接待日”共接待人民群众来访3440批15827人次，连同市长热线电话接听的群众意见、建议，共向相关部门和乡镇交办1697项。

2008年7月1日，市委始实行“书记大接访”，市委书记带领部分市领导、法检两长及相关部门领导组成接访组，一起接待群众上访，尽可能现场解答、解决群众提出的问题。9月，全国人大常委会、江苏省政府、省信访局以及南通市委、市政府派员至如皋考察书记大接访工作，予以充分肯定。随后，市委下发《关于在全市开展书记大接访活动的意见》，建立定期接访、约访会办、包案下访、分析研判、应急处置、信访救助、检查督办、通报考核、领导约谈、责任追究10项工作机制，同时制定提前公示、整体联动、定期例会、跟踪督办、情况日报、工作交流6项配套工作制度，确保接待群众来访活动长效化、常态化、制度化和规范化。2009年，《江苏信访》书记在线栏目以《强化书记大接访工作，促进经济社会持续腾飞》为题介绍如皋书记大接访的经验。至2008年末，书记大接访累计接待来访群众470批1170人次，其中市委主要领导接访331件，交办331件，报结331件，报结率100%。

2009年 、2010年，市委出台《建立书记大接访长效机制的意见》《关于进一步深化书记大接访长效机制的意见》和两个《补充意见》，书记大接访模

图19−19　市委书记在大剧院接访（2009年摄）

式不断创新，程序进一步规范，来访事先预约，领导接待明确范围，事项办理限定解决时间，办理结果对社会公告，落实责任倒查。2000—2010年，全市共接待各类上访15879批61941人，其中接待集体上访2539批44581人。

2010年12月28日，南通市领导干部接待群众来访工作会议在如皋召开，如皋代表南通市接受江苏省信访工作检查，得到高度评价。是年，书记大接访累计接待来访群众453批1020人次。书记大接访中，市委、市政府主要领导接访364批696人次，现场解决98批，交办266批，办结266批，现场解决和交办办结率100%。

二、信访办理

1958年前，全县信访由县领导或县领导指定专人办理，解答群众提出的问题，解决群众提出的合理诉求。县信访办成立后，开始对群众来信来访实行分类办理。属于共性，需要研究相关政策予以解决的问题，信访部门通过调查研究，分析原因，提出解决问题的初步意见和办法，提交县委、县政府讨论研究解决；属于检举揭发类问题，除重特大案件报请县主要领导同意，信访部门自行立案，或与相关部门联合查办外，一般案件向公安、检察、纪检、监察等部门批转；属于申诉类问题，信访部门直接向原处理单位或原处理单位的上级主管部门批转；属于求决类事项，根据求决具体内容，信访部门向基层乡镇或市级机关批转；属于咨询类事项，信访部门直接回信或批转相关部门答复。

20世纪50年代末60年代初，全县信访主要

1954—2010年全市(县)信访受理情况统计表

表19-11

年度	接信(件)	接访(批)	信访总量	年度	接信(件)	接访(批)	信访总量
1954	569	267	836	1983	5744	3227	8971
1955	1417	1383	2800	1984	5397	2393	7790
1956	1623	1017	2640	1985	4012	3305	7317
1957	1916	980	2896	1986	4207	2672	6879
1958	1045	1786	2831	1987	3245	2439	5684
1959	1806	880	2686	1988	2553	1981	4534
1960	849	220	1069	1989	2046	1399	3445
1961	986	147	1133	1990	2151	1403	3554
1962	7769	5175	12944	1991	2283	612	2895
1963	10397	5307	15704	1992	1896	775	2671
1964	5811	1925	7736	1993	1140	809	1949
1965	6533	3872	10405	1994	1267	937	2204
1966–1969	“文化大革命”期间资料缺失			1995	3608	1995	4690
				1996	2232	1996	3580
				1997	1727	1997	2710
1970	891	1540	2431	1998	2031	776	2807
1971	968	2000	2968	1999	1154	2078	3232
1972	1320	14800	3120	2000	1169	1862	3031
1973	2112	1896	4008	2001	1776	1985	3761
1974	2288	1530	3818	2002	1345	1623	2968
1975	1894	1057	2951	2003	901	1481	2382
1976	1305	972	2277	2004	1128	1628	2756
1977	1282	1503	2785	2005	1200	1638	2838
1978	3610	3264	6874	2006	931	1397	2328
1979	6752	4086	10838	2007	1155	1246	2401
1980	5540	3404	8944	2008	1298	2325	3623
1981	4735	3004	7739	2009	1148	1494	2642
1982	5042	3417	8459	2010	1132	1062	2194

处理和纠正群众提出的“大跃进”“共产风”“浮夸风”“一平二调”中出现的问题，部分给予退赔，安定民心。

20世纪60年代，主要解决因贯彻“八字方针”而处理调整下放人员的实际问题；“反右”扩大化以及人民公社化、“四清”等运动中的遗留问题等。20世纪70年代末至80年代初，主要调查处理历史遗留问题，特别是“文化大革命”的遗留问题。1979年，县信访办临时借调参与信访接待的29名机关干部，同时参与落实政策工作，共办理各类信访10838件(批)。1983年，县政府在县户粮办公室办结申报的对象中，否决不合条件的4574人。

1984年始，县和区、乡(镇)聘请参与信访接待的66名离退休老干部，同时参与对信访中反映历次政治运动中的问题逐一调查甄别，共查纠“文化大革命”等政治运动中造成的冤假错案1290件，其中复查“文化大革命”前的陈旧积案882件。信访部门会同劳动、民政等部门调查处理60年代下放农村的城镇人口户、粮关系，安排3824户7359人就业，并妥善处理农村“三改”和城镇“房改”中的遗留问题。受到中共江苏省委主要领导的批示肯定，《新华日报》头版予以报道。

20世纪90年代，全市(县)信访办理主要调查处理经济体制改革，企业关、停、并、转，人员下岗待业，养老金不能足额发放等问题。

进入21世纪，全市信访办理主要调查处理离任村定补干部、乡镇农具厂大集体人员、乡镇机关事业单位编外临时人员、农业场圃退休人员、60年代下放人员、土地保养工及遗属定补人员、在乡伤残军人、退役志愿兵、原乡村医生、原乡镇电影队放映人员、原农业技术推广站人员及机构改革中下岗、离岗人员生活困难补助等问题。书记大接访活动开展以后，办理方式有所创新，开始实施现场调研、现场会办、现场交办、限期督办等，进一步提高信访办理的时效性，信访矛盾逐步得到缓和。2006—2010年，市领导阅批信访信函13220件。

三、信访规范化

20世纪70年代后期始，全县信访量一直居高不下，重复上访、越级上访现象严重。1983年，

图19-20 2008年9月，中央信访工作督导组到如皋指导接访工作

县委下发文件要求全县信访工作“分级负责，归口管理，着力把矛盾、问题解决在基层”，随后又多次出台信访工作责任制及考核办法。至1991年，受人口总量大，政治活动过程复杂等多种因素影响，全市信访总量居高不下，重复上访、越级上访较多。

1992年初，市信访局开展“四无”(无越级上访、无集体上访、无信访老户、无信访积案)乡(镇)创建活动。1993年3月，市委、市政府召开有8个部门负责人参加的专题会议，对信访老户，逐户排查，区别对待，具体研处。2001年，伤残军人因抚恤、医疗等问题越级上访，江苏省信访领导小组将如皋列为全省信访工作重点管理县(市)。

2003年9月，市委成立领导小组，召开专题会议，对江苏省和南通市领导和信访部门交办的21个重访老户，逐个排查分析，探究重访原因，根据不同类型，采取一人一策和一事一策办法息访：对反映的问题缺少解决依据但家庭确有困难的，以变通办法，帮助其解决实际困难；对行为异常、经司法鉴定确认为精神病患者的，由所属单位送医院治疗；对涉法类重访户，教育引导其通过司法途径解决问题。市信访局派人员分赴北京和南京，协助上级信访部门，对越级重访人员做好劝返工作。通过排查摸底、调查处理、检查验收、总结评比4个阶段的工作，如皋全面完成上级交办的重复上访专项治理任务。

2004年2月，市委、市政府召开专题会议，对12个重点群体集访问题和20个越级上访重点人员进行集中治理。9月，市委、市政府建立集中治理信访突出问题及群体性事件联席会议制度，并建立集访、越级上访集中治理工作办公室，下

设各具体工作组，对省和南通市交办排查的90个信访案件，分别交由相关工作组、有关部门及镇调查处理。按照法定程序，对3名无理上访户进行确认并给予教育和处理，对4名行为异常经司法鉴定确认精神病患者，送医院治疗。是年，全市派出人员劝返去京的越级上访人员54批99人次，劝返率90%；劝返赴省上访人员157批633人次，劝返率89%。

2005年，经过多年信访规范化工作，如皋市退出江苏省信访工作重点管理县（市）行列。2007年，全市开始强化信访法制化建设。市政府相继出台《加强新时期信访工作意见》《有效预防和处置越级上访和群体事件的意见》《建立信访约谈制度的意见》《信访事件移送行政复议办法》《进一步建立健全人民来信办理机制的通知》，进一步明确信访工作目标任务和法律责任，并建立信访责任倒查机制。

2008年始，全市开展信访工作"三无"（"全年无进京集体访和到省重复集体访、无历史遗留信访案件、无因信访问题引发有影响的事件"，2010年调整为全年无进京重复上访、非正常上访、到省集体上访，无信访积案，无因信访问题引发有影响的事件）县（市）创建活动。

2010年，经江苏省信访工作领导小组审核，如皋市被表彰为江苏省信访工作"三无"县（市）。

第三节 信访信息·信访宣传

一、信访信息

信息采集 20世纪80年代始，县信访办注意多方收集信访信息，认真梳理，及时准确地向县政府领导和上级信访部门报告，为领导决策提供参考。

1988年5月5日，县属27家工厂的1137名计内临时工，选派105名代表，集资6000元，租用车辆准备集体赴省、进京上访，要求解决转正、农转非等8大问题。县信访办获得信息后，及时向各级领导汇报。县领导高度重视，立即召开相关责任主体单位、部门专题会议，印发有关政策说明，深入基层抓骨干，做细致的思想政治工作，平息大规模集访、越访事件。消息在江苏省委办公厅《快报》上登载后，省主要领导批示高度赞扬，并要求向全省推广。中共中央办公厅、国务院办公厅、国家信访局领导也专程到如皋考察并给予高度评价。此后，市（县）信访部门对各类涉及群众切身利益的社会热点、难点、苗头性、普遍性问题开展调研，提出解决问题的构想和建议。1989—2010年，市（县）信访部门共向市（县）政府报送信访预警性信访信息140条，向南通市信访局报送预警性信访信息51条。

信息编研 县信访办建立后，始编发具有简报性质的期刊《如皋信访》，每年12—24期不定。1987年，编撰《八年信访老户志》，分析归纳信访老户形成的10个方面的原因和处理信访老户问题的6点体会。《人民信访》杂志肯定如皋信访信息编研工作，对各地信访工作具有指导意义，于1990年第八期载文予以介绍。1991年，市信访局收集整理编印《如皋市信访工作组织系统手册》，作为信访工作者的实用工具书。

二、信访宣传

2005年5月，市信访局在全市开展国务院颁布的《信访条例》宣传月活动，分层次对1万余名信访干部进行培训，印制《信访条例》中有关规定10000余份发给来访群众，张挂宣传条幅50多条，出动宣传车10余辆次。

2006年，市信访局开展《江苏省信访条例》宣传活动，向基层发放《条例》单行本1000余册。在电视台插播流动字幕，在城区主次干道张挂横幅宣传标语30余条，在《如皋动态》连载《江苏省信访条例》内容问答10期，并组织开展《江苏省信访条例》专题知识竞赛。

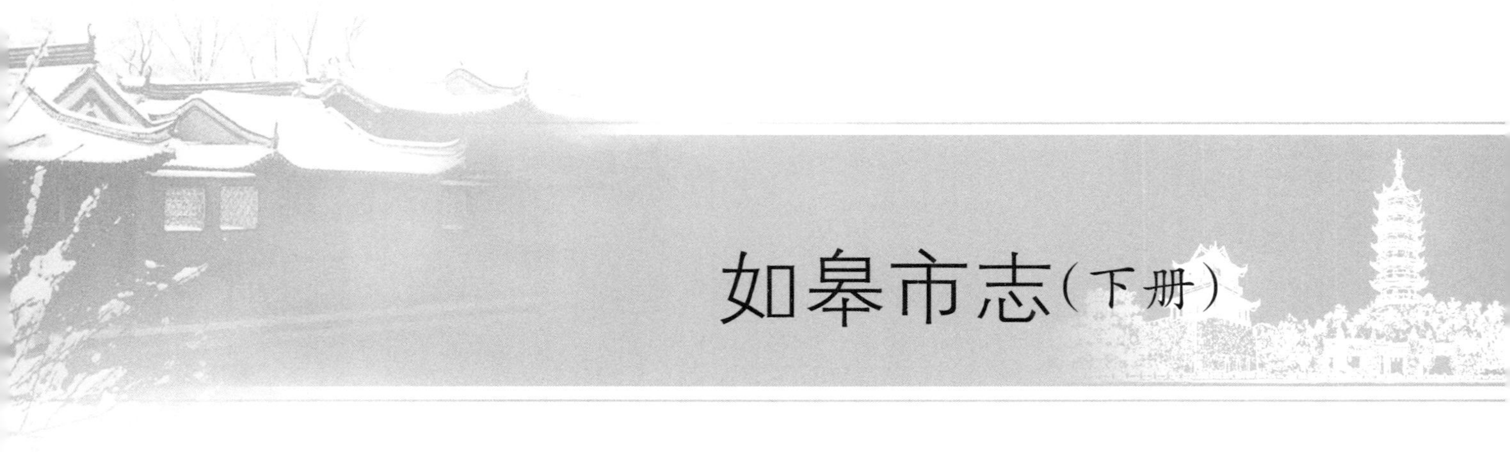

卷二十　社会生活与精神文明建设

封建王朝时期，除少数地主、乡绅外，全县居民主要靠煮盐、农耕、捕捞、养殖和手工业劳作等艰难维持生计。民国时期，县内战事频发，社会动荡，除抗日民主根据地和解放区人民生活有所改善外，国民政府统治区特别是日本侵略军盘踞区，封建殖民统治残酷，普通民众居无宁日，衣食无着，许多居民流离失所。中华人民共和国成立初期，剥削制度消灭，社会丑恶现象消除，人民当家做主，居民物质生活虽不十分充裕，但心情愉悦，社会和谐稳定。1959—1961年“三年困难时期”，人民生活一度十分艰难。“文化大革命”中，社会动荡，居民的物质生活亦未有明显改善。中共十一届三中全会后，随着改革开放不断深入和经济快速发展，居民经济收入逐步增加，消费水平快速提高，精神生活日益丰富。2010年，全市城镇居民人均可支配收入19852元，农民人均纯收入8965元，分别为1978年的26.4倍和129倍；城镇居民人均住房面积40平方米，是1949年的6.67倍，农民人均住房面积达到48.86平方米。

如皋自古民风淳朴，“尚淳质、好俭约”“朴厚而不争”“从约而易化，循理而多文”。域内居民为多区域移民，传统习俗既有不同区域的特性，又有相互影响、融合后的特色。中华人民共和国成立后特别是改革开放后，群众性精神文明创建活动的开展，使全市（县）居民文明程度显著提高，居民在传承传统习俗的同时，受现代文明、西方文化影响，生活方式发生较大变化。进入21世纪，全市相继开展文明城市、爱心城市等一系列精神文明创建活动，居民文明程度进一步提高，习俗更健康、时尚。

域内居民宗教信仰以佛教和道教为主，少数居民信奉天主教和耶稣教。汉代，道教传至如皋。隋初，佛教亦已传至如皋。隋开皇十一年（591年）建成的定慧寺，为如皋有记载最早的寺庙。唐、宋时期，全县佛、道教迅速发展。明、清时期，全县佛、道教达到鼎盛时期，有记载的佛教寺庵253座、道教庙宇219座。清咸丰年间，天主教传至如皋。光绪年间，耶稣教传至，信众较少。中华人民共和国成立初，全县宗教设施和人员减少。“文化大革命”中，宗教活动一度中断。改革开放后，随着宗教政策全面落实，全市（县）宗教活动逐步走上法制化轨道。2010年，全市有佛、道教活动场所28处，教职人员97人；耶稣教活动场所4处，教职人员5人。

第一章 居民生活

第一节 经济收入

一、城镇居民收入

如皋全境解放前，如皋城和大集镇为地主、乡绅集中之地。如皋城有“一沙、二祝、三明”等大小地主100多家，九大寺院亦拥有大量土地和房产。封建大地主除在农村占有大量田地，在全县城镇亦占有三分之二以上的房屋，并开设绸缎、京货、布庄、钱庄、银楼等商铺，控制消费品市场，掌握全县经济命脉。普通城镇居民以贫民居多，主要靠做店员、帮工、苦工等获取微薄收入，维持生计。民国16年（1927年），如皋城有黄包车工人200多人，每天拂晓前出车至深夜，仅挣得铜圆80—100枚。商号、作坊的店员、工人，工资由老板随意确定，非常微薄，还时刻担心被解雇。店铺、手工业作坊的学徒，学徒期均无劳动报酬，有的业主还想方设法借故延长学徒期，克扣能够出师学徒的工钱。

中华人民共和国成立初，县政府严格限制封建剥削，普通店员、工人的报酬有所提高。但由于大地主、商铺业主等逃离，部分商铺、工场停业，失业人数增加，居民总体收入水平未有明显提高。随着经济恢复和文卫、交通、邮电等各项社会事业发展，城镇就业岗位增多，城镇居民收入逐步增加。手工业和社会主义工商业社会主义改造完成后，城镇居民收入差距明显缩小，工资收入成为城镇居民家庭收入主要来源。至20世纪80年代初，城镇居民工资性收入占实际总收入95%以上。

80年代中期始，随着经济体制改革深入和社会主义市场经济体制逐步确立，城镇居民收入结构发生变化，固定工资标准不断提高，且固定工资以外尚有津贴、奖金等。随着个体私营经济、民营经济不断壮大，就业渠道拓宽，就业方式灵活，一些原以工资性收入为主的家庭和个人，成为独立经营的个体工商户、私营企业主，有的成为拥有大量资产的民营企业家。

2010年，全市城镇职工平均年工资收入35957元，是1987年的30.79倍。城镇居民家庭人均工资性收入12675.66元，占人均总收入20842.54元的60.82%；家庭养老金或退休金收入、社会救济收入、最低生活保障收入等转移性收入户均5830.42元；城镇居民家庭户均其他收入304.11元，其中利息收入19.76元、房屋出租收入160.52元；城镇居民人均可支配收入19852元，是1987年的22.64倍。

二、农村居民收入

至民国中期，县内绝大多数农村居民靠租种地主土地或靠当长工、做短工取得微薄收入。民国17年（1928年）5月8日“高仙普”（中共如皋县委代号）向中共江苏省委的报告《如皋农民暴动之经过》载：“如西十之九为佃农。”民国22年《中国实业志·江苏省》载：“民国21年，如皋每一农民年均支出50元，男性雇工年工资仅18—26元，入不敷出，借贷息则高达6%，农民终年负债累累。”一些农户为了生存，甚至出卖孩童（每孩2—3元）。

民国29年，如西抗日民主政权建立后，实行“二五”减租（削减原租额的25%），全县1.43万户佃农获得实惠，4000余雇工增资，根据地农民收入水平有所提高。

民国35年至民国36年，全县解放区实行土地改革，百分之五十以上农民分得土地和其他财产，百分之六十五村庄基本消灭地主、富农剥削，农民收入进一步增加。国民政府军重占如皋后，地主“还乡团”疯狂报复、复辟，农民收入锐减，许多农民到手收获亦被抢夺一空。

民国38年1月，如皋全境解放后，全县土改运动轰轰烈烈，彻底推翻农村封建剥削制度，农民均

1985—2010年如皋市(县)城镇居民收入统计表

表20-1

单位:元

年份	人均可支配收入	职工平均工资	年份	人均可支配收入	职工平均工资
1985	—	889	1998	4916	6345
1986	—	1061	1999	5079	7031
1987	877	1168	2000	5393	7872
1988	1276	1422	2001	5743	9086
1989	1333	1589	2002	6659	10171
1990	1368	1762	2003	7639	11288
1991	1536	1870	2004	8755	13034
1992	1771	2269	2005	10071	15252
1993	2272	2767	2006	11515	17937
1994	3499	3966	2007	13503	22594
1995	4044	5039	2008	15923	26895
1996	4918	5140	2009	17709	31753
1997	5469	5448	2010	19852	35957

1954—2010年如皋市(县)部分年份农村居民人均纯收入统计表

表20-2

单位:元

年份	人均纯收入	年份	人均纯收入	年份	人均纯收入	年份	人均纯收入
1954	27.2	1978	67.40	1990	699	2005	4455
1955	63.1	1979	76.20	1995	1819	2006	5002
1960	36.5	1980	61.80	2000	2962	2007	5742
1965	49.3	1982	245	2001	3116	2008	6695
1970	42.2	1983	278	2002	3321	2009	8012
1975	44.9	1984	319	2003	3538	2010	8695
1977	41.5	1985	378	2004	3967		

分得土地,始有稳定收入来源和生活保障。农业合作化后,全县农村居民收入水平保持稳定,部分地区有所提高。

1958年,全县兴起"大跃进"和人民公社化运动,大刮"浮夸风""共产风",普遍实行吃饭、看病、穿衣、上托儿所等多个"不要钱",导致农业生产遭到破坏,农村分配制度和方式混乱,农民生活一度极度困难。1963年,全县贯彻《农村人民公社工作条例(草案)》,农业生产得到恢复发展,人民生活好转。"文化大革命"期间,农业生产和农民生活受到影响。中共十一届三中全会后,农村推行一系列经济改革。

20世纪80年代初期，全县农村实行家庭联产承包责任制，促进农业劳动生产力解放，全县农民在较短时间内解决温饱问题。此后，农民收入不断提高，生活持续改善。

20世纪90年代始，农村大量富余劳力纷纷转移至二、三产业，拓展新的收入渠道。

进入21世纪，在全市经济持续跨越发展中，市委、市政府制订多项政策措施，促进农民减负增收。同时，建立、完善帮扶工作机制，帮助困难农民脱贫致富。2010年，全市粮食总产696284吨，是1977年的2.1倍；农民人均纯收入8695元，是1978年的129倍。是年，抽样调查100个农村住户，从业类型为农业户5户，非农业户4户，农业兼业户10户，非农业兼业户81户。

三、居民储蓄

中华人民共和国成立前，全县城乡居民除少数地主、乡绅在钱庄或银楼有存款外，普通民众几无储蓄存款。至1949年末，全县城乡居民储蓄存款余额为0.07万元，人均不足1分钱。随着经济逐步发展，城乡人民生活逐步改善，储蓄存款逐年增加。至2010年年末，除极少数贫困家庭外，全市居民家家有积蓄，城乡居民人均储蓄余额22434元，人均储蓄余额年增长速度超过20%。

1949—2010年如皋市(县)部分年份居民储蓄余额统计表

表20-3

年份	年末储蓄存款余额(万元)	每人平均年末存款余额(元)	年份	年末储蓄存款余额(万元)	每人平均年末存款余额(元)
1949	0.07	—	1990	53820	372
1950	0.50	—	1995	248620	1712
1955	68	0.65	2000	576600	3954
1960	374	3.54	2005	1300999	9161
1965	384	3.35	2006	1554022	10954
1970	598	4.64	2007	1751182	12418
1975	1081	8.08	2008	2210399	15686
1980	2860	20.94	2009	2637979	18745
1985	12497	90.41	2010	3167695	22434

第二节 生活消费

一、城镇居民生活消费

中华人民共和国成立前，全县城镇居民生活消费主要是吃，其次是穿，贫富悬殊亦造成消费水平悬殊，“富家一席酒，穷汉半年粮”。

中华人民共和国成立初至“文化大革命”，全县城镇居民生活消费水平有一定提高，除吃、穿、用外，有一些文化、娱乐等其他消费，总体消费水平增长缓慢。

中共十一届三中全会以后，城镇居民生活消费水平开始较快增长，且消费结构发生巨大变化。饮食消费由追求“吃饱”向考虑“吃好”转变，继而向讲营养、重保健转变，许多城镇居民家庭宴请、团聚直接到饭店消费，许多饭店“年夜饭”需提前1—2个月预订。衣着消费由遮体、保暖、单调、大众化向追求舒适、美观、个性化转变，部分人开始追求“名牌”“高档”。耐用消费品彩电、洗衣机、冰箱等在城镇住户中逐渐增多，迅速普及，并逐步由低档实用型向高档享受型转变；钢琴、电脑、空调、汽车等越来越多进入普通居民家庭。

2010年，全市城镇居民人均消费支出11446.51元，是1978年的47.17倍。

如皋市（县）部分年份城镇居民人均生活消费支出统计表

表20-4

单位：元

年份	人均生活消费支出	年份	人均生活消费支出
1978	242.64	1999	4073
1988	1109	2000	4174
1989	1140	2001	4135
1990	1257	2002	4349
1991	1301	2003	5184
1992	1402	2004	5447
1993	1878	2005	6017
1994	3023	2006	6388
1995	3234	2007	7111
1996	4200	2008	9425
1997	3792	2009	10011
1998	4368	2010	11446

1990年如皋县城镇居民耐用消费品拥有量统计表

表20-5

名称	单位	数量	平均百户拥有量	名称	单位	数量	平均百户拥有量
毛皮大衣	件	9	22	机械手表	只	94	235
呢大衣	件	88	220	电子手表	只	15	38
毛料服装	件	174	435	电风扇	台	104	260
其中：西服	件	82	205	洗衣机	台	36	90
皮鞋	双	348	870	电冰箱	台	15	38
毛毯	条	43	108	收音机	台	35	88
大衣柜	张	74	185	彩色电视机	台	23	58
沙发	张	46	115	黑白电视机	台	30	75
写字台	张	44	110	照相机	架	4	10
组合家具	套	7	18	中高档乐器	件	2	5
沙发床	张	5	12	电炊具	只	34	85
自行车	辆	81	202	录像机	台	1	2

注：此表为随机抽样40户居民调查结果

2000年如皋市城镇居民耐用消费品拥有量统计表

表20-6

名称	单位	数量	平均每百户拥有量	名称	单位	数量	平均每百户拥有量
毛皮大衣	件	18	36	录放像机	台	4	8
自行车	辆	103	206	组合音响	套	8	16
电风扇	台	117	234	空调器	台	6	12
洗衣机	台	52	104	淋浴热水器	台	23	46
电冰箱	台	41	82	脱排油烟机	台	29	58
彩电	台	68	136	中高档乐器	件	3	6
照相机	架	10	20	组合家具	套	24	48
摩托车	辆	19	38	家用电脑	台	1	2

注:此表为随机抽样50户居民调查结果

2010年如皋市城镇居民耐用消费品拥有量统计表

表20-7

名称	单位	平均每百户拥有量	名称	单位	平均每百户拥有量
摩托车	辆	88	钢琴	架	3
助力车	辆	60	其他中高档乐器	件	3
家用汽车	辆	8	微波炉	台	102
洗衣机	台	104	空调器	台	169
电冰箱	台	103	淋浴热水器	台	106
彩色电视机	台	185	消毒碗柜	台	12
家用电脑	台	72	健身器材	套	5
组合音响	套	27	固定电话	部	123
摄像机	架	8	移动电话	部	183
照相机	架	31			

注:此表为随机抽样100户居民调查结果

二、农村居民生活消费

中华人民共和国成立前,全县农村普通农民生活消费主要维持最基本的吃、穿、住。

中华人民共和国成立初,农民消费随收入增加而有所增加,但仍主要集中于吃、穿、住、行,其中一些农户除维持最基本吃、穿、行费用外,绝大多数收入用于住房建设。

中共十一届三中全会后,农民收入渠道越来越宽,经济收入逐年增加,消费水平随之逐步提高,消费结构亦不断变化。饮食、穿着消费绝对额增加,但所占消费比例下降,并逐步向城镇居民消费标准靠近。住房消费仍为农村居民消费大项，大多数农民草房改瓦房、平房改楼房，多次翻建。

20世纪90年代始，家庭耐用品消费、教育医疗消费成为农村居民消费大项，农村居民与城镇居民的消费理念、水平进一步接近。2010年，全市农村人均生活消费支出5293.9元，是1981年的33.28倍。

如皋市（县）部分年份农村居民生活消费支出统计表

表20-8

单位：元

年 份	人均消费支出	年份	人均消费支出
1981	133	1999	1959
1987	470	2000	2331
1988	639	2001	2367
1989	657	2002	2940
1990	725	2003	2731
1991	770	2004	3137
1992	847	2005	3252
1993	877	2006	3424
1994	1771	2007	3909
1995	1878	2008	4428
1996	2205	2009	5336
1997	1967	2010	5747
1998	2402		

1990年如皋县农村居民家庭耐用消费品拥有量统计表

表20-9

名 称	单位	每百户拥有量	名 称	单位	每百户拥有量
自行车	辆	204	大型家具	件	677
缝纫机	架	59	收音机	台	50
钟表	只	246	黑白电视机	台	35
电风扇	台	53	彩色电视机	台	2
洗衣机	台	5	收录机	台	22

注：此表为随机抽样100户农村居民调查结果

2010年如皋市农村居民家庭耐用消费品拥有量统计表

表20-10

名 称	单位	每百户拥有量	名 称	单位	每百户拥有量
洗衣机	台	97	摩托车	辆	95
电风扇	台	234	汽车(生活用)	辆	2
电冰箱	台	77	固定电话	部	97
空调器	台	44	移动电话	部	177
抽油烟机	台	6	黑白电视机	台	28
吸尘器	台	3	彩色电视机	台	140
微波炉	台	46	其中接入有线电视网的	台	123
热水器	台	87	影碟机	台	39
其中太阳能热水器	台	73	照相机	架	3
自行车	辆	237	家用计算机	台	36
电动自行车	辆	110			

注:此表为随机抽样100户农村居民调查结果

第三节 住房

一、城镇居民住房

1949年1月如皋全境解放时,城区有居民住房1.71万多间,人均居住面积不足6平方米,且大多为地主、富绅、企业主等占有,许多居民无房居住或只有面积很小的住房。2月份,如城军事管制委员会没收城区官僚、豪绅私房,接管国民政府如皋县政府管理的公房,归全体人民所有。

1958年,县人委对如城镇私房进行社会主义改造,接管地主、富绅、寺庙等拥有的空房和部分出租房,出租给无房、少房的居民居住,普通居民住房条件稍有改善。1959年,县人委、如城镇人委新建东门居民点、西门居民点和花园居民点3处,新增居民住房平房200余间。至20世纪50年代末,如城镇人口增长7000余人,拓宽街道拆除房屋和兴办工厂占用房屋约4000间,人均居住面积下降至4平方米。

20世纪60年代,县人委及如城镇人委在经费十分拮据的情况下,于蒲行口西侧新建居民点1处,并动员机关干部、企事业职工及城镇居民下放农村,动员城镇知识青年"上山下乡",但与城镇人口自然增长相比,城镇居民人均住房面积未有提高。

20世纪70年代,如城新增位于县人民医院东西侧的健康新村(西侧的称健康西村、东侧的称健康东村)和位于如城东皋桥东侧的东皋新村,但随着"上山下乡"知识青年陆续回城,部分下放农村的机关干部、单位职工、城镇居民落实政策相继回城,城镇居民住房更显紧张。

1979年始,如城镇和部分县属镇通过国家投资、单位自筹资金、私建公助等多种渠道,投资兴建钢混结构多层(一般4—6层)楼房。至1980年,如城镇完工居民点建设2处。

1995年始,市委、市政府大规模实施旧城改造,将一部分平房改建为多层楼房。同时,在郊区兴建居民住宅楼,居民小区不断增加。至2004年,如城镇共建成38个居民集居区。至20世纪末,全

1985年如城居民居住水平分析表

表20-11

产权 \ 百分比 \ 面积	2平方米以下		2—4平方米		4—6平方米		6—8平方米		8—10平方米		10平方米以上	
	户数（户）	占比（%）	户数（户）	占比（%）	户数（户）	占比（%）	户数（户）	占比（%）	户数（户）	占比（%）	户数（户）	占比（%）
公产	—	—	78	0.61	435	3.43	805	6.35	824	6.50	1995	15.73
全民单位自管	7	0.05	18	0.14	188	1.48	424	3.34	729	5.75	2092	16.49
集体单位自管	74	0.58	34	0.27	123	0.97	208	1.64	290	2.29	489	3.86
私产	1	0.01	53	0.42	239	1.89	541	4.27	645	5.08	2303	18.16
其他	1	0.01	—	—	4	0.03	17	0.13	14	0.11	52	0.41
合计	83	0.65	183	1.44	989	7.80	1995	15.73	2502	19.73	6931	54.65

1990—2010年部分年份如城居民人均住房面积统计表

表20-12

单位：平方米

年份	人均住房建筑面积	年份	人均住房建筑面积
1990	6.7	2007	32.49
1995	11.05	2008	37.69
2000	22.50	2009	37.69
2005	30.31	2010	40
2006	30.31	—	

市城镇共建多层住宅楼500多幢，城镇居民住房条件逐步改善。

进入21世纪，全市房地产业发展迅猛，居民小区越建越多，规模越建越大，档次越来越高。居民住宅楼由多层为主转为以小高层为主，以钢混结构为主转为以框架结构为主。居民住房套型由小变大，由单一变为多样，由追求实用变为追求档次，城镇居民住房条件快速改善。

二、农村居民住房

东晋后期，如皋垦殖居民大多在劳作地搭建窝棚居住。随着人口自然增长和外来人口增加，部分地区逐步形成自然村落，几乎所有农户均省吃俭用，在村落建像样的住房。至清末，全县农村除地主、富绅拥有瓦房外，普通农民仍居住土墙草房，许多沿江地区新移民居住由3根毛竹或树干作梁、屋面铺草、四周以芦苇作壁并在立柱上绑横杆作床的“翻翻楼”（可以随时移动的窝棚）。

中华人民共和国成立时，全县除地主庄园外，普通农户住房极少有瓦房或草顶瓦檐，均为低矮破烂的泥墙、草顶房屋。南部沿江地区大多数农民住房为毛竹梁柱、芦苇壁草房，冬天四壁透风，雨季屋面漏雨；西部地区许多农户住房兼作牲畜圈舍，猪羊圈在饭桌、床铺旁，卫生状况极差。

图22-1 20世纪60—70年代农村社员居住的房舍

中华人民共和国成立后，全县农村住房条件逐步改善，许多农户添建新房。农村顺口溜“50年代泥草房，60年代平瓦房，70年代加走廊，80年代建楼房，90年代加装璜，21世纪更漂亮”，较形象地概括了1949—2010年全市（县）农民住房变迁的过程。

2010年，全市农村住楼房的农户占总农户的90%以上，人均住房面积48.86平方米。

如皋市（县）部分年份农民人均住房面积统计表

表20-13

单位：平方米

年份	人均建筑面积	年份	人均建筑面积
1990	11.97	2007	47.90
1995	22.93	2008	47.78
2000	36.76	2009	48.55
2005	46.75	2010	48.86
2006	46.82	—	

第二章 民俗

第一节 生活习俗

一、饮食习俗

饮食习惯 如皋城乡居民传统饮食习惯为"一日三餐""两稀一干"。

"干",主要指饭,一般为午餐主食,惯称"中饭",少部分家庭晚餐亦以饭为主食。如皋的饭一般为以大米煮成的"白饭",偶有以大米掺玉米粯子、小米、胡萝卜、番瓜等煮成的"黄饭",以大米掺高粱米、赤豆等煮成的"红饭",以大米掺荞麦米煮成的"荞米饭",以大米掺青菜或荠菜、小蒜、甜菜、芋头、豇豆、扁豆等煮成的菜饭和以糯米、穄子等煮成的"黏饭"。以红枣、莲子、大米、白糖、猪油等煮成的"八宝饭",一般为酒席中的甜品。

"稀",主要指稀饭,俗称粥。一般为早、晚餐主食。如皋人将做稀饭的过程称"煮粥"。粥的品种按用料分有:以大米煮成的"米粥",亦称"白粥";以碎米煮成的"碎米儿粥";以大米与大麦粯子或元麦、玉米粯子等混合煮成的粥,或全部由大麦粯子或元麦、玉米粯子等煮成的粥,统称大麦粯子粥、元麦粯子粥、玉米粯子粥等;以大米与大麦糁儿或元麦、玉米、高粱糁儿等混合煮成的粥,或全部由大麦糁儿或元麦、玉米、高粱糁儿等煮成的粥,统称大麦糁儿粥、元麦糁儿粥、玉米糁儿粥、高粱糁儿粥等;以大米、粯子、糁儿与青菜或黄芽菜、荠菜、甜菜、芋头、豇豆、扁豆等混合煮成的粥,统称"菜粥",还可以冠以菜名,称"青菜粥""黄芽菜粥"等;以剩饭菜加面条、杂粮、青菜、芋头、山芋等一起煮成的粥称"佮佮儿粥",又称"合酸粥";以红枣、莲子、大米、白糖等煮成的粥,称"八宝粥"。如皋人特别是中老年人对玉米糁儿粥情有独钟,深信喝粥有益长寿。民间有"糁儿粥米打底,一喝喝到九十几"的说法。

"稀",还指用面条与青菜或咸菜、韭菜、黄芽菜、番瓜、茄子等掺和煮成的"糊糊儿面",另有面鱼儿汤、面疙瘩儿汤、荞麦屑糊粉汤等。

中华人民共和国成立前,全县城乡居民一日三餐追求吃饱,粮食紧张时,许多家庭只食早餐和午餐,有的一天只食1餐。中华人民共和国成立至"文化大革命"期间,除特别困难时期,全县居民一日三餐基本得到保障。早餐,农村比较简单,一般以稀饭为主;城镇则丰富一些,一般有稀饭、面条或豆浆、豆腐花(俗称豆腐脑)加早点。午餐,为一天中的主餐,注重营养充分,一般以主食加菜肴,困难家庭则千方百计追求"耐饿"。晚餐,在物质生活不很充裕时期比较简单,一般家庭食稀饭、面条或开水泡午餐剩饭,困难家庭粮食紧张时有的则不食晚餐。

改革开放后特别是进入21世纪,随着工作、生活节奏加快,城乡居民用餐频次呈现多样化。除总体保持一日早、中、晚3餐外,许多年轻人习惯午餐、晚餐加夜宵,一些家庭的主餐亦从午餐改为晚餐。

一般家庭请工匠干活或农忙央请帮工,除一日三餐外,在9:00—10:00间,为工匠或帮工安排点心、茶水,称为"接晌";15:00—16:00间安排点心、茶水,称为"晚茶";晚间突击加班或"三班制"夜班工人夜里加餐,称为"夜伙"。

老人和小孩一日三餐以外吃零食,称为"消闲"。

主食 如皋城乡居民主食为稻米、面粉、杂粮3大类。

至中华人民共和国成立初期,县城与东、南部农村中等以上家庭中餐主食一般为米饭,早、晚餐主食多为米粥或米加杂粮粯子、糁儿煮成的粯子、糁儿粥;中西部农村中等以上家庭中餐主食一般为面食和杂粮掺以少量稻米煮成的饭,早、晚餐主食多为粯子、糁儿煮成的粯子粥或糁儿粥;城乡贫困家庭3餐主食一般为面粉、杂粮,常以苋菜、野菜、麸皮、皮糠等煮粥充饥,有"糠菜半年粮"之说。遇灾荒年,县城贫困家庭靠灵威观、红卐字会行善"放粥"度荒,农村贫苦家庭以麸、糠、树叶、野菜充饥,甚至以乞讨生存。

20世纪50—60年代,全县城镇与东、南部农村居民家庭3餐主食仍为稻米,中西部农村居民家庭3餐主食为面粉、杂粮。70年代初期,县委、县政府举全县之力,在中西部地区大规模治沙改土,实现"旱改水",扩大水稻种植。此后,中西部农村居民家庭中餐主食改变为稻米。90年代后特别是进入21世纪后,全市城乡居民饮食观念更新,由追求"吃好"变为"吃健康",注重粗粮、细粮合理搭配。家庭3餐主食虽仍为稻米,但普遍增加杂粮成分,一些家庭以名贵中药材、畜禽肉、海鲜、杂粮等熬制保健粥。

菜肴 中华人民共和国成立前,域内城镇居民早晚吃粥佐以腌菜、酱菜,中午有"下锅菜"。商店、作坊员工大多每月2次荤期,有肉或鱼,逢传统节日或摆筵席则开大荤有鸡、鸭、鱼、肉等;城镇贫民和农民3餐菜肴仅为咸菜、咸菜干、自制豆酱等,过节、祭祀、喜庆、待客方能"开荤",更有少数赤贫者吃粥嘣盐,偶尔吃饭方有以素为主的"下锅菜"。佐餐菜如皋人爱吃萝卜干,爽口、下饭,有"萝卜干儿咯嘣脆,一嚼嚼到百十岁"的说法。艺徒学手艺,常常赶不上吃菜,只能用萝卜干下饭,故如皋人将"吃过三年萝卜干儿饭"比喻正规学过徒和受过专业训练。

中华人民共和国成立后,全县城镇居民家庭主餐菜肴以蔬菜、豆制品为主,每月有2—3次鱼肉等荤菜;农村居民家庭主餐菜肴以蔬菜为主,偶有鸡蛋、豆制品等,过年方有肉、鱼等荤菜。改革开放后,城乡多数居民家庭天天荤素齐全,遇有婚丧喜庆或聚会,宴请亲朋,规格更高,酒肉佳肴乃至山珍海味一应俱全。20世纪90年代特别是进入21世纪后,全市城乡居民家庭饮食菜肴逐渐转为讲究清淡、荤素搭配、营养均衡。

糕点 如皋传统糕点品类繁多。

馒头,为如皋城乡居民最普遍的糕点类食品,种类有实心馒头、糖(豆沙)馒头、雪菜馒头、萝卜丝馒头、五仁馒头、酵条等,均采用老酵发酵工艺。每年春节前,如皋城乡居民都有自制馒头的习惯。农村居民除做馒头外,还拉酵条(俗称"黄猫糕"),切片晒干后储存,供来年春天招待客人或夏忙时作点心用。生活困难时期,许多农村居民以小麦面掺和大麦屑、元麦屑、高粱屑制作馒头。

包子,俗称"包儿",为如皋城镇居民普遍食用的糕点类食品。按制作工艺分类有生煎包儿、大笼包儿、小笼包儿;按馅儿分类有肉包、豆沙包、菜包、蟹包、汤包等。

饺子,俗称"扁食",与北方饺子用料相似,制作方式和形状有较大差别。中共十一届三中全会前特别是中华人民共和国成立前,全县城镇和东、南部农村居民常年制作食用饺子,西部农村居民一般只有农历七月十五祭祀时制作以豆沙等为馅的"甜扁食"。改革开放后,部分居民开始制作、食用北方水饺。

糕,种类有年糕、黏糕、财神糕、重阳糕(菊花糕)、擦糖糕、潮糕、寿糕(贺寿专用)等,一般用糯米掺籼米或粳米磨(舂)成粉制作,亦有以纯糯米制作,其中林梓潮糕为地方名特糕品。

团,种类有实心团、豆沙团、菜团、蒿儿团、凉团、糖团等,均以糯米粉为主要原料做团制,亦有油煎的麻团,俗称"金团"。

圆子,即汤圆,有实心、包馅2大类。如皋南部地区正月初一早饭即食圆子,有全家团圆之意。随着食品工业发展,超市常年有真空包装圆子销售,包馅品种多样。

饼,种类有茄饼、山芋饼、番瓜饼、胡萝卜饼、藕饼、荞麦饼、黏饼、摊饼、烧饼等。

粽子,用芦苇叶包裹糯米或黏穄子、黏小米

图20-2 包粽子 (2008年摄)

等制成，一般在立夏至端午前后，家制食用，除纯米粽子外，还常掺和蜜枣、赤豆、猪肉、香肠等。

土制方便食品 如皋人为节省做饭时间，方便随时食用，长期积累形成一些独特的土制方便食品，主要有：

焦屑，以大麦、元麦等为原料，炒熟后磨成屑，用沸水冲泡即可食用，是农村夏收夏种时常备的方便食品。如皋农村有俗语“六月六，吃口焦屑养块肉”。

冷饣正，本是如皋农民在青黄不接时为度过春荒以完全成熟的麦子创制的食品，因其柔软清香，口味独特，食用方便，逐渐演变成一种城乡居民均十分喜爱食方便食品。制作方法为：春末夏初，将刚足浆青元麦穗摘下，揉下带壳的麦粒，炒半熟后，再揉去皮芒，用石磨磨成约一寸的“么”状条形。食用方法为：直接将冷饣正捏成团食用，在捏团时加入适量糖、油等口味更佳，亦有将其与韭菜、香椿头等炒熟食用或做成饼食用。进入21世纪后，冷饣正被列入春末夏初餐宴应时菜谱。

炒米，如皋东部地区农民将糯米淘洗，后蒸成米饭，再晾晒成干米粒，最后用铁锅放进细沙烧热，投入干米粒炒制而成，故有“东乡炒米”之称。旧时，大户人家年节一般请专职炒米匠上门制作。炒米机出现后，有匠人挑着炒米机和炭炉走街串乡代客机炒炒米，原料为粳米或籼米，口味远不及传统工艺制作的“东乡炒米”。

图20-3 炒炒米 （20世纪90年代摄）

“浆糟”，用糯米蒸熟发酵酿制。夏季常有家庭自制自食，亦有专业户制售。

茶食 指干藏糕饼等，因需要就茶而食，故得名“茶食”。如皋茶食大致有糖、酥、油、炉及糕点几大类：糖货有董糖、寸金糖、花生糖、芝麻糖、浇切糖等；酥货有桃酥、麻切、杏仁酥、椒盐卷、千层酥、蛋黄酥、如意酥、香蕉酥、苹果酥、菊花酥、葱油酥、佛手酥、八折酥、冰雪酥等；油货有馓子、豆角、米脆、白糖果、红糖京枣、桂枣、桂花条等；炉货有脆饼、京江蹄儿、麻饼、饼干等；糕点有芙蓉糕、云片糕、桂片糕、八珍糕、夹沙糕、鸡蛋糕、面包、月饼等。如皋月饼有20余个品种，季节性生产，属于“苏式”月饼。

中华人民共和国成立前，农民只在春节时买一点茶食杂果作为祭祀供品。部分居民探访亲友时，往往带一个由店家用衬纸包装好的“茶食包”。改革开放后，老人、小孩常以茶食消闲，上班族来不及吃正餐，常身边带点作零食。

休闲食品 主要为炒货和果脯。炒货有炒花生荚儿、炒蚕豆、炒豌豆、炒盐生果儿（花生仁加盐经沸水烫，晒干后砂炒）、炒葵花籽儿、炒栗子、炒胡萝卜条儿等；果脯有山楂果儿（冰糖葫芦儿）、蜜饯金橘、蜜饯青杏脯、蜜饯梨、蜜饯苹果、天水泡青柿子、荸荠串儿（生熟2种）、糯米藕等。

饮茶 如皋人饮茶，除自身解渴外，常以茶水招待客人，一边饮茶，一边拉家常。城镇有茶馆，供平民特别是老年人饮茶品、聊天。民国至中华人民共和国成立前，全县中等以上家庭烧茶水多用天水（雨水、雪融化的水）。城镇普通家庭多用井水，农村普遍用河水。城镇居民泡茶除用茶叶外，夏季采集藿香、佩兰、薄荷、淡竹叶、竹芯、牛舌草（车前草）、荷叶或炒得微焦的大麦、荞麦等用开水冲泡或和茶叶混泡；农村家庭一般不用茶叶，招待客人有时加食糖。全县普及自来水后，居民烧茶水大多改用自来水。进入21世纪，城镇居民烧茶部分改用纯净水。

二、着装、妆饰习俗

着装 明代及以前，如皋男子服饰相对比较单一，大襟中、长袍（袄、衫）居多，与全国汉族男子基本相仿，无特别之处，因经济条件不等，衣料质地相差悬殊。女子服饰大致为头扎黑色缎子或呢绒布制作的勒子，额前有玉珠装饰，上袄下裙直拖地面，外罩背心。此款式沿袭至清代和民国时期，无较大变化。

清代，上流社会男子头戴瓜皮帽，上饰球形玉顶，前嵌玉片面额；冬天在瓜皮帽外加有披肩的棉质风帽，上身内穿长袍（或皮或棉），外罩马褂、背心或马甲，下身穿扎脚棉裤，脚穿布袜和“三道云”棉鞋；夏天穿丝绸或湘赣产细夏布衫裤。平民百姓衣服样式与上流社会无大变化，只是衣料档低质差，严冬季节，只在夹裤或单裤外加棉套裤，再在长袍外加青布纡裙，脚上穿稻草打的蒲鞋或加芦花打的毛窝；夏季穿短袖衫或赤膊，光脚或穿草鞋。

民国时期，上流社会，男士冬天所穿长衫多为毛织品，外出再罩呢大衣，或穿西装、系领带（结），头戴礼帽，脚穿皮鞋，春秋中山装、长衫兼穿，夏天穿衬衫、汗衫、夏布褂裤或西装短裤；年轻男子学生装、中式长短衫兼穿；中老年女子冬天服饰沿袭明、清风格；青年女子穿旗袍、长袜、短裤或大襟短上衣、短裙，有的女子穿自织毛线衣裤。普通民众，冬天穿棉袄、长袍、扎脚套裤，外围青布纡裙，春秋穿对襟短衫，夏穿“洋”布短褂、短裤。穷苦平民终年衣不遮体，有什么穿什么，小孩穿成人衣，兄弟数人“新老大，旧老二，缝缝补补归老三”，甚至有成人男女轮穿衣现象。

1949年后，男子穿长衫日渐减少，一般穿对襟中装短衫、中山装、青年装、人民装，冬天外加中长棉大衣，头戴罗宋帽、东北式棉帽、八角帽（红军帽）、鸭舌帽（工人帽）、解放帽，布鞋初为小圆口暗绱，后改大方口再改松紧口；中、青年女子喜欢穿“列宁装”，戴平绒或毛线编织的法兰西帽、无沿平顶帽、贝雷帽，脚穿小圆口加带布鞋，后改大方口加带布鞋（北京鞋），再后流行“松紧口”鞋。

1959—1961年3年困难时期，棉布供应紧张，衣服长改短、冬改夏、大改小、旧翻新较为常见，绝大多数人穿带补丁衣服。

“文化大革命”期间，中青年男女一度掀起戴黄军帽、着黄军装、穿解放鞋热潮。

20世纪70年代，化纤织品渐多，年轻人穿日本产尿素袋染色缝制的裤子、塑料海绵凉鞋时髦一时。

80年代始，男子穿西装、系领带的渐多，或穿夹克衫、滑雪衫、羽绒衫、牛仔衫、皮夹克、休闲装、猎装等；女子穿连衣裙、踏脚裤、喇叭裤、休闲裤等渐多，款式日新月异，颜色五彩缤纷；青年男女不戴帽，老年人冬天帽子款式多样。男女各式皮鞋（凉、单、棉、毛）基本普及，布鞋逐渐成为稀有品种。

发型、装饰 明代前，男子头发盘于头顶，用“顶旦”玉簪插牢。清代，男子多依满人习惯，头顶上剃去前半头发，后半头留长发，结成辫子拖在背后，热天即绕成辫髻蟠于头顶上。女子幼时梳辫子，结婚后扎髻蟠于脑后，佩戴簪钗等首饰。富人戴金银、玉翠、珍珠、宝石、珠花，有时插鲜花；中等家庭儿童戴银项圈、银索儿（项链）、银锁，已婚女子通常戴金质或银质耳环，少数戴金银或玉手镯；平民百姓家庭女子用木条或竹片为簪梳髻。

辛亥革命后，男子相继剪掉长辫，有的剃光头（和尚头），有的老人留半截短发（俗称鸭屁股），年轻人剪平顶（陆军头）或西装头。中老年妇女仍蟠髻，青年女子剪短发或梳“S”形发髻，有的梳双辫，女学生剪“童话头”，少数富家女子烫发。

20世纪50年代，青年男子发型多为“一边倒”，表示真心向苏联学习。

60年代，一些男子剪大包头，一些女青年剪短发，后被戏谑为“叔叔阿姨头”。人们极少戴首饰，部分经济条件稍好的以戴手表、在上衣上口袋挂钢笔作为装饰，部分中年男女镶一两颗金牙或银牙作为装饰。

80年代，男子喜欢剪大分头、西装头（俗称“飞机头”）、平顶、高平顶等。妇女多爱烫卷发，有的女子留长发披肩，少数高龄妇女仍保持梳髻。

90年代后，时兴染发，老年人将白发染黑，青年人将头发染成棕色，以后逐渐变为五颜六色，发型趋于多元化。

进入21世纪，发型、装饰更趋多元化、个性化。年轻人染发更为普遍。未婚女子多注重饰品造型，以戒指、手链及耳饰、颈饰等为主。已婚女子一般戴婚戒，另加手镯、耳饰、颈饰等。已婚青年男子一般戴婚戒。成年男子一般以名贵手表作为装饰。老年女子一般佩戴戒指、手镯等。

三、建宅习俗

选址 封建王朝时期，如皋县衙大堂、庙宇正殿均取正南向（正子午线），平民百姓造房选址避讳正子午，通常确定朝南偏东7—15度，此向接受阳光最为充足。城乡居民建房一般都请堪舆（阴阳先生，亦称地理先生）看风水（勘测）。堪舆根据周围道路、河流、桥梁、建筑（包括墓葬）分布、方向、地势高低等选定“风水宝地”。地势高亢和方向朝南为2个首选条件。民间有俗语“建房住个朝南屋，世世代代享清福”。

20世纪70年代，全县农村平整土地，实行“田块成方，河渠成网，居住上线，树木成行”，农民建房选址自由度受到约束和限制，如遇大门正对前面纵向道路、河流、墓茔或建筑物正脊等难以避让情况时，通常在自家正门前竖一块刻有“泰山石敢当”字样的石板，或立一扇石磨，或砌一堵矮墙、安一面镜子，以为避讳。

平磉 居民建造房屋，宅基地确定后，根据占地面积适当外扩，将基地范围内的树木杂草伐尽，用熟土填平、夯实，由木匠安置磉棵礅（木质或石质2种），再由瓦工用石灰或水泥固定，称为平磉。

站竖 即立柱。建造砖木结构或普通平房时，工匠根据设计，将房屋正中两把“插”竖立起来，两把“插”的柱顶上各置一把中间贴有圆形红纸的筛子，筛子后绑有青竹枝，圆形红纸代表日、月，表示盖的房屋日月无忌、阴阳无忌。烧香敬神、燃放鞭炮后，工匠动工站竖、砌墙。全县城乡建房多为砖木结构，在墙中安嵌龙骨（木），俗称“暗木”。正中两棵中柱称午柱，中柱至前、后壁柱由梁连接，若系五檩（俗称五架梁）壁柱（又称边柱）紧贴墙边，中柱连接壁柱称前后大梁臂（大梁膀子），前后大梁臂中间上面各安一根短柱，俗称童柱。童柱顶部与中柱之间有小梁臂连接，壁柱、中柱、童柱及大小梁臂一个组合，俗称一把“插”。考究的房屋“五柱着地”，童柱直通地面。

上梁 檩木（桁条）习惯称为“梁”，檩的根数为“架”，按建造房屋前后的跨度大小分为3架梁、5架梁、5架6砌、7架梁，庙宇、公堂多至10余架。梁又分正梁、二槽、边桁，如系7架梁，二槽与边桁之间还有三槽，前墙到后墙距离称“进深”，左右距离称“顺间”“横间”。每间大小称“间口”，槛脚至檐高称“霄檐”。木料紧张年代，使用水泥桁条，分3.5米、4米、4.5米、5米几种。墙砌好后，安放檩木，称为“上梁”，其中正间的脊梁称正梁，要选黄道吉日吉时，烧香敬神放鞭炮，上梁木匠说“鸽子”（吉利的顺口溜），主人抛喜钱。亲戚朋友送礼祝贺，称为“贺梁”。后逐步改革，“上梁”与“上园”一次性接受亲朋祝贺。

上园 20世纪80年代前，房屋竣工后，选吉日良辰“上园”，选定的上园日辰对外保密。上园日（通常于半夜子时后），由一家之主用扁担一头挑锅子，一头挑马桶，手臂夹把招笣，从原住宅走向新屋，招笣不离地，沿途经过银行、粮库、商店等有钱单位或几户富裕人家，以招到一些“财气”。

20世纪90年代后，尤其农村实行集中居住后，搬迁新居不再用招笣，一些家庭改用塑料袋装1只小铝锅，另一塑料袋装1只小痰盂，象征性地保留原俗。

四、缠足

俗称“裹脚”。封建时期，全县富家女童四五岁时开始缠足，用白布或蓝布裹足再用布条缠紧，使脚掌骨挤压成畸形，脚背突起，脚趾成笋尖状，时称“三寸金莲”，以此为美。贫穷人家女孩需要参加体力劳动，只将足稍微裹小，称“半大脚”。“大脚婆娘”为对不裹足妇女的轻蔑称呼。民间有俗语：“大脚一双，眼泪一眶；小脚一双，眼泪一缸。”意为大脚一双难以见人，嫁不出去，眼泪总是盈眶难干；小脚一双，不仅缠足时痛苦，且终身不能自如行走，眼泪永远流不净。

清康熙三年（1664年），朝廷取缔缠足陋习，4年后又恢复缠足。太平天国时期，一度明令禁止缠足，时间较短，未能大范围推行。辛亥革命后，政府在全国范围内禁止缠足，全县女童缠足者渐少。民国16年（1927年），国民政府如皋县政府成立后，全县缠足陋习被禁绝。

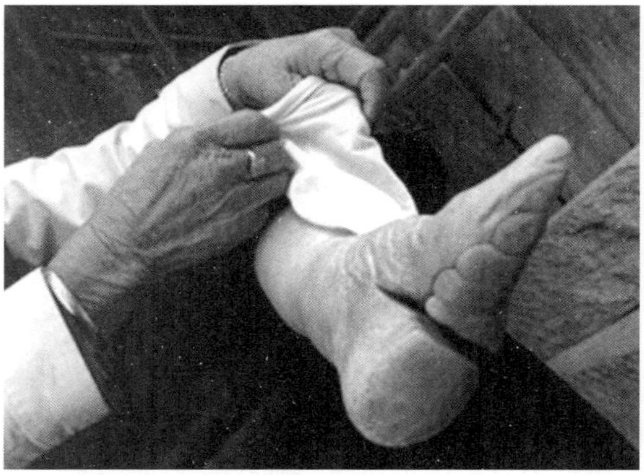

图20-4 被缠成的女子“小脚”

第二节 岁时习俗

一、春节习俗

春节，为如皋城乡居民全年最隆重的节日，俗称“过年”。古时，腊月二十三“火神会”后，官署“封印”不再办公，私塾放年假。二十四送灶、掸尘，正式开始过年。近代邑人项炽庭有诗《腊月》：“腊月黄天事最忙，亲朋赠礼费思量。掸尘洁器选祥日，祭祖祀神必敬庄。”春节期间，又以正月初一最被人们所重视。正月初一，古时称“元旦”，如皋人常说的过年，是以农历正月初一为中心而开展的活动，农村中一部分人只将除夕至正月初一视为过年。民国元年(1912年)，国民政府颁行阳历，以1月1日为元旦。中华人民共和国成立后，仍有部分老年人习惯以正月初一为“元旦”。

腊八　农历腊月初八，县内规模较大的寺庙设“五味粥”“七宝五味粥”(俗称“腊八粥”)，供奉神灵，居民亦食“腊八粥”。部分居民还将腊月十八、二十八列为第二个腊八和第三个腊八。城乡平民煮“腊八粥”通常就地取材，以大米、赤豆、黄豆、花生、蚕豆、茨菇、荸荠、红枣甚至芋头、山芋、胡萝卜等为原料。

进入21世纪，传统“腊八粥”演化为高档的“八宝粥”。腊八节早晨，定慧寺有煮制的“腊八粥”出售。

报更　腊月半后，农村家庭开始蒸制馒头、“龙糕”(“黄猫糕”)，用火增多，火险加大。以自然村庄为单位组织巡更，更夫敲着竹制梆子，挨家挨户边敲梆子边喊：“年残岁尽，火烛小心！”并不时高喊“一更天”“二更天”直至天明。此俗，中华人民共和国成立后即废。

数夜数　过了腊月二十，至除夕，如皋人将“日”称“夜”，表示年关逼近。如腊月二十一称“二十一夜”。此俗，现仍保留。

送灶·接灶　如皋居民中有灶君(灶神)腊月二十四上天汇报一户人家一年功过善恶的说法，并希望灶君实事求是报告(如皋民间有歇后语“灶老爷上天——有句说句”)，更希望灶神“上天言好事”，多说好话。腊月二十四晚饭后，居民将灶屋特别是灶膛、锅门口(灶台后面)打扫干净，将灶神(通常家庭在一块木板上面贴灶神画像，讲究的家庭有佛龛)“请”至灶上，用赤豆饭、麦芽糖、糕点、酒肉供奉，并供一碟黄豆和剪碎的稻草，为灶神上天途中的马料。点烛焚香、叩首跪拜后，将事先衬好黄圆的灶君菩萨纸焚化，将“马料”撒到屋顶上，放鞭炮“送灶”。送灶后，将灶君神像请回柜上，但面向内，表示灶神已上天。腊月三十清早，用同样仪式“接灶”，给灶神“换袍”(将新灶神像贴到牌位上)。此俗，现极少见。

掸尘　为过年前比较彻底的室内大扫除，时间在腊月二十四灶神上天后，一般安排在蒸制过年用点心后。旧时，全县城乡居民家庭掸尘，首先用一根长竹竿扎上青竹枝制成掸尘把儿，刷除屋面下的蛛网、吊灰，忌用笤帚、扫帚，民间有“家无主，扫帚舞”之说。然后擦拭屋柱、板壁、家具，特别重视洗抹圣柜，将铜、锡、瓷质香炉、烛台、佛龛、佛像擦洗光亮，扫除壁角、墙脚及床、柜等固定家具下面的灰尘。此俗，现仍保留。

蒸制点心　进入腊月，农村大家小户都抽出人力磨屑(小麦或元麦面粉)和碓舂稻谷、黏玉米、穄子等。大户人家单独架笼蒸制点心，小户人家联“火”架笼蒸制。城镇居民点心制量不及农村居民，通常于年前由专业户代加工。此俗，现仍保留。

图20-5　代加工点心　　　　(2010年摄)

办年货　小雪前后，城镇一般家庭与农村中等以上家庭腌制腊肉、咸鱼，“封鸡”(将鸡内脏取出后，用食盐涂抹鸡内腹和外表，连毛用蒲包包裹后捆扎，挂于屋檐下风干)。1958年，全县实现人民公社化后，进入腊月，农村一般家庭卖出猪、羊或待生产队年终决算兑现后，进城(镇)购置鱼肉、茶食、衣帽鞋袜、春联喜笺等年货。20世纪80年代中期起，进入腊月，很多家庭灌制香肠，腌制猪肉、牛肉、鸡、鱼等。部分则直接到超市或专营店购买。此俗，现仍保留。

送礼 域内城乡居民家庭有春节前送礼的习俗。女婿必须给岳父母(俗称“丈人”“丈母”)送年礼，晚辈一般亦给长辈送礼，亦有挚友之间相互送礼。

20世纪80年代前，礼品以茶食为主，后发展为鱼肉、茶食。

20世经80年代 后，礼品逐步改变为烟、酒、茶叶、糕点、饮料、滋补补品等，亦有部分图省事者送现金“红包”。此俗，现仍保留。

贴春联 中华人民共和国成立前，除夕，县内一般家庭都将门和门框洗刷干净，门板贴“请”回的门神画像，门框贴对联，门楣贴“喜笺”(在16开长方形红纸上镞出图案和文字)。一般入户门神像左为秦叔宝、右为尉迟恭，房门贴“和合”2仙像，长辈居住的卧室门上贴寿星或麻姑献寿。有名望的家庭入户门上贴的对联内容大多为与家族传承相关的

图20-6 如皋市民春节前贴春联

“××家声，××世泽”等。中华人民共和国成立后，大多家庭改贴春联和喜笺。“文化大革命”中，喜笺被禁止，改革开放后逐步恢复。此俗现仍保留。

折菩萨纸、敬菩萨 城乡一般家庭置办年货时，同时“请”菩萨纸，除灶神、门神为彩色画像外，其余均为宣纸或毛边纸，木版套印的黑、红、黄、绿神像，多达数十种，都用黄圆纸衬里折好。年三十晚，主人将折好的菩萨纸排在柜上，点香烛，放鞭炮，奉酒肉，做好准备，留着三十夜间“诸神下界”时，各自对号入座。

“文化大革命”期间，此俗被禁止。改革开放后，敬菩萨风俗逐步恢复，但形式简化，只在菩萨像前燃香，供奉茶食、水果。

祭祖、团圆饭、辞年 城乡居民家庭祭祖，一般在除夕中午，亦有部分地区和家庭于腊月二十九中午祭祖。除夕晚，全家人回家吃团圆饭，晚辈给长辈祝福敬酒。团圆饭后开始“辞岁”，将锅碗洗净，准备好初一早餐及全天食材(正月初一整天不得动刀)，打扫庭院，给土地(城隍)庙内送全年最后一次香。然后，用事先灌装石灰粉的蒲包，在晒场、道路上“打囤子”。“打囤子”，一说预示来年丰收；一说“年”是一种凶恶的怪，只惧怕姜太公，蒲包落下的石灰印形似姜太公坐骑“四不像”之脚印，“年”见此脚印就不敢在此行凶、作孽。现“祭祖”“团圆饭”习俗仍保留，许多家庭为方便，团圆饭到饭店举行。“打囤子”习俗因场地、道路多硬质化而渐废。

守岁、压岁钱 城乡居民家庭“辞年”结束后，一家人围坐在“陈火盆”旁，嗑瓜子，吃糖果，聊家常畅谈来年设想打算，老辈向小辈分发压岁钱。过了亥时(夜间11点)，燃放鞭炮，守岁亦算完成。20世纪80年代后，守岁以看央视《春节联欢晚会》节目为主，给未成年小辈“压岁钱”习俗仍保留。

接天地 中华人民共和国成立前，正月初一黎明，城乡居民家庭一家之主悄悄起床，点烛敬香，燃放鞭炮，给菩萨敬糖茶或枣茶，迎接诸神普降人间和新的一年到来。接着，到附近庙宇或土地庙送香，能送到“头香”(第一炷香)更为吉利。吃早茶前，先给菩萨奉供汤圆(初四早晨撤)。此俗，仅部分佛教信徒保留。

拜年 20世经80年代前，正月初一，城乡居民家庭的小辈起床后，首先向长辈拜年、送祝福，平辈间亦相互拜年祝福。农村部分地区，一家之主代表全家向邻居拜年。改革开放后，电话、手机逐渐普及，通过电话、信息拜年渐成风尚，拜年开始时间前移至除夕甚至更早，拜年截止时间在正月十八，民间有“拜年拜到十七八，再拜没搭讪(没意思)”之说。

谢祯 中华人民共和国成立前，正月初一中午前，城乡居民家庭点香烛、放鞭炮，感谢诸神降临带来的吉祥，并将除夕供奉的部分菩萨纸焚化，其中财神到初五、灯神到十三、月神到十五、火焰

神到二十三焚化。"谢祯"后,即可以扫地、倒水、晾晒衣物等。此俗,大多已废。

四天年 如皋人把初一至初四作为过年最庄重的日子,4天中香火不断,商店不开门,作坊不开工,农民不下地,初四早晨方可撤掉供菩萨的茶和汤圆碗,中午方可撤去除夕供奉的"陈饭碗"。中华人民共和国成立至"文化大革命",此俗渐废。"文化大革命"期间,部分地区和单位"移风易俗",故意安排初一上班或下地。改革开放后,正月初一至初四一般不上班、下地的习俗得到尊重。部分家庭保留供奉习俗。

敬财神 如皋人将正月初五财神赵公明(赵公元帅)生日,敬为财神日,绝大多数商铺、作坊此日开门营业、开工,并在门店前焚"高香"(形如宝塔的香)、用三牲(猪头、鲤鱼、公鸡,俗称六只眼),以祈一年生意兴隆,财源广进。现除极少人用三牲外,其他习俗均保留。

上灯、闹元宵、落灯 灯节为如皋传统春节活动,始于正月十三,称"上灯",结束于正月十八,称"落灯",民间有"上灯圆子落灯面"之说,即十三上灯时以圆子敬神,十八落灯时以面条敬神。灯节期间,大多数家庭邀亲友团聚喝"春酒";一些地方举办传统香期庙会,招揽客商。其中正月十五为灯节高潮,亦为春节的第二个高潮。城镇白天舞龙、舞狮、踩高跷、荡旱船,晚上点香烛、放鞭炮、观花灯、猜灯谜。清末至1995年如城旧城改造,城区以鱼市口为灯节中心,绢灯、锦灯、夹纱灯、皮灯、布灯、通草灯、珠宝灯、明角灯、琉璃灯、塑料灯、纸灯、人物灯、花鸟虫鱼灯、飞禽走兽灯、滚灯、车灯等各种造型的彩灯摆满街道。农村一般晚间闹元宵,年轻人特别是少年儿童,有的点燃田间地头干枯的野草,有的用柴草扎成碗口粗细的"麻串"子(草把)并将小鞭炮塞进草把在空中挥舞、炸响,有的将点燃的"木虾"等拴上绳子挥舞,称为"炸麻串""放哨火",以烧死过冬害虫。有时农户的草堆亦被点燃,均无人责怪。农村还有于正月十五晚间用畚箕请"灰堆婆婆"的习俗,以祈求当年五谷丰登,无害无灾。"落灯",表示春节结束,过年的一些禁忌解除。故商铺、作坊又有"十三上灯,十四看灯,十五元宵,十六大荤(商铺、作坊安排雇员吃肉),十七增福,十八落灯,十九算账,二十动身(被雇主辞退的员工离开)"。现上灯、闹元宵、落灯等习俗均基本保留。

图20-7 "上灯"日前后,市民街头选灯 (2010年摄)

图20-8 正月十五闹元宵 (2007年摄)

二月二 如皋农村有"二月二,挑蒿儿,炟饼儿,带女儿,不带女儿穷鬼儿"之说。是日,各家各户都将嫁出的女儿接回家认真招待。正月里农村家庭亲朋好友互相拜年,妇女要操办酒食招待客人,非常辛苦,亦没有时间回娘家探亲,二月初二带女儿的习俗,为娘家对出嫁女儿的安慰。此时,草木返青,河边屋角青蒿初生,翠绿芳香,采摘一些青蒿嫩芽拌和在黏屑中包上豆沙、花生米屑或芝麻屑,再拌点食糖作馅儿,蒸团儿或炟饼儿招待女儿、女婿和外孙辈,不仅新鲜且能解热凉血。城镇对"二月二"更为重视,除带女儿外,还将"二月二"作为"大开市""落天灯""落像儿"之日。二月初二后,春节全面结束,故民间又将此日称为"大落灯"。

"大开市",为商铺、作坊旧例。春节后休息4天,正月初五开门、开工,此时人们仍处于年节中,生意不像节前红火,故闼子门只开一半,晚上早早打烊，称为“小开市”。至二月初二，一年盈亏计算准确，员工去留明确，商店作坊大开店门正常营业，故称为“大开市”，照样点烛焚香、放鞭炮敬奉财神爷。

“落天灯”，域内农村中等以上家庭门前竖立灯柱，灯柱顶端装滑轮，便于悬挂“天灯”。“天灯”是一只圆柱形小篾油纸红灯笼，内置小红蜡烛（俗称“拜烛”），从正月十三起挂，每天一支拜烛。城区家庭“天灯”一般挂在屋檐下。二月初二早晨，在“天灯”柱旁供面条，焚香叩拜后将灯焚化，将灯柱放平收藏，此举称为“落天灯”。正月十八称落灯，实际没有落，故二月初二又称“大落灯”。

“落像儿”，为落下腊月三十供奉的祖先画像。至二月初二，在画像前供水面、点香烛，全家跪拜后，将画轴落下收藏，待明年腊月三十再挂。

此俗，现除“带女儿”外，其余均废。

二、时节习俗

立春 清雍正年间始至民国16年（1927年），每年立春前，县衙派员在如皋城东门外先龙坛（今迎春桥附近），用土堆塑一头春牛（水牛），再塑“芒神”立于牛旁。芒神相貌、服饰、装束及鞭縻等因干支不同而各年有异。立春节日，知县率文武官员列队经迎春桥出东门至泥牛、“芒神”塑像前，祭香烛酒果，知县赤足扶犁，文武官员仿效。犁毕，众人轮流鞭打春牛，直至将春牛和“芒神”敲碎，称为打春。附近农民纷纷赶往现场观看并取敲碎的春牛泥土回家肥田，预祝丰收，称“望春牛”，又称“迎春”，东门迎春桥由此得名。民国17年，国民政府如皋县政府废止此俗。

花朝节 古时如皋先民将每年农历二月十二视为“百花生日”，给花木挂上红布条或红纸条，为花木祝寿，并用小锹铲除花木边的野菜等杂草，称为“花朝节”，又称“挑菜节”。现全县部分居民仍保留农历二月十二挑野菜（挖野菜）食野菜的传统习俗。

尽九 域内居民，寒冬数九结束之日，人人洗澡，祈求一年平安康泰。民间有“尽九一盆汤，一年不害疮”之说。此俗现许多老人仍保留，部分年轻人效仿。

清明 20世纪60年代前，全县大部分地区清明节前10天、后10天，均可祭祖、上坟，亦有部分地区限于清明节当日。祭祖、上坟时，先在家中举行祭祖仪式，然后至祖坟清除坟墓及四周杂草，再为祖坟添土，并新挖一块坟墓顶子（俗称“坟圆帽子”），将红纸条制成的飘笺压在“帽子”下。若是新坟，还用小芦秆或竹竿插挂“祭幡”。然后众人跪拜，焚化纸锞。大户人家祖茔上多植柏树，有的茔地柏园成片，上坟时，后辈们将寄托怀念先祖之情的彩色字条系在柏树枝上，故上坟又称“挂柏”。“文化大革命”中，清明祭拜被禁止。20世纪80年代始，清明祭祖、上坟习俗逐渐恢复。随着殡葬改革的推进，居民祖坟大多被铲平，祖先遗骨火化后安置于公墓，上坟亦转至公墓。此后，清明祭祖上坟方式变化较大，除保留祭祖仪式外，许多家庭用献花代替焚化纸锞。至2010年，全市清明祭祖、扫墓（上坟）习俗保留，不同地区时间有差别。

上巳日、三月三 西晋时，如皋始有“三月上巳，官民并禊饮于东流水上”的习俗，称为“修禊”。以天干记日，上巳当为上旬的一个巳日，因巳日不是固定日期，有时上旬无巳日，后固定为三月初三。东晋置县后，如皋历代官民都于三月初三共同到水边嬉游，直至清末。冒辟疆、沙元炳等曾主持“修禊”活动。辛亥革命后，此俗渐废。

立夏 立夏日早晨，域内居民都吃煮鸡蛋，孩子们玩“斗蛋”游戏。东部和圩田地区家庭包裹粽子（与端午包裹粽子意义不同，主要为迎接农忙）。西部高沙土地区家庭蒸酵条，用作晒“馒头干儿”，中午吃甜菜。年轻人特别是小孩要称体重，作坊和种田大户备酒款待雇工，妇女儿童头戴皂角树叶和蔷薇（麦香花），防止“疰夏”，求夏季平安健康。此俗，饮食斗蛋、称体重、裹粽子等基本保留，其他渐废。

端午 一般节前晚辈给长辈送礼。古时，初一始，全县家庭门楣上悬贴钟馗画像，儿童佩香袋、百索、银锁，穿“老虎鞋”。节前，女婿、准女婿（已定亲）给岳父母、准岳父母送礼。初五早上，用粽子敬神，将菖蒲和艾（秆和叶）供在神前和挂在门框上。中午，商店关门，各家用艾叶、菖蒲、大蒜头蘸雄黄烧酒洒在墙角阴暗处，并用烛火照看，口中反复念叨“端午送百虫，一送影无踪”，中等以上家庭午饭菜肴有猪肉、黄鱼、沼虾、咸鸭蛋、小公鸡、黄瓜、绿豆粉皮、苋菜、红萝卜等“五红”“五绿”，并用酒泡雄黄在儿童额上写一个“王”字。下午，商店一般停业，作坊停工，私塾停课，外出“踱午”。此俗，送礼，挂艾叶、菖蒲，包粽子，佩香袋，中午饭“五红五绿”等现仍保留，其他渐废。

五月十三 相传五月十三为关羽（关公、关帝）寿诞。全县城镇十二日即张灯结彩，居民在关帝像前供茶、面、水果、鲜花，陈列盆景、文物，称为“摆清供”。县城同业公会会员聚餐，中面晚酒，如同生人贺寿。有的会馆、公所还请“六素班”吹奏丝竹，日落时，燃放鞭炮，请剧团上演《三结义》《古城会》等剧目。商店、作坊亦中面晚酒款待员工，以效仿关公的义气。城乡各关帝庙除举行香期庙会外，还举行关公出巡礼仪。农村平民亦有吃面条为关帝贺寿，祈求老天能为关老爷下点“磨刀水”的习俗，并形成农谚“五月十三下一泡，高田低田收好稻”。此俗，20世纪50年代渐废。

七月七 七月初七晚（亦称七夕），域内居民中有借纳凉、仰望星空观看变化的“巧云”习俗。有的情侣、年轻夫妇在各自院内陈设瓜果遥祭牛郎织女，祈求婚姻幸福。20世纪末，全市始有部分年轻人，将“七月七”作为中国“情人节”。

七月半、斋孤 域内居民家庭将七月半列为全年第二个祭祖日，于中午祭祖，并赶在祖宗亡人赴盂兰盆会之前设祭。民间有俗语“早烧清明晚烧冬，七月半祖宗亡人等不到小日中”。祭祖结束后，即开始“斋孤”（给未得到家人祭奠的孤魂野鬼施食、焚化纸锞），直至七月三十。此期间，城镇有钱人集资，在街头、桥头、荒郊、野地搭建棚舍，做道场，放焰口，烧冥衣，超度孤魂野鬼；一些居民放河灯或在河边、船上“施斋食”（摆放祭品）。传说地藏王于七月三十开地狱门，让孤魂野鬼出来觅食。故七月三十为“斋孤”最高峰，家家户户特别是有小孩的家庭会带着小孩到上学沿途道路、桥梁、河流施斋食、烧纸钱，祈求孤魂野鬼不伤害家人特别是孩子。

中华人民共和国成立后至“文化大革命”，全县“斋孤”之俗渐废。

20世纪80年代末开始，如城镇居民逐步恢复“斋孤”习俗，以致街巷、道路到处是纸灰，许多桥梁栏杆被熏黑。2001年，市政府明令禁止“斋孤”。此后，“斋孤”习俗逐年淡化。

立秋 域内城乡居民流行“咬秋”，主要为吃西瓜，有的居民还在瓜瓤内掺入红糖、糟酒，一为驱暑气，二为防“秋老虎”（秋季高温）。此俗，现仍保留。

中秋 俗称“八月半”。域内居民过八月半，“有祀月之盘，有赏月之宴”（民国《如皋县志》）。节前，送礼，女婿、准女婿送礼给岳父、准岳父，晚辈送礼给长辈，礼品主要为月饼。传说，当年张士诚起兵反元，民众用互赠糕饼暗藏纸条，传递中秋杀“鞑子”（元朝统治者）信息，故有苏式月饼下面贴小方纸片和中秋杀鸭子（鞑子谐音）习俗。全县城镇，中秋节早晨，以月饼为主食。晚，全家吃团圆饭，菜肴中藕饼、鸭子不可缺，富裕家庭还有大闸蟹。团圆饭后，以瓜果、月饼、鲜花敬供“月光娘娘”或外出散步“赏月”，文人赏月吟诗品茗。

“文化大革命”期间，横扫“四旧”，敬“月光娘娘”习俗被废。改革开放后，生活水平提高，节前送礼礼品丰富，城镇许多家庭团圆饭改至饭店用餐，敬神之风未再兴起。

重阳 城乡一般家庭农历九月初九早晨以糕敬神，糕上插红绿小三角纸旗。白天，如皋城文人雅士结伴至文昌阁、三台山、碧霞山（泰山）或上城墙“登高”，作坊的晚茶吃重阳糕，作为全年的最后一餐晚茶，民间有“吃了重阳糕，就把晚茶搿”之说。晚上，老板还以酒肉款待员工，示意员工此后要常加夜工，民间有“吃了重阳酒，要把夜作揪”之说。民国27年（1938年），如皋沦陷以后，重阳“登高”习俗被迫废止。

1987年始，县委、县政府将重阳节定为老年（敬老）节，各部门、镇（区）、单位每年均组织敬老活动，重阳节活动更为丰富，亦更为隆重。

十月朝 即农历十月初一，又称“十月朔日”。域内部分家庭，十月朝烧经，祭祖。多数家庭还煮食赤豆饭，寓意送走苍蝇。十月朝后少雨多风，气候干燥，民间有农谚“过了十月朝，早上斫草晚上烧”。

冬至 如皋人将冬至前一天称为“小冬”，冬至日称为“大冬”。小冬，中午祭祖，一般时间偏于午后，民间有“早烧清明晚烧冬”之说。城乡居民十分重视“大冬”，民间亦有“大冬小年”之说。冬至日，商店停业，亲友互相拜贺，称为“拜冬”。清道光年间始，冬至礼仪从简，拜冬淡化，亲友见面只作一揖，道一声：“等到来年三阳开泰，到府上拜年。”

辛亥革命后，不再拜冬。至2010年，城乡居民家庭一直沿袭冬至前一日或冬至日祭祖、冬至早饭吃圆子习俗。

大寒　为如皋人唯一免除任何禁忌的节气。传说大寒节气太岁上天述职，不在人间，家庭在此节气砌猪圈、建茅厕、下葬、迁坟等都不会"在太岁头上动土"无需看日子、定时刻。进面部分居民家庭平时处理需要考虑禁忌的事情，亦等到大寒节气再说。现"大寒无禁忌"之俗，仍有部分保留。

附录：

如皋人接受的外来节日

改革开放后，随着对外文化交流日益频繁、广泛，一些国外节日陆续传入，并逐步被许多人特别是年轻人接受。至2010年，被如皋民众接受的外来节日主要有：

情人节　2月14日；

愚人节　4月1日；

母亲节　每年5月的第二个星期日；

父亲节　每年6月的第三个星期日；

圣诞节　12月25日。

第三节 婚嫁习俗

一、联姻习俗

提亲、访亲、相亲　《中华人民共和国婚姻法》实施前，全县男女婚姻按"父母之命，媒妁之言"。已届婚龄男子父母看中某家姑娘，即请"媒婆"向女方提亲。媒婆亦会留意周围未婚男女，认为合适即到男方家说亲，若男方父母同意，便请媒婆向女方提亲。媒婆到女方家提亲，介绍男子的长相、职业等情况和男方家庭成员、经济条件等情况，若女方父母对男子及其家庭情况基本满意，则为提亲成功。提亲后，双方父母都有一段时间相互察访，称为"访亲"。访亲重点为访"根底"。女方主要访男子是否有不良嗜好，是否勤劳能干，男子的母亲是否和善、讲道理，家庭、邻里关系是否和睦等；男方主要访女方家庭"风水"（直系亲属有无"狐臭"）如何，姑娘是否孝顺，其母亲是否讲道理等。其间，媒婆会在双方家庭之间不断说合。若双方家长同意，则约定日子，由媒婆带领男子到女方家中，让女方家人"看相公"。在女方家，姑娘不直接出门，但可以偷偷地看"相公"，若女方挽留"相公"吃饭，则表示女方对"相公"基本满意；若不留饭，则表示不满意。女方家人"看相公"满意后，要到男方"看人家"，主要看男方家庭的经济状况是否与媒婆介绍的情况相符。若女方家人同意留在男方家吃饭，表示"看人家"满意；若坚辞在男方家中吃饭，则表示"看人家"不满意。"看相公"和"看人家"称为"相亲"。

《中华人民共和国婚姻法》实施后，全县男女自由恋爱渐成风尚，提亲、访亲、相亲等程序、内容基本保留，提亲不需媒婆，男子父母请同事、邻居、亲戚等熟人（称为"媒人"）到女方家提亲即可。改革开放后，男女联姻，提亲、访亲、相亲的方式、过程、内容等均有重大变化。提亲，可以由男女任何一方家长提出，多由男子直接提出；访亲，一般在提亲之前即完成；相亲，除农村部分家庭仍保持原习俗外，大多被省略；"媒人"（称为介绍人）在联姻过程中仍存在，但所起作用发生根本变化，除农村部分男女联姻通过他人介绍认识外，大多男女联姻至准备结婚时方聘请介绍人，仅作形式，戏称为"现成媒人"。

发帖　相亲满意后，男女双方互换庚帖，将3代姓名、功名、爵位、男子（姑娘）姓名、出生年月日时（生辰八字）写交媒婆传递，便于对方求签问卜、算命合婚。普通百姓没有功名爵位，只需写男子（姑娘）的生辰八字。女方将姑娘的庚帖用红纸包成"四口包"，择吉日由媒婆送交男方，称为"发帖"，俗称"发口谕"。媒婆将姑娘的庚帖送至男方家中，压在柜上香炉下方。男方三天之内家中吉祥无事，再问卜求签，算命合婚。若男女生辰八字相冲，则请媒婆带糕点将庚帖退回女方；若相配，则请媒婆给女方回话，征求订婚日期。此俗，称为"下定""纳吉"。

中华人民共和国成立后，一度保留发帖程序、方式，取消算命合婚。20世纪80年代后，发帖方式改为用电话、短信交换情况，城乡部分家庭逐步恢复算命合婚。

订婚、压帖、回袄　20世纪60年代前，确定男女婚姻关系一般需举行订婚仪式。订婚前，女方向男方索要订婚彩礼，媒婆从中斡旋以达成一致。订婚后，男方给准媳妇买几块衣料，称为“压帖”。若暂不结婚，压帖后男方还要再给准媳妇买几件棉衣衣料，称为“回袄”。一般情况下，若女方不很讲究，“订婚”“压帖”一并进行，不“回袄”。

20世纪60年代始，全县城乡订婚习俗逐渐淡化。改革开放后，部分男女青年恢复订婚仪式。订婚之日，双方家庭各自置办酒席，请家庭长辈吃饭，将准媳妇(准女婿)介绍给长辈认识，示意不久将举办婚礼。长辈参加订婚仪式，不需给红包(礼钱)，若给了红包，则结婚时不再给。故吃订婚酒席俗称“吃甜酒”。

议婚 俗称“通话”“通信”，为双方家庭商议确定结婚时间，男方给女方礼金数量、为媳妇置办服装和首饰数量、档次及给女方长辈的礼物份数等相关事宜。封建时期，一般由媒婆往返于双方家庭之间，反复说合，达成一致意见。不同时期、不同家庭礼金和礼品数量、档次有较大差别。

中华人民共和国成立后特别是改革开放后，议婚方式发生很大变化。有的在订婚时由双方家庭一次性商定，有的由婚姻男女直接商量后再各自征求父母意见，极少有通过媒人从中说合。

行日帖、过大礼、搬奁妆 20世纪80年代前，婚前男方一般需先“行日帖”，书面通知女方结婚日期，再约定日期“过大礼”“搬奁妆”。过大礼，由媒婆陪同准女婿及其亲属(人数成双)将事先商定的礼金、礼品等送至女方家，女方按清单点收，礼品通常只收一半，另一半作为回礼，礼金收大部、回少数。搬奁妆，亦称搬嫁妆，男方根据约定派出运输工具至女方家搬运陪嫁物品，运输工具需用红纸条包裹，固定嫁妆需用染成红色、蓝色的布条。

20世纪90年代后，礼金数量与礼品、嫁妆数量、档次大幅提高。

进入21世纪，随着生活水平的快速提高，行日帖、过大礼、搬妆奁习俗虽基本保留，但方式趋于个性化。许多未婚男女双方共同出资购房、准备家具和日常生活用品，亦有部分未婚男女不论嫁娶，双方家庭共同为子女操办婚事，女方不收彩礼亦不陪嫁妆。

铺床 改革开放前，男方为儿子结婚准备的房间里通常只有一张空床，迎回嫁妆后，按事先设想，一次安放到位，并聘请喜婆或亲邻中有福之夫妇帮助张蚊帐、缝被子(在被头上空几针留给新娘亲手缝)、铺床，在被窝里放红枣、红花生等，供结婚之日孩子们上床嬉戏时搜摸，寓意“早生贵子”、生男又生女。

待媒、待女 婚礼前一天晚上，男方置办酒席宴请媒人和迎亲人员，并邀至亲好友作陪，俗称“待媒”“暖轿”；女方置办酒席招待女儿，并邀至亲好友中的女宾作陪，俗称“待女”。至2010年，此俗保留完整，且宴请人员的范围扩大，许多家庭借机邀集亲朋增进感情。

迎娶 域内迎娶新娘有“大带”“小带”之分，西、北部地区多为“大带”，城区和东、南部地区多为“小带”，又称“一天圆”。

“大带”，婚礼当日，媒婆与迎亲人员在男方家吃早茶(一般为煮红枣、圆子)后，陪伴新郎“发轿”(马、车、船等运载工具均称“轿”)，在女方家吃茶(亦为煮红枣、圆子)、午饭，傍晚吃完“登轿酒”后，新娘登轿出发。男方家中整日点烛焚香，宾客盈门，新娘到家后即举行拜堂仪式。送进洞房、新郎与新娘同吃富贵茶、交杯酒后，新娘坐到床前方杌上“坐富贵”，亲友看新娘，小孩上床摸糖果、红枣，新郎出外应酬亲友。至亲好友“闹洞房”后，散去。媒婆“送房”。

“小带”，过程与“大带”大致相同。城区为婚礼前一天晚“暖轿”后“发轿”，24:00前到达女方家，过了24:00后接回新娘，“送房”。早晨，新郎、新娘请朝后“回门”，在新娘娘家吃茶、面、酒、饭后赶回。东、南部地区为凌晨发轿，天亮前接回新娘，不送房，新娘坐在床上，称“焐子”。早饭后，新郎、新娘“回门”，在新娘娘家吃茶、面、酒、饭后赶回男方家酬谢宾客，晚饭后再拜堂送房。第二天请朝，中午饭后散客。

中华人民共和国成立后特别是改革开放后，各地迎娶新娘多改用“小带”，若采用“大带”，程序亦有所简化。城区宴客只请一餐，男女双方的宾客都由男方负责安排；农村多沿袭旧俗，第一天中面晚酒，第二天午饭后散客。

开脸 封建时期，新娘婚后次日早晨，由喜婆或姑嫂、妯娌进房送红枣莲子汤，随后用棉线将新娘脸上汗毛捻绞拔除，称为“开脸”，标志此后不再称“姑娘”，一年之内称“新娘”，此后称“大嫂”。此俗，中华人民共和国成立后不久即废。

看朝、会亲 喜日过后两三天，新娘家兄弟到男方家中看望新娘称为看朝。男方邀请男女双方至亲欢聚称为“会亲”。通常，看朝、会亲结合进行。至2010年，看朝习俗早已不存，农村大多仍安排会亲，城镇一般改为喜日当天请女方全家及至亲好友一起参加男方婚宴。

待新娘 看朝的人用完餐后，公婆单独安排宴席“待新娘”，新郎、新娘由亲戚、邻居家10多岁的少年男女陪坐，盘头倒酒时说吉利话，或喜婆说“鸽子”。上头道菜时，新娘谢席。此席，主要让新娘娘家人看到婆家很疼爱媳妇，只是一种形式，并不真吃。此俗，现已废。

下厨 新娘结婚的第三天，围上围裙（俗称“围腰”）下厨做饭做菜。此俗，现已废。

回门 无论结婚当天或三朝、六朝，夫妇双方首次回新娘娘家称为“回门”。旧时，女方家庭以筵席招待回门的新郎、新娘，并在新郎饭碗内藏肉块，以示岳父母对新郎的关爱。午后，太阳不落即需返回夫家，新娘从娘家用锡茶壶装糖茶带回孝敬公婆。现“回门”习俗仍保留，新娘父母在新郎、新娘返回时给新郎父母带礼物的习俗亦保留，礼物已不限于糖茶。

满月 封建时期，新娘结婚不满月被称为“毛脚姬”，不能到别人家（包括亲戚）串门，否则大不吉。若因事非到别人家不可，则用“火叉”置于门槛上，让新娘跨过，表示烫“毛脚姬”，以避讳。新婚满月时，女方兄弟或姐妹须于清晨迎请新郎、新娘，并宴请宾客，以此表示此后新娘不再是“毛脚姬”。此俗，中华人民共和国成立后即废除，现部分老年人仍忌讳“毛脚姬”。

交生 封建时期，新娘婚后的第一个生日，娘家需备齐鱼肉糕面等寿礼到女婿家为女儿“做生日”，向亲家交代女儿的生日，暗示今后由婆家为女儿庆生。此俗，现大部分家庭仍保留。

送夏 封建时期，新娘婚后第一个夏季到来之际，新娘娘家给女儿送蚊帐、凉席、凉枕、扇子，换洗衣服等。此俗，现渐废。

二、聘礼和陪嫁习俗

聘礼 又称彩礼。《中华人民共和国婚姻法》实施前，富裕家庭彩礼多为绸缎、毛呢等制成的喜服和金银玉翠首饰及礼金，事先由媒婆传递信息，男女双方家庭商定。有时女方嫌聘礼数量少或档次低，媒人从中斡旋至双方认可。平民家庭经济拮据，彩礼数量相对较少、档次相对较低，女方反而不很计较。一般男方为新娘缝制几套能出客的衣服，“坐轿礼”为鱼、肉、茶食包等，礼金几元至几十元。中华人民共和国成立初，一般家庭收入水平较低，加之物资供应紧张，彩礼数量较少。

改革开放后，随着人们生活水平的提高，彩礼数量增加、档次提高。至2010年，一般家庭迎娶新娘，聘礼除铂金、黄金、钻石、玉石首饰，名牌服装和其他实物礼品外，礼金一般在8.8万—28.8万元之间。

陪嫁 民国及以前，不同阶层家庭陪嫁悬殊。富裕家庭聘礼数额大，陪嫁也颇丰，嫁妆有120抬、80抬、60抬、40抬不等，最少亦有10余抬。有的地主家庭陪嫁中还有“脂粉田”若干亩，收租归女儿零用，产权仍属娘家所有。平民家庭聘礼要得少，陪嫁亦相对简单，一般为高橱，梳桌，杌子、澡盆、脚盆、马桶及被褥、枕帐、梳妆用品等，有的只陪随身衣箱。中华人民共和国成立初，仍保持男方只准备房屋和床，木器及床上用品、梳妆用品由女方置办的习俗。

20世纪60年代中后期，一度有钉耙、锄子、扁担、面盆、毛巾等作为嫁妆。

70年代始，新娘陪嫁除基本木制家具、床上用品、梳妆用品外，增加“三转一响”（自行车、缝纫机、手表，收音机）。改革开放初期，一度流行陪嫁“80条腿”，主要为组合橱、写字台、四仙桌、八仙桌、床头柜及椅子、杌子等新式木制家具。不久，缝纫机、手表不再流行，收音机逐步被收录机、电视机、影碟机、饮水机、电冰箱等所取代，自行车逐步变成摩托车、小汽车。

2006年后，小汽车和电脑成为陪嫁常见品，小汽车亦由追求有，向追求档次、品牌转变。

三、婚礼习俗

封建王朝时期，域内居民家庭举办婚礼均为传统婚礼，行三叩九拜。辛亥革命后，提倡“文明结婚”，一般借茶菜馆举行婚礼。如皋城沙元榘和黄琴结婚不坐花轿而乘坐黄包车，成为全城新闻。20世纪40年代，在抗日民主根据地和解放区，革命青年男女的婚礼十分简朴。

50—60年代，政府倡导婚事从简，并以举办集体婚礼等引导举办新式婚礼，婚礼大操大办者极少。

80年代始，随着经济条件的日益改善，婚礼大操大办之风渐起，家庭婚礼形式以如皋传统婚礼与西方婚礼相结合的现代婚礼为主，程序趋于复杂化。部分男女青年参加完团委、妇联、民政等部门举办的集体婚礼后，继续举办家庭婚礼。80年代末，县委、县政府在全县组织开展刹"三风"（大操大办、封建迷信、赌博）活动后，全市（县）婚礼大操大办之风有所收敛，"旅行结婚"开始流行。

90年代中后期，婚礼大操大办之风有所回潮，迎亲车队少则几辆，多则十几辆、几十辆车，一般均使用名车。

进入21世纪，城区青年婚礼开始追求个性化，自行设计程序或请婚庆公司策划，一般均在酒店举行，亦有部分青年举办广场婚礼、花园婚礼，甚至有少数青年到教堂举办婚礼；农村青年婚礼仍多在家中举行，多沿袭传统婚礼，亦有部分青年到镇区酒店举办现代婚礼。

第四节　生育习俗

一、产前习俗

媳妇怀孕"踏月"（足月）前后，婆婆要专程向亲家母通报情况，称"报信"。孕妇母亲闻讯后，即着手选购衣料，为将出世的孩子准备四季衣服，请手艺人定制"窝篓"，带着青竹、万年青等吉祥物，选定吉日去男方家中"催生"。至2010年，报信、催生习俗仍保留，唯报信方式、催生所带物品等随时代变化明显更新改变。

二、分娩习俗

20世纪50年代前，域内孕妇分娩多请"稳婆"接生。孕妇坐在马桶或木盆上分娩，稳婆多数缺少卫生和接生知识，孕妇常因难产和"产后经风"（产褥炎或破伤风）连同婴儿丧命。民国10年（1921年），县公立医院始有妇产科，在如皋城开展科学接生，农村仍行旧式接生。

中华人民共和国成立初，县政府有计划改造培训稳婆，发展医院产科，改善妇女分娩条件。

20世纪60年代，在农村"赤脚医生"中培养一批新法接生员。改革开放后，公社医院普设产科病房，农村孕妇亦大多至医院产科住院分娩。

进入21世纪，除特殊情况外，城乡孕妇全部住院分娩。

三、产后习俗

报喜　20世纪80年代前，全县城乡（尤其是农村）居民家庭普遍重男轻女，如第一胎生男孩，即煮"毛米粥"（糯米和粳米煮的稠粥，放入红糖）、备制红蛋（鸡蛋煮熟后外壳染成红色），首先去婴儿外婆、舅、姨家报喜，随后分送亲邻好友。产妇的娘家人收到毛米粥和红蛋后，以鸭蛋作回礼。若生女孩则不送毛米粥，送红蛋的范围亦较小。送红蛋数量亦有规矩，给外婆家送99只，给有人情往来的亲戚朋友送9—19只，一般朋友、同事送3只。20世纪70年代实行计划生育后特别是进入21世纪后，随着社会发展和思想进步，无论生男生女同样报喜送红蛋，送毛米粥范围仅限于外婆家。红蛋不用红色颜料染色，只在蛋上点红点或贴一小红纸片，或使用超市出售的真空包装红蛋。

谢媒　新婚夫妇生孩子后，要给媒人（介绍人）送红蛋、毛米粥、鱼、肉、烟、酒等，对媒人表示感谢，称为"谢媒"。旧时谢媒，只限生第一胎男孩。中华人民共和国成立后，随着人们思想观念的进步，无论生男生女都"谢媒"。此俗，现仍保留。

洗三　婴儿出生第三天，必须给婴儿洗澡，并给婴儿穿红棉布缝制的"毛三儿"，称为"洗三"。婴儿洗澡时，在婴儿枕头下放《字典》或其他书籍，洗完澡后头部枕在书上，预示婴儿长大后成为有知识、有文化的人。中午，请稳婆和外婆家人吃"洗三饭"，外婆赠送婴儿衣衫、被褥、尿布等。孕妇改在医院分娩后，婴儿出生第三天多在医院，初期为给婴儿洗三，一些家庭要求第三天即出院。现大多不再要求提前出院，而是直接在医院给婴儿举行"洗三"仪式，"洗三饭"亦多与"满月饭"合并举行。

取名　婴儿在"洗三"之日即由外公或外公请人给婴儿起乳名，俗称"小名"，乳名习惯"儿"化。

富裕家庭一般追求雅，多取“明儿”“龙儿“华儿”“珠儿”“凤儿”“兰儿”等。平民家庭取乳名不很讲究，头一胎取“宝儿”“平儿”“美儿”“巧儿”等。子女多的按长幼排序取名，如“大宝儿”“二宝儿”“大美儿”“细美儿”“三儿”“五儿”等。有的为求孩子好收养，常以动物甚至日用物品作乳名，如“狗儿”“虎儿”“碗儿”，有的直接称“大和尚”“二和尚”。若生女盼男，多取名“引弟儿”“接弟儿”；若生孩子过多不想再生，取名“押生儿”“老果儿”。东南部部分地区，受南通方言影响，常用“侯”字作尾音，如“德侯”“美侯”等。南部地区受江南方言影响，男孩多称“武郎”“二郎”“三郎”等。

封建王朝时期，中上等或形成家族的家庭一般在孩子进学塾时取学名，俗称“大名”，多由家族中有威望者取名或请启蒙老师取名，有的要请算命先生算命后再取名。学名一般3个字，第一字为姓，第二字按族谱标明辈分(亦有用第三字为辈分)，第三字为名，多选用吉祥、寄予长辈希望、体现取名人水平的字，称“双名”。取学名时，要特别注意“避讳”，首先要避“御讳”，皇帝用过的名字，切切不能用，实在要用也只得改同音字。冒辟疆祖父冒梦龄，字汝九，号玄同，因避康熙皇帝玄烨(玄)讳，改号元同。其次，要避“家讳”，祖先用过的名字也不可用。请算命先生算命主要算孩子生辰八字中“金”“木”“水”“火”“土”“五行”是否有缺，缺少什么则在名中补上，一般用带“五行”偏旁部首的字弥补，部分人直接用鑫、森、淼、焱，有的缺少2种以上，为弥补而查遍《字典》。贫穷家庭孩子无钱读书，则多以姓加乳名为大名，有的甚至幼时用乳名，中年称“张大”“李二”“王三”等，老年称“张大爹”“李二爹”“王三爹”等，以致终身都无大名。一般女子均无名，婚后从夫姓，称“××氏”，前一字为夫姓，第二字为娘家姓，如“张王氏”“李徐氏”等。而一些文人雅士、富绅，不仅取名，而且有字，在“名”“字”之外还有别号。如冒襄，姓冒名襄，字辟疆，号巢民，又号朴庵、朴巢，晚号醉茶老人。

辛亥革命后，许多家庭不再按族谱为孩子取名，而取“单名”“占元”“占奎”“占鳌”一类带有封建色彩的名字逐渐少见。民国时期，抗日民主根据地和解放区提倡男女平等、人人平等，妇女开始有自己的大名，贫穷家庭孩子开始取学名。中华人民共和国成立后，一般在婴儿洗三时乳名、学名同时取，以便申报户口，孩子取名亦更加自由、灵活，一般带有鲜明的时代特征。中华人民共和国成立初，小孩常见名字有“建国”“建中”“建华”“抗美”“援朝”“跃进”“峰”“俊”等。“文化大革命”期间，小孩常见名字则为“卫东”“向东”“向红”“红卫”“建军”“爱民”“拥军”等。改革开放初期，常见有两字相同的双名，如“斌斌”“姗姗”“晶晶”等。

进入21世纪，随着改革开放的不断深化，家长为孩子取名更追求个性化，常使用冷僻字，异体字，有的开始使用父母姓氏加在一起作复姓，有的父母姓氏均不使用，有的两字，有的三字，有的四字、五字，安琪儿、娜、琳、娃、姆等带有“洋味”名字亦逐渐增多。

送月子礼 域内有产妇一个月内不出房门，更不得外出串门的习俗。亲友同事探望产妇，送红糖、馓子、脆饼、猪腰、肚肺等食品，称为“送月子礼”。改革开放后，物品极大丰富，为图方便，通常改为送“红包”。此俗，现仍保留。

四、满月·百路·周岁习俗

满月 婴儿出生满一个月，需请外公、外婆、舅、姨及送月子礼的亲朋好友吃“满月饭”。如皋城及近郊家庭还请德高望重的长辈抱着孩子到长巷、百岁巷、朱衣巷、文德桥、武定桥、钱家桥、文昌阁、状元坊等地走一趟，祝福孩子长命百岁，文武兼备，成为状元郎。还需为婴儿剃发。至2010年，吃“满月饭”习俗一直保留。

百路 如皋人将孩子出生100天，称为“百路”。城区家庭对孩子过百路非常重视，中午要宴请孩子外婆及舅、姨家人等，外婆舅姨家送面和鱼肉、鞭炮为孩子贺“百路”，并像满月一样，至吉利名称的街巷走一趟。晚饭后，点香烛、放鞭炮、敬神灵，仪式与成人贺寿相仿。至2010年，部分家庭仍保留宴请习俗。

周岁 孩子一周岁，为孩子人生的第一个生日，俗称“满鸡”。孩子外婆家送面、鱼、肉、鞭炮和母鸡，孩子家庭邀集亲朋欢宴。宴后，在堂上点烛焚香，摆放文房四宝、书本、算盘等具有职业特征的物品，让宝宝随意抓取，以预测宝宝成年后的职业、爱好和前途，故周岁、“满鸡”又称为“抓鸡”。此俗，多数家庭现仍保留。

第五节 贺寿(岁)习俗

一、贺寿(岁)时间

古时,如皋(居民)贺寿(岁)时间均以虚岁、农历为准。40岁前均贺整生日,即逢十贺岁。10岁孩子是头个整生日,一般家庭都要祝贺。20岁时,即将成家立业,是由父母操办的最后一个整生日,一般家庭都为孩子庆生祝。30岁是成家立业后第一个整生日,更为人们重视,民间有“30不贺,40不发”一说。贺30岁生日,男女有别,男子过30岁整生日,岳父母准备鱼、肉、糕(高)、粽(中)等礼物上门为女婿祝贺;女子过30岁整生日则由公婆主办并邀亲家父母参加。40岁为不惑之年,是人们相对不太重视的一个整生日,一般家庭不举办贺岁活动。50岁后过整生日,始称“贺寿”,并从59岁开始,“贺九不贺十”,60岁、70岁、80岁、90岁、100岁生日均在59岁、69岁、79岁、89岁、99岁生日时祝贺,且都由子女为长辈贺寿。

二、贺寿礼仪

暖寿 域内居民一般60岁以上贺寿,富裕家庭由儿子出面雇人发送请帖。寿辰前一天,即张灯结彩,布置寿堂,悬挂寿联、寿幛、寿屏。寿堂正中陈设香案,男寿星供奉寿星神纸,女寿星供奉麻姑神纸,若双寿则供麻姑献寿神纸,桌上陈设鲜花、水果、盆景、古玩。晚上,点香烛,奏乐,全家依次向寿翁、寿婆拜寿,并宴请明天帮忙的厨师、账房先生和勤杂人员,共同聚餐,称为“暖寿”。此俗,中华人民共和国成立后渐废。

贺寿、拜寿 寿辰日上午,亲友送贺礼(礼金)统交账房登记,将寿桃供在寿星神纸前,客人登堂拜贺,子孙还礼,寿翁、寿婆拱手答谢,平辈则互相作揖,长辈只口头“恭喜”。中午,先饮酒、后吃面,菜肴稍简,餐桌中心放2个寿字碗,内放2枝长寿花或红纸剪的长寿字,碗上架一双红筷子。第一碗面必须给寿星食用,客人吃面前,先搛一小撮放在寿字碗里,称“添寿”。若来客较多,“面不等客”,随到随吃,则称“流水面”。晚上,主人以丰盛酒席招待。餐后,焚寿星神纸,奏乐,燃放鞭炮、烟火。

改革开放后,贺寿仪式简化,邀请无须发帖,贺礼中增加蛋糕、花篮、花束和营养品等,拜寿只是拱手或口头招呼。社会、家庭仍非常重视百岁寿辰,寿宴规模、规格、形式均有变化。全市百岁寿星逐年增多,每逢寿星百岁诞辰,市、镇往往有领导前往祝贺,或由市、镇老龄委(办)置办蛋糕等贺礼前往祝贺。市委、市政府及各镇(区)、社区、多次举办“百岁宴”“千岁宴”等集体祝寿活动。

赠送“长寿碗” 贺90岁、100岁寿辰,主人要定制“长寿碗”赠送给客人,1户1对,红筷2双。现赠碗之俗保留,不再赠筷。

第六节 丧葬习俗

一、临终习俗

准备后事 域内居民较重视亡者丧事的操办,稍富裕之家,老人健在时,通常结合寿诞为其准备“后事”,做棺柩(称作“喜材”),备寿衣,亲友为其祝贺,吃“拢材酒”。寿衣,俗称老衣,普通家庭为“五领三腰”,富裕家庭为“七领五腰”。“七领”,指衬褂,单、夹、棉上装,长衫、夹袍、棉袍7件,“五腰”,指衬裤和单、夹、棉、罩裤5件。一般请裁缝到家中缝制,缝好后放在柜前点烛焚香、燃放鞭炮后收藏。贫困家庭用老人生前穿的衣服作“寿衣”。中华人民共和国成立后,医生表示老人病危时,子女即着手为老人准备“后事”。

20世纪80年代末,全县实行殡葬制度改革后,子女不再大张旗鼓为老人准备棺柩。改革开放后,寿衣专门店出现,寿衣也不需事先准备,多数家庭在老人临终前或去世后至寿衣店成套购买。

坐夜、搬铺、穿寿衣 老人病危临终前,一般家庭子女、亲属即开始轮流值班守候,富裕家庭由仆佣守候,24小时不离人,称为“坐夜”。老人处于弥留之际,已出现异常先兆,即将其从房间里搬到堂屋正厅临时搁置的床铺上,便于断气后殡殓,称为“搬铺”。临时搁置的床铺上不张蚊帐,并开始为老人理发、剪指甲。老人断气后,即用热毛巾为其擦身(洗澡),并趁身体尚有余温,尽快将寿衣一次性穿好。此俗,现多数家庭仍保留。

二、治丧习俗

报丧 老人咽气后，家人将其停放于堂屋内用2张长板凳搁置的棺材盖上，准备盛殓，并快速向至亲报丧。向远方的至亲报丧一般邮寄烧角信；向近处的至亲报丧，孝子披麻戴孝前往，先下跪叩拜，再起身报告丧情。若对方为需穿孝服的对象，孝子还需带上白布或现金，让其备置孝服，称为“折孝”。

中华人民共和国成立后，向远方的至亲报丧一般到县邮电局打长途电话或发电报。20世纪80年代后，向远方的至亲报丧，逐步使用家庭电话。至2010年，报丧习俗基本未变。

小殓、烧千张纸、念夜经 为死者沐浴、穿衣、化妆后，将其置于棺盖之上，点燃“长明灯”，待至亲（死者的兄弟姐妹等）到场跪拜，称为“小殓”。至亲到场后，孝子孝媳率家人围跪于灵柩旁，孝子焚烧“千张纸”，请和尚念“发路经”，放“引路焰口”，统称“念夜经”。此俗，现基本保留。

搭丧棚、挂门状、设灵堂 死者去世当日，至迟第二天上午，农村家庭需在正屋大门外正中搭建临时性三架草棚或油布棚，称为“丧棚”。城镇居民受居住条件限制，无搭丧棚习俗。城镇家庭和农村中等以上家庭需自己或请有相当文化程度的人撰写“门状”，俗称“丧报”。门状前半部分为死者身份、生卒年月日时，后半部分为孝子及同族紧房班辈、侄辈及孙辈、重孙辈男性姓名及唁礼规格。将门状张贴于大门门墙上，称为“挂门状”，亦称“出孝牌”。死者去世的第二天，死者家庭于堂屋设灵堂，正中为死者灵柩，两旁悬挂挽联、挽幛，孝子在灵柩旁守灵。

20世纪50年代后，门状逐步改为讣告。至2010年，以上习俗，基本保留。

望丧、吊唁 亲朋好友闻噩耗后，先至死者家看望，以证实传言真伪，称为“望丧”。城镇家庭次日带着纸烛与布料、被面等物品前往向亡者叩拜告别，并向其家属、子女致以安慰，称为“吊唁”。农村家庭吊唁一般于死者出殡前一天。吊唁时，孝子跪着还礼。

20世纪90年代后，吊唁时布料、被面等用花圈、花篮和用白纸包的礼金替代。此俗，现基本保留。

大殓、出殡 死者安葬前，在和尚或堪舆所批“亮方”（俗称“七单“）中的大殓日，先将死者安置于棺材内，孝子与至亲看着死者绕棺材一周，称为“号丧”。然后，孝子手捧斧头跪请死者兄弟（亡母请舅舅，亡父请伯叔）“执钉”，以孝子一缕头发绕于棺钉上，称为“挽钉”。先由“执钉”之人轻轻钉第一斧，然后交于木匠将棺盖钉牢，称为“大殓”。再将棺材抬高置于专用高凳上，称为“起高”。大殓完成后，在死者灵前点香烛、供菜肴。将棺材从灵堂运送至坟地，称为“出殡”。出殡时，需用草席或红纸将大门的门槛、门框遮住，孝子、孝女双膝跪地、埋头痛哭。棺材运出后，孝子手捧“亡人牌”（遗像）走在送葬队伍前列，沿途遇友邻、亲戚“留茶”，孝子跪拜接受、致谢；沿途每路过桥梁，送葬队伍都要停下，待焚烧纸钱后启程。

20世纪80年代后，全县实施殡葬改革，禁用棺材，施行遗体火化，大殓、出殡过程简化。90年代后特别是进入21世纪后，死者家属、亲友对出殡仪式比较讲究，攀比排场规模逐年有增无减，初时送葬队伍乘手扶拖拉机或各式混杂车辆，用两名吹手吹奏唢呐，两名火铳手沿途开铳，逐步发展成灵车（现各镇都有专用灵车）运尸，卡车、手扶拖拉机载运送葬队伍，并有职业乐队沿途奏乐。

进入21世纪后，前有单数摩托车开道，灵车随后，管乐队乘敞篷卡车紧随，送葬人员乘坐小汽车、中巴车、大客车断后，浩浩荡荡。

逢七 自死者逝世之日起，每过7天称为“逢七”，分别称头七、二七、三七、四七、五七、六七、终七（亦称断七）。逢七，家人都需供奉，称为“烧七”，城镇家庭习惯以鱼、肉、豆腐、卜页（千张）4样菜肴供奉，农村家庭习惯以扁食（饺子）供奉。参加烧头七的子女，此后6个七均不可缺席，称为“应七”。若在外地工作的子女不可能回家应七，则头七起即不参加烧七，称为“不应七”。头七，饯程，宴请亲朋、邻居等，由孝子负责操办。五七，孝子除烧七外，还需放“焰口”，宴请出“人情”的亲朋。六七，最为隆重，孝子为客，烧七、放“焰口”、请戏班唱戏等均由女儿负责操办，且需自带油盐酱醋、菜肴米草等。全县部分地区亦有女儿负责操办五七、孝子负责操办六七的习俗。终七，清晨拆除丧棚，烧七后，孝子们去各自亲戚家，当日不得待在家中。

20世纪90年代后，一些家庭五七只烧七、不办事，六七儿子、女儿联合办事。此俗，现基本保留。随着社会文明程度的不断提升，“厚养薄葬，丧事从简”之风逐步形成。

还家 死者小殓后，孝子请和尚或堪舆在批的“亮方”（俗称“七单”）上注明“还家”日期。传说人亡后，到阴曹地府途中至阴阳界的“奈何桥”，还要回家看一下。还家日期是根据生辰八字和死亡时间推算出来的。还家之日晚，家人需将死者生前卧室、床铺、被褥恢复原样，房间内供奉茶食水果，卧室门不关闭，灯烛彻夜长明。家人或请来的亲朋于另一房间守夜。此夜，需将家中饲养的猫、狗关好，不能惊扰还家的亡灵。一说，亡灵还家，要从大门至床铺，在门与床铺间铺上白纸，看是否有脚印留下；一说，亡灵从烟囱还家，烟囱、灶膛、锅门口需打扫干净，火叉、火钳都要挪开。进入21世纪后，多数城镇家庭不行此俗。

三、安葬习俗

点主 20世纪60年代前，域内居民极少有照片，人亡后用小木板制一“神主牌”，又称“祖宗牌”“亡人牌”以示纪念。富裕家庭所制“神主牌”为双层，上有龛，下有座，贫穷家庭只用一层木板。先将神主的“主”字写成“王”字，上面一点暂不写，等安葬前一天晚上，再请文人用红笔加上一点，称为“点主”。富裕家庭“点主”十分隆重，普通家庭“点主”后，先将牌位供在棺前，供奉饭菜，焚香点烛，全家拜祭后，将神主牌移至柜上西（右）端，称为“登位”。

20世纪60年代后，照相逐步普及，神主牌被遗像取代，“点主”习俗即废。

暖杠 出殡前一天，死者若为女性，娘家人要办供菜饯行。死者若为男性，兄弟姐妹家要办供菜饯行。主家设宴供奉神主和棺柩，宴请题主者、抬棺柩人员及办供菜的亲戚，称为“暖杠”。此俗实行殡改后渐废。

入土 域内居民重视“入土为安”，实行殡葬改革前，多实行土葬。程序与建房相似，先择基，若有祖茔，则称“归茔”。若为新茔，则请堪舆新选风水宝地确定方向。富裕家庭死者如有长辈健在，棺柩必须在家搁置，不得在长辈之前下葬。城镇居民住房窄小，不按此俗，一般在“七”期内安葬，又称“出田”“出殡”。城镇家庭埋葬亡人通常在城郊买块坟地，农村家庭埋葬亡人要先征得地主同意。城乡贫穷家庭买不起坟地，常有善人捐购的义冢地可埋，或埋在“乱坟滩”，俗称荒冢、荒场、荒荡。安葬日期，亦需堪舆择定吉日，每年“大寒”节气的15天无禁忌，可任意选定日期。出殡当日清晨，先着人挖穴，若系合茔，先探准坟墓方位，再将棺柩抬到墓穴旁，先在坑内焚化纸钱或柴草，称为“暖坑”或“烘坑”。孝子及送葬人员绕坑一周，称为“验坑”。然后，向坑内抛铜钱（后为硬币），棺柩落下后满泥。此俗部分地区实行殡改后，渐废。

复三 出殡第三天，死者家人到墓地供饭菜、烧纸钱、堆土筑坟。最后，挖坟顶（俗称帽子），墓内有几位死者，即挖几顶帽子。西部高沙土地区，泥土难成块状，挖一块“帽子”上边再放几个小泥块，连同“帽子”同于所埋人数。此俗称为“复三”。实行殡改后，骨灰葬于公墓，无须堆坟，但第三天去公墓供奉饭菜的“复三”旧俗仍有存续。

新坟、中坟、满坟 死者安葬后的3年，分别称“新坟”、“中坟”、“满坟”。死者的子女至亲，每年必须在清明节前，制办桌菜至坟上祭供并焚化纸锞。三年后，每年清明前后正常扫墓上坟，只烧纸钱，不再供菜。此俗，现有部分家庭保留。

脱孝 又称“满孝”。域内居民家庭守孝期一般为为新旧3年，即为24个月，并按生育胎数，递减守孝月数。脱孝之日，戴孝人员均集中于主办丧事的孝子家中，门上贴红色楹联、喜笺，共同置酒菜，穿孝服祭拜亡人排位，燃放鞭炮，脱掉孝服。此俗，现大多数家庭不再保留。

第七节 日常生活忌讳

一、语言忌讳

孩子夭亡，忌言“死”，要说“跑掉了”。

成人病故，忌言“死”，要说“走了”“不在了”；有老人去世，忌言“死了人”，要说“老了人”。

为老年人提前准备“后事”，忌言“做棺材”，要说“做寿材”“做喜材”；忌言做送终衣服，要说“做福衣”“做寿衣”。

春节前后物品耗尽，忌言“完了”“没有了”，要说“满了”；衣服破损，忌言“破了”“坏了”，要说“盛了”。

清晨忌言与牙齿有关的事宜。

店家忌言“关门”，说“收市”“上门”或“打烊”。

在船家面前忌称“饭”“帆”“搁”，改称“厚粥”“落篷”“耽误”。

对史姓人士忌呼“史”姓（与死同音），而用近体字“吏”代替；对梦姓人士忌呼“梦”姓，而用吉祥的“喜”代替。

二、办事忌讳

正月初一忌吃药、求医。若家中有人死亡，亦不声张，初二再报丧，亦将初二定为死亡日。

办丧事戴着孝的人忌进入他人家庭院，更忌进屋。事主忌向别人借物品，若非借不可，必须用红纸包钱向别人“租用”，租金数额不限，只表示意思。

送礼忌送钟，“钟”与“终”同音，送钟不吉利。如以钟、表作礼物，称“送走时”。

媒人做媒途中遇雨忌打伞，“伞”与“散”同音，不吉利。

五月称“毒月”，忌结婚、理发。

办喜事忌请“半爿人”（死了配偶的鳏夫和寡妇）帮忙。

三、行为忌讳

正月初一上午忌动刀（部分地区全天忌动刀，包括一切带刀字的用具）、扫地、向地面泼水、在外面晾晒衣服。新年第一次扫地忌向门外方向扫。

立夏日，无论大家小户，尤其是商家最忌有人坐在门槛上。

忌将药包、纸锞、花圈、故人遗像等丧葬、祭祀用品带到别人家中去。

产妇和新娘一个月内忌进入别人家。

逢3生日（23、33、43……）忌在家吃喝，更忌在家请客。

举办红白喜事忌打碎物品。

在别人家作客时，夫妇忌同睡一床，若条件不允许，不得不睡一张床，则须写“租赁契约”。

船家吃完饭，忌筷子搁在碗上，而从碗旁用力向前“射”过去。在船家席上或有船家在席上，忌将鱼翻身吃，行船忌讳“翻”。

买鱼忌买1尾，买肉忌买1块，买点心忌买7个。

看到别人家丢失的猪忌捡回，民间有“猪来穷，狗来富，猫儿来了开当铺，雄鸡上屋要失火”之说。

四、家居忌讳

屋前不栽桑树，开门见“丧”不吉利；屋后不栽柳树，柳为奠物，常栽于茔地。

不用桑木制家具，“桑（丧）不登堂”，更不用桑木做地板、踏板、门槛等，不用楝树做桁条、椽子、门额等，“头不顶楝（链），脚不踏桑（丧）”。

几世同堂家庭，晚辈不居住上房（前排左边房间），否则为不敬长辈。

住宅的正门忌对道路，尤其是大道。

住宅的正面，尤其正门忌对有尖顶的建筑。

宅基忌定在有暗河或曾由河流填平的地方（有流水流财之说）。

宅基忌南高北低。

“宅不西益”（宅基忌向西扩）。

新房建造（装修）完成后的第一年春节忌空房。

厕所门忌对房屋正门。

买住宅楼忌买18层（忌讳十八层地狱），开发商一般亦不标18层。

第三章 宗教

第一节 管理机构

明代前,县衙不设宗教管理机构或人员。明清时期,县衙有“道会司”管理道教,有教谕、训导等学官管理儒学,有“僧会司”管理佛教。1951年7月,县委设统战委员兼管宗教事务。1953年8月,县委统一战线工作部建立,负责全县宗教事务管理职能。

“文化大革命”中,县委统战部工作停顿。1974年2月,县委办公室内设统战组。1978年4月,如皋县委统一战线工作部(简称县委统战部)恢复。1984年3月,县委统战部始设民族宗教事务科。1997年,市委统战部挂如皋市人民政府民族宗教事务局牌子。

2001年10月,市民族宗教事务局列入政府序列,仍与市委统战部合署办公。2010年1月,市级机关机构改革,市民族宗教事务局由与市委统战部合署办公调整为与市委统战部实行两块牌子、一套班子。

第二节 佛教

一、沿革

隋代佛教已传入如皋。隋开皇三年(583年)惠盈受檀越请,讲《法华经》。如皋僧人惠盈“少而聪敏,专精戒行,深悟法华三昧,道风远振”(《法华经瑞灵集》记载)。隋开皇十一年,天台宗祖师智顗大师到如皋“诛茅建寺,立名定慧”。唐元和年间(806—820年),天台宗第十世祖行满大师到如皋,在沿海村(今如东县掘港镇)建国清寺,天台宗对如皋佛教的影响进一步扩大。

唐开成三年(838年),日本圆仁和尚入唐求法。圆仁的师父最澄为如皋东乡国清寺住持行满的徒弟,圆仁第一站即至如皋地处海边的国清寺。此次交流,为如皋佛教界的第一次对外交流。此后,全县非如皋籍和尚渐多,有湖南、江西、福建、河南籍,江苏省其他县市的更多,这些非如皋籍僧人将各地的佛教文化传至如皋。

明清时期,为全县佛教文化鼎盛时期。任继愈主编的《中国佛教史》称如皋是“有名的刻经之地”。民国《如皋县志》载:清代,全县有各种寺庵253座,其中面积2平方千米的如皋城即有各种宗教建筑99座,有“9寺、18庙、72庵堂”之说。民国

图20−9 有“九步三座庙”之称的灵威观、增福财神庙、火星庙(自右向左)

(1995年摄)

18年(1929年),全县有僧2462人、尼400人。民国22年,居士祝时纯等人发起组织佛教利济会,每月定期研究各宗义理。民国23年秋,如皋城菩提社“放戒”,受戒和尚200余人。民国27年春,菩提社、大觉庵被日本侵略军纵火烧毁。

中华人民共和国成立初,全县仍有许多僧人烧香诵经,从事佛教活动,其中部分僧人不再坚守教规戒律。1950年,《中华人民共和国婚姻法》颁布后,全县大多数僧尼还俗娶嫁。至20世纪50年代末,县内寺庵大多年久失修圮毁,部分寺庙、庵堂被改为学校、工厂、粮库等。“文化大革命”期

间，佛教活动被视为封建活动，寺庙中的佛像、经书、法器被毁，僧尼被迫还俗，佛教活动停止。宗教界人士工资或生活费停发，被当作“牛鬼蛇神”送至工厂、农村劳动改造。法名亦被勒令改为含有“革命”色彩的俗名。

1979年始，落实宗教政策，全县佛教活动逐步恢复。1982年，全县完成僧尼落实政策工作。1983年，定慧寺被省宗教事务局列为恢复开放的寺庙。1985年6月3日，县佛教协会成立。20世纪90年代始，市民宗局按照宗教政策，分期分批对宗教活动场所审核登记发证，专项治理假僧假道乱做佛事道场。2010年，全市有正式登记的佛教活动场所23处，经认定备案的佛教教职人员87人，其中比丘82人、比丘尼5人。

二、寺庙

定慧寺　位于如皋城东南角。隋开皇十一年(591年)11月，晋王杨广在扬州金城殿设千僧会，佛教天台宗开创者智顗大师应邀赴扬州授菩萨戒，途经如皋时“诛茅建寺，立名定慧”，建十级宝塔1座。寺名源于佛教天台宗理念“止是定，观是慧，摄心入止为定，静明观照为慧”。

宋代，定慧寺遭兵火洗劫，只剩断壁残垣。明万历年间，素芳和尚携性乾、性德2个徒弟到定慧寺，将破旧庙房稍加修葺后住下。明万历三十年(1602年)，性乾化缘动工重修寺院。不久，大殿落成。性乾袒体南游，在郁林洲(今广西玉林市)一艘海外归来的商船上，获一截一丈六尺长的檀香巨木，就地将其雕成如来法身佛像。明万历四十三年，佛像运抵如皋，安置于大殿内。此间，寺中和尚湛明上人募建钟鼓楼，云石上人募建藏经楼，德林上人至嘉禾(今浙江嘉兴)购得藏经。

定慧寺山门原为南向。明嘉靖年间，倭寇不断侵扰如皋，为御敌，如皋城修筑城墙。新砌城墙将定慧寺大门挡住。明万历年间重修定慧寺时，为方便朝拜，将山门改为北向，并在原山门处建新藏经楼。至1966年“文化大革命”前，定慧寺基本保持明清时期风貌。“文化大革命”中，佛像、经书被毁。1983年11月，省政府批准修复定慧寺。定慧寺修复后，基本保留明万历年间的形态，平面布局呈“回”字形，外为楼堂，内为殿宇，布局严整，建筑宏伟。

进山门是天王殿，殿内主塑为弥勒佛塑像，弥勒佛背后为执杵护法的韦驮天尊像，东西两侧为四大天王塑像。天王殿后有一庭院，院中安放着1尊万年宝鼎，高丈余。过二门为定慧寺主体建筑大雄宝殿，大殿正中为毗卢大佛，高一丈六尺。大殿两厢为金塑十八罗汉。大佛背壁的佛山上共塑150尊大小佛像。全堂佛像均为浙江美术学院副教授、雕塑家詹振辉所塑，被中国壁画大师袁运甫誉为“当代中国佛像之冠”。大雄宝殿后面是藏经楼，藏有各种版本佛经。藏经楼东侧为玉佛堂，供奉的玉石卧佛为整块缅甸白玉石精雕而成，长3.66米，重6.5吨，于1990年从缅甸运抵定慧寺。

2005年，获批国家AAA旅游景区。2010年，通过南通市民族宗教事务局组织的“和谐寺庙教堂”达标验收。

广福寺　始建于唐贞观年间，原址位于城区西侧、古运盐河河南，为僧人智勋募建，后多次增修。至明代，殿阁堂宇俱全，含房100多间，为全县最大寺庙，邑人称为“大寺”。供奉主佛为药师佛。清代，此庙为祈求福佑的祝厘道场。

清代后期，逐渐冷落。辛亥革命后，先后为县议会、国民党县党部、苏皖边区第一行政公署所在地。解放战争期间，被国民政府军队飞机扔下的燃烧弹焚毁。

中禅寺　始建于唐大中年间，位于城区东北，东有水绘园，西有霁峰园，北有泰山行宫，与周围园林庙宇结合为景区，环境幽雅。楼堂殿宇气势巍峨，香客游人众多。曾巩随任如皋县令的父亲曾易占到如皋，在中禅寺东厢房读书。曾巩弟弟曾肇任泰州知州时，专程到如皋寻访其兄读书处，并为中禅寺东厢房题写“隐玉斋”匾额。清著名文学家方苞慕名到中禅寺探胜，感慨“前贤读书地”“地胜境乃佳”。一说隐玉斋在西香庵内。

此寺现已无存，隐玉斋犹在水绘园内。

海月寺　始建于北宋天禧年间，位于古窑子河畔，供奉观音菩萨，名“观音堂”。古时，寺前古窑子河上起凤桥、落凤桥、东西百子桥、望月桥和红桥6座小桥相距很近，造型别致，为如皋一胜景。

至2010年仅存古银杏2棵，山门、钟鼓楼已作保护性修缮。

观音山寺　始建于唐贞观年间，位于丁堰镇北，为供奉观音等菩萨的佛教寺庙。占地12亩，四周绿水环绕，中有土山高筑，山上山下古木修竹郁郁葱葱，遮天蔽日。由于寺内有土山，又称“观音山”，山上寺庙称“观音山寺”。20世纪40年代，毁于战乱，仅存古井1口。1993年，经市政府批准重建，门前清溪之上架设2座菩提拱桥，桥北有天王殿、圆通宝殿、藏经楼，排列在同一条中轴线上。东西2侧建有两层七开间厢房，形成开阔的四合院落。布局严整，为苏中三大观音道场之一。

法宝寺 初名圣教寺，始建于唐太和四年(830年)。原址位于白蒲镇南首(今白蒲中学校园内)，后毁于火灾。宋至和元年(1054年)，僧人亿山募化资金，于原址重建寺庙。相传，重建时曾掘得白龟，献予朝廷，皇帝赐名“法宝禅寺”。明洪武二十四年(1391年)，罗汉寺并入法宝寺。此后，几经

图20-10 法宝寺 (2006年摄)

兵火灾劫，均得以及时恢复，且规模不断扩大。清书画家郑板桥、文学家袁枚游法宝寺，郑板桥书写“藏经楼”匾额。至1949年，寺庙仅剩大雄宝殿、藏经楼、山门及水井。“文化大革命”中，藏经楼被毁。1998年8月，法宝寺于镇西北重建，占地面积约1.2万平方米，寺内有放生池，池心有“照心亭”曲桥连岸。放生池东“万安桥”刻蒲塘10景和名人诗句，桥柱上镌刻“愿天常生好人，愿人常行好事”。

2010年，通过南通市民族宗教事务局组织的“和谐寺观教堂”达标验收。

福成庵 明嘉靖元年(1522年)始建，供奉阿弥陀佛、观世音菩萨和大势至菩萨。清道光年间，为比丘尼和女性佛教徒的修行处所。民国16年(1927年)6月，中共如皋县委在庵内秘密成立。此后，县委成员多次在庵后东寮房召开会议。20世纪50年代，停止佛教活动，改为工厂用房。2004年，于北门青云路北侧重建，占地7200平方米，建有金刚殿、大雄宝殿、厢房等，正常开展佛教活动，为全市重要佛教活动场所之一。至2010年，一直香火旺盛。

观音净院 1995年，由普陀山全山方丈妙善大师捐资兴建，位于郭园镇。2001年4月，在先期落成的天王殿、圆通殿、藏经楼三进大殿的基础上，又建2座抱殿，右首地藏殿供奉地藏菩萨，左首观音殿供奉千手观音、送子观音、滴水观音。两面三厢44间设置配殿、伽蓝殿、祖师堂、妙善大和

2010年如皋市佛教活动场所一览表

表20-14

名 称	登记证号	地址
定慧寺	F060570001	如城镇泮池路2号
观音山寺	F060570002	丁堰镇团结北路北首
地藏寺	F060570003	九华镇九华居委会32组
观音净院	F060570004	郭园镇居委会镇西3组
法华寺	F060570005	如皋经济开发区邓园村30组
弥陀寺	F060570006	林梓镇月旦村14组
法宝寺	F060570007	白蒲镇通扬公路7号
绍隆寺	F060570008	常青镇土山村5组

续表20-14

名　称	登记证号	地址
菖蒲寺	F060570009	磨头镇丁冒村3组
五厢殿	F060570010	九华镇营防村12组
福成庵	F060570011	如城北水关西侧
海月寺	F060570012	雪岸镇刘杨村2组
净土庵	F060570013	柴湾镇复兴村11组
瀑余禅院	F060570014	九华镇姜园村23组
天真寺	F060570015	吴窑镇四房村8组
引善寺	F060570016	东陈镇汤湾村10组
居士林	F060570017	长江镇永平村2组
福寿寺	F060570018	吴窑镇吴窑居12组
东林禅寺	F060570019	江安镇联络新村17组
太阳古寺	F060570020	搬经镇搬东村
万寿寺	F060570021	柴湾镇里庄村18组
大圣寺	F060570022	东陈镇徐湾村7组
宝庆寺	F060570023	江安镇镇中居16组

尚纪念堂等堂口。因由普陀山妙善大师捐资兴建，且香火旺盛，有“苏北小普陀”之称。

第三节 道教

一、沿革

汉代，道教传至如皋。宋王象之《舆地纪胜》载：汉代，如皋人乐子长去安徽潜山修道，游霍山遇仙人韩衷，授巨胜灵飞散。后，武当道人至如皋传教，建祖师观（北宋初年更名“灵威观”）。

唐宋时期，全县道教迅速发展。至清代，道教庙观遍布城乡，有道教庙宇219座，其中124座为上等级“秩祀”场所。灵威观、关帝庙、火星庙、华（佗）王庙、都天庙、城隍庙、药王庙、龙王庙等为其中代表。大的道观设祭司，由道教会首或长老指定。

民国26年（1937年），宋郎西全真出家，前往湖北武当山受道士戒，后于如皋城灵威观传授戒律，第一期256人。民国32年冬，第二期传授戒律510人。中华人民共和国成立初，道人大多自愿弃业，自食其力。

1995年10月，如皋市道教第一次代表会议召开，市道教协会成立。是年，根据海阳北路工程建设需要，市政府作出划拨10亩地、易地重建灵威观决定。2010年，全市有道教活动场所4处，全市经认定备案的道教教职人员10人。

二、道观

灵威观　始建于唐代前，初名“祖师观”，原址位于运盐河北畔（今安定小学校园内），道观三面环水，有“琼境真庐”之称。

唐贞观四年（630年）更名“仁威观”。相传，唐大将军尉迟敬德率军经过如皋城，夜梦真武大帝

图20-11　民国25年(1936年),灵威观授戒信徒合影

金身显圣,后东征大获全胜,回朝奏报唐太宗,太宗赐名"仁威"。

北宋政和元年(1111年),更名"灵威观"。相传,宋提举官苏均至"仁威观"拜谒,适逢雷鸣电闪,忽见一条金蛇从殿间绕出,他大吃一惊,以为是龙虎山张天师在此显示灵威。此事传到朝廷,徽宗闻后,即赐"灵威"匾额。此后,灵威观虽数度毁损,但总能得到募修,得以保存与发展。至清代后期,灵威观建筑群有庙房200多间、神像120多尊。

20世纪50—80年代,灵威观改为县中队营地。1995年,市政府实施如城旧城改造,决定易地重建灵威观。选址如城东水关对面,启动重建工程,2008年落成。中国道教协会会长任法融书赠"玄天门"匾。

关帝庙　位于运盐河北畔,坐北朝南,灵威观原址以东,为供奉三国时期蜀国大将关羽而建,亦称武庙。东晋时,改作县衙。南唐保大十年(952年),县衙迁出,改建为道士观。元末,在战争中成为废墟。

明朝初年重建,后经多次修葺、增建。其正面有三座朱漆大门,左右有八字墙。门前大石狮子1对和下马牌2座分立两旁。下马牌为一人多高的石碑,上刻"奉旨满汉官员军民人等至此下马"。东西两边各有一座惠政桥。二门堂为泥塑彩绘的赤兔马和马夫像。大殿高大雄伟,屋面坡陡脊高,高度为全城之冠。由两屋面形成的屋顶夹角仅有30度,人在屋面无法立足。从屋脊中央巨大的金属葫芦到屋檐、四角,有10余根粗铁链连接,既起稳固作用,又可避雷,还可让修屋瓦工系保险绳。大殿有大小2尊关帝像。前一尊铜铸贴金,比真人略高;后一尊泥塑彩漆,高五六米。山墙上嵌一块石刻,为南宋画家马远创作的关帝像,高2.5米,宽1.1米。殿梁上高悬明清两代皇帝的御笔金字匾,一为"义参天地",一为"万世人杰"。大殿背后是1幢2层楼房,檐下悬"三义阁"匾额,楼上供刘备、关羽、张飞3尊塑像。1950年后,主殿改为如皋中学饭堂。

2010年,尚存关帝庙"万代瞻仰"和"关帝像"2块石刻和1棵银杏树。

泰山行宫　又名碧霞元君祠,原址位于城中偏北。明隆庆六年(1572年),垒土数丈,堆成人造山,取名泰山,亦称碧霞山。山上建碧霞元君祠,供奉碧霞元君,亦名泰山行宫。明万历四年(1576年),在山前建造佛教庙宇伏海禅寺。至清代,山上山下成为佛道合一的宗教场所,统称泰山庙。清乾隆五十年(1785年),邑人江大键重修泰山庙,增建殿堂40余间,香客日增。1949年后,庙被拆,土山被夷为平地,改建为泰山粮库。

2010年如皋市道教活动场所一览表

表20-15

名称	登记证号	地址
灵威观	D060570001	如城碧霞路50号
关岳庙	D060570002	长江镇二案居13组
长安庙	D060570003	如皋东方大寿星园
弘然庙	D060570004	郭园镇南通如皋粮棉原种场

药王庙 始建于唐代,原址位于城区迎春桥北侧河边,坐东朝西。庙中供奉黄帝、神农、岐伯、扁鹊四大医药界先人。清乾隆三十六年(1771年),道士朱合经重修殿宇,增其建制,设静室、构药园,植百草。此庙现部分建筑尚存。

第四节 基督教

一、天主教

清咸丰年间,天主教由上海传至如皋,于如皋城东大街南侧的南王家巷东端近城脚处建立教堂,神父为法国人。

清光绪十七年(1891年),长江下游发生反天主教、烧教堂、打神父事件,如皋城民众响应,放火烧教堂,将神父赶离如皋。

民国15年(1926年),华籍教徒至如皋城于原址重建教堂,属海门教区。牧师初为储姓外地人,后为如皋城通城巷内贾家桥南张美(女)。民国38年前,全县有天主教堂6座,教徒约200人。民国38年1月,活动终止。

图20-12 民国18年(1929年),如皋长老会教务常会会员与美国在华教会代表合影

二、耶稣教

清光绪三十年(1904年),耶稣教传至如皋。民国9年(1920年),于如皋城东大街二衙巷设教堂。民国12年,美国长老会派美籍牧师海深德等至如皋传教布道。民国19年,如皋城建有4座教堂。民国27年,全县有教徒200余人。中华人民共和国成立初期,全县有长老会教徒90多人。"文化大革命"期间,教会停止活动。

2010年如皋市基督教活动场所一览表

表20-16

名称	登记证号	地址
葛市基督教堂	J060570001	江安镇百新村15组
下原基督教霖恩堂	J060570002	下原镇圣华村1组
石庄三八基督教点	J060570003	石庄镇石北村19组
如城基督教点	J060570004	如城宁海路73号

"文化大革命"结束后,基督教逐步在全县恢复活动。1999年,市民族宗教事务局对全市3个基督教活动场所重新审核、登记。2004年6月,接待首批到如皋市葛市基督教教堂参观的境外基督教游客。

2010年,全市设有4处备案基督教活动场所,有经认定备案的基督教教职人员5人。

附录:

如皋已毁佛道教活动场所

如皋历史上毁于自然灾害或战火的佛道教活动场所众多,其中许多未能恢复重建或妥善保存,永远毁灭。

如皋已毁佛道教活动场所一览表

表20-17

名　称	始建时间	地　　点
广福寺	唐贞观年间	如皋城大寺巷北
真武庙	唐贞观年间	一座位于白蒲镇,一座位于丁堰镇
真武殿	唐贞观年间	林梓镇
北泰山寺	唐咸通二年(861年)	白蒲镇北街
海潮寺	唐代	柴湾镇洋庄
菖蒲庵	宋绍兴五年(1135年)	如皋城西10千米
迴龙庵	明洪武六年(1373年)	石庄镇
护国寺	明洪武八年	林梓镇朱家庄
碧霞庵	明初	磨头镇东丁家庄
贾公庙	明初	东陈
南　寺	明洪武年间	芹湖
儒兴寺	明洪武年间	唐家苴
宝庆寺	明洪武年间	如皋城西南30千米
五司徒庙	明嘉靖六年(1527年)	德义桥北
碧霞山	明嘉靖年间	马塘
福寿庵	明嘉靖年间	沈家桥
伏海禅寺	明隆庆六年(1572年)	如皋城水绘园西
泰山行宫	明万历三年(1575年)	县治北伏海寺后
清净庵	明万历八年	石庄镇
利众庵	明万历十年	古渡头
普济庵	明万历四十四年	庆余桥
莲社庵	明万历年间	一座位于白蒲镇曹家堡,一座位于海月寺北
甘露庵	明万历年间	丁家所
加力庵	明万历年间	加力2处
菩提社	明崇祯二年(1629年)	如皋城东门外
大觉禅院	明崇祯十二年	如皋城南门外
白衣庵	明崇祯十四年	一位座于如皋城东南姚家庄,一位座于如皋城西
百城庵	明崇祯十六年	如皋城东贺家庄
大圣庙	明崇祯年间	如皋城西门外
舍桴庵	明崇祯年间	如皋城望月桥西紧邻海月寺

续表20-17

名 称	始建时间	地 点
茶 庵	明崇祯年间	搬经镇
碧霞行宫	明崇祯年间	芹湖、谢家甸等5处
万家庵	明代	如皋城秀水港
万寿庵	明代	一位于如皋城北七里阙，一位于海月寺前，一位于如皋城东冯家堡
福成庵	明代	如皋城南
地藏殿	明嘉靖、万历，清乾隆年间	白蒲镇西、丁堰镇东北等4处
西观音堂	明、清代	土山西、磨头、芹湖、东陈、白蒲、石庄、贲家庄等36处
太阳庵	清顺治年间	磨头镇
元君庵	清顺治年间	磨头镇陈家官庄
文昌宫	清顺治年间	广福寺内、车马湖等6处
玉皇宫	清顺治年间	石庄镇
斗姥宫	清康熙元年(1662年)	如皋城南门外
福慧庵	清康熙三年	如皋城东北周家庄
大圣庙	清康熙五年	石庄镇
雨香庵	清康熙十八年	中禅寺东隐玉斋故址
崇善庵	清康熙二十八年	如皋城东北贺家庄
蜡庵	清康熙四十八年	柴湾镇杨家桥
大悲禅林	清雍正元年(1723年)	东陈镇
通济庵	清雍正二年	磨头镇东街
华严庵	清雍正十年	如皋城西北城脚
护国寺	清雍正十年	搬经镇东加力
成救庵	清乾隆初年	袁家庄南
般若庵	清乾隆十四年(1749年)	如皋城东门老霸头
元奎宫	清乾隆十六年	马塘三官殿
杨枝禅院	清乾隆二十五年	东陈镇河西新港
乐善庵	清乾隆四十四年	柴湾镇
海云庵	清乾隆四十八年	如皋城西4千米挖尺沟
千华庵	清乾隆五十二年	如皋城南王家庄
水护庵	清乾隆五十七年	如皋城通桥西(张家巷河西)
观音山	清乾隆五十八年	丁堰镇北

续表20-17

名 称	始建时间	地 点
大悲庵	清乾隆年间	定慧寺西大高庄
观音庵	清乾隆年间	刘师铺土兴庄、东陈北钱家庄、如皋城西北水竹园等9处
复成庵	清乾隆年间	磨头镇高屋头
龙王庙	清乾隆年间	如皋城北门外
子孙堂	清乾隆年间	东陈镇南福兴庄
礼斗坛	清乾隆年间	如皋城南支家庄、武定桥南等4处
地藏庙	清乾隆、嘉庆年间	一位于如皋城南门外，一位于如皋城北门外
玉皇殿	清乾隆、光绪年间	东陈、白蒲、县治北等6处
如来庵	清嘉庆元年(1796年)	营房港庄屋圩
土地祠	清嘉庆十三年	薛家庵
德远僧塔	清嘉庆年间	东陈镇
禅真庵	清道光九年(1829年)	如皋城秀水港
文殊庵	清道光十四年	东十里铺、石家长庄、白蒲东横港桥
水德寺	清道光二十年	石庄镇
准提庵	清道光年间	如皋城东水关
净清庵	清道光年间	磨头镇西北
万仙楼	清道光年间	海月寺对河、窑子河北、乐王庙内
文昌楼	清道光、光绪年间	车马湖、林梓、白蒲西等5处
火星殿	清道光、光绪年间	岔河、马塘
地藏寺	清同治十一年(1872年)	丁堰镇
法华寺	清同治十三年	鹅玩庄
西莲庵	清同治年间	黄蒲溪
近仁庵	清同治年间	如皋城南三接桥
引善庵	清光绪六年(1880年)	东陈镇北汤家湾
魁星楼	清光绪八年	磨头镇大石家庄
复兴庵	清光绪十四年	一位于如皋城北7.5千米陶家庄，一位于洋庄东北
法华庵	清光绪二十二年	如皋城南支家庄
振海寺(祖师庙)	清光绪年间	袁桥镇
优钵庵	清代	如皋城西南福成庵西
惜字庵	清代	如皋城西城脚
三官殿	清代	东门外、芹湖、车马湖等11处

续表20-17

名称	始建时间	地点
北寺	不详	芹湖
香亭寺	不详	唐家苴
双林寺	不详	如皋城西南界河
竹林寺	不详	西下驾原
白衣殿	不详	白蒲镇东
金刚殿	不详	范湖洲
真君殿	不详	如皋城北碧霞山
张公殿	不详	广福寺东南、如皋城南大马桥
严石溪祠	不详	如皋城东门薛家池
僧官祠	不详	如皋城西郊王施陆桥
姚家观音堂	不详	白蒲镇西姚家园
百子堂	不详	如皋城城南文峰塔下
平顶庙	不详	沙家新庄
太尉庙	不详	石庄西
芦邦庙	不详	白蒲镇东、江家口西
朝东庙	不详	如皋城东朱家庄
宏仁庙	不详	县治西
广林庵	不详	如皋城东北十三里港
妙广庵	不详	迎春桥南
祇园庵	不详	如皋城东北翁家庄
清真庵	不详	纪将军墓旁
常胜庵	不详	集贤桥东
贞静庵	不详	宣化桥西南
永清庵	不详	北水关西
妙善庵	不详	谢恩桥南
福兴庵	不详	加力
报裕庵	不详	白蒲镇西姜芥园
普贤庵	不详	白蒲镇横港桥
莲池庵	不详	石家甸北张家庄
甘节庵	不详	车马湖何家园
世德庵	不详	车马湖龙舌口

续表20-17

名称	始建时间	地点
张家庵	不详	如皋城通桥西
极乐庵	不详	一座位于白蒲镇西,一座位于如皋城南门外杨树巷
慧日庵	不详	如皋城西郊
曹家庵	不详	白蒲镇东7.5千米
蒋家庵	不详	如皋城东10千米
奉先庵	不详	白蒲镇东
仁寿庵	不详	南马塘
法树庵	不详	石庄镇
药师庵	不详	黄家市、丁家所等5处
羌宠庵	不详	如皋城西南25千米石家楼房
北斗庵	不详	曹家坝
常乐庵	不详	林梓镇李家庄
磐石庵	不详	磨头大石家庄
太平庵	不详	林梓镇南约500米、如皋城西南太平桥等4处

第四章 精神文明建设

第一节 沿革

经历几千年的历史演变与生产、生活实践，如皋形成具有鲜明地域特色的民风。隋《地理志》载："尚淳质，好俭约焉。"南宋绍兴《广陵志》载："民俗朴厚而不争，好学而文实。"明嘉靖《广陵志》载："如皋人从约而易化，士循理而多文。"明嘉靖《如皋县志·风俗》载皋民："畏法耻罪，读书循理，讼狱稀简，生活简约。"明嘉靖如皋贡生、山东堂邑县教授严怡著文称："惴惴畏法度，无好胜越诉之事，上官检俗谍，皋民绝无一纸。"民国22年（1933年）《江苏省志稿》载："全省民风普查，如皋被定为'醇厚'。"美国学者白若兰所著专题研究论文《如皋的政治动态》将如皋人的传统品质概括为"勤劳、勇敢、朴素、直爽、诚恳"。

中华人民共和国成立初，县委、县政府在致力恢复生产、发展经济、改善群众物质生活的同时，集中开展禁毒、禁娼、禁赌等运动，在较短时间内彻底消除上述社会丑恶现象。20世纪60年代，全县开展学雷锋活动，人民群众思想道德水平普遍提高。"文化大革命"中，人们的思想出现混乱。

中共十一届三中全会后，根据邓小平"两手抓、两手都要硬"的指示，县委、县政府在将工作重点转向经济建设的同时，组织实施精神文明建设系统工程。

1982年始，县委宣传部组织开展群众性精神文明创建活动。1984年，全县开展以"五讲、四美、三热爱"（讲文明、讲礼貌、讲卫生、讲秩序、讲道德"；心灵美、语言美、行为美、环境美；热爱祖国、热爱社会主义、热爱中国共产党）为主要内容的精神文明建设活动。

1986年，全县组织开展创"三优"（优美环境、优良秩序、优质服务）活动，首先在如城镇试点，继而向全县推开，全县重点乡镇"脏、乱、差"状况趋向好转，市场秩序，交通秩序，公共场所秩序和城镇面貌明显改观。

1989—1990年，县委在全县组织开展"爱我中华，兴我如皋"主题宣传教育活动。至1990年，全县精神文明建设工作由县委宣传部具体负责。1991年3月29日，如皋县精神文明建设活动委员会成立，于县委宣传部设办公室。

1994年，市委、市政府提出创建江苏省级卫生城市目标，1995年如皋市跨入省级卫生城市行列。1996年初，在邓园乡先期试点的基础上，市委在全市组织开展以刹"三风"（封建迷信、赌博、大操大办）为重点的精神文明建设活动。中共十四届六中全会后，市精神文明建设活动委员会改称市精神文明建设指导委员会（简称县文明委）。

2001年，市委宣传部增挂如皋市精神文明建设指导委员会办公室（简称市文明办）牌子，宣传部增设创建活动管理科。2005年12月，市文明办增设未成年人思想道德建设科，将未成年人思想道德建设列为精神文明建设的重点之一。

2010年，市文明委具体指导全市精神文明建设，市委宣传部（市文明办）负责具体工作的组织落实。

第二节 群众性文明创建活动

一、文明单位创建

1982年3月，在全国第一个全民"文明礼貌月"活动中，全县文明单位创建工作全面推进，参加创建单位为全县各机关、企事业单位。年末，县委、县政府隆重命名表彰首批10个文明单位和62

个创建工作先进单位。此后，全县持续开展文明单位创建活动，并实行动态管理，如皋县级文明单位每年评比表彰一次，未能继续命名表彰的文明单位称号自然消失。

1984—1985年，全县33个单位被命名表彰为南通市级文明单位。1988—1989年，全县创建南通市级文明单位133个。1990年，全县创建南通市级文明单位87个。南通市如皋卫生职工中等专业学校、白蒲自来水厂、如皋市丁堰纺织厂、江苏省如皋师范学校被评为1988—1990年度江苏省文明单位。是年，取消省级文明单位2个、南通市级文明单位4个。

1991—1992年，全市（县）创建南通市级文明单位147个。1993年，南通市如皋卫生职工中等专业学校、如皋电站阀门厂、如皋市丁堰第二化工厂被省委、省政府命名为1992—1993年度江苏省文明单位。1994年，全市57个单位被评为南通市文明单位，南通电子专用设备厂、如皋矿山机械厂、如皋毛巾厂、如皋丁沪织布厂被评为江苏省文明单位。1996年，全市56个单位被评为南通市级文明单位，南通电子专用设备厂被评为江苏省文明单位标兵单位，如皋矿山机械厂、如皋毛巾厂、市邮电局被评为江苏省文明单位。

1997年，市文明委制订出台《如皋市文明单位管理办法》，对文明单位标准，创建、评比、表彰程序和办法作出明确规定，开始实行文明单位创建预申报制和文明单位创建评比公示制。1999—2000年度，江苏昌昇集团股份有限公司、市交通局、江苏南天集团股份有限公司、江苏省如皋中学4个单位被评为江苏省文明单位，全市有89个单位被评为南通市文明单位。

2001年，市文明委进一步完善《如皋市文明单位管理办法》，提出控制数量、提高质量的要求。2001—2002年度，全市有52个单位被评为南通市文明单位，江苏昌昇机械股份有限公司被评为江苏省文明单位标兵单位，江苏南天集团股份有限公司、市人民检察院、江苏九鼎集团股份有限公司、江苏省如皋师范学校被评为江苏省文明单位。

2003—2004年度，市邮政局被评为全国文明单位，为如皋历史上的首个全国文明单位。江苏昌昇集团股份有限公司被评为江苏省文明单位标兵，江苏南天集团股份有限公司、江苏九鼎集团、江苏省如皋中学、市人民检察院、江苏省白蒲高级中学、江苏通用钢球滚子有限公司、江苏江中集团、市农村信用合作联社、中国人民解放军江苏省如皋市人民武装部、市卫生局10个单位被评为江苏省文明单位，是江苏省文明单位创建评比后，全市（县）获评省级文明单位最多的一次。全县60个单位被评为南通市文明单位。

2005—2006年度，全市创建南通市文明单位58个，市邮政局获江苏省文明单位标兵称号，江苏昌昇集团股份有限公司等3个单位被评为江苏省文明单位，江苏力星钢球有限公司等9个单位被评为江苏省文明创建先进单位。

2010年，全市有3个单位被评为江苏省文明单位，13个单位被评为江苏省文明创建先进单位。

二、文明村镇创建

1983年，在全国第二个全民“文明礼貌月”活动中，县委宣传部启动文明村镇创建活动，于城西乡顾庄村进行试点，参加创建范围为全县各乡镇（含开发区）、各村（居）。1984年，全县创建文明街道、文明村镇工作全面开展。1986年4月，县委、县政府召开文明单位（文明村镇）命名表彰大会，树立抢险救人的标兵——营防乡长江村、带领群众勤劳致富的先锋——城西乡顾庄村党支部等9面红旗。

1987—1988年，以文明村镇创建为载体，全县农村广泛深入开展“治‘三害’（封建迷信、赌博、铺张浪费）树新风”活动，推广东陈镇建立移风易俗理事会，劝导、制止“三害”的经验，全县建立“移风易俗”理事会953个，使农村迅速漫延、越演越烈的封建迷信、赌博和铺张浪费的势头得到遏制。此举受到南通市委、市政府、军分区的表彰。

1989—1990年，全县文明村镇创建纳入“爱我中华，兴我如皋”宣传教育活动，主要通过宣讲村情、乡情，对广大农民进行“共产党好，社会主义好”的教育，并同时大力推进文明户创建，让文明户成为文明村镇创建的坚实基础。

1992—1993年，全市以“村奔小康竞赛”活动为载体，推动全市文明村镇创建。市委、市政府2年分2批命名“奔小康先行村”11个。1998年，搬经镇被评为江苏省文明镇，《群众》杂志刊出反映该镇创建经验的调查报告《齐心协力奔小康,村镇盛开文明花》。1999—2000年度,如城镇、搬经镇被评为江苏省文明镇,如城镇新王庄村、陆桥村被评为江苏省文明村,另有5个镇被评为南通市文明乡(镇)、9个村被评为南通市文明村。

2001年,市文明委制订实施《如皋市文明村镇管理办法》,进一步明确文明村镇标准及创建、评比、命名表彰程序、办法等。2001—2002年度,全市创建南通市文明镇6个、南通市文明村12个,搬经镇、柴湾镇、丁堰镇被评为江苏省文明镇,如城镇新王庄村、纪庄村和白蒲镇朱家桥村被评为江苏省文明村。2003—2004年度,全市创建南通市级文明镇8个、南通市文明社区4个、南通市级文明村14个、江苏省级文明镇3个(如城镇、丁堰镇、柴湾镇)、江苏省级文明村3个(如城镇纪庄村、新王庄、柴湾镇镇南村)、全国创建文明村镇工作先进村镇1个(搬经镇)。2007年,全市有25个村镇被评为南通市文明村镇,如城镇纪庄村等4个村(镇)被评为江苏省文明村(镇),丁堰镇、柴湾镇镇南村等6个镇、村被评为江苏省文明创建先进村镇。2007—2008年度,全市创建南通市级文明村15个、文明镇7个。

三、文明行业创建

1997年始,全市各系统、各窗口行业逐步铺开创建文明行业、文明窗口等活动。是年,市文明委向全社会公布首批创建文明行业示范点。1998年,市文明委在全市邮电、供电、交通、金融、国税、地税、工商、法院等12个行业(系统)近700个窗口单位,以"为人民服务,树行业新风"为主题,组织开展创建活动,共涌现出160多个创建文明行业示范窗口。

1999年始,文明行业创建活动着力解决群众普遍关心的难点、热点问题,经过检查评比,供电、电信、邮政、国税、地税、交通、公安、中行、建行、工行、卫生11个系统被命名为如皋市首批文明行业,并表彰文明"窗口"346个。是年,全市9个行业被评为南通市级文明行业。1999—2000年度,市国税系统、供电系统、邮政系统、地税系统、电信系统、中行如皋支行系统被评为江苏省文明行业,如皋航道管理站被评为江苏省创建文明行业示范点,全市8个行业被评为南通市级文明行业。

2001年,市文明委制订出台《如皋市文明行业管理办法》,明确文明行业条件、标准,创建、评比、命名表彰办法等。是年,全市"窗口"行业实行公开承诺服务,先后开展纠正医药购销中的不正之风、代币购物券专项检查、工程建设专项治理等活动。全市7个行业被评为南通市文明行业,6个行业被省委、省政府命名为江苏省文明行业。

2002年,市纠风办实施"纠建并举",开展纠风专项治理工作,围绕"服务招商引资,营造一流环境"主题,重点指导省、市、县3级联动评议的物价、旅游、质量技术监督、劳动和社会保障系统的行风建设,选择与招商引资、项目投入关系密切的33个部门和行业作为行风评议重点,从组织领导、制度建设、依法行政、规范收费、服务态度、办事质量、廉政建设7个方面进行评议,督查整改存在问题。2003—2004年度,全市23个行业被评为南通市文明行业。

2006年,市文明办下发《关于组织城区窗口单位开展文明窗口创建活动的紧急通知》,突出环境卫生、诚信建设、优质服务3项重点内容,组织如城镇及如皋经济开发区范围内所有临街商场(店)、饭店(宾馆)和参创行业基层窗口积极参创文明窗口。2005—2006年度,全市25个行业被评为南通市文明行业,地方税务系统等18个行业被评为江苏省文明行业。

2007年,市文明办在窗口服务行业中推广和普及普通话,在商务系统部署开展首批"十佳"营业员、"十佳"服务员推荐评选工作。2008年,市文明委重新修订《如皋市文明创建管理办法》,明确以"在践行科学发展观和新时期如皋城市精神上有新举措,在发挥自身职能上有新成就,在爱心品牌创建上有新提升",作为各类创建活动的总体要求,推进各项文明创建活动。至2010年,全市被省委、省政府命名表彰的文明行业和先进行业共20个(次)。

四、文明社区创建

2002年,全市启动文明社区创建工作。是年,如城孔庙社区被南通市委、市政府命名为文明社区,市国税局、市地税局、市民政局被南通市文明委命名为共建文明社区先进单位。2003—2004年度，如城孔庙社区被命名为江苏省文明社区，如城4个社区被评为南通市文明社区。2004年，如城孔庙社区被民政部、中央文明办、国家新闻出版总署、国家广播电视总局命名为万家社区图书室援建和万家社区读书活动先进社区。

2005年4月，市文明办、市级机关工委组织78个市级机关部门与社区结对共建。市委办下发《关于组织在城党员干部开展“十百千万”社区创建活动的意见》，实施“10名市委常委挂钩社区，组建100支社区志愿者队伍、建1000名党员责任区，1万名党员进社区奉献环境整治大行动”的社区精神文明建设工程。2007年，全市7个社区被评为南通市文明社区，如城孔庙社区被评为江苏省文明创建先进社区。

2008年，市文明办围绕提升如皋整体文明形象的要求，继续强化社区环境整治，按照创建标准，排查薄弱环节，从严进行创建拾遗补缺工作。城管、公安、工商、卫生等创建重点职能部门以及其他市级机关所有部门，在共建社区中投入大量人力、物力、财力。是年，全市评选文明社区55个。2007—2008年度，全县创建南通市级文明社区7个。

2010年，市文明委以“家庭和美、邻里和睦、人际和谐”为重点，推进文明社会建设，全市新增市（县）级文明社区71个。

五、“青年文明号”创建

20世纪90年代初，共青团如皋市（县）委在全市启动“青年文明号”创建工作。1995年，市染织厂“铁姑娘队”被共青团江苏省委授予“青年文明岗”称号，全市12个单位被南通团市委授予“青年文明号”称号。1996年，柴湾派出所、南通市易安达机电设备有限公司获“全国青年文明号”称号。

1997年，全市申报创建“青年文明号”的单位500多个，3万多青年投入创建活动。1998年，市内被评为省级“青年文明号”的单位2个，被评为南通市“青年文明号”的单位6个。2000—2005年，南通六建济南分公司连年被共青团江苏省委、江苏省建管局授予“青年文明号”称号。

2003—2010年，全市被认定和命名的国家级“青年文明号”5个、江苏省“青年文明号”41个、南通市级“青年文明号”122个。

六、文明城市创建

2001年，市委、市政府明确提出创建省级文明城市目标。全市以城乡环境综合整治为突破口，掀起文明城市创建热潮。2003年3月，市创建文明城市指挥部成立，市委书记、市长分别担任政委和总指挥，明确提出3年建成江苏省文明城市工作目标，并制订具体创建规划和实施计划。2005年，如皋市被江苏省委、省政府命令名为江苏省文明城市。此后，市委、市政府以创建全国文明城市为目标，将文明城市创建作为“六城同创”的龙头制订总体规划，提高创建标准，加大创建力度。2010年，如皋市通过全国文明城市省级验收。

七、六城同创

2005年初，市委、市政府下发《关于全面实施“六城同创”的意见》，提出以创建江苏省和全国文明城市为龙头，同步推进国家卫生城市、国家环保模范城市、江苏省园林城市、江苏历史文化名城、国家园林城市创建。组建市“六城同创”指挥部和具体工作班子，同步成立国家卫生城市等创建领导班子和工作班子。是年，市“六城同创”指挥部硬件、软件建设一起抓，大力度推进市容环境、社区环境、市场环境、城乡接合部和城中村环境、交通环境、生态环境和治安环境整治。是年，如皋市获“国家级生态示范区”称号。

2006年始，市“六城同创”指挥部根据“巩固、辐射、延伸、提高”的创建文明城市总体思路，细化分解创建任务，明确创建全国文明城市重点责任部门及其责任人，制订相关考核评分细则和“六城同创”重点工作推进计划。是年，如皋被评为江苏省卫生城市。

2008年，全市加快国家卫生城市、国家环保模范城市、国家级生态市创建步伐，按照全国文明城市标准，提升文明城市创建水平，迎接省级文明城市复查验收和全国文明城市创建先进市验收。2009年，如皋市被评为江苏省园林城市。

2010年，市“六城同创”指挥部将提升城市公共文明指数作为深化文明城市创建工作的重点，围绕“环境优美、秩序优良、风尚优质、素质优秀”工作目标，致力提高创建水平。是年，如皋获“国家卫生城市”“全国绿化模范县市”称号。

第三节 公民思想道德建设

一、"五讲、四美、三热爱"活动

1981年2月，全县响应全国总工会、共青团中央、全国妇联等9个社会团体联合发出的《关于开启文明礼貌活动的倡议》，广泛开展"五讲、四美"（讲文明、讲道德、讲礼貌、讲卫生、讲秩序；心灵美、语言美、行为美、环境美）活动。各部门、单位、村镇普遍制订文明公约，"窗口"单位普遍制订并公布语言行为规范、职工守则等，大力提倡文明礼貌的语言和行为。

1983年，县委将"五讲、四美"活动与"三热爱"（热爱祖国、热爱社会主义、热爱中国共产党）教育活动相结合，召开"五讲、四美、三热爱"活动总结报告大会，黄市公社生建大队三队严淑芳、江安公社周庄大队一队苏湘萍、如皋漂染厂漂染车间高挺军、如城锦绣粮站作先进事迹报告。同时，成立如皋县"五讲、四美、三热爱"活动委员会。1984年2月，江苏省"五讲、四美、三热爱"活动委员会表彰如皋县城西乡顾庄村为"五讲、四美、三热爱"活动先进集体、黄市乡生建大队农民严淑芳为"五讲、四美、三热爱"活动先进个人。

1986年，全县"五讲、四美、三热爱"活动与"四有"（有理想、有道德、有文化、有纪律）教育、创"三优"（优美环境、优良秩序、优质服务）活动结合起来，赋予更加丰富的内容。1988年，全县以治"三害"（封建迷信活动、赌博、铺张浪费）、树新风为重点，推进活动进一步深入。1989年，"五讲、四美、三热爱"活动被纳入全市"爱我中华、兴我如皋"宣传教育活动。

二、爱国主义教育基地建设

20世纪90年代初，全县实施以烈士陵园，烈士墓，革命遗址、遗迹及纪念设施，博物馆，展览馆等为主的爱国主义教育基地（阵地）建设，使一些教育阵地逐渐成为特色鲜明、功能齐全的"基地"。新如皋烈士陵园建成后，在不断完善烈士瞻仰厅、专题展览等的同时，每年清明、"七一"、国庆等重大节日都在陵园组织党员、机关干部职工、青少年学生开展凭吊、入党宣誓、重温入党誓词等活动。1996年3月，如皋市烈士陵园被民政部命名为全国爱国主义教育基地。

至2010年，如皋吴庄烈士陵园、市博物馆、如皋东方大寿星园、如皋市李昌钰刑侦技术博物馆、如皋市丝毯艺术博物馆、中国工农红军第十四军纪念碑，先后建成南通市级爱国主义教育基地。

三、市民文明教育

1983年，全县启动"五好"家庭（工作学习，生产劳动好；遵纪守法，执行政策好；家庭和睦，邻里互助好；计划生育，教育子女好；移风易俗，文明礼貌好）主题教育活动。是年，全县评选出57个"五好"家庭。1984年、1985年、1986年，县委、县政府分别授予陆兰芳等100户、纪莲英等100户及王美英等103户家庭"五好"家庭称号。

1987年，全县开展"三提倡、三反对"（提倡科学文明，反对封建迷信；提倡艰苦奋斗、勤俭节约，反对铺张浪费、大操大办；提倡民主法制，反对违法乱纪、聚众赌博和其他社会丑恶现象）为主要内容的移风易俗教育活动。

1989年，全县开始广泛开展创建"文明户"活动，除各镇、村普遍开展文明家庭评比、为文明户挂标牌外，全县好中选优，评选出8户"五好"家庭标兵户。1990年，全县394500户农户中有180545户被评为文明户，占比45.8%。1991年底，全市农户中评出文明户201809个，占总户数的54.13%，其中文明标兵户21264个，占文明户总数的10.54%。1992年，全市评出的文明户占全市农户的53.9%。

1993年，市文明委修订文明户评比标准，突出勤劳致富在文明户评比中的分量。1994年，全市开展以百部优秀爱国主义影视片为主要教材的爱国主义、集体主义、社会主义系列教育活动；以"人人都是投资环境"为主题的社会公德、职业道德、伦理美德、思想品德教育系列活动；以"学理论、学知识、学科学、学技术"为主要内容的宣传思想工作阵地建设系列活动。1995年，经层层推荐、评选，棉花"状元"王秀珍等10个家庭被评为市"十佳五好"文明家庭标兵户。1999年，场北乡创建“十星级”文明户经验在全市推广，并在南通市得到推广。是年，全市“五好”文明家庭户参评率84%，村级“五好”文明家庭占参评总数的67%，乡级“五好”文明家庭占村级“五好”文明家庭的28%。

2001年，全市“五好”文明家庭农村家庭参评率提高至93%，城镇家庭参评率提高至88%。全市共评出村级“五好”文明家庭标兵户7156户、镇级“五好”文明家庭标兵户218户，市级“五好”文明家庭标兵户24户。如城镇徐前、方琳家庭被评为江苏省第二届“五好”文明家庭标兵。

2003年，市文明委确定每年9月20日为“公民道德宣传日”，集中开展公民道德宣传教育活动。2007年，市文明委在全体市民中组织开展“学楷模、迎奥运、树新风、献爱心、促和谐”实践活动，引导“文明新风进新村”“文明从脚下起步”。2008年3月，全市开展“十讲文明”主题活动，大力推动村规民约的签订和履行。

2009—2010年，市文明委以“文明和谐我先行”为主题，将社会主义核心价值体系融入精神文明建设全过程。市级机关工委制订下发机关工作人员语言行为规范、礼仪规范和职业道德准则。许多部门亦相应制订具体实施细则。

四、未成年人思想道德建设

2004年，全市贯彻中共中央8号文件精神，将加强和改进未成年人思想道德建设列入公民道德建设的重要内容。除学校教育中加强未成年人思想道德建设外，全面加强未成年人社会教育网络建设。是年，市文化管理部门依法取缔学校周边200米之内的黑网吧18个。

2005年12月，市委、市政府召开全市加强和改进未成年人思想道德建设工作会议，部署未成年人思想道德建设“六项工程”（学校育人工程、团队育人工程、家庭育人工程、活动育人工程、基地育人工程、环境育人工程）46件实事工作。2006年，结合全市实际，部署青少年心理健康服务中心建设、未成年人零犯罪社区创建，建立“关爱工作团”。

2007年，市文明委印发《关于进一步推进未成年人思想道德建设的任务分工》，协调相关部门组织、推进校外辅导站建设、关爱农村留守儿童。2008年2月，组织“欢乐在新春”未成年人寒假系列活动。4月，组织“关爱雏鹰，向着未来”集中行动月，整治文化环境。7月，开展“喜迎奥运，放飞梦想”主题系列活动。组织未成年人学习抗震救灾英雄少年的事迹。

2010年，市文明委印发《如皋市2010年度未成年人思想道德建设的任务分工》，明确全年未成年人思想道德建设工作重点，统筹推进全市未成年人思想道德建设工作。

五、文明新风典型选树

1983年始，县委宣传部注重评选、树立群众身边的文明新风典型，引导广大市民发现身边典型，宣传身边典型，学习身边典型。是年，评选、树立与旧的传统观念决裂至如皋落户的吉林省白山市姑娘李秋艳、17万米无降等疵布的县纺织厂挡车工葛云霞、由失足青年转变为先进工作者的高挺军等文明新风典型。

1986年，组织评选全县文明新风典型，树立抢险救人的标兵——营防乡长江村、带领群众勤劳致富的先锋——城西乡顾庄村党支部、多功能的农民综合学校——新民乡成人教育中心、思想政治工作扎实的企业——如皋矿山机械厂、培养“四有人才”的园地——如皋卫生职工中等专业学校、身残志坚的园丁——沈长生、情操高尚的榜样——严淑芳、心灵闪光的清洁工——白连珠、顽强自学的青年——胡蓉9面红旗。1988年，建设乡邮电所话务员李伯秀、县人民电影院场务周武生被评为南通市年度文明新风典型。

1990年，在年度南通市文明新风典型评选中，如皋县5人入选。1992年，江防中学初二（3）班、磨头小学教师高凌雄被评为南通市文明新风典型。1994年，营防乡农民刘秀芳坚持多年赡养孤寡老人，被评为南通市第十七次文明新风典型。1995年，南通市第十八次文明新风典型共10名，如皋入选4名。1997年，武警如皋市消防中队被评为南通市第二十一次文明新风典型。1998年，夏堡乡鞠桥棉纺厂、夏堡、鞠桥砖瓦厂厂长谢庆生被评为南通市第二十二次文明新风典型。1999年，天平市场个体工商户尤一峰、周松学、朱桂林、赵建中、孙荣建5人被评为南通市第二十三次文明新风典型。

2000年，残疾人蒋小兰、工人刘永生被评为南通市第二十四次文明新风典型。下岗工人中的“莫文隋”——汤志刚、收养无助孤老的农村妇女顾维凤获南通市第二十四次文明新风典型提名奖。2001年，长江镇陈美珍、丁堰镇陈美兰入选南通市第二十五次文明新风典型。2002年，如皋137名乡村邮递员先进群体被评为江苏省第七届精神文明建设新人新事。2003年，长期帮扶137户孤寡老人的如皋邮政系统“爱心邮路”乡邮员群体、牺牲在值班室的桃园派出所原副所长曹永清、保护野生动物的“环保夫妻”陈敬东与丁云霞、收养3位无亲无故老人的如城镇邵庄村村民顾维凤被评为南通市第二十六次文明新风典型。2005年，舍身救火不幸牺牲的沈锡林、干部严绍华被评为南通市第二十八次文明新风典型。2006年，如皋市有2人被评为南通市第29次文明新风典型，1人获提名奖，李福泉获江苏省第十届精神文明建设新人新事提名。2007年，阎建国当选南通市第三十次文明新风典型，章春香获南通市第三十次文明新风典型提名奖。

2008年9月，市文明委在全市开展首届爱心团队、爱心大使评选活动，评选出如皋市首届爱心团队、爱心大使各10个。葛建兰被评为南通市第三十一次文明新风典型。2009年，李实清等10人被评为如皋市爱心大使，陈聪被评为南通市第三十二次文明新风典型。2010年，如皋市评选出第三届爱心团队。

第四节 爱心城市建设

一、沿革

2007年始，市委部署组织“建设爱心城市，构建和谐如皋”活动，将建设爱心城市工作列入各类精神文明创建考核体系。2009年，全市爱心城市建设实现从试点先行到面上推广的演进，从爱心大使到爱心团队的拓展，从爱心事例到爱心品牌的提升。如皋爱心城市建设经验被中央及省级多个媒体推介报道，获首届南通市县（市）区宣传思想工作改革创新奖。

2010年7月，知名作家裔兆宏以如皋爱心城市建设为主线创作的报告文学《人间大爱》正式出版。

二、爱心邮路

1995年，市邮电局向石北乡石北村有志盲人赠送电话，被评为省邮电系统第二季度服务新事、年度“十佳”新事之一。1998年，市邮政系统137名乡邮员与邮路上137户孤寡老人结成帮扶对子，为他们料理家务、代购用品、维修房屋、出致富点子。1999年，《江苏宣传》以《投递爱心》为题报道如皋乡邮员帮扶困难群众事迹。此后不久，《邮电报》发表专题报道《137条爱心邮路》。自此，如皋“爱心邮路”引起全社会广泛关注。

2003年，中共中央宣传部将如皋“爱心邮路”列为重大典型，组织10多家省级以上新闻媒体宣传报道这一群体的事迹。是年12月，市邮政局“爱心邮路”被评选为江苏省第七届精神文明建设新人新事。2006年，“爱心邮路”被评为江苏省十大优秀服务品牌，如皋邮政局获全省、全国“工人先锋号”，全国五一劳动奖状，全国邮政系统先进集体，全国文明单位称号。是年，市委先后下发《关于在全市进一步开展向“爱心邮路”先进群体学习的决定》《关于开展学习“爱心邮路”，建设“爱心城市”，构建“爱心如皋”的决定》。

2008年4月，“爱心邮路”获2007年度中华慈善奖，当选全国“最具爱心慈善行为楷模”。2008年，被评为如皋市首届爱心团队。2009年9月，“爱心邮路”群体当选50位新中国成立以来感动江苏人物。

三、挂钩扶贫中西部地区

1997年始，市政府根据江苏省及南通市安排，与中西部地区挂钩扶贫。1999年，如皋金星物资再生利用公司与咸阳再生物资利用公司形成联合收购废旧有色金属合作意向，市供销合作联社与陕西省旬邑县供销社签订承包其下属复合肥厂的合作协议，市政府支持旬邑县实施银杏致富工程和土豆粉条加工工程。

2001年，如皋市与陕西省旬邑县、湖北省秭归县结为对口帮扶挂钩县，在经济、技术、人才等方面对2县予以合作支援。是年，如皋市援助旬邑县资金10万元，帮助旬邑县糖厂兴办白酒酿造厂。旬邑县30多名副科级以上干部到如皋市挂职，双方签订合作意向项目12个，其中林梓服装厂招收旬邑县缝纫机工33人，培训期3个月，月工资600—800元。2002年，如皋新姚纸厂与旬邑县纸厂建立业务合作关系。如皋市帮助旬邑县兴办金花园酒厂，帮助湖北秭归县销售脐橙7.5吨。2003年4月，全市吸收旬邑县缝纫工、纺织工及三产服务人员100多人就业。

2004年，市委、市政府于如城、磨头、吴窑、搬经、丁堰等镇安置湖北秭归三峡移民59户221人。市财政支持旬邑县扶贫资金10万元，用于该县贫困学校校舍改造和建设。2005年，市科技局组织培训旬邑县科技人员200多人。2005—2009年，如皋市每年帮助秭归县销售脐橙1200箱，扶助旬邑县资金10万元。

四、扶孤助学

1994年，共青团如皋市委在全市青少年中广泛开展"为老少边区失学儿童献爱心"活动，接受希望工程捐款近20万元。1996年始，团市委建立全市贫困学生档案，有计划地帮助贫困学生。市矿山机械厂、染织厂等企业"一对一"结对帮扶贫困学生，结对20对。如皋国税局救助75名孤儿学生，共支持助学金11万元，被江苏省妇联、江苏省儿童基金会表彰为"春蕾行动"先进集体。1999年，市教育局启动"每人每天节约一分钱，帮助残疾学生"活动。此后，全市扶孤助学形成风尚。

2003年5月，市妇联与如皋国税局在九华镇中心小学联合开办"国税春蕾班"，为38名孤困儿童提供就学保障。7月，市电信局公开拍卖"小灵通"吉祥号码，所得9万元以"扶孤助学卡"形式扶持孤困学生，持卡小学生每年获600元、初中生每年获800元救助。9月，如皋供电局在常青镇、高明镇开办"供电春蕾班"，定向长期资助学生39名。2005年，电信、国土、顺远春蕾班开班。

2008年，南通泰慕士服装有限公司设立全市首家"爱心妈妈基金"，企业出资50万元，由21名女职工"爱心妈妈"分别为结对的贫困孤儿代缴学杂费、食宿费等，为孤困儿童提供妈妈般的帮扶。

2009年初，市总工会牵头发起"金秋助学"活动，每年由市总工会和市级机关其他部门资助约200名特别贫困的在校大学生。9月，南通泰慕士服装有限公司再次出资200万元，成立南通市首家以企业命名的爱心基金，"爱心妈妈"与新确定的50名孤儿爱心结对。

2010年，全市实现对163名贫困孤儿帮扶全覆盖，基本实现小学、中学困难学生及在读困难大学生救助的全覆盖。

五、帮扶特困职工

1996年始，市总工会牵头，市委组织部、市级机关工委参与组织实施结对帮扶困难职工"送温暖，献爱心"活动。是年，筹集资金近50万元，帮扶特困职工96人。

2002年始，市级机关79个部门与101户特困职工结对，除资助扶贫款26万元外，帮助10名困难职工实现再就业，到职工家庭走访360多次，帮助27户特困职工家庭实现脱贫。2003年，市级机关84个部门与91户特困户结对，帮助其中51人实现再就业。

2004年，市政府组织特困职工安居工程调查，对9户特困职工家庭予以每户10万元廉租住房补贴。是年，部门与特困职工帮扶摆脱"一对一"结对模式，突出发挥部门职能优势，实行普惠制帮扶，民政、卫生、劳动、教育等13个部门、单位联合参与制订下发《特困职工优惠政策》，明确特困职工在就医、就业及子女就读、亲属殡葬等方面的优惠政策。

2007年，全市特困职工帮扶对象向农民工中的特困职工拓展，结对帮扶598人(户)。同时，进一步完善帮扶对象确定等机制，严格实行帮扶对象公示制，帮扶方法亦更为多样，首次发放特困职工证，特困职工凭证可享受特困职工特别优惠政策，每月到市总工会领取基本生活物资。是年，全市特困职工享受水电费补贴32806元、租房补贴8600元、医疗费和子女学杂费优惠11000元，有61户特困户脱贫。此后，全市职工结对帮扶工作持续正常开展，帮扶对象不断拓展，帮扶方法不断创新。

2010年，除经济扶助外，市级机关部门累计为特困职工提供服务费减免7000多人次，帮助就业、再就业800多人次。

六、见义勇为

1994年8月8日,如皋市见义勇为基金委员会成立。是日,收到全市各方捐款262468元,作为全市见义勇为基金。见义勇为基金主要用于奖励见义勇为人员,匡扶社会正义,激励广大人民群众勇于同违法犯罪、灾害事故做斗争。基金委员会办公室设于市文明办,具体负责基金管理。

1999年,见义勇为基金划归市公安局管理。此后基金规模不断扩大。2010年2月,市政府授予鞠九江、夏继业等38人如皋市见义勇为先进分子称号,市见义勇为基金会发放奖金、抚恤金、慰问金计4.28万元。至是年,市见义勇为基金余额344.36万元,先后表彰见义勇为先进分子79人,发放奖金20余万元。其中4人被省政府追授革命烈士、江苏省"见义勇为英雄"称号,22人被授予南通市见义勇为先进分子称号。

图20-13 如皋市见义勇为基金会成立暨表彰大会 (2010年摄)

七、志愿者行动

1997年1月,团市委成立青年志愿者服务总队,基层团组织相应成立青年志愿者服务队,全市志愿者服务进入有组织开展多种形式志愿服务的新阶段。1998—2000年,青年志愿者活动面向社区、企业、农村,以社区建设、扶贫济困、学校教育、社会治安等公益事业为主要内容。2001年,团市委健全志愿服务网络,拓展志愿服务内容,扩大志愿服务覆盖面。全市志愿者利用休息日到敬老院为老人服务1000多人次,消除城市"牛皮癣"(非法张贴物、涂写物)近1000张。

2002年,全市志愿者服务累计3000多小时。是年,团市委成立如皋市青年志愿者指导中心,下设服务小分队50个,活跃于全市城乡。2003年3月4日,团市委于如皋文峰大世界门前举办纪念学习雷锋40周年广场志愿展示活动,市卫生、教育、公检法等部门和单位志愿者为市民提供义诊、咨询、家电维修等服务1000多人次。3月,市供电、卫生、文化、民政等部门志愿服务队深入社区为老弱病残及老党员、老军人、老劳模、老专家服务500多人次。10月,如皋师范40名掌握外语的志愿者为中国如皋沿江经济洽谈会提供全程志愿服务。是年,全市以"争当文明市民、营造文明环境、共建文明城市"为主题,开展一系列志愿服务活动,志愿者行动的参与对象扩大至各行业、各部门(单位)、各镇区的各个年龄段人员。市级机关各部门组织党员干部志愿服务队参与如城范围内河道整治,共清理河道30多条(段),清运垃圾近千吨。市供电局纪冰冰被评为全国优秀社区青年志愿者。至2004年,仅如城镇注册志愿者即有1万余人。

2005年,如城镇及如皋经济开发区20个社区分别建立青年志愿者服务站,各部门志愿服务队的人数迅速增加。是年,大学生暑期挂职锻炼社会实践活动,提供志愿服务累计3000多个工作日。2007年,在创建国家卫生城市等活动中,市文明办组织机关党员干部知识宣传、文艺演出、清除卫生死角等多种志愿服务2万多人次。

2010年,文明委制订下发《关于深入开展志愿服务活动的实施意见》,健全完善志愿服务组织网络、规范志愿者招募和注册制度,重点组织

图20-14 如皋市青年志愿者服务"六城同创"宣誓仪式 (2007年摄)

开展迎世博志愿服务、和谐城市合力共建、关爱“空巢老人”、文明交通行动、爱心牵手非常态儿童5项志愿服务活动。是年,共青团如皋市委组织成立皋兴青年志愿者协会。将每年7月21日如皋籍青年志愿者赵小亭支教途中遇难日,确定为如皋市“小亭”青年志愿者服务日。

八、“双联双助”

2003年始,市委、市政府组织78家市级机关部门与100个经济薄弱村、市镇村部分党员干部与10574个贫困户结对,开展“百村万户”帮扶工程。

2006年,将“百村万户”帮扶深化拓展为“三百单位帮村、万名党员帮户”(简称“双帮”)工程,由137个机关部门和下属单位、153个规模企业与全市332个村(居)结对挂钩;市镇2级机关全体公务员,学校、医院中层以上党员干部,其他事业单位全体在职人员和企业中层以上管理人员1万多人与全市有困难的农户结对,实现帮村帮户工作全覆盖。

2008年,市委组织部组织开展“千企连百村、共建新农村”活动,市内1000家年销售500万元以上的企业与全市332个村(社区)结对,优势互补,共同推进新农村建设。“双帮”中,在捐款捐物解决贫困村与困难户暂时困难的同时,发挥帮扶单位自身职能、信息、技术、项目优势,多层次、多形式开展送信息、送科技、送项目活动,引导困难群众学科技、用科技,提高自身素质,拓宽脱贫致富门路,帮助被帮扶单位增强自身发展的本领。

2003—2009年,市镇2级机关300多名年轻干部到村挂钩任职,机关企事业单位和党员干部通过直接出资和协调资金计10379万元,帮助发展村级种植、养殖园区997个,帮助兴办公司制企业1385家,帮助培训、转移劳动力124860人次,资助贫困学生1625人。

图20-15 如皋市“千企连百村共建新农村”动员大会 (2008年摄)

2010年,全市在继续实施帮扶工程的基础上,开展以“单位支部联村,助推小康建设;党员干部联户,助推增收致富”为主要内容的“双联双助”工程,市、镇2级523个机关事业单位和1.5万多名党员干部分别与全市332个村(社区)和2万多个低收入农户结成“一帮一”“多联一”或“一联多”的联助对子,深入开展以“帮助建强村级班子、帮助理清发展思路、帮助发展集体经济、帮助培训转移劳力、帮助解决实际问题和送政策、送信息、送技能、送项目、送关爱”等为主要内容的“五帮、五送”活动。是年,市级机关各帮扶单位、个人通过协调和直接出资2699.13万元,帮助发展高效农业种养园区141个,培训转移建档立卡贫困劳动力1379人,帮助新增公司制企业329家,资助贫困学生950人。如皋市先后2次在全国扶贫开发试点县市工作会议上介绍实施“双联双助”工程、推动共建共赢的做法。

九、爱心超市

2006年年底,市委主要领导在新农村建设调研时提出建设“爱心超市”的构想。2007年年初,市委组织部、市民政局、市慈善会等有关部门和单位,就建立“爱心超市”问题,专题研究,并组织人员到镇江、扬州等地参观,学习各地好的经验和做法,形成初步发展思路。是年春节前夕,全市第一家村级爱心超市柴湾镇镇南村爱心超市揭牌成立,开业当日募集爱心基金20余万元,收到捐赠的各类衣服、食品及日用物品折合人民币数万元。同期,东陈镇在全市率先建成首家镇级“爱心超市”。4月1日,市委办公室、市政府办公室联合发出《关于在全市建立“爱心超市”的实施意见》,对建设和发展爱心超市提出明确要求。此后,爱心超市建设在全市范围内迅速铺开。至是年,全市建镇(区)级爱心超市21家、村级306家。

至2010年,全市建有镇(区)级爱心超市21个、村级347个,爱心超市累计接受捐赠现金2430多万元、食品2万多千克、日用品1万余种、衣被

10余万件、书籍3万余册、家电500余件及各类生产资料若干，受资助对象2万多人次。

十、关爱留守儿童

20世纪90年代后，全市城乡外出务工人员逐年增加，造成许多留守儿童家庭教育严重缺失，给儿童身心发展和社会稳定带来隐患。一些留守儿童由年迈的祖父母或近亲照顾，缺乏精神关爱，逐渐出现心理问题。

2004年5月10日，如皋市留守儿童工作委员会成立，为全国首家。2005年8月6日，联合国少年儿童基金会和国务院妇女儿童工作委员会确定如皋市为“受人口流动影响的儿童保护”项目试点县(市)。2006年9月，如皋市获全国留守儿童示范家长学校称号。

2007年5月10日，如皋市“留守儿童爱心基金会”成立，为全国首家。2010年10月，市妇联牵头实施的“受人口流动影响的儿童保护”项目，通过国务院妇儿工委终期评估。

关爱留守儿童工作机制 2004年，市委、市政府将每年5月10日确定为“留守儿童关爱日”，并建立由市留守儿童工作委员会牵头，市妇联、教育等部门参加的留守儿童关爱工作整体联动推进机制。2007年始，全市建立动态管理的留守儿童登记制度，市妇联和教育系统分别于每年2月和9月新学期开学之初，统计、登记留守儿童。2008年1月，林梓镇成立全国首家留守儿童维权工作站。2009年5月，林梓镇建成江苏省首家儿童友好家园。此后，儿童友好(快乐)家园工作在全市镇(区)全面铺开。6月，市妇联成立留守儿童慧源春蕾班。

留守儿童关爱队伍 2004—2010年，全市聘请26名国家二级、三级心理咨询师为未成年人指导老师，开通“87631331”心理咨询热线，每天安排志愿者值守；在留守儿童相对集中的学校和社区设立心理咨询服务站(点)，常年接受咨询，为留守儿童提供专业化指导服务；全市留守儿童巾帼志愿者服务队伍1万多人，其中妇代会主任332人、女教师志愿者2000多人。

附录：

林梓小学关爱留守儿童“33433”模式

2003年下半年始，林梓小学经过5年多探索，逐步形成基础资料“三案制”(档案流转制、个案跟踪制、预案首问制)，关注维度“三全策略”(全员参与策略、全面关爱策略、全程关注策略)、组织网络“四种形式”(两会—关心留守儿童工作委员会、留守儿童基金会，一站——留守儿童维权工作站，一校——留守儿童家长学校，八个小组——学习辅导小组、心理咨询小组、社区关爱小组、课题研究小组、资料收集小组)、开展“三类活动”(日常活动、定期活动、随机活动)、实施“三项保障”(物质保障、精神保障、环境保障)，缔造了一座留守儿童的学习乐园、生活家园、爱心校园。

2009年8月12日，在江苏省留守儿童示范学校校长经验交流会上，林梓小学关爱留守儿童“33433”模式在会上交流，并得到推广。

(根据市妇联专题总结整理)

卷二十一 方言

如皋方言属北方方言——江淮次方言——通泰片中片，是江苏省25个主要方言代表点之一。

如皋方言形成历经三个阶段。源头是淮夷语支，今口耳相传的方言词“杲昃”即为3000多年前域内氏族方国郧语。春秋战国时期，域内先后属吴、越、楚等国，后又受汉初“东粤请举国徙中国，乃悉与众处江淮间”影响，郧语与吴、百越语等相交融，是时属南方方言区。两晋至明清，如皋社会相对稳定，外籍难民不断迁入，经长期融合演变并固化，如皋方言继而转属北方方言区，但亦兼具某些南方语音特点和古郧韵味。

如皋方言的语音特征主要体现在全浊声母清化，与吴语保留全浊声母完全不同，其韵母保存留上古韵部阴、阳、入齐全和单元音丰富的特点，多单韵母。这与移民构成及迁居时间、活动区域因素有关。

如皋方言内部也存在着一定的差异。结合声调内形和调值、“f”和“x”的区分、“l”母的分化及腭化程度等语音特点，大体可分为5个片。如城及周边地区操如城音；如城以西3千米即操西乡音，带有泰兴话的韵味；白蒲、勇敢及长江区域统称南乡音，勇敢一带语音有不完善的翘舌音；长江圩区间语音则有阳去42调，又受到平潮音的影响；北乡音和东乡音亦各有其特征。

如皋方言夹有不少上古、中古的语音和词汇。今如皋方言中仍称“知道”为“晓得”“哲的”。同时有较多的文、白异读字，文读类似“官腔”“雅言”，白读纯系土话。

本卷主要以如城白读口音为参考，依据《方言调查字表》和《汉语方言词汇》，尽量收录本地方言基本用字、用词，并以国际音标加注音。在方言收集整理中，一些颇有乡土气息的方言俗语，如谚语、歇后语、说詥(鸽)子等予以选载。

第一章 语音

第一节 音系

一、声母

如皋方言声母共 21 个。

如 皋 方 言 声 母 表

表 21-1

声母	例字	声母	例字	声母	例字	声母	例字	声母	例字
p	布边卑不	pʻ	步便拔别	m	麻埋门没	f	虎飞冯缚	v	午危闻勿
t	到低党笃	tʻ	道太洞夺	n	奶怒年诺			l	喇路冷落
ts	左姊章哲	tsʻ	坐在丈直			s	苏丝扇杀	ʐ(ɽ)	绕软日若
tɕ	祭精救结	tɕʻ	技墙疾去			ɕ	夏虚心席		
k	哥共教国	kʻ	敲跪槛掐	ŋ	丫俄颜恶	x	荷还项瞎		
ø	卧鱼应阿								

注：n、l或分或混；n逢细音时有些人读ȵ；ø，零声母即无声母

二、韵母

如皋方言韵母共 48 个。

如 皋 方 言 韵 母 表

表 21-2

韵母	例字	韵母	例字	韵母	例字	韵母	例字
ɿ	资迟氏制	i	低泥以米	u	府主赌库	y	女居取雨
a	爸大沙砑	ia	爹夏谢呀	ua	抓耍瓜花	ya	靴瘸曰
ɛ	海买解社	iɛ	解且液谢	uɛ	乖怀揣帅		
ɔ	刀包烧炒	iɔ	条交乔姚				
ər	二兒而耳						

韵母	例字	韵母	例字	韵母	例字	韵母	例字
ei	贸斗狗飞			uei	追吹柜回		
ʊ	破罗做可					yʊ	酒秋嗅由
ã	缸当唱肮	iã	强粮想央	uã	光床霜黄		
ẽ	板单山限	iẽ	监限彦	uẽ	赚闩关环		
ʊ̃	端乱伴冠					yʊ̃	捐犬宣冤
ĩ	占缠闪腌						
ɔŋ	梦风空翁	iɔŋ	兄容穹炯				
əŋ	奔等嫩根	iəŋ	辛兵令因	uəŋ	孙准昆昏	yəŋ	军群云
aʔ	拓落角恶	iaʔ	脚嚼略药	uaʔ	卓戳郭霍		
ɔʔ	北木独竹					yɔʔ	菊曲蓄玉
əʔ	不得格额	iəʔ	滴逆息益	uəʔ	骨窟忽出	yəʔ	橘屈蟀蜮
eʔ	鸭八答杂	ieʔ	甲峡	ueʔ	括狭咂刷		
ʊʔ	拨掇拙喝					yʊʔ	决缺血月
		iʔ	鳖跌哲接				

注：i 作单韵母时略有磨擦，作介母及组成 ĩ 、iʔ 时，实读ɨ
u 唇不太圆，与 f-、v-相拼实读ʊ
y 作单韵母时唇不太圆，组成yʊ 、yʊ̃ 、yʊʔ时唇最圆
a 实读 A
ã 是如城音，韵腹处于a—æ之间，口角略外移。西乡、北乡实读aŋ
ɛ 有时变作 E 韵：鞋带儿、瓶盖儿、拿筷儿

三、声调

如皋方言声调表

表 21-3

调类代号	1	2	3	5	7	8
调类名称	阴平	阳平	上声	去声	阴入	阳入
五度调值	21	35	213	33	33	35
例字	霜	麻	井	破	黑	药
	他	泥	手	货	谷	舌
	坐	娘	考	痛	瞎	闸
	跪	河	酒	信	尺	合

注：方言声调中不含轻声。阳调响音在后。部分人阳平越延长越上扬，可达戏剧高音

第二节 语音差异

一、语音分区

如城音 包括如城、城郊。

西乡音 如城以西，石庄镇以北，西南到江安，西到分界的广大地区，以江安音和搬经音为代表。

加力tɕia³lei⁰（音假·蝼），集镇名。从移民史及今相关方音来分析应是秦汉之时，赣语和越语在本地融合的产物（今南昌话“加ka³”、温州话“力lei⁰”）。

猪tu¹，从江安向东北至邓园都读此音。

霞xa²，“烧霞”一词，城西十里墩一带口音。“霞”是匣母字，匣音ɣ，清化音x，明、清以来腭化音ɕ。

里i³、雷y²，来母l逢细音腭化为以母ʎ，今读j，记为i。姜堰、合肥“里ɿ³”也是来母腭化读j。

椅li³，止开三 上纸影。影母变来母。

地tɕʻi¹，止开三 去至定。定母变昌母。

肚㈠tsu³，胃。遇合一 上姥端。㈡tsʻu¹，腹。遇合一 上姥定。

唊iã¹/⁵，应答声。

鄂ŋaʔ⁸，鄂家埭，江安自然村名。鄂，宕开一入铎疑。阳入，理应读调类⁸，这是古音保留。

刷feʔ⁷，刷子、刷落地。江安音。刷，山合一 入鎋生。

南乡音 白蒲片包括白蒲镇、蒲西、林梓、奚斜及花园的各一部，以白蒲音为代表；勇敢片包括勇敢、新姚、龙舌、九华等局部地区，以勇敢音为代表；长江（圩区）片包括薛窑、九华、郭园、下原、车马湖、营防、江防、新生港、张黄港，以二案音为代表。南乡音调值总体与如城音和西乡音不同，而与南京话近似。白蒲音与西乡音语音大致相同，仅声调调值不同。勇敢音有不完善的翘舌音。长江（圩区）音的特点是有阳去42调，又受南通平潮话影响，有些端、精组一等字腭化音。

北乡音 如城以北及东北乡，含戴庄、柴湾、南凌、雪岸等区域。

㸙pɛ¹，父。同扬州、泰州。

夏xa¹，夏布。夏，假开二，上马匣。浊上变去，再变阴平。匣，清化音x，腭化音ɕ。

大鐘垛tʻɛ¹tɔŋ¹tʻei²，今读作“岱东头”，是原戴庄乡政府驻地地名。当地多秦姓，据《秦氏宗谱》，其先祖明代初叶由江西迁北乡大鐘垛。大，徒盖切，去泰定。蟹开一，如皋古读tʻɛ¹。鐘，通合三，平鐘章。照三归端，如皋古读tɔŋ¹。垛，果合一，上果定。

情tɕʻyəŋ²，见于“发情”一词，邓园、戴庄一带尚存此音。与“秦、芹”读tɕʻyəŋ²一致，是如皋方言古读。

东乡音 如城以东地区。

茶tsʻa¹，见于“栟茶镇”“吃晚茶”等词语中。茶，假开三，平麻澄。温州音ʥo²，推断是汉初东粤国移民所留音迹，今如城东北乡间普遍此读。

哥kʊr²，见于称谓“哥儿”，乌鸫俗名“八哥儿”。哥，果开一，平歌见。今如皋阴平读¹调，此处读成阳平调，推断由常州阴平55调值变来。

粑pa²，见于“粑儿”（饼）一词。变调音理同“哥”。

做tsu⁵，见于“做种”一词。同泰州音，是吴音遗存。

凉lẽ²，见于“凉日子”“凉乎”等词，凉，宕开三，平阳来。长沙音lian²，推断为战国楚音痕迹。如城“两lẽ³”亦类似。

环kʻuẽ³，见于雪岸冒家凌环村名。由盐城话演变，过程为阳平转上声，依调值而改调类。推断最初开发此地者是盐城人。

降kã⁵，见于“霜降”一词。降，江开二，去绛见。

二、第一人称代词分区比较

我ŋʊ³，境内四乡读音各有差异。

我·家ŋʊ³ka⁰ 如城音。

我·家ŋa³ka⁰ 东北乡音。

我·家ŋa⁵ka⁰ 营防音。

呃ua³/va³ 西乡、南乡等北半部音。

哇ua⁵/va⁵ 西乡、南乡等南半部音。另一式为ua⁵a⁰/va⁵a⁰，浊上变去。

犽 ŋa³a⁰ 东北乡音，外延至海安西场、李堡一带。犽，我，果开一，上哿疑。

<u>我呱</u>合音ŋua^{3} 东乡散见音。

<u>我哇</u>合音ŋua^{5} 西乡、南乡部分地区。

<u>我家</u>合音ua^{5} 西乡南部江安音；ua^{3}，西乡北部搬经音。

第三节 语音特点

一、声母

古全浊声母，今逢塞音、塞擦音，不论平仄，一律读送气清音。如：

	p‘（今）	t‘（今）	ts‘（今）	tɕ‘（今）	k‘（今）
浊平（古）	婆	头	除	齐	葵
浊上（古）	部	舵	坐	技	跪
浊去（古）	叛	度	自	忌	柜
浊入（古）	拔	达	贼	集	

精、知、照组与洪音相拼时合流，读ts、ts‘、s；与细音相拼时，如城话老派精组腭化，读tɕ、tɕ‘、ɕ，知组不腭化，读ts、ts‘、s。如：

	ts	ts‘	s	tɕ	tɕ‘	ɕ
洪音	左之	粗吵	使			
细音	占哲	缠侄	税舌	挤尖	全清	鲜榫

如皋方言一般只有舌尖前音ts、ts‘、s，另有舌尖后音ʐ，多数地区只有闪音ɽ，少数地区有tʂ、tʂ‘、ʂ、ʐ。

不分尖团。精、见、晓组字逢细音一律读tɕ、tɕ‘、ɕ。如：

精组：煎tɕĩ^{1}、酒tɕyʊ^{3}、侵tɕiəŋ^{1}、趋tɕ‘y^{1}

见组：搛tɕĩ^{1}、九tɕyʊ^{3}、今tɕiəŋ^{1}、 区tɕ‘y^{1}

晓组：险ɕĩ^{3}、朽ɕyʊ^{3}、欣ɕiəŋ^{1}、吁ɕy^{1}

古匣母中，如皋方言读f-、x-的字，在u(不含u-)韵前一律读f-；在ʊ韵前一律读x-。如：和(fu^{2} 游和/xʊ^{2} 和气)湖(fu^{2} 湖洲/xʊ^{2} 芹湖)胡(fu^{2} 胡说/xʊ^{2} 胡萝卜)户(fu^{1} 户口/xʊ^{2} 黄百户)乎(fu^{1} 似乎/xʊ^{1} 在乎)

n、l或分或混，很难正确区分，存在文白异读和区域差异。如：“哪儿、那儿”是普通话用词，用文读，声母为 n；改用方言词“哪嗨、那嗨”，则只用白读，声母为 l。“拿落、脑老、耐来、鸟了、女吕、南鸾、娘粮、捺拦、抐勒”等字组，南乡、西南乡比较能区分n 、l；西北和北乡及海安的西部北部多读n；如城及东北乡、如东的老派音多用 l。

在i、y前，t、t‘、n、l读tɕ、tɕ‘、ɕ、Ø(实际是ji、jy)的人很多。如：底ti-tɕi、体t‘i-tɕ‘i、堆ty-tɕy、腿t‘y-tɕ‘y、泥ni-ȵi、娘niã-ȵiã、犁li-i(ji)、吕ly-y (jy)。

古疑母，在洪音前为ŋ-，在细音前为n-。如：我ŋʊ、丫ŋa、牛ŋei/nyʊ、倪ni、逆niəʔ

二、韵母

多单元音和鼻化韵。主要有七种：

普通话	如皋话	例				字
ai	ɛ	摆pɛ3	外vɛ1	再tsɛ5	该kɛ1	爱ŋɛ5
ao	ɔ	跑p‘ɔ2	皂ts‘ɔ1	绕ʐɔ1/3/5	靠k‘ɔ5	傲ŋɔ5
uo	ʊ	过kʊ1/5	我ŋʊ3	火xʊ3	奴nʊ2	罗lʊ2
ian	ĩ	建tɕĩ5	千tɕ‘ĩ1	先ɕĩ1	燕ĩ1/5	然ʐĩ2(ɽĩ2)
an	ẽ	办p‘ẽ1/pẽ5	万vẽ1	站tsẽ5	担tẽ1/5	颜ŋẽ2/iẽ2
uan	ʊ̃	端tʊ̃1	暖nʊ̃3	喘ts‘ʊ̃3	官kʊ̃1	暗ʊ̃5
ang	ã	忙mã2	囊nã2	上sã1/5	康k‘ã1	让ʐã1

如皋方言 ei 韵与普通话 ou 韵对应。如：兜tei^{1}、某mei^{3}、狗kei^{3}。其中有大量儿化韵，详见下一节“音变”。

如皋方言 15 个入声韵与 15 个阳声韵一一对应，并与 18 个阴声韵大体对应。有些中古舒声字如皋方言也读入声韵。如：阿eʔ^{7}～哥、咳k‘əʔ^{7}～嗽、益iəʔ^{7}、譬p‘iəʔ^{7}、枇杷p‘iəʔ^{7}p‘aʔ^{7}、秕piʔ^{7}、辔p‘iəʔ^{7}；也有些入声字兼读舒声，如：昃tsɿ^{5}（呆～）、窒tsɿ^{5}（～缝口）、执tsɿ^{1}（坚～）

阳声韵尾-m、-n、-ŋ合并为-ŋ或鼻化韵，入声韵尾-p、-t、-k合并为-ʔ。

三、声调

如皋方言有6个声调。平、入各分阴、阳；上、去今只有阴调。古阳上、阳去大多并入阴平。小部并入阴上、阴去。其中，如皋方言去声33与普通话阴平55因都是平调而易混。

如皋方言阴平含切韵阴平、阳去、阳入；阳平含切韵阴平、阴去；上声含切韵阴上、阳上；去声含切韵阴去、阳去、阴平；入声含切韵阴入、阳入。总之，阳调势弱，有的消失、并入阴去、字数渐少。

第四节 音变

一、变调

如皋方言在两字以上连读时，常有变调。

二字组变调 计有3类16式。同字相迭中，表程度的副词或形容词，第二字改读阳平：刚刚、统统；一般名词或动词、形容词儿化以后作名词用，第二字改读上声：尖尖儿、睡睡儿、慑慑儿（爱操心着忙的人或个性）。前字阳入，后字为次浊声母的平声、上声、阴入（少数）和阳入声，则前字读若阴平，原喉塞尾弱化：日夜、熟人、木偶。后字白读音为上声（限于郊区部分词），新派读轻声：中饭、箸笼（筷笼）。

三字组变调 计有25类29式。除阳入外第一字一般不变调。第一字与第二字调值相同或相近时，第二字不变调。“二一”式（花生米）的第一字，“一二”式（新制度）的第二字是阳入调的，逢后字是次浊声母时，后字大都读轻声。“一二”式第一、二字为阴平+去声、阴上+阴上时，第二字有的变读轻声，第三字大多改读轻声。“二一”式的第二字大都变读轻声，第三字是后缀时则读轻声：实验室、独眼龙、凑热闹、白老鼠。

二、轻声

二字组轻声 都在后字上，音高与原调无关，只与前字调值（包括变调）的终点相近，入声字改读低调时，喉塞尾-ʔ也弱化或消失。计有27式，如：芝麻、文雅、胃口、石榴。

三字组轻声 大多在原二字组的后字上，少数“一二”式的第二字读轻声，极少数二、三两字都读轻声。计有213式，如中学生、亡国奴、老鼠药、太极拳、复写纸、白血球、上大学、老毛病、排节目。

三、儿化

如皋方言韵母中，仅有ər、iɛ、ieʔ、ueʔ、ya不带儿化韵，其他43个韵母都可以带儿化韵，经音变后，聚合成17个儿化韵母。分别是ɿr、ar、ər、ɔr、er、ʊr、ir、iar、ɛr、iɔr、yʊr、ur、uar、uər、uiər、uer、yr。其主要特点是儿化使原来全部阳声韵、入声韵转化为阴声韵，儿化音节是原音节中一部分，而且只是同音节中同音字的一部分。

四、连读变声变韵

如皋方言中，阳声韵尾，单字只收-ŋ，而连读中可变成收-m、-n、-ŋ。入声韵尾单字只收-ʔ，连读中可变成收-p、-t、-k。部分字阳声韵尾脱落、促声与舒声转换。主要类型有同化、异化、增音、减音、对转五种，如：

类　型	例　句	变 化 前	变 化 后
同　化	横暴	xɔŋ^{2}pɔ$^{5-0}$	xɔm^{2}mɔ^{0}
	李家	li^{3}ka$^{1-0}$	li^{3}ia^{0}
	吃不消	tɕʻiəʔ^{7}pəʔ^{7}ɕiɔ^{1}	tɕʻiəp^{7}pəʔ^{7}ɕiɔ^{1}
异　化	中饭	tsɔŋ^{1}fẽ^{1}	tsɔŋ^{1}vẽ$^{1-3}$
	打莲花	ta^{3}lĩ^{2}xua1	ta^{3}lei^{2}xua^{1}
增　音	马上	ma^{3}sã^{1}	mã^{3}sã^{0}
	伙家	xʊ^{3}tɕia^{1}	xʊt^{1}tɕia^{1}
减　音	圈令（来回）	tɕʻyʊ̃^{1}liəŋ^{1}	tɕʻyʊ^{1}liəŋ^{1}
	吃力	tɕʻiəʔ^{1}liəʔ^{8}	tɕʻi^{5}liəʔ^{0}
对　转	这	tsa^{5}	tsã^{5} 、 tsak^{7}
	哪	la^{3}	lã^{3} 、 lak^{3}

五、省字后的变读

如皋方言中，少数语词中的字音节会被省略，使前字变读入声或阳声韵，韵尾读得轻而模糊。如：

例　　句	原　　读	变　　读
花(生)米儿	xua^{1}(səŋ^{1})mir^{3}	→xuap^{1}mir^{3}
家(去)吃	ka^{1}(tɕʻy^{5})tɕʻiəʔ^{7}	→kat^{1}tɕʻiəʔ^{7}
晓(得)嘎（知道哇）	ɕiɔ^{3}(təʔ^{7})ka^{0}	→ɕiɔk^{3}ka^{0}
坐(住)块儿	tsʻʊ^{1}(tsʻu^{1})kʻuər^{3}	→tsʻʊk^{1}kʻuər^{3}

六、合音

如皋方言中，有些词语由于习惯性的快读或连读，音变成一个新的合成音节，常被误认为单音字。如：

原　读	变　读	原　读	变　读
这样	佒 tsã^{5}	兒子啊	咋 tsa^{5}
错啊	岔 tsʻa^{5}	小伙啊	化 xua^{5}

第五节　同音字汇

同音字汇按韵母、声母、调类顺序排列。零声母、轻声各用“ø”“◎”表示；调类用①②③⑤⑦⑧表示，分别代表阴平、阳平、上声、去声、阴入、阳入。无本字可考的训读字、方言字等特殊字，多在所借用字的右下方用小字加注[训]、[方]等，并下划“﹏”。无字形可写的，用“□”表示，并释义。文白异读的字，字下加“＿”为白读音，字下加“═”为文读音，分文白又各分几读的，以及多音字，在字的右上方用数字标明。

一、ʅ

ts　①知[1]蜘咨～询支支(锥)支(搘)枝肢栀资姿脂[1]猪～油兹滋～水儿(伤口流出的黄黏水)、～汁辎之芝餈油～啊膻头发黏臭䐈肤黑：黑～～龇卮请春～：请春酒訾不思称意：～诮　②尸[1][方]转门声　③紫籽纸只～有姊旨指[1]～示，手～脂[2]～肪子梓滓止址趾[1]　⑤织器痕制製智翅至致志誌痣积[1]草垛：草～窒[1]塞：～缝口置渍撖～儿：等长标识物啧[2]～嘴：无奈、叹息时的嘴部动作、～～滋味溵湿～～：略湿豸　◎执[2]坚～昃[2]杲～：东西，指事物

tsʻ　①巳自[1]治雌跐～滑板差[3]参～雉字牸～牛：母水牛寺痔嗤施[2]～坏；～食：佛事䅟膏药～：一种黏胶莳恣痴糦过熟：饭煮啊～啊饎热锅快炒　②池驰匙次挨～儿瓷糍～巴：～底(粘锅)迟茨慈磁祠词辞嗣饲持恃粢～沫：口吐白沫剻～鱼：剖鱼腹疵脸部大的色斑刺～猬③此咨[俗]～询耻齿始　⑤侍[2]～候伺滞餈伤饱之积次次[音]剩刺赐眵侈豕稚舐

s　①自[2]斯厮撕[1]施[1]布～是氏豉药：豆～私师狮尸屍司丝思似祀士[1]仕[1]市柿诗侍[1]～奉鸶鳚鱘～鱼事豕　②时鲥踌[俗]～空：陡然失去支撑　③死矢屎史使驶豕始　⑤世势誓逝四肆示视嗜俟试失[2]～误◎识熟～

二、i

p　①婢老～巷屄　②吡象声词　③彼[1]比～较⑤毙[2]闭[2]鄙泌祕蓖敝[2]蔽[2]币[2]弊[2]陛[2]秘

pʻ　①箅炉～子：笼～子篦～篦巷剕薄切批坯背～书、～后焙炒干痞[2]贼～披帔～风被避鐾～刀布痱　②陪赔皮皮调皮鲏鳑～儿疲痞[俗]兵～俾脾痹琵裴便[1]～宜③庇胚丕痞[1]瘾：烟～　⑤配屁　◎僻[2]孤～疕瘌～儿疮

m　①妹～子昧～心眯[1]～瞒：小睡　②咪[2]～～：唤猫声迷谜眯[2]眼睑微合：笑～～的鲔媒縻粥糜～子靡弥眉楣霉黴梅脢～条肉䳮[1]～子：引诱者　③觅[俗]寻：～花生、邪视：～着他美～儿米眯[3]物入目中咪[2]～猫：母猫　⑤弭[1]略饮：～一口酒眯[4]小睡　◎蚍蚂～：蚂蚁

t　①低嘀[1]～咕　②嘀[2]～～叮叮　③抵底　⑤帝～王蒂

tʻ　①弟地[1]第涕[俗]鼻～特～为　②堤提[1]啼蹄题　③体　⑤替涕剃屜遞透[俗]圆满、彻底：～熟绨线～　◎帝[俗]皇～

n　①贰[1]～毛腻[1]炒菜用～子誽打～：打趣　②尼泥呢[1]～绒抳涂抹倪　⑤拟腻[2]油～匿昵　◎呢[3]助词

l　①史[2]姓，避同音字"死"讳改音"吏"吏例厉励丽隶瀝浠、滴：～灰水离[1]～他三尺荔利痢漓[1]～～～～（音利利拉拉）　②犁梨黎离[2]～别篱漓[2]璃釐狸[1]海～　③礼狸[3]《～猫换太子》(京剧名)李[1]姓里理鲤娌哩[1]英里；旧也作～裏

tɕ　①穄芦～稽赌～：耍无赖鸡基期[1]周年蜞蚂～、蟛～几[1]～乎机叽～咕饥肌讥箕屐忌[2]怕如～鬼䶥䶥也；副词，只修饰"酸苦䶥涩"等味：～苦的荠[1]荸～奇[2]屌[2]男阴知[2]～了儿：小蝉醭～花：酱油上的白醭筐篦～巷　②叽[俗]～唶尸转门声　③姐挤几[2]茶～虮己纪[1]姓；～律⑤祭际穄～子：一种小米济剂～量计～算继系[1]～带子寄冀纪[2]世～、～念记既季魃幼儿多病，据说因母有孕鲚鳜檵枸～痦色斑嫉[1]～妬　◎肘门转～儿：门轴脊[2]背～

tɕʻ　①妻剂单位量：药～子、馒头～子栖溪古～(地名)蹊～跷睇～～眼儿企岐技妓欺期[2]日～忌～嘴及[1]来不～嘁呵～：喷嚏声奇[3]～的八怪的　②其棋旗齐齐修整边幅脐肚～鐖六丫面饼奚溪～水畦携奇[1]骑祁祈鳍　③砌启岂杞溪母字起　⑤契器弃忌猜～气汽吃[俗]～力　◎纪[俗]年～疾[3]暗～毛病计[俗]伙～戚[2]亲～緆毫～：秤纽

ɕ　①荠[2]～菜儿西犀兮徙牺嬉熙系[3]篮环绳之类希稀稀[音]麦芽糖液嘻咥戏笑：～～人咥胡子根部因笑而动阇～缝：露出缝隙窸～～察察　②奚[音]～动：纷乱；红肉～～：状伤口外露携　③洗玺喜死[2][音]副词：他～坏的蟢史[3]姓，避死讳改音喜　⑤戏细细[音]毛细作用：～油、～水系[2]～统◎脐[俗]䐚～儿

ø　①义议衣依艺伊医易[3]～容：容易毅蚁勚磨损肄[2]　②爷[1]老～仪夷夷[音]叔叔姨宜谊沂饴移遗[1]　③已以以[音]腐败矣倚尾[2]马～草椅[1]倚[音]延误：事情挨～下来呀踦抵住　⑤忆异易[2]～如反掌意渻渲润肄[1]描画翼瞖刈殪凋谢

三、u

p　③补捕　⑤布佈

pʻ　①步部铺[1]～设、～展簿豧～气：喘息潽汤液沸溢胕[1]腐而体积变大孵～蛋　烰[2]蒸嫩蛋脑　②菩呼～气：吐气蒲③甫浦捕脯辅普附[3]香～子　⑤埠铺[2]店～

f　①父互妇乎[1]呼呼鼾声户[1]沪护夫佚袂麸附[2]鬼魂～体胕[2]腐而体积变大糊[1]～～儿面敷～药服量词：一～丸药　②胡[1]姓鬍～须湖[1]太～糊[2]～纸痀[1]疼扶芙浮[音]芋、菱茎叶巫[1]～婆诬俘浮[1]烰[1]～火：火焰上层符胕[3]～肿和[2]游～：玩纸牌脉～头：棺头狐瓠[1]～芦壶稃　③抚摅泼洒府腑俯腐斧釜虎烰[俗]～炭：烧木柴后闷熄形成的木炭敷[俗]～衍辅浒[1]肤　⑤负阜庠庠[音]旋转，吹动付附[1]～属洑赴赋傅富副簿鱼～子　◎弣把～：草扎成的加强筋

v　①乌坞污许[2]邪邪～户[2]～限：门槛护瓠[2]～瓜

②吴蜈吾壶~蜂 ③午户^{4}门~框:门框的竖料五伍戊武鹉侮舞 ⑤务误悟焐保温恶^{1}雾

t ①都 ②嘟^{2}走了:脚脚~;~掉咯 ③肚^{1}胃.端母字堵睹赌 ⑤妒妒[音]衬字:紫~~的嘟^{1}打~子:唇、舌、小舌颤音

tʻ ①大^{4}~布、~板床杜肚^{2}腹,定母字度渡镀 ②途塗徒屠图 ③土^{1}吐^{1}~痰 ⑤兔吐^{2}呕:打~子唾

l ①路露^{1}雨~鹭赂 ②卢炉芦鸬庐攎扒:~钱;轻抚 ③鲁橹卤蘂[俗]花~乳^{1}豆腐~

ts ①租诸猪^{1}猪[音]塞、肿朱硃珠诛蛛株 ③主拄祖阻组煮 ⑤做^{2}[老]~种著显~著(着^{1})钉:~纽子注註驻蛀疰~夏齒盛物于器铸骤

tsʻ ①住柱^{1}粗粗[音]~略揩擦;塞:拿馒头~他的嘴苎初助箸~笼:筷笼嘘顶撞,使难堪 ②殳~家庄(地名)刍反~刍[音]粗野无礼除储锄厨橱雏 ③处^{1}杵础褚楚鼠暑 ⑤处^{2}措醋憷~怛:忌讳

s ①书苏柱^{2}竖树枢酥梳疏蔬舒输殨疏松朽烂 ②殳殊 ③数^{1}动词 ⑤戍庶诉恕素嗉塑黍署薯漱蔌菜~数^{2}名词蔬~菜

ʐ ②如儒襦 ③汝乳母~蘂[俗]花~擩捣击使碎

k ①姻~嫪咕沽沽眼泪~~:饱含泪水牯公水牛罟鸪姑菇孤^{1}~独菰瓠~踝箍箍[音]以棒横击③古估户^{3}石~儿:门前一对石饰,连在门内为门窝股^{1}~东鼓臌胀藍砂~⑤故雇顾固锢

kʻ ①枯枯[音]连鞋入泥水中行走枯[音]喷气:~气 ②啁 1.话语含混不清;2.训斥;3.糊涂啁[义]1.平面的中心区~起来;2.丰满;3.膨胀;4.液体涌出 ③苦 ⑤库裤裤[音]小农具装柄处的套状结构

四、 y

t ①堆^{1}堆雷~(磊谆) ③举~动:痉挛 ⑤对碓^{1}

tʻ ①兑^{1}梯^{1}推^{1} ③腿^{1} ⑤退^{1}褪^{2}~色蜕^{3}~化

n ①内^{2}~里、~教、~行 ③女馁

l ①虑滤累^{1}连~类泪莀~草,狼尾草 ②雷驴闾姓擂磊^{2}~谆,即雷堆擂拉割、研磨 ③吕儡累^{2}积~垒磊^{2}履捋铝旅缕屡

tɕ ①堆^{2}居车^{1}~马炮拘~束;~礼懼敬请:~客先享驹白~(地名)距^{2}老~:老练榉 ③举~手嘴 ⑤对^{2}对[音]~床句巨拒距^{1}~离矩锯据根~具俱惧醉碓^{2}剧~毒譎辱~炬

tɕʻ ①句[俗]区驱兑^{2}梯^{2}推^{2}蛆趋崔催罪遂^{1}顺~聚穗^{1}麦~~儿 ②徐渠驹鲍~(人名)随^{1}瞿癯皮枯瘠 ③取娶腿^{2} ⑤去退^{2}褪^{3}悴^{2}啐^{3}叹词粹翠趣^{1}脆

ɕ ①吁^{1}气喘~~尿^{1}名词虚嘘墟觑须需虽绥穗^{2}五彩~子荽芫~ ③许^{1}姓浒^{2}~澪(地名) ⑤岁序绪叙婿碎絮遂^{2}~愿隧~道祟^{1}作~縗~管儿

ø ①于(於)^{1}~是吁^{2}呼~迂芋纡玉^{1}於姓淤御禦预豫遇裕喻姓 ②于^{2}姓圩^{1}~岸盂鱼渔愚娱虞馀俞逾愉榆愈围^{1}~腰儿;~田蝟(猬^{2}) ③与宇羽雨禹语寓誉喻[俗]比~ ⑤尉^{2}姓擘添:搓绳~草飫饲喂蝟(猬^{2})欤唤猪声

五、a

p ①巴^{1}芭妑[俗]女伢儿梳~~儿头疤钯^{1}铁~子粑^{1}饼齙^{1}齿外露:龇~龇~的豝长~猪:种母猪扒^{1}爬高爬~墙头 ②粑^{2}~儿:饼 ③把^{1}~握靶屉大便 ⑤爸^{1}把^{2}~子:柄罢坝霸 ◎怕[俗]哪~:假设

pʻ ①扒^{2}~红蹄汃弱:病吖~呀;烂:肉煮啊~呀趴匍匐钯^{2}钉~耙罢~市、打啊~呀竨(𨑨)矮~~儿 ②扒^{3}~儿手杷筢笊~、打丝线要传~妑~~角儿𨑨~~凳儿、矮凳儿杷无齿农具爬琶牌^{2}靠~头齙^{2}[俗]豁~儿:齿缺 ⑤怕害~

m ①妈^{1}骂瑪睼~ ②麻蟆蝦~忙~烦埋狗屎~塘 ③马妈^{2}~~儿(已婚女人)吗^{2}~啡码码[音]略腌、略捆蟆[俗]蝦~蚂~蚁 ⑤妈^{3}大~:伯母 ◎吗^{1}助词

v ①瓦^{1}~刀画^{1}动词:~画儿划^{1}~玻璃蛙 ②凹[俗]~坎儿:河坡凹处划^{2}~船划[音]向心拉、拨:~草、~饭;黏鱜~蛇:黏滑状哇^{1}兒啼娃 ③瓦^{2}砖~抓割破搲~糖蜗[俗]~牛 ⑤凹^{2}洼漥 ◎哇^{2}助词

T ①大^{6}~小 ②哒 ③打动词、量词 ⑤大^{1}~~:伯父 ◎䃥^{1}蓠~ 叠韵联绵字

tʻ ①他

n ②呐^{1}唢~拿^{1} ③哪^{1}~儿~嗨 ⑤那^{1}

l ①拉垃~圾辣[俗]~蓼(草名) ②漓^{3}排泄失控拿^{2}~宝儿:詈语 ③哪~嗨:哪儿蓠~䃥:不谨饰 叠韵联绵字 ⑤那

ts ①拃拇、中指张距査^{1}姓楂渣喳遮^{1}蔗挓张开:~嘴皻蛮横㾀猪油~儿齇 ③吒哪~砟碎细 ⑤乍^{1}咋诈炸^{1}~弹这^{2}多在双音词首:~嗨、~吖柞榨柘奓~腮:腮过宽咤怒声 ◎䃥^{2}蓠~

tsʻ ①叉扠杈^{1}钗衩[俗]~口袋訍~持人短车^{2}汽~蛼~螯差^{1}~别赹升:~旗子蹅蹬、蹋:~被单茶^{2} ②茬查^{2}调~茶^{1}搽 ③扯採[俗]~花、~草镲~~儿:铙 ⑤岔错[俗]忙嘎出~唱^{2}~喏:作揖汊杈^{2}衩衣~

s ①生^{2}~活(活,音货):苦头沙纱犖~牛:母黄牛射謲信口说牐~栏子;城门栅煞~白的 ②佘蛇 ③洒烁[义]~亮捨撒傻 ⑤社菩提~(庙名)厦^{1}嗄~喉咙嗄[音]叶被虫咬了洞赦赊[俗]塞烁[义]

ʐ　②弱[俗]示弱：～把他　③喏[1]唱～惹　◎喏[2]助词

k　①加痂枷刑俱袈尬家傢稼　②嘎[2]叹词；象声词　③生[1]～古：脾气特别贾～家儿桥（地名）　⑤架驾嫁　◎价整天～嘎[1]结构助词、语气助词

k‘　①抲塞、插　②喀搭[俗]1、持强控制：～强。2、处于两者之间或接续到下一阶段：～月。　③卡咔揩～油咯～血　⑤搭控制、握

ŋ　①丫砑鸦桠掗[2]　②牙伢～儿：小孩弓转门声芽房本义：不脂合．引伸义：～捂蚜　③哑　⑤垩掗[1]

x　①鹤[2]～儿：水车槽筒木链的一节，连读变调之音．吴语词下[1]扐搔挠虾[1]哈[1]哈[1]～气：张口呼气夏～布　②吭[4]喘：～气虾[2]～蟆乌儿：蝌蚪傻[俗]痴的～气的　③傻[俗]笨

ø　③也[1]

六、ia

p　③嗝[2][方]不正

p‘　①□（"飘呀"的快读）象声词．□（"飘呀"的快读）飘跌状：他挨一掌打啊～下去呀　③嗝[1][方]不正、不正道

m　①冒[2]～乎：瞌睡皃　②冒[1]极兴奋而闭目　③乜[1]姓；窥视　◎咩羊叫声

t　①爹　③嗲

n　①丬～卜儿：小少　②卜丬～儿：小少　③□（"你呀"快读）合音字，你家　⑤□（"你呀"快读）合音字，你家

tɕ　①加痂袈枷家傢稼佳嘉　③姐贾姓假真～假[音]～蝼：蚱蜢假[音]斜：假腰假[2]说～儿：说民间故事加～力：地名　⑤价借架驾嫁㮰檩数及间距藉～故

tɕ‘　①谢榭集[2]～头儿：歪脖子谢凋谢　②茄斜邪[1]淫～详[2]不～意：不在意强[1]头～啊～的：不服气的样子强[5]顽强、强制：他～，我～不住他　⑤趄倾斜

ɕ　①下[1]～降夏厦[2]～门虾[1]鱼～嬰窒～：迟缓　②遐暇瑕虾[2]～蟆惬[俗]～意傻[俗]～佬儿霞　③写些[俗]　⑤下[2]脸上难～吓[2]泻卸惬[俗]～意

ø　①鸦耶夜窒～嬰：迟缓　②爷[2]父：～娘牙芽蚜衙崖涯　③也[2]邪[2]～～许雅野　⑤亚　◎呀爷[4]老～货

七、ua

ts　①抓　③爪[1]～子：动物的脚

ts‘　①欻队列步伐声

s　③耍耍[音]不黏：～的

ʐ　②弱[俗]示弱：～把他

k　①瓜呱[1]叽～　③剐呱[2]～嘴寡　⑤卦挂褂

k‘　①夸垮　②刳刮：～皮；强制：～住他把钱　③侉胯～庰：胯下　⑤跨

x　①化[俗]把大票子换成小票子刳纵向剖：～木头；～板花[1]话划[1]～分画绘～画～糕：加工倒箱儿糕　②华铧桦划[2]～船；估算：～～黄[2]～六　③化[俗]溶融状　⑤化～学霍[1]～乱（病）

八、ya

tɕ‘　②瘸

ɕ　①靴鞾偷：～起来呀　②鞾[音]偷：～起来呀鞾[音]打：～你！

ø　①曰[1]肥[1]1、手足曲病；2、借指懦弱　②弱[俗]示弱：～角儿　⑤曰[2]～口：话中含义肥[2]悠悠地稳住：～住嘎

九、ɛ

p　①箉[方]父　老派称呼　③摆　⑤拜　◎外[俗]裹～裹：反正都是

p‘　①呸敗稗䢇[2]浅涉　②排[1]～列、筏排[1]打：不听话就～你牌[1]挂～　③排[2]～风（人名）　⑤派

m　①卖眑～獃：久视而忘了其他　②埋　③买　⑤迈

v　①外歪喎[1]（㖞）～嘴儿；～儿：蚌、蛤壳　②怀　③崴扭伤、扭动、摇摆　⑤喂喊声

t　①呆[1]停留待怠[1]懈～獃擡[2]仰头　③歹歺[音]～～的：经常地㕦吃、咬：一～一个饱、挨野狗子～呀一口逮[2]捉　⑤再[俗]带带[音]和、同答～应戴襶䙍～大～夫（医生）

t‘　①大[3]～斧、～气态汰～衣裳代袋贷苔[1]青～怠[2]～慢胎胎～谐：指人的素质好紿松垂待埭逮[1]～捕殆　②台抬（擡[1]）苔[2]菜～　③大乡村音　⑤太汰淘～泰大[7]曹～家（班昭）

n　①耐奈　③乃奶　⑤奶耐咀嚼不香，难以下咽状

l　①赖癞䙍～襶　②来　③咧～嘴、展开膎～怪形　◎俫

ts　①灾斋栽财[俗]～翁　③者宰1、主～；2、咬定：一口～定吖是他偷的；3限定：不～～拘。哉助词：来～载[1]年：三年五～　⑤在好～：所好再载[2]～重债寨

ts‘　①尺[2]工～谱在差[2]出～猜儎载运量拆（瘇）～尿：排小便　②才材财[1]豺裁　③採彩睬踩踹玉米～儿　⑤菜蔡　◎察[2]觉～：觉得

s　①社～会射[1]趿路～儿：一种拖鞋奢腮鳃筛揌填塞簛　②柴　③赊捨赦[俗]　⑤舍宿～晒赛寨鬾魂：落～塞[2]要～

k　①阶该孩拨移赅皆稭街枷[俗]连～（农具名）　③改解[1]～结　⑤介芥疥戒械概溉丐界届盖解[3]～元、押～　◎吤

k‘　①开揩　②餩～气：吐出胃中之气　③慨楷蝗蚜虫凯铠　⑤隑斜靠

ŋ ①艾哀挨[1]～近磑～来擦去碍 ②呆[2]呆(騃)[3]埃挨[2]～打捱癌 ③矮霭 ⑤爱隘

x ①亥骇咳[1]叹息咍笑声唉嗐～文章:唱读害解[2]姓懈 ②还[1]孩谐谐～闭眼儿:调皮或蔑视的眨眼;呻吟鞋 ③盒碗榼木～:建筑涂泥用具揩料～:网兜海蟹懈[俗]～～儿摇 ◎懈松～

十、iɛ

tɕ ①皆阶 ③解～放 ⑤介芥疥戒械界届借

tɕʻ ①谢 ②茄邪斜 ③且

ɕ ①懈 ②谐鞋 ③写些[俗] ⑤泻卸

Ø ①夜 ②爷老爷爷岩癌 ③也野 ⑤液腋掖

十一、uɛ

ts ①拽[3]跌下去 ③跩蹒跚:脚～呀～的跩[音]摆威风:你～的哪一家;赞美词:这幅画真～! ⑤撑拉拽[2]搁:像放大口袋一样～着,不再动

tsʻ ①啐[俗]叹词揣[1]收、藏 ③揣[2]～测 ⑤啐誶责骂义搋～面团踹[1]脚～

s ①衰摔 ③甩 ⑤帅誶嗔、责骂

k ①关[2]～会:关照、吩咐乖 ③拐踝 ⑤怪

kʻ ①擓[1]用胳膊挎着 ③擓～篮瘣～瘤儿傀傀[音]举止轻浮蒯 ⑤会[1]～计刽[俗]桧～柏块快筷

x ①坏喎[2]～嘴儿歪[2] ②怀淮槐踝 ③搳 1.打:～嘴巴儿 2.甩动:～水 3.吃:～呀两碗饭

十二、ɔ

p ①包苞[1]抱[1]～怨胞龅 ③保堡饱褒宝 ⑤报抱[2]怨～:～怨脃凸眼球:勒头～眼鲍暴[1]～芽爆曝瀑～布趵跳跃,引指胀:车胆子～豹

pʻ ①抱～怨泡[1]名词:水～～儿、～灰苞[2]脃眼睑刨(铇)鲍奅[俗]虚夸抛脬尿～、量词(通泡)暴[2]～～的:刚刚瀑雷～雨 ②咆～躁刨炮[1]～制袍跑 ③奅[义]～儿:稚嫩,不练达 ⑤炮[2]大～泡量词泡[2](渀)浸～疱～疮奅以言冒人 ◎雹[2]冰～

m ①毛[2]霉菌丝斑冒帽貌木～鱼儿 ②毛[1]～发矛茅猫錨 ③冇夹～卯铆铆[音]捆扎、捉懵[3]～一冲 ⑤毷～毹

t ①刀叨念～朝今～糟[俗]麿～儿味 ③倒[1]打～岛捣柮榾～儿祷 ⑤到倒[2]～垃圾道

tʻ ①叨～扰、～教滔稻掏道盗掉[1]丢～夲 ②逃桃淘陶萄涛 ③讨～论导悼 ⑤套

n ①闹[1]孬 ②挠铙 ③恼脑 ◎啱

l ①唠～叨捞[1]偷～私分勦～勦闹[2]寒～～的:略觉冷潦[2]1.笨傻:～气;2.古詈词:贼～ ②牢劳捞[2]打～涝撩[俗]～衣袖 ③了[俗]一～儿:原来老佬 ◎嫪姻～:婚外的男人

ts ①召昭诏招朝[1]～气遭～遇糟槽[俗]八斗小麦～的滚 ③爪[2]手～儿笊早枣找沼～虾儿蚤澡 ⑤灶卲卜:跌～罩兆照燥[1]急～毹毷～躁

tsʻ ①皂造[2]～桥、～谣吵[2]～嚷抄吆鸣、叫弨帽舌反曲赵超操劋阄勡勦～耖肏遭[俗]～罪櫂 1、桨; 2、操桨向后为划,向前为～ ②痳饥饿感;疮口腐烂加深啁～哳曹槽巢朝[2]～代潮 ③草炒吵[1]争～ ⑤造[1]制～糙糙[音]天旱,下种后种儿干吖～掉啊,不出芽;擦:脚～脚

s ①捎梢稍鞘鞭～蕱老藕段:藕～子邵烧骚蹈[俗]坐卧时交叉踢脚臊 ②绍[1]介～韶绍[2]短:乡村音 ③少[1]多～扫[1]～地嫂 ⑤扫[2]～帚少[2]～年肖[2]～属哨齨咸燥[2]风～天熛放～火:元宵节俗,晚,点燃田间、沟岸宿草悛快瘙风～子,风吹后出现的小丘疹

ʐ ①绕[1]～线 ②饶桡 ③扰绕[2]围～ ⑤绕[3]迂回:～过去

k ①叫召唤、支使:～他来;～他去高膏[1]油～子篙羔糕教[1]～书胶～黏:状黏稠匀和 ③疞腹绞痛杲～昃:东西,指事物稿搞藁搅介打～说笑挍扭曲、戾绞 ⑤叫～花子:乞丐告窖觉[1]睡～膏[2]～油交量词:次,遍校(教[2])大～场较商议计～斠调试酵

kʻ ①挍[俗]1、戾:～事;2 缝:～边敲 ③考烤拷犒 ⑤铐靠 1.依靠;2.无依、受限:奶～子犒 ◎巧细～

ŋ ①拗[1]窅深目:眼睛～啊肚的爊熝摮横击嚣[1]称赞麐～糟:喻愤懑恼～忍 ②敖姓敖高昂熬煎熬忍耐、拖延嗷螯[1]麐 ③咬袄 ⑤奥懊隩～阁搜磨也傲奡额昂也坳拗[2]螯～口麐[俗]～糟:喻愤懑澳

x ①号[1]～码蒿蒿[音]食物变质之气味嚆呼叫声、赶鸟声毫[2]秤纽:头～儿薅 ②号[3]呼～嚎～丧毫[1]羊～豪壕 ③好[1]～坏 ⑤好[2]爱～浩耗

Ø ①噢表应答 ②噢表疑问 ③噢表应答好应答声 ⑤噢表应答、知晓凹[1]

十三、iɔ

p ①标膘(臕)肥～彪瞟看 ③表錶 ⑤摽牵制、牵连

pʻ ①剽窃;削嘌信嘴～漂[1]～泊飘 ②朴[3]姓嫖瓢瓢[音]欲哭时口形 ③殍漂[3]～白殍[音]过分、粗野缥荷仓～:一种白竹布瞟嘌吃相粗鄙 ⑤票漂[2]～亮鳔

m ①庙妙谬缪姓 ②苗描猫[老]喵猫叫声锚 ③秒渺藐

t ①刁叼碉貂短:～尾儿貂雕 ③鸟[1]无用、可恶屌 ⑤吊悬挂、～炮袇衣里加缝皮料掉钓调[1]声～鵰状衣短;不见长个子,只见裤子～上去啊

tʻ ①粜～刺挑[1]～担铫掉[2] ②条鲦调[2]～和笤藋灰～：藜 ③掉[3]～头：转头挑[2]把话～明誂～祸斢调换糶给优惠 ⑤粜跳跳[音]快炒、略炒

n ①尿名词尿[2]动词 ③鸟[2]飞～鸟[音]爱挑剔 ⑤溺[音]蛔虫翘动状；挑逗：～他说话

l ①尥～脚儿料廖寥撂瞭敹瘦长：长脚～膀的 ②辽疗撩～拨嫽挑逗獠[1]橑～檐燎瞭镣潦僚聊 ③了～结

tɕ ①交郊胶娇骄焦蕉醮浇[1]盖～面；稠度薄：酵～教[1]～书椒 ③饺绞皦～耳毛绞～菜：大筷搛，更大口吃狡校[2]～对较[俗]比～铰矫侥剿缴搅敿缝合 ⑤叫～唤醮很穷：穷鬼杀～鬼觉睡～教[2]～育较～量、争～究考～(古越音迹)

tɕʻ ①消[俗]罢～敲轿锹噍转～：反刍嚼同噍繑(缲)缝纫针法一撬墧[2]不顺跷[1]踩～恐吓～ ②乔侨桥荞趫踩高～墧[1]拿～：你越急切，他要价越高憔樵瞧翘[2]不平鞽马鞍～ ③巧悄燢[俗]不熨贴巧[音]晒：一～干(一次性晒干) ⑤俏窍翘[1]～尾巴蹾肛门燢不熨贴诮

ɕ ①号[2]～脉枵厚度薄校[1]学～效肖[1]消～除宵霄硝销鞘[俗]嚣[2]喧～萧箫浇[2]稠度薄㲉身体单～揱翻开 ②肴淆 ③小晓 ⑤笑酵发～孝孝[音]苍白：脸色白～潲加水调；雨～霄合音字

ø ①么[1]夭妖吆赶要[1]～求腰腰[音]腰断、腰隔邀鹞 ②摇谣窑尧姚 ③咬～寿儿：詈语舀杳～～无期尥[1][俗]不正：～七～八 ⑤幺跃要[2]重～缨绳状：绞～子耀尥[2]搅～子：胡搅蛮缠

十四、ər

ø ①二贰[2] ②而兒用于自成音节的字儿用于儿尾、儿化韵 ③尔耳饵

十五、ei

p ①杯卑婢碑悲背(揹)[1]～负；牵拉：～车子；掀：～风作浪 ③比打～方彼[2]～此(老派音)；失～ ⑤贝币蔽敝弊毙闭倍焙备悖～时陛背[2]～脊辈

pʻ ①备披帔凤冠霞～ ②培赔陪裴便[2]～宜 ⑤沛配佩辔

m ①妹昧～良心寐茂贸 ②枚靡梅霉(黴)脢鲢～头儿鱼谋媒煤弥眉楣鹛[2] ③每美某牡 ⑤媚

f ①飞妃非 ②肥浮[2]轻～ ③否匪翡菲～薄 ⑤吠柿木～儿肺废癈芦～费

v ①卫为[1]～什么位[1]地～未味萎[1]疲乏：～呀魏威葳～蕤、～草(金鱼藻)煨 ②为[2]作～圩[2]违围[2]苇危桅维惟唯微 ③伪尾[1]伟纬炜委萎[2]～缩 ⑤位[2]派头：～儿不小味无～：无趣，丢脸遗[2]尉[1]校～慰畏胃谓喂

(餧)～饭蝟卫[2]

t ①兜兠一作抖动；捞；吃丢呑～喀：啰嗦 ③斗[1]量具抖抖好出风头陡陡[音]冒失、莽撞、粗心垛[3]墙～子 ⑤斗(鬥)[2]～争斗(鬭)[3]～榫头 ◎的[1]助词；方位词，相当于"里、内、头"

tʻ ①豆逗脰黄～鸟儿头[2]馒～、芦～(芦柴捆子)特[2]～为偷窦姓 ②头[1]～脑投提[2][老]菩～社(庙名)酘～酵垛[4]大钟～：在戴庄乡(现作岱东头) ⑤透～彻 ◎地[2]落～窦耳～：耳朵

n ①内心～ ②揉[2] ③你扭纽呢[2] ◎呢[4]

l ①溜遛馏熘陋楝露[2]～马脚离[3]打～身拳瘘漏 ②楼镂蝼耧刘留榴流硫琉璃[1]玻～莲打～花：一种曲艺狸[2]狐～精 ③篓搂抱柳抑圈搅：～糊粉；胡闹：～事 ◎里(裏)方位词蝼[音]假～：蚱蜢哩[3]语气助词霤过～：檐沟磥石～：碌碡

ts ①舟周州洲帚诌绉[俗]～丝 ③走肘 ⑤宙昼咒邹皱绉[1]湖～奏揍骤褶[1]

tsʻ ①抽瘳[2]心迫不畅：～心绉[俗]文～～的㷅薰 ②仇[1]～恨抽[俗]吸；筛选绸稠筹愁酬瘳[1]～人子：心悸 ③丑 ⑤纣臭凑

s ①收受寿搜蒐飕[2]馊漱冷～～ ②搜[音]一种抓挠动作 ③手守首 ⑤搜蒐[俗]飕[1]瘦兽售嗽授叟

ʐ ②柔揉[1]蹂 ⑤芮肉状人笨且轫锐蘂

k ①勾钩沟 ③苟狗枸给 ⑤构购够彀努力接触远物：～不到 蹴累极：做啊～呀

kʻ ①扣抠[1]掏剾剜：～眼珠儿瞘(眍)深目：眼睛～啊肚的 ②抠[2][俗]掏、勾剋[俗]打眍[俗]深目：凹眼睛 ③口 1、人～ 2、近外处：～头 ⑤扣叩筘寇 ◎候[2]火～

ŋ ①欧讴殴熰大汤久煮 ②牛 ③呕殴讴偶藕 ⑤沤怄

x ①候[3]问～后厚齁糖～子：因吃糖而致气喘病候[2]贬指给：～你吃货 ②回[俗]识宝～子侯[1]喉猴犼怒瘊名词、动词侚～颟：急不可奈齁[俗]1、睡 2、喘 3、煮猪食 ③吼犼 ⑤哠～受：愠怒詬怒㖃吸附：～水候[1]气～黑乌～～的

十六、uei

t ①堆谆磊～．即雷堆 ⑤对队兑[1]

tʻ ①兑[2]推 ③腿 ⑤退褪[1]

n ①内[1] ③馁

l ①类泪累[1]连～ ②雷擂磊[1]～谆．见雷堆 ③儡累[2]～积垒磊[2]

ts ①追锥 ③嘴 ⑤坠最[1]缀[1]赘醉脆

tsʻ ①吹炊崔催罪 ②垂锤捶槌随[2]～便 ⑤脆悴[1]粹翠

s ①虽绥 ②随隋姓髓[俗]骨～谁垂 ③水 ⑤岁税瑞碎睡穗遂隧

k ①归圭闺规龟惠^{3}丢定～钱慧定～寺(庙名) ③诡轨癸鬼烩[俗]油炸～儿 ⑤桂贵绘水～园(地名)桧^{2}秦～(人名)鳜刽

k' ①亏盔窥跪柜𩌌～帽子慧定～寺 ②奎逵葵魁 ⑤刽[俗]愧溃

x ①汇灰恢会^{2}开～烩^{1}杂～惠^1～东徽厚[俗]忠～麾挥辉 ②回迂～茴 ③悔晦毁 ⑤桧绘～画秽讳贿惠^{2}优～慧智～麾挥晦～气喙鸟嘴

十七、ʊ

p ①波～浪、～士坡菠玻 ③跛簸^{1}颠～播颇剖 ⑤波～士:蔑或昵称簸^2～箕

p' ①仆^{1}蹼蹼～～:专为.见蹼坡～子街(地名) ②笸～篮婆 ③颇剖 ⑤破番^{3}量词

m ①母^{2}亲家～磨^1～子募幕^{1}暮墓慕 ②模摹馍摩蘑磨^2～刀蘑劘～削瞴～矚:视觉模糊魔 ③么(麽)^{2}母^1～亲拇姆亩沫[俗]吐白～,蔡～

t ①多 ②朒^1～儿:鸡,实读为假嗓音 ③惰^2～懒朵垛墙～子躲 ⑤ 剁惰^1～性读^{1}七字～儿:一种七字一句的民间文学唱本堕剟删削文字

t' ①大^2～爹拖舵垛地名通名:蒋家～ ②驼驮砣坨粘积瓶铜～儿 ③ 妥惰^2～懒椭～圆 ⑤蜕换皮:～壳惰^1～懒;不前毻换毛发

n ①糯～米 ②奴哪^2～吒挪～动 ③努呶～嘴儿:以唇示意㑚 ⑤怒懦懦[音]～～:兒语,睡

l ①啰～嗦摞螺^2～儿 ②罗锣箩啰喽～腡螺^1～蛳骡矖瞴～:视觉模糊 ③虏掳掳[音]急～～的:动作快而有力卵^{2}产～卵[音]卵状物:砖头～儿;棉花～ 儿𣂪割:～肉卤[俗]湿:牛鼻子湿～～的裸瘰～疬 ⑤那^2～嗨:那儿

ts ②朒^2～～:唤鸡声 ③左佐总[俗]～是的 ⑤做^{1}坐～月子揍

ts' ①坐～下;～蜡烛:吃力不讨好座嗾[俗]搓 ②矬剉～剔:清除、整理 ③ 就[俗]～是(部分人的口音) ⑤错

s ①蓑～衣虫儿梭唆睃闪视趖速行嗾[俗]鍡锯镂 ②趖[俗]1、蛇蚕～动。2、偷取鍡[俗] 锯镂 ③所锁琐

k ①戈过^1～期哥^{1}歌锅孤^2～僻秀可宁～ ②哥^{2}八～儿:乌鸦 ③果裹馃箍针～儿股^{2}屁～ ⑤个过^2～年 ◎鸪[俗]鹁～～ 股^{3}屁～

k' ①科^{1}窠棵颗苛坷界～柯圐～圆圈 ③可 ⑤课锞科～箬

ŋ ①饿 ②俄蛾鹅讹䫏～头:头前后凸 ③我

x ①乎^{2}在～烀和^{3}唱～欢～喜货[俗]～络儿巫^{2}夏～:傩文化传人,又名童子吹呼气贺祸蛤^{1}蟀～哈[音]～腰 ②户[俗]黄百～(地名)禾何河荷和^1～气胡^2～萝卜湖^{2}荡～船;芹～:地名瑚^{2}疼蠚～蠚:蚯蚓 ③火伙～计 ⑤货～物活[俗]吃生～:吃苦头荷^2

ø ①阿^1～胶屙倭喽发音不清:说话时～打～打的窝蜗^1～牛涴[俗]反悔,不认帐:说～话;胡涂:做～事 ②喽[俗]叫声 ⑤卧涴污染、弄脏 ◎鳌^{2}蟀～

十八、yʊ

n ②牛 ③扭纽 ⑤拗^{4}脾气～

tɕ ①纠灸咎^{1}难辞其～鸠究～竟柩阄褶^{2}瘷[俗]～包儿打裥的揪鬏挚量词:一～头发 ③九久究[俗]～竟韭酒鬏[俗] ⑤褶缩小;～里～巴的就救瘷收缩

tɕ' ①旧丘臼全^{2}肚～:猪内脏舅秋鞦就^{1}将～袖^{2}衣～圈^2～令:来回蓝乌～ ②仇^{2}姓囚泅求球虬～头发、皱折旋^3～～儿风 ③咎^{2}捉弄、盘弄、打斗咎[音]做、干、挣就[俗]～是

ɕ ①休修羞 ②嗅[俗]吸扐[音]偷:他把钱～起来呀;缩:衣袖～上去呀 ③ 扐轻动朽 ⑤秀缩萎缩:牙脍子～上去呀;～顶光锈绣嗅袖^1 ◎宿^{2}星～

ø ①又右祐优忧悠～久悠控制、稳住:～着点儿釉幽柚 ②尤犹由邮油柚鼬游 ③友有酉莠 ⑤幼悠[俗]～住点儿囿围诱

十九、ã

p ①邦帮帮[俗]敷:～药傍依膀棒^{3}硬～～ ③榜膀^{1}臂绑 ⑤浜蚌谤磅

p' ①乓^{1}抨打:碗～掉啊胖^2[俗]～～肿棒^{1}棍～笨笨～ ②庞姓旁滂膀^4～胱螃鳑～鲏儿 ③棒^{2}主干:树～儿髈脚～子膀^{2}翅～ ⑤汎浮:～河灯胖^{1}肿胖 ◎喷[俗]水～气;量词膀^{3}翅～

m ②忙芒茫硭～子:纸媒儿(含～硝)盲虻 ③莽蟒网～儽儿:网状不成形的组织

f ①犯^1～法方芳妨不～;处～世 ②防房肪妨～碍 ③仿彷访纺 ⑤放

v ①汪忘^1～掉望篁～障、～砖 ②王亡忘^{2}遗～黄簧蝗蟥 ③网辋往枉～为人:不够做人的标准 ⑤汪[俗]1、积液.2、状液面反光:～亮的枉[俗]～死旺妄晃～动晃[音]中部松垂:绳子～下来呀晃副词:～亮的 ◎枉

t ①当^{1}应～档^1～口裆 ②噹锣声 ③党挡档^1[俗]～案 ⑤当^{2}典～档^2～次宕荡扫～、荒～

t' ①汤汤副词"通"荡草～子宕超逸游 ②堂棠螳唐糖塘锡[俗]～锣儿糖紫～脸场^{2}荒～肠落落饥～,澄母字,常以轻声用 ③倘躺淌 ⑤烫趟搊～车子:推着车而不

骑㩜～网;～子(平斗斛的丁字尺)鍚酒～子:温酒器樘量词:一～椅子

n ①囔发语词:～,你怎吖弄相嗲? ②囊^{1}齉^{1} ③攮 ⑤腩软～～的儾松弛

l ①浪^{1}波～趤逸游哴^{1}～衣裳让～门敞 ②郎廊浪^{2}～头儿鱼狼蜋螂榔～槺、～头囊^{2}齉^{2} ③朗趤 1.躭延.2.～篷:船升帆哪样(合音字):～吖塱瞵子㮾～管:小车的车杠裉～裆儿:破布条儿冷延迟耽搁:～下来呀 ⑤儾见nã^{5}

ts ①赃脏^{2}不净张帐看章樟幛瘴鲳[俗]～鳊鱼 ③掌手～长^{1}生～涨^{1}～潮怎 ⑤占不屑屎～毛缸仗打～杖拐～藏^{1}西～脏^{1}内～葬帐账胀涨^{2}高～奘^{1}唐玄～障震[俗]～耳头

tsʻ ①丈仗杖仓苍猖毛～～:毛蓬乱状昌菖倡猖鲳文～鱼筝[俗]风～脏五～六腑、～油藏地～庙阵阵～雨 ②长^{2}～短肠场^{1}～所常藏^{2}隐～ ③厂场^{2}操～敞 ⑤唱^{1}～歌倡～议畅锃^{2}磨擦:～痒、～亮

s ①上～下、～凉日子生～毛:发霉尚绱裳单衣薄～墒伤桑丧商 ②尝裳偿 ③上^{1}～声嗓磉晌赏鐌接～ ⑤上^{2}～海鐌—～活计 ◎场^{4}sa°

ʐ ①让 ②蘘～荷穰辗过的稻、麦茎穰[音]十分破碎齉 ③ 壤嚷攘

k ①江姓豇缸肛扛举:～肩膊扛[音]现出、凸起:～疹子扛[音]增加:吃酒～精神冈岗戆^{1}～～[pʻɔŋˈkãˈ]原指放屁.转为诈唬、暗示吭^{2}吵刚钢焗淬火降[俗]～风潮 ③讲港～口;河:焦～、司马～ ⑤杠杠[音]现出，凸起;～脚:硌脚虹^{2}露天～焗[音]用少许油煎:～饼儿搁垫高:～地基吭^{1}骂给对方听(当面或不当面)降霜～、～暴

kʻ ①项^{1}颈～康槺榔～糠慷 ②扛用肩～ ③慷～慨 ⑤ 抗囥藏;屉窝;暗屉炕北方取暖睡台

ŋ ①映^{1}蚊子～窠;语尾助词肮鲠～鳜鱼 ②昂昂[音]推 ③㶿～烟搡推:把他往前～硬[俗] 脾气～、～起来呀

x ①夯名,工具;动,打夯[音]为某种目的而大量花费:拿钱～;耗时:～功夫;吃重了:～人子项^{2}～目巷吭^{4}蚊子～天 ②行^{3}～列吭^{3}喘:～气绗～被单杭航 ⑤炕[俗]1.烘烤:～脆饼儿.2.引指热、薰:～人

二十、iã

p ①□(“毕央”合音字快读)象声词

pʻ ①□(“匹央”合音字快读)象声词

n ①孃称父之姐妹 ②娘 ③仰 ⑤ 酿

l ①亮谅椋提～儿:小提桶量^{1}数～ ②良粮凉梁粱量^{2}测～ ③两^{1}斤～辆

tɕ ①江将^{1}～来浆姜薑僵礓～踏子:台阶疆刚～巧 ③将～比:比如桨奖蒋讲宣～强^{4}脾气～彊[俗]砂～儿餲饭～吖 ⑤将大～酱降^{1}下～犟(强^{3})脾气～糨布～子

tɕʻ ①匠羌呛跄^{1}跟～枪手～枪[俗]乱突:鸡子～吖屋上去呀戗^{1}1.逆.2.引指发屑:头发～子像儿子～娘腔箱[俗]风～酯生拌，卤渍 ②详^{1}祥翔强^{1}～大降^{2}投～墙 ③抢强^{2}勉～ ⑤爿^{1}戗^{2}撑持跄^{2}跌跌～～弶

ɕ ①乡相^{1}互～湘厢葙青～:蘘荷箱项～目香襄镶 ③饷^{2}关～:发津贴费响享享[音]～棺材:窒棺材缝想鲞黄鱼～鲞～肉:将肉成大块的切下飨～堂 ⑤向相^{2}～貌象像人～

ø ①央抰举手欲打状殃秧烊^{1}打～:商店休息 ②羊佯 1.做作:装～.2.人将死:～吖下阳洋烊^{2}～灰:石灰粉蛘～虫:中药中的象虫扬杨疡 ③仰～相养^{1}痒 ⑤养^{2}娇～、放任恙鉠腻味:肥得～人子暘易燃、火旺

二十一、uã

ts ①庄桩装桩[音]酵挺妆撞^{2}～天撼地 ③奘^{2}粗㧓整理 ⑤壮

tsʻ ①创^{1}～伤疮状窗撞^{1}车子～人磢^{2}砒～ ②床^{1}噇吃 ③创～造、～伤闯撞[俗]～骗、～见 ⑤创^{2}～造

s ①双霜孀磢^{1} ②床^{2}漺慢慢滴 ③爽漺慢慢滴

k ①光^{1}～明、副词老:～是頫耳～:脸颊 ③广光[俗]老:～是 ⑤光^{2}刮:～脸桄机～、槽～逛闲～矌[训]看

kʻ ①匡匡[俗]估计、料想框眶筐絖 1.量词:一～线;2.引作绕:～线 ②狂 ③圹^{1}龙～:大型祖坟 ⑤况圹^{2}旷矿

x ①荒慌 ②黄簧蟥磺皇惶隍凰煌蝗艎～板:船板 ③晃^{1}～眼谎 ⑤逛[俗]～大街滉井～凉水晃^{2}～动

二十二、ẽ

p ①扳班斑颁般攀[俗] ③板版 ⑤办置～爿^{2}量词:一～店扮打～瓣绊跸

pʻ ①办～酒扮[俗]～家家儿跸跑不～攀 ②扳[俗]～本盼片:缸～趱^{1}涉 ⑤袢^{1}盼袢(襻)衣～

m ①蔓慢幔漫蛮^{2}副词:～好 ②蛮^{1}名词、形容词

f ①帆犯[2]～罪范[1]姓番[1]～瓜翻饭[1] ②凡烦藩礬繁 ③反 ⑤乏泛畚褪色：～红翻～新：贬指不断换新范[2]师～贩疲欲呕：作～

v ①万弯～曲湾 ②玩顽[1]～皮 ③挽挽[音]水～子：木制大号舀具晚绾 ⑤弯[俗]拐：～过去畈畦

t ①丹担[1]承单[1]～独耽定不限～。双峰音 ③胆[1]撢瞳～眼撢[音]～到：一旦；一～的：经常（到、往） ⑤旦但担[2]挑～诞蛋混～

t' ①旦[俗]文～：柚担[俗]扁～坍～台：丢面子瘆软～贪淡[1]弹[1]炸～蛋鸡～摊滩瘫 ②坛[1]谈覃长：气福～寿谭潭檀缠长麻绳弹[2]～琴 ③坦胆[2]车～子：轮胎啖毯袒～护；秤～翘 ⑤探坍[2]～塌叹淡[2]～性怛憻～炭昰坐卧着慢慢滑下

n ①难[1]困～ ②南男难[2]艰～ ③罱

l ①烂[1]滥 ②兰拦[1]凉[俗]～日子：月亮蓝篮澜波～澜[音]烫洗肉类 ③两[2]～个烂[苏州音]～泥：土览揽缆爁～火懒罱 ◎两[3]约数：丢～个；拿～个；过～天

ts ①劖细切：～肉 ③斩崭[音]赞美 ⑤站暂绽盏錾蘸赞簪

ts' ①参[1]～加掺〔羼剷〕～和暂～时不到：偶尔、间或搀绽栈剷～花：刺绣餐粲 ②蚕残掺〔羼剷〕[俗]～杂惭馋 ③产铲阐惨馓 ⑤灿忏孱～头：强出头攦插划〔㓦〕副，都：街上～是人

s ①三杉衫山疝珊删 ②馋涎 ③伞散[1]中医用语：丸～膏丹 ⑤散[2]分～、～籽：虫鱼产卵

k ①干[1]～戈干[2]～湿刚[俗]～巧肝甘柑间[1]房～监牢～跟[俗]～前尴 ③感敢橄减[2]～饭碱杆秆[1]竿擀赶拣简竹～衵 ⑤干[3]～部干[3]～扮：素雅得体间[2]～苗锏～子：小车轴零件，又指指环擀[俗]～屁股：擦净肛门

k' ①看[1]～门口铅苋[2]马齿～龛鸽啄 ②拑过分精明函[2]～子：兒棺 ③ 坎砍刊限[2]户～、处世～槛勘[俗]舰 ⑤限[1]～长：生长缓慢看[2]～见嵌堪

ŋ ①淹[1]～水雁 ②岩[2]盎[义]酒～子：一种储酒陶器帘[音]帐～子彦颜螯[俗]蟹～子、腥～气謷[音]说话～人：顺带讽刺拑钳住 ③眼 ⑤晏晚也谚

x ①陷缓[2]慢、使慢、耽误汗[1]流～旱干～鼾限[3]～定苋[1]～菜酣覞～子：杂粮磨出的粗粒 ②咸[1]～丰（年号）咸[2]味汗[2]可～闲～乐：不紧张含函衔寒韩 ③罕和[俗]连词喊[1]撼憾[俗]阚[2]大声叫憨[俗]瞰给 ⑤汉喊[2]焊翰

ø ①安按鞍岸庵 ⑤暗案

二十三、iẽ

tɕ ①间[1]时～奸姦监[1]～狱艰劖细切：～肉 ③减[1]碱柬简～单锏一种兵器 ⑤间[2]～断鉴监[2]～视舰

ɕ ①陷限 ②闲咸[2]～丰（年号）衔

ø ①雁淹 ②岩俨颜 ⑤彦艳[2]晏姓宴谚

二十四、uẽ

ts ①跧～腰：腰部前弯 ⑤赚撰

ts' ⑤攦[2]插

s ①闩删[俗]～草、～改拴栓趟追 ⑤涮～烟台儿

k ①关秆[俗]麦～鳏 ③管[2]不～ ⑤惯瘝疼爱

k' ①掼 ②环 ③环冒家凌～：庄名（在现雪岸）

x ①患[2]～难豩硬挺：饭煮得～ ②还[2]～原顽[2]～皮 ⑤豢患[1]外～宦幻

二十五、ʊ̃

p ①搬 ⑤半畔[1]

p' ①拚[1]～命伴拌番[2]～禺潘搬～经：地名，原为潘泾 ② 般[1]盘～弄、攀爬磐 1.蜷腿；2.“O”型腿疾：蜷～腿儿庞脸～儿蟠 ⑤判绊[2]叛畔[2]

m ①漫幔帐～子槾用～～田镘～儿：硬币有图案的一面 ②绕～裆裤子鞔～鼓馒瞒 ③满

t ①耑 1.酒～子；2.引指“蘸”端 ③短断截取：～路 ⑤ 段缎断锻踹震

t' ①贪段椴缎断 ②坛[2]～子抟团团～匾糰谭姓潭 ⑤探褪[4]向上取下：～项圈

n ①偄～耐：柔顺 ②男南喃似嚼非嚼喃[音]～～儿：未充分煮开的米粒 ③暖馔～寿：提前给老人祝寿 ⑤圞[俗]饱～～：饱满状

l ①乱 ②鸾圞圆攋聚：～住块儿；包～ ③卵[1]～子揽吸附：～鱼汤、～酱 ⑤口（“那么”快读）合音字，那儿、那里

ts ①专砖钻[1]动词：～洞 ③啭转[1]～送 ⑤钻[2]名词传[1]～记转[2]旋～簪

ts' ①川川[音]临时借小债叫信口说：～泡儿氽穿窜蹿镩 ②凿石锥 ②传[2]～达蚕船椽 ③喘惨移 1、～子；2、不黏润穆[音]木料受潮后变得不结实 ⑤串窜痈～痰镩[1]篡纂篆

s ①酸痠疲劳后肌肉～疼、～胀 ③糁散落：～韭菜种儿 ⑤蒜算 ◎糁米～：熟米粒

ʐ ③阮软

k ①干[1]～戈干[2]～湿肝甘～甜泔坩柑观[1]～察官棺冠[1]鸡～头尴 ③竿杆秆[2]赶擀管[1]馆感鳡敢橄𪔲汽～:蒸笼与锅子间的集汽板，中有圆洞 ⑤干[3]能～观[2]道～冠[2]～军贯灌罐管[俗]筒～𪔲釜～：锅盖，～也有读轻声

k‘ ①龛看[1]～门口宽 ③刊𠙶盖，兼名词、动词坎砍款勘[俗] ⑤堪看[2]～见阚[1]姓嵌

x ①汗[1]～水旱鼾蚶酣欢～乐换 ②含汗[2]可～函[1]咸[3]～丰寒韩 ③罕撼憾[俗]憨[俗]缓 ⑤汉唤焕焊熯～饭:冷饭置锅中烹水加热翰

ø ①安按鞍庵岸蜿弯曲；引指嘴合而翘起豌 ②丸完桓 ③宛碗腕剜皖唵手进食揞遮掩罯[1]牛～眼绾[俗]翘～儿:高髻缓令牛停止 ⑤玩案谙暗闇退化变朽

二十六、yʊ̃

tɕ ①捐娟桊[俗] ③卷捲錈刀～口 ⑤券[俗]倦眷绢

tɕ‘ ①臼[俗]碓～旋[1]～～儿风蕈圈[1]猪～、圆～踡～蟠腿儿:“0”型腿 ②全[1]权泉旋[2]～～儿风拳颧铨 ③犬 ⑤劝券拱～

ɕ ①轩宣喧秈劕剥离:～菜叶子 ②玄玹[音]柔弱;绉折弦眩旋～转悬涎[俗]黏～:如鱼体表黏液之类镟絃脉～:中医术语 ③选癣 ⑤楦鞋～子;饱～子脸谖诱取:儿子～老子的钱用

ø ①院愿冤渊 ②元园皖搓～子员圆原源袁辕援缘橼 ③远 ⑤怨

二十七、ĩ

p ①边编[1]蝙揙打煸蓖[俗]～麻籽儿鞭 ③扁匾贬 ⑤变

p‘ ①卞汴便[1]方～偏编[2]篇緶襻车～子（小车用的软扁担）辨辩辫扼～子 ②便[2]～宜 ⑤片片动，厨刀平切肨半体:一～猪子骗遍

m ①面表～面干～命～伢儿睡:哼安眠曲，伴安抚，使孩子入睡泯～心灭～门 ②棉绵～软的莀～田:生长期过长眠 ③免勉娩缅渑

t ①颠山～颠～簸掂 ③点居撑典 ⑤电店掂跕淀～粉殿奠踮～～仆仆:专为，特地

t‘ ①天添佃垫𫛳簟 ②田甜填滇 ③舔腆 ⑤㐬舌、舌动:蛇～子则～㮇灯～子掭[1]1.拨：～锁、～毛笔;2.添加:～草𫊸火行也唺 1.选吐:～鱼卡;2.欲吐:作～

n ①廿天[训]～牛儿砚念 ②严姓拈鲇黏年研然[2]亲热、怜爱:奶奶～孙子 ③碾辇撵捻蹍踩 ⑤跰提踵 动

l ①连[2]～吃八个粽子恋殓练炼楝 ②帘连[1]连[3]动，缝纫针法莲～子怜[2]可～联廉镰簾 ③敛脸睑览揽榄缆

ts ①占～卜占[1]～有沾粘～鞋口兼瞻毡颤[俗] ③展搌 ⑤占[2]格～:多～;～强战颤[1]打～

ts‘ ①缠[1]～丝:胡搅蛮～ ②缠[3]～绕蝉禅撏杀禽畜已，纳之沸汤后去毛，曰之～毛蟾 ⑤攙～酵

s ①单[2]姓苫[1]～子颤[2]～动膻腥扇～风善搧 ③闪陕 ⑤苫[2]～宝:即～子;动词扇～子骟阉膳

ʐ ②然[1]自～然[2]亲热、怜爱:奶奶～孙子燃 ③冉染

tɕ ①尖肩坚搛煎犍～牛:去势公黄牛精[2]～灵劁削:～高粱穗豣～子:天然小公猪经～吃;～用 ③检俭剪茧趼 ⑤见垡本字为薦荐荐[音]添燃料:～把草渐剑箭饯践[1]笺建楗键健腱蹥脉冲游泳前进溅禁[3]～用、～吃勬[2]蹬挺:腿子则～豣[俗]～子:天然公猪 ◎经一～做好就送去境[2]东～:东边

tɕ‘ ①千迁件扦纤[1]歼俭签籖饯～行贱牵青[2]～筋篾子㾯～心:痛心谦 ②前潜钱乾～坤虔掮钳箝～制、夹 ③肷狐～浅践[2]遣 ⑤欠歉扦[俗]1、同剪 2、挖:～塘儿纤[2]劁[俗]削:～高粱穗

ɕ ①仙𦯀～棵:一种固岸草先[1]县现[1]～金;～成锨鲜[1]掀蠨蠨～:蛭蚓𡜵过分的热情 ②贤弦嫌 ③显险蚬鲜[2] ⑤先[2]～先日子:大前天宪现[2]～在晛太阳～中:阴雨天,中午太阳偶见羡献线筅[训]喜～

ø ①咽烟验验[音]～细:仔细、细致酽阉腌焉燕[1]姓湮醃 ②严芫～荽延筵蜒沿炎阎檐盐言 ③兖匽[1]隐:小偷儿～吖在门后头掩淹[2]范仲～偃～子:贬指强硬者焰[俗]火～演㢑～脐儿:螺口盖魇引～线敨～气 ⑤厌厌调皮艳[1]燕[2]焰[1]火～堰[2]郾比:～个子

二十八、ɔŋ

p ①崩绷[1]～紧 ③绷[2]板着:～脸;僵持:～叫叫儿;副词“很、一定” ⑤屏隐处:门～儿迸崩裂:碗口～掉一块瓷

p‘ ①凤[2][老]～枪花儿:凤仙花骈弹开:～棉花蚌烹嗙大笑埲尘起騯鸟乱飞輣车～髼坛䩯[2]见kã[1]缝(老)走呀穿吖～ ②朋[1]棚鬅～头，披发彭膨篷蓬 ③捧 ⑤碰

m ①虻牛～孟梦懵[1]他是～人 ②萌盟蒙[1]镘[俗]～儿:硬币有图案的一面 ③猛艋密蒙[2]捣～子:潜泳蠓懵[2]～一冲:开始时未能辨别清楚

f ①风[1]枫疯丰封封[音]窗～:窗户、窗栅蜂[1]胡～奉俸缝[1]门～儿锋[1]刀磨得～快的 ②冯逢锋[2]～利蜂[2]～王缝[2]～补峰 ③讽 ⑤凤蜂[俗]～糖糕

t ①东冬冬龙～:不好的样子钟大～垛:在戴庄乡(现作岱东头) ③总[俗]共～儿董懂 ⑤冻栋

tʻ ①动洞胴～症:肛内括约肌区通蓪～草 ②同介词、连词同叠、量词茼～蒿桐铜筒[2]～管童瞳瓶殿用瓦 ③桶捅～漏子捅移动统筒[1] ⑤通[俗]通连:上头～到底下痛蕻俊美、亲昵貌

n ①弄[1]玩～ ②农侬浓[1]脓

l ①弄[2]～堂 ②龙龙～冬:不好的样子笼笼[俗]袖藏聋隆蛏花花～儿:萤火虫齈鼻涕 ③陇拢1.归～;2.中途停靠垅

ts ①中[1]～心忠盅钟宗鬃终 ③总冢种[1]～类肿喠[1]贬指吃 ⑤中[2]击～种[2]～田众纵赵[俗]奔腾综粽踪

tsʻ ①从[1]～容仲冲[1]充囱聪匆葱重[1]～要 ②从从[2]～来虫崇餸饱食后仍贪食重[2]～复褈铺垫:～棉花 ③冲(衝)[2]酒气～鼻子喠[2]一～之性:冲动而未冷静思考就…宠 ⑤冲(衝)[3]以言触人;大拇趾儿～吖前头讼[1]坏～子杭臬～儿睆打瞌～铳趯漫步蹱跌跌～～惷上当,多给钱

s ①讼[2]～师松～树松疏～嵩春鬆～儿:行猎的鹰搭捣击 ②傱窝囊废㞞精液 ③怂耸颂诵 ⑤宋送讼～师颂舂[音]头～吖前头诵

ʐ ②戎绒茸毧㲨粉碎了呈疏松状 ③冗[1]～长 ⑤冗[2]庸才:～角儿

k ①工功攻疘胴～:直肠下端弓躬公蚣共[1]～和元年宫恭剻钻入 ③汞巩拱栱簈掏挖:～墓 ⑤贡～献贡[俗]～脓:化脓贡[俗]～井:开凿水井共[2]～同供

kʻ ①共～事、～信用空[1]～虚 ②穹隆起 ③孔恐 ⑤空[2]～缺控

ŋ ⑤齆[2]腐臭齈[2]～鼻子

x ①哄[1]乱～～;起～烘[1]閧内～横[1]遭～事:遭横祸轰 ②虹[1]横[2]～暴红 ③哄[2]～骗擤～鼻涕 ⑤哄[3]起～烣火旺葓(蕻)雪里～、～子:菜,新生枝条哄[音]淤泥泛起

ø ①嗡翁[1]横[1]遭～事雍 ②横[2]～家埭(地名) ⑤瓮齆[1]腐臭齈[1]～鼻子

二十九、iɔŋ

tɕ ③迥窘

tɕʻ ②穷穹～窿琼

ɕ ①兄凶胸 ②雄英～熊 ⑤讻(訩)[俗]责骂、训斥 只读文音若去声

ø ①用痈翁[俗]财～ ②荣融雄～鸡容蓉镕熔庸 ③拥甬勇[1]涌雍噰痰～臃永恿 ⑤壅鞲[俗]鞋子～后跟

三十、əŋ

p ①贲姓栟～茶(地名)奔[1]～跑锛殡[俗]～烧畚畚[音]吃 ③本 ⑤奔[2](逩)1.追求:赶～;2.介词

pʻ ①喷[1]～泉笨[1]粗大坌尘积:～屎虫儿(蜣螂) ②朋[2][新派音]盆 ⑤喷[2]～香笨[2]不聪明

m ①闷[1]闷[1]～六宫:不开口的脾性濍热水气保温焖[2]文火炖熟.温[2]～暾:微温璺器皿裂纹坟乱～场 ②门明～朝:明天 ⑤么[3][训]要～闷[2]焖[1]

f ①分[1]～开份芬纷 ②坟焚 ③粉 ⑤分[2]过～氛忿奋愤粪1、大便:～尿2、～箕

v ①问温[1]瘟 ②文文(炆)纹蚊闻 ③刎吻稳芒～子、～住他

t ①灯砧[1]铁～子敦[1]～厚墩擎拳击一次为一～儿罇去势之雄水牛登呆,停留镫膯～蛋:鸡嗉囊蹬打～～:小儿学步僜倭～:懒洋洋地殅殑～:惊呆了磴瞪直视蹬豚[俗]河～蹲[1]臀坐～:猪的臀部肉腯胖～～ ③等等[音]静态承接扔过来或落下的东西盹打～儿:打瞌睡戥 ⑤顿1.放置:～桌子;2.设置、安置:～联络点屯扽沌炖蒸:～蛋盾遁敦[2]竖立:～柱棵凳橙杌 ◎饨馄～飥[老]冷～

tʻ ①邓吞囤饨～事:不吉、小气钝暾慢～～暾[1]温～儿瞕眼睛～:目力差腾[2]～工夫:挤出时间遯[2]退避 ②疼豚～子:天生的母猪藤眷腾[1]升～臀～部 ③氽水气骤涌:热气～人子 ⑤褪[5]向下脱遯[1]退避

n ①嫩宁[俗]～可 ②能可～浓[2]汁浓

l ①论[1]讨～论[音]副词:～千块钱喻口吃腀牙～子愣倰～僜:懒洋洋地殑～殅:受惊而一震棱 ②伦沦论[2]《～语》轮崙楞瓦～儿輘欺虐:～小新妇 睖～瞪:目光呆滞 ③冷

ts ①正[1]～月征砧[2]～板贞侦针珍诊争筝[1]铮真曾[1]姓增憎赠徵蒸徵殿[1]装:～柄偪硬～、豥～斟榛臻掌[俗]巴～ ③枕[1]名词疹拯整怎 ⑤正[2]端～政证症枕[2]动词阵一～子振震劥屏息用力瑱帽～子:嵌在帽前的

玉镇甑　◎飷冷～

tsʻ　①郑掷[俗]～铅球阵抻 ^{2}～面：拉面净冷：冰～人的参 ^{3}～差称 ^{1}～呼蹭～～相相掌撑蛏嗔～气：生气饆贪吃而胀起净白～～锃 ^{1}　②成緎绗：～被子城诚尘臣陈层岑沉丞呈辰 ^{1}星～娠晨鼤 ^{2}～铜箍程曾 ^{2}～经蹲 ^{2}塍承 ^{1}继～乘澄～清事实、黄～～缠[俗]盘～敒点播：～麦　③惩逞　⑤趁称 ^{2}对～秤剩嗔[俗]责怪：～人　◎神 ^{2}为人死～碜难堪：寒～阵[俗]一～：一旦

s　①升高～生学～牲笙甥参 ^{4}人～渗[俗]申伸声深身僧森　②神 ^{1}绳承 ^{2}多～盛 ^{1}～饭　③什 ^{2}～么沈审婶省 ^{1}节～；行省　⑤甚葚渗胜 ^{2}～利胜 ^{1}～任圣渗～鸡皮子抻 ^{1}伸展盛 ^{2}兴～肾　◎蜃龙：蛇～百脚

ʐ　①任 ^{1}～务饪有筋～、～纠纠赁认闰润　润引指不脆韧～面筋的脾气　②人仁壬任 ^{2}姓　③仍扔纫忍韧[俗]　⑤韧

k　①今～朝更 ^{1}～换根跟庚羹耕　③挭推埂田～哽梗粳耿颈 ^{1}～嗓　⑤更 ^{2}～加亘埂[俗]条状凸起

kʻ　①坑　③垦恳肯啃　⑤掯揿、按迒溅、垢

ŋ　①恩硬 ^{1}生～　②硬～大筋：粗横貌　③影[俗]～头：帮助回忆的印象　⑤　硬 ^{2}劲挺：头～吖下餲臭败之味摁揿、按

x　①亨亨[音]～心：贪心哼 ^{1}刞刮削恨　②喤[俗]呻吟声恒行 ^{4}道～桁 ^{2}衡痕　③很狠　⑤奀～屎瓜儿：状发育差；萝卜发嘎软，吃嘎嘴的是～的行 ^{5}～苦修行胻～胫　◎行道～

三十一、iəŋ

p　①兵宾槟殡[俗]～葬鬓冰彬　③丙饼並 ^{1}比：他～你好禀秉　⑤并併屏[俗]～气並 ^{2}比：我倈～吖做柄殡送～

pʻ　①拼（拚 ^{2}）姘並 ^{3}～排：比肩并立病乒　②平坪评屏～风萍贫凭瓶频　③品聘评～论　⑤聘喷[俗]～香

m　①面相～命　②民鸣名铭明萌　③免勉渑闽悯敏抿盟朐～缝湎 ^{2}略饮：～一口酒闵

t　①丁叮～咬屳补～钉饤～盯钉 ^{1}～子粘黏合疔　②叮[俗]～咚作响　③鼎顶　⑤打～你两拳头订装～靪钉 ^{2}～箱子定淀～粉、～人子澄[俗]～清

tʻ　①厅汀定锭桯～子　②亭停廷庭莛梃～子蜓　③听 ^{1}罐头～子腆挺艇踁脚直：～尸　⑤听 ^{2}～见掭 ^{2}选留

n　①佞　②宁安～凝

l　①另令吝淋 ^{2}滴～：性病愉拎　②林琳淋 ^{1}灵临伶邻怜 ^{1}～悯铃翎鸰鹡～凌陵菱零燐瞵田垄鳞轮～流　③岭领檩

tɕ　①巾斤今金京荆惊鲸浸沾禁 ^{1}弱不～风、～用(耐用)噤 ^{1}打寒～经～过胫胻～痉詰～～吭吭兢津筋精 ^{1}～明精 ^{3}～肉侵襟　③井 ^{1}～管颈 ^{2}～项景　⑤见看～进竞竟禁 ^{2}～止勬 ^{1}肌肉紧张：肉～吖下噤闭口：～若寒蝉劲茎径桱～木：杉木警敬境 ^{1}镜鉴赏～晶浸净 ^{2}晴靖静

tɕʻ　①尽 ^{2}～量亲 ^{1}～人净 ^{3}青 ^{1}清蜻靖～海门：如皋东城门卿近钦轻倾 ^{1}～家荡产　②寻芹净 ^{1}干干～～琴禽擒勤擎情感～晴睛～受檠灯缠[俗]～泥：黏土　③顷倾 ^{2}请寝　⑤庆亲 ^{2}～家揿磬

ɕ　①心欣掀兴 ^{1}～盛杏行 ^{1}修～辛新薪馅星腥蜱～蛉儿：蜻蜓鲜 ^{3}～淨馨　②刑形型行 ^{2}～为桁 ^{1}　③些[俗]咋～：这许多省 ^{2}反～醒擤　⑤兴 ^{2}高～性姓扟谐振汛 ^{2}水～的：发大水期间幸信衅舋波及：害手，胅肢窝的～起棚子来呀（手发炎，引起腋下淋巴结肿）囟～门　◎些[俗]咋～：代词，复数

ø　①因姻应 ^{1}该～阴荫英花瓣、叶片音瘖殷鹰蝇莺婴樱鹦缨匽 ^{2}[俗]比量：～当褮小殓时死者盖脸布　②吟淫银寅迎茔营萤盈龈暎示众：～嫁妆蟫赢　③尹引 ^{1}饮 ^{1}～汤：粥汁演匽 ^{2}藏：～吖在门后头偃～子隐影颖　⑤印应 ^{2}～该应 ^{3}照应映饮 ^{2}老牛～水洇渲润：～过去呀洇[音]透彻：烧啊～吖焰 ^{2}放～口：佛事窨地～子堰匽 ^{1}[老]比量：～长短瀴～凉瘾～疮

三十二、uəŋ

ts　①肫尊遵衠 ^{1}纯　③准　⑤綧捻度

tsʻ　①村春椿皴　②存鹑　③忖碜接触杂有泥沙物品的感觉蠢　⑤寸量词寸～着嘎走：探索着走衬

s　①孙顺 ^{2}～从　②纯 ^{1}唇 ^{1}鹑 ^{1}　③吮 ^{1}损 ^{1}　⑤慎逊舜顺 ^{1}～治帝瘆可怖、难耐：蛇是～虫；副词：街上人～哎、好得～

k　③滚绲磙辊　⑤棍娓盖：引指闷：天气～人子

kʻ　①昆崑坤鲲 ^{1}　③捆　⑤困睏

x　①昏荤 ^{1}肉食鲲 ^{2}婚　②孟姓，避梦讳混 ^{1}～沌馄～饨浑魂　③混 ^{2}～乱　⑤混 ^{3}胡～荤 ^{2}～味：葱蒜之气味诨～名瞀～闷：受气后的郁闷心情溷～臭：走～

三十三、yəŋ

tɕ ①君军均钧桊菌衠^{2}纯 ③侭 ⑤晉俊濬郡

tɕʻ ①纯^{3}副词:~黄的 ②芹裙群秦

ɕ ①勋熏薰 ②寻荀殉循巡唇^{2}纯^{2}莼醇鹑^{2} ③吮^{2}损^{2}笋榫髓[俗]榫[音]校形:~竹子 ⑤训讯迅汛^{1}

ø ①运^{1}命~晕 ②云雲匀昀~耥:平整 ③允永泳咏 ⑤ 运^{2}搬~孕熨韵

三十四、aʔ

p ⑦叭[俗]口张:~嘴;~~的:无可奈何地驳驳加砌外层博搏膊爆~豆腐;干~~的薄^{3}~脆饼儿箹指关节响剥擘暴^{4}~皮子:表面暴裂翘起 ◎巴锅~

pʻ ⑦叭 1.声;2.双唇舔杷枇~齙^{2}豁~齿:齿缺帕^{2}泊舶啪泡^{3}[俗]量词雹^{1}䪍大~脸薄^{2}单衣~裳謈说~膘肥~㸬~牛、~羊:雄性醭[俗]霉味:餲~气白[俗]落空:相~ ⑧白[俗]落空:想吖~掉啊箔朴^{2}~刀薄^{1} ◎巴[俗]尾~疤[俗]节~

m ⑧莫寞膜摸幕^{2}

f ⑦缚束~搏

v ⑦凹^{3}幽深沃积:~水握龌哇呕吐鸌鸌~子:池鹭曜^{2}引作副词:~亮的 ⑧霍^{3}[训]闪动、激动、波动

t ⑦耷低垂:~耳、~皮眼耷[音]副词:白~~遮^{2}覆盖:拉被单~肚子沰^{1}1.~雨;2.量词:一~水;3.象声词:滴~响笪~板儿:乐器踏~脚儿厾 1.丢:乱~;2.轻击:~巴掌;3.轻点:~个点儿搨抛贴:~饼、~钯。引为~嘴嗒以舌~涎喥^{2}漫谈:~淡话儿.引指滞留:他烂耍子,能~半天 ③耷[俗]快~吃;、~点儿走(读若上声的入声)

tʻ ⑦托拓庹澤凌~:冰椎铎 ⑧喥^{1}足、溢:~奶、手上钱~~的踱

n ⑦诺 ⑧搭搓揉

l ⑦乐^{1}快~旮洛络^{2}筋~骆^{2}姓烙酪答~儿:篮子 ⑧乐^{2}~得:值得骆^{1}~驼;~家店(地名)落络^{1}~丝答~儿:~子

ts ⑦作灼~见酌斫作[音]废:日子过啊~掉啊夨 1.俯冲:老鹰捉小鸡儿,一翅~下去呀;2.他不服气,头~嘎~的着^{3}附~胙专项财物:年~子

tsʻ ⑦�扶:他要跌,我一把~住他的腰绰栉[训]~头:梳理焯~菠菜敎~米啫婴欲乳,细嘴儿则~错~过机会;~死 ⑧昨^{1}凿着^{2}~火

s ⑦芍^{2}白~灼^{1}真知~见烁瑟琴~索绳~、~取索[俗]抖:抖抖~~塛[俗]泼泼~~ ⑧勺芍^{1}~药趚 1.抄近路:一~就到 2.引指不正瞜斜视、闪视:眼睛一~舍[俗]邻~ ③索~性、~嘎 烁[俗]~亮的(读若上声的入声)

ʐ ⑧若若[音]烧饼的油酥馅箬弱软~

k ⑦各胳阁搁角^{1}旯觉^{2}~察[tsʻɛ^{0}]

kʻ ⑦壳角^{2}[俗]皂~构[训]~树:构,桑科推敲确颏

ŋ ⑦恶^{2}罪~鄂^{2}湖北省的简称 ⑧鄂^{1}[老]~家埭、江安乡地名

x ⑦蠚蜂~人郝涸干~蔵耗缩;引指靠、贴 ⑧下^{2}[俗]量词:三~子学~生意鹤^{1}

三十五、iaʔ

l ⑧掠略^{1}

tɕ ⑦觉^{2}感~雀^{2}[老] 脚迹字~算盘

tɕʻ ⑦却怯剑~气:剧烈运动时身体某部疼痛剧戏~、~场雀^{1}鹊皵翘裂确 ⑧ 爵嚼

ɕ ⑦削削[俗]让表面层流去 ⑧学~校

ø ⑦乐^{3}音~岳山~约䂅粗略量度 ⑧药钥

三十六、uaʔ

ts ⑦捉^{1}卓桌啄^{1}~木鸟琢涿硺石~,农具名敪 1、掼或拍 2、整理:~帐、整~浞^{2}略腌渍灼~见

tsʻ ⑦戳^{1} ⑧浞浊^{1}镯戳捣、拄:~拐棒擉捣、刺:~豆腐

s ⑦朔嗍吮也嗍[音]瘦削:~腮;脱:~色霂钉状雪珠,伤稼 ⑧挦[俗]提放或上下摆动

k ⑦聒~~叫:好棤[俗]~柮儿郭廓虢啷声音

kʻ ⑦扩廓 ⑧漷[俗]水浪激动:水~动啷打~子笑

x ⑦画^{2}笔~划^{4}~出去获^{1}剫[俗]~破口子霍^{2}姓藿濩[音]渍:~泡儿攉晃:旗子吹得则~曜^{1}亮~~睢光闪动 ⑧漷[俗]~蛋:圈打蛋液霍^{3}闪动、激动、波动

三十七、ɔʔ

p ⑦卜^{1}占~百伯柏陌阡~帛^{2}币~:上坟挂~檗北綼~辫子

pʻ ⑦仆^{2}朴^{1}~素朴^{1}厚~:中药名迫拍帕^{1}帛^{1}布~舶魄^{1}醭醋生白~ ⑧卜^{2}(蔔)萝~白鲌䴖[俗]~鸪鸪

m ⑦陌 ⑧木目牧麦蛨蚝~:蚱蜢默墨嘿~

大佯:蒙骗脉穆脈冷眼斜视 ◎沫^{2}唾～

f ⑦复覆福幅蝠 ⑧伏服腹

v ⑦屋^{1}喔^{1}

t ⑦沰^{2}滴声到[俗]～底:到底笃独啄^{2}鸡子～米督牍犊豛椎击物也

t' ⑦秃溻状湿透:～湿的 ⑧独读^{2}～书毒劅修剪:～树枝儿

l ⑦搋[俗]捕捉漉湿～～ ⑧六陆录绿禄碌睩骨～:眼神乱扫状鹿搋[俗]捕捉;捞漉^{1}洗:～个澡

ts ⑦竹筑足捽^{2}～住袂领祝卒^{1}烛族^{2}堆:一～人家;颗:七～星属^{2}～仇劚用钉钯翻土嘱濯专洗局部:～血斑

ts' ⑦促促哭时～气琔～斩齐猝仓～畜^{1}～牲豖豕绊足行～～也逐^{1}～渐簇～斩新的蹙～眉䃚碌～諔刁～,促狭触戳^{2}～壁脚 ⑧逐^{2}驱～族^{1}民～蔟蚕～簇～聚凿^{2}[俗]动词:～喜篴俗^{2}～气浊^{2}轴

s ⑦速叔淑粟蜀属^{1}亲～熟^{2}秋～续缩 ⑧俗^{1}风～赎塾熟^{1}～读孰

ʐ ⑧肉猪～辱褥

k ⑦谷山～谷～物国～家国神气六～啯1、叽咕2、用水漱喉声蝈虫响鸡鸣

k' ⑦哭酷

x ⑦画^{3}[俗]笔～豁[俗]～然濩状水激涌:～浪劐划破:～个口子嚄1.～事;2.叹词瞉～痰:状痰涌状幁巾帛被风声蝛^{1}蚜虫熇烈火状 ⑧或惑获^{2}斛或[音]聚集:门口～嘎多少人 ◎活[训]快～

ø ⑦屋^{2}喔^{2}

三十八、iɔʔ

tɕ ⑦菊趜蹲:～嘎家的不出头影锔鞠1、～躬2、曲

tɕ' ⑦曲麴局急～ ⑧局侷

ɕ ⑦畜^{2}～牧蓄

ø ⑦玉^{2}郁育狱^{2}监～浴欲^{1}～望拗^{3}抑;屈曲 ⑧狱^{1}破～,佛事名欲^{2}～择:想要囿^{2}聚:～嘎多少人玉～子:人名

三十九、əʔ

p ⑦不

p' ⑦勃鹁～鸪 ⑧垺^{1}尘起焞热锅快炒勃[俗]以臂弹击桲擀面擀～踍^{1}跳:心的则～

m ⑧没^{1}

f ⑦泼水车斗板拂沸 ⑧佛彿

v ⑦吻～嗷儿:微温踒扭伤頞头没于水殟郁结:～嘎心的抈～竹子 ⑧勿物杌^{1}棢果核

t ⑦蚝～蛨:蚱蜢啄[俗]鸡子～食得踢急得～脚膩肋～:迟钝状德黐^{1}黏稠;粘合

t' ⑦忒踺掉队,～嘎后头失^{2}失、落脱脱落、掉落 ⑧凸^{2}突特^{1}

n ⑧抐紧握;内心紧迫:心的～人子

l ⑧肋讷说话打～呐^{3}～嗓子:叫喊勒勒[音]目睁大踛～踺

ts ⑦侧^{2}夨斜这^{1}多单用:～不好汁乍^{2}窄迮压只～有只量词指^{2}手～头趾脚～头执^{1}则原～则～将、～是:宋元白话用词.义为连续地昃^{1}日月盈～摘～录责啧～～称赞职渍[俗]炙蜇^{3}海～翟^{2}姓,避讳读窒^{2}塞:瓶～子柘质

ts' ⑦尺^{1}～寸册名词册动词,同“系”宅斥拆坼塘干裂～拆[音]剷、抛:～泥赤饬厕侧^{1}测择^{1}选～泽泽[音]放在地上散热或吸潮释殖植皵裂～子秩策值 ⑧直～将:径自择^{2}～菜昨^{2}[俗]～朝,(读音直·刀)掷～色儿翟^{1}姓值贼

s ⑦失^{1}式识色适拭～条涩湿虱室塞饰啬糬泡:～蚕豆儿豉[俗]豆～:豆酱澀不滑爽溅饥饥～～、抖抖～～搣打、拍、掼、撞.引指走、摆、旋转、玄晕埽^{3}殒落瑟 ⑧十什^{1}数:～锦撕^{2}1、紧缠:湿衣裳在身上～嘎～的。2、豖:背车子走路～嘎～的。3、衣裳挨～嘎坏啊。食实蚀石拾

ʐ ⑧入

k ⑦格品～虼～蚤仡～饤:粗短的荞麦面条胳～膊:臂隔嗝槅1、窗～子2、牛～头.见轭革蛤～蚧割^{2}专指阉种公猪疙～瘩儿

k' ⑦克剋^{1}咳^{2}～嗽刻客格[俗]资～、性～可～汗 ⑧剋[俗]～人:刁难;～除

ŋ ⑦扼^{2}～苦子轭马～子 ⑧扼^{1}～要额

x ⑦吓^{1}黑赫 ⑧核～心嗑惊呆:吓嘎～貮嘎黑状黑:昏天～地.阂龁嗑^{2}～噔儿:打嗝

四十、iəʔ

p ⑦必毕哔～叽别^{1}～针笔滗辟^{1}～鼠襞强制:～～坏脾气臂[俗]璧壁^{1}捌捩也:～船头憋^{2}閟陾～:幽深煏～干的:极干碧鳖^{1}～脚逼

p' ⑦匹辟^{2}开～劈僻^{1}偏～臂[俗]譬闢辔枇～杷撇^{2}～油鳖^{2}脚底不平弼 ⑧别^{4}种儿～掉啊:播种后遭雨涝不发芽垺^{2}尘起勃[俗]以臂弹击踍^{2}见p'əʔ^{8}鼻^{2}钮把:釜鬲～

m ⑧灭密蜜觅寻～篾糸～细的

t ⑦跌拔:～毛的^{2}1、目～;2、～角斩方滴摘～录黐

[2]粘合蹢停:鸟儿～嘎树上窒～头

t‘ ⑦剔剔[音]最、顶踢趯书法之一 ⑧眣目凸凸[1]挺胸～肚狄笛敌籴觌王～,如皋人,北宋词人

n ⑧逆匿捏～颈儿:如皋冬季萝卜,颈细溺

l ⑧力历劣立笠粒列烈裂笏笼～子、炉～子:皆册状部件栗李[俗]行～猎律捩率[2]

tɕ ⑦及级汒尿～下来呀:失控急急[音]绷紧、胀满吉佶～棍:强壮有力髻击砝[3]硬:～实;～恭(大便燥结)即脊[1]积[2]堆～迹疾[2]患～戟绩激諔口吃 顬顪～鹡～鸰瘕[2]气～:呼吸困难捷唧鲫楖[俗]～木:杉木结～～掐掐

tɕ‘ ⑦七乞讫吃泣缉辑[1]楫舟～漆戚[1]寂 ⑧及[2]极席[2]～子集疾[1]～病嫉～恶如仇藉籍

ɕ ⑦夕协[1]吸息媳熄昔惜锡膝 ⑧习翕鼻翼～气.肚子～嘎～的;呼吸急而浅席[1]宴～

ø ⑦一乙刈亦[1]抑[1]易[1]～经艳[2][俗]揖拽[1]译逸射[2]仆～益[1]缢[俗]翼[1]贯～器

四十一、uəʔ

ts‘ ⑦出屈～原(人名)掘[4]～树

s ⑦术[1]苍～述秫術

k ⑦骨榾～柮儿

k‘ ⑦窟块～粒儿胐～腺:裆下

x ⑦忽坏[2]质量差窟小睡齰～齧:啮物声殨朽:柱棵脚儿～掉啊 ⑧核[俗]～得:惊呆状态 叠韵联绵字核[俗](榾)果核

四十二、yəʔ

tɕ ⑦术[2]金兀～橘桔炪短～～儿趉怒走撅～胡子、硬～～趱1.跳;2.引作敏捷:～倰瘚昏厥潏水溅出噘[俗] ～～儿:耳语卒[2]死亡

tɕ‘ ⑦出屈掘[1]挖～ ⑧倔～强撅[2]拨、弹、翘

ɕ ⑦穴祄织物磨损:布～嘎血[3]副词,状青紫色:～青的率[1]率[2]副词,状形:～扁的、～白的蟀恤[1]戌祟悉噱玩～头:耍手腕魊诡诈:他把伢儿～嘎走呀

ø ⑦抈矫形:～竹子役疫域鬱

四十三、eʔ

p ⑦八绊[俗]跌跌～～

p‘ ⑧拔

m ⑧抹蚂～蚱菩萨

f ⑦发头～法砝[1]～码 ⑧伐筏垡罚

v ⑦挖斛以勺向深处取物 ⑧袜滑滑[音]泼:～水

t ⑦沓量词答回～搭嗒咬、吃溚湿～～瘩[2]～背疮、疙～鎝踏～趿儿;拖鞋～脚餷饦～儿詚呇～:啰嗦逮捕、偷、捞、抢

t‘ ⑦呫吃、尝:他欢喜到馆子的～刮～刮塔塌搨遢邋～:肮脏榻䶀涂、搽謴信口～佯蹋糟～黤黑～～澾滑鞑～皮儿疮:皮破发炎獭 ⑧达闥(闼)～子门踏

n ⑦瘵～人子:辣得疼 ⑧呐[2]～喊纳[1]虐瘧捺

l ⑦掠捞～揦拉搽:拖啊～瘵同neʔ[7]攋磨.见leʔ[8]爉火～毛齧齰～:啮物声辣捺 ⑧擠拦截蜡腊辣～味咧～春:说与性有关的话调笑瘌蝲洋～子:毛虫鑞邋～遢攋～搔 ◎来[俗]十～个略[2]忽～粒[音]块～子、块～儿:块状物

ts ⑦札扎匝杂劄紮眨哳啁～湁潮～～:略湿咂实读ts‘e,表示称赞、羡慕、惊讶及感叹等

ts‘ ⑦灿[俗]臿舂插插[音]梁柱楯嵌布:打～儿察[1]观～擦 ⑧闸[1]水～铡[1]～刀

s ⑦杀刹[1]古～煞答～、极、很趿踏～儿:无跟鞋撒～手萨楔木～子揳～裤腰畝鍫耕田～种搔[3]攋～.见leʔ[7] ⑧刹[2]止:～车闸[2]～桥、～门煠油炸铡[2]～刀揳[俗]～尿布峡～谷

k ⑦甲二～镇夹袷浃[音]黏～～、猪～气:猪腥味荚幼苗、果实、量词:一～玉米挟[1]肤～肢窝哝～口:小争执龄～齿

k‘ ⑦甲[俗]指～恰掐瘕哼哼～～:呻吟 ⑧轧[1]～棉花、鲫～儿:鲫鱼

ŋ ⑦压押鸭 ⑧轧[2]车子～杀嘎轧[3]～剪子齾器缺口:～子

x ⑦瞎辖 ⑧匣狭[1]宽～

ø ⑦阿[2]～哥

四十四、ieʔ

tɕ ⑦甲保～胛肩～骨

ɕ ⑧挟[2]要～峡狭～窄

四十五、ueʔ

ts ⑦咂～～称赞唼～嘴 ◎咂肉～:肥痞

s ⑦刷[1]～子 ⑧刷[俗]～铺

k ⑦刮括聒～噪;～～叫括[训]手指骨节屈起:凿～子

k‘ ⑧串[方] 横横～～:勾连遏阻串[音]笑啊～起来串[音]扭动:轻头～颈 ◎狭[2]促～

x ⑦搳[1]～拳豁[2]～口子趞1、～手膀子、2、快走:他～

嘎我前头去呀 3、越跨：～墙揢挥～：～水、～泥、～酵，～嘴巴子賭声；脆～ ⑧猾滑

四十六、ʊʔ

p ⑦百～页、～日子拨拔[俗]～上：旁边鈸缽鉢𣦵瘸手～脚般^{2}～若

pʻ ⑦泼 ⑧搬^{2}～嫁妆

m ⑧末沫泡～没^{2}～朝抹转弯～角磨^{3}牛嘴的～嘎～的劘[俗]～削.见mʊ^{2}

t ⑦咄堕[俗]～落甃砖井壁的每一圈层爑沸腾瘖肥～.胕肿、肉晃动掇啜^{1}～气：风筝～子(风哨)

tʻ ⑦脱蜕[俗]蛇～：蛇壳 ⑧夺夺[音]磨第二番，添料多

n ⑧纳^{2}～福衲挪^{1}～用

l ⑦□"那个"的合音字 ⑧挪^{2}～堕（tʊʔ^{8}）：不善做事

ts ⑦拙拙[音]地方狭窄缀^{2}点～撮^{1}攥紧抱

tsʻ ⑦怵惊惊～～的撮^{2}碎～、～起着^{4}想～点儿啜^{2}～气搉^{2}搕～ ⑧惙～虚 ◎住[俗]罩～嘎，套～嘎

s ⑦说搉^{1}搕～

k ⑦合^{1}1、十分之一升；2、适于配合佮併鸽蛤^{2}～蚧鞈蹄甲觡结交：～得来颌～腮葛割^{1}割[音]～酸水、～人子：胃酸过多而难受詥说～子，俗用"鸽"

kʻ ⑦阔渴嗑^{1}～瓜籽儿瞌磕搕～～碰碰 ⑧盇盖、压、上部超出

x ⑦喝暍闷热：～人子蝗^{2}蚜虫。见xɔʔ^{7}豁^{1}～嘴儿：兔唇 ⑧合^{2}～作活生～盒活[音]抖颌下～骨

ø ⑦暍久闷：木头～掉啊餲～馕气罨阴暗矮小：房子太～熗藏火也；喻行贿蝗蚜虫见xɔʔ^{7}熗煮：～番芋搕打：～你罯^{2}覆盖：种吖蒜，盖草～育养儿～女搕～搉 ⑧活～的

四十七、yʊʔ

tɕ ⑦诀决嬖～脾气撅^{3}扳折：一～两段

tɕʻ ⑦缺厥阙姓 ⑧绝掘^{3}～港tɕyʊʔ^{8}tɕia^{3}，如东地名橛段：一扳两～

ɕ ⑦血^{1}雪雪^{1}屑^{1}恤^{2}楔～子话薛^{1}

ø ⑧月悦阅囿^{1}围越粤

四十八、iʔ

p ⑦别^{3}～针别(彆)～扭、～气秕壁^{2}摸～鬼烞蔬菜炒得变色发软，已经炒～了彆限制憋^{1}蹩^{1}～脚：1.相棋术语；2.潦倒；3.质差见piəʔ^{7}瘪鳖.鳖一种蝨子：狗～子、牛～子鳊[俗]鲳～鱼

pʻ ⑦撇^{1}蹩^{3}脚底不平蹩瞥乍见也 ⑧别^{2}分～鼻^{1}

m ⑧乜^{2}～斜(miʔ^{8}ɕiʔ^{8})

t ⑦迭跌跕～钞、～皖子碟叠哲（老）叐[俗]小、少：～～儿（另有③读与⑧读）

tʻ ⑦帖贴铁谍牒

n ⑧捏聂镊蹑孽嗫

ts ⑦哲～学蜇^{1}腌～浙^{1}折^{1}打～扣；经～儿箣～圈儿摺^{1}褶^{1}

tsʻ ⑦涉^{1}彻^{1}撤^{1}辙^{1}慑[俗]～惧 ⑧侄^{1}杰^{1}蛰^{1}揲^{2}纠缠：～事

s ⑦设^{1}摄^{1}摄^{1}闪 ⑧舌^{1}折^{3}～本

ʐ ⑧日^{1}热

tɕ ⑦节劫砝^{2}硬：～实给供～结洁折^{2}现～子接揭～发瘛^{1}气～：气息急促指^{3}～头爪儿謶～巴：口吃

tɕʻ ⑦切缉^{2}～麻 ⑧截

ø ⑦一乙忆丢～头扡拭：拿绢儿～汗刈^{1}割页亦^{2}译抑^{2}收敛掖塞易^{2}～经咽益^{2}艳^{1}[俗]揖^{2}逸噎缢[俗]翼^{2}蝇^{3}～蝶儿：蝴蝶 ⑧叶业日^{2}凉～子：月亮拽^{2}牵揲舌：帽～子

附录：

部分乡镇音

tsʻʅ^{1} 士、仕，为白蒲、薛窑地区口音。

sʅ^{2}/^{5} 踋[俗]，～空：陡然失去支持。为雪岸以东河口镇（今如东县）音。

li^{3} 椅，为城西、城东、磨头、白蒲西北部、石庄镇口音。

i^{3} 里、理，西乡、南乡及白蒲一带口音。

tu^{1} 猪，江安、葛市、石北、高井、常青、场南、长庄、花园、搬经、加力、邓园音。

su^{5} 熟，秋～，为雪岸以东口音。

fa^{1} 花，～生，下原某村音。

tsʻa^{1} 茶，栟～（地名）、晚～，为雪岸以东口音。

ȵia^{3} 你呀，你家，合音字。为城东、丁堰、白蒲、薛窑等大部及江边、江安、黄市、夏堡、城西、邓园口音。

ȵia⁵ 你呀，你家，合音字。为石庄、江安、搬经、城西、磨头等大部，丁堰、马塘(兼)、建设(兼)、勇敢、九华、营防等地口音。

t'ɛ³ 大[俗]，～鱼，乡村音。

ts'uɛ² 揣，～实，责骂，白蒲话。

tɔ¹ 糟[俗]，北乡、西北乡音。

sɔ²/⁵ 绍[音]短，乡村音。

tei⁵ 对，为白蒲、薛窑及黄市、葛市口音。

tuei⁵ 最，为西北乡音。

kʊr² 哥儿，为东北乡音。

lʊ³/⁰ 璃[俗]，乡村音。

yʊ⁵ 呦那：～嗨，西乡音。

ʊ⁵ 卧那，西乡音。

p'ã³ 膀，翅～，乡村音。

t'ã¹ 场，荒～：乱坟～，乡村音。

t'ã² 场，荒～，乡村音。

t'ã³ 场，荒～，乡村音。

sã⁰ 场，荒～，乡村音。

sã³ 裳[俗]，乡村音。

tɕiã³ 港[老]，掘～：如东县地名，老派音。

tɕ'iã³ 箱[俗]，风～，东乡音。

iã⁵ 映，应答声，乡村音。

tsuã⁵ 壮，古横江沿线东半部口音。

suã² 瀿[俗]，慢慢滴，乡村音。

suã² 噇，除如城、丁堰西北部及白蒲镇区、石庄、石北、郭园外的大片地区口音。

fẽ³ 饭，北乡、东北乡双音词第二字的变调音，适用字很多。

tɕ'iẽ¹ 参，～加，西乡、南乡音。

kuẽ¹ 降[俗]，霜～，如东音。

k'uẽ³ 环[俗]，冒家凌～，为雪岸地名。

mʊ̃² 蛮[老]，洋～河（地名）。

ȵĩ¹ 拈，西南乡音。

tɕ'ĩ¹ 缠，乡村音。

tɕ'ĩ² 缠，乡村音。

ɕ'ĩ⁵ 扇，南乡、西乡音。

ĩ³ 引，～线：针，乡村话，同吴语。

zɔŋ³ 勇，古横江沿线的九华、龙舌、勇敢、新姚等地的东半部口音。

məŋ¹ 命，江边圩区音。

təŋ¹ 筝，风～，乡村音。

təŋ⁰ 飳[老]，冷～。

ləŋ⁵ 埨，大～庄（地名）。

xəŋ² 桁，石庄音。

xəŋ² 行，～船，乡村音。

tɕyəŋ¹ 衠纯，乡村音。

tɕ'yəŋ² 情[俗]，牛发～，戴庄音。

ŋaʔ⁸ 鄂[老]，～家埭(地名)。

pəʔ⁷ 必，张黄港、长江、江防、长青沙音。

ŋəʔ⁸ 杌，石庄音。

tiəʔ⁷ 窒，～头：塞子，采自马塘。

feʔ⁷ 刷[俗]，～子：江安、搬经音。

feʔ⁸ 刷[俗]，动词，江安、搬经音：刷落头(清扫地面)。

k'eʔ³ 甲[俗]，节～：指甲，东北乡音。

ɕyʊʔ⁷ 说，白蒲、薛窑区域口音。

tiʔ⁷ 哲，～的：是的，乡村音。

tɕiʔ⁷ 摺、褶、哲，乡村音。

tɕ'iʔ⁷ 涉、彻、撤、辙，南乡、西乡音。

tɕ'iʔ⁸ 侄(姪)、蛰、杰、搩，～事，如城以外广大地区口音。

ɕiʔ⁷ 摄，设，南乡、西乡音。

ɕiʔ⁸ 舌、折，～本，南乡、西乡音。

iʔ⁸ 日，磨头、林梓一线以南口音。

第二章 词语

第一节 词汇

一、名词

天象、地理

凉月子lẽ^{2}iʔ^{8}tsɿ^{0}　月亮
/二太阳ər^{1}t‘ɛ^{5}iã^{0}
/天粑粑t‘ĩ^{1}pa^{1}pa^{1}
拉屎星la^{2}sɿ^{0}ɕiəŋ^{1}　流星
天河t‘ĩ^{1}xʊ^{2}　银河
/淮河xuɛ^{2}xʊ^{2}
云yəŋ^{2}　云
霜suã^{1}　霜
雪ɕyʊʔ^{7}　雪
冻tɔŋ^{5}　冰
霍闪vaʔ^{8}sĩ^{3}　闪电
响雷ɕiã^{3}ly^{2}　打雷
天色t‘ĩ^{1}səʔ^{7}　天气
好天xɔ^{3}t‘ĩ^{1}　晴天
变天pĩ^{5}t‘ĩ^{1}　晴转多云转阴
/阴市天iəŋ^{1}sɿ^{0}t‘ĩ^{1}　阴天
湖fu^{2}　湖
潭t‘ʊ̃^{2}　水面小却很深
景子tɕiəŋ^{3}tsɿ^{0}　风景

时间、节令

时候sɿ^{2}xei^{0}　时间
过去kʊ^{5}tɕ‘y^{5}　从前
/早先tsɔ^{3}ɕĩ^{1}
将才tɕiã^{1}ts‘ɛ^{2}　刚才
/才些儿ts‘ɛ^{2}ɕiar^{3}
今年子kəŋ^{1}nĩ^{0}tsɿ^{0}　今年
明年子məŋ^{2}nĩ^{0}tsɿ^{0}　明年
后年子xei^{1}nĩ^{0}tsɿ^{0}　后年
弯后年子vẽ^{1}xei^{1}nĩ^{0}tsɿ^{0}　大后年
去年子tɕ‘y^{5}nĩ^{0}tsɿ^{0}　去年
先年子ɕĩ^{1}nĩ^{0}tsɿ^{0}　前年
先先年子ɕĩ^{5}ɕĩ^{1}nĩ^{0}tsɿ^{0}　大前年
日脚ʐiʔ^{7}tɕiaʔ^{7}　日子
今朝(子)kəŋ^{1}tɔ^{1}(tsɿ^{0})　今天
明朝(子)məŋ^{2}tɔ^{1}(tsɿ^{0})　明天
后朝(子)xei^{1}tɔ^{1}(tsɿ^{0})　后天
弯后朝(子)vẽ^{1}xei^{1}tɔ^{1}(tsɿ^{0})　大后天
昨朝(子)ts‘aʔ^{8}tɔ^{1}(tsɿ^{0})　昨天
前朝(子) tɕ‘ĩ^{2}tɔ^{1}(tsɿ^{0})　前天
/先日子ɕĩ^{1}ʐiʔ^{0}tsɿ^{0}
先先日子ɕĩ^{5}ɕĩ^{1}ʐiʔ^{0}tsɿ^{0}　大前天
日的ʐei^{1}tei^{0}　白天
夜的ia^{1}tei^{0}　夜里
端午tʊ̃^{1}vu^{0}　端午
八月半peʔ^{7}yʊʔ^{0}pʊ̃^{5}　中秋
三十夜sẽ^{1}səʔ^{0}ia^{1}　除夕

矿物及其他自然物态

铁t‘iʔ^{7}　铁
锡ɕiəʔ^{7}　锡
铝ly^{3}　铝
/钢宗kã^{1}tsɔŋ^{1}
吸铁石ɕiəʔ^{7}t‘iʔ^{7}səʔ^{8}　磁石
泥ni^{2}　泥
堂灰t‘ã^{2}xuei^{1}　灰尘
搕搑儿ʊʔ^{7}sʊr$^{0/3}$　垃圾
沫mʊ^{3}　沫儿
颜色ŋẽ^{2}səʔ^{0}　颜色
/色气səʔ^{7}tɕ‘i^{5}
味道vei^{1}t‘ɔ^{1}　味道

气味tɕʻi^{5}vei^{0} 气味

动物

畜牲tsʻɔʔ^{7}səŋ^{0} 牲畜

牲豕səŋ^{1}sɿ^{0} 牲口

老虎lɔ^{3}fu^{3} 老虎

狐狸fu^{2}li^{0} 狐狸

油老鼠yʊ^{2}lɔ^{3}tsʻu^{0} 蝙蝠

牛ŋei^{2} 牛

犦牛pʻaʔ^{7}ŋei^{2} 公黄牛

牯牛ku^{1}ŋei^{2} 公水牛

牸牛sa^{1}ŋei^{2} 母黄牛

牸牛tsʻɿ^{1}ŋei^{2} 母水牛

儿马ər^{2}ma^{3} 公马

母马mʊ^{3}ma^{3} 母马

羊子iã^{2}tsɿ^{0} 羊

犦羊pʻaʔ^{7}iã^{2} 公羊

细羊儿ɕi^{5}iar^{2} 小羊

猪子tsu^{1}tsɿ^{0} 猪

骚猪sɔ^{1}tsu^{1} 公猪

长豝猪tsʻã^{2}pa^{0}tsu^{1} 未配种的母猪

狗子kei^{3}tsɿ^{0} 狗

儿狗ər^{2}kei^{3} 公狗

草狗tsʻɔ^{3}kei^{3} 母狗

猫儿mɔr^{2} 猫

公猫儿kɔŋmɔr^{2} 公猫

咪猫mi^{3}mɔ^{2} 母猫

雁ŋẽ^{1} 大雁

老鸦lɔ^{3}ŋa^{1} 乌鸦

麻雀儿ma^{2}tɕʻiar^{7} 麻雀

八哥儿peʔ^{7}kʊr^{2} 八哥

雄鸡iɔŋ^{2}tɕi^{1} 公鸡

骟鸡sĩ^{5}tɕi^{1} 阉鸡

鸭子ŋeʔ^{7}tsɿ^{0} 鸭子

鹅儿ŋʊr^{2} 鹅

花鱼xua^{1}y^{2} 鲤鱼

鲫轧儿tɕiʊʔ^{7}kʻir^{2} 鲫鱼

螃蟹pʻã^{2}xɛ^{3} 螃蟹

虾儿xar^{1} 虾

河嗬xʊ^{2} vɛ^{1} 蚌

癞宝lɛ^{1}pɔ^{3} 癞蛤蟆

蛤蟆乌儿xa^{2}ma^{2}ʊr^{1} 蝌蚪

鳖piʔ^{7} 鳖

/ 脚鱼tɕiaʔ^{7}y^{2}

角螺儿kaʔ^{7}lʊr^{1} 蜗牛

蚕蟮xʊ^{2}ɕĩ^{1} 蚯蚓

蜓蛉儿ɕiəŋ^{1}lər^{3} 蜻蜓

蚱蟟tɕia^{3}lei^{0} 蝉

斫螂tsʻaʔ^{7}lã^{0} 螳螂

火萤虫儿xʊ^{3}iəŋ^{0}tsʻɔr^{2} 萤火虫

蟋蟀ɕyəʔ^{7}ɕyər^{5} 蟋蟀

蚊子vəŋ^{2}tsɿ^{0} 蚊子

扁螂pĩ^{3}lã^{0} 臭虫

虱子səʔ^{7}tsɿ^{0} 虱子

虼蚤kəʔ^{7}tsɔ^{0} 跳蚤

蟢蟢儿ɕi^{3}ɕir^{0} 蜘蛛

百脚pɔʔ^{7}tɕiaʔ^{7} 蜈蚣

蛇sa^{2} 蛇

壁虎子piəʔ^{7}fu^{0}tsɿ^{0} 壁虎

角kaʔ^{7} 角

蛋tʻẽ^{1} 蛋

籽tsɿ^{3} 卵

植物

稻籽儿tʻɔ^{1}tsɿr^{3} 稻谷

场米tsʻã^{2}mi^{3} 糯米

狗尾儿kei^{3}vər^{3} 谷子

高粱kɔ^{1}liã^{2} 高粱

玉米y^{1}mi^{0} 玉米

番芋fẽ^{1}y^{1} 红薯

洋番芋iã^{2}fẽ^{1}y^{1} 土豆

蔬菜su^{5}tsʻɛ^{5} 蔬菜

菠菜pʊ^{1}tsʻɛ^{5} 菠菜

番瓜fẽ^{1}kua^{1} 南瓜

冬瓜tɔŋ^{1}kua^{1} 冬瓜

黄瓜vã^{2}kua^{1} 黄瓜

萝卜lʊ^{2}pʻɔʔ^{8} 萝卜

茄儿tɕʻiar^{2} 茄子

番茄儿fẽ^{1}tɕʻiar^{2} 西红柿

生姜səŋ^{1}tɕiã^{1} 姜

水果suei^{3}kʊ^{3} 水果

桃子tʻɔ^{2}tsɿ^{0} 桃儿

杏子ɕiəŋ^{1}tsɿ^{0} 杏儿

梨li^{2} 梨

橘子tɕyəʔ^{7}tsɿ^{0} 橘子

文旦vəŋ^{2}tʻẽ^{1} 柚子

梅子mei^{2}tsɿ^{0} 梅子
葡萄p'u^{2}t'ɔ^{2} 葡萄
青果tɕ'iəŋ^{1}kʊ^{3} 橄榄
荸荠p'əʔ^{8}tɕi^{1} 荸荠
藕ŋei^{3} 藕
枣儿tsɔr^{3} 枣儿
栗子liəʔ^{8}tsɿ^{0} 栗子
桂圆kuei^{5}yʊ̃^{2} 桂圆
/龙眼lɔŋ^{2}ŋẽ^{3}
西瓜ɕi^{1}kua^{1} 西瓜
榾子vəʔ^{8}tsɿ^{0} 核儿
芽ŋa^{2}/ia^{2} 芽儿
叶子iʔ^{8}tsɿ^{0} 叶子

饮食

早饭tsɔ^{3}fẽ^{1} 早饭
/早茶tsɔ^{3}ts'a^{2}
夜饭ia^{1}fẽ^{1} 晚饭
粥tsɔʔ^{7} 粥/稀饭
饮汤iəŋ^{3}t'ã^{1} 米汤
馒头mʊ̃^{2}t'ei$^{0/1}$ 馒头
饺儿tɕiɔr^{3} 饺子(圆皮)
/扁食pĩ^{3}səʔ^{0}(方皮)
馄饨xuəŋ^{2}təŋ^{0} 馄饨(小方皮)
面mĩ^{1} 面条
糕kɔ^{1} 糕
包馅pɔ^{1}ɕiəŋ^{1} 馅儿
肉zɔʔ^{8} 猪肉
肝kʊ̃^{1} 猪肝
舌头siʔ^{8}t'ei^{0} 猪舌头
/招财tsɔ^{1}ts'ɛ^{2}
/撩筋(金)liɔ^{2}tɕiəŋ^{1}
血子ɕyʊʔ^{7}tsɿ^{0} (猪)血块
粉子fəŋ^{3}tsɿ^{0} 粉丝
作料tsa^{5}liɔ^{0} 佐料
麻油ma^{2}yʊ^{2} 芝麻油
开水(煮沸的水) k'ɛ^{1}suei^{3} 开水
/透水t'ei^{5}suei^{3}
/茶ts'a^{2}
棒冰p'ã^{1}piəŋ^{1} 冰棍儿
淘米水t'ɔ^{2}mi^{0}suei^{3} 泔水
锅水kʊ^{1}suei^{3} 洗锅碗的水

服饰

衣裳i^{1}sã^{0} 衣服
上装sã^{1}tsuã^{1} 上衣
衬衫ts'uəŋ^{5}sẽ^{1} 衬衫(西式)
/小褂儿ɕiɔ^{3}kuar^{5}衬衣(中式)
汗衫儿xʊ̃^{1}siər^{3} 汗衫
夹[衤登]子keʔ^{7}təŋ^{5}tsɿ^{0} 夹袄
背心儿pei^{5}ɕiər^{1} 背心
头绳儿衣裳t'ei^{2}sər^{2}i^{1}sã^{0} 毛衣
大衣ta^{1}i^{1} 大衣(西式)
/袍子p'ɔ^{2}tsɿ^{0} 袍子(中式)
鞋子xɛ^{2}tsɿ^{0} 鞋
踏鞋儿teʔ^{7}xiər^{2} 拖鞋
踏板儿teʔ^{7}piər^{3} 木拖鞋
围裙vei^{2}(y^{2})tɕ'yəŋ^{2} 围裙
/围腰儿vei^{2}iɔr^{1}/y^{2}iɔr^{1}
涎袈儿sẽ^{2}kar^{1} 围嘴
面子mĩ^{1}tsɿ^{0} 面子
里子li^{3}tsɿ^{0} 里子
袋儿t'iər^{1} 衣袋

房屋

家ka^{1} 家
房间fã^{2}kẽ^{1} 房间
/房fã^{2}
柱棵su^{1}k'ʊ^{1} 柱子
插ts'eʔ^{7} 梁柱
过梁kʊ^{5}liã^{2} 人字梁
梁liã^{2} 檩
/桁条ɕiəŋ^{2}t'iɔ^{2}
屋檐ɔʔ^{7}ĩ^{2} 屋檐
/檐头ĩ^{2}t'ei^{2}
户限vu^{1}k'ẽ^{3} 门槛
阳台iã^{2}t'ɛ^{2} 晒台
栏杆lẽ^{2}kʊ̃^{0} 栏杆
磴脚təŋ^{1}tɕiaʔ^{7} 台阶
楼梯子lei^{2}t'y^{1}tsɿ^{0} 楼梯
院子yʊ̃^{1}tsɿ^{0} 院子
天井t'ĩ^{1}tɕiəŋ^{3} 天井
毛缸mɔ^{2}kã^{1} 厕所
鸡窠tɕi^{1}k'ʊ^{1} 鸡窝
猪圈tsu^{1}tɕ'yʊ̃^{1} 猪圈
坟园fəŋ^{2}yʊ̃^{2} 坟

家具、日常用品

家具tɕia^{1}tɕy^{5}　家具
桌子tsuaʔ^{7}tsɿ^{0}　桌子
椅子i^{3}tsɿ^{0}　椅子
柜kʻuei^{1}　柜子
抽抽儿tsʻei^{1}tsʻɿr^{3}　抽屉
床tsʻuã^{2}　床
/铺pʻu^{5}
被单pʻi^{1}tẽ^{1}(lẽ^{1})　被子
褥子zọʔ^{8}tsɿ^{0}　褥子
席子tɕʻiəʔ^{8}tsɿ^{0}　席
窗帘子tsʻuã^{1}ŋẽ^{2}tsɿ^{0}　窗帘
朴刀pʻaʔ^{8}tɔ^{1}　菜刀
砧板tsəŋ^{1}pẽ^{3}　砧板
勺儿sar^{1}　调羹
水瓢suei^{3}pʻiɔ^{2}　水舀子
坛子tʻʊ̃^{2}tsɿ^{0}　坛子
罐子kʊ̃^{5}tsɿ^{0}　罐子
烧锅草sɔ^{1}kʊ^{1}tsʻɔ^{3}　柴火
洋油ia^{2}yʊ^{2}　煤油
/火油xʊ^{3}yʊ^{2}
热水瓶zịʔ^{8}suei^{0}pʻiəŋ^{2}　暖水瓶
针tsəŋ^{1}　针
/引线iəŋ^{3}ɕĩ^{5}
针箍儿tsəŋ^{1}kʊr^{3}　顶针
洋机iã^{2}tɕi^{1}　缝纫机
钥子iaʔ^{8}tsɿ^{0}　钥匙
拐棒kuɛ^{3}pʻã^{1}　拐杖
蜡烛leʔ^{8}tsɔʔ^{7}　蜡烛
洋火ia^{2}xʊ^{3}　火柴
镜子tɕiəŋ^{5}tsɿ^{0}　镜子
栉梳儿tsʻaʔ^{7}sur^{1}　梳子
洋碱iã^{2}tɕiẽ^{3}　肥皂
手巾sei^{3}tɕiəŋ^{1}　毛巾
搌布tsĩ^{3}pu^{5}　抹布
扫帚sɔ^{5}tsei^{1}　扫帚
笤帚tʻiɔ^{2}tsei^{1}　笤帚
簸箕pʊ^{5}tɕi^{0}　簸箕
痰盂儿tʻẽ^{2}yr^{2}　痰盂

工具、材料

算盘psʊ̃^{5}pʻʊ̃^{0}　算盘
戥子təŋ^{3}tsɿ^{0}　戥子
尺tsʻəʔ^{7}　尺
大斧tʻɛ^{1}fu^{0}　斧子
凿子tsʻaʔ^{8}tsɿ^{0}　凿子
锯子tɕy^{5}tsɿ^{0}　锯子
锥子tsuei^{1}tsɿ^{0}　锥子
刨子pʻɔ^{1}tsɿ^{0}　刨子
刀儿tɔr^{1}　刀子
钉儿tər^{1}　钉子
/钉子tiəŋ^{1}tsɿ^{0}
梯子tʻy^{1}tsɿ^{0}　梯子
/步步高pʻu^{1}pʻu^{1}kɔ^{1}
铁锹tʻiʔ^{7}tɕʻiɔ^{1}　铁锹
锛pəŋ^{1}　木工工具
锄子tsʻu^{2}tsɿ^{0}　锄
钩刀儿kei^{1}tɔr^{1}/^{3}　镰刀
扁担pĩ^{3}tʻẽ^{1}　扁担
筛子sɛ^{1}tsɿ^{0}　筛子
磨子mʊ^{1}tsɿ^{0}　石磨
木头mtʻei^{0}　木头
竹子tsɔʔ^{7}tsɿ^{0}　竹子
石灰səʔ^{8}xuei^{1}　石灰

商业、邮电、交通

钱tɕʻĩ^{2}　钱
店家tĩ^{5}tɕia^{1}　商店
吃食店tɕʻiəʔ^{7}səʔ^{0}tĩ^{5}　饭店
/荤茶馆xuəŋ^{1}tsʻa^{2}kʊ̃^{3}
下处ɕia^{1}tsʻu^{0}　旅馆
/客栈kʻəʔ^{7}tsʻẽ^{1}
邮局yʊ^{2}tɕʻiɔʔ^{8}　邮局
信壳儿ɕiəŋ^{5}kʻar^{0}　信封
/信封儿ɕiəŋ^{5}fɔr^{1}
盘缠钱pʊ̃^{2}tsʻəŋ^{2}tɕʻĩ^{2}　路费
汽车tɕʻi^{5}tsʻa^{1}　汽车
脚踏车tɕiaʔ^{7}tʻeʔ^{0}tsʻa^{1}　自行车
黄包车xuã^{2}pɔ^{0}tsʻa^{1}　人力车
小车儿ɕiɔ^{3}tsʻar^{1}　木制独轮车
轮盘儿ləŋ^{2}pʻʊr^{2}　轮子
/盘儿pʻʊr^{2}
机器快tɕi^{1}tɕʻi^{0}kʻuɛ^{5}　内河客轮
篷子船pʻəŋ^{2}tsɿ^{0}tsʻʊ̃^{2}　帆船
小船儿ɕiɔ^{3}tsʻʊr^{2}　小船
街kɛ^{1}　街
人行道zəŋ^{2}ɕiəŋ^{2}tɔ^{5}　人行道

巷子xã^{1}tsɿ^{0} 胡同

文化、娱乐

学堂ɕiaʔ^{8}t'ã^{2} 学校

教室tɕiɔ^{5}səʔ^{7} 教室

本儿pər^{3} 本子

铅笔k'ẽ^{1}piəʔ^{7} 铅笔

面糊mĩ^{1}fu^{1} 浆糊

橡皮ɕiã^{5}p'i^{2} 橡皮

戳儿ts'uar^{5} 图章

徽章xuei^{1}tsã^{1} 徽章

电影tĩ^{5}iəŋ^{3} 电影

故事ku^{5}sɿ^{0} 故事

球tɕ'yʊ^{2} 球

秋千tɕ'yʊ^{1}tɕ'ĩ^{1} 秋千

风筝fəŋ^{1}ts'ã^{1} 风筝

炮仗p'ɔ^{5}ts'ã^{0} 鞭炮

叫叫儿tɕiɔ^{5}tɕiɔr$^{5/3}$ 哨子

笛子t'iəʔ^{8}tsɿ^{0} 笛子

人体

头t'ei^{2} 头

脸lĩ^{3} 脸

额头ŋəʔ^{8}t'ei^{2} 前额

眼睛ŋẽ^{3}tɕiəŋ^{0} 眼睛

眼毛ŋẽ^{3}mɔ^{2} 睫毛

耳头ər^{3}t'ei^{0} 耳朵

嘴ts'y^{3} 嘴

嘴边儿ts'y^{3}piər^{1} 嘴唇

舌头siʔ^{8}t'ei^{0} 舌头

牙子ŋa^{2}tsɿ^{0} 牙齿

下巴xa^{1}pa^{1} 下巴

/ 下巴颏儿xa^{1}pa^{1}k'ar^{5}

颈项tɕiəŋ^{3}xã^{1}（k'ã^{1}） 脖子

肩膊tɕĩ^{1}paʔ^{0} 肩膀

心门口ɕiəŋ^{1}məŋ^{0}k'ei^{3} 胸脯

奶子nɛ^{3}tsɿ^{0} 乳房

肚子tu^{3}tsɿ^{0} 肚子

背脊pei^{5}tɕiəʔ^{7} 背

夹肢窝keʔ^{7}tsɿ^{0}ʊr^{1} 胳肢窝

手膀子sei^{3}pã^{3}tsɿ^{0} 胳膊

手拐儿sei^{3}kuiər^{3} 胳膊肘

季手tɕi^{5}sei^{3} 左手

巴掌pa^{1}tsəŋ^{0} 手掌

手爪儿sei^{3}tsɔr^{3} 手指

细拇指儿ɕi^{5}mʊ^{0} tsər^{5} 小拇指

指甲tsəʔ^{7}k'eʔ^{7} 指甲

腿子t'y^{3}tsɿ^{0} 腿

膝头盘儿ɕiəʔ^{7}t'ei^{0}p'ʊr^{2} 膝盖

脚爪儿tɕiaʔ^{7}tsɔr^{3} 脚趾

眼泪ŋẽ^{3}ly^{0} 眼泪

黄齈vã^{2}ləŋ^{2} 鼻涕

涎唾子sẽ^{2}t'u^{5}tsɿ^{0} 唾沫

涎sẽ^{2} 口水

疤儿par^{1} 痂

亲属称谓、社会关系

爹爹tia^{1}tia^{1} 祖父

奶奶nɛ^{3}nɛ^{0} 祖母

父fu^{1} 父亲

/ 爷ia^{2}

/ 爷爷ia^{1}ia^{1} （西乡音）

/ [illegible][illegible]pɛ^{1}pɛ^{3} （北乡音）

/ 爸爸pa^{5}pa^{5} （新派）

/ 爸爸pa^{1}pa^{1} （通如近境音）

娘娘niã^{2}niã^{2} 母亲

/ 娘niã^{2}

/ 妈妈ma^{1}ma^{1}

/ 妈ma^{1}

晚娘vẽ^{3}niã^{2} 后母、继母

大大ta^{5}ta^{5} 伯父

大妈ta^{5}ma^{5} 伯母

夷i^{2} 叔父

婶婶səŋ^{3}səŋ^{0} 婶母

/ 婶子səŋ^{3}tsɿ^{0} （指称）

/ 娘娘niã^{2}niã^{2}

姑丈ku^{1}ts'ã^{1} 姑父

姑妈ku^{1}ma^{1} 姑母（父之姐）

孃孃niã^{1}niã^{1} 姑母（父之妹）

婆爹爹p'ʊ^{2}tia^{1}tia^{1} （乡间称）

婆婆p'ʊ^{2}p'ʊ^{2} 外祖母

舅舅tɕ'yʊ^{1}tɕ'yʊ^{1} 舅父

舅母tɕ'yʊ^{1}mʊ^{0} 舅母

姨丈i^{2}ts'ã^{0} 姨父

姨妈i^{2}ma^{1} 姨母（母之姐）

姨娘i^{2}niã^{2} 姨母（母之妹）

弟子t'i^{1}tsɿ^{0} 弟弟

弟新妇t‘i^{1}çiəŋ^{1}fu^{1}　弟媳
妹子mi^{1}tsɿ^{0}　妹妹
妹婿mi^{1}çy^{1}　妹夫
大伯子ta^{5}pɔʔ^{7}tsɿ^{0}　大伯子
小叔子çiɔ^{3}sɔʔ^{7}tsɿ^{0}　小叔子
新妇çiəŋ^{1}fu^{1}　媳妇
孙子suəŋ^{1}tsɿ^{0}　孙子
孙女儿suəŋ^{1}nyr^{3}　孙女
父母fu^{1}mʊ^{3}　父母
／爷娘ia^{2}niã^{2}
兄弟çiɔŋ^{1}t‘i^{1}　兄弟
姊妹tsɿ^{3}mi^{0}　姐妹
连襟lĩ^{2}tçiəŋ^{0}　连襟
／姨夫们儿i^{2}fu^{0}mər^{2}（乡村音）
妯娌ts‘ʊ^{1}lei^{0}　妯娌
亲戚tç‘iəŋ^{1}tç‘iəʔ^{7}　亲戚
房族fã^{2}ts‘ɔʔ^{8}(五服以内)
本家pəŋ^{3}tçia^{1}（同宗出五服）
邻居liəŋ^{2}tçy^{1}　邻居
／邻舍liəŋ^{2}saʔ^{0}

方位

前头tç‘ĩ^{2}t‘ei^{0}　前面
后头xei^{1}t‘ei^{0}　后面
里头li^{3}t‘ei^{0}　里边
外头vɛ^{1}t‘ei^{0}　外边
／口头k‘ei^{3}pĩ^{1}
上头sã^{1}t‘ei^{0}　上面
下头xa^{1}t‘ei^{0}　下面
／底下ti^{3}xa^{0}
对过ty^{5}kʊ^{5}　对面
城里ts‘əŋ^{2}li^{3}　城里
／街上kɛ^{1}sã^{1}
城外ts‘əŋ^{2}vɛ^{1}　城外
／乡下çia^{1}xa^{1}
／居乡的ty^{1}çiã^{1}tei^{0}

其他

地方t‘i^{1}fã^{1}　地方
／落地laʔ^{8}t‘ei^{0}／laʔ^{8}t‘i^{0}
话xua^{1}　话
杲昃kɔ^{3}tsɿ^{0}　东西
事情sɿ^{1}tç‘iəŋ^{0}　事情
男的nʊ̃^{2}tei^{0}　男人
女的ny^{3}tei^{0}　女人
丫头ŋa^{1}t‘ei^{0}　姑娘
细伢儿çi^{5}ŋar^{2}　小孩子
男伢儿nʊ̃^{2}ŋar^{2}　男孩子
女伢儿ny^{3}ŋar^{2}　女孩子
哑子ŋa^{3}tsɿ^{0}　哑巴
⿰言亟喻tçiəʔ^{7}ləŋ^{1}　结巴
／喻子ləŋ^{1}tsɿ^{0}
缩顶光çyʊ^{5}tiəŋ^{3}kuã^{1}　秃子
瘸子tç‘ya^{2}tsɿ^{0}　瘸子
新娘子çiəŋ^{1}niã^{0}tsɿ^{0}　新娘
老姑娘lɔ^{3}ku^{0}niã^{0}　老姑娘
双身人suã^{1}səŋ^{1}ẓəŋ^{2}　孕妇
／四眼人sɿ^{5}ŋẽ^{0}ẓəŋ^{2}
双宝儿suã^{1}pɔr^{3}　双胞胎
先生çĩ^{1}səŋ^{1}　教师
／老师lɔ^{3}sɿ^{1}
学生çiaʔ^{8}səŋ^{0}　学生
医家先生i^{1}tçia^{1}çĩ^{1}səŋ^{1}　医生
强头tç‘iã^{2}t‘ei^{0}　强盗
贼ts‘əʔ^{8}　贼、小偷
／扒儿手p‘ar^{2}sei^{3}
内教ny^{1}tçiɔ^{5}　内行
外教vɛ^{1}tçiɔ^{5}　外行

二、动词

自然变化

天亮t‘ĩ^{1}liã^{1}　天亮
起风tç‘i^{3}fɔŋ^{1}　刮风
落雨laʔ^{8}／^{1}y^{3}　下雨
落雪laʔ^{8}çyʊʔ^{7}　下雪
霍闪vaʔ^{8}sĩ^{3}　打闪
响雷çiã^{3}ly^{2}　打雷
生冻sã^{1}tɔŋ^{5}　结冰
融雪iɔŋ^{2}çyʊʔ^{7}　化雪
融冻iɔŋ^{2}tɔŋ^{5}　化冰
沰雨taʔ^{7}y^{3}　淋雨
地动t‘i^{1}t‘ɔŋ^{1}　地震
褪色t‘y^{5}səʔ^{7}　掉色
／落色laʔ^{8}səʔ^{7}
／脱色t‘əʔ^{7}səʔ^{7}

脱t'əʔ^{7} 掉落

五官动作

看k'ʊ̃^{5} 看

/瞟piɔ^{1}

/眺tsã^{1}

/望vã^{1}

闻vəŋ^{2} 闻

吃tɕ'iəʔ^{7} 吃

喝xʊʔ^{7} 喝

咬ŋɔ^{3} 咬

嚼tɕ'iaʔ^{8} 嚼

舔t'ĩ^{3} 舔

噎iʔ^{7} 咽

尝sã^{2} 尝

肢体动作

拿na^{2} 拿

/抓tsua^{1}

掐k'eʔ^{7} 掐

摘tiəʔ^{7} 摘

摸maʔ^{8} 摸

搓ts'ʊ^{1} 搓

/掿naʔ^{8}

提t'i^{2} 提

/拎liəŋ^{1}

托t'aʔ^{7} 托

端tʊ̃^{1} 端

捧p'əŋ^{3} 捧

搬pʊ̃^{1} 搬

/搬p'ʊʔ^{8}

压ŋeʔ^{7} 压

掯k'əŋ^{5} 掯

/揿tɕ'iəŋ^{5}

推t'y^{1} 推

/拫kəŋ^{3}

扽təŋ^{5} 拉长拉直

拔p'eʔ^{8} 拔

打ta^{3} / tiəŋ^{5} 打

敲k'ɔ^{1} 敲

捅t'əŋ^{3} 捅（移动）：～脚步

撞ts'uã^{1}/^{3} 撞

撕sɿ^{1} / səʔ^{8} 撕

折tsiʔ^{7} 折（折断）

/扳pẽ^{1}

挤tɕi^{3} 拧（拧毛巾）

/绞tɕiɔ^{3}

撂liɔ^{1} 扔、投掷

/掼k'uẽ^{1}

跳t'iɔ^{5} 跳

踩ts'ɛ^{3} 踩

/踏t'eʔ^{8}

踢t'iəʔ^{7} 踢

坐ts'ʊ^{1} 坐

蹲ts'əŋ^{2} / təŋ^{1} 蹲

靠k'ɔ^{5} 靠

/隑k'ɛ^{5} 斜靠

日常生活动作

吃中饭tɕ'iəʔ^{7}tsəŋ^{1}fẽ^{1} 吃中饭

吃夜饭tɕ'iəʔ^{7}ia^{1}fẽ^{1} 吃晚饭

吃酒tɕ'iəʔ^{7}tɕyʊ^{3} 喝酒

吃茶tɕ'iəʔ^{7}ts'a^{2} 喝茶

吃烟tɕ'iəʔ^{7}ĩ^{1} 吸烟

漱嘴su^{5}tɕy^{3} 刷牙

剃头t'i^{5}t'ei^{2} 理发

/剪头tɕĩ^{3}t'ei^{2}

/修头ɕyʊ^{1}t'ei^{2}

晾lã^{1} 晾

烫t'ã^{5} 熨

削ɕiaʔ^{7} 削

劗tsẽ^{1} （细剁）劗肉

砍k'ʊ̃^{3} 砍

/斫tsaʔ^{7}

杀seʔ^{7} 杀、宰

泼p'ʊʔ^{7} 泼

/摅fu^{3}

抹meʔ^{8} 抹

/搌tsĩ^{3}

窒tsɿ^{5} （塞）窒缝口

罩tsɔ^{5} 罩

/冚k'ʊ̃^{3}

扳pẽ^{1} 掰

解kɛ^{3} 解

埋mɛ^{2} 埋

/窖kɔ^{5}

藏ts'ã^{2} 藏（收藏）

／园k‘ã^{5}
撂liɔ^{1}　扔
交际、人事、事务
说白话sʊʔ^{7}p‘ɔʔ^{8}xua^{1}　闲谈
／讲经kã^{3}tɕiəŋ^{1}
／讲老洋kã^{3}lɔ^{3}iã^{2}
告讼kɔ^{5}sɔŋ^{5}　告诉
理拾li^{3}səʔ^{0}　收拾、处理
喊xẽ^{5}　喊
／阚xẽ^{3}　大声喊
／吆ts‘ɔ^{1}　叫喊
骂ma^{1}　骂
／咒tsei^{5}　毒骂
做香tsʊ^{5}ɕiã^{1}　接吻
开心k‘ɛ^{1}ɕiəŋ^{1}　开玩笑
／打誽ta^{3}ni^{1}
来气lɛ^{5}tɕ‘i^{5}　生气
淘气t‘ɔ^{2}tɕ‘i^{5}　吵架
吹牛屄ts‘uei^{1}ŋei^{2}pi^{1}　吹牛
拍马屁p‘ɔʔ^{7}ma^{3}p‘i^{5}　拍马
罚誓feʔ^{8}sʅ^{5}　发誓
陪p‘i^{2}　陪
赸suẽ^{1}　追
遛lei^{1}　逃跑
做活计tsʊ^{5}xʊʔ^{8}tɕ‘i^{0}　干活
赔p‘i^{2}　赔偿
换xʊ̃^{1}　换
／斢t‘iɔ^{3}
买mɛ^{3}　买
扯布ts‘a^{1}pu^{5}　买布
打油ta^{3}yʊ^{2}　买油
打药ta^{3}iaʔ^{8}　买中药
称肉ts‘əŋ^{1}ẓɔʔ^{8}　买（猪）肉
掼掉k‘uẽ^{1}t‘ɔ^{0}　浪费
把人家pa^{3}ẓəŋ^{2}ka^{0}　结婚（女方）
娶亲tɕ‘y^{3}tɕ‘iəŋ^{1}　结婚（男方）
招女婿tsɔ^{1}ny^{3}ɕy^{5}　招赘
入屄ẓəʔ^{7}pi^{1}　性交
文化、娱乐
教tɕiɔ^{5}／kɔ^{1}　教
学ɕiaʔ^{8}／xaʔ^{8}　学
耍子sua^{3}tsʅ^{0}　玩儿
讲故事tɕiã^{3}ku^{5}sʅ^{0}　讲故事
／说假儿sʊʔ^{7}tɕiar^{3}（乡村话）
捉蒙蒙儿寻tsuaʔ^{7}mɔŋ^{2}mɔr^{2}tɕ‘iəŋ^{2}　捉迷藏
游水yʊ^{2}suei^{3}　游泳
／下河洗澡xa^{1}xʊ^{2}ɕi^{3}tsɔ^{3}
生理、病理
歇ɕiʔ^{7}　休息
睡suei^{5}　睡觉
打哈吙ta^{3}xa^{1}xʊ^{1}　打哈欠
打瞌睆ta^{3}k‘ʊʔ^{7}ts‘ɔŋ^{5}　打瞌睡
打呼ta^{3}fu^{1}　打鼾
／齁呼xei^{2}fu^{1}
打寒噤ta^{3}xʊ̃^{2}tɕiəŋ^{1}　打冷颤
发抖feʔ^{7}tei^{3}　发抖
／颤动tsĩ^{5}t‘ɔŋ^{0}
抓痒tsua^{1}iã^{3}　挠痒
擤鼻子xɔŋ^{3}p‘iʔ^{8}tsʅ^{0}　擤鼻涕
屙屉ʊ^{1}pa^{3}　拉屎
害病xɛ^{1}p‘iəŋ^{1}　生病
／有啊讲究yʊ^{3}a^{0}tɕiã^{3}tɕiɔ^{5}
受凉sei^{1}liã^{2}　着凉
打百日子ta^{3}pʊʔ^{7}ẓiʔ^{0}tsʅ^{0} 发疟疾
／打摆子ta^{3}pɛ^{3}tsʅ^{0}
发寒feʔ^{7}xʊ̃^{2}　发冷
恶心ŋaʔ^{7}ɕiəŋ^{1}　恶心
／作哇tsaʔ^{7}vaʔ^{7}
哇vaʔ^{7}　呕吐
感受、思维
欢喜xʊ^{1}ɕi^{0}　喜欢
讨厌t‘ɔ^{3}ĩ^{5}　讨厌
／惹嫌ẓa^{3}ɕĩ^{2}
／犯嫌fẽ^{1}ɕĩ^{2}
怕p‘a^{5}　怕
晓得ɕiɔ^{3}təʔ^{7}　知道
是的sʅ^{1}tei^{0}　是
／哲的tiʔ^{7}tei^{0}／tsiʔ^{7}tei^{0}
认得ẓəŋ^{1}təʔ^{7}　认识
犯疑fẽ^{1}i^{2}　怀疑
／疑惑i^{2}xɔʔ^{8}
当心tã^{1}ɕiəŋ^{1}　留心
记挂tɕi^{5}kua^{5}　挂念
忘掉vã^{1}t‘ɔ^{0}　忘记

愿望、判断
要iɔ^{5} 想（要看书）
该派kɛ^{1}p'ɛ^{5} 应该
值得ts'əʔ^{8}tə^{0} 值得
会xuei^{1} 会
不会pəʔ^{7}xuei^{1} 不会
有得yʊ^{3}tə^{0} 有
没得məʔ^{8}tə^{0} 没有

三、形容词

事物状况
大ta^{1}／t'ɛ^{3} 大
小ɕiɔ^{3} 小
／细ɕi^{5}
低ti^{1} 低
矮ŋɛ^{3} 矮
短tʊ̃^{3} 短
／绍sɔ$^{2／5}$ 乡村音
奘tsuã^{3} 粗（胳膊粗）
瘦sei^{5} 细（胳膊细）
狭xeʔ^{8} 窄
／窄tsəʔ^{7}
薄p'aʔ^{8} 薄
／枵ɕiɔ^{1} 纸
满mʊ̃^{3} 满
凹va^{5} 凹
凸t'əʔ^{8} 凸
横ɔŋ^{2} 横
竖su^{1} 竖
直ts'əʔ^{8} 直
斜tɕ'ia^{2} 斜
陡tei^{3} 陡
暗ʊ̃^{5} 暗
黑xəʔ^{7} 黑
重ts'ɔŋ^{1} 重
湿səʔ^{7} 湿
薄p'aʔ^{8} 稀（稀粥）
茻mɔŋ^{3} 密
稀ɕi^{1} 稀（稀疏）
硬ŋəŋ^{1} 硬
软z̩ʊ̃^{3} 软
砝实tɕɔʔ^{7}səʔ^{0} 结实
干净kʊ̃^{1}tɕ'iəŋ^{0} 干净
脏tsã^{1} 肮脏
热潮zịʔ^{8}ts'ɔ^{2} 热闹
安静ʊ̃^{1}tɕiəŋ^{5} 安静
／安定ʊ̃^{1}tiəŋ^{5}
钝t'əŋ^{1} 钝
快k'uɛ^{5} 快（迅速）
／愋sɔ^{5}
缓xẽ^{1} 慢

事物性质
好xɔ^{3} 好
差ts'a^{1} 差
／坏xuəʔ^{7}
错ts'ʊ^{5} 错
难nẽ^{2} 难
容易iɔŋ^{2}i^{0} 容易
贵kuei^{5} 贵
便宜p'i^{2}i^{0} 便宜

生理、感觉
热zịʔ^{8} 热
冷ləŋ^{3} 冷
烫t'ã^{5} 烫
热的zịʔ^{8}tei^{0} 温
／温吞儿məŋ^{1}t'ar^{0}
暖乎nʊ̃^{3}xʊ^{0} 暖和
凉快liã^{2}k'uɛ^{0} 凉快
䶩sɔ^{5} 咸
烧人sɔ^{1}z̩əŋ^{0} 渴
吃力tɕ'i^{5}liəʔ^{7} 累

体态、容貌
奘tsuã^{4} 丰满、敦实
老lɔ^{3} 老不年轻
丑ts'ei^{3} 丑

品行、行为
伶凡liəŋ^{2}fẽ^{2} 聪明
稚tsɿ^{5} 笨
／拙tsʊʔ^{7}
獃tɛ^{1} 傻
滑头xueʔ^{8}t'ei^{2} 滑头
顽皮vẽ^{2}p'i^{2} 顽皮
／蛮皮mẽ^{2}p'i^{2}

/ 调皮tʻiɔ2pʻi2
好耍子xɔ3sua3tsɿ0　可爱
念经人子nĩ1tɕiəŋ1ẓəŋ2tsɿ0　可怜
讨嫌tʻɔ3ɕĩ2　讨厌

感受、思维

中意tsɔŋ5i5　合意
/ 称心tsʻəŋ5ɕiəŋ1
烦fẽ2　烦恼
难过nẽ2kʊ5　难过
/ 不好过pəʔ7xɔ3kʊ5
怕丑pʻa5tsʻei3　害羞

四、代词

人称代词

我ŋʊ3　我
你nei3　你
尊驾tsuəŋ1tɕia5　您
我倈ŋʊ3lɛ0　我们、咱们
你倈nei3lɛ0　你们
他倈tʻa1lɛ0　他们
大家ta1ka1 / tʻɛ1ka1　大家
自家sɿ1ka1　自己
别人pʻiʔ1ẓəŋ0　别人

物主代词

我的ŋʊ3tei0　我的
自家的sɿ1ka1tei0　自己的
你的nei3tei0　你的
尊驾的tsuəŋ1tɕia5tei0　您的
他的tʻa1tei0　他的
我倈的ŋʊ3lɛ0tei0　我们的
你倈的nei3lɛ0tei0　你们的
他倈的tʻa1lɛ0tei0　他们的
大家的ta1(tʻɛ1)ka1tei0大家的
别人的pʻiʔ1ẓəŋ0tei0　别人的
别的pʻiʔ8tei0　别的

指示代词

这嗨tsa5xɛ0　这里
那嗨lʊ5xɛ0　那里
这境tsa5tɕiəŋ5　这边
那境lʊ5tɕiəŋ5　那边
这一刻儿tsa5iʔ7kʻər5这一会儿
那刻儿lʊ5kʻər3　那会儿
这吖tsã5ŋa0　这样
那吖lʊ̃5ŋa0　那样、那么
这么嗯tsəʔ7 / tsəʔ7məŋ0这么

疑问代词

什呢səŋ3nei0/3　什么
哪嗨la3xɛ0　哪里
哪边la3pĩ1　哪边
/ 哪境la3tɕiəŋ0 / la3tɕĩ0
哪刻儿la3kʻər3　哪会儿
怎吖tsã3ŋa0　怎么、怎样
/ 哪吖lã3ŋa0
为什呢vei1səŋ3nei0　为什么
做什呢tsʊ5səŋ3nei0　做什么

五、数量词

概数、分数

一点儿iəʔ7tər3　一点儿
/ 丢丢儿tiʔ3tir2
上下sã1ɕia1　上下（十个上下）
/ 左右tsʊ3yʊ1
分fəŋ1　十分之一
丫儿ŋar1　整体的几分之一

物量词

个kʊ5　口语中常代替许多量词：头、条、只、间
一个杲戾iəʔ7kʊ5kɔ3tsɿ0　一样东西
一条牛iəʔ7tʻiɔ2ŋei2　一头牛
一顿饭iəʔ7təŋ5fẽ1　一顿饭
一件衣裳iəʔ7tɕʻĩ1i1sã0　一件衣裳
一桩事iəʔ7tsuã1sɿ1　一件事

动量词

趟tʻã5　趟
顿təŋ5　顿
下子xaʔ8/3tsɿ0　一下子

六、副词

时间、频率

刚kã1　刚
一向iəʔ7ɕiã5　一向
预早y1tsɔ3　预先
常时tsʻã2sɿ2　常常

/ 经常tɕiəŋ^{1}tsʻã^{2}

程度、范围

很xəŋ^{3}　很

最tsuei^{5}　最

太tʻɛ^{5}　太

稍微sɔ^{1}vei^{2}　稍微

/ 略微liaʔ^{8}vei^{2}

一起iəʔ^{7}tɕʻi^{3}　一起

/ 一齐iəʔ^{7}tɕʻi^{2}

一共iəʔ^{7}kɔŋ^{5}　一共

/ 共总kɔŋ^{5}tsɔŋ^{3}

语气

偏偏pʻĩ^{1}pʻĩ^{1}　偏偏

特为tʻei^{1}vei^{0}/^{3}　特地

所好sʊ^{3}xɔ^{3}　幸亏

/ 好在xɔ^{3}tsʻɛ^{0}

反正fẽ^{3}tsəŋ^{5}　反正

/ 横竖ɔŋ^{2}su^{1}

/ 输赢su^{1}iəŋ^{2}

恐怕kʻɔŋ^{3}pʻa^{5}　恐怕

/ 怕的pʻa^{5}tei^{0}

正巧tsəŋ^{5}tɕʻiɔ^{3}　恰巧

否定

不pəʔ^{7}　不

没得məʔ^{8}təʔ^{0}　没有

不曾pəʔ^{7}tsʻəŋ^{2}　未曾

不必pəʔ^{7}piəʔ^{7}　不用

七、介词

被pʻi^{1}　被

/ 挨ŋɛ^{2}

用iɔŋ^{1}　用（用笔写字）

到tɔ^{5}　到（到上海去）

/ 上sã^{1}

/ 望vã^{1}

/ 往vã^{3}

向ɕiã^{5}　向（向前）

/ 上sã^{1}

向ɕiã^{5}　向（向他借书）

/ 问vəŋ^{1}

比pi^{3} / pei^{3}　比

和xʊ^{2}　和(和你一样高)

/ 同tʻɔŋ^{2}

/ 带tɛ^{5}

/ 跟kəŋ^{1}

八、连词

和xʊ^{2}　和(他和你一起)

/ 同tʻɔŋ^{2}

如果ʐu^{2}kʊ^{3}　如果

/ 假如tɕia^{3}ʐu^{2}

/ 假使tɕia^{3}sɿ^{3}

注：如皋方言词汇丰富，按词性择其要归为8大类，每类词再以词义分组列举。所收方言词在词目后注国标音标，并释义或举例，同一词目有另称的，以“/”号间隔予以兼收

第二节 俗语

一、生活谚语

ɿ

s　时霉天，毛(mɔ^{1})蓬蓬。

四月八，大风刮，十条沟儿九条挖。(干旱)

四月九，大风吼，黑鱼飞到河边口。(水涝)

i

m　霉里西风时里雨，时里西风当日雨。

西南风，燥松松。

西北风，天开锁。(放晴)

u

v　乌云接落日，不落今日落明日。

tsʻ　初一月半二十五落雨，搭(kʻa^{2})月阴。

y

l　雷打清明前，高山变矮田。(多雨水)

雷打清明后，矮田点黄豆。(干旱)

Ø　雨中蚱蟟吗(tɕiã^{3}lei^{0}tsʻɔ^{1})，马上天要消。(放晴)

雨后猛晴，大雨必临。

雨前生毛(sã¹mɔ¹)没大雨，雨后生毛(sã¹mɔ¹)没好天。

鱼鳞云，雨淋淋。

雨打小暑头，四十五天没日头。

a

m 蚂蚁推泥，必有风雨。

蚂蚁搬家蛇过道，水缸出汗田鸡叼(ts'ɔ¹)，必有大雨到。

t 打啊春，赤脚奔。

ɔ

t 到啊十月中，梳头打扮半日工。

t' 稻秀毛毛雨，麦秀砖头地。

ts 早上烧霞，等水烧茶；晚上烧霞，热得则哈(xa²)。

ei

t' 头时无雨二时慌，三时到雨插黄秧。

头九不算九，二九裹拢手；四九中心搠，河里冻死连毛鸭；雨雪年年有，不在三九在四九；七九冻露天，八九冻神仙。

ʊ

k 过啊七月半，蚊子死啊一大半。

过啊七月半，赛过铁罗汉。

过啊冬，长一葱；过啊年，长一弦。（白天渐长）

过啊十月朝，早上斫草晚上烧。

yʊ

tɕ' 秋后十八盆，河里不见洗澡人。

干冬湿年，湿年干冬。

ẽ

s 三月三，是鸡是鸭总生蛋。

三月三，蛋当饭。

ʊ̃

t 端午下雨，路上游鱼。

端午送百虫，一送影无踪。（端午节正午时洒雄黄酒颂此）

ɔŋ

t 东风急，雨沥(taʔ⁷)壁。

东北风，雨祖宗。

东虹(kã⁵)日头西虹雨。

冬雪如浇，春雪(春分)如刀。

ts' 重阳无雨望十三，十三无雨一冬干。

重阳无雨一冬晴。

iəŋ

tɕ' 清明要明，谷雨要雨。

清明断雪，谷雨断霜。

清明前头冻杀鬼儿。

清明到，麦叫叫。

尽九一盆汤，到老不害疮。

uəŋ

ts' 春天不露白，露啊白要发毒。（春霜为灾）

春雾阴天夏雾晴，秋雾凉风冬雾雪。

春风裂石头，不戴帽子裂额头。

春天不问路，问吖路，家里坐。（春雨连绵）

春天的汉子，挑不动罐子。

寸麦不怕尺水，尺麦就怕寸水。

yəŋ

ø 云头黄而红，冰雹在其中。

云行东，东风通；云行西，雨凄凄。

云行南，水连天；云行北，好晒谷。

ɔʔ

l 六月天黄，赤脚漫水塘。(连绵雨)

六月六，吃筷儿焦糊长块肉。

iəʔ

l 立夏不下，高挂犁耙。

立夏十八朝，家家动担挑。

立夏十，当头勒，嫩三天，老三天，不嫩不老吃三天。(立夏前后十天中摘青蚕豆荚)

tɕ' 吃嘎端午粽，便把棉衣送。

吃嘎中秋饼，便把棉衣请。

七葱八蒜 。(农历七月栽葱八月栽蒜)

七月的神鬼天。

七阴八不晴，逢九放光明。

二、歇后语

ɿ

ts 指着嘎和尚骂秃驴——当面难下

ts' 痴婆娘等汉——越等越暗

i

n 尼姑养伢儿——众人帮忙

泥萝卜——揩段吃段

l 李长江看报——不知顺横颠倒

蟢蟢儿打架——活缠事(丝)

细狗儿脱(tʻəʔ^{7})嘎毛缸的——肥啊大(tʻɛ^{3})啊

细狗咬奘腿——没处下口

细小伙养麻雀儿——死多活少

细脚儿奶奶走路——跐起来呀

u

tʻ 土地佬儿养小鸡儿——神气六国(咽)

l 芦穄楷儿撑船——如皋(芦蒿)

k 孤老院的土地——穷神

kʻ 裤裆的放屁——剻(kʻɔŋ^{1})吖两岔的去啊

y

tɕʻ 徐家花园的匾——吃饱了来(1945年前，泰山西有徐姓花园一座，自备戏班演戏，因来看戏的人太多，主家难以应酬，故立此匾，恕不招待饭食。)

a

t 大寺巷的衣店——一家挨家儿

tsʻ 茶壶把子打掉啊——落嘎张嘴

k 哑子送死信——仰下来蹯(sɔ^{1})

ya

tɕʻ 瘸和尚说法——能说不能行

tʻ 大(tʻɛ^{1})圣菩萨——照远不照近

抬棺材拾到银子——哭的哭，笑的笑

泰州的灯笼——没影子(没根据、没分寸)

k 街上人认不得乡下的牛屎巴巴儿——硬犟(酱)

海安的锣鼓——各打各

ɔ

pʻ 抱的儿子当的兵——死掉不伤心

ts 灶老爷上天——有句说句

iɔ

tɕʻ 荞麦糯裹饺儿——一个硬似个

ɕ 小木匠跟吖老木匠后头——背家伙

ər

ø 二姑娘擀面——歇(糯)手

修锅匠跌跟头——倒贴(铁)

二十斤的羊子三十斤的卵子——慢慢儿拖

ʊ

tʻ 驼子跌跟头——两头不着实

驼子睏磨膛——随弯就弯儿

ã

f 放火放到灵威观西隔壁(火星庙)——惹火烧身

v 王二麻子上海安——踱嘎外国的去啊

黄花女儿绗(xã^{2})衲(nʊʔ^{8})子——早塑范(早作准备)

tʻ 汤吖德儿贺寿——又来一位(清代，如城保正汤家德打秋风，来送礼的小偷一个接一个)

ɕ 乡下人挑粪担子——前后死(屎)

羊肉不曾吃到——落嘎一身羊腥气(未得利而沾坏名)

ẽ

s 三钱副眼镜——各合各的光

三天下啊两碗面——交易上吖门

三十夜送灶——急(即)回头

ʊ̃

x 旱哥儿(xʊ̃^{1}ŋʊr^{3})(灰色小蛙)娶妈妈儿——刮刮(呱呱)叫

ɔŋ

f 丰乐桥上吹喇叭——满城皆知

əŋ

l 冷水调酵——慢慢儿来

灵威观做好事——不要钱

tsʻ 城隍庙的匾——自问心(原如皋城隍庙大殿上三块匾：放过谁、自问心、早回头)

s 身子脱(tʻəʔ^{7})嘎井的——耳头串(kʻueʔ^{8})不住

沈万三打死(seʔ^{7})人——钱偿命

iəʔ

l 立发桥的狗子跑啊海安偷糠吃——吃嘎壮吖跑啊瘦啊

tɕʻ 七月三十斋孤——人从鬼愿

eʔ

x 瞎子看戏——这是哪一出

iʔ

tʻ 铁匠做官——打上前

ɕ 蝎子精瞟(piɔ^{1})妈妈——出门就惹祸

ø 一斗小麦磨啊二斤面——没出息(糯)

三、隐语

拍拍屁股走大路（空手离开，喻输光、赔光）
卖狗皮膏药的（吹牛以欺骗）
放响炮仗（干脆、爽快）
戴高帽儿（说好听的话表扬人）
打离身拳（推责任、拒苦累）
等米下锅（极贫、急等用）
天亮吖（伸冤了、翻身了）
扛顺风旗（跟别人附和）
顺吖毛羽抹（跟着别人附和）
搓啊圆吖捏嘎扁吖（任意摆布）
搀人走冻（诱人上当吃亏）
犸吖毛（喻人发怒）
生成的眉毛长成的骨（生性如此）
吃包儿（吃亏、赔钱）
上谱儿（按规距办）
丫巴儿对到结（完全相合）
挤矮子（攀比排挤）
蛆子望肉肚的剅（kɔŋ¹）（专找有钱人）
当面锣儿对面鼓儿（面对面谈判）
牛过啊河抻（təŋ⁵）尾子（大势已去，难以挽回）
又打板子又扛枷（双罚）
糠坛儿的跳啊米坛儿的（由苦变甜）
眼睛长吖额头上（目中无人）
头难剃（难以制服）
吊啊二梁上（无处着落）
心的像细蟹儿爬（欲望急切）
别人偷牛他摸桩（受捉弄而代人受过）
烧啊头香的（运气好）
毛衫儿做得长（赶得上吃）
手太长（贪心）
吃嘎碗外头去啊（到处插手）
耳头长（消息灵通）
站吖高岸上（置身事外，冷眼旁观）
眼睚儿大（见多识广）
触（戳）壁脚（揭底，偷听）
搋（fu³）臭水（说人坏话）
背黑锅（无端背上坏名声）
没脚蟹（无能力行动的人）
修庙
／修五脏庙（吃饭）
鬼叽哇昭（ts'ɔ¹）（乱叫喊）
打你的板子去吧
／打拐儿（不屑于）
一个跟头磕嘎认不得家啊（输得惨，败得惨）
牙子敲下来一大捧（家中人口多，负担大）

四、儿歌

打巴巴掌　巴巴掌，打到正月正，家家门口挂红灯。巴巴掌 ，打到二月二，挑蒿儿，搚（taʔ⁷）饼儿，带女儿。不带女儿穷鬼儿，女儿不来烂腿儿。巴巴掌，打到三月三，荠菜花儿赛牡丹。巴巴掌，打到四月四，大麦芒儿好挑刺。巴巴掌，打到五月五，穿红着绿去踱（t'aʔ⁸）午。巴巴掌，打到六月六，吃筷焦糯长块肉。巴巴掌，打到七月七，穿针引线把巧乞。巴巴掌，打到八月半，月光娘娘享清供。巴巴掌，打到九月九，重阳糕带菊花酒。巴巴掌，打到十月中，梳头打扮半日工。巴巴掌，打到冬月冬，狗脸亲家公，年年来拜冬。巴巴掌，打到腊月八，大人小孩吃腊八。（儿童游戏。二人对坐，依照节奏，自、互击掌，诵此歌。）

上灯歌　十三上灯，十四看灯，十五元宵，十六大荤，十七财神，十八落灯，十九算账，二十动身。（十六店家惯例大荤期，十七祀五路财神日，被解雇者二十日离开。）

五、民谣

火烛小心　残年月尽，火烛小心，锅门口要洁净，水缸上吖满些（ɕiəŋ⁵），火刀匾儿摆啊铺头境，大人睡啊口头，伢儿睡啊里境，灯台靠啊手境，烘缸儿火盆儿放吖远境，睡觉放吖醒睡点儿啊，屋上瓦响，不要以为猫儿啊，地上脚响，不要以为狗子啊，点起灯来照照啊。字纸儿香灰不要倒啊河坎的啊，人瘪（ts'ɛ¹）尿、狗屙屎当人子啊，送吖化纸炉的化掉是功德事啊，大家小户过个太平年吖！是XX喊的，别人喊的不算吖。（旧时更夫自腊月二十起每夜巡更时，边敲梆子，边诵此歌，三十夜向各家各户收钱守岁。）

织布匠浪工　夜饭夜饭，吃到鸭子生蛋。筷子丢手，鸭子开口。连跑连跑，东境穿毫。把铺摊摊，喊吖吃早饭。十八台旱烟、三番假屎，不怕它个长日天。

小气鬼请客 一碗两半个，一碗斜对过(都是蚕豆瓣儿)。炒豌豆焐啊升子的，手总搛(tɕĩ^{1})吖酥啊。一宿两宿，还有鱼肉；三宿四宿，叽的骨碌；五宿六宿，你咋个人好不木豖(ts'ɔʔ^{7})？

六、谜语

石墙对石墙，中间坐啊个铁大娘，来好的，吃好的，叽哩咕噜养小的。(磨子磨粮)

手扶栏杆肩对肩，凉日子在后他在前，二人同入珠罗帐，吹灯熄烛独自眠。(人影)

半个西瓜空一空，五湖四海在当中，男女老少看见我，人人都要打一躬。(洗脸盆)

天上有个不得旧，地上有个不得松，河的有个不得饱，家的有个不得起，窠的有个不得咸。(星、井、鳖、柜、蛋)

七、说詥(鸽)子

说詥子，又称说富贵，意指说顺口溜式的吉利话，一般砌屋(上梁、做脊、进宅)，结婚(打床、骈棉絮、拜堂、送房)，拢材等，都由工匠说詥子，主家则发“红封”。

砌屋

刷面糊：面糊生来喜洋洋，根生土地在田庄。霜降前后种下去，日晒太阳夜受霜。春二三月泥来攀，青枝绿叶往上长。四五月里收上场，上风掼来下风扬。秤来称，斗来量，主家收好上磨房。箩筛上是桃花片，箩筛底下面如霜。九天仙女下厨房，她把面糊抑(lei^{3})起来。刷在金梁福字上，福子福孙福满堂。

贴福字：福字生来四角方，出在苏杭造纸坊。大红胭脂来染上，福字写在正中央。福字一点桃子样，一横一竖衣领帮。一口田字配成双，福子福孙福满堂。恭禧！恭禧！

浇梁：手提银壶喜洋洋，张鲁二班酒浇梁，酒浇金梁百无忌，万事如意大吉祥。今朝梁上酒一浇，八仙过海浪滔滔。若问他们上哪去，特到府上赴蟠桃。

抛梁：小麦生来面皮黄，挑起一石上磨房，交给磨房李三娘。磨子口的桃花片，罗筛底下白如霜。蒸作师傅买啊去，做的馒头喷鼻香。天上仙女不晓得，地上凡人不曾尝。蒸作师傅手段强，做的馒头抛金梁，前抛三把多富贵，后抛三把状元郎。又抛馒头又抛糕，府上发财节节高。

缠梁：红绿布来喜洋洋，主家请我来缠梁。左缠三把多富贵，右缠三把福满堂。红绿绸布千根纱，九天仙女绣成花。昨朝还在朝中绣，今朝又到宰相家。宰相家中来缠梁，富贵荣华第一家。

请梁：请梁请到正当中，摇头摆尾像金龙。我问金龙上哪去，一心要奔主人宫。

送梁：你送梁来我升梁，金梁登吖玉柱上。金梁稳坐玉柱头，富贵荣华万年长。万事如意大吉利，恭禧主家福满堂。

接梁：你升梁来我接梁，金梁接到玉柱上，天开黄道竖玉柱，地转青阳架金梁。

登科(窠)：大斧(t'ɛ^{1}fu^{0})高声喜洋洋，九宫八卦定阴阳。团团站的紫金柱，当中上的紫金梁。紫金梁来紫金道，万代富贵步步高。大斧(t'ɛ^{1}fu^{0})高声喜洋洋，九宫八卦定阴阳。前头砌的金银库。后头砌的积谷仓，大斧(t'ɛ^{1}fu^{0})高声喜洋洋，广木出在好地方。千山万水到这嗨，主家请你做正梁。今朝请你正梁坐，百万豪富万年长。

大斧一搉(k'aʔ^{7})喜洋洋，恭禧主家砌华堂。前三堂，后三堂，三三进九堂。门前有个摇钱树，屋后有个凤凰窠。凤凰不登无宝地，子子孙孙状元郎。

南头来呀寿星佬，手拿拐棒微微笑。我问寿星笑什呢？主家上梁时辰到。新上画梁八字排，文武百官走进来，三十六个武举人，七十二个文秀才。

做脊：新砌华堂喜洋洋，喜福喜寿喜满堂。喜得爹爹大富贵，喜得奶奶福寿长。喜得相公高官做，喜得姑娘配个状元郎。

上梯子：脚踏金梯步步高，财神菩萨把手招，请问财神招什么？招的金银和财宝。脚踏金梯步步升，上梁正遇紫微星。左步升来右步升，步步踏有老龙身。

安大门：新安大门朝南开，文武百官走进来。前头走的武举人，后头走的文秀才，还有一个状元郎，子子孙孙总发财。新安大门笑颜开，进来福禄寿喜财。合堂总是福寿团儿，平安喜庆乐开怀。大门一声鸳鸯开，状元阁老走进来。

支(揞)灶：新支灶来喜洋洋，九天仙女下厨房，锅下烧的灵芝草，锅上用的万年粮。

结婚

装床：新打牙床四角方，我帮主家装子床。此床不是凡人造，鲁班造的象牙床。象牙床上生贵人，贵子年生大吉祥。

骈(p'ɔŋ¹)棉絮：新骈被单喜洋洋，两个新人上银床。生下五男并二女，七子团圆状元郎。状元举子不嫌小，一品当朝做阁老，阁老头上插金花，万代富贵第一家。

送房：跑得快，养得快，养个儿子会放债，买田买到湖广、江西两搭界。

拢材

新做喜材喜洋洋，两片金墙一样长。外面好看黑面光，福禄寿喜巧两双。彭祖活嘎八百岁，爹比彭祖寿更长。寿比南山松不老，福如东海水流长。姑娘女婿来挂红，亲戚故旧喜相逢。寿桃寿面共寿糕，鱼肉鞭炮动担挑。寿星佬儿吃酒又吃肉，恭喜老爹活到一百二十六。

主家儿女多孝顺，早为老人办前程。前程办好各安心，祝愿老人过万春。喜材办好儿孙乐，哪怕老人留蜕壳。人说彭祖八百岁，老爹比彭祖大得多。九十九来二十一，老爹高寿胜南极。拍双转弯长年过，十八代重孙总来贺。

一尺红罗数两纱，九天仙女手段佳。八洞神仙把花绣，令亲买来献主家。大红绸缎挂材头，福如东海水长流。大红绸缎挂材腰，王母娘娘赐蟠桃。大红绸缎挂材尾，老爹比过南山寿。恭喜主家乐陶陶。

八、绕口令

墙上有面鼓，鼓上画老虎，老虎抓破鼓，拿虎皮补破鼓。

一瓢焦糊泡瓢半，瓢半焦糊泡两瓢。

二郎庙，撂凉帽，凉帽撂到二梁高。

冒家桥上有个冒家麻哑巴，跑啊冒家桥上吹喇叭，屙啊三泡薄屁屁

九、数字顺口溜

一里树，二里庙（在邓园乡，今属如城镇），三里塔（在新民乡，今属如城镇），四里井儿／四里茶庵头（在城西乡，今属如城镇），五里墩（城东、城西皆有），六里桥（在邓园乡），七里缺（在柴湾镇），八里庄（城北、城东、城南皆有），九里镇（立发桥、西场、丁家所、李堡，九里一镇），十里铺（在新民乡／十里墩城东、城西皆有）。

一去二三里，先生去买米。烟村四五家，先生米到家。亭台六七处，先生米下锅。八九十枝花，没筷儿动手抓。

老奶奶怕噎(一)，呆子怕欸(二)，瘫子怕山(三)，寡妇怕戏／水豆腐怕试(四)，破龙灯怕舞(五)，䟮(ts'ɛ³)儿粥怕摝(lɔʔ⁸)(六)，伤食宝儿怕吃(七)，瘸子怕绊(八)，醉汉佬儿怕酒(九)，旧衣裳怕撕(səʔ⁸)(十)。

十、号子

(领)一个猫儿一张嘴吆，
(和)嗨咿吆嚎嗨吆。
(领)两只眼睛乌溜溜呀，
(和)嗨咿吆嚎嗨呀。
(领)两只耳头一条尾呀，
(和)嗨咿吆嚎嗨吆。
(领)四只脚儿跟步走呀，
(和)嗨咿吆嚎嗨呀。……

（数猫儿：一人唱，众人和，从一个猫儿起，要数准）

第三章 语法

第一节 构词法

一、词缀

“A 巴 BC”式 “A”是形容词，“巴 BC”表性状附加义，用于贬指：脏巴邋遢、苦巴绉脸、歔巴若猴、白巴咧齿、紫巴倓僜、硬巴燎礓、干巴塞噎。

“A 的 AB”式 相当于普通话“A 里 AB”式，表程度加强，贬指：媚的媚巴、邋的邋遢、甩的甩气(摆阔气，摆架子)、焐的焐暑(不整洁、闷热不适)、肉的肉气(肉zẹi⁵，举止等失体可恶)。

“A 的 BC”式 使中心词“A”有附加义，贬指：松的落壳(状器具不坚固)、摇的豁落(状行将散架)、圆的骨碌(状物体圆滑难以把握)、尖的把西(状极吝啬)、瘊的疙瘩(状不平滑或健壮)。

“A 的不 B”式 表形容词“AB”的程度稍轻，界限含糊，带贬义：三的不角(形状不规则而多棱角)、糊的不涂(有些糊涂)、啰的不嗦(说话有点啰嗦、动作有点不利索)、洋的不相(有点出风头)、搕ʊʔ⁷的不搕sʊʔ⁷(有点脏乱) 。

“AB 不喇”式 表形容词“AB”增加令人厌恶的色彩：臊气不喇、异怪不喇、腥气不喇、䏲sɔ⁵的不喇、淡的不喇、苦的不喇、甜的不喇、酸的不喇。

“——子”式 常作某些名词性称谓或少数非名词的词素后缀：一天子、今朝子、喇天子(哪一天)、啰天子(那一天)，大伯子、嗖子(爱煽动事端的人)，牙子、头脑子、头发根子，猪子、蛆子、壁虎子，电话机子、茶壶把子、龙头嘴子，想法子、发趍tɕyəʔ⁷子(怒走)、耍子(玩)。

在“A 人子”式中，有使令或补充意义：当人子(叹息此举不该)、怕人子(令人害怕)、晒人子(晒得难受)、辣人子(辣得难受)。“子”作数词尾缀，表人的序称，有小义：三子、十子。作某些量词后缀，量词前数词“一”可以省去，量词常改读上声：这下子(这一下、这一次)、有回子(有一回)、那回子(那一回)。

“AA 儿”式 第二音节读上声或去声。分“儿尾”和“儿化”。作“儿尾”用作名词：鳖鳖儿(浅盘形器皿)、

叫叫儿(哨子)、嗲嗲(taʔ⁷tar⁵/³)儿(懒散的人)、边边儿(近边处)；作“儿化”则只在音节末尾增加一个儿化韵尾，用作名词：团团儿(球状、团块状)、壳壳儿(空虚无物，或不牢固)、晃晃儿(等会儿)、冷冷儿(凉一会儿、使之降温)。

“——家”式 泛指同性别、同年龄阶段的一类人：老人家、大人家、小伢儿家、男将家、小伙家、妈妈儿家(女人家)、大娘家(已婚的女人们)、丫头家(女孩子们)、姑娘家(女孩子们、未婚女子们)。

“——底下”“——肚的”“——们”“——们儿”“——们的”“——趟儿”式 作亲属关系称的后缀，表全部、之间等关系。其中“——底下”、“——肚的”偏重于“之间”，其余偏重于“全部”。见下表：

关系＼后缀	-底下	-肚的	-们的	-们儿的	-趟儿
祖（ /奶）孙	√	√			
父(/母)子	√	√	√	√	√
爷(/娘)兒	√	√	√		√
伯(/叔/姑)侄	√	√		√	
公(/婆)媳	√	√	√	√	√
翁婿	√	√	√		
连襟(/姨夫)	√	√		√	
姑嫂	√	√		√	
子舅	√	√		√	
弟兄(/兄弟)	√	√		√	√
姊妹	√	√	√	√	√
妯娌	√	√	√	√	√
亲眷(/亲戚)		√			
叔嫂	√	√			
甥舅	√	√		√	
姨娘 姨侄	√	√			

二、重叠

名词重叠 常见于人名、儿童语汇、称谓之中：晶晶、媛媛、粑粑、婶婶。此外，也可作量词，表示“全部”“每一”，见下目“量词重叠‘AA’式”。

量词重叠 “AA”式表“每一”“全部”：天天、人人、家家、时时，其联合形式“AABB”式同样表示“每一”“全部”义：家家户户、时时刻刻、字字句句。

“A儿A儿的”式表“每一”或递进，“A”读上声：家儿家儿的、点儿点儿的、个儿个儿的、块儿块儿的、根儿根儿的。

“AAA”式、“AAAA”式重叠已极少见，声调固定为“1-2-3-”式:家家家，“1-2-3-4-”：点点点点儿)。

动词重叠 “AA”式表动作、行为的反复、延长：等等(等待)、睡睡、饿饿、说说、品品，这类叠词可改为“A一A”式：等等=等一等、看看=看一看。

“AA宾”式表悠闲、慢节奏：吃吃饭、睡睡觉、打打牌、看看戏。

“AA补”式表对动作行为的要求：(把纽子)纽纽好、(把路)铺铺平、(把结)打打紧、(把手)洗洗干净。这类叠词可改为“A 啊补啊”式(只表使令，不表完成)：纽纽好=纽啊好啊、铺铺平=铺啊平吖。

“AA看”式表尝试态：说说看、修修看、试试看。这类叠词可变为“A啊看”式：看吖看、说嘎看、修啊看、试啊看。

“AA宾看”式表尝试及尝试的对象：吃吃萝卜看、看看书看、住住草屋看。这类形式可将宾词前置，改成“宾AA看”式：萝卜吃吃看、书看看看、草屋住住看。宾词前置有强调意味，与原式有所不同。

“AABB”式是单音动词重叠的联合，表综合性事态：烧烧煮煮、连连补补、扑扑打打、攎攎(lu^2lu^2)摸摸。

"A 就 A"式表态度坚决，宾补语可带可不带：吃就吃、吃饭就吃饭，买就买、买肉就买肉，死就死、死光就死光。

"A 啊 A 的"式表动作起伏延续，不带宾语：晃吖晃的、硬吖硬的、想吖想的、转吖转的、数啊数的。

"则 A 则 A 的"式表动作迅速和反复，不带宾语：(翅膀)则扑则扑的、(拿锹儿)则挖则挖的、(望嘴的)则送则送的。

形容词重叠 "AA 宾"式有使动意味：哸哸你($çi^1çi^1nei^3$使你既觉得稀奇，又被奚落)、臭臭他(使他难堪、难受)、饱饱眼(使之看得满意)、暖暖心(使之觉得有所依靠、得到安慰)。

"ABB"式表程度、状态：白渣渣、黄巴巴、硬橛橛、饱咽咽($k'u^2k'u^2$)，少部分可还原为"AB"式：虚松松→虚松，软和和→软和、干净净→干净、肥瘖瘖($tʊʔ^0tʊʔ^7$)→肥瘖($tʊʔ^0$)。

"A 打 A"式表程度增加：快打快、稳打稳、实打实、宽打宽。

"A 声 A 气"("A 声 B 气")式贬指说话的语气、腔调：怪声怪气、粗声粗气、嗲声嗲气、娇声娇气、低声下气。

三、常用口语词

"个" 可取代其他多数量词。如：一个手、这个房子、买个锅子、一个河、那个样子、说个话、哪个汽车、挤的哪个牛的奶、哪个碗的哪个油。

"不" 用来修饰名词、数词，有模糊不清的意味，含贬义：时不时，节不节；城不城，乡不乡；郎不郎，秀不秀；男不男，女不女；饭不饭，粥不粥；夫不夫，妻不妻；铺不铺，窠不窠；脸不脸，嘴不嘴。部分可简缩为：不时不节、不男不女、不饭不粥、不夫不妻、不脸不嘴。

"果、可" 加在动词、形容词前，组成反复问句，是如皋方言中有典型意义的句式。

"非、非得、非要、单、单要、偏、偏要" 用在动词前，表示强调。"非"没有否定义：非去、单去、偏去、非要去、非得去、单要去、偏要去。

"怕、怕的、恐怕" 表估计、可能：天怕(怕的/怕道/恐怕)要落雨、他的病怕(怕的/怕道/恐怕)不得好。

"作、作兴" 可作能愿动词，表应该：正月初一不作(/作兴)骂人、你果作(/作兴)忽略(得罪)上人(长辈)？也可表可能：再等刻儿他作兴就要家来、我俫作兴在广州还能碰到。

"得" 作语气助词：有得(有)、没得(没有)。作能愿动词，表有条件、有资格去做某件事：过得、死得、来得、吃得、做得、拿得、打得。作代词，代替补语中被省略的部分：吃得(能吃很多)、做得(很出力，不怕苦和累)、装得(能装载很多)。组成"-得来"式，表能够、合适：日子过得来、事情做得来、互相谈得来。另外"得"有时可表时代助词"着"：一路哭得来呀。

"一顶" 常修饰名词、代词，并与"最"配合造句，表示强调：班上一顶他成绩最好，老师一顶(一顶最)欢喜他。

"在下" 表进行时，有"在这儿、在那儿、着"等含义，常作状语、补语：同你弄吖耍子唻在下！(作补语)，你在下弄什呢呀？(作状语)，你不要在下不觉察！(作状语)。

"的" 在少数场合可作连词：重阳糕的菊花酒，也常作方位词"里、头"：房的、手的、河边的。

"啊" 在连读中发生音变(音变引出字变)，在不同的语境、语气中音也不同。在入声字后面"啊"变为"嘎"：吃嘎好了、塞嘎心的、挖嘎一棵树、踱嘎半天、揭嘎盖子、落嘎雨。在鼻韵、鼻化韵字后面"啊"变为"吖"：醒吖以后、淋吖雨、经吖风、冻吖可不是耍的、冷吖后再拿，天亮吖。除去入声字、鼻韵、鼻化韵字外，其余的字后"啊"还是"啊"，不变化：好啊、风吹啊、伢儿睡啊、鸟儿飞掉啊等。

"啊" 可以代替某些介词、助词、副词。替代助词"得"：他忙吖不可开交。替代助词"了"：他上吖上海、我煮啊饭。替代助词"过"：别人用吖的，我不要。替代介词"到、在"：吃嘎嘴的望吖锅的。可作副词。例：天又在啊落雨。

"啊"跟"下、啦、唲、唻"等组合，表示时间或语气。跟"下"结合，相当于"着"：坐啊下、关吖下、亮吖下。跟"啦"结合，处在动词后，相当于"了"：吃嘎啦、做啊啦、碰吖啦。跟"啦"结合，处在形容词后，相当于"了"：红吖啦、轻吖啦。跟"啦、唻、唲"结合，处在疑问代词后，表示疑问或反诘：怎吖啦？！怎吖唲？！怎吖唻？！

第二节 句法•语序•省略

一、句法

比较句 "AX 似 B"式表示"A 比 BX"：电视塔高似微波塔，儿子大似爷，一个狠似个，媒人狠似亲家公，我不低似他，他手艺不差似你。

"A 及似(不及/不及似)B"式他果及似你？你不及似他，三班的成绩果及二班？（三班及似二班）

"AXB 还要 X"式你快他还要快，你好他还要好。(此式可变为"AXB 更X"式：你快他更快)。

疑问句 用疑问代词这什呢呀？你哪个哇？多少晚吖？哪嗨有哇？怎吖弄相吖？什呢门儿喏(za̦¹)？

"晓得果…"式咋个杲昃晓得果真哎？他晓得果曾吃饭哎!：

"果、果曾"式是如皋方言最具特色的反复问句形式。分为"果 A"（A 不 A)：你果吃（吃不吃）？他果要你（要不要）？"果曾 A"（"有没有"，作状语)：你果曾吃（有没有吃）？他果曾要你的礼物？"果就"：你果就依呀他？依呀他果就好哇？"果不"：饭果不好煮？树果不好栽。

其他特殊句式 时霉天，不要说病人，好人还难过唻。

还我买唻，我倒忙煞嘎啦(以忙表示没时间，作为不去买的理由)。

这吖点儿事情也要计较——还计较不许多唻。

把房子他住＝把他住房子。

忙的哪一家唻——你!

你出去做什呢呀——外头乌的黑暗的。

你去瞜瞜(piɔ¹)看，看他怎吖弄相的。

田的挨干啊伤啊啦。

他带你样的伶凡(他像你一样的聪明灵巧。带，像，好像。样的，一样地。灵凡，聪明灵巧。)

他的觉睡浓哎(他很能睡。觉睡，睡眠深度)。

二、语序

宾语前置 将宾语移至谓语前：饭吃嘎、炉子看下子、粥不要泼掉、钱不能把它挡手。

状语前置 奶奶从小儿把我领到仗啊大、我从小儿看啊这伢儿长啊大啊的。

保留宋元白话的语式 打不(/得)过他/打他不(/得)过 /打不(/得)他过；吃不(/得)消他/吃他不(/得)消 /吃不(/得)他消；拿不(/得)下他 /拿他不(/得)下/拿不(/得)他下；惹不(/得)动他/惹他不(/得)动 /惹不(/得)他动；对不(/得)起他/对他不(/得)起/对不(/得)他起；有(/没)得他做/他有(/没)得做/他做有(/没)得；有(/没)得话说/话有(/没)得说/有(/没)得说话；打下子他/打他下子；会吃=吃会/会耍子=耍子会/去拿=拿去；不会做/做不会。

三、省略

口语中，有些简缩句已省略到最简程度，其被省略的成份，要根据具体语境才能推断出来：要？——不！要？——好！吃？——吃！曾？——曾（未曾）！不要这吖（不要这样）！——高兴(就要这样)！菜买啦？——买呀。

省定语 穿∨(套加的)衣裳(指上装)。要抓(原先穿着的衣服的)衣袖(指加穿衣服)。

省主语 以主代从：你∨(煮的饭菜)倒好吃嘎啦？不熟的芋头∨(的毒素)爬嗓子。当面省：伢儿∨(我)同他穿的棉领褂儿。

省谓语 蚊子∨（多得）不得了、还∨（要）我买唻、饼干儿是∨(用)淀粉∨(做)的。

二重复句中省一个单句，另一个单句变成感叹句 ∨(你以为)钱不得掉∨(你就瞎用)!∨(还把你吃，我的)饭不得变屎!

注：在被省略处打"∨"，并在它的后方用括号注出被省略的内容或做出说明。

如皋市志(下册)

卷二十二　建制镇

今全市20个建制镇是在域内乡(市、镇、公社)基础上,经过数度区划调整后逐步形成的。东晋义熙年间,如皋始设县时,全县设3乡。南唐保大十年(952年)复设如皋县时,全县设5乡。清雍正时,全县设17乡、1城厢。民国初,全县实行以户籍人数为标准的市、乡制,设6市12乡,后调整为12市5乡。民国18年(1929年),国民政府开始实行小乡(镇)制,全县设487乡,并首设61个镇。1957年,全县实行大乡(镇)建制,设48乡,并设如城、白蒲、石庄3个“县属镇”。1958年,全县实现人民公社化。1963年,3个县属镇建制恢复。1975年,增设丁堰镇为县属镇。1983年,全县恢复乡镇建制。1986年,东陈、林梓、长江、搬经、磨头5乡撤乡建镇,全县建制镇增加至9个。此后,全市(县)乡镇区划多次调整,在乡镇总数逐步减少的同时,建制镇比例不断提高。2005年,全市乡建制全部取消,共设20个建制镇。2008年,长江镇与如皋港经济开发区整合为长江镇(如皋港区),柴湾镇与如皋经济开发区整合为如皋经济开发区(柴湾镇)实行“以区带镇”。2010年8月,长江镇被列为江苏省“强镇扩权”试点镇,享受县级经济社会管理权限。12月,桃园镇与如皋科技城(软件园)整合为如皋科技城(桃园镇)。

1949年前,全县乡(镇、市)域经济社会发展状况无具体记载。20世纪50年代至2010年,全市(县)乡镇(公社)域经济社会不断发展。乡镇(公社)工业经济经过手工作坊合作,兴办集体企业至集体企业改制,建立民(私)营工业园区、小区、集中区等;农业经济经过合作化、人民公社化,治沙改土至实行家庭联产承包责任制,发展特色、规模、高效农业等;商贸服务业,经过对私改造,合作经营,集体商贸业主导至放开市场,个体、私营商贸服务业迅猛发展。逐步形成全市建制镇镇域经济与以如皋港为龙头的港口经济,以如皋经济开发区、如皋软件园为龙头的园区经济形成“三足鼎立”的格局。2010年,全市建制镇有规模工业企业1154家,主营业务收入972.29亿元;农林牧渔业总产值68.59亿元;农村消费品零售总额170.01亿元,住宿和餐饮零售额13.27亿元。

在乡镇(公社)经济曲折发展的同时,乡镇社会事业逐步发展。教育从1949年适龄儿童入学率不足30%,发展至全面普及九年制义务教育,所有学校基本达到现代化要求,并成为江苏省首批义务教育城乡优质均衡改革发展示范区;文化从无组织、无阵地、无广播电视,发展至每镇均有文化活动中心、文化休闲健身广场,每村均有图书室、健身设施,有线电视普及率95%以上;卫生从仅有诊所、游医发展至每镇均有卫生所、医院,合作医疗和初级卫生保健全覆盖。

第一章 如城镇

第一节 概况·沿革

一、概况

如城镇为城关镇，位于市域中部偏北。如海河、如泰运河、通扬运河在镇内交汇，新长铁路，204国道，317、334省道，新老通榆公路从境内通过。总面积159.69平方千米，耕地面积5319公顷；全镇分为“两区”（工业园区、顾庄生态园区）、“四片”（城区、东片、西片、南片），辖街道4个、社区23个、行政村14个；总人口189323人，其中男93425人、女95898人。2010年，实现国内生产总值9亿元，完成财政总收入10.32亿元，农民人均纯收入13691元。

二、沿革

春秋时，因贾大夫射雉得名“如皋”。东晋置如皋县及南唐保大十年复置如皋县后，均为县治。明、清时期，建制名称为城厢。清末，全县实行城乡自治制时，称城市，民间习惯称“如皋城”。民国18年（1929年），改城市为第一区。民国23年，始设邓园乡。民国24年6月16日，国民政府如皋县政府撤并区乡镇时，第一区辖9镇12乡。民国30年7月，如西县政府调整行政区划时将小溪河以北、通扬运河以西地区划设城西区。民国31年，城西区由泰县代管，易名如城区。民国34年，始设新民乡。

民国38年1月，平明乡析建解放乡。1956年3月，庆余乡并入邓园乡。9月，鹿门乡和阚庄乡各一部分并入邓园乡，郎庄乡并入解放乡。11月30日，始称“如城镇”。是年，宗港乡并入新民乡。1957年，王港乡和普渡乡并入新民乡。大明、钱长两乡合并为大明乡，许陈、建设两乡合并为建设乡。

1958年9月，如城镇改称如城人民公社，解放

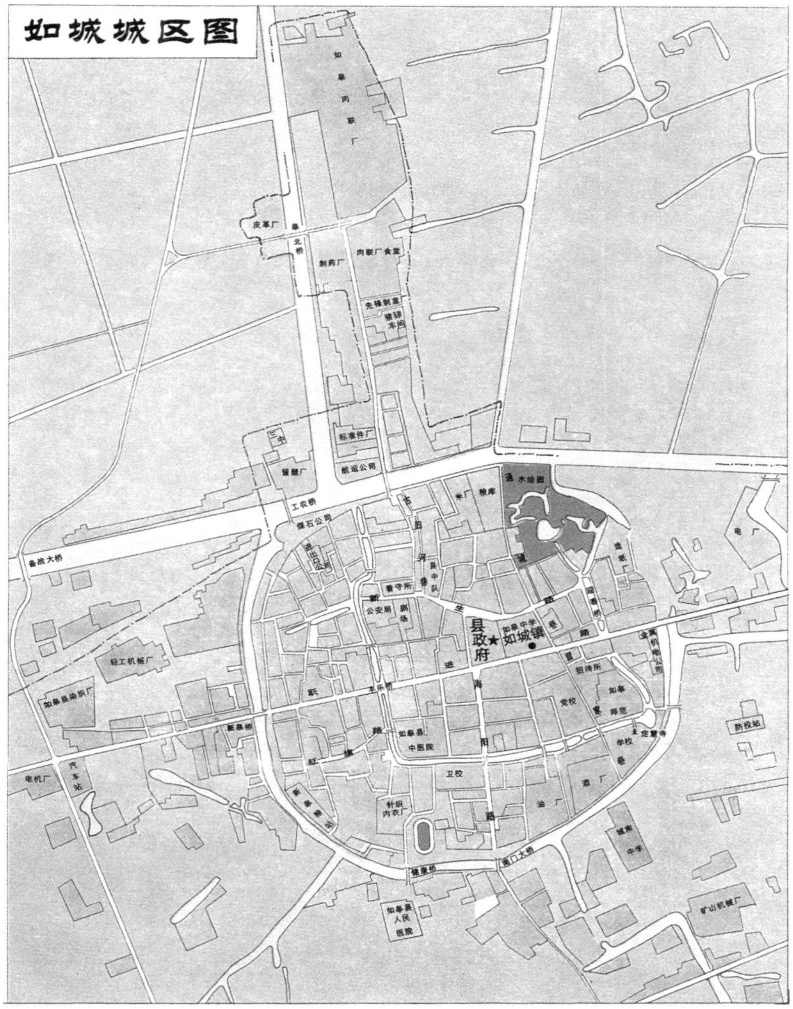

图22-1 如城城区图 （1986年制）

乡加入区规模的红旗(城西)公社,大明乡改建大明公社,建设乡加入丁堰公社,新民乡加入区规模的东风(城东)公社。12月,大明公社加入磨头公社。1959年2月,原解放乡与邓园乡组建城西公社,新民乡从城东公社析出建立新民公社。大明公社从磨头公社析出单独设立,原建设乡从丁堰公社析出建立建设公社。1963年3月,从城西公社析出建立邓园公社。1983年5月,如城公社改称如城镇,邓园公社改称邓园乡,新民公社改称新民乡。7月,建设公社、大明公社改称建设乡、大明乡。9月,城西公社改称城西乡。

2000年4月,邓园乡、城西乡、新民乡并入如城镇。2001年10月,建设、大明两乡合并组建皋南镇。2002年6月3日,邓园村、鹿门村划归如皋经济开发区代管。2004年2月18日,王庄村、新生村、普济社区、城北社区划归如皋经济开发区代管。2005年1月,皋南镇并入。

2009年5月24日,张八里、平明、新庄、建设、宋家桥5个村(社区)划归如皋科技城(软件园)管辖。

附录:

境内部分地名来历

蟠溪、邗沟铺、会盟原、十里铺 均为今十里铺地名,前3个地名为春秋时地名。蟠溪,因该地河流弯曲如龙蟠得名;邗沟铺,为古运盐河邗沟源头;会盟原,以春秋吴楚会盟之地而得名;十里铺得名于清末民国初,该处距如皋城东10里,并有邮铺,故称十里铺,沿用至今。

仙鹤庄 该地有一古扁柏,形似仙鹤,故名。

太平庄 以祈求太平得名。

安居庄 此处原为古荒坟荡,故名。

铁篱笆 该庄有一处长着很多铁篱笆树(学名陆英)的庄园,故名。

丞相原 宋丞相文天祥自京江(今镇江)脱险南归经此夜宿,邑人于此立"丞相原"石碑,故名。

大镠马庄 五代时,吴越王钱镠曾拴马于此休息,故名。

东下洋 该地原地形酷似一只向东航行的船,仙人欲出海,古时如皋人不分洋、海故名。

千人锅 共有两处。一处在原大明乡境内,相传曾有千余洪秀全起义军过此休息烧饭,遗下一口大锅,故名;一处在建设乡境内,传说元朝时有千余黎民百姓逃荒过此野炊,遗下一只大锅,故名。

老南庄 相传该地原有3条夹路,平行伸展如龙,称老龙庄。后音讹为老南庄。

集贤庄 相传该庄百姓曾自动集结抗敌,故名。

郎庄 相传200多年前,此地住户生男孩子多,故名。

挖尺沟 相传该地群众挖沟时,挖出一把奇特的铜尺,故名。

息力庄 相传有一皇帝曾过此短暂休息,故名。

第二节 经济建设

一、工业

春秋时,如皋城东门外蟠溪(今新民村)开始产盐,"此淮浙煎盐所始"。此后,如皋萝卜干、董糖、如皋陈元酒、如皋火腿、如式香肠、如皋肉松均出自今如城地区。

民国时,如皋城东门皋明电气公司、东南城脚道生面粉厂、部家巷益民油米厂均为全县知名企业。

中华人民共和国成立初,如城镇为全县合作社和合营工厂最集中地区。至1959年,共有工厂71家。如城周边的新民、邓园、城西、大明、建设乡亦为全县工业发展较快的地区。中共十一届三中全会后,如城、新民、邓园、城西、大明、建设乡镇工业迅速发展。

至20世纪90年代末,如城已建成九鼎、力星、华叶、兰迪、艺都、皋鸣6个企业集团,形成以机械、电子、轻工、建材、工艺服饰等为主导产业的工业格局,数十个名特优产品远销40多个国家和地区。

1999年,如城镇实现工业产值11.75亿元,综合经济实力在南通市245个乡镇中名列第三;新民乡有无线电、电池、人发、猪鬃、农机、砖瓦等工厂百余家，工业产值3.05亿元；城西乡有工艺服装、刺绣等工厂数十家，工业产值1.86亿元；邓园乡有胶木、水泵、模具、毛纺、电扇、皮革、水泥等工厂百余家，工业产值2.77亿元；大明乡有砖瓦、石灰、油毡、玻璃、造船、农具、印刷、家具、五金、电器等工厂数十家，工业产值1.24亿元；建设乡有缫丝、服装、农具、制镜、砖瓦、电机、编织、酿酒等工厂近百家，工业产值1.88亿元。

2001年，全镇（含新民、城西、邓园）完成镇乡属工业企业改制，并开始规划建设东部和西部工业园区。2002年，如城镇投入1.87亿元，完成技改项目54个，居全市各镇之首；皋南镇引进市外资金2000万元，居全市第二。2004年，如城镇50家规模以上企业完成工业产值33.97亿元，皋南镇亦成为南通市民营经济十强镇。2006年，全镇（含皋南）工业产值、销售额双超100亿元。2007年，全镇民营经济居南通市第一，被评为南通市发展民营经济先进镇。2009年12月，南通科技局、统计局联合发布乡镇科技进步统计监测结果，如城镇在南通市138个乡镇、街道中，以综合得分96.8分名列第一。

2010年，全镇有工业企业（不含个体）1352家，从业人员28765人，实现工业产值302.05亿元。

二、农业

东晋置县后，古如皋村在兴军垦、重农垦影响下，垦殖造田之风日兴。元代，如皋城周边种植业已相当发达。明天启年间，今如城镇地区蚕桑、花木盆景业开始兴起。

中华人民共和国建立初，如城郊区开始扩大蔬菜、花木生产，先后建成多个苗圃和蔬菜基地。推行家庭联产承包责任制后，花木种植由城西向周边扩展，蔬菜种植由近郊向远郊延伸。

2000年6月，国家林业局和中国花卉协会联合授予如城镇"中国花木之乡"称号。2001年，西南片农业资源综合开发项目和西北片如海灌区鹿门节水项目开始实施。2003年，全镇实施"三资"农业开发项目5个，建成133公顷白萝卜基地、23公顷诚信木本花卉科技示范基地、13公顷芦笋基地和6公顷草莓基地。2004年，如城镇"万亩花木盆景产业园区"被评为南通市最佳园区。

图22-2 南门桥市场 （2009年摄）

2006年，花木大世界、花海盆景艺术园、苏通观光园、顾庄生态园等休闲观赏农业景点，被评为江苏省新农村建设示范点。2007年，完成红星社区等29个村（社区）集体资产股份合作制和土地股份合作制改革试点。2008年，投入30亿元，建成市、镇、村三级农业园区23个；投资8.1亿元，新增项目农业83个。是年，顾庄社区、仙鹤社区获省级生态示范村（社区）称号。2009年，引进季园花木盆景研发基地、蓝田农家乐等农业项目43个，全镇高效农业种植面积3733公顷，设施农业357公顷，建成南通市级千亩设施高效农业示范片。

2010年，建成江苏盆景园、阚庄果蔬园等20个现代化农业园区，顾庄、钱长、大明等村（社区）被评为南通市高效农业示范基地。实现农业总产值4.77亿元。

三、商贸服务业

至唐代，如皋城街市位于古运盐河北岸（今亿圆商厦、农工商超市一线），店家相连0.5千米。宋元时，如皋城集市扩至运盐河南。明代，如皋城已有4市、9街、18巷。民国《如皋县志》载：至清光绪末年，"四门内外，行号店铺，鳞次栉比，东起老坝头（今供电局南），西至臭沟头（今益寿路边），南到大觉庵（今南门桥农贸市场），北至小船帮（通扬运河边）。纵横五华里，尽为街市"。民国27年（1938年），如皋城沦陷，商号倒闭，市场凋敝。民国38年4月，进行工商登记，城区商户为31个行业888家。

中华人民共和国成立初，如城商贸服务业恢

复发展，1955年，增加至40个行业、1564户、2421人。1956年，对个体工商业实行社会主义改造后，如城商贸服务业均实行计划经济模式。改革开放特别是进入21世纪后，如城作为城关镇，商贸服务业飞速发展，并带动周边新民、城西、邓园、大明、建设等集镇发展。2010年，全镇有三产实体17560个，从业人员52044人，第三产业总产值56.37亿元。除华联、农工商、大润发、文峰大世界等大型超市、连锁店、大卖场外，有商业零售网点7980个，商业零售总额57.01亿元，集市贸易成交额58.17亿元。

第三节 社会事业

一、教育

南唐时期，如皋城始建儒学。明初，设社学。清雍正年间，设义学、义塾和书院。清光绪二十三年（1897年），龙璋在如皋城创办如皋小学，是为全县第一所学校。清光绪二十七年，沙元炳在如皋城创办公立高等小学堂，随后如皋师范学校及

2001-2010年如城镇主要经济指标完成情况统计表

表22-1

项目	2001	2002	2003	2004	2005	2006	2007	2008	2009	2010
国内生产总值(万元)	77438	87180	108068	134200	213472	382262	545679	719207	818802	992858
财政收入(万元)	11928	14904	23177	21807	30583	40600	45528	50887	71000	103223
农业总产值(万元)	20284	19478	19210	18372	38435	36476	20066	29207	33081	47684
粮食总产量(吨)	34304	31277	24232	20592	38614	39609	32992	26572	28091	28881
年出栏生猪(万头)	7.05	7.04	7.43	8.10	13.05	4.90	3.38	5.64	5.716	3.90
年出栏家禽(万羽)	70.32	41.97	42.39	27.74	74.71	39.98	23.41	36.29	22.13	22.39
水产品总量(吨)	127	106	154	113	447	289	543	1036	1462	2397
种养专业户(户)	654	660	668	628	2538	2538	2600	3120	3220	3242
工业企业(家)	1052	1102	1112	1095	1367	1376	1455	1389	1331	1352
工业销售收入(万元)	229357	267200	359391	472475	756750	1076800	1766881	2240010	2391106	2898090
工业利税(万元)	11699	12468	16568	24682	43781	61555	101271	134450	146012	156635
利用外资(万美元)	245	578.8	709	1007.9	4610.23	5096	6509	2853	1781	1737
外贸供货额(万元)	58602	64386	73907	77855	110853	128513	149325	209050	218457	218616
三产实体(个)	3139	3200	4212	4056	6066	11028	11500	16677	17177	17560
商业零售网点(个)	4181	4348	769	810	1147	4575	5948	7641	7280	7980
商业零售总额(万元)	43824	46834	155720	158000	176500	211800	265258	413809	495806	570120
集市成交额(万元)	9579	15795	306000	60000	385000	456000	501500	539615	559200	581680
年末存款总额(万元)	555000	569000	111200	122300	252080	327704	344089	351970	364280	371560
农民人均收入(元)	3216	3856	4308	5048	5868	7718	9168	10618	11889	13691

其附属小学、附设中学，两等小学堂相继诞生。

民国12年(1923年)，县立中学在如皋城创办。民国37年，今如城范围办有安定、养正、乐善、僧侣、京江、兴仁、沙氏、陆桥、庆丰等小学和如皋师范、县立中学。

1949—1984年，除接管已有学校外，域内创办新民、大兴、王港、坝桥、北郊、宗港、凌志、陈庄、蔡庄、沈庄、许庄、纪庄、郎庄、南郊、城西、吴庄、庆余、东风、普济、邓园、马姚、群力、邵庄、阚庄、大明、王巷、大鏐、范庄、茶庵、八里、宗岱、老南、新庄、蒋庄、沿河、丰乐、健康、宏济、平明等40余所公办小学和如城三中、庆丰、新民、王港、大兴、许庄、解放、城西、张庄、大明、建设、皋南等30余所公办初中。1985年，开始实施学校布局调整。

至2010年秋，全镇保留新民初中及城东、大明、老南、软件园4所小学，另有如皋高等师范学校、如皋中学、如皋初中、实验初中、外国语学校、特殊教育学校、如师附小、安定小学、实验小学等市直属学校，共设班级655个，在校学生总数31275人，教师2194人。

二、文化

元末，如皋城达官显贵始蓄养家伶曲班进行堂会演出。明洪武至民国初，如皋城庙台、大棚、茶园、草台等演出场所演出活动频繁。

民国6年(1917年)1月，县民政公署在文庙建立县通俗教育馆和图书馆。民国29年，新建兴皋剧场。

中华人民共和国成立初，兴建的县级文化馆、图书馆、电影院、剧场、新华书店、体育场、工人俱乐部等多设于如城，新组建的县京剧团、越剧团、木偶团、杂技团等亦常驻如城。1963年，如城广播站建立，为全县第一个乡镇广播站。1977年，如城大会堂改建为电影院。20世纪60—70年代，如城和后合并于如城的5乡均有广播放大站、文化站、电影队和文艺宣传队。1987年，如城镇于严家湾(现安定广场西北侧)兴建如城人民文化宫。

1992年始，如城镇、新民乡、邓园乡、建设乡、大明乡和如城大治街道先后被江苏省文化厅命名为群众文化先进乡(镇、街道)。2000年起，全镇开始组织社区广场文艺演出活动，并以此推进各社区群众文化活动广泛深入开展。至2010年，全城每年举办社区广场文艺演出、公演均在10场左右，并以社区、街道为单位选拔节目，参加每年夏季“雉水之夏”社区专场广场演出。

三、卫生

中华人民共和国成立前，如皋城内先后有公、私立医疗，卫生、防疫及医药慈善机构20余家。中华人民共和国成立后，除县属医疗、卫生、防疫保健机构外，如城及周边5乡在联合诊所的基础上先后创办乡镇属医院6所。1994年，新民医院整体并入尘洁医院，如城、邓园、城西、大明、建设5所医院均于2001年、2002年改制为民营医院。至2010年，全镇除3所县属医疗卫生机构外，有镇卫生所1所、民营医院7所，村(社区)、企事业单位卫生服务站和个体诊所88个，初级卫生保健普及率100%。

第四节 集镇·工业集中区

一、集镇

如城 (参见卷三第一章《城区建设》)

新生 20世纪50年代形成，新民乡机关所在地，位于如城东约1.5千米，仙鹤路贯穿南北。1990年，建成区面积0.3平方千米，有乡机关、供销社、粮站、中小学、医院等单位。2000年，新民、如城合并后，随着中山路、庆余路东延，全部融入如皋市区。

中何堡 城西区、乡机关驻地，位于如城西3千米，如黄公路和如泰运河穿越东西。1990年，建成区面积0.1平方千米，有中小学、医院、电灌站及一些乡办小厂，商业店铺在区乡机关以东沿公路北侧经营，东连如皋食品罐头厂，形成东西近1千米的路北半面街。1992—1993年，区、乡机关先后迁离。进入21世纪，随着如城建成区西扩，融入市区。

群头 位于如泰运河与如海河交汇处东北侧，为邓园乡机关和部分区、乡直单位所在地。1958年，邓园乡并入城西公社后，一些区、乡直属单位陆续向如城近郊迁移。1963年，邓园析出重建公社，公社机关迁离。此后，集市逐渐消失。

老南庄　位于如城镇南部老南村，为建设乡机关驻地。1990年，集镇建成区0.5平方千米，有乡机关、供销社、粮站、学校、幼儿园、医院、乡直单位及饭店、缝纫店、理发店、杂百店等商铺，东西街长约1千米。2001年，乡机关撤离后，街道仍存。

太平桥　位于如城南5千米（现如城镇安定村），如新（港）公路穿越南北。1957年，大明乡机关驻此，改称大明，太平桥称谓渐淡。1990年，建成区0.2平方千米，如新公路两侧形成南北街道。2001年，与建设乡合并，为皋南镇机关驻地，建成区扩至0.41平方千米。2005年后，发展进一步加快，街道通过“十里花市”逐渐融入如城益寿南路。

二、工业集中区

2001年7月，经江苏省国土资源厅和市政府批准，如城镇在纪庄村兴建如城工业园区，规划用地36公顷，首批实施15.33公顷，投入300万元，当年完成水电管线铺设及中心路建设。2002年，完成水、电、路等基础设施建设，进区项目11个，总投入5710万元。同期，皋南镇于204国道和如港一级公路之间建立工业集中区，首期开发160公顷，区内建成宽16米，总长800米的中心路。

2003年，如城工业集中区分3块实行市场化运作，建立3个园区建设有限责任公司。其中英田园区规划面积100公顷，形成以农用车、柴油机为龙头的机械工业园区；镇（纪庄）工业园区规划36公顷，形成以电子、机械、轻工为重点的综合园区；新材料园区规划267公顷，主要集中大型新材料研发生产企业。3个园区全年基础设施投入1015万元，共进企业14家，项目投入1.33亿元，实现产值19.56亿元，利税9268万元。其中英田园区被江苏省政府命名为江苏省乡镇工业小区。

2005年，以轻纺、服装为主的皋南工业集中区并入如城镇。是年，全镇进工业集中区企业78家，获南通市工业园区（集中区）集聚发展竞赛二等奖。2006年，始实施东部工业集中区建设。是年，如城工业集中区被评为南通市十强工业集中区。2007年，始规划西部、东部两大工业集中区。其中西部工业集中区投入1亿余元，建成总长4.81千米的城西大道、中山西路西延段及邓园路、国茂路、富民路等支干道；东部工业集中区在实施居民搬迁、土地整理的同时，完成东区大桥工程量70%。是年，如城工业集中区进区企业增加至158家，其中产值超亿元企业14家，共实现产值98亿元，销售收入95亿元。2008年，聘请江苏省规划设计院调整东、西部工业集中区总体规划，并继续实施基础建设和招商引资。2009年，进一步调整全镇工业集中区布局，实施城西大道北延、西区大桥等一批基础设施建设项目。

2010年，完成新材料产业园、汽车及配件产业园、光热产业园、新型电力装备产业园的详细规划编制。东部工业集中区“一纵三横”道路框架基本形成，总部经济大厦开工，污水处理厂试运行。西部工业集中区解放西路西延工程竣工，大寿星路开工、区内道路框架形成。

第二章 雪岸镇

第一节 概况·沿革

一、概况

雪岸镇位于市境东北部,东与如东县交界,北与海安县接壤,南与东陈、如城二镇紧连,西与柴湾镇毗邻。白(蒲)雪(岸)线、新长铁路、盐通高速公路穿境而过。全镇总面积52.36平方千米,耕地面积2668.41公顷;下辖社区5个,行政村3个;总人口34697人,其中男17152人、女17545人。2010年,实现国内生产总值7.38亿元,完成财政总收入6416万元,农民人均纯收入11498元。

二、沿革

民国24年(1935年),今雪岸镇域设有普渡、马陵、薛洪、周庵、池旺、何园、牌楼、云龙、净土等乡镇。民国30年,如皋县析为如西、如皋2县时,现镇域划属如皋县(今如东县)。民国31年,薛洪乡析建为雪岸乡和洪桥乡。民国32年,雪岸、洪桥、牌楼3乡合并为雪洪乡。民国33年,马陵乡河北地区与云龙乡合并为凌云乡,净土乡与普渡乡合并为万富乡。民国34年,何园乡更名刘亮乡,雪洪乡析为雪岸、洪桥、符扬3乡。民国35年,池旺乡与周庵乡合并为品端乡。民国36年,符扬乡更名为兴隆乡。1949年,刘亮与品端2乡辖区调整,河南部分名刘亮,河北部分名品端(今属海安县),雪岸、洪桥再次合并为雪洪乡。1952年8月22日,雪洪乡划归如皋县,设雪岸区,辖东陈镇及先民、兴隆、斗争、合兴、长胜、雪洪、万灵、陈庄、幸福9乡。1954年9月18日,雪岸区撤销,万灵、陈庄、幸福、先民等乡划归如东县,其余划属如皋县东陈区。1957年,兴隆乡与刘亮、凌云、凌南3乡各一部分合并为雪岸乡,乡机关驻符阳庄。万富乡与刘亮、凌云、普渡、东陈4乡各一部分合并为刘杨乡,乡机关驻广林庵。1958年9月15日,雪岸、刘杨2乡同时加入城东区规模的东风公社。1959年3月,原雪岸、刘杨2乡改建为雪岸公社和刘杨公社。1965年9月,刘杨公社更名南凌公社,1983年7月18日,雪岸公社改设雪岸乡。10月24日南凌公社改设南凌乡。2000年4月23日,雪岸、南凌2乡合并,组建雪岸镇。

附录:

境内部分地名来历

雪岸 初名“岸头”。元末,薛氏从苏州迁至此地定居。经明清发展,人丁兴旺,成为集镇大姓,清末“岸头”改名为“薛岸”,以镇中有庵,又名薛家庵。

符杨庄 清初,该地因有符、杨二姓最先来此定居,故名。

何家角 清代,该地何姓人家屋脊形似牛角,故名。

凌环 原老凌河环村而过,故名。

十三里港 该地有港距如皋城13里,故名。

十五里井 该地原有一古井,距如皋城15里,故名。

范腰庄 该地原系范姓居住,且村庄呈椭圆形,故名。

三圩庄 该地原有三条夹路,为南北通道,形似三条圩岸,故名。

第二节 经济建设

一、工业

民国前,今雪岸镇域除一些手工匠人外,无工业。20世纪50年代末，雪岸农具厂和南凌农具厂建立。

20世纪70—80年代，分别建立雪岸砖瓦厂、南凌砖瓦厂和乡、村办皮革、编织、肠衣、制线、纺织、制鞋、制镜、制塑、机电、化工等劳动密集型小厂。至2001年，所有集体企业全部改制为民营企业，全镇有工业企业数百家，并形成东西两个工业集中区。

2002年，南通亚点集团、中外合作民亿胶粘制品有限公司2个投资1000万元以上项目落户。2003年，新注册外资企业3家，合同利用外资268万美元，到账66.3万美元，实现利用外资"零"的突破。2005年，实现工业销售7.91亿元，利润779万元。2008年，全镇有规模工业企业16家，其中5家销售收入超过1000万元。

2010年，完成工业投入4.2亿元，规模工业项目投入3.5亿元，技改投入2.3亿元，新开工工业项目3个；全镇共有工业企业139家（不含个体），从业人员3956人，实现工业总产值33.48亿元，其中规模工业应税销售额2.35亿元，利润4200万元。

二、农业

今雪岸镇域属江淮冲积平原地区，土壤肥沃，农产品品质优良。

改革开放前，农业一直以水稻、三麦、棉花等传统农作物栽培为主。实行家庭联产承包责任制后，开始增加经济作物比重，建设以优质湖桑、优质小麦、优质水稻为主，优质花木为辅的农业种植园区和以饲养传统畜禽为主，特种养殖为辅的农业养殖园区，发展特色农业、规模农业、高效农业、生态农业。

2001年，刘杨村5000亩农田被列为国家级农业综合开发项目。至2003年，全镇建成农业园区11个，面积213公顷。桑园面积733公顷，居全市第二，亩平均发种、亩产值、人均蚕桑收入等均居全市第一。

2005年，"品香缘"农产品获国家工商总局批准注册。2006年，中国兔业协会全国首家AAA级獭兔良种企业——江苏金星獭兔有限公司在镇内设立培育基地。2007年，发展规模项目农业4个，一般项目农业6个，合计投入8840万元。新建养殖小区3个，实施雪岸社区和雪洪村高效农业示范方工程，面积608公顷。2009年，发展南凌、凌云社区标准大棚蔬菜，万富、雪洪村高效设施渔业，雪东社区大棚草莓等设施农业共67公顷；新建鹿顶记山庄、优质稻米基地等高效农业基地；组成各类专业合作社16个，建成4个省、市级，12个镇、村级种养园区。

2010年，整合丁平线、沿海高速、海洋铁路建设施工中形成的水面资源，建成成鱼、小龙虾、河蟹三大新兴养殖产业。全年实现农业总产值2.80亿元。"品香缘"牌有机农产品成为知名、畅销产品。

三、商贸服务业

今雪岸镇域地处如皋、如东、海安3县（市）交界处。

20世纪70年代前，交通相对闭塞，除岸头设有运盐码头一度商贸较兴旺外，商贸服务业发展相对滞后。

20世纪80年代中期始，随着西丁公路、白（蒲）雪（岸）一级公路、新长铁路、沿海高速公路等相继建成通车，交通条件不断改善，商贸服务业亦随之迅猛发展。

2010年，全镇有三产实体（不含个体）42个，从业人员3699人，第三产业总产值2.16亿元。雪岸、南凌（十三里港）2个集镇有商店、超市、商场等337家，有饭店、旅馆、美容美发等服务企业（户）近100家，商品零售额9100万元，集贸市场成交额2000万元。

图22-3　雪岸乡砖瓦厂为海阳北路建设运送材料　（1995年摄）

2001—2010年雪岸镇主要经济指标完成情况统计表

表22-2

项目	2001	2002	2003	2004	2005	2006	2007	2008	2009	2010
国内生产总值(万元)	10602	20184	23753	29750	35900	41992	35664	42000	62415	73759
财政收入(万元)	477	1345.86	1422	1411	1458	1479	1949	2512	3198	6414
农业总产值(万元)	10602	10814	12914	16288	16915	20298	20002	22350	26315	27984
粮食总产量(吨)	22651	22973	21517	23065	21464	25386	24624	28981	28922	23307
年出栏生猪(万头)	5.63	5.26	5.48	缺	7.20	5.80	5.53	4.80	9.10	6.06
年出栏家禽(万羽)	27.77	27.85	51.81	80.3	148	118	101.74	150	120	70.38
水产品总量(吨)	34	44	60	68	57	98	152	170	116	116
种养专业户(户)	330	359	378	397	398	378	390	410	200	200
工业企业(家)	418	418	421	475	485	535	539	240	136	139
工业销售收入(万元)	38489	298357	44101	61035	79100	114655	162004	220668	283600	334355
工业利税(万元)	1353	725	837	1285	779	1075	1600	1033	6120	7549
利用外资(万美元)	0	0	66.30	115	39	1158	1630	650	800	929
外贸供货额(万元)	3580	3598	3423	7025	13683	13800	17429	18110	44705	42113
三产实体(个)	1323	1323	1135	1059	1680	1712	1786	1796	42	42
商业零售网点(个)	218	280	282	284	390	650	670	700	320	337
商业零售总额(万元)	1812	2561	3073	3688	4680	5183	8842	9368	9000	9100
集市成交额(万元)	2082	2420	2891.90	3122	3225	3435	4816	5267	2000	2000
年末存款总额(万元)	12208	14806	17241	13300	16599	29800	39000	44600	55200	66000
农民人均收入(元)	3380	3591	4025	4522	5215	6143	7302	8768	9908	11498

第三节 社会事业

一、教育

民国前，今雪岸镇域乡间有少数私塾。民国37年(1948年)，创办凤阳小学。

1949—1965年，新办雪岸初中和雪北、兴隆、东皋、雪岸、洪桥、刘亮等小学。20世纪70年代，出现民办、耕读、“戴帽子”学校，增加洪桥、徐楼、杨庄、先锋、红旗、育红、育才等公办学校。1985年，开始实施学校布局调整，推进教育现代化。2002年12月，中心小学教学楼落成。2008年，完成中学教学楼、学生公寓及其他设施建设。至2010年，全镇有雪北、南凌两所小学和雪岸初中共3所学校，开办班级33个，在校学生1554人，教师148人。

二、文化

1958年，雪岸、刘杨2乡设立民办文化站。1961年6月，刘杨文化站撤销。1962年5月，雪岸文化站撤销。1969年，雪岸、南凌2公社相继建立广播放大站。1973年、1974年，2公社相继建立电影放映队和影剧院，不久停映。1976年、1980年，2公社文化站先后恢复建立。

1999年12月，雪岸、南凌2乡同时被江苏省文化厅命名为江苏省群众文化先进乡(镇)。2乡合并后，雪岸文体中心由500平方米增至800平方米，并新建6000平方米全民健身广场。各村(社区)农家书屋基本普及。2007年，雪岸镇被江苏省体育局命名为体育强镇。2008年，新建占地0.8公顷的文体广场。

三、卫生

民国前，今雪岸、镇域有10余位民间中医、郎中，设有少量私人医寓和药房。

1958年10月，在联合诊所的基础上组建雪岸公社医院和南凌公社医院。2001年7月1日，雪岸镇卫生所建立。2010年，全镇有卫生所1所，民营医院2家、村(社区)卫生服务站9个，初级卫生保健普及率100%。

第四节 集镇·工业集中区

一、集镇

雪岸 明、清时期，岸头设有码头，形成早市集贸场所。

至民国初，集镇商家发展至数十家，形成东西1.5千米街市，营业门类涉及京货、广货、川货、米行、药店、布匹、毛巾、纸张、旱烟、红糖、酱酒等。后因交通不便渐淡。

1986年，始与如城通汽车。1990年，集镇建成区0.51平方千米。2002年12月，新建环镇公路、红旗桥、河角桥。镇区部分街道拓宽，铺设人行道，安装路灯并绿化。2007年，向阳商住小区首期开发的商铺和住宅4200平方米、连体别墅10幢20套6000平方米全部交付使用。主镇区道路拓宽。2009年，新建长1.8千米，宽16米的环镇南

图22-4 雪岸镇区 (2009年摄)

路，南延向阳路与环镇南路汇合，同时完成雨污管道埋设。

2010年，实施旧镇改造，动迁81户、7800平方米，初步形成镇区“三横三纵”的交通框架；完成占地1.53公顷的新集贸市场一期基建工程；建成日处理3000吨的污水处理厂及垃圾中转站、封闭式垃圾房，配备垃圾车集中收、运垃圾；实现集镇商务区亮化、绿化、美化全覆盖。

南凌 古名十三里港。1956年，万富、凌云等小乡合并为刘杨乡后，乡机关驻此，并在此设立供销社、食品站和小商店，逐渐形成集镇。20世纪80年代始，随着交通发展，集市更加繁荣，沿如(皋)雪(岸)公路形成东西走向的商业街道2400余米。

二、工业集中区

2000年，东(雪岸)、西(南凌)2个工业园区始设，东区面积100公顷，西区面积66.67公顷。至2005年，东、西2区基础设施全面到位，并建成1.09万平方米标准厂房。至2007年，东区进驻企业10家，其中凯晖皮具和锐簇制衣为外资企业；西区进驻企业5家。同时形成雪东、凌云和万富3个村级民营工业小区。

2010年，工业集中区“七通一平”整理完成土地33.3公顷。至是年，全镇工业集中区逐步形成机械制造产业园、电子信息产业园、新型复合材料产业园、现代服装产业园4个板块。

第三章 东陈镇

第一节 概况·沿革

一、概况

东陈镇位于如城镇东郊，东与如东县接壤，南与丁堰镇毗邻，西与如城镇紧接，北与雪岸镇相连。沿海高速公路纵贯南北，并在境内设有道口，如城中山东路及镇区小康路横贯东西。全镇总面积64平方千米，耕地面积3449.8公顷；辖社区7个，行政村8个；总人口46172人，其中男22761人，女23411人。2010年，实现国内生产总值14.11亿元，完成财政总收入1.60亿元，农民人均纯收入12800元。

图22-5 沈海高速如皋东陈道口 （2006年摄）

二、沿革

今东陈镇域大部为全县成陆和有人口居住最早的地区之一。明、清时期，属赤岸乡。清末，始设东陈乡。民国初，改设东陈市。民国18年（1929年），改为县第二区。民国23年，并入丁堰区。民国24年6月，现境设有大娄、东陈、薛杭、蒋坞、马陵、徐汪、施夹、念曹、李冯、薛蔡、徐老庄、冯九等乡镇。民国30年，徐老庄乡与冯九乡合并为徐冯乡。民国32年，施夹、念曹2乡和徐冯乡的原徐老庄部分及徐汪乡河东部分合并为施曹乡。民国33年，东陈乡撤销，河东部分并入施曹乡，河北部分与薛杭、蒋坞及马陵（河南部分）合并建立凌南乡；河西部分由如西县另建杨枝乡。民国34年，施曹乡更名骏发乡，李冯乡析出长胜乡，薛蔡乡划分为薛庄、蔡庄2乡。民国35年，复建东陈镇，凌南乡西部析出百岁乡，骏发乡南部析出骏南乡。民国36年，骏南乡并入骏发乡，李冯乡并入长胜乡。民国37年，薛庄乡更名为斗争乡。1949年，杨枝乡与徐汪乡河西部分合并建立汪洋乡。1950年，长胜乡原李冯乡部分析建合兴乡。1954年6月22日，如东县雪岸区划归如皋县，建立东陈区，下辖雪洪、东陈、斗争、长胜、合兴及凌南、百岁、大兴、兴刘、汪洋等13乡。1956年，东陈区撤销，长胜乡并入骏发乡，合兴乡并入斗争乡，大娄乡更名新娄乡后并入汪洋乡，汪洋乡划出一部分并入许陈乡（今属如城镇），百岁乡并入东陈乡，雪洪乡并入凌南乡。1957年10月，汪洋乡与东陈、凌南2乡各一部分合并为东陈乡、骏发乡与斗争乡合并为骏发乡。1958年9月15日，东陈加入区规模的东风（城东）公社，骏发加入区规模的丁堰公社。1959年3月，分别建立东陈公社和骏发公社。1965年9月8日，骏发公社更名丁北公社。1983年9月18日和21日，相继改设东陈乡和丁北乡。1986年5月1日，东陈撤乡设镇，同年12月23日，丁北撤乡设镇。2000年4月23日，丁北镇并入东陈镇。

附录：

境内部分地名来历

百岁桥 建桥打桩时，有竺姓百岁老人谢世，故名。

花鱼坟 相传,一天中午有一乞丐到一农家讨饭,农家施予赤豆饭。第二天该户主人戳到一条鲤鱼(俗称“大花鱼”),剖鱼时见满腹赤豆饭,农夫认定此鱼即昨天讨饭人变的花鱼精,便筑坟将此鱼埋葬,故名。

十兄弟坟 又名十代坟,系冒氏一世祖至五世祖坟茔,共十冢,故名。

戴家飨堂 清道光元年(1821年),道光帝下旨于此御葬兵部尚书戴联奎,并建有飨堂,故名。

徐家湾(汤家湾) 相传,疏通老通扬运河时,为偏让徐氏、汤氏住宅,使河道绕弯,故名。

三十里铺(蒋铺) 古运盐河从如皋城至此为30华里,左岸有30里墩标志,故名三十里铺。史载,明代后期,铺上有一人称蒋婆的妇女,在铺上开设客店,服务周到,过往客商,都喜欢在此打尖食宿,被称为蒋婆铺。至清代,该处地名演变为蒋铺。

第二节 经济建设

一、工业

明、清时期,东陈镇出现榨油、酿酒、制售火腿的手工作坊。民国初,东陈镇有20多家火腿栈,并有油坊、糟坊、粉坊、豆腐坊、染坊及铁匠、铜匠、锡匠、银匠、木匠、篾匠、皮匠铺等手工作坊和店铺。20世纪40年代,逐渐衰落。1950年初,三星人发加工厂创建,是为东陈首家私营工厂,主要生产戏剧头套。1972年,国家二级企业如皋县毛巾厂在东陈创办。此后,相继兴办缝纫、结网、食品、无线电、砖瓦、水泥制品、五金、酱菜、织布、油脂化工、硬脂酸、兽药、发套、螺丝、印刷、农药分装、羊毛衫等劳动密集型小厂。至1988年10月,东陈镇有工厂25家,以轻纺、化工企业为主;丁北乡有乡办工业12家,村办企业16家。1999年,东陈镇工业已形成纺织、建材、螺丝、机械、化工、制衣6大门类,总产值20043万元;丁北镇工业总产值15481万元。2004年,全镇有规模企业20家,其中双马化工有限公司规模超3亿元。2005年,南东陈居委会成为全镇首家民营经济5亿元村,双群居委会和冯堡居委会进入民营经济亿元村行列,全镇工业进入南通市50强。至2007年,全镇形成精细化工、新材料、毛巾、轻纺、船舶钢构5大经济板块。2010年,全镇有工业企业680家(不含个体),从业人员7850人,实现工业总产值56.86亿元。

二、农业

今东陈镇域地处古小芦河洼地冲积平原区,丁北地处长江岸古沙嘴与通旅水脊之间的支泓淤积区,土质较好,适宜农作物生长。20世纪80年代前,一直以传统农业为主。实行家庭联产承包责任制后,经济作物开始增加,种植结构渐趋多元,并开始发展规模农业、高效农业。2000年,南东陈村和双群村的4000亩农田被确定为镇农业资源综合开发区,国家投资70万元用于基础设施建设。从南京农业大学引进富硒稻,有机硒含量为普通大米35倍以上。2004年,石池村千亩农业示范园区通过市级验收,光远食品集团在石池村建立草莓生产基地,418家种养大户带动全镇种植、养殖业迅速发展。2005年,全镇推广栽桑、大棚蔬菜、银杏栽植等特色农业项目,范桥、杭桥、蒋宗3个村建成千亩高产示范桑园。2006年,全镇形成俞旭果蔬、东方休闲、双群金鱼、建奉美鸽、益龙养殖、杭桥花木等8个规模高效农业项目。2008年,全镇新建农民专业合作社和土地股份合作社33家,规模农业、高效农业进一步发展。2010年,全镇实现农业总产值3.72亿元,建成杭桥、范桥村233公顷花木、湖桑,尚书村100公顷葡萄园,徐湾社区、石池村休闲农庄,双群观赏鱼4大高效农业板块,其中双群观赏鱼扩建养殖基地6.67公顷,被誉为“全国观赏鱼第一村”。

三、商贸服务业

明、清时期,东陈镇为如皋东乡商贸聚散地之一,东乡的大米、食盐、海鲜到此转运至如城和各地,西乡产的杂粮、土布等亦由东陈转运东乡,人流、物流量大,商贸服务业相对发达。民国时,社会动荡,商铺、作坊大多向如皋城迁移或停业。至20世纪70年代,东陈、丁北地区商贸服务业一直在较低水平徘徊。80年代始,随着如城的不断东扩,城区对东陈地区商贸服务业的辐射作用显现。城区的文峰、华联、家家乐、品德等大型超市,丰乐大药房等连锁店纷纷在东陈和羊庄设

2001—2010年东陈镇主要经济指标完成情况统计表

表22-3

项目	2001	2002	2003	2004	2005	2006	2007	2008	2009	2010
国内生产总值(万元)	19608	23568	29517	33482	44632	63456	73352	74380	106083	141136
财政收入(万元)	180242	2121	2468.90	2364.96	3879.41	4670	5760.05	7615.09	8646.89	15969
农业总产值(万元)	13460	13891	14640	18170	19000	20560	21009	22529	28250	37213
粮食总产量(吨)	30675	29812	27508	31670	30896	35030	34835	30304	30694	32207
年出栏生猪(万头)	2.91	3.80	5	5.50	7	5.50	6	7	7.50	7.70
年出栏家禽(万羽)	154.56	156.7	149.20	168.60	160	31	60	80	82	84
水产品总量(吨)	153	159	361	325	225	311	510	778	870	935
种养专业户(户)	956	159	179	209	418	235	265	295	330	360
工业企业(家)	420	421	435	453	219	552	568	570	600	680
工业销售收入(万元)	28464	37978	55338	85249	114729	188285	289900	327891	360205	452587
工业利税(万元)	891	1224	2079	3349	5066	7465	18177	21875	24060	38328
利用外资(万美元)	10	14.80	63.70	522	3288	3565	3666	6646	3117	2693
外贸供货额(万元)	8089	9330	12582	22043	52497	63001	119400	121200	123523	124815
三产实体(个)	1415	1407	1606	1841	1867	2119	2180	2210	2468	3468
商业零售网点(个)	390	510	610	735	892	951	1010	1080	1158	1300
商业零售总额(万元)	1333	4023	4999	8820	8249	8500	9300	10200	10200	11518
集市成交额(万元)	200	2400	1480	1520	1580	1790	2080	2280	2800	4800
年末存款总额(万元)	13023	14287	22964.13	32149.80	25270	19221.42	16451.74	27598.43	32100	41445
农民人均收入(元)	3118	3280	3688	4548	5439	6630	8258	738	10888	12800

置门店，部分饭店、歌舞厅、会馆、浴场亦以其区位优势落户东陈。城区至东陈的道路两侧亦聚集大量商铺和服务门店。2010年，全镇有三产实体3468个，从业人员8560人，第三产业总产值2.99亿元。商业零售网点1300个，商品零售总额1.15亿元，集市贸易成交额4800万元，各类服务企业(户)近200家。

第三节 社会事业

一、教育

民国前，今东陈镇域有少量私塾。光绪三十三年(1908年)，东陈市徐家湾徐氏初等小学堂创建。宣统元年(1909年)，东陈市第一两等小学堂创办。民国初年，有东陈市第三国民小学校(利学港)、东陈市第四民国小学校(石村)和东陈市第六国民小学校(徐湾)。此后，相继建立石家庄、跃庄、蒋庄、小凌边、吉庄、老庄、大河、蔡坝、南东陈等初小和完小。中华人民共和国成立初，政府除接管各学校外，又创办双凌、新港、桃池、百岁桥、安乐、蔡庄等小学。1964年，兴建钱凌、西群、韩港、沿北、向阳、红旗、万坊等半耕半读小学。1975年，部分小学开始兴办“戴帽子”初中班。1987年始，各小学“戴帽子”班陆续撤销，同时撤并部分小学。至2005年，全镇保留东陈、丁北、山河、石村、利学港、新港6所小学和东陈、丁北2所初中。至2010年，全镇有东陈、丁北2所小学和东陈初中，开办班级46个，在校学生2212人，教师217人。

二、文化

1954年，东城区文化站建立。1956年，改称城东区文化站。1958年4月，东陈、骏发乡文化站同时建立。1961年6月，同时撤销。20世纪60年代末，东陈和丁北公社广播放大站相继建立。1975年，丁北公社文化站建立。1976年，东陈、丁北2乡相继建立电影队。1984年，两乡分别建立影剧院。1987年，东陈镇文化站建立。1999年，东陈镇被江苏省文化厅命名为群众文化先进乡镇。2007年，东陈镇被江苏省体育厅命名为体育强镇。至2010年，东陈镇拥有功能设施健全的文化体育大楼、文化广场，各村民服务中心均设有图书室，配备篮球等体育设施。

三、卫生

民国前，今东陈镇域有个体医生坐堂或巡诊。中华人民共和国成立初，个体医生组建东陈、汪洋、凌南、羊庄等联合诊所。1954年，原建于南马塘的马塘区卫生所迁至东陈，改建东陈(后称城东)区卫生所。1958年，在联合诊所基础上分别组建东陈、骏发公社医院。不久，相继更名东陈镇、丁北镇卫生院。1963年，城东区医院在东陈建立。1968年，城东区医院和城东区卫生所合并为城东区中心医院。1987年，东陈镇卫生院整体并入城东区中心医院。2001年7月，东陈镇卫生所建立。至2010年，全镇有卫生所1所和民营医院2所，另有社会个体诊所和村级卫生室15个，初级卫生保健普及率100%。

第四节 集镇·工业集中区

一、集镇

东陈 春秋时，东陈系海边渔村，村落形成早于如皋。明清时，东陈形成依傍通扬运河、东风河交汇处，商铺呈“丁”字形排列的集镇。清末民国初，集镇20家火腿栈和近百家商铺聚集，形成一定规模。1953年，集镇设供销社。1954年，东陈区委、区公所及区直属单位进驻，集镇逐渐繁荣。至1969年，逐步形成东西长1000余米、南北长2000余米的“十字街”。至20世纪90年代末，镇区按照规划逐步形成工业、商业、文化、居住等功能区，共有各类商铺300余户、进镇农民1500余户，镇区给排水、环卫及绿化、亮化基本到位。2000年，丁北镇并入后，重新进行镇区规划。2004年，在城区中山路东路延伸线上兴建全长5千米的小康路，形成镇区东西主干道。2005年，新建新洪桥一条街，并改造农贸市场。2007年，完成6.67平方千米的镇区开发详细规划，并按规划兴建“四纵三横”道路框架。是年，建成康居路、致中路、育贤路、滨湖路，完成育贤路、东建路、小康路路沿、路灯、绿化和给排水设施建设。2010年，集镇建成区9.6平方千米。

丁北 原名羊庄。1986年撤乡设镇时，集镇建成区0.5平方千米，地跨通扬运河两岸。1991年，建成双池大桥，新建丁北供销社营业大楼。1994年，完成集镇建成区内道路拓宽、给排水、绿化、亮化工程。丁北镇与东陈镇合并后，集镇发展放缓。

二、工业集中区

2001年，东陈镇于沿海高速公路如皋立交桥进出口两侧设立工业集中区，总面积282公顷，一期开发100公顷。2002年，3家外资企业进区落户。2003年，建设新东路、环园路并完善供电、供水、排水等设施，8家企业进区。是年，集中区实现工业总产值3亿元，利税1000万元。2004年，占地3.2公顷，由新加坡客商投资500万美元创办的南通新空间幕墙材料有限公司进区。2005年，签约进区项目10个，合同利用外资3288万美元，到账外资627.5万美元，累计进区企业增加至30余家。2007年，完成7.76平方千米工业集中区规划，全镇形成“四区”(镇区、工业集中区、商贸物流区、生态旅游区)“四园”(化工研发园、新材料园、机械园、轻纺服装园)格局。2009年，有4家外资企业进区，其中西克玛机械项目总投入2500万美元。是年，双马化工公司投资1.5亿元。2010年，投资1.1亿元的顺邦化纺项目，在石池村民营小区开工，南东陈、徐湾、冯堡等民营小区均至亿元以上规模。

第四章 丁堰镇

第一节 概况·沿革

一、概况

丁堰镇位于如皋市中东部，东与如东双甸镇交界，南与林梓镇毗邻，西与桃园、如城镇接壤，北与东陈镇相连。通扬运河、如泰运河在境内交汇，新长铁路、沿海高速、334省道、通榆公路在境内纵横。全镇总面积70.48平方千米，耕地面积4233公顷；辖社区7个，行政村6个；总人口52878人，其中男25935人，女26943人。2010年，实现国内生产总值22.35亿元，完成财政总收入1.59亿元，农民人均纯收入12729元。

二、沿革

清末，丁堰为全县17乡之一。民国18年（1929年），国民政府如皋县政府改丁堰乡为第三区。民国24年6月16日，改为第二区，下辖丁堰、土刘、徐老庄、冯九、明石、宗陈、顾邵丁、娄吴、小龙等乡镇。民国29年，如皋县析为如西、如皋两县，通扬运河以东地区划属如皋县。是年，冯九与徐老庄合并为徐冯乡。民国32年，徐冯乡撤销，原冯九乡部分与明石乡合并为冯石乡。

1949年，丁堰、土刘、宗陈、丁北、冯石等乡属如东县丁东区。1950年，土刘、宗陈2乡南部析出新建朝阳乡。1954年，如东县丁堰区划归如皋县。1956年2月，娄吴乡撤销，南部与顾邵丁乡合建赵明乡，北部并入小龙乡。土刘乡并入朝阳乡，红园乡并入宗陈乡，冯石乡并入丁北乡。1957年，丁堰镇、丁堰乡、朝阳乡、宗陈乡合并组建丁堰乡，乡机关驻丁堰镇；赵明乡、小龙乡合并组建赵明乡，乡机关驻鞠家庄。

1958年9月5日，丁堰乡改建丁堰公社，赵明乡改建东方红公社。12月1日，两公社一起加入区规模的丁堰公社。1959年2月，区规模的丁堰公社析分，原丁堰公社恢复、原东方红公社更名赵明公社。1965年9月8日，赵明公社更名丁西公社。1975年11月15日，丁堰公社十四大队析建为县属丁堰镇，丁堰公社机关迁驻丁堰镇东三里庙。

1995年，丁西乡并入丁堰镇。2000年4月23日，丁堰乡并入丁堰镇。

附录：

境内部分地名来历

丁堰　三国时期，东吴大司马吕岱于此囤戍，为防海水入侵，筑成堤堰呈“丁”字形，得名“丁堰”。

鬼头街　此地原是坟地，后随道路修建商铺增多，形成街道，故名。

田肚里　此地原有一陈姓武生居住在四面环水的96亩田中间，故名。

观音柳　相传此地有一柳树，形似观音，故名。

三里庙　此地原有一庙，在丁堰镇东三里，故名。

第二节 经济建设

一、工业

至民国初年，丁堰镇先后有锡匠铺、铜匠铺、银匠铺、碾坊、铁匠铺、裁缝铺等开业。民国13年（1924年），丁堰阜昌染织股份有限公司创办。至民国26年，丁堰有手工作坊、店铺39家和布厂1家。日本侵略军盘踞期间，布厂关闭，店铺、作坊

图22-6　丁堰纺织有限公司车间（2007年摄）

多半歇业。

1954年，作坊、工厂发展至41家。1955年，手工匠人联合组建铁木竹生产合作社、缝纫针织合作社和烈军属煤球生产小组。1958年，合作社和小组改建为工厂。1962年起，丁堰公社先后创办榨油、回纺、扎花、芦制品、砖瓦、柳器、炼油等工厂。至1975年，丁堰镇有企业9家。

1976—1987年，县丁堰纺织厂、化工二厂落户丁堰镇；丁堰公社先后兴办淀粉、香料、漂棉、农具、织布、绣品服装等工厂；丁西公社除有手工合作社扩改建的丁西农具厂，亦兴办榨油、扎花、印刷、皮毛服装、冷冻、洗涤机械、橡胶、织布等工厂。至1988年，丁西乡办企业40余家，工业产值在全县率先超亿元。1999年，丁西、丁堰2乡和丁堰镇共有民营企业50余家。丁堰乡与丁堰镇合并后，全镇招商引资和工业集中区建设力度加大。2004年，全镇新增5亿元企业1家、超亿元企业2家，1215人自主创业，156名在外能人回乡创业，42名外地客商投资兴办企业。

2010年，全镇申报各类科技计划31项，立项20项，申报各类专利215项，其中发明专利40

2001—2010年丁堰镇主要经济指标完成情况统计表

表22-4

项目	2001	2002	2003	2004	2005	2006	2007	2008	2009	2010
国内生产总值（万元）	27166	34146	46547	60028	93580	121200	133814	160580	190218	223517
财政收入（万元）	2664	2347	3273	3697	5157	7221	9401	11089	10343	15876
农业总产值（万元）	12822	13209	13467	17536	18584	18454	21316	26046	24078	32142
粮食总产量（吨）	40669	37458	35855	39062	38917	46737	47063	45658	41257	42173
年出栏生猪（万头）	5.46	3.98	4.93	6.33	7.80	7.25	7.10	7.20	7.08	7.61
年出栏家禽（万羽）	83.97	69.13	76.44	84.54	91.98	78.25	79.7	79.9	74.02	56.81
水产品总量（吨）	119	83	106	353	390	392	434	442	459	1783
种养专业户（户）	418	430	450	468	472	475	490	508	485	492
工业企业（家）	238	296	622	750	1138	1163	1190	1220	1216	1406
工业销售收入（万元）	55205	84670	111708	211322	347270	540843	857200	1228680	1407000	1612700
工业利税（万元）	2262	2756	3545	8783	13258	32146	40410	54300	57890	71000
利用外资（万美元）	40	45	1093	2000	436	1558	1988	1421	1238	2370
外贸供货额（万元）	19544	29308	34791	45680	58200	73500	105380	126000	136000	160600
三产实体（个）	1987	2072	2768	3050	3312	3419	3512	3546	3603	3657
商业零售网点（个）	535	613	682	756	842	920	998	1020	1054	1072
商业零售总额（万元）	18400	19500	10370	11635	13150	14500	23560	29012	33220	34150
集市成交额（万元）	7684	8500	16060	17220	18100	20530	22552	24800	27260	36840
年平存款总额（万元）	34700	38100	47300	53800	68600	91000	92500	112500	14500	162120
农民人均收入（元）	3261	3428	4020	5042	5810	7078	8697	9918	11018	13729

项。新增省级和南通市级研发中心各1家,新增高新产业企业2家。是年,全镇共有工业企业1046家(不含个体),从业人员10100人,实现工业产值160.60亿元。

二、农业

东晋时,今丁堰镇域已有农业生产。至20世纪70年代,农业一直以传统农业为主,产量和效益在低水平徘徊。实行家庭联产承包责任制以后,在农作物产量大幅提高的同时,经济作物比重增加。

进入21世纪,全镇加大农业园区和各类农业合作组织建设力度,发展特色农业、规模农业和高效农业。2003年,南通天盟养殖有限公司规模化新型养殖基地落户,11个村建立年出栏2000头以上"洋三元"商品猪养殖场。2005年,全镇开工建设农业项目43个,利农优质生猪产业合作社被评为南通市"十佳"农业专业合作社组织。2007年,全镇培育江苏省级和南通市级农业龙头企业各1个。2008年,建成市级种植、养殖园区各1个、镇级种植园区2个、养殖园区1个。是年,粒粒寿米业有限公司投产。2009年,全镇建成高效农业种植园区5个,建立土地股份合作社10个,入股农户1560户,入股土地238公顷。建成农民专业合作社11个,社员5670户。

2010年,全镇建成规模农业园区6个,10个专业合作社中4家达到"四有"目标,10家农民股份合作社中5家办理工商登记。是年,全镇实现农业总产值3.21亿元。

三、商贸服务业

唐代,丁堰镇区即为海盐集散地。清代,除本地商家外,不少江南、安徽等地商贾到此定居经商。至民国27年(1938年)初,丁堰集镇有商铺152家,从业人员379人。民国27年丁堰沦陷至民国38年年初,镇域商贸服务业出现倒退。

中华人民共和国成立初,全镇工商登记的商店、牙行190户,从业人员434人。1950年,丁堰供销社建立。此后,县粮食、食品、物资等部门相继在丁堰设立下属分支机构。1956年,307家个体工商户按行业组建8个合作商店(服务社)。粮油食品、布匹服装、木材建材、煤炭石油及绝大部生活用品由粮管所(站)、食品站、供销社、物资站、煤石站统一经销。改革开放初期,国有商业在丁堰镇快速发展,先后兴建旅社大楼、中心商场、西郊商场、贸易货栈、商业综合大楼、兰天市场等。20世纪80年代后期始,丁堰镇、鬼头街、三里庙、鞠家庄的私营、个体商贸服务企业(户)迅速增加,大型民营商业企业亦在丁堰开设苏果超市、文峰超市、德得惠购物中心、新世纪家电城、百花家电城等商场、大卖场、连锁店。

2010年,全镇有三产实体3657个,从业人员6014人,第三产业总产值4.08亿元。商业经营网点1072个,商品零售总额3.12亿元,集贸市场成交额3.68亿元。

第三节 社会事业

一、教育

明嘉靖三年至万历十五年(1524—1587年),丁堰有兴贤社学。清光绪年间,丁堰镇区有经馆、蒙馆各1所。此后,较大村庄都有塾师设馆教学。光绪三十二年(1906年),丁堰乡第一初等小学堂在丁堰集镇创办。20世纪20至40年代,丁堰、西街、双码、土兴、冯石、朝阳、刘海、迁善、红桥、东阳等小学先后兴办。

中华人民共和国成立初,政府除接管原有小学,又先后创办丁北、唐庄、赵明(娄吴、丁西)、大顾、下洋、石人、禾丰、邵仁、德武、万坊、北沙、娄庄、效龙、陈庄、立新、陈草、育红等小学近30所,并创办丁堰镇初中、丁西初中、新堰初中3所初中和市属丁堰中学。1985年,开始调整学校布局,全镇多所小学撤并。至2003年,全镇保留小学8所和初中3所。2010年,全镇有丁堰小学(含刘海教学点)、丁西小学、丁堰镇初级中学、丁堰中学共4所学校,在校学生4463人,教师414人。

二、文化

民国20年(1931年),丁堰镇区建有民众教育馆。1949年,创办大众俱乐部。1950年,大众俱乐部更名丁堰中心文化站。

中华人民共和国成立初，丁堰除舞龙、花担、花船、莲湘、腰鼓等外，尤以木偶制作和表演最为著名，业余新新剧团、胜利剧团、文工团经常开展文艺演出。1958年4月，丁堰、赵明2乡文化站同时建立。1961年6月，丁堰公社文化站撤销。1962年5月，赵明公社文化站撤销。20世纪60年代末和1975年，丁西公社、丁堰公社和丁堰镇分别建立广播放大站。

70年代，2个公社和丁堰镇分别组建电影放映队，丁堰镇兴建影剧院。1977年、1980年和

图22-7 丁堰镇文体中心 （2010年摄）

1984年，丁西公社、丁堰公社和丁堰镇文化站相继恢复。1991年，丁堰镇文化站创作排练舞蹈《木虾声声》。1994年，《木虾声声》经市文化馆加工更名《木虾舞》，参加层层会演评比，最终获文化部“群星奖”优秀编导、优秀创作、优秀舞蹈音乐3项大奖。1999年，丁西乡和丁堰镇被江苏省文化厅命名为群众文化先进乡镇。2002年，丁堰镇广播电视服务站被评为江苏省广电系统先进集体。

至2010年，建有镇文化馆、文体活动中心和农民文体休闲广场。

三、卫生

民国时，丁堰镇有个体中医6人、西医2人，中药店6家、西药房2家。

中华人民共和国成立初，个体医生组成冯石、土兴、朝阳、小龙、娄吴、顾邵丁6家联合诊所。1952年，丁堰区卫生所建立。1958年，联合诊所分别组建丁堰和赵明2所公社医院。1963年，丁堰区医院在丁堰镇建立。1968年，丁堰区卫生所、丁堰区医院合并为丁堰区卫生院。1976年，丁堰镇、丁堰公社分设后增设丁堰镇卫生院。1987年12月，丁堰镇卫生院整体并入丁堰区中心卫生院。2001年7月1日，丁堰镇卫生所建立。

2010年，全镇共有卫生所1所，民营医院3所，村(社区)及学校、单位卫生服务站(室)24个，初级卫生保健普及率94%。

第四节 集镇·工业集中区

一、集镇

丁堰 唐代，丁堰镇为海盐集散地。明代，商贾云集，沿通扬河、串场河(今如泰运河东段)北岸面河建房设市，形成沿河一面街，为通扬运河与串场河交汇处的重要集镇，1567—1572年(明隆庆年间)串场河疏浚后，外地商贾纷纷落户经商，街道沿河岸东延。明代后期，镇人姜怀庆发起募捐，从江南购买青石、麻石铺设街道。清代，通扬运河客轮开通后，丁堰成为水上重要商埠。民国时，发展停滞。至中华人民共和国成立，仍然保持“麻石铺路扁担宽，两檐相对一线天”的街道格局。东西街长1.5千米，9条南北巷道直通主街。

图22-8 丁堰老街 （1973年摄）

1975—1977年，街道移至新拓宽的丁掘公路，两侧为商铺。20世纪80年代，供销社、邮局、新华书店等在丁堰建楼房。90年代，新建、改扩3

个农贸市场和1个小商品批发市场，道路两侧楼房、商铺更多，形成东起丁堰乡政府，西至鬼头街的“十里长街”。至1999年，沿路商店、超市等增至400余家，三产实体增加至1203家。2006年，南通泛亚三星级大酒店在丁新路79号兴建。

2010年，始实施镇区南拓西扩，拉开“四纵四横”的集镇道路框架。是年，新开房产项目20万平方米，竣工13.2万平方米，吸纳260户农民进镇居住。

鬼头街 位于丁堰镇西郊，丁(堰)(李)堡河西侧。民国11年(1922年)，通榆公路如皋段筑成后，鬼头街即成为主要站点，餐饮、旅社、搬运业逐步发展，并形成集市。随着公路不断增多，通如、如掘、丁磨公路在此交汇，大转盘四周形成新的十字街。20世纪90年代，随着丁堰镇建成区不断西扩，鬼头街与丁堰镇融为一体。

鞠庄 位于鬼头街南约2千米。赵明(丁西)乡机关入驻后，逐步形成十字街。丁西乡并入丁堰镇后，变为丁堰镇西南郊的一个农村集市。

三里庙 原为丁堰乡机关驻地，丁掘公路、如泰运河从集镇东西穿过，沿丁掘公路建有机关、学校、商店、集市等。2000年，丁堰乡并入丁堰镇后，逐渐与丁堰镇区融为一体。

二、工业集中区建设

2002年，丁堰镇始于镇区东侧设工业集中区。10月，外商独资企业南通南华手套有限公司在集中区内征地1.25公顷新建厂房，整体迁入。2003年6月8日，合资企业上海制皂(集团)如皋有限公司在集中区内奠基。是年，美国默特克电源(如皋)有限公司落户区内。2004年5月，海通铝业有限公司进区。2005年，皋南工业集中区基础设施建设启动，建标准厂房5万平方米，入区企业37家，其中规模企业13家。

2007年，全镇规划建设村级民营小区6个。是年，高新技术产业集中区基础设施投入8960万元，修建区内道路3000多米，拆迁整理土地30公顷。2008年，高新技术产业集中区完成基础设施投入8950万元，被评为南通市生态工业集中区。2009年，全镇工业集中区进区规模企业69家，其中1亿—5亿元企业5家，5亿—10亿元企业8家。新进区规模项目22个。2010年，丁堰镇被评为市工业集中区(园区)建设先进集体。

第五章 林梓镇

第一节 概况·沿革

一、概况

林梓镇位于如皋市东南部,东与如东县双甸镇交界,西与下原镇相连,南与白蒲镇接壤,北与丁堰镇毗邻。全镇总面积59.4平方千米,耕地面积3453公顷;辖社区5个,行政村5个;总人口44363人,其中男21939人,女22424人。2010年,实现国内生产总值11.18亿元,完成财政总收入6952万元,农民人均纯收入10520元。

二、沿革

明代,今林梓镇域大部属江宁乡。清末,属白蒲市。

民国23年(1934年),属县第三(白蒲)区。民国29年,如皋县析为如西,如皋2县时,通扬运河河东地区属如皋县,河西地区属如西县,如西县政府将月港乡更名林西乡,葭塘乡更名顾塘乡。民国31年,如皋县政府在林梓东建立林东乡,红园乡南部析建平楼乡。

1950年,如东县原红园乡析建新乡。1954年,林梓及所属通扬运河以东地区从如东县划归如皋县。1956年,新乡、平楼乡一度并入平桥乡(今属白蒲镇);橙曹乡撤销,南部并入佳窑乡(今属白蒲镇),北部并入林西乡;顾塘乡撤销,南部并入官杨乡(今属白蒲镇),北部并入奚斜乡和林西乡;斜港乡一度并入林东乡。1957年,林西乡一部分(原橙曹乡并入部分)并入新姚乡(今属白蒲镇),平桥乡一部分(原新乡、平楼乡)和原月港乡一起与林东乡合并为林梓乡,乡机关驻林梓镇。奚斜乡与林西乡一部分(原顾塘乡并入部分)合并为奚斜乡,乡机关驻斜庄。

1958年,林梓、奚斜两乡同时加入区规模的火箭公社。1959年3月,依林梓、奚斜乡范围建立林梓公社和奚斜公社。1983年8月8日,复称林梓乡和奚斜乡。

1986年5月1日,林梓撤乡设镇。2000年4月23日,奚斜乡并入林梓镇。

附录:

境内部分地名来历

筛子庄 相传该庄居民多以做筛子为业,故名。

五里墩 该地有一墩,距白蒲、林梓都是5里,故名。

斜庄 100多年前,此庄前有一条由东南向西北的斜路,房屋亦按此方向排列,故名。

冒家楼子头 相传此地庄头有一楼房系冒姓居住,故名。

大圣庙 该庄原有一大圣菩萨庙,故名。

文著庄 清朝此庄上有一叫文著的医生,医术高明,医德高尚,为纪念他遂以文著定为庄名。

奚斜乡 域内有奚家庄、斜三官殿2个自然村庄,故名。

第二节 经济建设

一、工业

明洪武初,江南巨富沈万四召后人迁居高阳荡,新建林梓镇,有手工业者开始在林梓定居。清雍正十年(1732年),"老万和"食品店创制的"林梓潮糕"为全省名点。

清光绪五年(1879年),始设皮坊,制造皮箱、皮靴等。20世纪30年代,林梓李森泰竹行的竹器、潘氏油坊的食油、吴氏烛淘的"素烛"、马三铁匠铺的厨刀及林梓糟坊的白酒、米酒、花露蜜酒等远近闻名，其中吴氏烛淘的素烛"灯草为芯，羊油为里，红腊为表，冬不脆，夏不溶"。民国27年（1938年）林梓沦陷后，商铺多数关停。至1949年，林梓镇仅剩几家手工作坊。

1956年，手工作坊合并组建五金社和手工业合作社。1958年，首家集体工业企业林梓铁木竹生产合作社建立。1974—1980年创办11家社办厂。1988年，林梓镇工业利润首次突破100万元。同期，奚斜乡工业开始起步。林梓镇、奚斜乡合并后，全镇逐步形成服装、化工、红木雕刻三大支柱产业。2003年9月，南通林峰香业有限公司落户林梓，是为林梓镇第一家外资企业。2004年，南通宏梓化工有限公司跻身如皋市工业经济十强企业、如皋市纳税20强红旗企业行列。2005年，全镇有大小企业241家，工业总产值突破10亿元，被南通市政府表彰为红木雕刻特色之乡、民营经济增幅十强乡镇。

2010年，全镇新开工业项目11个，净增私营企业117家，实现工业总产值68.16亿元。

2001—2010年林梓镇主要经济指标完成情况统计表

表22-5

项　目	2001	2002	2003	2004	2005	2006	2007	2008	2009	2010
国内生产总值(万元)	19808	22479	26730	33457	54746	64200	67185	79775	93057	111751
财政收入(万元)	1665	2466	3400	3215	3621	4142	5702	6445	5876	6952
农业总产值(万元)	8804	8960	9666	12756	12872	12875	15015	17013	14626	19101
粮食总产量(吨)	36390	34764	30709	34157	33759	39976	38279	38938	39605	38775
年出栏生猪(万头)	1.23	1.81	2.13	3.57	4.09	4.05	4.29	4.66	5.39	6.21
年出栏家禽(万羽)	58.80	52	67	63.30	65	60.20	61.60	65.50	57.40	58.8
水产品总量(吨)	300	126	263	354	453	452	471	481	528	433
种养专业户(户)	116	103	97	109	109	103	105	111	10	13
工业企业(家)	328	252	207	248	262	299	344	347	376	382
工业销售收入(万元)	27280	34778	45035	63870	119300	221199	374052	463561	556737	638110
工业利税(万元)	1545	2101	3437	5453	9137	15045	38347	48047	56668	68769
利用外资(万美元)	0	0	7.50	70	160	1114	1295	1228	1002	1139.60
外贸供货额(万元)	9438	12115	14541	14210	13884	15782	21612	23687	11531	19178
三产实体(个)	1680	1986	2148	2502	2547	2645	2141	2156	2156	2162
商业零售网点(个)	297	436	654	666	673	692	696	702	702	721
商业零售总额(万元)	1616	1960	7800	9000	10400	7300	12022	13459	16062	18103
集市成交额(万元)	38	58	5020	6500	2720	3960	4720	5500	6370	7289
年末存款总额(万元)	14527	23578	26403	30500	38376	45197	51342	64242	7160	106630
农民人均收入(元)	3194	3391	3806	4418	5121	6094	7249	8198	9148	10520

二、农业

今林梓镇域属于通扬运河农业区，土质优良，地势平坦，沟河密集，素为粮棉高产区。

20世纪90年代前，一直以粮棉种植为主。进入21世纪，开始增加果蔬种植比例。至2002年，成为全市12个外向果蔬重点镇之一，果蔬种植面积533公顷。2003年5月，生产长寿食品的农业龙头企业如皋市利康食品有限公司成立。10月，南通良种羊繁育基地成立。2004年1月，月旦花木生产园区和南通林梓良种山羊繁育基地建立。6月，如皋市林梓小尾寒羊协会、如皋市顾岱外向果蔬生产协会成立，新开发果蔬生产基地30公顷。是年，全镇11个农业园区通过南通市级验收。2006—2009年，新建专业农业合作社16个，新增规模种植、养殖园区（基地）5个，农业龙头项目37个，家禽养殖特色村（社区）3个。

至2010年，全镇高效农业种植面积1994.87公顷，占耕地总面积63%；累计建成农业合作组织26个。是年，全镇实现农业总产值1.91亿元。

三、商贸服务业

清末至民国初，林梓镇有货栈、商行、酒楼、旅社、店铺等240余户，从业人员2000余人。民国初，"洋货"销售及照相服务等开始兴起。民国27年（1938年）林梓沦陷后，市场萧条，部分商家弃商务农。

中华人民共和国成立初，林梓镇商贸服务业发展相对较快；奚斜乡因交通等原因商贸服务业发展相对滞后。

2010年，全镇有三产实体2162个，从业人员5426人，第三产业总产值1.82亿元。全镇有民营商业零售网点721家，商品零售总额1.81亿元，集贸市场成交额7289万元。

第三节 社会事业

一、教育

清代，今林梓镇域顾埭村顾氏家族出3名进士，12名举人，27名贡生、监生。光绪32年（1906年），举人陈其嘉创办林梓初等小学堂，开林梓现代教育先河。

图22-9 全省首家留守儿童维权工作站成立（2008年摄）

中华人民共和国成立初，政府除接管原有学校外，先后创办林梓、平楼、幸福、三港、文著、李庄、新建、田港（东月旦）、奚斜、新陆、顾埭、月旦、陈岱13所公办小学。1959年，林梓初级中学创办。1960年，奚斜初级中学创办。2002年，林梓初中被确定为江苏省现代化示范初中。2003年，林梓镇被评为江苏省教育现代化先进乡镇，成人教育中心被评为南通市特色成人教育学校。2004年5月10日，林梓小学成立关心留守儿童工作委员会，是年，林梓小学被确定为江苏省实验小学。2005年8月1日，《中国教育报》和《南通日报》刊文介绍"留守儿童教育林梓模式"，是年，林梓幼儿园被确定为江苏省基本实现现代化幼儿园。2006年，林梓小学被全国妇联授予全国流动人口、留守儿童示范家长学校称号、联合国儿童基金会派员专程到林梓镇调研"留守儿童社会干预项目"实施情况，"留守儿童教育林梓模式"成为如皋教育品牌之一。2008年1月11日，全国首家留守儿童维权工作站在林梓小学成立。5月10日，在林梓小学召开全国首家留守儿童工作委员会成立4周年大会，同时成立林梓镇留守儿童基金会，举行留守儿童好书漂流乐读活动启动仪式。

2010年9月1日，总投资3500万元的林梓镇阳光初级中学投入使用。是年末，全镇有林梓小学、奚斜小学，林梓镇初中3所学校，共有在校学生2685人，教师204人。

二、文化

明、清时期，今林梓镇域元宵节的灯彩、轿子游街表演及春、夏季的“花莲会”“青苗会”“老爷会”等文化活动远近闻名。清末，秀才顾锡爵为著名书法家，著有《旅欧日记》，并参与编著《庸庵文编》。书法家顾鸿浩，善汉分隶楷，化作行草，书法古拙，名满大江南北。

民国时，顾仲起有诗集《红光》、中长篇小说《葬》《坟的供状》《残骸》《爱的疯狂者》《笑与死》《生活的血迹》等留世。举人陈其嘉参与修编民国《如皋县志》。

1958年，林梓、奚斜2乡文化站建立。20世纪60年代，2乡分别建立广播放大站。20世纪50至70年代，林梓乡(公社)建立俱乐部、大众剧团、大会堂、电影队、影剧院等。

进入21世纪，先后获江苏省体育先进乡镇、江苏省群众文化先进乡镇、南通市文化特色乡镇称号。

三、卫生

中华人民共和国成立前，今林梓镇域有几家中医医寓和药店。1958年，林梓公社、奚斜公社医院相继建立。2001年7月1日，建立镇卫生所。

2010年，全镇有民营医院2家、村卫生室11个。新型合作参加医疗率100%，初级卫生保健普及率100%。是年，林梓镇获江苏省卫生镇称号。

第四节 集镇·工业集中区

一、集镇

林梓 明代，林梓镇已初步形成街巷，并建有传递公文的递铺。街道沿通扬运河东岸南北走向，为一条对面街，南北长约300米，街面宽约5米，铺以小块卵石。至民国初，已形成商业街区。街道以东，有3条巷子与街道垂直，由南向北，依次名为“大巷”“小巷”“北巷”，巷与巷之间相距约80米。1969年，疏浚通扬运河，大街西侧和两端沿河及河西房屋全部拆除，仅剩半面街，大巷成主要商业街。1988年，东西大路拓宽为20米，定名高阳路，道路两侧成为店铺集中区。1989年，高阳路向东西两端延伸，形成东西长4500米的南北两面街。2002年，于高阳西路西端通扬公路两侧开发建设1万多平方米的红木工艺品市场。2010年，集镇建成区面积4.5平方千米，镇区“三横三纵”街道框架形成，育才、朝阳、培园3条骨干道路施工结束。

斜庄 原为奚斜乡机关驻地，吴奚公路横贯东西。2000年，奚斜乡并入林梓镇后，设为斜庄社区。2010年，集镇区面积0.51平方千米，有商贸服务企业(户)139家，文体设施基本配套。

二、工业集中区

林梓工业集中区位于通扬运河以西、林马河北侧及高阳西路两侧、吴奚公路南侧至新长铁路。2003年，如皋市林梓镇工业园区开发有限公司建立，园区规划总用地205.47公顷，分成33公顷启动区，“七通一平”重点建设；纺织工业区，14公顷土地由10个企业全部征用完毕；化学工业区，新建一条长1.75千米、宽12米的柏油路。是年，金梓服饰有限公司进区。2005年，新增进区工业企业7家，其中产值超亿元企业1家，超5000万元企业3家，税收超百万元企业8家。

2006年11月，重修规划，将420.75公顷工业集中区分为高新技术产业园、红木家具园、金属材料制造园、民营经济园、纺织服装园。至2007年底，进区企业增至43家。

2010年，新引进1000万元以上项目8个，总投资3亿元。

第六章 白蒲镇

第一节 概况·沿革

一、概况

白蒲镇位于市境东南部，东与如东县新店镇相邻，南与南通市通州区接壤，西连下原镇，北接林梓镇。宁启（新长）铁路、沿海高速公路和白（蒲）雪（岸）线及通扬运河纵贯南北，新长铁路南通支线在白蒲镇设有火车站，沿海高速在白蒲设有出口。全镇总面积85.3平方公里，耕地面积4856公顷；辖社区9个，行政村10个；总人口78273人，其中男38501人，女39772人。2010年，实现国内生产总值20.05亿元，完成财政总收入1.90亿元，农民人均纯收入13152元。

二、沿革

东晋义熙年间，今如皋市境设如皋、蒲涛、临江3县时，白蒲地区属蒲涛县。约北周至隋开皇初年，遭海侵，蒲涛县废。后淤高重新成陆。唐代，复设白蒲镇。后周世宗显德五年（958年），白蒲南部列入通州境，北部属如皋县。民国8年（1919年），南部称蒲南镇，属南通县；北部称蒲北镇，属如皋县。民国18年，白蒲北部地区被列为如皋县第四区，民国23年改为第三区；白蒲南部地区被列为南通县第十六区，后改为第三区。如皋县第三区下辖蒲北、林梓二镇和红园、雪曹、新姚、佳姚、橙曹、霞塘、奚斜、官扬、姜园等14乡。民国27年3月18日，白蒲沦陷，日本侵略军将蒲南、蒲北合治。6月，推行分治。民国29年，如皋县析为如西、如皋2县时，以通扬运河为界，白蒲北部河东地区乡镇划归如皋县。民国31年7月，霞塘乡更名顾塘乡。民国32年，南通县将复兴、和平2乡合并为斗争乡；姜园乡析出姜北乡。民国35年，新姚乡析出6个保，建立平桥乡；南通县斗争乡中的原复兴乡部分析出建立勇敢乡，划属如皋县。1954年，白蒲镇及原划属如东县的河东各乡划归如皋县。1956年，顾塘乡撤销，北部划入奚斜乡（今属林梓镇），南部划属官杨乡；橙曹乡撤销，北部划入奚斜乡，南部划属佳桃乡，雪曹并入新姚乡。1957年，新姚乡和如东划归的林东乡一部分及平桥乡一部分合并组建新姚乡，乡机关驻东姚家园；勇敢、姜北2乡合并组建勇敢乡，乡机关驻白蒲南街头冯家庄；官杨、佳姚2乡合并组建姚园乡，乡机关驻西姚家园；白蒲列为县属镇。1958年9月20日，白蒲镇及勇敢、新姚、姚园3乡一起加入全区规模的火箭公社。1959年，原3乡1镇调整为勇敢公社，新姚公社及白蒲（含姚园）公社。1963年8月4日，白蒲镇恢复县属镇，同时恢复姚园公社。1965年9月8日，姚园公社更名蒲西公社。1983年10月6日，勇敢公社改设勇敢乡。10月9日，新姚公社改设新姚乡。10月10日，蒲西公社改设蒲西乡。1993年3月25日，蒲西乡并入白蒲镇。2000年4月23日，勇敢、新姚2乡并入白蒲镇。

附录：

境内部分地名来历

白蒲 因该地区长满蒲草，开花白色，得名。

堂子巷 巷内有一澡堂子（方言，即浴室），较有名气，故名。

秀才巷 因此巷出的秀才较多，故名。

顾七家庄 清朝时，有7户顾姓居于此，故名。

邹家店 相传有邹姓在此开店，生意兴隆，故名。

三十三家半 该地原有居民34户，民国时如皋与南通划定县界，其中有一包姓住宅，一半划归如皋县，一半划归南通县，故名。

赤宏庄 相传因举人吴赤宏居此，故名。

周家湾楼 相传有一周姓人家，在河湾处建有楼房，故名。

猫儿荡 该地原有一块草荡田，酷似猫，故名。

第二节 经济建设

一、工业

白蒲素为全县手工业起步较早、手工业名品较多的地区。始创于清朝顺治年间的“三香斋”茶干，乾隆皇帝品尝后亲笔题写“只此一家”，予以褒扬。清康熙五十五年(1716年)，有作坊开始酿制黄酒，此后白蒲黄酒生产绵延不绝，成为地方名品。至民国时，白蒲有酒、酱酿制，豆制品、粮油加工，香烛、草纸生产，印刷等工场和铁、木、竹、银、铜、锡器等加工作坊数十家。中华人民共和国成立初，手工作坊、工场逐步组合成工厂，同时亦创办部分新的工厂。至20世纪80年代，白蒲镇有化肥、黄酒、油米、酱醋等国营工厂，液压、地毯、磷肥、扎花、针织、服装、印刷、塑料等大集体工厂，缫丝、冶金等镇办工厂近百家；新姚、勇敢、蒲西3乡亦各有乡办企业数十家。1999年，白蒲镇工业产值1.84亿元；新姚乡1.12亿元，勇敢乡1.13亿元。2006年，全镇工业规模企业增加至34家，实现产值10.4亿元。其中液压机械、白蒲黄酒、真空包装白蒲茶干成为名品，远销全国各地。2010年，全镇共有工业企业691家(不含个体)，从业人员13816人，实现工业产值135.15亿元。

二、农业

民国以前，白蒲镇郊即有农民种植蔬菜，其中白蒲黄芽菜品质优良，远近闻名，除供应镇区居民外，大多销往县城和南通。至20世纪50年代，今白蒲镇现域通扬运河东、西部土质差别显著。河东为粘壤土质，多水田；河西为高沙土，多种植旱杂粮。60年代，河西地区开始治沙改土，农业生产条件显著改善。1990—1998年，白蒲镇朱家桥村(原新姚乡曹家桥村)棉农王秀珍，连续8年夺得全市(县)植棉冠军。其中1994年所植棉花亩产皮棉156.55千克，被评为江苏省劳动模范，全国三八红旗手。1995年，王秀珍被评为全国劳动模范，并于“五一”劳动节赴北京参加全国劳模表彰大会。是年9月15日，赴北京参加农业部召开的“如心奖”颁奖仪式(获此荣誉江苏省1人，全国12人)。1999年，白蒲镇粮食总产10678吨，农业产值5656万元；勇敢乡粮食总产量6818吨，农业产值3193万元；新姚乡粮食总产8455吨，农业产值2920万元。2002年4月28日，白蒲农业产业合作总社成立，是为全市首家农业产业合作总社。是年，相继组建优质油米、外向果蔬、优质生猪、食用菌、禽业5个农业合作分社，农业种养大户、农民经纪人、农业龙头企业5185户加入合作社，其中禽业分社由农业部立项，并被南通列为农业产业化合作经济组织试点单位。2003年，667公顷无公害粮油、100公顷无公害蔬菜种植区，经江苏省农林厅审核认定为江苏省无公害农产品生产基地，并颁发产地认证证书及铜牌。是年，白蒲黄芽菜获无公害标志产品证书，并注册“白蒲牌”大白菜商标。2004—2009年，全镇兴建农业园区13个、农业专业合作社13个、农业龙头企业8家、千头以上生猪养殖场8个，万羽以上家庭养殖大户200家。2010年，全镇新增设施农业308公顷，高效农业383.4公顷，实现粮食总产51309吨，农业总产值4.86亿元。

图22-10 白蒲镇桥口村蔬菜大棚(2010年摄)

三、商贸服务业

唐贞观年间(627—649年)，白蒲镇商贸服务业开始兴起，除生活用品贸易发展外，与佛教相关的服务业产业最为兴盛。明代，白蒲地区常遭倭寇侵扰，市场渐冷。清代，商贸服务业逐渐恢复。

2001—2010年白蒲镇主要经济指标完成情况统计表

表22-6

项目	2001	2002	2003	2004	2005	2006	2007	2008	2009	2010
国内生产总值(万元)	43521	49904	57294	67600	93569	128000	157665	181600	201000	200479
财政收入(万元)	1714	2138	2823	3510.6	4334.61	6218	7805	9100	10001	19014
农业总产值(万元)	22835	23514	23516	26926	26953	24969	33905	41840	36400	48576
粮食总产量(吨)	46377	41931	41921	44409	47081	47100	51265	48861	49618	51309
年出栏生猪(万头)	3.20	3.32	6.85	6.85	6.80	5.50	5.50	6.20	6.60	7.15
年出栏家禽(万羽)	171.39	188.30	196.90	310	239	268	268	280	229	39.35
水产品总量(吨)	185	513	725	317	1192	1198	1614	1725	2195	2522
种养专业户(户)	518	550	560	565	570	578	578	578	650	670
工业企业(家)	351	363	368	435	461	480	512	550	282	691
工业销售收入(万元)	44152	53308	76550	106563	187077	302000	557257	788508	1125806	1353304
工业利税(万元)	2351	2703	3126	6303	7111	15194	16777	29091	43544	46972
利用外资(万美元)	54	78	408	176	1585	2753.5	3244.6	6127.8	8650	2650
外贸供货额(万元)	5375	5911	7571	11210	13112	19400	30015	35086	38664	58679
三产实体(个)	880	1050	1100	1150	1200	1300	1300	1360	1540	1620
商业零售网点(个)	480	480	480	480	480	560	560	820	1350	1520
商业零售总额(万元)	10000	11000	11020	12000	12016	11800	14800	16800	20018	24022
集市成交额(万元)	8500	10000	10200	10670	20560	22700	23340	24820	32450	44052
年平存款总额(万元)	62200	64380	71500	71910	72870	116200	94672	108520	149750	193477
农民人均收入(元)	3430	3650	4080	4898	5645	6830	8280	9770	10939	13152

至民国时，除商贸服务外，还出现钟表、自行车修理，灯笼、雨伞、杆秤制售、修理及镶牙、刻字等服务产业。20世纪20年代，白蒲镇南北大街共有商号142家，东西街商号35家，市河岸边商家23家，另郊外北渡船口、冯家庄、草行桥一线及一里墩、西姚园、曹家桥等处亦有不少商铺。中华人民共和国成立特别是被列为县属镇以后，白蒲一直为全市(县)商贸服务业重镇，市属商贸企业均在白蒲镇设立分支或下属机构；新姚、勇敢、蒲西3乡亦与全县其他乡镇一起同步发展。进入21世纪，白蒲镇的商贸服务业迅速发展，白蒲茶干、白蒲黄酒、白蒲蟹黄鱼腐等名特产品加工、销售更旺。2010年，全镇有三产实体(不含个体)1620个，从业人员12041人，第三产业总产值 6.29亿元。商业零售企业(网点)1520个，商品零售总额2.40亿元，集贸市场成交额4.41亿元。

第三节 社会事业

一、教育

明嘉靖二年(1523年)，白蒲镇设立新民社学。清至民国，集镇和乡间较大村庄办有私塾。清光绪二十八年(1902年)，时属南通县的蒲南镇创立白蒲镇公塾，次年创办蒲南镇小学(俗称南校)。清光绪三十三年,蒲北镇创办第一初等小学校(俗称北校)。中华人民共和国成立初,政府除接管原有学校外,先后在白蒲地区创办白蒲、野高桥、勇敢、建国、姜北、顾庄、徐庄、蒲东、黄庄、五十里、新姚、钱园、顾井、斜港、立群、新丰、陈庄、姚园、马桥、石坝、曹桥、湾楼、叶桥、五码、朱窑、康庄、魏桥、姜桥、前进、沈桥、唐堡、汶池、杨园、老坝等34所,白蒲完全中学1所,白蒲镇及蒲西、勇敢、新姚、姜桥初级中学5所,并一度建立勇敢农业中学等教学机构。20世纪90年代,开始调整学校布局。2010年,全镇有白蒲、新姚、勇敢3所小学和白蒲镇初级中学、市属白蒲高级中学共5所学校,在校学生12682人,教师715人。

附录:

如皋县勇敢农业中学

1958年3月25日开课,为全县第一所、全国第三所农业中学。4月28日,学校教师徐良荣在江苏省农业中学代表会议上作《教学为生产服务,学校在群众中扎根》经验介绍,副省长管文蔚称赞如皋勇敢农业中学是“农中的典型”。不久,如皋勇敢农业中学成为全国农业中学典型,浙江、山东、吉林、江西、安徽等省均派教育参观团至勇敢参观学习。7月3日,《新华日报》刊登南通地委宣传部采写的《如皋县勇敢农业中学巩固提高的经验》。7月11—14日,江苏省农业中学现场会在白蒲镇召开。7月23日,《新华日报》发表省委书记陈光的署名文章《六间破堂屋,偏偏出状元》,介绍勇敢农业中学的办学经验。8月,江苏人民出版社出版《学勇敢,超勇敢,办好农业中学》,向省内外发行。9月4日,省新闻电影制片厂拍摄勇敢农中纪录片。9—10月,勇敢农业中学事迹在全国农业展览会文教卫生馆展出。(根据《中共如皋地方史(1949—1978)》整理)

二、文化

清代,进士姜任修以白蒲书屋为阵地,招募生徒“蒲塘十子”,组织“起社”又称“亲社”,在文坛久负盛名。中华人民共和国成立初,白蒲京剧研究社为全县最有名基层文化团体,志远剧团经常开展文艺演出,享誉一时。1958—1964年,白蒲镇及勇敢、新姚、姚园3乡建立文化站、广播放大站。20世纪70年代,白蒲镇兴建电影院,蒲西、勇敢、新姚3公社建立电影放映队,新姚乡设立影剧院。至2010年,白蒲镇先后被江苏省文化厅命名为江苏省群众文化先进镇、江苏省民间艺术之乡、京剧之乡,镇广播电视站被江苏省广播电视厅评为江苏省优秀乡镇广播电视站。

三、卫生

民国时,今白蒲镇域无医院,白蒲镇有私人医寓2家。1952年,白蒲区卫生所在白蒲镇建立。1958年,白蒲、勇敢、新姚、姚园乡医院创立。1963年,白蒲区医院在白蒲镇建立。1968年,区卫生所和区医院合并为区卫生院。2001年7月1日,白蒲镇卫生所建立。2002年7月2日,白蒲镇医院整体并入中心医院。2010年,除市属第四人民医院(原中心医院)外,全镇有公办卫生所1所,民营医院3所,村(社区)卫生服务站和个体诊所20个,初级卫生保健普及率100%。

四、体育

今白蒲镇域群众体育活动一直比较活跃。

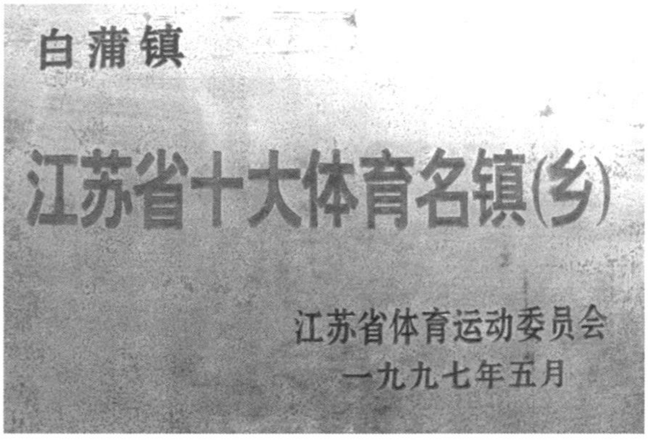

22-11 白蒲镇体育工作获表彰的铜牌、证书

1971年，白蒲镇建立体育运动委员会，镇财政拨出专款，辟建体育健身场所，添置体育健身设施，并于是年开始每年举办一届全镇农民体育运动会。1973年5月，《体育报》以《白蒲群众体育活动为什么开展得这么好》为题发表长篇通讯。1974年3月，国家体委原副主任回文惠及群体司司长朱德录到白蒲镇实地考察。1976年，白蒲镇被评为全国群众体育先进乡（镇），镇党委书记张涌作为先进代表，赴京参加全国运动会开幕式。1978年5月，林佳楣一行视察白蒲镇群众体育。1987年，镇体育干部范振怀被国家体委和全国农民体育协会评为全国体育先进个人。1990年，镇体育运动委员会主任尤学谦应邀赴京参加第十一届亚运会开幕式。1993年、1996年和1997年，白蒲镇分别被评为全国群众体育先进单位、亿万农民健身活动先进乡（镇）、群众体育先进集体。2001年，镇党委书记周太荣获“全国群众体育工作先进个人”称号，并应邀参加第九届全国运动会开幕式。2005年，在第十届全国运动会上，白蒲镇再次被国家体育总局表彰为全国群众体育先进单位。至2010年，白蒲镇农民运动会已召开40届。

第四节 集镇·工业集中区

一、集镇

白蒲 白蒲镇为历史文化名镇，东晋时为蒲涛县治。因位于南通、如皋之间，且相距均约30千米，俗称“六十里”。后周显德五年（958年）起，以原大街市巷口为界被分为南北两部分，分属南通和如皋两县管辖。民国29年（1940年），由如皋县管辖的北部，又以通扬运河为界，分为东西两部分，河东部分属如皋县，河西属如西县。《通州直隶州志》和清代《白蒲镇志》载：古白蒲镇表坊林立，寺观遍布，河流纵横，九桥跨水；镇及镇郊有园林30余处；纵贯南北的通扬运河上有3座桥梁，其中南石桥为石拱桥，东42级，西43级，桥上8个石狮与桥下两个石狮遥相互应，建筑工艺堪与赵州桥媲美。1949年，原属南通县的部分划归如皋县。1954年，原划属如东县的部分划回如皋县，集镇重新变为一个整体，均属如皋县。1958年，改造旧大街1000米，形成“丁”字街。至1985年，集镇计有大小街巷46条。1986—1996年，镇内道路“六纵七横”骨架初步形成。2006年3月13日，集镇建成区内路、街、巷及居民小区规范命名，共命名道路16条，街2条，巷21条，弄22条，居民小区6个。2008年，房地产开发总面积30.4万平方米，竣工建筑面积18.2万平方米。至2010年，集镇建成区面积8平方千米，街道、路桥，给排水，垃圾、污水收集处理，居民住宅区及公共服务设施，供电、有线电视、网络等硬件设施均配套到位，通过江苏省卫生镇考核验收。

新姚 1978年，新姚乡政府机关从东姚园迁至柿树园。是年起，以乡政府为中心，筑新蒲、汤新、林新公路，兴建新姚大桥、学校、医院及电力、金融等大楼。至2000年，“三纵五横”道路及照明、给排水、供电、有线电视等基础设施全面到位。新姚乡并入白蒲镇后，规模未继续扩大，市面依然繁荣。

姚园 为古老的小集市。中华人民共和国成立初，如皋县白蒲区公所及区粮站、供销社、信用社等单位都驻于此。1957年，姚园乡（公社）机关入驻。1959年，区公所及区直单位撤离。1980年起，为蒲西乡机关驻地，逐步形成1千米多的东西街道。至1995年，集镇建成区面积0.5平方千米。至2010年，逐步融入白蒲镇区。

勇敢 原为邹店村。1969年，疏浚通扬运河时，勇敢公社机关迁至。供销社、粮站、学校、工厂等随迁，形成新的勇敢集镇。至1996年，南北1千米的街道基本形成。2000年，勇敢乡并入白蒲镇后，勇敢集镇区逐渐融入白蒲镇。

二、工业集中区

2001年，白蒲镇镇区西沿划出166.67公顷两幅土地，始建白蒲镇工业集中区。至2002年，进区企业5家。2003年，新建主干道，铺设给排水管道，新增10千伏高压线路。是年，进区企业10家，其中产值超亿元企业1家，超5000万元企业2家。2006年，园区新建标准化厂房4万平方米，竣工3.71万平方米。2010年，白蒲工业集中区进区企业共51家，区内企业工业总产值20.6亿元。园区通过南通市创建生态工业集中区验收。

第七章 下原镇

第一节 概况·沿革

一、概况

下原镇地处市境中南部，东与白蒲镇临界，西与吴窑镇接壤，南与九华、郭园镇相连，北与桃园、林梓镇毗邻。老204国道在境内9.8千米，并穿越集镇区。全镇总面积70.76平方千米，耕地面积3817公顷；辖社区8个，行政村7个；总人口59474人，其中男29769人，女26943人。2010年，全镇实现国内生产总值9.96亿元，完成财政总收入9533万元，农民人均纯收入10579元。

二、沿革

民国24年（1935年）6月16日，国民政府如皋县政府划并区乡镇时，下驾原、李桥等3镇及白雁桥、花园、文庄等乡属第十区，善坝等乡属第三区（白蒲）。民国30年，如西县政府设车镇区。民国31年12月22日，李桥镇和白雁桥乡合并划建蔡藕乡和白李乡。民国32年8月，撤销善坝乡，增设孙坝、九龙、洪杨乡。

1950年，车马湖区（原第十区）区公所驻下驾原。1952年，马塘乡南部析建薛杨乡。1956年3月，车马湖区更名下原区，洪杨乡并入花园乡，九龙乡并入孙坝乡，文庄乡并入下原乡，蔡藕乡并入白李乡。1957年，下原乡与白李、孙坝2乡各一部分合并组建下原乡，乡机关驻下驾原；花园乡与薛杨、孙坝2乡各一部分合并组建花园乡，乡机关驻老沈家庄。1958年10月，下原、花园2乡同时加入原下原区规模的跃进公社。1959年3月，下原、花园2公社建立。1983年9月25日，下原公社改为下原乡，10月4日，花园公社改为花园乡。

1994年12月12日，下原撤乡设镇。2000年4月23日，花园乡并入下原镇。

附录：

境内部分地名来历

下原 原名下驾原。明万历下驾原《陈氏宗祠碑记》载：“相传春秋时，吴王夫差会鲁昭公，曾驻跸于此，厥名下驾原，由来旧矣。”民国《如皋县志》载：“传清乾隆帝巡游江南，于此歇驾，得名下驾原。”1941年，如西县设下原镇。此后又设下原乡。中华人民共和国成立后，下驾原地名逐渐演变为下原。

姜家套子 该地姜姓居住，四周环水，只有一条河坝进出，如皋方言叫套子，故名。

龙潭口 相传此地曾被龙尾扫过，深沟形似龙口，故名。

李家桥 原有一李姓在此建桥，该庄以此得名。

大群 相传该处有一块72亩的群田，故称大群。

花园头 相传此地曾有一花园，后人称此地为花园头。

仙仁庄 传说500多年前有一仙人，在此地用手招水池2个，名仙人池，后改谐音为仙仁池。庄名亦改称仙仁庄。

野树庄 宋时，该庄长出1棵不知名的树，故名野树庄。

第二节 经济建设

一、工业

明、清时期，今下原镇域仅有与民众生活密切相关的手工业。

图 22-12　下原镇安琪医疗用品有限公司车间　（2008 年摄）

民国时，下驾原、李桥集镇开始出现铁匠、银匠、榨油、酿酒、做豆腐等手工作坊和店铺。1956年，始出现手工业生产合作社。1988年，下原乡工业总产值超1000万元，仅次于如城镇。1999年，花园乡工业企业发展至185家，从业人员1911人，总产值8020万元，利税308万元；下原镇工业企业发展至369家，从业人员2918人，总产值2.01亿元，利税521万元。2000年，花园、下原合并，工业经济在调整中加快发展，逐步形成以医疗用品、医疗器械为主导产业的工业经济特色。2004年，下原镇被南通市评为民营经济跨越发展十佳乡镇。

2010年，全镇利用外资9685万美元，正式签约落户规模以上工业项目10个，新培育规模企业6家，完成技改项目85个，实现工业产值50.67亿

2001—2010年下原镇主要经济指标完成情况统计表

表22-7

项　目	2001	2002	2003	2004	2005	2006	2007	2008	2009	2010
国内生产总值（万元）	18583	22415	29487	32491	45204	36643	41732	54885	81800	99562
财政收入（万元）	736	848	1131	2346	2815	3867	3749	5783	4414	9533
农业总产值（万元）	11645	12005	12827	15547	16149	16520	22038	23255	24949	27457
粮食总产量（吨）	32062	29868	27166	31335	30605	36914	41052	87717	43510	44520
年出栏生猪（万头）	2.65	3.16	9.39	9.48	7.22	4.50	5.90	4	4.30	4.50
年出栏家禽（万羽）	74.39	73.70	50.48	32	87.87	69.50	78.80	88.46	80.20	82.60
水产品总量（吨）	94	116	790	343	116	499	655	1408	1292	1305
种养专业户（户）	178	180	192	180	398	438	438	476	238	245
工业企业（家）	456	418	423	424	682	704	710	951	1144	1185
工业销售收入（万元）	21018	28271	39761	60893	93207	138297	258842	358584	414721	50667
工业利税（万元）	866	1493	1851	2105	4254	8841	9673	12323	32328	40264
利用外资（万美元）	3.08	0	82	1155	2050	2371.60	5280	6653	8548	9685
外贸供货额（万元）	1000	2898	4972	10167	15263	27990	32116	38218	1500	1854
三产实体（个）	1967	1949	1548	1474	1479	1479	1486	1560	3963	4186
商业零售网点（个）	54	54	58	855	855	855	892	946	962	986
商业零售总额（万元）	2600	2600	2800	18200	15460	17238	21310	25424	28116	30124
集市成交额（万元）	3000	3000	3200	7020	8000	9800	12000	14123	17000	18415
年末存款总额（万元）	4095	27360	30460	36800	43500	56092	65080	79942	89811	107482
农民人均收入（元）	2902	3105	3584	4257	4948	5839	7094	8221	9189	10579

元。是年，全镇共有工业企业1185家(不含个体)，医疗用品、医疗器械主导产业不断完善、壮大。

二、农业

今下原镇域大部属于老岸高沙土地区。至1949年，一直以旱作物种植为主，农业生产相对落后。

20世纪50—70年代，全面实施治沙改土和水利工程建设，农业生产条件大为改观。90年代，继续实施“修复沟渠路，改造低产田，建设丰产方和吨粮田”，普遍修筑防渗渠，提高灌溉质量，农业生产条件进一步改善。1996年，花园头村原野蔬菜生产合作社成立，实行“公司＋农户”产供销一条龙，蔬菜出口日本，取得较高经济效益。2001年3月，野树村创办全国首家民办柳树研究所，建立350亩育苗基地，培育金丝垂柳，服务城市绿化，带动农民致富。2003年，以柳树研究所为核心创建的南通市风景苗木科技示范园，被南通市农业局和科技局评为优秀园区。2006年，创立下原镇首家草莓生产合作社，年种植1000余亩，其中，大棚种植65亩，亩产效益近万元。同时，结合乡村绿化发展苗木生产，获南通市“绿化十佳乡镇”称号。

2010年，全镇新增高效农业233.33公顷，休闲观光农业8公顷，有机农业10公顷，实现农业产值2.75亿元。

三、商贸服务业

20世纪80年代前，今下原镇域商贸服务业发展处于全县中等水平。1987年，下原乡于蔡荡村创建江苏省唯一的下原宠物市场，随着市场的不断发展壮大，带动当地交通运输、饭店旅馆、宠物用品、宠物卫生保健、宠物经纪人等相关商业、服务业及手工业发展。2003年，下原镇于野树村204国道两侧创办占地200亩的大树市场，主要经营供城市绿化的大树，有经纪人1000余名。2009年8月1日，占地6800平方米的迎驾农贸市场建成开业。

2010年，全国知名的宠物市场占地面积6000余平方米，日成交额20多万元；大树市场有经营大户42家，发展连片大树临时移植场800亩，拥有各种装卸运输工具近百台套，年交易额2亿元以上；投资2000余万元的南通银祥商务会所主体建筑封顶。全镇有三产实体4186个，从业人员4220人，实现第三产业总产值3.50亿元。商业零售网点986家，商业零售总额3.01亿元，集贸市场成交额1.84亿元。

第三节 社会事业

一、教育

清光绪年间，今下原镇域办有文庄、从善(后更名下原)、李桥等私立小学。

民国26年(1937年)，花园小学创办。民国35年，私立白雁桥中学创办，为当时全县最知名的中学之一。中华人民共和国成立初，政府除接管原有学校外，创办下原和花园农业中学及白雁、蔡荡、花荡、东升、高桥、陈桥等小学。20世纪60年代，创办下原初中，花园农中、下原农中恢复办学，并增加杏阳、曙光、左庄、张庄、益民、红阳、新周、九条巷等小学。1994年，下原、花园2乡同时通过江苏省九年制义务教育验收。

2010年，全镇有下原、花园2所小学和下原初中，共有在校学生4591人，教师321人。

二、文化

元代，下原人陈应雷，官至平江路总管，有留世诗作《孝里庄牡丹》：“墨染猩红露未干，仙姿未许少年看。魏家池馆今荒落，剩有飞来紫牡丹。”明清时，下原、花园地区的民间文艺演出远近闻名，主要形式为唱戏、唱会，其中唱会流行青苗会、太平会、花棚会等；唱戏除在本地亦常到附近乡村演出。

20世纪50年代，车马湖区和下原、花园乡(公社)先后设立文化站、广播放大站。1975年，下原、花园2乡分别建成近千座位的影剧院，并先后建立下原、花园公社电影队。1979—1980年度，花园电影队获如皋县电影放映宣传一等奖。1985年，花园乡获南通市体育先进乡镇称号。1997年，下原镇被江苏省文化厅评为江苏省文化先进乡镇。

2004—2009年，建成农民公园和市民广场。2010年，下原镇被评为江苏省体育强镇。

三、卫生

中华人民共和国成立前，今下原镇域无医院，有游医流动诊疗。1956年6月，下原医院组建。1959年，由九龙、花园等联合诊所合并组建花园公社医院。2001年7月1日，下原镇卫生所建立。

2010年，全镇有卫生所1所，民营医院2所，村（社区）卫生服务站13个，共有乡村社区医生50人；新型农村合作医疗参加率、初级卫生保健普及率均为100%。

第四节 集镇·工业集中区

一、集镇

下原 原名下驾原，为古老集镇之一。1949年前，有一条东西向主街，100余家店铺主要集中于街北，街面铺设麻条石。1992年，老204国道南北向穿过集镇区后，逐步形成204国道两侧与拓宽后的原街道交叉的“十”字街。至2000年2月，集镇建成区道路、路灯、给排水、环卫、有线电视等基础设施全面到位，通过南通市新型示范小城镇验收。是年，完成镇区3.52平方千米规划制订。2003年，农贸市场扩建1倍，新增小商品市场1个，迎驾路、康园路安装路灯和大口径排水管道。是年，下原镇被评为南通市新型示范小城镇。2004—2009年，建成农民公园、市民广场、迎驾农贸市场和6.67万平方米的居民小区，打通迎驾西路，新建惠政路、惠民路、贤南路，完成镇政府南迁。

至2010年，镇区建成区面积3.4平方千米，镇区“五横四纵”道路框架基本形成。

李家桥 始建于清乾隆、嘉庆年间，初期有一“十”字街，总长约800米。至1949年，有日杂百货、烧饼店、猪行、草行等30余家。每年三月初三的龙王庙庙会，远近闻名。

中华人民共和国成立后，下原供销社、食品站、收花站、信用社、卫生院等均在李家桥设分支机构，街道拓宽。20世纪90年代，李家桥庙会逐渐恢复，东至藕池村，西至白雁桥，东西3千米的大道两旁摆满摊位，赶集人逾万。至2010年，集镇共有商户160多家。

花园 原名老沈家庄，花园公社机关驻地。1959年起，相继建立供销社、粮站、医院、食品站、信用社等社直单位。1972年，花园初中迁入。此后，商店、工厂、医院等聚集，并兴建农贸市场、商住楼。至2010年，形成东西长1千米的主街道，建成区面积0.58平方千米。

二、工业集中区

全镇工业集中区分别设于镇东北部和西南部。2002年12月，如皋市宁扬实业有限公司与埃及共和国艾勒瓦塔尼亚工业集团合作创办的中埃国民柴油机制造股份有限公司落户集中区。2003年，建立工业集中区市场化运作机制，集中区开发公司开始实行企业化管理。是年起，工业集中区道路等基础设施建设速度加快，进区企业快速增加。2007年，建成腰庄、野树两个村级民营工业小区，进区企业25家。2008年，腰庄民营工业小区进区企业增加至19家，年产值6150万元，被南通市委、市政府授予南通市民营经济发展明星村称号。2009年，完成医疗器械产业园、机械铸造园、电子电器工业园、新材料园、纺织服装园和综合园园区综合和专题规划。

2010年，全镇工业集中区累计拥有生产型企业14家，经营型企业64家，实现销售3亿元。

第八章 九华镇

第一节 概况·沿革

一、概况

九华镇位于市境东南部，东部、南部与南通市通州区接壤，西南与长江镇（如皋港区）、南通市粮棉原种场、郭园镇相连，北与郭园、下原、白蒲镇毗邻。新老204国道、宁通高速公路在境内纵横，如海河南北穿越，境内九华立交桥为区域性重要高速公路枢纽之一。全镇总面积72平方千米，耕地面积4188公顷；辖社区5个，行政村14个；总人口69885人，其中男34696人，女35189。2010年，实现国内生产总值16.10亿元，完成财政总收入2.01亿元，农民人均纯收入11890元。

二、沿革

明、清时期，今九华镇域大部属江宁乡、镇涛乡。民国23年（1934年），由镇涛乡改建的如皋县第十四区与车马湖区合并为第十区。民国30年，车镇区建立。民国31年，车镇区划建车马湖区和镇涛区。

1950年，改设薛窑区，下辖云屏、姜园、龙舌、何园、一甲、北园、扒头、中心、营房、新村等14乡。1956年2月，姜园、云屏2乡并入龙舌乡，新村乡并入营房乡，何园乡并入一甲乡，北园、扒头2乡并入中心乡。1957年，九华乡一部分、中心乡北部（老北园、扒头2乡）及一甲乡一部分（老一甲乡）合并组建九华乡，乡机关驻马桥；龙舌乡、一甲乡一部分（老何园乡）合并组建龙舌乡，乡机关驻郑家甸；营防乡与中心乡一部分（老中心乡）及九华乡一部分合并组建营防乡，乡机关驻营防港。1958年9月，九华、龙舌、营防公社成立。12月1日，一起加入以区设立的薛窑公社。1959年2月，恢复建立九华、龙舌、营防公社。1983年8月8日，龙舌公社改设龙舌乡。9月20日，九华公社、营防公社改设九华乡和营防乡。

2000年4月23日，3乡合并组建九华镇。

附录：

境内部分地名来历

九华 原名九华山，因此处有土山名九华山演变为地名，山上有地藏庙。

小马桥 相传最早时有一马姓居此，并建有一桥，故名。

一甲 相传因长江岸线变迁，在郭家洋与小洋之间形成两夹（狭长的滩），此处最先成夹，后取其谐音称一甲。

营防港 明万历四十八年（1620年），官府于此设“安民营”，驻兵防守，故名。

李大圩 此圩系李姓人家垦成的一个大圩，故名。

奓口圩 此圩两排住宅好像龙张着口，故名。

税防桥 清代，此地曾有一税所，屋旁有一小桥，故名。

龙舌口 清代，此地有一条白李河（白蒲至李桥），河中因潮水冲积成一土埂，长约200米，宽约20米，三面环水，从河南岸向东伸展，形似龙舌，故名。

地龙头 清代，此地有一土埂，形似龙头，故名。

郑家老楼 清代，有郑姓在此建一楼，故名。

瓦车篷 相传该地有一水车篷，篷顶盖瓦，故名。

第二节 经济建设

一、工业

20世纪50年代前，今九华镇域几无工业。至20世纪80年代，交通仍相对不便，工业亦相对滞后。

90年代，随着交通条件改善，工业经济迅速发展。1999年，龙舌乡1.29亿元，九华乡工业产值8867万元，营防乡工业产值9588万元。2005年，全镇有规模工业企业22家，其中产值超亿元1家，超5000万元3家，超1000万元10家。2007年，在打造全市服装第一镇的同时，机械制造、化工设备、钢结构、电子电器、船舶修造等企业相继投产。2008年，全镇新增定报企业8家，新增亿元企业1家，三荣、东润、三润3家公司居全市规模工业主营收入前30强，三荣公司居全市服装业纳税第一名、规模工业第11名。

2010年，全镇有工业企业751家(不含个体)，其中规模企业62家，从业人员15950人，实现工业产值64.12亿元。

2001—2010年九华镇主要经济指标完成情况统计表

表22-8

项目	2001	2002	2003	2004	2005	2006	2007	2008	2009	2010
国内生产总值(万元)	28742	31181	36556	43648	59519	74165	102107	138661.30	143622	160953
财政收入(万元)	841.69	899	1401	2359	3320	4834	7011.60	9219	10684	20054
农业总产值(万元)	18447	19372	18167	18817	19857	20849	22560	34320	25415	28752
粮食总产量(吨)	33455	31707	31621	36449	36707	52884	38252	34605	36043	37920
年出栏生猪(万头)	0.09	0.09	0.08	0.30	0.80	1.20	1.30	1.54	1.66	0.81
年出栏家禽(万羽)	120	135	130	91.50	100	128	141	172	193	70.74
水产品总量(吨)	822	50	50	50	58.50	157.10	1590	1717	1820	1934
种养专业户(户)	280	312	311	324	336	370	380	416	449	468
工业企业(家)	563	491	502	510	606	652	670	695	728	751
工业销售收入(万元)	36663	42051	57020	87842	139786	214660	359901	471952	570598	649046
工业利税(万元)	968	1216	3082	6253	11001	16452	26225	42259	49580	63254
利用外资(万美元)	0	15.68	108	70	42.60	301.40	1208	1303	1215	1501
外贸供货额(万元)	3133	3133	1219	26050	33735	46838	66540	88720	101127	158164
三产实体(个)	2140	2140	2140	3250	2475	2521	2801	3130	3310	3383
商业零售网点(个)	767	848	848	895	1759	1890	2140	2294	2459	2472
商业零售总额(万元)	5833	6544	6677	7478	14600	17520	21725	29546	33092	37609
集市成交额(万元)	4879	5366	6382	7890	11000	12650	15306	18185	19500	20620
年末存款总额(万元)	25000	31527	36609	40500	53498	63600	80046	110145	121056	175663
农民人均收入(元)	3250	3418	3820	4598	5425	6558	7918	9178	10278	11890

二、农业

今九华镇域地势平坦，土质肥沃，河网密布，排灌便利，是全市农业生产条件较好的地区。除粮棉外，九华地区的蔬菜、水果种植历久悠久，尤以枇杷种植闻名全省。

20世纪60—70年代，经济作物种植锐减。实行家庭联产承包责任制后，蔬菜、水果种植逐渐恢复。2003年，开始发展规模农业、高效农业，兴建农业园区。是年，实施国家级“双低”油菜（菜油中芥酸含量低，菜饼中硫代葡萄糖甙含量低）生产项目，种植面积866公顷；建成无公害粮油生产基地153公顷，获省级认证。2006年，建立农业专业合作社2个。

至2010年，全镇组建农民专业合作社92个，村级土地股份合作社19个，农村社区股份合作社3个，发展规模农业2127公顷、高效农业2067公顷，占全镇耕地面积50%。是年，全镇实现农业总产值2.88亿元。

三、商贸服务业

20世纪80年代前，今九华镇域为全县商贸服务业欠发达地区，薛窑、九华、营防港、马桥、郑家甸等处固定店铺较少，集市仅有早市，散市亦较早，菜农所产蔬菜大多至域外销售。90年代始，市场经济体制确立与交通状况改善叠加，九华、龙舌、营防3乡商贸服务业迅速发展。

2010年，全镇有三产实体3383个，从业人员13280人，全镇第三产业总产值4.09亿元。商贸企业（含零售网点）2472个，商品零售总额3.76亿元，集贸市场成交额2.06亿元。

第三节 社会事业

一、教育

宋代，今九华境域即有私塾。清光绪三十三年（1907年），营防小学创办，镇涛乡第一初等小学堂和私立正则初等小学堂在丝渔港创办，第三初等小学堂在营防港创办，第四初等小学堂在薛家窑创办。清宣统二年（1910年），姜园严氏初等小学（即后来的姜园小学）创办。民国元年至民国37年（1912—1948年），陆续创办高岸、曹岱、瞿桥、龙舌、二甲等小学。

1949—1957年，政府在接管原有学校的同时，兴办薛庄、郭李、如海、白李、扒头、杨码、一甲、郭洋、漕粮、六号、税房、蒋桥、合力、郑甸、云屏、夹坝、团结、薛坝、四圩、小马桥、平坝、瓦车篷等小学近30所和薛窑中学。1958—1972年，创办九华、龙舌、营防、赵园等初中。

“文化大革命”中，一度普及初中，高岸、二甲等10余所小学“戴帽子”办起初中班，营防初中、龙舌初中、九华初中，龙舌小学都办起高中班。20世纪90年代，开始实施学校布局调整和教育现代化建设。

至2010年秋，除薛窑中学（市属完中）外，全镇保留九华、营防、郑甸3所小学和九华初中，在校学生6549人，教师520人。

二、文化

今九华镇域民间特有传统文艺形式为唱通剧、演僮子戏。1958年4月，九华、龙舌、营防3公社同时建立文化站，20世纪60年代初，乡文化馆撤销。1970年前后，3公社建立广播放大站。此后，后又先后建立电影放映队。1980年1月，3公

图22-13 九华镇通剧团演出 （2009年摄）

社文化站恢复。此后，传统的唱通剧、演僮子戏亦逐步恢复，民营剧团除在本地演出，还被邀请至其他乡镇及邻县演出。20世纪90年代，龙舌、营防2乡先后被省文化厅命名为群众文化先进乡镇。2008年，建成建筑面积1500余平方米、水面1.7万余平方米的镇区休闲广场。

三、卫生

民国时，今九华镇域有个体医生和药店。1951年11月6日，平西区卫生所建立。1953年2月，更名薛窑区卫生所。1958—1959年，在联合诊所和个体药店的基础上分别组建龙舌、营防、九华公社医院。1987年，薛窑区卫生所更名薛窑中心卫生院。2001年7月1日，九华镇卫生所建立。

2010年，全镇有卫生所1所，民营医院4所，村(社区、单位、个体)卫生室27个，初级卫生保健普及率100%。

第四节 集镇·工业集中区

一、集镇

九华镇 亦称九华山，为清末形成的小集镇。至1990年，集镇建成区0.1平方千米，街道呈“丁”字形对面街。2002年，九华镇机关迁至九华村，镇区开始北扩，并展开大规模开发建设。2003年，九华在南通市农村集镇中率先设置交通管制红绿灯，新镇区12千米主街道实现亮化，绿化、环卫等设施同步到位。2004年，完成镇区“三横一纵”街道建设。2005—2007年，镇区规划面积扩至4.96平方千米，新建主干道7千米，新增建筑面积12万平方米，绿化面积10万平方米。2009年，再次调整完善镇区总体规划，集镇区域扩至6.2平方千米。至2010年，镇区建成区6.2平方千米。

营防港 原营防乡机关驻地。1990年，建成区面积0.4平方千米。1994年，建成营防港农民街。1998年，农民街延伸，同时兴建农贸市场。2000年，营防乡撤销后，作为沿江小集镇，商贸服务继续发展。

郑家甸 原龙舌乡机关驻地。1990年，建成区面积0.27平方千米，主要为东西沿路对面街。2000年，龙舌乡撤销后，集镇保留，街道继续向原204国道龙舌路口延伸。

图22-14 九华镇工业集中区 (2010年摄)

二、工业集中区

2003年，九华镇在继续发展沿204国道、336省道工业经济带的同时，开始实施工业集中区建设。2007年，开始实施立交桥工业集中区建设。10月28日，首批进区的南通超威机械有限公司等6个项目举行集中奠基仪式，总投资5.5亿元。至2010年，工业集中区落户企业增加到62家，其中规模以上企业12家，7家企业进入全市纳税百强企业行列。

第九章 郭园镇

第一节 概况·沿革

一、概况

郭园镇位于市境中南部,南与南通市粮棉原种场、长江镇(如皋港区)相接,东、北与九华、下原镇接壤,西、北与石庄、吴窑镇毗邻。如海河、周圩港穿越南北,204国道、336省道和如港、蒲黄公路在镇内纵横。全镇总面积53.51平方千米,耕地面积2746公顷;辖社区8个,行政村6个;总人口55679人,其中男28012人,女27667人。2010年,实现国内生产总值9.52亿元,完成财政总收入9794万元,农民人均纯收入10702元。

二、沿革

明、清时期,今郭园镇域大部属江宁乡。清末,车马湖乡为全县13乡之一。民国18年(1929年)6月,车马湖市改为县第十二区。民国24年6月6日,车马湖更名车镇,调整为第十区。民国29年8月,县抗日民主政府建立车镇区。民国31年12月22日,如西县政府将车镇区划为车马湖区和镇涛区,镇涛区下辖薛窑等5乡,车马湖区下辖车马湖、朱庄、朱楼、范湖、郑蔡、郭园、白李、三义等13乡。

1956年3月10日,车马湖区更名下原区,朱庄乡并入车马湖乡,朱楼乡并入范湖乡,郭园、郑蔡、薛窑3乡合并为郭园乡和薛窑乡;白蒲区蔡藕乡并入白李乡,三义乡并入石庄区新生乡。1957年,车马湖乡和范湖、白李2乡的各一部分合并为车马湖乡;薛窑乡、郭园乡和范湖、新生2乡的各一部分合并为郭园乡。1958年9月5日,车马湖公社和郭园公社建立。12月1日,两公社一起加入以区范围组建的薛窑公社。1959年2月,恢复车马湖公社和郭园公社。1983年9月2日,车马湖公社改设车马湖乡。10月26日,郭园公社改设郭园乡。

2000年4月23日,车马湖乡与郭园乡合并建立郭园镇。

附录:

境内部分地名来历

周圩闸 相传,清嘉庆年间,周姓人家在此定居,后又于此建闸,故名。

磐石圩 江岸变迁时该圩坚如磐石,不塌,故名。

车马湖 春秋时此处有大湖,越国大夫范蠡逃离越王勾践至此,弃车马入湖乘船入齐,故名。

范湖洲 同上说,该处为湖中小洲,原称“泛湖洲”。

朱家楼 唐朝时,有朱姓人家在此建一座木楼,故名。

第二节 经济建设

一、工业

中华人民共和国成立前,今郭园镇域无工业。1955年起,陆续建立一些小型工厂。至20世纪80年代,郭园、车马湖2乡因交通等原因,仍为全县工业经济落后地区。至80年代末,2乡共有砖瓦、绣品、服装等劳动密集型小厂142家。

90年代,随着交通条件的改善,2乡工业经济迅速发展。1999年,郭园乡工业总产值增加至9814万元,车马湖乡增加至13637万元。2000年4月撤乡并镇时,全镇共有工业企业250家,其中规模企业5家。2005年,合同利用外资858万美元，实际到账外资10万美元，实现利用外资零的突破。是年，郭园镇被评为南通市民营经济增幅十强乡镇。郭园居委会被南通市委、市政府表彰为民营经济发展明星村。2006年，南通德玛瑞船舶机械制造和南通洋环机械制造落户郭园，结束郭园无机械工业规模企业的历史。

2010年，东渡集团江苏天海服饰有限公司、南通德玛瑞机械制造有限公司进入全市工业企业50强；全镇利用外资综合排名上升至全市第二；全镇共有工业企业122家（不含个体），从业人员14010人，全年实现工业总产值37.75亿元。

二、农业

今郭园镇域属高沙土地区。治沙改土前，以旱作物种植为主，农业经济一直在低水平徘徊。1970年，郭园、车马湖2公社开始治沙改土，兴修水利。其中车马湖公社潘桥大队大干三年，使原来“一日不雨沙灰扬、两日有雨水汪汪”的“龟背驼”，变成“春天绿油油，夏收黄澄澄，秋收金灿灿”的“米粮仓”。《新华日报》特作题为“高沙土上飞出金凤凰”的专题报道。

2000年起，在治沙改土全面完成的基础上，开始发展规模农业、特色农业、高效农业、生态农业。至2004年，全镇有集生产、加工、销售于一起的农业企业10个，农业产业化经营中介组织5个。至2006年，三黄鸡、白鸽养殖，无公害优质弱筋小麦，特种果蔬种植等农业经济板块形成。2007年，“寿乡樟鸡”和“樟园香蛋”成为市级农产品知名品牌。2009年，“和林鸽蛋”“樟园香蛋”“龙豚甲鱼”获国家无公害农产品标志。

2010年，投资1.5亿元的台湾休闲观光生态园项目落户郭园镇，全镇实现农业总产值1.34亿元。

三、商贸服务业

民国时，郭园集镇有日杂、客栈、饭店等店铺约80家。是时，郭园售货、修锅补碗等货郎担较多，走村串户东至通州、南至长江边。1951年，郭园供销社建立。1956年起，县属集体、国营商业开始在郭园、车马湖等地设分支机构。至20世纪80年代，全镇有商业网点150多个，从业人员400余人。

2010年，郭园、车马湖2乡（公社）有三产实体3167个，从业人员11393人，第三产业总产值4.08亿元。商业零售企业（网点、户）1797家，商业零售总额1.74亿元，集市贸易成交额1.10亿元。

图22-15 郭园镇首届人力资源市场（2010年摄）

2001—2010年郭园镇主要经济指标完成情况统计表

表22-9

项目	2001	2002	2003	2004	2005	2006	2007	2008	2009	2010
国内生产总值（万元）	16420	18391	22210	29716	36081	48143	40851	58202	79895	95160
财政收入（万元）	1495	1677	1748	1543	2999.55	3897.86	4723.34	4196.03	5342.5	9794
农业总产值（万元）	8886	9103	9437	13097	14102	16628	18474	16434	19668	13377
粮食总产量（吨）	63595	21034	19311	21684	23368	26786	27804	60803	23689	129780
年出栏生猪（万头）	0.59	0.42	0.57	0.22	1.70	1.48	1.45	1.61	1.26	3.34
年出栏家禽（万羽）	141.03	107.95	119.76	125.54	133.90	164.76	168.42	153.82	140.30	145.65
水产品总量（吨）	250	220	129	144	74	94	105	536	197	188

续表22-9

项目	2001	2002	2003	2004	2005	2006	2007	2008	2009	2010
种养专业户(户)	337	435	560	610	618	686	710	613	547	568
工业企业(家)	262	255	281	1946	52	63	95	82	82	671
工业销售收入(万元)	19238	22953	33852	43520	84675	135720	226015	275795	316839	377521
工业利税(万元)	738	1006	1392	2690	4696	7822	11178	13640	28546	31266
利用外资(万美元)	0	10	5	14.5	15	425	1210	2670	1700	4200
外贸供货额(万元)	4015	5254	6740	8269	13102	17252	23653	31284	29504	36338
三产实体(个)	317	386	404	1295	2393	2395	2415	2517	3017	3167
商业零售网点(个)	261	334	340	1206	1360	1650	1655	1679	1727	1797
商业零售总额(万元)	2400	1967.7	1987	4738	8230	10120	12985	14968	16308	17353
集市成交额(万元)	5000	4648	4703	6217	1870	2203	2975	3185	10830	11030
年末存款总额(万元)	8770	12597	25590	16251	16942	33439	39626.80	46323.90	41284.40	54700
农民人均收入(元)	3030	3203	3561	4308.37	5040	5836	6912	7995	8876	10702

第三节 社会事业

一、教育

清光绪三十三年(1907年),车马湖市第二初等小学堂创办。民国38年(1949年)1月,今郭园镇境内有郭园、车马湖、三义、许庄、大王、谢庄、朱楼、潘桥、必胜、焦岱、包桥、郑庄、蔡庄、薛窑、朱庄、斜桥、沙王等小学。中华人民共和国成立初,政府在接管原有学校的同时,创办野庄、薛庄、大竹园、陈市、石圩、朱圩、刘圩等小学以及郭园、车马湖、范湖等初中。20世纪80年代,开始实施学校布局调整和教育现代化建设。2010年,全镇有郭园、车马湖2所小学和郭园初中,在校学生3820人,教师205人。

二、文化

今郭园镇域传统文艺形式有舞龙、舞狮、跳加官、跳财神、挑花担、打莲花、唱小调、说书、讲故事等。民国30年(1941年)3月,如西县政府成立后,组织民间艺人,运用多种文艺形式开展共产党方针政策的宣传。中华人民共和国成立后,现镇域内先后建立薛窑区文化站和郭园、车马湖公社文化站、广播放大站、电影队,郭园公社兴建影剧院。进入21世纪,开始普及有线电视,实施村文化活动阵地建设。至2010年,全镇有线电视开通率95%,14个村(社区)服务中心有11个文化体育设施达到省级示范社区标准。

三、卫生

1955年前,今郭园镇域除中药店外无医疗机构。1956年,个体医生组建郭园联合诊所和车马湖联合诊所。1958年,联合诊所和药店分别联合组建郭园公社医院和车马湖公社医院。2001年7月1日,郭园镇卫生所建立。2010年,全镇共有卫生所1所、民营医院2所,民营中医诊所2个,社区卫生服务站17个,新型合作医疗参加率和初级卫生保健普及率均为100%。

第四节 集镇·工业集中区

一、集镇

郭园 清代,郭园形成集市。民国时,80余家商店和手工作坊聚集，形成东西、南北“十”字街道，街面铺麻条石块。1957年起，郭园乡（公社）机关、薛窑区部分区直属部门入驻，县属商贸企业于此设立分支机构。1978年起，西街建至江平公路打通。1985年，东西街拓宽至17米。1990年，建成中小学教学楼各4幢。1995年，浙江普陀山方丈妙善募资兴建观音净院，被誉为“苏北小普陀”，成为如皋二日游重要景点。2009年，老街西端辟长1500米、宽32米的迎宾路，并在迎宾路北端西侧建成苏中集贸市场。集镇道路、管网、绿化、亮化及环卫等公共设施全面到位。至2010年，建成区面积4.6平方千米，“三纵三横”道路框架全面完成。

车马湖 民国时，为第十区区公所驻地，有200米麻石铺成的“Z”形街道，有店铺30余家和寺庙2座。1956年起，市属商贸企业于此设分支机构。1991年，车马湖乡政府对镇区进行总体规划，拆除部分旧房，拓宽街道。1994—1999年，路桥、绿化亮化、给排水、环卫等基础设施基本到位。2000年车马湖与郭园合并后，商贸服务等繁荣依旧。

薛窑 亦称薛家窑。清至民国时，为全县南部地区重要集镇。中华人民共和国成立初，为薛窑区委、区公所驻地。1958年，开挖如海河，薛窑集镇正处河心，供销社、农贸市场等迁至河西。1971年，薛窑大桥建成通车，市场、商铺向路边迁移。至1995年，桥西向南200米、向西800米，形成“L”形新街道。2010年，“L”形街道，向南近300米，向西近1000米。

二、工业集中区

2000年，郭园镇始规划建设53.33公顷的工业集中区，并建成自来水厂。至2003年，镇南形成6.67公顷工业园，进区企业16家。是年，郭园镇政府于336省道西侧新建工业集中区，分起步区和发展区各33.33公顷，完成30米宽、600米长集中区主干道等基础设施建设，进区企业3家。2004年，33.33公顷新工业集中区发展区，完成水、电、路等基础和配套设施建设。2007年，工业集中区开工标准化厂房4.8万平方米，竣工4.6万平方米。新辟薛窑工业集中区和薛窑、义圩、富圩3个民营工业小区。2008年，郭园镇政府在如海河西侧、蒲黄路及新204国道侧翼新建第四工业集中区，规划面积97.12公顷。2009年，第四工业集中区完成基础设施投入2950万元，功能配套投入4420万元。

2010年，投资3亿元的建华管桩项目、投资1.5亿元的台湾休闲观光生态创业园项目、投资1.5亿元的江苏通宇锻压公司、投资1亿元的展成商品混凝土项目等，在镇工业集中区落户。

第十章 长江镇

第一节 概况·沿革

一、概况

长江镇位于如皋市最南端，域内有长青沙、又来沙等江中岛屿。东与南通市通州区和如皋市九华镇接壤，南临长江与张家港市隔江相望，西与靖江市和如皋市石庄镇交界，北与石庄、郭园镇毗邻。有近40千米长江岸线资源，其中深水贴岸、微冲不淤的岸线20.2千米，国家一类开放口岸如皋港在境内设立，龙游河流经腹地，宁通高速公路、沿江公路、疏港公路、如港一级公路于境内纵横，至北京、上海、南京、无锡、苏州、常州、南通等大中城市的客车，均在长江设有始发站。全镇总面积120平方千米，耕地面积2016.67公顷；辖社区19个和蚕种场、良种场、棉花原种场、中心沙水产养殖场等场圃；总人口80107人，其中男39395人，女40712人；年末外来人口近30000人。2010年，实现国内生产总值69.86亿元，完成财政总收入27.88亿元，农民人均纯收入13261元。

二、沿革

宋初，如皋南境在摩诃山南。明永乐年间，镇域大部坍没江中。民国24年(1935年)6月16日，县第十区(车镇)辖东平等乡，第十一区(石庄)辖永安等乡。民国29年8月，如皋县抗日民主政府将位于江中沙洲的永安、东平2乡合并建立永东直属乡，并设乡联合办事处。民国33年8月1日，撤销永东乡联合办事处，建立江防行署。民国34年9月22日，江防行署改建为江防区公所、增设永平、永北2乡。民国35年2月8日，增设胜利、永利、新港、建设、福成5乡。民国36年2月19日，国民政府如皋县政府改江防区为永安实验乡。民国37年5月，县政府复设江防区。

1950年6月，江防区辖永建、永福、东平、永新、永胜、三义6乡。1956年3月10日，江防区撤销，所辖6乡划归石庄区。三义乡并入新生乡，永福、东平、永新3乡合并为永福乡和永平乡。1957年，永福乡、永建乡和永平乡一部分合并为永平乡，永胜乡和永平乡的另一部分合并为二案乡。1958年9月5日，永平、二案2乡合并建立先锋公社。12月1日，先锋公社更名为江防公社。1963年3月7日，江防公社析建为江防公社和二案公社。1965年，二案公社更名为长江公社。是年，县政府规划围垦张、高、朱、夏案，定名长青沙，归属长江公社。1974年，长青沙办事处设立。1975年11月6日，长青沙公社建立。1983年8月18日，江防公社改设江防乡。9月20日，长江公社改设长江乡。9月28日，长青沙公社改设长青沙乡。1986年5月1日，长江乡撤乡设镇。

1993年1月，南通市政府批准成立如皋港经济开发区。2000年4月23日，江防乡并入长江镇。2001年10月6日，长青沙乡并入长江镇。2004年，市政府将长江镇中心沙、二百亩、海坝、头案、长青、知青6个行政村划归如皋港经济开发区行政代管。2005年8月，市政府将市蚕种场、良种场、棉花原种场、中心沙水产养殖场划归如皋港经济开发区管理。2006年，永平、永平闸、平南3个村(社区)划归如皋港经济开发区行政代管。2008年元月，长江镇与如皋港经济开发区整合，称长江镇(如皋港区)。2010年8月5日，长江镇被列为江苏省“强镇扩权”试点镇，赋予其部分县级经济社会管理权限。

附录：

境内部分地名来历

二案 民国初，民众向国民政府财政部沙田局申报围垦江边沙滩，一次报批围垦一片土地，称某案，如“头案”“二案”“东平三案”“附七案”等，后即将案名作地名。

永安沙 民国10年(1921年)始，永平沙、久隆沙、永兴沙、复兴沙、龙驹沙等相继淤高出水后，沿江农民看到江心沙滩四起，芦苇生长茂盛，感到江岸崩塌将停止，太平日子有望，遂将这片沙滩统称“永安沙”。

二百亩 1954年，长江六案港口江岸崩塌。至1958年，八案、外八案、西七案、东七案相继塌入江中，仅留一块约200亩的地方未塌，水流拐弯绕过向东。人们即将这块未塌的地方称作“二百亩”，后成为地名。

第二节 经济建设

一、工业

民国时，永安沙有碾米、榨油、染布、酿酒、制酱等手工作坊。1955年，永平、永胜、永建、永福4乡共有私营小作坊20多家接受社会主义改造，组建为公私合营或合作小企业。1958年，二案农具厂创办。1965—1969年，长江公社兴办预制场、炼油厂、砖瓦厂等。

20世纪70年代起，长江公社兴办水泥、轧钢、石灰、羊毛衫、西服、铜材、钢管、毛条、造船、拆船、毛精纺、镀锌铁丝、钢丝绳、铝合金门窗、玻璃幕墙、铜管、化工、铜冶炼等公社(大队)办工业企业200余家，是全县社队工业起步最早、发展最快、规模企业实力最强的公社；江防公社亦先后兴办船舶修造、服装、弹簧、钢制品、绒毛织造、印刷、建筑构件、织布、电镀、五金冷作、制线、水泥制品、食品机械、电讯器材、废油净化、机具、橡塑、镁制品、联合杀虫剂等社队办工业企业近100家；长青沙乡兴办综合、农具、水泥制品、制鞋、服装、生化、电瓶、砖瓦、纺织等社(乡)办工业企业数十家。

80年代，长江公社(乡、镇)工业严重滑坡。至1999年，长江镇工业总产值1.37亿元，江防乡9456万元，长青沙公社3500万元。2003年，全镇引进市外资金居全市之首。是年，合同利用外资200万美元，到账12.5万美元，实现外资利用零的突破。至2005年，全镇有规模企业19家，其中宏茂铸钢和如皋钢厂为全市工业经济30强企业。2008年，长江镇(如皋港区)引进美利昌通宝船厂、首控石化等项目，投资2.5亿美元的德源(中国)高科公司一期脂肪酸项目试生产；诚晖石化、阳光房产、熔盛重工实现增资，其中熔盛重工投入70多亿元完成造船项目建设。2009年，新签约项目55个，新增规模企业30家，新增亿元企业15家，熔盛重工集团成为南通历史上首家应税销售收入超百亿元的工业企业；总投资15亿元的海通海洋工程一期、总投资10亿元的中铁山桥项目、总投资6.6亿元的江南德瑞斯项目正式生产。

2010年，长江镇(如皋港区)共有工业企业654家(不含个体)，从业人员24325人，实现工业总产值525.45亿元。

二、农业

今长江镇(如皋港区)属长江中下游圩田地区，地面低平，土壤肥沃，河网密布，是如皋的“鱼米之乡”。

中华人民共和国成立初，分期整治、疏浚和开挖一级河道周圩港，二级河道新跃河、向阳河、永建河、长青港及多条三级河道，排灌条件改善，涝灾减少。1994年，长青沙乡利用京欣一号新品种和自然生态条件生产的“绿岛王”西瓜，以其优良的品质受到消费者的广泛欢迎，成为远近闻名的优质农产品。1994—1996年，江防乡中稻丰产方连续3年获全市第一，长江镇皮棉单产161.3千克，名列全市第一。

进入21世纪，在种植业优势进一步发挥的同时，养殖业优势亦得以充分发挥，农业园区和各类农业合作经济组织不断涌现，特色农业、高效农业、规模农业和生态农业迅速发展。2002年，长江镇中共党员陈美珍以发展家禽规模养殖取得良好经济效益，致富不忘乡亲，带动周边群众致富，当选中共十六大代表。她经营的华珍养殖场拥有15台国内最先进的电脑孵化设备，饲养种鸡1.6万套，孵育的雏鸡低价甚至无偿提供给附近村民养殖。是年，国家绿色食品发展中心命名长青沙“绿沙王”西瓜、“千重浪”优质稻米为“绿色食品”。2004年，1466.67公顷国家级“双低”优质油菜示范基地通过项目验收，“华珍牌”家禽和禽蛋获国家绿色食品发展中心“绿色食品”认证。2005年,全镇农业总投入5246.6万元,其中规模项目投入2429万元。2007年,永福、镇龙、三洞口万亩土地治理开发项目全面竣工并通过验收。至2009年,全镇19个社区全部建立土地股份合作社,入股农民2200余户,入股土地276.8公顷,新建农民专业合作社5个,华鑫禽业、金诚肉鸽、红星果蔬、长青苗木等合作社成为南通市知名合作社。

2010年,“万顷良田”建设工程通过江苏省国土厅验收,全镇(区)实现农林牧副业总产值3.83亿元,长青沙岛成为著名的优质农产品生产基地和生态农业旅游观光基地。

三、商贸服务业

长江镇(如皋港区)为全市(县)商贸服务业较发达地区。民国20年(1931年),二案街即有理发、中药、染坊、杂货、香烟、烧饼、棉布、酱酒等商铺和棉花行、粮食行、饭店、客栈等,并有农贸市

2001—2010年长江镇主要经济指标完成情况统计表

表22-10

项目	2001	2002	2003	2004	2005	2006	2007	2008	2009	2010
国内生产总值(万元)	22342	27200	32061	43504	57558	66000	129960	580000	850000	698570
财政收入(万元)	3194.67	2946.7	3213.24	3958.28	5047.69	8038.04	13533	63300	104571	278763
农业总产值(万元)	13691	14186	14442	11390	11629	10446	10498	18190	20050	38280
粮食总产量(吨)	28211	26932	26235	11491	21361	16943	18056	36325	37121	—
年出栏生猪(万头)	0.86	0.86	0.79	0.47	0.88	0.77	0.95	5.10	4.20	—
年出栏家禽(万羽)	72.94	76.53	81.72	56.53	79.98	51.51	55.62	88	80	—
水产品总量(吨)	118	117	495	241	263	278	296	1721	1110	—
种养专业户(户)	586	636	696	501	532	420	470	587	302	—
工业企业(家)	621	453	646	647	660	667	695	418	640	—
个私工业企业(个)	548	453	646	647	660	667	695	340	512	—
工业销售收入(万元)	31000	38974	54359	129089	178153	282866	442583	2021983	3551782	—
工业利税(万元)	1086	1574	22622	4959	6399	11465	26151	125830	193542	—
利用外资(万美元)	5	15	12	115	180.5	1103	1296.6	53403	53226	—
外贸供货额(万元)	5656	7569	9381	14314	15507	15178	19062	139247	76900	—
三产实体(个)	2565	2763	2851	3573	3582	3607	3803	4506	4815	—
零售商业网点(个)	556	566	593	634	675	681	695	790	860	—
零售商业总额(万元)	1728	2100	2300	2550	2980	3120	4023	15416	19494	—
集市成交额(万元)	2579	2600	5100	5450	6000	12800	14700	22000	29000	—
年末存款余额(万元)	35926	39400	48600	51914	53265	54884	101600	75000	160000	35000
农民人均收入(元)	3158	3331	3797	4566	5200	6502	8188	9645	10979	13261

注:长江镇与如皋港区整合后,2010年一些数据不再单独统计。

场，经营模式为“沙派”（苏南经营风格），每天天不亮即开市，称“早市”，天亮即“散市”，有时有“晚市”，除零售外，还有鲥鱼、河豚等长江水产品批发，除商贸外带动相关服务业发展。至1949年，二案成为全县南部地区重要的商贸聚散地。个体工商业社会主义改造后，在国有、集体商贸服务业发展的同时，长江地区个体商贸服务业一直有所保留，普通农民亦保留经常上街买菜的习惯。

20世纪70年代，社队工业高速发展，供销人员大量往来，带动和促进商贸服务业同步发展。至80年代末，二案、永平集镇饭店、旅馆、洗浴、修理等行业生意已非常红火。90年代始，受上海、苏南等地的辐射和影响，长江镇域为全市（县）新型商贸服务业出现较早的地区之一。2009年，全镇（不含如皋港区）有商业经营企业（网点）860个，商业零售总额1.95亿元，集市成交额2.90亿元。

2010年，长江镇（如皋港区）有如港新城商业街、春江花苑一条街、江防商业街、春江花苑农贸市场、中央桥农贸市场、长青沙农贸市场、长青沙商业街、熔盛船厂商业区、二案农贸市场等知名商业区（市场）和春江夜都市、雅博酒店、雅镜酒店、猎渔馆、华秋饭店、邑江大酒店、长青沙鸿运酒楼、长青沙日月酒店、长青沙酒家、江海渔村、华利超市、品德超市、文峰超市、超越超市等知名服务企业。其中春江夜都市位于纬三路北侧，欧式风格，总建筑面积8000平方米，总投资约1000万元。是年，长江镇（如皋港区）第三产业总产值19.41亿元。

第三节 社会事业

一、教育

民国31年（1942年）2月，耀华学熟于永安沙永平仓房创办。8月，以励志中学名义招生。民国31至民国32年（1942—1943年），如西县政府先后创办群力、同安、东平、新港、永平等小学。民国34年2月，永安沙耀华学熟（励志中学）改为公办，列为苏中三分区区立如西中学三院。民国35年，迁范湖洲。民国37年，县政府创办永平闸小学。

1949年，创办胜利、曙光、永北、福成、翻身等小学。1950—1965年，先后创办头案、新光、永胜、平南、二百亩、永利、四案等公、民办小学和三洞口、江防、永利、曙光等公、民办初中。“文化大革命”中，增办良种场职工子弟、长青、江心、朝阳、南围、北围、中心沙、久隆等小学和永平闸、久隆、长青沙等初中及跃进民中、二案中学（设高中）等学校。1985年，开始进行学校布局调整。

至2010年，全镇有新港小学、长新小学和港城实验学校，在校学生4939人，教师345人。港城实验学校位于沿江一级公路北侧，如港新城区宁江路（纬七路）南侧，由市政府投资建设，为按照《江苏省乡镇教育、学校基本实现现代化建设标准、评估意见》新建的九年一贯制学校，占地面积约16.33公顷，总投资约1亿元，设立30轨120个班级。另有按职业技术学院标准建设的如皋市熔盛中等专业学校，为全市重点职业学校之一。

二、文化

今长江镇（如皋港区）成陆时间较短，居民多为移民，民间文化差异较大。来自南通地区移民喜通剧，来自江南的移民喜锡剧和昆剧。春节期间龙灯等挨家表演，部分穿越居民住房表演，至初五则集中街头会演，观者如潮，尤以带子沙的舞龙和二案港东的走马灯最受欢迎。

1950年，二案浴室临时改建为二案草台。1953年，二案草名改为毛竹结构、能容800名观众的工农剧场，邀苏州京剧团、南通更俗京剧团等演出。20世纪50—60年代，江防区和二案文化站，江防、二案（长江）公社广播放大站和电影队先后创办。70—80年代，长江剧场、影剧院文艺演出和电影放映较正常。1995年4月，仿古建筑江防传统文化交流中心建成，俗称“香功楼”，位于薛江公路北侧、江防邮电大楼西侧，东西长52米、南北宽45米，占地面积2340平方米，总造价200多万元。

进入21世纪，长江镇文化服务站和广播电视服务站组建。长江镇先后被评为江苏省群众文化先进乡镇、江苏省群众体育先进乡镇及江苏省全民健身“八个一”工程先进集体。2010年，长江镇拥有文化中心1座、农民文化健身广场3个，各社区均有农家书屋和农民文体服务中心。

三、卫生

1949年前，二案街、永平街有几家医寓和中药店。1958年，先锋公社创办江防和二案医院。20世纪70年代，长青沙医院创办，各大队和较大的社办企业先后开办医务室。80年代，长江医院成为全县最早拥有医用车辆的医院。1994年，江防医院门诊大楼、病房大楼建成。2000年，江防医院兴建医院门诊综合楼。2001年7月，长江镇卫生所建立。

2010年，全镇共有卫生所1所、民营医院3所、社区卫生服务站27个，大型民营企业设有厂医。

第四节 集镇·工业集中区

一、集镇

二案 二案镇形成于民国初年。至民国20年（1931年），龙游河（今如皋港引河）两侧，形成港东、港西两街区，中有木桥连接。港东街面长约180米，宽约10米，有各类店铺10多家；港西街面长约100米，宽8米，店铺较港东略少。1970年，如皋抽水站建成、龙游河水面拓宽后，港西街面渐失，逐步演变为社办工业集中区。1983年，港东铺设南北、东西水泥路面，长683米，宽平均8.8米，并安装路灯。1992年起，扩建农贸市场，兴建招商市场，开发集贤小区，并实施街道亮化、绿化、美化工程。1995年，镇区建成黑色路面6千米，中心商业街拓至宽40米、长1.5千米。至2002年，建成区2.2平方千米，并完成8平方千米集镇规划。2005年起，镇区融入如皋港新城区统一规划建设。

图22-16 如港新城农民集中居住区（2010年摄）

永平 1957年起，为原江防乡机关驻地，开始沿二案至永平农村公路北侧兴建机关、学校、医院及市属国有商业、金融、粮食单位分支机构。1990年，在中洋桥开辟农贸市场。2005年，建成区面积0.6平方千米，并始纳入如皋港新城区统一规划建设。

长新 1975年起，为原长青沙公社机关驻地，并形成0.1平方千米建成区。2000年，开始启动小城镇建设，街道延伸至1500米，拓宽至24米。2003年起，随如皋港加快建设，镇区迅速延伸发展。2005年，建成区约1.2平方千米，并始纳入如皋港新城区统一规划建设。

二、工业集中区

2003年，长江镇开始建设工业集中区，根据镇区产业布局，结合自然区位优势和交通条件，形成3大产业区及2个板块。2010年，长江镇和如皋港区工业集中区实现有机整合。（参见卷七第一章第五节《园区建设》）

第十一章 石庄镇

第一节 概况·沿革

一、概况

石庄镇位于市境西南部,东与吴窑、郭园紧连,西与江安镇以焦港为界,北以立新河与常青镇分界,南与长江镇(如皋港区)和靖江市毗邻。宁通一级公路、336省道、蒲黄公路及如港一级公路纵横域内。全镇总面积56.98平方千米,耕地面积2919公顷;辖社区9个,行政村7个;总人口63118人,其中男31837人,女31281人。2010年,实现国内生产总值13.26亿元,完成财政总收入1.47亿元,农民人均纯收入11741元。

二、沿革

东晋义熙年间,设如皋、蒲涛、临江3个县时,石庄地区属临江县。明代,今石庄镇域大部属江宁乡。清末,石庄乡为全县17乡之一。民国2年(1913年)实行市乡制时,石庄乡为全县12乡之一。民国23年,石庄乡改为县第十一区,辖石南、石北、新生、张黄4镇和龙潭、永隆、砖桥、楼房、空田等15乡。1956年,龙潭乡并入张黄乡,永隆乡并入石南乡,原江防区三义乡并入新生乡,陈家、空田2乡合并为何正乡,砖桥乡并入石北乡,唐家乡并入楼房乡。1957年,石庄镇列为县属镇,原张黄乡、石南乡及新生乡的一部分(三义乡并入前的老新生乡)合并为石南乡,楼房乡、石北乡、何正乡的一部分(陈家、空田合并前的老陈家乡)合并为何正乡。1958年9月5日,石庄镇与石南乡合并建立旭日公社。12月1日,石庄全区组建石庄公社。1959年2月,石南公社建立,何正乡与石庄镇区组建石庄公社。1963年5月,石庄镇恢复县属镇建制,石庄公社更名石北公社。1981年6月27日,石南公社更名张黄港公社。1983年,石北、张黄港公社均改称乡。1995年3月,张黄港乡并入石庄镇。2000年4月23日,石北乡并入石庄镇。

附录:

境内部分地名来历

张黄港 光绪二十七年(1901年),焦港河口成为通江港口,因港东有大片张姓滩地,港西有大片黄姓滩地,得名。

张家杨园 相传明建文元年(1399年)张良后裔从天津迁至石庄,四周开河,河岸遍栽杨柳,故名张家杨园。

鹅玩庄 相传宋代该庄有一财主,喜欢玩鹅,故名。

思江庄 相传明代庄上有两个除暴安良的英雄思江、思乳,遂以兄思江作为庄名。

耳举庄 相传清初有一举人叫张耳举在此居住,故名。

三元桥 原名“三缘桥”。是石庄东北的一个古老村庄,村外有一条河,东接龙游河,西通西来镇,村子里住着米姓、袁姓、佘姓3家,从村子至石庄很不方便,三姓遂联合建造1座3搭的木板桥,定名“三缘桥”,后为书写便利改作“三元桥”。

第二节 经济建设

一、工业

民国前,石庄镇有染坊、油坊、酱酒坊、茶食房、铁匠铺等手工作坊。20世纪30年代,始有机器榨油和粮食加工。1952年,创办针织社,为石庄镇第一家工厂。20世纪70—80年代,社队工业兴起，石庄苇编厂、耐火材料厂、石南客车厂为全县知名企业。1992年，费罗泰克针织服装有限公司创办，是为石庄镇首家中外合资企业。2005年，江苏澳畅家纺有限公司落户，是为石庄首家外资独资企业。2010年，全镇实现工业产值53.61亿元，完成工业应税销售14.4亿元、利税2.80亿元；完成工商注册外资2000万美元，实际到账外资1202万美元，进出口总额5000万美元；引进市外民资注册资本3.4亿元，私营企业注册资本5.11亿元；技改投入4.23亿元，高新技术产值12.1亿元。至是年末，全镇共有工业企业521家（不含个体），职工7884人，其中规模企业51家，应税销售超5000万元企业10家。

二、农业

治沙改土前，今石庄镇域以336省道为界，南部属圩田地区，地势平坦，土壤肥沃，灌溉便利，适宜生长水稻；北部为老岸高沙土地区，土壤贫瘠，只能种植旱杂粮。1970年，北部地区开始治沙改土。1973年，随长江引河开通，基本实现旱改水。1996年起，国家、市、镇投资在杨园、万岱、唐埠、高桥等12个村（社区），建成防渗渠，排灌条件进一步改善。2003年，张杨园村创建盛鼎农产品有限公司，果蔬占地368.7亩，产购销一条龙，为镇内首家民营农业公司。此后，全镇蔬菜、林果、野猪、宠物犬、鹌鹑、山鸡等设施农业、规模农业、高

2001—2010年石庄镇主要经济指标完成情况统计表

表22-11

年　份	2001	2002	2003	2004	2005	2006	2007	2008	2009	2010
国内生产总值(万元)	32116	40054	49172	59266	69389	62311	69990	96615	111213	132576
财政收入(万元)	1769	2053	2521	2331	2611	3526	4604.60	9459	12238	14658
农业总产值(万元)	13108	13522	14123	17893	18536	17071	18901	21828	19630	26048
粮食总产量(吨)	25732	24790	22163	22907	22369	24512	26501	23063	22579	22032
年出栏生猪(万头)	2.24	2.43	2.63	2.72	2.90	3	2.40	2.60	2.80	3.10
年出栏家禽(万羽)	62.63	78.80	80.19	78	61	63	60	64.70	75.30	78.40
水产品产量(吨)	53	54	98	93	87	197	203	194	207	157
种养专业户(户)	126	142	156	165	181	193	226	222	239	243
工业企业(家)	482	416	439	475	475	491	496	502	527	521
工业销售收入(万元)	40347	48816	63196	91428	137809	221195	390638	409098	412370	450355
工业利税(万元)	1656	2273	2654	2859	4321	6357	8983	15750	19642	27987
利用外资(万美元)	26.27	40	876.5	213.6	1880	1212	1303	2700	946	1202
外贸供货额(万元)	8596	7990	11941	16089	29980	37840	49011	50342	50342	42796
三产实体(个)	2104	2227	2312	2473	2546	2609	2707	2782	2739	2752
商业零售网点(个)	917	1019	1037	1412	1474	1511	1574	1583	1516	1522
商品零售总额(万元)	4130	6654	7120	7943	8026	8630	9420	9646	9362	9843
集贸市场成交额(万元)	532	766	1033	1287	1564	1711	2026	2296	2354	2549
年末存款总额(万元)	13422	16373	17226	17578	18143	19566	35300	32500	57825	81000
农民人均收入(元)	3908	3294	3741	3242	5329	6475	7812	9053	1056	11741

效农业项目、园区相继建成。2010年,全镇以农业龙头项目为依托,建成千亩草坪、永兴药材、观光农业、石北万亩果蔬4大农业园区,全年粮食总产22032吨,蚕茧总产12.58吨,年出栏各类生猪3.10万头,家禽74.80万羽,水产品产量157吨,实现农业总产值2.61亿元。

三、商贸服务业

明代,石庄、张黄港为重要长江、内河转运码头,石庄镇为全县早期商贸服务业较发达集镇之一。永乐年间,除货物转口、零售外,石庄始有农民家织小布(亦称土布)拿到集市上交易,石庄布行成为最早的商行,靛青行亦相应产生。清代中叶,张黄港、新生港为以生猪为主的农副产品集散地。民国初,始有"洋货"在石庄转口和零售。20世纪20年代至如皋全境解放,石庄地区为各方力量重点争夺的战略要地,商贸服务业受损严重。1949年始,全县较早兴建的江平公路和如新公路在石庄东侧杨庄交会,全镇商贸服务业恢复发展。2010年,全镇有三产实体2752个,从业人员9176人,实现第三产业总产值3.68亿元。有民营商业零售网点1522家,商业零售总额9843万元,集贸市场成交额2549万元。

图22-17 如皋永林国际大酒店 (2010年摄)

第三节 社会事业

一、教育

明代,石庄镇有社学。清同治七年(1868年),石庄镇建正始义塾。清光绪三十二年(1906年),石庄小学、蛇田小学创办。此后永隆、冒圩、楼房、思江等小学陆续创办。民国34年9月,从永安沙迁至石庄镇的红卐字励志中学改为公办,编为如皋第二中学三院。民国35年5月,如皋第二中学三院转移至车马湖区范湖洲朱氏宗祠。1951年,如皋县初级中学于石庄镇北大街北端创办。1956年7月,石庄中学增设双轨高中部,成为全县农村第一所县属完全中学。1958年,县教育局在石庄南街创办速成师范。至20世纪60年代,石南、石北2公社和石庄镇最多时有小学45所,并有石庄、张黄、石南、石北等初级中学和石庄中学。1986年,石南职业高级中学创办。90年代,全镇实施学校布局调整和教育现代化建设。2010年,除市属石庄中学外,全镇有石庄、张黄2所小学和石庄初级中学,在校学生7903人,教师593人。

二、文化

清乾隆、嘉庆年间,石庄名士沙屏北、沙盱江叔侄创办江上草堂,为私家乐班,"常有檀板清歌飘扬在大江之上""东南名宿皆往来其间"。民国21年(1933年),国民政府如皋县政府于石庄城隍庙建立民众教育馆,抗日战争爆发后停止活动。1951年2月,石庄大众俱乐部创办。12月,更名石庄区中心文化站。20世纪50年代,先后建立石南、石北、石庄文化站及广播放大站,兴建石庄剧场、石庄人民剧场和石庄影剧院,开办石庄新华书店。至1989年,学联业余文工团、石北乡业余文艺宣传队、如皋江滨砖瓦厂文艺宣传队、如皋新颖魔术团等为全县有一定影响的文艺团体。1991年,石庄文化站被江苏省文化厅认定为三级文化站。1997年,石庄镇被评为江苏省群众文化先进镇。2010年,完成历史文化普查和镇志撰写。

三、卫生

清代,石庄名中医有汪兆光、薛绍棠、徐芳远、程荩臣、徐鹿平、袁绿野、邵季襄等。民国19年(1930年),石庄镇西街倪崇文诊所为石庄镇西医之始。民国年间,崇文医院、皋南医院、国民医院等私立医院在石庄镇开办。中华人民共和国成立初,石庄中医沙宇清、徐文虎、沙乾一、闵叔质等人全县知名。1952年,石庄联合诊所创建。1959

年，石庄、石北联合诊所合并组建石庄公社医院；张黄、新生联合诊所合并组建石南公社医院。1963年5月，石庄公社医院更名石庄镇卫生院，析建石北公社医院。1983年，石南、石北公社医院更名张黄港乡、石北乡卫生院。1995年，张黄港卫生院并入石庄镇卫生院。2001年7月1日，石庄镇卫生所成立。2010年12月，石庄镇被命名为江苏省卫生镇。是年末，全镇除市属石庄中心医院（如皋市第三人民医院）外，有卫生所1所，民营医院2所，社区卫生服务站26个，初级卫生保健普及率100%。

第四节 集镇·工业集中区

一、集镇

石庄 东晋义熙年间，古石庄镇为临江县县治。约北周至隋开皇初年，临江县废，古石庄镇一度坍入江中。石庄地区重新成陆后，石庄镇于古石庄镇北20千米重建。至明末清初，石庄镇成为如皋南部商贸中心，布行林立，灰行、木行、山竹行、粮食油饼行、牛行、猪行、鸡鸭行、鱼行、菜行等众多，周边农民习惯称石庄为“石庄行”。清末至民国初，最盛时石庄有商铺300多家。至1949年，石庄老街呈“十”字形，南北长约1.5千米，东街在凤鸣桥东拉马河南，西街在凤鸣桥西拉马河北各约50米，以条石铺路。1957年10月10日，石庄镇被列为县属镇。此后，县属商贸服务单位相继到石庄设立分支机构。1994年，石庄农贸市场建成，并将搬（经）石（庄）公路石庄段拓宽为宽20米柏油路面的一条新街。2001年，石庄畜禽交易市场被列入国家小城镇综合开发示范项目。2003年年底，被南通市政府命名为南通市新型示范小城镇。2006—2007年，镇政府完成5平方千米镇区总体规划，启动南大街和东大街改造建设。至2010年，建成区面积5.5平方千米，“三纵五横”的镇区街道框架基本形成。是年，占地3.6公顷、建筑面积2.8万平方米、总投资1.86亿元的星级永林国际大酒店在中心镇区建成。

张黄港 地处焦港河入江口北侧。太平天国时期，有苏州、无锡、常州、江宁等地民众为避战祸，举家迁此定居经商。清光绪二十七年（1901年）建港，成为苏北地区与江南水上交通要道，苏南和浙江等地商贾开始云集。民国初，设张黄镇，最盛时有商户近400户。20世纪30年代，因港口淤塞，渐衰。中华人民共和国成立后，部分县、乡（公社）工业及商贸服务、运输、捕捞企业在此落户，再次成为如皋南翼的繁荣集镇。2010年，有长约500米的“十”字街，商户100余户。

张家杨园 1957年，何正乡机关入驻，开始有国营集体商贸服务单位在此设立分支机构。至1987年，形成800余米街道。2000年，石北乡并入石庄镇后，成为石庄镇重要居民小区。

新生港 民国8年（1919年），成为苏北沿江6个主要港口之一，并始建码头（称“洋棚”），除货物装卸外，有长江客运轮船停靠，分候船室、货栈两部分，常有美国、英国、日本、印度等国和外省客商在此落脚，繁荣一时。民国时，设新生镇，因战略地位重要，国民政府军和日伪军长期驻扎。永安沙与长江北岸相连后，渐废。

闸口 原为石南乡（公社）机关驻地。1990年，建成区面积0.23平方千米。1995年并入石庄镇后，逐渐与石庄镇区连成一片。

二、工业集中区

新生港工业集中园区 始建于2000年，位于石庄镇区东侧、宁通高速公路石庄出口处，占地6.03平方千米。至2010年，包括污水处理厂在内的基础设施完善，内设占地95.2公顷的家纺服饰园、占地约72.6公顷的船舶机电配套园、占地72.71公顷机械工业园和占地102.54公顷新型建材工业园。区内共有规模以上企业近20家。

四号港精细化工园区 始建于2000年，位于石庄镇南沿江一级公路两侧，规划占地面积1.92平方千米，其中起步区1.15平方千米。至2010年，基础、配套设施基本完备，实现年工业产值20亿元。集中区分产业园区和商贸物流园区两部分，主要企业有投资2.43亿元的太仓农药公司、投资2.3亿元的垃圾发电项目、投资1.8亿元的南通永顺化工、投资1.8亿元的江源商品混凝土、诚源仓储、海源新型建材等。

第十二章 吴窑镇

第一节 概况·沿革

一、概况

吴窑镇位于市境中南部，周围与下原、郭园、石庄、常青、磨头、桃园等镇毗邻。如港一级公路、新204国道、317省道及如海河、龙游河等在域内纵横。全镇总面积64.36平方千米，耕地面积3087公顷；辖社区8个，行政村9个；总人口64021人，其中男32614人，女31407人。2010年，实现国内生产总值10.83亿元，完成财政总收入1.26亿元，农民人均纯收入12157元。

二、沿革

明、清时期，今吴窑镇域大部属江宁乡。民国初年，属石庄乡。民国24年（1935年）6月16日，国民政府如皋县政府发布划设区乡镇布告，设吴窑、何庄、钱庄、沈天井、陈家、高石、马练、芸房、大兴、朱楼、郝李等乡，分属第九（磨头）、第十（车镇）、第十二（石庄）区。民国32年，高石乡更名大石乡，大兴乡龙游河东部并入马练、芸房乡，马练、芸房乡龙游河西部分并入大兴乡。民国35年，吴窑乡折并给何庄乡和钱庄乡。民国37年，郝李乡析建沈石乡。

1950年，芸房乡北部划出。1956年，马练乡并入大石乡，芸房乡南部并入长庄乡，陈家乡与空田乡合并为何正乡，沈石乡并入钱庄乡，何正乡再并入沈天井乡，朱楼乡并入范湖乡。1957年，钱庄、沈天井及何正乡东部（原陈家乡）合并为吴窑乡，乡机关驻吴家窑；长庄、大石及范湖乡一部分合并设立长庄乡，乡机关驻沙家庄。1958年，吴窑公社建立，长庄乡加入以区组建的下原公社。1959年2月，长庄公社恢复。1983年，吴窑、长庄公社改称吴窑乡，长庄乡。1994年9月，吴窑撤乡设镇。

2000年4月23日，长庄乡并入吴窑镇。

附录：

境内部分地名来历

响堂头 相传唐朝时，该庄原有一庙，庙内钟大且响，故名。

红庙头 该庄原有一庙，用红砖、红瓦建造，故名。

沈天井 该地有一个天然水井，后一沈姓人家居住井旁，得名沈家天井，简称沈天井、沈天。

烟村庄 以古诗“烟村四五家”中烟村命名。

河湾 因龙游河在此弯曲较多得名。

第二节 经济建设

一、工业

民国前，今吴窑镇域只有少数手工作坊。1958年，始建手工业合作社。

20世纪60—90年代，吴窑、长庄2乡工业发展相对滞后。1995年，吴窑镇与香港客商合资兴建精细化工厂，为首家境外合资企业。长庄乡有砖瓦厂、造纸厂、水泥制品厂、综合厂、无线电厂、制碱厂等。2005年，全镇有工业企业278家，其中中如化工为全市30强企业。2006年，全镇新增私营企业233家，引进市外民资1.4亿元，新批工商注册外资2075万美元，到账1016万美元。

2010年，全镇共有工业企业527家（不含个体），规模企业从业人员7138人，实现工业总产值66.53亿元。

二、农业

今吴窑镇域为高沙土地区。1968年,县革委会调集全县10多个公社数万名民工帮助吴窑乡平整土地。

20世纪90年代,全面修复沟渠路,改造低产田,建设丰产方,完成治沙改土。进入21世纪,开始发展特色农业、规模农业、高效农业。至2004年,全镇兴建规模种植、养殖园区53个,被江苏省确定为无公害万亩粮油生产基地。2006年,新增农业项目10个,其中规模项目农业3个,“三资”投入项目农业1.15亿元。2007年,新增花木生产园区2个、85.93公顷,新增项目农业32个、总投入2.57亿元。2008年,新增项目农业28个,其中规模农业8个。2009年,总投资3000万元、占地37.3公顷的皇家园艺项目建成投产。

2010年,全年实现农业总产值2.53亿元。至是年,全镇累计组建农民专业合作社23家、社员4091户;组建土地股份合作社17家,入股农户2130户、土地365.9公顷;建成社区股份合作社5家。

三、商贸服务业

中华人民共和国成立前,今吴窑镇域为全县

2001—2010年吴窑镇主要经济指标完成情况统计表

表22-12

项目	2001	2002	2003	2004	2005	2006	2007	2008	2009	2010
国内生产总值(万元)	24512	30223	36079	44350	63630	83163	119704	149630	195831	108324
财政收入(万元)	1830	1604	2492	2428	3560	3750.5	5602	5820	7586	12627
农业总产值(万元)	15610	16312	17093	21034	22349	21251	25455	30876.92	31694.46	25250
粮食总产量(吨)	26106	25731	23831	25071	25744	27895	28736	30925.68	34500	34500
年出栏生猪(万头)	4	5.03	5.58	5.59	5.48	4.27	3.80	4.78	5.68	8.19
年出栏家禽(万羽)	260	217	273	237	210	200	172	183.54	186.04	74.6
水产品总量(吨)	180	185	225	324	308	338	306	756	768	420
种养专业户(户)	182	220	250	298	312	271	243	216	220	220
工业企业(家)	289	304	329	217	278	286	433	444	454	527
工业销售收入(万元)	25610	33030	42896	63241	107182	175962	285108	446799	547728	671613
工业利税(万元)	701	675	730	1825	4620	5055	10537	23263	13487	25841
利用外资(万美元)	0	0	195	60	453	1016	1510	1323	750	1101
外贸供货额(万元)	2893	1878	1729	2633	4491	9887	16608	14728	44581	44581
三产实体(个)	416	468	512	569	632	861	2413	2433	2442	2442
商业零售网点(个)	111	134	154	178	656	735	808	880	889	892
商业零售总额(万元)	300	319	334	381	17988	19247	28489	35041.47	42750	27900
集市成交额(万元)	3	3.1	3.5	5	5000	5000	62000	75000	80000	82500
年平存款总额(万元)	6010	4800	4920	5043	5169	7701	15101	15210	26133	70724
农民人均收入(元)	3286	3553	3819	4696	5635	6825	8728	9426	10054	12157

商贸服务业欠发达地区，店铺较少，唯吴窑草炉烧饼较为知名。

20世纪50年代，始建合作商店、供销点等，县属商贸单位亦在此设立分支机构。80年代始，吴窑地区商贸服务业开始发展并迅速壮大，除集镇商贸服务外，专业市场建设尤为突出，中国山羊市场、江海银杏市场声名远扬。建于1998年的江中宾馆是全市较早的三星级宾馆之一。

2010年，全镇有三产实体2442个，从业人员9631人，实现第三产业总产值3.71亿元。全镇有商业零售网点892个，商品零售总额2.79亿元，集市贸易成交额8.25亿元。

附录：

吴窑专业市场

中国山羊市场 （详见本志卷十《商贸服务业·市场》）

江海银杏市场 起步于20世纪90年代。至1999年，发展至从原204国道沿吴（窑）奚（斜）公路向西绵延7.5千米，分银杏果、银杏叶、银杏苗木、银杏成树、银杏木料等交易，共拥有150个摊位（场），附设有2座银杏叶烘房和2000平方米仓库、市场招待所及公用通信、运输等配套设施。2000年，正式定名江海银杏市场。此后，每年9月、10月为购销旺季，客户遍及山东、广东等9个省市的17个市、县，产品通过中介远销欧洲、美国、日本、韩国等国家及中国港澳地区。

第三节 社会事业

一、教育

清光绪三十二年（1906年），长庄马家坪开办唐头市第三国民小学校（后为马坪小学）。民国3年（1914年），在吴窑吴氏祠堂兴办初级小学校（今吴窑小学前身）。民国12年，沙氏在四房庄兴办四房初级小学（今凤毛小学前身）。至民国38年初，吴窑地区办有沈王、吴窑、沈甸、何庄、沈桥等小学，长庄地区办有平田、大石、凤毛、广富、长阳、长庄等小学。

如皋全境解放后，政府在接管原有学校的同时，创办多所小学和初中。至1999年秋，经调整吴窑镇有吴窑、沈王、沈甸、钱庄、陈北、柳闸、沈天、朱庄、蔡庄、何庄、沈石、黄桥12所小学和沈王、沈甸、吴窑3所初中；长庄乡有凤毛、大石、平田、长东、长阳、吴庄、小马、广富、长庄9所小学和金盛初中。

2010年，全镇保留吴窑、凤毛2所小学和吴窑初中，在校学生4786人，教师298人。

二、文化

今吴窑镇域传统民间文艺形式有唱戏、通剧、挑花担、打莲花等。1958年，吴窑、长庄2乡同时建立文化站。1969年，吴窑、长庄2公社分别建立广播放大站，并相继建立电影队。

20世纪80年代，吴窑乡建立影剧院。90年代，江中集团开办的企业党校，为全市民营企业最知名党校之一。1999年，被评为江苏省群众文化先进镇 。

进入21世纪，吴窑农家书屋建设取得进展，农家书屋一般藏书均在600册以上。

三、卫生

中华人民共和国成立前，今吴窑镇域有少数医寓和游医。

20世纪50年代初，个体医生组建联合诊所。1958年，吴窑公社医院组建。1959年，长庄公社医院建立。2001年7月1日，吴窑镇卫生所建立。

2010年，全镇有卫生所1所，民营医院2所，个

图22-18 吴窑镇创建全国环境优美镇工作报告会 （2009年摄）

体诊所和村(社区)卫生服务站16个,全镇新型合作医疗参加率100%,初级卫生保健普及率100%。

第四节 集镇·工业集中区

一、集镇

吴窑 1957年,吴窑乡机关入驻后始形成,商铺主要分布在如新公路两侧。1987年,吴窑乡政府规划镇区面积1.25平方千米,并开始按规划建设。1993年起,将317线800米镇区段拓宽至28米,在317线东吴窑大桥北建成近1公顷的中国山羊城和近1公顷的农贸市场,修建龙河路,拓宽鲁班路,初步拉开镇区框架。1995年,镇区规划面积调整至3.7平方千米。

2000年,吴窑镇被确定为江苏省中心小城镇,镇区规划面积调整为6.6平方千米。此后,镇区建设速度加快。2005年,占地3.14公顷的新山羊市场投入运营,并建成34万平方米商住楼,形成3个大型商贸中心。2007年,南通吴窑台商城动工兴建,第一期工程占地21万平方米,建筑面积25万平方米,内设交易店铺2000户。

至2010年,镇区建成区面积6.6平方千米,累计开发房地产46万平方米,形成以长2100米人民路、1100米鲁班路、600米羊城路、1430米建工路、350米育贤路、440米全盛路、1400米园区路、1000米龙游路为主干道,配套设施完善的新集镇。

沙家庄 1957年始,为长庄乡(公社)机关驻地,逐渐形成乡政府至如海河边的东西1.5千米土路半边街道。至1980年,逐步形成柏油路面对面街。2000年,长庄乡并入吴窑镇后发展放缓。至2010年,有长约2千米的对面街。

二、工业集中区

2002年,吴窑镇始兴建工业集中区,面积33.33公顷。是年,基础设施基本完备,有9家企业进区落户。2003年,投入250万元继续完善基础设施,并开始规划建设72公顷的外商投资区,首期开发6.7公顷。至2010年,吴窑工业集中区完成全部工业应税销售5.3亿元,规模工业应税销售4.55亿元。

第十三章 江安镇

第一节 概况·沿革

一、概况

江安镇位于市境西南部，东、北与石庄、常青、高明3镇接壤，西、南分别与靖江、泰兴两市交界。江曲公路穿越南北，宁通高速横贯东西，焦港为镇东界。全镇总面积88平方千米，耕地面积4164.61公顷；辖社区10个，行政村15个；总人口91617人，其中男47044人，女44573人。2010年，实现国内生产总值12.52亿元，完成财政总收入1.65亿元，农民人均纯收入10574元。

二、沿革

明、清时期，今江安镇域大部属江宁乡。清末，江安为全县17乡之一。民国18年(1929年)6月，江安乡改为县第十五区。民国24年6月16日，改为第十二区，下辖西柴、严黄、陈堡、马曹、周丁、陆桥、北园、朝燕、燕桥、百新10个乡镇。民国29年，县抗日民主政府将鄂西、西黄2乡划归江安区。民国33年，撤销朝燕、周丁2乡，新设周庄、张庄、新民等4乡。民国35年2月，增设团结乡，新民乡更名戈堡乡。民国37年3月，周庄乡更名邓白乡。

1950年6月1日，撤销百新、西柴、严黄、鄂西4乡，增设新建、佘圩、生建、柴圩、黄市、鄂埭等7乡，团结乡并入陆桥乡。1951年1月20日，石庄区龙潭乡在焦港河西的5个村划建朗庙乡。1956年3月，朗庙、佘圩2乡和柴圩乡的西半部并入黄市乡；马曹乡南半部并入陈堡乡，北半部并入燕桥乡；陆桥乡并入鄂埭乡；戈堡乡并入张庄乡；北园乡并入邓白乡。1957年10月，新建乡和邓白、黄市乡的各一部分合并组建新建乡，乡机关驻葛市；陈堡乡和黄市、燕桥的各一部分合并组建黄市乡，乡机关驻黄市；鄂埭、张庄2乡和邓白乡一部分合并组建邓白乡，乡机关驻张庄。1958年，乡改称公社。1965年9月8日，邓白公社更名江安公社。1981年6月27日，新建公社更名葛市公社。1983年，各公社改称乡。1996年3月18日，江安撤乡设镇。

2000年4月23日，葛市乡并入江安镇。2001年10月8日，黄市撤乡设镇。2005年1月18日，黄市镇并入江安镇。

附录：

境内部分地名来历

江安 江安古称江岸，为古长江北岸所在地，亦称“老岸”“赤岸”，后江岸南移，再无水害，易名江安。

老埠下 该地原为长江北岸一停船码头，后有几户人家来此定居，逐渐形成村庄，故名。

崇明三圩 此村形似崇明岛，排序3号，故名。

郎当圩 相传有一地主将此圩分给一姑娘耕种，人称娘当圩，后音讹为郎当圩。

黄市 相传数百年前，有一黄姓商人在此开店经商，生意兴隆，后逐渐发展为街市，故名。

葛家市 因有葛姓商人在此设店经商而逐渐形成街市，故名。

第二节 经济建设

一、工业

民国前，今江安镇域有少数手工作坊。1952年，始建江安农具厂，后更名如皋县剪床厂。

1956年，相继建立江安、黄市、新建3家农具厂。1972年，如皋县第三毛纺厂创办，为江安地区首家乡办企业。2001年初，黄市乡的玉兔食品集团与英国美伽索集团联合创办如皋康爱特化工公司，是为江安地区第一家中外合资企业。2003年，江安镇新增毛、棉、丝织造企业121家。

2004年，江安镇成为全市民营经济十强镇。至2005年，全镇有工业企业310多家，其中规模企业16家。2006—2007年，实现工商注册外资3320万美元，到账1211万美元，引进市外民资5748万余元；宁通社区、联络社区、徐柴村成为民营经济亿元村。2008年，全镇规模企业增加至49家，5家企业销售超亿元。2009—2010年，实现工商注册外资4500万美元，到账1911.3万美元，引进市外民资54546万元。

2010年，全镇实现工业总产值620675万元，共有工业企业1058家（不含个体），从业人员14586人，其中南通玉兔食品集团、汤臣汽配有限公司为全市工业50强企业。

二、农业

今江安镇域以“老岸”为界，岸南一小部分属圩田地区，适宜栽植水稻；岸北，属红沙土地区，特别适宜种植花生。江安地区所产花生以颗粒饱满、出油率高著称，是名优地方农产品。1958年，因花生丰收，邓白公社被评为全国农业社会

2001—2010年江安镇主要经济指标完成情况统计表

表22-13

项目	2001	2002	2003	2004	2005	2006	2007	2008	2009	2010
国内生产总值（万元）	19988	25435	30267	36002	67526	67506	130941	174200	103064	125196
财政收入（万元）	1285	1588.09	1564	1765	4596	4649	5335.70	7714.72	8986	16495
农业总产值（万元）	12562	13103	13913	14399	25648	26199	20251	21700	27761	31244
粮食总产量（吨）	26128	21774	19093	23774	36055	35986	40015	41622	41421	42095
年出栏生猪（万头）	2.24	3.40	5.80	4.40	4.65	4.20	12.80	7.64	7.10	6.20
年出栏家禽（万羽）	13.70	20	18	15	33.42	28.70	40.96	35.64	48.20	51.20
水产品总量（吨）	5837	44	54	193	2222	322	318	324	1232	839
种养专业户（户）	778	826	136	113	84	97	241	263	298	321
工业企业（家）	351	352	314	331	636	658	861	953	1011	1058
工业销售收入（万元）	29000	33639	49178	66507	163298	195000	316000	411952	501246	595624
工业利税（万元）	986	2040	1690	2288	5814	6156	12639	20660	25366	26234
利用外资（万美元）	0	22.80	6	390	85	179.20	1210.80	1205	824.30	1087
外贸供货额（万元）	3518	3526	3546	6165	15726	15098	17328	21324	14575	24820
三产实体（个）	1632	1633	1763	2032	3624	3319	3764	3798	3878	3219
商业零售网点（个）	254	293	338	580	586	618	1106	1018	1210	1228
商业零售总额（万元）	6995	7012.70	7800	8618	15226	19241	37277	50113	60556	61554
集市成交额（万元）	1152	1160	3000	3600	3520	3952	4560	27485	28387	45478
年平存款总额（万元）	7616	10737.40	6971	7156	47210	58760	48321	45820	52796	8800
农民人均收入（元）	2998	3169	3588	4248	4800	5888	7033	8098.60	8853	10574

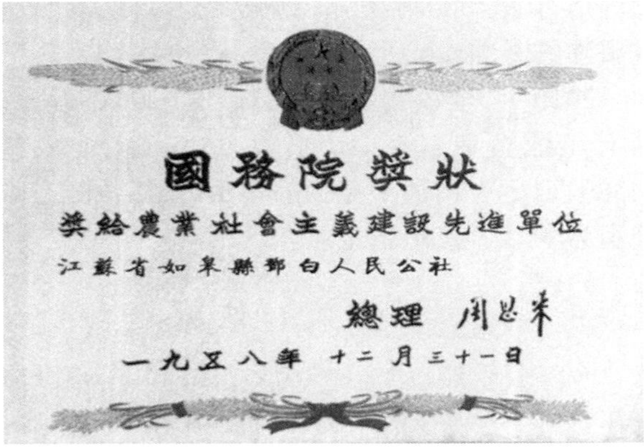

22－19 邓白公社被评为全国农业社会主义建设先进单位

主义建设先进单位，获国务院总理周恩来签名的奖状。

20世纪60年代，高沙土地区开始治沙改土，至80年代，基本实现旱改水。进入21世纪，江安地区开始结合土壤特点发展特色农业、规模农业、高效农业。2001年，百新村獭兔养殖繁育良种场建成。2002年，“江安花生”“江安香荷芋头”被认定为长寿食品，开始远销北京、大连、上海、南京等大中城市。2003—2005年，全镇建成波尔山羊、申九果蔬、新泉科技园林等高效种养项目7个。2006年，蚕业合作社被评为南通市十佳农民专业合作组织。2007—2008年，以二元母猪繁殖、獭兔、鹅等养殖业为重点的项目农业发展迅猛，新建农民专业合作社28家、土地股份合作社25家、社区合作社1家。

2009—2010年，新增高效农业项目61个，其中规模项目23个，名列全市第一。2010年，全镇实现农业总产值3.12亿元。

三、商贸服务业

民国以前，今江安镇域除香期、庙会外，大的村庄有日用杂货店，另有货郎担走村串户做小买卖。民国36年（1947年）秋，苏皖边区在贲家巷开设韬奋书店，在江安鄂西桥口设立门市部，在零售图书的同时，兼营黄金收购，到国统区购买战略物资。

1954年，建立何正区鄂埭供销社。计划经济年代，地处靖江、泰兴、如皋三县交界处的“黑市坝”（为逃避打击在坝上交易，发现一县出动打击，立即逃至另一县），是三县远近闻名的地下商品贸易点。1990年10月，黄市农贸市场建成。进入21世纪，江安地区商贸服务业迅速发展。

至2010年，全镇有三产实体3219个，从业人员14486人，实现第三产业总产值3.80亿元。有商业零售网点1228个，零售商店总额6.16亿元，集贸市场成交额4.55亿元。

第三节 社会事业

一、教育

清光绪三十二年（1906年），江安第一初等、高等小学校在周庄创办。清宣统元年（1909年），江安第二初等小学校、黄市初等小学校相继在黄家市创办，江安第三初等小学校在西来庵创办，第四初等小学校在徐家庄创办。清宣统二年，周氏私立初等小学校在戈堡创办。民国5年（1916年）、民国8年，江安小学和马堡小学先后创办。民国30年，如西县政府在江安创办滨江中学和5所小学。

如皋全境解放后，政府除接管原有学校外，又大量创办小学和初中。至20世纪70年代，江安、葛市、黄市3公社基本普及初中教育。80年代始，全镇进行学校布局调整和教育现代化建设。至2005年，保留滨江、葛市、黄市3所初中和江安、戈堡、申埭、百新、葛市、北元、黄埭、马堡、生建9所小学。

2010年，全镇有江安、葛市、黄岱3所小学和滨江初中、市属江安中学共5所学校，在校学生10225人，教师680人。

二、文化

今江安镇域传统文化有庙会、香期，既是商贸活动，又是群众文化活动。民间文艺形式有唱山歌、号子、说书、唱会、莲花、花担、花船、舞龙、舞狮等。江安民歌《花生号子》《黄秧号子》经层层会演唱响全国。

1952年，江安区文化站于周庄头区公所内创设。1958年，新建、黄市文化站建立。20世纪60年代，各公社文化站撤销，建立广播放大站。70

年代，江安、新建、黄市3公社均建立电影放映队。1980—1983年，江安、葛市（新建）、黄市公社文化站恢复建立，江安乡建立影剧院。80年代末，江安地区香期、庙会恢复。1999年，黄市、葛市两乡同被江苏省文化厅命名为群众文化先进乡镇。2000年，葛市乡文化站与江安镇文化站合并组建江安镇文化服务站。2004年，1000平方米镇文体活动中心落成。2007年，占地2.5万平方米，集健身、休闲、娱乐于一体的江安镇农民文体广场在小龙游河风光带兴建。

三、卫生

1949年前，今江安镇域有少数中医医寓，其中以黄市中医骨伤科较为知名。1952年，域内个体医生联合组建邓白、鄂埭、黄市、陆桥、戈堡、新建等联合诊所，县政府设立江安区中心卫生院。1958年，联合诊所和个体药店相继组建新建、邓白、黄市公社医院。1994年，江安乡医院并入江安区中心卫生院。2001年7月，江安镇卫生所建立。

2010年，全镇共有民营医院3所，镇卫生所1所，村（社区）卫生室35个，从业人员103名。此外，有个体诊所10个，其中中医骨伤科5个，口腔科2个，中医内科2个，肛肠科1个，骨伤科经数代人传承发展，医术独特，远近闻名。

第四节 集镇·工业集中区

一、集镇

江安 又名东张庄，地处如皋革命老区中心地带。民国30年（1941年）春，如西县滨江中学（今江安中学前身）在西戈堡周氏祠堂创立。民国31年至民国34年，中共苏中三地委、第三专员公署、三分区司令部机关均常驻周庄头。中华人民共和国成立初，周庄头为中共江安区委、江安区公所驻地，东张庄为邓白乡（公社）、江安中学、江安中心医院所在地。

1996年，东西走向迎春路建成，南北走向人民路，沿街商店逐渐增多。2003—2004年，中心幼儿园和江安小学相继于镇区兴建。2004年，府前商贸街建成集商贸、餐饮等于一体的建筑群，占地0.79公顷，建筑面积1.66万平方米，其中商业用房4240平方米。2005年，建成“四横（迎春路、园区中心路、立新河北路、环西路）、两纵（人民路、府前路）”集镇道路框架，并实施亮化、绿化、美化工程。2006年，镇区南扩工程实施，中心农贸市场建成。2008—2009年，环镇北路、镇北大桥、学前路建成，完成居民小区开发10万平方米。

2010年，建成区面积5平方千米，通过江苏省卫生镇、全国环境优美镇复查验收，镇区“六横四纵”道路框架和配套设施全面到位。

黄市 为原黄市乡（镇）机关驻地，与靖江、泰兴2市紧邻，“鸡啼三县晓”，水陆交通便利。至1998年，有20多家企业在此落户。撤乡设镇后，街道北延500米，商店超市布满街道两侧。2005年，黄市镇并入江安镇后，集镇规模基本保持不变。

葛市 原名葛家市，是如皋西南与靖江市西来镇相邻的小集镇。1957年，葛市乡机关入驻后，供销社、粮站等相继建立，集镇范围不断拓展。至1998年，有通用机械厂等10多家企业落户。宁通高速葛市立交桥建成后，集镇商贸服务业更加繁荣。

二、工业集中区

全镇设有南、北、西3个工业集中区。南区位于葛市，2002年创建，占地61.33公顷，至2005年进区企业55家，其中规模企业8家，形成针织、机械、冷冻设备板块。西区位于黄市，2002年创建，占地98.67公顷，第一期开工21.87公顷，当年进区企业3家，2005年新增进区企业7家。北区位于镇中，2005年创建，占地106.67公顷，当年即有17家企业进区，其中中外合资企业3家、民营企业14家。2006年，实施北区西延工程。2009年，新扩建食品工业区，10家食品企业入驻。2010年，全镇3个工业集中区，全部实现“七通一平”，13家投资超1000万元企业及江苏四方精密钢管、南通清虹汽配、江苏靖联机械、金堂纱业4家超亿元企业相继落户，规模企业累计78家。

第十四章 高明镇

第一节 概况·沿革

一、概况

高明镇位于市境西部，西与泰兴市分界镇交界，东与常青镇相连，南与江安镇接壤，北与搬经镇毗邻。江（安）曲（塘）公路贯通南北，红旗路东西穿越。全镇总面积66.8平方千米，耕地面积3496公顷；辖社区6个，行政村6个；总人口53298人，其中男27356人，女25942人。2010年，实现国内生产总值7.82亿元，完成财政总收入4398万元，农民人均纯收入10649元。

二、沿革

今高明地区早在汉代即有人居住（据大杨庄银杏树年轮推断）。明代，今高明镇域大部属安定乡。清末，现境域北部属卢港乡，南部属江安乡。民国2年（1913年），北部属卢港市，南部属江安乡。民国24年6月16日，县第十二区（江安）下辖燕桥、朝燕等乡，第十三区（卢港）下辖鄂西、卢杨、芹界等乡。民国30年，如西县政府新设西黄乡、高明乡和南洋乡。民国34年，撤销朝燕乡，新设胜利乡。民国37年，撤销卢杨乡，增设卢庄、刘庄和杨庄乡。民国38年年初，撤销鄂西乡，增设周严乡。

1956年，刘庄乡并入卢庄乡，南洋乡并入高明乡。1957年，胜利、西黄、周严3乡及燕桥乡一部分合并组建胜利乡，乡机关驻东燕庄；高明、卢庄2乡及杨庄乡一部分合并组建高明乡，乡机关驻大蒋家岱。1958年9月5日，胜利、高明2乡分别建立公社。12月，分别加入以区组建的江安公社和卢港公社。1959年1月，胜利公社和高明公社恢复。1983年，恢复胜利乡和高明乡。

2000年4月23日，胜利、高明2乡合并组建高明镇。

附录：

境内部分地名来历

山西 因该地原有3座大坟墓，形似笔架，故名笔架山，在其西边住有人家，得名山西。

水洞口 相传500多年前，此地有天然形成的72个水洞，故名。

九龙口 相传300多年前，该处有九条河流均流进龙游河，故名。

贲家巷 以贲姓人家居此成巷，故名。为中国工农红军第十四军诞生地。

阚家河 传说阚姓人家入住该处，为排水畅通，挖了一条小河与小龙游河相通，故名。

四墩一塌 为周严墩、孙严墩、章严墩、羊子墩、河塔。该处地势低洼，遇涝一片汪洋，只有几处能避淹没，分别住有周氏、孙氏、章氏，一处最低凹处主要牧羊，称为河塌（后改写为塔），故名。

东燕庄、西燕庄、小燕庄 相传500多年前，孙氏由苏州阊门逃至此落户，如飞燕落巢，后形成东西两个庄子，故名。再后有一户孙氏在庄东头田地搭牛车棚，以便于耕作，该户后来兄弟分居即以此处为居住点，定名小燕庄。

大黄卜户、小黄卜户 本为1个村，住有上百户黄姓人家，名"黄百户"，百简写作"卜"（如皋西部方言"百"与"卜"同音），后大黄卜户庄后，又形成一百户黄姓村庄，遂以大小区分。

唐家楼 明永乐年间，唐氏迁此，初建有一栋3层楼房，故名。一说唐姓人家为看守庄稼搭两层棚子，人们戏称其为"唐家楼"，后成为地名。

胡家空、联络庄 原为仅有几户胡姓人家居住的空处（偏僻处），故名。抗日战争、解放战争时期，此处为乡村干部秘密联络的地方，遂改名联络庄。

第二节 经济建设

一、工业

民国前，今高明镇域有木匠、篾匠、泥瓦匠等手工业者。1952年，部分铁匠、木工等手工业者在石桥头组建铁木农具生产组，生产简单农具。1953年，生产组定名如皋县石桥头铁木生产合作社后，合作社迁江安，扩建为江安农机具修造厂，是为高明地区第一家工厂。

20世纪60—80年代，今高明地区特别是高明乡因交通等因素属全县工业落后地区。90年代，胜利、高明2乡工业经济开始发展。1996年，南通不锈钢制品厂和如皋餐具厂等整合组建江苏蓝星集团落户胜利，产品远销美、日、加、德、泰等国家和香港、台湾地区。至2005年，全镇规模以上企业发展至5家。2006—2009年，全镇工业项目投入2.22亿元，新批注册外资2309万美元，实现到账外资1120万美元，引进市外民资2.59亿元，新增规模企业4家，新增注册商标6个。

2010年，全镇实现工业总产值23.67亿元，引进程恒、烨华2家超亿元汽配企业和龙华、祥盛2家高新技术企业，实现高新企业零的突破。至是年末，全镇共有工业企业648家(不含个体)，从业人员6672人。

图22-20 高明镇顺达制丝车间 (2006年摄)

二、农业

全镇处典型高沙土地区。治沙改土前，农业生产一直在低水平徘徊。

20世纪70年代，开始治沙改土。90年代，全面完成治沙改土任务，实现旱改水，农作物产量达到全市(县)平均水平，蚕桑生产处于全市(县)先进行列。2005年，高明镇蚕业合作社被评为南通市十佳农民专业合作组织。2007年，全镇桑园面积近2000公顷，建成周庄社区和晓庄村两个蚕桑专业村(社区)；西庄村的西兰花、陈庄村的雪菜、刘庄村和卢庄村的甜豌豆、鲍庄村的荔浦芋头实现100亩以上连片；玉圣禽业有限公司养鸡超10万羽。2008—2009年，全镇新增花木和高效渔业各33.33公顷，果蔬66.67公顷，特种粮食特种经济作物100公顷，累计建成高明社区佳康渔业、黄庄村优质生猪养殖、周庄社区群益桑蚕养殖等农民专业合作社15个，土地股份合作社19个，集体资产股份合作社2个。

2010年，黄庄村“超级冬春”西瓜获市第二届优质西瓜评比会特等奖，全镇完成农业总产值2.98亿元。

三、商贸服务业

20世纪60年代前，今高明镇域为全县商贸服务业欠发达地区。70年代，红旗路、江(安)曲(塘)公路相继建成和修缮，高明地区商贸服务业随之发展。原胜利乡机关所在地东燕庄和原高明乡机关所在地大蒋岱开始新建街区，形成集镇。进入21世纪，文峰、华联、苏果、品德等连锁超市及桑拿、KTV等服务企业纷纷落户。

2010年，全镇有三产实体1584个，从业人员7550人，实现第三产业总产值2.64亿元。有商业零售网点1894个，商品零售总额1.50亿元，集市贸易成交额1.32亿元。

第三节 社会事业

一、教育

明、清时期，今高明镇域较大村庄有私塾。清光绪三十一年(1905年)，私立初等小学在卢家庄创办。民国4年(1915年)，县民政公署创办杨庄小学。民国13年，西燕小学创办。

2001—2010年高明镇主要经济指标完成情况统计表

表22-14

项　目	2001	2002	2003	2004	2005	2006	2007	2008	2009	2010
国内生产总值(万元)	16692	19998	24797	30376	37000	32894	36931	47030	67040	78240
财政收入(万元)	1228	1261	1874	2410	2569	3551	4113	1311	1517	4398
农业总产值(万元)	12034	6913	7045	7595	8100	8397	18309	24123	24932	29801
粮食总产量(吨)	29050	27131	24373	23898	22298	25855	24085	24896	26054	28275
年出栏生猪(万头)	3.95	4.03	6.08	6.08	6.08	6.20	5	4.80	4.85	4.50
年出栏家禽(万羽)	15.09	15.32	23.30	36	37.90	35.20	35.60	35.90	36.80	35
水产品总量(吨)	98	112	141	140	184	216	250	260	731	870
种养专业户(户)	680	716	806	1000	1102	1102	132	154	168	187
工业企业(家)	418	415	427	448	568	580	595	606	623	648
工业销售收入(万元)	26126	38157	53178	74746	104188	120606	200900	214165	219368	236742
工业利税(万元)	392	213	852	1385	1993	2906	6790	16375	16722	18097
利用外资(万美元)	0	0	2	3	2.20	39.10	909	652	695	910
外贸供货额(万元)	7405	7500	10592	12542	16255	16568	17439	17846	18114	18627
三产实体(个)	1427	1445	1547	1548	1548	1548	1548	1548	1548	1584
商业零售网点(个)	800	810	838	1640	1701	1731	1765	1785	1842	1894
商业零售总额(万元)	1000	1080	1280	12542	12930	13530	14342	14305	14455	14975
集市成交额(万元)	600	650	1600	900	3000	3450	4140	4742	10980	13180
年末存款总额(万元)	5460	5920	7396	10430	13782	15700	16500	25532	30610	35120
农民人均收入(元)	3169	3451	3868	4324	4858	5560	6545	7643	8660	10649

1949年始，政府在接管原有学校的同时，大量兴建小学和初中。至1977年，今高明镇域基本普及初中教育，其中，高明公社有农业大学1所，有高明、卢庄、芹湖、高明庄初中4所，有蒋埭、芹湖、鲍庄、杨庄、卢庄、刘岱、冯埭、东刘、复兴、翻身、南洋、小西、高明庄、晓曙、晏岱小学15所；胜利公社有农业大学1所，胜利、水洞口、西燕、河塔初中4所，东燕、西燕、水洞口、河塔、陈庄、周严、贲燕、苍燕、刘堡、石桥、石岱、朝西、大黄、唐楼、小黄小学15所，苍燕初小1所。1977—1979年，水洞口、西燕等学校的高考补习班以录取率高全县知名。

20世纪90年代，始调整学校布局，推进学校现代化建设。2010年，全镇保留东燕小学、高明学校小学部和初中部，共有在校学生3645人，教师206人。

二、文化

今高明镇域传统文化活动有打莲花、打腰鼓、挑花担、荡旱船、踩高跷、舞龙灯等，主要在春节娱乐活动或卖艺时表演。民国29年(1940年)，抗日民主政府建立后，开始用文艺表演方式向人民群众宣传抗日救国道理。民国36年至民国37年，县教育科将全县演出水平、节目质量较高的高明等乡农民剧团合并组成县文工队，在新老解放区巡回演出。

1958年4月，高明乡、胜利乡同时建立文化站。1961年6月，2公社文化站撤销。不久，高明、胜利公社广播放大站建立。20世纪70年代，2公社文化站恢复建立，并分别建立电影队。1982年，胜利公社建成影剧院。至2000年，除镇建有文化站、广播电视服务站，各村（社区）均建有文体活动室和农家书屋。

2007年，镇800平方米文体活动中心和占地2.67万平方米集健身、休闲、娱乐于一体的农民广场投入使用。

三、卫生

民国前，今高明镇域，只有少数郎中巡回诊病。20世纪50年代初，胜利、西黄、周严、燕桥、高明、卢庄、杨庄等乡组织个体医生成立联合诊所。1958年，在联合诊所基础上，分别组建高明、胜利公社医院。2001年7月，高明镇卫生所建立。

2010年，全镇有卫生所1所，民营医院2所，村（社区）卫生服务站17个，个体中医诊所2家，骨伤科、眼科特色在市内较有名气。全镇新型合作医疗参加率100%，初级卫生保健普及率100%。

第四节 集镇·工业集中区

一、集镇

高明 原名大蒋家岱。1957年高明乡机关进驻后，始称“高明”。1990年始，高明乡政府规划建设集镇。1991年，填平东西蒋岱大渠，开辟35米宽的东西主街道。1992年，路南开始有农户移居，路北先后有信用社、兽医站、税务所、供销社、管电所、医院等单位落户，并在医院路东建成简易农贸市场。2000年，高明、胜利2乡合并后，开始实施高明与东燕庄之间南北“十里长街”建设。2008年，总面积1万平方米的封闭式农贸市场投入运营。2010年，集镇建成区约2.5平方千米，道路、给排水、绿化亮化、环卫等基础设施全面到位。

东燕庄 原胜利乡机关驻地。红旗路、江曲公路建成通车后，逐渐形成东西长约1000米、南北长约400米的“丁”字形街道。至2000年，镇区主要有镇直单位，邮电、金融等分支机构及部分企业。至2010年，建成区面积2.8平方千米，主要集中部分企业和商贸服务企业（户）。

石桥头 原胜利、黄市、江安乡（公社）交界处有1座石块垒成的小桥，桥西有片空地。20世纪30年代，自发形成农副产品交易集市，被称作“石桥头”。解放战争期间，韬奋书店在此设立售书点。1949年10月，始设石桥头供销社。1962年，石桥头农贸市场管理委员会正式建立，包括泰兴、靖江在内方圆几十千米内的人们都到此购销农副产品。进入21世纪，更多商贸服务企业、工厂落户，成为如皋西境重要的农副产品集散地。

二、工业集中区

2002年，高明镇规划在镇区路北设20公顷工业集中区。至2004年，进区项目42个，完成技改投入12189万元，其中皋翔水泥、盈亿工贸、三鑫毛衫、爱尔服饰、铁汉合金5家企业技改投入量均在500万元以上。是年，高明镇被评为南通市民营经济跨越发展十佳乡镇。2005—2006年，集中区新增规模以上项目14个，投资2.08亿元。2007年，集中区扩至1.2平方千米，东至新江曲公路，南至惠民路，北至人民路，区内形成“三横两纵”道路框架。2008—2009年，区内完成工业投入8.83亿元。2010年，引进程恒、烨华2个超亿元汽配项目，龙华、祥盛2家高新技术企业。

第十五章　常青镇

第一节 概况·沿革

一、概况

常青镇位于市境中西部，四周与磨头、吴窑、石庄、江安、高明、搬经6镇接壤。王(垛)石(庄)公路贯通南北，红旗路横穿东西。全镇总面积61.2平方千米，耕地面积3200公顷；辖社区6个，行政村6个；总人口48406人，其中男24693人，女23713人。2010年，实现国内生产总值9.79亿元，完成财政总收入6279万元，农民人均纯收入11319元。

二、沿革

明、清时期，今常青镇域大部属江宁乡，北部属安定乡。清末，南部属石庄乡，北部属卢港乡。民国2年(1913年)开始，南部属石庄乡，北属卢港市。民国24年6月16日，国民政府如皋县政府设海圩、大腰、楼房、唐家、袁横、薄湾、鄂西、梅冯等乡。民国32年，袁横乡析为袁庄、横埭2乡，梅冯乡析为土山、梅甸2乡。民国33年，大腰乡析出南部5个保与楼房乡北部合建铁草乡。民国35年，薄湾、卢港各析出一部分组建楼冯乡。民国37年3月21日，横埭乡更名毕云乡，大腰乡更名蔡炎乡。是年，横埭乡析出一部分设立顾河乡。

1950年6月，楼房、唐家2乡各析出一部分设立邹蔡乡，顾河乡并入毕云乡。1954年2月，袁庄并入毕云乡，楼房乡并入薄湾乡，土山乡并入石根乡(原卢港乡)，铁草乡并入海圩乡，邹蔡乡并入蔡炎乡。1957年10月，海圩乡并入蔡炎乡，蔡炎乡机关驻草张庄；土山乡从石根乡析出，与薄湾乡一起并入毕云乡，毕云乡机关驻申家锎。1958年12月，毕云乡加入以卢港全区组建的卢港公社，蔡炎乡加入以石庄全区组建的石庄公社。1959年3月，分别改建毕云、蔡炎2个公社。1965年9月8日，毕云公社更名常青公社，蔡炎公社更名高井公社。1983年9月26日，常青、高井2公社分别改建为高井乡和常青乡。

2000年4月23日，2乡合并组建常青镇，镇机关设于叶庄。

附录：

境内部分地名来历

轿子楼　相传300多年前，此地有座木楼，形似轿子，故名。

薄家湾　以此地土地瘠薄、河道多湾得名。

八国庄　相传此庄住户从8个地方移居而来，故名。

岔林港　因林港东边、北边都是岔河，两岸都有树林，故名。

草张庄　古时该处是空草地，后有张姓来此定居，故名。

第二节 经济建设

一、工业

中华人民共和国成立前，今常青镇域只有个体工匠。1959年，常青公社农灌车口代轧棉花，搞芦苇编织，是为常青地区工业之始。

20世纪60年代，毕云(常青)、蔡炎(高井)2公社相继建立农具厂。70—80年代，常青创办水泥设备、机械、电器、柳条编织、榨油、面粉、地毯、轧花、瓶套、鞋帽、服装等劳动密集型小厂，高井创办服装、毛纺、酿酒、柳条编织、环保设备、丝毯、印染等劳动密集型小厂。1986年,南通棉织十六厂落户常青乡,是为常青乡首家规模企业。进入21世纪,常青镇工业经济开始快速发展。2003年,全镇引进项目52个,净增个体私营企业98家。2005年2月,南通三喜服装有限公司落户镇工业园区。是为常青镇首家中外合资企业。12月,常青镇被评为南通市民营经济增幅十强镇。2006年,全镇新增亿元以上企业3家。2007—2008年,实现工商注册外资4780万美元,到账外资660万美元。2009年,恒绮纺织、鸿基织造、昊成纺织应税销售进入全市前100强。

2010年,全镇开工项目30个,其中亿元项目3个,实现工业总产值64.17亿元。是年末,全镇有工业企业636家(不含个体),从业人员18149人。

二、农业

常青镇地处高沙土地区。20世纪60年代前,只能种植旱作物,农业生产长期在低水平徘徊。20世纪80年代,逐步实现"旱改水"。90年代,开始实行连片种植,建设吨粮田、高产方。2001年9月,参加江苏省农业综合开发节水与农业结构调整示范基地项目招投标竞标成功,获上级投资162万元,其中国家、江苏省、南通市投资132万元。

2002年3月,全市第一家百亩牛蒡生产基地在常青农业综合开发核心区董王庄村建立。2004年,袁庄村千亩"双低"油菜产量获南通市第二。2006年,全镇扩桑102.67公顷,建成速生商品意杨林68公顷,完成农田林网1393.33公顷。2008—2009年,新增农民专业合作社29家、土地股份合作社12家、股份合作社2家,新增设施农业200公顷。

2010年,全镇新增设施农业园区2个,打造千亩设施农业专业村3个。累计加入合作社社员7130人,新增土地股份合作社12个,入股面积573.3公顷。实现农业总产值3.14亿元。

三、商贸服务业

1957年前,今常青镇域无集镇,只有庙会等临时性集市贸易活动。至20世纪70年代,主要由集体商业和县属商贸服务业分支机构从事商贸服务。1993年,常青乡与南通粮油进出口公司、三联公司(日商)联合兴办常青果蔬制品有限公司,向日本销售腌制黄瓜、萝卜等半成品。

20世纪90年代中后期,随着民营经济的迅速发展和叶庄、草张庄集镇的初步形成,全镇商贸服务业开始迅速发展。2005年,全镇新增大型购物中心、超市3家。

2010年底,除常青镇区外,初步形成草张庄、圩岸公路转盘、吴庄桥两岸及龙宇市场4个商贸集中点。全镇有三产实体413个,从业人员10832人,实现第三产业总产值2.40亿元。有商业零售网点341个,商品零售总额4.13亿元,集市贸易成交额4.03亿元。

2001—2010年高明镇主要经济指标完成情况统计表

表22-15

项　目	2001	2002	2003	2004	2005	2006	2007	2008	2009	2010
国内生产总值(万元)	19793	23445	30087	39263	50070	61108	80688	76500	75200	97935
财政收入(万元)	1516	1431	1834	2060	2116	3003	4095	3491	1700	6279
农业总产值(万元)	16471	16749	17846	19096	21057	22306	21999	20999	23000	31387
粮食总产量(吨)	25200	22827	21453	21483	24058	24199	25032	26296	22263	29800
年出栏生猪(万头)	6.55	5.98	4.83	5.26	4.58	4.35	3.57	5.14	4.50	4.81
年出栏家禽(万羽)	327.30	102.90	106.80	108.80	98.90	102	84.56	169	50	51
水产品总量(吨)	220	289	374	416	436	315	395	410	174	167

续表22-15

项目	2001	2002	2003	2004	2005	2006	2007	2008	2009	2010
种养专业户(户)	410	420	412	465	415	490	511	435	601	833
工业企业(家)	409	412	508	589	575	594	616	624	622	636
工业销售收入(万元)	20885	26410	28236	78288	130000	233313	395053	389060	531000	615000
工业利税(万元)	737	596	1796	2464	6297	10113	11730	12478	25618	32730
利用外资(万美元)	0	25	12	315	300	500	900	954	890	1005
外贸供货额(万元)	6745	8144	9965	8725	8800	13400	13802	14011	14450	18290
三产实体(个)	7	7	8	12	42	53	37	218	409	413
商业零售网点(个)	2	3	5	8	28	35	320	149	341	341
商业零售总额(万元)	3422	6212	7099	11829	13492	16190	31200	25700	41300	41300
集市成交额(万元)	152	300	416	626	869	1200	3560	4200	40310	40319
年末存款总额(万元)	5966	6563	6928	11600	16100	19300	21500	23700	29080	56838
农民人均收入(元)	3012	3200	3826	4398	5000	6601	7208	8642	9791	11319

第三节 社会事业

一、教育

民国时，今常青镇域较大村庄有私塾。民国30年(1941年)如西县政府成立后，将一批私塾改办为铁草、王陈等小学。

1949年，县政府在接管原有学校的同时，始大力发展常青地区教育事业。至1985年，常青乡有横埭、常青、顾庄、王陈初中4所，叶庄、河南、西横、吴庄、申锕、顾庄、薄湾、张庄、王陈、土山、西尧、圩岸、草荡、井尔小学14所；高井乡有高井、海南、邹岱、杨岱初中4所，铁草、海南、李楼、蔡堡、邹岱、大腰、杨岱、林港、蒋堡、何庄、杨岱、三河小学12所。20世纪90年代始，调整学校布局，实施教育现代化建设。至2005年，全镇保留常青初中、常青职中和叶庄、铁草、西横、王陈、杨岱、海南6所小学。

图22-21 如皋市常青初中

2010年秋，全镇保留常青初中和叶庄、铁草小学3所学校，共有在校学生4251人，教师266人。

二、文化

今常青镇域传统文化活动有打莲花、踩高跷、舞龙灯、荡旱船、挑花担、唱小调、打号子等。民国29年(1940年)，县抗日民主政府建立后，县政府文教科开始组织民间艺人用文艺表演方式向人民群众宣传共产党抗日主张和革命道理。民国36年至民国37年年底，县政府教育科将演出水平较高的薄湾乡农民剧团抽调参加县文工队，在新老解放区巡回演出。

20世纪50—60年代，何正区、毕云公社文化站及常青、高井乡文化站和广播放大站先后建立。70年代,常青、高井公社分别建立电影队、兴建影剧院。1994年,常青乡开始发展有线电视,为全市最早发展有线电视的乡镇之一。1999年,常青乡被江苏省文化厅命名为群众文化先进镇。2004年,常青镇被评为南通市有线电视先进镇,广播电视服务站被评为南通市优秀乡镇广电站。是年,5500平方米的农民休闲广场建成。

2010年,常青镇建有文化中心大楼和两个农民休闲广场,各村(社区)建有文化活动室和农家书屋,全镇设13个晨晚文化、健身活动点,并聘有社会指导员35人。

三、卫生

民国前,今常青镇域有少数个体中医医寓。中华人民共和国成立初,政府将个体医生组织起来,建立楼房、唐家、邹蔡、毕云、袁庄、海圩、薄湾等联合诊所。1958年,在联合诊所的基础上,组建毕云、蔡炎2所公社医院。2000年7月1日,常青镇卫生所建立。10月,原常青、高井2乡医院同时改制为民营医院。

2010年,全镇有卫生所1所,民营医院2所,村(社区)卫生服务室15个,从业医务人员55名。全镇初级医疗保健普及率100%,新农保参保率100%。

第四节 集镇·工业集中区

一、集镇

常青 20世纪90年代,形成以镇政府东转盘为中心"十"字形主街道。东西街(新叶路段)长3千米、宽28米,南北街(王石路段)长3千米、宽32米。另有育贤路长0.5千米、宽26米,为次街道。至2005年,建成区面积2平方千米,居住人口1.35万人,绿化面积5.8公顷,路灯、给排水、环卫设施全面到位。2006年,镇区向四面延伸。南至丁西公路,东连204国道,西接江曲公路,北连皋高公路。2007年,镇区总体规划编制完成,新泰路和育贤西路开工建设。2008—2009年,镇区开发房地产5.3万平方米,新建占地2公顷的龙宇农贸市场1座。

2010年,拆迁5000平方米,开工建设常青商贸街,开发青云小区房地产6.2万平方米,竣工5.56万平方米;建成常青大道、新泰路、育贤西路、园区路等镇区道路。

高井 原高井乡机关驻地,建成区面积0.4平方千米。以高井大桥西端王石路与跃进路交叉口为中心,形成"十"字形大街,东西街(跃进路段)长0.5千米、宽16米,南北街(王石路段)长1.5千米、宽16米。

二、工业集中区

2002年,常青镇于叶庄和草张庄各设1个工业集中区,分别占地106.7公顷和26.7公顷,共投入1600万元,进行水、电、道路、绿化等基础设施建设。至2005年,进区中外合资企业2家,民营企业34家。

2006年,镇政府始规划建设以西林有色金属、苏扬建材为龙头的沿河高新技术产业园区,以新泰服饰、恒绮纺织为龙头的纺织服装产业园区,以蓝成金属制品、焊板、机械加工为龙头的机械工业园区及常乐饭店以东的民营工业集中区。是年,完成基础设施投入1921万元,流转建设用地33.33公顷,开工标准厂房3.45万平方米、竣工3.25平方米。2007年,园区新增工业用地40多万平方米。镇政府制订镇北工业区、镇南工业区、草张庄工业区8平方千米的产业集中区规划和海圩、叶庄、万全、董王4个村级工业园区规划。2009年,园区内恒绮纺织、鸿基织造、昊晟纺织应税销售总额进入全市前100强,并有17个规模以上工业项目开工建设,累计注册股份制企业167家,个人独资企业424家。

2010年,完成工业园区基础设施投入2457万元,新增亿元企业3家,规模企业4家。

第十六章 搬经镇

第一节 概况·沿革

一、概况

搬经镇位于市境西部，西和泰兴市分界、古溪镇接壤，北与海安县雅周镇交界，东连袁桥镇，南接常青、高明镇。334省道、江曲公路、焦港河、如泰运河穿境而过。全镇总面积110平方公里，耕地面积6217公顷；辖社区11个，行政村11个；总人口84383人，其中男42268人，女42115人。2010年，实现国内生产总值15.76亿元，财政总收入1.22亿元，农民人均纯收入12432元。

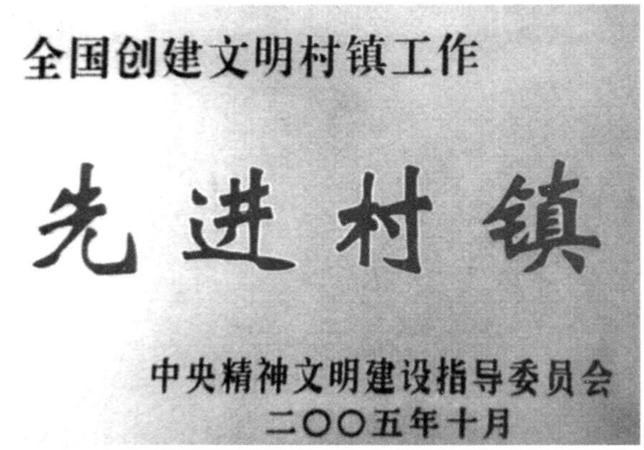

图22-22　2005年10月，搬经镇获“全国创建文明村镇工作先进村镇”称号

二、沿革

明、清时期，今搬经镇域大部属安定乡。民国初，属卢港市。民国24年(1935年)6月16日起，县第十三区(卢港)辖卢港、搬经、朱夏、杨庄、芹界、加马、梅冯、萧尼、倪港、桥堡、谢李等17乡。民国30年，如西县政府撤销梅冯乡，新设梅甸乡，撤销萧尼、桥堡2乡，新设萧马、湖林、陆桥、夏堡4乡。民国37年，撤销搬经乡，增设搬南、搬北、鞠庄3乡，加马乡更名倪健乡，卢港乡更名石根乡。

1956年，谢李乡并入夏堡乡，萧马乡并入湖林乡，搬南乡、搬北乡合并为搬经乡，鞠庄乡并入朱夏乡，芹界乡并入杨庄乡，倪港乡并入城西区子厚乡。1957年，搬经乡、朱夏乡和杨庄乡一部分(老芹界乡)合并为搬经乡，乡机关驻搬经镇；湖林、陆桥、夏堡3乡合并为夏堡乡，乡机关驻红窑；倪健乡、梅甸乡和石根乡一部分合并为倪健乡，乡机关驻加力。1958年9月，搬经乡改建为搬经公社，旋更名卫星公社；夏堡乡改建为夏堡公社；倪健乡改建为倪健公社。12月，3公社均加入以全区组建的卢港公社。1959年1月，仍分设原公社，其中卫星公社复名搬经公社。1965年9月，倪健公社更名加力公社，搬经公社更名伴今公社。1981年，伴今公社复名搬经公社。1983年，各公社改为乡，1986年5月1日，搬经乡撤乡设镇。

2000年4月23日，加力乡并入搬经镇。2001年10月8日，夏堡乡撤乡设镇。2005年1月18日，夏堡乡镇并入搬经镇。

附录：

境内部分地名来历

搬经　原名潘泾，以潘泾河而得名。亦名仓桥镇，以清康熙年间，朝廷于此设粮仓，仓侧桥名仓桥得名。由“潘泾”更名为“搬经”有两种说法。一说牟尼寺蛟化为湖时，正有一位高僧在寺中讲经，他立即动员全寺僧人将经书搬到东潘泾南边一处高地，从此人们就将潘泾改名搬经。此说亦有不同，有说经书在搬运时被浸湿，天晴后寺中僧人把经书搬出摊在楝树顶上晒，因经书太多，楝树顶被晒满。第二种说法为搬经凤凰桥河西有财主名张万封，官居领圣公(秀才头领)。他感到潘泾土壤肥沃，交通便利，集镇繁盛，但未出大才子和大官，关键是教育不发达，便主张把潘泾改名搬经，将四书五经搬来，让潘泾人才辈出。

芹湖 此地原为湖泊，生长芹菜，故名。

界沟庄 此庄位于如皋与泰兴交界的小河旁，故名。

加力 南宋时，岳飞追击金兵，在此造饭饮马(存一古树，系当年岳飞系马处)，因人马在此得以恢复体力，得名“加力”。

辋子 相传清朝晚期，此地有一大水车篷，如皋方言称水车篷为辋子，故名。

夏堡 原名龙家岔。相传明代前，一季姓住户生有6子，在龙家岔住3间草房，另在龙岔口搭2间草棚，开肉店。有一夏姓落难郡主流落至此，见户主为人诚实，甘愿嫁为二房，并将所带黄金取出，替季家在龙家岔砌6座瓦屋由大房和6个儿子居住，另在龙岔口砌一座瓦房由郡主自己居住。户主临终前嘱咐儿子们：“季家的财产全是夏家的财宝得来，从今天起将龙家岔的6座高堂瓦屋正式定名大夏宝，龙岔口的房子叫小夏宝，不能忘了你们二娘的恩。”后来人们将“宝”改“堡”得名“大夏堡”“小夏堡”。

红窑 此地原有一专烧红色瓦的土窑，故名。

三里港 此港从九龙口至袁桥倪厦桥三华里，故名。

龙骨头 相传此庄有一河港，中心有一长土墩，形似龙骨，故名。

湖林 古代此地为牟尼湖，湖畔树木成林，故名。

第二节 经济建设

一、工业

中华人民共和国成立前，今搬经镇域有铁匠、铜匠、银匠等手工店铺和油坊、磨坊、染坊、糟坊等手工作坊。

1954年，搬经农具生产合作社成立。1956年，国营油米厂在搬经乡开业，国营砖瓦厂、缫丝厂在加力乡落户，搬经、夏堡、倪健3乡均兴办农具厂。1957年，芹湖五金厂创办。

20世纪70—80年代后，搬经(伴今)公社(乡)办有砖瓦、纺织、包装材料、电视机高频头、皮鞋、皮件等工厂；加力乡办有密封件、理发工具、服装、磷肥、砖瓦、丝绵等工厂；夏堡乡办有电机、透平叶片、棉织等工厂。1993年，龙野皮革制品公司落户搬经，是为搬经镇首家日商投资企业。2002年，搬经镇被评为全市引进市外资金五强镇。夏堡镇创办恒裕和华迪金属制品有限公司，产品销往美国和中国香港、台湾地区。2005年，搬经镇搬经社区被评为南通市民营经济发展明星村(居)。2005—2007年，全镇协议利用外资和实际到账外资连续三年实现“双超”，被市委、市政府授予“招商引资红旗镇”称号，并发贺信祝贺。2008年，宇博吊篮项目通过国家级建筑行业新产品认证，填补南通市空白。2009年，透平叶片、非标轴承进入省级高新技术行列。

2010年，全镇实现工业总产值69亿元。至年末，全镇有工业企业849家(不含个体)，从业人员6999人，其中规模企业54家，亿元企业8家。

二、农业

今搬经镇域属高沙土地区，治沙改土前，农业生产长期在低水平徘徊。

1970年起，域内各公社全面开展治沙改土。至20世纪80年代末，全面实现旱改水。1992年，开始农业园区建设。1994年，朱夏村创亩产玉米450千克、亩产水稻620千克的收成。1996年，搬经镇被江苏省农林厅列为“两旱一水”丰产方计划重点实施乡镇。1997年，银杏叶用林栽培技术获南通市农业科技三等奖。至2000年，全镇建成特种养殖、银杏、“活夏优秋”蔬菜、商品化小杂粮、稻田养殖等基地，被评为江苏省农业科技示范园，搬经、夏堡2镇同获南通市玉米项目农业科技推广一等奖。2001年，搬经镇先后获江苏省优质家禽示范园、江苏省综合试验示范基地、国家节水增效灌溉示范园等荣誉，农业科技示范园被确认为国家级农业科技示范园。2004年，搬经镇被评为南通市外向型农业十佳乡镇、耕地保护十佳乡镇、二十佳现代农业园区。2005年，全镇新建农业园区25个。2006年，华多种猪繁育公司和多瑞尔饲料公司两个农业龙头企业建成。全镇承担双低油菜、优质水稻、弱筋小麦等3个省级粮油示范基地项目。2007年，搬经镇获南通市“外向型农业十佳乡镇”称号。2008年，全镇成立农民专业合作社32个，土地股份合作社22个，集体资产合作社5个。2009年，新增设施农业面积154公顷，建成南通市级园区1个。2010年，建成全市单体面积最大的设施农业园区，占地133.33公顷。实现农业总产值4.35亿元。

三、商贸服务业

中华人民共和国成立前，今搬经镇域商贸服务业主要集中于搬经镇区。1949年秋，中共卢港区委组建搬经供销合作社。1950年4月1日，《江海日报》以《搬经供销社组织断顿户开展作业生产》为题，报道搬经供销社帮助西河村9个无粮下锅的断炊户以小商品零售取得收入度过春荒的事迹。1985年，搬经供销社开始分设5个核算单位，实行柜台承包经营。1995年，被评为全国供销合作总社先进集体。进入21世纪，随着搬经地区交通条件改善，全镇民营（个体）商贸服务业快速发展。2003年10月，搬经农贸市场投资兴办。2004年，获江苏省“文明示范市场”称号。2010年，全镇三产实体2632个，从业人员37720人，实现第三产业总产值4.77亿元。共有商业零售网点1786个，商业零售总额4.13亿元，集贸市场成交额3.62亿元。

2001—2010年搬经镇主要经济指标完成情况统计表

表22-16

项　目	2001	2002	2003	2004	2005	2006	2007	2008	2009	2010
国内生产总值（万元）	25019	32532	38135	47334	84000	88691	81759	105500	130019	157562
财政收入（万元）	514	1749	1800	2132	3921	3290	6546	7620	9141	12173
农业总产值（万元）	18407	19330	20719	22633	16505	32340	35552	40282	24158	43545
粮食总产量（吨）	32625	32412	28726	28870	49176	52949	53903	54261	53200	53995
年出栏生猪（万头）	4.61	5.37	95.90	102	20	14.51	7.50	7.80	7.60	7.70
年出栏家禽（万羽）	106.90	146	172.60	135	152	148	200	210	110	113.10
水产品总量（吨）	329	398	576	525	850	1029	938	1246	1250	1155
种养专业户（户）	185	81	130	40	85	88	93	101	107	102
工业企业（家）	408	373	352	391	667	685	796	876	836	849
工业销售收入（万元）	32273	47553	69808	100005	195500	287454	405259	521413	341749	348928
工业利税（万元）	1745	1152	1396	2671	2350	3350	4667	5981	3933	5279
利用外资（万美元）	10	100	29	95.4	1302	1219	1350	1397	1400	1500
外贸供货额（万元）	2844	4134	4968	5649	10015	10292	17147	17150	31900	32472
三产实体（个）	2476	1559	1665	1564	2310	2382	2689	3092	2558	2632
商业零售网点（个）	1470	613	676	615	852	1005	1250	1625	1722	1786
商业零售总额（万元）	12500	4088	6857	7587	11230	22370	26844	36239	39450	41280
集市成交额（万元）	23000	15	10500	13600	15840	21931	26889	28821	33100	36200
年末存款总额（万元）	13869	14632	15655	21421	33289	43346	58084	75021	86000	106782
农民人均收入（元）	3512	3789	4258	4851	5480	6802	7824	9228	10428	12432

第三节 社会事业

一、教育

明嘉靖三年(1524年),今搬经镇域谢家甸有乐贤社学,芹湖有春阳社学。明清时期,私塾散布乡间。光绪三十一年(1905年),卢港市第一初等小学于加力创办,季氏初等小学于夏堡创办。民国28年(1939年),私立励志中学于鞠厦创办。民国29年,如皋县抗日民主政府接管搬经域内的励志中学更名如皋县西南中学。

1950年,倪健初中补习班创办。1952年,升格为倪健初级中学。1958年,今搬经镇域兴办一批农业中学。1959年,倪健初中迁搬经乡,定名如皋搬经中学。1969年,各农中改为民办初中。至20世纪70年代末,今搬经镇域办有郭庄、梅甸、群岸、萧庄、三里港、周垛、鞠厦、朱庄、红旗、鲍塔、港东、冒桥、张芹、界沟、冷庄、焦港、谢甸、加北、程庄、夏堡、林梓、东湖、鞠桥等36所小学,搬经、加力、夏堡、新芹、夏岱、马庄、万富、焦港8所初中。90年代,开始调整学校布局推进教育现代化。至2005年,保留搬经、朱夏、新芹、倪桥、加力、丁许、夏堡、桥梓、马庄9所小学和搬经镇中心初中、夏堡初中、加力初中。

2010年,除市属搬经高级中学,还保留搬经、加力、夏堡3所小学和搬经镇中心初中,在校学生7557人,教师505人。

二、文化

今搬经镇域民间传统文化除荡旱船、踩高跷、舞龙灯等外,送张果老、送财神、烧肉香等为该地区独有。民国29年(1940年),抗日民主政府县政府文教科将根据地民间艺人组织起来,用说唱、表演唱等文艺形式宣传团结抗日和革命道理。萧马乡剧团一度上升为泰县翻身剧团。芹界和朱夏乡剧团,多次在夜间潜至芹湖伪军据点外,向伪军开展抗日宣传,芹界乡剧团团长丁超为此被捕牺牲。

1952年,卢港、夏堡2区文化站同时建立,1956年,卢港区文化站,整理排练的民间舞蹈《耥子灯》被收入《江苏省民间舞蹈集成》,设置流动图书箱方便群众阅读的做法,在江苏省和南通地区文化工作会议上作介绍。1958年4月,搬经、倪健、夏堡3乡文化站和广播放大站同时建立。1961年6月,各公社文化站撤销。此后,各公社均建立电影放映队,兴建影剧院。1975年、1977年和1982年,伴今、夏堡、加力3公社文化站相继恢复建立,其中夏堡文化站在全县率先建成公社文化中心并经常组织农民艺术节等特色文化活动,被江苏省文化厅认定为二级文化站。

1997年3月和1999年12月,搬经镇和夏堡、加力乡分别被评为江苏省群众文化先进乡(镇)。1995年,搬经镇被评为江苏省群众体育先进乡镇。2007年,搬经镇被评为江苏省体育强镇。

三、卫生

1949年前,今搬经镇域有3家中药店,并有少数中医医寓。1950年,个体医生、药店、医寓等分别组建联合诊所。是年,卢港区卫生所于大港子建立,后更名为搬经区卫生院。1958年,联合诊所组建搬经、倪健、夏堡3所公社医院。2001年7月1日搬经、夏堡两镇卫生所分别建立。

2010年,全镇有卫生所1所,民营医院4所,村(社区)卫生服务站和个体诊所61个,医务从业人员165人。

第四节 集镇·工业集中区

一、集镇

搬经 西汉末年集镇形成。南宋,岳飞任通泰镇抚使抗击金兵时,屯粮于此。明代,如皋诗人严怡有《牟尼湖》诗句:"牟尼河水清且涟,闻有珠光上接天,惆怅牟尼今不见,满湖秋水带寒烟。"清康熙二十一年(1682年),朝廷因此处为水运交通要冲,在此设立粮仓。民国时,国民政府设搬经镇。建有日吞吐量40吨的装运码头,为与如城、张黄港齐名的码头。沿如泰河边有东西向一条半面街。

20世纪70年代后期,随着如黄公路拓宽改建,街道由河边移向公路两侧。90年代,向南打通余南路，与工业集中区连接，向北拓宽王(垛)石(庄)公路，向东开发搬中路，向西延伸文武路。至2000年，镇区道路、供排水、绿化亮化、环卫及交通信号等设施逐步完善，被南通市政府命名为新型小城镇。2002年，建成功能齐全的农贸市场。至2010年，建成区面积5.17平方千米，镇区“四横三纵”道路框架基本完成。

加力 原为加力乡机关驻地。解放战争期间，是苏中“七战七捷”如黄路战斗主战场之一。至1999年，南北街与如黄路形成“丁”字形街道，如泰运河上建有三处运货码头，镇内设有长途汽车站，直通南通、上海、苏州、无锡。加力乡并入搬经镇后，发展放缓。

夏堡 位于红窑，地处如皋、泰兴、海安三市(县)交界处。1957年，夏堡乡机关入驻后，逐步形成集镇。至2005年上半年，镇区沿河北东西向有半面街与王石公路交叉呈“十”字街，王石公路镇区段长2.5千米，宽34米，人行道各宽3米，铺设彩色地面砖2500平方米，两侧为企事业单位和店铺。夏堡镇并入搬经镇后，集镇规模等未再有大的变化。

二、工业集中区

搬经工业集中区 2002年始建，占地133.6公顷，是年，实现产值8562万元，销售收入7266万元，利税355万元。2003年，搬经镇政府将园区向西拓展，范围增至10.6平方千米，3条南北

图22-23 搬经镇区广场 (2010年摄)

路接口铺黑色路面1500米。是年，被评为南通市乡镇示范工业园。2006年，园区范围增加至12平方千米，进园企业59家，其中规模以上企业28家，全年创产值12.5亿元，完成税收2300万元，被评为南通市生态工业园。2008年，园区完成工业项目投入13.95亿元，其中规模项目投入11.51亿元。至2010年，区内基础设施建设全面到位，累计进区规模企业54家，其中亿元企业8家。

夏堡工业集中区 2002年始建，位于湖刘村，东临焦港，王石路贯穿南北，占地80公顷。2003年，园区进一步完善，于王石路西侧拓展160公顷。2004年加大投入，完善园区基本建设。夏堡镇并入搬经镇后，与搬经镇工业集中区统筹发展。

第十七章 磨头镇

第一节 概况·沿革

一、概况

磨头镇位于市境中部，北接如城镇，东、南、西与桃园、吴窑、常青、搬经接壤。204国道、317省道、如港一级及市内皋高、红旗公路穿境而过，如海运河、龙游河、大寨河、司马港贯穿全境，并设有如皋机场。全镇总面积102.8平方公里，耕地面积5347公顷；辖社区5个，行政村16个；总人口81735人，其中男41619人，女40116人。2010年，实现国内生产总值13亿元，完成财政总收入9081万元，农民人均纯收入11009元。

二、沿革

明清时期，今磨头镇域大部属安定乡。民国18年(1929年)，国民政府如皋县政府设为第十一区。民国23年，调整为第九区。民国29年，县抗日民主政府改第九区为磨头区。民国30年7月，如西县政府撤销磨头区，新组建度军井区。民国32年，度军井区下辖沈朗、秀竹、大兴、贾屋、磨头、章王、陈户、大洋、大石、石塘、塘湾、徐石等17个乡镇。民国35年2月，秀竹乡更名高田乡。民国37年1月，贾屋乡划分为高王、朝荡2乡。3月21日，大洋乡更名胡芝乡，陈户乡更名仁静乡。民国38年2月1日，高王、朝荡2乡合并为高曹乡。1950年6月1日，度军井区复名磨头区。1954年6月22日，何正区的郝李、高田、陈园3乡划入。1956年3月10日，石塘乡并入塘湾乡，大石乡、仁静乡并入胡芝乡，高曹乡、陈园乡、大兴乡合并为仁静乡，郝李乡、沈朗乡并入高田乡，章王乡并入磨头乡。1957年1月31日，高田乡更名高庄乡。1957年10月10日，磨头乡和仁静乡、徐石乡的各一部分合并组建磨头乡，高庄乡和胡芝乡、仁静乡的各一部分合并组建仁静乡，塘湾乡和胡芝乡、仁静乡及卢港区石根乡的各一部分合并组建胡芝乡。1958年9月5日，分别建立磨头、仁静、胡芝3个公社。12月1日，3公社一起加入以区为单位组建的磨头公社。1959年2月，恢复磨头、仁静、胡芝3个公社。1965年9月8日，仁静公社更名场南公社，胡芝公社更名场北公社。1983年9月10日，磨头公社改设磨头乡。9月21日，场北公社改设场北乡。9月27日，场南公社改设场南乡。1986年5月1日，磨头撤乡设镇。2000年4月23日，场南乡并入磨头镇。2001年9月30日，场北乡并入磨头镇。

附录：

境内部分地名来历

磨头 明万历《如皋县志》载：明正德三年(1508年)，沈宗本抗倭牺牲，马驮尸体还乡葬于沈家渡南侧，人称“马驮坟”，沈家渡改称“墓头”。清康熙、乾隆《如皋县志》均载地名“墓头”。清嘉庆《如皋县志》载：因有一石磨被飓风刮落于此，改“墓头”为“磨头”。

西河湾 因该地位于磨头镇西部、龙游河拐弯处而得名。

邵阳庄 相传该庄养羊较多，取名“骚羊庄”，后改称邵阳庄。

石田 该地原泥土板结如石，故名。

老户庄 相传原为朱姓居住于此，称老朱庄。后为张姓居此，改称老户庄。

中坞丘遮 相传洪秀全起义军曾与清兵于此作战，一妇女躲藏在坞丘草中得以活命，故名。

汤莲池 相传古代有汤姓人家居此，户前有一荷花池，故名。

黄家店 相传清末有黄姓人家在此开店，故名。

第二节 经济建设

一、工业

明、清时期，今磨头镇域有铁、银、榨油、酿酒等手工作坊代客加工或自产自销。1956年，始建立手工业合作社。1958年，始建农具厂、铁工厂、木器厂、竹器厂等。20世纪60—90年代，除市属如皋糖厂、砖瓦机械厂等外，磨头乡（镇）办有砖瓦、缫丝、农机、皮革、服装、绗缝、绣花、五金电器等数十家，场南乡办有食品、模具、轻工建材、塑料、砖瓦、服装等数十家，场北乡办有助剂、橡胶、砖瓦、农机、织布等，均为小型劳动密集型企业。1999年，磨头镇工业总产值2.05亿元，场南乡1.47亿元，场北乡1.16亿元。2001年，磨头镇共有工业企业733家，从业人员4148人，工业总产值5.44亿元。2003年，全镇有外资企业1家，规模以上企业8家。2004年，磨头镇被评为南通市民营经济跨越发展十佳乡镇。2005年，全镇共有工业企业931家，从业人员8307人，工业总产值18.83亿元。2006年，全镇形成食品、橡胶、化工、纺织、绗缝等超亿元的特色经济版块。2007年，全镇新培育规模企业10家，其中销售额超亿元企业3家，超5000万元企业6家。2008年，唯福电子、永忻自动

2001—2010年磨头镇主要经济指标完成情况统计表

表22-17

项目	2001	2002	2003	2004	2005	2006	2007	2008	2009	2010
国内生产总值(万元)	30121	37254	45628	54627	73013	96098	137485	156000	110400	130004
财政收入(万元)	2698	2205.12	2143.43	2190	2511	2983	3420	4134.08	4687	9081
农业总产值(万元)	21477	22160	23888	26038	28148	29300	30646	39472	25300	18168
粮食总产量(吨)	44978	43395	41789	41788	41114	45604	46753	49829	4205	4205
年出栏生猪(万头)	11.89	120	12.60	13.21	15.10	14.79	10.10	10.02	9.50	9.85
年出栏家禽(万羽)	118.21	120	120	121.50	128.20	79.84	159	138.61	139.80	150
水产品总量(吨)	236	250	258	316	360	427	496	649	603	1200
种养专业户(户)	525	550	580	673	780	820	900	960	968	1250
工业企业(家)	733	786	749	774	931	965	1050	1134	1156	1286
工业销售收入(万元)	45021	58346	78795	128385	184310	266864	434719	552338	638361	638361
工业利税(万元)	1140	1486	1936	3888	5941	11457	18919	30158	32602	32602
利用外资(万美元)	0	60	25	77.4	180	399	1315	3190	1005	1005
外贸供货额(万元)	6443	7049	7118	7100	7310	7585	10626	10931	11039	11039
三产实体(个)	3157	3245	3365	3446	3618	3820	3901	3923	3955	3955
商业零售网点(个)	477	468	586	656	680	705	896	955	969	1350
商业零售总额(万元)	18000	21200	24200	27225	28116	44181	54181	55087	58065	69184
集市成交额(万元)	16450	18320	19320	19680	21000	33000	34000	34593	48429	49500
年末存款余额(万元)	20000	25000	28000	31337	33872	35800	35900	36188	82428	118653
农民人均收入(元)	3056	3224	3598	4203	4843	5680	7078.6	8165	9301	11009

化设备、东海通信器材等一批先进制造项目落户磨头。2010年,全镇实现工业总产值71.24亿元,其中37家规模企业实现工业产值38.6亿元。至是年末,全镇有工业企业1286家(不含个体),从业人员13993人。

二、农业

今磨头镇域属高沙土地区。如皋全境解放前,农业生产粗放落后。民国38年(1949年)春,开始兴修水利。20世纪70年代,开始治沙改土。至90年代,今镇域各乡(镇)治沙改土任务全面完成,农作物亩产量从150—200千克提高至500千克以上。进入21世纪,全镇发展高效农业、规模

图22-24 磨头镇丁冒村果蔬生产基地(2007年摄)

农业、生态农业,建设农业园区。2001年,银燕食品有限公司以公司加农户的模式,发展养殖加工一条龙生产,带动4000多农户创造经济效益1000多万元,被评为南通市农业产业化龙头企业。2003年,丁冒、星港等村建成400公顷南通市无公害副产品基地,蚕桑生产跃入全市先进行列。2005年,全镇发展农业合作经济组织7个、农业龙头企业10个,养殖基地和农业园区12个。2006年,形成南区养殖、北区花木、东区果蔬、西区蚕桑特色农业新格局。2007年,发展农业项目26个,总投资1.7亿元,其中农业规模项目6个。至是年,全镇共有农业龙头企业7家,其中年产值5亿元和2亿元各1家。2008年,天阳社区千亩钢架大棚种植园区开工建设。是年,江苏省农林厅确认磨头镇为“花木之乡”。2010年,全镇完成规模项目农业投入3.68亿元,塘湾村建成帝然农业园区,千亩大棚蔬菜畅销各大超市和农产品批发市场。全镇实现农业总产值1.82亿元。

三、商贸服务业

清道光年间,磨头镇通济桥北堍出现第一家商店。至民国27年(1938年)春,磨头镇有各类店铺117家。日本侵略军占据磨头后,磨头镇商贸服务几近歇业。至民国37年末,商贸服务业未能恢复至民国27年春水平。1950年,磨头供销社创办。1955—1956年,磨头食品站、粮站建立。20世纪80年代,以磨头镇为中心,高庄、新港及青年路口、司马港桥尾等处商贸服务业逐步兴起。2010年,全镇有三产实体3955个,从业人员9228人,实现第三产业总产值3.61亿元。有各类商业零售网点1350个,商业零售总额6.92亿元,集贸市场成交额4.95亿元。

第三节 社会事业

一、教育

明、清时期,私塾散布于磨头镇和周边农村。清光绪三十三年(1907年),磨头第一初等小学堂在八角殿兴办,后改建为芸阁小学。民国初,现磨头镇域集资兴办邓庄、北石、王庄、蔡庄等小学。民国37年(1948年)秋,县政府接管和创办章尖、张庄、范荡、北石、老户、红光、刘渡等小学。1949年至1964年夏,天阳、赵王、东冒、西王、高屋、大狄、徐马、八字桥、许庄、殳庄、曙光、陈元、大石、长甸、何岱、鞠庄、三联等小学和磨头、蔡庄、沈庄等初中先后创办。其中,1955年创办的磨头初级中学,1958年增办高中,成为完全中学。20世纪90年代,磨头镇和场南、场北乡开始调整学校布局,推进教育现代化。2001年、2002年两次乡镇撤并后,保留磨头、刘岱、大高、石塘、蔡庄、钱石、沈庄等小学及磨头、场南、场北等初中。2008年,磨头高级中学并入如皋市第二中学。至2010年,全镇有磨头、大高、刘岱等3所小学和磨头初中、市属磨头中学,共开办班级155个,在校学生7638人,教师545人。

二、文化

今磨头镇域民间传统文化形式除花担、花船、

腰鼓、莲湘、舞龙灯等外，唱书、说书、讲故事、唱山歌较有特色。1952年，磨头区文化站建立。1958年4月，磨头、仁静、胡芝3乡文化站同时建立。1961年、1962年，磨头、胡芝、仁静公社文化站相继撤销。1970年3月，磨头、场南、场北3公社同时建立广播放大站。1975—1979年，3公社文化站相继恢复建立，同时建立电影放映队。1984年，磨头和场北影剧院建立。1987年，在江苏省民间文学集成中，磨头镇文化站成绩突出，受到省文化厅嘉奖，其采集方式被誉为“磨头模式”向全省推广。进入21世纪，磨头镇组建广播电视服务站和文化服务站。2007年，磨头镇被评为江苏省体育强镇。2010年，全镇有线电视开通率92%，镇文化活动中心、农民休闲健身广场相继投入使用。

三、卫生

中华人民共和国成立前，现磨头镇域无医院，有私营医寓和个体医生行医。中华人民共和国成立初，医寓和个体医生成立各小乡联合诊所。1951年6月5日，磨头区卫生所建立。1958年，联合诊所相继组建磨头、仁静、胡芝3公社医院。1963年，磨头区医院建立。1970年，磨头区卫生所和医院合并为区卫生院。2001年7月，磨头卫生所建立。2010年，全镇有卫生所1所、民营医院4所、个体和村（社区）卫生室23个。全镇新型合作医疗参加率、初级卫生保健普及率均为100%。

第四节 集镇·工业集中区

一、集镇

磨头 清道光年间，磨头始有商店。此后，逐步形成沿南北向公路两侧的对面街。同治年间，商店发展至近100家。至民国初，磨头镇已成为行业齐全、人烟辐辏的集镇。乾泰和的五仁馒头、德兴泰的脆饼、同泰祥的花糕，为全县中部地区知名美食。民国27年（1938年）8月26日，日本侵略军烧毁磨头镇商铺和民房387间，致街道残毁，市面萧条。1955年起，市属国有、集体商贸单位开始在磨头镇区设立分支机构。20世纪60年代，磨头大桥建成通车后，如新公路沿线主街道逐步恢复。70年代，形成邮电所至磨头小学，南北数十米的对面街道。1989年，镇政府组织第二轮总体规划修编，在机关、事业单位进一步集结的同时，农民开始按标准至镇区建房。90年代，镇区道路、给排水、绿化亮化、供电通信、环卫等基础设施全面到位。进入21世纪，磨头镇政府全面实施“三横三纵”街道框架和皋南桥至青年路口3.5千米街道建设。2009年10月，磨头街通过全国环境优美镇省级验收。至2010年，建成区面积4平方千米。

高庄 亦称高庄。1957年始，为仁静乡机关驻地，供销社、合作商店、粮站、医院、信用社、农具厂、农机站、搬运站等落户。1965年，如皋机场建成后改称场南。1998年，5000平方米的农贸市场和东西长约1千米的农民街（红旗街）建成。2000年，场南乡撤销后，发展放缓，市场繁荣不减。

新港 位于磨头镇西北部，大寨河和皋高公路横穿东西。1957年起，为胡芝乡机关驻地，供销社、粮站、农机站、搬运站、胡芝中学、农具厂等相继落户。1997年，场北农贸市场、场北商场等建成开业。1999年，实施黑色路面工程，形成东西长1千米的农民街。2001年，场北乡撤销后，发展放缓，市场繁荣不减。

二、工业集中区

2002年，磨头镇政府设立青年路工业集中区。10月26日，由上海立丰食品有限公司、南通银燕食品有限公司和北京香河正大有限公司共同投资兴建，占地4.2公顷的江苏立丰食品公司于区内奠基。2003年，区内建成1条长370米、宽24米的水泥大道，配套设施到位。至2004年，入区企业20家。2006年4月，各占地3.33公顷的日本岛乃香食品有限公司、江苏华迅太阳能有限公司奠基开工，同时兴建标准厂房2.5万平方米。2007年4月28日，占地1.67公顷的南通博一机床有限公司落户。至2008年，形成“五横四纵”道路框架，集中区范围扩大至11.66平方千米。2009年10月，青年路东延工程竣工通车，骏和工艺品、宝能机械等10个新项目竣工投产。2010年，邓高路建成通车，江苏蓝歌带业有限公司，江苏井仓电子科技有限公司等新引进企业在区内奠基开工。

第十八章 桃园镇

第一节 概况·沿革

一、概况

桃园镇位于如城镇南郊，东与丁堰镇相连，南与林梓、下原、吴窑3镇相接，西与磨头镇接壤。原204国道、334省道贯穿镇内，新长铁路在镇内南北穿越。全镇总面积47.6平方千米，耕地面积2472公顷；辖社区5个，行政村5个；总人口63014，其中男31566人，女31448人。2010年，实现国内生产总值13.50亿元，完成财政总收入2.58亿元，农民人均纯收入11839元。

二、沿革

明、清时期，今桃园镇域大部属安定乡。民国时，马塘乡、桃园乡分属县第二区（丁堰）和第九区（磨头）。民国24年（1935年）6月16日，国民政府如皋县政府设区乡镇时，县第二区辖骆臣、刘庄等25乡镇，第九区辖左郛、陈邵、徐石、桃园、天堡等16乡镇。民国30年3月，如西县政府新设南马塘区，辖刘庄、马塘、石杨、复兴、天堡、桃园、陈邵、徐石等18乡镇。

1950年6月，马塘区公所驻佘庄，辖骆臣、刘庄、复兴、石杨、马塘等14乡。桃园、天堡、陈邵、徐石等乡仍归磨头区。1952年，马塘乡更名薛杨乡。1956年3月10日，撤销马塘区，骆臣、刘庄、左郛3乡并入薛扬乡，复兴乡并入石杨乡、陈邵乡并入徐石乡，天堡乡并入桃园乡。5月，薛杨乡复名马塘乡。1957年10月10日，石杨乡并入马塘乡，马塘乡机关驻施庄；徐石乡及马塘乡一部分（原左郛乡）并入桃园乡，桃园乡机关驻夏庄。1958年9月5日，马塘、桃园公社建立。12月1日，马塘公社加入以区规模组建的丁堰公社，桃园加入以区规模组建的磨头公社。1959年2月，马塘公社和桃园公社恢复。1983年9月18日，桃园公社改设桃园乡，9月29日，马塘公社改设马塘乡。

2000年4月23日，桃园、马塘2乡合并为桃园镇。2010年12月27日，市委、市政府决定将桃园镇与江苏省如皋软件园整合，实行“镇园合一，以园带镇”。

附录：

境内部分地名来历

万元桥 相传李姓人家在此造桥，耗资万元，故名。

龙池岸 相传明朝某年发大水，刮龙卷风，龙尾在此掀了一个池塘，后在池塘岸边居住人家，故名。

杨花桥 相传有杨姓、花姓2生员赶考时在此处受阻，捐钱建此桥，故名。

花果园 该庄人家善栽果木花草，故名。

陈官庄 明代初，原居下驾原的陈氏第五代陈仲仁移居于此，因其世代为官，故名陈家官庄，后简称陈官庄。

第二节 经济建设

一、工业

如皋全境解放前，今桃园镇域基本没有工业。中华人民共和国成立后，始有部分工业企业创办。至1978年，域内公社、大队先后兴办农具厂、铁工厂、木工厂、竹器厂、机器零件加工等劳动密集型小厂。

20世纪80年代始，桃园乡新办砖瓦、肠衣、织造、针织、服装、皮靴、五金电器等20多家具有一定规模的工厂,马塘乡则以化工厂为代表创办一批工业企业。至1999年,桃园乡工业总产值1.11亿元,马塘乡工业总产值1.71亿元。2002年,桃园镇开始进行工业结构和布局调整。至2005年,全镇规模企业增加至4个。2006年,新增蓝湖石化1家亿元企业和联谊甲醛、手绘缘手套、鼎灿家纺、国电阀门、恒成皮革、超达科技、常捷皮革7家规模企业,桃林、育华分别建成家纺和手套加工专业村。2007—2008年,新增古林木业、美华隆家纺、宏图纺织、齐天纺织、新丝路丝绸、佳顺塑料、吉鸿服饰、勤林针织、硕飞助剂、友源线业、佳宝机械、大洋织造、君泰劳护、德成制衣等14家规模企业。

2010年,全镇引进落户超千万元项目10个,超亿元项目3个,实现工业总产值77.01亿元。至年末,全镇有工业企业820家(不含个体),从业人员13261人。

二、农业

今桃园镇域属高沙土地区,治沙改土前,农业生产一直在低水平徘徊。

20世纪70—80年代,全面推进“削平高沙土,实现旱改水”。90年代,全面开展“修复沟渠路,改造低产田,建设丰产方和吨粮田”。至1999年,桃园乡夏庄村、马塘乡炉杨村分别建成草莓生产合作社,实行公司加农户的形式,生产出口日本草莓。2000年,全镇粮食总产增加至3.56万吨,同时经济作物种植面积增加。2003年始,桃园镇开展实施生猪、外向果蔬、黄羽肉鸡3项主导产业,花木、波尔山羊2个新兴产业“三主两新”农业工程。2004年,开始实施农业园区建设。至2005年,全镇共建农业园区48个,其中思乡生态、龙游河生态、桃北菊花、天百种养等4个园区,通过南通市级验收。

2007—2010年,先后建成桃北7.87公顷水蜜桃园、南通永盛果蔬有限公司、南通保龙生猪养殖有限公司、南通天恒园林工程有限公司、40万羽福田肉鸡家禽养殖区、丰之源水稻专业合作社、保龙生猪专业合作社、27公顷永盛果蔬设施栽培园等一批农业龙头企业。2010年,全镇实现农业生产总值4.23亿元。

三、商贸服务业

如皋全境解放前,南马塘(今马塘村)有10多个店面,杨花桥、万桥各有几家小商店。

20世纪80年代前,今桃园镇域只有供销社、合作商店和代销点,无大型市场和商店,居民购买大件或大量商品仍习惯直接至磨头、丁堰或如城。90年代,夏庄、施庄开始形成商业街道。2000年,桃园、马塘2乡合并后,桃园镇商贸服务业加快发展,在商业企业迅速增加的同时,引进软件开发、货物贸易、劳务合作等总部型公司10个。

2010年10月,海桥劳务新总部大楼投入运营。是年,全镇共有三产实体2790个,从业人员5732人,实现第三产业总产值3亿元。有商业零售网点1105个,商品零售额9270万元,集市贸易成交额6020万元。

2001—2010年桃园镇主要经济指标完成情况统计表

表22-18

项目	2001	2002	2003	2004	2005	2006	2007	2008	2009	2010
国内生产总值(万元)	18037	23285	27251	33064	41735	42204	54068	70288	109110	135000
财政收入(万元)	1865.08	1876.5	2592.93	2737.14	3621.91	4027.74	5054	8939.73	10276.78	25797
农业总产值(万元)	18037	12871	14186	16332	36500	15791	19679	17256	19389	42309
粮食总产量(吨)	28367	22670	24841	27238	25727	30283	30463	26926	27541	22662
年出栏生猪(万头)	3.03	4.24	4.40	4.76	4.94	10	6.90	2.70	2.85	1.52
年出栏家禽(万羽)	143.09	187.2	187.7	193.5	199.05	200	160	153	157	149

续表22-18

项目	2001	2002	2003	2004	2005	2006	2007	2008	2009	2010
水产品总量(吨)	405	444	701	841	737	794	740	1293	952	844
种养专业户(户)	480	520	540	401	367	355	375	342	348	285
工业企业(家)	32	218	208	314	440	574	605	602	690	820
工业销售收入(万元)	22450	38500	57980	90062	123618	191928	368420	502798	690931	770080
工业利税(万元)	646	620	1177	2479	3402	5283	20773	35795	78041	70471
利用外资(万美元)	0	0	118	1038	510	1990.5	2969	3580	4960	2380
外贸供货额(万元)	7450	6940	11250	13995	20084	35628	47801	48519	58517	55018
三产实体(个)	2295	2385	2390	1880	2056	2541	2545	2554	2584	2790
商业零售网点(个)	465	485	671	822	948	1025	1025	1025	1065	1105
商业零售总额(万元)	198900	201000	2664	4432	5293	6238	7268	7285	8140	9270
集市成交额(万元)	10.80	11.20	210	280	2470	2500	6200	4588	5240	6020
年平存款总额(万元)	4328.74	7402	5600	7224.75	8225.9	15884	19706	34251	38539	29081
农民人均收入(元)	3040	3126	3533	4158	4687	5817	7368	8694.14	9826	11839

第三节 社会事业

一、教育

民国前，今桃园镇域较大的村庄有私塾。民国初，天堡、陈官、双窑等小学创办。

如皋全境解放开始，县政府在接管原有学校的同时，创办大量中小学。至1985年，桃园乡有桃园、桃南、桃北3所初中和桃园、冒园、许岱、天堡、陈官、葛庄、申庄、万桥、夏庄、蒋堡10所小学；马塘乡有马塘、新华2所初中和马塘、新华、郭厦、陆庄、育华、复兴、杨华、王林、双窑9所小学。20世纪90年代，桃园、马塘乡均开始学校调整布局，推进教育现代化。至2005年秋，全镇保留桃园、马塘2所初中和桃园、许岱、新华、郭厦、陆庄、育华6所小学。

2010年9月，华建职业学校获南通、如皋两级出国劳务培训基地授牌。是年，全镇普通教育有桃园初中和桃园、新华2所小学，共有学生1936人，教师202人。另有2所成人职业教育学校。

二、文化

1958年3月，桃园、马塘文化站同时建立。1961—1962年，相继撤销。1969年，桃园、马塘公社广播放大站建立。20世纪70年代，2公社先后建立电影放映队、影剧院，并恢复建立文化站。1989年，马塘乡文化站在全市率先建成450平方米的文化大楼。90年代，马塘乡被江苏省文化厅命名为群众文化先进乡(镇)。2000年，桃园镇被确认为江苏省有线电视达标镇。

2007年，在全市率先建成1440平方米的文化大楼和8000平方米的文化广场。2009年，桃园镇文化服务站被江苏省文化厅评为优秀文化站。

三、卫生

如皋全境解放前，今桃园镇域有为数不多的个体中医和中药店。中华人民共和国成立初，个体医生联合组建天堡、桃园、马塘、石杨等乡联合诊所。1958年，联合诊所和个体药店分别组建桃园、马塘公社医院。

2001年，桃园镇卫生所建立。2005年，全镇12个村(社区)健全卫生服务站，经考核，共40名从业人员持证上岗。2006年，桃园镇获江苏省卫生镇称号。2010年，全镇共有民营医院2所，个体和村级卫生室16个，初级卫生保健普及率100%。是年12月，桃园镇被命名为国家级卫生镇。

图22-25 桃园镇农民别墅 (2009年摄)

第四节 集镇·工业集中区

一、集镇

桃园 原名夏庄。至2000年4月，桃园、马塘合并建立桃园镇时，为全市23个镇中唯一没有集镇的镇。2003年，桃园镇政府新辟长1.5千米、宽20米的桃园中路和长1.8千米，宽30米的新桃路。2006年，开挖长600多米的镇区风景河，镇区道路、给排水、绿化亮化美化完成。是年，世纪桃园、桃金中路商贸街、农贸市场、休闲广场、中心幼儿园等投入使用，建成镇区农民集中居住示范点10.4万平方米。开始建设人民路、兴园北路、兴园南路、中海路、园华路，总长5.2千米；实施夏横河、风景河等驳坡3.1千米。至2010年，建成区面积5平方千米，“四横四纵”道路框架已经形成。

马塘 原为施家庄。1957年，马塘乡机关入驻，始称马塘。为区别于如东县马塘镇，俗称西马塘或南马塘。1976年起，机关事业单位、商店、工厂等渐多，并建农贸市场。至2010年，形成“十”字街道。

二、工业集中区

2002年，桃园镇政府于老204国道两侧、司马港河北、317省道以南规划160公顷，建立工业集中区。至2005年，集中区开发利用面积83.33公顷，进区企业54家，其中规模企业23家。2006年，增建标准厂房5.4万平方米，新入驻亿元企业1家、规模企业7家。

2007—2008年，新增规模企业14家。2009年，引进1000万元以上工业项目10个，全年实施超1000万元技改项目18个，其中超达科技投资5000余万元。2010年，引进宝华能源、江苏星河机械、瑞声科技亿元项目3个，引进德禄家具、达净电子、化工机械等1000万元以上项目10个。

第十九章 袁桥镇

第一节 概况·沿革

一、概况

位于县境西北部，西、北与海安县孙庄、雅周两镇接壤，东与如城、如皋经济开发区（柴湾镇）紧连，南与搬经、磨头两镇毗邻。204国道、如海河纵贯南北，334省道、如泰运河横穿东西。全镇总面积65.8平方千米，耕地面积3641.24公顷；辖社区6个，行政村8个；总人口47412人，其中男23883人，女23529人。2010年，实现国内生产总值9.35亿元，完成财政总收入8908万元，农民人均纯收入10758元。

二、沿革

明代，今袁桥镇域大部属城厢。清末至民国，属城市。

民国24年（1935年）6月16日，国民政府如皋县政府划设区乡镇时，县第一区（城区）辖陆窑、蒲东、野林、元通等29个乡镇。民国30年3月，如西县政府将运盐河（通扬运河）西、小溪河北的陆窑、蒲东、野林、元通、倪港、谢李等10个乡组建为城西区。

民国31年12月22日，根据苏中三分区指示，卢港区小溪河以北地区各乡组建为夏堡区，与城西区一起划归泰县托管，统称如城区。民国34年，抗日战争胜利后，城西区和夏堡区重新划归如皋县。民国35年7月，再度划属泰县托管。民国38年4月1日，再次划归如皋。是时，城西区下辖何庄、纪庄、邵庄、阚庄、民实、蒲东、林园、范庄等14乡。

1956年3月，蒲东乡并入民实乡，范庄乡并入林园乡，并与倪港乡一起合并组建以烈士名字命名的子厚乡。同时邵庄乡并入阚庄乡，纪庄乡并入何庄乡。9月14日，何庄、陆窑2乡和子厚乡、阚庄乡的各一部分合并为何庄乡，乡机关驻八角井；民实乡一部分并入子厚乡，乡机关驻袁家小桥。1958年9月5日，何庄乡、子厚乡一起加入城西全区规模的红旗公社。1959年1月8日，红旗公社更名城西公社。2月，以原乡建立何庄公社和子厚公社。1965年9月8日，子厚公社更名袁桥公社。1983年，何庄公社、袁桥公社改建为何庄乡和袁桥乡。

1990年1月，袁桥乡撤乡设镇。2000年4月23日，何庄乡与袁桥镇合并组建袁桥镇。

附录：

境内部分地名来历

袁家 民国时，袁姓兄弟在古窑子河上，架起1座小木桥，便利来往行人。后人感其德，用石头刻上："树木千轮昭美名，舟车万里载厚仁"篆体联句置于桥基上，从此得名袁家小桥，简称袁桥。

虾子湾 以盛产青虾，得名。南宋文天祥过此作《虾子湾》诗。

八角井 又名度军井，以南宋通泰镇抚使岳飞统兵过此，该井水解岳家军渴得名。因其井栏呈八角形，多称八角井。

洪桥 相传洪秀全领导的起义军路过这里，建造此桥，故名。

花园桥 民国《如皋县志》载："县西北十八里袁桥，有桥一座，名花园桥。为孙氏花园，桥为游园者设，故名。"

塔园 民国20年（1931年），此地建有一塔，故名。

筲箕 因历史上该地村民善做供淘米洗菜用的筲箕，故名。

第二节 经济建设

一、工业

如皋全境解放前，今袁桥镇域只有工匠，无工业可言。中华人民共和国成立后，出现手工作坊代客加工或自产自销。1958年起，何庄乡先后兴办农具、柳条加工、砖瓦、并线、服装、机械加工、粮油加工、水泥制品等工厂，袁桥乡先后兴办农具、综合、砖瓦、印染、综合厂、服装、水泥制品、机械零件加工、胶木、印刷、化工、家具等工厂。1999年，何庄乡工业总产值1.21亿元，袁桥镇7038万元。2002年，投资1000万元的南通腾达锻压机床厂落户袁桥。2003年，又一投资1000万元项目恒业纺织有限公司正式投产。2006年，全镇新增规模企业3家，其中国泰服装、置高实业为亿元企业。2008年，引进项目20个，其中投资1000万元以上项目13个。2010年，同力液压等11个投资超1000万元以上项目开工。全镇完成工业总产值35.00亿元。至年末，全镇共有工业企业460家（不含个体），从业人员5160人。

二、农业

20世纪60年代前，今袁桥镇域农业生产处于

2001—2010年袁桥镇主要经济指标完成情况统计表

表22-19

项目	2001	2002	2003	2004	2005	2006	2007	2008	2009	2010
国内生产总值(万元)	19058	22944	26322	31915	39400	50350	50383	65956	78091	93544
财政收入(万元)	1184	1549	1631	1115	1370	1972	2727	3823.31	5916.9	8908
农业总产值(万元)	7959	7283	18146	20935	23000	25000	19920	27580	37763	32590
粮食总产量(吨)	32537	29841	26878	28432	21159	31106	31200	29172	30652	35578
年出栏生猪(万头)	0.25	7.84	13.31	9.43	89	100	120	3.60	3.70	4.50
年出栏家禽(万羽)	138.40	187.90	154.10	163	142	160	170	192	199	234
水产品总量(吨)	83	123	265	265	331	504	450	766	585	628
种养专业户(户)	2386	2405	2532	2702	2780	2880	2700	2700	2778	2884
工业企业(家)	367	366	357	444	488	508	390	440	451	460
工业销售收入(万元)	17584	21715	31982	46227	80771	126000	204000	250000	310000	360000
工业利税(万元)	232	294	355	983	1843	2200	4100	4500	12600	14900
利用外资(万美元)	0	0	63.4	120	78	240	2216	2100	2520	2600
外贸供货额(万元)	1608	2227	3459	1569	2559	3600	3380	1878	3256	3655
三产实体(个)	1914	1913	1916	1916	1918	1920	1921	1928	1934	1962
商业零售网点(个)	360	360	365	365	367	369	370	375	380	402
商业零售总额(万元)	1215	1240	1489	1489	2186	3064	5750	6250	6345	7256
集市成交额(万元)	0	0	0	1100	1100	1200	1500	2000	2800	3680
年末存款总额(万元)	12254	14300	16351	17169	17200	32876	31018	32997	40618.3	46186
农民人均收入(元)	3203	3402	3822	4478	5240	6160	7080	8330	9335	10758

全县中等水平。70年代，开始加大兴修水利力度，实施治沙改土。实行家庭联产承包责任制后，全镇经济作物种植面积快速增加，养殖业开始发展。1999年，何庄乡农业总产值增加至4617万元，袁桥镇增加至4336万元。

2000年，全镇湖桑、草莓、药材、银杏、甜糯玉米、蔬菜等优质经济作物种植面积增加至1000公顷，蚕桑生产成为全市十大基地之一；新纪庄、塌港、野马、十里墩、何庄等村列入农业资源综合开发区；鹧鸪鸟、白羽王肉鸽、奶牛、飞鸭等特种养殖兴起。2003年，“双低”油菜项目通过江苏省和南通市验收，同时被确认为南通市农田林网化示范镇。2004年，袁桥镇被评为江苏省建设绿化江苏先进乡镇、南通市绿化造林十佳乡镇、土地流转先进镇。2005年，全镇初步形成“一村一品”农业特色，被南通市表彰为外向型农业十佳乡镇。至2006年，全镇形成畜禽养殖、栽桑养蚕、外向果蔬、优质油米4大农业特色板块。

2007年，野林、福兴、顾巷3个市级农业园区和41个养殖园区建成，全镇2333.33公顷水稻及2133.33公顷小麦同被列为江苏省优质商品粮食基地。2008年，野林设施农业园区被确定为南通市级园区。2009年，花园桥村药材种植，民实村栽桑养蚕，何庄社区、八角井村外向果蔬，陆姚社区花木栽培等专业园区面积均有70公顷以上。2010年，全镇实现农业生产总值3.26亿元。

三、商贸服务业

唐代，今袁桥镇域有远近闻名的集市，并有店铺从事商贸服务活动。至清末，袁桥地区仍为如皋至里下河地区商贸交通要冲，人们用小车将土布、油饼等商品从如皋城运至曲塘，再将曲塘一带米粮运至如皋城销售。有民谚“运不完的东南，推不尽的西北”描述的即是是时袁桥地区商贸繁盛的状况。货运沿线饮食店、旅店、理发店、裁缝店等众多。何庄地区则无集镇和集市，一些较大村庄有日用杂货小商店。

20世纪60年代，袁桥乡商贸服务业继续发展，随如黄公路恢复通车，原何庄乡商贸服务业亦开始兴起。进入21世纪，袁桥镇民营、个体商贸服务业迅速发展。

至2010年，全镇有三产实体1962个，从业人员5118人，实现第三产业总产值2.74亿元。有商业零售企业（网点）402个，商品零售总额7256万元，集市贸易成交额3680万元。

第三节 社会事业

一、教育

民国前，今袁桥镇域，大的村庄有私塾。民国时，倪厦、黄埔、野林、陆庄、何庄、姚庄、塔元、孔桥、东阮、民实、磨桥、袁桥、朱夏等完全小学和初级小学先后创办。

1949年始，政府在接管原有学校的同时，又创办部分小学和初中。至1965年，今袁桥镇域共有小学21所，初中4所。20世纪90年代袁桥、何庄乡始实施学校布局调整和教育现代化建设。何庄乡在如黄路南侧规划教育区，陆姚初中、何庄中心幼儿园、何庄小学相继落成。1997年，何庄中学并入市属城西中学，于镇东重建。

2010年，除市属城西中学外，全镇有何庄小学、黄埔小学及袁桥初中3所镇属学校，在校学生3200人，教师241人。

二、文化

1958年，何庄、子厚2乡文化站同时建立。1961、1962年，何庄、子厚公社文化站相继撤销。1969年，何庄、袁桥公社同时建立广播放大站。1971和1976年，先后组建电影放映队。1977年，相继恢复建立文化站。1983年，袁桥影剧院建立。2000年，合并后的袁桥镇文化服务站、广播电视服务站建立。2005年，袁桥镇建成有线电视达标镇。2008年，袁桥镇文化中心落成。

三、卫生

民国前，今袁桥镇域有少数个体医生行医。1955年前后，政府把个体医生组织起来，建立袁家小桥、八角井等联合诊所。1958年，联合诊所及个体药店组建何庄、子厚公社医院。1996年，何庄医院迁址如泰河南路西新建门诊大楼。

2001年7月，袁桥镇卫生所建立，2008年，计划生育世代服务中心和卫生所大楼开工新建。

2010年，全镇共有卫生所1所，民营医院2所，村(社区)卫生服务站14个。

第四节 集镇·工业集中区

一、集镇

何庄 1956年，何庄乡机关设址八角井后，乡粮站、供销社、信用社、食品站、商业总店等相继在如泰运河南、如黄路北建立，形成东西长约3千米不连贯的一面街，部分人开始改称“八角井”为“何庄”。至20世纪80年代，形成沿如黄公路1.5千米的密集半面街。90年代起，于如黄路南规划建设教育区，逐步形成沿路对面街。1996年，八角井大桥桥南大道两侧兴建派出所、管电站、饭店、超市等，形成南北百米街与沿路主街道

图22-26 袁桥镇通过国家级生态镇验收
(2010年摄)

西段交汇。2003年，新建宽14米、长2000米的正通路主干道，形成镇区西部的“十”字街道。2008年，新建通城大道、仙鹤路，完成农贸市场、污水处理厂、垃圾中转站等配套设施。至2010年，建成区2.5平方千米。

袁桥 袁家小桥集市始于唐代，店房沿河而建。至清末，商贸服务业兴盛，店铺较多。民国始，渐衰。1956年，子厚乡机关入驻，形成南北约300米的镇区对面街。此后，逐步发展。1990年，撤乡设镇后，长1800米的南北街道拓宽为25米，并逐步完成路面黑色化，给排水工程及绿化亮化等。2000年，袁桥镇机关定址何庄后，保持市场繁荣。

二、工业集中区

2002年，袁桥镇政府完成《袁桥镇区总体规划》编制，在334省道两侧、316省道以南规划设立工业集中区，占地133.33公顷。2003年，工业集中区新建长2000米，宽24米的南北柏油路面主干道。2004年，在百杰服饰厂南侧新建长1200米，宽8米沿河路，并同步完成基础和配套设施建设。至2005年，进区企业30余家。2006年，引进市外民资1.24亿元，项目20个，国贸服饰、置高实业等项目落户。2008年5月，台商独资企业上能镭射材料应用科技有限公司落户。

2009年，按照“一带”(建材经济带)、“三园”(纺织服装园、机械工业园、物流项目园)规划，新建建材大道、通城大道、中能路、仙鹤路并完成配套设施建设。至2010年，进区企业76家，其中规模企业19家。

第二十章 柴湾镇

第一节 概况·沿革

一、概况

柴湾镇位于市境北部，东与雪岸镇接壤，西与袁桥镇相连，南接如城北郊，北与海安县毗邻。通扬运河、新长铁路和老204国道、启扬高速等在域内穿越。2008年，与如皋经济开发区合并后，全镇（区）总面积91.8平方千米，耕地面积3626.99公顷；辖社区13个，行政村9个；总人口10.6万人。2010年，全镇（区）实现地区生产总值47.13亿元，完成财政总收入22.34亿元，农民人均纯收入12988元。

二、沿革

明、清时期，今柴湾镇域大部属赤岸乡。民国时，设柴湾镇。民国29年（1940年），如皋县析为如西、如皋2县时，划归如皋县。民国34年9月，从如东县划回如皋县，建立柴湾区。民国35年7月，柴湾区划归紫石县，旋又划归东台县、如东县代管。民国38年3月9日，从如东县划回如皋县，属城东区。

1950年6月，城东区辖柴湾镇及复兴、万新、周庄、戴庄、林园、鹿门等乡。城西区辖太平、范庄、陈庄等乡。1956年5月，范庄乡并入林园乡，太平、周庄2乡并入戴庄乡，陈庄乡并入鹿门乡。1957年，万新乡、复兴乡、柴湾镇合并为柴湾乡；戴庄乡和鹿门、林园2乡的各一部分合并为戴庄乡。1958年9月5日，柴湾乡加入城东区规模的东风公社，戴庄乡加入城西区规模的红旗公社。12月1日，东风公社更名城东公社，红旗公社更名城西公社。1959年2月，以原柴湾、戴庄乡范围，分别组建柴湾公社和戴庄公社。1983年9月14日，柴湾公社改设柴湾乡。9月20日，戴庄公社改设戴庄乡。

2000年4月23日，柴湾乡与戴庄乡合并组建柴湾镇。2008年12月30日，柴湾镇与如皋经济开发区合并为如皋经济开发区（柴湾镇），实行以区带镇。

附录：

境内部分地名来历

柴湾　春秋时期，吴王夫差凿刊沟至此，留有一个大湾，因此地芦苇（俗称芦柴）丛生，得名柴湾。元朝时，称柴市湾。

西河湾　因古运盐河流经柴湾西首，有一个大湾，得名。

陶家庵　该村原有一庵系陶姓人家所建，故名。

姐姐桥　相传清康熙年间，有姐妹2人行至此被河所阻，特建桥，故名。

摊坊头　相传明代常有如城药商在此设摊推销药品，故名。

第二节 经济建设

一、工业

民国前，今柴湾镇域有部分工匠和手工作坊。1955年，始建手工业合作社。1958年起，柴湾乡先后兴办农具、砖瓦、电子元件、缫丝、化工、纸制品、并线、服饰、工艺品、轧钢等工厂，戴庄乡先后兴办农具、结网、砖瓦、服装、手套、竹器、塑料编织、耐火器材、食品、酿酒等工厂。至1999年，柴湾乡工业总产值1.23亿元，戴庄乡工业产值1.18亿元。

2000年,域内顺远、顺安、华艺3企业跻身全市工业企业30强。2003年,南通锻压、顺远服饰同为如皋市工业经济20强。至2004年,全镇规模企业增加至26家,天河桥村成为民营经济亿元村。2007年,全镇完成工业注册外资2662万美元,实际到账1201.1万美元,新建中外合资项目6个。至2008年,全镇销售超亿元企业增加至8家。2009年始,柴湾镇工业经济与如皋经济开发区合并统计。

二、农业

现柴湾地区农业生产水平一直处于全市(县)中上水平。1999年,柴湾粮食总产15943吨,农业总产值2331万元;戴庄粮食总产20114吨,农业总产值2493万元。

2000年,2乡合并后,开始突出规模农业、特色农业、生态农业、设施农业和高效农业。2003年,全镇2066公顷无公害优质油米生产基地获江苏省农林厅认证,建成复兴村蔬菜园、杨宗村珍稀

2001—2010年柴湾镇主要经济指标完成情况统计表

表22-20

项目	2001	2002	2003	2004	2005	2006	2007	2008	2009	2010
国内生产总值(万元)	2348	27717	41836	56280	213472	101367	180038	187159	538000	471293
财政收入(万元)	2341	1762.95	4069	4624	30583	5361	7904	8301	61397.18	223405
农业总产值(万元)	17774	18592	19760	24716	38435	25661	25178	35179	54938	51014
粮食总产量(吨)	36318	36025	29037	30567	38614	33772	32640	31655	41685	38056
年出栏生猪(万头)	0.50	0.50	0.58	12.77	13.05	0.44	5.04	5.75	14.58	14.64
年出栏家禽(万羽)	173.30	208.70	194	174	74.71	162	198	173	211.73	180.22
水产品总量(吨)	726	732	78	125	477	204	221	678	363	694
种养专业户(户)	1598	1609	1641	1702	2538	1816	1898	1908	168	—
工业企业(家)	410	460	488	528	1367	706	588	650	958	2619
个私工商企业(个)	38	460	488	528	1367	706	583	618	842	—
工业销售收入(万元)	31338	46436	71101	112756	756750	253329	439746	565406	1801774	—
工业利税(万元)	906	1726	2985	4916	43781	14198	27236	40196	98181.4	—
利用外资(万美元)	0	20	164.4	4180	4610.23	2010	2662	2420	2197	—
外贸供货额(万元)	9896	11101	18099	24023	110853	46638	79303	99355	18551	—
三产实体(个)	1819	2018	1819	2201	6066	2310	2202	3016	3867	—
商业零售网点(个)	603	625	648	1073	1147	1216	1073	1290	768	—
商业零售总额(万元)	4253	4652	4812	5370	176500	8821	8604	10460	17408	—
集市成交额(万元)	100	120	142	860	385000	2000	2600	4500	170300	195000
年末存款总额(万元)	18006	21080	24815	42010	252080	41200	47300	51200	138100	—
农民人均收入(元)	3381	3605	4050	4769	5868	6608	7825.60	9648.70	11106	12988

注:表内2009、2010年为如皋经济开发区(柴湾镇)数据。因统计口径变更,2010年部分数据未单独统计,缺载

苗木园，形成如皋神龙等5家农业龙头企业。2004年，全镇粮食与经济作物比例调整为6:4，天河桥养殖场、双楼庄千亩桑园高产基地等5个项目通过南通项目农业验收。2005年，全镇养蚕23720张，产茧542.1吨，居全市首位。建成农业种养园区8个，万新村农业综合开发工程通过省市验收。2006年，全镇养鸡5000羽以上规模养殖大户236户。创建农业园区7个，农机科技示范园为南通市首家农机科技示范基地。2007年，全镇种养比例为44:56，粮经比例为5:5。2008年，新增种养园区8个、农业龙头企业13家。里庄村百亩红叶石楠被评为市高效农业规模化先进典型。2009年5月，镇“万顷良田”工程通过江苏省国土资源厅评审。2010年，如皋经济开发区（柴湾镇）实现农业产值5.10亿元。

三、商贸服务业

明、清时期，享县城辐射和运盐河过境之利，今柴湾镇域为全县商贸服务业较发达地区。20世纪50年代起，国营、集体商贸服务业继续发展。20世纪80年代，柴湾通扬运河东新镇区及河西204国道沿线民营商贸服务业迅速发展，益寿北路与如皋经济开发区南北商业街衔接，商场、超市、汽车修配、饭店、旅店一家紧挨一家。2009年，全镇（含如皋经济开发区）共有商业营业网点768个，商品零售总额1.74亿元，集贸市场成交额17.03亿元。2010年，第三产业总产值34.06亿元，集市成交额19.50亿元。

第三节 社会事业

一、教育

元代，今柴湾镇域有许芳书院。明清时期，柴湾镇及周边村庄有私塾。民国元年（1912年）1月，城市第六国民学校创建。民国22年，更名柴湾初级小学。如皋全境解放后，县政府除接管原有学校外，先后创办万新、茶庵、郝庄、净土、复兴、施庄、双池、胡港、钱庄、陈庄、杨祠、周庄、何庄、桑庄、戴庄、韩桥、阔东河、太平井、范庄、姜庄、鹿门、八里等小学和柴湾、立新、卫东、钱庄、戴庄、鹿门、太阳等初中。1985年始，柴湾、戴庄乡实施学校布局调整，推进教育现代化建设。至2005年，保留柴湾、戴庄2所初中和柴湾、郝庄、复兴、陈庄、戴庄5所小学。2010年，全镇保留城北初中和柴湾、戴庄2所小学，共有在校学生2684人，教职工268人。

二、文化

清乾隆年间（1736—1795年），黄振屡试不中，仿效如皋城水绘园在柴湾建造斜阳馆，并创作传奇剧《石榴记》。20世纪30年代，许树枌（情荃）因病老归隐家乡画隐园，继续从事文学、书画创作。

1951年2月，柴湾大众俱乐部建立。12月，更名柴湾中心文化站。1956年，改为城东区文化站并随区公所迁东陈。1958年4月，柴湾乡、戴庄乡文化站同时建立。1961年6月，戴庄乡文化站撤销。1962年5月，柴湾乡文化站撤销。1970年前后，柴湾、戴庄乡广播放大站建立。1975年、1977年，柴湾乡文化站和戴庄乡文化站相继恢复，柴湾乡被江苏省文化厅命名为群众文化先进乡镇。70年代，柴湾、戴庄乡建立电影放映队。80年代，建立影剧院。2000年，柴湾镇文化服务站、广播电视服务站建立。2001—2008年，柴湾镇文化中心和占地1.2万平方米的农民休闲健身广场建成，各村（社区）农家书屋、健身设施健全。

三、卫生

如皋全境解放前，今柴湾镇域有个体医寓和郎中。中华人民共和国成立初，各小乡建立联合诊所。1958年，在联合诊所的基础上，柴湾公社医院和戴庄公社医院建立。2001年7月1日，柴湾镇卫生所建立。2010年，如皋经济开发区（柴湾镇）共有卫生所1所、民营医院3所、村（社区）及企业卫生服务站（室）32个。

第四节 集镇·工业集中区

一、集镇

柴湾 明、清时期，柴湾即为古运盐河畔小集镇，有新华斋卫生香等商号。民国时期，如皋城至海安、曲塘的班船、快船及内河小轮船开通后，柴湾均设有客货码头，装卸运输、饭店、客栈等服务行业得到发展。如皋沦陷前，集镇有店铺和手工作坊30余家。中华人民共和国成立初，一度为城东区公所驻地，供销社、粮站、食品站等区直属机构入驻。

至20世纪60年代，古运盐河（通扬运河）东岸、北岸面河形成半面街。1969年，通扬运河西移后，半面街变成对面街。2003年，柴湾镇与上海大荣旅游发展公司签订《关于开发建设柴湾主镇区项目协议书》，建成长约2000米、宽35米新镇区主干道。2006年10月，小城镇总体规划修编通过南通市规划局评审。是年，开工建设商品房5万平方米。

2010年，建成区面积4.52平方千米，4200平方米农贸市场投入使用。

戴庄 原戴庄乡机关驻地。至2010年，有南北向近1000米主街道1条，东西向健康西路两侧亦有近百家商贸服务企业（户）。

二、工业集中区

2001年5月8日，位于镇南村的工业集中区奠基，正式签约进区企业8家，其中1家为合资企业。是年，工业集中区被南通市委、市政府评为“南通市示范工业园区”。2002年，按照“三横三纵，块状布局”规划完成基础和配套设施建设。

2003年，工业集中区沿204国道两侧，南连如皋经济开发区，北接海安镇，被江苏省乡镇企业管理局、江苏省中小企业局命名为江苏省乡镇工业小区。柴湾工业小区开发有限公司分别通过质量体系认证和国际环境管理体系认证。至2004年，工业集中区基础建设累计投入23110万元，进区企业40家。是年，集中区被南通市政府命名为南通市特色乡镇工业集中区。2005年5月，邀南京大学环境科学研究所编写《柴湾生态工业园区规划》，开始实行企业环保准入制度，并加强环保设施建设。12月，南通市政府授予柴湾工业小区南通市生态工业园区称号，并通过国际环境体系认证年审。

2006年，工业集中区规划总面积调整为12.93平方千米。2007年，柴湾工业小区开发有限公司开工建设标准厂房10万平方米，竣工6.5万平方米。2008年8月，园区服务中心建立。2009年始，柴湾工业集中区纳入如皋经济开发区总体规划，协同开发。

图22-27 江苏省示范工业小区——柴湾工业小区 （2006年摄）

卷二十三 人物

如皋历史悠久，人文荟萃。三国时，吕岱为吴国大司马，名重东吴。陈矫以辩才折服曹操，解救郡县之围。宋代，胡瑗为理学先驱、教育家，于京城主持太学，分设经义治事二斋，倡导明体适用之学，后世推崇不衰；王观作《扬州赋》《冠柳集》，名动公卿；王觌为龙图阁学士；王俊乂为钦点状元，称荣一时。明代，冒辟疆为“明末四公子”之一，誉满江南；邱陞镇守皋邑，抗倭屡建奇功。清代，戴联奎历任礼、工、户、兵部侍郎，礼、吏、兵三部尚书；李渔为著名文艺评论家、戏剧家，《笠翁十种曲》至今脍炙人口；黄经、许容、乔林创“东皋印派”，享誉全国；女词人熊琏，有李清照、朱淑真余韵；龙璋首倡新学；沙元炳兴办教育和实业，于地方多有建树。如皋历史名人，入史载典，代代迭增，仅商务印书馆民国10年(1921年)版《中国人名大辞典》著录的如皋人物，就有27人。

如皋是一片洒满先烈鲜血的土地。清末，沈卓吾、黄七五、姜佐周为同盟会早期会员。民国11年加入中国共产党的吴亚鲁，是南通地区第一个中共党员、第一个传播马克思主义的先驱。土地革命时期，无数仁人志士投身革命，建立功勋。中共如皋县委参与组织发动的如泰五一农民暴动威震大江南北；在如泰红军游击活动基础上建立的江苏唯一一支红军正规武装——中国工农红军第十四军建立以后，指战员们在南京国民政府的卧榻之侧，面对国民政府军和国民政府地方武装的重重围剿，殊死奋战，谱写出可歌可泣的壮烈篇章。其间，中共如皋县委成立初期的8位县委书记中，有7位前仆后继，连续壮烈牺牲，创造中国革命史上少有的壮举。抗日战争时期，抗日军民不畏强暴，英勇抗敌，涌现无数抗日英雄，给日伪军以沉重打击。解放战争中，如皋地方武装和民众面对国民政府军和“还乡团”等的数度围剿，坚持敌后斗争，牺牲的区、营级以上干部即有100多人。

中华人民共和国成立后，陆昌荣、张鹏翔等战斗英雄，崔才爵等劳动模范、先进工作者，褚益民、马谨等政界、军界、科技界精英，层出不穷，续写如皋人杰地灵新的辉煌。

第一章 人物传略

第一节 革命烈士

一、土地革命时期烈士

刘君霞(1899—1928) 又名永昌、俊遐,如皋双甸(今属如东县)人。出生于贫民家庭,小学毕业后到粮行学徒。民国6年(1917年),考入无锡测量局学习测绘。次年,至如皋县清丈局任清丈员,经常接触农民,非常同情农民的疾苦。民国14年"五卅"运动后,在农民中传递进步书刊,向农民揭露贪官污吏、土豪劣绅的罪恶,宣传革命思想。民国15年,加入中国共产党,不久任中共如皋县城中区区委书记。民国16年5月,任如皋县总工会主席,组织建立黄包车、理发、浴室、成衣、丝线等行业工会,并领导如皋城黄包车工人罢工。民国17年如泰五一农民暴动时,负责在如皋城策应,因奸人告密被捕,受尽酷刑,坚贞不屈,于5月15日在如皋城西门外大校场英勇就义。

周惠吾(1907—1928) 如皋城人。基督教教徒。安定小学毕业后,至磨头姜兴亭中药店学生意,后转至樊川药店,结识中共地下工作者,开始倾向革命。民国16年(1927年)春,加入国民党。民国16年"四·一二"反革命政变后,得知国民政府如皋县政府阴谋逮捕中共党员张连生,即将此消息报告中共如皋县委,并护送张连生出如皋城。在如皋城黄包车工人罢工斗争中,以国民党县党部工会委员的身份,为工人据理力争。民国17年如泰五一农民暴动时,配合刘君霞在如皋城策应,因奸人告密被捕。未婚妻到狱中探望,他对未婚妻说:"耶稣为穷人上了十字架,我为穷苦人翻身解放,也不怕被钉上十字架。"5月15日,与刘君霞一起被杀害于如皋城西门外大校场。后,被中共如皋县委追认为中国共产党党员。

苏德馨(1904—1928) 字馨山,如皋江安人。民国10年(1921年),考入江苏省第二代用师范(如皋师范)读书。民国13年,与陆景槐等创办进步团体"劲社",通电支持孙中山召开国民会议。民国14年夏,毕业回乡,任教于鄂家埭小学。中共如皋独立支部成立后,被最早吸收加入中国共产党。民国16年初,以国民党员身份参与组建中国国民党如皋县党部,任县党部执行委员、农工部部长、县农民协会副会长等职。7月,任中共如皋县委委员。是月,国民党江苏省"清党"委员会委派成昌五为特派员,接管国民党如皋县党部,横行霸道,敲诈勒索,激起公愤。苏德馨与中共如皋县委其他领导成员一起,领导如皋师范学生游行示威,并组织200多位社会名流联名向国民党江苏省党部控告,揭露其罪恶,使其被革职查办。8月,传闻军阀孙传芳要重占如皋,县长乐济安拐带1.3万多元公款弃职逃往上海。孙军反扑失败,乐重回如皋企图复职。苏德馨以国民党如皋县党部名义,召开在城11个团体联席会议,成立"惩乐"委员会,上告民国政府江苏省民政厅,要求清理乐济安的账目。迫使省民政厅重新委派县长,并将乐济安关押,限期退出公款。

民国17年5月1日,中共如皋县委领导如皋西乡农民暴动，苏德馨任起义总指挥部肃反委员，先后率暴动队伍攻克国民政府徐家庄公安分局、卢港地主庄园。暴动失败撤往上海后，被中共江苏省委农委书记王若飞派回如皋东乡任中共马塘中心区委书记。6月15日，在银杏埠附近活动时，因奸人告密而被捕。国民政府如皋县长王浩然威逼利诱，并以杀死他父亲相威胁。苏德馨不为所动，在狱中写下遗书，希望弟弟代为孝敬父母，嘱咐妻子将儿子改名“苏维宜(谐音苏维埃)”。7月8日，于如皋城小校场英勇就义。赴刑场途中高呼口号，如皋师范同学见状无不为之痛哭，他大声说道：“你们不要难过，我倒下去了，将有更多不甘愿屈服的人站起来为中国革命奋斗！”

张兆山(1908—1928) 化名张进攻，如皋高明人。民国14年(1925年)，考入江苏省第二代用师范学校(如皋师范)。民国15年冬，加入中国共产党。民国16年春，北伐军进抵江南，军阀孙传芳所属五省联军的一部分退守张黄港一带，企图阻止北伐军渡江北上。张兆山率如皋师范进步同学到大西庄，发动农民协会会员200余人游行示威，声势浩大，敌人大为震惊，未敢干涉。民国17年春，任共产主义青年团如皋县委负责人。4月，中共如皋县委根据省委指示，联合中共泰兴县委发动如泰五一农民暴动，张兆山分工负责交通联络工作。暴动开始后，张兆山配合苏德馨带领一支农民队伍为前锋，取得攻打卢港地主庄园的胜利。如泰五一农民暴动失利后，至南通隐蔽。6月，受中共江苏省委委派，协助苏德馨至如皋东乡开展工作。6月15日，与苏德馨同时被捕，并于7月8日晨，同时于如皋城南门小校场就义。

马剑华(1900—1929) 又名马惠、马剑惠，如皋郭园人。小学毕业后考入江苏省第一代用师范学校(南通师范)。民国15年(1926年)春，在校加入中国共产党。毕业后，至南通县二窎小学工作，后转回如皋郑庄小学任教。

民国17年如泰五一农民暴动失败后，徐芳德转移至马剑华处。马剑华白天照常上课，夜晚和徐芳德串门走访，宣传革命道理。他编的“天上无雨露，禾苗不能生；地下没有土，五谷不生根。穷人不革命，永世不翻身；紧跟共产党，坚决去斗争”等革命歌谣，在群众中广泛流传。11月，任中共如皋南乡区区委书记，因恶霸地主告密被捕。面对敌人的摧残，为保守党的秘密，于民国18年1月25日在狱中服安眠药自尽。

徐芳德(1901—1929) 字泽生，又名徐芳，如皋江安人。民国13年(1924年)，于江苏省第一代用师范读书时参加进步团体“晨光社”，开始研究马克思主义，探索革命真理。民国15年加入中国共产党。是年，毕业回乡任小学教员，后任卢港第十九校(孙严墩小学)校长。民国16年秋，任中共如皋县委委员、中共如皋西乡区委书记。

民国17年4月，中共如皋县委根据中共江苏省委指示，联合中共泰兴县委发动如泰五一农民暴动，徐芳德任如皋县暴动委员会军事部长、暴动总指挥部副总指挥。5月1日清晨，带领起义农民首攻驻搬经文武殿的县警察队，打响如皋地区五一农民暴动第一枪。当晚，在朝西庄主持召开暴动誓师大会。会后，带领一支暴动队伍攻打江安周庄头最大的地主庄园，将胜利果实分给贫苦农民。暴动失败后，暴动领导人大都撤至上海或南通，他始终在暴动区坚持斗争。7月，中共如皋县委重新建立，徐芳德当选县委常委、组织委员。此后，他深入镇涛区开展工作，组建镇涛区委和如皋第一支红军游击队，并先后率队奇袭国民党吴窑、九华山、下驾原公安分局。10月，亲手处决国民党如皋县参议会参议员、沙田局局长刘仰琨和巡长祝培初。11月，徐芳德当选中共南通特委委员，接任中共如皋县委书记。民国18年1月10日，带领2名游击队员潜回江安六甲活动，被驻贲家巷国民政府如皋县警察中队包围，突围时腿部中弹被俘。被转押至如皋城后，遭遇严刑逼供，坚贞不屈；叛徒劝降，不为所动。1月27日午后，于北门城脚眼光庙巷北英勇就义。

郭锡康(1904—1929) 如皋吴窑人。小学毕业后在磨头岳父家学中医，后回家种田。民国17年(1928年)夏，加入中国共产党。不久，担任中共如皋南乡区委书记、县委宣传委员。当时，中共如皋县委组织红军游击武装缺枪少钱，郭锡康决定贩猪至上海赚钱买枪。到上海将猪出售后，将售猪款全部买枪。回家后，谎称售猪款被赌输了，主动提出分家，将自己所得的3间房、4亩田和1头驴，全都变卖归还猪款。

民国18年3月，化名王新珠，再次赴沪买枪。5月9日，在上海英租界三马路一家旅馆附近，被国民政府如皋县公安局长沈靖华拘捕，当天下午被解押回如皋。在狱中，受尽折磨，始终未吐一字。赴刑场途中，痛骂县长钱佐伊和公安局长沈靖华，并演说："共产党是全国人民的救星，共产党一定会胜利！"6月23日，于如皋城小校场从容就义。

吴亚苏（1907—1929）

又名吴印，字抑之，化名剑波，如皋潮桥（今属如东县）人。民国12年（1923年）秋，随兄吴亚鲁至徐州中学读书。民国13年，加入社会主义青年团。次年，加入中国共产党。民国14年，考入上海邮务海关学校英文专修科。民国16年，与妻子张红凤一起调往武汉从事党的地下工作。"七一五"武汉政府叛变，张红凤牺牲，他忍痛将儿子托付给保姆，至中共江苏省委机关担任密件抄写工作，后至安徽六安地区协助胡苏民开展青年运动。

民国17年初，吴亚苏回如皋协助中共如皋县委进行如泰五一农民暴动准备工作，当选如皋县暴动委员会宣传部部长。暴动前夕，根据县暴动委员会制订的暴动计划，他与叶胥朝至如皋东乡组织编印、张贴和散发大量标语、传单。当地土豪劣绅惊恐万状，纷纷向国民政府如皋县政府告急，县长王浩然连夜调县警察大队去东乡搜捕。吴亚苏完成诱敌东调的计划后，星夜赶至如皋西乡参加暴动领导工作。

如泰五一农民暴动失败后，吴亚苏撤至上海。不久，受中共江苏省委委派回如皋担任县委书记。他自知回如皋开展恢复工作危险性极大，于上海拍好"遗照"，并在照片背面写下"吾父爱之"，回如皋后即交给父亲吴绍穆保存。7月，他将在如皋地区坚持斗争的中共党员组织起来，重建中共如皋县委，并带领县委领导成员化装成乞丐、货郎、香客、放牛人等，走村串户，做艰苦细致的群众工作，在短短2个月时间恢复和重建区委6个、基层支部123个，并坚决镇压一批反动恶霸地主。11月，调任中共南通特委委员、农委书记。民国18年1月，中共如皋县委书记徐芳德牺牲后，吴亚苏回如皋再任县委书记。4月7日，在镇涛区组建镇涛红军游击队，开展武装斗争。6月15日，出席中共南通特委在如皋召开的如皋、泰兴、泰县3县县委联席会议，不幸于镇涛陈家市被捕。国民政府如皋县县长江辅勤置酒诱降，被吴亚苏掀翻酒席。江辅勤又逼迫其父亲吴绍穆（时任国民政府马塘区行政局局长）劝降。吴绍穆不为权势所屈，在给儿子的信中写道："……你一人做事一人当，不要抱怨你的父母，你瞑目而去吧！"吴亚苏给父母的复信中写道："我承受过无比的非刑的敲打及心灵的痛苦，但我一定拿出勇气来，为受难的兄弟铺好一条求生之路！"姐姐吴亚姝探监时难过得说不出话来，吴亚苏却微笑着安慰她："不要难过，我死了，共产党不会死的，将来一定会替我报仇。"江辅勤再次逼吴绍穆写信，吴绍穆书写"宁为玉碎，不为瓦全"8个大字。吴亚苏将父亲写的8个字贴在扇面上，扇风自勉。8月3日，吴亚苏英勇就义。临刑前，拒饮有麻醉成份的烈性酒，说："我要死得明明白白！"昂首走向刑场。

徐名章（1901—1929） 又名徐建如，如皋江安人。民国17年（1928年）秋，加入中国共产党。民国18年10月9日，如泰工农红军进攻申家埭恶霸地主周松平庄园时，周松平指挥保卫团死守碉堡顽抗。红军发起冲锋时，徐名章奋勇冲进碉堡，擒获周松平，迫使其他人缴械投降。11月，在樊家集战斗中，徐名章率突击班冲在最前面，被敌方轻机枪压制于50米外的小河沟里。徐名章指挥红军战士同时开枪射击，自己从近旁荞麦田里摸过去，一把抓住敌人的机枪，同时飞脚踢中其腹部，夺过机枪，掉头猛扫，突击班战士乘机一拥而上。战斗中，徐名章不幸腰部中弹，被护送到六甲老家，因伤势过重，医治无效牺牲。

赵仁甫（1899—1929）

如皋张黄港人。民国17年（1928年）秋，加入中国共产党。他聪明机智，打仗非常勇敢。游击队员祝和尚等被小圩桥敌军抓至据点，赵仁甫立即率游击队员化装成敌军士兵，大摇大摆地走进敌军据点，打垮敌军1个班，缴枪10多支，救

出被捕战友。民国18年6月，任中共如皋石庄区委书记。9月20日，回家乡在田有进家中落脚，被敌人发觉遭捕。国民政府如皋县政府挖空心思，想从赵仁甫嘴里掏出共产党的组织秘密和游击队情况，毫无所得。11月30日，赵仁甫英勇就义。

何　昆（1898—1930）原名何德晟，字克信，湖南永兴人。民国14年（1925年）冬，考入黄埔军校预科，加入共产党人主办的中国青年军人联合会，受到周恩来等中共领导人的直接教诲。民国15年春，中共黄埔军校特别支部吸收其加入中国共产党。预科期满后，至黄埔军校南宁分校第一步兵队深造。

民国16年"四一二"反革命政变后，何昆等"左"派学生被学校拘禁。一天夜间，何昆乘看守人员不备，顺水沟涵洞爬出校外，化装成农民辗转至广州，找到党组织，奉命至三水县组织农民武装，伺机暴动。12月11日，广州起义爆发，何昆率农民武装突入市区。13日，起义失败，何昆于黄沙火车站被捕。当晚，他以自幼练就的武功，飞身至屋梁上，撬开椽子，率难友越狱脱险。民国17年春，回乡开展革命活动。后，被组织调至武汉、南京、上海等地从事党的地下工作。

民国19年初，何昆出任中国工农红军第十四军军长兼通海特委委员。2月14日，化名李维森，与张爱萍、何扬、宋奇等抵达如皋西南乡东燕庄，组建红十四军军部。通海地区的中国工农红军江苏第一大队编为第一支队，如泰工农红军编为第二支队，何昆兼任第二支队支队长，在提高红军的军事素质和政治素质的同时，体恤民众疾苦，带头将每月津贴从6元降至3元。

红军经过整训，战斗力大为提高。何昆率部突袭如皋、靖江边界的长安市据点，守敌仓皇溃逃，红军缴获一批枪支弹药，并将据点内地主的粮食、布匹等分给当地贫苦群众。卢家庄是如皋西乡大地主集中的村庄，几个大地主惊恐不安，安排保卫团日夜加固工事，并请求季恺派兵支援。季恺倾向共产党，急将此情况报告红军。何昆将计就计，派一个班红军持季恺亲笔信打入卢家庄保卫团内部。3月23日，何昆率红军第二支队和赤卫队攻打卢家庄，里应外合，全歼保卫团60多人，查获躲在庄西破窑附近的7个恶霸地主，就地枪决。

4月3日，通海特委在如皋西南乡贲家巷召开红十四军建军大会。何昆在大会上宣读《告工农及一切劳苦群众书》，检阅红军和赤卫队的分列式。4月16日，何昆率红十四军第二支队和赤卫队围攻老户庄，以打通如泰游击区与通海游击区的交通要道。何昆身先士卒，用手提式机枪掩护部队冲锋，激战中不幸左胸中弹。周围国民政府公安警察部队出动增援，红军腹背受敌，被迫撤出战斗。撤退途中，何昆因伤势过重不幸牺牲，当地党组织将他葬于西燕庄。

1960年，红十四军建军30周年之际，如皋县人委在老户庄立碑纪念何昆。红十四军二支队二大队队长张爱萍亲笔题写碑文。1966年，何昆烈士遗骨火化后，安放于如皋县烈士馆。

薛衡竟（1904—1930）又名薛文，江西宁冈人。于江西参加红军。民国18年（1929年）10月，被调至如泰工农红军担任领导工作。到如泰后，对红军进行思想教育，开展军事训练，将如泰工农红军扩编为大队，亲自担任大队长。当时，红军驻扎泰兴已久，为扩展红军势力，薛衡竟决定向如皋南乡进军，全歼马家坪地主保卫团60多人，拔除小马桥敌据点，缴获长枪28支、子弹5箱。11月18日，薛衡竟率部向江安、卢港地区进发，夜间抵达野吴庄。车马湖、白蒲、磨头等地守军得到密报，将野吴庄围住。薛衡竟命令红军分路突围。突围中，二中队长戴奎等9人英勇牺牲。红军突围至六甲后，薛衡竟主持召开总结会，检讨自己指挥上的失误。

民国19年1月18日，薛衡竟命令赤卫队负责阻击黄桥、古溪、蒋垛等据点援军，亲率红军大队夜袭顾高庄。突击班击毙哨兵破门而入，敌军全数束手就擒。红军缴获步枪38支、手提机枪4挺、小炮1门，且无一伤亡。薛衡竟对俘虏进行阶级教育和政策教育，当即有12人要求参加红军。1月23日，薛衡竟率领红军攻克蒋垛、古溪据点，营溪、搬经等地守军闻风而逃。如皋至黄桥、曲塘至靖江之间形成大片红军游击区，红军大队迅速发展至1000余人。

4月，中国工农红军第十四军正式建军，薛衡竞任军参谋长。4月25日，红军在泰兴横垛乡西刘桥村附近，与国民党江苏省保安三团及黄桥、蒋垛等地敌军遭遇，血战一天，红军弹药消耗殆尽，且战且退。薛衡竞果断下令红军大部队撤向古溪以南，自己带一个班断后。战斗中，薛衡竞身负重伤，仍以坚强的毅力翻入河内泅水过河，终因伤势过重沉入河中牺牲。

韩铁心（1905—1930） 原名德渊，字跃龙，号子云，如皋西场（今属海安县）人。民国12年（1923年），考入江苏省第一代用师范。民国13年，参与组织进步团体“晨光社”，任干事，参加编辑出版文艺刊物。民国15年下半年，加入中国共产党，为表示革命的决心，改名铁心。不久，担任师范党支部书记。民国16年2月初，在南通女子师范学校发展党员，帮助建立党支部。中旬，至武汉国民党中央党务训练班受训，结业后至武汉农民运动讲习所学习。是年夏，返回南通师范，先后深入南通、如皋、安丰等地农村发展党员，组织农民运动。是年秋，打入国民政府南通县总工会任会长，在南通东乡余东、余西地区发展农民武装，准备武装暴动。

民国17年4月22日，韩铁心受中共江苏省委委派，到如皋传达有关组织农民暴动的指示，并参与如泰五一农民暴动的组织领导工作。暴动失败后，撤至上海，参加中共江苏省委农委书记王若飞主持召开的总结暴动经验教训会议。会后，返回南通，担任中共南通特委委员。6月28日，韩铁心在南通唐闸被捕，被解送南京特种刑事法庭。中共党组织极力营救，并请韩家邻居王申海“法庭认子”，迫使承审庭确认错捕，宣告无罪释放。11月，韩铁心当选中共南通特委委员、特委军委会书记，负责通海6县军事工作。民国18年6月13日，接任中共如皋县委书记。先后在江安、卢港、搬经、芹湖、石庄、镇涛等地整顿健全党的组织和农民协会，发展红军游击武装。8月28日，根据中共南通特委决定，与中共如泰中心县委书记王玉文将如泰地区红军武装集中编队，成立如泰工农红军。次日，率红军到石桥头，击毙巡警1人，捕捉并处决国民党江安公安分局局长朱介卿和地主管家2人。10月9日，与王玉文指挥如泰工农红军攻克申家埭地主庄园，活捉反动地主周松平。此后，红军连克蒋垛区公所、卢庄保卫团，使如皋、泰兴、泰县3县边区连成一片。为了巩固和扩大红军游击区，韩铁心深入如皋东乡江家园一带，帮助成立赤卫队，组织渔民武装。

民国19年2月9日，国民政府如皋县清乡督查队在磨头高家庄大肆搜捕革命干部、群众，韩铁心和薛衡竞率红军追击，救出被捕人员8人，并乘胜攻占刘家渡。此时，驻老户庄国民政府如皋县警察队向红军反扑。激战中，韩铁心脚部负伤。枪伤久治不愈，由党组织护送至上海医治，因伤口严重恶化，医治无效，于民国19年5月23日在上海宝隆医院与世长辞。

马志远（1898—1930） 字希班，号澄清，如皋卢港人。家庭贫穷，父亲早逝，靠寡母抚养成人。民国2年（1913年）夏，考入江苏省第二代用师范。民国7年夏毕业，先后在陆庄、李庄、马庄等校任教员、校长。此间，创办“光明社”，担任社长，出版《光明月刊》，发表署名文章抨击腐朽政治，揭露社会黑暗。该刊仅刊出1期，即被国民政府查禁。民国16年冬，马志远由徐芳德、石勋光介绍加入中国共产党。民国17年5月，参加如泰五一农民暴动。暴动失败后，避居上海。10月间，奉命返回如皋开展恢复工作，以在马庄办小学为掩护，开展革命活动。民国18年1月，当选中共如皋县委委员。民国19年5月，于倪家桥开会时，遭坏人告密被捕。敌人严刑逼供，马志远一字不漏。是月，于如皋城英勇就义。

王朋年（1894—1930） 如皋郭园人。民国17年（1928年），加入中国共产党。是年11月，任镇涛区委书记。组织铲除恶霸郭忆东，收缴九华冯庄地主冯恩寿长枪9支。民国18年4月，带领镇涛红军游击队巧妙周旋，粉碎国民政府军李长江部的“扫荡”9月，化装成小商贩收缴地主“陆桥麻子”长枪16支、短枪1支。11月,率如泰工农红军攻打镇涛区公所、警察分局,毙敌3人,缴获长枪2支、子弹5箱,枪毙恶霸地主薛汉卿。民国19年4月1日,护送中共如皋县委书记韩铁心至西乡六甲治伤时,遭敌军包围被捕。8月1日,于如皋城西门外大校场英勇就义。

王玉文(1905—1930) 化名李达三、汤三、丁海筠、丁邦选,如皋搬经人。父亲去世后,随继父迁居芹湖。民国12年(1923年),考入江苏省立第二师范学校(上海龙门师范)。民国15年,自费出版短篇小说集《飘鸟之死》,表明对旧世界的憎恨和追求真理的愿望。是年,加入中国共产党,至家乡芹湖小学任教。民国16年,任国民党如皋县党部宣传干事。民国17年4月,打入国民政府卢港区行政局,参与组织领导如泰五一农民暴动。暴动失利后,转移至上海。7月,任中共海门县委书记,先后在启海地区发展党员200多人。

民国18年春,王玉文任中共如泰中心县委书记兼泰兴县委书记。发动群众收缴地主武装的枪支,并亲自化装成政府官员,至珊瑚庄大地主黄子昂家“验枪”,迫使黄子昂交出长枪1支、短枪2支。是年8月28日,根据中共南通特委决定,与中共如皋县委书记韩铁心将2县红军游击队集中编队,成立如泰工农红军。10月9日,与韩铁心指挥如泰工农红军和赤卫队400多人,攻克北申家埭据点,活捉反动地主周松平,全歼守军40余人,缴获弹药10箱和大批枪支。10月11日,在沿河口设伏,击退如皋西乡卢庄保卫团100多人的反扑。

民国19年2月,中共中央军委决定组建中国工农红军第十四军,王玉文受中共江苏省委委派,负责接送中央和省委派至红十四军的干部。不久,被中共江苏省委任命为南通、海门、启东、如皋、泰兴5县巡视员。8月3日,黄桥总暴动失败。8月30日,原泰兴县委特务队负责人李吉庚率部叛变投敌。为了挽救危局,王玉文不顾个人安危,带领10多人至泰兴县宁界乡周家荡找李吉庚做说服工作。叛徒李吉庚指使手下叛徒捉拿王玉文。王玉文怒斥叛徒:“人民是不会饶恕你们的!”话未说完,遭叛徒枪击牺牲。

葛瑞庭(1904—1930) 如皋胜利人。民国17年(1928年)3月,加入中国共产党。是年5月,领导朝西庄一带农民参加如泰五一农民暴动,攻打卢港、卢庄、“三十亩”、申家埭、李家洋等地恶霸地主的庄园。民国19年2月,中国工农红军第十四军军部在如皋组建后,葛瑞庭转入地方工作,任中共如皋县委委员、卢港区委书记。9月5日,叛徒李吉庚带领国民政府军追至空庄子,葛瑞庭腰部中弹受伤被捕,在押解黄桥途中因伤重流血过多牺牲。

石　俊(1907—1930) 又名石俊光、石劲弹、石冠千,如皋搬经人。民国12年(1923年)夏,考入江苏省第二代用师范。民国15年,加入中国国民党。民国16年初,加入中国共产党。是年秋,组织学生反对校长禁止学生参加革命活动,斗争坚持一学期,迫使国民政府江苏省民政厅罢免校长职务,石俊等学生骨干亦被开除学籍。民国17年2月,石俊转至南京晓庄师范读书,任中共晓庄师范党支部书记,并被同学们推举为学生会主席。8月,任联村自卫团晓庄独立大队队长。民国19年1月,联络中央大学等多所学校的进步学生,成立南京自由大同盟。是年4月,为声援南京下关“和记”蛋厂工人的罢工斗争,石俊出任副指挥,领导声势浩大的游行示威。5月中旬,任中共南京市行动委员会委员兼宣传部长,组织领导在夫子庙前的反军阀大示威,担任总指挥。示威活动中被捕,受尽酷刑,坚贞不屈。9月21日,于南京雨花台英勇就义。

卢德润(1898—1930) 如皋石庄人。民国16年(1927年),参加革命,是年加入中国共产党。民国19年2月9日,任中共石庄区区委书记。2月10日,如泰工农红军攻打高家庄,卢德润和战友张芝山、马敬之、徐学贵、徐永良等引导部队逼近村庄,摸掉敌人岗哨后,向庄内猛扑,打得保卫团四处逃窜,活捉6人,缴枪10支,救出被捕的8名干部群众。10月5日,以到岔林港买肉过中秋节作掩护，侦察保卫团的情况，不幸被捕。被保卫团凶残地用铁丝穿过手掌，解送至石庄。敌人严刑逼供，卢德润坚贞不屈。10月12日，于夏庄桥口英勇就义。

汤仕伦（1906—1931）字叙五，化名李秀生、李修来、周发，如皋江安人。幼年入江安第六国民学校读书，毕业后考入如皋乙种工业学校，后因家庭贫困，辍学回家。民国14年（1925年），至马庄初级小学任教，在革命志士、校长马志远的影响下，参加革命活动。民国15年冬，加入中国共产党。民国17年5月1日，参加如泰五一农民暴动，攻打蒋家埭、卢家庄、卢港、三十亩等地大地主庄园，共缴获长枪10多支、大型火药枪2支，并发动周围农民分地主的粮食、衣物。7月，任中共如皋县委委员、西乡区委书记。民国18年2月，接任中共如皋县委书记。4月11日，与县委军事委员于咸带领10多名红军游击队员，装扮成采桑叶的，到长脚圩地主李昌泰家缴枪，迫使李昌泰交出4支德国造短枪。是年底，被调往上海工作。民国20年1月17日，在上海远东饭店开会时，与中共江苏省委书记何孟雄等20多人同时被捕。2月7日，于上海龙华遇难。

汤仕佺（1904—1931）又名汤益生，汤仕伦的三哥。民国17年（1928年）加入中国共产党。是年，参加如泰五一农民暴动，斗争坚决。民国18年2月，任中共如皋县江安区区委书记。年底，被调往上海工作，参与江苏省委机关安全保卫工作。民国20年1月17日，在远东饭店开会时被捕，2月7日，于上海龙华遇难。

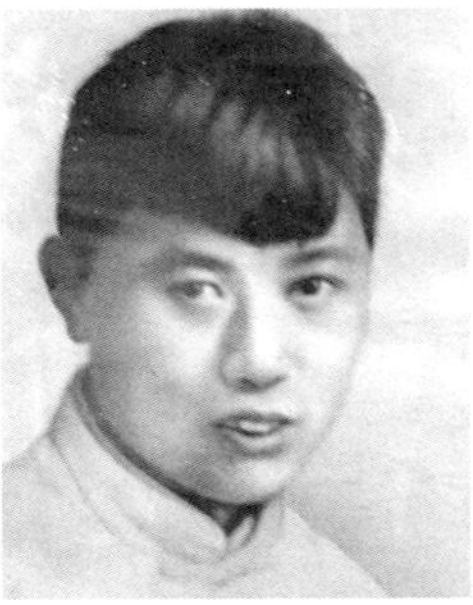

徐家瑾（1904—1931）字汝怀，化名沙文静，如皋石庄人。民国10年（1921年）考入江苏省第一代用师范学校。民国14年春，加入中国国民党。“五卅”惨案发生后，领导示威游行，并任南通学生“五·卅”血案后援会主席。暑期毕业后，任教于南通师范附属小学。民国15年春，加入中国共产党。民国16年“四·一二”反革命政变后，偕同时入党的杨文辉至武汉投奔革命。后，只身赴江西，参加八一南昌起义。随军南下广东，在国民革命军第四军叶剑英部教导团做政治工作。12月11日，参加广州起义被捕入狱。越狱后，至上海找到党组织。

民国17年春，徐家瑾受中共江苏省委委派回如皋协助县委工作。4月28日，到达如皋，正值中共如皋县委准备发动五一农民暴动，他根据广州起义失败的教训，提出准备工作不够，建议待秋收后暴动。但是暴动命令已经发出，无法变更。县委分工徐家瑾以国民党员的身份留在如皋城做策应工作。7月，徐家瑾任中共城中区委书记、代理县委特派员，筹集资金千余元，在如皋城开设读书消费合作社和糖果店，作为中共如皋县委的秘密联络点和交通站，并打入国民党县党部机关报《皋报》任主编。因在《皋报》副刊《先路》上发表短文《饭碗》，揭露国民政府的黑暗，于10月30日被捕，解押苏州寺前街监狱，被判刑2年6个月。狱中，被选为中共监狱特支委员会委员，创办工农学校，自编讲义授课，并组织难友开展绝食斗争，抗议狱官暴行。

民国19年7月，在狱中绝食斗争中，徐家瑾等联名撰写《江苏省高等法院看守所囚徒的呼吁书》和《控诉书》，由中共地下组织传出发表，新闻记者和社会名流纷纷探监采访，南京国民政府表面派员“谈判”，暗中对领导斗争的徐家瑾施以酷刑。10月，中共江苏省委制订《鸿宾计划》（暴动计划），调太湖游击队配合中共监狱特支组织难友暴动，一切准备就绪，因叛徒告密而失败。12月14日，徐家瑾等30余人被押往镇江军法会审处，他与难友相约：“身份已经暴露，我们5个共产党员宁可牺牲自己，也要保护多数难友。”受审时，他揽下一切责任，被改判死刑。中共江苏省委多方营救均未成功，遂决定组织越狱。中共镇江县委与狱中取得联系，决定大年初一行动，徐家瑾担任行动指挥。年初一晚，狱警戒备松弛，时机极好。但一难友违背纪律，提前行动，打乱整个部署，铁镣未能全部打开，冲出者无人接应，越狱失败。徐家瑾的长兄赶来探监，他对哥哥说：“从参加革命的第一天起，我就准备在必要的时候，把生命献给党和人民。”“少数人失掉自由，献出生命，换来的是广大人民永久的幸福。”

民国20年2月25日清晨，徐家瑾从容整衣起床，向难友告别：“易水饯别，壮士不还，今日与各位诀别了！小人趋利，君子殉志，今天我是死得其所，诸君幸自珍重，勿复以余为念！”言罢，昂首走出牢房。上午9时，于镇江北固山下英勇就义。

穆子奇（1903—1931）原名缪元其，又名缪子义，如皋胜利人。民国17年（1928年）春，经汤仕伦介绍加入中国共产党。5月1日，中共如皋县委组织五一农民暴动，穆子奇发动朝西庄一带农民参加暴动。暴动失败后，仍在暴动区坚持斗争。民国18年春，任中共卢港区委书记。民国19年4月16日，红十四军攻打老户庄，穆子奇与县委书记于咸组织卢港、江安一带的赤卫队和农民群众数千人支援红军作战。5月，任中共如皋县委组织委员。7月，县革命行动委员会成立，穆子奇和曹斌为负责人。9月，红十四军失败后，穆子奇在做好安排战友转移、埋藏武器等善后工作后，继续在如皋西乡从事地下斗争。11月，奉命至上海。是月中旬，接任中共如皋县委书记。是年冬，偕曹玉彬、朱香九等5人回如皋开展恢复工作，途经江阴，因叛徒告密被捕。民国20年3月12日，于镇江北固山英勇就义。

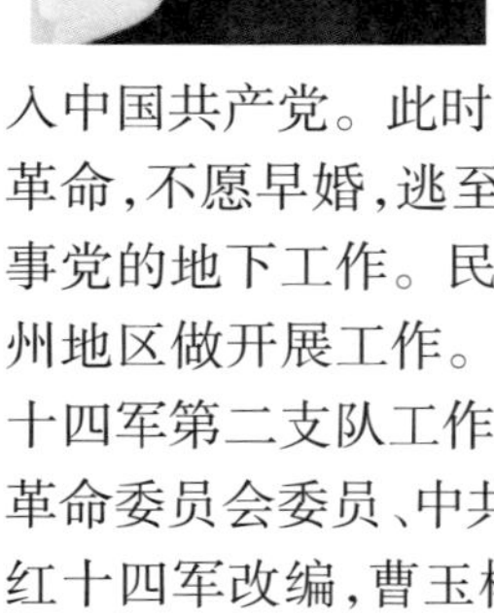

曹玉彬（1908—1931）化名郑树春、郑富春、郑文林，如皋高明人。民国12年（1923年）考入江苏省第一代用师范读书。民国16年毕业前夕，因参加革命活动被学校开除。是年8月中旬，经同学韩铁心介绍加入中国共产党。此时，家中强迫他结婚，但他立志革命，不愿早婚，逃至南京。年底，至河南豫西从事党的地下工作。民国18年初冬，被派至江苏徐州地区做开展工作。民国19年春，被派至如皋红十四军第二支队工作。5月1日，当选如皋县工农革命委员会委员、中共如皋县委军事委员。是月，红十四军改编，曹玉彬任一师二团六营政治教导员，后任教导大队队长。9月，红十四军失利后，撤至上海。年底，受中共江苏省委委派，与穆子奇、朱香九等5人回如皋开展恢复工作，途经江阴，因叛徒告密被捕。民国20年3月12日，于镇江北固山英勇就义。

王凤岗（1901—1931）又名王竹森，如皋邹埭人。民国16年（1927年），与弟弟王凤藻同时加入中国共产党。为了团结更多的穷兄弟参加革命队伍，通过“拜把子”形式，与邹贵成、王少清等结成“十兄弟”，宣誓：“协力同心，患难与共，效忠革命事业，永跟共产党，为穷人求翻身。”他们先后参加如泰工农红军攻打申家埭、红十四军攻打石庄等战斗。民国19年9月红十四军失败后，“十兄弟”中的王少清、徐福章相继投敌。民国20年7月17日，王凤岗在陈天福家召开秘密会议。叛徒得悉后，带领大批国民政府军警包围陈天福的住宅。王凤岗临危不惧，指挥大家沉着应战。军警的包围圈越缩越小，火力越打越猛。王凤岗知道敌众我寡，坚守不是上策，遂决定突围。邹贵成首先冲出，却被军警捉住。军警抓来邹贵成的父亲，将父子2人绑在陈天福家门前，以此威胁王凤岗。王凤岗决定牺牲自己保全战友，挺身而出，大声呼喝：“我王凤岗要杀要剐随你们，把其他人放了。”军警抓到王凤岗后，诱降逼供均无所获，当晚将他杀害。

于　咸（1907—1931）原名于思道，号敬之，化名老孟、张大，如皋九华人。民国13年（1924年），考入上海美术专科学校。民国15年，因参加学潮被学校开除，在中共上海党组织领导下绘漫画、写标语进行革命宣传。一次在杨树浦张贴标语，被捕判刑2年，关押于徐家汇漕河泾国民政府江苏第二监狱。数月后，经父亲出钱打点得以出狱。

民国16年“四一二”反革命政变后，于咸返回如皋在营防港小学任教员。6月，经陆景槐介绍加入中国共产党。民国17年11月，任中共如皋县委委员，组织群众除奸惩霸，发展革命武装。民国18年4月11日，带领镇涛红军游击队至长脚圩地主李昌泰家，缴获德国造短枪4支。8月，任如泰工农红军一分队（后改为一中队）队长。10月9日，率突击队攻克北申家埭，活捉反动地主周松平。11月10日，与红军大队长薛衡竟用调虎离山计，摧毁国民政府镇涛区公所和公安分局。国民政府如皋县政府派军警将于咸的父母、姐夫、表兄抓去，要挟于咸自首投降。于咸毫不退缩。11月18日夜，红军被包围于野吴庄。突围时，于咸腿部负伤，忍着剧痛率红军冲出包围圈。

民国19年春，于咸接任中共如皋县委书记。当时如皋西乡春荒严重，大批穷苦农民靠吃树皮草根度日。于咸派人到鄂家埭地主李同山家借粮，李同山顽固拒绝，并暗中与老户庄保卫团、搬经公安分局警察队勾结。3月10日夜，于咸率50余名红军，发动鄂家埭周围千余穷苦农民涌向李同山家，打开仓库发放粮食。分工经济工作的中共如皋县委委员孙盛（绰号"破凉帽"）蜕化变质，于咸多次对其教育警告无效，向中共江苏省委汇报情况。省委即派员至如皋，于水洞口召开万人大会，将孙盛处决。9月，红十四军失利，于咸在完成隐蔽战友和埋藏枪支等善后工作后，只身至上海向中共江苏省委汇报。此后，数次受命潜回如皋开展恢复工作，均因如皋陷于白色恐怖之中，未能成功。

民国20年7月26日，于咸率8人潜回革命中心区东燕庄，白天在青纱帐里隐蔽，深夜分散活动。他们先后集中长枪18支、短枪4支，将分散隐蔽的红军战士秘密组成3—5人的战斗小组，并逐步恢复党团组织、农民协会和赤卫队。8月21日夜，连续出击小燕庄和朝西庄，处决叛徒和反动地主多人。8月28日，于咸和尤老三、缪元珍、孙玉才等在朝西庄缪永文家等待泰兴游击小组的同志开会，被地主发觉告密，驻东燕庄的警察队倾巢而出，并纠集周围各庄保卫团，包围缪永文家。战斗从下午3时至傍晚，于咸等在屋内沉着应战，毙伤敌30余人。敌军久攻不下，纵火烧房。于咸冲出突围时，腿部中弹倒在墒沟里。军警乱枪齐发。战斗中，于咸和尤老三、缪元珍、孙玉才全部壮烈牺牲。

缪元珍（1907—1931） 原名缪元山，如皋高明人。民国16年（1927年）春，加入中国共产党，后任党支部书记，参加如泰五一农民暴动。暴动失败后，撤至江南。民国19年底，受中共党组织委派，任中共如皋县委委员，随县委书记于咸回如皋开展恢复工作。先后至常州等地找到如泰五一农民暴动失败后撤至江南的马永盛、孙永志等人，动员他们回如皋参加革命斗争。民国20年8月28日，与于咸、孙玉才等人转移至朝西庄缪永文家。地主发觉后告密，数百名军警于当日下午3时包围缪永文家。缪元珍在于咸指挥下沉着应战，坚持战斗3个多小时，打死打伤军警30多人。军警放火烧屋，于咸向外冲出，不幸中弹牺牲。缪元珍和孙玉才退回屋内，用仅有的子弹坚持战斗到最后，在烈火中献身。

李超时（1906—1931） 原名李振华，江苏邳县人。幼年读私塾。民国8年（1919年），考入铜山县姜集高等小学，毕业后考入徐州江苏省立第十中学。民国15年，加入中国共产主义青年团，任共青团徐州地委学委书记。民国16年初，进入国共两党合办的中央军事政治学校武汉分校学习。3月，加入中国共产党。5月，参加叶挺指挥的讨伐叛军夏斗寅的战斗。7月，受中共党组织派遣至邳县从事革命活动。民国17年4月，任中共邳县独立支部书记。7月，奉中共江苏省委委派至东海县开展建党工作，先后任中共东海独立支部书记、东海中心县委书记，领导黄包车工人斗争，发动农民组织扁担会暴动。7月，受中共江苏省委委派，至南通地区领导南通、海门、启东、如皋、泰兴、靖江、泰县、东台等县的革命斗争。任中共通海特委书记。

民国18年11月，李超时参加中共江苏省委在上海召开的第二次代表大会。民国19年3月，中共通海特委成立，李超时任特委书记。5月，接任红十四军军长兼政委。8月3日，亲自指挥红十四军第一师和赤卫军5万多人，发动黄桥总暴动，由于红十四军特务大队大队长李吉庚临阵倒戈，暴动功败垂成。此后，红军被迫化整为零进行游击战，最终失败。10月，李超时至上海参加中共江苏省委会议，会后被任命为中共江苏省委外县工作委员会委员，后任省委巡视员。

民国20年6月26日，李超时奉中共江苏省委指示，赴徐州等地区巡视工作，于镇江被捕。国民政府江苏省省长叶楚伧亲自劝降，遭李超时严词拒绝。后，李超时遭受酷刑，坚贞不屈。就义前，勉励难友坚持斗争。9月19日，于镇江北固山下英勇就义。

汤小冬（1906—1931） 原名小东、小明，如皋营防港人。民国17年（1928年），加入中国共产党。因常在戏班、木偶团客串，有音乐、美术才能，被镇涛红军游击队分配写革命标语，并经常扮作唱戏艺人，侦察敌情。民国18年4月，任中共镇涛区委委员、镇涛红军游击队指导员。民国19年夏，任红十四军一师三团某营教导员。后，化装至南通县与红十四军第二师联络，在平潮东北五里树渡口被捕。民国20年9月19日，于南通遇难。

黄竹庭（1906—1933） 又名黄均，如皋胜利人。民国16年（1927年），于江苏省第二代用师范毕业后，任小学教师。民国17年冬，加入中国共产党。民国18年6月，任中共如皋县委委员，参加如泰工农红军攻打石桥头、卢家庄、老户庄等战斗。民国19年9月红十四军失败后，全县革命处于低潮。黄竹庭积极从事地下革命活动，带着妻儿在外“打游击”，与敌人捉迷藏。国民党江安区区长徐建希恨之入骨，悬赏400银圆捉拿。民国20年，黄竹庭潜至泰兴县珊瑚区周家巷姨夫家中，因奸人告密被捕，被关进如皋监狱，后被转至镇江军法会审处审理。遭受严刑逼供，始终坚贞不屈。民国22年1月28日，被残酷折磨死于镇江狱中。

吴汝连（1909—1933） 化名鲁连夫、路连夫，如皋车马湖人。毕业于石庄小学。民国17年（1928年），于江安乡六甲小学任体育教员。民国19年2月，加入中国共产党。3月，任镇涛红军游击中队中队长。6月11日，红十四军一师攻打石庄镇，吴汝连率镇涛红军游击中队在镇北首先发起攻击。战斗中，他猛打猛冲，身上负伤3处。战后，被组织安排至上海治疗，伤愈后留在上海互济会从事党的秘密工作。9月，红十四军失利后，中共江苏省委先后派穆子奇、于咸等回如皋开展恢复工作，均相继牺牲。民国20年8月，吴汝连继任中共如皋县委书记，受命回如皋领导恢复工作。其时，国民政府江苏省保安团、如皋县警察中队严密封锁交通要道，吴汝连几次回如皋均受阻，无奈撤回上海。

民国21年2月，中共江苏省委任命吴汝连为中共如泰县委书记，统一领导如皋、泰兴2县恢复工作。3月，吴汝连从上海潜回江北，在如泰边境秘密活动。总结前一阶段工作的经验教训，决定从除霸惩奸入手，提高人民群众的斗争信心。如皋西乡尤家行恶霸地主卢玉斋带领保卫团搜捕革命干部，强行收租，无恶不作。吴汝连等设伏擒获卢玉斋，将其就地处决。卢港区反动乡长石宜生，人们称“活阎王”。吴汝连探悉石宜生行踪后，即率队追歼，当场将石宜生击毙。严惩磨头老庄地主严子英，收缴银圆1000余枚，至南通购买短枪2支、子弹20条，余款存放于中共如皋师范支部，并为如师党支部购买油印机1架，供印制宣传品用。

民国22年2月，春节刚过，农村许多贫苦农民缺吃少烧，吴汝连指导各党支部开展春荒斗争，亲率游击队武装保护群众到地主家分粮，群众革命情绪高涨。4月26日，吴汝连率游击队至泰兴县珊瑚区筹建革命行动委员会，准备于五一期间发动较大规模的群众运动。不料，行踪被国民党如皋县警察中队侦悉。县警察中队纠集江安、卢港2区保卫团300余人，包围缪家埭、顾家堡等村庄，挨户搜查。吴汝连率队向如皋县磨头区转移，于28日撤至戈家堡尤学庆家时被敌包围。他指挥队员顽强还击，从清晨战斗到黄昏，敌军人数虽多，却未能前进一步。吴汝连发现弹药将尽，果断率先突围，不幸中弹牺牲。陈奎、吴桂生、吴春茂、李二、丁昌银、萧喜儿6人同时牺牲。

王世元（1906—1933） 原名王朋成，又名王四元，如皋郭园人。民国17年（1928年）冬，加入中国共产党，同时参加镇涛红军游击小组，在镇涛区开展武装斗争。11月16日，红军游击小组夜袭郑庄恶霸地主郭忆东，他率先翻墙入院，冲进内室击毙郭忆东。此后，王世元便以勇猛闻名镇涛。民国18年4月7日，镇涛红军游击队成立，全队60

余人，王世元任队长。月底，国民党江苏省警察总队长李长江率省警数百人和如皋县警察队，兵分3路进攻镇涛，企图一举消灭镇涛游击队。王世元认为敌强我弱不宜硬拼，决定分散隐蔽，一路驾船下江，一路与敌周旋于平潮附近，一路避入鲤鱼荡。国民政府军警在镇涛区折腾5天，一无所获。8月28日，如泰工农红军建立，镇涛红军游击中队由如泰工农红军统一指挥。王世元先后率领镇涛红军游击中队参加攻打申家埭、野吴庄、马家坪等战斗。民国19年5月起，先后任中国工农红军第十四军一师一团连长、营长。红十四军失利后，王世元撤至上海。民国20年7月，与中共如皋县委书记于咸一道回镇涛开展恢复工作，亲手镇压恶霸地主沙成道、薛文刁及国民政府下驾原公安分局长李伯谦。于咸牺牲后，王世元再次撤至上海，从事党的地下工作。民国22年3月，随新任中共如皋县委书记吴汝连回江北开展恢复工作，于新港被捕，被解至苏州，后转至南京。5月，于南京雨花台遇难。

徐名正（1912—1935年） 化名罗伦，如皋石庄人。14岁考入江苏省第二代用师范前期师范科。民国19年（1930年）春，考入广东欧阳予倩创办的广东戏剧研究所附设戏剧学校。民国20年春，经戏剧家熊佛西介绍，作为北京大学文学系旁听生，继续研究戏剧。民国21年暑期，返回家乡，由中共如泰县委书记吴汝连介绍加入中国共产党。是年秋，受中共如皋地方组织派遣，入如皋师范读书，任中共如皋师范支部书记。民国22年“五一国际劳动节”前夕，根据吴汝连的布置，组织支部党员赶制几千份署名“如泰工农行动委员会”的标语。4月28日，吴汝连等7人被围牺牲，2人被捕，如师党支部暴露。徐名正撤出如师，转至上海私立正风中学继续读书，在工人中开展革命活动。7月，高中毕业后回到如皋，任城市民众教育馆馆员。10月10日，遭国民政府如皋县政府通缉，避往上海。10月下旬，受中共组织委派至厦门，化名罗伦，参加十九路军工作。“福建事变”失败，转至闽南，于民国23年1月到达中央苏区瑞金，在苏维埃中央政府机关报《红色中华报》报社工作，后任报社秘书长。10月，中央红军长征，徐名正随兼任该社社长的瞿秋白留守坚持。民国24年2月，于福建长汀被捕牺牲。

二、抗日战争时期烈士

吴亚鲁（1898—1939） 学名吴肃，又名吴渊，字亚鲁，笔名耐苦生，如皋潮桥（今属如东县）人。民国8年（1919年）夏，于如皋师范毕业，至南通县金沙第二高等小学任教半年。次年，考入南京高等师范学校教育专修科。在校期间，阅读《新青年》等进步书刊，参加中国少年学会，追求真理，投身革命活动。民国11年5月5日，在校内主持召开南京地区首次团员代表大会，成立中国社会主义青年团南京地方委员会，当选青年团南京地委主要负责人。8月27日，邀集如皋旅通、旅宁、旅沪、旅京学生及如皋城学生50多人，成立以反帝、反封建为宗旨的进步团体“平民社”，并创办社刊《平民声》，自任主编。同期，联合潮桥附近青年组成“潮桥青年学友会”，刊行《潮桥青年》，揭露土豪劣绅罪恶，传播革命思想。暑假结束返校后不久，于南京加入中国共产党，为南通地区第一位中共党员。与东南大学周世钊以“马克思学说研究会”名义，发起组织社会改造讨论会，讨论“现今中国社会是一个什么样的社会”“如是一个病的社会，则病的根源在哪里”“要除掉那些病根，要医好这个社会，我们是采用社会改良，还是采用社会主义”等问题。

民国12年夏，吴亚鲁于南京高等师范学校毕业，受党组织委派，至徐州省立第三女子师范学校任教，从事革命活动。民国13年6月1日，组织成立徐州第一个社会主义青年团支部并担任书记部主任。12月，团支部扩建为团徐州地委，吴亚鲁任书记。民国14年1月26日，吴亚鲁以徐州团组织代表身份参加在上海召开的中国社会主义青年团第三次全国代表大会。6月，上海“五卅”惨案的消息传到徐州，他组织党团员积极开展声援活动，并与苏同仁（后成为其妻子）在第三女子师范发动进步学生，赶走压制学生运动的校长。并遵照团中央指示，在团内秘密成立党支部，兼任书记。七八月间，由于在第三女子师范驱赶校长的斗争中身份暴露，被组织安排至河南郑州豫丰纱厂从事工人运动，后调至南京。民国15年4月，中共南京地方委员会成立，吴亚鲁当选委员。北伐开始后，吴亚鲁受组织派遣随军出征，在叶挺部工作，随后参加南昌起义。起义失败后，先至广东，后至厦门从事革命活动。民国17年8月，在中共福建省第一次代表大会上，当选中共福建省委委员、宣传部长。9月中旬，以省委巡视员身份至永春县，主持召开中共永春县第一次代表大会，任代理县委书记。11月中旬，回省委工作。民国18年5月，任省委秘书长，不久增补为省委常委。民国19年8月，任福建总行动委员会候补执委。后至山东工作，历任中共山东省委秘书长、宣传部长，中共山东省委常委等职。冬，吴亚鲁于山东青岛被国民政府当局逮捕，因证据不足获释。

民国21年，至上海在党领导的互济会工作，秘密组织赤色工会。民国22年初春，至某秘密机关联系工作，因机关已被破坏，不幸被捕，亦因证据不足获释。是年夏，因叛徒出卖，于上海法租界被捕，经柳亚子请著名律师史良等为之辩护，免于引渡给国民政府当局，但被判刑3年6个月，至民国25年冬出狱。出狱后，至上海新知书店工作。其间，与他人合作翻译《唯物辩证法和心理分析》等宣传马克思主义的英文读物。民国27年上半年，与党组织取得联系，恢复组织关系。是年秋，至湖南长沙八路军办事处找到徐特立，被分配到新四军平江留守处(民国28年4月改称通讯处)任秘书主任，党内职务为中共湘鄂赣特委委员、秘书长。

民国28年6月12日，吴亚鲁在“平江惨案”中惨遭杀害。8月1日，在延安人民追悼“平江惨案”死难烈士大会上，毛泽东发表《必须制裁反动派》的著名演说。中共中央送挽联：“在国难中惹起内讧，江河不洗古今憾；于身危时犹明大义，天地能知忠烈心。”

2009年，在江苏省委宣传部等13个部门(单位)联合开展的“50位为新中国成立作出突出贡献的江苏英雄模范人物和50位新中国成立以来感动江苏人物”评选活动中，吴亚鲁被评为“为新中国成立作出突出贡献的江苏英雄模范人物”。

廖绪忠(1915—1941)　湖北枝江人。民国27年(1938年)，加入中国共产党。是年8月，受中共江苏省委派遣到南通地区，以抗日救亡青年身份，先后在国民政府江苏省第四区行政督察专员公署特务总队政训处、国民政府江苏民众抗日自卫队独立第一支队政训处宣传队、抗战支队二总队二大队从事抗日宣传工作。民国29年4月，八路军南下部队到达淮北地区，国民党顽固派急调抗战支队北上泗阳，企图阻截八路军与新四军会师。廖绪忠受党组织派遣，秘密至八路军南下部队报告情况。后，所在的抗战支队二总队二大队于泗阳被缴械，只身一人化装成乞丐，历时2个月于如皋卢港找到中共组织。8月29日，新四军于卢港建立如皋县政府，廖绪忠被分配在军事科和公安科工作，后调任车镇区特派员。民国30年3月，任如西县政府民政科长。9月，如西县政府驻地董家庄遭日伪军包围，缪绪忠泅水渡河突围时牺牲。

刘　亮(1921—1942)　江苏扬中人。民国26年(1937年)，于上海沪江大学读书，积极投身抗日救亡运动。民国27年，加入中国共产党。民国30年初，从上海到泰东县立发区参加抗日斗争，历任区委宣传科长、武装科长、区游击队长等职，在如皋城东地区组织开展反“清乡”、反“扫荡”、反“伪化”斗争，惩办、镇压雪岸地区作恶多端、民愤极大的周少成、周启宗、施得明等多名汉奸。

民国31年4月4日晚，刘亮率区游击队移驻牌楼乡(今雪岸居委会)宿营，因叛徒告密，被盘踞西场的伪34师一部包围。为掩护战友突围，刘亮奋力抵抗，子弹打完后，将口袋中的几份机密文件撕成碎片吞入肚中，并将手枪拆毁抛散。被捕后，面对金钱、“美人计”诱惑毫不动摇，遭严刑拷打坚贞不屈。次日清晨，在押解途中遭敌军枪杀。

陈　锋(1922—1944)　原名陈颖洲，浙江衢县人。民国29年(1940年)夏，考入位于上海法租界内的太仓师范学校。民国30年(1941年)年底，太仓师范停办，陈锋从上海到如西县参加抗日斗争。民国31年2月，任江安周严墩小学教师，后任如西县东南行政公署司法股书记员，加入中国共产党。7月，任如西县蒲西区区长，带领群众开展反“扫荡”、反“伪化”斗争。民国32年5月4日，率区游击队和民兵300多人，将白蒲至林梓的封锁篱笆全部拆毁，并收割电线1150多千克。5月16日夜，带领群众800余人，配合三分区部队，一举拆毁林梓至丁堰、沿河6千米长的封锁竹篱笆。5月下旬，动员群众2万余人，将日伪军新筑的封锁篱笆再次平毁。民国33年春，驻薛窑一带的伪三十四师特务营起义后，中共如西县委决定成立中共薛窑区委，调陈锋任区委组织科长，从事新区工作。5月2日，陈锋至新村乡6号滩套子开会，遭驻田家埠伪军袭击，战斗中不幸被俘。陈锋威武不屈、义正辞严地历数伪军背叛中华民族、残害同胞的罪行。伪连长殷福如凶残地用指挥刀砍去陈锋的一只手臂，陈锋仍怒骂不止。当晚，陈锋于小马桥被害。

顾辛农（1922—1944）

如皋白蒲人。民国29年（1940年）秋，新四军东进抗日至如皋后，离家投身革命，至苏中抗大九分校学习。民国30年9月结业，分配至如西县南马塘区工作，先后任区公所文书、调解助理、民政助理等职。民国31年12月，加入中国共产党。民国32年，任南马塘区区长。南马塘区地处龙游河以东、通扬运河以西三角地区北端，与沦陷区如皋城接壤，斗争异常激烈，顾辛农带领干部群众坚持开展武装斗争。一次，他带领区游击队在公路旁打伏击，俘获日军5人，个别战士出于家仇国恨，要求当场处决。他坚持执行中国共产党的俘虏政策，说服有关人员，将俘虏全部送县处理。他生活俭朴，以身作则，深得战士和群众拥护。民国33年7月27日上午，盘踞丁堰的日伪军窜至南马塘区复兴乡一带骚扰，顾辛农率区游击队阻击，战斗中，不幸中弹牺牲。

薛仁杰（1911—1944）

字文谟，又名薛人杰、薛炳生、陈良材，如皋郭园人。小学毕业后从师学习西医。民国18年（1929年）4月，参加镇涛红军游击队。民国19年9月红十四军失利后，避居永安沙当塾师。民国23年，至上海学军事，做过警务。民国27年，返回如皋。民国29年冬，加入伪34师，任师长田铁夫侍从室主任、第十区区长，后任特务二营营长，常驻薛窑。此间，与如西县抗日民主政府车镇区区长顾维汉、中共车马湖区委书记顾理等过从甚密，赞同新四军抗日救国主张，并接受共产党的领导，隐蔽精干，积蓄力量。民国33年2月7日，率部起义，并加入中国共产党。起义部队被改编为人民抗日自卫军通如纵队第三支队，薛仁杰任支队长。6月，薛仁杰奉命争取伪三十四师师长田铁夫起义，遭日伪军追击，急行脱险，归队后咯血不止。7月，赴上海南洋医院救治。8月18日，医治无效逝世。

俞惕庵（1922—1944）

如皋白蒲人。民国25年（1936年），高小毕业，进入南通中学读初中。民国29年，弃学，至启东县海夏镇参加新四军。民国30年，加入中国共产党，至掘港抗日民主政府举办的会计训练班学习。结业后，被分配到如皋县（今如东县）汤园区做财粮工作，参加“二五”减租等运动。民国32年，调任中共掘港马南区区委委员、区财经分局主任。民国33年秋，任马南区区长。12月中旬，至曹埠乡主持召开区、乡主要干部联席会议，会议结束后与部分区、乡干部转移至曹埠镇北的糟坊附近住宿。驻孙窑日伪军得到密报，出动80余人，分2路包围宿营地。次日凌晨，俞惕庵掩护大家突围时中弹牺牲。

陈金灿（1915—1945）

如皋桃园人。民国32年（1943年）秋，被驻磨头西河湾伪军绑票，遭毒打。被家中凑钱赎回后，决心参加民兵打击日伪军。陈官庄的十几个青年亦报名参加民兵，成立陈官庄民兵分队，陈金灿被推选为分队长，上级发给分队几颗手榴弹。是年冬，原乡民兵队长作风粗暴，群众不满意，被免职，陈金灿被选为乡民兵队长。陈金灿工作踏实，对群众和气，打仗总是冲在前面，被党组织吸收加入中国共产党。民国33年春，率几名战士摸进驻西河湾伪军营长的勤务兵家中，击毙伪勤务兵，缴获快慢机盒枪1支。事后，将缴获的枪支上交区公所，获区长奖励驳壳枪1支。11月26日深夜，驻磨头西河湾伪军包围陈官庄企图绑票，进入陈金灿家中搜查时，陈金灿钻进床下仰面吸附于床楞，伪军用刺刀在床下、柜下乱戳，未发现异常。伪军离开后，陈金灿快速冲出开枪，并大声诈呼："一连、二连赶快冲上去！"伪军吓得落荒而逃，被绑群众全部获救。陈金灿还常常化装成卖菜的，至磨头据点外活捉单独外出的伪军，迫使伪军不敢单独外出为非作歹。民国34年3月18日，陈金灿率5名队员至天宝乡锄奸，不料被日伪军包围。激战中，2名队员先后负伤牺牲。陈金灿打死1名日军后迅速撤退，不幸膝部中弹，举枪射击时，连发3枪都是瞎火。自知难以生还，为了不让武器落入敌手，用手指扒开泥土埋好手枪。3名日军赶至，凶残地用刺刀将陈金灿杀害。如西县政府和县民兵总部追认陈金灿为全县民兵英雄。

三、解放战争时期烈士

徐浩泉（1913—1946）

如皋白蒲人。少时读私塾，后入南通农学院附属中学读初中。民国21年（1932年），考入东台大丰简易师范学校。毕业后回如皋，任东马塘小学校长。民国29年新四军东进后，参加抗日民主政府举办的"苏四区暑假文教研究会"学习。民国31年初，至如西县车镇区担任财粮助理。次年，被派回家乡开展抗日活动，任姜北乡调解委员、如西县参政会参政员。民国35年1月15日，驻南通国民政府七十一军九十一师违反国共停战协定，于白蒲镇打响侵犯苏中解放区的第一枪，酿成轰动全国的"白蒲事件"。3月16日，北平军事调停执行部派出淮阴执行小组至如皋调停，徐浩泉受白蒲民众委托，向执行小组递交《停战令》生效后国民政府军队侵占白蒲时的调查书，并当面向美方代表邓克陈述国民政府军1月15日进攻白蒲遇难的7位死者名单及其亡人牌子上的日期。邓克在铁的事实面前表示："国民政府军队应退回原防地。"使国民政府谈判代表陷入困境。国民政府南通专员徐谟嘉恼羞成怒，密令白蒲特工对徐浩泉采取措施。3月21日，国民政府佳姚乡指导员萧弼带领乡自卫队至徐浩泉家中，将其杀害。血案发生后，苏皖边区一分区《江海导报》、华中《新华日报》、中共中央《解放日报》以及国民政府统治区进步报刊都相继报道此消息，引起全国人民的极大愤慨。

叶邦瑾（1925—1946）

女，如皋掘港（今属如东县）人。自幼勤奋好学，中学时代接受革命启蒙教育，积极参加学校组织的抗日救亡活动，并经常带领群众到火线上慰问新四军战士。民国29年（1940年）底，加入中国共产党。民国30年春，离开学校参加县民运工作队。民国32年4月，任中共丰东区委委员，投入反"清乡"斗争，在大举破拆封锁竹篱笆行动中，带领的破拆小组获模范中心组称号。夏，她以区委委员身份领导丰东区的一个交通站，后接任丰东区与双岔北区中心交通站站长。民国33年春，调任城东区交通站站长，活跃于封锁线两侧，出色地完成党组织交给的任务。夏，调任如皋县交通支站副站长，参加领导串场河两侧交通站工作。

民国35年初，叶邦瑾至中共华中一地委党校学习。5月，参加土改工作，任地委土改工作团如皋柴湾组组长，兼任中共柴湾区区委委员，同时担任新华社一支社、《江海导报》社记者。6月下旬，国民政府军向苏中解放区发动全面进攻，柴湾区西部复兴乡三联村反动势力猖獗，土改工作异常困难。叶邦瑾毅然与胡义昌、杨忠志组成"西挺组"，并担任组长，挺进三联村坚持斗争，带领群众斗地主、分田地，打开土改工作局面。8月9日傍晚，于三联村翻身组长杨玉琴家开群众会，被坏人发觉告密。国民政府地方武装自卫队分3路扑向三联村。群众催叶邦瑾赶快走，她却动员群众先走，并亲自去通知正在养病的一名土改工作队员转移，不幸被捕，被押解到如皋城。国民政府军一军官前去劝降，被她狠狠地揍了一记耳光。恼羞成怒的刽子手残酷地将她的手足钉在墙上，用烧红的铁丝戳进她的乳房，逼迫她招供。她坚贞不屈，继续痛骂不止。8月17日下午，叶邦瑾被押赴如皋城东门刑场，当刽子手将屠刀架在她的脖子上时，她激昂高呼："共产党万岁！自卫战争一定胜利！"灭绝人性的刽子手将她枪杀后，割乳剖心。

朱仁静（1921—1946） 如皋场南人。民国28年（1939年），小学毕业。民国30年，参加乡农民抗日协会工作。民国31年，加入中国共产党，任乡党支部书记兼农民抗日协会会长。是年下半年，任度军井区农民抗日协会会长，负责领导全区减租减息斗争。民国34年9月，率民兵参加收复如皋城的战斗。随后，参加中共如皋县委组织的惩奸工作队和土改工作队，进驻大明乡王家巷开展土改工作。民国35年7月，率担架队参加苏中战役。国民政府军占领如皋后，朱仁静留在原地坚持斗争。8月，任中共度军井区区委副书记，9月任书记。同父异母的哥哥被威逼劝说朱仁静自首，他严词拒绝并拔枪警告。11月9日黎明前，与大明乡指导员陆有平于菖蒲庵遭"还乡团"包围。激战中，陆有平中弹牺牲，朱仁静弹尽被俘，惨遭杀害。

邓　白（1921—1946） 原名邓修相，字树藩，江苏阜宁人。民国28年（1939年），入江苏省战地实验中学学习，被学校中共地下组织吸收加入中国共产党。民国29年秋，接受党组织指示，动员一批进步学生奔赴盐城抗大五分校学习。民国30年秋毕业后，任苏中三分区税务管理局第二总局宣堡分局主任，率分局税务人员挺进沦陷区，武装收税。民国32年至民国33年，任泰县财政经济局副局长、局长期间，积极领导群众开展反"封锁"经济斗争，在雅周庄创办公私合营惠民公司，帮助雅周区成立区合作联社，并动员沦陷区商人至根据地做生意。民国34年4月，调任靖江县财政经济局局长。民国35年初夏，负责领导靖东地区"五四土改"运动。10月，调任如皋县财政经济局局长，组织部分县区财政干部北撤，自己带领部分人员坚持原地斗争。11月6日，不幸于江安周丁乡遇难。

林之新（1922—1946） 原名任瑞林，上海人。民国21年（1932年），于上海华民小学读书，毕业后于民智、滨海等校读初中。民国26年"八·一三"淞沪会战时，初中毕业，参加上海童子军战地服务团，为前线送粮送药。民国27年2月，于上海难童中学读书，在老师阿英（钱杏屯）指导下，用"艾汀""林梓辛"等笔名向《申报》《新闻报》投稿，发表抗日文章和诗歌。是年夏，于上海滨海中学读高中，参加上海学生协会和滨海中学工作组（中共外围组织），经常组织学生上街宣传，散发传单，募捐支援前线。民国28年春，加入中国共产党。民国29年夏一天傍晚，中共党组织在某地召开碰头会，先到达的同志被伪国民政府特工抓捕，林之新险遭毒手，被党组织转移至无锡北乡，于江南抗日义勇军（新四军十八旅前身）江南报社任记者、编辑。

民国30年夏，林之新奉命至苏中三分区如西县工作，历任中共石庄区委组织科科长，中共如西县委城工部秘书、中共度军井区委书记、中共卢港区委书记、中共如西县委宣传部部长、中共车马湖区委书记、中共薛窑区委书记等职。工作中，重视革命理论和党的方针、政策的学习和运用，注意培养地方干部、发展党员，加强党的建设；深入群众，调查研究，组织发动群众开展武装斗争。民国33年9月，吴窑据点伪军袭击大石乡，抓走20多个农民作人质，强迫收捐。林之新决定发起政治攻势，亲自带领区游击队、民兵、青抗会员和手执钉耙锄头的农民1000多人，包围吴窑据点，亲自进行政治喊话，指挥唱抗日歌曲，要求伪军交出被抓群众。第三天，伪军迫于抗日军民的威势，如数放出被抓群众，偷偷撤回如皋城。民国34年5月，林之新调任中共苏中三地委机关报《江潮报》社副社长，分工管理行政事务兼撰稿。发现报社记者、编辑及工作人员30多人中，许多是从江南投奔抗日根据地的大学生，工作很辛苦，伙食又差，不少人患病仍然坚持工作。于是，带领大家在驻地种菜、养鸡鸭，想方设法改善伙食。同时，组织大家打篮球、学唱歌，举办文娱晚会，活跃文化生活。12月，调任苏皖边区一分区宣传科科长。民国35年8月，调任泰县独立团政治处主任。11月14日，率四连驻丁许庄，打击小股敌军，保护群众生产。15

日凌晨，部队遭国民政府军一〇二旅一个营突袭。突围时，林之新不幸中弹牺牲。

石　林（1918—1946）原名石受植，安徽舒城人。父母早丧，由堂姑母和叔祖母收养。民国25年（1936年），就读于武汉中学。民国27年春，参加安徽省直属第二十二民众动员工作团，投身抗日救亡运动。民国28年春，于大别山参加新四军。是年，加入中国共产党，历任文化教员、指导员、新四军皖南军部军法处科长等职。民国29年新四军东进黄桥抗日，石林至江北干校（后并入抗日军政大学第五分校）参加集训。民国30年，任苏中军区政治部保安处一科科长。不久，调任中共泰东县委社会部部长和泰东县政府保安科科长。民国31年10月，任中共东台县县委常委、社会部部长和县公安局局长。

民国35年4月，石林调任华中一分区专员公署公安局副局长，兼如皋县公安局局长。其时，如皋城为一分区党、政、军领导机关驻地，是国民政府特工搞破坏的重点。石林选派精干人员进入南通等国统区开展情报工作。6月，县境内10多个乡发生反对支援前线的反动骚乱，石林至情况最严重的城东区普渡乡调查，坚决镇压首恶分子，教育受蒙骗群众，平息骚乱。7月15日，新四军华中野战军撤向海安，保卫如皋城的部队亦奉令转移。石林于如皋城坚持做好善后工作，至敌军从南门进城，方从北门撤出。到达机关宿地十三里港后，即投入审讯工作，严厉制裁皋南战斗中俘获的国民政府如皋县县长王运典等。9月，奉命组训一支100多人的武工队，深入通榆公路以西、龙游河以东的三角地区，保卫秋收秋种。10月，任中共如皋县委常委，兼县公安局局长。11月4日，在白蒲区文家庄活动时，遭国民政府军一个团3路奔袭。石林指挥部队转移，自己率一个班断后。战斗中，头部和腿部中弹负伤不能行走。敌军再次冲来时，石林命令战士撤退，并推开救护他的警卫员，独自挣扎着顽强抵抗，弹尽被俘，被绑在门板上抬向西河湾据点。遭严刑拷打，坚贞不屈，大义凛然。11月10日上午，于刘家渡口英勇就义。

毕　云（1919—1946）又名毕桂林，如皋沿南（今属如东县）人。民国29年（1940年），加入中国共产党，历任乡指导员、区队长、连指导员、城郊武工队指导员、如皋县警卫团一营副政治教导员兼三连指导员等职。民国35年秋，在伏击战中奋勇作战，获华中第一军分区司令部嘉奖。11月18日清晨，国民政府军分4路奔袭石庄区杨家埭。为掩护领导机关转移，毕云率领三连与敌激战至下午，完成掩护任务。突围时，身负重伤，率5名战士砸坏枪支，与敌搏斗，全部壮烈牺牲。

汤亚熊（1927—1946）笔名熊火，如皋何庄人。民国28年（1939年），就读于安定小学，以《雄狮醒醒》为题参加演讲比赛，发出“沉睡多年的中华民族，犹如一只刚刚觉醒的雄狮，必能打败日本帝国主义”的呐喊。民国29年，入邱陞中学读书，投入抗日斗争。民国31年，转学如西县东南中学，兼任扫盲班教员，2次参加万余民众包围伪军据点的斗争，并参加如西县青年解放团组织发展工作。民国32年5月，加入中国共产党，历任青年解放团第五支团副团长、如西中学生活指导员、县第一中学高中部生活指导员、学生会会长。民国35年初，调至中共如皋县委民运部，先后任青年科干事、科长。3月，当选如皋县青年联合会副主任。“南通惨案”发生后，主持召开声援南通青年反迫害大会，于《江海导报》载文揭露国民政府当局的罪行。7月，带领民工支援苏中战役皋南战斗。12月4日，于龙游河东沈广富庄召开青年骨干会议，因坏人告密被俘。遭毒刑逼供，宁死不屈，英勇就义。

程志远（1923—1946）原名程鸿，江苏阜宁人。民国32年（1943年）春，至如西县投奔时任中共如西县委书记的表兄周特夫，参加抗日斗争，任如西县蒲西区税务征收员。秋，加入中国共产党。民国33年11月，任蒲西区区长。民国34年9月，任白蒲区区长。民国35年秋，新四军华中野战军主力部队北撤，国民政府军于如皋龙游河东三角地区到处设据

点、筑碉堡，推行保甲制，强迫青年农民组织“铁叉队”，并不断进行拉网式“清剿”。12月中旬，国民政府军重兵“进剿”龙游河东三角地区。12月22日，程志远率区游击队于花园乡杨园头宿营，被国民政府军包围。程志远指挥区游击队苦战7小时，30多名战友只剩下6人，子弹也快打光。程志远从枪声判断，西北方向的小河边是一个死角，便命令6位战友从后墙打洞撤退，自己猛然拉开大门，丢出1支旧步枪。4名国民政府军士兵上前抢枪，程志远射出一梭子子弹后，回头看到6位战友没有人肯离去，便要求他们执行命令快速撤退，并冲出门外，猛然用尽全力将没有子弹的卡宾枪摔成3截，然后昂首挺立。6位战友安然脱险，程志远壮烈牺牲。

林忠棠（1922—1946）原名孙茂堂，化名钱春，江苏句容人。民国27年（1938年）5月，新四军第一支队进入茅山地区开辟抗日根据地，林忠棠参加战地服务团，积极投身抗日宣传。是年，加入中国共产党。民国29年初夏，进入苏皖边区干部训练班学习，结业后被分配至如西县，任中共卢港区委组织科长，后调任中共东南边区秘密区委书记，负责开辟龙游河以东地区。林忠棠以挑货郎担为掩护，走村串户，1年内发展中共党员970名，建立中共基层支部12个。民国31年冬，调任中共永安沙秘密区委书记，以种租田作掩护，对驻永安沙的伪如皋县保安大队第四中队开展秘密策反工作，发展中队长王宝树为中共秘密党员。民国33年7月30日，王宝树率伪保安大队第四中队150余人起义，投奔解放区。10月，林忠棠调任中共如西县南马塘区委书记。民国34年9月，新四军发起收复如皋城战斗，林忠棠率南马塘区民兵、群众圆满完成之前任务，调任中共如皋县委民运部副部长。民国35年1月，调任中共江防区委书记。11月，调任中共马塘区委书记，至形势最严峻的龙游河以东地区坚持斗争。12月21日上午，与河东中心交通站站长李忠率10多名武工队员，于车马湖区沈广富庄与从郭园据点下乡骚扰的国民政府军遭遇。激战至下午，突围至范湖洲北。林忠棠指挥大家向西撤，自己与李忠向北转移，并不断打枪吸引追敌。至磨头西河湾时，林忠棠腿部负伤，李忠中弹牺牲。国民政府军蜂拥而上，林忠棠勇战群敌，连中数弹，壮烈牺牲。

陆纯（？—1947）女，籍贯不详，何正妻子，中共党员。民国36年（1947年）5月，至如皋县工作，任石庄区妇女主任，宣传、组织群众与反动势力抗争。11月13日凌晨，分区部队攻打国民政府石庄据点未克，奉命转移。陆纯误以为石庄镇已被攻克，于拂晓时带领民兵进镇打扫战场，不幸被俘。面对酷刑坚贞不屈，被乱刀戮死。

何正（1919—1947）江西安福人。自幼家境贫寒，未成年即在铁匠铺打铁营生。民国24年（1935年），参加工农红军，在赣南游击战争中锻炼成长。民国25年，加入中国共产党。民国29年秋，随新四军东进，参加黄桥决战时负伤，留任黄桥区游击队长。伤愈后调回部队，历任泰兴县独立团一营营长、苏中三分区特务一团营长。民国35年秋，进入华中党校学习。民国36年2月学习结束后，调任如皋县警卫团参谋长，正值国民政府军大部队残酷“清剿”和地主、“还乡团”疯狂反攻倒算的严峻之时。2月19日，何正率县警卫团仅留下的2个连配合分区特务营及泰兴县警卫团，一举攻克国民政府军周庄头中心据点，歼敌200余人，镇压反动乡保长及“还乡团”首恶分子108人，救出被捕干部群众100余人，缴获大批武器装备，摧毁碉堡。3月，国民政府军集中兵力对如皋西乡发动“三月大会剿”。何正率县警卫团与之进行拉锯式游击战，先后横扫度军井区和石庄区的保安队、自卫队、“还乡团”，恢复焦港以东大部地区。4月10日上午，率部击退窜犯申家埭的敌保安队、自卫队。下午，于井耳头一带击溃敌200余人的反扑。夜间，率部奇袭石庄，毙敌自卫队长以下20余人。一日三捷，军威大振，军分区通报表扬，何

正升任县警卫团副团长。

5月初，何正率县警卫团一营挺进龙游河以东三角地区。敌军为控制南北交通要道，于范湖洲构筑据点。何正乘敌据点尚未筑好，率部于范湖洲设伏，全歼前往施工的国民政府军，平毁工事。9月18日，率县警卫团2个连进入靖江县东部开辟新区。国民政府军集中靖江县6个保安大队，从西来镇、季家市、孤山3路合击。何正沉着应战，集中兵力各个击破，先行击溃孤山之敌，继后击溃季家市之敌，西来镇之敌不战自退。此战，共毙敌120余人，缴获机枪3挺、步枪50余支。10月，国民政府驻如皋部队重兵"驻剿"龙游河河东地区。10月29日晚，何正派遣一支突击队化装成国民政府军官兵奇袭如皋城，从如皋城西门外摸进大圣庙据点，生俘国民政府军官兵4名，缴获"八二"炮1门。次日，国民政府军慌忙将驻龙游河河东的2个团调回如皋城，自卫队、"还乡团"亦纷纷撤回中心据点。

12月10日，驻石庄国民政府军1个连及保安队200余人北犯癞宝庄，沿途烧杀抢掠。何正率部围歼，战斗中中弹牺牲。

民国37年，县政府将何正、陆纯夫妇遗骨合葬于吴庄烈士陵园。

蔡　焰（1918—1947）

原名蔡贤宝，浙江鄞县人。生于上海，自幼家境贫寒，小学毕业后进上海五和纺织厂当学徒，后为职工、账房。民国29年（1940年），进夜校读书，得到中共地下组织的培养。民国31年，加入中国共产党，受党组织委派至苏北东台县三仓，在新四军苏中军区供给部财会科工作。次年3月，任苏中第三行政区专员公署财经处票照室主任，认真贯彻执行党的经济政策和战时物资管理办法，对财税干部进行廉洁奉公教育，改革税票格式，工作取得成效。民国34年12月，任华中银行一分行如东县办事处主任，在筹建如东县银行、扩大华中币阵地、管理"法币"等方面作出贡献。民国35年7月，调任华中银行一分行如皋县办事处主任。华中野战军撤出如皋城后，蔡焰将如皋县办事处迁至江安、西来，负责如皋、泰兴、泰县、靖江4县财经工作。11月，奉命北撤未果，坚持原地征税，将金子、钱款藏于棉衣、马夹中，与敌周旋。12月，兼任如皋县财经局局长。

民国36年1月19日，蔡焰随县警卫团于唐家埠伏击劫粮的国民政府军，将公粮安全转移。1月20日，随县警卫团于石庄伏击抢劫物资的国民政府军，获胜后召集群众认领，随同部队向横家埭转移途中，于吴庄桥口与国民政府军遭遇，突围时不幸中弹牺牲。

胡　之（1920—1947）

原名顾培华，南通川港人。先后就读于川港小学、海门中学，中学期间在教师指导下，阅读进步报刊，明白抗日救国道理，参加抗日救亡宣传活动。民国28年（1939年）12月9日，国民政府警察在学校以通共、宣传"赤化"罪名宣布逮捕胡之与其他6名同学，校方在全校师生支持下出面保释。民国29年3月，胡之参加新四军挺进纵队，先任文化教员，后至政治部敌工科工作。5月，加入中国共产党。民国32年反"清乡"斗争开始后，先后调任中共南通县委、东南县委敌工部部长。民国35年春，任中共华中一地委秘书。9月，地委机关撤离如皋，胡之留在原地坚持斗争，任中共如皋县委委员、联络部部长，创建和恢复联络网点，确保上下级联络畅通。后，兼任中共度军井区区委书记，宣传组织群众惩处反动分子和谍报人员，瓦解"铁叉队"，并组织区乡干部和武装民兵割电线、破公路，开展反扒田、反倒租的斗争。

民国36年2月4日晚，胡之率武装小组至度军井区北部陆窑乡扇眼庄活动，被坏人告密。次日拂晓，遭国民政府军包围。胡之等战斗至下午，弹药耗尽，全部壮烈牺牲。

洪　流（1924—1947）

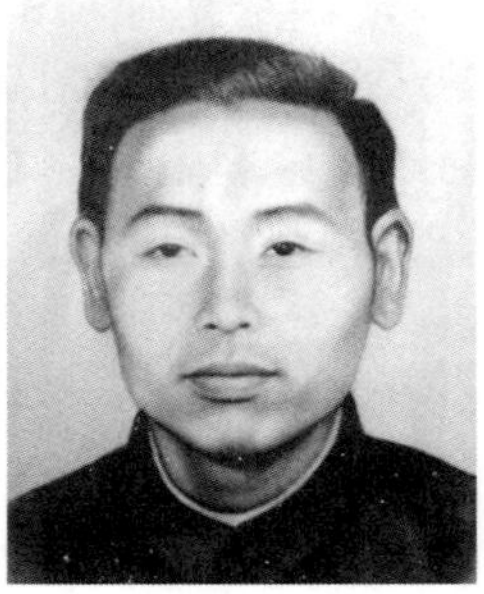

原名洪远为，如皋戴庄人。民国29年（1940年），就读于泰县第一中学，在办理民众夜校和妇女识字班等活动中成绩显著。是年，加入共产党。民国32年初中毕业后，任城西区民政助理。

民国34年，任泰县姜北区调解股长、副区长。民国35年秋，新四军华中野战军主力部队北撤后，洪流负责全区工作，坚持原地斗争。民国36年3月中下旬，得到姜堰镇突然增驻国民政府军千余人的情报，迅速上报中共泰县县委，使县委避开敌军袭击并做好反“围剿”部署。3月27日，洪流听到敌自卫队即将进驻张尤庄的消息，急忙赶至张尤庄，通知长期潜伏于张尤庄极乐庵地下室的区公安助理凌广源、张俞乡指导员洪金山撤离。因洪金山不愿撤离而贻误时机，敌自卫队已进入张尤庄，3人只能避入地下室。不料，行踪被坏人告密。次日晨，敌自卫队用机枪封锁地下室洞口，胁迫3人投降。洪流见突围无望，遂与凌广源、洪金山商量，以身殉职，不当俘虏。洪流接受凌广源的请求，先开枪将凌打死，旋即毅然自尽。洪金山向自卫队投降，被处死。

王子厚（1920—1947） 如皋何庄人。从小读私塾，16岁为塾师。民国29年（1940年），拥护抗日民主政府改良私塾的号召，废《四书》，提倡新式课本《国语》，办夜校传播革命思想。民国31年，辞去教员职务，为乡政府起草、缮写文件，积极参加减租减息工作。不久，任城西区宣教股长，加入中国共产党。民国32年，任中共城西区委组织科长，1年内发展中共党员200多人，做到乡乡有支部、村村有党员。民国34年春，任中共城西区委副书记，组织农民抗荒救灾，开辟邓园、鹿门2个新乡。9月，在新四军收复如皋城战斗中，奉命负责后勤保障工作。民国35年7—8月，参加苏中战役皋南战斗、如黄路战斗的后勤工作，仅如黄路战斗中，即组织民工3000多人次，供应军粮15万千克，军草35万千克，并带领担架队战地抢救伤员，带领民兵清理战场。9月，任中共城西区区委书记。

民国36年5月7日清晨，王子厚率领的区游击队于林园乡遭国民政府军102旅306团突袭。他带领刘松旺等10名战士掩护部队突围，激战5小时，终因弹药耗尽、寡不敌众，于朱家厦全部壮烈牺牲。

倪 健（1920—1947） 原名倪修真，如皋加力人。幼读私塾，后毕业于加力小学，曾为塾师。民国29年（1940年）8月新四军东进如西后，投笔从戎参加新四军。12月，至盐城抗日军政大学五分校学习。民国30年春，加入中国共产党。民国31年，毕业回县，任如西县公安局政治保安队队长。民国33年，调任如西县独立团侦察参谋。民国33年冬至民国34年春，奉命筹办军工厂，先在卢港创办修械所，后在卢港、江安一带相继建成4个小型军工厂，修理枪支，翻造子弹，研制手榴弹。民国34年7月，调任如西县独立团作战参谋。9月21日，在新四军收复如皋城战斗中，率独立团战士爬云梯突入城内。民国35年7—8月，参加苏中战役皋南战斗、丁堰·林梓战斗和如黄路战斗，均出色地完成任务。华中野战军北撤后，任苏中一分区特务团作战参谋。民国36年9月，任特务团三营营长。12月初，任如皋县警卫团副参谋长。12月7日，率1个连配合泰县警卫团和东台县警卫团攻打加力据点。8日凌晨，于阵地一角向据点守军喊话劝降，遭敌袭击，胸部中弹，当即牺牲。

石 根（1920—1947） 原名李尧，安徽肥东人。出身于贫苦农民家庭。民国28年（1939年），参加革命，加入中国共产党。民国29年，随新四军东进至苏北。民国31年1月，任中共启东县吕四区区委书记。民国33年秋的一天深夜，组织绥靖、吕东、一场3个乡的民兵，夜袭杨家灶日伪据点，赶走日军。在吕四区任职的3年中，领导抗日军民摧毁日伪军碉堡3处，歼灭伪军水巡团，活捉伪区长、伪乡长等军政头目。12月，调任中共东台县李堡区委书记，积极开展对敌斗争，建立短枪队，主动出击，扩大活动阵地，分化瓦解伪军。民国35年秋，在大参军运动中，石根带头报名参军，许多青年积极响应，全区掀起参军高潮。石根参军后，任东台县警卫团政治处主任，经常率领县警卫团伏击下乡骚扰的国民政府军。

民国36年8月，石根任东台县警卫团参谋长。12月7日晚，奉命率东台县警卫团一营，配备2个炮兵排和2门“八二”炮，赶至如皋县西乡，参加攻打国民政府军加力据点战斗。午夜12点总攻开始后，炮弹打出30多发，未能摧毁敌碉堡。石根急忙到战壕里帮助调整炮位，不幸被敌军冷枪射中，光荣牺牲。

卢锦珠（1917—1948） 如皋夏堡人。家境贫寒，10岁时即给地主当长工。民国29年（1940年）冬，加入如西县警卫团。次年，加入中国共产党。民国33年10月，如西县独立团于大顾庄与日伪军遭遇，时任排长的卢锦珠带头冲入敌群，接连刺死3个日军，荣立三等功。民国34年春，调任白蒲区游击队长。不久，调回县独立团任五连连长。8月26日，在围攻靖江城战斗中，指挥五连出色地完成攻打小东门的战斗任务。9月21日，在新四军收复如皋城战斗中，带领五连冒着暴雨从南门强渡护城河，架云梯，登城墙，打开城门，让大部队直插城内。

民国35年8月1日，卢锦珠率如皋县警卫团一连配合分区部队伏击林梓、丁堰段国民政府军运输车队，全歼敌军，缴获大批军用物资。民国36年2月19日，分区特务团一营与如皋县、泰兴县警卫团各2个连攻打国民政府军江安周庄头据点，以扭转全县坚持斗争的局面，卢锦珠率一连担任主攻，亲自带领突击队接连攻下敌军3个碉堡。6月，分区部队和如皋县警卫团攻打国民政府军珊瑚区西侉子庄据点，卢锦珠率一连一排担任阻击季家市方向援军，击垮援军1个营。战后，一连一排被分区司令部政治部授予“野战英雄排”称号，并荣记集体一等功；卢锦珠被荣记一等功，并被提升为县警卫团一营营长。7月，卢锦珠在副团长何正领导下，拔除范湖洲据点，迫使李桥、白雁桥、南马塘等10多个小据点的国民政府军不战而逃。10月18日，驻磨头国民政府军窜至荡头村抢劫，何正派卢锦珠率一连前往拦截 。当部队胜利返回时，忽然听到东南方向枪声大作。卢锦珠分析是何正与所率的三连一个排遭遇敌军正规部队，立即率部回援。国民政府军第二十一师辎重营400余人于红庙头遭两面夹击，损失惨重。民国37年1月11日，卢锦珠率一营攻打国民政府军李三圩据点，亲临前沿阵地察看敌情时，不幸中弹牺牲。

鞠承如（1923—1948） 如皋五义（今属如东县）人。读过初级小学。民国30年（1941年）8月，参加丰利区抗日游击队，因作战勇敢升任班长。民国31年，加入中国共产党。是年，随部队上升苏中四分区特务团，历任排长、连长、营长。民国37年2月4日，国民政府军435团二营由石庄镇北犯。鞠承如率三营与如皋县警卫团将国民政府军包围于邹家埭，激战数小时，歼灭300多人，生俘敌正、副营长，缴获大批武器装备。激战中，鞠承如英勇牺牲。

夏 林（1922—1948） 学名夏宏珍，如皋高明庄人。民国28年（1939年），于高明小学完小毕业。民国29年8月，新四军东进至如皋西乡后，夏林毅然投身革命，被编入新四军老一团。是年，加入中国共产党。民国30年，先后调任县保卫科班长、县武工队党支部书记。民国34年夏，探知驻如皋城伪独立十九旅旅长孔瑞五派汽车至南通取款，率武工队于鬼头街南拦截，出其不意，俘敌卫兵4名，缴获短枪2支、手枪1支、指挥刀1把和大量伪币。9月，如西县独立团进驻如皋城，夏林调任团部见习参谋。10月，随部队上升分区特务三团，仍担任参谋。

民国35年夏，分区特务三团上升，夏林留在分区，先后参加苏中战役皋南战斗、丁堰·林梓战斗和如黄路战斗。后，随分区特务一团留在南线坚持斗争，先后任一团二营四连连长、三营七连连长。民国36年夏的一天，国民政府如皋保安团及自卫队、“还乡团”200多人，从北朱庄向南进行拉网式“扫荡”，中共卢港区委书记倪锦瑜、区长夏正言隐蔽地处于“扫荡”区域。夏林得知情况后，立即带领全连战士，在区游击队配合下，赶至斜马沟庄阻击，经过15分钟战斗，俘敌18人，毙伤多人，缴获轻机枪5挺、长短枪数十支，夏林所率连无1人伤亡。

民国37年1月，夏林升任三营教导员。2月2日，在攻打斜桥据点战斗中，率先带领七连冲锋，激战10分钟后攻破西北角，歼敌一个中队计100多人。2月4日，国民政府军二十一师一四五旅四三五团二营在地方武装的配合下，由石庄北犯，窜至邹埭。夏林奉命带领七连出击，与敌军展开激战。至下午4时，夏林不幸英勇牺牲。

汤景延（1903—1948） 原名汤克祚，号景延，如皋陆家庄人。出生于地主家庭。民国14年（1925年），毕业于上海东亚体育专科学校。回乡

后，先后任小学体育教师、如皋体育场指导员兼童子军教练。民国16年，任国民党如皋县党部监察委员、宣传干事。民国20年7月，因对国民政府屠杀共产党人表示不满，被国民政府如皋县政府以“共嫌”逮捕。9月，被保释出狱。民国27年日军侵占南通后，汤景延投身抗日救亡运动，参与组织海门人民抗日游击总队，任副总队长。后，总队被改编为江苏省保安第五旅九团，汤景延任少校副团长。民国29年冬，新四军东进至通海地区开辟抗日根据地，汤景延毅然投身革命，先后任南通县第十区区长、通海人民抗日自卫团团长。民国31年，加入中国共产党。

民国32年春，日伪军以南通、如皋、海门、启东、崇明5县为苏北第一期“清乡”实验区，并在“清乡”实验区边缘筑100余千米竹篱笆构成封锁线。中共华中局决定由汤景延率通海人民抗日自卫团和崇明县警卫团800余人，集体打入“清乡”区日伪军内部，简称“汤团”，执行粉碎日伪封锁的特殊任务。4月16日，汤景延通过严密组织和周密计划，进入“清乡”区内，被编为苏北“清乡”公署外勤警卫团。日伪军采取点验、受训、分散调防、派遣特工人员等手段，监视、盯梢汤景延及其他领导人的行动。汤景延挫败敌人的阴谋，胜利完成摸清敌情、调运物资、掩护干部和通讯联络任务，并利用敌人内部矛盾，得到伪江苏省政府主席李士群的“赏识”，被提拔为少将旅长。9月下旬，中共苏中区党委决定“汤团”实施军事暴动，从日伪封锁线内破腹而出。汤景延精心组织指挥，亲手击毙驻金沙特工组长翟光耀，全团官兵从100余千米的日伪各个据点暴动成功，在南通县警卫团的接应下凯旋，无一损失。新四军一师师长兼苏中军区司令员粟裕在师部为“汤团”举行庆功大会。12月，汤景延调任苏中军区“联抗”副司令员。民国34年10月，调任如皋县总队长。民国37年初，任中国人民解放军苏浙边区游击纵队党委书记兼政委、副司令员、参谋长，先期渡江建立根据地，策应解放大军渡江作战。2月，于上海青浦境内陷入国民政府军重围被俘。5月，国民政府沪淞警备司令部军法处于上海江湾将汤景延杀害。在刑场上，汤景延高呼口号，直立不跪，英勇就义。

谢宝贵（1924—1948） 如皋磨头人。幼年丧母，由兄嫂抚养成长。民国30年（1941年）冬，参加民兵组织。民国31年下半年，担任乡民兵队长。是年底，加入中国共产党。民国33年冬，任度军井区游击队副队长。民国34年7月，任如西县独立团一营一连指导员。11月，调分区特务团，任一营三连指导员。民国36年10月，升任营副教导员。民国37年春，升任营教导员。曾参加伍佑、盐城、东台、李堡、口岸、贲家巷、水洞口等数十次战斗，荣立二等功1次、三等功多次。6月6日，分区部队发起泰县白米战斗，谢宝贵所在营担任主攻，营长在战斗中光荣牺牲，谢宝贵重新部署作战方案。6月8日凌晨，谢宝贵集中炮火打开一个缺口，迅速带领部队冲上去。不料，被敌暗堡射出的子弹击中小腿，血流如注。他强忍剧痛，坚持指挥战斗，终因流血过多，昏倒于战场上。6月12日，因伤口严重感染，抢救无效牺牲。

潘宝林（1920—1948） 如皋城人。民国35年（1946年）春，担任城区陆桥镇纠察队长，组织搬运工会，发动工人参加惩奸斗争。同年加入中国共产党。国民政府军进攻如城，潘宝林随城区区长石元道撤离，参加武工队，在农村坚持游击战争。民国36年8月，任中共城郊工委副书记。民国37年6月，在石庄与国民政府军作战时，不幸牺牲。

赵　明（1926—1948） 如皋城人。15岁时随父赵源至卢港一带做情报工作。民国32年（1943年），加入中国共产党，任度军井区农抗会宣传干事。民国33年，任中共度军井区区委宣传干事。民国35年9月，任中共白蒲区区委副书记。12月22日晨，与区长程志远带领的区游击队在杨园头被国民政府军包围，程志远牺牲，赵明身负重伤。民国36年8月，赵明伤愈后，任中共白马区区委副书记，负责开辟

龙游河河东新区工作。民国37年10月12日下午，国民政府丁堰区自卫队80余人至马塘骚扰，赵明率区游击队前往阻击，自卫队狼狈逃窜。追击途中，与国民政府军1个连遭遇，战斗中英勇牺牲。

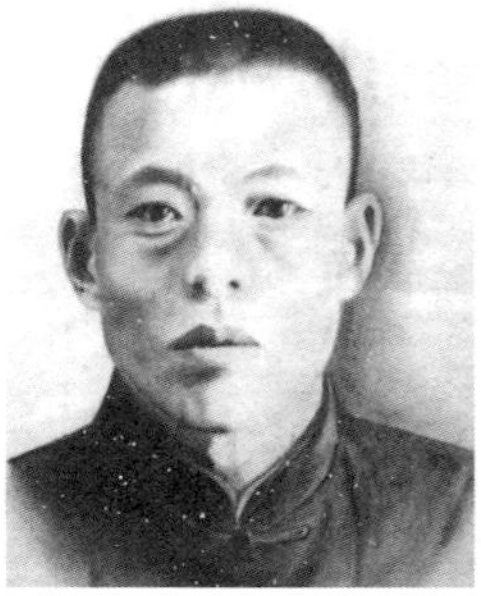

王宝树（1914—1948） 天津杨柳青人。从小父母双亡。民国26年（1937年）7月日军侵占天津后，孤身流浪至上海，当上警察，与中共地下党员陈公伯、刘宗仁关系密切。民国27年9月，中共江苏省委派遣陈公伯、刘宗仁至如皋县永安沙开辟工作，王宝树随之迁居永安沙。民国29年秋，加入陈公伯所辖伪保安大队，先后任班长、中队副。民国31年初，接任伪保安大队大队长。后，被中共永安沙秘密区委书记林忠棠发展为中共秘密党员。王宝树安排20名中共党员打入伪保安大队，建立秘密党支部，任支部书记，暗地配合减租减息和学生运动，营救被捕战友。民国32年春，大队副官魏金标企图哗变，王宝树与魏搏斗并将其击毙。夏秋间，中队长严文才擅自打死驻新生港2名伪军士兵，引起摩擦，危及部队生存。王宝树智擒严文才，历数罪状，当众处决。民国33年7月28日，伪保安团长孟宪平突然率伪军4个连和日军40多人至永安沙。30日晚，召开军官会议，准备将王宝树部强行缴械。王宝树率所部150多人起义，驾船奔向解放区。孟宪平率部连夜逃回如皋城。永安沙光复后，王宝树先后任江防大队长兼江防行署主任、区长等职。民国35年夏，奉命回天津养伤，从事城市地下工作。民国37年10月，于天津病逝。妻儿遵从遗嘱，将王宝树骨灰安葬于如皋。

李济民（1926—1948） 原名夏春耕，江苏江阴人。10岁时父母双亡，被大姐带至无锡抚养。民国29年（1940年），于昌明中学读初二，加入中国共产党。民国30年夏至抗大九分校学习时，途经如皋西乡，被中共如西县委挽留于服务团工作。民国31年，任中共镇涛区委宣传科科长、中共如西县东南边区中心区委青工委员。民国32年2月，受中共组织派遣，化名刘济民插入平潮中学高二读书，于学校开展学生运动，发展党员，建立中共支部。民国33年7月，任中共李南区区委副书记，除继续领导平潮中学学生运动外，还领导励志中学中共支部工作，组建平西地区地下党支部，为党的地下工作和武装斗争培养输送骨干力量。12月，任薛窑区区委副书记。民国34年4月，调任中共平西区区委书记。

民国35年9月，李济民调任如皋县警卫团一营教导员，于龙游河河东三角地区坚持武装斗争。民国37年1月14日午夜，亲率1个连，在薛窑区游击队配合下，奔袭碾砣港，全歼地主武装一个排，缴获机枪1挺、步枪20余支，游击队无一伤亡。不久，李济民调任华中一分区特务三团三营教导员。淮海战役打响后，李济民及所在三营编入长江纵队，负责牵制国民政府军苏中主力。11月14日，长江纵队攻打姜堰，三营奉命于姜堰南边池子口一带打援。11月17日清晨，国民政府军1个团由大埨庄增援姜堰，李济民率三营阻击。激战中，指挥阵地暴露。敌军连发3颗炮弹，落在指挥阵地上。李济民头部、胸部多处负伤，光荣牺牲。

何太山（1914—1948） 如皋建设人。民国32年（1943年）3月，参加革命，任许陈乡农会主任。不久，加入中国共产党，任支部组织委员。6月初，当选乡指导员兼乡长。7月，奉命率民兵、群众200余人，一夜间将丁堰鬼头街以北10多千米公路上的13个坝头挖断，使日伪军汽车无法通行，打乱日伪军"扫荡"计划。民国33年4月，趁伪军调防之机，率乡民兵夜袭日伪三官殿据点，烧毁伪乡公所，处决叛徒张之高。是年秋，1个排伪军至宋家桥抓夫抢掠，何太山率民兵前往包抄，歼灭伪军10多名，救回被捕群众，夺回被抢物资。民国35年7月苏中战役皋南战斗结束后，何太山单身侦察敌情，途中突遇国民政府军3名士兵迎面走来。前面2名士兵走过后，何太山乘敌不备将后面1名士兵一拳击倒，夺下枪支连发2枪，将前面2名士兵击毙。后面被击倒的士兵爬起拔腿逃窜，亦被撂倒，取得徒手消灭3人并夺枪3支的战绩。是年冬，奉命北撤至台北（今江苏大丰市），在教导队学习半年余。民国36年8月2日，返回如皋县，先后担任马塘区区游击队副队长、队长。10月，率区队击毙国民政府福元乡乡长朱石亭。民国37年11月28日，与区游击队于杨园头与数百名国民政府军遭遇，何太山掩护战友撤退，弹尽药绝，光荣牺牲。

张 坚(1926—1949) 原名王焕青,南通平潮人。民国29年(1940年)新四军东进后,由私塾转入柴五圩小学读书。民国31年,升入设于天后宫的平潮中学就读。民国32年春,受中共地下党员李济民、李海清(张坚胞兄)影响,逐步懂得抗日救国道理,并积极参加中共党组织领导的学生运动。民国33年初,毅然辍学,参加革命工作,任李南区民运干事。不久,经李济民、林凯介绍加入中国共产党。是年春,如西县独立团决定攻打驻五接桥日伪经济委员会,张坚自告奋勇地为部队带路,并参加战斗。是年上半年,日伪"扫荡"失败后,纠集兵力强化"清乡"。张坚多次组织区游击队战士和民兵群众夜间行动,拆毁封锁竹篱笆,破坏交通线。民国35年秋,调至中共薛窑区区委工作,后随部队北撤至东台。民国36年春形势稍有好转后,返回薛窑区,先后担任东片联防队队长、区游击队副队长,在薛窑地区坚持斗争。民国37年初,国民政府北园乡自卫队窜至桃园埭后,经常抢劫群众财物,敲诈勒索,无所不为。2月28日,张坚率区游击队夜袭桃园埭,大获全胜,除国民政府乡长1人漏网,其余全部被生俘。3月31日,与县警卫团江防大队取得联系,于鲁圩桥设伏,全歼国民政府姚家桥自卫队,俘自卫队大队副等22人,击毙2人,缴获机枪2挺等武器装备,粉碎敌军抓丁抢粮阴谋。6月,升任薛窑区区长,积极开展统战工作,争取和策反国民政府地方武装及乡政人员。12月28日,国民政府军二十一师四三四团1个营下乡"扫荡",强抓许多"肉票"。张坚得到情报后,率区游击队埋伏于敌军必经之路王家桥附近,待敌军大部队过桥后,立即拆除桥板,围歼后面押"肉票"的小股敌军,救下被掳的30多名群众,区游击队无一伤亡。

民国38年1月,张坚任中共薛窑区区委书记。1月27日,于姜家庄与国民政府乡政人员就自卫队缴械投诚事宜进行谈判,夜宿郭家洋。次日清晨,哨兵报告发现小股人员,疑是国民政府军逃兵。张坚立即集中区游击队前往追捕。激战中,突然从后面涌上一大队国民政府军。此为南逃的国民政府如皋城驻军,前面的小股敌军仅为探路的尖兵。张坚当机立断,命令大部分区游击队战士掩护群众迅速撤退,自己带领10名战士阻击敌军。战斗中,张坚不幸身中数弹牺牲。

郭 斌(1921—1949) 原名郭明仕,如皋郭园人。5岁丧母,10岁丧父,靠变卖家产维持生存。抗日战争爆发前,于南通师范读书,日军侵占南通后辍学回乡。民国27年(1938年),至上海读中学。民国28年,又辍学回乡。民国29年新四军东进如皋后,先后于文庄小学、郭园小学任教,受到革命思想的熏陶。民国32年夏,至如西县政府工作。是年秋,调石庄区任调解助理,更名郭斌。民国33年上半年,加入中国共产党。是年底,升任石庄区副区长。民国34年1月,任石庄区区长兼区游击队队长。

民国36年3月18日,国民政府军分3路袭击中共如皋县委驻地陈家庄。县委机关转移后,郭斌率区游击队用枪声迷惑,引诱敌军互相火并,迫其狼狈逃回据点。11月,中共如皋县委根据地委指示,扩建江防大队,郭斌调任江防大队大队长。民国37年2月,改任如皋县警卫二营营长。4月,于王林庄战斗中负伤住院,领导建议他转地方工作,他坚持留在部队工作。民国38年1月11日,郭斌率二营六连途经下原西北谢家庄时,遭国民政府军21师436团包围,他亲自组织1个排断后掩护大部队渡河撤退,打退国民政府军多次进攻。估计大部队已经脱险,郭斌便命令战士投掷手榴弹,趁着浓烟泅水撤退。郭斌因不会游泳而被俘。郭斌被捕后,被关押于南通唐家闸,受尽酷刑折磨,始终坚贞不屈。1月31日,南通城即将解放,国民政府军仓皇南逃,将郭斌转押至常熟。3月26日,郭斌于常熟虞山英勇就义。

四、中华人民共和国成立后烈士

阮也平(1923—1949) 原名程以仁,化名丁一、谢蕴,如皋城人。民国30年(1941年)春,参加新四军苏中警卫团。是年6月,加入中国共产党。历任副指导员、指导员、副教导员、教导员,参加苏中战役。民国36年8月6日,在攻打盐城战斗中,阮也平指挥的营

获“叶挺营”称号。民国38年5月22日夜，阮也平奉命率1个连投入夹击国民政府军吴淞指挥部的战斗，被评为“淞沪战役一等功臣连”。8月17日福州解放后，阮也平和全营指战员日夜兼程截击，俘获国民政府军少将参谋长何同堂、少将师长萧第根、中将军长李意康，受降该部1万余人。1949年10月15日夜，在解放厦门岛战斗中，阮也平担任某团政治处副主任，主动要求至担任主攻的七连参加战斗，强行登岛时中弹牺牲。

张　旭（1922—1952）又名张克勖，如皋高井人。民国32年（1943年），毕业于如皋滨江中学。在校读书时，加入中国共产党，并任支部书记。毕业后，任中共薛窑区区委副书记兼组织科科长，工作积极，密切联系群众，多次深入两军拉锯地区活动。民国34年2月，任中共如皋县委秘书。民国35年9月，任新四军华中野战军四纵营长，随军北撤，历经鲁南战役、孟良崮战役、济南战役、淮海战役。四纵队改编为23军后，张旭任军部保卫处处长。民国38年，于渡江战役中负伤，至后方医院治疗时并发肺结核病。1952年，于泰州康复医院病故。

沈　序（絮）（1919—1957）　如皋林梓人，俞铭璜妻子。民国23年（1934年），在南通女师读书时参加左翼作家联盟所属新民剧社。民国24年夏，参加进步文艺团体如皋春泥社。民国25年春，加入中国共产党，后因领导人被捕与党组织失去联系。后，与俞铭璜参加第五战区抗敌青年团。民国27年，重新加入中国共产党。民国29年，随新四军回到苏北，在苏中解放区先后从事党务、群众工作和学校教育工作。民国36年，随军北撤山东、东北等地，被传染粟粒性肺结核病。1949年，于大连治病期间，自学进修俄语。移居上海后，从事俄文书籍翻译，译有苏联长篇小说《快脚鹿》。再后，调至江苏省妇联、文联、中苏友好协会工作。此间，与他人合译苏联长篇小说《走向幸福的道路》。1957年5月16日病逝。

俞铭璜（1916—1963）笔名萃仓、颇之、丁大年、于十一、柳船、黄成、章断、黄同、邓南筑、萧山枝、常登山等，如皋城人。于南通中学读完高一即辍学。受进步思想和中国工农红军第十四军影响，不满封建剥削制度和国民党独裁统治。民国23年（1934年）秋，组织进步文艺团体如皋“春泥社”，任社长，并在《如皋导报》开辟副刊《春泥》，与梁明晖任主编。民国24年“一二·九”运动后，与南通女子师范、南通中学等学校进步青年演出《回春之曲》《雷雨》《我们的故乡》《自由魂》等进步话剧。民国25年元旦，与潘也如于春泥社内成立革命秘密小组。国民政府以“强盗”罪杀害一批共产党人后，俞铭璜于《皋报》发表短评《盗》，引发国民政府当局对春泥社的围攻。秋，进入无锡国专读书，于镇江参加国民政府江苏省学生暑期集训总队训练。后，因在上海《永生》周刊发表《集训散记》一文，被国民政府当局逮捕，经叶胥朝奔走营救获释。

民国26年7月抗日战争全面爆发后，俞铭璜组织春泥社剧团，于如皋城乡演出抗日剧目，与沈序、周浴海合演的《放下你的鞭子》，为宣传抗日产生积极影响。11月，偕妻沈序及潘也如等北上寻找中共党组织，于苏北参加第五战区抗敌青年团。民国28年，加入中国共产党。受党组织派遣，先后打入国民政府江苏省保安四旅、保安一旅从事地下工作，并被派至泰州任中共泰县县委书记。民国29年新四军东进后，历任中共苏中区党委宣传部部长。民国34年7月，于宝应县射阳湖镇冲林村主编出版苏中版《毛泽东选集》，为苏北抗日根据地政治思想建设作出特殊贡献。解放战争期间，任中共华中工委宣传部副部长。全国解放后，历任浙江省委宣传部副部长兼杭州市委宣传部部长、苏北区党委宣传部副部长、江苏省委宣传部部长、南京大学中文系主任、华东局宣传部副部长。1963年12月，病逝。著有《新人生观》《共产主义人生观》《两点论》等，其著作多收入《俞铭璜文集》。

张　祝（1922—1966）如皋奚斜人。少时就读于白蒲镇小学，后就读于如皋师范学校。民国32

年(1943年),加入中国共产党。先后在江苏紫石县(今海安县)曲南区任情报股股长、区长等职。民国35年后,转入新四军华中野战军、中国人民解放军华东野战军,先后参加苏中战役、淮海战役、渡江战役。民国38年上海解放后,任上海市警备司令部情报科科长。1950年初,受中央军委、总参谋部委派至香港担负特殊使命(行政13级)。1966年2月16日,被台湾驻香港特务机关暗杀。

蔡成平(1951—1968)

如皋城西人。读小学时品学兼优,在学雷锋活动中,为学校修围墙、砌垃圾池,被同学们誉为"小雷锋"。1966年,考入如城职业中学,后因父母生病,退学回乡务农。1968年3月,应征入伍,于山西大同中国人民解放军某部当战士。军训中,队列、射击、投弹成绩优秀,在武装泅渡训练中从"旱鸭子"变为游泳能手,出色完成1000米训练科目。8月,加入共产主义青年团。9月,被派往大同红四矿支左,与矿工同吃、同住、同学习,参加井下作业。9月20日凌晨,矿井下发出巨响,岩层剥落,即将发生塌方。蔡成平组织工人安全撤离后,正准备离开层面,发现老工人魏三子未能撤离,挺身抢救,不幸以身殉职。部队党委追认蔡成平为中共正式党员,追记一等功。

陆宝光(1929—1969)

如皋营防人。民国32年(1943年)2月,加入苏中军区部队,任苏中军区独立团特务连通信员。民国34年2月,加入中国共产党,后任特务连副班长。民国35年8月,任新四军华中野战军四纵10师28团通信连班长。民国36年1月,任10师电训队副排长。4月,任中国人民解放军华东野战军四纵10师28团侦通连排长。先后参加淮海战役、渡江战役和解放上海、解放华中南等战役。1950年1月,任第三野战军23军67师199团侦通连副连长。6月,升任连长。抗美援朝战争期间,任中国人民志愿军67师通信参谋,参加多次战役、战斗,获朝鲜国家勋章、自由独立奖章、解放奖章。抗美援朝战争结束后,先后任23军67师200团通信股长、通信工程43团副团长等职,立三等功3次。此后,长期于青海、川藏等高原地区工作。1969年4月,在执行青海、川藏战备任务中光荣牺牲。

陆昌荣(1926—1975)

如皋城人。民国31年(1942年),因生活所迫加入伪军。民国33年,于东台县戴家窑随部队起义,编入新四军一师民抗一支队二连当战士。抗日战争胜利后,被编入新四军华东七纵六十三团一营二连。民国35年7月,参加苏中战役泰兴·宣家堡战斗和皋南战斗,表现突出,被提升为副班长。8月,被编入新四军华中野战军一师一旅二团二营机炮连,加入中国共产党。此后,先后参加苏中战役海安战斗、李堡战斗、丁堰·林梓战斗、如黄路战斗和涟水、伍佑、刘庄诸战。民国36年后,先后参加枣庄、莱芜、孟良崮、邹县、鲁南、诸城、潍县、豫东、淮海诸战。淮海战役刘集战斗中,率突击小组插入敌后先行发起攻击,连续击退敌军多次冲锋,坚持到大部队赶至。战后,荣立二等功,所率突击小组被命名为"陆昌荣小组"。民国38年4月后,相继参加渡江战役、杭州剿匪及解放上海、舟山群岛、一江山岛战役,荣立三等功2次。1950年7月,升任副连长。1951年1月,调任200团"尖子连"六连连长。

1952年,陆昌荣报名参加中国人民志愿军。1953年7月,参加著名的进攻石砚洞北山战斗。石砚洞北山地处"三八线",被美国王牌军七师2个连盘踞。陆昌荣所率的六连扩充为加强连担任主攻。7月16日21时30分发起攻击,仅用6分钟即占领次峰前沿阵地后,随即组织部队向纵深推进,攻占美军次峰阵地,并派1个排迂回至敌侧后,一举捣毁美军指挥所,全面控制表面阵地。接着,将部队分成战斗小组,横扫美军屯兵洞及暗堡,激战5个多小时,打退美军5次反扑。200

团七连奉命增援，亦由陆昌荣指挥。后，陆昌荣率部连续击退美军11次反扑，坚守石砚洞北山阵地6昼夜，歼敌400余名。战后，200团六连立集体二等功，陆昌荣被评为一等功臣、二级战斗英雄，并当选志愿军功臣代表，出席朝鲜全国战斗英模大会，受到金日成接见，获朝鲜国旗勋章。

1958年，陆昌荣回国后，晋升三营副营长。1960年，进入石家庄高级步兵学校学习。1963年6月，升任一营营长。1964年9月，升任200团副团长。曾当选第一届、第三届全国人民代表大会代表，受到毛泽东等党和国家领导人的接见。

在长期战斗生涯中，陆昌荣多次负伤，2次负重伤，身体受到很大伤害，特别是肝脏严重受损。1975年4月，因肝病突变，抢救无效逝世。

张鹏翔（1958—1979）

如皋石庄人。1975年，高中毕业后，至石南公社插队落户。1978年1月，加入中国共产党。3月，应征入伍。南疆保卫战打响后，多次请战。1979年2月，被调往云南省金平县35112部队41分队6班，任第二战斗小组组长。2月17日，在攻打西罗楼战斗中，6班突遭敌暗堡火力袭击，正、副班长相继负伤。张鹏翔挺身而出，指挥机枪手压住敌人火力，组织转移伤员。为保障战友安全撤退，主动向敌人猛烈射击，将火力引至自己身边，连中数弹后仍孤身坚守战壕。待敌人逼近后，竭尽全力端起冲锋枪毙敌2人，自己壮烈牺牲。战后，被追记一等功，葬于云南省金平县烈士陵园。

王汝林（1964—1983）

如皋如城人。1981年，高中毕业。1982年1月，应征入伍，于温州军分区服役，被选送军分区教导队参加骨干训练，在28个考核项目中获优秀项目20个。9月归队后，积极协助班长带领战士训练，在军分区5个单项比赛中，获总分第一。1983年7月，3次抢救落水儿童，被驻地群众誉为“活雷锋”。8月，随部队参加浙江省某地军警民联防，执行看守罪犯任务。8月26日深夜，罪犯跳江逃跑，王汝林一面报警一面跃入江中追捕，因天气恶劣，被巨浪打入江底，光荣献身。被部队党委追认为一等功臣、中国共产党党员。

袁建国（1962—1985）

如皋搬经人。1982年1月，应征入伍。9月，加入共产主义青年团。1983年，任连队饲养员，荣立三等功，被战友称为“老黄牛”。1984年9月，加入中国共产党。1985年6月，所在部队参加南疆保卫战，上级原决定袁建国留守，他多次请求参战获准。10月，随部队至老山前线参加军工队，多次完成对前沿补给任务。11月16日下午，老山左侧4号阵地遭越军猛烈袭击，袁建国和几个战友隐蔽在一个狭小的石洞中。越军2颗炮弹落在洞口爆炸，袁建国将战友推进洞内，自己壮烈牺牲。被部队党委追记一等功。

黄子国（1964—1987）

如皋黄市人。初中毕业后，从师学医。1983年1月，应征入伍。1985年，被评为优秀团员，并加入中国共产党。1986年8月，所在部队参加南疆保卫战，其父因患肝癌去世，负债2000多元，未婚妻与其分手。黄子国强忍悲痛，安排好家事后，迅速归队，开赴南疆。1987年4月27日凌晨，阵地遭越军偷袭，黄子国让新战士在猫儿洞里压子弹，自己持机枪利用工事射击孔扫射，后又跃出工事利用地形地物射击，压住敌人火力，左肩负伤后仍坚持战斗，直至中弹牺牲。被部队党委追记一等功。

陈友明（1963—1987）

如皋丁北人。1981年10月，应征服役于北京部队某部。1984年，在全师比武中成绩突出，荣立三等功。是年，加入中国共产党。1986年春，被授予班长标兵称号。夏，所在部队奉令参加

南疆保卫战，安排好临产的妻子后，立即返回部队。1987年2月，任代理排长。4月，任排长兼阵地长，带领战士加固22号哨位，研制罐头雷、酒瓶雷、麻袋雷等防御武器，坚守阵地近1个月。5月3日下午1时许，带领2名战士于阵地南侧设障埋雷时，遭敌炮袭击，6处负伤，抢救无效，于当晚牺牲。被部队党委追记一等功。

冒新建（1963—1987） 如皋花园人。1980年7月，高中毕业，回乡务农。10月，应征入伍。1983年，升任班长。1985年，加入中国共产党。1986年，任工兵连一排代理排长。12月，参加南疆保卫战。1987年5月8日，与6名战士组成尖刀小组，潜入敌军阵地，多次发回情报。5月31日3时40分，潜伏位置连中3颗炮弹，左小腿被炸断。战友赶来抢救，冒新建要求战友先行救助其他战士，自己自行包扎。当战友返回时，冒新建已停止呼吸。被部队党委追记一等功。

凌伯留（1975—1989） 如皋搬经人。读小学时，学习勤奋，助人为乐。1987年12月，于大雪天跳入灌溉渠救出落水同学夏凌云。1988年，于夏岱初级中学读书。1989年7月3日下午，与同学杨怀兵一道去学校，途经群洋河下河游泳，杨怀兵滑入滚水坝附近3米多深的水潭中。凌伯留3次潜入水底，将杨怀兵顶出水面，被岸上群众救起，自己却精疲力竭，沉入水底牺牲。被共青团南通市委、南通市教育局授予“赖宁式少年”称号，被共青团如皋县委追认为优秀共青团员。

环加林（1951—1994） 如皋胜利人。1972年12月，参军服役。1976年8月，加入中国共产党。服役5年中，受连队嘉奖5次。1977年3月退伍后，任村民兵营长兼治保主任。1987年初春，从村委会回家，途中发现河心有人正在挣扎，纵身跳下河，救起落水小孩。1989年，发现唐楼村来历不明的自行车特别多，引起警觉，报告并配合派出所在该村挖出1个盗窃团伙，追缴被盗自行车35辆。5年乡联防工作中，协助破案16起，发现犯罪线索21条，抓获罪犯22人，处理纠纷42起。1994年11月5日9时许，在抓捕2名（1男1女）持刀杀人歹徒时，被歹徒刺中胸肋间，鲜血喷涌，歹徒乘机逃窜。环加林手捂伤口，奋力追赶，终因体力不支，倒在血泊中。歹徒被赶至的民警制服，环加林在送往医院途中牺牲。被江苏省委，南通市委、市政府等授予优秀共产党员、优秀联防队员、“徐洪刚式”的好民兵 、江苏省见义勇为先进分子等称号；被公安部、人事部表彰为1994年度全国优秀治保工作者。

陈玉才（1964—1997） 如皋东陈人。生前为水泥制品个体经营者。1997年6月3日20时许，如皋市雪岸镇凌云村20组陈玉才家附近的一棵树被龙卷风刮倒，将电线打断。骑自行车下晚自习的学生冒建美经过此地时，因车龙头碰上断落的电线，被电击倒。陈玉才听到呼救声后，立即奔至救人，抓起缠在自行车上的电线。冒建美得救，陈玉才却触电牺牲。被江苏省政府追认为见义勇为先进分子。

周映山（1939—1998） 如皋柴湾人。生前为如皋市柴湾镇新农村联防队员。1998年9月17日23时许，在辖区巡逻时，发现男子章某在路边装载电缆线，形迹十分可疑，立即上前盘查。正在实施盗窃的章某意欲杀人灭口。2人在搏斗中跌入路边的稻田，后翻进水沟。周映山抓住章某毫不松手，被章某卡住脖子摁入水中杀害。被如皋市政府追认为见义勇为先进分子。

沈锡林（1968—2005） 如皋如城人。生前为如皋凌云房产永益物业公司物业管理人员。2005年2月3日11时许，如皋市如城镇秀水苑305幢302室蓝某家晒在阳台护栏上的3条棉被突然起火并迅速蔓延。正在小区值班的沈锡林发现后，立即设法找来钥匙，打开302室进门扑火。危急关头，不顾个人生命安危，爬上阳台晒栏，准备将着火的棉被推到晒栏外。不料，晒栏突然断裂，沈锡林从10多米高的3楼摔下，于送往医院抢救途中牺牲。被江苏省政府追认为见义勇为英雄、如皋市政府追认为见义勇为先进分子。

附录：

革命烈士名录

土地革命时期 丁　二　天　山　丁少清　丁正太　丁正年　丁如凤　丁忠和　丁忠信　丁忠修　于　咸　于　诚　万秀林　万建坤　马自权　马名驹　马希班　马思禄　马能为　马能奎　马健华　王　雨　王玉文　王玉波　王玉璋　于忠和　王永华　王竹森　王怀德　王社子　王朋成　王朋年　王祝贤　王德龙　石　俊　石小连　石立廷　石光文　刘君霞　任百川　石杨春　石余瑞　石昭松　石昭信　石昭祥　石普卿　卢瑞芝　卢德周　卢德润　申传盛　申应掌　申学林　冯广发　冯雨仁　冯咬成　朱仁甫　朱克元　朱其凤　朱香九　朱香龙　朱香余　朱俊德　朱恒林　印根儿　刘广发　刘玉斋　刘兴川　刘志舒　刘茂生　刘全德　刘学诗　刘细久　刘德胜　汤子林　汤　藻　汤仕伦　汤仕佺　汤兰友　许秀龙　孙广余　孙玉才　孙占基　孙战鳌　孙宏林　孙宏影　孙叔连　孙雨林　孙雨盆　孙座二　孙福兴　孙福贵　孙鹤书　严盆寿　冯雨仁　苏　三　苏德馨　杨长德　杨正国　杨昌龙　杨昌圣　杨成宣　杨贵基　李　甫　李凤春　李正湘　李超时　肖承全　肖承良　肖喜儿　吴　四　吴子山　吴汝连　吴伯全　吴和尚　吴盛朋　吴亚苏　吴亚鲁　何　坤　何子轩　何轩余　何秀朋　何德高　余宏章　邹义寿　冷全发　沙四元　汪同寿　沈友桂　沈孔殷　沈伯林　沈良奎　沈良贯　沈全元　张石才　张石朋　张万根　张开连　张乔正　张兆山　张兴路　张孝余　张林文　张金文　张祥宝　张维高　陆文汉　陈希轩　陈　二　陈德广　陈大箱　陈瓦儿　陈正如　陈克清　陈应山　陈应茂　陈忠安　陈忠轩　陈和尚　陈树林　沈金元　邵秀文　范天元　范迪青　范锦裕　季国兴　季殿卿　周三贵　周书堂　周本锁　周可来　周业成　周永田　周永庆　周伯同　周秀甫　周贵达　周贵和　周贵舜　周明甫　周根章　周益林　周敬之　周富长　周富全　周富章　周惠吾　周殿清　赵仁甫　赵文奎　赵正清　赵宗敏　赵德甫　宗周达　宗周银　贲长山　贲仁和　贲启余　郝北升　胡文峰　胡征保　冒长银　冒荣圣　冒璋宽　侯万华　俞必林　洪连春　祝兴江　贺裕春　袁万胜　袁正富　袁香甫　夏友清　夏书社　夏守勤　夏树祥　顾子明　顾文亮　顾延玲　顾明甫　顾明亮　顾德田　钱双峰　倪圣贵　倪锦和　倪锦国　徐达山　徐永乔　徐永传　徐永全　徐永良　徐永昌　徐永和　徐永泽　徐永根　徐名华　徐名会　徐名良　徐名章　徐名春　徐显清　徐姚容　徐家瑾　高文占　高国成　郭锡康　唐余连　陶天禄　曹有寿　黄万昌　黄州保　黄子平　黄长庆　黄玉坤　黄竹庭　黄步云　黄伯江　黄炳前　梅伯仁　章长康　徐　德　曹玉彬　章金春　章金瑞　章宝仁　章裕祥　阎瑞卿　彭克济　蒋德兴　葛仁奎　葛吉芝　葛克安　葛继文　葛瑞廷　焦金宣　焦金楼　谢万龙　谢正太　谢同生　黄竹亭　僧俊如　缪元珍　缪元章　缪长山　缪茂清　缪明坤　缪明宽　缪庚成　缪春昂　缪荣芝　缪新圣　臧殿正　穆子奇　薛全书　鞠芝富　姚文贵　朱洪鑫　黎昌圣　阎崇德　薛衡竟　韩铁心

抗日战争时期 丁子服　丁子明　丁凤祥　丁正明　丁邦国　丁昌达　丁忠林　丁忠亮　丁忠裕　丁秀银　丁荣庆　丁祝喜　丁德胜　卜长富　卜达山　卜登富　于玉明　马　山　马文龙　马文奎　马广银　马书文　马自良　马荣富　马能祥　马道义　王八宝　王材进　王飞斋　王长山　王玉轩　王正宇　王立成　王昌如　王国华　王国泰　王宝林　王细纲　王根宝　王福如　王海如　王德山　尤福明　毛俊山　仇全益　风长庆　孔庆寿　左大圣　石开朋　石太泉　石太银　石召荣　石来桓　石启如　石明白　石明喜　石征荣　石昭文　石昭如　卢从亮　卢从宽　卢玉德　叶宝才　卢荣庆　卢锦山　卢殿来　叶宏均　叶耀东　申仁桂　田学富　史林圣　白金贵　丛昌华　冯天元　冯长元　冯桂林　吉成龙　吉同德　吉和桂　吉基春　吕长清　朱中实　朱长桂　朱从连　朱文章　朱正道　朱自强　朱国清

朱明仁　朱春泰　朱保群　朱洪长　朱恒才
朱恒元　朱恒仕　朱恒有　朱祥斋　朱福太
朱福山　朱德华　朱衡才　印荣宽　仲芝盛
任为道　包高宾　刘　亮　刘　秉　刘六生
刘兴旺　刘友达　刘松梅　刘虎儿　刘宝如
刘宝泰　刘振芝　刘海涛　刘魁儿　刘德才
刘德盛　江海泉　汤必和　许仁才　许秀仁
许秀平　许秀亮　许金龙　许映波　许祝圣
纪广银　纪云山　纪长贵　纪永建　纪全余
孙正荣　孙占仁　孙占高　孙汉庭　孙如浩
孙其凤　孙国川　孙星云　孙海如　孙维山
孙等福　孙道六　孙福龙　孙福尔　孙福如
孙福钧　苏　佶　苏长元　苏长民　苏成龙
严夕桂　严显达　范广庭　范正明　范迪五
范细和　范德青　杜小堂　杨万富　杨仁山
杨文华　杨圣忙　杨仲康　杨新华　杨坛如
李正文　李世昌　李华承　李志和　李何春
李洪亮　李其文　李建才　张根芝　李福庆
李宝鑑　李德成　肖太官　肖太雄　肖太裕
肖长发　肖克明　肖承寿　吴子良　吴升儿
吴文秀　吴玉章　吴兴余　吴洪学　吴殿根
吴金云　吴信存　吴璋远　时国章　何中佑
何永才　何达山　何连成　余　大　余金吾
余金盛　陈正友　狄邦庆　邹贤林　邹银山
闵乃甲　汪建元　汪锦成　沙焕荣　沈　昆
沈万富　沈义福　沈中鉴　沈中德　沈兆子
沈兆见　沈兆龙　沈良才　沈国兴　沈全福
沈祥兆　沈祥如　宋永先　宋辉民　宋鹤殿
张　瑾　张　魁　张万龙　张万全　张万余
张五儿　张长庆　张从寿　张正中　张仕华
张永富　张加平　张加德　张圣堂　张邦高
张光友　张光有　张光金　张先宝　张民权
张呈桥　张宏文　张坤山　张林才　张忠有
张和宝　张宝生　张炳全　张祥友　张祥高
张斯友　张鹤鸣　张耀生　张耀康　陈　如
陈　锋　陈万全　陈子彬　陈少清　陈长穆
陈公佰　陈文贵　陈文俊　陈龙圣　陈永茂
陈邦兴　陈兆文　陈兴仁　陈来盛　陈怀美
陈怀银　陈宏太　陈贤如　陈明义　陈忠文
陈金灿　陈金林　陈金康　陈学礼　陈学忠
陈宝宏　陈显文　陈家宾　陈清文　陈琼林
陈新龙　陈道富　陈锦国　陈福珍　陈德才

陈德全　陆云祥　陆文连　陆文清　陆永登
陆宇山　陆来保　陆景成　邵玉岗　邵全元
邵锡琪　环仁和　环福轩　季本达　季志成
季崇文　金　柱　金其祥　周子金　周子明
周小庭　周开友　周长言　周仁和　周云春
周文斋　周元真　周可如　周本高　周永杰
周永祥　周兴国　周达福　周启生　周纪民
周奎玉　周贵俭　周荣镜　周桂友　周益网
周银汉　周福圣　周德盛　郑子生　宗友如
练玉成　练玉昌　练秀山　练秀文　孟德才
赵　立　赵文奎　赵伯根　赵庭学　贲义甫
贲以臣　郝兆才　郝荣如　胡　宇　胡发贵
胡春林　胡恩浩　冒广山　冒广如　冒长明
冒加田　冒连山　冒连友　冒应祥　冒佩林
冒佩藩　冒国忠　冒品端　冒桂生　冒德余
段仁礼　俞惕庵　姜和尚　姜学树　洪久祥
洪远田　洪学富　祝英群　祝雨圣　祝建文
骆文华　秦万明　秦玉珊　秦兴山　袁国全
袁培生　袁锦荣　袁德圣　贾同生　贾同圣
夏子辉　夏书生　夏玉才　夏正芝　夏志友
夏宝清　夏光禹　夏保银　夏祖煌　顾云龙
顾井荣　顾井南　顾世宏　顾克明　顾辛农
顾国庆　顾春生　顾荣庆　顾建书　顾德兴
钱长山　钱正福　钱永良　钱圣宽　钱志清
钱良才　钱海泉　钱堂林　倪　勇　倪二林
倪秀生　倪金成　倪学正　倪锦森　倪德胜
徐　锦　徐长明　徐汉文　徐永寿　徐永余
徐永和　徐名友　徐名西　徐名良　徐名泉
徐传太　徐远福　徐远群　徐国成　徐国余
徐国琴　徐明绍　徐昌松　徐金保　徐细张
殷国才　殷铭忠　凌广明　高仁林　高有贵
高兴才　高兴如　郭子山　郭再和　郭志高
郭其高　郭明龙　郭明波　郭和宽　郭载福
郭照轩　席国昌　唐民宝　唐忠保　唐新荣
唐福文　唐德维　黄　云　黄　俊　黄　堂
黄山友　黄元圣　黄元圣　黄长胜　黄六儿
黄庆云　黄国山　黄金富　黄流高　黄高林
黄新林　黄德明　黄耀者　曹久其　曹玉彬
曹宏宽　曹忠福　曹学富　曹宗模　龚文宾
龚玉书　龚绎模　龚德奎　盛德泉　崔宗德
康荣光　章广如　章玉银　章仲华　章忠文
章学广　章宝鉴　章盆章　章振民　梁冠群

蒋从贵　蒋本法　蒋自立　蒋汝泉　将崇如
葛正传　葛存根　董申明　董国章　董荣兴
韩永太　韩法连　韩春保　储正林　谢万太
谢广圣　谢万美　谢东和　谢坤有　谢志友
谢志仁　谢坤银　谢荣华　谢荣康　褚志银
蔡正林　蔡业生　蔡慧堂　廖绪忠　缪　宜
缪长友　缪世宏　缪宜桂　缪德福　樊广汉
樊明江　潘　云　潘也如　潘长庆　薛　铣
薛友圣　薛长宜　薛文牲　薛如林　薛加友
薛佰群　薛良庆　薛金章　薛金富　薛泽怀
薛宝祥　戴名仕　鞠九黄　鞠芝元　鞠有文
魏凤山　严锦贵　王正高　张　坤　殷天家

解放战争时期　丁　臣　丁　荣　丁　铎
丁　超　丁山保　丁久安　丁广宏　丁广德
丁长圣　丁中全　丁正友　丁正中　丁正光
丁正兴　丁正如　丁正坤　丁正芳　丁正连
丁正荣　丁正宣　丁正高　丁正乾　丁正银
丁正银　丁正清　丁正富　丁正富　丁正福
丁仕太　丁巧银　丁吉仁　丁成友　丁邦有
丁邦彦　丁远正　丁进才　丁伯俊　丁佐怀
丁良泉　丁昌文　丁昌杰　丁昌贵　丁昌辉
丁学礼　丁忠山　丁忠元　丁忠书　丁忠龙
丁忠庆　丁忠志　丁忠甫　丁忠良　丁忠林
丁忠明　丁忠栋　丁忠益　丁忠端　丁忠鑑
丁宗耀　丁荣华　丁贵山　丁献庭　丁锡荣
于　耀　于九如　于子波　于进逢　于绍中
于春元　于清渊　于锦明　于锦波　万仁琪
万永太　万志孝　万启圣　万国义　万国根
万学贵　马　云　马　松　马　新　马万山
马五同　马友桂　马少清　马文元　马文华
马玉顺　马玉喜　马以寅　马汝全　马成忠
马进学　马苏北　马步良　马伯良　马良波
马国成　马国兴　马宏生　马奎明　马首寿
马逢发　马家驹　马能寿　马道春　马福龙
丰启圣　王　太　王　成　王　克　王　坤
王　明　王　祥　王九民　王士英　王夕纯
王广圣　丁广盛　王子厚　王天益　王天涛
王天禄　王天德　王开德　王元信　王太山
王太成　王友才　王长元　王长友　王长春
王凤文　王文田　王文安　王书志　王书林
王玉林　王玉斋　王玉富　王正中　王正龙
王正贵　王永记　王永芝　王永富　王永德
王有德　王则法　王汝俊　王兆寿　王志高
王甫圣　王步青　王步德　王利光　王奈昌
王昌圣　王金西　王金如　王金国　王金胡
王金保　王金堂　王学斯　王宝书　王宝全
王宝进　王宝树　王宝贵　王细文　王细根
王细晓　王春山　王春林　王荣海　王柏桐
王奎富　王贵生　王保连　王洪志　王炳成
王前寿　王祝君　王海林　王盛明　王盛喜
王盛福　王普生　王普连　王普建　王普盈
王道生　王富田　王裕兴　王遐明　王裕海
王瑞如　王照林　王锡同　王锡华　王锡华
王锡和　王锦云　王锦文　王锦和　王锦林
王福生　王福如　王福余　王福明　王德才
王德余　王德学　王德昌　王德祥　王耀才
左大荣　左长松　左佩华　左春波　石　林
石　根　石　璞　石万福　石广德　石开乔
石开国　石开俊　石太成　石太成　石太和
石太祥　石玉斋　石史同　石有寿　石进文
石志友　石来安　石来余　石来爵　石宏宽
石明志　石明轩　石明俊　石明道　石征义
石征庆　石征明　石征贤　石细锁　石昭井
石昭仁　石昭兰　石昭如　石昭志　石昭林
石昭明　石昭银　石昭健　石昭瑞　石昭瑞
石昭鉴　石祚礼　石祚言　石祚学　石建和
石建谋　石桂香　石桂良　石焕成　石晴光
石照志　石照惠　石福祥　尤乃金　尤学义
尤学义　尤学礼　尤学圣　尤学芝　尤学年
尤学志　尤学富　尤喜敬　尤福海　仇贤宜
仇贵生　仇照成　仇锦州　仇锦圣　卞长盛
文应生　方同先　尹中连　尹狂凤　尹林法
邓　白　邓昌才　邓美官　孔凡林　孔凡裕
孔庆山　孔庆啟　水良成　平有才　平国凡
平金富　卢云季　卢从圣　卢从庚　卢从高
卢玉文　卢玉俊　卢玉辉　卢生山　卢仕英
卢孝达　卢甫青　卢金和　卢宗才　卢宗仁
卢宗祥　卢春山　卢荣庆　卢昆良　卢银章
卢锦珠　卢德坤　卢德济　卢德清　申凤才
申四元　申玉兰　申启群　申学寿　申德文
叶光明　叶国军　叶政生　田大美　田大富
田玉高　田如生　田兆元　田金本　田金生
田金华　田金和　田学川　田培政　田照祥
史孝成　白松林　白宝林　白祥友　丛永富

丛运仁　包学桂　冯天爵　冯田圣　冯永文
冯怀江　冯宏瑜　冯国山　冯绍山　冯洪银
冯祖德　冯勇山　冯隆盛　冯瑞林　司　存
司徒惠　圣国富　吉　仲　吉必有　吉林高
吉和礼　朴　文　成子山　成光生　吕广富
吕兆全　朱　纯　朱　松　朱　杰　朱　明
朱　银　朱万生　朱义和　朱三侯　朱千忠
朱广元　朱广兴　朱广来　朱广银　朱广富
朱小春　朱天如　朱友才　朱友山　朱长如
朱长德　朱仁甫　朱仁静　朱介眉　朱从进
朱从炎　朱从德　朱文宝　朱文亮　朱玉成
朱石友　朱立高　朱汉光　朱汉兵　朱永贵
朱圣香　朱圣祥　朱老四　朱有才　朱有根
朱兴山　朱志同　朱志贤　朱克生　朱余庆
朱林初　朱国文　朱国民　朱国均　朱昌吉
朱明山　朱金林　朱宗礼　朱宗耀　朱官福
朱宜来　朱学荣　朱恒友　朱恒书　朱恒余
朱恒甫　朱恒轩　朱恒亮　朱恒瑾　朱香惠
朱香福　朱保国　朱顺才　朱炳均　朱炳虎
朱济进　朱济明　朱济祥　朱桂芳　朱家法
朱祥喜　朱崇如　朱银根　朱敏敦　朱富才
朱谦华　朱谦其　朱谦虎　朱谦和　朱谦细
朱锦山　朱锦文　朱锦保　朱福成　朱福林
朱谦如　朱德贵　印书开　印书道　印锦青
仲　志　仲纪平　仲言友　仲季元　仲季和
任　九　任开志　任开德　任河驹　任启文
任启年　任启富　任保祥　任敬汉　任福海
华细保　华湘庭　邬平松　庄国林　庄继高
庄锦山　庆学章　刘　二　刘　贵　刘　乾
刘　营　刘　裕　刘一冯　刘士轩　刘万如
刘万喜　刘子银　刘井秀　刘元贵　刘友田
刘中良　刘长山　刘长达　刘长林　刘长宝
刘文学　刘文清　刘文海　刘文富　刘玉山
刘正虎　刘正宜　刘正贵　刘正福　刘圣华
刘圣高　刘达富　刘光甲　刘光富　刘全进
刘兆龙　刘兴龙　刘兴喜　刘步高　刘秀成
刘伯言　刘余庆　刘松坚　刘松旺　刘松岭
刘松高　刘国圣　刘昌保　刘炜宽　刘福根
刘桂俊　刘根儿　刘悦进　刘家耀　刘继明
刘培芝　刘啟旺　刘清泉　刘海泉　刘裕祥
刘福成　刘福寿　刘笃庭　刘福海　刘德元
刘德圣　关文友　江本徐　江汝福　江德宜

汤　旭　汤义有　汤广银　汤介有　汤文才
汤占山　汤必龙　汤亚熊　汤有斌　汤克圣
汤国模　汤明元　汤金如　汤金根　汤学盛
汤贵悦　汤桂清　汤景延　兴店成　祁　宾
许　克　许　岗　许长太　许书田　许玉联
许尧德　许传林　许华清　许秀士　许秀山
许秀广　许秀生　许秀宜　许秀峰　许秀高
许秀银　许秀清　许秀楼　许应忠　许良甫
许张氏　许季良　许季林　许金耀　许波林
许相如　许树高　许映太　许映书　许映平
许映林　许映波　许根宝　许逢友　许逢奎
许福元　阮书伯　阮兆钱　阮兆黄　阮兆富
阮春和　孙　网　孙　兆　孙义甫　孙广海
孙开友　孙开雨　孙元春　孙友华　孙少山
孙玉才　孙玉田　孙玉江　孙玉贵　孙玉岚
孙正国　孙占太　孙占喜　孙尔山　孙尔生
孙尔坤　孙尔倬　孙尔康　孙汉宏　孙永凤
孙如元　孙全中　孙兴华　孙宏山　孙宏雨
孙忠和　孙其余　孙其富　孙顶芝　孙国华
孙和尚　孙金元　孙学才　孙宝明　孙绍祖
孙贵元　孙贵全　孙香如　孙修圣　孙修伦
孙修宏　孙洪彩　孙恒义　孙领黄　孙邦法
孙富儿　孙道雨　孙道银　孙道富　孙锡山
孙锦德　孙福成　孙福其　孙福明　孙福明
孙福高　孙福康　孙增成　孙增富　孙德祥
孙德银　纪　熊　纪广仁　纪广荣　纪年山
纪国兵　纪显成　纪锦贵　苏元山　苏元良
苏友太　苏长明　苏文祥　苏玉贵　苏正国
严　岗　严书中　严世泽　严芝秀　严兴贵
严宏义　严尚荣　严金榜　严绍文　严裕启
严裕质　严新保　严德记　花明田　花荣茂
杜天章　杜文裕　杜金生　杜济明　杨　囚
杨　炎　杨　绍　杨广如　杨元高　杨太高
杨仁良　杨长友　杨长田　杨文友　杨文国
杨玉成　杨本立　杨东兴　杨吉余　杨光宗
杨志云　杨连桂　杨余和　杨余炳　杨启太
杨松岭　杨松桥　杨国宏　杨国林　杨明鹤
杨忠志　杨秀卿　杨金文　杨金余　杨金章
杨金鉴　杨金德　杨宗和　杨学章　杨春元
杨春余　杨南山　杨庭华　杨继根　杨修泽
杨海如　杨福田　杨德如　杨德俊　杨薛勤
李　云　李　平　李　茂　李　海　李八斤

李大友　李子德　李长年　李长延　李长贵
李凤辉　李文华　李玉喜　李正才　李正华
李正卿　李世熊　李生和　李永珍　李永泉
李永谦　李发金　李有裕　李百堂　李百禄
李芝生　李刚坤　李先明　李宇平　李守才
李安书　李汝贤　李伯林　李伯林　李伯盛
李伯奎　李伯清　李伯海　李来昌　李连发
李宏山　李宏才　李其荣　李其贵　李松茂
李松波　李松银　李国盛　李昌文　李昌生
李昌华　李昌庆　李昌林　李昌贤　李昌和
李昌金　李昌盛　李昌海　李昌富　李金山
李金同　李金如　李建国　李春芳　李荣华
李荣舜　李贵荣　李禹林　李保荣　李洪生
李炳保　李桂清　李根保　李淑珍　李福才
李德元　李德银　肖天稳　肖正林　肖永先
肖成太　肖克兵　肖来章　肖欣然　肖承才
肖承开　肖承和　肖承金　肖承学　肖承荣
肖承美　肖承璋　肖春龙　肖贵清　吴　松
吴　迪　吴　海　吴九斤　吴万珍　吴才圣
吴广才　吴广庆　吴小贵　吴子怀　吴开德
吴云祥　吴长余　吴玉祥　吴正山　吴正刚
吴正明　吴正国　吴功礼　吴丙徐　吴汉如
吴汉祥　吴永吉　吴永青　吴有德　吴成玉
吴成进　吴成林　吴芝桂　吴廷珍　吴进生
吴进修　吴进桥　吴克功　吴秀清　吴志山
吴志成　吴志明　吴志俊　吴伯田　吴松茂
吴国民　吴忠富　吴忠德　吴朋仁　吴金才
吴金山　吴金元　吴金龙　吴金邦　吴金怀
吴金泉　吴文田　吴宗林　吴学唐　吴绍贤
吴荣学　吴信元　吴信和　吴祖谦　吴桂生
吴培林　吴海清　吴焕明　吴敬芝　吴道民
吴锡生　吴锦九　吴锦元　吴锦德　吴福余
吴福海　吴德圣　吴德轩　吴鹤仕　时圣文
时华友　邱广生　何　正　何　连　何　营
何三保　何万寿　何万贵　何广林　何太山
何太明　何长春　何长富　何为礼　何正田
何正如　何汉卿　何有余　何有圣　何达江
何仲德　何伯仁　何伯勋　何余江　何昆裕
何忠发　何佩泉　何细奎　何春山　何维久
佘义生　佘林乔　佘明华　佘明道　余子才
余文桃　余宏模　余金华　余深海　狄祥太
狄祥悦　邹正林　邹正英　邹继安　邹贤树

邹金泉　邹春芳　邹济裕　邹登富　汪　震
汪卫川　汪子山　汪正发　汪正明　汪以龙
汪如智　汪步领　汪宝光　沙　林　沙　凯
沙开忠　沙文珍　沙汉龙　沙永才　沙坤伦
沙坤良　沙坤善　沙坤裕　沙和均　沙金芝
沙炳山　沙炳龙　沙炳林　沙炳明　沙炳荣
沙炳章　沙润德　沈　华　沈　往　沈万中
沈义长　沈义富　沈元文　沈元祥　沈元富
沈中海　沈正元　沈功臣　沈世开　沈世友
沈百怀　沈同安　沈向荣　沈兆春　沈名家
沈兴才　沈兴才　沈轩金　沈伯元　沈伯友
沈良义　沈良玉　沈良甫　沈良英　沈良德
沈家良　沈松林　沈贤如　沈忠仁　沈忠贵
沈岳林　沈金才　沈金如　沈征义　沈宝华
沈显庭　沈美伦　沈美银　沈逢贵　宋万邦
宋玉如　宋书义　宋邦奎　宋邦涂　宋汝华
宋志良　宋金生　宋宝银　宋邦有　宋鹤明
张　建　张　杰　张　铎　张　满　张　爵
张于龙　张大章　张万成　张万伦　张万学
张万银　张万程　张才文　张广圣　张广焕
张义元　张义勇　张云溪　张元才　张元才
张元才　张元太　张元龙　张元达　张元甫
张元坤　张元亮　张元培　张元喜　张元德
张太华　张友林　张友富　张友敬　张友德
张长甫　张仁义　张仁华　张仁俊　张文义
张文元　张文龙　张文龙　张文全　张文寿
张文高　张文雄　张从民　张书成　张玉华
张正友　张世元　张世学　张本玉　张布云
张龙台　张东元　张仕明　张立志　张必富
张永贵　张加义　张加太　张加兴　张加如
张加余　张加旺　张加荣　张加宽　张加德
张台凤　张台生　张邦才　张成元　张成志
张芝兰　张光昌　张光树　张仲仁　张全能
张兆田　张汝祥　张如保　张远山　张远学
张志贵　张志清　张孝田　张孝根　张孝悌
张孝卿　张甫仁　张来福　张克明　张松甫
张国本　张国兵　张吴寿　张财神　张秀兵
张良甫　张启元　张启庚　张定俊　张宏才
张宏才　张宏飞　张宏圣　张宏圣　张宏益
张其海　张英如　张松林　张昌义　张昌保
张国凡　张明轩　张明德　张忠伯　张忠林
张忠祥　张忠德　张金荣　张学义　张学礼

张学年 张学林 张学贵 张宗全 张宜生
张建平 张承秀 张细龙 张树凤 张树贵
张厚余 张奎文 张奎林 张荫松 张度式
张炳龙 张祖铎 张桂连 张桂英 张根宝
张根郎 张祆康 张益友 张益祥 张学余
张学贵 张祥元 张祥圣 张祥贵 张祥根
张培芝 张营庆 张得胜 张海泉 张维龙
张敬保 张斯富 张善盛 张锦元 张福广
张福田 张福生 张德才 张德余 张耀山
张耀成 张耀全 张耀俊 陆　门 陆　生
陆　纯 陆万生 陆久生 陆子山 陆子元
陆云生 陆友平 陆友民 陆文斌 陆玉泉
陆世明 陆汉林 陆有才 陆存泽 陆成珠
陆乔章 陆羊章 陆志仁 陆启兴 陆松山
陆尚贵 陆金余 陆荣胜 陆萌祥 陆振才
陆莲英 陆福来 陈　云 陈　宝 陈　勇
陈　健 陈　隆 陈　道 陈　新 陈九明
陈万林 陈久文 陈久如 陈广仪 陈之有
陈之华 陈小波 陈子光 陈子余 陈子俊
陈子高 陈开荣 陈云宝 陈云富 陈友才
陈友贤 陈少原 陈长月 陈长明 陈仁杰
陈仁和 陈月书 陈文友 陈文兵 陈文茂
陈文宾 陈书来 陈玉连 陈玉林 陈玉明
陈玉和 陈正义 陈正华 陈正寿 陈世昌
陈本立 陈本华 陈本茂 陈立功 陈必年
陈永贤 陈永璜 陈召庆 陈召喜 陈邦才
陈邦生 陈邦笑 陈邦林 陈邦林 陈邦泉
陈吉祥 陈有山 陈有彬 陈达元 陈兆林
陈兆福 陈应圣 陈汝全 陈汝波 陈兴明
陈兴富 陈安庆 陈如纪 陈如寿 陈甫松
陈志明 陈志明 陈志高 陈志高 陈志银
陈志富 陈步廷 陈秀山 陈伯儿 陈伯林
陈伯群 陈希敖 陈应如 陈应寿 陈应美
陈应康 陈怀友 陈怀庆 陈怀武 陈怀林
陈怀俊 陈宏生 陈良裕 陈启中 陈张盛
陈其玉 陈其国 陈松山 陈松年 陈松林
陈国厚 陈国辉 陈忠才 陈忠元 陈明贵
陈秉南 陈征夷 陈金山 陈金友 陈金龙
陈金林 陈金学 陈金荣 陈金贵 陈金涛
陈金福 陈学花 陈学海 陈宝环 陈荣华
陈荣青 陈南庆 陈南奎 陈南奎 陈南笑
陈南高 陈南海 陈奎海 陈昭琪 陈俊清

陈庭学 陈炳太 陈炳银 陈祝山 陈桂荣
陈桂卿 陈振荣 陈钱坤 陈宽甫 陈祥驹
陈裕德 陈瑞庭 陈锦龙 陈锦安 陈锦如
陈锦和 陈锦园 陈锦章 陈福才 陈福生
陈福生 陈福成 陈福庆 陈福庆 陈福基
陈德世 陈德圣 陈德圣 陈德甫 陈德纯
陈鹤高 陈德祥 陈德富 邵云清 邵芝庭
邵守魁 邵明甫 邵树文 邵树学 邵海宣
邵朝学 邵殿清 环圣和 环加安 环加贵
环志龙 环志平 环育光 范广山 范广友
范广友 范广田 范广生 范广庆 范广寿
范广余 范广林 范广富 范东林 范存稳
范迪生 范汝峰 范宝华 范钦元 范钦高
范钦道 范庸元 范锦泉 林之新 林长贵
林芝初 林忠棠 林春友 林盛高 林章元
林瑞珍 杭世高 郁金有 明玉圣 明芝泉
明金邦 明俊元 明德高 季　如 季　容
季　勇 季　根 季　藩 季万元 季万林
季元勋 季长友 季长余 季长法 季从太
季文发 季本章 季本善 季邦才 季全华
季志仁 季志宏 季学成 季贵林 季崇森
季崇泰 季崇银 季锡祥 金　泽 金九林
金元成 金友才 金长泰 金仁俊 金世海
金兆友 金明华 金贵英 金裕仁 金锡明
金德如 金德昌 周　凡 周　奎 周士元
周大和 周万志 周万福 周久龙 周久富
周广才 周元昌 周长庆 周长富 周凤元
周文元 周文元 周文如 周书月 周玉如
周玉良 周玉祥 周正元 周本松 周本良
周本圣 周可山 周可明 周可富 周可增
周占武 周仪成 周付成 周永圣 周永安
周永奎 周永思 周永香 周永亮 周永高
周永祥 周永富 周永福 周邦荣 周吉甫
周有刚 周华山 周华圣 周延林 周刘氏
周如学 周远如 周良桂 周武臣 周国庭
周明德 周岳山 周宝生 周绍桂 周贵才
周贵生 周贵圣 周贵和 周贵盛 周贵清
周贵新 周贵德 周美玉 周美圣 周桂林
周保田 周保成 周荣山 周荣林 周荣昌
周继安 周维先 周银全 周维卿 周富元
周富友 周富荣 周朝富 周锦发 周锦安
郑子成 郑有魁 郑长稳 郑文祥 郑自勤

郑国锋	单可成	单恒友	单恒有	单鹤银
宗　山	宗　占	宗少明	宗叩宝	宗式云
宗式礼	宗式明	宗式绍	宗志道	宗佑奎
宗序爵	宗继善	宗福全	宗德圣	房玉春
房松俊	居春山	封留扣	赵　云	赵　明
赵　源	赵子成	赵云龙	赵文德	赵玉正
赵玉乾	赵本学	赵永林	赵兴龙	赵兴隆
赵志明	赵其山	赵国贞	赵俊祥	赵敦宜
赵敦俊	赵富太	赵登如	赵增朋	赵德余
贲义山	贲同云	贲同安	贲隆盛	郝　云
郝北龙	郝金桂	郝荣华	郝荣科	郝荣善
胡　芝	胡　明	胡　浩	胡　德	胡三保
胡六余	胡汉生	胡启仁	胡科仁	胡科进
胡桂成	胡恩林	胡家祥	柯圣如	柳　章
柳万山	柳宝山	冒　凡	冒　迅	冒　进
冒　均	冒　林	冒万元	冒广生	冒万贵
冒万程	冒元发	冒长圣	冒元成	冒玉田
冒正华	冒本章	冒石清	冒立生	冒加余
冒兴稳	冒如贵	冒来仪	冒张圣	冒国光
冒明山	冒金中	冒宗礼	冒春元	冒银祥
冒银富	冒锦华	冒福安	冒福海	冒福祥
冒殿魁	冒璋太	冒德基	段仁稳	保金泉
侯有山	俞云程	俞志明	俞道生	俞德盛
施广有	施广福	施天保	施圣福	施兴明
施征林	施金奎	姜元加	姜玉林	姜有林
姜扣章	姜宝成	姜桂林	姜道明	姜道和
娄元桂	娄寻达	娄寻明	娄锦林	贺书礼
贺学广	骆德安	洪　大	洪　流	洪久和
洪久富	洪子雨	洪正文	洪远贵	洪远楼
祖永宽	祝宏坤	费广如	费桥松	姚　所
姚　琪	姚大贵	姚天龙	姚伯山	姚松山
姚保生	姚恕后	姚锦山	姚殿山	秦　勇
秦　魁	秦万章	秦凤才	秦凤圣	秦世俊
秦志生	秦国纯	秦朋贵	秦奎美	秦奎福
秦保山	秦祥凤	秦祥明	秦德武	袁　素
袁大进	袁云松	袁凤廷	袁文炳	袁永昌
袁光忠	袁志宽	袁均安	袁其如	袁松和
袁金山	袁金圣	袁学才	袁荣林	袁树稳
袁奎富	袁美英	袁维高	袁维裕	袁道元
袁道发	袁魁友	袁德宏	袁德富	贾佐源
贾伯银	贾忠时	贾宗时	夏　林	夏　俊
夏久高	夏子辉	夏开明	夏书法	夏龙池

夏立成	夏立学	夏立祥	夏光雨	夏守文
夏林德	夏明生	夏明德	夏宝友	夏宝仁
夏宝华	夏宝荣	夏宝银	夏祖华	夏保林
夏策甫	夏策银	夏锦发	夏遵达	顾　成
顾　进	顾　忠	顾才德	顾子才	顾子安
顾子祥	顾子勤	顾友忠	顾少清	顾长生
顾长寿	顾长盛	顾仁岗	顾仁宾	顾凤池
顾文才	顾文如	顾文林	顾文明	顾文清
顾玉田	顾玉岗	顾玉清	顾本才	顾龙寿
顾龙章	顾生山	顾兰清	顾贞元	顾邦林
顾邦能	顾西宗	顾兆炳	顾兵余	顾怀宗
顾良玉	顾林秀	顾松如	顾松芝	顾昌凤
顾明泉	顾金山	顾金泉	顾学生	顾学高
顾学富	顾绍山	顾春华	顾春安	顾春意
顾春福	顾荣清	顾美才	顾堂华	顾银施
顾维中	顾维秀	顾锦华	顾锦连	顾锦和
顾锦荣	顾鹤年	钱广生	钱太元	钱少卿
钱长贵	钱文炳	钱文富	钱玉坤	钱永昌
钱圣华	钱有江	钱有祥	钱再平	钱兆奎
钱兴明	钱志明	钱国圣	钱国俊	钱金奎
钱金喜	钱学炳	钱贵生	钱保富	钱俊仁
钱俊文	钱俊龙	钱俊坤	钱俊荣	钱俊桂
钱学志	钱学明	钱德昌	倪　健	倪文元
倪玉平	倪加林	倪圣道	倪国礼	倪咬寿
倪修仁	倪样儿	倪焕林	倪德龙	倪德宏
徐　良	徐　泽	徐万礼	徐万联	徐中汉
徐广才	徐小元	徐子芳	徐天瑞	徐少达
徐长富	徐文彬	徐文彩	徐书生	徐玉如
徐玉美	徐正宽	徐永才	徐永业	徐永生
徐永圣	徐永华	徐永华	徐永良	徐永林
徐永录	徐永美	徐永祥	徐永堂	徐永清
徐永清	徐永登	徐邦正	徐邦和	徐名轩
徐名勇	徐名高	徐名骥	徐汝圣	徐汝吉
徐汝银	徐远庆	徐远志	徐忠焕	徐松鹤
徐国圣	徐国良	徐明生	徐秀芳	徐金生
徐金贵	徐荣泉	徐贵章	徐浩泉	徐海山
徐海泉	徐海清	徐维高	徐景泉	徐筛平
徐瑞良	徐瑞明	徐瑞珍	徐瑞宽	徐锦泉
徐德山	徐德元	徐德奎	徐鹤圣	徐鹤俊
徐鹤根	胥长贵	殷友才	殷正福	殷圣友
殷有成	殷志和	殷启林	殷松林	殷锦泉
殷鹤民	奚丙高	奚心长	凌　遗	凌日明

凌汉成 凌其安 高人泰 高山川 高之和
高子坚 高仁元 高仁生 高仁轩 高仁俊
高文元 高文华 高文明 高文奎 高书林
高玉才 高申平 高申甫 高申国 高申福
高生得 高吉任 高芝贵 高兴圣 高志坚
高佰成 高学礼 高宝友 高炳兴 高银沈
高德明 郭 友 郭 斌 郭 群 郭之高
郭仁群 郭月波 郭文庆 郭文奎 郭世忠
郭再彬 郭如福 郭志清 郭李才 郭和法
郭其凤 郭国明 郭明文 郭明方 郭明哲
郭明高 郭周仪 郭承贤 郭承德 郭勇圣
郭载进 郭锡山 郭耀奎 席云进 席云志
唐文彬 唐汉章 唐伯寿 唐金才 唐新民
唐德标 诸玉湖 陶 松 陶子明 陶正富
陶江海 陶松标 陶银海 陶福元 陶增福
陶增连 黄 明 黄 奎 黄 硕 黄 健
黄 新 黄义文 黄友山 黄友贵 黄少华
黄长林 黄凤双 黄文章 黄玉才 黄玉明
黄圣芳 黄圣美 黄同寿 黄吕先 黄年宝
黄国良 黄自达 黄步清 黄其荣 黄其康
黄国平 黄国华 黄国富 黄秉忠 黄金圣
黄金成 黄金贵 黄荣保 黄炳文 黄振华
黄祥浩 黄健国 黄维邦 黄裕龙 黄裕同
黄瑞祥 黄献林 黄锦龙 黄锦堂 黄德和
黄耀田 黄耀华 营维余 梅如山 曹云龙
曹太宜 曹长池 曹文玉 曹书法 曹玉琴
曹圣山 曹有国 曹汝成 曹克贤 曹克明
曹克俊 曹连彩 曹宏庆 曹宗平 曹宗贤
曹贵兰 曹保山 曹荷英 曹桂生 曹铁如
曹锦璋 曹塞银 曹福生 曹德贵 戚国勋
龚 五 龚玉成 龚进才 龚志祺 龚明凤
龚明新 龚卿文 常桂林 崔广山 崔伯侯
崔昌武 崔福寿 符友才 符仁华 符仁坤
符仁美 符勇庚 康 其 康传发 康全发
康祝才 康荣廷 康贻民 康锡纯 章 虎
章开元 章元德 章云彩 章友仁 章长稳
章可德 章日生 章本忠 章有余 章成伍
章先芝 章兴国 章兴美 章志锦 章克文
章学仁 章国清 章金文 章金来 章金国
章金富 章宝全 章保连 章保堂 章桂山
章登富 章锡连 章锦桂 章筱田 章殿岳
章福和 章福高 阎仁发 阎必龙 隋龙兴

彭万远 蒋井荣 蒋从正 蒋从岗 蒋本如
蒋竹贵 蒋远余 蒋金殿 蒋厚基 蒋维贤
葛人山 葛小生 葛云露 葛仁寿 葛仁勇
葛昆伦 葛明新 葛显圣 葛显成 葛显银
葛美进 韩发如 韩忠仁 韩良成 韩娘才
韩道林 谢万忠 谢万伯 谢久春 谢云卿
谢太俊 谢友芝 谢友珍 谢长太 谢仁圣
谢仁寿 谢仁美 谢龙海 谢龙银 董文炳
景长贵 程 序 程 勇 程义和 程志远
程伯钧 程国兴 程砚秋 傅国华 焦卫国
程朋祥 储加琪 曾先燕 曾怀明 谢同伦
谢同年 谢同德 谢仲余 谢克之 谢伯达
谢余才 谢启圣 谢明高 谢宝郎 谢宝贵
谢春光 谢荣山 谢荣和 谢荣潞 谢复兴
谢崇仁 谢崇斋 谢银山 谢翠年 谢德才
谢德明 蒲 满 鲍元祥 鲍田银 雍长雨
蔡 焰 蔡井秀 蔡长万 蔡月安 蔡文山
蔡文清 蔡可仁 蔡可忠 蔡可良 蔡可贵
蔡可桂 蔡可源 蔡可福 蔡业龙 蔡承勤
蔡伯根 蔡其东 蔡国华 蔡国钧 蔡学平
蔡学俭 蔡学章 蔡宜模 蔡高贵 蔡银瑞
裴万益 裴长清 管文章 管国祥 管维奎
谭日春 谭金国 翟玉章 翟金成 缪 杰
缪 虎 缪三正 缪山秀 缪元林 缪五寿
缪文礼 缪四太 缪四为 缪成友 缪成发
缪宏仁 缪希良 缪 明 缪明清 缪明锁
缪金余 缪根山 缪铁山 缪殿成 缪福元
缪福稳 缪德圣 缪德圣 缪德均 缪德学
缪德辉 缪德道 樊广明 樊学才 滕明贵
颜帮林 潘圣璋 潘宝林 潘逢昌 潘增福
潘德圣 薛 纲 薛 静 薛九高 薛广才
薛广志 薛广明 薛广槛 薛子文 薛长富
薛仁发 薛文龙 薛文汉 薛田文 薛汉文
薛兴德 薛邦郎 薛有桂 薛成毕 薛和生
薛伯元 薛迎松 薛迎福 薛宏圣 薛松银
薛雨清 薛国平 薛金山 薛金生 薛宝来
薛泽民 薛学永 薛学如 薛春元 薛春华
薛春余 薛春泉 薛南勋 薛炳泉 薛桂生
薛祥富 薛锦文 戴义和 戴子成 戴子成
戴子荣 戴五松 戴全富 戴钧芳 鞠久云
鞠久盛 鞠长如 鞠汉清 鞠永和 鞠芝礼
鞠华庆 濮文章 魏三儿 魏明元 吴之有

蔡根宝　郑英年　卢坤良　沈兆成　刘长贵
石明中

中华人民共和国成立后　丁　勇　丁凤成
丁正法　丁福成　于　海　马宏宽　马良海
马金才　马学友　王子如　王友圣　王长盛
王玉平　王兆林　王汉清　王兆来　王兆明
王汝林　王孝峰　王连俊　王伯奎　王国仕
王明富　王金成　王家猷　王宾祥　王锡根
毛文德　仇　林　邓纪友　邓忠平　左大才
石　旭　石　铎　石来如　石明高　石征友
石征美　石征美　石征祥　石昭圣　石炳建
卢龙兴　卢宗甫　卢朝顶　卢德元　卢德华
叶　彬　田亚生　冯天锡　冯文华　吕昌祥
朱　坚　朱　泽　朱井银　朱长德　朱从华
朱玉才　朱玉才　朱庆才　朱进德　朱济义
朱济康　朱恒宽　乔高峰　任世泰　任启良
任海余　庄德道　刘文元　刘有文　刘兴云
刘志远　刘启明　刘明华　刘宝富　刘益成
刘德寿　汤　展　汤明南　许　凤　许　健
许士秀　许秀如　许秀明　许金如　徐荣江
许映友　阮也平　孙长金　孙长和　孙玉龙
孙圣才　孙仲其　孙兆儒　孙庆华　孙国民
孙宝成　孙建德　孙修忠　孙道民　纪正清
苏　纬　苏有富　苏宏进　苏春余　严长庚
严明清　严星明　沿循圣　杨　林　杨正华
杨宏有　杨国华　杨金余　杨根布　杨海瑞
杨斯昭　杨瑞礼　李　基　李　辉　李友田
李百万　李传绪　李志林　李伯珍　李伯祥
李希成　李松泉　李松涛　李昌盈　李昌泰
李建华　李珍富　李海才　肖克平　肖承辅
吴　松　吴士林　吴义元　吴玉广　吴正林
吴永丰　吴寿鹤　吴忠平　吴金栏　吴宝和
吴迪吉　吴迪甫　吴迪珊　吴桂龙　吴殿龙
时华国　何达如　何达富　邹文汉　沙德本
沈　序　沈二贵　沈义福　沈百川　沈百余
沈兆成　沈兴富　沈来山　沈宏明　沈松山
沈松涛　沈征礼　沈宝贵　沈显云　沈美瑞
宋良和　宋明高　张　生　张　宁　张　旭
张　金　张　祝　张士才　张士贵　张万贵
张广树　张之桂　张元礼　张元林　张元桂
张元富　张云祥　张长林　张文彬　张玉山
张世来　张先太　张先春　张光明　张光璧
张汝峰　张怀友　张秀清　张其忠　张典良
张学成　张恒华　张炳军　张善仁　张鹏翔
陆于法　陆广发　陆文兰　陆书璋　陆玉章
陆志国　陆昌荣　陆佩林　陆宝光　陆锦洪
陈　军　陈　伯　陈才广　陈友明　陈太桂
陈玉根　陈召祥　陈光才　陈汝琪　陈兴光
陈如华　陈志明　陈克昌　陈忠连　陈伯青
陈阿二　陈国平　陈昌钿　陈金明　陈金海
陈绍英　陈郝全　陈荣光　陈章烦　陈福才
陈碧辉　陈增元　陈德才　邵长发　邵邦荣
邵忠武　范广友　范从梅　季九林　季子林
季龙孔　季竹青　季志林　季春涛　岳开德
金玉才　金西法　金级子　金其国　周　兴
周　林　周　勇　周久才　周久根　周文生
周以陶　周书圣　周玉林　周可林　周可福
周本生　周汉清　周永林　周有余　周国法
周昌敖　周明越　周贵生　周福生　周锦元
宗友华　宗月俊　宗永茂　宗周品　居春学
孟志成　赵长华　赵文义　赵如裕　赵虎桂
赵学进　冒浪萍　冒新建　俞云齐　俞必华
俞铭璜　施玉明　施祥有　姜子龙　姜国华
娄海山　洪志荣　姚友学　秦有来　秦国才
秦国志　秦道明　袁建国　袁树青　袁清泉
袁锦才　耿恒桂　贾志仁　贾忠如　贾能志
夏书圣　夏余庆　夏国祥　夏宝春　顾　月
顾　荣　顾　球　顾九龙　顾子兵　顾正东
顾尔林　顾金龙　顾绍文　钱四国　钱长发
钱兆祥　钱松柏　钱跃盛　倪　骏　倪维才
徐　成　徐永泽　徐永清　徐江华　徐远康
徐芷芳　徐松仁　徐相国　徐相瑞　徐富民
徐登华　徐登峰　徐福庆　殷　鉴　凌伯留
高一心　高友富　高申甫　郭子生　郭永成
郭坤瑞　郭国平　郭建华　郭贵祥　唐正祥
陶子林　陶圣勇　陶承美　黄　岩　黄子国
黄太忠　黄书成　黄玉胜　黄礼仁　黄树平
黄富义　黄裕生　黄福泉　梅仁爵　曹乃昌
曹友林　曹建明　曹福成　曹德银　戚瑞林
龚长明　龚其祥　龚林宝　喻名福　崔正良
康文彩　章金成　章金明　章殿良　阎仁圣
彭明轩　蒋　勇　蒋官德　葛仁华　韩　昶
韩其昌　韩金保　韩学才　程　克　程万贵
程有福　谢太荣　谢仁甫　谢文才　谢荣璋

雍开俊	蔡长富	蔡汉成	蔡成平	蔡瑞仁
臧　政	裴有仁	熊开健	缪国施	缪建华
潘三元	潘桂富	潘得果	薛　银	薛四明
薛汉成	薛永乔	薛永和	薛兆祥	薛松桐
薛金山	薛家和	戴雨明	鞠九国	鞠昌元
鞠明金	魏　双	陆美玲	侯福全	环加林
陈裕才				

第二节 知名人士

一、如皋籍知名人士

吕　岱(160—256)　字定公,如皋人。出身士庶,初为郡县小吏,汉末避乱南渡投效孙权帐下。东汉建安十六年(211年),因平定会稽、东冶等5县骚乱建功,被封为昭信中郎将。东汉建安二十年,率军配合吕蒙夺取长沙等3郡,又与鲁肃联兵镇压勾结关羽发动叛乱的吴砀、袁龙,被任命为庐陵太守。东汉延康元年(220年),任交州刺史,发兵讨伐于郁林起事的地方豪强,奉诏镇压于南海界聚众起义的贼寇,升任安南将军,封都乡侯。吴黄武五年(226年),因平定内乱、开拓南疆建功,升为镇南将军,封番禺侯。吴赤乌元年(238年),以近80高龄,奉诏平息岭南诸州叛乱,征伐1年,凯旋回师。其时,曹操强令沿江一带居民北迁,致使海陵成为隙地。吴赤乌四年,吕岱奏请吴王,招抚乡民回归,重建海陵县。吴建兴元年(252年),吴主孙亮即位,时年92岁的吕岱被封为上将军、大司马。吴郡徐原为人忠直,吕岱极力推荐,至其升任侍御史。吕岱偶有过失,徐原当众指责。有人批评徐原太过分,吕岱却说:“这就是我器重徐原的缘故啊!”吕岱为政清廉,担任交州刺史时,历年薪俸不敷家用,孙权得知后,加赐钱粮布绢。吴太平元年(256年),吕岱病故,临终遗嘱丧葬从简,归葬如皋东南高阳荡(今如皋市林梓镇北)。《三国志》《中国人名大辞典》有传。

陈　矫(生卒年不详)　字季弼,如皋人。官东阳郡功曹。吴王孙权围攻东阳郡,太守陈登派陈矫向曹操求救,陈矫向曹操陈述利害:“东阳郡虽小,但地理位置重要,如果你能救援,东阳郡就成为你领地军事上的外围防御地带,你的威名就传播得更远了。”曹操很器重陈矫的辩才,想留他为自己做事。陈矫辞谢说:“我所在的东阳郡危在旦夕,所以来向你告急,纵无申胥之效,敢忘宏演之义乎?”曹操立即发兵解了东阳郡之危,并用陈矫为司空掾,后升迁为司徒,卒谥贞侯。《中国人名大辞典》有传。

胡　瑗(993—1059)　字翼之,胡家庄人,因其远祖世居陕西安定堡(甘肃泾川以北),学者称其为安定先生。祖父胡修己任泰州司寇参军,家室随迁至如皋县城南郊胡家庄。父亲胡讷任宁海军节度推官时,举家迁居如皋城严家湾。

胡瑗幼时好学上进。青年时,北去泰山栖贞观与孙复、石介同学,坚持10年不归。每见家信信封写有“平安”2字,即掷至山涧,不再展读。宋景祐元年(1034年),于苏州讲授儒家经典,得到苏州知州范仲淹赏识。次年,苏州州学建成,胡瑗被聘为首席教师,远道至苏州州学求学的学子众多,范仲淹的儿子纯祐、纯仁均出自胡瑗门下。苏州州学以学规严、学风正,成为全国各地学习的榜样。宋景祐三年,胡瑗被范仲淹推荐至北宋都城开封参与更定雅乐,后与阮逸合作研究钟律,制成定音标准乐器钟磬等。历任秘书省校书郎、延安府丹州军事推官、山东密州观察推官,因父去世南归如皋守孝3年,复至苏州州学任教。宋庆历二年(1042年),湖州知州滕宗谅奏准建成湖州州学,聘请胡瑗任湖州州学教授,远道求学者去留常有数百人。

胡瑗主张“致天下之治者在人才,成天下之才者在教化”“教化之所本者在学校”,而学校则需用“明体达用之学”教育学生。主张体、文必须落实到用字上,以“体”“用”为本。于湖州州学采取分斋教学制度,为宋代学校教育制度的创举。主张因材施教，培养专门人才。在经义斋，选择“心性疏通、有器局、可任大事”的学生，对其主要讲授《六经》经义；在治事斋（亦称治道斋），对研究治道的学生，分别讲授治兵、治民、水利、天文、历算等。规定一人各治一事，可兼摄一事，或专或兼，均因学生所专进行教学，开分科教学之先河。宋庆历四年，赵祯皇帝要求全国各州县兴学，并在中央建太学，派员到苏、湖2州考察胡瑗教授法，“以为太学法，著为令”，借以校正当时崇尚辞赋和学校过于“宽简”的学风。

宋皇祐四年（1052年），胡瑗任光禄寺丞、国子监直讲，以讲学音韵高朗，旨意清晰，深得学生敬佩。学生人数多时太学容纳不下，附近官署亦被扩充为学舍。胡瑗奉命主持太学，极重视贯彻实施礼教乐教，以身作则。要求学生洒扫、应对、进退的一举一动都要合乎礼教要求，做到以礼治教，以礼治学。同时，要求教师爱护学生视同子弟，学生敬重教师如对父兄。常指导学生食后不可立即伏案，免伤气血流通，课间开展习射、投壶等游艺活动。并亲自带领学生遨游关中各地，步行登山，观赏名山大川。还规定各斋学生可自行集会，琴瑟乐声常响彻太学户外。胡瑗主持太学期间，学者无论是攻经学、研军事、喜文学，分别群居讲习。常将学生召集起来讨论学业，或设意命题要求学生做出答案，或就时政议题要求学生试作判断，使学生“穷经以博古，治事以通今”，为朝廷培养出大批人才。后，胡瑗参与更铸太常钟磬及同议大乐，乐成，升任大理寺丞。宋嘉祐元年（1056年）农历十二月，升任太子中允，充天章阁侍讲。宋嘉祐四年正月，病不能朝，以太常博士退休东归。

欧阳修在《胡先生墓表》中写道：“先生为人师，言行而身化之，使诚明者达，昏愚者励，而顽傲者革。故其为法严而信，为道久而尊。”王安石赠诗称颂胡瑗及其教学盛况，将其与孔孟相提并论。胡瑗被尊为“三吴木铎之鼻祖，百代帝师之功臣”，一生著作颇丰，有《尚书全解》28卷、《春秋要义》30卷、《中庸义》1卷、《景祐乐府奏议》1卷、《皇祐乐府奏议》1卷、《学政条约》1卷、《武学规矩》1卷，与阮逸合著《皇祐新乐图记》3卷。另存门人辑录的《周易口义》12卷、《洪范口义》2卷等。

丁　锡（1020—1069）　字天锡，如皋人。平生慷慨严正，不轻易讲话，但语出必诚实、礼貌。孝敬母亲，闻名乡里。一次，数名强盗闯入家中，以杀其母亲相威胁，勒索钱财。丁锡用身体护卫着母亲说：“请不要伤害我的母亲，要杀就杀我吧！”此举，感动强盗，全家幸免于难。宋皇祐年间，部刺史行文郡县，强制性平价征粮，县民惊恐，推举丁锡至县衙申诉。丁锡说：“国家强盛才能保护人民的生存，大家应向国家平价出售余粮，不能计较个人得失而获罪。”大家认为丁锡言之有理，纷纷将粮食以平价卖给朝廷。丁锡死后，王观为其作墓志。《中国人名大辞典》有传。

王　观（1035—1100）　字通叟，如皋城人，北宋著名词人。宋皇祐三年（1051年）与堂弟王觌至开封，求学于胡瑗门下。宋嘉祐二年（1057年），中进士，历任山东单州团练推官、秘书省校书郎、大理寺丞。王观辞赋极富文采，与高邮秦观齐名。曾因进献《扬州赋》，获赐“绯衣银章”。后因赋《清平乐·应制》词，为宣仁太后厌恶，贬为江都知县，自号逐客。著有《维扬芍药谱》1卷、《诗文集》50卷、《天鬻子注》1卷、《冠柳集》1卷，词作《卜算子·送鲍浩然之浙东》尤为脍炙人口。《中国文学大辞典》有传。

王　觌（1036—1103）　字明叟，如皋城人，王观堂弟。宋嘉祐四年（1059年），中进士。宋熙宁初年，任润州（今镇江）推官，时值江浙大旱，王觌耻于逢迎上官，每抗权贵，为民请命免赋。后，累次升迁，曾以龙图阁学士衔知苏州，先后官刑、户2部侍郎，御史中丞。又以宝文阁直学士知成都，主持浚治城渠，百姓感恩戴德，将该渠称为“王公渠”。王觌论事憨直，为权相蔡京等所不容，数十次上疏，极论蔡确等朋邪害政，屡次遭到贬谪，直至安置临江军，无疾而终。南宋建立后，朝廷追封王觌为龙图阁学士。《宋史》有传，称其：“清修简淡，人莫见其喜愠，持正论始终，再罹谴逐不少变。”著有《内制》《奏议》

《谏疏》等。另有后人编录的《王龙图文集》50卷。

王俊乂(生卒年不详) 字尧明,如皋城人,王观、王觌堂侄。北宋末期,为宋徽宗钦点状元,宋徽宗对其人品大为赞赏:“真所谓俊异(乂)矣”“宜即超用”。王俊乂持才居节,拒不往谒权相蔡京,仅拜国子博士。后,历任吏部员外郎、右司员外郎,为王黼(“六贼”之一)所恶,以直秘阁知岳州,47岁时卒于任所,归葬如皋城内薛家池。《宋史》有传,称:“俊乂与李祈友善,首建正论于宣和间,当是时诸公卿稍知分别善恶邪正者,二人力也。”著有《易说》10卷、《王俊乂文集》10卷。

冒致中(生卒年不详) 如皋城人,为如皋冒氏始祖。官任两淮盐运司丞,分巡丰利等盐场。元至正二十三年(1363年)张士诚起事称吴王后,多次征召冒致中。冒致中辞谢不就,后被强召至苏州,被封为妥督丞相。冒致中托病力辞,因与如皋东陈隐士郭通甫为挚友,举家迁至东陈定居,闭门勤学,终身不仕。《中国人名大辞典》有传。

朱显忠(生卒年不详) 如皋人。元代末,为农民起义军首领张士诚的部将,后投降朱元璋,从征泽潞平原有功,任濠梁卫指挥佥事。后,随邓愈攻占河州、抵御吐蕃,又随傅友德攻占文州,任留守。文州被蜀将丁世珍召合番兵围攻,食尽无援。有人劝朱显忠弃城出走,朱显忠严词拒绝:“为将守城,城存与存,城亡与亡,岂有求活将军耶?”带伤力战,城破为乱兵所杀。明《开国功臣录》《中国人名大辞典》有传。

郭师古(生卒年不详) 字时用,号中宇,如皋人。幼时,家境贫困,借书阅读,过目不忘;身材高大,善骑马射箭。明嘉靖末年,倭寇侵犯如皋城,郭师古为抗倭献计献策,多有奇效。明万历五年(1577年),中进士,任户部郎中,后知广州,平定东粤战乱。父丧,告假回乡服孝。后,补官甘肃巩昌,向朝廷上书献《安边十五策》,擢升甘肃兵备副使,镇守酒泉,兼辖宁夏、平凉等州,整饬军务,壁垒一新,再升陕西布政司右参政。其时,朝廷大臣主和,郭师古遭妒,遭中伤被罢官。著有《百将传》《筹边纪略》《八阵图说》。《中国人名大辞典》有传。

朱希周(1473—1557) 原名朱璞,字懋中,号玉峰,范湖洲人。寄籍昆山,后徙吴县。明弘治九年(1496年),中状元,入翰林院任修撰,掌修国史。不久,升任侍讲,任经筵讲官,给皇帝讲论经义。后,官至南京留都吏部尚书。晚年隐居阳山,卒后被朝廷追擢为太子太保,谥号恭靖。

孙应鳌(1527—1586) 字山甫,号淮海,江安燕庄人,后迁贵州。自幼聪颖,好学上进。明嘉靖二十五年(1546年),中举人。明嘉靖三十二年,登进士,选庶吉士,改户科给事中,出为江西按察司佥事。因御寇有功,迁陕西提学副使,晋四川右参政,擢佥都御史,抚治郧阳,后为朝廷大理寺卿、户部右侍郎、国子监祭酒兼经筵讲官,后任刑部右侍郎、南京工部尚书等职。为官勤于体察民情,提倡“勤学、励政、亲贤、远奸”,曾上疏建言十事,并弹劾魏忠贤巨贪、欺君,受到皇帝重视和采纳。

孙应鳌重视教育,一生几度从事教育工作。任陕西提学副使时,曾作《谕陕西官师诸生檄文》16条,详细阐明自己的教育主张和为学之道。任国子监祭酒兼经筵讲官时,锐意改革,为国家培养有真才实学的人才。50岁辞官回贵州后,仍从事教育。卒后,被朝廷追擢为太子少保。著作有《学孔精舍诗钞》《春秋节要》《四书近语》《庄义要删》《督学文集》《归来漫兴》等数十部。

许直(?—1644) 字若鲁。如皋城人。明崇祯七年(1634年),中进士,授浙江义乌知县,后调任广东惠来县。后,升任吏部文选司主事、进考功员外郎。崇祯十七年,崇祯帝朱由检自缢于煤山。许直曰:“身可夺,志不可夺,”作《殉难遗诗》6首,亦自缢。清顺治十二年(1655年),被赐谥忠愍。《明史》《中国人名大辞典》有传。

李之椿(1600—1651) 字大生,号徂徕,如皋人。明天启二年(1622年),中进士,与王思任、倪元璐、黄道周、王铎合称“天(启)、崇(祯)五才子”。初任吏部主事,因言直被上司忌恨,卸职回乡,于冒家巷东筑指树园闲居,与友人唱和诗文,名声颇盛。明末,福王朱由崧于南京即位,起用李之椿为礼部侍郎。清

兵南下后，李之椿弃官回乡。正逢县民赵云、李七等举兵反清，李之椿被推为盟主。事败后，被清廷逮捕，后被以不交出明朝印信的罪名流放江南1年。获释后，暗中跟从鲁王朱以海在海上坚持抗清。其子李旦被鲁王任为御史，携家至常熟，往来江上，搜集、传递情报。后因家童告发，父子均被捕，押解至江宁。李之椿见到清总督郎廷佐后慷慨陈词："身为前朝大臣，国亡应死。子旦受国厚恩，死亦恨晚。"此后，默然不语，绝食7天而亡。其妻许氏被关于嘉兴玄妙观，亦绝食而亡。其子李旦被斩于西市。

许德溥(生卒年不详) 字元博，如皋城人，许直族侄。清兵攻占如皋后，强制推行剃发令，许德溥抗命不从。父亲惧祸，强迫许德溥剃发。许德溥干脆剃成头陀模样，并于两臂刺上"生为明人，死为明鬼"，于胸部刺上"不愧本朝"。后遭人告发，被处死于江宁。

王 熊(生卒年不详) 字振川，如皋城人。清初，为县衙皂隶，行侠好义。许德溥事发后，许妻当发配东北宁古塔，县衙将此差役分配给王熊。王熊敬佩许德溥的气节，又无法解救许妻。王妻刘氏慨然愿代许妻充军。王熊将许妻从县衙押出后，设计换上自己的妻子，历数千里送至宁古塔戍所后，自己亦请求留下服役，以陪伴妻子。后，邑人冒辟疆将王妻赎归，并将王熊夫妻迎养于水绘园终老。

李 渔(1611—1680) 原名仙侣，字谪凡，号天徒；中年改名李渔，号笠翁。如皋人，祖籍浙江兰溪。19岁时父亲去世，23岁从如皋返回兰溪，后参加童子试，成为"五经童子"。清兵入关后，客居杭州10年，卖诗文度日，为"西泠十子"之一。后迁金陵带领家庭戏班卖艺，兼营书肆"芥子园"，以刊书制笺和编印《芥子园画谱》闻名于世。晚年，移居杭州。

李渔一生著述颇丰，其中《闲情偶寄》中《词曲》《演习》2部，为中国最早的戏剧理论研究专著；《无声戏》《十二楼》，为清代白话短篇小说上乘之作。传奇作品有《比目鱼》《风筝误》等18部，其中《笠翁十种曲》脍炙人口。后人编有《笠翁一家言全集》16卷。《中国人名大辞典》有传。

方 钦(生卒年不详) 字席儒，如皋人。青年时期，一心攻读诗书，准备参加科举考试。后因父亲常年生病，每次给父亲服药必先亲尝，并经常读医书，由此精通医术。医治的民众越来越多，便放弃追求功名改而行医。清康熙二十五年(1686年)，县境内疫病流行，方钦医治救活万余人，对家境贫困者免费施药，对无依无靠者安排家人煎好药送给病家服用，深受民众崇敬。《江苏历代医人志》有传。

石学仙(生卒年不详) 女，名贞，如皋城人。父石为崧，清康熙进士，曾任户部主事迁员外郎。石学仙自幼聪慧好学，诗文书画俱佳，兼工琴棋。仿效董小宛的贴梅扇子，将绣花用的丝绒蘸皂角胶制成绒片，剪贴于绫缎上制成贴绒画。清乾隆年间，以贴羽杏黄帐幔朝贡皇帝，获褒奖。自此，如皋贴绒画声名鹊起，拜访师长或做官赴任者常携贴绒画为见面礼。此后，后人师承发展，制成贴绒手卷、条幅、中堂、册页、帐沿等，贴绒画遂成为如皋独有美术工艺品，流传200余年。

石学仙著作有《冰莲绣阁诗抄》《竹净轩诗话》。袁枚曾将其事迹载入《随园诗话补遗》。

冒 襄(1611—1693) 字辟疆，号巢民，如皋城人。祖父冒梦龄先后任江西会昌和四川丰都知县，迁云南宁州知州时"拂袖归"。幼时，跟随祖父于任所识字、读书、学诗文，游览山川名胜。10岁能诗，14岁即刊印个人诗集《香俪园偶存》。书画家董其昌为诗集作序，赞冒襄堪与王勃相比。冒襄16岁赴扬州郡试，中秀才。此后，每3年赴金陵(今南京市)应乡试，连考6次，2中副榜。明崇祯九年(1636年)，于金陵与张明弼等结盟，参加"复社"，评论朝廷政治，与方以智、陈贞慧、侯方域并称明末"四公子"。明崇祯十二年，参与签署复社领导人起草的《留都防乱公揭》，揭露阮大铖罪恶。明崇祯十五年，与复社好友游秦淮，于桃叶渡置酒宴请被阉党戕害致死的东林党人遗孤30余人。席间，戏班演唱阮大铖所作《燕子笺》，冒襄等人使酒骂座："若珰儿媪子，乃欲以词家自赎乎？"阮

大铖恨之入骨。是年,右佥都御史、安徽巡抚史可法赏识冒襄年轻有才,荐为监军,冒谢辞不就。明崇祯十七年(清顺治元年,1644年)年初,冒襄被捕入狱。6月,清兵破金陵,冒襄获释返回故里。其时,如皋陈君悦结立中营抗清,冒襄一家雇船逃往浙江盐官。8月,李自成部将高杰降明,带兵进逼如皋,冒襄逃往金陵。阮大铖派人劝冒襄投身阮大铖门下,保荐冒襄进翰林院任职,冒襄严词拒绝。清顺治二年,冒襄返回如皋,隐居于水绘园。此后,清朝廷征召"山林隐逸",并开设"博学鸿词"科,收买亡明遗老,冒襄始终未肯应试、应召。

冒襄归隐水绘园后,文人名士纷至沓来。冒襄先后参与交会300余人,收养抗清志士遗孤20余人,施粥、救济县内灾民达9个月之久。晚年,家境窘困,患腿疾,耳朵失聪,仍于灯下书写蝇头小楷,卖字维持生计。著有《先世前徽录》《朴巢诗文集》《水绘园诗文集》《影梅庵忆语》《寒碧孤吟》等,辑有《六十年师友诗文同人集》等12卷。《清史稿》《中国人名大辞典》有传。

钱 藻(1530—1599) 字自文,如皋城人,吴越国钱镠王20世裔孙。其家赤贫,苦读成才,胆识过人,谋略出众,史称其"为八面受敌之才,有万人不夺之勇"。明嘉靖二十九年(1550年),倭寇从运盐河乘船攻如皋,城内一片惊慌。钱藻建议闭塞刚建1年的东水关,被知县陈雍采纳。明嘉靖三十八年,中进士,授南京礼部主事,历任员外郎、郎中,广东左参议、副使、右参政,福建按察使等。任职期间,奖励农耕,鼓励经贸,裁汰冗卒,节减冗费;"好奖饬士类,慷慨脱人之难",常用银子换成黍米放到学塾,使贫士按月收到粮食数斗。一生遵循"情不市民,伉不阿贵, 殁为明神, 生为循吏"的为人和做官之道。"去官之日,老幼扶携攀哭,襁属不绝"。 是年,卒于顺天任所, 奉旨御葬于如皋城东汤家湾。清乾隆十六年(1751年),弘历帝谕祭钱镠王时,为钱藻御书"正大光明"匾额。《明史》称钱藻为"清白吏"。

许嗣隆(生卒年不详) 字山涛,号文穆,如皋人。9岁时通晓五经,得到学使赞赏,补博士弟子员。清康熙二十一年(1682年),中进士,选庶吉士。清康熙二十三年,献《南巡赋》,升检讨、充廷试读卷官、编辑内廷文选等书,获赐币帛。清康熙三十年,母丧,停官居丧3年后补原职,典试云南,升任左春坊左中允兼翰林院编修、侍讲,后因病辞官回归故里。离京时,两袖清风,仅有图书数车。著有《孟晋堂集》《金台集》《使滇记略》等。《中国人名大辞典》有传。

陈 嵩(生卒年不详) 字肖生,如皋人。善点染花卉画,一日可作数十帧,尤以画梅出色。仿北宋时期画法,纯以焦墨钩骨赋色,意趣浓厚。蒋宝龄《墨林今话》中称陈嵩画技可与王冕相比。"扬州八怪"之一罗聘,到如皋看到陈嵩画作,赞叹不已,邀其同行作画,并游京城和齐鲁各地。陈嵩曾于京城任国子典籍。

许 容(1635—1969) 字实夫,号默公,如皋城人,许直侄。善画山水及着色芭蕉,篆刻功夫浑厚,刀法老练颇有新意。白文印多用汉印法,韵味极佳。或师明人,布局故作松散,自成风格。在京时,为达官作画、刻印,积银1000余两,皆散发给贫苦百姓。曾官至福州检校,后被弹劾罢官归乡。康熙十九年(1680年),为胡介祉刻《谷园印谱》4卷。著有《篆海》120卷、《韫光楼印谱》《许实夫谱》《篆海破难草》《石鼓文钞》等。

黄 经(生卒年不详) 字维之,又字济叔,别号山松,如皋人。画山水师法大痴,苍古淡远,布墨轻清而气厚。工诗词书法兼工镌印,"金石之气外耀,书卷之气内涵",印章入神品。曾因同姓名被误捕入狱,声名益震,一天可收入千金,但旋得旋散。周亮工《印人传》中推黄经为第一,黄楚桥《东皋印人传》中列黄经为卷首。《中国人名大辞典》有传。

姜任修(生卒年不详) 初名耕,字自芸,号退耕,白蒲人。清康熙五十九年(1720年),中举人。次年,中进士,被授翰林院庶吉士,后被改授直隶清苑知县。办事果断,清正廉明。因执法公正,得罪大吏,被诬劾罢职,任期仅5个月。回归故里后,筑"三以园",从事学术研究。著有《楚辞绎》10卷、《汉魏六朝诗绎》40卷、《白雪青莲诗绎》2卷、《唐五七律绎》8卷、《读诗小笺》5卷、《白蒲子诗抄》等。

溥 畹(1661—1728) 俗姓顾,字兰谷,如皋人。少年时,至如皋城北万寿律院出家。后,拜高僧为师，潜心佛学，得康熙皇帝赏识。清康熙三十七年（1698年），受到康熙皇帝召见，并受命于京师讲注经书，后辗转回如皋。著有《易说》20卷。

乔　林（1731—?）　字翰园，号西墅，晚号墨庄，如皋人。太学生。工吟诗，善篆隶，山水画不拘成法，镌刻晶、玉、磁、牙、铜、铁、石图章各尽其妙，手制竹根印入贡宫廷。为东皋印派代表人物，著有《篆隶汇编》《金石萃言》《墨庄印谱》《寒碧轩诗抄》8卷。《中国人名大辞典》有传。

史鸣皋（生卒年不详）　字荀鹤，号笠亭，如皋人。幼年聪慧，读书一目数行。少年中秀才，并获官府资助，大江南北知名士人都乐与之交游。清乾隆六年（1741年）膺选拔，清乾隆九年登贤书，清乾隆十六年中进士。清乾隆十七年，任浙江昌化（今临安市）知县，时值饥民借粮生事，前任知县以盗论罪。史鸣皋同情饥民，从轻拟结，人称慈惠。后调任象山知县，修复高平、贤昌2处石碶，居民得其水利。升任湖北黄州府同知，父丧告假回乡服孝。复职后，调任广西梧州府同知、柳州府知府。后因母亲年迈，辞官回乡侍奉老母。善绘花草竹木，与姜恭寿齐名。《中国人名大辞典》有传。

黄　振（1724—1773）　字舒安，号瘦石，又号柴湾村农，柴湾人，汪之珩妻弟。少年时勤学苦读，博览群书，对四书五经、场屋制艺漫不经心，但对诸子百家、史、诗、古文词等爱不释手，"博综群籍，挥洒千言""诗学渊博，不名一家"。赴京应试，不第。回乡筑斜阳馆隐居，馆仿冒辟疆水绘园。与刘名芳、江片石、黄慎、郑燮交往甚密。清乾隆三十五年（1770年），创作昆剧《石榴记》4卷，于次年完稿。另著有《斜阳馆日记》2卷、《黄瘦石稿》10卷。汪之珩编辑《东皋诗存》未完病逝，黄振为之续成。

戴联奎（1751—1822）　字紫垣，如皋城人。20岁时至京师读书。清乾隆三十九年（1774年），中顺天府解元。次年，殿试取进士，官授翰林院庶吉士，3年后升为编修。宰相和珅聘戴联奎为其子之师，戴联奎坚辞不就。清嘉庆元年（1796年），戴联奎升任内阁学士，历任礼、兵、工、户部侍郎。清嘉庆二十一年，升左都御史，次年任礼部尚书，并代理过吏部尚书。

清嘉庆二十五年，改任兵部尚书。是年，嘉庆帝谒东陵，兵部失落行印，戴联奎为此降职为太常寺卿。清道光元年（1821年），复任兵部尚书，因病未能赴任。戴联奎曾先后典试云南、江西，督学安徽、浙江，任经筵讲官、会试大总裁。门生大多担任显官要职，但平生以诸葛武侯为师，清节自励。有人说戴联奎故作姿态，他坦言："为官者改变节操，多因生活骄奢所致。"《清史稿》有传。

吴　篪（约1758—1834）　字简庵，号渭泉，白蒲人。年轻时，饱览群书，有经世济民、治理国家之抱负，并投师学医，于苏州一带行医，深有名望。清嘉庆五年（1800年），任江西试用县丞，后任安徽东流县令、太和县令。清道光元年（1821年），任福建粮道，后任安徽凤庐道、两淮盐运使和山东盐运使，于山东盐运使任上回乡。为官"以实心行实政"，为人"慈以抚民，廉以待己，直而不倨，察而不苛"，所言"平易近人，不为惊奇可喜之论，虽农夫竖牧，皆乐道而心能其义"（胡敬《皖江从政录序略》）。

吴篪于安徽太和县任职时，编辑《明太和吴令世济御寇始末》2卷。回乡后，著《临症医案笔记》6卷。出资重修法宝寺，施田数百亩。于镇北郊设立义冢，男女分葬。

沈　岐（1773—1862）　字鸣周，号饴原，白蒲人。10岁能文，16岁中秀才，清嘉庆五年（1800年）中举人，清嘉庆十三年中进士。于朝廷供职34年，历任吏、兵、礼部侍郎，都察院左都御史。因曾为嘉庆太子旻宁进讲，被称为帝师。清道光二十年（1840年），乞假养亲，回归故里。地方大吏仰慕沈岐德高望重，聘其主持扬州梅花、安定诸书院，与著名学者阮元、文学家梁章钜居于扬州南河下，并称"南河三老"。

清道光二十六年，沈岐被加恩特授荣禄大夫。清咸丰元年（1851年），诰授光禄大夫。清同治元年（1862年），病逝。同治帝特颁旨赐谥"文清"，并予以御葬，墓址位于白蒲镇东1公里处。

沈岐曾为《白蒲镇志》作序，其主要著作有《左右修竹居试帖》4卷、《左右修竹居诗集》14卷、《味蔗存草》12卷等。

姚鹏春(生卒年不详) 字古凤,白蒲人。清嘉庆九年(1804年),友人左树棠路过白蒲,言及“蒲名镇也,不可无志”,建议姚鹏春编修一部白蒲地方志。后,姚鹏春因“方攻制举,不暇旁及”“继遭二亲丧”“又连撄剧疾几危”,延误镇志编修。清道光十七年(1837年),着手《白蒲镇志》编纂。清道光二十一年,《白蒲镇志》纂成。著有《十三经管见》30卷、《金石跋尾》20卷、《古逸诗汇》等。

沈 锽(1816—1878) 字骏声,号笠湖,白蒲人。自幼聪颖,博览群书。清道光二十四年(1844年),中举人,3年后中进士。清道光三十年,任户部河南司主事。清咸丰八年(1858年),调任山东兖州运河同知,后为候补济宁知府。其时,北方捻军纷纷响应太平天国起义,形成一股强大的反清势力,沈锽被调至僧格林沁官邸任幕僚,后因不满高官专横跋扈而愤然辞职回归故里。回白蒲后,应聘于通州(今南通市)紫琅、马洲、丽正诸书院任教。清同治六年(1867年),应知州梁悦馨邀请,参加重新编修《通州志》,任主纂。清光绪元年(1875年),《通州志》修成。

沈锽一生著有《文集》2卷、《骈体文》4卷、《律赋》2卷、《选定诸生课艺》2卷等。学生出版其生前删定的《蜗案庐诗集》6卷、《蜗案庐诗余》2卷。

黄楚桥(生卒年不详) 原名学屺,字孺子,号楚桥,柴湾人。清乾隆年间出生,清道光年间去世。诗词歌赋、书法篆刻方面均有成就,并致力于通如印学研究,继承、发展东皋印派风格,编有《东皋印人传》2卷,传世著作有《历朝史印》《楚桥印谱》。

顾金寿(生卒年不详) 字晓澜、广文,如皋人。少年时博览各类技艺书籍,尤好医书。40岁时终试明经未果,绝意功名,专攻医术,钻研中医经典。每遇宿学名师,虚怀请教,辨证脉理,10余年孜孜不倦。诊治病人或有疑难,刻意精思,废寝忘食,药石对症,沉疴顿愈。游医至皖江时,书吏金某之子疮后瘫痪3年,奄奄一息,延请其治疗。顾金寿用药3剂,病人扶杖而起,调理半月后恢复如常,被称为神医。后,游医吴门10多年。著作有《吴门治验录》4卷。《江苏历代医人志》有传。

薛宝田(1815—1885) 字心农,丁堰人。清道光年间,任上元县教谕,46岁时改任鹾尹。其间,常以家传医术拯救危重病人,被上司委派主管浙江官医局,求治者络绎不绝,名传浙中。清光绪六年(1880年)农历七月,慈禧太后身患重疾,下旨征招天下名医,浙江布政使德馨认为薛宝田“吏而文、医而儒”,极力举荐。八月,薛宝田北上,经内务府大臣会同太医院堂官面试合格,进入长春宫,历时44天,为慈禧切脉15次,开处方20余帖,慈禧渐愈。十一月,薛宝田由京回省,途经天津,被李鸿章遣使挽留,他以年老多病辞谢。著作有《症治管窥》《北行日记》和手批《医药心悟》。

陈克宏(1891—1914) 如皋城人。年轻时,喜读进步书刊,因身材魁梧、善骑射,被如皋师范学堂聘为体育教习。清宣统末年(1911年)武昌起义后,如皋县成立军政分府,招募新兵,委任陈克宏为民团团长。民国2年(1913年),孙中山派黄兴至南京组织力量讨伐袁世凯,陈克宏于如皋联络同志策应。讨袁失败后,陈克宏外出躲避,待机继续开展革命活动,辗转至南通组织兵变未成,即至如皋城内关帝庙前刺死北洋军阀驻军1名军官,不幸头部负伤被捕。遭严刑拷打,坚贞不屈。民国3年农历六月二十九,被押至刑场,全身被埋于土中,仅露出头颅,然后被刽子手用耕犁犁去头颅。民国10年,被国民政府追认为烈士,并于南通建墓立碑。

沙元炳(1864—1927) 字健庵,晚年别号砀髯,如皋城人。自幼好学,手不释卷。清光绪七年(1881年)应院试录附生,清光绪十七年应乡试中举,清光绪十八年赴京会试取贡生,清光绪二十年应恩科殿试中进士。清光绪二十四年,被授翰林院编修。时逢维新运动失败,国事日非,沙元炳感慨万端,请假回归故里,致力于兴办地方实业和教育事业。

清光绪二十八年年初,沙元炳主持筹划创办如皋公立(县立)师范学堂,出任创办总理。四处奔波,延聘教师,筹措经费,勘察校址,规划校舍,事必躬亲。9月,学堂开学授课,沙元炳改任监督。沙元炳举贤任能,不论亲疏,南至福建,北达直隶,广纳有识之士到如皋执教。国内缺乏理化、教育学、外国史地教员,沙元炳委派张藩赴日本考察,聘请日籍教师,并选派教师任为霖、姜渭璜及学生邹士冕等赴日本留学,学成回校任教。沙元炳提出“中西结合、讲求实益"的原则,要求教员自编或增删时行教材。对数学、物理、化学、博物、外国史地、教育学、体育等新学范畴的课程,安排课时占总课时一半以上,讲经、读经等课程则改为选修科。依照日本教育体系,在师范学堂内设附属两等小学和测绘专科学校,续办如皋县乙种商业学校。

沙元炳追随南通张謇创办实业,投资大生纱厂、广生榨油公司、复新面粉厂、资生冶厂、大达轮步公司、通扬内河轮船公司、通海垦牧公司,并出任广生榨油公司经理。于如皋先后倡导和集资创办皋明电灯公司、广丰腌腊制腿公司、广生德中药号、鼎丰碾坊、裕如钱庄、大豫盐垦公司。清光绪三十年,被推为如皋县商会会长。清宣统三年(1911年)10月,辛亥革命爆发,沙元炳从大生驻沪事务所暂借3万银圆购买枪支弹药装备革命军。11月,如皋光复,沙元炳出任县民政分府民政长。民国2年(1913年),被选为江苏省议会议长。不久,军阀袁世凯篡权,沙元炳以病辞职。沙元炳在《与潘丹仲、张策请辞江苏省议长书》中写道:"天下之患,莫大于任事者仅居其名而无事事之实。吾见今日之膺显职者,其不甚审度,率然而就之,稍有艰阻则谢病而去耳。号为维新者数年,曾无毫毛加于昔,此辈阶之厉也。"民国3年,出任县水利会会长及附设测绘局局长。次年,主持编修《如皋县志》,测绘如皋县境图。后,主持创办如皋公立医院,出任县中医医学公会名誉会长、如皋医学研究社社长。晚年专心研究佛经,笃信佛教。遗著由门人项子清、姚泽人编辑《志颐堂诗文集》6集18卷。

姜焕亭(1854—1928) 名耀,白蒲人。自幼勤学,20岁时为生计所迫,师从如皋城北门名医胡焕章习医,数年后尽得其秘,于痘科、儿科造诣尤深。辞别师门后,悬壶济世,声名鹊起。后,应如皋育婴堂之聘,任驻堂医师,40余年如一日,救治婴儿难以数计。民国10年(1921年),北洋政府内务部颁布《管理医士规则》后,姜焕亭发起成立如皋医学公会,被公推为评议长。民国12年,《如皋医学报》社成立,姜焕亭任撰述。民国16年秋,医学会改选,姜焕亭辞去评议长一职。姜焕亭为人耿介,心口如一,乐善慈爱,对贫困者视情免收或少收诊金,对特殊困难者施药不取分文。民国17年夏,积劳成疾,仍勉力赴育婴堂应诊。

顾仲起(1903—1929) 名自谨,字仲起,白蒲顾家埭人。五四运动期间,就读于通州师范学堂,受革命浪潮和科学民主思想影响,开始以反帝、反封建为主题,创作进步白话诗文,先后在郑振铎主编的《小说月报》连续发表《深夜的烦闷》《最后的一封信》《归来》《风波的一片》《碧海青天》等作品,引起文学界重视。民国14年(1925年),至广东黄埔军官学校学习,不久加入中国共产党。是年,参加东征,任班长。民国15年,参加北伐战争,任国民革命军第四军连长,并在军政治部从事过宣传工作。北伐军挺进武汉后,与茅盾、孙伏园、郭绍虞等著名作家组织进步文学团体"上游社",与茅盾交往密切,茅盾著名小说《蚀》第一部《幻灭》中强连长的生活原型,即为顾仲起。

民国16年"七一五"反革命政变后,顾仲起东下至上海。民国17年初,参加蒋光慈、钱杏邨等人组织的"太阳社",宣传和创作进步文学,后被中共党组织派遣至南通任中共南通特委军事委员。5月,在如泰五一农民暴动中,担任如皋县农民暴动总指挥。起义失利后,遭国民政府通缉,只身转移上海,后流亡天津农村无法生存,再回上海从事文学创作,著有短篇小说集《生活的血迹》《笑与死》《爱的病狂者》及中篇小说《残骸》《坟的自供状》《葬》,诗集《红光》等。民国18年春,因女友被国民政府杀害,极度悲痛,自沉黄浦江。

石紫绶(?—1930) 生于清同治年间,如皋城人。自幼学画,善画人物花鸟,后改扎风筝、绢灯和珍珠花。所扎风筝品种繁多,有禽、虫、鱼、人物等,栩栩如生,其中"扣嘴老鹰"放飞高空几可乱真。所制绢灯有花鸟、草虫、鱼蟹、人物等,极其生动。作品先后于江宁举办的南洋劝业会和江苏省物品展览会上展出获奖。风筝、绢灯除本地销售外,被贩至上海、扬州等地,供不应求。晚年将制作风筝、绢灯和珍珠花手艺传于其子。

吴　璜(1873—1931) 字绍穆、少穆,号亦渔、一渔,潮桥(今属如东县)人。出身清贫之家,在叔祖父和岳父资助下,始成学业。清光绪二十九年(1903年),应乡试中举。不久,受聘如皋县立师范学校任教,后任南京东南大学附中国文教师。其间,参与《如皋县志》《金

沙志》编修。20世纪20年代初期,长子吴亚鲁、次子吴亚苏积极从事革命活动,吴璜书写对联“不求富贵,少些地暂行立足;只有拼命,多数人才能抬头”勉励。因此受到国民政府当局胁迫,辞职归里。民国15年(1926年),出任国民政府如皋县马塘区行政局长。民国18年6月,次子吴亚苏不幸被捕,友人劝吴璜设法营救爱子,他说:“当局和亚苏形同水火,瓦全非我父子夙愿,看来只有玉碎一途了。”其友赞叹:“穷举人有傲骨,佼佼者绍穆也!”2个月后,吴亚苏被害,吴璜作画《梅石图》,题写诗句“顽石当头压,还有仰面花”纪念爱子。民国20年4月,因忧愤过度病故。弥留之际,口吟“眼前时局已如此,浩劫茫茫何处家?不把头颅轻一掷,惟将血泪染梅花!”

沈卓吾(1888—1931) 字卓吾,磨头人。幼孤家贫,因学习刻苦、成绩优异,被选送江南高等工业学堂深造。毕业后,留校任技师,因与同学谈论革命,被清廷通缉,被迫东渡日本。于日本横滨拜见孙中山先生,加入同盟会。归国后,为革命党人焦达峰等输送枪械至湖南。民国2年(1913年),于如皋创建花边线网公司。民国5年,于上海主办《工商日报》。民国8年五四运动中,积极参与上海商、学、工、报界大罢工,坚决要求惩办卖国贼曹汝霖等。民国9年,直、鲁、豫、陕、甘5省大旱,沈卓吾向南洋华侨募集巨款,亲往灾区施赈。民国10年,奉令于上海创办《中国晚报》,后历任孙中山广州大本营参军、上海电报局局长、武汉国民政府交通部电政司司长、财政部印花税处处长兼江苏印花税局局长、铁道部参事等职。民国18年,孙中山于南京奉安,沈卓吾任奉安委员会办公处秘书,主持编纂《总理奉安实录》。其间,捐助如皋孤幼学堂、育婴堂、游民教养所等。民国20年秋,江北大水,哀鸿遍野,沈卓吾力主以工代赈,修复堤堰。12月,携资乘大德轮船赴灾区查勘,船于常熟七望沙毁于火,沈卓吾落水殒身。民国21年4月,孙科、郑洪年、叶恭绰、吴铁城等国民政府要人、社会名流于上海公共租界玉佛寺举行沈卓吾追悼会。沈卓吾遗体归葬于如皋城东仙鹤乡。

姜渭璜(1870—1937) 字佐周,如皋人。16岁应试中秀才,对医学、数学有研究,设家馆授徒,桃李盈门。清光绪二十九年(1903年)春,公费赴日本留学,就学于日本弘文学院[清代为避乾隆皇帝(弘历)讳改为“宏文”]师范科教育系,后结识孙中山,参加同盟会。学成回国后,任教于如皋初级师范学堂,协助创办简易速成师范班,任教教育学、音乐、笔算等新课程。后,先后创办兴仁小学、道南小学,接办安定小学。民国19年(1930年),与地方热心教育人士共同创办私立敬业初级商业中学。曾任如皋“宏文社”书店经理,负责供应全县中小学教科书和教学用品。

常 惺(1896—1939) 俗姓朱,名有祥、优祥,法名寂祥,号雉水沙门,柴湾人。8岁出家,入如皋城南门福成寺(地藏庙)。清宣统元年(1909年),考入如皋师范学堂。民国3年(1914年),就读于上海华严大学,专攻华严五教。民国5年毕业后,受戒于宝华山,后至常州天宁寺参禅。次年,至宁波观宗学社攻读天台、唯识教义。民国8年,被常熟法界学院聘为教务长。民国11年,任安徽佛教学校校长。民国14年夏,任闽南佛学院专修科主任。民国19年,赴北平暑假讲经会讲经,并于北平主办柏林教理研究院,任教务主任。同时,兼任世界佛学苑常备委员、北京万寿寺住持及锡南留学团团长,并应邀至北平各大学讲学。民国22年,任厦门南普陀寺住持和闽南佛学院院长。民国25年,任中国佛教会秘书长。主编《佛学评论》,有《常惺法师集》行世。

何克谦(1904—1940) 字地三,吴窑沈王庄人。民国14年至民国18年(1925—1929年),多次在国民政府军事训练班受训。民国19年始,历任国民政府如皋县岔河、卢港保卫团团副,国民政府如皋县、海门县、南通县保安大队副大队长。民国27年3月17日,南通城沦陷,率部至如皋县。所部被编为国民政府江苏省第四行政区常备团第一大队后,任副团长兼第一大队大队长。常备团第一大队被改编为常备一团后,任团长。夏,任常备一团改编的江苏省保安第四旅(俗称“何四旅”)

旅长。一度，其部与日本侵略军进行过一些战斗。民国28年7月，升任国民政府江苏省保安第四路指挥官和鲁苏皖边区游击总指挥部第二分区指挥官，为国民党顽固派韩德勤嫡系。此后，率部驻黄桥至如皋城一带，在控制区实行苛政、重赋，欺压百姓，打着抗日旗号暗地与日伪军妥协甚至勾结，干扰、破坏抗日活动，并以队伍中有中共党员的名义将季恺、薛汉扬领导的如皋人民抗日自卫第二大队强行缴械。民国29年7月25日，新四军东进黄桥抗日，何克谦不听劝阻，率部2000余人拦截，被新四军击溃。是年冬，因国民政府军内部倾轧，被韩德勤处死。

许树枌（1861—1941） 字晴荃，号白也，晚号画隐老人，柴湾人。工文史，善诗书画。清光绪十一年（1885年）中秀才，清光绪二十年补廪生，后赴江苏学政黄漱兰于江阴所建南菁书院攻读。清光绪二十八年始，被聘为如皋公立师范学堂学监兼授国文、历史、图画等课，历时8年之久。后任如皋安定小学教员、校长数年，治校严谨，颇乎时望。民国3年（1914年），于如城马家巷创办平民工厂，任厂长10年。民国10年，任（白）蒲（立）发公路主任董事，历3年完工。民国13年，被江苏省省长韩国钧聘为顾问，后因病归故里柴湾画隐园，以诗文书画自娱。其间，与齐白石书信交往甚密，与张大千、吕凤子、韩国钧、冒鹤亭等互有唱和。民国27年柴湾沦陷，许树枌举家避居东乡双池，因心情忧郁而逝。《中国名人大辞典》有传。著有《读五千年未见书丛谈》《历史讲义》《画隐园文赋诗词抄》《养蜂答问》《怡情小识》《浙游日记》《课孙迩言》《劫余吟》等。

绍　三（1892—1945） 俗姓张，名宽宝，别号煨芋头陀，潮桥（今属如东县）人。清光绪三十一年（1905年），至如皋定慧寺主修佛学。清宣统三年（1911年），于句容宝华山隆昌寺受具足戒，并留山学习。民国3年（1914年），入镇江焦山寺传习所进修。民国13年，于定慧寺创办佛学院。民国16年，创办定慧小学，并任校长。民国17年农历四月初八，以天台宗42代法裔之名升任苏州圆通寺座主。农历七月十三，于如皋定慧寺作盂兰盆会，宣讲《地藏本愿经》连续70余天。民国20年年初至民国22年秋，3次至如皋定慧寺讲经。

何景平（1878—1950） 名镇寅，字景平，车马湖朱楼村人。清光绪三十一年（1905年），于通州师范学堂毕业。率先剪辫，以表示拥护孙中山先生的政治主张。辛亥革命后，任如皋师范学堂附属小学堂主事。曾应中华书局之征，率教员姚止静、周晋轩等编写《初等小学用·新式教科书·国文》，印行全国。民国2年（1913年），出任如皋师范学校校长。民国4年，首倡复式教学法。民国8年五四运动后，先后任县劝学所视学和县教育局督学、首席局员等职。民国29年新四军东进黄桥后，与韩国钧、朱履先等联名电促国民政府重庆当局停止内战、一致抗日，并应陈毅邀请，赴东台县海安镇参加临时参政会，共商抗战大计，被誉为“苏中君子”。民国31年后，任如西县参政会参议员，主持如西中学。民国33年，以年高德劭，被苏皖边区人民政府誉为“苏中八老”之一。民国35年，出任苏皖边区第一行政区临时参政会常务委员。是年秋，遭国民政府当局通缉，避居上海。民国38年苏北解放后，回如皋就任如皋中学校长。1950年9月，于扬州参加苏北各界人民代表会议。会议期间，因病返如，医治无效逝世。

范　成（1884—1958） 俗姓季，如皋城南郊人。7岁出家于如皋崇善庵，21岁时于镇江焦山定慧寺受具足戒，后就读于南京僧侣师范。清宣统二年（1910年），南京僧侣师范肄业，至如皋掘港西方寺任第十代住持。民国18年（1929年），变卖部分寺田，创建皋东私立僧伽图书馆，馆藏各种书籍16万余册。民国20年，被推为“影印宋碛砂藏经会”常务理事。是年始，周游寻经，于山西广胜寺寻得最完整的大藏经5497卷。为中国佛教协会第一届、第二届理事。

胡能德（1873—1958） 道号信义，戒名道贞，北乡（今属海安县）人。幼年出家灵威观，后为灵威观住持、乾元宫第二十五代传人。民国初年，支持开办孤幼儿童手工传习所，典当自己的衣服为施粥加米添柴。民国24年(1935年)，组织募化，监修灵威观正殿仁威殿。20世纪30年代，支持进步文艺团体春泥社活动。民国34年新四军收复如皋城后，腾出庙房给苏中三分区军政干校开办干部培训班及军民合作站。

冒广生(1873—1959) 字鹤亭，号疚斋，如皋城人。出生于广东潮州，在经史、目录、校勘、诗文等方面造诣颇深。清光绪二十年(1894年)，中举人。清光绪二十四年，应试经济特科，因策论中引用卢梭《民约论》而落第。清末，任农工商部郎中，四品京堂。民国初，任浙江温州海关监督等职，后应邀赴广东编修志书。抗日战争爆发前，任中山大学教授，后蛰居上海。中华人民共和国成立后，于上海市文史馆任职。1957年，先后2次受到毛泽东主席接见。著有《冒巢民先生年谱》《如皋冒氏丛书》《蒙古流传年表》《吐蕃世系表》《小三吾亭诗》《小三吾亭词》(前后集)等。《小三吾亭词》被收入唐圭璋《词话丛编》，美国《汉学目录》、日本《中国文化界人物总鉴》收有冒广生诗文。

祝荫中(1887—1960) 名光樾，字荫中，如皋城人。如皋县立师范学校毕业。民国初，为江苏省籍国会议员。民国12年(1923年)，曹锟逼走总统黎元洪，以5000银元1票的价格贿买国会议员投票选其当总统。祝荫中拒不收贿，避居上海法租界。祝荫中返乡，任如皋商会会长。民国16年春，五省联军过境骚扰，地方人士推举祝荫中与联军周旋，使地方得保安宁，祝荫中被国民政府授予一级嘉禾勋章。民国27年如皋沦陷后，日本侵略军头目利诱胁迫祝荫中出任伪如皋维持会会长，祝荫中保持民族气节，蓄须装老，举家避居乡村，后只身隐居沪滨。民国34年至民国35年，任如皋商会理事长。民国36年至1949年，因病寓居上海。1950年返回如皋。

陈一清(1906—1961) 原名其理，又名乐夫、易简，如皋人。民国15年(1926年)8月，于江苏省第二代用师范读书时出席共产主义青年团第三次全国代表大会。是年底，加入中国共产党，任中共二代师支部书记。次年，任中共如皋县委委员。民国17年，参加如泰五一农民暴动，暴动失败后被捕，被审讯拷问时坚不吐实，以无证据获释。获释后，化名陈乐夫，继续从事革命工作。民国20年，于宝应城开办运河书店，从事地下联络工作。后，书店被国民政府当局查封，陈乐夫被捕。通过斗争，陈乐夫仍以无证据获释。此后，改名一清，从事图书刊印发行工作。抗日战争期间，组织出版俞铭璜《新人生观》等重要书刊。

民国38年4月，调任苏北新华书店总店(后改为苏北分店)副经理、经理。1953年1月，江苏省新华书店成立，陈一清任经理。1954年，调任人民出版社办公室主任。

沙元榘(1880—1962) 字士度，号佑常，如皋城人。清光绪二十七年(1901年)，中秀才，补廪生。清光绪二十九年，考入通州师范学堂。受孙中山民主革命思想影响，确立人生理念：立办学救国、育才兴邦之志，达民族复兴、国家富强之的。毕业后，回如皋县从事教育行政工作。清光绪三十三年始，先后任县劝学所视学兼总董、劝学所所长兼视学、县民政署学务课课长兼如皋师范学校代校长、县公署第三科科长、县教育局长、县救济院院长。至民国15年(1935年)，在沙元炳奠定的新教育基础上，会同全县教育先贤和办学同仁，同心协力，发展普通教育(特别是乡镇教育、女子教育)、职业教育、蒙养教育、社会教育、孤幼教育、盲哑教育，全县学校发展至321所，其中社会教育学校47所，“办学成绩，迭经省道视学奖美，复由省长公布，六十县以为楷模”[如皋县县长刘焕《如皋县教育状况》(第二编)《序》]。其间，于县城创办公园、公共体育场，先后倡导创办《如皋白话报》《如皋通俗报》《如皋周报》，并主持兴办女红传习所。

抗日战争初期，沙元榘避居如皋东乡，改名寒松，不满国民政府当局对日妥协政策。民国29年新四军东进抗日至如皋后，积极拥护中国共产党抗日主张，秘密进行抗日宣传活动。民国31年，出任如皋县抗日民主政权参政员，相继支持5个子女参加革命工作。民国34年，出任苏皖边区一分区临时参议会参议员，并任如皋县参政员、县救济委员会委员、县各界人民代表会议代表、县惩奸委员会委员，积极检举揭发汉奸晏子善、孟宪平罪行，并参加审判工作。

民国35年3月，在“白蒲事件”调处过程中，沙元榘被推为如皋人民呼吁和平首席代表，以70岁高龄赴国民政府军占领区南通，向北平军事调停执行部淮阴执行小组揭露国民政府军挑起内战的罪行。夏，国民政府军队重占如皋城后，沙元榘辗转至上海隐居。中华人民共和国成立后，沙元榘任如皋县各界人民代表会议特邀民主人士代表，先后被江苏省、上海市聘为文史馆馆员。著有《寒松诗集》。

董同龢（1911—1963） 如皋人。出生于云南昆明外祖父家，四五岁时随父母回到家乡如皋。后，父亲至北京故宫博物院任职，全家北迁。民国21年（1932年），考入清华大学国文系，师从赵元任、王力学习音韵学。民国25年，考入中央研究院历史语言研究所语言组。民国26年大学毕业后，于中央研究院历史语言研究所任职。民国32年，升任副研究员。民国35年，获中央研究院“杨铨奖金”。民国38年，随历史语言研究所迁台湾，任台湾大学教授。1959年，赴美国华盛顿大学任客座教授1年。毕生致力于语言学、中国音韵学和汉语方言研究，主要著作有《语言学大纲》《汉语音韵学》《上古音韵表稿》《华阳凉水井客家方言记音》《广韵重组试译》《等韵门法通释》《中国语言史》《厦门方言的音韵》《四个南国方言》等，另译有高本汉《诗经注释》，主要论文收于《董同龢先生语言学论文选集》。1999年版《辞海》载：董同龢，江苏如皋人，国际知名中国语言学家。

黄七五（1882—1964） 名家瑞，字七五，如皋城人。清光绪三十年（1904年），赴日本留学，后经孙中山介绍加入同盟会。归国后，先后执教于南京师范学堂、如皋师范学堂。清末，中秀才。辛亥革命后，奔走于如皋、南通、上海等地，积极筹集枪械粮饷，招募新军，协助组织如皋军政分府。抗日战争期间，避居乡间，拒绝出任伪如皋维持会长。民国29年（1940年）新四军东进至如皋后，与共产党人交往甚密，赞助抗日。抗战胜利后，出任如皋县救济院院长。民国35年国民政府军占领如皋后，随新四军华中野战军主力北撤，辗转鲁东、冀南，历任苏皖边区政府参事、苏北图书馆馆长、江苏省文史研究馆副主任。民国37年，加入中国共产党。

黄季平（1889—1965） 名家政，字季平，如皋城人。民国2年（1913年），毕业于日本弘文学院。民国7年，毕业于日本千叶县医药专科学校。归国后，先后受聘于南通医学院、江苏省立医科大学，任病理教授。民国10年，在沙元炳支持下，创办如皋公立医院，出任院长。民国21年，受聘南通医学院教授。抗日战争期间，耻于为日伪服务，遁迹沪滨，开业行医。抗战胜利后，应邀参加南通医学院复校工作，先后担任南通医学院医科主任、教授，医学院附属医院医务室主任、院长等职。1957年，参加苏州医学院筹建工作。

李济华（1883—1966） 原名其华，字季华，如皋城人。青年时期，目睹清廷腐败，有志于革新。从南京测绘学堂毕业后，于江苏陆军测量局工作。民国元年（1912年），于南京加入同盟会。黄兴于南京组织武装讨伐袁世凯，李济华应征入伍。民国3年，讨袁失败，李济华化装潜回如皋，不慎被捕，被解至南京，并被判处死刑。亲友闻讯奔走营救，方免死释放。民国16年，北伐东路军进驻如皋城，李济华任如皋县国民党党务指导员，并任县参议长。民国19年，任国民政府如皋县政府建设局局长，组织筑中山路（后更名新生路）、建中山钟楼。后，改任县清查田赋委员会清丈股长，并任县财政局局长。民国27年如皋沦陷后，避居上海，经营商业。民国31年，返回如皋，与他人合开办钱庄。民国36年，参与合资创设公商合营如皋县银行。1950年，由香港转赴台湾，终日念佛讲经。

顾维汉（1916—1968） 车马湖人。民国29年（1940年）8月参加革命。民国30年3月，加入中国共产党。历任如西县车镇区区长、东南行署主任、县政府秘书兼民政科长、副县长、代县长和如皋县副县长。民国35年11月后，历任东台办事

处主任秘书，台北（今大丰市）县政府副县长、县长，东台县县长。在艰苦的战争年代，坚持对敌斗争，致力于革命政权建设。中华人民共和国成立后，历任泰州市市长、市委书记，泰州专署民政处处长、主任秘书，苏北行署财委秘书长，扬州市市长、市委书记，华东及上海市专家工作处处长，上海市人民委员会办公厅副主任、主任，黄浦区区长，上海市工商行政管理局党组成员、副局长。任职期间，深入基层调查研究，执行党的政策，恪尽职守。“文化大革命”期间，遭受迫害，含冤去世。中共十一届三中全会后，中共上海市委对顾维汉予以平反昭雪，恢复党籍和名誉。

薛学科（1924—1968） 郭园镇人。早年参加革命。民国37年（1948年），任中国人民解放军某部团政委。民国38年苏州解放后，任苏州市吴县人民武装部第一政委。“文化大革命”期间，任苏州市军管会主任。

陈迪威（1903—1970） 又名陈雪生。石庄新生港人。于江苏省第二代用师范学校读书期间，参与组织县学生联合会，参加进步团体平民社。民国14年（1925年），经吴亚鲁介绍加入中国共产党，后至东台县梁垛镇私立崇实小学任教，在学生和知识分子中秘密开展党的工作。民国16年6月，利用国民政府东台县农民协会筹委主任和国民党东台县党部特别委员公开身份，组建东台最早的中共组织——中共东台特别支部，任支部书记。民国17年1月，组建中共东台县委员会。后，因叛徒告密被捕，被江苏省特别法庭判刑4个月。出狱后，至上海与中共江苏省委取得联系，即被派回如皋协助中共如皋县委领导五一农民暴动。后，参加开辟镇涛红军游击区。民国18年春，于战斗中负伤，就医时被捕，被判刑6个月。民国19年3月，被中共江苏省委派至红十四军第一支队任政治部主任，第一支队改编为二师后仍任原职。民国20年，再次遭逮捕被判刑6年。抗日战争爆发后，先后于京沪铁路、武汉铁路、湘桂铁路等地组织铁路青年社，建立流亡员工救亡协会。解放战争时期，先后于太行新华社、中共中央城工部、中共中央政策研究室工作。中华人民共和国成立后，历任铁路总工会秘书长，铁道部政治部出版宣传部副部长、部长，铁道学院副院长、党委副书记等职。“文化大革命”期间，遭受残酷迫害，身心备受摧残。

汤慧馀（1900—1971） 名明哲，字慧馀，石庄人。自幼聪颖好学，母举债供其读书。民国4年（1915年），考入南通简易师范学校。就读2年后，因经济困难辍学，被石庄小学聘为初级部教师，后任高级部主任。任教期间，配合校长组织学生参加游行、集会、演说等进步社会活动，遭守旧势力反对。校长被当局调离，师生罢课游行又遭军警弹压后，愤然偕教师集体辞职，以示抗议。抗日战争爆发后，积极参加抗日宣传、抵制日货活动。民国27年石庄沦陷后，日伪企图利用汤慧馀在当地声望，多次胁迫其担任石庄镇维持会会长，汤慧馀均严词拒绝，并于偏僻的大顾家庄借尼姑庵创办顾庄小学，自任校长，聘请避难于此的贤达人士执教，深得村民拥护。民国30年秋始，先后当选如西县抗日民主政府参政员、参政会驻会委员、第三届参政会副议长，参与反“扫荡”、反“清剿”、反“伪化”斗争。解放战争爆发后，在上海因中统特务告密被捕，后经学生设法营救，得以保释。1950年起，当选全县各界人民代表大会第一届委员、第二届常委和第三、第四届副主席，并恢复重建石庄小学，创办石庄中学，任石庄中学副校长。1957年，“整风反右”运动中被错定为“右派”，撤销职务，送农村劳动改造。1961年，被摘去“右派”帽子。“文化大革命”中，再次受到冲击。1979年夏，平反昭雪。汤慧馀精诗词、古文、楹联等，书法造诣尤深，主编《听鹂阁集》《清宪集》等。

沈家祯（1891—1972） 字维周，白蒲人。16岁至江西萍乡安源煤矿当学徒，后参加武昌起义。民国元年（1912年）南北议和，至北平平汉铁路总局技术室工作。不久，进入上海万国函授学校，攻读土木工程和建筑工程专业6年，工程设计在詹天佑主办的中华工程学会论文比赛中被评为第一名，获金质奖。此后，被提升为工程师，任平汉铁路局工务段段长。民国11年12月，随张学良至东北，帮助张学良学习拳术，并担任东三省陆军整理处交通科长，后调至山海关任一、三联军司令部交通处长。民国15年，任京绥铁路局长，重返北平。民国17年10月，于北平同仁堂跟随太极名家陈长兴嫡孙陈发科习陈式太极拳，获陈式太极拳秘术。

中华人民共和国成立后，沈家祯任浙江建筑公司顾问工程师。1953年退休，任杭州市政协委员、杭州市武术协会副主席兼太极拳研究组组长。1961年，受人民体育出版社委托，撰写《陈式太极拳》一书。1963年12月，《陈式太极拳》出版，并被译成英文、日文于国外发行。1964年后，沈家祯着手编写《行动太极拳》。"文化大革命"中，遭受冲击，资料散失，后重新撰述，未能完篇。

张 旭（1916—1973） 曾用名石旭、石昭美，卢港朱庄人。民国29年（1940年）10月，参加革命工作。12月，加入中国共产党。历任中共芹湖秘密党支部书记、中共如西县秘密县委芹湖区特派员、中共泰县秘密组织特派员。经常深入敌占区，发展党的组织，开展革命工作。中华人民共和国成立后，历任如城区委书记，如皋县委宣传部部长，海安县县长、县委书记，南通地委宣传部部长，南通专署视察室副主任等职。"文化大革命"中，遭受残酷迫害。

季 恺（1903—1976） 字寿慈，夏堡人。民国12年（1923年），毕业于省立南通第七中学，后考入北平平民大学攻读法律专业，曾参加北平各大学进步师生举行的"三·一八"反帝示威游行，并加入中国国民党左派，被编入国民党北平平民大学支部。民国15年底，返回家乡，参与组织国民党如皋地方组织和党务活动，并与中共如皋地下组织配合，发动群众和开明绅士检举卢港土豪劣绅章伟、卢殿魁，使其入狱，并迎接并配合北伐革命军进驻如皋地区。民国16年夏，季恺出任国民党如皋县特别委员会委员兼农工商部部长，偕国民党如皋特派员成昌五至南京国民党省党部接受"清党"任务，得知成昌五已获悉如皋中共秘密联络点负责人是徐芳德后，多方设法，通知徐芳德安全转移。国民党如皋县"清党"委员会成立后，季恺为3人成员之一，积极配合共产党人挫败国民党"清党"阴谋。

民国18年秋，如泰工农红军成立，急需大量武器，季恺与其兄季藩设法购买步枪数十支、子弹万余发送给红军。民国19年4月初，又从上海购买步枪50多支、子弹5000多发，送给红十四军，并将自己使用的1支手提式机枪借给红十四军军长何昆。4月17日，何昆于围攻老户庄战斗中牺牲，手提机枪落入国民政府军手中，查证枪号后欲追究季恺的责任。季恺通过关系至泰州在另一支手提式机枪上打上同样号码，敷衍过去。9月15日，国民政府如皋县县长钱佐伊以检阅为名，将季家保卫团（含潜伏在其中的红军100余人）缴械，并企图抓走全部人员。季恺挺身而出，揽下责任，与其兄季藩同时被捕。季恺被捕后，地方土豪劣绅80多人联名控告，并要求"就地正法，以遏乱萌"。共产党员叶胥朝和国民党人罗奕民以国民党如皋县党部的名义向省党部发电："请提省审察"，并联合开明人士反告钱佐伊贪赃枉法。季恺、季藩解省后，省军法会审处处长钱家骧与钱佐伊串通一气，欲置季氏兄弟于死地。季氏兄弟在狱中遭受严刑拷打，坚贞不屈。民国23年春，季恺被关入陆军军人监狱"死牢"。经国民党中央常委蔡元培、邵力子、焦易堂、张冲4人联名疏通，季恺被改判有期徒刑15年，季藩"对乃弟管教不严，交保释放"。民国25年，季恺被减刑遣送苏州反省院，于11月底获释出狱。

民国27年3月如皋沦陷后，季恺于家乡组织如皋人民抗日自卫队第二大队，自任大队长，邀请共产党员俞铭璜、薛汉扬和进步青年徐静渔担任政治指导员，举办干部训练班培养抗日干部。后，抗日自卫队第二大队被国民政府南通常备一团缴械，季恺只身逃往泰州，任国民党苏鲁皖游击总指挥部少校参谋。新四军渡江北上前夕，季恺任李明扬与新四军挺进纵队联络副官。陈毅3进泰州城，均由季恺联络并负责接送。民国29年7月新四军东进前夕，季恺返回家乡。8月，出任如皋县抗日民主政府秘书。10月，出任如皋县西南行署主任。次年3月,任如西县抗日民主政府县长。民国31年1月1日,加入中国共产党。后,历任苏中三分区专员公署财经处长,苏皖边区第一行政区专员公署民政处长,苏皖边区驻苏中办事处贸易局长、财经处第一副处长。民国38年4月人民解放军渡江后,历任无锡市人民委员会委员、城建局局长、建筑工程局局长,当选江苏省政协委员、无锡市政协常务委员。"文化大革命"中,遭受残酷迫害。

王盈朝(1904—1976) 又名王涌江,化名汪一涛,笔名汪铁佛,东马塘(今属如东县)人。民国10年(1921年),进入江苏省第一代用师范读书。民国13年秋,在校组织青年进步团体"晨光社"。民国14年,加入中国共产主义青年团,后任共青团南通师范支部书记。民国15年5月,经恽代英介绍加入中国共产党,旋任江苏省第一代用师范支部书记,在校内设立上海革命刊物推销店,出版进步墙报,与国家主义派顽固分子展开斗争,并成立工人学习小组,宣传共产主义。7月毕业后,于掘港下漫灶小学任教,组织曹家埠、姜家园一带农民成立农民协会、妇女协会,举办平民夜校,秘密发展中共党员。11月,任中共下漫灶支部书记。民国16年元旦,任国民党如皋县党部宣传部部长兼秘书。3月,任中共如皋独立支部书记。"四一二"反革命政变后,奉命以国民党员身份开展党的地下工作,于如皋城组织发动反对国民政府如皋县长乐济安、反对国民党"清党"和黄包车工人罢工斗争,发动西乡民众开展反对军阀孙传芳的斗争。7月,中共如皋县委员会成立,王盈朝任书记。民国17年,领导发动如皋五一农民暴动。暴动失利后,潜至上海,后脱离中共组织。8月,离沪赴宁,后辗转于安庆、芜湖、潍县、武汉等地,又漂泊于四川、贵州等地。1950年9月,重新参加革命工作。1951年,加入九三学社,历任江苏师范学院教授、学院职工学校校长。1966年3月退休。"文化大革命"中,受到冲击。1976年,经复查平反。

葛克信(1905—1976) 油坊头葛家桥(今属海安县)人。幼年随父母迁居如皋城,先后就读于安定小学、县立如皋中学。民国13年(1924年),加入中国国民党。民国16年,毕业于上海大学,获文学士学位。民国17年始,历任国民革命军第三十三军政治部中校科长、国民党江苏省党部秘书、国民党汉口特别市党部书记长、国民政府仪征县县长等职。民国28年始,历任国民党上海特别市党部书记长、第三战区司令长官署少将参议,兼任上海市社会局副局长、代理局长等职。民国35年始,历任国民党上海市党部执行委员、国民政府上海市政府简任参事、国民政府中央立法院立法委员等职。曾支持上海《文汇报》复刊,营救中共地下党员。民国38年全国解放前夕,参与策动上海、南京、北平等地国民政府中央立法委员53人,通电拥护中共中央和平建国等政治主张。4月,由香港返回大陆,关心祖国统一大业,积极撰文呼吁统一。"文化大革命"中,遭受迫害,忧虑成疾。中共十一届三中全会后,被平反昭雪。

马骏一(1903—1976) 原名马家骅,别号友农。营防人。6岁始随教书行医的父亲读书。民国6年(1917年),考入南通农业学校。民国10年,至石庄小学任教。民国13年,考入上海文生氏高等英文专门学校。民国15年,在海门任张謇孙张绪武家庭教师。民国19年始,先后在栟茶中学等校任职。民国22年,任如皋县农民教育馆馆长。民国22至民国26年,在南京栖霞乡村师范任教。民国26年8月,于永安沙创办友农学塾。如皋沦陷后,任国民政府江苏省保安四旅荣军医院院长,投身抗日救亡。民国30年3月,被如西县抗日民主政府任命为如西中学代理校长。8月,与何景平、陈建岐等于永安沙创办永东学塾。民国33年,在反"清乡"斗争中,与郭载廉、赵耀如带领一组学生留在永安沙坚持游击教学。民国34年9月,任如皋二中三院副主任。民国35年10月,根据组织安排化装成钟表匠南撤至南京孝陵卫棉场。民国38年2月,于营防乡李三圩创办励志中学补习班。9月,根据中共如皋县委指示,于下原乡白雁桥村创办滨江中学(后更名如皋县白雁桥中学)。1957年,"整风反右"运动中被撤销校长职务。1962年,平反,任石庄中学副校长。

1964年6月，退休。马骏一为如皋教育界知名人士，教学理念先进，知识渊博，师德高尚，深受同行、学生爱戴和尊敬。

陈 端（1893—1977） 字心铭，丁堰人。早期留美学生。民国8年（1919年），当选美国加利福尼亚大学学生会会长，参与领导留美学生响应和支持五四运动。获加利福尼亚大学经济硕士学位后，应南通张謇之邀回国，任南通江淮实业银行襄理。民国13年，集资20万元，于如皋县丁堰镇创办阜昌染织股份有限公司，为全县第一家机械化织布厂。此后，历任国民政府中央建设委员会委员、中央银行国库局副局长、甘肃省政府委员、甘肃省财政厅厅长等职。西安事变中，以无党派人士身份，多次与周恩来、张学良、杨虎城等洽谈，被誉为“和平解决西安事变功臣”。民国26年至民国34年，任国民政府财政部钱币司司长、财政部总稽核等职。抗日战争胜利后，弃政从商，创办建成商行，自购轮船1艘，营运于重庆、汉口、南京之间，后因事故停业，至上海定居，任私立上海大同大学银行系主任兼教授。1950年，任上海华东财政干部学校教授。晚年，从事经济学著作编译。

江 萍（？—1978年） 原名张度广，吴窑顾家庄人。民国27年（1938年），于黄渡师范就学时加入中国共产党，后于国民政府江苏省保安四旅从事地下工作。民国29年新四军东进后，受中共组织委派打入伪三十四师任特务营营长。是年底，从伪三十四师撤出，后历任如西县公安局局长、中共如西县县委委员、联络部副部长等职，为保卫抗日民主政权和开展党的秘密工作作出贡献。中华人民共和国成立后，先后调苏北行署公安局、南通专区商业干校、农业学校工作。1977年，任南通专区民政局副局长。

邹义良（1918—1979） 高井人。民国31年（1942年）1月，参加革命工作。8月，加入中国共产党。历任如西县石庄区唐家乡指导员，中共石庄区委宣传干事、组织干事，石庄区交通情报站站长，中共石庄区委宣传科长，石庄区区长。在苏中战役皋南战斗和渡江战役支前工作中，受到上级领导表扬。1949年后，历任如皋县政府民政科科长，南通专区食品分公司经理、采购局副局长，如皋县人民委员会副县长，任港枢纽工程处副书记兼副指挥，南通地区水电局副局长等职，参加任港水利枢纽工程施工，为南通市及如皋县水利建设事业作出贡献。1979年病休。

宗孝忱（1891—1979） 字敬之，如皋城人。民国元年（1912年），如皋师范学校毕业后，于日本东京大学法学系留学。学成归国后，于母校如皋师范学校执教，后任国立东南大学、江苏省立法政大学中文系教授。民国13年，当选江苏省参议员，任国民政府江苏省咨议及省政府秘书长。西安事变前，任张学良秘书。抗战初期，被国民政府江苏省保安第四旅聘为咨议。民国38年春，从上海至香港、日本讲学，1953年，至台湾讲学，留居台湾，先后任台北师大、台湾大学教授，为《中文大辞典》（台湾版）顾问，被台湾教育界尊为国学大师。擅长书法，海内外墨迹颇多。著有《观鱼庐稿》《秦关鸿雪》《孝忱诗文集》《书法溯源》《书法十二讲》等。

魏建功（1901—1980） 字益三，西场（今属海安县）人。幼年就读于如师附小，后考入南通中学。民国8年（1919年），考入北京大学预科，后考入北京大学。民国10年，进入北大研究所国学门，师从钱玄同、鲁迅等导师进修文字、音韵、训诂等。民国11年暑假期间，会同吴亚鲁等发起组织如皋进步团体“平民社”，创办《平民声》，进行共产主义启蒙教育。民国14年，从北京大学中国语言文学系毕业，后留校执教，并兼任国民政府教育部国语统一筹备委员会常务委员。民国34年，赴台湾筹组台湾行政长官公署教育处国语推行委员会，任主任委员。中华人民共和国成立初期，历任北京大学中文系主任、副校长。1950年，兼任新华辞书社社长，主编《新华字典》。1952年，参加修订《常用字简化表草案》第五稿。1955年，被聘为中国科学院哲学社会科学部学部委员，晚年，抱病审定《辞源》。各类传世著作有《古音系研究》《声韵学概要》《文字学》《方言研究》《中国语文概论》等，计189部。其在著作和交往中均自称：“如皋魏建功。”

沙宇清(1906—1981) 名坤霖,石庄人。14岁至镇江丹徒师从名医贾幼山习医,3年后返乡开堂坐诊,精于内科、妇科,于喉科独具心得,自成一家。中华人民共和国成立后,历任石庄镇联合诊所所长、县人民委员会卫生科副科长、中华医学会江苏如皋分会副理事长、县人民医院副院长、县中医院副院长等职。1980年,获中医内科副主任医师职称。为政协如皋县第一届至第四届常务委员、第四届副主席。曾会同黄星楼主编《如皋县中医学术论文汇编》,发表《咽喉口舌疾病琐谈》《脑血管性头痛》等论文,出版医论、医案集《临江庐医藁》,深得国内医界推崇。

张正屿(1914—1981) 夏堡芦桥人。7岁入私塾,后至安定小学、如皋中学就读。初中毕业后,考入如皋师范学校。民国22年(1933年),始任鞠厦初级小学校长,任职期间,创办农民夜校,动员周围青壮年农民读书明理。抗日战争全面爆发后,组织开展抗日教育的同时,带领学生走出校门宣传抗日救亡。如皋沦陷后,加入季恺等组织的如皋人民抗日自卫第二大队。自卫队被国民党顽固派缴械后,决然离开,重返学校。民国28年上半年,鞠厦初级小学被国民政府江苏省保安四旅旅长何克谦强占后,动员族人捐钱、捐物,新建校舍,平整操场,新建完全小学,被公推为校长。民国31年,被任命为如西县政府文教科长。民国32年,加入中国共产党。担任文教科长期间,发动全县师生利用晚间举办群众夜校,帮助群众识字明理,并参与"冬学",进行抗日教育。民国35年,苏中战役"七战七捷"后,调任苏中一专署文教处督学,随一专署机关从如皋城迁至台北县(今大丰市),指导学校工作的同时,参加反"扫荡"、土地改革、"三查三整"等。民国37年,先后担任东台、泰州文教局局长。民国38年春,任苏北区行署文教处科长。任职期间,关心家乡教育事业,建议创办石庄中学和白雁桥中学。1953年,任江苏省教育厅处长。不久,被任命为教育厅党组成员兼办公室主任,为全省教育事业的发展作出较大贡献。"文化大革命"中,遭受严重迫害。平反昭雪后,任江苏药学院党委委员、办公室主任。

蒋峻基(1920—1982) 如皋城人。上海美术专科学校毕业,如皋早期进步文艺团体"春泥社"成员之一。民国26年(1937年)抗战爆发后,由沪回如主持《皋报》社"读书会",积极从事抗日救亡活动。民国28年1月,投笔从戎,参加新四军。3月,加入中国共产党。历任新四军一旅教导大队副教育长、苏中三分区干部学校副校长、如皋(东)县委副书记、华东野战军十一纵队政治部宣传部部长。抗战时期,与俞铭璜同被誉为"苏中才子"。中华人民共和国成立后,历任华东军区政治部文化部副部长,南京、福州军区政治部文化部长,江西省军区副政委、常委、纪委书记。其书法遒劲飘逸,绘画师承吴昌硕、刘海粟,中国香港地区及国外均有其墨迹流传。

张志一(1910—1982) 石庄人。民国14年(1925年),至上海做苦工。民国16年,参加上海工人武装暴动,加入中国共产党,后赴莫斯科东方大学和陆军步兵学校学习。民国18年,任远东游击大队三中队党支部委员、机枪班班长,后任干部连副连长。民国19年回国,历任中共中央保卫局第三科保卫员,中共安徽合肥中心县委军委书记,舒城、六安、合肥3县抗日人民自卫军副司令,津浦路西联防司令部参谋长,华中指挥部军工部长兼政委等职。中华人民共和国成立后,历任苏南军区政治部组织部部长兼无锡市警备司令部政委,镇江军分区、松江军分区副政治委员,苏南军区政治部副主任,上海国防工程指挥部工程处副处长,华东军区第十七文化速成中学政治委员。1961年3月,调任重庆钢铁公司副经理、党委副书记兼大渡口区委书记、党委顾问,四川省政协常委等职。1980年11月17日,作为受害代表和历史见证人,赴京参加公审林彪、江青反革命集团主犯大会。

张正藩(1900—1983) 字南屏,栟茶(今属如东县)人,后随母迁居如皋城。早年求学于南通师范,毕业后考入南京东南大学,先后于日本东京高等师范教育研究所、缅甸大学文哲研究所留学。回国后,先后任湖北宜昌县、江苏淮阴县教育局局长,南京女子法政学院、震旦学院、北平中国大学、厦门大学教授。民国35年(1946年)去台湾,任台湾师范大学、台湾大学教授。1972年,移居美国。1982年,回国定居如皋县如城镇,任南通市政协委员。著有《中国书院制度考略》《训育问题》《华侨教育综论》《近六十年南洋华侨教育史》等30余部。

汤振环(1927—1983) 营防人。民国32年(1943年)10月,投身革命。民国33年2月,加入中国共产党。历任中共如西县委总务科长、辽宁省人民政府秘书室总会计、辽宁省人民政府审计股长、辽阳市税务局长、辽宁省税务局检查室主任等职。中华人民共和国成立后,历任东北财政部企业财政处科长、国家建委建筑企业局机械化处处长、国家经委基建局综合处处长、国家基建委研究室处长、国家计委国防局综合处处长、四川省国防工办主任、对外经济联络部四局一处处长、国务院对外经济贸易部国外经济合作局副局长等职。

汤克诚(1900—1984) 字渊默,何庄人。民国18年(1929年),毕业于中央大学(今南京大学)地质系,先后任中央大学地质系教员、西康技艺专科学校教授、川康铜管处测勘队队长、国民政府经济部矿业司第三科科长、南京矿产测勘处工程师等职,长期从事地质教学和调查研究工作。中华人民共和国成立后,主持南京地质探矿专科学校教学工作,继后于北京地质学院筹备委员会、南京地质学校工作。1956年,加入中国共产党。1957年后,于地质部地质科学院、中国科学院地球物理研究所等单位,负责全国地质矿产科学事业的组织与协调及研究工作。著有(部分与他人合著)《南京市及江宁县地质》《湖北大冶铁矿矿物组合及成因》《湖北鄂城西雷二山铁矿成因》《西康会理通安铜矿及黎溪铜矿报告》《西康攀枝花倒马坎含钛磁铁矿调查报告》《云南永仁那拉箐煤矿调查报告》《安徽烈山煤矿调查报告》等。

顾 理(1919—1984) 原名福林,江防人。民国29年(1940年)8月,加入中国共产党。历任中共如西县永东直属乡党支部书记、中共如西县委东南边区中心区委书记、中共如西(皋)县委民运部部长、中共华中海委弶港工委书记、中共华中工委民运部土改复查队队长、中共安徽省蚌埠市园庆区委书记、蚌埠市总工会副主席等职。中华人民共和国成立后,历任全国总工会华东办事处办公室及政策研究室副主任、主任,复旦大学校长办公室主任,南洋工学院筹备处主任,上海社会科学院教学办公室主任等职。1962年8月,调任华东局宣传部理论干部班班主任、党总支书记。1976年10月后,任中国科学院上海植物研究所负责人。1978年8月,任上海财经学院副院长。曾担任中国工业经济管理研究会顾问、上海市人口学会副会长、上海市经济学会理事等职,参加《中国社会主义工业企业管理》等教材编写工作,并为上海财经学院的恢复和发展作出较大贡献。离休后,参与《经济法》编写、定稿工作。

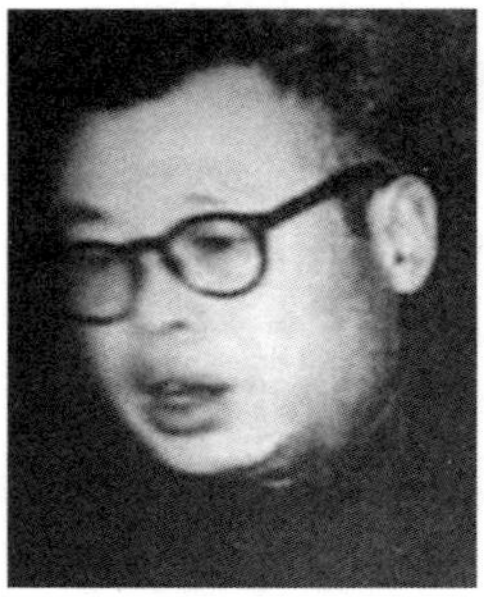

刘季平(1908—1987) 原名刘焕宗,笔名满力涛等,袁庄(今属如东县)人。民国11年(1922年),于双甸小学毕业,进入南通甲种商校学习,后考入如皋师范学校。民国16年2月,在校加入中国共产党,因领导"学潮"被学校开除,转入南京晓庄师范学校学习,于学校开展建党工作。民国17年,创建中共晓庄师范支部,任支部书记,并任中共南京市委宣传部部长,从事学运和教运。民国19年,因组织万人示威游行声援工运和散发纪念五卅惨案传单,被国民政府当局逮捕。翌年越狱。民国21年6月,于上海法租界再次被捕,被判刑5年,于狱中以"满力涛"等笔名撰写几十篇有关政治、哲学、教育等方面文章,在《生活教育》《新世界》《新中华》杂志等进步刊物上发表。民国26年8月第二次国共合作时,经组织营救获释,于上海恢复中共组织关系,被派往武汉、桂林等地从事抗日宣传和统战工作。民国30年至民国33年,历任苏中行署文教处处长、苏中第二专员公署专员、抗大九分校副校长兼苏中党校校长。民国35年后,任苏皖边区政府

教育厅厅长，并主持华东野战军随营学校。中华人民共和国成立后，历任上海市副市长、市委常委，中共山东省委书记处书记，中共安徽省委书记，教育部代部长、常务副部长、党组副书记等职。1973年4月，调任北京图书馆馆长。9月，率中国图书馆代表团出访美国，受到美国总统尼克松接见。1979年，任中国图书馆学会第一届理事会理事长。1981年4月，任文化部顾问。1985年9月，当选中国陶行知研究会首任会长。为中共第八届全国党代会代表，第三届全国人大代表，第五、第六届全国政协委员。

朱其文（1909—1987）　范湖洲人。中学时代参加进步学生运动。民国17年（1928年）于北平中国大学学习期间，参加反帝大同盟。民国19年9月，加入中国共产党，并任北平反帝大同盟中共组织负责人。民国22年春，受党组织派遣至冯玉祥部，任抗日战线报社社长。是年夏，任吉鸿昌部第一路游击队副总司令员。民国25年，于天津市电话局开展工运和情报工作。抗日战争及解放战争期间，组织电话局工人救国会，发动数千名青年学生到解放区和敌后开展救亡运动，参与组织冀东人民抗日暴动。先后担任冀东自卫会军事组副组长，平西抗日联军政治部主任，平西专员，冀热辽区行署副主任，东北东进委员会代书记，辽宁省副主席、党组书记，辽吉区行署主任，辽北省政府副主席、党组书记，哈尔滨特别市市长等职。民国37年始，历任沈阳市市长、党组书记，中共中央政法委员会副秘书长，中国驻保加利亚大使、驻越南大使。“文化大革命”期间，被林彪、江青反革命集团残酷迫害致残，被无辜关押10年之久。中共十一届三中全会后，获平反。晚年从事革命回忆录撰写工作，为党史资料征集工作作出重要贡献。1986年夏，越南共产党和国家领导人黄文欢书赠朱其文“莫嫌老圃秋容淡，犹有黄花晚节香”。

宋桂煌（1903—1987）　笔名伯明，如皋人。于如皋师范学校读书时参加如皋“平民社”进步活动。民国14年（1925年），至上海大学学习。民国17年，于上海翻译出版《高尔基小说集》，被学界视为中国出版的第一部中译本高尔基小说集。民国22年，应邀至浙江大学图书馆任职，任职期间翻译美国史学家房龙《思想解放史话》《美国建国伟人传记》《列强外交政策》《战后之国际关系》《西洋文化史》等著作。民国26年抗日战争爆发后，谢绝浙江大学校长的再三挽留，返回家乡投身教育事业，先后于如皋县大厦大学附中、励志中学任教。民国29年如皋县抗日民主政府成立后，当选如皋县参议会议员。此后，坚持教学、译书，先后翻译出版《世界通史》《英国文学史》。继后，至紫石县（今海安县）、泰县创办通学桥初级中学、泰县三中、泰县一中分部。民国34年5月后，任《苏中日报》副总编辑，上海《时与潮》《时事评论》编辑。中华人民共和国成立后，历任上海市教育局研究室英语教学研究员、上海市政府调查研究室研究员、上海文艺出版社编辑等职。为中国民主促进会成员。

倪锦瑜（1921—1988）　化名王连俞，加力人。民国30年（1941年）10月参加革命，12月加入中国共产党。后任区农会会长。民国33年3月，任中共卢港区委书记，领导区游击队机智勇敢地打击日伪军。民国35年10月，任中共如皋县委委员。民国36年12月，任中共如皋县委组织部副部长。民国37年8月，任中共如皋县委民运部部长。1951年8月，任如皋县人民政府县长，领导全县人民完成土地改革工作，经常深入基层调查研究，为恢复和发展全县工农业生产作出努力。1954年6月，任中共如皋县委书记，组织领导开挖如海河及其他大型河道疏浚工程、拓宽如城街道，为如皋水利建设和城市建设打下基础。1964年后，历任南通地区工业局局长、轻工业局副局长、工交财贸办公室副主任、经委主任兼党组书记等职。“文化大革命”期间，遭受迫害，坚持原则，实事求是。中共十一届三中全会后，负责南通地区经委工作。

魏志田（1916—1988）　河口（今属如东县）

人。出身贫苦农民家庭，13岁学石匠。民国30年（1941年）7月，加入中国共产党，后历任中共双岔北区洋涨乡支部书记、双岔北区农抗会主任、中共双岔北区区委副书记兼区长、中共景安区委书记、中共双甸区委书记。组织和带领群众与日伪军开展游击战，破路拆桥，拔除封锁竹篱笆，收割电话线，多次取得抗日反“清乡”、反“扫荡”胜利。民国36年2月26日，带领武工队于石甸北乡木头井栏伏击国民政府军，使石甸、双甸一带国民政府军受到震慑，被县委表彰。民国37年2月，任如东县副县长兼公安局局长。

1950年12月，魏志田任如东县委副书记、县长。1951年1月，兼任县第四届各界人民代表会议常务委员会副主席。1956年7月，调任南通地委农工部副部长。1958年春，任淮沭新河工程指挥，与驻地淮阴县头堡丁大寒庄群众关系密切，常派工地医生帮群众治病，数次将供应机关人员的猪肉省下送给困难老人。1961年1月，调任如皋县委副书记。1963年，任如皋县县长。1974年3月，任如东县贫协主席。1978年6月，任如东县委常委、县革委会副主任。1981年4月，任如东县政协副主席。1983年3月离休。

陆万璋（1920—1989） 夏堡人。民国32年（1943年）6月，参加革命工作，并加入中国共产党。后，历任乡指导员，区委副书记，如皋县委财贸部部长、县委副书记、县革委会副主任等职。1972年，参与领导全县人民削平高沙土、实现“旱改水”，为改变高沙土地区落后面貌作出贡献。“文化大革命”后，历任南通地区行政公署财贸办公室副主任、地区工商行政管理局局长。

沈灌群（1908—1989） 原名冠群，字子元，如皋城人。民国21年（1932年），毕业于南京中央大学教育系。民国34年，留学于美国斯坦福大学，获教育学硕士学位。民国35年，转入哥伦比亚大学，研究美国、德国等国教育。民国36年回国，先后任复旦大学、华东师范大学教授，受国民政府教育部委托，参与拟订《中国教育史教学大纲》，并编著出版《中国古代教育和教育思想》。

20世纪50年代，潜心研究古代孔丘、王充和近代李大钊、鲁迅等人的教育思想，为学术界所重视。关心家乡编史修志工作，对《如皋县教育志》编纂工作给予指导和支持，并为地方志撰写《北宋教育家胡安定》一文。1986年，以古稀之年加入中国共产党。编著《从鸦片战争到五四运动时期的教育》，主编《中国教育通史》6卷、《中国教育家评传》3卷。

叶胥朝（1907—1992） 原名聘時，曹埠（今属如东县）人。上海光华大学肄业。民国14年（1925年）五卅惨案发生后，与如皋东乡旅通学生窦止敬、丛允中、吴舒国、金万庆等组成五卅惨案后援会，并作为南通英化职业学校（教会学校）代表，参加南通学联组织的赴沪慰问团，声援上海学生、工人。是年暑假，联合各校同学与阻挠学生运动的校长进行斗争，与96名同学联名于报刊上发表《离校宣言》，宣布解散英化职业学校。在上海学联支持下，转至上海光华大学，先后加入中国社会主义青年团、中国国民党和中国共产党。民国15年年底，受中共组织指派，返回家乡开展革命活动。民国16年1月，建立中共如皋江园支部，并参加中共如皋县委组建和领导工作。至民国19年，先后参加如泰五一农民暴动，领导如皋东乡丰利、马塘、苴镇、掘港一带农民群众开展抗租、抗税斗争，配合红十四军开展武装斗争，歼灭掘南华丰公司、掘北徐家园等地和江家园反动地主武装百余人。民国20年9月，被国民政府当局逮捕，坚贞不屈，参加狱中中共小组秘密活动，并支持进步青年俞铭璜等于如皋城创建文艺团体春泥社，团结进步青年开展抗日救亡活动。民国25年夏出狱后，参加春泥社活动，组织春泥社成员学习马克思主义理论。民国29年10月，叶胥朝与中共组织取得联系。11月下旬，任如皋（东）县抗日民主政府首任县长，带领全县军民坚持敌后抗日游击战，使如东串场河以北沿海地区成为苏中四分区党、政、军领导机关重要驻地。民国30年5月，兼任县参政会会长。民国32年春，兼任县警卫团团长，配合苏中四分区军民赢得抗日反“清乡”斗争胜利。民国35年夏，调任华中九专署副专员兼民政处长，组织动员8000多名青年加入华中野战军主力部队。民国37年，任两淮市副市长。

民国38年2月，叶胥朝任南通市首任市长。3月，接任九专署专员。1951年，任苏北区党委统战部副部长。1952年10月，任江苏省委统战部副部长。“文化大革命”中，遭受迫害。中共十一届三中全会后，历任江苏省委统战部顾问，江苏省革命委员会顾问,省政协常委、副主席,江苏省第五届人大常委会副主任。为第三届、第八届全国人民代表大会代表,政协第四届、第五届全国委员会委员。

王遐松(1923—1992) 夏堡人。民国31年(1942年)3月,参加革命工作。10月,加入中国共产党。历任泰县学联主席,如西县夏堡区调解助理,泰县雅周区副区长、代区长,中共如皋城西区委书记兼区长,中共如皋县委委员,县警卫团政治处副主任兼河东三角地区五区办事处主任、工委书记,中共如皋县委宣传部部长、县委副书记兼出征民工总队政委。1949年后,历任泰县县长,如皋县县长,崇明县委书记兼县人武部政委,江苏省委组织部部务委员,南通地委委员,如皋县委第二书记兼人武部第二政委,如东县委书记处书记,金湖县委第一书记兼人武部政委,省农业办公室秘书处、农业处处长,江苏农科院副院长,连云港市委常委、革委会副主任、市委副书记兼市纪委书记、市人大常委会副主任,江苏省委农村工作部厅局级巡视员,省党史工委顾问等职。

许大同(1923—1992) 原名徐公有,雪岸人,加拿大籍华人。因生计窘迫,自幼于如皋菩提禅院剃发出家,法名悟因。转入定慧寺后,入定慧小学读书,后赴镇江焦山佛学院学习。因在佛教界组织的一次全国性考试中名列第一,被派往上海静安寺担任住持,改禅名为"大同"。民国36年(1947年),迁居香港,从事新闻工作和建筑设计。

20世纪50年代初,潜心练习绘画。后,作品在近40个国家巡回展出。1972年,移居加拿大,任哥伦比亚大学艺术系教授。1982年,作品《孔雀》《牡丹》在加拿大温哥华太平洋国家展览会创作展上,分别夺得油画和水彩画冠军。1992年6月,在健康状况极不理想的情况下,先后2次捐款给如皋南凌中学添置图书设备,并无偿赠送自己的作品。著有《宗教学》《四家会通》等书,出版《许大同画册》。

袁广文(1917—1993) 丁北人。民国32年(1943年)7月参加革命,是年加入中国共产党。抗日战争和解放战争期间,历任如皋(如东)县丁北乡党支部书记,中共城东区委候补委员、农民抗日救国会主任、民运科长,中共丁东区委委员、民运科长兼东陈镇镇长,中共雪岸区委委员、组织科长,中共如皋县委委员兼城东区委副书记、副区长、书记,中共如东县委委员、组织部副部长,苏北党校二队队长等职。中华人民共和国成立后,历任南通地委组织部组织科长、干部科长、副部长、部长,海安县委书记、第二书记兼县长、书记处书记兼县长,徐州地委农工部副部长、徐州地区医院革委会副主任,徐州地区水电局局长,徐州地委组织部副部长,海安县委副书记兼县革委会副主任、县委书记兼县革委会主任,南通地委组织部顾问等职。1983年离休。

沙乾一(1905—1993) 又名沙坤之。石庄人。16岁读完私塾即从父沙蔚然司医。7年后又师从名医施治,博采众家之长。50岁时涉妇科。1957年,被江苏省中医杂志聘为特约撰稿人。1960年,被江苏省卫生厅授予"江苏省名中医"称号。1989年,被授予中医主任医师职称。为政协如皋县委员会委员、常委。

王连贵(1942—1994) 如城镇人。小学文化水平,1959年进如皋染织厂当工人,刻苦自学,长期从事技术革新研制。至1979年,组织实施大小技术革新项目数十项,成为企业的工人工程师。1980年,领衔技术攻关小组,研制成功A806-F型花色捻线机,用该机捻出的花色线织出的中长雪花呢,获国家优秀新产品"金龙奖",此项成果获南通地区科技成果一等奖。1983年,再度研制出中国第一台FGA-834型多功能花色捻线机,为国内装饰布生产开拓新

途径,获南通市科技成果二等奖和江苏省科技成果三等奖。1988年,研制成功空心锭多功能花色纺捻机,该机19项主要技术指标与国外最先进的同类技术相比,13项超过,6项持平。1988年8月17日,主持研制的“花色纱线及纺捻方法和设备”获国家专利局发明专利。1989年10月,“花色纱线及纺捻方法和设备”发明专利获联合国知识产权组织与中国专利局联合颁发的国际发明专利金奖。

1987年、1989年,王连贵被两度评为江苏省劳动模范。1989年,被国务院授予全国劳动模范称号。1991年,被批准享受国务院特殊津贴。1994年,因车祸去世。

吴 建(1918—1994)

原名吴安顺,曾用名郑君,如皋城人。民国24年(1935年),参与发起组织如皋进步文艺团体春泥社,积极开展抗日救亡宣传。抗日战争爆发后,参加上海国民救亡歌咏协会宣传团,在苏北灌云地区开展抗日救亡宣传。民国27年秋,在江苏灌云县加入中国共产党。不久,担任中共灌云县委组织部部长。民国28年初,灌云县城沦陷,他参与组织抗日游击队,开展武装斗争。5月,到山东参加中共苏鲁豫皖分局党校学习。8月,调山东《大众日报》社工作,先后担任《大众日报》编委、副总编辑、总编辑、社长。期间,还担任山东《滨海农村报》总编辑,《渤海日报》《大众报》《青岛日报》社社长、总编辑,山东新华分社社长等。中华人民共和国成立后,调任中共中央华东局宣传部报刊处处长。1954年12月,调山东省委工作,历任省委副秘书长、秘书长、省委政策研究室主任等。1961年11月,调任中共中央华东局宣传部副部长。“文化大革命”期间,被诬陷为“走资派”,下放劳动。1973年5月,任上海人民广播电台党委副书记。1977年12月起,任上海市委宣传部副部长,领导《新民晚报》复刊工作,参加真理标准问题的讨论。1986年3月,担任上海市顾问委员会委员。20世纪90年代初离休。1994年9月2日逝世。

吴建同志长期从事中共宣传、新闻工作,具有很强的政治意识和党性原则,工作一丝不苟,兢兢业业,为党的宣传、新闻事业做出重要贡献。

程达人(1918—1995)

行名敷通,白蒲人。祖籍安徽绩溪仁里村。12岁于白蒲小学南校读完高小后,因家贫被迫辍学,在父亲指导下学习日文和医学基础理论,帮助周围农民治疗常见疾病。民国27年(1938年),于白蒲地方医院任外科医助。民国28年春,考入上海(日本)厚生医学塾,专攻内科。民国30年后,改学外科。民国31年始,任助教、外科住院医师。民国33年8月,应南通江北中央病院(南通医学院附属医院前身)聘请,至南通任外科医师。1949年南通解放后,任外科主任。1955年,成功完成南通第一例关节置换手术,出席全国第七次工人代表大会。1956年3月,加入中国共产党。1960年后,任南通医学院附属医院副院长,党总支、党委委员。1980年,任南通医学院附属医院院长。1985年后,任南通医学院附属医院名誉院长。为南通市第七、第八届人民代表大会常务委员会委员,中华医学会南通分会理事、副理事长,中华医学会江苏省分会理事、骨科学会副组长,江苏省科协委员。

任贵发(1923—1996)

九华人。青年时代受中国共产党抗日宣传的影响,积极参加当地抗日救亡运动。民国30年(1941年)11月,加入中国共产党。民国31年2月,任如西县李南区一甲乡党支部书记兼乡游击队队长,后任中共李南区委组织干事、民运科长、组织科长。解放战争时期,历任中共薛窑区委副书记兼武工队政治指导员、车薛区区长、中共薛窑区委书记、中共如皋县委宣传部副部长。民国38年4月,随中国人民解放军渡江南下。中华人民共和国成立后,先后担任无锡市总工会党组成员、总工会主席,无锡市劳动工资部部长。1961年4月后,历任中共无锡市崇安区委书记,市重工业局党委书记,无锡市委统战部部长、常委,无锡市副市长。1976年10月后,任无锡市委常委、组

织部部长、副书记，市政协主席等职。1984年6月，任无锡市人大常委会党组副书记、副主任。1989年8月离休。

蒋健平（1913—1996） 丁堰人。民国24年（1935年）江苏省立如皋师范学校毕业后，任如皋孔庙小学教师、丁堰小学校长。民国19年新四军东进至如皋后，参加中共如皋县委主办的干部训练班学习，从此投身革命。民国35年，随新四军华中野战军北撤山东，历任山东莒南县文教科长、山东滨海行署文教处编审、山东大学教育学院教师。民国38年9月，参加山东省委南下干部学校学习。后，历任镇江专署文教处科长、东吴大学副教授兼政治辅导员、苏州大学教授。中年后，长期从事中国历史的研究与教学，对中国古典诗词研究亦有较深功底。

孙忠权（1925—1997） 如皋城人。民国34年（1945年）7月始，历任如皋县公安局职员、课长，区长、区委书记等职。1951年9月始，任如皋县"三反""五反"办公室副主任、如皋县农民协会主任、南通地委合作部检查组组长、南通专区合作干校副部长、通如县生产办公室主任、平潮区代理书记、南通专员公署农林局副局长、如皋县农林局局长、如皋县委农工部副部长、如皋县农办主任等职。"文化大革命"中，遭受严重迫害。1979年3月始，任如皋县委常委、县革委会副主任，县委副书记。1984年3月，任县如皋人大常委会主任。孙忠权长期从事农业农村工作，工作经验丰富，办事认真、原则性强，为如皋的农业农村发展做出重要贡献。

丁正铎（1915—1998） 曾用名邱同，搬经朱家庄人。民国38年（1939年）6月，加入中国共产党，开始从事革命工作。民国29年新四军东进抗日后，历任中共如西县委民运部部长、宣传部部长、组织部部长，中共城区区委书记，中共卢港区区委书记，中共如西县委副书记兼县农抗会主任、服务团长、参政会议长等职。抗日战争胜利后，任中共如皋县委副书记。解放战争期间，坚持敌后斗争，经受严峻考验。民国38年渡江战役前，调任中共淮安市委书记，后调任苏州市委宣传部部长。中华人民共和国成立后，历任苏州地委宣传部副部长、部长，苏南区党委办公厅副主任，江苏省委办公厅主任，中共中央华东局办公厅第二办公室主任，中共中央上海局办公室主任，上海市委办公厅主任，上海市对外文化联络处处长，上海市文化局副局长、电影局副局长等职。

陆植三（1905—1998） 又名陆景槐，镇涛茶庵殿一号圩人。15岁就读于江苏省第二代用师范学校。民国3年（1924年），在吴亚鲁影响下，于学校组织进步团体"劲社"，在学生和知识分子中开展学习社会主义科学等进步活动。民国14年暑期，于如皋师范毕业，赴上海参加由中国共产党人主办的上海学生联合会讲演会，会议期间加入中国共产党。返回如皋后，于镇涛区十七圩小学以教员身份作掩护，创办农民补习班，教农民学文化，宣传革命思想。民国15年春，任江安鄂家埭小学校长。于鄂家埭成立全县第一个以贫农为主体的农民协会。9月，于鄂家埭小学创立如皋县第一个中共地方组织——中共如皋县独立支部，任支部书记。在国共第一次合作时期，以个人身份加入中国国民党。民国16年元旦，与王盈朝等组建国民党如皋县党部。后，被中共组织调至上海，先后担任中共闸北区委组织部部长、中共浦东区委宣传部部长，后受中共江苏省委派遣组建南通县委。11月，中共南通县委正式成立，陆植三任县委书记。民国17年3月，因领导大生一厂工人罢工被捕，在狱中受尽折磨，严守党的秘密。民国23年春获释。民国33年底，重新参加革命工作。民国34年10月，重新加入中国共产党。民国35年，任如皋县县长，后调任苏北军区供给部部长。1949年南京解放后，任南京市第一区（玄武区）人民政府区长。1953年后，一直担任南京市民政局副局长。"文化大革命"中，遭受迫害。中共十一届三中全会后，参加中共江苏省党史编纂工作，撰写革命回忆录，宣讲革命斗争历史和革命传统。

胡济民(1919—1998) 掘港(今属如东县)人。民国31年(1942年),毕业于浙江大学。民国34年,赴英国留学。民国37年,获伦敦大学哲学博士学位。民国38年9月回国,为解放后第一批从海外归来的学子。不久,被任命为浙江大学副教务长。1951年,加入中国共产党。1955年,被总理周恩来点名调至北京大学创办技术物理系,任系主任。1980年,当选中国科学院学部委员。1982—1986年,连任2届中国核物理学会理事长,并兼任第一届全国核物理专业教材委员会主任和《中国大百科全书》物理卷核物理分卷编审。专著有《原子核理论》《原子核的宏观模型》《核裂变物学》等。

李昌炎(1922—1999) 如皋人。中学时代,就读于平潮中学和励志中学,思想进步,积极向中共组织靠拢。民国30年(1941年),加入苏中三分区社会服务团,参加宣传抗日、减租减息等活动。民国32年7月,加入中国共产党,任励志中学首任地下党支部书记。民国33年1月后,历任如西县薛窑区公安股长,江防行署副主任、主任等职。解放战争期间,由地方转入部队,历任如皋警卫团通讯参谋、作战参谋,一营副营长、营长等职。民国38年2月始,先后任华东警备六旅十七团二营营长、常州分区溧阳县总队第二副参谋长等职,先后参加泰兴、黄桥、姜堰、渡江等数十次战役、战斗。渡江战役后,历任澄、锡、虞剿匪指挥所指挥、苏南军区常州分区参谋科科长、江苏军区司令部军事训练科科长、江苏省军区司令部办公室主任、江苏省南京军分区司令部参谋长、江苏省镇江军分区副司令员、南京军分区顾问(正师职待遇)等职。1955年9月,被授予少校军衔。是年,被授予三级解放勋章。1982年6月离休。1988年7月,被授予中国人民解放军独立功勋荣誉章。

吴俊升(1901—2000) 字士选,车马湖人。民国3年(1914年)小学毕业后,考入如皋县立师范学校。毕业后,于如皋师范附属小学任教。次年,考入南京高等师范学校教育科,加入少年中国学会。民国11年,与吴亚鲁等组织进步团体“平民社”,创办社刊《平民声》。民国13年,于南京高师卒业,至该校附属中学任教,并于东南大学补修大学学分。民国14年,东南大学毕业,获教育学学士学位。民国17年,赴法国留学,入巴黎大学攻读教育学和社会学。民国20年,获巴黎大学文科博士学位后回国,于北京大学教育学系任教,2年后任教育学系主任。此间,撰写《教育哲学大纲》《教育概论》。民国27年1月至民国33年年底,任国民政府教育部高等教育司司长。民国33年秋,赴美考察战时教育。民国35年5月国民政府迁回南京后,于中央大学任教,民国38年,任国民政府教育部次长,后赴香港,任香港新亚书院院长。1954年,赴台湾,任“教育部次长”。1969年退休后,定居美国。著有《教育哲学大纲》《教育概论》《伦理学概论》《杜威之教育学说》《德育原理》《教育与文化论文选集》和诗文集《增订江皋集》等30余部。

妙 善(1909—2000) 俗姓吴,名敬亭,法名心慈,字妙善,郭园人。幼年入私塾,16岁学商。民国11年(1922年),于丹阳地藏寺出家,于镇江焦山定慧寺地藏殿剃度,于常州天宁寺受戒。民国12年,寓居扬州高旻寺禅堂。民国26年,寓居常州天宁寺。民国31年秋,东渡普陀。1952年,任法雨寺代理住持。1960年,随普陀山僧众至浙江余姚务农。1979年,被推为普陀山全山代理方丈。1980年,普陀山佛教协会恢复,妙善任会长。后,历任政协浙江省舟山市第一届、第二届、第三届委员会副主席,政协浙江省委员会委员、常委,浙江省佛教协会会长,中国佛教协会咨议委员会副主席。先后向社会福利机构捐赠2000多万元,用于救助灾民和失学儿童。晚

年，将一生积蓄捐赠家乡兴建观音净院。

蒋家瑞（1944—2002） 如皋城人。1964年7月，如皋师范学校毕业，被分配至如皋县如城第二中学任教。1969年8月，被调至如皋县革委会政工组宣传组工作，不久调至县革委会政工组通讯组工作。1973年11月，加入中国共产党。1974年3月，任中共如皋县委宣传部通讯组副组长。1975年7月，主笔采写的反映全县人民抗击特大龙卷风灾害的长篇通讯《共产主义精神的凯歌》，被《新华日报》《南通日报》头版（整版）全文刊载。1981年4月，江苏省高校干部班肄业。8月，任县委宣传部宣传组组长。后，历任南通地委宣传部宣传科指导员、如皋县委宣传部副部长。1984年1月，任如皋县委常委、宣传部部长，后兼任县文联主席。1987年4月，调任海安县委副书记、海安县文联主席。1995年起，历任南通市政府外事办公室主任，南通市旅游局长、党组书记，南通市对外友好协会副会长。于全国《词刊》、江苏《词苑》、南通《紫琅华英》等报刊杂志发表诗词、歌词100多首，为中国音乐文学学会会员。

沙镇祥（1927—2002） 吴窑人。民国32年（1943年），加入中国共产党，参加革命工作。解放战争期间，历任江防区中共江防区委副书记、代书记，中共石庄区区委副书记，中共薛窑区区委副书记，中共江防区区委书记等职。民国38年4月，任如皋县委民运部青年工作委员会副书记兼新民主主义青年团筹备委员会书记。1953年，任县委干部学校主任。1958年5月至1961年7月，进入南京农学院学习。1961—1966年，任如皋县副县长，分管农业。1966年初，被江苏省委抽调支持苏北北片农村工作，任淮阴地区泗阳县副县长。1979—1983年，任淮阴地区农业局局长。任职期间，获高级农艺师职称。1984年，调任南通市绿化委员会副主任。1988年离休。

周　方（1906—2002） 江安周严墩人。民国15年（1926年）初中毕业后，考入吴淞水产专科学校（上海水产大学前身）。民国17年，加入中国共产党。民国18年专科学习毕业后，经推荐至集美2号船供职。民国19年初，按中共组织要求，护送红十四军军长何昆等至如泰游击区组建红十四军，并参加红十四军创建工作，任红十四军一师二团五营政治指导员。9月红十四军失败后，与党组织失去联系。民国29年新四军东进如皋地区后，参加革命工作，历任如西县政府粮食科科长、粮食局副局长、财经局副局长等职。民国35年，随新四军华中野战军北撤山东，任山东军工部化学厂科长。民国36年9月至民国37年10月，先后随部队至沈阳、哈尔滨接收兵工厂。民国37年1月，重新加入中国共产党。民国38年春，随部队南下武汉。1950年，从部队转业地方工作，任轻工业部中南水产处副处长。1955年，调至北京水产总局工作。1958年，调至南京，负责筹建水产部长江水产研究所（中国水产科学研究院长江水产研究所），任第一副所长。“文化大革命”中，遭受不公正待遇和折磨。中共十一届三中全会后，被平反、恢复名誉。1979年，任长江水产研究所工作领导小组组长，主持工作。1980年离休。

沈高澄（1900—2002） 新生（今属海安县）人。12岁时，至如皋灵威观学道。“文化大革命”期间，被下放如皋芦菲厂劳动。芦菲厂停办后，回老家继续劳动。20世纪80年代初始，为重修灵威观化缘。此后，先后任江苏省道教协会常务理事、如皋市道教协会会长等职。享年102岁。

李王岸佛（1898—2003） 女，如皋城人。国际著名刑事鉴识学专家李昌钰的母亲。民国34年（1945年）8月日本无条件投降后，随夫至台湾。民国38年其夫乘太平轮自上海返台湾途中遇难后，于台湾含辛茹苦将13个子女培养成人，全部获博士学位。晚年随子女定居美国。2001年8月2日，捐资25万元建如皋师范附属小学岸佛运动场。2003年3月6日，于美国逝世，享年106岁。

管维炎（1928—2003） 掘港（今属如东县）人。民国34年（1945年），加入中国共产党。中华人民共和国成立后，任江苏省教育厅中教股长。1951年，先后进入哈尔滨工业大学、清华大学、北京大学物理系学习。1953—1957年，先后进入苏联列宁格勒大学、梯费里斯大学、莫斯科大学深造，并破格提前毕业。撰写的毕业论文《反向卡皮查热阻》被物理界广泛摘引，后成为国际研究“卡皮查热阻”问题的主要文献。被推荐为苏联科学院物理问题研究所研究生。回国后，历任中国科学院物理研究所所长、研究生院院长兼北京大学物理系教授，中国科技大学校长，中国物理学会副理事长，《物理学报》副主编，《低温物理》主编，国际《低温物理杂志》顾问、编辑，《大百科全书》固体物理编写组主编，第十六届国际低温物理（洛杉矶）会议国际委员会委员。为国务院科技领导小组成员、中国科学院院士。2003年3月20日，赴台湾讲学时不幸遭遇车祸逝世。

汪中展（1930—2003） 原名汪松，如皋城人。初中尚未毕业即进入中国农业银行如皋分行学习业务，1年后调上海分行从事金融工作。民国38年（1949年）夏初，随团赴台湾参观、考察，被迫滞留台湾。在台湾失业后，自学高中课程，考入大学。大学毕业后，于台湾任中学教师，后应邀至香港主理香港德明院校教务与训导，获印度大学名誉教育博士学位。20世纪60年代后期，接任香港圣以文书院校长。1970年，赴英国留学，先后获哲学博士、文学博士学位。学成返回香港后，继续从事高等教育，并被聘为美国奥海市世界大学、加拿大卑期大学客座教授。70年代中叶，受香港政府委托，任教育咨询委员，受聘国际友谊协会香港分会顾问兼特使。90年代，参与创办香港如皋（海安、如东）同乡会。1994年，赴加拿大讲学，参与创办全加拿大如皋同乡总会，并被推举为首届会长。撰写的《锦绣如皋》发表于香港《文汇报》《星岛》《明报》等报刊。

王树声（1919—2003） 如皋城人。于如皋实验中学读完初中后，考入扬州中学土木工程科。民国26年（1937年），考入湖南大学机械系，1年后转入西南联合大学航空工程系。毕业后，至协助中国抗日的美国志愿空军工作。民国33年夏，赴美国密西西比州凯斯勒机场空军学校，边学习，边实习，边教学。回国后，于南昌航空研究院原动力组任研究员。民国37年10月至1950年10月，任广西大学机械系教授，后相继于中央钢铁局上海工程处、重工业部、第二机械工业部任工程师。1956年，参加制订全国12年科学技术发展规划工作，在中南海受到毛泽东主席接见。1957年后，先后任国防部第五研究院液体发动机设计部一室和七室主任，三分院液体发动机过程研究所副所长、所长。1965年，任第七机械工业部第三研究院第三十一研究所所长。1983年，任航天工业部第三研究院科学技术委员会副主任，后改任顾问。1987年10月，当选国际宇航科学院院士，并任国际宇航联合会推进技术委员会委员。为国家导弹与航天发动机著名技术专家、国家液体发动机研究所主要创建者之一，在领导液体火箭发动机及可贮存液体推进剂研究方面取得突出成就，长期担任中国工程热物理学会理事。

谢克林（1916—2004） 曾用名谢春景，车马湖人。19岁时于范湖小学任教，后参加革命工作。1953年，任华东团校教导主任。1957年调中共中央组织部任职，1960年调中共中央对外联络部任职。1966年，任中央组织部处长。1972年，任安全部上海局局长，享受副部级待遇。

沈幼征（1918—2004） 林梓人。民国24年（1935年）考入如皋师范学校。民国27年如皋沦陷后，失学。民国28年9月，考入上海私立无锡国学专科学校。民国35年，被杭州之江大学（今浙江大学）聘为中文助教。1949年后，长期从事中学语文教育，后任杭州市教育局教研室语文教研员。1956年，加入中国民主促进会。“文化大革命”中，被下放劳动。1975年，任浙江古籍出版社编审。1980年，被推选参加《汉语大字典》编写，任1—13卷编辑委员、第2卷定稿负责人。1987年，被杭州师范学院聘为教授。著有《唐宋诗词选释》《唐宋文学作品选》《林和靖诗集》《独破庐诗词稿》等。

杨陆维（1928—2006） 江防人。民国33年（1944年）4月，加入中国共产党。5月，任新四军淮南纵队学员。9月始，先后任如西县江防行署、柴湾区、卢港区交通站站长。民国35年12月，任如皋县交通站副站长。民国36年3月，任如皋县交通站站长，后改称如皋县邮政管理局局长。民国37年12月，调离如皋，历任中共华中一地委交通科巡视组组长，常州电信局军事代表，无锡市委秘书、市直机关党委副书记、组织部干部科科长，无锡市文教部副部长，无锡市委机关党委书记、组织部副部长，无锡市工交政治部副主任，无锡柴油机厂革委会主任、常委、副书记、书记，无锡市南长区区委书记，无锡市革委会副主任，无锡市政府副市长，长江水产研究所党委书记。1991年9月离休。

吴体仁（1913—2006） 原名石元道，石庄人。毕业于如皋师范学校，一度担任小学教师。民国29年（1940年）新四军东进至如皋后，投身革命，改名吴体仁，始任磨头区文教助理。民国31年，加入中国共产党，任度军井区区长。民国33年4月，任中共如西县委城工部（敌工部）部长。7月，任中共如城工委书记。民国34年9月，任城区区长。民国35年8月，任中共如皋县委联络部长，领导全县地下工作。民国38年年初，转部队工作，参加渡江战役。中华人民共和国成立后，历任泰州军分区政治部主任、苏州军分区政治部主任、无锡市人民武装部第一政委、无锡市委常委。1976年离休。

范止安（1916—2006） 又名范杰、范宝璋，如皋城人。上海大厦大学肄业。民国26年（1937年），加入国民政府江苏省地方保安部队。民国29年秋，任如靖保安旅副旅长。如靖保安旅改编为鲁苏皖边区游击总指挥部第十纵队后，任司令，司令部驻黄桥。民国31年，范止安部投靠日本侵略军，被改编为伪第二集团军暂编陆军第三十四师，范止安任少将副师长，改名范杰。民国32年春，日伪于南通地区实行“清乡”，伪三十四师抽调2个团2000多兵力组成“清乡”派遣队，至启东、海门进行“清乡”，范止安任副指挥官。日本侵略军投降后，范止安任国民政府军委会少将参议。1950年，迁居香港，从事文化教育出版工作。晚年，拥护祖国统一，支持中共中央对台方针政策，亦关心家乡社会事业，作出一些资助。

邢　白（1923—2008） 如皋人。中学时代投身抗日救国活动。民国29年（1940年）11月，加入中国共产党。历任中共紫石县（海安）西场区委书记、中共东台县委委员、海安县县长等职，积极开展对敌斗争，为维护新生的红色政权、支援人民解放战争作出积极贡献。中华人民共和国成立后，历任南通医院副院长，苏北行署卫生局副局长兼苏北人民医学院院长，扬州市委委员，江苏省委宣传部干部处处长，江苏省人事局副局长，海安县委第一书记，南通市委副书记、第二书记，南通市革命委员会办事组副组长、生产组长，南通医学院革命委员会副主任、党委副书记，无锡市委副书记，南通市委第二书记、书记，南通市革命委员会副主任、主任。“文化大革命”中，遭受迫害。1983年3月，任中共江苏省委纪律检查委员会书记，后任江苏省第七届人大常委会副主任。为中共十二大、十三大代表，江苏省第六次、第七次党代会代表。

宋邦平（1923—2008） 加力人。民国30年（1941年）7月参加工作，11月加入中国共产党。抗日战争和解放战争时期，历任如西县卢港区加

马乡公所事务员、政治指导员，中共卢港区委组织科组织干事、科长，中共卢港区委副书记，中共李南区区委书记兼游击队政委，中共度军井区区委书记，华中第一军分区如皋县新兵二营政治教导员，中共江安区区委书记兼区游击队政委，如皋县独立团江防大队政治教导员，如皋县警卫团政治处副主任，苏北军区泰州军分区如皋县大队大队长兼政治教导员，泰州军分区司令部作教股股长。中华人民共和国成立后，历任苏北军区泰州军分区司令部军务科科长、参谋科科长等职。1955年，被授予三级解放勋章。后，调任福州军区后勤部永春基地兵站政治委员、后勤部政治部副主任。1983年离休，享受副军级待遇。

沙　铨（1930—2008）郭园沙家庄人。学生时代，参加中共外围组织青年解放团，任分团团长。14岁加入中国共产党，参加并领导学校抗日救亡学生运动。民国35年（1946年），参军入伍，历任华中军区司令部测量队学员、测量员、文化教员，第三野战军司令部测量大队政治干事。1950—1956年，历任第三野战军司令部测绘科指导员，军委测绘局航测队政治助理员，总参谋部测绘局政治部宣传科助理员等。1964年始，历任总参谋部测绘局政治部宣传处副处长、处长，总参谋部测绘局政治部副主任，测绘学院政治部主任等职。1955年，获解放奖章。1963年，被授予少校军衔。1991年，被授予少将军衔，获独立功勋荣誉章。

陆启明（1922—2009）营防李三圩人。民国29年（1940年）参加新四军。民国30年，加入中国共产党。是年年底，任江淮银行如西县办事处金库主任。民国32年7月，任如西县李南（镇涛）区公所主任。民国33年底，任如西县独立团河东营营长。是年，任薛窑区公所（车镇办事处）主任、区长。民国35年，任九分区警卫团参谋长。民国38年，参加渡江战役，后转战苏南战场。苏南解放后，任苏州军分区作战科科长。1955年，被授予上校军衔，后历任六合军分区参谋长、淮阴军分区参谋长、苏州军分区副司令员。1981年离休。

韩德培（1911—2009）如皋城人。幼年读私塾，10岁时转入京江小学读书，民国17年（1928年），毕业于如皋师范学校。民国19年，考入浙江大学史政系。半年后，浙大史政系并入中央大学，韩德培随之转入中央大学。民国23年，中央大学法律系毕业，获法学学士学位。民国28年，考取中英庚款留英公费生，因第二次世界大战爆发，于民国29年8月改赴加拿大多伦多大学留学。民国31年毕业，获法学硕士学位。是年，以特别研究生身份转往美国哈佛大学法学院继续从事研究工作。民国35年，应中国著名国际法学家、武汉大学校长周鲠生邀请，至武汉大学任法律系教授。民国36年，任武汉大学法律系主任，并被推举为武汉大学教授会主席。

中华人民共和国成立后，韩德培任武汉大学校务委员会常任委员、副秘书长，协助管理全校日常工作。1951年实行校长制后，任副教务长兼法律系主任，主管学校教务工作。1957年，被错划为“右派”，至沙洋农场劳动改造。1960年，被摘掉“右派”帽子，返回武汉大学，法律系不复存在，被安排到外文系教授英语。1969年，被再次戴上“右派”帽子，并下放沙洋农场劳动。1978年，“右派”问题被彻底平反，再回武汉大学工作。1979年后，先后担任武汉大学法律系主任、法学院名誉院长、国际法研究所所长、环境法研究所所长等职。直至去世，未正式退休。为第五届、第六届全国政协委员，国务院学位委员会法学学科评议组第一届、第二届成员，中国法学会常务理事、顾问、学术委员会委员，中国国际法学会副会长、名誉会长，中国国际私法学会首任会长、名誉会长，中国环境与资源法学研究会首任会长、名誉会长，并兼任国际自然和自然资源保护同盟理事、国际环境法研究中心理事、世界城市与区域规划学会理事等，在国内外法学界久负盛名。主编的统编教材《国际私法》，先后获全国普通高等学校优秀教材奖一等奖、首届中国图书提名奖；主编的《人权的理论与实践》，获普通高等学校人文社会科学研究成果一等奖；主编的《环境保护法教程》，为中华人民共和国成立后的第一部有关环境法教材。

韩德馨（1918—2009） 如皋城人。民国24年（1935年），考入南京中央大学实验学校，后入西南联大地学系学习。民国31年毕业后，至北京大学理科研究所读研究生，不久赴美国密歇根大学研究院攻读经济地质学和沉淀学。1950年，回国参加社会主义建设。回国后，一直于中国矿业大学担任教学、研究工作。1990年，被国务院授予"有贡献的早期回国专家"荣誉。1995年，当选中国工程院院士。1997年，获中国地质学界最高奖——李四光地质科学荣誉奖。1998年10月，中国矿业大学为韩德馨庆贺80寿辰时设立"韩德馨奖学金"。

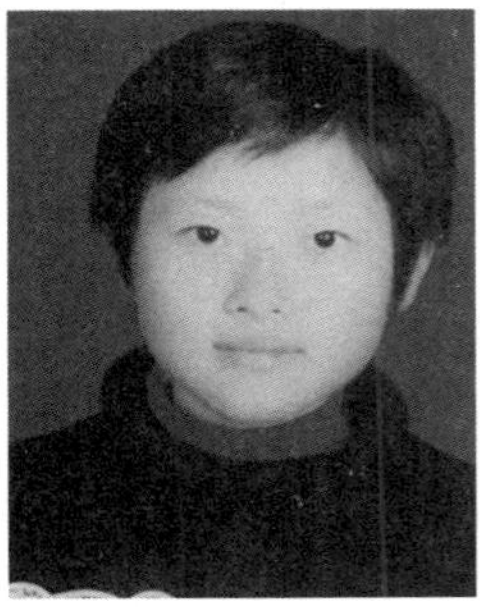

赵小亭（1990—2010） 如城镇邵庄村人，2008年9月如皋中学毕业，考入武汉大学电气工程学院电气工程与自动化专业。2008年，为中国注册青年志愿者。2009年7月，第一次与同学至湖北新邵地区支教。12月，加入中国共产党，为预备党员。2010年7月，与武汉大学电气工程学院18名同学至贵州省贵定县马场河中心小学开展暑期支教志愿服务。7月21日17时左右，在穿越一段崎岖山路时，被突然滚落的山石击中头部，不幸当场遇难。7月27日，共青团中央、全国学联、中国青年志愿者协会追授赵小亭中国杰出青年志愿者称号。7月28日，如皋市委、市政府作出《关于追授赵小亭同志"爱心大使"荣誉称号的决定》，如皋市精神文明建设指导委员会作出《关于开展向"爱心大使"赵小亭同志学习的决定》。12月，赵小亭被中国志愿服务基金会表彰为全国百名优秀志愿者。

薛承宗（1903—？） 字仰之，袁家庄（今如东县袁庄镇）人。民国16年（1927年），如皋师范学校毕业，加入中国国民党。民国18年2月，当选国民党如皋县党部候补执行委员、宣传干事，后因派系斗争被撤职。抗日战争全面爆发前夕，到江苏省保安干部训练所受训。回如皋后，任如皋县保卫团李堡区分团团副兼如皋城特税稽征所主任。民国24年，任如皋县保安第十七大队第三中队队长，后任如皋义勇壮丁常备大队大队长。民国26年6月，任国民政府第四行政区常备第三大队副大队长。如皋城沦陷后，率部撤至西乡，后辗转至东乡丰利、马塘一带（今属如东县），组建一支800多人的武装。民国27年5月，将常备第三大队扩编为常备二团。此后，奉命于丁堰崔家河、夏堡孔家桥及石庄阻击日本侵略军。民国28年3月，升任江苏省保安第一旅少将旅长。民国29年1月，攻打如皋城北门外和城东北三里群日本侵略军据点，未克。3月，率保安一旅驻防东马塘（今属如东县），接任国民政府如皋县县长。此后，听命国民党顽固派韩德勤，与中共制造摩擦。新四军全歼江苏省保安四旅后，其部于岔河（今属如东县）张贴反共标语，散发《告如皋全县民众书》，污蔑共产党"破坏抗战"，软禁中共如皋地方组织负责人叶胥朝，并企图逮捕打入保安一旅的中共党员。9月6日，薛承宗率1个团于泰兴营溪以南进攻新四军，被击溃，与2名副官泅河逃回东马塘后，被迫同意联合新四军共同抗日，释放叶胥朝，让出如皋县县长位置。民国30年4月，借陈毅找其谈话之机，至泰州看望李明扬，并退居上海。

民国34年5月，至南通出任国民党如皋临时参政会议长。民国35年7月底，任国民政府如皋县议会议长。如皋全境解放前夕，逃离如皋城，后举家去台湾，先后于台中、彰化等地任教，曾当选台北市如皋同乡会名誉理事。

茅祖裕（1910—？） 白蒲人。民国19年（1930年）考入上海东南医学院，民国24年毕业，

获医学学士学位，留院任眼科助教兼医院医师。日本侵略军侵占上海后，返回白蒲，于家中开设诊所。抗日战争胜利后，受南通医学院聘请，任眼科负责人。1955年，加入中国共产党。1957年，南通医学院部分科系迁至苏州，茅祖裕随学校至苏州工作。为南通、苏州2所医学院眼科奠基者、知名教授，当选中华医学会眼科学会第一届、第二届委员，当选江苏省眼科学会第一届至第三届主任委员。1984年，全国医学会编辑出版的《中国当代医学家荟萃》中有其名。

田铁夫(1914—?) 九华田家埠人。民国19年(1930年)，参加红十四军武装斗争。后，加入国民政府江苏省保安四旅，任常备团团长。民国29年，新四军东进击垮保安四旅，田铁夫部1个营被改编为新四军支队驻东台，田铁夫任支队长兼任东台城防司令。民国30年2月，在日伪诱惑、策反下，率部回如皋，收罗保安四旅残部近1000人，勾结日伪，残害人民，不久被新四军与地方人民武装击溃。5月，田铁夫率部公开投敌，任伪苏皖边区绥靖军第五师师长。民国31年，所部被改编为伪第二集团军暂编陆军第三十四师，任中将师长，参加对苏中三分区特别是如西地区的“扫荡”。民国33年秋，伪三十四师调往东台，民国34年8月被新四军歼灭。中华人民共和国成立初期，田铁夫只身逃至香港，后病逝。

闵乃大(生卒年不详) 石庄人。民国25年(1936年)清华大学毕业后，赴德国留学。抗日战争胜利后，携家回国，执教于清华大学，任电机系电讯网络研究室主任。1952年秋，接受华罗庚邀请，参与在中国科学院数学研究所内建立中国第一个电子计算机科研小组，任组长。不久，成为中国科学院数学研究所5名专职研究员之一，并当选中国科学院学部委员。后，举家旅居德国。

二、非如皋籍知名人士

邱 陞(?—1559) 字嵩山，号跻堂，河南封丘人。明嘉靖武举，后升山西平阳游击将军。明嘉靖三十八年(1559年)，倭寇扰乱江南，邱陞奉命提兵镇守。3月，倭寇从海门登陆，围攻通州，邱陞与刘景韶移兵扼守如皋。驻守通州副总兵邓城防御不支，邱陞急往增援，至白蒲镇与敌遭遇，率部奋战遏敌前锋，歼敌120多人。倭寇进兵丁堰，邱陞追剿歼敌130多人。倭寇迫近如皋城，邱陞陈兵东城门外，斩敌数十人，倭寇败退。后，倭寇迂回攻掠如皋城，居民千余人被害。邱陞昼夜搏战于仲家庄、樱桃园，获胜。倭寇沿海窜掠，邱陞联合副使刘景韶尾追，大破倭寇于庙湾，再歼敌于虾子港，共歼敌数千，民众筑“平倭冢”。依战功，邱陞升任扬州参将，后率部追击倭寇至海安，战于曹家庄，身先士卒，力斩倭寇90余人，残敌30余人逃往泰兴。邱陞发誓将敌剪尽乃食，穷追3昼夜，单骑至新沙时已是傍晚，马失前蹄坠地为敌所害。士民闻讯无不痛哭流涕。都御史郑晓上疏朝廷，皋人于县城建邱公祠。

李衷纯(生卒年不详) 字元白，浙江秀水人。明万历四十年(1612年)顺天府举人。万历四十七年(1619年)，任如皋县令，历时5年。在任内体察民间疾苦，鼓力兴利除弊。针对重男轻女旧俗，“悬告发之赏，申连坐之罪”，禁弃女婴，极贫之家则酌给补助；严惩为非作歹的地方恶少，“捕渠魁歼之”，让余党不敢再犯；劝农民学种棉花，组织制作织布机，陈列于如皋城4门，教民纺织并免除纺织赋税；从浙江湖州购进桑苗数千株，分授农民，辅导农民学习种桑、养蚕、缫丝；向农民传授花卉栽培技术；组织兴修水利，劝农民开池储水；注重教化，改建二忠(岳飞、文天祥)祠，重建王学士祠。“治皋凡五载，环土无周内之民，村落绝迫呼之隶。……信足为后事师矣！”(清嘉庆《如皋县志·名宦志》)

张 荣(生卒年不详) 字伯仁，江苏常州人。明嘉靖年间，移居如皋。精于医术，悬壶济世，无论早晨深夜、炎夏寒冬，随请随到，多数药到病除。明嘉靖三十八年(1559年)，倭寇进犯如皋，兵备副使刘景韶领兵剿寇，军中瘟疫流行，聘张荣为军医，精心治疗，1000多人获救。明隆庆六年

(1572年),如皋民夫1200多人奉调至下邳疏浚河道,疫死半数以上。张荣闻讯,自请前去。民夫卷缩草棚地铺,张荣不顾棚脏铺臭,躬身进棚,悉心治疗,使患疾民夫得救回乡。

董小宛(1624—1651) 女,名白,字小宛、青莲,江苏金阊(今苏州)人。父亲不务正业,母女生活贫困,董小宛流落江宁,沦为歌伎,为"秦淮八艳"之一。明崇祯十五年(1642年),嫁冒辟疆为妾。董小宛天姿巧慧,容貌娟妍,针神曲圣,食谱茶经无不通晓,并汇集《奁艳》一书。卒后,冒辟疆作《影梅庵忆语》,记载董小宛为人行事。

熊 琏(1757? —1822?)女,字商珍,号澹仙、茹雪山人,江西南昌人,生于清乾隆年间,随祖父迁居如皋。自幼聪明好学,学诗于诗人江片石,诗词文赋俱佳。父早逝,与弟依寡母生活。自幼许配同邑陈遵,未几,陈遵染疾痴呆。婚后,熊琏常以诗词自遣,有"才女"之称。后半生,因家境清贫不能自给,依附母弟而居。晚年设帐为塾师。清嘉庆年间去世,享年65岁。早期作品清灵激扬,后期作品抑郁凄凉,风格得朱淑真、李清照余韵。著有《澹仙词钞》4卷、《澹仙诗话》4卷,另有诗、文、赋各若干卷。诗作《见蝶》《咏萤》被袁枚选入《随园诗话》。

龙 璋(1854—1918) 字研仙,号特甫,别号甓勤,晚号潜叟,湖南攸县人。7岁解文,15岁诵十三经及古诗文。清光绪二年(1876年),乡试中举。40岁前,均于长沙南郊东皋别墅寒窗苦读,其间7次进京应考均失利。科举无望后,在京就任内阁中书。清光绪二十年任江苏沭阳县令,清光绪二十一年调任如皋县令。清光绪二十三年,于如皋联络一些富绅,并自己带头捐款,创办如皋第一所小学,"欧风东渐,崇尚新学,公(龙璋)假考舍创办学堂,招致生徒,专习欧美格致各科,养育人才""为各县先河之导,卓识尤不可及"(民国《如皋县志》《龙璋传》)。清光绪二十六年,龙璋调任泰兴县令。此后,资助黄兴、章士钊筹建华兴会,用自办轮船公司的小火轮由上海秘密购长枪500支、手枪200支,供华兴会用于长沙起义;至湖南为黄花岗起义筹款,为革命捐助款项20万银圆以上。辛亥革命后,出任湖南省民政长。民国5年(1916年)4月,孙中山回上海后,龙璋登门拜访。孙中山感于龙璋对革命的贡献,亲笔手书"博爱"以赠。民国7年3月,北洋军阀入湘,龙璋极力反对,迫于时局避居长沙老家东皋别墅。

周 莲(1850—1920) 字子迪,贵州贵筑(今贵阳市)人。清同治年间,随父周际霖至如皋任知县,居于如皋城内冒家巷。周际霖于如皋先后4任知县,颇有政声。清光绪初年,周莲中秀才,选为贡生。时曲靖回民作乱,周莲协助五伯父招抚回民首领马某,戡乱安民有功,得保举为候补知府至北京吏部就任。一偶然机遇,得谒见罢职闲居的恭亲王奕訢。奕訢见周莲举止安详,应对从容,洞达民情,极为赏识。奕訢复职后,周莲被指令调任厦门道台,后改任福建布政使。周莲在闽8年后,赴京候升,见李莲英掌权,卖官鬻爵,朝政混乱,各处革命暴动,即告老回如皋,以诗文、书法消遣。清宣统三年(1911年)武昌起义后,被如皋绅民推为临时军政总司令,维持治安。卒后,葬于如皋南乡杨花桥。

季树椿(1850? —1920) 字昌浦,浙江义乌人。自幼习金华火腿腌制技艺,积有经验。清光绪年间,至如皋城南门内开办火腿栈。清光绪二十一年(1895年),沙元炳创设广丰制腿公司,季树椿被聘为管事(经理),指导生产,年销火腿10多万只,质量与金华火腿媲美,于南洋劝业会上获奖。民国初退休,仍负责技术指导。

程强 冯余庭 杨桂馨 籍贯、字号和事迹失考。民国初,组织如皋乡民参加讨伐袁世凯的斗争,于南通被捕,后被押至如皋,于如皋城西门遭杀害。民国23年(1934年),国民政府如皋县政府奉江苏省民政厅令择定如皋公园建"民三三烈士纪念塔"褒奖。

黎昌圣(1904—1933) 又名时中,四川达县人。父黎蕴生早年参加同盟会,在其影响下,黎昌

圣幼年时期即同情革命和劳动人民。民国14年(1925年)秋,于达县县立中学毕业,次年考入江苏南通农科大学。在校期间,组织四川同乡会,创办会刊,并经常在会刊上发表思想评论,抨击腐恶,痛陈时弊,为南通学联骨干。民国16年秋,加入中国共产党。次年春,当选中共南通县委委员。4月,任中共南通特委秘书,因"共党嫌疑"被国民政府当局拘捕。9月,被国民政府江苏省高等法院判处有期徒刑4个月。获释后,受中共江苏省委派遣,至如皋县加强武装斗争的领导,任如泰工农红军政治教导员。民国19年4月3日,红十四军正式建军,黎昌圣任第二支队政治委员。4月16日,在攻打老户庄战斗中身先士卒,率领战士英勇冲杀,不幸腿部负伤。后,赴上海治伤,同时正式组建红十四军驻沪办事处,任主任。6月,红十四军改编,黎昌圣任一师政治委员。红十四军失利后,被党组织派回四川达县从事地下工作。民国22年10月,中共达县县委和达县苏维埃政府成立后,黎昌圣任县委组织部部长、苏维埃政府领导成员。是年冬,被张国焘以"投机分子"罪名秘密杀害。

胡伯兰(1897—1969) 名维芳,字伯兰,江苏镇江人。幼年随父寓居如皋。民国6年(1917年),毕业于南通医学专门学校,为首届毕业生,后留学日本。归国后,被母校聘为教授。民国21年,与丁志中、胡晋侯等在如皋城创设同仁医院,后各自主办诊所,广招门生,分科传授医术。民国36年,任县公立医院副院长。中华人民共和国成立后,率先组织县医学团体及联合诊所。精于内科,尤于呼吸、循环2科积有丰富临床经验,教学精辟入微。历任县人民医院院长,县第三届、第四届、第五届人民委员会副县长,政协如皋县第二届、第三届、第四届委员会副主席等职。为江苏省第三届人民代表大会代表。

曹衍正(1907—1983) 江苏南通五总人。民国27年(1938年)参加革命工作,是年10月加入

中国共产党。抗日战争期间,历任抗战支队政工队员、中共地下党支部书记,如西县文教科科员、督学、科长,中共如西县委宣传部部长,如西县公安局局长、代理县长。主持创办如西中学、东南中学,发展根据地文化教育事业,加强政权建设,发展地方武装,为巩固和发展如西抗日民主根据地作出贡献。抗日战争胜利后,调任苏中一专署民政处副处长,后兼任如皋县县长半年时间。中华人民共和国成立后,历任苏南行署交际处主任秘书,江苏省人民委员会办公厅主任、副秘书长,南通专员公署副专员等职。"文化大革命"期间,遭受残酷迫害。1976年10月后,获平反昭雪。

黄星楼(1901—1984) 名垣杓,字星楼,江苏镇江人。青年时,跟随镇江名医褚鹏飞学医,学成后至如皋城行医,以擅长内、妇科而著名。20世纪20年代,协同陈霭堂等创办《如皋医学报》,并出任主编,参与反废止中医的斗争。民国25年(1936年),受聘为中央国医院撰述员。中华人民共和国成立后,历任县科协副主席、南通地区医学会副理事长、省中医学会理事、如皋县中医院中医内科主任医师。1958年,兴办如城中医学校,并受聘为江苏省第一期名老中医继承班教师。为政协江苏省第四届委员会委员。著有《餐菊轩医辑》《内科症治荟萃》等。

左开运(1914—1986) 江苏海安雅周人。民国30年(1941年)4月,加入中国共产党,历任紫石县(海安县)雅周区农抗会主任,中共雅周区委民运科科长、组织科科长、区委副书记、书记等职。民国34年10月,调至泰县,历任中共泰县县委农运部部长,泰县副县长,中共泰县县委副书记、书记等职。民国35年12月,任中共华中一分区教导大队总支书记。1950年,任如皋县委书记。1954年5月,调至南通地委,历任地委合作部部长、地委副书记、地委书记处书记等职。"文化大革命"期间,遭受迫害。1976年10月后,恢复工作,任南通

地委副书记兼纪委书记。1982年12月离休。

张 鸣(1923—1986) 山西平遥人。民国27年(1938年)4月参加革命,民国29年1月加入中国共产党。历任战士、班长、指导员、教导员、军分区副科长。参加晋西自卫战役、晋西反顽战役、鲁南战役、山东石沟涯战斗、淮海战役、渡江战役等。1955年4月,被南京军区授予三级独立自由勋章、三级解放勋章。1968年9月,调任如皋县人武部政委,后任如皋县委书记。20世纪70年代初期,与县委其他领导成员顶住"左"倾压力,组织大规模清查、平反冤假错案;团结带领全县人民削平高沙土33万亩,为全县农业持续发展打下坚实基础。1973年2月,调离如皋县,回部队任职。

周特夫(1918—1989) 江苏阜宁益林镇人。民国23年(1934年),考入苏州国医学校,开始阅读进步书籍。抗日战争爆发后,毅然前往延安"抗大"求学,2次均受阻未能成行,遂参加抗日部队。民国28年5月,经俞铭璜介绍加入中国共产党。民国30年1月至民国31年1月,历任中共如西县车镇区委书记兼中共南马塘区委书记、中共东南边区中心区委书记、中共如西县委组织部部长。民国31年2月,任中共如西县委书记兼如西县独立团政治委员,为发展党的组织、建立抗日民主政权和地方武装、巩固和发展革命根据地作出贡献。民国34年9月收复如皋城后,任中共如皋县委书记。民国35年2月,调任分区特务三团政委,部队驻白蒲镇。年底,随部队转移至山东,参加诸多战役。1959年,参加平息西藏叛乱战斗。1976年,任江苏省军区政治委员。1988年离休后,参加全省军史和如皋地方党史征集研究工作。

吴凤琴(1919—1989) 通州东余人。民国31年(1942年)3月,任南通县东余乡民兵中队长。民国32年1月,加入中国共产党。民国33年1月,任南通五乡联防队指导员,率领地方武装坚持敌后游击战争。民国34年2月,调任中共三余区委社会科副科长,后任区委副书记。中华人民共和国成立后,历任南通县石港区委书记、南通县委副书记、南通地区多管局副局长。1966年,调至如皋县,历任副县长、县财贸办公室副主任、县革命委员会副主任、县政协副主席等职。任职期间,主持筹建丁堰纺织厂、磨头糖厂、如皋罐头厂。1982年离休。

何建民(1901—1990) 江苏靖江新桥人。民国8年(1919年),考入江苏省第三师范学校。毕业后,在家乡兴办私塾,从事启蒙教育,后被无锡私立德慧女校聘为教席,又至苏北任教。民国29年新四军东进后,先后转入私立苏北中学、靖江初级中学、靖江二中任教,先后任总务主任、教导主任、校长等职。抗日战争期间,将正在读高中的独子送入新四军部队。民国37年,受命参与组建靖江联合中学。是年,加入中国共产党。

1952年,何建民调任苏北如皋中学校长。在如皋中学任校长的16年中,严谨治学,将学校发展成为江苏省45所重点中学之一、江苏省15所示范中学之一。"文化大革命"中,遭受迫害。1976年10月后,获平反、恢复名誉。1984年离休。

姚古渔(1900—1991) 江苏泰兴常周乡印家荡人。民国13年(1924年),江苏省立第三师范学校(无锡师范)毕业,先后于无锡、泰兴等地任中小学教师。民国31年,参加革命工作。民国35年,加入中国共产党,任泰兴乡村师范学校教师、副校长,积极组织师生开展抗日救亡运动。后,历苏中三分区联合师范乡师部主任,黄桥中学校长,泰兴霍庄中学校长,泰兴中学校长等职。解放战争期间,历任华中一专署教育处编审员、黄桥中学校长等职。民国38年8月,任江苏省如皋师范学校校长。1979年离休。为中共如皋县委第二届、第三届委员,全国文字改革委员会委员。

谢中光(?—1992) 江西宁冈人。民国17年(1928年),参加中国工农红军。民国18年,加入中国共产党。民国29年新四军东进后,任新四军一师一旅第三团团长。民国32年6月,调任如西县独立团团长。后,历任苏中军区后勤部副部长,华中第一军分区参谋长、副司令员等职。中华人民共和国成立后,历任上海市公安总队总队长,南通军分区司令员,江苏省军区副参谋长、副司令员、顾问等职。

钟　民（1909—1998）　江西广昌人。学生时代追求革命真理，因阅读进步书籍遭国民政府当局迫害，民国24年（1935年）春，逃亡上海寻找中共组织。是年夏，于陶行知创办的上海工学团工人识字学校任教，进行共产主义启蒙教育，从事工人运动，并参加中国青年反帝同盟。民国25年9月，加入中国共产党。是年秋，受中共组织派遣赴苏北，从事秘密工作。民国26年，任中共江北特委委员、中共如皋中心县委书记。民国29年冬始，历任中共南通中心县委书记，中共苏中四地委副书记兼组织部部长，新四军苏中第四军分区政治部副主任，中共苏中区党校校务委员兼组织处处长、校党委代理书记，中共苏中区委民运部部长，为开辟苏中四分区抗日民主根据地，开展武装斗争，夺取反“清乡”斗争胜利作出重大贡献。民国34年夏始，历任苏中解放区总工会主任、中共华中一地委书记、华中军区第一军分区政委、苏北支前司令部政委。

1949年后，钟民历任无锡市委书记、苏南区党委常委兼城工委书记、苏南区总工会筹备会主任、苏南区劳动局局长。1952年2月始，历任上海市委委员，上海市总工会副主席、主席、党组书记，上海市委常委，上海市委工业生产委员会副书记、劳动工资委员会主任和业余教育委员会主任等职。此间，先后当选全国总工会执委常委、主席团委员。1961年1月，调任福建省委书记、福建省副省长、省政府党组副书记。1964年，调任中共中央工业交通政治部副主任、中央工业交通党委委员、国家经委党组成员。“文化大革命”中，遭受残酷迫害。1979年4月始，历任上海市委常委、书记，上海市革委会副主任，上海市第七届人大常委会副主任、上海市委人事安排小组组长。退居二线后，历任上海市顾问委员会筹备组组长、上海市地方志编纂委员会主任委员、上海市老干部大学校长等职。为中共八大、十二大代表，第二届、第三届、第五届全国人大代表。

季秀英（1927—1998）　江苏省南通县（今南通市通州区）人。民国35年（1946年）12月，任南通县余西区情报员。民国38年7月起，历任南通县余西区、金霞区妇联主任、乡长、副区长，区委组织科长、副书记。期间，组织安排多次参加文化补习和理论培训。1960年6月起，任江苏省化肥厂化工厂、机械厂党支部副书记。1962年8月始，历任南通县妇联副主任、县政府人事科副科长。“文化大革命”初期，被送县“五七”干校劳动改造。1972年12月，任如皋县卫生局副局长。1979年3月，任如皋县人民法院副院长。1981年4月，任如皋县政府副县长。1985年12月任如皋县政协主席。季秀英工作作风深入、细致，基层工作经验丰富，善于做群众工作。

赵一平（1910—2000）　江苏海门包场镇人。民国28年（1939年）11月参加革命，民国29年4月加入中国共产党。民国29年3月至民国30年1月，任中共苏北特委机关事务长、党训班特务长。民国30年1月至民国31年5月，历任南通县抗日民主政府财经科科员、司库，通海十一区和通东行署财经指导员兼赋税主任。民国31年5月至民国34年3月，历任中共通东富余、余东、六甲区委书记，发动群众捕杀日伪坐探，坚壁清野，拆桥、破路，使日伪军寸步难行。民国34年4月，任东南县委组织部部长。民国35年2月，任南通东南行署主任，领导军民坚持原地斗争，积极发展人民武装。中华人民共和国成立后，历任海门县委书记、县长，南通专署民政科长，苏北人民检察署南通分署检察长，如皋县委第一书记，启东县县长、县委副书记、政协主席。1959年10月，调任南通专署副专员、江苏省监委驻南通地委监察组组长。“文化大革命”中，被迫停止工作。1973年9月后，历任南通地区机关党委书记、地委组织部部长、地区行政公署顾问。1982年12月离休。

沈忠怀（1920—2001）　江苏省大丰县人。民国30年（1941年）3月，参加革命工作。民国34年5月，加入中国共产党。民国38年9月前，历任两淮盐管局办事员，大丰（台北）县税务所所长、县政府会计、县财经局财务课长、县货管局副局长，泰州专员公署税务局三科科长等职。民国38年9月，调如皋县工作。先后任县财政局、税务局局长，县委财贸部部长。1955年12月，任县政府副县长。1961年12月，任县人委县长。1964年1月，改任县人委副县长。在如皋工作期间，其政策观念强、作风细致深入、财经业务娴熟、服从组织安排、不计个人得失、平易近人、顾全大局等给人们留下深刻印象，为如皋的财政事业做出贡献。1965年2月，调南通县工作，先后任副县长、县委副书记、县革委会副主任、县委常委等。1979年2月，任南通地区供销合作社主任。1982年12月，离职休养，享受厅、局级待遇。

谢克东（1911—2001）上海金山人。民国22年（1933年）2月参加革命，是年8月加入中国共产党。抗日战争爆发前后，按照中共组织指示，赴西安东北军学兵队、东北军青训班军官差遣队、东北军六十七军继续从事党的地下工作。民国25年12月，参与“西安事变”，后任中共东北军六十七军工委书记。民国28年7月，转战江苏东进抗日，历任中共中央东南局党训班研究组组长、中共苏中区党委党训班主任、中共如皋（东）县委书记兼县独立团政治委员、中共苏中四地委城工部部长等职。民国34年9月新四军收复如皋城后，调任中共如皋县委书记兼县总队政治委员。解放战争开始后，调离如皋。中华人民共和国成立后，历任无锡市委副书记、江苏省委纪律检查委员会副书记、江苏省委组织部副部长、南通地委第一书记、盐城地委第一书记、江苏省第五届人民代表大会常委会副主任等职。

刁守坦（1921—2001）江苏东海人。民国29年（1940年），参加革命工作，参与东海县竹城乡、陇海区民运工作。是年，加入中国共产党。后，历任中共东海县安北乡支部书记，中共安北、河西2乡区游击队支部书记，中共陇南区委、安峰区委宣传委员。民国35年于淮阴地委党校毕业后，先后任中共东海县蔷薇区委副书记、书记。

民国38年渡江战役后，刁守坦调任无锡县滨湖区、南泉区党委书记，后历任无锡县供销合作总社主任，苏州地区供销合作总社办事处主任，苏州地委财贸部副部长，江阴县委副书记、第二书记。1961年3月，调任海安县委书记，后任政协海安县第二届、第三届、第四届委员会主席。“文化大革命”初期，遭受迫害。1974年，任南通地区工交办、财办主任，1978年12月，任如皋县委代书记。1979年3月，任如皋县委书记，至1982年5月离休。在如皋县任职期间，在清查平反冤假错案、落实党的政策，恢复发展国民经济等工作中作出贡献。

季一先（1918—2002）江苏泰兴人。抗日战争爆发后，赴皖南新四军军部参加革命。民国28年（1939年）8月，加入中国共产党。在泰兴县工作期间，先后担任中共泰兴县靖泰边区工委书记、中共黄桥区区委书记。民国30年9月，调至如皋，历任中共如西秘密县委组织部部长、县委书记（特派员），中共如西县委委员、城工部（敌工部）部长，中共如皋县委委员、常委、组织部部长、县委副书记、县委书记。

1950年7月调离如皋后，历任中共中央华东局组织部副处长、中共中央书记处第一办公室研究员、北京市东城区区委书记。1965年，调任北京京剧团副书记。“文化大革命”中，遭受迫害长达10年。1977年，任江苏省人事局局长。1980年4月，任江苏省委组织部副部长兼省人事局局长。1987年1月离休。去世后，家属遵其遗言，将遗体捐给南京铁道医学院供医学解剖研究。

周 泽（1923—2002）江苏泰兴黄桥人。民国27年（1938年）11月，参加抗日游击队。民国38年9月，加入中国共产党。后历任泰兴县第八支队民运队长、中共黄桥区委组织科科长、中共泰兴蒋垛区委书记、中共泰兴塘湾区委书记兼区长、中共泰县县委副书记兼组织部部长等职。民国34年9月如皋城收复后，调至如皋任中共华中一地委组织部干部科科长。解放战争开始后，任中共如皋县委书记兼如皋县警卫团政治委员，领导全县军民坚持敌后斗争，浴血奋战，直至如皋全境解放。中华人民共和国成立后，历任泰州地委组织部部长、地委副书

记，扬州地委书记，南京市委书记处书记，江苏省委副秘书长等职。“文化大革命”中，遭受迫害。1971年3月恢复工作后，历任江苏省革命委员会常委、办事组副组长，徐州地委常委、徐州地区革命委员会副主任、地委副书记、书记等职。1976年10月后，历任江苏省委常委兼秘书长、省革命委员会副主任、省委书记处书记、副省长、省委副书记等职。

胡奠南（1921—2004），曾用名赵伯权，江苏淮阴人。民国28年（1939年）3月，参加革命工作。8月，加入中国共产党。民国29年，任淮阴县队二连连长兼指导员。民国30年后，历任中共淮阴县大兴区委副书记兼农会主任、中共淮阴县大兴区委书记、淮阴县农会会长、中共淮阴县委民运部部长。

民国38年1月至1956年，历任淮阴县委书记，淮阴地委农工部部长、地委副书记，淮阴县总队政委。1956年3月至1957年2月，任江苏省水产厅副厅长、党组副书记。1957年3月，调任如皋县委书记，先后组织领导小溪河、焦港、如海河、通如河、碾砣港疏浚工程，调整农业生产结构，组织栽桑养蚕，增加农民收入。1960年后，历任南通行署专员、地委副书记、地委书记。1981年，调任江苏省农垦局副局长、党组第一副书记（正厅职）。1984年，任江苏省农垦总公司顾问。1989年12月离休。为江苏省委第五届、第六届委员，江苏省第三届、第四届、第五届、第六届人民代表大会代表，江苏省第六届人大常委会委员。

陈锦美（1921—2004）　江苏涟水人。民国28年（1939年）8月，参加革命工作并加入中国共产党。民国28年8月至民国33年3月，历任中共涟水县下营乡党支部书记、区民运科长、乡农会会长、区总农会副总会长、联防主任。民国年3月，任新四军三师八旅涟东独立团参谋、情报站长。民国34年3月后，历任中共涟水县佃湖区委书记、涟东县农会会长、中共南吉区委书记。民国37年8月后，历任中共涟东县委宣传部副部长、青委书记、支前五团副政委，参加淮海战役。民国38年3月后，任苏州地委组织部组织科长、干部科长、党员管理科长。1952年6月后，历任常熟县委组织部部长兼监委书记、县委副书记、县委第二书记。1958年10月，任启东县委第二书记。1960年3月，任如皋县委书记。1966年2月，任南通地委委员、农工部第一副部长兼贫协副主任。1975年1月后，历任海安县委常委、革委会副主任，南通地委农办副主任，海安县委副书记。1979年4月后，任常州市委常委、纪委第二书记、纪委书记。1983年12月离休，享受地市级政治、生活待遇。为常州市第五次党代会代表、常州市第九届人民代表大会代表。

梁灵光（1916—2006）福建永春鳌顶村人。初中、高中学习期间，宣传抗日救国，传播马克思主义和科学社会主义理论，参与学生声援上海工人罢工斗争。民国25年（1936年），至马来亚尊孔中学执教，参加革命活动。民国26年10月，辗转回国参加抗日战争。民国27年，任江苏省战时动员委员会视察委员。江苏省抗战支队成立后，任独立第一支队政治处主任。民国29年8月，任如皋县首任抗日民主政府县长，并加入中国共产党。11月，任南通县县长。民国32年10月，任苏中四专署专员。民国34年12月，任苏皖边区第一行政区专员公署副专员兼如皋城防委员会主任。民国35年8月后，历任华中九分区司令员兼专员、华东野战军十一纵队三十三旅旅长。中华人民共和国成立后，历任厦门市市长、福建省工业厅厅长、福建省副省长、福建省委书记处候补书记、福建省委书记处书记。“文化大革命”中，遭受迫害。1977年11月后，历任轻工业部部长、广东省委书记兼广州市委第一书记、广东省省长、广东省顾问委员会主任。1988年5月，当选第七届全国人大常务委员会委员兼全国人大华侨委员会副主任委员。

罗白桦（1914—2007）　原名柯开骏，曾用名罗克，安徽贵池人。民国23年（1934年）底至民国26年9月，在国民政府税察总团、监狱、地方法院、区署、报社等部门工作，目睹国民党腐朽。民国26年10月，毅然奔赴延安。民国27年2月，进入延安抗日军政大学学习。6月，加入中国共产党。10月，从延安返回安徽工作。民国29年1月，调至中共东南局青年部工作。不久，任中共安徽繁昌县委书记。民国30年1月，调任中共苏中三地委组织部部长兼中共如西县委书记。8月，至浙东任中共四明地委副书记兼组织部部长。10月，随新四军浙东游击纵队北撤苏北涟水，任新四军第一纵队民运部副部长。后调至山东工作。

中华人民共和国成立初，历任南京警备部队政治部副主任、南京市财政局局长兼税务局局长、南京市财经委员会常务副主任。1952年12月起，历任上海市建工局局长、党委书记，上海市市政建设委员会副主任，上海市人委公用办副主任等职。“文化大革命”中，遭受残酷迫害。1978年6月，任上海市建设委员会副主任。1985年11月离休。

张继中（1920—2007） 江苏江都人。民国28年（1939年）12月，毕业于江苏省乡村师范学校。民国29年5月，参加江都县杨家桥抗日自卫队。10月，加入中国共产党。民国29年7月至民国33年11月，历任江都县第六公所行政特派员，如皋县石庄区公所行政特派员，如皋县江安区公所民政助理、区长，如皋县石庄区区长，中共石庄区委书记。民国33年12月始，先后任如皋县政府民政科科长、县政府秘书。民国34年12月，任中共如皋县委委员、石庄区委书记。民国35年11月起，先后任如皋县政府副县长、县长。民国38年4月，随人民解放军渡江南下，参加接管无锡市，任无锡市政府秘书处主任秘书。8月，南下福建，先后任福州市政府秘书处主任秘书、福州市人民法院院长。1952年11月起，历任福州市政府副市长、福州市委委员、福州市政法委主任委员、福州市计划委员会主席。1956年12月，任福州市政府市长、福州市委书记处书记。1972年9月，任厦门市革委会副主任，厦门市委常委、副书记。1980年1月，任福建省经委副主任、党组成员，厦门经济特区管委会副主任、党组副书记。1981年10月，任福州市委书记、福州市人大常委会主任。1984年1月，任福建省经委顾问。1985年6月，任福建省顾问委员会委员。1994年11月离休。为第六届全国人民代表大会代表、福建省第六次党代会代表。

黄克明（1924—2009） 江苏启东人。民国29年（1940年）9月，参加革命工作。民国30年1月，加入中国共产党。先后在新四军一师三旅九团、栟茶盐场、南通船舶管理处、南通专署、苏北行署、省农林厅、泗阳县工作。1962年5月，任江苏省农林厅副厅长。8月，任南通专区农业科学研究所所长、南通专署秘书长。“文化大革命”期间，遭受迫害。恢复工作后，任南通地区革委会农水局领导组副组长、组长。1976年1月至1977年9月，任如皋县委书记。1978年3月至1979年3月，任南通地委常委、南通地区革委会副主任兼如皋县委书记。1979年12月，任南通地委常委、地区行署副专员兼行署农委主任。1983年3月至1988年1月，任南通市八届人大常委会副主任。1989年12月离休。为中共南通市第三次、第四次、第六次党代会代表，南通市委第三届、第四届、第六届委员，南通市第七届、第八届、第九届人民代表大会代表。

第二章 人物表录

第一节 劳模(英模)、先进工作者

一、全国劳模(英模)、先进工作者

如皋市(县)全国劳模(英模)、先进工作者一览表

表23-1

姓 名	荣誉名称	表彰时间	表彰单位
崔才爵	劳动模范	1956	国务院
陈松余	劳动模范	1956	国务院
孙福基	劳动模范	1960	国务院
王修恺	劳动模范	1960	国务院
李　一	劳动模范	1960	国务院
章士连	劳动模范	1960	国务院
朱恒如	劳动模范	1960	国务院
李克钊	劳动模范	1960	国务院
王连贵	劳动模范	1989	国务院
洪远镜	劳动模范	1989	国务院
张万珍	五一劳动奖章	1989	全国总工会
王秀珍	劳动模范	1995	国务院
姜剑国	五一劳动奖章	1996	全国总工会
沈良兵	五一劳动奖章	1998	全国总工会
沈良兵	劳动模范	2000	国务院
顾清波	劳动模范	2005	国务院
丁雪峰	劳动模范	2005	国务院
姚泽民	五一劳动奖章	2007	全国总工会
卢　俊	先进工作者	2010	国务院

注:排列顺序以取得荣誉时间先后为序

二、省(部)级荣誉获得者

如皋市(县)获省(部)级荣誉人员一览表

表23-2

姓名	荣誉名称	表彰时间	表彰单位
周其发	劳动模范	1950	华东军政委员会
钱顺芝	劳动模范	1951	苏北行政公署
李　四	劳动模范	1951	江苏省政府
邹国祥	劳动模范	1951	江苏省政府
张顺贵	劳动模范	1951	江苏省政府
常登赢	劳动模范	1951	江苏省政府
万玉余	劳动模范	1951	江苏省政府
严风英	劳动模范	1951	江苏省政府
季林祥	先进工作者	1956	江苏省政府
顾孝如	先进工作者	1956	江苏省政府
林献卿	先进工作者	1956	江苏省政府
沈忠华	先进工作者	1956	江苏省政府
邹世南	先进工作者	1956	江苏省政府
沈竹余	先进工作者	1956	江苏省政府
陆炳南	先进工作者	1956	江苏省政府
储心斋	先进工作者	1956	江苏省政府
施云斗	先进工作者	1956	江苏省政府
张泉生	先进工作者	1956	江苏省政府
陈帮彦	先进工作者	1956	江苏省政府
顾世康	先进工作者	1956	江苏省政府
吴宗俊	先进工作者	1956	江苏省政府
冒寿禄	先进工作者	1956	江苏省政府
冒谷贻	先进工作者	1956	江苏省政府
朱炳华	先进工作者	1956	江苏省政府
朱双六	先进工作者	1956	江苏省政府
黄淑娴	先进工作者	1956	江苏省政府
徐宏正	优秀教师	1956	江苏省政府
陈锦标	劳动模范	1959	农业部

续表23-2

姓名	荣誉名称	表彰时间	表彰单位
丁秀松	先进工作者	1959	江苏省政府
程其富	先进工作者	1959	江苏省政府
曹春阳	先进工作者	1959	江苏省政府
周荣富	先进工作者	1959	江苏省政府
王兆文	先进工作者	1959	江苏省政府
倪正东	先进工作者	1959	江苏省政府
范钦文	先进工作者	1959	江苏省政府
丁祥荣	先进工作者	1959	江苏省政府
王顺协	先进工作者	1959	江苏省政府
缪广生	先进工作者	1959	江苏省政府
杨二宝	先进工作者	1959	江苏省政府
王长贵	先进工作者	1959	江苏省政府
姚依宽	先进工作者	1959	江苏省政府
黄文治	先进工作者	1959	江苏省政府
姚天和	先进工作者	1959	江苏省政府
周云高	先进工作者	1959	江苏省政府
朱增祥	先进工作者	1959	江苏省政府
裘艳芳	先进工作者	1960	江苏省政府
高贵友	先进工作者	1960	江苏省政府
苏远胜	先进工作者	1960	江苏省政府
谢玉意	先进工作者	1960	江苏省政府
冯永祥	先进工作者	1960	江苏省政府
崔志英	先进工作者	1960	江苏省政府
朱孝钧	先进工作者	1960	江苏省政府
沙进德	先进工作者	1960	江苏省政府
孙宏斌	先进工作者	1960	江苏省政府
魏广林	先进工作者	1960	江苏省政府
王发祥	优秀教师	1960	江苏省政府
程家华	先进工作者	1960	江苏省政府
陈讲贯	先进工作者	1960	江苏省政府
汤　池	先进工作者	1960	江苏省政府

续表23–2

姓名	荣誉名称	表彰时间	表彰单位
黄　振	先进工作者	1960	江苏省政府
周维高	先进工作者	1960	江苏省政府
闫玉秀	先进工作者	1960	江苏省政府
陈锦林	先进工作者	1960	江苏省政府
刘建义	先进工作者	1960	江苏省政府
姚炳炎	先进工作者	1960	江苏省政府
谢春祝	先进工作者	1960	农业部
李　霖	劳动模范	1960	江苏省政府
赵宏轩	劳动模范	1960	江苏省政府
黄雨才	先进工作者	1964	江苏省政府
董金贵	先进工作者	1964	江苏省政府
卢德高	先进工作者	1964	江苏省政府
周荣富	先进工作者	1964	江苏省政府
何兰芳	先进工作者	1964	江苏省政府
沈伯宽	先进工作者	1964	江苏省政府
周荣富	先进工作者	1965	江苏省政府
许书文	先进工作者	1965	江苏省政府
黄元良	先进工作者	1965	江苏省政府
李华甫	先进工作者	1965	江苏省政府
王永福	劳动模范	1977	江苏省政府
丁帮荣	劳动模范	1977	江苏省政府
肖龙华	劳动模范	1977	江苏省政府
徐名忠	劳动模范	1977	江苏省政府
刘焕文	劳动模范	1977	江苏省政府
许家淦	劳动名称	1977	江苏省政府
夏国民	劳动模范	1977	江苏省政府
石明清	劳动模范	1977	江苏省政府
张大方	劳动模范	1977	江苏省政府
李万林	劳动模范	1977	江苏省政府
刘桂友	劳动模范	1977	江苏省政府

续表23–2

姓名	荣誉名称	表彰时间	表彰单位
朱桂兰	劳动模范	1977	江苏省政府
杨本富	劳动模范	1977	江苏省政府
耿巧英	劳动模范	1977	江苏省政府
鲁桂英	劳动模范	1977	江苏省政府
吴福元	劳动模范	1977	江苏省政府
李细风	劳动模范	1977	江苏省政府
王秀英	劳动模范	1977	江苏省政府
张正生	劳动模范	1977	江苏省政府
陆银生	劳动模范	1977	江苏省政府
王如伯	劳动模范	1977	江苏省政府
贾本兰	劳动模范	1977	江苏省政府
石昭龙	劳动模范	1977	江苏省政府
丁广志	劳动模范	1977	江苏省政府
张万珍	劳动模范	1977	江苏省政府
徐福海	劳动模范	1977	江苏省政府
时家政	劳动模范	1977	江苏省政府
朱锦风	劳动模范	1977	江苏省政府
张永元	劳动模范	1977	江苏省政府
尤福钧	劳动模范	1977	江苏省政府
顾忠余	劳动模范	1977	江苏省政府
陈金锁	劳动模范	1977	江苏省政府
于荣海	劳动模范	1977	江苏省政府
马瑞芝	劳动模范	1977	江苏省政府
杨海凤	劳动模范	1977	江苏省政府
丁明林	劳动模范	1977	江苏省政府
石增学	劳动模范	1977	江苏省政府
陈往生	劳动模范	1977	江苏省政府
姚　华	劳动模范	1977	江苏省政府
陈兆美	劳动模范	1977	江苏省政府
吴永芳	劳动模范	1977	江苏省政府
谢　构	劳动模范	1977	江苏省政府

续表23-2

姓名	荣誉名称	表彰时间	表彰单位
徐永隆	劳动模范	1977	江苏省政府
缪福明	劳动模范	1977	江苏省政府
乔　全	劳动模范	1977	江苏省政府
宋万章	劳动模范	1977	江苏省政府
吴应福	劳动模范	1977	江苏省政府
张金荣	劳动模范	1977	江苏省政府
吴新成	劳动模范	1977	江苏省政府
王兆文	劳动模范	1977	江苏省政府
季林祥	劳动模范	1978	江苏省政府
胡玉爵	劳动模范	1978	江苏省政府
陈才宏	劳动模范	1978	江苏省政府
张乃清	劳动模范	1978	江苏省政府
季子平	劳动模范	1978	江苏省政府
蔡金声	劳动模范	1978	江苏省政府
谢同芳	劳动模范	1978	江苏省政府
赵爱芳	劳动模范	1978	江苏省政府
刘长坤	劳动模范	1978	江苏省政府
薛志海	劳动模范	1978	江苏省政府
杭祝平	劳动模范	1978	江苏省政府
陈大万	劳动模范	1978	江苏省政府
姚烺祥	劳动模范	1978	江苏省政府
刘贵友	劳动模范	1978	江苏省政府
杨锦标	卫生工作先进个人	1978	江苏省政府
黄伯寿	财贸“双学”先进工作者	1978	江苏省政府
何永健	财贸“双学”先进工作者	1978	江苏省政府
张竟成	广播电视事业管理先进个人	1979	江苏省革命委员会
王建生	广播电视事业管理先进个人	1979	江苏省革命委员会
严淑芳	三八红旗手	1979	全国妇联
陈素英	三八红旗手	1979	全国妇联
刘德美	三八红旗手	1979	全国妇联
石兰芳	三八红旗手	1979	全国妇联

续表23-2

姓名	荣誉名称	表彰时间	表彰单位
丁秀芳	三八红旗手	1979	全国妇联
吴金梅	三八红旗手	1979	全国妇联
周淑芳	三八红旗手	1979	全国妇联
蔡金声	先进工作者	1979	江苏省政府
姚烺强	先进工作者	1980	江苏省政府
许映学	三等功	1980	江苏省军区
张松泉	三等功	1980	江苏省军区
葛云霞	劳动模范	1981	江苏省政府
陈友祥	劳动模范	1981	江苏省政府
沈美文	劳动模范	1981	江苏省政府
陈锦川	劳动模范	1981	江苏省政府
杭祝平	劳动模范	1981	江苏省政府
张义林	计划生育先进工作者	1982	江苏省政府
翁正凤	三八红旗手	1982	全国妇联
吴亚彬	农村群众文化先进工作者	1982	江苏省政府
刘荣祥	农村群众文化先进工作者	1982	江苏省政府
程泉康	劳动模范	1983	江苏省政府
茅友龙	物价系统先进工作者	1983	国家物价局
吉苏龙	劳动模范	1984	江苏省政府
石友联	劳动模范	1984	江苏省政府
黄道贯	劳动模范	1984	江苏省政府
姜　鹄	劳动模范	1984	江苏省政府
洪远镜	劳动模范	1984	江苏省政府
严文生	劳动模范	1984	江苏省政府
谢庆生	劳动模范	1984	江苏省政府
石光玺	劳动模范	1984	江苏省政府
冯永昌	劳动模范	1984	江苏省政府
刘正光	劳动模范	1985	化工部
仲兆秀	省优秀教育工作者	1985	江苏省政府
徐家琪	省优秀教育工作者	1985	江苏省政府
刘建华	省优秀教育工作者	1985	江苏省政府

续表23–2

姓名	荣誉名称	表彰时间	表彰单位
吴小平	优秀特殊教育工作者	1985	国家教委、民政部
时锦荣	先进个人	1985	最高人民检察院
沈恒希	优秀工会工作者	1985	全国总工会
王　笃	全国优秀教育工作者	1985	江苏省政府
蔡成兰	计生先进个人	1985	国家计生委
高美芳	计生先进个人	1985	国家计生委
杨庆美	计生先进个人	1985	国家计生委
蔡泰山	军转干先进个人	1986	江苏省政府
邓纯华	劳动模范	1987	江苏省政府
陶美荣	劳动模范	1987	江苏省政府
白莲珠	劳动模范	1987	江苏省政府
王连贵	劳动模范	1987	江苏省政府
吴正益	劳动模范	1987	江苏省政府
常静贤	劳动模范	1987	江苏省政府
石光玺	劳动模范	1987	江苏省政府
沐美云	劳动模范	1987	江苏省政府
谢庆生	劳动模范	1987	江苏省政府
花汉明	劳动模范	1987	江苏省政府
李世萍	劳动名称	1987	江苏省政府
李　平	劳动模范	1987	江苏省政府
司秀兰	劳动模范	1987	江苏省政府
丁正全	劳动模范	1987	江苏省政府
朱炳镳	劳动模范	1987	江苏省政府
刘炜余	劳动模范	1987	江苏省政府
徐柏明	劳动模范	1987	江苏省政府
张武林	“双先”先进个人	1987	江苏省委、省政府
陈松云	优秀纪检干部	1988	江苏省委
王邦惠	三八红旗手	1988	全国妇联
许　娟	劳动模范	1989	纺工部
王连贵	劳动模范	1989	纺工部
王　笃	全国优秀教育工作者	1989	国家教委

续表23-2

姓名	荣誉名称	表彰时间	表彰单位
方　弢	教育系统劳动模范	1989	国家教委、人事部、教育工会
郑学龄	全国优秀教师	1989	国家教委、人事部、教育工会
何　珂	优秀会计员	1989	中国人民银行
董　林	群众文化先进工作者	1989	江苏省政府
杨昕宏	群众文化先进工作者	1989	江苏省政府
方　弢	优秀教师	1989	国家教委
沙　冰	优秀教师	1989	国家教委
吴迪平	优秀教师	1989	国家教委
汤瑞祥	优秀教师	1989	国家教委
沈恒希	优秀教师	1989	国家教委
吴锦贵	优秀教师	1989	国家教委
殷高华	优秀教师	1989	国家教委
周一兵	优秀教师	1989	国家教委
肖芝宁	优秀教师	1989	国家教委
马　沄	优秀教师	1989	国家教委
钱馥伦	优秀教师	1989	国家教委
周永树	优秀教师	1989	国家教委
周新华	优秀教师	1989	国家教委
王　笃	优秀教师	1989	国家教委
何秀良	优秀教师	1989	国家教委
严金华	优秀党员	1989	江苏省委
杨旭明	优秀教师	1990	国家教委
徐建平	农村科普工作先进工作者	1990	中国科协
潘宝才	关心国防建设的好领导	1990	江苏省政府、省军区
谭志旺	热爱武装工作的好干部	1990	江苏省政府、省军区
周金仁	组训先进个人	1990	江苏省政府、省军区
陈广余	民兵工作先进个人	1990	江苏省政府、省军区
顾敦沂	优秀教育工作者	1990	国家教委、人事部等
李克凤	出纳技术能手	1990	中国人民银行
朱建国	出纳技术能手	1990	中国人民银行
朱恒山	优秀教师	1991	国家教委

续表23-2

姓名	荣誉名称	表彰时间	表彰单位
顾坤山	广播电影电视系统先进工作者	1991	广电部、人事部
时锦荣	先进个人	1991	最高人民检察院
汤义玉	优秀侦查员	1991	最高人民检察院
唐凤盛	民政系统抗洪救灾先进个人	1991	民政部
邱维海	抗洪积极分子	1991	江苏省委、省政府
谭志旺	先进党委书记	1991	江苏省委组织部、省军区
严金华	优秀党员	1991	江苏省委
贾山林	劳动模范	1991	江苏省政府
张　薇	劳动模范	1991	江苏省政府
李玉坤	劳动模范	1991	江苏省政府
张光圣	劳动模范	1991	江苏省政府
李克凤	劳动模范	1991	江苏省政府
张怀高	劳动模范	1991	江苏省政府
葛莉莉	劳动名称	1991	江苏省政府
朱本涛	劳动模范	1991	江苏省政府
徐金坤	劳动模范	1991	江苏省政府
环衍祥	劳动模范	1991	江苏省政府
陆文奎	劳动模范	1991	江苏省政府
沙映昌	劳动模范	1991	江苏省政府
缪世明	劳动模范	1991	江苏省政府
王秀珍	劳动模范	1991	江苏省政府
袁国泉	劳动模范	1991	江苏省政府
吴克承	财会先进工作者	1991	中国人民建设银行
沈长生	教育系统劳动模范	1991	人事部
范钦松	计生系统劳动模范	1991	国家计生委
乔金华	世界冠军启蒙个人奖	1992	国家体委
李德元	业余训练先进工作者	1992	国家体委
李克风	劳动模范	1992	中国人民银行等
王质彬	民兵预备役部队“四会”教练员	1993	中国人民解放军总参谋部
于增和	突出贡献一等奖	1993	中国银行
吴迪康	优秀教师	1993	国家教委

续表23-2

姓名	荣誉名称	表彰时间	表彰单位
李克灵	优秀教师	1993	国家教委
吴建平	优秀教师	1993	国家教委
王邦惠	优秀教师	1993	国家教委
沈良斌	劳动模范	1994	建设部
王质彬	军事训练优秀“四会”教练员	1994	江苏省军区
谭志旺	民兵高射武器检修保养、保管先进个人	1994	江苏省政府、省军区
杨应弼	全国邮电教育系统优秀教师	1994	国家教委
朱　春	优秀党务工作者	1994	江苏省委
骆春林	优秀党务工作者	1994	江苏省委
环加林	优秀治保工作者	1994	公安部、人事部
冯克俭	嘉奖	1995	最高检、最高法、公安部等
葛永松	优秀教师	1995	国家教委
于向东	优秀教师	1995	国家教委
沙荣池	优秀教师	1995	国家教委
严建波	优秀教师	1995	国家教委
邹贤善	城市规划先进工作者	1995	建设部
龚裕祥	农业科技推广先进工作者	1995	农业部、国家科委等
明志和	民兵武器装备安全管理工作先进个人	1995	江苏省政府、省军区
朱林军	优秀人民警察	1995	公安部
谢晖来	优秀人民警察	1995	公安部
蒋剑国	五一劳动奖章	1996	全国总工会
谢平安	高等教育自学考试先进	1996	国家教委
陈松槐	先进督学	1996	江苏省政府
丁　泉	妇幼卫生先进工作者	1996	卫生部
郭必祥	水利优秀干部	1996	水利部
房建国	“八五”绿化先进工作者	1996	江苏省政府
陈　灿	优秀党员	1996	江苏省委
陈瑞兴	优秀党员	1996	江苏省委
朱林军	优秀党员	1996	江苏省委
石　耀	劳动模范	1996	江苏省政府
薛明文	劳动模范	1996	江苏省政府
范丛太	劳动模范	1996	江苏省政府

续表23-2

姓名	荣誉名称	表彰时间	表彰单位
徐国光	劳动模范	1996	江苏省政府
冯竹明	劳动模范	1996	江苏省政府
沙荣驰	劳动模范	1996	江苏省政府
吴　华	劳动模范	1996	江苏省政府
蒋　琴	劳动模范	1996	江苏省政府
周文华	劳动模范	1996	江苏省政府
刘　英	劳动模范	1996	江苏省政府
陈美珍	劳动模范	1996	江苏省政府
丁秀梅	劳动模范	1996	江苏省政府
缪世明	劳动模范	1996	江苏省政府
陈昭斌	劳动模范	1996	邮电部
邱明鉴	业余训练先进工作者	1996	国家体委
汤向群	烟草行业安全工作先进个人	1996	国家烟草局(公司)
万有富	全民国防教育先进个人	1997	江苏全民国防教育委员会
郭珍余	老干部先进工作者	1997	中共中央组织部
唐文贵	“两基”先进工作者	1997	江苏省政府
沈良兵	五一劳动奖章	1998	全国总工会
谢晖来	模范公安派出所所长	1998	江苏省政府
张　晔	消灭无标生产工作先进个人	1998	江苏省政府
缪世明	实用技术先进个人	1998	中共中央组织部
吴晓培	优秀党务工作者	1998	江苏省军区
杜永红	长江抗洪先进个人	1998	长江防汛总指挥部
江建华	电化教育先进个人	1998	教育部
洪德生	优秀教师	1998	教育部
唐宝莲	全国优秀班主任、省优秀教育工作者	1998	江苏省政府
孙吕林	农村水利先进个人	1999	水利部
万有富	优秀党员	1999	江苏省军区
姚金泉	优秀纪检监察干部	1999	江苏省委、省政府
谢庆生	“十佳”老有所为奉献模范	1999	国家老龄委
薛明文	优秀人民警察	1999	公安部
程　宏	“九五”技术改造先进工作者	2000	江苏省政府

续表23-2

姓名	荣誉名称	表彰时间	表彰单位
邱明鉴	体育先进个人	2000	国家体育总局
冒云琪	优秀养路工	2000	交通部
章　斌	全国农村图书发行先进个人	2000	国家新闻出版署
何　峰	优秀人民警察	2001	公安部
凌秀云	全国优秀教师	2001	国家教育部
顾仁海	劳动模范	2001	江苏省政府
葛长泉	劳动模范	2001	江苏省政府
环加和	劳动模范	2001	江苏省政府
施祥贵	劳动模范	2001	江苏省政府
卢玉轩	劳动模范	2001	江苏省政府
顾清波	劳动模范	2001	江苏省政府
刘春育	劳动模范	2001	江苏省政府
何　峰	劳动模范	2001	江苏省政府
徐正洪	劳动模范	2001	江苏省政府
张英田	劳动模范	2001	江苏省政府
章国林	劳动模范	2001	江苏省政府
顾曙平	劳动模范	2001	江苏省政府
沙建中	劳动模范	2001	江苏省政府
冒永琪	劳动模范	2001	国家交通部
周太荣	全国群众体育工作先进个人	2001	国家体育总局
李　红	全国婚育新风进万家活动先进个人	2001	中共中央宣传部、国家计生委
王克成	优秀共产党员	2001	江苏省委
沈永祥	优秀纪检监察干部	2001	江苏省委、省政府
葛剑南	学习成才标兵	2001	江苏省军区
万维庆	一对好主官	2002	南京军区、江苏省军区
王圣柏	一对好主官	2002	南京军区、江苏省军区
佘文才	全省治理公路河道“三乱”先进个人	2002	江苏省政府
宗式群	江苏省农业科技先进工作者	2002	江苏省政府
葛夕芳	全国优秀人民警察	2003	公安部
纪斌斌	全国社区志愿者先进个人	2003	民政部
丛　越	全国优秀人民警察	2003	公安部

续表23-2

姓名	荣誉名称	表彰时间	表彰单位
沈永祥	优秀党务工作者	2004	江苏省委
朱守军	社会治安综合治理先进工作者	2004	江苏省委、省政府
杨晓峰	全国工商系统先进工作者	2004、2006	人事部、国家工商总局
朱建华	优秀党务工作者	2004	江苏省委
张　俊	全国模范教师	2004	教育部
马德凤	全国优秀教师	2004	教育部
阎建国	全国残疾人自强模范	2005	江苏省政府
殷春和	全国关心下一代先进工作者	2005	中央文明办、全国关工委
陈德萍	三八红旗手	2005	全国妇联
刘志山	全国婚育新风进万家活动先进个人	2005	中共中央宣传部、国家计生委等
沙海燕	全国人口和计划生育系统先进个人	2005	国家人口计生委
刘向阳	全国农村科普工作先进个人	2005	中国科协
李　耘	国家级生态示范区建设先进工作者	2005	国家环保总局
刘　萍	全国农业植物有害生物普查工作先进个人	2005	农业部
姚泽民	全国邮政系统模范投递员	2005	国家邮政局
万维庆	优秀共产党员	2005	江苏省军区党委
王圣柏 万维庆	江苏省军区团级单位“一对好主官”	2005	江苏省军区
万维庆	优秀共产党员	2005	江苏省军区党委
冯　剑	京杭运河船型标准化示范工程先进个人	2006	交通部
杨晓峰	中国优秀青年卫士	2006	团中央等
邬荣国	全国孝亲敬老之星	2006	中共中央宣传部、民政部等
邱　正	全国结核病防治工作先进个人	2006	卫生部
卢　俊	江苏省先进工作者	2006	江苏省政府
时南平	中华技术能手	2006	国家劳动和社会保障局
蒋海霖	突出贡献的中青年专家	2006	江苏省政府
沈泽民	五一劳动奖章	2007	全国总工会
吴学军	全国邮政系统先进个人	2007	国家邮政局
强汉林	第四期万家社区图书室援建和万家社区读书活动先进个人	2007	民政部、中央文明办等部门
丁　峰	全国测土配方施肥先进个人	2007	农牧渔业部

续表23-2

姓名	荣誉名称	表彰时间	表彰单位
李　建	全国农业普查先进个人	2008	国家统计局
王志刚	全国工商系统优秀工商行政管理人员	2008	国家工商行政管理总局
崔锦华	2002—2006年度防范和处理邪教先进工作者	2007	江苏省委、省政府
陈美珍	全国三八红旗手	2009	全国妇联
何福平	全国行政复议工作先进个人	2009	国务院法制办
黄　勇	全国水利技术能手	2009	水利部
张永海	中国少年儿童平安行动贡献奖	2009	国家少工委
陈卫东	全国公安机关行政复议应诉工作先进个人	2009	公安部
陆兴华	全国医药卫生系统先进个人	2009	卫生部等
张建萍	全国血吸虫病防治先进个人	2009	卫生部、农业部等
张李军	全国集中整治网络赌博违法犯罪活动专项行动成绩突出个人	2010	公安部
朱海军	全国百名追逃能手	2010	公安部
郭锦标	全国公安监管场所信息技术应用先进个人	2010	公安部
左春霞	全国生态建设突出贡献奖(林木种苗先进工作者)	2010	国家林业局
黄建国	全国关心下一代先进工作者	2010	中央文明办等
吴建宏	全国优秀乡村医生	2010	卫生部
刘志斌	2006—2010年全省社会治安综合治理先进个人	2010	江苏省委、省政府
周勇骑	2006—2010年全省社会治安综合治理先进个人	2010	江苏省委、省政府
卢　俊	公安二级英模	2010	公安部

注:排列顺序以取得荣誉时间先后为序

第二节　高级知识分子

一、院士、学部委员

如皋籍院士、学部委员一览表

表23-3

姓 名	生(卒)年月	出生地	简　况
马　瑾	1934-11	如皋城	构造物理与构造地质学家,中国地震局地质研究所研究员,1997年当选中科院院士

续表23-3

姓 名	生(卒)年月	出生地	简 况
闵乃本	1935-08	石庄	晶体物理学家,江苏省政协副主席,南京大学教授,1991年当选中科院院士,2001年当选第三世界科学院院士
杨裕生	1932-10	柴湾	核试验技术、分析化学专家,少将军衔,中国核试验基地科技委原主任,西北核技术研究所研究员,1995年当先中国工程院院士
胡济民	1919-01—1998-09	原如皋县掘港	核物理学家,北京大学原教授、技术物理系主任,1980年当选中科院院士、学部委员
韩德馨	1918-09—2009-10	如皋城	中国矿业大学原教授,博士生导师,1995年当选中国工程院院士
管维炎	1928-08—2003-03	原如皋县掘港	物理学家,历任中科院物理所所长、中科大校长、中科大研究生院院长,1980年当选中科院院士、学部委员
魏建功	1901-11—1980-02	原如皋县西场	语言文字学家、教育家,北京大学原教授,《新华字典》主编,1955年当选中国科学院哲学社会科学院士、学部委员,院士

注:排列顺序以姓氏笔画为序

二、享受国务院特殊津贴人员

如皋籍享受国务院特殊津贴人员一览表

表23-4

姓 名	出生年月	出生地	工作单位、职务	批准时间
王更新	1939	白蒲	沈阳黎明发动机制造公司研究员	1993
王连贵	1942-08	如城	如皋市染织厂工人	1991
仇士华	1932-07	九华	中国社会科学院考古研究所实验室原主任,博士生导师	1991
石明达	1945-10	如城	南通富士通微电子股份有限公司,教授级高级工程师	2001
石梅英	1925-01	如城	北京科学教育电影制片厂一级导演	1991
石高玉	1942-06	常青	河海大学文学院院长,教授	1993
冯文达	1938-10	九华	中国兽医药品监察所研究员	1991
朱天俊	1930-12	如城	北京大学信息管理系教授	1992
朱友华	1942-04	白蒲	苏州科技大学教授	1995
许苏民	1952	如城	华中理工大学教授	1994
许建峰	1961-10	如城	信息产业部电子14研究所研究员	1993
孙 铠	1928	如城	东华大学博士生导师	1992
刘培林	1934-09	柴湾	南通市刊协副秘书长	1993
刘强华	1940	白蒲	南京邮电学院教授	1993
李文裕	1943-12	如城	如皋市农林局	1993

续表23-4

姓 名	出生年月	出生地	工作单位、职务	批准时间
李玉坤	1947-03	如城	如皋市丝毯总厂	1992
李家顺	1944-08	如城	第二军医大学校长，少将	1991
李梅芳	1939-03	雪岸	中国农业科学研究院作物育种栽培研究所研究员	1991
沙 钰	1937-09	郭园	国防科技大学数学系主任，教授	1991
汤 健	1938-03	白蒲	北京医科大学心血管研究所名誉所长	1995
花汉民	1941-12	如城	如皋市农林局	1992
吴功正	1943-10	丁堰	江苏省社会科学院研究员	1991
吴功振	1919-03	原如皋西场	四川省农业科学研究院植物保护研究所研究员	1990
吴迪镛	1937-01	白蒲	中国科学院大连化学研究所研究员	1992
宋经轮	1938-05	如城	信息产业部(电子)20所研究员	1993
沈祝华	1942-06	白蒲	山东工艺美术学院教授	1997
周 济	1932-12	如城	厦门大学教授	缺载
杨应弼	1938	白蒲	南京邮电学院教授	1994
张永信	1943-04	如城	复旦大学附属华山医院党委书记，教授	1993
张承典	1942	白蒲	中国科学院上海冶金研究所研究员	1993
金连城	1931-11	白蒲	安徽省新闻出版局编审	1993
冒志明	1947-08	东陈	如皋市人民医院副院长，主任医师	2004
冒茀君	缺载	雪岸	安徽省新闻工作者协会、新闻学会	1990
洪远明	1935-10	如城	复旦大学教授	1992
郑学玲	1935-10	白蒲	海军工程大学教授，少将	1992
赵元龙	1937-11	九华	贵州大学教授	1996
赵剑畏	1937-10	石庄	江苏地质矿产研究所所长	1996
高文元	1944-01	磨头	第二军医大学教授	1993
徐咏兰	1941-04	如城	南京林业大学教授	2001
顾国兴	1957-12	搬经	上海核工程研究院研究员级高级工程师	2001
贾德霖	1934-06	磨头	江苏大学系主任，教授	1995
涂鹤龄	1938-01	东陈	青海省农业科学院植保所所长，研究员	1992
黄许陈	1938-07	九华	安徽省地质矿产局教授级高级工程师	1993
韩德培	1911-02	如城	著名法学家、法学教学家，武汉大学法律系原主任、教授	1990
蔡 晨	1944	如城	中国科学院研究员	1991

续表23-4

姓 名	出生年月	出生地	工作单位、职务	批准时间
蔡家雄	1939-11	白蒲	原地质矿产部教授级高级工程师	1997
潘绍伟	1954-06	如城	扬州大学教授	1993
薛开先	1939-07	郭园	江苏省肿瘤防治研究所研究员	1994

注：排列顺序以姓氏笔画为序

三、有突出贡献中青年专家

如皋市（县）获江苏省有突出贡献中青年专家称号人员一览表

表23-5

姓 名	工作单位	命名时间	命名单位
花汉民	县农林局	1988	江苏省政府
李玉坤	如皋丝毯总厂	1990	江苏省政府
李传禄	如皋第二印染厂	1992	江苏省政府
孙家林	如皋拖修厂	1992	江苏省政府
姜建国	如皋电子专用设备厂	1992	江苏省政府
陈同济	如皋纺织厂	1994	江苏省政府
冒志明	如皋市人民医院	1997	江苏省政府
蒋海霖	如皋市农业技术推广中心	2006	江苏省政府

注：排列顺序以姓氏笔画为序

四、专业技术人员

在如皋市（县）工作取得正高级职称医疗专业技术人员一览表

表23-6

姓 名	出生日期	籍贯	评定时间及职称	所在单位
丁　健	1961-10	江苏如皋	2005-09-15 主任医师	市人民医院
丁　琴	1941-12	江苏如皋	1998-09-30 主任医师	市人民医院
丁忠信	1938-09	江苏如皋	1991-06-25 主任中医师	市中医院
于冬才	1946-01	江苏如皋	2004-09-26 主任医师	磨头中兴医院
马锦裕	1942-11	江苏南通	2000-08-30 主任医师	市疾控中心
王　健	1954-03	江苏如皋	2002-08-20 外科主任医师	市人民医院
王　勇	1962-12	江苏如皋	2006-07-30 肿瘤内科主任医师	市人民医院

续表23-6

姓 名	出生日期	籍贯	评定时间及职称	所在单位
王世琴	1656-06	江苏如皋	2008-09-29主任医师	市人民医院
王美芸	1946-11	江苏如皋	1998-09-30主任中医师	市中医院
王宝炎	1945-12	江苏海安	2002-08-20外科主任医师	市人民医院
王复平	1947-01	江苏武进	1999-08-31主任医师	市疾控中心
王振华	1963-02	江苏如皋	2007-07-29主任医师	市人民医院
王绪安	1939-07	江苏通州	1994-03-30主任医师	市人民医院
方正华	1938-09	江苏扬州	1994-03-30主任医师	市中医院
仇士忠	1943-11	江苏如皋	2003-08-22外科主任医师	普惠薛窑医院
孔宁平	1954-01	江苏如皋	2004-09-26主任医师	市人民医院
生文浩	1936-03	山东青岛	1994-03-30主任医师	市人民医院
卢从锦	1951-10	江苏如皋	2003-09-29主任医师	市人民医院
朱冬胜	1963-11	江苏如皋	2009-09-20主任医师	第三人民医院
朱克玲	1954-02	江苏阜宁	2005-09-15主任医师	市人民医院
朱剑红	1964-09	江苏如皋	2008-09-29主任中医师	市中医院
仲润生	1944-05	江苏如皋	2003-09-29主任中医师	市中医院
任京如	1943-05	江苏海安	1994-03-30主任医师	市人民医院
任建华	1954-09	江苏如皋	2003-09-29主任中医师	市中医院
许建中	1962-11	江苏如皋	2008-09-29主任中药师	市中医院
刘劲柏	1942-09	江苏如皋	1999-08-31主任医师	市人民医院
刘金祥	1961-02	江苏如皋	2004-09-26主任医师	市人民医院
刘建国	1964-08	江苏如皋	2009-09-20主任中医师	市中医院
刘德胜	1950-06	江苏如皋	2004-09-26主任医师	市中医院
孙　健	1956-09	江苏如皋	2007-07-29主任医师	市人民医院
沈　莉	1955-09	江苏如皋	2002-08-20儿科主任医师	市人民医院
沈安明	1967-01	江苏如皋	2009-09-20主任中医师	市中医院
沈兴鹤	1943-11	江苏如皋	2000-08-30主任医师	市人民医院
沈美文	1942-09	江苏如皋	1998-09-30主任医师	市人民医院
沈敏慎	1959-06	江苏如皋	2006-07-30神经外科主任医师	市人民医院
沙玉英	1953-08	江苏如皋	2005-09-15主任医师	市人民医院
邢建莉	1965-05	江苏如皋	2007-07-29主任中医师	市中医院
邢家龙	1965-04	江苏如皋	2010-09-12主任医师	市人民医院

续表23-6

姓 名	出生日期	籍贯	评定时间及职称	所在单位
陈　龙	1965-11	江苏如皋	2009-09-20主任医师	市人民医院
陈　萍	1951-03	江苏如皋	2004-09-26主任医师	市人民医院
陈正言	1950-06	江苏如皋	2000-08-30主任医师	市人民医院
陈玉兰	1940-08	江苏通州	1992-12-31主任医师	市人民医院
李世楷	1936-02	江苏如东	1992-12-31主任医师	市人民医院
李军平	1958-11	辽宁沈阳	2007-07-29主任医师	市人民医院
李昌炎	1962-05	江苏如皋	2010-09-12主任医师	市人民医院
李美琴	1966-01	江苏如皋	2010-09-12主任医师	市人民医院
李浩然	1937-04	江苏如皋	1991-06-25主任中医师	市人民医院
李跃川	1964-07	江苏如皋	2008-09-29主任医师	市人民医院
吴力平	1960-01	浙江金华	2003-09-29主任中医师	市中医院
吴元祥	1964-01	江苏如皋	2010-09-12主任中医师	市中医院
吴华生	1939-03	江苏宜兴	1994-03-30主任医师	市妇幼保健所
吴迪春	1965-07	江苏如皋	2010-09-12主任医师	市人民医院
吴爱民	1964-08	江苏如皋	2010-09-12主任中医师	市中医院
张　浩	1964-05	江苏如皋	2008-09-29主任医师	市中医院
张　涟	1953-12	江苏如皋	2009-09-20主任中医师	市中医院
张永南	1939-10	江苏海安	1992-12-31主任医师	市人民医院
张松贵	1955-02	江苏如皋	2004-09-26主任医师	市人民医院
张爱萍	1965-11	江苏如皋	2009-09-20主任医师	市人民医院
张瑞凤	1944-10	江苏如皋	2000-08-30主任医师	市人民医院
陆少波	1963-09	江苏如皋	2006-07-30普外科主任医师	市人民医院
范存忠	1956-10	江苏如皋	2009-09-20主任医师	市人民医院
房宏生	1954-07	江苏如皋	2004-09-26主任医师	市人民医院
单梅芳	1967-06	江苏如皋	2010-09-12主任医师	市人民医院
金来英	1944-04	江苏如皋	1998-09-30主任医师	市人民医院
宗尧庆	1943-04	江苏如皋	1998-09-30主任医师	市人民医院
周国祥	1939-09	江苏武进	1992-12-31主任医师	市人民医院
岳金桂	1937-12	江苏海安	1994-03-30主任医师	市中医院
冒志明	1947-08	江苏如皋	1998-09-30主任医师	市人民医院
闾世兰	1942-08	江苏如皋	2000-08-30主任医师	市人民医院

续表23-6

姓 名	出生日期	籍贯	评定时间及职称	所在单位
赵凯国	1951-03	江苏如皋	2002-08-20主任医师	市人民医院
赵敦美	1955-02	江苏如皋	2007-07-29主任医师	普惠薛窑医院
钟宜干	1957-07	江苏海安	2004-09-26主任医师	市人民医院
倪建国	1947-12	江苏如皋	1999-08-31主任医师	市人民医院
徐 强	1956-02	江苏如皋	2004-09-26主任医师	市人民医院
徐国光	1931-07	江苏如皋	1993-12主任医师	市人民医院
葛严萍	1954-10	江苏如皋	2003-09-29主任医师	市人民医院
黄扶正	1940-06	福建安南	1999-08-31主任医师	市人民医院
黄星楼	1901-01	江苏镇江	1980-03主任医师	市中医院
黄道贯	1929-03	江苏通州	1992-12-31主任医师	市人民医院
章祥友	1951-08	江苏如皋	2003-09-29主任医师	市人民医院
郭再萍	1958-01	江苏如皋	2001-08-31主任医师	市人民医院
郭广德	1945-12	江苏如皋	2002-08-20内科主任医师	市人民医院
郭锦明	1959-12	江苏如皋	2006-07-30骨外科主任医师	如皋博爱医院
蔡怀明	1952-07	江苏如皋	2004-09-26主任中医师	市中医院
翟宝龙	1943-08	江苏如东	1999-08-31主任医师	市疾控中心
谭士杰	1939-08	江苏南通	1999-08-31主任医师	市中医院
薛 梅	1956-04	江苏如皋	2004-09-26主任医师	市人民医院
薛正俊	1964-11	江苏如皋	2009-09-20主任医师	市中医院
樊祥冲	1937-12	江苏如东	1994-12-30内科主任医师	市人民医院
鞠 海	1963-07	江苏如皋	2005-09-15主任医师	市疾控中心

注:排列顺序以姓氏笔画为序

如皋市(县)取得正高级职称工程技术、教育、科研人员一览表

表23-7

姓 名	出生时间	职 称	评定时间	工作单位
徐荣生	1940	教授级高级工程师	2001	市建委
宗式群	1945-08	农技推广研究员	2001	市种子公司
蒋海霖	1953-03	农技推广研究员	2003	市农业局
王学东	1954-06	教授级中学教师	2007	如皋中学
张云飞	1961	教授级中学教师	2007	白蒲中学

续表23-7

姓 名	出生时间	职 称	评定时间	工作单位
严 军	1964-09	农技推广研究员	2009	市农业技术推广中心
赵俊龙	1953-11	农技推广研究员	2009	市农业技术推广中心
田 斌	1965-09	农技推广研究员	2009	市畜牧兽医站
张 彬	1962-01	研究员级高级工程师	2009	南通六建集团元辰公司
薛卫东	1963-03	农技推广研究员	2010	市农业局

注:表中所列人员为在如工作获正高级职称的人员,以获职称时间先后为序

第三节 专业人才

一、特级教师

2010年如皋市(县)中小学、幼儿特级教师一览表

表23-8

类别	姓 名	工作学校	命名时间	命名单位
中学特级教师	马云鹏	如皋中学	1985	江苏省政府
	朱新华	县第一中学	1989	内蒙古自治区人民政府
	方 弢	薛窑中学	1990	江苏省政府
	孙耀祖	县教育局	1990	江苏省政府
	郝劲赴	如皋中学	1990	江苏省政府
	潘 新	石庄中学	1990	江苏省政府
	徐海峰	市教育局教研室	1994	江苏省政府
	王 军	白蒲中学	1999	江苏省政府
	陈为民	搬经中学	1999	江苏省政府
	王学东	如皋中学	2002	江苏省政府
	张云飞	白蒲中学	2002	江苏省政府
小学特级教师	马 沄	安定小学	1994	江苏省政府
	许友兰	如师附小	2002	江苏省政府
幼儿特级教师	尤素敏	如师附小幼儿园	2008	江苏省政府
	姚亚云	市教育局	2010	江苏省政府

二、文学艺术家

如皋市(县)中国文联直属协会会员一览表

表23-9

会员类别	姓名	工作单位
中国音乐家协会	金福林	市文联
	高　如	市文化馆(退休)
中国书法家协会	陈秀骥	市文联
	闵　杰	如皋高等师范学校
	释奚白	中国佛教协会
	沈　正	市文化局(退休)
中国美术家协会	张宝蔚	市文联(退休)
中国民间文艺家协会	赵云舞	市文化馆(退休)
	徐　珣	原市罐头厂(退休)
	陈　耀	原市罐头厂(退休)
	赵宏建	原市罐头厂(退休)
中国戏剧家协会	陈元琪	市文化局(退休)
中国摄影家协会	康　健	市文化馆(退休)

三、优秀运动员

部分如皋籍优秀运动员简况表

表23-10

姓名	性别	出生地	简　　况
徐克华	男	如城镇	1975年,由县少年体育学校输送至江苏省体工队举重队。多次参加全国和国际举重比赛,获国际比赛金牌9块,全国比赛金牌13块。1977年,在菲律宾马尼拉举行的亚洲青年举重比赛中,获抓举、挺举、总成绩3块金牌。1982年,参加在埃及亚历山大举行的"努赛尔杯"举重比赛,获抓举、挺举、总成绩3项冠军。1983年,在伊朗德黑兰参加十四国举重邀请赛,获抓举、挺举、总成绩3块金牌。退役后任南京市举重队总教练
吴雪兰	女	如城镇	小学至高中,接受学校课余体育训练。1980年,参加江苏省青少年田径比赛获女子100米和女子100米栏两项第一名。参加全国业余体育达标赛获女子100米栏第一名。1981年,至上海体育学院学习

续表23-10

姓名	性别	出生地	简　　况
周玲美	女	南通农科所	1984年，入选江苏省自行车队集训。1986年，获全国青少年场地自行车赛女子1公里第三名。1987年，获全国冠军赛、锦标赛女子自行车1公里计时赛和争先赛冠军。1989年，参加全国锦标赛获女子自行车1公里计时赛冠军、争先赛获第三名。1990年，在北京举行的第十一届亚洲运动会女子自行车计时赛中获冠军并破该项目世界纪录，同时获争先赛第三名。1991年，获第十五届亚洲锦标赛女子自行车1公里计时赛冠军、争先赛第二名。先后获得全国十佳运动员（两届）、亚洲最佳运动员、亚洲女子十佳运动员、自行车国际级健将、“飞龙奖”最佳运动员、“博士伦”最佳运动员、江苏省劳动模范、全国新长征突击手、全国“三八”红旗手等荣誉称号，并被国家体委授予“国家体育运动荣誉奖章”。退役后任南京体育学院荟萃楼副总经理、江苏省自行车队领队、党支部书记等职
丁红娟	女	如城镇	小学至高中接受学校课余举重训练。1989年，在江苏省青少年举重比赛中，以抓举77.5公斤的成绩超56公斤级女子举重抓举世界纪录
秦旺平	女	柴湾镇	1997年，入选江苏省田径队。1998年，获国家级运动健将称号。1999年10月，在第八届亚洲青年田径锦标赛上，获100米、200米、4×100米接力赛3块金牌。后又多次获得国际国内田径大赛100米、200米、4×100米接力冠军。2006年，在全国田径锦标赛中获100米、4×100米接力两块金牌和200米银牌
薛娟	女	东陈镇	为青年女子标枪世界纪录保持者。2002年，获第十二届世界中学生女子标枪锦标赛冠军。2003年，获第三届世界青少年田径锦标赛青年组女子标枪冠军。2007年，获全国田径运动会女子标枪冠军。2010年，获第十六届亚洲运动会女子标枪银牌
王静静	女	如城镇	国家女子自行车队优秀运动员。2004年，夺得全国山地自行车锦标赛两块金牌。2007年，获世界山地自行车赛铜牌，是为中国山地自行车项目在国际比赛中获得的第一枚奖牌
施秀英	女	如城镇	身患癌症，80余岁坚持体育锻炼。多次参加国内国际老年田径大赛，夺得金牌或银牌。中央电视台摄制电视专题片《施秀英传奇》（上、下集），纪录她的事迹

第四节 知名人士

一、政界知名人士

在外省市工作如皋籍政界知名人士一览表

表23-11

姓 名	性别	工作单位、职务(职称)	出生地
丁正槐	男	江苏省供销合作总社原副主任	江安镇
丁邦文	男	河北省人大常委会原副秘书长	高明镇
马 洵	男	浙江省人大常委会教科文卫委员会原副主任	如城镇
马振华	男	西安市人大常委会原副主任	如城镇
毛祥瑞	男	中共福建省委办公厅原副主任兼党史研究室主任	如城镇
王 华	男	文化部计划财务司原司长	如城镇
王华平	男	甘肃省人民政府办公厅副主任	丁堰镇
王树人	男	中共中央宣传部宣传局原局长	如城镇
卢艳光	女	江苏省出入境检验检疫局副局长	如城镇
司锦泉	男	江苏省委宣传部副部长(正厅级)	长江镇
田 春	男	广西壮族自治区南宁地委原副书记兼纪委书记	如城镇
任广昌	男	江苏省气象局原局长兼党委书记	郭园镇
刘玉鹏	男	上海长宁区委常委,政法委书记	石庄镇
吕金铃	男	新华社办公厅主任	九华镇
孙汝建	男	南通市人大常委会副主任	高明镇
孙建勇	男	中国保监会保险资金运用监管部主任	如城镇
朱 杰	男	国家发改委农村经济司原司长	石庄镇
朱 晋	男	南通市人民政府副市长	如城镇
朱三保	男	信息产业部国家无线电管理局原副局长	如城镇
朱建平	男	环保部监测司副司长	如城镇
朱育诚	男	北京市政协原副主席、国务院发展研究中心港澳研究所所长	郭园镇
朱育理	男	全国人大环境与资源保护委员会原副主任委员	郭园镇
朱醒民	男	江苏省财政厅原副厅长	石庄镇
许新建	男	国家质量监督检验检疫总局法规司司长	如城镇
何小鹏	男	江苏省人口计生委副主任	如城镇

续表23-11

姓 名	性别	工作单位、职务(职称)	出生地
何长元	男	四川省财政厅原厅长	常青镇
何永祥	男	国土资源部副司长	高明镇
吴正云	男	青海省发展计划委员会原主任	如城镇
吴泽义	男	江苏省水利厅原副厅长	江安镇
吴洪新	男	国家体育总局原司长	如城镇
吴喜林	男	商务部合作司司长	如城镇
宋荣华	男	外交部外国记者新闻中心主任	长江镇
张　悦	男	建设部城市建设司副司长	经济开发区
张世祥	男	江苏省能源局副局长	磨头镇
张邦茂	男	青海省西宁市人大常委会副主任	如城镇
张海涛	男	国家外汇管理局外汇储备司原副司长,现中信资本控股有限公司执行总裁	石庄镇
张耀东	男	江苏省政府法制办公室原副主任	石庄镇
李书君	男	上海市杨浦区公安局政委	高明镇
李百银	男	广东省委党史研究室主任	九华镇
杨展里	男	南通市人民政府副市长	如城镇
沈国新	男	江苏省综合治理办公室主任、依法治省领导小组办公室主任	石庄镇
沙　尧	男	江苏省教育厅副厅长	如城镇
沙　麟	男	上海市政府原副市长、人大常委会原副主任	如城镇
沙荣志	男	广东省国有资产管理办公室原主任	常青镇
沙铁勇	男	湖州市人大常委会党组书记、常务副主任	如城镇
陈　扬	男	上海市委政策研究室员副主任,上海经济早报社总编、党组书记	如城镇
陈　建	男	江苏省公安厅原副厅长	如城镇
陈　俊	男	江苏省信息中副心主任	吴窑镇
陈　钧	男	国家安全部国际人才交流中心主任	如城镇
陈　健	男	交通运输部财务司司长	如城镇
陈国华	男	中共泰州市委常委、纪律检查委员会书记	白蒲镇
陈照煌	男	镇江市委常委、常务副市长	如城镇
周书义	男	新疆建设兵团审计局原局长	高明镇
周可仁	男	外经贸部原副部长	常青镇
周庆根	男	河南省开封市政府原副市长	经济开发区
周晖国	男	南京市中级人民法院党组书记、院长	常青镇
周德中	男	广东省交通厅原厅长	常青镇

续表23-11

姓 名	性别	工作单位、职务(职称)	出生地
孟凡良	男	国资委企业领导人员管理二局副局长	石庄镇
林乃基	男	全国供销合作总社原社党组成员、纪检组组长	石庄镇
罗承管	男	国务院三峡工程建设委员会办公室技术与国际合作司司长	如城镇
范钦山	男	上海市闵行区人大常委会原主任	如城镇
郑伯亚	男	新华社上海分社原党组副书记、副社长	如城镇
冒泽泉	男	北京市机械工业管理局原局长	如城镇
冒瑞林	男	原江苏省教委副主任	如城镇
姜祝三	男	原南通地委副书记、地区行署专员	下原镇
洪锦华	男	扬州市委副书记(正市级)	如城镇
胡永辉	男	江苏省旅游局副局长	如城镇
夏凤珠	女	江苏省计划生育委员会原副主任	如城镇
夏宇华	男	中国新闻社政文部主任	如城镇
夏策明	男	国务院国有资产监督管理委员会监事会正局级专职监事	搬经镇
徐　朋	女	南通人大常委会副主任	如城镇
徐　柯	男	光明日报副主编	经济开发区
徐建国	男	重庆市人民政府副秘书长	东陈镇
郭　介	男	《广东日报》社党委副书记	吴窑镇
郭云生	男	安徽省司法厅副厅长	如城镇
顾伯平	男	云南省政协副主席,中共云南省大理州委员会书记	常青镇
顾晓宏	男	民航江苏监管局副局长	石庄镇
顾嘉禾	男	南通市政府原副市长	白蒲镇
高长富	男	新华社办公厅副主任	长江镇
高申余	男	吉林省人口与计生委副主任	磨头镇
曹光辉	男	重庆市环境保护局党组书记、局长	搬经镇
章　宁	男	广西壮族自治区茂名市政协副主席	袁桥镇
黄　健	男	国家民族和宗教委员会办公室(6局)副主任	高明镇
黄圣如	男	上海市虹口原区委常委、组织部部长	软件园
黄秀成	男	安徽省档案局原局长	江安镇
龚玉梅	女	新疆维吾尔自治区博尔塔拉蒙古自治州人大常委会副主任	丁堰镇
程庭江	男	陕西省人大常委会原副主任	磨头镇
谢　燕	女	天津市党史研究室副主任	如城镇
谢小兵	男	对外贸易部办公室主任	常青镇

续表23-11

姓 名	性别	工作单位、职务(职称)	出生地
谢克林	男	中央安全部上海局局长,享受副部级待遇	郭园镇
谢翼飞	男	南通市人大常委会原副主任	磨头镇
缪　群	男	中共中央统战部原正局级巡视员	高明镇
蔡怀书	男	浙江省宁波市委宣传部副部长	常青镇
樊金源	男	福建省新闻出版(版权)局党组成员、省纪委驻局纪检组长	如城镇
潘锦国	男	江苏省交通厅原厅长	郭园镇
薛久英	男	上海市妇联原副主席	如城镇
薛建祥	男	连云港市中级法院院长	九华镇

1.排序以姓氏笔画为序;2.入志者为在如皋知名度较高者

二、军界知名人士

在外省市工作如皋籍军界知名人士一览表

表22-12

姓 名	性别	工作单位、职务(职称)	出生地
丁邦泉	男	国防大学战略研究所研究员,大校	如城镇
丁祝贤	男	总后勤部干部管理局,大校	如城镇
于天明	男	南京军区联勤部副部长,大校	搬经镇
马　鸿	男	南京军区空军原副政委兼纪律检查委员会书记,少将	吴窑镇
王云清	男	海军大连舰艇学院,大校	如城镇
王汉如	男	山东省济南军区司令部办公室副主任	九华镇
王光明	男	空3军后勤部原部长	九华镇
王福如	男	12集团军政治部原副主任	下原镇
王履和	男	海军东海舰队师政治部主任,正师级	常青镇
王德建	男	湖北省老河口机场参谋长,大校	长江镇
王德贵	男	安徽省池州军分区司令员	高明镇
石昭玉	男	江苏省扬州预备役师师长,大校	如城镇
刘　平	男	中央警卫局办公室副主任	江安镇
刘名扬	男	南京陆军指挥学院系主任,教授,大校	石庄镇
刘桂成	男	安徽省芜湖军分区司令员	搬经镇
孙　斌	男	原福州军区某师政委	高明镇

续表 23–12

姓 名	性别	工作单位、职务(职称)	出生地
孙尔储	男	中国电子科技集团公司第五十五研究政治部主任	如城镇
孙兴国	男	济南军区某医院院长	高明镇
孙兴德	男	江苏省无锡军分区副司令员	高明镇
孙建华	男	江苏省无锡军分区政委	如城镇
孙福来	男	南京陆军指挥学院院长	高明镇
孙福根	男	福州军分区5师原政委	如城镇
朱高炎	男	武警北京总队政委	下原镇
汤六一	男	先后在国防部、总参谋部工作,正师级,大校	石庄镇
许建荣	男	南京军区司令部工程维护大队总工程师,大校	如城镇
许金锐	男	原武警水面船艇学校校长	下原镇
许映泉	男	沈阳军区空军后勤部原政委,少将	江安镇
邢　浩	男	上海警备区政治部原主任(副军级)	如城镇
阮武昌	男	上海警备区副政委	磨头镇
严希仁	男	浙江省杭州军分区政治部原主任,大校	吴窑镇
吴　蔚	男	兰州军区司令部机要局局长	如城镇
吴小潭	男	河北省唐山军分区司令员	吴窑镇
吴光仁	男	江苏省军区后勤部企业局书记,大校	白蒲镇
吴信道	男	上海吴淞口海军大校	如城镇
吴奎元	男	海军东海舰队副参谋长,少将	如城镇
吴锦玉	男	空4军原政治部主任	郭园镇
张　枫	男	南京警备区原司令员	搬经镇
张广西	男	广州军区空军原副司令员	如城镇
张宏明	男	南京军区联勤营房部副部长,大校	石庄镇
张宏亮	男	山东省临沂军分区司令员,大校	石庄镇
张明德	男	浙江省宁波军分区司令员	常青镇
张林生	男	总装备部防化学院训练部原副部长,大校	如城镇
张跃德	男	江苏省军区纪委副书记	如城镇
张耀先	男	防空兵指挥学院,大校	江安镇
时广东	男	海军武器装备处主任,大校	丁堰镇
李国成	男	山西省长治市空军后勤部,正师级	九华镇
李家顺	男	第二军医大学原校长,少将	如城镇
杨广圣	男	青岛潜艇基地大校	如城镇

续表23-12

姓 名	性别	工作单位、职务(职称)	出生地
杨旭东	男	总参谋部某局大校	如城镇
杨国华	男	12集团军政治部原政治部副主任,大校	下原镇
杨德山	男	南京军区某部队师政委	搬经镇
沈亚健	男	解放军理工大学国防工程学院副政委,大校	丁堰镇
沙 旅	男	41军原副政委,少将	如城镇
沙 钰	男	国防科学技术大学教授,正师级	郭园镇
沙 路	男	山东省日照军分区司令员,大校	如城镇
陆广荣	男	西藏自治区那曲军分区原政委	下原镇
陆印诚	男	国防科学技术工业委员会军级干部	如城镇
陈大德	男	第二炮兵指挥学院原教授,大校	桃园镇
陈中岳	男	南京军区联勤部政治部原主任	搬经镇
陈元新	男	南京军区某部大校,南京军区保密局局长	如城镇
陈乔元	男	南京政治学院纪委副书记,大校	如城镇
陈光琪	男	海军军事学术研究所资深研究员,大校	如城镇
周以俊	男	国防科学技术大学督导组副组长,师职干部,大校	如城镇
周美余	男	广东韶关解放军75230部队某部师长	下原镇
苗 华	男	兰州军区政治部主任,少将	如城镇
范 平	男	国防科学技术大学博士队政委	江安镇
范亚兵	男	总参谋部军训和兵种部院校教育行政局副局长	下原镇
范钦尧	男	南京军区《人民前线报社》图片总监、高级记者,大校	雪岸镇
冒进山	男	山东省济南军分区参谋长	如城镇
冒雨吉	男	《解放军报》社副总编,正师级	雪岸镇
姚海泉	男	总后勤部军务装备局局长	下原镇
姜 宁	男	解放军报社,大校	下原镇
凌大荣	男	军事经济学院训练部部长,教授,大校	如城镇
夏明龙	男	北京军区司令部军训部副部长	石庄镇
徐 新	男	海军东海舰队某师政委	郭园镇
徐友余	男	南京部队空军司令部财务处长,正师级	常青镇
徐远才	男	南京军区,大校	常青镇
徐远林	男	54集团军政委,少将	江安镇
徐湘盛	男	123医院麻醉科主任,大校	江安镇
郭承鉴	男	总后勤部军需物资油料部农副业生产局,大校	如城镇

续表 23-12

姓 名	性别	工作单位、职务(职称)	出生地
郭锡林	男	空军雷达学院原院长,少将	长江镇
钱俊才	男	江苏省盐城军分区原政委,大校	如城镇
顾如来	男	天津市空军水上村医院副院长,大校	如城镇
顾道先	男	武装警察部队指挥学院政委,院长,少将	白蒲镇
崔长来	男	上海警备区司令部原副参谋长,大校	如城镇
崔伯涛	男	总装备部驻济南地区副总代表	下原镇
曹红军	男	武警石家庄指挥学院政委	下原镇
曹金民	男	南京军区某预备师政委	东陈镇
曹淦明	男	江苏预备役高炮师副政治委员,大校	如城镇
葛志清	男	解放军海军工程大学副政委,正师级	郭园镇
谢仁明	男	中央电视台军事节目中心副主任,大校	吴窑镇
谢伯平	男	江苏省军区政治部副主任,江苏陆军预备役高炮一师政委	袁桥镇
褚益明	男	沈阳军区政治委员,军区党委书记,中将	长江镇
缪明俊	男	上海警备区军事志办公室主任,大校	如城镇
潘秀成	男	南京警备区政委,大校	江安镇
薛　兵	男	北京武警医院政委	如城镇
薛　逸	男	哈尔滨军事工程学院政治部主任,大校	东陈镇
戴顺祖	男	南京军区司令部某局一处(73631部队)研究员,少将	白蒲镇
鞠　明	男	南京警备区副司令员	搬经镇

1.排序以姓氏笔画为序;2.入志者为在如皋知名度较高者

三、学术界知名人士

在外省市工作如皋籍学术界知名人士一览表

表 23-13

姓 名	性别	工作单位、职务(职称)	出生地
丁卫泽	男	南通大学高新技术教育系主任,教授	下原镇
丁书俊	男	南京财经大学教授	高明镇
丁玉兰	女	同济大学教授	如城镇
丁建明	男	东南大学交通学院副院长	江安镇
丁林茂	男	中国人民解放军军事医学科学院某研究所研究员,药理室主任	林梓镇
丁健君	男	上海交通大学教授	如城镇

续表23-13

姓 名	性别	工作单位、职务(职称)	出生地
丁艳军	男	清华大学教授	长江镇
丁锦宏	男	南通大学纺织工业学院教授	搬经镇
刁红军	男	清华大学教授	林梓镇
万锦堃	男	清华大学研究员	如城镇
于 洋	男	苏州科技学院教授	经济开发区
于咏兰	女	北京农业大学教授	丁堰镇
马光庭	男	广西大学农学院教授	九华镇
马向真	女	东南大学教授	如城镇
马汝汉	男	盐城市第三人民医院内科主任医师	如城镇
马红霞	男	江苏大学教授	如城镇
马宏柏	男	扬州大学副院长,教授	石庄镇
马能和	男	江苏联合职业技术学院副院长	高明镇
马铭驰	男	江苏理工大学教授	白蒲镇
仇锦波	男	镇江医学院副院长,教授	九华镇
文 婕	女	中央党校培训部主任	如城镇
王 军	男	南京市第十三中学校长,中学教授级高级教师	九华镇
王 尧	男	苏州大学教授	如城镇
王 兵	男	中国人民解放军炮兵指挥学院教授	软件园
王 建	男	南通大学附属医院内科主任医师	袁桥镇
王 健	男	西南石油大学教授	经济开发区
王 强	男	中国药科大学教授	如城镇
王 毅	男	南通纺织职业技术学院院长	如城镇
王天光	男	南京农业大学教授	常青镇
王文山	男	淮阴市第二人民医院眼科主任医师	如城镇
王永新	男	南京大学教授	长江镇
王庆五	男	中共江苏省委党校教授	如城镇
王成均	男	中国人民解放军空军气象学院教授	如城镇
王志宏	男	南京市鼓楼医院放射科主任医师	如城镇
王国良	男	江苏省人民医院胃肠外科主任医师	软件园
王国杰	男	南京农业大学动物医学院教授	软件园
王国强	男	南京师范大学教授	高明镇
王建友	男	南开大学环境科学与工程学院教授	九华镇

续表23-13

姓 名	性别	工作单位、职务(职称)	出生地
王荣鑫	男	南京大学教授	如城镇
王倪进	男	河海大学建筑学院教授	袁桥镇
王爱华	女	南通瑞慈医院五官科主任医师	九华镇
冯亚东	男	清华大学研究员	东陈镇
冯俊才	男	中国人民解放军81医院主任医师	长江镇
冯健男	男	上海美术电影制片厂导演	白蒲镇
卢　勇	男	东南大学教授	高明镇
卢坤建	男	广州教育学院院长	高明镇
田汉云	男	扬州大学人文学院党委书记,教授	九华镇
田晓明	男	苏州大学副校长	磨头镇
石　楠	男	北京市设计院教授	吴窑镇
石小青	女	原南京农药研究所研究员	如城镇
石玉军	男	南通大学化学化工学院院长	江安镇
石来德	男	同济大学教授	郭园镇
石明军	男	扬州大学教授	常青镇
石明辉	男	扬州大学文学院教授	常青镇
石昭祥	男	中国人民解放军电子工程学院教授,博导	搬经镇
石家宜	男	南京师范大学文学院教授	如城镇
石高玉	男	河海大学教授	常青镇
石高来	男	扬州教育学院教授	如城镇
石高俊	男	南京师范大学教授	常青镇
石高泉	男	清华大学教授	常青镇
刘　苏	男	华侨大学教授	经济开发区
刘　林	男	苏州医学院原副院长	如城镇
刘　诚	女	扬州大学社会发展学院教授	如城镇
刘　健	男	南京中医药大学系主任,教授	如城镇
刘正江	男	中国人民解放军南京政治学院教授	袁桥镇
刘正兵	男	大连海事大学教授	袁桥镇
刘正斌	男	中国人民解放军南京政治学院教授	如城镇
刘汉太	男	中国经济时报社记者部主任,高级记者	如城镇
刘宇陆	男	上海大学研究生院院长,教授	如城镇
刘庆华	男	南通大学附属医院胸外科主任医师	如城镇

续表23-13

姓 名	性别	工作单位、职务(职称)	出生地
刘进才	男	苏州大学教授	东陈镇
刘建华	男	北京科技大学教授	林梓镇
刘怡钰	女	河南能源焦煤公司中央医院主任医师	如城镇
刘松山	男	华东政法大学法律学院教授,博士生导师	软件园
刘俊华	男	南通大学附属医院主任医师	如城镇
刘洪兵	男	西北工业大学力学与土木建筑学院教授	江安镇
刘晓勤	女	南京工业大学化工学院副院长,教授	如城镇
刘继军	男	东南大学教授	如城镇
刘舜华	女	大连大学附属中山医院主任药师	白蒲镇
匡兴亚	女	上海市杨浦区中心医院职业病科主任医师	如城镇
孙　平	男	江苏大学汽车学院教授	如城镇
孙　柳	女	中国人民解放军南京政治学院上海分院教授	如城镇
孙　梅	女	江苏大学教授	高明镇
孙　琳	男	中国建筑材料科学研究总院陶瓷科学研究院教授级高级工程师	高明镇
孙小平	男	原镇江工学院院长	磨头镇
孙小兵	男	南通第二人民医院主任医师	石庄镇
孙广义	男	桂林空军学院教育技术中心主任,教授	软件园
孙友宏	男	吉林大学副校长	石庄镇
孙亚平	男	中国兵器工业集团公司第203研究所研究员	常青镇
孙建中	男	江苏省农业科学院植物保护研究所研究员	如城镇
孙建军	男	南京大学教授	如城镇
孙建华	男	南京大学教授	如城镇
孙晓明	男	中山大学地球与环境科学学院院长,教授	高明镇
孙道进	男	西南大学博士生导师	高明镇
庄礼贤	男	中国科学技术大学教授	如城镇
成　立	男	江苏大学电气学院教授	如城镇
朱　涛	男	华西医院麻醉科教授	如城镇
朱千礼	男	葛洲坝水电工程学院教授	下原镇
朱卫平	男	原南京邮电学院教授	如城镇
朱小田	男	苏州大学教授	如城镇
朱云学	男	苏州大学教授	白蒲镇
朱仁芝	男	中国科学技术大学教授	石庄镇

续表23-13

姓 名	性别	工作单位、职务(职称)	出生地
朱从兵	男	苏州大学社会学院教授	下原镇
朱丛桥	男	中国人民解放军海军工程大学动力工程学院教授	如城镇
朱龙标	男	原南通纺织工学院教授	磨头镇
朱应明	男	南通大学体育科学学院教授	磨头镇
朱学贵	男	中央日史编委,书画院院士	九华镇
朱明达	男	四川广播电视大学原党委书记	下原镇
朱美芳	女	东华大学副校长,教授	九华镇
朱桐华	男	东南大学教授	如城镇
朱瑞平	男	北京师范大学教授	东陈镇
江　燕	女	江苏省京剧院一级演员	如城镇
汤民国	男	中国国际广播电台译审	九华镇
纪小丽	女	南京大学电子学院教授	丁堰镇
许建峰	男	中国电子科学研究院院长	如城镇
许波良	男	南通市中医院神经内科主任医师	如城镇
许金如	男	扬州科技学院党委副书记	常青镇
邢志祥	男	中国人民武装警察部队学院教授	如城镇
邬建华	男	中国人民解放军理工大学教授	磨头镇
闫长林	男	经济日报社高级记者	如城镇
阮晓星	女	南京军区政治部前线文工团一级编剧	软件园
严赖龙野	男	南京钟山职业技术学院教授	经济开发区
何世平	男	中国科学技术大学工程科学学院常务副院长,教授	软件园
何红伟	女	葛兰素史克中国研究中心研究员	九华镇
佘　军	男	南通大学教授	如城镇
佘　俊	男	南京工业大学原教授	软件园
佘元时	男	苏州市第二人民医院主任医师	搬经镇
佘远富	男	扬州大学教授	软件园
佘春梅	女	南通大学教授	如城镇
吴　刚	男	上海交通大学教授	如城镇
吴　健	男	苏州大学教授,博士生导师	经济开发区
吴功振	男	四川省农业科学院植物保护研究所研究员	如城镇
吴龙生	男	扬州大学建工学院教授	如城镇
吴志林	男	南京理工大学教授	下原镇

续表23-13

姓 名	性别	工作单位、职务(职称)	出生地
吴迪镛	男	中国科学院大连化学物理研究所研究员	白蒲镇
吴勇义	男	华东师范大学某学院院长	郭园镇
吴炳权	男	南京陆军指挥学院主任门诊部主任医师	下原镇
吴继霞	女	苏州大学教授	九华镇
吴雪纯	男	无锡市科技职业技术学院副院长	高明镇
吴黎中	男	北京电影学院教授	如城镇
宋骝进	男	中国工程物理研究院研究员	搬经镇
张 伟	男	江南大学教授	九华镇
张 曙	男	同济大学教授	石庄镇
张乃华	男	上海市政工程设计总院教授级高级工程师	石庄镇
张东升	男	中国矿业大学副校长	袁桥镇
张必杰	男	南通市肿瘤医院主任医师	林梓镇
张玉泉	男	南通大学附属医院教授,妇产科主任医师	林梓镇
张何鹏	男	上海交通大学教授,博士生导师	软件园
张启新	男	中国农业科学院生物防治研究所编审	如城镇
张谷才	男	江苏省中医学院教授	石庄镇
张国华	男	苏州大学政治与公共管理学院党委书记	丁堰镇
张武峰	男	宁夏电力开发投资有限责任公司教授级高级工程师	软件园
张贤华	男	连云港师范高等专科学校教授	经济开发区
张柏生	男	中国科学院大学教授	下原镇
张祖建	男	扬州大学农学院教授	软件园
张荣军	男	江苏海事职业技术学院教授	袁桥镇
张振中	男	北京外国语大学教授	如城镇
张晓俊	男	南京医科大学二附院眼科主任医师	白蒲镇
张桂珠	女	江南大学教授	如城镇
张海兰	男	北京航空航天大学某学院副院长	吴窑镇
张瑞德	男	复旦大学教授	如城镇
李 杰	男	南通大学教授	如城镇
李建华	男	世界教科文艺术专员,南京理工大学教授	长江镇
李新华	男	中国农业科学院家禽研究所研究员	雪岸镇
杜秀华	男	中国科学院南京分院副院长	下原镇
杜晓勤	男	北京大学系教授	如城镇

续表23-13

姓 名	性别	工作单位、职务(职称)	出生地
杨叶琴	女	南京三江学院党委副书记	经济开发区
杨亚军	男	中国农业科学院茶叶研究所所长	搬经镇
杨宗英	男	上海交通大学教授	如城镇
杨前明	男	山东科技大学机械电子工程学院副院长	江安镇
杨春龙	男	南京农业大学教授	长江镇
杨继兵	男	南京中医药大学教授	白蒲镇
汪小刚	男	中国水利水电科学研究院副院长	搬经镇
汪敏标	男	南京市儿童医院主任医师	如城镇
沈　建	男	江苏省委党校巡视员	林梓镇
沈世江	男	南京工业职业技术学院副院长	磨头镇
沈兴林	男	南京师范大学文学院教授	长江镇
沈同德	男	南京工程学院教授	常青镇
沈旭明	男	江苏太仓人民医院主任医师	吴窑镇
沈良兵	男	南京医科大学医学院院长	长江镇
沈贯虹	男	中国电子科技集团某研究所研究员	如城镇
沙　白	男	江苏省作家协会一级作家,中国作家协会会员	白蒲镇
沙　堤	女	中国人民解放军第二军医大学长海医院教授,主任医师	如城镇
沙　锋	男	原上海水产大学教授	如城镇
沙仁礼	男	中国原子能科学研究院教授	石庄镇
沙允文	男	江苏省肿瘤防治研究所教授、主任医师	如城镇
沙红兵	男	广州大学人文学院教授	长江镇
沙继宏	男	同济大学教授	如城镇
沙铁君	男	湖北人民出版社总编,编审	郭园镇
邵志明	男	中国电子科技集团公司第十四研究所副所长	如城镇
邵新建	男	南京工业大学教授	白蒲镇
邹　荣	男	华东政法学院教授	郭园镇
邹学银	男	民政部某学院教授	下原镇
邹贤华	男	北京协和医学院教授,北京协和医院物理康复科主任	郭园镇
邹继生	男	淮阴工学院副院长,教授	郭园镇
邹继豪	男	大连理工大学教授	郭园镇
陆建飞	男	扬州大学农学院副院长	白蒲镇
陈　跃	男	中国人民解放军海军工程大学教授	如城镇

续表23-13

姓 名	性别	工作单位、职务(职称)	出生地
陈　模	男	新疆大学教授	郭园镇
陈　耀	男	中国民间艺术家协会会员,美术师	林梓镇
陈文建	男	南京理工大学教授	如城镇
陈召峰	男	南通大学教授	如城镇
陈玉和	男	山东科技大学经济管理学院教授	常青镇
陈兴林	男	南京理工大学经济管理学院MBA中心主任、教授	磨头镇
陈志军	男	江苏警官学院教授	如城镇
陈图新	男	南京医科大学附属医院教授,主任医师	石庄镇
陈建民	男	扬州大学教授	长江镇
陈建军	男	南通大学教授	郭园镇
陈建松	男	中国人民解放军空军雷达学院基础部主任,教授	如城镇
陈俊江	男	中国科学院长春光学精密机械与物理研究所教授	林梓镇
陈顺生	男	东南大学教授	如城镇
陈晓虎	男	江苏省中医院教授,博士生导师	如城镇
陈海松	男	中国人民解放军理工大学教授	软件园
陈淑梅	女	东南大学教授	丁堰镇
陈锡康	男	陕西宝成通用电子公司可靠性室主任,研究员级高工	下原镇
陈静生	男	北京大学环境学院教授	如城镇
周　进	男	厦门大学教授	如城镇
周　泽	男	广西壮族自治区玉林市畜牧兽医工作站站长,农业研究推广员	九华镇
周小平	男	中国人民解放军海军指挥学院教授	江安镇
周发强	男	原华中理工大学中国管理科学研究院所长,教授	如城镇
周永忠	男	复旦大学研究员	江安镇
周建国	男	南京大学行政学院副院长	白蒲镇
周洪斌	男	南京中医药大学教授	江安镇
周祖毅	男	上海市建筑学会教授级高级工程师	如城镇
季国亮	男	中国科学院南京土壤研究所研究员	如城镇
宗周红	男	东南大学教授	常青镇
房红兵	男	南京理工大学教授	白蒲镇
杭宝桐	男	原南通师范学院教授	如城镇
范　进	男	中国科学技术大学战略管理与政策分析实验室教授	磨头镇
范从光	男	南通大学化工学院教授	雪岸镇

续表23-13

姓 名	性别	工作单位、职务(职称)	出生地
范炳良	男	常熟理工学院经济与管理学院院长,教授	下原镇
范钦林	男	南通大学文学院副院长,教授	东陈镇
范钦珊	男	清华大学教授	如城镇
金　忠	男	南京理工大学教授	如城镇
金传豪	男	北京外国语大学研究员	如城镇
侯国林	男	南京师范大学教授	如城镇
俞仁沛	男	北京邮电大学教授	如城镇
冒　蔚	男	中国科学院云南天文台研究员	雪岸镇
冒从虎	男	南开大学教授	东陈镇
冒天启	男	中国社会科学院经济研究所研究员	如城镇
冒志祥	男	南京师范大学文学院教授	软件园
冒怀辛	男	中国社会科学院历史研究所教授,高级研究员	如城镇
封美霞	女	南京审计学院教授	石庄镇
施建勇	男	河海大学土木工程学院副院长,教授	如城镇
施建峰	男	南京市建邺医院主任医师	长江镇
柳　宏	男	扬州大学文学院副院长,教授	吴窑镇
洪雪晴	女	华东师范大学教授	如城镇
禹万林	男	徐州广播电视大学教授	江安镇
胡晓梅	女	原中国中医研究院教授	如城镇
胡爱群	男	东南大学教授	如城镇
赵爱迪	男	中国科学技术大学教授	如城镇
钟云霄	男	北京大学教授	如城镇
饶　彬	男	温州大学教授	如城镇
倪久建	男	上海财经大学教授	软件园
唐思源	男	南京金宁电子集团有限公司(898厂)研究员级高级工程师	长江镇
夏立军	男	上海交通大学教授	九华镇
徐　炜	男	南京工业大学教授	如城镇
徐　柯	男	光明日报社副主编	经济开发区
徐小军	男	重庆科创职业学院教授	磨头镇
徐小红	男	南通肿瘤医院主任医师	高明镇
徐向红	女	南京肿瘤医院放射科主任医师	如城镇
徐向阳	男	河海大学教授	如城镇

续表23-13

姓 名	性别	工作单位、职务(职称)	出生地
徐竹青	男	南京水利科学研究院教授	东陈镇
徐阳春	男	南京农业大学教授	雪岸镇
徐应佩	男	南通大学文学院教授,中国作家协会会员	白蒲镇
徐金环	男	河海大学港航学院教授	如城镇
徐通模	男	西安交通大学原校长,教授	如城镇
徐登建	男	中国人民解放军国际关系学院教授	东陈镇
殷宗泽	男	河海大学教授	如城镇
秦美珠	女	上海理工大学教授	九华镇
袁 军	男	南京财经大学教授	袁桥镇
贾 锋	男	盐城人民医院外科主任医师	如城镇
贾晓兵	男	江苏省中医药研究院教授	袁桥镇
郭小军	男	上海交通大学教授	经济开发区
郭建蓬	男	中国人民解放军电子工程学院教授	软件园
郭家偎	男	江苏教育学院党委书记	吴窑镇
郭家福	男	上海社会科学院副院长	吴窑镇
钱三德	男	合肥工业大学教授	如城镇
钱志发	男	江苏科技大学教授	下原镇
钱志杨	男	原南通职业大学教授	如城镇
钱宝英	男	南京农业大学教授	下原镇
钱建华	男	原南通纺织工学院教授	如城镇
陶 铠	男	光明日报社原副总编,高级编辑	如城镇
陶鹏德	男	南京大学商学院教授	白蒲镇
顾 启	男	南通大学文学院教授	白蒲镇
顾 祥	男	河海大学教授	石庄镇
顾永安	男	常熟理工学院副院长	丁堰镇
顾百青	男	东南大学教授	郭园镇
顾均文	男	清华大学教授	如城镇
顾国付	男	北京防化指挥工程学院院长	搬经镇
顾海明	男	青岛科技大学副校长	下原镇
高圣兵	男	南京农业大学外国语学院副院长	白蒲镇
高建林	男	南通大学副校长	白蒲镇
屠国春	男	原南通师范学院教授	如城镇

续表23-13

姓 名	性别	工作单位、职务(职称)	出生地
常 生	男	南通大学体育科学院院长	搬经镇
康伯霖	男	中国船舶科学研究中心研究员	如城镇
康志新	男	华南理工大学机械与汽车工程学院教授	白蒲镇
曹 剑	男	人民文学出版社副总编	搬经镇
曹 斌	男	江苏省人民医院外科主任医师	搬经镇
曹国权	男	苏州大学外国语学院教授	下原镇
曹建全	男	南通大学教授	磨头镇
章国安	男	南通大学电子信息学院院长,教授	如城镇
黄 健	男	东南大学教授	白蒲镇
黄 彬	女	福建师范大学海外教育学院教授	下原镇
黄亚平	男	中国矿业大学教授	如城镇
黄亚继	男	东南大学能源与环境学院副院长,教授	吴窑镇
黄志斌	男	合肥工业大学副校长	石庄镇
黄淑萍	女	中国水利水电科学研究院结构材料所教授级高级工程师	江安镇
黄蓓佳	女	江苏省作家协会副主席,一级作家	如城镇
程 厚	男	上海合成纤维研究所教授级高级工程师	如城镇
程 翥	男	国防科学技术大学教授	白蒲镇
程汝祥	男	北京外国语大学教授	下原镇
程佩兰	女	天津医科大学总医院主任技师	林梓镇
葛如海	男	江苏大学汽车与交通工程学院教授	如城镇
葛政举	男	原南通医学院附院教授,主任医师	如城镇
蒋 平	男	复旦大学教授	如城镇
蒋 松	男	贵州省农业科学院水稻研究所研究员	如城镇
蒋 波	男	大连海事大学信息科学技术学院副院长	江安镇
谢晓昱	男	上海大学数码艺术学院副院长	如城镇
谢维平	男	上海交通大学副校长	郭园镇
谢跃峰	男	东南大学教授	如城镇
韩良弼	男	上海核工程研究设计院研究员级高工	如城镇
韩国馨	男	厦门大学教授	如城镇
韩香云	男	南京财经大学党委常委	郭园镇
鲍永福	男	复旦大学教授	如城镇
缪世林	男	苏州大学医学院副院长	经济开发区

续表23-13

姓名	性别	工作单位、职务(职称)	出生地
缪锐锋	男	南京师范大学法学院教授	下原镇
蔡　晨	男	中国科学院教授	如城镇
蔡日增	男	江南大学教授	郭园镇
蔡伯根	男	北京交通大学教授	丁堰镇
蔡余兴	男	东海县人民医院主任医师	如城镇
蔡家雄	男	湖南省国土资源厅教授级高级工程师	白蒲镇
谭　军	男	南通大学附属医院手外科主任医师	软件园
樊洪林	男	中国大百科全书出版社编审	下原镇
潘绍伟	男	扬州大学体育学院副院长	如城镇
薛　军	男	北京大学法学院院长助理,教授	九华镇
戴立仁	男	南京社会科学院研究员	长江镇
鞠小林	男	南通大学教授	袁桥镇
鞠时光	男	江苏大学计算机科学与通信工程学院教授	搬经镇
鞠建东	男	清华大学经济管理学院经济系教授	搬经镇
魏金华	男	扬州大学教授	长江镇

1.排序以姓氏笔画为序;2.入志者为在如皋知名度较高者

四、工商界知名人士

在外省市工作如皋籍工商界知名人士一览表

表23-14

姓名	性别	工作单位、职务(职称)	出生地
丁佐宏	男	月星集团有限公司董事长、总裁	如城镇
马以俊	男	中国人民解放军八一电影制片厂副厂长	吴窑镇
王　华	男	金盛集团党委书记、董事局主席	吴窑镇
王中华	男	金盛集团总裁	吴窑镇
王天林	男	宁夏建工集团有限公司党委副书记、总经理	郭园镇
王荣华	男	南京市外贸进出口公司董事长	白蒲镇
丛　森	男	江西铸造厂厅级干部	郭园镇
田国祥	男	中远海运集装箱运输有限公司副总裁	磨头镇
石国建	男	北京市如皋同乡会会长、北京空气净化器有限公司董事长	常青镇

续表23-14

姓 名	性别	工作单位、职务(职称)	出生地
石建全	男	南京华帝新能源股份有限公司董事长	下原镇
石建军	男	上海浦东国际机场副场长	下原镇
石海东	男	北京视锐达软件科技有限公司总经理	如城镇
印甫盛	男	开联信息技术有限公司董事长	如城镇
印良根	男	北京金港机场建设有限公司上海分公司总经理	磨头镇
孙鹏德	男	江苏华东国际贸易有限公司董事长	石庄镇
朱宏德	男	中国人寿财险南京市中心支公司总经理	高明镇
朱进波	男	上海金河实业有限公司董事长	如城镇
朱进浪	男	苏州金河国际有限公司总经理	如城镇
许惊鸿	男	全国工商联家居装饰业商会副会长,喜盈门国际商业连锁集团副总裁	如城镇
吴　刚	男	江苏省南京远洋工贸有限公司董事长	石庄镇
张　林	男	上海华东电力公司总经理	丁堰镇
张志熔	男	中国阳光投资集团总裁,福布斯上榜人物	林梓镇
张德璜	男	上海地通建筑集团董事长	林梓镇
李永林	男	上海永林实业公司总裁	石庄镇
李百安	男	中建建筑股份公司副总裁	吴窑镇
李明山	男	海通证券有限公司总经理	如城镇
杨　静	男	中铁十九局集团有限公司党委书记	如城镇
杨建明	男	南京科技开发集团总裁	长江镇
沈世林	男	中建集团总经理	吴窑镇
沈世泉	男	河南西亚集团董事长	下原镇
沙卫平	男	江苏省丝绸集团有限公司董事长、党委书记, 江苏苏豪国际集团股份有限公司董事长	经济开发区
陈光俊	男	中国石化对外采油部董事长、总经理	常青镇
陈祥林	男	北京港源建筑装饰工程有限公司经理	林梓镇
陈跃华	男	康佳集团总裁	白蒲镇
周　岩	男	中国书店总经理(享受司局级待遇)	如城镇
周小兵	男	北京城建六建设集团有限公司董事长	搬经镇
周玉成	男	上海华源集团总裁	长江镇
范迪康	男	江苏汇宏国际集团总裁	如城镇
金国华	男	武汉华中科大武昌分校董事长、空军地勤部队副师级	白蒲镇
冒爱泉	男	江苏省地质测绘院院长	如城镇

续表23-14

姓名	性别	工作单位、职务(职称)	出生地
胡庆华	男	民生银行江苏分行行长	软件园
胡国平	男	中美合资泰力公司总裁	经济开发区
赵剑畏	男	江苏地质矿产设计研究院院长	石庄镇
钟书高	男	南京化纤股份有限公司总经理	如城镇
夏 骏	男	北京华人文化集团董事局执行主席,佳程文化集团总裁	雪岸镇
徐军峰	男	山东高速集团有限公司副总经理	江安镇
徐相圣	男	共青鸭鸭(集团)有限公司董事长	江安镇
贾恩玉	男	上海延安饭店总经理	如城镇
郭再斌	男	北京新奥集团有限公司党委副书记、总经理	吴窑镇
顾鹤云	男	七二一矿党委书记	郭园镇
崔建华	男	上海百营钢铁集团有限公司董事长	吴窑镇
崔建兵	男	上海百营钢铁集团有限公司总经理	吴窑镇
黄 蔚	男	美国通用电器(GE/Fitch)设计顾问有限公司中国区市场总监	如城镇
傅大林	男	中国(深圳)南山开发股份有限公司总裁	如城镇
韩臻聪	男	黑龙江省电信公司总经理	袁桥镇
薛建军	男	南京金陵船厂董事长	雪岸镇

1.排序以姓氏笔画为序;2.入志者为在如皋知名度较高者

五、国外知名人士

国外如皋籍知名人士一览表

表23-15

姓名	性别	工作单位、职务(职称)	出生地
丁 勇	男	Naao Silicon(澳洲)Pty Ltd总经理,澳大利亚昆士兰大学博士生联合培养导,无锡圆芯微电子有限公司总经理	软件园
马尔杰	男	美国阿肯色州立大学工学研究所教授	如城镇
尹 锋	男	日本东京会社中防管理事务所所长	如城镇
方 骏	男	加拿大西安大略大学休伦学院历史系系主任,终身教授	白蒲镇
王 昊	男	加拿大教授	下原镇
王 晔	男	新加坡国立大学博士生导师	如城镇
王凤生	男	美国印第安纳州立大学经济学教授	如城镇
王伟华	女	留美研究所研究员	林梓镇

续表23-15

姓 名	性别	工作单位、职务(职称)	出生地
王菲菲	女	泰国华侨协会董事长	白蒲镇
冯春梅	女	美国休斯顿软件开发公司董事长	如城镇
申锦瑜	男	加拿大河海大学客座教授、终生教授	江安镇
石王路	男	法国联合单片半导体简单股份有限公司高级工程师	如城镇
刘平键	男	日本商船三井近海汽船株式会社技术总监	高明镇
刘宇海	男	美国欧米茄信息公司副总裁	长江镇
印　海	男	美国南加州华僧联合会会长	经济开发区
庄小威	女	美国哈佛大学双聘教授 得华·休斯医学研究所研究员	如城镇
朱　慧	男	美国芝加哥大学教授	石庄镇
汤　炎	男	美国压缩机控制公司工程部副总裁	白蒲镇
纪建国	男	美国芝加哥医药集团研究所研究员	常青镇
邬荣领	男	美国宾夕法尼亚大学计算与生物研究室主任	石庄镇
佘小铁	男	瑞士驻美国纽约银行副总裁，银行家，博士	林梓镇
吴　培	男	比利时远东实业有限公司董事长(明清外销瓷收藏家)	如城镇
吴凤涛	男	美国华盛顿大学教授	如城镇
吴宇彤	男	美国纽约州国际商用机器公司顾问、工程师	石庄镇
张　曦	男	美国通用电气(GE)全球研究中心高级研究员	丁堰镇
张剑锋	女	加拿大蒙特利尔银行高级分析师(投资)	如城镇
张薛魏	男	美国波士顿麻省理工学院教授	东陈镇
李　定	男	美国耶鲁大学研究学者，国际知名计算声学专家	如城镇
李昌钰	男	刑事鉴识学专家，美国纽约大学生物化学硕士、博士，美国康乃狄克州警政厅原厅长，现任康奈狄克州纽海文大学终身教授	如城镇
李海燕	男	美国纽约市东禅寺住持(释通智)	雪岸镇
李焕庭	男	美国布朗-伍德法律事务所合伙人，法学博士	白蒲镇
汪勇强	男	美国南加州理工大学教授	搬经镇
沈　群	男	美国康乃尔大学研究员	如城镇
沙行勉	男	美国德克萨斯大学达拉斯工程学计算机科普研究系主任、终身教授	如城镇
邹　莎	女	澳大利亚新南威尔士州州长助理、澳大利亚格兰利亚能源集团董事长、维多利亚资本公司董事长、大中华人才发展基金董事局主席	郭园镇
陆亚林	男	美国教授	如城镇
陈红宇	男	美国陶氏化学研究员、博士	如城镇
陈昭全	男	美国纽约大学教授	如城镇

续表23-15

姓 名	性别	工作单位、职务(职称)	出生地
陈晓琳	女	美国华盛顿州立大学	如城镇
陈新园	男	美国哈佛大学第一医学院	林梓镇
范钦柏	男	美国美国燃气技术研究院(GTI)科技创新办公室主任,科学顾问	雪岸镇
冒寿福	女	匈中友好协会副主席	丁堰镇
姜　南	男	加拿大中国书画研究院教授	下原镇
姜志华	男	美国华盛顿州立大学终生教授,加拿大圭尔夫大学兼职教授	下原镇
姜景澄	男	加拿大多伦多大学教授	丁堰镇
倪铁龙	男	美国纽约摩根大通副总裁	搬经镇
夏明许	男	英国伦敦布鲁耐尔大学教授	九华镇
秦晶晶	女	土耳其大学教授	如城镇
贾秋雅	男	人民中国杂志社东京支局局长	如城镇
顾建军	男	加拿大戴豪斯大学教授	九华镇
黄卫宁	男	美国堪萨斯大学食品谷物科学与工程博士	白蒲镇
谢　旗	男	新加坡大学分子农业生物学院研究员	白蒲镇
蔡　蓓	女	加拿大皇后大学教授	如城镇
蔡成华	男	中华全国归国华侨联合会委员、美国江苏经贸文化联合会会长、美国南通同乡会理事长、美国苏浙沪同乡会副会长、美国华源国际公司总裁	常青镇
蔡国建	男	加拿大IBM多伦多实验室软件总工程师	丁堰镇
潘志刚	男	IBM公司研究中心研究员	如城镇

1.排序以姓氏笔画为序;2.入志者为在如皋知名度较高者

六、港澳台地区知名人士

港澳台地区如皋籍知名人士一览表

表23-16

姓 名	性别	工作单位、职务(职称)	出生地
丁　重	男	香港中华制药厂董事长,旅港如皋、如东、海安同乡总会会长	雪岸镇
丁伯先	男	香港亚洲文化事业机构董事长	雪岸镇
万国青	男	香港华润集团副总经理(台湾人)	如城镇
戈　武	男	台湾交通大学教授	如城镇
王凤生	男	台湾高雄大学经济学系教授	郭园镇
卢坤祥	男	台湾驻金门军队原参谋长,少将	高明镇

续表23-16

姓 名	性别	工作单位、职务(职称)	出生地
朱中达	男	台湾大学法学院教授	如城镇
朱中逵	男	台湾大同技术学院董事长	如城镇
朱从政	男	台北市如皋同乡会理事长	下原镇
朱爱玲	女	香港航空公司驻沪办事处党委书记客航部经理	如城镇
吴　渝	男	台湾海洋大学电机工程学系教授	白蒲镇
张力耕	男	台北市如皋同乡会常务理事	如城镇
张宏生	男	高雄市如皋同乡会原理事长	雪岸镇
张培耕	男	台湾中华汉藏文化协会秘书长	如城镇
李娴静	女	台湾师范大学、台北师范学院、中国文化大学原教授	白蒲镇
沙　桐	男	台北市如皋同乡会理事	如城镇
苏　泽	男	台北市建筑材料商业同业公会主席,教授	江安镇
陈昆山	男	台北市如皋同乡会理事长	丁堰镇
陈维垣	男	台湾陆军原少将	如城镇
周大同	男	台北市如皋同乡会理事长	如城镇
觉真法师	男	香港佛教僧伽学院副院长,教授	雪岸镇
钟国安	男	台湾中国财经社副总经理	如城镇
徐　可	男	香港文汇报副总编辑	如城镇
徐树人	男	高雄市如皋同乡会	东陈镇
徐骏声	男	高雄市如皋同乡会理事长	东陈镇
贾　锐	男	台湾师范大学教授兼总务长	如城镇
顾海澄	男	香港国丰投资有限公司总裁	如城镇
梅青萍	男	台湾海军原少将	柴湾镇
黄　韧	男	台北市如皋同乡会总干事	如城镇
谢振华	男	台湾海军原中将,财委会原副主任	如城镇
释慧头	男	台湾莲华山护国清凉寺佛学院院长	如城镇
穆　默	男	香港科技大学教授	如城镇

1.排序以姓氏笔画为序;2.入志者为在如皋知名度较高的教授以上学者和与家乡联系较多的人士

如皋市志（下册）

卷二十四 文献

第一章 碑铭·文赋

第二章 诗词·楹联

第三章 杂录·旧志序选

如皋是著名的历史文化名城，碑刻林立，华章充栋，诗文渊薮，流光溢彩，久负盛名。

域内重要人物墓圹、古建筑及纪念设施等多立碑碣，欧阳修、陈继儒、李衷纯、朱之蕃、韩菼、刘钟愉、钱维城、史鸣皋、戴联奎、钱佐伊、郭雍南等所撰碑铭对人们了解历史人物、历史事件、古代建筑等弥足珍贵，且具有较高的文学价值，本卷择其要者实录。

诗词文赋为域内文献瑰宝，本卷重点辑录乡贤所作。三国至宋代，乡贤所作虽存世较少，但胡瑗《石壁诗》、王观《扬州赋》《卜算子·送鲍浩然之浙东》等足范后学。明末清初，名列“明末四公子”“天崇五才子”“金台十子”的乡贤华章煊赫；冒辟疆《同人集》以名家之众、诗作之妙冠绝古今，具有极高的文献价值，《影梅庵忆语》更首创忆语文学体裁；李渔《闲情偶寄》被戏剧界奉为圭臬。清乾隆年间，汪之珩为代表的“文园六子”辑成《东皋诗存》，大观蔚成，堪称地方文学宝库；熊琏《澹仙诗话》文体有开山之功。清末，沙元炳《志颐堂诗文集》、僧悟堂《莲因集》等影响广泛；冒鹤亭、吴俊升、宗孝忱等国学大师，文采斐然。此外，范仲淹、王安石、文天祥、邵潜、袁枚、胡长龄、陈维崧、王士祯、胡任舆、沈复、郑燮、张謇等客居皋邑名士撰于如皋的名篇熠熠生辉，苏轼、李梦阳、陈基、商辂、李春芳、董其昌、吴伟业、沈德潜、祁寯藻、林则徐、吴昌硕、翁同龢、齐白石、陈独秀、郭沫若、陈从周等寄赠如皋的诗文不仅文采飞扬，亦为珍贵史料，本卷亦择要辑录。

楹联既为诗词曲赋骈文精华，又蕴含众多与如皋联系密切的典故，本卷亦作文献辑录，主要辑录名胜、寺庙、店肆、题赠联，其中汪之珩水绘园联、史鸣皋海月寺联、江安六团村苏氏百岁坊联、老松林茶菜馆联、于右任挽沈卓吾联等堪称名联。

除碑铭、诗文、楹联，本卷设杂录、旧志序选，辑录具有较高历史价值的近现代歌词、公告、电文、题词、旧县志序文等。其中旧志序文一般每志选录一序，不仅综论志学，字里行间亦可见历代修志人呕心沥血之状。

第一章 碑铭·文赋

第一节 碑铭

胡安定墓表

[宋] 欧阳修

先生讳瑗，字翼之，姓胡氏。其上为京兆人，后为泰州如皋人。先生为人师，言行而身化之。使诚明者达，昏愚者励，而顽傲者革。故其为法严而信，为道久而尊。师道废久矣！自景祐明道以来，学者有师，唯先生暨泰山孙明复、石守道三人，而先生之徒最盛，其在湖州之学，弟子去来常数百人。各以其经转相传授，其教学之法最备，行之数年，东南之士莫不以仁义礼乐为学。庆历四年，天子开天章阁，与大臣讲天下事，始慨然诏州县皆立学。于是，建太学于京师，而有司请下湖州，取先生之法以为太学法，至今著为令。后十余年，先生始来居太学，学者自远而至。太学不能容，取旁官署以为学舍。礼部贡举，岁所得士，先生弟子十常居四五。其高第者，知名当世；或取甲科、居显仕；其余散在四方，随其贤愚，皆循循雅饬，其言谈举止，遇之不问可知为先生弟子。其学者相语称先生，不问可知为胡公也。先生初以白衣见天子论乐，拜试秘书省校书郎，辟丹州军事推官，改密州观察推官，丁父忧去职。服除，为保宁军节度推官，遂居湖学。召为诸王宫教授，以疾免。已而，以太子中舍致仕，迁殿中丞于家。皇祐中，驿召至京师议乐，复以为大理评事，兼太常寺主簿，又以疾辞。岁余，为光禄寺丞、国子监直讲，乃居太学，迁大理寺丞，赐绯衣银鱼。嘉祐元年，迁太子中允、充天章阁侍讲，仍居太学。已而，病不能朝，天子数遣使者存问，又以太常博士致仕。东归之日，太学之诸生与朝廷贤士大夫送之东门，执弟子礼，路人嗟叹以为荣。以四年六月六日卒于杭州，享年六十有七。以明年十月五日葬于乌程何山之原。其世次官邑与其行事，莆阳蔡君谟具志于幽堂。呜呼！先生之德在乎人，不待表而见于后世。然非此无以慰学者之思，乃揭于其墓之原。

注：录自嘉靖《如皋县志》卷八。欧阳修，字永叔，号醉翁，晚号六一居士。庐陵（今江西省永丰县）人。官至参知政事。有《欧阳文忠公集》。胡安定（参见卷二十三第一章第二节《知名人士》）。

钱藻墓志

[明] 王锡爵

公讳藻，字自文，己未进士，拜南仪部主事，迁膳部郎中，己巳出守广信，癸酉迁山东按察副使，备兵霸州，再迁参政，徙密云。戊寅擢湖广按察使，又迁广东右辖。庚辰转贵州左辖，壬午转辖湖广，请告。阅十二年，召起陟太仆光禄卿，逾岁四迁以至今官。云公冲夷恬旷，不为翕热，亦不为崖岸斩绝之行，好奖饬士类，慷慨脱人之难。每视事，老吏膠拳奉法莫为敢衡。视决机画策，初若不经意，久之霆击飚涌，捷出人意表。广信有流兵八千薄境上，郡人大震，当事者拟以重赂啗之。公不听，坚壁征师，扼其塞要，贼从间遁去。盗徐凌云负险剽两省间，两省协剿之不克，公轻卒捣其巢，缚渠首以归。山东多盗警，根坚穴深，公捕之甚峻，多设逻候遵水陆者遣兵卫之出疆行旅如归市。霸州久患水，公筑防，延亘数百里，而独朱家口者湍迅不可筑，公祷于河风，拥巨舰塞其口，因投茭实之，民哗以为神。密云城湫隘不足恃，公大城其东偏，又城石塘四路以拒虏，联络七百里。其他钩校宿蠹，栉缩浮费于黔；核侵壤，均虚税于楚；搜隐田数万于光禄；出上供稊米，转陈致新，以饩百工，积至万余石于顺天。程其租庸而裒益之，所部二十七郡邑具称便，又出八百金官市田为丛冢以葬枯骨。去官之日，老幼扶携，攀哭襁属不绝。人益见思，则春秋俎豆公，长吏谒祠下惟谨。迨公卒，多梦公车从如云，呵拥入庙，精爽如生，公真古之遗爱也。夏文愍遗孤出当荫，从子鸩而夺之，公白冤，状复主爵罢其荫。大司马谭公忤时相，罢归过信，公善待之，亡何赐环，公待之如初无殊。礼江陵，父丧谒假还，开府以下咸会葬，而公宪使独不至，俟事竣乃入楚。楚棘，公分典省试，知柄臣子有窦倖谢勿阅卷，主者探两卷尝公，公挥笔署罢之，柄臣败，物议沸腾，公益以不阿为舆论所重。公宦情泊然，其慕退甚于人之嗜进，外恬如而内实强直。凡世俗违心借色腹詈，面亲失势，则鸟兽散，得时则蜂蚁聚者，公唾不屑视，而其进退亦刚果有法度。余与公雅相善，每见公，公未尝不念，在故山草堂中，既考其乡行，公府削迹，门庭如洗，台省交荐，强公登朝，虽天夺之年，而生平八面受敌之才，万人不夺之勇，士大夫至今乐道之。公十六补诸生，食饩耻问家人产，手一编，照雪读之。娶许宜人，贫不能布币，宜人贵浣衣脱粟自若。公以此皱历中外，出则有冰蘗声，入则推产诸季为德于乡，有长者声。濒老，橐无余装，夫妇相顾自解曰：独不计曩者雪中读书时耶？为一笑而罢。诸子彬彬负俊声，里中德公者皆称为清白吏子孙。铭曰：以礼进，以勇退。情不市名，伉不阿贵。殁为明神，生为循吏。宦有祠，社有祭，勤乐碑，封而隧，其俪从之，永终誉，子孙绳绳，福攸暨明。大学士叶向高诗：初衣早乞向林皋，倦掩衡门满径蒿。今日小山招隐处，素车长拥广陵涛。芜城东望渺平川，京兆坟开曲水边。千载勋名传汉史，路人漫自指新阡。小筑林园薜作篱，相逢珍重乞新诗。题成难寄重泉去，留当延陵十字碑。

注：录自乾隆《如皋县志》卷二十三。王锡爵，字元驭，号荆石，太仓人，明嘉靖四十一年(1562年)会元、榜眼，明万历首辅。子王衡、孙王时敏均荫赠一品，曾孙王炎官至大学士，人称“祖孙宰相”“四代一品”。钱藻(参见卷二十三第一章第二节《知名人士》)。

文昌阁碑记

[明] 陈继儒

嘉靖中，如皋创有文昌阁，直学宫之巽隅，岁久残剥。县大夫高要李公甫至，首葺学宫，复念是阁圮甚，议撤而新之。博士吕公谋诸士绅及形家，佥谓：乾当天门，奎璧二星躔于乾亥，此天下图书府也，法当徙巽向乾，吉。乃经始于万历乙卯，仲夏竣工。孟秋八月，余君大美遂登魁选，诸逢掖腾踔踊跃，始有蓬蓬天蜚之意。是举也，材中度，甓中陶，工中程，阴阳向背中礼。费赀八百金有奇，率取给邑中俸锾及士绅协赞，未尝捐民间半菽一缗，而此阁俨然遂骞云霄之上，猗欤伟矣!按文昌星，载在《天官书》，其灵异之迹又载在常璩《华阳志》，而详见于《蜀》。曰张亚，曰仲子者，其姓名与字也；曰生于越隽，战殁于晋武帝朝者，其生卒之自也；曰修髯、隆准、酡颜，体肥硕，目大而露，口方而朱，额广而方，耳大而朝者，其相也；曰葬梓潼县东之二十里者，其墓也。神在六朝，尝授如意于姚苌；在唐，迎玄宗于万里桥；在宋，吴曦僭号，则裂其祝板于几下。累朝亲赐御赞，及玉音，加秩名，跻南极之尊，礼绝星联之上，特以其司禄判桂籍，故文昌帝君封号最著。我二祖用武定天下，以文守之，初命礼官刊定百神祀典，文昌祠独不茀废。肃皇帝又赐神像于二三阁臣，使得崇奉香火，此非神道设教之实，固明示右文之德意耳。盖文昌大旨，首重忠孝，视六经约视二氏。精其言曰：吾一十七世为士大夫身，未尝虐民酷吏，周人之孤，济人之急，悯人之危，容人之过。如此听命于天，必降之福，信若神言，真可揭为多士法。又曰：世事日非，数不可挽，无地可居，有天可依，信若神言，又可揭为多士戒。法戒具备，思子必孝，思臣必忠，落笔必经天纬地，救世必移星易宿。文昌不在天上，其游行人间乎?若谓文昌能司禄判桂籍，以此歆动多士，而士以此礼一瓣香，则上与下，犹市心焉，非建阁本念也。栋强能支，人强能任，我朝刘王两文成有如阁矣，文成云乎哉。吕公曰：君言大，请著其关系始末，以为之记。县大夫李公名廷材，字柱可，万历癸丑进士，高要人。吕公名克孝，字公原，丁酉应天解元，署县学事，华亭人。董役为前新泰令李君上林。前蓬溪簿钱君守义，理问许君邦彦，太学王君启泰，文学钱生应元、冒生梦鹤，耆民王万寿，典吏徐继祖皆得例书。

注：录自乾隆《如皋县志》卷十四。陈继儒，字仲醇，号眉公，松江华亭人。明代文学、书画大宗师。一生隐居著述，有“山中宰相”之谓。

如皋县改建二忠祠碑记

[明] 李衷纯

天意欲半与宋，既能使一人开南渡河山之始；天意将全亡宋，又必使一人肩九庙天地之终。惟半与，故半掣其功，以贻千秋愤。惟全亡，故全与之节，以维百世心。若所谓一人也者，前岳忠武，后文信国也。所谓半与而全亡之一端可见者，吾皋之圣井济师、海堧受追地也。按宋绍兴间，岳忠武以经略通泰，驱逐金人，师出于皋，三军苦渴，道得圣井栏，汲而不竭，营伍沾足。忠武异之，名其井曰：“度军。”此度军一泓水，当与偃城、朱镇汲饮处同功，固有以验半与之天。若夫德祐之际，宋已不可为，信国犹争一日天命，拮据三尺之孤，从皋潜行入海，追骑相蹑，昼夜匍匐，叛令朱省二方奉命捕公，公不知，过此几为所缚，赖张阿松力得脱去，则海堧一片地，当与惶恐、零丁念主处同艰窘，而全亡之天寓此矣。夫皋仅淮海弹丸方幅，乃两忠臣，一念恢复，一念勤王，其精神智虑，若将从此人烟墟里间，奋一剑以收复京陵，航挽大海以入卫故主者。而天顾假奸臣手以掣之，与贼臣计以夺之。至今环望，吾皋之海天茫茫，犹剩有两公之忧心痛涕，别为之高涨惨淡也，是皋乃两公精诚始终栖讬，岂第维扬一邑已哉，实维天下后世忠义观感区也。但皋独信国有祀，配以乡之龙图学士王公觌。王固名德，主客非安，且已祀乡贤，因归王主墓祠。晋忠武并祀之，盖以两公君臣义重同、华夷恨深同、捐躯殉国振万古纲常同。兹者联席并筵，赓吁含泪，使瞻祠礼象者，吊古兴嗟，必以为倘竟武忠之功烈，宁不有信国之大节。惜丞相之就死，益追怜少保之沉冤，惟弃人于绍兴，徒殉人于德祐，两忠先后应若桴鼓，则皋之有两忠祠为昔鉴而今戒也，讵不大哉。虔致祠由，请之学使毛公、按使王公、兵使马公、郡伯杨公，咸忠义兼怀，协契两公，各荷如请。信国祠在定惠寺后，女墙湫隘僻陋，人鲜有过而问者。卜地寺西，临流垲爽。故官壤堙入民家，余捐俸赎之。购材甓，撤旧宇新焉。为祠三楹，门棹耳室咸备，迎主莅牲，用妥两公，且以两公忠义自劝皋而劝天下焉。

注：录自乾隆《如皋县志》卷十四。李衷纯（参见卷二十三第一章第二节《知名人士》）。二忠祠旧址位于如城东南，祀岳飞、文天祥。

改造泮桥碑

[明] 朱之蕃

皋黉序旧有泮，泮旧有桥，而更造者何以非其所故？初，棂星门内阙地而沼焉，以为泮而驾三石梁其上。然泮无蓄水，若坑阱然。形家数言其不利于多士，多士议更之屡矣，而博士先生鲜任事者，视黉宫传舍多士秦越人耳，用是议格不行者久之。会黄野王先生至，遂慨然从多士之请而曰：相厥地，宜面河流而环带，泮自天造，安用此坑阱为？则有白下之制可仿也。于是请于县大夫蕲州张公，比诸御史台咸报可，乡大夫士咸曰宜之。乃赋丈，度赀庀材，撰吉鸠工兴，卒堙旧坎而夷之，泮则徙而外，因于河，河则浚而造双梁于左右，梁则取石于震泽之山，以赀则官帑者什四，乡大夫士之乐助者什六，而先生佐以月俸之仂者二十金。立簿正稽入出，费凡如千缗。肇工于万历壬寅秋，越甲辰夏，乃报竣事，则张大夫迁，而今邑侯惠安陈公继成之也。双虹对峙，两厓甃石，内则夷坑阱为坦途，外则布石栏临活水，盖岿乎大观云。桥成之明年乙巳，先生迁分宜令。往矣又一岁，皋大夫士谋纪石而问记于余。余惟桥富平而民利涉，功德至今不泯，千古如一日也。然虑始最难，故富平之役成，人主乃举酒劳元凯曰：“非君不能成此。”野王以一广文而倡是举，乃有成绩，则又难者也。举大木者，一人呼舆謣，而众乃克从。先生之谓与，元凯之举利在民，先生之举利在士，士则四民之首也。吾白下有文德，亦因河为泮，创自周大中丞，比成而大魁踵发，不佞与藉茈焉。皋人士自今以往，云蒸龙变者时有，先生盖大有造于皋哉。后之君子，其毋惑于人言而隳成绩，其毋忘先生之功。乃先生不自居功也，尝语余，是役也，张大夫经其始，陈大夫董其成，非两贤令，则一广文曷克举之？是父母师帅两相成焉也！张大夫名星，字子魁；陈大夫名文进，字仲先；先生名梦麒，野王其字，吾里人，且同社也，在皋之德教弘，多在《皋比璅录》。

注：录自乾隆《如皋县志》卷十四。朱之蕃，字元升，号兰隅，金陵人。明万历二十三年(1595年)状元，官至礼部右侍郎，卒赠礼部尚书。

如皋定惠寺碑文

[清] 冒辟疆

盖闻：银函东渡，花宫之意蕊恒飞；金氎南翻，香界之智珠常定。喜园窈窕，亦有世尊；王舍岧峣，非无长者。循蜚摄提以后，断鳌命鳸以还。绀宇弥天，宝坊市地。餐兹禅悦，讽此了因。自古迄今，算穷巧历。如皋定惠寺，唐贞观旧刹也。郡名萤苑，即是龙乡。邑号雉城，还如鹫岭。然而，琬琰虽镌，芳华易熄；时移事异，感慨系焉。是以宋元祐进士史声有"寺名定惠知何代，桥古碑横不纪年"之咏。盖过爵台而献吊，登梧丘而有怀。既意切废兴，亦怆深今曩矣！洎乎日轮爰仄，玺角云刓，娈彼中原，沦于铁木。崐冈失火，泰階与瑞苑俱焚；沧海横流，夏屋与彩船同没。暨有明之中叶，属法嗣之全衰。丹青剥落，已无金薄之甎；罗鬘飘零，徒有白银之笙。一时缁白，为惋怅者久之。沿及万历中年，有素芳上人者，葺斯宇而居焉。弟子三人，长名性乾，次名性德。性乾俗姓翁，号静空。上人仁心独秀，制此长虵，内律弥贞，祛斯醉象。悯龛中之白伞非复全身；悼塔里之红函衹余舍利。遂乃焚膏炙踝，不异燃灯；贯索盘胸，奚殊歌利。国名头痛，如夸父之逐虞渊；民号文身，譬精卫之填渤海。三年行乞，依稀吞炭之人；十步悲号，仿佛望夫之妇。几同猿叫，绝类马鸣。时则龙藏鲛人，贡其绡縠；鸡林木客，运彼楩楠。善信饷其乳糜，檀越资其因果。铜棡十丈，重开樊重之家；璧树千重，再睹公沙之市。又虑金容不整，宝相难安，誓雕海外之旃檀，爰现人间之帝释。于是善才童子褊袒南游，目连沙门只身西去。既作此中之龙象，且渡蛮方；愿为彼地之鹧鸪，只飞炎徼。无何而沉香屿上，适至贾船，郁林洲前，还来海舶。果获奇香一丈六尺，遂塑大佛一尊，竟符夙愿焉。像成之日，踰岭东归，则有朱鸢计吏负弩前驱，玄菟将军挽强后护。洵白林之胜事，金地之美谭矣！寺基址四面各三百余步，中为佛殿，前金刚殿，左东岳，右禅堂，山门滨于毛雉河，有庑，有道，有墀，有垣，有窣堵波，今不存。寺侧有池，名玉莲池。静空上人重造大殿始于万历丁未，香像抵如皋为万历乙卯。嗣后，湛明上人募建钟鼓楼，云石上人募建藏经楼。至顺治丁亥，先府君命阁黎渡江至嘉禾购藏经，庋之阁焉。其渡江请藏者为德林上人。上人后参学四方，称中峰高弟子。授以衣钵，掩关三载。密帷不开，类儒流之董傅；红壁长掩，追古德于少林。因于寺中高唱法华，复募造讲堂五楹。时寺中纲纪为凝虚上人。上人雪山苦行，不畏吐电之魔；忉利熏修，可却担山之鬼。建立普同塔，重装大佛、韦驮像，并造香积五楹。德林，悟空曾孙；凝虚，云石孙，并法门哲胤云。是刹也，左挟王龙图之墓，右扼文忠烈之祠，面瞰河流，背枕城阙，镇芹宫之巽位，踞花县之龙峰。千年莲社，关东勒鹏举之文；七尺螭碑，江左纪总持之笔。是为记。

注：录自《巢民文集》卷七。此文作于清顺治十六年(1659年)。冒辟疆(参见卷二十三第一章第二节《知名人士》)。

冒潛孝先生墓志铭

[清] 韩菼

故明熹庙时，珰祸大作，黄门北寺之狱兴，诸贤相继逮系笞掠死，六君子其最著也。而国是淆于上，清议激于下，名流俊彦，云合风驱，惟义之归，高自题目，亦如所谓顾厨俊及者。当是时，四公子之名籍甚。四公子者：桐城方密之以智、阳羡陈定生贞慧、归德侯朝宗方域与先生也。先生少年负盛气，才特高，尤能倾动人。尝置酒桃叶渡以会六君子诸孤，一时名士咸在，酒酣以往，辄狂以悲，共詈怀宁。怀宁，故阉党也，时金陵歌舞诸部甲天下，而怀宁歌者为冠。歌词皆出其主人。怀宁欲自结，当先生宴客，尝令歌者来，先生与客令之歌，且骂且称善。怀宁闻益恨。甲申，兴党狱，定生捕得，几死。先生赖诚意伯蜃免。既而定生、朝宗相继殁，密之弃官为僧以去，而先生独存，亦无意于世矣。家故有园池亭馆之胜，归亦喜客，招致无虚日，馆餐惟恐不及。其材隽者，爱之如子弟。客至如归，而家日落，园亦中废，主人遂如客，几无所归，亦自不悔也。生平好施，与与不倦，而求者无厌，顾多不满，常搆祸，坐是频更患难，然不芥蒂，晚益以图书自娱适，竟克享大年以终。盖自先生殁，而东南故老遗民之风流余韵于是乎歇绝矣!其可痛也。余之得交于先生也后，而先生待之如最故者。其孤奉状以来泣请铭，余不敢辞，而序以铭之。序曰：先生冒氏，名襄，字辟疆，号巢民，世为扬州之如皋人。始祖致中为元两淮盐运司丞，元亡不仕。累传而至基者，永乐时亦不应召，学者私谥为潜德先生。又传而至璀，弟政，进士，官巡抚，以忤刘瑾下狱。子：鸾、凤、鹏。鸾亦进士，官至参政。凤生闾，闾生承祥，承祥生士拔。士拔生梦龄，由选贡知会昌、鄞都二县，升南宁知州。先生祖也。父起宗，举进士，以吏部郎出，历官副使。母马恭人，生先生。甫二岁，即随南宁公会昌，为青螺郭公、南皋邹公所器赏。十岁，复随南宁入蜀，辄能赋诗，文敏董公为作序。寻为诸生，试辄冠其侪。副使之官，先生每留侍南宁，曲尽敬养，不以遗父忧。副使尝调官荆樊，时流寇势张甚，誓死守。先生往省觐，奉恭人以归。归而不入寝，或问之，先生曰："父在残疆，而子安枕席乎?"泣血上书，抵政府，言路之与副使忤者皆心动，得调宝庆，而副使不之知也。时有与副使同官以边事婴祸者，其子以数千金属先生，得解，还其金，封识如故。既屡试不得志，以副榜当授推官，而乱作，遂不出。数移居避乱，艰难造次，奉养万方，两大人欢甚，无所苦也。当副使疾革，索笔书示两孙："尔父天生孝子，不可不学!"又曰："尔父胸中天空海阔，学得一分即是孝子。"恭人尝得危疾，吁以身及长子代，子果夭，而恭人幸无恙。父殁，逮事又三十年，跬步不忍离。其丧之也，先生年七十矣，泣慕如孺子。于族党尤有恩，祖姑老而无子，迎事之终身；姊归，后家破，亦如之。事外王父母及诸舅氏皆曲体恭人，心无不至，友爱诸弟，老而弥笃。庚申秋，何人入户，将剚刃焉，先生子以身蔽，与婢俱被重创。事闻于太守崔公，先生深念水木本源，痛哭太守前，力求宽释，太守泣，观者数千人亦泣。与人交，有始终。定生子检讨君少而才，邀至家园，饮食教诲之，以成其名。邑有许生以诬被法，妻子当入旗，胥王姓者实护行，先生予以道里赍，并办所赎之费。胥感动，阴以其妻代行。久之，以先生所办金赎归，而许妻不知也。先生高胥义，迎养其夫妇至死。其他完朋友之丧而恤其孤，经纪其家，时其婚嫁，事不胜书也。敬其桑梓，而急其利病。辛巳岁大旱，上官才先生，委以赈其邑人，条法甚具，全活无算；不足，自鬻产，出簪珥继之。岁壬辰，复大祲，先生赈如前，民疫死者众，先生日行道殣中，亦病且殆，邑令陈泣祷于神，死三日而苏。其急人多此类。晚年退居祖宅傍，筑室数间，杂植花药。客至，与酌酒赋诗。解音律，时命小奚度曲，亦以娱客。所著述甚富，成集者有《先世前徽录》、《六十年师友诗文同人集》、《朴巢诗文集》、《水绘诗文集》。书法特妙，喜作擘窠大字，人皆藏弆珍之。其殁也，年八十有三，康熙癸酉十二月也。海内贤士大夫咸叹风雅之道丧，故旧亲党以至闾巷老穉男女咸哭泣失声，犹惜善人之不长云。配苏氏，中书舍人文韩女，有贤行，实克事舅姑，以佐先生。自处俭勤，而恩于媵御，年六十有二而殁，马恭人哭之哀。子嘉穗，贡监生，翰林院尝考取书法；丹书，廪贡生，考授同知，即代先生受创者，皆苏出。一女，适诸生洪必贞，侧室张氏出。孙男溥、泓，监生；浑，功加左都督，管游击事；曾孙重光、维机、维楫幼。嘉穗、丹书俱能读父书，以孝谨世其家，有万石二子风。将以康熙甲戌冬十二月葬先生于城东万花园祖墓之左，而合诸苏孺人之兆。始先生既不出，名亦高，督抚以监军荐，御史以人才荐，皆不就。今康熙中，复以"山林隐逸"荐、以"博学宏词"荐，亦辞以亲老，不愿仕也。学者韪其行，私谥为"潜孝先生"，与"潜德"配。余抑尤有感焉：世之亟亟于得官，藉口于禄养，以至遗恨于不及事其亲者何限。先生少时意气蜂发，亦喜于自见，后乃消融敛退，不求获乎上，而惟顺乎亲，视彼三公子，所得为何如?呜呼，其于"潜孝"良不愧。铭曰：

桃叶长干，宾客衣冠。有如击筑，易水风寒。水绘之居，

匿峰是庐。有如舞衣，伯瑜亲娱。孝友于家，是亦为政。

邱园大佳，而非捷径。忧患怡然，消其魁垒。老大成灰，

少年如矢。推排人间，馀八十年。海阔天空，斯言良然。

我作铭诗，藏诸马鬣。宿草春烟，年年风月。

注：录自冒辟疆《同人集》卷一。"潜孝"为冒辟疆谥号。韩菼，字元少，号慕庐，苏州人。清康熙

十二年(1673年)状元。官至翰林院掌院学士,礼部尚书,《一统志》总裁。

王学士宅碑记略

[明] 刘钟愉

宁海名邦,发扬古地。弦歌济济,风和丞相原头;甲第重重,水绕状元陂上。父老为余言曰:缅维有宋,迭起名贤。在雉水之东阡,有龙图之旧宅。金龟压钮,代产伟人;黄雀投环,世留阴德。宝刀感神仙之授,佩兆公卿;琅琊启江左之勋,家传阀阅。尔乃司封员外,以平狱高驷马之门;润州神君,因抗疏除豺狼之道。内解党议,爵晋御史之台;外治城渠,召迁中丞之府。乃是父实生是子,惟难弟兼有难兄。出安定大儒之门,登嘉祐二年之第。笔不加点,千篇芍药之谱,纸贵洛阳;口不停吟,大理寺丞之书,集名天矞。凤毛有自,不数贾至之挥毫;花萼联辉,岂让宋祁之独步。尤有从子,称厥佳儿。辞厚聘于穷途,耻拜命于捷径。射策邀宸翰之首擢,建论挽宣和之颓风。五代恩荣,无忝科名领袖;一门气节,堪作文教总持。宜乎于氏门边,千寻乔木;栾公社上,百尺藤萝。然而,廷训贾氏之彪,室隐桓家之豹。岂若王根邸第,翡翠盈轩;宁夸石尉园林,珊瑚满架。虽遭兵火,集贤之门巷尚绕乌衣;纵历迁移,三槐之家声非同白屋。近棂星而毓秀,石梁重建蛟宫;胜仪凤于朝阳,坊表高标云路。因以名勒钟鼎,迹留百世之芳;可弗宅建碑亭,字酬三缣之价。

注:录自嘉庆《如皋县志》卷二十。刘钟愉,字孺颜,如皋柴湾人,刘愈炌之孙。

重修陈忠肃公墓碑记

[清] 钱维城

天壤间唯忠义之气历诸千禩而不朽,其感发人心者,生存则景仰则效,殁而稽诸史册。迁徙卒葬之所,往往增人太息。顾显微阐幽,非得有心人为之表扬,其湮没不彰者,亦随在多有。皋邑东十五里蒋君庄黄君体乾田畔有古墓,湍水漱啮,挹其渟潦,可以已疾,村民传为神异。已乃得圹版于穴旁,辨其字画年号,始知为宋司谏谥忠肃公瓘之墓。考诸史,公为宋朝理学、哲宗名臣,因抗直数忤权贵,安置泰州,后以子正汇告蔡京有摇动东宫事迹,复窜逐通海间,此墓之所由隶皋欤。前邑侯丁公元正亲勘,撰为碑记,后邑侯李公棠申请崇祀,撰为三忠祠记。复访东陈氏裔孙,春秋展祀无缺,此乾隆辛未年间事。皋人咸以为善。越数载,黄君体乾恐其事久而就湮,修葺立碑,以垂久远。呜呼,黄君可谓有心人矣!

忠肃公转徙流离,距今六百余年,骨埋荒烟断梗之中,封树不及,凭吊无从,伤已!向非黄君细绎其漶漫字迹,志版何由而得知?非力请当事,先后陈辞,公吁採访,何由而得当?非得陈氏裔孙于陈家坝,以为确证事迹,何由而得实?而黄君独肩其事,不辞艰巨,具言邑令,乞为上达,奉木主于邑之二忠祠,并忠武、忠烈而祀之,改为三忠祠,庙食百世,墓圹重新,使忠肃公之孤忠亮节得不湮没于身后,功岂不巨哉!然则是举也,固两贤侯之褒扬,慰忠魂于九原,而要非有心者之经理不及此。岁庚申,余弟竹初主讲斯土,欣然述其事之颠末,于以叹忠义之激发人心者深矣,因乐得而为之记。

注:录自嘉庆《如皋县志》卷二十。钱维城,字宗盘,号幼庵,武进人。清乾隆十年(1745年)状元,官至刑部侍郎。陈忠肃,名瓘,字莹中,号了翁,闽人,宋神宗元丰二年(1079年)探花,徽宗时曾任右正言、左司谏,因忠谏直言而仕途坎坷,最后被贬为泰州知州,卒后葬于如皋城东,宋钦宗时为陈瓘平反昭雪,追封谏议大夫,并在县学中建斋祠奉祭。

乾隆三十三年重修如皋城墙碑记

[清] 史鸣皋

城以卫民也,经理国邑而新筑之,亦大费大劳之,不能不藉乎民者,犹然乐劝焉,又况普存者,非民之力而安然而观厥成乎?则千载一时矣!我皇上御宇之三十一年,整饬群工,发帑金,诏修天下城垣,为民计也,皋之城与焉。任是役者,则前任邑尊升海州牧仁和何公,现任邑尊宁河崔公,分工并作,实殚心力焉。夫皋,海县耳,置自宋代,本无城。至有明嘉靖间,抚军郑端简公奏而筑之,城之始也。其后数十年,增月城,增敌台,城乃固矣。其在本朝,多历年所,楼既圮,马墙垛口日益倾,势在必修。即申详请修者亦非一日矣,但奉估之数,劳费不敷,以致迁延,垣益颓、土益卸,即估工日羸,而估费日绌,承办者日益难,几虑其弗克修矣。既奉恩诏,事大定,宪台委两公,其材良、其工慎,而价值又皆平,此奏效所由易乎?大抵城之高阔广袤数符图志,固估者所凭也。兹之修也,门凡四,镇以楼,题仍旧额增新矣!东北水门二,敌台二十二,更楼马道、栅栏皆备,制仍旧工增新矣!领帑银三万五千九百六十七两三钱,照原估也。承修工段七百九十六丈三尺,又详明捐修坼裂者三十余段,又里身素工改灰工,海墁顺砖改丁砖,四门土道改砖道,及增城下滴水石,溢原估矣!经始于乾隆三十三年,告竣于三十五年,城成矣!由牧伯观察勘而上之于制宪,制宪高公亲履,始之辨其材、审其工、拆表里而核之,大称善。即缮折入告,谓其所修,不独如式,而丈尺灰浆均有敷余,实堪保固垂久也。于时民感两公,佥曰:休哉!费己而不费民,劳己而不劳民,其上体皇仁以副宪意者,匪功大,功泽亦远哉!其治皋也,既扶摩而噢咻之,又复手拮据以安定之,怀德维宁可谓保障矣。夫河朔恃金城之固,西川著柔远之勋,陶甓省岁筑之烦,游鹿征惠政之应,载在史册,流传金石,利民亦至矣。而美利不言,民气和乐,如我两公,殆将过焉。名与城俱永,即千百年不替可也,何虞保固哉?爰为之记。

注:录自民国《如皋县志》卷一。史鸣皋,字荀鹤,号笠亭,如皋人,清乾隆进士,历官湖北黄州府同知、广西梧州府同知,署柳州府知府。

明吏部文选司员外郎许忠愍公碑志略

[清] 戴联奎

吾乡许忠愍公为前明思宗时吏部文选司主事,甫晋员外郎,即遭闯贼之变,城陷,自缢死,事详《明史》,国朝赐谥忠愍。相传尽节即在司,廨为祠堂,朔望香火,至今勿绝。尝读县志,载公榇已归葬,而传闻者或有异辞。嘉庆癸亥春,同年范于山明府以程文恭公碑记见示,始知有木匣犹在祠中。乾隆癸巳年修祠时始掩藏之。按记中所载事迹,益信忠魂千载不灭矣。夫载在祀典,而祀之者感恩泽也。若夫功令所不及,恩泽所未加,而崇奉者百余年如一日,则公忠义之气所以感人者深,而圣朝褒忠之典所以激励者广也。敬志其事于碑末,不特表向往之忱,且补旧志之所未详也。

注:录自如皋《戴氏宗谱》。许忠愍公,许直谥号。许直、戴联奎(参见卷二十三第一章第二节《知名人士》)。

如皋立发桥碑

[民国] 沙元炳

曰惟立发,古称发扬。鲁卫会郧,云是斯地,春秋时有也。吴凿邗沟,导淮注海,径口北趋,兹为要会。居民安定,行旅停止。发繇有亭,殆几魏晋。桥格初建,莫窥其纪。县故舄场,保大十年,改场为县,复晋旧名。亦越有宋,海陵设监,移县以治。历禩逾千,缠缒至今。循濠东泝,丁堰马塘,支贯掘港,仄注丰利。北折而迳,李堡西场,复出立发。蜿蜿蜒蜒,二百余里。裒县东北,曰串场河。河形如玦,桥纽其鼻。盐艘贾舶,往来衔接,道所必经。春夏潦集,波浪溢溢,千夫邪许,无间夙暮。篙攒绛属,沟窦交午。蚁孔鲍穴,涛啮沙漱。水失其静,石亡其坚。历清皕载,再圮再修。光绪乙巳,暑霪横降,双垛垝一。舆不得济,人不得涉。涂纡流远,行理怨恣。瞻望齐萌,力弗克胜。秉政之牧,知不暇图。于时,两江总督,建德周公,巡盐淮南,目闵楚瘁,爰戒有司。是度是营,纲官榷吏,罔不蠲贷。符移政易,因仍复辍。会吴县叶君,厥字瀚甫,经鹾广陵,岂弟多仁。寓书诏余,愿佽五千。克蒇斯工,乡邑慕风。翕焉猋起,汪君云龙。练晓营建,畀其董督。庀材伐石,无或羡绌。月见六朒,金逾万圜。甲寅季夏,桥乃底完。坚固广夷,群免砅涉,行人欢悳。不有周公,孰举其坠?不有叶君,孰宏其惠?小子何德,不为而名。铭诗于石,用垂厥声。诗曰:壤可潴而澮,川可堙而岸。石可厉而烂,沛哉惠施 不刊。

注:录自沙元炳《志颐堂诗文集》確据《春秋地理考实》:"江南扬州府如皋县东立发坝,古发阳也,亦名古郧。"沙元炳(参见卷二十三第一章第二节《知名人士》)。

如皋中山钟楼记

[民国] 钱佐伊

如皋地滨江海，夙称富庶之区。比年以来，倾侧扰攘，丧乱流离，盖陵夷□□□厄矣！魁杰之士思以教育、实习诱掖而振兴之。惟虑蚩蚩之民不知光阴之当惜，好从事而亟失时，难以生存于今日。望时而待，孰若应时而使，于是中山钟楼之创建，以树时计之标准，使四境之内各有所警，一洗因循怠慢之积习，而同趋于鼓舞作新之正轨。总理有言："人民平等"，"农以生之，工以成之，商以通之，士以治之，各尽其事，各执其业……，自此演进，不难致大同之世。"夫各尽其事，各执其业，要在毋失其时。过斯楼与闻斯钟者，当如亲聆总理之遗训，孳孳日有勉图焉。庶不负创建者之用心欤！斯役营缮之费，建设、教育两局分任之，而建设局长李济华实主其事。佐伊适长县政，因泚笔而为之记。

中华民国二十年六月一日

注：钱佐伊，上海县人。民国19年至民国21年（1930—1932年）任如皋县县长。原碑文下有："邑人沈卓吾书，倪景山刊石。"

明兵备副使刘景韶参将邱陞义官吴輗平倭始末记

[民国] 郭雍南

倭寇侵扰中国，明洪武时已然。永乐十七年，大掠樱桃汇，自是朝廷始命重师为备。如皋滨海，蒙害频数，县人甚厌苦之。嘉靖三十八年夏，倭寇大举入侵。寇破通州，副总兵邓城与水上抚军李遂，命兵备副使刘景韶扼守如皋，且必致倭寇于庙湾绝地。景韶招诸将，歃血与盟，期必胜。会倭据白蒲镇，意欲西以计给之，东遣诸将分守丁堰，躬率兵尾之，连败倭于潘庄、余庄、马逻燕庄等处。追至泰兴境，复败之于张家庄。倭势蹙，果北走庙湾，景韶与抚军会兵合战，大败之，所卤获功与抚军埒。未几，在三沙倭北渡，薄如皋城，景韶陈兵东门外，斩倭首十七级，生擒二人，倭少却，据龚家庄。邓城与战失利，倭乘胜长驱，杀害人民以千计。景韶率诸将分道追击于西场，以骑兵张两翼冲其腋，大炮摧其中，俘斩三百有奇，倭奔。进围于仲家园，凡三昼夜，斩大酋长以下千五百二十七级，生擒十五人，歼其余党于刘家庄几尽。县人聚西场倭尸封之，命为"平倭冢"。是役论功，游击邱陞为最。陞在诸将中智勇兼备，邓城初败时，陞趋援至白蒲，与倭寇遇，斩首百二十余级，返追至丁堰，斩首百三十级，生擒二人。东门之战尤力，城再败，倭势张甚，陞日夜追剿，卒与景韶歼其众于仲家园。朝廷嘉陞功，擢升扬州参军，仍命剿灭余寇。六月二十九日，陞穷追至泰兴新沙，日以西沉，一路刀挥矢噎，倭仅存三十余人，不意马蹶，为倭所害。景韶并将其兵，与倭寇奋战于小海滩、刘家桥、白驹、海沙、刘庄等处，皆捷，至白驹场遂尽歼之。凡三阅月，倭患平。先后以身殉者，千户王良、吕雄，陞部下史七、部秀。陞功多死烈，朝命专祠祀之。倭寇经此大创后，竟不能再举，迄于清季，滨海各地倭寇之患遂绝。

先是嘉靖三十三年，倭寇侵入丰利场时，士民备受毒害。义官吴輗率家丁突出击乏，连斩数级，倭惧返奔，輗追及凌河支港，其无及登舟之倭尽杀无遗，后人因名其地为灭倭港，又名臭倭港，港在潮桥北。

注：郭雍南，字仲达，如城人，清末秀才。原碑记落款："中华民国二十四年一月，如皋县教育局局长沙元榘建立，同县郭雍南撰文，王福祥书，倪景山刊石。"

中国工农红军第十四军建军纪念碑碑记

本世纪二十年代末，通海如泰地区农民武装斗争蜂起。1930年4月3日，根据中共中央军事委员会决定，中国工农红军第十四军于如皋县贲家巷建军。何昆任军长，李超时任政治委员。在中共通海特委直接领导下，红十四军转战江海平原，打土豪、分田地，创立苏维埃，威震大江南北。红军浴血奋战，何昆等英勇献身。由于国民党反动派的军事"围剿"和血腥镇压，红十四军的武装斗争于是年秋转入低潮，但革命的火种已在人民群众中萌芽、生根。为弘扬革命传统、缅怀先烈，值红十四军建军60周年之际，敬立此碑，永志纪念。

中共南通市委员会
南通市人民政府 南通市军分区
中共如皋县委员会
如皋县人民政府
一九九〇年四月三日

注:此碑1990年4月3日红十四军建军60周年时建于如皋西乡贲家巷。碑名由张爱萍将军题写。

第二节 文赋

举留胡瑗管勾太学状

[宋] 欧阳修

右臣伏见:新除国子监直讲胡瑗充天章阁侍讲,有以见圣恩奖崇儒学,褒劝经术之臣也。然臣等窃见,国家自置太学十数年间,生徒日盛,常至三四百人,自瑗管勾太学以来,诸生伏其德行,遵守规矩,日闻讲诵,进德修业。昨来国学开封府并锁厅进士得解人中三百余人,是瑗所教。然则,学业有成,非止生徒之幸,庠序之盛,亦是朝廷美事。今瑗既升讲筵,遂去太学。窃恐生徒无依,渐以分散。窃以学校之制,自昔难举,惟唐太宗时,生员最多,史册书之,以为盛美。其后,庠序废坏,至于今日始复兴起,若一旦分散,诚为可惜也。臣等欲望圣慈,特令胡瑗同勾当国子监或专勾管太学,所贵生徒不至分散。伏候勅旨。

注:录自嘉庆《如皋县志》卷二十。欧阳修,参见本编前《胡安定墓表》下注。胡瑗(参见卷二十三第一章第二节《知名人士》)。

安定胡先生祠堂记

[明] 孙曰恭

安定先生,如皋人也。如皋旧有祠,毁于兵火,历岁既久,无有能重构之者。正统二年春,监察御史庐陵彭君勖以行学事至县,始命知县曹立构之,择地于学之西南隅,是年冬落成。明年彭君再至,即谒祠下,选胡氏子孙之秀者,补邑庠生,奉祠祀,又命训导吴诚求文以为记。惟先生以"明体适用"之学,所至教人有法,在湖学尤为彰著。当时,朝廷兴太学,至取先生之法著为令,可谓盛矣!欧阳文忠公表先生之墓有云:"师道废久矣!自景祐、明道以来,学者有师,惟先生暨泰山孙明复、石守道三人,而先生之徒最盛",岂无所见而云然哉。先生之徒如钱藻之渊笃,孙觉之纯明,范纯仁之直温,钱公辅之简谅,盖其尤者。其余随材之大小,各底于成者,非可一二计,亦皆卓卓有名。於戯!天下不患无人材,而患师道之不立。师道立,则善人多焉,予于先生亦信且验。今稽之方册,先生教人之法,科条纤悉备具,有志者举而行之,未尝不可,此御史君惓惓于祠之作,一以示尊崇之意,一以使为师者有所取法焉,岂非宜哉?然予窃有叹焉!昔庄子,蒙人也,历千余年,蒙邑今犹作堂以祀之,而苏文忠公为之记。大意以为庄子之言,虽诋訾孔子之徒以明老子之术,而其意实尊孔子,盖实与而文不与、阳挤而阴助之意,非苏公不能识也。若夫先生于孔子,非特尊之而已,又能推明其道,以淑诸人,以传诸后,则其有补于世教,岂庄子之比哉!为之记者,使得大手笔如苏公,焉将何如其发挥也。顾予浅陋,安敢执笔,特以御史君之盛心斯强焉耳。因并书之,俾刻之后。

注:录自明嘉靖《如皋县志》卷九。孙曰恭,字恭斋,号翼庵,江西丰城人,明永乐二十二年(1424年)探花,官至翰林院侍读。

惠政东桥记

[明] 萧镃

惠政东桥者,如皋县治东北之桥也。如皋,扬之属邑,本斥卤之地,市鲜商贩居无城郭,然邑东百余步有桥旧矣,元更兵燹,故址独存。国朝洪武初,木梁其上,以通往来。厥后,虽稍修筑,宣德中尽圮于水,历岁滋久,未有能兴造之者,涉者往往病焉。正统丁卯春,四会陈君昭来为县幕,赞佐既勤,民和政举,廨宇、馆传、学宫、神祠百废俱兴。又明年,乃作东桥,建工未几,适大尹方君用宁之至,克相其成。始陈君之欲为是桥也,首捐己俸以为之倡,既又偕同寅谒城隍祠,召五乡父老告以不足,众皆喜贤侯之为,所以惠吾民也,其敢不翕然,各出钱谷以佐费。于是,命耆老钱珍丁纨籍其数,分命从宾范彝、许克礼、仇隽、周复初、钱贯等董其役，纲纪有方。人益用劝，迺筑圩堤以防颓塌，甃两岸以杀决溃，梁之以石，覆之以砖，不为观美，必底完好。经始于是年之秋，而迄工于十月之望，如皋之民相与叹曰：吾邑何幸，遭陈侯之贤，而又有贤大尹以共成其事，使居者不知其劳，而行者不病于涉，其教及于吾民，如此，将何以报乎？是时，族子文奎为其邑司训，乃相与谋，以书属笔于予。昔者，子产在郑，以其乘舆，济人于溱洧，孟子讥其惠而不知为政，诚以徒杠舆梁之未成，则王政有弗备，而民之不蒙其泽者多也。今东桥之在如皋，虽若不足为轻重，然扬州之境，东抵大海之滨，凡通州、海门之民，与夫两淮十场盐课司之旅，出于是途者，不知其几人，则其所以为惠利者，不亦远且传哉。夫事尝患其不知，而又患其知而莫为也。既有以知之而又能力为之，若是桥者。名之以"惠政"何过乎？予故特为书之，盖不徒著二公之绩，且欲使后之人知成之之难，不致于废坏也。

注：录自明嘉靖《如皋县志》卷九。萧镃，字孟勤，江西泰和县人。明宣德二年(1427年)进士，官至太子少师、户部尚书。此文是萧镃任国子监祭酒时应如皋萧文奎之请而撰。

惠政西桥记

[明] 吴节

桥之制在四方不一，或甃以石，或架以材，或梁以舟。然舟之安不若材之良，材之良不若石之坚。人皆知之，不能以为之，何耶？诚以立志有大小，存心有公私之殊也。故古今之成盛美者，必俟其人，然后功凝而绩聚也。如皋，维扬属邑，有溪水自泰州萦流经邑北，绕市区而东入于海，溪之上有二桥，题曰"惠政"。正统年间大尹方君，既甃以甓矣，独西桥架木以渡，又而朽腐，加以比岁水患，漫汙相仍，过者病焉。景泰癸酉，德州贺君庆来尹是邑，操守廉平，政务兴举，凡学宫神祠咸一鼎焕，既而兴嘅：是桥正当要津，东通海门及两淮斥卤十场，西通扬泰，兼达两京，凡使客行旅，悉由是出，况县治居民在其南，神祠公馆在其北，加石甃曷壮邑区。即与同僚各捐己俸为倡，五乡士庶闻之，亦各以力来助。遂集工量材，鞭石陶甓，具有成算，同时僚赞则有二尹临颍李俊、主簿金川谭复、高唐张志，提督措置则有典史八闽陈光盛，会计出入者则耆民卢桢、仇□等，各宣其力。桥之高通三十且尺，长亘一百二十尺有奇。作始于天顺五年之正月，几半载而功成。掌儒学教事麻城程让、司训泰和陈叔冕、固始张佐，谓兹桥功力浩大，圆甃饬修，此千载盛事，不可无文以纪岁月。乃以书，命儒生范诜、许稶来征言。予闻：为政莫大于惠民。然政有本末，惠有浅深，修其本则民之受惠也深，事其末则民之受惠也浅。故当残冬病涉之时，则乘舆不及于徒杠，此君子所以致其讥也。今如皋得贤令，志大而不屑于细务，心公而不系于私曲。曾几何时而石梁以成，使贩负者无所纡，均输者有所赖，往来者可以扬袂而游，题柱者得以肆志而往，其惠政之所及不既多乎？昔富郑公、范文正公俱为政于是邦者，然富公之去也，以堂存焉；范公之去也，以堤在焉。贺君为令，于兹能察政之本末，择其所当为，以嘉惠斯民焉，知他日之去，民睹是桥，不以思富、范者，而思贺君哉，是时，则有在矣！予故记言以俟。

注：录自明嘉靖《如皋县志》卷九。吴节，字兴佥，号竹坡，江西安成人。明宣德五年(1430年)进士，官终太常寺卿兼侍读学士。此文为吴节任南京国子祭酒时所撰。

论民财空虚疏

[明] 何瑭

臣闻平天下之道在理财，财用之盈虚系民生之休戚，而国家之安危治乱从之。臣猥以迂疏，备员户部，叨有理财之责。窃计在官之时所以空虚不足者，其弊有四：官吏剥削、差科繁重、风俗奢僭、生齿蕃多是也。臣谨开陈以闻。《传》称：国家之败，由官邪也。官之失德，宠赂彰也。盖官吏贪赂必剥削小民，小民穷困不堪，小则为盗，大则作乱。而国家之治败矣！我太祖高皇帝起自民间，深知其弊，故立国之初，痛惩贪赂官吏，甚者即行诛杀，以快小民之心。既制为《大诰》《省贪录》诸书以戒谕之，又定为官吏枉法赃满贯罪绞之律以恐惧之。是以当时，官吏畏法，小民得安。晚年因见法令已行，贪风已革，乃于洪武三十年，定官吏受赃满贯者，为杂犯死罪，准其收赎，盖不忍以财物之故伤人性命，此圣祖宽恤之仁也。奈何官吏不体圣祖之心,渐起贪赂之习。积至正德年间,其弊极矣!官以赂升、罪以赂免。辇毂之下,贿赂公行;郡县之间,诛求无忌。小民受害,殆不忍言,百姓困穷,盗贼蜂起,国家之事几至大败。臣不胜忧忿,于正德六年奏言,先欲敕谕大臣令其守廉奉法以倡百官,次欲将贪赂害民官员,凡犯取受入已脏满贯以上俱籍没赀产。轻则为民,重则充军。军职犯赃,一体归断。所冀法令严明,则贪官知惧,民困可苏,国家可保耳。当时论者皆谓臣言苛刻,难以施行。臣窃谓责人以难能之事,则才知有限,不可勉强,若一概加罪,则诚为苛刻,至于贪与不贪,则在乎肯与不肯,非有甚难能之事,况彼夺民财,而法乃籍没其财,情法似乎相对,且未伤其性命,似未为苛刻。论者之意不过谓士君子辛苦仕途,有所取受亦是常情,罪以籍没,似可矜悯。窃闻宋范文正公当道,遇不才监司,一笔勾之。富郑公曰:“公但知一笔勾,不知一家哭矣!”范公曰:“一家哭何如一路哭耶?”富公亦当时贤者,其言亦近于厚,但其所见之公私大小,则不逭范公远矣!况官吏贪赂与其他不才误事者不同是,安可过为姑息而不加重治哉!夫贪官之所爱者财耳,若止去其官,不夺其财,彼犹不失其富,既不知耻,岂肯改行?若籍没之法行,则虽不问以死罪,彼虑并失其原有之财,必知警惧,则贪风庶乎可革矣!《传》称:“时使薄敛,以劝百姓”,为天下国家经常之道。盖为治不能不使民,但使之以时,而不竭其力斯可矣;不能不取民,但敛之以薄而不匮其财斯可矣!仰惟国朝使民之法,除里甲正辨外,如粮长、解户、马头、船头、馆夫、水夫、马夫、祇候、弓兵、皂隶、门禁、厨斗之役,无所不役,固已多矣。近年以来,常役之外,杂派纷纷而出。……今承平既久,风俗日侈,起自贵近之臣,延及富豪之民,一切皆以奢侈相尚,上下之分,荡然不知。风俗既成,民心迷惑,至使婚姻丧葬、燕会赙赠之礼,竭力营办,甚至称贷为之。官府习于见闻,通无禁约。殊不知风俗奢侈,不止耗民之财,且可乱民之志。盖风俗既以奢侈相夸,则官吏俸禄之所入,小民农商之所获,各亦不多,岂能足用?故官吏则务为贪饕,小民则务为欺夺。由是推之,奢侈一事,实生众弊,盖耗民财之根本也。宜令礼部查照祖宗旧制,再行申明,定为制度,通行禁止,违者各治以罪。违法之物,追没入官。其该管官员不管者,即以不职罢黜。又闻,京师四方之极,君身万化之源,故化行自上,法行自近,伏望皇上敦行节俭,为天下先。严戒内外官员节用惜财,不许过者为奢僭以坏风俗,违者一体罚治。如此则民财不耗,民志不惑,而国家以礼义教民之治,庶可成矣。昔者,孔子适卫,尝有富庶之论。盖庶而不富,则民生不遂,治功不成。国初,离乱初定,人民鲜少,土地所生之物供养有余,承平既久,生齿蕃多,而土地所生之物无所增益,则供养自然不足。今惟有尽辟地利,以资生养,法尚可行。方今地窄之处,贫民至无地可耕,而江北山东等处,荒田弥望。近日臣下建言,欲命官劝农开垦荒地,其意亦皆在此。但召集开地之人,类多贫难,不能自给,久荒之处,人稀地僻,新集之民,既无室庐可居,又无亲戚可依,又无农具种子可用,故往往不能安居乐业,辄复转徙。虽设有劝农之官,终无成效。臣愚以为,设官劝农,非假以事权,则无以使之行其志,非齐以赏罚,则不能使之尽其心,宜敕该部选择通知农务之士,授以按察之官,赐以敕书,令其查拨,本处丁多田少,或招集外处流徙失业,或起取狭乡无地之人,凡室庐、农器、种子、赈给,俱动支官钱,处置仍兼管词讼,所收纸赎,取其支用,至分行催督,许令设立老人管理,从便赏劳。三年之后,地已成熟,每亩科米五升,以补逃移逋欠,粮额官量升转仍留劝农。六年之后,农功大成,超与升授,否者量行责降,仍通行州县官。凡有荒地,各令教民开辟,三年之间,地辟而粮完者考以称职,不完者考以不称。如此,则官肯尽心,民肯尽力,地利尽辟,非惟生齿之蕃得有所养,而公家之用亦有所资矣。

注:录自乾隆《如皋县志》卷十四,录入时在“杂派纷纷而出”之后删去部分赋税举例。何瑭,字粹夫,号柏斋,如皋人,弘治进士,官至南京右都御史,有《柏斋集》。此疏乃何瑭任户部右侍郎时所上。

新迁文庙儒学记

[明] 湛若水

如皋县旧儒学,成化庚子创于邑令向侯翀;新儒学,今嘉靖庚子创于邑令黎侯尧勋。凡周六十年而废兴,其甲子同,地异而二侯之心同也。侯舍故图新,考地卜宅,喟然叹曰:“吾闻之,人杰者地灵，然地灵者亦人杰，其感应同也。"旧学地卑以隘，莫称高明广大之教，则为之何？或曰：若学东半里许，有名宦乡贤祠，隙地乃东岳庙废址。其土燥，其址高四尺，中有古杏树二，大合抱，杏坛之兆已默定矣！南数十步为龙游河，河有九十九湾，南出大江，北则纡徐萦迴，环其前为运河，东入于海，地势坤，风气萃。乃为称之。以旧地易之，可得千金；合前巡盐御史吴君所捐罚锾八百两，可成之。前为文庙，庙如制，左右为两庑。又前为仪门，去庙十丈；又为黉门，去仪门十二丈。两门之间有泮池，池之上有桥，桥长二丈，文庙之后为明伦堂，左右为斋、为馆，又为号房、为射圃亭，是故规模则穆穆乎若增而深远矣，其屋宇则巍巍乎若而高大矣。然而，为庙为学同也，学以敷教，庙祀以报本，同也。但倡之者，子钦黎子；其始决之者，侍御疏山吴君悌；改为裁定者，总督巡抚、左都御史周公约庵金，巡按御史静斋石君永，今巡盐御史范溪焦君琏，督学御史裁庵杨君宜府，太守爱山刘君宗仁也，其心同也。于时，院县协孚，政和教行，群工懽腾于肆，多士懽颂于庠，其心又同也。经始于嘉靖十九年三月十日，落成于是年十一月一日。黎侯拜司训詹仕显、何荩及诸生何张二许生以来，曰：勋也，既奉甘泉先生之教之学，以治兆民，以教多士，乃臻有今日矣，子等其为我之京，问先生所以为报于庙、为教于学之道焉。甘泉子曰：报非他也，其报在诸君之心也；教非他也，其教在诸君心也。诸君其思之往古来今之通六十年之远也，上下尊卑之殊，其士其民之亿万之众也，其翕然愿为斯举者何心哉？其宇宙间感应之同然者也，其万物天地一体者也。昔者，夫子生于鲁，辙环于列国，北不济河，南不及淮，虽有浮海居夷之想而不果，足迹未尝掩惟扬之墟。今之祀报，师法乎孔氏者，尽河以北，江以南，亟天所覆，亟地所载，以莫不然，不期然而同然，岂特惟扬已哉！孟子称舜文东夷西夷之人，地之相去，世之相后，千有余里与岁，得志行乎中国，若合符节，先圣后圣，其揆一也，揆也者心也，言其心中之同然也。经曰：大人与天地合其德，与日月合其明，与四时合其序，与鬼神合其吉凶，岂惟大人哉？虽谓之人人则然，可也。语曰：东海、西海、南海、北海，有圣人出焉，同此心此理也，岂惟圣人哉？虽谓之人人则然，可也。于是，有以悟天地万物同体之理，而得其所以同然之心，必自知圣人之所以为教在于斯，有天地罔极之恩焉，其能不报祀于无穷乎？知学者之所以学在于斯，有宇宙一体之义焉，其能弗自强不息乎？詹子诸子曰：可以为训矣，请以归复。侯以白巡抚守诸公鑱诸石告诸来裔焉。

注：录自明嘉靖《如皋县志》卷九。湛若水，字元明，号甘泉，广东增城人，弘治末进士，嘉靖时任南京兵部尚书。

增修儒学记

[明] 李春芳

如皋学故在邑西南隅，改而东者余十年矣，然缺陋未饰，观者侧焉。嘉靖壬子冬，巡盐侍御中溪黄公国用按其土，谒先师孔子，迴瞻宫宇而嗟曰：是乌足以严妥祀、安弦诵哉？矧阴阳向背，多舛其宜。乃捐罚锾若干金，召节推符君允中画而示曰，是宜革，是宜创，是宜辟，是宜塞，宜崇而立，宜濬而流。符君受命惟恪，率邑令陈君雍，庀材鸠工，相度经纪，盖五阅月而绪，甫就规制，焕然改观矣。既落之日，章缝悦怿，黎庶欢踊，有鲁泮水从迈之盛焉。学谕李君士元，司训吴君棠、赵君瑶曰：是不可以无纪也。乃率文学陈生经、钱生相、何生思、王生言，肃币谒文，镂诸丽特之碑。予惟教化，治道之所先也，故有匡世翼道之志者，恒注心焉。文翁之在蜀，倪若水之在汴，范纯仁之在襄邑，率兴学广教，以隆化理，后世述颂不衰，黄公之用心岂异昔贤哉！然兴学阐教，以作才弼理者上之责也，为士者尝慨上焉者无其人矣，今将谁咎乎？孔子称：十室之邑，必有忠信，不如丘之好学。如皋僻在海隅，习尚淳厚，士多忠信之资，抑有好学如孔子者否乎？孔子之学，非攻艺射，名之谓也。所以学道也，尽其性以尽物之性，以赞化育，以参天地，孔子之学也。发愤忘食，乐以忘忧，不知老之将至，孔子之好学也。辙环齐鲁之墟而席不暇暖，孔子学而思以济世之心。今之学果孔子之学乎？学而好学与所以济世之心果如孔子乎？惟艺是攻，而无得于心性；惟名是急，而无裨于天下国家甚之，而营私蠹公、毒痛细民，并其所谓忠信者亡之矣！此学与孔子异乎不异乎？夫天下之治忽系人才，人才之邪正系学术。孔子之学不明，则忠贞之才不出，欲求海内乂安，难矣！吾扬自南宋节庵李先生私淑伊川之门人，始知以道为学，而如皋安定胡先生教授苏湖，则又先躬行而后文艺，其流风余韵能无存于其乡者乎？今又得黄公以正学倡之于上，异时有好学之士，卓然出以为天地立心，为生人立命，俾孔子之道大明宇内，谓非公之力哉否？则是犹工之饰肆而怠事也，其失今日修学之意远矣。

注：录自明嘉靖《如皋县志》卷九。李春芳，字子实，号石麓，南直隶扬州兴化人，明嘉靖二十六年(1547年)状元，官至首辅。

答中丞孙淮海书

[明] 张居正

辱惠佳刻，略读数种，皆入玄造奥，含菁咀华，且其议论不诡于圣人。向也吾见公之貌而已，今乃得窥其深矣。苏氏有言："千金之富，卿相之贵，苟非天之所与，求一言之几乎道，不可得也。"公以涉壮之年，早窥道域，天所与也！愿勉旃自爱，归见令叔虑吾证以山中所得如何？恐当远逊阿戎矣。

注：录自张居正《张太岳文集》卷二十一。张居正，字叔大，号太岳，湖北江陵人，明嘉靖二十六年(1547年)进士，明万历内阁首辅。孙淮海，名应鳌，字山甫，号淮海，祖籍如皋，生于贵州凯里，明嘉靖二十五年解元，明嘉靖三十二年进士，官至工部尚书。孙应鳌为明代四大理学家之一，《黔诗纪略》誉为"贵州开省以来人物冠"。

移丰乐、集贤二桥记

[明] 严怡

怡闻成化中有胡令者来县，多爱民之政，民亦爱之。县以无事，令因出行县，相其地形曰："治背水非宜。"乃召县之父兄耆老，令其子弟具畚锸听命。既集，乃指示，因治西南小沟而深浚，广凿之，以通舟楫。河成，令复出，临流而叹曰："新水胜旧水，带学益士，抱治益民。"于是乃移旧河西石桥而架之治西水上，为"丰乐"，以济西人；移其东石桥而架之治东水上，为"集贤"，以济东南人。桥成，令复出，则又登桥而叹曰："始恶其劳者，其终享其逸乎？始言其害者，其终赖其利乎？"自胥宇至于竣事，令仅三出，而众乐事劝工，未尝久役也。非令爱民之素，其何能使之如是哉！督役者买石将为记，而令适召去。后来继令者以为非其功，不暇记；吾邑之士大夫以颂令功德近谀，不欲记；吾邑之父老以文字非小人之职，又不敢记。因循而逮于今，几五十年矣！将复之时也，天不遗胡令而梁令来，平政之余，乃治道涂，乃增杠梁，乃修胡令二桥，悯其有功而无闻也，则进怡于庭，命为之记。怡辞不获，退而窃谓，令有三善焉：扬善智也，忘己仁也，果行勇也。凡人之善耻不与焉者，怡之志也。不固辞，而勉为之，以此。

注：录自清嘉庆《如皋县志》卷二十。严怡，字士和，号石溪，如皋城人，清嘉庆九年(1804年)岁贡，历官临朐训导、景宁教谕、权聊城知县。工诗古文辞，纂修明嘉靖《如皋县志》。

冒辟疆《香俪园偶存诗》序

[明] 董其昌

《王右丞集》载十六、十九岁诗，不必王子安《滕王阁诗》若《序》。江河万古，四杰无论。假令右丞之诗不著年月，谁能辨其为少作耶？光岳灵气，只有此数，古今文人共之。头出头没，为谷为陵，无足异者。"宿世谬词客"，右丞语不虚也。

此辟疆十四岁时作，才情气力，已是名家上乘。安知非前身老诗人再来？亦安知非高常侍五十为诗，韦苏州六朝吟客，千锤百炼，撚破髭须者，习气未尽，再入词场，点缀盛明一代诗文之景运耶？

辟疆自谓此，故吾不忍废。余谓以为昆山之人，以夜光抵鹊，何言之易。以诧于赏音者。

注：录自如皋《冒氏宗谱》。董其昌，字玄宰，号思白，松江人，明万历进士，官至南京礼部尚书，一代书法宗师、明末文坛泰斗。

冒辟疆朴巢诗序

[明] 倪元璐

李唐三百年，风雅之林号极盛矣。吾观一时作者，大约其人清深闲澹，离尘绝俗，内有所得，与外相触，而后诗生焉。浣咏性灵，磅礴物象，读之觉词章之外，气韵悠然。古人之诗所以可传，良由此也。王摩诘吟啸辋川；韦苏州鲜食寡欲，扫地焚香而哦；孟东野调栗阳尉，日坐苍烟秋水，徘徊赋诗，而曹务多废。盖处尘杂中则性情易汩。而善诗者其为人未有不清深闲澹者也。辟疆天才蔚起，退居海滨，结一巢于荒原古朴之上，而息影其间，海潮洞涌，女萝睇笑，耳目往还，胸怀吐纳；又多藏书卷，反复流连，兴观群怨，思古获我，中饶至理快义，自难蓄忍而发之于诗，沉郁顿挫，清新俊逸，无所不有。婉转以附物，惆怅而切情。寸管在手，而见卿云澹宕，灵鸟迴翔，此得诗其内者，辟疆之所独，而不可以语人也。其独得者，乃其所以远追风雅，而与开、宝间能诗之家分路扬镳也。视粗莽一辈，剿说瑰词，强作呻吟，何啻吹芦叶，挝羯鼓，而且上下星渊矣乎。凡读辟疆诗，须考其朴巢之所得，则可以知辟疆之所由，合于古人也矣。诗其易言哉。

注：录自冒辟疆《同人集》。倪元璐，字汝玉，号鸿宝，浙江上虞人，明天启进士，历官至户、礼两部尚书。书法灵秀神妙，为“晚明五大家”之一。明崇祯十七年（1644年）李自成陷京师，元璐自缢殉节。

黄济叔印章序

[清] 龚鼎孳

古之绝技，不以人废；古之奇人，或反以技掩。秦相魏武之篆与书，至今流传人间，而右军经济之宏伟，识度之高远，后之慕说者不尽，如行间字里龙跃虎卧之。心手相随，吾恐后之人爱敬济叔，将自其镌篆之学而止也。上蔡初闻赵高之议，峻拒至再，其后乃不能自坚，得无念富贵，畏祸患之一念，夺其初心，遂不愿流秽千古，与世之高人旷士没身蓬蒿，长往不悔。如济叔辈者，只是爱此胸中，使世味转换不得。济叔笃学好古，风流博雅，文心酒德，洒洒出尘。而醇气介性，然诺不苟，古一行隐君子之流，未有或过之者。以故篆刻之学，穷工入妙，超轶今古，盖将上继斯、邈，不特近掩松雪、子臣而已。古人能事，未有不以其人传者，吾既有感于济叔，而益愿天下学古之士，知风雅自有根柢，不区区争能于工拙之间也。读栎公序文，不独为济叔生平传神写照，而篆籀六书之原委，莫不了如指掌。此文此谱故当与岐阳之鼓，山甫之鼎，永叔、明诚金石古文之录，长留天地间，勿但云一艺之工，以翰墨为君子已也。

注：录自龚鼎孳《定山堂文集》卷。龚鼎孳，字孝升，号芝麓，安徽合肥人。龚鼎孳于明、清两朝为官，官至刑部尚书，因洽闻博学，诗文并工，时人将其与钱谦益、吴伟业并称为“江左三大家”。黄济叔，名经（参见卷二十三第一章第二节《知名人士》）。

论民得其所而天下平

[清] 刘愈炌

人主欲安辑天下，必先使天下之民皆无有争之心，而后一人成靡争之治。何则？民者，天下之本也！本之不固，则枝叶奚自茷茏而成垂云拱日之势？然本非徒固之而已，深其根，植其干，滋培沃溉，曲尽其法，而性始畅发而不可御。惟民至愚不可戕，至柔而不可狎，皆有身家族属，心知嗜好，倘不令之各止其所，以至忿起为争，见怨而不见德，见雠而不见恩，见攘夺而不见恭逊，纷纷藉藉，赤地干戈，此蜩螗沸羹动诗人之嗟，而土崩瓦解下贾谊之涕矣。人主思止争于天下，而不得其道，所以日寻于兵而未已也。旨哉，黄石公“论兵略”，而究言之曰，民得其所而天下平。盖天下非小弱也，东至嵎夷，西至昧谷，南至濮铅，北至祝栗，若遍人而谕之曰，而其室无哗也，家无谇也，疆场井庐无恙也，城郭州邑无惊也，岂不难哉？而世之习为平天下者，偏矫其术以强之。佥曰：平以法，威刑所加莫不畏；佥曰：平以权，位力所凌莫不慑；又甚者且曰：平以兵，锋镝所摧莫不服。嗟乎！权而御之，法而制之，兵而毒之，是平天下者？适以乱天下也！书曰：“天视自我民视，天听自我民听”；又曰：“可畏非民”。匹夫匹妇一人胜予，凛凛乎若朽索之驭六马，岂非谓天下民之强弱异等，智愚异伦，剽悍材勇、驯良绳尺异类，其视耽耽，其欲逐逐，乃以在上一人，阳络阴纽于其间，微矣、危矣！祗恃上不独私其私，不独利其利，而使人人共私其私，共利其利，则私也成天下之大公，利也成天下之大义，殆各得其所之道得也。民皆有身家族属，心知嗜好，则必有衣食居处之所，维恋父母妻子之所痛切，以及学业术艺之所经营也。有如牂羊在道，飞鸿在野，粟菽不充，疏粝不给，吾必使之得所食;捉襟见肘,曳履踵决,裋褐不完,蒙犯霜露,吾必使之得所衣;桑户蓬枢,不蔽风雨,嗷嗷中泽,葵井葛涂,吾必使得所居;狐绥在梁,暵蓷中谷,井臼自操,荫嗣莫续,吾必使之得所乐;捐宗党、去茔墓、委道路、废町畦,零丁孤苦,形影独吊,吾必使之得所亲。而不但是士有士所扬名者,于朝修王伯之略,登卿相之位,则士之子恒为士,得其所而不争;农有农所获实者,于野辨麦菽之宜,安蚯伍之常,则农之子恒为农,得其所而不争;爰是商有商所,工有工所。一弓二矢归射,三轮四舆归御,五鲍六鱼归蓄,七陶八冶归灶,九柯十匠归材,十一竹十二苇归时,则商之子恒为商,工之子恒为工,各得其所而不争。夫有得所则有不得所,而曷为其所之不得也,有致之者也。赋蛇政虎,剥皮膏血,峩大冠,拖长绅,贪而鸷凶,况复奇请庇讬,鍜链周内,呼天抢地,断肌割肤,民有聊生者乎?再则客兵所掠,如鹰鹯过林,憾不尽鸟雀而噬之;宿兵所克如斧斤加木,憾不尽芽蘖而斩之;民且悲无戾天之翰、穴土之荄矣!民之不淂其所者,三害为祟故也。人君诚能恻然除去三害,即此恻然除害之念,天下之民已聚庐讬处其中,如春雨之润涂泥也,如春风之长百谷也,如置诸慈父母之怀也,民有不得其所者哉?环顾天下,不必河之清,不必海之晏,不必黄龙神雀之瑞、赤芝丹醴之祥。民之老者享寿祺,烹羊酌酒,扶杖登堂,曰"幸见太平"。民之壮者,深耕易耨,敦诗说礼,出作入息,曰"无负化日"。民之幼者,逐雉而嬉,随桑而荫,奉高曾,习箕裘。曰童子何知天下之平?孰有平于民之得其所者,人君又何尝屑屑然下一令曰,天下其我平乎?不求平天下,而天下之民固已平矣!较之法御、权制、而兵毒者,不大相悬绝哉!天下之民岂尚有争心也,而民心治矣!虽然尤自君心克治始,君心治而后百官治,百官治而后万民治,则请为进一语曰:君得民之所而天下平。

注:录自如皋《刘氏宗谱》。刘愈炌,字文清,号念庵,如皋柴湾人,擅文武才,少年补博士弟子,清顺治六年(1649年)武会元,殿试二甲第一。此为顺治己丑科内场考试时刘愈炌所作策论,时年19岁。

水绘庵记

[清] 陈维崧

水绘庵,即向之所谓镇野带垌,竹树玲珑、亭台棋置者,水绘园是也,其主人辟疆氏,既以遭值不偶,乃解脱绂结,将与黄冠缁侣游。约言曰:"我来是客,僧为主。"更园为庵,名自此始。水绘之义:绘者会也。为其亘涂水脉,惟馀一面竹杠可通往来,南北东西皆水会其中,林峦葩卉,坱圠掩映若绘画然。古水绘在治城北,今稍拓而南,延袤几十亩。西望峥嵘而兀立者曰"碧霞山"。由碧霞山东行七十步得小桥。桥趾有亭,以茅为之。踰亭而往,芙蕖夹岸、桃柳交荫而蜿蜒者曰"画堤",堤广五尺,长三十余丈。堤行已,得水绘庵门。门夹黄石,山如荆浩、关仝画,上安小楼阁,墙如埤堄,列雉六七。门额"水绘庵"三字,主人自书也。门内石衢修然,沿楼背阁,迳折百余步,曰"妙隐香林"。由是以往有二道:其一左转,由壹默斋以至枕烟亭;其一迳达寒碧堂,堂之前白波浩森,曰:"洗钵池",盖自宋尊宿洗钵于此,因以名焉。洗钵池前控逸园,右亘中禅寺。寺有曾文昭"隐玉"遗迹,绿树如环。其东向临流而阁者,曰"佘氏壶领园",由壶领水行左转,更折而北,曰"小浯溪",溪出入萑苇,若楚浯溪然。由浯溪再折而西,曰"鹤屿",旧时常有鹤巢于此,今构亭曰"小三吾"。又有阁曰"月鱼基",皆孤峙中流,北城倚焉。南临悬霤,峰下,稍折而东,亭曰"波烟玉",盖取长吉诗义。由亭而上,曰"湘中阁"、曰"悬霤山房",参差上下,若凹若凸者,凌虚厉空,泬寥莫测。西入石洞甚廓,旁有小穴。俯瞰涩浪坡,苔藓石纹如织。前临因树楼,则蟠伏宛在地中。由石洞右折而上,为悬霤峰。峰顶平若几案,可置酒,可弹棋,四顾烟云翕习,若碧霞,若中禅,若逸园、壶岭,璇题缤纷,朱甍烜赫,盘亘浯溪如线。惟洗钵池则白浪驾空,有长天一色之观。峰之由南陆而来者,自妙隐香林以至涩浪坡,其间名亭台而胜者以十数,涩浪坡为最。坡广十丈,皆小石,离列可坐。当雨晴日出,则飞泉喷沫如珠。下有石渠可作流觞之戏,有声淙淙然。其树多松,多桧桂,多玉兰、山茶;鸟则白鹤、黄雀、翡翠、鹭鸶、鸂鶒,时或至焉。悬霤之西有镜阁,兀立如浮屠。下列小屋,间侧不可名状。其北望，隆然而高者有土山，山之后有庐，曰“碧落庐”。碧落庐者，主人友戴无忝客居也。其先戴敬夫与主人善，拟构是庐不果，主人乃为成之，而馆其子无忝于其中，今游黄山不归，更置一僧，昕夕悠然有钟磬声。由庐而西，竹梁可通鹤屿。屿前数武，孤石亭立水中，状若滟滪，时跃白鱼，漻然闻水声。自兹以往，旋经小桥，陆行二百步左转而东得逸园。逸园，其先祖大夫玄同先生栖隐处，有古树高楼直通玉带桥下。

注：录自《冒氏宗谱》卷十。陈维崧，字其年，号迦陵，江苏宜兴人。“明末四公子”之一陈贞慧之子，清初词坛第一人，“江左三凤”之一。

雁桥记

[清] 胡任舆

雁桥何为而成也？石氏兄弟敦友于之谊也！敦友于者何？石氏，皋邑巨族，世业诗书，所居在治河之东。逮克峻公生三子：长为崧、次为崶、次为嵩。并驰声艺苑，一时拟之三凤。为崧掇巍科，登显仕，晚告归，兄弟友爱益欢，以子姓日繁，为嵩别构一宅于河西，户相对也。然朝夕过从，必迂回数百步，北过丰乐桥，咸弗便之。因亍门之左近数步许，架木为桥，名之曰雁。盖取雁行之义，亦与“雁齿小红桥”之说合焉。自是，往来甚便，依然合居东宅，不知其距河以西也，其敦友于之谊也若是。夫天合之伦，父母之外莫如兄弟。天下未有孝而不友者，亦未有友而不孝者。石氏之友于兄弟，石氏之孝于其亲可知。自雁桥成，而亲族里党过是桥者，顾名思义，蔼然兴亲睦之思。自雁桥成，而后嗣子孙过是桥者，顾名思义，殷然无胥远之叹。且自石氏之雁桥成，而四方宾客过是桥者，顾名思义，恻恻然念木之有同本，水之有同源。因其友，而知其孝；师其孝，而弗违其友。则是桥之成，其有关于人心风俗也，岂浅鲜哉！余与崧同举于乡，缔白首盟，至皋邑数主其家，获交诸昆季，见其一门雍睦有古人风。比是桥之成，益艳羡而乐称之，爰为之记云。

注：录自嘉庆《如皋县志》卷二十。胡任舆，字孟行，号芝山，江南上元人，清康熙二十年（1681年）解元，清康熙三十三年状元，授翰林院修撰，掌修国史。

《白蒲子诗编》叙

[清] 沈德潜

康熙岁癸巳，潜与自芸姜先生相遇于义门书塾时，先生负高才，抱硕学，而又当壮盛之岁，发为诗歌，一往纵逸，牢笼万态。相与酬答，自顾如滕薛江黄之遇齐楚，无能为役也。不数年，先生掇巍科入辞馆，元本雅颂登歌庙朝，而先生之诗一变。既天子重理民才，简畀剧邑。先生执法守官，得罪大吏。大吏加以横逆，祸几不测。赖天子神圣，察其非辜，而大吏以冰山崩倾，毙于诏狱，先生冤抑始白。维时托诸咏吟，每有感愤结辖、磊落不平之辞，而先生之诗又一变。既而萧然归里，偕山农野老，谈讨枌榆，较量晴雨，随所感触无非自得，先生诗尤有纯乎天趣者焉，而先生之年亦已老矣！昔韩退之以言事得谤，斥守揭阳，苏子瞻以触忤权臣，窜逐海外，两贤诗格并胜于前。大抵遭放投，处逆境，有足以激发其性情，而使之怪伟特绝，纵欲自掩其芒角，而有所不能者也。使先生为达官于朝，出其文华，铺张润色，非不推为一时之钜丽，而性情或几于隐矣。惟颠跌撼顿，视古人更有加焉，其所成就，有于幽忧挹郁之中，磨砺乎安命俟时之学者，则大吏之戕虐先生，适以玉成先生，而使其诗之可传于后世也。宵人之谋，正为君子之福，不信然哉！潜于先生为后进，而年差长于先生。向处于无能为役者，益以齿发日衰，殖业颓落。而先生道味充腴，诗境与年俱老，更有不能追望其后尘者也。回忆义门书塾相遇时，行及三纪。两人之聚散离合，踪迹变幻，电光鸟影，如尘如梦，不有惘惘而莫能为怀者耶！乙丑春，嗣君静宰公车北上，先生寄示全集，俾潜草序，因纪其相遇以来情事如此，他日，潜得请归里，买扁舟，涉大江，谒先生于里门，欢焉道故，各写天倪，其乐有莫可涯量者。区区境遇之得丧，付之一映焉可也。先生闻斯言，应有莫逆于心，鞭然而笑者。乙丑夏日馆后学长洲沈德潜撰。

注：录自嘉庆《如皋县志》卷二十一。沈德潜，字确士，号归愚，苏州人，清乾隆四年（1739年）进士，官至礼部侍郎加尚书衔，后晋阶太子太傅、太子太师；卒后因涉徐述夔“文字狱”，被追夺阶衔并罢祠仆碑。白蒲子，即姜任修（参见卷二十三第一

章第二节《知名人士》)。

《东皋诗存》序

[清]孙星衍

乾隆三十九年诏开四库馆，搜辑海内遗文，而如皋汪公之珩所撰《东皋诗存》得入集部存目中。公自号璞庄，先世自歙迁居如皋，世有隐德，至公以文学起家，好施与，所输修建赈恤赀逾数万。公奉母至孝，不肯以仕违亲，东南之士多归之。构文园以为翘材之馆，凿池沼，树卉木，贮文籍数万卷。赋诗著书其中，人以比冒辟疆之水绘园。手辑邑人所为诗，自宋胡直讲瑗及元明国朝人，以备一方掌故，易箦时犹属妻及子成其志。公既卒，并刊公诗于后，其书果行，会有牵连讦告者，天子命大臣检视，别白无他，寝其事，公子春田观察，名为霖，时官比部郎，因上其书，得列四部。越廿余年，重加校刊行世焉。考前人录一方文献，始自宋郑虎臣《吴都文萃》及元汪泽民《宛陵群英集》。近世则有《粤西诗载》《山左诗钞》《甬上耆旧诗》诸家盛行于世。今阮云台抚部撰《淮海英灵集》、曾宾谷都转撰《江西诗征》或先后公，其爱才好古之心则闭门合辙。予尝惜三吴文物之邦，无人搜录成编也。春田观察亦以能诗世其家，未弱冠登朝，出守思恩镇安，擢盐法道，年三十余而致仕，所至有政声，以强直为上官见惮。及归江乡，与余为文字交，往来金陵吴门间，题咏胜迹江淮间。想闻其风采，倘更刊所作，如斜川之继东坡亦盛事。夫著书难，成书难，书行世益难。古人有覆瓿之忧，仰屋之叹，若东皋诗人之得公以显其名，公之得妻若子以成其事，且达其书于朝以呈乙览，诚旷世之遇。公固无憾于述作，观察亦无愧于家学也。因叙其梗概，如此。

注：录自同治《如皋县续志》卷十六。孙星衍，字伯渊、渊如，常州人。清乾隆五十二年(1787年)榜眼，官至刑部郎中，任代山东布政使时称病回乡，主讲泰州安定书院。孙星衍为乾嘉学派重要人物，所著《尚书古今文注疏》，为清代古文经学之高峰。

《文园六子唱和诗》序

[清]蒋宗海

文园者，古丰汪君璞庄之珩读书处也。余与璞庄交久且笃，往来皆寓焉。璞庄好宾客、喜歌诗，四方能诗者罔不愿见，然未闻有所谓六子者。癸酉冬，接璞庄手书并倡和诗卷，请余为序。知丹徒李萝村御馆于其园，且招白蒲吴樵月合纶、刘櫆村文玢、顾牧原駉、如皋黄漱石振为觞咏之乐也。余识樵月櫆村璞庄牧原在甲子夏，即读其诗而心折焉。戊辰春二月，余往广陵游平山堂，始识萝村，越明日，萝村渡江贻诗为别，余诗送之，今且七年未尝一再见。漱石为璞庄妻弟，游艺京师，曾从璞庄读其诗，想见其为人，当如古燕赵感慨悲歌之士无疑。六子之踪迹，如星罗如棋布，而忽合于云树江天之外。余馆于园而不得与六子合，六子集于园而不得与余合，固余之不幸，亦六子之憾也。夫六子，能诗者也。六子之诗，如其人者也。余知六子者也，余又附于知诗之列者也，间尝阅历交游 扬风雅，如樵月之和而婉也，櫆村之奥而博也，璞庄之简而劲也，漱石之豪宕横逸也，萝村牧原之淡洁温美也。恒累数千百而鲜一二合者，何哉？性情异而正伪别耳。呜呼！六子自此远矣。且载籍极博，有旷百世诵遗编而恨不得亲见其人者，有生同斯世诵一言而终身浮慕者。今六子各负壮年，相距或数里或十里或百里，远者亦不过三四百里。得其地，得其主，和者和，倡者倡，相与一堂。以见世之鱼鱼鹿鹿，名湮没而不称于里巷者，何可同日而语哉！余贫且老，株守寒坛，别萝村既久，念诸子亦且二年。读是编，不觉见猎而心喜也。用弁一言，聊以报璞庄之命云尔。

注：录自嘉庆《如皋县志》卷二十一。蒋宗海，字星严，号春农，镇江丹徒人，乾隆进士，授内阁中书，入军机，中年辞官归里，曾主讲如皋雉水书馆。

吴篪《临证医案笔记》序

[清]沈岐

夫有非常之际遇者，必有非常之艺能。具嵚崎磊落俶傥瑰玮之才，发为事业、著为文章，必能方轨前哲、垂训来兹。如我叔外祖渭泉先生，洵当代伟人也。方其由大令晋阶司马，循声藉甚，乃不数月而特擢临司，洊升鹾使。人知先生遭遇之隆，而不知其奇才异能，实有度越侪辈者。出为名臣，处为名医，兼而有之矣。忆嘉庆丁卯、戊辰间，先生需次都门，与岐往来最密稔。知先生岐黄之学冠绝一时，辇下名公卿造庐求请者冠盖相望，即后宦皖省、观察闽疆，有自彼中来者，咸啧啧称先生之政绩与医理均臻绝顶，非其伟抱宏敷、奇才出众，能若是之脍炙人口耶？读是篇者，分肌劈理井井有条，因叹先生学之富、艺之精、用心之勤，毕生精力荟萃是书，由是，推此心以活民而民活，推此心以治国而国治，岂仅挟青囊一卷肘后奇方，自号为专门名家也哉？岐知先生最久，故深信其名实之相符，而书其梗概如此。

注：录自道光《如皋县续志》卷十。沈岐（参见卷二十三第一章第二节《知名人士》）。吴篪，字简庵，号渭泉，白蒲人，官至两淮运使。亦精于医道，著有《临证医案笔记》。

《历朝史印》序

[清] 陶澍

印章之起盖自周官掌节，货贿用玺节，然掌之于官，以通商旅之出入，则犹今州县之印，非私印也。私印之流传于世者自汉始，率冶金为之，与钟鼎款识同。其笔法未易窥见。今虽人人言汉法，而心知其意者绝少。如皋黄君楚桥，乃特以此事名。尝聚石四百余方，取古今作史诸人，人篆一章，名曰《历朝史印》，凡十卷。嘉庆初，大兴朱文正公序而行之。嗣是，遍游吴越江淮，一时士大夫莫不思得君片石以为重。今年夏秋间，为余作数方，古雅绝伦，笔笔中锋，三代法物如将见之。夫一艺成名，皆必有真精力存乎其间。其传之久暂，亦常视以为率秋之于弈、宜僚之于丸、扁之于轮，彼各有动乎天而不自知者。至形之于言，笔之于书，皆糟粕也。楚桥得名三十余年，今老矣，技而盖进乎道，其视向之所著，吾恶知其不以为糟粕耶？虽然，上自周初，下逮明季，有良史数十百人，一开卷而如晤焉。夫以印为印，业比者所知也。罗良史数十百人于胸以为印，则非业此者所知也。楚桥之胸，有此数十百人与之往返。噫，此其所以能为楚桥也欤！

注：录自邑人黄楚桥《历朝史印》。陶澍，字子霖，号云汀。湖南安化县人。嘉庆进士。官至太子少保、两江总督。有《印心石屋文集》。

《同人集》序

[清] 戴兰芬

古有云：莫为之前，虽美弗彰；莫为之后，虽盛弗传。如皋冒巢民先生，德业闻望，名重海内，一时才人无不愿与先生交，故往来赠答诗文词赋及书记序传集为"同人"，付诸梨枣以寿世。阅百年后，版竟朽蠹，书亦无存，甚至出数十金购一集而不可得。嗟乎，其集存，而同人之著作存，即同人之事业存；其集亡，而同人之著作亡，即同人之事业亡。凡属名流未尝不欷嘘太息。斯集之美虽彰于前，而盛弗传于后也。幸有先生之从曾孙不波氏，名长清，为皋邑名诸生，景仰先绪，每痛斯集之沦亡，无有襄成复梓者。遂自勤俭茹苦，蓄积十余年，得数百金，慨然鸠工刊刻，吁冒氏族中家资有数倍不波、数十倍不波者，而不波独出己资以成斯集，其亦可慰先生在天之灵，并慰同时学士大夫诸才人在天之灵已。不波生平，颇有得先生遗风者。视诗文朋友情同骨肉，遇贫寒子弟栽培教诲，非即先生之爱育人才乎？荒年为粥以食饥人，苦寒解衣以衣无褐，人有称贷无偿焚券不索，非即先生之救荒捐赀乎？道光元年，学师邑宰以山林隐逸举，不波固辞不就；刺史以孝廉方正举，不波又固辞不就，非即先生之屡辞征辟乎？噫嘻！前有巢民之气节，堪为今古表坊；后有不波之绍承，克守高曾矩矱。美于前而盛于后，冒氏之族大有人也！道光乙西仲冬冬至前一日。天长戴兰芬题。

注：录自道光版冒辟疆《同人集》。戴兰芬，字畹香，号湘圃，安徽天长人，清道光二年（1822年）状元，官至侍读学士。清道光五年，冒辟疆后裔冒长清复梓《同人集》，戴兰芬欣然为序，以襄盛事。

《莲因集》序

[清] 钱士杓

吾皋诗事之盛，推冒氏水绘园，所著《同人集》传诵海内。继之者汪氏文园亦称盛，刻有《东皋诗存》。自两园废，风雅道衰，间有吟咏，多湮没不传。皋邑又无名山水，可以流连景物，触发性情。惟城南文峰阁踞城上，高可望江，其下有精舍数椽，同人时游憩焉。咸丰癸丑后，江南用兵，避地来皋者，咸登兹阁，以寄其劳羁客之思，与邑人士相赠答。住持悟堂上人好诗喜客，索客囊中句观之，辄录存其佳者，时亦出一诗相和，人以此尤乐就之。丙戌春，偶与余叙及旧游，出所录诗见示，英谈隽语，如对故人，而当时诸寓公风流云散，里中耆旧亦渐次零落，盖距今已二十余年矣，不禁相与叹息。余因谓上人："从来笔墨之灵，多聚于人之笃好，然聚之甚难，散之则易，昔日之游赖斯不泯，顾斯之丛残蠹蚀，亦终归散失而已，又乌可久耶？上人知今之可叹，而不知后之尤可叹也。"上人闻余言，悄然动容，悉发箧中所藏诗，谋付诸梓。盖上人素好义，生平两修殿阁，皆竭己赀，急公忘私，其天性然也。既成，属余为序，且请集名。上人雅不欲自传其诗，余谓非上人能诗，诸诗人焉得相聚于此，且诗之钞藏，至今存也。为选数首，附于后，而名其集曰《莲因》，美上人与余辈有文字因，而叹当世无若巢民、璞庄两先生者。此举乃得之方外也，后之览者，亦将有感于斯编。光绪戊子仲春奎卿钱士杓撰。"

注：录自宣统版《莲因集》，此乃《同人集》《东皋诗存》之后如皋著名诗集。钱士杓，字奎卿，清同治九年（1870年）举人，其子钱昌颐为如皋最后一位进士，曾任湖北宣恩县知县。悟堂，号能启，俗姓李。如皋文峰阁住持。

《观鱼庐稿》序

[当代] 韩国钧

敬之以文学著乡里。曩以亡友沙君健庵之介，从余于瞻园，司笔札者三年。敬之，健庵门人也。健庵之言曰：宗生文学不弱于时贤，而质地极纯洁可喜。余历观其文，洵如健庵所言，而植品谨勅，尤余所爱重。迨余去瞻园，敬之即教授江苏法政大学。今亦倦游家居，时相过从，往复谭艺，视昔在瞻园时为密，其文学且日进。世局纷扰，寂处寡欢，得一二文士可与言者而与之言，藉倾书生之积蕴，亦老去乐事也。敬之辑其近所为文，与前已印稿重付手民，属序于余。近十数年来，干戈相接，几无宁岁，举世无暇于文章之事，无足怪者。敬之独不肯舍弃所学，孳孳自勉，取径震川，上窥唐宋，潜滋暗长，卓然有成，可谓笃志之士矣！夫文章之事，虽历世变，而其脉终不绝如故，史册昭昭可考也。自今日观之，老辈彫丧殆尽，后生日驰逐于科学新知，所谓古文辞者，一若鼎彝金石，可玩而不适于用。敬之则以为：载道行远，用莫宏于斯也。四海之大，人群之众，如敬之其人者盖有之矣。敬之执是，以广其嘤鸣之意，庶几壹郁之怀，与磿没之功，必有以慰也。民国二十年首夏韩国钧。

注：录自宗孝忱《观鱼庐稿》。韩国钧，字紫石，号止叟，海安人，清光绪举人，民国时曾任江苏省民政长、江苏省省长。

重印《志颐堂诗文集》序

[当代] 吴俊升

《志颐堂诗文集》吾邑沙太史健庵先生之遗作也。自大陆再遭秦火，旧籍多荡然无存，惟间有流传海外者。余来香岛后，辄于暇时访书肆，冀有所得。一日见《志颐堂诗文集》突呈于目，喜不自胜，亟购回，什袭藏之。继思先生之遗作，幸免于劫火，如私藏于海外，非计之得，因以归先生及门宗先生敬之于台员，冀能重印以广流传。乡人士在台者议付影印，以余有搜访原集之雅，问序于余。余生也晚，又去乡日久，于先生之道德与文章，未能窥其万一，何敢妄赞一辞。惟重违诸君子之雅命，乃作而言曰：

呜呼！此劫火之烬馀，而乡邦文献之菁华也。忆先生在日，即以搜集阐扬乡邦文献自任，吉光片羽，考订无遗。如皋自设县以来，二千年之人文沿革，粲然俱备。先生每以所藏示乡后学，而乡后学敬恭桑梓之心，油然而生焉。自先生捐馆舍，乡邦多故，所藏渐散佚。兹其遗集幸存，所为传记碑铭诸作，凡邑人忠义节烈之行，以及庸言庸行之谨，多所表彰。而乡贤之诗文遗集亦多所题记。一邦之文献，赖此集而存其梗概。余小子于丧乱之余，有此意外之获，以传先生垂世不朽之作，而绵延一邑之文献，何其幸也。

抑有进者，先生之德，泽被于吾邑者，至厚且长。凡邑中有井水饮处，无不知沙先生者。清末兴学，先生实为首倡，一生领导士林数十年。吾邑学风之淳朴，人才之辈出，先生实启之。而救灾歉，恤贫困，除强暴，抚孤幼，凡有益民生之事，无不力为倡导。凡来主县政者，于先生无不敬仰，邑有大事均以咨先生。故邑人之福利赖以保全者，尤不胜书。凡此，皆可于遗集中窥其大概也。以先生之掇巍科、入词林，宜可有为于一国；以先生之膺省选主议席，宜可有为于一省。而皆翛然置之，浩然赋归。归而施惠于一乡。宜乎乡人士于丧乱流离之馀，在数千里外，得复见其遗集，不胜唏嘘太息，有感于大德遗爱之难忘矣。

至于先生之诗文，气魄雄厚，迈越秦汉。凡能诗文者，均能于斯集中熟玩而深识之，非浅陋如余者所能尽述。抑余童年，肄业乡校时，先生诗文一有新作辄传诵于校内。当时余喜读诸篇，如《黄髯翁传》，如《自鬻儿歌行》，如李之椿、许德溥传等。数十年后，复展其遗集，均跃然入目，读之犹琅琅上口。而童年涵泳先进诗文之况味，仿佛如昨日也。

余先君曾于乡校受业于先生。迨余入学，先生已退休，未能亲炙。而余所受业诸师，如项子清先生、刘企苏先生、宗敬之先生，皆其高第弟子。故余于先生，论世谊为再晚，论学谊为再传，诚末学小生矣。惟犹及受知于先生，往者，先生六十，乡人称觞，余在南雍赋诗为寿。后一年谒先生于里第，余诗独张之书斋。非余诗之足取，乃先生之乐于奖掖后进也。今于海外诵公遗篇，抚仰今昔，诚不胜感慨系之矣。

同乡诸君子，追怀大德，珍惜遗篇，策群力使影印本问世。乡之人读此集者，如受先生诗文之感召，益增其敬恭桑梓之心，则诸君子重印此集之功尤为可纪。而先生不朽之作，永垂范于后学，犹其馀事已。

是为序。

注：录自台北如皋县同乡会所编《如皋文献》第一册。吴俊升，字士选，如皋人，曾任北京大学教授，香港中文大学新亚书院校长等职，退休后侨居美国，有《教育哲学大纲》等著译多种。本文录入时略有删节。

《如皋盆景》序

[当代] 陈从周

中国盆景，世界独特之艺术也，以小中见大具书卷气，以雅秀见长。长江南北，皆有作品，而风格各异。苏南盆景、扬州盆景、华南盆景、四川盆景，各抒艺术之精，地方风格一目了然。如皋滨长江之北，自来文化昌盛，诗文书画人才辈出。其盆景制作经花工之手艺、文人之品评，批红判白，枝叶以云片裁扎，虽一盆之微，而天趣盎然，兼南北之长。予尝以"健笔写柔情"五字誉之，言其有情味也。兹者，如皋以百年前栽植妆点成景，存如皋之风格，集艺术之精华，在盆景艺术界一开异境。觐者从中知中国盆景之菁英，了解地方艺术之特色。予治园五十年，喜见新品，爰为介绍，知余言之非虚也。

注：录自邑人花永恕《如皋盆景》。陈从周，同济大学教授、古园林建筑专家。

游八咏楼有感

[当代] 胡济民

1997年4月，我与我妻子钟云霄教授在金华市"八咏楼"李清照塑像前合影。后面是李清照的诗："千古风流八咏楼，江山留与后人愁。水通南国三千里，气压江城十四州。"

众所周知，李清照是南宋著名女词人，她给我们留下了很多清丽、典雅、缠绵悱恻的诗和词。由于金人入据中原，她流寓南方，一度曾寓居金华，常和一些好友在八咏楼吟诗唱和。这就是她在当时写的诗。那时，从八咏楼上可以看到滔滔流过的婺江（可惜现在被楼群给挡住了），从她写的诗的最后两句里可以想象当时烟波浩渺的景色。当然，这两句诗绝不是纯粹写景，而是诗人为陪衬主题思想的第二句的"江山"二字而作的想象。诗里虽然并没有直接写当时人民如何受外族的侵略，当权者如何苟安半壁江山的现实；但一句"江山留给后人愁"，却包含了多少对国家的忧思与对青年人的期望。

知识分子是人民中比较敏感的一个阶层，大学生更是知识分子中最富有创造力、最活跃的一群。纵观我国近代史，从1895年康有为等1300多名举人的"公车上书"到1919年的"五四运动"，都是青年知识分子推动社会进步与变革的光荣里程碑。什么时候压制青年学生，让青年学生沉默，就是最黑暗的时候；什么时候青年学生能畅所欲言，能关心国家大事，就是国家能繁荣兴旺的标志。这是千古不变的真理。

注：原载1999年第二期《大学生》杂志。胡济民（参见卷二十三第一章第二节《知名人士》）。

第二章 诗词·楹联

第一节 诗词

石壁诗

[宋] 胡瑗

余尝览李翰林题《泾川汪伦别业》二章，其词俊逸，欲属和之。今十月，自新安历旌德，而仙尉曾公望同游石壁，盖胜境也。奇峰对耸，清溪中流，路出半峰，佳秀可爱。传闻新建汪公所居不远，掩映溪岫，率类于此。且欲寻访，迨暮不获。因思旌川即泾川接境也，而幽胜过之；汪公亦伦之别派也，而儒雅胜之，岂可使讽咏不及于古乎？辄成一首，题于汪公屋壁，虽不及藻饰佳境，比肩英流，庶俾谪仙之诗，不独专美矣。

李白好溪山，浩荡泾川游。题诗汪氏壁，声动桃花洲。

英辞逸无继，尔来三百秋。汪公亦蕃衍，宗支冠南州。

其间新建居，林泉最清幽。松声满道院，山光入书楼。

仙气既飘飘，儒风亦悠悠。子孙多俊异，词行咸精修。

我来至石壁，赏之不能休。酣味碧溪水，苦饮黄金瓯。

因羡汪君居，复思汪君投。遇景清兴发，浩与天云浮。

斐章异绣段，洒翰非银钩。庶与谪仙诗，千古同风流。

注：录自安徽《宁国府志》。清代翟大程《桃花潭诗征》亦收录此诗。胡瑗（参见卷二十三第一章第二节《知名人士》）。

寄赠胡先生

[宋] 王安石

孔孟去世远矣，信其圣且贤者，质诸书焉耳。翼之先生与予并时，非若孔孟之远也。闻荐绅先生所称述又详于书，不待见而后知其人也。叹慕之不足，故作是诗。

先生天下豪杰魁，胸臆广博天所开。
文章事业望孔孟，不复睥睨蔡与崔。
十年流滞东南州，饱足藿藜安蒿莱。
独鸣道德警此民，民之闻者源源来。
高冠大带满门墙，奋如百蛰乘云雷。
恶人沮伏善者起，昔时蹢躅今骞回。
先生不试乃能尔，诚令得志如何哉。
吾愿圣帝营太平，补葺廊庙扶倾颓。
披旒发纩广耳目，照彻山谷多遗材。
先取先生作梁柱，以次构架桷与榱。
群臣南向帝深拱，戴仰堂陛方崔嵬。

注：录自《临川文集》卷十三。又载于明嘉靖《如皋县志》卷十、清嘉庆《如皋县志》卷二十一。清嘉庆《如皋县志》中诗名《寄赠胡翼之》。王安石，字介甫，号半山，抚州临川（今江西省抚州市）人，庆历进士，熙宁三年为相。

卜算子·送鲍浩然之浙东

[宋] 王观

水是眼波横，山是眉峰聚。
欲问行人去那边？眉眼盈盈处。
才始送春归，又送君归去。
若到江南赶上春，千万和春住。

注：录自赵万里辑本《冠柳集》。王观（参见卷二十三第一章第二节《知名人士》）。

清平乐·应制

[宋] 王观

黄金殿里,烛影双龙戏。
劝得官家真个醉,进酒犹呼万岁。
折旋舞彻伊州,天恩与整搔头。
一夜御前宣住,六宫多少人愁。

注:录自赵万里辑本《冠柳集》。

野寺

[宋] 王觌

望日与诸公会于大慈,闻海云山茶、合江梅花开,遂相邀同赏,虽无歌舞,实有清欢,因成拙诗奉呈。

野寺山茶昨夜开,江亭初报一枝梅。
旋邀座上逍遥客,同醉花前潋滟杯。
秀色霜浓方润泽,暗香风静更徘徊。
仙姿莫遣常情妒,不带东山伎女来。

注:录自《成都文类》卷十一。王觌(参见卷二十三第二章第二节《知名人士》)。此为绍圣初王觌任成都知府时所作。

谒安定胡先生墓

[宋] 苏轼

仲尼设至教,三千尚躬行。
轲氏骋雄词,杨墨不得倾。
垂法炳两曜,章为万世程。
如何邹鲁后,汩汩失其真。
伟哉安定叟,倡道孰与京。
深悟一贯旨,体用授诸生。
施教各以类,诜诜尽才英。
俱成楠与榱,致用良匪轻。
所以苏湖士,至今怀令名。
我来起肃敬,为采湖之蘅。

注:录自如皋《胡氏宗谱》。苏轼,字子瞻,号东坡居士,四川眉山人。北宋杰出文学家、书画家。

次韵王觌正言喜雪

[宋] 苏轼

圣人与天通,有诏宽狱市。
好语夜喧街,湿云朝覆砌。
纷然退朝后,色映宫槐媚。
欲夸剪刻工,故上朱蓝袂。
我方执笔待,未敢书上瑞。
君犹伏阁争,高论亦少慰。
霏霏止还作,盎盎风与气。
神龙久潜伏,一怒势必倍。
行当见三白,拜舞欢万岁。
归来饮君家,酣咏追既醉。

注:录自《苏轼诗集》卷十六。

题定惠院

[宋] 史声

寺名定惠知何代,桥古碑横不记年。
古树乱鸦啼晚照,故园新蝶舞春烟。
十层宝塔化成路,五色云衢散上天。
惟有玉莲池内水,沧浪深处老龙眠。

注:录自清嘉庆《如皋县志》卷二十一。史声,如皋人,宋元祐进士。定慧寺原名定惠院。

如皋

[宋] 文天祥

如皋县隶泰州,有朱省二者受北命为宰,率其民梗道路,予不知而过之。既有闻,为之惊叹。

雄狐假虎之林皋,河水腥风接海涛。
行客不知身世险,一窗春梦送轻舠。

注:录自文天祥《指南录》。1995年《如皋县志》所录诗名为《过如皋》。文天祥,字履善,号文山,江西吉安人,南宋理宗宝祐四年(1256年)状元。德祐二年受命为相,因赴元营谈判而被扣押,在镇江幸脱虎口,随后南下出海,此诗为途经如皋所作。

游中禅寺

[元] 陈应雷

寻幽散履绕中禅，纵笔留题万象妍。
半榻风清窗外竹，一帘月满定中天。
花飞台阁香成雨，金点苔斑福有田。
闻说曾公读书处，额名隐玉是何年。

注：录自清嘉靖《如皋县志》卷十。陈应雷，字道宏，如皋人。元延祐三年（1316年）解元，官至平江路总管。

过如皋

[元末明初] 陈基

晓行过如皋，草露凄已白。
井邑无人烟，原野有秋色。
缁褐两三人，牢落徒四壁。
似讶官军至，拱立衢路侧。
伊昔淮南陬，土俗勤稼穑。
潟卤尽桑麻，闾阎皆货殖。
及兹值兵燹，道路纷荆棘。
十室九逃亡，一顾三叹息。
王师重拯乱，主将加隐恻。
戒吏剪蒿莱，分曹理盐荚。
眷眷怀疮痍，迟迟历阡陌。
上天合助顺，九土期载辟。
白首忝戎行，临风增感激。

注：录自陈基《夷白斋稿》。清嘉庆《如皋县志》卷二十一有载。陈基，字敬初。浙江临海人。元至正中，任经筵检讨，后参张士诚太尉府军事。明初奉诏预修元史。该诗为明初战乱中陈氏过如皋时作。

送王大尹之如皋

[明] 商辂

如皋县属惟扬郡，人尚耕桑俗颇淳。
茂宰之官瞻舜日，弦歌为政乐尧仁。
安成礼荣推华族，奕世贤才重缙绅。
百里岂能淹骥足，还看超拜展经纶。

注：录自清嘉庆《如皋县志》卷二十一。商辂，字弘载，号素庵，浙江淳安人。明正统十年（1445年）状元，明代唯一“三元及第”者，位尊明代首辅。王大尹，名伦，江西安福人，明成化四年出任如皋县令。

送冒廷和成进士归省

[明] 李东阳

眼见宫袍换彩衣，偏从文字托光辉。
宵辞禁漏铜龙尽，晓散朝行白鹭稀。
千里驰驱才始见，一生温饱志全非。
定须不学长安孟，只向春风得意归。

注：录自如皋《冒氏宗谱》。李东阳，字宾之，祖籍湖南茶陵，占籍北京，天顺进士，官至吏部尚书、文渊阁大学士，是明代著名诗人、书法家和文学家。冒廷和，名鸾，如皋人。

集贤古迹（二首）

[明] 冒鸾

桥古名高记昔贤，才华勋业迭争先。
宦途莫羡荣三世，学海还知会百川。
庭桂几年春寂寞，井梧终古月婵娟。
最怜房杜风流晚，谁把遗文次第编。

仰止先朝盖世贤，维扬人物合无先。
冠裳照映夸当日，门户销沉叹此川。
荒冢野花春寂寂，断垣风竹晚娟娟。
龙图气节尤堪重，谏草今存第几篇。

注：录自明嘉靖《如皋县志》卷十。

题冒驾部《梦椿吟》卷

[明] 李梦阳

堂上白头亲，堂前绿叶椿。
常歌一株老，同度八千春。
霜露凄凄恨，乾坤落落身。
过庭空有梦，枯树泪沾巾。

注：录自如皋《冒氏宗谱》。李梦阳，字献吉，甘肃省庆城人，弘治进士，官至江西提学副使，是明代著名文学家，“前七子”领袖。冒驾部即冒廷和，因冒廷和曾任兵部车驾司郎中。

坦斋歌

[明] 王守仁

天道坦，化自贞，四时百物常生生。居然并行复并育，不相悖害还相成。地道坦，水自流，百川浩浩归墟收。一逢险阻便腾激，惊涛怒立鄱阳侯。人道坦，心自乐，常行日用皆圣学。但将恺悌接斯人，何必从前问先觉。嗟哉人心即天地，苦将私欲自缠系，元精阑已阏，幽暗生鬼魅。鬼魅生兮幻化多，慈良易直成消磨。从此人情不相入，笑谈宴聚藏干戈。干戈日以深，鲜不及其身。孤立易以仆，骨肉无相亲。猗欤东皋坦斋子，仰观俯察犹所止。不狎人间试险途，但向身心求正履。坦不坦兮只自知，廓然天地即吾师。不须防险安排力，清得心如赤子时。

注：录自如皋《冒氏宗谱》。王守仁，字伯安，别号阳明，浙江余姚人，弘治进士，官至南京兵部尚书，是明代著名思想家、哲学家，心学之集大成者。坦斋即冒闾，字敬甫，冒鸾嫡侄，曾奉例授益王府引礼舍人。

广福寺

[明] 孙应鳌

竹栢浮阴森，云霞吐光耀。
奇哉神灵区，元扃入深峭。
孤标脱尘俗，来往时舒啸。
野兴布清赏，前期浃高调。
突然虚白生，风止齐虚窍。
复命在知常，达始惟观妙。
偶坐已忘言，遐致即壶峤。

注：录自清嘉庆《如皋县志》卷二十一。广福寺，始建于唐贞观年间，地点在石合泰北首，曾改建为人民剧场。孙应鳌，见本卷《文赋》所注。

钱藻墓(三首)

[明] 叶向高

初衣早乞向林皋，倦掩衡门满径蒿。
今日小山招隐处，素车长拥广陵涛。

芜城东望渺平川，京兆坟开曲水边。
千载勋名传汉史，路人漫自指新阡。

小筑林园薜作篱，相逢珍重乞新诗。
题成难寄重泉去，留当延陵十字碑。

注：录自清嘉庆《如皋县志》卷二十一。钱藻（参见卷二十三第一章第二节《知名人士》）；叶向高，字进卿，号台山，福建福清人。明万历礼部尚书兼东阁大学士、太子太师，天启间首辅。

冒孺文令安陆德政诗

[明] 杨涟

文章海内早知名，介气人间更有声。
不逐群情多振拔，直标高节自峥嵘。
恩波岂独流江汉，山斗由来重帝京。
莫谓弹丸惟百里，也须从此见生平。

注：录自如皋《冒氏宗谱》。冒孺文，名日乾，如皋人，冒辟疆族伯祖，明万历十三年(1585年)举人，明万历四十四年谒选任湖广安陆知县。杨涟，字文孺，湖广应山人，万历进士，官至左副都御史。杨涟为东林党领袖，明天启四年(1624年)联合上疏劾魏忠贤，被其诬陷下狱，受酷刑而死。

海陵观徐神翁像

[明]汤显祖

色彩神移看写生，元都衫影罩空明。
沧桑欲换题愁去，一种神仙世上情。

檀像虚无画像新，掉头不识底伤神。
千秋泪迹神光里，愁看人间罗刹人。

注：录自泰州市政协《历代诗词咏泰州》。汤显祖，明代著名戏曲家，《牡丹亭》作者；徐神翁，名守信，宋代泰州如皋人，位列“道家八仙”之一，民国《如皋县志》有传。

题并蒂茉莉应辟疆社丈教

[明] 米万钟

幽香馥馥细无声，忽讶莲趺傍晚荣。
云母屏深仙掌合，水晶帘动镜花清。

光珠对泛沧江影，碧玉双吹明月横。
岂是孤芳有妙种，同心聊以报君盟。

注：录自冒辟疆《同人集》卷五。崇祯初，冒辟疆香俪园中茉莉有一枝两花者，冒辟疆遂发起诗社，海内名流赐诗三十四首，此其中之一。米万钟，字仲诏，顺天宛平人，官至江西按察使。米万钟为米芾后裔，精于书法，与董其昌有“南董北米”之称。

冒辟疆赈饥诗

[明] 许直

皇天蔽视听，虐此无辜民。
旱魃吐赤焰，螟蟊拥红尘。
平畴一望枯，沟瘠化青磷。
为富鲜悯恤，闭粜封高囷。
吾党有义府，冒子擅嶙峋。
倾粮周缺陷，鬻产继全仁。
哀鸿数千百，饱暖生阳春。
当事洵乔岳，倚君如其身。
帑发恣出入，节慎见经纶。
邻邑望风至，广赉饴苦辛。
宁止麦舟助，直与郑公伦。
余亦切同体，胡为徒抚膺。
称贷佐毫末，合尖聊相因。
君复广同善，四郊履层冰。
顿使穷乡远，亦得起残生。
鸿慈裕经术，真诚贯鬼神。
短言代口碑，他年拟勒铭。

注：录自汪之珩《东皋诗存》卷八，诗名为《赠辟疆》，记明崇祯十三年（1640年）冒辟疆赈灾事，此处略去诗序。清嘉庆《如皋县志》卷二十一亦有载，名为《冒辟疆赈饥诗》，与《东皋诗存》所载略有差异。许直（参见卷二十三第一章第二节《知名人士》）。

冒辟疆朴巢诗

[明] 李之椿

孰不好异而孰好异？无论异人不易得，即异树亦不易得。……树踞龙游河，俨然龙也。余曾趺坐树杪者竟日，私盟诸朴曰：“可巢。”逾二载，树归辟疆。辟疆，吾皋之异人也，异人异树凑合适奇，愿借我一枝，结巢自放。然未尝向辟疆言，辟疆乃与余不谋而合，谓非朴之灵哉！……

想象何年树，肖然万古雄。
飞来新结构，嵌出旧玲珑。
妙展仙壶术，奇开鹅笼聪。
御堪追列寇，居可傲张融。
茅藉藤萝幻，桥穿薜荔工。
照波鲛室绿，缀雪蕊珠红。
户冥虫丝网，窗危鸠舌攻。
月明衣化鹤，雨过栋栖虹。
赚钓虚吞鲤，疑弓巧戏鸿。
盘旋浮法象，苍翠覆崆峒。
星摘槎中空，龙乘河上公。
似闻人语迥，却是鸟声同。
嗽瀑悬瘿贮，窥云蠹叶通。
径穷鼯鼠技，襟纳偓佺风。
坐觉鸿濛近，静参天地空。
神尧余寿朴，巢父托微躬。

注：录自汪之珩《东皋诗存》卷七，诗序略有删简。李之椿（参见卷二十三第一章第二节《知名人士》）。

七律·咏绿烛和雉皋诸友

[清] 李渔

兰汁凝膏御晓煎，沉沉相映夜如年。
擎来看竹浑无际，秉去题蕉只有天。
大树依然成绿树，金莲忽尔幻青莲。
汉宫昨夜新传出，春色平分御柳烟。

注：选自《笠翁一家言》卷六，此诗为清顺治十年（1653年）李渔自杭州回如皋时所作。李渔（参见卷二十三第一章第二节《知名人士》）。

七律·过雉皋忆先大兄

[清] 李渔

一望皋城百感生，无兄何暇说嘤鸣。
可怜夜月飞鸣雁，不忍春花看紫荆。
在日埙篪无可乐，别来急难有谁惊。
明朝谒墓愁风雨，一哭能教地有声。

注：选自《笠翁一家言》卷六，诗前有序：“大兄

殁于此，旅榇在焉。”李渔父亲李如松、兄长李茂均葬于如皋。

指树园(二首)

[清] 杜浚

秋水流城郭，斜阳古岸深。
人传荒草径，曾是好园林。
事去青山恨，天高白昼阴。
老夫因旅迹，触目动愁吟。

大树根犹在，高堂础亦迁。
采薪歌舞地，罗雀艳阳天。
零落虽堪痛，荣华倍可怜。
凄凄孤六尺，何处拾残编。

注：录自清乾隆《如皋县志》卷二十一。指树园为明末进士李之椿所建，位于城东玉带河西，今在如皋师范学校内。杜浚，字于皇，号茶村，湖北黄冈人，明末太学生，清初著名遗民诗人。

与其年诸君观剧各成四绝句

[清] 冒辟疆

冰丝新飏藕罗裳，一曲开筵又举觞。
曾唱阳关洒西泪，并州东返当还乡。

最无消息是清音，竹肉喧阗未易寻。
唱到情来生意思，一丝袅袅碧云心。

豪酣醉梦不闻声，娱悦虽知亦楚伧。
活凤生花春漠漠，性情融液即歌情。

二十年来何所事，称诗握管意茫然；
最是泥人惟顾曲，细于笔墨倩谁传？

注：录自冒辟疆《水绘庵诗集》。其年，即陈维崧，字其年，号迦陵，“明末四公子”宜兴陈贞慧之子，清初大词人。清顺治年间，陈维崧曾依附冒辟疆，居水绘园十年，后入博学鸿词科，授翰林院检讨。冒辟疆晚年为怀念陈维崧，曾手书此诗，并将第一首中“并州东返当还乡”句，改为“并州寂寞当还乡”。

柴门

[清]冒辟疆

柴门茅屋两边开，旧日朱门竟草莱。
幸有高堂存废坠，更余古朴映楼台。
四周篱落岩松石，三径栏回谱竹梅。
天放数椽文敏笔，惟公许我谪仙才。

注：录自汪之珩《东皋诗存》卷九。

偶成

[清] 董小宛

独坐红窗闷检书，双眉终日未能舒。
芳容销减何人觉，空费朝朝油壁车。

注：录自《国朝闺秀香咳集》，约作于1642年(明崇祯十五年)。董小宛(参见卷二十三第一章第二节《知名人士》)。

书闷

[清] 董小宛

病眼看花愁思深，幽窗独坐抚瑶琴。
黄鹂亦似知人意，柳外时时弄好音。

注：录自《如皋冒氏诗略》，约作于明崇祯十五年(1642年)。

题《董姬宛君小像》八绝句

[清] 吴伟业

射雉山头一笑年，相思千里草芊芊。
偷将乐府窥名姓，亲击云璈第几仙。

珍珠无价玉无瑕，小字贪看问妾家。
寻到白堤呼出见，月明残雪映梅花。

钿毂春郊斗画裙，卷帘都道不如君。
白门移得丝丝柳，黄海归来步步云。

京江话旧木兰舟，忆得郎来系紫骝。
残酒未醒惊睡起，曲栏无语笑凝眸。

青丝濯濯额黄悬，巧样新妆却自然。
入手三盘几梳掠，便携明镜出花前。

念家山破定风波，郎按新词妾唱歌。
恨杀南朝阮司马，累侬夫婿病愁多。

乱梳云髻下妆楼，尽室仓皇过渡头。
钿盒金钗浑抛却，高家兵马在扬州。

江城细雨碧桃村，寒食东风杜宇魂。
欲吊薛涛怜梦断，墓门深更阻侯门。

注：录自《吴梅村诗集笺注》卷十二，略去诗序。吴伟业，字骏公，号梅村。江苏太仓人，崇祯进士，官至国子祭酒。吴伟业为明末清初著名诗人，与钱谦益、龚鼎孳并称“江左三大家”。

王解子夫妇

[清] 吴嘉纪

如皋王解子，酷嗜酒。里有义士妻某氏，罪当遣戍，县官差役往送，解子与焉。归，悲惋终夜，为之罢饮。其妇询知，愿以身代义士妻。解子许之，送至戍所。值乡人以金赎义士妻还，不知其为解子妇也。姚潜为余言，命余赋诗。

张罗待黄鹄，鸳鸯乃罹咎。
义士妻遣戍，解子罢饮酒。
惨怆还家门，色惊糟糠妇。
“浆酤寄性命，今何不入口”。
问讯执壶前，解子起摇手：
“汝曹妇女流，中怀岂堪语？
若欲知其由，汝且将壶去。
浆酤非刀剑，能平不平事。
汝亟将壶去，义士妻遣戍”。
其妇毅然谓：“堂堂义士妻，
此去为奴婢，羞辱侬念之。
面貌外不识，他人可代伊？”
“何人可代伊？”搔头恼阿公。
“公也无庸恼，愿代者是侬。”
解子得闻之，欢喜涕还堕：
“汝曹倘如此，我拜汝曹坐。”
未明肩舆出，晓至官衙里。
鞴鞍遣戍人，点名及解子。
银铛系马上，戈梃荷马前。
意气火伴中，宁知路险艰。
萧森北林树，黤黮黄河烟。
芦苇隐渔火，宿雁双双鸣。
回首睐乡土，夫妇欲何言。
月落别黄河，日出见戍楼。
来日关塞外，永辞我故夫。
高情生恻怛，泪下如连珠。
无端故里客，邂逅他乡陌。
深悲义士妻，遽解黄金赎。
仁义感道路，见者欣相告。
谁知有匹偶，天暗全骨肉。
西风催归骑，东皋指茅屋。
解子妇言旋，义士妻免辱。
团团台上镜，皎皎匮中玉。
解子乐如何，满饮杯中绿。

注：录自清同治《如皋县志》卷十六。吴嘉纪，字宾贤，号野人，东台人，清初著名遗民诗人，著有《陋轩诗集》。诗中义士为许德溥（字元博）。解子，即王熊，字振川。诗序所言“以金赎义士妻还”者为冒辟疆。

咏皋邑风土

[清] 佘仪曾

洪涛回赤岸，舆地广陵偏。
封域分千古，城池始百年。
地争江北岸，天尽海东边。
芹水超金卤，霞山护玉涓。
四郊牧草荡，一水灌洋田。
风俗原纯朴，栖迟每静便。
家人樵采易，园圃果蔬平。
雨韭盘烹蛤，霜葵釜割鳝。
生憎黄鲞贱，溺爱白虾鲜。
蜃市神仙宅，侯鲭贾客船。
问钱开夜籥，播麦耨春烟。
赋藉沙田米，赢兼隰壤棉。
煎盐咸地脉，瀹茗淡天泉。
物产络无匮，人材代有传。
鼎元高宋室，理学化吴川。
指棘王孙隐，钩书帝使连。
大铨身殉难，小相计非全。

官本文章得，躯将丧乱捐。
说诗尊石冒，为政肃苏钱。
吏部家声美，经魁物望光。
前王今不作，古道阒无闻。
衢路交魑魅，衣冠滥市廛。
骄矜天马步，河汉木鸡篇。
德视腰缠杀，荣无宠命愆。
桃符同水涌，甲仗与云骈。
宿酝延津要，芳飱沸鼎筵。
欢追歌管末，香发绮罗前。
公子夸鲛客，佳人诧阆仙。
昧观欹器理，浪胁雪山肩。
欲返斯民习，端资邑宰贤。
周南留滞者，水北草堂眠。
自许心疏豁，人嫌室侧悬。
妻孥恒冻馁，老病动拘牵。
曾种衙门柳，临风且听蝉。

注：录自清同治《如皋县志》卷十六。佘仪曾，字伯来，号羽尊，莆田人，因与如皋冒辟疆等人友善而定居如皋。

忆江南·寄东皋冒巢民先生并一二旧游

[清] 陈维崧

如皋忆，最忆小三吾(水绘园中亭名)。隔水红墙春冉冉，拍波绿箬雨苏苏、隐几一愁无。

如皋忆，忆得暮云天。着醋红蛏经酒脆，带糟紫蛤点羹鲜。日日醉花前。

如皋忆，记坐得全堂。几缕椒鸡闲说饼，半罂花露静焚香。弦索夜枨枨。

如皋忆，如梦复如烟。满院嫩晴歌板脆，一半纤月酒旗偏。过了十多年。

如皋忆，犹忆看春人。夹巷簾栊空胜水，后街香粉碾成尘。看煞不曾嗔。

如皋忆，曾忆卧湘中(阁名)。万点水花笼夜碧，半岩火树落春红。飏起妓衣风。

如皋忆，忆看小桃花。水绘园门通小寺，春堤一道不曾斜。千树烂晴霞。

如皋忆，往事倍盈盈。水郭题名新怅望，板桥话别旧心情。双鬓可怜生。

如皋忆，数子总疎狂。刚中酒时思许掾(山涛)，恰伤春处念曹王(文虎)。香茗记张郎(孺子)。

如皋忆，按谱砌香词。传语东君须婉转，此情莫遣外人知。除说与杨枝。

注：录自《迦陵词全集》。

题《水绘园主桐叶题诗图》

[清] 朱彝尊

新秋一夜满林园，曲磴迴峦带雨痕。
桐叶题诗供翰墨，绿罗缘户阴琴尊。
云藏屋壁龙蛇动，日落衡门鸟雀喧。
闻说西山堪避世，山僧来往竟何言。

注：录自《水绘园主桐叶题诗图》。画为著名画家吴江顾尊焘和长州释上睿于康熙九年的合璧之作，朱彝尊题诗画上。朱彝尊，浙江秀水人，浙西词派创始者，诗与王士禛齐名，时称“南朱北王”。诗后原注：“时康熙庚戌夏五月十有六日奉题水绘园主人桐叶题诗图，即请斧政。秀水朱彝尊。”

题《水绘园主落花觅句图》

[清] 崔华

人情大抵恨匆匆，紫蒂青梢入眼空。
千树秾华千树雨，一番晴暖一番风。
惜教国色双腮淡，怕剔银灯小朵红。
艳性也知应负我，何妨纤瓣坠怀中。

注：录自《水绘园主落花觅句图》，画为著名画家吴江顾尊焘和长州释上睿于清康熙十二年(1673年)的合璧之作，太仓崔华题识。崔华，字不凋，康熙十八年博学鸿儒。诗后原注：“康熙癸丑春三月十有八日奉题巢民世长盟兄落花觅句图于水绘园。”

水绘庵修禊诗

[清] 王士祯

如皋上巳，同巢民先生，令子谷梁、青若，其年、亦史、山涛修禊水绘庵，即席分体。

悬霤山前春瀑晴，洗钵池边春水生。
天气殊佳临解禊，酒人兼作摘船行。
延陵子房复不恶，齐瑟吴歈皆有情。
忽忆红桥作寒食，梨花千树照芜城。

前年曾到湘中阁，阁外天寒水方落。
西风飒飒狷啾啾，惜别怀君芳杜若。
今来三月青春深，浯溪窈窕桃花林。
为君一曲答欸乃，写作云山韶濩音。

碧琉璃上双玉壶，兰桡宛转沿春芜。
未传洛北羊酪法，且醉淮南樱笋厨。
射雉城中烟景暮，流莺唤人且须住。
回头笑谢襄阳儿，讵可摇鞭背花去。

平山堂下五清明，草长莺飞无限情。
不怪老颠裂风景，名园上日相逢迎。
银筝初弹阮初擘，此夕留髡应十石。
春衣明岁杜陵游，忆汝狂歌拓金戟。

西豪里中记老友，况复陈生与我厚。
辟疆园敞罗群贤，大儿小儿唱铜斗。
烟际鸬鹚一只飞，吴歌《水调》欲沾衣。
风光如此不成醉，帽影鞭丝何处归。

陈公家近罨画溪，溪边花草令人迷。
离墨山中一宵雨，竹鸡白鹇相应啼。
先生大隐隐城市，万壑千岩窗户里。
花朝已过上巳来，日坐蜻蛉钓沙尾。

回溪绿净不可唾，碧萝阴中棹船过。
落花游丝春昼闲，独许先生此高卧。
剧怜风物共披襟，萧然丝竹皆清音。
永和三日今千载，坐使清风满竹林。

暮春三月为水嬉，棠梨叶大山禽啼。
田家社酒压缸面，雪白橙香玉练槌。
夜听酢头滴春雨，晚报提壶如泼乳。
醉乡大户百分空，起唤花奴自挝鼓。

谽谺一径略彴红，地肺疑与朱陵通。
沅湘春水鸭头绿，江篱兰杜愁烟空。
主人少年登岳麓，祝融峰头几回宿。
七十二峰罗户庭，日汲湘潭燃湘竹。

西樵山人剡中去，古钵山人广陵住。
渔洋山人来东皋，三日三吾对芳树。
人生聚散不可忘，且须痛饮累百觞。
名山游罢共归老，笑玩麻姑手爪长。

注：录自《同人集》卷七，诗名原为《水绘庵唱和诗》。王士祯，字子真，号阮亭，别号渔洋山人，山东新城人。清顺治进士，官至刑部尚书。王士祯为清初诗坛一代宗匠。清康熙四年(1665年)，王士祯曾在如皋水绘园与冒辟疆父子及邵潜、陈维崧、毛师柱、许嗣隆等人修禊唱和。

为巢民先生题米南宫《半岩飞瀑图》歌

[清] 孔尚任

拜石高风始老米，袖中岩壑云涛起。
悔恨茧足五岳游，岂知一拳具山体。
此石沦漠不记年，逢君高眼复洁癖。
辨款真出宝晋斋，当时曾与研山比。
老米孤行世所难，一石授受传知己。
剧爱非关垒块形，朝摩夕玩有妙理。
君爱古石人爱君，瞻仰法物岂徒尔。

注：录自《同人集》卷十。孔尚任，字聘之，号东塘，山东曲阜人，孔子六十四代孙，清康熙户部员外郎，著名戏曲家。《半岩飞瀑图》为米芾所作，当年曾归冒辟疆，孔尚任等为之题识。

隐玉斋

[清] 方苞

前贤读书地，古迹久湮埋。
空过中禅寺，谁知隐玉斋。
径荒碑复没，地胜境仍佳。
经眼重新日，游观畅客怀。

注：录自清乾隆《如皋县志》卷二十一。方苞，字灵皋，号望溪，安徽桐城人。康熙进士，官至礼部侍郎，《大清一统志》总裁，桐城派散文创始人。

古澹园

[清] 郑板桥

隔水名园问范家，秋清雨过好烟霞。
谁将玉笛三更弄，吹白葭芦一片花。

注：郑燮，字克柔，号板桥，兴化人，乾隆进士，曾官山东潍县知县，后客居扬州，卖画为生，为"扬州八怪"之一。

重过汪璞庄读书堂

[清] 黄慎

去岁五纹添线日，骊驹一曲饯君家。
重来遥望河堤上，不觉春风换新芽。

注：录自《如东大观》。黄慎，字恭寿、恭懋，号瘿瓢子，福建宁化人，清代画家，扬州八怪之一。汪璞庄，即汪之珩（参见卷二十三第一章第二节《知名人士》）。

满庭芳·题《十二金钗图》

[清] 熊琏

日暖花梢，香飘帘幕，十分春在红楼。传杯满酌，笑语不知愁。试问偎红倚翠，东风里谁最温柔。都猜作神仙谪降，笙鹤下瀛洲。

赏心人已醉，栏干倚遍，一片云头。任轻翻舞袂，慢转歌喉。谁道书中有女，终输与金谷风流。多应是明珠买艳，花月尽勾留。

注：录自《澹仙词钞》卷一。熊琏（参见卷二十三第一章第二节《知名人士》）。

乙亥秋扬州寓晤冒萁原先生话旧（二首）

[清] 秦大士

君踏省门又几秋，金台落日怅同游。
风流传语人联社，辛苦难忘屋打头。
自昔蛾眉怨迟暮，不应骥足惯羁留。
梦迷阊阖云深处，偶着先鞭亦可羞。

竹树萧森绿抱城，归心摇动似悬旌。
厌闻苦雨方占丙，惊说新秋已见庚。
朋旧难分教且住，山桥有约许同行。
巡廊几度重延伫，檐鹊飞来噪晚晴。

注：录自如皋《冒氏宗谱》。秦大士，字鲁一，号涧泉，江宁人。清乾隆十七年（1752年）恩科文武双科状元，官至侍读学士。冒萁原，名春荣，又字寒山，如皋柴湾人，著名诗人，与郑燮、袁枚等交善。

吴韦亭赴"千叟宴"归画《赐杖图》

[清] 袁枚

宴罢彤庭出建章，耆英会上说吴刚。
丹青赖有传神笔，画出钧天梦一场。
宠锡重重喜不支，手拈如意下阶迟。
一枝鸠杖君恩重，交付童孙好护持。
老我欣逢盛典开，路遥无福醉蓬莱。
群仙定讶东方朔，何处偷桃不见来。

注：录自《小仓山房诗集》。袁枚，字子才，号简斋，钱塘人。清乾隆进士，历任溧水、江宁等县县令。有《随园诗话》等。吴韦亭，名际昌，如皋白蒲人，考授吏目，年八十一岁时赴乾隆"千叟宴"，蒙恩赐鸠杖、银牌。归后撰写《赴"千叟宴"恭记》并绘《赐杖图》。

题陈肖生《墨梅册》（二首）

[清] 纪晓岚

宛然篱角与溪隈，冷蕊疏枝任意开。
偃蹇无嫌山野态，杨无咎自画村梅。

游于象外悟环中，脱落畦封是化工。
庾岭梅花千万树，原无一树偶相同。

注：录自《纪文达公遗集》卷十一。纪昀，字晓岚，直隶河间府人，乾隆进士，官至礼部尚书、协办大学士，曾任《四库全书》总纂修官。陈肖生，名嵩，如皋人，袁枚弟子，善画梅，有如皋王冕之誉。

题渭泉先生《橹摇背指菊花开图》

[清] 王杰

迤逦青山送客舟，黄花影映浪痕浮。
一声欸乃猿声里，不尽吟情寄舵楼。
寒香何必减东篱，夹岸丛英入望移。
记否刺船巫峡日，青簾白舫杜陵诗。

注：录自如皋《吴氏家乘》。王杰，字伟人，陕西韩城人。清乾隆二十六年（1761年）状元，官至军机大臣、东阁大学士。渭泉，姓吴，名麓，见本篇《文赋》所注。吴麓曾绘《橹摇背指菊花开图》，文

坛巨子朱珪、董诰、王鼎、孙星衍、吴锡麒、林则徐等相继题识。

题《水绘园图卷》

[清] 石韫玉

榜花红处众称豪，一代才名属彩毫。
剩水残山图画里，买丝欲绣冒如皋。

注：录自石韫玉《独学庐全集》。石韫玉，字执如，号琢堂，吴县人，清乾隆五十五年(1790年)状元。清嘉庆年间，苏州沈复(三白)作幕如皋十年，曾应如皋冒兆鲸(晴石)之嘱，作《水绘园旧址图》，石韫玉为之题识。

徐湘浦招饮霁峰园

[清] 胡长龄

最羡陈髯是古狂，华灯屡醉得全堂。
风流主客今看似，丁甲文章下取将。
五亩早成归老计，一春不负落花香。
中年哀乐须陶写，好听清歌对艳阳。

注：录自清嘉庆《如皋县志》卷二十一。徐湘浦，名观政，如皋人，浙江宁绍盐运副使，城北霁峰园主人。胡长龄，字西庚，号印渚，南通人。清乾隆五十四年(1789年)状元，官至礼部尚书。

沈饴原《郊居图》(二首)

[清] 胡长龄

休文昔作郊居赋，俊句名章迥出尘。
君若有诗须示我，好将雌霓读王筠。

西亭坝外退耕堂，三里楼头通德乡。
他日园成堪鼎足，抽帆时到读书庄。

注：录自《白蒲镇志》。沈饴原，名岐(参见卷二十三第一章第二节《知名人士》)。

题黄楚桥《历朝史印》

[清] 林则徐

周官重玺节，汉为斗简封。后来私印出，杂用金玉铜。

昔之拨蜡法，今作攻石工。偶得秦汉章，珍逾琥璜琮。

颜姜与吾赵，谱录纷异同。琅山有老学，苍雅罗心胸。

余事擅镌篆，著手斤成风。六书究奥恉，此技非雕虫。

慨念古史才，裒集以类从。凡四百余石，钤以丹硃红。

想当运腕初，光气宵贯虹。旁可证碑碣，肃若列鼎钟。

自来篆刻家，无此体例崇。何况龙泓后，浙派非中锋。

巨编一展对，金石相昭融。乙部四千年，留迹如霜鸿。

三长欲兼擅，八法谁争雄。君真古为徒，颉颃斯与邕。

注：录自郑丽生《林则徐诗集》。林则徐，字少穆，福建侯官人，清末政治家、思想家和诗人。黄楚桥，名学圮(参见卷二十三第一章第二节《知名人士》)。

题《水绘园补禊图》

[清] 祁寯藻

范公堤外波横天，藉卫卤灶兴农田。
故人儒雅善为政，驻马忆听千家弦。
水绘名园擅江左，新城禊继山阴年。
百七十年已陈迹，湘中阁闲春花妍。
青莲供奉绣衣使，共邀五马开芳筵。
桃花林深见驯雉，洗钵池水通流泉。
六朝齐名辟疆墅，三吴拟泛潇湘船。
迦陵高兴阮亭咏，主宾酬和皆明贤。
岳阳楼记小范笔，兰亭后序兴下编。
流连风景入图画，蜀锦装轴江蠡钿。
补题别来蒋诩径，清词丽句何芊眠。
(宝山蒋剑人长歌极似梅村)
人间俯仰自今古，扬州花月空云烟。
李侯俎豆循吏社，不独风雅堪流传。
我闻莱芜尘生甑，买山巢许今无钱。
当今遍播抚字惠，远继庆历开旌旃。
对君图画一回首，寥廓万古思茫然。
题诗珍重寄驿使，毗陵北望江波旋。

注：录自《水绘园补褉图》，此画作于清道光二十一年(1841年)，乃清代书画大家汤贻汾(雨生)应如皋县令范仕义之请而绘，后祁寯藻、包世臣等四十余位名家为之题诗。祁寯藻，字颖叔，号实甫，官至体仁阁大学士、太子太保，道光、咸丰、同治三代帝师。

赠蔡观明(二首)

[清] 吴昌硕

旗鼓横江走异军，长城许我问何田。
难将酒盏陪天醉，偃蹇婆娑说梦人。

惊人谁比鸣皋鹤，觅食徒闻绕树鸦。
东海已枯南斗兀，麻姑曾否列君家。

注：原载民国14年(1925年)《南通报·文艺附刊》。吴昌硕，名俊卿，字昌硕，浙江安吉人。近代诗书画印一代宗师。蔡观明，如皋《皋鸣报》主编。

归国遥·题《孤山感逝图》

[清] 沈曾植

香未歇，湖水回舟铅泪热。霜豪啮尽孤山雪，
飞来不是南华蝶。家山别，影娥自写前生月。

注：录自《孤山感逝图》。此画成于清顺治五年(1648年)，传为董小宛所作，裱边有郑孝胥、陈三立、樊增祥等八位收藏大家题识。沈曾植，字子培，号寐叟，逊斋居士，浙江嘉兴人，曾官总理衙门章京。博古通今，学贯中西，誉称“中国大儒”。词后原注：“归国遥，用须溪韵。逊翁。”

龙游河棹歌(一百首选二十)

[民国] 冒广生

(一)

读书须得按舆图，射雉纷传贾大夫；
灯火丛祠流水外，年年社鼓集神乌。

(二)

理学昌明有宋存，后来派别遍中原；
若将佛法论初祖，安定先生是世尊。

(三)

惜命王三擅乐章，扬州芍药炫孤芳；
可怜应制清平调，几误长庚贬夜郎。

(四)

党人元祐大名镌，奏疏丛残剩几篇。
子姓凋零丘垅换，输他苕上沈千贤。

(五)

大义尊尧日正中，一生窜逐似飘蓬；
江城苦恨无资料，天遣前和啮了翁。

(六)

文昭早岁说趋庭，隐玉斋前草自青；
可惜难兄曾子固，不曾制与一碑铭。

(七)

兴之传世藉荆公，身后无如叶尉穷；
始叹衔官多屈宋，沉埋手版脚靴中。

(八)

两学诸生汗且僵，《宣和遗事》太荒唐；
抠衣不下黄冠拜，此是朝阳一凤凰。

(十四)

一扇虽微折大珰，晚编遗集赖贤王；
选诗我笑文园陋，错把同乡作异乡。

(十五)

京师书肆集慈仁，孤本尚书作宝珍；
从此江河流不废，独山遵义两功臣。

(十六)

淑湖名位重当时，举国为仇事太奇；
我信弇州真实语，桐乡朱邑有生祠。

(二十五)

忠愍遗骸久未归，祠堂木匣是耶非？
乞恩记得虞渊日，袖疏都堂泣落晖。

(二十九)

落落东皋旧酒徒，王熊风义世间无；

悲来欲语无驺卒,自热心香展画图。

(三十一)
楚囚父子尽南冠,巢破传闻卵尚完;
四十八人同日死,误他奴辈谢庭兰。

(六十二)
钟王家法戴尚书,写到《黄庭》恰好初;
想得睿皇茶宴日,中官亲捧玉蟾蜍。

(七十)
妇人诗话古来无,琏也文章比大家;
女是澹仙男冠柳,东皋词学不为孤。

(九十四)
红绒嚼啐碧窗深,镂雪裁冰巧不任;
一技流传非细事,争墩名姓到于今。

(九十五)
闲看儿童拍手呼,晴郊浅草绿如铺;
扬州便说包灯好,比得风筝巧制无。

(九十六)
长年瓦翁贮天泉,留灌金松与杜鹃;
叶叶枝枝都位置,相当相对绮窗前。

(九十九)
三香斋内好茶干,万顺桃酥入食单;
此是蒲涛双绝品,剪灯煮酒一消寒。

注:冒鹤亭,名广生,见卷二十四第一章第二节《知名人士》。诗前数目为原诗排序。

寿鹤亭、董卿六十

[民国] 胡汉民

两翁同是名家子,江左风流见一斑。别后聪明当益健,忧深怀抱不曾闲。故人各以诗为寿,大隐何烦药驻颜。犹有莺花堪共醉,剑南万首莫须删。

注:录自胡汉民《不匮室诗钞》卷五,诗作于民国21年(1932年)。胡汉民,国民党早期主要领导人之一,国民政府立法院长。鹤亭,姓冒,名广生。董卿,即吴用威,扬州人,冒鹤亭妹夫,江宁布政使吴世熊之子,曾任国民政府行政院参议。

挽顾公锡爵

[民国] 张謇

昔年乡里推同辈,周顾朱张范五人。
旗鼓颜行差少长,风云旅食各冬春。
君甘颓放成聱叟,世与遗忘作幸民。
曙后一星余我在,怆怀葭埭绝车轮。

注:原载《张謇全集》。顾公锡爵,见本志·人物。张謇,字季直,号啬庵,南通人。清末状元,中国近代实业家、政治家、教育家。

卖花翁

[民国] 沙元炳

种棉怕雨稻怕风,独喜种花年年丰。有田种花花是产,衣红食紫看成翁。平生不识村墟迹,双篮肩向香街去。美人头上一日香,破费中人十家赋。鸳帐春浓慵不起,康窑满养灵泉水。妆成拣取两二枝,盘龙影落娇相似。爱花常祝四时春,不解春光暗老人。绿迷红醉花为世,一日花开一日新。花开花落朱楼改,惟有卖花翁还在。可怜楼上戴花人,眼见辞楼当花卖。人去楼空过别家,阿翁愁断花生涯。明朝荷担街头问,又听高楼唤买花。

注:录自《志颐堂诗文集》诗卷四。沙元炳(参见卷二十四第一章第二节《知名人士》)。

梅柏吟

[民国] 沙元炳

雨香庵梅柏皆数百年物,今梅存一枝,柏亦槁其半矣,念人物之不常,感年华之易逝,作梅柏吟。

雨香佛庵多古梅,中庭一树尤雄魁。百岁老人见一同,有指莫计何年栽。岂惟纷纷桃与李,梮楠合抱犹陪台。年年花发香满院,灵山绀雪聚成堆。开岁命酒对花饮,费我一日千徘徊。凉秋九月偶来过,老骨僵立如断榴。拳曲不中猿狙杙,残朽亦岂牺尊材。疑与青帝争神圣,帝怒遣化刑天骸。独余一枝尚斜好，细蕾缀属燕支胎。僧言夏实倍往岁，忽然脱坏虫之灾。我从落发经一见，今所斩刈皆条枚。返魂自有功德水，力能摄取春风回。寿倒三松譬言耳，僧年六十何夸哉。一刹那顷几荣悴，花纵再好吾齿颓。作诗从佛说现在，戕残斧缺吁可哀。

将柏并梅差比肩，僧云柏老五百年。元明此寺罕胜迹，落子疑在元符前。得毋隐玉斋头种，灌以玉涓井底泉。胡为戕贼同杞柳，不放直干高参天。割取丈室作盆盎，倒落冠佩如徽缠。苍龙缩爪困犹攫，碧鸾侧翅抢不骞。褵褷一丈翠羽盖，拆补几片青驼毡。大不中梁小不桷，徒邀俗眼矜媚妍。移之幼圃类儿戏，敢以憩茇诬前贤。年荒世渺失本性，渐习人伪成自然。庵僧老懒疎剪剔，若婴末疾枯而偏。南枝独秀北枝萎，与梅一气分后先。深山大壑树万千，未知霜雪何威权。四时青青生使独，冷暖岂荷东风怜。固知独立在遗世，一堕尘网终拘挛。彼哉庭前柏树子，愿僧莫夸赵州禅。

注：录自《志颐堂诗文集》诗卷九。"移之幼圃类儿戏"后原注"幼圃见杨诚斋集"。

寄如皋画隐老人(二首)

[民国] 齐白石

悠悠水绘盛名垂，地以人传非誉词。
若向柴湾问陈迹，天边还有夕阳知。

少时余也字画隐，人世不呼文马牛。
欲把雕镌远相赠，附公名下亦千秋。

注：齐白石，名璜，湖南湘潭人，中国美术家协会第一任主席，中国绘画大师。画隐老人：许树枌，见本志《人物》。以上二诗选自许树枌《画隐园图咏集》。第一首是齐白石为许情荃《画隐园图》而题，第二首是为"画隐"印而题，诗后原注："余二十七岁时，自号画隐，友人王仲言为刊'画隐'二字印。"后来，齐白石将此"画隐"鸡血印赠给许树枌。

魏建功、老舍赠答诗

赠老舍

[民国] 魏建功

敌未受俘俘已献，破衣墨面等轻尘。
边城自古销忠骨，腹地从来窜懦民。
千里久游鱼在镬，一山新聚鹿相亲。
可怜落照红楼影，愁绝沙滩注马神！

和魏建功

[民国] 老舍

北望家山归不得，忍看衣袖满征尘。
将军诱敌频抛甲，仕贵称降俱爱民。
幸有新都何碍远，纵非与国亦相亲。
此中自有真消息，莫说兴亡浪费神！

注：录自《北京大学学报》哲学社会科学版1983年第五期。此诗作于民国26年(1937年)，魏建功自长沙寄赠在武汉投身抗战的老舍，老舍以诗相和答，爱国情怀皆昭然纸上。老舍，本名舒庆春，字舍予，北京满族正红旗人，中国现代著名小说家、文学家、戏剧家。魏建功(参见卷二十三第一章第二节《知名人士》)。

闻光午之渝静农及建功夫妇于屈原祭日聚饮大醉作此寄建功兄

[民国] 陈独秀

除却文章无嗜好，世无朋友更凄凉。
诗人枉向汨罗去，不及刘伶老醉乡。

注：录自2010年8月2日《重庆晚报》。民国30年(1941年)7月，陈独秀闻周光午、何之渝、台静农、魏建功等于屈原祭日相聚之事，心境忧郁，作此诗寄赠魏建功。陈独秀，字仲甫，号实庵，安徽怀宁人。五四新文化运动的主要领导人之一，中国共产党的创始人和早期领导人。

赴苏中途中

[民国] 朱克靖

七载驱倭溅血痕，剧怜焦土万家村。
衔枚夜袭惊残吠，出马宵征怒晓星。
尺地争回常百战，一声杀敌九天闻。
莫谓重光成底事，须凭群力任贤能。

注：朱克靖，湖南省醴陵人，民国11年(1922年)加入中国共产党。北伐战争时任国民革命军第三军党代表，南昌起义时任第九军党代表。抗

日战争时曾在如皋工作,任苏中三分区行政专员公署专员。原苏中三地委组织部部长谢克西曾为此诗作注:"1944年2月10日,苏中三专署专员朱克靖同志偕同三地委书记叶飞同志和秘书谢克西同志从苏中三分区同赴苏中领导机关所在地,途经如西水洞口、高明庄等新解放之处,败垣残砾,旧痕依稀。朱克靖同志有感,至一仓后成此诗。谢克西同志记录。"

艾森豪总统莅华赠献

[民国] 宗孝忱

棨戟遥临国有荣,天人裔采炤群萌。
东南宾客成双美,道路箪壶誓一诚。
牛耳盟心石可转,龙头掉尾浪无惊。
一匡九合仁谁敌,岂仅威名振八纮。

注:录自宗孝忱书法作品。宗孝忱(参见卷二十三第一章第二节《知名人士》。艾森豪,即艾森豪威尔,美国第34任总统,曾于1960年6月访问台湾。

如皋紫牡丹

[当代] 郭沫若

《诗话补遗》卷八第二九则引《如皋志》云:"淳熙中,东孝里庄有紫牡丹一本,无种而生。有观察某,欲移分一株。掘土尺许,见一石,题曰'此花琼岛飞来种,只许人间老眼看'。遂不敢移。自后乡老诞日,值花开时,必宴于其下。"此逸事颇有意趣,任何花草,不会"无种而生"。特此牡丹年龄已古,在当时已不知种者为谁。题诗埋石,即种花者护花用意之深心,盖预为之防,以免人移植也。淳熙至今,已八、九百年,此花恐已不存。因得一诗,录之如下:

无种而生无此理,题诗人自见深心。
护花预为防移植,埋石居然止盗侵。
琼岛飞来成美梦,花园宴集赖高吟。
牡丹有意酬知己,料应纷披直到今。

注:录自郭沫若《读<随园诗话>札记》,此书于1962年2月连载于《人民日报》。郭沫若,四川省乐山县人。曾任中国科学院院长等职。

忆春泥社社长俞铭璜同志

[当代] 徐静渔

弱冠英俊斗群魔,勤奋平身马列多。
句句文章似锦绣,篇篇演说若悬河。
如磋如切谱模楷,为国为民发浩歌。
廿载过从蒙激励,缅怀战友泪滂沱。

注:徐静渔,如皋人。如皋革命文艺团体春泥社成员。曾任江苏省无锡市副市长。

红十四军

[当代] 张爱萍

闯过重重关渡险,通如靖泰首揭竿。
工农暴动今作主,枪杆紧握掌政权。
围攻白狗老户庄,忙打土豪又分田。
红十四军挥铁臂,苏北惊雷震江南。

如皋烈士馆纪念

[当代] 张爱萍

碧血遍染江淮间,丹心永照桑麻田。
万紫千红春常在,英雄儿女笑九泉。

注:张爱萍,四川省达县人。曾任中国工农红军第十四军第三大队队长。解放后历任国防科委主任、中国人民解放军副总参谋长、国防部部长、国务院副总理。前一首选自《神剑之歌》,作于民国19年(1930年)5月。后一首是1962年清明,张爱萍专门为如皋烈士馆所题。

怀念红十四军军长何昆、李超时同志

[当代] 刘瑞龙

一九八〇年六月十八日于红十四军建军五十周年期间,与胥朝、植三、亚夫、开运、纪元、江彤同志在六月十八日同到何昆烈士墓致敬。

奋战不顾身,忠党爱人民。
勇开光明路,青史育后昆。
传颂垂半纪,后继欣有人。
四化建设者,循序快攀登。

注:刘瑞龙,江苏南通人。民国18年至民国

19年(1929—1930年)先后任中共南通县委书记、中共通海特委书记。是红十四军的主要领导人之一。解放后历任中共上海市委秘书长、华东局农委书记、农业部常务副部长等职。选自1980年7月1日《南通日报》。

访如皋

[当代] 费孝通

昔时冒氏歌舞地,而今廪食万鸡啼。
豚肥名扬传海外,风骚异代不我欺。

注:费孝通,中国民主同盟中央委员会主席。作者原注:“1983年11月访如皋作。”原诗存如皋绘园宾馆。

忆江南

[当代] 陈从周

如皋好,信步冒家桥。流水几弯萦客梦,楼台隔院似闻箫,往事溯前朝。

注:陈从周,见本卷前注。此词有作者原注:“调寄忆江南。余欲游水绘园40年,今果畅游,感成斯阕。”

题绿园

[当代] 王学仲

蜂舞蝶狂到绿园,花香鸟语趁轻云。
虬枝尚有春情在,老树犹如篆籀文。

注:王学仲,号黾翁,山东滕县人,曾任中国书法家协会副主席。作者于诗后有注:“八九年水绘园修复,索予题词,九二年始莅该园,重赋短句,以志萍踪。黾翁王学仲。”

题水绘园

[当代] 王学仲

艳说金陵董小宛,红袖添香增眉痕。
不知多少兴亡事,都付风流水绘园。

九十有感

[当代] 韩德培

岁逢庚辰年,九秩入高龄。
虽云桑榆晚,犹存赤子心。
满园百花放,盛世万象新。
鞠躬尽余热,接力有来人。

注:录自韩铁《风雨伴鸡鸣》,中国方正出版社2000年9月版。此诗为2000年初武汉大学“韩德培教授九十华诞暨韩德培教授法学思想研讨会”上韩德培所作。韩德培(参见卷二十三第一章第二节《知名人士》)。

第二节 楹联

一、名胜联

西听梵王钟,感激千秋义气;
东临钵池水,洗淘一片丹心。

——清·汪之珩水绘园联

注:此联原署“汪之珩献,郑燮书”。

秀句满江国;芳声腾海隅。

——清·翁方纲(集李白诗句)题水绘园

二三星斗胸前落;
十万峰峦脚底青。

——清·郑燮题水绘园

庵畔雨香,闻听梵钟消俗虑;
园邻水绘,近瞻宰树忆名流。

——清,胡廷栋水绘园联

作尉到江皋,喜云山话旧,樽酒论文,消荡乡心忘异地;

登楼怀水绘,观一镜萍波,半窗蕉月,依稀风景说当年。

——清·程翩文水绘园联

几经劫火尚澄鲜,望隔苑斜阳,犹想见胜国骚人,高延裙屐;

一入风尘难免俗，趁名园雅集，也聊当皖公山色，闲话莼鲈。

——清·胡维藩水绘园联

偶耽翰墨衣云阁；
小按笙歌水绘园。

——民国·张謇水绘园联

柳岸画桥，胜境至今如水绘；
佳宾贤主，名园堪信以人传。

——当代·仲贞子水绘园联

寒月映梅凝素影；碧窗摇竹透清风。

——当代·仲贞子水绘园寒碧堂联

捲簾海水摇空绿；入梦花枝拂袂来。

——当代·苏润雷水绘园联

人逢沧海遗民少；话听开元旧事多。

——当代·唐云水绘园联

忧患相依并世佳人能有几；
风流未泯过江名士更无多。

——当代·钱定一水绘园联

红了樱桃绿了芭蕉正是恼人天气；
种成花柳筑成台榭更谁同倚阑干。

——当代·陈从周水绘园联

名士名园亦文亦史；半村半郭宜画宜诗。

——当代·蒋启霆水绘园联

五百年遗此佳构，冒子才骨，董白风华，惹天下游客沓来纷至；

八万里唯我古城，伟业千秋，前程灿烂，看雉皋后人继往开来。

——当代·陆荣华水绘园联

文宣聿启文昭，木铎千秋，教著江河日月；
有虞肇开有宋，云礽万祀，道垂礼乐诗书。

——清·孙尔准胡公祠联

瘦石在家门不开，柴湾有酒客常来。

——清·黄振斜阳馆雪声堂楹联

明知异日成荒地；且与斯人乐一场。

——清·徐观政霁峰园门联

至此间眼界一空，祗怀前哲；
愿我辈足跟十稳，毋负平生。

——民国·如皋中山公园联

虚怀取善，实心为民，听洋洋颂声，知食德饮和，下邑欣逢贤父母；

清勤饬躬，公忠校士，看表表政绩，试度长絜大，高风何让古循良。

——清·如皋县署联

注：此联为百姓颂扬县令秦子和联。

冒家姐姐看迎春，益人丰乐；
福兴娘娘拜观音，万佛愿修。

——民国·如皋名联

注：此联作于民国时期，时《如皋白话报》以如城桥名出上联，征求下联，和者甚众。“福兴”“娘娘”拜“观音”“万佛”“愿修”为如城五座寺庙名，亦有以巷名相对，即“白头公公中状元百岁朱衣”，撰者均失考。

二、寺庙联

诸行无常，卧示涅槃寂静相；
性空缘起，佛怀喜舍慈悲心。

——当代·茗山定慧寺玉佛楼联

放大光明令觉悟；著衣敷座最庄严。

——当代·茗山定慧寺观音殿方丈室联

大觉本垂慈，一枕灵光开觉路；
群迷蒙化度，无边愿力出迷津。

——当代·永惺定慧寺玉佛楼联

胜因功德，一丝一粒一前缘，常住一心念如来真谛；

妙相庄严，千佛千华千世界，放开千眼见无上菩提。

——定慧寺大佛殿联

玉立东南，凤起丹山朝帝阙；
金分乾亥，龙游宿水护神皋。
——定慧寺大佛殿联

忠义满乾坤，灭魏吞吴，昔共仰英雄面目；
神威留宇宙，爱民护国，今犹见菩萨心肠。
——清·周际霖关帝庙联

读孔氏春秋，接五百年闻知道脉；
扶汉家统系，存亿万世忠义人心。
——关帝庙联

有半点生死交情，方许入庙谒帝；
无一毫光明心绪，何须稽首焚香。
——关帝庙联

乡里鼓儿乡里打；当坊土地当坊灵。
——清·郑燮如皋土地庙联

至此即生善果；何须远觅慈航。
——海月寺联

深院观心，院外六桥桥上月；
闲窗纵目，窗前一镜镜中花。
——清·史鸣皋海月寺客厅门联

地狱即在眼前，莫到犯了时方才省悟；
业镜虽悬台上，只要过得去也肯慈悲。
——清·范研谷城隍庙楹联

神有忠肝能作相；人无侠胆莫为医。
——清·顾锡爵林梓关神庙华佗像联

乃圣乃神，于张长沙后先继武；
医民医国，与吉太院今古流芳。
——民国·陈君谋林梓关神庙华佗像联

此地有修竹茂林，半郭半村，全揽东皋胜景；
何处无慈航宝筏，一丘一壑，居然南海奇观。
——民国·姜煌丁堰观音山寺联

佛法无边，如云近山头，即行到山头云更远；
禅机有象，似月浮水面，纵分开水面月更沉。
——如皋三昧寺联

华岳栖踪，现不坏金身，空诸色相；
海滨托迹，愿常留宝筏，度尽生灵。
——丁堰地藏寺联

恒日自持，道通今古；春风广被，赈泽江淮。
——灵威观恒春轩联

东阁壮皋城，万丈文光联北斗；
南楼环雉水，千年元气吸西江。
——文峰阁楹联

列宿悬杓，瞻七曲灵光，分映江乡草木；
环流耸秀，仰千寻杰阁，崇开淮甸文章。
——林梓文昌阁楹联

人欲卫生，不须草木虫鱼，忠孝节廉皆是药；
神存济世，纵有汞铅金石，顽残贪诈岂能医。
——药王庙楹联

三、店肆联

松间明月常相照；林下清泉静自流。
——老松林茶菜馆联

今雨旧雨；茶香酒香。
——雨香茶社联

实涵万有；裕济群生。
——诸葛实裕药店联

万全端养体；和气足呈祥。
——林梓老万和茶食店联

中西群贤毕至，华洋美味备尝。
——中华园餐馆联

大风扬云锦；明月映霓裳。
——大明绸布店联

天花仙女散；香草美人宜。

——民国·刘企苏天香阁香粉店联

迎之倒屣；宾至如归。

——民国·谭组云迎宾旅馆联

介尔景福；绥之斯来。

——民国·宗孝忱大福来嫁妆店联

春宴红绫曾啖饼；生花彩笔试题糕。

——民国·陈君谋春生斋茶食店联

四、寿联、挽联

重逢五代；叠庆期颐。

——江安六团村苏氏百岁坊联

百岁同堂双五世；一门四代两期颐。

——江安六团村苏氏百岁坊联

夙与贤郎相期，欲其道继胡先生，名过冒公子；

来为长者致祝，惟有寿之南山石，酌以东海波。

——清·范当世"寿沙健庵之尊父"联

五百年有汤 五百年有武；八千岁为春 八千岁为秋。

——民国·宗孝忱"总统蒋公八髒嵩庆"联

抗战无勋劳，弭兵卸甲，参议经尊法统，余力犹兴实业；

同门习师范，投笔从戎，主役政恤民情，积善宜享高年。

——民国·吴俊升"寿乡兄学长沈立人将军八十"联

公薨于回銮前一月，不得见圣主，再入国门，遗疏拜闻应震悼；

和议至光绪廿七年，何事非老臣，重安社稷，皇朝赐谥合文忠。

——清·冒广生挽李鸿章联

从何处来，仍向何处去，生如寄，死如归，勘破生死关，方算得来清去白；

欠几人债，还结几人缘，前有因，后在果，统观前后事，须知道债了缘消。"

——民国·马锦繁自挽联

遇可塞，名不可湮，坛坫纵横，词赋犹思才子旧；

少相重，老尤相惜，乡关萧瑟，钓游弥恸故人稀。

——民国·张謇挽陈国璋联

福逾五季，局变千秋，公在亦何能，有泪不为天下恸；

功施一州，声流四裔，名归非幸致，论才似觉古人无。

——民国·沙元炳挽张謇联

大志已随流水去；舍身只为救人来。

——民国·于右任挽沈卓吾联

北伐阻渡河，留守徒悲宗泽志；

东游甘蹈海，帝秦难屈鲁连臣。

——民国·冒兴撰如皋各界挽黄兴哀联

血染崔河，灰飞石甸，八百战儿余白骨；

腥风匝地，毒雨漫天，三千子弟捣黄龙。

——民国·郭雍南崔家河之役烈士追悼会联

当前炮火由他，血肉横飞，故国英雄殊死战；

有日河山还我，馨香再荐，满城仕女踏歌来。

——民国·郭雍南丁家所烈士追悼会联

注：民国27年(1938年)，如皋常备一旅二团与日寇先战崔家河、再攻如皋城，战况惨烈。其后，皋民在双甸和丁家所分别举行追悼会，挽联均为如皋学者郭雍南(仲达)撰。

文章重法垂不朽，弟子三千余人，薪尽火传，公其无憾；

髫龄白首忆从游，师门六十五载，山颓木坏，我谁与归。

——民国·吴俊升"挽业师宗孝忱敬之先生"联

是非久之乃定；生死古亦如斯。

——民国·吴璜“题亚苏遗像”

沧海历波涛，新字典长传百世；
名山藏著述，古音系自足千秋。

——当代·侯宝林挽魏建功先生联

是法门龙象之才先死长余天下痛；
断界外尘沙而后再来重作世间师。

——当代·赵朴初挽常惺法师联

在国难中惹起内讧，江河不洗古今憾；
于身危时犹明大义，天地能知忠烈心。

——民国28年(1939年)8月1日中共中央挽吴亚鲁联

五、题赠联

藤纸静临新获帖：铜瓶寒浸欲开花。

——清·顾炎武赠冒辟疆联

大才归雅度；涉世守谦怀。

——清·李渔赠友人联

江湖归白发；诗画醉红颜。

——清·李渔赠友人联

青菜白盐粯子饭；瓦壶天水菊花茶。

——清·郑板桥为白蒲郑氏族兄所题庖厨联

督书人似洪文敏；读画碑摹汉武梁。

——清·孙星衍赠如皋陈嵩联

文因兴至天怀畅，乐与时随古趣生。

——清·王文治集稧帖赠汪为霖联

旅庐乃构于京，喜戴斗瞻天，舄奕簪缨朝北阙；
文章莫大乎是，快腾蛟起凤，联翩科第冠南州。

——清·沈岐题京者宣武门通州会馆联

文如逆水行舟，非进则退；
心似平原走马，易放难收。

——清·沈裕本书斋联

作恶者获福，非福耳，祸之兆耳，不信请看下半本；
行善的受苦，毋苦也，甘即来也，忍耐且待到头时。

——清·沈裕本题戏台联

读历代名臣言行录；考天下郡国利病书。

——清·赵臣杰书斋联

有蔬笋气诗愈好；无绮罗人山更幽。

——清·顾锡爵闲联

每视停云思养气；偶听流水俗移情

——清·顾锡爵闲联

有才真富贵；无事小神仙

——清·顾锡爵闲联

我由辛苦此中来，忆当年灯影机声，莫忘慈母；
人以贫穷而思愤，能乘兹沉舟破釜，便是佳儿。

——清·周景涛题孤幼小学堂楹联

子不子，亦各言其子，委而弃之，是可忍也，孰不可忍也？先王斯有不忍人之政；
幼吾幼，以及人之幼，比而同之，有以异乎，曰无以异也！大人不失其赤子之心。

——清·周际霖集《四书》题育婴堂楹联

历劫英雄，累朝事业，都付于剧场顷刻，演出真情，愿诸君醉后茶余，好偕伊黄童白叟，歌舞升平，况把五千年信史，居然能代表分明，惩劝寓微权，亦算改良新月旦；
北邻水绘，南瞰文峰，兹适当胜地毗连，犹留逸韵，任几辈宦游学贾，幸遇那绿酒红灯，发舒郁结，纵教一万斛闲愁，到此总清磨净尽，主宾殊略分，重瞻儒雅旧风流。

——清·冒伯起题阳春茶园戏台联

极欢娱认做好戏，极悲凄认做苦戏，是假戏不是真戏，早被看戏人冷眼旁观，正轰天锣鼓喧阗，总料定终须散戏。

最热闹莫如开场，最寂寞莫如收场，有上场必有下场，纵教登场者抚心自问，这蓦地衣冠炫赫，也无非偶然排场。

——民国·冒雨生题阳春茶园戏台联

立定脚跟做事；放开眼界观人。

——民国·严子颖厅联

德可为本财为末；润之以雨散以风。

——民国·姜煌赠康德润医生联

矫翮回翔凌沧海；长歌高唱邈云天。

——民国·黄七五赠友人联

咏竹清娱兴随情寄；引觞和会趣与春长。

——民国·冒广生赠友人联

知者仁者乐山水；轮焉奂焉宜子孙。

——民国·冒广生赠友人联

麟角凤觜世莫有：鸣鸠乳燕春方深。

——民国·沙元炳赠友人联

薄宦只余风两袖；数椽小筑地三弓。

——民国·沈培基书斋联

少读古人书，粗知大义；

默观天下事，独抱隐忧。

——民国·吴璜书斋联

岁月暗催人，对黄卷青灯须惜寸阴尺璧；

文章无定价，至龙楼凤阁方知一字千金。

——民国，如城袁氏云晖书屋联

我意得时花自笑；天机到处鸟能言。

——民国·吴俊升赠友人联

经传家学；里有名贤。

——民国·沙元炳撰冒家巷贯府联

等是戏场人，藉缓歌漫舞，把数千年往事注到心头，溯成败兴亡，前因后果，茫茫幻影皆空，即今水绘变沧桑，还说甚燕子衔笺，春灯射谜；

惊回尘世梦，写旧感新愁，将二十纪奇观演来眼底，看嬉笑怒骂，砭俗警顽，历历迷途猛省，从此江南览风景，遑羡那龟年度曲，柳叟弹词。

——民国·许树枌题通俗剧场联

居隅注福；屋敞常安。

——当代·汤正幅自题门联

帅师御犯者，运筹帷幄，七战苏中，进退无常，运动自如，分而击，围而歼，神机妙算，频传捷报，大将威名扬宇内；

守土慰亲人，逐鹿平原，三陈陕北，攻防有度，张弛得法，授以功，鼓以勇，睿智奇谋，长著雄风，司令英气振华东。

——当代·安迪光纪念苏中七战七捷50周年

第三章 杂录·旧志序选

第一节 杂录

《入唐求法巡礼行记》(节录)

[日本] 圆仁和尚

承和五年六月……,二十八日早朝,鹭鸟指西北双飞。风犹不变,侧帆指坤。巳时至白水,其色如黄泥,人众咸云:"若是扬州大江流水。"令人登桅子见,申云:"从戌亥会,直流南方,其宽二十余里。"望见前路水还浅绿。暂引不久,终如所申。大使深怪海色还为浅绿,新罗译语金正南申云:"闻道扬州掘港难过,今既逾白水,疑逾掘港欤。未时,海水亦白,人咸惊怪。令人上桅见陆岛,犹称不见……"

(七月)二日,早朝潮生,进去数百町许,西方见岛,其貌如两舶双居。须臾进去,即知陆地。流行未几,遇两潮洄洑,横流五十余町。舶沉居泥,不前不却。爰潮水强遄,掘决舶边之汙泥,泥即逆沸,舶卒倾覆,殆将埋沉。人人惊怕,竞依舶侧,各各带裈,处处结绳,系居待死。不久之顷,舶复左覆,人随左迁,随覆迁处;稍逮数度,又舶底第二布材折离流去。人人销神,泣泪发愿。当戌亥隅,遥见物随涛浮流,咸曰:"若是迎船欤?"疑论这间,逆风迎来,终知是船也。见小仓船一艘乘人,先日所遣射手壬生开山、大唐人六人,趋至舶前。爰录事以下,先问大使所着之处,答云:"未知所着之处。"乍闻惊悲,涕泪难耐。即就其船,迁围信物。录事一人、知乘船事二人,学问僧圆载等不下二十七人,同迁乘之,指陆发去。午时到江口。未时到扬州海陵县白潮镇桑田乡东梁丰村。日本国承和五年七月二日,即大唐开成三年七月二日,虽年号殊,而月日共同。留学僧等到守捉军中季赏宅停宿,闻大使以六月二十九日未时离舶,以后飘流之间,风强涛猛,怕船将沉,舍碇掷物,口称观音、妙见,意求活路,猛风时止。子时流着大江口芦原之边。七月一日晓,潮落,不得进行。乡里幽远,无人告谈。若待潮生,恐时久日晚,不能拯济船上之物,仍以绳系船,曳出海边。人数甚少,不得摇动,判官以下,取缆行之。未时泛艇从海边行,渐见江口。终到大江口,逆潮遄流,不可进行。其江稍浅,下水手等曳船而行。觅人难得,傥逢卖芦人,即问国乡,答云:"此是大唐扬州海陵县淮南镇大江口。"即召其商人两人上船,向淮南镇,从水路而到半途,彼二人未知镇家,更指江口却归。日晚,于江口宿。二日晚,彼二人归去。近侧有盐官,即差判官长岑宿祢高名、准录事高丘宿祢百兴,令向镇家,兼送文条。即盐官判官元引存乘小船来慰问,使等笔言国风。大使赠土物,亦更向淮南镇去。从江口北行十五里许,既到镇家,镇军等申云:"更可还向于掘港庭。"即将镇军两人归于江口。垂到江口,判官元引存在水路边申云:"今日已晚,夜头停宿。"随言留居,劳向殊深,兼加引前之人。

三日丑时,潮生。知路之船引前而赴掘港庭。巳时,到白湖口,逆流极遄。大唐人三人并本国水手等,曳船截流,到岸结缆,暂待潮生。於此闻第四舶漂着北海。午时,仅到海陵县白潮镇管内守捉军中村。爰先於海中相别录事山代氏益等卅余人迎出,再得相见,悲悦并集,流泪申情。爰一众俱居此间,雇小船等运国信物,并洗曝湿损官私之物,虽经数日,未有州县慰劳,人人各觅便宿,辛苦不少。请益法师与留学僧一处停宿。从东梁丰村去十八里,有延海村。村里有寺,名国清寺。大使等为憩漂劳,于此宿住。

九日巳时,海陵镇大使刘勉来慰问使等,赠酒饼,兼设音声,相从官健,亲事八人,其勉着紫朝服,当对押官亦同着紫衣。巡检事毕,却归县家。

十二日，从东梁丰村取水路运随身物，置寺里毕。同日午时，为催迎船，差通事大宅年雄、射手大宅宫继等从水路令向县家。申时雷鸣。留学僧等住东丰村，未到此间。

十三日，大热，未时雷鸣。自初漂着以来，蚊蝄甚多，其大如蝇，入夜恼人，辛苦无极。申时，留学僧来，同居寺里，患赤痢。

十四日辰时，为县州迎船不来，大使一人，判官二人，录事一人、知乘船事一人、史生一人，射手、水手等总卅人，从水路向县家去。登时，开元寺僧元昱来，笔言通情，颇识文章，问知国风，兼赠土物，彼僧赠桃果等。近寺边有其院，暂话即归去。暮际，雷鸣洪雨，惊闷尤甚。

十七日午时，射手大宅宫继与押官等十余人，从如皋镇家将卅余草船来，即闻大使昨日到镇家。申时，春知乘、山录事等与射手从东梁丰村来，宿住寺里。

十八日早朝，公私财物运舫船。巳时，录事已下，水手已上，从水路向州去。水牛二头以系卌余舫，或编三艘为一船，或编二只为一船，以缆续之。前后之程，难闻相唤，甚征稍疾。掘沟宽二丈余，直流无曲，是即隋炀帝所掘矣。雨下辛苦，流行卅余里。申时到郭补村停宿，入夜多蚊，痛如针刺，极以艰辛。通夜打鼓，其国之风，有防援人，为护官物，至夜打鼓。

十九日寅时，水牛前牵进发，暗云无雨。卯时听鸡声，始有吴竹林，及生粟、小角豆等。巳时，大使牒到来。案牒状称，其漂损舶，随便检校于所由守捉司；其守舶水手等，依数令上向，不得缺留者，登时，差准船师矢侯系丸等还遣泊舶之处。午时，到临河仓铺。竟夜进行。

廿日，卯毕，到赤岸村。问土人，答云："从此间行百廿里，有如皋镇。"暂行有堰，掘开坚壕发去，进堰有如皋院。专知官未详所由。船行太迟，仍停水牛，更编三船以为一番，每番分水手七人，令曳舫而去。暂行人疲，更亦长续系牛曳去。左右失谋，疲上益疲，多人难曳，系牛疾征。爰人皆云："一牛之力即当百人矣！"比至午时，水路北岸杨柳相连。未时到如皋，茶店暂停。掘沟北岸，店家相连。射手丈部贞名等从大使所来，云："从此行半里，西头有镇家，大使、判官等居此，未向县家。大使、判官等闻赍信物来，为更向州，令装束船舫。"又云："今日州使来，始充生料。从先导新罗国使而与本国一处，而今年朝贡使称新罗国使，而相劳疏略。今大使等先来镇家，既定本国与新罗异隔远邈，即县州承知。"言上既毕，乍闻忻然，颇慰疲情。申时，镇大使刘勉驾马来泊舫之处，马子从者七八人许，检校事讫，即去。录事等下舫，参诣大使所。日晚不行，于此停宿。

廿一日卯时，大使以下共发去。水路左右，富贵家相连，专无阻隙。暂行未几，人家渐疏，先是镇家四围矣。大使相送三四里许，归向本镇。从镇家向县二百廿里，巳时，放却水牛，各分一船，指棹运行，绝无人家。申终，到延海乡延海村停宿。蚊蝄甚多，辛苦罔极。半夜发行。盐官船积盐，或三四船，或四五船，双结续编，不绝数十里，相随而行。乍见难记，甚为大奇。

注：圆仁（794—864），日本国佛教天台宗高僧。唐开成三年（838年），随遣唐使藤原常嗣一行西渡入唐，撰《入唐求法巡礼行记》，后称东方三大旅行记之一。本文节录卷一中与如皋相关内容。

庆祝光复提灯游行歌（二首）

国旗飘扬满城中，一路彩灯红，车马去如龙，往来士女乐融融。庆祝光复功，拍手齐欢颂。都道是去年今日，兵警传来人惊恐，纷纷迁徙，皋城十室九家空。又谁知联军南攻，张勋逃，金陵复，中华民国，五族庆大同，完全依然还我古郧风。愿我皋人士，毋忘光复功！愿我皋人士，毋忘光复功！

莘莘学士气如虹，喇叭声中铜鼓响冬冬，月明似水照遥空。提灯千百队，步出校场来，有时集合大成宫，红云捧献万花丛，五光十色，居然荼火壮军容。有时首尾相衔接，穿绣衣，走胡同，明星万点，夭矫若游龙。军乐复隆隆，万人空巷来歌颂。六街禁喧哗，秩序毋乱动。愿年年今日，纪念永无穷。

注：此歌系袁亮工（采之）回忆。民国元年（1912年）11月11日为如皋光复纪念日，全城举行庆祝仪式，沿街搭彩棚悬灯，青年学生于晚间提灯游行。

如皋师范校歌(二首)

湉湉泮水,巍巍学宫,我校位其东。经义治事,安定遗风,体用贵兼通。

旧学沉沦,新知潮涌,两端执乎中。奠定邦家,化育童蒙,责任在吾躬。

私立京江小学校歌

[民国] 赵臣杰

京江三山壮,送江入海。古郧丰地,小住同乡。欧亚兮潮流,诸国争强。问滔滔世界,谁为保障? 济变在人才,学校先提倡。志气激风云,热血潮,黄天荡。

注:赵臣杰,字少琴,祖籍丹徒,生于如皋,清末如皋训导,京江小学第一任校长。

私立南淮中学校歌

[民国] 沙元榘

淮水汤汤,登斯南邦。夏屋渠渠,将翱将翔。济济多士,示我周行。唯予小子,日就月将。学有缉熙于光明,其乐洋洋,德音孔长。

注:沙元榘(参见卷二十三第一章第二节《知名人士》)。

如皋农民斗争之经过

(一九二八年五月八日)

这次省委代表到江北巡视后,即决定在如皋西乡须领导贫农起来斗争,给民众以实际上之认识,而走向正确的道路。一面乡村的封建势力的基础摧毁可干净,彼时一般贫农迫切的要求,便是吃饭问题。如西农民十之九是佃农,其痛苦冠于全县。地主之剥削,劣绅之敲诈,层出不穷。尤其是在这青黄不接之际,更痛苦得万分。所以我们一面在党内动员一切,准备起来;一面在群众前,说明他们痛苦之原因以及根本解决痛苦之道路。同时我们就于四月十三号召集活动分子大会,成立暴动委员会,内分军事、交通、宣传、经济四部,另组织破坏队,专破坏敌人一切基础工作。暴动委员会设主席团三人,以便集体领导。一面派县委书记往泰兴决定联络关系。四月二十二号芦湖同志因打刀事被泰兴古溪、如皋搬经公安局捕去两人(一同志,一铁匠)。因此,县方面便出侦探,加紧戒备,一面加派公安大队四十余人驻扎搬经,向我们示威。同进芦湖同志一再来向暴动委员会报告,谓被捕之农民同志已供五十余人,并急切要求即刻发动,予敌人以严重之打击。我们为防御白色恐怖之来临,亦以先发制人为上策。即晚召集暴委会开紧急会议,讨论目前斗争发动时间及策略等问题。时间全体主张即刻动手,最后决定即于四月二十五日夜月亮入地线时出发。策略方面,除将原来斗争计划略事修改——原来系分四路,为集中力量起见,合四路为二路——外,一部分同志主张挑选三十余人先行劫狱,营救被捕同志。其余主张按照计划进行,劫狱次之。彼时省委特派员杭果人赴通未返。我们赴县报告,一面通知泰兴。当日下午五时,杭派韩铁心来此,主张暂缓,俟他来发动。我们因动员令已下,未便收回。至晚七时许,城中区委书记来报告,谓已侦到敌人购办枪械之正确消息——在三日内由泰州运如。我们因技术工作准备缺乏,大多数同志主张先夺取枪械给反动派方面以严重之打击,遂决定收回动员令,暂缓发动。岂知枪械没有夺到,反将同志捉去三人,损失了盒子枪一支,因此将我们有了枪械才能战斗的幻想打破了,即刻决定发动群众起来斗争。五月一日,芦湖支部开会,即派西乡区委书记徐芳德前往参加。他去后发动卢庄地主家将田契私行运去,我们同志遂将田契扣留并焚毁之。该地同志即动员向搬经进攻,在文武殿夺得公安局派来之公安队快枪两支。同志被击死一人,微伤一人,敌死一人,余均逃去,并将公安队驻扎之文武殿烧去。轰轰烈烈的无产阶级革命的火花,就在震撼全世界资本帝国主义的国际劳动节开始爆发了。即日夜八时,向周庄、徐庄出发,参加群众有二千余人,分三路进攻公安局及当地地主,敌方开枪射击,未中。当时群众革命情绪激昂万分,直扑公安局并焚烧之,周、徐两庄地主房屋于此亦为久困于豪绅铁蹄下之农民举火焚之矣。当日晚,一部分同志本领由赴周、徐庄之支队二十余人进攻小蒋埭及卢家庄,此两地为如西豪绅集中之地，小蒋埭之卢荫南为万恶不赦之地主，佃农欲食其皮而甘心，可惜这些地主都已闻风逃避，没有捉到一个来做暴动胜利的祭典。到卢家庄时，因领导者分离，寻找不到，群体涣散，未能将这些地主房屋烧干净，以致种下最恶的结果，给敌人一度的保障驻军来打我们。二号夜召集千余人向卢港子进攻，该地亦为大地主集中之地，有保卫团八人闻风即开枪示威，我们便分两路包抄，夺取枪械，但时在深夜，他们已远避不见踪迹，仅捉住一个团长，被我们击死(后闻仅重伤，未命中)。该地著名地主房屋烧去后，即向三十亩进攻。三日，我们便下令于下午二时召开群众大会，公开宣传，在各村成立苏维埃，并组织赤卫军(暴委开会时有两种主张，一种主张在各村成立农委会，一种主张组织苏维埃)。下午三时许，会场已到六十余群众，敌方侦探消息，企图破坏群众大会，以维他们的残喘，即派三十余公安队向我们袭击。彼时群众尚未齐集，所夺得之枪械又被农民带走，总指挥顾仲起为免于牺牲起见，即下令散会，没组织少训练之群众，遂星散奔走。总指挥及特派员即一去不来，因此群众渐形摇动、恐慌、逃避。敌人见此情形，进迫更甚，捕去农民二十余人，捣毁同志住宅两处，并将所集中之现金八百余元拿去。四号，我们用尽方法只召集到四十余人，当夜向申冈、李家洋一带进攻，焚毁地主兼劣绅房屋四家。翌日拂晓时，敌人由此路来袭，枪杀我工人同志一，夺去快枪一支，我们在仓卒中将火药完全遗失，所有群众仅落得八九人。因西乡区委书记之长兄被敌人击死于六甲，勇敢天真之徐名友同志亦被豪绅之走狗捉去，并捣毁其房屋。此时南通公安队开到张黄港，江阴军队亦有开上江北之说。如皋、泰兴反动武装亦向我们反攻。而我方群众三号下午之袭击及捕捉，均涣散无从召集。四号夜，我们便计划组织游击队以发动群众。至五号下午群众只落五六而已，抬枪火药又被保管者遗失殆尽。当时领导者仅余四人，且敌方已向我们取包围形势，浩浩荡荡的农民群众的斗争不得不暂告停止。(下略)

如皋 高仙普 五·八于上海

注：此为民国17年(1928年)5月8日中共如皋县委就五一暴动情况向江苏省委的回报，原件存中央档案馆，录入时对错字和漏字进行了改正。

暴动歌

正月里来是新春，豪绅地主杀穷人；
别人杀人用刀杀，地主杀人只要说一声。
二月里来暖洋洋，豪绅地主坐高堂；
家中无事算陈账，利上加利分文不肯让。
三月里来桃花开，种租田的穷人苦伤怀；
家中无粮又无草，钻山打孔去捞债。
四月里来麦秀黄，种租田的穷人闹饥荒；
一家大小没饭吃，还要去帮地主忙。
五月里来过端阳，大小元麦收上场；
地主走狗账簿带，加一斗儿听他量。
六月里来热难当，豪绅地主坐在高楼上；
丫环使女茶汤送，点事不到打巴掌。
七月里来秋收忙，劳苦农民下田庄；
起早带晚收秋粮，租谷一缴精大光。
八月里来桂花香，老板要租狠如狼；
东捞西借没法想，卖儿卖女缴租粮。
九月里来是重阳，地主勾结国民党；
屠杀工农心肠黑，要把穷人杀个光。
十月里来天气凉，工农联合势力强；
只要大家齐心干，哪怕敌人炮和枪。
十一月里来雪花飘，工农举起斧头和镰刀；
革命到处起高潮，打得土豪劣绅没处逃。
十二月里来交新春，苏维埃政府建立成；
领导工农向前进，穷人从此翻了身。

注：《暴动歌》是土地革命时期如皋、泰兴地区流传的一首民歌，作者佚名。选自1960年中共如皋县委革命史料编辑室所编《如皋火花》第一集。

中国工农红军第十四军十大政纲

（一九三〇年三月二日）

一、推翻帝国主义在华统治；

二、没收帝国主义在华的工厂、企业和银行；

三、推翻地主资产阶级的军阀国民党政府；

四、建立工农兵苏维埃代表会议政权；

五、统一中国，承认民族自决权；

六、实行八小时工作、增加工资、失业救济和社会保险等；

七、没收地主阶级土地归农民；

八、改良士兵生活，分给土地和工作；

九、取消军阀在地方强征的苛捐杂税，实行统一累进税；

十、联合全世界无产阶级和苏联。

注：录自档案出版社《江苏革命斗争纪略》。此件原为传单，原件收藏于南京博物院。

中国工农红军第十四军告工农及一切劳苦群众书

（一九三〇年四月）

我们现在已经杀尽了我们的反革命刮民党军官，已经建立了新的工农红军！当反革命的刮民党拼命挣扎的当口，帝国主义武装干涉的时候，摆在我们革命的劳苦工农面前任务，是越发加大加紧了！我们的红军兵士不是失业工人，便是失掉土地的农民，工农群众的利益与要求，也就是我们红军弟兄的。我们要消灭刮民党军阀的混战，只有提醒各处的兵士，掉转枪头杀尽自己的反革命的军官，组织红军！工农阶级整个得着解放，只有巩固与扩大红军，才能消灭垂死的刮民党与他的主人帝国主义者。我们郑重向全国与全世界的工农宣言：我们是工农的武装，我们是工农政府（苏维埃）的卫队，我们誓死执行全国第一次苏维埃大会的政纲，彻底消灭刮民党的反动势力与帝国主义的干涉！所有这些任务，需要广大工农群众的努力，不仅拥护刚才长出来的红军，并要踊跃参加红军。工农弟兄们，我们握紧着手，与反动的刮民党及其主人帝国主义战！我们一齐高呼：

消灭军阀战争！打倒帝国主义！

打倒国民党！打倒改组派！

中国工农兵苏维埃政府万岁！

实现苏维埃第一次代表大会的十大政纲！

工农自己的武装工农红军万岁！

中国工农革命的领导共产党万岁！

工农红军第十四军全体宣言

注：民国19年（1930年）4月3日，中国工农红军第十四军于如皋西乡贲家巷建军大会上，由军长何昆宣读该宣言，并被印成传单，在通海如泰地区直至上海市区广为散发。原传单存中央档案馆。

震动江北的如皋五一劳动节纪念大会

如皋通讯：五一群众开纪念大会，计到农民七八万余。原来五一为一九二八年该县暴动纪念日，故群众莫不知晓，听说要开大会，皆欢跃异常。路远者多不睡觉，路近者亦不吃早饭，即整队出发。均拖梭标大刀，并有少数土炮。各队均有红旗多面，大小高低（大者多绘有镰刀斧头），飘扬空中，更有无数纸旗，上书“打倒地主土劣”“分配土地”“打倒狗队”的标语。男妇老幼，不绝于途。四面八方，向会场集中，紧张空气，冲破了冷漠的清晨。不到十时，会场就拥挤起来，而红军各队亦于此时开到，一部分负责布防，一部分负责维持秩序。

十二时即宣布开会，推主席团五人。会议程序为：一，报告五一意义；二，对季家市新参加红军士兵致欢迎词；三，该士兵代表致答词；四，自由演讲；五，呼口号；六，整队示威；七，散队。会场为长扁形，因人数过多，于是于中央主席台左右各设一副主席台，分别报告、演讲。原来四月卅号有泰兴县属季家市驻兵五十名，全副武装，背满身子弹，下乡要加入红军，支队部于五一清晨即派人领该队参加大会。大会主席致欢迎词后，请士兵代表致答词。略谓：“我们原都是工人农人出身，只因没工作，没田耕，没有路走，才去当兵。但是现在觉悟了，晓得为刮民党反动军队当兵，只是为那些军阀当炮灰。他们为帝国主义豪绅资本家互争权利，叫我们拚命，同我们自己的兄弟打。你们叫我们‘狗队’，实在是应当的。我们很惭愧。现在晓得了，只有共产党是革命的，只有红军是为穷苦工农的，我们愿意到红军里来，同大家在一起来打倒国民党，来革命！”其言愤恨激昂，群众晓得红军又加了力量，都欢天喜地，大呼“欢迎新参加士兵兄弟！”“红军十四军万岁！”演讲每到打倒地主土豪劣绅，分配土地，打倒刮民党，打倒反动的狗队，工农兵要联合起来，尤其讲到说我们也要政府，要组织革命委员会，马上建立苏维埃政权时，群众莫不举起梭标大刀，执旗者更举旗挥舞，高呼“哦！哦！”代替鼓掌。选举革命委员会委员，表示赞成时亦然。

革命委员会共七人：工人代表二人，农民代表三人，红军士兵代表二人。选举后呼口号。一时狂热呼声响彻云霄，震动了整个江北的天地，真要叫反动统治望着这一块红天地发抖呵！

选举革命委员会时，天忽下雨，然群众情绪高涨，不为稍动，继续进行呼口号，并即整队示威。开会当中，来者仍络绎不绝，直到会终，还有三队约二百人，因路远迟到。他们要求主席将大会经过一一细谈后始退。此时人人皆满身淋漓，然精神则更为活跃，携土炮，更尽量轰放，大唱少年先锋队歌及国际歌，其情不可遏止。这真是空前壮举。它将要叫取消派看了伸舌头呢！

至五月三日清晨，离红军驻地约二里路地方，忽然发现百把狗队。红军驻地离大会会场很近，狗队以为红军已开走，好来捉农民，以示威风。第二支队部得报告后，当即布防。不二十分钟即开始接触，激战三十分钟，狗队败走。同时各庄农民群众、赤卫队、少年先锋队，远近数十里，一闻枪声，都相互号召，各执武器，结队前来。一时大路小径，红旗飘摇，呼声遍野，"进攻呵!""打狗队呵!"之声不断的喊出。狗队只恨为娘少生了两只脚，拚命的向东北奔跑。红军与群众逐着屁股追，群众比五一大会时更多。沿途各庄农民指路，告诉红军，狗队是从哪条路进的。追了四五里，大家才知道那是老虎庄的狗队；因为再走四五里就是老虎庄。这是一个白色村庄，为了保护地主土豪的利益，驻有反动军队。红军曾进攻一次，失利。群众恨之入骨。到此时乃勇气百倍，都要直捣老虎庄。不多会，这老虎庄就在数百红军与将近十万群众的包围之下了。村庄很大，四周都是水港，只有很狭的路可进。而红军与群众终于在敌人机关枪、迫击炮扫射之下冲进了，捣毁两幢地主的巢穴。狗队退到村庄的中心，受包围。猛攻约四十分钟，此时忽有西北卢家庄狗队百余来援，已走到庄口，将向一部红军作包围势。支队部当即调一小队向之侧击。此时天又大雨，红军因子弹缺乏，乃下令放弃包围。退时，群众在先，红军在后，秩序井然。

红军甫行二里，沿途村庄妇女，以大水桶盛热茶，儿童持碗，且以饭箕盛薯以待，（自清晨七时许至下午三时未得食）接连四五个村庄都是这样。群众之爱护红军，可谓无微不至。

此役敌人伤亡在四十以上。翌日农民将敌弃马一匹，河中搜得步枪五杆，送往红军部队。据传狗队逃窜时，尚遗弃机关枪、迫击炮各一，正寻找中。红军仅伤一人。此次行动，直是五一大会的继续完成，一般群众称之为"二打老户庄"。

还有一点，记者觉得很值得记述的。就是在广大群众中，有许多十四五岁的儿童参加。尤其是记者亲眼看见五个妇女，她们用长红布缠在身上，恰似女人背小孩时一样缠法，前胸后背，均成交叉形。她们冲到最前方，挺胸阔步，与敌人作战，有一种特别气概。

在农村斗争中，在共产党政治领导下，妇女与儿童都由死的地狱里解放出来，成为一支活的生力军。她们同男子一样有力量，为自己阶级的解放而奋斗。这是伟大的历史转变!这是伟大的阶级斗争！劳动妇女与儿童的自由世界将就要在我们的眼前！

改组派在如皋活动很厉害，群众曾自动的驱逐他们。因为群众要没收土地，而他们在说什么要"减租"，群众已将债据的纸票都烧了，而他们在讲什么"钱是要还的，不然以后借不着，并且借给人家的钱也要不着"。完全是替地主富农说话。但是群众知道他们的欺骗。现在以这两种作标准，谁讲什么减租还钱，就是改组派，就要打倒。所以五一他们有四个反对改组派的口号。

注：原载民国19年（1930年）5月26日、27日《上海报》，为《上海报》某记者所撰。

中央军委就如黄路战斗经验致各战区电文

（一九四六年八月二十八日）

毛泽东

各首长：据粟裕、谭震林未感电称：我军于二十六日在如皋西南地区歼灭六九师之九九旅后，又于二十七日在上述地区歼灭由如皋来援之敌六五师（粤系）之一八七旅及六九师一个团。总计两日战斗将敌一万五千人全部解决，除毙伤外，俘虏近万人。第二次由如皋增援之一个团，亦被歼一半。我军略加休整以利再战等情。我粟谭军从午元至未感一个半月内作战六次，歼敌六个半旅及交通总队五千，造成辉煌成果。而我军主力只有十五个团。但这十五个团是很充实与很有战斗力的，没有采取平均主义的补充方法。每战集中绝对优势兵力打敌一部（例如未宥集中十个团打敌两个团,未感集中十五个团打敌三个团),故战无不胜,士气甚高;缴获甚多,故装备优良;凭藉解放区作战,故补充便利;加上指挥正确,既灵活,又勇敢,故能取得伟大胜利。这一经验是很好的经验,希望各区依照办理,并望转知所属一体注意。

军委未俭

注:此电文系民国35年(1946年)8月28日毛泽东亲笔拟写,原件存中央档案馆。文中"未感"指8月27日,"午元"指7月30日,"未宥"指8月26日,"未俭"指8月28日。

题焦港闸

[当代] 陈毅

水可以为福,也可以为害,但看人民能否加以利用和掌握。焦港闸之建设,表示如皋人民在治水问题上争取了主动,也正如过去在战争中争取了主动一样,胜利属于掌握主动方面。谨祝开闸胜利!

注:陈毅,字仲弘,四川省乐至县人。1955年被授予国家元帅军衔,曾任国务院副总理兼外交部长。有《陈毅诗词选》等。该词题于1957年5月。

题焦港闸

[当代] 郭沫若

农田水利,建国之基。
灌溉千顷,泽润万民。
焦港大闸,其道七孔。
从兹如皋,人寿年丰。

注:该诗作于1957年5月。

中华人民共和国民政部关于江苏省设立如皋市的批复

民行批〔1991〕5号

江苏省人民政府:

你省一九八八年十二月二日《关于撤销如皋县设立如皋市的请示》和省民政厅的补充报告收悉。经国务院批准,同意撤销如皋县,设立如皋市(县级),以原如皋县的行政区域为如皋市的行政区域,不增加机构和编制,由省直辖。

中华人民共和国民政部

一九九一年二月六日

第二节 旧志序选

明嘉靖十五年《如皋县志》序

[明] 崔桐

夫志有天道焉,有地道焉,有人道焉。言天者存乎象,言地者存乎迹,言人者存乎体。天地之道,不得而诬也。惟人或淆以情,情夺其真,而斯病于志矣。是故所贵乎志者,崇谊塞回,阐本诎末,务简剔秽,风化实关焉!若古良史亦难之而奚病于他,故曰:志也者,可以观也。予读夫志东皋者而重有嘉焉。夫志首风俗,原嘘染也;次户口,任民职也;次学校、次祀典,表人纪也;次宦绩、次人物,诏劝沮也;次词翰,昭文明也。七志备而余可概矣。今夫信度惇习惟邑之良,而匪失则夸;齿繁赋供惟邑之义,而匪失则伪;古文彝尊道宗惟邑之准,而匪失则歧;综其得失、旌别臧否惟邑之鉴,而匪失则谀;金石有言惟邑之华,而匪失则诞;斯七志者,关风化,终志道矣。作是者伊何?司教陈君源清、通山尹刘君谟、贡士马君绅,予得其学行矣。辑是者伊何?刘生科、许生访、严生怡,予得其藏修矣。成是者伊何?邑侯刘君永准,予得其政教矣。故曰:志也者,可以观也。嘉靖丙申岁季夏朔,赐进士及第中宪大夫南京太仆少卿前翰林侍读经筵讲官兼修国史郡人崔桐撰。

注:录自清嘉庆《如皋县志》卷二十四。崔桐,字来凤,号东州,海门人,明正德十二年(1517年)探花,官至国子监祭酒、礼部右侍郎。

明嘉靖三十九年《如皋县志》序

[明] 童蒙吉

邑之有志也尚矣!可以观、可以式、可以惩。上之而百世之既往可以稽,下之而百世之将来可以传,是诚司治者之昭鉴也。余承乏东皋,至即索志而阅之。盖将察民物风俗之何如,而亟为之取,且稽前令孰为善治足法,孰为不善治足戒也,则见其弗备弗核,无可考信。学校东迁久矣,而犹曰在治西南;墉壑崇深以为固矣,而犹曰自昔无城,初作六门;田粮均矣,而犹曰民输坍租。以至倭奴屡犯,武功丕赫,人文宣著,才贤日盛,若此类者多未及载。噫,往者既不可追矣,间有见闻犹可及者,而失今不图,则遗亡益甚,后之人将奚以考见一邑事迹之全也哉!修志诚今日之急务,亦通邑大夫士之所共欲举焉者,余敢不先其所当急,以承众志也耶?奈顷年以来,兵荒相继,民实疲困,百度废弛,日惟弗克懋乃猷,以忝于厥职是惧,早夜图维,殚心竭力,盖一年于兹事稍就绪。而今年夏麦颇收,民亦稍苏,志事或可举也。于是谋之学博小沧谢翁,幸翁弗拒,忻然任乃事。遂选诸庠,得钱生相,胡生机、丛生位、朱生装草创焉。而校正则以属之李生廷诤、冒生承礼。择吉开局,采群书,述睹记,询诸乡之耆旧。弗备者增之,弗核者正之,条分类别,未两阅月而告成。是知沧翁操笔之功夫固居多,而诸士子之用心亦勤且慎矣。斯志也,义例明而去取当,论辨确而文采章。观风稽迹之具,从善惩恶之鉴,信不外此。莅兹土者而时加览焉,因其法,求其心,不泥其迹,化而裁之,变而通之,以达于治,则志之有益于皋民也,曷其有穷!乃若饰虚炫外,好大喜功,漫不加之意,而于民罔或裨焉,则亦何贵于志哉,余又深为此惧也。庸书是,以识岁月,因以自警云。时嘉靖三十九年庚申秋七月既望,文林郎知如皋县事锦城巽山童蒙吉书重修如皋志序。

注:录自清乾隆《如皋县志》卷三十二。童蒙吉,浙江临安人,举人,明嘉靖三十八年(1559年)任如皋县令。

明万历四十六年《如皋县志》序

[明] 孙慎行

邑之有志,用以稽吏治,察民情,纪往诏来,以寓劝惩云。古周官志,统于史氏,义严而权重,秦兴,罢侯置吏,郡邑棋布,乃始各自为志,即不领于史氏,亦一邑之史也。第史美恶并列,而志主于纪美,体裁略异。然惟美者有纪,而不志者可知已。皋为维扬辅邑,地瘠民朴,规制多未详,民间利弊未尽兴革,缘绾符者倏忽去迁,经理罔究。汉制,长吏久任,责成殆有见也。皋之志始自高要李公,继自商城熊公,而缵成之者则绣水李公。阅高要、商城两公序中论皋邑利弊,恳切详晰,俱有志兴革而迫于时。绣水李公莅皋者匝五期焉,实心实政,经营地方,确称循卓。凡有条列上当道,朝请夕下,数十年争持莫决者,一朝行如流水,不惟竟前两公未竟之腹画,凡皋之利弊毕为兴革,而皋之志于是可以纪美矣。如坝南江以固风气,塞牙桥以通运道,清民灶以均徭役,建沙营以戢奸宄,广制额以兴文运,崇祀典以风忠义,凡所记载不能缕数,然皆旧制所未备。今按籍求之凿凿可据,用诏后来者曰,如某人可师也,如某事可永垂利赖也,则所纪美者不足传乎?若其叙山川而无关于险夷潴泄之用,著风俗而无与于观民省方之实,表人物而无当于忠义名节之大,即词采蔚然,非余所谓美也,又何足载方册而昭劝惩哉!皋之志前后历三令而成,秉笔者肇自学博吕公原,缵成者学博蒋光甫也。郑国辞命,更裨谌世叔诸贤之手,而孔子亟称其美。今吕蒋两君博洽多闻,且端方贞亮,不徇一时而贻千秋玷者,余固知其所载纪者足为信史也。

注:录自清嘉庆《如皋县志》卷二十四。孙慎行,字闻斯,号淇澳,江苏武进人,明万历二十三年(1595年)探花,授翰林院编修,官至礼部侍郎。

清康熙二十二年《如皋县志》序

[明] 卢 綖

邑之有志,其人其事率从同,历千古不易者也。然上下今昔,所谓人与事,亦复迁流变化,如枢迴轮转,靡有纪极。故在天有不可踰之数,在地有不可遏之势,在人有不可挽之情。官斯土者虽尽其在人,终不能强天地以从我,而遂其子惠元元之意。此固事有难齐,非尽与民淡焉漠焉而作秦越观也。皋之志,自明万历戊午以后不复修者,于兹六十余年矣!时值会典纂修,庀料郡邑乘,上檄羽下,需志若渴,则邑之志即国之史也。邑之志不详,则国之史亦不备。余用是惴惴焉,恐陨越于下以贻简册羞。爰乃延访夙儒许纳陛、佘王宾、丁确、石峦等诹吉开局。进诸子而咨曰:“尔其执笔从事,无或滥即于荒;无或略即于陋;无或泥往牒而胶乃遗事;无或作聪明而陈迹是务去;无或摈幽隐以摈斥其所不知；无或偏听乱贞邪；无或私附所与以市恩；无或匿宿怨以倒持其毁誉。”诸子乃唯唯而前曰：“敢不敬早夜以奉命于执事。”各洗心一志，相勉有成。其万历戊午以前，悉因之不敢曲为穿凿、妄有所加益。至戊午以后，搜讨核真。凡两穷晦朔，属稿上于余。余择其要领，订确论次之第。此六十余年中所谓今昔一辙者。在天为星野，在地为疆域、为山川古迹，有人为建置耳。若夫濒江之区湍激者，桑麻黍稌者，澎湃所经不过六十余年，而坍涨屡易如此，岂非地势之不可遏，而天与人共付为无可如何者哉！至于公署之属，学校祠祀之类，虽其地同，其体统同，然或踵事而华，或因陋而简少，以经营佐昔不逮，亦人事之不得不然者也。况乎变侈靡于俭朴，易淳厚以惉薄，民情日偷，江河愈下，岂人所能挽乎？外此，鱼盐耕桑之产，官人弊吏之法，其耗息增损皆不可执一而论，又何能使官斯土者尽如古循良，居斯土者尽如古贤达，而文章事功可以经纬天地、范围人纪哉！此志虽同，而志六十年以后之志与志六十年以前之志不可同日语也。余为之会其同以归于同，则图书犹昔、传表犹昔也。为之析其异以归于同，则谨其祲祥可以知天心之顺逆，稽其坟垆、详其土宜，可以知地道之消长。察其习尚，核其品诣著述，可以知人事之升降也。其流连往复不敢轻置者，曰赋役，重经国也；曰海防，备不虞也。此又古今之大同而不得不审其或异者也。至开局伊始，累牍以表章文行，为其祖、父请无虚日，而立节敦孝谊者，又莫不曰：“小人有母……”，其词笃，其色悄以悲。余亦悯其诚，不忍概斥而坐之门外。然既亦克符舆论，此又慕义向善之一端，可以轶于今，进于古，而将为一古今大同者，是余之所能为者，人所不能为者矣！而率此以志皋意者也。志成上之史馆，俾其人其事采择有资，则邑之幸也。二三子之劳也，余何力之有焉？

注：录自清乾隆《如皋县志》卷三十二。卢綖，湖北黄安人，清康熙二十年至康熙二十五年（1681—1686年）任如皋县令。

清乾隆十五年《如皋县志》序

[清] 郑见龙

我皇上御极之十有五年，重熙累洽，物阜民殷，犹眕念江南赋重户繁，将欲以属御清问，访民间之疾苦，审丁口之多寡，授治河之方略，与夫江海山川之形势，用考职方之图，而核外史氏之所掌。于是，征肆觐之仪，举时巡之礼，预颁天诏，玉琯南浮，行庆施惠，普及兆民，甚盛典也。维时制府檄郡县有司，厘订各邑志书，以备土训氏、诵训氏之采择。而以如皋东控海、南滨江、北带淮湖，其利害为尤巨。乃申厥训，至再至三。曰详城池之完缺，重守土也；曰纪范堤之废兴，重川防也；曰别选举之流品，重名器也；曰稽海防之本末，重军政也；曰悉沙田之坍涨，重国赋也；曰严人物之去取，重真品也；曰削浮华之词赋，重文学也。见龙承乏此邦，祗奉鸿诲，乃偕邑之缙绅，咨访父老，敦延耆隽，访罗旧闻，准诸史例，挈纲举目，正伪补缺，部居州次，以协其宜，咸恪遵上宪“详明慎重”之谕，以为程式。十阅月晨夕罔懈，获底成编。凡为总类十有七，为传十有三。核诸前志，沿革、江海、镇戍、备倭、军政增十之九；星野、疆域、学校、田赋增十之八；古迹、寺观、马政、经籍增十之七；祥祲、食货增十之六；余胥增十之三四；而河渠、盐法二志，则前所未有而创立之。以纲领目、以目隶事，举要芟繁，体例略备，而图亦附厥类以各见焉。由是，以阅江海边服要害之势，则凡三场四镇，斥堠屯戍以及牙桥、潘泾、范公堤、天生港、黄沙洋，防汛控厄，了如也。按其军政，则凡岳武穆、郑端简、唐文襄、李督军、刘副使、邱将军之武略，赫如也。按其田赋、户口、版籍、土贡、物产之数，则凡大亩、小亩之辨，土瘠赋下之由，以暨沙田聚讼、徭役剥肤，练饷困蹙，驯至今日之太平乐业，胥可握筹而算也。按其建置、沿革之始，城池、堡镇、廨廨、坊巷、亭传、道路之详，则夫为如皋场、为如皋镇、为如皋村、为如皋县，为东阳、为海陵、为海阳、为宁海、为海安、为古郧以及立发受淮之委，掘港、丰利扼海之吭，石庄、白蒲承江之汇，胥可指掌计之也。稽其风俗之淳漓，学校之因创，经籍艺文之繁简，则夫宋代之俭朴，明初之殷庶，以及胡安定之理学，三王之经济，与夫孙山甫、何柏斋、冒巢民之儒行文艺，许忠愍、李尚玺之忠烈，迄今犹炳若日星也。凡诸义类，准今酌古，辨异统同，兼采诸子之长，断以鄙人之意，季夏缮呈各宪，复蒙指示，重加厘正，乃付剞劂。欣逢圣天子翠华南幸，问俗观风，用备輶车之采，其庶几乎。第皋邑不乏旧门之守，而藏书无多，搜罗未备，固陋之讥大雅不免。惟区区慎重详明之心，或可副宪意而备外史氏之藏，是则与此邦之缙绅父老暨载笔之士所共勉者欤！时乾隆十五年岁庚午仲冬谷旦，知如皋县事淳安郑见龙撰于思补堂。

注：录自乾隆十五年《如皋县志》。郑见龙，字宇文，浙江淳安人，由孝廉补镶白旗教习，清乾隆十二年至乾隆十五年（1747—1750年）任如皋县令。

清嘉庆九年《如皋县志》序

[清] 杨受廷

如皋之有志旧矣，始自有明天顺八年，其后修者凡五，最后为郑志。余承乏如皋之次岁，绅士咸进而言曰："自郑志之修，今又五十余年矣。五十余年中，因革增损不一而足，而一切孝义廉节有待表章者，非更修无以传，且恐愈久而渐湮也。"余曰："然。然惧余德薄力孱，弗克荷兹任。"众固以请，乃谓之曰："修志之举，任劳且任怨者也。任劳之道，厥惟勤；任怨之道，厥惟公。既勤且公，而怨不可弭；劳而无所，则事之无如何，而此心可不愧焉。"从事者两阅寒暑，书乃成。搜罗见闻，颇为详尽，又皆斟酌出之，无或袒蔽，未知览是书者以为何如，而成之者亦戛戛乎其难矣！至于志之有裨政治，与夫体裁凡例，旧序綦详，无事赘言也。是为序。时嘉庆九年岁在甲子夏六月谷旦，知如皋县事历城杨受廷撰并书。

注：录自清嘉庆《如皋县志》。杨受廷，清嘉庆六年（1801年）任如皋县令。

清道光十七年《如皋县续志》序

[清] 范仕义

尝考《周礼》，土训掌地图，诵训掌方志。所以纪山川之形胜，物产之蕃滋，民俗之媺恶，此一统志、省志、郡志、外县志所由昉也。然各志括其全而事略；县志采其实而事详。若岁月迁移，文献散佚，他时欲咨访辑，不几叹考镜无资乎？皋志自嘉庆九年，前令杨君受廷修后已三十余年矣！其间因革损益，发潜阐幽之事，不能不亟为采择，以备一时之掌故。丙申夏，邑中绅士呈请续修，余虽以弗文滋惧，而又深幸其赞襄厥事，幸观厥成也。于是，延书院山长吴梅孙孝廉主其事，邑士之博览者分任之。不徇私而失之滥，不苛求而失之刻。凡忠孝节义之扶植，彝伦文章政治之炳蔚，典册与夫古迹冢庙之废兴，风土人情之利弊，无不详加厘定，网罗而编次之。阅一岁而书成，其庶几文质相辅，而为后人所征信者欤？余思皋邑为胡安定先生讲学之乡，如王龙图学士之刚正，许忠愍公之烈节，俱载在册，昭如日星，他若代生杰士，儒素相承迄于今，流风余韵犹有存者。余承乏其间，行已七稔，见夫风土清美，其君子崇礼教而尚气谊，其细民勤力穑而乐安全，间有饰诈健讼之风，亦返淳而还朴，岂非深被圣朝之德泽、涵濡休养生息之所致哉！时道光十七年岁次丁酉冬十一月长至后三日，知如皋县事滇西范仕义撰。

注：录自清道光《如皋县续志》。范仕义，字廉泉，云南保山人，清道光十一年至道光二十三年（1831—1843年）间五任如皋县令。

清同治十二年《如皋县续志》序

[清] 胡维藩

三吴吏治重天下，如皋滨海堧，介处江淮间，形势之胜，维扬锁钥也，他县皆不逮。然地非孔道，壮游不一。至同治癸酉春，大宪以不佞视邑篆。甫下车，见其民朴而直，士则彬彬尔，彧彧尔，华而有体，旅揖于声明文物间，辄心喜而私异之，以为是纵横百里间，何礼俗教治之可观若此也。洎阅邑志，见所称疆域雄丽，控吴会、压岛夷，有碧霞之苍翠，赤岸之洪涛，灵液毓蒸，人得其粹，生于其间者，类多有厉廉隅，修德性，仪型千百世为士民望，自安定先生后，若王通叟兄若弟，及元明陈道宏、何文定、许忠愍诸君子，暨我朝二百年来，通今学古之家，鸿生硕师后先相望，其所以渐摩陶育，以成斯声明文物之盛者，非无自也。惟是邑志续修，自嘉庆戊辰，距今六十有六年，其中虽有滇西范君廉泉令邑时续志十二卷，迄今亦四十年。凡夫制度之废兴，人物之增谢，实繁且要，久而未纪。迨吾庐李君羲琴莅斯土，集绅众议纂集之，值军冗，因以不果。嗣经贵阳周君霁楼，始拳拳申大府，洎夫邑中诸君证得失，采遗佚，综核前后乘，都为一书，经画启工有成局矣。役未竣施又奉调去，不佞受代后，公余辄诣局，与执事诸君相讨论究，亦莫之助也。志既成，群以不佞官是邦，例为之序，予惟曩者，东南方多事，逆贼狂窜于荆扬，数千里几无完壤。独皋民目不识金革，耳不闻钲鼓，闾左殷庶，弦诵不少衰，以致文献班班可考，如左右手之相接，故志成不劳且大备。然则纵横百里间，其独晏然于厄运之外，安乐相保如是者，谓非累朝儒宿之泽入乎人心，风俗为最深，而沴励不祥之气无由而发欤！且不独执事诸君为力特易，即不佞忝民牧，与此间大夫士因势而利导之，欲以体大府倡率之深心，上副我国家廑念。三吴吏治之重亦良有所据，书来为按其大都义例则严而核，文采则彰而确。诸君子之用心既勤且慎，可嘉也。若贵阳周君之经始善任，俾不佞坐视其成，其功岂又在诸君下哉。至是书之纲领节目，与夫吏治相周之故，则有前后序例详哉论之，无俟予之覼缕为也。同治十二年癸酉，候补直隶州知州署理如皋县事合肥胡维藩撰。

注：录自清同治《如皋县志》。胡维藩，字价侯，合肥人，举人，清同治十二年至光绪元年（1873—1875年）以候补直隶州知州署理如皋县事。

民国二十二年《如皋县志》序

[民国] 金鉽

《如皋县志》二十卷，邑人沙君健庵修之，陈君君谋成之，今志会诸先生刊行之。诸先生以鉽尝忝从兹役，寓书属为之序。鉽惟本志义例皆出沙君之手定，其原委具详陈君所撰编纂崖略篇。乃就夙闻于沙君平居绪论及其书之纲领大要述录一二，用补陈君之言所未备者焉。沙君生丁清季，心知天下事不可为，通籍后求长假归，养志读书，广蓄古今图籍。尤留心地方掌故，累年求得乡先生遗著都二百余种藏于家。会省公署檄下，所属郡县重修志乘，邦人君子请于官府，延沙君主其事。如皋旧志版刻之见存者，有嘉庆、道光、同治三志。嘉庆志为重修本，道、同二志则先后续修本也。沙君谓近儒会稽章氏、阳湖孙氏、仪征阮氏皆言修志通弊，新志成而旧志亡，后有作者第宜赓续无取改为然。今功令已明定断代为书，且自鼎革以来，国体久更，文化日进，政教礼俗，时各异宜，典章文物，道无不变。孟曰守先，荀云法后。吾宁率循省令，旁参学说，以其旧者编为通史，而其新者一以俟诸来哲也已。沙君出其家藏明万历、清乾隆二志，用以校勘。嘉庆志知其为所刊落者不少，而自嘉庆以下三志，辞费尤多。于是议放宋人宝应、会稽志例，自明万历志始，迄清同治志止，汇次群籍，补遗纠谬。其同治后事，益以志局征访稿勒成一书，命名曰：《如皋县志》，又仿明人《盐邑志林》例，以旧存乡贤遗著，别刊副墨，名曰：《文征》、《诗征》，与县志并行其后。鉽撰本书表志列传序录诸篇，于见存之志仅能小有删翼，注明某文在某本，而旧京学部图书馆，藏有如皋康熙志残本，并未及传录校辑。陈君于乡先生遗著，亦但举其辞义之荦荦大者，摘抄编类散附各正文之下，易其体为要删，愧皆不足阐发沙君著书之要旨也。先是，志局设立，沙君招致一时知名之士，素心晨夕，商学论文，卒卒数年间，总纂泰兴沈君海秋溘然先逝，其他共事诸君强半或亡或去。时鉽方自彭泽归来，沙君亟引鉽及其同里陈君相助为理。鉽与沙沈二君皆布衣昆弟之交，平生相同出处。而于陈君又夙有相知之雅，以是不敢辞。属草未定而沙君又病，病久且亟，犹时时倚枕衡量文字。一日，鉽偕陈君入视。沙君潸然曰：县志不成，吾死有遗恨矣！两人相顾失声，莫以置对。是岁之冬，沙君竟卒。明年春，鉽来预邑人追悼之会，居沙君家，日从陈君理董志稿。俄而乱作，鉽仓皇奔归。兹事悉以委诸陈君。而陈君于兵火间一一排缵而篇第之，至可杀青缮写，复以笔札不给，束置高阁中，阅十稔，几罹五厄。今志会诸先生创修民国志，而先为沙君志前志稿，醵金绣梓，印行传世，至是而沙君之职志完，鉽与陈君之疚心亦以少释。如皋一县之乡邦文献或因之得悠久长存，微诸先生之力不及此，法宜备书，敢告读者。民国二十二年秋八月泰兴金鉽。

注：金鉽，字范才，号蘅意、陶宦，泰兴人，清同治二十一年（1882年）进士，曾参与“公车上书”，旋辞去翰林院编修之职，受聘如皋安定书院山长。曾主修《如皋县志》，编纂《江苏通志》。

索 引

索　引

说　明

1. 本志索引依照国家标准《索引编制规则（总则）》GB/22466—2008 进行编制，以主题分析法为主，兼及人名、地名及主要表格。全书正文部分均可通过本索引进行检索。

2. 标引词按汉语拼音顺序排列。

3. 标引词后的数字表示内容所在页码，数字后的字母 a 、b 分别表示左栏、右栏。

4. 表示章名的索引用及标目，以黑体字标示。

5. 索引标目下若设置副标目，采用分行缩格形式区分。

A

B

C

G

H

M

N

P

Q

R

S

T

W

X

Y

Z

编纂始末

编　纂　始　末

《如皋市志》启动编修至定稿付梓历时近10年，经历方案确定、资料征集、分纂、总纂、"三审"（初审、复审、终审）、验收、审核备案、出版等阶段。

2006年10月22日，《如皋市志》编纂委员会建立并设立办公室。至年底，《如皋市志》编纂委员会办公室先后聘请4位退休老同志具体负责编写工作。2007年3月，《如皋市志》编纂工作方案形成。鉴于中华人民共和国成立后第一轮修志形成的《如皋县志》因故被封存，编纂委员会决定《如皋市志》为通志，上限追溯至事物发端，下限根据国务院地方志指导委员会统一部署截至2005年末。4月7日，市委、市政府召开全市地方志工作会议，正式启动《如皋市志》编修工作。

2007年8月，《如皋市志编目（初稿）》形成。9月13—15日，市志编委会办公室举办修志业务培训班，印发《如皋市志资料长篇承编任务分解》，以第一轮所修《如皋县志》为基础，以"节""目"为资料征集基本单元，落实市志资料长篇承编任务，明确编写体例与时间要求，《如皋市志》资料征集工作全面启动。此后，各部门、乡镇和相关单位根据编纂委员会分工和要求，将市志资料征集、资料长篇编写与部门、乡镇志修编结合起来，建立编写小组，抓紧资料搜集整理；市志编委会办公室人员分赴各部门、乡镇进行具有针对性的指导，并编发《市志编修简报》，先后7次公布资料长篇完成进度，同时根据市志纲目同步搜集查阅旧志、档案、年鉴、报刊、书籍、族谱等获取基础资料。至2008年11月，市志编委会办公室共搜集市志基础文字资料近3000万字，承编单位提供资料长篇91篇，约占承编单位总数的70%。

2008年年底，具体负责市志编写工作的老同志各选择1个编目进行试分纂，市志编修进入分纂阶段。

2011年4月，《如皋市志总纂篇目》通过南通市地方志办公室组织的论证。

2012年初，经市委、市政府和南通市地方志办公室同意，《如皋市志》下限从2005年末延至2010年末。此后，市志资料补充征集、总纂编目调整和分纂工作结合进行。

2012年8月，《如皋市志》开始总纂合成。2013年8月，由市长陈晓东任组长的市志编修推进协调组建立。9月，近500万字的总纂初稿形成。9—11月，市志编委会办公室邀请有关专家，部门、行业老干部，地方历史研究专业人士参与市志初稿审读把关。12月30日，市志编委会召开《如皋市志》（初稿）复审会。

2014年初，市委、市人大、市政府、市政协分管领导胡拥军、张元健、缪爱诚、刘聪泉主持，综合复审中专家、顾问的意见，全面调整市志编目，并对志稿完善提出明确意见。市志编委会办公室重组总纂组，补充征集相关资料，并面向社会广泛征集彩页和随文图片。2015年3月，市志编委会办公室再次重组总纂组，围绕"详今明古，统合古今；详独略同，彰显特色；事以类从，力避重复；多考强审，求真存实；精编细校，务求规范"的要求，进一步修改完善志稿。11月，《如皋市志》终审稿形成并提交终审。同时，约请省地方志办室专家评点修改，约请市统计、民宗、保密等部门专业人士对数据、相关文字内容等审核把关。

2016年3月29日，志稿通过南通市地方志办公室组织的终审。4月起，市志编委会办公室认真梳理、吸收终审中提出的11类209条意见，共采纳相关意见198条。8月，《如皋市志》终审验收稿形成。10月，志稿通过南通市地方志办终审验收，并送出版社审阅。12月，志稿通过江苏省地方志办审核备案，市政府批准《如皋市志》出版发行。

市委、市人大、市政府、市政协高度重视《如皋市志》编修工作，市委、市政府主要领导先后5次作出批示，市人大常委会、市政协主席会议分别进行专题调研和协商。市委、市人大、市政府、市政协历任分管领导协调解决了修志工作中遇到的困难和问题。市人大常委会原主任石耀多次对市志编修给予指导和帮助，原副主任刘聪泉直接指导编修并承担《文献》卷编纂。

《如皋市志》编修工作得到各方面高度关注和热情支持。省地方志办公室蔡金良、陈华、刘俊、张乃格，南通市地方志办严崇明、陈红、尤斌、何晓宁、卢建汶等多次到如皋指导修志工作。在如皋工作过或熟悉如皋情况的老领导唐如浴、程亚民、谢翼飞、姜祝三、张正联、陈扬、石秀峰、冯邦才、魏国平、刘桂江、周宝生、浦文海、张秀良、殷春和、于永芳、徐建平、章建平等参加审稿，提出宝贵意见。熟悉如皋历史文化的老同志周思璋、冒榕龄等主动对志稿有关卷逐节、逐目提出修改建议和意见。南通市委组织部、无锡市纪委、南通市档案馆、如皋市档案局（馆）及康健、章晓林、冯敬德、丁松山等摄影界人士为志书资料征集提供大力支持。

《如皋市志》编修工作亦凝聚了编纂者的艰辛努力和心血。李实秋、于忠富、陈础基3位老同志承担了《文献》《方言》以外的全部分纂任务，其中李实秋对《如皋市志编纂工作方案》制订、市志框架设计等付出了心血。黄玉良、周光银、邱贵平等为市志资料征集、分纂和复审稿总纂作出了艰苦努力，打下良好基础。邵元礼、冷玉建亦曾参与市志资料征集和分纂工作。

值此《如皋市志》出版发行之际，谨向所有为市志编修付出辛勤劳动的各方面人士致以崇高敬意和衷心感谢！

我们深知，由于编者编纂水平和获取资料的能力等有限，志书中疏漏和舛误在所难免，恳请修志方家和广大读者批评指正。

编　者

2016年12月

《如皋市志》各卷分纂审稿人员一览

卷目		分纂	资料征集、撰写	单位主审
卷首	彩页	陈圣银	陈圣银　黄友谊	徐亚军　张小波　褚建华　李亚平
	大事记	于忠富	市党史(地方志)办公室　市档案局	徐亚军　张小波　褚建华　李亚平
	总述	李亚平	李亚平	徐亚军　张小波　褚建华
	专记	李亚平	李亚平(江海军旗红)　侯求学(敢叫高沙土良田)	徐亚军　张小波　褚建华
卷一		李实秋	韩国平　成耀宗　康仲林　李世华　周昌云　张开进　刘　娟　陆忠峰	谢万建　王舜慧　徐　海　陈新育
卷二		李实秋 于忠富	冯昌泉　刘桂江　戴其南	郭夕俊　刘桂江　许　俊
卷三		李实秋	吴希林　张跃军　卢德美　吴　昊　季希富　殷亚平　朱凡亚	苏　强　冯　昕　何福平　朱贵宏　卢建斌
卷四		陈础基	杨洁芬　冒承模　张　敏　石　民　高　康　陈邦才　姜卫民　殷亚平　王葆文　周奇彬　陈　红　罗晓丹　倪　嵘　宗卫东　王　珩　周　泉	徐　海　张　健　蔡旭初　黄鹏程　王　克　王　珲　陈仲兴
卷五		李实秋	郭　鹏　黄裕龙　贾　伟	石　剑　谢跃进
卷六		陈础基	江祥建　李文祥　邓　光　曹　霞　顾　健　张　军　黄爱军　白宝平　钱跃华　黄　松　杨春丽　朱　政　吴从军　席晓星　缪鹏飞　陈邦忠　陈小琳　孙开富　薛正祥　李洁华　苏秀银	杨　飞　张文斌　冒海清　吴　鹏　丁建兰　朱留宽　姜跃进
卷七		陈础基	张建川　陈书培　周小强　石　敏　李建华　倪　伟　肖智杰　徐继胜　姚书明　刘焕新　白　洁　夏冬梅　毛海霞　舒　荣	郝晓东　顾留忠　石　兵　卢志敏　马玉明　马玉东　曹金林　石根庆　韩光明　胡晓军　肖国平
卷八		陈础基 于忠富	徐根华　崔跃章　朱俊华　张贤山　丁亚南　李明光　侯求学　花汉民　王如生　高国兴　左春霞　薛永红　左春霞	朱为民　王舜慧　曹　阳　谢裕斌
卷九		陈础基	于永芳　江祥建　李文祥　邓　光　曹　霞　顾　健　张　军　黄爱军　白宝平　钱跃华　奚惠明　张　晶　薛锋明　朱宇翔　张　雪	杨　飞　邱德华　苏　强　冯　昕
卷十		陈础基	白　洁　李荣华　夏冬梅　毛海霞　范　健　林泉沐　沙忠山　夏志安　肖智杰　马　如　李　慧　陈小健　仇金林　夏　健	杨　飞　卢志敏　孙德祥　刘亚东　韩　伟　张　健　朱国镔　王贵华
卷十一		陈础基	蔡志彬　许　祥　刘正根　于义林　丁志如　朱守良　许　可　刘卫红　丁吕建　张　晶　姜汉斌　沈志芹　马宗秀　陈步飞　章建国　顾俊峰　潘爱萍　储有为　周治平　吴永红　凌凯菲　朱良明　张　蕾　杨太生　陈伏虎　胡　桐	王贵成　高建秋　施　勇　张杰俊　刘　琴　许　晔　张　璇　石　慧　朱贵银　孙小飞　汪农生　曹培荣　冒建勋　曹　军

续表

卷目	分纂	资料征集、撰写	单位主审
卷十二	陈础基 于忠富	冒玉书 吴荣 谢建奇 陈实 许海霞 丁正山 王志斌 赵本良 郭小平 陈建国 李嘉萍 吴敬民 冯邦才 杜祝山 许逢春 刘莉 王红 董晖 蔡友兰 黄国庆 贲晶晶 王晓云 刘夕厚 戴武松 吴希林 陈根林 施淑寅 王立军 谢仁建 韩国平	张百璘 严世斌 陈建军 钱志刚 朱为民 周勇骑 万锡元 陈小燕 许映兰 沈良高 周太荣 杨海鹏 王桂兰 杨龙 杨国斌 神俊华 朱一飞 蒋明华 张秀良 石耀 刘培银 周金仁 佘鸣皋 于永芳 章建平
卷十三	于忠富 陈础基	景雪玲 王洪玉 徐朝阳 孙亚东 谢向阳 章开生 孙慧 李伯生 鞠久林 喻耀辉 袁昌明	华国瑞 冒平 詹文天 缪永辉 崔建平 龚卫东 殷高华
卷十四	于忠富	许虎 苏维维 薛专 陈璇 叶桂 徐建 王富强 黄文虎	成明 何强 吴存银 狄邦建
卷十五	李实秋	葛剑南	祝国庆 韩欣
卷十六	于忠富	田小飞 苏建兵 佘明富 房丽娜 吴兴红 苏建兰 陈光建 程荣庆 李慧 范小华 刘娟 董宇 冯际虞	张俊 邵绍清 张亚鸾 杨飞 王舜慧 石留权 陈新育
卷十七	于忠富	濮正荣 季方祥 高鹏 蔡晓晶 刘韶松 张登来 季健 缪爱美 侯晖 陈燕 周丽君 沈红莲 吴红梅 丁小雁 彭伟 卢建 张奎高	姚呈明 吴浩然 王林 张进 徐亚军 许益飞
卷十八	于忠富	刘金福 刘松洲 刘霞 章建萍 仓平 钱永祥 邱芳 高新星	郭夕俊 陈仁高
卷十九	陈础基 于忠富	钱祖裕 袁华贵 周昌峰 徐维圣 张敏 陆健康 康仲林 成耀宗 韩国平 佘越剑 丁永祥	纪成如 谢万建 杨大勇
卷二十	陈础基 于忠富	陈实 许海霞 赵本良 许虎 张峰 陈根生 周思璋	张文斌 陆爱斌 陈建军
卷二十一	吴凤山		张小波
卷二十二	于忠富	张英如 郭建东 周启智 房丽华 史家高 邵建国 蔡薛培 冒国藩 秦镜泽 刘政 沈恒希 李国华 张国光 邵宏斌 金本华 刘建云 于学文 孙凤悦 邵宏斌 海斌 沙培 周保如 李国成 王强 李建华 张建川 陈书培 周小强 马思行 薛林安 吴士忠 沈百堂 沈春祥 蔡成泽 黄明德 祝林官 王德新 冯杰 张仁斋 谢仁祥 张国义 陈文治 丁邦宏 于宏卫 陈书启 夏书明 蒋裕如 吴仕祥 钱林明 邵锐刚 王艳 姚书明 刘焕新 石敏 倪伟 肖智杰	章明锋 顾季青 吴冰冰 崔建村 储开平 佘德华 朱建军 杜晓峰 柳杰军 顾晓春 孙康 吴志华 顾留忠 马军华 薛煜 郭建 陈晓华 顾卫国 王建云 陈晓仲 胡晓勇 张书强 许薇 石兵 孙德利 郝晓东 曹汉清
卷二十三	陈础基	市委组织部 市档案局 市烈士陵园 张正联 殷春泉 康仲林 谢建奇 潘正坤 沈恒希 秦镜泽 刘政 周起志	《如皋市志》编委会
卷二十四	刘聪泉		《如皋市志》编委会
卷末	褚建华	邱贵平 于忠富 陈础基	徐亚军

如皋市志

（上册）

如皋市地方志编纂委员会 编

RUGAO SHIZHI

方志出版社

图书在版编目（CIP）数据

如皋市志 / 如皋市地方志编纂委员会编.
— 北京 ：方志出版社，2017.1
ISBN 978-7-5144-2203-0

Ⅰ. ①如… Ⅱ. ①如… Ⅲ. ①如皋－地方志
Ⅳ. ①K295.33

中国版本图书馆CIP数据核字（2016）第281779号

如皋市志

编　　者： 如皋市地方志编纂委员会
责任编辑： 冯　松　　黄　彦

出 版 人： 冀祥德
出 版 者： 方志出版社
地址　北京市朝阳区潘家园东里 9 号（国家方志馆 4 层）
邮编　100021
网址　http://www.fzph.org
发　　行： 方志出版社发行中心
电话（010）67110500
经　　销： 各地新华书店
印　　刷： 南京凯德印刷有限公司

开　　本： 787×1092　　1/16
印　　张： 108.5
字　　数： 3082 千字
版　　次： 2017 年 1 月第 1 版　　2017 年 1 月第 1 次印刷
印　　数： 0001~6000 册

ISBN　978-7-5144-2203-0　　**定价：** 680.00 元

《如皋市志》编审机构及人员

《如皋市志》编纂委员会

（2006年10月）

主 任 委 员：	陈惠娟				
副主任委员：	姜永华	杨曹明	石　耀	李中林	
委　　员：	谢新民	潘建华	沈品辉	单定方	陈　磊
	黄　成	顾保红	陈慧宇	刘培银	徐天明
	秦玉林	周金仁	程德兴	邵晓泉	吴晓培
	张元健	陈冬梅	葛夕芳	丁兴华	于永芳
	陆小兵	杜永红	魏祝明	张秀良	章建平
	朱　俊	田　桦	羌汉荣	刘聪泉	夏正国
	黄玉良	殷春泉			

《如皋市志》编纂委员会

（2008年11月）

主 任 委 员：	陈惠娟				
副主任委员：	姜永华	杨曹明	羌　强	石　耀	李中林

委　　　员：谢新民　黄　成　顾保红　陈慧宇　张　辉
于　勇　刘培银　吴晓培　周金仁　程德兴
邵晓泉　张秀良　佘鸣皋　陈冬梅　杜永红
孙　杰　张　军　陈万圣　张元健　魏祝明
章建平　刘聪泉　万维庆　杜松华　吴道健
朱　俊　胡拥军　羌汉荣　张　勇　夏正国
黄玉良　周光银

《如皋市志》编纂委员会

（2013 年 9 月）

主任委员：姜永华

副主任委员：陈晓东　谢新民　李中林　石　耀　司祝建

委　　　员：胡拥军　吴道健　胡宏杰　马金华　蔡　忠
缪小华　蒋　建　刘向阳　张元健　邵晓泉
张　勇　杜永红　陈万圣　缪爱诚　成　明
陆雪松　茅红宇　孙宏放　谢　刚　魏祝明
刘聪泉　黄文斌　张亚鸾　郑振明　万维庆
张百璘　华国瑞　钱志刚　殷高华　王贵成
张文斌　褚建华

《如皋市志》编纂委员会

（2016年12月）

主 任 委 员： 陈晓东

副主任委员： 何益军　谢新民　李中林　吴道健　司祝建

委　　　员： 胡拥军　马金华　缪小华　刘向阳　史有根
缪爱诚　茅红宇　祝国庆　吴　瑕　张元健
邵晓泉　张　勇　杜永红　陈万圣　陈晓彬
高　峰　程瑞琴　陈　杰　魏祝明　黄文斌
张亚鸾　郑振明　钱志刚　万维庆　张百璘
华国瑞　冒　平　殷高华　冒海清　宗爱君
徐亚军

编　纂　顾　问

（以姓氏笔画为序）

马云鹏　于永芳　王学源　王金镛　王宝鹤　王连生
冯邦才　石秀峰　刘桂江　刘培银　汤建华　陆小兵
陈　扬　李昌焕　吴晓培　佘鸣皋　汪如一　张正联
张秀良　张鹏志　张继中　杜祝三　严世进　周宝生
周金仁　明道奎　杨银聪　杨炜昌　徐邦友　徐建平
徐天明　浦文海　袁　泉　殷春和　郭载荣　秦玉林
奚定九　黄国珍　黄道贯　章　骥　程德兴　谭志旺
魏国平

《如皋市志》编纂委员会办公室

（2006 年 10 月至 2016 年 12 月）

主　　任：黄玉良　　褚建华　　徐亚军

副 主 任：周光银　　邱贵平　　张小波　　侯　晖

编纂人员

总　　纂：褚建华

副 总 纂：李亚平　　徐亚军　　张小波

分　　纂：李实秋　　于忠富　　陈础基　　刘聪泉　　吴凤山

编　　辑：邱贵平　　侯　晖　　姜小燕　　顾　健　　黄　亮

编　　务：陈　燕　　徐晓培

数据校核：如皋市统计局

保密审查：如皋市保密局

内页排版：如皋市永盛图文设计工作室

彩页编辑：陈圣银　　黄友谊

特邀审稿

蔡金良　　陈　华　　刘　俊　　张乃格　　章晓林　　黄裕龙

黄天铨　　吴希林　　陈根林　　周思璋　　冒榕龄　　汤一建

彭　伟

终　审

陈　红　　石秀峰　　尤　斌　　何晓宁　　卢建汶　　董玉龙
於小卫　　王　飞　　张　静　　陆　欣　　万元坤

终审验收

南通市地方志办公室

审　核

江苏省地方志办公室

批准出版

如皋市人民政府

如皋荣誉

- ★ 全国农业社会主义建设先进单位（1958 年）
- ★ 全国山羊板皮基地（1977 年）
- ★ 全国蚕桑生产重点县（1979 年）
- ★ 全国优质棉基地（1985 年）
- ★ 全国优质山羊板皮基地（1985 年）
- ★ 全国平原绿化先进县（1986 年）
- ★ 全国棉花生产先进县（1990 年）
- ★ 全国土地管理先进县（1990 年）
- ★ 全国农村综合实力百强县（1991 年）
- ★ 中国明星县(市)（1993 年）
- ★ 全国邮电百强县（1993 年）
- ★ 中国物资流通百强县（1994 年）
- ★ 全国科技实力百强县（1996 年）
- ★ 全国体育先进县(市)（1996 年）
- ★ 全国六大长寿地区之一（1999 年）
- ★ 第四届全国县域经济基本竞争力百强县（2004 年）
- ★ 国家级生态示范区（2005 年）
- ★ 中国优秀旅游城市（2005 年）
- ★ 全国中小城市综合实力百强县（2005 年）
- ★ 首届长三角最具投资价值县市（2006 年）
- ★ 第六届全国县域经济基本竞争力百强县（2006 年）
- ★ 全国中小城市综合实力百强县（2006 年）
- ★ 全国团建先进市（2006 年）
- ★ 中国商标发展百强县（2006 年）
- ★ 第七届全国县域经济基本竞争力百强县（2007 年）
- ★ 全国中小城市综合实力百强县（2007 年）
- ★ 全国科普示范县(市、区)（2007 年）
- ★ 全国平安畅通县(区)（2007 年）
- ★ 第八届全国县域经济基本竞争力百强县(市)（2008 年）
- ★ 中国投资吸引力百强市（2008 年）
- ★ 中国长寿之乡（2008 年）
- ★ 中国最佳规划城市（2008 年）
- ★ 国家一类口岸（2008 年）
- ★ 全国平安农机示范市（2008 年）
- ★ 全国中小城市综合实力百强县市（2008）
- ★ 第九届全国县域经济基本竞争力百强县(市)（2009 年）
- ★ 全国绿化模范县（2010 年）
- ★ 第十届全国县域经济百强县(市)（2010 年）
- ★ 全国中小城市综合实力百强县(市)（2010 年）
- ★ 全国农村劳动力转移工作示范市（2010 年）

★ 全国法治县(市、区)创建活动先进单位（2010年）
★ 全民健身活动先进单位（2010年）
★ 全国老龄工作先进市（2010年）
★ 全国粮食生产先进县（2010年）
★ 世界长寿乡（2011年）
★ 国家卫生城市（2011年）
★ 全国人口健康公共服务项目示范市（2011年）
★ 全国科普示范市（2011年）
★ 中国花木之乡（2011年）
★ 第十一届全国县域经济百强县(市)（2011年）
★ 全国休闲农业与乡村旅游示范市（2011年）
★ 国家园林城市（2012年）
★ 中国公益慈善城市（2012年）
★ 国家科学技术创新工程示范县(市)（2012）
★ 全国全民健身活动先进单位（2012年）
★ 国家知识产权试点城市（2013年）
★ 全国科技进步先进市（2011-2013年）
★ 中国最佳休闲小城（2013年）
★ 中国建筑之乡（2013年）
★ 中小城市综合实力百强县(市)（2013年）
★ 中国城市公益慈善百强县(市)（2014年）
★ 国家生态市（2014年）
★ 国家环保模范城市（2014年）
★ 中国最具幸福感县级城市（2014年）
★ 中国城市公益慈善百强榜（2014年）
★ 中小城市综合实力百强县市（2014年）
★ 第十四届全国县域经济与县域基本竞争力百强县（2014年）
★ 中国大陆最佳县级城市（2014年）
★ 全国文化先进县（2014年）

城河秀色

（2009年摄）

国家一类开放口岸——如皋港

（2008年摄）

1991年6月1日，如皋正式撤县设市

如皋市行政中心大楼　（2011年摄）

全国重点文物保护单位——水绘园 （2006年摄）

靖海门 （2006年摄）

文昌阁 （2011年摄）

范公苑 （2006年摄）

如皋师范 （2006年摄）

戴家绘堂 (2014年摄)

白蒲老街 (2005年摄)

集贤里 (2006年摄)

文庙大成殿 (2013年摄)

东大街古建筑群 (2013年摄)

颐园 （2014年摄）

东水关 （2011年摄）

石合泰 （2012年摄）

定慧寺　　（2008年摄）

福成庵　　（2012年摄）

法华寺　　（2014年摄）

灵威观　　（2014年摄）

如皋灯彩

如皋风筝

如皋传统木雕

如皋篆刻

如皋丝毯

如皋杖头木偶

如皋莲湘

如皋民间舞蹈《倒花篮》

如皋香袋

如皋剪纸

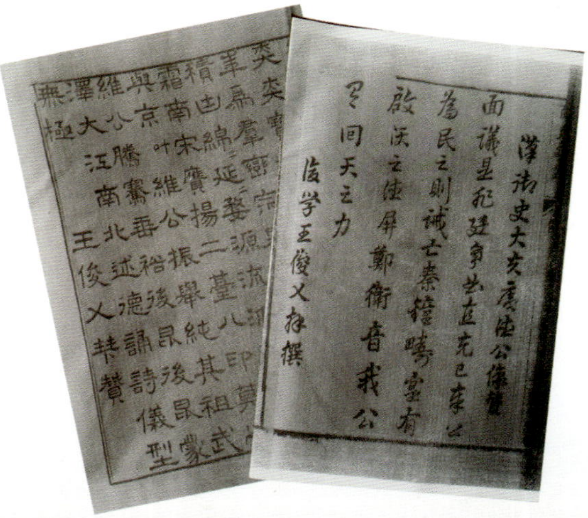

王俊乂手迹

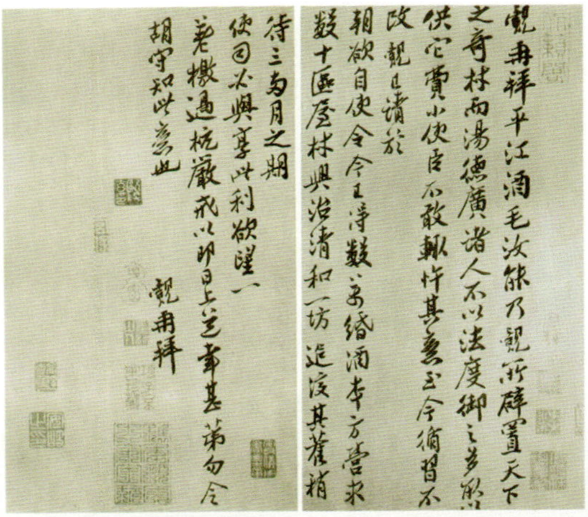

王觌《平江酒毛帖》

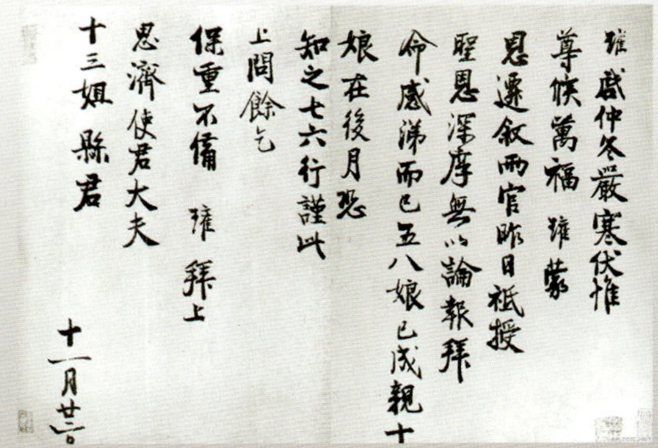

陈瓘《仲冬严寒帖》

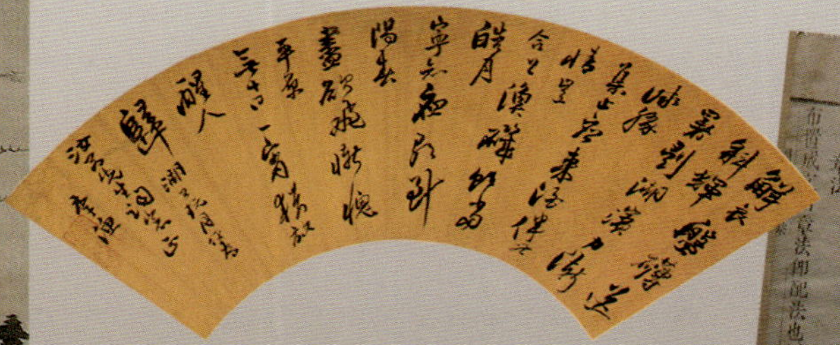

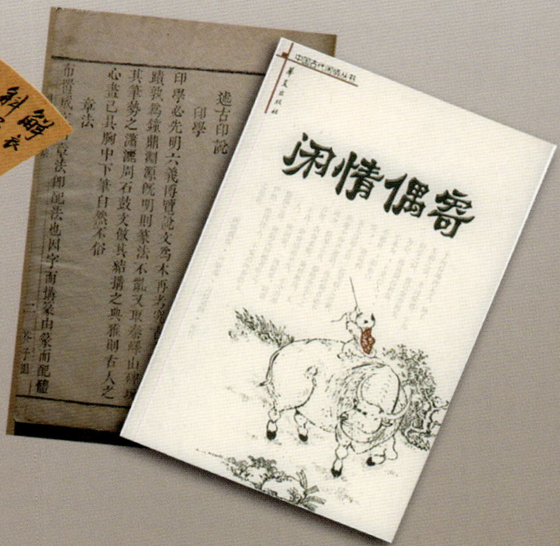

李渔作品

顾尊焘、释上睿《水绘园主落花觅句图》

冒辟疆题蔡女罗金圆玉合画蜂蝶花木图
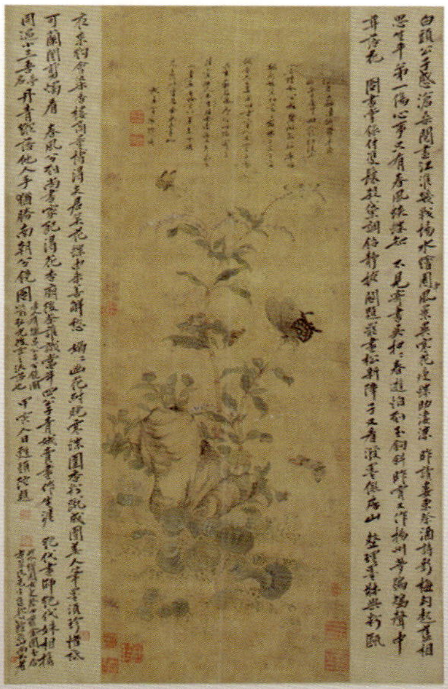

董小宛《孤山感逝图》
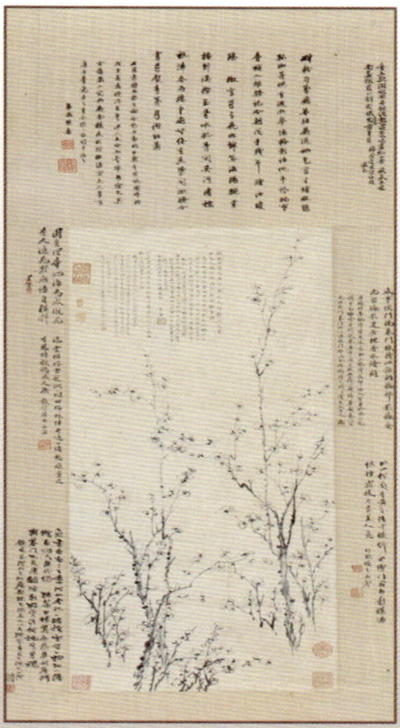

顾炎武赠冒辟疆联

李鱓寓如皋白蒲所作《三友图》

许容印、扇面

黄楚桥田黄狮钮梅垞印、边款

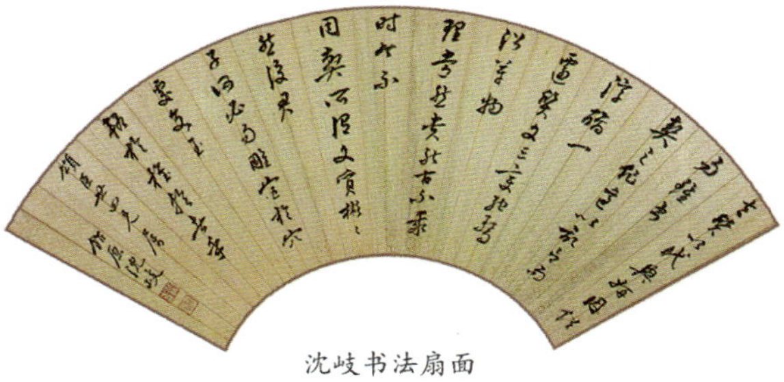
沈岐书法扇面

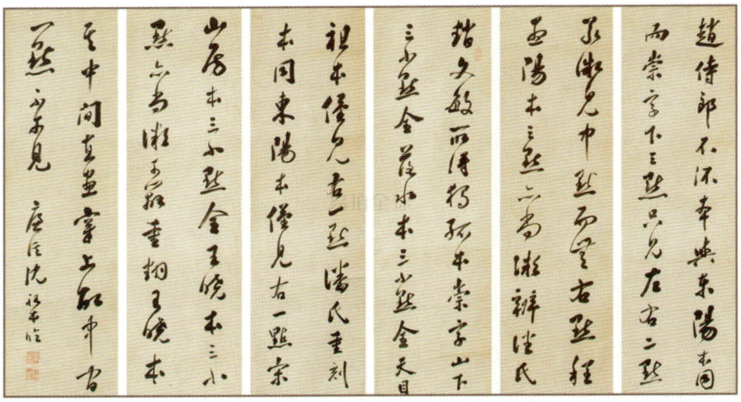
沈裕本书法

黄楚桥篆书联

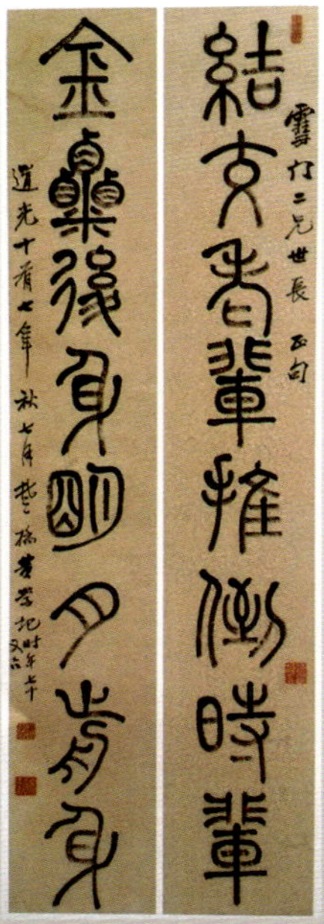

戴联奎书法

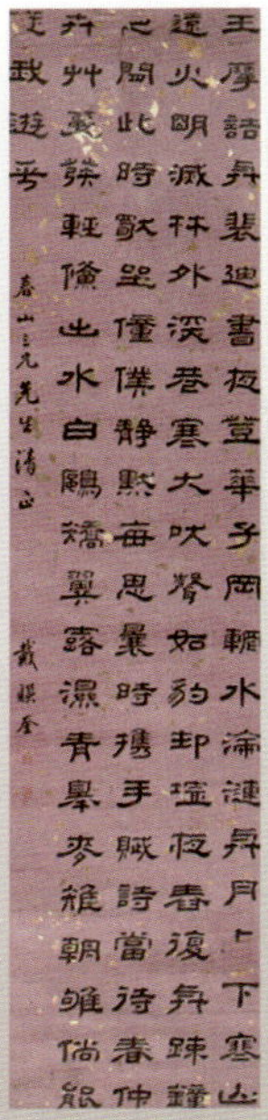

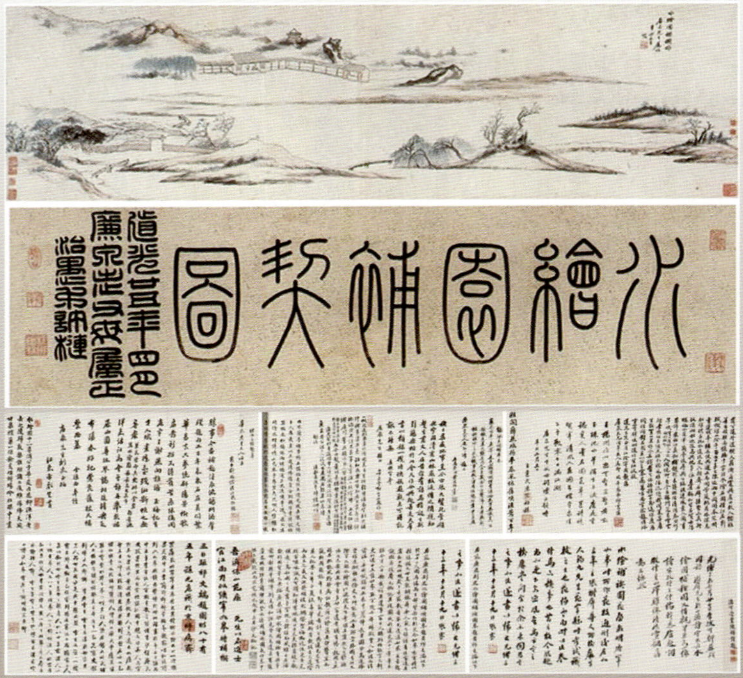
汤贻汾《水绘园补禊图卷》

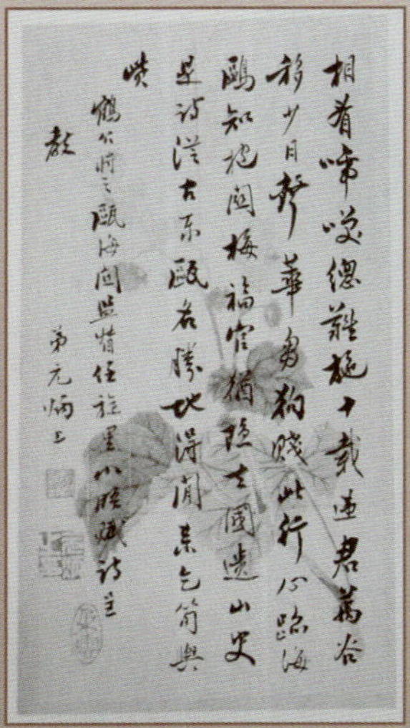
沙元炳致冒广生信函

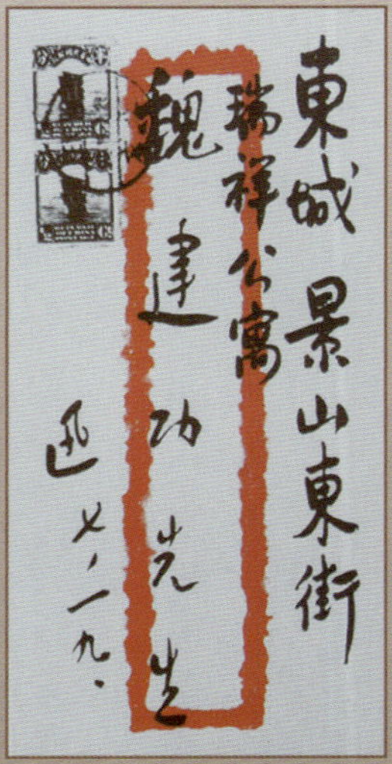
鲁迅致魏建功信笺

陈独秀赠魏建功书法

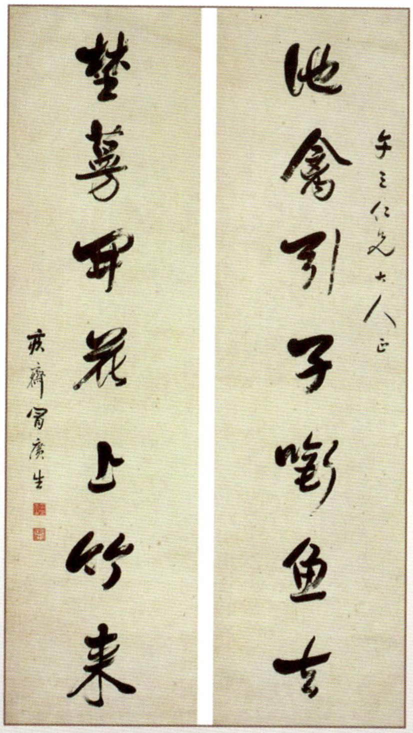
冒广生联

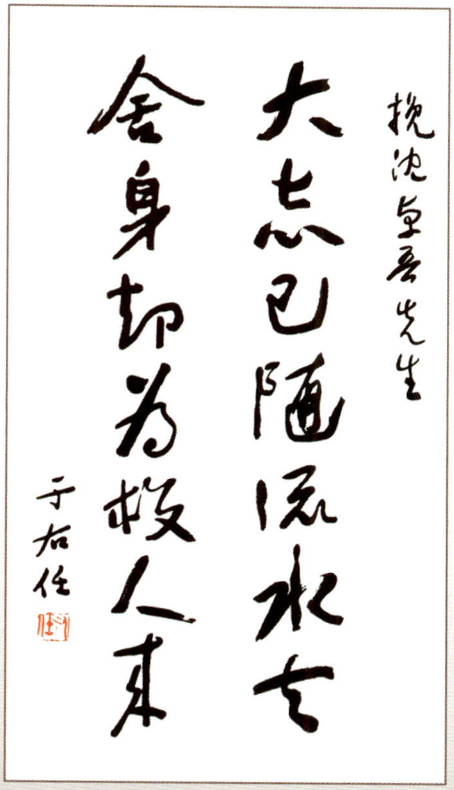
于右任悼沈卓吾联

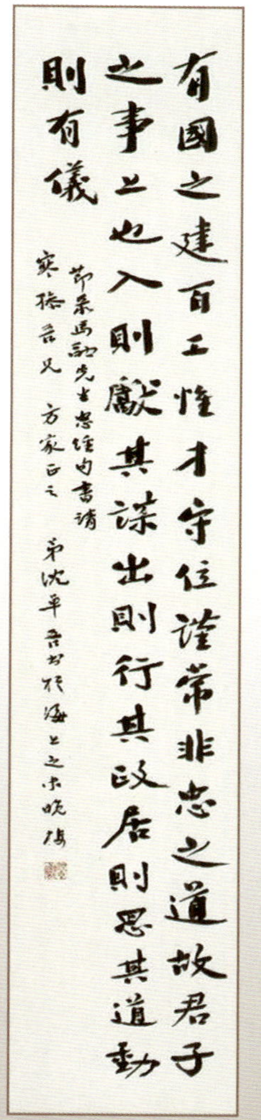
沈卓吾书法

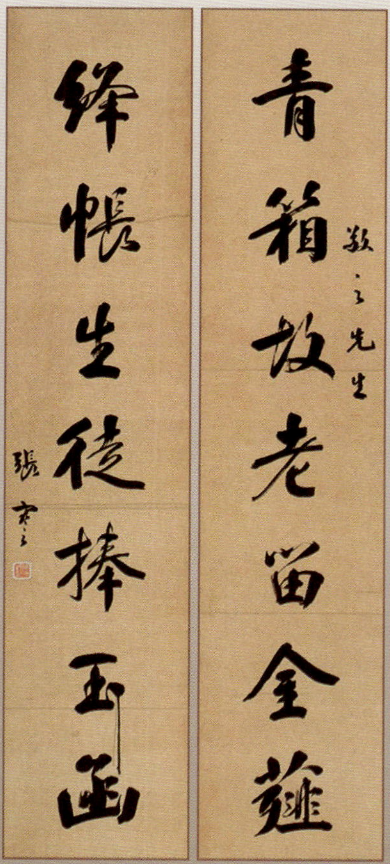
张謇赠宗孝忱联

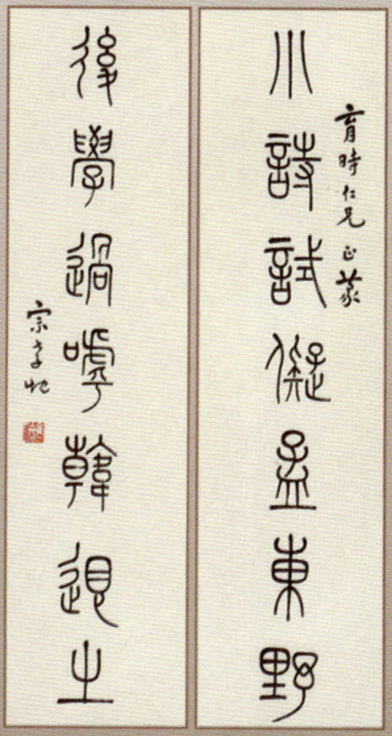
宗孝忱字画

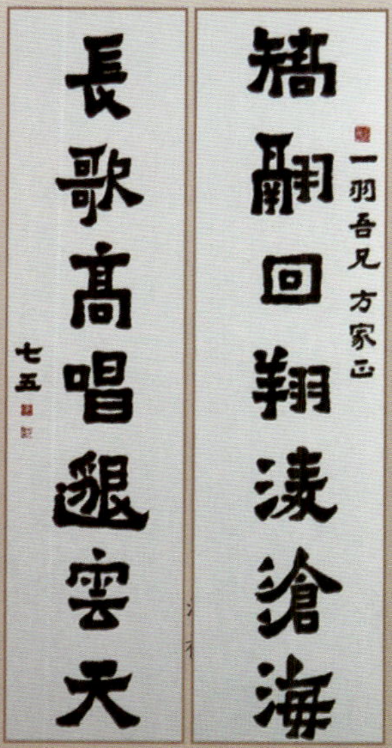
黄七五联

水绘园内盆景园 （2013年摄）

如派盆景“两弯半”造型（2009年摄）

元朝古柏盆景“灵山华盖” （2014年摄）

胡瑗遗珍桧柏盆景“蛟龙穿云” （2014年摄）

如皋人民公园五针松盆景 （2011年摄）

雀梅盆景“饱览人间春色” （1990年摄）

曾易占手植“六朝松” （2010年摄）

江苏十大寿星树之一——搬经镇千年银杏 （2012年摄）

江苏十大寿星树之一——九华镇千年银杏 （2008年摄）

1998 年，如皋市盆景艺术大赛在如皋绿园举行

2008 年，如皋市古树名木"养老金"建立暨认养启动仪式在水绘园举行

2010 年，江苏省第十五届盆景艺术展在东方盆景园举办

2014 年，首届"中国杯"盆景大赛开幕式

首届"中国杯"盆景大赛展厅（2014 年摄）

2013 年，中国国际园艺产业园奠基仪式在花木大世界举行

2014 年，中国花卉协会盆景分会在如皋成立

如城顾庄村鸟瞰　（2008年摄）

水绘园荷花池　（2006年摄）

如皋港东风滩　（2008年摄）

龙游御境小区绿化
（2014年摄）

江苏金元亚麻有限公司厂区绿化　　（2010年摄）

海阳南路绿化　　（2014年摄）

如城中心城区绿化　　（2013年摄）

顾庄生态园 （2014年摄）

江苏盆景博物馆 （2013年摄）

东方盆景园 （2013年摄）

苏中生态园　　（2008年摄）

如皋华夏花卉有限公司　　（2013年摄）

华东地区最大的综合性花木交易市场——花木大世界　　（2005年摄）

沈鹏题词

百寿图 (2008年制)

如皋寿星园 （2012年摄）

清丁其誉《寿世秘典》

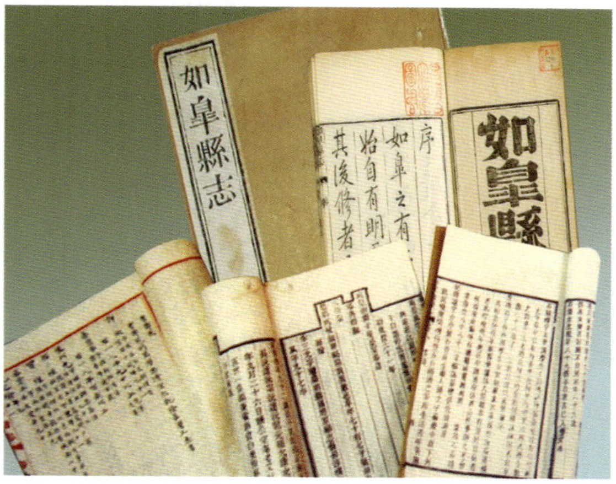

记载长寿现象的《如皋县志》

清乾隆三十六年（1771年）,清乾隆皇帝御赐白蒲陈天祥老人百岁牌坊

清乾隆年间，苏氏家族为苏丁氏制作的“百岁碗”

清乾隆皇帝为表彰百岁老人苏丁氏而御赐圣旨碑

长寿博物馆　　（2014年摄）

百岁井

百岁桥

世界长寿乡——中国·如皋授牌仪式在北京人民大会堂举行

（2011年摄）

中国长寿之乡（如皋）揭牌仪式在东方大寿星园举行

（2008年摄）

2002年，第一届如皋·中国长寿文化节百岁寿星合影

2002年，“太平盛世万岁宴”在丽都大酒店举行

2005年，“五世同堂合家欢”活动在东方大寿星园举行

2006年，如皋百名百岁寿星向北京奥运会场馆捐赠如派盆景仪式在东方大寿星园举行

2006年，“双星携手，共建和谐”大型公益活动在东方大寿星园举行

2012年，海峡两岸长寿论坛在金陵金鼎大酒店举行

2012年，部分国家驻华使节在中国长寿城共栽“万岁林”

2008年，百岁老人韩秀芳被评为中国最佳风采女寿星

百岁老人李王岸佛和她的子女们　　（1998年摄）

2014年"幸福如皋"百对夫妇金婚庆典在水绘园举行

长寿食品系列

如皋萝卜干

白蒲黄酒

林梓“老万和”潮糕

白蒲“三香斋”茶干

如皋董糖

如皋火腿

如皋香肠

如皋肉松

中国工农红军第十四军纪念馆　（2012年摄）

中共如皋独立支部遗址纪念碑　（2008年摄）

如皋师范“火种墙”　（2001年摄）

中共如皋县委诞生地如皋城福成庵　（20世纪70年代摄）

中共如皋县委成立初期印章　（2002年摄）

民国17年（1928年）4月，王若飞到如皋指导如泰五一农民暴动时休憩处如皋城百花亭

红军井　（2010年摄）

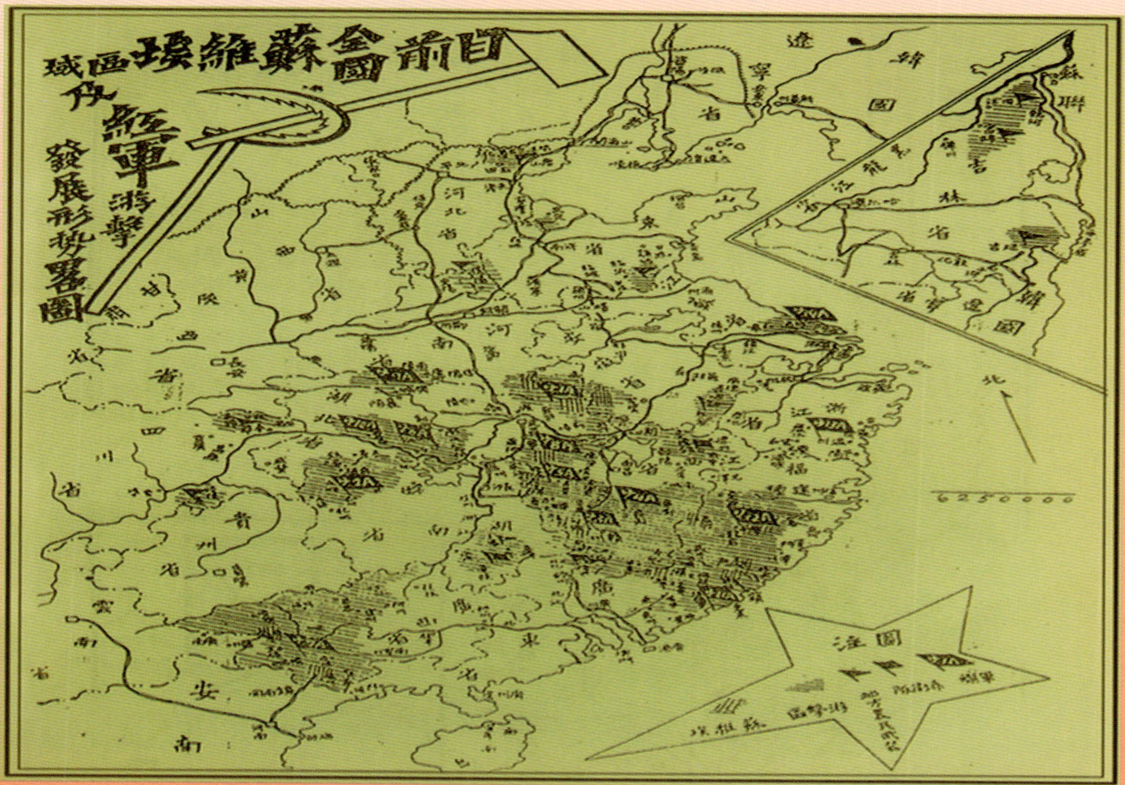

民国19年（1930年）5月，《上海报》刊发的全国红军发展形势图

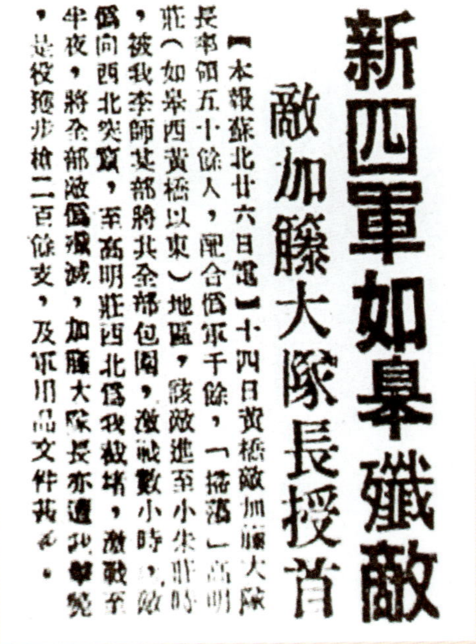

新四軍如皋殲敵
敵加藤大隊長授首

【本報蘇北廿六日電】十四日黃橋敵加藤大隊長率領五十餘人，配合偽軍千餘，「掃蕩」高明莊（如皋西黃橋以東）地區，該敵進至小朱莊時，被我李師某部將其全部包圍，激戰數小時，敵偽向西北突竄，至高明莊西北為我截堵，激戰至半夜，將全部敵偽殲滅，加藤大隊長亦遭我擊斃，是役獲步槍二百餘支，及軍用品文件甚多。

民国 30 年(1941 年)，延安《解放日报》报道新四军高明庄战斗

民国35年（1946年）7月，八路军副总参谋长滕代远到如皋传达中央指示，并与粟裕、陶勇、梅嘉生一起研究作战方案

苏皖边区第一行政区专员公署旧址 （1995 年摄）

中国工农红军第十四军建军纪念碑 （1998年摄）

1991 年，社会各界在新落成的烈士陵园凭吊革命先烈

抗战胜利纪念墙 （2006 年摄）

国家级如皋经济技术开发区

长江镇（如皋港区）

（2013年摄）

（2010年摄）

江苏省如皋高新技术产业开发区

如皋工业园区

（2012年摄）

（2013年摄）

西部高沙土地区农田旧貌　（20 世纪 60 年代摄）

高沙土治理现场　（1959 年摄）

平整高沙土现场　（1970 年摄）

高沙土治理完成后农田面貌　（2013 年摄）

20世纪70年代常青乡金凤泵站

常青镇金凤泵站新貌 （2012年摄）

防渗渠 （1999年摄）

农村河道整治
（2013年摄）

1957 年建成的焦港船闸

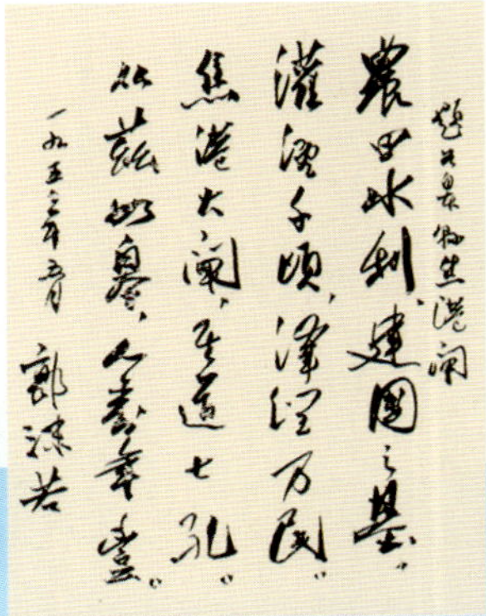

郭沫若为焦港闸题词

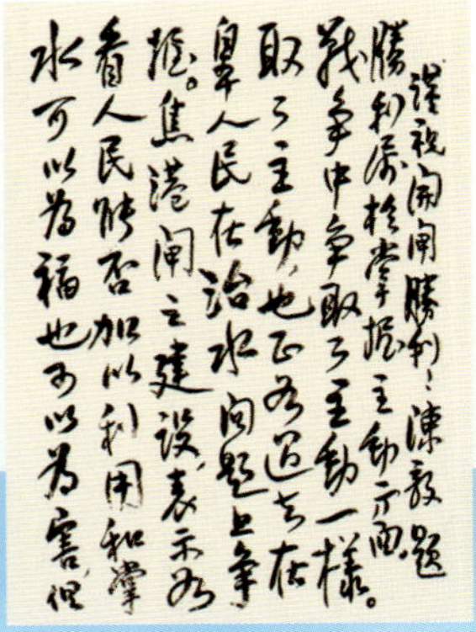

陈毅为焦港闸题词

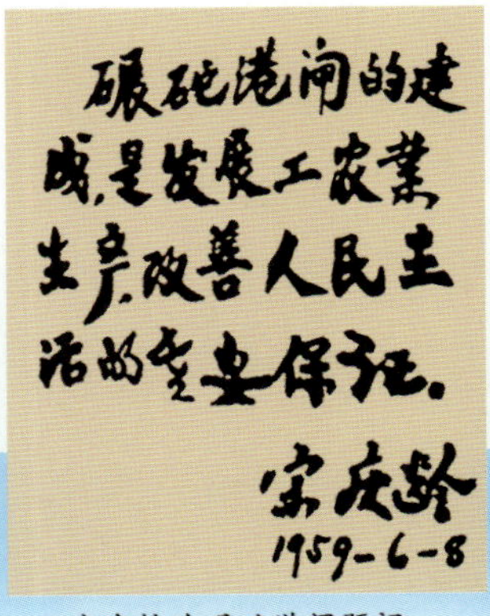

宋庆龄为碾砣港闸题词

如海运河通江闸口碾砣港闸

（2013 年摄）

如皋港水利枢纽
(2014 年摄)

如海河开挖工地 （1958年摄）

江堤达标混凝土施工现场 （1998年摄）

碾砣港闸上游护坡 （2012年摄）

启扬高速雪岸段 （2014 年摄）

沈海高速丁堰出口 （2014 年摄）

S334 省道 （2014 年摄）

204 国道磨头段 （2011 年摄）

如港一级公路 （2010 年摄）

宁通、宁启高速九华立交
（2006 年摄）

1971年，薛窑大桥建成，时为南通地区最长的双曲孔桥

位于如泰运河上的宁启铁路桥 （2014年摄）

新长铁路中山路立交桥 （2014年摄）

如皋长江大桥（长青沙二桥） （2013年摄）

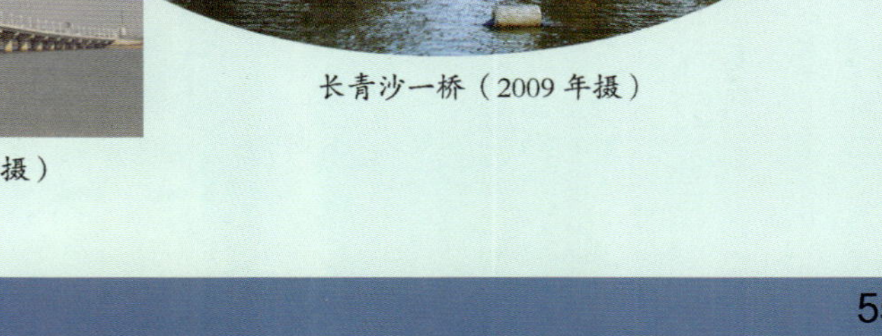

长青沙一桥（2009年摄）

2012年改建的焦港船闸

连申线如泰河段 （2014年摄）

港务集团皋澄国际码头 （2010年摄）

阳鸿石化码头 （2008年摄）

皋张汽渡 （2005年摄）

1987—1999 年，如皋机场开通北京航线

建于 20 世纪 90 年代的如皋汽车客运站

2011 年新建的如皋汽车客运站（2014 年摄）

新长铁路如皋站（2006 年摄）

如皋自来水厂 （2011年摄）

南通鹏鹞水务有限公司 （2009年摄）

同源污水处理厂 （2011年摄）

如皋港220千伏变电所
（2007年摄）

垃圾焚烧发电厂　（2011 年摄）

如皋经济开发区热电厂　（2011 年摄）

中国电信如皋分公司机房　（2014 年摄）

如皋邮政局邮政投递
（2012 年摄）

如皋市区中山路、海阳路交叉口夜景　（2007年摄）

海阳路街景　（2012年摄）

中山路街景　（2012年摄）

安定广场 （2013 年摄）

新世纪广场鸟瞰 （2005 年摄）

龙游河公园 （2012 年摄）

花市路 (2012 年摄)

水绘园大桥 （2012 年摄）

龙游湖风景区

整治后的外城河 （2013年摄）

如泰运河如皋市区段风貌 （2012年摄）

（2015年摄）

如皋酒厂 （2012 年摄）

南通玉兔集团 （2011 年摄）

江苏长寿集团生产车间 （2010 年摄）

中国肠衣城生产车间一角 （2013 年摄）

白蒲黄酒有限公司（2013 年摄）

三香斋茶干厂 （2013 年摄）

麒麟阁食品厂 （2012 年摄）

仁宗食品有限公司生产车间 （2013 年摄）

老万和潮糕店 （2012 年摄）

丁堰纺织厂 （1993年摄）

1984年如皋纺织厂气流纺车间 （1984年摄）

1989年，如皋染织厂工人王连贵领衔研制的空心锭多功能花式纺捻机，获联合国知识产权组织与中国专利局联合颁发的国际发明专利金奖

20世纪90年代，国家二级企业如皋毛巾厂“兰友”牌毛巾获“中国名牌”称号

工艺美术编织总厂产品 （1993年摄）

南通泰慕士服装有限公司车间 （2013年摄）

江苏金元亚麻有限公司车间 （2013年摄）

郭园镇东渡纺织集团 （2012年摄）

南通双龙健制衣有限公司 （2013 年摄）

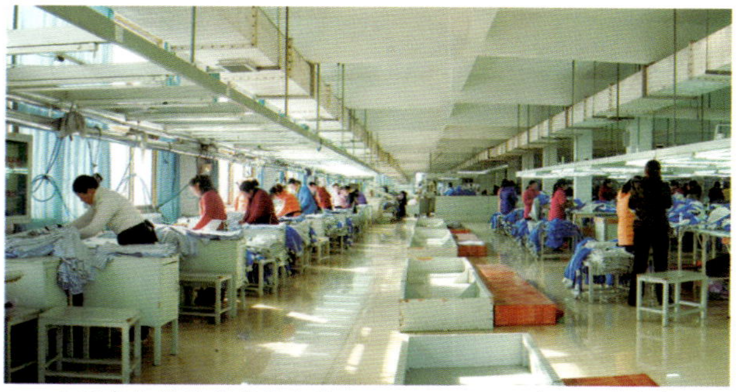
南通泰尔特服装有限公司 （2013 年摄）

南通雷成制衣有限公司 （2013 年摄）

江苏国泰（集团）如皋服装有限公司车间 （2013 年摄）

林梓镇苓美服装有限公司 (2011 年摄）

搬经镇顺帆家庭用品有限公司车间 （2012 年摄）

九华镇南通三荣实业有限公司 （2012 年摄）

石庄镇小樱服装有限公司车间 （2009 年摄）

江苏熔盛重工有限公司 （2007年摄）

森松（江苏）重工有限公司 （2012年摄）

华泰重工(南通)有限公司 （2012年摄）

宏晟重工 （2012 年摄）

江南德瑞斯（南通）船用设备有限公司 （2012 年摄）

长江镇中小船舶产业集中带 （2008 年摄）

江苏瑞海船舶工程有限公司生产的船只 （2012 年摄）

1975年兴办的如皋客车厂 （1989年摄）

江苏英田集团轻卡、农用车生产线 （2011年摄）

双钱集团（如皋）轮胎有限公司 （2009年摄）

陆地方舟（江苏）电动汽车有限公司
（2014年摄）

南通延康汽车零部件如皋有限公司龙门电镀生产线 （2013年摄）

20 世纪 90 年代，如皋动力机厂生产的 S195 型柴油机畅销东南亚国家　（1994 年摄）

江苏力星通用钢球股份有限公司　（2013年摄）

南通锻压设备股份有限公司车间　（2012年摄）

江苏昌昇集团生产的全张四色印刷机　（2010年摄）

江苏万达特种轴承有限公司 （2012年摄）

如皋市大生机电制造有限公司车间 （2013年摄）

江苏瀚艺商用空调有限公司车间 （2013年摄）

江苏力威机械有限公司 （2010年摄）

南通三强容器制造有限公司 （2014年摄）

如皋无线电厂塑封高压硅堆生产车间
（1992年摄）

江苏思源赫兹互感器有限公司生产车间
（2008年摄）

江苏如高高压电器有限公司生产车间
（2012年摄）

江苏神马电力科技有限公司车间 （2010年摄）

南通华灿电讯股份有限公司 （2008年摄）

江苏聚源电器有限公司生产车间 （2013年摄）

江苏天南电力器材有限公司 （2011年摄）

南通康比电子有限公司 （2008 年摄）

南通易达电子有限公司车间 （2012 年摄）

1966年兴建的如皋化肥厂厂区 （1976年摄）

德源（中国）高科有限公司 （2012年摄）

南通炜晟石油化工有限公司油罐区 （2008年摄）

诚晖化工油罐区 （2010年摄）

如皋市双马化工有限公司
（2006 年摄）

上海制皂(集团)如皋有限公司　（2005 年摄）

南通宝众宝达药业有限公司　（2012 年摄）

百川化工有限公司　（2012 年摄）

江苏九鼎集团玻璃纤维织造车间 （2008年摄）

江苏九鼎集团风电科技 （2000年摄）

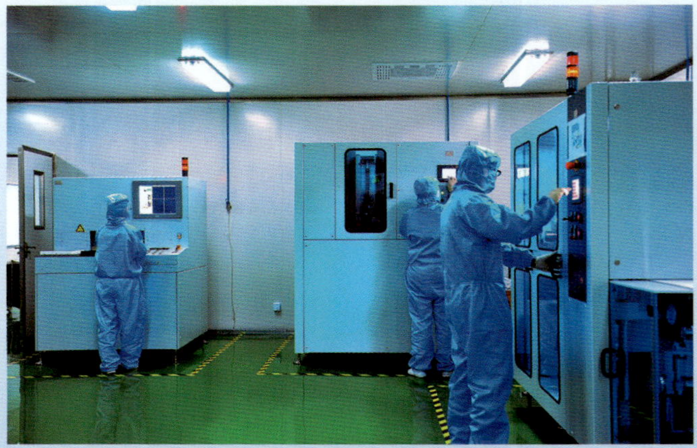

莱鼎电子材料科技有限公司车间 （2013年摄）

海迪科（南通）光电科技有限公司车间 （2012年摄）

南通爱康金属科技有限公司 （2013年摄）

中电振华（江苏）光电材料科技有限公司产品 （2012年摄）

南通百应能源有限公司生产车间 （2013年摄）

南通百正电子新材料股份有限公司生产车间 （2013年摄）

江苏元升太阳能集团有限公司 （2010年摄）

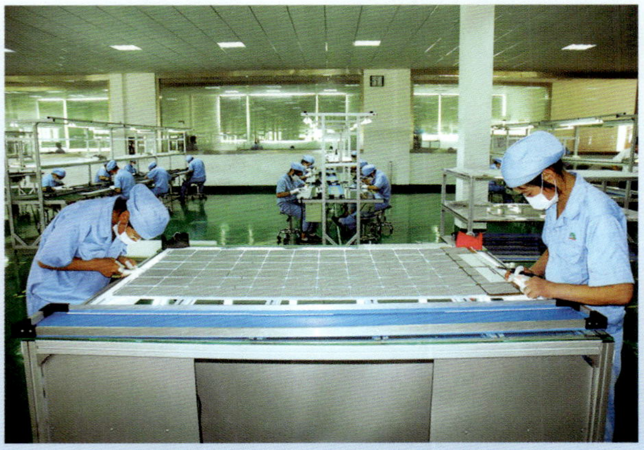

南通美能得太阳能电力科技有限公司光伏组件投产（2011 年摄）

南通斯密特森光电科技有限公司生产车间 （2014年摄）

江苏新空间集团 （2009 年摄）

棉花外运

1990 年，如皋被评为全国棉花生产先进县

1979 年，全县蚕茧产量首次突破 2000 吨大关，达到 2426 吨，被列为全国蚕茧生产重点县

2010 年 10 月，全省“万顷良田建设工程”试点工作现场会在如皋召开

长江镇水稻万亩高产创建示范片 （2011 年摄）

如皋粮食储备库 (2013 年摄)

20 世纪 60 年代的如城泰山粮库

江苏省如皋经济技术开发区万顷良田农机秋收 （2013年摄）

长江镇禾盛现代农业基地 （2013年摄）

长江镇金阳现代农业科技园
（2013年摄）

国家农业综合开发项目——丁堰森果农庄 （2010 年摄）

如城镇光华村特色花卉培育基地 （2010 年摄）

钱长草皮生产基地
（2008 年摄）

如皋市长寿集团生猪养殖基地　（2008 年摄）

东城镇长蝶观赏鱼养殖基地　（2011 年摄）

雪岸镇绿色生态养殖基地　（2010 年摄）

南通黑鲨水产品有限公司黑鱼养殖基地　（2012 年摄）

南通红梅乳业集团奶牛养殖基地　（2012 年摄）

如皋市羊博士畜禽养殖有限公司波尔山羊养殖基地　（2012 年摄）

郭园鸽业有限公司生产的鲜鸽蛋　（2010 年摄）

如城镇水蛭养殖基地　（2011 年摄）

20世纪80年代初水上粮市

安定街商业步行街 （2008年摄）

如皋城北市场 （2004年摄）

如皋天平市场 （2011年摄）

三农国际城 （2014年摄）

南通嘉信钢材交易市场 （2009年摄）

亿丰国际商贸城 （2011 年摄）

苏浙大市场 （2011 年摄）

香江家居世界 （2013 年摄）

如皋国际汽车城 （2013 年）

月星家居市场 （2013 年摄）

红星美凯龙 （2013 年摄）

百货大楼一隅 （1995 年摄）

文峰大世界商场 （2012 年摄）

大润发购物广场 （2014 年摄）

国美电器 （2014 年摄）

沃尔玛购物广场 (2014 年摄）

百年老店老松林饭店　（2010 年摄）

百年老店四海楼饭店　（2014 年摄）

光华国际大酒店　（2009 年摄）

金陵金鼎大酒店　(2013 年摄）

惠蒲大酒店　(2013 年摄）

格拉菲特大酒店　(2013 年摄）

苏中国际码头 （2013年摄）

首条万吨巨轮停靠苏中国际码头装运集装箱 （2010年摄）

如皋港保税物流中心 （2013年摄）

苏中国际物流园 （2013年摄）

顺丰速运 （2013年摄）

如皋市奔驰运输公司 （2013年摄）

先锋呼叫中心 （2011年摄）

青软实训长三角基地 （2012年摄）

携程科技有限公司 （2012年摄）

江苏电银信息科技有限公司 （2013年摄）

江苏如云科技有限公司 （2013年摄）

1994 年，东陈建筑工程公司参建的大庆油田商贸中心获鲁班奖 （1995 年摄）

1998 年，江苏江中集团承建的山西国贸中心 （2000 年摄）

2009 年，江苏江中集团总承包的江苏省建设管理综合楼获鲁班奖 （2000 年摄）

2009 年，江苏南通六建建设集团总承包施工的阿联酋迪拜双塔获鲁班奖（境外） （2010 年摄）

江苏江中集团总承包施工的苏州科技文化艺术中心（2008 年摄）

2010 年，江苏南通六建建设集团总承包施工的大庆石油科技博物馆获鲁班奖（2010 年摄）

2012 年，江苏南通六建建设集团总承包施工的大庆油田生态园工程获鲁班奖（2012 年摄）

如皋中学“五三”“五四”楼 (1992 年摄)

如皋中学 (2005 年摄)

百年如师升格为高等院校 (2005 年摄)

江安中学校舍 (1992 年摄)

白蒲中学 (2010 年摄)

如皋师范附属小学 (2009 年摄)

石庄中学 (2009 年摄)

如皋市实验初中 （2004 年摄）

如皋市职业教育中心
（2005 年摄）

如皋市外国语学校
（2014 年摄）

如皋县公立医院
民国 18 年（1929 年摄）

如皋市人民医院
（2014 年摄）

如皋市中医院
（2014 年摄）

如皋市公共卫生服务中心　　（2014年摄）

如皋市博爱医院　　（2012年摄）

如皋港人民医院　　（2011年摄）

市民在新华书店读书、购书
（1998 年摄）

如皋大剧院 （2006 年摄）

如皋市文广传媒大厦 （2013 年摄）

如皋市文化广场 （2012 年摄）

“欢乐中国行”大型文艺晚会在如皋中学大操场举行 （2008 年摄）

送戏下乡

南通先锋文化创意发展有限公司电影胶片处理中心 （2014年摄）

东陈镇文体中心 （2012 年摄）

如皋经济开发区图书馆 （2013 年摄）

1994年10月26日，如皋市首次承办国际体育赛事——第一届中国国际风筝会

2009年6月，第十一届全国老将田径运动会在如皋举办

如皋市全民健身中心（2012年摄）

2013 年，首届如皋公路自行车赛在市行政中心广场举行

如皋市“十运会”开幕式在奥林匹克中心举行　　（2014 年摄）

九华镇镇区农民集居区　　（2010年摄）

吴窑镇立新社区农民集居区　　（2011年摄）

磨头镇邓高社区农民集居区　　（2011年摄）

下原镇欧式建筑商业街 （2011 年摄）

江安镇村庄道路
（2013 年摄）

农村河道 （2013 年摄）

搬经镇湖刘社区秸秆沼气集中供气站　（2011 年摄）

农村居民喜领养老金（2012 年摄）

磨头镇新港村公开栏　（2012 年摄）

高明镇中心社区公共服务中心　（2012 年摄）

农家书屋　　（2010年摄）

农村健身设施　　（2012年摄）

农民创业培训　　（2012年摄）

小区居民的夜晚广场舞　　（2013年摄）

"爱心邮路"获2007年度中华慈善奖

"爱心邮路"职工上门照顾孤寡老人
（2006年摄）

2007年1月，全市首例造血干细胞捐献志愿者陈海波完成捐献

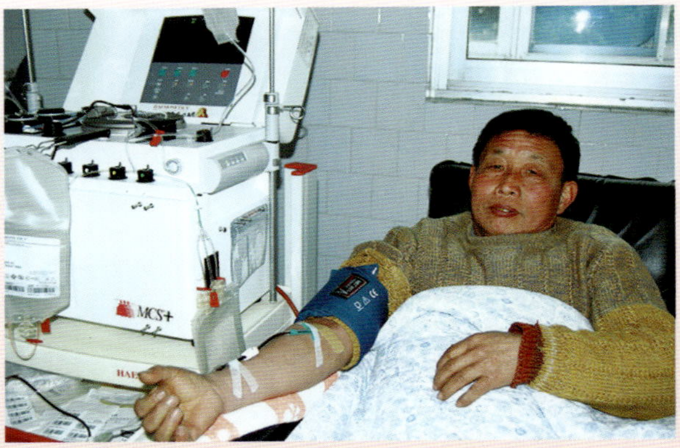

南通无偿献血第一人苏宏裕，截至2014年底累计献血161次，折合全血163800毫升　（2014年摄）

桃园镇"爱心超市"　(2007年摄)

"爱心月"捐赠动员大会　（2012年摄）

2011 年 7 月 21 日，首届“ 小婷志愿服务月 ”在安定广场启动

2013年，市委、市政府表彰一批“爱心大使”

2007年4月7日，《如皋市志》编修工作启动

2016年3月29日，《如皋市志》终审会

《如皋市志》终审会全体人员

序

如皋，地处中国沿江、沿海“T”型生产力布局主轴线的交汇点，是“上海1小时经济圈”的核心组成部分，是镶嵌在中国东部沿海大通道和长江黄金水道交汇节点处的一颗璀璨明珠。

如皋，约6000年前成陆，约5000年前始有人类聚居，东晋义熙七年（411年）即已置县，1991年经国务院批准撤县设市。在漫漫历史长河中，勤劳智慧的如皋人民创造出灿烂的历史文明。特别是党的十一届三中全会后，如皋人民解放思想，勇于实践，奋勇争先，全市经济社会展翅腾飞。跨入新世纪，踏上新征程，如皋在改革创新中快速发展，在以人为本中追求和谐，在传承历史中焕发生机，综合实力日益增强，经济发展充满活力，城乡面貌日新月异，文化生活丰富多彩，主要经济指标连续多年位列全省县市前列。先后获得中国优秀旅游城市、国家卫生城市、国家园林城市、全国中小城市综合实力百强县（市）、全国县域经济基本竞争力百强县（市）、长三角最具投资价值城市等靓丽的城市名片，素有“江苏历史文化名城、中国花木盆景之都、世界长寿养生福地”的美誉。

修志问道，以启未来。在社会各界人士的关心、支持下，经过修编人员潜心编纂，《如皋市志》历经九个寒暑，数易其稿，终于成书出版面世。《如皋市志》以翔实的资料、朴实的文风，全面、客观、真实、科学地记述了全市地理的沿革，境域的演变，政治的变革，经济的繁荣，风俗的净化，教科文卫的昌盛，英烈人杰的涌现，遗献的丰繁，轶事的承传等等，彰显了通志内容的地方性、资料性、纪实性、综合性的基本特征，具有较强的实用价值和可读性，为我们鉴古知今、继往开来，提供了弥足珍贵的历史资料，是如皋长远发展的宝贵精神财富，为如皋地方文献宝库增添了一部经世致用的地情百科全书。

“往不识，无以信今，今不识，何以喻后”。全市各级干部特别是领导干部，要认真读好用好《如皋市志》，为一线工作所用，为把握市情谋划长远所用。希望宣传、史志、档案、教育、社科等部门做好《如皋市志》的宣传和二次开发，充分发挥好资政参考书、市情教科书的功能，并以《如皋市志》为教材，对广大群众特别是青少年进行市情、乡情教育。

沧海桑田，日新月异。随着“高铁时代·节点城市”的来临，依托长三角一体化、江苏沿海开发、苏南现代化示范区建设、上海自由贸易试验区及长江经济带五大国家战略叠加效应，如皋经济社会必将持续腾飞，如皋人民必将以更加辉煌的业绩谱写更加华彩的篇章！

中共如皋市委书记

如皋市人民政府市长

2017年1月

凡　例

一、以马克思主义为指导，坚持辩证唯物主义和历史唯物主义的立场、观点和方法，坚持政治性、思想性、资料性和科学性相统一。坚持依法修志，全面系统记述如皋自然、经济、政治、社会、文化的历史和现状，求真存实，详今明古，详独略同，体现时代特点，突出地方特色。

二、本志为通志，上限力求追溯至事物发端，下限断于2010年年末。若必须超限记载，则其内容加括号。卷首彩页照片内容延至2014年。

三、本志记述范围以2010年如皋市行政区域为主，与周边县(市)管辖范围调整时期的相关情况亦以现行政区域为主体记载。建置区划、卷前概述、重大事件等按不同时期如皋县、如西县、如皋市(县)行政区域依实记载。以1991年6月1日正式撤县设市为界，之前表述为“县”或“全县”，之后表述为“市”或“全市”；不能明确表述为“县内”“市内”的表述为“如皋”或“域内”。

四、本志设卷、章、节、目、子目5个层次，横排纵写，事以类从。少数特殊事类分不同历史阶段记述。为保持事物完整性，部分节、目无法回避内容交叉重复，则采用参见方法。部分目下不设子目，少数节下不设目。全志设24卷、88章、426节、1476目。

五、本志以志为主，述、记、志、传、图、表、录诸体并用，叙而不论。大事记以编年体为主，辅以纪事本末体；特别重要事物、事件设专记；人物记载用传略和表录；重要地图、照片置于卷首，一般图照及表格、附录随文。

六、本志按惯例不为生者立传。入传者为革命战争中区(营)级及以上烈士和具有特别英勇事迹的区(营)级以下烈士，中华人民共和国成立后牺牲的烈士；如皋历史文化名人，正处职或革命战争年代为区(营)级、对如皋经济社会发展产生较大影响的人士，在如皋知名度较高的教育、医疗卫生、宗教界人士。按卒年排列。健在如皋籍军界、政界、学术界、工商界杰出人士和在如皋工作省以上劳动模范(先进工作者)、正高级专业技术职称人员、特级教师、全国文学艺术协会会员、优秀运动员等以表录记载。

七、本志中华人民共和国成立前使用历史纪年括注公元纪年,同一子目中属同一朝代年号和同属民国时期的,不连续括注。中华人民共和国成立后,直接使用公元纪年。"如皋沦陷"指民国27年(1938年)3月19日,"如皋全境解放"指民国38年1月28日。

八、本志记述使用规范现代汉语。引文一般采用原文或沿用旧志引文,引用古文翻译成现代汉语后,一般不再作引文处理。除部分特殊人名、地名、方言,全志文字使用规范简化汉字。

九、本志机构、官职等名称,实录不同历史时期规范(习惯)称谓,不加褒贬。民国时期,国民政府军政机构、官职前冠"国民政府",伪军政机构、官职前冠"伪"。记载机构设立时使用机构全称,必要时括注简称,其他一般用简称。地名按当时地名实录,必要时括注现名,今不再隶属如皋市的括注所属县(市)。

十、本志统计数据以统计部门提供的数据为准。统计部门未作统计的,按相关部门、行业提供的数据实录,部门、行业不能提供数据的则空缺。

十一、本志计量单位使用根据国家相关规定执行。部分计量单位(大亩、小亩、亩,担、斗、升,斤、两、钱、毫等)沿用市制,以保留历史原貌、保持数据准确性。货币一律为时币,民国中后期县内多种货币同时流通、币值不一,括注币种。

十二、本志资料依法获得,主要来源于旧志、档案资料、正式出版书刊及相关部门、单位提供的资料,无特殊情况不注明出处。

总　目

（上　册）

（下　册）

目 录

（上册）

卷首

卷一 建置区划与自然环境

卷二 人口与世界长寿乡

卷三　城乡建设

卷四 水利·交通·邮电·供电

卷五 土地管理·环境保护

卷六 经济总情·经济管理

卷七 开放开发

卷八　农业与花木盆景

卷九 工业·建筑业·房地产业

卷十 商贸服务与旅游业

总　述

总　述

如皋，地处长江三角洲北翼，南濒长江，东临黄海。

远古时的地壳运动和江海造势，使如皋属地在汪洋大海中几经沉浮，江海之精灵最终孕育出这方气候温和、雨水充沛、物产丰富的风水宝地。

几千年间，如皋人民在这块美丽富饶的土地上，用勤劳、勇敢和智慧，创造出灿烂多彩的历史文明，建成繁荣富裕、生机盎然的小康乐园。

正俗开业、人杰地灵，创造古代历史文明

6000多年前，在远古喜马拉雅造山运动时沉没的属于江南古陆的一块陆地，重新在长江北岸缓慢露头，江海滩涂连接着一望无际、杳无人烟的沼泽和灰沙地。约1000年后，始有东夷人南渡淮河到此聚居（史称“淮夷”），刀耕火种，繁衍生息……

夏商时，聚居在江海之滨无名泽地上的淮夷部族人丁渐旺，垒城建立氏族方国——发（位于今如皋市区东郊）。此后千百年中，众多诸侯国之间争霸不休，领地频频易主。春秋时期，此无名泽地先后归属于吴国、越国。

东周釐王三年（公元前678年），晋国灭亡贾国后，仍封贾国大夫贾南屏为大夫，贾大夫义不事晋，率部族千里迢迢避逃至江海之滨无名泽地上的古氏族方国“发”，娶妻雷氏。战国时期，鲁国史官左丘明所著的《左传》中，记载春秋时贾大夫在无名泽地射雉的故事：“昔贾大夫恶，娶妻而美，三年不言不笑。御以如皋，射雉获之，其妻始笑而言。”无名泽地由此得名“如皋”，并获“雉水”“雉皋”别名。贾大夫射雉处的泽地得名如皋港，港侧村庄得名如皋村。“贾大夫射雉”的典故亦成为后人诠释如皋悠久历史的经典注解。

西汉高祖十一年（公元前196年），刘濞被汉高祖封为吴王后，以邗江（今扬州市）为都城，广召天下亡命人到如皋海边煮海水为盐，并凿邗沟自茱萸湾经海陵仓（今泰州市）至如皋蟠溪（今如皋市区东郊）。“如皋蟠溪古煮盐区，是两淮和江浙地区煎盐之始”（《历代盐业源流考》）。由此，如皋蟠溪成为汉代最重要的产盐区。

西晋建兴四年（316年），“永嘉之乱”，汉人避难从中原大规模进入长江流域。由此，如皋人口骤增。

东晋太元七年（382年），古扶海洲接陆，如皋地域扩大，垦殖造田之风兴起。

东晋义熙七年（411年），“安帝分广陵郡之建陵、临江、如皋、宁海、蒲涛五县，置山阳郡，属南兖州（今扬州）”（《晋书·地理志》）。此为如皋作为县份的最早历史文献记载。

隋开皇九年（589年），如皋大部地区被海水浸没，如皋县废，省入宁海县。

唐代中后期，“安史之乱”和自然灾害，导致大量人口再度南移，滨江临海、盐业兴旺的如皋，成为移民的首选之地。

盐业产销两旺，派生出编制蒲包、搓制绳索、搬运、船运等诸多产业，茶馆、酒肆、客栈、日用杂货铺、药铺、医家、成衣、典当、澡堂、木行、竹行、石灰砖瓦行等服务性商铺在运盐河两岸的集镇星罗棋布。

唐开成三年(838年),日本和尚圆仁随遣唐使入唐求法从如皋登岸,目睹如皋运盐河畔的繁华景象:"官船运盐,或三四船,或四五船,双结续编,不绝数十里,相随而行,乍见难记,甚为大奇""杨柳相连""店家相连""富贵家相连"(圆仁和尚《入唐求法巡礼行记》)。

南唐保大十年(952年),如皋恢复县建制。

是年,如皋始建儒学,民间求学读书渐成风尚。

北宋,如皋英才辈出——

胡瑗,世称"安定先生",毕生潜心于教育、教学改革,先被聘为苏州州学首席教授、湖州州学教授,后升任光禄寺丞、国子监直讲,并奉皇命主持太学,其弟子遍及朝野,其所设"经义斋""治事斋"开中国高等教育分系、分科之先河,以其新思路、新方法、新学风而形成的"宋学"可与孔子创立的"儒学"争辉,被世人誉为"三吴木铎之鼻祖,百代帝师之功臣";

王观,胡瑗弟子,进士及第,词赋造诣极高,曾因进献《扬州赋》获御赐"绯衣银章",又因赋词《清平乐》为太皇太后高氏厌恶而遭贬,其许多脍炙人口的词句成为传世经典;

王觌,王观堂弟,胡瑗弟子,进士及第,初任润州推官,后累次升迁,历任刑部侍郎、户部侍郎、御史中丞;

王俊乂,王观、王觌堂侄,宋徽宗赵佶钦点状元,历任吏部员外郎、右司员外郎,后以直秘阁知岳州;

曾巩,随其父曾易占(如皋县令)就读于如皋中禅寺,进士及第,后成为北宋政治家、散文家,被列为"唐宋八大家"之一。

南宋末年,金兵一度占据如皋。名将岳飞领衔通泰镇抚史,率军收复如皋,留下跃马驰骋杀敌的历史遗迹。

明朝初期,倭寇屡屡在东部沿海地区登陆骚扰,烧杀抢掠,无恶不作。如皋是受倭寇严重危害的地区之一,也成为抵御倭寇的海防边陲。

明嘉靖三十三年(1554年)3—5月,倭寇数次从如皋沿海登陆,沿途烧杀抢掠,直逼如皋县城,均被如皋、扬州等守备官兵击退。

鉴于如皋县城无城防抵御外敌,邑人李镇倡议,奏请朝廷获发帑银2.8万两,开凿濠河,修筑围长3.5千米的圆形城墙,辟4门、2水关。城墙高于通州城2米,厚度超过泰州城、通州城和泰兴城,雄伟坚固甲于苏北各县。坚固的城防,成为抵御倭寇牢不可破的堡垒——

明嘉靖三十六年农历四月,倭寇进攻如皋县城,知县陈道、主簿叶梦龄据城坚守,倭寇知难而退;

明嘉靖三十八年农历四月,倭寇进逼如皋县城,海防兵务副使刘景韶仗剑临城督战,邱陞陈兵东门杀退倭寇。

明天启年间,县令李衷纯"正俗尚,开本业"——

更俗养蚕,"乃从湖州购女桑数千株,分授民间,教之蚕桑之法",发展蚕桑、缫丝、制线业;

提倡种植棉花,发展土纺土织;

"相四境之宜,授民之艺,植卉木之方",发展花卉盆景生产。

明末清初,如皋诞生两大文学巨匠——

小说家、戏剧家、出版家、园林建筑家、文学家、戏剧理论家李渔,才情超拔,多能博涉,小说、戏曲、园林设计、文艺理论皆负"东方沙士比亚"之盛名,亦擅诗词书画,堪称奇人,其戏剧理论受到众多海内外学者的推崇,在中国戏剧理论界具有开创性、里程碑的历史地位;

诗文家冒辟疆(冒襄),10岁能诗,14岁刊印诗集,16岁中秀才,被文学巨擘董其昌比作初唐少年王勃,与方以智、陈贞慧、侯方域并称"明末四公子",其名著《影梅庵忆语》开忆语体先河,在中国文学史上具有重要地位。

是时,江西、山西、安徽、福建等地商人,纷纷至如皋经营食盐、木材、茶叶、旱烟、药材等业,促进了城镇发展和商业繁荣。全县城镇发展至33个行业,商业以盐、当(铺)、米、布、药、木6业为著。

清代，全县农工商门类迅速扩展。清初，农村植棉进一步发展，家庭手工纺织随之兴旺，所产棉纱“绪理严密，绵绵不断”，被江南织户认定为上等织布原料，自产如皋红青布和石庄土布名满大江南北。乾隆年间，农村家庭养猪发展较快，地方良种娄猪（东串猪）逐渐定型，并在农户中普及；邑人石学仙发展明末董小宛创制的贴绒工艺，制作（鸟）羽杏黄缎帐幔进贡乾隆帝获嘉奖。咸丰初年，县内制腿业开始兴旺，如皋与浙江金华、云南宣威被称为“全国三大制腿中心”。光绪末年，始创“如式香肠”，与“广式香肠”同被誉为全国之最。

农业、手工业的发展，促进全县商业繁荣。“清光绪末年，如皋四门内外，行号店铺鳞次栉比，东起老坝头，西至臭沟头，南起地藏庙，北至小船帮，纵横五华里，尽为街市”（民国《如皋县志》）。

清光绪二十三年（1897年），县令龙璋崇尚“新学”，创办学堂，“专习英美格致各科，养育人才，为各县先河之导”（民国《如皋县志》）。

清光绪二十八年，进士及第、绝意仕途、辞官还乡（一说“谒告”归乡）的沙元炳，创办如皋初级师范学堂，为全国第一所规范设置的公立师范学校，后兼办附属高等小学堂。

隋代兴科举制后，如皋学子“金榜题名”者众多。北宋至晚清900多年间，如皋籍学子，有92人入闱殿试，其中1人摘取状元桂冠，另有232人榜中举人。他们沉浮于宦海，或勤廉从政、造福于民，或领兵屯边、保国安民，或抗拒权贵、累遭贬谪，或潜心研修、著书立说，或告官还乡、致力于地方事业，名重一时，千古流芳。

如皋人民的聪明才智，创造了如皋古代历史文明。

不屈不挠，前仆后继，抗击帝国主义和反动封建势力

中国共产党创立初期，南通地区最早的共产党员吴亚鲁创办如皋第一个进步团体平民社，在进步青年学生中宣传马克思主义，为中共如皋党组织的建立打下思想基础。

民国15年（1926年）9月，直属中共江浙区委领导的中共如皋独立支部诞生。民国16年7月，中共如皋县委员会成立，是江苏省最早成立的8个县委之一。

从此，苦难深重的如皋人民在中共如皋县委的领导下，高擎反帝、反封建大旗，与国民党反动势力殊死抗争——

民国17年，中共如皋县委在西乡江安、卢港地区发动和领导威震大江南北的五一农民暴动，江苏省委农委书记王若飞亲临如皋视察、指导暴动准备工作；

民国18年，中共如皋县委组建红军武装，开展武装斗争，后与泰兴县红军武装合并成立如泰工农红军，转战如皋、泰兴、泰县3县及周边地区，开辟拥有200多万人口的红军游击区，为中国工农红军第十四军的创立奠定基础；

民国19年4月，由周恩来、李维汉、李富春、陈云、李硕勋等老一辈无产阶级革命家亲手缔造的中国工农红军第十四军，于如皋西乡贲家巷建军，成为土地革命时期江苏省境内唯一红军正规武装。5月，江苏省最早的县级苏维埃政权——如皋县工农革命委员会建立。

红十四军驰骋苏中7县，在国民党反动统治中心的卧榻之侧横戈跃马，粉碎国民党军警多次重兵“围剿”，形成以江安、卢港地区为中心的（南）通、海（门）、如（皋）、泰（兴）革命根据地，成为土地革命时期全国15块红军游击区之一。

在白色恐怖笼罩下，无数革命志士舍生取义，前仆后继。土地革命时期，如皋8任县委书记中7任书记英勇捐躯。斗争之残酷，实属罕见。红十四军失利后，如皋革命形势一度跌入低潮。

民国27年3月19日，日本侵略军的铁蹄践踏如皋，烧杀抢掠，无恶不作，置如皋百姓于水深火热之中。

此间，虽有如皋民众几次自发搏杀小股或落单日本侵略军，也有仁人志士建立的抗日武装和国民党

保安部队几次与日本侵略军小规模作战，但无法动摇日本侵略军的血腥统治。

民国29年7月，新四军东进抗日至如皋地区，建立如皋县抗日民主政府。为打破日伪的分割封锁，以利于开展敌后游击战争，如皋全境以通扬运河为界，划运河以东地区为如皋县，运河以西地区为如西县。新组建的苏中三分区（辖如西县、靖江县、泰兴县、泰县）党政军领导机关均移驻如西县政府所在地卢港。

自此，如西县成为苏中第三行政区的政治、经济、文化中心和抗日根据地，民众自发、零散的抗日斗争亦转变为中国共产党领导下的全民族的抗战——

民国30年11月，新四军一师一旅旅长叶飞率新四军健儿，在如西高明庄围歼日军加藤部，创新四军东进后大规模歼灭日伪之战例；

民国31年秋，如西县数万民众先后围攻西河湾、水洞口、加力等伪据点，迫使伪军不敢再下乡抢掠、骚扰，显示人民自卫武装斗争的强大威力；

民国32年夏，如西县抗日军民数度联手，破拆、焚毁日伪构筑的封锁竹篱笆，配合苏中四分区抗日军民粉碎日伪的“清乡”阴谋；

民国34年9月21日，如皋地方武装和民兵配合新四军主力部队收复被日本侵略军占据7余年之久的如皋城。

9月22日，苏中行政公署决定：如西县复名如皋县，位于东部的如皋县易名如东县。

11月1日，原苏中三、四分区合编为苏皖边区第一分区，领辖如皋、如东、南通、海门、启东、崇明、泰兴、泰县、靖江、紫石（海安）、东台、台北（大丰）12县，首府设于如皋城。

正当全县人民着手医治战争创伤、憧憬着安居乐业的美好生活时，国民党军队的枪炮声击碎和平、民主梦想。

民国35年1月，国民党在如皋东部重镇白蒲打响苏中地区破坏停战的第一枪。不久，如皋地区成为闻名中外的苏中战役的主战场。七战七捷中，皋南战斗、丁堰·林梓战斗和如黄路战斗3战奏凯于如皋境内，共歼敌3.3万余人。毛泽东曾就如黄路战斗亲拟电文通报全军，后又在《集中优势兵力，各个击破敌人》一文中援引为战例详加论述。

苏中战役结束、华中野战军主力北撤后，如皋党政军机关转至如皋西乡坚持敌后斗争。

国民党大兵压境，地主“还乡团”乘势反攻倒算，阴霾笼罩着如皋大地。

血雨腥风中，如皋人民与力量强大的国民党反动势力展开艰苦卓绝的斗争——

强攻周庄头，全歼守敌，扭转敌后坚持斗争的局面；

进军龙游河河东地区，攻据点，平碉堡，收复龙游河东三角区阵地；

激战红庙头，与国民党正规军正面交锋，歼敌辎重营营长以下100余人；

血战癞宝庄，全歼国民党军一个连及地方武装200余人；

恶战王林庄，与国民党正规军不期而遇，歼敌团长以下300余人；

……

全国解放战争转入大反攻后，如皋军民武装斗争日益活跃，解放区不断扩大。

淮海战役的胜利，锁定苏中国民党政权的土崩瓦解之势。风雨飘摇的如皋国民党势力顷刻崩溃，党政魁首纷纷潜逃，国民政府驻军相继溃逃。1949年1月28日，如皋县全境解放。

在长期、艰苦的革命斗争中，如皋人民自觉地把自己的命运与中国共产党及其领导下的红军、新四军、解放军紧密联系在一起，制衣做鞋，供给粮草，传递情报，武装自卫，送子参军，火线救伤员，甚至以生命的代价掩护党的干部和部队伤员。

如皋，无愧于全国革命老区的光荣称号！

艰苦创业，百折不回，建筑社会主义建设坚实基础

全境解放初期的如皋，百业凋零，百废待兴。

如皋县委、县政府在接管城市、改造旧政权的同时，迅速组织城镇市民复工复业，恢复经济，发展生产，稳定社会秩序。

在解放战争时期国民党统治如皋的两年多时间里，频繁的战事，名目繁多的苛捐杂税和地主豪绅的复辟盘剥，导致1949年春全县发生严重饥荒，农村出现耕牛饿死和断炊农民乞讨现象，如皋城即有揭不开锅的居民3000多人。

面对严重春荒，县政府在发放救济粮、解决断炊群众燃眉之急的同时，发放农业贷款，组织农村群众生产自救，并发动城镇职工、商民、机关干部和驻城部队捐助粮食。

漏篷偏遇连阴雨。刚刚度过春荒，自然灾害接踵而至，严重的灾害复又导致秋荒——

民国38年7月中下旬，全县大部地区连续两次遭受台风、暴雨侵袭，沿江港堤多处决口，多数农田被淹，秋熟农作物收成减至三四成；

1951年，全县相继遭受雹、雨、风、虫、旱5灾侵袭，大部地区夏秋两熟农作物大幅度减产。

严重的自然灾害和连续3年的春荒，对刚刚接管政权的县委、县政府是一次极其严峻的考验。县委、县政府贯彻“生产自救、节约度荒、群众互助”方针，多管齐下——

号召灾区群众多种蔬菜和早熟作物，发展副业生产；

实施县直机关整编减员，要求机关、部队生产自给，并每人每天节约0.1千克大米；

组织断炊灾区群众修筑江堤，疏通水关和四门环城道路，以工代赈。

县委、县政府交出首份令全县人民满意的答卷：大灾、春荒3年，全县没有饿死一个人。

救灾度荒的3年中，县委、县政府在全县农村完成土地制度改革后，引导广大分得土地的农民自发结对开展农业互助合作，促进农业生产的恢复和发展；在城镇建立粮食、百货、猪业、盐业、花纱布等国营公司，组建公私合营油米厂、米面厂和国营油厂、毛猪加工厂等企业，确立国营经济在全县经济中的主导地位，同时引导、扶持一大批处于失业状态的个体手工业者组建生产合作社，恢复、发展生产，以保证人民群众生产、生活需要；组织民力抢修江堤，整修通江港闸，实施龙游河、周圩港疏浚工程，发动农民整理支河，开沟挖渠，建设小型农田水利。

1953—1956年，全县先后完成对农业、手工业和资本主义工商业的社会主义改造，生产资料私有制转变为集体、全民所有的公有制。社会主义经济制度的初步建立，促进了全县经济建设和各项社会事业的发展，保证了第一个五年计划的顺利实施。

至第一个五年计划末年，全县新建工厂企业15家，建立手工业合作社58个，产业工人、合作社社员分别发展至1843人、8054人；农业在连年遭受自然灾害的不利条件下，粮食总产量仍在20万吨的基础上保持稳中有升；新建普通中学14所、小学52所，基本适应适龄少年的求学需求；组建各类医疗机构（含个体诊所组织起来的联合诊所）519个，基本满足人民群众医治疾病的需求；基本建设投资总额717万元，其中农田水利建设工程占70%。

1958年，“大跃进”和人民公社化运动相继在全县展开。受全国正在经历“1天等于20年”的伟大时期、“共产主义近在眼前”等政治舆论导向和全国高产“卫星”频频上天形势的影响，县委、县政府领导们的头脑开始发热，先后组织各种形式的誓师大会、擂台竞赛、经验交流会、现场会，直接导致“浮夸风”“共产风”的形成和蔓延。

在全县推广外地深耕、密植的“先进经验”时，许多农村基层干部向种田经验丰富的老农请教深耕、密植能否增产的问题，得到的是否定答案。所以，全县大多数农村基层干部没有跟风搞浮夸，只是敷衍上级而已。实际上，县委、县政府领导对深耕、密植的科学性也持有怀疑，在深入农村基层调查研究后，

虽然没有明确提出异议，而是默认了基层干部的敷衍行为。这种“敷衍”“默认”，实质上是对浮夸风的消极抵制。

“大跃进”运动中，全县各行各业不同程度地刮起一阵浮夸风和瞎指挥风，给工农业生产和群众生活造成不应有损失，付出高昂的“学费”。但是，全县人民群众源于对中共中央、毛泽东主席的高度信任和改变经济落后面貌、提高生活水平的迫切愿望，在“大跃进”运动中迸发出巨大的积极性和创造性，并取得实实在在的成果——

县人委先后投资兴办食品、机械、纺织、建材等门类的县属国营、集体企业10家，为发展以纺织、机械和食品工业为主体的基础工业打下坚实基础；

全县工厂企业广泛开展群众性的技术革新运动，先后研制成功锤击机、自动印刷机、锯木机、山芋切片机、人造棉等新产品10多个；

县委、县人委组织全县8万余民工开挖贯通如皋、海安高沙土地区的引排骨干河道——如海河（原名碾砣港），极大地改善了中西部地区水难引、涝难排、旱难抗的恶劣自然条件；

如城人民公社实施城区主干道东西大街、南大街改造工程，将原3条呈“T”形、宽约3米的狭窄、劣质道路改建成长3084米、宽24米的东西大街（后命名为跃进路，现中山路）和长729米、宽20米的南大街（后命名为海阳路）；

勇敢乡创办全国第三所农业中学，以“办得早、办得好”得到副省长管文蔚的高度赞扬，《新华日报》发表江苏省委书记陈光的署名文章《六间破堂屋，偏偏出状元》，介绍勇敢农业中学的办学经验。

1958年“大跃进”运动中虚报粮食产量的浮夸风，直接导致国家减少如皋粮食差进计划，农民实际口粮大幅度缩水。人民公社化运动中大办公共食堂、实行“吃饭不要钱”的共产风，导致粮食消耗和浪费十分惊人。加之1959年秋和1960年7月全县分别遭遇大旱灾和龙卷风、冰雹、暴雨侵袭，农作物大面积、大幅度减产，使原本处于严重生活困难的农民群众雪上加霜。许多缺粮严重的农民家庭，只能辅以野菜、树叶度饥。因长期营养不良，全县农村浮肿、妇女子宫下垂患病率大幅上升。

1961年起，县委、县人委在全县开展以反“共产风”为重点的反“五风”（浮夸风、共产风、强迫命令风、瞎指挥风、干部特殊化风）运动的同时，贯彻落实中共中央对国民经济实行“调整、巩固、充实、提高”的八字方针，实行人民公社三级所有、队为基础的体制和按劳分配、等价交换等政策；调整全县工业布局，关停、合并、下放一批工厂企业；恢复农村供销合作社，调整合作商店核算体制，增加和延伸销售网点。

寒冬过后，全县国民经济显露生机，各项社会事业稳步发展。

1965年，全县粮食总产量增加至31.2万吨，棉花总产量增加至1.454万吨，粮棉总产双双创历史最高水平。全县工业总产值首次突破亿元大关，达1.177亿元。

接踵而至的“文化大革命”运动，对刚刚恢复发展的社会经济造成严重破坏。

在极左思潮泛滥成灾的1966年，县委被“炮轰”“砸烂”，各级行政机关和企事业单位党政领导班子被夺权陷于瘫痪，大批党政干部被定性为“走资本主义道路的当权派”而靠边站，许多老干部和知识分子被“打倒”，一些优秀文艺作品和传统文化被作为“封、资、修”受到批判……

1967年4月，全县实行军事管制，混乱局面逐渐趋于平稳，但极左思潮仍占据主导地位。

在随后相继开展的“清理阶级队伍”“一打三反”和“清查五一六”运动中，全县先后制造“江安地区中统特务案”等13件冤假错案，数千人被立案审查，遭关押、揪斗，并发生多起刑讯逼供致人死亡和不堪羞辱折磨而自杀身亡的恶性事件。

1971年，中共如皋县第四次代表大会上选举产生的新一届县委，先后作出两项在如皋历史上产生重大影响的决策——

举全县之力，削平高沙土，实现“旱改水”；

以清理退赔被文化大革命期间造反派查抄物资的名义，全面清查、平反冤假错案，落实党的干部政策。

两项重大决策的作出和实施，体现县委的智慧、胆识和彻底改变极其恶劣的农业生产条件、挖掉如皋“穷根”的抱负、决心。

在全面平反冤假错案的过程中，虽然遭到县内极“左”势力的干扰和阻挠，但县委顶住压力，排除干扰，实事求是、积极慎重地组织开展清查、平反工作。历时两年，将“文化大革命”运动中全县发生的冤假错案基本查清、平反，对相关受害人落实党的干部政策，解除多年束缚在全县近5万个家庭及其成员身上的精神枷锁，极大地调动全县广大干部群众工作和生产的积极性。

在“削平高沙土，实现‘旱改水’”的全县大会战中，虽然遭受1972年全县粮食总产量大幅减产和由此引发争议的严重挫折，但县委冷静反思，深入调研，认真总结经验教训，统一全县干部群众的思想认识，坚定“削平高沙土，实现‘旱改水’”的信心。至1974年，全县平整高沙土总动土量14048万立方米，疏浚一二级河6条、三四级河数百条，构筑灌溉渠5000余千米，兴建电灌站400余座，建成高产稳产农田49.5万亩、基本达到高产稳产的农田38.7万亩，占全县耕地总面积的77%。

如皋人民治沙改土的伟大壮举，彻底打破千百年来制约如皋中西部地区农业发展的瓶颈，为从根本上摆脱如皋在南通地区“小六子”（经济指标在南通6个县中排列第六）、“吃供应”（依靠吃国家供应粮食生存）的落后面貌、实现农业的可持续发展奠定坚实基础，由此产生的巨大经济效益和社会效益，成为如皋发展史上的一座丰碑。

解放思想，负重拼搏，经济社会跨越发展

中共十一届三中全会后，全县上下解放思想、拨乱反正，改革开放的春风扑面而来。

站在对外开放的潮头，肉松、香肠、丝毯、手工艺服装、棉纱等具有如皋地方特色的产品率先漂洋过海，为如皋产品跻身海外市场占领滩头。

1982年，全县农村推行家庭联产承包责任制，开启如皋农村经济体制改革的大幕。农村生产力的解放，使农村富余劳力纷纷转向建筑施工、手工业品生产和庭院经济等，原先缓慢发展的乡镇企业也雨后春笋般遍地而起。

对外开放给工业经济注入新的活力，国有和集体企业乘势而上，发挥资金、技术和管理优势，大量引进国外先进技术和设备。1983年，如皋无线电厂率先从日本和中国香港地区引进高频高压塑封硅堆和玻封二极管生产线，如皋纺织厂、如皋针织内衣厂、如皋高压电器厂等企业紧随其后，引进国外高新技术设备，提升产品档次和竞争力，企业规模迅速扩大。1983—1986年，全县引进各类高新技术设备90多台套，总投资935万美元。

全县农村实行家庭联产承包责任制后，广大农民的生产积极性空前高涨，在农业技术推广和农业科技进步的推动下，农林牧副渔全面发展——

1983年，全县棉花总产量2.361万吨，为历史最高水平；

1984年，全县蚕茧总产量4826吨，位列全省第二名；

1986年，全县粮食总产量突破60万吨。

此间，全县对外开放收获首批成果——

1984年，全县外贸收购额突破1亿元，成为全国第四个实现外贸出口超亿元的先进县，受到国务院嘉奖；

1985年，全县首家外资企业南通利通皋纺织有限公司成立，拉开如皋利用外资的序幕。

1986年，堪称如皋的第一个国际风光年。

——受国务院委托，如皋工艺丝毯总厂制作大型艺术壁挂丝毯《和平的春天》赠送联合国，悬挂于联合国大厅，全球媒体誉其为“代表中国丝毯织造工艺的最高水平”；

——在意大利佩夏举办的第十八届国际花卉博览会上,如皋“罗汉松”盆景鸣惊人,斩获国际博览会金奖,如皋盆景从此在国际舞台上名声大噪;

——如皋花卉盆景龙头企业“如皋绿园”与意大利、荷兰等国客商达成大笔花卉盆景出口交易,如皋花卉盆景成为如皋对外开放的“绿色使者”,漂洋过海,扎根异国他乡;

——南通第六建筑安装工程公司与南通市对外合作公司合作劳务分包约旦王国别墅工程,开如皋企业走出国门之先河。

1984年,城市经济体制改革的战鼓擂响,全县部分工商企业试行厂长(经理)负责制改革。至1987年底,全县所有县属工厂实行厂长负责制,所有县属商贸经营公司实行经理负责制。

在改革开放的第一波浪潮中,迅猛发展的乡镇企业运用横向经济联合、实现优势互补,与科研单位和大专院校联姻、争取科技和人才支持,开拓外贸出口市场等手段,使乡镇企业的总体规模、管理水平和产品档次跃上新的台阶。1988年,全县乡镇企业增加至1618家,其中出口创汇企业51家;实现产值11.17亿元,占全县工业总产值的60.61%;实现外贸供货额6283万元,占全县外贸供货总额的66.8%。乡镇工业支撑起全县工业经济的“半壁江山”。

1988年3月18日,国务院批准如皋城为沿海经济开放区之一。随后,江苏省政府分三批批准如皋各乡(镇)对外开放,如皋初步形成全面对外开放的格局。

20世纪80年代初开始,全县工业企业在强化企业内部管理的同时,开展产品质量创优活动,涌现出一大批含金量较高的优质产品。至“七五”期末,累计获国家质量金奖2个、国家质量银奖3个,有36个产品被评为部优质产品,有56个产品被评为省优质产品,获金银奖数量和优质产品总数在南通市6县中遥遥领先,优质产品涵盖食品、工艺、纺织、机械、电子、化工、建材等诸多行业。

20世纪80年代末至90年代初,全县工业经济发展陷入困境。在国家“双紧”方针调控下,部分工业企业未能紧跟市场变化适时调整产品结构,导致产品积压,效益滑坡,全县小微亏企业数量占企业总数的62%。1990年全县工业增幅3.9%,比1989年下降25—30个百分点。

1991年,正当全县人民奋力拼搏,克服经济滑坡所产生的重重困难的艰难时刻,喜鹊登枝——

经国务院批准,如皋撤县设市,计划单列;

全市实现国民生产总值16.46亿元,实现工农业总产值41.88亿元,在第一届全国农村综合实力百强县评比中位列第九十二位。

临门双喜,给奋力爬坡的如皋工业经济注入“兴奋剂”。

1990年,市委、市政府进一步加强对全市工业经济的组织领导,扭亏增盈、结构调整、体制改革“三箭齐发”,奋力扭转全市工业经济的下滑趋势。

1992年,在邓小平视察南方重要谈话鼓舞下,如皋经济开发区和如皋港经济开发区相继成立,全市外向型经济进入全方位推进、高速度发展的新时期。1993—1995年,全市每年实际利用外资700万—800万美元。

是年,南通六建公司签约总承包、南通六建公司东陈工程处承建的大庆商贸中心获“鲁班奖”,为如皋建筑业史上首次获得的中国建筑工程最高质量奖项。此后,“如皋铁军”声名远播,承建的重大工程在全国建筑工程质量评比中屡获殊荣。

从“七五”开始,全县适应国家产业结构调整,有组织、有重点地加大机械、电子工业的投入力度,引进技术设备,加速技术改造,提升产品档次,扩大生产规模。

至“八五”期末,一批具有较大规模的市属骨干企业脱颖而出。如皋电子材料厂跨入国家大型企业行列,南通电子专业设备厂被列为国家“火炬计划”高新技术企业,如皋无线电厂、南通矿山机械厂、如皋绢纺厂分别跻身全国电子、机械、纺织工业企业500强,江苏钢球厂综合效益位列全国钢球行业第三,如皋毛巾厂位列全国毛巾行业4强,如皋动力机厂位列全国小型柴油机行业第八位,如皋高压电器厂被列为全国高压开关主要生产基地之一。其时,全市共有国家大中型企业26家,在南通工业经济舞台上独领风骚，成为创造如皋工业经济辉煌历史的中坚力量。

1995年，全市完成工业总产值101.7亿元，突破百亿大关，实现农业市向工业市的跨越。

经济的快速发展，激发人民群众改善生活条件和居住环境的强烈需求，实施旧城改造成为如城人民群众的迫切愿望。

1995年夏，打通建设海阳北路工程拉开如皋旧城改造的序幕。历时半年余，在30万平方米的改造区内，建成38幢8万余平方米、公用设施配套比较齐全的绘园新区，1.5万平方米的临街商业用房和具有现代化道路综合功能的海阳北路及若干区间道路。当然，旧城改造中亦拆除部分具有保存价值的古建筑。至1997年，相继成功实施海阳中路与跃进路西段改造工程，一个充满现代化气息的如皋新城区呈现于世人面前。

迎着对外开放的春风放飞，如皋木偶艺术团成为国家和江苏省对外文化交流的使者，向全世界展示中国的悠久历史文化和如皋木偶艺术的精髓。

——1998年6月，受江苏省人民政府委托，赴韩国全罗北道进行友好省道之间的文化交流，为近4000名观众上演人演木偶剧《东郭先生》和儿童木偶剧《小鸡历险记》《小鸭子船长》等剧目；

——1999年5月，受文化部委派，赴罗马尼亚阿拉德市参加第四届欧洲木偶艺术节，献演大型神话儿童木偶剧《大禹治水》，获艺术节组委会颁发的特别奖。

20世纪90年代起，全市农业经济加快种植业结构调整，推进高效商品农业产业化建设，先后形成林梓镇洋葱、龙舌乡荷兰豆、马塘乡地草莓、建设乡大棚蔬菜、常青乡萝卜和黄瓜等各类高效商品农业基地，并在日光温室、拱形棚等农业设施上有了较快发展。同期，全市大力发展具有悠久历史和地域特色的花木盆景产业。1994年，建成苏北最大的花木交易市场"江苏花木城"；1996年，建成风景独特的"十里花市"。同期，全市以国家农业资源综合开发为契机，在完成全面治理高沙土的同时，大力实施以防渗渠为标志的农田基本建设，实行沟、渠、田、林、路综合治理。至2000年，全市兴建防渗渠道的总长度超过南通市其他县市之和，被列为全国300个节水灌溉重点县(市)之一。

1996年市委、市政府成功举办第一届中国(如皋)花木盆景艺术节。以花为媒，经济唱戏招商引资外向型经济，股份制经济，民营经济逐步成为工业经济新的增长点。至2000年，全市拥有各类规模以上工业企业1600多家，其中国家大中型企业27家、省级企业集团15家、省高新技术企业8家。

"九五"期间，全市外向型经济突飞猛进。1997年，全市外贸出口总额突破1亿美元，出口商品结构由初级产品向科技含量高、附加值高的产品转变，出口市场由单一的亚洲市场向欧美市场转变，服装、机电、畜产品、纺织品、食品成为如皋出口创汇的支柱产业，其中肠衣出口量约占全国肠衣出口总量的1/3。1998年，外经贸部授予南通六建公司境外工程承包直接签约权，如皋对外劳务发展出现量和质的飞跃。至2000年，全市共批准建立外商投资企业300多家，开业投产外资企业140多家，累计利用外资6000多万美元。

"九五"期间，全市各项社会事业取得骄人成就。1996年，获全国科技实力百强县(市)、全国体育先进县称号。1997年，获江苏省群众文化先进市称号。

全市经济社会全面跨越发展，开创了如皋向全面小康社会目标迈进的新局面。

抢抓机遇，开拓创新，建设全面小康社会

跨入21世纪，如皋人民意气风发，迈开建设全面小康社会的矫健步伐。

"十五"开局年，市委、市政府整体布局，提出重点实施"经济国际化、工业化、特色化、城市化"四大战略，探索建立现代企业制度，全面推进行政审批制度、投融资体制、财政体制、农村税费、土地流转机制、商贸流通企业、建筑企业、教育事业、卫生事业、城镇交通事业等16项改革。

2002年，全市实施工业产权制度改革，市委、市政府成立市属企业改革领导组。2001年9月，成立国

有资产经营有限公司。此后，经过3年改革改型和两年扫尾，国有大集体企业全部做底改革，国有企业共退出国有资产5000多万元，近3万名职工走向市场，量换劳动关系8000多人，国有大集体企业退出为国家贡献历史舞台。

——如皋百岁人瑞达到172人，占比为1.18人/万人，远远超过联合国确定的0.75人/万人的长寿地区标准，在中国县市中名列前茅；

——如皋举办全球首例“长寿文化节”，105位百岁寿星欢聚一堂，共享“太平盛世万岁宴”。

如皋地处经济发达的江海平原，所演绎的长寿神话引起海内外媒体和国内外老龄问题专家学者的格外关注。

春秋几度，各大媒体连篇累牍竞相报道如皋长寿现象，众多专家学者接踵而至，流连忘返，探究如皋长寿秘密。“世界长寿养生福地”成为如皋最具魅力的城市名片。

进入21世纪后，如皋花卉盆景产业实现量和质的飞跃。至2006年，全市花木生产面积增至1.09万公顷，占全市耕地总面积的13.27%；拥有专业苗圃100多个、花木生产专业村10个，从业人员6万余人；年产绿化苗木2.5亿株、草皮120万平方米、盆花1500万盆、鲜切花2000万枝；如皋花木大世界、华东花木销售广场、江苏花木城3个花木专业销售市场设有销售摊位2000多个，年交易额超10亿元。

继1996年成功举办第一届中国（如皋）花木盆景艺术节后，分别于2002年、2004年、2006年连续举办三届花木盆景艺术节，成功打造“中国花木盆景之都”的如皋城市名片。

2003年，市委、市政府实施“融入苏南，接轨上海，走向世界”的经济发展战略，如皋承接上海产业转移取得重大突破，成为全市经济发展的重要增长点。

——2004年，上海制皂（集团）如皋有限公司总投资4.5亿元的油化产品与精细化学品项目一期工程建成投产；

——2005年，上海轮胎橡胶（集团）如皋有限公司总投资13亿元、设计年产300万套全钢载重子午线轮胎项目一期工程竣工投产；

——2006年，江苏熔盛重工集团总投资49.6亿元的造船项目正式投产，首制船75500吨散货轮开工建造。

策应江苏省委、省政府2003年提出的沿江大开发战略，如皋在全省15个沿江县（市）中率先高起点编修并实施《沿江开放总体规划》。至2006年，如皋沿江开发取得骄人的阶段性成果。

——港口基础设施和功能配套设施建设投入资金41.7亿元，建成5万吨级专用码头3座，开工建设5万吨级公用码头4座；

——规划面积11.8万平方千米的如皋港新城区建设框架全面铺开，首批投入2亿余元的建筑和道路等基础设施投入使用，全长10.5千米的“两纵两横”骨干道路建成通车，如皋港新城区显现雏形；

——大型重点项目接踵落户，累计引进外资和市外民资项目116个，其中超千万美元项目41个、超亿美元项目4个。

“十五”期间，如皋道路交通建设突飞猛进，相继完成如港一级公路、疏港路、316与317省道如皋段、204国道如皋绕城段等重点道路工程和如皋—张家港汽渡建设，建成农村公路1500余千米，累计投入交通建设资金32亿元，形成沿海高速、204国道、如港一级公路贯穿南北，宁通高速、316省道、317省道横跨东西，骨干公路与农村公路连线成网，公路交通与铁路交通并驾齐驱的崭新格局，为如皋经济社会发展创造优越的投资、经营环境。

“十五”期间，如皋城市建设一日千里，先后完成旧城改造、内外城河整治、城市路网、城市绿化、城市亮化、雨污分流管网等重点工程建设，新开发商品房363万平方米，新增城市道路面积91.7万平方米，新增城市绿化面积191.66万平方米，累计投入城市基础设施建设资金76.15亿元。

“十五”期间，如皋外向型经济实现“撑竿跳”。5年累计实现注册外资16亿美元、到账外资4.04亿美元，双双接近改革开放27年的总和；5年累计实现自营出口总额9.7亿美元，是“九五”期间的2.1倍；5年累计实现对外承包劳务营业额2.98亿美元，是“九五”期间的4.7倍。

“十五”期间，如皋民营经济飞速发展，形成纺织服装、食品、石油化工、精细化工、新材料汽车配件、液压机、太阳能、电动车、肠衣等特色经济板块，在全市经济舞台上担纲主角，在南通市民营经济队伍中的排名渐次前移。

2006年，如皋民营经济主要经济指标综合考核位居南通市“第一方阵”。

——全市私营企业与个体工商户分别达14177个、42882户，位列南通市第二；

——全市私营企业总注册资本金245.09亿元，位列南通市第一；

——引进市外民资注册资本总额45.1亿元，并列南通市第一。

在全市民营经济舞台上，两匹“黑马”脱颖而出。

——如皋液压机产业是由40家企业组成的特色经济板块，2006年中国锻压协会统计显示，全国液压机行业实现销售额45亿元，其中如皋液压机行业实现销售额5亿元。如皋液压机占全国液压机市场九分之一，形成“买液压机，到如皋”的市场效应；

——如皋肠衣行业拥有年销售额3000万元以上的规模企业12家、个体加工户350余个。2006年实现销售额26亿元，约占全国肠衣销售总额80亿元的1/3。

“十五”期间，全市建筑行业加大科技装备和各类人才培养的投入，市场竞争实力进一步增强。至“十五”期末，全市共有144家建筑企业通过资质审定，其中一级建筑资质企业6家、一级专业资质企业3家、二级建筑资质企业l3家、二级专业资质企业l8家。全市建筑企业累计获“鲁班奖”(含参建“鲁班奖”)14项、国优建筑工程银奖4项、部(省)优工程13项。建筑业综合实力由原来的全省第十六位跃居第七位。

“十五”期间，如皋普通教育和职业教育水平攀上高峰，连续多年在全国高考中高位走强，在全省名列前茅。

2006年，如皋普通教育和职业教育水平创历史新高。

——普通高考本科上线人数超过南通市的25%，占全省的4%，其中600分以上的高分人数889人，列南通市第一；

——职业教育对口高考本科上线人数列全省第一，比南通其余县(市)的总和超出83人，并在参考的13个专业中获12个专业的南通市第一。

“十五”期间，如皋邮政系统的137名乡镇邮递员，往返于7300余千米的乡间邮路，风雨无阻，用爱心帮扶210余位孤寡老人，用真情铺就137条“爱心邮路”，成为新世纪精神文明建设的典范。如皋“爱心邮路”继2003年被评为江苏省第七届精神文明建设新人新事，先后获江苏省十大优质服务品牌、全国五一劳动奖状、全国邮政系统先进集体、“中华慈善奖”提名奖。2006年，如皋“爱心邮路”分别被中共江苏省委宣传部、中共中央宣传部列为全省和全国精神文明建设重大典型，并入选2006年江苏省十大新闻，成为继吴仁宝、张云泉之后，江苏省在全国精神文明建设方面的又一个标杆。

“十一五”，是如皋全面建成小康社会的决胜期。2006年，为确保实现全面小康目标，市委、市政府提出“经济国际化、新型工业化、产业集聚化、城乡一体化”四大发展战略，并作出“放大沿江优势，以沿江经济的高效突破，带动和促进如皋港开发区、中心城区、如皋经济开发区三大主体开发建设，以沿江开放口岸、主导产业、物流基地为支撑，带动全市经济发展”的“大沿江开发”战略决策。

2006年，如皋经济社会全面跨越发展、投资环境日益改善、竞争能力与日俱增的瞩目成就得到公认。

——1月，在上海举办的“长三角最具投资价值论坛”上，如皋市入围长三角最具投资价值县市；

——11月，2006年度全国中小城市综合实力100强测评结果揭晓，如皋市位列第七十六位；

——12月，全国第六届县域经济基本竞争力百强县(市)评比结果开榜，如皋市位列第九十五位。

全市经济建设、城市建设如火如荼之时，历史文化积淀深厚的如皋古城历史街区保护工作摆上市委、市政府的议事日程。

2007年,东大街、集贤里历史街区保护性改造、开发利用工程启动。按照国家历史文化保护权威、同济大学教授阮仪三主持编制的《保护规划》,在整体保护街区历史风貌的基础上,拆除老旧房屋、违章建筑,修缮风貌保持完好的传统建筑,疏解街区内的建筑密度和人口密度,改造更新街区内道路、给水、排水、路灯等公用设施,并以传统建筑形式建成李渔纪念馆、状元楼、状元祠等文化旅游场所。

如皋古城历史街区保护、利用工作的顺利实施,擦亮了"江苏历史文化名城"的如皋城市名片。

2008年,从北京传来振奋人心的喜讯:国务院正式批准如皋港为国家一类开放口岸。从此,如皋经济社会发展迈入大港时代,大沿江开发迎来新的发展机遇。

2009年,如皋收获改革开放以后具有里程碑意义的成果——

对照江苏省全面小康4大类18项25个指标,如皋市评分为98.8分,比省计划提前3年、本市计划提前1年总体建成全面小康社会。

"十一五"期间,全市综合实力大幅跃升,地区生产总值年均增长22.6%,财政收入年均增长43.1%,城镇居民人均可支配收入、农民人均纯收入年递增14.5%、14.3%,城乡居民储蓄存款余额年递增18.7%,全社会固定资产投资是"十五"期间的3.5倍,规模工业投入是"十五"期间的4.2倍,连续5年荣膺全国县域经济基本竞争力百强县(市),排名由95位前移至67位;转型升级成效显著,三次产业比重由15.4∶51.8∶32.8调整为9.6∶56.8∶33.6,装备制造业在规模工业中的占比70%,高效农业占比60.5%,服务业增加值、税收年均增长17.1%、33.7%,一般预算收入中税收占比87%,获专利授权是"十五"期间的32倍;对外开放成绩斐然,实现到账外资是"十五"期间的8.4倍,实现进出口总额是"十五"期间的6.4倍,实现外经营业额是"十五"期间的2.27倍;城乡建设五年巨变,城市化率比"十五"期末提高13.81个百分点,城市绿化率比"十五"期末提高6个百分点,中心城市建设投入是"十五"期间的3倍;民生事业长足发展,累计完成教育投入超过45亿元,建成省义务教育均衡发展先进县(市)、省教育现代化县(市),全市卫生服务体系健全率、社区卫生服务覆盖率、新型农村合作医疗参合率均达100%,城镇居民基本医疗保险、新型农村合作医疗、城乡最低生活保障、新型农村社会养老保险、被征地农民基本生活保障基本实现全覆盖,城镇劳动保障三大保险覆盖率达98%。

2010年,全市实现地区生产总值430.99亿元,人均地区生产总值34296元;第一产业增加值41.35亿元,第二产值增加值244.85亿元,第三产业增加值144.80亿元,三次产业比例调整为9.6∶56.8∶33.6;财政总收入78.08亿元,占地区生产总值比重为18.1%,其中一般预算收入33.69亿元;全社会固定资产投资253.37亿元,其中全社会工业固定资产投资198.17亿元、第三产业固定资产投资51.06亿元;协议注册外资15.05亿美元,到账外资3.40亿美元,进出口总值19.31亿美元,其中自营出口总额10.05亿美元;城镇居民人均可支配收入19825元,农村居民人均纯收入8695元。国家卫生城市、全国第十届县域经济基本竞争力百强县(市)第六十七位、全国绿化模范先进县(市)、全国老龄工作先进县(市)4项国家级荣誉的获得,为全市人民决胜"十一五"画上圆满的句号。

大 事 记

大 事 记

夏、商

公元前21世纪至公元前11世纪

禹平水土分天下为九州。“淮海惟扬州”，如皋境属“扬州”。

周

公元前11世纪至公元前771年

如皋境为海阳地。

公元前770年至公元前476年

今如皋境内建立氏族方国，后为吴国郧地。

公元前475年至公元前221年

公元前473年，勾践灭吴后向北扩展，如皋属越。约公元前306年，楚怀王灭越，如皋为楚国海阳地。公元前223年，秦灭楚后，如皋属秦。

秦

公元前221年至公元前207年

如皋先后划属九江郡、东阳郡。

汉

高祖十二年（公元前195年）至前元三年（公元前154年）

如皋为吴王刘濞封地。自前元元年（公元前179年）始，刘濞招天下亡命者至如皋蟠溪煮盐，并延凿邗沟至如皋运盐，名运盐河。

武帝元狩六年（公元前117年）

置临淮郡海陵县，县治泰州，如皋为其属地。

献帝建安十八年（213年）

曹操强令徙民，如皋成隙地，海陵县废。

三 国

赤乌四年，正始二年（241年）

东吴大司马吕岱招抚乡民回归，复置海陵，如皋仍属海陵县。

晋

东晋咸安二年（372年）

前护军将军庾希于如皋举兵造反，后去镇江。

东晋义熙七年（411年）

始有如皋县记载，县衙设于古运盐河北岸。同时有白蒲一带设置蒲涛县、石庄一带设置临江县的记载。

南北朝

北周年间（557—581年）

发生“海侵”（亦称海浸），蒲涛县废，临江县省入宁海县。

隋

开皇九年（589年）

如皋县省入宁海县。

开皇十一年（591年）

僧智顗于如皋村东南隅清除茅草兴建寺庙，定名“定慧寺”，并建十级宝塔1座。

大业十一年（615年）

冬，东海李子通举兵反隋，守宁海，控长江。

唐

贞观年间(627—649年)

如皋村先后建般若庵、广福寺、祖师观等庙宇。

大历年间(766—779年)

淮南节度判官李承实主持修筑捍海堰,俗称“皇岸”。

太和五年(831年)

海陵县5个乡析出,置如皋场。

开成四年(839年)

农历七月二十日,日本圆仁和尚随遣唐使入唐求法,在如皋镇接受边关检验。

大中年间(847—859年)

僧圆就于如皋镇东北隅建中禅寺。

五代十国

保大十年(952年)

如皋场升为如皋县,并于邗沟南岸淤高处重修县治。同年于县治东北隅建文庙。

宋

端拱元年(988年)

查道中进士,为如皋首位进士。

淳化四年(993年)

胡瑗诞生于县南胡家庄。

天圣二年(1024年)

范仲淹主持修筑捍海堰,1028年(天圣六年)告竣,俗称“范公堤”。

明道、景祐年间(1032—1038年)

如皋文庙始建大成殿。

庆历初(1041—1043年)

县令许元始建县治正厅谯门,元末毁于兵。

嘉祐四年(1059年)

农历六月初六,理学先驱、教育家胡瑗(安定)于杭州病逝,次年十月初五葬于浙江湖海何山。其三子志正于如皋城南胡家庄筑胡瑗衣冠冢。

政和元年(1111年)

道士丁志伦于县治后武庙西修缮祖师观,后易名灵威观。

宣和元年(1119年)

王俊义中状元。

建炎四年(1130年)

金兵入侵如皋数月。

绍兴元年(1131年)

文庙移建于县治西南隅,元末毁于兵。

景炎元年(1276年)

文天祥自京口(今镇江)脱险,经如皋至范公堤,由护堤人张阿崧护送至白蒲转去通州,渡海南归。

元

至元二十一年(1284年)

如皋县由中下县升为上等县。

至正十三年(1353年)

农民起义军张士诚部驻扎如皋,历时13年。

明

洪武元年(1368年)

县民于东陈修建贾公祠,祀春秋贾大夫。

知县宗行简重建县衙谯门。

洪武七年(1374年)

县境内设递铺11处:县前铺、北十里铺、二十里铺、三十里铺、东陈铺、蒋婆铺、丁堰铺、刘师铺、林梓铺、白蒲铺,原邗沟铺改称东十里铺。

洪武八年(1375年)

全县设社学84所。

洪武十五年(1382年)

文庙于原址重建。嘉靖十九年(1540年)移建至集贤里西侧(今如皋师范附属小学内)。

永乐三年(1405年)

如皋沿江坍塌30余千米,江势趋北。

永乐十七年(1419年)

倭寇侵扰,都督刘荣率兵围歼,斩倭742人,俘857人。

景泰五年(1454年)

农历五月,大雪,竹木多冻死。七月,复大雪,冰厚3尺有余,草木萎死。

天顺八年(1464年)

县教谕周鼎创修首部《如皋县志》。手抄孤本今存英国伦敦图书馆。

成化十七年(1481年)

知县胡昂浚县治西、南和西北角小沟,与运盐河连成环抱县衙的玉带河。同时移东西惠政桥之石建丰乐、集贤二桥。

嘉靖三年(1524年)

知县梁乔升在县治设育秀、正蒙两所社学。

嘉靖四年(1525年)

王学士祠于定慧寺西侧建成,祀宋龙图阁学士王觌。

嘉靖六年(1527年)

知县梁乔升在玉带河以内凿公井10口。

嘉靖九年(1530年)

知县吴宗元再修谯门。次年建谯楼。

嘉靖十三年(1534年)

知县刘永淮筑城门6座,以玉带河环绕。

嘉靖三十三年(1554年)

农历五月,倭寇劫东陈。倭退后,邑人李镇等倡议,奏请朝廷获发帑银2.8万两开凿濠河,修筑围内3.5千米的圆形城墙,辟4门、2水关。

嘉靖三十八年(1559年)

农历四月初七,倭寇入侵丁堰,河南千户王良、吕雄奉巡抚都御史李遂命率兵抵抗,战死。初九,倭寇围攻通州,平阳府游击邱陞与海防兵备副使刘景韶移兵扼守如皋城。六月二十九,邱陞单骑追倭至新沙,坠马为敌所害。刘景韶跟踪追击,全歼倭寇于刘庄场。

是年,知县童蒙吉拓地12亩6分有余,重修儒学。

万历年间(1573—1619年)

冒一贯于县城内东北隅筑水绘园。

万历十一年(1583年)

如皋置巡警铺6处,分设于东西南北四厢及东水关、北水关。1600年裁革。

万历十五年(1587年)

知县刘贞一在县城设社学3所。

万历二十二年(1593年)

知县王以蒙加筑四门月城。

万历二十七年(1599年)

知县张星于城墙加筑敌台13座。

万历三十年(1602年)

教谕黄梦麟移儒学泮池于棂星门外,并于连城河处建文德、武定二桥。

泰昌元年(1620年)

知县李衷纯奏请朝廷在南沙设安民营。

天启元年(1621年)

知县李衷纯提倡发展蚕桑、缫丝、制线。同时提倡植棉,发展土纺土织。又“相四境之宜,授民以植卉之方”,发展花木盆景生产。

崇祯十四年(1641年)

董小宛创制酥糖,自南京秦淮河邮寄给如皋冒辟疆,后成为如皋特产“秦淮董糖”,亦称“秦邮董糖”。

清

顺治二年(1645年)

农历五月十七,乡民陈君悦等于如皋城内结立中营抗清。七月,清军攻陷如皋城。九月,陈君悦、徐健吾率领起义军万余人攻城未克。十月,陈君悦遇难,徐健吾被擒,起义军失败。

顺治四年(1647年)

农历正月,如皋沙民首领李七、赵云起兵抗清失利,起义军1600余人丧生。

顺治十六年(1659年)

郑成功攻京口(镇江),经如皋,一度登南沙,占石庄。

顺治十八年(1661年)

知县李振奇督建江防墩台17座,沙民迁内地安插。

康熙三十五年(1696年)

白蒲“居三香”始制菽乳干(白蒲茶干),以工艺别致、色鲜味美著名。清乾隆皇帝下江南时,食后赞不绝口,并书赐“只此一家”条幅。

雍正二年(1724年)

如皋由泰州划归通州直隶州管辖。

知县曹枢于学宫东南隅建崇正书院。

雍正五年(1727年)

知县丁铨于县城内建盐义仓,并重建常平仓。

雍正八年(1730年)

知县彭履仁于县城内建社仓。

雍正十年(1732年)

林梓镇“老万和”茶食店用木模创制林梓槽糕,以用料上乘、制作精巧著名,后俗称林梓潮糕。

雍正十二年（1734年）

农历六月，暴风雪，大风雨，海潮溢，县城城垣、敌台、水关坍塌16段，计85丈。

乾隆十二年（1747年）

知县赵廷健于县城内东北隅露香园故址建雉水书院。

乾隆二十三年（1758年）

汪之珩于县城内水绘园河西筑水明楼。

乾隆三十三至三十五年（1768—1770年）

知县崔正音、原知县何廷模（时任高邮知州）奉委领帑修如皋城。

乾隆五十一年（1786年）

县内驿铺间增设腰站5处，传递军务文报，供往来官吏憩歇。

道光二年（1822年）

县城留养堂于广福寺后建成，收养孤苦老人。

道光二十七年（1847年）

邑人吴殿扬等捐款于北街创办抚幼义塾，收养孤苦幼儿读书习艺。

咸丰初年（1851—1853年）

同和泰制腿栈创制如皋火腿。

同治二年（1863年）

知县周际霖捐资于安定书院西创办养蒙义塾，并借学宫西水龙局设正蒙义塾。

同治十年（1871年）

全县坍没滨江良田269.89亩、草滩705.78亩。

光绪六年（1880年）

如皋丁堰名中医（任浙江鹾尹）薛宝田受荐赴京为慈禧太后治病。

光绪九年（1883年）

两江总督左宗棠拨款修筑范公堤。

光绪十年（1884年）

全县坍没滨江良田17966亩、草滩76810亩1分2厘4毫。

光绪十六年（1890年）

县城已有钱庄、钱店20余家。

光绪十七年（1891年）

农历四月，如皋民众掀起反洋教风潮，焚烧天主教堂。

光绪二十年（1894年）

翰林院庶吉士沙元炳（健庵）奉两江总督张之洞令督办如皋团练。一年后撤除。

光绪二十一年（1895年）

春，如皋电报支局、裕宁官钱局如皋分局成立。

是年，位于如皋城北大街曹家桥西的如皋广丰制腿公司开业。

光绪二十三年（1897年）

知县龙璋创办如皋小学，开如皋现代教育先河。

光绪二十八年（1902年）

沙元炳等于县城东南隅东岳庙、常胜庵创办如皋公立简易师范学堂，为全国最早的中等师范学校之一。

镇江邮区如皋邮政分局于县衙东城隍庙成立。

光绪二十九年（1903年）

沙元炳筹办如皋商务分会，次年建成，沙元炳任总理。

安定书院改为安定学堂，民国14年（1925年）改称安定小学。

光绪三十年（1904年）

如皋师范学堂副办张藩赴日本考察教育。

如皋设保甲局，次年改为巡警总局。

光绪三十一年（1905年）

5月，如皋设学务公所，沙元炳任主管。

是年，社学停办，如皋初级师范兼附属高等小学堂定名。

光绪三十二年（1906年）

8月，知县周景涛创办孤幼初等小学堂，开如皋职业教育先河。

光绪三十三年（1907年）

春，沙元炳、张藩等筹办测绘专科学校，附设于如皋师范学堂内，招收学生30人。

3月，沙元榘于县公署东创办艺徒学堂，后改为乙种工业学堂。

初夏，如皋县第一届运动会于县城西门外大校场举行，比赛项目有乒乓托球跑、拐子马、游戏、徒手操、器械等。

是年，县学务公所改称劝学所，总董沙元榘，全县公私学堂增至155所。

沙元榘创办沙氏女子初等小学堂。

光绪三十四年（1908年）

秋季，阳春茶园（后称兴商茶园）于县城内东十字街北建成开业,为如皋最早的戏园。

是年,定慧寺监院根源等发起集资,在中禅寺内创建僧立两等小学堂。

如皋城碗店巷香肉店店主曹鸿吉试制香肠成功。所产香肠于宣统二年(1910年)江苏物品展览会获奖。

大咸官盐栈开业,禁止无证私商买卖食盐。

如皋师范学校兼办中学,易名为如皋初级师范兼中学附属高等小学堂。

宣统元年(1909年)

3月,私立乙种商业学堂于北门城内范家桥南创建。

是年,知县郭曾程邀请地方士绅及富有农学经验的人士成立如皋县农会,公推沙元炳为会长。

宣统二年(1910年)

4月10日,县教育会创办《如皋白话报》,初为半月刊,后为月刊。民国3年(1914年)停刊。

是年,如皋广丰腌腊制腿公司生产的火腿,柴湾菁华斋生产的卫生香、蚊烟香和民间送展的贴绒画、包灯、风筝,分别获"南洋劝业会"物品博览会优异荣誉奖和嘉奖。

如皋广丰腌腊制腿公司所产火腿在宣统二年(1910年)檀香山博览会上获奖。

全县开始实行城乡自治制,城厢更名城市,设自治公所。

宣统三年(1911年)

11月23日,如皋光复,成立县民政分府,周莲为司令,蔡竹贤为军政长,沙元炳为民政长。原知县郭曾程改任县审判厅厅长。

中华民国

民国元年(1912年)

县民政分府改称民政公署。次年,民政长改称县知事。

民国2年(1913年)

10月,《如皋通俗报》创刊,为县公署机关报。

是年,沙元炳当选为江苏省议会议长(未到任)。

民国3年(1914年)

春,私立博爱医院于章家祠创立,为如皋西医之始。

5月10日,如皋绢灯、贴绒、发网在巴拿马赛品展览会上展出。次年,如皋绢灯获巴拿马国际博览会金奖。

7月14日,沙元炳、许树枌等于如皋城马家巷筹办贫(平)民工厂。后改名"如皋县立工厂"。同年,于县公署东创办县立女子职业学堂。

8月,如皋水利会成立,并筹办测量(绘)局,开始清丈田亩,测绘全县地形图。

是月,如皋修志局成立,开始编修《如皋县志》,历时19年完稿。为如皋历史上第11次修志,俗称民国《如皋县志》。

是年,江心孤岛"二百亩"西北涨出一片青沙滩。

民国4年(1915年)

8月,县公署在城东北隅原逸园、壶领园(古澹园)旧址兴办如皋公园。

11月,县学生联合运动会于公园举行。

民国5年(1916年)

11月,县公学运动场改建为县公共体育场。1929年迁县城西南隅辟地重建。

民国6年(1917年)

1月,县通俗图书馆、县通俗教育馆分别于孔庙尊经阁、明伦堂开馆。

是年,县公署发布制备象征五族(汉满蒙回藏)共和的红、黄、蓝、白、黑五色国旗及剪辫通令。

沙元榘于如皋城烈女祠巷内主持建立如皋女工传习所。

如皋县民政公署报请围垦长江边的青沙滩,次年植芦后,滩地淤涨加快。

民国7年(1918年)

皋明电灯公司于县城东水关南河边创立,始用柴油机发电。

民国8年(1919年)

5月,县学生联合会成立。

6月4日,县学生联合会以马颐和徐家瑾为首,查获如皋城大同商店日货,搬至城隍庙烧毁。

8月,如皋旅外学生会成立。

12月7日,如皋60余所学校师生为福州事件举行游行示威,将查获的日货焚毁。

民国9年(1920年)

县民政公署试办如皋农业试验站,从事良种繁育和农业技术推广。

民国10年(1921年)

春,县清丈局成立,开始丈量全县田亩。至1928年结束。

4月,沙元炳等于沙家河塘创办公立医院。1928年,迁址益人桥南。

是年,县路工处开始勘测通榆公路如皋段(白蒲至马王沟)工程。历时3年筑成通车。

永安沙垦殖社成立,主持永案沙垦区围垦。

民国11年(1922年)

8月27日,吴亚鲁、魏建功、吴舒国等发起于如皋师范附属小学成立进步团体"平民社"。11月1日,创办社刊《平民声》,进行反封建思想宣传。

是年,如黄公路动工,历时2年建成通车。

民国12年(1923年)

5月9日,如皋千余学生于公共体育场举行国耻纪念大会,反对日本帝国主义侵占旅顺,要求取消《二十一条》不平等条约,并进行游行宣传。

6月,县立初级中学于县公署东北侧创建。

民国13年(1924年)

留美学者陈端(心铭)等集资20万元,于丁堰镇筹办阜昌染织公司。

民国14年(1925年)

1月,江苏省第二代用师范(如皋师范)学生陆景槐(植三)、苏德馨等组织进步团体"劲社"。

6月,如皋学生、工人、市民等组织"五卅惨案"后援会,声援上海工人斗争。

是年,美国长老会传教士到如皋,设立福音堂,开始传教活动。

民国15年(1926年)

年初,如皋县农民协会成立,张连生、苏德馨任正副会长。

9月,中共江浙区委派张连生、杭果人到如皋,开展农民运动和发展党组织。

是月,中共如皋独立支部于鄂家埭小学成立,陆景槐(植三)任书记。

下半年,中国共产主义青年团如皋县特别支部成立,书记王涌江(王盈朝)。

民国16年(1927年)

元旦,国民党如皋县党部于如皋城北门外许家巷许秀龙家中成立,由中共党员陆景槐、王盈朝等担任领导职务。

3月,军阀孙传芳残部周荫人部队撤逃至如皋地区,在如皋城内勒索军饷数万元。中共党员张连生、徐芳德组织如皋西南乡80余村农民以锄头、钉耙为武器,防御北洋军伐孙传芳的所谓五省联军。4月8日,双方在张黄港发生冲突,联军死10人,农民牺牲17人。

5月10日,县城300多黄包车工人举行罢工,反对政府禁止在大街、桥尾、巷头停车,获得胜利。

是月,北伐军抵达如皋,国民党公开执政,改县公署为县政府、县知事为县长。

张连生被国民政府悬赏通缉。6月于上海被捕牺牲。

7月24日,国民党如皋县党部特别委员会成立,县农民协会接管县农会。

7月29日,国民党成立如皋县清党委员会。

7月,中共如皋县委员会于如皋城内西南城脚福成庵成立,书记王盈朝,委员苏德馨、徐芳德、叶胥朝、陈其理。

8月21日,国民政府如皋县政府县长乐济安侵吞公款潜逃。9月24日,中共党员苏德馨以国民党如皋县党部名义,联合县工会、商会等11个团体向省告发,斗争取得胜利。

10月13日,县总工会筹备处成立。

10月20日,如皋西乡农民在徐芳德领导下,捣毁借禁毒之名,行敲诈勒索之实的搬经禁烟局。

年底,国民政府如皋县妇女协会正式成立。

是年,国民政府改变县行政公署兼理司法体制,如皋县法院成立。

民国17年(1928年)

2月,中共江苏省委派黄逸峰到如皋,于福成庵召开县委扩大会,传达省委指示:打入国民党县党部的地下党员全部撤出,深入农村发动和组织农民暴动。

4月初,中共江苏省委农委书记王若飞和省委特派员杭果人到如皋,4月13日成立农民暴动委员会,决定5月1日联合泰兴举行农民暴动。

4月29日,如皋县城黄包车工人在周惠吾、刘君霞领导下,以反对增加月捐为由举行罢工游行示威,策应西乡农民暴动。

5月1日,如皋"五一农民暴动"开始,如皋西乡农民暴动首攻敌据点文武殿获胜,当晚于朝西庄召开誓师大会,成立如皋农民起义军指挥部,总指挥顾仲起。至5月4日，先后发动1万余人，攻打和火烧敌据点2个、地主庄园23个。

5月2—4日，国民政府如皋县政府成立如皋治安维持会，在多处搜查中共如皋县委地下交通站，刘君霞、周惠吾、任百川、魏廷玉、陈其理等被捕。15日，刘君霞、周惠吾等9人被杀害于如皋城西门外大校场。

5月5日，国民政府江苏省政府调动泰州、扬州、高邮、南通、靖江等县公安大队和四十六军一部，共1500多人，并调遣靖平、昭武、建勋3艘军舰，封锁长江沿岸港口，镇压如皋、泰兴农民暴动。

6月16日，中共党员苏德馨、张兆山于掘港银杏埠附近被捕。7月8日被杀害于如皋城南门小校场。

6—8月间，如皋红军游击小组成立。

7月，吴亚苏主持重新建立中共如皋县委，代号“高仙普”，吴亚苏任书记。

10月30日，打入国民党《皋报》社任总编辑的中共党员徐家瑾被捕。民国20年(1931年)2月25日于镇江北固山遇难。

民国18年(1929年)

1月10日，中共如皋县委书记徐芳德于西乡六甲被捕，当月27日被杀害于如皋城北门外。

4月7日，中共如皋县委于镇涛区庄屋圩召开大会，宣布镇涛红军游击队正式成立。

6月1日，如皋派代表去南京参加孙中山奉安典礼。后于如皋城建中山钟楼、中山纪念堂、中山亭，命名中山路、中山桥、奉安桥等以示纪念。

6月15日，中共如皋县委书记吴亚苏于南乡镇涛区陈家市参加如皋、泰兴、泰县三县县委联席会议后被捕，8月3日被杀害于如皋城西门外大校场。

6月，国民政府颁布“县组织法”。如皋全县分为18个区，原行政局改为区公所，同时划分487乡和61镇，分别设乡、镇公所。

8月28日，中共如泰中心县委于江安区宝庆寺召开大会，宣布成立“如泰工农红军”。

秋，县救济院院长沙元榘在如皋城内创办聋哑学校。

9月，中国制腿公司如皋毛猪加工厂于如皋城北门外正式挂牌开业。

11月初，中共江苏省委派薛衡竞到如泰，将如泰工农红军扩为大队，薛衡竞任大队长。23日，省委又派黎昌盛到如泰工农红军，负责政治工作。

民国19年(1930年)

2月10日，中共如皋县委书记韩铁心，率红军于高家庄攻打县警察队时负伤，至上海医治无效于5月23日逝世。

是月，中共中央军委、中共江苏省委决定，正式组建红十四军军部，何昆任军长，董畏民任政委，薛衡竞任参谋长，余乃诚任政治部主任。

4月3日，中共通海特委于江安区贲家巷召开万人大会，正式宣布中国工农红军第十四军成立。

4月16日，红十四军二支队及赤卫队等万余人分3路攻打老户庄地主庄园，战斗失利，军长何昆牺牲。

5月1日，如皋县工农兵革命委员会于贲家巷成立。

6月，江安区六甲、朝阳、陈堡3乡苏维埃政府成立。

是月，经中共中央军委批准，李超时任红十四军军长兼政治委员，张世杰(朝鲜籍)任红十四军一师师长兼二团团长。

7月12日，中共通海特委书记刘瑞龙、红十四军军长兼政委李超时奉省委指示，于水洞口召开万人大会，整顿军纪，宣判党内腐化堕落分子孙盛(原县委经济委员)死刑，立即执行。

9月9日，红十四军在镇涛区田家埠与李长江部激战失利，红军被迫分散活动。

10月，李超时、刘瑞龙、曹斌奉命离开如皋西乡去上海，红十四军活动暂时停止。

11月，中共江苏省委委派穆子奇为如皋县委书记。穆子奇带领曹玉斌、朱香九等人途经江阴到如皋时被捕。次年3月12日牺牲于镇江北固山。

是年，如皋合作社指导局成立，试办农业合作社和农业试验站。

民国20年(1931年)

2月7日，中共如皋县委书记汤仕伦、如皋西乡区委书记汤仕佺，在上海龙华遭秘密杀害。

7月3日，连日大雨，江河水位暴涨，永安沙坍坎，周圩闸被冲倒，禾苗淹没，很多房屋倒塌。

8月28日，中共如皋县委书记于咸等3人，于江安区朝西庄遭保安队包围,突围中牺牲。

9月27日,国民党县党部在如皋人民的推动下,于公共体育场召开反日救国民众大会,并举行游行示威。

民国21年(1932年)

2月,中共如泰县委成立,吴汝连(鲁连夫)任书记。

是月,"一·二八"事变后如皋民众发起组织救国金募集委员会,先后募集4500多元,分别寄给上海十九路军蔡廷锴和东北义勇军马占山各1000元,其余用于重建邱公祠。

9月19日,白蒲至伍厢庵一带农民近2000人,趁当地"迎神赛会"之机举行暴动,打伤警察局长,捆绑保安团军警8人,缴获步枪5支。

是年,国民政府如皋县政府修筑如皋至石庄的龙游路。民国23年(1934年)延伸至新生港,定名如新公路。

民国22年(1933年)

4月28日,中共如泰县委书记吴汝连等9人在江安区苍蝇头遭如皋县保安队包围,吴汝连等7人牺牲,2人被捕。如皋党组织暂时停止活动,如泰地区农民武装斗争中断。

民国23年(1934年)

3月,如皋全县改划行政区,撤销第二区(东陈)、第十区(苴镇)、第十四区(镇涛),分别并入丁堰、丰利、车马湖3个区,原18个区划并为15个区。随后推行保甲制。次年完成,共委任保长3087人,甲长30891人。

6月28日,国民政府如皋县禁烟(毒)委员会成立。

9月,国民政府如皋县政府奉江苏省民政厅令,在如皋公园建造"民三三烈士纪念塔"。

12月,浦启公路如皋段张黄港至黄家市拓宽工程动工,次年3月竣工。

是年,如皋送展的"松寿锦灯""秦扇锦灯"等工艺灯彩,于江苏物品展览会上获优等奖。

如皋轮船站于如皋城东门外三官殿桥北建立,开办南通至扬州和如皋至掘港航班。

民国24年(1935年)

下半年,如皋进步文艺团体"春泥社"成立,并在《如皋导报》《皋报》编辑出版《春泥》《谷雨》等副刊。

民国25年(1936年)

元旦,如皋"春泥社"成员成立地下活动小组,到工厂、学校进行革命活动。

9—10月,全县恶性疟疾流行,染及5万余人,死亡3000余人。

民国26年(1937年)

10月,"春泥社"叶胥朝、俞铭璜等创办《救亡》《民族解放》等刊物,俞铭璜、沈絜等组织"春泥剧团",进行抗日宣传。

民国27年(1938年)

3月上中旬,国民党如皋县党部、国民政府如皋县政府撤往李堡、丰利、马塘等地,在如皋西乡成立如皋县西南行署。

3月19日,日本侵略军占领如皋城。

3月下旬,于志文与日本侵略军军官横山正、宪兵队长崛内三郎勾结成立如皋维持会。8月,改称自治会。冬,改称县公署。于志文先后任会长、县知事。

4月29日,江苏省常备二团薛承宗部夜袭驻如皋城内日本侵略军,未克。次日,日本侵略军烧毁4门外商店、学校、寺庙、民房191户,1300余间。

6月7日,驻如皋城日本侵略军柴田部队下乡"扫荡",经丁堰向东至崔家河受到江苏省常备二团阻击,双方伤亡均较重。

6月,如皋人民抗日自卫队第二大队于夏堡成立,季恺任队长,后被江苏省常备一团何克谦部缴械。

9月26日,驻石庄日伪军50余人下乡"扫荡",经伍厢庵渡口渡河。船夫顾伯达颠翻渡船,淹死日本侵略军联队队长大西猛、中队长宫本等5人。当天日本侵略军进行疯狂报复,于大石家庄枪杀群众107人,烧毁民房300余间。

是月,中共江苏省委陆续派周一峰、钟民等到如皋东马塘地区,开展革命活动。

秋,江苏省政府主席韩德勤任命抗战支队司令吴卫久为如皋县长,活动于如皋东乡。

民国28年(1939年)

春,韩德勤就任鲁苏皖战区副司令后,将苏北地区的武装整编为江苏省保安旅,原活动在如皋地区的省常备二团编为第一旅,常备一团编为第四旅。

1月27日,省保安一旅攻打石庄日本侵略军据点,未克。战斗中一旅三营排长李德本等30余人牺牲。

是年,如皋至李堡的如李公路和丁堰至岔河的如坎公路开始修筑。

民国29年(1940年)

8月3日,新四军挺进纵队进入如皋西乡卢港、江安地区。

是月29日,如皋县抗日民主政府于卢港成立,县长梁灵光。

是月,中共如(皋)泰(县)泰(兴)工作委员会成立,许家屯任书记。

9月中旬,中共如皋中心县委员会于卢港成立,钟民任中心县委书记。主要领导通(州)、如(皋)、海(门)、启(东)、崇(明)5县党的工作。

10月,黄桥决战胜利后,中共如皋中心县委、如皋县政府随新四军继续东进如皋东乡,接管国民政府如皋县政府,并在通扬河河西建立如皋县西南行政公署,同时建立中共如西县委员会。

11月,如皋县西南行政公署设田赋征收处,开始征收救国公粮、公草。

冬,中共如西县委建立新华社新闻收讯台,编印电讯新闻。民国30年(1941年)4月创办《如西报》。

年底,如西各区、乡建立农民、妇女、青年学生等抗日群众团体(组织)。

民国30年(1941年)

2月,如西县警卫团成立,团长季恺(兼),政委许家屯(兼)。

3月,如皋正式析为2县。以通扬河为界,河东地区为如皋县,河西地区为如西县。季恺任如西县县长。

4月,中共苏中第三地方委员会、苏中第三行政区专员公署和苏中军区第三军分区司令部于如西成立。领辖如西、泰兴、靖江、泰县、泰东、紫石等县。地委书记韦一平,专员朱克靖,司令员陈玉生,政委叶飞(兼)。

同月,汪伪国民党如皋县党部于如城成立,主任委员冯丙乙。

5月下旬,中共苏中三地委于卢港召开扩大会议,讨论部署减租减息、扩大和巩固抗日根据地等工作。

是旬,如西县农民抗日联合会成立,丁正铎当选会长。

7月1日,中共苏中三地委机关报《江潮报》于如西创刊,《如西报》同时停刊,由县农会另办《种田人报》。

7月,如西县调整行政区划,将运盐河以西、小溪河以北的邓园、庆余、鹿门、周庄、太平、元通、野林、蒲东8个乡及原夏堡区的湖林、萧马、陆桥、夏堡、倪港、谢李6个乡组建为城区。民国31年(1942年)12月22日,城区划归泰县代管,易名如城区,抗战胜利后从泰县划回,更名城西区和夏堡区。民国35年(1946年)12月再次划给泰县代管,仍名如城区。民国38年(1949年)4月1日从泰县再次划回,仍名城西区和夏堡区。

9月,中共如西县秘密县委成立,胡锐(李友白)任书记。

秋,如西县第一届参政会于卢港区小朱庄召开,讨论巩固民主政权、减租减息、壮大武装力量等议题,选举丁正铎为议长。

11月14日,叶飞指挥新四军一旅一团,于高明庄毙伤日伪军300余人,俘日本侵略军2人。

民国31年(1942年)

3月,如西县独立团重新组建,团长季恺,政委周特夫。

4月12日,新四军一旅二团对如黄线东段新筑的陆家庄据点发起猛攻,毙伤伪官兵93人,生俘42人。

4月15日,新四军一旅二团进攻白蒲日伪据点,歼伪三十四师特务团大部,活捉副团长蒋翼飞和全部伪警察,烧毁日伪“江北公司”。

夏,中共苏中区党委对县区行政区域作部分调整:泰兴县的珊瑚区以及南通县的平潮以西地区划归如西县领导;龙游河以东地区成立如西县东南行署。

8月1日,新四军一师一旅一团和旅特务营各一部及如西独立团对如黄公路沿线搬经、芹湖、卢港等伪军据点发起进攻,毙伤伪军70余人。次日袭击水洞口据点,重创伪二十六师陈才福部。

8月30日,如西县万余群众包围磨头西河湾伪军据点,捣毁竹篱笆工事两道,活捉伪哨兵1人。

9月5日,石庄、江安两万余群众包围水洞口伪军据点，击毙伪军7人，迫使伪营长承诺不再下乡抢劫、拉夫、收税。

9月26日，度军井、卢港等区民众3万余人包围加力伪军据点，获胜。

9月，中共苏中三地委于如西县陈堡乡进行“新乡制”试点，实行民主选举，产生全专区第一个乡抗日民主政权。

11月25日，著名爱国民主人士邹韬奋抵如西，苏中三地委和中共如西县委于滨江中学举行欢迎会，邹韬奋在会上畅谈民主团结问题。

11月27日，如西县地方武装配合苏中三分区主力部队在丁堰西北洋桥口伏击日本侵略军汽车，击毙日本侵略军少佐探长丸山甲及另一名少佐，生擒日本侵略军3人。

是年，头案港外围坍塌后，原址涨出新沙，被称作“又来沙”。

民国32年(1943年)

5月4日，如西县军民配合四分区反“清乡”斗争，破拆白蒲至林梓一线日伪封锁用的竹篱笆。16日夜，将丁堰至林梓间沿河12里竹篱笆拆除烧毁。

5月19日，苏中三分区主力部队攻打伪腰庄桥据点，生俘伪军30余人。

7月1日夜，如西县东南地区群众参加三、四分区统一组织的“七一”大破拆战，拆毁丁堰至任口之间全部竹篱笆。

7月14日，如西县警卫团配合分区特务团攻占“清乡”区外围的新坝、老坝两敌伪据点，歼日本侵略军伍长以下8人、伪团长以下30余人。25日，再次于新坝围敌打援，俘日本侵略军1人、伪军15人。

8月，各区进行新乡制试点，民主选举乡政府成员和乡长，废除保甲制，至年底结束。

是年，新生港镇与永安沙附七二案间筑海坝，永安沙与江北岸并接，夹江断流。

民国33年(1944年)

1月5日，打入伪三十四师任副参谋长兼一三五团团长的中共地下党员施亚夫，率伪军1个营于加力起义。22日，施部改编为苏北人民抗日自卫军通如纵队。

2月7日，伪三十四师特务二营营长薛人杰于薛窑率部200余人起义，被编为通如纵队第三支队。

5月，中共如西县委机关报《如皋大众》创刊。

是月，全县开展动员参军运动，共有700多人入伍。9月，为参加秋季大反攻，全县又动员1365人参军入伍。

7月30日，驻永安沙的伪如皋县保安第九中队100余人，在队长王宝树(中共秘密党员)率领下起义。

秋，日伪政权在如皋划分“扩展清乡”区，改设如城、如安、如丰、如东4个“清乡”特别公署。

11月21日，如西县警卫团于大顾庄，毙伤由石庄下乡“扫荡”的日伪军60余人。

民国34年(1945年)

3月31日，如西县警卫团一连配合车马湖区队，袭击从磨头下乡“扫荡”的日本侵略军1个小队，于东陶庄歼小队长以下7人。

3月，如西县创办商业贸易机构——裕民公司。次年，改称如皋县江海公司。

6月，如西县警卫团一部奉命渡江，支援苏南六分区军民抗击伪忠义救国军，在江阴县青阳、顾山、后塍一带，歼敌一部。返回途中，在靖江县土桥遭遇战中，歼靖江伪军大队一部。

8月中旬，苏中三分区主力部队与如西警卫团相继收复分界、搬经、加力等地，驻分界伪军独立十九旅团长李明华率部300余人投诚。

8月22日，驻如皋的日本侵略军撤往南通集中缴械。驻如皋的伪军独立十九旅和伪如皋县保安大队共3000余人拒不投降。9月15日，如西、如皋、泰县3县军民1万余人围攻盘踞如皋城的伪军。18日，苏中军区特务旅4个团及人民抗日自卫军通如纵队开抵如皋投入战斗。21日全歼拒不投降的伪军，收复如皋城。

9月22日，如西县政府根据苏中行政公署决定，随新四军进驻如皋城，如西县复名如皋县，原设在东乡的如皋县易名如东县。

是日，中共如皋县委机关报《如皋报》创刊，社长祝见山。

9月25日，如皋耀如电厂恢复供电。

9月，如西警卫团上升为苏中三分区特务三团，重新组建如皋县总队，总队长汤景延(后为顾维汉)，政委周特夫(后为谢克东)。

10月7日，如皋县人民审判委员会成立，主任叶胥朝。公审第一批罪犯晏子善、裴啸虎、孟宪仑、赵清玉。19—20日,如皋人民审判委员会召开公判大会,判处赵清玉、晏子善、黄锡兰死刑,判处裴啸虎有期徒刑15年。

10月27日,中共如皋县委召开县农抗扩大会,成立县农民协会。

11月,中共华中第一地方委员会于如皋城成立,书记钟民,副书记洪泽。

12月1日,苏皖边区第一行政区专员公署于如城成立,专员贺希明,副专员梁灵光,领辖南通、海门、启东、崇明、如皋、如东、紫石(今海安)、泰县、泰兴、靖江、东台、台北(今大丰)等12县。

12月5日,华中第一军分区司令部于如皋城成立,司令员张震东,政治委员钟民,副司令兼参谋长梅嘉生,副政治委员兼政治部主任许家屯。

12月9日,原苏中三、四地委的《江潮日报》《江海日报》合并为《江海导报》,《江海导报》为一地委机关报。

民国35年(1946年)

1月1日,人民政权如皋县政府成立后勤委员会,动员城区各乡农民5000余人配合驻军修筑城墙。

1月5日,人民政权如皋县政府于如皋城召开自卫战争紧急动员大会,会后举行示威游行,反对国民党发动内战。

1月13日,如皋县人民审判委员会在如皋城召开两万余人公审大会,宣判伪独立十九旅旅长孔瑞五、伪如皋县保安大队长孟宪平死刑并立即执行。

1月13日,国民政府军队七十一军九十一师二七一团、二七二团抵平潮,当晚12时派出部队向驻白蒲的华中野战军苏中一分区特务三团彭桂卿部挑衅,在苏中打响破坏国共《停战协定》的第一枪。

1月15日,国民政府军队强占白蒲,国民党党政机关、保安队、还乡团等随军进驻白蒲。

2月10日,如皋县参政会接受白蒲难民要求,举行第九次驻委会,议决电请北平军事调处执行部严肃处理白蒲事件。

2月15日,根据华中一地委的统一部署,全县开始惩奸运动,处理一批伪行政人员,伪军,伪情报、特工人员等。

3月15日,北平军事调处执行部淮阴执行小组中共代表韩念龙、国民政府代表萧凤岐、美方代表邓克于下午6时抵达如皋调处白蒲事件。16日,白蒲人民代表徐浩泉向执行小组控诉国民政府军占据白蒲危害人民的罪行。17日,执行小组赴白蒲视察。21日,徐浩泉遭国民政府特务杀害。

4月6日,如皋县参政会暨如皋城各界万余人,于如城公园举行徐浩泉追悼大会。

5月25日,中共华中一地委于如皋城召开分区直属机关党员干部和如皋县各区委书记联席会议,贯彻中央《关于清算减租及土地问题的指示》,确定如皋柴湾,海安西场、喧口3个区为土改实验区。

7月上旬,华中野战军于如皋城西云路巷原县教育局内召开自卫战争动员大会,滕代远、粟裕、谭震林、张鼎丞、李一氓等到会讲话。随后不久,粟裕、谭震林等于孔庙尊经阁召开团级以上军事干部战斗准备会议。

7月16日,苏中战役(如)皋南战斗开始。华中野战军第一师、第六师、第七纵队于鬼头街、杨花桥、宋家桥等地阻击北犯如皋的国民政府军,激战3天,歼国军四十九师师部及1个半旅共1万余人。

7月23日下午,驻如皋城的苏皖一专区及如皋县党、政、军机关主动撤出。国民政府军一七八、一七九旅在飞机掩护下侵据如皋城。

8月1日,如皋县警卫团配合分区部队,于丁堰、林梓间炸毁国民政府军汽车7辆,缴获弹药400箱。

8月21日,苏中战役丁(堰)林(梓)战斗打响。至22日,华中野战军全歼国民政府交通警察总队5个大队和二十六旅1个营共3000余人。

8月26日,苏中战役如黄路战斗开始,至27日,华中野战军于分界、谢家甸歼国军九十九旅、一八七旅等两个半旅1.7万余人。

是月,全县动员支援苏中战役民工6.8万多人,担架1.1万多副,手推车1.2万辆,送军粮50多万千克。

9月,全县土地改革基本结束,15个区137个乡,共分田120万亩,80万贫苦农民受益。

10月,全县动员千余人参军,其中送主力部队400人,上升分区特务团400人,补充县警卫团

200人。

是月，中共如皋县河东工作委员会、如皋县东南行署成立。

11月4日，国民政府军队四十九师两个营对如皋龙游河东地区开始第一期“清剿”。

11月12日，中共华中一地委成立南线党政军委员会，领导南线如皋、泰兴、泰县、靖江4县敌后斗争。

11月，县内干部分4批北撤，首批由县长陆植三带领于月初至台北（今大丰）。19—23日，在中共华中一地委统一领导下北撤干部3次强渡通扬河，经油坊头北撤台北。

民国36年（1947年）

1月上旬，国军第一绥靖区18个营，对苏中南线进行第二期“清剿”，如皋龙游河西为“清剿”重点。

2月15日，国民政府国防部部长白崇禧率绥靖区政务督察团视察如皋城“清剿”情况，限期3月底前“肃清新四军”。

2月19日，苏中一分区特务团配合如皋、泰兴县团攻克国军周庄头、明家埭、贲家巷据点。至21日，国军先后撤退据点18处。

3月5日，国民政府军队18个营配合地方反动武装，对苏中南线地区进行第三期“清剿”，整四师一〇二旅和四十九师轮番向龙游河河东、河西地区追剿，同时增筑据点50余处。

3月，国民政府如皋县政府在江边海坝东侧（东夹漕地区）筑防水大堤450丈，垦滩造田2200余亩，建立永安合作农场第一分场。

春，如皋举行“国大代表”竞选，罗奕民、沙毓奇、朱焕彪3人当选。

4月4日，中共苏中一地委决定一分区党政领导转移南线，派柯德全带领一个连进入如皋地区，恢复工作。

4月15日，全县开始土改复查运动，至8月基本结束。

4月18日，国民政府军队从上海抽调一〇五旅三一四团进驻如皋，对苏中南线进行第四期“清剿”。

5月13日，由一分区特务团第一营3个连、靖江县警卫团2个连、如皋县警卫团1个连组成南线支队，彭桂卿、金瑞伯任支队领导。

6月1日，南通绥靖公署召开国民政府各相关县县长会议，宣布“五月硬性清剿”延期20天，以一〇二旅对苏中南线如黄线以北和海（安）泰（州）线以南地区进行重点“清剿”，在如西增筑据点80余处，并赶筑内线公路，图谋分割封锁、驻剿。

6月14日，苏中一分区南线党政军委员会撤销，成立中共南线中心县委，统一领导如皋、靖江、泰兴、泰县4县的坚持斗争。

7月中旬，国民政府军队在如皋进行“会剿”“驻剿”，强割青苗万余亩。江安、石庄、薛窑等区数万群众举行反割青示威游行。

8月25日，历时1个月的参军运动结束，全县695个村中有2482人报名参军。其中送主力部队1800人，送分区部队382人，补充县警卫团300人。

8月26—27日，如皋县警卫团向龙游河东三角地区进军，接连攻克范湖洲、郭园、小圩桥、下驾原、白雁桥、李家桥等18个据点，收复阵地50平方千米。

8月，中共如皋县委召开区乡干部大会，布置彻底平分土地工作，至次年2月结束。平分土地11.8万多亩，粮食150多万千克，房屋8.4万多间，得益农民2.6万多户。

10月上旬，中共南线中心县委撤销，所辖如皋、靖江、泰兴、泰县仍由中共华中一地委直接领导。

11月13日，县警卫团配合分区特务团二、三营，攻克石庄据点，摧毁碉堡4个，歼灭国民政府军55人。

12月1—3日，如皋县警卫团配合分区特务团向如新线敌人发动强大攻势，攻克沈家甸、吴家窑、观音堂、司马港等11个据点，歼俘县保安大队350余人，大队长兼石庄指挥官张元自杀。

12月8日，泰县警卫团、东台警卫团各1个营配合卢港、夏堡两区队攻克加力据点，俘国民政府军中队长以下115人，毙伤30余人。

12月10日，驻石庄国民政府军二十一师四三八团一部及自卫队两个中队北犯癞宝庄，如皋县警卫团迎头痛击，激战两小时，毙伤国民政府军150余人。战斗中如皋县警卫团副团长何正牺牲。

是年，江边永安、永平、东平3沙各案相继成田,统称“永安沙”。

民国37年(1948年)

1月1日,如皋、泰兴、泰县3县县警卫团配合分区特务团攻克石庄据点,毙伤、俘虏国民政府军队大队长以下300余人。

1月,国民党如皋县党团统一委员会成立,开展(国民)党(三青)团合并工作,10月底结束。

4月21日,国民政府军二十一师炮团团长李宜(毅)率二、三两营及直属队1000余人进犯王林庄(今桃园镇内)。如皋县警卫团闻讯出击,激战1小时,击毙李宜,毙伤俘虏300余人。

5月下旬,江安、卢港两区组织常备民工400余人,成立如皋大队,参加苏北兵团支援解放济南战役。

7月13日,苏皖边区一专署拨给如皋华中币4000万元,作为工商业贷款基金。

8月,珊瑚、江安、卢港、何正、度军井区参军运动结束,共向解放军输送新兵1900人,其中送主力部队1290人。

9月23日,如皋、泰兴、泰县3县警卫团配合一分区特务一团攻克石庄据点,全歼驻守国军710余人,活捉副团长何可令。

10月下旬,如皋县警卫团编入华东野战军长江纵队一〇五团,参加淮海战役。

10月,全县出征常备民工1250人支援淮海战役,配备担架600副,送军粮5万千克。

民国38年(1949年)

1月10日,长江纵队撤销,如皋县警卫团回防。

1月27日,驻如皋城的国民政府军四三三团和国民党军政人员撤往南通,驻丁堰、东陈的国民政府军同日撤逃。

1月28日清晨,驻白蒲、林梓的国民政府军撤逃,如皋全境解放。中共如皋县委、如皋县政府及县警卫团、公安局等机关、部队、单位进驻如皋城。

2月2—5日,原国民党党政军机关工作人员及国民党员、三青团员150多人,向如皋县公安局登记自新。

2月5日,中国人民解放军如城军事管制委员会成立,苏皖一专区副专员蔡美江兼任主任,中共如皋县委书记周泽兼任副主任。

2月,如皋县支前总队部成立,总队长张继中,政治委员周泽。

3月1日,全县开始使用中国人民银行总行发行的人民币。12月6日,开始回收华中币。

是月,全县开展借粮支前运动,合计借粮406万千克;动员群众抢修蒲启、如新公路64千米,修桥10座,组织帆船182艘,运送渡江物资,短勤民工3898人、船勤民工852人、运器材民工3199人。

4月上旬,全县动员常备民工1万余人,配独轮车2500辆、担子2000副、担架300副、支援渡江战役。

是月,新民主主义青年团如皋县工作委员会在如城成立。

5月25日,苏北行政公署决定,如皋县划归泰州专员公署管辖。

7月18日、23日,如皋遭两次台风侵袭,江港堤岸缺口44处,被淹农田17万亩,倒房104户。

9月1日,如皋电讯局成立,开始营业。

中华人民共和国

1949年

10月8日,县政府于体育场召开保卫世界和平暨庆祝中华人民共和国成立万人大会,会后举行庆祝游行。

10月10日,县内第一个供销合作社在江安区石桥头成立。

12月15日,县政府召开庆功大会,表彰并欢迎随解放军参加渡江、淞沪、杭州、福州战役的江安区500多民工凯旋。

年底,县政府开始组织对江边沙滩围垦。

1950年

1月6—9日,县各界人民代表会议首届一次会议于如城召开,讨论关于生产救灾等工作,选举产生县首届各界人民代表会议常务委员会。

1月12日,苏北行政公署决定,如皋县划归南通专员公署管辖。

2月,中共如皋县委长江复堤工程总队部成立,动员民工1.83万多人对江港堤岸加高加固,至5月13日竣工。

是月,如皋县首届民主妇女代表大会于如城召开,成立县民主妇女联合会。

4月14日，如皋县工商登记委员会成立，首批发放营业许可证664户。

是月，县政府拨出以工代赈粮81万千克，救济粮29.43万千克，救济灾区群众10万多人；发放救济款8.4亿元，救济13.9万人；发放猪贷、稻麦种贷计粮34.35万千克，受益5万多农户。

5月1日，如皋县首届工会会员代表大会于如城召开，成立县总工会。

10月21—26日，县委于如城召开扩大会议，研究部署镇压反革命运动。

冬，车马湖乡女青年团员吴舜英组建全县第一个农业生产"互助组"。

1951年

2月，如皋县中苏友好协会成立。

3月11日，中共如皋县委纪律检查委员会成立。

春，县政府开始组织围垦"东平滩垦区"。

5月10日，第一届人民体育运动大会举行。

6月，全县镇压反革命运动进入高潮，至年底共收到群众检举材料5000余份。

7月23日，如皋掀起抗美援朝运动高潮，全县共做慰问袋2500只；捐献"如皋号"战斗机1架、大炮1门，计币19.4155亿元；子弹金2500万元。有1300名青年报名参军，1000余名学生报考军事干校。

7月，如皋城城墙、城门拆除，改建为环城路。

9月20日，革命老区代表孙炳余，晋京参加国庆观礼。

12月14日，全县开始"三反"（反贪污、反浪费、反官僚主义）运动。次年8月结束。

12月26—30日，中共如皋县委召开第一届劳动模范代表大会，评出模范互助组5个、生产能手15名、其他模范人物7名。

12月，全县土地改革工作全部结束，共有148733户贫、雇、下中农，分得土地65万亩。

1952年

1月24日，如城城区工商业联合会开始"五反"（反偷税漏税、反行贿、反偷工减料、反盗窃国家资财、反盗窃国家经济情报）运动，至5月30日结束。

4月1日，1颗5.5千克重的陨石陨落在城东区柴湾乡民范村，被南京紫金山天文台收藏，后存放于北京天文馆。

4月，县革命烈士馆动工兴建，11月5日建成。

7月16日，通榆公路如皋至唐闸段改铺砖石路面完工。

8月30日，如皋县肃毒委员会和肃毒指挥部成立。在全县开展肃毒运动。

10月15日，如皋县民族形式体育运动大会在如皋体育场举行。

11月，通扬运河柴湾至东陈段疏浚工程开工，次年2月结束。

12月1日，全县遭受寒流袭击。

是年，全县国家干部（含公办教师）开始享受公费医疗。

全县开展取缔反动道会门斗争，对反动道首依法惩处，并依法取缔道堂，对退道的小道首和退道的道徒给予教育。至1954年结束。

1953年

1月13日，如皋县工商界代表会议于如城召开，县工商业联合会成立，全县开始商业网调整工作。

2月16日，如皋县贯彻婚姻法运动委员会成立，在全县开展婚姻法宣传月活动，5月10日结束。

3月16日，全县第一个初级农业生产合作社——搬经乡红旗农业生产合作社诞生。

3月25日，全县搬运系统历时6个月的反封建霸头、废除封建行会和陋规的民主改革运动结束，共查处大小霸头43人。

3月，全县第一个信用合作社于白蒲区官扬乡成立。

4月6—10日，青年团如皋县工作委员会于如城召开首届团员代表大会，选举成立新民主主义青年团如皋县委员会。

4月9日，民船业民主改革运动结束，查出一批隐藏的国民党党、政、军、警、宪、特人员及惯匪。

4月23日，县委召开县、区干部大会，部署"新三反"（反官僚主义、反命令主义、反违法乱纪）运动，至6月底结束。

5月上旬，如皋县选举委员会成立。8月15日起全县分两批进行普选，至次年4月结束。

9月，全县进行第一次工资改革，将供给制改为工资分制。

12月，城镇人口实行粮油计划供应（计数不定量),全县设粮油供应点70处。

1954年

3月5日,如皋开始发行国家经济建设公债。

6月26日—7月6日,县首届一次人民代表大会于如城召开,会议通过关于讨论宪法草案等5项决议,选举出席江苏省首届人民代表大会代表5人。

6—7月,全县遭受百年未遇暴雨,淹田163万亩,倒房1万多间。县政府组织排涝抢险,并发放救济款74.1亿元。

10月31日—11月10日,中共如皋县第一次党员代表会于如城召开。

12月16日,如皋县集训户政工作人员230人,着手建立全县户政制度。

1955年

1月29日,如皋县供销合作社召开首届社员代表大会,制定如皋供销合作社章程。

2月,县委成立审干委员会及办公室,组织全县干部政治历史审查。

3月1日, 中国人民银行如皋支行在全县设立42个点, 开始兑换新版人民币, 新旧币比值为1∶10000。

7月1日,如皋县手工业劳动者代表大会于如城召开,选举成立县手工业生产合作社联合社筹备委员会。

9月1日,全县机关、团体、学校、工厂、国营商业等单位,实行粮食定量供应。

11月21日,如皋县整治焦港首期工程张黄港至赵家庄地段动工,至12月15日竣工,完成土方264万立方米。二期工程于次年5月竣工,完成土方600万立方米。

12月16—17日,如皋县人民代表大会首届二次会议召开,选举产生县人民委员会。

12月,县委成立审干和肃反运动"五人小组",下设办公室。

1956年

1月18日,如城棉布等7个行业实行公私合营。

1月22—28日,中共如皋县第二次党员代表大会选举产生县监察委员会。

1月,如皋县有线广播站建成。8月1日开始对如城播音。

3月1日,政协如皋县委员会召开第一届全体委员会议,宣布中国人民政治协商会议江苏省如皋县委员会成立,同时撤销如皋县各界人民代表会议常务委员会。

3月,全县建成高级农业生产合作社150个、初级农业生产合作社73个,入社农户占总农户94%,基本实现农业合作化。

4月1日,全县基本实行木船合作化。

4月23—25日,中共如皋县第一次代表大会于如城召开,选举产生中共如皋县第一届委员会。

4月27日,永安沙夹槽滩和东平滩围垦工程结束,共围垦4个圩,造田3666亩。

5月1日,中共如皋县委机关报《如皋大众》复刊。

5月11日,全县行政区划调整为11个区:城区、城西、卢港、江安、石庄、磨头、下原、薛窑、白蒲、丁堰、城东。下辖110个乡。

5月29日,如皋县兵役委员会成立,开始预备役登记工作。

6月10日,如皋县科学技术人员第一次代表大会于如城召开,成立县科学技术普及协会。

7月13日,如皋县第一次青年代表大会于如城召开,成立县民主青年联合会。

10月17日,焦港闸工程开工,次年7月21日竣工。国务院副总理陈毅、中国科学院院长郭沫若为该闸题字、题词。

1957年

1月28日,如皋县有线广播站开始对农村广播。

5月16日,如皋县直机关开始整风。次年3月全县整风反右运动结束。运动中被扩大化错定右派分子232人。

10月10日,全县进行行政区划调整,实行大乡制。

1958年

1月2日, 中共中央副主席朱德为如皋县烈士馆题词:"为人民解放事业而牺牲的烈士们永垂不朽!"

3月1日,县委动员干部下放劳动,首批120人批准下放当农民。14日,二批280名干部下放参农、参工。

3月20日,如皋县第一所(全国第三所)农业中学——勇敢农中创立。

3月，贯穿如皋中部的如海运河工程动工，全长57.9千米，县境内长46.2千米。至1960年4月竣工。

4月30日，全县实现乡乡通电话。

5月28日，县第一座电力灌溉站——城西何堡电灌站建成。

9月7日，如城暨郊区两万多人集会游行，拥护周恩来总理关于台湾海峡地区局势声明，反对美帝国主义干涉中国内政。

9月15日，城东、城西区分别以区为单位建成东风、红旗人民公社。9月26日，全县实现人民公社化，入社农户占总农户99%。

9月，全县4个县属镇开始私房改造工作，至1967年基本结束，共改造私房1701户，11716间。

10月10日，碾砣港建闸工程开工，次年7月竣工。国家副主席宋庆龄、国务院副总理陈毅为该闸题词。

10月18日，全县开展秋耕秋种深翻运动，历时10天，深翻农田80万亩。

10月中旬，全县大办食堂1万多个、托儿所4700个、幼儿园1468个。

11月1日，全县农村实行吃饭不要钱。

11月19日，全县第一座水产养殖场在九华公社动工兴建，次年建成投产。

11月23日，如城发动和组织6000余人，突击一昼夜，完成南大街拓宽拆房任务。

12月31日，全县实现“全民皆兵”，有32万多人参加民兵组织。

是日，如皋在国务院召开的全国农业社会主义建设先进单位代表会议上，获“奖给农业社会主义建设先进单位江苏省如皋县”和“奖给农业社会主义建设先进单位江苏省如皋县邓白人民公社”2张国务院奖状。2张奖状均印有总理周恩来亲笔签名。

海阳路拓建工程启动。

1959年

1月，如城拓宽东西大街，建跃进路。

7月30日至8月19日，全县开展以“插红旗”“拔白旗”为中心的反“右倾”运动。

冬，全县动员3003名青壮年支援新疆建设。组织5000多民工参加京杭大运河疏浚工程。

1960年

5月1日，县委于如城召开万人大会，纪念红十四军建军30周年，农业部副部长、原中共通海特委书记刘瑞龙专程到如皋参加纪念活动。

是日，何昆烈士纪念碑落成仪式于老户庄西首举行。

5月，县文化馆挖掘整理的民间舞蹈《倒花篮》，晋京参加全国职工群众文艺会演。

9月上旬，全县再次开展新“三反”（反官僚主义、反贪污、反浪费）运动。

12月，全县开始纠正“一平（平均主义）二调（无偿调拨）”的共产风，县、公社、大队三级平调的现金和物资由县人民银行予以清理退赔。

是年，全县动员农村青年12028人支援新疆建设；动员青壮年3200人到徐州支援煤矿建设。

1961年

3月，全县对农业实行“三包（包工、包本、包产量）一奖（超产奖）”制。

11月，全县贯彻“调整、巩固、充实、提高”方针，落实工业布局的调整工作。

12月，全县农村实行以生产队为核算单位。

1962年

4月5日，县委举行红十四军军长何昆烈士骨灰安放仪式，中国人民解放军副总参谋长张爱萍专程参加，并为如皋烈士馆题词。

秋，全县遭3次强台风和雨涝灾害，县政府拨救济粮12.42万千克，救济款19.61万元。

是年，如皋县精简安置办公室成立，全县精简全民所有制单位职工2265人，压缩定量人口3391人。动员城镇居民181户506人到农村落户，27户73人去外县农村落户。

1963年

5月29日，全县10个公社遭龙卷风袭击，487个生产队、6700户受灾，倒损房屋1.18万余间。

8月，如皋县级机关开展反对贪污盗窃、投机倒把、铺张浪费、分散主义、官僚主义的“五反”运动。

是年，动员城镇知识青年61人到农村插队落户。

全县精简下放全民所有制单位职工2150人，并动员世居城镇居民217户556人下乡插队落户。

1964年

4月21日，暴风，全县31个公社的237个大队、1600个生产队受灾。

6月，如皋县人口普查办公室组织力量进行第二次人口普查，全县总人口为1100366人。

8月，如皋飞机场动工兴建，县抽调人力物力支援，次年10月竣工。

是年，如皋县火葬场于如城西郊建成，开始推行殡葬改革。

1965年

年初，对长江中逐渐淤涨相连的张案、朱案、凌案三块沙滩开始进行围垦，定名“长青沙”。6月，城镇知识青年357人至长青沙插队落户。

5月，中国人民解放军副总参谋长张爱萍视察如皋，并至县烈士馆凭吊先烈，题写毛主席诗词《咏梅》。

是月，江苏省委副书记李士英、省政协秘书长向明率社教工作团在戴庄公社张八里大队蹲点。8月，南通地委社教工作总团进驻县直机关、如城镇和7个区开展“清政治、清经济、清思想、清组织”的“四清”运动。历时1年，共处分党员、干部、教师1774人。

秋，城西、戴庄、林梓、勇敢等公社开始使用手扶拖拉机及其配套机械耕作。

是年，全县试行以麦、早稻、后季稻为主的“一年三熟”农业耕作制度。

1966年

6月4日，县委发出关于积极参加“文化大革命”的通知和农村开展“文化大革命”的部署意见。6月19日，县文化革命小组成立，下设办公室。

8月，全县中小学纷纷成立“红卫兵”“红小兵”组织，并相继走出校门破“四旧”（旧思想、旧文化、旧风俗、旧习惯）。

10月，如皋县化肥厂在白蒲建成投产。

是月，部分中小学教师和“红卫兵”，开始分赴上海、南京、北京等大中城市串联。

10—12月，全县学校、工厂、机关纷纷成立“造反”组织，层层“夺权”，党政机关开始瘫痪。

1967年

2月，部分造反组织联合成立“炮轰县委司令部”（简称炮联），把斗争矛头指向县委，勒令县委常委、副县长到“炮联”检查交代，接受批判。

4月2日，如皋县军事管制委员会成立。

8月，新姚公社发生人食野生毒蕈中毒事故，17人中毒，其中死亡10人。

是年，全县农村批判“三自一包”（自负盈亏、自由市场、自留地和包产到户）、“四大自由”（大鸣、大放、大辩论、大字报），推行“大寨式”记工。

1968年

3月28日，县军管会于县体育场召开万人大会，宣布成立县革命委员会。

5月，全县开展“清理阶级队伍”运动。

6月9日，如皋县文攻武卫总指挥部成立，各单位及基层相继成立分部和文攻武卫小分队或战斗组，全县共有23345人被揪斗。

8月底，县革委会抽调1万余人组成“工人阶级毛泽东思想宣传队”分别进驻全县城镇学校和县直机关、文化团体、医院等单位。

8月，县革委会动员城镇老三届（1966、1967、1968年）高初中毕业生到农村插队落户。全县先后有1643人到农村插队落户。

是年，全县棉花平均亩产皮棉55千克，首次突破50千克。

江边沙滩东平滩垦区围垦造田4072.66亩。

1969年

1月，全县组织数万名“贫下中农毛泽东思想宣传队”人员进驻农村中小学校，领导“斗、批、改”运动。

2月，全县农村普遍推行合作医疗制度。至1970年底，共培训赤脚医生1000余人，886个生产大队中有885个大队实行合作医疗。

4月28日，县革委会于永安沙原劳改农场建立“五七”干校。此后县直机关干部600多人进校劳动和学习。

5月6日，全县开始公办小学下放大队办，中学下放公社办，城镇中小学由工厂或工厂、镇、街道合办。

夏，马塘公社出土麋鹿头角一对，经鉴定，此为全国最大麋鹿头角之一。

9月9日，县革委会核心小组成立。

是年，全县有1062名国家干部下放农村，接受“贫下中农再教育”。

县革委会动员城镇知识青年1700人到农村插队落户。

如城北门外通扬河段取直，修筑普庆路。

1970年

2月下旬，全县开展“一打三反”(打击反革命破坏活动，反对贪污盗窃、投机倒把、铺张浪费)运动。

3月，全县开展清查“‘五一六’反革命阴谋集团”运动，运动中有25人被定为“五一六”分子。

5月，如皋抽水站竣工。

7月，县革委会提出“一年削平高沙土，二年实现旱改水，三年建成大寨县”的口号，动员全县人民削平高沙土，开展平整土地运动。

1971年

2月24—28日，中共如皋县第四次代表大会于如城召开，听取中共如皋县革命委员会核心小组的工作报告，选举产生中共如皋县第四届委员会。

7月，横跨如海河的公路大桥——薛窑大桥建成通车，全长180米。

8月6日，如皋县计划生育领导小组成立，下设办公室。

是年，如皋县邮电局报房启用BDSS型电传打字机与南通定向互传电报。

1972年

冬，通扬运河丁堰至平潮段拓宽浚深工程竣工。

是年，如皋县电机厂JDJJ-35电压互感器试制成功，在北京重大科技成果展览会上展出。该厂被一机部定为生产高压互感器的定点厂。

1973年

夏，蒲西公社马港河出土唐代木船1艘，船长17.32米，宽2.58米，舱深1.6米，舱内发现开元通宝铜钱3枚。

8月，如皋沿江地区受13号台风影响，潮水猛涨，出现历史上少有的高潮位5.10米。

9月3日，如皋电厂三号机组停止发电，全县始由华东电网供电。

11月15日，如皋县公安局恢复建立。

冬，由如皋、海安、海门、启东4县联合再度疏浚焦港，耗资100余万元。

年底，如皋县人民法院恢复建立。

是年，全县试行“两旱一水、两育配套、粮棉轮作、两年五熟、用养结合”耕作制。

1974年

2月，全县中小学开始组织师生检查揭露“修正主义教育路线”“回潮”“复辟”，部分教师受到不应有的批判。

2月底，在如皋参加“三支两军”(支左、支工、支农，军管、军训)人员，开始陆续撤回部队。

10月，县委组织党的基本路线教育工作队，进驻基层单位。

1975年

7月21日，戴庄公社遭龙卷风袭击，公社大会堂倒塌，砸死11人，伤300余人。

8月，如皋自来水厂建成，制水车间建于城西十里墩。1978年年初正式投产，日制水能力6000吨。

是年，全县对1969—1970年精简下放人员，按照“就地安排、城乡配合、多种渠道、统筹兼顾”的原则，逐户逐人进行妥善安排。

如皋县沼气领导小组成立，在全县推广建造沼气池330个，利用沼气烧饭、照明。

长江公社组织民工围垦中心沙。

1976年

2月下旬，县委根据上级要求，派出工作队进驻部分单位，开展“反击右倾翻案风”运动。

4月，全县开展追查“总理遗言”运动，运动中有495人被列为审查对象。

8月24日，县防震指挥部向全县发布《紧急通告》，动员全县人民紧急预防地震。由于预报不实，造成很大经济损失。

9月10日，全县人民沉痛悼念毛泽东主席逝世。县委、县政府在县人民大会堂设灵堂，供在城机关、学校、工厂、企事业单位干部、群众前往悼念。

10月24日，全县人民组织收听北京天安门百万军民庆祝粉碎江青反革命集团伟大胜利大会的实况广播。

10月，丁堰纺织厂动工兴建，1980年10月投产。

12月，如皋阎台煤矿于徐州市铜山县建成投产，年产原煤9.5万吨。

年底，全县共建知青点29个，分布于建设、丁西、丁堰、大明、蒲西和林梓等公社，安置城市知识青年1500多人。

1977年

1月24日，丁堰公社12大队会堂发生火灾，烧伤140人。

6月，全县开展“双打”(打击反革命分子，打击贪污盗窃、投机倒把和严重违法犯罪分子)运动。

9月10—15日，全县受第8号台风影响，过程雨量205毫米。倒房3.2万余间，受涝面积42.96万亩。

11—12月，江苏省委工作队进驻如皋，清查与林彪、江青反革命集团有牵连的人和事，清查中，对全县在“文化大革命”中犯有错误的62人作出结论。

1978年

8月，如皋电视差转台建成，功率10瓦，覆盖半径2千米。

10月，中共如皋县委纪律检查委员会重新建立。

11月1日，如皋县人民检察院恢复建立。

12月，县委开始对“文化大革命”期间立案审查处理的国家干部、基层党员及“江安特务案”等冤假错案，进行全面复查，平反纠错，至1981年10月结束。

年底，县委、县政府开始对“右派分子”的改正和“四类分子”(地主分子、富农分子、反革命分子、坏分子)摘帽工作。至1982年结束。

是年，如皋县被国家列为全国山羊板皮基地之一。

如皋县人民医院与天津市中药研究所、天津市蟾酥科研协作组等单位研制的“蟾力酥”，获全国科学大会奖。

1979年

2月，县委召开会议，讨论把全县工作重点转移到社会主义现代化建设上来。

是月，江苏广播电视大学南通地区分校如皋县管理站成立。1986年10月更名南通市广播电视大学如皋县分校。

3月10日，如皋县邮电局1000门准电子交换机安装测试完毕，实现全县电话拨号自动化。

9月11日，全县遭暴雨袭击，倒房3.2万多间，邮电、交通受阻。

11月，江(安)曲(塘)公路动工，1980年2月26日建成通车。

年底，通过招工、参军、招生等渠道，对城镇插队知识青年1.23万人基本安置结束。

如皋县被评为全国蚕桑生产重点县。

1980年

2月27日，如皋县志编修领导组成立，下设办公室，开始编修中华人民共和国成立后第一部《如皋县志》。

6月18日，农业部副部长刘瑞龙在江苏省人大常委会副主任叶胥朝陪同下到如皋视察，前往老户庄凭吊红十四军军长何昆烈士墓，至烈士馆瞻仰烈士遗像。

秋，著名古园林建筑专家、上海同济大学教授陈从周参观水绘园，赞水明楼为“徽派园林之孤本”。

10月，江(都)平(潮)公路如皋段工程开工，1982年7月建成通车。

是年，全县普遍建立多种形式的农业生产责任制。

1981年

4月24日，如皋县政协举行第五届全体委员会议，协商产生常务委员会，自此，县政协恢复正常活动。

4月25—29日，如皋县第八届人民代表大会第一次会议于如城召开，决议撤销各级革命委员会，恢复建立县、乡(镇)人民政府和各人民公社管理委员会。

4月，全县首次发行中华人民共和国国库券105.52万元，其中集体认购占99.98%。

7月23日，如皋县城总体规划建设鉴定会于县招待所召开。1982年2月该规划获江苏省人民政府批准。

1982年

2月，全县开始开展“五讲(文明、礼貌、卫生、秩序、道德)四美(心灵、语言、行为、环境)三热爱(爱祖国、爱社会主义、爱中国共产党)”文明礼貌活动。

3月，如皋文庙大成殿被江苏省人民政府认定为省级文物保护单位。

4月30日，美国威司康星大学教授罗斯高慕名到如皋丝毯厂参观访问。

6月14日，美国佛教研究会会长寿冶(原籍如皋)到如皋定慧寺参观,布施6.5万元给定慧寺塑造玉石卧佛像。

8月,如皋香肠、如皋肉松获商业部授予商业系统优质名特产品称号。

下半年,全县开始推行农业大包干责任制(亦称家庭联产承包责任制)。实行联产到劳的6700个生产队,占78.3%;实行双包的1608个生产队,占18.8%;联产到组的75个生产队,占0.09%。

是年,县委发出《关于实行计划生育若干问题的暂行规定》,鼓励只生一胎,严格限制二胎,坚决杜绝三胎,提倡"晚婚、晚育、少生、优生"。

1983年

3月1日,南通地区实行市管县新体制,如皋县由南通地区管辖改属南通市管辖。

5月,县委、县政府在邓园公社进行政社分设试点,恢复乡人民政府和乡党委,人民公社作为集体经济组织。至次年1月,全县结束"政社合一"的"人民公社体制"。

7月1日,全县遭特大暴雨袭击,100万亩农田被淹;20个乡(镇)60个生产大队遭强龙卷风袭击,6000多户受灾。

11月25日,全国政协副主席费孝通和全国政协常务委员、上海工业大学校长钱伟长视察如皋。

12月13日,国务院副总理李鹏视察如皋高压电器厂、农村新能源综合利用试点单位城西乡红星村等。

是年,全县国营工商企业实行利改税第一步改革。

1984年

1月20日,美国学者白若兰到如皋进行为期4天的参观访问,并向县委党史办公室赠送其博士论文《在中国一个县份的政治动态》(如皋县)。

4月8日,如皋玻璃纤维厂生产的0.06毫米厚度无碱无蜡玻纤布,成功地应用于长征三号火箭和试验通信卫星,受到中共中央、国务院、中央军委表彰。

6月,全县进行城市经济体制改革,如皋针织内衣厂在全县率先试行厂长负责制。

夏,县政府向全县农户颁发承包土地使用证。

7月,全县进行乡镇企业改革,推行经济承包责任制。

10月,1000瓦的如皋电视转播台于如城原西郊村建成。

是月,全县工商企业实行利改税第二步改革。

11月26日,国务委员姬鹏飞到如皋视察,并为水绘园"牡丹亭"题字。

是年,全县外贸收购总额超亿元,列全国县级外贸出口第3名。

县政府组织对立新沙滩围垦。

1985年

3月20日,如皋肉联厂生产的"金梅牌"肉松,获法国巴黎国际美食学会、旅游观光委员会授予金质荣誉奖章。

5月31日,如皋县制药厂与沈阳药学院抗癌药物研究室协作研制抗癌新药——油酸多相脂质体注射液(139)的药学论文,于加拿大国际肺癌会议上获荣誉奖。

11月20日,如皋县被列入全国第一批优质棉基地县。

12月,如皋肉联厂生产的香肠获国家质量评定委员会银质奖章。

是年,全县共建立多种形式的经济联合企业324家,与134所大专院校和科研机构建立协作关系。

1986年

2月,如皋电报电路接入南京自动转报中心。至1988年,全县开通电传电报电路。

4月10日,长江、磨头、搬经、林梓、东陈5乡撤乡设镇,建立镇管村体制。

6月5日,如皋缫丝厂工人许娟获江苏省缫丝操作表演两项第一名、一项第二名,并打破一项全国纪录。

6月6日,如皋县人民武装部划归地方建制。

6月24日,著名古园林建筑专家、上海同济大学教授陈从周等应邀指导如城建设规划修订和定慧寺修复工作。

7月3日,如皋纺织厂引进西德工程技术设备建成的"气流纺"车间建成投产。

7月22日,长青沙乡江堤发生崩塌,险段长103米,抢险保坍工程于8月5日竣工。

11月,如皋绿园选送的悬崖式罗汉松盆景在意大利佩夏举行的第十八届国际花卉博览会上获金奖。

是年，如皋县被评为全国平原绿化先进县。

1987年

1月10日，全县撤销9个区级党政机构，改设9个巡视组。

2月27日，中国联合航空公司增设北京至南通（如皋）航线，是日上午在如皋机场举行首航仪式。1992年10月停航，1994年2月18日复航，1999年4月1日再度停航。

3月9日，苏北数字微波工程如皋微波站动工，至1988年2月，第一期工程（铁塔组装）完工。

5月20日，《经济日报》头版头条刊登《还我耕地》，批评如皋县龙游河畔毁农田建小土窑。

7月17日，长青沙乡西南江滩崩塌，江堤决口，近万名民工抢险13个昼夜，抛石1.2万吨，加固江堤脱险。

7月26日，如皋县建工局组织建筑施工队伍，赴黑龙江省漠河县，帮助大兴安岭灾区人民恢复生产，受到国务院大兴安岭灾区恢复生产重建家园西林吉分指挥部嘉奖。

8月，如皋丝毯总厂生产的大型艺术壁毯《和平的春天》，被作为国家礼品赠送给联合国儿童基金会。

9月2日，如皋县与云南省宁蒗彝族自治县结为友好县。至2010年，如皋市（县）先后与陕西省旬邑县、福建省晋江市、四川省乐至市、青海省德令哈市、云南省腾冲县、吉林省公主岭市、贵州省贵定县、新疆维吾尔自治区伊宁市、内蒙古自治区赤峰市松山区、台湾新竹市、马来西亚沙巴州斗湖市、日本爱知县名古屋所属江南市等结为友好市（县）。

9月16—30日，如皋首届出口商品展览会在县招待所开幕，展览会历时15天。

10月，全县开展千家农户目标经营咨询服务成绩显著，受到农牧渔业部表彰。

11月4日，如皋新民港区建筑工程竣工投产，年吞吐能力40万吨。

是年，全县部分地区开始实行农业“两田制”，将承包地分为“口粮田”和“责任田”（或称经济田）。

县供销合作联社所属65个基层单位全部推行第一轮经营承包责任制。

1988年

3月18日，国务院批准如皋县为沿海经济开放区之一。

5月15日，如皋县第一个农民自办的经济联合体——皋南农工商联合公司于丁西乡皋南村成立。

8月17日，如皋染织厂王连贵研制的空心锭多功能花式纺捻机通过技术鉴定，获国家“花式纱线及纺捻方法和设备”发明专利。1989年10月获世界知识产权组织和中华人民共和国专利局颁发的发明金奖。

9月7日，丁堰纺织厂“百丽牌”精梳4040横贡缎，参加1988年纺织工业部创优评比，在贡缎系列产品中夺得总分第一名，被评为纺织工业部优质产品。

9月12日，如皋工艺丝毯总厂120道丝毯在轻工业部出口产品评奖活动中，6项指标全部达标，获金牌奖。

9月，如皋电视台经广播电影电视部批准建立。

10月19日，重阳节，全县各乡镇召开大会，庆祝如皋县第一个“敬老日”。

11月15日，铁道部第四勘测设计院测量十二队和地测二队共230余人到如皋，开始进行沂通铁路如皋段的勘测工作。

12月19日，如皋县农村能源区域规划通过国家级鉴定，获农牧渔业部证书。

是年，全县对年满18周岁以上的公民，颁发居民身份证。

1989年

1月，如皋肉联厂生产的如皋牌香肠和金梅牌猪肉松获首届中国食品博览会金奖。

2月14日，如皋县首届高校毕业生分配市场在如城举行，实行“双向选择”，有142所高校的250名如皋籍学生参加，首批达成协议71人。

3月22—23日，日本中学生访华旅游团一行26人，到如皋参观访问水绘园、定慧寺、如皋师范，并与如皋师范学生联欢，共植“友谊树”。

6月，县委召开“爱我中华，兴我如皋”宣传教育活动（简称“爱兴”活动）动员大会，活动历时2年多。

7月3日，搬经镇夏岱中学初一学生凌伯留，因抢救落水同学献身。1992年10月21日，江苏省人民政府追认其为烈士。

8月1日，县委、县政府于如城东门外举行县烈士陵园奠基仪式。1992年4月4日，落成。

是年起，首部《如皋年鉴》编纂出版。

1990年

2月20日，中国工农红军第十四军建军纪念碑于胜利乡贲家巷动工兴建。3月28日竣工，4月3日举行揭碑仪式。

4月2日，由旅台如皋同乡会组织的探亲祭祖团一行37人抵达如皋。中共如皋县委、如皋县人民政府召开欢迎会，主客互赠“雪映绘园”丝毯和“兴我桑梓”“共建乡邦”银牌。

4月9日，江苏省农林厅于如皋召开推广如皋“两旱一水、两熟配套、两年五熟”耕作栽培体系现场会，47个县市及有关院校、科研单位代表参加会议。

4月23日，国际红十字会代表瑞典卡尔·诺克勒到如皋检查落实1989年赈济水灾资金使用情况，并视察灾区。

5月9日，如泰河西段疏浚整治工程获江苏省水利建设“大禹杯”奖，县政府被省政府评为水利建设先进单位。

6月22—24日，如皋绿园盆景“饱览人间春色”获日本大阪国际花卉博览会国际金奖和博览会最高荣誉奖——国际优秀金奖。

9月17日，如皋县木偶剧团创作的大型现代神话木偶剧《红螺女》，赴京参加第十一届亚运会艺术节演出。

9月27日，如皋籍运动员周玲美在第十一届亚运会女子自行车1千米计时赛中，以1分13秒899的优异成绩夺得冠军，打破世界纪录。

10月23日，如皋无线电三厂从西德引进的A650B2KAE复合锌铝镀铝金属化膜生产线建成投产，填补国内空白。

12月13日，如皋丝毯厂二厂设计室王小燕设计创作的京式丝毯图案，在北京第五届全日本中国绒毯振兴会图案评选中获国际普利维尔银质奖。

12月，如皋县被评为全国棉花生产先进县。

是年，开沙、薛案与长青沙涨成一片。又来沙开发被列入省市重点项目动工围垦，次年竣工，共造良田8200余亩。自此，又来沙并入长江北岸。

1991年

1月1日，位于跃进路（今中山路）的如皋邮电大楼落成，开始营业。2月26日，如皋邮电局引进瑞典8000门程控电话交换机。6月30日零时，如皋电话割接开通，号码由4位升为6位。

2月6日，如皋获国务院批准撤县设市。6月1日，如皋撤县设市大会于如皋影剧院举行。

3月22—23日，县委、县政府召开全县殡葬改革动员会议，在全县大力倡导火化。

5—7月，全县连续遭受6次暴雨、大暴雨、龙卷风、冰雹等特大自然灾害袭击，总降雨量923毫米，个别重灾地区达1004.4毫米，其中龙卷风袭击3个乡镇的10个村，冰雹袭击5个乡镇的37个村。

6月1日，如皋举行撤县设市仪式，正式建市。

6月8日，新姚乡杨园村助剂厂和中国纺织大学研究室共同研制的新型圆网感光胶试制成功，填补国内空白。

6月8、16日，《盆景之乡》《小小水绘园》两部电视专题片分别在中央电视台《神州风采》栏目播映。

6月15—16日，中顾委委员、南京军区原政委、江苏省委原第一书记江渭清考察如皋。

同期，江苏省委副书记、省纪委书记曹克明到如皋了解灾情、检查工作。

8月12日，张爱萍为如皋撤县设市题词：“发扬革命传统，加速建设步伐——如皋撤县设市纪念。”

10月17—18日，如皋定慧寺举行建寺1400周年暨方丈升座、佛像开光庆典。

10月18日，全省第一家县级教育电视台——如皋市教育电视台建成试播。

10月21日，国家计划生育委员会副主任杨魁孚检查指导如皋计划生育工作。

11月26日，国家文物局副局长马自树等到如皋视察水绘园、定慧寺和如皋师范校舍等处文物保护工作。

12月26—27日，全市普降暴雪，最厚积雪深度18厘米；29日，最低气温达零下13.4度。均打破如皋气象纪录。

是年，如皋市位列“全国中小城市综合实力百强市（县）”第92位。

1992年

2月17日，林业部常务副部长徐有芳等视察如皋绿园。

3月26日，如皋丝毯总厂副厂长、《中华人民共和国国旗法》首倡者、全国人大代表李玉坤，应邀参观天安门广场国旗护卫队。

3月30—31日，日本富山县日中友协访华团一行7人访问如皋。

3月，204国道如皋段建设工程破土动工。

5月15—16日，著名水利专家、学部委员，河海大学名誉校长、教授严恺率江苏省沿海港口规划论证审定组专家学者一行20人对如皋港开发建设实地考察论证。6月25日，如皋建港论证会在南京苜蓿园饭店举行，严恺等7名专家、教授组成的评审组，一致认为"如皋港水域具备建港条件，开发前景广阔"。

8月1日，中国人民解放军后勤部向如皋赠送退役飞机1架。

9月17日，全国人大常委会副委员长彭冲视察如皋。

9月25日，经市人大常委会审议，决定银杏树为如皋市市树、月季花为如皋市市花，并确定市徽图案。

11月9日，如皋绢纺厂气化炉爆炸，死亡4人。市政府将这一恶性事故发生日定为全市"安全生产活动日"。

12月30日，"如皋第一个党支部——中共如皋独立支部"遗址纪念碑揭碑仪式在胜利乡九龙口村举行，市委书记柯文与中共如皋独立支部首任书记陆植三共同揭碑。

1993年

1月9日，宁通一级公路如皋段工程在石庄镇备土动工。

2月17—18日，国务院土地执法检查团检查如皋土管工作，并实地视察南凌乡基本农田保护区和如皋经济开发区。

2月20日，零时零六分在北纬32°18′、东经120°33′（磨头至薛窑一带）发生里氏2.7级有感地震。

5月1日，如皋电视台摄制的《魂祭》获江苏省1992年度优秀电视节目评比一等奖。为县级电视台拍摄的专题片首次获全省一等奖。

是日，旅港如皋、海安、如东籍同胞在港成立香港如皋、海安、如东同乡总会。

7月12日16时10—40分，冰雹、大风袭击夏堡、袁桥、何庄、邓园等乡镇，万亩棉田受灾严重，邓园乡一农民被雷击身亡。

7月31日—8月6日，市长王耀光、市委副书记管贵方、副市长于永芳率14位企业家赴香港招商，是为全市第一次组团招商。

8月10日，下原宠物市场——江苏省第一家宠物市场正式开业。

9月8日，如皋市荣昌金鱼养殖场与美国万生公司合资创办如皋市荣生观赏鱼有限公司正式开业，填补南通市观赏鱼直接出口的空白。

10月14日，国内贸易部副部长马李胜一行考察如皋热电厂。

12月2日，最高人民法院副院长林准一行视察市人民法院。

12月4日，如皋经济开发区经江苏省人民政府批准建立。

1994年

4月30日，由中央电视台《中国报道》摄制组拍摄的《如皋饮食文化》《如皋企业文化》两大系列四部专题片，在如皋摄制完成。

6月18日，如皋市尘洁医院举行开业庆典。该医院由加拿大华裔顾海澄捐资100万元兴建。

8月3日，如皋电视台首次电视现场实况转播获得成功。

9月26日，如皋港轮船客运站举行开航典礼。

10月，如皋制药厂和南京海光应用化学研究所共同研制开发如皋第一个国家级新药氧氟沙星滴耳液，获卫生部新药批准文号和新药证书，该药为国内首创。

1995年

2月15日，市委、市政府在人民大会堂举行环加林烈士追认表彰大会。

3月19日，加拿大建筑师周·卡特受联合国计划开发署委托到如皋考察联合国援建项目——如皋市妇幼保健所。

4月26日，新姚乡植棉能手王秀珍出席全国劳模表彰大会。

5月8日，中共如皋市委、如皋市政府在人民大会堂召开打通海阳北路动员大会。5月26日上午，如城旧城改造拆迁启动。

6月23日，中共中央政治局委员、书记处书记，国务院副总理姜春云视察如皋。

7月8日，江苏省副省长王荣炳乘船视察如皋港、又来沙沿岸防汛保坍工作。

8月5日，如皋市工艺丝毯总厂制作的《幸福鸟》艺术挂毯被美国总统克林顿私人收藏。

8月8日，如皋市工艺丝毯总厂以邓小平正面全身生活照为题材的艺术壁挂毯制作成功。

8月28日，位于204国道如城段西侧的如皋市图书馆落成。图书馆建筑面积3720平方米，总造价400万元，其中香港范止安捐款100万元人民币，故又称范止安图书馆。

9月10日，市政府在如城许庄9组征地50亩建设邮电枢纽工程。

9月16日，南通皋鑫电子股份有限公司塑封高压硅堆系列产品获首届中国高新技术成果暨新产品交易博览会金奖。

10月1日，江苏省如皋中学高二(3)班学生陆成云作为如皋唯一优秀学生代表赴京参加天安门广场升旗仪式。

10月18日，美籍华人、医学博士葛克全夫妇由省人大常委会原副主任邢白陪同，到母校如师、如中、安定小学参观并商谈设立葛克全奖学金事宜。

10月30日，国家文物局副局长马自树，故宫博物院研究员、中国博物学会理事长吕济民等，到如皋视察文物保护工作。

11月7日，如皋市交通实业总公司下属南通展望海运公司的“展望号”海轮在北纬31°28′3″、东经123°4′53″海面遭受10级大风袭击沉没，船上22人中4人死亡，18人失踪。

1996年

2月18日，国家环保局副局长张坤民视察如皋环保工作。

2月26日，接江苏省爱卫会通知，如皋市被命名为江苏省卫生城市。

3月26日，如皋市人武部收归军队建制，交接仪式在市招待所举行。

4月5日，灵威观拆迁，原房屋材料运至东门外易地重建。

4月26日，中共中央政治局原常委宋平视察如皋。

4月29日和5月10日，新加坡科技集团祥峰私人投资有限公司投资执行黄倩、香港天利投资公司项目经理黄励明和日本大同电子株式会社黑泽、安东一行到南通电子专用设备厂分别进行项目考察和落实订货批量。

5月21日，中央军委副主席、国务委员兼国防部长迟浩田，中国人民解放军副总参谋长吴铨叙，南京军区政委方祖岐，江苏省委副书记顾浩等一行参观如皋绿园。迟浩田题词：“七战七捷雄风常在，古城如皋再创辉煌。”

6月9日傍晚，特大龙卷风伴着雷电暴雨袭击葛市乡，破坏房屋300余间，3人被雷电击伤，农作物受到严重毁坏。

6月28日，横跨如泰运河的海阳北路大桥建成通车。全长442米，宽30米，其中主桥长142米。2004年定名“拱极大桥”。

7月17日深夜，磨头、场南部分地区遭受龙卷风袭击，184户房屋倒塌，4000多亩农作物受损。

8月1日凌晨，如皋市沿江地区遭受大潮汛和8号强台风袭击，潮位猛涨到5.43米。长青沙、又来沙等江堤出现险情。沿江乡镇及驻如空军部队6000余人参与堵缺抢险。

9月26日，场南乡老复员军人、特等功臣张忠友应中国农工民主党中央委员会、民政部、卫生部及共青团中央邀请，赴北京参加国庆观礼。

同日，下午，中国农业发展银行如皋支行成立。

10月8—9日，首届中国(如皋)花木盆景艺术节在如城西苑广场举行。

10月12日，外交部副部长万永祥率领考察团一行40余人考察如皋绿园、鲜切花基地和江苏花木城。

1997年

2月，如皋民间舞蹈《木虾舞》在文化部“群星奖”评比中，获编导、音乐、演出三项优秀奖。

5月10日，世界卫生组织临时顾问菲利普·格莱齐奥考察如皋市麻风病防治工作。

5月19日，德国农药管理专家瓦尔德突击检查常青乡农药管理情况，对如皋市农药管理的组织和做法给予较高评价。

8月8日，如皋市预备役军官授衔仪式在市矿山机械厂会议室举行。全市共有219名预备役军官被授予和改授预备役军官军衔。

11月29—30日，市建委高级工程师徐荣生的“七五找砖”科研成果在南京召开的“烧结普通砖”国家标准审定会上，列入国家标准。

12月，如皋广播电台、电视台、有线电视台3台合并，组建如皋市广播电视台。

是年，泓北沙一期工程启动，围垦造田2000余亩。

1998年

3月20日，全市普降大雪，地面积雪达18—20厘米。这次降雪及严重倒春寒造成夏熟作物大面积减产。

4月18日，如皋市第一个村务公开日。

4月19日，坐落于如皋港区、由南通市城建委投资2960万元兴建的环保项目“森林公园”——垃圾无害化处理中心正式启用。

5月5日23时，如皋市高明乡卢西村4组一农户因私制烟花爆竹发生6死1伤特大爆炸事故。

5月9日，“如皋牌”猪肉松、火腿、香肠获1998年江苏省著名商标称号和1998年中国食品工业协会推荐名牌产品称号；“如皋牌”猪肉松取得对新加坡出口注册权，成为中国唯一出口的肉松产品。

5月28日，由如皋市政府和省技术市场共同举办的1998年经济技术洽谈会在市政府招待所开幕。

6月12—21日，如皋市木偶艺术团代表江苏省回访韩国全罗北道，并在4个市的5个台口演出。

6月18日，经外经贸部批准，南通市第六建筑安装工程公司获得对外签约权。为南通市获得对外纯建筑业务签约权的第3家单位。

7月24日，张家港联检锚地迁址工程通过竣工验收。至此，如皋港具备开辟万吨级专用航道的条件。

8月3日下午6时15分，袁桥镇狮垛村、双桥村遭龙卷风袭击，50多间房屋严重受损。

9月12日，国际互联网“如皋网视”站点开通。

10月6日，由中艺华海进出口有限公司与香港富佳集团公司合资兴办的南通东方石油化工港储有限公司3万吨级重油码头开工建设，是为如皋港第一座万吨级码头。1999年6月29日，凌晨4时30分第一艘3万吨级油轮——“明池号”首舶成功。

12月28日，宁通一级公路九华互通立交建设工程正式启动。2000年，建成投入使用。

1999年

1月16日，江苏南浦机电集团出口日本的植物纤维快餐盒生产线正式交货。

1月27日，如皋制镜厂研制生产的真磁镀膜玻璃通过国家建筑材料测试中心和国家有色金属研究院技术鉴定，被列为国家高新技术产品。

1月29日，如皋市农民技术职称评委会在新姚乡召开首批农民技术职称评定发证大会。新姚乡24人获技术职称资格证书。

2月4日晚11时，由响水人转包的上海浦交长途客运公司沪AB2063号大客车，在行至如港公路大明段时撞坏大明桥栏杆掉入大明河中，6人死亡，多人受伤。

4月16日，胡安定墓园建成典礼在大明乡举行。

4月30日，全国首家县级肠衣协会——如皋市肠衣协会成立。

5月13日，市委、市政府在文化馆举行仪式，祝贺如皋木偶团《大禹治水》剧组参加欧洲木偶艺术节获奖。

5月29—30日，全国磁性材料行业协会在南京召开第四届会员大会。江苏南浦机电集团公司作为唯一磁性材料专用设备制造厂被推选为第四届理事单位。

6月9日，市人民公园经江苏省建委审定为省一级园林。

7月1日零时，如皋市召开“保护母亲河——聚焦长江”新闻发布会。标志着如皋市长江治污首战告捷。

9月1日，如皋市公安局刑警大队大队长薛明文在北京参加“全国公安保卫战线英雄模范立功集体代表大会”，受到党和国家领导人江泽民、李鹏、朱镕基、李瑞环、尉建行、李岚清等接见。

9月22—23日，台湾“江苏长江两岸旅台18县市敦睦联谊会”文化经贸访问团一行11人参观考察如皋绿园、水绘园、鲜切花基地等，并就市木偶剧团赴台作巡回演出等文化经贸项目进行商谈。

10月3日，在第八届亚洲青年田径锦标赛上，如皋市戴庄乡藕池村17岁姑娘秦旺平一人夺得女子100米(11秒55)、200米(23秒80)和4×100米接力3枚金牌。

10月,如皋县抗日民主政府首任县长梁灵光(任期1940.8—1940.10)视察如皋。

12月7日,由江苏力星集团与美国通用轴承公司共同组建江苏通用钢球滚子有限公司正式成立,2000年3月28日举行开业庆典。

12月17日,中国环境与发展国际合作委员会秘书长、环保总局局长顾问张坤民视察如皋。

2000年

1月1日,市委、市人大、市政府、市政协机关及部分部门从中山路海阳路交叉口搬迁至如城西南郊原物资大厦(今福寿路与益寿路交会处东北侧),并举行迁址挂牌仪式。

1月4日,江苏九鼎集团玻纤土工格珊项目在南京通过江苏省计经委专家论证,填补国内空白。

1月5日,江苏昌昇集团CS-CIMS项目即内部实施计算机集成制造系统通过江苏省科委和CIMS主题专家组评审,并被列入国家863计划,成为全国小型企业唯一实施CIMS工程的企业。

是日,搬经镇获全国"科技兴村先进乡镇"称号。

3月5日,常青乡农业技术推广站获全国农业技术推广先进单位称号。

4月11—13日,国际麻风救济总会官员安格丽卡专程到如皋考察,对如皋麻风病防治和康复工作所取得的成绩给予高度评价。

4月14日,济南陆军学院学员、如皋籍军人谢国江获"国际青少年消除贫困奖"。次年7月15日在如城举行事迹报告会。

4月21日,何庄乡野马村一单孔双墩钢筋混凝土结构桥梁(长18米、宽3米)发生倒塌事故,致12人受伤,其中5人伤势较重。

4月23日,全市乡镇行政区划调整,原50个乡镇划并为20个镇和6个乡。

4月25日,吴窑建筑安装工程公司总经理沈良兵赴京参加全国劳动模范表彰大会。

4月28—30日,江苏省政协副主席、九三学社中央副主席、中科院院士、南京大学教授闵乃本夫妇一行4人回如皋参观考察。闵乃本受聘担任如皋市人民政府、如皋科技创业园高级顾问。

5月12日19时22分至19时52分,全市遭特大暴风雨袭击,部分地区出现冰雹。农作物受灾面积122万亩,倒塌民房312户780间,损坏民房5213户7819间;死亡6人,伤4人;造成直接经济损失2500万元。

5月16日,市政府在北京举行仪式,聘请韩德馨、杨裕生、马瑾3名如皋籍院士担任市政府高级顾问。

6月8日,如皋市科技创业园开园暨博士后技术创新中心成立庆典举行,并举行揭牌仪式。

6月,如城镇南片(原城西乡)被林业部、中国花卉协会列入首批"中国花木之乡"。

7月1日,如皋市工艺丝毯总厂制作的《清明上河图》《朱荷》《傣族舞》《少女》4幅艺术壁挂作为中国工艺丝毯唯一代表,入选在美国举办的"走近中国——中国工艺美术珍品展"。

8月11日,如皋籍运动员秦旺平获得奥运会女子4×100米田径项目参赛资格,成为如皋参加奥运的"第一人"。10月23日,市委、市政府于如城为其召开庆功会。

8月16日,在捷克首都布拉格举行的第五届国际残疾人技能比赛中,代表中国参赛的如皋选手蒋小兰获钩针组冠军。

9月14日,长24米的高档艺术挂毯(时为世界最长)《千里江山图》,在市工艺丝毯总厂问世,次年3月28日,在北京民族文化宫展出。

10月26日,宁通一级公路如皋段高速化工程竣工。

12月9日,如皋教育电视台选送的《石狮子的故事》《一片丹心育桃李》两部作品分获2000年全国教育电视节目评比专题类二等奖和新闻类提名奖。

12月21日10时05分,如皋历史上第一列火车正点驶入如皋境内白蒲车站。2001年5月24日新长铁路首发列车驶达如皋。

是日,如皋港区南通东方石油化工专用码头成功停泊第一艘外轮,挪威的"捷达号"轮满载2万吨苯甲酸在此卸货。

12月28日,市广播电视中心落成,有线电视数据信息网开通。

是年,如皋市位列"全国中小城市综合实力百强市(县)"第76位。

2001年

2月26日，如皋市职工医疗保险基金管理中心正式挂牌。

3月13日，全市农村税费改革工作全面启动。

3月17日，《如皋日报》启用国内统一刊号。

3月21日，市委、市政府颁发《关于2001年全面推进和深化改革的意见》，全面推进机构、行政审批等16项改革。

3月23日，如皋籍学子许金龙率领中国代表队在葡萄牙举行的国际企业管理挑战赛上获冠军。

4月24日，载重总量为6.8万吨级的大庆92号油轮安全抵达如皋港南通东方港储石化码头。是为停舶如皋港码头的第一艘超大型油轮。

4月27日，新四军研究会会长、昆明军区原司令员张铚秀到如皋视察。

5月9—11日，原新四军华中野战军一师20多位老战士到如皋重访战地。

6月25日，水绘园被国务院公布为第五批全国重点文物保护单位。

6月28日，全市企业离退休人员养老金开始全部实行社会化发放。

8月初，内外城河整治工程启动。2002年1月28日，工程竣工。

9月3日，市委常委会首次以全员票决制方式，确定市级机关党政主要负责人和其他新任主要负责人人选。

9月4日，市长陈惠娟等应美国通用轴承公司和加拿大CECLAND公司邀请赴美国和加拿大招商考察。

9月17日，世界著名刑事鉴识专家、美籍如皋人、美国康州警政厅厅长、博士李昌钰为如皋公安干警作学术报告。

9月18日，出席华商大会香港代表团一行10人，在全国政协委员、香港慈善总会主任郑苏薇率领下到如皋考察洽谈。

9月22日，江苏省旅游局和国内数十家知名旅行社负责人到如皋探访旅游资源。

11月1日，经建设部批准，南通六建成为全国首批一级资质建筑企业。

11月11日，如皋市被命名为全国群众体育先进单位。

11月26日至12月2日，市委书记蓝绍敏等一行赴台湾考察。

12月28日，长青沙大桥通过竣工验收。次年1月18日，正式通车。

是年，全市财政收入首次突破5亿元。

2002年

1月17日，如城内外城河整治工地东水关西北15米处、内城河河畔距地面3.5米深处发现南北朝时期的3口古井。

1月28日，内外城河风光带建设工程全面启动。

3月17日，日本爱知县日中友协副会长若原富夫一行到如皋考察访问。

4月5—8日，联合国第二届老龄问题大会老龄问题非政府论坛在西班牙首都马德里召开，开幕式上播映反映如皋老人风采的电视专题片《和乐中华》。如皋长寿现象引起国内外专家学者关注。

4月16日，国防部原部长张爱萍为红十四军纪念馆题写馆名。

5月20日，如皋市慈善会成立。

7月17日，如海灌区续建配套与节水改造工程通过国家级验收。

7月25日，中国长寿文化节信息发布会在北京举行。

8月3日，如皋港石化码头工程提高靠泊等级可行性报告获交通部高级专家评审通过。标志着如皋港成为长江最大的石化码头。

9月6日，全国人大常委会副委员长吴阶平、省人大常委会副主任柏苏宁到如皋，参加香港宏威制药集团威世药业（如皋）有限公司GMP改造工程竣工庆典。

9月9日，如皋教育电视台摄制的专题片《百岁老人》获2002年全国优秀教育电视节目评比二等奖，为所有获奖节目中唯一由县级教育电视台摄制的节目。

9月27日，由美国、西班牙、奥地利、日本4国华侨华人组成的考察团一行35人到如皋考察。

9月29日，市委书记蓝绍敏会见回家乡省亲的韩德培。

10月23日，市政府授予美国通用轴承公司董事长西摩·葛赛克名誉市民荣誉称号。是为市政府首次授予外籍人士名誉市民称号。

10月25日，如皋师范学校举行百年校庆。

10月28日，首届如皋·中国长寿文化节、第二届中国（如皋）盆景艺术节、第三届如皋经贸洽谈会（简称“两节一会”，后改称“一会两节”）于新世纪广场开幕。晚，“群星拜寿”大型文艺晚会在如皋中学操场举行。

10月29日，市委、市政府于丽都假日酒店“添寿堂”举办“太平盛世万岁宴”。全市23个镇的100名百岁寿星喜赴盛宴。

11月1日，如皋市单体投资额最大的技改项目——江苏南天集团双面粗化易浸型聚丙烯电容薄膜生产线通过省级验收，产品填补国内空白。

11月2日，由日本东京债权回收株式会社等会社负责人及新闻记者、税务专家组成的日本商工会中国交流考察团一行9人到如皋考察。

11月8日，市委、市政府召开全民创业报告会，动员全民创业。

11月15日，中国人民武装警察部队副政治委员隋绳武、省武警总队总队长顾惠琪到如皋视察。

12月27日，如皋大剧院奠基。2005年6月25日落成。

2003年

1月28日，江苏通用钢球滚子有限公司钢球质量体系通过世界最大的轴承公司瑞典SKF公司评审，认定为B级，并成为唯一一次性通过SKF评审的钢球公司。

3月9日，如皋市在北京举行经济社会发展推介会。

3月20日，西藏自治区副主席甲日到如皋参观花木大世界。

3月23日，台湾三立电视台记者一行9人，到如皋拍摄长寿文化专题片。

4月9日，中华台商协会秘书长秦秋年一行到如皋进行商务考察。

4月9—10日，中华全国归国华侨联合会副主席、中国国际文化交流中心副理事长、海峡两岸关系协会顾问林丽韫到如皋考察。

4月17日，中国投资协会副会长、民营投资委员会会长林森木，副会长朱杰等一行9人到如皋考察投资环境。

5月30日，江苏省军区党委发文，作出关于开展向如皋市人民武装部学习活动的决定。

6月1日，总投资2.5亿元、年销售25亿元的南通东方TLA120万吨沥青项目签字仪式于丽都假日酒店举行。该项目落户于如皋港区。

6月13日，市政府和中央电视台《夕阳红》栏目组于北京梅地亚中心正式签订《夕阳红》开播10周年系列活动合作项目。双方共同策划制作时长8小时的大型特别节目《今又重阳》。

6月19日，江苏省委书记李源潮到如皋调研考察。

6月29日，中国作协原主席、著名作家邓友梅，北京市社科院社会学应用心理学研究中心研究员许金声，清华大学社会学系人口研究博士、人口学家陈功，《夕阳红》栏目策划、总撰李再军，执行编导王咏琴等到如皋对长寿文化进行采风和探秘。

同日，中央电视台《夕阳红》栏目《今又重阳》特别节目总编曾勇钢、执行编导王华前往长青沙岛和如皋港区，对长青沙岛生态旅游资源开发进行实地拍摄和采访。

8月4日，市人大常委会审议批准《如皋市沿江开发总体规划》。2005年11月7日，该《规划》通过专家评审。

8月11日，如皋市被国家环保总局正式列为南通市首家全国生态环境监察试点地区。

9月15日，市长周铁根率市台办、市外贸局、昌昇集团、大昌电子公司一行9人赴台湾，与台北、高雄等地如皋同乡会共商发展经济事宜。

9月22—28日，在全国第二届木偶皮影比赛中，如皋木偶艺术团排演的《大禹治水》获得“金狮奖”银奖。

10月4日，由市政府与中央电视台《夕阳红》栏目联合主办，《老年博览》《大众摄影》杂志社和上海阳光投资集团有限公司协办的“如皋杯”全国老年题材摄影大赛作品在中国人民革命军事博物馆展出。

10月16日，如皋市通过国家级生态示范区创建验收。

10月20日，如皋中学举行独立办学80周年校庆。

10月28日，首届中国如皋沿江经济洽谈会于如皋港开幕。

12月11日，如城镇蒋小兰在印度新德里举行的第六届国际残疾人职业技能比赛中夺得两枚金牌。

2004年

2月27日，市政府于北京举行如皋经济社会发展情况说明会，新华社、《人民日报》、中央电视台、《光明日报》《经济日报》《农民日报》《半月谈》杂志等近20家新闻媒体记者出席。

3月8日，总投资12亿元的上海轮胎橡胶项目于如皋经济开发区开工；总投资4.5亿元的制皂项目于丁堰镇开业。

4月7日，中国警察学会副会长、公安部原副部长胡之光，公安部消防局原局长刘式浦，公安部监察局原局长张国学等一行到如皋，就公安人才战略问题进行调研。

4月9日，美、英、德、荷兰、斯洛文尼亚、俄罗斯、日本7个国家13个媒体19名驻华首席记者组成“江苏沿江开发新闻周”采访团到如皋，前往皋南镇采访104岁的张田氏老人。

4月10日，如皋米久食品有限公司通过日本农水省官方检查，成为全国首批恢复向日本出口禽肉及其产品的企业。

4月15日，印度尼西亚驻华大使库斯蒂亚到如皋，拜访皋南百岁老人张田氏，参观花木大世界、水绘园等处。

4月16日，经现场验收，江苏如皋花木大世界成为全国首批、如皋首个国家级农业旅游示范点。

5月1日，美国、澳大利亚等20多个国家200名文教专家到如皋参观访问花木大世界、聋哑学校、工艺丝毯博物馆。

5月15日，教授阮仪三，作家冯骥才，彝族诗人吉狄马加，当代作家、文学评论家吴泰昌，国家一级演员、著名表演艺术家焦晃等10多位文化名人参观水绘园。

5月16日，夏堡镇农民工鞠长春当选山西省劳动模范。

5月22日，市委、市政府在天津，与天津今晚报社、老年时报社共同主办如皋《百人百岁万寿图漫画长卷》展览。该长卷由漫画家张汉忠创作，长50米，宽1米。

6月15日，法国电视二台驻京首席记者罗寿专程到如皋拍摄探访如皋长寿秘诀。跟踪拍摄104岁的张田氏老人生活起居，采访市长寿研究会和如城花港社区老年活动中心。

7月26日，美国、英国、日本、法国、德国等数十个国家网民通过与国务院官方网——中国网链接，直接用10种语言文字和如皋政府网沟通。

8月2日，外交部发言人、新闻司司长孔泉到江苏长寿集团、如皋工艺丝毯博物馆及南通丰正彩色植物科技有限公司调研。

8月8日，美国洛杉矶市教育行政官员和教育专家组成的洛杉矶美中民间交流代表团一行14人到如皋考察特殊教育，并寻求合作。

8月18日，市委、市政府于上海紫金山大酒店举行“一会两节”信息发布会。奥地利、马来西亚、巴西等国家驻沪领事馆官员，上海市政府有关部门负责人和《人民日报》《文汇报》等20多家媒体记者应邀出席。

9月13日，全市23个镇党委书记及市有关部门党政主要负责人赴德国，参加为期半个月的行政管理高级培训。

10月19日，香港凤凰卫视、亚洲卫视、《大公报》《经济导报》等9家媒体15名记者到如皋集中采访沿江开发。

10月29日，市委、市政府举办“五世同堂合家欢”大型联欢活动，40个家庭代表全市400多户五世同堂家庭出席此次联欢活动。市长周铁根为《中国如皋寿星河》邮资明信片首发揭幕。

11月7日，中组部原部长、中共中央党建研究会会长张全景，江苏省委组织部常务副部长柯广坚到如皋视察并看望百岁老人仇汝兴。

11月19日，市委首次在全市范围内公推公选正科级领导干部3名。

是日，江苏省首部县级军事志《如皋市军事志》出版发行。

2005年

1月12日，位于如皋经济开发区的亿丰（如皋）国际商贸城开工。

1月25日，中国老年学会、中国老年科学健身与长寿研究委员会如皋长寿研究中心在如皋长寿园成立。

2月23日，市委在北京马哥孛罗宾馆向媒体推介如皋“长江明珠、长绿宝地、长寿古邑”三大品牌。

3月18日，海巡艇如皋基地基础工程完工，是为南通海事局首个海巡警基地。

是日，日本农林水产厅专家对江苏唯一向日本出口肉制品的江苏长寿集团进行新一轮核查。

4月10日，市政府在如皋东方大寿星园举办上海千人旅游团“长寿之旅”欢迎仪式。

4月14日，张家港市人民政府和如皋市人民政府在张家港市签订协议，实施长江两岸联动开发。

4月16日，市政府在安定广场举行胡瑗铜像揭幕仪式。

5月28日，李昌钰在东方大寿星园为其106岁逝世的母亲李王岸佛（2003年3月6日逝于美国）塑像揭幕，同时受聘担任东方大寿星园形象大使。9月6日，他将东方大寿星园请其转赠美国总统布什的长寿玉牌送交白宫总统办公室。

6月19日，各国驻沪领事馆的140多名中方秘书组团到如皋参观水绘园、东方大寿星园等景点。

10月10日，香港南通同乡会访问团一行参观如皋港焯盛石化码头、皋张汽渡、江苏金元亚麻公司、上海轮胎制造集团、水绘园及城河风光带。

10月11日，如皋“爱心邮路”获全省十大优质服务品牌称号。2006年4月19日，中宣部下发通知，要求新华社、人民日报社等12家中央新闻媒体做好江苏如皋“爱心邮路”事迹的宣传报道工作。4月20—23日，新华社、中央电视台、人民日报社等5家中央新闻媒体到如皋集中采访“爱心邮路”事迹。5月3—4日，中央电视台《新闻联播》节目报道如皋“爱心邮路”事迹。2008年4月14日，如皋“爱心邮路”获中华慈善奖最具爱心慈善行为楷模称号。

10月18日，皋张汽渡通航。

10月20日，省委书记李源潮、副省长黄莉新，南通市委书记罗一民、市长丁大卫一行，考察如皋沿江开发、高效农业和农民集中居住小区建设。

10月26日，如皋邮政局被中央文明委授予全国文明单位称号。

10月28日，由上海阳光集团投资建设的熔盛重工造船基地工程开工。2008年2月28日，首制船7.55万吨冰区加强型散货船交付。

11月4日，如皋水绘园景区、定慧禅寺和内外城河风光带获准为国家AAA级旅游区（点）。

11月11日，如皋市被正式授予“国家级生态示范区”标牌。

11月20日，如皋中学举行东南大学附属中学挂牌仪式。

12月16日，2005年度全国中小城市综合实力100强揭晓，如皋列第83位。

12月18日，江苏省如皋师范学校升格为如皋高等师范学校和江苏教育学院如皋分院。

12月22日，如皋市获得“中国优秀旅游城市”称号。

12月26日，南通市西北片引江供水工程项目开工。

12月27日，如皋市被江苏省委、省人民政府表彰为江苏省文明城市。

2006年

1月6日，《如皋市城市总体规划（2005—2020）》论证会召开。

1月7日，如皋市体育总会成立。

1月10日，如皋在中国首届“长三角最具投资价值县市”评选中，被评为10个最具投资价值县市之一。

2月28日，团市委联合市劳动与社会保障局举办46家单位提供4924个岗位的“新春开门红”招聘洽谈会，近5000名青年进场求职。

2月8—11日，市第十四届人民代表大会第四次会议，授予王华等10人“如皋市人民奖章”。

2月12日，市委在常青镇召开公推直选常青镇党委、纪委班子成员动员大会。此为如皋首次公推直选乡镇党委、纪委班子。

2月19日，市委、市政府在南京召开南通六建建设集团有限公司晋升国家特级资质新闻发布会。

2月26日，市委、市政府在北京召开经济社会发展情况汇报会。新华社、人民日报社、中央人民广播电台、中央电视台等首都30多家新闻媒体应邀出席。

3月18日，由香港嘉信投资集团投资1亿元、建筑面积5.5万平方米的南通嘉信钢材市场在如皋开业，入驻的200多家企业中，注册资金在500万元以上者近60家，填补苏中、苏北地区钢材市场空白。

3月19—20日，江苏省苗木商会成立大会在如皋召开。同时在花木大世界举办江苏省首届苗木交易会。

4月1日，由公安、工商、房管、建设、劳动等部门18个窗口联合组成的市“外来人口管理服务中心”正式挂牌。

4月2日，审计署审计长李金华考察如皋。

5月20日，如皋市被江苏省政府和江苏省军区联合命名为“省级双拥模范城(县、市)”。

5月23日，《如皋动态》电子版进网运行，在全国县(市)级平面媒体中尚属首例。

6月8日，如皋市银企合作交流签约会在信合大厦举行，全市6家金融机构与52家企业共签约66项，授信额度29.29亿元。

6月29日，省委书记、省人大常委会主任李源潮，副省长张桃林，省委副秘书长、办公厅主任李云峰一行到如皋视察。

6月30日，江苏省公安机关“三基”工程建设推进会在如皋召开。

7月，如皋高考再创佳绩，本一、本二上线4560人，比2005年净增644人，上线人数继续居江苏省各县(市)首位。

8月3日，如皋港一类开放口岸汇报评审会在南京举行。

8月11—12日，如皋市通过创建国家环保模范城市省级验收。

8月12日，江苏沿江开发(如皋)人才市场在如皋港正式揭牌。

9月4日，中国驻委内瑞拉大使居一杰参观考察如皋港区。

9月15—16日，国务院法制办牵头，中央8家新闻单位组团到如皋，集中采访报道如皋公安工作。

9月，中国名牌战略推进委员会正式公布如皋“鼎”牌玻璃纤维土工格栅和“如皋”牌火腿为“中国名牌”，实现如皋中国名牌产品零的突破。

10月10日，时为苏中规模最大的开放集贸市场——如皋苏浙大市场开业。

10月16日，美国洛杉矶中美民间交流代表团一行9人参观访问如皋市特殊教育学校。

10月28日，“一会两节”在熔盛船厂建设工地开幕。“中华长寿门”奠基仪式在东方大寿星园举行。晚，《欢乐中国行——魅力如皋》大型文艺晚会在如皋中学操场举行。

11月1日，如皋市被江苏省爱卫会命名为“江苏省卫生城市”。

是日，中央电视台国际频道《快乐中国——学汉语》节目组拍摄水绘园、顾庄花木栽培基地以及市区街景。

11月3日，上海市如皋商会成立。

11月8日，江苏省军区副政委林恺俊视察如皋人民武装工作。

是日，全国中小城市综合实力百强县(市)名单公布，如皋名列第76位。

11月20日，公安部副部长张新枫一行视察如皋公安基层基础工作。

11月27日，创建国家卫生城市省级调研指导汇报会在丽都假日酒店举行。调研专家分6个组对如皋市容卫生、健康教育等方面进行现场指导。

11月28日，如皋市城市规划展览馆、海阳路北延、解放路东延、浅水湾小区、南通泰悦服饰、南通富山模具6个项目集中奠基开工。

11月30日，联合国儿童基金会官员、国务院及省妇儿工作领导、南通市妇联到林梓镇调研“留守儿童社会干预项目”活动实施情况。

12月23日，如皋被共青团中央授予“全国团建先进市”称号。

12月31日，南通市肠衣商会挂牌庆典暨中国肠衣城规划建设推介大会，在如皋市光华国际大酒店举行。

2007年

1月6日，江中集团晋升国家特级资质。2月22日，集团成立如皋首家企业董事局，宣告江苏江中集团总公司正式成立。12月，集团跻身中国建筑业500强。

1月20日，苏中现代化物流中心落户如皋苏浙大市场。

1月24日，如皋市大禹管道公司自主发明“现场连续浇筑大口径暗渠成型机及其施工工艺”获国家发明专利证书。

1月25日，市委、市政府在市疾控中心举行仪式，欢迎如皋首位成功捐献造血干细胞的陈海波归来。

1月30日，以《中华人民共和国未成年人保护法》为题材的40集普法教育电视专题片，在如皋开机拍摄。

1月31日，如皋首家“农家书屋”在长江镇永丰村正式揭牌。

2月9日，柴湾镇镇南村建立全市首家村扶贫帮困“爱心基金会”，首批捐款16.39万元。

2月28日，如皋初中编排的课本木偶剧《变色龙》，在全国第二届中小学艺术展演现场比赛中获一等奖。

3月8日，中国农业发展银行总行及江苏省分行、南通支行一行8人到如皋港区视察如皋沿江农业综合开发情况。

3月23日，如皋市被评为全省农村劳动力转移工作示范县（市），为南通市唯一。

3月24日，如皋市教育局举行仪式，欢送首批21名优秀教师赴灌云县支教。

3月25日，国家统计局副局长许宪春到如皋调研固定资产投资等情况。

4月7日，市委、市政府召开地方志工作会议，正式启动新一轮《如皋市志》编修工作。

4月13日，中组部党建读物出版社总编王占生、机关党委书记郭艳姿到如皋考察党建工作。

4月16—18日，市政府使用无人直升机，飞行拍摄58个具有代表性的亮点景观。

4月22日，市政府和江苏省人事厅在如皋大剧院联办省沿江开发（如皋）人才市场首届大型招聘会，上海和沿江地区300多家企业提供求职岗位6000多个，应聘者中2800多人当场签订就职合同。

4月24日，南通（如皋）力威机械有限公司生产的国内最大吨位的卷扬机发往青岛。

4月25日，市委、市政府召开动员大会，全面启动“学赶张家港，建设新如皋”活动。

4月和7月，市财政先后投资6亿多元，完成泓北沙内港池工地建设，新增 -9米深水线4400余米。

5月14日，红十四军纪念馆建设工程启动。2010年5月1日，举行落成典礼。

5月31日，如皋市获2006年度全国乡村青年文化活动先进县（市）称号。

6月21—22日，张家港沙钢集团如皋港冶金物流加工配送中心项目正式签约；如皋市与张家港市正式签订跨江联动开发协议备忘录。项目总投资为292亿元。

6月26日，德邵基金（D·E·Shaw）大中华首席执行官孟亮率境外基金投资团队到如皋熔盛重工考察。

6月28日，市委、市政府首次以市级同业商会为平台举行招商活动。

6月，全市普通高校本科上线5088人，比2006年增加1085人，上线率全省第一。职教对口高考上线552人，占全省职高本科上线总人数1/7。

7月2日，市委、市政府成立如皋港冶金物流园项目指挥部。

7月19日，中国工程院院士、国家蚕桑业首席专家向怀远、苏州大学生命科学学院副院长沈卫德到如皋考察调研蚕桑生产情况。

8月4日，市委、市政府召开全市人才工作大会，表彰优秀人才175人。

8月10日，全市首批126名大学生村干部正式上岗。

是日，全国首家县级信息平台——江苏科技情报工程文献信息平台如皋工作站正式开通。

8月27—28日，市委书记陈惠娟先后作客“中国网”“人民网”“新华网”，分别在《中国访谈》《强国论坛》《新华访谈》栏目中，向网友推介如皋，并与网民在线交流。

8月，《焦港船闸工程可行性研究报告》经省发改委发文批准。该工程总投资5.32亿元，为江苏省最大的船闸工程。

是月，南通神马电力科技有限公司的“特高压复合绝缘子”项目经评议，获国家发改委重大装备国产化专项立项，并获国家预算内专项补助1300万元。

全国工商联公布2006年度上规模民营企业名单，如皋的南通六建集团、江中集团、江苏英田集团3家企业跻身全国500强行列。

9月3日，江苏省名人故居（纪念馆）、古民居抢救保护工程启动仪式在如皋集贤里举行。

9月6—14日，市长姜永华率招商考察团赴欧洲考察招商。

9月9日，中共中央委员、全国政协常委、国家体育总局原局长袁伟民到如皋调研。

9月16日，由如皋选送的小品《亲爱的爸爸》在全国第二届职工艺术节小品展演中获银奖，此为江苏省唯一参加展演节目。

9月21日，美国苏浙沪同乡会代表团一行23人到如皋参观考察。

9月22—23日，2007年全国中小城市综合实力评比揭晓，如皋位列第75位。

9月25—26日，市委书记陈惠娟、熔盛重工总裁陈强等一行访问委内瑞拉国家能源部和国家石油公司。委石油公司与熔盛重工一次性签订10条大型油轮的购销协议。

10月1日，全国人大常委会副委员长、全国妇联主席顾秀莲，江苏省委副书记张连珍，省人大常委会副主任柏苏宁一行到如皋考察调研。

10月30日，市新闻传媒中心制作的电视新闻《绿衣信使情洒爱心邮路》，在第十二届全国优秀教育电视节目评比中获全国优秀教育电视新闻类一等奖。

10月，经科技部火炬技术产业开发中心认定，江苏九鼎、江苏力星、南通神马获国家火炬计划重点高新技术企业称号。

11月6—8日，如皋3个劳务品牌获准参加全国劳务品牌展示交流大会。其中2个获奖，获奖数位江苏省各县(市)第一。

11月21日，经江苏省旅游景区质量等级评定委员会组织评定，东方大寿星园和白蒲镇法宝禅寺被评为国家AAA级旅游景区。

11月23日，如皋市被中国科协命名为全国科普县(市、区)。

12月11日，江苏九鼎新材料股份有限公司首次上市公开发行股票。26日，在深圳证券交易所正式挂牌上市。

12月14日，如皋市企业生产金翅牌色织布、丁香牌棉(麻)纱、英田牌单(多)缸柴油机获国家免检产品资格证书。

12月23日，如皋市慈善基金会成立大会暨慈善捐赠现场会在如皋大剧院召开，现场接受现款捐赠2430.18万元。

2008年

1月1日，“全民健身与奥运同行”如皋——北京千里健身行活动启动仪式在安定广场举行。

1月3日，如皋市被江苏省食品药品监督管理局批准为江苏省首批农村药品“两网”(农村药品监督网、农村药品供给网)示范县。

1月6日，如皋市就业促进会成立，为全国县(市)级首家。

1月11日，全国首家留守儿童维权工作站在林梓小学成立。5月10日，全国首家留守儿童工作委员会成立四周年纪念大会在林梓小学召开，同时成立林梓镇留守儿童基金会，举行留守儿童“好书漂流乐读活动”启动仪式。

1月15日，如皋神马电力科技有限公司入选江苏省百强民营科技企业。

1月18日，如皋新春农业招商洽谈会开幕。美国、日本和中国香港地区、上海等地200多名客商赴会。

1月19日，市委、市政府举行市行政中心落成揭牌暨市级机关公务员集体宣誓仪式。

1月20日，如皋江苏奥斯特太阳能公司“奥斯特”商品获中国驰名商标。

1月25—29日，全市持续出现大到暴雪，最厚积雪深度28厘米，为1957年之后历史之最。

2月16日，江苏省体育局命名江苏全省首批体育强乡(镇)，如皋20个镇全部在列。

3月3日，市人民检察院控申举报接待室获全国检察机关文明接待示范窗口称号。

3月5日，全国人大代表、如皋残疾人阎建国在北京参加十一届全国人大一次会议期间，受到中共中央总书记胡锦涛接见。

3月7日，经江苏省委组织部、省人事厅组织的江苏省高层次创业创新人才引进计划项目考试组论证，神马电力科技有限公司引进清华大学教授、博导王黎明的项目获一致通过。

3月19日，中国人民武装警察部队副司令员何映华视察指导武警如皋市中队执勤、训练、文体、生活“四项设施”配套建设工作。

3月27—28日，全国工商联党组书记、第一副主席全哲洙一行到如皋调研民营经济发展和工商联、行业商会工作情况。

4月18日，电视剧《神探李昌钰》摄制组到如皋，实地考察李昌钰幼年生活环境，选择拍摄场景。受市公安局邀请，李昌钰博士在光华国际大酒店三楼会议厅举办现代刑事鉴识讲座。

5月8日，中国邮政储蓄银行如皋市支行成立暨揭牌仪式在市邮政金融综合楼会议中心举行。

5月9日，江苏省城市规划设计研究院副院长、高级规划师高世华率专家组到如皋，论证《如皋市长江镇(如皋港区)总体规划(2008—2009)》。

5月18日，全市180名白内障贫困患者和9名老党员白内障患者获得首批免费康复救助。

5月19日，如皋首批赈灾款和救灾物资发往四川绵竹地震灾区。

5月22日，江苏省建设厅党组书记江里程、副厅长澎向峰调研如皋住房保障工作。

5月22—25日，如皋教师在山东济南举行的第二届全国中小学主题班(团队)会课大赛中，获全国现场展示课一等奖1项、录像课一等奖1项、二等奖2项，班(队)会方案评比一等奖1项。

5月26日，熔盛重工集团有限公司与世界上成立最早的船级社、国际公认的船舶界权威认证机构英国劳氏船级社在南通有斐大饭店举行战略合作协议签字仪式。

是日，南通首家职工服务中心——如皋市总工会职工服务中心揭牌。从5月起，全市特困职工可持特困证、爱心卡每月到中心领取大米、食用油等生活必需品。

5月30日，市法律援助“三五”工程启动暨法律援助中心迁址揭牌仪式在市行政中心举行。同日，南通地区首家集行政调解、行政执法和劳动仲裁三位一体的人民调解组织如皋市劳动争议调解中心在市社会矛盾纠纷调处中心成立。

6月12日，如皋市被住房和城乡建设部评为全国最佳规划城市。

6月20日，如皋市获浙商创业与投资博览会2008年最具投资潜力城市称号。

是日，如城信用社、南通六建济南分公司、建设银行如皋支行被共青团中央表彰为2007年度全国“青年文明号”。

6月27日，市总工会、劳动保障局、城管局联合举办“191”公益岗位推介会，向社会提供由政府买单的市容协管员岗位150个，专为如城地区部分弱势群体解决就业问题。

7月10日，市委书记陈惠娟在大剧院进行首次“书记大接访”，全天接待上访群众百余批。

7月18日，如皋市人才市场暨2008年夏季人力资源大会召开，首次实现劳动力市场和人才市场贯通，沿江15县(市)150多家规模型用人单位进场招聘，提供各类岗位近3000个，达成意向协议2000余人。

7月28日，市政府授予挪威船级社副总裁毕浩然“如皋市荣誉市民”称号，并聘请其为如皋市船舶产业外籍高级顾问。

8月12日，江苏省省长罗志军视察如皋港船舶制造业发展和城区建设情况。

8月15日，如皋市蒲源铁路(原如皋港铁路)专用线，由上海铁路局组织专家进行评审，铁路认可文本获参评专家一致通过。

8月27日，海峡两岸高中生教育文化夏令营成员一行40余人到白蒲高级中学参观交流。

9月8日，全国人大常委会副秘书长刘振伟，江苏省政府副秘书长、省信访局局长王庆元一行视察如皋经济社会发展情况。

9月17日，盲人运动员陈山勇所在中国盲人足球队参加残奥会五人制盲人足球比赛，获银牌。

9月20日，经过规定评审程序，中国老年学学会决定授予如皋市“中国长寿之乡”称号。

10月6日，首届“中国十大寿星排行榜”揭晓暨中国长寿之乡(如皋)揭牌仪式在如皋东方大寿星园举行，如皋百岁老人韩秀芳被评为最佳风采女寿星。

10月16日，江苏省省长助理、公安厅厅长黄明签署命令，授予如皋市公安局全省优秀公安局称号。

10月28日，如皋市与复旦大学十大合作项目签约。

是日，市委书记陈惠娟接受中央电视台《夕阳红》栏目组的“相约如皋长寿论坛”节目专访。

是日，如皋古树名木“养老金”暨认养仪式在水绘园举行，全市百年以上古树名木74株，被认养65株。

10月，3集电视政论片《大江作证》由中组部党建读物出版社出版发行。

11月6日，江苏力星钢球有限公司入选《中国工业报》主办的2008中国行业排头兵企业，为全国钢球行业唯一入选企业。

11月11日，原常务副市长沈品辉因受贿56.31万元，被南通市中级人民法院判处有期徒刑6年，并处没收财产10万元，追缴受贿所得人民币

48.3万元和美金1万元。

11月12日，中国商帮峰会组委会、第三届长三角最具投资价值开发区评选结果揭晓，江苏省如皋经济开发区榜上有名。

11月22日，全市有线数字电视开通。

11月23日，国务院正式批准在如皋港设立国家一类口岸。12月28日，如皋港国家一类口岸启动仪式在熔盛重工大礼堂举行。

11月30日，截至中午12时，全市社会各界向四川汶川地震灾区捐赠人民币2416.69万元。

12月11日，吴窑、下原、柴湾3镇，成为"全国亿万农民健康促进行动"示范镇。

12月30日，原副市长单定方先后收受和索取贿赂款物，折合人民币共527.7万余元，被南通市中级人民法院判处无期徒刑，剥夺政治权利终身，并处没收个人财产80万元。

12月31日，"责任中国"人民网2008年度系列评选结果在北京揭晓，陈惠娟和姜永华同时入选人民网"年度最受关注的地方领导"。

2009年

1月5日，江苏省人事厅公布省首批博士后科研工作站名单，江苏九鼎新材料股份有限公司在列。

1月8日，如皋市被江苏省教育厅表彰为第二批义务教育均衡发展先进县(市)。

1月15日，如皋市少年体校被国家体育总局命名为国家高水平体育后备人才基地。

1月16日，如皋市被江苏省建设厅授予江苏省园林城市称号。

1月18日，水绘园风景区正式开园。

1月20日，中纪委驻科技部纪检组到如皋检查中央新增投资项目实施情况。

2月9日，如皋市文化馆缪新华作词的歌曲《打开春天》入选中央电视台元宵晚会演出节目。

2月16日，如皋海关经国家海关总署批准设立，隶属南京海关。6月29日，市政府举行中华人民共和国如皋海关挂牌开关仪式。7月13日，如皋海关正式对外办理业务。

2月19日，市公安局出入境管理处获公安部授予全国出入境文明窗口称号。

2月，市劳动争议调解中心的提前介入法、多方联动法、案结事了法、代为支付法、宏观处理法、标本兼治法"调解六法"被新华社《国内动态清样》第585期刊载。6月，中央电视台《焦点访谈》栏目和新华社记者到如皋专访报道劳动争议"调解六法"。

3月2日，如皋港国家一类口岸经国务院批准，正式对外开放。

3月24日，美联社记者李兰熙一行到如皋，专题采访报道如皋长寿现象。

4月7日，中国国际旅行总社考察团一行到如皋实地考察踩线，将如皋的一些景点列入"中国东部鱼米之乡·运河泛舟之旅"。

4月10日，公安部挂牌督办、最高人民法院指定管辖的16人非法买卖枪支、弹药、爆炸物，非法持有、私藏枪支串案，经公安机关侦破，由如皋法院作出一审判决。6月22日，国务委员、公安部部长孟建柱签署命令，给如皋市公安局侦破特大贩卖枪支案专案组记集体一等功。

4月17日，如皋农业科技产学研活动在南京农业大学举行，如皋8家农业龙头企业与南京农业大学等学院签订全面合作意向书10余份。

4月27日，全市首期130套经济适用房投入使用。

4月28日，市政府在南京丁山花园酒店举行的金融促进"保增长 达小康"恳谈会上，与6家省级银行签订合作备忘录，其中2家银行在如皋设立分支机构，授信意向签约42个项目，意向总额250.8亿元。

5月18日，坐落于东大街历史街区的李昌钰刑侦技术博物馆开馆。

5月31日，2009年如皋经济技术(科技·人才)洽谈会在如皋大剧院举行，市委书记陈惠娟向13位院士和首席专家颁发如皋市经济社会发展高级顾问聘书。

6月1日，即日起，全市70周岁以上老人可免费乘坐市内公交车。

6月5日，江苏省农林厅发布公告，如皋黄鸡列入江苏29个省级畜牧遗传资源保护名录。10月15日，农业部发布公告，如皋黄鸡畜禽遗传资源通过审核、鉴定，列入国家畜禽遗传资源名单。

6月6日，如皋市首届长江放鱼节在皋张汽渡举行。

6月14日，下午5—10时，长江、九华、白蒲等镇突遭大风、冰雹、雷电、暴雨袭击，倒塌民房20户，受损民房近百户，农作物受灾面积285公顷，直接经济损失589.7万元。

6月18日，如皋市被民政部表彰为全国婚姻登记规范化单位。

6月19—21日，第十届全国老将田径运动会在如皋举行，23个省、自治区、直辖市共62支代表队801名老年运动员参赛，如皋代表团82名运动员获24金、30银、22铜共76枚奖牌，列全国各县(市)第一。

6月28日，如皋籍选手方宏亚获国际柔术比赛82.3千克级白带组冠军和无差别级白带组季军，填补中国运动员国际柔术奖牌空白。

7月1日，全市开通公交线路25条，投入城乡公交车辆78辆，至此，全市20个镇(开发区)、326个行政村，全面实现公交村村通。

是日，总投资9.5亿元(其中地方自筹款6亿元)，贯穿袁桥、磨头、吴窑、郭园、九华5镇25村，全长43.229千米的一级公路204国道(如皋段)改线工程正式建成通车。

7月3日，全国人大代表、如皋市残联副理事长阎建国获全国自强模范称号。

7月10日，熔盛重工与阿曼航运公司在上海签订总造价5亿美元的4艘40万吨级矿砂船造船合同，创当年上半年全球最大载重吨船舶订单新纪录。

7月28日，江苏九鼎集团自主设计的首台1.5兆瓦风力发电机组叶片下线。

是日，胡安定纪念馆开馆。

7月31日，市广播电视传媒中心、省级如皋软件园、市文化广场(文化馆、图书馆、博物馆、科技馆、城市规划馆)奠基动工。

8月10日下午5时许，暴雨引发宁启铁路如皋方庄段部分路基塌方，险情5级以上，最严重段面8级，共长700余米，经及时抢修，未影响铁路运行安全。

是日，市公安局交巡警大队被公安部评为全国基层公路交通管理执法规范化建设示范大队。

8月20日，市长姜永华率队赴新疆慰问支边人员，并出席新疆江苏企业联合会如皋分会成立大会。

8月25—26日，如皋九鼎艺术团、长寿艺术团的4个节目，在北京人民大会堂举行的“七彩夕阳”全国老年优秀文艺节目会演中，获凤凰金奖3项、孔雀金奖1项，参赛节目总数、获奖总数双获全国县级第一。

9月1日，祖籍如皋的匈中友协副主席、匈牙利国家翻译考试中心主考官、布达佩斯厄特沃什·罗兰大学教授冒寿福，到如皋开展文化教育交流活动，并向如城地区中学和市图书馆捐赠图书。

9月18日，江苏省委宣传部、组织部、统战部、党史工办等部门联合开展的“50位中华人民共和国成立以来感动江苏人物”评选活动揭晓，何昆、李超时、吴亚鲁、“爱心邮路”群体、闵乃本入选。

10月29日，“长三角”首届县域信息产业发展论坛在如皋举办，北京锐道联合教育科技有限公司专业呼叫人才培训项目、上海上扬软件有限公司上扬项目等8个合作项目与如皋相关部门、单位现场签约。

11月4日，长江镇(如皋港区)总投资6.5亿元，总建筑面积52万平方米，分3期实施的高层次人才公寓举行奠基仪式。

11月29日，一期投资2.5亿人民币、占地22万平方米、拥有岸线150米的江南德瑞斯(南通)船用设备制造有限公司正式开业。

11月30日，《今晚报》《北京晚报》等30多家知名晚报总编、记者组成的考察团到如皋探访长寿现象。

12月8日，全国首个工会流动会员之家——如皋市工会流动会员之家(北京)在南通六建集团北京分公司成立。

12月29日，总投资1.8亿元，总建筑面积4.8万余平方米的如皋汽车客运新站奠基开工。

12月31日，如皋市第十次党代会第四次会议确定“腾江越海，登高致远”为新时期如皋城市精神。

是年，如皋位列全国中小城市综合实力百强市(县)第73位。

2010年

1月7日，如皋市获江苏省畜牧工作先进市称号。

1月8日，如皋市被江苏省体育局命名为江苏省体育强市。

1月9日，如皋市建设全面小康社会情况汇报会在北京举行。

1月16日，市委书记陈惠娟、市长姜永华双双入选人民网“最受关注地方领导”，陈惠娟名列50名当选县市领导第一位。

1月18日，宁启铁路复线电气化工程南通段开工典礼在如皋举行。

2月1日，全市最低工资标准调整为790元/月，小时工资最低标准6.4元/时。

2月5日，如皋数字电视完成整体转换工作，成为苏北、苏中地区第一个达到城乡一体化数字电视整转标准的县（市）。

2月22日，市委组织部、市人力资源和社会保障局、市总工会、团市委联合举办招聘洽谈会，80多家企事业单位进场设摊提供4283个岗位，5000多名应聘者，达成就业意向1200多人。

2月24日，如皋市人民检察院被最高人民检察院表彰为全国检察机关先进集体并记集体一等功。

3月19日，长江镇、高明镇获全国环境优美乡镇称号，如城镇顾庄社区获国家级生态村称号。

4月26日，日本瑞穗市市长岖孝正、议会议长小川胜范率团考察熔盛重工、森松重工、九华镇等。

5月12日，如皋市被全国绿化委员会授予绿化模范县（市）称号。

5月13—15日，如皋市创建国家卫生城市工作通过国家评估组验收。

5月19日，熔盛重工、神马电力、双钱轮胎等规模企业接受美国、阿联酋、新加坡和日本近20位客商联合组团考察。

5月25日，全市渔业科技入户工程启动，并首次被列入全省渔业科技入户工程示范县（市）。

5月29日，“2010年如皋经济技术洽谈会暨创建国家技术创新工程示范市”启动仪式在如皋大剧院举行。

5月31日，市文广传媒集团9件广播电视作品在全国县（市）广播电视作品评比中获奖，获奖数量与等级居全国县（市）级媒体首位。

6月9日，如皋港现代物流外包服务中心正式揭牌。

是日，南通皋液液压机项目被列入科技部、财政部2010年第一批国家科技型中小企业技术创新基金项目，获国家专项扶持资金90万元。

6月9—11日，如皋市老年代表队在长春市举行的第十二届全国老将田径运动会上，获1金1银1铜。至此，如皋老将历年累计获奖牌总数152枚，居全国县级市之首。

6月11日，长江镇、如皋经济开发区“万顷良田”建设工程受新华社、《中国国土资源报》《新华日报》3家媒体实地走访。

是日，如皋中学毕业生王云飞在高考中运用骈体古文写作命题作文《绿色生活》，东南大学党委副书记、副校长刘波专程到如皋中学，对“古文奇才”王云飞现场签发录取通知书。

7月9日，水绘园被国家旅游局批准为AAAA级旅游景区。

7月20日，市政府举行新型农村社会养老保险基础养老金首发仪式，全市近30万名年满60周岁的农村居民首次享受普惠式养老补助。

7月21日，武汉大学如皋籍女学生赵小亭，在贵州贵定县马场河小学支教期间，被滚落的山石砸中遇难，时年20周岁。7月27日，共青团中央、全国学联、中国青年志愿者协会追授赵小亭“中国杰出青年志愿者”称号。

7月28日，如皋港集装箱航线首航仪式在如皋港务集团公用码头举行。

8月14—15日，第十届全国县域经济百强县（市）名单揭晓，如皋与海安、如东并列第67位。

8月28日12时，如皋边防检查站开始履行口岸边防检查职责。

8月29日，2010年中国民营企业500强名单发布，如皋的熔盛重工、南通六建、江中集团、英田集团分列第125、249、270、375位。

9月17日，如皋水绘园风景区在华东地区大型旅游同业交流会上获最佳人文景区奖、最具发展潜力目的地奖和最受游客欢迎奖。

9月19日，南通泰慕士服装有限公司跻身2009—2010年度中国纺织服装企业竞争力500强，排名由第400名升至第252名。

9月21日，展示如皋大学生村干部工作、学习、生活的日记选编《燃烧的青春》一书及同名电视片出版座谈会在北京举行，30日举行发行仪式。

10月6日，市体育中心(奥林匹克公园)开工建设。该项目占地28公顷、总投资5.5亿元。

10月8日，如皋市民服务中心举行入驻仪式，58个市级部门集中入驻办公。

10月9日，中华人民共和国如皋出入境检验检疫局在如皋港区口岸联检大楼正式挂牌。

10月24日，全国2010年综合实力百强县市名单公布，如皋市在全国2160个中小城市中列第63位。

10月25日，人力资源和社会保障部首度公布全国192个农村劳动力转移就业工作示范县名单，江苏9个县(市)上榜，如皋位列其中。

10月28日，"一会两节"期间，联合国官员孙尚京宣布如皋市符合"世界长寿乡"认证资格条件，并颁发资格认证证书。

10月31日，如皋一批光热产业项目与各高等院校、科研院所等签约。

11月2日，如皋首家3D影院——如皋声屏世纪影城投入使用，填补如皋五星级影城空白。

11月17日，由中共中央组织部等6部委(会)共同主办的全国"百名法学家百场报告会"基层行活动在如皋启动。

11月19日，熔盛重工在香港联交所挂牌上市。

11月22日，市委常委、组织部部长张辉走进人民网，接受专访，与全国网友在线交流如皋市开展创先争优活动的经验做法。

11月28日，西班牙驻华大使馆农业参赞加里尔·安德鲁、纳米比亚驻华大使馆商务参赞斯图伯克等到如皋考察。

11月30日，截至下午4时30分，如皋港年吞吐量突破1000万吨。

12月8日，如皋长江大桥开工建造。

12月28—29日，如皋市国家生态市创建工作通过省级考核验收。

12月30日，市文化广场(市文化馆、图书馆、博物馆、科技馆、城市规划馆)土建工程封顶。该工程总投资5亿元，总建筑面积3.85万平方米。

如皋市志(上册)

专　记

一、江海军旗红

二、敢叫高沙变良田

江 海 军 旗 红

——中国工农红军第十四军在如皋

民国18年（1929年）初冬，阴霾笼罩上海。

11月18—26日，中共江苏省第二次代表大会在黄浦江畔的上海泉璋中学会议室秘密召开。

大会讨论上海和外县情况时，中共（南）通、海（门）、如（皋）、泰（兴）地区党组织负责人李超时、南通县委书记刘瑞龙先后汇报通海如泰地区红军游击武装发展态势：

通海地区，各地红军游击武装频频出击，收缴地主武装的枪支，攻打恶霸地主庄园和国民党警察所，粉碎国民党军警的“包剿”，以通东游击队为主体的通海红军游击武装发展到200多人，拥有长短枪120多支；如泰地区，五一农民暴动失败后，两县县委加紧组建红军游击武装，积极开展武装斗争，两县游击武装合并成立如泰工农红军，特别是中央军委、江苏省委向如泰工农红军派出军事、政治干部后，红军战斗力显著提高，活跃于如皋镇涛地区和如泰边境，袭击国民党区公所、保安团、警察队，攻打封建恶霸地主庄园，开辟了拥有200多万人口的红军游击区，红军武装发展到600多人。

通海如泰地区红军游击武装蓬勃发展的形势，引起到会指导的中共中央政治局常委、中央军委书记周恩来，江苏省委书记李维汉，省委常委李富春，省委候补常委陈云，中央军委委员、江苏省委军委书记李硕勋等领导的浓厚兴趣。他们一致认为，通海如泰地区红军游击武装已有一定基础，正式成立中国工农红军的时机已经成熟。鉴于中央苏区已有红十二军，浙西南有红十三军，排序定为红十四军。

会后，中央军委书记周恩来分工李维汉负责起草向中央军委的报告和拟发《关于建立红十四军的决定》，李硕勋负责红十四军筹建工作。同时，中共江苏省委决定，在上海设立红十四军交通办事处，抽调通海如泰地区党组织负责人李超时和如泰中心县委书记王玉文到上海负责办事处工作。

由此，周恩来等老一辈无产阶级革命家亲手缔造的、土地革命战争时期江苏省境内唯一一支红军正规武装——中国工农红军第十四军悄然孕育。

军旗飘扬

民国19年（1930年）2月上旬的一天上午，一艘帆船在长江如皋段的张黄港缓缓靠岸。

在上海接受中央军委任命的红十四军军长何昆（化名李维森），与被中央军委委派到红十四军工作的俞乃诚、张爱萍、何杨、宋奇等先后登岸，在红十四军上海交通办事处干部周方和交通员宗子祥护送下，向如泰红军游击区中心区如皋西乡江安东燕庄进发。

简短的欢迎仪式后，如泰工农红军领导人薛衡竟、黎昌圣、朱松涛和中共如皋县委书记于咸，与何昆一行商讨建立军部和整编红军事宜。

根据中央军委和中共江苏省委的安排，红十四军军部由军长何昆与前委书记、政治委员董畏民、参谋长薛衡竞、政治部主任俞乃诚组成。下设两个支队，活动在通海游击区的中国工农红军江苏第一大队［通海地区红军武装整编后于民国19年（1930年）2月6日成立］编为第一支队，活动在如泰游击区的如泰工农红军编为第二支队。编入红十四军序列的红军指战员共1300多人。

军长何昆亲自主持红十四军第二支队的整编工作。建立健全政治制度，明确红十四军接受中央军委、江苏省委和通海特委的领导，执行以土地革命、武装斗争反对国民党反动统治的政治任务；建立各级党团组织，设立政治委员制度，建立政治机关；按照江西苏区红军的薪金标准，将红军官兵的月饷由6元减为3元；规定红军执行“打仗、做群众工作、筹款”三大任务，要求每名战士战时成为勇敢的战斗者，平时成为群众工作的宣传员和组织员，并协助地方党组织和农会搞好工作；开展军事训练，亲自示范队列、射击、刺杀动作，全军掀起练兵热潮。同时，集中赤卫队的散枪，仿照江西苏区赤卫队的编队形式，每队7人，2支步枪5支梭镖，以便灵活地打击敌人。

3月2日，红十四军在如皋西乡公布《中国工农红军第十四军十大政治纲领》：“一、推翻帝国主义在华的统治；二、没收帝国主义者在华的工厂、企业和银行；三、推翻地主资产阶级的军阀国民党政府；四、建立工农兵苏维埃代表会议政权；五、统一中国，承认民族自主权；六、实行八小时工作、增加工资、失业救济和社会保障等；七、没收地主阶级土地归农民；八、改良士兵生活，分给土地和工作；九、取消军阀在地方强征的苛捐杂税，实行统一累进税；十、联合全世界无产阶级和苏联。”正式对外打出红十四军旗号。

红十四军第二支队整编后，部队的政治素质和军事素质大为提高。何昆军长亲率红军将士，向国民党反动势力发起首轮攻势：夜袭如靖边境的长安市，攻占国民党军据点，缴获部分枪支弹药；围攻如皋西乡恶霸地主庄园卢家庄，全歼守敌保卫团60余人，抓获、镇压恶霸地主7人；攻打如靖边境西来庵据点，全歼守敌保卫分团。

3月上旬，中共江苏省委决定成立中共通海特区委员会，以加强通海、如泰两块红军游击区的集中统一领导。同时，决定在如皋红军游击区中心区正式举行红十四军建军大会，以扩大红十四军的影响。

4月3日，天刚破晓，如皋西南乡贲家巷已是人声鼎沸。如皋江安、卢港、石庄、磨头及泰兴古溪、珊瑚、黄桥等方圆七八里内百余村庄的赤卫队员、农协会员、妇女会员，身着节日盛装，高举鲜艳红旗，肩扛大刀、梭镖、铁叉、火药枪等各式武器，从四面八方涌向贲家巷；红十四军第二支队指战员身穿灰布军装，高擎红十四军军旗和队旗，枪口上系着红缨，精神抖擞地列队走向会场。

贲家巷盛况空前，参加建军大会的2万多人熙熙攘攘，坐满整个村庄和四周空地。

上午11时，红十四军建军大会在鞭炮、锣鼓声中开幕。中共通海特委委员、如泰中心县委书记王玉文主持会议。中共通海特委委员张辛宣布：“中国工农红军第十四军正式成立！”并宣读红十四军军部和第二支队干部任命决定：军长何昆，前委书记、政治委员董畏民，参谋长薛衡竟，政治部主任俞乃诚。第二支队支队长何昆兼，政委黎昌圣。下设三个大队，第一大队大队长朱松寿，第二大队大队长张爱萍，第三大队大队长秦××。另设教导大队，大队长沈诚。

接着，军长何昆宣读红十四军《告工农及一切劳苦群众书》：

“……我们郑重向全国与全世界的工农宣言：我们是工农的武装，我们是工农政府（苏维埃）的卫队，我们誓死执行全国第一次苏维埃大会的政纲，彻底消灭刮（国）民党的反动势力与帝国主义的干涉……”。

在一阵阵嘹亮的军号声中，红十四军第二支队的三个大队长分别率领大队官兵列队绕场一周，经过主席台接受军长和通海特委领导的检阅。

大会结束后，红军官兵和参加大会的赤卫队员、农协会员、妇女会员举行盛大游行示威，浩浩荡荡的游行队伍绵延几千米。沿途农民群众第一次看到自己的队伍威风凛凛，人人喜笑颜开。

红十四军建军，鼓舞了通海如泰地区人民群众的革命斗志，把红军武装斗争推向了新的高潮。

横戈跃马

红十四军横空出世，国民党政权和当地地主豪绅惊恐不安。国民党江苏省政府命令省警察总队长李长江统领南通、海门、崇明、启东、如皋、靖江、泰兴、泰县、东台9县警队，1个月内完成“剿共”计划。李长江率省警察总队进驻如皋城指挥“剿共”行动。

红十四军避敌锋芒，虚与周旋，使国民党警队连连扑空。

4月15日夜，何昆军长率第二支队悄悄返回红军游击区中心区，在吴家庄一带宿营。吴家庄紧靠如皋西南国民党重要据点老户庄。老户庄是恶霸地主张符秋的庄园，四面环水，只有庄东有一条旱路通道。庄内碉堡林立，驻有地主保卫团、县警察队和省保安队一个中队。

第二天清晨，驻老户庄的几十名军警向吴家庄一带“扫荡”，闯入红军警戒线后，遭到红军前哨部队的火力扫射，仓皇向老户庄据点奔逃。

红军追至老户庄边时，四面八方闻讯赶来参战的赤卫队员和群众多达上万人，“攻打老户庄，活捉张符秋”的口号声此起彼伏。何昆军长立即在阵地上召开大队干部会议，大家认为群众高昂的战斗情绪不宜挫伤，而且老户庄据点严重影响红军根据地的扩大和连片，攻打老户庄势在必行。

入夜，红十四军第二支队三个大队分别从三个方向强攻老户庄。

渡河攻击的两个大队遭到庄内敌军猛烈的火力压制，几次强行渡河均未成功，且部队伤亡较重。何昆军长当机立断，重新部署进攻方案，将部队全部集中至庄东，集中火力掩护大部队从旱路攻击。他手端红十四军唯一重武器手提机枪冲在队伍前面，红军战士、赤卫队员在枪林弹雨中前仆后继，勇往直前，迅速占领庄内晒场。何昆军长果敢地踏着张爱萍的双肩，倚着草堆，用手提机枪掩护红军冲锋。激战中，何昆军长不幸左胸中弹。

凌晨，从吴窑、石庄赶来增援的国民党军队已经迫近，红军腹背受敌，只能含恨撤出战场。撤退途中，何昆军长因伤势过重而牺牲。何昆军长牺牲后，由军参谋长薛衡竟主持军务。

红十四军攻打老户庄战斗虽然没能获胜，但对南京国民党政权形成较大压力。蒋介石急调正规军5个团和江苏省警察总队2个团进驻通、海、如、泰、泰、靖地区，企图以超过红十四军20多倍的兵力，将红十四军消灭在江海之滨。

4月23日，中共通海特委发出《通海特委字通告第三号》，要求红十四军“占据主要城镇”“向长江发展，威逼南京、上海”，并要求红十四军第二支队“占领黄桥、季家市、卢家庄、石庄”。根据特委的部署，薛衡竟决定攻打如泰边境的顾高庄。

4月24日深夜，薛衡竟率红军包围顾高庄据点，激战两小时，当据点将被攻克时，东、南方向响起枪声，附近两个据点出动的国民党援军将至。为避免腹背受敌，薛衡竟下令撤出战斗。

红军转移途中，被国民党省保安三团挡住去路。薛衡竟指挥红军将敌军引诱到刘家桥河西，然后让埋伏在桥东的赤卫队拆毁桥梁，断敌归路。红军掉头发起猛攻，将过桥的敌军全歼于河西。不久，河东的敌军架好桥梁追赶而来。为保存实力，薛衡竟命令红军主力向南撤退，自己率一个班战士阻击敌军。看到红军主力顺利撤出战场，薛衡竟才发觉自己胸部中弹，便翻身滚入河中。第二天，附近群众在河岸边发现了薛衡竟的遗体。同日，受红军顾高庄战斗的震动，驻季家市国民党省保安队中队长杜俊生率全中队80人起义，携长短枪80支、小炮1门投奔红军。

由于军长何昆、参谋长薛衡竞相继牺牲，前委书记、政治委员董畏民患病未到职，红十四军形成无人负责的局面。5月15日，中共通海特委发出《致江苏省委报告》，“望省委速告中央军委，对这次（些）问题，加以讨论解决”。同月，中央军委和江苏省委任命中共通海特委书记李超时担任红十四军军长兼前委书记、政治委员，并委派张世杰、秦超、黄火青分别至第二支队、第一支队担任领导工作。李超时和秦超、黄火青、张世杰及原政治部主任俞乃诚，重新组成军部，并决定将红十四军改编为军、师、团、营、连建制，原第二支队改编为第一师，原第一支队改编为第二师。第一师下辖第二团，分设三个营，张世杰任一师师长兼第二团团长，黎昌圣任一师政委兼第二团政委。

6月中旬，李立三“左”倾错误在党中央占据了主导地位，他主持制订全国红军进攻中小城市的“左”倾冒险计划，成立江苏省总行动委员会作为指挥武装起义的最高领导机构，命令“通如泰首先攻下南通，再向南京发展”。据此，中共通海特委明确对红十四军提出“准备会攻南通，截断长江，进攻上海、南京”的战斗任务。

6月中下旬，执行中共通海特委“占领主要城镇”的部署，师长张世杰率领红军先后发起攻打石庄和如泰边境迴家垛、黄柯庄据点战斗，均获胜利。

6月下旬，由如皋移驻黄桥的国民党“剿共”总指挥李长江策划组织驻泰兴、泰县、靖江、如皋国民党保安、警察部队及地方保卫团共2000余人，向红十四军第一师活动中心六甲、戈家堡、张庄、陈家堡一带发动“八路围剿”。

6月25日，师长张世杰获悉敌军“围剿”计划后，决定在六甲桥、龙游河西伏击敌军先头部队，打乱敌军部署。

清晨，浓雾弥漫。国民党先头部队一个连耀武扬威地抵达六甲桥头，因视线不清，不敢妄动，吹号联络。在附近埋伏的一支红军是季家市起义后编入的部队，懂得国民党军队的联络号声，立即吹号回答，要他们继续前进。当敌军进入伏击圈后，三个营红军同时开火，全歼敌军。

其他几路国民党军听到先头部队已被红军歼灭的消息，摸不着红军的虚实，慌张撤回原防。

此仗，创红十四军在平原地带，变全局劣势为局部优势的克敌制胜范例。

7月中旬，江苏省总行委改组中共通海特委，刘瑞龙接任特委书记。同时，中央军委委派徐德担任红十四军军事特派员。7月29日，中共通海特委召开红十四军第一师联席会议，决定在泰兴黄桥发动“总暴动”，成立暴动委员会作为统一指挥机构。认为此举是“江北革命政权与反革命政权最后决战”。经过三四天宣传鼓动和战斗准备，黄桥总暴动打响。

8月3日凌晨2时，按照李超时和徐德商订的暴动计划，担任主攻的一师二团、三团及四五万参战的武装农民将黄桥团团围住，构筑掩体，待命攻击。一师一团和教导大队及赤卫队佯攻古溪、蒋垛、季家市等周围零星据点，以阻击出援之敌。

东方露出鱼肚白。李超时发出攻击命令。随着冲锋号声响起，黄桥四城门同时枪炮声大作，红军将士跃出掩体，在火力掩护下，潮水般涌向城门。

驻守黄桥的国民党军队虽有2个团另4个营兵力，且武器精良。但在红军一往无前的攻势和几万群众助威呐喊震慑下，显得软弱无力。

经过几轮冲锋，红军将士相继攻破北城门和西城门，向镇内突进。在眼看即可拿下黄桥的关键时刻，负责攻打南门的红十四军特务大队大队长李吉庚和攻打东门的李治平因此前已叛变投敌，故意放出敌军。敌军绕到红军背后发起攻击，城内敌军乘机反扑。红军腹背受敌，伤亡惨重，李超时忍痛下令撤出战斗。

负责佯攻古溪、蒋垛的红军和赤卫队撤退时，突遭增援敌军攻击和据点内敌军反扑，牺牲近150人。

开天辟地

红十四军武装斗争的蓬勃发展，为党组织在红军游击区特别是在中心区开展土地革命创造了条件。

根据中共通海特委关于“立即组织工农革命委员会……准备组织苏维埃政府……执行分配土地和肃清反动派的工作”的指示，红十四军军部和中共如皋县委研究决定，在庆祝五一国际劳动节之际，选举成立如皋县工农革命委员会。

5月1日，四面八方涌进贲家巷红十四军建军广场的男妇老幼络绎不绝，热闹的气氛冲破了清晨的寒冷。10时许，七八万群众挤满了广场与四周空地。

12时，五一群众纪念大会在雄壮的国际歌声中开始。首先，大会主席、中共如皋县委书记于咸致辞欢迎从泰兴国民党警队起义加入红军的50名士兵。接着，红军士兵代表、工人代表、农民代表分别发表演讲。演讲中每说到“打倒土豪劣绅”“打倒国民党反动派”“工农兵要联合起来”“分配土地”，尤其说到“我们也要政府，要苏维埃政权”时，会场上的群众举起大刀、梭镖、红旗和拳头，高呼“哦！哦!”代替鼓掌。一时间，让反动统治阶级发抖的狂热呼喊声响彻云霄。

选举革命委员会委员时，天空忽下小雨，但群众热情不减，表示赞成时，仍用“哦！哦!”的呼喊代替鼓掌。

江苏省第一个县级苏维埃政权——如皋县工农革命委员会，在土炮轰鸣声和少年先锋队歌、国际歌声中诞生。选举产生革命委员会委员7人，其中工人代表2人、农民代表3人、红军士兵代表2人。

6月，中共江苏省委派曹斌到如皋，指导建立乡苏维埃政权工作。曹斌选择在红军游击区中心区的江安六甲、朝阳、陈堡3个乡，以雇农工会和农会为基础，组建乡苏维埃政府。

六甲、朝阳、陈堡3个乡相继召开较大规模的群众大会，由群众选举产生乡苏维埃政府的主席和各部委员。各部委员有组织、宣传、经济、武装、文教、土地、妇女、交通、裁判、招待等，按具体工作情况分工。

在县工农革命委员会领导下，红军游击区内的各个村都成立土地委员会，调查田亩，分配土地。土地分配办法，按照通海特委制订的《暂行土地法解释书》规定，将没收的地主土地、富农出租的土地、孤儿寡妇出租的土地及祠堂、庙宇、公田，原则上以劳动力为单位分配。还可根据不同情况，采取地主土地由原雇农耕种、按人口平均分配、共同耕种3种方法。《解释书》还规定：“土地所有权归苏维埃，农民只有使用权，不准买卖”。此项规定含有废除土地私有制、土地国有化的意义。

土地分配工作先在六甲乡试点，然后在江安、卢港、石庄、镇涛等区普遍推开。平均每个60岁以上、14岁以下的农民分得土地2.4亩，平均每个60岁以上、14岁以下农民分得土地1亩。

穷苦农民有了自己选出的政府和属于自己耕种的土地，是开天辟地的特大喜事，每个人脸上都洋溢着发自内心的喜悦。

折戟偃旗

黄桥总暴动失利后，红十四军军部撤到如皋西乡水洞口。不久，又离开中心区前往南部镇涛区。

8月20日，国民党江苏省政府在南通召开南通、海门、如皋、泰兴、泰县、靖江6县县长联席会议，商讨协剿红十四军的计划，决定“先从泰兴入手，次及各县”，并派国民党江苏省保安处处长李明扬到黄桥“督剿”。

8月23日，叛徒李吉庚、李治平叔侄带着红十四军特务大队和一个主力营前往黄桥公开投敌。王玉文得知消息后，立即带人前去追赶劝阻，被叛徒枪杀。不久，李吉庚又拉拢一部分混进红十四军队伍的坏分子公开投敌。

李吉庚等投敌后，红十四军内部情况都被国民党军队所掌握，使红十四军陷入被动境地。

8月25日，进入镇涛的主力红十四军攻克国民党李三圩据点，召开四五千人的群众大会，鼓舞红十四军士气，扩大红军在群众中的影响。

8月30日，军事特派员徐德通知进入镇涛的红十四军部队全部开回西乡中心区回击反动派，主持召开军部和如泰两县负责人会议，决定红十四军兵分两路，一路由张世杰率二团去泰兴活动，另一路由李超时率三团、教导队等在如皋西乡活动。

其间，如泰边境斗争环境十分恶劣。大批国民党军警分驻黄桥、广陵、如皋城等地对红十四军构成包围圈，并以李吉庚等叛徒为先导，轮番下乡“扫荡”，每天都有几十名干部群众惨遭杀害。

因泰兴党组织遭受严重破坏，赤卫军及交通站均已解散，张世杰率部去泰兴活动无法立足，只能又率部返回如皋镇涛。

面对严峻形势，中共通海特委和红十四军军部召开会议，决定将红十四军分成4个游击队，分散活动。第一、二、三游击队开往泰兴，分三区驻扎。李超时率第四游击队驻扎如皋西乡和镇涛。

9月9日，李超时在镇涛田家埠召开的赤卫队和群众大会上讲话时，突然远处传来枪声。在场的刘瑞龙、俞乃诚等商量后，决定派红军前往阻敌，大会继续进行。

来敌是李明扬率领的国民党军主力部队，并有李吉庚的叛变部队打先锋。敌军已探知红十四军主要领导人都在田家埠，便发射密集炮弹轰击。会场上群众众多，炮弹落下后便四处逃散，红军压不住阵脚，也跟着群众乱跑。此战，敌众我寡，红十四军遭受重大损失，只能退至长江边隐蔽活动。此间，去泰兴活动的三支游击队在泰兴境内三天七战，均先后失利。

9月27日，国民党南京政府为彻底剿灭红十四军，调“伯先”“钧和”2艘舰艇巡弋南通和如皋江面，并调海岸巡防炮舰和鱼雷艇各1艘，开抵南通、如皋江面交界处驻泊，封锁通海如泰地区过江通道。

面对危急形势，中央军委和江苏总行委决定：红十四军暂时停止活动；通海特委和红十四军领导人立即返回上海；红十四军中下级干部由江苏总行委组织船只接送去上海；其余同志和部分红军战士由于咸负责掩护，就地疏散隐蔽。

至此，坚持半年多的红十四军武装斗争失败。

竖立在江海之滨的红十四军军旗虽然倒下，但军魂永在。红十四军在南京国民党中央政府卧榻之侧掀起的武装斗争，对国民党反动统治构成极大威胁，在一定程度上支持了中央苏区红军的武装斗争。同时，红十四军在通海如泰人民中宣传了中国共产党和红军的主张，使人民群众认识了“镰刀”“斧头”所代表的意义，播下了革命火种。红十四军将士所表现出的不屈不挠的斗争精神和可歌可泣的献身精神，将激励通海如泰人民为解放事业而前赴后继。

中国工农红军第十四军的伟大历史功绩将永载史册！

中国工农红军第十四军英烈永垂不朽！

敢叫高沙变良田

——20世纪如皋人民治沙改土纪实

如皋依江达海，黄金经纬度给予了四季分明、气候温和、雨水充沛、日照充足、无霜期较长的适宜农作物生长的优越气候环境。但约6000年前如皋首次成陆时，在江流、海浪年复一年的激荡下，最终形成一望无际的草地、沙洲和沙脊。这些沙洲、沙脊的一部分，构成了如皋中西部高沙土地区。

高沙土地区土地高低不平，“高的丈二三，低的三尺三，鸟儿不落翅，麻雀好洗澡”“起水好撑船，抗旱没水源”，“龟背驼”“锅底洼”比比皆是，堪称“平原上的丘陵”。高沙土沙粗且厚，漏水漏肥，“三日不雨灰沙扬，一朝大雨水汪汪，高处火烧低受淹，十年就有九年荒”。这些流传久远的民谣，正是高沙土地区农业生产恶劣条件的真实写照。

高沙土地区的老百姓空有优越的气候环境，只能适应性地种植三麦、玉米、高粱、荞麦、山芋等低产农作物，若遭遇灾害，收成更是低得可怜。在如此恶劣条件下生存，老百姓想混饱肚皮都很艰难。

彻底改变高沙土地区农业生产的恶劣条件，是生活在这片土地上的老百姓祖祖辈辈的梦想。在漫长的封建社会，他们的梦想只能是空想。中华人民共和国成立后，中共如皋县委、县人民政府终于将他们的梦想变为现实。

探 索

民国38年（1949年）1月如皋全境解放后，县委、县政府致力于稳定社会秩序，恢复发展国民经济。7月中下旬，全县大部地区连续两次遭受台风、暴雨侵袭，又恰逢长江大潮汛期，江潮陡涨，沿江港堤因年久失修决口44处，全县受涝农田面积70余万亩，被大水冲毁的道路堤坝难以计数。面对险情、灾情，县委、县政府迅即作出抢修长江港堤决议，成立长江复堤工程总队部，动员、组织民力抢修江堤。风灾、雨灾导致的涝灾，造成受灾地区秋熟农作物收成大减，给受灾地区农民生活带来严重困难。由此，县委、县政府领导认识到“水利是农业的命脉”的深刻意义，发展农业生产、保障农民生活必须首先建设好农田水利。

根据县水利部门的统一规划，县委、县政府组织大量民力加固长江港堤、并港建闸、整治通江河港，先后实施龙游河、周圩港等骨干河道疏浚工程，焦港通江引排干河及其支河司马港、小溪河、长甸河开挖工程，焦港建闸工程。经过六七年艰苦努力，初步形成全县性的防洪治涝体系。

农田水利建设初见成效，县委、县人委领导仍忧心忡忡。多年来，全县粮食产量虽逐年提高，但增产幅度不大，农业生产在南通6县中排名一直处于垫底位置。特别是1954年全县实行粮食统购统销后，如皋县一直属于粮食“差进”县，全县中西部地区的农民要靠吃国家“供应粮”维持生存。“小六子，吃供应”，犹如沉重巨石压在县委、县人委领导的胸口上。如何从根本上改变如皋农业生产的落后面貌、挖掉如皋的“穷根”，成为县委、县人委领导日思夜想的难题。

1956年3月全县土壤调查统计情况表明，全县不利于农作物生长的土壤主要为花碱土与高沙土，高沙土主要分布于中西部地区。于是，县委、县人委作出决定，从改良土壤入手，实现农业增产。1958年4月30日，县委下发《关于积极做好土壤改良工作的指示》，要求农村各级领导“迅速制订改良土壤的全面规划”“改良土壤必须分别不同类型土壤采取不同的措施”。其时，使用河水冲排土壤中的盐碱成分为改造盐碱地的简单有效方法，全县盐碱地地区也已具备冲排盐碱的水利条件。但如何有效改良高沙土，县委、县人委领导和县农技员及农村干部都拿不出“良方”。1959年4—5月，根据省委和南通地委指示，全县开展群众性土壤普查工作。普查统计数据表明，全县高沙土面积114.03万亩，占全县耕地总面积144.63万亩的88.96%。

1959年底，城西人民公社利用建成全县第一座电灌站的有利条件，大规模组织劳力削平“龟背驼”，平整高沙土土地6000多亩，在沙土地上栽种水稻，擂响了削平高沙土、实现“旱改水”的战鼓。在沙土上栽种水稻后，平均亩产量200多千克，比此前种植三麦增产2倍多。

城西人民公社削平高沙土、实现“旱改水”的成功实践，使县委、县人委领导精神为之大振，改变全县农业生产的落后面貌、挖掉如皋“穷根”的工作思路豁然明晰。

1960年2月27日，县委印发《关于1960年至1962年发展国民经济主要任务和主要指标的初步规划（初稿）》，明确指出：“必须大搞水利建设运动，1960年至1962年春，计划完成土方3000万至一亿方，基本建成水利化，大力进行旱改水，力争水稻面积扩大到45万亩至53万亩，建立旱作物灌溉制度，充分发挥工程的排灌效益”“全县31万亩碱土、花碱土、盐碱土泡砂土面积，要求在三年内通过种植绿化、深翻、开沟引水、洗碱和增施有机肥料等措施，在1962年全部改良完成。对40万亩高低不平的龟背田，要求在1960年抓住收麦、夏种的空隙平整8万亩，秋种之前平整12万亩，全年完成20万亩平整任务，1961年平整20万亩，基本完成全县的平整土地任务，到1962年，对平整土地进行扫尾，做到土地平整化”。

1960—1962年，根据县委印发的《初步规划》，全县高沙土地区陆续有一些社队零星组织劳力削高沙，但由于处于经济和生活困难时期，县委、县人委和人民公社领导的主要精力集中于解决粮食紧张、群众生活困难等主要矛盾，全县削高沙的规模不大，进度缓慢，与县委在《初步规划》中提出的预期目标相距甚远。

度过“三年困难时期”后，治沙改土工作再次被提上县委、县人委的议事日程。1965年5月17—18日，县委、县人委在石庄镇召开高沙土地区平整土地工作会议，组织与会干部参观石北人民公社杨远大队平整土地现场，落实高沙土地区平整土地的规划和时间部署。会后，县委、县人委下发《高沙土地区平整土地工作会议纪要》，要求全县各级干部认真发动群众，调动群众平整土地的积极性，使平整土地成为干部群众的自觉要求和积极行动。8月18日，县委印发《关于改造高沙土低产田面貌的规划意见》，重点介绍全县改造高沙土的旗帜——搬经人民公社王垈大队第二生产队的经验，同时推介新民人民公社第二大队、新建人民公社徐南大队、毕云人民公社顾庄大队第二生产队、邓园人民公社庆余大队第四生产队等面上先进典型事迹。根据县委《规划意见》要求，县、区、社、队分别建立改造高沙土指挥部和领导小组。

贯彻落实平整土地工作会议和县委《规划意见》的要求，全县涌现出磨头人民公社东冒大队、新建人民公社葛庄大队、车马湖人民公社潘桥大队等一批敢闯敢试的先行者，治沙改土、耕作制度改革取得明显成效。1965年，全县实现粮食总产量31.2万吨，比中华人民共和国成立后总产最高年份1955年的25.14万吨增长24.11%；棉花总产量1.45万吨，比1955年的8165吨增长78.1%。全县粮棉总产量双创历史最高水平。

1966年6月,“文化大革命”极“左”浪潮席卷全县,各级领导机构陷入瘫痪状态。县委带领全县人民治沙改土、改变落后面貌的宏伟计划虽暂时搁浅。

会 战

“文化大革命”的混乱局面趋于平稳后,全县人民“消平高沙土,实现‘旱改水’,挖掉穷根子,甩掉穷帽子”的希望现次被唤起,治沙改土工作成为全县工作的重中之重。

1971年2月,在中共如皋县第四次代表大会上,县委正式将“一年削平高沙土,二年实现‘旱改水’,三年建成大寨县”的奋斗目标写入党代会决议。3月9日,县委、县革委会召开“一年削平高沙土”座谈会,进一步动员组织全县人民学习大寨精神,开展平整高沙土运动。会后,印发座谈会纪要,明确平整高沙土运动的具体要求和时间部署。

为加强对全县改造高沙土工作的领导,县委成立如皋县改造高沙土总指挥部,县委书记张鸣担任总指挥,县委副书记唐如浴、陆万璋和县委常委、县革委会副主任许吉甫担任副总指挥。指挥部下设办公室,办公地点设于吴窑人民公社。全县各人民公社、大队则分别建立改造高沙土指挥部分部和领导组,由主要领导挂帅。为完成“一年削平高沙土,二年实现旱改水,三年建成大寨县”的艰巨任务,县总指挥部要求“全县人力、物力、财力集中支持农业生产,各行各业除了化肥、农药、‘五机’和其他特殊情况非用不可的物资、非搞不可的基本建设外,其他一律不搞,把力量集中用到改造高沙土上”。县总指挥部结合农时特点,采取常年平整与集中力量打歼灭战相结合的办法,调动东部和沿江非高沙土地区10多个人民公社的大批民力至中西部高沙土地区展开大会战。

响应县委号召,全县迅速掀起战高沙热潮。

城东区、丁堰区、白蒲区和沿江各人民公社干部带领社员群众,自带粮草、工具,到高沙土地区参加会战;县级机关抽调100多名干部打起背包,先后前往吴窑人民公社等地参加平田整地。

平整高沙土工地上,红旗招展,号子声震天,男女老少齐上阵,肩挑车推,日夜奋战,盛况空前。会战高潮时期,工地上保持民工约30万人。

1971年,会战大军日夜奋战一个冬春,加上专业平整队的常年平整,总计削平高沙龟背田30多万亩。是年,为如皋历史上“旱改水”“三熟制”跨大步的一年,县革委会集中财力,在新平整地区兴建电灌站,土地平整结合水利工程建设,秋熟在平整土地上扩种水稻,水稻面积净增24.4万亩,全县粮食总产量达43.86万吨,比1970年增产粮食8.65万吨,为历史最高产量,其中稻谷增产近7万吨。

平整高沙土大会战初战告捷和粮食丰收,极大地鼓舞了全县干部群众削平高沙土、实现“旱改水”的干劲。高沙土地区的许多老农第一次尝到大米饭香喷喷的滋味,脸上绽放出发自内心的笑容。

为了实现粮食生产的更大飞跃,县委领导求胜心切,决定在全县大幅度扩大水稻种植面积。1972年夏,县委召开区、社、大队、生产队四级干部会议,要求全县高沙土地区的各人民公社加快土地平整和“旱改水”进程,力争全县水稻种植总面积达到100万亩。在县委强力推动下,全县水稻种植面积扩大到82.7万亩,其中三熟制晚稻52.8万亩,占秋粮种植面积的72%。

然而,天有不测风云。全县后季稻种植面积的大幅度增加,并没有取得预期增产效果。当年,全县水稻总产量减产约4万吨,全年粮食总产量陡减约9万吨。

粮食总产量大幅度减产,引发全县上下对县委提出的削平高沙土、实现“旱改水”决策的争议。

面对严重挫折，县委领导一班人没有灰心丧气。他们在千方百计克服因粮食大幅度减产所造成的社员生活困难的同时，冷静反思，并组织具有农业生产经验的干部和农业科技人员深入社队调查研究，找出了导致水稻减产的直接原因：一些地区因为平整高沙土延误了后季稻栽插季节，加之当年寒潮比往年提前，普遍影响水稻结实；一些地区平整高沙土时，直接将高处的沙土填入低处，打乱了土层结构；高沙土有机肥不足。调研结果表明，只要把握好水稻种植的合理面积和栽插季节，充分利用高沙土的表层熟土，解决好高沙土有机肥不足的问题，在高沙土上栽种水稻获得较高产量是完全可行的。

县委在认真总结经验教训的基础上，进一步统一思想认识，决定继续深入推进削平高沙土、实现“旱改水”运动。1972年11月，县委召开区、人民公社书记会议，谈情况，摆问题，议措施。1973年1月23日，县委召开大队支部书记以上干部参加的县委扩大会，同时召开县委四届四次全委会，进行思想鼓劲和政策、部署调整工作。

全县上下戮力同心，埋头苦干，加之1973年风调雨顺，全县粮食总产量达38.42万吨，棉花收成亦超过历史最高水平。粮棉双丰收，压抑了一年之久的县委领导的眉头终于舒展开来。

1973年，吴窑人民公社在平整高沙土的基础上，通过比对试验，总结出“一红、二绿、三黑、四配套、五还田”（“一红”，即向已经平整的高沙土中掺入引江灌溉的河渠中沉积的江泥；“二绿”，即大种绿肥，埋青肥田；三黑，即大搞草塘泥，沤肥垩田改土；“四配套”，即小型水利田头配套，使水归沟、田成方、路相连；“五还田”，即在保证群众烧草的前提下，将麦秸、玉米秆、稻草还田，改良土壤）治沙改土经验。此外，还大搞“三水一萍”（水葫芦、水浮莲、水花生和绿萍），增加土壤有机层。1974年，县委在全县推广吴窑人民公社培肥改土模式，使中西部地区的高沙土得到较好改良，土壤肥力明显增强。

经过全县人民的艰苦奋战，治沙改土大会战落下帷幕。1971—1974年，全县削平高沙龟背田近35万亩，将全县40万亩高沙龟背田大部荡平。同时，疏浚一二级河道6条、三四级河道数百条，构筑灌溉渠5000余千米，建电灌站400余座。全县建成高产稳产农田49.46万亩，基本达到高产稳产的农田38.65万亩，约占全县耕地总面积的77%。境内已有6000多年历史的高沙土、“龟背驼”面貌大为改观，基本实现县委预期目标。

在治沙改土大会战的4年中，人们对全县动用的人力、消耗的粮草、使用的工日虽无法记清，但无法忘却大会战各个战场上涌现的模范人物：

磨头人民公社东冒大队社员冒瑞进、张元仁、谢国安等，拣最大的担子挑，找最远的路程送，创造每人每天平均挑土23.6立方米的高纪录；

新建人民公社葛庄大队刚高中毕业回家务农的周健，平均每天推车平土20立方米，被社员称为“铁肩膀”；

新建人民公社葛庄大队第二生产队队女社员许永梅，在会战工地苦干不歇晌，加上起早贪黑两个“黑通通”，最多一天挑土10.5立方米，被社员誉为改造高沙土的“女愚公”。

全县群众更不会忘记1974年县委书记唐如浴带头到治沙改土大会战主要战场磨头区蹲点时所赋的诗:

“学大寨，赶大寨，县委先把头来带，
树雄心，下农村，高沙山河重安排。
学大寨，赶大寨，如皋要把大步迈，
‘小六子’，‘吃供应’，两顶帽子甩东海。

学大寨，赶大寨，社社队队搞竞赛，

鼓干劲，争贡献，大寨红花遍地开。”

当年，这首诗被谱曲成歌，全县城乡老少没有几个不会哼唱。

“‘小六子’‘吃供应’，两顶帽子甩东海”，唱出了如皋人民勇于改变落后面貌的冲天豪情！

收 官

治沙改土大会战胜利落幕，如皋人民治沙改土的步履依然矫健。

1975年始，全县以深入开展“农业学大寨”运动为主线，以每年动土1500万—2000万立方米的速度平整土地，继续进行治沙改土的扫尾和提高工作。

1975年9月15日，县委书记唐如浴在山西省昔阳县召开的全国农业学大寨会议上，代表如皋县委向国务院递交《学理论，抓路线，甩帽子，争贡献，苦战一两年，建成大寨县》的报告，提出“结合如皋县特点，以改土、治水为中心，同时大搞积肥、优种、植保、农机的群众运动，坚持自力更生”的方针。10月，县委召开全县农业学大寨会议，宣传全国农业学大寨会议精神，结合落实秋播规划，开展农田水利建设。会后，县委组织全县155个生产大队协同作战，首次在全县划建西、中、东3个大丰产片，总面积达21万亩。在县委提出的“一人、一晚、一方土”口号下，3个大丰产片一个星期内建成三四级河21条、丰产沟32条。搬经区日出勤最高达2.8万人，占全区总劳动力的40%。为进一步改良土壤，全县有20万亩以上的玉米秸秆还田。

1977年底，全县再次掀起农田水利建设高潮，平整土地6.6万亩，疏浚三级河34条、四级河564条，总动土2866万立方米，并利用河底红泥及绿肥积肥335万多吨。

1978年，全县农村推广绿肥种植和红淤泥压沙、多施农家杂肥、内外三沟配套、作物秸秆还田等改土措施，配合推进“两年五熟”为中心的耕作制度改革。实现夏粮总产16.45万吨，平均亩产193.5千克，三麦、二豆、油菜和冬绿肥均创历史最高水平，其中油菜亩产超过100千克，如皋县获省委、省革委会授予的高产奖旗。是年12月，县委经过调查研究，提出《关于改变高沙土地区经济面貌的规划报告》，供常委会讨论，首次有意识地从经济发展的高度思考高沙土治理问题。

1980年，县委主持制订《如皋县综合改造高沙土10年规划》，提出“三分削平，七分培肥”的工作思路。

1982年，南通地区行署决定如皋县高沙土地区的25个人民公社1985年前新扩桑田9万亩，首次打破“栽桑不得占用大田”的禁令，为全县高沙土地区增加绿化覆盖率、提高农田产出打开新的通道。是年，全县初步形成“两旱一水、两育配套、两年五熟、粮棉轮作、用养结合”的耕作栽培体系。

20世纪90年代初，党中央、国务院将农业综合开发上升为国家战略。1992年，常青乡被国务院农业综合开发办公室列为全国高沙土地区农业综合开发试点项目区，国家无偿拨款265万元，加上地方财政投入合计400万元，用于常青乡高沙土实验区综合改良，重点实施土地平整、防渗渠建设、秸秆还田工程，实行沟、渠、田、林、路配套治理。1993年1月20日，常青乡高沙土农业综合开发试点项目顺利通过国家及省、南通市农业综合开发领导组的综合验收，所有工程均被评为全优工程。自此，全市高沙土地区农业综合开发拉开序幕。

1993—1997年的5年中，全市农业综合开发累计投入资金17797.9万元（其中财政投入资金3315.4万元），在高沙土地区改造中低产田13.14万亩。据不完全统计，共平整土地1.5万亩，开垦宜农荒地0.6万亩，改良土壤0.3万亩，疏浚沟河100.4公里，总动土量159.4万立方米；新建排灌站3座，修建排灌站7座，新建机耕桥3座，兴建防渗渠134.6公里、各类配套建筑物6697座、机耕路101.4公里，购置农机具74台（套），架设10千伏线路0.6公里。项目实施后，新增粮食生产能力6710吨、油料生产能力511.1吨；新增灌溉面积1万亩，改善灌溉面积1.71万亩，新增除涝面积1.78万亩，改善除涝面积2.51万亩，增加林网防护面积3.16万亩。全市高沙土地区农业综合开发取得显著成效。

1998年，市委、市政府组织实施高沙土平整改造“442”工程，要求高沙土地区各有关乡镇1998年、1999年各解决未完成任务的40%，2000年扫尾。

2000年，市委、市政府提出“决不把原始高沙土带入21世纪”响亮口号。全市上下全力奋战，削平高沙土31372亩，填平废沟呆塘491条，小塘改大鱼塘157口，净增耕地面积1620亩，增加养殖水面568亩。

如皋人民治沙改土的浩大工程终于于20世纪末完美收官。

喜看稻菽千重浪，高沙土变成米粮仓。

如皋人民以持续近半个世纪治沙改土的伟大壮举，彻底打破了千百年来制约如皋中西部地区农业生产发展的瓶颈，从根本上改变了如皋农业的落后面貌，为实现农业的可持续发展奠定了坚实基础，造福了子孙后代，成为如皋农业和农村发展史上的一座丰碑。应当说，如果没有当年的治沙改土大会战，何谈今天全市农田方整化、条格化和农业水利化、机械化、现代化。

如皋人民的治沙改土伟大精神，极大地丰富了艰苦奋斗精神的内涵，成为建设更高水平小康社会的力量源泉。

卷一　建置区划与自然环境

第一章　建置

第二章　行政区划

第三章　自然环境

如皋地处长江口北岸，成陆于扬泰古沙嘴。全境均为低海拔冲积平原，地势由西北向东南略有倾斜，海拔6米至2米。地域略呈椭圆形，酷似桑叶。境内河网密布，水陆交通均便捷。由于成陆时间、方式、过程不同，土层结构及土壤质地相差较大，中西部地区为高沙土，南部沿江地区和东部通扬运河流域为圩田黏土，土壤微量元素丰富，大部分土壤含硒量高。全境属北亚热带湿润气候区，四季分明，气候温和，雨水充沛，日照充足，无霜期较长，光热、水高峰基本同期，气候条件优越，生态适应性广，素为鱼米之乡。

如皋自然资源丰富。有长江岸线48千米，其中深水贴岸，微冲不淤，可建5万—10万吨级码头的岸线20.20千米；滩涂面积大，易于围垦，且仍有扩大趋势，是重要的土地资源；引江水、降水及地下水均较丰，且水质优良；风力可满足中小型风力机械工作要求；生物资源种类繁多，不少动植物为珍稀品种和重要中药材。

夏商时，已成陆地区属海阳，后归属多有变化。东晋义熙七年（411年）始有如皋县名记载，一般即作为如皋始置县时间。是时，现域内同时还建有蒲涛县、临江县。隋开皇初年，如皋地区被海水侵蚀、浸没，如皋、蒲涛、临江三县均废。南唐保大十年（952年）复置县。民国30年（1941年）3月，如皋县正式析为2县，以通扬运河为界，以东地区为如皋县，以西地区为如西县。民国34年（1945年）9月，如西县复名如皋县，设于东部的如皋县易名如东县。此后至中华人民共和国成立初，如皋县领辖区域多有变化，与如东、通州、泰兴、海陵、东台之间多次有区、乡划进、划出。

1991年6月，如皋县建置撤销，设立如皋市，计划单列，为全国370个县级市之一。

始置县时，全县辖3乡。复置县时，全县辖5乡。明代，设4乡、1城厢、44里。清康熙时，全县设16都、32图，雍正时设17乡、1城厢。民国初，改以户口为标准的市、乡制，初辖6市、12乡。民国18年（1929年），改区、乡（镇）制，全县设18区、487乡、61镇。如西县设立初，辖5区、1直属乡。复名如皋县后，设15区、198乡（镇）。中华人民共和国成立初，全县设13区、198乡（镇）。1958年9月，实现人民公社化，全县共建人民公社33个。1961年，区建制恢复，全县设9个区。1981年5月，乡（镇）建制恢复，全县设53个乡（镇）。2000年年初，区建制撤销。2010年，全市辖20个镇（区），下设街道4个、社区181个、行政村166个。

第一章 建置

第一节 沿革

一、初置县

东晋义熙七年(411年),始有正式设立如皋县的记载。《晋书·地理志》载:“安帝分广陵郡之建陵、临江、如皋、宁海、蒲涛五县,置山阳郡(应为海陵郡),属南兖州(今扬州)。”“如皋”作为县名见于史书始于此。

《方舆纪要》载:“临江废县在如皋县南,蒲涛废县在通州西。”清姚鹏春《白蒲镇志》载:“明时镇人顾氏凿池,得砖,有‘蒲涛县造’4字。又镇南某掘地,得砖,有‘蒲涛县城甓’5字。”宋永初三年(422年)废广陵太守,于南兖州置海陵太守,设治于泰州,领辖6县,含如皋、蒲涛、临江、宁海4县。梁、陈承袭前制。北周大象元年(579年),改南兖州为吴州,废蒲涛县,并临江县入宁海县,如皋县仍属海陵郡。《方舆纪要》载:“蒲涛县,后周省。临江县,后周省入宁海。”隋开皇九年(589年),改吴州为扬州,设扬州总督府,如皋县省入扬州宁海县。《隋书·地理志》载:“宁海,开皇初,并如皋县入。”隋大业元年(605年),府废,如皋属江都郡宁海县。唐武德元年(618年),宁海县更名吴陵县。唐武德七年,易名海陵县,如皋仍为其属地。唐景龙二年(708年),析海陵县地置海安县,如皋为海安县属地。唐开元十年(722年),海安县并入海陵县。

二、复置县

唐太和五年(831年),析海陵县5乡置如皋场。《明一统志》载:“唐析海陵地置如皋镇。”《太平寰宇记》载:“场亦作镇。”后唐天成三年(928年),改扬州为江都府,置海陵制置院,领海陵县。南唐升元元年(937年),以广陵为东都,置泰州,领海陵、兴化2县。如皋场仍属海陵县。

南唐保大十年(952年),如皋场升格,如皋县复置,隶属泰州。《太平寰宇记》载:“如皋,伪唐保大十年升为县。”后周显德五年(958年)农历三月,“克淮南十有四州,以江为界,立扬州大都督节度泰州团练”。如皋县隶属泰州。宋初承袭前制。宋乾德五年(967年),如皋县隶属淮南道泰州。宋开宝七年(974年),海陵监移治如皋。《太平寰宇记》:“开宝七年移监于如皋,从盐场之便也。”宋建炎四年(1130年),如皋县陷于金,时仅数月,后仍归宋,隶属通泰镇管辖。宋景炎二年(1277年)始,如皋县为泰州领辖。

清雍正二年(1724年),通州升为直隶州,如皋县划归直隶州通州管辖。

中华民国成立初,府、州、厅废,改设道、县。如皋县属江苏省苏常道。民国3年(1914年),改属淮扬道。民国22年3月,江苏省分为13个行政督察区,如皋县属设治于南通的江苏省第四行政督察区。民国27年,如皋沦陷后,伪如皋县政府(公署)以国民政府如皋县建置范围统治。

民国29年7月29日,新四军东进至如皋境内。8月29日,新四军帮助建立如皋县抗日民主政府,管辖范围与国民政府划定的如皋县行政区域同。在人民政权划设的行政领辖关系中,如皋县隶属苏北临时行政区苏中第三行政区。是时,国民政府如皋县建置仍然存在,县政府设于东马塘,实际管辖范围为如皋县东北部9个区。

三、析县

民国29年(1940年)10月,如皋县抗日民主政府随新四军去东马塘接管国民政府如皋县政府,并于如皋西乡建立如皋县西南行政公署。民国30年3月,如皋县正式析为2县。以通扬运河为界,原如皋县西部地区为“如西县”,东部地区为“如皋县”。“如西县”领辖原如皋县西南部6区、1直属乡，隶属苏北临时行政区苏中第三行政区（简称“苏中三分区”），县政府驻原如皋县西乡卢港，苏中三分区领导机关亦设于卢港；如皋县领辖原如皋县东北部9区，隶属苏北临时行政区苏中第四行政区，县政府驻东马塘。

民国34年9月21日，新四军收复被日本侵略军占据的如皋城，如西县政府奉命进驻如皋城接受。9月22日，“如西县”复名“如皋县”，设于原如皋县东乡的“如皋县”改称“如东县”。12月1日，苏皖边区第一行政区专员公署于如皋城成立，领辖如皋、如东、南通、海门、启东、泰兴、泰县、紫石（今海安）、靖江、东台、台北（今大丰）、崇明等12县。

民国35年7月23日，苏皖边区第一行政区专员公署撤出如皋城。8月12日，苏皖边区第一行政区划分为一、九2个行政区，如皋县属第一行政区管辖。

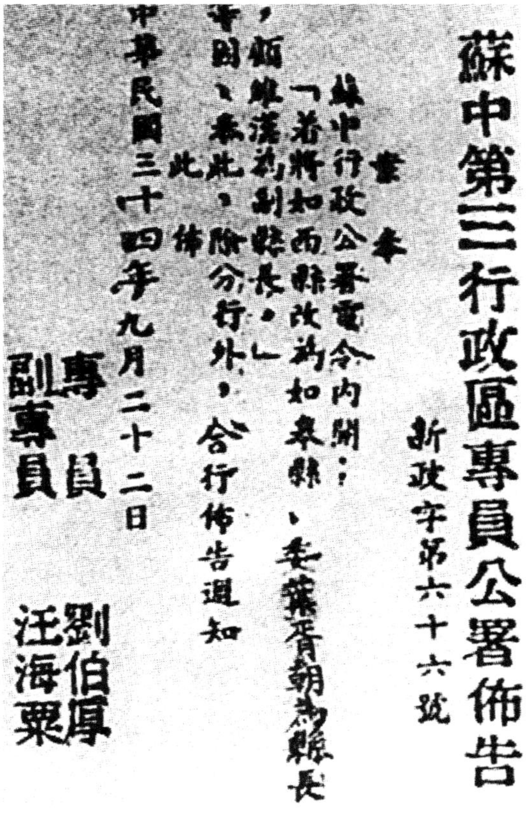
蘇中第三行政區專員公署佈告
新政字第六十六號
案奉
蘇中行政公署電令內開：
「着將如西縣改爲如皋縣，委葉胥朝爲縣長，
顧維漢爲副縣長。」
等因，奉此，除分行外，合行佈告週知
此佈
中華民國三十四年九月二十二日
專員 劉伯厚
副專員 汪海粟

图1-1 苏中三专署将如西县复名如皋县的布告

民国38年5月12日，苏皖边区第一行政区改称苏北泰州行政区，如皋县仍属其管辖。

1950年1月11日，如皋县划归南通行政区。1968年3月30日，如皋县改属江苏省南通专区。1983年3月1日，南通实行市管县体制，如皋县隶属南通市。

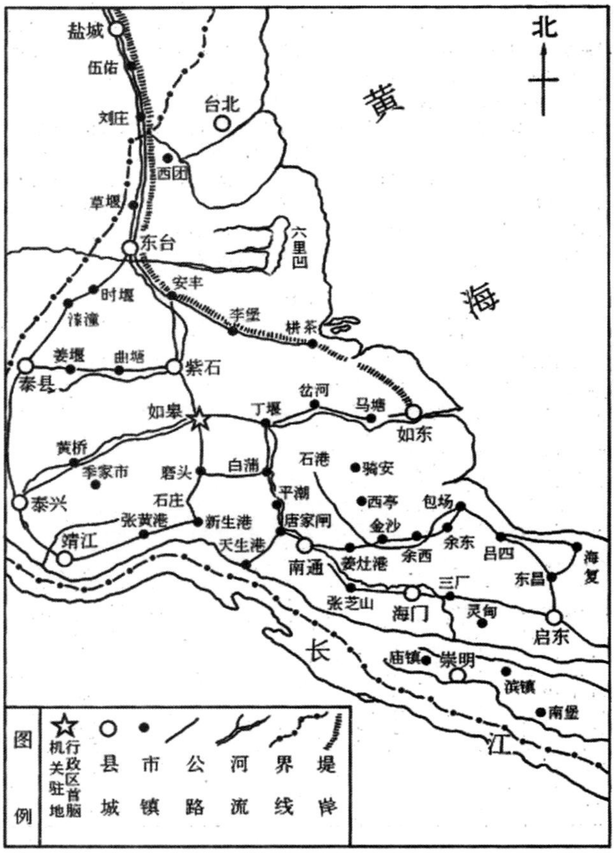

图1-2 苏皖边区第一行政区图

四、撤县设市

1991年2月6日，民政部批准，如皋县建制撤

图1-3 庆祝如皋撤县设市 （1991年摄）

销，设立如皋市。6月1日，如皋举行撤县设市仪式，正式建市，为全国370个县级市之一，进入全国600多个中小城市行列，按《中华人民共和国城市规划法》被称为“设市城市”。

如皋市（县）建置沿革一览表

表1–1

<table>
<tr><th colspan="2">历史时期</th><th>年　号</th><th>公元年份</th><th>建置名称</th><th colspan="2">隶　属</th></tr>
<tr><td colspan="2">东晋</td><td>东晋义熙七年至元熙二年</td><td>411—420</td><td rowspan="7">如皋县</td><td rowspan="4">南兖州</td><td>海陵郡</td></tr>
<tr><td rowspan="3">南朝</td><td>宋</td><td>宋永初元年至昇明三年</td><td>420—479</td><td>广陵郡</td></tr>
<tr><td>齐</td><td>齐建元二年至中兴二年</td><td>480—502</td><td rowspan="2">海陵郡</td></tr>
<tr><td>梁</td><td>梁天监元年至大宝元年</td><td>502—550</td></tr>
<tr><td>北朝</td><td>齐</td><td>齐天保元年至武平四年</td><td>550—573</td><td colspan="2">东广州</td></tr>
<tr><td>南朝</td><td>陈</td><td>陈太建五年至十一年</td><td>573—579</td><td>南兖州</td><td>海陵郡</td></tr>
<tr><td>北朝</td><td>周</td><td>周大象元年至隋开皇九年</td><td>579—589</td><td>吴州</td><td rowspan="5">海陵郡（589年更名宁海县，618年更名吴陵县，624年复名海陵县）</td></tr>
<tr><td colspan="2">隋朝</td><td>隋开皇九年至大业十四年</td><td>589—618</td><td rowspan="5">—</td><td>扬州江都郡</td></tr>
<tr><td colspan="2" rowspan="5">唐朝</td><td rowspan="3">唐武德二年至景龙元年</td><td rowspan="3">619—707</td><td>吴州</td></tr>
<tr><td>邗州</td></tr>
<tr><td>扬州</td></tr>
<tr><td>唐景龙二年至太和四年</td><td>708—830</td><td>淮南道
广陵郡</td><td>海安县</td></tr>
<tr><td>唐太和五年至后唐天成二年</td><td>831—927</td><td rowspan="3">如皋场</td><td>扬州</td><td rowspan="3">海陵县</td></tr>
<tr><td rowspan="4">五代十国</td><td>后唐</td><td>后唐天成三年至南唐升元元年</td><td>928—937</td><td>江都府</td></tr>
<tr><td rowspan="2">南唐</td><td>南唐升元元年至保大九年</td><td>937—951</td><td>泰州</td></tr>
<tr><td>南唐保大十年至十五年</td><td>952—957</td><td rowspan="6">如皋县</td><td colspan="2">泰州</td></tr>
<tr><td>后周</td><td>后周显德五年至宋乾德五年</td><td>958—967</td><td>扬州</td><td>泰州</td></tr>
<tr><td colspan="2" rowspan="2">北宋</td><td rowspan="2">宋乾德五年至靖康元年</td><td rowspan="2">967—1126</td><td>淮南道</td><td rowspan="2">泰州</td></tr>
<tr><td>淮南东路</td></tr>
<tr><td colspan="2" rowspan="2">南宋</td><td rowspan="2">宋建炎元年至景炎二年</td><td rowspan="2">1127—1277</td><td rowspan="2">淮南东路</td><td>泰州</td></tr>
<tr><td>通泰镇</td></tr>
</table>

续表 1–1

历史时期	年　号	公元年份	建置名称	隶　属	
元　朝	宋景炎二年至元至二十一年	1277—1284	如皋县	泰州路	
	元至元二十二年至至正二十八年	1285—1368		扬州路	泰州
明　朝	明洪武元年至崇祯十七年	1368—1644		扬州府	
清　朝	清顺治二年至康熙六年	1645—1667		江南省	
	清康熙六年至雍正二年	1667—1724		江苏省	
	清雍正二年至宣统三年	1724—1911			通州
中华民国	民国元年至二年	1912—1913			苏常道
	民国三年至二十二年	1914—1933			淮扬道
	民国二十二年至 三十年	1933—1941			第四行政督察区
	民国三十年至三十四年	1941—1945	如西县	苏北临时行政区	苏中第三行政区
	民国三十四年至三十八年	1945—1949	如皋县	苏皖边区	第一行政区
中华人民共和国		1949—1950	如皋县	苏北行政区	泰州行政区
		1950—1952			南通行政区
		1953—1968		江苏省	南通专区
		1968—1980			
		1980—1983			南通地区
		1983—1991			南通市
		1991—	如皋市		

附录：

一、如皋地名考释

如皋之名源自春秋《左传》记载："昔贾大夫恶，娶妻而美，三年不言不笑。御以如皋，射雉，获之，其妻始笑而言。"当年贾大夫射雉处定名如皋港，后改称秀水港，在如皋城西门(今如城秀水苑)，港侧村定名如皋村。东晋置县时即以"如皋"定为县名。《太平寰宇记》载："县(衙)西百五十步有如皋港，港侧有如皋村，县因以为名。"清乾隆《如皋县志》载："如皋城濠河有支流入海月寺，经六桥南流，合于凤凰池，绕出谢恩桥，南至秀水港，绕如皋村故址。"《太平寰宇记》载："县西百五十步有如皋港，港侧村名如皋村，今易名秀水港矣。"《太平寰宇记》成书于宋，宋时6尺为步，150步约合300米。与原秀水港至古如皋城西门丰乐桥距离相符。潘岳《射雉赋》中有："昔贾氏之如皋，始解颜于一箭，丑夫为之改貌，憾妇为之释怨。"此"如皋"显然已成为地名。《春秋左传》成书于战国初期，潘岳《射雉赋》成书于西晋。"如皋"得名当在战国至西晋之间。

明代始，如皋有人对如皋地名来历持不同意见，其理由均据杜预(与潘岳同时代人)注疏而来。一是"贾大夫为贾国之大夫"，贾国离如皋一两千里，怎么可能"千里迢迢来如皋射雉"？二是"如，往也。是皋为泽也。"明指"到泽边高地"，非"如皋"这块地方。明万历《如皋县志》记载："旧志据贾大夫如皋射雉一语引证邑名，谓春秋时兹邑已著，……御以如皋，如作往训，非谓如皋即大夫邑地也……前人读书不熟，偶读《左传》中有如皋一语，忽符邑名，贾墓、贾祠纷纭不置，有识观之不足，备一噱也。嘉靖中，闻有陈公大壮来署县纂，特毁其祠，良是快事。”清代，对“如皋”地名来历亦有一次争议。《如皋贾氏宗谱》记载：“贾大夫射雉，为如皋得名之权舆，自春秋之季，迄于今数千年，从未有疑之者，近邑人郭伦敢为异说，形诸歌咏……。”郭伦是清代如皋人，文中所说“形诸歌咏”，系指郭伦所著《射雉城怀古》，清乾隆《如皋县志》有载，文中有“居常披览邑乘图，射雉一事本模糊。不知称述自何人，里巷共传贾大夫。有妪三年不言笑，诘朝现弋开怀抱。始觉人生才艺重，诚哉取士非取貌。岂是如皋字偶同，由来故迹罕遭逢。雉河更在东城外，便道昔人老此中。……”

明清两代的争议，均短暂即遭反击。明嘉靖陈大壮毁贾公祠，陈大壮一离开如皋，贾公祠随即被如皋人恢复。清乾隆《如皋县志》载：“童志（指明嘉靖三十九年童蒙吉所修《如皋县志》）云：‘贾大夫射雉引证地名’，吕志（指明万历吕克孝所修《如皋县志》）削去之。邑人吴汝锟著论，谓念名贤之绩，则不当削；思源流之远则不忍削；存之邑有光，施则不可削去之。今祠如故也。”更耐人寻味的是明嘉靖如皋出有陈大壮“特毁其祠”，明嘉靖《维扬志·如皋》依然载有：“按春秋传，贾大夫娶妻，三年不言不笑，御以如皋，射雉，获之，其妻始笑，即此地。故名如皋、雉皋、东皋云。”清邑人、《山东通志》总纂顾瀛亦赋诗《贾大夫祠》驳斥：“射雉春风贾大夫，由来娇女出名都。何人误读春秋传，不遣高贤入地图。”

民国至今一直仍有争议，其依据依然由杜预注疏而来，仍是争议者“误读”了杜预注疏。“如”，确是“往”的意思；“皋”确为泽地，即水中高地。“御以如皋”，确为载着他的妻子到水中高地（当时尚是海边无名高地）射雉，博取妻子言笑。乡人正是以“御以如皋”中的“如皋”二字作为地名，因而形成今如皋地名较为独特的“动宾”结构，意为到水边高地。近年来发现的佐证很多：

第一是《如皋贾氏宗谱》的发现。该谱在元朝被毁过一次，明代重修，清代和民国时续修，现存清代重修本和民国续修本。宗谱载：贾大夫，名南屏，系贾国上大夫，东周釐王三年（公元前678年）晋国消灭贾国后，仍封他为大夫，他义不事晋，率部族千里迢迢，逃至当时在海边的古郧邑，娶妻雷氏。宗谱中收有贾大夫和雷氏画像和像赞，贾大夫像赞系汉江都国相董仲舒撰写，原题为《南屏公赞》：“上国大夫，贾公帝胄。射雉春风，沸扬才气。庙貌巍峨，馨雷奠祭。泽般子孙，本支百世。”雷氏画赞为邑人顾元辂撰写，原题为《雷氏夫人像赞》：“夫人之德，当时罕有。夫人之容，无出其右。配贾大夫，如宾如友。名与大夫，并垂不朽。再拜祠堂，奠以清酒。”如皋贾氏尊贾大夫为如皋贾氏一世祖，按其字序排列，如皋贾氏传至2010年，已85世。

第二是《史记》的记载。《史记》载：“晋灭贾后，贾国上大夫义不事晋。”与《如皋贾氏宗谱》记载相符。

第三是1997年上海古籍出版社出版的《实用楹联大全》。该书所收全国贾氏大门楹联共两副，都与贾大夫如皋射雉有关。其一是“立碑洛川，射雉如皋”。下注“唐贾敦颐、贾敦石兄弟，皆有惠政，洛人为之刻碑市旁，二碑并立，号‘棠棣’碑。《左传》‘春秋贾大夫御以如皋射雉’。”其二是“善射博笑，封发表贞。”下注“春秋贾大夫御以如皋射雉，其妻始笑而言。”特别是第一联，“洛川”与“如皋”是地名对地名。

第四是“贾大夫如皋射雉”已成千古名典，喻人不能以貌取人，在许多名人笔下都肯定这个名典出自如皋。除前文已提及的晋代大文学家潘岳《射雉赋》，还有唐代大诗人杜甫《哀江头》诗云：“辇前才人带弓箭，一笑正坠双飞翼。”北京大学陈贻焮教授《杜甫评传》一书取证说：“当时如皋境内有雉场90多个。”北宋大诗人刘筠《无题》诗中有“渐渐陇麦藏鸣鸡，更恨如皋一箭迟。”同是北宋大诗人苏轼《和梅户曹会猎铁钩》：“向不如皋闲话雉，归来何以得卿卿。”《今古奇观》“女秀才移花接木”一文中有诗：“闻得罗敷未有夫，支机肯与向君无。他年得射如皋雉，珍重今朝金仆姑。”文后注释亦称“此典出自江苏如皋”。（李实秋整理）

二、如皋设县前隶属沿革考

《尚书·禹贡》载，上古时，如皋地区属“扬州”之域。夏商时，属海阳。《史记·苏秦传》载：“楚东有夏州海阳。”

春秋时，今如皋境内东夷人建立部族方国发（发阳）。后为“郧子封地”，名郧，初属吴国，吴亡后隶属越国。杜预注：“郧，发阳也。”《汉语大字典》“发”词条释：“发，古代东方部族名，亦国名。”《逸周书·王会》载：“发人麃，麃者，若鹿迅走，勇猛貌。”孔晁注：“发，亦东夷。”《汉语大字典》“郧”的词条释：“郧，春秋卫地，故城在今江苏如皋县。《左传》哀公十一年，大叔疾殡于郧，葬于少禘。清江永《春秋地理考实》引《汇纂》记载：今江南（按：清初将江苏、安徽合为江南省）扬州府如皋东立发坝，古发阳也，亦名古郧。”刘昭注引杜预注称：“广陵海陵县东南有郧城，故国。”

战国时，在今泰州至海安、如皋地带有“九夷海阳”，属楚广陵郡，秦属九江郡。楚汉相争时，为东楚所有，属东阳郡。后属西楚。

汉高祖十二年（公元前195年），如皋为吴王刘濞封地，属“海陵”。海陵“因其地并海而高得名。”治所设于泰州。汉元狩六年（公元前117年），置广陵国临淮郡海陵县。新莽时，临淮郡易名淮平郡，海陵县易名亭间。东汉建武元年（25年），海陵并入东阳县。东汉进武十九年改淮平郡为广陵郡，复置海陵县。其间，如皋均为其属地。汉末三国初，海陵县废。《吴志·孙权传》载：“初曹公恐滨江郡县为权所略，征令内移，民转相惊恐，有庐江、九江、蕲春、广陵户十余万皆东渡江，江西遂虚。”《宋书·州郡志》载：“三国时废，是今日通扬州县，三国俱为隙地。”后属吴。东吴赤乌四年（241年）复置海陵县。西晋时，海陵县更名海阳县，后复名海陵县。如皋均为其属地。

（李实秋整理）

如皋设县前隶属沿革一览表

表1–2

<table>
<tr><th colspan="3">历史时期</th><th>年 号</th><th>公元年份</th><th colspan="2">隶 属</th></tr>
<tr><td colspan="3">夏商</td><td>无考</td><td>前21世纪—前11世纪</td><td>扬州</td><td>海阳</td></tr>
<tr><td rowspan="5">周</td><td colspan="2">西周</td><td>无考</td><td rowspan="5">前11世纪—前221</td><td colspan="2">无考</td></tr>
<tr><td rowspan="4">东周</td><td rowspan="3">春秋</td><td>卫武公四十三年至卫灵公二十年</td><td colspan="2">无考</td></tr>
<tr><td>吴王阖闾元年至夫差二十年</td><td colspan="2">吴国</td></tr>
<tr><td>吴王夫差末年至楚威王七年</td><td colspan="2">越国</td></tr>
<tr><td>战国</td><td>楚威王七年至负刍五年</td><td colspan="2">楚国广陵郡</td></tr>
<tr><td colspan="3">秦</td><td>秦始皇二十六年至二世元年</td><td>前221—前209</td><td>九江郡</td><td rowspan="3">海阳</td></tr>
<tr><td colspan="3" rowspan="2">秦末汉初</td><td rowspan="2">秦二世二年至汉高祖十一年</td><td rowspan="2">前208—前196</td><td>东楚东阳郡</td></tr>
<tr><td>西楚东阳郡</td></tr>
<tr><td rowspan="4">汉</td><td colspan="2" rowspan="4">西 汉</td><td>汉高祖十二年至景帝三年</td><td>前195—前154</td><td colspan="2">海陵</td></tr>
<tr><td>汉景帝三年至武帝元狩五年</td><td>前154—前118</td><td>江都国</td><td>海陵</td></tr>
<tr><td>汉元狩六年至元封四年</td><td>前117—前107</td><td>广陵国
临淮郡</td><td>海陵县</td></tr>
<tr><td>汉元封五年至新初始元年</td><td>前106—8</td><td colspan="2">徐州郡</td></tr>
<tr><td rowspan="5">汉</td><td colspan="2">新 莽</td><td>新初始元年至更始二年</td><td>8—24</td><td>淮平郡</td><td>亭间</td></tr>
<tr><td colspan="2" rowspan="4">东 汉</td><td>汉建武元年至十七年</td><td>25—41</td><td>淮平郡</td><td>东阳县</td></tr>
<tr><td>汉建武十八年至中元二年</td><td>42—57</td><td>广陵郡</td><td rowspan="2">海陵县</td></tr>
<tr><td>汉永平元年至十五年</td><td>58—72</td><td>广陵国</td></tr>
<tr><td>汉永平十五年至建安十七年</td><td>72—212</td><td>下邳国</td><td>海陵县</td></tr>
<tr><td colspan="3" rowspan="2">三国</td><td>东汉建安十八年至魏正始二年</td><td>213—241</td><td colspan="2">魏</td></tr>
<tr><td>东吴赤乌四年至天纪三年</td><td>241—279</td><td>东吴</td><td>海陵县</td></tr>
<tr><td colspan="3" rowspan="2">晋</td><td rowspan="2">西晋太康元年至东晋义熙六年</td><td rowspan="2">280—410</td><td rowspan="2">广陵郡</td><td>海阳县</td></tr>
<tr><td>海陵县</td></tr>
</table>

三、国民政府如皋县(1945—1949)

民国34年(1945年)冬,国民政府于南通城成立如皋县政府,领辖范围同民国29年10月前国民政府如皋县。民国35年1月14日,国民政府如皋县政府随国民政府军进驻白蒲镇。7月23日,又随国民政府军由白蒲迁驻如皋城。民国38年年1月27日,国民政府如皋县政府从如皋城撤逃,国民政府如皋县建置从此终止。

第二节 境域

一、区位

星野 古代以天文分野确定地理位置。明清天文分野书自斗三度至女一度,属扬州。清《一统志》载:"扬州府高邮、通、泰三州皆斗分。"清《江南通志》载:"通州、如皋、泰兴,禹贡扬州之域,星纪吴分斗分野。"

地理位置 宋狄遵《修海堤文》载:如皋县"据江海之会,握襟带之薮。"明吕克孝《疆域考》载:"邑当通泰之间,负海枕江,角犄鼎峙。"明嘉靖庚申《如皋县志》载:"以丁堰为喉舌,摩诃为屏蔽,黄桥其出入之衔,海安其控扼之所。"清康熙癸亥《如皋县志》载:"东联仓海,势压岛夷;南控大江,气吞吴会。挹摩诃之秀丽,拱淮泗之逶迤,形势所在,今昔未殊。"《江南通志》载:"县东距海掘港、丰利诸盐场,棋布其间,运盐河自泰州东行,经县界入通州,东达于吕四场,其联络通连者为串场河,匪惟盐艘所关,亦设险之地也。"清乾隆《如皋县志》载:"邑之疆索嬴于汉,缩于唐,画一于明,四至八到,固淮海名区也。白蒲以西,车马湖以东,波臣载吐载啮,昔人表摩诃山以正南界,而丰利、掘港、马塘三场则东境之环卫也。西鄙延陵,北鄙发扬,肇域最久,觉昔贤风期去人未远焉。"清乾隆甲戌《州志》载:"如泰两邑,同界州之西北,泰兴濒江口下流,如皋居海口左颊,防海防江,俱为要害地。"

民国30年(1941年)分县后,如皋县位于长江下游三角洲北翼、江苏省中部东侧,临江近海。地理坐标:北纬32°至32°30′,东经120°至120°50′。

随着交通条件不断改善,经济不断发展,如皋逐步融入上海1.5小时经济圈,成为上海的后花园。全国沿江、沿海开放战略实施以后,如皋地处中国沿海经济带和长江经济带"T"形交汇处的区位优势进一步显现,成为21世纪国务院批准设立的第一个县级国家一类开放口岸、长江三角洲13个重点城市之一。

二、范围

东晋义熙置如皋县时,现如皋域内同时存在

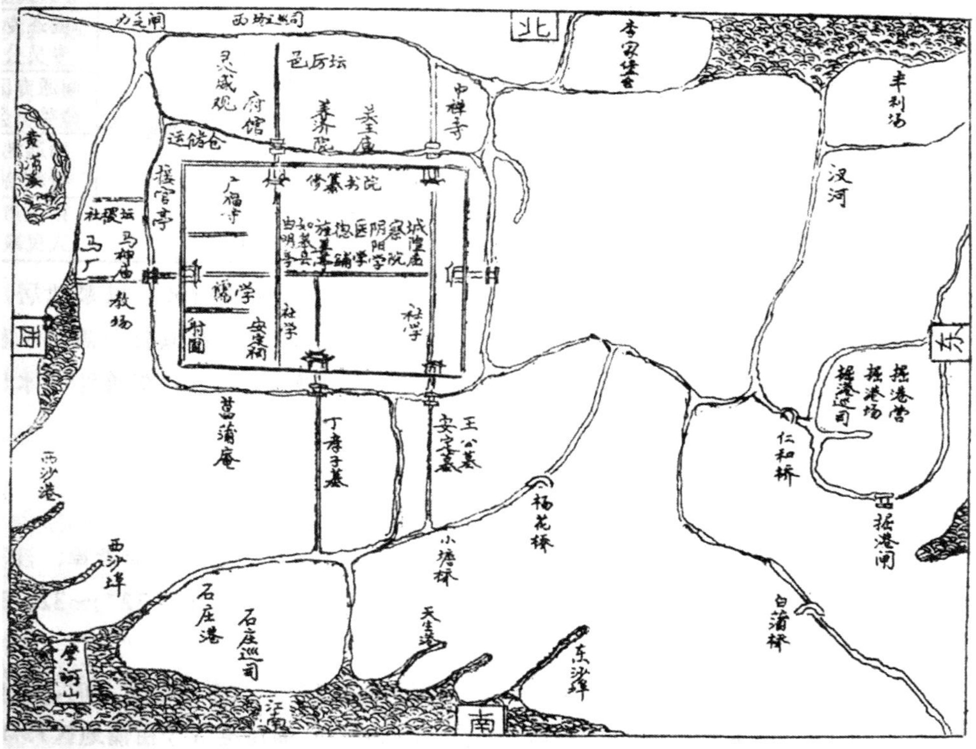

图1-4 明嘉靖如皋县境图

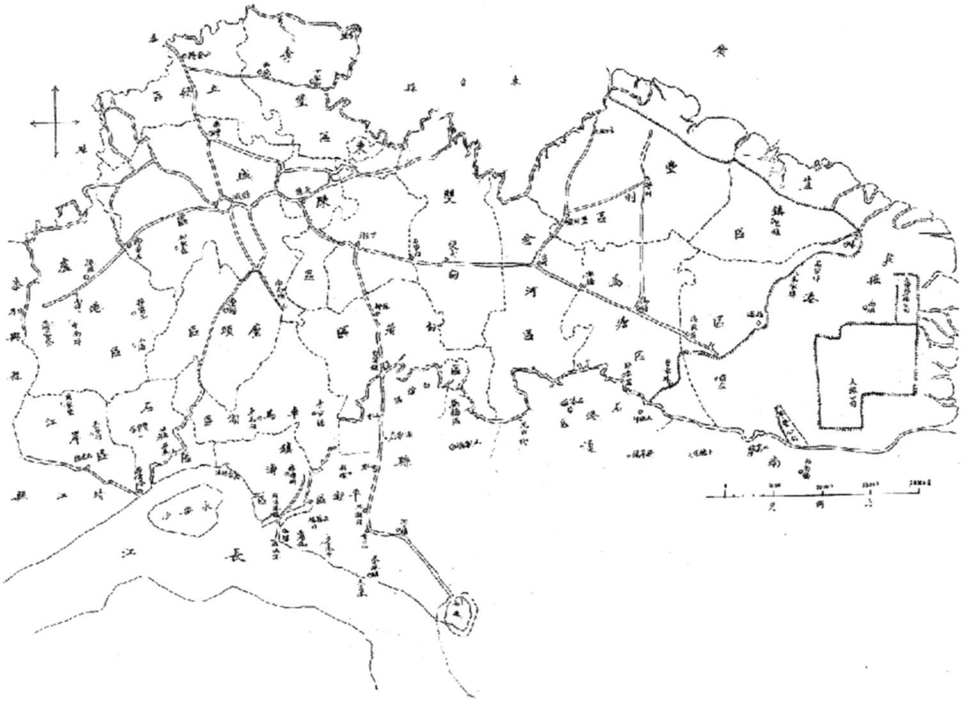

图 1-5　1928 年如皋县区域图

蒲涛县(今白蒲)、临江县(今石庄一带),北部一部分为宁海县辖区,县境具体界址不详。

唐太和析置如皋场及南唐升场为县,境域界址缺载。

宋初,如皋县南境在摩诃山南,东境抵掘港蓼角嘴,其余界址不详。元代,南境、东境临江、临海,其余界址仍缺载。

明代,如皋县在广陵(今扬州)东南境。如皋城东至掘港巡检司65千米,抵海80千米;西至与泰兴县分界线30千米;南至石庄巡检司30千米,抵江边60千米;北至西场巡检司15千米,抵海45千米;东南至白蒲镇与通州分界线35千米;西北至庙湾与泰州分界线15千米。东西界线相距90千米,南北界线相距86千米。

清乾隆时,东境、西境、北境、东南境承袭未变,从如皋城南至石庄巡检司30千米,抵摩诃山、竹排岭60千米,西北至立发桥与泰州分界22.5千米。

民国初,东境、西境、南境、北境、西北境承袭未变,从如皋城东南至白蒲镇中板桥与通州县分界线35千米,西南至洛马河(今拉马河)与靖江县分界线32.5千米,东北至栟茶场与东台县分界线40千米。民国4年(1915年),邑绅沙元炳主办测绘局,召集技术员详细测量,测得东西横宽90千米,南至江中沙洲北至与泰县分界线纵长50千米。

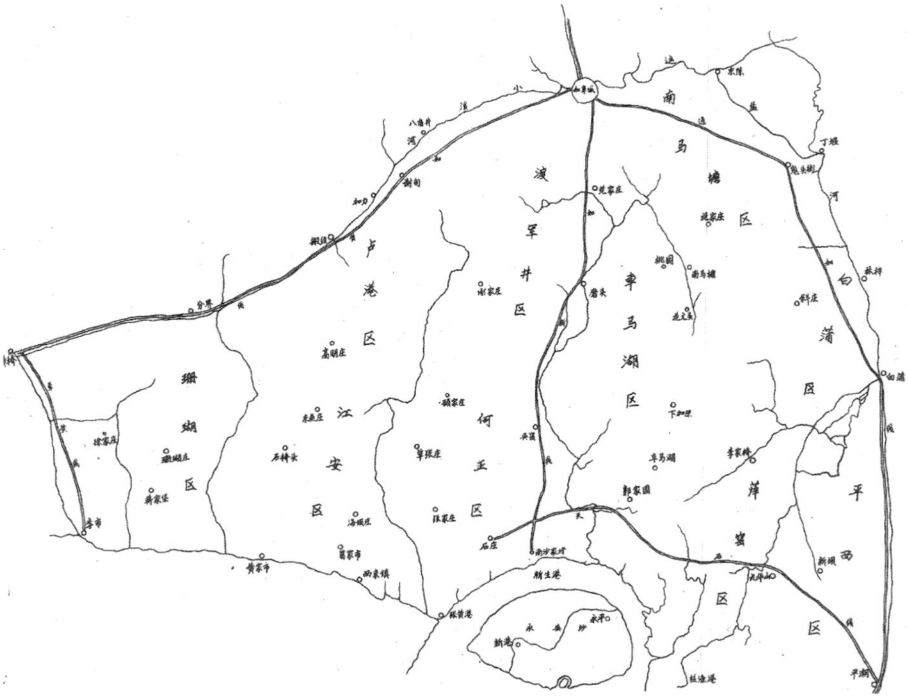

图 1-6　如西县区域图

民国29年10月，如皋县抗日民主政府建立如皋县西南行政公署。1941年3月，如西县正式建立，其四境为：南抵永安沙南长江主航道；北沿小溪河（今如泰运河）与泰县分界；东至丁堰、白蒲与如皋（东）县分界；东南抵平潮、天生港与南通县分界；西沿季黄线（黄桥—季家市）与泰兴县分界，西南抵如靖界河与靖江县分界。

民国34年12月1日，如皋县域范围调整。原如皋县代管的平潮至天生港以西地区正式划归如皋县；通扬河以东原属如东县的丁东区（除刘亮、居李乡）及白蒲、林梓，小溪河以北原属泰县的城西区、夏堡区划归如皋县，珊瑚区从如皋县划归泰兴县，季家市划归靖江县。

民国35年12月，如皋县通扬河以东的白蒲、林梓及丁东区划归如东县，柴湾区划归东台县，小溪河以北的城西区及原夏堡区划归泰县，泰兴县珊瑚区划归如皋县，恢复原如西县县境。

民国37年12月，原属靖江县的西来镇和泰兴县的季家市划入如皋县。民国38年3—6月，柴湾区、城西区、夏堡区划归如皋县，珊瑚区及季家市、西来镇分别划归泰兴县、靖江县。1954年9月，如东县丁堰、蒲东、雪岸区划归如皋县。至1956年，原平西区所属乡除九华乡外全部划归南通县。此后，县境基本稳定。

2010年，如皋市南临长江，有44.5千米岸线；北至雪岸、柴湾、袁桥、搬经镇与海安县分界线；东至雪岸、东陈、丁堰、林梓、白蒲镇与如东县分界线；东南至白蒲、九华镇与通州区分界线；西至搬经、高明、江安镇与泰兴市分界线；西南至江安、石庄镇沿如靖界河与靖江市分界线。南北相距50千米，东西相距45千米。

三、江滩权属与勘界

通如沙圩分界 清乾隆二十三年（1758年）6月，经江南直隶通州正堂、如皋县知县会勘，以通州崔马圩、如皋永兴圩2圩分界处确定通如2县接壤处江边滩沙分界线，在夹岸中立碑定界址。此界西南界因在夹江中，不着涯岸，难立界碑，用针盘定准，西南东北对直率，界东属通州县，界西属如皋县。

跃进沙—靖兴沙分界 老张黄港口外沙滩，东侧如皋县称之为跃进沙，西侧靖江县称之为靖兴沙。1970年9月16日，扬州、南通2专区，靖江、如皋2县革命委员会各派代表协商议定：老张黄港口，向南以跃进沙、靖兴沙之间自然流槽中心为界，

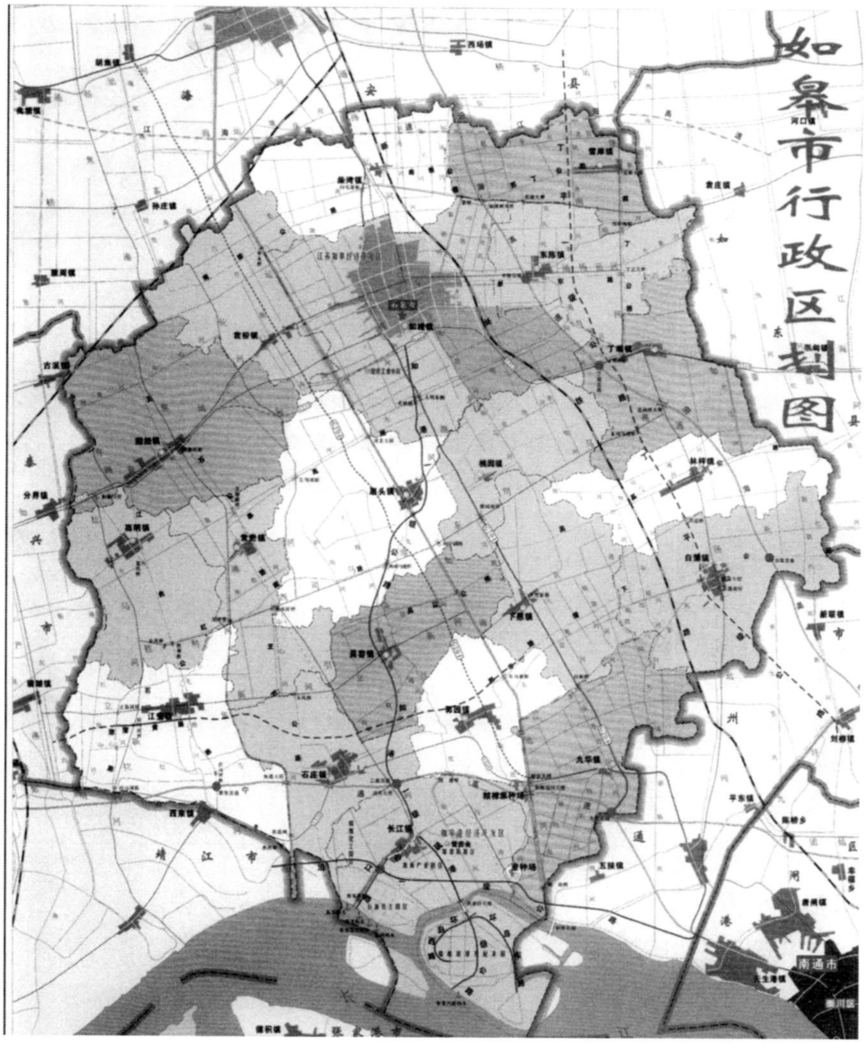

图1-7 2010年如皋市区域图

流槽以西为靖江管辖,流槽以东为如皋管辖。该协议于1970年9月19日经江苏省革命委员会生产指挥组苏革生〔1970〕117号文批复同意。

洪(泓)北沙权属 长青沙外侧有洪(泓)北沙(沙洲称之小沙),如皋县长青沙社员曾与沙洲县德积公社社员为植芦苇发生争议。1976年12月10日,沙洲县革命委员会以沙革发〔1976〕63号文件抄送如皋县,明确"长青沙外侧小沙,无论从地理位置、该沙形成和主管等实际情况,属如皋所有,由如皋县管理。"

如、靖江滩分界 1975年4月15日,江苏省革命委员会苏革发〔1975〕20号文件划定:以老张黄港出口中心为界,取直线连接跃进沙和靖兴沙分界线北端,再由该2沙分界线的南端取直线联至又来沙潮水平潮时的西端边缘,与又来沙、和平沙之间的流槽中心线交会,再沿又来沙与和平沙、骥沙之间,带子沙与骥沙之间流槽中心线,与带子沙南侧两小岛之间的中心线的延长线相交,东端与等分界址沙正南线的延长线相交,再从等分界址沙正南北线的南端延长到长江深泓。界线以东以北为如皋县管辖,以西以南为靖江县管辖。

1980年,靖兴沙滩、跃进沙滩之间自然流槽淤塞,因未及时立标定界,致纠纷屡起。江苏省民政、水利2厅,通、扬2专区及如、靖2县,先后在如皋、靖江两次会商未果。1981年5月18日,江苏省政府以苏政发〔1981〕71号文件,对如、靖两县江滩界址确定为:上段从老张黄港口至东小岛北端,下段从东小岛南端到界址沙南延伸至长江深泓,按省革会苏革发〔1975〕20号文件实际管辖的界址不变,中段东小岛之间接上段终点和下段起点连接直线定界,界东为如皋县管辖,界西为靖江县管辖。线路走向见1981年江苏省水利厅勘察部队测绘之《如皋、靖江县江滩分界地形图》。1981年7月下旬,对江滩分界中心线立桩标界。1982年1月,对全线每个标石及位于水下的分界点,进行地理坐标测量,确定经纬度坐标,新绘《如皋、靖江县江滩分界图》。

通、如江滩沙洲分界 至20世纪80年代,南通县开沙、黑鱼沙与如皋县薛案沙、长青沙淤结相连。1990年12月7日,南通市政府以通政发〔1990〕226号文件,划定界址:薛案沙与开沙之间两县早已形成界岸,此界岸定为法定界址。长青沙与黑鱼沙现以鸭子流槽为利用界址,今后围垦按鸭子流槽裁弯取直形成界河,以界河中心线定为法定界址。1991年9月23日,在南通市水利局主持下,划定界址:"以界河中心线为界,河西、河北为如皋市域,河东、河南为南通县域。"

四、面积

民国4年(1915年),始有全县总面积记载。由邑绅沙元炳主持测绘局,"测定全县总面积一万零二百八十余方里,除沙滩外,实得九千九百五十方里有奇"("方里"即平方里)。

1915年如皋县实测各区面积一览表

表1-3

单位:平方公里

区别	等级	面积	区别	等级	面积
城区	甲	197.46	苴镇	丁	116.44
东陈	丙	87.95	磨头	丙	99.50
丁堰	丁	50.12	车马湖	丙	103
白蒲	乙	125.60	石庄	丙	67.85
双甸	乙	156.46	镇涛	丁	56.30
岔河	丙	132.05	江安	丙	70.83
马塘	丙	147.81	卢港	甲	199.38
丰利	乙	152.61	立发	丙	99.90
掘港	甲	492.71	李堡	乙	124.82

民国21年《江苏省鉴》载：如皋县面积3549.51平方千米。

民国35年2月8日，苏皖边区第一行政区《行政概况统计表》载：如皋县面积为1700平方千米。

中华人民共和国成立后，因行政区划调整和江滩涨塌、围垦等，全县总面积多有变动：1949—1953年，为1454.4平方千米；1954—1959年，为1463.6平方千米；1960—1964年，为1470.5平方千米；1965—1982年，为1476.9平方千米。1983—1986年，全县土地资源实测，测定总面积为1593平方千米，其中陆地面积1536平方千米，长江水域5.7平方千米。2010年年末，全市总面积为1576.12平方千米，其中长江水域25.47平方千米。

第三节 县(市)等级与标识

一、等级

宋代，按照区位和户口多少，如皋县为中下县。元至元二十一年(1284年)，升为上等县。民国12年(1923年)，为二等县。民国20年2月，升为一等县。民国37年上半年，国民政府统计，国民政府如皋县与湖南省邵阳县同列为全国人口最多的县。民国38年5月29日，苏北行政公署核定如皋县为一等县。1952年，苏南与苏北两行政公署合并建立江苏省后，如皋县被核定为特等县。

二、标识

1991年6月1日如皋县撤县正式设立如皋市后，开始广泛征集和评选市树、市花、市徽方案。1992年5月，市十一届人大常委会第十五次会议根据代表议案，作出《关于决定如皋市徽·市树·市花的决议》，市十二届人大常委会第一次会议审议通过。

市徽 外形为菱形，近似如皋市行政区域图形，底色为天蓝色。中间为如皋市市花月季花花蕾、花叶、花枝组成的变形美术字“皋”字和一段古城墙图案，为金黄色。古城墙寓意如皋是一座历史文化古城，“皋”字形月季花的花叶呈水浪状，且城墙在上，水浪在下，象征如皋南临长江；城墙和水形成三角形，花蕾在中间，有长江三角洲上一枝含苞欲放鲜花的寓意，象征如皋市经济建设及各

图1-8 如皋市市徽图案

项社会事业在改革开放中蓄势待发。花蕾伸出城墙，象征如皋市在原有基础上会更加欣欣向荣。1997年年底，根据中共中央办公厅、国务院办公厅相关通知精神，停止使用。

市树 银杏在如皋栽植历史悠久。民国26年(1937年)，全省物产普查，如皋银杏树栽植量居全省第一。银杏有“活化石”之称，至2010年，全市有树龄超过1200年的古银杏4棵。银杏树干高大挺拔，雄姿勃发，有着极强的生命力，树材优良，木质细密，树叶、果实可入药。从历史渊源、形象、实用，均能体现如皋的深厚文化底蕴和如皋人勤奋、务实品格。

市花 如皋是全国著名“花木盆景之乡”，月季花在众多花卉中花美、刺尖，很有个性，虽然平凡，但不失高雅。且品种多，花色艳，花期长，一年有三季见花，易于繁殖，抗污能力强，好培管，既适合农村庭院、家前屋角，也适合城市阳台盆栽。

第二章 行政区划

第一节 封建王朝时期行政区划

一、东晋至隋行政区划

东晋义熙建县时，全县辖3个乡，乡名无考。

隋开皇九年（589年），如皋县废。

二、唐至清行政区划

唐太和五年（831年），如皋场置5个乡，乡名无考。按唐制100户设里，5里为乡，共设25里。

南唐保大十年（952年），如皋场升为如皋县，仍辖5乡、25里。

宋代，如皋县辖4乡，乡下设保，城区设坊。元代，改保为社，余同宋制。乡名及保（社）、坊数均缺载。

明代，全县分设城厢、江宁乡、安定乡、沿海乡、赤岸乡。以110户设里，共辖38里。城厢2坊6里：东厢1里、西厢1里、南厢1里、北厢1里、清泰坊1里、平泰坊1里。江宁乡4都9里：十二都3里、十四都2里、十五都3里、十六都1里。安定乡4都7里：九都2里、十七都3里、十九都1里、二十都1里。沿海乡4都9里：一都3里、三都1里、四都2里、六都3里。赤岸乡4都7里：七都2里、八都1里、二十一都3里、二十三都1里。

清康熙十年（1671年），按田地置都、图，全县设16都、32图。

清雍正六年（1728年），改都、图为乡、都、里，全县辖4乡16都32里，城厢4厢4里，灶户2都6里，共42里。城厢4厢4里：东厢一里，西厢一里，南厢一里，北厢一里。江宁乡辖4都9里：十二都一里、二里、三里，十四都一里、二里，十五都一里、二里、三里、四里，十六都一里；安定乡辖4都7里：九都一里，十七都一里、二里、三里，十九都一里、二里，二十三都一里；赤岸乡辖4都7里：七都一里、二里、四里，八都一里，二十一都一里、二里，二十三都一里；沿海乡辖4都9里：一都三里、四里、十里，三都一里、二里、三里，六都一里、四里、六里。灶户2都6里：一都一里、二里、五里、六里，三都二里、三里。

清宣统二年（1910年），实行城乡自治制，城厢改城市，余为乡，设白蒲、卢港、掘港、马塘、双甸、东陈、磨头、丁堰、石庄、江安、镇涛、车马湖、丰利、岔河、苴镇、立发、李堡17乡。城市和乡设自治公所，选举成立议事会和董事会，下领地保。

第二节 民国时期行政区划

一、国民政府行政区划

民国2年（1913年）初，全县改城乡制为以户口为标准的市、乡制，辖区人口在4万人以上的称市，不足4万人的称乡，辖6市12乡。6市为城市、白蒲市、卢港市、掘港市、马塘市、双甸市。12乡为东陈乡、磨头乡、丁堰乡、石庄乡、江安乡、镇涛乡、车马湖乡、丰利乡、岔河乡、苴镇乡、立发乡、李堡乡。民国3年，全县辖13市5乡。13市为城市、东陈市、白蒲市、双甸市、马塘市、丰利市、岔河市、掘港市、磨头市、车马湖市、石庄市、卢港市、李堡市。5乡为丁堰乡、苴镇乡、镇涛乡、江安乡、立发乡。2月，全县取消市、乡自治公所和议事会、董事会，改设助理员办事处。民国12年，市、乡自治会恢复，成立议、董两会。民国16年12月16日，改设市、乡行政局。民国17年6月，全县实行村（街）、闾、邻制。11月，委派各村村长、副村长。

按民国18年6月国民政府颁布的《县组织法》中“各县按户口及地方情形分划若干区，每区以10乡镇至50乡镇组织之。”“百户以下之村庄地方为乡，百户以上之街市地方为镇。”“乡镇居民以25户为闾，5户为邻”的规定，国民政府如皋县政府于8月11日公布，将原18市（乡）改为18区。城市为第一区，东陈市为第二区，丁堰乡为第三区，白蒲市为第四区，双甸市为第五区，岔河市为第六区，马塘市为第七区，丰利市为第八区，掘港市为第九区，苴镇乡为第十区，磨头市为第十一区，车马湖市为第十二区，石庄市为第十三区，镇涛乡为第十四区，江安乡为第十五区，卢港市为第十六区，立发乡为第十七区，李堡市为第十八区。区按面积、人口及集镇大小分为4等，第一、九、十六区为甲等区，第四、五、八、十八区为乙等区，第二、六、七、十一、十二、十三、十四、十五区为丙等区，第三、十、十七区为丁等区。建区以后，将原行政局改建为区公所，同时划分487乡、61镇、10668闾、53329邻。乡（镇）设乡（镇）公所。

民国23年3月，国民政府推行保甲制，以10户为甲，10甲为保（城区25甲为保）。区、乡、镇划分标准亦有变化，规定“各县区数最少5区，最多15区”“各县乡镇区域之划分，以每乡镇500户至1000户为原则”。6月16日，国民政府如皋县政府发布划并区乡镇布告，将18个区划并为15个区，撤消第二区（东陈）、第十区（苴镇）、第十四区（镇涛），分别并入丁堰区、丰利区、车马湖区，另将原车马湖区龙游河西5个乡划归石庄区。新划的15个区为：第一区城区，第二区丁堰区，第三区白蒲区，第四区双甸区，第五区岔河区，第六区马塘区，第七区丰利区，第八区掘港区，第九区磨头区，第十区车镇区，第十一区石庄区，第十二区江安区，第十三区卢港区，第十四区立发区，第十五区李堡区。原548个乡（镇），合并为241个乡、41个镇。民国24年1月，全县保甲编制完成，设3078个保，30891个甲。

民国23年（1934年）如皋县行政区划一览表

表1–4

区别	所辖乡镇、保甲数				所辖乡镇名
	镇数	乡数	保数	甲数	
第一区（城区）	9	20	361	3909	迎春镇 锦绣镇 丰乐镇 党治镇 坝桥镇 宏济镇 陆桥镇 普济镇 柴湾镇 万寿乡 普渡乡 仙鹤乡 大娄乡 马塘乡 福缘乡 平明乡 安定乡 宗岱乡 石塘乡 郎庄乡 陆窑乡 蒲东乡 野林乡 太平乡 元通乡 鹿门乡 周庄乡 庆余乡 邓园乡
第二区（丁堰）	3	22	210	2077	丁堰镇 东陈镇 薛洪镇 马凌乡 薛蔡乡 蒋坞乡 薛杭乡 徐汪乡 李冯乡 念曹乡 施夹乡 丁吴乡 徐老庄乡 冯九乡 花倪乡 明石乡 宗陈乡 土刘乡 顾邵丁乡 娄吴乡 小龙乡 许陈乡 骆臣乡 刘庄乡 石郭乡
第三区（白蒲）	2	14	186	1873	蒲北镇 林梓镇 红园乡 雪曹乡 兴姚乡 新庵乡 高甸乡 费江乡 佳姚乡 橙曹乡 月港乡 葭塘乡 奚斜乡 善坝乡 官杨乡 姜园乡
第四区（双甸）	2	14	188	1889	双甸镇 石甸镇 宗刘乡 石坝乡 东周乡 郑薛乡 袁庄乡 徐曹乡 葛兜乡 洋涨乡 铁果乡 田季乡 斜桥乡 孙吴乡 杨木乡 丛坝乡
第五区（岔河）	1	12	148	1476	岔河镇 星堡乡 金陈乡 杨曹乡 汤花乡 季祝乡 曹汤乡 水施乡 白石乡 佘肖乡 地徐乡 平吴乡 白宫乡
第六区（马塘）	4	10	170	1712	马塘镇 潮桥镇 沙村镇 曹埠镇 堤南乡 孙窑乡 三和乡 里仁乡 元兴乡 达德乡 盐河乡 七里乡 王袁乡 陈家乡

续表1–4

区别	所辖乡镇、保甲数				所辖乡镇名
	镇数	乡数	保数	甲数	
第七区（丰利）	2	27	295	2926	丰利镇 古坝镇 苴镇乡 桑龙乡 玉安乡 双德乡 古坳乡 花严乡 川合乡 观土乡 滨海乡 东龙乡 双东乡 普延乡 新良乡 东河乡 山市乡 沿岸乡 河北乡 窑河乡 育才乡 社庙乡 吴许乡 新兴乡 姚坞乡 新甸乡 丁陈乡 凌北乡 界岸乡
第八区（掘港）	4	16	330	3318	盐坦镇 碧霞镇 长沙镇 北坎镇 上漫乡 下漫乡 洋岸乡 华丰乡 银杏乡 余荡乡 南坎乡 环芳乡 三民乡 虹元乡 六七总乡 八总乡 九总乡 大豫乡 大豫南乡 大豫北乡
第九区（磨头）	1	15	137	1375	磨头镇 大明乡 钱长乡 章王乡 贾屋乡 徐石乡 陈户乡 秀荡乡 大兴乡 马练乡 高石乡 芸房乡 左郐乡 陈邵乡 桃园乡 天堡乡
第十区（车镇）	3	20	221	2149	薛窑镇 下驾原镇 李桥镇 白雁桥乡 花园乡 文庄乡 长庄乡 朱楼乡 范湖乡 车马湖乡 朱庄乡 郭园乡 三义乡 郑蔡乡 龙舌乡 一甲乡 北园乡 扒头乡 中心乡 营防乡 税圩乡 新村乡 东平乡
第十一区（石庄）	4	15	173	1679	石北镇 石南镇 新生镇 张黄镇 龙潭乡 永隆乡 砖桥乡 楼房乡 空田乡 唐家乡 大腰乡 海圩乡 郝李乡 钱庄乡 陈家乡 吴窑乡 何庄乡 沈天井乡 永安乡
第十二区（江安）	2	8	123	1227	西柴镇 严黄镇 陈堡乡 马曹乡 燕桥乡 朝燕乡 周丁乡 陆桥乡 北园乡 百新乡
第十三区（卢港）	—	17	225	2190	卢港乡 薄湾乡 袁横乡 大石乡 鄂西乡 刘黄乡 高蒋乡 卢杨乡 芹界乡 朱夏乡 搬经乡 肖尼乡 桥堡乡 倪港乡 谢李乡 加马乡 梅冯乡
第十四区（立发）	1	12	136	1339	立发镇 东屏乡 长安乡 镇海乡 古河乡 树人乡 周济乡 南阳乡 里仁乡 玉树乡 太平乡 净土乡 三民乡
第十五区（李堡）	3	19	175	1752	李堡镇 丁所镇 西场镇 陆堑乡 戚庄乡 风井乡 陈庄乡 楼基乡 储洋乡 曹园乡 蒋庄乡 朱庄乡 杨庄乡 池旺乡 赵墩乡 何园乡 周庵乡 云龙乡 牌楼乡 李庄乡 沧浪乡 桑周乡

民国27年3月，如皋城被日本侵略军占领，国民政府如皋县政府迁至东乡，直接管辖东北部9个区，另于如皋西乡成立如皋县西南行政公署，管辖西南6个区。

民国34年冬，国民政府于南通城建立流亡的如皋县政府。民国35年11月12日，国民政府如皋县政府将第二区徐老庄乡并入冯九乡。民国36年1月2日，设置如东办事处，管辖第四、五、六、七、八等5个区。2月19日，将第十区的东平乡和第十一区的永安乡合并，建立永安实验乡，推行“绥靖区”施政纲领。3月，依照《江苏省各县乡镇组织调整办法》规定，将第十区税圩乡并入新村乡，第十五区储洋乡与曹园乡合并为储园乡。同时在15个区230个乡内编保2149个，编甲22162个。此后，国民政府如皋县政府实际控制区不断缩小。至民国37年1月，国民政府如皋县政府在8个区控制与半控制各42个乡（镇）、830个保、8887个甲。名义上仍设15个区署：第一区（安定区）署，第二区（丁堰区）署，第三区（白蒲区）署，第四区（双甸区）署，第五区（岔河区）署，第六区（马塘区）署，第七区（丰利区）署，第八区（掘港区）署，第九区（磨头区）署，第十区（车镇区）署，第十一区（石庄区）署，第十二区(江安区)署,第十三区(芹湖区)署,第十四区(立发区)署,第十五区(李堡区)署。对乡镇区域的调整,仅在控制区的安定、磨头2区进行。将磨头区的徐石乡归并于磨头镇,钱长乡与大明两乡合并为忠孝乡,章王乡与贾屋乡合并为仁爱乡,陈户乡与大兴乡的北部合并为信义乡,秀荡乡与大兴乡的南部合并为和平乡,高石乡与马练乡合并为力行乡,芸房乡与左邬乡的南部合并为互助乡,陈邵乡与左邬乡的北部合并为革心乡,桃园乡与天堡乡合并为四维乡;将安定区的平明乡、安定乡合并为平安示范乡,宗岱乡、石塘乡合并为忠实乡,丰乐镇、党治镇合并为霞山镇,迎春镇、锦绣镇合并为文峰镇,坝桥镇并入宏济镇,普济镇与庆余乡合并为普庆镇,其余17个乡镇区划不变。6月,国民政府如皋县政府在全县设15个区265个乡镇,仅在8个区和永安实验乡控制44个乡镇,半控制33个乡镇,合计647个保、6799个甲。

二、人民政府行政区划

民国29年(1940年)8月,如皋县抗日民主政府建立后,接管国民政府如皋县第九区、第十区、第十一区、第十二区、第十三区,分别建立磨头区、车镇区、石庄区、江安区、卢港区;接管国民政府如皋县第二区(丁堰)、第三区(白蒲)运盐河以西地区建立白丁区;接管江心沙永安、东平2乡(原分属第十、第十一区)合并建立永东直属乡。共辖6区1直属乡。区设区公所,区以下仍行乡镇保甲制,永东直属乡设联合办事处。

民国30年7月,如西县政府调整行政区划。将新开辟的原国民政府如皋县第一区运盐河以西、小溪河以北的邓园、庆余、鹿门、周庄、太平、元通、野林、蒲东等8个乡及卢港区的倪港、谢李2个乡组建为城区;撤销磨头区,将原磨头区龙游河以西的8个乡镇、卢港区的大石乡及新开辟的原国民政府如皋县第一区小溪河以南、如新公路西侧的5个乡镇组建为度军井区;撤销白丁区,以原国民政府如皋县第一区运盐河南、如新公路以东的8个乡镇和原国民政府如皋县第二区、第三区运盐河以西的10个乡镇及原磨头区龙游河东的4个乡,组建为南马塘区;原磨头区河南的左邬、芸房、马练、高石4个乡和原国民政府如皋县第三区白蒲以西的姜园、佳姚、官杨、顾塘(原名葭塘)、善坝等5个乡划归车镇区。同时在卢港区划建新乡,新建西黄、高明、南洋、肖马、湖林、陆桥、夏堡7个乡,将袁横乡划归石庄区,鄂西乡、西黄乡划归江安区。

民国31年2月,如西县政府于龙游河东三角地区设东南行政公署,管辖南马塘区、车镇区和永东直属乡。7月,增设蒲西区。12月22日,将车镇区划分为车马湖区和镇涛区,将李桥镇和白雁桥乡划建为蔡藕、何园、白李3个乡。以姜园、龙舌、何园、白李、一甲、北园、扒头、中心、营防、税圩、新村、薛窑等12个乡镇和南通县第三区的张观、任口、康庄、云屏、薛塘等5个乡组建为镇涛区,以蔡藕、文庄、花园、善坝、官杨、佳姚、顾塘等7个乡和南马塘区的奚斜、橙曹、月港、顾邵丁、骆臣、娄吴等6个乡组建为蒲西区,以左邬、芸房、马练、高石、长庄、下原、朱庄、车马湖、朱楼、范湖、郑蔡、郭园、三义等13个乡组建为车马湖区,以徐石、陈邵、桃园、天堡、石郭、马塘、刘庄、小龙、许陈、福元、平明、安定、徐汪、大娄和坝桥、宏济等16个乡镇组建为南马塘区。同时,将卢港区小溪河北的湖林、肖马、陆桥、夏堡和城区的谢李、倪港等6个乡划建为夏堡区。城区划归泰县代管,易名如城区。

民国32年1月,为配合苏中四分区反"清乡"斗争,南通县平潮至天生港以西日本侵略军封锁线以外地区划归如西县。2月,如西县政府撤销镇涛区,分设李南、车南2个办事处,并于九华山设车镇边区工作委员会。7月,恢复镇涛区建制。8月始,试行新乡制,调整乡镇规模,撤销石郭、善坝、薛塘、李桥、白雁桥、袁横、梅冯、秀荡8个老乡,增设大兴、石扬、复兴、孙坝、九龙、洪杨、袁庄、横埭、梅甸、土山、沈朗、秀竹、大洋、塘湾14个新乡,将陆桥镇更名为瓜园镇,蒲西区花园乡与车马湖区白李乡隶属关系对调。11月,县东南行政公署撤销。至年底,全县设9区、128乡镇及1直属乡、1239保。其中根据地71乡、689保,游击区29乡、282保,边区22乡、184保,日伪占领区8乡镇、84保。

民国33年1月,为适应反日伪"扩展清乡"斗争需要,苏中第三专员公署决定,将如皋县夏堡区划归泰县,泰兴县珊瑚区划归如皋县。2月7日,薛家窑解放,如西县政府将镇涛区划分为车镇办事处和镇涛区。7月,车镇办事处和镇涛区分别更名为薛窑区和李南区。同时建立如城行政公署。8月1日,永安沙解放,永东直属乡联合办事处撤销,江防行政公署建立。12月,李南区并入薛窑区。民国34年8月,全县设南马塘、蒲西、薛窑、车马湖、石庄、江安、珊瑚、卢港、度军井9个区

民国32年(1943年)如西县行政区划一览表

表1–5

区别	乡镇数	所辖乡镇名
南马塘区	18	宏济镇 坝桥镇 大娄乡 大兴乡 徐汪乡 平明乡 安定乡 福元乡 许陈乡 小龙乡 刘庄乡 马塘乡 石杨乡 复兴乡 天堡乡 桃园乡 陈邵乡 徐石乡
蒲西区	14	骆臣乡 娄吴乡 顾邵丁乡 月港乡 橙曹乡 奚斜乡 顾塘乡 佳姚乡 官杨乡 孙坝乡 九龙乡 文庄乡 蔡藕乡 白李乡
镇涛区	15	张观乡 任口乡 康庄乡 云屏乡 姜园乡 龙舌乡 何园乡 一甲乡 北园乡 扒头乡 中心乡 营防乡 税圩乡 新村乡 薛窑镇
车马湖区	15	三义乡 郭园乡 郑蔡乡 范湖乡 朱楼乡 车马湖乡 朱庄乡 下原镇 长庄乡 高石乡 马练乡 芸房乡 左郯乡 花园乡 洪杨乡
石庄区	19	石北镇 石南镇 新生镇 张黄镇 龙潭乡 永隆乡 砖桥乡 楼房乡 空田乡 唐家乡 大腰乡 海圩乡 郝李乡 钱庄乡 吴窑乡 陈家乡 何庄乡 沈天井乡 横埭乡
江安区	12	百新乡 西柴镇 严黄镇 陈堡乡 马曹乡 燕桥乡 朝燕乡 周丁乡 陆桥乡 北园乡 鄂西乡 西黄乡
卢港区	12	高明乡 南洋乡 卢杨乡 芹界乡 朱夏乡 搬经乡 加马乡 梅甸乡 土山乡 卢港乡 薄湾乡 袁庄乡
夏堡区	6	湖林乡 肖马乡 陆桥乡 夏堡乡 谢李乡 倪港乡
度军井区	17	沈朗乡 秀竹乡 大兴乡 贾屋乡 磨头镇 章王乡 陈户乡 大洋乡 大石乡 大明乡 钱长乡 石塘乡 塘湾乡 宗岱乡 陆窑乡 郎庄乡 瓜园镇
永东直属乡	1	

公所和如城、江防2个行政公署,共辖152个乡(镇),其中有74个乡(镇)实行新乡制。江安区撤销朝燕、周丁乡,新设周庄、张庄、新民、胜利乡;石庄区撤销吴窑乡,增设铁草乡;江防区增设永平、永北乡;车马湖区高石乡更名大石乡;蒲西区月港乡更名林西乡;镇涛区张观乡和任口乡合并为张任乡,撤销税圩乡,增设姜北乡。9月,如西县复名如皋县,如城、江防行政公署改建为城区、江防区公所。10月,如城区的谢李、倪港、林园、民实、蒲东、范庄、太平、戴庄、周庄、鹿门、陈庄、邓园、阚庄、邵庄、何庄、纪庄16个乡从泰县划归如皋县,如城区更名城西区;城郊办事处的柴湾镇和新民、普渡、万新、万富、复兴、长山、凌云7个乡从如东县划归如皋县,建立柴湾区。同时建立平西区工委。12月1日,苏皖边区第一专员公署首次行政会议决定调整如皋县行政区划。原如东县丁东区(除居李、刘亮2乡),汤园区白蒲镇、林梓镇、红园乡、薛曹乡以及南通县刘桥区斗争乡划归如皋县,分别调整成立丁东、雪岸和白蒲区;原由如皋县代管的平潮至天生港一线以西地区正式划归如皋县,成立平西区;原泰县雅周区代管的夏堡区湖林、肖马、陆桥、夏堡乡和新设的连庄乡,划归如皋县并入卢港区;如皋县珊瑚区划还泰兴县。县间行政区划调整的同时,如皋县内亦作部分区划调整:城区瓜园镇复名陆桥镇,增设薛庄、宗港乡;江安区增设团结乡,新民乡更名戈堡乡;石庄区的石北镇、石南镇调整为石庄镇、石南乡;江防区增设胜利、永利、新港、建设、福成乡;度军井区秀竹乡更名高田乡,增设纪庄乡。

民国35年2月8日,全县辖15个区、198个乡(镇)。3月,雪岸区的3个乡划分为薛庵、洪桥、符杨、周耀、长胜、李冯、石桥、姚庄、薛庄、蔡庄9个乡镇。7月,县政府根据上级要求,为适应解放战争环境,撤销平西区,先后将雪岸区、丁东区划归如东县(划归如东县后合并为丁东区);柴湾区划归紫石县(旋又划归东台县);城西区和原夏堡区所属5乡划归泰县,泰兴县珊瑚区重新划归如皋县。11月,重建县东南行政公署,下辖马塘、白蒲、薛窑、车马湖和江防5个区。民国36年8月,城郊办事处建立。9月,车马湖区和薛窑区合并为车薛区,白蒲区和马塘区合并为白马区。10月20日,县东南行政公署撤销。12月,车薛、白马2区仍析为4个区。民国37年1月,如城行政公署重建,同时划分小乡。卢港区撤销卢杨、搬经乡,增设卢庄、杨庄、搬南、搬北、鞠庄、刘冯、刘庄、顾河乡;石庄区增设沈石乡;马塘区撤销大娄乡,增设兴刘、杨枝乡;度军井区贾屋乡划分为高王、朝荡2乡。3月21日,为纪念革命先烈,石庄区更名为何正区,大腰、横埭、周庄、卢港、加马、大洋、陈户乡,分别更名为蔡炎、毕云、邓白、石根、倪健、胡芝、仁静乡。10月12日,靖江县西来镇划归如皋县,与江安区西柴镇的东市和西市合并,成立西来镇。至11月14日,全县设江安、卢港、珊瑚、何正、度军井、江防、车马湖、薛窑、白蒲、马塘10个区和1个如城行署,共165个乡镇、1612个村。12月29日,靖江县季家市划归如皋县,成立季市镇。

民国38年2月1日,马塘区的徐汪、杨枝2乡合并为汪洋乡,度军井区的高王、朝荡2乡合并为高朝乡。2月8日,平西区重建,辖新杨、光中、靖西、接成、宏涨、云九、井兴7个乡。3月9日,如东县柴湾区划归如皋县,更名城东区。4月1日,泰县城西区划归如皋县。6月13日,泰县卢桥区8个乡划归如皋县,并入卢港区(连庄乡划归海安县)。是月,如皋县珊瑚区划归泰兴县,季市镇和西来镇划归靖江县。8月26日,城东区壮志、堑南、新生3乡和品端、刘亮2乡河北部分合并为品端乡,划归海安县西场区。平西区的7个乡划分为16个乡1个镇。9月14日,根据苏北行政公署决定,各区公所改称区政府。全县辖13个区,下设198个乡(镇)。

附录:

伪政权行政区划

民国27年(1938年)3月19日,日本侵略军侵占如皋。伪维新政府时期的如皋县公署,改第一区的8镇为坊。东门迎春坊,南门宣化坊,西门丰乐坊,北门德义坊,东门外通济坊,南门外宏济坊,西门外利济坊,北门外普济坊。民国28年春,伪如皋县政府复改坊为镇,承袭原国民政府民国23年的行政区划。民国29年,新四军东进抗日至如皋后,伪如皋县政府仅控制公路沿线集镇的据点,区乡建制不全。民国32年4月1日,伪第一绥靖区部署第一期"清乡",于马塘镇设立如皋特别区公署,将丁堰至掘港串场河以南、运盐河以东地区,划建为第一、二、三、四区,区公所驻地为白蒲镇、岔河镇、马塘镇、掘港镇。民国33年7月,日伪"扩展清乡",全县改设4个特别区。如城特别区公署设于如皋城,下设第一区公所于如皋城,第二区公所于磨头,第三区公所于顾家岱,第四区公所于镇涛街,第五区公所于搬经,第六区公所于车马湖,第七区公所于石庄,第八区公所于周家庄;如东、如丰特别区公署分设于掘港和丰利,辖原第二、四、五、六、七、八区串场河以北地区;如安特别区公署设于海安镇,辖如皋县第十四、十五两区和泰县的海安、胡集及东台县的富安、安丰等地区。是年12月统计资料载:伪如城特别区境内130个乡镇中,成为日伪据点或为日伪控制、半控制的有乡镇30个、保268个,伪化乡镇29个、保282个。伪如东特别区境内78个乡中,日伪控制18个。民国34年9月21日,如皋城解放,伪如皋县行政区划终结。

第三节 中华人民共和国成立后行政区划

一、如皋县行政区划

中华人民共和国成立初,全县仍辖13个区、198个乡镇。

1950年6月1日,全县行政区划调整。析置石庄、夏堡区,度军井区更名磨头区。撤销百新、西柴、严黄、鄂西4个乡,增设新建、佘圩、生建、柴圩、黄市、鄂埭、周严7个乡,团结乡并入陆桥乡,顾河乡拆并入毕云乡和沈朗乡,金桥、周明、陈何乡合并为肖马乡,陆曹、桥龙、桥港乡合并为陆桥乡,唐家乡北部划建邹蔡乡。全县辖15个区、196个乡(镇)、1752个村(保)。是年,城区8个镇废保甲制,撤销50个保,建立39个居民组。

1950年6月如皋县行政区划一览表

表1–6

区别	区公所驻地	镇数	乡数	村数	所辖乡镇名
城区	如城法院街	8	3	86	迎春镇 锦绣镇 丰乐镇 大治镇 坝桥镇 宏济镇 陆桥镇 普济镇 庆余乡 宗港乡 薛庄乡
城东区	大钱家庄	1	12	119	柴湾镇 复兴乡 万新乡 新民乡 普渡乡 万富乡 凌云乡 凌南乡 百岁乡 刘亮乡 周庄乡 戴庄乡 鹿门乡
马塘乡	佘家庄	0	14	127	骆臣乡 刘庄乡 复兴乡 石杨乡 马塘乡 平明乡 福元乡 许陈乡 大兴乡 兴刘乡 汪洋乡 小龙乡 娄吴乡 顾邵丁乡
白蒲区	西姚家园	0	11	111	林西乡 橙曹乡 佳姚乡 奚斜乡 顾塘乡 官杨乡 孙坝乡 九龙乡 蔡藕乡 康庄乡 姜北乡
平西区	二圩桥	1	16	107	新坝镇 缪港乡 颜桥乡 湾子乡 花坝乡 桃园乡 九华乡 五接乡 福成乡 李港乡 刘坝乡 王郭乡 沈川乡 九圩乡 井字乡 闸西乡 新港乡
薛窑区	小马桥	0	14	117	张任乡 云屏乡 姜园乡 龙舌乡 何园乡 一甲乡 北园乡 扒头乡 中心乡 营防乡 新村乡 薛窑乡 郑蔡乡 郭园乡
车马湖区	下驾原	0	14	140	左郛乡 芸房乡 长庄乡 马练乡 大石乡 范湖乡 朱楼乡 车马湖乡 朱庄乡 下原乡 花园乡 文庄乡 洪杨乡 白李乡
江防区	二案	0	6	65	永建乡 永福乡 东平乡 永新乡 永胜乡 三义乡
石庄区	石庄镇	2	11	119	石庄镇 张黄镇 空田乡 砖桥乡 楼房乡 唐家乡 陈家乡 何庄乡 沈天井乡 新生乡 石南乡 永隆乡 龙潭乡
何正区	沈家庄	0	12	108	郝李乡 沈石乡 钱庄乡 海圩乡 铁草乡 蔡炎乡 邹蔡乡 胡芝乡 仁静乡 高田乡 沈朗乡 毕云乡
江安区	周庄头	0	15	129	新建乡 佘圩乡 柴圩乡 生建乡 黄市乡 陈堡乡 马曹乡 燕桥乡 胜利乡 鄂埭乡 陆桥乡 戈堡乡 张庄乡 邓白乡 北园乡
卢港区	短港子	0	15	153	袁庄乡 薄湾乡 刘冯乡 土山乡 石根乡 倪健乡 南洋乡 高明乡 刘庄乡 卢在乡 杨庄乡 鞠庄乡 搬南乡 周严乡 西黄乡
夏堡区	冷庄	0	11	94	芹界乡 朱夏乡 搬经乡 湖林乡 肖马乡 陆桥乡 夏堡乡 加北乡 谢李乡 倪港乡 子厚乡
磨头区	贾蔡庄	1	15	150	磨头镇 章王乡 高曹乡 大兴乡 大石乡 石塘乡 塘湾乡 宗岱乡 纪庄乡 安定乡 钱长乡 大明乡 天堡乡 桃园乡 陈邵乡 徐石乡
城西区	北纪家庄	0	14	127	何庄乡 纪庄乡 邵庄乡 阚庄乡 民实乡 蒲东乡 林园乡 范庄乡 太平乡 陈庄乡 邓园乡 朗庄乡 陆窑乡 梅甸乡

1951年1月20日,石庄区龙潭乡焦港河西5个村划建为朗庙乡。5月14日,平西区闸西、新港、井字3乡划归南通市郊办事处。7月21日,石庄区石庄镇4个村与空田乡南部4个村合并组建石北乡。8月27日,马塘区平明乡划为建设乡、解放乡。11月22日,何正区仁静乡东部划建陈园乡。11月28日,苏北行政公署批准成立城区人民政府,辖区同时调整,将薛庄乡划归城西区,庆余、宗港2乡及坝桥镇1—5村合并建立的王港乡划归城东区,宏济镇通扬公路以南村庄分别划归马塘区和磨头区,公路以北部分与坝桥镇余下部分合并建立宏坝镇。

1952年8月26日,苏北行政公署批准如皋县增设新坝、海圩、花园、城南4个区,全县行政区划相应调整。9月15日,调整结束,全县共设19个区、197个乡镇。

城区人民政府驻如城法院街,辖迎春、锦绣、丰乐、大治、宏坝、陆桥、普济7镇。

城东区公所迁驻崇善庵,辖柴湾镇和复兴、万新、新民、普渡、万富、凌云、凌南、百岁、刘亮、宗港、王港乡,计1镇11乡。

马塘区公所驻佘家庄,辖骆臣、刘庄、石杨、复兴、建设、福元、许陈、大兴、兴刘、汪洋、小龙、娄吴12乡。

白蒲区公所驻西姚家园,辖蔡藕、孙坝、九龙、官杨、顾塘、奚斜、佳姚、橙曹、林西、顾邵丁10乡。

新坝区公所驻郑家甸,辖新坝镇和缪港、颜桥、何园、云屏、龙舌、姜园、张任、姜北、康庄乡,计1镇9乡。

平西区公所驻钱家园,辖湾子、花坝、桃园、刘坝、五接、福成、李港、九圩、王郭、沈川10乡。

薛窑区公所驻小马桥,辖郭园、郑蔡、薛窑、新村、营防、中心、一甲、北园、扒头、九华10乡。

车马湖区公所驻下驾原,辖芸房、长庄、马练、大石、范湖、朱楼、车马湖、朱庄、下原、花园、文庄、洪扬、白李13乡。

江防区公所驻二案,辖永建、永福、东平、永新、永胜、三义6乡。

石庄区公所驻石庄镇,辖石庄镇和新生、石南、永隆、张黄、龙潭、朗庙、砖桥、楼房、石北、空田、陈家、何庄、沈天井乡,计1镇13乡。

海圩区公所驻沈家庄,辖钱庄、沈石、郝李、海圩、沈朗、高田、陈园、仁静、胡芝9乡。

何正区公所迁驻横家埭,辖铁草、邹蔡、蔡炎、毕云、袁庄、周严、鄂埭、胜利、陆桥、唐家10乡。

江安区公所驻周庄头,辖新建、佘圩、生建、柴圩、黄市、陈堡、马曹、燕桥、戈堡、张庄、邓白、北园12乡。

卢港区公所驻短港子,辖刘冯、薄湾、土山、石根、倪健、搬南、鞠庄、南洋、高明、杨庄、卢庄、刘庄、西黄13乡。

夏堡区公所驻冷庄,辖芹界、朱丰、搬经、湖林、肖马、陆桥、夏堡、加北、谢李9乡。

花园区公所驻北纪家庄,辖倪港、子厚、何庄、纪庄、林园、民实、蒲东、邵庄8乡。

磨头区公所驻贾蔡庄,辖磨头镇和大兴、高曹、章王、大石、塘湾、钱长、徐石、陈邵、桃园、天堡、薛杨(原马塘乡更名)、左郕乡,计1镇12乡。

城南区公所驻邱家岱,辖宗岱、石塘、大明、安定、纪庄、解放、薛庄、郎庄、陆窑、梅甸10乡。

城西区公所迁驻群头,辖邓园、阚庄、陈庄、范庄、太平、戴庄、周庄、鹿门、庆余9乡。

1954年6月22日,经江苏省政府批准,如皋县平西区的花坝、刘坝、沈川、王郭(六村并入李港乡)和新坝区的张任、缪港、新坝7个乡(镇),划归南通县;南通县2个乡划至如皋县;如东县21个乡(镇)划至如皋县。如皋县增设丁堰、东陈区;撤销新坝、海圩、花园、城南区;城区仍保留区建制,所属镇不作一级政权,改称镇公所;白蒲由区属镇改为县属镇。至10月27日,此次区划调整结束。调整后,全县辖17个区,1个县属镇,9个区属镇,203个乡。

城区人民政府驻地及所辖镇未有变动。

城东区公所仍驻崇善庵,凌南、百岁2乡划归东陈区,辖10乡。

东陈区公所驻东陈镇,辖由如东县原雪岸区划归如皋县的雪洪、东陈、斗争、长胜、合兴乡和从城东区划入的凌南、百风乡,从马塘区划入的大兴、兴刘、汪洋、许陈、福元、建设乡,计13乡。

马塘区公所迁驻南马塘,辖原属的骆臣、刘庄、石杨、复兴乡及从磨头区划入的薛杨、天堡、桃园、陈邵、左郕乡,从车马湖区划入的花园乡,从白蒲区划入的九龙、奚斜乡,计12乡。

丁堰区公所驻丁堰镇,辖由如东县丁堰区划归如皋县的丁堰镇和骏发、冯石、丁北、宗陈、土刘、朝阳乡,由如东县蒲东区划归如皋县的红园、林东乡,从白蒲区划入的林西、顾邵丁乡,从马塘区划入的娄吴、小龙乡,计1镇12乡。

白蒲区公所迁驻白蒲镇,辖原橙曹、顾塘、官杨、佳姚乡和从原新坝区划入的姜北、康庄乡,从南通县刘桥区划归如皋县的勇敢(斗争乡2个村并入)、蒲东乡,从如东县蒲东区划归如皋县的新姚、薛曹、斜港、平桥、平楼、新乡,计14乡。县属白蒲镇由区代管。

平西区公所仍驻钱家园,辖原湾子、桃园、五接、福成、李港、九圩乡,从新坝区划入的颜桥乡,从薛窑区划入的九华乡,计8乡。

薛窑区公所仍驻小马桥,划出九华乡,划入新坝区的何园、云屏、龙舌、姜园乡,计13乡。

车马湖区公所驻下驾原,划出花园乡,划进白蒲区的蔡藕、孙坝乡,计14乡。

江防区公所驻地和所辖乡未有变动。

石庄区公所驻地不变,所辖乡镇不减,另从海圩区划入沈石、钱庄乡,从江安区划入唐家乡,计1镇16乡。

何正区公所仍驻横家埭,划出唐家、陆桥乡,划进原海圩区的胡芝、仁静、沈朗、海圩乡和卢港区的西黄乡,计13乡。

江安区公所驻地不变,所辖乡镇不减,从何正区划入陆桥乡,计13乡。

卢港区公所驻地不变,划出西黄乡,划进城南区的梅甸乡,仍辖13乡。

夏堡区公所驻地不变,所辖乡镇不减,划进花园区的倪港、子厚、何庄、纪庄乡,计13乡。

磨头区公所驻地不变,划出左邬、陈邵、桃园、天堡、薛杨乡,划进海圩区的郝李、高田、陈园乡,城南区的宗岱、石塘、安定、大明乡,计15乡。

城西区公所驻地不变,所辖乡镇不减,划进城南区的解放、纪庄、薛庄、郎庄、陆窑乡,花园区的民实、蒲东、林园、邵庄乡,计18乡。

1956年3月10日,全县行政区划调整,除城区外,16个农村区合并为10个。撤销东陈、马塘、平西、江防、何正、夏堡6区,车马湖区更名下原区,原203个乡合并为108个乡,其中新定乡名5个,沿用原乡名103个。

城东区:原有10个乡,从原东陈区划入6个乡,并将16个乡调整为12个乡。柴湾、复兴、万新、普渡、万富、凌云、刘亮7乡规模不变,宗港乡并入新民乡,大兴乡并入王港乡,雪洪乡并入凌南乡,百岁乡并入东陈乡,王港乡和兴刘乡各一部分并入汪洋乡。

丁堰区:原有12个乡,划出2个乡归白蒲区,从原东陈区划入7个乡,从原马塘区划入4个乡,将21个乡调整为11个乡镇。土刘乡并入朝阳乡,红园乡并入宗陈乡,冯石乡并入丁北乡,合兴乡并入斗争乡,长胜乡并入骏发乡,小龙、娄吴、顾邵丁3乡并为小龙乡和赵明乡,骆臣、刘庄2乡合并为马塘乡,复兴乡并入石杨乡,福元乡并入建设乡,兴刘乡大部和汪洋乡一部分并入许陈乡。丁堰镇规模不变。

白蒲区:原有14个乡,从原马塘区划入1个乡,从丁堰区划入2个乡,并将17个乡调整为9个乡。斜港乡并入林东乡,新乡和平楼乡并入平桥乡,薛曹乡并入新姚乡,蒲东乡并入勇敢乡,康庄乡并入姜北乡,奚斜、顾塘、官杨3乡合并为奚斜乡和官杨乡,林西、橙曹、佳姚3乡合并为林西乡和佳姚乡,县属白蒲镇规模不变,仍由白蒲区代管。

薛窑区:原有13个乡,从原平西区划入8个乡,并将21个乡调整为11个乡。云屏、姜园2乡并入龙舌乡,何园乡并入一甲乡,北园、扒头2乡并入中心乡,新村乡并入营防乡,郭园、郑蔡、薛窑3乡合并为郭园乡和薛窑乡,桃园乡并入九华乡、颜桥乡并入湾子乡,福成乡并入五接乡,李港乡和九圩乡规模不变。

下原区:原有14个乡,从原平西区划入4个乡,并将18个乡调整为9个乡。文庄乡并入下原乡,蔡藕乡并入白李乡,九龙乡并入孙坝乡,洪杨乡并入花园乡,左邬乡并入薛杨乡,朱庄乡并入车马湖乡,朱楼乡并入范湖乡,芸房乡并入长庄乡,马练乡并入大石乡。

石庄区:原有16个乡,划出1个乡归江安区,从原江防区划入6个乡,从原何正区划入2个乡,并将23个乡调整为13个乡。龙谭乡并入张黄乡,永隆乡并入石南乡,三义乡并入新生乡,陈家、空田2乡合并为何正乡,砖桥乡并入石北乡,唐家乡并入楼房乡,铁草乡并入海圩乡,沈石乡并入钱庄乡,何庄乡并入沈天井乡,永福、东平、永新3乡合并为永福乡和永平乡,永建、永胜2乡和石庄镇规模不变。

江安区:原有13个乡,从石庄区划入1个乡,从原何正区划入6个乡,并将20个乡调整为10个乡。朗庙、佘圩2乡和柴圩乡东部并入新建乡,生建乡和柴圩乡西部并入黄市乡,马曹乡南部并入陈堡乡、北部并入燕桥乡,周严乡并入胜利乡,陆桥乡并入鄂埭乡,戈堡乡并入张庄乡,北园乡并入邓白乡,邹蔡乡并入蔡炎乡,西黄乡规模不变。

卢港区:原有13个乡,从原何正区划入2个乡,从原夏堡区划入9个乡,并将24个乡调整为13个乡。袁庄乡并入毕云乡,刘冯乡并入薄湾乡,土山乡并入石根乡,加北乡并入倪健乡,谢李乡并入夏堡乡,肖马乡并入湖林乡,搬南乡并入搬经乡,鞠庄乡并入朱夏乡,芹界乡并入杨庄乡,刘庄乡并入卢庄乡,南洋乡并入高明乡,梅甸和陆桥乡规模不变。

磨头区:原有15个乡,从原何正区划入3个乡,从原马塘区划入3个乡,并将21个乡调整为9个乡。宗岱乡并入大明乡,安定乡并入钱长乡,石塘乡并入塘湾乡,大石、仁静2乡并入胡芝乡,高曹、陈园、大兴3乡合并为仁静乡,郝李、沈朗2乡并入高田乡(1957年1月31日更名高庄乡),章王乡并入磨头乡,陈邵乡并入徐石乡,天堡乡并入桃园乡。

城西区:原有18个乡,从原夏堡区划入4个乡,并将22个乡调整为11个乡。倪港乡并入子厚乡,蒲东乡并入民实乡,范庄乡并入林园乡,太平、周庄2乡并入戴庄乡,陈庄乡并入鹿门乡,庆余乡并入邓园乡,邵庄乡并入阚庄乡,薛庄乡并入郎庄乡,(大)纪庄乡并入解放乡,(北)纪庄乡并入何庄乡,陆窑乡规模不变。

1956年5月16日,如皋县薛窑区的九圩、李港、五接(含原福成乡)3乡划归南通县平潮区。6月3日,如东县景安区的兴隆乡划归如皋县城东区。8月23日,如皋县薛窑区湾子乡(含桃园乡)划归南通县平潮区。9月14日,城西区试行大乡制,将新合并的11个乡再次合并为5个乡。何庄、陆窑2乡和子厚乡南部1个农业生产合作社(简称社),及阚庄乡西部3个社合并为何庄乡;民实乡与子厚乡北部3个社、林园乡西部5个社合并为子厚乡;戴庄乡和林园乡东部1个社、鹿门乡北部5个社合并为戴庄乡;邓园乡和鹿门乡南部2个社、阚庄乡东部4个社合并为邓园乡;解放乡和郎庄乡合并为解放乡。10月10日,经江苏省人民委员会批准,城区改为如城镇。所属7个镇公所同时撤销,建立8个居民委员会。至此,全县辖县属镇、区属镇各两个,农村区10个,乡99个。

1957年10月10日,全县始实行大乡制,整乡合并的76个乡,破乡不破农业生产合作社的23个乡,平均每乡管辖范围约10平方千米。人口在2万人以下的20个乡,2万—2.5万人的23个乡,2.5万人以上的5个乡。全县设10个区、3个县属镇、48个乡、737个农业生产合作社、9347个生产队。石庄镇改为县属镇。12月7日,姜北乡更名勇敢乡。12月21日,国务院批准设置通如县,县政府设于平潮镇,如皋县白蒲、薛窑2区及所属10个乡镇划归通如县。1958年3月,通如县撤销,划至通

1957年如皋县实行大乡制后行政区划一览表

表1-7

区别	乡(镇)名	乡人民委员会所在地	所辖 高级社数	所辖 生产队数	合并前的乡及农业生产合作社名
城东区	新民乡	五里墩	18	238	王港乡 新民乡 普渡乡第一、二、三社
	柴湾乡	柴湾镇	10	170	万新乡 复兴乡 柴湾乡
	刘杨乡	广林庵	19	131	万富乡 刘亮乡第三、四社 凌云乡第二、三、四、六社 普渡乡第四社 东陈乡第七社
	雪岸乡	符杨庄	11	131	兴隆乡 刘亮乡第一、二社 凌云乡第一、五社 凌南乡第一、二、三、五社
	东陈乡	东陈镇	13	155	汪洋乡 东陈乡第一至六社 凌南乡第四、六社
丁堰区	骏发乡	羊 庄	14	183	骏发乡 斗争乡
	丁堰乡	丁堰镇	14	206	丁堰镇 丁北乡 朝阳乡 宗陈乡
	赵明乡	鞠家庄	11	180	赵明乡 小龙乡
	建设乡	宋家桥	13	173	建设乡 许陈乡
	马塘乡	施家庄	11	170	马塘乡 石杨乡

续表 1–7

区别	乡(镇)名	乡人民委员会所在地	所辖		合并前的乡及农业生产合作社名
			高级社数	生产队数	
白蒲区	林梓乡	林梓镇	21	246	林东乡第一至六社 林西乡第一、二、四、六、七、九社 平桥乡第一、二、六、七、八、九、十、十一、十二社
	新姚乡	东姚家园	14	162	新姚乡 平桥乡第三、四、五社 林东乡第七、八、九社
	勇敢乡	冯家庄	18	230	姜北乡 勇敢乡
	姚园乡	西姚家园	21	190	官杨乡 佳姚乡
	奚斜乡	斜　庄	13	152	奚斜乡 林西乡第三、五、八、十、十一、十二、十三社
下原区	花园乡	老沈家庄	14	172	花园乡 薛杨乡第一、二社 孙坝乡第一、三、四、五、六、八、九社
	下原乡	下驾原	22	250	下原乡 白李乡第二至第十二社 孙坝乡第二、七社
	车马湖乡	西车马湖	14	190	车马湖乡 范湖乡第一、二、四、五社 白李乡第一社
	长庄乡	沙家庄	16	209	长庄乡 大石乡 范湖乡第三社
薛窑区	龙舌乡	郑家甸	14	239	龙舌乡 一甲乡第一至四社(即老何园乡)
	九华乡	小马桥	18	217	九华乡第二、三社 一甲乡南部(即老一甲乡) 中心乡北部(即老北园乡扒头乡)
	营防乡	营防港	11	172	营防乡 中心乡南部(即老中心乡) 九华乡第一、四社
	郭园乡	郭家园	24	257	薛窑乡 郭园乡 石庄区新生乡东部(即老三义乡) 下原区范湖乡第六社
石庄区	永平乡	永平街	15	224	永福乡 永建乡 永平乡第二、八社
	二案乡	二案镇	12	187	永胜乡 永平乡第一、三、四、五、六、七社
	石南乡	闸　口	17	200	张黄乡 石南乡 新生乡西部(即老新生乡)
	何正乡	张家杨园	19	206	楼房乡 石北乡 何正乡西部(即老空田乡)
	吴窑乡	吴家窑	20	217	钱庄乡 沈天井乡 何正乡东部(即老陈家乡)
	蔡炎乡	草张庄	13	140	海圩乡 江安区蔡炎乡
江安区	新建乡	葛家市	14	210	新建乡 黄市乡第一社 邓白乡第一、二、三、四社
	黄市乡	黄家埭	21	268	陈堡乡 黄市乡第二至十三社 燕桥乡第一、五、六、九社
	邓白乡	东张庄	21	254	鄂埭乡 张庄乡 邓白乡第五、六社
	胜利乡	东燕庄	19	177	胜利乡 西黄乡 燕桥乡第二、三、四、七、八社
卢港区	毕云乡	叶家庄	11	161	毕云乡 薄湾乡 石根乡第二、三社(即老土山乡)
	高明乡	大蒋家岱	12	172	高明乡 卢庄乡 杨庄乡第二、三社(即老杨庄乡)
	搬经乡	搬经镇	—	—	搬经乡 朱夏乡 杨庄乡第一、四、五社(即老芹界乡)
	夏堡乡	红　窑	—	—	湖林乡 陆桥乡 夏堡乡
	倪健乡	南加力	—	—	倪健乡 梅甸乡 石根乡第一、五社

续表1-7

区别	乡(镇)名	乡人民委员会所在地	所辖		合并前的乡及农业生产合作社名
			高级社数	生产队数	
磨头区	大明乡	太平桥	15	177	大明乡 钱长乡
	磨头乡	桥北村	19	235	磨头乡 仁静乡第一、四、五、六、七社 徐石乡第一、二、五、六、七社
	桃园乡	夏家庄	14	170	桃园乡 徐石乡第三、四、八社 下原区薛杨乡第三、四、五、六、七社(即老左郭乡)
	仁静乡	高家庄	14	203	高庄乡 胡芝乡第一、二社 仁静乡第二、三、九社
	胡芝乡	新 港	12	176	塘湾乡 胡芝乡第三、四社 仁静乡第八社 卢港区石根乡第四社
城西区	何庄乡	八角井	13	220	何庄乡 陆窑乡 子厚乡第四、五社 阚庄乡第二、三、五社
	子厚乡	袁家小桥	12	178	民实乡 子厚乡第一、二、三社 林园乡第二至六社
	戴庄乡	弥 港	15	187	戴庄乡 鹿门乡第一、二、三、六、七社 林园乡第一社
	邓园乡	群 头	15	190	邓园乡 阚庄乡第一、四、六、七社 鹿门乡第四、五社
	解放乡	中何堡	11	160	解放乡 郎庄乡
县属镇	如城镇	如城东大街	—	—	—
	白蒲镇	白蒲大街	—	—	—
	石庄镇	石庄北大街	4	19	—

如县的2区划归如皋县。

1958年7月27日,全县撤销区行政区划,设城东、丁堰、白蒲、薛窑、下原、石庄、江安、卢港、磨头、城西10个片,片设指导组。9月5日,县内开始建立人民公社,实行“政社合一”体制。全县共建人民公社33个,其中城东片5个乡合并建立东风人民公社,城西片5个乡合并建立红旗人民公社,白蒲片5乡1镇合并建立火箭人民公社,永平、二案2乡合并建立先锋人民公社,石庄镇与石南乡合并建立旭日人民公社,下原片4个乡合并建立跃进人民公社,其余以乡、镇建社。以原乡(镇)规模所建的公社中,骏发、赵明、建设、吴窑、搬经乡分别更名光明、东方红、前进、五星、卫星人民公社,其余以原乡名作为人民公社名。10月11日,以如城镇为主,划入红旗人民公社原解放乡的第二、五、六社及东风人民公社原新民乡的第四、五、七、八、九社,建立如城人民公社。12月1日,全县始以片建公社,共建立东风、红旗、白蒲、薛窑、下原、石庄、江防、丁堰、磨头、江安、卢港、如城等12个人民公社,下设工区200个、生产大队1692个。

1959年1月8日,根据“所有人民公社和工区一律以地名命名”的规定,东风人民公社更名城东人民公社,红旗人民公社更名城西人民公社。2月,撤销大公社,全县以成立人民公社前乡(镇)为单位分设47个人民公社,并以原乡镇名为各人民公社名称。6月1日,10个片指导组恢复。8月6日,白蒲人民公社划分为白蒲、姚园人民公社,如城人民公社10个农村大队,除留六大队和一大队大部分(原新民乡七社)作为蔬菜地,其余分别划归新民和城西人民公社。

1960年9月,全县10个片合并为城东丁堰片、白蒲下原片、石庄薛窑片、江安卢港片、城西磨头片。1961年8月31日,区建制恢复,全县改设9个区,撤销原下原区,将下原、车马湖人民公社划归薛窑区,花园人民公社划归白蒲区,长庄人民公社划归磨头区。

1963年3月5日，如城、白蒲、石庄3镇恢复县属镇建制，分别设镇人民委员会。3月7日，江防人民公社划分为江防、二案人民公社，城西人民公社划分为城西、邓园人民公社。5月6日，石庄人民公社因与石庄镇同名，更名石北人民公社。至1964年9月，全县辖9个区、48个人民公社、3个县属镇、875个大队、19个居民委员会、8746个生产队。

1964年9月如皋县行政区划一览表

表1–8

区别	公社（镇）名	公社（镇）驻地	生产大队数	生产队数	居委会数	区别	公社（镇）名	公社（镇）驻地	生产大队数	生产队数	居委会数
城东区	新民	北辰庵	24	235	0	石庄区	吴窑	吴家窑	19	190	0
	柴湾	柴湾	20	178	0		蔡炎	草张庄	16	140	0
	刘杨	广林庵	13	144	0	江安区	新建	葛家市	20	185	0
	雪岸	符杨庄	15	122	0		黄市	黄家埭	22	194	0
	东陈	东陈	19	180	0		邓白	张庄	18	166	0
丁堰区	骏发	杨庄	18	178	0		胜利	东燕庄	21	153	0
	丁堰	丁堰	20	204	0	卢港区	毕云	申家网	19	162	0
	赵明	鞠家庄	12	160	0		高明	大蒋家岱	18	185	0
	建设	宋家桥	16	168	0		搬经	搬经	18	175	0
	马塘	施家庄	21	202	0		夏堡	桥子阙	25	212	0
白蒲区	林梓	林梓	23	226	0		倪健	南加力	21	203	0
	新姚	东姚园	16	196	0	磨头区	大明	太平桥	16	149	0
	勇敢	冯家庄	19	227	0		磨头	磨头	21	186	0
	姚园	姚一大队	21	203	0		桃园	夏家庄	16	153	0
	奚斜	大圣庙	17	179	0		长庄	前沙小庄	19	209	0
	花园	沈家庄	18	189	0		仁静	高家庄	17	162	0
薛窑区	下原	蔡家庄	22	254	0		胡芝	新港	20	200	0
	车马湖	西车马湖	14	161	0	城西区	何庄	八角井	17	179	0
	龙舌	郑家甸	16	213	0		子厚	袁家小桥	17	189	0
	九华	小马桥	17	193	0		戴庄	张庵	17	170	0
	营防	营防港	16	136	0		邓园	群头	19	186	0
	郭园	郭家园	21	211	0		城西	中何堡	12	137	0
石庄区	江防	永平	15	163	0	县属镇	如城	跃进路	4	31	16
	二案	二案	14	152	0		白蒲	白蒲	1	8	3
	石南	闸口	15	166	0		石庄	石庄	2	20	0
	石北	张家杨园	21	198	0						

1965年9月8日，刘杨、骏发、赵明、姚园、二案、蔡炎、邓白、毕云、倪健、仁静、胡芝人民公社，分别更名为南凌、丁北、丁西、蒲西、长江、高井、江安、常青、加力、场南、场北人民公社。9月16日，长青沙新围垦的长青大队和知青大队划归长江人民公社管辖。11月10日，搬经人民公社更名伴今人民公社。12月2日，卢港区更名伴今区。

1974年4月14日，长青沙办事处成立，辖新围垦的6个大队和长江人民公社划交的长青、知青2个大队。1975年6月2日，丁堰镇被增设为县属镇。11月6日，长青沙办事处改建为长青沙人民公社。

1981年5月4日至10月26日，全县实施政社分设，仍行乡（镇）、村制。同时成立人民公社经济联合委员会。1984年5月24日，县政府公布全县各村标准名称。1986年3月22日，各人民公社经济联合委员会撤销。5月1日，东陈、林梓、长江、搬经、磨头5乡撤乡建镇。1987年1月20日，9个区建制撤销，改设巡视组。全县行政区划为9个镇、44个乡，设4个街道、26个居委会、892个村。1989年12月1日，9个区建制恢复，各区设工作委员会。1990年1月，袁桥乡撤乡建镇。全县辖9个区、10个镇、43个乡，设4个街道、26个居委会、892个村。

1990年如皋县行政区划一览表

表1-9

区名	乡(镇)名	所辖街道、村(居)数	所辖街道、村(居)名称
县属镇	如城镇	街道4	迎春 锦绣 丰乐 大治
		居委会21	孔庙 钱桥 迎春 新生 东皋新村 凤凰 花园 陆桥 蒲行 西皋新村 闸桥 益民 长巷 秀水港 健康东村 健康西村 大治 泰山 普济 庆余 皋北新村
		村2	宏坝 西郊
	白蒲镇	居委会2	勇敢 跃进
		村9	蒲郊 蒲东 蒲南 文峰 姚园 蒲西 蒲北 街东 松杨
	石庄镇	居委会2	南街 北街
		村3	竹岭 凤鸣 西园
	丁堰镇	居委会2	三河 三桥
		村3	凤山 茄儿园 万方
城东区	东陈镇	村19	沿北 中心 范桥 蒋宗 钱凌 杭桥 大河 吴池 夏池 汤家湾 丁港 顾坊 杨枝 南东陈 东陈 百岁桥 韩港 东群 西群
	新民乡	村25	仙鹤 大殷 十里庙 新民 挺进 凌中 东港 方庄 花庄 三里塔 张八里 串港 五里墩 钱桥 余庄 城北 宗港 野马口 凌青 新生 三里庙 宝塔 新王庄 十里铺 城东
	柴湾乡	村19	西塌港 万新 七里 高庄 洪庄 郝庄 新农 茶安 净土 陶庄 施家庄 洪楼 双池 太安 胡港 熊港 西钱庄 邦瑾 柴湾
	南凌乡	村12	周庵 范家庄 古鱼 潘庄 何家庄 南凌 参圩 凌云 万竹 民范 石桥口 港东
	雪岸乡	村15	雪岸 洪桥 徐庄 凌环 徐楼 角池 东皋 马庄 董田 何角 田庄 周苏 宗何 刘亮 季庄

续表1–9

区名	乡(镇)名	所辖街道、村(居)数	所辖街道、村(居)名称
丁堰区	丁堰乡	村20	郁庄 刘海 德武 丁红 桑庄 陈庄 刘铺 佘港 朱桥 殷桥 北沙 长港 丁石 香庄 双码 花果 中田 万石 冯圩 夏圩
	丁北乡	村16	南庄 利学港 北庄 陈渡 大池 丁羊 蔡庄 安乐 庄园 双凌 三池 徐家湾 石村 蒲岸 陶池 冯堡
	丁西乡	村12	邵家庄 大顾 娄庄 丁窑 观柳 下洋 高场 皋南 陈草 纪港 蜻蜓 许埭
	建设乡	村16	新娄 三官 汪港 沿河 冒长庄 板港 苏庄 宋家桥 建设 王庄 平明 龙湖 佘家庄 新庄 斜垟 老南
	马塘乡	村20	陆庄 炉杨 草张 老池 明庄 鹊桥 前潮 许曹 施庄 刘窑 肖庄 马塘 刘坝 段庄 郭厦 庄米 后郭 杨花桥 顾陶 宋庄
白蒲区	林梓镇	居委会1	林梓
		村22	田港 林马 林西 南港 文东 五里 三桥 林南 林东 林北 沈腰 三港 合兴 秦桥 幸福 蒋殿 新园 平刘 陈楼 桥口 筛庄 金庄
	新姚乡	村13	双高桥 五码 鹤颈 钱园 叶桥 黄行 杨园 湾楼 珍珠桥 曹家桥 顾井 圩东 朱家桥
	勇敢乡	村16	长池 马池 方池 六里 朱窑 魏桥 五十里 建国 姜北 陶庙 邹店 康庄 邓桥 太平桥 腰庄 鳝鱼坝
	蒲西乡	村18	姚一 姜桥 前进 黄庄 曹港 王家坝 王园 邓杨 和平 唐堡 向阳 东老坝 石坝 沈桥 晨光 马家桥 汶池 杨家园
	奚斜乡	村17	奚庄 新陆 张赵 大圣 杨池 宗庄 斜庄 南陆 顾岱 曹堡 冯桥 文著 陈岱 东堡 高庵 月旦 长园
	花园乡	村18	薛杨 杏杨 苏桥 花桥 花园头 吕申 野树 王空田 洪庄桥 冒兴 陈槽 新周 老坝 孙桥 仙仁 申池 沈杨 九条巷
薛窑区	营防乡	村16	营防 营南 营西 一号 长江 六号 兴国 丝渔 宋夹 耿扇 税房 二圩 黄港 五星 四圩 漕粮
	九华乡	村16	马桥 如海 白李 赵园 于坝 洋港 一甲 二甲 小庄 郭李 王高岸 何王 九华 曹埭 冯庄 祁庄
	郭园乡	村21	薛窑 周窑 朱埠 郑庄 大蔡 刘园 前河 沙王 顾杨 沙庄 陈市 石圩 三义 三圩 老圩 刘圩 焦杨 周圩 镇西 郭园 湾桥
	下原乡	村22	西原 张庄 文南 龙潭 桃柳 新邹 刘徐 九庄 荷池 新村 高桥 王村 下原 进胜 古元 盛华 花荡 蔡荡 李桥 益民 陈桥 白雁
	车马湖乡	村14	车马湖 谢庄 朱楼 范田 潘桥 刘家庄 范湖 大王 薛田 范州 斜桥 顾家庄 必胜 小桥
	龙舌乡	村16	蒋桥 龙舌 薛庄 平坝 杨码 高原 郭洋 夹坝 合力 顾园 郑甸 小马桥 姜园 薛坝 瓦车篷 云屏

续表1-9

区名	乡(镇)名	所辖街道、村(居)数	所辖街道、村(居)名称
石庄区	长江镇	村16	永安 头案 带子沙 俞案 蒲港 复兴沙 利生 永丰 二案 四案 海坝 东平 五案 二百亩 江边 中心沙
	张黄港乡	村15	冒圩 石南 洪港 闸口 永隆 尖口 永兴 张黄港 季圩桥 凤龙 东头圩 沙家庄 杨家庄 沈圩 新生港
	江防乡	村17	永平 鱼池 平西 平东 平南 闸南 永平闸 久隆 永建 五零 群力 镇龙 平北 永福 三洞口 福成 永北
	石北乡	村20	张杨园 砖桥 鹅玩 高二桥 焦庄 赵庄 印岱 唐埠 明岱 小堤 朱堡 楼房 思江 空田 何正 复兴庄 袁岱 蛇田 三八 石北
	吴窑乡	村19	吴窑 沈家桥 沈石 黄桥 沈王 钱庄 徐刘 陈家 蔡桥 高坝 柳闸 沈甸 小沈甸 沈天 沙施 三元 何李 刘缪 大缪
	高井乡	村17	高楼 庙庄 狄庄 海圩 林港 铁篱笆 草张庄 金凤 蒋堡 蔡堡 邹岱 许家岱 何狄 八国 杨岱 大腰 三河
	长青沙乡	村8	知青 北围 东围 南围 长青 临江 西围 渡口
磨头区	磨头镇	村23	磨北 天阳 吴曹 丁郭 东冒 西冒 肖石 范荡 曹田 董堡 高屋 邓庄 星一 严堡 大狄 小狄 八角 赵港 星光 磨南 小磨 宋渡 王户
	长庄乡	村19	丁沙 沙秦 四房 七台 沈小庄 河湾 马平 平田 沈刘 小马 何港 大石 小石 菊栏 长阳 长庄 长西 凤毛 老庄
	场南乡	村16	高田 老户 张窑 朗窑 顾庵 沈庄 殳庄 大高 李庄 韩渡 许沈 大兴 高马 仁静 徐马 果园
	场北乡	村18	场西庄 钱岱 陈家园 石家庄 谢家庄 许黄 刘家岱 蒋庄 田堡 塘湾 佘马 石塘 双窑 西鞠 新港 马冯 长甸 大洋
	桃园乡	村16	焦岱 斜圩 万元桥 天堡 大蒋堡 三官殿 王林 桃园 夏庄 范杨 陈官 申庄 桃葛庄 新徐 左庄 邬庄
	大明乡	村16	西长庄 东长庄 贺坝 西下洋 东下洋 北李 胡庄 王巷 大明 大鏐 孙庄 茶庵头 范庄 邓里 张仙 邱岱
江安区	葛市乡	村19	葛市 徐南 葛村 徐海 前环庄 贲庄 北园 头圩 朗庙 新建 五号 二号 四号 佘圩 杨三圩 百新 挂圩 四口圩 周庄
	黄市乡	村23	黄埭 周黄 生建 徐圩 黄圩 柴圩 黄市 三联 严黄 胜利 合作 仲埭 瞿埭 陈堡 严巷 河北 杜埭 跃进 联络 马曹 马堡 张埭 红旗
	江安乡	村21	东庄 北小庄 周庄头 老埠 小群 西庄 黄家庄 徐甸 戈堡 尤行 池岸 环庄 团结 九甲 六甲 申埭 大贲 鄂埭 祝家庄 徐杨园 朝阳
	胜利乡	村21	东燕 刘堡 苍燕 贲巷 九龙口 陈园 水洞 堰里 周严 朝西 章严 孙严 河塔 墉岸 小黄 大黄 唐楼 西燕 石岱 石桥头 小燕

续表1–9

区名	乡(镇)名	所辖街道、村(居)数	所辖街道、村(居)名称
搬经区	搬经镇	村18	搬经 搬东 搬北 朱庄 丁桥 搬南 鲍塔 严桥 群岸 鞠庄 王岱 夏岱 冒桥 芹湖 新芹 界沟 张芹 搬港
	夏堡乡	村25	林上 如海桥 肖马 任庄 增产 红窑 东湖 周垛 金桥 孔窑 鞠厦 卢桥 西桥 龙港 桥港 桥梓 横港 郭庄 沙滩 夏堡 轮窑 湖林 刘桥 夏桥 鞠桥
	高明乡	村19	晓曙 小西 白池 高明 翻身 复兴 南洋 晏岱 姚岱 鲍庄 大杨庄 小杨 蒋岱 刘岱 卢庄 卢西 冯岱 东刘 北塘岸
	常青乡	村19	河南 横埭 西横 吴庄 井耳 申犅 圩岸 袁庄 李洋 叶庄 顾全 薄湾 冯东 张楼 王陈 草荡 董庄 土山 西窑
	加力乡	村22	加力 河岸 加马 倪桥 倪空 焦港 冯港 丁许 西王 丁庄 谢空 南王 汤庄 万富 程家庄 梅甸 东王 孙岱 谢甸 加北 冷庄 长甸河
城西区	袁桥镇	村17	民实 鸭港 黄蒲 宗园 兴桥 许龙 高荡 袁桥 磨桥 花园 洪庙 野林 倪厦 狮垛 双桥 朱厦 流芳
	戴庄乡	村17	北杨祠 宗池 杨桥 藕池 戴庄 韩桥 王港 阔东河 太平井 徐桥 弯龙 龙池 沥潮 八里 竹园 天元 樟桥
	何庄乡	村17	顾巷 新纪庄 塌港 瓦屋头 焦刘 野马 范岔 十里墩 阮庄 杨力 东陆庄 篙箕 朱盘 八角井 何庄 斜港 东夏堡
	邓园乡	村19	东风 庆余 庆丰 太平庄 蔡家庄 鹿门 洪家庄 三庄 马窑 王桥 陆桥 邓园 侯庄 张家庄 宗桥 阚庄 孔桥 邵庄 葛庄
	城西乡	村12	石桥 解放 顾庄 纪庄 城南 许庄 吉庄 鹤庄 红星 何堡 郎庄 十里
	县棉花原种场	村1	场东村

二、如皋市行政区划

1991年6月1日，如皋正式撤县设市，全市设9个区、10个镇（其中如城镇设4个街道）、43个乡、26个居委会、892个村。1995年3月，蒲西乡并入白蒲镇，丁西乡并入丁堰镇，张黄港乡并入石庄镇，全市由53个乡镇调整为50个。

图1–9 2000年4月，全市乡镇行政区划调整大会在工人影剧院召开

2000年4月22日，全市乡镇行政区划调整。新民、城西、邓园3乡并入如城镇，新姚、勇敢2乡并入白蒲镇，丁堰乡并入丁堰镇，丁北乡并入东陈镇，石北乡并入石庄镇，奚斜乡并入林梓镇，江防乡并入长江镇，长庄乡并入吴窑镇，花园乡并入下原镇，车马湖乡并入郭园镇，场南乡并入磨头镇，葛市乡并入江安镇，加力乡并入搬经镇，何庄乡并入袁桥镇，常青、高井乡合并为常青镇，九华、龙舌、营防3乡合并为九华镇，柴湾、戴庄2乡合并为柴湾镇，雪岸、南凌2乡合并为雪岸镇，桃园、马塘2乡合并为桃园镇，高明、胜利2乡合并为高明镇，全市由53个乡镇，调整为26个乡镇。

2001年3月20—30日，全市实施行政村（居）调整，原890个村（居）调整为304个村、49个居委会。9—10月，长青沙乡并入长江镇，场北乡并入磨头镇，大明、建设2乡合并建立皋南镇，撤销黄市乡建立黄市镇，撤销夏堡乡设立夏堡镇。全市由26个乡镇调整为23个镇。

2005年1月17日，皋南镇并入如城镇，黄市镇并入江安镇，夏堡镇并入搬经镇。全市由23个镇调整为20个镇。

2005年如皋市行政区划一览表

表1-10

镇名	所辖街道、社区、村数			所辖街道、居委会、村名称
	街道	社区	村	
如城镇	4	20	33	街 道：迎春 大治 丰乐 锦绣 社 区：安居 迎新 孔庙 宏坝 仙鹤 安定 花园 普济 城北 庆余 蒲行 陆桥 红星 西郊 许庄 东风 长巷 秀水 益民 城南 村：张八里 大殷 城东 新民 凌青 方庄 新生 新王庄 鹿门 邓园 陆桥 阚庄 城西 邵庄 十里 纪庄 顾庄 太平 新官 沿河 长港 宋家桥 建设 平明 新庄 老南 钱长 贺洋 龙游河 安定 大明 宗岱 光华
白蒲镇	0	3	16	社区：光明 跃进 勇敢 村：黄行 姚家园 钱园 朱家桥 松杨 蒲东 朱窑 康庄 蒲西 姜北 文峰 杨家园 沈桥 塘堡 邓杨 前进
丁堰镇	0	3	11	社区：茄儿园 三桥 三河 村：红桥 朝阳 刘海 堰南 新堰 夏圩 凤山 赵明 鞠庄 高洋 皋南
石庄镇	0	3	15	社区：石庄 张黄港 永兴 村：石北 何正 张杨园 思江 楼房 唐埠 砖桥 凤鸣 石南 洪港 闸口 凤龙 杨庄 新生港 场东
长江镇	0	2	15	社区：二案 永平 村：头案 蒲港 永丰 中心沙 二百亩 海坝 永平闸 平南 三洞口 永富 五零 永建 镇龙 知青 长青
柴湾镇	0	1	12	社区：柴湾 村：里庄 万新 镇南 双龙 天河桥 桥港 戴庄 平园池 杨宗 志勇 双楼庄 复兴
雪岸镇	0	2	7	社区：雪岸 南凌 村：雪东 雪洪 刘亮 刘杨 万鱼 万福 凌云
东陈镇	0	2	13	社区：洪桥 杨庄 村：南庄 北庄 冯堡 尚书 石池 徐湾 范桥 蒋宗 杭桥 山河 汤湾 南东陈 双群
林梓镇	0	1	9	社区：林梓 村：新陆 斜庄 顾岱 文著 月旦 沈腰 合兴 蒋殿 桥口
下原镇	0	2	13	社区：下原 沈阳 村：曙光 花园头 野树 文庄 老坝 桃园 陈桥 邹庄 蔡荡 张庄 腰庄 藕池 白李

续表1–10

镇名	所辖街道、社区、村数			所辖街道、居委会、村名称
	街道	社区	村	
九华镇	0	1	19	社区:九华 村:郭李 二甲 洋港 赵园 马桥 龙舌 杨码 郭洋 郑甸 小马桥 姜园 云屏 长江 丝渔 耿扇 营西 营防 四圩 如海
郭园镇	0	1	13	社区:郭园 村:谢楼 范刘 杨洲 田桥 刘胜 潘湖 田王 义圩 顾桥 富圩 郭南 陈窑 蔡埠庄
吴窑镇	0	1	16	社区:吴窑 村:黄石 沈徐 钱庄 陈家 何柳 沈甸 三元 大石 立新 小马 龙河 平田 四房 长西 长庄 老庄
磨头镇	0	1	20	社区:磨头 村:丁冒 天阳 星港 新徐 严狄 兴伟 高李 顾沈 朗张 高庄 老户 董堡 曹石 邓高 场西 场东 十字桥 新联 塘湾 新港
桃园镇	0	0	12	村:明池 育华 肖陆 新华 马塘 杨花桥 桃北 天堡 桃林 夏庄 申徐 左郭
江安镇	0	2	23	社区:镇中 宁通 村:郎庙 新建 百新 佘圩 葛市 北园 徐葛 周群 徐黄 戈堡 环池 六团 申九 鄂埭 徐柴 黄建 黄市 中心 联络 曹杜 陈严 合作 马堡
高明镇	0	2	10	社区:中心 胜利 村:陈庄 周庄 西庄 黄庄 章庄 晓庄 高明 刘庄 鲍庄 卢庄
常青镇	0	1	12	社区:叶庄 村:海圩 铁篱 草张庄 邹蔡 横埭 申辋 袁庄 万全 刘冯 董王 土山 蔡炎
搬经镇	0	1	21	社区:搬经 村:加马 焦港 丁许 万富 梅甸 谢甸 加力 搬东 严鲍 朱夏 群岸 芹界 鞠桥 夏堡 任庄 湖刘 林上 肖马 兴夏 龙桥 港桥
袁桥镇	0	0	14	村:陆姚 何庄 十里墩 纪庄 八角井 顾巷 复兴庄 狮垛 朱厦 民实 野林 花园桥 袁桥 蒲东
如皋经济开发区	0	3	5	社区:普济 庆余 东风 村:邓园 太平 新生 鹿门 新王庄

2008年1月,长江镇与如皋港区整合,称“长江镇(如皋港区)”。2009年1月,江苏省如皋经济开发区与柴湾镇整合,称“江苏省如皋经济开发区(柴湾镇)”。2010年8月25日,江苏省政府宣布如皋市长江镇为“全省十大强镇扩权试点镇”之一,享受副县级。12月27日,江苏省如皋软件园与桃园镇整合,称“江苏省如皋软件园(桃园镇)”。年末,全市辖20个镇(区),下设社区181个(其中城镇社区16个),行政村166个。

2010年如皋市行政区划一览表

表1-11

镇、区、园	所辖街道、社区、村、场圃数				所辖街道、社区、村、场圃名
	街道	社区	村	场圃	
江苏省如皋经济开发区(柴湾镇)	0	13	9	0	社区:东风 鹿门 邓园 新王庄 新生 城北 太平 柴湾 镇南 杨宗 双龙 庆余 普济 村:里庄 复兴 双楼庄 万新 志勇 戴庄 平园池 天河桥 桥港
长江镇(如皋港区)	0	19		4	社区:头案 场东 蒲港 永丰 二案 中心沙 二百亩 长青 知青 海坝 永平闸 平南 长江 永平 三洞口 永福 永建 五零 镇龙 场圃:蚕种场 良种场 棉花种场 水养殖场
江苏省如皋软件园(桃园镇)	0	10	7	0	社区:平民 建设 宋家桥 张八里 新庄 新华 马塘 天堡 桃林 夏庄 村:杨花桥 明池 育华 肖陆 桃北 申徐 左邬
如城镇	4	23	14	0	街道:迎春 大治 丰乐 锦绣 社区:大殷 新民 十里 纪庄 顾庄 贺洋 大明 凌青 花园 浦行 长巷 秀水 孔庙 迎新 城东 城西 红星 西郊 许庄 城南 仙鹤 宏坝 村:方庄 凌庄 陆桥 阚庄 邵庄 新官 沿河 长港 老南 钱长 龙游河 安定 宗岱 光华
雪岸镇	0	5	3	0	社区:雪东 雪岸 凌云 南凌 万富 村:雪洪 刘亮 刘扬
东陈镇	0	7	8	0	社区:洪桥 杨庄 冯堡 徐湾 山河 南东陈 双群 村:南庄 北庄 尚书 石池 范桥 蒋宗 杭桥 汤湾
丁堰镇	0	8	5	0	社区:堰南 新堰 凤山 皋南 鞠庄 村:红桥 朝阳 刘海 夏圩 赵明
林梓镇	0	5	5	0	社区:林梓 斜庄 文著 月旦 蒋殿 村:新陆 顾岱 沈腰 合兴 桥口
白蒲镇	0	9	10	0	社区:钱园 松杨 蒲东 蒲西 前进 文峰 村:黄行 姚家园 朱家桥 朱窑 姜北 康庄 杨家园 沈桥 唐堡 邓杨
下原镇	0	8	7	0	社区:沈阳 下原 邹庄 野树 文庄 白李 腰庄 桃园 村:曙光 花园头 老坝 张庄 陈桥 蔡荡 藕池
九华镇	0	5	14	0	社区:九华 郭李 郑甸 营防 四圩 村:二甲 洋港 赵园 马桥 如海 龙舌 杨码 郭洋 小马桥 姜园 云屏 丝渔 耿扇 营西
郭园镇	0	8	6	0	社区:顾桥 车马湖 范刘 杨洲 田桥 郭园 义圩 薛窑 村:田王 谢楼 刘胜 富圩 郭南 蔡埠庄

续表1-11

镇、区、园	所辖街道、社区、村、场圃数				所辖街道、社区、村、场圃名
	街道	社区	村	场圃	
石庄镇	0	9	7	0	社区：永兴 张黄港 石北 张杨园 砖桥 石庄 石南 闸口 新生港 村：何正 思江 楼房 唐埠 洪港 凤龙 杨庄
吴窑镇	0	8	9	0	社区：吴窑 黄石 钱庄 立新 小马 三元 大石 四房 村：沈徐 陈家 何柳 沈甸 龙河 平田 长庄 长西 老庄
江安镇	0	10	15	0	社区：环池 宁通 徐葛 黄市 中心 周群 镇中 徐黄 戈堡 联络 村：郎庙 新建 佘圩 北元 六团 申九 鄂埭 百新 葛市 徐柴 黄建 陈严 合作 曹杜 马堡
高明镇	0	6	6	0	社区：中心 胜利 周庄 章庄 高明庄 鲍庄 村：陈庄 徐庄 西庄 黄庄 刘庄 卢庄
常青镇	0	6	6	0	社区：铁篙 草张庄 横埭 袁庄 叶庄 董王 村：海圩 邹蔡 蔡炎 万全 刘冯 土山
搬经镇	0	11	11	0	社区：搬经 加马 谢甸 加力 搬东 严鲍 朱夏 群岸 鞠桥 湖刘 兴夏 村：焦港 丁许 万富 梅甸 芹界 夏堡 任庄 林上 肖马 龙桥 港桥
磨头镇	0	5	16	0	社区：磨头 天阳 高庄 邓高 新联 村：丁冒 星港 新徐 严狄 兴韩 高李 顾沈 郎张 老户 董堡 曹石 场西 场东 塘湾 新港 土字桥
袁桥镇	0	6	8	0	社区：陆姚 何庄 袁桥 十里墩 花园桥 浦东 村：纪港 八角井 顾巷 复兴庄 狮垛 朱厦 民实 野林

附录：

如东县蒲东区、丁堰区、雪岸区行政区划

蒲东区：民国37年(1948年)7月，由汤园区划建，隶属苏皖边区第九行政区通如行政公署，辖白蒲镇和延贵、国强、新庵、斜港、薛曹、新姚、平桥、平楼、林东、红园1镇10乡。民国38年1月25日，通如行政公署撤销，划归如东县管辖，区政府驻白蒲镇。1951年，增设新乡，辖1镇11乡。1954年9月18日，蒲东区撤销，所辖延贵、国强、新庵3乡划归如东县汤园区，其余1镇8乡划归如皋县白蒲、丁堰2区。

丁堰区：民国38年2月10日，由如东县城东区划建，区政府驻丁堰镇，辖丁堰、东陈镇和土刘、宗陈、朝阳、丁北、骏发、冯石、花石、毅夫、先民、兴隆、斗争、合兴、长胜、雪洪2镇14乡。1952年8月22日，东陈镇和先民、兴隆、斗争、合兴、长胜、雪洪乡划归雪岸区，从双甸区划入沿港乡，辖1镇9乡。1954年9月18日，花石、沿港乡划归如东县双甸区，毅夫乡划归如东县景安区，其余1镇6乡划归如皋县丁堰区。

雪岸区：1952年8月22日，由如东县丁堰区东陈镇和先民、兴隆、斗争、合兴、长胜、雪洪乡及景安区万灵、陈庄、幸福乡组建，计1镇9乡，区公所驻薛家庵。1954年9月18日，雪岸区撤销，所属万灵、陈庄、幸福、兴隆、先民乡划归如东县景安区，其余1镇4乡划归如皋县东陈区。

第三章 自然环境

第一节 成陆

一、首次成陆

约6000年前，长江北岸古沙嘴开始形成，最先形成的是扬泰古沙嘴。沙嘴上分布着一列列东北、西南走向的条状沙脊，沙脊间有洼地，如皋成陆于扬泰沙嘴最东一列沙脊上。

扬泰古沙嘴形成以后，其东南部外缘初期发育缓慢。至春秋时，延伸至今车马湖一带。至三国时，域内东南的江海滩延至距如皋城30千米外。清光绪《直隶通州志·山川·如皋县》载：“吴大司马吕岱墓在县东南六十里高阳荡。”

东晋太元七年（382年），春秋时开始发育而成的古扶海洲（今属如东县）涨接扬泰岗地。至此，现如皋市大部分地区成陆。

赤岸 如皋成陆的扬泰古沙嘴最东一列沙脊，“因其土高色赤”被称为“赤岸”。赤岸地势较高，表面粒径较大的沙质土，被称为“高沙土”。

赤岸起自时东南沿海边缘的李堡，斜向西南经今如城至江安一线上，含今如皋市内柴湾、雪岸、东陈、如城、袁桥、搬经、江安、磨头镇和桃园镇的原马塘乡，高明镇的原胜利乡，常青镇的原高井乡，郭园镇的原车马湖乡及下原、吴窑镇部分地区。清康熙《扬州府志·山川·山·如皋县》载：“赤岸，在县东北跨南延区六十里，脉接蜀冈、土高色赤故名。浦岸，去县北五十里，东西延区五十里，乡人谓古海岸，土高产艾，相传孙真人遗种。”

蟠溪 今如城东十里铺至汤家湾一带，秦汉时期为滨海之地。清乾隆《如皋县志·河渠》载：

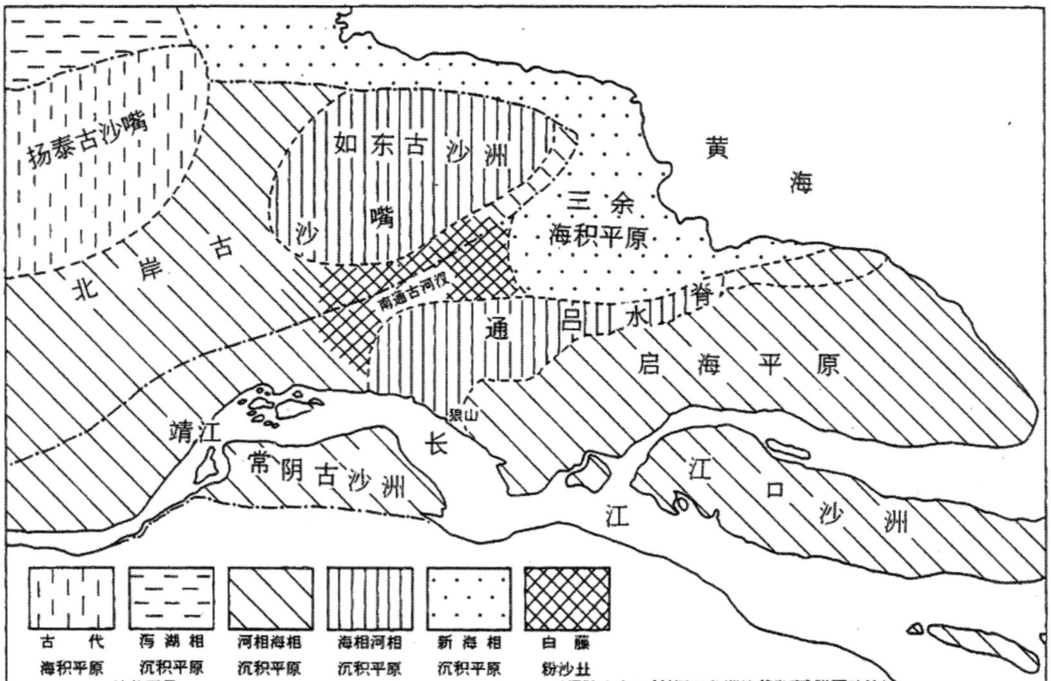

图1-10 如皋及其附近地貌分区和成因类型图

"城濠河东十里迳汤家湾邗沟铺,吕克孝志云:相传吴楚会于邗沟,即蟠溪地也。"清乾隆《直隶通州志·山川志·河渠·如皋县》:"蟠溪即古邗沟,在赤岸乡,西接运盐河,东入海。按溪滩宽衍,中多洲渚,弯曲如龙蟠故名。"

长洲泽·扶海洲 如皋赤岸东侧,为沙嘴延伸的江海滩地,古称长洲泽,约在今如皋市雪岸、东陈、丁堰。再东为古扶海洲,原在长江出海口处,今大部分为如东县地。《后汉书·郡国志·广陵郡》载:"东阳故属临淮,有长洲泽,吴王濞太仓在此,县多麋,博物记曰:千百为群,掘食草根,其处成泥,名麋畯,民人随此种稻,不耕而获,其收百倍。又扶海洲上有草名节,其实食之如大麦,从七月稔熟民敛获,至冬乃讫,名曰自然穀,或曰禹馀粮。"

扶海洲在西周时已有雏形,形成隐沙。春秋战国时成大块沙洲。扶海洲与陆地之间有今东陈斜向东北至石港、掘港的一条夹江,其东南夹江口滩地(今丁堰、石甸地区)三国时已能步行,东晋安帝时夹江一线开始接陆,明清《如皋县志》均称夹江为小芹河。扶海洲今东陈至海安沿口段于东晋太元七年(382年)淤浅接陆。《中国历史地图册》第四册21—22南朝齐、扬、南、徐诸州图所标今如东地区大多已为陆地。

二、二次成陆

约北周至隋开皇初年,如皋、蒲涛、临江3县被海水湮没或侵蚀,3县均废。清《白蒲镇志》载:"白蒲镇,一曰蒲塘,古蒲涛县地也,立于东晋,历宋、齐、梁、陈四朝,废于隋,既废以后,城池湮没,形势改移,渐至海运东荡,江齿西隅,巨浪激冲,几成泽国……唐宋时所建古刹,俱西嚮,为镇压洪涛而设。"《方舆纪要》载:"蒲涛县,北周省。临江县,北周省入宁海。"《隋书·地理志》:"宁海,开皇初,并如皋县入。"

《读史方舆纪要·泰州》载:"或曰秦汉东阳县,在州东百里有长洲泽,又东有扶海洲,今湮。"

由于被湮区域没入水下不深,不久又逐渐淤高重新成陆。隋开皇十九年(599年),今如城地区淤高3米左右,已经再次成陆。《高僧传》载:隋开皇十九年,晋王杨广在扬州请高僧,设僧会,授善萨戒道。高僧智顗经如皋,诛茅建寺,寺名定慧,并建有十级宝塔。

隋朝末年,蟠溪地区亦已经再次成陆。古邗沟(后称运盐河)从扬州湾头至县治北门,沿古旧河巷至灵威观折而向东,抵蟠溪。

唐朝末年(904—907年),南通古河汉淤积成陆。南通古河汉,位于长江北岸古沙咀和通吕水脊之间,西起石庄左右,经白蒲、石港而抵三余海积平原,大致沿今南通市通州区与如皋市分界线,南北最宽处30—40千米,是一条低洼地带。当通吕水脊还是沙洲时,此处为长江近北岸的一条夹江,其南缘大致在今平潮、新坝以西,刘桥以北,向东到金沙、余西的一线上,其北缘大致在今石庄经白蒲至掘港一线上。

夹江西部首先淤积封闭,使如皋南境和通州西境的长江河漫滩,不断向前伸展,经过五代十国约60年时间的淤积,至宋建隆元年(960年),长江

图1-11 1973年7月,如皋县蒲西公社出土的唐船

北岸与孤山、摩诃山相连。《太平寰宇记》载:"宋初,如皋南境在摩诃山南。"

明永乐初年(1403年)起,如皋南境大量坍塌,摩诃山和古石庄没入江中。明末清初,长江如皋段江中沙滩不断增多,并连接形成成片滩地。民国3年(1914年),江心孤岛"二百亩"西北出现成片沙洲。民国24年,永安、东平、永平3个沙洲连成一片,统称"永安沙"。民国31年,又来沙(含新生滩、立新滩、前进滩)涨出。民国35年4月,永安沙与长江北岸涨连。此后,又形成洪北沙、跃进沙等,是为如皋最晚成陆地区。

附录:

如皋地理成因

如皋与南通、海安等所在区域,远古时属江南

古陆。据地理学者研究，古代长江地段，其范围大致是北起新通扬运河和东串场河，南抵杭州湾，西以10米等高线与江苏省西南低山丘陵为界，东止海滨。大地构造古老，其主体属于太湖—钱塘褶皱带，其北岸古沙咀属下扬子台褶带。根据错落在平原面上一系列残丘的岩性判断，在过去漫长的地质时代，曾经历过多次构造运动。下古生代的加里东运动，形成由泥盆纪石英砂岩组成的山地。中生代燕山运动断裂活动显著，形成一系列北东—南西走向的构造线，崇明、无锡、宜兴断裂带和崇明、东山断裂带，岩浆活动亦较频繁。第四纪后的长江三角洲形成过程，有人根据太湖低平原存在海相沉积推断，认为新构造运动又使如皋、江阴、宜兴一线以东的广大区域，形成一个以太湖盆地为沉降中心的坳陷盆地，经受海水浸淹，形成一片与江淮平原和沂沭河下游冲积平原的前身相类似的浅水海湾。据此，南通狼山浅丘群和原属如皋的摩诃山（段山），都是江南古陆下沉后残留于地面的高顶。钻探证明，南通、崇明一带地层中，含有胶结物质，在300米以上距地面70米左右，有介壳、珊瑚、骨质海绵存在。说明远古时代，这一带确是大陆附近的浅海地区。

长江每年入海流量在1000亿立方米左右，携带的泥沙量在四亿五千万吨以上。约在6000年前，古代江口移至镇江、扬州，江面骤然开阔，呈喇叭形，江流平缓，泥沙沉积。同时，海水含有电解质，与江流中的杂质交混，生成大量胶态浮悬物质，即“江花”，加速泥沙凝结沉淀，浅海海底逐渐升高，形成水下三角洲。最先形成的为古代（老）水下三角洲，略呈扇形。其外缘和50米等深线相符，其中轴为东偏北方向，和外缘交叉点在北纬32°18′。此为古代长江主泓方向。约在距今2000年左右，长江又在江阴以下、南北沙咀之间，开展新的河口演变和现代（新）水下三角洲的沉积过程。其中轴呈西北、东南走向，和古代水下三角洲的中轴不相重合，说明长江主泓的流向，在发展过程中，逐渐向东南偏移。其所以如此，是由于地球自转、海水产生的惯性，以及来自东北的合成风产生的作用，迫使江流偏向东南。在此次新的演变过程中，由于江流偏向东南，接近北岸的流速较缓，有利于泥沙沉积，而形成沙洲，且沙洲与沙洲之间的夹江枝杈，易于淤积连接成片，因而较多的沙洲涨接北岸，构成北岸沙咀的延伸。其中在江床里形成的沙洲涨接北岸后，缩狭原来广阔的喇叭形江口。

约6000年前，古长江下游水下三角洲形成时，在江流和海浪激荡下，使部分泥沙向长江口外南北两侧回旋堆积，而各形成一条沙嘴。长江北岸古沙嘴略呈三角形，其西缘大致在扬州东南至泰兴西部江岸一线上，北缘沿泰州至海安新通扬运河北侧，东缘沿原捍海堰（即范公堤）经李堡、丰利至掘港，南缘沿泰兴、靖江间界河，经如皋城与石庄之间和白蒲、石港以北，西至掘港和北缘相会。并在海安、如皋一线与江淮平原东侧的岸外沙堤会合，封闭里下河平原。这条古沙嘴首先形成的是扬州至海安、李堡间的扬泰沙嘴，东西长约100千米，南北宽约25千米，平均海拔7—8米，微向南北两侧倾斜，成为天然分水脊。其北侧为真高2米左右的里下河洼地，南侧为平均4—5米的长江河漫滩平原。沙嘴刚出水，波浪挟带的泥沙不断堆积，在古沙嘴上又分布着一列列东北、西南走向的条状沙脊，沙脊之间各存在略低的洼地。由李堡至今如皋城、卢港一列沙脊，为该古沙嘴上最后一列沙脊，地理学者从组成沙嘴的土壤分析探明，沙嘴中心的土壤颗粒比较粗大（中径0.04毫米），从中心向南北两侧以及东部逐渐减小，但比河漫滩的物质粗得多，且伴有海生贝壳，全属海相沉积。由于扬泰古沙嘴平均海拔7—8米，为现代海水不能达到的高度，从沉积物质的放射性碳的研究，推断约距今6000年时，地球上曾经有过最高的气温，这时海面上升，海岸后退，波浪作用和江口涌潮，给这条沙嘴带来较高的沉积，其中有地壳上升的因素，这就是如皋高沙土的地理成因。而东南部的如东地区，以及如皋的丁堰、白蒲地区，则属于海相河相沉积，土质和高沙土显然不同。这是由于在扬泰古沙嘴形成后，其东南部外缘在江流和海浪冲积下，形成沙嘴边缘的江海滩地和外沿沙洲，再逐渐涨接沙嘴，而形成古沙嘴的延伸。同时由于扬泰古沙嘴是长江三角洲平原中地势最高的部分，地表物质又是粒径较大的沙土质，通称扬泰岗地，当地居民称其为高沙平原，如皋人叫它高沙土。（李实秋整理）

第二节 江岸与滩涂

一、江岸变迁

汉代，长江下游北岸江岸线在今如皋、东陈之间斜向西南，穿过古临江北部。魏、晋、南北朝时，江岸线在今石庄、江安之间，俗称“老岸”。清乾隆《如皋县志》载：“正供田之外，有岸亘于东西，横逾四十余里，曰老岸，即古之江岸也。”

唐末，古横江淤积封闭。至宋初，如皋南境和通州西境，淤积加快，江岸线延伸至孤山、段山、狼山一线上。堕港在今碾砣港以南、段山以东不远处，天生港在今港南5千米以外的江中。是时，长江南岸在杨舍（今张家港市境）、福山（今常熟市境）至浏河口一线。两岸比较平直，江面呈喇叭形。马驮沙（今靖江，原属江阴）为江中散沙，有东沙、西沙、丐条、西官、新沙等小沙多块，江床为分汊河型，江流比较缓慢，虽受黄山、萧山等浅丘的挑溜，侵蚀作用并不显著。

明代中叶，马驮沙并沙成岛，江面收狭，加速长江主流流速，江水直冲如皋南境江岸，造成如皋南境江岸第一次大崩塌。江岸内蚀5—15千米不等，严重地段20—25千米。民国《如皋县志》载：“明永乐初，江势趋北，奔冲嗽啮，坍塌内从者凡六十里。”至明成化年间，坍势稍有缓和。明嘉靖间江岸基本稳定，江岸线在今黄市、葛市、石庄、郭园、薛窑、九华、平潮一线。此后因淤积、坍塌江岸不断变化。至清咸丰十年（1860年），江岸线在刘海沙（即常阴沙，今张家港市境），主流顶冲点在天生港以上。

清同治十年（1871年）始，长江主流顶冲点直指如皋段江岸，是年“坍没滨江田十六顷二十九亩八分九厘五毫，草滩田四十五顷三十亩七分八厘二毫。”清光绪二十七年（1901年）8月5日，风、雨、潮叠加，洪水在老周圩港附近切穿岸湾，除二百亩（今为长江镇村名）外，猛向内切，造成明初以后的第二次江岸大崩塌。

此后，海北港沙开始发育，在弯道环流作用下，如皋段江岸线继续坍塌。至民国9年（1920年），江岸坍至张黄港、尖口圩、新生港、朝西庄、周家窑、弘然庙、长脚圩、一号圩、平圩一线，如皋段

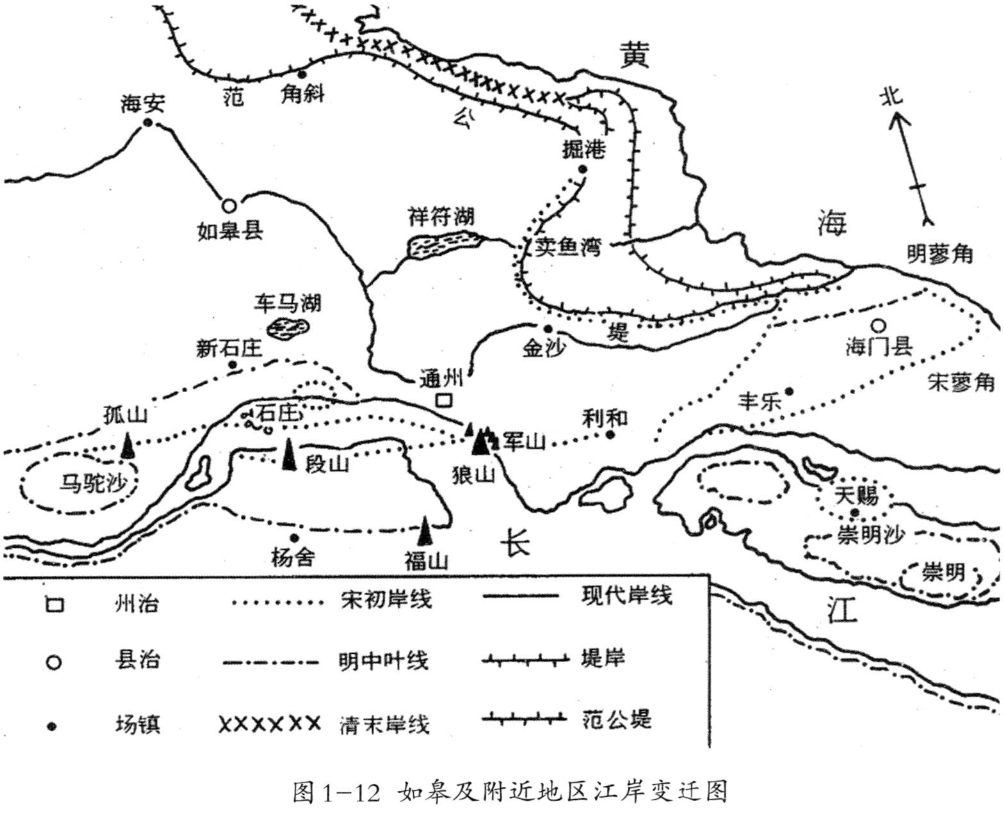

图1-12 如皋及附近地区江岸变迁图

江岸坍成内凹弧形。

如皋段江岸剧烈崩塌形成的泥沙，一部分在海北港沙落淤，致海北港沙迅速发育。海北港水道裁弯取直，长江主流逐渐走向海北港沙南水道，新涨出的海北港沙(即永安沙)不断受到冲刷。

民国17年开始，长江主流偏向永安沙南水道，永安沙西南角被切为二，又来沙开始发育，沙洲将水流分为南北两汊。

民国19年，处于北汊北岸的八案首先被冲坍，至民国26年江岸退至距头案仅1千米。1949年，头案坍入江中，坍江线蚀至二案、三案、四案、五案、六案。

1953年开始，由于长江主流南摆，上段淤积严重，“二百亩”附近水断面积仅存1000平方米，淤积速率最多时达1000万立方米左右，导致北汊上口严重淤积，并倒灌入中汊，影响中汊水道发展。

1954年，六案港口江岸崩坍，仅“二百亩”仍突在江边未被坍去。至1958年，八案、外八案、西七案、东七案，均坍入江中，二案、三案、四案、五案余留无几。是时江岸线西起西戴案，经头案、二案、三案、四案、五案余留未坍部分，拐一个弯曲绕过“二百亩”向东。

1970年以后，北岸老四号港闸港口、戴案港闸港口、如皋抽水站港口、东平木闸港口先后淤闭。1976年新辟四号港闸出口引河，穿过北汊，两岸筑江堤挡潮，而延伸至跃进沙滩地上。至此，跃进沙并连北岸，北汊口更加缩狭，四号港至“二百亩”的北汊水道淤塞加快。1975—1979年，中心沙相继围垦登陆。头案港口的东平滩和东夹槽滩，亦先后于1967、1969、1972年围垦进堤，南沿成江岸线。至1980年，江岸线西起张黄港，经二案、“二百亩”、太平闸、碾砣港闸，全长17千米。

二、沙滩涨坍

清乾隆《如皋县志》载：“明隆庆中田三百五十顷五十五亩，凡沙十有四：曰北沙，曰南沙，曰南草滩，曰钱家圩，曰短脚圩，曰北草滩，曰南爬头，曰北爬头，曰三角沙，曰张家圩，曰杨家圩，曰薛家圩，曰吴家圩，曰骆驼沙。”“万历二十五年勘定各则田并草滩三百八十六顷七十八亩一分七厘。万历三十八年新涨田六十九顷一十八亩，未垦草滩三十四顷四十一亩五分八厘五毫。”“万历四十一年续垦滩田六十五顷六十一亩九分二厘四毫。”“万历四十八年知县李衷纯平定沙乱后，请准设立安民营。”《天下郡国利病书》原编十二册中载有“安民营图”，是图大致标明了明末时期如皋江面形势，段山在江中，山南和长江之间隔有阔泓，山北为骆驼沙、刘家沙及三角沙、安民营、网口沙等。

清初，江中沙滩淤涨加快。清顺治十四年(1657年)涨出沙田27272.44亩。清康熙二十三年(1684年)丈定，共有沙田185036.52亩。至清乾隆十九年(1754年)，由于受江潮冲击，坍去腹地沙田495110.36亩。自清雍正元年(1723年)，所涨沙田均为通潮江以南的滨江沙田。清嘉庆六年(1801年)丈存腹地滨江各田滩232490.14亩。

清咸丰十年(1860年)，海北港沙开始发育，至民国6年(1917年)露出水面。上海师范大学河口海口研究所1980年5月《长江南通河段河床演变分析及整治意见》载：“海北港沙形成期(1860—1920年)……纵观60年涨坍历史，河段冲淤基本平衡。就姜福沙在南北分汊口而言，冲刷面积203.31平方千米，淤涨面积为205.91平方千米。”

民国10年始，在向东的夹江中涨出永平沙、久隆沙，北岸坍坎脚张黄镇外涨出永兴沙，季圩港至周圩港外涨出复兴沙，西面为龙驹沙。沿江农民看到江心沙滩四起，芦苇生长茂盛，感到太平日子有望，遂将这片沙滩统称“永安沙”。

民国17年，又来沙开始发育，其发育过程与永安沙相似。沙洲将水流分为南北两汊，北汊弯曲，南汊顺直，随着北汊的发展，受弯道环流作用，使又来沙不断发展壮大。而永安沙受冲向北推移。民国29年，又来沙北汊弯曲水道发展达一定限度，弯曲率为1.42。经过1949年、1954年大水，长江主流逐渐移至又来沙南汊水道，特别是1954年特大洪水的冲刷，又来沙南水道加深扩大，永安沙岸出现跃进沙、中心沙。

1958年，长江如皋段由于福姜沙、双涧沙、又来沙分流，使水道分为浏海沙水道、中汊(又来沙水道)、北汊(天生港水道)。南汊相继出现民主沙、𬳿沙、驷沙、小沙、反修沙、界址沙、胜利长沙等散沙。同期张案、朱案、凌案相继淤涨并连，1965年开始围垦，定名长青沙，面积5000亩，后增至1万余亩。

1990年，全县江中沙滩共有15块：跃进渔场、小滩、立西滩、前进滩、立新滩、立新小滩、新生滩、友谊滩、胜利长沙、东风滩、六号滩、中心沙、洪一号滩、洪二号滩、洪三号滩。东南与南通县接壤，西与靖江县毗邻，江滩总面积（含苇地）60694亩。2010年，2003年，洪北沙与长青沙连成一片。友谊滩并沙成陆。

第三节 地质·地貌

一、地质

如皋西北、北部有靖江—搬经—西场断裂及栟茶—洋口断裂与海安凹陷相邻；南有长江破碎带与江南地层相隔；东及东南与如东、南通位于同一构造单元上。地质构造的主要特征是：北东向切割呈带状，北西向切割成块。

褶曲 主要有靖江—石庄—洋口断凸背斜带，白蒲南斜，丁堰北斜。

断裂 主要为长江破碎带，有长江—九华南—平潮南断裂，石庄—如东断裂，栟茶—洋口断裂，靖江—搬经—西场断裂。另有张家港—如东—海安推测断裂，营防西—郭园断裂，南凌—东陈—丁堰推测断裂。此外，龙舌—张黄港间尚有十数条北西向的断裂。

地层 境内没有基岩出露，全为第四纪松散层所覆盖。地壳及上地幔为大陆型多层结构。地壳按莫氏面埋深计算约28—29千米。基岩主要为白垩系上统（K2P）棕色砂岩，埋深700—800米；南部靖江—石庄—洋口一带还有三迭（T）、二迭（P）、石炭（C）及泥盆系（D）的地层，埋深250—400米。

城区工程地质 如皋属北部古洲工程地质良好区。城区范围内有3个工程地质层，组成、产状比较稳定。底层为黄褐色砂黏土，一般厚2—3米，中部为4米，底部平缓，标高在1米以上。中层为灰色至灰黄色粉砂土，局部夹有黏性土或淤泥质土，底板平缓，一般厚21—23米，最厚的超过30米。表层为棕褐色杂色沙黏土，顶面微向东南倾斜，厚为2—7米。从地表向下0—5米内土层结构复杂：自表层0—5米为房渣杂填土或素质土，其下为灰黄色的轻亚黏土，厚3米左右，再下为青灰色粉砂土，厚3—4米。再下为厚1.50—2米细砂土，而后又是青灰色的粉砂土。旧城（内城河区域）城外0—1米为耕土，其下为灰黄色的轻亚黏土，余同城内结构层。城区原中山钟楼及其周围地区房基下和新生路下，均有暗河、河塘填土，深度3—5米；原东、西大街及益人桥、西南城脚等处，表层覆盖土1—2米；西门外原邓园供销社、收花站、车辆厂为原小溪河河道填筑而为平地，填土层厚4—5米。

城区地下水位：冬季为地表下2.90米（在原泰山米厂测定），夏季为地表下1.50—2米（在原北大街如皋线厂测定）。

城区地耐力：表层填土，一般为每平方米8—12吨；轻亚黏土，为每平方米15—18吨；青灰色粉砂土，为每平方米18—30吨；灰色粉砂土，为每平方米30—40吨。

二、地貌

全市处平原地带，平均海拔略高于邻县（市）。《南齐·郡志》：“东届海隅，地旷土平。”明代如皋知县李衷纯称：“皋地高亢，介通泰间，形如覆釜。”地貌特征：沿小溪河（今如泰运河中段）两岸最高，最高处6.50米（废黄河基面，下同），分向南北倾斜，其中小溪河岸至东北部，6.50—4.30米，坡降约1/2000。按成因、地面组成物质及人类生产活动的影响，分为6种地貌类型。

老岸地区 为长江北岸古沙嘴沙洲堆积平原部分，范围较广，南临原江平公路，北至如泰河附近，东起通扬运河，西与泰兴市接壤。含今如城镇西南部和桃园镇、下原镇、磨头镇、郭园镇、江安镇、常青镇、高明镇及石庄、搬经、袁桥等镇部分地区。地面高程4—6米，小地形起伏较大，治沙改土前“龟背驼”、塌子田较多，水土流失严重。地面组成物质为江淮冲积物。

交接平地 原为长江冲积过程中沙洲与沙洲之间形成的碟形或带状洼地，生长过水生植物，后经冲积物覆盖形成。相对集中分布于如泰运河以北地区，含今袁桥镇、搬经镇和如城镇原邓园乡部分地区。地面高程4—5米。内部地势相对较平坦，地面组成物质为江淮冲积浅湖相沉积物。

沿江圩区（含沙洲） 初为江中沙洲，后彼此相连，并逐步与老岸地区相连。分布于江平公路以南，南临长江。含今长江镇和江安、石庄、郭园、九华等镇部分地区。地势低平，地面高程2—3米，地面组成物质为长江新冲积物。

古河汊低平地 原为长江北岸古沙嘴与通吕水脊之间的支泓淤积而成。北起如泰河附近。东南至如皋与南通市通州区界，东至如皋市与如东县界，西至通扬河附近。含今白蒲、林梓、丁堰等镇部分地区。内部地势平坦，地面高程4米左右。地面组成物质为江淮冲积古河汊浅湖相沉积物。

古小芹河平地 为古小芹河洼地冲积而成，属历史上沿海垦区的边缘部分。分布于通扬河以东、如泰河以北，东至如皋市与如东县县界，北至如皋市与海安县县界。地面高程5米左右，组成物质为江淮冲积物。

人工沙堆 多为浚河时堆积于河堤旁的积土，高出地面1—3米。主要分布于如海河、司马港等一、二级河道两旁，亦有老河改道残留的零星沙堆。

第四节 水系·水文

一、水系

如皋地处江淮之间，河道分属长江和淮河两大自然水系。

1949年前，全县水系紊乱，水患频发。通扬运河的西支流窑子河、南支流龙游河、东支流串场河，均河身狭窄，弯曲淤浅，排灌不畅。广大腹地，遍布死沟、呆塘，河沟浅、断、乱、狭不成水系，滞涝排泄不畅，浇灌难有水源。北部地区，浇灌难引淮水，遇涝既不能排入长江，也不能排入黄海，主要向里下河地区缓慢排泄。圩田地区，地势低平，港汊纵横，迂回弯曲，水患不断。中西部高沙土地，地势高亢，水源缺乏，旱灾连年。

1950—1953年，县委、县政府实施沿江地区抢险复堤工程，江堤防洪抗潮能力增强。1954—1957年，先后开挖焦港、司马港、南凌河等，建造焦港闸，基本解决引排特别困难部分腹地水系问题。1956-1960年，全县兴起河网化建设、兴修水利热潮，开挖如海运河，建造碾砣港闸，整治疏浚龙游河、焦港流域支河及大量的二级河，建成一、二级河网。20世纪70年代初，全县展开内腹水系大规模整治，以骨干河道为框架，大量开挖、疏浚三、四级河道，因地制宜实施引、提、蓄、灌、排、降配套工程，同时开展农田水利建设。70年代末，全县以引江干河和排涝干河为主，排灌顺畅的水系基本建成，高田、圩田各自独立水系建成。以如泰运河(东、西段)、通扬运河(自丁堰至如城段)为界，北部为淮河流域，流域面积占全县总面积的12%；南部为长江流域，流域面积占全县总面积的88%。

按地形分，境内水系分为高、低两大水系。以江平公路为界，北部为高水系，平均地面高程5米(废黄河基面)，局部6.2米；南部为低水系，平均地面高程一般低于3米(废黄河基面)。

二、水文

水位 境内内河正常水位为1.90—2.50米，警戒水位3.00米。历史最高水位4.93米，最低水位为-0.15米。水位常受降水和潮汐的影响。

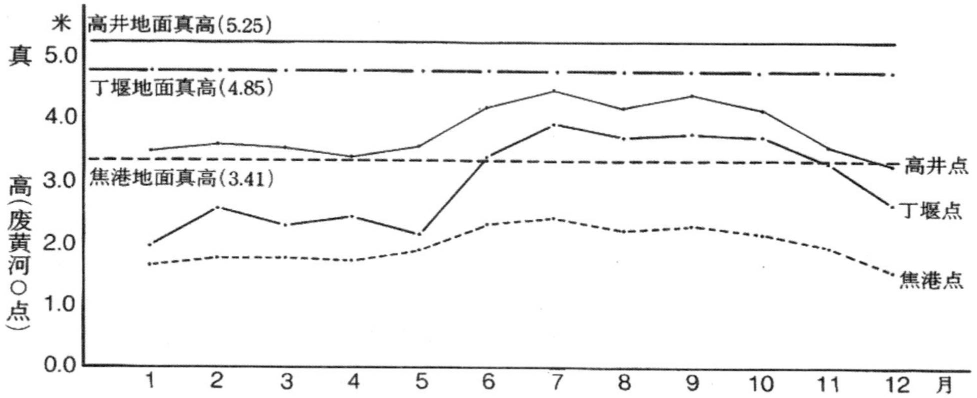

图1-13 如皋市地下水位分月变化图

2005年前如皋市（县）内河水文站最高最低水位一览表

表1–12

单位：米

河名	站名	统计年限	平均水位	最高水位	出现日期	最低水位	出现日期	基 面
通扬运河	丁堰	1950—2005	2.06	4.93	1960–08–05	0.67	1968–06–24	废黄河零点
焦港	搬经	1980—2005	1.97	3.82	1990–09–01	1.25	1981–01–18	
如海运河	十里墩	1980—2005	1.93	4.11	1990–09–01	1.20	1988–12–07	

2005年前如皋市（县）沿江水文站最高最低水位一览表

表1–13

单位：米

河 名	站 名	最高水位		最低水位		基 面
		水位	出现日期	水位	出现日期	
焦 港	焦港闸	4	1973–07–04	0.45	1976–02–07	废黄河零点
如海运河	碾砣港闸	3.96	1984–09–26	–0.15	1945–11–26	

2006—2010年如皋市水文站最高最低水位一览表

表1–14

单位：米

类别	站名	最高水位		最低水位		基 面
		水位	出现日期	水位	出现日期	
内河水文站	通扬运河丁堰站	3.64	2010–07–14	1.33	2007–06–28	废黄河零点
	焦港搬经站	3.52	2007–07–09	1.48	2007–06–26	
沿江水文站	焦港闸	3.37	2008–06–30	1.41	2009–07–01	
	如皋港闸	3.26	2010–07–14	1.24	2010–01–24	
	碾砣港闸	4.28	2007–09–01	–0.59	2008–01–15	

地表水 境内地表径流主要为大气降水，年均降水深1055.50毫米，折合面雨量16.42亿立方米。年平均径流系数为22.60%，径流深238.50毫米，折合径流量3.71亿立方米。特枯水年（1978年）径流量为2650万立方米，为历年平均数的7.14%。

境内沿江水闸引江水能力为175立方米/秒，一般年份可引江水8—10亿立方米，特枯水年最大引水量有12.78亿立方米。除江水外，还可从市外引入部分水源。一般年份，全市入境水量为12亿立方米左右，出境水量〔含向邻市（县）送水及排水冲淤等〕为7亿立方米左右，境内年可用水量为6亿立方米左右。

2006—2010年如皋市沿江主要闸涵年引排水总量一览表

表1-15

单位:万立方米

沿江涵闸别		2006年	2007年	2008年	2009年	2010年
焦港闸	年引水总量	25333	23508	26771	20326	33740
	年排水总量	3570	4954	2426	7444	4808
如皋港闸	年引水总量	5163	6939	5774.10	9452.70	10101
	年排水总量	2345	4058	2953.60	3246.10	3633.10
碾砣港闸	年引水总量	17310	22597	21082.60	13618.60	33919
	年排水总量	9753	26678	10358.20	17592	11997
沿江中型涵闸	年引水总量	67786	62594	53627	43397.30	77760.2
	年排水总量	26451	28663	15737.80	28282.10	20438.10

地下水 如皋不同地区地下水因地面高程而异。圩田地区,一般在地面以下0.80—1米;高沙土地区一般在地面以下3—3.50米。水位的升降,大部分地区以降水及灌溉回归水的补给而变化。

潮汐 如皋临江近海,潮汐的涨落直接影响境内的水位。境内潮汐属非正规半日潮型,每天潮汐的间隔时间均相应推延45—47分钟来临。境内长江涨潮时间推算公式为:农历上半月的日期×0.8+1.5为该日的始潮时间。例:初一的始潮时间为:1×0.8+1.5=2.3时,以后每日推迟0.8小时左右。农历十六与初一的始潮时间相同。其余日期的始潮期可类推。

潮汐的大小与月球的朔望日产生有规律的起落。每月(农历)大潮汛常出现两个高潮期:农历月初出现第一个高潮,称之为"初头汛",以朔日(初一)、初二、初三、初四为高潮期;农历的望日(十五)及十六、十七、十八出现第二个高潮,称之为"月半汛"。高潮来涨前两天开始"起水",主潮后3天逐步"跌潮"。每一潮汐的起落常是快涨慢退,涨潮流速大于退潮流速,起潮至高平潮历时5

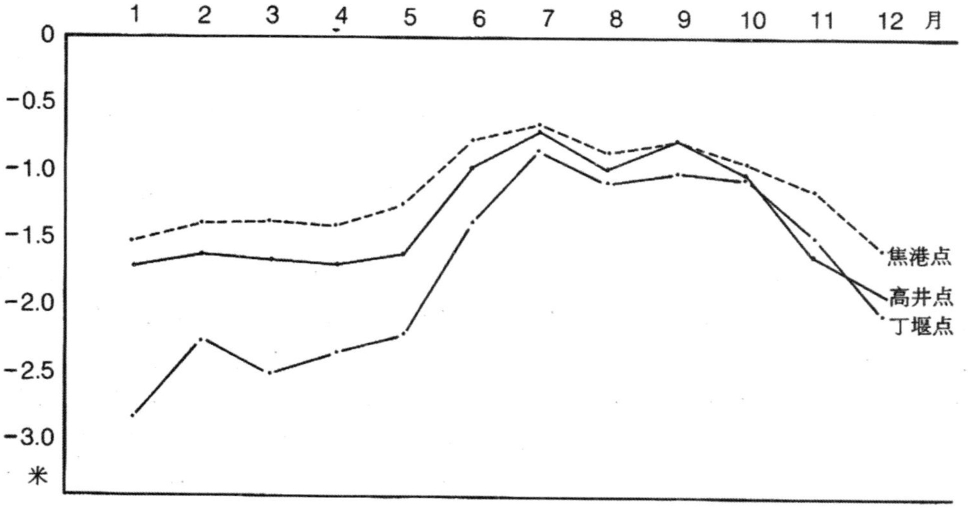

图1-14 如皋市地下水埋藏深度分月变化图

个小时左右,高潮位跌落至低潮位历时7个小时左右。小潮汛亦出现两次,常在农历每月的初七、初八和二十二、二十三。

大潮汛的水位涨得高,退得低,潮差大;小潮汛的水位涨得不高,退得不低,潮差小。潮位的高低和潮差的大小,又与当时的气温和风向有一定关系。一般气温较高则潮位也较高且潮差较大;气温较低则潮位也较低且潮差较小。如遇东风、东南风、东北风,可以促进潮汐的提前出现,有时可以比预计的时间提前1—2个小时,同时涨得快而退得慢。如遇西风、西南风、西北风,则可以推迟潮汐出现的时间,有时可比预计的时间推迟1—2个小时,同时涨得慢而退得快。

按影响高潮位的因素分,境内地段高潮位有三种:洪水高潮,受长江上游洪水影响,洪水潮水"对冲",当大通站流量超过5.50万立方米/秒时,影响更为明显;风暴高潮,如遇热带风暴和台风,潮位明显增加;天文高潮,为日球、月球对地球引力加大引起的高潮。

如皋段长江江面焦港闸点出现的最高潮位在1974年8月20日(农历七月初三),为6.86米(吴淞0点,下同)。同日,碾砣港闸点出现6.84米的最高潮位。此外,清光绪三十一年(1905年)最高潮位为5.7米(基点不详);1989年10月15日(农历九月十六)曾在低潮期出现3.83米高潮。最低潮位出现在1981年,为－0.19米。常年潮位差为2.33—2.63米,最大潮位差出现在1972年,为4.62米,最小潮位差出现在1972年,为0.20米。

第五节 气候物候

一、气候特征

如皋的气候基本特征是"四季分明,气候温和,雨水充沛,日照充足,无霜期较长"。民国26年(1937年)《江苏乡土志》称:"如皋因滨于海洋,受海洋影响显著,无酷暑剧热,温和湿润,最适宜于人之生存,物之繁殖。"《中国气象区划》载:"如皋属北亚热带湿润气候区,季风环流为支配境内气候主要因素,一般高温季节多雨,寒冷季度相对较干。"

按照候(5天为1候)平均气温上升到22℃或22℃以上时为夏季,下降到10℃或10℃以下为冬季,介于10℃至22℃之间为春季或秋季的四季划分标准。如皋四季长短不等:冬季最长131天,夏季次之为108天,春、秋季则分别为65天、61天。按每季3个月的划分方法,如皋习惯将3月、4月、5月作为春季,6月、7月、8月作为夏季,9月、10月、11月作为秋季,12月、1月、2月作为冬季。

春季,冷暖空气交替活动频繁,冷暖多变,天气变化无常。平均5—7天有一次冷空气南下,冷空气影响时,气温下降,影响过后回暖又较快,有乍寒乍暖现象,有时出现晚霜、倒春寒危害。季平均气温13.3℃。同时阴雨较多,平均每年春季有2.4次连阴雨,平均季降水量235.3毫米,占全年的22.3%,平均降水日33天。平均日照时数503.2小时,占全年的25.0%。

夏季,正常年份初夏会出现一段梅雨过程,一般6月19日前后入梅,7月10日前后出梅。梅雨结束后常出现一段较长时间的高温少雨天气,有时会形成伏旱,在空梅年伏旱更为明显。全年高温日一般出现在夏季,平均年高温日5.4天。夏季平均气温25.8℃,其中7月份为27.1℃;平均日照时数585.1小时,占全年的29%,是全年日照时间最长、光照强度最大的季节;平均降水490.1毫米,占全年的46.4%,降水日数37.5天,是全年降水最多的季节。降水量的多寡主要取决于梅雨量和台风雨量的多少。夏季有时有强雷暴、破坏性雷雨大风、冰雹、龙卷风等局地强对流性天气。

秋季,是由夏到冬的过渡季节。初秋冷暖空气交替过程中或受热带气旋影响,常造成秋季连阴雨。随着冬季风势的增强,仲秋开始以秋高气爽、风和日丽天气为主。秋季平均气温16.6℃;平均日照时数499.4小时,占全年的24.8%;平均降水量226.5毫米,占全年的21.4%,平均降水日数26.9天,明显少于春夏季。

冬季,是全年气温最低、降水最少的季节。冷空气活动频繁,每次冷空气南下大都出现降温、大风、降雨或降雪过程。若高空暖湿气流和地面冷空气综合影响,有时会出现大雪、暴雪。冬季平均气温3.3℃,其中1月为2.1℃;日照410.8小时,占全年的20.4%;降水量104.8毫米,占全年9.9%,降水日数22.2天。

二、气象要素

1956年前,无境内气象要素具体情况记载。

气温 1957—2010年,年平均气温14.9℃。极端最高气温38.90℃(1966年8月7日),极端最低气温13.40℃(1991年12月20日)。1月为最冷月,平均气温2.10℃,7月为最热月份,平均气温27.1℃。因受海洋性气候影响,海洋和江面对气温和降水的调节作用使得如皋与同纬度的内陆地区相比,雨水丰富,气温年较差、日较差都较小,春季回暖慢,秋季降温迟。

降水 1957—2010年,年平均降水1052.9毫米。降水季节变化明显,夏季降水集中。年平均相对湿度为80%,年均雨日119天,雾日59天。

日照 1957—2010年,年平均日照2002.5小时。各月以8月份日照时间最长,平均为215.2小时,且日照强度最强;2月份日照时间最短,平均为133.5小时,且日照强度最弱。四季以夏季日照时间最长,平均为160.4小时;冬季最短,平均为141.7小时。年平均日照百分率为47%,最高日照百分率出现在1966年、1978年8月份,为78%;最低日照百分率出现在1963年5月份,为17%。

风 全年盛行东南风,其次是东到东北风。春季多东到东南风,夏季多东南风,秋季多东北风,冬季多西北风。春季大风以北到西北风为主,主要受西北的寒冷空气南下影响造成;夏季大风以南到东南风为主,主要受台风影响造成。年平均风速3.0米/秒。春季3月、4月风速最大,平均为3.7米/秒;秋季9月、10月份风速最小,平均为2.7米/秒。最大风速出现在2008年7月15日,为28.6米/秒,为市气象站所测的历史极值。

霜 1957—2010年,如皋年平均无霜期215.9天。最短无霜期出现在1972年,为175天;最长无霜期出现在1990年,为245天。初霜一般出现在11月9日前后,终霜期一般在4月6日左右。初霜最早出现在1979年10月22日,最晚出现在1965年11月26日;终霜最早出现在1990年3月19日,最晚出现在1974年5月2日。

雪 降雪主要在冬季1月、2月,平均降雪日数分别为2天、4天;其次是3月,平均0.8天;再次为12月,平均为0.6天。1968—1969年度,降雪日数最多,为14天。降雪初日出现在12月25日前后,3月9日前后结束。降雪最早为1987年11月28日,结束最迟为1965年4月7日。积雪初日一般在1月27日前后,终日在2月21日前后。积雪最深为28厘米,出现在1908年1月13日至2月9日,为历史最高水平。

雷 闻雷一般在3月10日前后。最早闻雷在1月26日,出现在1969年;最迟闻雷在6月2日,出现在1957年。终雷一般在10月2日左右。最早终雷在8月18日,出现在1978年;最迟终雷

1957—2005年如皋市(县)气象要素月平均值一览表

表1-16

项目＼月份	1月	2月	3月	4月	5月	6月	7月	8月	9月	10月	11月	12月	全年
气温(℃)	2.1	3.6	7.7	13.6	18.8	23.4	27.2	26.8	22.5	16.7	10.7	4.5	14.8
降水(毫米)	38.7	42.3	68.4	75.6	91.2	155.8	186.1	144.9	106.1	56.3	55.3	29.1	1049.8
日照(小时)	140.8	133.5	152.4	164.1	182.7	167.5	198.4	215.2	170.3	177.8	153.7	150.9	2007.3
风速(米/秒)	3	3.2	3.4	3.4	3.2	3	2.9	2.9	2.6	2.5	2.7	2.8	3
相对湿度(%)	85	86	83	80	78	76	80	85	86	83	80	78	76
雨日(≥0.1毫米)	9.4	10.1	11.7	12	12.8	12.1	14.1	13.2	11.8	10.5	9.6	8.4	135.7
雾日(天)	3.9	2.7	3.5	4.9	5.2	4.9	4.8	5	4.9	6	6	5	56.7
大风日(≥8级)	0.6	0.4	1.2	0.8	0.4	0.7	0.9	1	0.6	0.3	0.4	0.6	8

在12月21日,出现在1979年。平均全年雷日为33.8天,最多年份为1963年62天,最少年份为1978年12天。

雾 平均全年有雾日59天。最多为97天,出现在1980年;最少为20天,出现在1960年。全年各月均会有雾出现,以8—11月雾日最多,平均每月在5.5天以上,其中10月份为6.3天,8月份平均6.1天。隆冬季节雾日较少,2月份平均雾日为2.4天。

2006—2010年如皋市气象要素状况一览表

表1–17

年份项目	2006	2007	2008	2009	2010
平均气温(℃)	15.7	15.9	15.1	15.2	15
降水(毫米)	995.7	1004.2	1056.7	1224.1	1134.2
日照(小时)	1931.1	1854.4	1747	1811.7	1986.3
无霜期(日)	230	206	230	214	193
梅雨期总梅雨量(毫米)	194.3	378.1	242.2	186.7	263
雨日(≥0.1毫米)(天)	135	110	149	116	111

1957—2010年如皋市(县)气象要素特征一览表

表1–18

要素		特征值	出现时间
气温	极端最高气温	38.9℃	1966–08–07
	极端最低气温	–13.4℃	1991–12–29
	年平均气温	14.9℃	—
	年平均最高气温	16.1℃	1998
	年平均最低气温	13.9℃	1980
	月平均最高气温	29.7℃	1971–07
	月平均最低气温	–0.9℃	1963–01
	年平均高温日	5.4天	—
	年最多高温日	22天	1971
	无高温日的年份	—	1968、1970、1975、1981、1982
降水	年平均降水量	1052.9毫米	—
	年最大降水量	1505.4毫米	1991
	年最小降水量	503.6毫米	1978
	一日最大降水量	239.4毫米	1964–08–04

续表1-18

要素			特征值	出现时间
降水	年最多降水日数		206	1962
	最长连续降水日数		18	1979-06-18—07-05
风	历史最大风速		18.5米/秒 东北风	1977-09-11
	历史极大风速		23.7米/秒 西风	2004-07-30
	主导风向	春季	东南偏东风	1957—2010
		夏季	东南偏东风 东南风	1957—2010
		秋季	东北风	1957—2010
		冬季	西北偏北风	1957—2010
	台风影响最早时间		5月28日	1961
	台风影响最晚时间		11月10日	1972
	台风影响最多年份		7天	1985
	台风影响最少年份		0天	1999
蒸发量	年平均蒸发量		1356.2毫米	1957—2010
	年最大蒸发量		1600.5毫米	1966
	年最小蒸发量		1160.3毫米	1993
雾日	年平均		55.7天	—
	年最多		97天	1980
	年最少		24天	1961
相对湿度	年平均		80	—
	1月份平均		76	—
	7月份平均		86	—
雷暴日	年平均		32.5	—
	年最少		12	1978
	年最多		62	1963
极端最大冻土深度(厘米)			13	1967-01-17
极端最大积雪深度(厘米)	11月		1	1999-11-07
	12月		18	1991-12-27
	1月		18	1984-01-19
	2月		13	1972-02-09
	3月		16	1998-03-21
	4月		1	1962-04-02

三、灾害性天气

如皋气候温和,灾害性天气较少。主要有:台风、冰雹、连阴雨、暴雨、雾、雷暴、干旱、寒潮、龙卷风等。

台风 如皋受台风正面袭击的机会较少,一般多受其边缘或外围影响。根据如皋气象站1961—2010年气象资料,台风一般在5月下旬至11月上旬影响如皋,7月上旬到9月中旬相对集中。年均影响如皋的台风2.7个,风向一般偏东南,偏西方向机率较小。

冰雹 1961—2010年,共降冰雹14次,年均0.7次。主要出现在3—8月份。

连阴雨(梅雨) 主要有春季连阴雨、初夏连阴雨、秋季连阴雨。连阴雨中以短、中连阴雨居多。春季连阴雨,有5—7天短连阴雨的年份占一半,10天以上长连阴雨的年份不足1/3。最长连阴雨为1963年4月17日至5月16日,整1个月。春季连阴雨以3月中下旬至4月上旬出现的概率最大。春季连阴雨过程总降水量有一半在50毫米以下,50—100毫米的约占1/3,最大过程降水量超过200毫米。秋季连阴雨,有5—10天连阴雨的年份约占80%,最长的一次是1970年8月26日至9月29日,35天。秋季连阴雨以9月上、中旬出现概率最大。秋季连阴雨过程总雨量有1/3在50—100毫米,一半超过100毫米,雨量超过200毫米的约10年2遇。

如皋入梅日期一般在6月19日前后,最早为5月18日,出现在1991年;出梅日期一般在7月10日前后,最迟为7月31日。平均梅雨时长22天,最长的一次是1991年5月18日入梅,历时59天。部分年份无梅雨天气,为“空梅”。平均梅雨量200毫米,最多一次雨量为658毫米。

暴雨 如皋年平均暴雨日为3.20天,最多年份6次。暴雨主要出现在夏季,占全年暴雨日的72%,秋季占18%,春季占10%,冬季没有出现过暴雨。有资料记载以后,如皋大暴雨日共出现20次,年均0.5天,主要出现在5—9月份;特大暴雨出现过1次,为1960年8月4日,降雨量239.4毫米。

雾 如皋市累年平均雾日31天。以春夏和秋冬之交时为多,春、夏、秋、冬各季出现雾的次数分别占全年的31.1%、23.2%、21.6%、24.2%。各月中以春季的4—5月及初冬的12月出现雾的可能性最大,月平均雾日都超过3天。雾一般夜间起,次日晨8、9时消失,浓雾持续时间更长。

雷暴 如皋市累年平均雷暴日32.40天,最多62天,最少12天。夏季、春季、秋季、冬季雷暴约占全年的67.8%、18.7%、12.7%、0.8%。最早雷暴初日为1月1日,出现在1997年;最迟初日为6月30日,出现在1978年。最早雷暴终日为8月25日,在1981年和1998年;最迟终日为12月21日,出现在1979年。

干旱 以伏旱出现概率最高,秋冬旱其次,春旱较少。夏季干旱主要在梅雨出现后的伏天,秋旱主要发生在10月中旬至11月上旬,少数年份出现秋冬连旱,春旱常发生在早春。

寒潮 按照24小时降温幅度大于等于10摄氏度或48小时降温幅度大于等于12摄氏度,并且过程最低气温小于等于5摄氏度为寒潮。如皋一般10月下旬至翌年4月冷性高气压强盛期,北风常年有较强冷空气影响,多有寒潮出现。1961—2010年,如皋平均每年寒潮2.8次。

龙卷风 据江苏省1960—1981年龙卷风总日数空间分布图,如皋为该时期全省龙卷风重灾区之一。此后,全市境内仅2003年7月和2007年8月遭受龙卷风袭击。

四、物候

植物候 水稻和三麦是如皋最主要的农作物。如皋水稻以中稻栽植历史最为悠久,早稻和晚稻尤其晚稻不太适合在如皋的自然环境中生长;三麦各品种均基本适合在如皋栽种。

以三熟制栽培的玉米,以皋单1号、2号为代表,育苗期3月18—25日,拔节期5月中旬至6月中旬,开花授粉期6月中、下旬,灌浆乳熟期6月底至7月中旬前期,收获期7月15—25日。

棉花育苗期3月15—30日,苗期(1—3片叶)4月中旬至5月中旬,分枝期(4—8片叶)5月下旬至6月上旬,现蕾期6月下旬,花铃期7月下旬至9月上旬前期,吐絮期8月下旬至10月。

花生播种期5月上旬,出苗期5月中旬,开花期6月中旬,成熟期9月上、中旬,收获期9月中旬。

如皋市水稻物候一览表

表1-19

稻 类	落谷期	移栽期	分 蘖 高峰期	始穗期	齐穗期	成熟期
早 稻	4月中旬 (谷雨前)	5月中、 下旬	6月上旬(芒种)	6月下旬	6月下旬— 7月上旬	7月下旬
中 稻	5月中、下旬	6月上、 中旬	6月中下旬	8月下旬— 9月上旬	9月上中旬	10月上 中旬
后季稻	6月中、下旬	7月下旬	8月中下旬	9月中旬	9月中旬 前后	10月下旬

如皋市三麦物候一览表

表1-20

麦类	品 种	播种期	返青期	拔节孕穗期	扬花期	灌浆期	成熟收获期
小麦	扬麦系统	10月下旬 (霜降)—11月初	2月底	4月上、中旬	4月下旬— 5月初	5月中、 下旬	5月底— 6月上旬
大麦	早熟3号	10月底— 11月上旬	2月底	3月下旬— 4月上旬	4月中旬— 下旬初	4月中旬— 5月上旬	5月中下旬
元麦	立新2号	10月下旬— 11月初	2月底	3月下旬— 4月上旬	4月中旬	4月中旬— 5月上旬	5月中下旬

湖桑嫁接适期3月中旬至4月上旬，桑枝萌芽4月中旬，桑葚成熟5月下旬至6月上旬，夏播桑播种适期6月上、中旬。

桃树萌芽期3月下旬，初花期4月上、中旬，果实成熟期6月上旬至8月中旬。

枇杷萌芽期3月初，初花期10月底至11月初，果实成熟期5月底至6月中旬。

梨树萌芽期在3月下旬至4月上旬，展叶期4月上、中旬，开花期4月中旬，果实成熟期7月底至9月初。

柿树萌芽期4月上、中旬，初花期4月底至5月初，果实成熟期9月底至11月初。

银杏萌芽期4月中旬，初花期4月下旬，果实成熟期9月底至10月初。

柳树萌芽期2月中下旬，飘絮期4月，有“柳絮飘，吃鲥鱼”之说。

动物候

燕子营巢在4月中旬。

布谷鸟鸣在5月中下旬。

青蛙始鸣在3月中旬。

春蚕催青4月22—24日，春蚕发种5月2—3日，结茧5月底至6月初。秋蚕分中秋蚕、晚秋蚕。中秋蚕9月3日至5日发种，结茧时间在10月1日至10月7日；晚秋蚕9月18日左右发种，结茧时间在10月15日左右。

附录：

气 象 谚 语

一、以事物活动变化预测天气的谚语

蛇过道，大雨到。

蚂蚁搬家，大雨要下。

河里鱼打花，天上有雨下。

燕子低飞，天要下雨。

黄鳝浮水面，天要下雨。

雨中蝉叫，马上转晴。

傍晚蝉鸣，明天天热。

鸟窝南向北风多，鸟窝北向南风多。

喜鹊窝做得高，当年风括得大。

蜻蜓低飞，不风即雨。

蜘蛛结网天放晴，蜘蛛收网天转达阴。

乌鸦唱晚，风雨不远。

老牛抬头朝天嗅，雨临头。

水缸出汗蛤蟆叫，不久将有大雨到。

鸡早宿窝天必晴，鸡晚进笼天必雨。

烟囱不冒烟，一定是阴天。

鱼儿水面来换气儿，大雨马上就来到

早晚烟扑地，苍天有雨意。

大寒猪屯湿，三月谷芽烂。

蚊子咬得怪，天气要变坏。

星星眨眼天要变。

喜鹊枝头叫，出门晴天报。

早晨喜雀叫，天气定晴好。

槐树发旺，主旱。

桃花落烂泥，收麦起“塘灰”（土尘）。

二、以天象预测天气的谚语

日出早，天不好。

日出大而红，有雨也有风。日落胭脂红，无雨也有风。

日出血映红，当天阵雨缝（夏季）。

日出水黄，晴天不长。

朝霞不出门，晚霞行千里。

早上烧霞，等水烧茶。

红光返照，晴天可靠。

日暮天映黄，明天风更狂（更热）。

六月天黄，赤脚满水塘。

太阳回头笑，等不到公鸡叫（一早下雨）。

阴雨天太阳照照面，三天里头不见面。

日月生毛起光圈，不是下雨就起风。

早晨浓雾漫大地，当天定是好天气。

雨后猛晴，大雨必临。

亮一亮，落千丈。

鱼鳞云，雨淋淋。

云头黄而红，冰雹在雨中。

天黄闷热乌云翻，河水吼叫防雹弹。

春天不能露白（霜），露白就要发毒（雨）。

乌云接落日，不落今日落明日（雨）。

东虹日头，西虹雨。

东风急，雨打壁。

东北风，雨祖宗。

西南风，燥松松。

西北风，开头锁。

二十五下雨，跨月阴。

重阳无雨看十三，十三无雨一冬干。

正月十八落灯雨，四十五日无好天。

腊月雷，米如泥（涝）。

端阳下雨，鱼行人路（大涝）。

六月初三丢一丢，高低田里都有收。

雨打小暑头，四十五天不断流。

冷落长日雨，热落雷阵雨。

炊烟飘地，抬头瞟雨。

涨潮潮不涨，渔船不出港。

小潮像大潮，台风随后到。

天上钩钩云，地下雨淋淋。

天上鲤鱼斑，明天晒稻不用翻。

早上乌云盖，无雨也风来。

第六节 土壤与植被

一、成土母质

境内土壤，受“急沙慢淤”规律支配，不同地区因成陆时间先后不同，成土母质，有所差异。

江淮冲积物 在市境内分布最广，面积最大，遍及老岸地区和古小芦河平地，是一种富含石灰的冲积母质。由于成土时间较长，石灰已有明显的淋溶淀积现象，心土层常出现豆状石灰结核。地表沉积物质自西向东，自南向北，由粗到细，南部一般以沙壤土为主，东部和北部边缘则以轻壤土为多。又因冲积过程中历次水流速度的不同，各地沉积的物质往往砂黏多层相间，冲积层理交错。一般表土以下多为沙质土，部分夹有壤质土层，呈“卜页状”的砂黏相间现象亦较多，使1米土层剖面的质地层次变化复杂，对土壤的发育和生产性能均有一定的影响。

江淮冲积浅湖相沉积物 相对集中分布于如泰河以北交接平地。原为沙洲与沙洲之间的交接洼地，土质较黏，多为轻壤土至重壤土。生长过沼泽草甸植物，积累了较多的有机质而成黑色，且石灰已有明显的淋溶现象，后经冲积物覆盖，其厚度20—30厘米不等。表土质地沙壤土或轻壤土，形成了叠合性的母质。黑土层的埋藏深度一般多在50厘米土层内出现，多数情况下有利于托水保肥，对农作物有较好的作用。

长江新冲积物 分布于沿江圩田和沙洲，成陆时间60年—80年，基本未受海水影响，土体中富含石灰，上下移动极不明显。除受流槽割切外，地表沉积物大致平行于长江，由粗到细有规律地分布。西北部以轻壤土为主，东南为中壤土及轻黏土等。表土以下冲积层理交错，砂黏连相间层较为普遍。

古河汊浅湖相沉积物 分布于古河汊低平地，成陆时间为1000年左右，以淤积作用为主。地表沉积物一般为轻壤土至中壤土，土体中遗留贝类，土壤自然肥力较高，并受人为定向培肥措施影响，土壤剖面分化明显，多数发育成为水稻土。

二、土壤类型与分布

境内土壤受成土母质、地形地貌、水文条件和土地利用方式等影响，类型与分布较为复杂。1958—1959年，全市第一次土壤普查，县内农田分为两大类型：一为老岸水旱田，分布在浦启线以北地区，面积130.60万亩，占全市耕地总面积的90.31%，有8个土类；一为沿江圩田，分布在江平线以南的狭长地带，面积14万亩，占全市总耕地面积的9.69%，有6个土类。

第一次土壤普查全县土壤类型与分布一览表

表1-21

农田类型	土壤类型	面积（亩）	占比（%）	分布地区
老岸水旱田	缠脚土	252805	17.48	通扬线西侧小溪河北
	夹沙土	289594	20.02	各地均有
	夜潮土	27798	1.92	靠水源零星分布
	砂 土	466044	32.22	西部
	砂码儿土	12473	0.86	中西部
	小粉土	104975	7.26	全县大部地区
	鳝鱼土	878	0.06	老岸地区水稻区
	碱 土	151605	10.48	老岸地区部分低洼地
沿江圩田	黄泥土	92351	6.39	圩田地区大部
	夜潮土	6882	0.48	石南、江防、营防
	黄沙土	7483	0.52	石南、郭园、江防
	小粉土	6289	0.43	石南、新建、江防
	夹沙土	19869	1.38	黄市、新建、郭园、江防
	花碱土	7295	0.5	新建、郭园、石南、营防
合 计		1446341	100	

1981—1984年，全县第二次土壤普查，按照全国第二次土壤普查分类原则，全县土壤分为2个土类、2个亚类、10个土属、26个土种。

第二次土壤普查全县土壤类型与分布一览表

表1–22

单位:亩

土类	亚类	土属	土种	耕地面积	测算面积	占比(%)	分布地区
潮土	灰沙土	沙堆土	沙堆土	503.00	547.40	0.04	如海河、焦港、司马港等骨干河流沿线
			沙盖土	342.20	372.30	0.03	磨头、场北两个乡镇
		高沙土	厚层高沙土	119346.80	129863.90	9.73	吴窑、九华、石北、郭园、胜利、高井、江安、高明、下原、车马湖、桃园等37个乡镇
			薄层高沙土	443802.40	482911.30	36.18	常青、大明、磨头、场北、场南、长庄、高明、胜利、江安等37个乡镇
			壤心高沙土	37163.80	40438.70	3.03	花园、场北、桃园、大明、车马湖、高井、吴窑、下原、搬经等9个乡镇
			壤底高沙土	7162.60	7793.80	0.58	车马湖、加力、九华、搬经、吴窑等5个乡镇
			腰黑高沙土	44096.80	47982.70	3.60	主要分布于夏堡、袁桥、戴庄3乡,零星分布于高明、长庄、搬经3个乡镇
潮土	灰沙土	夹缠土	厚层夹缠土	76483.50	83223.40	6.24	南凌、东陈、雪岸、新民、柴湾、建设、丁堰、丁北等28个乡镇
			薄层夹缠土	162596.60	176925	13.26	丁北、雪岸、东陈、丁西、丁堰、南凌、新民、马塘、柴湾等23个乡镇
			沙心夹缠土	14122.10	15366.60	1.15	新民、柴湾、南凌、东陈、城西、搬经、加力等7个乡镇
			腰黑夹缠土	77330.10	84144.70	6.30	袁桥、戴庄、夏堡、何庄、搬经、邓园、奚斜、新民、柴湾等24个乡镇
		缠脚土	缠脚土	1857.30	2021	0.15	袁桥、加力、夏堡、搬经等5个乡镇
		黄沙土	薄层黄沙土	803.60	874.40	0.07	长江镇、中心沙东部南北一线
		黄夹沙土	厚层黄夹沙土	29181.50	31753	2.38	黄市、葛市、石北、张黄港、郭园、九华、营防等7个乡
			薄层黄夹沙土	10971.10	11937.50	0.90	黄市、葛市、张黄港、长江、江防、郭园、九华、营防等8个乡
			沙心黄夹沙土	6918.10	7527.70	0.56	葛市、石北、张黄港、营防、九华等5个乡
		黄泥土	厚层黄泥土	45155.10	49134.30	3.68	黄市、葛市、张黄港、江防、郭园、营防、长青沙等8个乡
			薄层黄泥土	34067.30	37069.40	2.78	葛市、营防、郭园、长江、江防、张黄港等6个乡

续表1-22

土类	亚类	土属	土种	耕地面积	测算面积	占比(%)	分布地区
潮土	灰沙土	黄黏土	厚层黄黏土	20767.50	22597.50	1.69	张黄港、长江、江防、营防、长青沙等5个乡镇及长青沙良种场
			薄层黄黏土	7223.10	7859.70	0.59	长江、江防、长青沙等3个乡镇
		菜园土	沙质菜园土	2174.30	2365.90	0.18	如城镇西郊、宏坝村
			壤质菜园土	449.30	488.90	0.03	白蒲、石庄镇蔬菜大队
水稻土	参育型水稻土	灰夹缠土	厚层灰夹缠土	33678	36645.80	2.75	勇敢、林梓、新姚、丁堰等4个乡
			薄层灰夹缠土	15980	17388.10	1.30	丁堰、勇敢、林梓等7个乡镇
			腰黑灰夹缠土	27792.60	30241.80	2.27	新姚、林梓、勇敢、奚斜、丁西、柴湾等6个乡镇,以新姚乡为多
			灰缠脚土	6531.30	7106.80	0.53	新姚、蒲西两乡

三、土壤肥力

1949年前,域内大部分地区土质较差,加之历史上广大贫苦农民租种土地缺少资金,用肥水平低,河道年久失治,水土流失严重,以致土壤肥力较低。

中华人民共和国成立后,经大力兴修水利,推行旱改水,同时发展绿肥,土壤肥力逐步有所改善。

1959年,土壤普查测定,全县土壤有机质含量0.5%—2%。全县人多田少矛盾突出,复种指数均在220%以上,重用地轻养地现象较为严重。此后,各地强调用养结合、推行水旱轮作,并实施综合改土措施。

1981—1984年,第二次土壤普查测定,全县0—20厘米表层土壤养分:有机质含量平均为1.07%,变幅0.22%—2.34%;全氮含量平均为0.08%,变幅0.03%—0.14%;速效磷含量平均为3.60PPM(浓度单位,1PPM相当于0.001‰),变幅3—20PPM,其中5PPM以下的面积占82.83%;速效钾含量平均为57.30PPM,变幅10—398PPM,严重缺钾地块(50PPM以下)占化验总样本数的44.46%。全县土壤仍属于少氮、低磷、缺钾、严重缺锌的低肥土。

2006年,如皋市被农业部列为测土配方施肥补贴项目市,开展全市耕地地力调查与评价,对全市的123万亩耕地进行野外调查,共采集样品2019个,全市土壤耕作层平均含量为每千克样品15.9克有机质、1.059克全氮、13.8毫克有效磷、74毫克速效钾。与第二次土壤普查的结果相比,土壤有机质、全氮、有效磷、速效钾的含量均有了一定程度的增加,每千克分别上升了5.21克、0.258克、10.7毫克和17毫克。土壤有效磷含量上升幅度最大,达到297%,显示如皋市部分耕地土壤磷素已经过剩;缺钾地块(每千克100毫克以下)占总样本数的87.4%,其中严重缺钾地块(每千克50毫克以下)占总样本数的10.9%。全市土壤有效硼的平均含量为每千克1.08毫克、有效锌的平均含量为每千克1.75毫克,全市缺硼、缺锌面积占5%左右。

此后,未开展土壤普查工作。

第二次土壤普查全县土壤养分含量分级情况一览表

表1-23

项　目		三级土	四级土	五级土	六级土
有机质含量	平均含量(%)	2.10	1.23	0.86	0.52
	变幅(%)	2.00—2.34	1.00—1.99	0.60—0.99	0.22—0.59
	面积(亩)	1101.70	730829.50	470487.90	24080.90
	占耕地(%)	0.09	59.59	38.36	1.96
全氮含量	平均含量(%)	0.11	0.09	0.07	0.05
	变幅(%)	0.10—0.14	0.08—0.10	0.05—0.07	0.03—0.05
	占总样数(%)	13.54	51.10	33.16	2.20
速效磷含量	平均含量(PPM)	13.31	6.80	3.90	2.00
	变幅(PPM)	10—20	5—10	3—5	<3
	面积(亩)	26807.30	183751.61	421614.53	594326.60
	占耕地(%)	2.19	14.98	34.37	48.46
速效钾含量	平均含量(PPM)	124.60	16.70	41.51	26.40
	变幅(PPM)	100—150	50—100	30—50	10—30
	占总样数(%)	4.18	51.36	40.53	3.93

四、植被

1984—1985年，全县土地资源调查结果为：境内植被面积占陆地总面积的66.81%。在植被面积中：自然植被占3.93%，其中沿江沙洲植被（主要为芦苇）面积占3.89%，滩涂自然草地占植被面积的0.04%；人工植被占96.07%，其中人工林、桑、竹、果树等植被占10.50%，农作物植被占85.57%。

在人工林植被中，以湖桑栽植比重最大，占78.59%。其余依次为竹园占9.27%，林木占5.7%，苗圃占3.67%，果树占1.57%，其他园圃占1.21%。农作物植被中，粮食作物占74.66%，经济作物占14.12%，绿肥、饲料、瓜类、蔬菜占11.22%。2010年，在人工林植被中，林木栽植比重为59.9%，湖桑占21.3%，苗圃占12.7%，果树占2.8%，竹园占0.5%，其他园地占2.8%。

第七节 自然资源

一、滩涂、土地

如皋分县前临江滨海，分县后不再拥有沿海滩涂，沿江滩涂资源仍十分丰富，境内圩田地区约占全市土地面积的1/3，均由沙滩围垦而成。明永乐、成化、弘治、嘉靖时，全县官民田分别为163072.09亩、163099.80亩、163099.10亩、163101.88亩。明嘉靖二十一年（1542年），进行全县土地清丈，全县有实田1037453.60亩。明万历十一年（1583年），经丈量，除去坍江田56748.20亩，实存田3039215.80亩。明万历四十一年，全县先后坍去江田20428.80亩、10437.84亩，实存民、灶田3008349.16亩。清顺治年间，原民田、灶田3018787亩，除去坍江田10437.84亩，实存民田、灶田3008349.16亩。清道光至宣统年间，全县土地无增减记载。

民国21年(1932年)《江苏省鉴》载:“如皋全县耕地面积3258250亩。”

民国35年2月8日,苏皖边区第一行政区行政概况统计资料记载:如皋县耕地面积150万亩。民国38年年初,全县总耕地164.20万亩,人均占有耕地1.74亩。中华人民共和国成立后,虽继续于长江边围垦部分滩涂,全县总面积有所增加,但开挖河道、兴修道路、兴办工厂、城市建设及城乡居民住宅建设占用土地大量增加,全县耕地面积逐年减少。1960年,为143.50万亩;1965年,为139万亩;1970年,为132.90万亩;1975年,为128.60万亩;1980年,为126.60万亩。

1984—1986年,进行土地资源调查,按照全国土地利用现状调查技术规程,利用万分之一航测平面图进行测算,全境陆地总面积为2333603.19亩,剔除省沿江农科所、南通市粮棉原种场及南通农业学校占地面积5543.24亩,县属陆地面积2328059.95亩,其中有苇地面积60594.97亩,滩涂面积592.56亩。实有土地总面积2266872.42亩。此后,全市(县)滩涂、土地面积略有变化,至2010年末,全市耕地总面积1633400亩。

1984—1986年如皋县土地资源调查结果一览表

表1-24

单位:亩

土地类别		面积	占总面积(%)	土地类别		面积	占总面积(%)
总面积		2266872.42	—	交通用地	合计数	80810.97	3.60
耕地	合计数	1330868.18	58.71		公路	7169.04	—
	灌溉水田	1025599.64	—		农村道路	73641.93	
	旱地	300058.44		水域	合计数	380641.88	16.79
	菜地	5210.10			河流面积	23077.72	—
园地	合计数	138862.64	6.13		坑塘面积	14599.22	
	果园	2561.62	—		其中人工鱼池	8106.38	
	桑园	128329.11			沟渠	129575.54	
	其他园地	7971.91			水工建筑物	5696.40	
林地	合计数	24435.58	1.08	未利用土地	合计数	5794.52	0.26
	有标地	24435.58	—		盐碱地	129.72	—
	其中:竹林	15130.35			沙地	5080.31	
住宅及工矿用地	合计数	305458.65	13.47		其他	584.49	
	城镇居民点	2912.82	—				
	农村居民点	275213.17					
	工矿用地	22070.51					
	特殊用地	5262.15					

注:1. 表中总面积为境内陆地面积,不含苇地60594.97亩,滩涂592.56亩

2. 此表选自1986年3月如皋县土地资源调查办公室、如皋县水利局编《如皋县土地利用现状调查报告》

1985年如皋县各乡镇耕地面积一览表

表1–25

单位:亩

单 位	总面积	耕地面积	占总面积%	农业人口人均耕地
全县合计	2266872.42	1330868.18	58.71	1.03
新 民	51523.52	28003.78	54.35	0.75
柴 湾	49509.48	29597.21	59.78	1.13
南 凌	40274.69	23463.04	58.26	1.20
雪 岸	38278.54	19693.98	51.54	1.08
东 陈	46013.59	23281.30	50.60	0.90
丁 北	54002.90	33423.21	61.89	1.37
丁 堰	57087.30	35384.65	61.98	1.32
丁 西	42164.27	25987.75	61.63	1.35
建 设	47612.92	29404.49	61.76	1.18
马 塘	46423.68	26666.73	57.44	1.11
林 梓	51810.90	32042.42	61.84	1.19
新 姚	44630.85	27846.92	62.39	1.27
勇 敢	41511.12	25458.03	61.33	1.02
蒲 西	40444.09	24860.59	61.47	1
奚 斜	37400.35	23319.57	62.35	1.22
花 园	50395.81	30276.80	60.08	1.15
下 原	56037.23	33172.16	59.20	0.98
车马湖	39520.76	22591.75	57.16	0.88
龙 舌	37590.34	21412.34	56.96	0.87
营 防	36061.82	22929.75	63.58	1.07
九 华	43408.09	26096.34	60.12	0.91
郭 园	39021.97	24165.91	61.93	0.85
江 防	47641.21	31785.45	66.72	1.02
长 江	40110.11	25413.17	63.36	0.98
张黄港	39814.39	24954.83	62.68	0.97
石 北	41829.05	23321.02	55.75	0.83
吴 窑	45198.20	25904.18	57.31	0.81

续表1–25

单 位	总面积	耕地面积	占总面积%	农业人口人均耕地
高 井	38919.10	22240.74	57.15	0.98
长青沙	12434.31	6878.49	55.32	0.97
葛 市	41284.08	25109.53	60.82	0.97
黄 市	48115.51	26965.11	56.04	0.79
江 安	42716.26	22831.94	53.45	0.74
胜 利	47849.60	28127.88	58.78	1
高 明	52115.76	32377.27	62.13	1.19
常 青	52905.68	32353.30	61.15	1.24
搬 经	49076.49	30206.42	61.55	1.13
加 力	55349.15	34773.98	62.83	1.21
夏 堡	61489.38	38021.39	61.83	1.23
长 庄	51279.58	28193.05	54.98	0.91
场 南	45092.77	24029.33	53.29	0.97
场 北	54431.26	32579.00	59.85	1.30
磨 头	54128.24	31508.06	58.21	0.99
桃 园	41236.86	23440.75	56.84	1.01
大 明	44321.44	25059.19	56.54	1.07
何 庄	48114.06	28557.69	59.35	1.15
袁 桥	49728.29	28122.36	56.55	1.11
戴 庄	49557.21	29801.79	60.14	1.06
邓 园	45537.14	24967.22	54.83	0.78
城 西	36987.49	20169.48	54.53	0.84
如城镇	7617.11	1861.91	24.44	0.37
丁堰镇	2525.21	952.79	37.73	0.82
白蒲镇	1440.58	258.95	17.98	0.31
石庄镇	3840.60	1873.86	48.79	0.47
场东大队	792.47	515.32	65.03	1.01
场 圃	17659.77	7959.21	45.07	
县属其他	5009.84	674.80	13.47	

注：此表选自1986年3月如皋县土地资源调查办公室、如皋县水利局编《如皋县土地利用现状调查报告》

1991—2010年如皋市部分年份耕地面积一览表

表1-26

单位：亩

年 份	年末耕地面积	农业人口人均耕地面积
1991	1223200	0.93
1994	1252300	0.98
1998	1195000	1.02
2000	1238100	1.07
2002	1237800	1.05
2005	1237800	1.05
2008	1226400	1.05
2010	1218000	1.01

二、长江岸线

如皋地处长江下游北岸，拥有丰富的长江岸线资源，部分岸线为深水贴岸、微冲不淤的天然良港。春秋时有发阳口，为春秋发送徭役的港口，又名发繇亭，在现立发桥(今属海安县)。唐代，港口移至今白蒲镇，日本圆仁和尚在《入唐求法巡礼行记》中，写其于唐开成三年(838年)随日本遣唐使入唐所记的大江口，就在今白蒲镇，其时白蒲、郭园、石庄，均处横江江边。唐末古横江完全淤浅成陆，如皋县主要港口移至石庄，历宋朝200余年，直至古石庄和摩诃山坍入江中。古石庄坍入江中后，北移20余千米重建石庄，再次成为沿江重要港口。民国初，孙中山在《建国方略》中，拟在如皋石庄建兵站部。石庄港淤塞后，先后又有头案港、张黄港、新生港等，均为长江下游北岸重要港口。1992年，经过长江水利委员会和江苏省水利厅专家反复论证，在长青沙岛和泓北沙之间修建一条3.5千米的导流堤，整理开辟出3.1千米深水岸线，如皋长江岸线增至48千米，其中深水岸线20.2千米，可建5万吨—10万吨码头30多座。

2010年，长江镇属地长江岸线共48千米，已被利用9.44千米、未利用38.56千米。泓北沙下游预留岸线、水资源保护区存用2.97千米，友谊沙6.98千米。

三、矿藏·沼气

如皋的地下资源主要有煤和沼气。煤主要蕴藏于石庄—车马湖一带的二叠系地层中，埋藏深、难开采，储量亦不大。沼气，主要蕴藏于车马湖、下原及沿江一带地下15—30米的地层中。为古代沼泽环境所形成，蕴藏量小，开采难度大，开采价值不高。

四、水

域内年平均降水1055.50毫米，折合面雨量16.42亿立方米。最大引江水量为12.16亿立方米，另有年平均0.18亿立方米入境水量，总入境水量为12.34亿立方米左右。总出境水量年平均为8.24亿立方米。域内年平均能够利用的水量为4.10亿立方米。

域内地下水贮存于地表下30米内，水量大，水质较好，可作饮用水。第一承压水埋藏于地下50—110米的含粗砾、中砂层中，硬度及矿化度较高，有咸味，水质较差，但由于水温较低，可作工业冷却水。第二承压水埋藏于地下150—160米的砂层中，水质尚好，但水量不大。第三承压水埋藏于地下250—300米的粉细砂层中，水质好，含量较大。全市浅层地下水资源约为3.33亿立方米，其中大气降水补给占86.50%，灌溉回归水占

13.50%，圩田地区一般开采至0.80—1米，高沙土地区一般开采至3—3.5米即可得水。但由于境内引用江水条件优越，开采地下水相对投资较大，一般只有居民开采浅层地下水使用。

五、光能·风能

光能 全县年均辐射量为每年每平方厘米113.45千卡。夏季7月、8月最强，约为每月每平方厘米13.12千卡；冬季12月最弱，约为每月5.97千卡/平方厘米。

风能 年平均风速3.30米/秒，可满足中小型风力机工作，被列为全国风能资源较丰富地区。风速年际变化不大，有系统风速记载以后，最大年平均风速出现在1964年，为3.70米/秒；最小出现在1980年，为2.80米/秒。季节差异情况为：春季3月、4月平均风速最大，为3.80米/秒；秋季9月、10月平均风速最小，为2.80米/秒。

六、动植物

植物资源 市境内常见的植物资源有671种，分属3门、2纲、139科。

孢子植物门：

星接草科：水绵。

念珠藻科：项圈藻（与绿萍共生）。

麦角菌科：麦角菌。

黑粉菌科：黑粉菌。

木耳科：黑木耳、银耳。

银耳科：银耳。

多孔菌科：灵芝。

齿菌科：猴头菌。

伞菌科：蘑菇、香菇、金针菇、草菇、地菇、棒头菇、蕈子。

葫芦藓科：葫芦藓（青苔）。

地钱科：裂托地钱、风兜地钱。

木贼科：问荆、木贼（节节草）。

凤尾蕨科：凤尾蕨（凤尾草）。

蘋科：蘋（田字草、破铜钱草）。

满江红科：绿萍（水花儿）。

槐叶萍科：槐叶萍。

种子植物门，裸子植物亚门：

苏铁科：苏铁（铁树）。

银杏科：银杏树（白果树）。

松科：马尾松、黄山松、黑松、雪松、五针松、金钱松。

南洋杉科：南洋杉（引进）。

柏科：刺柏、圆柏、龙柏、侧柏、扁柏、铺地柏、翠柏、绒针柏、千头柏、香柏、绵柏、黄金柏、花柏、璎珞柏、铅笔柏、米针柏、针柏、桧、万红桧。

杉科：金松（引进）、杉木、水杉（引进）、柳杉（引进）、日本柳杉（引进）、池杉。

罗汉松科：罗汉松、中叶罗汉松、雀舌罗汉松。

种子植物门，被子植物亚门，单子叶植物纲：

雨久花科：凤眼蓝（水葫芦）、鸭舌草。

香蒲科：香蒲（蒲草）。

天南星科：菖蒲、芋（有香塘芋、白塘芋、紫茯芋、龙头芋等品种）、半夏（野芋头）、掌叶半夏、大薸（水浮莲）、马蹄莲（茨菇花）、天南星、摩芋、石菖蒲。

泽泻科：泽泻、慈菇、长瓣慈菇。

禾本科：芦竹、篌竹、浙江淡竹、黄竿竹、紫竹、斑竹、笔竹、玉边竹、慈竹（孝竹）、水竹（烟竹、燕竹）、仮倭竹、米竹、巨槲头、桂竹、刚竹、江芦、芦苇、棕叶芦、荻（乌苉）、红草、甘蔗、砳棵、芒棵、野燕麦（雀麦）、大麦、元麦、小麦、玉米（以籽色分黄、白、紫等，以其淀粉类型分糯性与非糯性。地方品种有小金黄、糯米香）、高粱（分糯性和非糯性两类）、芦穄（分糯性和非糯性两种）、芦粟（甜芦穄、倒梢子），粟（狗尾儿，分糯性和非糯性两种）、黍（穄子，分糯性和非糯性两种）、薏苡（六谷，分苡仁和佛珠两种）、水稻（分糯稻、粳稻、籼稻、杂交稻、香稻等种）、稗（雀稗、水稗）、茼草、菰（茭瓜）、狗牙根（巴衣草、马斑草）、牛筋草（蟋蟀儿草）、马唐（蟋蟀儿草）、白茅（茅草儿）、淡竹叶、狗尾草、大狗尾草、狼尾草（茛草、扎草）、小糠草、大画眉草、早熟禾、荩草、乱草、千金子、棒头草、毒麦、苞子草、硬草、游草。

莎草科：莎草（香附子）、荸荠、短叶水蜈蚣、荆三棱（三棱草）、蓆草、水葱、飘拂草、日照飘拂草、惠穗苔、羊角苔、单性苔、碱草、三方草、牛毛草、萤蔺。

棕榈科：棕榈（棕树）、棕竹、筋头竹（观音竹）。

浮萍科：紫萍（紫背浮萍）、浮萍（青萍）。

鸭跖草科：鸭跖草（竹叶水草）。

百合科：葱、洋葱、蒜、小根蒜（小蒜）、薤、韭菜、文竹、金丝竹、吊兰、百子莲、浙贝母、萱草(紫君子兰)、(金针花)、玉簪花(白鹤花)、紫萼、百合、沿阶草(麦冬)、吉祥草(松寿兰)、万年青(分金边、银边、花叶等品种)、老鸦瓣(光慈菇)、郁金香、葳蕤、天门冬(玉竹、飞天蜈蚣)、剑叶兰(火炬花)。

石蒜科:石蒜(龙爪花)、水仙、葱兰(白花菖蒲莲)、朱顶红(百枝莲)、雪花莲(银花水仙)、雪滴花(银兰水仙)、文殊兰、君子兰、剑麻(白棕)。

薯蓣科:薯蓣(山药)。

鸢尾科:鸢尾(蓝蝴蝶花)、射干、唐菖蒲(菖兰、剑兰)。

芭蕉科:芭蕉(水芭蕉)。

美人蕉科:美人蕉、食用美人蕉。

姜科:姜(生姜)、蘘荷。

兰科:春兰(春草)、蕙兰(夏草)、建兰(秋草)、鱼魫兰、漳兰、素芯兰、石斛、天麻(赤箭、定风草)。

双子叶植物门,合瓣花亚纲:

三白草科:蕺菜(鱼腥草、野番芋头儿)、三白草。

金粟兰科:金粟兰(珠兰)。

杨柳科:垂柳(倒柳)、旱柳(柳树、龙爪柳)、银柳(银芽柳)、杞柳(笆斗柳)、杨(有毛白杨、响叶杨、杂交杨、加杨、小叶杨等品种)。

胡桃科:核桃(胡桃)、枫杨。

桑科:构树(楮实子、谷树子)、无花果、葎草(搪搪儿藤)、乔木桑(有本桑、毛叶桑、马口桑等品种)、湖桑、柘(黄桑)、构(壳树)。

大麻科:大麻(火麻)。

荨麻科:苎麻。

椴树科:黄麻(络麻)。

马兜铃科:马兜铃(天仙藤、青木香果儿)。

蓼科:荞麦、萹蓄(马尾草、铁丝草)、虎杖(班根、紫金龙根)、水蓼(辣蓼草、洒药草)、红蓼(荭草、水红花)、何首乌(夜交藤、野番芋)、贯叶蓼(猫儿刺、倒挂金钩、河白草)、羊蹄(土大黄、地方根)、蓼蓝、蓼子草、大子蓼、扛板归。

藜科:灰绿藜(灰藋)、小藜、市藜、土荆芥、地肤(扫帚草)、菠菜、莙菜(糖甜菜)、叶用莙菜(莙荙菜、甜菜)。

苋科:苋、刺苋(野苋菜)、绿苋、鸡冠花、青箱(野鸡冠花)、土牛膝(牛膝头盘儿草)、空心莲子草(水花生)、千日红(百日红)、雁来红(老来少)、锦西风(十样锦、三色苋)。

紫茉莉科:紫茉莉(懒婆娘花)、叶子花(三角花)、银茉莉。

野茉莉科(安息香科):野茉莉(侯风藤)。

商陆科:商陆(章柳根、打路根)。

马齿苋科:马齿苋、半枝莲(洋马齿苋)。

石竹科:石竹(洛阳花、竹节花)、瞿麦、漆枯草(珍珠草、小叶米须草)、麦兰菜(王不留行)、剪夏罗(剪红罗)、雀舌草、卷耳草、蘩缕、朱蘩缕。

睡莲科:芡实(鸡头菱)、荷花、睡莲(子午莲)、碗莲。

毛茛科:阿乐泰银莲花(九节菖蒲)、芍药、牡丹、毛茛(老鬼脚迹草)、石龙芮(鸡脚爪儿草、野芹菜)、白头翁(老公花)、回回蒜。

小檗科:十大功劳(阔叶十大功劳)、南天竺(天竺)。

木兰科:白兰花(白兰、缅桂)、玉兰(白玉兰)、紫玉兰(辛夷)、荷花玉兰(广玉兰)、含笑。

腊梅科:腊梅(分枸心腊梅、素心腊梅及馨口腊梅等变种)。

罂粟科(紫堇科):罂粟花(大烟花,现禁栽种)、虞美人、紫堇、延胡索(元胡、玄胡索)、荷花牡丹。

十字花科:油菜、白菜(青菜、黑菜、毛菜、百合头、绞梗儿白)、大白菜(黄芽菜)、芥菜、麻芥菜、荠菜、播娘蒿(甜葶苈)、雪里蕻、紫罗兰、花椰菜(花菜)、甘蓝(卷心菜、包菜)、球茎甘蓝(苤蓝)、芜菁(本地大头菜)、芜菁甘蓝(洋大头菜)、茎用芥菜(榨菜)、二月兰(诸葛菜)、萝卜(分扬花萝卜、红萝卜、四十子、鸭蛋头、六十子、百日子等品种)、菘蓝(田青、大青叶、大兰)、蔊菜(野菜子)、遏兰菜(菥蓂、狗脚板儿、罗汉菜)。

景天科:景天(蝎子草)、瓦松(瓦花)、景天三七、珠芽(马屎花)、垂盆草。

虎耳草科:虎耳草(金丝荷叶)、溲疏、落新妇(虎麻)。

海桐科:海桐。

杜仲科:杜仲。

蔷薇科:龙芽草(仙鹤草、脱力草)、蛇莓(蛇果藤、蛇葡萄)、枇杷、苹果、杏、桃(主要品种有水蜜桃、紫桃、蟠桃、毛桃、碧桃、垂枝碧桃、寿星桃、红叶桃)、李(主要品种有麦李、杏李、郁李、红叶李)、梨(主要品种有砂梨、白梨、杂交梨)、月季、金樱子、掌叶覆盆子、石楠、草莓、蔷薇(木蔷花)、樱花、木香、麻叶绣球、梅(有春梅、垂梅、曲梅、乌梅、榆叶梅、绿萼梅等品种)、海棠(有梨花海棠、西新海棠、白海棠三个变种)、贴梗海棠(贴梗木瓜)、棣棠、垂丝海棠。

猕猴桃科:猕猴桃。

豆科:合欢(夜合树)、落花生(花生、长生果,本地优良品种有麻荚儿、莲子花生等)、黄芪、决明、望江南、紫荆、扁豆(有红扁豆、猪耳朵、油荚儿、草扁豆等品种)、大豆(黄豆、六月红、八月白、绿宝石、荚荚三等菜用品种,有黑黄豆、花脸儿、黄豆等油料品种,有白黄豆,为豆制品所用品种)、皂荚、豆劳豆(野黄豆儿)、草木樨、含羞草(痒慝儿草)、赤豆、绿豆、豌豆(有白玉豌、扁豆豌、草豌等品种)、豇豆(有早豇豆、秋豇豆、米儿豇、盘香豇等品种)、菜豆(四季豆、刀豆)、补骨脂(破鼓纸)、槐树(有变种龙爪槐)、刺槐(洋槐、丁刺槐)、紫穗槐、苦参、蚕豆(有饭豆儿、牛踏扁等品种)、田菁、木蓝、紫云英(红花草)、苜蓿(黄花儿)、紫苜蓿、三叶草(分白花、红花两个品种)、香豌豆(花豌豆)、薇(野豌豆)、藿(野绿豆)、鸡目草、小巢菜、黑大豆、紫藤、豆薯(地瓜)。

酢浆草科:红花酢浆草(铜锤草)、酢浆草(酸浆草)。

牛儿苗科:天竺葵(石蜡红)、野老鹳草。

蒺藜科:蒺藜。

芸香科:枳(铁篱笆果)、金柑(金橘)、桔、香橼(枸橼)、佛手、代代花、橘橼(三代橼)、黄檗(黄柏)、花椒。

苦木科:臭椿。

楝科:楝树、香椿、米仔兰(树兰)。

大戟科:铁苋菜(野麻、野锦花)、泽漆(羊奶草、奶奶头草、五朵方)、地绵(花被单)、油桐、续随子(千金子)、蓖麻、狗尾红、红桑、虎刺(铁海棠)、乌柏(桠交树)、变叶木、黄珠子草、叶下球。

黄杨科:黄杨。

冬青科:冬青、枸骨(乌不宿、猫儿刺)。

卫矛科:卫矛(鬼见羽)、大叶黄杨(青篱)。

凤仙花科:凤仙花。

鼠李科:枣、枳木具(拐枣、金钩子)、马甲子(铁篱笆)。

葡萄科:葡萄、地绵(爬山虎、花被单)、乌蔹梅(猪娘花、五爪金龙)。

锦葵科:苘麻(红麻、野麻)、木芙蓉(水芙蓉花)、木槿(槿树、金漆树)、陆地棉(棉花)、槿麻(红麻、洋麻)、槭葵、黄蜀葵(秋葵)、蜀葵(饼儿花)。

梧桐科:梧桐(青桐)、夜落金钱(金钱花)。

山茶科:山茶(茶花)、茶(本茶叶树)。

金丝桃科:金丝桃。

柽柳科:柽柳(观音柳)。

堇菜科:长萼堇菜、心叶堇菜(梨头草)、紫花地丁(地丁草、紫花草、疔疮草)、大花三色堇。

秋海棠科:四季秋海棠(瓜子海棠)、秋海棠。

仙人掌科:仙人掌、仙人球、仙人柱、仙人鞭、仙人拳、仙人杖、仙人山、量天尺、仙人子、仙人棍、昙花、蟹爪兰、令箭荷花、鹿角掌、龙舌蕉、宝石花、海绵花。

瑞香科:瑞香(睡香)、结香。

胡颓子科:胡颓子(野枣儿、潘桑果儿)。

石榴科:石榴、复瓣石榴、白石榴。

菱科:乌菱(风菱、老菱)、野菱(四角菱)。

柳叶菜科:待霄花(月见草、晚春锦)、吊钟海棠(倒挂金钟)。

五茄科:五茄。

伞形科:旱芹(蒲芹)、水芹(芹菜)、杭白芷(香白芷)、库页白芷(川白芷)、积雪草(落得打)、蛇床、芫荽、野胡萝卜(鹤虱子)、胡萝卜、茴香(小茴香)、天胡荽(破铜钱草、小金钱草)、川芎(抚芎)。

山茱萸科:山茱萸。

离瓣花亚纲:

杜鹃花科:杜鹃(映山红)、白杜鹃、花杜鹃(闹羊花)。

报春花科:地点梅(五角星草、喉咙草)、藏报春、仙客来(兔子花)。

柿树科:柿、君迁子。

木樨科:连翘、探春、迎春、茉莉、毛茉莉、女贞、桂花、紫丁香、金钟花(黄金条)。

夹竹桃科:夹竹桃、络石、常春花。

萝摩科:萝摩(摩萝、芄兰)、飞来鹤(白何首乌、天鹅绒藤)。

旋花科:牵牛(喇叭花)、裂叶牵牛花、蕹菜(空心菜)、甘薯(山芋、番芋)、月光花、菟丝子、打碗花、茑萝(拜烛儿花)、小旋花。

马鞭草科：海州常山（臭梧桐）、马鞭草（铁马鞭、红藤草）、美女樱。

唇形科：藿香、筋骨草（散血草、白毛夏枯草）、连钱草（金钱草、铜钱草、臭草、蛇壳草）、夏至花、野芝麻、益母草（枯草、苦草）、地笋（泽兰、野甘露子）、甘露子（蜗螺儿菜）、薄荷、罗勒（家佩兰）、白苏、紫苏（彩叶草）、夏枯草（灯笼草）、丹参、荔枝草（癞宝草）、荆芥、一串红（炮仗红）、半支莲（牙刷草、并头草）、佛座、香薷。

茄科：曼陀罗（洋金花、风茄儿）、枸杞、番茄（西红柿）、酸浆（挂金灯、锦灯笼）、苦蘵（天泡子、灯笼草）、白英（白毛藤、排风藤）、白茄、紫茄、龙葵（天落打、野辣茄）、马铃薯（洋番芋、土豆）、辣椒（有柿子头、菜椒、戳天椒、观赏辣椒等品种）、五色茉莉、红花烟草。

玄参科：通泉草、泡桐、怀庆地黄（鲜生地）、浙玄参（黑玄参）、柳穿鱼（小金鱼草）、锦花沟酸浆（猴面花）、婆婆纳、直立婆婆纳、陌上菜、蚊母草。

紫葳科：凌霄（紫葳）、硬骨凌霄、梓、楸。

胡麻科（芝麻科）：芝麻（有黑、白、黄、红等品种）。

狸藻科：狸藻。

爵床科：爵床（小青草）、马蓝（制颜料用）、九头狮子草。

车前科：车前草（牛舌头草）。

茜草科：猪殃殃、栀子、鸡矢藤（臭藤）、六月雪（天星木、路边姜）。

忍冬科：金银花（忍冬）、接骨木（扦扦活）、珊瑚树（法国冬青）、大绣球（斗球、木本绣球）、香夹花（探春）、海仙花（五色海棠）。

葫芦科：盒子草、冬瓜、西瓜、籽西瓜、甜瓜（有香瓜儿、梨瓜）、水瓜（有水侉子、茄儿瓜等品种）、龟瓜（变种哈密瓜）、野甜瓜（屎塘瓜儿）、南瓜（番瓜、饭瓜）、观赏南瓜（金瓜）、黄瓜（中有小黄瓜品种）、菜瓜（牛角瓜）、丝瓜（分香丝瓜和蛇丝瓜两个品种）、苦瓜（癞葡萄）、笋瓜、海蜇瓜、括蒌（杜瓜、瓜蒌）、小葫芦（神仙葫芦）、葫芦（汤罐瓢）、瓠子（瓢儿）。

桔梗科：党参、半边莲（蛇啄草、粪蛆草）、桔梗、沙参（铃儿草）。

菊科：牛蒡（万把钩）、艾、黄花蒿（臭蒿）、青蒿（香蒿）、野唐蒿、紫苑、白术、飞廉、天名精（鹤虱果儿）、红花、石胡荽（鹅儿不食草）、小蓟（刺儿菜、小蓟姆、小蓟头）、大蓟（铁刺楷、牛戳嘴）、茼蒿、菊花、野菊（田边菊）、菊花头、鳢肠（旱莲草、烂脚丫）、一年蓬（野蒿）、中飞蓬、佩兰（野佩兰、草佩兰）、鼠曲草（棉花草、佛耳草）、土三七、泥胡菜、旋覆花、剪刀股、苦荬菜（奶浆草）、马兰（路边菊、鸡儿肠）、莴苣、叶用莴苣（生菜）、多头莴苣、除虫菊、一枝黄花（蛇头王）、匍茎苦菜（苣荬菜）、蒲公英（黄荷朗）、苍耳（野茄儿子、苍浪子）、稻槎菜、女宛、豚草、大丽菊（番芋花）、菊花脑、向日葵（葵花）、菊芋（葵花芋）、苹果菊（茶菊）、蛇目菊（金鸡菊、小波斯菊）、波斯菊（大波斯菊）、金盏菊（长生花）、雏菊（春菊）、翠菊（五月菊、七月菊）、桂圆菊、万寿菊、荷兰菊、三色菊（五色茼蒿菊）、百日草（百日菊）、瓜叶菊。

落葵科：落葵（紫果儿）、白落葵（白紫果儿）。

龙舌兰科：晚香玉（夜来香）、龙舌兰、金边龙舌兰。

千屈菜科：紫薇（痒惬儿树，有银薇、翠薇、红薇3个变种）、千屈菜（水枝柳）、水苋菜、节节草、田蘩缕。

紫草科：香水草（洋茉莉）、附地菜。

白花菜科：醉碟花（蝴蝶花）。

榆科：榆树、朴树、榉树。

大风子科：柞。

金缕梅科：枫香（枫、红枫）、绿枫、三角枫、棉花枫、文母树、檵木。

樟科：樟（香樟）。

悬铃木科：悬铃木（法国梧桐）。

龙胆科：香菜、荇菜（油塌儿）。

水鳖科：水车前、苦草。

防己科：千斤藤。

瓶儿小草科：瓶儿小草。

灯芯草科：灯芯草。

谷精草科：谷精草。

眼子菜科：眼子菜（鸭子草）、虾藻。

金鱼藻科：金鱼藻（萎草）。

动物资源　境内常见的动物资源有387种，分属4门、13纲、58目。

环节动物门，毛足纲：

寡毛目：直隶环毛蚓（臊寒蟮）、红蚯蚓（香寒蟮）。

多毛目：日本沙蚕（水百脚）。

蛭纲：

宽体金线蚂蟥（大蚂蜞）、柳叶蚂蟥（小蚂蜞）、肝蛭（羊肝蚂蜞）。

软体动物门，瓣腮纲：

河蚌（河㖞）、三角帆蚌、射线裂背蚌、皱纹冠蚌、河蚬（蚬子）。

腹足纲：

蜗牛（角螺儿）、田螺、螺蛳、沼螺、钉螺、蛞蝓（泥滑虫儿、鼻涕虫、蜒蚰）。

节肢动物门，昆虫纲：

鳞翅目：菜粉蝶（白蝴蝶）、甘蔗螟（钻心虫）、金凤蝶（逸蝶儿）、大螟、二化螟、三化螟、地老虎（地蚕）、黏虫（麦蚕儿）、棉铃虫、红铃虫、玉米螟、高粱条螟、菜螟、萍螟、桃蛀螟、金刚钻、斜纹夜蛾、银纹夜蛾、小菜蛾、大豆食心虫、梨食心虫（分大、小两种）、苹果蠹蛾、刺蛾（有黄、褐、青、扁等品种）、柳毒蛾、桑尺蛾（桑尺蠖）、桑螨、桑螟、草地螟、菜螟（剜心虫）、大豆夹螟、稻纵卷叶螟、桑卷叶螟、甘薯天蛾、豆天蛾、柳天蛾、菜蛾、家蚕、柞蚕、野蚕、稻螟蛉、稻苞虫、稻眼蝶、黄腹灯蛾（毛毛虫）、红腹灯蛾、仿污白灯蛾、大蓑蛾（避债虫、落屎宝儿）、桑蓑蛾。

同翅目：蚱蝉（有蚱蟟，体大色黑；知了，体小色灰；嘟蟟，体小色绿等品种）、蚜虫（腻虫，有棉蚜、麦长管蚜、麦二叉蚜、玉米蚜、桃蚜、萝卜蚜、苜蓿蚜等品种）、黑尾叶蝉、电光叶蝉、大青叶蝉、桑叶蝉、稻飞虱、桑木虱、梨木虱、吹绵蚧、桑盾蚧、梨园蚧、桃球蚧。

半翅目：稻蝽（分褐、黑、绿缘，针缘等品种）、盲蝽象（臭鳖子）、梨网蝽、田鳖、温带臭虫（扁螂）。

脉翅目：蚁蛉（鬼星蛉儿）、绿蜻蜓（荷包星蛉儿）、红蜻蜓（龙虱子）、小麦吸浆虫。

螳螂目：大刀螂（斫螂）、斑螳螂（草斫螂、小斫螂）、薄翅螳螂（绿斫螂）、巨斧螳螂。

直翅目：蟋蟀（有油葫芦、棺材头、灶鸡儿等品种）、稻蝗、负蝗、棉蝗、蔗蝗、中华蚱蜢（尖子蚱蜢）、齿脊疣蝗、花胫绿纹蝗、蝼蛄（土狗儿）、纺织娘（络纬、纺车儿）、蝈蝈（侉蛉儿）、灶马（钱驮子）。

双翅目：双斑黄虻、复带虻（牛虻）、蠓、麦秆蝇、舍蝇（苍蝇）、金蝇、麻蝇、蜂蝇、蚕蛆蝇、潜叶蝇（有水稻潜叶蝇、豌豆潜叶蝇等）、按蚊（疟蚊）、库蚊、摇蚊、伊蚊（黑蚊）。

鞘翅目：叩头虫、苹果小吉丁虫（半皮虫）、六星吉丁虫、四黄斑吉丁虫、步行虫、甘蔗小象岬、桑象岬、桑小灰象岬、甜菜象岬、竹象岬、米象（牛子）、稻象岬、萍象岬、大谷盗（米蛀虫）、黄守瓜（瓜萤）、大猿叶虫、黄条跳岬、大斑蝥（屁夹虫儿）、小斑蝥（小屁夹虫儿）、大黑金龟岬、蜣螂（喷屎虫儿）、独角蜣螂、黄莹（火萤虫儿）、豆芫菁、星天牛、桑天牛、光肩星天牛、云斑天牛、虎天牛、桃红颈天牛、蝎天牛、菊天牛、二十八星瓢虫、七星瓢虫（新娘子）、豌豆象、蚕豆象、小豆象、豉虫。

膜翅目：中华蜜蜂、大黄蜂、斑胡蜂、蜾蠃（铁胡蜂）、蚂蚁、麦叶蜂、赤眼蜂、脊腹茧蜂、黑卵蜂、广大腿蜂。

等翅目：家白蚁、散白蚁。

缨翅目：烟蓟马、棉蓟马、瓜蓟马、稻蓟马、桑蓟马。

蜚蠊目：地鳖虫、蜚蠊（蟑螂、蟑鳖虫）。

蚤目（隐翅目）：跳蚤（蛇蚤）、隐翅虫。

甲壳纲（软甲亚纲）：

沼虾（青虾）、米虾（中虾）、中华米虾、克氏螯虾（龙虾）、草虾、中华绒螯蟹（河蟹）、相手蟹（蟛蜞）、鼠妇（平甲虫、豌豆虫儿）。

蛛形纲：

蜘蛛目：蜘蛛（蟢蟢儿）、草蛛、花蛛、蝇虎、狼蛛、蟹蛛、壁钱。

蝎目：问荆蝎。

盲蛛目：盲蛛。

蜱螨目：棉叶螨（红蜘蛛）、疥螨、粉螨（叶虫儿）、麦叶螨（麦蜘蛛）、尘螨。

多足纲，唇足亚纲：

少棘巨蜈蚣（百脚）、花蚰蜒（蓑衣虫儿）、马陆（臊气娘子）。

脊索动物门，脊椎动物亚门，鱼纲：

鲟形目：中华鲟。

合腮目：黄鳝（长鱼）。

鲤形目：鲤鱼（花鱼）、青鱼（青鱼军）、草鱼（花鱼军）、鲫鱼、鲢鱼（白鲢、文鲢）、鳙鱼（草鲢）、鳘鲦（鳘鱼）、黄鲦（黄鳘、翘嘴儿）、鳊鱼、鲮鱼、鳑鲏、鳡鱼（鳡枪）、鲃鱼（鲃鲃儿）、金鱼、罗汉鱼（罗汉儿）、鲌鱼（白鲦）、鳟鱼（红眼儿）、泥鳅。

鲶目：鲶鱼（泥八儿）。

鲱形目：鲥鱼、凤鲚（凤尾鱼）、刀鲚（刀鱼）、大银鱼、间银鱼（面鱼儿）、太湖新银鱼。

鳗鲡目：鳗鲡（鳗鱼）。

鲈形目：鳜鱼（鯚婆子）、鲈鱼、罗非鱼（非洲鲫鱼，60年代引进）。

鳢形目：鳢（黑鱼）、塘鳢（虎头鲨儿）。

鲇亚目：黄颡（黄鉠、鉠鰤）、长吻鮠（鮰鉠、江泥八儿）。

鲀形目：河豚。

两栖纲：

有尾目：蝾螈。

无尾目：黑斑蛙、金线蛙（绿田鸡）、雨蛙、泽蛙（旱哥儿）、中华大蟾蜍（癞宝）。

爬行纲：

蜥蜴目：壁虎、蜥蜴（草龙儿、四脚蛇、七寸子，常见品种是麻蜴）。

龟鳖目：黄喉水龟、中华鳖、鼍（扬子鳄，今无）。

蛇目：水蛇、水赤链（荐鸡）、火赤链（臭斑）、黑眉锦蛇（菜花黄）、乌风蛇（黑乌风）、青蛇、蟒蛇（今已少见）、蝮蛇（有地鳖蛇、毛地鳖等品种）。

鸟纲：

鹳形目：白鹳、黑鹳、苍鹭、池鹭（螽子）、白鹭、牛背鹭、小鸊鷉（水葫芦、野鸭）、凤头鸊鷉（野鸭）。

雁形目：白鹅、狮头鹅、麻鸭、北京鸭、鸿雁、豆雁、大天鹅、小天鹅、短嘴天鹅、鹊鸭、罗纹鸭（大野鸭）、鸳鸯。

鸡形目：鸡（如皋名种三黄鸡）、乌骨鸡、珍珠鸡、鹌鹑、环颈雉（野鸡）、鹧鸪。

鸽形目：家鸽、山斑鸠、珠颈斑鸠（白个个）。

鹦形目：虎皮鹦鹉、徘胸鹦鹉（笼养鸟）。

雀形目：白腰文鸟（十姐妹）、白头鹎（白头翁）、麻雀、大嘴乌鸦（老鸦）、喜鹊（鸦鹊）、灰喜鹊（洋喜鹊、洋家喜儿）、家燕、金腰燕、八哥（鸲鹆）、泥八哥、百灵、鹪鹩（黄脰儿）、白鹡鸰（雪姑）、黄腹灰鹡鸰（鹡鸰儿）、黑枕黄鹂（黄莺）、绣眼、太平鸟、棕头鸦雀、灰头鸦雀、柳莺、苇莺、乌鸫（百舌）、灰背鸫、斑鸫、虎斑地鸫、灰头鹀、三道眉草鹀、黄眉鹀、黄胸鹀、蜡嘴（山练子）、锡嘴、金丝雀（芙蓉鸟）、棕背伯劳、牛头伯劳、画眉鸟、相思鸟。

鴷形目：绿啄木鸟。

鹤形目：丹顶鹤（仙鹤）、苦恶鸟（格锻、王翁、苦螽、白胸秧鸡）。

佛法僧目：翠鸟。

鹃形目：二声杜鹃（郭公）、四声杜鹃（麦好割膏）、短翅树莺（蜗螺儿不吃粥）。

鸻形目：燕行（土燕子）、三趾鹬。

鸥形目：海鸥、白额燕鸥。

隼形目：燕隼、鹘、鹫、鸢、苍鹰（鸦虎）、鹞、雀鹰、爽鸠（今少见）。

鹈形目：鸬鹚（鱼鹰、杈鱼跃儿、鸦）。

鸮形目：耳鸮、角鸮、鸺鹠（长耳鸮、猫头鹰）。

哺乳纲：

鲸目：长须鲸（闰鱼）、江豚（江猪）、伪虎鲸。

食肉目：家犬（狗子）、狼犬、狐、家猫、狸（豹猫、狸猫）、虎（明嘉靖间尚有）、水獭、水貂（引进）、貉（狗獾）、獾（猪獾）。

食虫目：刺猬（刺鱼、慈鱼）。

奇蹄目：马、驴、骡。

偶蹄目：梅花鹿、麋（远古多产，今绝迹）、獐（1949年以前常见）、麂［民国34年（1945年）以前常见］、猪、黄牛、水牛、荷兰牛、山羊、绵羊。

兔形目：玉兔、欧兔（野兔、草兔、高耳朵）、安哥拉兔（长毛兔，引进）、力克斯兔（剥皮兔，引进）。

长鼻目：亚洲象（约公元前4000年）。

翼手目：蝙蝠（油老鼠）。

啮齿目：家鼠、白鼠（洋老鼠）、黑线姬鼠、棕色田鼠、普通田鼠。

灵长目：猕猴。

七、中药材

1986年，进行全县中药材资源普查，境内共有植物中药材112科、292属、363种，含藻类1科、1属、1种；菌类8科、10属、13种；蕨类3科、3属、3种；裸子植物6科、10属、12种；被子植物95科、269属、334种；动物中药材53科、73种；其他中药材6种。常年可收购的有170多个品种，其中野生药材占75%，家种药材占25%。属于如皋特产药材有半夏、壳芡实等。较名贵药材有蛇胆、蟾酥等。大宗的有天花粉、桑葚子、楮实子、瓜蒌皮（仁）、旋复花、香橼、桑白皮、刺猬皮、芦根片、地鳖虫、僵虫、蜣螂虫、蒲黄、枇杷叶、女贞子、壁虎、蝉衣、合欢皮、蜂房、益母草、稀莶草。比较重要的有乌蛇、龟板、鳖甲、紫河车、首乌、角针、透骨草、冬葵子、牛虻虫、独角蜣螂虫、地骨皮、枝莲、毛茛等。人工栽培的有川芎、板蓝根(大青叶、青黛)、玄胡、地黄、菊花、白术、芍药、浙贝母、泽泻、红花、白藏、玄参、丹参、苡仁、黄芪、紫苑、百合、补骨脂等。

第八节 自然灾害

一、旱灾

宋熙宁七年(1074年),大旱。

宋大观二年(1108年),大旱。

宋绍兴三年(1133年)、绍兴六年、绍兴七年,大旱。

宋嘉定十一年(1218年),旱,麦类失收。

明洪武二十五年(1392年),大旱。

明正统五年(1440年),大旱。

明成化六年(1470年)秋至成化八年春,大旱,运河水竭。

明成化二十年秋,大旱。

明弘治十四年(1501年)至弘治十六年秋、弘治大八年,大旱。

明嘉靖二年(1523年),农历正月至六月,大旱。

明嘉靖五年,旱,麦类失收。

明嘉靖十四年、明嘉靖三十二年、明嘉靖三十八年,大旱。

明万历十八年(1590年),大旱。

明崇祯六年(1633年)、崇祯十一年至崇祯十四年,大旱。

清顺治九年(1652年),大旱。

清康熙二年(1663年)农历五月至七月,无雨,禾苗全部枯萎。

清康熙十年、康熙十八年、康熙三十二年、康熙三十八年,大旱。

清乾隆三年(1738年)秋,大旱,河水枯竭。

清乾隆九年夏,大旱。

清乾隆十一年夏,亢旱。

清乾隆五十年,大旱。

清嘉庆十九年(1814年)夏,大旱,河水干涸。

清咸丰六年(1856年)夏,旱,秋谷严重歉收。

清同治十二年(1873年)夏,旱,秋季作物歉收。

清光绪二年(1876年),旱。

清光绪六年秋、冬,大旱。

清光绪十六至十八年,连岁旱,东乡灾情尤重。

清光绪二十年夏至秋,大旱。

民国3年(1914年)7月,大旱,禾苗枯萎。

1953年,旱,受灾面积16.99万亩,占全县耕地面积的16%。

1959年秋,旱,40天不雨,大河见底,作物减产3—5成的有25.05万亩,减产5成以上的有19.68万亩,占总耕地面积的32.37%。灾民32.89万人。

1966年4—10月,连续干旱,尤以7—8月旱象严重,总雨量157.50毫米,占常年同期雨量的53%。

1978年,全年降水量503.60毫米,为常年雨量的一半。

2005年初夏,旱,经济损失约1.60亿元。

二、涝灾

南朝宋元嘉十二年(435年)夏,大水。

宋乾兴元年(1022年)、宋天圣二年(1024年),大水。

宋嘉祐六年(1061年)秋,“淫雨”。

宋元祐元年(1086年)、元祐八年,水灾。

宋绍兴五年(1135年)、绍兴二十八年,大水。

宋乾道三年(1167年)秋,连阴雨,“田禾多烂”。

宋庆元五年(1199年),大水。

宋景定五年(1264年)、宋咸淳七年(1271年),“海潮涌溢,溺死居民”。

元大德二年(1298年),“江水暴溢,高四丈余,湮没人畜庐舍”。

元皇庆二年(1313年)农历八月,海溢。

元至正元年(1341年),“海潮涌溢,溺死居民。”

明洪武二十二年(1389年)农历七月,“海潮涨溢,毁坏堤堰,溺死灶丁”。

明永乐九年(1411年),“江潮连涨4日,漂没人畜”。

明正统九年(1444年),“江潮泛溢”。

明景泰六年(1455年)、明天顺元年(1457年),水灾。

明成化元年(1465年),水灾。

明成化三年农历七月,“海潮涨溢,毁坏堤岸”。

明正德十二年(1517年),大水,淹没麦禾。

明正德十三年至十五年,水灾。

明嘉靖二年(1523年)、明嘉靖七年秋,大水。

明嘉靖十八年农历闰七月,“海水骤溢二丈余,漂溺居民”。

明嘉靖十九年秋,大水。

明嘉靖二十年春,大水。

明嘉靖三十七年秋,“大水伤禾,毁坏民房”。

明隆庆三年(1569年),“海潮溢,高二丈余,市内行船”。

明隆庆五年、隆庆六年,水灾。

明万历二年(1574年),大风雨,江潮,居民溺亡,县城内学宫被风潮冲塌。

明万历六年,大水。

明万历九年农历八月,大水,塘、圩、坡、埂被冲决,溺死居民。

明万历十年农历正月,海潮涨,浸没丰利等场,3000多人溺亡。

明万历十三年,海水涨溢。

明万历二十一年,大水。

明万历二十二年、明万历二十三年,水灾。

明万历二十四年、明万历三十六年、明万历四十年,大水。

清顺治四年(1647年),海潮溢。

清顺治五年,大雨。

清顺治八年,淫雨,大水冲坏民舍。

清顺治十一年秋,水涝。

清顺治十七年,大水。

清顺治十八年,江潮溢。

清康熙二年(1663年)农历九月,连阴雨。

清康熙四年夏,海潮倒灌。

清康熙三十五至十七年、清康熙三十四年,大水。

清康熙三十五年,“海潮溺人”。

清康熙四十一年、四十四年、四十七年、五十四年,大水。

清雍正元年(1723年),“淫雨”。

清雍正二年秋,大风雨,海啸,市内行船,沿海房舍漂没一空。

清雍正十年秋,“大风雨,陆地水深尺余,江海涨溢。”

清雍正十一年农历六月,大水。

清雍正十二年夏,大雨,海潮涨溢。

清雍正十三年秋,大水。

清乾隆元年(1736年),农历四月二十三夜,大风雨,水溢市区;秋,大水。

清乾隆七年,大水,“禾苗尽伤”。

清乾隆十二年,江潮溢,伤害禾苗。

清乾隆十九年夏,大水。

清乾隆二十年,农历二月起连阴雨,八月江潮溢,九月海潮溢。

清乾隆四十六年立秋前一日,江潮溢。

清嘉庆二年(1797年),大风雨,海潮溢,伤害居民。

清道光三年(1823年)夏、道光六年秋、道光九年农历八月,大水。

清道光十一年夏,大雨,江潮暴涨,八月大水。

清道光十三年,春,大水;秋,大风潮,掘港、丰利盐场被海水淹没。

清道光十四年秋、清道光十五年秋、清道光二十年秋、清道光二十三年秋,大水。

清道光二十八年农历六月二十八,海潮溢;秋,大水。

清道光二十九年夏,江海潮暴涨成灾,有不少居民溺亡。

清道光三十年农历八月十四,大水。

清咸丰元年(1851年)农历八月初二,海潮溢。

清咸丰二年农历七月二十五,海潮直入内河。

清咸丰四年农历十一月初五、清咸丰五年农历三月七日,“水啸”。

清咸丰七年,农历七月十九,海潮溢,冲决堤堰;八月,江潮溢。

清咸丰八年农历七月,海潮泛涨。

清咸丰十一年农历八月,海潮溢,冲决范公堤,毁坏民房、煎盐棚。

清同治六年(1867年)农历八月,海潮溢。

清同治九年农历八月,“水啸”。

清同治十三年，水灾。

清光绪元年(1875年)，大水。

清光绪九年夏，大水，“麦多红腐”；秋，沿江潮灾。

清光绪十一年，大水，麦类霉烂。

清光绪十二年农历五月，大雨旬日，麦粒皆吐芽，食后呕吐。

清光绪十三至十六年，均有水灾。

清光绪二十七年七月初四，大潮，自张黄港至碾砣港，悉成泽国，灾民8699人。

清宣统二年(1910年)秋，水淹。

清宣统三年夏，雨水过多，江潮暴涨。7月11—14日，连日飓风，自张黄港至丝渔港，堤岸被冲决139处。淹没田地4万余亩，受灾4786户，灾民2.17万人。

民国20年(1931年)，7月3日起连日大雨，昼夜不停，水势骤涨，沿江地区全部被淹，周圩闸被大水冲倒，永安沙坍坎，死8人。

民国38年7月18日、23日，两次台风侵袭，江潮陡涨，沿江江堤缺口44处，被淹农田17万亩，死4人，倒房104户。

1954年6—7月，先后3次暴雨，水位高涨，被淹农田163万多亩，倒房1万多间，伤40人，死15人，灾民3万人。

1962年6—9月，总雨量1028毫米，农田大面积积水，累计受灾228万亩，房屋倒坏89315间，死2人，伤180人，死牛6头，猪33头，灾民27万人。

1972年6—8月，连阴雨，总雨量732毫米，形成涝灾。

1977年9月10—15日，受当年8号台风影响，过程雨量205毫米。倒塌房屋32040间，88万亩旱田积水，严重受涝面积42.96万亩，棉花普遍倒伏。

1979年9月11日，受当年8号台风影响，普降大到暴雨，农作物严重受损，倒房32000间，倒墙1.2万堵，邮电、交通严重受阻。

1980年7月8日晚至10日晨，遭大暴雨袭击30多小时，平均降雨190毫米，降雨量最大的勇敢公社243.90毫米。全县受涝面积72.88万亩，死亡7人，伤57人，倒房15334间，倒墙28172堵，公路线局部被淹没，如黄路、红旗路遭到不同程度损坏。

1981年10月上旬，连续阴雨9天，总雨量116.50毫米，全县皮棉平均亩产损失5—7.50千克，晚稻瘪谷增加，千粒重下降，山芋出现水伤，大头菜出现烂根。

1983年7月1日，全县受强龙卷风的影响，普降特大暴雨，雨量均在100毫米以上，袁桥公社日雨量为248毫米。全县百万亩农田受淹，供电设备损坏，电话中断，经济损失3000多万元。

1986年6月下旬，连遭暴雨，其中24日勇敢乡降雨量174.30毫米。有65万亩农田受淹。损毁桥梁32座，涵洞649座，下水道399处。倒塌房屋3156间，受伤15人。

2003年7月4—5日，普降大暴雨，最高降水量190.20毫米(如皋港)，7月5日如城降水量115.70毫米，农作物受灾。

2004年6月24日，全市连续出现暴雨2次，降水量64.10毫米、109.20毫米，农作物受灾。

三、风灾

宋淳祐十一年(1251年)，大风。

元泰定二年(1325年)，大风。

明万历三年(1575年)，大风拔起树木，伤害禾稼。

明万历十年秋，大风拔树。

清康熙元年(1662年)，大风，拔树毁屋。

清康熙四年夏，大风。

清雍正十二年(1734年)，大风毁坏房屋。

清乾隆二年(1737年)农历六月，大风雨，拔树毁屋。

清乾隆五年农历三月初一，狂风“拔树飘瓦”。

清乾隆六年夏，大风，毁坏房屋。

清乾隆八年夏，风雷暴作，拔树毁屋。

清乾隆十二年秋，大风雨，拔树毁屋。

清乾隆十三年农历五月初四，暴风雨雹，拔树毁屋很多，学宫房屋全部倾倒。

清乾隆十四年农历七月，大风雨毁坏房屋。

清乾隆十九年秋，大风，造成海潮漫过海堤。

清道光十五年(1835年)农历七月初三，大风拔树。

清咸丰八年(1858年)秋，柴湾至瀛溪，大风拔树。

民国38年(1949年)7月18日、23日，两次台风,江港堤决口,倒房伤人。

1956年8月2日,全县遭台风袭击,风力最高达11级。26日上午2时,城东、磨头、石庄、江安4个区遭龙卷风袭击。

1958年7月22日,毕云乡王空田遭龙卷风袭击15分钟,向南伸展,有毕云、蔡炎等10个公社1个镇受灾,其中毕云、石南、蔡炎、郭园4个乡损失最为严重,受灾2426户,倒坏房屋4022间,损坏庄稼1250亩,断树1500棵,重伤5人,轻伤47人。

1960年8月2—6日,受是年7号台风影响,过程雨量307毫米,其中8月4日降水量达239毫米。

1962年9月5—7日,受是年14号台风影响,过程雨量222.2毫米,最大日雨量191.60毫米。

1963年5月21日,龙卷风由长江北上,夹带大雨,袭击二案、江防、石北3个公社,吹翻10吨大船1只,死2人,伤23人。

1963年5月29日,龙卷风自靖江县东北部袭击新建、黄市、石北、吴窑、蔡炎、马塘、丁堰、建设、雪岸等10个公社,共有487个生产队计6700余户受灾,倒屋1363间,损坏房屋10480间,刮坏水车16部,伤61人,其中重伤27人。

1964年6月9日,袁桥、邓园等公社遭4次龙卷风袭击。6月29日下午,勇敢公社4个大队东西长3.5千米、南北宽1.5千米的范围遭龙卷风袭击。9月2日,龙卷风袭击马塘公社。9月3日,龙卷风袭击建设、东陈、骏发、马塘等公社,雷电击伤和倒房打伤8人,损坏房屋1700余间,损失粮食8000千克。

1975年7月21日,城西、城东两区大部分地区遭龙卷风袭击,倒塌房屋1332间,1万多亩玉米、棉花受损。戴庄公社11大队受灾最重,公社大会堂倒塌,死11人。

1978年7月14日,龙卷风袭击雪岸、丁北、大明、磨头、场北等公社,倒房屋近300间,玉米倒伏10730亩,折断率30%以上的5000余亩,棉花倒伏6767亩。

1979年7月21日,长庄、吴窑、花园、桃园等公社发生龙卷风,倒房屋247间,23人受伤,棉花倒伏6320亩,玉米倒伏5830亩。

1980年6月27日晚至28日上午,全县普遭狂风暴雨伴以龙卷风袭击,风力7—8级,阵风10级以上,庄稼倒伏33万亩,倒屋7675间,死亡2人,伤49人,打死猪9头,羊31头,牛6头。

1981年7月1日下午6时,全县遭大风暴雨袭击,阵风8—10级。受灾8个区、24个公社,共倒屋1300多间,吹坏房屋上盖928间,打伤25人(含重伤12人),打死耕牛2头,猪6头,兔38只,家禽100多羽。24个公社的18.18万亩玉米中,有93800亩倒伏。

1981年9月1日,是年第14号台风袭击县境,棉花普遍遭到损害。东陈公社3大队蚕室倒塌,打伤20多人,打死3人。

1983年7月1日下午5时50分,场北、磨头、桃园、郭园、新民等20个公社、镇的60个生产大队遭到龙卷风袭击,6900多户受灾,484人受伤,重伤住院抢救的124人,死亡13人,倒塌房屋8151间,倒伏折断玉米、棉花28万余亩。

1985年9月14日晚9时许,加力乡汤庄村、场北乡石塘村遭龙卷风袭击,倒房145间,塌损272间,受伤14人,雷鸣惊死1人。

1986年9月9日晚6时30分,张黄港、石北、郭园3乡遭龙卷风袭击,受灾地段3.5千米,倒房屋180间,受伤11人。

1989年9月16日,遭是年23号强台风袭击,全县21个乡镇的52个村受到严重损失,受灾1983户,死亡10人,重伤173人,轻伤382人,损坏房屋7045.5间,刮断高压电线62档、电线杆1047根,毁坏桥梁15座、下水道251座、电灌车口4座,近30万亩水稻和10多万亩棉田遭受严重影响,直接经济损失6380万元。

1990年8月31日至9月1日,遭是年15号台风影响,最大风力8—9级,阵风10级,平均降水量190毫米,局部地区降水量270毫米,受灾面积遍及53个乡镇,直接经济损失4560万元。

1998年5月1日21时,全市遭受飑线袭击,飑线过境时伴有雷雨大风、冰雹、龙卷风。受灾范围涉及10个乡镇、35个村、4.1万人口,受伤7人,其中重伤2人;农作物受灾4.9万亩,成灾3.2万亩;倒损民房184户442间,其中倒塌87间,直接经济损失345万元。

2005年7月30日,全市受大风强雷雨袭击,其中常青、磨头镇出现飑线,总计经济损失1600万元,其中农作物经济损失1300万元。同年,市境内先后遭受3次台风影响,总计损失3亿多元。

2008年7月21日至31日，受台风“凤凰”外围影响，白蒲、磨头、江安、搬经、高明等地区受灾，直接经济损失85万元，其中农业损失10万元，公益设施损失20万元，家庭财产损失55万元。

2009年4月19日夜间至20日，出现大风和降雨天气，极大风速达15.4米/秒，影响郭园、石庄、下原、九华、林梓、磨头、长江等镇，总计受灾人口2054人，农作物受灾面积315亩，直接经济损失35万元。

四、霜冻、雪灾

明景泰五年（1454年），农历五月，大雪，竹木多冻死；七月又降大雪，“冰厚三尺，海滨水亦冻结，草木枯死”（民国《如皋县志》）。

明万历四十二年（1614年）农历九月，大雪。

清康熙五十七年（1718年），大雪，积深3米多。

清咸丰十年（1860年）闰三月十五日立夏，雨雪。

1952年12月1日，寒流袭击，麦苗大部冻死。

1956年，春雪两次，麦苗冻伤，小麦生黄锈病，夏熟减产，晚秋歉收、迟收，秋茬晚播。

1958年1月15、18日，受寒潮影响，全市三麦中的早麦叶受冻害50%以上，蚕豆、豌豆叶因冻萎缩70%。

1984年1月18日，全县普降大雪，有线广播线路遭到破坏，全面瘫痪，邮电线路亦遭破坏。

2008年1月18日至2月9日，全市出现连续性雨雪天气，积雪深度28厘米，倒塌居民住房111户166间，直接经济损失536万元。受灾油菜11万亩，小麦65亩，花木10万亩，大棚倒覆近万亩，直接经济损失4.40亿元。

五、雹灾

明嘉靖九年（1530年）冬，冰雹，农作物受损严重。

明万历四十二年（1614年）农历八月，雨雹伤害禾苗。

清康熙五年（1666年）农历四月，“雹大如斗，禾麦伤，毁屋伤人”。

清乾隆五十五年（1790年）农历四月，冰雹。民国《如皋县志》载：“麦苗尽损，木叶尽脱，赤地数十里。”

清嘉庆十二年（1807年）农历七月，大雨雹，农作物受灾严重。

清道光二十一年（1841年）农历九月初九，大雨冰雹，毁损作物。

清光绪七年（1881年）农历二月初九，冰雹，大量树枝被砸断。

1953年5月16日下午3时，冰雹，花园、城西、磨头、城南、马塘、城东、白蒲、新坝、车马湖等乡受灾，其中，重灾村116个，轻灾村154个，庄稼大多遭损，倒屋174间，损坏5342间。

1960年7月17日下午5时55分，冰雹、暴风雨袭击子厚、倪健、戴庄、仁静、胡芝、磨头、大明、新姚8个公社，冰雹直径10—16毫米，受灾面积29698亩，倒房253间，房屋破损1432间，打伤2人。

1964年4月21日，风雨冰雹，全县31个公社近万户遭灾，倒房1454间，倒墙5638堵，打伤56人。

1965年5月20日，风雨冰雹袭击城东、丁堰两区，7月4日袭击薛窑、白蒲、丁堰、城东等区的15个公社，遭灾农田11.50万亩，倒塌、损坏房屋3500间。

1981年5月1日夜，两次冰雹。19时15分—30分第一次，主要集中在胜利、常青、场南、高井、吴窑、长庄、下原等公社。22时20分至23时第二次，主要集中在花园、蒲西、奚斜、新姚等公社。特大冰雹直径10厘米。共死亡1人，受伤2人，倒塌房屋1232间，夏季作物损失31.97万亩，秋苗损失5万多亩。

2004年7月8日17时至19时，冰雹，冰雹直径平均1.5厘米，最大直径2.5厘米，全市9个乡镇受灾，其中吴窑、常青、石庄3个乡镇受灾严重，直接经济损失1000万元。

2005年7月27日15时38分，磨头镇出现直径10厘米的冰雹，幸未造成人员伤亡。

六、雷击

明嘉靖二十二年（1543年），雷击文庙，“火光迸地”。

清同治十三年（1874年），雷电击伤白蒲文峰阁。

1967年9月30日，如皋纤维厂因雷击起火，烧毁布机、电动机各8台。

1987年4月24日6时25分，镇江纸厂驻长江镇江边草场因雷击起火，烧毁芦柴2万捆，经济损失15.70万元。

1992年，白蒲化肥厂一宿舍楼遭雷击，20余户的电话、电视机、电冰箱等家用电器被击坏。

1994年，场南化工厂一车间遭雷击引发火灾，致车间被烧毁。

1994年，江安工商所办公楼遭雷击，击毁电台等。

1994年，城西税务所办公楼遭雷击，电话等被击坏。

1995年，张黄港花炮厂一装药车间遭雷击，造成1人死亡3人受伤。

1995年，如皋电信局林梓分局遭受感应雷击，数据通信设备损坏，直接经济损失10万余元。

1998年，如皋电信局石庄分局，遭受感应雷击，数据通信设备被击穿，直接经济损失数十万元。

1999年，市卫生防疫站办公楼楼顶遭雷击，损坏一角。

2000年8月，如城镇纪庄村一村民三层楼房遭雷击，房屋受损。

2001年7月，桃园镇育华小学一校舍遭雷击，导致电线燃烧、人字梁断裂，部分电器受损，房屋多处裂缝。

2001年8月，市公安局办公室遭雷击，损坏通信设备、寻呼总台程控交换机，损失10万余元。

2001年8月，白蒲镇一村民遭雷击身亡。

2002年4月，如城镇宏坝村7组8户居民遭感应雷击，致电话等家电受损。

2002年4月6日，东陈镇一农户围墙被雷电击倒，居住楼房受损。

2003年4月18日，如城镇新生小区19号居民住宅雷击，烧毁电脑1台、电视机2台。同日，市供电局一职工住宅遭雷击，烧毁传真机1台、电脑1台、电视机1台。

2005年3月10日夜，加力乡电话总线遭雷击损坏，1000多部电话中断，部分电话被击坏。

卷二 人口与世界长寿乡

如皋有人类居住始于原始社会末期。夏、商、周之际，如皋原住居民属古淮夷人。商纣王征讨东夷，周初至宣王三世又连续征讨，促使古淮夷人融入华夏民族。三国时，曹操强令徙民，域内居民大部逃往江南。东吴赤乌四年(241年)，邑人东吴大司马吕岱重建海陵县，徙出居民陆续回到原居住地。隋开皇初年，如皋地区被海水浸没、侵蚀，人口骤减。不久，复成陆，徙出居民复迁至并逐步增多。至民国21年(1932年)，人口增至1428304人，为江苏省第二人口大县。民国37年，国民政府如皋县辖区有人口1541192人，与湖南省邵阳县同列为全国人口最多的县。中华人民共和国成立初，一度实行鼓励生育的政策。1963年，如皋建立计划生育委员会，开始倡导计划生育。至20世纪90年代末，全市(县)人口过快增长的势头得到遏制。1992年始，全市人口自然增长率控制在4‰以内。1998年始，全市人口呈现负增长。2005年1月，全市开始实行控制人口数量与提高人口素质并重。2006年，如皋市被评为全国计划生育优质服务先进市。2010年，全国第六次人口普查，全市常住人口为145.3万人，其中普查登记人口126.71万人。

全县居民以汉族为主，另有回、满、苗、壮、土家、蒙古等少数民族居住。改革开放后，因婚嫁或经商、打工等，少数民族人口增加较多。至2010年末，如皋有少数民族35个、人口2891人。

古时人们感慨“人活五十，不为夭寿”“人生七十古来稀”，但如皋人自古即长寿。宋代，有汉时乐子长180岁的传说。北宋有李嵩109岁的记载；自明嘉靖《如皋县志》增设《列传·耆寿》卷，明嘉靖、清道光、同治及民国4部《如皋县志》，即记载百岁寿星51人。民国22年(1933年)江苏省气候普查，认定如皋“最适宜于人之生存，物之繁殖”。中共十一届三中全会以后，“太平盛世，年丰人瑞”，如皋长寿老人层出不穷，与日俱增。2007年起，全市健在百岁老人占总人口比例一直保持在万分之一点八左右，远远高于十万分之七的世界长寿乡标准。2008年10月6日，全国老龄办和中国老年学会向如皋颁发“中国长寿之乡”牌匾和证书。2010年10月28日，如皋市正式跻身6个“世界长寿乡”行列，为唯一地处经济较发达地区的长寿乡。

第一章 人口

第一节 人口变化

一、原住居民

如皋有人类居住始于原始社会末期(据海安青墩新石器遗址考古考证)。夏初(约公元前21世纪),淮河以北古徐国(今徐州市邳州一带)的东夷人南渡淮河至扬泰岗地今如皋境域,为原始居民(史称“淮夷”)。

二、人口迁徙

如皋有人口迁徙记载,始于春秋时期。东周釐王三年(公元前678年),贾国被晋国所灭,贾国上大夫贾南屏“义不事晋”,率部族千里迢迢避居古氏族方国“发”,成为如皋贾氏一世祖。(《左传》《史记》、如皋《贾氏宗谱》)

西汉时,吴王刘濞召天下“喜游子弟”至古发地蟠溪煮海水为盐,迁入人口较多。如皋龚氏即系西汉时由中原迁至。

三国时,曹操“恐滨江郡县为权(孙权)所略,强令徙民,江西(今江北)遂空”。如皋居民亦全部迁居他地。后,邑人东吴大司马吕岱重建海陵县(如皋其时属海陵县),召抚乡民回归,如皋地区重新有乡民居住。

西晋末年,“永嘉之乱”,黄河流域居民纷纷迁至长江下游,长江下游北岸人口增多。至东晋义熙年间,现境域设有如皋、临江、蒲涛3县。约北周至隋开皇初年,现境域大部被海水湮没或侵蚀,居民大量迁出,如皋、蒲涛、临江3县均废。重新成陆后,复有部分居民居住。至唐太和年间,人口渐多,重新设县。

宋代,因游宦迁居如皋的有陕西安定堡(今甘肃泾川以北)胡氏等。元初,因分封土地至如皋定居的有元镇南王世子老章。元末,因战乱人口减少,“十室九逃亡”“井邑无人烟”(陈基《过如皋》诗)。元至正二十七年(1367年),朱元璋率领的农民起义军攻破张士诚农民起义军“都城”平江城(今苏州),下令屠城。苏州城1万余人渡江至如皋,部分去高邮、兴化、宝应地区,大部分留在如皋。

明王朝定都南京后,朱元璋借口沈万三建苏州街道动用贡石,欲将沈万三满门抄斩(后改充军),沈氏部分族人举家逃至如皋,分别定居于石庄、吴窑、磨头、林梓等地。明永乐初,“燕兵之乱”,又有大批江南居民移居如皋。明末,古石庄逐渐坍入长江中,其居民有一部分迁往张家港、江阴(今江南、江北各有一个石庄,均为古石庄坍入江中后重建)。

清代,因避“洪杨之乱”及经商等,许多外地人迁居如皋。民国时期,战事频繁,县内部分居民移居江南。

1950—1961年,如皋先后动员3批青壮年13588人赴新疆支边。改革开放初期,迁出多于迁进。全县有部分居民去北京、上海、深圳等地经商、打工,逐步成为当地常住居民;外地亦有一些居民至如皋打工、经商,并定居如皋;婚进婚出、干部职工工作调动及招工等,人口略有变动。

进入21世纪,如皋经济开发区、如皋软件园和如皋港区迅速发展,到如皋工作、定居的人口迅速增多。

2010年,长江镇(如皋港区)即新增外来人口3.3万人。

三、人口自然增长

1949年前,全县人口出生、死亡情况无统计资料。如皋全境解放后,全县出现3次生育高峰。

1949—1957年,第一次生育高峰,全县净增

11.37万人，平均年递增1.42%。

1962—1970年，第二次生育高峰，全县净增21.36万人，平均年递增2.3%。20世纪70年代，开始加强计划生育工作，人口自然增长率快速下降。

1990年前后，全县出现第三次生育高峰期，人口自然增长率接近10‰。1990年，全县进一步强化计划生育措施，严格控制人口自然增长。此后，全县人口自然增长率逐年下降。2010年，全市人口出生率降至7.72‰，人口自然增长率降至-0.32‰。

1955—2010年如皋市（县）几个年份人口增长情况一览表

表2-1

年份	出生人数（人）	出生率（‰）	死亡人数（人）	死亡率（‰）	自然增长人数（人）	自然增长率（‰）
1955	26826	25.49	14750	14.01	12076	11.48
1960	17739	16.56	20401	19.05	– 2662	– 2.49
1965	43543	38.40	13042	11.50	30501	26.90
1970	37619	29.40	9557	7.40	28062	22.00
1975	18845	14.12	9257	6.94	9588	7.19
1980	15150	11.10	9825	7.20	5325	3.90
1985	13730	9.94	9759	7.07	3971	2.87
1990	22771	16.90	10612	7.36	13739	9.54
1995	18980	13.10	10969	7.57	8011	5.53
2000	14610	10.01	10289	7.05	4321	2.96
2005	10473	7.36	9400	6.61	1073	0.75
2010	10114	7.72	10569	7.5	–455	–0.32

四、人口总量

北宋崇宁元年（1102年），如皋始有户籍记载，全县有住户2276户。

明洪武九年（1376年），如皋始有人口数量记载，全县有住户9237户，人口34640人（时"以丁银摊入地亩"，人口统计为征收赋税和抽征兵役服务，载男不载女）。

清乾隆三十七年（1772年），人口统计始分男女。是年，全县人口395038人，其中男213526人，女181512人。

民国时期无正常人口统计，有关文件或报章杂志偶尔提及人口数量。民国2年（1913年）7月27日《皋鸣报》载：如皋县总人口1012081人。《如皋乡土志》载：民国21年，如皋县总人口1428304人，在江苏省名列第二，仅次于上海县。

民国35年2月8日，苏皖边区第一行政区概况表载：如皋县人口992800人。台湾《如皋文献》第一册载："依内政部民国37年上半年统计，如皋人口为1541192人。彼时全国35省2800余县市，人口统计超过150万者，仅如皋与湖南邵阳二县。"（此人口数据为此时国民政府行政区划如皋县人口）

明洪武九年至民国34年(1376—1945年)如皋县人口统计数据汇总表

表2-2

历史纪年	户数(户)	人口(人)		
		合计	男	女
明洪武九年(1376年)	9237	—	34640	—
明成化八年(1472年)	5334	—	36613	—
明成化十三年	3952	—	16144	—
明嘉靖十一年(1532年)	6422	—	34562	—
明万历年间(1573—1619年)	9157	—	40001	—
明崇祯年间(1628—1644年)	8835	—	38337	—
清顺治二年(1645年)	6671	—	27794	—
清顺治七年	8515	—	34062	—
清康熙元年(1662年)	10030	—	41794	—
清乾隆三十七年(1772年)	—	395038	213526	181512
清嘉庆元年(1796年)	—	587456	348346	239110
清道光十八年(1838年)	—	1083670	707359	376311
清咸丰二年(1852年)	—	1143629	729031	414598
清同治元年(1862年)	—	1165252	726669	438583
清光绪三十一年(1905年)	—	1235141	763562	471579
清宣统二年(1910年)	—	1080100	771500	308600
民国元年(1912年)	—	1012094	546170	465924
民国4年	—	1305516	674902	630614
民国25年	313735	1541217	—	—
民国28年	266835	1356905	712374	644531
民国34年	—	1178193	602470	575723

注:表中民国时期数据,依据国民政府如皋县政府统计资料

1949—2010年如皋市(县)部分年份人口统计表

表2-3

年份	户数(户)	人口(人)		
		合计	男	女
1949	227163	942582	465824	476758
1950	229435	959633	474251	485382
1955	243419	1044129	516377	527752
1960	264656	1057071	519313	537758
1965	279333	1146222	565344	580878
1970	293850	1288603	637351	651252
1975	310432	1338192	667674	570518
1980	326916	1365934	684527	681407
1985	341697	1382269	700997	681272
1990	407256	1446823	734099	712724
1995	423254	1451810	737814	713987
2000	436244	1456695	734083	722612
2005	446417	1420140	713246	706894
2010	457700	1412100	604253	662813

注:1.本表数据为市(县)公安局户籍年报数据

第二节 人口分布与密度

一、人口分布

商周时期,如皋人口主要聚居点在发。后陆续发展有如皋村、东陈村等聚居点。晋时,宁海(今海安县北部一带)、如皋(今如城一带)、蒲涛(今白蒲一带)、临江(今石庄一带)等地已成为较大的居民聚居区。至东晋义熙七年(411年),宁海、如皋、蒲涛、临江县治所在地,成为人数较多的居民聚居点。随着人口自然增长,加上外地移民落户,居民逐步以集镇为中心向周围农村扩散。

明朝起,人口进一步增多,主要分布于集镇和交通便利的村庄。

至民国元年(1912年),全县人口分布情况为:城市(如皋城)143166人、白蒲79055人、卢港75515人、掘港71589人、丰利68104人、磨头62409人、岔河61613人、东陈50068人、石庄44080人、丁堰34523人、立发36780人、苴镇20796人。(《皋鸣报》)

民国34年,全县总人口1178193人。其中:第一区(城市)204327人,第二区(丁堰)115578人,第三区(白蒲)96290人,第四区(双甸)37198人,第五区(岔河)24143人,第六区(马塘)42217人,第七区(丰利)19515人,第八区(掘港)27436人,第九区(磨头)73014人,第十区(车镇)90356人,第十一区(石庄)87186人,第十二区(江安)51417人,第十三区(卢港)102975人,第十四区(立发)91875人,第十五区(李堡)89242人,永安实验乡25424人(民国35年《如皋县政府(国民政府)工作报告》)。

1953年如皋县人口分布一览表

表2-4

单位:人

地区别	合计	男	女
总计	972807	480790	492017
如城镇	37223	20223	17000
花园区	31982	15875	16107
夏堡区	35649	17459	18190
城南区	51216	24972	26244
何正区	46285	22684	23601
海圩区	32554	15788	16766
卢港区	55098	27012	28086
磨头区	57469	27916	29553
江安区	58589	28755	29834
城西区	41161	20575	20586
白蒲区	57575	28138	29437
车马湖区	67652	33409	34243
薛窑区	50717	24920	25797
马塘区	61600	29996	31604
石庄区	60479	30042	30437
江防区	41154	20561	20593
新坝区	48175	23883	24292
城东区	77385	37986	39399
平西区	58776	29309	29467
水上人口	2068	1287	781

注:依据全国第一次人口普查资料,人口为普查登记人口

1964年如皋县人口分布一览表

表2-5

单位:人

地区别	合计	男	女
合计	1100366	546625	553741
如城镇	38825	20064	18761
白蒲镇	6546	3354	3192

续表2-5

地区别	合 计	男	女
石庄镇	5428	2808	2620
城东区	106318	52835	53483
丁堰区	101524	50074	51450
白蒲区	117354	58195	59159
薛窑区	134396	66319	68077
石庄区	134628	67819	66809
江安区	98884	49150	49734
搬经区	114115	56362	57753
磨头区	131984	64778	67206
城西区	110364	54867	55497

注:依据全国第二次人口普查资料,人口为普查登记人口

1982年如皋县人口分布一览表

表2-6

地区别	户 数(户)(包括集体户)	人 口 数(人)		
		男	女	合 计
合 计	326385	694271	676255	1370526
如城镇	13009	27093	23687	50780
丁堰镇	1183	2364	2338	4702
白蒲镇	2362	4032	3438	7470
石庄镇	2103	3427	3354	6781
新民公社	9045	18596	18867	37463
柴湾公社	6605	13574	13110	26684
南凌公社	4732	10072	9828	19900
雪岸公社	4413	9357	9157	18514
东陈公社	6282	13439	13541	26980
丁北公社	5999	12374	12320	24694
丁堰公社	6853	13422	13624	27046
丁西公社	4763	9791	9792	19583
建设公社	6089	12777	12675	25452

续表2-6

地区别	户 数(户)(包括集体户)	人 口 数(人)		
		男	女	合 计
马塘公社	5756	12358	12126	24484
林梓公社	7092	13477	13396	26873
新姚公社	5807	11246	11044	22290
勇敢公社	6699	12612	12411	25023
蒲西公社	6509	12788	12475	25263
奚斜公社	4773	9818	9647	19465
花园公社	6172	13496	13246	26742
下原公社	7983	17468	17104	34572
车马湖公社	6011	12986	12773	25759
龙舌公社	6096	12505	12253	24758
营防公社	5248	10932	10703	21635
九华公社	6873	14948	14463	29411
郭园公社	6974	14441	14282	28723
江防公社	7984	16026	15650	31676
长江公社	6641	13270	12995	26265
张黄港公社	6567	14074	13518	27592
石北公社	6426	14308	13748	28056
吴窑公社	7494	16584	15991	32575
高井公社	5108	11686	11270	22956
长青沙公社	2009	4345	4013	8358
葛市公社	5955	13176	12781	25957
黄市公社	7308	17701	16748	34449
江安公社	6778	15611	14944	30555
胜利公社	6204	14388	13883	28271
高明公社	6063	13998	13602	27600
常青公社	5772	13285	13025	26310
搬经公社	6500	13945	13715	27660
加力公社	6614	14729	14563	29292
夏堡公社	7499	15644	15701	31345
长庄公社	7080	15831	15110	30941
场南公社	5689	12754	12474	25228

续表2-6

地区别	户 数(户)(包括集体户)	人 口 数(人)		
		男	女	合 计
场北公社	5931	12951	12460	25411
磨头公社	7225	16715	16081	32796
桃园公社	5332	11904	11664	23568
大明公社	5395	12036	11852	23888
何庄公社	6026	12882	12541	25423
袁桥公社	6232	13149	12593	25742
戴庄公社	7095	14439	14072	28511
邓园公社	7764	15831	16207	32038
城西公社	5764	12173	12309	24482
南通地区粮棉原种场	499	1443	1091	2534

注:依据全国第三次人口普查资料,人口为普查登记人口

1990年如皋县人口分布一览表

表2-7

地区别	户数(户)(包括集体户)	人 口 数(人)		
		男	女	合 计
总 计	372826	721436	705771	1427207
如城镇	19855	34995	34751	69746
白蒲镇	6085	10550	10429	20979
石庄镇	2292	4296	4126	8422
丁堰镇	2579	4715	5163	9878
东陈镇	6951	13714	13537	27251
林梓镇	7541	13896	13821	27717
磨头镇	8340	17036	16445	33481
长江镇	7811	14454	14102	28556
搬经镇	7186	4622	14279	28901
袁桥镇	7028	13434	12951	26385
新民乡	10759	19849	19864	39713
南凌乡	5104	10293	10027	20320
雪岸乡	4861	9260	9161	18421

续表2-7

地区别	户数(户)(包括集体户)	人口数(人)		
		男	女	合计
柴湾乡	7026	13599	13015	26614
丁堰乡	7413	13901	13936	27837
丁北乡	6156	11743	11629	23372
建设乡	6706	13014	12888	25902
马塘乡	6311	12425	12133	24558
丁西乡	5294	10163	10191	20354
奚斜乡	5226	9941	9672	19613
花园乡	6976	13640	13091	26731
蒲西乡	6107	11205	11038	22243
新姚乡	5364	9271	9394	18665
勇敢乡	5516	10667	10498	21165
下原乡	9107	17754	17237	34991
车马湖乡	7040	13169	12933	26102
龙舌乡	6898	12658	12382	25040
营防乡	6191	10905	10805	21710
九华乡	7108	14919	14544	29463
郭园乡	8512	15949	15725	31674
江防乡	9131	15987	15951	31938
张黄港乡	7200	14649	14353	29002
石北乡	7315	14371	13960	28331
吴窑乡	8109	17045	16322	33367
高井乡	5881	11463	11284	22747
长青沙乡	2203	4286	3928	8214
葛市乡	6999	13870	13695	27565
黄市乡	8814	18202	17218	35420
江安乡	7683	15690	15222	30912
胜利乡	7411	14680	14204	28884
高明乡	7015	13860	13374	27234
常青乡	6842	13406	13061	26467
加力乡	7575	15131	14565	29696
夏堡乡	8435	15884	15840	31724

续表2-7

地区别	户数(户)(包括集体户)	人口数(人)		
		男	女	合计
长庄乡	7911	16153	15180	31333
场南乡	6195	13174	12589	25763
场北乡	6293	12982	12327	25309
桃园乡	6147	11951	11657	23608
大明乡	5968	12169	11944	24113
何庄乡	6725	13673	13080	26753
戴庄乡	7519	14585	14278	28863
邓园乡	9060	17946	17887	35833
城西乡	7055	14242	14085	28327

注:依据全国第四次人口普查资料,人口为普查登记人口

2000年如皋市人口分布一览表

表2-8

地区别	户数(户)(包括集体户)	人口数(人)		
		男	女	合计
总 计	398667	659720	702813	1362533
如城镇	50835	90622	94355	184977
柴湾镇	14872	23880	26674	50554
雪岸镇	10307	16876	18725	35601
东陈镇	13339	23240	24897	48137
丁堰镇	15647	26384	28846	55230
白蒲镇	24714	38532	41904	80436
林梓镇	12562	20754	22987	43741
下原镇	16456	29347	30485	59832
九华镇	21575	32687	36964	69651
郭园镇	16092	26377	27676	54053
石庄镇	17995	30219	31621	61840
长江镇	17552	25233	27479	52712
吴窑镇	17339	28079	30638	58717
江安镇	15674	25479	26623	52102
高明镇	15114	23736	25060	48796

续表2–8

地区别	户数(户)(包括集体户)	人 口 数(人)		
		男	女	合 计
常青镇	13278	21771	23076	44847
搬经镇	16041	26596	27995	54591
磨头镇	15973	26097	27463	53560
桃园镇	12524	21209	22597	43806
袁桥镇	14172	24018	25390	49408
建设乡	6431	11943	12470	24413
长青沙乡	2335	3879	3622	7501
黄市乡	9358	16048	15796	31844
夏堡乡	8859	12904	14448	27352
场北乡	6415	10792	11454	22246
大明乡	6262	12055	12141	24196
如皋经济开发区	6946	10963	11427	22390

注:依据全国第五次人口普查资料,人口为普查登记人口

2010年如皋市人口分布一览表

表2–9

地区别	户数(户)			人口数(人)									平均家庭户规模(人/户)
	合计	家庭户	集体户	合计			家庭户			集体户			
				合计	男	女	合计	男	女	合计	男	女	
总 计	399863	394838	5025	1267066	604253	662813	1235178	586027	649151	31888	18226	13662	3.13
如城镇	57465	56088	1377	184978	89538	45440	178786	86970	91816	6192	2568	3624	3.19
柴湾镇	14019	13993	26	44933	21480	23453	44681	21276	23405	252	204	48	3.19
雪岸镇	9856	9847	9	29069	12874	16195	28979	12814	16165	90	60	30	2.94
东陈镇	12650	12627	23	40107	18349	21758	39941	18213	21728	166	136	30	3.16
丁堰镇	14767	14565	202	47055	21641	25414	45816	21078	24738	1239	563	676	3.15
白蒲镇	23773	23283	490	72491	33069	39422	69260	31677	37583	3231	1392	1839	2.97
林梓镇	12017	12003	14	39215	18440	20775	39036	18335	20701	179	105	74	3.25
下原镇	16071	16004	67	54190	25805	28385	53802	25577	28225	388	228	160	3.36
九华镇	19971	19696	275	59036	26205	32831	57069	25407	31662	1967	798	1169	2.9
郭园镇	15944	15906	38	48410	23115	25295	48148	22956	25192	262	159	103	3.03
石庄镇	16756	16537	219	55154	26646	28508	53543	25708	27833	1611	938	673	2.24

续表2-9

地区别	户数(户)			人口数(人)									平均家庭户规模(人/户)
	合计	家庭户	集体户	合计			家庭户			集体户			
				合计	男	女	合计	男	女	合计	男	女	
吴窑镇	16784	16771	13	54791	25988	28803	54649	25920	28729	142	68	74	3.26
江安镇	23435	24469	335	74332	25624	38708	72717	34755	37962	1615	869	746	2.97
高明镇	14781	14741	40	43220	20406	22814	42966	20242	22724	254	164	90	2.91
常青镇	12918	12857	61	40376	19079	21297	39168	18394	20774	1208	685	523	3.05
搬经镇	23187	22982	205	69747	32693	37054	67697	31601	36096	2050	1092	958	2.95
磨头镇	21672	21572	100	70610	33885	36725	69595	33315	26280	1015	570	445	3.23
桃园镇	12216	12185	31	41071	19837	21234	40906	19734	21172	165	103	62	3.36
袁桥镇	13676	13507	169	43115	20637	22478	41745	19872	21873	1370	765	605	3.09
如皋经济开发区	22605	22332	273	72422	35692	36730	70898	34776	36122	1524	916	608	3.17
长江镇（如皋港区）	23435	22382	1052	81655	42733	38922	74698	36900	37798	6957	5833	1124	3.40
南通市粮棉原种场	496	490	6	1089	517	572	1078	507	571	11	10	1	2.20

注：依据全国第六次人口普查资料，人口为普查登记人口

二、人口密度

民国元年(1912年)，全县人口密度为每平方千米402.40人(《皋鸣报》)。1949年，全县人口密度为每平方千米638人。1957年为715人，1962年为728人，1970年为872人，1975年为905人，1982年为933人，1985年为936人，1987年为949人，1990年为979人，1995年为983人，2000年为986人，2005年为961人。2010年，全市人口密度为937人，系全国人口密度较高的县份之一。

第三节 人口构成

一、民族构成

如皋居民以汉族为主。1964年，全国第二次人口普查时，全县汉族1100336人、回族21人、满族5人、苗族2人、蒙古族1人、外国人入籍1人。

1982年第三次人口普查时，全县汉族1370472人，少数民族54人。少数民族人口分布于14个公社、镇，其中回族40人、满族5人、白族2人、蒙古族6人、外国人入籍1人。

1990年，全国第四次人口普查时，全县汉族1426978人，占总人口的99.98%，少数民族23个、228人，占总人口的0.02%。

2000年，全国第五次人口普查时，全市汉族1359642人，占总人口的99.79%，少数民族2891人，占总人口的0.21%。

2010年，全国第六次人口普查时，全市汉族1264203人，占人口总数的99.77%；少数民族2863人，占总人口的0.23%，其中未识别民族104人、外国人入籍8人。

1990年如皋县人口民族构成一览表

表2-10

单位:人

民族别	人数	民族别	人数
汉族	1426978	瑶族	4
蒙古族	23	哈萨克族	1
回族	52	畲族	2
满族	31	高山族	2
白族	1	拉祜族	1
土家族	24	水族	1
苗族	29	纳西族	3
壮族	18	景颇族	2
维吾尔族	3	锡伯族	1
彝族	10	土族	1
布依族	6	其他未识别的民族	1
朝鲜族	4	外国人入籍	1
侗族	8		

注:依据全国第四次人口普查资料

2000年如皋市人口民族构成一览表

表2-11

单位:人

民族别	人数	民族别	人数
汉族	1359642	佤族	4
蒙古族	259	畲族	4
回族	130	高山族	2
藏族	49	拉祜族	1
维吾尔族	28	水族	27
苗族	757	纳西族	5
彝族	153	景颇族	3
壮族	88	土族	20
傈僳族	7	布依族	136

续表2-11

民族别	人数	民族别	人数
朝鲜族	46	仡佬族	22
满族	58	锡伯族	4
侗族	327	阿昌族	1
瑶族	58	普米族	1
白族	114	鄂温克族	2
土家族	497	德昂族	2
哈尼族	4	京族	1
傣族	8	毛南族	1
黎族	25	达斡尔族	1
仫佬族	2	外国人入籍	8
羌族	7	其他未识别的民族	39

注:依据全国第五次人口普查资料

2010年如皋市民族构成与分布一览表

表2-12

单位:人

乡镇别	总人口	汉 族	少数民族	其中各少数民族人数
如城镇	184978	184631	347	蒙古族26,回族28,藏族1,维吾尔族4,苗族103,彝族25,壮族18,布依族11,朝鲜族4,满族23,侗族33,白族4,土家族34,黎族1,畲族1,土族8,其他未识别的民族20,外国人入籍3
柴湾镇	44933	44785	148	蒙古族1,回族2,苗族41,彝族8,壮族7,布依族3,满族2,侗族23,白族7,土家族5,哈尼族1,傣族1,黎族2,傈僳族3,羌族2,德昂族2,其他未识别的民族37。外国人入籍1
雪岸镇	29069	28974	95	回族2,苗族27,彝族3,布依族17,侗族26,瑶族2,土家族3,傣族2,黎族10,傈僳族1,羌族2
东陈镇	40107	40021	86	蒙古族2,回族2,维吾尔族3,苗族29,彝族5,壮族4,布依族16,满族1,侗族17,瑶族2,土家族1,仫佬族2,其他未识别民族2
丁堰镇	47055	46907	148	蒙古族1,维吾尔族2,苗族27,彝族4,壮族4,布依族8,满族2,侗族22,瑶族1,白族66,土家族7,哈尼族1,傣族2,其他未识别民族1
白蒲镇	72491	72257	234	蒙古族6,回族7,哈尼族1,畲族1,苗族107,彝族3,壮族6,布依族7,朝鲜族3,侗族12,瑶族10,白族9,土家族37,水族5,仡佬族20

续表2-12

林梓镇	39215	39085	130	蒙古族3,苗族32,彝族4,壮族2,布依族1,满族2,侗族26,瑶族6,白族31,土家族7,傣族3,黎族1,水族10,纳西族2,土族1,其他未识别的民族2
下原镇	54190	54045	145	蒙古族3,回族6,藏族1,苗族47,彝族17,壮族7,布依族6,朝鲜族1,满族4,侗族7,瑶族18,白族4,土家族13,傣族1,傈僳族1,水族1,土族3,仡佬族4,其他未识别民族1
九华镇	59036	58970	66	蒙古族4,回族1,藏族2,苗族15,彝族11,壮族1,布依族5,朝鲜族2,满族2,侗族3,白族4,土家族4,黎族3,土族1,达斡尔族1,仡佬族7
郭园镇	48410	48342	68	蒙古族5,回族3,苗族18,彝族6,壮族1,布依族2,朝鲜族3,侗族7,瑶族1,土家族7,傣族6,傈僳族1,仡佬族2,毛南族1,锡伯族2,其他未识别的民族3
石庄镇	55154	55109	45	回族1,苗族12,彝族1,布依族6,满族4,侗族2,瑶族2,白族2,土家族5,哈尼族2,黎族3,傈僳族1,景颇族2,仡佬族2
吴窑镇	54791	54704	87	蒙古族5,回族6,苗族14,彝族10,壮族3,布依族4,满族5,侗族5,瑶族1,土家族8,哈尼族1,黎族3,土族1,京族1,其他未识别民族20
江安镇	74332	74229	103	蒙古族9,维吾尔族2,苗族31,彝族9,壮族4,布依族16,满族7,侗族1,土家族18,黎族2,傈僳族1,纳西族1,土族1,其他未识别民族1
高明镇	43220	43120	100	蒙古族1,回族1,苗族29,彝族7,壮族5,布依族11,满族2,侗族12,土家族22,哈尼族2,水族1,纳西族1,土族5,其他未识别的民族1
常青镇	40376	40327	49	苗族12,彝族1,壮族2,布依族4,满族2,侗族1,白族2,土家族21,黎族1,土族2,羌族1
搬经镇	69747	69608	139	回族1,苗族50,彝族10,壮族8,布依族2,朝鲜族5,满族3,侗族6,瑶族1,土家族34,哈尼族1,黎族3,傈僳族1,畲族1,土族2,羌族1,其他未识别民族6,外国人入籍4
磨头镇	70610	70400	210	蒙古族4,回族2,苗族65,彝族6,壮族12,布依族10,朝鲜族2,满族2,侗族23,瑶族3,白族2,土家族52,哈尼族3,黎族1,纳西族2,土族9,其他未识别民族2
桃园镇	41071	40976	95	蒙古族1,回族1,苗族29,彝族3,壮族2,布依族5,满族1,侗族24,瑶族6,白族9,土家族5,傣族1,傈僳族1,畲族1,纳西族1,土族2,羌族1,京族1,其他未识别民族1
袁桥镇	43115	42908	207	蒙古族2,回族2,藏族3,苗族79,彝族16,壮族18,布依族3,侗族6,瑶族3,白族1,土家族59,哈尼族1,傣族1,黎族1,傈僳族6,水族1,土族1,其他未识别的民族4
如皋经济技术开发区	72422	72289	133	蒙古族6,回族5,苗族32,彝族9,壮族6,布依族5,朝鲜族3,满族7,侗族12,白族1,土家族35,傈僳族3,畲族2,拉祜族1,仫佬族1,仡佬族3,其他未识别民族2
长江镇(如皋港区)	81655	81429	226	蒙古族11,回族49,藏族1,维吾尔族1,苗族34,彝族33,壮族11,布依族2,朝鲜族1,满族19,侗族4,瑶族2,白族1,土家族16,哈尼族2,傣族9,黎族3,傈僳族6,佤族6,拉祜族2,土族1,羌族1,仡佬族8,鄂温克族2,其他未识别民族1
南通市粮棉原种场	1089	1087	2	彝族1,满族1

注:依据全国第六次人口普查资料

二、年龄构成

民国37年(1948年),全县人口平均寿命为36岁。中华人民共和国成立后,全县人口寿命延长,年龄结构发生明显变化。1964年,全县人口年龄属年轻型,年龄中位数为21.30岁。1981年,全县人口平均寿命为69岁,比1948年增加33岁,其中男性平均寿命为66.4岁,女性平均寿命为71.12岁。1982年,人口年龄中位数为27.40岁,已由年轻型过渡到中间型。1990年,全县人均预期寿命增加至72.01岁,其中男69.38岁,女74.75岁。人口年龄中位数为30.87岁,比1982年人口普查时的27.40岁增加3.47岁,已步入老年型。其中,0—14岁少年儿童,占总人口的比重为20.26%,65岁以上老年人口,占总人口的比重为8.58%。2010年,全市常住人口中,0—14岁人口为152536人,占12.04%;15—64岁人口为901846人,占71.18%;65岁及以上人口为212684人,占16.78%。与2000年第五次全国人口普查时相比,0—14岁人口的比重下降7.32个百分点,15—64岁人口的比重上升2.85个百分点,65岁及以上人口的比重上升4.47个百分点。

1964年如皋县人口年龄构成一览表

表2-13

年龄组(岁)	人口数(人)			占总人口(%)		性别比例(女=100)
	合计	男	女	男	女	
总 计	1100366	546625	553741	49.68	50.32	98.71
0—4	132647	67512	65135	6.14	5.92	103.65
5—9	136952	70502	66450	6.41	6.04	106.10
10—14	123578	62961	60617	5.72	5.51	103.87
15—19	107889	54829	53060	4.98	4.82	103.33
20—24	84990	42431	42559	3.86	3.87	99.70
25—29	81791	41576	40215	3.78	3.65	103.38
30—34	75324	37973	37351	3.45	3.39	101.67
35—39	71605	35575	36030	3.23	3.27	98.74
40—44	66695	32990	33705	2.99	3.06	97.88
45—49	52126	25931	26195	2.36	2.38	98.99
50—54	44288	21812	22476	1.98	2.04	97.05
55—59	43301	20547	22754	1.87	2.07	90.30
60—64	30966	14145	16821	1.28	1.53	84.09
65—69	24705	10362	14343	0.94	1.30	72.24
70—74	13061	4675	8386	0.42	0.76	55.75
75—79	6648	1884	4764	0.17	0.43	39.55
80—84	2597	561	2036	0.05	0.18	27.55

续表2-13

年龄组(岁)	人口数(人)			占总人口(%)		性别比例(女=100)
	合计	男	女	男	女	
85—89	630	106	524	0.01	0.05	20.23
90—94	91	12	79	0	0	15.19
95—99	8	1	7	0	0	14.29
100及以上	1	0	1	0	0	0
年龄不详	473	240	233	0.02	0.02	103

注:依据全国第二次人口普查资料

1982年如皋县人口年龄构成一览表

表2-14

年龄组(岁)	人口数(人)			占总人口百分比(%)		性别比例(女=100)
	合计	男	女	男	女	
总 计	1370526	694271	676255	50.66	49.34	102.66
0—4	88324	45340	42984	3.31	3.14	105.48
5—9	92844	47767	45077	3.48	3.28	105.97
10—14	170349	87465	82884	6.38	6.05	105.53
15—19	180173	91182	88991	6.65	6.49	102.46
20—24	97901	50162	47739	3.66	3.48	105.08
25—29	117161	62588	54573	4.57	3.98	114.69
30—34	106613	56058	50555	4.09	3.69	110.89
35—39	87363	45776	41587	3.34	3.03	110.07
40—44	83480	43198	40282	3.15	2.94	107.24
45—49	72639	36959	35680	2.70	2.60	103.58
50—54	72743	36312	36431	2.65	2.66	99.67
55—59	57885	28235	29650	2.06	2.16	95.23
60—64	51069	24352	26717	1.78	1.95	91.15
65—69	36529	16926	19603	1.24	1.43	86.34
70—74	26313	11398	14915	0.83	1.09	76.42
75—79	17674	7010	10664	0.51	0.78	65.74
80—84	8035	2645	5390	0.19	0.39	49.07
85—89	2889	785	2104	0.06	0.15	37.31

续表2-14

年龄组(岁)	人口数(人)			占总人口百分比(%)		性别比例（女=100）
	合计	男	女	男	女	
90—94	479	100	379	0	0.03	26.36
95—99	56	11	45	0	0	24.44
100及以上	7	2	5	0	0	40

注：依据全国第三次人口普查资料

1990年如皋县人口年龄统计表

表2-15

年龄组(岁)	人口数(人)			占总人口百分比(%)		性别比例（女=100）
	合计	男	女	男	女	
总 计	1427207	721436	705771	50.55	49.45	102.22
0—4	121785	64021	57764	4.48	4.05	110.83
5—9	75904	38885	37019	2.73	2.59	105.04
10—14	91519	47066	44453	3.30	3.11	105.88
15—19	108090	54718	53372	3.38	3.74	102.52
20—24	172487	85762	86725	6.01	6.08	98.89
25—29	129002	65291	63711	4.57	4.46	102.48
30—34	109427	57723	51704	4.04	3.62	116.64
35—39	110735	58931	51804	4.13	3.63	113.76
40—44	99577	51709	47868	3.62	3.36	108.02
45—49	82379	42877	39502	3.00	2.77	108.54
50—54	75544	38550	36994	2.70	2.59	104.21
55—59	66399	33221	33178	2.33	2.32	100.13
60—64	61970	29930	32040	2.10	2.25	93.41
65—69	49003	22803	26200	1.60	1.83	87.03
70—74	34952	15547	19405	1.10	1.36	80.12
75—79	20392	8402	11990	0.58	0.84	70.08
80—84	12376	4413	7963	0.31	0.56	55.42
85—89	4423	1295	3128	0.09	0.22	41.44
90—94	1111	258	853	0.02	0.78	30.25
95—99	123	31	92	0	0	33.70
100及以上	9	3	6	0	0	50

注：依据全国第四次人口普查资料

2000年如皋市人口年龄构成一览表

表2-16

年龄组(岁)	人口数(人)			占总人口(%)		性别比例(女=100)
	合计	男	女	男	女	
总 计	1362533	659720	702813	48.42	51.58	93.87
0	9539	5093	4446	0.37	0.33	114.55
1—4	43964	23413	20551	1.72	1.51	113.93
5—9	84983	45195	39788	3.32	2.92	113.59
10—14	125343	65917	59426	4.84	4.36	110.92
15—19	60189	31068	29121	2.28	2.14	106.69
20—24	58436	25180	33256	1.85	2.44	75.72
25—29	89475	36710	52765	2.69	3.87	69.57
30—34	148368	66950	81418	4.91	5.98	82.23
35—39	124002	58206	65796	4.27	4.83	88.46
40—44	99666	49760	49906	3.65	3.66	99.71
45—49	106427	54720	51707	4.02	3.79	105.83
50—54	96919	49664	47255	3.64	3.47	105.10
55—59	77976	39880	38096	2.93	2.79	104.68
60—64	69502	34880	34622	2.56	2.54	100.75
65—69	57679	27721	29985	2.03	2.20	92.53
70—74	48905	22003	26902	1.61	1.97	81.79
75—79	32925	13636	19289	1.00	1.42	70.69
80—84	18483	6847	11636	0.50	0.85	58.84
85—89	7070	2228	4842	0.16	0.36	46.01
90—94	2254	559	1695	0.04	0.12	32.98
95—99	395	86	309	0.01	0.02	27.83
100及以上	33	4	29	0	0	13.79

注:依据全国第五次人口普查资料

2010年如皋市人口年龄构成一览表

表2-17

年龄组(岁)	人口数(人)			比重(%)			性别比例(女=100)
	合计	男	女	合计	男	女	
总计	1267066	604253	662813	100	47.69	52.31	91.16
0—4	50161	26750	23411	3.96	2.11	1.85	114.26
5—9	50210	26503	23707	3.96	2.09	1.87	111.79
10—14	52165	27726	24439	4.12	2.19	1.93	113.45
15—19	73468	37143	36325	5.8	2.93	2.87	102.25
20—24	71712	33830	37882	5.66	2.67	2.99	89.30
25—29	53908	24287	29621	4.25	1.92	2.34	81.99
30—34	67117	29969	37148	5.3	2.37	2.93	80.67
35—39	88947	37800	51147	7.02	2.98	4.04	73.90
40—44	144314	64935	79379	11.39	5.12	6.26	81.80
45—49	118055	55017	63038	9.32	4.34	4.98	87.28
50—54	94871	47066	47805	7.49	3.71	3.77	98.45
55—59	110103	51356	48747	7.90	4.05	3.85	105.35
60—64	89352	45117	44235	7.05	3.56	3.49	101.99
65—69	68825	34434	34391	5.43	2.72	2.71	100.13
70—74	56949	27353	29596	4.49	2.16	2.34	92.42
75—79	41200	18257	22943	3.25	1.44	1.81	79.58
80—84	27771	10947	16824	2.19	0.86	1.33	65.07
85—89	12947	4351	8596	1.02	0.34	0.68	50.62
90—94	4101	1212	2889	0.32	0.10	0.23	41.95
95—99	786	179	607	0.06	0.01	0.05	29.49
100及以上	104	21	83	0.01	0	0.01	25.30

注:依据全国第六次人口普查资料

三、行业、职业构成

民国38年(1949年)9月,全县非农业人口57144人,占总人口的6.06%。中华人民共和国成立后,随着经济社会发展,全县行业结构开始发生较快变化,非农业人口不断增加。1978年起,随着改革开放不断扩大、深入,人口行业、职业构成快速改变。

1982年如皋县在业人口行业构成一览表

表2-18

行业别	在业人数(人)	占总人口(%)	占在业人口(%)
合计	824458	60.16	100
农林牧渔业	589009	43.63	72.53
制造业、矿业、建筑业	176345	12.87	21.40
交通运输、商业、金融、文卫、机关各种公共事业及服务行业	50104	3.66	6.07

注:依据全国第三次人口普查资料

1990年如皋县在业人口行业构成一览表

表2-19

行业别	在业人数(人)	占总人口(%)	占在业人口(%)
合计	974898	68.31	100
农林牧渔业	741577	51.96	76.07
工业	134042	9.39	13.75
地质普查和勘探业	3	0	0
建筑业	25725	1.80	2.64
交通运输邮电通信业	14096	0.99	1.45
商业、公共饮食业、物资供销和仓储业	24776	1.74	2.54
房地产管理、公共事业、居民服务和咨询业	5103	0.36	0.52
卫生体育和社会福利事业	4775	0.33	0.49
教育、文艺和广播电视业	14519	1.02	1.49
科研和综合技术服务业	1279	0.09	0.13
金融、保险业	1744	0.12	0.18
国家机关、党群组织和社会团体	7216	0.51	0.74
其他行业	43	0	0

注:依据全国第四次人口普查资料

2000年如皋市在业人口行业构成一览表

表2-20

行业别	人数(人)	占总人口(%)	占在业人口(%)
合计	860740	63.17	100
农林牧渔业	549550	40.33	63.85
采掘业	50	0.004	0.01
制造业	142470	10.46	16.55
电力、煤气及水的生产和供应业	1250	0.09	0.15
建筑业	54240	3.98	6.30
地质勘查业、水利管理业	620	0.05	0.07
交通运输、仓储及邮电通信业	22380	1.64	2.60
批发零售贸易、餐饮业	38690	2.84	4.49
金融保险业	2700	0.20	0.31
房地产业	220	0.02	0.03
社会服务业	12920	0.95	1.50
卫生、体育和社会福利业	6790	0.50	0.79
教育、文化艺术及广播电影电视业	16320	1.20	1.90
科学研究和综合技术服务业	200	0.01	0.02
国家机关、政党机关和社会团体	11920	0.87	1.38
其他行业	420	0.03	0.05

注:依据全国第五次人口普查资料

2010年如皋市在业人口行业构成一览表

表2-21

单位:人

行业别	人数	行业别	人数
农业牧渔业	290518	卫生体育与社会福利业	2590
工业	170081	教育文化艺术与广播电视业	2951
建筑业	122739	科学研究与综合技术服务业	709
交通运输仓储邮政业	23326	乡镇经济组织管理业	2016
信息传输计算机服务业	2101	其他行业	89685
批发与零售贸易业	27726	外来从业人员	17293
住宿与餐饮业	7153	到境外从业人员	3303
金融与保险业	1713	合计	770209
房地产与社会服务业	6305		

注:依据全国第六次人口普查资料

四、文化构成

1949年前，全县百分之九十以上人口是文盲或半文盲。中华人民共和国成立后，随着教育事业的发展，全县人口文化构成状况迅速发生变化，居民总体文化程度提高。

1982年，每万人中具有大学文化程度的19.23人，具有高中文化程度(含中专)的576.44人，具有初中文化程度的1806.34人，具有小学文化程度的3559.02人。

1990年，全县共有各种文化程度人口971802人，占总人口1427207人的68.09%。每万人中，具有大学文化程度的48.79人，具有高中文化程度(含中专)的705.37人，具有初中文化程度的2522.69人；具有小学文化程度的3532.27人。

2000年，全国第五次人口普查时，全市共有各种文化程度人口1161450人，占普查登记人口1362533人的85.24%。21世纪，全市人口学历层次继续提高。2010年第六次人口普查时，全市共有各种文化程度人口1176215人，占普查登记人口1267066人的92.83%。

1964—2010年若干年份如皋市(县)人口文化构成一览表

表2-22

文化程度	1964年		1982年		1990年		2000年		2010年	
	人数(人)	占有学历人数(%)	人数(人)	占有学历人数(%)	人数(人)	占有学历人数(%)	人数(人)	占有学历人数(%)	人数(人)	占有学历人数(%)
小学	299816	84.27	487773	59.70	504128	51.88	521630	44.91	494388	42.03
初中	44705	12.56	247563	30.30	360040	37.05	473800	40.79	467653	39.76
高中	10044	2.82	79003	9.67	100671	10.36	145230	12.51	157480	13.39
大学	1198	0.35	2635	0.33	6963	0.71	20760	1.79	56694	4.82

第四节 姓氏·宗族·家庭

一、姓氏

如皋较早的姓氏有贾、龚、朱、胡、范、何等。

元至正二十七年(1367年)，由苏州逃至如皋县的有周、黄、孙、丁、李、谢、吴、薛、郝等姓人氏。

明朝，苏州沈氏迁居如皋县。

清代，因避洪杨之乱迁居如皋县的有管氏、康氏等；因讲学迁居如皋县的有范仲淹四世孙等；因经商迁居如皋县的有安徽的戴、汪、洪、方、谢、柯、胡、程、江、项氏等，浙江兰溪的诸葛氏等，浙江宁波的车氏等，山东的满氏等，南京的芮氏等，镇江的宗、道氏等，扬州的冷、蓝、焦、束氏等，泰州的莫、宫、智氏等，南通的保、俣、达氏等。

民国时期，县内大量围垦滩涂，吸引部分外地人到县内置田或耕种，有不少新姓氏人口落户。

中华人民共和国成立特别是改革开放后，因工作、婚嫁等，人口流动性增大，一些新姓氏人口落户。

2010年，第六次全国人口普查，如皋共有姓氏660个，按人口数量前100名依次为：张、陈、王、周、朱、吴、李、刘、徐、丁、孙、沈、黄、杨、石、顾、薛、许、冒、钱、马、陆、郭、谢、章、夏、曹、赵、蔡、范、高、何、秦、袁、缪、卢、宗、蒋、沙、季、姚、冯、金、姜、邹、邵、戴、胡、田、洪、倪、韩、葛、严、苏、肖、汤、纪、唐、宋、贾、郝、汪、施、佘、于、陶、鞠、程、崔、任、仇、殷、邓、潘、万、尤、吕、贲、彭、单、申、郑、魏、余、吉、尹、杜、左、仲、环、包、印、康、叶、管、龚、俞、柳、丛。其中，人口超过1万人的大姓有34个。张姓人口最多，共93990人，占总人口的6.68%。其余依次为：陈姓90536人，占6.43%；王姓62227人，占4.42%；周姓49066人，占3.48%；朱姓48212人，占3.42%；吴姓47054人，占3.34%；李姓46337人，占3.29%；

刘姓44668人,占3.17%;徐姓38851人,占2.76%;丁姓29784人,占2.11%;孙姓29515人,占2.09%;沈姓29455人,占2.09%;黄姓29178人,占2.07%;杨姓29158人,占2.07%;石姓28035人,占1.99%;顾姓27580人,占1.96%;薛姓22301人,占1.58%;许姓22068人,占1.56%;冒姓20787人,占1.47%;钱姓18876人,占1.34%。

全市姓氏最多的镇是如城镇,共有姓氏455个;最少的镇是雪岸镇,共有姓氏243个。开发区、石庄镇、磨头镇、袁桥镇、雪岸镇第一大姓为张姓,如城镇、搬经镇、长江镇、下原镇、白蒲镇、林梓镇、丁堰镇、桃园镇第一大姓为陈姓,江安镇第一大姓为周姓,九华镇第一大姓为李姓,常青镇第一大姓为石姓,郭园镇第一大姓为朱姓,高明镇第一大姓为孙姓,东陈镇第一大姓为冒姓,吴窑镇第一大姓为沈姓。

全市共有复姓8个,计55人,分别为欧阳、诸葛、端木、令狐、上官、夏侯、皇甫和淳于。

贾 贾姓属地武威郡(今甘肃武威)。如皋贾氏源自贾国上大夫贾南屏。《如皋贾氏宗谱》:"如皋贾氏一世祖南屏公,原为贾国上大夫,晋灭贾国后,仍封其为大夫,南屏公拒不接受,遁迹至东(黄)海边荆蛮之地,娶妻雷氏,后子孙在如皋繁衍。"按该宗谱所列世系表,贾氏在如皋已传至84代,成为如皋最古老的姓氏。在东陈镇原有春秋贾大夫祠、春秋贾大夫墓,"文化大革命"中被平毁。如皋城原有贾氏宗祠及贾家桥、贾家空场等。境内以贾姓命名的村庄有贾家庄、贾家埭、贾蔡家庄、贾屋头4处。贾姓家庭大门楹联为"立碑洛川(县名,在陕西省北部),射雉如皋"或"善射博笑,封发表贞""射雉如皋""善射博笑",均取自贾大夫"御以如皋"射雉说。

石 石姓属地武威郡(今甘肃武威)。其始祖是春秋初期卫国大夫石碏。史载:"卫大叔疾殡于郧,葬于少帝(今十里铺)。"惜墓毁于"文化大革命"中。石氏在唐宋时聚居如皋石庄,摩诃山坍入长江后,石氏即北移20千米重建石庄(即今石庄)。境内以石姓命名的村庄有石庄、石家庄、大石家庄、小石家庄、石家田、石家空田、石家码头、石家埭、石家大腰庄、前石家庄、后石家庄、石家牌、东石家庄、西石家庄、石家长庄、石公庄、石冒圩、前石冒圩等25处。石姓家庭大门楹联为"八公门第,万石家声"或"风为世表,道重人师"。

何 何姓属地庐江郡(今安徽庐江城西60千米)。如皋何氏系秦灭六国后迁至,聚居如皋西江宁乡十五都何家堡,后散居各地。境内以何姓命名的村庄有何家堡、何庄、何家荡、何家庄、何家角、何凤庄、何家小庄、大何家庄、何家园等16处。何姓家庭大门楹联为"三高世泽,四部家声"。

常 常姓属地平原郡(今山东平原以南)。如皋常氏约春秋战国时迁至,后逐渐成为望族。清末如皋城有"一沙、二祝、三明、四常、九大寺院"之说。乡村有常家园等。常姓家庭大门楹联为"平原世泽,贤臣家声"。

陆 陆姓属地平原郡(今山东平原南10千米)。如皋陆氏,系西汉时由苏州迁至。境内以陆姓命名的村庄,共有13处,陆家庄11处,陆家菱、陆家小桥各一处。陆姓家庭大门楹联为"剑南万卷,云间二龙"或"赠梅世泽,怀橘家声"。

许 许姓属地高阳郡(今山东临淄西北15千米)。如皋许氏于西汉时迁至,境内与许姓相关的地名有许家庄、东许家庄、西许家庄、许家腰庄、许家庙头、许家埭、后许家埭等13处。如城原有许家巷、许公祠巷。许姓家庭大门楹联为"汝南世泽,二龙家声"。

龚 龚姓属地武陵郡(今湖南溆浦南)。如皋龚氏为西汉时迁至,大部分居于如皋南乡及沿江地区,境内龚姓相关的地名有龚家庄、龚家腰庄等村庄。龚姓家庭大门楹联为"武陵世泽,京兆家声"。

郭 郭姓属地太原郡(今山西太原)。如皋郭氏系西晋末避乱迁居南乡江边一带。境内与郭姓相关的地名有郭家园、郭家庄、前郭家园、郭家老园、郭家洋等6处。郭姓家庭大门楹联为"汾阳世泽,虢国家声"。

邵 邵姓属地博陵郡(今河北定州)。如皋邵氏系西晋末年从北方迁至,境内与邵姓相关的地名有邵家庄、北邵家庄、邵基庄、邵任港等5处。邵姓家庭大门楹联为"博陵世泽,安乐家声"。

王 王姓属地太原郡(今山西太原)。如皋王氏在东晋时迁至。境内与王姓相关的地名,如城有集贤里、南王家巷、北王家巷;乡村有王家庄、王家巷、小王家巷、王家塌、王家大园、王家尖、王家行、王庄、王巷、王立庄、东王庄、东王家埭、后王家埭、空王庄、西王家庄、后王家庄、王户庄、王家池、王湾子、王家空田、王家园、王家码头等43处。其堂名为“三槐堂”，王姓家庭大门楹联为“三槐世泽，两晋家声”或“东晋名家，太原望族”。

苏 苏姓属地扶风郡(今陕西咸阳市东)。如皋苏氏为炎帝后裔，在东晋十六国时迁至。境内与苏姓相关的地名有如皋城原苏家巷、苏家庄、苏家荒场、野苏家庄、苏家巷、苏家老庄、前野苏家庄等10处。苏姓家庭大门楹联为“引锥刺股，杖节牧羊”或“眉山三杰，沧浪一亭”。

钱 钱姓属地彭城郡(今江苏铜山)。如皋钱氏祖先为彭祖七十四世孙吴越王钱鏐，从苏州迁至如皋，居于如皋城及丁堰、林梓。钱氏定居如皋后，自如皋钱氏十五世起，以“开邦嵩万在耀祖德为良仁孝传家久诗书立业长”20字定为字派。境内与钱姓相关的地名有钱家长庄、钱家庄、钱家牌楼、钱家埭、西钱庄、北钱家园等14处。其钱氏堂名为“彭城堂”或“吴越堂”“射潮堂”。钱姓家庭大门楹联为“钱彭世泽，吴越家声”“文僖世泽，武肃家声”“射斗世泽，朝笏家声”或“彭孚世泽，吴越家声”。

高 高姓属地渤海郡(今河北沧县)。高氏始祖因做官，自宋朝迁居如皋南乡，聚居村庄名高家庄。境内以高氏命名的村庄有：高家庄、高家埭、高屋头、高庙头、高井栏、小高家庄、高长头、高明庄、大高家庄、高家小庄等9处。高姓家庭大门楹联为“户部世泽，渤海家声”。

卢 卢姓属地范阳郡(今河北涿州)。《卢氏族谱》记载，唐代有卢雷，自江苏南京分脉，其中有一支至如皋落户。卢姓家庭大门楹联为“范阳名族，涿郡高楣”。

顾 顾姓属地弄陵郡(今湖南溆浦、常德一带)。如皋顾氏唐宋时多聚居于长江边摩诃山南10千米的竹排岭。后散居如皋南乡，其中以白蒲一带为多。境内与顾姓相关的地名有顾家庄、顾家巷、顾庄、西顾家庄、后顾家庄、小顾庄、顾家里园、顾家埭、东顾庄、西顾庄等17处。顾姓家庭大门楹联为“武陵世泽，文献家声”。

尤 尤姓属地吴兴郡(今浙江吴兴)。如皋尤氏，唐宋时居如皋古摩诃山竹排岭沙洲。沙洲坍入江中后，尤氏搬迁至今江安阚家河西北，将附近的毛宅寺更名宝庆寺，并将尤氏始迁如皋一世祖天主公谱东皋始祖谱藏于寺内大佛腹中。尤氏集中居住地后定名尤家行。其堂名为“馀庆堂”。尤姓家庭大门楹联为“延之绝学，公辅奇才”“力崇道学，矢与清贞”“图经来鹤，梦应成龙”。

宗 宗姓属地河东郡(今山西夏县北)。如皋宗氏源于河南南阳的一支，如皋《宗氏宗谱》记载，宗氏为避五代之乱，多次迁移后至“雉皋”。居如皋的始祖为宗氏第十世南宋名将宗泽之孙宗安六、宗安七，主要集中居住在如皋西北部和南部。境内与宗姓相关的地名有如城原有宗家巷及宗家庄、宗港、宗家港等10处。宗姓家庭大门楹联为“京兆世泽，汝南家声”。

邱 邱姓属地吴兴郡(今浙江吴兴)。如皋邱氏系南北朝到五代时期迁至。境内与邱姓相关的地名有邱家埭等。邱姓家庭大门楹联为“吴兴才望，大学仪型”。

胡 胡姓属地安定郡(今甘肃原州区)。如皋胡氏迁自陕西安定堡(今甘肃泾川以北)。北宋书法家蔡襄《太常博士致仕胡君墓志》：“胡氏，世居长安，询(胡洵，胡瑗远祖)为兵部尚书。其孙韫，因乱留蜀，为西蜀陵州刺史。蜀平归京师，终卫尉卿，为君(指胡瑗)曾祖，生泰州司寇参军，讳修已。卒，葬如皋。”《胡安定先生年谱》载：“数传至韫，……生泰州司寇参军，祖父去世后，其父胡讷赠太子中允。”胡瑗出生于如皋城南胡家庄。如皋《胡氏宗谱》记载，如皋胡氏以胡瑗为一世祖，已传34世。胡姓家庭大门楹联为“乡贤世泽，理学家声”“寿齐九老，名列四真”。

刘 刘姓属地彭城郡(今江苏省铜山)。如皋刘氏先祖为刘基。宋理宗时期，刘基任扬子县令，其后裔定居在如皋县城北水竹园。清乾隆《如皋县志》载有《刘氏十五世明经记略》：“宋理宗朝，刘氏基以明经令扬子，扬子介六合、江阳之间，基之子孙遂居如皋治北之水竹园。自基以下，曰杰、曰钜、曰鉴、曰永、曰林、曰昂、曰瑗、曰谟、曰诩、曰科、曰应祥、曰梦星、曰震、曰学贤、曰沾、曰滋、曰之灏、曰昌运、曰愈炤、曰愈火鼎、曰炌(kāi)、曰之彦、曰之彪、曰增口、曰行健、曰钟悦，凡二十七人历世十五，皆以明经起家。先是洪武初，(刘)钜举经明行修科任本县训导，讲学于治东(城东)五十里，皋人呼其地曰刘师铺。”境内与刘姓相关的地名除如城有大刘家巷、小刘家巷外，尚有刘家庄、刘家园、刘家花园、刘家田、刘家堡、刘家埭、刘方庄、刘家圩、刘家棹等24处。刘姓家庭大门楹联为“传经世泽,正字家声”。

范 范姓属地高平郡(今山东金乡县西北20千米)。如皋范氏先祖系范仲淹四世孙范公仪,因至如皋北花源草堂讲学定居,其所居村庄定名老范家庄,此处葬有范仲淹衣冠冢。明代,范氏一部分迁入如皋城内,有“范半城”之说。境内与范姓相关的地名有范庄、老范家庄、范家庄、小范家庄、范家腰庄、范云龙庄、范湖洲、范家荡等14处。范姓家庭大门楹联为“文正世泽,成笏家声”或“治吴归隐,述汉成书”。

朱 朱姓属地沛郡(今安徽宿州城西北)。如皋朱氏系朱熹七世孙拓公,随文天祥从京口(今镇江)脱险,至如皋渡海南归时,失散流落如皋。北京大学文学院教授朱英诞《述祖德诗》载:“指南慷慨逆元兵,夜下从之海上行。流落田间桑变绿,徘徊园里血成吟。亲耕织罢求诸野,失礼乐时同待沦。不悔日长经不带,拓技荫淡一枝新。”诗注:“吾家先祖七世孙,从文信国逆元兵,夜经泰州,流落如皋,夫妻亲耕织,乡间称长者,是为拓园公。”民间有“一朱蹬三湖”之说,“三湖”即如皋西乡的芹湖、南乡的范湖与海安的仇湖,都是朱氏如皋支派聚居的地方。境内有朱家庄、朱家园、朱家荡、朱家窑、朱家埠等以朱氏命名的村庄23处。朱姓堂号为“紫阳堂”,大门楹联为“紫阳世泽,镇国家声”“鹅湖世泽,鹿洞家声”或“渡江世泽,镇国家声”。

徐 徐姓属地东海郡(今山东济宁市兖州区东南)。如皋徐氏系元至正十一年(1351年)迁居西南乡。境内与徐姓相关的地名有徐家庄、徐家老庄、徐家站、徐家甸、徐家埭、徐坂角庄等11处。徐姓家庭大门楹联为“南州世泽,东海家声”。

陈 陈姓属地颍川郡(今河南长葛市老城西)。如皋陈姓有两支,一支是由颍川迁福建后,于元代避元军南进之乱,北迁至如皋东乡石甸(现属如东县),在石甸建有“陈氏宗祠”,据该支《陈氏宗谱》记载,该支始祖为侯远公,已传23世。另一支于南宋宝庆元年(1225年)由浙江瑞安迁至如皋西乡,在如皋城西北隅海月寺西亦建有“陈氏宗祠”,现尚存清康熙年间所植古银杏树2株。境内与陈姓相关的地名有陈家庄、小陈家庄、西陈家庄、王陈庄、大陈家堡、小陈家堡、陈家淤子、陈木匠庄、陈家官庄、陈家埭、陈家高园、陈家园、前陈家市、中陈家市、后陈家市、陈家圩等29处。陈姓堂名为“颍川堂”,大门楹联为“颍川望族,皋邑名门”或“颍川世泽,太丘家声”。

冒 冒姓属地江苏如皋。始祖为东林公。其祖先为蒙古贵族,迁如皋后,据蒙古姓氏“八二目”定姓“冒”。境内有冒家庄、冒家园、小冒家庄、冒家老庄、前冒家庄、冒家长庄、东冒家庄、西冒家庄、南冒家庄、冒家埭、冒戚庄、冒家新庄、冒家圩、后冒家圩等以冒姓命名的村庄24处。如城有冒家巷、冒家桥等。冒姓家庭大门楹联为“萦阳世泽,水绘家声”“榜花世泽,水绘家声”或“榜花世泽,万卷家声”。

丁 丁姓属地济阳郡(今山东定陶西北)。如皋丁氏一支为北宋前迁至,具体迁入年代不详。另一支系朱元璋攻克苏州下令屠城时避兵乱至如皋,其一世祖后六公,率一起逃出的丁、周、严、黄四族数百人,至如皋西南乡开垦江安涨沙,筑堤、开河、垦殖,并联合乡勇,操练武艺,建造堡垒。江安地区曹家堡、马家堡、戴家堡、陈家堡、刘家堡、周家堡、戈家堡、蔡家堡等均与之相关。今丁、严、黄、周四姓仍占江安地区居民半数以上。境内与丁姓相关的地名有丁家庄、丁家港、丁家园、丁家堡、丁家空田、丁家窑、丁家井等12处。丁姓家庭大门楹联为“生松世泽,刻木家声”或“麟分帝里,凫浴家池”。

周 周姓属地汝南郡(今河南汝南东南30千米)。周姓迁至如皋的情况与从苏州避兵乱至如皋的丁姓同,后成为江安地区的望族。境内与周姓相关的地名有周家庄、周庄头、周家园、周家埭、周家荡、周家堡、周家窑、周家坝、周家圩、周家空田、周家行等32处。周姓家庭大门楹联为“功高细柳,泽普爱莲”或“爱莲世泽,细柳家声”。

严 严姓属地天水郡(今甘肃渭源县西南)。严姓迁至如皋的情况与从苏州避兵乱至如皋的丁姓同,其一世祖为严谷宝。后有一部分移居如皋城,于东云路巷东侧建有严氏宗祠(现尚存)。境内 与严姓相关的地名有严家庄、严家巷、严家埭、周严墩等5处。周姓家庭大门楹联为“鱼台世泽,雉水家声”。

黄 黄姓属地江夏郡(今湖北云梦东南)。黄姓一支迁至如皋的情况与从苏州避兵乱至如皋的丁姓同,另有一支系明末从福建莆田至如皋经商定居,散居如皋城及城郊。境内以黄姓命名的村庄有黄市、黄家埭、黄家溪、黄百户、小黄百户、黄家行、黄家荡等13处。黄姓家庭大门楹联为“江夏世泽,淮阳名家”。

李 李姓属地分两大系源:一为陇西郡,在今甘肃省境内;一为赵郡,在今河北省境。李氏迁至如皋的情况与从苏州逃至如皋的丁姓同,一世祖为李简斋,先聚居在如皋西乡李家庄,后散居如皋各地。境内与李姓相关的地名有如城的李府巷、南李家巷、北李家巷及李家庄、李马庄、李家洋、南李家庄、李家桥、李家园、李家窑、李三圩、李小圩等25处,李姓家庭大门楹联为“陇西世泽,冯南家声”“南冯世泽,吏部家声”。

吴 吴姓属地延陵(今江苏武进)。吴氏以周朝泰伯为始祖。元末明初“红巾军起义”时,吴氏自苏州阊门避居如皋。此后,吴氏在如皋、如东县境内多有繁衍,尤以车马湖、白蒲地区吴姓为多。如皋境内与吴姓相关的地名有吴家庄、东吴家庄、西吴家庄、吴家腰庄、吴家堰、吴家夹巷、野吴家庄、西吴家空田、东吴家空田、吴家圩等处。吴姓家庭大门楹联为“世家第一,至德让三”“延陵世泽,梅里家声”等。

孙 孙姓属地太原郡(今山西太原)。如皋孙氏系孙武后裔,迁至如皋的情况与从苏州逃至如皋的丁姓同,先避居西乡西燕庄,后散居各地,亦有旅居外地者,清末其后人孙俊夫携家谱至如皋寻根。境内以孙姓命名的村庄有孙家庄、孙家埭、孙公铺、小孙家庄、孙家老坝等9处。孙姓家庭大门楹联为“江东开国,冀北空群”“映雪世泽,读书家声”。

谢 谢姓属地陈留郡(今河南开封陈留镇)。如皋谢姓,一支亦是元末朱元璋、张士诚火并时从苏州逃至如皋,初居如皋西7.5千米处,名谢家甸,建有“谢氏宗祠”,后散居各地。境内以谢姓命名的村庄有谢家甸、谢家庄、谢家空田、前谢家庄、后谢家庄、谢家园、谢家老园等10处。其家庭大门楹联为:“东山世泽,宝树家声”。另一支系清代从安徽至如皋经商定居,其始祖为谢纯甫。还有一支系从镇江至如皋经商定居,迁入年代不详。后两支大都居住于如皋城。其家庭大门楹联为“系承申伯,源出洛邑”“江左风流,程门道学”。

张 张姓属地清河郡(今河北清河以东)。张氏迁居如皋的情况与丁、吴姓同,境内以张姓命名的村庄有张家庄、张家埭、张家园、张家港、张家码头、张家空田、张家窑、张家湾、张新庄、张许庄、张葛庄、北张庄、南张庄、张古庄、后张庄、前张庄、张黄港、西草张庄、东草张庄、老张家庄、张严家庄、张家坊、斜张家庄等34处。张姓家庭大门楹联为“九居世泽,百忍家声”。

薛 薛姓属地河东郡(今山西夏县北)。薛氏亦系朱元璋、张士诚火并时从苏州逃至如皋。安一公、安二公为如皋薛氏始祖。除如城原薛家池,境内以薛姓命名的村庄有薛家庵(亦名薛家岸,今名雪岸)、薛家老庄、南薛家庄、北薛家庄、薛家腰庄、薛窑、薛家窑、大薛庄、小薛庄等16处。薛姓家庭大门楹联为“仲虺世泽,三凤家声”。

郝 郝姓属地太原郡(今山西太原)。郝氏亦系元末朱元璋、张士诚火并时,从苏州逃至如皋,于吴窑“择龙游河傍,依水而居”。至明代中叶,郝氏于吴窑繁衍壮大,形成一个较大村庄,史称“郝家长庄”,今在吴窑龙游河东有郝家庄,龙游河西有大郝家庄、小郝家庄。郝姓家庭大门楹联为“文忠世泽,晒腹家声”或“引义传经,俊丰尚节”。

沈 沈姓属地吴兴郡(今浙江吴兴)。如皋沈氏系江南巨富沈万三兄弟避祸徙居而至。其兄沈万一、沈万二避居石庄北及吴窑、磨头等地。其弟沈万四则避居至林梓。境内与沈姓相关的地名有沈家庄、南沈家庄、北沈家庄、沈家港、沈家富庄、沈家腰庄、沈家桥、沈家甸、小沈家甸、沈家天井、前沈家庄、老沈家庄等15处。沈姓家庭大门楹联为“三善名世,四韵家声”或“三鸣世泽,八咏家声”。

史 史姓属地京兆郡(今陕西西安东)。如皋史氏自明朝迁入。明建文元年(1399年),河北三河(县名,今河北省中部)人史播任如皋知县,清廉自守,任满后因贫困不能返回故里,病死如皋南乡,当地居民纷纷为其负土埋葬,其子孙遂以如皋为家。今如城南门有史家庄,北门原有史家巷、史家湾。为避“史”“死”同音,如皋部分民众将史姓改唤“吏”“喜”“梦”。史姓家庭大门楹联为“太守世泽,篆书家声”。

夏 夏姓属地会稽郡(今江苏苏州市吴中区

和相城区)。如皋夏氏系明初夏灌由泰州至如皋经商后,携兄弟至如皋定居。境内与夏姓相关的地名有夏家庄、大夏堡、小夏堡、夏洋庄、夏家堡等9处。夏姓家庭大门楹联为“会稽世泽,寿经家声”或“名联四皓,望并三宗”。

沙 沙氏属地东莞郡(今山东莒县)。如皋沙氏源于宋宜州太守沙世坚,南宋时随高宗移居钱塘(今杭州)。明末,其后裔沙礼八、沙礼九兄弟,自杭州迁如皋,初居石庄,筑有江上草堂。清康熙年间,沙氏后人迁如皋城西北隅沙家河塘,后成为如皋城望族,有“一沙、二祝、三明、五常、九大寺院”之说。境内与沙姓相关的地名有如城的原沙家河塘、沙家花园及沙家庄、东沙庄、西沙庄、前沙家老庄、后沙家老庄、沙家滩等9处。沙姓家庭大门楹联为“汝南世泽,蓟北家声”或“汝南望族,东莞华宗”。

戴 戴姓属地谯郡(今安徽亳州一带)。如皋戴氏从明末迁至。如皋《戴氏宗谱》记载:戴氏谏廷公为避明末李闯王起义,从安徽休宁迁江苏扬州,其子祖介公是盐商,常往来真州(今仪征市)、如皋、通州(今南通市),遂落户如皋城内冒家巷,并在今东陈、戴庄一带广置产业。境内与戴姓相关的地名有戴庄、戴家庄、戴家飨堂、秦戴庄等6处。戴姓家庭大门楹联为“尚书世泽,注礼家声”。

方 方姓属地河南郡(今河南洛阳市东北15千米)。如皋方氏系明末清初安徽商人至如皋经商定居,大多居于如皋城内。方姓家庭大门楹联为“河南世泽,无双家声”。

汪 汪姓属地平阳郡(今山西临汾西南)。如皋汪氏系明末清初安徽商人至如皋经商定居。如皋第一个会馆——新安会馆,即有安徽汪姓盐商参与。汪氏大多聚居如城及丰利(今属如东)等地。境内以汪姓命名的村庄有大汪家庄等。汪姓家庭大门楹联为“平阳世泽,越国家声”或“君子笃操,儒士宗传”。

赵 赵姓属地天水郡(今甘肃通渭西南)。如皋赵氏系明末清初镇江商人至如皋经商定居,多聚居于如皋东南部。境内有赵家园、老赵家园、小赵家园、赵家庄、前赵家庄、后赵家庄等以赵姓命名的村庄9处。赵姓家庭大门楹联为“中令世泽,半部家声”。

康 康姓属地京兆郡(今陕西西安东)。如皋康姓系清代商人至如皋经商定居,原居住地不详。境内与康姓相关的地名有康家庄等,解放初,白蒲区有康庄乡。康姓家庭大门楹联为“华山懋绩,东海名流”。

管 管姓属地平原郡(今山东平原县南10千米)。如皋管氏原籍苏州,太平天国时期迁居如皋东海之滨,靠围海造田、制盐而富甲一方。管氏在如皋聚居的村庄,有管家庄、管爬圩子等。另有部分散居如皋城。管姓家庭大门楹联为“锄金世泽,煮海家声”。

韩 韩姓属地南阳郡(今河南南阳市)。如皋韩姓系太平天国时期,南京商人至如皋开设织绸缎的“机坑”,后因无法与用机器织绸缎的大工厂竞争,被迫改业定居如皋。境内与韩姓相关的地名有韩家庄、韩家套等4处。韩姓家庭大门楹联为“南阳望族,北斗高名”“锦州世泽,南海家声”。

姜 姜姓属地广汉郡(今四川梓童)。《百家姓》注天水郡,今甘肃通渭县西南。如皋姜氏原籍及迁至如皋的年代不详,大多聚居在白蒲一带。境内与姜姓相关的地名有姜家园、姜家庄等。姜姓家庭大门楹联为“天水世泽,尚父家声”“岐山世泽,四岳家声”“炎农世泽,渭水家声”。

姚 姚姓属地吴兴郡(今浙江吴兴)。如皋姚氏原籍和迁至如皋的年代不详。境内与姚姓相关的地名有姚园、姚家园、姚园头、东姚家埭、西姚家埭等8处。姚姓家庭大门楹联为“文明世泽,元德家声”。

杨 杨姓属地弘农郡(今河南灵宝市南20千米)。如皋杨姓原籍和迁至如皋年代不详。境内与杨姓相关的地名有杨家庄、东杨力、西杨力、杨家埭、前杨家埭、后杨家埭、杨家园、杨园头、东杨家庄、杨庄、杨家腰庄等15处。杨姓家庭大门楹联为“三公世泽,四知家声”“一品世泽,四知家声”。

缪 缪姓属地兰陵郡(今山东兰陵一带)。如皋缪姓原籍及迁至如皋年代不详。境内与缪姓相关的地名有缪家庄、小缪马庄、刘缪庄、桑缪庄、小缪家庄等8处。缪姓家庭大门楹联为“上书论事,出俸济民”“二贤世泽,鼎甲家声”。

蔡 蔡姓属地济阳郡(今山东定陶东北)。如皋蔡姓原籍和迁至如皋年代不详。境内与蔡姓相关的地名有蔡家庄、蔡庄、蔡家堡、贾蔡庄等12

处。蔡姓家庭大门楹联为“洛阳世泽，状元家声”“桥留松荫，纸造桂阳”。

任 任姓属地乐安郡(今山东广饶)。如皋任姓原籍和迁至如皋的年代不详。境内与任姓相关的地名有任家庄、前任家庄、后任家庄、任家淤子、邵任港等7处。任姓家庭大门楹联为“任城世泽，禹阳家声”。

邹 邹姓属地范阳郡(今河北涿州市)。如皋邹氏原籍和迁至如皋年代不详。境内与邹姓相关的地名有邹家庄、邹严墩、邹家园、邹庄等4处。邹姓家庭大门楹联为“五经邹氏，万石家风”“忠襄世泽，文靖家声”。

马 马姓属地扶风郡(今陕西咸阳市东)。如皋马氏原籍和迁至如皋年代不详。境内与马姓相关的地名有马家庄、刘马庄、小缪马庄、马家庄南荡、李马庄、马桥、马家堡、马家平田、小马庄等17处。马姓家庭大门楹联为“铜柱世泽，绛帐家声”。

曹 曹姓属地谯郡(今安徽亳州)。如皋曹氏原籍和迁至如皋年代不详。境内与曹姓相关的地名有曹家庄南荡、曹家庄、曹家堡、曹家圩等11处，其中曹家庄5处，曹家堡3处。曹姓家庭大门楹联为“才高七步，法守三章”“文科世泽，武惠家声”“平阳世泽，相国家声”。

冯 冯姓属地杜城(今陕西西安市长安区东南)。如皋冯氏原籍和迁至如皋年代不详。境内与冯姓相关的地名有冯码头、冯家埭、冯家窑、冯家庄、冯家圩子、冯堰家堡、冯家荡、冯家湾等8处。冯姓家庭大门楹联为“西京贤将，郑国名裔”。

叶 叶姓属地南阳郡(今河南省南阳市)。如皋叶氏原籍和迁至如皋年代不详。境内以叶姓命名的村庄有前叶家庄、后叶家庄、东叶家庄、叶家庄等处。叶姓家庭大门楹联为“清平似水，介节如山”。

花 花姓属地东平郡(今山东东平东)。如皋花氏原籍和迁至如皋年代不详。境内与花姓相关的地名有杨花轿、花家庄、花圆头、花鼓原、后花园头、大花家荡、小花家荡等8处。花姓家庭大门楹联为“东平世泽，尚书家声”。

蒋 蒋姓属地乐安郡(今山东广饶)。如皋蒋氏原籍和迁至如皋年代不详。境内与蒋姓相关的地名有蒋家庄、蒋家埭、小蒋家埭、大蒋家庄、蒋家堡、蒋三官殿、后蒋家园、蒋家庙等11处。蒋姓家庭大门楹联为“九侯世泽，三径家声”。

袁 袁姓属地汝南郡(今河南汝南东南30千米)。如皋袁氏原籍和迁至如皋年代不详。境内与袁姓相关的地名有袁家庄、袁卜庄、袁家埭等4处。袁姓家庭大门楹联为“杨风惠政，卧雪清操”。

平 平姓属地河南郡(今河南武陟西南)。如皋平氏原籍和迁至如皋年代不详。境内与平姓相关的地名有平家坪、平家腰庄、平家缺、平长圩等4处。平姓家庭大门楹联为“河内世泽，八州家声”。

明 明姓属地平原郡(今山东平原县南10千米)。如皋明氏原籍和迁至如皋年代不详。清代和民国时期，明氏为如皋望族，清末如皋城“一沙、二祝、三明、五常、九大寺院”中“三明”即指明氏。如皋西乡有明家埭，南乡有明家庄等。明姓家庭大门楹联为“秦卿肇姓，虞系延潢”“吴兴世泽，赈济家声”。

唐 唐姓属地晋昌(今陕西石泉县)。如皋唐氏原籍和迁至如皋年代不详。境内与唐姓相关的地名有唐家庄、大唐家庄、小唐庄、唐家楼、唐家铺、唐庄、北唐岸、南唐岸、后唐家网、唐家网、唐家堡等11处。唐姓家庭大门楹联为“东园高节，天部清风”“桐圭锡庆，未册苍祥”。

邓 邓姓属地南阳郡(今河南南阳市)。如皋邓氏原籍和迁至如皋年代不详。境内与邓姓相关的地名有邓家庄、邓园、邓家桥北荡、邓家桥、邓家井等7处。邓姓家庭大门楹联为“甲午尽节，厦门显威”。

殷 殷姓属地汝南郡(今河南汝南)。如皋殷氏原籍和迁至如皋年代不详。境内与殷姓相关的地名有殷庄、殷家庄等。殷姓家庭大门楹联为“汝南世泽，汉国家声”“谈论系一时之望，兴章推三世之荣”。

郇 郇姓属地南昌郡(今江西南昌县东)。如皋郇氏原籍和迁至如皋年代不详。境内与郇姓相关的地名有郇家庄等3处，民国时设有左郇乡。郇姓家庭大门楹联为“学传孔道，名列晋卿”“系承陆终，望出南昌”。

二、宗族

如皋农村有不少村庄以姓氏命名，多系各姓

氏聚族而居形成的村落，并建有宗祠。明、清《如皋县志》记载，如皋宗祠众多，如皋城有贾、胡、王、冒、范、陈、张、章、吴、朱、周等姓氏宗祠20多座，石庄有闵氏宗祠，白蒲有郑氏、姜氏宗祠，搬经有夏氏宗祠等。宗祠供奉各姓氏始祖及各房祖先牌位，每年有开祠祭祖、拜祖活动。宗祠又是族中议事场所，各族以辈分、威望最高，年龄最长男子为族长，管理族中事务。各宗祠均拥有为数不等的族田和公房，田租和房租所得，除供族内办酒、祭祖或救济外，余为族长或分工受族田、公房者占有。中华人民共和国成立后，废除封建宗族制度，宗族观点逐渐淡化。

三、家庭

初婚 如皋全境解放前，一夫可以多妻，县内望族、富户一夫多妻比较普遍。民国时，虽提倡一夫一妻，但达官贵人和富户，仍有纳妾现象，贫困之家男子常终身娶不到妻子。《中华人民共和国婚姻法》颁布实施前，男女婚姻全凭“父母之命，媒妁之言”，一般均为早婚早育。富有之家盛行女子“二八”（16岁）即可成亲，贫困家庭女孩不少被抱作童养媳。民国38年1月如皋城解放时，如皋城西郊曹家园，全庄18户，即有14户抱童养媳，最小的刚出生（血胎）即作为童养媳被夫家抱回抚养。《中华人民共和国婚姻法》颁布后，一夫一妻制得到严格执行，婚姻自主渐成风尚，逼迫婚姻明显减少。1950年，如皋执行相关规定，实现初婚年龄男20岁、女18岁。1980年，实现法定初婚年龄男22岁、女20岁，公职人员基本实现、部分思想解放的农村青年开始实行男25岁、女23岁的晚婚年龄。

再婚 封建时期至民国初年，域内一直沿袭“寡妇不得改嫁”。历部《如皋县志》均有大量篇幅记载节妇烈女。如皋城乡贞节牌坊亦较多。丁堰镇有民国初大总统徐世昌为如皋节妇题写的贞节横匾“白首完贞”。清代，朝廷虽有“孀妇再嫁，律所不禁”规定，但仍提倡“守节”，县内寡妇改嫁极少。民国时期，如皋抗日民主根据地和解放区倡导妇女解放，实行男女平等、婚姻自由，鼓励寡妇改嫁。中华人民共和国成立特别是改革开放后，随着妇女地位的不断提高，丧夫妇女再婚、离婚改嫁等更为常见。

家庭结构与规模 1949年前，如皋家庭结构以祖父母、父母、子女或曾祖父母、祖父母、父母、子女三世同堂、四世同堂，兄弟共居的大家庭为主。“民国28年（1939年），如皋县平均每户人口5.09人”（民国28年11月11日《上海时报》载）。至民国28年，全县平均每户4.15人。随着所有制变革、经济发展、住房条件改善等因素，青年男女结婚后，多与父母分居，三世同堂、四世同堂、兄弟共居日渐少见。历次全国人口普查结果为：每户家庭（包括集体户），1982年平均4.15人，1990年平均3.83人，2000年平均3.40人，2010年平均2.65人。2010年，全市总户数394838户，其中二代同居户占35.18%，三代同居户占30.36%，四代同居户占2.75%，五代及以上同居户占0.01%，余为一代户。

第二章 世界长寿乡

第一节 长寿现象及长寿遗痕

一、长寿现象

如皋第一位有文字记载的长寿老人为东汉人吕岱。生于东汉延熹三年(160年),80岁“迁上大将军”,93岁任吴国大司马,吴太平元年(256年)97岁病逝。汉代,有乐子长180岁得道的传说。《舆地纪胜》载:“汉,乐子长,如皋人,游霍山遇仙人韩衷,授巨胜灵飞散,令服之。曰:‘蛇服此药,化为神龙;人服此药,老翁成童。升云上下,改人形容。崇气益精,起死养生,子能服之,乃得度世。’于是,举家服焉,俱不得死,年百八十,以其得道于潜山,号潜山真君。唐明皇为赞。”(清《正统道藏》亦有载)

北宋治平四年(1067年)出生的如皋人李嵩,1176年(南宋淳熙三年)109岁卒,为如皋有文字记载的第一位百岁老人。

清康熙十四年(1675年),白蒲人吴世则80岁时得玄孙“五世一堂”,如皋县令赠送“德徽五代”匾牌致贺。吴世则生于明万历二十四年(1596年),清康熙十六年(1677年)去世。清康熙三十五年,吴世则之子吴嘉儒,80岁时得玄孙,亦“五

清嘉庆九年(1804年)后《如皋县志》所载长寿老人情况一览表

表2-23

县志(年份)	≥100岁			90—99岁			80—89岁			80岁以上合计			备注
	人数	其中		人数	其中		人数	其中		人数	其中		
		男	女		男	女		男	女		男	女	
清嘉庆志(1804)	1	1	—	20	20	—	75	75	—	96	96	—	卷十七·列传·耆寿
清道光志(1837)	7	1	6	40	29	11	115	90	25	162	120	42	卷七、卷八、卷九·宦绩、耆寿、贞女、节妇、文行
清同治志(1873)	5	2	3	42	26	16	129	113	16	176	141	35	卷九·耆寿、宦绩、方技,卷十二·贞寿
民国志(1928)	38	5	33	281	140	141	1053	720	333	1372	865	507	卷十二·耆寿、贞寿
总计	51	9	42	383	215	168	1372	998	374	1806	1222	584	—

世一堂”，江苏巡抚宋荦赠送“齿德兼优”匾牌致贺。清康熙《如皋县志》载：吴嘉儒生于明万历四十五年（1617年），清康熙四十七年（1708年）去世，享年91岁。

民国《如皋县志》载：清乾隆四十七年（1782年），乾隆皇帝赐粟帛、“百有二岁”金匾，并拨国帑于苏家巷西首敕建百岁坊，旌表如皋西南乡苏家巷（今江安镇六团村），“苏门十四世苏公发妻丁氏，寿登101岁”。丁氏生于清康熙二十一年（1682年）农历六月十九，卒于清乾隆四十七年（1782年）农历十一月十二。

至清嘉庆时，如皋长寿现象已经产生广泛社会影响。清嘉庆元年（1796年）农历正月初四，朝廷举办“千叟宴”，邀如皋白蒲人吴际昌和如城人施景禹赴宴。吴际昌回如后，撰《赴千叟宴恭记》，记述参加千叟宴的情况。清嘉庆六年，开始编纂的《如皋县志》，首次增设“列传·耆寿”卷，专门记载如皋的长寿现象。共载80岁以上老人96人，其中百岁老人1人，为桑愈春，字维新，明朝人，性淳厚乐善。

清道光三年（1823年），宣宗下旨旌表如皋城南约12.50千米大阮家庄阮敦栾一家五世一堂，赐“五世一堂”木质匾额，并赐其玄孙阮元吉名“庆寿”，后又赐给“昇平人瑞、德门双庆”木质匾额。《阮氏宗谱·初辑》载：“宗连公派自十一世至十五世世表：敦栾，字晋卿，宗礼次子，两膺粟帛修职郎，四世夫妇双全，目见玄孙庆寿，清道光三年三月初九日，奉旨旌表五世一堂，八品寿官。”阮敦栾，生于清乾隆六年（1741年），卒于清道光四年。妻冒氏，生于清乾隆五年，卒于清道光五年，生5子1女，清道光二年得玄孙阮元吉。

清道光《如皋县续志》共载80岁以上老人162名，其中百岁以上老人7名（男1人、女6人），为李士龙、夏廷玺妻陆氏、马子柳妻杨氏、田某妻凌（林）氏、马伯龙妻赵氏、韩璋妻刘氏、苏公发妻丁氏。

清同治五年（1866年），如皋西南乡苏家巷（今江安镇六团村）苏氏，再次得到皇帝旌表。苏氏第十七世苏芳妻徐氏(为丁氏嫡曾孙媳),生于清乾隆三十二年农历七月二十一，卒于清同治五年农历正月初二，享年100岁。清同治皇帝御赐蟒袍一件，于苏家巷东首苏氏宗祠前敕建百岁坊，旌表苏氏一门四代两期颐。

清同治《如皋县续志》共载80岁以上老人176人，其中百岁以上老人5人（男2人、女3人），为蒋宏学、吴国礼和钱裕龙妻潘氏、王兆刚妻钱氏、赵兴武妻蔡氏。

沙元炳《百岁寿母篇》载：民国14年（1925年）4月19日车马湖夏姓人氏为其母王氏贺百岁生日，夏母“有子四，最幼者六十七，夫妇俱存。孙七、曾孙九，四世同堂”。

民国《如皋县志》共载80岁以上老人1372名，其中百岁以上老人38名（男5人、女33人），为姚宗广（104岁卒）、黄宏山（103岁卒）、徐定邦（102岁卒）、鲍必恒、徐学蕃和姜峥嵘妻金氏、冒珩妻谢氏、蒋宗发妻卜氏、王某妻蔡氏、苏芳妻徐氏、季南林妻宗氏、冯益旺妻顾氏、瞿大纶妻章氏、张纶成妻王氏、吴中智妻周氏、王瑞林妻卢氏、陈元济妻宗氏、陈元龙妻李氏、蔡花鹏妻张氏、沈毓桂妻汤氏、苏某妻曹氏、罗思睿妻丛氏、崔某妻章氏、袁文信妻陆氏、刘菘圃继妻顾氏、王珽妻冒氏、刘尊寿妻宗氏、倪某妻张氏、夏履田妻郭氏、薛裕山妻张氏、周君亮妻王氏、顾有孔妻管氏、邵志诚妻杨氏、侯云树妻金氏、吴汉民妻李氏、孙广奎妻吴氏、倪伯龄妻濮氏、刘遐祺妻赵氏。

民国36年5月19日，如皋城东门外卢家坝（今如城镇新生村）农民卢承元百岁诞辰。“卢有3子、4女、5孙、9曾孙、2玄孙，五世同堂”。

中华人民共和国成立特别是改革开放以后，随着人们生活水平的不断提高及全市（县）益寿设施、益寿措施的不断完善，如皋长寿的环境优势进一步彰显，人均预期寿命快速延长，长寿老人迭现。

1964年，第二次人口普查，全县80岁以上老人3800人，其中100周岁以上老人1人；1982年第三次人口普查，全县80岁以上老人为11466人，其中100周岁以上老人7人。

1990年年底，县老龄委组织长寿专题调查，全县健在99周岁及以上老人22人（男8人、女14人），分别为：吴启明（男，如城）、薛绍轩（男，如城）、朱从义（男，建设）、张寿光（男，林梓）、任长吉（男，石庄）、吴寿清（男，搬经）、朱广明（男，石北）、周学成（男，何庄）、马寿莲（女，如城）、黄兴婉（女，如城）、张长凤（女，南凌）、冒正芳（女，丁西）、卢季氏（女，奚斜）、顾陶氏（女，白蒲）、姚姜氏（女，下原）、张李氏（女，龙舌）、印美英（女，长青沙）、吴金美(女,夏堡)、纪祥英(女,邓园)、高蒋氏(女,磨头)、马如凤(女,磨头)、石李氏(女,长庄)。

2004年,市政府在如皋东方大寿星园举行“五世同堂合家欢”联欢活动,全市确认的“五世同堂”家庭有400多个,其中40个家庭参加活动。

2008年5月,北京美兰德信息公司接受中国老年学学会委托,对如皋长寿状况进行全面调查。确认全市有100周岁以上老人102人。

至2010年全国第六次人口普查,全市有100周岁以上老人104人,95—99周岁老人786人,90—94周岁老人4001人,80—89周岁老人40718人。对于长寿,如皋人普遍认同:“百岁不稀奇,九十小弟弟,八十小来兮。”

图2-1 如皋市政府举办“五世同堂合家欢”活动 (2004年摄)

2008年5月如皋市100周岁以上老人名单

表2-24

镇(区)别	姓名	性别	出生时间	住址
如城镇	张田氏	女	1900-11	大明村12组
	苏长美	女	1905-02-26	阚庄村1组
	吴凤珠	女	1905-05-10	绘园新村303-505
	张金龙	女	1905-10-02	西皋新村505
	王加凤	女	1906-01-14	方庄村23组
	潘井兰	女	1906-01-28	阚庄村9组
	刘章氏	女	1906-03-17	锦绣苑206-202
	张生富	男	1906-09-22	城东村1组
	陈秀芳	女	1906-11	光华村4组
	章爱荣	女	1907-01	绘园新村106-404
	秦银富	男	1907-01-06	凌青村11组
	王长英	女	1907-08	沿河村3组
	王吴氏	女	1907-09-29	宏坝社区4组
	徐凤明	男	1908-03-08	新民村3组
	臧玉珍	女	1908-04-08	剧场街76号
	陆王氏	女	1908-02-03	纪庄村22组
	石秀珍	女	1908-02-17	长港村12组
	孟新民	男	1908-03-11	锦绣苑208-204
	吴玉珠	女	1908-04-07	丰乐街道

续表2-24

镇(区)别	姓名	性别	出生时间	住址
东陈镇	吴兰芳	女	1905-07-12	北庄村9组
	陈国凤	女	1908-05-21	汤湾村23组
	徐瑞兰	女	1908-02-20	杨庄居委会7组
雪岸镇	杨跃凤	女	1906-08	雪岸居委会24组
	李长珍	女	1906-12	万福村18组
	钱兰英	女	1908-04	雪洪村19组
丁堰镇	卞玉珍	女	1905-08-01	三河居三街63号
	吕玉兰	女	1907-04-03	堰南村9组1号
	崔万春	男	1907-09-21	刘海村16组24号
	鞠桂英	女	1908-01-06	夏圩村25组
	袁王氏	女	1908-02-17	三河居塘房巷1号
林梓镇	许任氏	女	1904-10-17	月旦村2组
	王如珍	女	1904-11-07	合兴村11组
	马周氏	女	1908-02-10	林梓居委会26组
	徐陈氏	女	1908-03-06	月旦村19组
	宗式梅	女	1908-05-25	斜庄村12组
	曹翠芳	女	1908-03-04	沈腰村26组
白蒲镇	秦鸭英	女	1906-12-21	文峰村38组
	张秀英	女	1906-12-05	沈桥村33组
	金爱春	男	1907-01-13	钱元村18组
	祝其英	女	1908-01-18	朱家桥村27组
	冒秀英	女	1908-03-14	唐堡村20组
	钱振才	男	1908-04-04	唐堡村15组
	张文政	男	1908-02-26	黄行村23组
	蔡红英	女	1908-03-14	沈桥村27组
	章淑芬	女	1908-04-09	黄行村19组
	张素英	女	1908-05-24	姜北村23组
	王兰英	女	1908-03-24	光明居委会1组
九华镇	薛文豪	男	1906-03-28	如海村10组
	田顾氏	女	1906-08-08	营西村10组
	郭桂英	女	1907-12-20	如海村10组
	郭祥淦	男	1907-05-19	杨码村3组
	郑春氏	女	1907-09-22	郑甸村13组

续表2-24

镇(区)别	姓名	性别	出生时间	住址
九华镇	石兰英	女	1908-02-28	郭李村23组
	孙薛氏	女	1908-03-15	杨码村26组
	沙兰英	女	1908-02-28	丝渔村16组
	吴兰新	女	1908-04-21	四圩村11组
下原镇	许秀英	女	1902-09	白李村24组
	王有英	女	1906-01	藕池村4组
郭园镇	杨贵英	女	1908-05-27	郭南村14组
石庄镇	石凤鸣	女	1908-04-26	石庄居
	王召英	女	1908-03-21	石北村26组
	环学英	女	1908-04-23	何正村
长江镇	宋老太	女	1906-03	永建村7组
	袁陆氏	女	1908-01	二案村9组
	朱长珍	女	1908-01	二案村29组
	黄太	男	1908-05-09	永平村8组
	时道元	男	1908-03-01	临江村
江安镇	黄卢氏	女	1905-11-16	联络新村10组
	黄耀芳	女	1906-01-10	周群村21组
	刘玉英	女	1907-05	联络新村6组
	高荣志	女	1907-07-24	徐柴村8组
	诸理	女	1908-02-11	朗庙村4组
	吴美英	女	1908-03-24	曹杜村5组
	李瑞英	女	1908-05-09	葛市村15组
	周永珍	女	1908-03-19	余圩村19组
搬经镇	郭学美	女	1904-01	加力村22组
	李荣其	男	1904-12	兴夏村21组
	余文福	男	1905-07	梅甸村10组
高明镇	唐黄氏	女	1906-01	黄庄村7组
	孙朱氏	女	1907-09	陈庄村4组
	卢春芳	女	1908-05-19	章庄村21组
	钱汉芝	男	1908-03-25	刘庄村4组
	李秀英	女	1908-04-30	西庄村7组

续表2–24

镇(区)别	姓名	性别	出生时间	住址
袁桥镇	王兆美	女	1905–02	袁桥村11组
	赉义美	女	1905–03	朱厦村11组
	陆志忠	男	1907–09	何庄村8组
	万建兰	女	1908–04	复兴庄村1组
	张立桂	女	1908–02–04	纪港村9组43号
	刘明珍	女	1908–05–30	浦东村25组
柴湾镇	曹永芳	女	1904–08–04	平园池村5组
	钱呈美	女	1905–04–23	复兴村11组
	仲统英	女	1908–02–05	柴湾居委会16组
	管炜凤	女	1908–05–22	桥港村27组
	陈昌秀	女	1908–02–28	桥港村23组
	张云美	女	1908–04–29	双龙村20组
磨头镇	陈玉美	女	1906–06	邓高村13组
	倪秀芳	女	1908–03–25	星港村16组
桃园镇	冒陶英	女	1903–10–28	育华村35组
	丁刘氏	女	1906–01–19	马塘村25组
	丁正凤	女	1906–06–25	申徐村4组
如皋经济开发区	阚长美	女	1907–12	鹿门村14组
	崔建芳	女	1905–01	新庄村12组

注：表中所列老人信息由北京美兰德信息公司受中国老年学学会委托查核确认

二、长寿物质遗痕

百岁坊 清雍正十年(1732年)，为旌表生员王珽妻子冒氏在如皋城内南大街建1座百岁坊。王珽逝世后，冒氏守节79年，终年101岁，故该坊又称“节寿坊”。

同年，如皋城西门城内谢恩桥(俗称焦家桥)为旌表处士陈元济妻宗氏建1座百岁坊，宗氏寿登101岁，故该坊又称“贞寿坊”。

清乾隆四十四年(1779年)，为旌表千总冒珩妻谢氏寿登105岁，东大街迎春桥东建1座百岁坊。

清乾隆四十六年(1781年)，为旌表罗思睿妻丛氏建100岁坊(址缺载)，丛氏中年亡夫，教子勤俭，寿登百岁而终。

清乾隆四十七年农历十一月十二，乾隆皇帝为旌表如皋西南乡苏家巷(今江安镇六团村)“苏门十四世苏公发妻丁氏寿登101岁，拨帑敕建百岁坊于苏家巷西首”，当年落成。

清乾隆五十年，为旌表瞿大纶妻子章氏104岁在如皋城西门青云巷口建1座百岁坊。

清乾隆年间，白蒲陈天祥寿登102岁辞世，御赐“寿登百岁陈天祥之坊”于白蒲镇原十字街北，汉白玉坊额至今保存完好。

清嘉庆年间，进士、左都御史沈岐之父沈兰泉年过百岁，五世同堂，御赐“五世坊”于白蒲镇十字街南。

清嘉(庆)道(光)年间为李士龙百岁，建百岁坊(无详载)。

清道光三年(1823年)，为旌表夏廷玺妻陆

图2-2 1992年建于丁堰镇的百岁坊

氏,101岁寿终,建百岁坊(址缺载)。

清道光十年,为旌表监生韩璋妻刘氏寿登103岁,于如皋城西20千米处建百岁坊。

清道光二十八年,为旌表赵兴武妻蔡氏百岁,建百岁坊(无详载)。

清同治五年(1866年)农历正月初二,为旌表如皋西南乡苏家巷(今江安镇六团村)苏门十七世苏芳妻徐氏(为丁氏嫡曾孙媳),同治皇帝又敕建百岁坊,次年于苏家巷东首苏氏宗祠前建成。丁徐二氏均登期颐,且先后五世同堂紧相衔接,故苏氏住宅大门楹联为"重逢五代,叠庆期颐""百岁同堂双五世,一门四代两期颐"。当年的百岁碗与丁氏百岁坊上高60厘米、宽40厘米、厚6厘米刻有蟠龙图案和"圣旨"二字的汉白玉眉石,以及同治皇帝赐给徐氏的蟒袍,苏氏后代至今仍完好保存,袍盒约长60厘米,盒盖上有"皇恩钦赐"4个金字。

清同治十年,为旌表南乡农民王兆刚妻钱氏,耄耋之年仍能纺织,并以力田训教子孙,年百岁,建百岁坊(地址缺载)。

清同治年间,为旌表蒋宏学百岁,域内亦建百岁坊1座(地址缺载)。

清光绪九年(1883年),为旌表沈毓桂妻汤氏102岁建百岁坊(地址缺载)。

百岁祠、巷 清乾隆年间,处士陈元济及其妻宗氏(见前"百岁坊")的子孙,为纪念宗氏,在宗氏贞寿坊东侧,建百岁祠1座,祠侧的小巷因此得名百岁巷。21世纪初旧城改造,于原址路南仍以"百岁"冠名辟建百岁步行街。

百岁庄 如皋西乡卢港东南草荡庄(今属常青镇),王瑞林妻卢氏,于清光绪年间,寿登103岁,村民引以为荣,易庄名为"百岁庄"。

百岁桥 清代,如皋境内建有4座百岁桥:一在东陈镇汤家湾北张家庄,一在薛家庵西,一在西场东北朱家庄(今属海安县),纪念寿星姓名缺考。另外民国《如皋县志》中还记有1座百岁桥:"许树兰,字纫佩,为母周氏建百岁桥,享年84岁,其妻仲氏87岁。"未记载桥址。

寿山、寿寺(庵) 如皋历史上有"寿山"1处,在掘港(今属如东县)西南约1.5千米处。有寿寺(庵)7处,其中清顺治年间建延寿寺于双甸余家庄(今如东县),清康熙十九年(1680年)建延寿庵于李堡(今海安县);有万寿庵有3处,一在如皋城北七里阙,一在如皋城海月寺前,一在丁堰冯家堡;仁寿庵在南马塘段家庄;福寿庵在沈家桥。

附录:

寿星选介

吕岱 (参见卷二十三第一章第二节《知名人士》)

李嵩 男,北宋治平四年(1067年)出生,南宋淳熙三年(1176年)卒,为如皋第一位有文字记载的百岁老人。清乾隆《如皋县志》载:"宋孝宗淳熙三年二月,桑子河东孝里庄忽产牡丹一本。明年三月,花盛开,乃魏紫也。人争异之。有杭州观察推官过此,欲移植之。挖土尺许,见一石如剑,长二尺。题'此花琼岛飞来种,只许人间老眼看',遂不敢移。自是乡老生辰值花开者,必造花下引觞为寿。间有刻日欲至,而花一夕萎者,辄不吉。惟八十翁李嵩以三月八日初度,岁必一造,至一百九岁而终。凡醉花前三十年矣。石剑所题卒验云。"李嵩与紫牡丹的故事引发元代解元陈应雷、清代文坛巨子袁枚、当代文学家郭沫若等赋诗传诵。

袁亮工 男,字采之,生于清光绪二十三年(1897年)6月。民国5年(1916年),毕业于如皋师范学校附设测绘班,民国时期在县清丈局从事测绘工作,后任小学教师。一生酷爱写作,晚年潜心地方文史研究,笔耕不辍,经常在《如皋文史资料》《如皋文献》和各级报刊杂志发表文章。1996年1月病逝。

袁琼英 女,生于清光绪二十二年(1896

年)，住如城镇锦绣街道。五岁进私塾读书，上学近十年，一生爱读书，形成习惯，年老亦坚持读书看报，常将连载小说等剪辑成册，供人阅读。1997年应邀参加如城镇举办的“千岁宴”，有记者和她谈起诗词，脱口即背出几首唐诗。从小喜爱花木，喜欢制作小工艺品，晚年常在莳花弄草和做针线活儿中颐养天年。1999年逝世。

沈高澄 男，生于清光绪二十六年(1900年)农历腊月二十一。如皋道教协会会长、灵威观道长。俗名沈锡荣，字康侯。1999年其100岁诞辰时，全国政协原常委、中国道教协会会长闵志亭书赠“大椿不老”作为祝寿礼物。如皋市委、市政府及相关部门负责人为他举办隆重贺寿仪式。2002年2月4日羽化(参见卷二十三第一章第二节《知名人士》)。

吴俊升 男，清光绪二十七年(1901年)出生于车马湖，祖父和父亲两代从教。民国14年(1925年)，东南大学毕业，获教育学学士学位。民国17年偕夫人赴法国留学，民国20年获巴黎大学博士学位。回国后任北京大学教授、教育系主任，民国27至民国33年任国民政府教育部高教司司长。1969年退休，先后定居美国和台湾，积极参加台湾如皋同乡会活动，并为编印出版的《如皋文献》题写书名。95岁时自编20余万字年谱。2000年2月5日于香港逝世。

陈帮英 女，生于清光绪二十五年(1899年)，家住如城镇宏坝村。15岁起，赴扬州学会制作锦灯和香袋，手艺精湛，是远近闻名的“香袋艺人”。一生不放弃手艺，年近百岁时仍坚持制作、销售香袋，并以其“寿气”，得本地市民争相购买，且常被美国、日本、德国、新加坡、加拿大等来访的国际友人和港澳台同胞收藏。1997年、1999年香港、澳门回归，她给香港、澳门儿童寄去100只香袋，遥祝港澳儿童长命百岁，香港特首董建华、澳门特首何厚铧均复函致谢。1997年，如城镇举行“千岁宴”，她现场劈竹削篾，裁绢缝纱，制成锦灯。中央电视台全程录像，以《扎花灯》编入《东方老人》在国内外播映。2002年6月16日，被聘为如皋市长寿研究会名誉理事，当年秋病逝。

刘镜寰 男，清光绪二十七年(1901年)10月出生，丁堰镇人。毕业于南京高等师范学校，大学文化程度，长期从事教育工作。退休后，常以

图2-3 刘镜寰万岁宴上现场手书(2002年摄)

书画、栽花养草颐养天年。2002年6月16日，被聘为如皋市长寿研究会名誉理事。10月，首届“如皋·中国长寿文化节”期间，他为特制“矾红描金百寿龙凤对碗”题写“如皋百岁碗”；万岁宴上，他精神矍铄，泼墨挥毫，当场书写“共产党好”4个苍劲有力的大字而获得满堂彩。2002年冬逝世。

李王岸佛 女，清光绪二十四年(1898年)出生于如皋城西大街。民国34年(1945年)，日本宣布无条件投降后，随夫去台湾。1960年定居美国，其子李昌钰为世界知名刑事鉴识专家。62岁时通过美国移民局英语考试。老年客居异国乡音不改，并要求全体家族成员都会讲如皋话。晚年信佛，法号岸佛。100岁生日时，美国总统克林顿夫妇率纽约市市长夫妇、康涅狄格州州长夫妇前往祝贺，以其将13个子女全都培养成博士而称其为“伟大母亲”。2002年，捐建如师附小岸佛运动场。2003年3月6日，在美国去世。

丁玉珍 女，清光绪二十七年(1901年)出生

图2-4 百岁老人丁玉珍在如城镇党委会议室宣誓入党 (2002年摄)

于李堡镇(今属海安县)。抗日战争、解放战争时期积极参加中国共产党的活动,1965年向党组织递交入党申请,百岁生日时再次向党组织递交入党申请书。2002年10月21日,以102岁成为如皋最高龄入党的中共党员。她一生勤劳朴素,性格开朗,生活讲究规律。2003年,无疾而终。

许得和 男,清光绪二十四年(1898年)出生,家住袁桥镇何庄村十九组。为人活泼开朗,爱说爱唱爱看戏,爱喝如皋黄酒,还喜欢和小孩子们在一起,人们称他是“老顽童”“伢儿头”。2003年9月12日,老人106岁生日,市镇领导、媒体记者等登门祝寿,他亲自接待客人,陪客吃面、喝酒、合影留念。2004年6月,无疾而终。

马汝康 男,清光绪二十九年(1903年)8月,出生于如皋城西门。自幼跟随父亲学裁缝,后靠摆小百货摊为生,至95岁,仍每天上街营业。心胸开阔,性格开朗,乐观随和。他总结的养生秘诀为:“要得身体安,常带三分饥和寒。”一生喜欢花草、风筝,喜欢哼哼唱唱,常拉胡琴;爱整洁,讲卫生,不嗜烟酒。晚年在三个儿子家轮流居住,家庭和睦。2002年如皋长寿文化节“万岁宴”上,100岁的马汝康手操京胡,即兴演奏, 获满堂彩。2004年秋去世。

钱再功 男,清光绪二十七年(1901年)出生,住磨头镇南郊(现属磨头镇星港村三十四组)。一生务农,饮食起居注意规律。耄耋之年仍不时漫步田间地头。年满百岁后还收拾打扫庭院,面容与八十岁左右老人无异。四世同堂,家庭和谐。2005年9月,无疾而终。

陈鑫 又名陈金,女,清光绪二十九年(1903年)9月出生于东台县安丰镇。民国14年(1925年)婚后,一直居住于如皋城西门准提庵巷,一生生活规律,无不良嗜好。一日三餐,粗细搭配。勤劳朴实,性格开朗,为人平和,爱整洁。2002年5月,联合国第二届老龄问题大会在西班牙马德里举行,开幕式上放映以介绍如皋百岁老人生活花絮为主要背景的电视专题片《和乐中华》,专题片中身着唐装的陈鑫,步履稳重,体魄康健,接受媒体采访时思路清晰,言语得体。她被誉为“东方形象大使”。2005年去世。

张田氏 女,清光绪二十六年(1900年)11月出生,住如皋城南郊顾家庄(今如城镇顾庄村)。从小喜欢莳花弄草,到老兴趣不改。2002年10月24日,中国工程院院士王士雯等探望103岁的张田氏时,她送给院士一盆亲手栽植的兰花。2005年被全国体育协会评为“健康老人”时,仍能不用搀扶,徒手健步登台领取奖章。2010年,无疾而终。

韩秀芳 女,清光绪三十四年(1908年)9月9日出身于如皋城望族,家人亦多长寿,长弟韩德培(知名法学家)享年99岁,幼弟韩德馨(中国工程院院士),享年92岁。从小受到良好教育,一生喜爱花草盆景,年届百岁时仍时常莳花弄草。2002年10月,如皋“群星拜寿”大型文艺晚会上,95岁的韩秀芳健步上台向阎维文献花,让阎维文惊叹。2006年,倡议举办“千秋万载颂奥运活动”得到中共如皋市委、如皋市人民政府支持。2008年10月6日,首届“中国十大寿星排行榜”揭晓仪式在如皋东方大寿星园举行,韩秀芳被评为“最佳风采女寿星”。2010年,韩秀芳103周岁,仍健在。

图2-5 “中国最佳风采寿星”韩秀芳与外国友人互动 (2008年摄)

崔建芳 女,清光绪三十一年(1905年)腊月初八出生于如皋城南郊(今如城镇新庄村)。性格开朗,喜欢唱歌。因中华人民共和国成立前受尽磨难,晚年五世一堂,生活幸福,特别爱唱《东方红》,中央电视台《欢乐中国行》在如皋演出,她以高歌《东方红》赢得“爱唱《东方红》的老寿星”昵称。她总结的长寿经验是:“喜欢活动人勤劳,心情愉快人不老。”2010年,仍健在。

管友盛、管石氏夫妇 管友盛生于清宣统二年(1910年)3月,管石氏生于清宣统元年5月,住郭园镇范刘村十四组。夫妇俩一生务农,勤劳不辍，并一直和睦相处。2010年，两人均已年满100周岁（管石氏101岁），双双健在，身体健康。

黄士瑞 男，清光绪三十四年（1908年）9月24日，出生于如皋城北门鹅颈湾。民国21年（1932年）南通医学院首届本科毕业。一直从医，历经磨难。落实政策时已届退休。退休后，受聘担任如皋水绘园讲解员，开始研学如皋历史文化，其讲解得到姬鹏飞、梁灵光、汪洋等肯定。晚年爱好广泛，读书、书法、绘画、体育、跳舞都感兴趣。2010年6月，如皋市长寿研究会至上海探访时，103岁的他用5国语言一连唱了6首不同国家的歌曲，并领客人看其书画作品等，上楼下楼，行动敏捷。

图2-6 市长寿研究会向百岁老人黄士瑞赠送长寿研究书籍 （2010年摄）

第二节 长寿乡认定

一、长寿现象引起世界关注

1998年11月，中国社会科学院教授刘岱岳函告如皋市老龄委，“如皋已被列为全国六大长寿地区……”并附香港《明报》，《明报》用整版篇幅介绍如皋长寿现象。

2002年4月8日，联合国第二届老龄问题大会在西班牙首都马德里召开，以介绍如皋百岁老人生活花絮为主的中国电视专题片《和乐中华》在开幕式上放映。

2002年10月首届如皋·中国长寿文化节后，30多个国家驻华使节和中国港、澳、台地区的1158名嘉宾联合组团到如皋考察长寿现象。国际自然医学会北京支部主任王智墨及中国专家组教授李贵芸，中国工程院院士、中国人民解放军总医院心血管研究所所长兼心血管救治中心主任、少将王士雯，中国人口学学会副会长、北京大学教授曾毅，北京大学第一医院神经内科心理室主任、教授王荫华以及全国老龄委办公室、北京中华老年画报社“北京青年医生中国长寿之乡公益行”一行8人；上海市人事局组织的专家学者20人到如皋调研。湖南省绥宁县老龄工作学习参观团一行27人；江苏省老龄委、省《老龄周报》社，南通市老龄委及各地参观考察团等相继到如皋各镇（区）访问百岁寿星，探究长寿奥秘。至2010年，到如皋围绕长寿进行专题采访的媒体记者有美国、英国、日本、德国、加拿大、法国、澳大利亚、新加坡、尼泊尔、韩国、马来西亚、泰国等国家和地区的记者，中国港、澳、台地区的记者，内地近50家新闻媒体的记者。刊发介绍如皋长寿现象文章的报刊有《欧洲时报》、香港《文汇报》、香港《大公报》、香港《商报》、香港《明报》及《人民日报》《中国日报》《人民日报》海外版、《光明日报》《中国老年报》《中国妇女报》《老年时报》《中国老年》《解放日报》《上海科技报》《上海健康报》《上海卫生报》《新华日报》《扬子晚报》《银潮》《乡土》《南通日报》《江海晚报》等。

广播电视、网络等媒体的记者亦经常到如皋拍摄报道。其中中央电视台关于如皋长寿现象的主要宣传报道有关于如皋长寿老人风采及老年工作动态的电视专题片《千岁宴》《扎花灯》（总

图2-7 境外媒体采访百岁寿星 （2007年摄）

称《东方老人》);《夕阳红》栏目组拍摄的时长8小时的特别专题片《今又重阳》,包括《序曲》《给生命以时间》《给生命以空间》《给生命以尊严》《给生命以爱》《给生命以价值》《尾声》7个部分;《天涯共此时》《欢乐中国行》栏目组摄制的如皋百岁寿星才艺大赛系列专题片等。

市相关部门每年接待市外到如皋考察长寿现象的媒体记者100批次以上,各地领导、专家、学者等团体和个人均在20余批次、600人次以上。

二、中国长寿之乡

2008年5月,中国老年学学会正式受理如皋市"中国长寿之乡"的申报,并委托北京美兰德信息公司核查。美兰德公司受托后,派出专门人员至如皋,查对公安机关户口簿册、身份证和年报资料,对全市城乡百岁寿星逐户逐人实地核实,确认2008年5月全市实有100周岁以上寿星102人。经中国老年学学会组织专家评审并上网公示,确认如皋达到百岁老人占总人口万分之零点七五"中国长寿之乡"标准,同意授予如皋市"中国长寿之乡"称号。当年10月6日,于如城东方大寿星园举行仪式,由民政部原党组成员、全国老龄办常务副主任、中国老年学学会会长李本公介绍评审经过、宣布评审结果,并为"中国长寿之乡(如皋)"揭牌。同时向如皋市政府颁发"中国长寿之乡"证书。

图2-8 如皋市市长姜永华在东方大寿星园接受"中国长寿之乡"铜牌 (2008年摄)

三、世界长寿乡

继如皋成为首批"中国长寿之乡"之后,国际自然医学会北京支部王智墨博士数次率员深入如皋城乡,反复核查。2010年10月28日,在如皋"一会两节"开幕式上,由联合国工业发展组织国际环境资源监督管理机构政府事务协调委员会主任助理、国际自然医学会北京支部专家组首席专

图2-9 国际自然医学会主席森下敬一在如皋实地考察 (2010年摄)

家孙尚京宣布:"经国际自然医学会2010年8—9月实地调查考察,如皋市符合'百岁老人占总人口万分之零点七五,60岁以上老人占总人口10%,人均预期寿命超过70岁,65岁及以上老人占比超过7%,14岁及以下人口占比不足30%'等世界长寿乡主要认证资格条件。"并当场向如皋市委、市政府颁发世界长寿乡资格认证证书,确认如皋为第六个"世界长寿乡"。

第三节 敬老、惠老

一、敬老、惠老组织

老龄工作委员会 1985年11月2日,县委、县政府建立如皋县老龄问题委员会,下设办公室(简称老龄委、老龄办),负责研究并协调解决全县老龄问题。1991年,县老龄问题委员会更名为如皋市老龄委员会。2001年,如皋市老龄工作委员会建立。市民政局增挂如皋市老龄工作委员会办公室牌子,并明确为市老龄工作委员会常设办事机构。此后,各乡镇相继建立老龄工作委员会。

老年基金会 1987年10月18日,县委、县政府为筹集资金,兴办老年公益事业,更好地解决老年人特别是高龄老人“老有所养、老有所医、老有所教、老有所学、老有所乐、老有所为”问题，设立如皋县老年基金会。1988年，县老年基金会筹集基金16.60万元。1989年，基金会停止活动。

老龄协会 1984年前后，部分乡镇为方便组织老年人活动，加强与老年群体的联系，优化老年人服务，开始自发组建老龄协会。此后，各乡镇老龄协会逐步健全。2009年10月25日，如皋市老龄协会成立，为南通市首家县级老龄协会。

二、益寿机构、设施

如皋县安老院 1950年1月，县救济院附设烈军工属安老院，配备简单的老年人生活设施。1954年12月，县救济院和如城游民习艺所合并为县生产教养院，1956年2月改建为如皋安老院，除主要配备老年人生活设施外，增加老年人护理设施。

如皋市社会福利中心（如皋市（县）社会福利院） 1958年9月，如皋县安老院易名如皋县社会福利院，下设敬老院、安老部。1961年8月起，县社会福利院主要收养孤寡老人。1990年，县社会福利院有寝室及公共用房54间，设有医务室，并配有开水炉、大型洗衣机、电视机等。1996年，市政府拨款483万元，实施福利院搬迁，在如皋经济开发区庆余桥西征地近万平方米，新建服务大楼，配设会议室、活动室等。每个房间配吊扇、饮水机，餐厅增加彩电、空调，医务室添置胆结石治疗仪、理疗仪等设备，基本实现收、寄养老人小病小痛无须送医院治疗。为方便老人外出游玩、购物，另配备代步车5辆。2004年，市福利院增设健身房、棋牌室、图书室，配备哑铃、拉力器、跑步机等健身器材近10种。2007年，市政府再次实施福利院搬迁工程，并将如皋市社会福利院更名为如皋市社会福利中心。中心位于如城镇李渔南路118号，为当年市政府为民办实事工程之一。2008年12月29日，竣工交付使用。中心占地3.2公顷，建筑面积12000平方米，总投资2000万元，设置床位220张，绿化覆盖率65%，是集养老、娱乐、医疗、康复于一体的综合性社会福利机构。2009年11月，市社会福利中心被省民政厅命名为江苏省示范性养老机构。

镇敬老院 1987年，部分乡镇开始兴建“五保”（保吃、保穿、保住、保医、保葬）户服务中心，集中供养“五保”老人。1991年，乡镇“五保”户服务中心改称敬老院。当年，全市兴建6所，改扩建35所。2000年，全市行政区划调整后，各镇撤并分散的敬老院，集中重建具有标准房间（配备卫生间、洗漱间）、医务室、活动室、食堂及绿化等设施较为现代化的敬老院，动员五保老人入住、集中供养。此后，各镇敬老院规范不断扩大，床位不断增加，设施不断完备。2010年，全市有镇敬老院20所，床位2893张。长江镇（如皋港区）、如城镇、白蒲镇、九华镇、石庄镇敬老院获省文明敬老院称号，另有12所镇敬老院被评为南通市文明敬老院。全市省级、南通市级文明敬老院总数位居南通市各县（市）第一、全省各县（市）第二。

阳光老年公寓 位于林梓镇，由上海阳光集团企业家张德璜、张志镕捐资350万元建成，占地1.3公顷，建筑面积4900平方米，分上中下3层，底层设有办公室、活动室、餐厅、阅览室，二层、三层为老年住房，房间装有空调和电话机，可容150位老人同时入住。2004年8月，落成交付使用。

怡年园老年公寓 怡年园老年公寓和老年活动中心，位于如城镇西郊村，由市第一建筑安装工程有限公司投资1.08亿元兴建，建筑面积3.31万平方米，集养老、休闲、娱乐、康复、健身于一体，可容纳1000余位老人同时入住。2006年9月27日，落成，老年活动中心试营业。

三、老年人服务

1949年前，全县老年人赡养、服务主要由子女承担。中华人民共和国成立特别是1985年县老龄委建立以后，市（县）委、市（县）政府就加强和改进老龄工作，先后下发一系列通知、意见，全市（县）老龄工作不断加强。2003年，市老龄委被评为江苏省老龄工作先进集体。2004年度，如皋市被江苏省老龄委表彰为江苏省老龄工作先进市（县）。2005年，如皋市被评为全国老龄工作先进市（县）。2006年2月28日，如皋市第二次被表彰为全国老龄工作先进市（县）。2007年，市老龄委再次被评为江苏省老龄工作先进集体。2010年，如皋市第三次被评为全国老龄工作先进市（县）。

赡养 孝敬、善待老人为如皋人优良传统。

自古绝大多数家庭子女孝敬老人，老人安享晚年，亦有少数家庭因经济、感情等因素，老年人不能得到很好的赡养。1986年7月，县老龄办在磨头镇小磨村、新民乡挺进村、长江镇头案村开展签订赡养老人协议试点，并结合协议签订，围绕“赡养老人是子女的应尽义务”“人人都有老年时代”等大力营造自觉养老、尊老、敬老的社会氛围。是年，如城镇对60周岁以上农村老人的生活给养、饮食起居、床铺衣着、疾病治疗，以及子女、家庭关系等开展详细调查，并以调查推动全镇老有所养全面落实。此后，县老龄委又结合在全县推广试点经验，继续探索确保老年人老有所养的办法和途径。2000年，市老龄委综合各乡镇保障“老有所养”的经验，在全市推出“六有、二查、一公布”（子女对待老人有一颗孝心，老人有一间通风透光的房间，有一日三餐适口的饭菜，有一张温暖舒适的床铺，有一年四季的合身衣服，有生病及时救治措施；各村（社区）夏查凉席蚊帐，冬查棉衣棉被；以村（社区）为单位公布养老状况）的养老办法。2002年，该办法被江苏省老龄委冠以“如皋养老模式”向全省推广。此后，全市老年人赡养状况持续改善，中央电视台等媒体多次宣传报道“如皋养老模式”。

供养 1950年1月，县救济院附设烈军工属安老所，收养烈军工属23人。1956年，农业合作社、人民公社开始对孤寡老人实行“五保”。1961年8月，县社会福利院开始以供养孤寡老人为主。1987年10月，全县农村“五保”老人供养开始实行集中供给分散供养和敬老院集中供养两种形式。1990年，县社会福利院供养的孤寡老人增加至60余人，最高年龄者97岁。每收养3人配备1名服务人员。并配备医务人员3名。

1991年，市社会福利院开始办理寄养业务，当年收养5人，收养对象为城镇户口中有生活来源、无房居住或家中住房紧缺、无亲人在身边照顾或跟家人相处不睦的年老体弱人员。福利院配有工作人员25名，负责管理、照料供养、寄养老人的生活起居、饮食、卫生等工作。

2005年，市社会福利院收养老人70人、寄养老人10人，其中80岁以上老人14人，90岁以上老人7人，老人伙食费标准提高至每人每月200元。至是年，有3位老人在社会福利院度过百岁诞辰。

2010年，市社会福利中心收养老人85人，寄养老人10人；全市农村由市、镇财政供养的“五保”对象总人数增加至4121人，其中绝大多数为孤寡老人，集中供养和分散供养对象生活费标准为每人每年3920元和3020元。

优待 2001年12月，市委、市政府决定，从是年起，每年给每位百岁以上老人发放生活补贴，标准为每人每月80元。2002年全市“敬老日”，市政府出台“八个一”惠老政策：一项长寿补贴，对年满100周岁以上的老人每人每月发给长寿营养补贴80元；一瓶牛奶，对年满95周岁以上老人，每人每天免费供应一瓶牛奶；一次体检，给90周岁以上老人，每年进行一次免费体检，其中对百岁老人登门服务；一次慰问，市领导每年重阳节对全市百岁老人进行一次慰问；一次祝寿，年满百岁的老人，由政府组织一次祝寿活动；一次馈赠，对年满百岁的老人，当年赠送彩电1台；一次褒奖，每年对有85周岁以上老人的家庭开展一次评比，评出100户尊老敬老模范家庭，给予一次性奖励；一系列优惠待遇，凡本市年满60周岁以上老人可领取老年优待证，市内看电影，游览大寿星园、水绘园、定慧寺、丝毯博物馆等场所凭证享受半票或免票优待。

2009年，市政府明确规定，从是年6月1日起，70周岁以上老人乘坐城市公交凭证免费。2008—2010年，市政府先后3次提高惠老金标准。至2010年，90—94岁老人养老金从每人每月10元提高到30元，95岁以上高龄老人的牛奶费标准由每人每天1元提高到每人每天2元，100—104岁老人生活补贴从每人每月80元提高到360元，105岁以上老人生活补贴从每人每月80元提高到每人每月420元。此外，给100周岁及以上高龄老人赠送意外伤害保险。

政治生活 市（县）委、市（县）政府及各乡镇党委、政府，始终关心老年人政治生活。按离退休干部、职工离退休时所属系统、乡（镇）或条块结合健全服务网络，定期通报经济社会发展情况，传达重要文件，并经常组织参观活动，听取意见建议。2002年，经市委同意，如城镇党委按照中共党员发展程序，吸收长期追求进步的102岁老人丁玉珍加入中国共产党。

四、敬老日(节)

1987年,县委、县政府作出决定,每年重阳节作为全县一年一度的敬老日(节),组织开展庆祝、慰问等活动。当年,全县评出敬老好儿女17624名,老有所为模范6595名,老龄及老干部工作先进集体和先进个人647个。

1991年,联合国确定每年10月1日为国际老人节后,市政府确定,每年敬老日前后均组织开展适合老年人特点的老年活动,促进老年人老有所乐。　1991年、1998年敬老节前后,如城镇均为全镇300余对金婚夫妇拍摄金婚照留作纪念。

1995年敬老日,市老龄委与如城镇联合组织如城镇的百岁寿星参观如城新貌。

2003年8月8日,市老龄委与如城镇联合在天成大酒店为如城的102对老龄夫妇举行金婚庆典。

1987—2010年,每年敬老日(或前后),县(市)主要领导均发表电视讲话,向老年人表示节日祝贺。市(县)、乡镇(区)领导分别走访、慰问百岁老人、"五保"老人、高龄离退休干部,并赠送慰问品。各部门、乡镇(区)亦举行祝寿、座谈、联欢、走访慰问等活动,向老年人送温暖,送祝福,送关爱。

五、如皋·中国长寿文化节

2002年10月28日上午,首届如皋·中国长寿文化节与第二届中国(如皋)盆景艺术节、第三届如皋经贸洽谈会同时开幕,简称"两节一会"。29日中午,市委、市政府在丽都大酒店举行"太平盛世万岁宴",全市24个镇(区)的105位寿星参加。29日晚,"群星拜寿"大型文艺晚会在如皋中学操场举行,韩秀芳等6位寿星作为如皋长寿老人代表参加晚会,著名艺术家彭丽媛、阎维文、张明敏等向如皋寿星拜寿祝福。这届长寿艺术节上,中国老年学学会医药保健康复委员会、《中国老年》杂志编辑部和如皋市人民政府联合主办21世纪长寿论坛暨全国老年医药保健康复论坛,北京、上海等30多所著名院校、科研院所及全国各地医学专家、学者和老龄工作者100余人出席。市政府举办中华长寿之乡民俗风情展,以近200幅图片和1万多文字,系统介绍如皋长寿历史渊源和文化底蕴。首届长寿文化节还推出5000套"百岁碗",依次编号,绝版发行。碗内壁洁白无瑕,正中为100个"寿"字组成的"万岁宴"红底金字盘寿注册商标,碗底注"如皋·中国长寿文化节特制"和编号,钤"景德镇造"印。其中的25对于当年10月22日,公开拍卖,起拍价11860元。经3小时角逐,最后成交价为328550元,99号参拍者一人拍得5个编号,总价值为98099元,其中编号为0999的百岁碗拍出32999元的最高价。

2004年10月28日,第二届如皋·中国长寿文化节开幕。本届长寿文化节主要活动包括:如皋、湖北钟祥和广西巴马联合主办,3大长寿之乡代表和海内外长寿养生专家学者300多人出席的首届中国长寿之乡联合论坛暨长寿饮食高层论坛;市体育局、市老年人体育协会举办,设9个比赛和表演项目、399名老年运动员(最长者92岁)参加的长寿趣味运动会;从全市300多个"五世同堂"家庭中选出42户"五世同堂"家庭,有118位"五世同堂"家庭代表参加的"五世同堂"合家欢大型联欢会;中国广播艺术团王馥荔、王洁实等20多名著名演员与如城宏坝社区仇汝兴等百岁老人家庭成员一起举办明星与寿星共度重阳活动等。

2006年10月28日,由如皋市政府与中国老龄报社、中国保健协会共同举办的第三届如皋·中国长寿文化节开幕。在这届长寿文化节上,市政府组织全市100名百岁寿星为栽在100个紫砂大红"寿"字花盆中、有数十年树龄的如派五针松盆景浇水培土,捐赠给北京奥运会组委会,媒体以《千秋万载颂奥运》为题予以报道。长寿文化节期间,还举办长寿餐饮烹饪大赛、中国(如皋)长寿餐饮论坛、长寿产业博览会、"双星"(企业明星和百岁寿星)携手共建和谐等活动。

2008年10月6日,首届中国十大寿星排行榜揭晓仪式在如皋东方大寿星园举行,如皋百岁老人韩秀芳被评为最佳风采女寿星。10月27日晚,《欢乐中国行·魅力如皋》大型文艺晚会,拉开如皋"一会两节"序幕,作为第四届如皋·中国长寿文化节的主要活动,相约如皋长寿论坛和百岁寿星才艺大赛均在东方大寿星园举行。

2010年10月28日,第五届如皋·中国长寿文化节开幕,主要活动包括:以"绿色地球村,长寿金如皋"为主题的第二届中国·如皋长寿论坛,全国老龄委副主任阎青春,中科院老年产业和老年心理学研究专家、教授李贵云,联合国工业发展组织国际环境资源监督管理机构政府事务协调委员会主任助理、国际自然医学会北京支部中国专家组首席专家孙尚京,全国老年办副主任、江苏省社科联党组书记、经济学教授张颢翰等专家学者,在论坛上共同探讨"生命厚度与绿色、低碳、环保、生态";由中国楹联学会和如皋市人民政府共同主办的中国·如皋中华长寿园长寿楹联大赛颁奖仪式,大赛共收到参赛作品1705件,评选出特等奖1名、一等奖2名、二等奖5名、三等奖10名、优秀奖50名,特等奖由浙江省楼立剑获得,楹联为"海魄江魂,人共地长流,独让平川开寿域;全城绿野,心随天畅朗,总将古邑认仙居"。

附录:

法国老人慕名到如皋过生日

2002年10月19日,60岁的法国人老茹(儿媳妇是如皋人),得知如皋是长寿之乡,又将举办首届如皋·中国长寿文化节,决定到中国如皋过自己的生日。生日晚宴在如皋帝豪大酒店一楼大厅举行,老茹的家人、亲友及如皋相关部门负责人欢聚一堂,向老茹敬酒、祝寿。

第四节 老年文体活动

一、文化活动

群众性老年文化活动 全市群众性老年文化活动起步于21世纪初。随着老有所养、老有所医等基本生活问题的全面解决,老年人开始追求老有所乐,注重精神生活,部分老年人相约至公园、市民广场等处拉二胡、唱京戏等。此后,主城区群众性文化活动逐渐普及,镇村群众性文化活动逐步兴起。至2010年,城区主要公园、广场,除冬季外,几乎每天清晨和晚间都有自娱自乐的中老年人,或跳广场舞。或吹拉弹唱;集镇公园、文体活动中心广场舞蹈等亦比较正常。

文艺演出 20世纪90年代前,全县较为知名的老年文艺团体为老干部艺术团,经济组织老干部排练、演出文艺节目。20世纪90年代,如城镇锦绣街道老年莲湘队、老年交谊舞队,迎春街道公园晨舞队、老龄时装表演队,大治街道京剧、越剧联谊会,丰乐街道老干部艺术团、老龄腰鼓队,白蒲京剧戏迷票友会等老龄文艺队伍相继建立。除自娱自乐排练、演出外,不少节目参加全市性文艺晚会、文艺会演等演出。进入21世纪,老年文艺活动逐步从主城区及白蒲、丁堰、石庄、搬经、磨头等较大集镇向全市各乡镇和社区延伸,全市城乡经常有老年人文艺演出活动。

1989—2008年,以如皋老年莲湘等为主体的《如皋民(间)舞(蹈)串串烧》,徐前家庭演出的小演唱《回娘家》,大治街道80多岁老太张惠燕的京剧清唱,如城大治街道《老年功夫扇》,如城镇安定广场文体晨练队的《无极健身操》,绘园文体晨练队的《倒花篮》《杏花春雨》《打鼓说唱》等节目在南通市获奖;老年歌舞《山路十八弯》,说唱《老科协是我们的家》《长寿之乡新传说》《挂红灯》参加全省汇演,分别获奖;如城镇锦锈街道老年莲湘队表演的如皋莲湘在民政部、中国老年报社等单位联合举办的"中国不老城"老年艺术大赛上获最佳表演奖;在中央电视台《夕阳红》栏目开播十周年今又重阳·中国长寿文体表演开幕式上,如城镇老年艺术团演出、古稀老太诸葛芳编排设计的开场式获表演奖;市九鼎老年艺术团代表江苏省参加国家体育总局、全国老龄办、中国老龄体协举办的2007年度全国亿万人健身活动展示大会,所演出节目《挂红灯》获优秀表演奖,《山路十八弯》获表演奖。

2009年8月25—26日,在北京人民大会堂"七彩夕阳"全国中老年优秀文艺节目会演中,如皋九鼎艺术团和市长寿艺术团表演的《众人划桨开大船》《家乡变了》《椭花灯》获凤凰金奖,《长寿乡的新传说》获孔雀金奖。

2010年10月29日至11月3日,应韩国文化部、韩国旅游观光局、韩国国际中老年艺术团邀请,如皋市老年体协一行43人出访韩国,与16个国家的上千名中老年朋友开展文化交流,所表演的4个节目在文艺竞赛中获3块金牌、1块银牌。

"如皋杯"老龄题材全国摄影大赛 2003年4—8月,在中央电视台《夕阳红》栏目开播10周年之际,中央电视台《夕阳红》栏目组与如皋市人民

图2-10 “如皋杯”老年题材全国摄影大赛获奖作品《颐养天年》 （2003年摄）

政府共同主办“如皋杯”老年题材全国摄影大赛。本次大赛共收到参赛作品1万余幅，评出一等奖2名、二等奖8名、三等奖18名、优秀奖72名。8月10日，在如皋新世纪广场举行颁奖晚会。10月4日，从获奖作品中选出50幅作品，以“给生命以时间”为主题在北京中国人民革命军事博物馆展出。展出后，《人民日报》《光明日报》《经济日报》等10多家新闻媒体记者陆续到如皋采访报道。

二、体育活动

群众性老年体育锻炼 20世纪80年代前，全县除城区有部分老人自发进行体育锻炼外，参与体育锻炼的老年人较少。90年代始，随着人们生活水平的不断提高，市民广场、社区、村体育锻炼设施、器材的逐步增加，参与体育锻炼的市民越来越多。

1995年，调查统计，全市约有5万余名老年人坚持正常体育锻炼。2000年9月15—17日，第16届“团结杯”全国友好城市长跑邀请赛在如城镇举行，如皋除组队参加外，组织1000名老年长跑爱好者参与沿如城4000米主干道助跑。2002年，市体育局、市老年体协还组织开展老年人自行车骑游、老年人游泳和老年人风筝集体放飞活动。2005年，调查统计，全市坚持正常体育锻炼的老年人增加到10万余人。2009年，市九鼎老年艺术团在全国亿万老年人健身展示活动中获一等奖，受到全国老龄办、国家体育总局、中国老年人体协联合表彰。

至2010年，每日清晨，城镇公园、市民广场、体育场、社区健身场所、小河畔甚至郊外乡间小道上，到处可见形式多样、项目各异、专心锻炼的中老年人群。市老龄办原副主任周思璜退休后，20余年如一日，坚持自行车骑游全中国，东自黄海边，西至青海高原，南抵海南岛，北达黑龙江，累计骑行5万余千米，获中国骑游杂志社“达人奖”，并当选为中国骑游协会理事。

老年竞技体育 1991年10月14日，如城镇举办首届老年体育运动会，187名老年运动员参赛。1996年，市政府举办首届如皋市老年体育运动会，设10多个比赛项目，共有600多名老年运动员参赛。2000年1—5月，如皋市第二届老年运动会历时4个月，共有10支代表队、680多名老年运动员参加，设10个体育竞赛和表演项目，31人获一等奖，30人获二等奖，31人获三等奖。2002年，如皋市第七届运动会始设老年部，参赛运动员年龄最大的77岁，裁判员年龄最大的84岁。2003年8月11日，“中国·如皋长寿运动会”在如皋体育场举行，共设15个项目，近400人参赛。除祖孙3代乒乓球拍托球跑比赛外，运动员年龄最小55岁，最大97岁。如城镇97岁的王秀珍两分钟内连续穿起8根针，老年长跑健将、85岁的施秀英表演引体向上和3指着地俯卧撑，获满堂彩。这次运动会，中央电视台全程录像，并于当年重阳节在《夕阳红》栏目播出。2007年，在第九届全国老将运动会上，如皋代表队获2块金牌、1块银牌、6块铜牌。2009年6月19—21日，第十届全国老将运动会在如皋举行，共有23个省（市、区）的62支代表队、801名老年运动员参加。如皋代表队82名运动员获24块金牌、30块银牌、22块铜牌，奖牌总数居全国第一。2010年6月9—11日，如皋老年体育代表队参加在长春市举行的第十二届全国老将田径运动会，获1块金牌、1块银牌、1块铜牌。

1996—2010年，全市老年运动员先后数十次组队赴南通、扬州、泰州、南京、上海、丹东、长春、哈尔滨等地参加第一至第十二届全国老将田径运动会及亚洲老将田径运动会、马拉松比赛、门球比赛等国内、国际重大赛事，共获奖牌152枚，其中金奖37、银牌42、铜牌73，获奖牌数居全国县级市第一，并多次获“第一名”“冠军”“一等奖”等。涌现以施秀英为代表的一批老年运动健将。施秀英因患肺癌截去两根肋骨，为强身走上体育锻炼之路，先后多次参加国内、国际长跑比赛，共获2金6银3铜和特别奖12块奖牌，应邀在江苏电视台现场直播中与观众交流，中央电视台拍摄、播放专题片《施秀英传奇》上、下集。

第五节 长寿研究

一、研究队伍

21世纪前，如皋无长寿研究组织，部分人士关注如皋长寿现象，并进行长寿经验总结和研究探索。2002年6月16日，如皋市长寿研究会成立，始系统研究如皋长寿现象，探讨长寿奥秘，普及科学长寿养生知识。是为全国首家研究长寿的地方社团组织。2007年9月，中国·如皋（复旦）长寿研究所成立，为复旦大学生命科学院与如皋市共同组建的长寿研究机构，复旦大学生命科学院部分专家与如皋市相关医疗卫生人员共同研究如皋长寿现象，探索长寿规律。至2010年，如皋长寿研究会会员一直保持在100人左右。是年，市长寿研究会被评为江苏省老年学研究先进集体。

图2-11 央视《夕阳红》栏目与如皋市政府共同举办长寿现象研讨会 （2003年摄）

二、专题调研

如皋长寿研究有文字记载始于明代。清嘉庆《如皋县志》始辟“耆寿”专章，专门记载如皋长寿现象。至民国，4部《如皋县志》共记载全县80岁以上长寿老人1806人，其中百岁寿星51人，并对近半数以上长寿老人长寿原因予以较详细记载。其中，因生活规律、勤劳爱运动而长寿者259人，因家庭和睦、邻里和谐而长寿者187人，因乐善好施、助人为乐、行善积德而长寿者123人，因为人淳朴、心态平和而长寿者74人。

2002年，市长寿研究会成立后，开始有计划地组织如皋长寿现象专题调查研究。是年，市长寿研究会许俊等设置9大项82个子目对全市百岁老人开展问卷调查，并对调查结果进行统计分析；组织气候环境、空气环境、水源环境、声音环境等对人体健康影响的专题研究，编撰《如皋长寿现象环境因素探讨》。

2003年，市长寿研究会设置10个大项91个子目，抽取5个村，就65岁以上老年人健康状况、生活习惯及养生要求进行问卷调查，收回有效调查表2276份。市长寿研究会会员陈根生等就如皋长寿老人饮食习惯进行专题分析研究，发现如皋长寿老人饮食共同特点为：“淡”，即清淡，低盐、低糖，粗茶淡饭，素食为主；“杂”，即以五谷杂粮为主食，蔬菜品种多样，不偏食；“鲜”，即讲究食品新鲜，食材以时令食材为主；“野”，即喜食野菜、野味。

2002—2004年，市长寿研究会、中科院南京土壤研究所共同完成如皋土壤采样检测及如皋土壤与长寿现象的研究。发现如皋土壤成土母质矿物构成比较复杂，土壤中的有效硒、锌、钼、硼等有益于人体健康的元素组合，能延缓人体衰老，促进健康长寿。《如皋长寿现象与土壤环境》《健康长寿与环境》等研讨文章先后在4家国际专业杂志和7家国内刊物上发表，并在国际土壤学大会上宣读。市长寿研究会徐建平完成如皋长寿现象溯源、古籍记载如皋寿星长寿内因、如皋长寿历史文化遗存等的研究，编撰《如皋长寿现象的历史渊源》，总结出“孝者寿、善者寿、淳者寿、睦者寿、勤者寿、乐者寿”等长寿养生规律。

2005年，市长寿研究会会同中国科技大学理化中心对如皋土壤、饮用水及部分粮食、蔬菜中的微量元素进行检测分析，测定如皋土壤和水体中的微量元素含量既丰富又适中，其中含硒量为0.22—0.24微克/克；如皋的青菜、萝卜、粳米、大麦、小麦等农作物的微量元素含量，大多优于或接近国内其他主产区。是年，市长寿研究会对全市92位百岁老人进行调查，发现"积极向上的精神风貌，乐观开朗的性格特点，知足常乐的良好心态，与人为善的善良态度，随遇而安的忍让精神，自我完善的生活境界"是如皋百岁老人的共同的特点。市气象局对如皋历史气象资料进行系统分析，发现如皋气候有"四季分明、气温温和、湿度宜人、雨量充沛、日照充裕"等鲜明特征。

2006—2008年，市长寿研究会会员吴希林、黄裕龙就沙元炳《志颐堂诗文集》中的长寿养生内容进行研究，归纳出如皋长寿老人"仁爱谦恭、乐善好施、性格开朗、家庭和睦、心情乐观"等特点。此后，全市长寿调查研究不断深入。

三、论坛、研讨会

2002年10月24日，市政府与中国老年学学会医药保健康复委员会、中国老年杂志社联合举办21世纪长寿论坛，中国老年学学会会长张文范参加会议并发言，中国老年学学会名誉会长、清华大学教授邬沧萍等专家学者作学术交流，市长寿研究会会长刘桂江宣读调研文章《对如皋百岁老人的调查及初步分析》。

2003年6月27日，市政府与中央电视台《夕阳红》栏目组联合举办如皋长寿现象研讨会，《夕阳红》栏目总制片人、总撰稿人、总编导及北京社科院、人口研究所和清华大学相关专家学者参加，市长寿研究会7位会员交流研究成果。2004年10月27日，市政府举办首届中国长寿之乡联合论坛暨长寿饮食高层论坛，中国老年学学会会长张文范等领导、专家学者以及广西壮族自治区巴马县、湖北省钟祥市、四川省都江堰市等"长寿之乡"代表参加。

2007年10月24日，市长寿研究会会长刘桂江在第八届亚洲大洋洲地区老年学与老年医学大会中文论坛上宣读论文《如皋长寿现象历史渊源》。10月27日，市政府与中国老年学学会老年科学健身与长寿研究委员会联合举办第八届亚洲/大洋洲地区老年学与老年医学大会如皋卫星会议长寿研究论坛，全国12个省、市、自治区的40多位老年科学健身与长寿研究专家学者和全国主要"长寿之乡"代表参加，市长寿研究会会长刘桂江作"开展健康长寿研究，促进经济社会发展"主题演讲，中科院南京土壤研究所黄标教授宣读对如皋土壤检测调查后撰写的论文《健康长寿与环境的关系》。2009年5月，全市有5篇论文在全国第二届科学健身与长寿学术研讨会在获奖，市长寿研究会获优秀组织奖。

四、研究成果

明正德六年(1511年)，王珪完成《泰定养生主论》编著，是为全县有记载的最早长寿养生专著。此后，县内多部医书中兼有长寿研究及成果的记载。清顺治十二年(1655年)，进士丁其誉著《寿世秘典》。20世纪90年代中期特别是市长寿研究会成立后，全市长寿理论研究不断加强，成果颇丰。至2010年，全市(县)共出版长寿养生研究书籍近20部(册)。共发表论文或调查报告40多篇，其中刘桂江《对如皋百岁老人的调查与初步分析》《如皋长寿现象探源》分别在21世纪长寿论坛、第八届亚洲大洋洲地区老年学和老年医学大会上交流，《如皋长寿现象探源》和朱骏武《代际和谐与健康长寿》获中国老年学学会优秀论文奖，范存忠等《如城地区金婚夫妇代谢综合症调查分析》、汪如一《夕阳为何发出七彩光》获第四届全国科学养生研讨会优秀论文奖，吴希林《处处有寿星人人能长寿》获第五届全国科学养生研讨会优秀论文奖。

《寿世秘典》 清康熙年间成书，清顺治十二年(1655年)进士丁其誉编著。全书分9卷。倡导岁时养生，生活习惯应应天时；强调调摄养生，提出衣食住行等养生原则；崇尚饮食养生，提出"朝不可虚，暮不可实"，提倡多喝粥，并介绍如皋各种食材养生功能和10多种食疗粥及其功效。全书以较多篇幅介绍治疗各种疾病的小验方。1992年，中医古籍出版社再版发行。

《益寿精华》 1998年10月，京华出版社出版，陈爱玲编著。全书分古今中外名人谈颐养身心、青少年成长、心理健康、生活方式与健康、妇女卫生5章，对从婴幼儿到老年各个阶段养生作了阐述。

《走进寿乡如皋》 2009年12月，湖北科技出版社出版，刘桂江主编，为"华夏寿乡探秘丛书"如皋专篇。全书分江海明珠、旅游胜地、长寿文化、长寿美食、寿星风采、寿乡探秘6章。从长寿历史、长寿习俗、文化遗存、寿星等方面介绍如皋长

如皋市(县)编著的部分长寿养生研究书籍一览表

表2—25

书　　名	出版时间	作者(主编)	出版单位
泰定养生主论	明正德六年 (1511年)	王珪	(冒鸾刊刻)
寿世秘典	清康熙年间 (1662—1722年)	丁其誉	(刊刻)
闲情偶寄	清康熙年间	李渔	(刊刻)
环境与健康	1995-12	朱骏武	东南大学出版社
益寿精华	1998-10	陈爱玲	京华出版社
食补精粹	2000-12	陈爱玲	中国文联出版社
如皋长寿文化研究荟萃	2002-10	市档案局 市长寿研究会	内部出版
养生诗词典论	2003-08	陈爱玲	中国文联出版社
如皋长寿研究文集	2003-10	市长寿研究会	京华出版社
寿仙传	2003-10	朱骏武等	中国广播电视出版社
如皋长寿现象的历史渊源	2004-09	徐建平	内部出版
华夏长寿第一县	2004-10	金福鑫等	中国戏剧出版社
长寿之乡联合论坛论文汇编	2004-12	市政府	内部出版
中国寿乡行	2005-06	姚新明等	海天出版社
百岁人生不是梦	2005-10	市长寿研究会	内部出版
常用食物的营养功效及食疗	2005-12	倪松高	北京大学出版社
心理学入门	2006-10	朱骏武等	中国广播电视出版社
如皋长寿方案	2008-08	大隐(黄陈俊)	江苏文艺出版社
亚大如皋卫星会议论文汇编	2008-08	市长寿研究会	内部出版
如皋长寿内经	2009-02	卞葆等	中国纺织出版社
长寿如皋	2009-07	市档案局	方志出版社
长寿名流精粹	2009-12	刘桂江	内部出版
走进寿乡如皋	2009-12	刘桂江	湖北科技出版社
健康与生活	2009-08	陈蔼云	内部出版
轻松成美女	2010-4	黄陈俊等	江西科技出版社

寿现象，从水土、生态、民风、生活习惯等方面揭示如皋人长寿原因。

《如皋长寿方案》 2008年8月，江苏文艺出版社出版，章晓明、黄陈俊(大隐)编著。全书共分10章，以9个如皋老人常年坚持的健康饮食原则、6种长寿老人常食用的食物、8个如皋寿星常用菜单、11个延年益寿的生活密码、11种养护五脏六腑的简单动作、6个带病延年的秘诀、7种如皋老人怡情养性之物介绍如皋长寿密码。

附录:

如皋长寿现象探源

根据专家调查和如皋长寿研究会多年的调查研究发现,如皋长寿现象形成与多种因素相关。

气候温和,舒适宜人 根据1959—2006年气象资料统计,如皋年平均气温为14.8°C,7月最高(27.2°C),1月最低(2.1°C)。以月平均气温稳定大于22°C为夏季,低于10°C为冬季,如皋夏季为106天,冬季为134天,春季为63天,秋季为62天,这样四季分明、冬长夏短、气温温和的气候特征对人体的健康十分有益。

如皋年平均相对湿度80%左右,湿度年际振幅小,月际波动也小,舒适宜人,人们感觉心情舒畅,精力充沛。

土质多样,物产丰富 如皋土壤主要来源为长江冲积物,同时受淮河冲积物影响,成土母质矿物构成比较复杂,为土壤元素组成的多样性奠定了基础。

中国科技大学理化科学中心等科研单位《长寿之乡——江苏如皋市微量元素环境调查报告》指出:如皋人主食粳米中Ca、K、Mg、Zn的含量高,又兼吃含Ca、Mg、K、Fe、Zn等元素含量较高的大麦和玉米。如皋人喜种白果树和白萝卜,白果和白萝卜是当地人常吃的食品,白果中富含Ca、K、Mg,如皋白萝卜具有较高的营养保健价值,测出铁、锌、铜、钒、锶等身体必需的14种微量元素中,就有十种之多。如皋产芥菜中的Cu、K、Ca、Mg、Fe、Mn、Zn、Se均高于福州芥菜。毛菜中Ca、K、Mg、Cu、Fe、Mn、Zn也高于北京菠菜、重庆冬寒菜、南昌小白菜这些绿叶蔬菜的含量。谷类和白果、萝卜等食品中有毒元素为Pb、Cd、As远低于国家粮食卫生标准。 专家们认为,如皋土壤中人体必需的常量元素和微量元素含量适中,正因为如皋人的饮食,维持了有益元素的正常水平,加速衰老的有害元素Pb、Cd含量又很低,使人体细胞及生物膜免受过氧化物的损害,保持免疫活力而延缓了衰老,从而能健康长寿。

如皋地处中纬度地区,为南方、北方农作物交会地带。水田作物、旱地作物、耐寒作物、喜阳作物都有生长。农作物丰富多样,给如皋人长期以粗细搭配的饮食结构创造了条件。如皋地区除产水稻、小麦、豆类、玉米、薯类、花生等外,还有许多有利健康的土特产,如:如皋萝卜、银杏果、荞麦等。

水源丰富,水质优良 如皋年平均降水量1000毫米左右,平均降水日数137.2天,境内水网密集,河汊纵横且与长江、淮河水系贯通。历年饮用水源调查资料表明,如皋饮用水源达标率为98.5%。所有化学指标一直保持Ⅰ-Ⅱ级标准内,毒理学指标As、Hg、Cd、Pb等元素均达到《生活饮用水水质卫生规范》,而且远低于允许值(As≤0.05mg/L、Pb≤0.01mg/L、d≤0.005mg/L、Hg≤0.001mg/L)。井水中Sr含量为0.43mg/L,达到矿泉水指标。偏硅酸(H2SiO3)含量为21.3mg/L,接近矿泉水指标(≥25mg/L),如皋人从富含矿物质的饮水中获取了有益的微量元素,对保持身体健康起着非常重要的作用。

如皋人群头发分析结果表明:头发中Ca(钙)、Mg(镁)、Zn(锌)、Fe(铁)、Se(硒)等元素含量均较高,这些元素对维持人体生物免疫功能抗衰老起着重要作用。如皋老人的特点是Zn(锌)、Se(硒)显著高,Su(铜)、Ni(镍)含量较低,Ca(钙)含量正常,这是如皋人长寿的重要原因。

绿色满园,空气清新 如皋是著名的"中国花木之乡",境内林木茂盛,绿色植被覆盖率高。至今境内有1500多年的银杏树,850多年的柏树,800多年的松树,300多年的罗汉松、黄杨,300多年的五针松等。如皋人自古喜爱莳花弄草,重视环境绿化,庭院、室内多摆置盆景。如皋自古就有"人穷露肉,村穷露屋"的说法,普通农家都是"前有大树,后有大竹,中间才是堂屋"。20世纪80年代被评为全国平原绿化先进县。现在大部分居民都住进了楼房,室内或阳台上都放置盆景,既增加了美感,又净化空气,陶冶情操。

民风淳厚,社会和谐 据载,如皋人自古"畏法耻罪,读书循理,讼狱稀简,生活俭约"(明嘉靖三十九年《如皋县志·风俗》)。民国22年(1933年)《江苏省志》载:全省民风普查,如皋被定为"淳厚"。"孝道"在如皋代代相传,"家有一老,如有一宝",尊重老人,孝敬长辈在如皋成为"乡规民约”。子女不把老人看成是累赘，而当成家庭的荣耀，家有高寿长者，子女在社会上就受到人们的尊重，这就为老人们的健康长寿提供了良好的社会环境。

中华人民共和国成立以后，如皋历届党委和政府出台一系列敬老惠老举措，大力推进各种为老年人服务的组织建设和各种文化体育娱乐设施建设，为老年人实现老有所养、老有所医、老有所学、老有所教、老有所为、老有所乐等提供了良好的社会条件。

家庭温馨，父贤子孝 家庭是幸福的港湾，对长寿老人更是如此。据调查，有94.1%的如皋百岁老人与子女、孙子女、重孙子女等生活在一起。应该说，大多数长寿老人能获得高寿，其后代确实是功不可没。他们对老人物质上给予保障，生活上给予照料，精神上给予慰藉。四代或五代同堂，儿孙绕膝，尊老爱幼，是如皋的传统文化和传统美德，也是老人能够益寿延年、健康长寿的重要因素。

习惯良好，心境平和 2002年我们曾对本市百岁寿星做过一次问卷调查。调查内容包括个人简史、生活习惯、饮食、配偶、子女、长辈、兄妹、健康史等9大项82小项。调查结果显示如皋百岁寿星中有几多几少：女性多(85%)，男性少(15%)；适量喝酒的多(66.2%)，吸烟的少(77%从不抽烟)；从事体力劳动的多(86.6%)，脑力劳动的少(1人)；女寿星中生育子女的多(92.7%)，未曾生育的少(7.3%)；兄弟姐妹中头胎长寿的多(40.5%)，胎次后的长寿概率小(二胎生30.4%，三胎生13.9%，四胎生7.6%，五胎生7.6%)；睡眠质量高的多(90%)，失眠的少(2.5%)；饮食粗细搭配的多(74%)，偏食的少；未得过传染病的多(90%)，得过传染病的少(10%)；平时不生病的多(91.9%)，经常吃药的少(2.3%)；爱运动的多，喜静的少。上述调查结果显示，百岁老人生活习惯也是多种多样的，很难一概而论，但有两点是共同的。

一是粗茶淡饭。百岁老人饮食习惯以素为主，拒绝大鱼大肉、大吃大喝。如皋民谣说：“鱼生火，肉生痰，豆腐青菜保平安。”饮食方式一般是一天一干两稀，主食除大米、面粉外，还兼有玉米、麦类、薯类等杂粮，这种粗细相搭配的食物结构为如皋人获得了多样性易于吸收的营养物质，如皋有俗语“糁儿粥米打底，吃了能活九十几。”

二是心态平和。在被调查的百岁老人中，绝大多数老人对生活、对周围环境、对人与事、对自己的评价，总是体现一种与人为善的豁达胸怀。除因耳聋、反应迟钝等原因，有一部分老人很少用语言表达感情外，情绪低落者极少。调查显示，百岁老人的性格开朗，对待人间是非，能够放得下，想得开，淡泊人生，与世无争，经常保持坦荡豁达的精神境界。他们的性情较为温和，无论家庭还是邻里关系都比较融洽。古人云：“心不老，则人难老。”“心不老”确是百岁寿星们赢得健康长寿的经验之谈。

(根据如皋长寿研究会会长刘桂江2007年10月在“第八届亚洲/大洋洲地区老年学和老年医学大会中文论坛”上的演讲整理)

第三章 计划生育

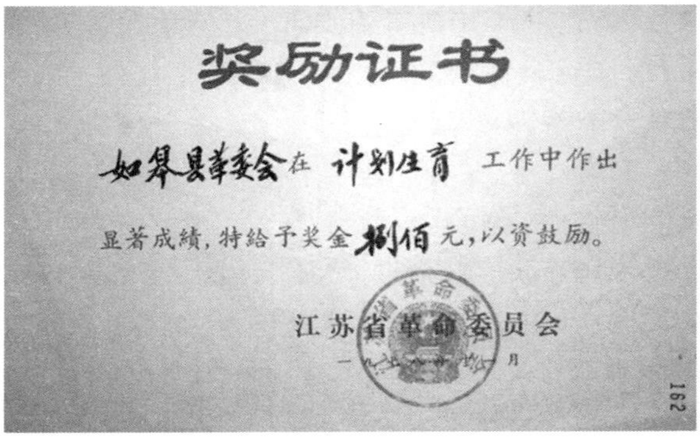

图2-12 1978年，如皋计划生育工作获省表彰

第一节 计划生育管理

一、管理机构

1963年，县委宣传部、县人委卫生科、县妇联、团县委、县总工会等11个部门负责人组成县计划生育委员会，县人委卫生科和县妇联负责具体工作。1967年，县军事管制委员会生产办公室设卫生组，明确1人分管计划生育工作。1968年，县革委会卫生局负责计划生育工作，县防疫站和县妇幼保健所负责具体工作。1971年8月，县革委会成立计划生育领导小组，并于县卫生局设计划生育办公室。1979年3月，县计划生育办公室，改属县革委会直接领导。1981年5月，县计划生育办公室单立，正科级建制。1984年3月，县计划生育办公室复名为县计划生育委员会(简称县计生委)。1986年，县计生委增设县计划生育宣传指导站(简称县计生指导站)。2005年1月，市计生委更名如皋市人口和计划生育委员会。2010年，市人口和计划生育委员会内设宣传教育等7个中层机构，下辖市计划生育指导站。

二、管理机制

20世纪80年代前，县委、县政府主要依据中央、江苏省和南通市计划生育政策、法规，组织开展全县计划生育工作。计划生育被确定为基本国策后，加大宣传力度，号召全县党员、团员带头晚恋、晚婚、晚育、少生、优生，提倡一对夫妇只生1个孩子。20世纪90年代始，市委、市政府将计划生育工作列为“一把手”工程，层层建立计划生育责任制。县计生委常年对基层实施工作实绩、基础工作、照顾生育和人民来信来访查处情况“四项检查”，并按照宣传教育、落实避孕、经常性工作“三个为主”，层层建立计划生育目标管理责任制，不断加强计划生育基层网络和基础设施建设。完善相应配套法规、制度和行之有效的“乡规民约”，市委、市政府在创先评优等各项工作中，实行计划生育“一票否决制”。

三、城市计划生育管理

20世纪前，城市计划生育与农村管理模式和办法相近。2001年始，遵照江苏省政府办公厅《关于加强城市计划生育工作的意见》，市计生委和如城镇计生办实施“以块为主、单位负责、条条保证、条块结合”的管理方法，构建“属地管理，单位负责，居民自治，社区服务”的计划生育管理机制。依托社区，建立资源共享的计划生育服务体系，开展知识普及和咨询指导，确保育龄群众合法权益，实行单位法人代表计划生育责任制，推动国家机关、企事业单位和社会团体各自履行计划生育职责，共同参与人口问题的综合治理。同时，建成一批人口与计划生育的示范社区。至2010年，城区居民计划生育自治率95%以上。

四、农村计划生育管理

2001年9月，全市各镇建立以镇主要领导为组长的计划生育村(居)民自治领导组,组织广大群众讨论拟定《计划生育村(居)民自治章程》和《计划生育村(居)民自治协议书》。村委会和居委会主要负责人负总责,镇党委、政府把此项工作列入村(社区)干部和镇分片包村(社区)人员目标管理责任考核内容,把推行计划生育村(居)民自治达标与干部任用、职务晋升、评选先进、奖金分配等紧密挂钩,使村民、居民计划生育真正实行自治,不流于形式。2010年,全市村民计划生育自治率为90%以上。

五、流动人口计划生育管理

20世纪90年代始,全市(县)进城务工、经商、办企业的农民和外来暂住、流动人口逐年增多。1997年,针对"外来妹"计划生育管理难的问题,市计生委在奚斜乡召开"外来妹"计划生育管理研讨会,总结推广马塘、新姚等乡加强"外来妹"计划生育管理服务的做法和经验。根据国家计生委《流动人口计划生育管理办法》,市计生委组织各乡镇计生办对流动人口婚育状况开展仔细核查,逐企业、逐部门、逐街道、逐村(社区)直至村(居)民小组分别掌握流入人口和流出人口的婚育状况,并跟踪实行动态管理。对流入人口,全市以如城为重点,普遍发放《致外来流动人口公开信》,正面宣传外来人口婚育状况登记调查的意义,限期交验流动人口婚育证明。如城镇计生办划出5名专职人员,设置流动人口计划生育办公室,进行专项管理,各镇借鉴如城镇做法均增设流动人口计划生育办公室。对流出人口,各镇利用春节与外出务工、经商回家过年的育龄妇女建立通联渠道,及时掌握孕情和生育信息。至2005年,全市流出人口婚育证明持证率92.77%,孕情反馈率60%,流入育龄妇女婚育证明查验率88.28%。2006年起,市政府出台《关于进一步加强流动人口计划生育工作的意见》,成立全市流动人口计划生育工作领导小组。两次召开专题会议,建立完善流动人口信息采集、登记、上报制度。在如城镇、如皋经济开发区、长江镇(如皋港区)、如皋软件园设立流动人口服务管理办公室。明确流动人口计划生育协管员工作职责,在流动人口集聚的企业和营业场所,建立计划生育协会,定期开展正常的宣传服务和检查监督活动。

1988—2010年如皋市(县)人口增长情况统计表

表2-26

年 度	人口出生率(‰)	人口自然增长率(‰)	年 度	人口出生率(‰)	人口自然增长率(‰)
1988	16.39	9.81	2000	6.32	-2.11
1989	20.73	13.88	2001	6.16	-0.64
1990	16.83	9.54	2002	6.16	-0.84
1991	11.58	4.35	2003	6.2	-0.94
1992	9.5	2.05	2004	6.47	-0.31
1993	9.26	2.13	2005	6.87	-0.46
1994	9.47	2.36	2006	6.83	-0.35
1995	8.22	1.13	2007	6.74	-0.98
1996	9.1	1.75	2008	7.15	-0.58
1997	7.26	0.31	2009	7.20	-1.09
1998	6.16	-1.78	2010	7.15	-0.58
1999	5.31	-2.12	—	—	—

1980—2010年如皋市(县)独生子女情况统计表

表2-27

年 度	已婚育龄妇女数(人)	只生一孩妇女数(人)	领独生子女证数(件)	独生子女领证率(%)
1980	缺载	40787	29420	72.13
1981	缺载	48825	40558	83.07
1982	缺载	60983	55064	90.29
1983	237791	72743	72613	99.82
1984	240776	83496	72663	87.03
1985	257604	92089	85865	93.24
1986	266807	97320	91603	94.13
1987	280021	103370	98672	95.46
1988	292222	115679	105890	91.54
1989	295324	126300	115833	91.71
1990	299116	136800	125063	91.42
1991	291127	139181	127258	91.43
1992	285488	149956	136708	91.17
1993	289600	162919	148375	91.07
1994	295037	172342	160277	93.00
1995	309590	197500	168737	85.44
1996	311918	202258	168850	83.48
1997	314968	209301	161526	77.17
1998	315894	215109	133996	62.29
1999	314879	217887	128170	58.82
2000	319026	229009	122830	53.64
2001	322367	234721	114694	48.86
2002	320400	238723	105504	44.20
2003	318213	241828	103522	42.81
2004	314583	243341	95793	39.37
2005	312044	244654	93691	38.30
2006	309331	244773	90791	37.09
2007	305119	244338	92315	37.78
2008	301746	242651	84878	34.98
2009	294984	238020	75414	31.68
2010	291314	226567	73481	32.43

1980—2010年如皋市(县)女性初婚情况统计表

表2-28

年度	初婚总人数(人)	其　中		
		20周岁以下(人)	23周岁以上(人)	晚婚率(%)
1980	7325	缺载	6919	94.46
1981	14661	缺载	11874	80.99
1982	9934	缺载	8504	85.60
1983	7955	缺载	7243	91.05
1984	8348	55	5806	69.55
1985	9203	52	4979	54.10
1986	8834	75	4956	56.10
1987	12510	146	5852	46.78
1988	11289	105	5959	52.79
1989	14418	82	8725	60.51
1990	13919	119	9444	67.85
1991	12247	44	8649	70.62
1992	12629	29	9026	71.47
1993	11637	12	8481	72.88
1994	12672	22	9623	75.94
1995	8584	6	6761	78.76
1996	5421	1	3916	72.24
1997	6381	5	4243	66.49
1998	7119	9	4513	63.39
1999	6195	9	3826	61.76
2000	8351	21	5646	67.61
2001	7317	12	4392	60.02
2002	8007	11	5096	63.64
2003	6678	18	4167	62.40
2004	7240	28	4337	59.90
2005	7729	36	5020	64.95
2006	7531	68	4895	65.00
2007	7212	97	4251	58.94
2008	7224	113	3915	54.19
2009	7323	112	3988	54.46
2010	9100	63	5886	54.19

第二节 基础建设与服务

一、队伍建设

1971年8月，始建县计划生育领导小组，下设办公室，配有专职工作人员。1981年5月，县计划生育办公室下设中层机构，设有专业编制11人。1977—1979年，县政府先后招聘区级计划生育专职干部9人，公社（镇）级计划生育专职干部8人，各大队妇女主任主要负责所在大队计划生育工作。1980—1981年，全县先后吸收公社（镇）计划生育专职干部60余人。2000年，全市有计划生育专职干部182人，其中市计生委21人，市计生指导站7人，乡镇计划生育专职干部154人。2010年，全市计划生育工作专职干部共198人，其中市人口和计划生育委员会20人、市计生指导站15人、乡镇计划生育工作人员163人，各村（社区）世代服务室约有工作人员近100人。

二、基础设施

1986年，县计划生育指导站成立，购业务、办公用房约400平方米。1993年12月，市计生指导站在如城镇宁海路491号兴建大楼，建筑面积1500平方米。是年始，各乡镇亦相继建立计划生育服务站，拨出专款购置计划生育技术服务器材，并逐步实现咨询、门诊、手术、休息4室分开。2002年5月，市计生指导站改造扩建，总面积增加到2724平方米。2000年，市政府拨专款建成全市计划生育专用局域网。至2010年，全市镇级计划生育服务站用房总面积20792平方米，计算机68台，B超等各类检测、治疗仪器62台（套）。332个村（社区）全面建成“世代服务室”。

三、信息化建设

进入21世纪，市政府注重加强计划生育信息化网络建设。2006年，市财政投入300余万元组织3000人力，用近3个月时间完成140.70万户籍人口和5万流动人口的信息采集登记录入工作。如皋“数字计生”被南通市评为人口计划生育工作30年十件大事之一。2010年，全市实现计划生育工作市、镇、村（社区）三级联网，人口计划生育管理统计信息准确率99%。

四、计划生育服务

1957年，县内部分医疗机构始提供避孕服务。1974年，全县始实行避孕药具免费供应。1986年7月始，县计生指导站专业提供计划生育指导服务。1993年始，各乡（镇、区）相继建立计划生育服务站。1995年起，各乡镇开始兴建计划生育服务站，配备B超等设备，开展避孕节育随访服务。2000年，各镇（区）计划生育服务站全部达到江苏省规定的标准级别要求，其中甲级站14家。

2001年，全市启动出生缺陷干预工程。市计生指导站接待门诊近4000人次，其中“四项手术”（男扎、女扎、放环、人流）2800多例。各镇计划生育服务站接待门诊咨询7595人次，查治妇女病3159人次，红外光治疗61人次，放取环811例，门诊B超检查12900人次，B超随访196657人次。2002年，各镇计划生育服务站全部通过执业许可证资格评审。市计划生育指导站与如城镇计划生育服务站整合资源，联合开展生殖道感染综合防治工程，全年共检查2536人，查出妇科疾病患者1614人，并向相关对象提供染色体核型分析和病毒检测服务。2003年，白蒲、雪岸、石庄、搬经、高明、九华、江安、磨头8个计划生育中心服务站建成，并增挂如皋市计划生育指导站分站牌子。全市开展生殖感染综合防治工程，普查育龄妇女6.05万人。2004年始，全市组织开展计划生育志愿者“亲情牵手”零距离服务行动，计划生育志愿者2642人，与1693户因计划生育手术等导致的困难家庭结对帮扶，提供宣传教育、生产、生活、健康等服务。

2006—2009年，市财政累计投入3600余万元，支持全市所有镇（区）建成世代服务中心，实现市、镇、村（社区）世代服务体系全覆盖。全市开展计划生育手术服务4.2万例，孕前筛查2.6万人次，优生检测1.4万例，已婚妇女检查50万人次，早期宫颈癌筛查4万人次。市计划生育指导站和搬经计划生育服务站获全国示范服务站荣誉称号。2010年，全市妇女孕前至围孕期保健率98.47%，流动人口计划生育管理服务率93.30%。

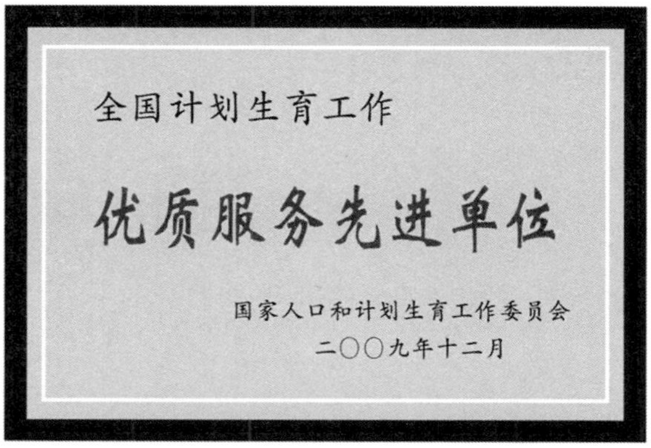

图2-13 2009年，如皋市计划生育工作获评国家人口和计划生育工作委员会“优质服务先进单位”称号

财政年计划生育经费投入人均38.08元，如皋市计划生育优质服务跨入全国先进行列。

第三节 计划生育政策

一、生育政策

中华人民共和国成立初，县内根据上级指示实施鼓励生育政策，生育子女多的母亲被誉为“英雄母亲”。1957年，贯彻卫生部《关于避孕工作的指示》，提倡采取避孕措施，少生孩子。

1965年12月，根据国务院相关政策，县人委对全县计划生育工作作出具体规定和要求，倡导晚婚，控制多胎生育。1979年7月，根据江苏省革委会规定，始以“晚、稀、少”为原则实行计划生育。提倡农村男25周岁、女23周岁，城市男26周岁、女24周岁结婚；每对夫妇生育的子女数，最好1个，不得超过2个，杜绝生3个；第一个孩子满3周岁以上始得安排再生育计划。是年，县政府补充规定照顾生育政策。第一个小孩经县区以上医院检查鉴定，患有非遗传性残疾，不能成长为正常劳动力的；重新组合的家庭，一方有一个孩子，另一方系初婚或未育的；婚后五年未育，抱养一个孩子后又怀孕的可以照顾批准生育2胎。同时，要求生育间隔时间，第一个孩子必须满48个月，方可再生第二个孩子。1982年始，全县执行江苏省委、省政府规定的五条照顾生育政策。1984年7月和1985年9月始，全县分别执行江苏省两次补充规定共25种照顾生育的政策。1990年11月1日起，全县施行《江苏省计划生育条例》。2005年3月25日起，补充执行《南通市可以申请再生育一个孩子的其他特殊情形规定》。

二、技术政策

1995年前，如皋计划生育技术政策执行：以避孕为主，推广综合性措施，提倡已生一个孩子的由女方放置宫内节育器，已生两个及两个以上孩子的，由夫妻一方施行绝育手术。确有禁忌症者，可以落实其他有效避孕措施。

2001年后，执行国务院《计划生育技术服务管理条例》，同时执行江苏省《人口与计划生育条例》规定。

三、奖励（补偿）政策

20世纪80年代，县政府出台《如皋县计划生育实施细则》《如皋县鼓励只生二孩试行办法》《如皋县计划生育若干规定》等，对独生子女父母享受“独生子女费”、退休金标准提高，产妇产假照顾，独生子女入托就读等作出规定。2003年，根据《中华人民共和国人口与计划生育法》，市政府为全市53户独生子女死亡的家庭共90人办理养老保险，参保对象从60周岁开始，每人每月可以领取养老金90元。此后，该政策一直坚持执行。2004—2005年，市计生委向全市23户独生子女死亡的家庭，赠送波尔杂交山羊92只，并给予饲养技术辅导，为其脱贫致富提供扶持。市政府为全市独生子女死亡的父母、独生子女严重伤残对象以及计划生育手术并发症对象共800多人，

图2-14 2010年3月，如皋市启动独生子女父母奖励金转型保险试点工作

免费办理农村新型合作医疗大病补助。

2005年，全市开始实施农村独生子女家庭奖励扶助制度。是年，经本人申请，村审议和镇、市审核，全市首批共有9653人符合奖励扶助条件，每人每月领取50元奖励金。全市共发放奖励金550多万元。2006—2010年，全市累计发放奖励扶助金7.27万人次、4643万元，发放计划生育特困扶助金3937人次、403万元。在南通市率先实施持独生子女父母光荣证的企业退休职工可一次性领取奖励金。在全国率先实施独生子女父母奖励金转型保险工作；累计为独生子女死亡的家庭办理养老保险124人，共代缴纳保险金93.7万元。

第四节 节育技术

一、指导(服务)站节育技术

1957年，全县开始在医疗保健单位和大的工厂医务室设立避孕指导门诊，使用避孕套、避孕膜和安全期避孕为主的避孕方法。1969年下半年，开始推行口服避孕药。1986年始，全县推广胶乳试剂检查期怀孕。1993年，停止使用不锈钢单环。是年，市计划生育指导站引进皮下埋植避孕新技术。在全市推广产时、产后42天放置宫内节育器的新方法。开始使用药物流产，用米非司酮配伍米索前列醇终止49天以内的妊娠，并逐步推广。1994年，全市开始使用早孕试纸检测早孕。1997年，市计划生育指导站增加放(取)环、人工流产、药物流产等手术，部分乡镇计划生育服务站也逐步开展放、取环手术。2001年，开始使用左炔诺孕酮片作为紧急避孕，并在全市推广。2003年，市计划生育指导站引进爱母宫内节育器，放置方法简便，使用年限长，在全市推广。2003年始，根据相关规定停止使用短效口服避孕药0号、53号抗孕片、复方18甲长效片、复方己酸孕酮注射针、高支撑铜165宫内节育器，推广使用复方18甲短效口服片、三相避孕片、元宫型含药及含铜宫内节育器。2006年，市计划生育指导站引进微管微创无痛人流新技术，始利用高分子医用材料制成一次性宫腔组织吸引管开展人工流产。各乡镇计划生育服务站普遍设立咨询、门诊、手术、休息室，始实施环情、孕情监测，放取宫内节育器，药物紧急避孕，人工流产，妇女病及生殖道管感染的检查防治等手术。

二、医院节育技术

1957年5月，县人委卫生科废除医院绝育人流手续限制，夫妻双方同意即可在县人民医院施行引产手术。1963年5月，县人民医院和白蒲、石庄区医院始进行放环手术、实施怀孕3—5个月的引产手术。1965年1月，县人民医院开始采用简易人工流产吸引器。是年，开始施行以输精管结扎为主的绝育手术。1966年，输卵管结扎手术逐步推广。1970年，医院节育手术开始分等级实施。乡(镇)卫生院主要实施放环、人工流产和男女绝育手术；区以上医院主要实施引产及其他难度较大的手术。1974年10月，县节育手术会诊鉴定小组成立，对以往节育手术并发症、后遗症进行全面调查摸底和清理鉴定。1975年8月，县计划生育技术协作组成立，负责对全县节育手术质量进行检查指导，并对节育手术并发症进行鉴定处理。1979年，县级医院和大部分区医院开始采用利凡诺尔药物注射羊膜腔进行中期引产，逐步代替水囊引产。1980年，开始推广应用麻花环、V型环、T型环等，提高放环有效率。1986年，各中心卫生院推广宫型环。1989年，新姚乡卫生院在南通市率先采用天花粉蛋白注射液引产新技术，使一些技术难题得到解决。此后，采用天花粉蛋白注射液引产新技术在全市医院普及。1991年，全市停止使用麻花环、V型环。1994年，各医院推广使用母体乐含铜宫内节育器。1999年始，部分医院为脱环对象放置吉妮固定式宫内节育器。2001年，全市开始推广使用高支撑铜165宫内节育器。此后，各医院主要施行男女结扎、皮埋、引产等手术。

卷三　城乡建设

第一章　城区建设
第二章　乡镇建设
第三章　城乡建设管理

如皋是著名的历史文化名城，城乡建设历史悠久。

春秋时期，今如皋市区东有立发坝，为古氏族方国发都城。东晋义熙年间，如皋、白蒲、石庄3集镇为如皋、蒲涛、临江3县县治。隋开皇初年，现域遭海浸，建筑被毁。再次成陆后，集镇、村落相继恢复或新建。南唐保大十年(952年)，如皋镇复为县治。宋庆历初，如皋城始建谯门；明成化年间，修成市河(内城河)；明嘉靖时，构筑城垣，开凿濠河(外城河)，形成内矩外圆形似古铜钱独特布局的如皋古城。至清末，如皋城建成区面积近6平方公里，形成以东西大街和南大街为主街的"丁"字形街区，民居鳞次，店铺栉比。白蒲、石庄等古镇亦形成一定规模。民国年间特别是日本侵略军占据期间，县内城乡建设停滞甚至倒退。如皋城城垣、道路、桥梁累经战火，破败不堪；大部分集镇街道狭窄、泥泞，无照明、环卫设施；村庄布局零乱，住宅破旧。

如皋全境解放至20世纪70年代，全县城乡建设在曲折中发展，在如城城垣、牌坊、庙宇等被拆除的同时，主要街道得到拓宽改造，市政设施有所增加，城市管理有所加强。乡村除民宅多改为"一"字式、"非"字式分布外，面貌变化缓慢。

改革开放后，全市(县)城乡建设随经济发展速度加快。20世纪80年代至90年代初期，城区大量兴建多层职工宿舍，城市范围开始向城郊延伸；乡村农民大多将草房改建为瓦房，部分农民开始兴建楼房。20世纪90年代中期以后，城乡建设与投资环境改善结合更加紧密，投入力度不断加大。随着"城市住房制度改革""旧城改造""农村改水改厕""开发'如港新城'建设'哑铃形'城市""大沿江开发""新农村建设""城镇化""农民集中居住""小城镇建设""六城同创""古城保护""万顷良田工程""景观工程""亮化工程"等一系列重大决策、重大工程、重大举措的实施，如皋城乡面貌日新月异，基础设施逐步完备，配套设施日臻完善，建设标准与时俱进，管理水平不断提高，一座"南通地区北部具有历史文化风貌的中等工商城市"渐渐在人们眼前清晰呈现。当然，旧城改选中亦有部分古建筑未得到很好保护。

第一章 城区建设

第一节 区位·沿革

一、区位

如皋城区，位于市境中心偏北。地理坐标：北纬32°23′，东经120°34′。东南距南通市区35千米，距上海约150千米，南距长江边如皋港30千米，北距南黄海边洋口港约76千米，东距南通兴东机场61千米，西南距如皋磨头机场16千米。江海高速、沿海（沈海）高速、204国道、316省道、334省道、通扬运河、如泰运河、新长铁路均傍城而过。

二、沿革

如皋村 位于秀水港（今城区秀水巷），为春秋贾大夫射雉处。清乾隆《如皋县志》载："如皋城濠河有支流入海月寺，经六桥南流，合于凤凰池，绕出谢恩桥，南至秀水港，绕如皋村故址……今易名秀水港矣。"

图3-1 射雉亭 （2004年摄）

东晋至隋古县治 东晋置县时，古如皋县治已具一定规模，范围约在今内城河区域内，中山路两侧。县衙位于古运盐河北岸（今如城广福路），在县衙的东西河上建有"东惠政桥""西惠政桥"。除县衙外，县治有街道、庙宇等。"北周至隋开皇初年，如皋、蒲涛、临江三县均被海水湮没或侵蚀，三县均废"（民国《如皋县志》），东晋古县治亦被浸没。今如城东水关至新皋桥东中山路段两侧地下3米左右深处多次发现东晋古县城遗迹。

唐至民国时期县治 唐太和五年（831年）置如皋场（亦称如皋镇）后，如皋集镇在古运盐河（今通扬运河）北岸，东西长约500米。日本圆仁和尚《入唐求法巡礼行记》载："二十日，卯毕，到赤岸村。问土人，答云：'从此间行百二十里（当为二十里），有如皋镇。'暂行有堰，掘开坚壕发去，进堰有如皋院（为盐业机构），……比至午时，水路北岸杨柳相连。未时到如皋，茶店暂停，掘沟北岸，店家相连，射手丈部贞名等从大使所来，云：'从此行半里，西头即镇家（镇衙所在地），大使（日本遣唐使）等居此，未向县家（设于今泰州的海陵县衙）。'""二十一日卯时，由如皋沿掘沟向西北去县家，沿途富贵家相连，专无阻隙。暂行未几，人家渐疏，已是镇家四围矣"。

南唐保大十年（952年）如皋场升为如皋县，如皋镇复为县治，治所移至古运盐河南岸。宋庆历初，县治"居民户逾五千"，县令许元始建谯门，是为如皋城池雏形。元末，县城建筑物多毁于兵燹。陈基《如皋县》诗叹："井邑无人烟""牢落徒四壁"。

明洪武年间，知县宗行简再建谯门。明成化十七年（1481年），知县胡昂将县衙由古运盐河北岸移至南岸（今中山路与海阳路交叉口东北侧），浚治运盐河西南支流，环抱县衙成玉带河（今内城河）。明嘉靖十年（1531年），知县吴宗元将谯门改建为谯楼，并作记勒石。明嘉靖十三年，知县刘永淮沿玉带河建城门6座。明嘉靖三十三年，为防止倭寇入侵，构筑环形城墙，并新建城门4座，辟东、北水关2座，并于城墙外凿濠河(今外城河)。至止，如皋城形成内矩外圆古铜钱式城池。

至清代中叶，如皋城人口渐稠，范围逐渐向郊外延伸。民国14年(1925年)，开始修补道路，开凿公井，并将高石桥改平，方便行人。民国17年，国民政府如皋县政府建设局成立，先后疏浚内外城河，填平废河，建菜场及中山钟楼。

日本侵略军占据如皋城期间，为“维护治安”大量焚毁城周边居民住房，城区残破，居民、商铺锐减。解放战争期间，如皋城以其战略地位，累经战火，城垣等基础设施受损严重。至民国38年年初，如皋城城墙、城楼、桥梁已残破不堪，街道坑坑洼洼，城河大部淤塞。

全境解放后如城城区 1950年，县政府设城区地方事业委员会，着手兴修桥梁，平整道路，疏通水道。1951年，兴建新皋桥，拆除残破城墙，凿公井3口，添路灯50余盏，设菜场1处，大修水仓数处，修文德、武定等桥梁8座，修下水道数处，修公井4口，修道路340多米，并开辟西南城门、疏浚城河等，拆卸北门外石坊。

1952年起，市政建设由县和城区两级拨款。1953年，兴修桥梁12座。1955年8月至次年10月，共修下水道915米，铺路1585米，建桥7座，修井口、水仓7处，装路灯13盏。1958年起，市政建设费用由县政府拨款，建筑材料由如城公社统一调度，劳力统一调集，义务劳动。是年11月及次年1月，先后拓宽南大街及东西大街，建设海阳路和跃进路(今中山路)。同时疏浚市河，填平淤废河塘，建居民点。

1969年冬，城北濠河拓宽取直，填平北门外已淤塞的古运盐河筑普庆路。1970—1976年，玉带、众善、前进、健康、文德、武定及南北二门吊桥改建成水泥钢筋桥。1977年年底，如皋自来水厂建成供水。1976—1979年，上级拨给如皋县城市建设维修费65.88万元，共铺设简易沥青、砼块、砖块、泥石等路面47934.1平方米，凿公井6口，开辟下水道11922.7米，修建木桥3座，栽植行道树12957株。

1980年，县革委会制订城区20年总体规划。是年开始，城市建设经费恢复国家拨款与企业集资相结合的办法。1981—1983年，上级拨给如皋县城市建设维修费88.5万元，各单位筹集资金49万元，除路桥建设外，装设路灯56盏，凿井5口，并疏浚下水道、修建厕所、绿化等。1984年，上级拨给如皋县城市建设维修费30.2万元，县内各相关单位筹集资金32.63万元。1985年，上级拨款70万元，如皋集资3.65万元，铺路及建下水道2620.4米。是年，如城近期建设规划编制完成。1986年，上级拨款150.95万元，如城完成市政建设工程21项，铺沥青、水泥路面3.89万平方米，预制块、碎砖路面1.36万平方米，建成下水道1570米，建桥4座。

1987年，如城修筑砼块路面1951平方米、泥石路面8906平方米，铺设砖块路面177平方米，开挖下水道5784米，造桥1座，栽植行道树2718株。1990年，如城辖4个街道办事处，20个居委会，2个蔬菜村，城市建成区面积6.21平方千米，总人口78364人，其中城市定量人口73669人。

1991年2月6日，经国务院批准，如皋撤县设市，进入全国600多个城市行列，城区建设力度加大。1993年，市委、市政府将如皋中学(今如皋初级中学)操场扩建工程列入为民办10件实事之一，其中包括拆迁如城镇党委、政府机关办公楼。

1995年4月24日，市委常委扩大会议，作出打通海阳北路、加快环境建设的决策，城区大规模旧城改造工程正式启动。经过100天奋战，动迁居民1700多户，拆迁房屋16.3万平方米，并实现当年拆迁，当年交钥匙，当年安置好拆迁户生活，当年启动海阳路北延工程。1996年，35米宽海阳中路改造拓宽工程实施，动迁居民1300多户，拆迁房屋面积12.2万平方米，拆迁户均全部当年回迁，道路、桥梁当年通车。1997年，如城实

图3-2 海阳路工程誓师大会（1995年摄）

施育贤路沥青路面、花港路水泥路面修筑及其他近3万平方米的道路维修工程。至1999年,城区道路总长度66.3千米,总面积110万平方米,人均道路面积由“八五”期末的2.5平方米,增至7.3平方米。

图3-3 外城河整治施工现场 (2002年摄)

2001年8月,内外城河开始整治。至2002年1月28日,主体工程竣工,共疏浚内外城河6.46千米,动土25万立方米,两岸驳坡8770米,埋设排污管道6200米、输水管道1260米,建清水泵站1座、污水泵站3座、滚水坝2座、涵洞1座、公路桥1座,拆建和修复桥梁4座,工程总投资4510万元。

2002年,内外城河整治后续工程实施。加固钱家桥、育贤桥,实施东门大桥路面工程和如皋师范附属小学至如皋师范段内城河治理工程。全部工程于当年12月竣工,完成清淤20万立方米,兴建砼方8000立方米、石方4万立方米,工程投资471万元。在整治内外城河的同时,通过旧城改造和社区开发,城区规模不断扩展,城市面貌不断改变。至2003年,城区有70多条原路、街、巷消失,动迁居民6000余户,同时建成一批新的街道和居民小区,全城初步形成“六横六纵”道路框架。

2004年起,市委、市政府将主城区向东、南发展,先后投资近5亿元,两次延伸城区南北主轴线海阳路,其中2004年实施惠政路至城南大道工程,道路双向六车道,全长4800米,宽96.5米,两侧绿化58米,成为景观道路。至2005年年末,主城区建成区面积增加至19.19平方千米,全市城市化水平提高到36.19%。2006年起,市委、市政府投资1.5亿元,实施水绘园风景区保护和扩建工程,实施东大街、集贤里历史街区保护性改造工程。

2007年起,实施主城区亮化全覆盖工程,工程覆盖城区所有主次干道边建筑、内外城河两岸及几十座桥梁、所有古建筑群,形成沿河、沿路、沿街及古建筑亮化景观。同时,投资3100万元,于如泰运河南岸(东起通城桥,西至环西大桥)建成时主城区体量最大、景观独特的花园式滨溪绿化景观,占地面积10万平方米。

2009年起,市委、市政府实施城区老小区改造。2月,市委、市政府为民办实事之一、位于城东村的经济适用房、廉租房建成,总用地面积4.8万平方米,总建筑面积7万平方米,其中经济适用房、廉租房各200套。是年,城区主干道两侧建筑立面包装改造工程实施,涉及建筑物332幢、面积约8.03万平方米;投资3000万元,改造东皋新村、皋南新村、仙鹤新村、锦绣苑一区、蒲行苑等30个小区。

2010年,累计完成城市建设投入75亿元,其中市政基础设施投入19亿元,投资额为历史之最。至2010年年末,主城区建成区面积增加到35平方千米,全市城市化水平提高至50%。

第二节 城池

一、城垣

宋庆历初,县令许元始建谯门。元末,谯门毁于战火。明洪武初年,知县宗行简再建谯门。明嘉靖九年(1530年),如皋城建成谯楼3间。明嘉靖十三年,知县刘永准始划城池,建城门6座:东在迎春桥西,名先春门;西在丰乐桥东,名丰乐门;南在闸桥北,名宣化门;北在范家桥南,名北极门;东南在集贤桥(今冒家桥北),名集贤门;东北在贾家桥南,名拱宸门。

明嘉靖三十三年,邑人李镇等倡议筑城防倭,巡抚都御史郑晓奏发帑银2.8万两建环形城垣,知县陈雍主持施工建设,一年竣工。明万历《如皋县志》载:“城凡七里,总长一千二百九十六丈,高二丈五尺,上阔五丈,下阔七丈。城门四座：东曰靖海，南曰澄江，西曰饯日，北曰拱极。外凿濠河，东、北各建水关一座。”明嘉靖三十四年，知县陈雍为防倭寇进犯如皋城，塞东水关。明万历十一年（1583年），知县马晨复开东水关。明万历二十年，知县王蒙筑4门月城。明万历二十七年，知县张星于城垣增设敌台13座。

清雍正十二年（1734年），大风雨冲坏城垣16段共255米，包括敌台及水关。清乾隆三十三年（1768年），知县崔正音与高邮知州何廷模（原任如皋知县）奉委领国帑修城，历时3年，费银35967.3两，其中海墁银3750.098两。清乾隆五十八年（1793年）、清道光十五年（1835年）、清咸丰三年（1853年）、清咸丰十一、清同治二年（1863年），分别补修城垣。此后，城垣多年失修。至清光绪年间，宣化、拱宸2门已不存在。

民国年间，战事累发特别是日本侵略军进犯，给如皋城以极大破坏，部分城垣毁于战火或被拆除。至民国34年（1945年），如皋城城垣已破败不堪。民国35年8月，国民政府如皋县政府征民夫万人，修补残坏城垣1500米。是年，如皋城城门、水关为内外砖砌，其余均为外砖内土，上窄下宽，外面每隔一段有凸出的箭垛；内面每隔一段有砖砌的流水道；顶上砖铺，朝外有女墙。城砖大小不一，有35×17×7.1（厘米）、30×13.5×7（厘米）、24.5×17.6×8（厘米）等数种，砌时用糯米煮汁调拌石灰砌成。城门外包铁板，各门顶上建有城楼，城外濠河环绕。靖海门北辟东水关，拱极门西辟北水关。

图3-4 重建的靖海门城楼 （2008年摄）

解放战争时期，如皋城城垣再次遭战火损坏。至1949年，城垣顶部被拆除，墙体高度普遍降低，且多处倾塌。

1951年7月，县政府因城墙多处倾塌、破败不堪，且城门隘窄、阻碍交通，报经苏北行政公署批准，拆除城垣，仅保留东水关，城砖用于建造烈士馆及人民大会堂，部分散失。1990年，县委、县政府于人民公园北侧重建城墙96.2米。2006年，于水绘园东侧外城河边动工重建靖海门，建筑面积1200平方米，城墙高12米，建城楼3间，高6—6.6米。2010年，东水关高8米、上阔7米、下阔10米、拱洞宽3.8米，外面上部砌塞、下高2.2米、内面高6.65米，两侧大条石块，顶上砌拱券，底部杉木排桩，铺以城砖。

二、城河

内城河 原名玉带河、市河。古运盐河自西北流至古旧河巷南折而向东，至玉带桥西侧向南，过钱家桥至王家湾折而向东。明成化十七年（1481年），知县胡昂浚治运盐河及西南秀水港支流，并由藕花池折而向北浚通至钱家桥，连接古运盐河，成矩形环河，形似环绕县衙的玉带，因名玉带河。明嘉靖年间，扩筑新城，外凿濠河，改称市河，又名内城河。明万历年间，浚学宫以东部分，经迎春桥达东水关。东、南、西三面，清代曾多次疏浚，可行小船。民国3年（1914年）及民国17年两次捞浅。县署以北一段因居民倾倒垃圾，日渐淤塞，至清代后期贾家桥至关帝庙一带，已成为平地，民舍栉比。民国19年，国民政府如皋县政府建设局将东起泰平桥、西迄沙家红桥一段填平，改为中山路（今新生路）。至此，迎春桥、闸桥、益人桥、雁桥、丰乐桥沿河皆建有民房，河身窄隘，流水污浊，不再行船。

1955年、1958年，内城河两度捞浅。1960年冬，如城人民公社成立疏浚市河民兵团，拆除沿河房屋，将狭隘之处拓宽、捞浅，历时两月，共挖土6万余立方米。1961年，北水关处建幸福河闸，安装20千瓦水泵，抽水、放水，并于市河两岸植树绿化。1983年12月，县政府成立内城河疏浚工程指挥部，历时12天，挖土21.25万立方米，实支费用11.78万元。疏浚后，河底宽2米，高程1.5米，坡比1∶3，2.5米以上1∶2。同时，城河与通扬河汇合处建排灌站，1984年10月竣工。至1998年年底，内城河东起东水关，北迄北水关，总长2381米。最宽处为泮池，33米；最狭处在文德桥东，10米；一般为15—20米。2001年8月，市委、市政府开始组织内外城河整治工程，内城河两岸用石块驳坡，由益人桥向西、文德桥向东改用一级坡。拆除重建冒家桥、益人桥、丰乐桥、雁桥，修复众善桥。2002年，开始进行后续工程，加固钱家桥、育贤桥，实施如皋师范至如皋师范附属小学沿线内城河治理工程。此后，又全面实施内城河亮化工程。

外城河 亦名濠河。明嘉靖三十三年（1554年）扩筑新城，外凿濠河，四面环城，北接运盐河，"绕堞圆流，深一丈二尺，广一十五丈，袤三千三百六十丈，内穿北水关，绕市河，出东水关"（民国《如皋县志》）。清嘉庆十三年（1808年），浚开东南菱池支河，与龙游河沟通。至此，濠河东、北与运盐河同道，南连龙游河，西北接小溪河（今如泰运河）、窑子河，河内舟楫往来。民国11年（1922年），国民政府如皋县水利会雇人捞浅。

1951年，县政府支大米1.5万多公斤，组织捞浅。次年，疏浚通扬运河，城北濠河亦列入该项工程，一并疏浚。其标准为：河底宽10米，高程－0.5米，河坡1∶3。1969年11月，如城市河捞浅办公室建立，组织对外城河进行全线疏浚，同时沟通如泰运河，拓宽浚深城北濠河。河床标准：河底宽10米，高程－1米，河坡1∶3。1981年，再次疏浚城北段，河床标准：河底宽10米，高程－1.5米，河坡1∶3。1990年，濠河北段与通扬、如泰两河同道之处疏浚，河面宽度增加至45—59米，可通航。东、南、西三面因多年未疏浚，逐渐淤塞，芦苇丛生，浅处涉足可过。2001年8月，市委、市政府实施内外城河整治工程时，外城河两岸采用二级坡，坡下部分用石块驳垂直岸，河坡与垂直岸之间铺设1—2米宽人行步道。二级坡为绿化带，坡下埋设排污管道、输水管道。同时，在河道上建清水泵站1座、污水泵站3座、滚水坝2座，实现城市排水、城市旅游、城市绿化和水资源开发、利用、保护的有机结合。至2010年，如城外城河与内城河成为如皋著名的风光带。

图3－5 整治前的外城河东南角 （2000年摄）

附录：

城区部分填废河道

运盐河如城段 汉吴王刘濞凿邗沟至如皋蟠溪（今十里铺）运盐，后更名运盐河。其在如皋城内河段过老坝头，绕王家湾至钱家桥、迎春桥、玉带桥西流，由原灵威观西垣折而向北，沿古旧河巷向北。清乾隆年间，由玉带河经原灵威观折而向北，开始淤塞，由灵威观西侧向北改建古旧河巷。民国19年（1930年）填平废沟，改建中山路（1950年改名新生路）。由钱家桥至玉带桥段，并入内城河。

秀水港 春秋贾大夫射雉处，在今如城西南隅，清乾隆年间定名秀水港。其南端为西南城脚三角池，与城西南宏林庵北侧的大河相通。秀水港从三角池向北至焦家桥河段，至民国初淤为巷道，仍一直以秀水港为名。从三角池向东，过呙儿山，再向东折向北由益人桥西侧转向东接马塘河、磨子桥、通江河。益人桥至藕花池后成为玉带河的一段。另从秀水港中段向东，过锅底涝、章家池，达雁桥，注入玉带河。

窑子河 为宋代前出北门凤凰池向西北方向古河。南宋丞相文天祥从京口（今镇江）脱险，即由此河经袁桥虾子湾抵达如皋城，分别留有古诗各一首。该河城内部分清代已成平地，城外部分于民国初年由国民政府县水利会主持疏浚时改称小溪河。

凤凰池 在今百花苑一带。明万历《如皋县志》载：凤凰池为窑子河源头，池分前（南）后（北）而互通，北有横河西至陈家祠北，隔城与窑子河相通，东出望月桥入市河。前凤凰池有河道南流过焦家桥，连秀水港。筑城后逐渐淤塞，清代填平建房成巷道。

马塘河 马塘河为龙游河在如城城内河段，旧《如皋县志》均称其为江桥河旧址(疑为龙游河亦名通江河，通江河接运盐河处有桥名江桥，故讹为江桥河)。南接龙游河，沿原小校场(现文定苑)西侧及西云路巷向北，过原东大街江桥，连接运盐河。清乾隆《如皋县志》载：马塘河武定桥向北至江桥段，于明嘉靖十九年(1540年)迁学宫于河之左时填塞。马塘河武定桥向南至龙游河口段，于明嘉靖三十三年筑城时填塞。

龙游河如城段 龙游河，又名九十九湾，亦称通江河，北接运盐河，南通长江，其从南马塘至如皋南门外城河仍称龙游河，城内一段称马塘河。龙游河从东兴桥过宏济闸至南门外城河段，于2003年旧城改造时填塞。

第三节 市政建设

一、道路

民国19年(1930年)以前，如皋城道路均称街、巷。民国19年，县署后古运盐河被填平筑路，命名中山路，为如皋城有路称谓之始。1958年11月，县人委组织拓宽南门内外大街为海阳路。1959年1月，县人委组织拆迁东西大街南侧，并将东西大街改建为跃进路。1969年，如城镇于北门外填河建普庆路。

1976—1979年，城区共铺简易沥青路面34700平方米，砼块路面1371.2平方米，砖块路面4305.5平方米，泥石路面7557.4平方米。1980年，全城共铺修简易沥青路面7900平方米，砼块路面685.5平方米，砖块路面800.9平方米，泥石路面210平方米。1981—1983年，城区铺筑西北环城路、迎春桥西河边、西门外井儿口等处沥青路面，维修跃进路，修筑东皋桥、健康东村附近混凝土路面。1983年，新生路建成。1984年，铺筑普庆路，开辟跃进路东段及酱醋厂附近道路。1985年，跃进路东门外路段建成。1989年，环西、环南路砼质路面竣工。1995年，海阳北路打通建成。1996年，海阳中路再次拓宽。1997年，海阳南路建成，整个海阳路基本形成。至2004年，城区主、次干道骨架形成。在新道路、新街道不断诞生，旧街巷不断消失的情况下，如城镇政府报市地名办公室同意，与市历史文化研究会一起，研究制定主城区道路命名方案：外城河以内体现古城特色，环城道路体现长寿特色，外围新拓建道路体现花木盆景之都特色。2004年10月26日，市政府批复同意对城区30条主干道、15条次干道、59条支路进行重新命名。是时，城区已建成主干道21条，其中新命名的18条，保留原名的3条。

2005年，城区新建道路总长7024.5米，面积15.32万平方米。是年，相继实施解放路二期AB标，大司马南路段改造，中山东路拓宽改造ABCD标，滨溪路改造AB标，青云路西半幅改造，安定步行街改造，福寿路沿线污水收集干管A标，皋南片区排水改造，健康南路(桥)AB标，宁海路以南污水收集等工程。2006年，城区新建道路总长7451.5米，面积96543.7平方米。是年，相继完成中山东路、中山西路慢车道及人行道、滨溪路B标改造工程。新建桃源路、志颐路、新风路、健康南路B标及福寿路。2007年，市建设局按照“以重点工程建设推进城市功能完善，以重点区域整治改善城市面貌，以重点路段改造提升城市形象”的总体思路，投入资金4.3亿元，完成海阳路、益寿路、福寿东路、仙鹤路、东皋路、解放路、万寿路、李渔路等的雨污水分流工程。是年，李渔路、万寿路、解放路、宣化路等城区新干道建成通车。2008年，城区改造道路8条，新增城市道路面积28万平方米。是年，完成青云路、福兴路东段、宣化北路、新民大桥至中山东路改造工程、百花苑小区和健康西村区间路改造工程，大司马南路、桃源路、志颐路、怡年路建成通车。2009年，城区共新建、改造道路10490米，面积234610平方米，完成东皋路、宁海路、大司马路改造工程，新开工宁海路东延、绿杨路、万寿路、福寿东路，完成桃源路、李渔路、广福路扫尾工程。2010年，城区完成福兴西路、宣化南路、健康西路、绣品路、绿杨南路、绿杨北路、大司马北路新建工程，海阳南路南延、城南大道分别完成拆迁，拆迁面积分别为4.92万平方米、4万平方米。至2010年年末，城区共有主次干道97条，道路总长度202千米，总面积323.43万平方米，其中人行道面积410115平方米。

中山路 为市中心东西走向主干道。1959年1月11日，全城出动1万余人，一昼夜拆除东西大街南侧房屋1532间。不久，筑成由东门至西门外尽街头长2011米、宽24米的主干道，定名跃进路，其中西门外老街、东门状元坊以东在老街南侧新辟道路。路基初为碎砖加泥土，后改为沥青路面。1960年4月，拆除西门至大校场房屋，筑和平路，并于同年9月并入跃进路。全路段由东门内环路至原如皋汽车站（今益寿路与中山路交叉口），长3084米，宽24米，其中14米沥青水泥路面，10米水泥预制块路面。1985年，打通东门外跃进路段至东门大桥（已废），长1060米，宽24米，其中14米沥青水泥路面，10米水泥预制块路面。1990年，跃进路由东门大桥延伸至新民大桥南首，长500米，宽7米，道路面积3500平方米。上述两路段长1560米，定名跃进东路。另将原如皋汽车站至红星河路段，定名跃进西路，长2720米，宽24米，面积6.53万平方米。1997年，将原如皋汽车站至新皋桥路面改造为水泥路面和沥青路面。2002年，拓宽改造新皋桥至原市政府（今海阳路与中山路交叉口）路段。2004年，易名中山路，改造原如皋汽车站至原204国道（今城西大道）路段。向东延伸由原力星路（今万寿路）至新长铁路段，并入中山东路。向西延伸由原环城西路（今益寿路）至原204国道，定名中山西路。2005年9月，开始拓宽改造中山东路。2006年5月，开始拓宽改造中山西路。至2010年，中山路快慢车道宽24米，人行道宽3—5米多为花岗岩路面。

图3-6 跃进路 （1994年摄）

海阳路 为市中心南北走向主干道，以如皋在周朝时为海阳属地得名。1958年11月23日，县人委发动机关干部、工人、店员、学校师生及居民6000余人，拆除南大街北起县政府前（今中山路与海阳路交叉口），南至地藏庙两侧房屋647间，拓为长1290米、宽20米的海阳路。1986年，拓宽南门大桥至外环路（今福寿路）段，长600米、宽20米，铺设沥青路面1.33万平方米，水泥预制块路面1.33万平方米。至此，海阳路北起现中山路，南至现福寿路，总长1329米，宽20米，面积2.66万平方米。1995年，打通北门，海阳路向北延伸至环城北路（今仁寿路）。1996年，市政府实施海阳中路改造工程，拓宽取直，路宽增加至35米。1997年，海阳南路开工建设。是时，北起现仁寿路，南至海阳大桥，称海阳北路；北起海阳大桥，南至现福寿路，称海阳中路；北起福寿路，南至三环南路，称海阳南路。2004年10月，市政府核定南起福寿路，北至仁寿路为海阳中路；福寿路以南至惠政路称为海阳南路；仁寿路以北至惠民路称为海阳北路。2005年5月，海阳南路竣工通车，全长1335米，宽54.5米。2010年，海阳南路由惠政路南延至城南大道，长度为2547米，宽96.5米。至2010年，海阳路快慢车道均为沥青路面，人行道多由水泥预制块铺设，其中海阳中路人行道均改为花岗岩路面。

图3-7 海阳路 （20世纪90年代摄）

福寿路 主干道，东西走向。原为通榆公路环行如城南门外的路段，自城东南入城，经龙游河洋桥（今东兴桥），向西至宏林庵南。1952年，铺筑砖石路面。1966年，取直。1977年，铺沥青路面。1980年，列为204国道。东起新民乡（今划归如城）境，向西过东兴桥至城西南与如新公路交会转向北，路宽9米，两侧排水沟及绿化各2米。1986年，拓宽为35米，中间为12米宽30厘米厚砼质路面，两侧各6米宽沥青路面，左右人行道各5米，砼块路面，定名环城南路。2004年10月，更名福寿路，取“福山寿海”之意，其中，益寿路至万寿路路段称福寿中路，万寿路向东至火车站定名福寿东路，益寿路向西至新204国道（今城西大道），定名福寿西路。2007年，对已建成路段进行全面拓宽改造。2009年，由李渔路东延至兴源大道，长1840米，宽40米。

益寿路 主干道，南北走向。原为通榆公路由宏林庵折而向北，过备战桥斜向东北路段。1970年，建环西大桥，公路裁弯取直，宽9米，两侧排水沟及绿化各2米。1980年，列为204国道。1986年，拓宽为35米，中间为12米宽30厘米厚砼质路面，两侧各6米宽沥青路面，左右人行道各5米，砼块路面，定名环城西路。2004年10月，更名益寿路，取“延年益寿”之意，其中福寿路至仁寿路路段称益寿路，福寿路向南定名益寿南路，仁寿路向北定名益寿北路。

仁寿路 主干道，东西走向。原名环城北路，东起环城东路（今李渔路），西至环城西路（北门三岔路口），肉联厂（今长寿集团）东为泥石路，西至环城西路（今益寿路）为砼路面，长700米，宽6米。1989年，拓宽为35米，其中沥青路面宽12米。2004年10月，更名仁寿路，取《论语》“仁者寿”之意，东起万寿路，西至益寿路。向东由万寿路延伸至李渔路定名仁寿东路，向西由益寿路延伸至新204国道（今城西大道），定名仁寿西路。

万寿路 主干道，南北走向。原名力星路，南起跃进东路（今中山东路），由钢球厂东侧向北至环城北路（今仁寿路）。2004年10月，以该处原有万寿乡更名万寿路，核定南起福寿路北至仁寿路。此后，又分别向南、北延伸。由福寿路向南延伸至惠政路，定名万寿南路，其中解放路至惠政路部分于2007年新建，长800米，宽45米；解放路向北至中山路部分以解放路至惠政路路段为标准，2009年开工建设。向北由仁寿路向惠民路延伸，定名万寿北路。

李渔路 主干道，南北走向。原名环城东路，1988年修筑，由环城南路（今福寿路）东端经环东大桥北接环城北路（今仁寿路）。2004年10月，南起福寿路，北至仁寿东路，更名李渔路，为纪念出生于如城的清初著名戏曲家李渔而更名。向南由福寿东路延伸至惠政东路（规划），定名李渔南路。向北由仁寿东路延伸至跃龙东路（规划），定名李渔北路。2007年，开始进行道路改造并向南延伸至城南大道。中山东路至城南大道路段全长4780米，宽60米，中间绿化隔离带8米，双向6车道。其中，惠政路至中山路2665米由市住建局于2007年修建，惠政路至城南大道路段由如皋软件园修建。

惠政路 主干道，东西走向。以执政为民，行仁政、德政之意，且借用历史上市政府旁的老地名而命名。东起紫光路，西至花市路，全长5250米，宽61.5米，双向8车道，绿化带宽各5米，非机动车道宽各5.5米。2004年开工建设，2006年竣工通车。

惠民路 主干道，东西走向。位于经济开发区内，与惠政路相对应，表示开发建设、跨越发展、施惠于民之意而命名。东起万寿北路，西至陆桥中心路，双向四车道，全长共计6130米。花市路以西宽55米，以东宽60米。分四段：花市路至益寿路段长1274米，2003年开工，并竣工通车；益寿路至通杨河段，2005年开工，并竣工通车；陆桥中心路至花市路1667.8米，2006年开工，并竣工通车；通杨河至万寿路段，全长3187.7米，2007年开工，并竣工通车；绿化带宽26米，其中两侧绿化带各宽6米，中间隔离带宽10米，非机动车道宽6米。

志颐路 主干道，南北走向。位于同泰制药厂西侧，为纪念沙元炳先生，以其堂名而命名。全长3500米，宽24米，双向2车道，绿化带宽各3米，非机动车道宽3.5米（位于主道以标线隔出）。福寿路至宁海路段2006年开工建设，并竣工通车；宁海路至中山路段2008年开工建设，并竣工通车（惠政路至福寿路段2011年开工建设，2013年竣工通车；中山路至如城街道与城北街道分界处段2014年开工建设，同年竣工通车）。

紫光路 主干道，南北走向。位于如皋火车站前，取紫气东来之意命名。南起惠政路，北至新东线辅道，全长2900米，宽60米，双向6车道，两侧绿化带宽各4.5米，中间隔离绿化带宽8米，辅道宽7.5米（2012年开工建设，2012年与惠政路接口以北部分竣工通车)。

跃龙路 主干道,东西走向。位于开发区最北端,与南侧次干道起凤路相对应,取开发区如蛟龙腾飞、瑞气氤氲之意而命名。东起万寿北路,西至花市路,全长3715米,宽35米,分两段:花市路至益寿路段1178米,2003年开工,并竣工通车;藕池路至花市路段1673米,2006年开工,2007年竣工通车。两侧绿化带各宽8米,非机动车道各4米。

宁海路 次干道,东西走向。1989年4月开始修筑,由环城西路(今益寿路)至健康南路,长1090米,宽20米,中间有约2米宽绿化隔离带(后绿化隔离带去除),道路总面积2.18万平方米,其中铺设沥青路面1.91万平方米。1990年10月,竣工并以隋朝初年如皋曾为宁海县地定名宁海路。20世纪90年代中期,向东延伸至东皋路。2004年10月核定:东起万寿路(规划),西至益寿路,仍名宁海路;向东由万寿路(规划)延伸至紫光路(规划),定名宁海东路;向西由益寿路延伸至204国道(今城西大道),定名宁海西路。2009年,实施海阳路至仙鹤路路段改造工程。

庆余路 次干道,东西走向。1989年修筑,自通扬河至环城西路路段,全长416米,宽12米,泥石路面,以位于原庆余乡而命名。20世纪90年代,向东延伸至海阳路。2000年,改为砼路面。2004年10月核定:西起益寿路,东至万寿路,仍名庆余路,益寿路以西路段称庆余西路,向东由万寿路延伸至李渔路、紫光路(规划),定名庆余东路。

解放路 次干道,东西走向。位于福寿路与惠政路之间,初建时,东自海阳南路,西至益寿南路,因穿越原解放村(解放苗圃),且表示解放思想、振兴如皋而得名。2007年,由益寿南路向西延伸至新204国道(今城西大道),定名解放西路,并由海阳南路向东延伸至李渔南路。

起凤路 次干道,东西走向。位于北门外如皋经济技术开发区内,与北侧跃龙路相对应,取"筑巢引凤"之意而命名。东起万寿北路,西至益寿北路称起凤路,益寿北路向西称起凤西路,万寿北路向东称起凤东路。

仙鹤路 次干道,南北走向。以古地名"仙鹤庄"命名。位于城区东,南起福寿东路,北至中山东路。

桃源路 次干道,南北走向。位于城区西部,以陶渊明名篇《桃花源记》命名,与仙鹤路对应。南起福寿西路,北至中山西路。2006年,新建宁海路至福寿西路段。2008年,对中山西路至怡年路段进行改造,并向南延伸至宁海路。

东皋路 次干道,南北走向,以位于如皋城区东得名。1989年4月,开始修筑自跃进东路至环城南路路段,长1430米,宽9米,泥石路面。2004年10月核定:南起福寿东路,北至中山东路,保留原路名,在建由福寿东路向南延伸至惠政东路路段,定名东皋南路。

大司马路 次干道,南北走向。原名西皋路,1990年修筑,由蒲行口至西郊村,长1100米,宽12米,砂石路面。2003年,改为沥青路面。2004年10月核定:南起福寿路,北至仁寿路(规划),更名大司马路,为纪念如皋东吴大司马吕岱而定名。2005年,宁海路至福寿路段进行改造。2008年,向南延至惠政路。福寿路至惠政路路段,定名大司马南路。

广福路 东西走向。原名中山路、新生路,东起通城巷,西至通榆公路(今益寿路),长1947米。其中曹家桥以东原为古运盐河,明代后期河道淤塞,贾家桥、范家桥左右皆建民房。贾家桥南尾至申冤巷(菜场巷)北一段,因原有常平仓,清嘉庆县志称常平巷。光绪年间,常平仓改为考棚,改名考棚巷。东段向称"贾家桥东"或"太平桥口",西段向称"关帝庙前",再西为"范家桥口""曹家桥口"。民国19年(1930年),填平废河,改为中山路。1950年,改称路南为"新生路",路北为"武庙巷"。1983年,填平望月桥西及王施陆家桥西之河塘成为道路。1985年,拆除贾家桥至范家桥一带部分房屋,拓宽路面,外城河以内部分长912米、宽10米,铺水泥路面;外城河以西至通榆路长一段长855米、宽8—11米铺沙石,一段180米、宽5米为水泥路面,统称新生路。2004年,重建并更名为广福路。

城南大道 东西走向。至2010年,东起万寿南路,西至益寿南路,全长3500米,宽60米,双向六车道,沥青路面,两边绿化带及中间绿化隔离带均宽12米。2010年6月开工建设,11月竣工通车。不久,开始向东、西延伸。

2010年如城主次干道及支路一览表

表3-1

序号	道路名称	起止点	道路长度（米）	道路宽度（米）	道路面积（平方米）	其中人行道面积（平方米）	排水管长度（米）	其中污水管长度（米）
1	坝桥路	福寿路—育贤路	850	5.5	4675	—	—	—
2	老坝头路	育贤路—中山路	175	10	1750	—	175	—
3	宏济路	福寿路—育贤路	850	5.5	4675	—	210	—
4	花港路	育贤路—宁海路	648	6—6.5	3989.5	—	648	—
5	迎春桥东河边	中山路—玉带桥	372	4	1488	—	—	—
6	迎春桥西河边	中山路—公园南大门	365	4.5	1642.5	—	—	—
7	钱家桥东河边	中山路—育贤桥	275	8	2200	—	275	—
8	钱家桥西河边	中山路—育贤桥	277	7	1939	—	277	—
9	观风路	文昌路—泮池路	145	10	1450	—	170	1800
10	将官路	文昌路—泮池路	200	4	800	—	—	—
11	常园路	惠政路—福寿路	265	6	1590	—	—	—
12	惠隆路	健康东路—皋南居住河	914	7	6398	—	914	1016
13	普庆路	普庆桥—仁寿路	900	20	18000	4500	900	800
14	健康路	健康东村小区—秀水路	407 69.2	18 15	7326 1038	2442 415.2	985 70	454
15	福成路	秀水路—广济路	278	21	5838	1977	530	296
16	雁桥东河边	文昭路—中山路	200	10	2000	200	200	—
17	雁桥西河边	福成路—中山路	200	10	2000	600	200	—
18	燕桥东河边	中山路—青云路	608	10	6080	—	1020	608
19	燕桥西河边	中山路—青云路	608	10	6080		608	
20	宣化路	惠政路—健康西路	400 280 1249	8 12 15	25295	9174	3660	1254
21	雉水路	福兴路—中山路	324	6	1944			46
			200	10	2000	600	150	
22	广丰路	中山路—广福路	210	10	2100	630	150	—
23	蒲行路	宁海路—广福路	1230	10	12300	—	1350	—

续表3-1

序号	道路名称	起止点	道路长度（米）	道路宽度（米）	道路面积（平方米）	其中人行道面积（平方米）	排水管长度（米）	其中污水管长度（米）
24	芙蓉路	海阳南路—益寿南路	1560	7	10920	—	1560	—
25	健康东路	海阳路—健康路	307	8	2456	—	307	—
26	健康西路	健康路—益寿路	980	8.4	8232	—	980	—
27	福兴路	大司马路—益寿路	341	20	6820	—	560	—
28	益人路	安定街—福成路	95	15	1425	—	95	—
29	启秀路	雁桥西河边—百岁街	120.5	12	1446	—	241	—
30	幸福路	益寿路—桃源路	350	9	3150	—	350	—
31	育贤路	仙鹤路—育贤桥	1330	15	19950	—	1530	—
32	秀水路	海阳路—中山路	1032.5	18	18585	6195	2065	—
33	文昌路	海阳路—中山路	1035	18	18630	6210	2070	—
34	碧霞路	中山路—拱极桥	1100	18	19800	6600	2200	—
35	青云路	中山路—拱极桥	1160	18	20880	6960	2320	—
36	广济路	海阳路—江中花园东门	277 61.3	15 15	4155 919.5	1662 367.8	554 122.6	277 61.3
37	学宫路	育贤桥—海阳路	540.2	11.5	6212.3	1350.5	1286	—
38	文昭路	海阳路—雁桥东	280	10	2800	280	280	—
39	水绘园路	水绘园西大门—安定街	295	10	2950	885	295	—
40	滨溪路	青云路—益寿路	954	18	17172	5724	954	—
41	新民路	中山东路—仁寿东路	1130	14	15820	—	2200	1100
42	泰宁路	工农路—东风路	1200	15	18000	4800	1200	1200
43	茶庵路	鹿门路—东风路	1200	15	18000	—	1200	1200
44	东风路	泰宁路—开发区居住河	680	11	7480	—	1360	680
45	泰安路	鹿门路—泰宁路	410	10	4100	840	410	410
46	友谊路	茶庵路—泰宁路	470	9	4230	—	470	470
47	工农路	青云路—仁寿路	410 450	11 6.5	4150 2925	—	410 450	410 450
48	鹿门路	益寿路—跃龙路	550	14	7700	—	1600	1600
49	丰裕路	如泰河—仁寿路	1400	4	5600	—	—	—

续表 3-1

序号	道路名称	起止点	道路长度（米）	道路宽度（米）	道路面积（平方米）	其中人行道面积（平方米）	排水管长度（米）	其中污水管长度（米）
50	丰登路	如泰河—仁寿路	1400	4	5600	—	2800	1400
51	滨河路	灵威观—万寿路	520	18	9360	3120	520	
52	怡年路	益寿路—花市路	1193	14/20	20062	1120	2293	704.7
53	绿杨路	中山路—福寿路	1304	15/22	20295	7824	3072	1412
54	惠隆南路	福寿路—解放路	710	15	10650	2130	1096	165.7

二、街、巷

明嘉靖时，全城分东、西、南3条大街，成“丁”字形。城厢沟渠纵横，隙地较多，寺庙、祠堂、民宅多沿河而建，并形成巷道。随着城市逐步发展，民宅、商肆增多，街道向四面拓展。明万历四十六年（1618年），全城分10街、18巷。其时街、巷区别不大，稍宽者为街，窄者为巷。

清乾隆十五年（1750年），发展为11街、66巷（其中冒家巷即集贤街，既记入街亦记入巷）。清末民国初，发展为11街、83巷。11街为大中街（县衙前）、东大街（县衙左）、西大街（县衙右）、北大街（鹤颈湾）、南大街（宣化北门南）、状元街（察院前）、德义街（广福寺东）、锦绣街（骢马里）、集贤街（冒家巷）、东云路街（儒学东）、西云路街（儒学西），布局具有中国典型的方格网状特点。街道及大寺（治）巷、篦箕巷均为砖块路面，东大街、西大街及西门外大街、北大街、北门外大街的路面中间横铺条石，两侧铺昃砖。街道宽度一般2—3米，巷宽2米左右。

图3-8　如城北大街　　　　（1995年摄）

民国27年（1938年）日本侵略军占据如皋城后，街巷因缺乏维修而坎坷不平。民国35年秋，国民政府军队在城内拆挖铺路砖石构筑碉堡，部分街巷遂成泥路。

中华人民共和国成立后，县政府（人委）开始加强街道建设，除1958—1959年将南门内外大街拓宽为海阳路、东西大街改建为跃进路外，普通街巷亦大多进行修缮。1985年统计，城区共有街巷152条，其中跃进路支道48条，海阳路支道20条，北门内外大街支道26条。另，内城河范围之内6条，外城河与内城河之间43条，外城河外9条。部分大巷尚包含若干小巷，亦有部分新形成的巷道尚未定名，未列入统计。

1995年起，进行旧城改造，原有街巷大部分消失，并不断出现一些新街道。2004年10月，市政府在调整、命名城区路名的同时，核定保留古巷12条，新命名街道12条。2009年，西云路巷、学宫后巷废。至2010年，如城有街巷22条。

东大街　明万历《如皋县志》载：东大街在衙左，状元街在察院前，察院在县衙东，状元街有为纪念状元王俊乂所建状元坊（今如师附小内北侧）。清代，县衙东至东城门统称“东大街”，由西向东分别为二衙巷口、状元坊、十字街（冒家巷口)、迎春桥,总长600米,麻石路面宽2.3—3米。1959年1月,状元坊向西街南房屋被拆除,改建跃进路,保存状元坊向东一段长393米街道。2005年,开始规划东大街历史街区保护。至2010年,保留的东大街东起碧霞路,经迎春桥,西至通城巷。

锦绣街 为城区古街巷,2004年,继续保留原名。东起海阳路,经安定街,西至雁桥东河边。

朱衣街 由雁桥向西至外城河,以原朱衣巷名命名。

安定街 南起秀水路,经广济路、益人路、文昭路、锦绣街、中山路、大治街、广福路、水绘园路,北至青云路。南段西侧原有胡安定先生故居,东侧原有胡公(安定)祠,北段东侧有安定小学。

图3-9 如城安定巷 (1995年摄)

丹凤街 位于城区西部繁华地段,取丹凤吉祥之意命名。东起雉水路(外城河西侧),经蒲行路、大司马路、泰和街、大华街,西至益寿路。

大治街 因位于大治街道范围内命名。东起海阳路,经安定街,西至燕桥东河边。

丰乐街 因位于丰乐街道范围内命名。东起燕桥西河边,经迎驾街,西至青云路。

陆桥街 以此处原为陆桥镇所在地而命名。位于外城河以西,东起广丰路(外城河西侧),经蒲行路、大司马路、泰和街、大华街,西至益寿路。

百岁街 位于原百岁巷附近,沿用原百岁巷名。北起中山路,经朱衣街,南至启秀路。

迎驾街 位于原迎驾巷附近,沿用原迎驾巷名。南起中山路,经丰乐街、广福路,北至青云路。

泰和街 位于原马场巷附近,以清初,如皋城西门路北有知名的泰和绸缎店命名。南起福兴路,经丹凤街、中山路、陆桥街、广福街,北至滨溪路。

大华街 位于原大华巷附近,沿用原大华巷名。南起福兴路,经丹凤街、中山路、陆桥街、广福路,北至滨溪路。

冒家巷 位于如皋师范与如皋师范附属小学之间。北宋时,王观、王觌、王俊乂居此,世代显达,被称为集贤街。明朝后期,王姓衰微,冒姓繁昌,改名冒家巷,北起东大街,南至集贤门,南北皆有砖砌圈门,刻“集贤里”三字,南圈门在集贤桥(冒家桥)北尾,北圈门在轿行口(学宫后巷口),冒襄故居在轿行口南。1959年,建跃进路时将北端切断。“文化大革命”中,一度改名跃进路7巷。1985年10月,将砖块路面改为水泥路面。2001年,复改为砖块路面。现北起中山路,南至冒家桥尾,长294米,宽3.25—4.7米。

通城巷 为古街巷,南起东大街十字街,北至水绘园故址。“文化大革命”中,北段改名新生路6巷,南段易名跃进路8巷。现存通城巷,长623米,宽2.4—3.6米。

东云路巷 明万历《如皋县志》记作东云路街,在儒学东,南起文德桥北尾,北至学宫后巷,两端有砖砌圈门刻“东云路”三字。清代,称东云路巷。“文化大革命”中,一度改名“附小东巷”。现存南北段长152米,宽1.7—3.2米。

大刘巷 清嘉庆《如皋县志》载有刘家巷。民国《如皋县志》载有大、小刘家巷。现大刘巷即为原大刘家巷,南起古运盐河,北至中禅寺前(现公园巷),长112.5米,宽2米。“文化大革命”中,一度改名新生路2巷。

小刘巷 民国《如皋县志》记作小刘家巷。南起古运盐河(新生路),北至中禅寺前(现公园巷),长116米,宽1.9米。“文化大革命”中,一度改

图 3-10 如城大刘巷 （2005年摄）

图 3-11 如城小刘巷 （2005年摄）

名新生路4巷。

郜家巷 为古街巷，因明台州经历郜琏住于此得名，南起东大街，北讫东水关河南。巷内北端有清乾隆进士范增辉住宅，门朝东，左右有砖砌圈门，上刻"大夫第"3字，故又名双圈门。"文化大革命"中，一度改名生产巷。1981年复名。现长216米，宽1.2—3米。

秀女巷 清嘉庆《如皋县志》开始记载。南起东大街，北至古运盐河（新生路）。"文化大革命"中，一度改称迎春巷。1981年复名。现长116米，宽1.6米。

武庙巷 明代后期，古运盐河河道淤塞，沿原河北岸开始朝北兴建民舍，逐渐形成巷道。1950年，将东起玉带桥，经贾家桥、武庙（关帝庙）、范家桥至曹家桥一段命名为武庙巷。后新生路拓宽，贾家桥以西巷南民房皆拆迁，仅存东一段长207米，宽2.7米。

公园西河边 原名玉带桥河西，南起众善桥，北至人民公园大门（现水绘园南门）。"文化大革命"中，一度改名为跃进路6巷。现巷长150米，宽2.3—4米。

公园巷 东起公园西河边，西至通城巷。清代，西段称小寺（中禅寺）前，东段称为雨香庵前。1950年，改名公园巷，现长145米，宽1.5—3米。

附录：

城区部分已废街、巷

西大街 明万历《如皋县志》载："丰乐桥市（县西）、十字街市（县西）、西大街（县右）。"清代，称十字街市为"鱼市口"或"西十字街"，县衙向西至西城门口统称"西大街"，经县衙西、鱼市口、大寺巷口、丰乐桥、朱衣巷、百岁巷口、焦家桥、城门内，总长700米，麻石路面，宽2.5米左右，店铺林立、商业繁荣。1959年1月，拓建跃进路时，仅存青云巷至西城门口一段长68米。"文化大革命"期间，一度更名跃进路28巷。1997年，拆废。

西门外大街 明万历《如皋县志》作"西关市"，清代称西门外大街。东起西门吊桥尾，向西分别为土地巷口、大圣庙前、皂角树巷口至尽街头，长约500米，宽2米左右，麻石路面。后皂角树巷及尽街头向西至通榆路西苏家桥故址（原名邱家园），亦并入西门外大街，总长712米。1997年，拆废。

西门外后街 位于西门外大街北侧，东起外城河西岸，西至臭沟头。1998年，拆废。

西云路巷 明万历《如皋县志》作西云路街，在儒学（今如师附小）西。南起武定桥北尾，北至学宫后巷口（今如师附小内），两端有券门，刻"西云路"。清代，改称西云路巷。由此巷向北至东大街原名状元坊。"文化大革命"中，西云路巷与状元坊并称附小西巷。1981年，改称西云路巷，长292米，宽2.6—5.7米，水泥路面。2009年，全部圈入附小内，巷废。

学宫后巷 在孔庙后，东起冒家巷轿行口，西至状元坊南，长143米，宽2.4—2.8米。"文化大革命"中，一度改称附小后巷。1981年，复称原名。2009年，圈入附小内，巷废。

清末至2010年如城已拆废巷子一览表

表3-2

年份	拆废条数	拆 废 巷 名
清末	1	均贮西巷(民国初改建为公园)
1959年	1	南王家巷(一部分)
1960年	1	白果巷(拆除一部分,另一部分并入马塘河巷)
1969年	2	堂子巷(北) 花市街(拓宽通扬河时拆废)
1970年	1	烟店巷(北)
1993年	2	李府巷 狮子巷
1995年	23	丁家巷 北水关 花园巷 眼光庙巷 泰山前 佘家巷 都天庙巷 东北城脚 北王家巷 菜场巷 鹤颈湾 大治巷 碗店巷 剧场巷 白太巷 范桥南巷 范桥北巷 安定巷 古旧河巷 香店巷 杀猪巷 薛家潭 霞山巷
1996年	24	尔雅巷 苏家巷 市巷 雁桥东河边 大华巷 皂角树巷 西场头 曹家巷(部分) 许家巷 马家巷 堂子巷 通桥口巷 育婴堂巷 竖八字巷 横八字巷 高家巷 呙儿山 南城脚 南门外西河边 荷花池 将军巷 横将军巷 当铺巷 磨子桥巷
1997年	9	土地巷 铁匠巷 牛洼潭 南马场 北马场 地藏庙巷 杨树巷 蒲行口(部分) 车行巷
1998年	2	大圣庙巷 大圣庙西巷
2001年	15	东南城脚 朱衣巷 百岁巷 西马家巷 秀水港 西南城脚 西北城脚 西门外南河边 廒巷 北城脚 通仓桥(路) 通仓桥西河边 长巷 小街头 坝桥北河边
2003年	7	准提庵巷 青云巷 凤凰池 周家池巷 北李家巷 安庆巷 姚家院
2005年	4	段家巷 丰乐桥西北河边 西典巷 驿丞巷 金龙巷 小船帮 将军庙巷 井儿口 鲍家场 北门外后巷
2009年	2	西云路巷 学宫后巷

三、桥梁(涵)

清代,如皋城有桥43座,多为砖石拱桥或木桥。民国年间,部分桥梁开始改建为砖石垛砼梁桥。中华人民共和国成立后,随着城市建设水平提高,除原有桥梁大多改建为石垛砼梁桥,与街道基本等高便利通行,并加宽加固外,又大量兴建大跨度、大宽度桥梁,绝大多数桥梁达到与道路、街巷同宽,并进行亮化、美化。至2010年,如城市区共有桥梁(涵、闸)73座。

丰乐桥 跨内城河。始建于明天顺五年(1461年),在西大街,东西向。明天顺二十五年,

图3-12 丰乐桥旧貌 (2001年摄)

图3-13 丰乐桥 (2010年摄)

知县胡昂移西惠政桥之石改建为麻石拱桥，高3米。民国14年（1925年），改为平石桥，长16.8米、宽5.25米，拱宽6.5米。2001年，重新拆建，加宽至与跃进路同宽。

冒家桥 跨内城河。原名集贤桥，在集贤门外，南北向。明成化十七年（1481年），知县胡昂移东惠政桥之石建成砖石拱桥。清乾隆四十四年（1779年），冒乘骖、冒瑜捐资重修，改名冒家桥。民国23年（1934年）11月，改为砖拱平桥，长12.8米、宽5.1米，拱宽3.5米，造价法币270元。2004年，重建。

南门大桥 跨外城河。始建于明嘉靖三十三年（1554年），初为吊桥，在澄江门外，南北向石垛木梁，可抽放，称南门吊桥。民国《如皋县志》载："邑人贾伟三劝捐，并买薛家堡田14亩，东顾家庄田5亩，西顾家庄田5亩，共纳租钱十七千八百文，以备岁修。"1952年，改为砖垛木梁，上铺砂石沙土。1974年1月，改建为砼梁桥，长41米、宽9米，拱宽27.7米，改名南门桥。1996年，拓宽改造海阳中路时原桥并入"范公苑"景点，另于桥东侧重新建造与海阳路同宽同高的大桥，称南门大桥。

新皋桥 跨外城河。始建于明嘉靖三十三年（1554年），为东西向石垛木梁，可抽放，称西门吊桥，在饯日门外。清乾隆十四年（1749年），修缮。1959年，改为木梁桥，面上铺碎砖泥土。1965年，原桥拆除，在原桥南侧由县水电工程队承建砖垛砼梁桥，造价5.471万元，并易名新皋桥。1981年，拓建至长28米、宽17.6米，耗资3万元。1997年，改造跃进路部分路段时再加宽原桥与跃进路同宽。

北门大桥 跨如泰运河。明嘉靖三十三年（1554年）始建，在北拱门外，为南北向石垛木梁，可抽放，称北门吊桥。清乾隆年间，许宗儒等公修。清嘉庆十三年（1808年），桥毁，改为土坝。清光绪三年（1877年），张如杰等劝修。清宣统三年（1911年），汪云龙等捐修。1951年，重修。1972年，改建为三孔砼拱桥，长81.5米、宽7.9米、拱40米，造价16万元，并易名北门大桥。

文德桥 跨内城河。明万历三十年（1602年）始建，石拱桥，初名东云路桥，在泮池东侧，南北向。民国18年（1929年），改为石垛桥，铁管栏杆。1951年，重修。1976年，与武定桥同时改为石垛砼梁，长24米、宽3.85米，垛距15.7米，造价5000元。

武定桥 跨内城河。与文德桥同时建造，款式相同。初名西云路桥，在泮池西。清光绪四年（1878年），修缮北垛。民国18年（1929年），改为石垛木板桥。1951年，再次修缮。1976年，改为砼梁桥，长25米、宽3.8米，垛距14.8米。

闸桥 跨内城河。一名宣化桥，始见于明万历《如皋县志》，为石垛木梁桥，在南大街市河上，南北向。清乾隆《如皋县志》载："邑人刘士茂捐银300两建。"道光二十六年（1846年），徐国柱重修，改麻石龙骨，高于街面约1.5米。民国14年（1925年），改为平石桥。1958年冬，拆除改建为涵洞，称海阳涵洞。1996年，改造海阳中路时拓宽至60米。

迎春桥 跨内城河。原为木桥，在东大街，东西向。明崇祯三年（1630年），知县吴宏功捐银500两改为石拱桥，桥面最高处高于路面约3米。清同治九年（1870年），修缮。民国14年（1925年），改为砖石平拱桥，长16.5米，宽6.6米，拱宽3.6米。2005年，加宽改造为与新修建中山路同宽。原桥保留，桥栏嵌有"愿天常生好人""愿人常行好事"石刻各1块。

玉带桥 跨内城河。清康熙二十二年（1683年），宗范、邓十英捐资修建。在东水关西与内城河连接处，木桥，东南、西北向。1951年，重修。1970年，改建为砖石垛砼梁桥，长13.6米，宽3.5米，垛距3.7米。

众善桥 在东水关内东西向，原为木桥，与玉带桥合成"八"字桥，俗称"三步两搭桥"。1952年，重修。1970年，改为砖石垛砼梁桥，长12.7米，宽2.9米，垛距2.6米。2001年，改造内外城河时拆除重建。

雁桥 跨内城河。在丰乐桥南、长巷西，东西向。清康熙年间，石为崧、石为柱、石为岩兄弟共建，木桥。1952年，重修。1985年，旧桥拆除，于原桥南由县交通局工程队承建改为砼梁桥，长10米、宽4米，垛距6.3米。2001年，重新拆建加宽。

钱家桥 跨内城河。在迎春桥南，东西向，原为木桥。桥名始见于清乾隆《如皋县志·河渠志》。民国23年（1934年），由南通祥泰建筑公司承建，改为砖垛梁桥，长14米，宽2.5米，垛距3.6

米,造价法币300余元。1952年,重建。2002年,进行加固、修缮。

通仓桥 始见于清乾隆《如皋县志·河渠志》,在佘家桥南,东南、西北向,东通廒巷。初为木桥,后改为砖拱桥,长13.25米。1952年,重修。1986年4月,改建为砖垛砼梁桥,长14.5米、宽5米,垛距6.9米。

益人桥 跨内城河。始见于嘉庆《如皋县志》,朱用铭捐造,小木桥,仅容一人行走,故名一人桥,在苏家巷南首,南北向。后众姓三次公修,桥板加宽,更名益人桥。1952年,重修。后因人民医院拓建,迁至原桥西约30米处。1974年,因桥身朽坏,原桥拆除,由水利局承建改为砼拱桥,长20米、宽5.2米、跨16.25米。2001年,重新拆建,与安定街基本同宽。

前进桥 始见于清嘉庆《如皋县志》,原名佘家桥,在北水关南,东西向,东通甘蔗巷,为木桥。1952年,重修。1971年,改建为砼石拱桥,长16米、宽3.1米,拱宽6.5米,造价8000元,并易名前进桥。

燕桥 跨内城河。俗名草行头桥,在丰乐桥北、广福寺西,东西向,木桥,长8米。清末已有,民国《如皋县志》载有广福桥,地址不详,无燕桥,广福桥当即燕桥。1952年,重修。1986年8月,改建为砼梁桥,长17米、宽5.1米,垛距6.6米。

望月桥 清末已有,在丰乐桥西北河边,南北向,平石桥,长36.1米。1951年,重修。1983年,填河拆桥。1986年10月,另于内城河上建东西向砼梁桥,仍名望月桥,长19.5米、宽9.1米。2006年,重建加宽加高。

北水关桥 在北水关内。清末,始在河上架木板,以通行人。1960年,建东西向石垛梁桥。1983年5月,换砼梁,桥面加阔,长14.5米、宽4米。2001年,整治内城河时重建,加宽。2005年,修建青云路时改为涵洞,并再一次加宽。

通济桥 原为石垛木梁,梁可抽放。后改称三官殿桥。民国24年(1935年),改建,略低于原桥。1964年,大水冲塌,拆除。2006年,重建于新拓展的东北外城河上,为砼桥梁,复名通济桥。

师范桥 跨内城河。50年代初始建,在冒家桥东,如皋师范学校门前,为南北向木桥。1973年4月,改建砼拱桥,长19.6米、宽3.4米,拱宽9米,造价6000元。

火箭桥 跨内城河。在钱家桥南、如皋师范东。60年代初,河上架长石,仅通一人。1967年4月,建东西向石梁桥,长13.75米、宽3.25米,垛距5米,造价8000元。

工农桥 跨如泰运河。1966年建,位于通扬运河与如泰运河汇合口西侧,桥北为工农路。2005年8月,拆除重建,改建为跨度70米、宽9米的下承式系杆拱桥。

通城桥 跨外城河。1972年9月建,在城区西北,为东西向砼拱桥,长72米、宽5米。

健康桥 跨外城河。1973年4月始建,在原体育场(现安定广场)西南,为南北向砼拱桥,长35米、宽4.8米,拱宽27米。后于其东侧又建一桥,两桥并列,俗称“双宝儿桥”。2005年4—6月,市政府投资360万元,将原二桥拆除重建、改平,并拓建道路南至福寿路,北通中山路。

迎宾桥 跨内城河。1977年6月始建,在冒家桥西,连接县政府招待所南北建筑,为石垛砼拱桥,长15.5米、宽4米,拱距5.6米。

新生桥 跨外城河。1982年5月始建,在新皋桥北,东西连通新生路,为砼梁桥,长36米、宽8米,造价7万元。

东皋桥 跨外城河。1989年6月始建,东连宏坝村,西与内城河上的育贤桥相邻接,初为双车道水泥拱桥。2002年,疏浚外城河时,拓宽改造为4车道水泥3拱桥。

育贤桥 1990年4月建,在火箭桥南侧内城河上,东西向三孔砼拱桥,长16米、宽5.8米。2002年,进行加固、修缮。

海阳大桥 跨如泰运河。1996年,拓宽改造海阳北路时建造,长439.15米,其中一跨30米(T形梁),七跨16米(大孔桥板),引桥283.15米,桥面宽30米,通航标高高程7.8米(黄河高程),通航净高28.3米。

集贤桥 跨外城河。建于1998年4月,西通西皋村(现阳光花苑),东连雉水路,由如城镇西皋村集贤集团公司建造。2002年,整治外城河时,桥面拓宽至8米,长约25米。

万寿桥 中山路上跨外城河。2002年,打通外城河后建成,与中山路同宽同高。

2010年城区桥梁（涵、闸）一览表

表3–3

序号	桥梁名称	设计荷载等级	桥型	主桥长度（米）	桥梁宽度（米）	桥面面积（平方米）	铺装层
1	玉带桥	人行桥	石桥	13.90	3	41.70	简易砼
2	众善桥	人行桥	石桥	13.80	2.80	38.60	石桥
3	老迎春桥	人行桥	砖孔	16.40	7.40	121.40	石板
4	迎春桥	汽–20	孔板	14	35	490	沥青
5	钱家桥	人行桥	T梁	14.50	2.40	34.80	砼
6	火箭桥	人行桥	石桥	6	3	18	石块
7	育贤桥	汽–15	拱桥	12	5	60	沥青
8	师范桥	人行桥	石拱桥	13.50	3.30	44.55	砼
9	迎宾桥	人行桥	槽型板	11.50	4.10	47.20	砼
10	文德桥	人行桥	槽型板	19.90	3.70	73.60	砼
11	武定桥	人行道	槽型板	19.90	3.70	73.60	砼
12	闸桥	汽–20	拱桥	20	99	1980	沥青
13	益人桥	汽–20	砼孔板	1717	16	272	沥青
14	雁桥	汽–20	梁桥	16	12.85	205.60	沥青
15	丰乐桥	汽–20	砼桥拱	17	35	595	沥青花岗岩
16	燕桥	汽–10	T梁	16.60	5	83	砼
17	通仓桥	汽–10	T梁	7.50	5	37.50	砼
18	望月桥	汽–15	孔板	19	9	171	砼
19	前进桥	人行桥	石拱	16.10	3	48.30	砼
20	北水关	汽–20	方涵	南侧14 北侧11	31	604.50	沥青
21	东水关	汽–20	方涵	南侧21.8 北侧17.8	28.50	564.30	—
22	友谊桥	汽–10	T型梁	40	5.20	208	砼
23	靖海桥	汽–20	大孔板	21.60	35	756	沥青
24	东门大桥	汽–20	组合梁	73.3	5.30	388.49	砼
25	东皋桥	汽–15	T型梁	48	9	432	砼
26	内外城河连接桥	汽–20	砼板孔	4.8	20	96	沥青
27	澄江桥	汽–20	大孔板	33	36	1188	砼
28	健康东桥	汽–20	钢架孔	36.10	5	180.50	砼

续表3-3

序号	桥梁名称	设计荷载等级	桥型	主桥长度（米）	桥梁宽度（米）	桥面面积（平方米）	铺装层
29	健康西桥	汽-10	双曲拱	39	4.80	187.20	沥青
30	福成桥	汽-10	T型梁	34.50	8.50	293.25	沥青
31	饯日桥	汽-20	大孔板	29.90	36	1076.40	砼
32	新生桥	汽-10	T型梁	37	9	333	砼
33	通城桥	汽-15	T型梁	36	8	288	砼
34	邓园大桥	超汽-20	T型梁	62	18.50	1147	沥青
35	环西大桥	汽-20	T型梁	46	18	828	砼
36	备战桥	汽-15	双曲拱	66	7.30	481.80	沥青
37	工农桥	—	双曲拱	56.10	5.10	286.10	砼
38	普庆桥	汽-15	双曲拱	82	7.90	647.80	沥青
39	北极桥	汽-20	T型梁大孔板	136	36	4896	砼
40	曙光大桥	汽-20	T型梁	78	13.20	1030	砼
41	新民大桥	汽-6	双曲拱	81	5.40	437.40	简易路面
42	环东大桥	汽-20	T梁	82.80	13.40	1109.50	砼
43	三环北桥	汽-20	大孔板	65	50	3250	—
44	皋北桥	汽-20	孔板	65.20	17	1108	砼
45	庆余桥	汽-20	孔板	60	17	1020	砼
46	吉鹤桥	汽-15	孔板	39	8.10	345.10	砼
47	东兴桥	汽-6	孔板	35.80	3.06	109.50	砼
48	宏坝大桥	汽-6	孔板	24.50	5.25	128.60	砼
49	宏济桥	汽-6	—	25.60	2.56	65.50	砼
50	原宏济桥	汽-15	板孔	20	20	400	异型块
51	宏林桥	汽-20	箱涵	6.50	35	227.50	砼
52	海阳大桥	汽-20	T型梁、大孔板	136	36	4896	沥青
53	李渔路1桥	城-A	梁板桥	60	10	600	沥青
54	李渔路2桥	城-A	梁板桥	60	10	600	沥青
55	幸福桥	城-A	梁板桥	16	49.5	792	沥青
56	宣化路1桥	城-B	梁板桥	16	15	240	沥青
57	冒庄西桥	城-A	梁板桥	10	28.50	285	沥青
58	冒庄东桥	城-A	梁板桥	22	18	396	沥青
59	大司马南路南桥	城-A	梁板桥	10	26.60	266	沥青
60	府西桥	城-B	梁板桥	16	24.50	392	沥青

续表3-3

序号	桥梁名称	设计荷载等级	桥型	主桥长度（米）	桥梁宽度（米）	桥面面积（平方米）	铺装层
61	长安桥	城-B	梁板桥	16	23.50	376	沥青
62	泰和桥	城-B	梁板桥	13	15.50	201.50	沥青
63	恒昌桥	城-B	梁板桥	13	15.50	201.50	沥青
64	幸福河桥	城-B	梁板桥	10	32.50	325	沥青
65	宣化南路2#桥	城-B	梁板桥	10	15.50	155	沥青
66	龙游河桥	城-A	梁板桥	40	42.50	1700	沥青
67	海阳南路南延1#桥	城-A	梁板桥	13	42.50	552.50	沥青
68	海阳南路南延2#桥	城-A	梁板桥	10	42.50	425	沥青
69	海阳南路南延3#桥	城-A	梁板桥	10	42.50	425	沥青
70	海阳南路南延4#桥	城-A	梁板桥	10	42.50	425	沥青
71	海阳南路南延5#桥	城-A	梁板桥	13	42.50	552.50	沥青
72	海阳南路南延6#桥	城-A	梁板桥	10	42.50	425	沥青
73	大司马南路北桥	城-A	梁板桥	10	20.60	206	沥青

附录：

城区已废桥梁

根据现可考资料，如城城区已废桥梁共45座。其中清宣统三年（1911年）前废3座，民国元年（1912年）至1949年废12座，1950—1985年废28座。另有无考者2座。

范家桥 初名西惠政桥，为东晋衙前西桥，位于北极门外内城河上，南北向。明万历《如皋县志》载："成化十七年，知县胡昂移西石桥（西惠政桥）架于丰乐门，为丰乐桥。范氏于此重建砖桥，邑人呼之为范家桥。"清光绪年间，桥下水涸，住有贫民。民国19年（1930年），河道填平，桥梁拆除。

东门吊桥 原名靖海门吊桥，在靖海门外濠河上，今万寿桥北侧，东西向。明嘉靖三十三年（1554年）建。乾隆十四年（1749年），宋日元修。1870年（清同治九年），熊文田、刘本厚等劝捐复修，费钱729千文。民国24年（1935年）重修。1970年填河拆除。

通江桥 明万历《如皋县志》载："在县东。"清乾隆《如皋县志·河梁志》载："……古马塘河，此为江桥河旧址。"是时，此桥已废，桥址当在武定桥南。

杨家桥 明万历，清乾隆、嘉庆《如皋县志》均有记载，在县东南。民国《如皋县志》载："已废。"

东西百子桥 在海月寺（观音堂）前，东西各一，皆东西向。明万历《如皋县志》载："红桥，观音堂左右各一。"嘉庆《如皋县志》载："百子桥，海月寺前，左右各一，为小六桥之二。邑人黄家健、柳公侣倡首捐修，僧湛仁襄其事。"清末，为小石桥。1959年，拆除。

老庆馀桥 原名庆裕桥，明万历、清乾隆《如皋县志》均有记载。清嘉庆《如皋县志》记作庆馀桥，在北门外通扬河上，东西向，木桥。清道光二十二年（1842年），砌石垛。民国10年（1922年），重修。1953年12月，重建改为长38.2米木桥。1969年填河拆除。

安定桥 明万历、清乾隆《如皋县志》均有载，位于"县东南"。清嘉庆《如皋县志》记载在"南门内"。民国《如皋县志》载："在严家湾，故安定公宅前，今废。"严家湾在内城河西南转弯处，与万历、乾隆两县志所记位置有异。

贯家桥 见于明万历《如皋县志》，初名东惠政桥，为东晋县衙前东桥，在拱宸门外市河上，为南北向石桥。明成化十七年(1481年),移石桥架于集贤门外,为集贤桥。贾氏于此改建木桥,邑人呼为“贾家桥”,后讹为“姐姐桥”(如皋方言“贾”“姐”同音)。民国初年,河道湮塞。民国19年(1930年),河道填平,桥梁拆除。

曹家桥 始见于明万历《如皋县志》,名“德义桥”,位于北大街内城河上。清嘉庆《如皋县志》记作“曹家桥”。清末,为平石桥,两侧有长条石桥栏。民国19年(1930年),河道填废,存其迹。后拆除。

焦家桥 明万历、清乾隆《如皋县志》记作谢恩桥,清嘉庆《如皋县志》记作焦家桥。位于西大街城门内,东西向。居民皆称焦家桥。清末,为石梁桥,高约1.5米。民国14年(1925年)改平桥。后河道填废,桥拆除。

北冒家桥 南北向砖垛石梁桥,在北门外,其地旧名五里墩。清乾隆四十五年(1780年),冒乘骖、冒瑜购砖石重建。1960年拆除。

永安桥 清乾隆《如皋县志·河渠志》称砖桥,嘉庆县志改名永安桥。位于雁桥西、缪家巷北,为南北向小砖拱桥。光绪二十九年(1903年),徐德源(湘舟)捐修。民国初年,河道淤塞。1950年拆除。

普济桥 清乾隆年间冒乘骖、黄兆骞捐建,位于北门外通扬河东岸,跨猫儿港,南北向,小砖拱桥,长约4米,宽2米。1969年拆除。

三接桥 始见于清乾隆《如皋县志·河渠志》,位于南门外龙游河上。民国初年,在地藏庙南建南北向木桥,仍名三接桥。1959年,拆除改为涵洞。

通桥 清乾隆《如皋县志·河渠志》有载,位于南大街闸桥南,南北向。清光绪末年,改为平石桥。后河道逐步填平,桥废,邑人称遗迹为“通桥口”。

吴家巷红桥 清乾隆《如皋县志》有载,位于益人桥南尾西侧、吴家巷北口以东,为东西向木桥,桥栏漆红色。1959年,河道填废,桥梁拆除。

学宫玉带桥 清嘉庆《如皋县志》有载,在泮池南射圃内,南北向小石桥,李申捐资修建。清道光十四年(1834年),重修。民国29年(1940年),改建加阔。1960年拆除。

泰山前红桥 见于清嘉庆《如皋县志》,位于泰山(伏海寺)前、露香园东西池之间,南北向红栏小木桥。民国9年(1920年),拆除改建为涵洞。

石桥 清嘉庆、民国《如皋县志》有载,位于西门内。具体状况无考。

沙家红桥 清嘉庆《如皋县志》有载,位于沙家河塘北内城河上,为南北向小木桥,桥栏漆红色。民国7年(1918年),由大咸盐栈与沙姓合修,费银圆430余元。民国19年,河道填废,存其迹。后拆除。

纪板桥 清嘉庆和民国《如皋县志》均有载,在西门内,具体状况无考。

孤幼学堂桥 清光绪三十二年(1906年)建,位于吴家巷南孤幼学堂前,为东西向小砖拱桥。民国35年(1946年)拆除。

广丰腿栈桥 建于清光绪末年,位于曹家桥西内城河上,为南北向小木桥,宽约1米,桥南为广丰火腿栈。民国19年(1930年)拆除。

泰平桥 原名太平桥,位于秀女巷北内城河上,为南北向小木桥。清宣统三年(1911年),孙国熙重修,两端砌石垛,易为此名。民国19年(1930年)拆除。

凤凰桥 一名起凤桥,在凤凰池西南,东西向。清末,为小砖拱桥。民国初年,河道逐步填平。1950年拆除。

永寿桥 清末已有,在观音堂西北角,东西向,小砖桥。1959年拆除。

安定学堂桥 清末已有,位于安定书院左,东西向,小石桥。1959年拆除。

老体育场桥 清末已有,位于泰山(伏海寺)前东侧,东西向,小木桥。民国19年(1930年),改为砼梁桥。1960年拆除。

红桥 清末已有,位于西南门外濠河西畔,架于濠河支流上,东南、西北向,小木桥。民国及以前犯人斩首时,例由南门出城沿濠河向西至大教场,必经此桥,故俗称落魂桥,或叹气桥。1970年拆除。

布店公所桥 清末已有,位于驿丞巷西、布店公所门前,为东西向小砖桥。1960年拆除。

观音堂西小桥 建于清末,为南北向砖垛小木桥。立于桥上可“一眼望六桥”:东见望月桥,西见起凤、落凤桥,北见永寿桥,东北见东西子桥。1983年,填河时拆除。

北苏家桥 清代建，位于西门外窑子河上，东西向，砖垛木桥。1958年拆除。

西苏家桥 因苏愚墓在桥北，初名苏家桥，东西向木桥，在小溪河上。后因又建北苏家桥更名西苏家桥。民国13年（1924年）改建为南北向砖垛木梁桥，称"洋桥"，原通榆公路经此桥。1959年填河拆除。

西门外磨子桥 位于西门外铁匠巷北、晒场巷西。该处原有小河，上架大石磨，名磨子桥。民国初年，河已填平，石磨犹存，后废。

西门内磨子桥 位于陈家祠西南，有大石磨架于小河之上，后填河为路。

磨子桥 原为太平桥，在通桥西。后桥毁，居民以一片大石磨架于河上，通南北行人。民国初年，河道填平，石磨犹存。1980年石磨被移去。

落凤桥 位于凤凰池西北，为东西向小砖桥。民国初年，桥下小河逐渐填塞。1950年拆除。

公共体育场桥 民国5年（1916年）始建，在城区西南体育场东北角，南北向，木桥。民国23年，修缮。1950年拆除。

剧场桥 民国30年（1941年）建，位于东水关内侧、兴皋剧场前，南北向，木桥。1958年拆除。

落魂桥 位于章家祠西小河上，为东西向小砖桥。因河西原为妓寮，人多戏称为落魂桥。1950年，小河淤塞，桥梁拆除。

王施陆家桥 初名王氏禄家桥，位于西门外北河边，为南北向木桥。1952年，重修。1983年，河道填废，桥梁拆除。

东关桥 1953年始建，位于东水关外，南北向，木桥。1980年拆除。

四、供水设施

水井 唐代前，全县水井均为私井。唐代，如皋开始将开凿公井列为市政建设的重要内容。明代《如皋县志》载：唐时于如皋县治凿有二大井，位于广福寺内，一甘一苦，大旱不竭；霞山井，伏海寺前；玉涓井，旧儒学前（今雨香庵南）；甘露井，在丁天锡读书院中。清嘉庆《如皋县志》载："明嘉靖六年知县梁乔升凿十井，俱在城内。县治左右二，旧儒学左右二，丁孝子祠一，惠政桥西、北各一，武庙西一，马神庙内一，通江桥一。"今仅玉涓井存。

民国初年，全城有公井57口，私井288口。民国23年（1934年），城区在关帝庙前、钱家桥西、许公祠、凤凰池、通仓桥、地方监（看守所）新凿公井6口。

中华人民共和国成立初，开凿公井仍为市政建设重要内容。如城地区井水质量较河水有一定提高，但仍达不到卫生部规定的饮用水标准。1974年2月4日，县革委会文件记述："据县卫生防疫站在市河、城市10个点上抽样调查，其中含菌落数1100个以上的1个，4000个以上的9个。查水井128口，其中含菌落数100个以上7口，100—500个的24口，500—1000个的20口，1000个以上的77口。"

1982年统计，全城共有水井1392口。其中迎春街道公井216口，私井156口；丰乐街道公井95口，私井211口；锦绣街道公井104口，私井145口；大治街道公井130口，私井67口；西郊村公井53口，私井29口；宏坝村公井126口，私井60口。

20世纪90年代开始，随着自来水逐步普及，不再开凿公井，私井亦逐步减少。至21世纪初，城区继续使用的水井已经极少。唯部分企业抽取井水作工业用水，部分家庭购置水循环空调时开凿机井。

图3-14 城区水井 （2007年摄）

自来水设施 1965年8月31日，如皋肉联厂在皋北桥南建成无阀滤池给水工程并正式投产供水，有贮水池3座，容量600立方米，设计日供水能力6000立方米。此为如城自来水供水的发端。

1973年6月19日，如城镇革委会向县革委会递交《关于申请筹建如城自来水厂的报告》："拟由如城清管所自筹30万元，建议县属工厂、卫生部门及县财政支出40万元，建立如城自来水厂，厂址初定在如城西北角通扬河上。”8月1日，南通地区革委会生产指挥组批复同意建设如城自来水厂，为集体所有制单位。9月6日，如城自来水厂筹备组成立。在对水源及用户情况进行调查后，经县革委会生产指挥组、城建委、卫生局、水电局等部门共同研究确定：水源定在如海河，水厂地址定在城西十里墩大桥南侧距大桥200米处。

1977年12月22日，如城自来水厂建成，举行出水典礼。水厂总投资72.9万元，设计生产能力为每日1.5万立方米，一期工程日制水能力为6000吨，其中工业用户占84.72%，居民用户占15.28%，每立方米水价0.15元。不久，二期工程完工，达到设计供水能力，自来水用户亦逐步增加。

1979年，市政府投资168.1万元，对如城自来水厂进行扩建，日制水能力提高至2万立方米。1980年5月，如城自来水厂更名如皋县自来水厂，隶属县基本建设局(今市建设局)。全城新铺设自来水管道8.82千米，自来水用户增至1854户。至1982年，县自来水厂平均日供水15660立方米，居民自来水用户增加至9564户62149人，城区居民自来水普及率提高至87.30%。至1990年年底，县自来水厂日制水能力提高至2.4万立方米，城区自来水用户增加至16351户8.3万人，居民自来水普及率提高至96%。

1998年，县自来水厂通过挖潜改造，全年供水768.5万立方米，完成年计划指标111.3%，比1997年增长11.1%。是年，县自来水厂二期改造工程正式投入运转，全年供水增加至1314万立方米，水质综合合格率98.2%。

至2005年，城区共铺设管道和地下管网(含延伸至城郊工厂、居民新村)3000多千米，总用户增至104550户，城区自来水普及率提高至98%。2006年，市自来水厂投资近100万元，于皋南新村二组团附近，增设无吸尘全自动增压站1座，提高皋南新村居民用水水压。2009年，市区增加铺设给水管道10032米。2010年，主城区日供水量增加至近8万立方米，管网总长度增至1629千米，饮用自来水户14.2万户35万人，水质综合合格率100%，居民自来水普及率100%。

五、排水设施

清代以前，市区中心街巷，有大龙(下水道)通往市河、濠河，商铺、居民宅院大都有阴沟，连接大龙。阴沟通常用砖砌，分暗沟和明沟。民国27年(1938年)后，大龙失修，部分堵塞，以致一遇暴雨即潴积不通。1949—1954年，城区共新建下水道8条，计2031米；维修14处，计3191米。1954年夏，连续大雨，城内低洼处积水没胫，最深处达1米。9月，城区修建南大街排水大龙。1955—1956年，城区共修建下水道8条，计915米。1958—1959年拓宽修筑海阳路、跃进路时，同时对如城排水系统进行大规模治理和调整。1960年始，在北水关新建幸福河闸，在外城河北段与通扬运河汇合处新建排灌两用提水站，建成后以定期提排水，遇涝时集中排水，确保内外城河平时水源清澈卫生，大雨后不积水成灾；新筑公路两侧皆同时配套构建排水系统。1980年统计，全城共有排水主干道14条，计10.6千米；次干道84条，计13.9千米；主次干道有窨井271眼。1984年，新开下水道2620.4米。1985年，新开2847米。至1990年年末，城区有下水主次干道58.3千米，服务面积250万平方米，城区每日污水排放量3.4万立方米，其中生活污水0.45万立方米。

2001年，全城建成排水管道总长度88.84千米。2002年，新建排水管道9507米，维修下水道1087米，更换检查井、耳沟井盖102只，疏通排水70米，抢修下水道36处，排水通道清淤185立方米。至年末，全城有排水管道总长度112千米。2003—2005年，城区开展“市政设施大维修”活动，集中对城市道路、排水系统及周边环境进行整治。先后完成海阳路、西皋路、环南路、环东路、步行街、广电路、健康西路及技校周边的排水系统治理。其中，2003年12月2日，首座以BOT模式建设、总投资3290万元、采用二级生化工艺处理生活污水的如皋市同源污水处理厂一期工程通过南通市竣工验收并投入运行，是年城区共新铺设污水干管5.2千米；2004年，兴建排水设施1.17万平方米、公共管沟5480米；2005年，疏通排水管道30050米，整修排水管道1000余米，清淤或更换窨井、雨篦井480眼。2007年，市政部门完成海阳路、益寿路、福寿东路、仙鹤路、东皋路、解放路、万寿路、李渔路、惠政路的雨污水和西片管网、中山西路泵站、宣化路、丰乐桥、雁桥等27个标段的新修、改建、维修工程。2008年8月，同源污水处理厂二期工程开工建设，年底投入试运行，中心城区日处理污水能力提高至5万吨。2010年，疏通和维修市内地下雨污管道，解决多年城区积水问题。至年末，中心城区排水管道总长度303千米，其中污水管道87千米，雨污合流管道50千米。

六、供电设施

（参见卷四第四章第三节《配电网络》）

七、照明设施

清代前，如皋城城区路灯用豆油灯外加玻璃罩，或用纸糊灯笼。清末，开始改用煤油路灯。民国7年（1918年），皋明电灯公司建成开始向城区供电后部分街道开始改装电灯作为路灯。至民国8年末，城区四门正街始有电灯照明，其后巷道陆续装设路灯。民国27年，如皋城沦陷后，皋明电灯公司燃料缺乏不能正常供电，城区街巷路灯时断时续，偏僻巷道路灯渐废。如皋全境解放后，随着皋明电灯公司恢复正常发电，城区街巷路灯照明恢复正常。1951年，城区新添路灯50盏。至1985年，城区路灯增加至444盏，其中钠灯78盏。路灯分布：海阳路15盏，健康路4盏，跃进路50盏，普庆路9盏，其他巷道366盏。至1990年末，城区路灯线路长增加至43千米，其中9.6千米为地缆线；有路灯1261盏，其中汞灯4盏、钠灯910盏、白炽灯347盏。至1999年，城区累计安装路灯2265盏，总容量316.825千瓦。

进入21世纪，城区照明开始快速发展。2001年，全城共有路灯3018盏，总容量359.44千瓦，线路总长度102.28千米，亮灯率98%。2002年，新建海阳路灯光隧道、景点礼花灯等亮化工程。2003年，环城南路西段（现福寿西路）、环城西路南路（现益寿南路），新世纪广场十字路口、闸桥东路（学宫路）、闸桥西路（文昭路）亮化工程相继实施。至年末，全城各类路灯增加至5392盏，不少路段、建筑新设置亮化景观灯。2004年，市政府投入300余万元，运用多种手段对城河风光带实施夜景亮化包装，增设城河绿地泛光灯300盏，内城河护栏灯1500余盏。2005年，相继实施海阳南路、大司马路、健康南路、青云路等道路亮化工程，共新增路灯1810盏，同时完善内外城河沿线景点护栏灯、轮廓灯、泛光灯、景观灯及全河道沿驳坡轮廓灯，内外城河风光带亮化工程全面完工。

2006年，市政府相继组织实施中山东路、中山西路南侧路灯改造工程；完成桃源路、志颐路、观风路、健康南路南段、广福路东段、滨溪路、惠政路的新建道路路灯和滨溪路绿地、碧霞路绿地、颐园景点、靖海门景点、观风桥、友谊桥、通城桥、老备战桥等景点、景区的护栏灯、轮廓灯、幻光灯及景观灯安装工程；建成行政中心、烟草大厦、丽泽华庭、浅水湾、龙游御境等城市高层建筑和重要小区亮化工程。2010年，全城完成31栋建筑物亮化和16栋建筑物亮化提升，完成红十四军公园路灯和亮化工程，完成海阳路、宁海中路、东大街路灯改造和海阳南路、城南大道、大司马路、万寿北路、绿杨南路、健康西路、绣品路、福兴路、宣化南路路灯施工。全年新安装各类路灯2143盏、路灯控制箱15台，增加地埋管线4.31千米，改造更换路灯灯具1107套。至2010年年末，中心城区共有道路灯具20910盏，景观灯2000多盏，LED灯具5万多盏。

八、供气设施

1949年前，如城居民生活燃料以烧草、树枝为主。1953年，如城始办煤球厂，以手摇设备生产煤球。20世纪60年代，开始大量使用煤球、煤饼。20世纪80年代初，开始使用石油液化气，燃气全部以瓶装形式从外地运至如皋。1986年9月，全县第一座石油液化气供应站在城西许庄村9组兴建。1988年4月，气站竣工并正式对外供气，气源主要来自广东、安徽、河南、山东等地。20世纪90年代，瓶装石油液化气逐渐普及。

2001年3月15日，市沪东城镇管道燃气公司与四川省成都益友股份有限公司达成合资组建如皋市益有管道燃气有限公司的协议，开始开发建设城区管道煤气工程，整个工程计划静态投资1.5亿元，设计供气能力为3万户。8月28日，工程奠基开工。至年底，管道燃气贮气站土建工程竣工，进入设备安装和调试阶段。2002年，首期管网工程竣工，共铺设燃气主管网6000米，庭院管网覆盖皋南、惠隆、宏济、文德、武定、秀水、锦绣等小区，其中皋南和惠隆居民小区正式供气，开户通气居民2300户。2003年，新铺设管网近26千米，覆盖面积进一步扩大。2005年起，城区燃气管网开始向北郊、东郊老城区覆盖。

2006年起，如城城区加快城市管道燃气发展，完成LNG技术改造工程，实现LNG和LPG的双气源供气，新铺设从气站沿334省道北侧至204国道的复线，实现复线供气。年内新增燃气主管线13个路段计20450.7米，新增供气小区10个，施工庭院主管1.29万米，全年新增管道燃气用户3000户。2007年，城区铺设燃气管网0.5万米，新增燃气用户1200户。2008年，新建燃气管道4.5万米，配套15个小区，供气100万立方米，新增用户2300户。至年末，管网覆盖6万户，实际用户突破1万户，累计销售液化石油气1.5万立方米。2009年，新建燃气管道3万米，完成小区配套10个，新增覆盖用户1.16万户，新增实际用户2400户。2010年，新铺设管道燃气中低压管网12万米，总投资4280万元，新增居民用户6000户，工业、商业用户30户，管道燃气覆盖186个小区，实际用户突破2.4万户。至2010年年末，全市共有液化气贮配站12座，总容量2242立方米，其中瓶装供应站1个。

图3-15 西气东输施工现场 （2010年摄）

九、环卫设施

中华人民共和国成立前，城区除少数私有公用厕所外，无其他环卫设施。1950年，全城新建垃圾池8个，并开始增建公厕。1957年，城区开始在城垣旧基隙地设粪库、灰场，先后新建500担蓄粪池9个，同时大量新建和改建公厕、尿池及垃圾箱，并开始废除城区居民家庭厕所、灰堆。运粪和垃圾清运亦开始用机动车代替人力。至1985年底，全城共兴建公共厕所136座、单位厕所204座，共兴建公共垃圾池430个，粪池40个。1990年，全城公共厕所增加至385座。

20世纪90年代开始，城市环卫设施建设步伐加快，基础设施建设标准逐步提高，公厕由旱厕逐步改建为水冲式，垃圾房（箱）逐步改建为封闭式，垃圾、粪便清扫、清运逐步实现半机械化和机械化。居民住宅楼普设置卫生间、公共灰道和化粪池。

进入21世纪，城区环卫设置建设标准进一步提高。街道普遍设置垃圾筒（箱），居民小区开始设置可移动垃圾筒，臭气外泄的公共灰道全部被封闭，公共厕所在全面实现水冲式的基础上，开始实现香化、美化、亮化。2001年，城区新增高标准水冲式公厕161座，添置垃圾运输车4辆，扫路车2辆，洒水车1辆，设置果壳箱70余只，滨溪路和皋南新村两个压缩式垃圾中转站投入运行。2002年，市环卫部门又先后购进洒水车1辆、吊桶车1辆、装载机1辆、扫路机2辆、垃圾清运拖拉机2辆、水面保洁船1艘和保洁铁板车50辆等。2004年，城区新增吸粪汽车和垃圾吊桶车各1辆，垃圾桶77只，在步行街、南街等路段，增设不锈钢果壳箱47只，更换宁海路垃圾房4座，新建公厕10座，实施城河风光带沿线泵站及垃圾中转站美化、亮化。

图3-16 洒水车作业 （2010年摄）

2005年，市建设局相继实施城区26座公共水厕的改造，高标准新建灵威观和新生桥两处公厕，对健康桥垃圾中转站进行重新包装，在城区主次干道、城河风光带沿线增设垃圾池（房）30个，环保型果壳箱132只，容器279只，新增大型扫路车和垃圾吊车各1辆。2007年，城区新增电瓶垃圾转运车12辆，新增8吨、5吨密封式垃圾自卸车各

1辆，改造5吨密封式垃圾车2辆，城区机械化清扫率达21.8%。2010年，城区共有垃圾处理站5座、垃圾车5辆、扫路车3辆、垃圾吊装车4辆、洒水车1辆、公厕45座、垃圾房79座。电瓶式垃圾自卸车20辆等。

十、市民广场

新世纪广场(人口文化园) 初名绿园广场，建于20世纪90年代。2001年，市政府扩建为新世纪广场，以广场重建于21世纪初而命名。东起计经贸大厦原址，西至益寿路，南起福寿路，北至市政府(原址)南围墙，为开放式市民广场。广场中央有供市民开展文体活动的水磨石场地，可供2000人左右同时活动。北侧有"迈向21世纪"不锈钢雕塑，高21米。其他为公共绿地，植物以高大乔木榉树、银杏、香樟、广玉兰为主，以桂花、蜡梅、樱花、紫薇映衬，草坪中有人行步道供市民休闲、歇息。2008年，结合改造为市人口文化园，以"人口、生命、和谐"为主题，增加人口宣传设施和景观，并辟为市防灾避险的场所，成为市民休闲、娱乐、观赏、集散和受教育的综合场所。

安定广场(法治文化广场) 2002年建成，东起安定街，西至健康北路，南至秀水路，北至内城河南岸。为纪念胡安定(胡瑗)而命名。广场中央有胡安定塑像，北侧有大型浮雕壁画墙，墙南侧为硬质场地，可供3000—4000人开展集体活动，南北向有多条人行步道，供市民休闲、娱乐。2008年，结合辟建为法治文化广场，增设法治文化教育设施和景观。

图3-17 安定广场 (2008年摄)

惠政游园(廉政广场) 2008年兴建，位于市行政中心南侧，东起海阳南路，南及惠政路，西至府西路，北至市行政中心南河边。分东西两园，中间为硬质场地，配套灯光景观；东西两园均为绿化景观，以乔木、亚乔木为主，树木配置疏密相间，有机应用色相树种使四季景观富有变化；林间设有东西向人行步道和凉亭等，供市民休闲、娱乐。2010年，结合辟建为市廉政广场，添置12处廉政文化景观，并设置大型廉政教育电子屏。

青云广场 位于青云路西、新皋桥北、外城河东岸，为古园林风格的市民广场。场内有巨型景石上刻有苏东坡书法"青云"二字。景观以群植大树为主，部分为古树名木，大树间点缀小树，营造出疏密有致的生态空间。林中设有健身步道及点石路，供市民休闲、歇息。广场中心有硬质场地，供市民集体活动。另有亲水平台及仿古四角亭等景点，并设置有科普教育园地等。

文化广场 2009年始建，位于市行政中心西侧，东起府西路，南至惠政路，西与惠政小区隔路相望，北至解放路。自北向南依次为市文化馆、图书馆、博物馆、科技馆和城市建设规划展览馆，北侧和各馆之间有硬质场地，供市民开展集体文体活动，南、东、西三侧为公共绿地，绿地中有休闲步道和停车、健身等设施。至2010年年末，主体工程土建工程封顶(2011年全面建成对外开放)。

第四节 房屋

一、民宅

如皋城有人类居住始于春秋，其时住房建筑简陋。隋唐之际，佛教和道教传入，寺庙、道观陆续砌建。明末清初，集贤里(今冒家巷)内有宋王学士宅(明代改建)、元镇南王后裔府厅及冒、李、胡、戴、袁等府第，望衡对宇，每家数十间或百余间，且多与园林相连。清末，沙、祝等富绅在城内皆有房宅多处，或以宏伟见称，或以雅致闻名，其府第多以堂屋为主体中轴，群屋拱抱，成为深宅大院，多则"一进五堂"，少则"一进三堂"。布局一般为：由外至内为门堂、照壁、敞厅、穿堂、堂屋。厢房、书房、厕所、后门，则因地制宜，各家布置不同。普通居民则多居住砖木结构平房甚至草房，一般为五架梁，结构简单，装饰简朴。至辛亥革命时，城厢房屋多数为砖木结构平房，有少量二层楼房。辛亥革命后所建，多为中小住宅，分四合院、三合院或前后两进的小宅，建筑材料增有从国外进口的混凝土，时称“水门汀”，用者不多。

民国初年，城区人口增多，陆续兴建房屋。民国27年（1938年）春，附郭房屋被日本侵略军焚毁1200余间。如皋城沦陷期间，市区居民因生活困难，多将房屋拆卸变卖，古旧房屋亦无力修缮，任其倾圮，住房日少。解放战争时期，国民党军队盘踞如皋城，房屋有减无增，加之地主、还乡团流亡聚居如皋城，住房奇缺。1952年统计，城区有房屋26862间，其中机关、学校用房9758间，其余为居民住房，人均住房面积不足6平方米；郊区有居民住房1700余间，多数为草房。1958—1959年，拓宽街道，拆除房屋2170间，新建200余间，加之人口增多，人均住房进一步降至4平方米。

20世纪60年代，学校、工厂用房兴建较多，居民住房未有明显增加。建筑材料开始使用红砖、红瓦和混凝土，出现砖混结构住房。1977年，部分有条件的机关、企事业单位，开始在国家扶持下征用近郊土地，砌建职工住房。一般为2—5层砖混结构住宅楼，房型以“锁壳式”为主，尚不成套，部分单位设计为小套或中套。1977—1981年，国家和集体企业用于建造职工宿舍、住宅的费用累计为1209.35万元，建成住房13.37万平方米。

图3-18 20世纪70年代职工宿舍

1982年，全城人均住房面积增加至5.14平方米。此后，随着经济形势的日益好转，人们改善住房的需求日益高涨，绝大多数机关、企事业单位兴建职工宿舍，以福利分配给职工居住。至1995年，城区居民人均住房面积接近20平方米。1995年，开始实施职工住房制度改革，市委、市政府实施大规模旧城改造和城市外扩以后，城区住房建设进入高速发展阶段。住宅楼结构开始由砖混结构向钢混结构转变，套型开始由小套、中套向大套转变。至2005年，城区人均住房面积增加至25.3平方米。2005年前后，城区开始出现小高层、高层住宅楼，构造类型开始向框架式转变，并开始逐步推广楼板现浇，不再使用中空楼板。至2010年，全城已建和在建高层和小高层楼房有350多幢，人均住房面积增加至40.2平方米。

二、居住小区

唐代，如皋集镇居民多沿运盐河而居。明代后期，四门街道形成，居民开始多沿街道居住。清末，城厢房屋分布以县署为中心，“丁”字街及西门外南北河边、北门外花市街为商业集中区，亦为居民居住集中的地区。街道附近为居民住宅及手工作坊，庙宇、祠堂、会馆、公所、学塾散布于住宅之间，巷道大体整齐。城内东南、西南、东北、西北近城垣处尚有不少农田，且有古墓、茔地多处。民国时期，如皋城居民居住区分布与清末变化不大，多为沿街居住或散居，其中日本侵略军占据期间，城垣周边民房均被拆除或焚毁。

1959年，县政府利用拓宽街道时拆下的旧房料，于钱家桥东南三家巷和西门外跃进路南建成排列整齐的200余间居住平房，形成东西2个居民点，安排无房居民居住。是为如城居住小区雏形。1985年10月，如皋县城镇建设开发公司成立，如城住宅建设步入商品化时代。至1994年年末，如城除单位分散自建住宅楼外，相继兴建健康、东皋、皋南等6个居住新区。1995年始，城市规模外延扩展，建设速度加快，居民小区、新村不断增加。2001—2010年，是如皋房地产业发展最快的阶段，在居住小区数量突飞猛进的同时，居住小区迅速向大（大规模）、高（高楼层）、特（造型、套型、配套设施个性化）发展。2010年，城区在建在售占地面积和建筑面积均超1万平方米的居住小区有29个。

钱家桥居民点 原名东门居民点，1959年于南王家巷东近城垣空地建平房4排，中有巷道北通跃进路。1981年改名钱桥居民点。

蒲行口居民点 原名西门居民点，1959年于西门外大街南侧建平房10排，南北168米，东西80米，中有巷道宽10米。1981年改名蒲行口居民点。

花园居民点 位于海月寺西北，明代为范氏西园,清末成为农田。1959年后陆续建居住房,东起史家巷,西至陈家祠,东西长63米,南北宽40米。

蒲行新村 位于蒲行口之西,牛洼潭、土地巷之南,原为小河及荒冢地。1960年后陆续建居住房,占地南北300米,东西160米。1981年定名蒲行新村。

健康新村 位于健康桥南,人民医院两侧,其址属原城西乡城南村。20世纪70年代末陆续建居住房。1981年定名健康新村,人民医院东侧称健康东村,西侧称健康西村。

迎新居民点 原名东皋新一村,位于东皋桥东,北至老坝头,南至东皋桥东大路。1976年始建居住房,1981年定名迎新居民点。

皋南新村 西起环南路,东至龙游河;北起芙蓉路,南至解放路北侧居民河。因处于如皋城之南得名。

丹桂园 东起大司马路,西至益寿路,南起福寿路,北至宁海路。为体现如皋花木之乡的特色,定名丹桂园。

紫竹园 原名健康南村,东起海阳路,西至城南路,南起福寿路,北至宁海路。后为体现如皋花木之乡的特色,定名紫竹园。小区内以紫竹作为绿化的主要品种。

城建嘉园 北起宁海路,南至福寿路,西起大司马路(其中西南角为丽都大酒店),东至城南路。以由城建开发公司开发得名。主多层住宅楼为主,东南部有别墅区。

惠隆苑 东起龙游河,西至海阳路;南起福寿路,北至宁海路。

幸福新村 东起益寿路,西至桃花路;北起集贤西路,南至宁海西路。

西皋新村 东起蒲行路,西至益寿路,南起健康西路,北至福兴路。因位于原西皋路得名。

阳光花苑 东起健康路(健康桥),西至蒲行路,南起健康西路,北至集贤路、外城河。系由阳光集团开发得名。

宏济苑 东起如皋第一中学围墙,西至海阳路,南起宁海路,北至南门大桥。因在原宏济闸周围而定名。

东皋新村 东起宏坝中路,西至宏坝西路、外城河,因地处东皋桥东侧、外城河以东而命名。

花港新村 东起宏坝中路,西至如皋第一中学,南起宁海路,北至坝桥河。以所在地名命名。

东都花园 东起东皋路,西至宏坝中路,南起宁海路,北至育贤路。

绿杨新村 东起绿杨路(原安居路)、西至仙鹤路;南起宁海路,北至育贤路(规划)。

仙鹤新村 东起万寿东路,西至仙鹤路,南起育贤路,北至中山路。因地处仙鹤村而命名。

东方花园 东起仙鹤路,西至东皋路,南起育贤路,北至中山东路。

花苑新村 东起环城西路,西至204国道;南起集贤西路,北至中山西路。

福兴新村 东起大司马路,西至益寿路,南起福兴路(原集贤路),北至中山路。原名集贤新村,因集贤路改名福兴路,更名福兴新村。

蒲行新村(含蒲行苑) 东起外城河,西至大司马路,南起福兴路,北至中山路。因地处原蒲行口而定名。

秀水苑 东起雁桥西河边,西至秀水路(外城河),南起秀水路,北至朱衣街。因原地名秀水港而命名。

百岁苑 东起丰乐桥西河边,西至秀水路(外城河),南起朱衣街,北至中山路。因位于原百岁巷而命名。

锦绣苑 东起海阳路,西至丰乐桥东路、益人桥以南普庆路,南起秀水路(外城河),北至内城河。因地处锦绣街道而定名。

江中花园 东起安定广场,西至秀水路(外城河),南至秀水路(外城河),北至泮池路(内城河),因该花园为南通江中集团建筑公司所建得名。

武定苑 (初名闸桥苑)东起原小校场,西至海阳路,南至文昌路(外城河),北至泮池路(内城河)。因地处武定桥南侧而命名。

文德苑 (初名文定苑)东起观凤路,西至原小校场,南起文昌路(外城河),北至泮池路(内城河)。因地处文德桥(讹为文武桥)南侧,2004年更名文德苑。

迎春花园 东起文昌路(外城河),西至迎春桥东路(内城河),南起育贤路,北至中山路。因地处迎春桥南侧、迎春街道而命名。

红星新村(西区) 东起桃源路,西至204国道,南起中山西路,北至如泰运河。因地处红星村桃源路西侧而命名。

红星新村(东区) 东起益寿路,西至桃源路,南起中山路,北至如泰运河。原名红星东村,因两村仅隔一条桃源路,故并入红星新村。该村地处红星村桃源路东而更名红星新村(东区)。

东风苑 东起大司马路,西至益寿路,南起广福路,北至如泰河。因地处原东风村(居)而定名。

陆桥苑 东起雉水路(外城河),西至益寿路;南起中山路,北至荷兰小镇。因地处原陆桥居委会而定名。

丰乐苑 东起丰乐桥西路(内城河),西至青云路(外城河);南起中山路,北至新生路。因地处原丰乐街道而命名。

颐园新村 东起丰乐桥西路(内城河),西至新皋桥西路(外城河),南起广福路,北至如泰运河。因地处古颐园而得名。

绘园新村 东起通城巷,西至普庆南路;南起广福路、如皋初级中学北围墙,北至如泰运河。因地处水绘园西侧而得名。

庆余新村 东起通扬路,西至益寿路,南起如泰运河,北至太平路。因地处庆余村(居)内而定名。

皋北新村 东起通扬河,西至通扬路,南起如泰河,北至仁寿路。因地处如皋城北得名。

海北新村 东起通龚河,西至海阳北路,南至如泰运河,北至仁寿路。因地处海阳北路得名。

2010年城区在建在售居住小区选录

表3-4

单位:万平方米

名　称	占地面积	建筑面积	地　址
盛世华庭	1	1.10	西门志颐路西侧
都市华庭	8.20	16	西门西皋市场路西
金鹰花苑	2.10	5.20	西门中山西路2—8号
荷兰小镇	23	27(1—3期)	广福路新生桥西段
浅水湾	7.90	16	东门靖海门河东
蓝湾景天	1.80	13	北门通扬运河如泰运河交汇处
世纪光华苑	8	16	益寿路西宁海西路南
城市花园	11.80	18.60	南门宁海西路北侧
龙游御境	9.50	25	解放路以北,海阳南路以东
金九华府	10	18.20	如城镇宁海路南,市一中对面
上海新城	3.70	13	北门外普庆路两侧
上海嘉苑	—	—	北门庆余路庆余桥西北侧
金茂国际	14	40	中山西路沃尔玛南侧
御龙湾	10	30	海阳南路55号
水绘绿源	13	30	东门水绘园大桥西
华府名庭	2.5	8	南门宁海路1—2号
金鼎名城二期	3.10	9.40	南门金鼎大酒店

续表3-4

名　称	占地面积	建筑面积	地　址
万豪·臻品	10	30	北门海阳北路仁寿路交汇处
绿润名都	3	7	东门水绘园外城河东
秀水庭	11	12	北门益寿北路香江家具城斜对面
华府御庭	3	8	南门益寿路398号原市政府址
君御豪庭	5	7	南门大润发西侧
西欧名邸	5	8	西门工发大厦西侧
金汇公寓	1.30	2.90	南门宣化路原电大址
丽泽华庭	9	20	南门新世纪广场北首
汇景名豪	4	9.4	西门蒲行口南首
御墅园	3.30	4.70	南门益寿南路186号
鑫品佳园	5	11	北门庆余路博爱医院西北侧
山姆城	40	70	北城新区

第五节 园林·景观

一、园林

古园林　民国以前，如皋城私家园林颇多。民国《如皋县志》载：有建于宋代的钱氏、胡氏柏园，史氏芙蓉园。建于元代的镇南王世子别墅万花园，位于如皋城城东1.5千米。明代，如皋城造园之风极盛，全城建有私家园林10余处。张氏露香园，位于伏海寺前；李氏三瑞园，位于迎春桥南；冒氏逸园，位于洗钵池东南；冒氏水绘园，位于城东北隅；李氏指树园，位于城东南隅；余氏古澹园，位于洗钵池左；范氏西园，位于伏海寺前；余氏亦园，位于中禅寺左；胡氏古柏园，位于城南龙游河畔；冒氏玉涓园，位于雨香庵前。清代，如皋城建园林4处：徐氏霁峰园，位于伏海寺西，花园巷东；石氏独遂园，位于学宫右；沙氏颐园，位于沙家河塘东北，民国初年移于望月桥西北；张氏别有园，在学宫后巷。辛亥革命后建有道姓若园，位于陈家祠河南。

除如皋城外，白蒲、柴湾等镇亦有私家园林。

现代园林　民国元年（1912年），国民政府如皋县民政公署开始筹建公园。马锦繁（晋轩）捐地17亩，孙恩绪捐地8亩，征用其他耕地5亩许，费用由县公署拨付。民国4年，修建完成。园门西向，门前建板桥一座。园内建朝南大厅五楹，长22米，进深11.15米，室内天花、地板、四面回廊，仿日本式建筑。厅后平房5间。东部为运动场。此为如皋公共园林之始，亦为辛亥革命后全国第一批公立公园之一。次年掘小溪，自洗钵池向东，经大厅之前，通于市河，上架小桥两座。邑人吴少萱集水绘园散落的太湖石垒成九狮图假山于大厅之前。园内遍植竹木、花卉，池内种荷花。民国5年11月，运动场迁出。民国18年6月，为纪念孙中山奉安，改名如皋中山公园，并于小溪东建两层砖木结构中山亭。花厅后建二层方阁，亭西建中山桥。民国23年，于草坪东侧修建“民三三烈士纪念塔”。民国27年如皋沦陷后，日本侵略军在公园驻军、牧马，肆意砍伐竹木。民国30年，伪县政府于公园东南建兴皋剧场，剧场前建板桥。1949年，县政府将没收的盆景、地景移送公园兴建盆景园，并修葺房屋，改称如皋人民公园。1951年，拆除城墙，园地向东北展延。1952年，于水关北城基上建革命烈士馆。1956年，中禅寺东隙地

如皋古园林简明情况一览表

表3–5

始建朝代	园名	园址	创建人	简介
宋	柏园	如皋城南大缪马庄（今如城镇大明村）	钱鏐王后裔	为建造吴越王钱镠衣冠冢而造柏园
	柏园	如皋城南王家巷（今如城镇安定村）	胡志正	宋嘉祐二年（1059年），胡瑗逝世于浙江省杭州市，三子志正携部分衣冠归葬原籍如皋南郊。衣冠冢旁植造柏园
	芙蓉园	如皋城县南0.5千米（今如城镇宏坝社区）	史声	宋进士史声奉老父逸叟居此。内有方池平台，引植芙蓉万本，秋蓉最盛，后传数姓，清末荒废
元	万花园	如皋城东1.5千米（今如城镇仙鹤社区）	镇南王世子	镇南王即淮南王，元皇室宗亲，如皋冒氏始祖，万花园曾遗存一株古柏，形似“仙鹤”，第一区仙鹤乡、新民公社仙鹤大队、如城镇仙鹤社区皆以此得名
明	水绘园	如皋城东北隅中禅寺东（今水绘园一部分）	冒一贯	冒一贯别业，后冒辟疆改园为庵。冒辟疆中年后，家道中落，变卖。清嘉庆元年（1796年），冒氏赎回为家祠
	露香园	如皋城北伏海寺前（今安定小学内）	张勉学	福建福清知县张勉学在家中开创别业，凿露香池，筑露香园。家蓄乐班“每当玉兰花开，便挂红灯于枝，命家伶度曲佐觞”。明末归属范姓，清雍正年间改为雉水书院
	三瑞园	迎春桥西南河边（今迎春桥西北）	李上林	山东省新泰知县李上林，临流结屋，绿树千章，层楼曲榭，危峰耸立，传至明末孙李之椿之手，经改拓，并入指树园
	逸园	如皋城东北洗钵池东（今水绘园一部分）	冒起宗	明万历进士冒起宗为父亲梦龄、伯父梦辰颐养天年而建，后并入水绘园
	古澹园	水绘园洗衣钵池东（今水绘园一部分）	佘元美	原为佘元美筑，后转为范大任别墅，清嘉庆年间归吴丹怀所有，遗址在今人民公园内
	壶领园	水绘园洗钵池东（今水绘园一部分）	佘元美	佘元美初筑，时名壶领园，后转归范大仕，更名古澹园
	指树园	如皋城冒家巷南东侧（今如皋高等师范学校内）	李之椿	明天启崇祯年间，吏部文选郎李之椿在祖父李上林三瑞园的基础上改拓。李之椿坚持反清复明，被捕绝食而亡，园林荒废
	亦园	如皋城中禅寺东（今如城镇公园巷）	余日丽	隐士余日丽筑
	西园	海月寺后（今如城镇颐园新村内）	范志易	明鸿胪寺典客范志易筑

续表3-5

始建朝代	园名	园址	创建人	简介
明	玉涓园	洗钵池西 （今如城镇公园巷内）	冒泰然	原为冒泰然别业，因园内有宋代遗存玉涓井而得名，数经易主，今仅存玉涓井。
	培园	如皋城南1.5千米 （今如城镇城南社区）	刘学成	刘氏为奉养老母而建
	独遂园	学宫西 （今如城镇孔庙社区内）	石之冕	清废，无详载
清	小西园	如皋城东北霞山前 （今绘园新村内）	范大仕	范大任读书处，后几易其主
	古柏园	如皋城南龙游河畔 （今宏坝社区）	胡香山	原为胡香山读书处，园内有古柏数株，高十余丈，为宋、元遗物，后改为胡翰林祠
	水竹居	如皋城北霞山前 （今绘园新村内）	徐建杓	长沙府通判徐建杓别业，初名水竹居，为家乐演出和会晤亲友场所
	霁峰园	如皋城北霞山前 （今绘园新村内）	徐观政	徐建杓之子，宁绍盐运副使徐观政改扩水竹居，增设亭、台、楼、阁，供母游览，曾称玉皇殿，险遭杀身之祸，后改称霁峰园，俗称“徐家花园”
	杂垢园	如皋城西	章氏	无详载
	颐园 （沙家花园）	原址沙家河塘，后移海月寺东 （今如城镇颐园新村内）	沙跃其 沙平斋 沙元榘	原为沙跃其颐养父之别业，至清末已无踪迹。光绪年间，沙平斋于海月寺东重建，俗称沙家花园。民国初，沙元榘扩修，增设西式楼房，民国27年（1938年）后荒废。20世纪50年代，改作工厂。1958年，在此创建如城民办中学。2006年，市政府重建
	沙家红桥	如皋城西郊 （今如城镇陆桥社区）	沙跃其	建成颐园后，复于西郊外构五桥庄一区，绘水磊石，曲径幽邃，后人称之为“沙家红桥”
	种树园	如皋城南 （今如城镇宏坝社区）	石长至	内建一丘一壑，设书堂，建拾花书社，县城街市外扩，早废
	朴巢	如皋城南龙游河畔 （今如城镇宏坝社区）	冒辟疆	于古朴树上建巢居之，衬以园林，通之曲径，过流水小桥，清末毁于兵燹
	别有园	如皋城学宫后巷 （今如师附小校园内）	张氏	无详载
清末 民国初	画隐园	紫湾 （今如皋经济开发区）	许树枌	无详载

3亩及新开通扬河与原通扬河、濠河间三角洲18亩一并划入公园，园区扩大至地51亩、池塘23亩。1958年，园内剧场拆迁。“文化大革命”期间，园门封闭，大厅改为“革命公墓”，濠河以东划归县石灰窑。1973年，修葺整理。此后陆续兴建绘园桥、小溪桥、鱼廊、瞰阁及动物园、儿童乐园、游

乐园等。1976年,游园开始收费。至20世纪80年代初,县人民公园占地32.8亩,水面23.26亩。

1982年,如皋绿园开始兴建。1984年,建成并对外开放。园区占地70余亩,拥有盆景5万余盆,并建有假山、曲廊、小桥流水等景观,为省内大型盆景园之一。

1986年,县修复水绘园领导组建立。1988年12月,中国古园林建筑专家、同济大学教授陈从周主持设计制订水绘园修复方案。1990年,在水绘园西北城墙旧基上重建城墙96.2米。此后,水绘园内先后恢复建成妙隐香林、壹默斋、枕烟亭、寒碧堂、小浯溪、小三吾、波烟玉亭、湘中阁、悬霤山房、涩浪坡、镜阁、碧落庐、因树楼等。1994年5月,水绘园恢复工程竣工并对外开放。是年,如皋绿园被评为全国花卉先进明星企业。1999年9月,市人民公园被建设部审定为国家一级园林,为南通地区公园中唯一。12月,如皋绿园被国家林业局和中国花卉协会命名为首批全国花卉生产示范基地。

2000年,为纪念北宋杰出政治家、军事家、文学家范仲淹,由范止安先生捐资,市人大常委会于外城河上南门大桥西侧兴建范公苑,范止安捐资助建,年底竣工对外开放,园内建有长30米、高14米汉白玉范公堤壁雕、进退园、碑廊、史料陈列室等。

2001年4月1日,中国文物协会会长、联合国教科文组织世界文化遗产委员会副主任、文物古建筑专家、教授罗哲文考察如皋水绘园。2001年6月,水绘园被国务院列入第五批全国重点文物保护单位。2003年,水绘园景区扩建改造工程启动。2004年10月,开始实施匿峰庐景点恢复重建工程。

2004年10月28日,位于如城西南郊鹤庄的东方大寿星园竣工对外开放。园区占地500亩,融如皋长寿文化与盆景艺术于一体,主体建筑铜铸大寿星,高49米,被中国道教协会会长任法融誉为“天下第一大寿星”,园内设有万寿盆景、长寿名人走廊、天鹤湖水生植物园、寿星大广场、长寿博物馆、长寿度假村等。寿星园落成后,中国·如皋长寿文化节重大活动常在园内举行。

2005年3月,水绘园景区被授予“南通市十大景观”称号。4月,如皋市博物馆与如皋市人民公园实行资源整合,组建如皋市水绘园景区管理委员会。11月,水绘园景区被国家旅游局评定为国家AAA级旅游景区(点)。

2009年,红十四军公园开始建设。2010年3月,东方盆景园奠基。2010年5月,红十四军公园主体工程红十四军纪念馆落成,纪念馆前广场基本建成。至2010年年末,总占地210亩的红十四军公园南侧一期工程完成,形成开放式公园雏形。

二、景观(风光带)

2001年,结合内外城河综合整治,城区开始实施内外城河风光带建设。此后,城市景观(风光带)建设,列为城市建设的重要内容。相继建成滨溪路风光带、碧霞绿化景观、颐园绿化景观、龙游水利风景区等。

内外城河风光带 2001年开始实施内外城河综合整治后结合兴建,含内外城河河道、河坡及两岸绿化、亮化、景观等,全长6000多米。水面经过综合整治,清澈如镜,绿树掩映,涟漪如画;河坡有石驳、人行步道,并经过绿化、亮化;两岸绿化、景观围绕“传承千年历史、体现现代特色”,挖掘古城千年历史文化积淀,沿线先后完成定慧寺观音塔、文昌阁、射雉亭、颐园、石合泰、灵威观、福成庵、靖海门等体现古邑历史文化底蕴的景点建设,先后保护性修缮迎春桥、育贤桥、冒家桥、雁桥、文德桥、武定桥等历史名桥和如皋师范、定慧寺、集贤里、东大街、水绘园等历史建筑,并陆续建成工艺丝毯博物馆、范公苑、抗战胜利纪念墙、青云路仿古风格市民广场等现代景观、景点。

2003年,如城内外城河风光带被审定为国家AAA级景区,并获得江苏省人居环境范例奖。2004年,市政府投入300余万元,运用多种手段对城河风光带实施夜景亮化包装,增设城河绿地泛光灯300盏,内城河护栏灯1500余盏。

2005年,市政府又完善内外城河沿线景点护栏灯、轮廓灯、泛光灯、景观灯及全河道沿驳坡轮廓灯等,使内外城河风光带成为城区靓丽的夜景之一。

滨溪路风光带 2006年建成,位于如泰运河南岸,南至滨溪路,西起环西大桥,东至通城桥,

图3-19 滨溪路风光带 (2010年摄)

总投资3100万元，占地面积10万平方米，为当年主城区体量最大、景观最为独特的花园式绿化景观精品工程。

景观绿化和灯饰由南京两家具备一级资质的公司设计，按“一带三景、各显特色”的设计思路，由东向西，分别体现运河的风貌、运河的痕迹、运河的积淀。东侧紧扣地形特征，因地就势，乔木、灌木、常青与落叶相结合。区内建有木质平台，登台四望，上有苍松高耸、银杏矗立，下有绿树如茵，花团锦簇，林间小道忽隐忽现，花田、水面尽收眼底。中段表现运河冲刷过的痕迹，喻示雉水古城经历的风风雨雨，用原木、石块、野草的组合彰显如皋久远的历史，既可让人们感受如皋的沧桑巨变，又可激发人们热爱家乡的美好感情。西侧是设计的高潮部分，表现运河的积淀，运用船型平台、亲水木栈道、景石等景观元素，把如皋“长绿、长江、长寿”的丰富文化内涵融入景观之中。

在灯光的处理上，坚持节约型建设，绿地照明采用节能亮化电子灯，个性突出，不同地段的灯饰既是景观的重要元素，又体现光、形的变化，在夜晚还能随音乐节奏的变化而闪烁，做到远近、明暗、光影具有丰富的层次感。

风光带绿化以自然生态林地为主，充分利用原有如泰运河河坡绿化、防护林地、围绕绿地地形地貌进行扩充修缮，辅以花鸟虫鱼景观，让人感到“一丘藏曲折，缓步百跻攀”，花影、树影、云影、水影、风声、水声、鸟语、花香，交响成曲。植物配置层次分明、季节变化显著、注重绿地乔灌木比率，以乔灌木群落为主，以绿为主，植物造景，生态优先，曲径通幽，在树木配置时多采用如皋本地乡土树种榉树、银杏、合欢、国槐、枸树、水杉、垂柳、桃花、女贞、罗汉松、桂花、腊梅、紫荆、木芙蓉、石榴、紫薇、金丝桃、迎春、月季、麦冬、宿根花卉等品种。景观既具有很高的观赏价值，又为市民和游客提供游憩场所。

龙游水利风景区 2010年，市委、市政府实施龙游水利风景区工程。以内外两环古城河和水利配套为依托，以人文景观为点缀，并在如泰运河与外城交汇处设置闸站，解决内外城河水位和城区排涝问题。景区通过水文化、地域文化的渲染，彼此辉映，相得益彰，成为苏中地区独具特色，体现有深厚文化底蕴的水利风景资源，彰显独具魅力的水乡古城风情(2011年，在水利部召开的全国水利风景区建设管理会议上，如皋龙游水利风景区被定为国家水利风景区)。

第六节 城市绿化

一、道路(河坡)绿化

至清末，如皋城道路两侧和河坡已栽植树木，树种多样，布局较乱。民国17年(1928年)，国民政府始倡植树造林，并开始组织植树活动，道路和河坡绿树有所增加。民国27年春，日本侵略军占据如皋城后，城内道路两侧树木全被砍伐，河坡绿化损毁殆尽，城垣周边绿化亦随民房被焚毁或被砍伐。

中华人民共和国成立后，城区绿化开始加强。1959年，跃进路、海阳路两侧，按株距5米遍植云南梧桐(二球悬铃木)，市河两岸遍植杨、柳、榆、桃、水杉等树，列为上下三排。其后，普庆路、健康路两侧亦按跃进路株距，种植云南梧桐。国家恢复植树节以后，城区道路(河坡)绿化进一步加强，损毁、枯死树木得到及时补植。1981年10月统计，全城(不含郊区农村)有树木7.13万株，其中11.1千米道路两边7120株、16.1千米河道两岸河坡5.59万株。1984年11月统计，跃进、海阳、普庆、健康4路共有大胸径云南梧桐1360株，泡桐42株。1996—1997年，拓宽海阳中路，改造建设跃进路部分路段时，砍伐其路边的云南梧桐，在新路两侧增加绿化带(花坛)。

进入21世纪，绝大多数道路、河坡绿化开始向景观化转变，极少再进行单排树木的栽植。2000

年，市精神文明建设指导委员会号召城区机关、企事业单位和职工捐植“世纪树”，城区道路、河坡和部分新填河道新植和补植胸径10厘以上银杏、广玉兰、香樟等5600多株。2001—2002年，结合内外城河综合整治，全面完成6000多米内外城河河坡和沿河风光带的绿化。2004年，在全面完成中山中路绿化的同时，基本形成市区“六横、三纵、二环”道路绿化景观系统的施工。2005年，海阳南路绿化景观、青云路绿化景观、解放路行道树及两侧绿化、大司马路绿化、健康桥桥头绿化景观、福寿路增绿、中山中路花池绿化等一系列工程完成。

2006年，中山东路、中山西路、桃源路和志颐路绿化完成。2007年，李渔路、解放路、万寿路、宣化路等5条新建道路绿化完成，同时对益寿路、福寿路、海阳路等干道绿化进行全面改造、出新。2008年，府西路、万寿南路北段、解放路绿化工程全面完成。2009年，福寿东路、万寿路、绿杨路、志颐路北段、大司马南路、怡年路、广福路绿化和宁海东路人行道行道树栽植完成。

2010年，海阳南路南延路段、城南大道等道路绿化完成，计完成道路绿化29.35万平方米、河道绿化4.49万平方米、垂直绿化1285平方米。至2010年，城区河坡绿化全部完成，道路绿化实现全覆盖，大多数道路和河道形成绿化景观。

二、庭院、园林绿化和绿地

古代，如皋城内外河塘、隙地多，树木繁茂，形成绿地。唐代始，寺庙、祠堂、园林增多，绿地面积有所扩大。寺庙、祠堂、园林等多植银杏、柏、榆、柳等，其中伏海寺、定慧寺、海月寺古木参天，绿荫蔽日；孔庙古柏园有柏树数百株。茔地多数种柏、榉、梓等树木。空地多种榉、榆、桑、楝、杨、柳、柞榛、女贞及各种果树。居民庭院则以花卉、盆景为主，有的建有花圃、花坛。至清末，城区除有多处园林绿地外，居民庭院多植有杜鹃、月季、山茶、桂花、腊梅、荷花、迎春及兰、菊等，盆景以雀舌、黄杨、松、柏、梅为大宗，多者培植数百盆。

民国4年(1915年)，如皋公园建成，园内遍植竹木、花卉，池塘种荷花。后辟花圃，育松、柏、梅、兰、杜鹃、山茶数百盆，后又增植桃、柳、桂、玉兰、女贞、紫藤、葡萄、月季、蔷薇、牡丹等。是为城区第一座公共园林，亦为第一块公共绿地。

中华人民共和国成立初，庭院绿化因住房紧张有所减少，公共绿地亦发展缓慢。1958年，城郊农村土地入社、住宅迁移、河渠改道，尚有大量竹园、树木多被砍伐。“文化大革命”中，盆景被列入“四旧”遭践踏，莳花弄草被污为“资产阶级生活方式”。1976年后，随着思想解放和经济发展，庭院绿化等开始恢复、发展，公共绿地建设步伐加快。1981年10月统计，全城(不含郊区农村)有树木7.129万株，覆盖面约47公顷，占建成区17.9%，人均绿化面积0.46平方米，其中公共绿地0.125万株、居民区0.306万株。1984年，建成的如皋绿园，70余亩园地中，除拥有5万余盆盆景外，广植树木、花草。1990年，全城绿化面积增加至61.2公顷，覆盖率7.3%，其中公共绿地19.6公顷，人均占有公共绿地2.69平方米。1995年，全城绿化面积增加至133公顷，其中园林绿地面积96公顷，人均占有公共绿地9.81平方米。

进入21世纪，城区公共绿地建设步伐进一步加快，除景观、风光带公共绿地迅速增加，居民居住小区公共绿化逐步由花坛、绿篱、花圃向整体景观化转变，不少小居以独特的绿化景观，较高的绿化覆盖率作为新的卖点。部分单位院落开始向园林式发展。2001年，市区共新建、改建、扩建绿化工程12项，完成公共绿地投入200余万元，新增新世纪广场等公共绿地3.5公顷，恢复被侵占绿地面积0.32公顷。社区绿地总面积增加到111.48公顷，其中公共绿地57.89公顷，绿地率6.8%，绿化覆盖率15%，人均公共绿地2.2平方米。2001—2002年，在实施内外城河河坡绿化的同时，实施沿河风光带绿化和放生池、福成庵、射雉亭、东皋桥北侧绿地广场建设，并开工兴建中国盆景园、解放广场、安定广场等公共绿地，其中新世纪广场改造工程绿地面积扩大至1.36公顷。至2002年年末，全城绿化总面积增加至108.9公顷，其中公共绿地面积43.7公顷，绿地率达6%，绿化覆盖率15.5%，人均公共绿地面积2.33平方米。

2003年，相继新建城市南入口、西入口、仙鹤路分车带绿化、填埋河段绿化，新增公共绿地面积14.6公顷。至年末，城区绿地率12.6%，绿地覆盖14.7%，人均公共绿地增加至3.14平方米。2004年，完成滨河路风光带、实验中学西侧绿化。兴建东方大寿星园、江源植物造景园。2005—2006

年，于望月桥东尾路南重建颐园，同时完成滨溪景观绿化、碧霞景观绿化，全城公共绿地面积增加至243公顷。

2006年，城区组织“大树进城”活动，城区公共绿地和部分单位院落，新栽植大型（胸径30厘米以上）银杏180棵和数十株大胸径广玉兰、榆树、槐树等。2007年，完成市行政中心绿化10公顷，并实施外城河通济桥至万寿桥段风光带绿化和龙游河填埋河段绿化。2008年，完成市行政中心北侧预留建设用地绿化工程。2009年，上海新城小区、龙新家园小区被南通市建设局命名为园林式居住区，市行政服务中心、市人民法院被命名为园林式单位。2010年，城区完成公共绿地建设31.96公顷，其中红十四军公园绿化17.09公顷，龙游河风光带12.30公顷。

第七节 旧城改造·古城保护

一、旧城改造

1958—1959年，拓宽如城东西、南北主街道，县人委和如城镇拆去居民住房2000余间，兴建居民点两个、住房200余间，用以安置无房户。

1995年，市委、市政府开始实施“打通海阳北路，改造建设北大门”工程，动迁居民1700多户，拆迁各类建筑16.3万平方米，新建房屋30万平方米，总投入1.40亿元，基本实现当年动迁，当年回迁。1996年，实施海阳中路拓宽改造工程，动迁居民1300余户，拆迁面积12万平方米。1997年，实施跃进西路改造拓宽工程，动迁居民1150户，

图3-20 1995年5月26日，海阳北路拆迁工程动工

拆迁面积9.80万平方米。1998年，实施海阳中路2号地块的改造。

1999年，结合如皋酒厂“退二进三”改造，推进文德苑改造建设。酒厂“退二进三”改造拆迁82户，文德苑地块如皋酒厂老厂区职工宿舍拆迁70户，总拆迁面积1.90万平方米。同时，完成如师、如师附小及附小幼儿园扩建工程的拆迁，其中如师扩建工程拆迁94户、面积6360平方米，如师附小及附小幼儿园扩建工程拆迁27户、面积1794平方米。是年，累计拆迁27154平方米，动迁人口1587人，当年安置拆迁户273户。

2000年，城区共拆迁房屋建筑面积3.6万平方米，动迁386户1672人、单位9个。实施武定苑小区的拆迁改造工作，共评估居民286户、单位5个，面积2.32万平方米。同时完成惠隆苑、热电厂等拆迁工程。

2001年，开始实施内外城河整治。7月30日，市政府召开内外城河整治改造拆迁动员会，8月25日，拆迁工作结束。共动迁居民203户、单位9个。同时，完成跃进路中段南侧、人民医院南侧地块、拉丝厂、宁海西路、仙鹤路等处的拆迁评估工作。其中跃进路中段南侧旧城改造工程东起海阳中路，西至新皋桥，南至外城河，北至跃进路，拆迁总建筑面积9万平方米，涉及单位49个、居民1206户3172人，货币总补偿金额1.2亿元；宁海路南侧改造工程东起建工路，西至新世纪超市，南至东西居住河，北至宁海路，总拆迁建筑面积7380平方米，动迁46户172人，货币补偿金额832万元。是年，如城累计完成拆迁面积12万平方米，动迁1332户，货币补偿额1.50亿元。

2002年，城区拆迁房屋总面积25万平方米，动迁户数1500户，涉及单位50多家，累计货币补偿金额近1.20亿元。2003年，城区实施跃进路北侧（新皋桥东）出让地块的拆迁。2004年，城区累计评估待拆迁户16个地块、170户，建筑面积35.03万平方米，评估金额约1.10亿元。拆迁房屋总面积41万平方米（含经济开发区13万平方米），动迁户3550户，拆迁补偿金额4亿元。

2005年，城区先后实施市行政中心、大润发商城等新工程，市中医院扩建工程，中山东路、滨溪路、青云路、健康南路等道路改建、扩建工程及旧城改造12号、16号、17号地块的拆迁。拆迁面

积共40万平方米，安置拆迁户1417户。2006年，主城区共实施1号、2号、4号、12号、16号地等26个地块的旧城改造，拆迁面积60万平方米，安置拆迁户2374户。2009年，城区共拆迁5715户，拆迁面积58万平方米。

2010年，完成拆迁面积58万平方米。“十一五”期间，累计完成旧城改造搬迁面积23万平方米，新建商品房630万平方米，城镇人均居住面积由2005年的25.3平方米，提高到40.2平方米。

二、古城保护

保护规划 1979—1981年，市政府编制《如皋县城总体规划纲要》(1981—2000)时明确：“东大街西侧(通城巷)20米内，原有平房不翻建楼房，定慧寺及水明楼周围100米内不得兴建2层以上楼房。”并规划整修水明楼、定慧寺，作为南通狼山风景区的外围景点，接待国内外游客。1993年，修编《如皋市城市总体规划》时，编制完成《旧城区改造规划》，将如皋城市性质确定为“南通地区北部具有历史文化风貌的工商城市”。

2003年，市政府在《如皋市城市总体规划》《旧城区改造规划》的基础上，开始编制古城保护专业规划和具体保护方案。2004年，邀请同济大学等国内高资质、高水平的规划设计单位和专家参与完成水绘园扩建规划方案编制的同时，完成石合泰、东大街历史文化街区、集贤里等古城保护重点项目的规划设计。

2005年，市政府邀请同济大学教授阮仪三为顾问，编制《如皋古城水绘园—东大街历史街区保护规划》详规，确定街区整体保存、局部保存、风貌整治、改造利用、拆除新建等多种保护更新类型；邀请同济大学著名教授路秉杰根据规划担纲具体建筑设计；邀请南京工业大学建筑与规划学院编制《如皋集贤里民居保护规划》。2008年，市政府再次聘请同济大学教授阮仪三负责编制东大街保护规划，聘请同济大学教授路秉杰负责水绘园扩建规划与集贤里保护具体规划方案编制。

东大街历史文化街区保护 2007年，市政府开始开展历史街区保护性改造、开发利用工作。先后出台《东大街集贤里历史文化街区保护性改造搬迁补偿安置试行办法》《关于东大街历史文化街区保护性改造工程自行修缮的实施办法(试行)》《如皋市水绘园风景区、东大街历史文化街区管理暂行办法》《东大街原如皋市食品厂及武庙巷东部地块改造安置实施办法》等文件。在整体保护街区历史风貌的基础上，通过拆除老旧房屋、违章建筑，修缮风貌保存完好的传统建筑，货币结算和易地安置居民，疏解区内建筑密度和人口密度近1/3；对街区内道路、给水、雨污水、路灯等公用设施采取修旧如旧的办法全面实施更新改造，各种线路实现地埋；利用传统建筑建成李昌钰刑侦博物馆、李渔纪念馆、状元楼(水绘典藏)、东皋茶园(九子铃)、状元祠、武庙客栈等文化旅游场所，历史文化遗存基本恢复。

集贤里保护 2006年6月，如皋申报“集贤里名人故居明清建筑群”为江苏省“名人故居”，获省有关部门核准公布。2007年9月，江苏省名人故居(纪念馆)、古民居抢救保护工程启动仪式在集贤里举行。是年起，市政府开始开展集贤里保护性改造、开发利用工作，出台《东大街集贤里历史文化街区保护性改造搬迁补偿安置试行办法》等文件。至2010年，巷道外侧修缮改造基本完成，巷内名人故居及相关古建筑正在抓紧修缮，部分名人故居宅第已经修缮完毕。

图3-21 江苏省名人故居(纪念馆)、古民居抢救保护启动仪式在集贤里举行(2007年摄)

附录：

东大街历史文化街区、集贤里简介

一、东大街历史文化街区

东大街历史文化街区位于现如城外城河东段内侧、中山路北侧，东起碧霞路，西至通城巷，南起中山路，北至水绘园，占地约10万平方米，建筑面积约9.01万平方米。至2006年，东大街历史文化街区保存东大街街面长420米，宽2.5米左右，街心铺麻石面板，显示南宋时代街面特征，两侧多为木樘子门，其后为一进三堂或一进四堂的宅居，店面房及宅院分别具有明清、民国时期的建筑特征。还保存有因绘画扬名的郜家巷和因刺绣而扬名的秀女巷，保存有始建于唐代的药王庙、创建于清初的恒昌杂货店、创建于咸丰年间的徐大昌酱油店、创建于光绪年间的汪德大布庄，另有刘兰卿、祝见山故居等。是传统民居最为集中、建筑风貌保存相对完好、历史遗存比较丰富的区域，是古城历史发展的记忆，是如皋历史文化和民俗风情的综合展示区。其街区风貌特色为"小""水""灰"。"小"是传统建筑街巷空间节点尺度小，给人以亲切宜人感觉；"水"是街区东临外城河，中有内城河并北连水绘园，具有江南古典园林特色，水承载古城如皋繁荣历史；"灰"是街区内建筑以青瓦和清水砖为主要建筑材料，形成历史街区灰色基调和宁静气氛。

东大街历史文化街区建筑年代分布表

表3-6

单位：平方米

年 代	建筑面积	所占比重(%)
明清时期	15724	17.45
民国时期	12263	13.61
中华人民共和国成立后至80年代	35418	38.20
80年代以后	27694	30.74
合 计	91099	100

注：数据为2006年统计

东大街历史文化街区主要街巷一览表

表3-7

名 称	长度(米)	宽度(米)	铺地形式	备 注
东大街街道	369	2.10—3.50	鲫鱼背麻石路	铺地完整
郜家巷	114	1—4.20	青砖路面	铺地完整
迎春桥东河边	212	2.50—4.50	砼质路面	现代
迎春桥西河边	218	2.70—5	砼质路面	现代
秀女巷	118	1.40—5.80	人字形青砖路	铺地完整
十字街(通城巷)	114	1—3	石板路	残缺
武庙巷(南段)	187	1—7	预制块	现代
武庙巷(北段)	183	2.10—7.10	预制块	现代
大刘巷	114	1.70—3.40	人字形青砖路	不连续
小刘巷	116	1—4.20	人字形青砖路	不连续
公园巷	145	1.50—3	人字形青砖路	不连续

注：数据为2006年统计

东大街历史文化街区建筑年代分布表

表3—8

门牌号码	户数(户)	人口(人)	年代	院落特征	备注
迎春桥西河边12号	—	—	明	四进加门楼	—
秀女巷12—1号	—	—	明	一进合院	宗泽后人明代迁如皋时建
大刘巷14号	5	9	明	三进合院	—
秀女巷14、16号	3	10	明清	—	—
原跃进路40号	1	8	清	—	—
郜家巷41号	1	4	清	—	内有古石碑
郜家巷59号	1	6	清	—	内有古树
通城巷10号	—	—	清	前后共3个合院	—
武庙巷8号	—	—	清	东西两合院	—
大刘巷1—1号	2	4	清	合院	苏中“四才子”之一祝见山宅
大刘巷4号	3	10	清	两合院	—
大刘巷12号	1	6	清	合院	—
公园巷	—	—	清	两合院	—
公园巷	—	—	清	四合院	—
公园巷	—	—	清	四合院	—
武庙巷5号	1	4	清及民国	—	—
原北王家巷4号	2	9	清末	两进合院	—
原跃进路20—2号	1	1	清末	一进	内有古井、古树
郜家巷3号	1	3	清末	两进合院	—
迎春桥东大街46号	1	2	民国	—	—
原跃进路16号	1	1	民国	两进合院	格局完整
郜家巷4号	1	4	民国	一进合院	—
迎春桥东大街31号	4	13	民国	五进边巷	立体精美完整
秀女巷10号	—	—	民国	四合院	—
秀女巷17、19、21号	4	15	—	两进双合院	—

注:数据为2006年统计

二、集贤里

集贤里,与东大街历史文化街区临街对望,占地面积6000平方米,素有“金龟压钮,代产伟人”之誉,其得名于北宋,王氏一门居此,连中进士、状元,乡人引以为荣,称其为“集贤里”。明代如皋冒氏迁此后,更名“冒家巷”。从北宋至清末共出状元1人、进士17人,其中入《中国人名大辞典》15人,先后有王、冒、李、戴、袁、周6氏,加上民国社会名流沈卓吾,共七大名门望族居此。至2006年年初,巷(里)内尚有北宋王学士宅(明代改建,又名贯府),元镇南王后裔门厅(明代改建)、清兵部尚书戴联奎府、清钦州知州袁祖安府、“明末四公子”之一冒辟疆晚年故居“还朴斋”及东汉严子陵祠、宋范文正公祠等遗存，保存民国时原有建筑面积约5000平方米。

王学士宅 始建于北宋，位于冒家巷坐西朝东第一个院落。清末邑人刘明瑜《王学士宅碑记略》称：原王学士宅在元兵打进如皋城时，被纵火焚毁，仅存门巷。明初由王氏后裔重建，后由如皋清末进士沙元炳购得，给姐姐贾氏居住，改称贾府。除堂屋及厢房5间由沙元炳改建外，其余14间（含大门堂3间、敞厅3间、穿堂3间、西厢房2间、南厢房2间）均为明初建筑，保留有木柱、板望、扣马梁、箩底方菱形排列特征。大门斗方仍留有沙元炳书写的楹联“经传家学，里有名贤”8个大字。大门槛经沧桑岁月，已被磨损成大“凹”字形。

元镇南王后裔住宅（俗称鞑子府） 位于冒家巷10—12号。元初，如皋东门建有元镇南王世子别业万花园，现存6间门厅，仍保存元代建筑特征——童望为蒙古包顶托方（学名荷花托方）。

清乾隆进士、兵部尚书戴联奎府（俗称尚书第） 位于冒家巷10号内第二个大门，现存第二进四合院，共10间，其中二门堂5间、堂屋3间、厢屋2间。为晚明建筑，堂屋保留有元宝托方（现称月亮托方），大门两旁留有竹叶化石石鼓1对，门楼上有砖雕。

冒辟疆晚年故居“还朴斋” 位于冒家巷西侧东云路巷3号内，民国《如皋县志》有载：“还朴斋，在学蜒东云路巷，冒丹书建。”丹书系冒辟疆长子，辟疆晚年生活贫困，该庭院系由其子丹书建给他晚年隐居颐养天年。冒辟疆终身怀念其爱妾董小宛，董小宛爱梅，他亲手于还朴斋植黄梅（蜡梅别称）1株。冒氏《家乘旧闻》载：“辟疆临终前，令诸童度曲，问窗前黄梅开否？”该黄梅至今，树龄已300余年，独根多杆，树冠如盖，郁郁葱葱，占有半个庭院，每年开花季节清香四溢。更有奇者，此梅有人慕其名而折枝栽插均不能成活，即使暂时成活亦变种，且成活期亦仅一二年。

清同治进士、广东钦州知州袁祖安府 位于冒家巷14号。现存大门堂3间、敞厅3间、堂屋3间、厢屋2间。为晚明建筑，堂屋保留有元宝托方。

东汉严氏宗祠、宋范文正公祠 位于冒家巷西侧东云路巷1—2号，两祠南北联袂而立。南为如皋严氏宗祠，现存祠堂3间、享堂4间，祠堂内原供有严子凌塑像及北宋范文正公范仲淹撰写的《严先生祠堂记》。北为范文正公祠，清嘉庆《如皋县志》载：“旧在东水关内。清康熙三十二年知县崔绳武建。乾隆三十年范承宣等请于知县张起凤，移建于儒学左东云路巷。嘉庆二年，范维钟、范征铣等倡捐族众建寝堂三楹，斋房一间，春秋祭祀。”现存祠堂两间及寝堂、斋房。

第八节 牌坊·仓廒

一、牌坊

如皋城有牌坊约始于宋朝，明清两朝续有建树。至民国初，尚存30余座，多数用花岗石建造，坊额用白石刻字。其中以孔庙（今如师附属小学内）前东西两座牌坊最为宏伟，建于明末，4根花岗石方柱，上架密集式斗拱，顶上两层筒瓦飞檐，清末斗拱朽坏，风吹摇动，民国初年改为单层，“文化大革命”时被毁。其余牌坊亦先后于1958年“大跃进”及“文化大革命”中被毁。

二、仓廒

明嘉靖年间，如皋县城即有仓廒2座，储存稻谷，以备荒年或战时之需。清雍正年间，增建4座。光绪初年仅存军储仓1座，后又新建义谷仓1座，可储谷2万石。仓廒有官办、民办之分。常平、均贮、军储、预备仓统为官办；盐义仓、社仓、义谷仓皆属民办。清代康熙、雍正、乾隆三朝对仓廒管理比较重视，屡定制度，相沿遵循。官仓为“调节粮价，备荒赈恤”而设，粮食来源于截留漕米、官绅捐输及财政支出购买，归地方政府管理。惯例“存七粜三”，每年春季粜出三成，秋收后购补。清康熙十九年（1680年）规定：“永留各境内，不准隔省调拨”。清乾隆二十九年（1764年）朝廷御旨：“严禁勒派采购”，并准许歉收之年“不妨额外多粜，毋得抱泥成例”。以上规定，预备仓立有石碑详细记载。民仓由官府监督，民间自理，公推殷实富户为社长，费用在贷款利息中扣除。所存粮数不超过常平十分之七。仓粮借给农民，利息一般为加一，小灾免息，大歉散赈。

1949年,仅存义谷仓,后并入泰山粮库。

军储仓 原名兑军仓,在县署东南隅。因仓房狭小,船运不能直达,明嘉靖十三年(1534年)知县刘永准移至司徒巷(今廒巷)内,改名军储仓,俗称为“廒”。大门朝南,东西仓房各10间,朝南为厅,中为晒场,外围砖墙,占地约1500平方米,可贮谷7000余石。巷西为市河,通北水关。清道光十四年(1834年)、清同治七年(1868年),两次修理。民国29年(1940年)后驻伪军,储粮用作军饷,仅存空仓。民国35年秋,国民政府驻军曾就此存军粮。民国37年,房屋被拆,其址后为酱醋厂职工宿舍。

预备仓 明嘉靖十九年(1540年)知县黎尧勋建,在县署西北。清康熙二十一年(1682年)知县卢　重修。清乾隆末年废。

常平仓 清雍正五年(1727年),知县丁铨于县署东旧主簿署废址,捐俸重建廒房10间。清雍正八年,知县彭履仁动支当年地丁银79.114两增造4间。清乾隆五年(1740年),知县何廷模用当年地漕银376.484两再建20间,共34间。清乾隆五十八年,知县曹龙树重修。清嘉庆《如皋县志》载:“旧址久废无考。”清咸丰四年(1854年)再修。清同治九年(1870年),改为试院(俗名“考棚”),地址在今如皋初级中学内。

盐义仓 在军储仓南(曹家桥西)。清雍正五年(1727年)建。清乾隆二年(1737年)贮谷14400石,由巡盐御史监督,商人管理,后废。清光绪三十一年(1905年)就其址建房,设罪犯习艺所,民国初年改地方监。

社仓 在马神庙后(原新华书店北)。清雍正八年(1730年)建。贮谷1600石,四乡各举社长一人负责管理。清乾隆二十年(1755年),东厢陈敦礼、西厢方俊文、南厢丁履丰、北厢宗厚庵,每人经管仓谷400石。清乾隆五十九年,更换社长,东厢张坤、西厢沙晴轩、南厢程叙伦、北厢陈惺斋。清嘉庆年间废。

均贮仓 在东水关河北,亦称东仓。清雍正十年(1732年),知县彭履仁用地漕银717.6两买民房改建,共43间,容2万石。清乾隆三年(1738年)又贮捐监额谷8000石。清乾隆五十八年修缮。光绪初废,其址在今水绘园内。

义谷仓 清光绪五年(1879年),规定如皋县应储谷2万石,军储仓仅容7000余石。清光绪八年,知县杨在芬,邑绅张如杰、朱柏、严景云报请动支积谷款,购买徐钰霁峰园部分房屋30余间,建义谷仓。内设福、禄、寿、喜、财、安、且、吉8号仓舍及晒场。后增建住房、厨房共10间,可储谷12000余石,共支钱3885929文。此后,全县积谷多存此仓,民间称为积谷仓。民国38年(1949年)春,仓舍及部分存粮为县粮食局接收,并入泰山粮库。

泰山粮库 民国38年(1949年)3月,县政府接管如城义谷仓和泰山庙(伏海寺)平房21间,将其改建为粮库,称如皋县粮食局泰山直属库,设木板结构仓房8间、囤存仓房8间。此后,县政府又接受眼光庙、东岳庙,将房屋划给县粮食局泰山直属库。至1952年,泰山直属库占地面积1.56公顷,有木板结构仓房49间,容量193万千克。1960年3月,泰山直属库改属如城人民公社粮管所,更名泰山粮库。1962年6月,复归县粮食局管辖,复称泰山直属库。1966年8月,更名县人民粮库。1980年9月,再次改属如城镇粮管所。1982年,复称泰山粮库。1985年,建筑面积4679平方米,有基建房式仓4个,容量935万千克。1992年7月,划为县粮食局直属一库。2001年,划归如城粮管所。2007年,在旧城改造中拆除。

如皋粮食储备库 2008年,由国家投资兴建,为大型粮食储备库,位于如城镇邵庄村,库区西傍如海河,距204国道1千米,北临邓园公路,东临邓西公路。主要从事粮食购销经营、仓储粮食物流业务,隶属于如皋市粮食局。

库区占地总面积88586平方米,总建筑面积41434平方米。建有10幢20个廒间平仓房,6座立筒仓,1座周转仓,总仓容8万吨,每个廒间分别设有一套熏蒸内环流装置;建有300米千吨级内港池码头,可容纳4艘1000吨级货船同时装卸;有2台固定式吊机和1台移动式吊机和2万平方米的码头场地;有100吨和30吨级电子汽车衡各一座;配设移动式环流熏蒸机4台及日处理粮食200吨的烘干设置;有日加工稻谷400吨的大米生产线2条。综合大楼建筑面积5000平方米,设粮食储备管理中心、粮食物流结算中心、粮食质量检测中心、粮油信息监测中心、军队粮油供应中心等经营、管理、服务机构。

第二章 乡镇建设

第一节 集镇建设

（参见卷二十二各章第四节《集镇·工业集中区》）

第二节 公用设施

一、供水

1949年前，如皋农村居民多饮用河水，一般农户均在河边设“水踏子”。中华人民共和国成立后，农户逐步由饮用河水改为井水，多数农户自家筑有水井。部分乡镇、村办企业，供销社等单位始建水站或水塔，使用深井水。1984年，白蒲水厂建成开始向镇区居民供水。1990年11月，长青沙水厂开始向农村村民供水。20世纪90年代，全市乡镇开始实施“农改水”项目，在大力兴建乡镇自来水厂的基础上，自来水管网不断由镇区向村、组延伸。与此同时，市自来水厂亦开始将供水管网由城区向周边农村延伸，全市农户自来水快速普及。至2010年，全市农村实现自来水供水全覆盖。

水厂　1983年8月，位于白蒲镇方池村通扬运河畔的白蒲自来水厂动工兴建。1984年9月，建成开始供水，有净水池1座，净水站2座，日制水能力5500立方米，铺设供水管道12千米，年供水量86.83万立方米。是为全县第一家乡镇水厂。此后，部分乡镇开始筹建。至1989年，全县先后建成石庄、丁堰、林梓、东陈、长江、搬经等镇自来水厂，一般日制水能力1000—5000立方米，年供水量10万立方米—20万立方米。20世纪90年代，市政府实施“农改水”项目，乡镇自来水厂快速普及，至1997年，全市共建成自来水厂30座。至2010年，除如城周边由如皋自来水厂直接供水外，其他各镇均建有日制水能力5万立方米左右的自来水厂。

管网　20世纪80年代，一般乡镇水厂供水管网均在10千米左右，主要向所在乡镇的集镇供水，其中白蒲镇铺设供水管道12千米、石庄10.4千米、丁堰12.1千米、林梓13千米、东陈7.96千米。1989年，长青沙水厂向农村村民供水时，铺设管网30千米。20世纪90年代市政府实施“农改水”项目后，乡村自来水管网迅速延伸，扩大覆盖面。至2004年，全市自来水主管道延伸4296.53千米，有支管道12710.93千米，受益人口增加至140.68万人，自来水普及率97.78%。2004年，市政府与鹏鹞水务签订BOT专营合同，启动南通市西北片引江供水工程。2006年12月28日，主管网一期工程开工。2008年12月30日，一期工程竣工，建成主管网46千米，覆盖如皋长江镇（如皋港区）、石庄镇、吴窑镇、磨头镇、如城镇、袁桥镇及如皋经济开发区（柴湾镇），受益人口63.5万人。2009年，实施市内配套管网西线工程，当年12月30日全线贯通，建成主管网52千米，覆盖常青、搬经、高明、江安等镇，新增受益人口28.3万人。2010年，启动区域供水配套管网东线工程，当年12月28日全线贯通，建成主管网117千米，覆盖郭园、下原、九华、白蒲、林梓、丁堰、桃园、东陈、雪岸等镇，新增受益人口53.6万人。至此，如皋在南通市各县（市）中率先实现区域供水全覆盖，总投入12.5亿元。

二、供电

（参见卷四第四章第三节《配电网络》）

三、农村路桥

农村道路　1949年前，全县镇村道路普遍较窄。集镇道路一般为宽2—3米的石板街或仄砖街，人员通行、货物进出主要靠水路船运。乡村均为泥土路，"晴天一身灰，雨天一身泥"。中西部高沙土地区每遇干旱，风沙弥漫，沙可没踝；南部圩田地区每遇下雨，泥泞不堪，无法移步，雨后又坑坑洼洼，无法通行。1949年至20世纪70年代中期，全县乡村道路状况变化不大。其间，全县修建几条宽度7米以下砂石公路穿过部分乡镇，大多晴通雨阻。随着农村以手扶拖拉机为主的机械运输工具增加，至20世纪70年代中期，乡村部分道路损毁极其严重，大多无法通行。部分镇、村开始以碎砖块等铺设"机耕路"，大多不久又被损毁。

1984年，如皋随南通成为全国首批沿海开放城市，县政府明确提出"以路兴业，以路兴县"发展战略及"要致富，先修路"的口号，在全县公路建设力度加大的同时，乡村道路新建、改造的进度加快，大多数乡镇的乡村道路在拓宽、取直的同时，改建为砂石路面。1992年7月6日，市政府决定实施全市农村黑色路面工程建设。至1997年，全市185千米农村砂石路面，全部改建为7米或5米的沥青路面。2003年，根据国务院、江苏省政府的要求，全市启动第一轮农村公路建设。至2006年，全市建成等级农村公路2018千米，投资约10亿元，其中2006年投资3.6亿元。是年末，全市333个行政村全部通上等级农村公路，率先在全省县和县级市中实现"村村通"灰黑路。至2010年年底,全市农村公路总里程为5532.70千米，其中县道435.30千米、乡道902.76千米、村道1694.64千米, 村以下2500千米。

农村桥梁 1949年前，全县农村桥梁均为木桥，大多架于中小河流上，破损严重，较宽的河流则靠摆渡通行。中华人民共和国成立初，开始修缮、改造部分农村桥梁，木桥逐步被改造为砖桥或T形梁钢筋混凝土桥，部分农村桥梁以楼板代替桥板。至20世纪80年代初，全县木结构桥梁全部改建为砖石结构或钢筋混凝土结构，钢筋混凝土结构由板梁式、"T"形梁式发展到双曲拱式、无胫双曲拱式、横架式等多种形式，少数桥梁建成"十"字桥和过水桥，既美观又节省材料和经费。20世纪80年代，全市农村开始实施危桥改造和撤渡建桥工程。至1990年，全县渡口尚有48处。2001年年初统计，全市有公路危桥201座，农村危桥1208座。

2003年始，配合第一轮农路建设高潮，全县农桥建设掀起高潮，新建、改造大量农桥，部分危桥也得到修缮、加固或重建。2009年起，市政府将农村公路危桥改造列入政府为民办实事工程。交通、财政部门每年各牵头改造100座桥梁，交通部门以改造镇级主干道公路桥梁为主，改造的100座桥梁由政府全额投资，按照统一标准（公路Ⅱ级）、统一设计、统一招标、统一监理、统一验收（"五统一"）要求加以实施；财政部门以改造镇级次干道以下桥梁为主，改造经费多渠道筹集。至2010年，全市有农村桥梁近2400座，其中公路桥梁901座，危桥改造工程仍在继续实施中，已改造桥梁均实现路桥同宽。

图3-22 改造前的农村危桥

图3-23 改建后的农桥

第三节 住宅

一、住宅构造

中华人民共和国成立前，农村经济落后，农民生活困苦，住房简陋，除少数富裕户居住瓦房外，大多为低矮破烂的泥墙草顶房。草房部分为三架梁四架砌，或为中间三架梁两头加披儿的"元宝屋”，稍好一点的是五架梁四面土墙的“千郎瓦”，屋面为“人”字顶，土墙、杉木桁条、柴望(柴草编成的望板)、竹棍椽子，上盖小麦秸草或稻草；普通瓦房一般为土墙，杉木桁条和椽子，上盖小青瓦。普通民宅建造不重视通风采光，不讲究外形美观，布局零乱。普通民宅亦具有一定的区域特点。中西部地区瓦房稍多，一般每户三间，东为房间，中间为堂屋，西侧为灶房，灶台居南边，北边即为猪圈。南部圩田地区瓦房极少，多为芦壁、芦望(芦苇编成的望板)、稻草盖顶，另在住房左右或后面盖低矮牲畜圈舍和茅厕。东部地区住房略好于南部，布局与南部相近。

中华人民共和国成立后，农民生活状况好转，逐步添建新房。20世纪60—70年代，开始有部分农户拆建和新建砖木结构平房，多为五架梁，极少七架梁。20世纪80年代，农村出现第一次建房高潮，大量农户将草房翻建为瓦房，部分先富起来的农户开始将平房改建为楼房。住宅开始讲究高大、通风、采光、干燥、美观。瓦房一般为平瓦房，大多分为五架梁，部分为七架梁，且多为中间房屋带走廊的“锁壳式”，地面铺砖块或水泥预制块，墙壁粉刷石灰，少数用涂料。在房屋布局方面，不同地区略有差异。中西部地区一般为前“过道”，后“堂屋”，左右畜禽圈舍加茅厕围成的“四合院”；东部和南部地区，一般正屋朝南(3—5间不等)，左右加砌比正屋稍矮的厨房及附属用房。这一阶段建筑材料主要以红砖、青砖、望砖(薄砖作望板用)、平瓦、小瓦、木料及水泥预制件等为主。楼房一般为两层，大多为三上三下的“锁壳式”，极少有套房。至1990年，全县农民建房面积2870.67万平方米，其中楼房238.08万平方米。20世纪90年代至21世纪初，农村出现第二次建房高潮，主要是将已建的平房改建为楼房，部分将已建的楼房再行翻建。新建的楼房大多为带卫生间的套房，部分农户开始使用框架结构，楼房高度也出现三层甚至三层以上，且在追求外形个性化的同时，追求内装修的档次，建筑材料除传统的钢筋、混凝土，大量使用铝合金、塑钢、不锈钢甚至钛合金等新型材料。至2010年，全市农村除猪羊舍、鸡鸭舍等工棚外，极少有农户居住平房。农村新建住房逐步减少，以改建、翻建为主。

二、住宅布局

如皋成陆于扬泰岗地最后一列沙脊，濒临大海，居民初以煮海水为盐和从事海洋捕捞为生，多在劳作地点搭建窝棚居住。东晋时，古扶海洲(今如东县地)与扬泰岗地接陆，垦殖造田之风兴起，农民居住多随田搭建棚舍散居。明天启年间，知县李衷纯“劝民凿池蓄水，以百亩为率，方可十亩”，用以灌溉和人畜饮用，农民始傍池围居，形成自然村庄。

1958年“大跃进”运动中，大搞“田块成方、居住成行、河渠成网”，要求农户建房上“线”。20世纪70年代开始，平整土地，削高沙、填呆塘，新开三四级河，农户开始沿河、沿路呈“一字形”或“非字形”定居，原始村庄大部分消失。据1982年统计，全县共建有居住线1467条，上线农户占总农户的89.4%。1990年，开始进行农民集中居住试点。试点表明：同等人数、同等户数比较，集中居住用地比一般居住线用地节约33.20%—36.91%，同时为供电、供水、道路等基础设施建设提供便利。

2005年，全市开始大力推进农民集中居住。2006年，全市22个镇(区)、333个行政村(居)共确定建设农民集中居住点493个，开工建设358个、9231户，建成5166户，入住3850户。是时，农民集中居住点，多规划为连体别墅区，进区农户按统一标准自建，或由开发公司统一建设再以成本价销售给进区农民居住。2009年，开始推进农民集中居住点多层或小高层集中居住。是年，全市新开工农民集中居住点建设项目64个，跨年度38个，累计开工面积138.29万平方米，累计竣工面积125.75万平方米。至2010年，全市累计建成农村商品房及镇区农民集居房近700万平方米。

图3-24　如城镇十里社区农民集中居住区
（2008年摄）

第三章 城乡建设管理

第一节 管理机构

一、机构沿革

清代前，城乡大型公共建设由知县主持。小型公共建筑、修理，在县城由城厢董事募捐、监理，在区乡由区乡董事募捐、监理。辛亥革命后，重大建设项目由北洋政府如皋县公署负责。北伐战争后，国民政府如皋县政府建设科改为建设局，其间全省仅6个县改设建设局。

民国34年(1945年)9月，新四军收复如皋城，县政府设生产建设科，负责管理生产和建设，后因战争中断。民国38年1月，如皋全境解放，县政府设建设科。12月，增设城区地方事业委员会，负责筹集地方建设资金，管理城市建设，1954年撤销。1954年12月16日，县建设科撤并入农林水利科，后改由县计划委员会负责。

1974年，县城镇建设委员会成立。1979年2月撤销，建立县基本建设局。1984年1月，县基本建设局与县环境办公室合并，组建县城乡建设环境保护局。1985年4月，县城乡建设和环境保护部门分设，建立县城乡建设委员会。1990年，县政府设立如皋县城镇规划办公室，由县城乡建设委员会代管。1991年11月，如皋市城镇管理领导小组办公室建立。1992年6月，市城镇管理领导小组办公室更名为如皋市城市管理委员会办公室。2002年，根据国家机构改革统一要求，市城乡建设委员会更名市建设局。

二、主要管理机构

如皋市住房和城乡建设局 1985年4月10日，如皋县城乡建设委员会设立。1997年6月25日，市城乡建设委员会更名为如皋市建设委员会(简称市建委)，挂如皋市城市管理局牌子。2001年11月21日，市建设委员会更名为如皋市建设局(挂市城市管理局牌子)。2010年1月6日，市级机关机构改革，市建设局更名为如皋市住房和城乡建设局(简称市住建局)，挂市建筑工程管理局、市规划局牌子。内设规划科、建设科、建筑行业管理科等8个中层机构，下设园林管理处、路灯管理处等机构。

如皋市规划局 1990年5月25日，设如皋县规划办公室，隶属县城建委领导。2007年4月5日，市建设局增挂如皋市规划管理局牌子，设规划科。2010年1月6日，市级机关机构改革，市规划局仍为市住房和城乡建设局挂牌机构。

如皋市城市管理局 1987年，如城镇城建办牵头，从企业中抽调10名人员组建临时城管队，开始从事城市管理工作。1989年5月，如皋县城管监察中队成立，隶属县城乡建设委员会。1992年，如皋市城市管理办公室组建，从公安、建设、工商等部门分别抽调一名副局长具体负责城市管理工作。1997年，机关机构改革中，撤销城管办，在市建委增挂如皋市城管局的牌子，合署办公。2006年4月，如皋市城市管理行政执法局独立建制。2010年1月，列为政府工作部门，更名如皋市城市管理局(简称市城管局)，挂市城市管理行政执法局牌子。内设城管科等6个中层机构，下辖如皋市城市管理行政执法大队、如皋市环境卫生管理处。

第二节 规划管理

一、城市规划

县城规划建设始于宋庆历初。史载："宋庆历初，县令许元始建谯门，仿城制。"明成化年间，知县胡昂按城制凿玉带河(今内城河)。嘉靖年间,知县刘永准按城制始建城门6座,后为抗倭又由知县陈雍负责规划扩筑新城,形成内外城河“内方外圆”独特风格。中华人民共和国成立初,多次制订规划,均未能实施。

1979—1981年,县政府始编《如皋县城总体规划纲要》,规划纲要分近期(1981—1985年)、远期(1985—2000年)两个实施阶段,1982年5月,江苏省人民政府批准实施,并获南通市科技进步二等奖。1985年,对规划纲要进行细化。细化后规划明确:至规划期末,全城人口控制在10万人以内,总用地为498.9公顷,其中居住用地134.64公顷,工业用地136.36公顷,仓库用地41.33公顷,对外交通用地19.16公顷,公用事业用地8.1公顷,大专院校用地15.48公顷,行政机构用地7公顷,河流水面用地25.4公顷。

以北门肉类加工厂为中心形成食品工业片,以城西北染织厂、轧花厂为中心形成纺织工业片。迁出纸厂、磷肥厂、石灰厂,严禁化工、农药污染严重的工厂在如城新建或扩建。

疏通通扬运河、如泰河、外城河,新开龙游河。通扬运河和如泰运河如城至如海河段为5级航道,龙游河和外城河为7级航道。通扬河南岸、新民桥至交通工程队驻地东侧,辟为第一码头作业区;如泰河南岸、外城河以西,辟为第二码头作业区。新开如城通往南凌乡、东陈镇的公路各1条。原址扩建客运汽车站。拟建中的沂通铁路线经如城东侧,呈南北走向,站场拟设于东门打靶场以东。城区道路分为过境干道、综合性交通干道、生活区干道三类。过境道路宽30—35米,综合性交通干道路宽20米,生活区干道路宽20—25米,设桥梁16座。在如城会堂西侧、海阳北路两端、影剧院前、汽车站、火车站等地设广场6处。东、西、南、北四门各设一停车场。

居住区水、电、路合理布局,形成完善的生活小区。老东大街西侧20米内,原有平房不翻建楼房,定慧寺、水明楼周围100米内不得兴建2层以上楼房,主要街道临街房屋以5层为主。公共建筑,按城镇人口的2—2.5倍配置。

外城河以内形成城区商业中心,跃进路、海阳路两侧临街以商店为主,形成两条商业性大街,设集市贸易处6个。新建文化宫、少年宫、科学宫、体育馆、练习馆、溜冰场。人民公园东北角设游泳池。新建东郊公园,规划面积4.54公顷。整修水明楼、定慧寺,作为南通狼山风景区的外围风景点,接待国内外游客。

在通扬路以东地区新建煤气发电站,扩大如皋变电所,新建北郊变电所。有计划地分批调整合并对环境有污染的工厂,减少污染点源。扩大郊区面积,将肉联厂、新民乡城北村以南,备战桥至肉联厂公路以北500米,以及红星河以东、通扬公路、如锡公路交叉口沿通扬公路至铁路以南500米、铁路以西的14平方千米,划归如城镇管辖。

1989年9月,细化后的规划上报南通市政府审批。1991年1月,获得批准。

1993年3月,市政府组织城市总体规划修编。是年,编制完成如皋经济开发区规划、旧城区改造规划,完善西皋新村和东皋新村详细建设规划等。1994年2月,江苏省建设委员会组织省内几家高等院校的教授和省有关规划、业务主管部门的专家,对修编后的《如皋城市总体规划》进行论证。12月,修订后的城市总体规划获江苏省政府批准。规划期至2010年,规划区范围包括如城镇、新民乡、邓园乡、城西乡行政区域范围,总面积85平方千米。并将如皋城市性质定为南通地区北部具有历史文化风貌的工商城市。中心城区规模近期(2000年)按18万人规划,建设用地控制在16平方千米之内;远期(2010年)按27万人规划,建设用地控制在27平方千米之内。

1997年,对如城跃进路西段改造工程进行全面规划。同年起,按照《中华人民共和国城市规划法》,加强城市规划区内一切建设活动的规划管理。1998年,编制完成如城城区农贸市场布点、海阳路2号地块改造详细规划;完成文定苑、迎春苑、康居苑、如皋师范学校、如皋师范学校附属小学幼儿园改扩建等规划设计。

1999年,《如皋市人民防空规划》《市政府搬迁及西苑广场建设详细规划》《文定苑居住小区修建性详细规划》《武定苑居住小区修建性详细规划》等详细规划编制完成。2000年,《如皋市城市燃气专项规划》《跃进路中段改造规划》《武定苑居住小区拆迁改造详细规划 》及《市政府拍卖的几个地块的详细规划》等编制完成。

2001年,市建设委员会相继编制完成《城市总体规划调整》《内外城河风光带规划》《人民医院南侧地段改造规划》及《宁海西路、仙鹤路等道路规划》，同时对皋南新村四组团、锦绣苑、健康东村等居住小区的规划进行完善，并邀请同济大学编制《如皋市旅游发展总体规划》。同时开展《如皋港次中心城市总体规划》前期协调工作等。

2003年，如皋市规划专家咨询委员会建立。6月，市政府出台《如皋市城市规划公众参与暂行办法》《如皋市实行〈建设工程规划许可证〉正副本管理暂行办法》《如皋市建设工程规划管理挂牌施工及特聘监督员暂行办法》《如皋市规划管理诚信记分暂行办法》《如皋市城市规划(建筑)方案竞选管理暂行办法》。8月，《如皋市城镇体系规划纲要》通过省级论证。是年，编制完成《如皋市城镇体系规划》，邀请上海同济大学城市规划设计研究院编制完成《如皋市沿江开发规划》；按《如皋市城市总体规划》编制完成近期建设规划，城郊接合部建设规划，古城保护规划，城南片控制性详规，水绘园扩建改造、行政服务中心、市民休闲广场规划以及《如皋市城市绿地系统规划》《如皋市城市路网规划》《如皋市城市排水规划》《如皋市城市环卫设施布点规划》等城市基础建设专业规划。是年，市委、市政府作出建设如港新城、“中心城市”(如城)与“次中心城市”(如港新城)形成“哑铃形”城市格局的决策后，结合如皋港区规划建设，如港新城规划建设全面起步(详见卷七第一章第四节《如港新城》)。

2004年3月，如皋市规划技术服务中心组建，如皋市城管监察大队规划监察中队成立。是年，编制完成城市路网、绿地系统规划和环卫、排水等专项规划。开展城南新区和港区新城控制性详规设计。结合益寿路、中山西路的改造，编制完成两路沿线改造的规划方案。编制完成城河风光带、滨河路风光带景观规划。是年，全市规划设计市场全面实行对外开放，邀请国内高资质、高水平的规划设计单位和专家参与《水绘园风景区扩建规划》《东大街保护规划》《申港豪园、西欧商贸广场修建性详规》等城市重点建设项目的规划设计。申港豪园规划方案获建设部“2004年全国人居经典建筑规划设计方案竞赛综合大奖”。是年起，如皋城市规划实行“四线管制”制度。

2005年，市政府委托深圳市规划设计研究院完成《如皋市城市总体规划(2005—2020)纲要》《如城南片区概念性规划》《中山西路、益寿路概念性规划》编制；围绕城市环境创新，完成益寿路、福寿路交叉口、美食城、青云路、滨河路工程等规划编制；围绕城市基础设施建设，组织开展城区强电管网线路、主干道燃气管道线路、加油站商业布点等规划编制；围绕城市重点项目建设，完成光华大酒店、市行政中心、烟草大厦、法院新区建设、中山路工程等规划编制。

2006年，由深圳规划院根据专家论证意见对如皋市城市总体规划进行修改完善，并按法定程序上报江苏省建设厅。市建设局围绕城市功能提高和科学布局，委托江苏省城市规划设计研究院完成《如皋市城南社区和城东片区、城西片区控制性详细规划》编制。由如皋市规划建筑设计院启动城市道路交通、园林绿地、排水工程等专项规划修编。

2007年，市建设局完成城南新区665公顷、城东片区658.25公顷，城西片区279.01公顷控制性详细规划编制，并完成城区排水系统、绿地系统、城市综合交通、燃气、照明等专项规划编制，完成老市政府改造方案、如皋初级中学临中山路规划方案、原钢球厂以东至转盘规划方案、定慧寺和如皋高等师范学校整体改造方案、光华国际大酒店周边规划方案和苏中国际汽车城详细规划的编制。

2008年6月12日，在中国城市建设和环境提升大会上，如皋市获“中国最佳规划城市”称号。12月，如皋城市总体规划局部调整方案得到省建设厅认可上报省政府。是年，如皋实现主城区规划全

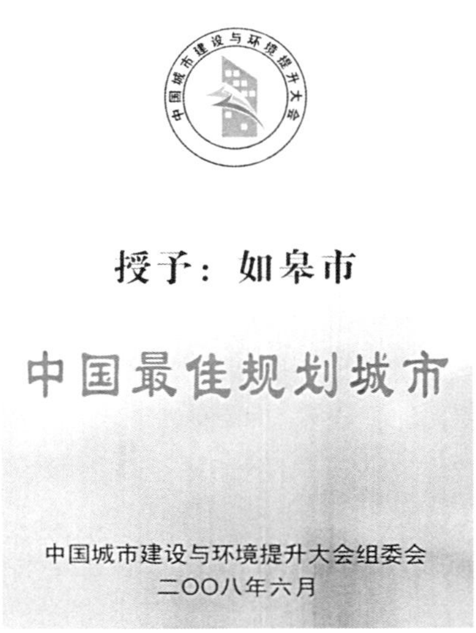

图3-25 如皋市获中国最佳规划城市称号

覆盖。市建设局在不改变城市人口规模、用地规模和规划年限前提下，局部调整原报批城市总体规划，满足如皋经济开发区与如城镇西部工业区近期发展需要。同时聘请同济大学教授阮仪三负责编制东大街保护规划，聘请同济大学教授路秉杰负责水绘园扩建规划与集贤里保护规划制订。2009年1月，江苏省政府批复同意如皋城市总体规划局部调整方案。方案明确：至2010年，如皋城市人口规模为30万人，用地规模控制在31.69平方千米以内；至2020年，城市规划人口规模为42万人，建设用地规模控制在48.50平方千米以内。2010年2月，市建设局成立城市规划监察大队，加强对规划执行情况的跟踪监督和过程控制。是年，《中心城区停车设施专项规划》《住房建设规划》《安置房建设规划》编制完成。

二、乡镇规划

1982年前，全县乡镇建设规划以农田水利规划为主。1983年，全县53个乡镇以“节约用地、有利生产、方便生活”为原则，首次编制乡镇总体规划。至1985年年底，各乡镇总体规划编制工作全面结束。在江苏省、南通市政府举行的乡镇总体规划评比中，搬经乡总体规划获江苏省科技进步鼓励奖，丁堰镇总体规划获南通市科技进步二等奖，林梓乡、石庄镇总体规划获南通市科技进步三等奖，磨头乡总体规划获南通市科技进步鼓励奖。1985年，县政府完成全县农村建房10年规划的编制工作。

1993年，全市各乡镇开始对总体规划进行第二轮编修和调整。1994年，东陈、长江、磨头、搬经和林梓5个镇的总体规划编修、调整工作完成。1995年，按照“农村现代化、乡村城市化、城乡一体化”的思路，各乡镇开始对总体规划进行第三轮修编。1998年，各乡镇开始对村镇建设进行深度规划，并组织开展中心村详细规划的编制工作，加强农村建房管理。

1999年，各乡镇组建乡镇建设管理服务所，启动新一轮乡镇总体规划的调整和修编工作。市政府出台《如皋市村镇规划建设管理办法》《关于进一步加强村镇建设工作的意见》及乡镇建设服务费、配套费、卫生保洁费收费标准等文件。是年，吴窑、丁堰、磨头和搬经4个镇被江苏省人民政府列为“省重点中心镇”。

2000年6月，市政府出台《关于认真做好建制镇总体规划修编的意见》，以吴窑、丁堰、磨头和搬经4个重点中心镇为龙头，其他乡镇为依托，逐层做好规划修编工作。同时邀请南京大学、同济大学、苏州城建环保学院、南通规划设计院等院所专家深入各乡镇特别是对地处省道、国道沿线的镇及被过境铁路、公路、运河穿越的镇，进行实地勘测，研究制定总体规划修编方案，其中地处204国道与宁通高速公路交会处的九华镇，204国道沿线的桃园、下原及被204国道、新长铁路和通扬运河穿越的柴湾镇，在制定总体规划修编方案时，采取选优法，通过分析比较、权衡利弊确定较为合理的方案。9月，吴窑、丁堰、磨头和搬经4个重点中心镇的规划修编工作完成。12月，沿国道、省道的九华、下原、柴湾等镇规划修编工作完成。其他建制镇的规划均进入成果设计阶段。

2001年上半年，17个建制镇的总体规划修编完成，并经市人民政府批准付诸实施。下半年4个新设镇总体规划修编工作启动。与此同时，各乡镇全面启动工业小区、工业集中区、特色工业园区建设规划编制工作。

2002年，市建设局组织编制白蒲镇中心街、丁堰镇三河新村和光明新村建设详细规划编制，完成石庄、常青、夏堡等镇居住小区详细规划的编制工作。2003年，市建设局根据统筹城乡发展的新思路，开始加强对各乡镇小城镇(集镇)建设工作的指导。3月，市政府出台《关于加快小城镇建设的意见》，提出全市至2005年城市化率达到40%，小城镇建设规模(如城镇除外)扩大至30平方千米，中心镇必须成为省级新型小城镇，50%的建制镇必须达到南通市新型示范小城镇，基本形成以如城镇为核心、中心镇为骨干、一般镇为基础的梯度结构的城镇发展体系的目标和要求。是年，全市23个镇的控制性详规和建设性详规、15个镇的工业园区建设详规编制完成。磨头、丁堰两镇规划编制工作，受到南通市规划管理局的表彰。

2004年4月，市政府制订下发《2004年如皋市小城镇建设目标任务及考核细则》，首次把小城镇建设“五个一”工程和“三清”工程列入目标责任制考核。“五个一”工程：开辟修造一条骨架道路、包装出新一条商业街、规划建设一块公共绿地、完善提高一个农贸市场、建设竣工一个住宅小区。"三清"工程:清洁村庄、清洁家园、清洁河道。7月,市政府开始组织各镇开展镇区总体规划修编工作。至年末,下原镇总体规划获得市政府批准,柴湾、夏堡、丁堰、东陈4镇总体规划通过专家评审,吴窑、搬经、袁桥、江安等镇委托市规划建筑设计院进行编制。

2005年3月开始,市建设局组织各镇、各规划编制单位对全市镇村布局规划进行编制,从基础资料收集、方案论证、征求镇村意见,历时3个月,于6月底完成。7月中旬,全市(20个镇)镇村布局规划通过南通市规划局组织的技术论证。9月,通过南通市规划局的验收。10月,通过江苏省建设厅组织的验收。2006年,根据江苏省和南通市城乡规划全覆盖和村庄建设整治会议精神,完成全市18个建制镇镇区总体规划修编和技术论证工作,5个镇编制重点地段控制性详细规划。是年12月21日,全市18个建制镇镇村布局规划经市政府批复开始实施。2007年11月,搬经镇镇区总体规划获南通市政府审批同意。2008年10月底,搬经镇控制性详细规划通过江苏省建设厅专家评审。是年,市建设局完成全市各镇区主要街道、重点地段及镇规划范围内工业用地控制性详细规划编制。2009年,全市18个镇累计完成控制性详规编制面积5004.9公顷,规划覆盖率70%。其中袁桥、郭园、柴湾镇达到控制性详规全覆盖,江安、石庄、九华、长青、桃园镇达到80%以上。是年,市建设局被评为南通市村镇建设先进集体。

三、村庄规划

1983—1985年,全县53个乡镇以"节约用地、有利生产、方便生活"为原则,在编制乡镇总体规划时结合编制各村总体规划,丁北乡万坊村总体规划获南通市科技进步三等奖。1985年,县建设局完成全县农村建房十年规划编制工作。1993年,各乡镇对村镇规划进行第二轮编制和调整。1994年,市建设局开展以林梓镇蒋殿村和江防乡永平闸村为试点的村庄规划编制工作。此后,全市各行政村(居)规划编制工作全面开始。1998年,各镇开始深化镇村规划,并组织开展中心村详细规划的编制工作。是年开始,各乡镇全面加强农村建房管理,严格限制宅基地点、控制建房用地。次年各乡镇建设管理服务所建立后,农村建房管理进一步加强。2004年7月,各乡镇结合总体规划修编,开展组织村庄规划的修编工作。是年,丁堰镇龙潭小区和新堰村村庄规划分别获得南通市(2004年度)优秀规划设计二等奖和三等奖。新堰村村庄规划成为全市历史上第一个获奖的康居示范村规划。

2005年10月,全市各村全面进行村庄建设规划编制,实施农民集中居住,推进农村环境整治,改善农民居住环境。12月15日至24日,市建设局完成对现代化示范村村庄建设的技术论证。至此,全市现代化示范村建设规划在南通六县(市)中率先完成。是年,全市开始大力推进农民集中居住,严格限制农民在集中居住点外建房,禁止在农民集中居住点外兴建住宅楼房。2006年,根据江苏省和南通市城乡规划全覆盖和村庄建设整治会议精神,15个省级试点村完成村庄建设(整治)规划的编制工作,其中石庄镇永兴居委会的村庄建设整治规划获江苏省建设厅评比三等奖。2007年,市建设局完成江苏省建设厅下达的15个三类村庄建设规划和152个一般村庄总平面布局规划完善工作,经专家论证,全部通过南通市建设局验收。2008年,市建设局全面启动城镇社区聚居化修建性详细规划和30%村庄聚居化修建性详细规划工作,全市27个三类村庄规划通过南通市规划局初验和省建设厅抽查验收。搬经镇湖刘村作为江苏省第二批康居示范村,桃园镇桃林村、下原镇文庄村、搬经镇群岸村作为2008年省级村庄建设整治示范村,通过江苏省建设厅验收。2009年,搬经镇梅甸村、常青镇土山村、高明镇周庄社区、九华镇马桥村被确定为省级村庄整治试点村,林梓镇林梓社区、雪岸镇雪东社区、吴窑立新社区被作为省级农村生活污水处理试点村。2010年,全市332个村(社区)村庄建设规划和聚居化修建性详细规划编制完成。

第三节 拆迁和房地产开发管理

一、拆迁管理

中华人民共和国成立初,城市房屋搬迁由县

政府或如城镇统一组织实施。1961年1月，县人委明确规定：机关、团体、企事业单位未经县人民委员会批准，不得擅自动员群众迁移和拆除公房或兴建房屋；经批准拆除之公房材料仍用于修建公房。1983年12月，县城镇"三整顿"领导组根据江苏省城镇建设局《城市建设文件汇编》作出规定："任何单位或者个人未经批准不得擅自开挖、填埋、破坏现有地貌，不得擅自乱拆、乱建房屋。……拆除违章建筑和临时性建筑不予补偿。由于污染环境，造成公害，经当地人民政府批准限期拆迁的单位，不予补偿。"

1992年4月，如皋市城市房屋拆迁管理办公室（简称市拆迁办）建立，为城市房屋拆迁专门管理机构，全民事业单位，隶属于市城乡建设委员会。市拆迁办建立后，市政府先后出台《如皋市城镇房屋拆迁管理办法》《如城地区旧城改造实施办法》《如皋市如城地区房屋拆迁地段类别划分与安置面积暂行规定》《如皋市城镇被拆迁非住宅房屋性质界定办法》等一系列文件，保证城市拆迁依法依规进行。

2000年，市政府开始实施房屋拆迁货币化安置试点。2002年，市政府开始试点委托如城镇等作为拆迁主体实施城市拆迁。是年市拆迁办共核准办理城河风光带、如皋大剧院、中国盆景园及旧城区12号、15号、19号地块等15个地块拆迁许可证。2003年3月，市政府颁布《如皋市城市房屋拆迁管理办法》，根据社会经济发展状况，适时对城市房屋拆迁补偿价格标准、安置房价格标准、拆迁补偿评估技术规范等进行调整和完善。

2003—2004年，市拆迁办先后核准办理跃进路北侧（新皋桥东）、如皋初级中学、如师扩建，十里花市、滨河路、跃进路拓宽改造以及旧城改造1号、2号、3号、5号、14号地块等24个地块拆迁许可证。市有关部门、单位先后完成拆迁调解34户，裁决9户，强制执行拆迁2户，强制执行的比率为0.1%。2005年，市拆迁办共核发拆迁许可证6份，组织召开拆迁听证会、调解会65次，送达拆迁裁决书29份。

2006年，市拆迁办累计核发拆迁许可证20份，组织拆迁许可证前听证、强拆前听证及调解会195次，出具裁决书132份。2007年，市拆迁办共核发拆迁许可证26份，组织拆迁许可前听证会及各类调解会400余次，出具裁决书285份，强制拆迁14次。2009—2010年，市拆迁办共核发拆迁许可证9份，组织各类听证会、调解会260多次，做出搬迁裁决书86份，强制拆迁12次。

二、房地产开发管理

1984年10月，经县政府批准，如皋县城镇建设开发公司成立，国有性质，房地产开发由市城建委直接管理。不久，房地产市场逐步放开。1992年，全市房地产开发经营企业增加至9家。1993年，市政府根据国家和省政府的要求，出台《如皋市房地产综合开发管理办法》，开始依规加强房地产开发规划、用地、资质及质量管理。是年6月，市城镇建设开发公司与香港信谊商行合资建立全市第一家中外合资房地产开发企业——如皋云达房地产开发有限公司。

至1994年，全市房地产开发企业增加至18家，其中乡镇开发企业9家，如皋市城镇建设开发公司跨入江苏省房地产开发企业50强行列，全市有14家开发企业取得江苏省建设主管部门颁发的资质证书。1997年，市政府制定颁布《如皋市房屋租赁管理实施细则》和《如皋市房地产广告管理办法》，并组建苏北地区最大的房地产交易中心。是年，市政府实施安居工程1.2万平方米，安置中低收入住户169户。

1998年，市政府依据有关法律法规制定颁布《如皋市商品住宅实行住宅质量保证书和住宅使用说明书的规定》，进一步加强房地产开发企业所开发商品房质量的管理和房地产开发企业的资质审查和年检工作，进一步完善和加强物业管理工作。1999年，市政府、市城建委下发《如皋市住宅小区竣工综合验收管理办法》《关于加强房地产开发管理的通知》等文件，全面强化对房产开发企业的资质、住宅建设计划、小区配套设施建设及物业管理企业的管理。同时下发《关于做好房地产测量及房屋面积计算管理工作的通知》和《如皋市商品房价格管理实施办法》，进一步规范全市商品房价格和销售行为。是年8月，全市开展房地产开发企业的清理整顿工作，进一步强化资质管理，规范经营行为。

2000年，市政府出台《关于规范、培育、发展房地产市场的意见》，从规划、土地使用机制、开发资质、开发建设、住房分配机制、行政收费6个方面对规范、培育、发展全市房地产市场做出明确要求,促进全市房地产市场健康发展。同时,鼓励房地产开发企业推广采用新技术、新产品、新材料。东方花园小区首次使用淤泥粉煤灰(带孔)砖作外墙材料,屋面采用7厘米厚S泡塑保温层,门窗采用80系列塑钢门窗。武定苑小区开发建设中,使用长江淤泥黏土烧结砖作为墙体材料,同时采用水电远程抄表等新技术,提高小区的管理、服务质量。

2001年,按照建设部《房地产开发企业资质管理规定》,市城建委(建设局)组织对全市房地产开发企业进行清理整顿,并重新核定资质。进一步规范商品房面积计算、房屋销售行为,商品房"短斤缺两"的欺诈行为得到有效遏制,房产一、二级市场联动效应开始突显,二级市场渐趋活跃。是年,共发放"商品房预(销)售许可证"31份。

2002年年初,市政府出台《关于培育房地产市场的若干意见》,对全市培育房地产一、二级市场提出具体要求。4月18日,如皋市房地产业协会成立,首批参加的团体会员38名、个人会员53名。7月,市建设局根据建设部等七部委联合下发的《关于整顿和规范房地产市场秩序的通知》精神,对全市26个房地产开发项目、8家物业管理企业和3家房地产中介服务机构进行整顿和规范,全市房地产开发经营活动、中介服务活动及物业管理中的各种违法违规行为大幅度下降。8月,市建设局与如皋工商局联合下发《关于加强商品房买卖合同管理的通知》,进一步规范商品房预(销)售行为,避免合同纠纷。9月,市城镇建设开发公司开发建设的武定苑小区,被江苏省房地产业协会、省建设厅住宅产业化促进中心等单位评为"2002年首届江苏明星楼盘"。是年,市建设局始加强对商品房预销售的管理,核准商品房预(销)售许可证16份,批准预售面积18.6万平方米;市政府始对全市商品房开发规模实施宏观控制,经调查,全市有空置商品房15.87万平方米,其中空置一年以上5.44万平方米。

2003年3月,市消费者协会和市房地产业协会联合举办首届"放心商品房"评比活动,激励房地产开发企业提高商品房质量,诚信经营。全市有18家房地产开发企业参加评选,经过市民投票和有关部门评选、公证处公证,市城镇建设开发公司等8家公司获得首届"放心商品房"先进企业称号。7月,为适应现代化统计信息网络技术的需要,不断加强对全市房地产市场的调控,及时对房地产市场进行准确预测、分析,按照建设部的统一部署,市建设局将全市房地产开发企业全部纳入全国房地产信用档案管理系统,实现与"中国住宅与房地产信息网"的互联互通。

2005年3月,市建设局组织对如城地区房地产中介机构进行全面调查摸底,共登记房地产中介机构43家。5月起,市建设局、市房地产业协会与市电视台联合开办《如皋房产》专题栏目,向公众宣传商品房购置、装修等方面的法律法规,介绍商品房质量、面积核定的相关知识,曝光房地产开发中的违法、违规行为和现象,加强对房地产开发的舆论监督。

2003—2006年,市建设局共办理商品房预售许可证114份、面积158.58万平方米。2007年,市建设局始组织对居民小区进行综合验收,当年组织验收小区17个。是年,金威置业、九天房产联合开发的"金九华府"项目,获第四届江苏省优秀住宅称号。2008年11月,由南通佳弘置业有限公司开发的龙游御境小区,获省第五届优秀小区称号。

2009年9月,市经济适用房和廉租房二期工程竣工,55户符合条件的市民申购得经济适用房,37户符合条件的市民获准租住廉租房。2010年,开展中低收入家庭住房情况调查,继续批准出售经济适用房36套,租住廉租房62户,廉租住房租赁补贴保障对象437户。

图3-26 如城和谐家园安置房、经济适用房(2010年摄)

第四节 市容、市政管理

一、环境卫生管理

古代，城厢环境卫生由居民、商铺等各自负责，主要打扫门前街巷。街巷公用厕所均为私有，由购粪农民负责打扫。垃圾、粪便均售给城郊农民作肥料。清代，始有洒扫局雇佣清道夫打扫主要街道，居民粪便仍由收粪工挨家收集，再售卖给郊外农民。民国初年，清道夫由城区区公所管理。中华人民共和国成立初，城区亦无专门的卫生清扫和管理机构。1957年10月，如城清洁管理所建立，办公地址设于锦绣街道，开始对城区主次干道环境卫生进行正常清扫和管理，并于9个蓄粪池建成后，开始对城区粪便实施集中管理。1959年7月，如城清洁管理所迁至南门西城脚，并设锦绣、迎春、丰乐、大治、陆桥、普济、宏坝7个清洁管理站。1960年8月，如城清洁管理所撤销，7个清洁管理站归各工区领导。1963年8月，如城清洁管理所恢复，设于长巷石家祠西隔壁，仍隶属于如城镇管理。1980年4月，如城清洁管理所更名如城环境卫生管理所(大集体企业)，改属县基建局领导，负责全城打扫和粪便垃圾收集转运及公厕的冲刷、消毒工作。自此，城区环境卫生由如城镇管理改为县直管。1994年，如城环境卫生管理所更名为如皋市环境卫生管理处(简称市环卫处)。2006年4月，市环卫处整建制划归市城市管理行政执法局。

街道、河道保洁 20世纪90年代前，城区道路保洁实行“一日一扫”制，每日清晨打扫。1980年日清扫道路面积17万平方米，1997年增加到49.8万平方米。1999年，城区道路保洁开始实行“一日两扫”制，并开始将河道列为保洁范围，城区保洁范围增加至66.64万平方米，其中水面5万平方米。2001年开始，城区道路保洁在“一日两扫”的基础上增加半天巡回保洁，重点地段实行“全日保洁制”。同时将如皋经济开发区、城郊接合部、环南东路(福寿东路)、东皋路等纳入保洁范围，组建开发区环卫所，全城保洁面积增加到90万平方米。2002年，道路、河道保洁范围进一步向城郊延伸，增加保洁面积7.7万平方米。2003年，市环卫处组建保洁公司，并组建城河风光带管理中心负责内外城河风光带景点、水面、排涝、排污等。道路、河道保洁范围继续向宽3.5米以上的支路和区间路延伸，向内外城河全部水面延伸，向城市广场绿地延伸，新增保洁面积近20万平方米。2004年6月，市政府对建设局、城管局、如城镇、开发区负责的保洁责任区域作进一步明确和界定。形成附有《保洁任务表》和《保洁地点示意图》的市区环境卫生保洁网络图，其中市环卫处新增保洁道路14条、5万平方米，日道路保洁面积增加至140万平方米，其中道路清扫面积129万平方米(主城区86.6万平方米，开发区42.4万平方米)。2005年1月，全市开展“环卫大清扫”活动，城市卫生保洁进一步“向城郊延伸、向城市河道延伸、向后街后巷延伸”，市环卫处新增城区保洁区域46万平方米。是年起，在主干道保洁“一日两扫加半保”基础上，主要道路、市民广场将保洁时间延伸至夜间。至2008年，城区公共保洁道路、河道面积增加至218万平方米，其中新村区间通道17万平方米，基本实现居住小区、单位院落以外公共区域卫生保洁全覆盖。

垃圾清运 20世纪80年代前，城区垃圾由清扫人运至垃圾堆放点，集中运至城郊临时垃圾堆放处处理。1985年，共清运垃圾1.8万吨。1996年，新建2座垃圾中转站以后，环卫工清扫和从单位、居民楼道收集的垃圾运至垃圾中转站后，再以大型垃圾车运至城外垃圾填埋场集中处理。1999年，皋南、滨溪垃圾中转站中转机械投入运行后，

图3-27 如城西皋垃圾中转站 (2009年摄)

垃圾清运效率显著提高，城区垃圾基本实现“日产日清”。是年，完成垃圾无害化处理场定点、设计、勘测和一期工程，此后，垃圾均清运至无害化处理场处理。进入21世纪，城区垃圾清运逐步实现密封装运，垃圾、脏水沿途散落、滴洒的问题得到解决，并随着居住小区逐步推广可移动式垃圾筒，居民生活垃圾清运逐步实现自装自卸，垃圾清运效率进一步提高。至2005年，城区日清运、处理垃圾量增加至120吨。2008年，西皋垃圾中转站实施压榨式改造完成，仙鹤、滨溪压榨式垃圾中转站建成，城区垃圾清运机械化水平进一步提高。至2010年，城区垃圾清运基本实现机械化，全面实现垃圾日产日清。

公厕保洁 20世纪80年代以前，城区厕所水冲式极少，公厕要靠环卫工人从河道、水井挑水冲洗，一般不能每天冲洗一次，有的甚至多天才得到冲洗，冲洗时一般只冲洗便池，大多臭味扑鼻。20世纪80年代，随着城区自来水普及，部分公厕接入水龙头，冲洗频次有所提高。1983年，如城环卫所日保洁公厕336座。1990年，日保洁公厕增加至424座。1992年，城区开始旱厕改水冲式，当年改建水冲式公厕8座。此后，除新建公厕均为水冲式外，每年均改造部分旱厕为水冲式，公厕冲洗由主要冲洗便池向全面冲洗保洁转变，公共厕所臭味扑鼻的问题逐步得到解决。至2010年，城区公厕全部改建为水冲式，加上环卫工人勤冲洗、勤保洁，公厕异味问题基本得到解决。

二、市容市貌管理

违章搭建拆除 1989年，县城管监察中队成立后，开始查处、拆除城区违章搭建。1992年，市政府组建城管办以后，开始对违章搭建实施联合执法，加大拆违力度。1999年，市城管局对管理区域进行调整，变原来的条线管理为区域管理，设4个区域中队，及时发现、查处违章搭建。是年，共查处沿街违章建筑108处，其中强制拆除20处，面积256平方米。

2002年，城区始实行“两级政府，三级管理，四级网络”的管理体制。市城管局、如城镇在孔庙、绘园两个社区进行拆除违章建筑试点，集中对绘园小区、文定苑、武定苑的违法建设进行整治。当年，城区共查处违法建设255起，面积3.2万平方米，其中绘园小区、文定苑、武定苑111起，面积1578平方米。此后，市城管局、如城镇持续拆除违章搭建力度，其中2006年立案查处违法建设157起，拆除违法建设14050平方米，违章建筑查处率98%以上。2008年，市城管局、如城镇重点对居住小区、城中村、城郊接合部的违法建设，加强拉网式巡查，共发现并拆除居住小区、城中村、城郊接合部违法建设176处12074平方米。2009年，市城管局开始组织对主次干道两侧历史性违法建设进行拆除，共拆除育贤路、福兴路、宁海路、健康路等部分主次干道两侧的历史性违法建设415处、7320平方米。同时，加强对城市规划的监管，共拆除违规新发违章建筑436处、21130平方米。2010年3月开始，城区集中开展30个老小区违法建设的拆除工作，共拆除违章建筑887处、6677平方米。同时，大力推进“拆违补绿”和拆除空中违建，共拆除违法建设147起、4783平方米。

摊点整治 1991年前，对临街店外店、路边地摊、路口流动售货车等管理不太严格，任意设摊经营较为普遍，影响交通和市容。1992年，结合创建省级卫生城市，市政府在城区开展摊点集中整治活动，采取兴建小商品市场召集摊点业主至市场设摊位销售、沿街店铺全面落实“门前三包”（包环境卫生、包绿化维护、包市容秩序）责任制、分段设立道路秩序监督员加强巡查等一系列措施，城区主要街道、路口摊点一度得到彻底清除。1995年市城管监察大队成立后，开始加强早晚和午间巡查执法，巩固集中整治成果。20世纪90年代末和21世纪初，城区店外店、乱设摊点现象出现回潮，夜排档等占道经营日趋严重。2001年，城区开展大排档等占道经营突击整治，开始对大排档夜市实行“三规”（规定营业时间、规定经营场点、规定使用面积）管理。同时加强对市区20家洗车场和近30家临街摩托车、汽车修配店铺的综合整治。2002年5月，城区开展市容、秩序“综合整治样板月”活动，将整治的范围逐步向城乡接合部和城郊延伸。市城管局、如城镇先后对十里花市、西皋路、东三环路、仙鹤路、东皋路、环西路等路段市容秩序进行重点综合整治，清理长期占道经营260余处，对西皋路占道摊位全部进行取缔。2006年，市城管局先后对西皋市场大司马路路段、新生路新生桥段、东皋路东皋桥段等马路市场较为集中的路段进行综合整治，取缔店外店105处，查处违章占道摊点450处，清理乱堆乱放380处。

2008年，市城管局将摊点整治的重点移向农贸市场。先后对西皋市场、新生市场、南门桥市场及皋南市场进行摊点整治，取缔流动占道摊点4940处次，教育并查处违章店外经营2380起，并开始实行城管队员早值班巡查制度，加强巡查管理。2009年，在继续加强市场摊点整治的同时，开始重点加强对广场、景点景区、商业中心及学校周边的摊点管理，共纠正、取缔广场、景点景区、学校周边流动占道摊点7320余处次。

2010年，各农贸市场在继续坚持城管队员早值班制度的同时，开始实行"定人、定岗、定标准、定考核"的管理制度，并开始实行中午及晚间错时管理，及时教育和纠正市场周边乱摆摊点影响交通和市容的行为。

规范车辆停放 20世纪90年代，随着城区人口增加，在居民和进城农民自行车、摩托车、农用运输车急剧增加的同时，城区各种营运车辆亦快速增多，车辆随意停放逐渐成为影响交通环境的主要因素，一度部分营运车辆为招揽生意专挑人流量大的街道和交通要道口停车等客，严重影响道路畅通和市容秩序，市民意见很大。1999年，城区开展营运人力、机动三轮车停放集中整治，清除违章停放三轮车2600余辆次。2001年，开始实行营运三轮车年检制度，对经营者发证、发专用背心，以便监督检查，并开辟20个营运三轮车停车点，面积约800平方米，营运三轮车停车秩序明显好转。在营运三轮车年检中，对下岗工人、低保户凭证件给予优惠。2003年，在推进"门前三包"责任制落实的基础上，城区开始由城管局聘请协管队员，对主要街道和一般街道重点地段进行市容秩序协管，主要街道和一般街道重点地段车辆停放秩序进一步优化。是年，城区营运三轮车停靠点增加至34个，总面积1050平方米，可供350多辆三轮车临时停放。2004年，市城管、建设等部门在城区划定78处出租车即停即走泊位和69处人力三轮车等客泊位。同时，在夜市、大排档及商业区周边分别划定停车泊位40余处，新增各类交通标志47块，对道路标志、标线进行全面出新。2005年，随着家用小汽车的快速普及，小汽车乱停乱放问题日趋突出。是年起，城管、建设、公安等部门开始在城区规划划设汽车停车泊位，逐步规范汽车停放。2007年，城区开展"五一"环境大整治，对车辆停放进一步加强管理。是年，市城管局开通城管"110"举报专线，推进安定街创建省级市容管理示范路，全年共查处违章停放非机动车辆3400余辆次。同时，市公安局强化对城区汽车乱停乱放的管理和查处力度。

2010年，市城管局开始实行人力营运三轮车车主例会制度和文明营运积分制度，组织车主学习《道路交通管理条例》等法律法规，填写文明经营承诺书。同时，在城区主干道划设人力三轮车临时停靠线184处，人力三轮车停车位356个，发放文明停车友情提醒通知书1300份，纠正乱停乱放、逆向行驶等1739起，对违章行为予以扣分173起，查扣无证人力车19辆。

户外广告治理 20世纪90年代，随着市场经济体制的确立，全市市场日益繁荣，户外广告逐渐增多，随意设置、张贴广告现象亦随之增加，部分居民楼楼道和街道墙面形成"牛皮癣"，严重影响市容市貌。1992年，结合创建省级卫生城市，市城管局、如城镇在组织清除小广告"牛皮癣"的同时，重点对十里花市、东三环路、仙鹤路、东皋路、环西路等路段户外广告进行整治，先后拆除不规范广告标牌520余块，查处擅自设置的广告灯箱138个。1999年，重点加强对居民小区楼道、街巷迎街墙面、电杆等乱张贴小广告的整治，清理较大面积"牛皮癣"600余处，并利用"电话追呼"等通信手段，对乱张贴小广告的事主进行惩治。

2001年，开始建立户外广告审批档案。是年，登记灯箱广告460多个、大型广告牌26幅、门头招牌广告100多处，同时开始对城区结合亮化设置的广告实施统一管理；共整顿户外破旧广告，清除乱挂、乱设置广告350多起，查处乱张贴人员14人，责令清理小广告450余份。2007年，市政府下发《如皋市户外广告管理办法》《户外广告设置技术规范》等规范性文件。市城管局开始对照技术规范实施广告设置许可，规范广告许可的程序，统一广告设置的标准。是年，开始推行户外广告设施(阵地)的有偿使用，实现公共户外广告设施利用最优化、最大化。

2009年，市城管局、建设局组织城区16条反差路段的包装出新，共拆除、更新破损陈旧广告及店牌店招127块，反差地段环境得到明显改观。是年开始，市纪委、市委宣传部等开始组织大型户外公益广告的设置，先后设置各类大型公益广告30多处。2010年，市城管局开始严把广告设置审批关，引导广告设置单位在坚持规范的基础上，设置高雅、文明广告。全年审批户外广告524件，拆除23条道路的违规广告牌1500余块，计1.8万余平方米。是年开始，城区逐步淘汰喷绘布广告，因地制宜大力推进户外广告的亮化，扩大公共广告资源有偿使用范围，完善户外广告公共资源市场化运作机制。

三、供水管理

水源管理 1977年如城自来水厂建成并将如海河作为水源地以后，市政府和市建设、水利部门即将水源地保护列为重要工作内容。除设立显著的水源地保护标志，经常对上游河道进行除草、除杂外，每遇大旱、大雨均采取相应措施保证污水不流至水源地。

21世纪初开始，长江水位降低，非但不能正常引长江江水入如海河，如海河水常倒流入长江，导致城区污水常倒流入如海河，严重影响自来水厂的生产和供水。2002年，市政府投资150万元，于如泰河如城镇十里村段兴建拦河闸，截断来自如城地区的污水。2004年，市政府与鹏鹞水务签

图3-28 如城镇十里村拦污闸 （2008年摄）

定BOT专营合同，启动南通市西北片引江供水工程。2005年，在团结河筑拦河坝，截断团结河污水流入如皋自来水厂备用水源地。2008年12月30日，区域供水中部地区供水管网全线贯通，开始供水。2009年，如皋市区域供水管理处成立，开始实施区域供水的日常监管。市区区域供水一期工程通水，中心城区全面实现常年使用清洁优质长江水作为自来水水源。

至2010年12月28日，如皋自来水厂和全市各镇自来水厂全部开始通过管网以长江江中水作为水源。

供水节水监察与水质检测 1995年11月，如皋市城管监察大队供水节水监察中队组建，具体负责加强对供水和节水市场的管理。至1998年水厂二期工程正式运转，水质综合合格率98.2%。2000年11月，如皋市水质检测中心成立。次年8月，如皋市水质检测中心通过江苏省质量技术监督局水质计量认证验收，评定为省二级化验室资质。2005年，如皋自来水厂建立安监科，开始全面推行ISO9001—2000国际质量管理。至2010年年末，全市各自来水厂水质综合合格率均在98%以上。

四、照明管理

清代前，市区路灯由店铺、居民共同购置和管理。民国7年（1918年）皋明电灯公司建成，城区部分改用电灯照明后，国民政府如皋县政府建设科和皋明电灯公司开始参与城区照明管理。

1950年，城区地方事业委员会成立后，路灯管理、维修由如城镇城建股负责。1991年3月，如皋县路灯管理所建立，为全民事业单位，股级建制，隶属县城乡建设委员会，承担如城地区路灯的增设、管理、维修等工作。1993年，市路灯管理所对如城地区1213盏路灯、28台控制箱及45.23千米的路灯线进行维修、改造，全年新装钠灯74盏，新增控制箱3台。

1994年6月，市路灯所更名为如皋市路灯管理处，开始通过GPS卫星定位和无线三遥系统管控全市的照明系统，实现数字化管理。路灯维护实行分区维修巡查制，对城区主次干道道路照明每周二次、街巷每3天一次巡查修复，发现或接到市民投诉路灯不亮，24小时之内修复，线路故障36小时内修复。此后城区照明设施亮灯率、设备完好率一直保持在98%左右。

2010年，市路灯管理处更换城区照明控制箱17台，维修31台，维修各类路灯2080盏，维修亮

化景点景观灯2056盏，在城市照明设施快速发展的情况下，亮灯率保持98%以上。

五、燃气管理

1995年10月，如皋市燃气管理处建立，开始强化对石油液化气设施和供气的管理。1999年7月，全市液化石油气储配站及瓶装供应站布点规划编制完成，同时完成下原、磨头两镇新建液化气储配站选址定点工作。是年，市燃气管理处共核发瓶装液化气供应气站定点证38份，燃气具销售许可证36份。2000年，全市开展燃气市场安全生产专项治理，组织专项检查7次，整改事故隐患266起，责令1家瓶装液化气供应气站停产，查处违法经营企业2家、液化气经营者5人，燃气市场得到进一步规范，全年安全供气无事故。2001年7月，如皋城市管道燃气专业规划编制完成。2002年4月，市燃气管理处开始对全市从事燃气行业的场所和人员（包括代充气人员）按区域进行普查、登记、建档、培训、发证。至12月底，共整改安全事故隐患26起，查处违章、无证经营事件124起，暂扣劣质、过期未检钢瓶329只。

2003年，市政府把推广使用管道燃气列入创建生态示范城市的范畴。根据“管道燃气工程必须与建筑主体工程同时规划、同时设计、同时竣工、同时验收”的规定，全市正式将管道燃气与房产开发并轨，纳入房价同步开发、整体销售。是年9月，全市开展液化石油气气瓶普查整治活动，全年共组织燃气安全专项大检查3次。2005年，开始对全市13家液化气储存站开展安全评估工作，并以加强如城地区管道燃气安全监管为重点，深入推进燃气行业安全生产专项治理活动。全年组织燃气安全专项大检查6次，累计查出安全隐患103起，均责令整改。2007年1—6月，市建设局牵头，益友燃气公司委托南京燃气设计院完成《如皋市燃气专项规划》编制。当年，市建设局组织开展安全生产检查4次，发放限期整改通知书45份，整改各类隐患35起。

2008年初，市建设局组织并指导编制燃气事故应急救援预案。年内，通过燃气安全检查活动，发现并整改事故隐患34起，完成如皋港区管道燃气规划编制，为如皋港区管道燃气实施与南通中油燃气有限公司签订特许经营协议。2009年，全市燃气企业参加所在镇区开展的安全咨询活动。9月，制订《2009年如皋市燃气行业国庆期间安全检查实施方案》，组织并指导燃气事故应急救援预案演出。全年启动市境内“西气东输”工程48.4千米管道铺设。2010年，制订《如皋市燃气行业上海世博会期间安全生产监管实施方案》，完成贯通如皋分输站至如皋港港区高压管线施工，全面开通建设分输站至主城区的高压管线。

六、绿化管理

民国以前，城区所植树木均属私有，无栽植规划，管理分散。民国13年（1924年），国民政府如皋县政府将公路两侧植树收归公有，亦未相应加强管理，损毁、失窃现象严重。民国17年国民政府提倡植树造林后，国民政府如皋县政府开始组织植树造林活动，往往有植无管，收效甚微。

1990年2月，如皋县园林管理所建立，具体负责如城地区公共绿地的规划、实施和管理。如城镇亦组建绿化管理队，负责如城地区公共绿地、行道树等绿化的养护和管理。1994年6月，市园林管理所更名为如皋市园林管理处，原如城镇建设办公室绿化管理队撤并至市园林管理处统一管理。2002年9月，市建设局修订《如皋市城市绿化管理实施办法》，出台《如皋市内外城河绿化工程建设管理行业规定》，开始按照新的管理办法和行业规定，实施公共绿化工程建设和管理。

2003年，城市绿化建设工程开始实行公开招投标制度，对社会开放，鼓励社会力量参与城市绿化工程的建设和管理。是年，市建设局完成对城市绿化规划的调整和完善。2005年5月，市政府出台《如皋市古树名木管理办法》《如皋市绿色图章管理办法》和《如皋市绿化管理办法》，全市绿化建设管理工作走上制度化、规范化和程序化轨道。是年，完成如城地区古树名木普查建档工作。2007年，市建设局、城管局查处占用绿地事件49起，损绿毁绿事件100余起。2008年10月，市第五届中国（如皋）花木盆景艺术节中开展“如皋市古树名木‘养老金’建立暨认养活动”，全市73株古树名木中64株被相关单位和个人认养，实行定向维护管理。这一形式为全国首创。2009—2010年，在继续加大城区景观及道路、河道绿化建设养护力度的同时，着力加强对居民小区公共绿化的管理力度，市建设局、城管局、如城镇多次组织活动，对毁绿种菜、毁绿停车等进行综合整治。

七、白蚁防治

中华人民共和国成立前，如皋民间多用开水、煤油浇洒或在宅周种植臭椿树等土法防治白蚁。中华人民共和国成立初，县政府组织对全县白蚁危害情况进行普查。经查，境内常见的白蚁有中华家白蚁、台湾家白蚁、黄胸散白蚁、黑胸散白蚁、圆唇散白蚁、干木白蚁、花胸散白蚁7种，危害最大、分布最广的是黄胸散白蚁。

1976年，如城房管所设立白蚁防治小组，开始对直管公房进行专业白蚁防治，并帮助单位、个人防治白蚁。1984年10月，县白蚁防治站建立，隶属县房地产公司，贯彻“预防为主、防治结合、群防群治”的方针，开始组织对全市白蚁进行专业防治。1984—1990年，县白蚁防治站先后组织多期培训班，对各乡建筑站和农村规划员进行蚁害防治专业知识和技能培训，共培训117人。期间，再次组织全县蚁害普查，共重点检查1.67万户、108万平方米，对其中有蚁害的1780户进行灭治，灭治房屋面积14.3万平方米，家具7000多件。1987年4月，开始对入境销售的木、竹及其制品进行白蚁害情检疫，此项工作为全国首创，得到中国白蚁防治中心的肯定和表扬。

1990年，县白蚁防治站对如城地区180座建筑物进行蚁害检查，共发现有蚁害的建筑56座，占31%，其中蚁害烈度在二级以上的有25座，占14%，全部进行专业灭治。2008年11月，如皋市通过江苏省白蚁防治行业全面考核检查，市白蚁防治站被南通市房管局评为白蚁防治先进单位。2009年，市建设局加强白蚁防治宣传，提高广大群众对白蚁防治的认识和对白蚁防治法规、政策的了解，普及白蚁防治知识。是年，市白蚁防治站与134个单位签订白蚁防治协议，总防治建筑面积249万多平方米，连续4年被南通市房管局评为白蚁防治先进单位。

2010年，市白蚁防治站实施白蚁治理工程170项，治理面积230万平方米；回访复查实施白蚁预防工程已满3年的单位500多家，并建成全市白蚁治理局域网和电子台账。

第五节 房产、物业管理

一、房产管理

中华人民共和国成立初，全县房地产管理工作先后由县基本建设委员会、县城镇建设委员会、县革命委员会基本建设局、县财政局管理公产股等单位兼管。1979年9月，县房地产公司建立，隶属县基本建设局。1989年1月10日，如皋县房地产交易所建立，隶属县城乡建设委员会。1989年1月15日起，县房地产交易所开始办理房屋买卖、商品房买卖过户、房屋产权登记发证等。1991年3月21日，县房地产交易所增挂如皋县房地产监理所牌子，实现全县城镇房屋产权登记、发证、变更工作及房屋产权产籍资料的统一管理。1992年，全市开始实施职工（居民）住房制度改革。2002年9月1日，市房地产交易所和市房地产监理所分开，各自成立单独的法人单位。市房地产交易所主要负责房地产交易管理（包括房地产转让、抵押和房屋租赁）、房地产交易服务（包括房地产咨询、信息收集发布）等。市房地产监理所主要负责房地产权属登记、房地产所有权属登记、房地产产权产籍管理、商品房面积测量及认定、商品房预销售管理等。

房屋产权管理 1949年前，全县房屋多数为私人所有，房屋产权以房契予以确认，其中土地改革中大地主和部分富农的房屋被没收，归无房、少房农民所有。机关、公立学校房屋属于公产，由县公产公款管理处（后改为经济委员会）管理。会馆、公所、祠堂等多为集资购建，产权属团体或家族，由董事或族长管理。寺庙房屋为寺庙僧尼私有，师徒相承，一般不得变卖。如皋全境解放后，如城军事管制委员会在城区没收官僚、豪绅私房，接管国民政府如皋县政府管理的公房，归全体人民所有。1958年9月，县人委组织对如城镇出租、借出的私房进行社会主义改造，规定凡出租房屋建筑面积在70平方米以上的，列为改造起点，对出租房屋非居住使用和地主、富农、资本家出租的房屋，不受起点限制，一律列入改造。对个别困难户出租的房屋，虽超过起点，可予暂缓改造。至月底，房屋改造工作基本结束，接管出租房屋980户，计9306.5间。其中楼房180.5间，平房8930.5间，棚披儿195.5间。此外对会馆、祠堂等团体、家庭共有房屋，一律由国家接管；庙宇等僧尼私有房屋，由国家代理经租。1960年9月、1961年3月、1967年12月白蒲镇、丁堰镇、林梓镇先后实施私房改造，共改造私房1701户、11716间、21万平方米。对私房改造的方法，初期采取国家经租方法，给私房主发定息，实行赎买，逐步改变其所有制形式。后受极左思想影响，一律取消定息。1972年，开始落实房产政策，组织复查处理。1973年起，由县"一打三反"办公室开始落实"文化大革命"中被冲击的房产政策，至1986年底处理结束。1989年县房地产交易所建立后，开始恢复办理房屋产权登记发证工作。至1990年年底，批准退还房屋709户1913间。其中给予经济补偿的278户555.5间，已处理227户551间，补偿26.68万元；应退原房162户460.5间，已退92户254.5间；应退产权265户787间，已退92户251间。"文化大革命"中，全县没收私房407户1169.5间1.99万平方米。其中如城317户902.5间，白蒲74户236.5间，丁堰1户2间，石庄15户28.5间。20世纪90年代实施住房制度改革初，房改房实行共有产权，职工和单位均拥有房屋部分产权，职工不得单方面处置房改房，不得上市交易。

进入21世纪，随着住房制度改革进一步深化，职工购买房改房开始获得全部产权，与私有住房一样可以上市交易，房交登记发证亦进入高潮。2002年，市建设局共办理房地产产权初始登记17.15万平方米，抵押登记5.29万平方米，买卖登记14.38万平方米，租赁登记1435平方米。2003—2006年，共办理房产产权初始登记4644份(其中18份为18个小区登记)、建筑面积140.39万平方米，办理房产转移登记8165份、建筑面积134.06万平方米，办理房产变更登记3326份、建筑面积48.79平方米，办理房地产抵押登记8453份、建筑面积388.35万平方米。2008年，全市发放房屋产权证11584宗，登记发证量创历史之最。至2010年年末，全市累计发放产权证和共有证9.89万本，其中乡镇产权证1万本。

城镇住房制度改革　1993年1月1日，《如皋市城镇住房制度改革实施方案》开始实施。城镇职工每户可在户口所在镇按规定购买一套自住住房，购买面积标准为：一般干部职工75平方米、科级干部和中级职称科技人员90平方米、处级干部和高级职称科技人员110平方米。每户家庭可按家庭成员中职级最高者标准购买，标准面积以内享受优惠价，超过10平方米部分按市场价，超过标准10平方米(含10平方米)以下部分按成本价，价格由房屋结构、层次、房龄及职工工龄等多个因素确定。购买优惠房改房家庭须填写《如皋市优惠出售公有住房审批表》，经层层审核和市房改办批准后方可实施。20世纪末，城镇住房制度改革进一步深化：取消实物补贴，实行货币补贴，建立国家、集体、个人三者合理负担的城镇住房新机制。部分有条件的部门、单位开始向1998年11月30日前参加工作，未享受优惠购买房改房或优惠购买房改房面积未达到规定标准家庭的职工给予一次性购房补贴。补贴数额按上级有关政策，参照职级、工龄等确定，须报市房改办批准。不久，部分单位开始根据有关政策，对1998年11月30日以后参加工作的职工，以提高住房公积金补贴标准的方式给予补贴，单位补贴由个人缴纳额1:1提高至1:2。至2010年，部分职工购房一次性补贴仍在审核发放中。

城镇私房管理　1949年前，全县私房管理松散，由房屋所有人自住、出售或出租。如皋全境解放初，如城军事管制委员会在没收官僚、豪绅私房的同时，代管美籍华侨私房2幢、723间，并对空置和出租私房实行"国家直接控制，统一租赁管理，调配使用"的政策。1951年，县政府作出规定："私房砌建、拆卸及修理亦需报经城区生产建设股批准。"1961年4月，县人委规定："各机关、团体、企事业单位，不经本委批准，一律不准擅自动员群众搬家……。"1966年，全县开始对私房买卖加以严格限制。1985年5月，《如皋县人民政府城镇建设管理若干规定》明确："城镇一切土地(包括水面)为国家所有，由城镇规划部门统一规划管理，任何单位和个人使用土地，必须经城镇规划部门批准。"开始对私房建造用地实施严格管理。1988年起，取消对私房买卖的限制，私有房产可经市房地产交易中心自由买卖。

城镇公房管理　民国时期，国民政府如皋县政府设公产管理处，负责对城镇"公房"进行管理。1951年春,县公产管理组对如城军事管制委员会没收、接管的房屋,逐一进行整理、绘图、造册,计有公房1464间,其中工商企业使用372间,行政机关使用323间,学校使用69间,其余由235户居民租住,每月缴纳租米2491.20千克。1958年开始的城镇私房社会主义改造中,全县公房共增加11716间,大都由居民租住。1962年,如城、丁堰、白蒲、石庄4镇房管所成立,分别具体负责四镇的公房管理,城镇公房管理更加细致。此后,部分机关、学校、国营企业根据工作、教学和开展业务需要,陆续兴建一批公房,4个市属镇为解决城镇居民的住房困难,亦相继兴建部分直管公房。除直管公房由房管所负责具体管理外,其他新建公房均由相关单位各自管理。

1978年起,如城镇陆续建造居民住宅楼13幢,其中蒲行口8幢、水绘园西2幢、东郊3幢,均由如城房管所出租给居民居住。1982年起,不少机关和企事业单位先后自建职工住宅,一般均实行"单位建设、单位分配、单位出租、单位管理"的方式进行管理。1986年,始建商品住宅,主要由单位购买后分配给职工居住,管理方式基本与单位自建住宅相同。1993年开始实施城镇住房制度改革后,单位自建公房大多优惠出售给所居住职工,单位虽拥有部分产权,但一般不再进行统一管理。1995年,如城开始实施大规模旧城改造后,先后拆除部分直管公房,由房管所管理的"直管公房"逐步减少。1999年11月,实施新一轮房改,将部分公房(含机关、企事业单位自建公房)出售给住户。进入21世纪,公房管理更加注重社会效益和经济效益,不少公房通过公开招标,房租大幅上升。2008年,市行政服务中心投入使用后,除公检法和总工会、残联等少数单位外,均集中至行政服务中心办公,原办公场所开始由市机关事务局进行拍卖和转换,为市民服务中心工程筹集经费。2010年,全市共有直管公房96254.01平方米,其中居住用房55041.96平方米、非居住用房41212.05平方米。

二、社区物业管理

2001年5月,在如城小区综合整治初见成效的基础上,市城管局选择皋南新村四组团、锦绣二区和武定苑,进行全市住宅小区物业管理试点,完善区内硬件配套设施,实行封闭式管理,并筹建小区业主委员会,订立章程。6月,市政府根据《江苏省物业管理条例》出台《关于在市区住宅小区实施物业管理的实施意见》,对市区物业管理提出明确要求,做出计划安排,并明确小区物业管理相关规范。至年末,如城建成区22个小区中,有7个开始实施比较规范的物业管理。2002年,市城管局在大力推进社区物业管理的同时,着力提高社区物业管理的规范化水平。至年末,全市物业管理资质企业增加至9家,其中三级资质5家、四级资质1家、临时资质3家。建成县级示范社区6个,其中孔庙、安定、长巷、红星社区被南通市政府命名为"南通市社区建设示范社区"。

2003年,市财政、物价、建设等部门联合下发《如皋市房屋共享部位、共享设施设备维修资金的收取、使用管理办法》。12月初,市建设局举办全市首届物业管理专题业务培训班,社区、小区有70余人参加培训。中旬,组织孔庙小区(文定苑、武定苑和闸桥苑)召开第一届业主大会,选举产生全市第一家业主委员会,构建业主委员会与物业管理企业双向选择的物业管理机制。2004年,全市取得物业管理资质的物业管理公司增加至15家。全年归集征收共用部位、公共设施专项维修基金200余万元。市建设局定期组织物业公司负责人进行业务培训,牵头协调相关单位解决落实社区管理各类用地4000余平方米。是年,恒昌物业管理有限公司管理的"东方花园"小区通过南通市房产局组织的"物业管理先进单位"验收。2005年12月,受江苏省建设厅委托,市建设局承办省"物业管理企业经理岗位培训班",有80多家物业企业负责人参加培训;市鑫厦物业管理有限公司被南通市房产管理局评为优秀物业管理公司。是年,各小区组织清除小区内的农作物6万余处,补栽缺损公共绿地2万多平方米,疏通下水道500多处,补齐残缺路灯40多盏。至年末,全市取得物业管理三级资质的物业管理公司增加至21家,归集征收共用部位、公共设施专项维修资金600万元。是年"六城同创"活动中,市建设局、如城镇、如皋经济开发区督促各小区房地产开发企业加强小区配套设施修缮、完善,牵头协调相关单位解决社区物业管理用房。2006年,市物业管理领导小组成立,开展调查摸底、核查登记,共形成调查报告、物业小区示意图及各类台账10余册。2007年,市政府出台《如皋市物业管理暂行办法》,对物业管理相关行为做出规范,并组织房地产开发企业占用小区维修资金情况清查。是年,城区共新组建小区业主委员会12个,共收缴归集维修资金1300万元。2009年,市城市管理行政执法局、市财政局、市建设局、市物价局、市审计局五部门联合下发《关于调整房屋共用部位、共用设施设备专项维修资金收取使用管理暂行办法的通知》,进一步对小区维修资金收取、使用、管理进行规范。市城市管理行政执法局3次牵头市建设局、如城镇和相关街道、社区开展社区物业管理联合大检查,下发各类整改通知书260余份。是年12月,上海鸿福物业公司管理的市行政中心大楼被命名为南通市物业管理优秀大厦,全市具备物业管理资质的物业企业增加至31家,累计归集维修资金4150万元。2010年,市政府出台《如皋市普通住宅公共物业服务等级标准(试行)》《如皋市普通住宅公共物业服务收费标准(试行)》,并对《如皋市物业管理暂行办法》进行修改完善。是年,市建设局、城管局累计交办小区物业管理整改事项400多件,完成率达100%。江中花园被评为省物业管理优秀住宅小区,龙游御境和城建嘉园被评为南通市物业管理优秀住宅小区。

第六节 建设工程管理

一、工程质量监督管理

1987年5月,如皋县建筑工程质量监督站(简称县质检站)建立,隶属县计划经济委员会,开始对全县建筑工程实施质量监督管理。1992年5月,市质监站划归市城乡建设委员会管理,代表政府对建设工程进行开工前的资质核查、施工中的工程质量抽查、完工后的工程质量核验。质量监督以抽查为主,抽查重点为地基基础、主体结构和决定使用功能、安全性能的重要部位等。1995年,随着市政工程建设力度加大,市质检站开始介入市政工程建设的质量监督,对市政工程质量实施跟踪监督。1997年,根据建设部和江苏省建设部门的要求,市"两站一办"(质监站、定额站、招标办)联合办公,组建如皋市建设工程交易管理中心(简称市建管中心),开始对全市建筑工程实行一条龙管理服务。1998年,市建设局制定下发《建设工程质量管理制度》《建设工程质量检查、监督验收标准化程序》《市政工程质量检查、监督验收标准化程序》《建筑装饰工程质量检查监督要点》《民用建筑安装工程质量检查监督要点》《铝合金安装工程质量检查监督要点》等一系列规章制度,对全市建筑工程质量监督管理进行规范。1999年,建设工程项目质量监督管理开始向乡镇延伸,全市工程质量监督员队伍扩大至233人。是年,市建管中心共监督单位工程184项,面积63.01万平方米,发现质量问题35起,发整改通知124份,停工通知8份,受理处理群众投诉6起。2000年,市建管中心共监督单位工程128项,其中新受理监督工程50项、建筑面积43.5万平方米;竣工工程33项,其中优良工程8项,优良率24.24%。

2001年1月起,全市开始实行新的建筑工程质量监督管理体制,由工程质量等级核验制转变为工程质量备案制,建筑工程的过程质量监督开始由监理机构根据建设单位的工程实际情况,制订监督方案,并根据监督方案实施监督。市建管中心根据国务院办公厅《关于进一步整顿和规范建筑市场秩序的通知》精神,重点对规避招标和招投标中弄虚作假,违法转包、分包工程业务,无证或越级承接工程业务,违反法定建设程序,违反工程建设强制性标准等行为开展专项整治。5—6月,对全市在建建筑工程进行拉网式检查,检查在建工程48项,建筑面积31万平方米,查纠工程违法行为22起。全年共发放建筑工程施工许可证82份,核发施工图审查批准书55份,办理工程竣工验收备案共11份。2002年,市建管中心开始实行建设工程质量监督巡查制度,加大建设工程监督管理力度。全年审查初步设计12项、施工图86份,核发施工许可证91份,面积78.7万平方米,造价1.44亿元;监督单位工程91项,受监工程合格率100%,工程监理覆盖面增加到90%;巡查建设工程142项,其中住宅114幢、综合楼28幢,发出局部停工通知书25份、整改通知书48份。2003年,市建管中心共发放施工许可证85份,建筑面积38.7万平方米;实施建筑工程质量监督146项、52.4万平方米,其中2002年结转监理工程76项、

30.4万平方米，新受理工程70个、22万平方米，受理监督市政工程6项。全年出具工程质量监督报告28份、11.2万平方米，接受处理群众书面投诉9起。

2004年，市建管中心共核发建设工程施工许可证104份、建筑面积78万平方米，监督建设工程189项（单位工程250项）、建筑面积98万平方米。其中，2003年度结转工程88项、建筑面积26.1万平方米；审查建筑工程施工设计105项，城区审查覆盖率80%以上。是年，全市竣工工程91项、建筑面积28.9万平方米。其中，12项工程获南通市级优质结构工程、建筑面积5.9万平方米；接待、处理群众投诉16起，处理不合格材料及“两块”（水泥制品预制块、砼加气块）共计98个单位工程176次。2005年，市建管中心监督单位工程420项、建筑面积180.4万平方米，其中2004年度结转单位工程154项、建筑面积77.2万平方米。全年组织工程质量监督巡查41次，巡查单位工程210个、建筑面积80.1万平方米；处理不合格材料及“两块”共138个单位、176次，其中钢材118组、水泥43组、砼砂浆试块15组；受理处置工程质量投诉案件14起。

2006年，市建管中心共监督单位工程403项、建筑面积198.9平方米，其中获得南通市优质结构工程13幢、建筑面积14.2万平方米，同时实施市政工程质量监督14项。全年共进行41次工程质量巡查，巡查单位工程210项。是年，市建管中心通过江苏省工程质量监督档案考核检查，得分名列南通市第三名。2007年，市建管中心组织监督抽查146次，巡查45次，监督工程中6项获南通市优质工程，建筑面积14.9万平方米。2008年，市建设局出台《如皋市市级优质结构工程暂行规定》《如皋监督抽测管理暂行规定》《如皋市监理单位质量行为管理规定》等地方规范性文件，引导全市建筑工程质量监督管理进一步强化、深入。2009年，市建管中心监督单位工程167项、建筑面积265万平方米，其中新受理141项、建筑面积160.9万平方米。全年出具质量监督报告69份，涉及单位工程85项、建筑面积70万平方米。2010年，监督单位工程项目126项，单位工程365项、建筑面积265万平方米。市行政服务中心大楼获省“扬子杯”优质工程奖。

二、工程造价管理

1993年，南通市建设工程定额站如皋分站建立，隶属市城乡建设委员会，开始对全市建筑安装工程定额、市政工程定额、房屋修缮定额、园林定额、劳动定额、工期定额等进行全面管理。1997年10月，定额分站更名为如皋市建设工程造价管理处。2001年，市建设工程造价管理处共办理工程类别暂核定手续68项，总建筑面积25万平方米。2002年，组织对新安装定额、市政定额及土建定额的学习培训，加强对工程造价咨询单位及造价编审人员的管理。全年办理工程类别核定手续60项，总建筑面积24万平方米；办理临时设施增加费核定手续12项，市政、装饰类别核定手续10项。2003年，办理建设工程类别核定手续68项，总建筑面积26万平方米；办理临时设施增加费核定手续12项，市政、装饰类别核定手续15项，发放工程造价编审人员年检证书250份。2004年，办理工程类别核定手续79项，总建筑面积43万平方米；办理市政、装饰类别核定6项。2005年，办理工程类别核定手续75项，市政、装饰类别核定6项，总建筑面积72万平方米。2008年1—6月，对全市4家审计、会计、造价、价格咨询机构进行全面检查。2008年，全年受理造价纠纷52起，办结造价咨询135起。2009年，受理暂停申请项目156项、建筑面积46.8万平方米。2010年，市建设、审计部门联合起草发布《关于工程量清单计价施工合同价款确定与调整的实施细则》，进一步规范建筑市场计价行为。

三、新型墙体材料管理

1989年，县墙体材料改革与建筑节能领导小组建立，组长由分管副县长担任，并于县轻工建材工业公司设立办公室（简称县墙改办），具体负责新型墙体材料开发，节能建筑技术研究与新型墙体材料推广应用、新型墙体材料发展基金征收和管理等工作。1991年5月，根据江苏省财政厅、物价局等部门文件精神，全市开始征收和返退发展新型墙体材料专项基金。征收标准为：工业建筑4元/平方米、民用建筑4.6元/平方米，不可用面积计算的按实际用砖量每块0.02元征收；返退的标准为：全部使用新型墙体材料的返退70%，部分使用新型墙体材料的按实际使用的比例再行返退。1996年4月,按南通市财政局、物价局通知精神,征收标准调整为全部建筑均10元/平方米,返退标准不变。是年,如皋市被南通市人民政府表彰为“八五”期间墙体材料改革先进市。

2000年6月,如皋市被列入首批全国禁止使用实心黏土砖的试点城市之一。市墙改办获江苏省1997—2000年度墙体材料革新与建筑节能工作二等奖,受到省建设厅和省经济贸易委员会联合表彰。2001年,市墙改办整建制由市轻工建材工业公司划归市建设局管理。是年,全市审核确认新型墙体材料生产企业22家,年生产能力相当于6.1亿块标准砖。2002年,市墙改办对全市在建建筑工程使用墙体材料进行专项检查,并开始对砖瓦窑业进行治理整顿,当年全部关、停18门以下简易轮窑。全年审核确认新型墙体材料生产企业26家,累计生产新型墙体材料6.16亿块。

2003年6月,全市“禁止使用实心黏土砖”工作通过国家验收。12月,市墙改办根据江苏省财政厅、物价局文件精神,对“发展新型墙体材料专项基金”征收和返退标准再次调整。收费标准调整为8元/平方米。返退标准调整为:建筑工程(含基础部分)全部使用合格非黏土新型墙体材料的,专项基金100%返退;使用非黏土新型墙体材料比例在江苏省政府规定比例之上的,按实际使用比例返退专项基金;使用孔洞率大于25%以上的黏土多孔砖和大于35%以上的黏土空心砖的,该部分专项基金按孔洞率或节土率返退,最多不超过35%;使用非黏土新型墙体材料比例达不到江苏省政府规定比例的不予退还。是年,全市累计生产新型墙体材料6.34亿块(标准砖)、黏土实心砖3.26亿块;新型墙体材料建筑竣工面积13万平方米,占建筑总竣工面积的91%;节能建筑竣工面积3.54万平方米;开发新型墙体材料项目3项,新增新型墙体材料生产能力2亿块;审核发放“新型墙体材料建设工程准用证”27份。2004年,市建设局进一步推进新型墙体材料的使用和管理,对在建建筑工程抽查30多万平方米,发放整改通知书8份;抽查新型墙体材料生产企业50家(次),发放整改通知书13份,遏制黏土实心砖生产,打击伪劣新型墙体材料生产、销售、使用。同时,在长江、桃园、磨头、九华和石庄等镇实施新型墙材试点示范工作,试点镇新型墙体材料应用比例均为100%。是年,全市拆除立体窑83座;完成新型墙体材料技改、开发项目32个,核发新型墙体材料备案证书5份;新型墙体材料产量增加至7.2亿块标砖,占墙体材料总产量的72.7%,其中新增多孔砖、空心砖生产能力折标准砖4.2亿块;黏土实心砖产量降至2.7亿块,比2003年下降17.2%;使用新型墙体材料建筑竣工面积约11万平方米。

2005年,市墙改办在继续开展砖瓦窑业专项治理活动,加大对砖瓦窑和建筑工程使用黏土实心砖的检查处罚力度,新增林梓、东陈、雪岸、柴湾、搬经等镇新型墙体材料试点示范工作的同时,加快推进建筑节能试点工作,如城镇康锦花园居民小区主体工程封顶验收,标志南通市第一个节能百分之六十五的住宅建筑节能示范小区在如皋建成。如皋市烟草大楼作为南通市第一个节能百分之五十的公共建筑工程亦通过设计审查。全年,全市新型墙体材料产量增加至8.3亿块,占墙体材料总产量的81%;黏土实心砖产量降至2亿块,比2004年再降25.9%;新型墙体材料建筑竣工面积约15万平方米,节能建筑竣工面积约2万平方米,新型墙体材料占比上升到81%;完成非黏土类新型墙体材料开发项目4个;抽查在建建筑工程30万平方米,核发整改通知书2份,抽查新型墙体材料生产企业50家次,核发整改通知书18份。是年,市墙改办获2001—2005年度全省墙体材料革新与建筑节能工作先进集体一等奖。

2006年,全市新型墙体材料产量进一步增加至8.5亿块,黏土实心砖产量降至1.6亿块以下。是年,市墙改办再获“十五”期间江苏省墙改与建筑节能工作一等奖。2007年,新增常青、江安、如皋经济技术开发区等5个禁实(黏土实心砖)达标镇区。至2010年,全市新型墙体材料产量增加至9.29亿块,新型墙体材料使用比例提高至88.1%,全市新建民用建筑节能率上升至50%,累计减少土地损失104.67公顷。

卷四 水利·交通·邮电·供电

北宋时，沿海修筑皇岸（史称范公堤）。明、清时期，沿海又修筑包公堤、嵇公堤、捍海堤等，沿江亦修筑江堤，但大多矮小单薄，通海、通江河汊几无控制，水旱灾害频发。如皋全境解放后，县政府不断组织民力构筑沿江堤防，并在沿江一带并港建闸。随后，持续展开大规模水利建设，疏浚、开挖各级河道，整治内腹水系，完善排灌系统。至2010年，沿江江堤加宽、加高及石驳护坡全面达标，全市4条一级河、19条二级河、301条三级河、数千条四级河和按需布设的排灌车口以及纵横交错的丰产沟、防渗渠等，构成能够抗御各类水旱灾害的引排灌体系。

明、清时期，全县交通运输基础设施仍较落后。道路均为土路短途有人力、畜力运输，长途运输主要靠水运，借助人力或风力，航道除串场河等运盐河外多为自然形成的河道。民国初，始有土质公路，为江苏省最早有公路的县份之一。同时，出现汽车客货运和机器动力船只客货运。1949年，全县共有航道20条，其中可通航运输的4条；公路干线4条，总长146千米，均为土质路面，晴通雨阻。20世纪50—80年代，全县主要航道经疏浚整治，通航能力提升，公路建设亦有一定进展。20世纪90年代特别是进入21世纪后，全市（县）交通事业迅猛发展。至2010年年底，域内有高速公路2条，国道、省道数条，高速路口6个，“八横八纵”等级公路交通网络形成，等级公路总里程3100千米，农村公路总里程2804.44千米；火车站2座，铁路总长46.93千米；内河航道总里程455千米，如皋港区建有内港池3座，建成10万吨级以上码头2座，3万吨—8万吨级码头8座，1万吨—2万吨级码头10座，年货物吞吐能力5000万吨以上，如皋港作为国家一类开放口岸正式对外开放。

唐代，县内设有官方驿铺。清光绪二十年（1894年），如皋始设电报支局。民国9年（1920年），电报支局兼办有线电话。民国17年，如皋电话交换所设立。民国38年1月，如皋县邮电局成立。1979年3月，全县实现市话半自动化。1986年2月，县城电报电路直接进入南京程控自动转报网。至1993年，全市基本实现电话程控化。同期，如城通信基站建成开通，全市移动通信进入全省移动通信网。2010年，全市本地电话年末用户360033户，移动电话年末用户914619户，国际互联网用户119023户。

如皋城为苏中地区用电较早的县城。民国7年，皋明电灯公司建立，如皋城始以电灯照明。1963年，扬州电网、天生港发电厂始向如皋县供电，全县电力供应迈上新的台阶。1978年后，如皋供电事业发展提速。2010年，全市有变电所33座，主变压器56台，容量257.05万千伏安，10千伏及以上供电线路272条、4371.74千米，全年供电量34.70亿千瓦时，售电量31.96亿千瓦时。

第一章 水利

第一节 机构沿革

民国3年(1914年),邑绅沙元炳倡议设立县水利会并附设测绘局,是为如皋历史上最早的水利组织。县水利会初设于县城大寺巷北县议会内,民国12年夏迁至冒家巷南首。县水利会设正、副会长各1人,主持会务。各区置评议员1人,全县共18人,负责具体工作。测绘局设正、副主任各1人,职员4人,具体督导测量员、制图员工作。民国16年春,北洋军阀占据如皋城,勒索军饷,县长周焘将水利会余款和盘托出,水利会遂告终结。民国17年始,县内由县建设局掌管水利。

民国34年2月,如西县政府设立生产建设科。民国38年7月,县政府生产建设科划建为建设科和生产合作推进社,建设科负责水利及交通、围垦、改田等。

1954年12月,县政府农林水利科设立,建设科并入。1955年12月,县人委农林水利科划建为农林科和水利科。1956年11月,县人委水利科改称县水利局。1967年3月,县水利局因"文化大革命"瘫痪。

1968年5月,县水利局革命委员会成立。1969年3月,县农业水利系统各单位合并建立县农水革命委员会。1970年12月,县水利局革命委员会与供电所(局)革命委员会合并,称县水电局革命委员会。1976年4月,县水电局革命委员会撤销,划建县水利局。

1995年,市水政监察大队和水费水资源管理所组建。2001年4月,如皋市水利局更名为如皋市水务局。2010年,市水务局下设水利建设科等6个科室和28个下辖事业单位(含水利站)。

第二节 河道

一、一级河

全市共有一级河4条,境内总长度158.52千米。

焦港 南通长江,北至海安县焦港北闸,全长57.10千米,境内长度36千米,流经石庄、江安、常青、搬经、袁桥等地,排涝面积50.50万亩,灌溉面积28.06万亩。为如皋市西部地区最主要的引排通航河道。

民国《如皋县志》载:海安向南有焦港,清乾隆五十三年(1788年)浚通。民国初年,海安韩紫石议浚焦港,但因浚港经费被主事者及区、乡、保长层层贪污,虽曾动工,未有进展。

1955年,如皋县启动整治焦港流域工程,先后分三期疏浚。是年冬,第一期工程施工,自张黄港至赵家庄长6.90千米,挖土100万立方米。1956年冬,第二期工程施工,"十万大军,鏖战百里战线",自施家庄至搬经,长22.50千米,挖土379.95万立方米。同时疏浚焦港支河司马港和拉

图4-1 疏浚焦港闸工地 (1956年摄)

马河。1957年春，第三期工程施工，开挖出江引河，长2.50千米，挖土86.93万立方米。是年，自搬经向北至海安栟茶运河段由海安县负责施工，此段原名青萍港，疏浚后统一改名焦港。1957年7月，在张黄港建成焦港闸1座。

1973年冬，再度疏浚焦港，由南通专员公署组织如皋、海安、海门、启东4县参与施工。辟直线出口由靖江县永济港入长江；从焦港闸至海安县境，拓宽浚深，裁弯取直。河床标准：河底高程-1.5米(废黄河基面，下同)，河底宽5—10米，边坡3.0以上1:3，3.0以下1:5；于青坎做截水埂、下水道；两岸积土堤，以黄土覆盖，植树绿化。工程总动土量1535万立方米。

2005年，疏浚薄湾段，完成土方21.80万立方米。

如海运河 南通长江，北至海安县通扬运河，全长57.90千米，流域范围768平方千米，贯穿如皋中部，域内长度44.27千米，流经长江、南通薛窑农场、九华、郭园、吴窑、磨头、如城、袁桥等乡镇(场)，担负90.7万亩农田的引排任务，为如皋主要引江干河，亦是全县河网化的枢纽。

如海运河多为实地开挖。1958年3月，开挖闸口引河，长1.9千米，河底高程-1.5米，河底宽125米，河坡1:3，5月竣工，共挖土88.58万立方米。11月23日动工开挖闸口至海安县仁桥栟茶河段，长46.8千米，投入8万民工，至1959年5月25日竣工，共挖土1098.59万立方米，投资186.08万元。河床标准：河底高程-0.5米，河底宽15—20米，两级河坡，3.0以上1:3，3.0以下1:5。1959年7月15日，碾砣港闸建成进水。

1959年11月，碾砣港闸至薛窑段河身动工扩展，长6.31千米，1960年4月竣工，共挖土284.61万立方米，投资66.17万元。河床标准：河底高程-1.5米，河底宽86—100米，河坡1:3。如海运河北段，自海安栟茶运河的仁桥至通扬运河的三里闸，长9.04千米，由海安县施工。河床标准：河底高程-1.5米，河底宽10米。后有部分地段淤浅，妨碍引排和航行。1965年11月，动工拓宽浚深自利民河口至磨头段，长11.23千米，挖土171.9万立方米，投资52.77万元，1966年1月竣工。河床标准：河底高程-1.0米，河底宽20—25米。

1966年11月，疏浚磨头到十里墩小溪河段，长13.9千米，挖土158.93万立方米，投资280.4万元，12月竣工。河床标准：河底高程-1.0米，河底宽10—15米(海安县负责疏浚十里墩至仁桥栟茶运河段，长9.07千米，挖土75万立方米)。此次疏浚按“河成、堤成、绿化成”目标实施。因江潮夹沙进出，碾砣港闸下游引河逐年淤积，至1968年10月，下游引河淤高2.0米以上，引排流量大减。1968年12月，动工浚涤，共动用2万人，用工132.2万个，投资36万元，挖土77万立方米，至1969年1月竣工。未及1年，河底复淤高1.0米。1970年2月6日至3月25日，采取“加大上下游水位差，开闸放水，冲淤保港”措施，共开闸放水冲淤33次，总排水量3958.72万立方米，共冲走淤沙14万立方米，使下游引河底深达到-1.3米。

2003年，对朱庄湾段实施整治，完成凹岸抛石护坡950米，清淤1931.5米，总动土量30.54万立方米。2005年，对十里墩至磨头段进行疏浚，完成土方163万立方米。2006年，疏浚磨头至长庄大桥段，完成土方62.5万立方米。

图4-2 如海运河 (2010年摄)

通扬运河 古称运盐河，始凿于西汉高祖至景帝年间(公元前195—公元前141年)，为吴王刘濞主持开凿，主要用于运盐。初自扬州茱萸湾(湾头)抵如皋城东蟠溪(汤家湾)，后逐步向东南开凿，贯穿县境至南通县入江。清宣统年间，改名通扬运河。全长212千米，境内长48.25千米，一直为域内通江引排干河和重要航道。

中华人民共和国成立初，河道年久失修，淤塞狭窄。1952年，疏浚柴湾经如城至东陈段。河床标准：河底高程-0.5米，底宽10米，河坡1:3。1969年春，于白蒲、林梓两地段进行裁弯取直，拓宽浚深。河床标准：河底高程-1.0米，河底宽白蒲段15米，林梓段10米，河坡1:3—1:4。冬，疏浚如城至丁北段，东接丁堡河。此次裁弯改道工程长20.82千米，其中柴湾至如城段为原河槽浚深拓宽，长8.31千米；如城至丁北段为裁弯改道，长12.51千米。河底高程-1.0米，河底宽10米，河坡3.0以上1:3，3.0以下1:4。另外，以同样的标准自如城向西疏浚小溪河东段至十里墩接如海运河，共挖土669.58万立方米，投资102万元。

1972年冬，由海安、南通、如东、如皋4县一起拓宽浚深丁堰至平潮段。其中如皋施工地段为自林梓至五十里，长10千米。河床标准：河底高程－1.5米，河底宽8米，河坡3.0以上1:3，3.0—1.0为1:5，1.0以下1:3。1981年冬，拓宽浚深如城至丁北段，长12.5千米。1984年冬，疏浚林梓至丁北段。1998年冬，疏浚通扬运河如城至海安段，完成土方50.5万立方米。2005年，疏浚丁北羊庄至如城段，完成土方124.5万立方米，一并解决如泰运河畅通问题。2006年，疏浚丁北羊庄到老通扬运河河口段，完成土方35.50万立方米。2010年，通扬运河自海安县与泰县交界的白米镇至南通市区木耳桥，全长105.10千米。如皋域内长48.20千米，流经柴湾、如城、东陈、丁堰、林梓、白蒲镇，灌排面积48万亩。

如泰运河 西起泰兴县过船港连长江，东至如东县东安闸入海，全长135千米，经如东、如皋、泰兴3县(市)，以起讫县命名。如泰运河由4个部分组成，掘港至丁堰的串场河(绝大部分在如东县境内)，丁堰至如城的通扬运河，如城至分界的小溪河，分界至江边的龙开河，境内总长度30千米。小溪河与龙开河之间尚有200米(泰兴县境内)至今未开挖，致河未连通。四河段除泰兴县龙开河外，均为如皋历史上引淮水系和运盐河道。

串场河又名丁掘河，明隆庆二年(1568年)开挖，交汇明代通州公司上十盐场的盐场河，至丁堰接通扬运河。

1957年冬，疏浚焦港以东的小溪河段，自如城至搬经长16千米，挖土147.32万立方米。河床标准：河底高程-0.5米，河底宽8米。河坡3.0以上1:3，3.0以下1:5。

1959年冬，如皋、如东2县疏浚丁堰至掘港段，沿串场河线裁弯取直，拓宽浚深。如皋疏浚县界至丁堰段，长6千米。河床标准：河底高程-1.5米，河底宽24米，河坡1:3，挖土118.65万立方米。此段即如皋境内如泰运河东段。县境以东由如东县施工，并建闸控制。1965年冬，疏浚焦港以西小溪河段，自搬经至界河，长8千米，挖土95.87万立方米。河床标准：河底高程-0.5米，河底宽8米。河坡3.0以上1:3，3.0以下1:5。1969年冬，自如城通扬运河段起至十里墩如海运河止，长6千米，与通扬运河同时疏浚。河床标准：河底高程-1.0米，河底宽10米。河坡3.0以上1:3，3.0以下1:4。是年冬，疏浚通扬运河如城至丁北段，裁弯改道，直线接通丁堡河。小溪河，清代前称窑子河。民国初如皋水利会主持疏浚此河，始称小溪河。现小溪河在如城与通扬运河衔接，西经城西、十里墩、何庄、谢甸、加力、倪桥、搬经、夏岱、芹湖等地，长24千米，衔接拉马河，横穿焦港、如海运河。

1981年冬，如泰运河中段与通扬运河同时疏浚。河床标准：河底高程-1.5米，河底宽10米。河坡3.0以上1:3，3.0以下1:4。1988年冬，对通扬河口至如东交界段进行疏浚，河床标准：河底高程-1.5米，河底宽24米。河坡3.0以上1:3，3.0以下1:4，完成土方46万立方米，以泥浆泵施工为主。

1989年冬，县政府实施如海运河口至分界段疏浚工程，长17.62千米，其中：如海运河口至焦港为泥浆泵施工，焦港至分界为人工挑挖。施工中共动用泥浆泵72台，投入民力4.21万人，动土319.10万立方米。河床标准：河底高程-1.0米，河底宽8米。河坡2.0以上1:3，2.0以下1:4.5。江苏省政府授予如皋县水利建设先进县称号，发给“大禹杯”奖杯。

1990年，南通市水利局决定，如泰运河与通扬运河交会点(丁堰)以东称如泰运河东段，如城镇至泰兴界称如泰河两段。2005年，实施如泰运河与通扬运河共同段疏浚。2009年，实施东段治理工程，投资607万元，其中国家补助182万元，省补助122万元，市自筹303万元。

二、二级河

全市有二级河20条，境内总长度289.67千米。

丁堡河 系为承引江水至东台县方塘河以南地区而开挖的人工河道。自丁北至海安县李堡镇北，故名丁堡河。全长22.9千米，如皋境内长7.9千米。流经南凌河，为引淡水排碱改土的主要河道。1959年冬开挖，1972—1974年，两度整修，均由海安县施工。河床标准：河底高程－1.5米，河底宽10—15米，河坡1∶3—1∶5，建有丁堡北闸、丁堡南闸。

长甸河 南自磨头镇朗荡庄的长田通西司马港，北至搬经镇谢家甸接小溪河，取二地名首尾字命名。流经磨头、常青、搬经，全长14.6千米。1957年冬，由附近群众自筹资金疏浚，挖土35万立方米。河床标准：河底高程-1.5米，河底宽3米，河坡1∶3。此后，附近乡镇多次组织疏浚。2003年，对长甸河北段实施疏浚。2006年，继续疏浚完成土方14.5万立方米。

如皋港 始由如皋抽水站引河及自抽水站至吴窑小王庄河段构成，长10千米。1967年冬，利用龙游河下游裁弯取直，拓宽浚深而成，挖土75万立方米。河床标准：河底高程-1.0米，河底宽6—8米，河坡1∶3。1968年冬，由南段直线向北延伸开挖，自小王庄至西司马港，长6.5千米。河床标准：河底高程-0.5米，河底宽8米，河坡3.0以上1∶3，3.0以下1∶5。至1973年，因长江北汊（天生港水道）严重淤积，抽水站上下游引河全部淤塞。1978年夏，县政府组织2万名民工，突击10天疏浚，并于初冬在外引河口打坝封闭，以防淤积。

1990年冬起，分5期实施如皋港辟港建闸工程（含抽水站引河疏浚），总投资3670万元，共完成土方538万立方米，1994年竣工。工程标准：底高-2.0米，河底宽45米，河坡比1∶3，辟口建如皋港闸，直接从中汊引水，如皋抽水站恢复50立方米/秒的抽水能力。2010年，如皋港流经常青、吴窑、磨头、石庄、长江等镇，全长22.1千米。为如皋引江水重要河道。

拉马河 古名络麻河，一名洛马河。南起靖江南马桥口，出夏仕港入江，经黄埭、大陈堡、西燕庄、孙严墩，北至芹湖大港，全长27千米。1956年冬，在疏浚焦港第二期工程的同时，疏浚拉马河自杨三圩至黄埭折北至大陈堡，长14.5千米，挖土82.33万立方米。河底高程-0.5米，河底宽6米，河坡1∶3。黄埭向北至大陈堡河段，为原拉马河的河身；杨三圩至黄埭河段，连通焦港，由焦港控制引排，东西走向，故称横拉马河，1957年规划高田、圩田水系分开时，为黄市至葛市一线高田和圩田的分界河道。

1966年冬，自杨三圩、黄埭、大陈堡至小溪河进行全线疏浚，裁弯取直，拓宽浚深，全长26.5千米，挖土221.36万立方米。河底高程-0.5米，河底宽8米，河坡3.0以上1∶3，3.0以下1∶4。此后数年，河床有淤浅。1979年11月动工，根据历史水系延伸拉马河与夏仕港衔接，河线南起夏仕港黑市坝口，向东北穿过黄市、黄埭、张埭、跃进、陈堡等村与立新河、拉马河的交叉点直线连接，全长5千米。河成之后，河线南起夏仕港，北止小溪河边，自黄埭东串通焦港，流经黄市、葛市、江安、胜利、高明等地，全长29.1千米，灌溉面积12.5万亩。1986年，南通市水利局明确，现拉马河仅指原南北向拉马河，北起如泰运河，南接靖江县夏仕港，全长18千米。原东西向横拉马河划定为石庄前河。1997年春，再度全线疏浚。

龙游河 “龙游河，亦名九十九湾，北接运盐河，南通长江，故一名通江河。旧传龙过而成”（民国《如皋县志》）。龙游河入江水道，自庄桥向西南至张黄港，再西流则通靖江并夏仕港，自土墩港向南有周圩港入江支流，自桑木桥向南有新生港入江水路。后龙游河单独由桑木桥南流由新生港入江。民国32年（1943年），永安沙与新生港筑海坝连接，新生港口淤闭，疏浚头案港接通新生港入江。此后，龙游河的入江口即为头案港口。1951年3月，龙游河中游老头湾地段捞浅疏浚，完成土方44.56万立方米，投入民工4万人，实做工日24万个，龙游河全线基本畅通。

1967年冬至1974年春，利用改造龙游河下游河段开挖抽水站引河。拆除新生船闸，利用龙游河自吴窑至磨头段，捞浅疏浚自磨头至如城段，为二级干河，长17.5千米，受益面积6万亩。1986年11月，动土疏浚大明河至如皋水泥制品厂段，长4.3千米。河床标准：河底高程-0.5米，河底宽5米，河坡3.0以上1∶2.0，3.0以下1∶3.5。工程用工17.33万个工日，完成土方36.3万立方米。2004—2005年，疏浚龙游河磨头镇北段，完成土方25.2万立方米。2010年，龙游河，北起如城镇，流经桃园、磨头等地，在吴窑镇境内与立新河相接，连通大明河、杨马河、如海河、西司马港、立新河等骨干河道，全长27.8千米。

杨马河 南起南马塘通东司马港，北至杨花桥接龙游河，故名。河线上原有弯曲的小沟槽，不能引水，排水不畅。沿杨马河线两岸，有14条四级河排水无路，引水无源，影响花园、马塘、桃园等地约4万余亩农田的排灌。1974年12月，动工开挖杨马河。河线定位：北以马塘公社杨花桥车口为起点，经丁磨公路杨马河涵洞，向南延伸接通东司马港，自杨花桥车口向北接通龙游河。全长5.5千米，全线大部分实地开挖。开挖标准：河底高程—0.5米，河底宽6米，河坡3.0以上1∶3，3.0以下1∶5。这次开挖连同支河开挖，共挖土120.47万立方米，1975年1月竣工。1994年冬，再度按原设计标准疏浚，由马塘、桃园、花园三乡负责实施。

丁石河 系如皋、如东2县（市）的边界河道。南起如泰运河，北止南凌河，全长9.8千米。流经县境内丁堰、丁北和如东县双甸、南凌。两侧有32条三、四级河道到边界地区，互不相通，易涝易旱，且老凌河一带钉螺丛生。1979年11月，2县联合开挖丁石河。河床标准：河底高程-1.0米，河底宽6米，河坡3.0以上1：2.5，3.0以下1∶3.5，河口宽41.5米。1980年1月竣工，完成土方156.05万立方米，耗资24.88万元。其中如皋县完成土方77.32万立方米，耗资15.48万元。2005年，再次疏浚，完成土方29.2万立方米。

南凌河 西起通扬运河边的柴湾，东至如东县小洋口闸，全长44.2千米。如皋境内长16.4千米，流经柴湾、新民、南凌、东陈、雪岸、丁北等地，排涝面积12万亩，灌溉面积5万余亩。因其在北凌河南，故名南凌河。

此河，为如皋、如东两县淋盐洗碱重要河流。1956年冬，先行疏浚柴湾至雪岸段。1957年冬，疏浚雪岸至如东县苏家港段，长12千米。1958—1978年，先后3次捞浅，尚不能适应引排需要，水源不足，水质咸。1979年初，投入6万民工，再次疏浚，历时40天，对河道裁弯取直，拓宽浚深。2005年，对部分河段进行疏浚，完成土方11万立方米。

白毛港 西起如海运河，东接通扬运河。流经袁桥、戴庄，全长7.9千米，受益面积2万亩。经1962年、1963年捞浅，1967年西段疏浚，1974年东段任庄车口至通扬运河3千米河段的疏浚，全线贯通，共完成土方45.41万立方米。1988年12月，采用16台泥浆泵和4台接力泵，人机结合捞浅，共完成土方33.12万立方米。1989年3月，竣工，全线挖塘埋沙163.5亩，取制砖土8.11万立方米，填平废沟呆塘13处，增加耕地39.8亩。

大明河 龙游河支流。清乾隆《如皋县志》载："通江河从如皋县南濠南流迳三接桥又十三里杨花桥。又迳大明河，一水通东大明桥。"现大明河为老河道改造而成，西起如海运河，东至老通扬河，全长13.9千米，流经场北、大明、建设等地，受益面积5.5万亩。

1972年12月，县政府组织疏浚大明龙游河段至建设境内通扬运河段，投入民工1.14万人，开挖河道5.1千米，1973年1月竣工。1974年冬，再度疏浚10.3千米，其中龙游河至建设段长3.6千米，为新开挖河段。1989年冬，疏浚建设境内西段3.8千米，采用5台泥浆泵，人工和机械结合施工，挖土12.5万立方米。

大寨河 东起如海运河，西接拉马河，全长17.1千米，流经场北、常青、加力、高明等地，穿过长甸河和焦港，流域面积10万余亩，为东、西水源调节河道。1970年11月10日，动工开挖，投入民工4.85万人，完成土方273万立方米。12月14日，通过竣工验收。1986年冬，如海运河向西3.7千米河段疏浚。河床标准：河底高程-0.5米，河底宽6米，河坡1∶4。工程总动土量15.4万立方米。2010年，全线整治，投资401.68万元，其中省补128万元，市配套273.68万元。

东、西司马港 司马港横穿如皋中部，东起通扬运河，穿越如海运河，长甸河，止于焦港。全长28.61千米，灌溉面积18万亩。以如海运河为界，如海运河以西称西司马港，如海运河以东称东司马港。1955年冬，西司马港与焦港第一期工程同时动工疏浚，自焦港向东至龙游河段，长9.50千米，共挖土127.79万立方米。

1972年，挖通通扬公路向东至通扬运河段，长1.20千米。同时，通扬公路向西至茅雉河段长4.4千米进行捞浅。至此，司马港全线贯通。1987年冬，采用62台泥浆泵人机结合疏浚东司马港，，总动土量180.87万立方米。2008年11月再度动工整治，2009年2月竣工，总投资722.21万元，其中省补205.2万元，市地方配套517.02万元。

胜利河 东起焦港，与西司马港对口，西止拉马河，横穿胜利乡中部，全长5.70千米。1974年，新开挖焦港以西河道，焦港以东捞浅，共投入民工1.37万人，完成土方82万立方米。河床标准:河底高程-0.5米,河底宽5米,河坡为1:3、1:5、1:2.5三级。1986—1988年,连续3年对胜利河西段2.5千米进行疏浚。河床标准:河底高程-1.0—-0.5米,河底宽8—12米,河坡1:4。工程共动土23.9万立方米。

跃进河 原名下原后大河,在东司马港与白李河(利民河)之间,西起如海运河,东接通扬运河,全长15.30千米,流经下原、白蒲、林梓镇,受益面积10.55万亩。1968年,疏浚如海运河向东至花园红卫车口引河口段,长6.50千米。1971年11月,疏浚红卫车口引河口向东继续接通扬运河,长9.30千米。1972年1月,全线竣工。2003年,疏浚,完成土方40.8万立方米。

立新河 东起如海运河,向西经吴窑、小王庄、蔡家堡、东张庄、陈家堡至黄市杜家埭,通连红旗河,全长23.10千米,沟通如海运河、如皋港(抽水站引河)、焦港、拉马河等引江河道。1969年开挖。1971年冬,疏浚自抽水站引河向西至拉马河段11.50千米。1974年春,疏浚抽水站引河向东至如海运河段8.60千米。1975年,开通自拉马河至红旗河段,长2.30千米。2006年,全线疏浚,完成土方76.1万立方米。

白李河 又名利民河。东起白蒲镇连通扬运河,西止九华镇兆山口接如海运河,全长15.50千米,流经白蒲、蒲西、勇敢、龙舌、九华、下原、车马湖等地,受益面积8.5万亩。1949年前,白李河定为通扬运河支流,连通处在白蒲镇西亭坝,但西亭坝从打未开,白李河仅通至西亭坝北白蒲三元宫的狗颈坝。原白李河流经赵家小桥时,另有一条分支水系,向西流经车马湖、范湖洲、郭家园、大马桥至四号港入江。该分支水系早已淤断湮没。中华人民共和国成立后,白雁桥以西的部分地段一度裁弯取直。1958年,开挖如海运河时,自兆山口至碾砣港入江口迂回弯曲的河段被废弃不用,重新开挖直线的如海运河出江口,仍在兆山口与白李河衔接。1969年春,通扬运河白蒲段裁弯取直,通扬运河连通白李河的位置仍恢复到西亭坝的位置并打通, 白李河由白蒲向西经龙舌、李桥、白雁桥、赵家小桥至兆山口出碾砣港入江。2005年,河道疏浚,完成土方77万立方米。

石庄前河 西起焦港,东至如皋港,原长5.2千米。流经张黄港、石北、石庄,受益2.4万亩,为石庄镇物资集散的唯一水运通道,亦是焦港至如皋港高田和圩田水系的分界河道,历史上是龙游河注入张黄港、夏仕港的入江水路。1955年,疏浚。1989年,南通市水利局决定将原东西向的横拉马河并入石庄前河。现石庄前河全长13.10千米。1997年春,全线再度疏浚。

如靖界河 民国《如皋县志》载:“界河,按同治续志:仅咸丰九年,知县上官夒会同靖江知县率董谢珏等捐资挑浚一次,又同治六年、九年续浚各一次。时隔四十余年,近闻如靖界河自江安乡之黄家市至石庄市之张黄港,约十四里有奇,全地淤塞,非大加疏浚不足以便交通也。”民国初,如皋水利会主持疏浚一次。民国23年(1934年),又疏浚一次。1959年,按疏浚计划放样时,发现两岸拆迁较多,如皋、靖江2县几经协商,河道由原来的西来镇中部北移至如皋境内现址,取直线至张黄港入江,成为如靖界河排灌区的单独入江河道。此次疏浚由如皋县承担劳力和经费,如皋县受益圩田2.70万亩。1960年、1961年,再行疏浚,共完成土方86.94万立方米。2010年,如靖界河东起焦港,流经葛市、黄市圩田地区,西接夏仕港,全长11.33千米。

周圩港 流经郭园、江防,历史上为龙游河支流,由吴窑土墩港分流,向南经过西北桥、焦家桥、小圩桥,由小圩桥折而西南流,在“二百亩”西北入江,出江口称周圩港口。清光绪年间,江坍剧烈,港口没入江中。至民国9年(1920年),周圩港口坍至朝西口。民国25年起,夹江淤浅。民国32年,周圩港口淤闭。1952年12月,疏浚河道并延伸周圩港自永平港口出江,全长15.12千米,共完成土方66.13万立方米。1960年,出江港口再次淤塞,于南镇龙圩新辟永平闸引河出江,完成土方1.89万立方米。1961年,拓宽浚深引河,完成土方10.91万立方米。1962年,捞浅,完成土方9.13万立方米。1990年,再度疏浚。2010年,周圩港北起江平公路北500米,流经郭园、江防,经永平闸入江,全长8.93千米。

新姚河 原名胜利河,西接通扬运河,流经如皋县新姚及如东县的新窑、辛店、汤园,全线26千米,其中如皋县境内长7.24千米。1968年冬,按统一标准由如皋、如东2县各自开挖境内河段。1973年冬,全线竣工。后如皋境内段先后于1978

年、1982年疏浚两次。1999年，全线疏浚，并疏浚项目区内三级河5条，四级河6条，总动土55.87万立方米。

三、三级河

全市三级河道302条，总长977.8千米。

2010年如皋市三级河一览表

表4-1

所属地区	河名								
高沙土地区	芦桥河	如泰界河	丰收河	国庆河	跃进河	芦湖大港	朱丁河	小杨河	冯港河
	卢庄河	冯岱河	施仁港	大黄河	西燕河	石岱河	石桥河	仲埭河	马堡河
	冯曹河	胜利河	河北河	合作河	立新河	联络河	中心河	红旗河	鲍庄河
	蒋岱河	鞠王河	群洋河	张庄河	丰收河	永胜河	高明河	白池河	顾庄河
	井耳河	红旗河	常胜河	薄湾河	东江胜河	西江胜河	小龙河	西拉河	江新河
	葛市支港	周庄支港	加北界河	备战河	中心河	龙港河	西红旗河	倪厦港	桥坝头河
	胜利河	头港	西友谊河	北焦港	中红旗河	新港	窑池河	东友谊河	北洋港
	东红旗河	西文革河	东文革河	西四新河	东四新河	东风河	大寨河	跃进河	鹿门河
	红旗河	冯港河	草荡河	中横河	中心河	蔡港	殷港	立田河	石塘中心河
	董庄河	翻身港	庆胜河	许黄中心河	刘岱中心河	友谊河	谢庄河	范荡河	
	大石中心河	护场河	仁静河	红先河	国庆河	蔡港	中心河	立北河	
	小龙河	高李河	周圩港	前港河	平田河	新高河	唐埠港	杨远河	石北河
	立南河	南横港	沈甸河	竖龙游河	横龙游河	朱楼河	车马湖河	后大河	三圩港
	前大河	向阳河	东方红河	前进河	横港	碾砣港	洋港	中心河	友谊河
	塌坝河	群力河	郑甸河	西大寨河	卫星河	龙狮河	东大寨河	新庄河	小李港
	王家桥河	蒋桥车口引河	高原车口引河	姜园北界河	西红旗河	幸福河	西勇敢河		
	西卫星河	西建国河	卫星河	潘桥河	斜桥河	朱庄河	大寨河	享堂河	友谊河
	马港	幸福河	石公河	姚园河	新丰河	中心河	飞跃河	汶池河	前进河
	邬申河	老庄河	长庄河	长阳河	司马河	桃花界河	新建河	红旗河	老坝河
	杨奚河	翻身河	红卫河	新村河	林马河	田港河	兴龙河	鲍田河	星光河
	磨桃河	夏横河	桃园河	杏杨河	轮窑河	战备河	皋南河	茅雉河	烈士河
	皋南河	团结河	新民河	马王沟	团结河	红星河	徐马河	丰收河	五里港
	东八里港	西八里港	石桥中心河	城南河	中心河				
垦区	翻身河	三八河	雪东界河	跃进河	红旗港	老沿河	东风河	西凌河	凌青河
	宗港河	姜桥河	通粪河	新柴河	万新河	跃进河	复兴河	如场河	五·十二界河
	东港河	凌海河	凌壮河	北徐马河	老通扬河	庆丰河	丁雪界河	北凌河	大寨河
	万宝河	老凌河	新凌河	丁东河					
圩区	青年港	长青港	联络港	种场中心河	中心河	周黄港	石圩港	纪圩支港	
	葛圩支港	挂圩西支港	挂圩东支港	百新支港	七号支港	八号支港	十号支港		
	圩田中心河	凤龙河	前季圩河	后季圩河	二号居住港	洪港	范家港		
	四号港	大寨河	新大寨河	永隆中心河	蒲港	中心河	戴案河	头案河	
	蒲港	四案排河	新跃河	久隆港	竖郭石河	江防河	农建港	横郭石河	碾砣港
	义兴港	严黄港	黄市港	五零河	黄港河	跃进河	红旗河	丰收河	小李港
	中心河	五案河							

续表4-1

所属地区	河名								
九圩港区	红码河	团结河	林楼河	五号河	幸福河	十号河	戴港河	双利河	战备河
	新联河	大寨河	灭螺河	钱园河	勇新界河	新蒲河	东红旗河	东勇敢河	东卫星河
	东建国河	朱窑河	飞跃河	丁林河					

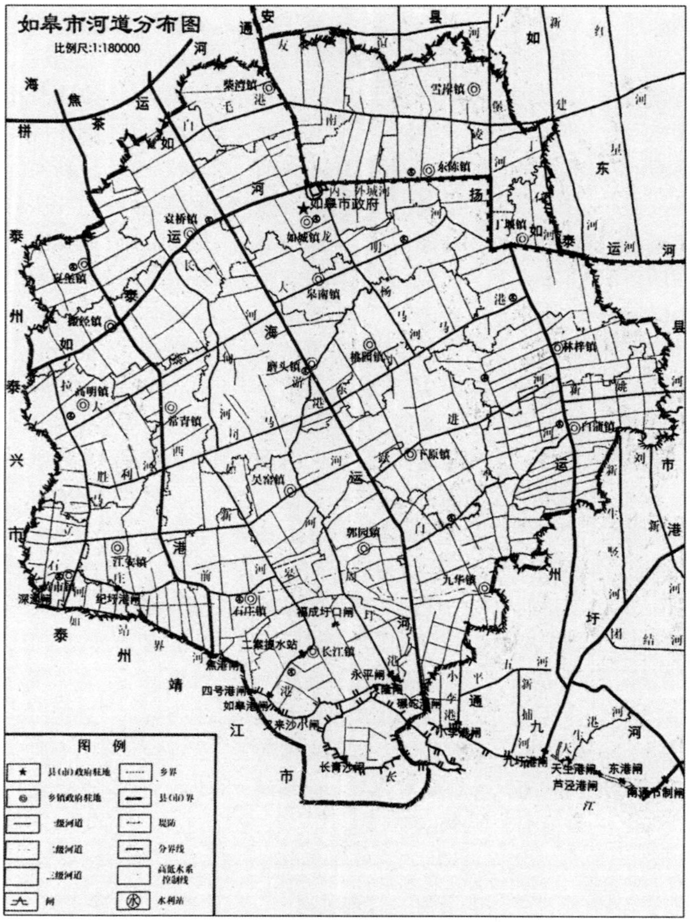

图4-3 如皋市河道分布图

1949年7月,如皋遭台风、高潮、暴雨同时袭击,江堤破缺40余处,淹没圩田25500余亩,受涝面积70余万亩。1950年春,全县展开复堤工程,并整治内河河道。

1951年3月,县政府组织疏浚龙游河老头湾地段的淤塞浅段。12月,疏浚龙游河上游自万元桥至如城的淤塞浅段。1952年12月,疏浚周圩港并延伸至永平港口出江。1954年12月,实施疏浚丝渔港工程。1955年4月,疏浚四号港工程动工。

1955年冬,焦港流域始全面整治,分三期施工,至1957年春竣工。疏浚焦港主河的同时,完成对焦港支河司马港、拉马河、长甸河以及焦港的主要调节河道小溪河的疏浚。

1956年冬至1957年春,南凌河一、二期疏浚工程完成。1957年春,长江、江防地区的四号港、久隆港,白蒲地区汶池河,江安地区十号港、郭圩支港,丁堰地区长夹河,城西地区北焦港、窑子河,先后疏浚开挖完工。

1958年11月23日,如海运河疏浚工程开工。1959年7月15日,竣工。同期,全县疏浚的二级河14条:冯港河、火箭河、白郭河、焦林河、射丁河、长甸河、红旗河、江海河、前进河、司马港、江防河、卫星河、新建河、如靖界河。

1960—1963年,贯彻中央水利工作"巩固提高,加强管理,积极配套,重点新建,为进一步发展创造条件"的方针,全县水利建设逐步实现"四成套"(大中小型工程成套,土方工程和建筑工程成套,灌溉系统和排水系统成套,排灌工程和排灌机具成套)。

四、河道整治

中华人民共和国成立前,如皋高田和圩田引排河道不成系统,高田水常常压浸圩田,圩区受涝,高田受旱。清嘉庆《如皋县志》载:"皋地高亢,介通泰间,形如覆釜,运河带水,建瓴而下,驶不复留,多仰泽于天雨,稍愆期桔槔具而无用,焦土石田,一望不毛矣。"不少汛期,台风伴着暴雨、天文大潮,一起侵袭县境,形成涝灾。

1965年入夏后，全县严重干旱，捞浅、引水、抗旱、救苗刻不容缓。灾情严重的41个公社，出动民工10万人，突击两天半，完成土方31.29万立方米，疏通如海河、通扬河、小溪河、司马港、南凌河5条干支河浅段。疏通后，碾砣港闸进水量每潮增加41万立方米，小溪河水位由0.7米上升到1.39米。1966年，继续实施如海河、小溪河、南凌河、通扬河捞浅工程。

1966—1967年，如海河部分地段疏浚，共挖土414.35万立方米。疏浚后，两岸堤身覆盖5厘米厚黄土，沿河两岸青坎上，设置截水埂和下水道。

1968—1970年，疏浚司马港、拉马河、如海运河下游段、通扬运河局部和焦港、跃进河、立新河、青年港、长闸河、龙游河、大明河、白李河、石庄前河、郭园前大河。

1970年，位于二案镇的如皋抽水站建成，并开挖上游引河穿过立新河连接司马港。

20世纪70年代初期，全县展开内腹水系整治，大量开挖三、四级河道和丰产沟，进一步改善农田排灌条件。

1979年起，新姚河、丁石河、如皋港先后开挖疏浚，南凌河、通扬运河、白毛港、周圩港、大明河、胜利河、杨马河、大寨河、石庄前河、拉马河、司马港等先后捞浅、疏浚。

1987年，疏浚东司马港时首次使用泥浆泵。此后，水利工程实行人机(泥浆泵)结合，部分工程全部以泥浆泵施工。

1989年11月，全县37个乡镇，集结5万民工，疏浚如泰运河西段。

1990年冬，如皋港辟口建闸和抽水站引河疏浚工程启动。县政府组织10万民工，262台泥浆泵进行施工。整个工程分五期实施，1994年，竣工，总投资3670万元，动土538万立方米。1992年5月，如皋港闸在又来沙建成。至此，沿江三座中型引江口门(焦港闸、碾砣港闸、如皋港闸)加上其他小型涵闸和内陆的各级河道，全市初步形成较为配套的水利工程体系，基本适应挡潮、引水、排涝、航运的要求。

1998年冬，通扬运河如城到海安段疏浚，共完成土方505万立方米。是年，全市疏浚二级河4条30.55千米，三级河37条68.78千米，四级河171条84.2千米，疏浚丰产沟13288条。1999—2005年，全市疏浚一、二级河25条(段)、三级河144条、四级河1246条、丰产沟35142条。

图4-4 整治后的乡村河道 (2010年摄)

2006年，全市开展河道集中整治。是年，如皋市被评为江苏省河道整治工作先进县(市)。2007年4月始，全市展开以清除水生恶性植物、清除河坡垃圾和建立健全长效管理机制为主要内容的镇村河道整治“两清一建”工作，每年清除恶性植物1000万—2000万平方米，清除河坡垃圾数万立方米。2008年，如皋市被授予全省农村河道疏浚整治达标县(市)称号(首批)。至2010年，全市共整治一、二级河11条177.33千米，三级河223条654.96千米，四级河3740条。

五、河道管理

1962年，如海运河疏浚后，县政府采取县、社合作造林的办法，开展河道两岸植树造林，河帮栽紫穗槐、杞柳、先棵等亲水性树草，河堤栽刺槐，青坎栽湖桑。沿线建立52个专业队，1000多人，对如海河河线实行专职常年看护管理，并充分发动沿线群众保堤护坡。1974年1月，县革委会发布《关于加强焦港工程管理工作的通知》。县和沿线社队，层层建立管理组织，管理人员440人，并发动群众订立管理好焦港工程的制度。1982年7月，县政府颁发《关于严禁在河坡河堤上砍伐树草种植庄稼的意见》。此后各地实施公社、大队、生产队三级管理，在抓好工程建设的同时，抓好树草管理、水土保持工作，做到工程措施、生物措施、管理措施三管齐下。

1983年1月，城东区委成立南凌河管理委员会，抽调39人组建南凌河工程管理站，负责沿线两岸植树栽草、稳定河床、控制水土流失的工作。

管理站遵循建管并重原则，采取专业管理与群众管理相结合的方法，先后与沿线19个村民委员会、20多个企事业单位签订河道维护承包合同，与沿线3115户农民签订管理合同，规定沿岸堤坡只准栽树长草，不准随意垦伐，河坡、河堤上柴草和修剪树枝的收入归管理户，同时鼓励农民利用积土堆栽桑养蚕，控制水土流失，增加农民收入。南凌河管理经验多次在江苏省水利工作会议上介绍。1984年4月，县水利部门组织有关工程技术人员对骨干河道进行全面勘察。1986—1990年，根据江苏省水利厅统一部署，全县开展农田水利工程普查工作，摸清河道基本情况，在一、二级河道上每隔1千米处埋设里程桩。

进入21世纪，市委、市政府提出对已经疏浚整治的河道达到水质完善，水系畅通，引排水功能提升的目标，着力在建立长效管理机制上下功夫，实施清管并重，一清就管，并及时分区、分级落实管理目标责任制。至2010年，市内一至四级河的管理基本做到利益明晰、报酬落实、责任明确。

第三节　涵闸

一、主要涵闸

通济闸　清乾隆《如皋县志》载："运盐河至白蒲镇折而西一百二十步有宋海运石闸故址。"民国《如皋县志》载：通济闸，在白蒲镇，明初废。今镇北孤石峙立，俗称虎牢关，南登津桥，皆其旧址。清《白蒲镇志》载："通济第一闸，宋时因海运建。元因之，明废，海运闸亦废。今北岸有立石、东岸有卧石，其遗址也。"

丁堰闸　清乾隆《如皋县志》载："运盐河……至丁堰，一水经丁堰闸东流，为诸场盐河之总口……"丁堰闸在丁堰镇南，临镇，串场河（现为如泰运河）进出口处，石结构。1959年冬，疏浚如泰运河时拆除。

石　础　清乾隆《如皋县志》载：1622年（明天启二年），如皋知县李衷纯，于龙游河下游距江口五里的明禧寺左方柳家闸建成石础，有蓄水、航运和灌溉的功能。后因江沙南涨，此石础距江口20余千米而失去作用。民国《如皋县志》载：清乾隆五十三年（1788年），如皋知县谭大经，移建石础于近江扇面圩，但因闸上游支流分泄，未能发挥作用，当地人称之为西闸口。1956年拆除。

宏济闸　清光绪《通州直隶州志》载：道光十八年（1893年），如皋县知县范仕义浚龙游河，建宏济闸。民国11年（1922年）大修。中华人民共和国成立初，闸址在如城南郊龙游河上游接老通扬运河处。条石结构，闸身完好，配修闸门及启闭设备，但从未使用。1987年，改建成钢筋水泥桥。2001年，内外城河整治时拆除。

利民坝（闸）　民国《如皋县志》载：利民坝，在车马湖李桥镇常平河，清光绪二十一年（1896年）通州知事汪树常申请修筑，主要用于积蓄运河之水……此坝为木桩基础、条石结构的滚水坝。

利民新闸　民国14年（1925年）冬，由张謇捐资兴建，位于利民坝下游不远处（今下原镇白李村16组）。1971年，失去作用，被拆除。

丝渔港闸　1954年建成，位于原营防乡六号村内丝渔港入江口处，为中华人民共和国成立后县内兴建的首座引排水闸。底板高程-0.76米，闸孔净宽4.5米，最大设计过水流量37立方米/秒。主要为营防、南通薛窑农场及江防等2万余亩农田排灌而建。1979年年底，由于长江江岸变迁，港口淤塞，在其出口处筑坝、筑堤，闸身废置。闸内原港槽被平整为农田。

久隆闸　位于长江镇久隆港口。1956年初建。1981年初，因港口淤塞，失去排灌功能。7月，重建。闸孔净宽4米，底板高程-1.0米，投资15.5万元。担负江防、营防及蚕种场一带1.5万亩农田的引排任务。

焦港闸　位于张黄港西焦港南端。1956年10月17日开工，1957年7月21日竣工，总投资110万元。设计平均引潮流量131.6立方米/秒，最大排涝流量242立方米/秒，担负如皋、海安2县52.6万亩农田排灌任务。并建通航孔供通航。闸分7孔，中孔为通航孔宽7米，其余6孔为节制孔，每孔宽4米。底板高程-1.0米。1957年工程竣工时陈毅、郭沫若为焦港闸题词祝贺。

如靖界河闸　位于靖江市西来镇半岱村如靖界河上。1958年7月开工，1959年3月竣工。设计灌溉面积2.55万亩、排涝面积5.32万亩。单孔闸，闸孔净宽5米，底板高程-1.0米，交通桥总宽

3.5米，净宽3.0米。1989年、1998年、2000年、2004年，先后进行设备维修更新。2007年8月1日，根据江苏省发改委和省交通厅航道局文件精神，因连申线焦港船闸工程需要，迁址重建。新闸向上游移址1100米，位于江安镇朗庙村。工程标准为单孔闸，闸门净宽6.0米，底板高程-1.0米。工程于2010年4月15日开工，12月30日竣工。总投资1249.49万元，其中省交通厅投资655万元。该闸主要为靖江排灌航运服务，由焦港闸管理所管理。

碾砣港闸 位于如海运河入江口，是如海运河的控制建筑物。1958年10月10日开工，1959年6月宋庆龄、陈毅、刘瑞龙为碾砣港闸即将竣工题词祝贺。1959年7月15日竣工，总投资235.8万元。设计最大排涝流量590.7立方米/秒。承担如皋、海安地区61.8万亩农田灌溉及824平方千米排涝任务。是南通地区第三大出江口门。

闸分16孔，闸孔总净宽66米。东孔为通航孔，净宽6米，其余15孔为节制孔，每孔净宽4米，闸底板高程-1.5米（废黄河零点）。闸面公路桥宽4.5米。工程桥面高程10.6米，交通桥面高程6.8米。设有闸门自动化控制和视频监控系统。该闸建成后运行正常，逐年岁修。2001年12月至2004年1月，实施除险加固工程，工程总投资614万元。工程除险加固按二级水工建筑物设计。挡潮标准按百年一遇高潮位（5.50米）设计，二百年一遇高潮位（5.69米）校核。抗震6度地震构造设防。工程主要内容：护坡加固；更换16台套卷扬式启闭机及机房改建，更换通航孔上扉门及16孔闸门的主侧滚轮，闸墩、胸墙、工作桥、公路桥、便桥、门墙等修补加固，电气设备及配电房改制，消力池水下修补，增设水文和必要的管理设施。

2009—2010年，碾砣港闸通航孔进行扩孔改造，通航孔宽度由6米增加为11米，通航孔顶高层由6.8米增加到7.8米，通航船只吨位由200吨左右提高到近2000吨。原节制孔15门，改为14门，设计引水流量增至599.7立方米/秒，排水流量623.1立方米/秒。

永平闸 位于原江防乡周圩港入江口处，1961年7月建成。闸孔净宽6米，底板高程-2.0米，最大引排流量65立方米/秒，担负3万多亩农田的灌溉和4万多亩面积的排涝任务。2010年，仍发挥作用。

益民闸 位于下原响堂河上（今下原镇藕池村7组），1965年建成，具有引水、排水双重功能。20世纪80年代，因失去作用报废。2010年，闸体仍存。

司马港闸 位于如海运河与司马港的交界处磨头镇星港村。1966年6月建成。是座蓄水、通航的套闸。单孔，闸室长50米，闸底高程-0.5米，担负磨头、长庄、桃园、建设、马塘、丁西、奚斜、花园等地的农田排灌任务。建成后不久，因水系变化停用，未能充分发挥作用。2010年，为排除安全隐患拆除。

戴案港闸 位于长江镇戴案港口，1971年建成。闸孔净宽4.5米，底板高程-0.5米，最大引流量20立方米/秒。担负长江镇、张黄港及五七农场一带3万亩农田的引排任务。因长江北汊淤浅致使戴案港口淤塞，至1975年，通过引河及四号港沟通长江，对长江镇、张黄港地区部分低洼农田仍起排涝作用。

四号港闸 位于长江镇四号港入江口，1977年12月建成。闸孔净宽4.5米，底板高程-1.0米，设计最大引排水流量25立方米/秒，投资12.45万元。担负着焦港以东、如皋抽水站以西圩田区近2.5万亩农田灌溉和3.6万亩面积的排涝任务。2009年，被鉴定为四类水闸，须拆除重建。2010年9月7日，南通市水利局批复同意四号港闸拆除重建，闸址在原址上游350米处，距长江口700米（该工程于2011年2月10日开工，10月11日竣工验收，投入试运行）。

长青沙闸 位于长青沙青年港入江口，原长青沙三号涵洞东侧，1986年6月建成。闸孔净宽5米，底板高程-1.0米。担负长青沙1.6万亩农田的引排任务。经多年运行，设备自然老化，地基变化，造成闸基漏水。1998年，江苏省水利厅鉴定为险闸。2001年5月，在原址下游210米处兴建新闸。设计标准单孔，宽6米，底板高程-1.0米。2002年3月竣工。2007年6月，因江势变化，拆除重建，投资763万元，单孔8米。2009年6月竣工。

拉马河闸 位于江安镇黄市村拉马河南端入口。1987年9月开工拉马河南端入口，1988年10

1990—2010年如皋市沿江水闸引排水情况一览表

表4-2

单位:亿立方米

年度	引水	排水	年度	引水	排水
1990	7.02	1.88	2001	5.56	0.44
1991	5.18	—	2002	5.24	—
1992	7.94	1.35	2003	1.50	4
1993	7.37	4.58	2004	5.36	1.36
1994	11.76	—	2005	5.36	1.36
1995	8.14	1.73	2006	6.78	2.65
1996	9.61	2.08	2007	6.26	2.87
1997	11.21	1.00	2008	5.36	1.57
1998	6.51	1.94	2009	4.34	2.83
1999	5.77	4.72	2010	7.78	2.04
2000	4.90	1.07			

月竣工。底板高程-1.5米,单孔净宽8米,高5.7米,最大引水流量10立方米/秒,主要为江安地区解决水源不足的矛盾。该闸主管单位初为江苏省灌溉动力管理一处,后划给泰州引江河工程管理处管理。

如皋港闸 位于又来沙如皋港(原抽水站引河)入江处。1991年1月,开工。1992年5月20日,通过竣工验收。6月10日,拆坝放水。该闸设计引水流量50立方米/秒,排水流量535立方米/秒,排涝面积1367平方千米,灌溉面积113万亩。

闸体3孔,孔宽均是10米,中孔为通航孔。底板高程-2.0米,底板厚1.0米,闸面交通桥宽7米,荷载标准汽T20,挂-100。

2002年10月,除险加固工程开工。2003年3月竣工。完成项目:挡潮墙裂缝封堵及垂直止水处理、通航孔闸墩用钢板防护、公路桥改造、桥台路基灌浆、启闭机房维修扩建、改造预备门、改造中孔启闭机、更换闸门吊点滑轮和主侧滚轮的轴套、水上砼环氧厚浆防护。

又来沙闸 位于长江镇如皋港区中心河入江口,如皋港闸下游2千米处。为适应如皋港区引排通航而建。1991年12月开工,1993年6月竣工。单孔闸,闸宽4.5米,底板高程-0.5米。

二、涵闸管理

1949年前,域内涵闸无明确管理部门,一般不同的闸有不同的管理主体。中华人民共和国成立初,县内涵闸管理由水利部门负责。20世纪50年代后期,一批中小型水闸相继兴建。1957年7月焦港闸管理所建立,1959年7月碾砣港闸管理所建立,均系南通专署设在如皋县的事业单位,实行专区和县双重领导。1961—1962年,南通专署将碾砣港闸管理所、焦港闸管理所分别下放给如皋县领导,改称为如皋县碾砣港闸管理所和如皋县焦港闸管理所。1961年9月,县人委印发《关于沿江水闸明确管理区范围的通知》,确定涵闸管理范围,明确管理责任。1962年9月,县人委将原属公社管理的小型涵闸的业务,分别委托碾砣港、焦港两个中心闸管理所托管,东平闸、永平闸、久隆闸、丝渔闸交由碾砣港闸管理所管理;界河闸、四号港涵闸、新生桥闸、新生船闸交由焦港闸管理所管理。1984年,全县中型闸站建立管理所,小型闸站建立管理站,其中建闸管所的有焦港闸、碾砣港闸、如皋抽水站,建管理站的有永平闸、司马港闸、四号港闸、长青沙闸。1992年5月,如皋港闸管理所建立。长青沙闸划给如皋港闸管所、四号港闸划给焦港闸管所、永平闸划给磙砣港闸管所管理。

涵闸管理区明确为:磙砣港闸、如皋抽水站上下游各500米,焦港闸上下游各300米,永平闸上下游各150米,四号港闸上游300米、下游至入江口,长青沙闸、久隆闸上游各150米、下游至入江港口,如皋港闸上游至长江镇水利站(距闸身约3000米)、下游至入江口。管理范围包括河床、水面、青坎、堤身、道路、开除面积的积土地区和已划归管理用的土地。属乡(镇)管理的小型涵闸,上下游各30—50米范围内的河床、水面、河口以外3—5米以及已划归管理用的土地均属闸管站管理区范围。

第四节 堤防

一、海堤

捍海堰 唐大历元年(766年),黜陟使李承实任淮南节度判官,心忧海潮涨漫农田,奏请筑堤,从楚州(今淮安)的盐城至扬州的海陵(时如皋属海陵)修筑海堤,称捍海堰。宋开宝年间(969—976年),海陵知州王文佑增修,后因年深月久倒塌。民国《如皋县志》载:在县东北境沿海线上,连接各盐场,南接通州,北接东台。

范公堤 民国《如皋县志》载:宋天圣元年(1023年),范仲淹任西溪盐仓监时,建议发运使张纶奏请重新修筑捍海堰,以阻挡海潮。张纶转奏宋仁宗准旨,指定由范仲淹负责修筑。宋天圣二年,官府动员4万名民夫开工筑堤,时值隆冬,雨雪连旬,潮势汹涌,民夫冻饿劳累死亡200余人。宋仁宗派两淮都转运使胡令仪至海边查看实情。胡令仪曾任如皋县令,对筑海堤的利害关系十分清楚,于是回奏建议继续施工。宋天圣四年,范仲淹因母亲病逝回家服丧,离任时写信给张纶坚定其信心。张纶自请兼任泰州知州,指挥施工。宋天圣五年秋至宋天圣六年春,堤堰全部竣工,全长71.5千米,堤基10米,堤顶宽3.3米,堤高5米。如皋独当泰州东部,占全长30%。从此海潮不再内浸,沿海百姓为颂扬范仲淹功德,将这条新筑的海堤命名为“范公堤”。

二、江堤

沿江江堤 魏、晋、南北朝时,如皋域内江岸线在江安、石庄之间,筑有江堤,即人们俗称的“老岸”,东西长约20千米。此后,长江口北岸淤涨、坍塌频繁,临江不再修筑江堤。明永乐元年至嘉靖四十五年(1403—1566年),县内江岸多次大坍,后退20千米左右。明隆庆元年(1567年)始,江沙复涨,沿江百姓为垦种滩地,围田成圩,筑岸挡潮。清康熙七年(1668年)始,江沙淤涨速度加快。至清嘉庆元年(1796年),随着围垦筑堤,江岸向江中推进15千米多。是时,县内为垦种而筑成的江堤堤岸,不成系统,亦无一定标准,均较矮小单薄。清同治元年(1862年)始,如皋沿江再次大坍塌,不少江堤塌入江中。至民国25年(1936年)左右,江岸线退至张黄港、尖口圩、新生港、周圩港(小圩桥)、宏然庙、长脚圩、老磙砣港口、平升圩、海坝港一线,坍势基本稳定。此后,县内沿江相继修筑江堤,堤线迂回弯曲,堤质粗陋,加之通江港众多,且无涵洞控制,高潮进港,全靠港堤防护,如遇台风、大潮,堤岸即溃决。

民国32年,永安沙与新生港夹江之间打海坝,永安沙与北岸并连。至此,坍江边的老江堤与永安沙新江堤并连。永安沙江堤均为各案就各自滩地的地形构筑,标准参差不齐,盘湾突角很多,堆土不严实,堤身标准一般顶高5.0米(废黄河基面,下同),顶宽2.0米,外坡:1:2,内坡1:1.5,决堤成灾,屡有发生。1949年,如皋县江堤包括平西区(1954年划交南通县)在内,西起张黄港,东至天生港,全长60.48千米,通江港堤115.32千米。1949年9月7日,台风、暴雨、大潮同时袭击,江堤决口30处,港堤决口16处,决口总长2000余米。

1950年春,县委、县政府成立长江复堤工程总队部,下设平西、薛窑、江防、石庄4个复堤工程大队部,对全线江堤加高加固。堤身标准:顶高5.0—6.0米,顶宽3米,外坡1:3,内坡1:2,内外青坎各宽20米。筑堤方法和要求:取土泥塘必须在20米青坎以外,堤身进土之前,必须清基倒毛,进土时要踩坯进土,碎土硪实,碎土块直径不大于10厘米,碎土时要去净杂质草根,层土层硪,每层土厚度不超过30厘米,硪土时必须压花套打,三遍一拭,七折硪实。硪具为定制小石磨,行硪时,举硪过头,落硪沉重。每层土硪实后,扦验合格,才能进第二层土。扦验,即以专制铁扦插入土层中,拔出后在扦眼中灌满水,一分钟内不漏光为合格,进第二层土时,必须将第一层土面拉毛,然后上土,以利土层之间贴结密实。施工界址接头必须犬牙交搭,堤身符合标准后,须在内外坡行硪一遍,尔后外坡贴草皮,内坡栽草,方能交验竣工。这次工程共完成土方93.55万立方米,初步整饬江堤面貌。

1954年,全县始实施沿江地区并港建闸工程。至1961年,拆除江堤上木涵23处,填土密实;改3处木涵为混凝土方涵,坍江地段,不能就地加固的江堤做退建工程;涨滩地段,结合围垦,去弯取直,缩短堤线。全县沿江江堤缩短为15.24千米。1998年,全市始实施江堤达标工程,迎江面堤坡改为钢筋砼护坡。堤顶高程7.5米,堤顶宽6米。至2010年,域内主江堤省桩号292+049(如靖涵闸中心线)至307+623(碾砣港闸出口右岸),长15.57千米(不含长青沙洲堤)。

长青沙洲堤 1965年,结合围垦,开始筑堤,洲堤共长9.33千米。1972年、1974年,按照顶高6.6米,顶宽2.5—3米,外坡1:3,内坡1:2.5的标准,相继向外扩建洲堤,长度增加至14.06千米。1980年入汛后,长青沙洲堤西江滩段崩塌严重。8月,防汛部门对四号涵洞两侧江岸实施沉排、抛石、护坎加固。此后,逐年进行保塌护岸工程。至1990年,共用块石42.5万吨。2008年,由于导流堤工程的实施,长青沙与泓北沙连成一片,新增地块洲堤构筑完成。2010年,长青沙洲堤的长度为33.16千米。

三、江堤达标

1998年,全市落实江苏省委、省政府关于"用三年时间把江堤建成洪水冲不垮的钢铁长城"的要求,开始实施江堤达标工程。包括堤防迎水坡护坡、填塘固基、修筑堤顶防汛公路三项,主要工程于1999年年底结束,总投资1.3亿元,其中,省财政拨款约5000万元,其余由市财政、防洪保安基金和全市机关事业单位工作人员捐资解决。

图4-5 江堤达标施工现场 (1998年摄)

护坡 全市江堤迎水坡护坡总长23.78千米,其中达标计划内19.39千米,非达标计划4.39千米。达标计划内包括主江堤15.31千米,洲堤6.97千米,港堤1.50千米;非计划内包括如靖界江堤接长0.20千米、中汊出口导流堤1.40千米、长青沙东堰1.15千米,起步码头0.37千米,森林公园1.26千米。护坡方式有三种,其中钢筋砼护坡15.60千米、浆灌砌石护坡6.15千米、干砌石护坡2.02千米。

填塘固基 江堤背水坡堤脚原挂脚沟受雨水冲刷影响堤防稳固,施工中全部填平。完成土方33.53万立方米。该工程以长江北岸为主,顺堤长9.08千米。实施范围:四号港闸管理区西南两侧、如皋港闸西至起步码头东侧、新跃涵洞西至永平闸西侧、久隆闸至永平港口东侧、小天生港涵洞两侧、长青沙闸管区东至长青沙东南角,良种场引河段。

主江堤堤顶公路建设 20世纪70年代末,如皋开始实施江堤堤顶公路建设。始为土路,路面宽4—5米。80年代,结合防汛,江堤加高加宽,部分堤段开始铺设砂石路面,路宽5米左右。江堤达标工程实施过程中,江堤堤顶全部加宽至6米,岸顶高程加高至7.5米,堤顶公路路宽相应增加至

图4-6 长青沙江堤堤顶公路 (2008年摄)

6米，路面全部改建为水泥或沥青路面。至2010年，全市沿江江堤和长青沙洲堤，全部达到50年一遇防洪标准。

四、堤防管理

1951年，如皋县防汛总队部成立。1974年，改称防汛防旱指挥部，同时成立县防汛总队部沿江办事处，作为沿江堤防管理和防汛管理的机构。

每年汛期，沿江乡镇、场圃以民兵组织形式为基础，建立防汛团部、营部，分地段组织看潮班、抢险班、预备班等，形成严密的防汛网络，妥善安排划段包干，轮流上堤守护。市（县）防汛防旱指挥部及早储备编织袋、草包、毛竹、木桩、铁丝、太平草等防汛物资，提前运到险工险段，以备抢险急用。

1984年10月，如皋县堤防管理所建立，专职管理沿江江、港、洲堤。2001年，市内实施堤防产权制度改革，将江堤内外青坎收归国有，作为防浪林和水利设施建设的基地。2002年9月，如皋市堤防管理所更名为如皋市河道堤防管理所，除履行江、港、洲堤的管理外，还对全市长江岸线及水下变化情况进行动态观测，发现异常及时报告，并提出抢险方案，具体组织实施抢险；指导沿江镇、单位防护险工险段；指导一、二级骨干河道的保护。管理范围：江、港、洲堤的堤身，堤内有挂脚沟的以沟（包括整个河身）为界，无挂脚沟的至内堤脚外15米的土地，以及外堤脚外40米的滩地。

第五节 防汛抗旱·护岸保坍

一、防汛抗旱

1949年8月9日，台风、暴雨、大潮同时袭击如皋县，沿江江堤决口30处，港堤决口16处，缺口总长度2000米，淹没沿江圩田95169亩。县委、县政府成立复堤委员会，动员民力，抢修江堤，共完成土方60万立方米，抢救出圩田庄稼66929亩。

1951年，县防汛总队部成立。1954年7月17日至9月13日，大汛潮位不断增高，最高潮位涨至4.91米（废黄河基面），超过警戒水位0.45米。全县动员民工2.08万人，进行江堤加高加固。至10月24日，共动用土方51.13万立方米、石方1218.30立方米。

1974年年初，县防汛总队部改称防汛防旱指挥部，由县政府分管水利的副县长任指挥长，并下设办公室，办公室设专人24小时值班，并确定每年5月1日—10月15日为“防汛期”。8月中旬，受13号台风影响，出现5.10米的历史最高潮位，主江堤外围江堤沉没，主江堤发生沉陷和926处渗漏险情。县革委会动员民工1.42万人立即抢修江堤。8月25日，再度动员2.96万人，历时8天，抢修并加高加固主堤，共动土方48.61万立方米。这次加高加固，使全市江堤顶高均增加到6.0米以上，长青沙江堤顶宽增加至4米（内坡1:2，外坡1:3），江港衔接堤岸亦同时加高。

1990年，全县受15号强台风影响，暴雨成灾。受灾面积100多万亩，重灾80万亩。受17号强台风倒槽影响，南部圩区普降暴雨和大暴雨，经突击强行排水，受涝面积仍有21万亩。

1991年6月13—15日，全市连续50余小时暴雨、大雨不停，百分之七十以上面积受涝。5—7月，出现大雨过程7次，其中5次为暴雨和大暴雨，其中6月14日特大暴雨，正值农历五月初高潮位，长江上游洪峰压境，下游高潮顶托，积水难排，沿江20多个村成为一片汪洋。20万亩棉田积水48小时以上的4.2万亩，积水60小时以上的1.1万亩。5月18日至7月15日，有雨日44天，占76%，全市平均降雨量723毫米，且有阴天7天。灾情发生后，市委、市政府和市防汛防旱指挥部都及时组织抢排、强排，缩小灾害损失，全市由5个船队和58辆汽车组成抢险突击队，保障抢险物资抢运。

1992年6月24日至7月底，全市平均降雨量仅为51毫米，且持续高温。其中7月27日内河水位降至1.58米，有372个电灌站无水可抽。为保障38万亩晚稻及时栽插，全市动员11.5万人次疏浚一、二级河道，调动1951台套抽水机械抽水抗旱。

1993年6月3日至6月21日，全市平均降雨为16.25毫米，内河水位有10天低于2.0米，最低水位至1.34米（丁堰站），有24.82万亩农田受旱，另有29.30万亩中稻等水栽插，30.80万亩晚稻落谷，正值用水高峰期，全市动员12.64万人，1750台套抽水机械投入抗旱，基本实现大灾之年不减产。

1995年6月下旬起，长江洪峰下泄，流量陡增，大通流量由5万多立方米/秒猛升至6万多立方米/秒，7月3日更增加至7.55万立方米/秒，为中华人民共和国成立以后长江第二大洪峰。洪水冲刷又来沙垦区江岸，江岸平均每天坍塌6米。市政府作出退堤和抛石保坍并举的抢险决定，组织石庄、长江、郭园、车马湖、九华、龙舌、下原7个乡镇9000多民工，冒雨抢筑江堤，完成土方4.3万立方米，退建新江堤760米。

1996年8月1日，长江高潮位至5.43米，超过历史最高潮位0.3米，风大、水急、潮高、浪凶，致不少新围江港圩堤决口，老江堤严重渗漏。共决堤15处，决口525米，出险长度3200米，受淹农田6638亩、农户246户、伤11人。沿江各乡镇组织18万人次参加抢险，险急时每天有16000多人在江堤巡防。解放军驻如空军部队200名官兵参加又来沙抢险。市政府还制订长青沙居民撤离预案，共调集客轮5艘610客位、拖轮3艘、汽渡一艘、货船5艘，随时准备转移长青沙居民。

1998年，长江形成洪峰8次，如皋段大通流量88天超过6万立方米/秒，69天超过7万立方米/秒，13天超过8万立方米/秒，8月4日更达到8.21万立方米/秒。市防汛防旱指挥部在“高度戒备、充分准备”的同时，组织船只抛石护岸，实现“大洪无灾”。如皋市政府被江苏省政府表彰为抗洪抢险先进集体；如皋市水利局被江苏省政府表彰为抗洪抢险先进单位。

1999年7月4日起，长江如皋段53天大通流量超过6万立方米/秒，26天超过7万立方米/秒，7月24日高达8.38万立方米/秒。由于江堤达标工程实施和及时抛石护岸，再次“大洪无灾”。

2001年5月，市政府实施中汊节点控制工程。江苏省、南通市、如皋市三级财政共投资1058万元，新建护岸644米，护坡890米，加固护岸609米，加固护坎2600米。邀请南通长江勘测院对又来沙、长青沙等险段进行水下测量，制订落实相应保坍预案和抢险措施。

2003年，市政府于四号港西侧修筑江堤192米。至此，全市江堤与靖江市江堤接通，消除洪灾隐患。

2003年后，随着防洪及农田水利设施逐步完善，全市再未发生重大洪涝灾害和旱灾。

二、护岸保坍

受长江下游水道变化影响，20世纪70年代中期开始，长青沙西南沿岸及长江如皋段部分江岸快速坍塌，且坍塌有进一步加剧趋势。1980年起，经上级水利等部门同意，如皋县开始实施抛石护岸工程。至2010年，长江如皋段（中汊和北汊）抛石护岸（坎）工程累计抛石86万余立方米；累计沉轻型柴排14块18000平方米、软体排1块600平方米、沉辊3753只，用去树枝710余万公斤、芦柴近30万捆，耗资6000多万元。江岸坍塌被控制，保护江岸16.80千米。

长青沙西南侧江岸抛石护岸工程 长江如皋段中汊（又来沙水道）下泄主流顶冲点位于长青沙原4号涵洞（今皋张汽渡）北侧。经顶冲分流后，一股水流向南，流经长青沙西侧中汊后与长江南汊（北沙水道）会合后下泄；另一股水流向北，进入浏海汊（天生港水道）上段后，先分流经长青沙与薛案沙夹槽向南流入南汊，同时进入北汊继续下泄至横港沙尾与长江主流会合。

1974年，长青沙4号涵洞堤外江滩地宽有300余米。此后，受中汊不断扩大顺直、主流顶冲强度不断加大影响，江岸逐年崩塌后退。至1979年年底，长青沙原4号涵洞堤外江滩地宽缩至160米左右，岸边最深江底有-24.2米（废黄河零点），塌势加剧。1980年初，如皋县长青沙保坍抢险指挥部成立。8月19日—11月15日，组织紧急抛石3.26万吨，沉辊76组3753只，沉排7块9900平方米，护岸长1224米，用工10.60万个，总投资46.60万元。

1981年上半年，长青沙西岸仍处于坍塌之中，县长青沙保坍抢险指挥部组织民工600人，技工40多人再次实施护岸保坍，共护岸375米，护坎561米，修复加固护坎940米。7月25日晨，20号点（为监测塌势所设的观测点）南，两小时发生坍岸35米、塌宽3.5米；16—18号点间，149米护坎部分块石下滑，倒坎长45米、宽2—3米；21—23号点之间塌岸30米、宽1—2米。长青沙公社紧急组织500余民工，租用单机船13艘，水陆两路突击抛石抢险。

1982年5月31日，24号点以南发生长63米、宽19米的严重涡坍；7月10日，27—28号点发生长53米、宽24.5米大涡崩塌;25—26号点间,江面距主江堤塌至20米;21—24号、16—19号、8—9号、6—3号点地段,均有坍塌。县长青沙保坍抢险指挥部组织长青沙、县蚕种场450多名民工抛石护底、护坎,加固江坎1549米、江岸846米。

1983年8月,28—29号点间发生长86米,宽39米的大涡坍塘。11月,30—31号点间发生长105米,宽41米的大涡坍塘,主江堤坍去41米。至1984年,长青沙西岸江底最深处刷深至-44米,且深槽范围向东南延伸。1984年冬,县长青沙保坍抢险指挥部组织石庄区5000多名民工,在长青沙部分险段增筑两道江堤,并组建抢险专业队抢险加固危险地段。

1986年入汛后,长江上游来水量大,流速快,直冲长青沙西南角。至5月底,江底最深处为-46.9米,7月更刷深至-51.5米,28—29号点间发生较大规模的崩塌。险情发生后,南通市、如皋县组织民工560人,调集南通市区及如城、白蒲、搬经、石庄、张黄港、长青沙地13个轮队参加运石,支援抛石护坡,历时3个月。

此后,长青沙西南护岸保坍工程不断进行。至2010年年末,累计抛石35.73万立方米,沉轻型柴排14块180000平方米、软排1块600平方米,沉辊3753只,耗资1220余万元。

长青沙退建洲堤工程 1983年11月22日,长青沙30—31号点间发生涡崩坍岸,洲堤坍入江中,决口宽41米多。是年,从原4号涵洞南侧向东,转向东南至主洲堤退建洲堤长1100米,动土7.8万立方米。1986年7月22日,28—29号点间发生第二次涡崩坍岸,洲堤坍入江中近60米。1987年7月17日,33—35号点间第一、二道防护堤坍入江中,坍口宽200米,坍失耕地和滩地150余亩。是年退建临时堤长410米,动土1万余立方米。是年,长江如皋段中汊流量不断增加,上游又来沙西南角不断向东北方向坍缩,友谊沙东北角逐年向西南方向坍退,快水直冲长青沙15号测点以南地段,形成"快水近边,深泓逼岸,旋涡刷深"。险情出现后,由长青沙、长江、张黄港、吴窑、营防、葛市等乡镇及县良种场组成1.1万多人的抢险队伍,历时13昼夜,动土11.5万立方米,新筑堤防1700米。

又来沙西南侧江岸抛石护岸工程 1992年,

图4-7 又来沙险段抛石护岸 (1994年摄)

又来沙筑堤围垦时江边距江堤370—700余米。此后,"快水靠边,深泓逼岸",主汛期滩地平均每天崩坍6米,江岸不断后退,直逼江堤。至1995年,西南侧堤外沙滩不足100米,最窄处堤外青坎不足23米,1995年,市政府决定实施又来沙南侧江岸抛石护岸工程,退堤保安和抛石保坍并举。是年7月3日至7月6日,组织9000余民工在最危险堤段(又来沙闸向如皋港闸方向)抢筑长760米二道江堤,同时,调集4个轮队和百余艘单机船抢运块石,抛石护岸。

1998年汛期,又来沙江岸先后发生6次范围不等的江岸崩坍,且有加剧趋势。是年起,市政府采取先沉杂树,改变流态,防止刷深,阻减流速,再抛石护岸,控制崩岸的办法,连续数年沉树抛石,窝崩得到基本控制,堤外江滩趋于稳定。

1995—2004年,又来沙南侧抛石80.16万立方米,沉树近千株,耗资3300余万元,累计护岸长13641米。

江北抛石护坎工程 20世纪70年代末至80年代初,从长江如皋中汊又来沙与长青沙间分流进入北汊的主流直冲江北沿岸,并沿岸下泄形成洗坍,由于北汊下段平面形态呈喇叭状,入秋后易形成涌潮,从碾砣港出口贴北岸向上一路严重洗坍岸坎。1982年起,县政府持续实施抛石护坎工程。

抛石护坎主要地段:长青沙北渡口两侧;新跃涵洞两侧;碾砣港出口西侧;小天生港涵洞两侧;永平港口两侧等。历经16余年的长江北岸沿线抛石护坎工程,累计抛石13.74万立方米,护坎7620米。

1980—2010年长青沙长江中汉工程段抛石护岸(坎)情况一览表

表4-3

序号	实施年度	抛石(立方米)	完成投资额(万元)					护岸长(米)	备注
			小计	中央	省	市	县		
1	1980	19212	46.60	—	35.60		11	1000	保塌开始,从四号涵洞处沉柴排7块9900平方米。沉辊3753只,及平顺抛石
2	1981	23741	44.10	—	34.10		10	766	沉柴排7块8100平方米,软体排1块600平方米及平顺抛石护岸
3	1982	35804	51.80	—	35.80		16	380	19号点处发生,保坍后第一次江滩地大窝坍崩岸
4	1983	30478	34.64	—	24.64		10	480	窝塌后退建堤长1100米(汛前),30－31号点发生崩岸,洲堤第一次坍决口,抢险
5	1984	37447	70.20	—	53.10		17.10	300	增设临时堤防长270米及抛石护岸
6	1985	4125	7	—	7		—	加固	—
7	1986	22598	41.86	—	36.86		5	100	29号点附近洲堤坍岸决堤,退建二道堤防长410米
8	1987	49958	130.50	—	104		26.50	150	发生大面积坍岸,坍江面积150余亩,退建二道堤长1700米
9	1988	16150	45.59	—	35.59		10	加固	—
10	1989	10443	40	—	30		10	加固	—
11	1991	8215	40	—	30		10	加固	—
12	1992	14266	73.50	24	23	26.50	—	180	开始实施中央以工代赈经费工程
13	1993	18424	138	46	23	23	46	120	—
14	1994	6709	60	10	10	20	20	15	—
15	2001	35355	392	—	238.50	47.70	105.80	150	—
16	2009	4200	—	—	—	—	—	350	—
17	2010	20212	—	—	—	—	—	—	—
合计	—	357337	—	—	—	—	—	—	—

1982—2010年长江如皋北汊北岸抛石护岸（坎）情况一览表

表4-4

序号	实施年度	抛石(立方米)	投资额(万元)				护岸长(米)	备 注
			小计	省	市	县		
1	1982	13057	15	15	—	—	980	碾砣港闸出口至永平港口间北岸
2	1983	5162	5.86	5.86	—	—	1000	加修完善
3	1984	11037	22.90	22.90	—	—	860	中心沙渔场至新跃涵洞护坎及加固
4	1989	3048	10	1.50	5	3.50	400	永平港口两侧护坎及加固
5	1990	1331	4.50	—	—	4.50	210	局部加固及新跃涵洞西侧抛石护坎
6	1991	3546	10.89	3.89	7	—	200	新跃涵洞东抛石及局部加固
7	1992	3900	20	10	5	5	180	原江防耐火材料厂外沿江护坎及局部加固
8	1993	3523	20	10	—	10	200	过江码头至永平港西护坎及局部加固
9	1996	1910	16	4	4	8	140	新跃涵洞东抛石及局部加固
10	1998	3270	30	15	—	15	350	新跃涵洞东延伸护坎及局部加固
11	1999	14118	129	65	—	64	320	长青沙北岸码头两侧及新跃涵洞两侧护坎及加固
12	2002	53704	700	477	86.90	136.10	1580	长青沙原五号涵洞东过江至碾砣港出口两侧护坎及加固
13	2004	7265	95	95	—	—	—	北汊北岸沿线加修
14	2005—2008	3261	30	30	—	—	200	零散施工
15	2009	4600	—	—	—	—	766	小天生港涵洞东侧抛石护坎
16	2010	4658	—	—	—	—	—	新跃涵洞东侧抛石护坎
合计	—	137390	—	—	—	—	—	—

1995—2001年又来沙长江岸工程段抛石护岸(坎)情况一览表

表4-5

序号	实施年度	抛石(立方米)	投资额(万元)					护岸长(米)	备注
			小计	中央	省	市	县		
1	1995	40574	360	—	120	50	190	960	如皋港闸口至又来沙闸口范围内抢险护岸
2	1996	50765	450	200	70	15	165	720	四号港口至又来沙闸口范围内加固及抢护
3	1997	30706	287.50	130	127.50	30	—	400	又来沙闸西侧及四号港口等抢护加固
4	1998	63861	600	—	180	60	360	300	又来沙闸下游延伸及加固
5	1998	31406	300	100	—	—	200	160	四号港口至大流槽加固及局部新增保坍
6	1998	24920	212.50	—	85	10.50	117	80	又来沙险段加修和下延护岸等
7	1999	55181	598	—	299	60	239	500	上下游已护岸两端延伸及局部加固
8	2001	43154	480	—	291	58.20	130.80	260	大流口上新增护岸及部分加固
合计	—	340567	3288	430	1172.50	283.70	1401.80	—	现有效长3380米

1998—2004年长江如皋中北汊、又来沙南侧抛石护岸(坎)情况一览表

表4-6

序号	实施年度	工程地址	抛石(立方米)	完成投资额(万元)					护岸长(米)
				小计	中央	省	市	县	
1	1998—2000	长青沙	332925	1215.79	80	426.69 294.50	117.20	297.40	3641
2	1995—2001	又来沙	340567	3288	430	1172.50	336.80	1401.80	3380
3	1982—2004	北汊沿岸	128132	1109.15	—	755.150	107.90	246.10	6620
合计	—	—	801624	5612.90	510	2222.150	508.80	1945.30	13641

第六节 农田水利

一、农田排灌设施

电灌车口建设 1958年5月，国营城西、城东电灌站兴建。1960年，全县建电灌车口8座。1961年，在搬经建成国营佘桥南电灌车口，安装电动机7台98千瓦；在邓园建成鹿门车口，安装电动机4台81千瓦。1962年，新建夏堡乡芦桥、龙港和丁堰乡丁北、田庄4座车口。1963年，新建加力、邓园、新民车口。至1965年，全县拥有电灌车口56座，装机281台套，容量4945千瓦。

1967年始，电灌车口建设转入分拆、迁移和改建的调整改善期。1974年，全县建有电灌车口447座，装机1775台套，容量26938千瓦。

1975年始，全县实施电灌空白地段新建工程。1985年始，逐步实施泵站改造。2005年，全市拥有固定泵站2079座，装机3175台(套)，容量53165千瓦。

2002—2010年，全市投入泵站改造资金2008.91万元，改造泵站708座。2010年，全市拥有固定泵站2076座，装机4282台套，容量66137千瓦，有效灌溉面积110多万亩。

如皋抽水站 为补充高沙土地区的水源而建，位于长江镇。1968年6月开工，1970年5月竣工，总投资136万元。装有46WZL160型污工泵10台，装机容量2800千瓦。抽引江水50立方米/秒，收益面积90万亩。站身上游段出水管下层设有排涝孔，总过水断面为39平方米，最大排涝量为209立方米/秒，自引江水流量171立方米/秒。

1973年，由于长江北汊(天生港水道)泥沙不断淤积，抽水站引河淤塞，引水功能全部丧失。至1977年，引河淤高约2米。1978年夏，疏浚引河。1990年冬起，分5期疏浚如皋港，含对抽水站引河辟口建如皋港闸，直接从长江中汊引水，恢复如皋抽水站50立方米/秒抽水能力。

1992年6月下旬至7月底，全市遭遇特大干旱，持续37天高温不雨，抽水站开机540台时，抽引由如皋港引进的江水972万立方米，抗旱面积75万多亩。1995年特大洪涝期间，开机强排，减轻长江、石庄圩田地区灾情。

沟渠 全县实行机电灌溉初期，输水全部采用土筑明渠。1977年，何庄、搬经试建地下渠道(暗渠)，渠道以“三七”灰土拌匀夯实筑成，全长2.8千米，过水断面马蹄形。1978年，由于修筑质量和土质等因素，地下渠道倒伏。全县继续全部采用明渠。

1980年，林梓乡修筑混凝土圆涵管地下渠道，长0.3千米。1982年，省排灌总站下达试验项目，在大明乡修筑1.4千米混凝土梯形断面防渗明渠、1.5千米塑膜衬贴防渗明渠。建设乡自筹经费修筑混凝土椭圆形过水断面地下渠道0.9千米。1995年，花园乡野树村自筹经费修筑梯形断面防渗明渠。1996年，车马湖、东陈、戴庄、下原、郭园、常青、石北、高井等16个乡镇的28个灌溉车口开始仿效兴建防渗渠。是年，全市共建防渗干渠24条27.25千米，支渠82条30.54千米，农渠58条8.39千米。共建梯形止水闸902座，总动土量384万立方米，工程总投资573.65万元，受益面积4万亩。经测算，防渗渠水利用率可达到96%以上，与土质明渠相比，节水节电、节省土地，灌水速度明显加快。此后，防渗渠迅速在全市各乡镇普及。

至2000年，全市累计兴建防渗渠324千米，受益面积20.5万亩，全市水稻灌溉亩耗电29.7千瓦时，亩成本39.84元，低于往年平均水平。是年，如皋通过“全国节水增产重点县”南通市级验收。2010年，全市有防渗渠干渠、支渠、农渠3880条，总长2657千米，基本实现防渗渠农田全覆盖。

二、灌区建设

磨头天阳节水灌溉示范区 1996年，经国务院批准，如皋市被确定为全国300个节水增产重点县之一。1997年，国家发展与计划委员会、水利部批准实施位于磨头镇天阳村的磨头天阳节水灌溉示范区。1998年1月开工，1999年11月竣工。总面积133公顷，其中核心区43公顷，辐射区90公顷。总投资410.2万元，其中水源工程78.02万元、渠道工程63.36万元、排水工程26.16万元、田间及道路工程138.75万元、管理设施95.86万元、工程运行费用8.05万元。

工程设计按照高起点、高质量、高科技含量、高效益、示范作用大"四高一大"要求,达到渠道防渗化、供水计量化、操作自动化和推广应用水稻浅湿灌溉模式,新建复合防渗渠8.3千米,设置量供水计量装置,根据用水量收费,配备自动控制系统,能够根据气候、土壤、水分、水稻生长不同时期需要设定灌水时间和灌水量。

工程竣工后,年节水154.7万立方米,节电38.7万千瓦时,省地1.2公顷,节省人工费3.27万元,增加水稻面积9公顷。

搬东节水增效灌溉示范区 位于具有代表性的西部高沙土地区的搬经镇。1998年,获国家发展计划委员会、水利部批准立项。总面积123.33公顷,其中纯粮食区103.33公顷、商品蔬菜区20公顷。以10公顷固定式、喷滴灌溉蔬菜区作为"核心区"重点建设,另外为辐射区。1998年年初至1999年年底历时两年完成该工程建设,共动土7.45万立方米,完成砼方1598立方米;总投资301.05万元,其中国家补助100万元,省水利厅补助8万元,如皋市财政补助142万元,搬经镇自筹51.05万元。

工程累计改造泵站1座;新建防渗渠16条5670米,配套渠系建筑物130座;疏浚大中沟5条;新建供水泵站、加压泵站各1座;衬砌集雨沟、降渍沟各1200米;配套排水建筑物138座;安装钢架塑料中棚52个,大棚2个;地埋upvc管材4110米,安装喷头150个;铺设滴灌毛管1.56万米,安装微喷头240个;购置流动喷灌机2台;浇筑砼道路600米;修筑砂石路1500米。

工程竣工后,年节水129.50万立方米,节电2.91万千瓦时,省地26.16亩,省工3430个,增粮7.75万千克,经济作物增收62万元。

如海灌区续建配套与节水改造工程 该工程经国家发展计划委员会与水利部批准立项。灌区总面积417.90平方千米,耕地面积2.61万公顷,实际灌溉面积2.03万公顷,贯穿如皋市南北,为一大型灌区。市政府组建如皋市如海灌区续建配套与节水改造建设工程处,专门负责该工程管理。总投资12769.25万元,投资额由国补、省补和如皋市配套三部分组成。工程分9期实施,每期工程分别完成新建泵站、防渗渠、渠系配套建筑物等设计任务,旨在增加有效灌溉与排涝面积,增加节水灌溉面积,增强区域灌溉与排涝功能,减少农药、化肥流失,达到节水、省工、增产增收目的,并取得保持水土、美化环境等社会效益。首期工程于2001年4月动工,至2010年第8期工程竣工。2010年11月,第9期工程开工。

焦港灌区节水改造项目 2009年11月开工,总投资2104.97万元,其中由国家补助800万元、江苏省补1080万元、如皋市地方配套224.97万元。项目地点分布于江安、高明、石庄、搬经、常青镇。主要工程包括:水源工程疏浚如皋港11.40千米;新建泵站5座,改造泵站2座;修建防渗渠48.29千米,渠系建筑物1517座;焦港闸新购启闭机2台;新建灌区管理用房342平方米;添置农民用水户协会办公设备、水土保持及灌溉水利用系数测定设备等。整个工程改善灌溉面积17200亩(2011年4月30日竣工)。

小型农田水利重点县工程 2010年开工建议,2010年5月完工。总投资2853.58万元,其中中央财政拨款850万元,江苏省财政补助850万元,如皋市财政配套资金1153.58万元。项目分布于雪岸、东陈、丁堰3镇,共新建或翻建泵站15座,维修泵站1座,新建防渗渠98.17千米,兴建渠系配套建筑物1780处,疏浚斗沟18.97千米。项目实施后,恢复灌溉面积0.15万亩,改善灌溉面积5.12万亩,增强节水能力2504万立方米,平均年增产粮食5596吨。

引江水灌溉工程 1976—1995年,在沿江涨坍地段,分期实施长江北汊淤塞港口的新辟工程。1976年,新辟四号港出口引河,穿过北汊,延伸到跃进沙出江,重新在跃进沙滩地上建四号港闸控制。1981年,再建久隆闸,在蚕种场、江防地区引伸久隆进出江水道。1990—1994年,分5期实施如皋港含抽水站引河的疏浚工程,连通如皋港和长江中汊。1992年5月,在又来沙建如皋港闸,恢复如皋抽水站功能。1994年、1995年,全市出现严重干旱,发挥沿江港闸"蓄、引、提、调、控、排"功能,工农业生产和人民群众的生活用水得到充分保证。此后,如皋一直坚持对引江供水一、二级河道及闸口下游引河的疏浚。

2005年,市政府组织疏浚如海运河十里墩至磨头段、疏浚焦港常青薄湾段。2006年,疏浚如海运河磨头至长庄大桥段。2010年5月30日,如皋港水利枢纽工程开工。工程施工项目包括拆除原如皋港闸、原抽水站及抽水站船闸,拓宽原如皋港河道,在拓宽后的如皋港河道上新建节制闸和船闸。该工程实施后,集引、排、蓄、航等功能于一体。

第七节 水资源管理·水政执法

一、水资源管理

1984年10月和1986年8月,县政府两次转发县水利局、财政局《关于水利工程水费收缴使用和管理意见的报告》。1990年7月,县政府根据国务院《水利工程水费核算、计收和管理办法》和江苏省、南通市水利工程水费核算、计收和使用管理办法,制订《如皋县水利工程水费核定、计收和管理实施细则》,规定全县所有水利工程(河道、沟渠、堤防、涵闸、塘坝、水道等)均实行有偿供水,农业、工矿企业(含乡镇村办企业)和其他由水利工程供水的一切用户,均须按规定向水利工程管理单位交付水费。1986—1990年,全县水费收入为130.70万元,其中农业水费107.10万元,工业水费16.60万元,冲污水费5.40万元,城市生活用水水费1.60万元。

1992年,市水利局设立水利工程收费站,具体负责水利收费。1993年初,设水费水资源管理所,具体负责全市水资源管理和水费征收。7月,市政府发出《关于贯彻实施江苏省水资源管理条例的通知》,明确市水利局对全市水资源实行统一规划、统一调度、统一发证、统一收费、统一管理。是年,市水利局完成取水登记工作,发放取水许可证743份。1999年,全面查验用水户计量设施安装情况,对深井户全面落实"五个一"(一井、一证、一牌、一档、一表)管理制度。

2001年,市水务局制发《如皋市凿井管理暂行实施细则》,明确在取水许可证审批程序中严格把关,对可以使用地表水的,不予批准使用地下水;必须取用地下水的,做到打一填一。同时,强化骨干河道水质监测,对9个断面每季度监测1次,对34家企业的退排水水质进行取样调查,对28家重点排污企业进行重点监测,并将地表水水质监测结果在媒体上向社会公布。

2005年,开始对新凿深井严格实行地下水源论证制度,对凿井重要工序严格把关,坚持建设、施工和监督3个程序的现场管理。7月,市政府发出《如皋市城市地下水资源管理暂行办法》(19号令)。是年,全市骨干河道地表水取样监测增加到16个断面;如皋市深井位置分布电子地图绘制完成,13口新打深井安装远程智能表管理系统,新凿深井4口,回填深井2口;共封填水井88眼,补办取水许可手续118眼,关停水井33眼。2009年,全市用水大户智能表远程管理全部升级为智能表GPRS系统,水源保护取样监测点增加到骨干河道41个功能区的46个断面。

2010年初,全市下达年度用水计划指标6632.85万吨,其中地表水5389.85万吨,地下水1243万吨。启动集中式饮用水源地达标建设和水资源管理信息系统一期工程建设。3月,省政府在如皋召开水资源管理和节水型社会建设考核验收现场会,如皋市被确定为江苏省首批8个创建水资源管理示范县之一。是年,全市征收各类水利规费827.53万元。

二、水政执法

1988年,县水利局根据《江苏省水利工程管理条例》和《中华人民共和国水法》,设立水政水资源股,加强水行政执法工作。是年,共查处在焦港管理区内违章建筑等违法事件16起。配合交通、公安、渔政等部门对如海河、司马港进行清障,改善河道引排水条件。1993年,全市设水政监察人员145人,组建水政监察大队,全年查处水事案件80起。1999年,重点实施河道清障,于汛期出动快艇10艘次,人员150人次,拆除违法设置的网具292口。

2010年,全市进行地下水整治工作,江苏肠衣城内管井全部自行拆除。3—10月,如皋与南通、苏州水政监察支队以及长航公安分别采取联合行动,集中打击长江南通、苏州、如皋水域的非法采砂。开展为期4个月的骨干河道取土专项整治活动。是年,全市水政执法巡查计379人次,查处各类水事案件56起,其中立案查处15起,结案率100%。

第二章 交通

第一节 管理机构

一、沿革

民国10年(1921年),北洋政府如皋县公署设路工处,主要负责通榆公路如皋段(白蒲至马王沟)的修筑。民国16年,国民政府如皋县政府路工处划归建设科管理。民国17年,国民政府如皋县政府建设局设公路处。初于中禅寺、后迁移至县政府内办公。1949—1954年,县政府设建设科,含交通建设管理职能。

1954年12月,县政府设交通科。1958年7月,如皋县交通局成立。1968年,如皋县交通运输管理革命领导小组成立,1971年改为县革命委员会交通局。20世纪70年代,全县设丁堰、白蒲、石庄、薛窑、搬经、江安、如城7个交通管理站。后根据需要又陆续建立城东、城西、磨头交通管理站。1985年,如皋县运输管理所、如皋县车辆购置附加税征收管理办公室成立。1988年,如皋县港航监督所成立。1990年5月,如皋县汽车综合性能检测站成立。是年,全县各交通管理站改为交通管理所,并建立如城交通管理所。1993年9月,位于益寿路占地6亩的交通大楼落成,市交通局迁此办公。1994年2月,如皋市交通工程技术质量监督所建立。6月8日,如皋市联合航空公司建立。10月,如皋市铁路建设办公室成立。1996年,如皋港交通管理所建立。

2000年,全市10个交通管理所合并为如城交管所、丁堰交管所、石庄交管所、磨头交管所、搬经交管所、城北交管所等6个交管所(原如皋港交管所已先期合并给石庄交管所)。2002年9月,全市各交管所分别组建运政稽查中队。2005年1月,车辆购置附加税改由税务部门征收,设于交通部门的征收办公室划归税务部门。2007年6月,各交通管理所更名为“如皋市××运输管理所”,并委托市运输管理处管理。2010年1月,市政府机构改革,如皋市交通局更名为如皋市交通运输局。

二、主要机构

如皋市交通运输局 1949—1954年,县政府设建设科,负责全县交通和公路、水路的恢复和建设。1954年12月,县政府设交通科。1958年7月,如皋县交通局成立。1968年,如皋县交通运输管理革命领导小组成立,1971年改为县革命委员会交通局。1981年4月,如皋县交通局恢复建立。1991年6月,改称如皋市交通局。2010年1月,市政府机构改革,如皋市交通局更名为如皋市交通运输局,内设政策法规科等6个科室。

如皋市运输管理处 1985年成立,称如皋县运输管理所,与县交通局运输股合署办公。2002年9月,与如皋市交通局运政稽查大队合署,另挂如皋市汽车维修行业管理所牌子。2007年6月,如皋市运输管理所更名为如皋市运输管理处,为交通局直属事业单位,副科级建制。全市各运输管理所委托管理。

如皋市港航监督所(海事处) 1988年8月成立。是年,道路交通管理体制改革,交通局监理股整建制划归县公安局(部分水上交通管理人员除外),水上交通管理职能由新组建的如皋县港航监督所承担,财务独立核算。2002年10月19日,如皋市港航监督所更名为如皋市地方海事处,同时挂如皋市船舶检验处、如皋市交通局水上交通稽查大队牌子。为副科级建制。长江岸线以外的水上安全监督管理能划归中华人民共和国南通海事局。

如皋市汽车综合性能检测站 1990年5月筹建,1991年8月1日投入运行。是江苏省交通系统第一家汽车综合性能检测站。2002年4月，由省质量技术监督局、省交通厅共同组织的专家组对该站6个方面50个项目进行测试、评价、审核，通过质量认证。

如皋市铁路建设办公室 成立于1993年9月，正科级事业单位，挂靠市计划委员会。1994年，为解决经费来源，经批准成立铁路物资公司。1996年机构调整，铁路建设办公室仍为正科级，编制5人。2001年机构改革，市委、市政府决定撤销市铁路建设办公室，境内铁路建设的规划、管理、协调职能划归市交通局。

如皋市联合航空公司 1994年6月8日成立，为政府直属全民事业单位，正科级建制，委托市交通局代管。

第二节 交通设施

一、公路

民国初，全县仅有白蒲镇有公路南连平潮。民国11年（1922年），始筑通榆公路如皋段，南起白蒲，北至马王沟（今海安县南屏），同年修筑如黄路（如皋—黄桥），民国13年通车，全长46千米。民国21年，修筑如皋至石庄的龙游路。民国23年扩修至新生港，易名如新路。民国26年，修筑浦启线如皋段。民国28年，修筑如皋至李堡的如李路和丁堰至岔河段的如坎路。至1949年，全县有如黄、如新、浦启、通榆4条公路，总长146千米，皆系土质路面，沿线路基多被群众耕种，路面狭窄。

1949—1966年，整修原有交通干线，修筑青年路34千米，机场专用路45.34千米。

“文化大革命”期间，县交通部门铺筑高葛（红旗）公路26.98千米。1978年后，按照“民需民办、民办公助”的方针，公路建设速度加快。至1988年，除长青沙乡外，全县其余乡镇均通汽车。1990年底，县内通车公路372.05千米，其中国道1条44.41千米，省道5条109.32千米，县乡道218.32千米；沥青路面121.63千米，余为砂石路面或土路。

1991年开始，全市（县）公路建设投入力度加大，建设速度加快。1992年2月，市交通部门实施204国道盐通段改造工程，新线按超二级标准建设，如城段西移至城西红星村。在实施重点交通工程的同时，着力市乡公路建设，搬石线全线25.4千米正式通车，高明、常青、下原、长青沙等乡兴建乡村道路50千米。1993年10月，204国道如皋段竣工通车。

1993—1995年，全市实施“黑色路面”工程，县乡公路由砂石路面改修沥青路面，累计建成沥青路面公路200.57千米、145.20万平方米，全市除长青沙乡外，实现乡乡镇镇通沥青路面公路。同时，开始实施乡村公路“通达工程”。1996年11月28日，宁通一级公路如皋段全线竣工通车，为一级公路。1998年，继续实施乡村公路“通达工程”，至年底，全市891个村中，累计有880个村通上公路，通村公路总里程1910千米。1999—2002年，实施省道317线丁堰鬼头街西至磨头镇皋南桥东段13.32千米改造工程。317省道如皋段19.56千米改造工程竣工。316省道如皋段23.56千米改造工程和204国道如皋绕城段14.58千米建设工程相继竣工通车。新建乡村“通达工程”道

图4-8 乡村公路“通达工程” （2008年摄）

图4-9 334省道摊铺沥青 （2008年摄）

路270.50千米，黑色路面工程继续推进。2003年，市政府出台《关于加快镇村公路建设实施通达工程三年规划的意见》。2003—2005年，全市农村公路建设竣工总里程1824.53千米，如港一级公路、疏港公路、江堤堤顶公路、长江中汊导流堤堤顶公路、盐通（沿海）高速公路如皋段、334省道如城至丁堰段、沿江一级公路等工程相继竣工。1991—2010年，市政府投资交通基础设施建设经费近120亿元。2010年，全市有等级公路总里程3100千米，其中高速公路69.3千米、一级公路190千米、二级公路359千米；农村公路总里程2804.44千米，其中县道378千米、乡道901.44千米、村道1525千米。

通榆公路如皋段　民国9年（1920年），通榆公路从南通县平潮镇延伸至白蒲。民国11年，自白蒲向北修筑，经林梓至鬼头街，再向西北经蜻蜓池、娄家庄、张八里、大兴桥过龙游河至县城南门外，向西经宏林庵前绕至西门外，经张家码头，沿北门运河西岸至柴湾镇河南，北向经油坊头、葛家桥至马王沟（当时如泰交界处）止。民国13年，通榆线如皋段筑成通车。全线弯曲较多，道路狭窄，路基宽8.5米，且视距不良，路面系土路。民国17年列为省道。1949年后，多次拓宽修整，裁弯取直。1952年，铺筑碎石路面。1966年，对白蒲、如城段先后改线，绕避城区。同年分段加铺沥青路面，1977年全线铺成，境内总长44.41千米。1980年定为国道（204）。204国道改道后，复称通榆公路。

泰如公路　原名如黄路，为泰兴至如皋通道。民国11年（1922年）修筑，全长61千米，其中如皋境内23.62千米。战争年代，破损严重，长期未被使用。1959年，修复通车。1979年，定为省干线。1980年下半年，拓宽取直，公路宽13米。

江平公路如皋段　江平公路全长153.4千米，其中如皋境内自九华鸭鹅荡至靖江市西来桥，计29.5千米。民国14年（1925年）修筑平潮至九华段，民国24年，修筑九华至西来桥段。民国38年初，为支援人民解放军渡江南下，发动军民日夜抢修通车。1958年，铺筑砂石简易路面。1978—1979年，第一期改建工程完成西来桥至石庄段10.7千米。1980—1981年，第二期工程改建石庄南街头至鸭鹅荡18.8千米为沥青路面，线形顺直，路基稳固，桥涵配套，缩短里程3.17千米。

如新公路　民国21年（1932年）修筑，原名龙游路。北起如皋县城，经磨头、吴窑至石庄桑木桥。民国23年，扩修至新生港，易名如新路，全长28千米。民国36年，列为省道，后又改为县道。1951年，起分期分段拓宽整修，裁弯取直，加铺砂石。1969年，增修延伸，经二案至长江边，于杨庄南与江平线交叉。1989年底，磨头至杨庄路口段改为省道。

丁掘公路　丁堰至掘港，民国25年（1936年）修筑。解放战争时期被毁坏。1957年，全线整修，12月1日竣工通车。1960年，铺成碎砖路面。1976年起，全线裁弯取直，加高路基，铺筑沥青路面，至1978年年底完成，改造后的公路，路面宽10米，沥青路面宽7米，县境内长5.75千米。1979年，列为省干线。

丁磨公路　起自丁堰，经丁西、建设、马塘、桃园至磨头，全长18.348千米。1964年修筑。1977—1980年，加铺简易沥青路面。1979年，列为省干线。

204国道如皋段　长42千米，北与海安相接，南与江平公路沟通，沿线经过柴湾、戴庄、邓园、如城、城西、大明、磨头、桃园、花园、下原、龙舌、九华等地，其中新建里程25千米，利用老路拓宽里程17千米。国道改造按超二级标准实施，公路用地宽18.5米，路面17米，中间12米为水泥路面，两侧各2.5米沥青路面。工程改造征地1482亩，共拆迁房屋2763间，路基上土160万立方米，兴建公路桥梁16座、小桥涵179处，搬迁车口5座。1992年3月，工程动工，1993年国庆节前竣工通车。1999—2002年，实施204国道如城段绕城工程，公

图4-10　204国道如皋段改线通车典礼（2009年摄）

路从戴庄绕如城(原路西约1千米)直接大明,新建公路14.58千米。2007年,204国道再次西移。北起袁桥镇花园桥村,南至九华镇九华居委会,贯穿袁桥、磨头、吴窑、郭园、九华地区,长43.23千米,路基顶宽26米,路面宽24.5米,路基及绿化用地总宽度85米。2007年7月开工建造,2009年6月全线竣工通车。

宁通高速公路如皋段 西接泰兴,东接南通,经黄市,葛市、张黄港、江防、郭园、九华、营防等地,长28.7千米。如皋段公路用地宽45米,路基顶宽24.5米,平均填土高度2.5米,总用土量250万立方米,路基用地近2000亩,总投资约4亿元。工程实施拆迁房屋410户、5.31万平方米,完成71处、304杆位的三线迁移,并实施路外排灌工程,新建、改建车口13座,埋设涵洞120个。1992年11月底工程开工,1996年11月通车。1999年11月,宁通一级公路东段高速化完善工程开工,共征地758亩,拆迁房屋面积30170平方米,三线迁移长度4.68万米。境内有互通式立交桥2座、分离式立交桥1座、机耕桥1座、道口3个和管理中心1个。2010年10月,宁通公路如皋段高速化完善工程竣工。

316省道如皋段 为苏中腹地的一条重要通道,沟通南通、泰州、扬州的主要线路之一。如皋段东起如城镇,以原劳动宾馆为起点,西至泰兴市黄桥镇交界处,全长23.57千米。沿途经过如城、皋南、袁桥、搬经等地。公路标准为二级,路基顶宽17米,路面宽14米,两侧路肩各1.5米。2001年5月开工,全线新建涵洞98道,新建桥梁10座,工程总投资9000万元。2003年竣工通车。

如港一级公路 全长40.06千米,北起204国道大明段,沿途经过磨头、吴窑、石庄、长江镇,终点如皋港闸,总投资3.9亿元,由地方财政投资建设。为连接如皋港区和如皋经济开发区重要通道。全线涵洞96道,中小桥梁8座。公路路基顶宽25.5米,路面宽22.5米,为双向四车道。一期工程拆迁房屋980户、10余万平方米。2002年5月工程启动,2004年建成通车。

沿海高速公路如皋段 全长33.4千米,南北向,贯通如皋东部柴湾、雪岸、如城、东陈、丁堰、林梓等地,境内设互通式立交桥3处、分离式立交桥7处,服务区1处,道口3个,总投资约13亿元。2002年12月开工,一期拆迁718户,建筑面积18.2218万平方米。2005年11月竣工通车。

沿江一级公路如皋段 东起如皋市与通州市交界,西至如皋市与靖江市交界的江堤内侧。全长14千米,其中桥梁1.13千米,道路12.87千米,按一级公路标准施工,路基顶宽25.5米,路面宽24米,总投资3.2亿元。2004年3月开工建设,2007年6月竣工通车。

李平公路如皋段 列入226省道南延工程,在如皋市境内北起雪岸镇,经东陈、丁堰、林梓、白蒲镇至蒲黄线接口,长28.99千米,路基顶宽22米,路面宽21米,2007年5月开工建设,2009年11月竣工通车。

334省道如皋段 如城至丁堰,全长10千米,路基顶宽26米,路面宽24.5米,双向4车道,总投入1.5亿元,设计时速100千米,按一级公路标准施工,2006年年底建成通车。西延工程一期东起老204国道,西至新204国道,长5.7千米,2008年5月开工建造,2010年6月竣工。东延工程(丁堰至如东县界)长8.8千米,2009年7月开工建设。西延二期工程(新204国道至江曲线段),长13.96

如皋市"八横八纵"骨干公路框架一览表

表4–7

单位:千米

编号	线路名称	起讫点	里程	现状等级	规划实施等级	至2010年完成情况
纵一	江曲线	搬经、江安	28	二级	一级	已建成
纵二	搬石线	搬经、石庄	26	三级	一级	石庄至沿江公路延伸段正在实施

续表4-7

编号	线路名称	起终点	里程	现状等级	规划实施等级	至2010年完成情况
纵三	新G204(含南延、长青沙二桥)	袁桥、九华	53.20	—	一级	如皋境内已完工
纵四	G204	柴湾、九华	45	超二级	部分城市快速路	正在实施北延(花市路改造)工程
纵五	如港公路+疏港公路	如城、如皋港	44.70	一级	—	已建成
纵六	马九线	马塘、九华	25	—	一级控制,二级实施	已建成
纵七	沿海高速公路	海安、通州界	33.40	高速	—	已建成
纵八	226省道(白雪线)	雪岸、白蒲	34.86	一级	一级	已建成
横一	戴营线+丁柴线	雪岸、搬经	30	三级	一级	花市路至海阳路连接段开始设计
横二	新东线	如城、东陈	14	二级	一级	已建成
横三	新S334线	丁堰、搬经	42	一级	一级	已建成,开始实施东延、西延工程
横四	红旗路+吴奚线	丁堰、高明	30	三级	一级	已建成
横五	蒲黄线	白蒲、江安	45	二级	二级	正在实施西延(如港路至江安段)工程
横六	宁通公路	九华、江安	28.70	高速	—	已建成
横七	S336	九华、江安	28	二级	—	已建成
横八	沿江公路	九华、石庄	14	一级	—	已建成

千米,2010年1月开工建设。

江海高速公路如皋段 西起扬州京沪高速公路,东至如皋、海安两县(市)交界处与沈海高速公路相连。在如皋市境内长7.21千米,路基顶宽28米,路面宽26.5米,2008年7月开工,2010年11月竣工通车。该高速设如皋(南)出口。

二、公路、铁路桥梁(涵洞)

清代,如皋无公路桥梁。民国11年(1922年),修筑通榆公路如皋段及如黄路时,始建张家码头桥等公路桥梁(涵洞)。民国21年,修筑如新公路时,建造扶摇桥、磨头大桥等公路桥梁(涵

1949—1963年如皋县桥梁、涵洞修建情况一览表

表4-8

年份	新建桥梁			修理桥梁		建造修理涵洞(道)
	数量(座)	孔数	长度(米)	数量(座)	长度(米)	
1949年下半年	10	31	157	—	—	—

续表4-8

年份	新建桥梁			修理桥梁		建造修理涵洞(道)
	数量(座)	孔数	长度(米)	数量(座)	长度(米)	
1950年	8	10	48.60	—	—	—
1951年	3	7	35.60	—	—	—
1952年	3	8	48.90	—	—	—
1953年	15	35	174.90	—	—	—
1954年	15	41	197.50	—	—	—
1955年	1	1	4	—	—	30
1956年	28	—	912.72	12	262.20	30
1957年	—	—	—	13	103	40
1958年	121		1909.80	—	—	—
1959年	4	—	—	—	—	18
1960年	12	27	123	—	—	34
1961年	4	18	104.50	3		11
1962年	—	—	—	4	113.80	
1963年	3	—	88.94	44	—	—

洞)。1949年始,县政府逐年拨款修建和新建公路桥梁。1963年前,所建公路桥主要为简支梁结构,包括木质和钢筋混凝土两种。

1964年起,全县逐步推广水泥桥,木桥只修不造,逐步淘汰。是年,修建干线公路大桥2座,修理农村公路木桥75座,新建农村公路水泥桥46座。1965年,全县修理木桥166座,新建水泥桥58座。1966—1980年,建桥多为拱桥结构,共建桥288座。1981—1990年,共修造各类桥梁618座。2000年,修筑新长铁路如皋段时境内始建铁路桥梁。1991—2010年,全市新建、扩建公路桥梁144座,维修、改建农村公路危桥及其他各类公路桥929座。

图4-11 新长铁路桥 (2010年摄)

2010年,全市有各类桥梁4200座,其中干支线公路桥1089座,公路立交桥7座,铁路桥梁30座,农村公路等桥梁3074座。

备战桥 民国11年(1922年)建,原名张家码头桥,木质,1跨,位于如城西北通榆公路上。1969年重建。荷载标准为汽-15级、拖-60级,双曲拱灌注桩墩石桥台,上部为3孔、净跨20米,下部为双柱式灌注桩1JC型。全长86.6米,桥面净宽6.15米。

图 4-12 备战桥 （1995年摄）

吴窑桥 民国22年（1933年），由荷兰人设计，耗时2年建成，原名扶摇桥，位于吴窑乡。桥墩系钢筋水泥所制，桥面整体浇灌，3孔，长36.8米，桥面宽6米，为全县最早的水泥公路桥，后被日本侵略军破坏。1949年后，多次维修。1973年，从原桥位西移5米，建成双曲拱桥，灌注桩石桥台，全长68.56米，桥宽7米。

西河湾大桥 民国22年（1933年）建，原名磨头大桥，位于磨头西河湾，木质结构。战争年代，屡遭破坏。民国38年初，为迎接中国人民解放军渡江南下，由当地民兵抢修通行。1958年，开挖如海运河后拆除。1959年，重建，17孔，长75米，桥面宽5米，设有2个避车台，时为全县最长的木桥。1964年改建为双曲拱桥，灌注桩墩石桥台，全长110米，桥面宽6.05米，并用空心钢管装配活动栏杆。

桑木桥 民国22年（1933年）建，位于石庄镇东，以桥侧有一株树龄数百年的桑树得名。1968年，改建为双曲拱桥，全长62米。1981年，江平线改线时重建，上部系工字微弯板梁，下部为U形台，双柱式钻孔灌注桩墩，3孔，跨径16米，全长58米，桥面净宽9米。

薛窑大桥 民国26年（1937年）初建，是江平公路（原浦启线）的主要桥梁，木质结构。1958年，开挖如海河时拆除。1971年，重建为钢筋混凝土双曲拱桥，5孔，跨径30米，全长176.7米，桥面净宽9.8米，灌注桩墩石桥台，荷载标准为汽-15级，拖-60级，时为全县最长的双曲拱桥。

宁通公路引河大桥 1996年“七一”前夕建成通车，位于宁通高速公路石庄路段，T形梁，总长474米，宽24.5米，荷载汽车超-20级，挂-100级，为宁通高速公路如皋段最大桥梁。

九华互通立交桥 1998年12月开工兴建，2000年建成通车。位于九华镇，板梁结构，荷载汽车超-20级，挂-100级，总长774米，宽24.5米，时为苏北地区最大的立交桥，宁通一级公路高速完善工程中最大的分项工程。

长青沙大桥 2001年建成通车，位于长江镇（如皋港区），横跨长江如皋段北汊，直通长青沙公路网和通沙汽渡。T形梁桥，总长600米，宽12米，荷载标准为汽车超-20级，挂-100级。结束长青沙与江北不通公路的历史。2004年12月28日，开工实施长青沙大桥改扩建工程，在东边近侧，再建一座与长青沙大桥平行的过汊大桥，总长度610米，宽度12.5米，箱梁桥，荷载与长青沙大桥相同。2006年建成通车。

如泰运河特大桥 2005年建成通车。横跨如泰运河，连通沿海高速公路，箱梁结构。公路一级桥梁，荷载汽车超-20级，挂-100级，总长602.7米，宽35米，工程造价5270.12万元。

烈士河特大桥 2005年建成通车。横跨烈士河连通沿海高速公路，箱梁结构。按公路一级桥梁施工，荷载汽车超-20级，挂-100级，总长634.4米，宽35米。

通扬运河特大桥 2005年10月建成通车。横跨通扬运河，连通沿海高速，箱梁结构。按公路一级桥梁施工，荷载汽车超-20级，挂-100级，总长569.1米，宽35米，工程造价4979.98万元。

白蒲互通跨线桥 2005年10月建成通车，位于白蒲镇东沿海高速公路与蒲下公路的交叉地段。总长426.4米，宽17米，箱梁结构，荷载汽车超-20级，挂-100级，工程造价3731.35万元。

如皋长江大桥 2010年12月8日开工建设。位于204国道如皋港港口连接线（一级公路）上，经东风滩横跨长江长青沙北汊，桥身长1046米，主桥跨度为95米+218米+95米双塔单索面预应力混凝土斜拉桥，塔高85米，通航净高10米，为仙鹤造型，体现如皋长寿文化内涵。引桥为装配式预应力混凝土连续箱梁，桩基14848米/240根，承台44个；下部结构桥墩36个，盖梁32个，桥台2个，索塔2个；上部结构简支箱梁144片，连续箱梁56块，斜拉索64对、493级。大桥由东南大学建筑设计研究院设计，中铁大桥局第六公司承建。工程总造价5亿元。

2010年如皋市100米以上公路桥梁情况一览表

表4-9

序号	桥名	所在公路	结构形式	总长（米）	宽度（米）	荷载（吨）	建成日期	建桥地点
1	老桑木桥	老如锡路	桑木双曲拱	104	7.20	其他	1968	石庄镇
2	薛窑大桥	省336线	双曲拱	176.70	9.80	其他	1971-07	郭园镇
3	北园大桥	北葛线	—	110	3.50	其他	1974	江安镇
4	大明桥	光明路	—	110	4	其他	1975	如城镇
5	车马湖大桥	郭车线	双曲拱	118	6	其他	1979	郭园镇
6	乐园大桥	—	T形桥	100	5.50	—	1990	丁堰镇
7	宁通高速引河大桥	宁通高速	I形桥	474	24.50	汽-20、挂-100	1996-07	石庄镇
8	海阳北路大桥	海阳路	—	442	30	—	1996	如城镇
9	焦港大桥	宁通高速	I形桥	156.20	24.50	汽-20、挂-100	1996-09	江安镇
10	如海运河大桥	宁通高速	I形桥	330.50	24.50	汽-20、挂-100	1996-11	郭园镇
11	邓园大桥	204国道如皋段	I形桥	286	18.50	汽-20、挂-100	1999-10-01	如城镇
12	九华立交桥	宁通高速	板梁	774	24.50	汽-20、挂-100	2000-11	九华镇
13	石庄立交桥	省336线	空心板梁	324.80	10	汽-20、挂-100	2000-11-01	石庄镇
14	磨头大桥	丁西路	I字梁T梁	100	8	其他	2000	磨头镇
15	长青沙大桥	疏港路	I字梁T梁	600	12	其他	2001	长江镇
16	葛市立交桥	江曲线	—	500	16	公路Ⅱ级	2001	江安镇
17	长庄大桥	吴奚线	I字梁T梁	252	12	公路Ⅱ级	2003	下原镇
18	邵庄大桥	野范路	—	118	5.10	其他	2003	袁桥镇
19	如海河大桥	如港公路	—	120	25	公路一线	2004	磨头镇

续表4–9

序号	桥名	所在公路	结构形式	总长（米）	宽度（米）	荷载（吨）	建成日期	建桥地点
20	菊楠桥	金海路	—	110	6	公路Ⅰ级	2004	吴窑镇
21	邱岱桥	纪岱路	—	110	6	其他	2004	如城镇
22	周庄桥	—	简支架	165	5.50	其他	2004	郭园镇
23	薛窑南桥	江平公路	梁 桥	150	5.50	公路18级	2004	九华镇
24	翻身河大桥	沿海高速	预应力砼空心板	102	35	汽–20、挂–100	2005–10	雪岸镇
25	南潜河大桥	沿海高速	部分预应力连续箱	232.40	35	汽–20、挂–100	2005–10	雪岸镇
26	农汽大桥	沿海高速	部分预应力连续箱	174.80	8.50	汽–20、挂–100	2005–10	如城镇
27	凌清河大桥	沿海高速	预应力砼空心板	106.10	35	汽–20、挂–100	2005–10	如城镇
28	西凌河磊桥	沿海高速	部分预应力连续箱	184	35	汽–20、挂–100	2005–10	东陈镇
29	如泰运河特大桥	沿海高速	部分预应力连续箱梁+装配式部分预应	602.70	35	汽–20、挂–100	2005–10	东陈镇
30	如皋互动跨全线桥	沿海高速	钢筋砼连续箱+预应砼连续箱梁	299.10	15.50	汽–20、挂–100	2005–10	东陈镇
31	纲岗立交桥	沿海高速	装配式部分预应力砼连续箱梁+现浇砼	361.40	17	汽–20、挂–100	2005–10	如城镇
32	烈士河特大桥	沿海高速	部分预应力连续箱梁+现浇砼连续箱梁	634.40	35	汽–20、挂–100	2005–10	如城镇
33	如皋南互通跨主线桥	沿海高速	钢筋砼连续箱+预应砼连续箱梁	222.70	15.50	汽–20、挂–100	2005–10	丁堰镇
34	如皋南互通跨主线桥	沿海高速	钢筋砼连续箱+预应砼连续箱梁	222.90	15.50	汽–20、挂–100	2005–10	丁堰镇
35	新民河大桥	沿海高速	预应力砼空心板	106.30	35	汽–20、挂–100	2005–10	丁堰镇
36	通扬运河特大桥	沿海高速	预应力连续箱梁+部分预应力砼连续箱	569.10	35	汽–20、挂–100	2005–10	丁堰镇
37	戴港河大桥	沿海高速	预应力砼空心板	106.10	35	汽–20、挂–100	2005–10	白蒲镇
38	胜利河大桥	沿海高速	预应力砼空心板	106.30	35	汽–20、挂–100	2005–10	白蒲镇
39	白蒲互通支线上跨	沿海高速	装配式部分预应力砼连续箱梁+现浇砼	426.40	17	汽–20、挂–100	2005–10	白蒲镇

续表4-9

序号	桥名	所在公路	结构形式	总长（米）	宽度（米）	荷载（吨）	建成日期	建桥地点
40	白蒲跨线桥	新蒲线	I字梁T梁	800	18	公路I级	2005	白蒲镇
41	丁窑桥	—	T形桥	100	5.50	公路I级	2005	丁堰镇
42	碾砣港桥	沿江一级公路	简支板梁	190	25.50	公路I级	2005	九华镇
43	朱楼桥	—	简支架	110	29	其他	2005	郭园镇
44	如海河桥	—	梁桥	103	25.50	公路I级	2005	九华镇
45	周圩港桥	沿江一级公路	预应力简支梁	107	25.50	公路I级	2005	长江镇
46	白蒲立交桥	X303如江线	箱梁桥	427	18	公路I级	2006	白蒲镇
47	碾砣港桥	沿江一级公路	空心板梁桥	310	25.50	公路I级	2006	长江镇
48	沿江一级公路引河大桥	沿江一级公路	空心板梁桥	507.50	25.50	公路I级	2006	长江镇
49	长青沙大桥(新桥)	X207大长线	箱梁桥	610	12.50	公路I级	2006	长江镇
50	尚书大桥	X302东搬线	变截面箱梁桥	119	12	公路I级	2007	东陈镇
51	铁路跨线桥	X302东搬线	组合箱梁桥	672	30.50	公路I级	2007	如城镇
52	如海河大桥	X303如江线	空心板桥梁	266	17	公路I级	2007	郭园镇
53	新蒲北桥	X303如江线	系杆拱	388.68	17—19.40	公路I级	2008	白蒲镇
54	如泰运河大桥	204国道	变截面箱桥梁	603.20	26	公路I级	2009	袁桥镇
55	如港公路分离立交	204国道	组合箱梁桥	577.20	26	公路I级	2009	磨头镇
56	西司马港大桥	204国道	空心板梁桥	106.30	26	公路I级	2009	磨头镇
57	如海河大桥	204国道	组合箱梁桥	457.20	26	公路I级	2009	郭园镇、九华镇
58	通扬运河大桥	334省道	系杆拱桥	288.40	28.20	公路I级	2010	丁堰镇
59	如海运河大桥	334省道	变截面箱梁桥	591	26.50	公路I级	2010	如城镇

2010年如皋市跨航道公路桥梁一览表

表4-10

航道	跨航道桥梁
通扬运河（含老通扬运河）	黄蒲大桥 皋袁大桥 邵庄桥 邓园苗圃大桥 城西大桥 新204国道大桥 邓园大桥 环西大桥 备战大桥 蓝湾桥 北门大桥 海阳大桥 曙光大桥 水绘园大桥 新民大桥 环东大桥 新民铁路桥 铁路桥 如皋东区大桥 东陈大桥 双池大桥 乐园大桥 丁窑桥 胜利大桥 丁堡河大桥 永丰大桥 丁堰环西大桥 盐通通场特大桥 林梓大桥 新蒲北大桥 蒲黄线通扬运河大桥 新蒲大桥 新蒲南桥 勇敢大桥 丁堰大桥 丁平线桥 334大桥 起凤桥
如泰运河	新堰大桥 堰东大桥 丁堰大桥 新芹桥 盐通如泰运河特大桥 204国道桥 塔园桥 八角井大桥 谢甸大桥 张庄桥 加力桥 倪桥 搬经桥 搬中桥 搬经西桥 朱庄桥 王岱桥 勇岱桥 316国道桥 芹湖大桥 芹湖中桥 新芹大桥
焦港(含北焦港)	夏圩北大桥 夏堡桥 夏堡南大桥 搬北桥 搬经大桥 316道桥 严桥 薄湾桥 业庄大桥 红旗大桥 鄂岱老太太桥 大贲桥 邹岱桥 江安大桥 北园桥 赵庄大桥 宁通高速大桥 北焦港中桥
如海河	沿江公路磙砣港桥 宁通高速大桥 薛窑南桥 薛窑大桥 周庄桥 如海河大桥 车马湖大桥 204国道桥 朱楼桥 菊栏桥 长庄大桥 严池桥 磨头大桥 肖石桥 场北大桥 邱岱桥 大明桥 如海河桥 316国道桥 反修大桥 如海河桥
跃进河	林梓铁路桥 铁路桥 红旗桥 新村桥 刘庄桥 老下驾原桥 下驾原大桥 原下原桥 朱庄桥 跃进河桥
南凌河	雪岸桥 雪岸西桥 洪桥 南凌桥 雪东桥 东凌大桥 凌新桥 洪庄大桥 郝庄大桥 南凌河桥 南凌铁路桥 南凌河中桥 盐通南凌河大桥
司马港	东司马港桥 西路桥 丁西铁路桥 鳌鱼港桥 陆庄桥 肖庄桥 曙光桥 曙光西桥 左庄桥 桃园桥 文革桥 船闸引桥 东司马港桥 张庄大桥 场南桥 殳庄桥 沈庄桥 司马港桥 河南庄桥 西横桥 西司马港桥 纺织石桥 鄂岱桥 贲巷桥 小燕桥 江曲线胜利桥 司马港桥 备战大桥 燕庄桥
大明河	大明河桥 湾堡桥
丁堡河	雪洪桥 丁堡河桥 立新大桥
如皋提水站引河	月湖大桥 二案大桥 新桑大桥 桑木桥 中心桥 提水引河大桥 蔡家桥 马庄桥 海圩桥 狄庄桥 岔港桥 大腰桥 曙光大桥 沿江公路引河桥 永利桥
白毛港	204国道桥 白毛港桥
立新河	团结东桥 蔡堡东桥 立新河桥 金凤桥 何正桥
大寨河	大寨河桥 冯岱桥
石庄前河	友谊桥 西板桥
白李河	铁路桥 迎九桥
拉马河	高明桥
奚斜河	奚斜桥

三、航道

1949年前，如皋货运以水运为主，境内主要河道有通扬运河、串场河、龙游河、小溪河、磙砣港、焦港等，大部分河道弯曲狭窄，浅段甚多，航运不便。可通航的有通扬运河、龙游河、磙砣港、焦港4条。1957年，江苏省航运厅编制的《内河航道里程表》载："如皋县有通扬运河、焦港、白李河、小李港、老沿河、龙游河、老碾砣港、南凌河8条航道，总里程为213.3千米，为南通地区河道最少的县。”

1958—1964年，全县新辟如海运河、丁堡河、东西司马港等河道，共有干支流航道19条，379千米。至1979年，全县有航道30条，总里程416千米。其中260.3千米可通航江轮。入江口有碾砣港船闸、提水站船闸、焦港船闸。1989年，新辟拉马河南段、二案提水站长江引河段、大寨河、立新河、跃进河等河道，兴建拉马河闸（如皋、靖江、泰

2010年如皋市主要内河航道基本情况一览表

表4-11

河道名称	航道等级	里程（千米）	起讫点	通航吨位（吨）	驳坡（千米）	通航时间
通扬运河（运盐河）	5	54.05	通州如皋界、如皋海安界	300	14.33	公元前141
焦港河	5	32.50	长江口焦港闸、海安县连庄桥	300	0.69	1955
如泰运河	5—6	50.49	如东如皋界、十里墩沈巷	100—300	0.53	1958
如海河	6	37.92	九华长江边、如城镇十里墩	100	0.19	1958
抽水站引河	6	21.62	长江口、常青镇河南庄	100	0.32	1966
丁堡河	7	7.82	丁北、苏里港	50	—	1958
司马港	7	34.94	丁堰镇丁西、江安镇胜利东村	50	—	1965
龙游河	8	14.72	磨头镇邓庄、如城镇环南河	50	—	1943前
白李河	8	13.68	林梓镇化肥厂、九华镇老庄村	50	—	1949前
姚华河	8	7.99	九华镇九华山、九华镇如海河口	50	—	1949前
南凌河	8	17.09	雪岸镇、柴湾镇杨桥村	50	—	1956
拉马河	8	28.20	江安镇扬山圩、搬经镇新芹村	50	—	1965
新姚胜利河	8	6.02	白蒲镇新胜桥、白蒲镇朱家桥	50	—	1965
大明河	8	16.79	丁堰镇皋南工农兵桥、磨头镇唐湾	50	—	1966
白毛港	8	缺载	袁桥镇桑树园、袁桥镇范家庄	50	—	1966
立新河	8	25.45	吴窑镇后朱庄、黄市镇翻身村	50	—	1966
扬马河	8	3.63	桃园镇后肖家庄、桃园镇马塘	50	—	1966
北焦港	8	10	夏堡九龙口、袁桥	50	—	1967
杨元港	8	4.67	石庄镇高工桥、石庄镇金凤园	50	—	1967
大寨河	8	19	磨头镇唐湾、高明镇刘庄	50	—	1967
花园河	8	5.64	下原镇跃进河口、下原镇花园头	50	—	1967
石庄前河	8	5.05	石庄镇引河河口、石庄镇焦港河口	50	—	1968
桃元河	8	3.69	桃园镇左庄、桃园镇大阮家村	50	—	1968
奚斜河	8	8.73	林梓镇跃进河口、林梓镇老坝口	50	—	1968
郭园河	8	4.17	郭园镇照山口子、郭园镇刘胜村	50	—	1972
跃进河	8	15.19	林梓镇文东村、下原镇关家庄	50	—	1973
龙舌河	8	4.98	九华镇郑甸村、九华镇龙舌鲜鱼坝	50	—	1973

兴三县交界处）。1990年，全县共有内河航道34条434.1千米，其中：干线航道112.8千米，支线321.3千米，通轮船航道338.8千米。乡间三级河279条，可通行小船。

1992年，如皋港专用航道开辟。1999年3月31日，长江航道局同意设置如皋港专用航道助航标志。4月7日，如皋港专用航道经专家组验收合格，航道宽300米，维护水深10.5米，万吨级船舶可自由进港作业。6月29日，第一艘3万吨级油轮“明池号”经如皋港专用航道航行、停泊成功。

2005年1月，如皋港航道升格为国家级长江主航道。2010年，全市境内有内河通航河道29条，其中等级航道7条、等外级航道22条。通航里程455.12千米，其中等级航道213.11千米、等外级航道242.01千米。内河港口货物吞吐量421万吨。

四、船闸

民国13年（1924年），新生船闸建成，为全县首座船闸。后，相继建成船闸7座。2010年，全市正常通航的船闸共4座。

新生船闸 民国13年（1924年）建成，系沙元炳主持建造。新生港原为荒地，后先造闸，再开港。闸身为水泥钢筋混凝土，闸室全长81米、宽30米，可容25吨左右重载船40艘，闸首高度4.5米。后因淤塞断绝交通，1967年经上级批准拆除。

焦港船闸 1956年建成，位于石庄镇张黄港，距长江边3.53千米。共7孔，中孔为通航孔，宽7米，门槛水深2.5米，限千吨以下船队通航。20世纪80年代起，年吞吐量约140万吨。2005年10月，江苏省政府决定在张黄焦港河建通航能力1000吨级船闸1座。

图4-13 迁建后的焦港船闸 （2010年摄）

2008年2月，重建焦港船闸，新闸位于焦港河西侧、焦港节制闸上游，中心线与焦港节制闸中心线间距为300米，呈平行布置。2010年年底建成，总投资5.2亿元，占地面积995亩，口门宽23米，闸室长230米、宽230米，最小槛上水深4米，设计最大通航船舶1000吨，上下游主导航墙各长70米，上下游靠船墩20个各长400米。上下游码头各长100米，上下游停泊锚地各长300米。闸首采用钢筋混凝土整体坞式结构，输水系统采用环形短廊道集中输水结合三角门缝输水形式，上下闸首闸门为钢制三角弧形门，阀门为平板提升门，启闭机采用液压直推式。电气控制系统采用集散控制系统。

如皋抽水站船闸 位于长江镇，与抽水站并列，1970年5月建成。为7×100米船闸，底板高程-1.2米，总投资36万元。1974年，因长江北汊变迁淤闭，不再通航。1990年，经江苏省、南通市

图4-14 如皋抽水站船闸 （20世纪70年代摄）

政府批准，实施辟港建闸工程。1992年5月，船闸竣工。1993年1月，如皋港疏浚工程（二案至立新河）竣工，抽水站船闸恢复通航。2004年12月至2005年5月大修。

碾砣港船闸 1959年7月建成，位于九华镇长江村，距长江边1.8千米。通航孔宽6米，门槛

图4-15 扩孔改造后的碾砣港船闸（2010年摄）

水深3米。通航以大汛期为主。2009年，市水务局自筹资金近700万元，实施碾砣港船闸通航孔扩孔改造。通航孔宽度由6米增加至11米，通航孔顶高程由6.8米增至7.8米，通航船只吨位由200吨提高到2000吨。

东司马港船闸 1966年2月建成，位于磨头镇八角村，距长江边15.74千米。为蓄水、通航套闸，单孔，孔宽6米，闸室长50米，闸底高程-0.5米。

如皋港闸 闸体三孔，孔宽均为10米，中孔为通船孔。（详见卷四第一章第三节《涵闸》）

五、港口、码头

西汉初年，吴王刘濞开凿运盐河，东起点位于蟠溪（今东陈镇境内），为食盐集散地，建有码头。同期，运盐河上的发徭口（今海安县立发）亦设有码头。三国时期，如皋为隙地，码头一度闲歇。东晋时期，掘港、丰利、马塘等地成为盐场后，境内运盐码头数量增多，规模扩大。唐朝时更盛。至清代，全县主要航道上，除食盐码头外，增设其他货运码头和客运码头。清末，南通大达轮船公司于如皋东门设立轮船站（中华人民共和国成立后迁至北门）。1949年，全县港埠、码头主要分布于如皋城、白蒲镇及沿江的新生港、张黄港、碾砣港。沿江码头均为土质码头。内河码头共22座，其中：如皋城19座、白蒲3座；木质码头3座、木跳码头4座，余为土质码头。1956年，国营如皋轮船中心站建立，位于北门花市街。1969年11月，省财政拨款2万元迁至通扬运河南岸北门大桥西。新建候船室和码头360平方米。下设白蒲、丁堰两个自办站和东陈、雪岸、林梓3个代办站。1973—1979年，二案砖瓦厂、如皋石灰窑、如皋油厂、第二工业局经理部等7个单位建有水泥块石质码头7座。1979年5月，客班轮船停开，设于如城北门的轮船站撤销。1981年，疏浚通扬运河时，拆除

2010年如皋市内河港埠、码头情况一览表

表4-12

镇(区)	港埠(个)	码头(座)	吊具(台)					
			转吊	桁吊	浮吊	塔吊	独杆吊	合计
如城镇	1	53	37	16	3	—	—	56
开发区	—	17	13	4	—	—	—	17
丁埝镇	1	81	59	20	38	1	1	119
白蒲镇	1	23	22	1	27	—	—	50
丁原镇	1	10	4	4	2	1	1	12
林梓镇	—	8	7	1	1	—	—	9
东陈镇	—	30	7	19	1	4	—	31
雪岸镇	—	25	12	12	—	1	—	25
柴湾镇	—	17	9	7	—	—	1	17
袁桥镇	—	21	12	8	3	1	—	24
搬经镇	—	29	19	9	1	—	1	29
常青镇	—	24	11	13	—	—	—	24
高明镇	—	26	8	18	1	—	—	27
江安镇	—	25	18	6	—	—	—	24
石庄镇	—	16	12	4	—	—	—	16

续表4-12

镇(区)	港埠(个)	码头(座)	吊具(台)					合计
			转吊	桁吊	浮吊	塔吊	独杆吊	
长江镇	1	21	19	1	1	1	—	22
九华镇	—	26	18	8	—	—	1	27
磨头镇	—	37	10	26	—	—	—	36
吴窑镇	—	21	4	16	—	—	—	20
桃园镇	—	19	3	15	—	1	—	19

如城码头吊机7处。1982年上半年,除恢复北水关口、工业经理部、如皋米厂、县建材公司仓库等5座码头外,新建总长178米的石驳岸吊机码头7座,安装3吨吊机4台。下半年,安装1吨吊机36台,并建10吨吊机码头1座。港口装卸效率比上年提高5—10倍。1990年,全县共有内河码头26座,合计长度1011米,泊位45个;长江沿线码头有张黄港1座。

1993年,中艺华海进出口公司和香港富佳集团有限公司合资,于长江镇四号港口与如皋港之间、又来沙南侧新建南通东方石油化工专用码头,总投资500万美元,占地228亩,1999年建成投产,为如皋港第一座万吨级码头。此后,如皋港码头建设速度加快,吞吐能力逐年上升。

至2010年,如皋港区建有内港池3座,建成10万吨级以上码头2座,3万吨—8万吨级码头8座,1万吨—2万吨级码头10座,年货物吞吐能力5000万吨以上。如皋港作为国家一类开放口岸正式对外开放。

六、渡口

民国《如皋县志》载:“全县有内河渡口56个。”其时,另有数处过江渡口,主要分布于碾砣港、陈昆(今长江镇五零村)、三号(今九华镇长江村)、陈沈二案、永平港、张黄港、头案港等。人货从渡口上下,往来于江北岸至九圩港、张家港十一圩、江阴澧港及江中沙滩之间。

中华人民共和国成立初期,新开河道上以渡代桥较为普遍。至1956年,全县有各类渡口202处,分布于主要道路与河道交叉处。1975年,全县有内河渡口211处,其中社队办渡口183处,私人经营渡口28处。参与渡口交通的木质船有146只,水泥船66只。县财政每年从农桥经费中拨付一定的经费用于渡船更新改造。20世纪80年代,开始撤渡建桥,并进一步强化渡口管理,取缔私设渡口,查禁舢板私渡,拆除违章设置的缆渡。随着河道桥梁建设速度加快,渡口日渐减少。至1990年,全县渡口只剩48处。至1995年,全市渡船全部实现钢质化。进入21世纪,全市撤渡建桥步伐加快。2001年,长青沙大桥建成通车,结束长江北岸与长青沙之间只能靠船通行的历史。是年11月,如海运河营西大桥、周庄大桥竣工通车,全市完成内河撤渡建桥任务。

图4-16　长青沙渡口渡船载客　(1992年摄)

皋张汽渡　(如)皋张(家港)汽渡位于江阴长江大桥与苏通大桥之间。北岸如皋侧渡口设在如皋市长青沙西南侧,长青沙闸上游75米处。南岸设在长江澄通河段浏海沙水道右岸、张家港市段山港上游。2004年5月,江苏皋张汽渡有限公司成立,10月28日,动工兴建。如皋侧渡口总面积为7.08公顷,由江苏长博集团有限公司与南通兴亿达基础工程有限公司共同投资兴建。2005年10月18日,建成通航,初期投入江苏渡5号、江苏渡7号渡船2艘,每艘汽渡船设置车位28个,单程耗时约25分钟。皋张汽渡与疏港一级公路、长青沙大桥组成过江新通道,成为连通204国道、如港一级公路、沿海高速等与沿江高速、沪宁高速的经济、快速通道。是年,渡运车辆2万台次。2010年,渡运车辆2.2万台次。

七、铁路

20世纪80年代前,境内无铁路。1993年9月,如皋市铁路建设办公室成立。1998年5月,如皋市铁路建设指挥部成立。新长铁路如皋段建设工程全面启动。

新长铁路如皋段总长46.93千米,其中海安至南通段(亦称东线)境内长40.05千米,途经柴湾、如城、桃园、丁堰、林梓、白蒲等镇;过江段境内长6.88千米,途经柴湾、袁桥、搬经等镇。共征地3025.3亩,拆迁393户、6万平方米。1999年,如皋、白蒲站场房屋拆迁完成,东线铁路路基基本完成,桥涵施工全部竣工。2000年,东线铺轨任务完成,如皋、白蒲站区建设全面展开。2001年,过江段铺轨和如皋、白蒲场站建设主体工程完工。2001年5月24日,新长铁路首发列车驶抵如皋。2004年7月1日,如皋火车站首次运营。

2005年7月,全长26.5千米从白蒲火车站南端引出至如皋港的铁路专用线(蒲源铁路)可行性研究通过专家评审。2008年10月,西起海安火车站,东至如东洋口港,途经柴湾镇、雪岸镇的海洋铁路开工建设,境内长4千米。2010年底完成铺轨。2010年1月18日,宁启铁路复线电气化工程开工建设,如皋境内长39.52千米,设计时速200千米。

八、机场

民国27年(1938年),日军侵略军侵占如皋城,将如皋城东门外老坝头打靶场辟为简易军用机场。民国35年,国民政府军队占据如皋城,继续使用该机场,后平毁。1964年8月,中国人民解放军在磨头镇老户庄建造军用机场。1987年2月,中国联航总公司与南通联航公司联合开发如皋至北京空中航线,磨头机场改为军民两用机场,场内设候机室,建筑面积612平方米,室内装有5170型X光电子安全检查仪等设备。1992年10月,南通兴东机场建成后,如皋机场一度停止民用。1994年2月18日,恢复民用。1999年4月1日,因国防需要,再次停止民用。

九、车站

民国15年(1926年),北洋政府如皋县公署于南门地藏庙南首设汽车站,是为如皋第一座公立汽车站。由县公路管理处统一调度汽车运输,设施十分简陋。同期,北门外庆余桥西设有私营车站。民国27年起,汽车运输为日商江北公司垄断,车站设于如皋城小校场。民国35年秋,国民政府如皋县政府在南门地藏庙南设公路管理处,并复设汽车站,车站有瓦房3间、工作人员1人。民国36年春,国民政府如皋县政府将地藏庙南汽车站改为汽车自办站,隶属南通汽车公司,车站有工作人员2人。次年,汽车站改属苏北汽车公司,并于丁堰、白蒲设代办站。民国38年初,全县私营汽车业主于如皋城南门组建新如汽车站。1953年,如城区交通运输管理站在南门地藏庙、北门庆余桥、西门外尽街头设二轮车站。1955年,丁堰、白蒲代办站改为自办站,隶属如皋汽车站。国营如皋汽车站共有职工17人,小客车7辆。1959年,全县建有自办站5座,代办站6座,招呼站7座。1960年2月,如皋汽车站迁至如城西郊。1970年,撤销各代办站,全县增设55个招呼站。1980年,新建张黄港汽车站、丁堰汽车站,1981年,新建西来桥汽车站。1988年,全县除长青沙外,各乡镇均设有规模不等的汽车站。1998年,新长铁路在境内设如皋、白蒲两个火车站,隶属新长铁路有限责任公司海安分公司。2001年,建成并投入试运营。至2002年,全市农村汽车"通达工程"取得阶段性进展,全市实现村村通汽车,除各镇汽车站外,农村公路沿线还建有汽车招呼站。2007年起,启动等级客运站建设,如皋港准二级客运站,搬经、石庄、白蒲、九华等农村客运站相继建成。

如皋汽车站 民国15年(1926年)创立,位于如皋城南门地藏庙南。1950年,改称苏北汽车运输公司如皋汽车站。1952年,称苏北汽车公司南通分公司如皋汽车站。是年,客运15456人次,次年5月增办零担货运。1956年2月，新如汽车合营处并入。次年，与县搬运公司、公路站合并为如皋县交通管理站，开办南通、如皋、海安与南京的铁路行李联运业务。1958年，县搬运公司、公路站分出。1960年2月，迁址西门外茶庵庙西，隶属南通地区汽车公司。1962年底，改属扬州汽车运输处。1965年，增办公路、水路联运业务。1967年，重新划归南通地区汽车运输公司。1974年，建如皋汽车站汽车修理车间。

1978年，如皋汽车站人、财、物一并划归南通地区汽车运输公司垂直管理。1982年1月，汽车站所属江苏省80车队如皋驾驶班单独组建江苏省87车队。1983年，重建候车室。至此，车站占地1公顷，建筑面积2480.3平方米；修理车间占地0.61公顷，厂房1210平方米；货运站占地0.83公顷。1990年1月，更名江苏省汽车运输公司南通分公司如皋中心站，下设客运站、货运站、87车队、修理车间及职能股室。1992年5月，如皋汽车中心站更名为如皋汽车总站。1994年3月，南通汽运集团推广单车抵偿承包经营，如皋汽车总站所有营运客、货车辆均实行承包经营。

图4-17 如皋汽车站 (1995年摄)

2003年4月，南通汽运集团对如皋市旅游出租汽车有限公司实施整体兼并。2004年4月，如皋汽车总站组建公交车队，将兼并后的如皋市旅游出租有限公司车辆、人员划交公交车队管理。9月1日，如皋汽车总站更名南通汽运实业集团有限公司如皋分公司。2009年12月，如皋汽车站客运新站开工建设，位于惠政路西端北侧2010年主体工程完工。2010年，全站拥有各种客货车辆196辆。

如皋火车站 1998年年底开工建设，位于如城镇东南3.7千米的大殷村。2001年，建成并投入试运营。站场占地11.13公顷，到发线3条，建有客场与货场，站务管理人员12人。客场面积1000平方米，2010年，客场扩建工程获铁道部批准。

白蒲火车站 1998年年底开工建设，位于白蒲镇邓杨村。2001年建成并投入试运营。有到发线3条，站务管理人员5人。站场占地9.40公顷，建有客场与货场，客场面积710平方米。

第三节 交通工具

一、陆上交通工具

清代前，境内陆上交通运输工具主要为木制轿子和独轮车。清光绪三十四年(1908年)，始有自行车。民国3年(1914年)，始有黄包车，并逐步取代轿子。民国15年，始有客运汽车。是年，如皋城始有私人自用轿车。抗日战争时期，始有摩托车。1956年，始有载货卡车。1959年，始有脚踏三轮车。1982年，始有机动三轮车。1990年后，电动自行车、三轮车，面包车、越野车、农用车及各种汽车等迅速发展。

轿子 明、清时期，多为官绅达贵乘坐，民间婚嫁亦用花轿。如皋常见的轿子主要有4人抬官轿，木架，木杠，外罩绿色呢布，四面嵌小方玻璃，为知县、教谕等职官乘坐；2人抬小轿，木架、木杠，外罩蓝布，一般富裕之家妇女或老人乘坐；2人抬竹架轿，竹杠，罩蓝布，停于街头巷尾，可随时雇乘；4人抬花轿，木架、木杠，外围绣花缎罩，顶上及四角有明角灯，为结婚时新娘乘坐，由轿行出租；2人抬藤轿，竹架外裹藤皮，上半截透空，亦由轿行出租。辛亥革命后，官轿停用。民国9年(1920年)后藤轿一度兴起，不久即废。民国27年前后停用小轿、竹轿。民国34年，花轿停用。

独轮车 用榉、桑等硬木制造，车架安于车轮两侧，可坐人或载货，车夫用麻索、布条编成车辫搭在肩上，两端套于车把末梢，手握车把手，向前推行。如载重量大、路程较远，则前面另加人用绳索掮在肩上牵引。独轮车因结构不同，分“连棚车”和“平头车”两种。连棚车左右两边可载人或装货。平头车又称平顶车，多为装载货物用。载重量约150千克。战争年代,如皋民工支前亦主要使用独轮车。20世纪60年代前,全县农户广泛使用,是运粮运货送肥,接送老人、病人,水利工程运土,甚至接送新娘的重要工具。20世纪60年代后,随着板车、自行车、拖拉机等的增加,逐步被淘汰。

黄包车 清末,从日本传至如皋,亦称"东洋车""洋车"。一般坐1人,后罩油布篷可撑放,黄包车夫在车前双手握车杠拉车。民国3年(1914年),如皋师范日籍教师乘坐铁轮黄包车。其后,逐渐增多,改用橡胶轮胎。民国16年,如皋城有黄包车360辆,其中部分由车行出租给车夫,城内外有停车场15处,是居民出行的重要代步工具,亦是贫困居民谋生的重要工具。民国17年,如泰五一农民暴动,黄包车工人罢工支持。民国27年如皋城沦陷后,黄包车逐渐减少。至民国34年,全县剩98辆。民国38年初,全县剩70辆。1956年,停止使用。

自行车 俗称"钢丝车""脚踏车"。清光绪三十四年(1908年),全县学生运动会在如皋城西门外大校场召开,大刘家巷张少琴表演铁轮无胎脚踏车绕场一周,是为如皋城有自行车之始。民国10年(1921年)始,如皋城有自行车行,经销日、英等国所产自行车,兼营修理、出租,已有橡胶轮胎及撑脚。此后,自行车逐年增多。1953年,始用自行车经营载客,名为"踏二轮车"。1980年后,购置者增多。1985年,仅如城(包括郊区)约有3万辆,1990年,约有5万辆,1998年,约有10万辆。20世纪90年代,自行车退出客运市场。进入21世纪,自行车社会拥有量不再列入统计。

板车 俗称"大车""拖车",采用铁轴、滚珠轴承、橡胶轮胎,由人力拉动,一般载货量约300千克。初见于20世纪50年代,广泛使用于60年代至80年代。基层供销社、粮站、搬运站大多使用板车运货。至1985年年底,如城搬运站工人100人,如城西郊搬运站工人30人,仍主要以板车为运载工具。2010年,农村中仍有少数农户使用。

三轮车 载客脚踏三轮车后部形似黄包车而稍宽,亦有油布篷可撑放,可坐2—3人。1959年始有,其后陆续增多。1982年,始有机动三轮车,多为封闭式,形似兔子头,俗称"兔儿头"。由于行驶时噪音大、安全系数小而逐渐被淘汰。1995年前后,全市载客三轮车猛增,有工厂生产机动三轮、脚踏三轮改装机动三轮、小作坊改装机动三 轮、脚踏三轮等多种。1998年前后,盛行三轮车改装电动机和电瓶行驶载客,安全隐患大。2004年开始,除具有特色的脚踏三轮外,明令禁止机动、电动三轮车载客或在城区通行。

摩托车 一般为二轮,亦有少量三轮摩托车。 抗日战争时期,日本侵略军和少数伪军在域内使用。1966年,县邮政局东城区开辟摩托车邮路,首期用于投递的摩托车2辆。1981年,全县始有私人摩托车。此后,摩托车迅速增多,遍及城乡,其中一部分用于载客。2004年起,全市明令禁止摩托车载客营运。至2010年,全市办理二、三轮摩托车注册登记18988辆,核发摩托车驾驶证17864人,摩托车驾驶证换证32651人。2010年,全市每百户有摩托车95辆。

拖拉机 用作交通工具的拖拉机以手扶拖拉机(拆除所附农机具,挂上拖箱)为主。1970年,全县有配拖箱手扶拖拉机18辆。1981年,全县有配拖箱手扶拖拉机4098辆。20世纪80年代,出现中型拖拉机,数量极少。进入21世纪,全市手扶拖拉机数量基本稳定在8000辆。2010年,全市拥有配拖箱手扶拖拉机8400辆,手扶变形运输车784辆。

大中型客车 民国15年(1926年),南通人华松林从国外购进小客车在如皋城南门营运汽车载客业务,是为如皋有客车之始。民国25年,全县有美、德、日等国产进口小客车10余辆,每车载客5—6人,燃料为进口汽油。民国27年,日军侵略军侵占如皋城,劫走全部汽车。民国35年,汽车客运恢复,民国38年初,全县有小客车9辆。此后,如皋汽车站逐步增加大中型客车,部分单位购置面包车。1980年,开始出现个体中巴车。至1990年,全县有5座位以上客车369辆。1995年,全市共有大中客车589辆。2010年,全市拥有运营大客39辆、公交客车92辆。

小汽车 民国《如皋县志》载,民国15年(1926年),如城有一户居民购轿车一辆,是为如皋有轿车之始。1949—1978年,全县除极少数企业和机关拥有轿车外,无私家轿车。改革开放后,私家轿车开始出现。至1990年,全县共拥有小汽车206辆。 2010年,全市农村、城市住户主要消费品拥有量调查,每百户农村家庭拥有轿车(生活用)2辆,每百户城市家庭拥有家用汽车8辆。

货运汽车 清宣统二年(1910年),如皋邮政分局和张黄港、白蒲邮政代办所为汽车通运局(所),邮政汽车经这些局(所)收递邮件,是为如皋最早有货运汽车行驶。1949年,全县有私营货运汽车3辆。20世纪50年代至70年代,货运汽车主要由工厂及流通企业购置。20世纪80年代开始,有个体和私营企业购置货车自用或用于营运。以小型、中型货车为主,亦有部分厢式、冷藏、罐式等特种货运车辆。2005年,全市有各类货运汽车2733辆、8692载重吨,其中普通货车2662辆、专用货车13辆、其他货运汽车58辆。2010年,全市拥有各类货运汽车5871辆,其中普通货车5569辆、专用货车302辆(专用运输185辆、大件运输45辆、危险品运输72辆)。另有装载机械等2207台。

电动车 20世纪90年代起,全县始有利用电瓶加电动机为动力的车辆出现,后迅速发展。电动车以电动自行车数量居多,是使用最为广泛的代步工具,亦有部分电动三轮车和电动汽车。进入21世纪,发展势头更猛。2010年年末,全市每百户农村家庭拥有电动自行车110辆,城市每百户家庭拥有电动自行车60辆。

火车 2001年5月24日,新长铁路首发列车驶抵如皋。车型为内燃机车。

二、水上交通工具

如皋水上交通工具主要为船只。按制作材料分,有木船、水泥船、铁船;按动力分,有帆船、摇橹小船、纤拉船、机器动力船等;按用途分,有客船、货船、客货两用船、渡船等;按船主分,有官船、民船、商船等;按航行区域分,有内河船只、江海船只、远洋船只等;按行驶方式分,主要有拖船、驳船等。清代以前,全县船只多为小木船和木帆船。清末,南通大达轮船公司于如皋东门设立轮船站,始有轮船航行。民国初,客船有定期和不定期两种,定期的称"班船"。民国27年(1938年)日本侵略军侵占如皋后,轮船、快船、班船均停航。民国35年春,有私营机动班船,俗称"机器快"出现。

1956年起,木船合作社逐步使用机械动力船只,木船亦逐步改为水泥船、铁皮船,并开始组成拖头轮队从事水运。1970年起,运输船只基本均改用机械动力。

1978年后,随着经济的不断发展,船只吨位不断加大,自动化程度不断提高,船舶的种类亦不断增多,出现特种、专用运输船只。

小木船 清代以前,在如皋比较普遍使用,为家庭出行、买卖货物用船,一般以人力撑篙或摇橹行驶,载重量100—200千克。民国以后,开始减少,一直未绝迹。2010年,少数人使用,材料不限于木质。

木帆船 为20世纪60年代前如皋使用最普遍的一种船只。船体木质,帆以桐油布制成。帆的个数、大小与船的吨位成正比,两帆在如皋最为普遍。桅杆顶端有滑轮,帆可升可落,亦可随风向转换角度,以获得最大的风力。风小或逆风时,辅以摇橹、撑篙、背纤。20世纪60年代以后,内河较少使用,长江水运继续使用。70年代起,逐步被机器动力船只所代替。

民船 与"官船"相对,为个体货船。民国以前,全县民船以运粮食、豆饼、布匹、杂货、壮猪、腌腊制品为主,大者可过长江,小者仅航行于内河。内河每小时可行4—5千米。中华人民共和国成立后,船体逐步改为水泥船体。1956年年初,外地民船大多回原籍参加合作社,本地民船亦参加社会主义改造,组成合作社。1978年后,民船逐渐增多,吨位亦逐渐增大。2001—2010年,如皋货运船舶每年保持在700—800艘之间。

班船 为邑人对清及民国时定期航行客船的称谓。班船多用帆船,一般设10—20个客位,最大时17吨、70个客位。顺风扬帆,逆风拉纤,规定航线,定期往返,客货兼载。民国初年有日班、夜班两种。行泰州、姜堰、丰利、掘港等地,往返需4天;行海安、岔河、石庄,往返需两天。两船对开,逢镇停靠。民国27年(1938年)全部停开,次年仅恢复南北一条航线。民国34年9月,再度停航。民国35年后,部分改为机器快船。1950年开始,班船、快船联运。

快船 俗称"摇摇快",从浙江绍兴引进,船身较小,黑色竹篾顶篷,又名"乌篷船",初代商店装载货物。民国初年,由郭镇瀛倡议组合设站,定期开航,客货兼载,每船设客位20—30个,行曲塘、海安、白蒲、岔河、东马塘等地，隔日来回，快于班船。1950年联营后，逐步改为木板顶篷。

轮船 为机器动力客船。清末，南通大达轮船公司内河轮船“通扬班”经过如皋城，在东门外设站，兼载客货。民国19年（1930年）后，天中、协成两轮船局有“隆升”“怡安”两船航行于如皋城、掘港之间，时速约8.5千米，每客每五六千米收费5分，两家互争业务，途中服务周到，并免费赠送点心或毛巾等礼品。民国27年春停航。民国36年春，鸿飞、永丰两轮船公司共有柴油机木船12艘，航行于南通、泰州、盐城之间，均于如皋城设站。在如皋行驶的轮船，大者可乘100人，小者可乘六七十人。

民国38年春，鸿飞、永丰两公司两艘轮船参加泰州轮船公司，其余加入南通轮船公司。全县营运的轮船共22艘，其中开丰利2艘、掘港4艘、岔河2艘、曲塘2艘、平潮2艘、天生港7艘、海安1艘、头案港2艘。至1979年5月，全县内河客班轮船全部停开。长江水上客运轮船只剩张黄港航运公司经营的2艘轮船和航行于长青沙夹江的2艘渡轮。2002年1月，长青沙渡轮停运。2005年12月，张黄港客轮停运。

机帆船 为机器动力货船，主要有挂桨船、拖船、货轮等。1958年，县内水路货运始用机器动力船只，有26.25千瓦拖轮1艘。此后，县内运输企业相继购买142.5千瓦拖轮和80吨45千瓦木船各1艘，组成3个船队。1960年，全县共有机器动力木船357艘4937载重吨。其中，20吨以上的308艘3677载重吨，能在长江航行的67艘，栖装船27艘。1990年，全县拥有机器动力货船2089艘，4.78万载重吨，总功率1.98万千瓦，其中货驳934艘3.57万载重吨。20世纪90年代，机帆船逐步向大、中型发展。2001—2010年，全市机帆船正常保持在800艘左右，载重吨位16万吨以上。

渡船 如皋自古多渡口，渡船为使用较多的船只。民国时，全县内河有渡口56个，多使用“缆渡”，船面几成平面，无船头船尾之分，吃水亦较浅，易倾覆。行驶时顺系于两岸的缆绳直行，往返无须调头，乘客从一头上船，直接从另一头下船。过江渡船多使用木帆船，吨位一般10—20吨。20世纪70至80年代，县交管部门查禁舢板私渡，拆除违章设置的缆渡，内河渡船多使用木船或水泥船。1975年，全县有木质渡船146艘，水泥船66艘。至1995年，全市渡船全部实现钢质化。长江北岸与长青沙之间使用渡轮，吨位在50—60吨之间。2005年，如皋港至张家港之间的皋张汽渡则使用型号为49M28的车汽渡船。

第四节 交通运输

一、陆上客运

中长途班车 民国13年（1924年），县内通榆公路修建完成，南通至如皋的客运汽车开通，载客小汽车每日往返一次，载客10人左右。民国15年，南通人华松林至如皋城南门设站开展汽车载客业务，其后段三保、葛恩福等相继参与营运。民国25年，全县汽车客运业务由县公路管理处统一调度，收费标准为如皋至南通每客2元。民国27年日本侵略军侵占如皋后，汽车客运由日商开办的江北公司专营，线路为如皋至南通、如皋至海安。民国34年秋，日商垄断的客运汽车停驶。民国35年秋，有私营汽车恢复客运。民国38年年初，全县共有小客车9辆，私营汽车业主于如城南门组建新如汽车站，开展汽车客运业务，主要运营南通至盐城、南通至扬州2条班线。

1950年，增开如皋至南通天生港、扬州六圩班车。是时，全县每天客流量约100人。1950—1952年，每日经过如皋和从如皋出发与固定目的地对开的车辆4—10辆。1952年，新增如皋至李堡、丁所至栟茶2条营运线路。1953—1956年，全县每日起点及经过班车20—30辆。1956年，全县客运82394人次。1957年，增开如皋至八圩、黄桥、泰兴班车。1962年，全县陆路客运量417422人次。1965年，全县有客运汽车10辆。1970年，如皋汽车站开辟境内农村公共汽车。是年，开行如皋至南京班车。

1978年，如皋汽车站拥有大小客车20辆、座位1280个，客运180.89万人次。20世纪80年代初，个体客运业开始发展，主要使用小型客车，俗称“中巴”。1987年，全县拥有大型客车68辆、座位3612个，小型客车35辆、座位360个。其中，如皋汽车站拥有大小客车44辆、座位2551个。

1990年,全县班车客运量316.54万人次。1992年,新增如皋至常熟客运班车。

1997年5月,如皋汽车站实行电脑售票。1999年1月,如皋至南通班车投放6辆亚星豪华中型客车,实行每20分钟一班,与南通汽车站对开,一票到底,定时到达。2000年1月,如皋至掘港班车更换车型,6辆亚星6820型中型客车投入运营,与如东掘港站实行每20分钟一班对开。2001年8月,如皋至白蒲客运专线正式开通,共投入6辆文峰牌6790型客车运营。2006年元旦,如皋汽车站开通如皋至北京班车。2007年9月,如皋汽车站新增如皋到枞阳(安徽)班车。

2009年,全市实行域内城乡客运(公交)一体化,被江苏省政府表彰为全省客运工作先进县市。2010年,全市拥有营运载客汽车550辆、客位8509个,年汽车客运总量1266万人次,客运周转量88087万人千米。

城市公交 1995年,如皋汽车站开辟市区公交客运,设1路和2路2条公交线路。1999年10月,由浙江客商开办如皋市公交汽车公司,恢复城市公交正常营运,设4条公交线路。1路由汽车站至东陈,2路由如皋经济开发区香江家具城至大明,3路由如皋经济开发区工发大厦至如皋火车站,4路城区内环行。2002年1月,市振远公交有限公司接办如皋公交业务,开通1路、2路、3路、5路、6路、8路、9路、10路、12路公交汽车。至2005年,如城共有公交车78辆。2009年,全市实行城乡公交一体化。是年,全市实现村村通公交。

图4-18 公交车行驶在乡间公路 (2010年摄)

出租车 1996年,如城始有出租汽车从事客运。不久,绘园、大众、日月等出租汽车公司相继开业。2005年,如城共有出租车87辆,另有具备营运资质的单位和私人客运小汽车962辆。2010年,全市共有出租汽车357辆,其中如皋绘园出租汽车有限公司有出租汽车255辆,如皋振如出租汽车有限公司有出租汽车52辆,如皋三洋出租汽车有限公司有出租汽车10辆,如皋日月汽车出租有限公司有出租汽车40辆。

列车客运 2001年年底,新长铁路试营运。2004年7月1日,新长铁路南通经如皋至海安、东台、盐城、建湖、阜宁、淮安区间客运开通,上下午各2班。是年,平时旅客发送量约为1100人次/日,节假日高峰期间约为3000人次/日左右。至2004年年底,共发送旅客3.4万人次。2005年4月,增开南通经如皋、海安、泰州、扬州至南京客班,每天往返。2005年7月1日,经过如皋站的客运列车增加至每天6列,是年,发送旅客9.8万多人次。2007年,增加南通经如皋至北京、重庆、太原班次。2010年,客运量45万人次,旅客周转量8700万人千米。2006—2010年,如皋火车站累计发送旅客182万人次。

2010年如皋火车站列车运行状况一览表

表4-13

车次	终点站	列车类型	经停本站时间	到达终点时间	运行时间	里程(千米)
K664/K661	南通	快速	04:18	04:50	35分	45
Z51	南通	直达特快	07:40	08:11	34分	45
T7788/T7785	兰溪	空调特快	08:13	21:19	13小时9分	937
K8456/K8453	南京	空调快速	08:48	12:47	4小时3分	239

续表4-13

车次	终点站	列车类型	经停本站时间	到达终点时间	运行时间	里程(千米)
K662/K663	重庆北	空调快速	11:55	23:17	35小时26分	2095
K8502/K8503	南通	空调快速	12:35	13:42	1小时13分	45
K724/K721	南通	快速	13:35	14:06	1小时1分	45
K8506	淮安	空调快速	14:45	18:13	3小时32分	246
K8504/K8501	南京	快速	15:27	19:13	3小时49分	239
K722/K723	昆明	快速	17:43	10:27	40小时48分	2726
Z52	北京	直达特快	19:08	07:22	12小时17分	1280
T7786/T7787	南通	空调特快	20:45	21:26	45分	45

二、陆上货运

人力货运 民国以前，全县陆上货运主要依靠人力，远途以独轮车为主，近途则挑或扛。民间运输组织有“箩行”和“脚行”。箩行，专业搬运散装、袋装货物，以搬运米粮、食油、豆饼、杂货、百货为主，所用竹箩、扁担、货络等由工人自备；脚行，主要负责搬运木材，兼营抬轿、运尸等，所用大杠、绳索及大锹等工具，由行主购置。箩行、脚行，业务都划分地段，收入由行主和工人分拆。个体搬运工人主要负责挑运柴草。民国34年(1945年)9月日本侵略军投降时，如皋城有箩行、脚行工人203人。

民国38年年初，如城共有箩行工人100人，脚行工人30人，挑草工90人。1951年10月，箩行、脚行及小车、挑草工人联合组成搬运公司。1956年，搬运站出现，搬运站一般有人力搬运工数十人，农忙务农，农闲务工。1960年，人力运货改用胶轮板车，码头装卸改用起重吊杆、绞关及吊车。20世纪70年代，随着拖拉机、汽车的增加，人力货运量占比逐年下降，人力由运输改为零散货物的装卸。改革开放以后，人力货运主要为小商贩运送货物，所用工具以载货三轮车为主。2005年后，人力搬运主要从事搬家服务。

汽车货运 1949年，全县有私营货运汽车3辆。1953年5月，南通经如皋至东台的隔日货运班车开通，白蒲、如城为重点零担货运站。1957年4月，如皋与南京的铁路行李联运业务开通。1975年5月，如皋至如东定期零担货班车开通，全县各地至如东货物在如城中转。是年12月，如皋汽车站试办如城经石庄至石桥头客运随车理货、取货上门、送货到户的农村定期零担货运班车，此做法在全省及全国推广。1977年9月，在全县开办公路沿线农村定期零担货运班车。1978年5月，增开如皋至无锡、南京零担货运班车。

1980年5月，如皋汽车站开始办理公路、铁路联运业务。是年9月，开行如皋至南通、常州、扬州零担货运班车。20世纪80年代初，运输市场放开，开始有个体户或几户联合购买货车从事货物运输。1981年2月，如皋汽车站增开如皋至盐城零担货运班车。1984年，增开如皋、合肥、徐州零担货运班车。至1984年，全县从事陆路货运的企业有如皋汽车站、如皋县汽车运输公司、如皋县联运服务公司，运输车队有肉联厂车队、县供销社车队、粮食局车队、县食品公司车队等。

2005年，全市在运输管理部门登记注册的各类货运车辆有6100辆，核定载货量12059吨。其中载货汽车2662辆，专用汽车13辆，拖拉机3367辆，其他机动车58辆。2010年，全市在运输管理部门登记注册的各类货运车辆有8756辆，其中载货汽车5569辆，专用汽车302辆(专用运输185辆，大件运输45辆，危险品运输72辆)，拖拉机678辆，其他机动车2207辆，全年公路货运量2378万吨。

列车货运 2006年，如皋火车站货运站启用，承接列车货运业务。2006—2010年，货运站发货量共6万吨,货运周转量3000万吨千米。2010年,煤炭专列首次停靠如皋。

三、水上客运

清代前,水上客运有不定期开航的民船和定期开航的班船,均以木帆船为主,顺风张帆,逆风摇橹、撑篙、背纤。定期航班主要有如皋城至岔河、白蒲2条航线。

民国初,航线增加如皋城至掘港、栟茶、海安、曲塘等航线。航船启碇,以鸣铜锣为号,沿途停靠。约民国中期,各船运企业、船主合股并班,称“船帮”。船帮有大小之分,大船帮码头设于如皋城东门吊桥南河东,小船帮码头设于东门吊桥南河西。民国23年(1934年),大达公司开办的南通开往扬州的航班途径如皋城、白蒲。天中、协成轮船局开办的掘港开往如皋城的航班,沿途停靠丁堰、东陈。龙游河、周圩港、碾砣港、北串场河常年有民船载客。

1949年,全县长江水上客运有上海、扬州往返的客轮,在张黄港、新生港停靠;内河水上客运,有如皋轮船站2艘客轮在通扬运河上对开,另在如城东门老坝头建有私人经营的轮船站,从事不定航班的客运。

此后,随着陆上交通的发展,县内水上客运逐渐萎缩。1958年,全县水上客运量5.15万人次。1965年,全县水上客运量2.93万人次。1979年5月,全县内河客班轮船停开,设于如城北门的轮船站同时撤销。1980年,全县民营水上客运5798人次。1983年,内河水上客运全面终止。境内只剩张黄港航运公司经营的2艘航行于长江的客轮和航行于长青沙夹江的2艘渡船。2002年1月,长青沙大桥通车,长青沙客渡撤渡。2005年12月,长江各班随皋张汽渡通航停航。

四、水上货运

西汉初,吴王刘濞开凿运盐河,境内运盐业兴起,运盐官船往返于蟠溪至扬州之间。唐代,境内运盐更甚。唐开成年间,日本圆仁和尚《入唐求法巡礼行记》载:“半夜发行(指其船队离开如皋由运盐河往扬州),盐官船运盐,或三四船,或四五船,双结续编,不绝数十里,相随而行。乍见难记,甚为大奇。”明代,境内内河水上货运仍以运盐为主,“船皆辐辏”(民国《如皋县志》)。

清代,除运盐官船外,全县水上货运主要由个体货船营运,以运粮食、豆饼、布匹、杂货、壮猪、腌腊制品为主。业务由船行接洽,再由船主承租,货多单放,货少则几家共租1船,船行扣取部分佣金,货物短少、残损由船行负责追赔。其间,经龙游河至新生港、张黄港,再出长江至苏南的往来货运兴起,运往苏南的货物主要有生猪、黄芽菜、腌腊制品、鸡、鸡蛋、花生、豆油、白酒等,苏南运往如皋的货物主要有绸布、百货杂货、山竹、陶瓷等。

民国初年,始有外地民船至如皋参加货运,每50千米运费为货价的0.5%—1%。老碾砣港由东夹槽通长江,向内河通营防、白雁桥、李桥、白蒲等地,货运亦很繁忙。民国中期,如皋城水上货运被7家船主控制,外地船只都在城外水域运货。

1949年12月,全县以如城、白蒲、头案港为中心,成立木船协会,吸纳社会船舶加入木船联合运输社,受苏北船务局南通办事处领导。1953年,全县有货运船只620艘,从事水上货运人员3893人。1956年年初,外地民船大多回原籍参加合作社,县内民船分如城、佘桥、白蒲、丁堰、二案和营防港口6个点进行社会主义改造,全县608艘民船有329艘申请加入合作社,自动要求转为农用或捕鱼的279艘。1957年,全县水上货运量13.2万吨,周转量1366.69万吨千米。1965年,全县水上货运量为35.39万吨,货运周转量2584.98万吨千米。1972年,县航运公司成立,石庄、白蒲、搬经、二案、张黄港分别成立航运站。各公社相继组建运输站。1974年,全县水上货运量52.7万吨,周转量5865.7万吨千米。1979年,全县水上货运量73.4万吨,周转量10945万吨千米。1985年,全县水上货运量94.11万吨,周转量21686.3万吨千米。

20世纪80年代,城乡个体、联户经营货物运输船舶增加。1990年,全县拥有机器动力货船2089艘,载重量4.78万吨位,功率1.98万千瓦,其中私营1469艘、2.97万吨、1.25万千瓦。年货运量85.17万吨,周转量20158万吨千米。1991年,市交通实业总公司开发近海运输业务。1994年5月,南通海运有限公司成立,企业内部集资555万元,从浙江购进一艘2510载重吨的“展望号”海轮。1995年11月4日,该轮从天津塘沽港装运2400吨钢材去福州,11月7日中午航行至上海吴淞口附近海面，突遇10级大风袭击沉没。

2010年9月，长江干线船型标准化正式付诸实施，如皋市被列入拆解改造的船舶有136艘，当年拆解报废船舶25艘。

五、空中客运

1987年2月，如皋军用机场改为军民两用，定名南通机场，开辟如皋（南通）至北京航线，使用安-24型客机，35客位，航程1.5小时。每周二、五2个航班。1988年5月，改用伊尔-18型客机，90客位，每周星期三1个航班。1990年9月后，改为每周一、四2个航班。是年，单程航班69航次，客运量3812人次，乘坐率61.4%。1993—1994年，航班一度停飞。1994年7月，复航，每周二、五2个航班，仍由如皋（南通）飞北京，飞机型号恢复为安—24型。1995年，航行96架次，载客3052人次，乘机率90.8%。1999年4月1日，再次停航。

六、货物联运

1949年前，县内一度有私营货物联运，并代理纳税，称报关行。中华人民共和国成立初，货物需多方式运输，采取分不同方式找承运企业的办法运输。

1980年5月，如皋汽车站开始办理公路、铁路联运业务。1984年8月28日，开始办理公路集装箱联运业务，并相继办理公路、铁路，公路、铁路、水路集装箱联运业务。20世纪90年代后期，现代物流业起步。

2003—2007年，市政府在沿江地区共投资70多亿元，用于现代物流等基础设施建设。东方石化、阳鸿石化、焯晟储运（石化）和来福船舶配套、皋张汽渡、港务集团、昊天商贸物流中心等现代物流企业相继落户。如皋奔驰、九洲大件运输公司从事大件运输、安装一条龙服务，业务范围涉及20多个省（市）150多个城市。位于丁堰镇的江苏天储棉花物流公司，集现代贸易、配送、仓储等多种功能于一体，为苏北棉花物流枢纽。至2007年年底，全市经工商部门登记的物流企业有113家。

2008年，如皋港现代物流基地通过省级专家评审，成为省第三批重点物流基地。又来沙石化产品仓储中转基地、如皋港务集团有限公司散杂货基地、熔盛重工集团舾装码头、江苏沙钢集团如皋冶金物流加工配送中心基本建成。2009年，全市现代物流业实现营业收入5.5亿元，社会物流总量3500万吨。全市营业收入100万元以上的物流企业25家，其中亿元企业3家。

2010年，如皋港区建有内港池3座，10万吨级以上码头2座，万吨级以上码头18座，具备年1亿吨货物的吞吐能力。如皋港国家一类口岸正式对外开放，如皋海关、边检、出入境检验检疫等联检部门相继设立运行，保税仓库、监管仓库、现代物流外包服务中心等功能配套项目陆续建成，外贸集装箱航线开通。

七、主要运输企业

如皋航运公司 1950年创立，初为如皋木船协会，后称如皋商用民船公会。1951年10月，改称如皋民信木船联合运输社，有船260艘。1956年4月，于丁家巷县木船合作社成立。1959年1月，县轮木船运输联社成立。是年12月，与如城搬运站合并为水陆运输公司，改称如城营业站。1963年，改称如皋轮船运输合作社。1972年，县运输公司成立。1976年8月，改称县航运公司。是年12月，如城木船社并入。1990年，共有职工762人，拥有机动拖轮20艘、驳船132艘，固定资产原值1166万元，净值910万元，年运输能力35.18万吨，周转量8837.10万吨千米，营业收入576.88万元，上缴利税19.10万元。2004年，破产终结。

如皋市第二航运公司 1950年10月创立。初为白蒲木船协会（接洽处）。1956年4月，白蒲木船运输合作社成立。1959年，改称白蒲营业站。1979年，改称白蒲航运站。1985年10月，改称白蒲航运公司，位于白蒲镇西郊。1990年，有职工302人，驳船47艘、拖轮5艘、挂桨机船4艘，运输船队4个；能自造100吨钢驳船和20米长拖轮；固定资产原值308.16万元，净值208.55万元；年运输量12.58万吨，周转量3692万吨千米，营业收入256.17万元，上缴利税8.46万元。2001年8月，改称如皋市第二航运公司。2004年，进入破产程序。2005年6月，破产终结。

如皋市第五航运公司 1951年创立。初为头案港木船协会。1952年1月，改为头案大江木船联合运输社。1953年3月，改称南通木帆船联合运输社头案港分社。1956年4月，改称二案木船运输社。1959年县水陆运输公司成立后，改称长江工作组。1961年起，先后改称二案运输营业站、二案木船运输社、长江航运站、张黄港航运站。1965年5月，改称张黄港航运公司。1990年，有职工267人，拖轮4艘、客轮2艘、客渡2艘、货驳船46艘；年客运量12.64万人次，周转量472.65万人千米，货运量8.96万吨，周转量1777.46万吨千米；固定资产原值268万元，净值175万元，营业收入148万元。2001年，改称如皋市第五航运公司。2001年9月10日，改革转制结束。

如皋市第三航运公司 1955年创立。初为搬经木船运输合作社。1978年8月，改为搬经航运站。1985年10月，改称如皋搬经航运公司，位于焦港搬经大桥南侧。1990年，有职工285人，固定资产原值266.8万元，净值198.08万元，年货运量10.07万吨，周转量2934.08万吨千米，营业收入161万元，上缴利税5.14万元。2001年8月，改称如皋市第三航运公司。2001年10月10日，改革转制结束。

如皋市第四航运公司 1961年创立。初为石庄运输合作社。1979年，改为石庄航运站。1985年10月，改称如皋县石庄航运公司，位于石庄镇西园。1990年，有职工291人，拖轮4艘、机动船8艘、驳船43艘，总吨位3922吨，固定资产原值356万元，净值270万元，年运输量9.08万吨，周转量3017万吨千米，年营业收入232万元。2001年8月，改称如皋市第四航运公司。2001年12月31日，改制结束。

南通九洲大件起重运输有限公司 1986年创立，位于桃园镇工业园区。为运输型物流民营企业，主营大型设备起重、安装服务，汽车货物运输，起重设备租赁，货运代理，铁路运输、海运、内河水运联运等业务。至2010年，通过GB/T19001-2000IDT、ISO9001:2000标准质量管理体系认证，具有国家道路货物运输四级资质、大件运输四级资质及电力大件运输总承包乙级资质。拥有承运单件重量800吨以内各载重吨级的大件运输平板车组。先后承运南通友邦变压器有限公司、上海变压器厂等10多家企业生产的大、中型变压器1000余台及气泡定子。

如皋奔驰运输有限公司 1995年，由一家小型运输公司转制，重新组建，位于如城镇许庄村。主要从事大型设备起重、安装服务，货运代理，铁路运输、海运、内河水运联运等业务。至2010年，通过ISO9001:2000质量体系认证，拥有中国电力企业联合会颁发的总承包乙级资质证书、江苏省交通厅颁发的大件运输四级资质证书。先后为上海阿珐变压器有限公司、常州东芝变压器有限公司等20多家变压器生产厂家运输110千伏、220千伏、500千伏系列变压器1200余台(套)。

第五节 交通运输管理

一、路政管理

民国10年(1921年)，通榆公路如皋县路工处成立，负责境内公路、桥梁管理，汽车捐征收，清除路障等事宜。民国18年，县建设局下设公路处。中华人民共和国成立初，由县政府建设科管理路政。1956年7月，如皋县公路管理站成立。1958年始，全县公路设置简易公路标志。1960年，境内省级公路设置反光路标。1963年，境内公路全部改用钢筋混凝土浇制的里程碑，后经常更新。1975年，根据交通部《公路养护管理暂行规定》，按“以路养路”“专款专用”的原则，由公路管理站负责征收收取养路费。

1976年，磨头道班设路政管理员。1979年，县公路管理站设立路政组，配专职路政管理员3人，各道班配兼职路政管理员1人。1980年起，刷新标志牌，埋设红白桩420根。1984年5月，县交通局发文明确公路用地宽度，集中人力、物力恢复公路用地，理顺排水设施，标明公路界桩。是年起，县公路管理部门常年进行清除公路建筑区内违章建筑物、种植物、路障，取缔马路市场、摊点等环境整治活动。

《中华人民共和国公路管理条例》《中华人民共和国公路管理条例实施细则》《公路路政管理规定》实施后，县公路管理部门依法查处违章利用、侵占、污染、毁坏路产的行为，加强公路两侧建筑红线的控制，审批、处置各种占、越公路的其他设施、建筑事宜，维护公路、渡口和公路养护施工作业的正常秩序。1990年，县公路管理站在全县建

2001—2010年如皋市公路环境整治情况统计表

表4-14

年度	清除公路违章建筑		清除公路用地内堆积物（立方米）	清除公路用地内种植物（平方米）	拆除非交通标志（只）	取缔马路市场、摊点（处）	清除违法道口（处）	查处超限车辆（辆）	查处各类损害路产路权案（件）	
	数量（处）	建筑面积（平方米）							数量（件）	结案率（%）
2001	43	2693	65000	100000	—	—	—	—	845	96.70
2002	48	2063	150000	—	689	1233	657	96	257	100
2003	736	64000	120000	190000	1623	1563	—	612	—	—
2004	328	棚屋443间	—	180000	489	462	—	173	—	—
2005	25	727	1980	—	1166	1713	—	47	3291	100
2006	15	399	3940	—	816	1150	—	11	1969	100
2007	25	1659	3172	—	1295	2618	17	232	—	—
2008	—	1355	19824	19900	503	2698	28	139	2358	100
2009	—	—	5820	—	852	1858	—	234	—	—
2010	—	—	7586	—	953	1563	—	182	—	—

有15个养护道班，管养公路总里程367.95千米，平均好路率93%。1991年，全市遭遇特大洪涝灾害，路政管理部门及时完成204国道大修4.66千米，抢修水毁公路2.7千米。1990年，开始持续开展创优级公路、创全优道班、创文明工区活动。

进入21世纪，全市持续大力开展公路环境整治活动。2001年，市公路站被江苏省交通厅命名为文明公路站，丁堰工区主任冒云琪被评为交通部劳动模范。是年，境内204国道创建交通部文明样板路活动启动。2002年12月25日，204国道如皋段通过交通部“文明样板路”专家组验收。12月31日，公路管理与公路养护事企分离改制到位。2003年，市政府成立公路环境综合整治领导小组，出台《如皋市公路环境长效管理考核细则》，先后4次召开全市路政管理会议，各镇政府组织大规模公路环境综合整治，共拆除公路建筑区内违章建筑736处、6.4万平方米，取缔或迁移马路市场120个，清除公路用地各类堆积物12万立方米，铲除公路拾边种植19万平方米，拆除非交通标志牌1623块，补栽路树9.5万株，增加公路卫生设施30件。此后，每年除正常性路政管理之外，均组织数次集中整治行动。

图4-19 创建“平安畅通县区”动员大会会场 （2007年摄）

2010年，全市累计清除路面障碍物7586立方米、公路摊点1563个、非交通标志953只，查处超限运输车辆182辆。204国道新线建成省级文明样板路，如江线和大长线2条县道建成南通市文明样板路。

二、公路养护

1949年前，全县公路较少，无专门养护队伍，养路工人仅有1把铁锹、1把竹扫帚、1只畚箕、1对浆桶，在公路上来回填补。1949年年初，全县公路由民兵负责担任义务护路员，分段抢修养护。1950年，每条公路派1—2名道工，每千米设义务养护员1人。1955年，全县养护人员增至31人，养护地段向西延至靖江县界。

1956年7月，如皋公路管理站建立。是年，全县养护人员增至100余人，其中建勤民工70余人。1958年，县公路管理站改称如皋养路工区，通榆、江平、如新、如黄公路沿线的公社建立义务养护组。至1959年，养护工具先后改用羽毛扫砂车、三轮扫砂机、拉毛器、打浆器，共增添公路养护机16种130件。1961年，公路养护组划归县交通局工程股，下设如皋、杨庄、张黄、薛窑、搬经等道班。1962年，县公路管理站恢复，负责公路干、支线养护。是年，开始采用推砂耙、自卸手推车、土制洒水车、夹底洒水车桶等养护工具。1965年，全县养路工区共7个道班。1973年，开始改用拖拉机匀砂、铺砂、洒水。1976年，全县有固定养护工38人，负责通榆、江平、如新、如泰、丁堀、丁磨、高葛、江边等线路189.4千米的养护任务。1977年，开始使用手拖压路机。

1979年，县公路管理站改称南通地区养路段如皋工区。1980年，如皋工区改称如皋公路管理站，全县养路工增至192人。1990年，如皋公路管理站下设17个专业道班，其中，如城、丁堰、薛窑、杨庄、磨头、搬经为重点道班。如皋公路管理站有汽车13辆，中型拖拉机、手扶拖拉机、四轮工程车19辆，压路机8台，拖轮、水泥驳船9艘，喷油车、洒水车12台，装载机2台、沥青摊铺机1台、沥青路面洗削机1台、移动式沥青混凝土拌和机2台，组装式沥青乳化机组1组，发电机组2套。

1991年，如皋公路管理站共设204国道、丁堰、杨庄、磨头等5个工区。1995年3月，南通市路桥公司如皋公司成立，1996年6月撤销。1997年，全市406千米公路划分为72个自由段和5个路面标，全面推行养护招投标。2001年3月，如皋市路政大队成立，与县公路管理站合署办公。2002年12月15日，204国道如皋段通过交通部“文明样板路”专题组验收。2003年，204国道、丁堰、杨庄、磨头等5个养护工区和丁堰拌和场整体划转南通通宁公路养护工程有限公司，如皋公路管理站不再履行公路养护职责。2010年，以点带面推进集镇段公路综合整治，采取“清、拆、挡、绿、净”方式，实现204国道九华镇区段净化、绿化、美化、亮化，树立南通地区集镇段综合整治样板。2010年，全市公路养护机械设备主要有压路机、工具车、农用车、自卸王等养护作业车辆8辆，装载机、强制式拌和机、发电机组、空气压缩机、跳夯、砼清缝机、动力站、空压机、沥青灌缝机、割草机、油锯、吹风机、平地机等计18台(套)。

图4-20　养护职工在维修公路　　(2009年摄)

三、航道养护

民国23年(1934年)11月，国民政府如皋县政府组织筑坝戽水，动工疏浚如靖界河，次年全线告竣。民国35年，疏浚龙游河。

1951年，县政府组织疏浚龙游河。1956年春，疏浚焦港和司马港。1958年，小溪河土坝切除通航，如城至搬经航程缩短了83%。1960年，如皋航道站在头案港设立台风信号杆和夜行标识。在张黄港设立台风信号杆，组织打捞沉石56吨，铲除桥桩1247根，打捞塌树725根，清除暗坝和淤浅土方3021立方米。1962年8月，对龙游河、小溪河进行水道普查，查找出碍航线段11处，在白蒲段打捞沉石30吨，在磨头设危险标1座。是年，县政府组织民工完成小溪河、龙游河河道17处浅段疏浚工程，动土3695.5立方米，解除小溪河17千米不能通航必须绕道60千米经北焦港至搬经的问题，缩短了航程71.6%。1963年，如皋航道站组织打捞沉石43吨，拔除暗桩60多支，清除浅段7处，挖掘土方8000立方米。1964年，完成航道疏浚，清障打捞，纤道维修等中、小型工程13项，动土11.52万立方米，其中龙游河疏浚工程动土11.07万立方米。1965年，疏浚通扬运河油坊头至丁堰段,全长27.35千米,动土25988立方米。清除浅段、埂坝41处,扫床清障中打捞沉石、砖块48.5立方米,拔除暗桩182根,全面普查航道87千米,初步摸清航道两岸和上空、水面、水下等碍航情况,修理港口内河航标3处。1973年,焦港全线疏浚。

1979年,通扬运河丁北经如城段至十里墩疏浚,长12.95千米。1984年12月,通扬运河林梓至丁北段疏浚。1987年,如皋航道站组织实施航道块石护岸工程。1994年,通扬运河如城航道站至外城河口640米疏浚。1996年,通扬运河如城北门大桥至棉麻公司仓库段1000米疏浚。1998年,通扬运河林梓段1000米疏浚。1999年,通扬运河林梓段1000米疏浚。1973—2001年,全市(县)共完成航道疏浚土方89.16万立方米,扫床清障10120.5千米,打捞沉船198艘,打捞沉石2649吨,拔除暗桩76根,拆除违桥6座。

2002年起,航道养护工程实行社会化,公开投标,航道管理部门负责管理、监督。清障打捞的职能转由地方海事部门承担。

1987—2010年如皋市(县)航道块石护岸情况统计表

表4-15

序号	施工年度	航 段	完成长度(米)	备 注
1	1987	通扬运河蒲西段	1000	被省航道局验收为优良工程
2	1988	通扬运河蒲西段	1000	被省航道局验收为优良工程
3	1989	通扬运河蒲西段	1000	被省航道局验收为优良工程
4	1992	通扬运河如城棉麻公司段	1000	被省航道局验收为优良工程
5	1993	通扬运河白蒲镇段	1000	被省航道局验收为优良工程
6	1994	通扬运河白蒲南段	1000	被省航道局验收为优良工程
7	1994	通扬运河运河段	600	被省航道局验收为优良工程
8	1996	通扬运河如城北门大桥段	1000	被省航道局验收为优良工程
9	1998	通扬运河林梓段	1000	被省航道局验收为优良工程
10	1999	通扬运河林梓段	1000	被省航道局验收为优良工程
11	2006	通扬线如城老通扬河口以西左岸	220	如皋经济开发区实施
12	2006	老通扬河庆余桥至如泰运河右岸	200	如皋经济开发区实施
13	2007	提水引河长江水利站段左岸	350	长江镇水利站实施
14	2008	如泰运河如城何堡社区段右岸	30	如皋水建公司实施
15	2008	老通扬河如城庆余桥北侧右岸	273	上海西部企业(集团)公司实施
16	2008	老通扬河如城庆余桥南侧右岸	300	如皋经济开发区实施
17	2009	如泰运河老东陈大桥西侧段左右岸	900	东陈镇政府实施
18	2010	如泰运河老东陈大桥至东风河段左右岸	404	东陈镇政府实施
19	2010	如泰运河如城段十里村段右岸	40	如皋市诚信钢模出租站实施

第三章 邮电

第一节 邮政

一、机构沿革

唐代起，境内设立官方驿铺，传递公文。明洪武七年（1374年），全县有递铺11所，如皋城设县前铺（总铺）。清光绪九年（1883年），民信局设立。清光绪二十年，大清邮政官局开办，民信局归邮官局统辖。清光绪二十八年农历十月，镇江邮区如皋邮政分局于如皋城设立，各中小集镇陆续设代办所、信柜。清光绪三十年，如皋邮政分局移址如皋城吕祖殿。民国9年（1920年），如皋邮政分局定为二等乙级局，下辖岔河、柴湾、角斜、李堡、栟茶、石庄、丁堰等代办所。民国17年，县邮政分局升为二等甲级局。民国21年，县电报局并入县邮政分局，迁国民政府如皋县政府南首。民国27年春，日本侵略军侵占如皋，全县邮政人员撤离，业务停办。8月，日伪设如皋县邮政局。

民国30年3月，县抗日民主政府于卢港区建立交通站，隶属中共如西县委组织部和苏中交通三分站负担通信联络。5月，石庄、车马湖两个中心站和卢港、江安、度军井（磨头）、珊瑚、马塘、薛窑、蒲西、江防8个区交通站相继建立。民国31年秋，如西县交通站改为如西县交通支站，驻度军井区。民国34年9月，新四军收复如皋城，县交通站改称如皋县政府交通局，亦称县委交通科。设于如城尔雅巷口的伪如皋县邮政局及丁堰、石庄两个四等局由苏皖边区政府邮管局接管。民国35年7月，国民政府军队重占如皋城，设如皋“中华邮政”。苏皖边区政府邮管局撤离如皋。县交通局撤至西郊地区，下设交通班和车马湖、度军井、江安3个中心站及卢港、石庄、柴湾、城西、江防、马塘、白蒲、薛窑8个区站，各区站设站长、收发员各1人，交通员3—5人，担负战时中共通信联络。

民国38年1月，县交通局奉命接管如皋“中华邮政”，成立如皋县邮政局，隶属华中第三邮电管理局，下设石庄、下驾原2个四等局。1951年7月1日，县邮政局、电信局合并，成立如皋县邮电局，隶属江苏省邮电管理局。1958年，全县共设公社邮电所46个，农村代办所454个，均为集体性质。1959年1月，邮电部如皋县邮电局改称如皋县邮电局，属省邮电管理局和县人委双重领导。1961年年初，各公社邮电所和重新建立的44个农村代办所全部划归县邮电局，改为国营邮电所。1962年6月，全县国营邮电所调整为17个，其余均撤销，代办所全部下放公社管理，恢复集体性质。1963年1月，县邮电局更名江苏省如皋县邮电局，属省邮电管理局和县人委双重领导。1965年10月，县邮电局迁至跃进路35号。1967年7月，县军管会对邮电局实行军管。1968年4月，如皋县邮电局革命委员会成立。1969年12月，县邮电局分设为县邮政局和县电信局。1973年11月，县邮政局、电信局合并为如皋县邮电局。

1998年9月8日，市邮电局再次分为市邮政局和市电信局。市邮政局下设7个科室和邮政速递公司、广告公司、发行集邮公司等。全市设有10个邮政支局，48个邮政所。

2010年，市邮政局员工506人，位于如城镇中山路、海阳路口。下设14个邮政中心支局、38个支局。营业额1.04亿元，名列江苏省邮政系统县级局第四位，苏中、苏北第一位。

二、邮路

唐代，全县以驿铺传递公文，驿铺有马2匹，马夫1人。明洪武七年（1374年），县境内有递铺（驿铺）11个。县前铺为总铺，北十里铺（邱宗庄铺）、二十里铺（孙公铺）、三十里铺（葛溪铺）负责北递泰州；东十里铺、东陈铺、蒋婆铺、丁堰铺、刘师铺、林梓铺、白蒲铺负责东南递通州（南通）。清乾隆五十一年（1786年），县内设有5个腰站（临时驿站），专职传递军机文报。清咸丰三年（1853年）春，太平军攻克芜湖，清廷于丁堰、白蒲、如皋城北门外、立发桥等处增设腰站，接送军务文报，清同治三年（1864年）裁撤。清光绪二十一年（1895年），如皋城设福兴闰、汤聚圣民信局，传递民间信件物品。清光绪二十八年，如皋邮政分局设于如皋城东大街秀女巷口城隍庙，各中小集镇设邮政代办所。清宣统元年（1909年），如皋邮政分局被列为邮轮通达局，进出口邮件经如皋城由内河快船运送。清宣统二年，如皋邮政分局和张黄港、白蒲邮政代办所被列为汽车通运局（所），邮政汽车经这些局（所）收递邮件，邮件传递速度加快。清代，除官办民信局等外，尚有专为人捎信、捎物的“信车”，主要为镇江、扬州在如皋驻商、务工的人捎带信件和小件物品。民国中后期，“信车”逐渐消失。民国15年（1926年）10月，如皋邮政分局与通如长途汽车公司商定，如皋至通州（南通）沿线各邮政代办所的信函、明信片等轻型邮件，均交客车运送。

民国27年春，日本侵略军侵占如皋，邮路中断。民国29年7月，中共江北特委在卢港和马塘之间建立地下交通线。民国31年2—6月，如西县境内先后建立6个区交通站，与如西县交通站之间形成交通线。至民国33年底，全县交通站增加至10个区。民国34年10月，“双十协定”签订后，国共通邮。如皋县邮政局为苏皖边区中心转口局之一，负责与国民政府统治区交换邮件，利用民间快船带运至白蒲交接。民国37年8月，白蒲与南通逐日班小轮邮路开办。如皋与南通汽车班邮路开通，每日对开两次。1949年末，域间南通经如皋延至海安干线邮路，以班船邮运。境内邮路总长度299千米，其中如皋城邮路2千米，乡村邮路297千米。如皋城邮路分为东南段和西北段。乡村邮路有干线邮路2条：如皋—下驾原—平潮、如皋—石庄；支线邮路9条：下驾原—蒲西、下驾原—薛窑、下驾原—车马湖、石庄—江安、石庄—江防、石庄区内、如皋—卢港、磨头区内、马塘区内。1951年，南通—如皋—海安—泰州干线邮路的邮件，晴天以汽车带运，雨天则以汽船、快船带运。1953年，境内邮路调整为18条，计33个投递段。1963年，全县有邮路83条，总长度5644千米。1966年，全县共设委办汽车干线邮路4条，农村投递邮路94条。1974年，境内有干线邮路3条，分别为如城与磨头、老户庄、吴窑、郭园、小马桥、二案、石庄、张黄、江安、胜利、吴庄等11个交接点，计154千米；如城与城西、加力、搬经3个交换点，计42千米；如城与东陈，计10千米。农村投递邮路128条、5347千米。

1992年，全市共有邮路136条、7563千米，其中农村投递邮路131条、7199千米。1993年3月，如皋邮电局开通如皋与南通特快专递邮路。是年5月20日，邮电部批准如皋邮电局为特快专递收寄局，如皋与南通特快专递委办邮路改为如皋自办邮路。

2010年，全市有自办汽车干线邮路6条、634千米，投递邮路145条，其中农村投递邮路137条。

三、投递

城区投递 民国34年（1945年）9月前，信函等由县邮政局直接投递到户。10月，分东、西两个步班，兼投城西乡邮件，每天上、下午各1班。1949年起，分为东南和西北2个步班投递段。1954年，改为自行车投递。1957年，分西、北、东南3个投递段。1990年，划分10个投递段，投递员增加至20人。至2005年，新民、城西、邓园、皋南镇（乡）先后划入如城，城区设有23个投递段、33名投递员。2008年11月，城中支局设立，城区投递开始使用电瓶车作交通工具。

农村投递 抗日战争和解放战争时期，县交通站（科）的每个交通员以一块约1.78平方米的方布，包捆信件报刊，揹在肩上或束在腰间步行。1949年，全县有9条乡村邮路297千米，均为步班投送，邮运以肩挑、背揹为主。1953年，乡村步班投递减为2条线路、48千米，自行车投递增至11条线路、954千米。是年，如皋至磨头、吴窑、石庄、二案等处邮件运送改由汽车带运。1954年，农村投递全部改为自行车班。1963年，投递方式由“亲投”（投递员投送）与“转投”（委托邮局以外力量投递）各半改为全部亲投，投递一般邮件至生产队，给据邮件亲投到户。1974年，如城至南部各交接点干线邮路以自办汽车邮运，如城至搬经各交接点干线以自办摩托车邮运，如城至东陈干线以自办自行车邮运。1976年，农村投递开始使用摩托车。1981年，全县有摩托化邮路34条、3115千米。农村信件报纸逐日到户率30%，给据邮件全部亲投到户。1995年1月1日，市内自办汽车邮路开通。

1998年起，市邮政局倡导全局137名乡邮员，每人在投递邮路上帮扶一位孤寡老人，得到全体乡邮员的响应。至2010年，137名乡邮员10多年

图4-21　邮政投递队伍　　（2006年摄）

如一日，在7000多千米乡村邮路上，完成邮政投递任务的同时，用真情真爱帮扶260多位孤寡老人，并先后帮助1200多户农民解决困难，被誉为“爱心邮路”。2010年，全市邮政投递全部实现摩托化。报纸、信函及小型邮包当日送达率80%以上。

四、邮政设施

唐至清代，驿铺设马夫住所和马圈。清光绪二十八年（1902年），如皋邮政分局除房屋外，只有木杆秤、布质信插、邮戳等。民国38年（1949年）1月，如皋“中华邮政”移交时，邮政设备仅有天平秤、包裹秤、保险箱各一台（只），自行车2辆及其他零星邮政用品，房屋为租用民房。1951年，县邮电局有天平秤4台，分拣柜2张，邮袋136条，保险柜3只，杆秤30根，自行车4辆，手推独轮车1辆。1953年，县邮电局增加1辆胶轮手推车，供往返车站接送邮件用。1958年，全县邮政单位有邮政用自行车30辆，信箱信筒169个。1962年，有信函磅秤14台，包裹磅秤4台，落地磅秤1台，保险箱13只，分拣柜13张。1974年，县邮电局购置“鸿雁”牌机器助力车12辆，邮运汽车1辆。1975年，增购邮运汽车1辆。此后，相继添置邮运汽车、三轮摩托车，机器助力车、自行车、邮件升降机、邮件传送机、包裹收寄机等。2008年1月，购置106辆统一制式新大洲125型摩托车投入农村邮路。至2010年，市邮政局有邮政用房48808平方米，邮运汽车19辆，摩托车130辆，电动自行车14辆，所有邮政业务全部运用电脑办理。

五、邮政业务

函件　清光绪二十八年（1902年），如皋邮政分局始办各种函件收递业务。民国元年（1912年），始办收寄商务传单和保险信函业务。民国25年5月，始办国际快递邮件业务。民国37年，如皋“中华邮政”每天进出函件约290件，全年约10.6万件。

民国38年5月，县邮政局开办保价信函和平快业务。7月，开始办理快信快递双挂号、商务传单、盲人读物、零寄整汇等业务。1950年8月，县邮政局及各代办所开始收寄国内航空信件。是年，全县收寄函件11.84万件。1951年4月，开始办理装现钞保价信函业务。1953年1月，取消国内快递函件业务。1957年4月，开始办理机要通信业务，党政军机关及社会团体、企事业单位的秘密函件交邮局寄递，贴用普通邮票，以机要邮戳盖销。1960年10月，开始办理“特种挂号信函”和“邮资总付”业务。1967年3月，执行邮寄“革命串连信件”减半收费的规定，1969年5月取消。1977年5月起，国际邮件中的盲人读物作平函交寄的免费收寄。1987年，开始办理国际特快业务。2010年，全市信函件业务量782.28万件。

包件　清光绪二十八年（1902年），如皋邮政分局办理包裹业务。此后，邮政机构一直办理。1950年，开始办理个人小包收寄，增辟快递小包和保价包裹业务。是年，县邮政局收寄包件1396件。1952年，全县收寄包件6498件。1958年1月28日，开始执行禁止收寄粮、棉、生猪白肉、烤烟、棉纱、废金属、皮张、中药等物资的规定。1962年，开始办理港澳和国际小包邮件，向港澳和国际小包邮件收件人收取小包特别处理费。1967年3月，开始执行有关“文化大革命”印刷品减半收费，邮寄毛泽东著作和毛主席像章等可免费作

挂号交寄的规定,1969年5月取消。1980年,扩大包件收寄范围,除国家明令禁止的包裹外,收寄物品种类不作特别限制。2010年,全市包件收寄业务量2.6万件。

汇兑 1902年(清光绪二十八年),如皋邮政分局始办汇兑业务。汇费为5%。1949年起,增开电报汇票和定额汇票业务。1950年,全县开出汇票3764张。是年起,根据邮电部规定,汇费调整为1%,最低汇费为1角。1953年1月1日,停办高额汇票业务,每笔汇款以300元为限。1980年起,每笔汇款限额调整为500元,并开始办理汇票候领业务,保管候领期为2个月。1981年6月,普通汇票汇款限额调整为每笔最多5000元。1985年,县邮电局增设汇检班,履行汇款稽核把关职能。1988年起,开办邮政快件汇款业务。

报刊发行 抗日战争时期,如西县交通支站设发行股,区交通站设发行员,全县形成区域报刊发行网,发行的主要报刊有《苏中报》《江潮报》《江海报》等10余种。解放战争时期,如皋县交通局设报刊发行股,区、乡设发行站。全县各级交通站除发行报刊外,还组织群众开展读报、用报活动。民国37年(1948年)4月,全县发行报刊1634份,组织读报小组181个。1950年2月,邮政部门始发行《人民日报》。1951年起,各级党报党刊发行陆续交邮电局办理。是年,全县发行报纸4987份,杂志4337份。1958年,全县发行报纸783.57万份,发行杂志27.75万份。1992年,全市除邮电局征订投送报刊外,设报刊门市部1个,报刊零售亭1个,共征订、投送(销售)报纸1828.77万份,杂志114.62万份。1995年,全市报刊门市部增至12个,共征订、投送(销售)报纸2691.54万份,杂志152.29万份。1997年,全市报刊门市部增至14个,邮票、报刊代售点增至52处。2002年,全市报刊发行流转额1420万元。至是年,全市(县)《半月谈》杂志征订发行连续15年超过1万份,居全国县(市)第一。2005年,全市报刊门市部增至30个,2006年,报刊发行流转额1502万元。2010年,报刊发行流转额2471万元。

集邮 民国9年(1920年)前后,如皋邮政分局始办集邮业务。1966年9月,县邮电局停办集邮业务。1978年后,集邮业务恢复。1981年10月,集邮爱好者发起成立东皋集邮协会,有会员360人。后更名为如皋县集邮协会。1982年,县邮电局设立集邮门市部。门市部出售纪念邮票、特种邮票、小型张、首日封、小本票、编号票、明信片、邮资封、邮资片、贺年卡、护邮袋、集邮册、纪念币及集邮专用工具等。集邮用邮票由县邮电局向江苏省邮票公司预订,集邮者预约登记、凭卡限量供应。是年,全县有预订集邮户500户。1987年,全县预约集邮户增至1400多户。1990年,全县设集邮点10个,出售邮品17万枚,业务收入7.6万元。1992年11月,如皋市邮票公司成立,主要经营纪念邮票、特种邮票、集邮邮品、集邮用品。2010年,市邮政局集邮业务收入319.92万元。

特快专递 1992年,如皋市邮电局始办理特快专递业务,当年办理851件。1993年,开通如皋与南通、海安特快专递邮路,如皋与南通邮路每日1班,晚17点发车,次日上午返程;海安与如皋邮路,每日两班,上、下午各1班。是年5月,邮电部批准如皋邮电局为特快专递收寄局,原如皋与南通特快专递委办邮路改为自办邮路,全市特快专递业务迅速发展。1994年,收递特快专递11.5万件。

2000年,始有邮政系统以外的速递公司从事特快专递业务。2009年,中国邮政速递物流股份有限公司创立,位于如城中山西路163号。2010年,市邮政局代理速递物流业务实现收入103.10万元。除邮政系统外,全市有申通、顺丰、圆通、中通、韵达、天天、汇通、速尔8家快递服务有限公司,各快递公司在全市城乡设有20—30个门店,平均每天收寄6000—8000单,派送一万单以上。

第二节 电信

一、机构沿革

清光绪二十年(1894年)1月13日,如皋县始设电报支局,位于如皋城北门外。清光绪三十年,如皋电报局由北门外移至吕祖殿。清光绪三十三年,迁至东门双券门(部家巷北段)。民国6年(1917年)3月,如皋电报局定为三等电话局。民国17年,如皋城设立商营电话交换所。民国23

年,如皋县长途电话交换所设立,管辖如皋、泰兴、通州等县。民国25年,江苏省长途电话线路及电话交换所划分为4个区,第三区管理机构驻如皋,管辖9个县的长话交换分所。民国35年10月,国民政府重建如皋电报局、电话局。1949年,如皋电信局成立。1951年7月1日,县邮政局、电信局合并,成立邮电部如皋县邮电局,隶属江苏省邮电管理局。1958年,全县邮电局所猛增至505处。1962年,全县邮电机构精简,仅保留17处。1969年12月,如皋县邮电局分设为县邮政局和县电信局。1973年11月,县邮政局、电信局再次合并为江苏省如皋县邮电局。

1998年1月18日,中国联合通信有限公司南通分公司在如皋市设立营业厅。9月8日,市邮电局拆分为市电信局、江苏省移动通信有限责任公司如皋分公司(简称如皋移动公司)和市邮政局。

中国电信股份有限公司如皋分公司(如皋市电信局) 1949年,如皋电信局成立。1951年7月1日,县电信局与县邮政局合并,成立县邮电局。1969年12月,县电信局从县邮电局析出。1973年11月,县电信局再次与县邮政局合并为县邮电局。1998年9月8日,邮政电信分营,市邮电局析建为市电信局、如皋移动公司和市邮政局。2003年5月,市电信局增挂江苏省电信有限公司如皋市分公司牌子。2008年2月,江苏省电信有限公司如皋市分公司改称中国电信股份有限公司如皋分公司(简称如皋电信公司)。主要经营项目为基础电信业务和增值电信业务。2010年,如皋电信局(公司)内设5个部,下设20个农村支局、1个如城支局。主营业场所位于如城益寿路与福寿路交叉处电信大厦。

中国移动江苏公司如皋分公司 1998年9月8日邮政电信分营时设立。初期,在如城海阳北路租用房屋开办业务,主要承担全球通数字移动电话、IP电话、国际互联网接入、企业综合通信方案解决等。2005年5月,在如城宁海路489号新建公司办公大楼。2010年,下设19个支局,有400家各类营业厅、代理点,建有基站2G/3G 600多座,用户65万多户,完成运营收入4.6亿元。

中国联合网络通信有限公司如皋市分公司 1998年1月18日设立,初名中国联合通信有限公司南通分公司如皋营业厅,位于如城中山路211号。1999年5月18日,根据信息产业部文件要求,国信寻呼有限责任公司如皋分公司成建制划入。2000年9月27日,中国联合通信有限公司南通分公司如皋营业厅更名为中国联通有限公司如皋分公司(简称如皋联通公司)。2002年,联通寻呼有限公司如皋分公司亦划入。如皋联通公司承担中国联通在如皋地区的通信建设和业务发展,经营范围为移动通信、长途通信、数据通信及互联网业务等。2005年,公司综合大楼投入运行。2008年5月,如皋网通并入,合并后的新公司称中国联合网络通信有限公司如皋市分公司。2010年,如皋联通公司拥有联办厅76家、特约代理点135个、通信基站144座,用户总数14万户,实现业务收入8000万元。

二、电报

清光绪二十年(1894年)1月,如皋电报局实现与通州、扬州电报局互通电报,是为如皋有电报之始。此后,全县电报业务量逐渐增大。民国27年(1938年)3月19日,日本侵略军侵占如皋城,县电报局停业。民国35年10月,县电报局恢复。至20世纪90年代,电报仍为境内群众紧急长途通信的主要方式。1992年,全市电报业务总量58.62万份,为如皋电报业务量的最高峰年。此后,随着现代通信业务发展,电报业务量逐年减少。2000年,全市办理电报0.65万份。2001年起,电报业务数量更少,不再列入统计。

设备 清光绪二十年(1894年)1月,如皋电报局开办电报业务时,无电报专用设备,只有2部电话机用于话传电报。民国29年(1940年)9月前,如皋东乡设有15瓦无线电台1部(何时始设不详),主要用于南通、岔河等地国民政府军队间通信联络。1956年,县邮电局始用人工音响机与南通传送电报。1961年9月,配备15瓦无线电台1部,收发电报。1964年,江苏省邮电局拨15瓦无线短波收发信机和手摇马达各1部,作电报备用设备。1972年,县电信局机务人员自行设计并安装10门电报话传机1部,用于和农村支局(所)话传电报。1977年,县邮电局添置上海产BD55型电传打字机1部。是年9月,报房增设BC-112型真迹传真机1部,主要用于银行汇款电报。1979年,增设15瓦无线短波收发信机1部、手摇马达1部，购上海产BD55型电传打字机5部。1980年，县邮电局机务人员自行设计安装30门4座席电报话传机1部。1983年10月，县邮电局报房设604-4B型双机头自动发报机2部、BW-401型单机头发报机2部。1985年，始用晶体管半自动电报话传机，全县共有3台。1986年2月，添置自动转报机1部。是年，添置中文译码机2部，不再手工译报，以标准仿宋字体电文送达用户。1990年，全县有国产BD55型电传打字机25部、载波电报机9部、五单位自动发报机10部、插报机4部、汉字电传机4部、三类真迹传真机1部、光电子发报机2部、全电子电传打字机12部。1991年，开通64线电报分集机。是年底，电报直接进入全国自动转报网，实现电报通信自动化、电传化。

网路 清光绪二十年(1894年)，如皋电报局开始电报业务时，全县只有通州(南通)至扬州过境电报线路1条，通州北行之线经白蒲、林梓、丁堰、东陈至如皋城，再北接柴湾、立发桥，在海安境内与扬州东行之线相接。民国17年(1928年)县电话交换所建立后，电报线路向内外地延伸。1949年，全县开通话传电报电路4条，其中利用长话电话兼作话传报路的有如皋至南通、泰州2条。1951年，如皋划归南通地区管辖后，终止如皋与泰州的话传电报电路。县内话传电报电路有如城与石庄(渡江线路)、白蒲(利用如皋至南通长话电路)2条。1956年12月，专门开通县邮电局至如皋气象站的话传报路。1964年，架设县邮电局至如皋机场专线话传电报电路。1977年9月，县邮电局与南通市邮电局开通单路传真电报电路。1979年，全县电报电路有如皋至南通出口电路3条、如城至磨头机场1条。1986年2月，县电报电路直接接入南京自动传报中心。6月，增开如皋至南京自动转报电路1条，县邮电局有2条电报电路加入全国自动转报网，转收本地各类电报。1988年，全县10个邮电支局全部开通电传电报电路。1991年，全县有电报电路16条。此后，电报以无线为主，网路更多。

投递 清光绪二十年(1894年)，全县电报投递以县城区域为投递范围，步班投送，电报投递由报务人员兼任，1报1送。1951年起，县邮电局配备公用自行车1辆，用于电报投递，白天随到随送，夜班除紧急电报随到随送外，普通电报均在第二天早晨第一班送达。1972年起，县电信局报房设专职送报员1人，每天出6班，上午7点至晚上8点的电报全部送达。至1986年，城区专职电报投递员增至5人，并开始实行分段分区域投送。农村电报，集镇范围内由各邮电支局(所)营业人员兼投，随到随送；集镇区域外，交邮政投递班投送到户。对内容紧急，收报人又距邮电局较远的邮送电报，利用电话或广播通知，收报人及时领取。1988年起，对邮送电报内容比较紧急的，配备电报专送人员，专门送达。

三、固定电话

清光绪二十年(1894年)1月，如皋电报局使用电话机话传电报，为如皋有固定电话之始。民国9年(1920年)，县电报局在电报线路杆上附装电话线，兼办农村电话，是为如皋有农村固定电话之始。民国11年，张謇创办南通实业长途电话公司，经营南通、海门、如皋、崇明4县长途电话，是为如皋长途电话业务之始。此后，全县固定电话逐渐发展。民国24年，县商营电话交换所电话交换机为290门。是年底，国民政府如皋县政府开办乡镇电话，通话乡镇23个。民国27年3月19日，日本侵略军侵占如皋城，全县商营电话交换所和长话交换所均停业。民国34年9月，新四军收复如皋城，县抗日民主政府接管日伪机关电话总机时，全县市话用户有伪县政府、城防司令部、县党部和城区区公所4户。民国35年7月至1949年1月，国民政府军队占领如皋期间，民间无电话。至民国38年9月，县电信局有10门台式交换机1部，12门交换机1部，全县有市话用户18户。中华人民共和国成立后，致力恢复发展电话事业。1951—1954年，白蒲、石庄、丁堰等邮电支局相继开办长话业务。至1958年，如城至各公社电话线路全部架通。各公社至大队和所属单位的电话线路也基本完成架设，由各公社集体经营。1978年，全县有农话交换点61处，有农话用户427户、市话用户545户。改革开放后，固定电话通信事业快速发展。1990年，全县市话用户3095户、农话用户1128户，所有乡镇全部开办长话业务。1994年5月，丁西乡蜻蜓电话村举行开通典礼，全村252户，装电话机231部，成为苏北第二个、南通市第一个电话村。1999年,全市固定电话总数107073部。2000年,市电信局发展校园网电话、来电显示等业务,全年固定电话净增36625部,总数至14.35万户。全市有人值守公用电话净增278部,总数增至2457部;IC公用电话净增210部,总数增至306部;有来电显示电话12114部、校园网电话313部。2010年,全市固定电话用户360033户。

设备 清光绪二十年(1894年)固定电话开办初期,线路以外设备只有电话机,手摇发出信号,对方接听。民国17年(1928年),如城交换所建立,始有5门交换机1台。民国23年,电话交换所增加200门交换机1台。民国25年,电话交换所有290门磁石交换机1台,实用150门。民国38年9月,县电信局有10门台式交换机1台、12门交换机1台、巴依德交换机1台、磁石墙机2部,市话、农话、长话混用。1950年5月,增加20门磁石交换机1台。1951年7月,石庄邮电所始设10门交换机1台。次年,白蒲、丁堰邮电所安装10门磁石交换机。1953年,全县有420门市话交换机1台,1004门农话交换机54台。1958年,县邮电局增加30门共电式交换机1台,县城市话交换机由磁石交换机更换为C551人工复式共电交换机,总容量420门。1963年,全县市话交换机总容量400门,农话交换机16台860门。1978年,农村电话交换机总容量3090门。1979年、1982年,先后增加1000门准电子交换机1台、3路载波机7套用于基层邮电支局。1989年3月,引进日本富士通DM-1000型1920路数字微波中继设备。8月,开通微波电路。1991年4月,袁桥镇256门程控电话交换机割接开通,全县农村电话自动化实现零的突破。6月,引进瑞典8000门程控电话交换机,市话在南通市率先并入本地网,实现国际国内全自动直拨,固定电话直拨号码升至6位。1992年,新建18个农话自动化交换点,全市农话自动化交换点增至25个,自动化交换容量5850门。1993年,引进日本F-150程控交换设备1.3万门,先后在9个基层邮电支局开通。1995年,有16个邮电支局程控交换机到位,全市农村程控交换机容量突破8万门。全市实现交换程控化、长途传输数字化和农村通信基本数字化,固定电话直拨号码升至7位。1997年,全市交换机容量突破14万门,在南通地区率先开通所有乡镇程控交换,建成CMOC网。2003年,市电信局程控电话交换机容量为33万门,建成覆盖全市的SDH·2.5G传输通道。2004年,市电信局程控电话交换机扩容3.8万门,完成ADSL63个点的七扩及新建工程。2005年12月,全市固定电话直拨号码升至8位。2010年,全市电话交换机装机容量50万门。

网路 民国9年(1920年),县电报局在电报线杆上附装电话线,兼办农村电话。民国14年,建设立发至白蒲的第一条乡间电话线路,长40千米。民国16年2月,南通电报局开办通州至姜堰长途电话,线路途经白蒲、林梓、丁堰、东陈、如皋城。民国23年,国民政府江苏省政府建设厅投资架通如皋至泰州、靖江、东台3条苏北长途电话干线。民国24年12月,全县乡镇电话线路234千米,通达23个乡镇。民国27年,日本侵略军侵占如皋后,全县农村电话线路被毁,市话亦无专用杆线,均沿屋檐拉设被覆线。

民国38年3月,县政府兴建如城至石庄、张黄接西来、靖江单线渡江线路。9月,县电信局开通如皋至南通、海安、镇江、上海(经南通超短波电路接转)等地的长话业务。1953年,整治市话线路,架设0.88千米架空电缆。1955年,调整、整治如皋至南通、海安和如城经石庄至靖江3条长途电话线路,总长度110千米。1958年,如城至部分区、公社架设双线木杆线路,并新架如皋至南通电话线路1条、如城经丁堰至如东线路1条。全县农话交换点51处,长话业务普遍开办。1963年9月,如皋与南通始开单线载波电路。1975年,全县长途电话线路增至15条,均系省内二级电路,其中载波电路11条。

1989年3月,如皋县成为省内微波网中继站,有微波电路30路,通过南京接入全国微波网,传输国内和国际直拨电话。1990年,全县长话电话线路增至107路,其中明线载波电路72路、实线5路、微波30路,另有出租电路4路。全县农话形成以县、区、乡为发展基地,以县至区、县至乡、区至乡中继线路为骨干,实线、载波电缆传输手段并用,逐层逐级扩散辐射的四通八达的通信网络。1992年,市邮电局开通如城至东陈、丁堰光缆传输。1994年,架设如城至石庄、下原、何庄、袁桥和丁堰至磨头光缆,完成通海光缆如皋段施工。2004年,新开光缆工程22个。2010年,全市固定电话网络实现所有镇区、居民区和居民户全覆盖,所有电话都能拨接国内、国际长途。

四、无线寻呼

1989年8月14日,县邮电局开通无线寻呼业务。至年底,发展用户80户。1991年全市有用户156户。1995年,无线寻呼实现全省联网,全市拥有寻呼机6241部。1998年,全市无线寻呼用户发展至27109户。进入21世纪,随着移动电话的逐渐增加,无线寻呼用户逐年减少。至2001年,全市无线寻呼用户减少至6300户。2002年,无线寻呼用户迅速减少,不再列入统计。2004年前后,全市无线寻呼台停止工作,无线寻呼机退出通信市场。

五、无线市话(小灵通)

网络 2003年4月1日,市电信局筹建无线市话(小灵通)网络。至2003年年底,架设小灵通基站200个,容量1400门,实现对如城镇和柴湾镇的覆盖。2004年,安装小灵通基站250个,并对所有小灵通基站进行优化。至2010年,全市有小灵通基站2001个,容量13800门,达到全市镇(区)交通主干道、村(居)主干道全覆盖。

运行 2003年5月,市电信局试运行小灵通,通话费按普通固定电话标准执行。7月,小灵通开通来电寄存业务。12月,小灵通开放网内短信收发业务。是年,全市发展用户22417户。2004年10月,市电信局开通与移动、联通的网间短信收发业务。2005年9月,开办小灵通机卡分离业务,将用户数据、客户身份数据、业务数据、监权加密信息独立保存于用户识别卡中。2005年,全市有小灵通用户7.2万户。2006年1月,小灵通来电寄存业务全面升级,增加小灵通秘书功能。5月,开放小灵通无线上网业务。2007年,全市小灵通用户117194户。2009年5月,小灵通全网开放省内信号测试服务,可在省内异地拨打电话和发短信。

2003—2010年如皋市"小灵通"网络建设情况一览表

表4-16

年份	基站数(个)	容量(门)	覆盖范围
2003	200	1400	如城镇、柴湾镇
2004	300	2100	如城、柴湾、白蒲、石庄、二案镇区
2005	400	2800	如城、柴湾、白蒲、石庄、二案、下原、江安、搬经、丁堰、常青镇区
2006	700	4900	所有镇区
2007	1150	7350	所有镇区、主要交通干道
2008	1600	10500	所有镇区、主要交通干道
2009	1900	13200	所有镇区、主要交通干道、所有乡村主干道
2010	2001	13800	所有镇区、主要交通干道、所有乡村主干道、居民区

六、移动通信

1992年12月,如城移动通信基站建成开通,进入江苏省移动通信网,"大哥大"(移动电话的俗称,因其体积大且只有大款使用)登陆如皋。1993年,全市移动通信有"A""B"2网,16个话音通道,116部"大哥大"。1994年8月,石庄移动通信基站开通。至年底,如城基站完成信道扩容,拥有28个信道,全市大哥大发展至700多部。1995年11月,市邮电局开通GSM移动通信网,同时开通林梓移动通信A网,并对如城、石庄基站扩容。至此,全市移动通信具有模拟、数字2种制式,有信道208个。是年末,全市移动电话用户1900户。

1998年1月18日,联通公司如皋营业部成立,开办移动通信业务。9月8日,市邮电局析建如皋移动公司,专业开展移动通信业务。1999年,市移动通信企业根据全市G网覆盖状况,在市公安局、何庄、黄市、江防等10处建立基站,全市基站增至40个,数字网、模拟网信道总数2000多个。正常运行的"全球通"数字移动电话,可在全国各省、自治区、直辖市(包括香港、澳门、台湾地区)共56个运营公司之间实现自动漫游。是年11月,如城西郊村新增移动用户400余户,全村移动电话普及率24%,被称为移动电话村。是年,长青沙基站建立。2000年,如皋移动公司有计划地在乡镇发展代办点、代办员,全市发展代办点16家,其中12家在农村。是年,新建11个基站。2001年,全市移动通信企业在白蒲、搬经、石庄、丁堰及如城等地新设营业厅6处。2002年,移动通信网络覆盖全市各乡镇,并全面消除信号死角。2004年,市移动通信企业加强对SP的监管,完善城区两个155环网和农村两个155环网的传输框架,完善地下室、电梯、娱乐场所及重点单位的室内覆盖。至年末,全市移动电话用户发展至25.76万户。2007年8月18日,根据国家相关规定,全市移动通信全面实行单向收费。是年末,全市有移动通信基站159座、移动电话用户46.80万户。是年,移动通信企业开办"农信通""企信通""家校通"等新服务项目。2008年,开办手机媒体、无线娱乐、移动生活、"12580"综合信息服务等移动通信新业务,发展"安监通""警务通"等服务项目。2010年,全市有如皋移动公司、电信公司、联通公司3家运营商开办移动通信业务,移动电话用户914619户,通信基站超过300座,建成"12345"市长热线平台、财政预算外资金应税收入平台、软件园呼叫中心平台等。

七、传真

1989年2月,县邮电局开办传真业务。是年,县邮电局营业厅设置上海产DF17型真迹传真机1台。此后,传真用户逐渐增加。1990年,除邮电营业外,全县用户新安装传真机10部。至1993年末,全市传真机用户增至100户。1998年,全市传真机用户增至300户。1998年后,传真机和打印机、复印机等融合,用户大多使用一体机,传真机数量不再列入统计。

八、数据通信

1999年,市电信局引进西安邮电十九所产端口节点机,用户端口223个,中继端口4个。是年10月,开通数据通信业务,中国农业银行如皋支行为如皋数据通信业务第一个客户。是年,全市发展DDN用户129户、IP网用户1129户,新建如皋信息港等10多个网页。2000年,新进DDN端口400个,投入使用104个,开通数字数据网,中继电路总宽带58兆比特/秒,中国银行如皋支行首家开通数字数据网。是年,全市发展数字数据本地网用户303户。2002年10月,复用器覆盖全市各乡镇。2003年,全市数字数据用户1048户。2007年,新增数字电路17条。2010年,光纤电路普及,数字数据网用户减少。

九、互联网

1998年,国际互联网如皋网视站点开通。2000年,市电信局建成"163"网和"169"网接入平台(节点),开通国际互联网(窄带),用户可直接拨打"163""169"服务号访问因特网和国内公众多媒体信息网。是年,全市互联网用户10274户。2001年,市电信局开通互联网宽带用户,用户可以通过局域网(LAN)和非对称数字环路(ADSL)方式接入国际互联网,并开通LAN终端业务。是年,全市有ADSL用户96户。全市端口有49个。2002年,市电信局调测开通袁桥、何庄等20多个点的ADSL交换机,新增ADSL端口3708个,进一步提高线路供应能力。2003年,全市有LAN用户端口128个。互联宽带网开通后,窄带接入用户逐渐减少。2004年,开通LAN专线。是年,全市宽带用户84户。2005年年末,全市互联网注册拨号用户13409户,互联网宽带用户29311户,LAN用户端口91个。2006年,市电信局推进接入网"光进铜退",分批组织实施光缆工程30个,并确定3年宽带接入规划。2007年4月,全市实现村村通宽带。年末,全市互联网宽带用户38406户。2009年,如皋电信公司加大以光缆更换铜缆线力度,将光缆送入农村,新建农村光缆接入点69个、宽带下沉点86个,新增ADSL端口19840个,新建综合接入点22个、DSLAN下沉点56个。全市有互联网宽带机房18个。2010年,进一步加大"光进铜退"力度,全市共有489个光缆宽带下沉点调测开通。年末,全市国际互联网宽带用户119023户。

第四章 供电

第一节 机构沿革

民国38年(1949年)1月,如城军事管制委员会派员接管耀如电气公司,组建公司民主管理委员会。

1950年,电力生产与供应由县政府工商科管理。1956—1963年,由县工业局管理。1965年4月,改由县人委农水口领导。1968年8月,如皋县供电所革命委员会成立,属如皋县生产指挥组领导。

1975年,如皋县供电所革命委员会改称如皋供电所,隶属如皋县水利局。

1976年4月,如皋县革命委员会供电局建立。1977年6月1日,全县各公社、县属镇均建立用电管理站,使用农民电工153人,农电管理人员不占国家编制,不吃商品粮,实行亦工亦农,行政上由公社领导,业务上由县供电局指导。公社用电管理站主要负责本公社(镇)范围的供用电业务。

1991年,市供电局接受南通供电局和市政府双重领导,具有政企双重职能。

2000年11月,如皋市供电局名称保留的同时,作为电力企业名称确定为江苏省电力公司如皋市供电公司(简称市供电公司),行政职能移交市政府,市供电公司以纯企业性质开展生产、经营。

2010年末,市供电公司有在职职工433人,内设9个职能部室和调度信息中心、变电运行工区、变电检修工区、输电工区、配电工区、物资配送中心。公司位于如城中山东路。

第二节 输电网络

一、沿革

民国7年(1918年),如皋城始建皋明电灯公司,电力主要供如皋城照明,境内始建城区低压输电网络。1957年,耀如电厂用木杆架设2.3千伏供电线路4.7千米,给国营城西电灌车口等用户供电,是为全县农村电力线路开端。1960年4月,全县首座升压站如城变电所首条35千伏线路“如夏线”(如城至搬经夏岱)建成。此后,全县供电网络逐步拓展、延伸。1962年6月,境内始用扬州电网电源,如皋电网接入扬州电网。1965年,

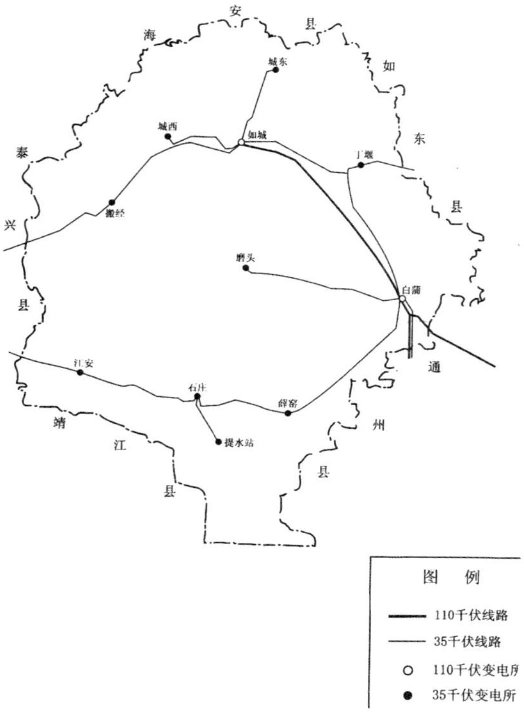

图4-22 1985年如皋电网地理接线示意图

35千伏白蒲变电所建成,白蒲镇改用天生港电厂电力。1980年2月、1981年5月,如皋变电所、白蒲变电所先后建成投运。

1986年,全县有白蒲和如皋2座110千伏变电所,如城、搬经、磨头、江安、丁堰、石庄、薛窑、城东、城西35千伏变电所9座,电网网架以110千伏及35千伏为受电主体,电源线主要为110千伏天蒲线、刘如线,35千伏黄石线、黄搬线。

1988—1990年,全县新建110千伏石庄和北郊变电所,并将110千伏黄刘线开环接进石庄变电所,新增110千伏刘庄线、黄庄线、海如线、北如线4条线路。全县电网初步形成南部及西南部以110千伏石庄变电所为主供电源,东部及北部以110千伏如皋、北郊、白蒲变电所为主供电源的网架。

1991—1995年,全市(县)相继对35千伏江安、丁堰、搬经、城东、薛窑、磨头变电所进行增容改造。1996年起,相继建成220千伏金城输变电工程、35千伏二案输变电工程,同时结合220千伏金城变电所配套线路建设,基本理顺如皋北部地区的供电网络。另移址扩建110千伏白蒲输变电工程,投运常青、下原两座35千伏变电所。

2001—2005年,全市相继新建并投运220千伏石庄变电所,110千伏龙河、新民、丁西、港区、九华、搬经变电所和35千伏凤鸣、戴庄、林梓、许庄、东皋共12座变电所。2003年,220千伏石庄输变电工程投运后,通过110千伏龙河变电所与220千伏石庄变电所联络,如皋电网结束南北部电网长期孤立运行的局面,实现南北联络互供。220千伏金城变电所增容改造后,成为连接南通电网与海安电网的重要枢纽。

2006—2010年,全市建成如港、兴园、常青220千伏变电所3座;扩建增容如港、金城变电所;新建健康、顾坊、长青沙、柴湾、葛市变电所,扩建港区、搬经、丁西、新民、皋北变电所;新建35千伏

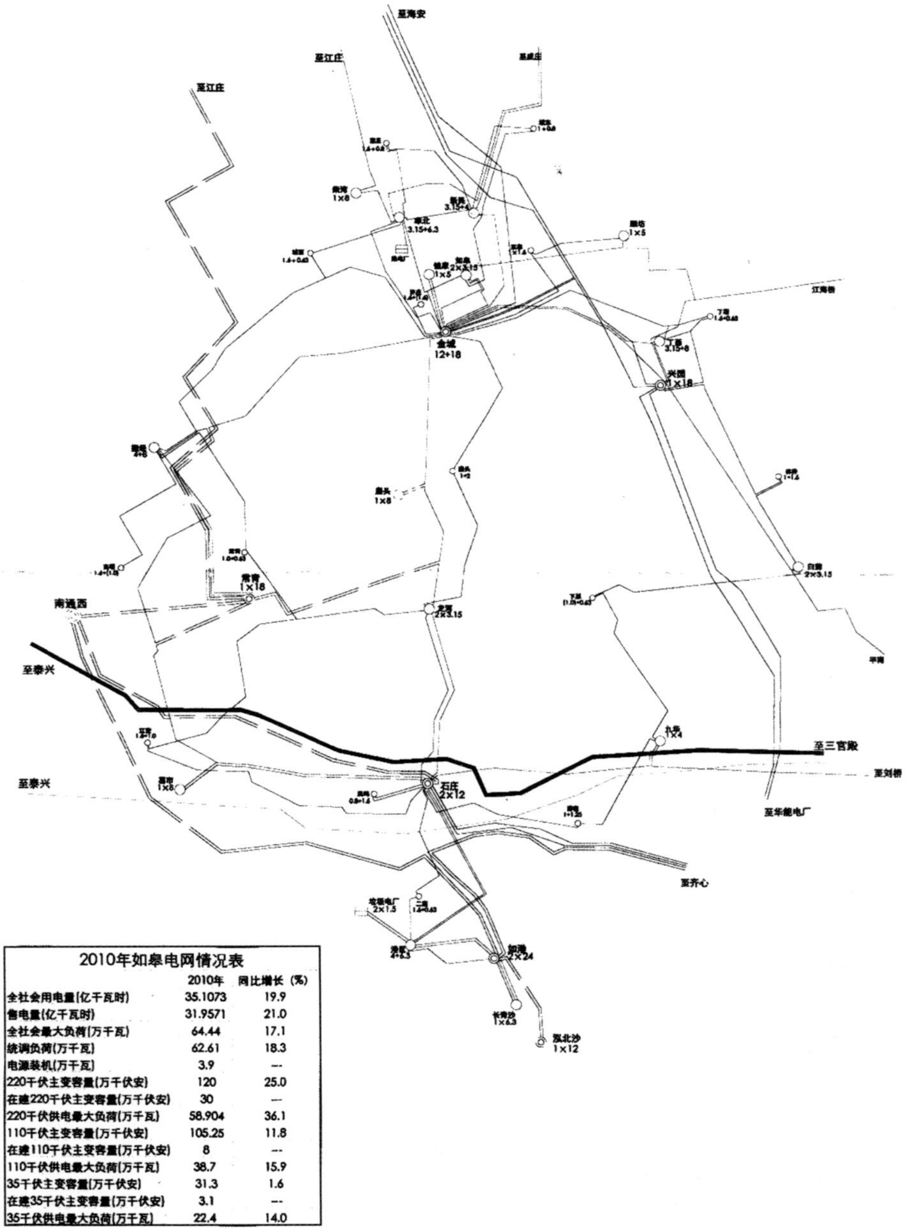

2010年如皋电网情况表

	2010年	同比增长（%）
全社会用电量(亿千瓦时)	35.1073	19.9
售电量(亿千瓦时)	31.9571	21.0
全社会最大负荷(万千瓦)	64.44	17.1
统调负荷(万千瓦)	62.61	18.3
电源装机(万千瓦)	3.9	---
220千伏主变容量(万千伏安)	120	25.0
在建220千伏主变容量(万千伏安)	30	---
220千伏供电最大负荷(万千瓦)	58.904	36.1
110千伏主变容量(万千伏安)	105.25	11.8
在建110千伏主变容量(万千伏安)	8	---
110千伏供电最大负荷(万千瓦)	38.7	15.9
35千伏主变容量(万千伏安)	31.3	1.6
在建35千伏主变容量(万千伏安)	3.1	---
35千伏供电最大负荷(万千瓦)	22.4	14.0

图4-23 2010年如皋市35千伏及以上电网图

变电所1座,扩建、增容35千伏变电所12座。

2010年,全市共有公用变电所33座,其中220千伏变电所4座、110千伏变电所14座、35千伏变电所15座。共有主变压器56台,总容量257.05万千伏安。共有配电变压器6184台,总容量94.43万千伏安。共有220千伏线路10条,计263.7千米;110千伏线路29条计287.9千米;35千伏线路38条,计266.788千米;10千伏线路196条计3411.14千米。

二、35千伏输电网络

1960年4月28日,耀如电厂1500千瓦汽轮发电机组投产,在如城东门建成如皋县第一座35千伏升压站如城变电所,用木杆架设如城至搬经夏岱电灌车口的35千伏"如夏线",全长28.6千米。1962年6月8日,电厂1500千瓦汽轮发电机组发生故障,正值农村灌溉期间,经江苏省电力管理局批准,由黄桥变电所架设35千伏临时线路至夏岱电灌车口,由夏岱电灌车口连接如夏线。至1986年,全县相继建成35千伏变电所8座,35千伏线路16条,线路总长184千米。2010年,全市建有35千伏变电所15座,主变压器29台,容量34.4万千伏安;35千伏输电线路38条,共296.84千米。

2010年如皋市35千伏变电所一览表

表4-17

变电所名称	占地(亩)	所址	主变压器		投运日期
			编号	容量(兆伏·安)	
薛窑变电所	3.80	郭园镇	1/2	12.5/10	1982-07
城东变电所	4.02	东陈镇	1/2	8/10	1983-09
城西变电所	3.77	如城镇	1/2	6.3/16	1984-12
丁堰变电所	3.30	丁堰镇	1/2	16/6.3	1988-04
磨头变电所	3.80	磨头镇	1/2	10/20	1986-12
江安变电所	2.69	江安镇	1/2	10/16	1992-01
常青变电所	1.94	常青镇	1/2	6.3/10	1996-12
二案变电所	2.24	长江镇	1/2	16/6.3	1996-04
下原变电所	2.37	下原镇	1/2	10/6.3	1999-12
凤鸣变电所	4.26	石庄镇	1/2	8/16	2002-10
戴庄变电所	4.26	柴湾镇	1/2	8/16	2003-12
林梓变电所	4.26	林梓镇	1/2	16/10	2003-12
许庄变电所	4.26	如城镇许庄村	1	16	2004-12
东皋变电所	3.25	东陈镇	1	16	2005-11
高明变电所	1.37	高明镇	2	16	2006-09

2010年如皋市35千伏输电线路一览表

表4-18

线路名称	起点变电所	终点变电所	线路长度(千米)	导线规格	铁塔(座)	钢筋混凝土杆(杆)	投运日期
石薛线	石庄	薛窑	8.20	LGJ-95/20	2	46	1983-02
如东线	如皋	城东	8.90	LGJ-150/20 LGJ-95/20	10	62	1983-09
西工业线	北郊	城西	4.40	LGJ-150/20 LGJ-95/20	16	35	1984-12
金磨线	金城	磨头	10.60	LGJ-150/20	3	64	1986-12
石江线	石庄	江安	15.91	LGJ-150/20 LGJ-95/20	3	81	1989-03
金北线	金城	北郊	3.60	LGJ-150/20	22	1	1993-01
石案线	石庄	二案	6.50	LGJ-150/20	12	23	1996-04
搬常线	搬经	常青	9.70	LGJ-150/20	2	42	1996-12
金工线	金城	水厂	7.60	LGJ-150/20 LGJ-95/20	3	44	1997-01
金丁线	金城	丁堰	14.06	LGJ-150/20	11	74	1997-07
金搬线	金城	搬经	21.50	LGJ-150/20 LGJ-95/20	3	102	1997-07
如丽线	如皋	丽都	4.81	LGJ-150/20	2	15	1997-12
白下线	白蒲	下原	10.70	LGJ-150/20 LGJ-95/20	6	53	1999-12
凤鸣Ⅰ线	石庄	凤鸣	2.30	LGJ-150/20	11	0	2002-01
凤鸣Ⅱ线	石庄	凤鸣	2.30	LGJ-150/20	11	0	2002-01
龙常线	龙河	常青	12.32	LGJ-150/20	16	50	2002-01
龙磨线	龙河	磨头	9.10	LGJ-150/20	10	40	2002-01
民东线	新民	城东	5.73	LGJ-150/20	7	23	2002-09
石龙线	石庄	龙河	10.10	LGJ-150/20	17	38	2002-11
北西线	北郊	城西	4.82	LGJ-150/20	7	23	2003-09
民北线	新民	北郊	3.75	LGJ-150/20	9	21	2003-09
北戴线	北郊	戴庄	4.68	LGJ-240/30	6	24	2003-12
港案线	港区	二案	3.08	LGJ-150/20	5	10	2004-09
金许线	金城	许庄	1.60	LGJ-150/20 LGJ-240/30	4	9	2004-12
港化Ⅰ线	港区	工业园区	2.33	LGJ-240/30	12	0	2005-07
港化Ⅱ线	港区	工业园区	2.31	LGJ-240/30	12	0	2005-07

续表4-18

线路名称	起点变电所	终点变电所	线路长度(千米)	导线规格	铁塔(座)	钢筋混凝土杆(杆)	投运日期
金东线	金城	东皋	7.41	LGJ-150/20 LGJ-240/30	12	38	2005-11
华下线	九华	下原	8.27	LGJ-150/20 LGJ-240/30	16	29	2005-12
港区线	港区	如港	4.60	LGJ-240/30	19	0	2008-07
如沙线	如皋	长青沙	3.40	LGJ-300	14	0	2008-11
华薛线	九华	薛窑	6.50	LGJ-150/20 LGJ-240/30	15	20	2006-01
搬明线	搬经	高明	9.60	LGJ-240/30	28	16	2006-09
民戴线	新民	戴庄	6.80	LGJ-240/30	28	4	2008-09
坊钢线	顾坊	钢球	5.61	LGJ-240/30	31	0	2009-07
坊东线	顾坊	城东	4.60	LGJ-240/30	27	0	2009-07
白林线	白蒲	林梓	5.50	LGJ-240/30 LGJ-120/20	14	15	2006-08
园林线	兴园	林梓	8.10	LGJ-240/30	33	0	2009-12
园丁线	兴园	丁西	5.60	LGJ-240/30 LGJ-150/20 LGJ-95	25	0	2009-12

三、110千伏输电网络

1978年8月，35千伏城南变电所在原址扩建为110千伏如皋变电所。1979年12月竣工，1980年2月9日正式供电，主变电变压器1台、容量3.15万千伏安，由220千伏刘桥变电所供电。1980年，白蒲变电所扩建升压为110千伏变电所。1981年5月竣工投运，主变电变压器1台、容量为3.15万千伏安。

1986年年初，全县共有110千伏变电所2座，主变电变压器2台，总容量63兆伏安；110千伏线路2条，线路总长61.589千米。

此后，全市(县)加大110千伏线路的建设和改造力度。至2010年年末，全市拥有110千伏变电所15座，主变电变压器23台，容量113.25万千伏安；有110千伏线路29条，计312.09千米。

2010年如皋市110千伏变电所一览表

表4-19

变电所名称	占地(亩)	所址	主变压器		投运日期
			编号	容量(兆伏·安)	
如皋变电所	14.70	如城镇	1/2	31.5/31.5	1980-01
皋北变电所	15.50	如城镇	1/2	63/31.5	1990-01
白蒲变电所	6.60	白蒲镇	1/2	31.5/31.5	1999-11
龙河变电所	3.94	吴窑镇	1/2	31.5/31.5	2001-12

续表4-19

变电所名称	占地(亩)	所址	主变压器		投运日期
			编号	容量(兆伏·安)	
新民变电所	3.85	如城镇	1/2	31.5/40	2002-09
丁西变电所	3.85	丁堰镇	1/2	80/31.5	2003-09
港区变电所	4.52	长江镇	1/2	40/63	2004-09
九华变电所	3.85	九华镇	1	40	2004-12
搬经变电所	4.55	搬经镇	1/2	40/80	2004-09
健康变电所	3.59	如城镇	2	50	2007-03
顾坊变电所	6.20	东陈镇	1	50	2008-01
长青沙变电所	8.12	长青沙	3	63	2008-07
柴湾变电所	7.56	柴湾镇	1	80	2009-12
葛市变电所	7.69	江安镇	1	80	2010-11

2010年如皋市110千伏输电线路一览表

表4-20

线路名称	起点变电所	终点变电所	线路长度(千米)	导线规格	铁塔(座)	钢筋混凝土杆(杆)	投运日期
城北线	金城	北郊	8.50	LGJ-240/30	19	11	1991-07
城如Ⅱ线	金城	如皋	3	LGJ-240/30	9	3	1991-07
城如Ⅰ线	金城	如皋	3.50	LGJ-240/30	12	0	1991-11
城新线	金城	新民	9.40	LGJ-240/30	14	17	2002-09
城西线	金城	丁西	11	LGJ-240/30	24	21	2003-09
刘蒲线	刘桥	白蒲	15	LGJ-240/30	54	1	2004-01
庄港Ⅰ线	石庄	港区	11	LGJ-240/30	41	0	2004-09
城搬线	金城	搬经	16	LGJ-300/25	96	0	2005-09
庄华线	石庄	九华	13	LGJ-240/30	42	2	2005-12
城健I线	金城	健康	2	LGJ-240/30 LGJ-300/25	4	12	2007-03
城健II线	金城	健康	2	LGJ-240/30 LGJ-300/25	4	12	2007-03
如区线	如港	港区	4	LGJ-300/25	18	0	2008-11
庄河线	石庄	龙河	9	LGJ-240/30	22	14	2003-09
庄搬线	石庄	搬经	29	LGJ-300/25	96	0	2010-11
庄港I	石庄	港区	11	LGJ-240/30	47	0	2004-09

续表4-20

线路名称	起点变电所	终点变电所	线路长度(千米)	导线规格	铁塔(座)	钢筋混凝土杆(杆)	投运日期
戚北线	戚庄	皋北	22	LGJ-300/25 LGJ-240/30 LGJ-400/35	67	8	2008-05
戚新线	戚庄	新民	16	LGJ-300/25 LGJ-240/30 LGJ-400/35	54	0	2008-05
如长线	如港	港区	3.50	LGJ-240/30	14	0	2008-11
如青线	如港	港区	3.50	LGJ-240/30	14	0	2008-11
如港线	如港	港区	4.40	LGJ-300/25	18	0	2008-11
城园线	金城	兴园	13.20	LGJ-240/30 LGJ-300/25	34	14	2009-11
园蒲线	兴园	白蒲	10.90	LGJ-300/25	11	33	2009-11
园西线	兴园	丁西	2.80	LGJ-300/25	11	0	2009-11
如顾线	如皋	顾坊	10	LGJ-300/25	28	14	2009-06
园江线	兴园	长江	22	LGJ-240	69	12	2009-11
北柴线	皋北	柴湾	2.1	LGJ-300/25	6	6	2009-12
庄葛线	石庄	葛市	12.70	LGJ-300/25	44	0	2010-11
城邓线	金城	磨头	11.20	LGJ-300/25	42	0	2011-06
河邓线	龙河	磨头	6.20	LGJ-240/30	24	0	2011-06

四、220千伏输电网络

1995年6月8日，全市第一座220千伏金城变电所开工建设，一期安装1台120兆伏·安主变电变压器。1996年1月，海安变电所至金城变电所输电线路220千伏海金线配套工程开工建设，线路全长32.11千米；新架110千伏配套线路5.90千米，35千伏配套线路14.05千米。是年9月，竣工投运。2002年10月，220千伏石庄输变电工程开工建设，2003年9月，投入运行。石庄变电所建成投运后，110千伏龙河变电所分别从220千伏石庄变电所和220千伏金城变电所出线，沟通境内南、北部电网，提高电网供电能力。

2005—2010年，全市220千伏变电所和220千伏网络建设加快，先后投运220千伏如皋港变电所和220千伏兴园变电所。

至2010年年末，全市拥有220千伏变电所4座，主变电变压器8台，容量138万千伏安，有220千伏线路441.55千米。

图4-24 220千伏输电线路铁塔

2010年如皋市220千伏变电所一览表

表4-21

变电所名称	占地(平方米)	所址	主变压器		投运日期
			编号	容量(兆伏安)	
金城变电所	15573	如城镇纪庄村	1	180	1996-09
			2	120	
石庄变电所	18440	石庄镇杨庄村	1	120	2003-09
			2	120	
如港变电所	33334	长江镇(如皋港区)	1	240	2008-11
			2	240	
兴园变电所	28462	桃园镇	1	180	2009-11

2010年如皋市220千伏输电线路一览表

表4-22

线路名称	起点变电所	终点变电所	线路长度(千米)	导线规格	铁塔	钢筋混凝土杆	投运日期
仲金线	仲洋	金城	37	LGJ-400/35 LGJ-630/45	117	0	1996-09
石齐Ⅰ线	齐心	石庄	24	LGJ-400/35	25	50	2003-03
石齐Ⅱ线	齐心	石庄	24	LGJ-400/35	76	0	2003-03
通园2663线	华能	兴园	39.6	LGJ-300/25	50	74	2005-06
齐如Ⅰ线	齐心	如港	27.4	LGJ-400/35	88	0	2008-11
齐如Ⅱ线	齐心	如港	27.4	LGJ-400/35	88	0	2008-11
如夏Ⅰ线	如港	夏仕	15	LGJ-400/35	45	0	2008-11
如夏Ⅱ线	如港	夏仕	15	LGJ-400/35	45	0	2008-11
园金线	兴园	金城	14.9	LGJ-300/25	46	0	2009-11
通园2664线	华能	兴园	39.4	LGJ-300/25	50	76	2009-11

第三节 配电网络

一、城网

民国7年至民国9年(1918—1920年),皋明电灯公司在如皋城架设4条220伏照明线路,长4.75千米。其中,电厂至耀如村,长0.65千米;电厂至西门外皂角树巷西,长1.8千米;电厂至北门中国制腿公司,长1.4千米;中山钟楼到南门外地藏庙汽车站,长0.9千米。

民国22年,耀如电灯公司在如皋城由电厂至大寺巷改建配电线路0.3千米,以混凝土为基础,出土部分用角铁加工成1米高方抱箍,再插上6米高洋松木方竿,裸铜线作导线,线路供电2.3千伏。1956年9月30日,耀如电厂首次白昼供电给如城的工业用户。1960年4月,境内历史上首座

35千伏升压站如城变电所建成。此后,由于电网建设改造资金投入不足等原因,如城电网的结构、输变电容量、供电可靠率、电压质量等方面难以适应经济发展和人民群众对电力的需求。2001年,省电力公司批复同意《如皋市2001—2003年城网建设与改造方案》,此次城网建设与改造工程是历年城市电网改造规模最大的一次。

2001—2003年,全市城区电网改造累计新建、改造10千伏线路87.19千米,拆除10千伏线路10.47千米,新建、改造400伏及以下线路121.87千米,新增变压器134台32815千伏安,新增10千伏负荷开关18台,新增无功补偿9300千乏,新增单相变压器66台2100千伏安,新建二进四出开闭所1座,完成投资4892.77万元。

至2005年,城市低压供电网络改造完成。主线线径由95平方毫米或70平方毫米提高至240平方毫米或185平方毫米;支线以居民小区为单位进行整改,400伏线路线径提高至120平方毫米以上,支干线线径提高至50平方毫米以上,接户线线径提高至10平方毫米以上。低压线路供电半径不大于500米,400伏线路末端电压最低360伏,220伏线路末端电压最低205伏。新增配电变压器110台、2.2万千伏安,箱式变压器140台;城区供电量由17118万千瓦时增加到29635千瓦时。

2010年,全年完成城网配网投资1.5亿元。至年末,符合城市规划整体要求、装备比较先进、网络布设整齐有序、调度灵活、反应快速的现代城市供用电网络基本形成。是年,市供电公司被表彰为江苏省电网建设功臣集体。

二、农网

20世纪80年代及以前,全县农村用电由村委会(大队)管理,低压线路资产由村委会(大队、生产队)的集体资产和农民集资组成,线路状况差,供电半径长,力率低,线损高,用电价格高。1990年,供电部门开始对农村电网加强管理。1995年、1996年,在实施扶贫通电工程及农村电气化建设工程中对农村配电网络进行改造,低压电网状况有所改善。1998年开始,由国家投资开展大规模的农村配电电网建设与改造。

1998年12月至2001年9月,市供电局实施农网改造一期工程,总投资2.34亿元,共对892个行政村、49个集镇进行农网建设、改造。遵循"小容量、密布点、短半径"原则,新建和改造农村变压器台区,原64、73、SF系列高能耗配电变压器全部淘汰更换,代之以S9系列低损耗变压器,线路主干线选用LGJ-70导线,分支线路选用LGJ-35以上的导线。全市新建和改造10千伏线路75条计1902.19千米,400伏及以下线路6112.91千米,更换改造配电变压器2664台。

2002年1月至2003年12月,市供电公司实施农网建设、改造二期工程,总投资10370万元。工程覆盖459个行政村。全市新建和改造10千伏线路91条362.2千米,更换改造配电变压器388台;新建、改造400伏及以下线路1366千米。

至2003年年末,全市10千伏线损率由23.7%下降到11.4%,400伏线损率由8.2%下降到5.5%,农村到户电价由0.67元/千瓦时下降到0.52元/千瓦时,全市农村年售电量由1998年的28810.4万千瓦时,上升到2003年的41517.0万千瓦时,供电可靠率上升至99.51%,电压合格率增加至97.61%。

2004年开始,全市再投入1951.93万元对495

图4-25 花市路电力施工 (2010年摄)

个村超载配电变电、供电半径大的配电变电线路，以及危及安全的配电设施进行改造，淘汰一部分配电间，更换配电箱107个JP4、JP5。全市新增10千伏线路52.28千米，改造10千伏线路24.25千米，新增和更换配电变压器181台；新增400伏以下线路171.30千米，改造线路226.08千米。至2010年，全市农村供用电网络改造工程完成，全部达到规范要求。

三、过江供电

至1985年年末，长青沙乡仍为江苏省内未用上电网电源的两个乡之一。1986年2月，县供电局实施长青岛过江供电工程。工程采用铁塔架空线路过江方式，10千伏过江供电，西铁塔在长江造船厂，按35千伏电压等级设计，江面架空线路长1.58千米。架设时配电线路支接在10千伏石江线，陆上部分长19.26千米。长青沙岛设100千伏安公用变压器一台。1987年1月，开始供电，结束长青沙岛不能由电网供电的历史。

图4-26　长青沙岛过江供电工程（2010年摄）

第四节 用电服务

一、工业用电

民国7年（1918年）底建成的皋明电灯公司发电，主要用于如皋城照明和中国制腿公司宰杀生猪。此后，工业用电量增加缓慢。1949年，年供电量8.87万千瓦时，其中工业用电极少。

1950年，全县有工业用电户4家，电灯泡25只。1956年，耀如电气公司开始昼夜供电。如城地区金属加工工业装机15千瓦，食品工业装机136千瓦，另新生油米厂、造纸厂等5家工业企业自装变压器，供电最高负荷164千瓦时。如城地区以外有少量粮食加工企业用电，电源主要由自发电、潮汐发电等供给。1962年，全县工业用电量165.1万千瓦时。1965年，县化肥厂、肉联厂、纺织厂等先后投产和扩建，用电量增加，年工业用电量为418.7万千瓦时。1975年，年工业用电量为3563.2万千瓦时。1985年，全县用电19225万千瓦时，其中工业用电9849万千瓦时，占51.2%。

1986—1990年，全县工业用电年均递增率为9.88%。1991—1995年，工业用电年均递增率为10.82%。1992年后，供电量不足，市政府“三电”（安全用电、节约用电、计划用电）办公室每年组织煤油加工电8000千瓦时，相当于每年用电量的10%。1995年，全市工业用电34935万千瓦时，占全社会用电总量的59.63%。1996—2000年，全市工业用电量年均递增率为-1.35%。

进入21世纪，随全市工业经济“跨越式”发展，工业用电量急增。2001—2005年，全市工业用电量年均递增率27.31%。2005年，全市工业用电量为109183万千瓦时，占全社会用电总量的71.42%。

2010年，全市工业用电量256654万千瓦时，占全社会用电总量346970万千瓦时的73.97%，是2005年全市工业用电量的2.35倍。其中，重工业用电量190616万千瓦时，是2005年全市重工业用电量72989万千瓦时的2.61倍；制造业用电量226117万千瓦时，占全市工业用电量的88.1%，是2005年全市制造业用电量87154万千瓦时的2.59倍。

二、农业用电

1958年6月初，耀如电气公司安装560千伏安配电变压器1台，供国营城西电灌站南、北两个电灌车口使用，容量合计182千瓦，是为如皋农业用电之始。是年，城东第一座电灌车口建成，架设400伏线路150米，装机4台，容量82千瓦，灌溉面积5000亩。1960年，城东电灌站新安装180

千伏·安配电变压器1台，附设加工场，装机容量90千瓦。是年4月，耀如电气公司三号机组投运，架设35千伏线路至搬经公社夏岱电灌站，沿线供电给6个电灌车口。是年，全县建电灌车口8座，农村供电线路41.6千米，配电变压器9台，容量1910千伏安，电灌面积7.37万亩。1961年，搬经公社兴建国营佘桥南电灌车口，安装180千伏·安配电变压器1台，电动机7台98千瓦。邓园公社新建鹿门电灌车口，由耀如电厂架设6.3千伏线路4.4千米，安装100千伏·安配电变压器1台，电动机4台81千瓦。1962年，全县增加4座电灌车口，全年农业用电量为74.4万千瓦时。

1964年，东南部地区在35千伏天江线上采用35千伏直配变压器，先后在勇敢公社新建文峰电灌车口，在奚斜公社建钱坝电灌车口。1965年，全县拥有电灌车口56座，装机28台，容量为4954千瓦。与此同时，随农村脱粒机械的增加，部分生产队开始使用电动机作为脱粒机械动力。

1970年，全县农业用电量为1141.9万千瓦时。1974年，全县有电灌车口447座，电动机1775台，装机容量26938千瓦，电灌区面积99.9万亩。1980年，全县农业用电量为4365万千瓦时。1985年，全县有电灌车口977个，全年农村灌溉、脱粒及粉碎等共用电1276万千瓦时。1990年，全县农业用电量为6986万千瓦时。

1988年底，全县尚有3个行政村未能通电，村通电率为98.5%，户通电率为63.04%。20世纪90年代初，全市(县)实施扶贫通电工程，至1993年，全市实现村村通电，1995年实现户户通电。2005年，全市农业用电量8056万千瓦时。2010年，全市农业用电量5293万千瓦时。

三、城乡居民生活用电

民国7年(1918年)，皋明电灯公司创办初期，

1962—1985年如皋县若干年度用电情况统计表

表4-23

单位:万千瓦时

年 度	1962年	1965年	1970年	1975年	1978年	1980年	1985年
用电量合计	303.20	825.40	2742	6255.80	9739	14330	19225
农村用电	74.40	323.40	1141.90	2395.80	4192	4365	8110
工业用电	165.10	418.70	1388.62	3563.20	5184	8676	9849
生活用电	63.70	53.80	211.47	221	221	865	1190
交通用电	—	29.50	—	75.80	142	424	76

1986—2010年如皋市(县)用电情况统计表

表4-24

单位:亿千瓦时

年份	农业用电		工业用电		交通运输用电		城乡居民生活用电		用电总量
	电量	比重(%)	电量	比重(%)	电量	比重(%)	电量	比重(%)	
1986	0.43	17.78	1.79	74.14	0.01	0.50	0.10	4.24	2.41
1987	0.46	16.17	2.11	74.61	0.02	0.53	0.16	5.49	2.8
1988	0.53	18.95	1.98	71.09	0.01	0.52	0.17	6.18	2.78

续表4-24

年份	农业用电		工业用电		交通运输用电		城乡居民生活用电		用电总量
	电量	比重(%)	电量	比重(%)	电量	比重(%)	电量	比重(%)	
1989	0.56	20.30	1.91	69.24	0.01	0.50	0.18	6.38	2.76
1990	0.70	21.53	2.09	64.42	0.02	0.46	0.32	9.93	3.25
1991	0.71	19.64	2.35	64.95	0.02	0.50	0.39	10.90	3.62
1992	0.72	17.27	2.55	61.44	0.02	0.44	0.71	17.23	4.14
1993	0.80	17.31	2.63	57.09	0.02	0.46	0.98	21.32	4.61
1994	0.88	16.12	2.94	54.23	0.04	0.70	1.30	24	5.42
1995	0.7	12.00	3.49	59.63	0.02	0.31	1.53	26.12	5.86
1996	0.73	12.31	3.22	54.39	0.02	0.35	1.82	30.68	5.93
1997	0.60	9.89	2.91	48.13	0.02	0.30	2.26	37.24	6.06
1998	0.54	9.02	2.77	46.49	0.02	0.35	2.36	39.51	5.96
1999	0.47	7.61	2.76	45.73	0.02	0.32	2.48	41.17	6.03
2000	0.44	6.52	3.26	47.91	0.02	0.29	2.76	40.46	6.81
2001	0.51	6.97	3.95	54.19	0.02	0.29	2.40	32.88	7.30
2002	0.58	7.25	5.02	62.57	0.04	0.48	1.91	23.81	8.02
2003	0.74	7.72	6.25	65	0.04	0.43	2.05	21.31	9.61
2004	0.79	6.4	8.55	88.89	0.05	0.51	2.44	25.33	12.40
2005	0.81	5.27	10.92	71.42	0.05	0.31	2.76	18.05	15.29
2006	0.70	4.39	14.16	74.9	0.06	0.33	3.07	16.24	18.90
2007	0.67	3.42	17.50	76.42	0.08	0.36	3.45	15.06	22.91
2008	0.53	2.07	19.48	75.34	0.10	0.38	4.04	15.63	25.85
2009	0.55	2.24	21.51	74.53	0.10	0.34	4.50	15.61	28.86
2010	0.53	1.80	25.67	73.97	0.16	0.45	5.33	15.63	34.70

注:从1993年11月开始,工业用电量中不包括如皋热电厂用电

电力主要供应民用照明。民国9年4月,全县有白炽灯4000余盏。民国34年,全县单独设电表用户420户。1950年,全县居民用电共有灯泡453只。1956年9月30日,如皋城区开始白天供电。1962年,全县市政生活用电量为63.7万千瓦时。1965年,全县市政生活用电量为53.8万千瓦时。1970年,全县市政生活用电量为211.47万千瓦时。1975年为221万千瓦时,1980年为865万千瓦时。1985年,全县城乡居民生活用电11541户,年用电量3223万千瓦时。其中:用户乡村3226户,年用电量2507万千瓦时;城市8315户,年用电量716万千瓦时。

1988年,全县城乡居民生活用电量增至1720万千瓦时。2000年,增至27573万千瓦时。2010

年,增至53279万千瓦时。是年,全市居民生活用电占全社会用电量的比重由1988年的6.18%,提高到15.63%。

第五节 用电管理

一、安全用电

20世纪60年代前,全县无重大供用电安全事故。70年代,随着全县供用电范围扩大,用户增加,始出现供用电安全事故。1998年11月14日至2010年年末,如皋市供电局(公司)实现连续安全生产4430天。2005—2010年,连续6年被全国总工会和国家安全生产监督管理局表彰为全国“安康杯”竞赛优胜企业。

网络管理 20世纪50年代,供电所和发电厂并存,供电部门由单位生产负责人(生技股长),线路路段、车间负责人负责用电安全,既抓生产,又抓安全;其他企事业单位用电安全无专门的机构和人员。“文化大革命”期间,安全管理放松,供电局仅设一名安全员,农村主要依靠电工承担用电安全管理,私拉乱接现象严重,安全隐患多。

1978年,县供电局设专人抓安全监督管理工作。1980年9月起,县供电局设专职安全监察1人,25个工区、班组、所分别设兼职安全员1人。1988年年初,县供电局成立安全生产领导小组,后改为安全生产委员会,形成局级有安全生产委员会、安全监察股,部门有专职或兼职安全员,班组有兼职安全员的3级用电安全管理网络。

安全措施 1980年起,县供电局每年进行一次《电业安全工作规程》考试,制订并严格执行用电安全实施细则,明确工作票制度、工作监护制度、操作票制度、验电接地制度。按照季节特点,每年进行春、冬两次安全大检查。检查重点是:查威胁人身和设备安全隐患;查防雷电闪事故措施;查树木、风筝、建筑施工等外力破坏事故的预防;查防火与交通安全;查设备防寒防冻的措施落实;查防小动物事故的落实;查交圈管理是否存在漏洞;查季节性预防工作的落实;查输配电线路交跨情况;查抢修体系完善情况;查设备绝缘防潮措施;查防雷设备的保护装置;查防台防汛措施的落实,查变电所排涝情况等。

1996年起,市供电局增加迎峰度夏、防台防汛等特殊时期安全用电大检查,发现问题,列出整改计划,安监部门对整改情况跟踪检查。

1998年起,市供电公司全面开展用电单位和供配电设施安全性评价工作,从生产设备、劳动安全、作业环境、安全管理四个方面进行评估,采取相应的整改措施。2001年8月起,在变电、线路、用电生产岗位广泛开展查找危险点、危险源和制订控制措施的工作。2002年,开始实施“现场作业安全管理确认卡”制度。

二、节约用电

20世纪70年代始,全县正常开展“节电百分赛”活动。1980年,节电工作从抓宣传教育、业务培训着手,全县企业共制订185条节能技术措施,绝大部分得到实施。丁堰纺织厂先后采用6项行政手段、5项节能技术措施推进节电。

20世纪80年代,全县产品单耗考核实行承包合同制。县计委、经委、节能办公室、“三电”办公室参照水电部和省电力局标准及同行业先进水平核定下达全县工业产品的能耗指标。各单位将定额指标分解到车间,工序耗电同原材料消耗一起列为奖惩内容,直接与职工切身利益挂钩。至1985年,全县产品单耗考核增至46种,实施单位占全县工业用电单位72%以上。是年,全县改造水泵38台、377千瓦,淘汰低效水泵18台、135千瓦,改造75千瓦高温盐熔炉1台,5台热处理箱式炉改用HQ型超轻质绝热砖保温,节电率36%以上。

1986—1998年,全市(县)推广应用节电新技术、新产品、新工艺,实施绿色照明、变频调速技术、无功就地补偿、电炉改造、应用节能型变压器、电机改造、风机水泵改造等技改项目。

1996年,全市提倡和鼓励城乡居民住宅使用紧凑型荧光灯和电子镇流器的细管荧光灯。在媒体上公布照明节电产品名称及生产企业名单。三电办对购买节能型照明灯的企事业单位和部分市民进行贴补。2000年后,新建居民小区普遍采用节能型光源。

2002年底,市供电公司在如皋市实验中学学生公寓试点推广电蓄能技术,安装全市首台蓄热式电热锅炉，功率480千瓦，蓄热水箱50吨。随后，如皋市第一中学亦采用同型号电热锅炉。2005年6月，如皋供电公司在如皋师范学校学生公寓安装1台522千瓦热泵型电加热锅炉，通过吸收空气中的热量，节约用电。此后，如皋实验初中、如皋第一中等学校亦相继对锅炉进行改造。

2006年始，市政府采取引导房地产开发企业在多层住宅楼顶预安装太阳能热水器等措施，倡导居民节约用电。市机关事务管理局发出通知，市级机关部门带头实施空调制冷不低于26摄氏度、离开办公室及时关电脑、关灯等制度。2007年始，市委、市政府将节能减排列为经济社会科学发展、转型升级的主要内容之一，淘汰落后电炉等高耗电器设备、设施。至2010年，全市高耗电量电器设备基本改造完毕，节约用电形成制度。

三、有序用电

1957年，全县开始推进农业用电，农村电灌从无到有。1961年，全县农村用电量105.1万千瓦·时。1962年，县供电所始设电力调度室，调控6千伏用户负荷。1963—1965年，按水利部要求，县供电所编制全县年度用电计划。“文化大革命”期间，全县用电秩序被打乱。1976—1978年，县供电局与县三电办，加强全县用电计划管理。至1984年4月全县用电场实施指令性统配指标管理。

1984年5月开始，县政府对加工电和集资电实施指导性计划。在优先保障城镇居民生活用电的前提下，一般首先保障农业排涝、抗旱、灌溉等用电，其次保障化肥、农药等支农产品，生产用电，再次安排交通运输和邮电通信用电，再次安排出口创汇产品生产用电。对耗能低、效益好的工业用电予以优先安排，控制高能耗、产品积压滞销和效益差的产品生产用电。每年6—9月，农业用电集中，一般农业与工业用电比例为6∶4。其余时段农业与工业用电比例为4∶6。

电力紧张时期，电力部门在实施计划用电、有序用电中实施严格的负荷管理。将全县各工业用电线路，按其负荷不同情况，进行组合，工厂实行轮休，调整负荷，错开用电高峰，照顾均衡用电，结合全县供用电实际情况，推行农村线路轮流供电。对全县500千伏安以上及部分315千伏安以上工业用户安装分时计量表、定时器，运用技术手段，控制高峰负荷。同时按高峰、低谷时段以不同电价收取电费，用经济手段调节。

1998年起，全市电力供需基本平衡。2000年，全市有序用电工作重心全面转向电力市场需求预测和电力蓄能技术推广。

2003年，全市出现罕见持续高温晴热天气，用电量猛增，最大负荷20.17万千瓦，超过上级下达最大可用电力计划4万千瓦，缺口25%。市供电公司编制《2003年如皋市迎峰度夏错峰管理实施方案》，全市电力供应在迎峰度夏期间正常有序，把缺电给全市国民经济发展和人民生活造成的影响降到最低点。

2004年始，全市电网电力供应外部环境明显改善，电源充足，市发改委、市供电局（公司）每年仍根据上级下达的错峰指标，编制《如皋市有序用电应急预案》。随着工业经济快速发展，全市迎峰度夏用电最高负荷逐年提升。2010年8月12日，如皋供电公司根据启动《如皋市有序用电应急预案》，实施负荷控制，将地区最高负荷压减至63.72万千瓦。8月23日始，市供电公司广泛开展陆控制企业用电总量，抑制用电量过快增长活动，根据政府用电应急调控要求，对525户电力用户实施用电应急控制；对高能耗企业和高能耗生产线下达电量指标，安排部分企业进行轮休，全市用电量和用电负荷随之降低。

图4-27　如皋供电公司电力调度大厅

（2010年摄）

四、电价电费

民国7年（1918年），皋明电灯公司办电初期，实行包灯包费制。照明区内市民有婚丧喜庆,租用电器材料,由电厂出租灯具,增加临时包灯收费,具体包租价格无记录。民国35年7月,国民政府军占领如皋城,电厂恢复发电,电价飞涨。民国36年3月起1.3元/千瓦时,6月起调整为3.2元/千瓦时,7月起又调整为10元/千瓦时,用户纷纷申请停止用电。

1949—1963年,机关、企业及工厂用电,实行装表抄表收费,居民照明实行装表抄表收费及包灯制两种计量收费方式。此后,包灯制逐渐取消,全部为抄表收费。其中,1962年基准电价为:工业用电0.15元/千瓦时,农业用电0.10元/千瓦时,照明用电0.38元/千瓦时。

1982年起,农村推行总表计量,按农、工照明比例分摊照明电量。是年,315千伏安以上用户实行两部制电价收费方式。1983年2月,县供电局推行农村专线承包,实行包电量、包安全、包线损、包平均电价、包电费,定负荷"五包一定"电价制度。至1985年,全县共有23个乡(镇)实行承包,电费回收保持月抄、月收、月结、月清,回收率连续多年100%。

1985年起,按规定,在国家电价外,加收煤运加价。基准电价为工业用电0.085元/千瓦时,农业用电0.06元/千瓦时,照明用电0.19元/千瓦时。煤运加价为0.0024元/千瓦时。1993年,煤运加价调整至0.187元/千瓦时。

至1992年,全市(县)农村照明电价差距较大,高的超过1元/千瓦时,低的0.45元/千瓦时。1993年,根据新出台的电价目录,调整照明与农业电价的分类,将照明电价分为居民生活电价和非居民照明电价,将农业电价划分为农业生产电价和贫困县农业排灌电价,其他用电分类仍维持不变,并将大工业电价起点从100千伏安调整至320千伏安。

1993—1997年,实行多种电价并存方式,有目录电价、三峡工程建设基金、新安江移民电价、地方综合差价等。1994年12月31日,如皋在南通6县(市)率先出台《农村用电价格管理意见》,农村居民照明用电电价0.48元/千瓦时,开票到户,凭票收费。

1999年7月起,全市执行全省统一销售电价。10月起,化工、机械、冶金、纺织、建材、医药6大行业实施分时电价。2001年3月1日起,农村居民抄见电量全面执行0.52元/千瓦时,城乡统一居民电价。2002年8月1日起,执行农村非居民照明用电同网同价。2003年2月20日起,全面实现城乡用电同网同价。2004年,分时电价执行范围扩大到所有工业用户和部分居民用户。

2005年5月1日起,根据国家实施煤电价格联动,相应提高电网销售电价的要求,平均销售电价每千瓦时提高0.0295元,除居民用电、化肥生产用电、商业照明用电、农业生产用电、排灌用电价格不作调整外,其他用户的销售电价在原销售电价基础上每千瓦时提高0.037元,居民用电谷段电价每千瓦时提高到0.35元,企业谷段电价每千瓦时提价0.03元。

2006年7月1日起,城乡中小学教学用电价格统一执行居民生活用电价格,原商业照明用电价格与其他照明用电价格并轨,并改称为非居民生活照明用电价格;工业基本电价每千瓦时降低0.01元;城乡居民生活用电每千瓦时提高0.083元;非居民生活用电、非普通工业用电每千瓦时提价0.028元;大工业用电每千瓦时提价0.018元;农业生产、农业排灌用电每千瓦时提价0.019元。

2007年7月1日起,为控制高耗能行业发展,加快淘汰落后产能,决定提高差别电价标准。

2008年7月1日起,非居民照明与非普通工业电价并轨,统称为"一般工商业及其他"电价。

2009年11月20日起,全县销售电价平均每千瓦时提价0.031元。2010年9月1日,始对老旧淘汰型号变压器实行淘汰类差别电价,加价标准为每千瓦时0.30元。

附录:

一、如皋供电安全纪录

1988年10月21日至1989年12月5日,安全记录411天。

1989年12月7日至1991年4月5日,安全记录485天。

1991年4月7日至1995年1月11日,安全记录1376天。

1995年1月13日至2010年12月31日,连续安全生产4430天。

二、如皋供用电事故

1952年9月5日晚11时，耀如电厂1号机组连杆折断，踏脚板、水管爆坏，停机23天。

1962年6月8日8时，耀如电厂3号机组因焊接质量不良，线头松开，脱离定子线圈，导致发电机相间短路，致导线外包绝缘层全部烧坏。

1971年5月14日16时，县供电局外线组在35千伏白磨线4号杆(18米转角杆)施工紧线过程中，杆上工人私自剪断两根临时拉线，造成倒杆事故，致1死2伤。

1973年6月14日，耀如电厂发电车间值班员带负荷拉闸，烧坏隔离开关1组，造成停电1小时6分钟。

1974年8月7日，搬经变电所值班员违反操作规程，带负荷拉闸，造成弧光短路，使开关室燃烧，致使如城、城南二变电所短时间停电和搬经变电所两条农业线路停电14小时，并烧坏3组10千伏隔离开关以及部分控制电缆，损失折款7000余元。

1980年6月27日4时3分，35千伏黄石线因雷雨冰雹袭击击坏168号杆顶担，大树倒在导线上，直到29日21时30分恢复供电。少供电10万千瓦时。

1981年9月27日，搬经供电所变电值班人员在进行室内清扫时，因未履行安全技术措施，工作监护不严，致炊事员误入带电10千伏机场线开关柜内触电，两腿电弧灼伤。

1982年5月22日，薛窑供电所值班人员违反工作许可制度，操作监护制度和营业管理规定，私自许可营防管电站人员工作，致营防公社1名大队电工在配变台架上工作时触电死亡。

1984年1月17日13时50分至1月19日晨，江苏省普降大雪，全县地面积雪20厘米以上，导线积雪30—40毫米，1月18日导线结冰，发生多条线路故障断线跳闸，先后造成8个变电所停电，全县通信中断，无法调度。县供电局组织抢修，于22日恢复对外供电。

1988年4月13日，县供电局线路工区工作人员在35千伏如东线改道竖立15米杆时，误解开后缆风绳，杆根未回土夯实，造成倒杆，杆上青工薛某某、吴某某2人受伤。

1989年12月6日，110千伏白蒲变电所值班人员严重违反操作票制度有关规定，在调用35千伏1号所用变电源操作中，致白蒲变电所与平潮变电所35千伏系统非正常合环，在处理时又扩大造成带负荷拉刀闸事故。

1991年4月6日，110千伏北郊变电所检修时，现场操作工人失去监护，造成一检修工挂接地线时跨入带电的10千伏北镇线间隔，发生触电。

1995年1月12日，市供电局变电工区检修人员在110千伏北郊变电所35千伏开关室开关柜内处理地面上油迹时，周某某右手接近35千伏电流互感器上桩头，发生放电，构成重伤。

卷五 土地管理·环境保护

如皋土地发育于6000年前的古扬泰岗地。宋代始，随着皇岸（范公堤）、包公堤等沿海海堤及沿江江堤修筑，大量围垦土地。至清嘉庆时，全县有土地30234公顷92亩。历代县衙为增加田赋而清丈和管理土地。民国初，南通民族资本家张謇于县域东部沿海筑大豫堤、卫海堤等，沿江地区亦大量围垦滩涂。民国3年（1914年）秋，北洋政府如皋县公署增设测绘局，对全县土地进行清丈测绘。民国25年，国民政府如皋县政府设立土地局（后更名地政局），目的亦主要为增加税赋。中华人民共和国成立初，全县土地逐步实现国有或人民公社集体所有，一度建设用地大多实行无偿调拨，多征多占、占而不用、好地滥用、不批即用现象严重。随着人口、建设、发展用地与土地资源矛盾日益突出，1980年始，根据“十分珍惜和合理利用每一寸土地，切实保护耕地”基本国策，全县逐步规范土地征用审批制度，在加强用地规划、审批，加大违法用地查处力度的同时，实施拆窑、平坟还耕，填平废沟呆塘，农民集中居住，实施“万顷良田工程”等一系列措施，既保证飞速发展的工业、房地产业等用地需要，又保持耕地总量动态平衡。2010年，全市土地面积1576平方千米，其中耕地面积8.12万公顷。

如皋作为著名的“世界长寿乡”，素以生态环境优良著称。20世纪70年代中期开始，随着工业、养殖业、服务业等迅速发展和汽车等现代化交通工具日益普及，县域生态环境污染加剧，且呈恶化趋势。1980年6月，如皋县环境保护办公室成立。1987年1月，县政府又建立环境保护委员会。贯彻“以防为主，防治结合”的方针，在严把新进项目环境影响评价审批关、项目建设“三同时”执行关的同时，大力推进已建企业污染防治设施建设，并关停并转一批生产工艺落后、环境污染严重的企业。2000年开始，全市工业等企业污染物排放逐年下降。2003年，城区日处理能力2万吨的生活污水处理厂投入运行，生活污水污染环境的问题基本得到解决。2004年12月，如皋市被正式命名为全国生态示范区。2005年，长江镇（如皋港区）垃圾焚烧热电联产项目竣工投产，生活垃圾污染问题进一步得到解决。2006年，全市开始实施农村居民生活垃圾集中处理。2009年，各镇污水处理厂全面建成投产。2010年，全市废水、废气基本实现达标排放，全市地表水环境质量正常保持国家Ⅲ类水质标准，大气环境质量正常保持国家二级标准，土壤环境保持优良状态，声环境达到国家卫生城市标准。

第一章 土地管理

第一节 管理机构

一、沿革

明代前，全县地政由县令直接掌管。宋咸平三年（1000年），县衙增设主簿1人，辅佐县令管理地政。明代，县衙置司粮主簿，兼管土地。清代，由知县聘请“幕友”，掌管全县田赋册籍。清雍正十二年（1734年），县衙设钱粮柜，粮户自行投柜完粮。清乾隆十六年（1751年），县衙设局书21名，承办造册、推收、散单、催科。清末，县衙管理田粮赋税的胥吏称漕总。民国初年，田赋地籍由县民政公署主计课主管。民国3年（1914年）秋，县水利会附设测绘局，测绘如皋地图。民国17年冬，县水利会测绘局因清丈费绌停办。民国21年4月，县清查田赋委员会成立，根据国民政府《度量衡法》将前清丈局计积的“营造亩”，按标准折合成市亩，更正簿册和执业方单。民国23年6月，国民政府如皋县政府依据清丈局所制清丈草册，编成户领丘册，造册征粮。民国25年初，国民政府如皋县土地局成立，6月改称如皋县地政局。民国27年初精简机构裁撤，改由国民政府如皋县政府直接管理。民国36年4月1日，国民政府如皋县政府设地政科，11月4日裁撤，并入第二科（财政）。民国38年1月27日，国民政府如皋县政府管理机构随政府撤逃。

中华人民共和国成立初，全县地政工作由县政府民政科负责。1969年起，各项建设征用土地由县革命委员会生产指挥组审批。1971年，县革命委员会民政局成立，地政工作仍由民政局管理。1976年8月11日起，改由县革命委员会计划委员会管理。1982年12月，村镇建房用地管理由县基建局负责。其后，村镇建设用地管理先后由县城乡建设环境保护局、县城乡建设委员会负责。1986年3月14日，县农村土地管理办公室成立，负责全县农村土地的调查、规划、登记、统计，研究土地管理的有关政策，办理土地征用划拨等事宜。县城、县属建制镇规划区以内土地的征用、占用审批工作仍由县城乡建设委员会负责办理。1987年7月1日，县土地管理局建立，开始实行城乡土地、地政统一管理。

二、主要机构

如皋市国土资源局 1987年7月，如皋县土地管理局正式设立，为县人民政府职能部门，二级局建制。1989年12月，经南通市政府批准，升格为一级局。1996年11月，改称如皋市国土规划管理局。2001年9月，更名为如皋市国土资源局（简称市国土局）。2004年，根据国务院通知精神，开始实行国土资源主管部门干部垂直管理。至2010年，市国土资源局内设规划和耕地保护科等6个中层机构。下辖国土资源执法监察大队、土地资产储备开发中心、市土地复垦整理和市场服务中心、勘测院4个事业单位和20个国土资源所（分局）。

如皋市土地资产储备开发中心 2002年2月12日建立，为社会公益性全民事业单位。受市政府委托，持有并营运一定年限的土地使用价格国家股；储备和经营政府依法收回连续两年未使用的土地；收购和经营企业关停并转、破产和产业结构调整的土地，土地使用权人申请收购的土地以及土地使用权转让中申报价格明显低于市场价格的土地；对旧城改造中的土地进行前期开发，为熟地出让创造条件；对新增的有开发价值的土地进行储备。

如皋市勘测院 1988年4月成立，初名如皋县规划测量队，隶属于如皋县建设委员会，事业性质，企业化管理。1994年，更名为如皋市勘测院。2002年6月起隶属于如皋市国土资源局。具有乙级测绘资质，有各种型号全站仪20多台，全球定位系统RTK10多台套，有独立的CORS基站，地理信息数据覆盖面积1500平方千米。主要承担大地测量、摄影测量与遥感、地理信息系统工程、工程测量、不动产测量、海洋测绘、地图编制等任务。2005年，市勘测院移址如城镇宁海路269号勘测大厦。

第二节 土地开发整理

一、土地初始开发

如皋土地发育于6000年前古扬泰岗地。汉代前，"海陵多麋，千百成群，掘食草根，其处成泥，名曰麋畯，民人随此畯种稻，不耕而获，其收百倍"(汉张华《博物志》载)。沿海地区则构筑范公堤、包公堤、嵇公堤等，围田，利用海水煮盐，称为"灶田"。清嘉庆《如皋县志》载："如皋有官田26099顷58亩，灶田3983顷91亩，群田151顷43亩。"

二、海滩垦殖

民国初年，县内部分实业家和有识之士按照"必水土平而后稼穑，稼穑而后衣食足"思路，实施大规模海滩围垦。

民国4年(1915年)，由浙江绍兴人邵铭之总办的华丰垦殖公司，募集资金34万元，招募垦民1000多户，首先在掘港西南乡18里的盐场和六富头一带开垦荒地1547公顷，并从崇明、启东、海门一带陆续移民，种植棉花、大豆1667公顷，玉米333公顷。

民国5年，南通民族资本家张詧、张謇创办大豫盐垦公司，集资150万元，实际耗资369万元，在遥望港北首垦殖8667公顷。垦区河道以大河、匡河、横河、泯河四级配套，划分均匀，级级控制。遥望港、丁店河、兵房港、东凌港为垦区敞口入内主要排水河道，相继建造九门闸、裕丰闸、一门闸、三贯闸、四贯闸、六贯闸等，用于排涝和控制海水倒灌。

民国7年，上海资本家刘景德和丰利晋丰泰盐店周柏英及陈桂一、成哲夫等合股创办益昌盐垦公司，垦殖滩地893公顷。民国9年始，大豫盐垦公司在长沙西北又匡围西一区、西二区，垦殖土地约2400公顷，以种植棉花和麦子、大豆、玉米为主。民国9年至民国11年，益昌盐垦公司从海门、启东等地召集佃户，开垦海滩荒地666公顷，主要种植棉和麦子。民国13年，大豫盐垦公司有佃户4500户、2.76万人，年产籽棉8000吨，粮食1100吨，食盐1万吨，养蜂60箱，生猪500头，牛500头，羊600只，鸡鸭1万只。

三、江滩围垦

永安沙围垦 民国3年(1914年)，江心孤岛"二百亩"西北方出现一片青沙。民国6年，刘宝林、田明斋、沙元榘、道少吾、黄吉人、陈介堂等，向南京国民政府财政部沙田局申报围垦永安一案(一次报批围垦一片土地，称某案，谁围垦土地即归谁所有，后亦多作地名)，俞达三等申报围垦二案，马子立申报围垦三案，马子俞申报围垦四案，郭宾侯申报围垦五案，许国桢申报围垦六案，张皃臣申报围垦东西七案，沙心斋申报围垦附七案、八案，施有璜申报围垦附八案，马绍祖、马子余申报围垦东平三、四案，陈新铭申报围垦永平一案。永安一案(头案)于民国7年围垦后，滩地淤涨加快，至民国10年成立"永安垦殖社"，刘宝林、陈介堂任正副经理，主持围垦事宜，头围(圩)又成田680亩。民国11年砌造仓房，建瞭望台，成立保卫团。民国12年，陈月余申报围垦永平二案。民国14年，沿江地区大兴围沙造田之风，有钱人纷纷向国民政府申报围垦沙堆和浅滩，先后申报围垦的土地有久隆案、徐卓案、附七二案、东来案、东兴案、俞二案、方健汝案、戴案等。

至民国16年，永安沙在淤涨过程中，由于水流冲刷形成流槽，全沙分割成5大块。是年冬，国民政府如皋县政府于永安头案与西七案临界夹江筑坝相连。民国17年，国民政府沙田局每亩补收田价6元，逾期不缴纳者，将收回半数由官府变卖。民国19年，中共如皋县委领导西乡土地革命，加之国民政府开始对围垦所得土地按亩收费，后又连年水灾，申报围垦之风减缓。民国22年，国民政府如皋县政府又于头案、二案之间筑成一坝，使一、二、三、四案与东平沙相通。是年，申报围垦之风再兴，先后有陈琨、马汉庭、复隆、同兴、张少宾等10余家申报围垦沙滩。民国24年,国民政府如皋县政府再次于二案、附七案与东平之间筑坝,长约120余丈,动员民工4000余人,机器发电照明,日夜施工,历时两个月完成。此后又于东平与徐卓、久隆案之间筑海坝,使永安、东平与永平三沙连成一片,统称"永安沙"。

民国31年,汪伪如皋县政府批准围垦的新案有尧保东案、聂千里案、马志成案、张子东案、陈省庵案等。民国32年春,汪伪如皋县政府组织浚港委员会,在江北新生港与永安沙方案之间筑海坝与江北相连,因草率从事,工程质量差。6月17日风潮将海坝冲倒。

民国35年4月,县政府在龙游河桑木桥至江口段浚港筑坝,使夹江断流,促使永安并连北岸。《如皋土地志》载:"至民国35年初,永安沙面积200余方里,可耕地7万余亩。尚有未垦殖的夹江滩地和外滩地2万余亩。"民国36年,头案外围陆续筑成15围,共成田9000亩。

东夹槽围垦 民国36年(1947年)3月25日,国民政府如皋县政府动工围垦海坝以东夹江滩地,动员1500多人,施工50天,动土2万多立方米,筑成3500米长的江防大堤,疏浚干河4道、沟渠12条,筑马路1条、涵洞3座,平田2200亩,建立永安合作农场第一分场。

民国37年,永安沙解放,中共如皋县委、县政府将农场土地分给农民。如皋全境解放后,县委、县政府建立县垦殖委员会,继续向东扩围永福圩,组建江防乡永福村。1950年春,县垦殖委员会围滩1140.66亩,定名"501圩",后分属江防乡五零村和群力村。1951年春,县垦殖委员会在周圩港坍江口东侧围垦858亩,定名北镇龙圩,后属江防乡镇龙村。1953年春,筑堤900米,围垦1645.34亩,定名农建圩,由县棉种场建立农建圩新场。1954年春,丝渔港浚港建闸中,由总队部统一安排,在夹槽东岸新村乡外滩,围田261.2亩,弥补水利用地和安置拆迁户,定名六号圩,后为六号村。1955年2月,继续在北岸外滩筑堤424米,扩围329亩。1955年11月,全部划拨给南通专区农场。此后专区农场又两次扩围,土地总面积增加至5643亩。

1963年4月,县人委组织江防、郭园、九华、营防4个公社民力,用工49374个,围田9框计1621亩,定名建国圩,弥补郭园、九华、营防公社水利用地,组建营防公社建国大队(后为九华镇兴国村)。1969年春,在东夹槽出江口,围滩1300多亩,建立县蚕种场。

东平滩围垦 1950年春,县垦殖委员会在马三四案外滩,围田322.76亩,定名"503圩",后陆续拨交县棉种场。同期,于永平闸出江口东岸围成永建圩。1951年春,县垦殖委员会在东平滩周圩港出江口,围垦1164.9亩,定名南镇龙圩。1954年5月,疏浚丝渔港时,安置拆迁户,成为江防乡永隆村。1956年春,在镇龙堤北新涨江滩围田385亩,建立县苗圃,后改为蚕种场,蚕种场迁往六滩后,改为安置移民定居。是年,在县棉种场南堤外滩扩围1700亩,以400亩安置焦港引河拆迁户,余由县农场经营。1960年,于南镇龙堤南周圩港出江口线西,扩围672亩,大部由县农场使用。

1965年,县农场迁往长青沙,安置机场拆迁户,后为长江镇闸南村。同期于东兴老围外滩围成东兴新围,后为长江镇二百亩村。1967年于东兴新围外滩向东至县苗圃西南角,新筑江堤围滩造田,西段定名江边圩,后建为长江公社长江大队。东段为江防公社跃进大队。1968年,长江公社在二百亩外滩筑堤476米,围田220亩,后亦属长江镇二百亩村。1973年,又在永平闸外滩扩围300余亩。

西夹槽围垦 民国35年(1946年)春,县政府在海坝西侧、夹槽南岸复兴沙,围滩造田1065亩。民国36年春,被国民政府如皋县政府划为永安合作农场第二分场(西农场)。后属长江镇复兴沙村。

民国38年春,县政府于戴案新圩大堤外沙滩,围滩359.49亩,定名永胜圩,弥补水利建设用地。后属长江镇复兴沙村。1952年春,由苏北行署投资在西夹槽西江口围滩造田,建立黄桥劳改大队,一度称"劳改所圩",后为江苏省公安厅永安沙劳改农场。

1968年5月,长江公社在头案大堤外滩筑堤1440米,围田363亩,名头案新围,安置坍江地群众和头案港闸拆迁户,后属长江镇头案村。

1969年3月,劳改农场撤销,土地移交给如皋县,改为县"五七干校",后改为如皋市棉花原种场，土地总面积2419亩。

中心沙围垦 1975年，长江公社组织民力围垦中心沙，建立长江公社十六大队，后改名中心沙村，土地总面积2831亩。

1978年春，县围垦指挥部于中心沙东、二百亩以西滩地，筑大堤1400米，围出江滩1500亩，建立县水产养殖场中心沙分场。1979年，由渔场围垦外滩，就地挖鱼池19个，养殖水面170亩。至2005年，中心沙共围垦土地2838亩。

长青沙围垦 长青沙原为永安沙外高、张、朱、凌案。民国17年（1928年），始于沙上植芦。1958年，滩沙并连，发育稳定。1965年2月11日，经江苏省人民委员会批准，县人委组织34个公社1.2万民工，围垦长青沙。8月12日，竣工，在沙滩中心围筑江堤9332米，围成土地25框，计6942亩。其中，中部9—20框3441亩，划建县棉花良种场；东部1—8框1762.5亩，安置移民组建长青大队；西部21—25框1287.8亩，安置城镇插队知青，组建知青大队。

1972年，长江公社在向阳滩北端筑堤2767米，围地962亩，迁入115户，组成十八大队，后更名渡口村。次年春，国家投资由长江公社继续扩围向阳滩，筑堤5500米，围地13框4443亩，其中南堤外青年港与长青港之间的10—13框1694亩，划归县良种场；北端第一框划归十八大队，余皆安排焦港整治工程拆迁户；2—5框1145亩，组建十九大队，后更名西围村；6—9框1385亩，组建二十大队，后更名临江村。

1973年春，县芦滩管理所在东风滩中心围滩180亩，建立副业场。是年，国家投资由长江公社

图5-1 长青沙滩涂 （1998年摄）

在向阳滩扩围同时，江防公社在定心围东部堤外新生滩筑堤5300米，围地13框3151亩，移民垦殖，组建二十一、二十二、二十三大队，后改为南围、东围、北围三村。

1974年春，长江公社在定心围北堤外红卫滩筑堤2635米，围地6框2481亩，其中1—4框截除南端建成长新镇，北部划归良种场。长青港以东5—6框440亩划归二十三大队（后更名北围村）。1976年，县芦滩管理所移交给县蚕种场。1987年7月，临江村坍堤，从良种场划出303亩安置搬迁户。

1978年，如皋与南通县小港开沙联合扩围，中开界河，县蚕种场连同原围合得663亩。后蚕种场继续向西扩围741亩。1984年冬，县政府于蚕种场西围西端与红卫滩东端之间筑长薛海坝（实为江中堤坝，习惯称长薛海坝）。1989年，县芦滩管理所在长薛坝外围滩2953亩，后为江滩开发区、芦渔合养场。1990年冬，南通县在开沙与新生滩之间筑一海坝。二坝之间迅速淤结，开沙、薛案与长青沙连成一片，以通如界河中心为界，河西、河北2228亩为如皋所辖，后为长青沙滩涂开发区（河东、河南为通州市所辖）。

1991年冬至1992年春，长青沙乡在红卫滩东、东风滩西的薛红滩，筑堤2102米，并与东风滩芦渔合养场开挖界河，围垦土地1267亩。

又来沙围垦 又来沙位于长江北汊北侧，东北与中心沙相接。头案外围坍没后，于民国31年（1942年）在原址涨出新沙，故名又来沙。初时，由大小流槽相隔，形成新生滩、立新滩、前进滩3

图5-2 土地复垦整理现场 （1992年摄）

个大滩，后逐渐淤塞相连。1984年，首次在立新滩围垦土地100亩。1990年，又来沙开发被列为省、市土地综合开发重点项目，从当年12月起，由

如皋组织围垦和综合开发，至1991年底，动土45万立方米，耗资181.1万元，修筑完成一条长4181米、顶宽5米、底宽31米、高7.5米的江堤。其后数年间，耗资128.2万元，建成4.5米宽进排水闸1座。耗资114.7万元修建配套涵洞和机耕桥，架设高、低压线路及配电设施。耗资350万元，动土60多万立方米，完成垦区内配套工程，建成土地基本平整成方，桥、涵、泵、站齐全，沟、渠、路、林基本配套的8200多亩良田。

四、土地复垦

1949年前，全县很少进行土地复垦，不少废沟呆塘、零边隙地及建筑物损毁后的土地被闲置废弃。1949—1988年，结合治沙改土、土地方整化，基本完成废沟呆塘、零边隙地土地复垦。《土地管理法》实施特别是1989年1月1日国务院《土地复垦规定》颁布以后，全县(市)将土地复垦列入土地管理的一项重要内容。1989—1994年，全县(市)累计复垦各类土地40298.59亩。1995—1997年，土地复垦工作一度放松。1998—2010年，全市土地复垦工作全面加强，共复垦、整理各类土地10.88万亩，其中复垦为耕地7万余亩。

拆窑还田 20世纪80年代初，随着建筑市场的全面活跃和农民草房、平房改造的全面兴起，全县农村小土窑一哄而起，一些组甚至农户亦兴办。1987年5月20日，《经济日报》在头版头条发表题为《还我耕地》的报道，批评如皋龙游河畔小土窑林立、毁田烧砖瓦的问题。至1989年年底，全县共有小土窑、立体窑2684座，约占南通地区小土窑总数60%。群众称小土窑是“吃地虎”，批评毁田建窑“毁了祖宗的田，捞用子孙的钱”。县委、县政府成立由分管副县长任组长，县政府办、县委农工部、县计委、县土管局等部门领导为成员的拆窑还田领导小组，并由县政府发文规定：土源充裕，布局合理，以使用江河淤泥为主，或有可供抽行取土的高田土，不挖田毁地且不建在大田中间的，一个村可暂时保留一座小土窑或立体窑，由乡镇逐座鉴定审查，报县土管局核发生产许可证，工商部门凭许可证核发营业执照；凡不符合上述条件的一律责令停办，限期拆除还耕。1990年3月，何庄乡先行试点，突击20天，拆除小土窑40座，后立即推向全县。是年，全县共拆除小土窑1929座，拆窑还耕2721亩。至1993年年底，全市(县)累计拆除小土窑、立体窑2335座，还耕近5000亩。至2010年，随着土地管理措施的到位及墙体改革的不断深化、农房改造的基本完成，全市除几家大型砖瓦厂继续生产外，小土窑、立体窑全部拆除还田。

平坟还田 20世纪60年代，全县在推进殡葬改革的同时，倡导坟茔集中埋设和棺木、骨灰盒深埋，大田中央的坟茔明显减少。20世纪80年代，结合大力推进殡葬改革和“三提倡、三反对”(提倡科学，反对迷信；提倡文明节俭，反对大操大办；提倡厚养，反对厚葬)等活动，全县掀起几次平坟还田高潮，零散设立于大田中央特别是公路沿线大田中央的坟茔基本被平或被移。1991年，全市开展大规模的平坟活动，在继续平除零散设立墓穴的同时，开始实施茔地(墓穴集中地)平坟复垦。是年，共平坟、圹、亭等墓穴195913个，复垦土地3450.45亩。此后，全市结合推进集体公墓、村骨灰堂等，在杜绝新增土坟的同时，继续实施零星未平坟墓的平犁。

至2010年，全市零星坟墓已极少，长江等镇实现骨灰盒全镇定点集中摆放、安置。

废地复垦 1989年起，市(县)政府每年年初制订复垦计划，明确复垦任务，除拆窑还耕、平坟还田外，结合村镇建设，实施老庄园改造，复垦村内老宅基地和空闲地，并及时复垦交通、水利建设挖、压废地等。1997年国家实行占用耕地与开发复垦土地挂钩政策后，全市加大土地复垦整理力度。至2010年，全市除废沟呆塘、零星隙地全部复垦到位外，所有拆除房屋的宅基地、交通、水利建设挖、压废地等都得到及时复垦。

第三节 地籍管理

一、土地清丈测绘

明清时期清丈测绘 明代以前，全县土地清丈测绘情况无考。明洪武十四年(1381年)，根据皇帝诏书，全县测、编田赋黄册，以110户为1里，每里编造一册，详具每户丁口、田产和应负赋役。明洪武二十年，全县再次进行大规模土地清查，以乡、都、里辖区逐丘丈量绘图。至明永乐年间，全县“官民田地折实大田二千三百四十八顷二十三亩八厘一毫”。

明嘉靖二十一年（1542年），知县黎尧勋因“册籍灭没”“为悯念地方田粮不均，赋役不平，坍江未豁，民命不堪”，上《均田疏》，奏请清丈，“将本县田地，不分高低，无分荒熟，逐一丈量，总计其数”，得实田小亩36003.3顷，此为如皋历史记载第一次全面清丈土地。明万历十一年（1583年），全县除去坍江田5610.2顷，实有田30393.1顷。明万历四十一年，邑人贲师皋具告抚院，知县周承恩获准，两次除去坍江田212.4顷，实有民、灶田30086.3顷。明天启四年（1624年），全县“清造版图”“披图按亩，计里分甲，以寡佐多，此出彼入”，查出被隐匿的田2万余亩，清核出灶户私卖的民田28万多亩。

清顺治四年（1647年），察芦使者至如皋查丈沙田草滩，为增课银，将原坍靠岸补槽之田及坍江复涨草滩，用小弓丈量，以6分作为1亩，合计增加面积69330亩，比明崇祯年间沙田草滩60208亩多一倍以上。清乾隆十一年（1746年），因额田缺少11309.7亩，知县呈请清厘，对“有田无粮者允其首升，有粮无田者准其开除”，两年完成，溢出11308.4亩。

民国时期清丈测绘　清末邑绅沙元炳主持创办如皋师范学堂时，即设有测绘科，招生30余人，特聘日籍教师教授测量、绘图及计算。民国2年（1913年），全县随赋代征水利清丈费每亩2分，筹集资金18万元，县测绘局组织如皋师范学生组成地形测绘班5个，图根班1个，每班4人，详细测量四境以内的地形，测得全县东西横长90千米，南北纵宽50千米，面积为“一万零二百捌拾余方里（约为2570平方千米）”，并于次年12月用1/50000的比例尺，绘制完成全县地图。历时3年，耗资3.8万多银圆。其所付印的《如皋县全境舆图》，以1/50000分印为相关的8幅，现市档案馆尚存6幅。

民国10年春，如皋清丈局集中如皋师范原测绘班的毕业生，召清丈人员28人，开始户地测量。在一个市乡区域内，以地保坊为“图”，以自然地形的河路分“段”，段中分“号”。用照准仪实地丈量，以清制工部营造尺（3.125尺=1米），60方丈为1亩，按1/1250缩尺制图。每丘田丈量四址，一丘一号，积若干丘为一段（300亩上下），段图绘成，载明官河、公路及地名。至民国17年，全县除沙田、灶田及市廛外，熟田丈量告竣，清丈局奉令停办，图册交县建设局。民国21年，由国民政府如皋县清查田赋委员会，在丘领户册上将“营造亩积”按92.2%的比率折成市亩，编造市领丘册，后成为全县土地登记和征收地价税的根据。

民国22年，全县再次在附税中带征清丈费，征得银圆275777元。11月，国民政府江苏省土地局第十一图根组，用经纬仪对如皋土地进行测量。民国26年，全县清丈土地结束，发给土地所有者鱼鳞式土地执照，并查出负责田赋征收的县粮房张子善捞用田赋24万元。如皋沦陷后，张子善被保出狱，未作处理。

中华人民共和国成立后清丈测绘　1952年9月始，县政府按照政务院统一部署，发动群众按丘插标自报，踏田登记，核实抽丈，草榜公布，民主评议，自丈互丈，正榜定案，结合核实人口，定产归户，登记造册，田归户，户归册，不漏落，不重复。丈得全县田亩共1710576亩，比原田亩数1489400亩增加221176亩。

1959年，县人委建立土地丈量委员会，并设立专门办公室，抽调1231人组成12个测量大队、311个丈量小组，从8月27日开始，对全县48个公社、581个大队、5841个生产队及国营场圃的所有土地，分4批进行普丈、抽丈、复查，以生产队为单位，亮界插牌，逐丘逐块丈量，以市制60平方丈为1亩，并划清耕地与非耕地，非耕地有无收益，分项统计。至12月，核实定案，查实全县土地总面积为1960472亩，其中陆地面积1804001亩，水面面积156471亩。在陆地面积中，实有耕地（包括自留地和饲料地75745亩）1522573亩，连同有收益的非耕地153458亩，合计为1676031亩。土地清丈尺量统计资料显示，1965—1980年，全县总面积为1476.9平方千米。

1983年8月开始，结合全县土地利用调查，由县水利局主持，历时两年，利用1∶10000航测相片平面图，以村为单位，对全县土地进行室外调绘和室内量算，绘制1∶50000的全县土地利用现状图1幅和1∶10000的乡级土地利用现状图49幅，整理以村为单位的调查资料893册。通过动态监测取得1985年的同步资料，汇总成全县各乡各类土地面积统计表，编写完成《如皋县土地利用现状调查报告》《如皋县土地利用现状调查技术总结》《如皋县编制土地利用现状图专题总结》，于1986年9月10日经江苏省土地资源调查验收组验收合格，并获省农业资源调查和农村区划成果一等奖。此次调查利用航测照片调绘，是1986年前全县最为精确的一次土地测量，查得全县总面积为1552.01平方千米（不含长江水面）。其中陆地1257.49平方千米，占总面积的81.02%；水域253.76平方千米，占总面积的16.35%；沙洲滩涂40.76平方千米，占总面积的2.63%。1996年，结合全市土地利用调查，对全市土地进行清丈，测得全市土地总面积为1572.37平方千米。2008年6月，根据《第二次全国土地调查总体方案》和《第二次全国土地调查技术规程》要求，市国土资源局启动全市土地更新调查与第二次全国土地调查，按照"缺什么、补什么"的原则，至12月底，全面完成第二次土地调查工作，并将调查结果上报国土资源部。全市土地总面积为1569平方千米。2009年，市国土资源局购买新航片，对照新影像进行内业数据更新。7月，国家第二次全国土地调查办公室组织外业核查组至如皋进行全国土地调查外业实地核查，如皋市成为全国首批通过外业核查的县（市）之一。至2010年，全市土地面积为1576平方千米。

二、地籍调查

农村地籍调查 1957—1980年，全县耕地面积减少34.37万亩。1982—1986年，全县耕地面积再减少36583.34亩，每年平均减少8129亩。

1987—1988年如皋县非农业用地清查情况统计表

表5-1

用地单位类别	单位个数（个）	用地总面积（亩）	其中非法擅自占地	
			单位数（个）	占地面积（亩）
国营、大集体	1366	12810.43	461	4253.64
乡镇场办	1457	12939.08	1253	11616.58
村办	2465	5545.67	2305	5241.13
砖瓦窑厂	60	3900.45	50	3289.60
小土窑	2072	4375.58	1846	3904.16
两户一体	2683	336.05	902	147.95
农户屋基	312704	74033.15	52394	2569.68
合计	322807	113940.41	59229	31022.74

注：表中数据不含如城、白蒲、丁堰、石庄4镇

1987年7月，县委、县政府根据《中华人民共和国土地管理法》和中共中央、国务院要求及江苏省、南通市部署，在丁堰乡试点，并于8月中旬组织10500人，投入经费57万元，开始对全县除如城、白蒲、丁堰、石庄4个建制镇以外各镇非农业用地情况进行全面清查。由用地单位和个人申报登记土地使用权，并由政府发给土地使用权证书。对其中违法用地的单位和个人，本着"尊重历史，实事求是，有法必依，宽严适度"的原则，分别情况予以处理。全县共清查出应予处理的非法用地9852例，处理7270例，计罚款137726元，拆除房屋16540平方米，退地还耕3508亩，有3人受到党政纪处分。其中，国家单位349例，处理332例，罚款5000元，还耕104亩；乡镇场村551例，处

至1993年5月如皋市城镇地籍调查确权情况汇总表

表5-2

类别 调查确权 镇别				如城	白蒲	石庄	丁堰	合计
街坊号数(个)				76	6	19	8	109
基本情况	总宗地数			8812	1983	874	859	12528
基本情况	其中	单位(宗)		741	108	88	106	1043
基本情况	其中	公房(宗)		3541	1001	284	163	4989
基本情况	其中	私房(宗)		4530	874	502	590	6496
已确权	宗地数			7866	1676	667	786	10995
已确权	面积(平方米)			1550554.71	376339.27	505591.24	527113.24	2959526.46
已确权	其中	单位	宗数	619	83	83	97	882
已确权	其中	单位	面积(平方米)	977736.41	270548.46	227419.75	450914.82	1926619.44
已确权	其中	公房	宗数	3405	900	263	153	4721
已确权	其中	公房	面积(平方米)	229692.98	44713.49	19924.77	24547.44	318878.68
已确权	其中	私房	宗数	3842	693	321	536	5392
已确权	其中	私房	面积(平方米)	343125.32	610077.32	258174.72	51650.98	714028.34
未确权	宗地数			941	307	207	73	1528
未确权	其中	单位(宗)		119	25	5	9	158
未确权	其中	公房(宗)		136	101	21	10	268
未确权	其中	私房(宗)		686	181	181	54	1102

理528例,罚款2.9万元,拆除5200平方米,还耕1252亩;农户违房8952例,处理6410例,罚款103726元,拆除252间计11340平方米,还耕2152亩。清查工作于1988年3月完成。此后,在进一步严格农村非农业用地审批手续的同时,全市每年均组织农村非农业用地核查,发现违章立即组织调查,并相应做出拆违、退耕还田、罚款等处理。

城镇地籍调查 《中华人民共和国土地管理法》实施前,全县城镇地籍调查制度一直未建立。1988年11月至1989年11月,根据《中华人民共和国土地管理法》和《城镇地籍调查规程》及《南通市城镇地籍调查分步实施方案》要求,县委、县政府组织对如城、白蒲、丁堰、石庄4个县属镇开展城镇国有土地申报登记工作。1992年3月至1993年5月,市国土规划管理局对4个市属镇实施地籍调查确权发证工作。经调查,4个市属镇建成区面积8.92平方千米,总宗地12528宗,其中单位1043宗、直管公房4989宗、私房6496宗。经调查一次定界确权发证10995宗,面积2959526.46平方米,确权发证率87.8%。此后,城镇地籍管理逐步走上规范化、法治化轨道,未再组织全市性城镇地籍调查活动。

三、土地确权、登记、发证

鱼鳞册 明王朝为稳定、增加税赋,进行大规模的土地清查，编制“鱼鳞册”，标明土地的地名、大体形状、面积、四至、业主姓名、住址，并以此为基础编制黄册，存户部、布政司、府、县，作为土地确权的依据。官府凭此确认产权，征收田赋。“鱼鳞册为经，土地之讼质焉；黄册为纬，赋役之法定焉”（民国《如皋县志》）。

地契 封建社会土地所有者，有权出卖土地，出卖时买卖双方央中人说合，写成契约，言明土地的坐落、四至、面积、地上附着物，并申明为祖遗财产没有争议，议定田价，由卖方签字画押，中人亦同时签名作证，买方收执，作为取得产权的证明，此称“白契”。随后买方携“白契”至官府缴纳“契税”，办理钱粮过户手续，加盖官印，即为“红契”，从而产权得到确认。民国时期，实行“官契”，官府专门出售印好的空白契约（官契纸），买方向官府购置，经买卖方协商填写成契约后，买方纳税过户，加盖官印，即为产权凭证。

承买官产执照 民国4年（1915年）起，国民政府财政部按照《官产处分条例》，发给承买官产（包括芦滩荒地等）者的执业凭证，亦称财政部执照。执照开列承买人姓名、籍贯、承买官产类别、坐落、四至、面积及应缴价值等。如皋从1917年起，陆续报领垦殖沿江沙滩共有数十案，均领有此执照。

土地所有权状 民国25年（1936年），国民政府如皋县土地（地政）局根据国民政府《地政施行大纲》，以行政区设立登记处，进行土地申报登记。业主凭借清丈局所发的执业方单，标明每宗每丘土地申报地价，由地政局核实给予登记，发给土地所有权状，背面贴有方单上的地形图。如有分割、买卖过户，复丈制图，进行变更登记。逾期者，由地政局标管，标管期内按估定地价征收年利6%的利息。

土地房产所有证 1950年，根据《中华人民共和国土地改革法》，全县进行新区土改和结束老区土改，次年在土地整籍中，以土地得益为依据，进行私有土地（含房产）登记，确定土地（房产）权，由县人民政府核发土地房产所有证。此后，凡发生买卖、典押等情况，均以土地房产所有证为依据查实田亩，办理过拨手续，再由承买、承典、承押人办理登记。

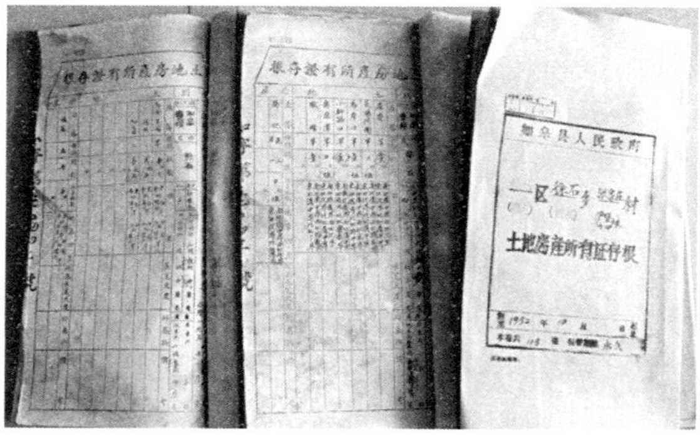

图5-3 土地房产所有权证存根

土地证书 1987年，全县非农业建设用地清查处理后，对合法使用国有土地和集体土地的单位，发给非农业用地使用证；农村居民宅基地发给宅基地使用证；个人使用的工、商、运、建、服临时用地发给临时用地使用证。是年10月，在农村进行非农业用地清查中，结合进行农村非农业建设用地初始登记发证工作。凡使用国有或集体土地的单位、个人，必须提供权源文件、用地平面图，如实填写申请表，由乡镇组织力量实地勘测，绘制五百分之一的平面位置图。经审查核实，权属合法、界址清楚、面积准确、存在问题处理清楚的，确认土地使用权，发给土地使用权证书。12月11日开始，对如城、白蒲、石庄、丁堰4个县属镇开始进行国有土地申报登记发证工作。凡镇区范围内使用（包括临时供用）国有土地的单位和个人，凭权源文件，向所在镇人民政府办理申报登记手续。4个县属镇中应予申报登记的共8907个单位和个人，有7357宗地计286.74公顷，一次申报的计8880个单位和个人。申报7730宗地计286.49公顷，未申报的仅27户，其中15户为非法占地不予申报，7户长期在外无人申报，5户因权属纠纷未解决暂不申报。年底，全县农村使用国有土地、集体土地的8000多个单位和33万户农户（含两户一体），全部完成初始登记，建立起初始地籍资料。

1990年起，根据国家对土地证书的统一规定，土地证书调整为国有土地使用证、集体土地所有证、集体土地建设用地使用证；土地他项权利证书、有土地使用权承租证明书、土地使用权抵押证明书等。

1992年3月至1993年5月，市国土规划管理局在城镇土地申报登记的基础上，组织城镇地籍调查确权发证。对权属合法、界址清楚、面积准确的用地单位和个人，经市政府批准，发给国有土地使用权证。对手续不全或违法占地者，由镇政府、居委会及地籍调查人员先行查处，根据具体情况给予补办手续确权发证。对因买卖房屋而致土地买卖的，由买主先办理权属、变更手续，交纳土地增值费后，申报登记确权发证。对擅自出租房屋者，出租户在办好土地许可证手续，交纳增值费用后予以确认权属。

1994年，根据《土地登记规则》和《关于变更土地登记的若干规定》，土地初始登记后，因征用或划拨引起土地权属转移的，使用者名称、通信地址和用途发生变化的，土地使用权依法转让、继承、出租、抵押的，单位分裂、合并、企业兼并、联建等引起使用权转移的，以土地作价入股、使用权发生转移，因土地权属转移引起他项机制变化的，进行变更登记。是年，全市办理土地变更登记35宗，面积5.56公顷。

此后，全市国有、集体土地初始、变更登记及国有土地使用证、集体土地所有证、集体土地建设用地使用证、土地使用权承租证明书、土地使用权抵押证明书等发证工作正常进行。

1993年如皋市城镇国有土地使用权登记发证情况一览表

表5-3

项目 / 登记发证 / 镇别				如城	白蒲	石庄	丁堰	合计
一次发证	宗地数			4564	776	404	633	6337
	面积（平方米）			1320681.73	331625.78	485594.47	502565.80	2640647.78
	使用证	单位	宗数	674	83	83	97	937
			面积（平方米）	97736.41	270548.46	227419.75	450914.82	1926619.44
		个人	宗数	3890	693	321	536	5440
			面积（平方米）	343125.32	61077.32	258174.72	51650.98	714028.34
		租赁证	件数	3913	900	263	377	5453
			面积（平方米）	217997.63	44713.49	19924.77	24547.49	307183.33
查处情况	补申报地宗数			435	120	23	78	656
	补办用地手续宗数			1	—	—	10	11
	办理变更手续宗数			58	25	2	25	110
	调处界址纠纷宗数			1181	209	145	235	1770
	清出违法用地宗数			486	50	2	23	561
	清出房屋出租宗数			521	22	32	40	615

第四节 用地管理

一、土地利用调查

1983—1985年，全县根据国务院及江苏省政府要求，按《全国土地利用现状调查技术规程（草案）》和江苏省补充规定（草案）、南通市实施细则，实施土地资源利用状况进行详查，并对调查结果进行分析，形成翔实的调查报告。

1992年起，根据国家土地管理总局《日常地籍管理办法（农村部分）》，市国土规划管理局在全面集中普查的基础上，每年进行一次土地利用

1985年如皋县各类用地面积及所占比例一览表

表5-4

单位:亩

用地分类		面积(亩)	占总面积(%)	用地分类		面积(亩)	占总面积(%)
总面积		2266872.42	100	交通用地	合计	80810.97	3.56
耕地	合计	1330868.18	58.71				
	灌溉水田	1025599.64	45.24		公路	7169.04	0.32
	旱地	300058.44	13.24		农村道路	73641.93	3.24
	菜地	5210.1	0.23	水域	合计	380641.88	16.79
园地	合计	138862.64	6.13		河流	230770.72	10.18
	果园	2561.62	0.11		坑塘	14599.22	0.64
	桑园	128329.11	5.66		其中人工鱼池	8106.38	0.36
	其他园地	7971.91	0.35		沟渠	129575.54	5.72
林地	合计	24435.58	1.08		水工建筑物	5696.4	0.25
	有林地	24435.58	1.08	未利用土地	合计	5794.52	0.26
	其中竹林	15130.35	0.70		盐碱地	129.72	0.01
居民点及工矿用地	合计	305458.65	13.47		沙地	5080.31	0.22
	城镇居民点	2912.82	0.13		其他	584.49	0.03
	农村居民点	275213.17	12.14	—			
	工矿用地	22070.51	0.97				
	特殊用地	5262.15	0.23				

注:表中总面积为域内陆地面积,不含苇地60594.97亩,滩涂592.56亩

状况变更调查。变更调查以每年10月31日为时点,凡上年11月1日至当年10月31日土地权属、地类、面积等发生变化的,列入当年变更调查年度统计。1993年10月中旬开始,市土管局在1985年详查的基础上,抽调专业人员162人,对1986年后土地利用变化情况进行补充调查,查清至1992年末全市土地利用状况、县(市)界接边情况,并划分国有土地、集体土地所有权与使用权,进行分类统计。至11月底,完成图幅编绘及数据统计等作业任务,并完成补充调查报告编写。

1996年4月至1997年6月,依据《全国土地利用现状调查技术规程》和《江苏省土地利用现状调查补充规定》,市土管局与河北省地质职工大学的专业队伍合作,进行全市土地利用状况第二次普查。此次普查,以江苏省测绘局1994—1995年摄制的1∶10000航测照片平面图为基础,分外业调绘、内业工作、检查验收和资料立卷归档四个阶段实施,对全市各类土地数量、分布、权属及利用现状进行全面系统调查。绘制的图件有:1∶50000全市土地利用现状图1幅,1∶50000分幅土地利用现状图8幅,市面积结合图1幅,1∶10000乡镇土地利用现状图49幅,1∶10000全信息图80幅,1∶10000乡镇分幅土地权属界线图80幅。经调查,1996年,全市土地总面积为2358511.8亩。其中,耕地面积1241874.7亩,占全市总面积的52.65%;园地127365.3亩,占5.4%;林地9587.8亩,占0.41%;居民点及工矿用地441231亩,占

18.71%；交通用地75937.7亩，占3.22%；水域458261.7亩，占19.43%；未利用土地4253.6亩，占0.18%。全市人均占有土地1.62亩，农业人口人均耕地1.05亩，人口密度923人/平方千米。全市国有土地面积为220045.1亩，乡镇集体土地面积54714.6亩，村集体土地面积2083788.1亩。同时查清各乡镇土地面积及各类土地面积。全市50个乡镇10个场圃，面积最大的乡镇为夏堡乡，土地面积为61487.8亩，占全市总面积的2.61%；农业人口人均耕地面积最高的是丁堰乡，人均耕地1.43亩。全市耕地总面积124.19万亩，比1996年全市国民经济统计面积121.35万亩多2.84万亩。

如皋市（县）1985年与1996年土地利用状况对照表

表5-5

单位：亩

用地类别			1985年	1996年	增加	减少
总计			2261176.02	2317725.30	56549.28	
耕地	合计		1330868.18	1241874.70		88993.48
	占土地总面积%		57.17	52.65		3.82
	其中	水田	1025599.64	1054429.70	28830.06	
		旱地	300058.44	182792.30		117266.14
		菜地	5210.10	4652.70		557.40
园地	合计		138862.64	127365.30		11497.34
	其中	果园	2561.62	4415.30	1853.68	
		桑园	128329.11	120286.70		8042.41
		其他园地	7971.91	2663.30		5308.61
林地	合计		24435.58	10053		14382.58
	其中	林地	24435.58	5722.90		18712.68
		苗圃		4330.10	4330.10	
居民点及工矿用地	合计		305458.65	441231	135772.35	
	其中	城镇	2912.82	12767.40	9854.58	
		农村居民点	275213.17	384897.30	109684.13	
		独立工矿用地	22070.51	38201.70	16131.19	
		特殊用地	5262.15	5364.60	102.45	
交通用地	合计		80810.97	75943.60		4867.37
	其中	公路	7169.04	18233.20	11064.16	
		农村道路	73641.93	57710.40		15931.53
水域	合计		374945.48	417004.10	42058.62	
	其中	河流	230770.72	258247	27476.28	
		坑塘	14599.22	49469.40	34870.18	
		沟塘	129575.54	109287.70		20287.84
未利用土地			5794.52	4253.60		1540.92

1996年如皋市各乡镇土地利用状况统计表

表5-6

单位:亩

单位	总面积	耕地	园地	林地	居民点及工矿用地	交通用地	水域	未用地
新民乡	51524.10	25060.90	3795.40	114.10	12003.60	2623.40	7841.30	85.40
柴湾乡	49523.70	26671.30	4970	35.20	8585.20	1650.20	7595.80	16
南凌乡	40268.40	22050	4075	105.90	6025.70	1235.80	6746.20	29.80
雪岸乡	38235	19829.10	4466.90	63.60	5885.90	1082.90	6895.80	10.80
东陈镇	46090.30	22069.30	5850.10	63.90	7822.90	2002.10	8276.20	5.80
丁堰镇	48698.90	28553.60	1235.60	29.90	9241.40	2075.80	7527.60	26
丁堰乡	57015.90	33488	559.40	3.70	10112.90	2347.20	10431.60	73.10
丁北镇	50184.20	29632.20	1819.30	45.60	8281.10	1832	8550.60	23.40
建设乡	47566.30	27130.20	3122.20	42.60	8177.90	1683.60	7390.40	11.90
马塘乡	46388.90	25653.80	3559.40	24.90	8036.90	1509.90	7592	12
白蒲镇	54080.30	30939.90	603.60	61	12135.80	1785.90	8466.50	88.10
林梓镇	51809.30	29765.10	1001.50	46.90	8831.10	1985.70	10138.20	41.30
新姚乡	38434.70	22701.30	335	1.20	5670.50	1360.70	8056.70	309.30
勇敢乡	35578.80	21176.70	618.60	19.50	6785.60	978.40	5970.90	29.10
奚斜乡	37428.20	22810.60	617.60	9.50	6467.40	1429.50	6080.60	13
花园乡	50282.50	30119.40	889	45.50	8944.40	2067	8146.30	70.90
下原镇	55849.50	30334.70	782.40	48.80	14008	1963.60	8671.60	40.40
车马湖乡	39394.10	20375.20	957.70	18.00	10038.50	971.30	7009.50	23.90
龙舌乡	37714.30	20494.60	1054.70	16.20	8531.60	1489.40	6074.50	53.30
营防乡	36845	20908.60	189.80	109.80	6977.20	1778.50	6583	298.10
九华乡	43663	23084.50	728.60	61.20	10381.20	1459.40	7861	87.10
郭园乡	44822.10	23938.60	397.80	262.40	10972.10	1733.10	7155.50	362.60
江安镇	42531.40	20956.30	2925.90	57.70	9272.80	766.50	8549.80	2.40
胜利乡	47791.10	24393	4985.70	101.90	8373.30	939.30	8967.50	30.40
葛市乡	41344.20	23738.60	143.90	104.30	8364.30	1215.00	7771.90	6.20
黄市乡	48275.40	27561.80	245.80	37.80	10152.10	1266.80	8995	16.10

续表5-6

单位	总面积	耕地	园地	林地	居民点及工矿用地	交通用地	水域	未用地
石庄镇	49735	25815.80	246.40	33.70	11366.20	1833.20	10135	304.70
江防乡	49732.70	30176.90	944.90	158.80	10241.60	1711.60	6440.90	58
长江镇	83760	34230.60	189.20	1008.70	12016.10	1675.30	34454.60	185.50
石北乡	41850.60	21902.80	2732.10	159.70	8560.80	1116.30	7296	82.70
吴窑镇	45117.20	21910.20	5023.70	11.40	10139.10	1940.10	6013.50	79.20
高井乡	39260.70	19200.30	3387.20	73.10	8087.70	781.90	7596.80	133.70
长青沙乡	28409.10	12249.40	103.50	436.70	3187.40	431	11286.50	714.60
高明乡	52062.30	25785.40	7928.90	682.90	8323.90	1118.30	8194.90	28
常青乡	52763.70	27126.10	6583	199.80	7256.50	1270.80	10301.80	25.70
搬经镇	49131.50	26588.10	4471.30	29.90	7952.90	1189.50	8846.50	53.30
加力乡	55321.70	29952.20	5702.40	328.10	8131.10	1393.40	9753.10	61.40
夏堡乡	61487.80	34425.20	5728.70	88.70	9300.20	1564.60	10277.70	102.70
长庄乡	51319.10	25963	3294.30	177	10964	1957.40	8892.60	70.80
场南乡	45773.70	24672.50	3177.30	105.60	9566.60	1452.40	6774	25.30
场北乡	54361.70	26615.70	6473.90	341.90	8475.80	1934.90	10483.60	35.90
磨头镇	54586.10	29493.90	4162.40	776.30	10738	1153.80	8216.40	45.30
桃园乡	41204.70	20918.60	3299	68	7607	1901.40	7384.60	26.10
大明乡	44379.30	22051.40	3465.40	2535.30	7182.40	1900.10	7137.30	107.40
何庄乡	48941.80	27903.70	3034.40	333.40	7279.70	1614.20	8746.90	24.50
袁桥镇	49778.30	30159.30	1930.70	83	7662.90	1485.50	8427.30	29.60
戴庄乡	49615.90	29380.10	2332.50	25.80	9443.90	1765.40	6552.20	116
邓园乡	45517.10	23099.20	648.70	282.30	12293.40	1973.30	7157.70	62.50
城西乡	37073.80	18050.50	2553.70	71.30	9306.30	1227.50	5753.50	111
如城镇	7564.20	753.50	2.80	63.30	6068.10	348.60	324.60	3.30

1998—2005年，根据国家土地管理总局《日常地籍管理办法(农村部分)》，市国土规划管理局(国土资源局)每年组织全市土地利用状况变更情况调查，及时掌握全市利用现状，为加强土地管理提供依据。

2005年如皋市土地利用状况调查统计表

表5-7

单位：亩

土地类别		面积	土地类别		面积
土地总面积		2353933.20	居民点及工矿用地	合计	460861.50
耕地	合计	1218108.10		城镇	4847
	灌溉水田	1026191.70		建制镇	6235.80
	旱地	186982.20		农村居民点	380524.40
	菜地	4934.20		独立工矿用地	63925.10
园地	合计	127233.60		特殊用地	5329.20
	果园	4529.70	交通用地	合计	33022.30
	桑园	119422.30		铁路	2448.20
	其他园地	3281.60		公路	30443.90
林地	合计	10062.10		港口码头	130.20
	林地	5174.80	水利设施用地	合计	13760.30
	苗圃	4887.30		水工建筑用地	13760.3
其他农用地	合计	216978.10	未利用土地	合计	3033.30
	畜禽饲养地	178.50		荒草地	2176.80
	设施农业用地	163.50		沙地	126
	农村道路	57939.60		其他	730.50
	坑塘水面	45953	其他土地	合计	270873.90
	养殖水面	1693.70		河流水面	251018.20
	农田水利用地	109948.10		苇地	16526.30
	田坎	1101.70		滩涂	3329.40

2005年如皋市各镇(区)土地利用状况统计表

表5-8

单位:亩

镇(区)	土地总面积	耕地	园地	林地	其他农用地	居民点及工矿用地	交通用地	水利设施用地	未利用土地	其他土地
如城	224623.20	107022.70	12948.70	3038.70	19616.20	56151.70	5022.20	1070.80	305.40	19446.80
柴湾	99139.60	54881.80	7089.15	189.30	9657.71	18838.59	1208.59	72.50	101.20	7100.70
雪岸	78503.40	41165.80	8530.20	129.60	7835.80	12194.60	796.60	—	27.90	7822.90
东陈	96274.50	51821.90	7260.80	184.30	8884.70	15899.90	1402.10	89.40	20.20	10711.20
丁堰	105715.30	58735.10	2165.40	81.60	9661.60	20051.50	3240.50	—	—	11779.60
白蒲	128094.30	72935.52	1500.80	80.80	13674.30	24901.88	2545.60	—	38.30	12417.10
林梓	89238	51046	1601.10	265	10570	15566	1777.90	—	15.60	8396.40
下原	106132	59008.65	2264.10	92.40	8511.80	24141.85	1025.60	119.20	23.90	10944.50
九华	118222.30	63783.50	1870.50	184.80	9944.90	26445.10	2036.90	247.70	341.30	13367.60
郭园	84216.20	44338.50	1332	294.40	5208	21055.10	1142.20	395	347.30	10103.70
石庄	91585.60	47434.80	2867.30	190.70	10052.40	20435.20	1256.20	1166.30	347	7835.70
长江	124060.90	68581	1220.10	944.40	11321.70	24488.20	1541.40	1862	843.30	13258.80
吴窑	96436.30	46376.87	9339.30	188.40	9071.50	21323.83	1031.60	224.50	—	—
江安	132260.20	71880.70	3070.40	199.30	10782.30	28143.20	1729.90	1834.20	106.50	8773.80
高明	99853.40	48536.90	14562.10	838.80	8691.70	16988.20	644.10	17.50	—	14620.20
常青	91915.20	46427.70	9710.40	281.90	8849.40	15699.30	393.80	1641.20	15.80	9558.30
搬经	165941	91110.90	15358.40	458.10	16435.75	25812.90	1311	1733.90	131.40	8780.10
磨头	154721.50	80467.82	13745.40	1229.30	13492.80	28748.98	1933.70	922.50	56.60	13663.54
桃园	87593.60	47233.9	5819.10	150.50	8931.40	15946.30	1202.70	—	227	13954
袁桥	98720.10	57680.38	4966.42	411.30	9782.70	15545.26	854.30	1324.94	7.10	8302.60
如皋经济开发区	9002.10	1781.20	6.80	5.10	318.40	5567.20	628.10	—	38.90	8115.90
如皋港经济开发区	37840.90	8477.60	—	659.70	3442	7491.60	210	—	2.70	692.60

2008年,结合全国第二次土地调查,市国土规划管理局对全市土地利用状况进行全面调查。2009—2010年,全市继续根据国家土地管理总局《日常地籍管理办法(农村部分)》进行年度土地利用变更情况调查、更新。

2010年如皋市土地利用状况调查统计表

表5-9

单位：公顷

土地类别		面积	土地类别		面积
合计		157621.68	城镇村及工矿用地	合计	34339.32
耕地	合计	79077.74		沟渠	5679.20
	水田	59331.82		水工建筑用地	1334.43
	水浇地	61.70		冰川及永久积雪	0
	旱地	19684.22	其他土地	合计	775.33
园地	合计	6369.22		设施农用地	312.09
	果园	245.87		田坎	461.87
	茶园	0		盐碱地	0
	其他园地	6124.02		沼泽地	0
林地	合计	36		沙地	0.40
	有林地	0.12		裸地	0.97
	灌木林地	0			
	其他林地	35.88			
草地	合计	5.39			
	天然牧草地	0			
	人工牧草地	0			
	其他草地	5.39			

二、土地利用规划

1990年，全县开始乡镇土地利用规划编制工作。1993年，开始市级土地利用规划编制工作。至1993年末，规划编制工作任务全面完成。1997年12月开始，全市1997—2010年乡镇级土地利用总体规划与市土地利用总体规划同时进行修编。按照全市规划修编工作的总体部署，市、乡镇两级采取上下联动、相互衔接、相互反馈的工作思路，各项指标自上而下层层分解落实，修编工作自下而上，上下结合，紧密衔接。至1998年9月，全市50个乡镇、10个场圃的土地利用总体规划与市级土地总体规划同步完成，同时获得江苏省政府的批准。

乡镇土地利用总体规划 1990年11月至1991年1月，52个乡镇编制完成基本农田保护区和建设预留地规划。全市共划定基本农田保护片3011片，保护块13951个，一级农田保护面积1105284.2亩，占总耕地面积的91.07%，二级农田保护面积80023.97亩，占总耕地面积的6.59%。绘制完成基本农田保护区乡镇级规划图52幅，村级规划图897幅。1991年3月8日，县政府批复同意各乡镇的基本农田保护区和建设预留地规划。

1990年11月至1992年6月，全市(县)除如城镇以外的52个乡镇，均采取分两步走的方法，编制集“基本农田保护区总体规划”“建设预留地总体规划”“土地复垦开发总体规划”于一体的土地利用规划。

1991年11月至1992年年初，根据江苏省土地管理局《关于编制乡、村土地利用规划工作的意见》，各乡镇均对第一步已编制的基本农田保护区规划和建设预留规划进行完善，同时编制土地复垦开发规划，完成“三位一体”“两步到位”的乡镇土地利用总体规划编制工作，并分别完成乡镇土地利用规划总结、规划说明书、乡镇土地利用现状图、乡镇基本农田保护区规划图、各项建设用地控制区规划图、乡镇土地复垦规划图、村土地利用现状图等的编写和绘制。1992年1月16日，市政府批准各乡镇实施《1990—2000年土地复垦开发计划》。至此，全市乡镇土地利用总体规划编制完成。1993年3月，市土地管理局被江苏省土地管理局表彰为乡镇土地利用总体规则编制工作先进单位。2003年3月，市政府鉴于全市行政区划调整，对全市23个镇（不含开发区）的土地利用总体规划进行调整完善。2004年4月，调整后的规划获得省政府或经省政府授权由南通市政府批复同意。

市级土地利用总体规划　1993年7—11月，市政府邀请南京农业大学土地管理学院协助，完成市级土地利用总体规划编制。11月24日，南通市政府组织验收。1994年7月1日，发文批准。该总体规划以1990年为基期年，1995年为过渡年，2000年为目标年，2020年为展望年。规划主要成果有《如皋市土地利用总体规划》《如皋市土地利用总体规划说明》《如皋市土地利用现状图》（1990年完成，1∶50000）、《如皋市土地利用总体规划图》等。2000年，市国土规划管理局完成全市1∶50000土地利用总体规划图绘制。

1997年，市政府制订《如皋市土地利用总体规划（1997—2010年）》，到2010年全市耕地减少量不得越过10666.67公顷，其中非农业建设占用耕地不得超过9177.33公顷，土地整理、复垦和开发补充耕地不得少于12000公顷，确保全市耕地保有量不低于486384.77公顷。2000年1月，《如皋市土地利用总体规划（1997—2010年）》获省政府批复。

2000年如皋市土地利用结构平衡状况一览表

表5-10

单位：亩

地类	规划基期年面积（1990年）	调整后地类								
		耕地	园地	林地	牧草地	居民点及工矿用地	交通用地	水域	未利用土地	期内减少
耕地	1279134	1258882.41	—	—		8925	9548.9	1777.69	—	20251.59
园地	152142.31	—	152142.31	—	—	—	—	—	—	—
林地	30007.67	—	—	30007.67		—	—	—	—	—
牧草地	0	—	—	—	0	—	—	—	—	0
居民点及工矿用地	319094.49	1404.34	85.18	—	—	317586.82	—	18.15	—	1507.67
交通用地	90874.96	6.90	—	—	—	—	90868.06	—	—	6.90
水域	450130.07	13739.99	362.61	—	—	10389.03	—	425638.44	—	24491.63
未利用土地	6675.70	1766.86	127.41	91.04	—	27.01	—	15.47	4647.91	2027.79
过渡目标	2328059.20	1275800.50	152717.51	30098.71	0	336927.86	99629.46	427449.75	4647.91	—
期内增加	—	16918.09	575.20	91.04	0	9341.04	19341.04	1811.31	—	48285.58

三、土地使用制度改革

土地所有权、使用权买卖 民国以前，全县土地所有权、使用权均私有，业主可自由出卖、出租、抵押其土地，土地价格视情况由民间自行议定。如皋全境解放后，县政府公告少数宅基地，由居民认购，并核发土地所有权证，民间亦有少量土地买卖。农业合作化后，开始全面禁止土地公开买卖。

土地所有权、使用权征收 民国17年（1928年）国民政府《土地征收法》颁布后，地方政府始通过土地征收获得土地所有权和使用权。境内建设通榆、如黄、如新、蒲启、如李5条公路所用土地，均由国民政府如皋县政府核准地价，通过"豁免粮赋"征收民间私有土地取得。

土地使用权划拨 如皋全境解放后，如城及各集镇公共建筑、公共场所及没收地主、资本家地产均收归国有，全县国营农场、林场及围垦的滩涂等亦大都转化为国有土地。1956—1958年，对全县手工业、资本主义工商业及城镇私房改造中亦有部分地产收归国有。农村合作化，全面实行土地社会主义公有制后，全县开始实行单位和个人使用国有土地和集体土地，由政府行政划拨供地，土地使用者经有权部门批准后，除缴纳土地补偿费、安置补助费等费用外，便无偿取得土地使用权。

1952—1959年，县政府根据政务院、国务院《关于国家建设征用土地办法》《国家建设征用土地办法》，征收调划一、二级河用地27519.82亩，公路建设用地1054.99亩，工厂、机关、学校用地3721.44亩，其中属于早征迟用的79.63亩，多征少用的301.58亩，两者占征用土地总面积的10.24%。"文化大革命"期间，全县基本建设用地实行"一平二调"，划拨随意、混乱。

1987年9月12日，县政府颁发《如皋县征收土地使用费试行办法》，规定1987年4月1日以后，县内使用国有土地和集体非农业用地的单位和个人，除国家机关、事业单位、交通、基础设施、军事设施外，均要按使用面积缴纳土地使用费。1989年，县政府下发《关于征收征地撤组预备金的通知》，决定从是年1月1日起，凡征地单位必须在办理征地手续时缴纳征地撤组预备金，并对缴纳标准作出规定。

1992年7月23日，市委、市政府成立土地使用制度改革领导小组，根据《中华人民共和国城镇国有土地使用权出让和转让暂行条例》，制订《如皋市土地使用制度改革方案》，在坚持土地社会主义公有制、土地所有权和使用权分离的原则下，对土地使用制度进行改革，核心是变"三无"为"三有"，即变土地无偿使用为有偿使用，变无限期使用为有限期使用，变无流动（不可转让）使用为有流动使用，开始实行国有土地使用权有偿出让。此后，除公用事业用地外不再划拨。

2007年，全市按国家和省《划拨用地目录》，为机关团体、学校和公共基础设施用地划拨国有土地34宗计4392.0亩，拨用集体建设用地4宗计17.37亩。2009年，上报划拨市消防大队、市外国语学校、市公安局建设用地。

国有土地使用权市场化 1992年，如皋开始试行国有土地使用权出让。开始出让范围仅限于如城规划区重点地块，嗣后扩大到如城、白蒲、丁堰、石庄4个建制镇。

1994年，进一步明确：除国家投资的党政机关、行政事业单位办公用地、军事设施用地、公共公益事业用地、福利住房用地及按国家产业政策应予支持发展的能源、交通等行业的非经营性用地可继续采取行政划拨外，其余项目建设用地全面实行有偿出让供地。是年6月28日，市国土资源局受市政府委托，首次在江防乡举行公开拍卖会，敲响如皋国有土地使用权拍卖第一槌。当年，全市先后举办13期国有土地使用权拍卖会，共挂牌6846.22平方米，有215人参加竞拍，86人

图5-4 1994年，如皋市首期国有土地使用权拍卖在江防乡举行

中标受让，成交出让金总额266万余元。

1998年，经省土地管理局批准，江苏省土地市场如皋交易所成立。2001年，市国土资源局设置土地拍卖大厅，建立土地交易有形市场。

1992—2005年，全市共办理国有土地使用权出让1675宗，面积99公顷，出让金总额30余亿元。2006—2010年，全市共办理国有土地使用权出让1154宗，面积2074.43公顷，出让金总额70余亿元。

四、项目建设用地管理

封建王朝时期，全县建设无统一规划，公共设施建什么，建于何处均由知县等决定，民间建设用地主要通过购买，具有较强的随意性、偶然性。民国时期，国民政府公用设施等用地多由硬性征收获得。

中华人民共和国成立初，项目建设用地由行政划拨，一度出现多要地，要好地，多占少用，占而不用，好地滥用现象，土地资源浪费严重。1959年10月，县人委根据《国家建设征用土地办法》，组织对全县各项建设征用土地及使用情况进行普遍检查。11月27日，颁发《关于土地管理的规定》，规定水利、交通、机关、学校及工商企业等基本建设用地，均须由经办单位转县有关主管部门审核，报经县人委批准后方可使用，按实用面积由经办单位出具证明予以扣除耕地面积；其他建设用地，10亩以下由所在人民公社批准，报县去除耕地面积，10亩以上报县人委批准。

"文化大革命"中，全县多征少用、少征多用、早征迟用、征而不用、不征即用的现象更为严重。据全县43个社镇调查统计，1967—1974年，全县机关、工厂、企事业单位基本建设用地3206.72亩，其中未经批准擅自占用的2344.75亩，占用地总数的73.1%。1975年4月10日，县革委会在批转县民政局关于基建用地存在问题和处理意见的报告中，要求坚决制止建设用地乱占乱用现象，并区别不同情况提出处理意见，同时规定：今后征用土地不足1亩的由县批准，1亩以上的报南通地区批准。

1978年10月6日，县革委会下发《关于征用土地有关问题的通知》，明确"社、镇、队办企业用地要经过公社党委集体讨论，报县审批，不再开除土地面积"。1981年1月14日，县政府下发《关于处理租、占用土地遗留问题的意见》。规定对已经租赁的土地，确实需要、使用又合理的，要补办征用土地手续，并重申今后任何单位和个人都不得向生产队租赁土地。1986—1987年，贯彻《中华人民共和国土地管理法》和《江苏省〈土地管理法〉实施办法》，县政府对征用土地的程序、审批权限及建设单位应支付土地补偿费、安置补助费的标准等做出明确规定，全县建设用地管理进一步加强。

1990年，依据新修订的《中华人民共和国土地管理法》，县内开始施行建设占用土地涉及农用地转为建设用地的，办理农用地转用审批手续；征用土地审批严格按规定权限进行。

1994年5月4日，市政府适应劳动用工制度改革，下发《如皋市征地剩余劳动力管理暂行办法》，规定国家机关、事业单位，城市公用事业、房地产开发部门、经济开发区和市属全民、集体企业建设征地剩余劳动力，按市土地管理局核定的剩余劳动力指标，由征地单位一次性发给安置补助费，劳动部门不再直接安置。发给一次性安置补助费的标准，按核定的剩余劳动力指标每人1万元，由征地单位拨交给被征地的村民组。征地剩余劳动力符合"农转非"条件的对象，可以办理"农转非"手续，费用在安置补助费中列支。

1987—2005年，全市（县）除对1987年以前非法所占建设用地清查补办征用地手续外，累计审批项目建设用地2080件，面积28716.9亩；审批集体项目建设用地369件，面积3005.85亩。

2007年4月，市国土资源局出台《建设项目用地全程管理制度》，开始实施从项目投资强度（每亩投入资金量、产出量）、项目用地报批、土地使用权招拍挂、项目建设进度、土地实际使用量等全过程管理。2008年，市国土资源局开始实施建设项目用地预申请管理制度，一般项目用地提前申报，统筹规划，提高土地利用率。是年，预审建设用地项目74宗，预审面积333.98公顷，其中农用地124.25公顷。

2008—2010年，市政府全面推进项目建设用地招标拍卖挂牌出让制度，全面实行建设用地公开出让交易，通过电子平台实现报名、报价和成交确认，严格规范建设用地出让条件，一律实行净地出让，公平、公开、公正的主地交易市场初步形成。全市招拍挂出让土地630宗，总面积1576.57公顷。

五、居民建房用地管理

1955年前，农民在私有土地上建房，用地无需政府批准。1956年农业合作化后，土地改属集体所有，社员建房用地开始实行报批制度。1959年11月27日，县人委颁发《关于土地管理的规定》，明确“社员住宅之用地，凡属拆旧迁新则不予减少耕地；凡新建住宅应尽量利用非耕地进行建造，如无闲地利用必须占用耕地者，由大队批准并报公社审核签署意见，转报县人民委员会开除耕地面积”。

1962年，全县出现干部、社员随意占用集体耕地建房的问题。县委于10月28日发出《关于坚决制止各级干部和社员任意向大田搬房屋的紧急通知》，县人委亦于同年11月26日发出《关于干部建房用地问题的通知》。明确规定家住农村的各级干部，一律不得随意拆迁房屋；特殊原因非拆迁或新建房屋不可的，必须在规定的自留地或零星隙地内选择宅基，一律不得占用集体耕地；干部建房用地须经社员民主讨论，报公社审查转报县人委批准。1963年10月10日，县委、县人委重申：不经批准，擅自在大田建造的房屋，应立即限令拆除。干部、社员和下放人口、插社插队人员与复员退伍军人，因特殊情况必须占用大田建造房屋，应在大田边角选择基地，并由当事人申请，生产队社员讨论通过，公社审核转报县人委批准。“文化大革命”期间，全县农民建房一度比较随意，乱搭乱建现象回潮。

1982年12月27日，县政府根据国务院《村镇建房用地管理条例》，颁发《如皋县村镇建房用地暂行规定》，对农村居民建房用地标准作出规定：人均耕地在1亩以内的生产队，平均每人宅基地面积控制在35—38平方米；耕地面积特少的生产队，人均宅基地应低于35平方米；人均耕地在1亩以上的生产队，人均宅基地也不得超过40平方米；独生子女可适当照顾；鳏寡孤独户，在人均宅基地基数上增加20至25平方米。同时规定建房用地审批程序：“农村社员，回乡落户的离休、退休、退职职工和军人，回乡定居的华侨，建房需要宅基地的，由本人申请，经生产队社员大会讨论通过，生产大队审核同意，报公社管委会批准；确实需要占用耕地、园地的必须经公社管委会审核，签署意见，报县批准。批准后由基建局发给宅基地使用证明，方可建房。”

1984年2月16日，县政府根据《江苏省村镇建设用地管理实施办法》，制订下发《如皋县村镇建设用地管理实施细则》，对农村社员建房宅基地标准做出调整：人均耕地在1亩以内的生产队（村民小组），平均每人宅基地面积控制在35—38平方米；耕地面积特少的生产队（村民小组），人均宅基地应低于35平方米；人均耕地1亩以上的生产队（村民小组），人均宅基地也不得超过40平方米；独生子女住房确实偏紧的可以照顾15—20平方米。城镇郊区和乡镇规划区内的社员，平均每人宅基地面积，土地较少的生产队控制在20—25平方米以内；刚划入城镇的农业队，如土地较多，可照顾到25—30平方米，最多不得超过35平方米。在城镇区域内建房的郊区社员，只能原拆原建和执行城镇居民用地标准，平均每人宅基地面积控制在15—20平方米以内；若从镇区全部迁至郊区建设，可享受城郊社员同等标准。1985年6月8日，县政府又制订下发《如皋县村镇建设用地管理实施细则补充规定》，对新发现和新出现的问题做出具体规定。

1988年11月，县纪委、县监察局、县土地管理局联合下发《关于副乡（局）级以上党政干部建（购）房中有关问题的暂行规定》，明确：自1989年1月1日起，县内副乡（局）级以上党政领导干部及相当职级以上的其他干部（包括离退休干部），凡需在国有土地、城镇郊区和乡村集体土地上建（购）房的，除执行土地管理的有关规定外，还应如实填报建房材料、资金预算、建房资金来源、材料来源情况一览表，分别报送县纪委、县监察局审核，取得县土地管理局的批复、县纪委或监察局的审核意见通知书后，方可动工。

2001年5月15日，市政府根据1998年修订的《中华人民共和国土地管理法》和2000年颁布的《江苏省土地管理条例》等有关规定，颁发《如皋市村（居）民建房用地管理实施细则》，对村（居）民申请建房用地的条件、住房建筑占地标准、审批程序等，结合如皋实际做出新的规定。住房建筑占地标准为:1—4人户94.5平方米,5—6人户115平方米,7人以上户125平方米。附属用房建筑占地标准为:4人以下户10平方米,5人以上户15平方米,附属用房的建筑占地不得用于建造主房。

2005年3月29日,市委、市政府下发《关于开展农村现代化建设工作的意见》,提出"产业向园区集中,住宅向社区集中,农民向城市集中",用15年左右的时间基本建成现代化新农村的目标,要求在全市集中居住区总体规划出台之前,暂停办理农户住宅建设审批。9月29日,市委、市政府下发《关于全面推进农民集中居住的工作意见》,进一步明确:在集中居住区规划确定之前,一律暂停农民建房审批;各类项目建设需要拆迁安置的村民,一律安排到集中居住区建房或购房;凡是农村兴建住宅,一律安排到集中居住区进行统一建设。12月24日,市委办公室、市政府办公室又下发《关于全面推进农民集中居住区建设的实施意见》,明确提出,农民集中居住区建设用地总体上采取宅基地置换办法。在起步阶段,首先通过整合未列入家庭经营承包的集体土地来落实,如原生产队晒场、村办公室和撤并学校的土地、集体机动预留地或通过复垦、整治增加的土地;如无以上土地,可通过依法调整承包地、向农民租赁土地等办法来落实。有条件的地方经依法批准后可以对建设用地实施征用。1987—2005年,全市(县)累计审批村、居民建房用地116112件,面积1615.01公顷。

2006年后,推行农民集中居住,逐步融入市场化运作。对个别在原地修建和改建危房、旧房,亦需在村、镇办理手续,如果征得允许,修建房户不得扩大占地面积,同时不允许建造楼房,有条件建楼房的住户,一律安排到集中居住区建房或购房。

六、耕地保护

基本农田保护区的划定 《中华人民共和国土地管理法》把"十分珍惜、合理利用土地和切实保护耕地"列为基本国策后,县政府召开专门会议,对以乡镇为单位划区定界基本农田保护区进行专题部署。

1990年,县政府在先期试点,取得经验的基础上,下发《关于做好划定基本农田保护区工作的通知》,对各乡镇划定基本农田保护区提出明确要求。至1991年1月,全县除如城镇外的52个乡镇、6个国营场圃,全部建立起基本农田保护区,共划定保护区887个,保护片3011个,保护块13951块。将成片、成块、连片集中、排灌方便的轮作区,作为一级农田保护区,共有面积7.37万公顷,占总耕地面积的91.07%,被列为"永久性农田";将零星分散、不便排灌的耕地(含饲料地、自留地),作为二级农田保护区,面积5334.93公顷,占总耕地面积的6.59%,二级农田保护区在规划年(2000年)内不得占用;预留乡镇、村建设和交通、水利、居住等非农业建设控制区1889.70公顷,占总耕地面积的2.34%,在规划年内严格控制使用。各乡镇划定的基本农田保护区,均经过村、组讨论,乡镇党委、政府审定。1991年3月,县政府批准各乡镇划定的基本农田保护区。如皋基本农田保护区划定工作速度和质量全省领先,县土地管理局先后4次在全省基本农田保护工作会议上介绍经验。

国务院发布《基本农田保护条例》后,市政府于1995年3月至7月,组织开展对基本农田保护区的调整和完善工作。7月下旬,通过南通市人民代表大会常务委员会和南通市政府的验收。这次调整,全市共划定一级基本农田保护片3009个,保护块13134个,保护面积为7.97万公顷,二级基本农田保护面积1.90万公顷,建设预留地面积800公顷。此后,全市基本农田保护区按照江苏省和南通市的统一部署和要求,做部分调整。至2004年,全市共划定基本农田保护片327个,保护块3998块,保护面积为7.30万公顷。2010年,全市共划定基本农田保护区22个,基本农田保护片311个,基本农田保护块7494块,划定基本农田7.75万公顷,其中耕地6.19万公顷,耕地比重79.86%。

基本农田保护区管理 全县基本农田保护区划定后,县政府立即制订、施行基本农田保护"八个不准"和基本农田保护责任制,主要内容为:基本农田保护区内不准单位和个人建房;不准建坟,原有坟墓限期平整;不准弃耕抛荒;不准毁田取土;不准开挖鱼塘;不准改变承包合同规定的种植计划;不准影响、损害基本农田水利设施；不准在保护区附近搞有污染的项目。基本农田保护责任制的主要内容为：一级农田保护区内的小土窑要拆除，坟头要平整，零散户要有计划

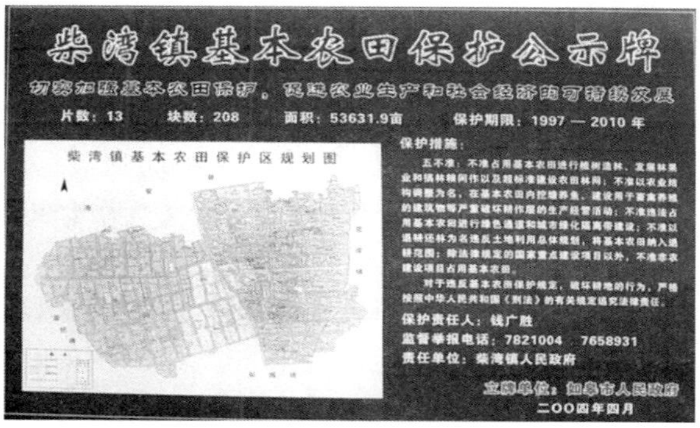

图5-5 基本农田保护区公示牌 （2005年摄）

逐步搬迁，老宅基地要清杂还耕；区（片、块）责任人平时必须加强监督检查，发现问题及时制止、报告，乡、村每年对基本农田保护工作集中检查1—2次，总结经验，表彰先进，严肃处理破坏基本农田保护区建设的人和事；每年对区（片、块）责任人保护工作情况进行考评，并于年终兑现奖罚；把“八个不准”列入乡规民约，作为农村评比先进的基本条件。同时设立各保护区标志牌，标明保护区（片、块）编号、界址、面积及保护责任人姓名，公告“八个不准”制度。全市共设立固定保护标志牌3014块，落实保护区（片、块）责任人17849人。

1995年，市政府制订下发《如皋市基本农田保护办法》，进一步完善、强化“八不准”制度和基本农田保护责任制，市、乡镇、村、组层层签订基本农田保护责任书，把保护基本农田工作列入各级干部岗位责任制考核内容。

国家实行耕地占用与开发复垦挂钩的政策后，市委、市政府将土地复垦整理与耕地保护有机结合起来。2005年，建立由市委书记挂帅，市长任组长的耕地保护领导组，全面落实镇（区）耕地保护目标责任制。2006年，《如皋市市镇级政府耕地保护责任目标考核办法》出台。此后，市政府每年与各镇（区）签订耕地、基本农田保护责任状，将耕地保护工作列入干部岗位责任制考核的重要内容，作为评先的先决条件，实行一票否决制度；每年拿出一笔经费用于耕地保护目标责任制考核后的奖励兑现，对基本农田保护数量、质量没有达到规定要求的，通报批评，限期改正；严格执行建设占用耕地“占一补一”制度，并实施耕地占补平衡补充耕地项目库；认真落实片警式监管的各项要求，明确各个保护片区人员的职责，向社会公布片警的电话和有关的举报电话。2007年6月，全市首个国家投资的夏堡土地整理项目顺利通过省级验收，项目建设规模639.9公顷，新增耕地面积87.2公顷。

2008年，组织实施耕地占补平衡项目43个，项目建设规模137.52公顷，实施后新增耕地面积122.46公顷。2009年2月，市政府组织实施耕地占补平衡项目34个，涉及19个镇，226个地块，项目区总面积77.33公顷，新增耕地面积70.17公顷。

2010年，完成挂钩复垦备选库39个，涉及20个镇共3034个地块，项目建设规模386.55公顷，验收确认新增农用地364.8公顷，其中新增耕地339.05公顷。是年，市委、市政府开始实施“万顷良田”建设工程试点，长江镇（如皋港区）、经济开发区（柴湾镇）与如城—东陈3个“万顷良田”建设项目，总面积3881.94公顷，占全省的8%。

图5-6 长江镇（如皋港区）万顷良田 （2010年摄）

七、发展用地保障

土地供给 2004年，23个镇和2个开发区调整完善土地利用总体规划，申报建设用地规划218宗，面积489公顷，获江苏省国土厅评审通过。是年，全市办理土地置换71宗，面积81公顷。2005年，全市上报建设用地17批次，总面积512公顷。其中城镇建设用地9批次，完善手续4批次，独立选址3个。2006年，全市共划拨国有土地7宗，面积2.27公顷；各镇工业集中区和市经济开发区、如皋港区共协议出让工业项目用地99

宗，面积249.65公顷，合同出让金4亿多元；改制企业共处置建设用地使用权186宗，面积52.79公顷，合同出让金1亿多元；共处置租赁集体土地使用权供地9宗，面积2.37公顷；共盘活建设用地103.44公顷，整合使用122.22公顷。2007年，全市各镇和经济开发区、如皋港区共协议出让工业项目用地70宗，面积244.17公顷，合同出让金44114.2万元；共挂牌出让工业用地4宗，面积6.62公顷，合同出让金1354.87万元。

2008年，市国土规划管理局预审建设用地项目74宗，预审面积333.98公顷，其中农用地124.25公顷。全市向省国土厅报批建设用地15个批次，项目145个，总面积410.72公顷；获得省点供指标194.27公顷，其中通用码头项目43公顷，海工平台项目151.27公顷，保障熔盛重工等项目用地。8月，市国土规划管理局组织编制《如皋市2008年度城乡建设用地增减挂钩实施规划》，获省国土厅批准挂钩周转指标122.64公顷，申报项目数量和面积均列南通6县(市)第一。

2009年，全市共上报、获批建设用地836.67公顷，用以保障九鼎集团、神马集团、南通六建、市消防大队、市外国语学校、市公安局、石庄镇太仓农药、吴窑镇凯特港等一批重点工业项目和基础项目的用地需求。其中为南通熔达储运有限公司300万立方米油储运工程一期项目、江苏熔盛投资集团有限公司内港池码头综合工程一期项目合计争取省点供指标68.99公顷。

2010年，市国土资源局组织报批用地405宗，总面积925.4公顷。报批项目与面积继续列六县之首。其中太阳能组件和太阳能发电系统铝支架项目、多功能特种材料项目点供计划23.47公顷。同时，获得磨头升变压输变电工程等5个项目的独立选址用地计划42.67公顷。

土地储备 2000年7月27日，市政府下发《关于加强国有土地储备工作的意见》，对国有土地储备的范围、土地储备的运作方式、储备土地的前期开发利用与供应等作出明确规定。全市列入国有土地储备范围的土地有：旧城改造的地段，长期荒芜闲置的土地，用地单位已经撤销的或迁移的土地，未经原批准机关同意连续两年未使用的土地，违法占地建设被依法没收的土地，企业“退二进三”、关停并转、破产和产业结构调整等调整出来的土地，其他依法应当收回的土地及根据政府调控土地市场的要求，按土地利用总体规划和年度土地供给计划分批次统一报批征用的土地等。2001年2月12日，市土地储备中心建立，2月19日正式挂牌运营。2001年，市政府实施跃进中路南侧拆迁改造，市土地储备中心首次储备拆迁范围土地面积11.96万平方米。2002—2003年，市土地储备中心代表市政府实施皋南市场、安定广场土地的拆迁、储备和开发。

2001—2005年，市土地储备中心先后收购如城开关厂、市电化公司经理部、市动力机厂、市纺织厂、市丝毯厂(北厂)、邓园小学、针织厂、二轮车站、市染织厂、塑机厂、线厂、袜厂、缫丝厂、燃料公司堆场、中行中心沙地块等30多家破产改制企业土地，面积25万多平方米，支出收购资金1.2亿元。土地资产处置后的收益成为这些企业职工安置的主要资金来源，同时市土地储备中心还从土地增值费中拿出2000多万元，支持破产企业处理债务。其间，市土地储备中心共收购储备城镇国有土地150多万平方米，出让国有土地57宗，面积149.23万平方米，出让金总额近12亿元。

2006年，市土地储备中心先后收购如皋绿园、如皋高压电器厂、如城镇集体资产运营有限公司(原新民苗圃)等改制企业的国有土地141亩，支付收购资金6800万元；出让原市政府地块、检察院地块等4宗经营性用地，总面积40亩，出让底价1451万元，挂牌成交价3962万元。2007年，全市挂牌出让市区地块14幅，总出让面积44.86公顷，合同成交金额为7.53亿元，竞价超出底价2.70亿元；挂牌出让集镇经营性用地22宗，面积46.31公顷，实现土地出让金34214.63万元。

2010年，挂牌出让城区经营性土地16宗，面积63.4公顷，合同出让金总额15.75亿元，成交总价超出挂牌总价4.47亿元。

八、土地使用权市场管理

交易管理 1994年10月8日，市政府颁发《如皋市土地市场建设和管理暂行规定》，规定：国有土地使用权出让(土地一级市场)由市政府实施；以受让方式取得土地使用权的土地使用者在使用期限内转让、出租、抵押土地使用权(土地二级市场）以市场为主体，充分搞活，受县级以上人民政府调控；集体所有的土地不得直接进入土地市场，只有征用为国有土地后方可依法出让；土地二级市场必须建立在土地一级市场的基础上，未按规定办理土地使用权受让的，土地使用权不得转让；通过行政划拨方式取得的国有土地使用权，必须依法补办出让手续、补缴出让金后，方可进入土地二级市场。

2000年3月9日，市政府颁发《关于加强土地资产管理的意见》，进一步明确“政府高度垄断土地一级市场，实行统一规划、统一征用、统一开发、统一出让、统一管理”“放开、搞活、规范土地二级市场”。对土地一级市场引入竞争机制，减少协议出让，全面推行招标和拍卖出让，体现公开、公平、公正和择优的原则。对土地二级市场交易行为，包括土地转让、出租、抵押、赠予、改变用途和房屋买卖办理土地过户手续，均须到土地交易市场办理，禁止场外交易。

2001年7月13日市委、市政府办公室转发市纪委、监察局、国土规划管理局《关于如皋市土地批租专项治理工作意见》，明确：自2001年7月1日起，政府出让经营性项目用地和其他具有竞投性的项目用地，原划拨土地使用权转让、租赁以及土地的联营合作等交易，实现抵押权涉及的土地使用权转让、法院判决需拍卖变现用于偿还债务的土地使用权转让等，都必须在土地市场公开进行。其他类型的土地使用权转让、出租、抵押，亦必须至土地市场办理有关手续。国土资源部发布《划拨用地目录》以后，全市凡不符合《划拨用地目录》规定的所有建设用地项目，全部实行有偿出让方式供地。

2006年1月，市监察局和国土局联合下发《关于进一步深化土地使用制度改革加强土地资产管理的意见》，此后，商业、旅游、娱乐和房地产开发等经营性建设项目用地一律实行招标、拍卖、挂牌方式出让供地。工业用地可以协议出让，但出让底价不得低于省规定的最低保护价。对一宗工业用地有两个或两个以上竞买对象的，一律采取公开竞价方式即招标、拍卖、挂牌方式确定。12月起，根据国土资源部《关于发布实施〈全国工业用地出让最低价标准〉的通知》，如皋市工业用地最低价标准为204元/平方米。

2007年7月，开始实施《如皋市工业用地招标拍卖挂牌出让试行办法》，标志着全市全面推进工业用地招标拍卖挂牌出让制度。2008—2010年，对经营性用地和工业用地全面实行土地公开出让交易，通过电子平台实现报名、报价和成交确认。建设用地一律实行净地出让，出让前必须处理好土地的产权、补偿安置等经济法律关系，完成通电、通水、通路、土地平整等前期开发。

价格管理 国有土地使用权作为特殊商品进入市场，其出让价格包括土地征用费、土地开发费、银行利息等土地成本加出让期限的地租。1992年12月22日，市政府办公室批转市国土规划管理局《关于土地使用制度改革若干问题的意见》，就国有土地使用权出让价中的地租标准做出明确规定：单位用地，凡在如城主要出让带、块的，地租为土地成本的50%，在如城非主要出让带、块和白蒲、石庄、丁堰3个建制镇的，地租为土地成本的30%，如城等4个建制的镇的镇办单位，在主要出让带、块的用地，地租为土地成本的40%，在非主要出让带、块的，地租为土地成本的20%；个人用地，在如城主要出让带、块的地租不得低于土地成本价的3倍，在如城非主要出让带、块及其他3个建制镇的，地租不得低于土地成本价的2倍，在其他乡镇的，地租不得低于土地成本价的1倍。同时明确滩涂的出让价为：外商投资企业用地每年2—3元/平方米，国内企业用地每年1.5—2.5元/平方米。

1993年7月，市政府根据江苏省政府《批转省物价局、土地局〈关于全省国有土地使用权出让保护价格的意见〉的通知》，对全市土地出让价中的地租标准做出调整：在如城规划区内，工业用地重点带、块每年1.5元/平方米，非重点带、块每年1元/平方米；商业、金融、旅游、娱乐、服务业、房地产开发等经营性用地，重点带、块每年2元/平方米，非重点带、块每年1.5元/平方米。丁堰、白蒲、石庄3个建制镇工业用地每年1元/平方米，商业、金融、旅游、娱乐、服务业、房地产开发等经营性用地每年1.5元/平方米。其他乡镇工业用地每年0.5元/平方米，商业、金融、旅游、娱乐、服务业、房地产开发等经营性用地每年1元/平方米。

1993年10月如皋市市区基准地价一览表

表5-11

单位:元/平方米

土地级别		一级	二级	三级	四级
商业用地基准地价	平均	1150	700	350	200
	变幅	1400—900	900—500	500—200	300—100
住宅用地基准地价	平均	350	250	200	150
	变幅	450—250	300—200	250—150	200—100
工业用地基准地价	平均	250	175	150	150
	变幅	300—200	200—150	175—125	175—125
综合基准地价	平均	1100	600	300	150
	变幅	1300—800	800—400	400—150	200—100

1997年10月6日起,全市废止自行确定的土地出让最低保护价,开始执行由省国土管理局、省物价局联合发布的如皋市市区土地基准地价(基准日1997年6月30日)。1999年,市国土规划管理局会同江苏金宁达土地评估有限公司,对市区土地定级估价价位进行更新、完善。市区定级估价价位更新区域范围:东至环城东路,南至环城南路,西至新204国道,北至如皋经济开发区,面积25.82平方千米。更新后的市区定级估价价位于2000年1月开始执行。同时对市区1镇3乡(如城镇、新民乡、邓园乡、城西乡)以外的建制镇、乡集镇进行土地分等估价工作。将13个建制镇、33个乡集镇划分4个土地等次确定土地基准地价。

2001年1月如皋市市区基准地价一览表

表5-12

单位:元/平方米

土地用途	一级		二级		三级		四级	
	基准地价平均值	变幅	基准地价平均值	变幅	基准地价平均值	变幅	基准地价平均值	变幅
商业	110	800—1400	840	640—1040	540	390—690	420	320—520
住宅	480	330—630	360	260—460	280	200—360	240	180—300
工业	360	270—450	300	230—370	190	140—240	150	110—190

2001年如皋市乡镇镇区基准地价一览表

表5-13

单位:元/平方米

集镇名称	商业用地		住宅用地		工业用地	
	平均地价	变幅	平均地价	变幅	平均地价	变幅
丁堰镇	690	510—870	330	230—430	250	190—310
石庄镇	660	480—840	320	220—420	240	180—300
白蒲镇	640	460—820	310	210—410	230	170—290

续表5-13

集镇名称	商业用地		住宅用地		工业用地	
	平均地价	变幅	平均地价	变幅	平均地价	变幅
搬经镇	500	350—650	280	200—360	210	160—260
磨头镇	490	340—640	280	200—360	215	165—265
长江镇	480	330—630	270	190—350	210	160—260
下原镇	480	330—630	270	190—350	205	155—255
吴窑镇	470	320—620	260	180—340	200	150—250
东陈镇	450	300—600	250	170—330	195	145—245
郭园镇	450	300—600	250	170—330	195	145—245
江安镇	430	280—580	240	160—320	190	140—240
丁北镇	420	270—570	240	160—320	185	135—235
林梓镇	410	260—560	240	160—320	185	135—235
柴湾乡	390	270—510	230	170—290	180	140—220
场南乡	380	260—500	230	170—290	180	140—220
九华乡	380	260—500	230	170—290	180	140—220
加力乡	380	260—500	230	170—290	175	135—215
建设乡	370	250—490	225	165—285	175	135—215
何庄乡	370	250—490	225	165—285	170	130—210
葛市乡	360	240—480	220	160—280	170	130—210
大明乡	350	230—470	220	160—280	170	130—210
江防乡	350	230—470	220	160—280	170	130—210
袁桥镇	340	220—460	210	150—270	170	130—210
营防乡	340	220—460	210	150—270	170	130—210
长庄乡	340	220—460	210	150—270	170	130—210
龙舌乡	330	210—450	205	145—265	165	125—205
戴庄乡	330	210—450	205	145—265	165	125—205
常青乡	320	200—440	205	145—265	160	120—200
丁堰乡	320	200—440	200	140—260	160	120—200
夏堡乡	320	200—440	200	140—260	160	120—200
石北乡	310	210—410	190	150—230	150	120—180
雪岸乡	310	210—410	190	150—230	150	120—180
场北乡	300	200—400	185	145—225	145	115—175

续表 5-13

集镇名称	商业用地		住宅用地		工业用地	
	平均地价	变幅	平均地价	变幅	平均地价	变幅
车马湖乡	300	200—400	185	145—225	145	115—175
胜利乡	300	200—400	185	145—225	145	115—175
桃园乡	300	200—400	185	145—225	145	115—175
花园乡	300	200—400	185	145—225	145	115—175
奚斜乡	290	190—390	180	140—220	140	110—170
新姚乡	290	190—390	180	140—220	140	110—170
黄市乡	290	190—390	180	140—220	140	110—170
南陵乡	290	190—390	180	140—220	140	110—170
勇敢乡	280	180—380	170	130—210	135	105—165
马塘乡	280	180—380	170	130—210	135	105—165
高井乡	280	180—380	170	130—210	135	105—165
高明乡	270	170—370	170	130—210	130	100—160
长青沙乡	260	160—360	160	120—200	125	95—155

2002年，全市开始执行省政府批转的省国土资源厅、省物价局《关于公布全省协议出让国有土地使用权最低价的请示》，如城镇协议出让国有土地使用权最低价为120元/平方米，其他乡镇为100—115元/平方米。

2002—2003年12月，如皋市国土资源局与江苏金宁达不动产评估咨询有限公司合作，根据省规定的如皋市协议出让国有土地最低价对市区进行土地定级与基准地价更新工作。此次定级估价的范围扩大至32.53平方千米，将市区土地划分为5个级别，同时重新确定各个土地级别的基准地价。2004年9月19日，市政府下发文件，向社会公布2003年12月市区土地级别和基准地价更新结果。

2003年12月如皋市市区基准地价一览表

表5-14

单位：元/平方米

土地级别	一		二		三		四		五	
土地用途	基准地价平均值	变幅	基准地价平均值	变幅	基准地价平均值	变幅	基准地价平均值	变幅	基准地价平均值	变幅
商业	2000	1600—2400	1300	900—1700	800	600—1000	500	300—700	350	200—500
住宅	750	550—950	600	450—750	480	380—580	350	250—450	250	150—350
工业			310	250—370	260	210—310	200	160—240	170	130—200

2004年9月，市政府发布《关于公布市区土地级别和基准地价更新成果的通知》，对市区土地定级估价成果进行调整、更新和完善，初步建立起市区地价动态监测体系。文件对市区土地级别和基准地价表予以公布。

2004年如皋市市区商业用地级别基准地价一览表

表5-15

单位：元/平方米

土地级别	一			二			三			四			五		
土地用途	基准地价	变幅	容积率	基准地价	变幅	容积率	基准地价	变幅	容积率	基准地价	变幅	容积率	基准地价	变幅	容积率
商业	2000	1600—2400	1.20	1300	900—1700	1	800	600—1000	0.80	500	300—700	0.70	350	200—500	0.70
住宅	750	550—950	1.50	600	450—750	1.40	480	380—580	1.30	350	250—450	1.10	250	150—350	1
工业	—	—	—	310	250—370	—	260	210—310	—	200	160—240	—	170	130—200	—

2007年4月，开始根据省国土资源厅《关于全面建立全省城镇地价季度动态监测与基准地价更新制度的通知》，加强土地市场动态变化分析，建立土地市场快速反应机制，基准地价更新成果在下一年第一个月月底前向社会公布，建立定期更新和公布制度。

2010年5月，市政府下发《关于公布我市城镇基准地价更新成果的通知》，全市基准地价定期更新制度正式实施。

2010年如皋市市区商业用地级别基准地价

表5-16

单位：元/平方米

土地级别	基准地价	变幅	设定土地开发程度	设定容积率	地块编号	分布范围
一	7860	6110—9590	六通一平	1.8	1-1	海阳路北段（如泰运河—中山路）、海阳路南段（中山路—外城河）、中山路西段（外城河—海阳路）
二	—	—	六通一平	—	2-1	中山路东段（海阳路—靖海桥）、步行街（如泰运河—秀水路）、海阳南路（外城河—芙蓉路）
					2-2	益寿路中段（如泰运河—福寿路）、中山西路东段（益寿路—外城河）
三	—	—	六通一平	—	3-1	海阳路北段（仁寿路—如泰运河）
					3-2	中山东路（外城河—新民路）
					3-3	福成路（中山路—秀水路）、秀水路（广福路—海阳路）
					3-4	大司马路（福寿路—中山路）、宁海路中段（益寿路—海阳路）、宁海路东段（海阳路—宏济路）、福寿路东段（益寿路—海阳路）
					3-5	中山西路（新204国道—益寿路）、天平市场

续表 5-16

土地级别	基准地价	变幅	设定土地开发程度	设定容积率	地块编号	分布范围
四	—	—	六通一平	—	4-1	益寿路北段(仁寿路—如泰运河)、庆余路(益寿路—海阳路)
					4-2	广福路(青云路—海阳路)
					4-3	文昌路(中山路—海阳路)、育贤路(外城河—宏济桥)
					4-4	宁海路西段(广济路—益寿路)、福寿路西段(新204国道—益寿路)、益寿路南段(福寿路—惠政路)
五	—	—	五通一平	—	5-1	亿丰国际商城
					5-2	中山东路(新民路—李渔路)
					5-3	苏浙大市场
					5-4	嘉信钢材市场
					5-5	大明街(原皋南镇区)(国家电网—农村信用社)

2010年如皋市市区住宅用地级别基准地价

表 5-17

单位:元/平方米

土地级别	基准地价	变幅	设定土地开发程度	设定容积率	地块编号	分布范围
一	2590	2210—3020	六通一平	2	1-1	东至外城河,南至外城河,西至外城河,北至如泰运河
二	1970	1490—2530	六通一平	1.80	2-1	东至万寿路,南至福寿路,西至桃源路,北至如泰运河(除1-1号区域)
三	1180	960—1580	六通一平	1.60	3-1	东至茅雉河,南至惠政路,西至红星河,北至仁寿路(除1-1、2-1号区域)
四	730	470—1000	五通一平	1.50	4-1	东至兴源大道东部河流,南至大明河,西至如海运河,北至跃龙路(除1-1、2-1、3-1号区域)

2010年如皋市市区工业用地级别基准地价

表 5-18

单位:元/平方米

土地级别	基准地价	变幅	设定土地开发程度	设定容积率	地块编号	分布范围
一	424	400—460	五通一平	1	1-1	东至万寿路,南至福寿路,西至益寿路,北至如泰运河

续表5-18

土地级别	基准地价	变幅	设定土地开发程度	设定容积率	地块编号	分布范围
二	316	280—410	五通一平	0.90	2-1	东至茅雉河,南至惠政路,西至红星河,北至惠民路(除1-1号区域)
三	250	220—280	五通一平	0.70	3-1	东至兴源大道东部河流,南至大明河,西至如海运河,北至跃龙路(除1-1、2-1号区域)

第五节 土地行政执法

一、土地法治教育

1986年6月25日《中华人民共和国土地管理法》颁布后,县委、县政府开始把土地管理法律法规列为普法教育的重要内容。1991年,如皋市被国家、江苏省、南通市确定为土地管理"二五"普法试点县(市)。1991年8月下旬至12月上旬,市委、市政府在建设乡进行土地管理法治宣传教育试点,形成"10户法制宣传员"、颁发给农户土地管理"二五"普法合格证、建立"乡土地管理协会""普法教育与土地管理实际六结合"等做法和经验。此后,土地管理法治宣传教育活动在全市广泛深入开展。1992年4月,市国土规划管理局应邀出席国家土地管理总局召开的"二五"普法经验交流会。1996年,市国土规划管理局被江苏省法治宣传领导组表彰为1991—1995年全省"二五"普法先进集体。

利用全国"土地日",市国土规划管理局先后围绕"土地与国情""土地与改革""土地与经济""土地与市场""土地与法制""土地与发展""土地与未来"等主题,组织集中宣传教育活动。2002年,"土地日"前后,市国土规划管理局与市木偶剧团合作,以"规范土地市场,促进经济发展"为主题,以歌舞、相声、小品等群众喜闻乐见的文艺形式,编排一台土地管理法治宣传专场文艺节目,到各镇巡回演出近30场次,受教育人数近10万人,受到省国土资源厅的通报表扬。2003年"土地日"前后,市国土规划管理局举办如皋市国土资源管理十五年回顾图片展览,到各镇巡回展出,被江苏省国土资源局表彰为2003年"土地日"宣传好项目。

2006年初,市国土规划管理局印发土地法规宣传挂历1万份,分送到市级机关各部门及各镇、村、组。编印《国土资源政策法规资料选编》两册,分送市四套班子领导、经济开发区、各镇分管工业、土管的负责人,同时在全市各主要交通要道口刷新土地宣传标语1200余条。2007年6月25日,利用第17个全国"土地日",举办以"节约集约用地,坚守耕地红线"为主题的宣传报告会,在如皋广播电视台播放电视专题片《与时代同行》,同时组织以《大地的丰收》为题的专场文艺演出。此后,土地管理法治宣传教育持续加强。

2008—2010年,市国土资源局会同市城管局、共青团如皋市委开展"雉水绿韵"公益骑行活动,与教育局、环保局联合举办"国土环保杯"有奖征文活动等,宣传低碳生活。会同市委宣传部开展"呵护地球母亲,共守净土蓝天"微博有奖互动微博,呼吁广大群众以"珍惜地球资源 转变发展方式——节约集约利用国土资源共同保护自然生态空间"。微博的点击量就高达16万人次。

二、土地管理法治建设

中华人民共和国成立初,县人委在贯彻执行国家关于土地管理法律、法规和政策的过程中,结合如皋土地管理实际,制订实施《关于土地管理的规定》《关于严格控制干部、社员占用集体耕地建造房屋的几项规定》等。

20世纪80年代,耕地保护与建设用地矛盾日益突出,县委、县政府及有关部门根据《中华人民共和国土地管理法》等法律、法规,制订一系列土地管理实施办法和细则。主要有:《关于严格控制蔬菜地征用和菜地建设费的通知》《如皋县村镇建房用地暂行规定》《如皋县国家建设征用土地补偿费和安置补助费暂行标准》《如皋县村镇建设用地管理实施细则》《如皋县镇建设用地管理实施细则补充规定》《关于重申严格控制蔬菜地征用和征收菜田建设费有关规定的通知》《如皋县耕地占用税开征办法》《如皋县征收土地使用费试行办法》《关于非农业用地清查处理的意见》《如皋县砖瓦窑业用地用土管理的暂行规定》《关于处理农村土地纠纷的几个政策性意见》《关于土地纠纷分工处理的意见》《如皋县城镇国有土地使用权申报登记发证实施细则》《如皋县纪检委、监察局、土地管理局关于副乡(局)级以上党政干部建(购)房中有关问题的暂行规定》《关于使用国有土地收取占用费的通知》《关于征收征地撤组预备金的通知》《关于开征城镇土地使用税的通知》《征收土地使用费的补充规定》《关于明确土地使用税、费的征收范围几个问题的通知》等。

20世纪90年代,市(县)委、市(县)政府及相关部门出台的土地管理地方法规及管理办法有:《如皋市农村居民建房用地管理暂行规定》《关于贯彻执行〈南通市国有土地使用权出让和转让暂行办法〉的通知》《市政府办公室转发市土地管理局关于土地使用制度改革若干问题的意见》《市政府办公室转发市土地管理局关于土地使用制度改革若干问题的补充意见》《如皋市征地剩余劳动力管理暂行办法》《如皋市土地市场建设和管理暂行规定》《如皋市城镇国有土地管理暂行办法》《如皋市土地评估暂行办法》《如皋市基本农田保护办法》《关于加强对砖瓦窑、水泥预制场管理的通知》《如皋市取土规定》《市政府办公室转发如皋市土地管理局、如皋港经济开发区管委会关于进一步加强如皋港经济开发区土地管理的意见》《市政府办公室转发市国土规划管理局关于企业改制中国有土地使用权处置办法》《市政府办公室转发市国土规划管理局、财政局、物价局关于对出租和改变用途的国有划拨土地收取土地年租金的意见》《市政府办公室转发市国土规划管理局如皋市城区地籍调查若干规定》《关于清理非法转让炒卖土地问题的处理意见》。

进入21世纪,市委、市政府更中注重依法实施土地管理。市委、市政府及相关部门先后出台的规范性文件有《市政府关于加强土地资产管理的意见》《市政府关于加强国有土地储备工作的意见》《如皋市村(居)民建房用地管理实施细则》《市政府办公室转发市国土局关于农村产业结构调整等用地管理的意见》《市发展与改革委员会、市国土资源局关于切实加强土地集约利用和沿江岸线使用管理的若干意见》《市政府办公室转发市财政局、国土资源局关于进一步规范新增建设用地有偿使用费管理的意见》《中共如皋市委、如皋市人民政府关于全面推进农民集中居住的工作意见》《市委办公室、市政府办公室关于全面推进农民集中居住区建设的实施意见》《市监察局和国土局关于进一步深化土地使用制度改革加强土地资产管理的意见》《市政府办公室关于印发<如皋市镇级政府耕地保护责任目标考核办法>的通知》《如皋市工业用地招标拍卖挂牌出让试行办法》《市政府关于加强国有土地使用权出让收支管理的意见》《市政府办公室转发市建设局国土局关于如皋市房屋拆迁补偿评估技术规范及补助标准指导意见的通知》《市政府办公室关于进一步明确土地征收补偿标准及规范征地报批前有关程序的通知》《市政府办公室关于进一步做好被征地农民基本生活保障工作的通知》《市政府办公室关于做好2010年被征地农民基本生活保障工作的意见》。

三、土地检查执法

1987年7月10日开始,县政府根据中共中央、国务院文件精神和省市统一部署,在丁堰乡先行试点的基础上,组织1万多人,对全县非农业建设用地进行全面清查。共查出未经批准擅自

图5-7 依法拆除非法占用农田建筑物
(1988年摄)

用地9852宗,用地面积2.1万多亩。本着“尊重历史、实事求是、有法必依、宽严适度”的原则,区别不同情况分别作出处理。1988年,在继续搞好非农业建设用地清查处理的基础上,强化土地执法监察。全县共发现违法占地案件273起,查处244起,拆除违法占地房屋298间,退田还耕14.92亩,行政处理8人,罚款2.782万元。1989年,县政府组织对工业、商业、运输业、建筑业、服务业等非农业临时用地和蚕舍、蘑菇房等副业用地进行清理,共查出违法违规非农业临时用地3085宗,违法违规蚕舍用地7345宗、蘑菇房用地10284宗,全部分别做出处理。是年9月,县纪委、监察局、土地管理局联合行动,对全县227名副乡(局)级以上干部1985年后建造私房情况逐个进行核查,对其中65个超面积建房的干部分别做出处理。次年,三部门再次联合行动,对全县2623名村以上干部1985年后建房情况进行普查,查出870个超标准建房户,依法做出处理。

1990年,县政府根据国务院、省政府文件精神,对1987年后全县建设用地审批情况进行全面清理,共查出各种越权批地案件35件,越权批地面积170.352亩,依法分别做出处理,其中退田还耕76.78亩。1991年,全市(县)查处违法占地建房39起。1992年,市人民法院及土管、城建等部门与有关乡镇政府协同配合,在城郊接合部的如城宏坝村、邓园乡太平村强制拆除违法占地建房36起75间,退出土地1618.71平方米。1993年,针对袁桥镇少数村民占地建造立体窑问题,市国土规划管理局依法立案调查并申请法院强制执行,拆除违法建造的立体窑26座,还耕土地60多亩。

1995年,市纪委、监察局、国土规划管理局根据江苏省国土厅文件精神,联合开展全市土地行政执法检查和非农业建设用地清理工作,共查出违法占地477宗,面积976.75亩,区别情况依法予以处理。1996年,市政府组织力量对全市69座轮窑用地逐座丈量,对现存小土窑逐座登记造册,建立全市砖瓦窑用地台账。在认真调查的基础上,市政府先后下发《关于对砖瓦窑、水泥预制场管理的通知》《关于批转市土管局〈关于立即拆除违法兴建立体窑的通知〉》《如皋市取土规定》等文件,成立拆窑指挥部,把拆窑任务分解到各相关乡镇。全市共拆除非法兴建的立体窑242座。

图5-8 拆除小土窑 (1995年摄)

11月中旬,江苏省政府在如皋召开全省砖瓦窑业、开发区用地专项治理工作会议,如皋加强砖瓦窑用地管理的经验在会上作介绍。

1997年6月25日,市政府根据中共中央、国务院《关于进一步加强土地管理切实保护耕地的通知》,成立非农业建设用地清查领导组,市政府办公室下发《关于在全市开展非农业建设用地清查工作的通知》。6月28日,市政府召开全市土地管理和耕地保护工作会议,全面部署全市非农业建设用地清查工作。9月17日,市长办公会议研究通过《如皋市非农业建设用地清查中违法用地的处理意见》。9月22日,市政府召开非农业建设用地清查处理工作会议。这次大清查,全市共查出违法用地6150宗、8313.72亩。其中学校、医院、办公等公益事业用地127宗、503.34亩,房地产开发用地18宗、82.89亩,多种经营用地16宗、327.915亩,工业用地135宗、1439.295亩,民营经济用地43宗、149.28亩,乡镇农民街用地37宗、332.22亩,居民建房用地5739宗、1053.69亩。在全面清查的基础上,区别不同情况,分别做出拆除复垦、补办用地手续和限期还田等处理,1998年,全部违法用地处理完毕。

1999年5月6日,市政府根据国务院办公厅《关于加强土地转让管理严禁炒卖土地的通知》,在全市组织炒卖土地专项执法检查,共查出非法转让、出租土地等6088宗、1938.5亩,其中国有土地1551宗、572.51亩,集体土地4537宗、1365.99亩;未批先用1260宗、623.23亩,擅自改变用途1094宗、216.5亩,出租土地3205宗、635.49亩,集体土地作价入股1宗、21.84亩,集体土地抵押1宗、0.3亩,非法转让土地492宗、209.73亩,集体经济组织私自开发176宗、37.63亩，开发商违法开发集体土地128宗、43.61亩，违法联营联建22宗、11.83亩，以安居房为名进行商品房开发的国有土地24宗、3.55亩，向城镇居民转让土地113宗、103.04亩，城镇居民占用集体土地建住宅29宗、10.07亩，闲置土地13宗、79.4亩，手续不全，占用国有土地12宗、118.91亩，受让土地非法转让2宗、2.62亩。根据清查情况，市政府出台《关于清理非法转让炒卖土地问题的处理意见》，分别依法做出处理。

2002年，全市利用2001年卫星遥感监测成果开展土地执法大检查，对50个图斑号的55宗、1634.7亩土地逐一实地监察。其中，合法用地10宗、222.6亩，违法用地27宗、900.5亩。27宗违法用地中，除13宗国家和省批准立项的重点交通设施建设用地外，其余14宗违法建设用地于当年补办合法用地手续。2004年3—6月，市国土规划管理局对1999年以后所有建设用地进行拉网式清理，对不符合国务院规定的工业园区进行专项整治。当年，先后4次组织对死灰复燃的立体窑进行强制拆除，共拆除立体窑107座。2005年，根据省国土资源厅和南通市国土资源局的统一部署，市国土规划管理局对全市不批即建的113宗、2545亩违法用地予以查处，处理相关责任人42人，其中副科级以上的8人。罚款150多万元。

2009年，按照省国土厅“十日清查行动”要求，市政府组织市监察、法院、发改、规划、建设等部门联合行动，按照上级部门确定的“疏堵结合、以疏为主”的工作思路和“规划规范衔接一批、报批完善一批、盘活置换一批、拆除复耕一批”的工作要求，先后组织3次清查行动。是年，全市涉地信访285件，同比下降55%，退出省涉地信访重点管理县(市)行列。2010年，开始推行“防控在前、发现及时、制止有效、查处到位”的土地执法监察长效机制，健全完善“片警式”执法监察网络，坚持市、镇、村、组四级日常巡查。全年累计巡查1713次，发现和查处违法用地186宗。

四、土地“三无”乡镇、土地执法模范市创建

1989年起，全县开展“无违法占地案件乡镇”创建活动。至1990年年底，全县有11个乡镇被南通市土地管理局评为“无违法占地案件乡镇”。1991年，开始开展“三无”(无违法批地、无违法管地、无违法用地)乡镇创建活动。市、乡镇分别成立创建活动领导组。每年初制订计划，提出目标任务和措施，层层明确责任，年终严格考核验收，落实奖惩。至1997年年底，全市有70%的乡镇达到“三无”乡镇标准。1998年，如皋开始参加“土地执法模范县”创建活动。2001年，市政府出台《关于进一步深入开展创建“土地执法模范市”活动的意见》，市和各镇均完善创建领导组织，健全创建网络，制定创建规划。市与镇、镇与村分别签订创建责任书。2002年，有4个镇首先跨入南通市土地执法模范镇行列。2010年，合并组建的雪岸、袁桥、九华、常青、东陈5个镇被评为土地执法模范镇。

图5-9 创建土地执法模范镇和耕地保护优秀镇大会 (2004年摄)

第二章 环境保护

第一节 机构沿革

1980年6月,如皋县政府设县环境保护办公室。1981年5月,县环境保护局建立。1984年1月,与县基本建设局合并为县城乡建设环境保护局,内设城乡建设股、环境保护股。

1985年4月,县环境保护局恢复。1987年1月,县环境保护委员会建立,由县长兼任主任委员,下设环委会办公室。1988年7月,县环境保护局,下设环境监测站、排污收费监理站。1990年7月,各乡镇建立环保办公室。1992年2月,如皋市环境科学研究所设立,挂靠如皋市环境监测站。1994年,市环境保护局原下辖的排污收费监理站更名如皋市环境监理站,如城镇、白蒲镇、磨头镇、搬经镇、石庄镇环保监理所相继设立。

2001年,市环境监理站更名为市环保监察(监理)大队。

2010年,市环保局内设污染控制科等7个中层机构,下辖环保监察(监理)大队、环保监测站和5个环保监理所。

第二节 环境质量

一、大气质量

20世纪60年代,随着工业和交通事业发展,全县大气污染逐年加重。1983年,全县降雨pH值(酸碱度)为5.71,酸雨频率为12%。1985年,如城地区降雨pH值为5.75,酸雨频率为16.7%。

1986—1990年,全县年排放的大气污染物等标污染负荷为35.18。大气污染物主要为二氧化硫、铅烟、粉尘和氮氧化物,污染负荷比分别为25.05%、23.53%、19.04%和14.84%。大气污染物主要来源于燃烧废气、工业生产废气和机动车船尾气。1990年,如城地区大气总体质量基本符合国家《环境空气质量(GB3095-1990)》中的二级标准,其中 氮氧化物、总悬浮微粒、自然降尘偶尔有超标,超标率分别为1.7%、4.6%、20.6%;农村大气质量均符合国家《环境空气质量(GB3095-82)》中的二级标准,二氧化硫、氮氧化物、总悬浮粒的日均值浓度和一次浓度最大值均无一超标。

1991—1995年,全市城乡二氧化硫、氮氧化物、总悬浮微粒、降尘平均值均符合国家大气质量二级标准;降水仍为酸雨型,平均酸雨频率63.6%,pH值小于5.6,大气中主要污染物为总悬浮微粒,其次是降尘。1995年,全市排放大气污染物污染负荷总量为100.37,比1990年增加53.98%。重点污染物为氟化物、铅烟、二氧化硫和氮氧化物,其污染负荷比例分别为36.19%、31.57%、10.36%和8.73%;废气排放总量为687768万标立方米,大气污染物排放总量约89011.8吨,排放燃料废气总量为58205.8吨,排放工业废气223094万标立方米,比1990年增加7.77%。

1996—2000年,全市废气排放的总量为2158811万标立方米,大气污染物排放总量210837.6吨,废气排放量和污染负荷量呈下降趋势,工业烟气排放总量平均每年递减16.99%,等标污染负荷平均每年递减7.49%,工业生产废气排放总量平均每年递减18.99%,等标污染负荷平均递减19.05%,交通车船等燃油设施排放废气量平均每年递增23.62%,其等标负荷平均每年递增12.57%。酸雨频率为14.74%,较“八五”期间降低48.86%。如城大气质量二氧化硫、氮氧化物、总悬浮微粒平均值符合环境质量二级标准,二氧化硫点“1小时平均”值和“日平均”值均无超标现象，氮氧化物“日平均”值无超标现象，仅“1小时平均”值偶见超标，总悬浮微粒“日平均”值和降尘点一次监测值有一定超标现象；农村大气质量单体仍符合国家二级标准。2000年，全市排放大气污染物等标污染负荷总量为276596.7，比1995年减少72.44%。主要污染物为氟化物、碳氢化合物和氮氧化物，其污染负荷比分别为33.86%、28.28%、23.33%。

2001—2005年，全市大气污染物排放量和污染负荷比呈缓慢上升趋势，工业烟气排放量平均每年递增5.12%，等标污染负荷平均每年递减9.88%，工业生产废气排放总量平均每年递增6.84%，等标污染负荷平均每年递减16.29%。随着机动车辆增多，燃油设施排放废气量平均每年递增率为16.14%。此期间，城市空气二氧化硫、二氧化氮和可吸入颗粒物年平均值符合环境空气质量二级标准，降尘浓度平均值符合南通市参照标准，二氧化硫“日平均”值均无超标现象。农村大气总体质量符合国家二级标准，农药化肥集中施用季节，农村空气中散发农药和氨气的刺激性气，二氧化硫、氨气的日均值浓度时有超标，特别是夏秋收割季节，农民就地焚烧秸秆，空气质量受到严重污染。2005年，全市主要污染物为硫氢化物、氮氧化物和氟化物，其污染负荷比分别为40.67%和30.10%、17.00%，排放大气污染物等标污染负荷总量为373858。是年5月下旬至6月上旬和10中旬至11月中旬，农村部分地区日空气污染指数上升至100以上，最高点达到240。

2006—2010年，全市大气环境质量继续保持在国家二级标准。2010年全市空气质量优良级别以上天气占全年总天数比例达93.4%。

二、水体质量

20世纪50年代前，全市水体质量优良。城区居民仍用河水淘米、洗菜、洗衣；农村河流河水除少数河流外，均可饮用。

20世纪60年代，城乡水体质量开始下降，城区大部分河流河水不能再作淘洗之用。

20世纪80年代初始，随着城区人口的快速增长，工业、养殖业、服务业的快速发展，农药化肥的大量使用，全市水体污染加剧。城区极少有河流河水可供直接使用，农村大部分河流河水不能食用，部分河流不再能够用作游泳。至1987年，全县排放污水的工厂有256家，其中有106家工厂排放的废水超过国家排放的标准，全年工业废水排放总量为1967万吨，其中达到国家排放标准的废水量为751万吨，达标率为38.2%。加之以有机污染为主的城镇生活用水排入河道，破坏水体的自然生态，全市水质总体变差。

1986—1990年，内河地表水主要以有机污染为主，水体主要污染指标高锰酸盐指数、生化需氧量、溶解氧、氨氮和亚硝酸盐氮，其污染分担率分别为14.6%、17.5%、24.4%、14.2%和14.4%。全年枯、平、丰3个水期的水质有明显差异。枯水期水体中有机污染指数生化需氧量最高至6.9毫克/升，其余指标均能符合Ⅲ类水质标准。平、丰两期尚能达到Ⅳ类水质标准。内河水质1987年、1988年污染程度上升。

1988年，县环保局选择长江镇、丁西乡、丁堰乡、袁桥镇、张黄港乡、夏堡乡、马塘乡、新姚乡的20条河流，设置23个断面，分别在枯、平水期进行监测。监测结果：长江镇等8个乡镇的20条河流中，19条河流全部符合农用灌溉水质标准(GB5084-85)中I类标准。

1990年，通扬运河属国家《地面水环境质量标准(GB3838-88)》V类水质，如泰运河属IV类水质，如海运河、焦港河均属II类水质。内河水底泥中总砷、总铅、总镉、总铜、总锌均有不同程度上升，其中总锌上升幅度较大。如城、白蒲、石庄地表水的总体水质超过国家《地面水环境质量标准(GB3838-88)》V类水质标准，溶解氧、高锰酸盐指数、生化需氧量等指标均超过V类水质标准，不能满足渔业和生活用水的要求。是年，如城自来水厂水源水中各项指标平均值基本达到饮用水源水的标准，偶见溶解氧、高锰酸盐指数、生化需氧量等指标超标值出现，超标率为33%。地下水中硬度、氧化物和氨氮、细菌总数及大肠菌群数等指标均有不同程度超过国家《生活饮用水卫生标准GB5749-85)》，第二承压层水中各项指标也超过标准，地下水水体污染源主要以工业废水中的有机污染为主。

1991—1995年，全市内河河水质量总体符合国家Ⅲ类标准，偶有污染发生。高锰酸盐指数、生化需氧量、溶解氧和挥发酚等，污染分担率为

15%、20.1%、42.7%、10.9%。主要内河地表水污染仍以有机物污染为主，与1990年相比，有机污染有所上升，特别是溶解氧所占比重大。水期比较，枯水期内河水质属Ⅴ类水质，主要超标指标为高锰酸盐指数、生化需氧量和油类3项，分别超III类标准7%、88%、40%。丰水季节水质总体为IV类水质，唯溶解氧超标0.26%。平水期水质满足III类水质标准，三水期污染负荷比分别为39.6%、35.4%、25.0%。5年中，1992年全市内河水质最差，综合污染指数9.87。1993年始，综合污染指数逐步下降，水质逐渐改善。1995年，综合污染指数为5.48，比1992年下降44.40%。1995年，通扬运河、如泰河、如海河、焦港河4条主要内河总体水质符合《地面水环境质量标准(GB3838-88)》中IV类水质标准，其中通扬运河Ⅴ类水质，如泰运河IV类水质，如海河Ⅲ类水质，焦港运河Ⅲ类水质，4条河流污染负荷分别为43.2%、30.4%、9.2%、17.2%。主要内河河底泥中总砷变化不大，总汞波动较大，总铬、总铅、总镉上升。如城、白蒲、石庄地表水总体质量达到国家《地表水环境质量(GB3838-88)》IV类标准，其中如城地表水为Ⅴ类水质，白蒲镇超标Ⅴ类水质，石庄镇为Ⅱ类水质，主要污染指标为生化需氧量、非离子氢，分别为5.7克/升、0.11克/升，分别超Ⅲ类标准42%和4.5倍。是年，全市饮用水源水除总大肠菌群超标2次，其余各指标均符合城市综合考核标准，达标率为97.6%。全市地下水质量为IV类水质，其中如城IV类、白蒲镇Ⅲ类、石庄镇Ⅲ类。1995年，全市排放工业废水1743.64万吨，比1991年减少8.31%。

1996—2000年，全市内河水质符合国家Ⅲ类标准，溶解氧、生化需氧量、高锰酸盐指数和亚硝酸氮，其污染物分担率为35.0%、14.7%、12.3%和6.9%。2000年，全市内河地表水总体水质Ⅲ类，溶解氧、高锰酸盐指数、生化需氧量、非离子氨和亚硝酸盐氮有超标现象，超标率分别为56.7%、20.0%、46.7%、3.3%、10.0%；全市主要内河和运河如皋段总体水质均符合国家《地面水环境质量标准(GB3838-88)》Ⅲ类水质以上标准，其中通扬运河、如泰运河为Ⅳ类水质，焦港运河、如海运河等为Ⅲ类水质；河底淤泥监测结果与1995年相比，总砷下降42.6%，总铬下降23.3%，总镉上升148.7%，总汞持平，总铅上升26.3%；城镇地表水总体质量符合国家IV类水质标准，与“八五”期间相比总体水质无明显变化。

2001—2005年，全市主要内河水质呈改善趋势。各河流主要指标均值符合国家《地表水环境质量标准(GB3838-2002)》Ⅲ类水质标准，综合污染指数为4.01，主要污染指标溶解氧、高锰酸盐指数、生化需氧量、氨氮和阴离子表面活性剂，污染分担率分别为17.7%、19.3%、14.5%、16.7%和8.6%，枯水期、平水期和丰水期水质皆为Ⅲ类，污染负荷比分别为38.1%、31.1%、30.8%。主要城镇地表水水质为Ⅲ类，对照IV类水质标准，综合污染指数为2.00，所测指标中单次监测值氨氮有超标现象，超标率为3.0%，超标倍数为0.2倍。

2006—2010年，开展创建生态示范市和环保模范城市活动后，全市主要工业企业废水基本实现达标排放，年平均排放工业废水1171.84万吨，等标污染负荷下降至332.63。城区生活污水全面实现无害化处理，各镇镇区部分生活污水实现无害化处理。全市内河经过清理，水质大多超过国类Ⅲ类水质标准，地表水环境质量保持国家Ⅲ类水质标准，饮用水源地达标率100%，地表水功能区达标率75%。

三、声环境质量

20世纪80年代前，全县除部分工业生产设备、交通工具产生噪音外，主要声环境污染源为爆竹等。1987年，全县主要工业噪声源增加至104个，其中超过国家规定功能地区(居民、工业、商业、交通)噪声标准的有90个，占总数的84.2%，噪声最高值103分贝。

至1990年，全县主要工业噪声源120个，其中超过国家规定的功能地区噪声标准的有80个，占总数的67%，噪声最高值116分贝；交通噪声源主要来自机动车流量，全县主要机动车流量平均188辆/小时，如城市区为全县交通噪声污染最严重地区，平均等效声级为75.5分贝，超过国家标准5.5分贝。

1991年开始，机动车成为主要噪音污染源。城区污染最严重时平均等效声级81.9分贝，超标11.9分贝，超标路长100%。1992—1994年，除工业区夜间达标，各功能区噪声均有不同程度的超标。

1995年，区域环境噪声平均等效声级为55.4分贝，低于全国卫生城市标准0.6分贝，其中工业区噪声达标，商业区和交通区超标，商业区噪音超标最多时为13.0分贝，交通区超标最多有17.7分贝。是年，全市机动车辆增加至1990年的3.66倍，平均等效声级76.0分贝，超过国家标准6.0分贝，市区主要道路中以环城西路和环城南路噪声污染最为严重，其等效声级分别为78.0分贝和76.5分贝。超标路段占路长的93.6%。

1996—2000年，如城交通噪声污染程度有所下降，各年度平均等效声级相差范围0.4—1.6分贝，其中1996—1999年超标0.4—1.6分贝。1997年、2000年均达标。2000年，城区交通噪声环境质量昼夜平均等效声级为69.3分贝，符合国家《城市区域环境标准(GB3096-93)》中4类标准。

图5-10　海阳南路环境噪声实时公告牌
（2010年摄）

功能区域环境噪声质量除商业区夜间以及交通干线两侧在昼夜噪声超标外,其他功能区噪声昼夜均符合《城市区域环境噪声标准(GB3096-93)》中相应的标准限值，区域环境噪声质量各年度区域环境噪声波动于53.8—55.5分贝，均符合国家卫生城市标准。

2001—2010年，道路交通噪声浓度均值呈逐年下降趋势，年平均值下降3.12分贝。其中，2004年如城各功能区环境噪声年平均昼夜等效声级值均符合《城市区域环境噪声标准(GB3096-93)》中相应标准限值，各功能区较2003年均有一定程度下降，如城道路交通噪声等效声级值为66.0分贝，符合《城市区域环境噪声标准/GB3096-93》中4类区在昼夜标准限值，城区环境噪声等效声级值为53.1分贝，符合国家卫生城市标准。

四、土壤环境质量

1981—1985年，南通市组织土壤调查，如皋土壤中重金属元素含量背景值为：砷(As)：4.4±3.6毫克/千克；铅(Pb)：21.6±5.4毫克/千克；铬(Cr)：56±13毫克/千克；镉(Cd)：0.79±0.22毫克/千克；锌(Zn)：51±20毫克/千克；汞(Hg)：0.094±0.052毫克/千克；铜(Cu)：16.80±0.12毫克/千克。

除砷(As)检测值略高于南通市土壤背景值外，其余指标均低于南通市土壤重金属元素含量背景值，各项指标均属无污染状态。

1986—1990年，经县环保局采样监测，全县土壤中的六氯环己烷含量属低残留量，DDT(双对

1991—1995年如皋经济开发区土壤环境质量指标一览表

表5-19

单位：毫克/千克

监测点	有机质	砷	铬	锌	铜	铅	镉	汞
蔡庄一组	1.78×10^4	9.27	48.90	49.50	54	21.50	0.22	0.03
三里塔	1.42×10^4	7.96	57.80	55.60	11.20	26.70	0.36	0.04
城北十三队	1.21×10^6	12.50	65.70	70.30	8.40	22.90	0.28	0.05
区内平均	1.47×10^4	9.91	57.50	58.40	8.30	23.70	0.29	0.04

氯苯基三氯己烷)的含量属中等残留量(依南京环境科学研究所提出的土壤中有机氯残留量分级标准),重金属元素含量均值都在南京市土壤背景值以下。除张黄港乡土壤中镉含量略高外,其余均属清洁区。

1991—1995年,市(县)环保局再次在如皋经济开发区采样监测,监测结果见表5-19。

2004年,市环保局对全市生态农业园区土壤进行调查监测,除总镉指标部分地区超过国家《土壤环境质量标准(GB15618-1995)》表2标准0.07倍外,全市土壤均处清洁水平。

第三节 污染治理

一、水污染治理

如皋水污染治理开始于20世纪80年代。主要贯彻"以防为主,防治结合"的方针,严把环境影响评价审批关、建设项目"三同时"(污染防治设施与主体工程同时设计、同时施工、同时投产使用)执行关,一旦发现污水排放,即限期整改。同时,大力推进技术改造,调整工业布局和产业结构,增设城区和各镇污水处理设施,实现工业、生活污水集中处理、排放。1981—2010年,在全市经济快速发展,人民生活水平快速提高,污水产生量快速增加的大背景下,全市(县)水体环境质量总体保持良好。

工业废水治理 1981—1983年,县染织厂投资28万元,新建日处理能力800立方米的废水处理设施,采用化学悬浮法处理印染污水,出水基本达到国家排放标准。1983年起,县化肥厂对废水进行治理,改造闭路循环系统和硫黄回收系统并兴建氨水提浓设施。1985年,县政府对全县20个重点水污染源实行限期治理。当年,县食品罐头厂建成日处理能力1500立方米的废水处理工程;如皋肉联厂采用活性污泥法处理工艺,建成两个日处理能力为1000立方米的屠宰污水处理设施。

1986年开始,全县重点实施医疗、印染、食品、电镀、制革等重点行业的污水治理。1986年,县人民医院建成总投资10.5万元、日处理能力120立方米的污水处理设施,采取臭氧法处理医疗废水,实现医疗废水达标排放。

1987年,县磷肥厂对硫酸生产工艺进行技术改造,将原来的浓酸洗净化流程改为水洗流程,然后再对含酸废水进行处理,改造后,排出废水的主要指标符合国家排放标准。1988年,县无线电厂、化肥厂、罐头厂、明胶厂污水处理设施建成运行,县塑料机械厂、车辆辐条厂、肉联厂污水处理设施改造升级。

1989年,县人代会做出《关于保护如海河(如皋段)水质的决议》,禁止在如海河边新建排污厂家。是年,县制革厂、罐头厂、县糖厂、县化工二厂、县塑料机械厂完成污水处理设施兴建或改造升级。1988—1989年,县政府对全县25家电镀厂实行逐一整顿验收,给18家整顿合格电镀厂颁发电镀生产许可证,7家不合格厂全部予以关闭。1990年,全县企业有12个废水治理项目建成运转,新增废水处理能力5310立方米/日。至1990年年末,全县企业正常运行的废水处理项目增加至66个。

1991—1995年,市(县)政府在多次全面检查、突击抽查的基础上,责令42家继续排放废水的企事业单位限期治理整改。22家小制革企业中15家完成一级治理任务,关闭5家不合格企业;19家小漂染企业达到规定要求。其间,全市工业排放水处理量为平均每年281万立方米,处理率18.74%,处理达标率为24.91%。其中,1991年,全市(县)企业新建12个废水治理设施,新增废水处理能力3810立方米/日,提高废水处理率4.72个百分点。1992年,开始实施污染物排放许可制度。在对污水处理设施、排水口严格检查验收的基础上,为占全市总等标污染负荷72.0%以上的市食品罐头厂、磷肥厂、化肥厂、制革厂、酒厂、绢纺厂、线厂、漂染厂、第二印染厂9家工业企业发放"排污许可证"。1992—1995年,全市企业新增污水处理设施31套,新增废水处理能力10055立方米/日。

1996年初,市政府完成《"九五"跨世纪绿色工程规划》编制,确定"九五"期间重点实施16个水治理项目。1998年初,市政府对81家企业做出污水限期治理达标排放的决定。7月2—3日,市人大常委会牵头,市政府、市政协、市环保局、市监察局组成联合督查组，对限期治理达标排放企业落实情况逐一进行督查，督促治理达标排放全部落实到位。

1999年，市政府组建“保护母亲河——聚焦长江”零点行动指挥部，在加强正常时段督查、监测的同时，先后组织3次零点集中大督察行动，重点督查长江流域23家水污染重点企业的达标排放。截至1999年9月30日，长江流域23家重点水污染企业实现达标排放20家，办理自然停产3家，共投入治理资金1226万元，削减化学耗氧量2400立方米/年。

2000年上半年，市政府对1999年未完成污染治理任务的49家企业，按治理要求进行逐家督查、验收。至6月30日，除7家水泥厂被政策性淘汰、14家自然停产、4家被责令停产治理外，其余均实现达标排放。1996—2000年，全市企业新增污水处理设施46座，新增污水处理能力4699立方米/日。是年，全市排放工业废水1515.34万立方米，比1996年减少18.08%；工业水污染物等标污染负荷770.70，比1996年下降63.84% 。至2000年年末，《“九五”跨世纪绿色工程规划》确定的16个水治理项目，除生活污水处理厂和内外城河整治外，均完成。

2001年，市政府继续加大环境保护综合整治力度，先后对58家有环境违法行为的企业限期纠正，有7家企业被责令停产治理，6家企业被责令关闭，15家“十五小”（小制革、小漂染、小造纸、小电镀、小染料、土炼焦、土炼硫、土炼砷、土炼汞、土炼铅锌、土炼油、土选金、小农药、土法生产石棉制品、土法生产放射性制品）企业被取缔，并全面启动“三水”工程（长江“引水”，内外城河“疏水”，城市污水处理厂“治水”）。

图5-11 恒发污水处理厂 （2008年摄）

2002年，市内引进“ORP”治理技术，全市各电镀厂电镀废水治理达到规范化、一体化、自动化。医院改液氯消毒为二氧化氯消毒。2004年，集中处理工业污水，日处理污水能力2万立方米的恒发污水处理厂、如皋港区污水处理厂正式开工建设。是年，市政府开始对机动船只污染进行全面整治，共拆解、淘汰挂机船537艘，所有机动船均安装油水分离器。

2001—2005年，全市企业新增污水处理设施59座，新增污水处理能力48540立方米/日。2005年，全市排放工业废水1155.14万立方米，比2000年减少23.76%；工业水污染物等标污染负荷332.63，比2002年下降41.40%；每万元工业增加值废水排放强度25立方米、水污染物化学需氧量排放强度0.0022立方米。至2005年年末，全市工业废水处理装置75台（套），日处理废水能力6.84万立方米。

2007年，市环保局先后对7家企业燃煤锅炉实施脱硫设施改造，脱硫效率提高至70%以上；实施化工、电镀、肠衣行业专项整治，关闭化工企业38家，电镀企业5家。是年，市污染减排领导小组成立，开始将主要污染物排放控制指标分解至各镇（开发区），实行污染控制指标区内承包、区内调剂。至年末，如皋港污水处理厂、桃园污水处理厂完成主体工程，全市污水集中处理规模为6万吨/日，是南通地区污水处理能力最强的县（市）。

2008年，全市新增化学需氧量（COD）削减量1035吨，二氧化硫控制在3200吨以内，超额完成“十一五”年度减排序时目标任务。市委、市政府确定是年为镇污水处理厂“建设年”，长江、桃园、袁桥、林梓镇和如城东部工业园污水处理厂基本建成，丁堰、搬经、下原、郭园、雪岸、吴窑、磨头、柴湾、高明镇完成污水处理厂主体工程，东陈镇污水管网竣工，其余5镇污水处理厂于年底开工建设。2009年，全市实现COD减排1146吨，完成年计划的114.6%，二氧化硫排放量控制在3200吨以内，双双完成上级下达的年度减排任务。全市18个镇污水处理厂主体工程竣工，基本实现镇级污水处理厂全覆盖，镇级污水管网总长度增加至

239千米。如皋经济开发区、如城镇、长江镇(如皋港区)日污水处理能力增加至11万吨。

2005—2010年,全市企业新增污水处理设施45座,新增污水处理能力45190立方米/日。2010年,全市实现COD减排2652吨,二氧化硫排放量控制在3200吨以内,均超额完成全年及“十一五”减排任务。

生活废水治理 20世纪70年代前,全县生活废水除粪便作肥料外一般不作处理。

20世纪80年代至20世纪末,县内生活废水亦主要通过分散埋地式无动力处理装置(化粪池)简单处理。1998年,城区建成分散埋地式无动力处理装置204座。

随着城市人口增加,人们生活水平提高,生活废水量快速增加。至2000年,城区生活废水排放量为308.6万立方米,等标污染负荷397.3。2001年,全市集中整治浴室行业,通过建二级沉淀处理池,使其废水排放达国家二级标准,并开始实施城市生活污水处理厂工程。

2003年12月2日,如皋首座以BOT模式建设、总投资3290万元、采用二级生化工艺处理生活污水的如皋市同源污水处理厂一期工程通过南通市竣工验收并投入运行,日处理生活污水能力2万立方米。当年处理城市生活污水199万立方米,城市生活污水处理率为32.22%。此后生活污水处理量逐年增加。2004年、2005年分别增加至583.1万立方米和623.8万立方米,城市生活污水集中处理率分别提高至68.98%和71.05%,处理后污水达标率100%。

2008年,市区全面实现雨污分流,污水管网覆盖率和生活污水集中处理率均超过80%。2009年3月,市同源污水处理厂日处理3万立方米污水的二期工程正式投入运行。12月,恒发污水处理厂日处理两万吨废水的二期工程主体工程竣工并进水调试,市区生活污水处理率进一步提高。

图5-12 如皋市时来牧业有限公司沼气发电工程 (2010年摄)

2010年,市政府将实施镇级污水处理厂及配套管网建设,列为为民办实事之一,加大奖励力度,对提出申报并符合奖励条件的16个镇核发污水管网以奖代补资金801.2万元,实现各乡镇污水(含生活污水)处理全覆盖,减轻生活废水污染。

养殖业污水处理 20世纪70年代前,猪、羊等粪便都用作肥料,对环境几无污染。

20世纪80年代开始,随着养殖业的迅猛发展和化肥的大量使用,养殖业废水成为农村水体重要污染源。1981年,部分食品站和大型养殖场开始利用动物粪便兴建沼气池,在处理养殖污水的同时,生产沼气用于照明、燃气或发电。

2005年,有机污水沼气净化技术得到全面推广,全市共有沼气净化池1700多座。全市大型养殖企业(户)污水得到处理。至2010年,全市建有机污水沼气净化池近3000座。

二、气污染治理

烟尘控制区建设 1982年,如城拥有1蒸吨以上锅炉38台,其中25台更新为机械燃烧的链条炉,24台锅炉安装消烟除尘设施。

1988年,如城烟尘控制区建设启动。结合旧城改造,将烟尘排放量较大的市染织厂、缫丝厂、九鼎玻璃钢材料厂迁离市区至工业园区;城镇所有餐饮企业实行油改气、煤改电并全部安装油烟净化装置;严格限制低热值、高含硫、高成灰煤炭进入烟尘控制区,在源头上控制二氧化硫和烟尘的排放。1991年,如城跃进路(现中山路)南片5.47平方千米的烟尘控制区建成。1992年,跃进路北片5.31平方千米烟尘控制区建成。

1993年10月,市热电厂建成并投入运行,开始向65户需要使用蒸汽的单位供汽,停用或拆除制汽锅炉40多台。1988—1993年,市玻璃厂停产,将产生烟尘量大的县轴承厂锻造车间搬出如城,实施如城轧钢厂、市热电厂烟尘治理工程,同时改造茶水炉灶52眼,改造工业炉窑5台、锻造加热炉3台,拆除冲天炉1台,改变能源结构和供

1996—2000年如皋市工业废气处理情况一览表

表5-20

年 度	1996	1997	1998	1999	2000
烟气处理率(%)	88.46	61.82	67.42	73.15	71.68
工业废气处理率(%)	96.14	68.47	67.98	64.29	100
总处理率(%)	88.86	62.99	67.49	72.24	73.68

2002—2005年如皋市机动车环保检测情况汇总表

表5-21

项目	年 份			
	2002	2003	2004	2005
在用数量(辆)	5190	6690	7008	7205
环保年检数量(辆)	4880	6380	6657	7023
环保年检达标率(%)	80.19	85.05	85	87.81
汽车尾气达标率(%)	—	—	85.56	86.90

热方式140台(眼)。此后,如城烟尘控制区,逐步由主城区向全部建成区延伸。

1996—1997年,环西路清洁能源推广工作全面完成并通过验收。至2003年年末,如城烟尘控制区实现如城建成区全覆盖,市区113台锅炉、10台窑炉、107台(眼)大灶中,一蒸吨以上锅炉烟尘排放浓度达标率100%,炉窑排放的烟气黑度达标率98.36%,茶炉大灶排放的烟气黑度达标率98.13%。茶炉、大灶和一蒸吨以下锅炉的清洁型能源使用率86.01%,炉窑和一蒸吨以上锅炉清洁能源使用率32.43%。

2004年年初,如城建成区27平方千米烟尘控制区通过南通市环境保护委员会组织的复查和验收。同期丁堰镇、搬经镇、袁桥镇完成烟尘控制区建设任务。2005年后,全市不再开展烟控区建设。

废气排放控制 1984年,全县新安装机械燃烧锅炉13台,改造不合格锅炉14台;县动力机厂喷漆车间,邓园乡硫黄胶泥厂、电化铝厂及白蒲镇油米厂的废气采取净化处理措施。1980—1988年,全县实施废气治理工程16个。

1986—1990年,县环保局责成相关企业治理和更新改造5台污染严重的工业炉窑,责成4家化工企业治理工业废气。全县新增废气净化能力13.24亿标立方米/年。至1990年,全县实施废气治理项目13个、粉尘治理项目2个,所有锅炉(除生活、茶水炉灶外)均安装有消烟除尘装置。

1996—1997年,先后实施江防福利化工厂、市第三化工厂、振宏生物制品厂、市农药厂、场北助剂化工厂等12家废气、粉尘污染重点企业的治理工程。1999年,全市共有15处大气污染源被列为省管大气污染重点治理项目。至年底,市殡仪馆、石庄殡仪馆等10处基本达标,动力机厂、金碧金属制品公司、如城钢厂停产,另2处治理设施开始调试。

2000年,全市工业废气处理率提高至100%;工业燃料燃烧烟气处理率71.68%;所有工业废气污染物去除率为47.83%,其中工艺尾气污染物去除率为20.15%;工业污染源废气平均处理率为73.05%,比1995年提高44.64个百分点。

2002年，市环保局、公安局根据市政府办公室《如皋市机动车尾气噪声污染监督管理办法》，开始实施全市机动车辆环保定期检测。办法明确：环保部门对机动车尾气实施统一的监督管理，会同市质检局对本市销售的机动车尾气控制标准实施监督管理；市公安、交通部门对在用机动车尾气实施具体的监督管理，市公安局对机动车尾气污染物超过国家规定排放标准的车辆不发给牌照和行驶证，不予通过年检并禁止上路行驶。市环保局、公安局还相继出台《关于进一步加强城市机动车尾气排放监督管理的通知》《摩托车报废标准暂行规定》。至2005年，市区机动车尾气代表性污染物一氧化碳等基本达标。

2006年初，市第二套大气自动监察系统建成投运。2009年4月，编制《如皋2009年秸秆焚烧工作方案》和《处置秸秆焚烧环境污染事故应急预案》，组织开展“小手拉大手”专题活动，加快推进秸秆制粒、秸秆制板材、秸秆炭化等秸秆综合利用新技术，夏、秋收期间秸秆露天焚烧现象得到遏制，如皋市被评为江苏省秸秆禁烧先进县（市）、江苏省秸秆综合利用示范县（市）。同年10月，市金鹏机动车检测有限公司建成“稳态工况法”汽车尾气检测线两条，并通过省环保厅组织的专家组审核。

2010年，全市二氧化硫排放量控制在2652吨，超额完成全年及“十一五”减排任务。同年，开始机动车环保检验合格标志核发工作，全年核发标志11141个。

三、噪声污染治理

1980—1990年，全县实施噪声治理项目83个。1990年，县环保局对如城区域噪声源进行普查。城区有噪声污染的厂家120家近800个噪声源，其中超过功能区标准的声污染源80家，占总数的67%，最高噪声值116分贝；城区拥有机动车辆9714辆，平均车流量188辆/小时，比1985年增加101辆/小时，城区交通噪声加权等效声级75.5分贝，超过国家标准5.5分贝，其中以西门加油站和染织厂路段为最。

1991年，市（县）政府开始分块推进城区噪声达标区建设。1992年，市政府根据《噪声污染防治条例》《城市区域环境噪声标准（GB3096-82）》，先后颁布《关于如皋市城市区域环境噪声标准适用区划分的通知》《如皋市环境噪声达标区建设工作意见》，噪声达标区建设开始向全市各集镇延伸。1991—1993年，市环保局责成市线厂、市纺织厂、市动力机厂、市毛巾厂完成发电机组、空压机等降噪治理。

1994年，搬经镇、袁桥镇在完成14个设备噪声源的治理后，建成噪声达标区。是年，市政府将城区噪声污染严重又难以治理的企业“退城进区（工业集中区）”，相继从I类区（内城河以内区域）迁出拉丝厂、内衣厂、九鼎集团玻璃纤维厂。同时由市工商、环保部门联合取缔“马路市场”，严禁用高音喇叭招徕顾客；对城区小五金加工点集中整治，取缔160多个噪声污染重的作业点。

1995年，全市重点实施城区交通噪音治理：实施204国道西移工程，高噪声大型过境车辆一律绕至市区外通过；干道实施机动车禁鸣喇叭，核心区禁止大型货车、农用车、拖拉机、机动三轮车通行；强制淘汰超过使用期摩托机动车；限制高音喇叭和警报器的使用，先后没收非法安装警用高音喇叭32只、小型客车电动高音喇叭18只，查处违规使用警报器49起；对噪声强度大的大型工程车辆实行限时、限线行驶。至1995年，城区建成噪声达标区7.98平方千米。1997年，丁堰镇建成噪声达标区。至2003年，城区建成噪声达标区13.5平方千米。

2004年，根据城区规划调整，开始实施新规划区全区域噪声达标区建设，至年末建成噪声达标区17.99平方千米。2005年，实现规划建成区27平方千米噪声达标区建设全覆盖，通过南通市环境保护委员会组织的复查、验收。是年，城区环境噪声均值为52.70分贝，交通干线噪声均值为66.50分贝，比2000年下降3.12分贝，工业噪声平均值为52.11分贝，施工噪声平均值为53.80分贝，社会生活噪声平均值为50.79分贝，均值符合相应的功能环境噪声标准。

2006—2010年，全市继续保持噪音污染治理的高压态势，功能区噪声达标率保持100%。

四、固废治理

20世纪80年代前，全市固废相对较少。随着工业、养殖业、服务业的快速发展和人们生活水平的不断提高，固废逐步增多。2001年，市政府将固废治理列为环境保护的重点内容之一，并大力推进循环经济发展。至2010年，全市工业固废综合利用保持在99%以上，未出现一例重大固废污染事故。

工业固废治理 1987年，全县工业固体废弃物产生量为11.51万吨，主要成分为煤渣。固废综合利用量为10.65万吨(主要用于制砖)，占产生量的92.50%，处置量为6100吨，占产生量的5.31%，排放量为2526吨，占产生量的2.19%。在排放的2526吨固体废物中煤渣为464吨，工业垃圾为2062吨(包括有害化工废弃物429吨)。1990年，全县工业废渣产生总量为12万吨，其中炉渣占73.38%、化工废渣占8.22%、冶炼废渣占3.16%、其他占15.24%，综合利用量为10.45万吨，综合利用率为87.1%；处理量7700吨，处置量5700吨，排放量2110吨，排放率为1.76%。

1992年，固废申报登记，全年产生固废的企业共有104家，年产固废100920.88吨，综合利用94499.66吨，万元产值固废产生量为0.50吨。此后，全市工业固废年产生量约在14万吨左右，主要是煤渣，约占工业固废产生量的90%，固废综合利用率保持在99%左右。1996—2000年，全市综合利用废渣510305吨。

2001年，市政府将固废治理工作列入环境保护的重点内容之一。2002年，市环保局组织“固废”处理专项督查，帮助企业建立健全物质交换体系、集中处置体系，并建立危险废物转移审批联系制度，危险废物私排乱丢现象得到遏制。

2004—2005年，市环保局完成全市危险废弃物产生与流向的专业普查，并对全市化工、印染、医药、电镀、机械等行业的57家企业废弃危险化学品处理进行重点督查。同时对“放射源”进行专项清查，查到用源单位3家，涉及核密封放射源6枚，其中上海制皂集团如皋有限公司闲置的放射源1枚，按规定由省辐射站收缴。2005年，全市工业固废产生量为14.57万吨，其中危险废物产生量为631吨，工业固废处置利用率100%。是年，市区新产生的医疗废物为75.96吨，开始改分片集中处置为全部委托如东大恒危险废物处理有限公司集中焚烧处置。

2006年，市环保局为60个单位办理危险废物

图5-13 南通市垃圾中心处置场 (2009年摄)

图5-14 柴湾镇垃圾中转站 (2009年摄)

转移审批手续，为2个单位办理危险废物经营许可证。同时对全市工业危险废物进行申报登记，摸清全市35家企业的工业危险废物产生和处置利用情况。皋鑫电子、常青建筑工程有限公司通过ISO 14000认证。2009年，全市通过ISO 14000环境管理体系认证的企业和园区9家。

生活垃圾处理 20世纪80年代前，农村生活垃圾露天堆放，主要留作肥料；城区生活垃圾主要填埋废沟呆塘，乱堆、乱倒、乱埋现象严重。随着人们生活水平逐年提高，居民生活产生垃圾量不断加大。

20世纪90年代后，城市生活垃圾人均日产生量有0.92—0.98千克。1997年10月，南通森林公园(城市垃圾卫生填埋场、垃圾中心处置场)在长江镇境内开工建设，工程占地面积1116亩，分两期实施，采用单位分层作业法对生活垃圾以推平、消杀、压实、覆土、再压实的方法进行卫生填埋，垃圾渗滤液通过盲沟集中引流至污水处理站，经过物化、生化及杀菌处理达标后排放。1998年4月，南通森林公园一期工程竣工，通过验收正式启用。此后，全市城市生活垃圾全部送至该填埋场集中处置，城市生活垃圾无害化处理率一直保持

在100%。

2000年12月，市政府印发《关于贯彻江苏省一次性塑料餐具和塑料袋污染防治管理办法的通知》，严格控制白色污染。2006年，全市实施农村居民生活垃圾集中无害化处理。至2010年，城区居民生活垃圾无害化处理保持100%，农村居民生活垃圾无害化处理率提高至50%左右。

固废综合治理 20世纪80年代始，县政府在做好固体废弃物无害化处置和综合利用的同时，着力减少工业固废产生量。市恒祥化工有限公司运用清洁生产工艺和原理对产生固体废物较多的生产工艺进行改造，既提高生产效率，又减少污染物的产生，特别是危险废物的产生。市水泥厂利用富尔顿化工有限公司产生的磷矿渣生产水泥，节省大量水泥熟料，降低生产成本，年增加经济效益300万元。市化肥厂的脱硫渣和宝盛化工有限公司的乙基氯化物废渣，转交由市磷肥厂作生产原料，既节约生产成本，又避免固废对周围环境的污染。并有一批砖瓦企业选择污水处理设施产生的有机废水污泥，代替内燃煤及外燃料，逐步形成用循环经济的理念管理防治固废污染的模式。

2005年，市政府引进上海电气集团公司投资兴建垃圾焚烧热电联产项目，项目总投资4.39亿元，占地120亩。2006年12月25日开工建设，2008年10月建成投产，采用“半干法＋袋式除尘器＋活性炭喷射工业”，集中处理南通市区、如皋市、通州市以及靖江市的生活垃圾。项目日处理生活垃圾能力1500吨，2010年，处理垃圾52万吨，每小时向周边工业企业供应蒸汽120吨，年供热100万吨，年发电上网1.8亿千瓦时。

第四节 环境监管

一、环保宣传

1986—1990年，县环保局采取多种形式宣传贯彻《中华人民共和国环境保护法》和国务院《关于国民经济调整时期加强环境保护工作的决定》，共放映环保方面的电影、幻灯片254个场次，接受教育人数25万人次。创办《如皋环境保护》(县内赠阅)，宣传环保知识和法律法规。

图5-15 环境宣传进社区 (2010年摄)

1991—1995年，市(县)环保局以《中华人民共和国环境保护法》《中华人民共和国水污染防治法》《中华人民共和国大气污染防治法》《噪声防治条例》等法律、法规宣传为主，不定期编印《环保动态》79期；举办培训班12期，培训人数达1200多人次；与电视台联合举办“一月一厂”环保专题电视节目，并摄播电视专题片《愿生命树常绿》；与市教育局联合，在中小学生中开展“环境与我们”有奖征文活动和“四个一”活动(一次环保课外活动、一次环保知识竞赛、一次环保作文比赛、一次环保绘画比赛)，共有2.4万多名中小学生参加，被省教委、省环保局评为江苏省百万中小学生环保宣传教育系列活动先进集体，并在1992年12月16—18日在如皋召开的全省环保宣传教育工作会议上做经验介绍；先后开展8次大型宣传教育活动，咨询活动20多次，发放宣传材料1000余份。

1997年11月，市环保局被省委宣传部、省环保局授予江苏省环保宣传先进集体称号。1998年，市环保局组织唱一首环保歌曲，编一本具有如皋特色的环保讲座汇编，录制一套环保录音带，编一本环保执法责任制手册，录制一盒环保教育录像带，录制一盒环保科普知识录像带，编一本《环保教育优秀教案》，举办一场环保专题灯谜晚会，组织一次“环保杯”依法治市活动，开展一次环保专题征文的“十个一”环保宣传系列活动。

2000—2005年，贯彻《全国环境宣传教育行动纲要》，市环保局共在各级媒体发表宣传文章461篇，制作播放电视环保宣传专题39部，开展各类环保主题宣传教育活动4次，印发环保宣传资料2000余份，发布全市环境信息40余篇（条），接受环保咨询500余人次。

2006年，市环保局编印创建国家环保模范城市宣传手册2万份，制作过街环保宣传布标154条，组织悬挂宣传标语254条，出租车张贴宣传标语600余条，设置大型宣传牌128平方米，制作大型公益广告52幅，在各级媒体发表环保宣传文章153篇。2008—2009年，市环保局除继续举办各类宣传活动外，发放环保宣传资料6000余份。

2010年，市环保局与团市委联合举办“保护母亲河”志愿服务活动，并完成同源污水处理环境教育示范基地、环保宣传CED两个环保宣传教育平台的建设。11月，科教片《节约用水从我做起》获全国教育电视专题节目二等奖。

二、环境监测

环境质量和污染源监测 1985年，县环保局设定23个分析项目，对全市水质、大气、酸雨、噪声等进行监测。1986年，监测分析项目由23项增加至大气、水质、噪声等10个方面38项，1987年，全县环境要素监测点亦由35个增加至44个，污染源监督监测企业，亦由几十家增加至136家，共获得各类监测数据2.06万个。此后，县环保局每年例行6次地面水监测，4次大气监测和降尘监测、降水酸度监测、如城交通噪声监测、环境功能区噪声监测。

1988—1990年，县环保局对136家污染源共监测473次，并进行41起水污染源事故监测，13起气污染事故监测，污染纠纷监测48次，检查污染治理设备处理效果64台（套），采样品1021个，获数据3212个。1991年，市（县）环保局开设对内河地表水、生活饮用水源水、地下水、大气烟尘、各类噪声、工业废水、生活污水、土壤、农作物等环境要素的监测。同时，对全市120余家工业废水、70余家企业锅炉及全市工业炉窑进行定期和不定期的监测，共获各类监测数据3.4万个。

1992年，市环保局对功能区噪声源再次进行普查。结果显示：除工业区外，其余各功能区，白天和夜间噪声均有不同程度超标现象，以商业区更为突出，百分之百路段超标。1996年，全市环境监测分析项目由1990年的38项扩大到137项，环境要素的测点（断面）增加到174个，并开辟总量控制监测、多因子监测等。是年，市环保局对水、气、声环境质量的监测，获监测数据3569个。污染源监督监测全年共获数据3973个。

1997—1999年，全市共获各类监测数据33186个。2000年，市环保局注重加强现场监测质量控制，增加连续和加密采样比例，提高质量监测反应速度，各种事故或纠纷性监测，原则上在24小时内发出快报。全年共获各类监测数据13330个。

2001—2005年，市环保局加大对质量监测、污染源监测、事故监测和委托监测的力度，共获各类监测数据115912个，比“九五”期间增加130.43%。2006—2010年，年均获得各类监测数据4.31万个。

监测质量控制 1986—1990年，县环境监测站建立质量管理领导小组，在监测活动中严格执

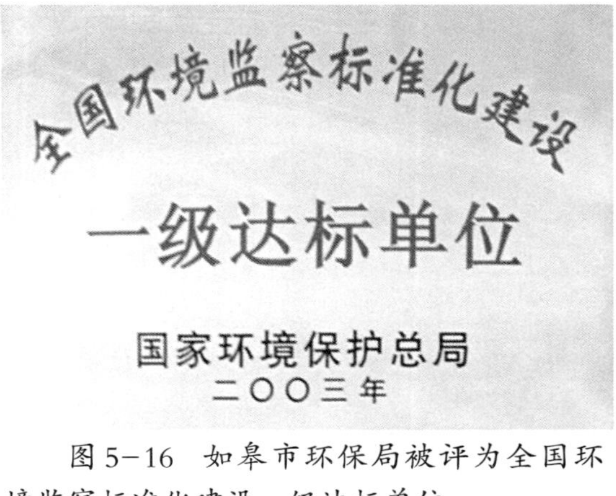

图5-16 如皋市环保局被评为全国环境监察标准化建设一级达标单位

图5-17 环保执法人员远程监控企业排污（2008年摄）

行各类监测规范,坚持"三个10%"样品的质控,统一执行环境监测分析方法,共完成质量控制方面的数据877个,在上级站4次、6项、13个样品的监测质量考评中,合格率92.3%。1989—1990年,县环保监测站组织8次、12个项目、32个样品的监测质量自查,合格率93.8%;对5个项目进行26次自控平行样检查,合格率96.2%;对14个项目进行11次、162个密码样检查,合格率95.0%;对8个项目进行百余次加标回收检查,合格率94.6%。

1990年,县环境监测站化验室获南通市环境监测系统优质实验室称号。1995年,市环境监测站在南通各县(市)中率先建立微机房,全年获各类监测数据72197个,其中质量控制数据1895个,合格率97%。《八五环境质量报告书》获江苏省优秀质量报告书二等奖,南通市优秀质量报告书一等奖。

1996—2000年,市环境监测站全面实行全程序空白值控制、密码双样控制、加标样控制、未知样考核等,监测质量进一步提高。2001年,市环境监测站研发的"污染源监测数据管理系统"和"实验室数据处理系统"投入使用。2002年,获各类监测数据14133个,其中质量控制数据2970个,全年监测合格率提高至98.8%。

2003年11月,如皋环境监测站被江苏省环保厅授予"标准化监测站"称号。2004年,市环境监测站添置原子荧光分光光度计、恶臭监测设备、化学需氧量(铬)快速测定仪等设备,并全面实施"直击废水排放口""界外测试烟尘黑度""噪声监测先厂界后声源制度""客户同步留样分析制度""样品全程冷藏保存系统""安全保障系统""'三审'责任制""信息处理微机化制度"等方法和制度。

2005年,在南通市现场监测比武中,如皋获第一名。是年,如皋环境监测站通过中国实验室国家认可委员会监督评审。2010年,市环境监测站开发的水质自动采样器,被省环保厅评为环保科技三等奖。

三、环境管理

项目管理 1981—1985年,全县环境污染较严重,对一些新建、改建、扩建工程项目严格审查把关,取消污染严重的筹建项目5家,搬迁污染严重的厂家23家,并对新、改、扩建项目实施"三同时"(同时设计、同时施工、同时投产),严格控制新的污染产生。

1986—1990年,县环保局开始实行环境影响评价制度,全县"三同时"年平均执行率为86.8%。1991年,市(县)环保局对全市104家五小企业,进行环境影响评价,申报率达99%,批准101家。

1992年,市环保局对153个新、改、扩建项目进行环境影响评价,当年投产8个。1994年,对环境影响的建设项目,严格执行"先环评后建设"的制度,全年共审批环境影响报告表71份,环境审批率占应评项目的95.8%。

1995年,开始实施《建设项目环境管理办法》,全年申请环评的建设项目75个,实际环评71家,批准建设63家。1991—1995年,新、改、扩建项目执行率100%。1998—2000年,共审批新、改、扩建项目378个,环境影响评价制度执行率达100%、"三同时"执行率100%。2001年,办理登记项目1060个,审批环境影响评价报告书(表)59个。2004—2006年,办理项目登记5325个,审批环境影响评价报告书(表)382个。

2007—2010年,市环保局分别办理登记项目2361个、1487个、1487个、300个。其中2009年为全市争取中央财政补助2196万元,省财政补助590万元,实行项目审批提前介入,进一步提高项目审批效率。2010年,审批(预审)环评报告书12份,其中审核报省厅和南通市环保局项目7个。

环保设施运转管理 1980—1985年,全县建成废水治理设施40台(套),其中正常运转的29台(套),不正常运转的8台(套),停用的3台(套)。1982—1983年,县环保局对全县电镀行业进行专项督查,将原来的33家(点)调整为17家,其中采用设备处理污水的8家,均能正常运转。

1987年,县环保局对全县污染治理设施运转情况进行全面检查和重点抽查,发现少数单位污染治理设备不能正常运转或不按规定加药剂运行,均及时予以查处和纠正。1991年,市(县)环保局对投入运行的44台(套)污染治理设施进行130多次运转情况检查,对1家有设施不运行的企业予以处罚纠正。

1992—1993年,市环保局多次组织污染治理设施(设备)运行情况检查,全市治理设施运转率

90%。1994年，市环保局制订下发《如皋市污染防治设施管理暂行办法》，并对全市废水、废气和降噪、减震等所有设施进行全面检查和突击抽查。1996年，建立并开始实施污染防治设施及其操作人员年检制度，对治理设施不正常运行或擅自停止运行的及时予以处罚，对正常运行的企业予以电费补助，共补贴电费16.35万元。

1997年，市环保局开始增加检查频次，全年共检查污染防治设施250台(套)。2004—2005年，组织多种形式专项检查，检查治理设施运转1772厂次，污染治理设施运转率90%以上。

2007—2010年，市环保局出动现场监察人员2500多人次，检查污染源1500多厂(次)，发现设施停运、空转、偷排、超标排放等环境违法行为129起，关闭企业42家，罚款400余万元。

排污费征收 1980年，县内开始于如城镇试点征收排污费。1983年，根据国务院《征收排污费暂行办法》，全县征收排污费98.14万元。1986年，县政府开始对全县95家单位征收超标排污费89.60万元，其中补助企业治污费67万元。

1990年，县环保局组建排污收费站，对历年收费全面清理，分户建卡，区别情况，逐步调整收费额，追缴陈欠款，当年追缴50多万元。1994年，把征收排污费与治理设施运转情况挂钩，治理设施不能正常运转的或处理效果明显降低的，根据监测结果提高排污费收费标准。全市共征收超标排污费和排污费327.7万元，用于污染治理213.9万元。

2003年始，市环保局根据《国务院排污费征收使用管理条例》进行排污费征收、管理、使用，全市全年征收排污费820万元，所收排污费全额解缴国库。2004—2005年，开始实行同一行业、同一标准、同一尺度征收排污费，共征收排污费1958.72万元。

2010年始，全市实行排污费征收奖励政策：2009年建成的污水管网补助工程造价的15%，建成的污水泵站补助工程造价的20%；2010年建成的污水管网补助12%，建成的污水泵站补助16%。

环保事故调处 1982年起，全县环保纠纷开始增多。1982年，共调解污染纠纷31起。1984年，全县共受理污染纠纷19起，调处11起，污染企业共赔款10.7万元。1980—1985年，全县共调处较大的污染事故62起，污染单位共赔偿59.8万元。

1986—1990年，全县共调处水污染事故69起，赔款30多万元；气污染事故68起，赔款8.24万元。1991—1992年，全市共调处水污染事故21起，气污染事故34起；水污染事故赔款15.20万元，气污染赔损1.95万元；调处各类污染纠纷180起。

1994年起，如城地区单位污染事故减少，乡镇单位污染事故上升。1995年，全市发生综合污染事故4起，比1994年减少20%；直接经济损失4万元，比上年下降12.72万元。

1997年开始，市内部分服务业企业与周边群众环境污染纠纷增多，全年共接待群众举报84起，调处结案80起，结案率达95.2%。1998年，全市“环保110”开通，共接受群众举报213起，处理210起，结案率99%。1998—2003年，全市共接到群众环境污染举报1077次，基本做到一般污染事故和纠纷1周内调处完结，较大污染事故1个月内调处完结，对重点举报事项实行回访制度，实施跟踪监理，调处成功率年平均90%以上。

2004年，市环保局进一步完善污染举报快速反应机制，有访必接，有接必查，有查必复。全年共受理环境污染事故、纠纷举报440起，较2003年同期下降27.3%，处理率100%，结案率达98.4%。2005—2007年，全市环境污染举报呈逐年下降趋势，共受理各类环境污染举报1176件，调处1176件，信访案件处理率100%，结案率98%以上。

2009年，市环保局建立环保监督员制度，从全市筛选出10家重点排污企业，从周围群众中选出10名环保监督员，发现违法排污情况及时举报，并实行有奖举报，从源头上解决纠纷。2010年4月13—15日，全省环保信访工作会议在如皋召开，介绍如皋经验。

环保信息公开化 如皋环境信息公开化始于2004年，通过发布环境信息公报及时公开全市空气时报、水源水周报、企业环境行为评判分级及环保政策、法律法规等。

2005年，市内开始以5种颜色表示企业的环境污染状况：绿色为企业通过ISO 14000认证或应用清洁生产技术，达到先进水平；蓝色为企业环境行为优于有关污染控制标准并且达到环境管理要求；黄色为企业污染物排放达到国家标准,但超过总量控制标准,或有过环境违法行为;红色为企业有控制污染措施,但环境行为未达到国家污染控制标准,或发生过重大污染事故;黑色为企业污染物排放严重超标,对环境造成较为严重的影响,或发生特大污染事故。当年公布56家工业企业2004年度环境行为分级结果,其中绿色3家、蓝色27家、黄色18家、红色5家、黑色3家。

2010年,建立机动车环保检验合格标志信息化管理系统,全市核发标志11141个,动态管理率100%。

四、环保执法

1981—1985年,县政府对27家污染工业企业依法实行限期整治,对少数污染严重又不实施治理的单位依法实行关、停、并、转、迁的措施。

1986—1990年,县政府对全县42家排放废水的企业单位实行限期治理,对"五小行业"进行全面整顿,对22家制革企业中5家无力达到治理要求的企业予以关闭,对19家小漂染企业限期治理。

1995年,市政府组织环保执法大检查,对8个乡镇、27个企事业单位和15个集贸市场进行重点检查。责令关闭企业1家,停产整顿1家,经济处罚3家,补办环境评价1家,限期整治1家。1996年,加大对环境违法行为的查处力度,全年立案查处79件,结案36件,实施行政处罚16件。

1997年,全年立案查处环境违法企业36家,复核25家,处罚8家,处罚金额165万元,关闭1家噪声污染严重的锯木加工场,申请法院强制执行30家,执行到位19家。同时开展"97环保执法大检查",检查中关停32家污染严重企业,对6家企业提请法院强制执行。是年,在南通市6县(市)中率先出台《环境保护行政处罚"简易程序"实施暂行办法》,并用简易程序对3家小型厂家实施行政处罚。1998年,加大现场执法力度,累计现场监理5376次,其中"三同时"现场监理140次,限期治理工程监理560次,发现违法事实83起,立案查处20起。2000年,共现场监理518次,对发现的问题立案查处,共处罚金31.2万元。

2001年,在专项执法行动中,全市有119个违法单位被查处,其中超标排污或未完成治理任务的企业61家,违反建设项目环境管理规定的23家,违反"三同时"制度的20家,"十五小""新五小"15家;行政处罚的33家,收缴罚款20.4万元,限期纠正违法行为58家,责令停产治理7家,关闭6家,取缔"十五小"企业15家。2003年,在专项行动中共发现违法行为20起,立案查处20起,罚款14.3万元,责令停产2家;在平时检查中共发现环境违法行为46起,行政处罚46起,纠正违法行为28起,罚款35万元。

2004—2007年,全年开展环境监察21368厂次,共发现环境违法行为308起,立案查处266起,纠正违法行为15起。2008年,现场监察2183人次,检查企业污染源2605个厂次,发现环境违法行为59起,责令关闭造纸企业3家,化工企业1家,肠衣加工户211家。

2009—2010年,市环保局出动现场监察16130人次,检查污染源7020厂次,发现环境违法162起,罚款总额331万元,征收排污费2200万元。

第五节 环保创建

一、全国生态示范区创建

2001年6月,如皋获准成为第六批全国生态示范区建设试点地区之一。是年,全市正式启动全国生态示范区创建。市政府成立由市长任组长,分管副市长为副组长,各相关部门主要负责人为成员的创建全国生态示范区工作领导小组,统一领导和组织协调全市生态示范区创建工作。

2002年9月,市政府完成《如皋市生态示范区建设总体规划》编制,并于10月13日通过由江苏省环保厅组织的专家组评审。全市23个镇相应编制《镇域环境保护暨生态建设规划》。

2003年10月,如皋全国生态示范区创建工作顺利通过国家级验收。2004年12月,如皋被正式命名为如皋市全国生态示范区。2005年10月25日,国家环保局在成都举行的命名表彰仪式上,授予如皋市第三批国家级生态示范区标牌,同时授予市委书记陈惠娟、市长周铁根国家级生态示范区建设优秀领导称号,市环保局获国家级生态示范区建设优秀组织奖。

二、国家生态市创建

如皋获全国生态示范区称号后，立即启动国家生态市创建工作。2007年6月，市环保局组织开展生态市建设宣传月活动，编印《生态市建设相关文件汇编》500册，分发市四套班子领导和各镇、各部门。编印《如皋市生态市建设宣传手册》5000份，发放给广大市民。市长姜永华作《打造生态如皋，建设美好家园》专题电视讲话。

图5-18　南通市村庄环境整治工作现场推进会在如皋召开　（2008年摄）

2008年，市委、市政府提出"一年打基础，两年上水平，三年达标准，四年建成生态市"的目标。2009年，桃园、长江、丁堰、高明、九华、磨头、柴湾、东陈、吴窑、江安、搬经、下原12个镇先后通过全国环境优美镇省级考核；121个村获南通市级生态村称号，其中11个村获省级生态村称号；10所学校建成省级"绿色学校"，40所学校建成南通市级"绿色学校"，4个社区建成省级"绿色社区"，1家饭店建成省级"绿色饭店"。

2010年8月，袁桥等7个镇通过国家生态镇省级考核。12月28日，如皋市创建国家生态市工作通过江苏省考核验收组考核验收（2011年12月14—15日，如皋市创建国家生态市通过国家级考核验收）。

三、国家环保模范城市创建

2003年年初，市委、市政府提出，创建国家环保模范城市与生态示范区建设有机结合，同步推进。2004年年初，市委、市政府根据国家环保模范城市指标体系，组织编制《如皋市创建国家环保模范城市规划》，并于2004年11月15日通过国家环保总局组织的专家评审。

2004年12月，市委、市政府召开全市环保工作暨创建国家环保模范城市动员大会，向市民发放宣传材料3000余册，并组建创模市民巡访团，以离退休老干部为主的83名志愿者开始担任环保义务宣传员和监督员。

2005年11月28—29日，省环保厅组织调研组对全市创模工作进行专题调研。2006年9月，市创建国家环保模范城市工作通过省环保厅验收。同年10月、12月，通过国家环保总局专题调研和技术核查。

图5-19　如皋市创建国家环保模范城市省级调研汇报会　（2005年摄）

卷六　经济总情·经济管理

汉至清，如皋为苏中地区经济相对比较发达地区。汉初，如皋先民以煮盐和渔猎为主，为全国主要产盐区，“吴王濞从如皋蟠溪运销海盐获取厚利，使其免征封国内民众赋税后，仍然国用饶足”(《汉书》)。东晋时，域内兴起垦殖造田之风，一部分地势较高、土质较好的土地被开垦为农田，内陆低洼地用以放牧，由官府牧马。唐初，如皋手工业开始兴起。唐宋时，“如皋盐赋常为天下半”。明初，全县蚕桑业和花木盆景生产开始发展。明中期，如皋商贸服务业兴起。至清乾隆时，如皋经济已发展至较高水平，有“金如皋”之称，其中食品、纺织品、工艺品生产销售最为驰名。20世纪30年代始，战事频仍，特别是日本侵略军掠夺，如皋经济遭受巨大破坏。民国37年(1948年)，如皋经济濒临崩溃。

如皋全境解放至20世纪90年代，全市(县)经济经历生产关系变革、经济高度集中和大跃进、共产风、“文化大革命”、经济过快增长、大幅下滑等，发展曲折。1950—1952年，全县工农业总产值年均递增11.81%。1953—1957年，年均递增5.77%。1962年比1957年下降16.18%。1963—1965年，年均递增22.68%。“文化大革命”期间，全县经济缓慢发展。20世纪80年代中前期，快速发展。80年代末至90年代初，大幅下滑。20世纪90年代中期特别是进入21世纪后，全市经济持续高速发展。2010年，如皋市位居全国县域经济基本竞争力百强县(市)26强，国内生产总值430亿元，是1978年3.5亿元的122.86倍；财政收入78亿元，是1978年3747万元的208.17倍，其中一般预算收入33.69亿元，列江苏省第八位。

封建王朝时期，全县经济管理主要为收税。如皋抗日民主政府成立至中华人民共和国成立初，经济管理重在组织生产和物资调配。20世纪50年代后期始，全县实施高度集中的计划经济管理模式。改革开放后，社会主义市场经济体制逐步确立，宏观管理相应由重视年度计划的制订转为重视中长期计划的编制；工农业生产实行计划安排、主要物资实行计划分配转为工农业生产由市场调节、资源由市场配置；计划管理的重点由微观经济管理转向宏观经济管理。与此同时，全市物价、统计、工商行政、审计、质量技术监督、安全生产等经济管理工作机制逐步健全，并在改革、转型中得到全面加强，经济管理逐步由管理型向管理服务型转变。

第一章 经济总情

第一节 经济发展

一、农业发展

汉初，如皋先民以煮盐和渔猎为主，滩涂泽地较少开发利用。东晋时，域内兴起垦殖造田之风，一部分地势较高、土质较好的土地被开垦为农田，内陆低洼地用以放牧，由官府牧马，称为“群田”。至元朝时，全县种植、养殖业较为发达，“伊昔淮南陬，土俗勤稼穑。潟卤尽桑麻，闾阎皆货殖”（元朝诗人陈基诗《如皋县》）。明天启年间，县令李衷纯倡导百姓挖塘蓄水，以利灌溉和养殖；引进浙江湖州女桑，提倡栽桑养蚕；提倡种植棉花；因地制宜，发展花木盆景生产。清乾隆时，全县家庭养猪业发展较快，地方良种“娄猪”（东串猪）定型并逐步普及。至清末，植棉、栽桑养蚕、苗木盆景生产和猪、羊、鸡饲养成为全县农民的主要经济来源。

20世纪30年代，全县大麦、元麦、小麦、赤豆等农作物种植面积和产量均居全省之冠，猪、羊、鸡饲养量位居全省前列，如皋成为全省重要的农业大县之一。此后，战事频繁，全县农业生产遭受人为破坏，加之长期水利不兴、耕作粗放落后，严重束缚和阻碍农业生产发展。民国37年（1948年），全县粮食总产量16.27万吨，亩产110.5千克；棉花（皮棉）总产量1105吨，亩产9.2千克；生猪饲养量27万头。

如皋全境解放后，全县实行土地制度改革，继而推进农业合作化，生产关系变革极大地促进生产力发展；实施防洪治涝、整治水系工程，农业生产条件有所改善。1955年，全县粮食总产量25.14万吨，皮棉总产量8165吨，创造20世纪50年代如皋县粮棉生产最高水平，林牧渔各业亦有较大发展。1956年始，全县兴修水利，改造农田，改革耕作制度，改良土壤和农作物品种，推广农业先进技术，农业生产稳步发展。

1958年“大跃进”和人民公社化运动中，“左”倾错误泛滥，农业生产遭受挫折。20世纪60年代初期，全县粮食年总产量下降至18万吨左右，林牧渔各业发展停滞。后经贯彻国民经济“调整、巩固、充实、提高”八字方针，农副业生产逐步恢复。1965年，全县粮食总产量增至31.20万吨，皮棉总产量增至1.45万吨，生猪饲养量增至86.94万头。20世纪70年代初始，全县兴起大规模“削平高沙土、实现‘旱改水’”运动，至1973年，共平整土地33万多亩，总动土量14048万立方米；大面积推广“三熟制”（麦、早稻、晚稻），全县每年实行“三熟制”面积约40万亩。此后，全县逐步推广适合如皋地区特点的“两旱一水、两育配套、粮棉轮作、两年五熟”的新型耕作制度。1978年，全县粮食总产量增至42.73万吨，皮棉总产量增至1.91万吨，生猪饲养量增至111.29万头。

1983年全县实行联产承包责任制后，广大农民的生产积极性高涨，在农业技术推广和农业科技进步的推动下，农林牧副渔全面发展。是年，实现棉花总产量2.361万吨，为历史最高水平。1984年，蚕茧总产量位居全省第二名。1986年，粮食总产量突破60万吨。如皋盆景在意大利米兰举办的国际花卉博览会上斩获金奖，从此在国际花卉盆景舞台上名声大噪，如皋与意大利、荷兰等国客商达成大宗花木盆景出口交易。1990年，如皋县被国家授予商品瘦肉猪生产基地县称号，并进入全国淡水养殖“百强县”行列。

进入20世纪90年代后，全市加快种植业结构调整，推进高效商品农业产业化建设，先后形成林梓镇洋葱、龙舌乡荷兰豆、马塘乡地草莓、建设乡大棚蔬菜、常青乡萝卜和黄瓜等各类高效商品农业基地，并在日光温室、拱形棚等农业设施上有了较快发展。同期，全市大力发展具有悠久历史和地域特色的花木盆景产业，1994年建成苏北最大的花木交易市场“江苏花木城”，1996年建成风景独特的“十里花市”。同期，全市以国家农业资源综合开发为契机，在全面治理高沙土的同时，大力实施以防渗渠为标志的农田基本建设，实行沟、渠、田、林、路综合治理，至1998年，全市兴建防渗渠道的总长度超过南通市其他县市之和，被列为全国300个节水灌溉重点县(市)之一。2005年，全市实现农业总产值48.90亿元，其中农、林、牧、渔总产值42.38亿元。

“十一五”期间，全市农业生产条件全面改善，5年累计完成水利基础设施投入5.5亿元、农业综合开发投入2.7亿元，农业综合开发和高标准良田建设、农业机械化和农作物秸秆机械化还田均处于全省领先水平。全市设施农业面积从不足666公顷发展至6667公顷。如皋市被评为省高效农业先进县(市)、省生态农业县(市)。2010年，全市实现农林牧渔业总产值68.59亿元，其中农业产值40.06亿元、林业产值0.18亿元、牧业产值22.09亿元、渔业产值3.71亿元、农业服务业产值2.55亿元。

二、工业发展

盐业为如皋最早工业产业，亦为封建王朝时期如皋主要工业产业之一。西汉初期，“吴王刘濞东海煮海水为盐，则皋其地之一也”“吴王濞从如皋蟠溪运销海盐获取厚利，使其免征封国内民众赋税后，仍然国用饶足”(《汉书》)。“如皋蟠溪古煮盐区，是两淮和江浙地区煎盐之始”(《两淮盐法志·历代盐法源流表》)。唐时，如皋成为苏北食盐主要集散中心，朝廷设有盐业管理机构如皋院。“唐开元元年，置海陵县为监于海陵县治泰州，以辖其临。皇朝开宝七年移监于如皋县治，从盐场之便也”“监境：东西一百九十里，南北三百一十里。四境：东至通州静海县界海岸，西至泰州兴化县界，南至泰兴县界并江岸，北至楚州盐城界。户：皇朝管煎亭户七百一十八，丁一千一百二十。管盐场八：南四场，北四场”(《太平寰宇记》)。唐宋时，“如皋盐赋常为天下半”，既为如皋重要财源，亦为朝廷重要财源。

唐贞观年间，如皋始用“风脱水”工艺加工萝卜干。明天启元年(1621年)，知县李衷纯在提倡

图6-1 贴绒画

种桑养蚕、植棉的同时，发展土纺土织，引入缫丝、编织等技艺，生产丝绸产品。清康熙二十七年(1688年)，如皋妇女石学仙创剪彩贴绒花鸟画，成为如皋最早的贴绒工艺品。清康熙三十五年(1696年)，湖州屠氏于如皋白蒲始创如皋地方名产“白蒲茶干”。清雍正十年(1732年)，林梓镇“老万和”茶食店始创如皋地方名产“林梓潮糕”。清咸丰年间，以如皋地方良种东串猪为原料试制“如皋火腿”成功。清光绪末年(1875年)，“如式香肠”面世。不久，又创制出“如皋肉松”。此后，如皋火腿、香肠、肉松等工业品名扬海内外。

民国初，如皋工业仍以手工业家庭作坊为主。民国3年(1914年)，乡绅沙元炳等创办全县第一家工厂如皋县平民工厂，主要生产布匹、竹器、袜子等产品。民国7年，沙元炳首倡集资办厂，由南通客商参股，集资6万银圆，于如皋东水关南河边“阎地基”创办皋明电灯公司(后更名耀如电气公司)。民国13年，陈心铭、陈献卿、陈百遇等人集资20万银圆于丁堰镇创办阜昌染织股份有限公司。民国16年，国民政府如皋县政府划拨实业经费，于东乡和南乡增设第二、第三县平民工厂；上海出口商到如皋创办中国制腿公司如皋制造厂。至20世纪30年代中叶，如皋有火腿栈31家。

民国27年如皋沦陷后，日本侵略军进行疯狂的经济掠夺，霸占原如皋制腿公司厂房，包揽腌腊业务；垄断棉花收购和棉纱供应；开办江北公司，夺取耀如电气公司供电业务。至民国37年底，全县工厂仅有耀如电厂和裕丰、道丰油米厂，且均处于停产半停产状态。

1949—1952年，全县工业处于恢复发展阶段。1953年始，在“围绕农业发展工业”的指导方针下，全县工业发展速度加快，兴办一批区农具厂，发展一批农副产品加工企业。1956年，全县

基本完成对私营工业企业的社会主义改造,22家工厂并入地方国营企业,8家企业实行公私合营,新增造纸、印刷、针织、缝纫等行业。此间,正式定名的"如皋火腿"享誉海内外,城东结网合作社生产的发网远销蒙古、印度、缅甸等国家。

1958年"大跃进"运动前后,全县工业迅猛发展,新建和扩建铁工厂、农机厂、棉毛纺织厂、轧花厂等30多个地方国营企业,县属企业猛增至90多个,社组企业增至57个。1961年年底,贯彻国民经济"调整、巩固、充实、提高"八字方针,全县工业布局全面调整,关、并一批企业,仅保留26个具有地方经济特色和相应规模的县属工厂。至1965年,全县独立核算工业企业84家,职工总人数6883人,工业总产值11773万元,利润总额492.8万元。

"文化大革命"期间,全县工业仍有一定发展,新增化工、电子、电机、机床制造、车辆修造、工艺美术、缫丝等行业,新建和扩建化肥厂、广播器材厂、轴承厂、第二制药厂等国营和大集体企业18家。20世纪70年代初始,乡镇和大队办企业迅速发展,在数量增加的同时,规模不断扩大,其中22家乡镇办集体企业上升为县属大集体企业。1978年,全县工业总产值46378万元,独立核算工业企业利润1606万元。

1983年,如皋无线电厂率先从日本及中国香港地区引进高频高压塑封硅堆和玻封二极管生产线,如皋纺织厂、如皋针织内衣厂、如皋高压电器厂等企业紧随其后,投入巨资引进国外高新技术设备。1983—1984年,全县引进各类高新技术设备90多台套,总投资3958万元,提升了产品档次和竞争力,产生了良好的经济效益,年新增产值1593万元,新增利税1226万元,创汇1490万美元。1985年,全县乡镇工业异军突起,完成工业产值4.51亿元,成为全县工业经济的半壁江山。从20世纪80年代初始,全县工业企业在强化企业内部管理的同时,积极投身于全国产品质量创优活动,涌现出一批含金量较高的优质产品,至"七五"期末,累计获国家质量金奖2个、国家质量银奖3个、部优质产品36个、省优质产品56个,金银奖数量和优质产品总数在南通市6县中遥遥领先,优质产品涵盖食品、工艺、纺织、机械、电子、化工、建材等诸多行业。

20世纪80年代末,在国家"双紧"方针调控下,全县部分工业企业未能紧跟市场变化适时调整产品结构,导致产品严重积压,生产和效益严重滑坡,小微亏企业达到全县企业总数的62%,尤其是市属纺织、轻工、机械行业中的部分中小企业生产经营陷入难以为继的困境。1992年,市委、市政府进一步加强对全市工业经济的组织领导,扭亏增盈、结构调整、体制改革"三箭齐发",一举扭转工业经济下滑趋势。是年,如皋经济开发区和如皋港经济开发区相继成立,全市外向型经济进入全方位推进、高速度发展的新时期。1993—1995年,全市每年实际利用外资700万—800万美元。

从"七五"始,为适应国家产业结构调整,全县有组织、有重点地加大机械、电子工业的投入力度,引进技术设备,加速技术改造,提升产品档次,扩大生产规模。至"八五"期末,一批具有较大规模的骨干企业脱颖而出。如皋电子材料厂率先跨入国家大型企业行列,南通电子专业设备厂被列为国家"火炬计划"高新技术企业,如皋无线电厂、南通矿山机械厂、如皋绢纺厂分别跻身全国电子、机械、纺织工业企业500强,江苏钢球厂综合效益位列全国钢球行业第三,如皋毛巾厂位列全国毛巾行业四强,如皋动力机厂位列全国小型柴油机行业第八位,如皋高压电器厂被列为全国高压开关主要生产基地之一。1995年,全市完成工业总产值101.7亿元,突破百亿大关,实现农业市向工业市的跨越。

"九五"期间,随着全市工业经济体制改革的深入,民营经济成为全市工业经济的新的增长点,形成一批以绗缝、肠衣、灯具、医疗器械、食品、纺织等产品为特色的民营工业小区和专业村组。至1998年年底,全市拥有各类工业企业1600多家,其中国家大中型企业27家、省级企业集团15家、省高新技术企业8家。

"十五"期间,全市外向型经济实现"撑竿跳",5年累计实现到账外资4.04亿美元、自营出口总额9.7亿美元;民营经济飞速发展,形成纺织服装、食品、石油化工、精细化工、液压机、太阳能、电动车、肠衣等特色经济板块。2003年,市委、市政府积极策应省委、省政府沿江大开发战略,优化投资环境,加强基础设施建设,以如皋经济开发区、如皋港区和各镇工业集中区为平台，推进招商引资和项目投入，熔盛重工、金元亚麻、双钱轮胎、上海制皂、思源电气等一批重量级企业相继落户。2005年，全市完成工业总产值423.35亿元，同比增长50.4%，其中规模工业产值202.81亿元，同比增长41.4%；实现销售收入192.06亿元，同比增长41.86%；规模工业实现利润5.07亿元，同比增长41.1%。英田集团、九鼎集团、南天集团、昌昇集团、双钱轮胎、金元亚麻、焯晟石化、力星钢球等45家企业年销售收入超亿元，其中英田集团年销售收入达17.64亿元。

"十一五"期间，全市工业经济以转变经济发展方式为主线，着力提高经济增长的质量和效益，基本形成船舶海工及配套、汽车及零部件两大主导产业，长寿食品、纺织服装、机械冶金三大传统产业，新能源、新材料、高端装备制造、软件和信息服务外包四大新兴产业体系，建成国家级造船基地、省级船舶及海洋工程和现代电力装备特色产业基地、省级软件和信息服务产业园。九鼎新材、熔盛重工先后成功上市。2009年，熔盛重工实现应税销售101.55亿元，为南通首家应税销售超百亿工业企业。

2010年，全市共有规模工业企业1099家，实现规模工业总产值1549.79亿元、规模工业销售收入1520.76亿元，规模工业盈亏相抵后实现利润78.47亿元。

三、商贸业发展

如皋商贸业始于唐代中后期，如皋场(今如城镇)和蒲塘(今白蒲镇)形成商业集镇；如皋盐业产销两旺，运盐河两畔聚集茶馆、酒肆、客栈、日用杂货铺、成衣、典当、钱庄等服务性商铺。至明代，"城(如皋)内有4市，9街，18巷"(明万历《如皋县志》)。明末清初，大量外地商民到如皋经商，全县集镇发展至33个，商贸行业以盐、当(铺)、米、布、药材5行最为发达。清康熙十八年(1679年)，安徽歙县、休宁、婺源等6县盐商在如皋设新安会馆。嗣后，山西会馆、闽中会馆、京江会馆、南京会馆、木业公所等相继设立。清咸丰年间，太平天国起义，如皋相对江南及扬州一带较为稳定，江宁(今南京)、镇江、扬州及安徽、浙江、江西等地商民陆续迁至如皋开设店坊。"清光绪末年，如皋四门内外，行号店铺鳞次栉比，东起老坝头，西至臭沟头，南起地藏庙，北至小船帮，纵横5华里，尽为街市"(民国《如皋县志》)。清光绪三十四年(1908年)，"如皋全县商号3750多家，约三分之一集中在县城"(《如皋税户执照》)。清宣统元年(1909年)，"城厢有钱庄、典业、酱槽、京货、嫁妆、杂货、油饼陆陈、广货、绸缎等近40种行业""在城商人十有六七来自邻县以至外省"(县商会统计资料)。至如皋沦陷前，全县有商号1257家。

民国27年(1938年)如皋沦陷后，全县商号仅剩886家，日本侵略军在如皋城开设的"小林洋行"基本垄断全县商贸业。民国34年9月新四军收复如皋城后，实行保护和发展商业政策，组织店铺开业，平稳物价，市场一度活跃。民国35年9月国民政府军占领如皋全境后，全县商号一度减至940家，后有所增加。至民国37年年底，全县有私营商号4197家。

如皋全境解放后，县政府工商科与生产合作推进社贷款1.3亿元，扶持商业发展，全县先后建立粮食、百货、猪业、盐业、土产、花纱布等国营公司，并于农村建立基层供销合作社和分销处，加强对私营商业的领导和市场管理。1952年，全县有私营商户5110家、从业人员6971人，基层供销社22家，国营公司分销处20个。1954年始，对私营商业实行"利用、限制、改造"政策，多种商品被列入国家经营范围，国营商业日益发展，私营商业减缩。1956年，全县完成对私营商业的社会主义改造，形成全民所有制和集体所有制为主体的商业格局。至1958年年初，全县动员1224名城镇商贩到农村工作，农村商业网点计有供销合作社39个、农村合作商店501个，基本做到乡乡有供销社、村村有代销店。

1959—1961年3年困难时期，全县商品短缺，物资供不应求。经过3年调整后，全县市场供求状况得到改善。1965年，全县社会商品零售总额增至6650万元。"文化大革命"期间，受极左思潮影响，全县集市贸易场所被取缔，市场供应紧张，多种日用品凭证(券)供应。1976年后，商贸宏观政策有所放松，全县商贸渐趋活跃。

1984年，执行国家关于发展个体经济、允许农民进城务工经商的新政策，全县个体商业迅速发展。至年底,全县个体商户发展至18678户,从业22726人,零售额3171万元,占全县商品零售总额8.5%。单一僵化的商业体制被打破后,多种所有制商业相互竞争、共同发展,城乡市场空前繁荣。1985年,如皋县率先与上海宝山钢铁厂实现资源互补,成为宝钢副食品基地,同时获得比较稳定的钢铁资源。此流通体制改革举措,被载入《江苏改革开放十年》丛书。至1989年,全县初步形成以如城为中心,以县属镇为骨干,以乡村市场为依托的商品交易市场网络。

1992年始,如皋市连续3年跻身全国物资流通百强县行列。1997年,全市商业网点发展至16946个。1998年,江苏文峰集团连锁发展股份有限公司在如皋开办第一家异地百货分店文峰大世界,以“不满意,可退换”的消费承诺,成为消费者公认的放心店,当年零售额高达7621万元,并创下日销售额170万元的记录。随后,星地买、农工商等大型连锁超市相继登陆如皋,仓储直销和连锁经营、代理、配送等新型经营业态应运而生。是年,全市批发零售贸易、餐饮业网点发展至1.78万个,从业人员3.6万人,全社会消费品零售总额24.72亿元。

图6-2 如城星地买超市 (1999年摄)

2005年,全市实现服务业增加值49.70亿元。全市社会商品零售总额72.34亿元,其中批发零售业销售额65.09亿元,餐饮业零售额5.92亿元,其他零售额1.33亿元。是年,如皋市通过中国优秀旅游城市验收,水绘园、定慧寺和内外城河风光带被评为国家AAA级旅游景点。

“十一五”期间,全市现代服务业快速发展,如皋港集装箱航线正式开通,现代物流园区被列为省重点物流基地;省级软件园建设加速,近50家软件信息服务企业加盟入驻,形成具有较大实力和规模的软件信息服务外包产业。城市能级提升,如城和如港新城1主1次2个商业中心逐步形成,10多家中外知名商贸企业落户。社区服务业逐步兴起,为农服务中心、社区购物中心遍布城乡。江苏银行、交通银行、无锡农村商业银行等全国性股份制银行和区域性商业银行于如皋设立分支机构,企业融资渠道进一步拓宽,金融环境进一步优化。

2010年,全市社会消费品零售总额170.01亿元,其中批发零售业销售额156.74亿元、住宿和餐饮营业额13.27亿元。全市拥有各类市场105个,其中营销额超亿元市场12个,全年市场成交额185亿元。

1949—1977年如皋县主要经济指标一览表

表6-1

年份	工农业总产值(1990年不变价)(万元)			社会消费品零售总额(万元)	财政收入(万元)	城乡居民储蓄存款(万元)	农村居民人均纯收入(元)
	工农业总产值	工业总产值	农业总产值				
1949	31965	1316	30649	1799	607	0.07	—
1950	41437	1603	39834	1870	828	0.50	—
1951	40925	1907	39018	2123	944	9	—
1952	44334	2364	41970	2657	918	28	—

续表6-1

年份	工农业总产值(1990年不变价)(万元)			社会消费品零售总额(万元)	财政收入(万元)	城乡居民储蓄存款(万元)	农村居民人均纯收入(元)
	工农业总产值	工业总产值	农业总产值				
1953	35587	2423	33164	3266	730	28	—
1954	38358	2961	35397	4445	1110	58	—
1955	45947	2796	43151	4445	1179	68	—
1956	41881	2990	38891	3981	1239	178	—
1957	46998	3040	43958	3883	1282	98	—
1958	50337	4020	46317	4495	1896	166	37.1
1959	49633	7264	42369	3880	1884	357	32.5
1960	43312	8286	35026	4888	1814	374	36.5
1961	38871	6510	32361	4423	1159	586	31.1
1962	39111	5553	33558	4946	1115	298	29.2
1963	46568	5473	41095	4565	1123	541	42.9
1964	61341	8792	52549	5444	1386	333	49.8
1965	69984	11773	58211	6650	1620	384	49.3
1966	72455	14560	57895	6433	1511	489	48
1967	74574	14946	59628	6419	1455	560	50.7
1968	84118	15433	68685	5799	1468	836	56.2
1969	84487	17042	67445	6993	1803	654	46.9
1970	83842	19534	64308	7845	2364	598	42.2
1971	90395	23113	67282	8127	2381	599	48.7
1972	82927	24369	58558	9090	2686	1101	43.9
1973	89810	28126	61684	9671	3142	1023	50.3
1974	94920	28022	66898	9737	3037	931	54.1
1975	98244	32227	66017	10931	3453	1081	44.9
1976	101758	33249	68509	10690	3246	1123	53.4
1977	102212	41219	60993	11167	3526	1304	41.5

注:统计原表保留一位小数

1978—2010年如皋市（县）社会经济主要指标一览表

表6-2

指标 年份	地区生产总值（亿元）	地区生产总值增幅%	人均地区生产总值（元）	全社会固定资产投资（万元）	财政收入（万元）	财政收入中一般预算收入（万元）	城乡居民储蓄存款（万元）	社会消费品零售总额（万元）	进出口总额（万美元）	自营出口（万美元）	实际利用外资（万美元）	城镇居民人均可支配收入（元）	农村居民人均纯收入（元）
1978	3.59	—	266	1714	3747	—	1629	11890	—	—	—	缺载	67.40
1979	4.06	12.20	298	1305	3907	—	1850	15332	—	—	—	缺载	76.20
1980	4.56	11.23	334	1718	3731	—	2860	19857	—	—	—	缺载	61.80
1981	5.27	15.54	385	980	3956	—	3886	21007	—	—	—	缺载	225
1982	5.48	5.20	398	2121	4544	—	5199	24012	—	—	—	缺载	245
1983	6.03	9.43	438	2324	5266	—	7568	26976	—	—	—	缺载	278
1984	7.06	18.98	512	2532	5862	—	9079	31802	—	—	—	缺载	319
1985	8.33	4.41	603	6241	7317	—	12497	36036	—	—	—	缺载	378
1986	9.64	9.89	696	11383	7375	—	16886	44315	—	—	—	缺载	435
1987	11.25	8.38	905	20906	8227	—	23070	52702	—	—	—	877	492
1988	14.34	12.58	1017	27311	9416	—	25374	71197	—	—	—	1276	630
1989	14.54	0.20	1020	17750	10372	—	35386	72864	—	—	—	1333	637
1990	15.92	2.74	1105	19447	10690	—	53820	72029	—	—	—	1361	699
1991	17.33	10.42	1196	41396	10663	—	74404	76540	—	—	—	1536	711
1992	21.01	15.70	1450	52452	12041	—	94245	92337	—	—	198	1771	751
1993	28.21	13.69	1951	83226	16709	—	129164	121924	1200	1193	873	2272	806
1994	37.64	8.80	2604	132706	20619	—	178117	161736	2966	2635	802	缺载	1369

续表6-2

指标 年份	地区生产总值（亿元）	地区生产总值增幅%	人均地区生产总值（元）	全社会固定资产投资（万元）	财政收入（万元）	财政收入中一般预算收入（万元）	城乡居民储蓄存款（万元）	社会消费品零售总额（万元）	进出口总额（万美元）	自营出口（万美元）	实际利用外资（万美元）	城镇居民人均可支配收入（元）	农村居民人均纯收入（元）
1995	50.21	19.21	3465	191763	25847	—	248620	198375	5932	5549	1415	缺载	1819
1996	59.84	8.31	4122	211073	28011	—	322262	240489	7674	7204	1344	缺载	2271
1997	62.73	8.90	4318	246390	31131	15613	389709	243724	11613	10007	550	缺载	2548
1998	66.35	9	4546	236892	32178	10753	464325	247169	缺载	5930	211	缺载	2743
1999	69.36	7.30	4739	236071	29817	17468	520000	259010	9198	8213	360	5079	2853
2000	73.37	8.10	5027	247435	35376	20074	576600	275786	12889	11269	1006	5393	2963
2001	80.44	9	5530	261250	51593	27891	676500	294511	13429	11631	401	5743	3120
2002	87.95	10	6069	309790	65518	31378	785100	330726	14554	12637	1385	6659	3321
2003	102.81	14.41	7129	433419	90358	38398	931800	373554	18760	16023	6219	7639	3538
2004	125.98	16.30	8795	644835	106788	39428	1093000	618325	28976	23882	10483	8755	3967
2005	150.64	15.70	10586	937104	130166	54520	1301000	723442	27082	32145	21886	10071	4455
2006	180.17	16.30	12694	1245407	175010	75086	1867237	839813	54054	44906	32604	11515	5002
2007	216.92	16.49	15337	1520335	270693	115089	1739779	986062	83443	57437	69808	13503	5742
2008	280	14.80	19864	1808500	394100	164300	2210400	1237300	133246	82246	61760	15923	6695
2009	355.15	14.20	28394	2131100	517500	216500	2638000	1470100	154173	99542	61500	17709	7610
2010	431	14.30	34296	2533700	780800	336900	3168000	1700100	193161	100470	92517	19852	8695

注：地区生产总值按可比价计算增幅；1993年前如皋无自营进出口权、进出口无全面统计

第二节 经济结构

一、所有制结构

农业所有制结构 封建社会，大部分土地为封建地主阶级所占有。20世纪20年代末30年代初，县内一度开展土地革命，没收地主土地分给无地农民。民国29年（1940年），新四军东进至如皋后，开始施行土地所有制改革。中华人民共和国成立初，仍以土地私有为基本制度进行土地权属关系改革。1951年年底至1952年秋，如皋农村纷纷建立互助组。1953年夏，开始创办农业生产合作社，始办的初级社，实行土地入股和按劳力分红的制度。1956年秋，试办取消土地分红的高级农业生产合作社，至1958年春，全县加入高级社农户占85%，土地归农村集体组织（高级社）所有的制度基本确立。1958年初秋，全县实现“一大二公”（“大”，指人民公社规模大，一般一乡一社，有的数乡一社；“公”，指人民公社公有化程度高）为主要特点的人民公社化。至9月底，全县参加人民公社的农户占总农户的99%以上，农村几乎所有土地全部为集体所有。1960年起，全县农村实行公社、大队、生产队三级所有，生产队为基本核算单位的体制。1980年，全县普遍建立多种形式的农业生产责任制。1982年下半年开始，全县推行家庭联产承包责任制，实行集体经营与家庭经营相结合、以农户家庭经营为主的双层经营机制，即“大包干”。农村土地仍为集体所有，农民通过承包获得土地使用权。

工业所有制结构 中华人民共和国成立前，全县平民工厂等除少数几家县属企业外，大多为私营（个体）企业（作坊）。民国38年（1949年）年初，全县仅存3家工厂，均为私营。1950年9月，全县第一个公私合营工业企业——耀如电厂诞生。是年，县委和县总工会组织丝线工人生产自救，建立一批丝线生产合作小组，后合并为丝线社。1951—1952年，部分私营工厂与手工业户参加公私合营或生产合作社（组）。1953年，全县开展工业（含手工业）社会主义改造，至1956年基本完成，国营、集体所有制工业企业有所增加。此后一段时间，新增工业企业均为国营、集体企业，其中国营有“国营”“地方国营”之分，集体企业分县属的“大集体”性质和乡镇属“小集体”性质。1978年，全县工业总产值46378万元，其中乡镇工业占36.34%。20世纪80年代，全县乡镇工业异军突起，城乡个体、合作经营工业迅猛发展。1995年，全市工业总产值101.69亿元，其中：国有工业15.46亿元，占15.10%；集体工业67.81亿元，占66.60%；城乡个体、合作经营工业13.55亿元，占13.30%；其他类型工业经济4.86亿元，占5%。进入21世纪，全市加快工业体制机制创新，国有、集体工业企业全面完成产权制度改革。至2004年底，68家市属工业企业中，47家完成破产（注销）终结；21家企业实施公有资产退出，资产归属划清，债务处置了断，职工与原企业劳动关系割断，共退出国有资产5352万元，彻底置换劳动关系8052人，其中解除劳动合同2469人。改制后企业（包括破产重组企业）绝大多数处于良性运营状态。同时，市委、市政府鼓励发展民营经济，全市民营工业企业数量快速增加，比重逐步提升。2005年，全市规模以上工业总产值202.81亿元，其中国有企业1.8亿元，占0.89%；集体企业0.14亿元，占0.07%；民营企业167.52亿元，占82.65%；中国港澳台地区投资企业15.23亿元，占7.5%；外商投资企业18.02亿元，占8.90%。2005年年末，全市规模以上工业企业453家，其中国有企业1家、集体企业1家、民营企业377家、中国港澳台地区投资企业23家、外商投资企业51家。2010年，全市规模工业总产值988.01亿元，其中集体企业0.40亿元，占0.04%；股份合作企业、有限责任公司、股份有限公司、私营企业706.67亿元，占71.53%；中国港澳台投资企业200.86亿元，占20.33%；外商投资企业80.08亿元，占8.10%。至2010年末，全市规模以上工业企业1154家，其中集体企业1家、民营企业996家、港澳台投资企业65家、外商投资企业92家。

商贸所有制结构 1955年前，全县商贸业几乎均为私营性质。1956年，全县开展私营商业社会主义改造，逐步形成国营商业、供销合作社商业、公私合营商业、合作商店（组）及少量个体商业5种经济所有制形式并存的格局，并以国营和供销社经济为主。在1958年兴起的“大跃进”运动和1966年爆发的“文化大革命”中，供销合作社两度民办转为公办，集体转为国营，商业公有化程度提高，个体商业消亡。20世纪80年代起，市场逐步放开，允许并逐步鼓励个体私营商业发展。1983年，供销合作社恢复农民群众集体所有制性质。全县社会商品零售额3.32亿元，其中：国营商业1.25亿元，占37.50%；集体商业2.04亿元，占61.35%；个体商业382万元，占1.15%。90年代，全市商贸企业全面实施产权制度改革，通过破产、转制，国营、集体商业份额缩小，个体私营商业快速增加。2000年，全县社会消费品零售总额27.58亿元，其中个体商业12.36亿元，占44.81%。2010年，全社会消费品零售总额170.01亿元，其中个体商业为103.66亿元，占60.97%。

二、产业结构

1978年前，如皋无明确产业结构统计和记录。是年，全县一、二、三产业结构为48.1∶28.0∶23.9。此后，产业结构开始出现较大幅度变化。1990年，全县一、二、三产业结构为41.0∶36.4∶22.6，与1978年相比，一、二产业比重变化幅度较大。1992年，全市一、二、三产业结构为35.1∶40.7∶24.2，与1990年相比，除一、二产业结构继续较大幅度调整外，第三产业比重有了一定增加。此后，第二、三产业特别是第三产业比重不断增加。至2000年，全市一、二、三产业比重由1995年的32.2∶43.5∶24.3变化为24.6∶41.6∶33.8。

2001—2005年，全市产业结构继续发生变化。工业主体地位进一步凸现，形成具有比较优势的六大产业：以如皋港为依托的石油化工产业，以玻纤、玻璃薄膜为主的新材料产业，以高压电器、钢球、硅堆、密封件为代表的基础性产业，以长寿文化为内涵的食品产业，以精细化工和生物制药为龙头的化工产业，以农用机械和农用车辆为主的机械工业。全市规模工业（主营业务收入500万元以上，下同）占全部工业比重由2000年的38.7%提高到2005年的48.3%。规模工业企业数量由2000年的182家增加到453家，其中产值亿元以上企业由2000年的10家增加到42家；产值5000万元以上的工业企业产值占规模企业比重由2000年的20%上升到75%。2005年，全市有高新技术企业70家，实现产值38亿元，占规模工业产值的17.8%，增幅居南通市第一；全市实现工业总产值423.3511亿元，工业总产值占GDP的比重为41.5%。2005年实现消费品零售总额52亿元，是2000年27.58亿元的1.89倍。至2005年，如皋市一、二、三产业比重为15.46∶51.54∶33。

2006—2010年，全市现代服务业累计投入305亿元，服务业增加值年增幅持续保持在20%以上；累计完成规模工业投入780亿元，是“十五”期间的4.2倍，基本形成船舶海工及配套、汽车及零部件两大主导产业，长寿食品、纺织服装、机械冶金三大传统产业，新能源、新材料、高端装备制造、软件和信息服务外包四大新兴产业体系。2010年，全市实现服务业增加值147亿元，社会消费品零售总额175亿元，引进软件和服务外包企业51家，实现旅游总收入32亿元；高效农业产值占农业总产值60.5%，生猪、家禽规模养殖占比增加到70%和95%以上。2010年，如皋一、二、三产业比重为9.6∶56.8∶33.6。

1978—2010年如皋市（县）产业结构变化情况一览表

表6-3

年 份	地 区 生产总值（万元）	第一产业（万元）	占比（%）	第二产业（万元）	占比（%）	第三产业（万元）	占比（%）	人均地区生产总值（元）
1978	35947	17298	48.10	10054	28	8595	23.90	266
1979	40551	19113	47.10	12099	29.80	9339	23.10	298
1980	45577	18985	41.70	16620	36.50	9972	21.80	334
1981	52745	23125	43.90	18660	35.40	10950	20.70	385

续表6-3

年 份	地 区 生产总值 （万元）	第一产业 （万元）	占比 （%）	第二产业 （万元）	占比 （%）	第三产业 （万元）	占比 （%）	人均地区 生产总值（元）
1982	54771	24744	45.20	19089	34.80	10938	20	398
1983	60337	26930	44.60	20145	33.40	13262	22	438
1984	70642	30603	43.30	24745	35	15294	21.70	512
1985	83290	35495	42.60	30387	36.50	17408	20.90	603
1986	96435	38978	40.40	36299	37.60	21158	22	696
1987	112452	46173	41.10	42147	37.50	24132	21.40	805
1988	143358	54149	37.80	58803	41	30406	21.20	1017
1989	145383	55358	38.10	57459	39.50	32566	22.40	1020
1990	159200	65371	41	57882	36.40	35947	22.60	1105
1991	173267	65950	38.10	66240	38.20	41077	23.70	1196
1992	210130	73698	35.10	85433	40.70	50999	24.20	1450
1993	282117	84539	30	136609	48.40	60969	21.60	1951
1994	376423	130040	34.50	167981	44.60	78402	20.90	2604
1995	502135	161990	32.20	218488	43.50	121657	24.30	3465
1996	598413	178187	29.80	257588	43	162638	27.20	4122
1997	627272	172129	27.40	265678	42.40	189465	30.20	4318
1998	663497	172013	25.90	279101	42.10	212383	32	4546
1999	693646	178979	25.80	285580	41.20	229087	33	4739
2000	733704	180551	24.60	305557	41.60	247596	33.80	5027
2001	804437	189087	23.50	336998	41.90	278352	34.60	5530
2002	879540	198496	22.60	375645	42.70	305399	34.70	6069
2003	1028140	208852	20.30	469966	45.70	349322	34	7129
2004	1259800	219600	17.40	627200	49.80	413000	32.80	8795
2005	1506442	232900	15.46	776493	51.54	497049	33	10586
2006	1914203	259091	13.50	1007451	52.60	647661	33.80	14791
2007	2385155	283104	11.90	1290257	54.10	811794	34	18695
2008	3199952	342300	10.70	1807700	56.50	1049952	32.80	25378
2009	3551519	369685	10.40	1982800	55.80	1199034	33.80	28394
2010	4310000	413500	9.60	2448500	56.80	1448000	33.60	33940

三、固定资产投资结构

投资总量 中华人民共和国成立前，如皋的社会固定资产投入极少，亦无明确记录。

中华人民共和国成立后，政府固定资产投入逐年加大。1949年2月至1957年，政府固定资产投入共878万元，年均投入97.50万元。1958—1960年，县内加快发展工业，固定资产投入1890万元。

1962年起，贯彻“调整、巩固、充实、提高”的方针，基本建设投资大幅度减少。1961—1965年，全县固定资产投入共972万元。1966—1977年，全县固定资产投入共5380万元，主要增加城乡集体固定资产投资和技术改造投资项目。

1978年起，全市固定资产投资由以基本建设为主体的单一投资结构，逐步发展为基本建设、技术改造、项目开发，城乡集体、个体以及其他经济类型投资并行的多元投资结构。

2010年，全市固定资产投资总额为253.37亿元。

1949—2010年如皋市（县）固定资产投资情况一览表

表6-4

年份	固定资产投资			年份	固定资产投资		
	当年固定资产投资额（万元）	当年新增固定资产（万元）	当年竣工房屋面积（万平方米）		当年固定资产投资额（万元）	当年新增固定资产（万元）	当年竣工房屋面积（万平方米）
1949	8	8	0.01	1966	638	249	2.36
1950	31	31	0.24	1967	410	400	3.11
1951	38	38	0.54	1968	210	78	0.46
1952	85	77	1.55	1969	335	357	1.09
1953	45	49	1.17	1970	267	283	2.40
1954	44	48	1.12	1971	309	228	1.15
1955	67	67	1.13	1972	314	96	1.14
1956	247	248	2.29	1973	584	540	2.33
1957	313	311	2.35	1974	305	229	1.10
1958	470	380	6.29	1975	418	343	1.86
1959	779	692	5.80	1976	318	258	1.56
1960	641	679	8.44	1977	1272	906	4.00
1961	136	177	0.87	1978	1714	1495	6.16
1962	59	55	0.27	1979	1305	1437	3.96
1963	111	116	0.80	1980	1718	1289	7.88
1964	175	159	0.46	1981	980	1072	7.02
1965	491	408	4.29	1982	2121	1782	9.33

续表6-4

年份	固定资产投资			年份	固定资产投资		
	当年固定资产投资额（万元）	当年新增固定资产（万元）	当年竣工房屋面积（万平方米）		当年固定资产投资额（万元）	当年新增固定资产（万元）	当年竣工房屋面积（万平方米）
1983	2324	1919	12.15	1997	246390	93128	44.39
1984	2532	2158	9.19	1998	236142	68749	41.76
1985	6241	4485	10.35	1999	236071	40946	26.35
1986	11383	5713	16.00	2000	247435	52967	16.03
1987	20906	6097	13.18	2001	261200	缺载	缺载
1988	27311	15161	16.44	2002	309800	缺载	缺载
1989	17750	5651	9.37	2003	433419	缺载	缺载
1990	19447	5722	7.28	2004	644825	258787	缺载
1991	41396	6839	7.35	2005	937100	696741	108.187
1992	52452	11487	13.4 0	2006	1245400	480766	129.52
1993	83226	21505	19.27	2007	1520300	562077	114.86
1994	132706	32550	23.45	2008	1808500	801981	170.66
1995	191763	58814	43.84	2009	2131100	1230823	220.68
1996	211073	64876	39.24	2010	2533700	缺载	缺载

工业项目投入 1949年，全县工业总产值1316万元，企业小而散，且以手工作坊为主。20世纪50年代后期，全县工业项目投入开始增加。1957年，全县工业项目投资为28万元。1958年起，陆续兴建农机修造、造纸、酿酒、碾米、榨油、轧花、毛纺等40多家企业，全年工业项目投资额为184万元。

1960年，全县工业项目投入增加至257万元。1965年，全县工业企业有131家，其中全民所有制企业24家，产值1980万元。中共十一届三中全会以后，全县（市）工业项目投入力度加大。主要投资方向为机械制造、纺织丝绸、食品加工、船舶制造、服装、非金属矿物制造、电气机械、电子通讯、皮革羽绒制造等数十个行业。

2004年起，全市注重规模以上工业项目投资。是年，全社会投资总额64.48亿元，其中工业项目投资45.82亿元，占71.1%。在工业项目投资中，规模以上工业投资32.41亿元，占整个工业项目投资的70.7%。

2005年，全社会投资总额93.71亿元，其中工业投资76.42亿元，占81.55%。在工业项目投资中，规模以上工业项目投资58.44亿元，占工业项目投资的76.47%。全市规模工业企业增加到453家，工业总产值增加到423.35亿元，为1977年41219万元的102.7倍。

2010年，如皋市全社会投资总额253.37亿元，其中工业项目投资198.17亿元，占78.22%。在工业项目投资中，规模以上工业项目投资183.34亿元，占全部工业项目投资的92.52%。是年，全市规模工业企业有1154家，工业总产值2288.65亿元，是2005年的5.41倍。

2001—2010年如皋市工业项目投入情况表

表6–5

年份	工业项目投入(亿元)	比上年增长(%)	新增规模以上工业项目(个)	备注
2001	7.05	17.50	24	
2002	10.22	45	41	
2003	22.86	123.90	116	1000万元以上8个
2004	45.82	116.93	294	1000万元以上139个
2005	76.42	66.78	415	0.5亿元—1亿元47个 亿元以上19个
2006	101.18	22.26	591	0.5亿元—1亿元46个 亿元以上30个
2007	126.34	23.30	726	0.5亿元—1亿元72个 亿元以上52个
2008	147.54	16.80	770	0.5亿元—1亿元79个 亿元以上69个
2009	171.62	16.30	793	0.5亿元—1亿元81个 亿元以上76个
2010	198.17	15.50	817	0.5亿元—1亿元82个 亿元以上93个

工业技改投入 中共十一届三中全会前，全县技术改造投入较少，无完整统计资料。1979年始，县内各工业企业纷纷引进国外先进技术设备，提高技术装备水平。20世纪80年代起，全市注重工业产品结构调整，围绕开发新产品，开展规模性技术改造。至1995年，全市引进国外先进技术和关键设备累计300多台(套)，工业生产设备有1/4达到国内同类设备先进水平，骨干企业有部分设备达到80年代国际先进水平。1991—2000年，全市工业技改投入为38.56亿元，其中投入1500万—4500万元的项目6个，5000万—9000万元的项目4个。2001—2005年，全市工业企业技术改造累计投入203亿元。全市高新科技产业占规模工业产值之比由2000年的不到10%提升到2005年的21.35%。2006—2010年，如皋市工业经济坚持增量投入和技改投入并重，全市工业技改投入量合计398.66亿元。2010年，全市高新技术工业产值占规模工业产值之比，由2005年的21.35%提升到32.88%。

交通运输基础设施投入 中华人民共和国成立前，全县交通运输基础设施投入极少，多条航道淤塞，4条土质公路晴通雨阻。1949—1977年，全县交通运输基础设施投入有所增加，主要投向建设和改造。1978年起，县政府贯彻“民需民办、民办公助”方针，实现公路建设多渠道投入。20世纪90年代起，在“要致富，先修路”理念影响下，各级政府持续增加交通运输基础设施投入，先后投资完成境内204国道，宁通一级公路，如港一级公路，疏港路，334、316、317省道，新长铁路等一系列公路、铁路重大工程；宁通公路引河大桥，九华立交桥，通扬运河、如泰运河、烈士河特大桥，白蒲互通跨线桥，长青沙大桥，如皋长江大桥等一系列桥梁工程；如皋港码头、皋张汽渡、焦港船闸等一系列水上运输基础工程的建设任务。至2010年,全市等级公路有3100千米,累计建成农村公路2200千米,改造危桥600多座,农村公路、公交实现村村通。

邮电通信基础设施投入 中华人民共和国建立前,全县邮电通信基础设施投入极少(无具体统计数据),设施十分落后。中华人民共和国建立至20世纪80年代,投入逐步增加,增幅较小。20世纪90年代,随着开放开发对邮电通信基础设施要求的提高,市(县)政府和邮电部门投入力度不断加大。其中,全市电信固定资产投资,1995—2000年累计完成2.62亿元,2001—2005年累计完成3.14亿元。先后完成邮电大楼兴建及程控电话、移动通信(含无线市话)、互联网等基础设施投入,其中固定电话3次升位,移动通信、互联网全覆盖。

至2010年,全市固定电话用户36万户,移动电话用户91.5万户,互联网用户12万户。

电力基础设施投入 中华人民共和国成立前,全县仅有耀如电气(皋明电灯)公司投入的城区低压电力设施。1959年,始有农村潮汐发电、输电设施。1960年起,全县电力基础设施投入逐步加大。先后新建、扩建、改造变电所25座,建成10千伏以上线路173条,计3456.27千米。至2010年,全市输电、配电网络等基础设施全面适应需求。是年,全年用电量35.11亿千瓦时。

城市建设投入 民国前,如皋城市建设投入主要靠官府集资或靠朝廷少量拨款。民国时期,战事频仍,政府无力投入城市建设。至中华人民共和国成立,如皋城虽具有一定规模,但公共服务基础设施仍比较落后。1958年,拓宽南大街为海阳路,长729米,宽20米。次年1月,拓东西大街为跃进路(现中山中路),长1060米,宽24米。20世纪80年代,新开辟外环路、宁海路、健康路、普庆路、东皋路等18条主次干道,总长度33.80千米。1995—1998年,如城地区进行较大规模的旧城改造,打通如城北大门,拓宽海阳路,开辟海阳北路,完成705米的跃进路西段改造,3年新增小区配套道路5567平方米,新建桥梁4座,建成闸桥景点1座,完成近400米的城河驳坡工程。2001—2005年,先后投入55亿元,实施内外城河改造、旧城改造、城市路网、城市绿化、雨污分流管网重点工程。旧城改造拆迁总面积155万平方

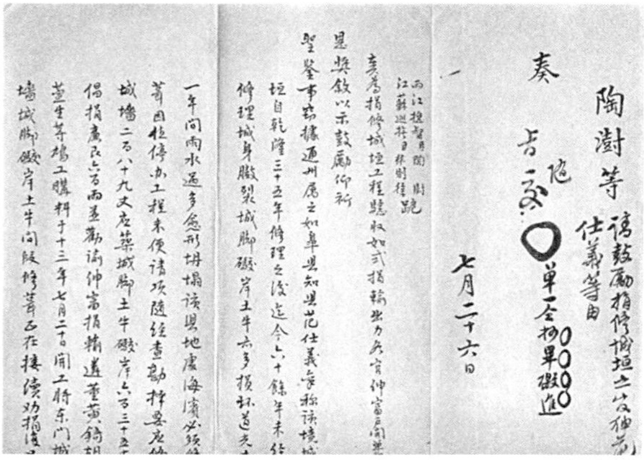
陶澍等
奏
七月二十六日

图6-3 清道光十三年(1833年),林则徐、陶澍奏请集资修缮如皋城墙的折子

米,城市绿化新增面积82.6万平方米。2006—2010年,城市建设累计投入200亿元,是"十五"期间的近4倍。市政基础设施投入39亿元,其中2010年投入19亿元,累计新改建道路50多条、桥梁20余座,新增城市道路面积175万平方米;累计完成旧城搬迁面积230万平方米,新建商品房630万平方米。

社会事业投入 中华人民共和国成立前,如皋除少数学校、医院,社会事业投资主要依靠富人或社会集资。20世纪50至80年代,全县文化、教育、医疗、广电、体育等均作为社会福利,由县、乡镇(公社)和村(大队)分层次投入,投入体制多次调整。1990年开始,随着政府财力的增强和执政理念的转变,社会事业投入快速增加。1991—2000年,全市(县)文化、教育、卫生等社会事业累计投入3.61亿元,是1949—1990年投资总和的18倍。2001—2005年,全市社会事业投资总额为36.20亿元,是1991—2000年投资总和的10倍多。2006—2010年,市财政累计对教育、卫生、文化、广电等社会事业投入37.9亿元,建成江苏省教育现代化县(市),建成四星级普通高中5所、职业高中2所;完成市人民医院门急诊楼、病房楼,中医院病房楼及423个社区卫生服务站等一系列工程建设;市图书馆、文化馆晋升为国家一级馆,镇文化服务站、体育健身广场和村农家书屋在江苏省率先实现全覆盖;全市有线数字电视整体转换率为97.6%。

农业水利投入 中华人民共和国成立前,如皋农业水利处于自发状态,投入极少,且由于战争

等因素，农业水利体系遭到严重损坏。20世纪50年代初，全县农业水利主要投入以防洪治涝为重点的农田水利建设，具体投入总额无明确记载。50年代后期，全县工业项目投入增加，农业水利投入有所下降。1957年，全县农业投入为249万元。1958年下降至182万元，1960年下降至137万元。70年代开始，全县兴起以"削平高沙土，实现旱改水"为主要内容的治沙改土和农田水利建设热潮，投入采取县财政拨款、乡镇(公社)统筹、无改造任务地区支持、用工以工分至所在生产队计酬等多种方式，具体投入资金总量不详。1990—2005年，全市(县)农业和农田水利建设投资13.42亿元。2005—2010年，全市农业、林业、水利投入总量为14.74亿元，其中水利基础设施投入5.5亿元，农业综合开发投入2.71亿元。完成土地治理28.3万亩；扶持产业化经营项目14个；整治一、二级河道10条110.83千米，三级河196条582.67千米，四级河3617条。

房地产投入 如皋全境解放前，全县房地产主要靠私人投入，投入量不详。1949年2月至1957年，县政府固定资产投入共878万元，全部用于基本建设，其中竣工房屋10.4万平方米。20世纪60年代至实施职工住房货币化改革，全县职工住房投入主要依靠各部门、各单位自筹资金，具体投入量不详。1991—2000年，全市房地产投资总额为9.85亿元。2001—2005年，全市房地产投资额为19.53亿元。2006—2010年，全市房地产投资总额为65.78亿元。

1991—2010年如皋市房地产投资情况一览表

表6-6

年份	完成额(万元)	比上年增加(%)	年份	完成额(亿元)	比上年增加(%)
1991	854	—	2001	1.9752	65.90
1992	989	15.80	2002	2.56	29.40
1993	3161	219.60	2003	3.38	32.40
1994	5672	79.40	2004	6.66	97.35
1995	23306	310.90	2005	4.95	–25.50
1996	21136	–9.30	2006	7.65	54.50
1997	12282	–41.90	2007	11.90	55.56
1998	9571	–22.10	2008	13.09	10
1999	9652	0.80	2009	14.85	13.45
2000	11908	23.40	2010	18.29	23.16

第二章 经济综合管理

第一节 计划

一、管理机构

1950年8月10日，县政府设立工商科，主管全县工业、商业工作。1954年12月16日，县政府设立计划统计科，如皋县计划委员会建立(简称县计委)，负责全市的计划管理。1967年3月，县计委瘫痪。1968年4月，县革委会设立经济计划组，负责全县计划管理工作。1976年1月22日，县计委恢复建立。1996年11月18日，市计委、市经委市体改委、市协作委合并组建市计划与经济委员会(简称市计经委)。2001年9月3日，市计划与经济委员会、市财贸办公室撤销，新组建市发展计划与经济贸易委员会(简称市计经贸委)，并明确市发展计划与经济贸易委员会为负责全市国民经济和社会发展总体规划的市政府综合职能部门。2005年12月，原如皋市发展计划与经济贸易委员会改建为如皋市发展和改革委员会(简称市发改委)。2010年，市发改委内设规划投资科等12个科室，下辖散装水泥办公室。

二、计划编制、管理

三年经济恢复(1950—1952年) 1950年6月始，根据国家统一部署，结合县情，县委、县政府在全县实行现金管理、调整税收、整编国家机构、节约经费支出、增加生产、厉行节约等措施，较好地完成3年国民经济恢复任务，工农业总产值年递增11.81%。

第一个五年计划(1953—1957年) 全县第一个五年计划，既强调宏观经济计划的编制，对微观经济也实行严格的计划管理。在计划管理上，着重工农业生产的转轨、定型，致力于工农业生产在计划指导下发展。至1957年，全县基本完成对农业、手工业和资本主义工商业的社会主义改造。全县建成社会主义性质的高级农业合作社736个，入社农户占总农户的96.68%。组织手工业合作社(组)58个，入社手工业户占总户数的94.40%。私营工业企业并入地方国营工厂的22家，实行公私合营的8家。私营商贸企业改为公私合营的11家，组成合作商店的2445家，经代销649家，经营小组390家。全县公私合营企业定股总额447.81万元。5年中，全县通过国家投资、对私改造等新建工厂15家。

第二个五年计划(1958—1962年) 全县改革以专业部门为主的计划管理体制，实行"条""块"结合的计划管理体制，开始扩大地方计划编制、管理权限。加强农业发展计划的编制。工业计划编制、管理的重点是挖掘工业潜力，在保证国家重点建设的前提下，搞好地方工业和手工业，为国营企业配套服务。"大跃进"期间，全县兴起大办工业的高潮，工业投入和基本建设投资处于无计划状态。1959年，全县农业投资381万元，比1958年增加53.01%。第二个五年计划期间，全县高指标、瞎指挥、浮夸风、共产风的泛滥，造成国民经济计划脱离客观实际，编制的计划也无法有效执行。1962年，全县工农业总产值降至3.91亿元，比1957年下降16.78%。

三年调整(1963—1965年) 县委、县人委执行国家"调整、巩固、充实、提高"八字方针，压缩基本建设，降低过高的生产指标，压缩城镇人口，对工业企业区别情况实行关、停、并、转，加强对县级财政的集中统一管理。这一阶段，全县计划编制管理的重点是致力全县国民经济的恢复和发展，执行情况良好，全县工农业总产值平均每年递增22.68%。

第三、四个五年计划(1966—1975年) 正值"文化大革命"，县计划编制、管理部门瘫痪，经济发展处于无政府状态。其间,计划工作一度由县革委会经济计划组负责,提出过一些国民经济发展的目标,受“左”的影响,计划不够科学,亦未得到很好的执行,经济发展仍处于盲目、混乱状态。

第五个五年计划(1976—1980年) “五五”前几年,全县计划编制、管理基本沿用前几个五年计划的模式。1980年,全县农村开始普遍实行生产责任制,茬口安排等自主权扩大;县革委会对企业的指令性计划亦有所放松,部分企业开始实行经济责任制,生产安排、利润分配、资金运用等方面取得一些自主权。部分企业根据自身实际,开始自主调整产业结构和产品结构。这一阶段,全县国民经济发展计划基本得到执行,工农业总产值年均递增11.29%。

第六个五年计划(1981—1985年) 县委、县政府重点对长期不合理的农村产业结构进行全面调整,贯彻“决不放松粮食生产,积极发展多种经营”的方针,增加农作物播种面积、提高复种指数,加快多种经营发展。同时,开始实行计划管理体制改革,缩小指令性计划范围,扩大指导性计划和市场调节范围,着重抓国民经济平衡、经济发展速度安排、固定资产投资规模、重点地区布局调整、人民生活水平提高幅度和农、轻、重比例关系等主要指标。经济管理体制的改革逐步展开,全县国民经济和社会事业出现稳定、协调发展的局面。1985年,如皋县第九届人民代表大会第二次会议,首次将上年国民经济计划执行情况和本年度国民经济社会发展计划(草案)列入会议审议批准内容,并形成制度。这一阶段,全县工农业总产值年平均递增10.80%。

第七个五年计划(1986—1990年) 1986年5月6—10日,如皋县第九届人民代表大会第三次会议,将《关于国民经济社会发展第七个五年计划(草案)》列入大会审议的主要内容之一,开人代会审议国民经济社会发展五年计划先河,并形成制度。这一阶段,全县重点加大对农业的投入,用于支援农、林、水利、气象等的财政支出2300万元。同时,对工业结构进行调整,扩大商品出口、借用外资、引进技术。

第八个五年计划(1991—1995年) 1990年基本编制完成,由1991年3月18—22日召开的如皋县第十一届人民代表大会第二次会议审议批准实施。“八五”计划第一年,适逢如皋撤县设市,市委、市政府提出“学苏南、赶泰兴、五年建成(工业总产值)百亿市”目标,并围绕这一目标提出一系列改革开放、搞活经济、推进经济发展的措施。1995年,全市工农业总产值117.01亿元,其中工业总产值101.74亿元(1990年不变价),首次突破100亿元大关,实现计划目标。

第九个五年计划(1996—2000年) “九五”计划编制中,特别注重计划的宏观性和长期性,与“九五”计划同步编制《如皋市2010年国民经济社会发展远景规划》,并由1994年2月和1996年3月召开的如皋市第十二届人民代表大会第二、第四次会议一起审议通过。“九五”计划的重点是,培植规模经济,大力引进外资,放手发展民营经济,开发大农业,建设大市场,发展一批农副产品生产规模基地和以优势产品为龙头的规模企业,实施大交通工程,加快沿江大开发步伐。受国有、集体企业发展矛盾突出,亚洲金融风暴对企业出口产生不利影响等多种因素影响,“九五”计划部分主要经济指标难以实现。“九五”期末,市委建议并按规定程序对原计划进行局部调整。

第十个五年计划(2001—2005年) 全市“十五”计划的编制、审议程序与“九五”计划相同。计划的重点是突出发展,猛攻投入,推进改革,扩大开放,优化环境。执行的重点是大力推进沿江开发。这一阶段,全市国民经济和社会发展计划目标管理坚持“高点定位、自我加压、挑战极限”原则。2003年,调高GDP年目标定位,从96.7亿元增加到100亿元。是年,实际完成102.81亿元,比2002年增长14.4%,增幅较上年提高4.4个百分点,实现GDP百亿元突破,成为“十五”经济社会较快发展的起始年。2004年,在全省率先完成《如皋市沿江开发总体规划》及各项专项规划编制,并适时修编。“十五”计划提出的主要经济指标全部提前完成。“十五”期间,全市GDP年平均增长13.76%。2005年,全市GDP150.64亿元,人均GDP10586元,均在“九五”期末的基础上翻了一番。

第十一个五年计划(2006—2010年) 全市“十一五”国民经济社会发展规划及各年度计划,开始以“全面小康”为导向,继续坚持高点定位。编制办法、审议程序等继续严格按规定程序进行。"十一五"规划和各年度计划执行情况均较好。这一阶段,全市GDP年平均递增22.6%。对照江苏省全面小康社会指标体系4大类18项25个指标,如皋市各项指标数据全面超过小康目标值。2009年,全市"全面小康"评分为98.8分,比省定计划提前3年,比计划提前1年以市为单位总体建成全面小康社会。2010年,全市实现地区生产总值430.99亿元,是2005年的2.86倍。

图6-4 如皋市农村全面建设小康社会推进大会 (2009年摄)

第二节 统计

一、管理机构

民国以前,如皋无专门的统计机构。民国时期,国民政府如皋县统计工作由国民政府如皋县政府秘书室兼管。中华人民共和国成立初,全县统计工作由县政府财粮科兼管。1953年2月,县政府设立统计科,各职能部门配有专职或兼职统计人员。1954年12月,县改设计划统计科。1962年12月,计划与统计机构分开。"文化大革命"开始后,统计机构瘫痪。1968年4月,县革委会设立生产指挥组,统计工作归其下设的劳动计划组负责。1976年1月,县计委恢复,下设计划统计组,负责全县统计工作。1980年8月20日,县统计局成立。此后,县级机关各部门(单位)结合具体情况,健全统计机构,充实统计人员;大中型企业设立计划统计科或财务统计科;各公社建立统计站(后改称统计办公室)。1984年,县农村抽样调查队(后更名为农村社会经济调查队)成立,为省属事业单位。1994年,如皋市城市社会经济抽样调查队成立,为市属事业单位。2010年年底,如皋市统计局内设综合统计科等5个科室。全市20个镇(区、园)均设统计办公室。

二、统计专业及统计报表

民国时期,统计内容有土地、民政、建设、财政、教育、卫生、田粮、社会、军事、警务等。中华人民共和国成立特别是县政府统计科成立后,全县统计工作走上正轨。建立定期报表制度,报表设有工业、农业、商业、物资、劳动工资、基本建设(1981年改为固定资产投资)6个专业。1970年始,由各部门逐步恢复工业、农业、基本建设、劳动工资、商业、物资等专业统计,并补报1967—1969年统计资料。1980年起,增加综合平衡、对外经贸、技术开发、农村住户调查、城市住户调查、物价调查6个专业,后又逐步增加基本单位名录库、服务业统计、文化产业统计、信息化统计、科技能源统计等6个专业。至1986年,共有各种报表398种,其中月报5种、季报55种、半年报7种、季节报28种、年报251种。报表由基层单位填表、主管部门或乡镇审核、汇总上报县(市)统计局,再由县(市)统计局审核汇总报南通市统计局。1986年底,省统计局分配给县统计局M24型微型计算机一台。从1987年起,工业统计专业首先使用微机进行汇总,至1995年,所有专业报表结束手工汇总的历史。2004年以后,房地产开发、固定资产投资、建筑业、规模以上工业、劳动工资、限额以上批零贸易、科技、能源等统计逐步实行网上直报,基本实现办公无纸化。2010年,市统计局统计报表设有工业、农业(农经、农综、住户、产量)、国民经济核算、市(县)基本情况、固定资产投资、建筑、房地产、贸易、劳动工资、能源、外经、科技、价格、城镇住户、限额以下抽样调查、企业景气调查、基本单位调查等统计专业20个。统计报表全部实现微机处理,无纸化传输。

三、统计资料

民国及以前,县内有部分统计资料,大多未得到妥善保存。

中华人民共和国成立后,随着统计工作的正

常化、规范化,在统计实践中积累的大量统计资料依规分类存放,长期保存。1959年9月起,每年汇编《如皋县国民经济资料》。“文化大革命”开始后,统计工作瘫痪,统计资料一度杂乱无章地堆放于仓库。1983年,县统计局聘请专人进行文件、报表、历史资料清理,历时2年多,按照档案管理要求,一一装订成册,移交县档案馆。

1987年,《如皋国民经济资料》更名为《如皋统计年鉴》,每年编辑出版。同时,分时期和地区编印“二五”“三五”“六五”期间的统计资料,《建国后三十年统计资料(1949年—1978年)》《高沙土地区统计资料(1962—1979年)》《辉煌的五十年(1949—1999年)》《光辉的三十五年》(1949—1983年如皋部分),《南通经济概况》(1949—1988年如皋部分)等。1988年起,如皋市(县)统计局每月编印《如皋市(县)国民经济快讯资料》,送市(县)领导和各部门、各乡镇。1990年,《如皋县国民经济快讯资料》改为《统计月报》。2010年起,市统计局依法及时向社会发布年度《如皋市社会经济发展统计公报》。

四、国情调查

工业普查 按照国家统一部署,如皋县分别于1950年、1985年,进行全县工业普查,形成完整的统计资料,除上报上级统计部门外,作为地方基础资料。1995年,再次进行全市工业普查,先后举办14期普查业务培训班。如皋统计局作为唯一的县级代表在江苏省工业普查工作会议上作典型发言。2004年起,工业普查列入经济普查内容。

人口普查 按照国家统一部署,如皋市(县)分别于1953年、1964年、1982年、1990年、2000年和2010年,进行6次全市(县)人口普查。2000年第五次人口普查中,如皋统计局获江苏省“1‰人口变动及城镇劳动力抽样调查先进集体”称号。

农业普查 按照国家统一部署,如皋市于1997年、2008年进行2次农业普查。第一次农业普查,全市组织1万多名普查工作人员和统计工作者,对全市34.6万个农户、898个行政村(居委会)、49个乡镇、1856个乡镇企业及89个农村住户类农业生产经营单位进行入户登记、调查。第二次农业普查于2006年年底至2008年5月进行,普查采取全面调查的方法,标准时点为2006年12月31日,时期资料为2006年度,普查对象为如皋市境内的农村住户、城镇农业生产经营户、农业生产经营单位、村民委员会和乡镇人民政府。普查内容包括农业生产条件、农业生产经营活动、农业土地利用、农村劳动力及就业、农村基础设施、农村社会服务、农村居民生活及乡镇、村民委员会和社区环境等。全市组织动员普查员、普查指导员和各级普查机构的工作人员计9700余人,共调查镇20个、经济开发区2个和国有农场1个,村级组织343个,农户346108户。2008年5月15日,如皋市第二次全国农业普查领导小组办公室和如皋市统计局发布《如皋市第二次全国农业普查主要数据公报》。

三产普查 按照国家统一部署,如皋市于1993年进行唯一一次第三产业普查。此后,三产普查被列入经济普查内容,不再进行单独普查。

经济普查 按照国家统一部署,如皋市于2004年进行第一次经济普查。此后,工业普查、三产普查不再单独进行,并入经济普查。2008年进行第二次经济普查,如皋市统计局被国务院第二次全国农业普查领导小组办公室和国家统计局评为第二次全国农业普查先进集体。

五、市情调查

人口统计 北宋崇宁元年(1102年),全县始有户籍统计。明洪武九年(1376年),全县始有人口统计,载男不载女。清乾隆三十七年(1772年),人口统计始分男女。此后,县内人口统计时断时续。中华人民共和国成立后,县政府设立统计科(局),公安局设户政科,负责人口统计和户籍管理工作。各乡镇由派出所和乡镇统计员共同负责人口统计,每年底均有人口年报。

农村住户调查 1954年开始,县政府统计计划科(统计科)于农村随机选出12户为统计调查户,进行长期跟踪调查。1957年开始,县政府统计计划科用随机抽样方法抽取3个乡共30户为统计调查户,进行长期跟踪调查。“文化大革命”期间县内农村住户调查中断。1981年,县统计局恢复农村住户调查,共随机抽取3个乡45户为统计调查户。1982年,抽9个乡105户。1984年,抽5个乡100户。1985年始,县统计局实施统计调查户每5年轮换一次,按月汇总上报农民家庭生产、生活收支情况。1990年,进行样本轮换,重抽10个乡100户为统计调查户。2010年,统计调查户改为200户,涉及15个镇(区)20个村(居)。

城市住户调查 1986年起,县统计局在如城用随机抽样方法抽取40户居民为统计调查户。1991年起,调查统计户扩展为50户。2003年起扩展为100户,样本户每3年轮换一次,详细记载家庭生产、生活收支情况。

物价调查 1990年下半年开始,市(县)统计局、市(县)物价局开展物价资料的搜集整理工作,并开始定期编制、公布物价指数。

农产量抽样调查 1963年夏熟开始,县政府统计科进行不定点的农产量抽样调查。"文化大革命"期间中断。1982年,农产量抽样调查恢复,全县随机抽取9个乡27个生产队作为样本。1984年,重抽9个乡45个村民组作为样本。1990年,样本轮换,重抽10个乡20个村民小组进行定点调查。此后,样本每5年轮换一次,点上测得的单产,作为推算全市总产的依据。

其他专题调查 1955—2010年,市(县)统计局完成每年1%人口抽样及预算外资金、全县国民财产、乡镇能源、个体私营商业、公众安全感、综合治理工作满意度、人才资源、劳动力转移、窗口服务质量、农业资源综合开发、小康先行镇区群众满意度等多项专题调查任务。

六、统计服务

经济信息、调查分析 1953年,县政府统计科建立后,县统计部门采取定期(按月、季、半年、一年)和不定期(按工作需要)的方式,向市(县)委、市(县)政府(人委、革委会)及各部门、乡镇、社会公众提供统计信息、资料和数据。每逢制定新的"五年计划"、中长期规划以及年度计划,统计部门均开展前期课题研究和专项规划制订。同时,围绕热点、难点问题,开展专题调查分析,有针对性地撰写统计分析报告。2010年,市统计局上报各类统计信息449篇,完成统计调查分析44篇。

统计信息交流 1984年10月,如皋、东台两县统计局发起建立苏中7县统计信息交流制度。至2010年,成员县(市)发展至16个。各成员县(市)之间及时相互传递真实统计信息,交流统计工作经验。

七、统计队伍

中华人民共和国成立至1957年,全县工业、商业、手工业、农业、粮食、供销合作社、税务、银行等部门均设立计划统计科室,每个行业配有专职统计人员。规模较大的工商企业配有专(兼)职统计员。

1979年,县计委组织统计人员专业培训。1980年,县级机关各部门、各乡镇、县各直属单位、各大中型企业统计人员配备到位。1981年9月,县统计干部技术职称评定委员会建立。1985年,县统计电视函授管理站成立,先后有65人函授大专毕业。1994年,市统计局组织统计人员参加大学本科学历教育,先后有29人毕业。

2010年,全市20个镇(区)均配备专职统计助理,188个村和146个涉农居委会均配备兼职统计员,所有纳入统计的机关、企事业单位均配备专(兼)职统计人员。是年,全市有专职统计人员556人、兼职统计人员2004人,其中高级统计师12人、统计师69人。

八、统计法治

民国23年(1934年)4月,国民政府公布《统计法》和《统计法实施细则》,如皋统计依此实施。

1953—1987年,全县主要根据中华人民共和国政务院公布的《统计工作试行条例》、全国人大常委会颁发的《中华人民共和国统计法》进行依法统计,较少组织统计执法检查。1987年,县统计局根据国家统计局发布的《中华人民共和国统计法实施细则》,建立行政执法领导小组,并开始将统计法规列入统计业务培训主要内容,开始结合如皋实际组织统计执法检查。1994年起,市统计局建立统计检查员队伍。1997年,市统计局办公室增挂法制科牌子,是年6月,市政府发出《关于开展全市〈统计法〉执行情况大检查的通知》,检查发现统计违法行为47起,其中立案查处1起,警告或责令改正46起。1998年3月,市委、市政府贯彻中共中央办公厅、国务院办公厅文件要求,发出《关于坚决反对和制止在统计上弄虚作假的通知》。是年,全市开展3次较大规模的统计数据质量检查。此后,市统计局每年开展统计数据质量检查,对统计工作不力的单位进行统计监审。

2003年，市统计局获全国统计执法先进集体称号。1989—2010年，全市依法查处比较严重的瞒报、虚报、拒报统计资料的违法案件49起。2010年，全市配备兼职法制检查员40人。

第三节 审计

一、管理机构

封建王朝时期如皋县衙、民国时期国民政府如皋县政府均无独立审计机构。民国30年（1941年）3月，如西县政府始设党政军审计委员会，专事政府各项经费审计工作。1951年10月，县政府财政科内设专职审计员1人。1958—1966年，县财政局预算管理股兼管财务审计工作。1983年10月10日，如皋县审计局建立，有工作人员3人。20世纪80年代中期，部分下属单位较多、经费收支数额较大的部门、单位财务科改称财务审计科，负责内部审计。2010年，市审计局核定行政编制25人、附属编制3人、事业编制5人，实有36人。

二、财政预算执行审计

1996年3月，市审计局始对1995年度市财政预算执行情况进行审计。对财政局和地方税务局两个组织预算执行的单位，对市教育局、市城建委、市卫生局、市检察院、市民政局等9个部门的经费收支情况以及专项基（资）金、财政信用资金的管理、使用情况进行延伸审计。针对存在问题，对照有关法规，分别对被审单位下达审计意见书、审计决定，提出审计建议。1996年5月下旬，市审计局代表市政府向市人大常委会提交《关于1995年度财政预算执行和其他财政收支情况的审计工作报告》。

此后，市审计局每年按1996年程序对全市财政预算执行情况进行审计。1996—2010年，全市财政预算执行情况审计共查出各类问题131个，代征代缴政府性资金14615.89万元，调整增加预算收入1877万元，纠正违规资金44885.13万元，帮助督促部门、单位清收往来款2686万元，先后提出意见和建议62条。

三、乡镇财政审计

1989年，县政府首次组织乡镇财政审计。1989—1993年，乡镇财政审计以乡镇财政收支、主要经济活动、财经纪律执行情况为重点。1994年，全市开展乡镇财政决算审计。审计重点包括预算执行情况、预算内资金、预算外资金、农税、农民负担等。同时，对部分乡镇企业进行延伸审计。1997年起，市审计局将农村合作基金会和各类融资办资产负债情况及放贷质量列入乡镇财政审计的一项重要内容。2000年起，乡镇财政审计突出企业改制转让金的管理使用情况，并帮助被审乡镇进行财力分析。2005年全面取消农业税后，乡镇财政审计增加对农村粮食直补资金、良种补贴资金等各项政策性资金落实情况的审计，并加大农村税费改革转移支付专项资金、农发资金、地方专项配套资金、乡镇自筹资金等使用情况的审计力度。同时，将镇工业园区基础设施建设、投入产出、经营管理以及政府投资工程运行态势等列入审计范围。

1994—2010年，乡镇财政决算审计，除纳入“同级审”外，共审计乡镇、区98个次，查处违纪违规金额9085.35万元，揭示管理不规范金额20186.73万元，收缴财政231.49万元。

四、行政事业审计

1984年，县内开始实施对本级政府部门、全民事业单位以及其他有国家资产单位的财政、财务收支的真实、合法、效益进行审计监督。首先对占财政支出比例较大的教育经费进行试审，查出挤占挪用教育经费等违纪金额65.93万元，处理上缴财政和抵拨款21.44万元。此后，定期审计行政单位，不定期审计事业单位。

1984—2010年，全市（县）共审计行政、事业单位270个次，查处违纪违规金额6461.33万元，上缴财政1291.02万元，补交税费498.93万元，调增预算外收入923.24万元，被审计单位收回资金337.54万元。

五、企业、金融机构审计

工贸企业审计 1984年8月，县审计局对县煤炭石油公司1982年、1983年石油账务进行审计，是为县审计局首次对企业财务进行审计。审计发现该公司存在平价油转高价油销售，石油调价少计增值，渔业用油补贴未全部补给渔业用油单位及多提专用资金等问题，违纪金额计4.12万元，分别做出审计处理，其中调整账户2.31万元、上缴财政1.81万元。

1987年，县审计局根据《国营企业厂长工作条例》开展，全县范围工商企业年终决算审计。1988年，开始实施企业承包经营专项审计工作。1992年始，企业审计的重点调整为对国有、集体资产保值增值的审计，逐步开展以企业资产、负债、损益为主要内容的审计。20世纪90年代末开始，随着企业体制、机制变化，对企业审计项目逐步减少。

至2004年，全市（县）共审计企业266个次，发现违规违纪金额计9025.16万元，对企业截留、隐瞒利润，漏缴、少缴各种税费等合计处理上缴财政1211.91万元。

金融机构审计 1985年，县审计局对如皋县农业银行1984年度房租及修缮费、出纳费两项费用支出情况进行专项检查，开如皋审计机构对驻如皋金融机构审计先河。此后，市（县）审计局对各类银行和非银行金融机构的业务经营和管理活动，正常实施审计监督。

至2002年，市（县）审计局共完成金融机构审计项目34个，其中银行审计项目21个，保险机构审计项目6个，信用社、信托投资公司审计项目5个，农村合作基金组织审计项目2个。发现、查处违纪违规金额9012.77万元，收缴财政408.71万元，调整账务、增加单位利润433.12万元，补缴税费190.46万元。2003年，地方对国有金融机构的审计工作终止。

六、经济责任审计

1986年8月，县审计局开始对企业负责人任期经济责任进行审计。1986—1990年，完成厂长（经理）任期和承包经营期经济责任审计项目共5个，查处违纪违规金额99.47万元。1991年始，随着经济体制改革和企业经营机制转变，此项审计中止。

2000年8月，全市领导干部经济责任审计工作联席会议制度建立，开始实施县级以下党政主要领导干部任期经济责任审计。是年，完成经济责任审计项目4个。

2009年起，市委组织部、市审计局、市编办对乡（科）级党政主要领导干部用人责任、经济责任、编制责任实行“三责联审”。审计局负责按照市“三联审”工作领导小组审定的年度工作计划和市委组织部经济责任审计委托书，编制经济责任审计工作计划和季度实施方案，组织实施经济责任项目审计，出具经济责任审计结果报告并进行反馈，督促有关单位整改审计发现的问题。

至2010年，全市共完成行政、事业单位、乡镇（区）领导干部经济责任审计（含届中审计、离任审计）项目186个，审计领导干部272人次，共查出违规金额16122.55万元，管理不规范金额96198.64万元。通过审计发现犯罪线索，移送纪检司法机关处理12件、16人。其中，2010年实施经济责任审计项目29个、36人，共查出违规金额4233.09万元、管理不规范金额66473.35万元。

七、固定资产投资审计

1986年，县审计局开始审计县自筹基本建设资金使用情况。1990年8月，派出审计组审计县百货公司批发仓库楼建设项目，并作出审计结论，为县内基建工程项目审计之始。1991年，市审计局开始对固定资产投资项目进行全面审计。是年，完成基建审计项目12个，其中开工前审计项目11个。1992年，市政府开始委托社会机构参与固定资产投资项目审计。1992—1993年，委托如皋市审计师事务所，审计查证基建项目21个。1994—1995年，委托会计师事务所进行基建决算审计项目57个，审计核减工程造价1331万元。

1996年，市委、市政府建立工程建设专项治理工作领导小组，明确规定：1994年6月30日以前竣工项目，有群众举报和问题线索的，进行竣工后审计检查；1994年6月30日以后竣工、投资总额50万元以上建设项目，凡未经审计的，一律全部进行竣工决算审计；1996年1月1日以后新开工项目，必须实行开工前审计，未经开工前审计的投资项目，有关部门不得发放固定资产投资许可证和施工许可证。具体审计工作由市审计局牵头，组织有相应工程造价咨询资质或基建、财务审核能力的单位和有关部门的内审机构参加实施。

工程建设专项治理中，把擅自扩大建设规模和标准，转移、侵占、挪用建设资金，高估冒算，虚报冒领工程款，以及在工程承发包，规划定点、土地转让等方面的徇私舞弊行为列为审计的重点。是年，审结工程竣工项目10个，核减工程款431.03万元，平均核减率14%。至1998年年底，完成工程建设项目审计133个，核减决算金额3031万元，为建设单位节省投资2882万元，查补固定资产投资方向调节税68万元，发现经济案件线索6件。1999年1月，如皋市审计局被评为江苏省工程建设专项治理审计工作先进集体。

2002年，市审计局开始对重大基础建设项目工程实行跟踪审计，从项目立项、招投标、合同签订到具体施工、项目监理、竣工结算等各个环节进行全过程、全方位跟踪监督。并把交通、水利工程列为固定资产投资审计重点。是年，实施审计项目8个，审计核减建设费用554万元。2005年，《如皋市国家固定资产建设项目审计监督办法》颁布实施。2008年7月，由审计人员和有关专家一起攻关的固定资产投资审计软件研发成功，固定资产投资审计的准确率和工作效率提高。

1991—2010年，全市共组织对1618个固定资产投资项目进行决（结）算审计，审计金额合计721507.64万元，审计核定金额合计644074.65万元，审计核减金额合计77432.99万元。其中，实施跟踪审计的项目有如皋大剧院、如皋市中医院综合楼、市行政中心综合大楼、长青沙大桥便桥、新东线公路、新204国道如皋段公路、市公安局办公大楼、334省道西延公路等工程。

八、专项审计和审计调查

1984年起，全县启动对国家用于发展某项事业、具有专门用途的项目而安排的财政资金、银行专用贷款等开展专项审计、调查。7月，县审计局对1982年粮食年度全县向国家销售原粮进行逐区审计。1985年，县审计局重点对医药行业生产经营情况进行审计调查。1986年，对县科技专项费用、城建经费、水利经费进行专项审计，查出各类违纪金额200多万元。1987—1989年，对优质棉基地建设资金、发展粮食生产专项基金、水利专项经费、菜地建设基金收支情况进行专项审计和审计调查。1990年，对全县粮食企业财务收支进行专项审计，查处违纪金额36万元。

1992年，市审计局对市救灾募捐办公室、市红十字会等单位接受的救灾款物进行专项审计，抽审8个乡镇、4家卫生院及15个村。1995年，对交通重点工程建设资金和电力资金征收、拨付、支出、结存管理情况进行审计。另对社会职工、机关事业、村组农民社会养老保险基金进行审计。1996年，对教育经费、市场物价调节基金、大交通基金等进行审计，审计资金总额9472万元，查出违纪金额340万元。1997年，对电力基金、三电综合差价进行审计，审计资金总额32476万元，查处违纪金额197万元。1998—1999年，对计划生育经费进行专项审计，全市追缴计划外生育费个人和外单位借支款115.94万元，追缴贪污、私分、挪用计划外生育费0.45万元，追缴挤占计划外生育费96.3万元。2000年，市审计局对供销社社员股金、合作基金会吸储的合作基金进行专项审计，向司法部门移交犯罪线索，乡镇合作基金会有6人被立案查处。2003年，重点对草危房改造、新型农村合作医疗、农村改水、农村公路通达工程、农村税费改革专项资金管理使用情况，以及工业园区建设资金、农业综合开发资金等13个项目进行审计和审计调查。2006年，开展教育收费、三峡移民外迁安置资金及地方各级政府安排并纳入移民资金统一核算的补助资金进行专项审计，对三峡移民生产、生活安置及基建设施项目等进行入户调查。

2007—2010年，市审计局围绕列入国债项目和省计划项目的农村自筹和政府资助相结合的村级道路通达工程、农村教育培训工程、农民健康工程、农村环境整洁工程、农村文化建设工程这一省

图6-5　审计工作人员对镇教管中心实施财务审计　（2010年摄）

级“农村新五件实事”专项资金实施全过程跟踪审计。同时，对高沙土开发资金进行审计，对宁启铁路变线电气化工程进行跟踪审计调查。

1984—2010年，市审计局共实施专项审计、专项调查126项，查处违纪违规资金1619.58万元。

九、内部审计

1986年，如皋县邮电局、县工商银行建立专职内审机构，分别称为审计股、内审稽核科，开始对系统下属部门、单位财务收支活动进行审计监督。1990年，县政府下发《关于加强内部审计工作的意见》，县审计局成立内审管理股(科)，具体负责内审业务辅导与管理。是年，全县建立部门审计股(科、室)30个，乡镇审计办公室20个，有专兼职审计人员120多人。

1999年，各乡镇配备国家公务员作为审计助理，主持审计办公室日常工作。此后，审计局正常对各单位内审机构下达指令性审计项目，每年定期或不定期地举办乡镇审计工作专题培训班，交流情况，辅导业务。

1989—2010年，全市内审机构共实施内审项目10595个，查纠违纪违规资金22103.37万元，查出损失浪费金额3725.06万元；减少损失、促进增收节支2267.18万元；移送司法机关立案31件，查处46人；报送纪检、监察部门处理38人。

2010年，全市部门、单位有内审机构20个，专职审计人员36人；有镇(区)内审办公室20个，专兼职审计人员120人。

第四节 工商行政管理

一、管理机构

清光绪二十九年(1903年)，沙元炳创办如皋商会，为全县最早的民间商业管理组织。民国33年(1944年)12月，如西县政府设贸易管理局。民国34年6月，县贸易管理局改建为县工商管理局，下设季市、石庄、李桥、如皋城、下原、袁庄6个工商管理所和裕民公司。12月，县政府建立货物管理局。民国35年10月，县货物管理局并入县财粮局。民国38年5月，县政府设工商管理科。1950年8月，县政府工商管理科改称工商科。1955年11月，县市场管理委员会建立。1956年2月，县政府工商科划建为工业科和商业科。1956年6月，县政府商业科改建为商业局。1965年3月，县工商行政管理局成立，县市场管理委员会撤销。1967年3月，县商业局瘫痪。1968年4月，县打击投机倒把办公室建立。1971年4月，改为县市场管理办公室。1976年2月，如皋县革命委员会工商行政管理局建立。1981年4月，如皋县工商行政管理局建立。1998年11月，如皋市工商行政管理局改为上级工商行政管理部门的直属机构。1999年4月，如皋市工商行政管理局更名为南通市如皋工商行政管理局(简称如皋工商局)。2010年，南通市如皋工商行政管理局内设市场管理科等7个职能科室，下辖经济监督检查大队。全市镇(区)设有派出机构11个。

二、市场监管

抗日战争时期，如西县贸易管理局执行战时贸易政策，加强对敌经济斗争，管理进出口物资，保障军需民用，用巩固抗日民主根据地；制定政策，颁布法令，发动群众，抵制伪币；加强物价管理，平抑市场价格，惩处投机倒把行为；整顿兴设集市，尤其加强对粮食的管理，严格执行苏中行政公署颁发的《粮食管理暂行办法》，即“动员种粮、统制贸易、平衡粮价、凭证购销、严惩资敌、禁止囤积”；查验进出口物资手续，“出口物资须全部带回生活必需品”。民国34年(1945年)9月至民国35年秋，县工商管理局、货物管理局致力活跃市场，促进物资交流。歌曲《别处哪儿有》反映的即为解放区市场繁荣的状况。

如皋全境解放初期，市场管理的主要对象是资本主义工商业。县政府实行扶持与改造的政策，帮助商贸企业克服困难，恢复和发展生产。1950年，对不利于国计民生的锡箔等业动员转业；对有利于国计民生的各业，通过行业组合，实行联购分销；对困难商户采取发放贷款、收购商品、加工订货、调整税收等措施予以支持。与此同时，对棉花、黄麻、土纸、食盐、木材、烟叶、土布等主要物资，通过协商评价，把收购价格和分配、调拨权置于政府的控制和监督之下，并实行集中交易，反对盲目竞销，禁止场外交易、买空卖空、抬价压价。1954年起，在全县各行各业中，开展爱国守法教育，维护国家统购派购政策，整顿经营作风。禁止粮、棉等物资自由买卖和贩运，并对粮、棉、油、土布行业进行清理整顿。1958年，全县实行人民公社化，农村家庭副业生产一度受到限制，农副产品和地方工业品大多由国营商业收购包销，市场冷落，供应紧张，价格上涨。1959年9月，集市贸易开始恢复。1960年12月至1961年1月，全县有40多个公社组织50多次集市贸易，参加贸易人数18万人次，成交额16万元。1961年，如皋县贸易货栈成立，并先后建立17个农民服务所。1962年上半年，如城镇集市贸易总额55万元，比1961年同期20万元增长175%，总价格水平下降37.40%。

“文化大革命”期间，集市贸易被视为“滋生资本主义的土壤”，严加限制。

中共十一届三中全会后，县政府(革委会)开始重视市场培育。至1983年，全县集贸市场增加到77个，市场年成交额4439万元。1978—1984年，全县市场成交额以年均23%的速度增长。1987—1990年，县工商部门共查处哄抬物价、以次充好、掺杂使假、短斤少两等违法违章市场行为23213起，取缔无照经营3423户。

1992年，如皋工商局对生产资料有形市场进行全面清理，加强对集中交易的生产资料市场的监管。1994年，深化市场监管，全年清理无照户618户，疏导领照403户，查扣不合格衡器312件，查处假冒他人注册商标案2起，惩处欺行霸市行为16起42人次。1997—1998年，对全市经纪人、中介机构全面调查摸底，全市127位经纪从业人员经审核领到经纪资格证书。1999年，严把粮食市场主体准入关，结合年检对全市268户从事粮食经营加工企业、个体工商户逐一审查，在全市粮食经营加工行业办理变更登记31户，注销登记42户，取缔无照经营91户，疏导领照75户。2001年，全面推行市场巡查制，由工商、公安、文化、税务、卫生、城管等部门，对经营行业特别是与人民群众生命财产安全密切相关的易燃易爆、化工产品、歌舞娱乐、录像放映等行业进行重点检查清理，计查出无照经营户1135户，发放停止经营通知书424份，疏导领照501户。

2002年，由质量技术监督部门承担的流通领

图6-6　工商执法人员对市场食品经营户开展节日专项检查　　（2008年摄）

域商品质量监督管理职能划归工商行政管理部门。2004年，市工商局强化肉菜粮放心工程市场管理，将全市肉菜粮管理工作标准细化成12项工作指标，实施长效管理目标制，年内获得江苏省工商局授予的“肉菜粮放心工程”管理先进单位称号。2005年，进一步深化经济户的管理和企业信用分级监管工作，根据企业信用情况，对全市6079个私营企业、2561个内资企业实行分类监管，划分A类企业495个，B类企业2918个，C类企业693个，D类企业79个。对全市375个生产销售危险化学品的企业，75个易燃易爆高危生产企业以及186个港河吊机经营者进行重点监管，查处无照经营危险化学品企业29个，超范围经营危险化学品企业30个。立案查处网吧违法违规案件11件，没收电脑11台，游艺机9台。年内新发展持证经纪人3338人，其中农村经纪人2460人。2008年，大力整顿农资市场，加大无证、无照经营的查处打击力度。实现农资商品质量监管“关口前移”。对经销不合格农资行为人进行立案查处，计查办涉农案件59起，没收不合格复合肥30多吨。

2009—2010年，市工商局开展猪肉市场专项整治，认真落实市场准入制度，严厉打击销售注水猪肉、病死猪肉、无花猪肉等违法经营行为。开展食品安全专项整治，计检查食品经营户24624户，检查食品185批次，发放许可证2021份，罚没入库68万余元。全面整治摊外摊、店外摊。在劳务中介市场、农资市场专项整治中，检查劳务中介机构91家，立案8件，在农资市场抽查121批次，立案23件，罚没26万元。

三、登记注册

国有集体企业登记注册 1950年4月，县政府工商管理科开始进行工商登记工作。首先给1949年组建的群益油米厂、新生米面厂、地方国营益民油厂、毛猪加工厂及以后相继建立的如城丝绒社和粮食、百货、盐业、土产等7个国营公司等单位办理工商注册登记，发放营业执照。1956年10月至1957年5月，对国营商业、供销合作社和个体经营的商店换证登记。1963年，根据国务院《工商企业登记管理试行办法》，对国营（供销合作社）、地方国营、公私合营、合作社营企业和个体工商户进行清理整顿和全面登记。全县共登记工商企业2353户，其中国营、地方国营、公私合营企业87户，占发证总数的3.65%；供销合作社企业19户，占0.81%；社办企业196户，占3.33%；合作企业和个体工商户2051户，占87.1%。

“文化大革命”开始后，工商登记工作中止。

1979年6月，县工商行政管理局会同有关部门对全县全民、大集体、镇办、街道办、农村社办企业及个体商贩进行登记。是年，全县共发证2073张。1982年，县工商行政管理局始开展对商业、饮食业、服务业、交通运输业全面普查、登记整顿及发证工作。至1990年，全县登记发证的工商企业为7174户，其中全民企业488户，集体企业6593户，合营企业93户。1992年，在支持企业产权制度改革中，引导生产有一定规模、产品畅销效益较好的6家大中型企业进行股份制改造试点，为16家企业办理有限责任公司设立登记。是年，如皋市为全省建立有限责任公司成功率最高的县（市）。1994—1996年，全市先后组建企业集团12个。2001—2005年，南通市如皋工商行政管理局实施企业登记工作改革，企业登记注册门槛降低。2007年，建立实施登记窗口服务规范，形成《登记注册工作暨标准化过程监视测量考核体系》，新设立单位注册和变更登记事项基本实现当天受理、当天发照。2008年，开始试行注册官制度、行政指导制度、企业登记核实听证机制等。2009—2010年，进一步下放登记审核决定权，除18个重点行业和注册资本1000万元以上的公司设立外，各类企业的核准决定权，全部授予基层工商分局或有决定权的注册员。2010年，全市新增各类企业3841家。

中国港澳台资、外资企业登记注册 开放初期，县内港澳台商投资企业和外商投资企业实行与国有集体企业基本相同的注册登记办法。1989年2月14日，大陆与香港合资的如皋江福养鳗有限公司由南通市工商局办理注册登记，其投资乙方为香港国际远洋有限公司，投资总额88.7万元。是为如皋境内登记注册的第一家港资企业。1991年，全市有港澳台资及外商投资企业18家。1997年，全市有港澳台商及外商投资企业190家，其中合资企业162家、合作企业19家、中国港澳台地区客商和外商独资企业9家，投资总额22964万美元，注册资本17241万美元。2001—2005年，全市新增中国港澳台地区客商投资及外商投资企业189家，新增注册资本159016万美元。2006年开始，工商部门为中国港澳台地区客商投资企业、外资企业登记注册开辟绿色通道，基本实现当天受理当天发照。2006—2010年，全市新增中国港澳台地区客商及外商投资企业315家，变更1260家，注销吊销390家，新增注册资本726400万美元。

非公企业登记注册 中华人民共和国成立前，工商企业无登记注册，处于自生自灭状态。1950年4月，县政府发出工商登记布告，在全县开始工商登记工作。全县私营企业工商登记由县政府工商登记委员会办理，通过工商注册登记、发放营业许可证，对私商进行政策法令教育，取缔赌馆、烟馆、牙行等行业，控制银楼、化妆品等非社会必需品产销行业，逐步淘汰经营迷信品等具有封建色彩的行业。全县首批发放营业许可证664户。1954年，换证登记中督促私营工商户制订爱

图6-7 2004年，南通市工商系统注册窗口建设现场推进会在如皋召开

1991—2010年如皋市企业登记注册情况统计表

表6-7

年份	内资企业					港澳台资及外资企业				
	新增数（个）	累计数（个）	变更企业数（个）	注吊销企业数（个）	新增注册资本(亿元)	新增数（个）	累计数（个）	变更数（个）	注吊销数（个）	新增注册资本（万美元）
1991	314	6650	715	222	1.72	13	18	—	—	—
1992	1363	8013	—	—	0.83	46	64	—	—	2106
1993	1659	9519	945	—	8.20	134	198	—	—	3038
1994	1035	9819	962	—	3.35	30	209	34	—	1343
1995	737	9781	1158	934	1.76	25	194	—	—	6941
1996	385	10166	5031	993	5.47	18	180	53	30	2337
1997	548	8276	2240	1391	4.45	12	190	17	3	970
1998	479	6423	5828	2327	6.48	13	177	30	27	105
1999	179	6027	781	750	5.39	11	188	—	—	1881.30
2000	180	5344	1005	374	28.90	5	162	—	23	2111.67
2001	354	5698	1055	2324	18.97	13	206	—	1	1220
2002	113	3073	1254	169	13.77	35	187	—	—	3268
2003	787	3597	1970	456	25.61	22	227	46	1	22019
2004	3423	12884	1502	1108	58.00	52	256	33	28	50437
2005	3506	13852	1276	1262	40.31	67	323	90	—	82072
2006	2572	8179	1663	5340	35.13	73	298	263	41	134900
2007	2731	10805	2463	6523	83.07	89	387	409	117	173000
2008	4546	15187	2335	1068	185.9	15	402	284	18	110400
2009	2040	17044	1962	340	62.66	59	461	141	150	157600
2010	3762	22214	1980	2191	134.12	79	540	163	64	150500

国公约，迎接社会主义改造。1963年，全县有合作企业和个体工商户2051家，占全部工商企业的87.1%。

1979年6月，县工商行政管理局恢复个体商贩登记。1991年，为全市个体工商户和私营企业办理换照手续，全市登记发证的个体工商户增加至20300户，从业人员25000人，私营企业37家。至1998年，全市个体工商户有25045户，注册资金6920万元，从业人员31169人；私营企业1223家，注册资金33336万元，从业人员14713人。2004年年初，市委、市政府提出跻身“南通市民营经济第一方阵”的目标。如皋工商局在南通市率先将预核个人独资、合伙企业执照权力下放到工商分局，全面实行“一审一核”制和核准员制度。并全面实施“零时差、零障碍、零空缺、零距离、零差错”的“五零”工程，在全市建立“三级联系服务”点1860个。至2010年，全市累计注册登记个体工商户61622户，私营企业68986家。

四、经济合同管理

1950年9月,根据政务院财政经济委员会"机关、国营企业、合作社签订合同主要由各业务主管部门分别管理"规定,县政府工商科开始对经济合同进行管理。

1958年始,受"左"的影响,经济合同制逐步被淡化。1962年,经济合同逐步恢复使用。"文化大革命"期间,经济合同制度再度被中止。

1980年,县革委会工商局恢复经济合同管理工作。是年,为外贸、供销等部门鉴证合同14份,总值503万元。1981年9月,如皋县工商局设立经济合同管理股,专司经济合同管理,基层工商所和大部分县属企事业单位亦配备合同管理员。1984年,县工商局建立经济合同仲裁委员会。1982—1990年,县工商局直接管理各类经济合同237155份,金额19.43亿元。1991—2000年,如皋工商局先后为企业举办不同类型的经济合同法律、法规培训班394期,企业负责人、企业合同管理人员9139人参加培训。2001—2005年,先后为企业办理抵押物登记1342件,金额26.3亿元,鉴证各类经济合同6845份。2006年,推广运用企业信用评价软件,开始着力培育"重合同,守信用"企业。是年,全市43家企业被认定为南通AAA级,68家企业被认定为南通AA级"重合同,守信用"企业。2010年,如皋工商局将工程建设、对外劳务等行业、领域作为合同执法监管重点,重点查处"霸王条款"等违法违规行为,共立案12件。

五、商标、广告管理

商标管理 1950年,全县开始进行商标核转注册管理,由县政府工商科负责。1957年,根据"凡使用商标的商品必须注册,未注册的商标不准使用"的规定,开始实行商标全面注册。1964年,县商业局对注册商标进行普查清理,并换发注册证。1966年9月,全县商标核转注册工作停办。1977年,全县商标使用情况普查,共检查1212个单位,1541个产品。1978年,工商部门恢复商标核转注册管理工作。1979年11月,全国商标统一注册恢复后,县工商行政管理局开始办理核转注册初审。20世纪80年代起,全县商标管理的重点逐步转移到鼓励、指导企业创名牌。1980年10月,县工商局首次对全县上报核准注册的67个商标进行公告。1983年3月,根据《中华人民共和国商标法》,将1957年开始执行的商标全面注册,改为自愿注册。至1990年,全县经国家工商行政管理局核准注册的商标有380个。1994年,增加至480个。1998—1999年,如皋实施"名牌工程",鼓励、指导企业争创江苏省著名商标、如皋市知名商标。如皋肉联厂的"如皋"商标、南通玉兔集团有限公司的"玉兔"商标被省工商局认定为省著名商标,评定出"兰友""力星"等10件为如皋市知名商标。如皋柴油机厂在越南、印度尼西亚等国家完成"英田"商标国际注册。此为首例如皋商标国际注册。2007年,江苏奥斯特太阳能有限公司的"奥斯特"商标获中国驰名商标称号,实现全市"中国驰名商标"零的突破。是年,全市共拥有注册商标2082个,其中国家驰名商标1个、江苏省著名商标14个、南通市知名商标39个。如皋市被中国市场学会、中国市场调查业协会、中国商标协会等评为中国商标发展百强县(市)。2009年,如皋工商局对100多家重点规模企业负责人进行驰名商标申报知识培训。是年,完成集体商标——"苏·皋长寿"商标注册,此为南通地区首家。

2010年,全市开展保护知识产权"金鹰"执法行动,以上海世博会标志、涉农商标、驰名商标的保护为重点,严厉查处各类傍名牌行为,共立案查处各类商标侵权案件64件,没收各类侵权商品2万余套,罚款63.9万元。

广告管理 1982年,县工商局根据广告业逐步兴起的实际,启动广告管理工作。1983年,如皋广告装潢美术公司成立,是为全县第一家专业广告公司。1986年4月,县工商局对县广告装潢美术公司(专营)、县有线广播站(兼营)、县文化馆(兼营)、县霓虹灯厂(制作)4家广告经营单位进行清理整顿和登记换证。1990年,全县广告经营单位增加至6家,年广告经营额16万元。1994年,全市广告经营单位发展到12家,全年广告经营额151万元。1995年开始,如皋工商局根据《中华人民共和国广告法》,对全市通过各种媒体发布的广告进行审查,对违法、虚假广告进行查处。2002年,"元升,与太阳同升"广告在中央电视台一台黄金时间播放,为如皋企业广告首次在中央电视台播出。2010年,全市有广告经营单位101家,从业人员380人,广告经营额3659万元。1996—2010年,共查处违法广告案件299件。

2010年如皋市拥有南通市知名商标一览表

表6-8

序号	商标名称	注册企业
1	玉兔	南通玉兔集团有限公司
2	水明楼	如皋水明楼酒业有限公司
3	丁堰	南通麒麟阁食品厂
4	如高	江苏如高高压电器有限公司
5	力源	江苏天源太阳能有限公司
6	昌昇	江苏昌昇股份有限公司
7	庆华	南通锻压机床有限公司
8	AJQ	江苏爱吉科纺织机械有限公司
9	如皋	江苏长寿集团
10	花神	南通花神糖业有限公司
11	如阀	南通电站阀门有限公司
12	紫琅	南通华大漆业有限公司
13	万达	江苏万达特种轴承有限公司
14	佳佳	江苏佳佳太阳能有限公司
15	浴普索兰	江苏浴普太阳能有限公司
16	春华	南通春华食品有限公司
17	英田	江苏英田集团
18	力星	江苏力星钢球有限公司
19	元升	江苏元升太阳能有限公司
20	鼎	江苏九鼎集团股份有限公司
21	银燕	南通市银燕食品有限公司
22	中如	如皋市中如化工有限公司
23	奇鹰	如皋东光电线电缆厂
24	白蒲	南通白蒲黄酒有限公司
25	金莱雅	江苏金莱雅装饰工程有限公司
26	皋液	南通皋液液压机有限公司
27	美玲	南通美玲食品厂
28	力机	南通力威机械有限公司
29	星球	南通星球太阳能热水厂
30	丁香	如皋市丁堰纺织有限公司

续表6-8

序号	商标名称	注册企业
31	奥斯特	南通市奥斯特太阳能有限公司
32	雉水麒麟阁	南通麒麟阁食品厂
33	罗塔	南通罗塔印刷机械有限公司
34	雉水一品酥	南通一品酥食品有限公司
35	天南	江苏天南电力器材有限公司
36	通球	南通星球石墨有限公司
37	森豪仕	江苏森豪仕软木有限公司
38	兴武	如皋市兴武化工有限公司
39	端马	如皋双马化工有限公司
40	爱得堡	如皋市永飞太阳能热水器厂
41	敦煌	如皋市博艺丝毯有限公司
42	华利	如皋市华利照明电器有限公司
43	千家慧	南通市太昌食品厂
44	缘一世	江苏元升太阳能集团缘一世太阳能有限公司
45	RX	如皋钢铁有限公司
46	卉森	如皋市花木大世界有限公司
47	超达	南通超达科技有限公司
48	安琪图形	南通安琪医疗用品有限公司
49	阳明	南通阳明太阳能热水器有限公司

2010年如皋市拥有江苏省著名商标一览表

表6-9

序号	商标名称	注册企业
1	玉兔	南通玉兔集团有限公司
2	昌昇	江苏昌昇股份有限公司
3	鼎	江苏九鼎集团股份有限公司
4	力星	江苏力星钢球有限公司
5	花神	南通花神糖业有限公司
6	水明楼	如皋水明楼酒业有限公司
7	庆华	南通锻压机床有限公司
8	如皋	江苏省长寿集团有限公司

续表6-9

序号	商标名称	注册企业
9	如阀	南通电站阀门有限公司
10	元升	江苏元升太阳能有限公司
11	英田	江苏英田集团
12	奇鹰	如皋东光电线电缆有限公司
13	力源	江苏天源太阳能有限公司
14	万达	江苏万达特种轴承有限公司
15	金莱雅	江苏金莱雅装饰工程有限公司
16	AJQ	江苏爱吉科纺织机械有限公司
17	浴普索兰	江苏浴普太阳能有限公司
18	如高	江苏如高高压电器有限公司
19	端马	如皋双马化工有限公司
20	力威	南通力威机械有限公司
21	佳佳	江苏佳佳太阳能有限公司

六、经济秩序管理

如皋全境解放初期，百废待兴，一些不法商人乘机倒卖金银，抢购物资，哄抬物价。如城军事管制委员会按照华东区金银管理办法，对如城23家银楼的金银和金银饰品逐一登记造册，严格监管，并动员、帮助其转行，由人民银行挂牌收兑金银，严厉打击投机贩卖金银行为，巩固人民币的地位。组织大批棉纱、火油、火柴等物品投放市场的同时，通过江海公司（国营企业）组织大米150吨、小麦100吨供应市场，平抑物价。至1950年3月，物价开始回跌，6月基本稳定。1951—1952年，开展“三反”“五反”，打击投机倒把活动。1954年始，重点查处严重破坏粮、棉统购统销的投机倒把案件，其中一起案件涉案人数十人，活动范围遍及15个省市百余城镇，囤积粮食960吨，牟取暴利3亿多元，逃漏税款3395万元。1960—1962年，重点查处倒卖生产、生活资料和贩卖无价证券等行为。20世纪60年代初起至“文化大革命”结束，全县打击投机倒把出现扩大化、过头倾向，管理手段亦比较粗暴。1987年，全县开始纠正经济秩序管理过头问题，共纠正处理过重案件8起，退还罚没款6055.46元。同时，开始根据《投机倒把行政处罚暂行条例》，界定、处理投机倒把行为。1976—1985年，全县依法查处市场违规违法案件28954起，投机倒把案件3156起，走私案件1410起。1988年，县工商局增设经济监督检查股、经济监督检查中队，专司市场经济活动监督检查，将倒卖国家禁止或限制自由买卖物品、重要生产资料及制售假冒伪劣商品等违法违规经营行为作为打击非法经营的重点。1992年，如皋工商局开展公平交易执法年活动，全年查处各类违法违章案件287起，其中万元以上大案106起，罚没入库金额244.43万元。“3·15”消费者权益保护日设立以后，工商部门将维护消费者权益列为经济秩序管理的重要内容。1996年，如皋工商局被江苏省政府命名为“打假”先进集体。1997—1998年，非法传销活动侵扰如皋，如皋工商局将打击非法传销列为经济秩序管理重点，先后查结影响较大的非法传销案8起，驱散传销培训活动12场次。2000—2004年，如皋组织“打假护农”“肉品安全专项整治突击月”等专项联合执法行动，共查处各类经济违法案件3086件，其中大要案件12件，案值2860万元。2005—2008年，如皋工商局查处各类案件2412件，罚没入库440万元。 2010年，全市经济秩序管理突出解决人民群众最关心、最直接、最现

图6-8 2007年4月，如皋市创建全省首批放心消费城市活动启动

实的利益问题，共办结食品违法案件228件，没收销毁各类违法食品8900千克。全年立案查处各类经济案件1350件，罚没421万元。

七、票券管理

1954年，全县棉布始实行凭票定量供应。此后较长一段时间，对无价票证的管理成为全县工商管理的重点。1955年，县内开始使用全国通用粮票和江苏省地方粮票。1959年，糖、烟、酒、煤油、火柴及食油、豆制品等生活用品开始特别是生活必需品实行凭票供应。工商部门将倒卖、实物兑换、非法印制无价证券作为投机倒把行为予以打击。20世纪80年代初开始，随着市场供应的不断改善，粮票、布票等逐步退出市场，工商部门将票证管理的重点转移到打击非法印制收费小票、有价票证。1994年，如皋工商局在如城西门汽车站附近挖出2个制售机动车发票的窝点，查获假发票7800多本，面额2000多万元。

八、生猪屠宰管理

1951年前，域内生猪及其产品购销由私营商业经营，管理的主要方式是税收。1952年，生猪开始由各供销社和如皋毛猪加工厂收购、屠宰、销售。1956年，根据国家对生猪实行派养派购的要求，中国食品公司江苏省如皋县公司成立。此后，生猪及其产品购销以食品公司和如皋肉联厂为主经营，直至1986年。1987年4月，全县生猪收购、屠宰全面放开。1995年，全市有“小刀手”（个体屠户）近2000个，一度形成国营食品站、肉制品加工厂和个体肉制品加工点、小刀手无序竞争，管理混乱状态。

1996年2月，市政府发出《关于严格执行〈江苏省生猪屠宰管理办法〉的通知》，建立如皋市生猪屠宰管理领导组，并于如皋工商局设办公室。各乡镇也相应建立生猪屠宰管理组织，每村明确专人担任生猪管理员。全市形成市、乡镇、村三级生猪屠宰管理网络，实行“定点屠宰、集中检疫、统一纳税、分散经营”。各乡镇均设生猪定点屠宰场，全市53个乡镇设点55个。

2007年，市委、市政府将“放心肉”工程列入各镇工作目标责任制考核内容，明确组织领导、行政执法、屠宰场监管、市场监管、肉制品加工经营和集体伙食单位监管、目标任务6个方面的考核细则。2008年、2009年，全市普遍进行屠宰场设施改造，计投入资金2602.6万元，主要用于改建、扩建、移址新建屠宰场，污水处理设施专项改造、屠宰间和设备升级改造等。2010年，如皋长寿集团、西郊、加力、夏堡4家A级生猪定点屠宰企业首批进入江苏省商务厅、南通市商务局生猪屠宰监管技术系统。搬经兴隆、丁堰腾龙、白蒲富强、江安红旗4家屠宰场自筹资金安装监控设备。是年，全市销毁病害猪2246头，处理不可食用生猪产品202.14吨。至2010年年底，全市设有生猪定点屠宰厂（场）35家，其中机械化屠宰厂（场）27家、半机械化屠宰厂（场）7家。

九、消费者权益保护

（参见卷十二第三章第九节《公益和宗教团体》

第五节 物价管理

一、管理机构

如皋全境解放前，如皋无专门物价管理机构。民国38年（1949年）1月至1959年5月，全县物价工作先后由县政府工商科、财政经济委员会、计划委员会兼管。1959年7月，县人委设立物价管理科。1960年9月，县人委物价管理科并入县经济委员会，对外保留物价管理科牌子。1962年7月撤销。1962年11月，如皋县物价委员会建立，1967年3月瘫痪。“文化大革命”期间，县革委会生产指挥组兼管物价工作。1976年,县革委会生产指挥组撤销,恢复县计划委员会,内设物价组。1979年6月,县物价委员会恢复,县计划委员会物价组为其办事机构。1984年,保留县物价委员会建制,与县计划委员会合署办公,县计划委员会物价组自然消失。县物价检查所成立。1989年10月,县物价局建立,地址在如城镇跃进东路(今中山路)县计划委员会综合楼。1992年,市物价局增设价格信息工作站、价格事务所两个下属单位。2000年,价格事务所更名为价格认证中心。2003年,价格信息工作站增挂价格监测中心牌子。2009年3月,市物价检查所更名为如皋市物价局检查分局。2010年,市物价局设价格科等8个中层机构,设派出机构物价检查分局,下辖市价格认证中心。

二、价格管理

如皋全境解放初期,部分投机商人扰乱市场,哄抬物价,造成粮食、食油及生活必需工业品等价格暴涨,县政府采取紧急措施,组织粮食、工业品等以低于市场价销售,急剧上涨的物价趋于平稳。1951年4月,县政府在对棉布、棉纱等实行统购的同时,适当提高牌价。1952年下半年,开展城乡物资交流,放宽地区、批零、季节差价。1953年10月,取消粮食购销环节上的季节差价和城乡差价,实行全县一年一价。第一个五年计划期间,全县生活必需品价格保持基本稳定。"大跃进"和国民经济三年困难时期,如皋城乡生活必需品价格上涨,县政府对生活必需品销售价格实行冻结,凭票计划供应。

20世纪50年代中期至"文化大革命"结束,全县物价实行严格的集中统一管理,各工商企业原则上无权决定本单位生产经营的任何商品的价格。国营、合作商业收购物品,除由省、市统一管理的物品以外,其他均由商业批发企业与生产部门协商议价,报双方主管部门备案,议价范围由县及县以上物价部门决定。各工商企业均配设物价员,从县物价部门、系统主管部门到工商企业,组建成严密的物价管理网络。

1979年起,全县实施物价管理体制改革,管理权限逐步下放。粮、棉、油和其他主要物资的价格实行双轨制。粮食收购价适当提高,调整部分烟酒及城市主要副食品购销价格。1980年开始,对计划外允许自产自销的商品,由企业自行定价,报物价管理部门备案。1984—1985年,根据国家价格政策,县内相继提高铁路、公路、水运客货和电报、电话资费及部分非商品收费价格,调整棉花、粮食、油料、生猪等购销价格。1986年起,棉纺、针棉织品、毛巾、内衣、黄酒等轻工产品实行优质优价和花色品种差价,自行车、黑白电视机、洗衣机、收录机、80支以上纯棉纱及其织物、中长纤维等7种工业消费品价格放开,由企业在政策指导下,根据市场供求,自主决定价格。1988年7月28日起,放开中华(金中华)、云烟(玉溪)、红塔山等13个牌号名烟和茅台、五粮液等13种名酒价格,有控制地提高部分高中档卷烟和粮食酿酒价格。是年,调整农村粮油合同订购价格和调拨价格、粮油副产品价格,调整食盐食糖零售价格。

1989年,县物价局控制县管商品价格的调整,引导和控制放开商品的自发涨价。1991年后,市价格管理体制进一步改革,形成以市场调节为主,政府定价、指导价、市场调节价等多种价格形式并存的格局。1992年,由市物价部门管控的酱油、豆制品、早点等56种商品及技术咨询、技术转让和一般理发、浴室、照相等18个服务项目收费均亦全部放开;交通运输、邮电通信、土地、教育、卫生等重要行业仍实行国家定价;对行政事业收费、政府定价的经营性收费实行收费许可制度。1993年4月1日起,取消粮油计划供应,放开粮价。年内调整电力、民用煤、自来水、邮电等15个项目收费价格;对农用物资主要品种实行最高限价,制定粮棉收购指导价、保护价,并向社会公布取消的45个涉农负担收费项目。

1994年,市物价局根据相关规定先后调整电力、棉花、化肥、食盐、蚕茧、石油、黄金饰品、粮食及复制品价格以及水利、交通等收费项目计22个品类72个品种价格。1996年,实施钢材、煤炭、自来水、电力等价格改革,调整统配电、运输、成品油、尿素、食盐、房租等商品价格。同时,调整学杂费、驾驶员培训费、有线电视初装费及收视维护费、邮电资费等收费标准。1999年,开始实施对商品房价格的限制,采取审核商品房成本,控制涉房收费,按标准审定征地拆迁费用,强化物业管理收费等措施,加强房价管理。降低固定电话初装费、移动电话入网费、互联网资费等电信资费标准，适当提高公用电话通话费和邮政资费标准。贯彻落实国家有关减轻企业和农民负担的政策，分别降低11个部门471项收费标准，取消10个部门11项收费标准。

2000年开始，根据《江苏省定价目录》，除国家统一定价外，市物价局主要管理自来水、管道煤气、公路客运、医疗服务、行政事业性收费、低价位普通商品房等13类商品的价格，其余商品价格全部放开。2004年，市物价局进行城市小汽车出租项目收费价格专项调研，首次统一出租小汽车客运价格标准。2005年，开始实施重要商品、服务价格听证和公开发布制度，当年召开蒸汽与自来水价格调整听证会、峰谷分时电价新闻发布会、化肥及农资价格贯彻落实情况通报会等8次。2007年，全市全面实行价格（收费）公示制度，在南通市率先建立医疗价格服务网络，清理涉农收费项目48个，并再次听证调整如城城区自来水价格。2009年，市政府取消收费许可证年检费，公布区域供水价格，实施商品房价格公示和明码标价。2010年，市物价局推进涉企收费专项治理；开展教育收费检查，完善教

图6-9　2010年12月，如皋市公交、出租车客运价格调整举行听证会

育收费公示制度；建立商品房销售“一价清”制度和价格备案制度；公布水绘园风景区、定慧寺门票价格和有线数字电视基本收视维护费标准。

三、价格监督

中华人民共和国成立初期，全县物价监督与市场管理、打击投机倒把、平抑市场等活动结合进行。经营单位月度自行审价，系统按季（或半年）互相审价。1956年，县供销社组织审价，共审查126个门市部、21662种商品，发现价格高挂的412种，占核对总商品的1.9%；低挂的699种，占核对总商品的3.2%，全部及时纠正。1964年8月，全县开展全面价格审查，共审查72355种商品价格，发现差错的5190个，占7.17%。1981年1月，县革委会下发《关于进一步开展全县物价大检查的通知》，在全县范围内组织物价大检查。1984—1998年，全县共查处价格违纪案件651起。1988—1990年，县计委、县物价局对实行市场价和计划价“双轨”制的建材、农资等重要生产资料，粮油等生活资料价格进行专项督查。

1993年，市物价局确定粮油贸易公司等15个单位为价格监测点，建立采价制度，初步建立全市价格监测网络。1997—1998年，集中对中小学收费、城建收费和农资、卫生、药品、成品油等价格进行全面或专项检查，查处各类价格违法案件114起，涉案金额174.70万元，其中退还用户89万元。2000年，如皋市价格举报中心成立。2001年，市物价局组织农民建房收费全面检查，查出各类违价金额395.96万元。是年，如皋市物价检查所先后被江苏省物价局和国家计委授予江苏省和全国规范化物价检查所称号。2002年始，市物价局每年都组织多次专项物价检查活动，处理价格违法行为。

2003—2009年，市物价局对公安、交通、教育等收费，商品房价格、电力价格、惠农价格，自来水和数控电视收费，涉企收费以及节日市场物价等进行物价检查、监督。2010年，实施民生价格信息公示制度，根据居民消费习惯和不同时期的消费热点，选择与居民生活密切相关的粮油食品、主要日用消费品作为民生价格信息监测公布范围，具体明确市内有一定代表性的商场、超市、农贸市场作为民生价格信息的监测点，多渠道公布民生价格信息，有效监督经营者价格行为，引导经营者合理定价和消费者理性消费。年内，先后开展教育收费巡查，农村医疗服务、计划生育、国土资源、镇自来水等领域价费行为检查和重要节日市场巡查。对水绘园风景区门票价格、殡仪馆火化收费标准、物业收费、医院自制剂价格、幼儿园收费标准等进行成本监审。结合全面实施基本药物目录制度、基本药物中标零售价政策出台，督促医疗单位和药品零售行业及时认真贯彻执行。

四、价格认证

1992年10月，如皋市价格事务所建立。

1993—2005年，累计办理各类价格鉴定、认证总额35165.74万元。2006—2010年，办理价格鉴证业务4784起，鉴证总额42666万元。

五、物价指数

1991年，如皋市开始统计公布价格指数。是年，全市零售物价指数为108.2%(以上年同期为百分之百)，居民消费价格指数为107.9%，服务项目价格指数为104.6%。1993年，多项价格改革措施陆续出台，粮、油、煤等商品价格全面放开，并先后调整了水、电、煤气、住房等商品及服务价格，居民消费价格指数为116.8%，零售物价指数为115.1%，服务项目价格指数为136.5%。1995年1月，全市商品零售物价总指数涨幅为21.5%。5月，涨幅提高至24.7%。6月，涨幅开始回落。12月，商品零售物价总指数涨幅为7.5%。是年，全年平均涨幅为16.9%。1996年，市内物价指数逐月回落，全年商品零售价格指数为106.5%，消费品价格指数为106.9%。1998年，物价指数继续回落，全年商品零售价格指数97.4%，居民消费价格指数为97.9%。2000年，市场物价波动性回升，全年商品零售价格指数为97.9%，消费品价格指数为99.9%，2004年，市场物价上涨较快，居民消费价格指数为104.3%，商品零售价格指数为104.5%。2006年，全市居民消费价格指数为102.27%，商品零售价格指数为101.95%。2007年，全市居民消费价格指数为104.5%，商品零售价格指数为103.1%。2008年,全市居民消费价格指数为104.7%，商品零售价格指数为104.1%。2010年，全市居民消费价格指数为103.5%，商品零售价格指数为103.4%。

民国20年至民国37年（1931－1948年）如皋县若干年份部分农副产品零售价格一览表

表6-10

单位：元(法币)

年月		1931年	1932年	1942年	1945年	1946年	1947年	1948年3月	1948年5月
上籼(石)		11.80	—	350	400—450	950	470万	440万	740万
中籼(石)		11.60	—	330	—	—	—	420万	—
下籼(石)		11	—	320	—	—	—	400万	660万
元麦(石)		—	—	—	320—360	550	—	235万	370万
大麦(石)		6.50	—	—	240—270	—	—	—	200万
小麦(石)		—	—	200	320—360	690	—	135万	300万
黄豆(石)		10.80	—	295	430—460	600	—	250万	490万
玉米(石)		8.20	—	—	—	—	—	—	—
蚕豆(石)		—	—	190	—	—	—	—	—
赤豆(石)		—	—	—	400—420	—	—	—	—
芝麻(石)		—	—	380	740—760	—	—	—	—
豌豆(石)		—	—	125	—	—	—	—	—
花生(石)		—	—	—	360—400	—	—	—	—
豆油(石)		—	—	—	—	1884	—	—	14万
猪肉(斤)		—	—	—	10	16	6万	5万	11.50万
面粉(袋)	泰来绿三羊牌	2.90	—	120	—	—	—	—	
	又红三羊牌	2.80	—	120	—	—	150万	—	

1965年如皋县粮食统购价格一览表

表6-11

单位:元/斤

等级 / 金额 / 品名	上等	上中等	中等	次等
粳米	14.60	14.30	14	13.7
糯米	17.10	16.70	16.40	16.10
籼米	12.50	12.20	12	11.80
标准面粉	—	—	16.50	—
特制面粉	—	—	21	—
玉米	8.80	8.70	8.50	8.30
赤豆	—	—	14.20	—
蚕豆	—	—	10.50	—
早大豆	—	—	13.80	—
小麦	11.80	11.50	11.50	11.10
元麦	10.40	10.20	10	9.80
大麦	8.10	8	7.80	7.60
山芋干	—	—	7.70	—

如皋市(县)部分年度、部分商品价格调整、变动情况一览表

表6-12

调整时间	商 品	价格类别	计量单位	调整情况	备 注
1953年4月1日起	粮食	收购价	—	平均提高6.03%	—
1957年	食盐	零售价	斤	由0.14元调为0.16元	—
	生猪	收购价	担	由33元调为36.40元	
	鲜猪肉	零售价	斤	由0.67元调为0.70元	
1962年	中小农具	—	—	76个品种调后价比调前价下降9.72%	—
1978年	标准皮棉(327)	收购价	担	104.50元调为115元	对超购的棉花,在提价的基础上再加价30%
1979年	鲜茧	收购价	担	115元提高到138元	对价格偏低的18种重要农副产品调整价格,提价20%—30%
	生猪	收购价	担	50.05元提高到63.50元	—

续表6–12

<table>
<tr><th>调整时间</th><th>商 品</th><th>价格类别</th><th>计量单位</th><th>调整情况</th><th>备 注</th></tr>
<tr><td rowspan="4">1979年</td><td>鲜猪肉</td><td>零售价</td><td>斤</td><td>0.77元提高到1.04元</td><td rowspan="4">—</td></tr>
<tr><td>鸡蛋</td><td>零售价</td><td>斤</td><td>0.84元提高到1.13元</td></tr>
<tr><td>活母鸡</td><td>零售价</td><td>斤</td><td>0.97元提高到1.06元</td></tr>
<tr><td>淡水鱼</td><td>零售价</td><td>斤</td><td>0.51元提高到0.73元</td></tr>
<tr><td rowspan="3">1980年3月</td><td>0号柴油</td><td>批发价</td><td>吨</td><td>500元提高到600元</td><td>1980年对煤炭、石油、钢材、水泥、化肥等生产资料提高出厂销售价格</td></tr>
<tr><td>生铁</td><td>市场价</td><td>吨</td><td>200元提高到260元</td><td rowspan="2">—</td></tr>
<tr><td>尿素</td><td>出厂价</td><td>吨</td><td>360元提高到410元</td></tr>
<tr><td rowspan="5">1981年11月</td><td>中华牌香烟</td><td>零售价</td><td>包</td><td>0.59元提高到1.11元</td><td rowspan="5">—</td></tr>
<tr><td>大前门香烟</td><td>零售价</td><td>包</td><td>0.39元提高到0.53元</td></tr>
<tr><td>55° 茅台酒(500克)</td><td>零售价</td><td>瓶</td><td>8.08元提高到11.70元</td></tr>
<tr><td>55° 精装洋河、双沟大曲</td><td>零售价</td><td>瓶</td><td>4.30元提高到6.69元</td></tr>
<tr><td>15° 烹坯酒</td><td>零售价</td><td>斤</td><td>0.29元提高到0.32元</td></tr>
<tr><td rowspan="2">1983年11月</td><td>红标准砖</td><td>供应价</td><td>万块</td><td>330元提高到370元</td><td>—</td></tr>
<tr><td>标准皮棉(327)</td><td>收购价</td><td>担</td><td>145.60元提高到163.30元</td><td>交售皮棉中,百分之六十按国家牌价收购,百分之四十加价30%,时称“正四六比例加价法”</td></tr>
<tr><td>1984年</td><td>火柴</td><td>零售价</td><td>盒</td><td>0.02元提高到0.03元</td><td>1984—1985年,提高客运、货运价格,电报电话资费。粮、油、棉由统购派购改为合同订购</td></tr>
<tr><td>1985年4月</td><td>生猪(三等二级)</td><td>收购指导价</td><td>担</td><td>收购指导价78.50元</td><td>生猪由派购改为定购,同时放开收购价格,实行指导性价格</td></tr>
<tr><td>1986年</td><td>粮食白酒、瓶胆、水泥、农药、农膜、红标砖等</td><td>零售价</td><td>—</td><td>零售价提高24.41%</td><td>1986年起,放开自行车、电视机、洗衣机等工业品价格,由企业在国家价格指导下,根据市场需要自主定价。砖瓦、水泥、石灰等由县定价</td></tr>
<tr><td>1987年4月</td><td>标准皮棉(327)</td><td>收购价</td><td>担</td><td>由163.30元提高到176.42元</td><td>交售皮棉中百分之三十按国家牌价收购,百分之七十加价30%,时称“倒三七比例加价法”</td></tr>
<tr><td>1998年</td><td>商品房</td><td>平均价</td><td>平方米</td><td>1230元</td><td>调整化肥、自来水等商品价格和部分医疗、教育等收费</td></tr>
<tr><td>1999年</td><td>商品房</td><td>平均价</td><td>平方米</td><td>1070元</td><td>降低国家管理160个品种、省级管理29个品种的药品价格,平均降幅分别为12%、18%</td></tr>
</table>

续表6-12

调整时间	商　品	价格类别	计量单位	调整情况	备　注
2000年	居民生活照明用电	缴费价	千瓦时	由0.67元调低为0.63元	—
	非普工业用电	缴费价	千瓦时	由0.99元调低为0.86元	
2001年	污水处理	—	吨	由统一0.2元调整为居民0.45元、工业0.30元、其他类0.40元	—
2001年8月1日	全市居民用电	缴费价	千瓦时	全市城乡同网同价0.52元	2001年1月1日,全市农村照明电价执行省定标准0.63元
2002年	生活用自来水	缴费价	吨	1.15元	市自来水厂供水
		—	吨	控制在1.00—1.10元之间	镇办自来水厂供水
	管道煤气价	暂定价	立方米	4.50元	工业、商业及企事业单位用气价格为5.00元,密度为1.84公斤/标准立方米
2003年	商品房	销售价	平方米	根据不同地段与造价,控制在1100—1350元	—
	小汽车客运价	起步价	千米	3元(2千米)	
2004年	商品房	基准价	平方米	根据不同地段与造价,控制在1300—1570元范围内	—
	地产酸氰碳铵	出厂价	吨	控制在524元以内	零售价控制在600元以内
	地产复合肥(25%)	出厂价	吨	控制在800—900元	零售价控制在1000元以内
	峰时段电价	缴费价	千瓦时	0.55元	每日8—21时为峰时段
	谷时段电价	缴费价	千瓦时	0.30元	每日21时至次日8时为谷时段
2005年	商品房	基准价	平方米	根据不同地段与造价,基准价控制在1150—1680元,浮动幅度为5%	—
	农村生活用水	到户价	吨	由1.10元调为1.40元	

续表6-12

调整时间	商　品	价格类别	计量单位	调整情况	备　注
2005年	农村工业用水	缴费价	吨	由1.30元调为1.65元	—
	农村商业、建筑、服务等行业用水	缴费价	吨	由1.50元调为1.85元	
	城区生活用水	缴费价	吨	由1.40元调为1.70元	
	城镇工业用水	缴费价	吨	由1.60元调为2.05元	
	城镇特种行业用水	缴费价	吨	由2.15元调为2.95元	
	城镇商业、建筑、服务等行业用水	缴费价	吨	由1.90元调为2.45元	
2006年	商品房	基准价	平方米	控制在1680—2500元，浮动幅度为5%	—
	各类用水	缴费价	吨	分别提高0.30—0.45元	
	电价	缴费价	千瓦时	平均提高0.025元	
	药品价格	缴费价		下调551个品种2199个规格，降价幅度20%	

第六节 质量技术监督管理

一、管理机构

民国16年(1927年)，如皋县度量衡检定所设立，隶属县公署建设科，有专职计量检定员1人，助手1人。抗日战争爆发至1956年，如皋县无专门的计量管理机构，其中1953—1954年，如皋县的计量工作由东台县计量检定所代管。1957年10月，如皋县计量检定所成立，隶属县商业局。成立后的一年多时间里，兼管海安县计量检定工作。1960年，县计量检定所改属县科委。1962年，改属县工业局。1966年10月，如皋县计量检定所更名为如皋县计量管理所。1973年10月，再次更名为如皋县标准计量管理所。1979年12月，县标准计量管理所划归县科委领导。1986年6月，划归县经委领导。1986年9月，如皋县标准计量办公室成立，与如皋县标准计量管理所合署办公。1988年3月，县标准计量办公室撤销，成立如皋县标准计量局。1996年11月，如皋市标准计量局更名为如皋市质量技术监督局(简称市质监局)。1999年11月，江苏省质量技术监督系统实行垂直管理体制，市质监局更名为南通市如皋质量技术监督局(简称如皋质监局)。内设质量管理科等6个科室，下辖质量技术监督稽查大队、计量检定测试所、产品质量检验所、江苏省特检院南通分院如皋所。2010年年末，在编在职干部、职工76人。

二、计量管理

计量制度 光绪三十四年(1908年)始,县内根据规定,以尺、升、两为计量单位。民国17年(1928年),开始标准制(公制)、市制并用。1959年7月,每市斤16两改为10两。1979年1月,全县中医处方用药、中药销售计量实行克、毫克,取消两、钱、分。1984年2月,根据国务院发布《关于在我国统一实行计量单位的命令》,全县全面推行法定计量单位。

计量器具及管理 1949年前,域内常见的度器有木尺、老尺(又称裁尺)、市尺等。木尺9寸为1市尺,老尺9.4寸为1市尺。

常见的量器有升、斗、斛,计量单位为合、升、斗、石,10合为1升,10升为1斗,2斗5升为1斛,4斛(10斗)为一石。域内各地的斗、升、斛大小不一:丁堰的升比如皋城大,1升相当于如皋城1.5升,有俗语"丁堰的升子,一升抵升半"。民国20年(1931年)底,废除不统一的度量衡器,推行市制,量器称为"市斗""新斗"。市斗1斗合老斗7升5合。

常见的衡器有老秤、新秤、磅秤、丝麻秤,另有1两、4两、20两戥秤,20—300市斤的木杆秤等。老秤有20两制、16两制的漕秤,21两制的猪秤(专用秤猪);新秤有市秤,1市斤相当于老秤的13两6钱;磅秤12两8钱为1市斤;丝麻秤17两为1市斤。

1949年后,商业计量多用台秤、案秤、地秤,自动售粮(油)机,容量器等。工业计量开始应用游标卡尺、千分尺、工具显微镜、洛氏硬度计、测力机、热电偶、分析天平等计量器具,并逐步建立起12—84块组量块等标准器。1954年起,一律起用市秤,老斗、新斗一并废除。1974年,粮食部门开始运用液体自动售油器。1983年,石油公司开始使用电子数控流量计。1984年,百货大楼等单位开始使用电子秤。至1988年,全县共改制计量压力表572只,衡器1200台。1990年7月1日起,各商店、集贸市场和其他经营场所一律使用千克木杆秤、台案秤等法定计量器具。市制木杆秤、台案秤等属国家规定废除的非法定计量单位的计量器具,一律不准用于贸易结算,并不得销售。至1990年年底,全县改制台案秤3200台,压力表4500只,血压计285只,计量器具改制工作基本完成。进入21世纪,市内出现弹簧秤、电子秤、激光测矩仪等新的计量器具。

计量器具生产管理 如皋生产计量器具最早的是如皋城耿复兴衡器店,创建于清朝。民国时期,如城开设有耿复兴、郝同新、冯永兴、潘宝记等衡器店。此外,还有一些分布于乡村的秤店和走乡串村的秤担。中华人民共和国成立前,如皋计量器具生产管理主要依靠店铺自律和社会评价。在对手工业社会主义改造中,秤店并入铁、木、竹器生产合作社门市部。1956年,如城衡器社成立。1958年,改为衡器厂。1970年,并入县木工机械厂。1970年,全县开始实行计量器具生产许可制度。1973年,衡器制修组于如城成立。1983年,改为县衡器厂。1970—1990年,全县经批准领取计量器具生产许可证的计量器具生产企业16家。2010年,全市取得计量器具生产许可证的工厂5家。

计量器具检测 民国16年(1927年),如皋始设度量衡检定所,主要负责木杆秤的检定。1957年,县计量检定所建立后,始对全县计量器具进行检测。初期,主要对木杆秤、台秤、磅秤、各种端子秤进行检定、修理。1973年起,县标准计量管理所计量器具检测范围扩大到长度、力学、电学三个计量系统10多个项目。1986年7月1日《中华人民共和国计量法》颁布实施后,县标准计量管理所依法强化各种计量器具的检测。全县有各种长度计量器具约25个品种、1.68万件,其中纳入正常检测的有18个品种;有力学计量器具19个品种,进行正常检测的有天平、压力表、砝码等8个品种;有电磁计量器具约12个品种,进行正常检测的有7个品种;有热学计量器具14个品种,应当周期检测的为8个品种。至1990年底,计量器具检测项目共13项41种,年检测维修量1.82万台(件)。

1991—1992年,全市(县)共检测维修长度计量器具、热工计量器具、力学计量器具、电磁计量器具、衡器共12537台(件)。1993—1995年,县标准计量局对全市加油站的加油机、医疗计量器具、收花站的磅秤、农贸市场计量器具进行全面强制检定。1996年12月,市计量检定测试所设立。2000年,全市社会公用计量器受检率100%,

建立电能表、水表强检数据库。2002—2004年，如皋质监局加强对供水、供电、医疗卫生计量器具的强制检定。2005年，市计量检定测试所新建检定项目9个，扩充项目2个。2007—2008年，如皋质监局对全市重点用能单位的进户计量结算表进行现场校验，建立并完善加油机、医疗卫生器械、眼镜店、集贸市场、出租车计价器、超市、饭店等强检台账。2010年，市计量检定测试所拥有检定设备124种，4个实验室，正常开展包括长度、热学、力学、电磁、无线电、时间频率、化学、声学、电脑辐射9大类22项社会公用计量标准的检测检验。

计量监督 1996年，市标准计量局开始正常进行计量监督。是年，开展企业计量执法检查49次。1998年，对全市16家房产公司商品房销售面积进行监督检查，对1996年后有商品房销售的房产公司进行软件资料和现场面积计量监督测试，对4家面积计量差错的房产公司实施处罚。1999年，对医疗卫生系统、加油站、液化气站、食品店、粮店、各类农副产品收购站点、农资销售部门等实施计量抽检、强检。两次对定量包装商品市场进行监督检查，共检查12个大类商品360个批次。开展计量器具生产许可证年审，市高压电器厂通过计量保证确认，5家企业通过计量合格确认，对14家企业进行复核换证。2000—2003年，对灌装液化气站进行执法检查，建立电能表、水表强检数据库。开展加油站的专项整治和供水供电企业的计量执法检查。2006—2007年，开展汽车安检线计量专项检查和出租车计价器计量专项检查。2009—2010年，重点对与民生相关行业进行监督。

三、标准化管理

工业标准化 1979年，国务院颁布《中华人民共和国标准化管理条例》后，全县企业陆续制订企业标准。至1989年3月底，全县共有南通市标准局批准发布的标准80个。1989年4月至1990年年底，全县工业企业制定修订企业产品标准59个。县标准计量局于1986年、1990年分别进行工业产品标准普查。至1990年，全县县属企业标准覆盖率为98%，乡镇企业标准覆盖率由为85%，批量生产的产品基本达到消除“无标”的要求。

1991年，《如皋市企业标准暂行管理办法》出台，如皋市标准化综合技术委员会成立。至1992年年末，全市制订企业标准80个和行业标准2个。28个单位59个产品通过省级采标验收，19个单位通过三级标准化验收，2个单位通过四级验收。1993—1996年，全市有160个企业产品标准报备。1997—2001年，市质监部门重点引导私营个体企业采标，全市有13个产品通过省级采标验收。2005年，全市工业产品标准覆盖率提高至98%以上。2006年，市标准化综合技术委员会受理标准备案280份，全市有11个产品通过采标确认。2007—2009年，市标准化综合技术委员会共受理标准备案648份。九鼎集团、昌昇集团、神鹰电子科技、思瑞机器、元升太阳能、高压电器、森豪仕软木等企业参与国家标准、行业标准的设置修订工作，负责起草或参加起草国家标准、行业标准11项。南通神马电力科技有限公司申报的高压、超高压、特高压空心，支柱复合绝缘子自主创新标准化试点项目被列为2009年度省级计划。2010年，全市企业申报国家标准3项，行业标准5项，省级地方标准10项，有7个获省级地方标准立项。

农业标准化 1999年，全市农业标准化工作起步，完成如皋黄鸡、生猪人工授精、山羊人工授精、桑蚕种养等地方标准的制订和审定工作。其中如皋黄鸡被列为江苏省农业产品结构调整重点发展养殖项目。2000年，全市完成5个农业标准制订。2001年，如皋黄鸡农业标准化示范区被省质量技术监督局、省农林厅列入省级农业标准化示范区。2002年，市政府建立农业标准化示范区工作领导小组，组织农林专家制订“麦后移栽营养钵育苗技术操作规程”“春毛豆高产栽培技术规程”“鲜食糯玉米提早栽培技术规程”“优质油菜栽培技术规程”“苏玉17号品种质量要求”5项农业标准规程，起草无公害优质大米标准。2003年，组织申报年度农业标准化示范区4项，其中省级2项、市级2项。制订农业地方标准30项，其中省级6项、市级24项。发布无公害西兰花、青刀豆、双低油菜等4项无公害农产品生产技术规程。是年，如皋历史上第一个江苏省地方标准如皋黄鸡地方标准正式发布实施。2004年，启动沿江无公害水产养殖和无公害草莓种植两个示范区建设。

2005年3月，江苏省如皋黄鸡农业标准化示范区通过省级验收。2006年年底，出口加工草莓、沿江无公害水产养殖2个南通市级示范区通过南通市专家组考核验收。2007—2008年，全市申报建成农业标准化示范区项目11个，其中国家级5个、省级4个、南通市级2个；通过地方标准审定11个，其中省级7个、南通市级4个。江苏长寿集团、南通玉兔集团、如皋光远集团三家企业参加第三届全省农业标准化成果展览会展出。2009年6月，市光远速冻蔬菜有限公司通过国家级农业良好规范（GAP）试点考评验收。2010年，全市申报建成农业标准化示范区项目2个。

服务业标准化　1995年始，全市在服务行业实施标准化工作。1997年，全市有9家服务企业通过标准化验收定级，其中特级1家、一级8家。2002年，如皋质监局协助南通市局起草审定南通市地方标准DB3206/T301-202浴池分等定级规定。至2004年，全市有30家饭店、旅馆，12家浴室通过标准化评审定级。至2006年，如皋有7家饭店、1家茶厅、6家浴室通过特级评审，11家饭店、3家浴室、2家美容美发店通过一级评审，12家浴室、4家美容美发店通过二级评审，20家浴室通过三级评审。2008年，如皋质监局组织制订《如皋市服务标准化行动计划》。至2009年，申报省级服务标准化试点项目5个，省级服务业地方标准5个。2010年，如皋花木大世界有限公司花木交易服务业标准化项目被列为省级试点项目，《花木交易市场服务规范》获省级地方标准立项。

机构代码和商品条码管理　1993年，全市开始实施组织机构代码和商品条码管理。至1998年，全市有3700个组织机构获得代码证书，有35种商品取得条码。1999年始，执行“凡是生产型企业办理代码证书”必须先行办好产品标准执行证书的制度。2001年，如皋质监局组织编写县级代码工作手册，于6月30日正式实施。此后，组织机构代码证书申领、换证工作正常进行。至2010年，全市组织机构全部获得代码使用证书，有136种商品取得条码。

四、质量监督管理

质量监督　1985年前，全县质量监督工作由南通市标准局负责。1988年3月，县标准计量局设置质量监督组，开展质量监督工作。是年，对建材质量监督检查303批次，抽取202个企业在市场销售的香肠、白酒、瓶装配制酒、洗衣粉等10种产（商）品进行280个批次检验。1992年9月20日，在市体育场公开销毁假冒伪劣商品13大类，近万件。1993—1996年，查处不合格复合肥294吨，国家明令淘汰的农药15吨，各种冒牌名酒500瓶，掺假麦麸皮700吨，不合格水泥180吨，铝合金型材500吨，劣质钢材600吨，低压电器56箱974只，电线800卷，饮料5.8万瓶，味精6吨，酱油1000千克，醋2300千克，过期劣质糕点300盒，收缴各类假冒商标、名酒瓶及包装箱100多万套。1997年，组织开展对农用物资、食用油、农机等商品市场专项整治，检查农资生产经销企业55个，食盐商店127个，成品油供应网点100多家，并对查出的问题做出处理。1998年，市质监局受理、处理消费者投诉31起，为消费者挽回经济损失8万元。开展各类专业市场专项整治，累计出动400多人次，检查酒类生产、经销企业200家，农药化肥生产销售单位及供应网点300个，电机、水泵、电缆、电线、电动工具及低压电器生产经销单位50个，水泥销售网点60家，汽摩配件销售单位20家。2002年、2003年，全市开展以“衣食安全工程”为主题的节日产品质量监督检查活动。2006年，如皋质监局开始对新成立的民营企业推行首查不罚制度。2009年，重点加强家电下乡产品质量监管工作。2010年，督查发现不合格企业37家39个产品，全部做出处理。

质量管理　2002年12月，南通市如皋质监局设立质量管理科。此后，正常开展查处无证生产

图6-10　南通市如皋质监局举办民营企业厂长（经理）培训班　（2007年摄）

企业和产品质量不合格企业、推进ISO 9000质量体系认证等工作。2003年开始,在狠抓产品质量监管的同时,将工作重点转移到指导、帮助企业提高产品质量,争创品牌产品。2003—2007年,先后帮助94家企业94个产品申报中国名牌产品、江苏名牌产品和南通市名牌产品,有3个产品获中国名牌产品称号。2008年开始,推进质量电子监管网建设,当年有146家企业入网。2010年,监管网因故关停。

质量检验 1988年3月,县标准计量局设立质量监督检验所,正常开展产品质量检验工作。1989年开始,将建筑材料及酒类、食品作为质量检验的重点,每年检验数百批次。1997年,如皋质量监督检验所获江苏省质检局产品质量检验授权证书。1998—2000年,全市开始实施"产品质量定期监督检验计划",共检验产品4460批次,其中定期检验507批次,委托检验619批次。2004—2010年,市质量监督检验所完成强制检验1220批次,委托检验19050批次。

五、假冒伪劣商品查处

1996年前,假冒伪劣商品查处主要由工商、质监等部门联合执法。1996年12月,市质监局增设技术监督稽查队,负责全市计量、标准、质量综合性的执法检查和案件的办理。是年,在江苏省统一开展的集中"打假"行动中,如皋将假酒列为打击重点,共检查828个酒类生产经营企业(点),查处10起制售假酒案。如皋市技术监督局被评为全省集中"打假"先进集体。1997年,对假冒名牌行为实施重点打击,查处制售假冒"皋花"牌化肥案,制售假冒"水明楼"牌白酒案,数起假冒酱油、食醋案,假冒"如皋"牌水泵案,假冒"三多"牌电器案等。全年捣毁制假窝点62个,没收销毁伪劣产品价值60多万元。1998—2002年,市质监局组织建材、农资、食品、农机配件、药品、盐业、烟草等行业集中专项打假。查处假冒伪劣农药案76起,假冒劣质化肥案14起,没收在销的劣质农机配件190多件。捣毁制售假冒伪劣商品的窝点169个,取缔销售假冒伪劣商品的摊点120个。2003—2005年,先后组织农资产品、肉食类生产加工产品、建筑材料、劣质奶粉、油品类产品等专项打假行动,涉及9大类17个品种。同时针对某些地区制售假酒违法行为回潮的现象,组织多次大规模的打击行动,共立案查处假酒案件39起,查获假冒白酒8000箱,假酒包装品60多万件(张),总货值105万元,其中移交公安部门查处案件6件。2006年4月,南通市如皋质监局被国家质量监督检验检疫总局评为执法打假工作成绩突出单位。2006—2010年,市质量技术监督、公安、工商等部门多次组织联合打假行动,共立案查处质量技术类行政案件2023起,其中万元以上大案195起。

第七节 安全生产监督管理

一、管理机构

中华人民共和国成立前,如皋无专门安全生产监督管理机构。1951年,如皋县安全卫生委员会成立。1977年,县政府建立安全卫生办公室,县政府各职能部门建立安全卫生领导小组。1979年,县劳动局设置劳动保护股。1985年8月,县安全生产委员会(简称县安委会)建立,由1名副县长兼任主任,在县劳动局设县安委会办公室。2001年10月,市劳动局承担的安全生产管理职能分别交由市发展计划与经济贸易委员会和市卫生局承担。市计经贸委增挂"如皋市安全生产监督局"(简称市安监局)牌子。2004年11月,市安监局单独设置。2005年2月,安全生产监督管理局调整为市政府工作部门,原由市公安局承担的烟花爆竹生产经营单位的安全生产监督管理职能和原由市卫生局承担的作业场所职业卫生监督检查职能一并划归市安监局。2006年1月,如皋市安全生产执法监察大队成立,为安全生产监督管理局下属行政管理型事业单位。2007年3月,如皋港安全生产监督管理局建立,为副科级建制。6月,各镇成立安全生产监督管理所。10月,江苏省如皋经济开发区安全生产监督管理局建立,为副科级建制。2010年,市安监局内设中层机构8个,下属安全生产监察执法大队。

二、宣传教育

1954年,全县推行工厂、车间和班组三级安全教育。1956年4月起，训练工厂保健员，举办安全用电展览，宣传贯彻国务院《工厂安全卫生规程》《建筑安装工程安全技术规程》《工人职员伤亡事故报告规程》等。1980年，县"安全月"活动办公室成立。此后，全县每年开展安全生产宣传教育活动，举办安全员及电工、电焊工、起重工、架子工、锅炉工、压力容器操作工等特殊作业工种人员培训班。1988年起，县安委会办公室对全县新任厂长（经理）和部分安全技术人员分批进行专业培训。1990年，全县第一届安全知识竞赛举办。是年，县委、县政府为吸取1988年11月9日如皋绢纺厂汽化炉爆炸重大事故教训，决定每年11月9日为全县安全活动日。1993年、1994年，市安委会录制事故教育片《生命在呼唤》、电视教育片《警钟长鸣》在全市播放。2002年，如皋市技工学校经江苏省安监局审查合格，取得安全生产中介机构资格证书。2007年，市政府动员全市职工、城乡居民广泛参与"安全生产月"活动。对危化品、砖瓦生产经营单位和烟花爆竹经营点的负责人、安全员进行专题专项培训，对其他生产经营单位的安全生产管理人员进行安全生产管理资格培训。截至2007年6月，全市有5800多名生产经营单位的安全管理人员持证任职。2008—2009年，如皋开通市、镇安全生产网站，每月发行《如皋安全生产动态》，初步实现市与镇安全生产监管工作信息互动、资源共享。继续推进15万名职工安全生产知识电视培训工程，至2009年年底，累计培训职工16.5万人。2010年，组织全市安全生产事故隐患排查治理技能比武活动。

图6-11 2008年6月，如皋市开展安全生产咨询日活动

三、执法督查

1953年2月，如皋组织首次安全生产大检查。1956年，县人委组织对县食品加工厂（肉联厂）等25个企业的职工劳动安全、疾病医疗情况进行调查。调查后，如皋油厂工人劳动时间由每天16小时降为10小时，并增加15套避雷器和其他安全设施。1961年，县安全卫生委员会重点督查24个工厂的高温车间防暑降温工作。1966年，县安全卫生委员会对纺织、农机、轻工和建筑行业的11个单位进行重点检查，倡导纺织工人自觉剪辫子，要求建筑工人上班戴安全帽。1983年开始，将安全生产列入企业整顿内容，按南通市《企业安全生产整顿验收标准》进行整顿验收。1988年5月，县政府组成联合调查组，分两路共10个小组，对全县五个行业97个单位的安全生产进行检查。11月中旬，针对绢纺厂的事故教训，对全县14家有汽化炉的单位从房屋布局、设备附件到安全运行等情况进行严查，对其中有重大隐患的单位发出监察意见书。1988—1990年，江苏省、南通市和县劳动人事部门先后任命安全生产监察员50人。1995年，南通市安全卫生检测站如皋分站建立，对全市38家小化工企业安全生产状况进行普查。1998年，重点检查企业生产作业现场，共查出事故隐患17680条，现场整改5400多条，出具通知限期整改11090条。2001年，将市内修造船企业安全生产执法检查列为年度重点工作，共检查36家次。同时，到招商城排查事故隐患，撤掉70多个摊位，1至4层增设自动喷淋系统和防火卷帘。2004年，市政府下发《如皋市排查各类事故隐患实施方案》，先后组织2400多人次开展安全生产大检查，检查企事业单位7200余家次，所查出的各类事故隐患整改率95%。

2007年7月，市政府下发《关于进一步加强安全生产工作的意见》，明确规定依照属地管理的原则和行政管辖的范围，划定事故隐患排查整改责任。是年，全市4起重大事故隐患列入南通市挂牌督改，由市政府主要领导直接督查，市安委会跟踪整改。2008年，市政府制订下发《关于进一步加强安全生产隐患排查治理工作的通知》，重点加强对危险化学品生产、机械冶金、船舶修造企业的安全生产隐患排查治理工作。建立健

图6-12　如皋市推行安全生产风险抵押金动员会议　（2009年摄）

全每月9日为事故隐患排查日、20日为事故隐患排查治理汇总上报日制度。2009年，市政府实施园区外化工生产企业“入园进区”，全市先后有金陵化工等6家企业搬迁。是年，开始在全市危化品生产企业推行安全生产风险抵押金制度，全市47家危化品生产企业缴纳风险抵押金1174万元；组织对全市重大危险源企业重新辨识，新确定构成重大危险源企业17家，完成1760家企业分类监管、信息采集和分类评估工作；推行安全生产标准化工作，确定以江苏宝胜化工有限公司等15家危险化学品生产企业和如皋万达轴承有限公司等10家冶金铸造企业为标准化示范企业。2010年，市政府制订下发《如皋市安全生产工作职责》《关于继续深入开展“安全生产年”活动的通知》等文件，建立健全监督激励机制和较大事故隐患公告公示、挂牌督办、整改销号等制度，推行“1+3”安全监控工作体系（一个方法：事故隐患和职业危害监控法；三种机制：事故隐患和职业危害动态管理机制、事故隐患和职业危害持续改进机制、事故隐患和职业危害系统评价机制）。全年排查事故隐患2万多处，整改率99%。

四、专项整治

压力容器、特种设备安全专项治理　1998年，全市开展对土制锅炉、压力容器专项治理，检查整顿3个制造点，查纠385个用户。2001年7月开始，开展特种设备安全专项治理。市安监局逐台查验、登记特种设备，破坏性取缔“土锅炉”1196台，强制没收27台，要求企业更换标准锅炉650台，责成2家不合格燃气充装经营单位限期整改，组织190名从事液化气代客充装人员接受专门安全知识培训并取得服务工证。2004—2005年，市安监局对全市216020台（只）各类特种设备和13851.4米压力管道进行全面检验，查出、消除事故隐患25处。对12家石油液化气充装单位重大危险源作连续循环检查，对2家充装单位的气瓶检验违规行为进行停业整顿和经济处罚。取缔土制港河吊机196台，整治锅炉91台、起重机械38台。2007—2008年，市安监局会同如皋质监局、市公安局等6个部门联合查封如城地区21个非法燃气供应站点，暂扣液化气钢瓶120只。2009年，在特种设备专项整治中，发出《特种设备安全监察指令书》9份，发现253家企业、679台设备安全隐患452处，分别提出整改意见。2010年，市安监局组织对船舶修造行业进行专项治理，查出现场管理松懈、违章作业等突出问题1200处；对冶金行业进行专项整治，重点解决该行业煤气作业安全管理、高温液体金属作业及作业场所职业危害等突出问题；开展职业健康安全及粉尘与高毒物质危害专项整治，查出隐患351项，年内整改到位90%。

民用爆炸物品（含烟花爆竹）安全专项治理　1998年，市劳动、公安、消防部门联合开展对非法生产、销售烟花爆竹店（点）取缔工作。至2002年，取缔23家自行组织货源的烟花爆竹中转点，建立经许可的烟花爆竹专用仓库，重新布设14个由烟花公司管理的供货点；查处涉爆案件39起，查获非法双响爆竹17万只、擦炮1600多箱、甩炮1030箱、礼花弹3000只，收缴各种炮弹、手榴弹和电雷管14只。2005年开始，按规定由安监部门负责管理烟花爆竹生产和经营。2007年，市安监局重点打击烟花爆竹私产、私销、私储、私运（称“四私”）违法行为。对全市已发证的721家烟花爆竹销售点组织烟花爆竹安全生产经营许可证复审。2008年，对全市426家烟花爆竹销售点进行逐点调查，取缔无证烟花爆竹销售点65家，行政拘留7人，立案查处12家，当场处罚7家，没收非法礼花弹11565只、双响31728只、大小烟花1908只、鞭5768条、飞毛腿4200支。对不符合标准的126家烟花爆竹销售点予以吊销执照。2009—2010年，重点整治不符合安全生产和行政许可条件的零售网点，继续依法查处非法采购、经营、储存和燃放礼花弹等A级产品的行为。2009年4月，市政府于如皋港垃圾场公开销毁在烟花爆竹安全专项治理中没收的爆竹69826只、烟花1421只、鞭5839条等。

人员密集场所安全专项治理 2001年5月，全市开展市场安全专项治理活动，对在自查自改基础上的商场、学校、公共娱乐场所、居民住宅区等组织专项检查。2002年，对公共聚集场所安全检查754家，近7000次。2004—2005年，重点对公共聚集场所、洗浴场所进行专项治理，对未按期限和要求落实整改的10个单位和14名责任人予以消防行政处罚，重新调整确定人员密集场所消防安全重点单位295家。实施人员密集场所生命畅通工程，开展商场消防百日安全活动，单位自查自改消除火灾隐患380余处，增加疏散楼梯11部，打通安全疏散出口32个，添置安全疏散指示标志、应急事故照明2700余只(处)，新增电子门禁系统(电磁门)25处，增设消防灭火器2500余只。2006年，在全市范围内开展为期8个月的人员密集场所习惯性违法行为专项整治活动。重点纠正在营业时间存在的安全出口上锁、疏散通道堵塞，疏散指示标志、应急指示标志、应急照明不能正常工作等妨碍安全疏散的习惯性违法行为。2008年，市安监、公安、教育、建设、文化、工商、旅游等部门，联合对公众聚集场所开展隐患排查，全市出动1万多人次，检查生产经营单位1971家、公众聚集场所375家、出租房2640处、行政村285个，发放责令限期改正通知书112份，复查意见书89份，督促整改火灾隐患938处。2010年，检查生产经营单位2001家，公共娱乐场所387家次，出租房3544处，关闭不具备安全条件浴室45家。公众娱乐场所投入资金593万元添置安全设备、设施，自查整改火灾隐患45处。

危险化学品安全专项治理 1994年，如皋开始开展化工安全生产专项治理。2001年8月，开始按照《江苏省化工安全生产专项治理检查验收标准》实施专项治理活动。2002年，共检查279家企业，250家存在隐患的企业中，限期整改114家、停业整改121家、取缔15家。至2002年，全市原300多家化工生产企业保留114家，全部发放化工安全生产许可证。新增化工生产企业严格按《标准》验收发放化工安全生产许可证。2005年，完成如皋市级安全事故应急预案制定，并举行处置各类危化品泄漏事故演练。是年，全市生产和使用危险化学品的化工生产企业115家，其中2家企业被责令停产整顿，列为市级重点监管企业的41家，一般监管企业41家，常规管理35家，重点监管企业每季度督查一次，一般监管企业每半年督查一次，常规企业每年督查一次，重大节日期间及高温季节必查一次。对使用危化物品重点单位安装监控系统2套、红外线报警探头53只，与派出所或110对接，形成集人防、技防、设施防为一体的治安防范网络。同时加强对过境运输危化物品车辆的管理和检查。2006年，市安监局督促34家企业安装有毒或可燃气体报警仪，升级剧毒化学品治安管理信息系统，增加“与剧毒化学品单位进行互动对话”“基层派出所检查情况录入”功能。至2006年，全市危险化学品生产企业50家，使用企业61家，储存单位3家，经营单位702家，其中剧毒品经营单位4家，油漆店215家，加油站点83个，工业气体经营点7个，农药经营点393个。2007年开始，将涉及硝化、氯化等高危工艺生产企业列为整治重点，严把危险化学品生产和经营市场准入关，严格危化品生产、储存企业新、改、扩建项目的安全审查。对已领证企业加强安全监管，对领证后降低安全生产条件、不符合安全生产要求的，暂扣或吊销其安全生产许可证。对液氯、液化石油气、液氨、剧毒化学品等重点品种的道路运输实行严格监管，对全市34家危化企业实施重点监控。是年，长江镇(如皋港区)消防特勤中队完成组建，配备专职消防应急队伍和应急救援设备设施。2009—2010年，检查危险化学品经营单位578家，全市通过安全标准化考评验收24家。

水上生产安全专项治理 2002年，市安监部门加大水上生产安全专项治理力度，沿江未经检验合格的船只一律禁止从事水上生产，一律不发放船检证书，渔政部门一律禁止其离港；对水上生产的渔船进行编队，制订应急方案、通信联络24小时畅通；对证照不全和不按规定配备职能船员、人证不符的渔船不签证放行。渔政执法查港47航次376人次，检查船只395次，查处违章65艘。2005年，如皋增设渔业安全生产办公室，负责长江捕捞和滩涂养殖日常治理。在长江刀鲚特许生产后期，执法人员24小时全天候在渔船值班。2006年4月，在长江水域出动渔政船和渔政艇进行急救落水人员演练。2008年，开展渔业安全生产百日督查专项行动，排除渔业安全事故隐患15起。2009—2010年，全市水上安全生产事故零发生。

建设行业安全专项治理 2001年6月，市政府以公共娱乐场所、学校、生产车间、仓库、居民住宅等为重点，将解除危险措施落实、装饰装修、白蚁防治、消防设施通道、应急方案、管理制度等列为必查项目，组织全市危旧房屋安全专项检查。2002年，市政府与全市118个施工项目负责人签订安全生产责任状，办理新开工程报监手续103个，报监项目配备专职安全员103人；在全市施工项目推广制式配电箱和“三证”俱全的安全网；组建建筑施工机械安全检测中介机构；推广使用钢质脚手架，遏制毛竹脚架向村镇转移趋势。2005年，市政府对工程建设提出“进度与文明施工、安全施工三同步”要求，全年组织市政建设工程安全检查12次。城区搬迁地块11个，搬迁总面积30万平方米；全市架设有线电视光缆、电缆线路5600多千米，立杆驾设广播电视线路360多千米，没有发生安全生产事故。

2006年，市安监局实行建筑施工安全报监制度，组织市政工程专项安全检查，排查处置事故隐患61起。市安委办、如皋供电公司、如皋电信公司、市广电局联合对供电、广电、电信“三线”违章交越、搭挂进行专项治理，共整改“三线”违章交越、搭挂近8000处。2008年，全市组织建设工程安全生产专项检查4次，检查建筑工程252项，13项存在安全隐患建筑工程停工整顿；组织市政工程安全大检查9次，检查135个项目，发放整改通知书139项；开展塔吊、施工电梯等起重设备的安全专项整治，检查在建工程中使用的116台塔吊及施工电梯，封存未检测、存在较大隐患的施工电梯26台。2009—2010年，如皋市建筑业安全生产事故零发生。

五、特种设备安全管理

特种设备安全监察 1959年，全县登记锅炉3台，有司炉工5人。1963年，全县蒸汽锅炉7台。1965年，江苏省劳动局为如皋培训第一个锅炉检验员。1977年，全县有锅炉77台。1979年，县劳动局对全县395名司炉工进行理论考试和操作考核，对使用中的131台锅炉逐一检查鉴定，对全县压力容器开展普查登记。1980年，建立全县锅炉档案，并发给210名考核合格的司炉工操作证。1981年4月，县锅炉安装维修队建立。是年开始，县劳动部门逐年举办司炉工、电焊工培训班，每期培训300名左右；分年度对压力容器登记建卡，发放运行许可证；每年对运行锅炉、压力容器进行年检普查；对危及安全的锅炉发出停炉指令，及时淘汰土制锅炉。1989年，用1个多月时间对全县在用锅炉进行热态检查，及时处理并排除9起重大事故隐患，年检锅炉172台、压力容器304台。1991年，开展合格锅炉房评比活动，全市评出合格锅炉房170个，合格率87%。1992年，对已经注册的1294台压力容器全面整治，报废处理压力容器88台。年内，新添置150千克安全阀校验设备。1998年，全年检验锅炉238台、压力容器556台、钢瓶1869只，校验安全阀750只，市锅炉检验所和安全阀检验站通过江苏省劳动厅检验资格许可证复查。

2000年开始，原属劳动部门管理的特种设备安全监察职能划转质量技术监管部门。是年，如皋质监局采取查、封、罚、改并举的办法，重点对“土锅炉”“液化石油气充装站”进行专项整治。至年末，全市压力容器操作人员持证上岗率提高至95%以上。2002年，全面完成全市锅炉压力容器等特种设备普查登记工作。2003—2005年，重点对公路建筑机械、港(河)吊机以及气瓶、压力管道、浴室锅炉等进行专项整治。2007—2008年，重点完善全市特种设备数据库，开展化工、铸造、起重机械、钢丝绳生产企业安全专项整治，各特种设备使用单位全面建立救援预案。

至2010年年末，全市共有特种设备9000余台(只)，其中锅炉543台，压力容器3208台，电梯1052台，起重机械3516台，厂内机动车辆688台。气瓶20万只，压力管道50余万米。

特种设备检验 1987年4月，如皋锅炉压力容器检验所成立，隶属如皋县劳动局。主要从事低压锅炉，一、二类压力容器等特种设备检验工作。2000年1月，特种设备检验划归如皋质量技术监督局，并相继添置测厚仪、数量硬度计、有机热载体分析化验设备、溶解氧测定仪、钠离子浓度计、数显酸度计、分光光度计等设备。

2006年，如皋市锅炉压力容器检验所划归南通市特种设备检验分院。2007年开始，将检验业务分区划块，责任到人。2006—2008年，完成锅炉各类检验2800台次，其他压力容器各类检验4763台次，压力管道检验219.85千米，电梯各类检验1090台次，厂内机动车检415辆，水质、油品检测1271台次，起重机各类检验3363台次，安全阀校验5714只，限速器检验52台。

至2010年年末，市内特种设备检验范围包括，额定蒸汽压力的在用蒸汽锅炉和压用承压热水锅炉检验，第一、二类在用压力容器检验，在用压力管道检验，第一、二类压力容器制造厂产品（含现场组装）安全质量监督检验，压力管道安装安全监督检验，锅炉水质监测、导热油品监测，中、低压安全阀校验，电梯、起重机械、厂（场）内机动车辆等特种设备定期检验等。

附录：

1953—1999年如皋市（县）安全事故

1953年，全县发生轻伤事故5起，重伤和死亡事故4起。其中私营裕丰米厂21天中发生事故4起。

1956年，全县发生工伤事故122起。

1959年，全县发生工伤事故17起。

1960年，县酒厂锅炉爆炸，死亡1人，烧伤1人；群益化工厂发生3次中毒事故；县织布厂发生食品中毒事故。

1961年，全县工伤事故死亡2人。

1962年，全县工伤事故死亡1人。

1965年3月，县拖拉机修配厂发生一起工伤事故，死亡1人。

1966年8月，县机修厂发生触电事故，死亡1人。

1971年1月至1978年7月，全县发生锅炉、压力容器事故9起，死亡2人，伤17人。

1978年8—12月，全县工伤事故死亡3人，伤10人。

1979年，全县发生工伤事故14起，死亡4人，重伤11人，轻伤7人。

1980年，全县发生工伤事故17起，死亡3人，重伤11人。

1981年，全县工伤事故死亡1人。

1984年，全县县属企业发生工伤事故13起，死亡3人；乡镇企业工伤事故死亡13人，伤15人。

1985年，全县县属企业发生工伤事故16起，死亡4人，重伤18人，其中化肥厂发生二氧化碳窒息事故死亡3人；乡镇企业死亡8人，伤19人。

1986年，全县县属企业发生伤亡事故15起，死亡1人，重伤14人；建筑工地发生事故38起，死亡4人，重伤25人。

1987年，全县县属企业发生伤亡事故14起，死亡4人，重伤10人；乡镇建筑工地发生事故20起，死亡12人，其中蒲西液压件铸造厂房屋倒塌，死亡5人，重伤12人，轻伤1人；石北乡小砖窑倒塌，死亡2人。

1988年，全县县属企业发生伤亡事故6起，死亡5人，重伤7人，其中绢纺厂汽化爆炸死亡4人；乡镇企业发生伤亡事故3起，死亡1人，重伤2人；乡镇建筑业发生伤亡事故11起，死亡11人，重伤3人。

1989年，全县县属企业发生伤亡事故8起，死亡2人，重伤6人；乡镇企业发生伤亡事故4起，死亡2人，重伤2人；乡镇建筑业发生伤亡事故9起，死亡4人，重伤5人。

1990年，全县县属企业发生伤亡事故7起，死亡5人，重伤3人；乡镇建筑业发生伤亡事故4起，死亡4人。

1991年，全市工、商、贸企业发生伤亡事故16起，死亡4人，重伤7人；乡镇建筑业发生伤亡事故5起，死亡7人。

1993年，全市发生各类伤亡事故17起。

1994年，全市发生职工伤亡事故20起，死亡8人，重伤13人。

1995年，全市发生伤亡事故17起，死亡7人。

1996年，全市发生伤亡事故20起，死亡7人，重伤13人。

1999年，全市发生工伤事故17起，无人员死亡。

2000—2010年如皋市安全事故统计表

表6-13

类别/后果/年度	企业事故				水上交通				道路交通				火灾				合计			
	起数	死亡人数	受伤人数	直接经济损失（万元）	起数	死亡人数	受伤人数	直接经济损失（万元）	起数	死亡人数	受伤人数	直接经济损失（万元）	起数	死亡人数	受伤人数	直接经济损失（万元）	起数	死亡人数	受伤人数	直接经济损失（万元）
2000	9	4	8	100	17	1	1	5.43	2356	152	1878	301.26	23	1	—	79.07	2405	158	1887	—
2001	21	13	7	190.6	2	—	—	6.04	2163	132	1584	178.30	44	1	—	23.9	2230	146	1591	—
2002	12	6	6	74.6	—	—	—	—	2003	130	1420	189.52	46	1	—	43.16	2061	137	1426	—
2003	9	5	5	65.2	—	—	—	—	1575	127	1075	143.90	34	—	—	43.32	1618	132	1080	—
2004	15	6	9	123.5	—	—	—	—	1005	171	518	155.17	56	2	—	13.69	1076	179	527	485.76
2005	缺载																			
2006	38	28	—	410	—	—	—	—	1536	325	—	—	50	—	—	18.58	—	—	—	307.28
2007	12	13	—	—	—	—	—	—	1630	150	—	—	683	1	—	—	2325	164	—	253.42
2008	6	7	—	—	—	—	—	—	1604	134	—	—	30	—	—	—	1640	141	—	292.36
2009	3	4	—	—	—	—	—	—	1775	109	—	—	58	—	—	—	1836	113	—	—
2010	4	2	—	—	—	—	—	—	1796	109	—	—	71	2	—	—	1871	113	—	—

第八节 食品药品监督管理

一、管理机构

民国及以前,全县无食品、药品监管机构。

1951—2001年年初,全市(县)食品和药品监管由电化、商业、供销、卫生等部门分头或共同负责。电化部门负责药品生产企业的行业管理,供销部门负责对集体商业系统零售药店的行业管理,商业部门负责对国营零售药店的经营管理,卫生部门设药品检验所负责全市(县)药品生产经营单位及药房的监督管理。全市食品生产由工业主管部门监管,食品流通由工商部门监管,餐饮等食品卫生由卫生防疫部门监管。

2001年9月,南通市如皋药品监督管理局组建,地址在中山东路296号,隶属江苏省药品监督管理局垂直管理,专事药品和医疗器械生产、流通的监督管理。2005年8月,更名为南通市如皋食品药品监督管理局(简称如皋食药局),增加食品生产、销售等监管职能,食品、药品多头监管的问题得到部分解决。

2010年1月6日,南通市如皋食品药品监督管理局由省垂直管理单位改为如皋市政府工作部门,并更名为如皋市食品药品监督管理局(简称市食药局),迁址观风路2号,内设药品医疗器械监管科等6个科室,下辖事业单位市食品药品检验所。

二、食品生产监督管理

2003年,食品安全开始引起社会广泛关注。全市开始对面粉、大米、食用油、酱油、食醋生产实行市场准入制度。

2005年,开始实行食品企业区域包干监督检查制度。是年,如皋食药局对全市食品生产企业进行普查。

2006年,开始按照“积极扶持、严格要求”“成熟一家、上报一家”的方针,推进糖果制品等市场准入制度。

2007年,全市重点进行肉制品、糕点、豆制品等7类食品和26个产品的市场准入完善工作,完善食品生产企业档案。至年底,全市食品加工企业183家,其中164家取得食品生产许可证,14家通过现场核查并进行抽样检验,5家着手申报。另有73家小作坊全部签订食品安全承诺书。同时,如皋质监局鼓励、指导食品企业提高产品质量,争创品牌产品。是年,江苏长寿集团生产的“如皋”牌中式火腿、“今天”牌鲜冻分割猪肉获中国名牌产品称号,如皋糖厂生产的“花神”牌绵白糖、如皋酒厂生产的“水明楼”牌白蒲黄酒、南通市银燕食品有限公司生产的“银燕”牌肉制品、南通玉兔集团生产的“玉兔”牌香肠、江苏长寿集团生产的“如皋”牌肉制品获江苏省名牌产品称号,如皋米面厂生产的“雨香牌”小麦粉、如皋酒厂生产的“水明楼”牌白蒲黄酒获国家免检产品。

2008年,如皋质监局开始依托信息化技术平台实施食品生产监管。全市有60家肉制品、乳制品和酒类产品生产企业入网,企业原辅材料进货记录、生产过程、质量控制记录、食品添加剂使用记录、产品出厂检验记录和产品流向记录均实时上传信息平台。监管部门通过平台对企业实时上传的生产记录进行数据审核和监控,同时发布食品最新政策资讯以及监督提示,受理企业咨询。是年,全市取得食品生产许可证的企业比2007年增加55家。

2009年、2010年,全市重点开展食品添加剂专项整治行动,严格执行食品生产企业食品添加剂使用备案制度。

三、食品销售监督管理

民国35年(1946年)9月,国民政府如皋县警察局对城区8镇作出规定:饮食店必须制备纱罩,隔宿和腐败食物、切开的瓜果和有害卫生之饮料一概停止出售。民国36年3月,如皋县卫生院公布《饮食店饭菜卫生管理条例》16条。

1957年8月,县人委制发《如皋市食品企业饮食行业卫生管理实施细则》。1981—1990年,县卫生主管部门平均每年组织1—2次食品卫生专项检查。2001年,全市受理食物中毒案件9起,进食622人、中毒100人、死亡4人,其中化学性中毒5起、微生物中毒4起。

2004年,市卫生部门在如城抽测居民膳食质量,针对膳食结构不尽合理,一些营养缺乏病依然存在，高血压、糖尿病、超重肥胖、血脂异常等呈明显上升趋势等情况，通过卫生保健知识宣传，向居民提出改进膳食建议。

2006年，全市城乡开展鲜河豚市场专项整治。2009年，全市共有餐饮单位1597家，从业人员1.2万余人，因病调离58人，未发生重大食品卫生事故。

2010年，市食药局培训餐饮单位负责人和从业人员2000余人次，从业人员健康合格率95%。如城餐饮业环境卫生量化分级率100%，乡镇餐饮业环境卫生量化分级率90%以上，全市A级餐饮单位累计35个，列南通各县（市）之首。

四、药政管理

药业执业许可 1989年12月，县卫生局试行药品经营从业人员药品经营人员任职合格证书制度。1990年，核发全县39家药品生产、经营单位经营许可证，核发200多名药业人员合格证。1993年，市药检所取得江苏省计量合格证书。

2002年3月，市药监局对首批申请的96家零售药店法人代表、经营负责人、质量负责人以及经营精神类药品的相关人员进行考试发证。2003年，如皋丰乐大药房连锁责任公司经审核，获准开业。2004年5月，新皋桥大药房获准开业。2005年，广生德大药房连锁有限公司、刘氏大药房、联合大药房、春草大药房等一批个体、民营药房（店）相继获准开业。至2010年，全市获准开业的药房、连锁门店和个体药铺300余家。

药品采购和市场管理 1951年5月，县政府卫生科明令各级医疗单位不许从私人或非正式渠道购进西药和中成药，收购外地中药材（包括饮片）须经药检部门检验合格。

1983年5月，县卫生局对全市各医院、卫生院、村及企事业单位、医药批零企业进行药政大检查，对普遍存在的药品从业人员素质偏低、药物仓库不标准、药品存放混乱等问题分别提出整改意见并监督落实。1985年7月，对全县70家药店、医院及下设门诊室、个体诊所进行药品检查，共查出伪劣药品897种，其中假药48种、淘汰药75种、无批准文号或无注册商标药37种、变质药645种、超期药92种，均送南通市集中销毁。1992年，市药品稽查大队建立。

2000年1月，市政府建立如皋市药品集中采购领导组。是年，全市有79家药品生产经营单位参加集中采购。2001年，市药监局先后出动6700余人次清理整顿医药、医疗器械市场。2001—2003年，市药监局连年被评为江苏省“正源行动”先进单位。2003—2005年，全市先后组织7次药品比价招标和20次集中采购，集中采购药品占购进总额56%。

2006—2010年，市药监局（食药局）、市卫生局联合组织“示范药房”“星级药房”和“诚信药店”创建活动，药品市场进一步规范。

麻醉药品管理 1951年起，全县各级医疗单位使用麻醉药品均由县政府卫生科（局）列表呈报上级卫生行政部门批准，核定供应级别，由医药公司依照批文供应。医疗单位使用麻醉药品处方权由县政府卫生科（局）核准，医药零售企业不得经销麻醉药品，医药公司和医疗单位对麻醉药品实行专人专管，单独存放。1966年6月，县人委卫生科批准白蒲、石庄两所地区医院麻醉药品供应由一级升为二级，并开始对有手术条件的公社医院供应麻醉药品。

1985年，全市开始对麻醉、精神药品，毒限药，实行专人负责、专柜加锁、专用账册、专用处方、专册登记“五专”制度。对癌症病人的麻醉药品使用专卡，推行癌症病人麻醉品和一类精神病人药品购用印鉴卡制度。

进入21世纪尤其2006年后，麻醉药品和精神药品的管理进一步规范化。至2010年，全市未出现重大麻醉药品失管流失事件。

医疗器械管理 如皋是全国著名的小型医疗器械生产基地。

20世纪90年代起，医疗器械管理力度随市场、销售、使用规模扩大而不断加大。

2001年，市药监局对全市8家医疗器械生产厂家、13家医疗器械经营企业、28家医疗单位开展医疗器械大检查。

2002年，市药监局对全市各级各类医院，镇卫生所，医疗器械生产、经营企业的一次性输注器具进行专项大检查。其中对下原地区6家医疗器械生产经营单位进行9次全面执法检查，发出限期整改通知书30份。2003年，南通恒泰医疗器材有限公司取得生产企业许可证，产品填补全市无医疗器械三类产品的空白。

2010年年底，全市共有医疗器械生产企业12家，其中一类产品生产企业5家，二类产品生产企业6家，三类产品生产企业1家。有效注册产品69个，其中一类注册产品47个，二类注册产品19个，三类注册产品3个，未出现重大管理事故。

五、稽查执法

涉药案件查处 1994年12月、1996年4月，市卫生局分别对市医药公司薛窑批发部经营假土霉素、丁堰中心卫生院职工非法推销经营药品予以处罚。1998年，市卫生局查处涉药案件45起。2002年1月，市卫生局通报王某某非法经营疫苗案，对全市涉案的6所医院分别予以处罚。

2002—2003年，全市共查处涉药案件355起。2006—2010年，全市累计立案查处各类涉药案件706起，罚没款到账超500万元，完成药品抽样1001个批次，不合格批次467份，占46.65%。

专项整治 2001年12月，市药监局在全市开展生产、经销、使用非法医疗器械的专项整治。2002年，全市开展禁毒严打和精神药品生产使用的专项整治。2004年，市药监局组织假冒藏药及生产、销售疫苗专项整治。2005年，全市开展以规范药品生产、经营秩序，严厉打击各种制售假劣药品、器械为主要内容的专项整治。市药监局等部门出动检查整治人员2250人次，责令18家单位限期整改。

2006—2010年，全市开展计划生育药具、兴奋剂、违规非药品、虚假药品广告等20余项专项整治行动，出动执法检查人员近3000人次，检查涉药涉械单位1400余家次。

第九节 项目招投标及管理

一、管理机构

2001年5月，如皋市招标投标管理办公室（简称市招投标办）建立，为市政府直属正科级事业机构，下设全民事业单位如皋市招标投标中心。2003年，全市镇（区）设招投标联络员23人。2008年1月，如皋市招标投标中心被江苏省建设厅核定为一类交易中心。2010年，市招投标办核定编制5人，下设市招标投标中心和各镇（区）监管所。

二、项目招投标

2001年，市招投标办、招投标中心建立后，开始组织实施项目招投标活动。初期，多为市财政投资建设工程项目。2003年，如皋市招标投标中心网站建立并与市政府网站并网，项目招投标加快向基层延伸。

2007年1月，市招投标办获“2005—2006年度江苏省建设工程招标投标工作先进集体”称号。是年开始，招投标范围向勘测、设计、监理、评估、政府采购、绿化、信息化等多个领域拓展。2009年，市招投标办完成招投标项目459个，标的额31.32亿元，项目数比2008年同期增长31.52%，标的额同比增长81.35%，与项目招标控制价相比节约资金9500多万元，进场交易项目数和投资额，均居南通市六县市之首。

至2010年，除对招投标有特殊要求的部分国有投资项目以外，农业资源开发、土地复垦、展馆布展、文物保护等其他类别政府性投资项目均纳入招投标平台统一公开招标。全市共实施招投标项目3578个，标的额合计183.19亿元，其中2003—2010年（从2003年开始有节约资金统计），通过招投标为国家和集体节约资金9.44亿元。

制度建设 市招投标办建立不久，根据《中华人民共和国招投标法》和上级招投标管理规范性文件，结合如皋实际，建立完善并严格执行招投标程序公开、招投标信息公开、招投标活动公开、招投标结果公开等一整套招投标工作制度。2005年，对项目中标人实行项目经理押证管理制度，所押证件待该工程主体施工结束后，凭主体结构验收证明办理退证手续。

2006年，市招投标办出台《如皋市招投标不良行为记录和处理办法（试行）》等，规范招投标各方主体的市场行为，用以打击招投标过程中的不良行为，规范市场管理。2008年3月，制订《如皋市评标委员会考核细则》，建立准入、清出制度，对评委会实施动态管理。5月，出台《关于使用建造师执业资格证书参加市招投标活动有关问题的通知》，规范项目经理参加招投标活动必须具备的有关条件和履行的手续。7月，开始实施投标企业备案资

2001—2010年如皋市招投标情况统计表

表6-14

年度	实施招投标项目(个)	标的额(亿元)	节约资金(万元)
2001	150	2	—
2002	191	2.91	—
2003	257	6.80	7508
2004	413	6.83	9561
2005	358	6.75	6740
2006	397	18.59	18600
2007	425	22.25	8591
2008	349	17.30	20000
2009	459	31.32	9500
2010	579	68.44	13900
合计	3578	183.19	94400

料证明书制度，投标企业备案资料一次备案，多次使用，简化报名手续，提高工作效率。当年建立102家企业备案资料库。

2009年1月，开始实施如皋市招投标诚信告诫谈话制度，凡在如皋招投标市场上通过公开招标中标后的企业其各方责任主体及其从业人员，都必须接受诚信告诫谈话，将中标单位从业人员管理、合同管理、质量安全、工期管理、廉政建设等方面的具体要求，作为谈话的主要内容。5月，市政府出台《关于进一步规范政府投资工程建设项目招标投标管理的意见》，从公开招标范围和规模、限额以下工程发包方法、公开招标流标后议标要求、招商项目公开竞争、招标代理、资格后审办法、评标标准和方法的确定、招标工程现场管理、监督责任主体和权限等10个方面建立健全统一规范的招投标秩序；市招投标办制订《如皋市工程建设项目资格后审管理暂行办法》，取消投标报名和资格预审等环节，不再统一组织发标、答疑和现场踏勘，把资格审查和开标环节一起进行，缩短项目招标时间以解决围标、串标问题。

2010年，市招投标办制订《如皋市政府投资工程建设项目招标代理管理制度》《如皋市政府性投资工程建设项目标后跟踪管理办法》和《技术标符合性评审制》，开始实行不对技术标打分，让投标报价成为中标的唯一因素，对技术复杂、确需技术标打分的项目，实行网上远程异地评标，技术标分值所占比例不得超过30%。

评标队伍建设 2001年，市招投标办开始执行评委考核评用制度，并对评标专家实施动态管理，并随招投标业务量逐年增加，不断扩充评委库人员数量。

2005年，市招投标办开始有计划地扩充评委专业门类，侧重充实政府采购、房屋建筑、交通水利和药品采购专业评委。至年末，如皋招投标中心具有中级以上职称专家评委168人，其中省级房屋建筑和市政设施工程评委37人。

2010年，开始组织评委实施本外地远程评标工作，对远程评标资深专家评委引入CA电子签名认证，对评标专家实行一标一考核，评标完成后，随即填写远程评标专家工作质量评价表，将评标专家工作情况及时向项目所在地招投标管理机构反馈。

平台建设 市招投标办建立后，即开始实施招投标平台建设，在硬件上保障招投标公开、公

2010年如皋市招投标项目分类统计表

表6-15

项目分类	项目数(个)	投资额(万元)	备注
房屋建筑	50	182167.95	—
市政设施	171	120700.17	—
装饰装修	20	5513.60	—
绿化工程	5	347.52	—
安装工程	8	3765.59	—
监理项目	13	1132.10	—
设计项目	7	640.15	—
政府采购	3	703.02	—
其他类型	71	15945.48	—
直接发包	231	353484.42	—
合计	579	684400	共节约投资资金13900万元

2010年如皋市国有投资招投标项目分类统计表

表6-16

项目分类	项目数(个)	投资额(万元)	备注
房屋建筑	31	98732.73	—
市政设施	171	120700.17	—
装饰装修	20	5513.60	—
绿化工程	5	347.52	—
安装工程	8	3765.59	—
监理项目	13	1132.10	—
设计项目	7	640.15	—
政府采购	3	703.02	—
其他类型	54	31127.98	—
直接发包	143	43964.45	—
合计	455	306627.31	共节约投资资金13200万元

平、公正进行。

2010年10月，市招标投标中心整体搬迁至市民服务中心，在原有基础上建成1000多平方米的招标投标活动场所，分别设置办公区、开标区、全封闭式评标区等功能性区域，设置3个评标室、3个开标室和监管室，并配备2名专兼职网络管理员。添置电子触摸屏、电子显示屏、电动投影仪等设备，配备全新电子评标设备，增设20台远程评标专用电脑，新铺设一条10兆专用网线为网上招投标、远程评标顺利开展提供保障。同时设置监控室，安装多镜头图显设备，在开标区、评标区以及公共场所安装36个摄像头和拾音设施，配置可保存3个月的音像资料存储设备，让监管人员可以随时监听项目的开、评标情况，形成全覆盖面的监控和音像资料系统；设置语音抽取通知评委系统，通过输入项目名称、专家专业、回避条件等基本信息，随机抽取符合条件的专家，并通过电脑语音通知到评标专家，自动保存所需专家信息，在规定时间内，局外任何人都无法看到所抽取专家的信息，增强评标专家有关信息的保密程度，减少评标专家抽取过程中的人为因素；设置门禁系统，避免评标前贿赂评委、携带手机等通信工具进入评标区等问题的发生。

三、招投标监管

资格审查 招投标中心建立后开始实行廉政准入制度。在工程建设方面，一律将项目经理的信用情况、有无施工和承接的工程任务、有无不良行为等方面的情况纳入必审内容，重点遏制非法挂靠和串通投标等行为，所有在停标期间的公司和项目经理均不得参加报名。在政府采购方面，重点对供应商的企业资质、注册资金、经营业绩、营业范围等方面进行审查，严把市场准入关口。所有项目招标，要求项目经理在招标报名、开标时间及施工现场必须“三到位”。中标后的项目经理，必须履行押证手续。

信息发布监管 市招投标中心建立后，即开始实行项目招标公告，在市招标投标中心网站及市电视台等相关媒体公开发布，任何部门和单位不得以行业、专业、区域为由，缩小信息发布范围，限制、排斥潜在投标人的管理办法。与此同时，最大限度地公开招投标活动中其他各类信息（应当保密的除外），包括项目招标相关文件，资格审查不合格投标人名单、招标控制价、中标结果、答疑文件、清单图纸等，均及时在网上公布。评标结果在市招投标中心公示栏公布的时间，不得少于2个工作日。

开标、评标监督 2001年，市招投标办开始实行开标前1小时抽取评委。

2007年，开始在开标、评标场所配备使用音频、视频监控系统、招投标监管系统、评标专家随机抽取系统等设施，最大限度减少评标过程中的人为因素。

2010年，在完善招投标平台建设的基础上，实行最大限度地隔绝招标人、投标人、评委之间的非正常联系，最大限度地压缩人为因素对中标结果的影响，最大限度地遏制围标串标以及权力寻租现象的发生。推行技术标符合性评审，一般项目不对技术标打分。招投标中心实行招标代理企业驻场，为招标工程无偿咨询服务。采取综合措施强化标后跟踪监管，将日常检查和专项检查结合进行，一般工程在施工期间检查不少于3次，让招投标现场与施工现场“两场”联动。年内，市招投标办对18个镇（区）62个项目实施标后跟踪管理。

不良行为查处 2006—2007年，市招投标办查处招投标不良行为6起，发出整改通报23份，计对9家投标人、15个项目经理不良行为予以累计停标78个月的处罚。2008年，对具有不良行为的3家投标人、11个项目经理予以累计停标91个月的处罚。2009—2010年，查处招投标不良行为13起，给予累计停标92个月的处罚；处理投诉事项5起；办理一起投标企业弄虚作假、骗取中标的行政处罚案件。

卷七 开放开发

如皋濒江临海，具有丰富的长江岸线资源和显著的区位、交通、土地、人力资源等优势。明清时，即有“金如皋”美誉，进出口贸易繁荣，一些出口商品在国际博览会上获奖，成为全国著名外贸出口产品基地。日本侵略军侵占如皋期间，全县对外贸易被其垄断，后中断。中华人民共和国成立后，全县对外贸易逐步恢复。

中共十一届三中全会以后，如皋的开放开发优势得以充分发挥，对外贸易快速增长。1984年，全县外贸收购额突破1亿元，成为全国主要外贸县之一。1988年3月18日，国务院将如城镇列为沿海经济开放区。4月5日，全县被列为对外开放地区。

20世纪90年代初，如皋港开始大规模开发建设。1992年7月27日，如皋经济技术开发区正式成立。1993年12月14日，江苏省政府批准如皋经济技术开发区为省级经济开发区。此后，如皋经济开发区、如皋港区成为如皋经济加速腾飞的双引擎。1996年，如皋市招商局设立，并相继成立上海、浙江、广东招商分局。此后，“如皋经贸洽谈会”“如皋沿江经济洽谈会”“如皋经济技术洽谈会”“如皋·中国长寿文化节”“中国(如皋)盆景艺术节”等招商引资平台相继搭建，全市形成全面开放开发的态势，招商、亲商、安商、便商、敬商氛围日益浓厚。2008年11月，如皋港成为21世纪以后经国务院批准的全国第一家县级国家一类开放口岸，海关、边检、海事、检验检疫等机构同步到位，全市对外开放进入新的阶段。2009年5月4日，如皋科技城(软件园)成立。6月26日，如皋软件园被江苏省科技厅确定为省级软件园。

至2010年，全市累计利用外资和港澳台资到账39.3亿美元。如皋港区累计投入基础设施和功能配套资金100多亿元，建成万吨级以上码头28座，拥有国家一级航道2条，落户项目150多个，其中超亿元项目38个；如皋经济开发区累计投入基础设施建设资金104.02亿元，进区企业968家；如皋软件园累计引进高新技术企业81家。

2010年，全市外贸进出口总额19.32亿美元，与如皋建立进出口贸易关系的国家和地区有135个。全市有国外及中国港澳台地区投资企业365家，其中总投资额超过3000万美元的22家，形成以大沿江开发和沿海开发为龙头，省级如皋经济开发区、国家一类开放口岸如皋港、省级如皋软件园和各镇工业集中区(园区)为主阵地的全方位开放开发格局。如皋市成为上海1小时经济圈的重要组成部分，中国东部沿海大通道和长江黄金水道交汇节点上的重要城市。

第一章 国家一类开放口岸如皋港

第一节 区位·沿革

一、区位

如皋港位于如皋市南端，港区含长青沙岛，南与张家港隔江相望，东与南通市通州区接壤，南北处于宁通高速公路与长江主航道之间，东西位于上游的江阴长江大桥和下游的苏通长江大桥之间，居南通港上游28千米，距上海市120千米，地处上海、南京、沪宁线90分钟经济圈内。有（如）皋张（家港）汽渡、宁通高速、沿江一级公路、如港一级公路、疏港公路与外界相连，专用铁路已完成规划。

二、沿革

宋初，如皋南境及通州西境的江岸线，在孤山、段山、青天礁到狼山的一线上，旧石庄为长江北岸如皋段港口。明朝永乐以后，如皋江岸剧烈崩塌。民国《如皋县志·民赋志·沙田》载："明永乐初，江势趋北，奔冲漱啮，坍塌内从者凡六十里。"旧石庄镇坍没入江后，北迁于今石庄重建新镇。此后，石庄、张黄港先后成为长江北岸如皋段重要港口。

随江岸变迁，民国27年（1938年）前后，长江北岸如皋段港口移至新生港。民国32年，永安沙与新生港筑海坝连接。民国34年，新生港淤闭后断航，长江北岸如皋段港口移至头案港、陈坤港。

1992年年初，市委组建如皋港筹建领导组，并向南通市政府申报建立如皋港经济开发区。在南通市政府正式批准建区前，将如皋港作为如皋经济技术开发区的一部分，开始实施区域开发。5月，市委、市政府邀请著名水利专家、学部委员、河海大学教授严恺率领的沿海港口规划论证审定组一行20多名专家、学者对如皋港口的开发和建设进行实地考察论证。6月，市委、市政府在南京苜蓿园饭店举办长江如皋港水域利用可行性论证会，60多名教授、专家参与论证，一致认为长江如皋段48千米长江岸线中深水贴岸、微冲不淤的20.2千米深水岸线为天然良港，可以兴建万吨级以上码头，如皋港可行性报告获得通过。1993年1月，南通市政府批准成立如皋港经济技术开发区。

1993—1998年，市委、市政府先后举办如皋港码头选址及岸线规划方案汇报会、《如皋港万吨级码头工程可行性研究报告》评审会，并邀请交通部规划研究院领导和专家到如皋港经济开发区视察了解长江岸线如皋段规划及港口建设情况。与此同时，港区基础设施建设、招商引资等工作展开。

2002年，市委决定将如皋港区建设成为如皋市次中心城市，如皋港经济开发区管委会完成将港区建成总人口20万人、城市人口约8万人、城区面积15平方千米的如皋市次中心城市规划提纲。

2003年年初，江苏省委、省政府作出沿江大开发战略决策后，市委、市政府立即组建沿江大开发指挥部，市委书记陈惠娟任总指挥，以如皋港建设为突破口，在全省率先拉开沿江大开发的序幕，并作出如皋港区"东扩北延"决策，将港区范围扩大到宁通高速公路以南，如海运河以西，四号港以东，计120平方千米。3月初，市政府委托上海同济大学城市规划设计研究院对港区120平方千米区域范围进行规划设计。5月，市沿江经济综合开发指挥部召开开发总体规划论证会，对如皋沿江开发总体规划进行修改和完善。6月，市委、市政府在南京举行沿江开发总体规划论证评审会，江苏省社会科学院牵头组织国家有关部委、省和南通市相关部门以及知名高校的领导、专家对如皋沿江开发总体规划进行评审。8月4日，市人大常委会审议批准《如皋市沿江开发总体规划》，把如皋港区产业定位为重点发展船舶修造、石油化工、精细化工、高新技术四大产业，同时把现代物流作为支撑产业发展的主要配套，把生态环境建设作为沿江开发可持续发展的重要内容，实现产业、生态、环境的互动开发。《如皋市沿江开发总体规划》，是在江苏省沿江15个县（市）中率先完成编制的一部沿江开发规划。是年开始，长江镇（如皋港区）围绕市委提出的“一年大变、三年突变、五年巨变、八年再造一个如皋经济总量”目标，高起点编制沿江开发规划，高标准推进沿江基础设施

图7-1 2003年6月，如皋市委、市政府在南京举行沿江开发总体规划论证评审会

和功能配套设施建设。

2004年，市政府将长江镇头案村、海坝村、中心沙村、二百亩村、知青村、长青村划归如皋港经济开发区行政代管。2005年上半年，市委、市政府委托中国科学院南京地理与湖泊研究所对如皋港区总体规划进行修编。此次修编以空间布局为主，突出科学发展、可持续发展的指导思想，按照江苏省沿江开发总体规划的要求，结合如皋实际，将沿江地区规划为建设“一区三园”，即港口新城区和临港工业园、现代物流园、生态养生园，“一区三园”总面积64.8平方千米。8月，市政府再次将市蚕种场、良种场、棉花原种场、中心沙水产养殖场划归如皋港经济开发区管理。11月6日，如皋市沿江开发总体规划修编在南京通过专家评审。是年，永平、永平闸、平南3个村（居）划归如皋港经济开发区行政代管。

2008年1月起，长江镇与如皋港经济开发区合署办公，实行一套班子两块牌子，对外称长江镇（如皋港区），辖19个村（居），4个场圃，总人口7.64万人，其中非农业人口9326人，暂住人口1.27万人。11月23日，国务院批准如皋港为国家一类开放口岸，这是进入21世纪以后国务院批准的首家在县（市）级设立的国家一类开放口岸。是年，如皋港船舶园区、物流园区分别被列为江苏省重点工业园区和重点物流基地；熔盛重工经国家发改委批准为国家一级造船基地；江苏省如皋经济开发区（如皋港区）获第二届“长三角最具投资价值开发区”称号。

2009年3月2日，国家一类开放口岸如皋港正式对外开放。2010年7月28日，如皋港集装箱国际航线正式首航，航线开通日本、韩国、澳大利亚和东南亚、中东等国家和地区。是年，如皋海关正式开关，边检、出入境检验检疫、海事等联检机构相继入驻，如皋港现代物流外包服务中心正式运行。

至2010年末，如皋港区累计建成万吨级以上码头28座，累计投入基础设施和功能配套建设资金100多亿元。又来沙、泓北沙、长青沙内港池全面完成；区域供水工程、污水处理工程、垃圾热电工程、中油天然气输配工程等项目建成投运；产业园区“九通一平”（九通：雨水、污水、自来水、天然气、电力、电信、热力、有线电视管线及市政道路；一平：土地平整）全面到位；如港新城“八横八纵”（经一至经八、纬一至纬八）公路交通框架和城市结排水管网全面建成，市政设施同步到位，开发房地产300万平方米，建成春江花苑、红星花苑、平南花苑等居民小区；公安、工商、地税、国税、法庭等部门先后入驻办公；港城实验学校、青少年素质教育基地、如皋港人民医院、如皋港汽车站、省沿江开发人才市场、金岛养生园等陆续建成投入运营。累计落户项目150多个，其中产值超亿元项目38个，规模企业103家；培育高新技术产业企业41家，其中高新技术企业4家，省级创新型企业3家；建成南通市级以上工程技术研发中心21家，其中省级5家；建成省级院士工作站2家，企业博士后工作站1家。

2010年，长江镇（如皋港区）完成全部工业产值525.45亿元，是2003年长江镇及如皋港区全部工业产值11.72亿元的44.83倍，比2003年度如皋全市工业总产值200.48亿元，多出324.97亿元；完成财政总收入27.88亿元，是2003年长江镇及如

皋港区财政总收入5960.28万元的46.77倍，比2003年全市财政总收入9.04亿元，多出18.84亿元。是年，长江镇（如皋港区）党工委、政府完成《长江镇（如皋港区）"十二五"时期现代化建设规划纲要》修编。市口岸和港务管理局按照"建设大港口、构建大交通、发展大物流"的港口发展思路，组织编制《"十二五"港口发展规划》和《如皋市"十二五"水运发展规划》《江苏省如皋现代化港口物流基地总体规划》《如皋市饮用水水源地安全保障规划》等各项专项规划。

第二节 港口

一、码头

20世纪40年代中期，如皋县南境、今长江镇（如皋港区）的永安沙形成头案港码头和陈坤码头，后随河道调整和沙滩淤涨，2码头先后于20世纪50年代、70年代停止使用。20世纪80年代起，随着长江北岸江岸线涨塌、冲刷，如皋段逐步形成深水贴岸、微冲不淤的天然良港。

1992年11月5日，市委、市政府召开如皋港码头选址及岸线规划方案汇报会，交通部三航设计院主任工程师汪雄银、牟挺洪和如皋港万吨级码头项目设计人李鹏飞等汇报如皋港岸线利用规划和港区规划原则、规划范围、集疏运条件、港区功能、港口作业划分、港区高程等，并把第一个万吨级码头地址选定在四号港口与如皋港之间。

1993年3月26—27日，如皋港筹建办公室召开《如皋港万吨级码头工程可行性研究报告》评审会，出席会议的有水利部、江苏省水利厅等17个部门的领导、专家、代表计43人，一致认可可行性研究报告。1998年，如皋港区第一座码头南通东方石油化工专用码头开始筹建。

至2010年，如皋港共拥有20.2千米深水贴岸、微冲不淤的长江岸线和两条国家一级航道，共建成10万吨级码头2座、3万—8万吨级码头8座、万吨级码头18座，年吞吐能力5000万吨以上。是年，共装卸货物1714万吨，比2009年增长56%，全年靠泊外轮800艘次，比2009年增长17.6%。

头案港码头 民国34年（1945年），新生港淤闭断航后，长江北岸如皋段港口移至头案港，并建成头案港码头，除客运外，正常运送生猪、花生等物资至上海、南京、无锡等地，上海、无锡等地亦有大量物资通过头案港码头运至如皋。头案港码头初为土质码头，设备简陋，较大商船等涨潮靠岸，然后以人力、桥板（俗称跳板）装卸货物。1967年冬至1974年春，如皋利用和改造龙游河下游河段开挖抽水站引河，内河水运码头移至抽水站引河沿线，头案港码头不再使用。

陈坤码头 至民国29年（1940年），永安沙东部沙滩围成近万亩沙田，同时郭园、营防等沿江地段部分田块先后坍入江中，部分居民及外地移民纷纷向永安沙迁移。民国33年，陈坤二案完成围垦，陈坤码头正式形成，成为永安沙和夹槽以东营防、五接等地区人员、货物往来的重要码头。20世纪50年代，东夹槽淤积，陈坤码头消失。

南通东方石油化工专用码头 1998年10月6日开工建设，位于四号港口与如皋港（原抽水站引河淤塞后，于1990年冬实施辟口施工并建如皋港闸，港名为如皋港）之间，又来沙南侧，由中艺华海进出口公司和香港富佳集团有限公司合资创建，总投资5000万美元，占地228亩，占用港岸线300米，1999年建成投产，为如皋港第一座万吨级码头。码头总长260米，平台长120米，宽16米，码头前沿水深-14米，航宽500米，常年可靠泊万吨级各类船舶，接卸速度1500吨/小时。码头备有固定、机动消防设施及防污应急材料，并具有500万立方米油品仓储能力。

2000年12月21日，挪威的"捷达号"轮满载2万吨苯甲酸成功在码头停泊、接卸，使该码头成为如皋历史上第一个停泊、接卸外国大型商船的码头。2001年4月21日，总载重量为6.8万吨的大庆92号油轮安全抵达该码头，此为如皋港开埠以后停靠作业的第一艘5万吨级以上船舶，标志着如皋港专用航道已达到国家一级航道标准。2002年6月，该码头中的3万吨级重油码头获准升等为5万吨级石化码头。

2003年12月1日，5万吨级码头河势分析报告在南通经专家组评审通过。南通东方石化专用码头还另建有千万吨级东方囤油码头一座，码头区域设有多种类型石化储罐26只，容积22万立方米，其中有9.5万立方米的公共型液体石油化工仓储保税罐。2010年,该码头每年平均月吞吐量8万—10万吨。

阳鸿石油化工码头 2002年4月24日,开始筹建。2004年7月26日,建成投入使用。为南通阳鸿石化储运有限公司利用600米又来沙长江岸线建造的码头。码头内设有1座8万吨级、1座3万吨级石化码头。码头类别、吞吐品种为汽油、柴油、燃料油、硫酸、丙酮等。2010年,年吞吐量约14万吨。

南通焯晟石油化工码头 2003年筹建,2005年8月建成,为南通焯晟石油化工有限公司利用418米又来沙长江岸线建造的含有2座8万吨级码头的石化码头。码头类别、吞吐品种为国产渤海重质油,进口M-100重油、直溜M180燃料油等重质油。2010年,实际年吞吐量约9万吨。

南通诚晖石油化工码头 2003年4月开始筹建,2006年7月建成投入使用,为南通诚晖石油化工有限公司利用253米又来沙长江岸线建造的1座5万吨级石化码头。码头类别、吞吐品种为汽柴油等。2010年,实际年吞吐量约9万吨。

如皋港务集团公用码头 2007年9月4日,1号至3号泊位立项,2009年9月开工建设。2010年4月22日,4号泊位立项,为如皋港务集团利用

图7-2 如皋港务集团公用码头远眺（2010年摄）

1025米长青沙长江岸线建造的含有2座10万吨级(具有15万吨级功能)码头、2座5万吨级散杂货码头,另拥有内港池岸线572米,建有6座5000吨级件杂货码头。2010年,全年吞吐量1104.11万吨,其中外贸72.94万吨,内贸1031.17万吨。

如皋苏中国际集装箱码头 2008年4月开始筹建,为如皋苏中国际集装箱码头有限公司利用420米长青沙长江岸线建造的1座2万吨级多用途码头。另拥有内港池岸线757米,建有2座兼靠泊1万吨级、4座5000吨级码头。2010年10月,码头正式投入使用。

熔盛码头 由江苏熔盛重工有限公司利用3700米长青沙长江岸线、2000米内港池岸线建立的装卸、施工作业码头。2010年,已建成舾装码头3座,年吞吐量30万吨;材料码头2座,年吞吐量5万吨。

华大石油化工码头 为华大石化(南通)有限公司利用280米又来沙长江岸线建造的1座5万吨级石化码头。码头类别、吞吐品种为燃料油。

二、内港池

2003年,市委、市政府按照沿江开发总体规划和相关专业规划,在广泛征求意见、反复论证的基础上,开始实施泓北沙、长青沙、又来沙3个挖入式长江内港池工程。2008年,如皋港被国务院批准为一类开放口岸后,内港池工程实施步伐加快。至2010年年底,泓北沙内港池建成,长青沙内港池基本建成,又来沙内港池处于紧张施工阶段。3个内港池共形成可建1000—10000吨级泊位的人工港池岸线14.2千米。

泓北沙内港池 泓北沙,位于长江下游浏海沙水道上游左岸,长青沙东南面,外形接近三角形,于1997年围垦,其三边为吹沙江堤,堤顶高程7.0米。2008年4月,如皋港区管委会在组织设计,并按照申请沿江、沿海水工工程海事行政许可规定,经多层次、多部门审查、论证、批准的基础上,动工兴建泓北沙内港池,在港堤三周筑江堤,江堤退港池顶角线50米,堤顶标高7.5米,顶宽6米,江堤外坡1:3,内坡1:2.5,青坎标高4米。港池长度2000米,底宽400米,进出港池通道与长江主航道相连。4月22日,完成江堤构筑。8月8日,工程竣工,项目总投资5.2亿元。2009年,泓北沙内港池正式通航,新增长江深水岸线4400米,可以建设3000吨级至万吨级泊位16个以上。

港池码头项目定位为大中型船舶制造、船舶配套钢结构加工、大型海洋设备制造等。港池建造期间,通用码头选址两侧即有多家企业签约落户,其中有:总投资1.74亿美元的日本森松大型压力容器和海油工程项目,总投资20亿元的江南重工船用上层建筑项目,总投资9990万美元的卡尔

玛港口起重机吊机项目，总投资5亿元的中铁山桥桥梁钢结构项目以及熔盛重工修船物流项目等。

长青沙内港池 长青沙内港池位于长江下游福姜沙北水道下段左岸侧，港池长722米，宽160米，深-4.7至-5.3米，由如皋港现代物流开发投资有限公司投资兴建，项目总投资9196万元，其中自筹3219万元，融资5977万元。

2008年7月，完成基础施工建设，开始内港池码头建设。按照长江南京航道局审查意见，在港池内西南段建有长300米的5000吨级码头1座，布设5000吨级和3000吨级杂货泊位各1个；在港池西北段建有长457米的5000吨级码头1座，设4个5000吨级长江驳船泊位；所设专用泊位用于钢材、钢结构装卸以及长江航道船只在特殊情况下避风靠泊。

至2010年年末，如皋港务集团已利用港池岸线建成6座5000吨级件杂货码头；苏中国际集装箱码头有限公司已利用港池岸线757米，建成2座兼靠1万吨级、4座5000吨级集装箱码头。

又来沙内港池 位于如皋港引河口门段，港池长2650米，宽180米，深-7米，工程由如皋市沿江开发投资有限公司投资兴建。港池建成后，可以利用港池两侧5100米港池岸线，建造12座5000吨级杂货码头、16座5000吨级化学品码头。该工程于2009年春动工，至2010年年末，仍在高速施工建造中。

第三节 口岸

一、开放区域

2005年9月，市委、市政府相继向南通市政府、江苏省政府申报如皋港列为国家一类开放口岸。当年，国家海关总署将如皋港国家一类口岸列入“十一五”发展规划，并经过国家10多个部委办局会审同意，转报国务院。

2006年1月，交通部批准如皋港为临时对外开放口岸，并于2007年2月1日开始对外开放。

2008年11月23日，《国务院关于同意江苏如皋港口岸对外开放的批复》(国函〔2008〕106号)正式批准如皋港为国家一类开放口岸。国务院批复同意的如皋港口岸对外开放水域范围为：北纬32°04′25″、东经120°30′54″，北纬32°02′48″、东经120°32′53″，北纬32°01′41″、东经120°34′06″，北纬32°01′25″、东经120°34′06″，北纬32°00′24″、东经120°38′15″，北纬32°03′28″、东经120°37′55″，北纬32°03′58″、东经120°38′46″，北纬32°05′15″、东经120°38′35″8点连线范围内。岸线共长11.64千米，其中又来沙段4537米，为北纬32°04′25″、东经120°30′54″，北纬32°02′48″、东经120°32′53″两点连线内；长青沙、泓北沙段7103米，为北纬32°02′00″、东经120°34′40″，北纬32°00′24″、东经120°38′15″两点连线内和北纬32°03′45″、东经120°34′34″，北纬32°03′58″、东经120°35′16″两点连线内两段岸线。《批复》同意在如皋港口岸设立处级海关、检验检疫机构，团级边检(现役)机构。核定查验人员编制189名，其中海关38名，检验检疫33名，边检(现役)118名。

至11月底，如皋港一类口岸开放范围内岸线上计有码头泊位35个，分别为华大石化5万吨级泊位1个，诚晖石化5万吨级泊位1个，焯晟石化8万吨级泊位2个，东方石化5万吨级泊位2个，阳鸿石化3万和5万吨级泊位各1个，国鼎管桩2000和5000吨级泊位各1个，华泰3000吨级泊位2个，港务集团5万吨级公用泊位4个和3000吨级泊位12个，熔盛船厂30万吨级舾装泊位3个、3万吨级修船泊位1个、5000吨级材料泊位1个，长青沙船厂3万吨级舾装泊位1个，通宝船厂3万吨级舾装泊位1个。

12月28日，如皋港一类开放口岸启动仪式在港区举行。2009年2月26日，交通运输部发布公告，宣告如皋港一类口岸自2009年3月2日起正式对外开放。

二、海关

2005年起，如皋市在启动口岸开放申报工作的同时，加快推进如皋海关申报和其他相关准备工作。2006年，交通部批准如皋港为临时对外开放口岸后，如皋港海关管理工作由南通海关兼管。

2008年9月，位于如港新城经二路与纬五路交会处西首的如皋海关办公大楼竣工，占地面积5275平方米，建筑面积5200平方米，设有满足现代化办公和特殊查验需要的核心网络系统、电子排队系统、会议系统、音视频系统、监控系统，电脑、电话、UPS电源、触摸屏、票据打印、服务器等设施均按要求配备到位。

2009年2月16日，国家海关总署正式批复同意设立如皋海关，机构级别为正处级，隶属南京海关，是为进入21世纪以后国务院在县级市设立的首个正处级海关。6月29日，中华人民共和国如皋海关正式挂牌开关。如皋海关在如皋港区内设有码头类监管场所6处，堆场及储罐类监管场所5处。7月13日，如皋海关正式对外办理业务。是年，征收关税5.2亿元。

图7-3　如皋海关大楼与出入境检验检疫大楼　（2009年摄）

至2010年底，如皋海关累计征收税款（含保证金）23.5亿元；监管进出口货物380.81万吨，价值32.40亿美元；办理或移交违规进出口案件3起，案值约9000万元。是年，如皋海关被表彰为江苏省青年文明号、如皋市文明单位和服务地方建设先进单位。

三、边检

如皋港边防检查工作初由中华人民共和国南通边防检查站兼管，后获准成立中华人民共和国如皋边防检查站。

2010年8月29日，如皋边防检查站与南通边防检查站完成边检任务交接。8月30日，如皋边防检查站正式挂牌办公。办公地点位于如港新城区经二路与纬五路的交会处，如皋出入境检验检疫局东侧，占地27亩，建筑面积9502平方米，其中办公楼6层、建筑面积5976平方米，勤务中队综合楼5层、建筑面积3526平方米。长青沙基层监护中队位于长青沙岛远洋路西侧、静海路南侧，占地面积25亩，营房建筑面积4400平方米，其中综合楼4层、面积3500平方米，附属用房两层，900平方米。

图7-4　边防检查　（2010年摄）

按照国务院《关于同意如皋港口岸对外开放的批复》，如皋边防检查站为团级边检（现役）机构，核定边检（现役）人员118名。主要担负如皋港区对外开放码头、泊位的出入境人员及其行李物品、交通运输工具和载运货物的边防检查及监护管理任务。同时，承担对口岸限定区域进行警戒和边防查验、堵截等任务。

是年，如皋边防检查站共检查出入境（港）中外籍船舶298艘次，检查出入境（港）人员5964人次，其中出入境人员3324人次，出入港人员2640人次。办理各类证件1684份，累计出动警力1256人次。

四、海事

2001年6月12日，中华人民共和国南通如皋海事处正式成立。根据《交通部关于部直属海事系统派出机构设置的通知》（交人劳发〔2000〕675号），为设置于如皋港的交通部直属海事派出机构，下设二案办事处。如皋海事处主要负责管辖如海河口以上如皋市行政区域、沿江及长青沙岛与通州市管辖区域沿江水域，在辖区内办理国内航行船舶签证、内贸船舶载运危险货物的申报审批、监督检查辖区沿岸安全保障、处置和调查权限范围内的水上交通事故和船舶污染事故等事务。

2010年，如皋海事处先后获得江苏海事局先进基层党组织、江苏海事局先进集体、江苏省青年文明号等称号。至是年年底，中华人民共和国如皋海事大楼竣工，位于如港新城经二路与纬五路交会处，如皋海关东侧，占地面积4625平方米，总建筑面积7626平方米。如皋海事局机构编制报告,经交通运输部批转上报国家编制办公室审批,如皋港海事管理由如皋海事处工作组先行入驻展开。管理工作主要围绕水上交通运输安全和防止船舶污染进行,并大力推进港口基本建设、港口规划布局、航道升级、码头开发开放、导引15万吨级以上大型船舶、扶持建设大型造船基地、建设如皋散杂货物流基地和危险货物中转基地等(2012年6月18日,中华人民共和国如皋海事局正式挂牌成立)。

五、出入境检验检疫

2010年10月9日,如皋出入境检验检疫局正式在如皋港挂牌运行。办公地点位于如港新城区经二路与纬五路交会处,如皋海事处东侧,为江苏出入境检验检疫局在苏中、苏北县级市设立的首个出入境检验检疫正处级机构,按照国务院《关于同意如皋港口岸对外开放的批复》,核定编制33名。

是年,如皋出入境检验检疫局实有在编人员12名,依法履行如皋口岸进出境货物报检、出入境船舶卫生检疫及进出口商品检验、鉴定等职责。共接受入境货物报检51批次,签发入境货物重量鉴定及空舱鉴定证书41份,货值1.39亿美元,收费金额215万美元,检疫出入境交通工具上的员工2176人次,检定进出口船舶49艘95批次,鉴定货物重量34万多吨,报检金额1.38亿美元。

第四节 如港新城

一、区域

初期规划面积11.80平方千米,位于如皋港区疏港公路以东、周圩港以西、沿江一级公路以北。2005年,根据《如皋市沿江开发总体规划》,二案、永平、长新集镇区域融入如港新城区统一规划建设。

二、道路

20世纪90年代,如港新城起步区道路建设以方格网为主,局部道路沿河岸规划建设,致力建

图7-5 2005年3月28日,如港新城项目开工奠基

成由主干道、次干道、支路组成的新城道路网络。至2006年,新城起步区全长10.5千米的纬三路、纬五路、经一路、经四路建成通车,衔接国道、省道的主干道路连接工程相继竣工,总投资2.1亿元的沿江一级公路如皋段建成。2007年,又建成新城区"两纵一横"主干道路。

2009年,如港新城纬四路、纬八路、经一路南延,纬五路东延路段建成通车;如皋港汽车站投入运营,每天有160多辆次班车发往全国各地。

2010年,实施纬一路、纬四路东延,经五路北段、经二路、经三路南延,学府路北延等工程并建成通车。至此,如港新城"八横八纵"道路框架基本形成。

疏港一级公路 连接如港公路与皋张汽渡,全长10千米,宽25米,总投资1.4亿元,按一级公路标准设计、施工。2005年,竣工投入使用。

经一路(丽泽路) 位于疏港公路东侧,南至华江大道(纬五路),北至长江路(纬三路),全长1.4千米,路面宽度为18米,设计等级为城市次干道二级,双向两车道。2006年开工,2007年竣工。为如港新城区西部的主干道之一,工程总投资1200万元,经一路景观带总用地13.88公顷。

经二路(丰泽路) 南至华江大道(纬五路),北至江防路(纬一路),全长2.75千米,宽28米,为如港新城区支干线之一,工程总投资2700万元。2009年,竣工投入使用。

经三路(康泽路) 南至华江大道(纬五路),北至江防路(纬一路),全长2.75千米,宽28米,为如港新城区支干线之一,工程总投资2700万元。2009年,竣工投入使用。

经四路(龙游路) 南至沿江一级公路，北至长江路(纬一路)，全长5千米，路面宽度40米，绿化景观区宽度40米，按城市主干道二级设计，双向四车道。工程总投资6000万元，2010年竣工。

经五路 南至纬五路，北至纬一路，全长2.75千米，路面宽度28米，绿化景观区宽度3米，按城市主干道二级设计，双向两车道，工程总投资2500万元。2010年，竣工投入使用。

经六路 南至沿江一级公路，北至纬一路，全长4.25千米，路面宽度28米，绿化景观区宽度3米，按城市主干道二级设计，双向两车道，工程总投资约3800万元。2010年，一期工程竣工。

经七路 南至纬三路，北至纬一路，全长1.2千米，路面宽度28米，绿化景观区宽度3米，按城市主干道二级设计，双向两车道，工程总投资1100万元(2013年竣工投入使用)。

经八路 南至纬五路，北至纬一路，按城市主干道二级设计，双向两车道。2010年，规划设计中。

纬一路 位于疏港公路东侧，西至疏港路，东至经七路，全长3.1千米，路面宽度为14米，设计等级为城市次干道二级，双向两车道(2014年全线竣工通车)，为如港新城区北部的主干道之一，工程总投资3200万元。

纬二路 位于新跃河东侧，西至经四路，东至经七路，全长0.9千米，路面宽度为28米，设计等级为城市次干道二级，双向两车道(2012年全线竣工通车)，为如港新城区北部的主干道之一，工程总投资900万元。

纬三路(长江路) 西至如港路，东至如海河西路。全长6.5千米，路面宽度28米，设计等级为城市次干道，双向四车道，两侧设有绿化带和行人休息区，工程总投资1600万元。2006年7月，竣工投入使用。

纬四路 西至经一路，东至经六路。全长2.5千米，路面宽度28米，设计等级为城市次干道，双向两车道，两侧设有绿化带和人行道，工程总投资2600万元(2013年10月全线投入使用)。

纬五路(华江大道) 西至通江路，东至204国道南延港口连接线。全长5.20千米。路面宽度40米，绿化控制区为20米，设计等级为城市主干道二级，双向四车道，如港新城区的主干道之一，工程总投资5400万元。2010年，基础工程完工。

纬六路 西至经三路，东至经六路，全长1.20千米。路面宽度14米，绿化控制区为12米，设计等级为城市主干道二级，双向两车道，如港新城区的主干道之一，工程总投资900万元。2010年，在建。

纬七路 西至经四路，东至经六路，全长0.7千米。路面宽度7米，绿化控制区为6米，设计等级为城市主干道二级，双向两车道，工程总投资300万元。2010年，在建。

纬八路 西至学府路，东至经四路，全长0.8千米。路面宽度20米，绿化控制区宽10米，设计等级为城市主干道二级，双向四车道，如皋港港城学校外围的主干道之一，工程总投资800万元。2009年，竣工投入使用。

长青沙环岛公路 起点距长青沙大桥南600米，与疏港路呈十字交叉，东路终点接泓北沙长江大堤，全长7.7千米；西路终点接船舶园区纬二路，全长4.2千米。按照一级公路设计、施工，路基宽度25.5米，单侧绿化带宽度30—35米，双向四车道，工程总投资1.4亿元，2007年10月，竣工投入使用。

三、桥梁

长青沙大桥 (参见卷四第二章第二节《交通设施》)

华江大桥 位于华江大道(纬五路)与龙游路(经四路)的交界处西100米的原江防新跃河上，长、宽均为40米，桥面分为三股道(以公路面两道绿化带为界)。2005年底，华江大桥建成通车。

如皋长江大桥 位于如皋港港口连接线(一级公路)上，横跨长江北汊，南堍位于长青沙岛原东风滩地，大桥桥身长1046米。2010年12月8日，开工建设。

四、公用设施

给排水 1990年，长青沙水厂建成投产，铺设管网30千米。2000年，如皋港经济开发区实施如港新城区给排水主管网建设工程。2008年12月30日，南通市西北片引江供水一期工程首先对长江镇(如皋港区)供水。

至2010年，长江镇(如皋港区)除港、河、渠处，共埋设给水管道230千米，排水管网159.12千米。

建成长青沙清水池1座、容积4000立方米，如皋港清水池1座、容积6000立方米，镇自来水厂清水池1座、容积2000立方米。建成生活污水泵站7座，化工污水泵站2座，中心河、江防河强排站各2座，环北河、环城南河强排站各1座，建造涵洞25座。

供电 1987年，长青沙通电工程竣工，长青沙实现通电。1996年4月，二案35千伏变电所建成，石庄至二案6.5千米、35千伏输电线路投入运行。

2004年9月，二案变电所至港区3.08千米、35千伏输电线路投入运行；港区110千伏变电所建成；石庄至港区11千米、110千伏输电线路投入运行。2005年7月，港区至工业园区2.33千米、2.31千米两条35千伏输电线路投入运行。

2008年7月，长青沙110千伏变电所建成；港区至如皋港4.6千米、35千伏输电线路投入运行。2008年11月，二案至长青沙3.4千米、4千米两条110千伏输电线路投入运行；二案至港口两条3.50千米、一条4.40千米110千伏输电线路投入运行。是月，如皋港220千伏变电所建成；二案至港口两条各长27.4千米220千伏输电线路投入供电。2010年底，共有变电所5家，其中：220千伏1家（如港变）、110千伏2家（长青沙变、港区变）、35千伏2家（二案变、薛窑变）。

2010年度，农村综合变压器426台、总容量126790千伏安，400伏线路341.5千米；10千伏线路38条、总长度398.3千米。

医疗 2009年，长江镇卫生所设立，原长江、江防医院设施不断完善，如皋港人民医院建成投入使用。如皋港人民医院位于如港新城区京江路（纬四路）北侧、康泽路（经三路）东侧，为上海申慈医院管理有限公司独家投资的非营利二级甲等综合医院，总占地面积80亩，总建筑面积6.8万平方米（首期1.8万平方米），投资额人民币1.5亿元（首期8000万元）。医院设有内、外、妇、儿科，五官科、麻醉科、急诊科、重症监护科（ICU）等科室以及烧伤科、创伤科等特色专科。拥有一大批进口设备，有一批上海及省内知名专家从事医疗服务，配备床位300张。

图7-6 如皋港人民医院 （2010年摄）

教育 2009年9月，在长江镇教育布局调整，长江小学基本实现现代化的同时，如港新城区建成港城实验学校和如皋市第一中等专业技术学校。港城实验学校为小学、初中九年一贯制学校，是全市现代化程度最高的学校之一，位于沿江一级公路北侧、如港新城区纬八路南侧，由如皋市教育局按照《江苏省乡镇教育、学校基本实现现代化建设标准、评估意见》投资建设，占地约245亩，总投资人民币1亿元，设置30轨120个班级，配备全市规模最大的接送学生车队；如皋市第一中等专业技术学校位于沿江一级公路北侧、如港新城区龙游路（经四路）西侧，占地272亩，总建筑面积约12.28万平方米，由如皋市职业技术学校投资建设，总投资人民币2亿元，于2010年建成开学。

养老休闲 长江镇（如皋港区）社会福利中心（敬老院）总投资2000万元，占地2.27公顷，总建筑面积1.2万平方米，设计标准房间202间。至2010年，第一期工程竣工并投入使用。新城区共增设有公共健身广场9处，总面积120公顷。

五、商贸服务设施

如港新城主要商业、服务设施分布于如港新城区商业街、春江花苑一条街、江防商业街、长青沙商业街、熔盛船厂商业区，另有江防中央桥、春江花苑、长青沙、二案等农贸市场。

建有雅博酒店、雅镜酒家、猎渔馆、华秋饭店、邑江大酒店、鸿运酒楼、日月酒店、江海渔村、春江夜都市、海港新城、江风海韵、海上明珠以及华利、品德、文峰、超越超市等规模商贸服务设施。其中，春江夜都市位于如港新城区纬三路北侧，春江花苑三期工程南侧，总建筑面积8000平方米，总投资1000万元，房屋、景观工程设计以仿古和欧洲风格相结合；雅博酒店（雅博苑）位于纬三路南侧、经三路东侧，总建筑面积7000平方米，总投资3000万元，按三星级标准建设，酒店除设有各类标准套房外，配有可以容纳300多人同时使用的多功能厅和可容纳130人的豪华商务会议室。

2010年年底前，中央商务区(CBD)及休闲商务区(RBD)规划及五星级酒店规划设计均通过评审，并开始筹建。

六、住宅小区

1993年，中洋桥西公路北侧实施江防农民商品楼小区建设工程，建筑面积3.7万平方米，一楼为店面房，二楼为生活用房，入住个体商户32家。1996年，长江镇实施二案集贤居民小区建设，建有居民住宅楼5幢，建筑面积8200平方米。1997年，江防乡实施位于江防河河南一字街西侧的江防河河南商住小区建设，当年竣工，建筑面积3600平方米，入住个体工商户32家。进入21世纪，长江镇、如皋港经济开发区根据港区建设规划和《如皋市沿江开发总体规划》，结合项目建设、农民搬迁，开始建设春江花苑等大型居住小区，主要供港区农民搬迁安置，同时为迅速增加的外来商贸服务人员和港区企业员工提供住房。

春江花苑 位于如港新城区北侧，西至疏港路，东至新跃河西侧，北至纬一路，南至纬三路，2005年开工建设，一期工程占地面积3.8公顷，296套居住房建成，2006年交付使用，投资主体为如皋港区，投资金额8467.58万元。二期工程2006年开工建设，占地面积15.1公顷，建设住房744套，2007年建成交付使用，投资主体为如皋港区，投资金额3.36亿元。三期工程2007年开工建设，占地面积14.9公顷，建设住房844套，2008年建成交付使用，投资主体为如皋港区，投资金额1.27亿元。四期工程2008年开工建设，占地面积42公顷，建设住房2540套，2009年建成交付使用，投资主体为如皋港区，投资金额3.18亿元。五期工程2009年开工建设，占地面积19公顷，建设住房1150套，2010年建成交付使用，投资主体为如皋港区，投资金额1.59亿元。是年，春江花苑累计安置住户6260户12520人。

长青沙小区 位于长青沙岛新长街南北两侧，2007年开工建设，占地面积54.7公顷，建设住房3924套，投资主体为如皋港区，投资金额5.82亿元。至2010年年底，已建成住房累计入住拆迁户1504户3008人。

锦绣佳园 位于春江花苑南侧，2007年开工建设，占地面积2公顷，建设住房245套，投资主体为如皋港区，投资金额5500万元，2009年建成交付使用。2010年，入住237户。

红星社区 位于如港新城红星桥东侧，经六路路西，分南北两区。2008年，红星南区一期开工建设，占地面积33.8万平方米，建设住房2550套，投资主体为如皋港区，投资金额4.01亿元。2010年，红星北区开工建设，占地面积51.9公顷，建设住房3100套，投资主体为如皋港区，投资金额5.81亿元。

海上明珠 位于春江花苑近侧，2008年开工建设，占地面积2.6公顷，建设住房224套，投资主体为如皋港区，投资金额7200万元。2010年，入住61户。

未来海岸 位于春江花苑东南侧，2008年开工建设，占地面积5公顷，建设住房902套，投资主体为如皋港区，投资金额1.8亿元。2010年，入住613户。

第五节 园区建设

一、临港产业园

建于2005年，地跨长江如皋段北汊两岸，包括长青沙东南片、泓北沙、江北如皋港区长江岸线。重点发展船舶修造、电力冶金、石油化工、高新技术等主导产业。整个园区由船舶制造及配套产业园、高新技术产业园、石化产业园、精细化工园、特钢及重型装备产业园5个产业集群区组成。

船舶制造及配套产业园 规划占地面积18平方千米，一期开发面积3平方千米。园区以熔盛重工为龙头，重点发展钢结构、舾装件制作、甲班、涂装、电子导航、维修等船舶配套产业。发展目标为建成一个国家级船舶和海洋工程科技产业园。

熔盛重工是江苏省“十一五”重点项目，其造船项目总投资49.6亿元，2005年10月开工建设。同期投资建设的项目还有佳泰(南通)重工项目，由香港泰伦国际有限公司投资，总投资1000万美

图7-7 2009年6月18日，华泰重工3.73万吨船舶下水

元，主要生产船用发电机组、船舶钢结构及配套产品；华泰（南通）船务有限公司，公司注册资金1000万美元，专业从事大型钢结构和船舶配套项目的生产。泓北沙内港池于2008年4月建成，可建设数千吨和上万吨级的泊位近20个，适合船舶修造、海洋工程类项目落户发展。

至2010年，该园区有熔盛重工、佳泰重工、华泰重工、森松重工、海通海工、瑞泰船务、江南重工、长青沙船厂等50多家大型船舶、海工建造及配套服务企业入驻。

高新技术产业园 位于长青沙大桥北侧、疏港一级公路西侧、沿江一级公路两侧，规划面积22平方千米，分为启动区、二区和东区。启动区位于疏港路、沿江一级公路两侧，规划面积2平方千米，区内有科立特环保科技、天罡新材料等新材料企业，有开源塑业、通城仪表、海博电子、南通东阳电子等电子电器企业，有善龙食品、雨露食品等具有科技含量的食品加工企业。二区位于启动区两侧、沿江一级公路南侧。东起如海运河、南至长江北岸、北抵宁通公路，规划面积10平方千米。该区重点发展电子电器制造、新材料研发、软件开发、光电新能源等项目。区内设保税库区，发展出口型加工企业。

2010年，进入园区企业有南通铁桥机车车辆配件、善龙食品（南通）、江苏开源塑业、江苏科力特环保等企业。

石化产业园 位于中心沙水产养殖场、又来沙及二百亩部分地块，占地9平方千米。建于2003年，是如皋市规划建设的石油化工产业集中区，南通市政府批准设立的危险化学品储存专门区域，区域环保获江苏省环保厅批复。园区重点发展石油化工，为石油化工深加工提供配套服务。园内码头、道路、污水处理、供热蒸汽、供电等基础设施配套齐全，建有5万吨级石化专用码头3座，千吨级石化专用码头2座，石油化学品年吞吐能力1700万吨，设施仓储能力500万立方米。东方石化、焯晟石化、阳鸿石化已建成投产。至2010年，落户企业14家。

精细化工园 位于如皋港引河以西、四号港以东，规划面积16平方千米，建于2003年。重点发展精细化工、医药化工、纺织印染、化工建材等行业。前期开发沿江一级公路南侧4.5平方千米区域，建成集中供热和污水处理系统，规划日处理污水能力10万立方米，区内其他基础设施和功能配套设施基本完备，并通过江苏省级沿江区域环评。至2010年，累计引进内、外资项目31家。

特钢及重型装备产业园 规划面积10平方千米，宁通高速公路、沿江一级公路、如港公路、如皋港引河和戴案港引河穿区而过，拥有5万吨级长江岸线资源和5000—10000吨内港池岸线资源，可满足园区企业原材料和产品的吞吐需要。至2010年年末，原有企业、新落户企业、正在按合作协议所定分步进园的企业，已形成三大特色产业板块：以如皋钢铁、宏茂特钢、威盛特钢等为龙头的特钢加工产业板块；以华凯集团、中铁山桥和国昇国盛为龙头的高端装备制造产业板块；以东升国际石材产业城为龙头的建材产业板块。

二、现代物流园

位于长青沙岛南部，南濒长江主航道，规划面积16.87平方千米，始建于2005年。围绕实现百万标箱、亿吨大港的发展目标，园区重点吸引总部经济、港口物流、加工物流、仓储贸易等“港工贸”一体化项目，发展第三方、第四方物流，建成从事水陆中转储运，矿石、煤炭、木材、石油、化学品等大宗物品中转、发散、仓储基地，集装箱、散杂货货运物流基地。园区内公用码头、作业堆场等配套设施基本齐全。2009年，如皋港现代物流园获批为江苏省重点物流基地。2010年，获得中国“十佳物流园区”称号。

三、生态养生园

位于长青沙环岛东路两段北侧，规划面积12平方千米，始建于2005年。以环岛东路为界，先后建成长江药用植物园、长青沙生态旅游度假区。

长江药用植物园 位于环岛东路路南，由疏港路、环岛东路所环抱。总用地面积约5000亩，总投资26亿元，项目由江苏长生药用植物有限公司投资，浙江理工大学园林景观设计机构和浙江城建园林设计院联合规划设计，广西药用植物园提供技术支撑，利用长青沙岛区位优势、如皋港区经济优势，打造国际化中医药绿色健康产业发展平台，最终建成世界级药用植物名园、国家低碳环保科学发展示范基地。至2010年，完成主体基础设施，部分投入试运行。

长青沙生态旅游度假区（金岛生态园） 位于长青沙岛东北片，环岛东路北。所在地域为1979—1980年围垦的东风滩，东风滩围垦以后，成片栽植风景树、果树数万棵，开挖河道、鱼池，逐步形成一片天然生态风景区。21世纪初，市委、市政府决定对这一区域实施旅游开发，由华中科技大学武昌分校董事长金国华投资建设，并成立金岛生态园发展有限公司，开始实施对长青沙生态旅游度假区的开发建设。全区占地2300余亩。至2010年，建成百花园、迷你乐园、桂园、桃园、梨园、柿子园、橘园、红枫园、长寿园、银杏林、樱花林等园林景区，创设如皋市青少年素质教育基地并开发文化交流、健身疗养、休闲娱乐、餐饮服务、会务接待等旅游服务项目。青少年素质教育基地每年承接30多个批次近4万名学生军训和综合实践锻炼服务。

图7-8　金岛生态园　（2010年摄）

第二章 江苏省如皋经济开发区

第一节 区位·沿革

一、区位

江苏省如皋经济开发区位于城区北郊。1993年12月，由江苏省人民政府批准设立，规划范围为东起新长铁路，西至204国道，南起如泰河，北至二环路，面积4.67平方千米。开发区东南距对外开放港口南通港49千米，距南通兴东机场68千米，距上海160千米，南至国家一类开放口岸如皋港30千米，东西两翼紧依沿海高速公路、204国道，新长铁路穿境而过，如泰河、通扬运河在区内交汇。

二、沿革

1992年7月27日，如皋经济技术开发区管理委员会挂牌成立，办公地点在新落成的如皋邮电大楼。10月，市政府成立如皋市经济贸易开发总公司。10月7日，举行挂牌仪式，两块牌子，一套班子，办公地点在如城东门邮电所二楼。1993年8月28日，中日合资泰慕士服装有限公司入驻，成为开发区建立以后的第一个外资项目。12月14日，江苏省人民政府苏政发〔1993〕72号文件批复，如皋经济技术开发区为省级经济开发区，开发区随即更名为江苏省如皋经济开发区。1994年2月，开发区管委会迁址邓园乡乡政府四楼。4月，江苏省如皋经济开发区管理委员会（简称开发区管委会）揭牌。6月，市委、市政府调整开发区管理体制，开发区管委会调整为市政府派出机构，副处级建制，代表市政府对开发区实施统一行政领导和管理。1995年7月，中共江苏省如皋经济开发区工作委员会建立，为市委派出机构。1996年6月，开发区管委会及所属各部门办公地址迁至位于204国道（今益寿北路）的工发大厦。1997年3月8日，市政府决定将原邓园乡庆余村、太平村、庆丰村、东风村、蔡庄村划归如皋经济开发区代管。2002年6月3日，市政府决定将如城镇邓园村、鹿门村划归如皋经济开发区代管。2004年2月18日，市政府决定将如城镇王庄村、新生村、普济社区、城北社区划归如皋经济开发区代管。至2008年，入驻如皋经济开发区的企业共525家，其中规模企业72家，外资企业72家，外贸出口企业168家。拥有注册商标企业42家，知名品牌产品5个，年销售超亿元企业22家，超10亿元企业4家，超30亿元企业1家。是年，如皋经济开发区完成财政收入3.68亿元。

图7-9 如皋经济开发区管委会办公地工发大厦 （2009年摄）

2009年1月1日，市委、市政府决定将柴湾镇与如皋经济开发区进行整合，领导班子工作统一分工，实行"区镇合一，以区带镇"。9月30日，市委、市政府将如皋经济开发区张八里、平明、新庄、建设和宋家桥5个社区划归如皋软件园管辖。

至2010年，如皋经济开发区形成新能源汽车产业园、锻压装备产业园、电子电气及装备产业

1992—2010年如皋经济开发区主要经济指标一览表

表7-1

单位:万元

年份	基础设施投入	技改投入	工业总产值(现价)	农业总产值(现价)	财政收入
1992	—	1850	15176	—	—
1993	1179.5	2210	17083	—	—
1994	300	2450	18762	—	8.28
1995	460	2840	21089	—	1063.74
1996	590	3060	22881	—	1013.78
1997	500	3320	25450	1581	1217.03
1998	880	3480	28356	1132	993.23
1999	1850	3650	31800	865	844.79
2000	2395	3800	36255	580	960.68
2001	4050	4000	39395	449	3630.33
2002	6708	4238	58184	2243	4000.94
2003	13560	26160	81518	1756	5548.41
2004	65000	60000	205657	4271	3122.32
2005	100800	85680	386766	4533	11588.89
2006	120600	126670	674108	4723	20199.19
2007	143000	158690	1032545	6731	31384.67
2008	168000	221000	1468703	18980	36804.47
2009	197000	485000	2465439	54938	55766.27
2010	214500	402000	3280416	51014	64964.53

园、光伏光电产业园、现代纺织服装产业园、特色食品产业园6个产业园区,共有各类企业968家入园,累计投入基础设施建设资金104.13亿元,技术改造资金160.01亿元,累计实现财政收入24.31亿元。是年,全区实现工业总产值(不含柴湾镇)328.04亿元,农业总产值5.10亿元;实现财政收入6.50亿元。

第二节 基础设施建设

一、路桥

如皋经济开发区起步区道路建设,初由南通市规划设计院进行规划设计,分东西两片。东片南起如泰运河,北至三里塔,东起环东路,西至通龚河,规划为"两横四纵";西片南起如泰运河,北至东蔡庄,东起通扬运河,西至204国道,规划为"四横四纵"。区内主干道宽35米,其中快车道14米、慢车道14米、人行道4米、绿化带3米;次车道宽24米,其中车道18.5米、中心隔离带1.5米、人行道4米。

1993年,主城区开工建设宽35米的环东路、环北路,其中环东路北段900米、环北路东段2900米、环北路西段700米在如皋经济开发区内,是年,如皋经济开发区内4.5千米路段建成中间14米宽的黑色沥青快车道,总投入444万元。同时,完成工农路长455米、宽7.5米水泥路面铺设,完成3条道路的路基工程(曙光路中山路至环北路段1100米,其中通扬河南段400米、宽24米,通扬河北段700米、宽35米;新民路环东路至通粪河段长2900米、宽24米;庆余路通扬运河至204国道段长1820米、宽24米),建成曙光大桥、环西大桥、环东大桥、通扬运河大桥。1994年6月至国庆节,东风大桥建成通车。

1995年,如城环北路开发区段及曙光路、新民路、庆余路部分路段,新民路环东路至通粪河路段,长650米、宽15米的太平路原通榆公路至204国道路段,长430米、宽15米的太平路204国道至东风河路段竣工通车。是年,原肉联厂南侧的"双胞桥"亦建成通车。

至1999年,如皋经济开发区西片"四横七纵"(原邓园乡5村划归开发区代管后将原规划"四横四纵"调整为"四横七纵")主次干道全面建成通车;东片亦建成新民路、环北路东段及曙光路、如李路、海阳北路开发区段、环东路北段等"两横四纵"的主次干道网络。

2000年,长175米、宽30米的振兴路开工兴建,并建成皋北大桥。2001年,完成普庆路1.1万平方米路面和老通扬公路、工农路1.8万平方米路面整修工程。2002年,新修建700米长的振兴路延伸路段、600米长的香江路、600米长的东风路,另修复环北路皋北桥段200米,初步形成开发区北部新区"三横三纵"的区内道路骨架。

2003年,如皋经济开发区完成如城镇新划给如皋经济开发区代管区域范围"四横一纵"骨干道路工程。2004年,环北路大桥建成通车。2005年,如皋经济开发区修整居住小区道路6000平方米,惠民路东延1000米工程建成通车,工农桥改造工程、三环大桥新建工程开工。2006年,通扬河以东惠民路东延2千米工程、万寿路北延1.8千米工程竣工通车,野狮路、八角井路、皋桥北路等11.5千米农村公路建设全面完工,同时完成庆余东路、仁寿路拓宽改造及路面升级近40万平方米,建成惠民大桥,海阳路北延工程开工。2007年,如皋经济开发区同时实施海阳北路北延、仁寿路(海阳路至万寿北路)、仁寿东路(新民路至环东大桥)、丰登路、起凤路、金轮路、跃龙路、邓园路、邓园小区路9条道路建设,总长度12.16千米。2008年,如皋经济开发区实施邓园路、起凤东路、起凤西路和海阳北路北延段4条区间道路建设,总长度5千米,其中邓园路工程南起新204国道,北至鹿门界,全长1100米,是连接如皋经济开发区内一条南北向次干道,设计快车道宽22米,两侧绿化6.5米,道路控制红线宽45米,为沥青混凝土路面。2010年,如皋经济开发区开工并建成1.2千米长的丰登路、1千米长的复兴东路、2千米长的鹿门路,建成起凤桥、水绘园大桥。

二、配套设施

给排水 1993年,如皋经济技术开发区修筑直径1000毫米水泥干道排水管560米,直径900毫米水泥干道排水管880米,直径600毫米水泥支道排水管3000米,并开始实施自来水管网建设第一期工程,将直径400毫米的自来水供水管由原如皋西门汽车站(现中山路与益寿路交叉口)向北再向东延伸至开发区东片。1994年6月,自来水管道建设第一期工程完工。10月,自来水管网建设二期工程全面展开,由曙光大桥向北铺设直径400毫米自来水管道5.7千米,与第一期工程对接,实现自来水环流。1995年,如皋经济开发区建成下水管网7400.19米,过路耳沟357个,并开始实施主次干道配套管径300—900毫米雨水排放管道铺设。至1996年,如皋自来水厂至如皋经济开发区形成主备供水总管2根,1根直径1200毫米,1根直径1000毫米;从总管引入如皋经济开发区的支管5根,其中三环北路东西两头各1根、直径800毫米,环北路1根、直径800毫米,振兴路、庆余路各1根、直径600毫米。如皋经济开发区内供水直径400毫米以上管道实现环通,并与主城区联通。全区特别是企业较为集中的东西两片,道路不分主次均铺设管径为300—900毫米的排水管道。2000年,在推进环西路(益寿路)、庆余路拆迁改造工程中,相应实施部分路段的给排水设计施工工程。2001年,铺设204国道通过环北路向东风河西东风村地块供水管道900米,管径500—300毫米,铺设环北路向土工格栅工程供水管道290米,管径200毫米,铺设204国道向振兴路供水管道350米,管径300毫米。2003年,如皋经济开发区对邓园大桥至204国道(现仁寿西路)、204国道至新204国道的惠民路、金轮路、跃龙路和鹿门东小区进行雨污分流改造。2005年,开始对全区污水管道进行改造，投资2000万元实施区内自来水管网升级。以BOT方式投资的日处理能力2万立方米的污水处理厂建成投产。2007年，投入3300万元，新建和改造污水支管网、自来水管网、道路排水管网20千米。

2010年9月16日，如皋经济开发区开工建设金属表面处理中心第一期工程污水处理厂，规划设计日处理能力7000立方米。是年，还投资220万元，建成杨宗污水提升泵站一座；投资680万元，完成4千米花市路自来水管网建设。

供汽 1992年，投资3200万元，位于如皋经济技术开发区环西路（今益寿路）拥有2座35吨级次高压中温锅炉如皋热电厂建成。1993年，热电厂开始对外供汽，如皋经济技术开发区部分用汽企业使用该厂汽源。1996年，如皋热电厂供汽能力提高至35吨/小时，供汽范围半径扩展至5千米，供汽压力增加至4—6千克/平方厘米。2000年，如皋热电厂兴建至泰慕士服装有限公司的蒸汽供汽管网，供汽管内径为219毫米。2002年，如皋热电厂和如皋经济开发区联合实施开发区北部"三横两纵"道路蒸汽管道配套工程。2006年，适应生产需要，如皋热电厂建成供汽管内径为273毫米的跨河管道，供汽覆盖范围扩大至通扬运河北面如皋油厂、通皋服装厂等单位。2008年，如皋热电厂向如皋经济开发区企业供汽4万吨。2009年起，273毫米供汽管网由如皋油厂向北延伸3000米至香江家具城，继而过花市路经江苏金元亚麻有限公司到汽车零部件园区，增加对园区内10多家企业供汽。2010年，如皋经济开发区区内供汽管道总长增至16.8千米，用汽企业共50多家，涉及纺织、服装、染整、汽车零部件、太阳能、浴室等行业，年供汽14万多吨。是年，如皋经济开发区建立如皋市大行热电有限公司，由该公司向开源热电投资公司租赁经营，承担区内用汽企业和如城工业园区部分企业用汽供应任务。

标准厂房 1996年，如皋经济开发区兴建2幢标准厂房，建筑面积7000平方米，给投资者缩短项目建设周期提供条件。2002年10月，如皋经济开发区管委会采取市场化运作方法，吸收社会资本，新建2.4万平方米的纺织服装标准厂房。2007年，投资1.56亿元，开工建设传达塑胶、太平社区、东风社区、江苏联众肠衣、江苏金元亚麻、南通装饰工程、如皋市友邦涂料、生富服装厂、雷成制衣工业标准厂房，总建筑面积27.45万平方米。2010年9月16日，金属表面处理中心2万平方米标准厂房开工建设。该工程是经江苏省环保厅批准的全省最大、苏中地区唯一的金属处理园区，由香港恒发水务公司以BOT方式投资建设，占地17.8公顷。

安置房、居民小区 1996年7月，如皋经济开发区启动庆余桥东端至海阳北路合计2万平方米民房拆迁改造工程。至1997年底，建成13幢计3万平方米的拆迁安置房。是年，组织实施庆余路向老通扬公路至泰慕士服装有限公司北侧纵深地段和环西路自环西大桥至茶庵路两侧部分地段大面积拆迁改造，完成179户计3.1万平方米房屋拆迁任务。与此同时，12万平方米的安置房建设工程全面铺开。1998年，各安置小区地下管线铺设及绿化、亮化等工程全面结束，90%的拆迁户搬入新居。至1999年，如皋经济开发区累计建成居民小区面积15万平方米，庆余新村、皋北新村成为学校、菜场、超市等配套设施完善的小区。2003年3月8日，如皋经济开发区开始实施新工业园区居民住房搬迁工程，动迁居民618户、民房2万平方米，整理土地约200公顷。2005年，实施普庆路西侧、双钱轮胎公司东侧、惠民路东延段、万寿路北延段搬迁工程，累计搬迁居民800多户。12月，新王庄村农民集中居住工程动工。2007年，全区开工建设房地产项目35万平方米，其中上海新城工程7万平方米、蓝湾景天工程5万平方米、普庆苑工程6万平方米、亿丰商贸工程3万平方米、长寿公寓工程8万平方米、康景花苑6万平方米。同时，开工建设农民集中居住区建筑面积15万平方米。2009年12月，如皋经济开发区职工公寓一期工程开工建设。该公寓位于海阳北路东侧、惠民路北侧，占地8万平方米，总建筑面积17.8万平方米，全部建成后，可以解决5000多名职工住宿问题。一期工程建筑面积7.8万平方米，建职工宿舍180套，于2010年12月16日建成投入使用，有368名企业职工入住。2010年，如皋经济开发区投资5400万元建成安置房杨宗西区，建筑面积6万平方米；投资4000万元建成绿源安置小区，建筑面积4.2万平方米；投资7000万元建成新王庄安置小区，建筑面积5万平方米；投资2000万元建成城北安置小区，建筑面积1.3万平方米；投资5000万元完成新生安置小区二期工程，建筑面积5万平方米；投资9000万元，完成杨宗安置房小区四期工程，建筑面积10万平方米。

第三节 园区建设

一、新能源汽车产业园

位于开发区西部。2004年3月8日，投资13亿元、占地850亩的上海轮胎橡胶集团如皋有限公司落户。2007年11月，上海轮胎橡胶集团如皋有限公司改名为双钱集团（如皋）有限公司。2010年5月，开发区与深圳陆地方舟新能源电动汽车有限公司签约，项目总投资40亿元。10月28日，深圳陆地方舟（江苏）新能源电动汽车有限公司开工建设。12月，完善3.2平方千米的轮胎汽配产业规划，形成新能源汽车及汽车零部件规划文本，定位发展新能源汽车产业及汽车轮胎、汽车电子、欧洲高端汽车配件、现代汽配商贸城为重点的新能源汽车产业，加速零部件产业化、集群化，形成如皋市“南船北车”产业格局。是年，开发区制订将产业园打造成“中国最具竞争力的纯电动汽车生产基地”的总体规划。

二、锻压装备产业园

东起益寿北路，西至邓园路，南起跃龙路，北至柴湾园区西路。2010年11月，如皋经济开发区锻压装备产业园被江苏省科技厅确认为省级科技产业园。至是年，以南通锻压设备有限公司为龙头，有近20家锻压装备规模企业和中国锻压设备协会、北京有色金属研究总院等研究机构入驻。

三、电子电气及装备产业园

东起花市路、西至环西路、南临起凤路、北至跃龙西路。由美国西图公司规划设计，园区分为金属表面科技处理中心、电子应用产业区和仓储物流区三大区域。2010年，金属表面科技处理中心落户园区，这是经江苏省环保厅批准的全省最大、苏中唯一的金属表面科技处理中心，包括占地50亩日处理能力7000吨的金属表面污水处理厂一座和建筑面积10万平方米标准厂房的电镀中心，可为占地1560亩的电子应用产业园区提供金属处理配套服务，具备承载重大电力电器装备项目的能力。至2010年，区内有江苏思源赫兹互感器有限公司、江苏祥源电器设备有限公司、江苏如高高压电器有限公司等国内知名企业数十家，主要生产电子线路板、电力工程系统、船舶用电气设备、新能源设备和汽车电器等产品。

四、光伏光电产业园

东起新长铁路，西至益寿北路，南起惠民路，北至红旗河。由美国西图公司完成概念性产业规划设计，按园区功能划分为光伏系统与组件区、光电系统组建区和研发与配套区。光伏产业以晶体硅模组制造为核心产业，工艺定位为高度自动化数控制造，同时引入多晶硅、非晶硅、铜铟镓硒薄膜太阳能电池组等光伏产品与配件制造业；光电产业以LED封装为起步核心产业，包括LED照明、背光模组、LED大屏幕等。至2010年，园区已落户南通爱康太阳能器材有限公司、南通美能得太阳能电力科技有限公司等大中型光伏光电企业。

图7-10 2010年11月，如皋经济开发区举办江苏新能源产业发展高峰论坛

五、现代纺织服装产业园

东起通扬运河，西至花市路，南起红旗河，北至白茅港。园区规划为“三区一中心”，“三区”为服装加工区、纺织织造区、印染加工及纺织服装机械制造区；“一中心”为纺织服装创意、展示中心。至2010年，园区已形成麻纺、棉纺、织造、印染、后整理，服装设计、加工完整的产业链，入园

企业136家，拥有纺织服装重点骨干企业30多家，其中泰慕士服装、田园装饰布、金元亚麻、泰尔特等为龙头企业，年销售均超过3亿元。

六、特色食品产业园

东起海阳北路，西至益寿路，南起仁寿路，北至金轮路。园区分为肠衣加工区、特色食品产业区、产业展示销售区3个区域。肠衣加工区以中国肠衣城为龙头，特色食品产业区以长寿集团等为骨干企业，在加速中国肠衣城集聚作用的同时，注重长寿系列产品的研发、生产和销售。至2010年，区内已有威世药业、长寿集团、水明楼酒业、联众集团等21家规模企业入驻。是年，肠衣产业年销售超34亿元，出口创汇1.2亿美元，分别占全省的60%、64%。

2010年如皋经济开发区重点企业一览表

表7-2

单位：万元

企业名称	成立时间	注册资本	应税销售	实缴税金	生产经营范围
南通市电站阀门有限公司	1960-01	5100	4811.47	470.82	阀门制造
如皋市包装食品机械有限公司	1970-06	1230	2631.37	98.53	包装食品机械生产、销售
南通泰慕士服装有限公司	1992	7851.60	33738.24	2798.28	抽纱刺绣、服装生产
龙泉服饰(南通)有限公司	1994-10	1678.30	3280.82	283.93	服装生产
南通恒源制衣有限公司	1996-05	3240	7084.29	408.42	服装生产
南通泰尔特服装有限公司	1996-07	333.20	2239.58	245.76	针织服装生产
如皋贝特福制线有限公司	1997-10	1000	7416.46	162.10	生产、销售捻线丝
如皋市如兴纺织有限公司	1998-03	3000	6281.27	403.30	纺纱织布
威世药业(如皋)有限公司	1999-08	4891.80	2345.15	357.09	牛痘疫苗致炎免疫提取物注射液
如皋市太阳肠衣食品有限公司	1999-11	1180	11300.50	19.18	肠衣加工
江苏长寿集团股份有限公司	2000-01	12820	23479.11	233.22	肉制品加工、生猪宰杀、饲料加工
南通利都肠衣有限公司	2000-06	350	3386.13	15.98	肠衣加工销售
如皋市坝新肠衣有限公司	2001-09	2860	11519.97	96.02	肠衣生产加工、肝素钠生产销售
南通市华业石油机械有限公司	2000-11	3000	5126.55	130.39	石油机械
如皋市双龙健制衣有限公司	2001-03	1000	6383.74	496.80	梭织、针织服装生产
江苏省如高高压电器有限公司	2002	14662.30	66727.87	7501.51	高压隔离开关、高压断路器
帕瓦服饰(南通)有限公司	2002-12	7363.10	5253.24	662.80	童装生产
南通龙威时装有限公司	2002-12	1392.60	3417.36	122.44	针织服装织造
南通源泉服装有限公司	2003-03	165.30	3941.42	197.14	针织服装生产
如皋市中正机械有限公司	2003-05	2000	6000.10	262.94	紧固件加工
如皋市海亮电器材料有限公司	2003-05	209	2747.39	125.11	电器材料生产

续表7-2

企业名称	成立时间	注册资本	应税销售	实缴税金	生产经营范围
江苏金元亚麻有限公司	2003-10	13829.20	26105.54	1752.30	生产、销售亚麻纱
伟达塑胶工业(南通)有限公司	2003-10	4129.30	7797.04	316.51	玩具制造
双钱集团(如皋)轮胎有限公司	2004-03	62000	254887.12	10009.10	轮胎制造、其他橡胶之类制造
圣密克洁具(如皋)有限公司	2004-04	2000	7551.59	423.14	高档卫生洁具配件
南通仁寿食品有限公司	2005-05	2500	9236.60	66.94	生产、销售猪羊肠衣
南通三泉服装有限公司	2005-10	2252.30	9661.09	428.55	生产、销售各类服装
江苏思源赫兹互感器有限公司	2005	8199.40	31712.72	3035.87	互感器生产
江苏联众肠衣有限公司	2006-04	4000	13956.47	11.73	盐渍猪肠衣生产、销售
江苏紫微亚麻有限公司	2006-10	7808.70	6581.77	213.76	亚麻织造
南通桑美特机械制造有限公司	2007-07	1000	5807.75	229.68	海洋仪表
南通奔多电子新材料有限公司	2008-01	5000	10656.34	392.58	电容薄膜生产
南通荣威塑胶工业有限公司	2008-10	29442	16069.40	1820.65	娱乐用品制造
南通欧润肠衣有限公司	2008-12	550	4491.07	3.47	肠衣生产销售
南通美能得太阳能电力科技有限公司	2009-02	6828.40	14926.29	300.70	光伏设备及元器件生产
如皋市天源肠衣有限公司	2009-04	1500	4237.96	2.39	生产盐渍猪肠衣
南通雷成运动休闲服饰有限公司	2009-06	885.50	5879.13	349.20	针织服装生产
南通爱康太阳能器材有限公司	2010-04	22000	9015.02	32.11	光伏设备及元器件制造
如皋市大行热电有限责任公司	2010-10	100	3764.90	34.46	蒸汽供应、电力供应

第三章 江苏省如皋软件园

第一节 区位·沿革

一、区位

如皋软件园(科技城)位于如皋城区东南,东起334省道,西至益寿路,南至丁磨公路,北临主城区,规划面积43平方千米。东距南通兴东机场63千米;东南距南通市45千米,距上海市155千米;南距国家一类开放口岸如皋港25千米;西临204国道;沿海高速公路、新长铁路穿境而过,区内张八里设有新长铁路南通支线如皋火车站。

二、沿革

2009年5月4日,市委、市政府成立如皋科技城(软件园)建设指挥部,从市有关部门和如皋经济开发区抽调干部参与筹建工作。6月26日,江苏省科技厅批复同意如皋软件园为省级软件园。7月31日,江苏省如皋软件园举行建设工程开工典礼。9月30日,市委、市政府将如皋经济开发区张八里、平明、新庄、建设和宋家桥5个社区划归软件园代管。10月19日,江苏省如皋科技城(软件园)概念性规划专家评审会在如皋举行,评审组由中国规划设计院原院长、建设部城市交通研究中心主任王静霞担任组长,同意将如皋科技城(软件园)规划区43平方千米划分为32平方千米建设用地和11平方千米发展预留地。32平方千米建设用地规划为“一区四园”:8平方千米为“龙游湖商务区”,8平方千米为“软件外包产业园”,5平方千米为“电子信息产业园”,6平方千米为“新能源产业园”,5平方千米为“生态观光产业园”。如皋科技城(软件园)概念性规划经专家组论证、评审通过后,如皋科技城(软件园)立即启动龙游湖商务区及软件外包产业园、电子信息产业园、新能源产业园的规划编制工作,通过国际招标,在国内外报名的12家规划编制单位中选出6家单位进行规划编制,邀请国务院参事、原中国规划设计院院长王静霞担任规划评审组组长,最终确定新加坡邦城规划设计公司为规划编制单位。10月25日,如皋科技城(软件园)起步区一期工程南区4.2万平方米的软件研发用房破土开工。此后,如皋科技城(软件园)重大工程高密度陆续开工建设。12月24日,市委、市政府决定将原桃园镇杨花桥村和桃北村并入如皋科技城(软件园)。

2010年1月11日,中共江苏省如皋软件园工作委员会、江苏省如皋软件园管理委员会正式成立。2月5日,如皋软件园在南京举行32平方千米科技城概念性规划、8平方千米软件外包产业园控制性详细规划以及8平方千米龙游湖商务区

图7-11 2009年10月19日,如皋科技城规划评审会在光华大酒店举行

图7-12 2010年2月5日,如皋科技城规划评审会在南京举行

控制性详细规划专家评审会，经评审，3个规划均获得通过。2月27日，如皋软件园中国呼叫中心产业能力建设管理规范专业园区试点单位、标准化建设基地揭牌仪式暨工作组专家委员会成立大会在如皋举行。5月18日，如皋软件园起步区一期工程南区4.2万平方米软件研发用房竣工交验。5月21—23日，由中国软件行业协会、江苏省经济和信息化委员会、江苏省科学技术厅、江苏省国际外包企业协会、如皋市人民政府主办，中国软件和服务外包网及如皋软件园承办的“2010中国(如皋)软件和服务外包峰会暨2009(第六届)中国软件出口(服务外包)排行榜发布会”在如皋举行，会上如皋获2009中国软件和服务外包政府推进奖。10月28日，国家发改委授予如皋软件园“中国呼叫中心人才培训基地”资格。同日，中国软件行业协会授予如皋软件园“中国最佳投资环境软件园”称号。11月17日，经专家组评审，江苏省经济和信息化委员会核准，认定如皋软件园为江苏省软件和信息服务产业园。12月27日，市委、市政府决定将桃源镇与如皋软件园整合，实行“园镇合一，以园带镇”，其中如皋软件园人口2.42万人。

至2010年，如皋软件园(不含桃园镇)累计引进81家高新技术企业入园，实现工商注册外资3104万美元，吸引市外民资2.98亿元，完成财政一般预算收入4142万元。81家高新技术企业中有上海晟峰、厦门巨龙、台湾高格、北京青牛等软件外包企业46家，其中通过认定的软件企业12家，主要从事行业应用软件和嵌入式软件的研发、系统集成设计、软件技术服务等业务；先后与复旦大学、东南大学、西北大学等10多所国内知名院校在高层次人才培养、实训方面开展紧密合作，复旦大学软件学院培训基地、中央财经大学培训基地、西北大学软件职业技术学院人才培训基地、南通大学软件人才培训基地、三江大学文化产业管理学院如皋分院、南京工业大学学生社会实践基地以及北大青鸟授权软件培养基地在如皋软件园正式挂牌，并与如皋教育培训集团合作成立如皋软件园人才培训中心，采取订单式培训模式，重点为入园企业培养实用人才，设有软件工程、计算机技术、电子商务、日语动画制作等12个专业，共招生300人，为入园企业输送150名应用人才；采取合作共建方式，投入800多万元与国内顶尖的青牛(北京)技术有限公司一起建成如皋软件园软件研发中心公共技术平台，并正式投入运行；移动、电信、联通等几大网络运营商均在园区设有专业机房，并建立专业服务团队。

第二节 基础设施建设

一、土地整理

如皋软件园建设启动时，即致力破除城乡二元结构，有步骤地加快园区城市化建设进程。在和谐拆迁、阳光拆迁的同时，积极、慎重、稳妥做好拆迁补偿、拆迁安置、失地农民保障、公用设置配套完善等工作。2009年，完成软件园起步区Ⅰ、Ⅱ号地块340亩项目建设用地涉及的126户拆迁，整理建设用地3.6公顷。

2010年，园区拆迁1227户，整理建设用地32.72公顷，其中龙游湖商务区仅25天，完成582户拆迁，整个拆迁、整理土地工作，零上访、零强拆。

二、配套设施建设

如皋软件园安置房建设按照城区和园区总体规划，遵循“城乡一体、合理布局、相对集中”的原则，与土地拆迁整理同步实施。2009年10月，起步区一期工程南区研发用房破土开工前，园区配套设施建设已经按照园区总体规划并结合城区总体规划全面展开。年底，张八里40万平方米集中居住小区新开工15万平方米。

至2010年，张八里集中居住小区8万平方米高层住宅区全面竣工交验，49号地块建筑面积5万平方米的11幢多层集中居住房主体全面封顶，用以安置龙游湖商务区拆迁居民的40万平方米建设小区16幢多层10万平方米安置房主体全面封顶。如皋软件园园区实现水电、道路、管网、绿化、商住、休闲娱乐特别是高等级通信网络等配套设施全面到位。区内拥有解放路、惠政路、城南大道、丁磨路、334省道、204国道、李渔路、万寿路、海阳南路“四横五纵”主干道网络；集商务、休闲、餐饮等功能于一体的建筑面积1万平方米的庆华商务会所建成；一期工程南区内的内外管网、双回路高压线路工程布设到位；电信、移动、联通三家多备份网络全面布局完毕；低碳环保的地源热泵空调系统以及风光能互补路灯系统投入使用；园区清洁工程（六清一绿）完成95%以上，清理园内河道5千米，水面保持整洁，同时启动幸福河、龙游河沿河绿化景观工程；宋家桥等4个社区的主干道完成整修11.2千米，万寿南路、李渔南路、城南大道共38公顷的绿地及近2000棵景观树全部栽植到位，并实行专人定期养护；贯通张八里、建设、平明社区以及如皋软件园起步区的公交专线正式开通；龙游湖开挖形成500亩湖面，12千米的环湖大道规划设计方案形成初稿；12万平方米人才公寓全面启动建设，根据各类科技人才需求量身打造不同户型、装修，生活、休闲、娱乐设施配套设置；总建筑面积10.6万平方米的晟峰软件园5幢高层配套用房全面展开基础工程建设；总建筑面积25.6万平方米的纪元软件园B-1和B-17办公楼开始进行桩试；10万平方米的广东（江苏）商会大楼开始设计和招投标。

第三节 园区建设

一、软件外包产业园

为江苏省如皋软件园核心园区。2009年，启动0.6平方千米起步区建设。起步区位于福寿路以南、惠政路以北、万寿路以西、龙游河以东，其中位于万寿路与解放路交叉口西南侧由如皋软件园管委会自行投资建设的13万平方米软件研发用房先期启动建设，工程由中建上海规划设计院承担建筑设计，中建集团承建；南区4.2万平方米的多层软件研发用房2010年5月交付使用；北区8.8万平方米的3幢高层软件外包办公楼2010年末正加快内外装修配套（2011年7月交付使用）。

至2010年，软件外包产业园已有31家软件外包企业正常办公，软件研发中心公共技术平台正式投入运行。是年，执行软件外包额1亿元。

二、电子信息产业园

至2010年，如皋软件园电子信息产业园电子商务产业粗具规模，拥有北京讯鸟、先锋信息、北京锐道、邦略资讯等5家业内知名龙头企业入驻，业务涵盖呼叫中心、电子商务、数据处理、DM直邮、平台建设等领域，已建设物理坐席2000个，从业人员近1000人。园区文化创意产业开始起步，先后引进英国酷歌动漫、零点文化传媒、通宇广告等12家文化创意企业落户，业务涵盖动漫、网游、影音、广告、设计等。累计引进科达投资、创维基础设施、灵源投资、浩强科技等19家企业总部落户园区，形成企业总部集群。

图7-13 2010年3月，如皋软件园举办呼叫中心平台建设方案论证会

三、龙游湖商务区

龙游湖商务区规划地址在如城主城区城南大道以南、丁磨公路以北、龙游河以东、紫光路以西，占地总面积8平方千米，为集现代商务、总部经济、旅游观光、休闲度假和高档居所等功能于一体的新型城市RBD（休闲商务区）。与商务集中区配套，开挖1350亩水面的人工湖，建设占地70公顷的环湖公园。

2010年2月5日，在南京举行的专家评审会上，龙游湖商务区控制性详规正式通过专家评审。5月底、6月底，又两次组织相关专家对龙游湖商务区控制性详规进行完善，并确定由信息产业电子第十一设计研究院有限公司承担龙游湖商务区12千米环湖大道以及占地70公顷环湖公园的详细设计。至2010年，龙游湖1平方千米湖体部分的住户搬迁工作完成，一期取土已经形成约33公顷湖面。

2010年如皋科技城（软件园）重点企业一览表

表7-3

单位：万元

项目名称	注册资本	注册时间	经营范围
南通晟峰信息科技公司	500	2009-04-24	软件研发
江苏纪元软件开发公司	6000	2009-06-22	软件研发
江苏酷哥科技公司	5000	2009-09-15	电子商务
南通欧创软件公司	2(欧元)	2009-09-25	软件研发
南通中川信息技术公司	3(美元)	2009-10-15	软件研发
南通三际电子工程有限公司	120	2009-11-10	电子商务
南通逸芯半导体有限公司	100	2009-12-07	高速混合信号集成电路设计
如皋市锐道网络科技有限责任公司	500	2009-12-17	软件研发
南通台格信息技术有限公司	100(美元)	2010-01-08	电子商务
南通南自电气有限公司	100	2010-01-12	电子商务
南通康美生物科技有限公司	100	2010-02-01	生物检测试纸研究
南通华财理账顾问有限公司	300	2010-03-16	代理记账、税收筹划、财务顾问
南通平衡木信息科技有限公司	50	2010-03-23	软件研发
南通凯威网络科技有限公司	51	2010-04-08	软件研发
南通宅生活信息技术有限公司	200	2010-04-15	软件研发
南通中业信息技术有限公司	2000(美元)	2010-04-15	软件研发
江苏宜生荣智信息技术有限公司	500	2010-04-29	软件研发
南通欧创软件有限公司	4(美元)	2010-05-06	软件研发
江苏青鸟信息软件有限公司	500	2010-05-28	软件研发
南通速迈网络科技有限公司	50	2010-06-08	软件研发
南通凌霄网络科技有限公司	100	2010-06-11	软件研发
南通华庆软件开发投资有限公司	2000	2010-06-13	软件研发
如皋益诚软件有限公司	200	2010-06-21	软件研发
南通云灿网络科技有限公司	100	2010-06-21	软件研发
南通联睿信息技术有限公司	50	2010-06-22	软件研发
南通睿鸿网络科技有限公司	50	2010-06-22	软件研发
南通新概念能源环境投资有限公司	10000	2010-06-24	重工业污水处理、河道治理、绿化及节能环保项目投资，环保设备、垃圾无害化技术、水地源热泵研发与销售
南通暴风网络科技有限公司	3	2010-06-24	软件研发

续表 7-3

项目名称	注册资本	注册时间	经营范围
零点文化传媒江苏有限公司	2000	2010-06-25	影视制作、广告设计
南通恒龙信息科技有限公司	200	2010-06-25	软件研发
江苏如一信息技术有限公司	500	2010-06-25	软件研发
南通盛世奇妙文化传播有限公司	50	2010-06-29	全案策划、公关活动
南通腾业电子科技有限公司	50	2010-06-29	考勤、监控等电子设备研发
南通市德霖投资管理服务有限公司	100	2010-07-02	投资项目咨询、管理、服务
江苏和佳软件有限公司	208	2010-07-16	软件研发
南通颖虎计算机科技公司	50	2010-07-21	软件研发
南通金朗网络科技有限公司	100	2010-07-25	软件研发
江苏纪元信息技术有限公司	1500	2010-07-29	软件研发
南通纪元科技服务有限公司	500	2010-08-05	软件研发
南通永东软件开发有限公司	100	2010-08-11	软件研发
江苏广达电气科技有限公司	500	2010-08-23	软件研发
南通邦略资讯有限公司	100	2010-08-23	电子商务
南通朗图网络科技有限公司	100	2010-09-01	软件研发
南通讯鸟信息技术有限公司	500	2010-09-28	软件研发
南通友兰电脑有限公司	50	2010-10-15	软件研发
江苏积硕电子科技有限公司	1000	2010-10-18	电子商务
南通市港华软件有限公司	100	2010-10-20	软件研发
如皋市通宇广告有限公司	50	2010-11-05	广告设计
南通新城电力科技有限公司	200	2010-11-09	软件研发
南通网际风软件有限公司	101	2010-11-12	软件研发
江苏微尔垦信息科技有限公司	200	2010-11-15	软件研发
如皋锦成设计有限公司	100	2010-11-15	软件研发
广东天新软件科技有限公司南通分公司	200	2010-11-19	软件研发
南通安品信电子科技有限公司	200	2010-12-06	软件研发
江苏先锋信息科技有限公司	1000	2010-12-07	软件研发

第四章 招商引资·对外经贸

第一节 招商引资

一、机构及队伍

1996年11月,如皋市对外经济贸易局增挂如皋市招商局牌子。2001年11月,市对外经济贸易合作局所挂市招商局牌子撤销,负责指导协调管理全市吸引外资工作,拟订和执行如皋市吸引外资的政策措施,参与制订全市外商投资的发展战略规划和年度发展计划,负责外商投资项目的审批或报批等。

2002年,全市25个镇(区)及相关部门共派出驻点招商人员86人,在珠江三角洲、福建省、浙江省、上海及北京等地区,开展小分队专业和定向招商活动。

2003年8月,如皋市招商局正式组建。通过单位推荐、双向选择、公开竞聘形式,从市级机关部门选调23人建立工作班子,并组建上海、浙江、广东3个分局驻点招商。市领导分工联系镇(区)、行业、骨干企业参与招商和以商引商,帮助协调化解矛盾,进行服务指导,实施督查推进。市主要领导多次率领企业和相关部门在境内外招商。2005年8月,整合招商力量,全市20个镇分管招商引资工作的党委副书记(或副镇长)到市招商局兼任副局长,构建全市统一的招商平台,防止域内无序竞争。

至2010年,全市构建成以市招商局、上海联络处50名招商主力,镇(区、园)129名招商骨干,村332名招商信息员为基础的招商网络。

二、市外招商

1991年8月,市委、市政府在深圳举行撤县设市联谊会,邀请部分侨胞、港澳地区客商及有关人士150多人参加联谊活动。会上全面介绍如皋经济社会发展状况、投资环境、优惠政策,部分行业、镇和企业代表与到会客商进行招商洽谈。1992年7月,市委、市政府组织30多人的队伍,首次赴中国香港地区招商,达成投资项目3个。1994年9月,如皋组团赴日本招商,与日本国际贸易促进会、日桑黄产、米久公司等12个单位建立关系,签订200万美元投资合同。

1995年11月,市政府组织市经委、市机械公司相关人员随中国国际贸易促进分会赴德国招商,在德国期间,与30多家公司洽谈,与其中8家公司建立业务联系。1998年4月,如皋港经济开发区招商团队赴北京参加中美国际企业发展促进会,在北京举办外商投资项目洽谈会,与一些国际集团就部分项目达成投资意向。

2000年5月,市委、市政府在北京举行技术创新汇报会,会上向国家经贸委、信息产业部、民族贸易委员会、经贸委机械局、机电产品出口投资公司等单位,专题汇报如皋项目投资、项目贴息、“十五”规划等方面情况,与到会客商洽谈一批重点招商项目。

2003年,全市选派100多名干部投身招商一线,并组织开展“千人百日招商大会战”“招商引资双超大决战”。2月,在广东东莞召开如皋市经济发展情况汇报会。3月,在北京举行经济社会发展推介会,会上中国阳光投资集团联合上海阳光集团、中国燃料总公司决定分期投资80亿元全面进入如皋港区实施开发。4月,市招商局组建招商小组赴印度尼西亚考察招商。7月,在上海举行如皋长寿食品推介暨农业招商洽谈会,会上与客商签订33个合作项目,签约总投资额20.18亿元。8月,市政府在上海举行沿江开发信息发布会,7家中外企业与如皋签订投资合作开发协议书,总投资额美元1.18亿元、人民币2亿元。同月,市招商局上海、浙江、广东3个分局正式开始驻点招商。9月，市政府组团赴日本、韩国招商，广为发布如皋沿江开发信息，达成投资意向11项。

2004年3月，市委、市政府在北京举行如皋市沿江开发信息发布会，10多个国家部委的负责人和近40名知名企业负责人与会。4月，市政府在福建泉州市举行招商、推介活动，共签约13个落户如皋的项目，总投资额人民币1.96亿元、美元2000万元。5月，市委、市政府在上海举行如皋市沿江开发推介会。继后于苏州举行苏州·如皋经济社会发展情况说明会，上海、浙江、苏州、无锡、大连等地工商企业界300多名代表出席，会上25个项目签约，投资额计8亿多元。7月，在浙江宁波市举行如皋市经济发展信息发布会及招商签约仪式，签约15个项目，意向投资总额8亿元。于上海举行江苏如皋投资环境说明会暨项目签约仪式，签约项目20个，投资总额17.7亿美元。

是年8月，如皋市“第二届中国·如皋沿江经济洽谈会、第二届如皋·中国长寿文化节、第三届中国（如皋）花木盆景艺术节”信息发布会在北京人民大会堂举行，全国人大常委会原副委员长王光英等出席，会上对如皋“长江、长绿、长寿”品牌进行重点推介。同时在上海紫金山大酒店举行“两节一会”信息发布会；在青岛举行如皋市投资环境说明暨农业项目推介会，签订合作协议24项，合同资金3.5亿元，并组团赴温州、东莞、宁波、苏州等地开展专题招商活动。9月，市政府组织相关企业负责人去日本、韩国举行造船配套产业专题推介活动。11月，市政府组团赴新加坡、马来西亚开展招商活动。12月，市委、市政府于上海举行如皋投资环境说明会，会上，与客商签订0.70亿美元、4.185亿元人民币投资合同。同月，于浙江宁波举行投资环境说明会，与与会客商签约13个项目，计划总投资人民币7.5亿元、美元0.22亿元。

2005年8月开始，全市各镇（区）兼任招商局副局长的党委副书记（副镇长）分别率队赴福建侨商企业集中区和渤海日韩资企业密集区等地区开展定向、跟踪招商。全年共在国内举办投资环境说明会暨项目签约会10次，签约项目54个，意向投资额人民币19.28亿元，美元1.95亿元。是年，市领导还分头率团赴马来西区、新加坡、泰国、日本、韩国等开展推介招商活动。

2006年，全市共在市外举办大型招商引资推介会、洽谈会、投资环境说明会等专题活动12次。2007年3月，连续在萧山、深圳、上海举行投资环境说明会，签约项目103个，总投资额131.23亿元人民币、11.78亿美元，其中外资项目32个，投资额9.64亿美元。6月，市委、市政府组团赴韩国招商，先后考察韩国三星电子公司、维城集团、IR风能发电有限公司、斗山重工、光山加热盘管株式会社及NANLA液位遥测株式会社。4月至12月底，在上海、苏州、无锡、萧山、香港等地举办农业、高新技术产业、产学研合作、科技合作等招商会、推介会8次，签约项目313个，总投资额93.63亿元人民币、6.67亿美元，其中外商投资项目21个，利用外资额4.82亿美元；达成科技合作意向48项。

2008年，市委、市政府在上海、深圳、台州、义乌、新加坡等地举办现代农业、服务外包、电子信息、先进制造业等投资环境说明会、推介会14次，签约项目365个，总投资224.68亿元人民币、3.47亿美元。北京著名高校、科研院所与如皋重点企业对接达成科技合作意向62项。

2009年，市委、市政府组团赴日本和中国台湾、香港、澳门、杭州、上海等地开展招商活动计

图7-14　2009年9月，市委书记陈惠娟率队赴台湾开展招商活动

14次，签约项目共427个，协议投资总额折合人民币265.27亿元，其中签约外资和港澳台资投资项目44个，协议投资额9.92亿美元。签约项目主要涉及种植养殖、农产品加工、农业贸易、生态农业观光、农业生物研制、先进制造业、区域经济合作、服务外包、信息软件等。

2010年3月，市委、市政府先后在深圳、北京、

上海、宁波举办投资环境说明会，共签约项目172个，总投资额人民币55.47亿元、美元8.15亿元，项目涉及重大装备制造、现代物流、服务外包、新材料、新能源、现代服务业、现代农业等支柱产业和新兴产业，同时达成合作意向项目52个。5月，在厦门、上海举行如皋·厦门农业招商洽谈会、如皋市港口物流产业发展说明会，共签约投资项目42个，总投资额人民币18.49亿元、美元2000万元，并达成31个投资意向项目。9月，组团考察德国、土耳其城市和船舶产业发展状况，并在德国汉堡参加国际海事展（SMM），开展专题招商活动。11月，在香港举办如皋市船舶产业发展说明会，会上4个项目签约，涉及船舶、海洋工程等领域，总投资4.6亿美元。

三、经贸洽谈会

首届中国（如皋）盆景艺术节 1996年10月8日在如城西苑广场开幕，以花为媒，招商引资，签约项目39个，合同利用外资0.86亿美元。

首届如皋经贸洽谈会 1998年10月6日，在丽都假日酒店开幕。60多家企业集团或单位的139名中外客商到会。会上签订各类项目84个，其中外资和港澳台资项目36个，总投资1.16亿美元；内联项目48个，总投资3.90亿元，利用市外资金3.09亿美元。

图7-15 首届经贸洽谈会开幕式（1998年摄）

首届如皋经济技术洽谈会 1999年6月28日开幕，由市政府与江苏省技术市场联合举办，省内外26所大专院校和科研单位的53名专家学者参加洽谈，会上发布重要经济技术信息120多条，参谈信息近千条，签订经济技术合作项目77项，其中工业项目67项，农业项目10项。

图7-16 首届如皋经济技术洽谈会开幕式（1999年摄）

第二届如皋经济技术洽谈会 2000年6月8日开幕，由市政府和江苏省技术市场共同举办，20多所高校和科研单位人员、30多名博士后和专家与会。经洽谈，市政府与南京农业大学签订《如皋市农村产业结构调整总体策划与规划》《如皋市10个农业科技示范园区总体策划与规划》等16份协议书，涉及16个项目；工业项目对口洽谈后与16家院校、科研所（院）达成合作协议31份，涉及46个项目。

第二届如皋经贸洽谈会 2000年9月28日上午，在新世纪广场举行开幕式。应邀到会客商191人，其中美国、德国、日本、韩国、越南、泰国、新加坡、加拿大、阿根廷、罗马尼亚、澳大利亚、马来西亚等国家以及中国香港、澳门、台湾地区的客商64人。洽谈会期间签约87个合作项目，合同利用外资和港澳台资人民币3.15亿元、0.83亿美元，同时达成部分投资意向协议。合同利用外资和港澳台资项目中，有工业项目、技术改造项目、存量资产盘活项目，亦有农业资源开发项目、旅游资源开发项目。其中，澳门永晖公司在如皋港区投资石油仓储项目和差别化聚合项目，总投资0.43亿美元；香港富佳公司与中艺总公司在如皋港区投资沥青中转及加工项目，总投资0.6亿元。

第三届如皋经济技术洽谈会 2001年6月8日开幕。中国科技大学、上海交通大学、复旦大学等31家高等院校和科研院所的领导、专家、学者110人参加洽谈会。洽谈会上共有48个项目达成合作意向。长青沙乡与南京农业大学共同规划长青沙生态农业示范园区项目、如兴纺织有限公司与东华大学共同开发超细亚麻产品项目、如皋酒厂与江南大学共建南通发酵工程技术中心项目、光远食品有限公司与南京中医药大学共同开发白萝卜系列保健饮料项目、苏皋联合畜禽繁殖场与江苏省家禽研究所共同开发如皋黄鸡新品项目在会上举行签字仪式。

首届如皋·中国长寿文化节、第二届中国(如皋)盆景艺术节、第三届如皋经贸洽谈会 2002年10月24日开幕,由如皋市人民政府主办,中国老年协会、中国老年学学会、中央电视台《夕阳红》栏目协办。会议期间,举行二十一世纪长寿论坛、"两节一会"开幕式、全国盆景精品展暨江苏省第十届盆景艺术展评、投资说明会、项目洽谈会签约及揭牌仪式等系列活动,共签订经贸合作项目72个,其中外资和港澳台资项目37个,内联项目35个,总投资折合人民币22.22亿元。中国长寿文化节食品展洽会汇集了全市名特优产品、长寿土特产品,上海粮油超市等83家连锁店等商家参观并订货,签订销售合同63份,合同总金额4853.8万元。

图7-17 中国(如皋)盆景艺术节、第三届如皋经贸洽谈会开幕式 (2002年摄)

首届中国·如皋沿江经济洽谈会 2003年10月18日,于如皋港开幕。18个国家(地区)和国内20个省市的的客商以及新闻界人士与会。会议历时2天,进行2003年如皋长寿食品、农副产品展洽会揭幕仪式,沿江地区情况介绍暨项目发布会等活动。洽谈会签约项目102个,总投资折合人民币37.8亿元。投资规模在100万元以上的项目36个,内联1000万元以上项目38个,其中超亿元项目4个。外资和港澳台资项目48个,总投资2.1亿美元。

图7-18 首届中国·如皋沿江经济洽谈会开幕式 (2003年摄)

第二届中国·如皋沿江经济洽谈会、第二届如皋·中国长寿文化节、第三届中国(如皋)花木盆景艺术节 2004年10月22日开幕。洽谈会上,集中签约100万美元以上和1000万元人民币以上项目93个,计划总投资56.11亿元。其中外资和港澳台资项目51个,计划总投资4.13亿美元。

第三届中国·如皋沿江经济洽谈会 2005年10月29日,开幕式在如皋港区举行。海内外客商、新闻记者等760多人与会,德国科技、日本三井物产、韩国SK、韩国三星物产等世界500强企业派员参会。洽谈会期间签约项目57个,计划总投资43.36亿元。其中,内联项目28个,投资总额13.1亿元;外资和港澳台资项目29个,投资总额3.67亿美元。

第四届中国·如皋沿江经济洽谈会、第三届如皋·中国长寿文化节、第四届中国(如皋)花木盆景艺术节 2006年10月28日,在熔盛重工工地开幕。会上,如皋市推出包括沿江开发、城区开发、工业经济、服务业、农业产业化、交通基础设施、新农村建设和社会事业在内的160个招商项目,签约项目117个,总投资折合人民币207.27亿元,其中外资和港澳台资项目64个,投资总额19.77亿美元,内联49.11亿元,项目单体规模1.77亿元人民币。签约项目中,工业项目91个,三产项目26个。

第五届中国·如皋沿江经济洽谈会 2007年10月28—29日召开,开幕式在熔盛船厂龙门吊旁举行。会上签约项目152个,总投资额844.86亿元,其中外资和港澳台资项目28.77亿美元,内联项目为629.09亿元。

第六届中国·如皋沿江经济洽谈会、第四届如皋·中国长寿文化节、第五届中国(如皋)花木盆景艺术节 2008年10月28日,在熔盛重工厂区开幕。美国、韩国、日本、新加坡等17个国家和中国香港、台湾地区的130多位客商与会。会期集中签约项目105个,其中,内联项目60个总投资133.43亿元人民币;外资和港澳台资项目45个,总投资22.77亿美元。是届沿江经济洽谈会会期2天。

第七届中国·如皋沿江经济洽谈会 2009年10月30日在水绘园东大门外开幕。美、英、日、韩等10多个国家和地区近千名人士与会。会上先后举行长三角首届县域信息产业发展论坛、全国首届县域经济产学研合作高峰论坛,2009熔盛船舶科技发展高层论坛和2009江苏·如皋风电产业发展论坛。洽谈会签约100个项目,协议内联投资总额124.83亿元,外资和港澳台资投资总额17.89亿美元。是届沿江经济洽谈会于11月6日结束。

第八届中国·如皋沿江经济洽谈会、第五届如皋·中国长寿文化节、第六届中国(如皋)花木盆景艺术节 2010年10月28日,在如皋大剧院开幕。此期"一会两节"主题为"绿色、低碳、环保"。计有137个项目签约,总投资355.05亿元人民币和16.82亿美元。其中,新能源汽车、新能源电站、LED半导体绿色照明等25个总投资超10亿元人民币项目属于绿色环保低碳产业范围。

四、市外资金利用

如皋外资利用初始阶段采取补偿贸易、国际租赁及日本"黑字还流"等借用形式。

1984年,如皋实施国际租赁项目两个。如皋罐头厂引进日本速冻设备,合同利用外资金额59万美元,是为如皋第一个利用外资项目;如皋翱翔有限公司引进法国汽车零部件生产项目,合同利用外资20.60万美元。实施补偿贸易项目1个。如皋县纺织厂用补偿贸易贷款从香港引进3456头气流纺全程设备及测试仪器,利用外资298万美元。

1985年,南通利通皋纺织服装有限公司成立,项目总投资30万美元,其中香港利物发展有限公司出资10万美元,借款20万美元;如皋县鞋帽厂以国际租赁形式引进意大利三色注塑机,借用外资85.7万美元。

1986年、1987年,全县补偿贸易项目有如皋县纺织厂引进气流纺配套设备、工贸合营如皋兔毛纺厂引进粗梳毛纺机械设备;国际租赁项目有如皋肉联厂制革分厂引进制革设备,南通市第六建筑安装工程公司引进塔式吊车,如皋工艺结网厂引进渔网织机,如皋电子材料厂引进聚丙烯电容薄膜项目。无线一厂引进塑封高压硅堆,无线电三厂引进玻璃钝化二极管等都是借用外资。"七五"期间,全县共借用外资3400多万美元,"八五"期间进入还债高峰。

1992年,钢球厂与美国通用公司合资,引进第一笔资金121.08万美元。此后,搬经龙野皮革厂引进外资50万美元,开发区家山企业等引进外资253万美元。1993年3月8日,市政府下发《关于促进企业偿还还贷的意见》,至"八五"期末,还清"七五"期间借用外资3437万美元。90年代始,利用外资发生质的变化,逐步实现引进项目、引进资金。"八五"期间,全市(县)实际利用外资2653万美元。进入"九五",受金融风暴影响,全市实际利用外资缓慢增长,共利用外资5429万美元。

2000年开始,如皋市利用外资和中国港澳台地区资金快速增长。是年,实际利用外资和中国港澳台地区资金1006万美元,是1999年的2.79倍。主要包括由中国澳门地区永晖集团与南通港务局合作投资的5万吨级液体化工码头一座,1万吨级散货码头一座,15万立方米油品化工品储罐,5000立方米固体化工品仓库;由中国澳门地区永晖集团独资的10万吨差别化聚合工程及配套设施;由南通东方石油化工港储有限公司投资兴办的沥青加工中转项目;由如皋市长江航运有限公司与中国香港地区伟力国际集团有限公司共同投资750万美元的皋张汽渡项目;由江苏钢球厂与美国通用轴承公司出资400万美元合资的碳素钢球项目;由日本米久食品公司增资45万美元进行技术改造等。

2002年初,中国香港地区阳鸿有限公司出资1400万美元与如皋港区合资兴建石化港储项目,是为全市第一个一次利用市外资金突破千万美元的项目;埃及共和国艾勒瓦塔尼亚工业集团投资5000万元与如皋市宁杨实业有限公司合作创办的中埃国民柴油机制造股份有限公司落户下原镇;南通腾达锻压机床厂投资1000余万元的锻压机床厂项目落户袁桥镇。是年,全市新引进利用市外资金项目38项,合同利用外资和中国港澳台地区资金3268万美元,比2001年增长167.9%,实际到账1385万美元,比2002年增长245.4%。

2003年,全市合同利用外资和中国港澳台地区资金22019万美元,比2002年增长573.8%,到账6219.27万美元,比上年增长349.04%。是年,全市新批市外资金项目87个,其中投资额1000万美元以上项目11个。南通锻压设备有限公司与浙江凌田汽车制造有限公司合作,新上南通庆华汽车部件制造项目,项目总投资2.6亿元;福建客商杨效仙投资1.2亿元,组建南通融翔钢铁公

图7-19　2002年11月,市委、市政府举办全民创业报告会

司;南通长江燃料油净化公司投资5000万元,建成年产60万吨燃料净化装置;上海制皂集团与如皋市亚雅油脂公司合资创办总投资4.5亿元的上海制皂(集团)如皋有限公司;上海轮胎橡胶(集团)总投资12亿元的轮胎生产项目落户如皋经济开发区;总投资2.5亿元的南通东方TLA120万吨沥青项目落户如皋港区。

2004年,全市新建企业注册资本利用外资和港澳台资5.04亿美元,比2003年增长129.1%,超2004年前26年利用外资和中国港澳台地区资金的总和;当年到账1.05亿美元,比2003年增长68.6%。全市引进1000万美元以上项目25个,市外资金项目平均单体规模517万美元,比2003年增加238万美元。市外资金投向第一、第三产业和基础设施建设领域的项目协议注册额首次突破1亿美元。是年,由日本飞龙有限会社投资2.6亿元兴办南通江海河纺织有限公司落户九华镇郭洋村;由浙江金达公司和美国化纺投资0.45亿美元的金元亚麻项目、由中国香港地区亿丰国际集团投资发展有限公司投资4.2亿元的亿丰国际商贸城项目落户如皋经济开发区;首期注册资本1.2亿元的南通熔盛造船有限公司落户如皋港区。

2005年,全年新批注册外资和中国港澳台地区资金8.2亿美元,比2004年增长60.98%;到账2.19亿美元,同比增长108.8%。新批市外民资项目106个,其中超千万美元的项目34个,项目单体规模706万美元,位居南通市第一。是年,3个投资超亿美元项目在如皋港区落户:美国丰德国际投资有限公司投资额达1亿美元;中国香港金海投资建设发展有限公司投资建设4座5万吨级通用散货码头及7座千吨级以上内河码头;马来西亚德源有限公司投资2亿美元建设德源高科棕榈油深加工项目。至年底,江苏熔盛重工集团有限公司造船项目已完成投入量4.67亿元;华大石化(南通)有限公司燃料油深加工项目完成投入量1.67亿元;南通焯晟石油化工有限公司燃料油深加工项目完成投入量1.60亿元;南通诚晖石化有限公司燃料油深加工项目完成投入量1.18亿元;上海轮胎橡胶(集团)如皋公司注册资本由2418万美元增资到3627万美元;亿丰置业公司注册资本由1000万美元增资到2000万美元;思源电器总投资由2.50亿元增加到5.70亿元;由浙江客商投资5000万元的苏中商贸城、由中国香港地区汇华国际投资有限公司总投资1000万美元的百营置业(南通)有限公司开工奠基。

2006年开始,随着投资环境的日益改善,土地及环境承载矛盾的日益突出,全市开始由“招商引资”向“招商选资”转变,选择和引导投资客商将资金投向现代服务业、先进制造业、高新技术产业、现代农业、节能环保等产业和领域。

2006—2010年,全市共合同利用外资和中国港澳台地区资金723633万美元,是“十五”时期15.90亿美元的4.55倍;到账33.17亿美元,是“十五”时期4.04亿美元的8.22倍。新批市外资金项目超千万美元的236个,其中超亿美元的项目11个,项目单体规模平均968万美元,引进市外资金连续5年居南通市首位。新批项目中,现代农业、先进制造业、高新技术产业和现代服务业项目占比为75%。

至2010年,全市累计利用外资和中国港澳台地区资金到账39.3亿美元,工商注册额87.73亿美元,已建立市外投资企业365家,其中总投资额超过3000万美元的22家。

至2010年外商投资如皋市3000万美元以上项目一览表

表7-4

单位：万美元

序号	批准时间	项目实施企业名称	投资方		外国投资方所在国家（地区）	落户镇（区）	总投资额	企业注册资本	合同资金	到账资金	经营范围
			国内企业	外国企业							
1	2003-12-23	南通诚晖石油化工有限公司	北京清和家安投资咨询有限公司	鼎盛投资有限公司	英属维尔京群岛	长江镇（如皋港区）	6494	3311	3250.5	2760.2	石油化工产品装卸、仓储服务、进出口及批发业务
2	2004-01-16	双钱集团（如皋）轮胎有限公司	双钱集团股份有限公司 上海众山投资发展有限公司	马来西亚高丽制钢（马联）有限公司	马来西亚	经济开发区（柴湾镇）	7580	7000	3383	3383	轮胎制造、加工、组装销售，胶鞋及其他橡胶制品和前述产品的配件，橡胶原辅材料，橡胶机械、模具，轮胎橡胶制品钢丝（国家有专项规定的除外）
3	2004-05-19	南通鹏鹞水务有限公司	上海广美投资有限公司	南通水务控股有限公司	新加坡	长江镇（如皋港区）	6500	2270	1770	2270	城市供水厂建设、经营
4	2005-07-28	德源（中国）高科有限公司	—	德源恒昇有限公司	马来西亚	长江镇（如皋港区）	9999	5000	5000	5000	许可经营项目：食品销售（食用动植物油料批发）。一般经营项目：化工产品生产（功能性表面活性剂）；工业用动植物油料、化工原料及产品（除危化品）、纺织原料及产品、机械设备、五金交电、金属材料、电子产品、建筑装潢材料、日用化工合成洗涤剂批发，佣金代理（拍卖除外），上述商品和相关技术的进出口业务；商品信息咨询服务
5	2007-01-26	南通荣威娱乐有限公司	—	荣威集团控股有限公司	英属维尔京群岛	经济开发区（柴湾镇）	3300	3300	3300	3300	游泳圈、充气床垫、塑胶充气玩具、塑胶文体旅游用品及其他塑胶充气制品、PVC薄膜的生产销售，并提供售后服务
6	2008-04-24	森松（江苏）重工有限公司	上海森松化工成套装备有限公司	社森株式会松综合研究所	日本	长江镇（如皋港区）	9990	3330	4123.6	3330	开发、设计、生产、安装火电站脱硫、脱硝、布袋除尘设备；燃煤电厂湿法脱硫、脱氮成套设备；大型煤化工设备；氨基酸、酶制剂、食品添加剂等工业生物产品的关键生产设备；中药提取加工成套设备和先进的制药设备；大型反应设备、石化设备、有色金属湿法冶金设备等。销售公司自产产品

续表7-4

序号	批准时间	项目实施企业名称	投资方		外国投资方所在国家（地区）	落户镇(区)	总投资额	企业注册资本	合同资金	到账资金	经营范围
			国内企业	外国企业							
7	2008-04-24	森松（江苏）海油工程装备有限公司	上海森松化工成套装备有限公司	森松技术服务有限公司	日本	长江镇（如皋港区）	7280	2430	689.6	2430	开发、设计、生产、安装日产10万立方米及以上海水淡化及循环冷却水技术和成套设备；日产2万吨以上低温多效蒸馏海水淡化装置；石油勘探、钻井、集输中浮式生产系统设备制造等工程装备及相关橇块。销售公司自产产品，并提供相关的技术咨询和售后服务(生产另设分支机构)
				森松工业株式会社	日本						
				森松株式会社综合研究所	日本						
8	2010-06-28	伊纳斯新能源（如皋）有限公司	—	GALAMAKLAAS HAYES	荷兰	经济开发区（柴湾镇）	4700	4000	4000	0	从事太阳能屋面的设计安装及技术服务

注：中国香港地区恒升投资有限公司参与投资双钱集团(如皋)轮胎有限公司

至2010年中国香港地区客商投资如皋市3000万美元以上项目一览表

表7-5

单位：万美元

序号	批准时间	项目实施企业名称	投资方		落户镇（区）	总投资额	企业注册资本	合同资金	到账资金	经营范围
			内地企业	香港投资企业						
1	2004-08-23	南通实力房地产有限公司		实力发展（香港）有限公司	经济开发区（柴湾镇）	4800	2511.6	2511.6	2511.6	房地产开发建设、销售、营销策划代理，物业管理
2	2005-09-27	如皋港务集团有限公司	江苏金海岸投资建设发展有限公司	香港金海岸投资建设发展有限公司	长江镇（如皋港区）	4524	4523.7	10630	3380	码头和其他港口设施经营；在港区内从事货物装卸、仓储的临时经营（集装箱、危险货物除外）。港口公用码头建设，塑钢材料、木材、建材、给排水管批发（以上项目国家实行资质管理的凭有效资质经营）
3	2005-06-23	富昇房地产开发（南通）有限公司	—	富昇香港集团有限公司	长江镇（如皋港区）	9996	9996	18996	9996	许可经营项目：普通房地产开发建设经营（凭有效资质经营）。一般经营项目：从事拆迁工程、基础设施建设工程
4	2005-07-21	南通皇室会房地产开发有限公司	—	香港恒汇投资发展有限公司	长江镇（如皋港区）	12899	12899	12899	12899	许可经营项目：普通房地产开发建设经营（凭有效资质经营）。一般经营项目：从事基础设施建设工程
5	2005-07-22	恒汇房地产开发（南通）有限公司	—	香港恒汇投资发展有限公司	长江镇（如皋港区）	11299	11299	11299	11299	许可经营项目：普通房地产开发建设经营（凭有效资质经营）。一般经营项目：从事基础设施建设工程
6	2006-04-07	永和房地产开发(南通)有限公司	—	永和（亚洲）有限公司	长江镇（如皋港区）	11399	11399	11399	11399	许可经营项目：普通房地产开发建设经营（凭资质经营）。一般经营项目：从事基础设施建设工程
7	2006-04-13	南通杰汇置业发展有限公司	—	永和（亚洲）有限公司	长江镇（如皋港区）	11399	11399	11399	11399	房地产开发建设经营基础设施建设
8	2006-06-21	南通江乐房地产开发有限公司	—	香港卓怡集团有限公司	长江镇（如皋港区）	9980	9980	9980	9980	许可经营项目：普通房地产开发建设经营（凭有效资质经营）。一般经营项目：从事拆迁工程、基础设施建设工程
9	2006-06-26	南通乐华房地产开发有限公司	—	香港富达国际企业有限公司	长江镇（如皋港区）	11480	11480	11480	11480	许可经营项目：普通房地产开发建设经营（凭有效资质经营）。一般经营项目：从事基础设施建设工程

续表7-5

序号	批准时间	项目实施企业名称	投资方		落户镇(区)	总投资额	企业注册资本	合同资金	到账资金	经营范围
			内地企业	香港投资企业						
10	2006-06-28	卓怡房地产开发(南通)有限公司	—	香港卓怡集团有限公司	长江镇(如皋港区)	9980	9980	9980	9980	许可经营项目:房地产开发建设经营(凭资质经营)。一般经营项目:从事拆迁工程、基础设施建设工程
11	2006-06-7	江苏熔盛重工有限公司	江苏熔盛投资集团有限公司	运宝集团有限公司	长江镇(如皋港区)	61100	61100	59600	61100	生产船舶、海洋工程及建筑用钢结构,销售自产产品;从事船舶、海洋工程技术服务、总包、和委托加工及进出口贸易业务(不含进口商品分销业务)
12	2006-07-27	富达房地产开发(南通)有限公司	—	香港富达国际企业有限公司	长江镇(如皋港区)	11188	11188	11188	11188	许可经营项目:普通房地产开发建设经营(凭有效资质经营)。一般经营项目:从事基础设施建设工程
13	2009-06-05	沙桐(南通)石油化工有限公司	江苏沙钢集团有限公司	南桐(香港)控股有限公司	长江镇(如皋港区)	4050	1350	675	675	许可经营项目:危险化学品批发及仓储(焦油沥青、煤焦油、化工轻油、酚油、洗油、苯、甲苯、二甲苯、丁酮、二氯乙烷、戊烷、环己酮、硫酸),仓储另设分支机构。(成品油及国家规定的特殊产品除外)一般经营项目:从事石油化工产品、燃料油、一般化工品批发及仓储(涉及许可经营的项目除外)
14	2010-05-20	南通汤始建华管桩有限公司	—	汤始有限公司	郭园镇	4800	1600	1600	1021.8	生产、加工预应力混凝土管桩、钢筋混凝土方桩、顶式排水管、水泥构件,销售自产产品并提供售后技术服务(凡涉及国家专项规定的,取得专项许可手续后经营)

第二节 对外经贸

一、机构沿革

中华人民共和国成立前,全县无外贸管理机构,县内进口商品多由企业通过上海等地外贸商行实施,出口商品则由商户将商品转售给上海外贸商行,由外贸商行办理出口,进口商品价格很高,出口商品价格则被压得极低。

中华人民共和国成立初期,全县外贸出口土畜产品由县江海公司、县土产公司、县食品公司、县畜产公司、县农产品采购局、南通专区外贸公司收购,转由上海等地外贸公司办理出口。1953年,南通畜产公司在如皋县内集镇设立皮张交易所。1954年3月,如皋在南通地区首创把出口农副产品收购委托供销社代购,由供销社收购后再调拨给畜产公司。

1954—1955年,江苏省食品出口公司在南通设办事处,收购活猪调拨给如皋肉联厂加工成成品出口。1956年,县商业局设外贸组,负责管理县内出口业务。1958年,全县出口商品主要由南通地区外贸公司收购,货源组织以基层供销社为主,亦有厂商设点收购,县内外贸机构集中整理后外销。食品、手工业品由南通地区外贸公司直接从生产工厂收购,亦有部分出口商品经上海有关进出口公司外销。1973年,县商业局设外事组,负责部署和落实上海外贸部门下达给如皋的外贸业务。

1978年1月,如皋县对外贸易公司成立,专营出口业务。1988年2月,如皋县对外经济贸易委员会(简称县外经委)建立,统一管理全县对外经济贸易,领导和组织外贸公司开展业务。2001年9月,市政府工作部门调整,设如皋市对外经济贸易合作局,原市对外经济贸易委员会承担的外国政府贷款的对外谈判与磋商职能划交市财政局,原市计经委承担的贯彻执行对外贸易、经济合作、外商投资具体政策的职能和机电产品进出口管理职能划给市对外经济贸易合作局。

2009年12月,市政府机构改革,不再保留对外经济贸易合作局,组建市商务局。市经济贸易委员会的内贸职责、市对外贸易经济合作局的职责,整合划入市商务局。

如皋市商务局 1988年2月,如皋县对外经济贸易委员会设立。9月,县外经委下设对外经济贸易技术咨询服务部,为全县外贸企业提供信息、技术服务,组织外贸生产企业所需原辅材料。1990年5月,县外经委列入政府工作部门。1996年11月,市外经委改称如皋市对外经济贸易局。1998年1月,市对外经济贸易局更名为如皋市对外经济贸易委员会。2001年9月,市外经委撤销,如皋市对外经济贸易合作局建立。

2009年12月,市对外经济贸易合作局撤销,组建如皋市商务局。至2010年年末,市商务局内设外贸管理科(机电科)等10个中层机构,下辖如皋市外派劳务服务中心。

如皋市(县)对外贸易公司 1978年1月建立,设址如城海阳路,按照国家下达的外贸计划组织收购出口产品,主要经营茧丝、丝绸制品的购销调拨,辖蚕茧总站,下设新民、东陈、林梓、白蒲等9个茧站。1984年,公司迁大治巷。1990年,公司外贸收购总值增加至2.20亿元,产品销往29个国家和地区;出口口岸增加至14个;出口商品品种有粮油食品、纺织品、针棉织品、服装、丝绸、土畜产、轻工、工艺品、五矿、化工、医药、机械、电子设备等15大类125个品种;经营方式为收购、调拨。

1992年10月底,市对外贸易公司与中国对外贸易开发总公司共同投资500万元,成立中国对外贸易开发总公司如皋公司,在深圳、如皋两地挂牌。是年,共组织上百个品种产品通过国内58家口岸、公司销往国外。1993年4月,经外贸部批准,公司获得自营进出口经营权。1995年始,经营逐步萎缩。

2002年8月,破产终结,其自营进出口经营权转让给改制重组的如皋市东正贸易有限公司。

二、出口贸易

明末,如皋丝线畅销海外。清道光二十二年(1842年),如皋丝绸开始销往海外。至清咸丰年间,如皋丝绸以质地优良驰名海内外,火腿亦开始销往中国港澳地区并经香港转销南洋各地。清光绪二十一年(1895年)如皋火腿、腊肉开始销往美洲。清末,如皋香肠及手工艺品贴绒、彩灯、折叠风筝等先后获檀香山博览会奖、南洋劝业会荣誉奖。柴湾菁华斋避秽卫生香，销往南洋并获奖。

辛亥革命后，如皋出口商品品种除传统的丝线、丝绸、火腿、香肠及工艺品等外，增加黄狼皮、人发、猪鬃、白豌豆、山羊皮、鸡蛋、肠衣及手结线网手套等农副产品，其中黄狼皮、人发以质地优良深受欧美国家欢迎，猪鬃主要销往日本、美国，白豌豆主要销往日本、德国。

民国9年（1920年），如皋萝卜干开始出口南洋地区。民国19年，上海常茂粮行委托白蒲裕通恒粮行代为收购豌豆，外销日本。并有外商在如皋开设安利、茂林、培林、班达等洋行，常年收购肠衣、鸡蛋。民国30年冬，太平洋战争爆发，如皋出口贸易停止。民国34年秋，如皋恢复出口业务，大多由美商经营。

中华人民共和国成立初，全县出口商品仍以土畜产品和食品为主，主要销往苏联、朝鲜、蒙古、越南、阿尔巴尼亚及东南亚国家。1960年，如皋土畜产品开始销往捷克斯洛伐克、波兰等国家。1963年，如皋白条肉、分割肉等肉制品大量出口苏联，其他农副产品主要销往法国、希腊、意大利、卢森堡等国家。1965年，如皋分割肉开始出口意大利。

“文化大革命”期间，出口商品品种和数量都有减少。1977年，全县出口业务开始快速发展，出口商品品种亦开始由土畜品为主，转向以农副产品、工业半成品为主。

1978年，全县外贸收购额增加至2570.28万元。1979年，全县农副产品和工业半成品出口额已占出口收购总值的74.60%，出口商品计14类101种。其中，粮油食品类有分割（猪）肉、火腿、香肠、肉松、鲜蛋、冻鸡、冻兔、猪副产品、猪肉罐头、萝卜干、蘑菇罐头、芦笋罐头等，纺织品类有棉花、棉布、坯布、色织布、涤棉布、羊毛纱、毛巾、浴巾、方巾、茶巾、编织毛衫、丝织毯、地毯、棉布、棉布服装、涤棉服装等，丝绸类有白厂丝、纬丝线、丝绵、织棉线、绢线、落棉等，农副及土畜产品类有明胶、大蒜片、萝卜干、蚕茧、蜂蜜、可香菜、蘑菇干片、白果、黑瓜子、薄荷油、白豌豆、猪鬃、肠衣、绵羊毛、绵羊皮、山羊皮、牛皮、猪皮、鬃刷、猪大肠头、乱鸡毛、黄狼皮、草兔皮、水貂皮、狗皮、猫皮、皮褥皮、人发等，轻工业品类有铝制品、家用剪等，工艺品类有钩针手套、工艺珍珠、柳条制品、竹制品、花边、绣品、发网、钩针衣、棒针衣、丝毯、莆席等，化工产品类有钨酸、钨酸钠、氧化铁、植物脂肪酸、饲料钙等，另有机械类、设备类、医药类、矿产类及花木盆景等。出口产品销往60多个国家和地区。

1984年，全县出口总额超亿元。此后，连年超亿元。1987年，如皋外贸产品开始向深加工、多门类、多品种转变，出口量大的主要为针纺织品、粮油食品、工艺品、丝绸、畜产品及机电产品。1988年，县政府设立农副产品出口成就奖，开始实行出口奖励制度。是年，全县乡镇企业生产出口商品总值4060万元，约占全县出口总值25%，乡镇企业开始成为出口创汇商品生产的重要力量。

1990年，全县外贸商品出口口岸增加至14个，出口品种调整为125个，开始以工业品出口为主。全年外贸收购总值1.97亿元，成为全国主要外贸县之一。

1978—1990年如皋县大类商品出口情况一览表

表7–6

单位：万元

年份	1978	1979	1981	1982	1985	1987	1990
总额	2570.28	4143.38	8859.83	9409.81	10970.18	12827.02	19702.29
粮油食品	946.52	2149.91	1687.47	3466.35	2305.65	1542.36	1928.91
土畜产	481.30	844.32	1415.09	1278.90	1013.31	2364.48	3161.12
纺织品	659.99	1037.61	1018.30	1465.71	3134.63	3233.02	3176.90

续表7-6

年份	1978	1979	1981	1982	1985	1987	1990
丝绸	—	—	1992.72	2379.49	3358.86	3665.84	5457.71
服装	—	—	122.02	118.88	182.87	320.72	972.42
轻工	9.02	274.40	47.20	47	12.22	151.74	1385.93
工艺	426.91	—	382.34	456.96	703.74	1305.57	1917.47
化工医药	46.54	37.14 （含机械）	123.39	136.92	86.88	52.20	301.23
机械	—	—	70.80	59.60	149	82.20	648.55
五矿	—	—	—	—	19	44.09	240.94
设备	—	—	—	—	4	64.80	511.11

1991年4月，县政府领导率外贸公司一行6人参加春季广交会。此次为如皋首次与外商直接洽谈出口贸易，全县合同成交1842.70万元，出口产品12个，其中S195型柴油机6500台，委托口岸公司代理成交额793万元。6月，如皋外贸公司派员加入江苏省外贸公司代表团参加哈尔滨交易会，签订出口火腿罐头300吨合同，成交总额510万元。同月，组团去孟加拉国，经过谈判签订2万台柴油机销售合同，成交出口额155.4万美元。是年，全市外贸收购总值4.73亿元，出口产品交货总值5.1亿元，出口商品结构继续改善，原料性产品、初加工农副产品占比下降，工业制成品、深加工农副产品占比继续上升。年内共开发22个新的口岸公司，外贸经营渠道发展到18个省市口岸的67家有进出口权的公司。

1992年，如皋实现电子产品外贸出口零的突破，开始向东南亚国家出口电子元器件；机械产品成为15大类出口产品中除丝绸类以外收购值最高的大类，全年机械类出口收购值1.62亿元，占外贸收购总值的14.89%。

1993年始，全市外贸经营主体由过去外贸公司独家经营向经营主体多元化转变，形成外贸公司、外商投资企业、自营出口企业共闯国际市场的格局。1997年，全市自营出口总额10007万美元，比1996年增长48.5%，有9家企业获自营出口权。全市出口商品门类涉及畜产品、纺织品、金属、非金属矿产品及制品、各类机械、日用杂品等15个大类近300个品种。1999年，如皋柴油机厂、远宏特种水产公司、华英肠衣公司三家私营企业获得自营进出口权，其中如皋柴油机厂为江苏省第一家获得自营进出口权的私营企业，华英肠衣公司为全国肠衣行业获自营进出口权的第一家私营企业。

2004年，江苏九鼎集团股份有限公司、如皋米久食品有限公司、如皋市东正对外贸易有限公司、南通东润实业有限公司4家企业各自出口额超过1000万美元。全市出口额超500万美元企业12家，出口额200万美元至500万美元的企业55家。2005年，全市自营出口总额增加至32145万美元，比2004年增长34.60%，全市有出口实绩的企业增加至159家，比2004年净增29家。

至2005年，全市出口目的地覆盖到世界五大洲的94个国家和地区。2006年，全市有进出口实绩的企业增加至190多家，出口商品除传统纺织、服装外，机电、化工、高新技术产品出口快速增长，形成机电产品出口带动整个外贸出口增长的局面。2007年，全市机电产品出口额2.24亿美元，占全市出口总额的37.33%；化工产品出口1.46亿美元，占全市出口总额的24.33%；高新产品出口0.92亿美元，占全市出口总额的15.33%；

船舶类产品出口0.90亿美元，占全市出口总额15%。出口市场在巩固欧、美、日、韩等传统市场的同时，不断拓展东盟、非洲、拉丁美洲等新兴市场。

2010年，全市有进出口实绩的企业增加至291家，其中出口超千万美元的企业27家。全年出口总额10.05亿美元，与如皋建立进出口贸易关系的国家和地区增加至135个。

三、进口贸易

如皋进口商品始于晚清。货源多数来自日本、德国、英国、美国、法国。进口商品有洋布、洋钉（元钉）、洋油（煤油）、洋碱（肥皂）、洋火（火柴）、洋烛（蜡烛）、呢绒、化妆品、食糖、铅丝、白铁皮、钟表、缝纫机、照相机、白报纸、道林纸、钢笔、铅笔、电器材料、西药、染料、调和漆等。

民国初年，已有德国产"肥田粉"进入如皋市场。民国8年（1919年），各地均开展抵制日货运动，全县日货进口减少。民国10年，有商行开始进口自行车、人力车（黄包车）及零配件销售。民国13年，有英国产绒线，新加坡、马来西亚产胶鞋在如皋销售。民国19年，耀如电气公司通过上海新通公司购进英国克劳斯来工厂生产的225千瓦柴油机组1组。

民国27年，日本侵略军占据如皋，全县包括进口贸易在内的经济活动为日本公司操控。第二次世界大战暴发，"肥田粉"货源断绝。民国34年，如皋恢复发展进口业务，以进口美国产品居多，主要有原子笔（圆珠笔）、玻璃制品、丝袜等。

中华人民共和国成立初，全县进口贸易主要与社会主义性质国家之间进行。1950年，从苏联进口花布，从捷克斯洛伐克进口日光灯管等。1960年，进口贸易范围开始扩大，先后从古巴进口砂糖、鱼粉，从伊拉克进口蜜枣，从加拿大进口面粉，从日本和墨西哥进口化肥。

1965年，始有"尼龙"布进口。1970年，始有"的确凉"、中长纤维等化纤织品进口。1965—1978年，全县无直接进口贸易，市场有进口"尼龙""的确良"等销售。1979年后，全县进口轻工产品品种及数量均增多，品种有呢绒、木材、新药、电子手表、电子计算器、收录机、电视机、电子琴、机器设备、化纤织品、照相器材、医疗器材等。

1980年，全县开始将进口重点转向先进设备和先进技术，轻工等产品主要通过二、三级批发市场进货。1981年，县工艺绣品厂从日本购进万能绣花机4台，从西德购进261型万能缝纫机20台。1984年，县高压电器厂从瑞士精密电气测量设备制造厂购进"亚尔培特"电桥、"西林"电桥以及标准负载箱、标准电流互感器、分流器、示波器、电缆等设备。

1985年，如皋照相馆从日本购进彩色照片放大机1台，县纺织厂以补偿贸易方式经南通、上海引进德国莫果尔斯塔特公司的气流纺生产线设备，无线电厂购进日本富士公司塑封硅堆生产线设备，包括15吨纯水处理装置。1989年，如皋照相馆从美国购进柯达全电脑、多功能彩色扩印设备1台。1990年，南通电子材料厂、如皋无线电一厂和三厂从日本、西德购进聚丙烯电容薄膜设备、真空锭镀锌铝膜生产线、薄膜无杆电容生产线。1992年，如皋邮电局从瑞典购进数字微波中继设备、市话程控交换设备等，累计使用外汇3500万美元。

2000年，市政府出台文件，采取多种措施鼓励企业引进成套装备和高新技术，提高经济综合竞争能力。是年，全市进口先进设备和先进技术927.22万美元。此后，全市进口贸易业务方式除一般贸易和直接进口先进设备和技术，更多以来料加工贸易、进料加工贸易等引进先进技术和先进管理。2005年，全市直接进口额为4938万美元。2008年国务院批准如皋港为国家一类开放口岸后，全市进出口贸易额快速增长。2009年，全市进口贸易额增加至5.46亿美元。

2010年，全市进口贸易总额进一步增加至9.27亿美元，其中，一般贸易进口3.62亿美元，加工贸易进口1.55亿美元。

四、对外劳务

改革开放之初，全市外派劳务组织程度较低，外派劳务总量偏少。1990年，全市对外劳务营业额7万美元。1991年年末，如皋市在国外劳务人员162人。1992年10月，中国江苏国际经济技术合作公司如皋分公司创立（简称中江如皋公司），其为全市第一家经营境外劳务的专业公司。

1993年7月，如皋第一次以电视广告形式公

1993—2010年如皋市自营进出口情况一览表

表7-7

单位:万美元

年 度	自营进出口总额	
	出 口	进 口
1993	1340	199
1994	2648	393
1995	4770	707
1996	6738	435
1997	10007	1623
1998	11174	422
1999	7650	748
2000	11586	927
2001	12007	1348
2002	13203	1917
2003	16076	2750
2004	23882	5090
2005	32145	4938
2006	44906	9148
2007	60000	22000
2008	82246	50000
2009	99542	54631
2010	100470	92692

开招收外派毛里求斯缝纫、裁剪、整烫、大圆机、漂染等工种劳务工广告，并首批挑选146人，不久又向毛里求斯派出两批缝纫、染织工70多人。1998年5月8日，南通第六建筑安装工程公司经国家批准获得对外劳务签约权。是年，全市外派劳务营业额1147万美元，对外劳务业务范围延伸到建筑工程承包、设计咨询等领域，外派劳务工种在原来的纺织、缝纫、建筑的基础上，增加船舶电工、企业管理、技术研修等岗位，劳务市场拓展到毛里求斯、日本、新加坡、美国关岛、美国塞班岛、帕劳、泰国、墨西哥、沙特阿拉伯、科威特、莱索托、南非、马达加斯加等20多个国家和地区。

1999年12月，市政府下发《关于加快发展外派劳务工作的意见》，进一步推进外派劳务工作。2000年，全市新派赴外劳务人员1052人。2002年，对外劳务公司新开发阿尔及利亚、西班牙、斯威士兰、塞浦路斯、德国、刚果(布)等7个国外劳务市场，全年实现对外劳务营业额3067.34万美元。

2003年，全市新派出国劳务2115人次，年末在外劳务人数4866人，全年对外劳务营业额6180.68万美元。南通第六建筑安装工程总公司承接阿联酋阿布札比连岛立交桥项目，是为市内建筑企业第一个总承包对外劳务项目。合同额

1350万美元,派出专项劳务人员220人,2005年,全市完成外经劳务营业额10643.58万美元,新派出国劳务3169人,年末在外劳务人员7792人。

2007年后,全市劳务市场开始出现不规范甚至违法行为,对外劳务纠纷多。2009年,全市组织开展外派劳务专项集中整治行动,打击外派劳务中的违规违法行为,取消115家对外劳务中介公司外派劳务资格,查处各类劳务纠纷52起,整顿后全市保留质量、信誉、业绩比较好的15家对外劳务公司。

2006—2010年,全市每年新派出国劳务3000人左右,居民出国劳务年收入分别为1.41亿美元、1.21亿美元、1.22亿美元、1.22亿美元、2.01亿美元。2010年8月,如皋市外派劳务服务中心及培训基地建立,并被江苏省商务厅授予江苏省对外劳务合作服务平台。是年,中江、境外、华建3个劳务公司经江苏省商务厅批准成为对外劳务合作签约权公司;江苏南通六建建设集团有限公

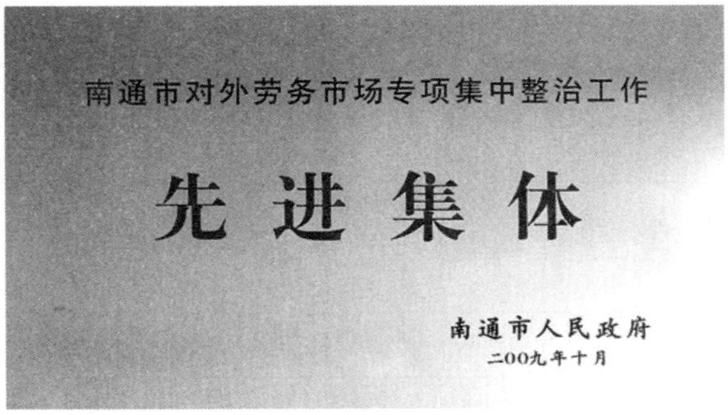

图7-20 2009年10月南通市对外劳务市场专项集中整治工作先进集体

司境外工程承包营业额超1.41亿美元,占全市外派劳务营业额总量的71%;江苏南通六建建设集团有限公司、江苏中澜境外就业服务有限公司被南通市委、市政府表彰为2010年度南通市十佳外经合作企业。是年年末,全市在国外劳务人员9012人。

卷八 农业与花木盆景

汉初，如皋先民以煮盐和渔猎为主，滩涂泽地较少开发利用。东晋时，如皋垦殖造田之风兴起。至元朝，全县种植、养殖业已较发达。明天启年间，县内引进浙江湖州女桑，始栽桑养蚕，并始种植棉花，发展花木生产。清乾隆时，全县家庭养猪业发展较快，地方良种“娄猪”（东串猪）定型并逐步普及。至清末，植棉、栽桑养蚕、苗木盆景生产和猪、羊、鸡等饲养成为全县农民的主要经济来源。民国初，如皋成为江苏省重要农业县之一。1949年，全县粮食总产量16.27万吨，油料总产量11095吨。中华人民共和国成立初，全县结束土地制度改革，实现农业合作化，农业生产有所发展。20世纪60年代至70年代末，全县在耕作制度改革、加快农业机械化步伐、推广农业先进技术和削平高沙土、实现旱改水等方面做出不懈努力，其中治沙改土使如皋农业生产条件发生根本性变化。80年代，随着家庭联产承包责任制的推行和完善，农作物产量大幅提高，但耕作技术和农业机械化水平提高不快。90年代始，全市全面实施农业资源综合开发，土地资源利用率不断提高，逐步确立并不断完善“多元多熟、轻型高效”的耕作制度，不断调整种植业结构。进入21世纪，全市开始大力发展规模农业、高效农业和生态农业，农业的科学化水平提高，经济效益提升。2010年，全市粮食总产量69.63万吨，是1949年的4.28倍；油料总产量3.99万吨，是1949年的3.59倍；实现农业总产值68.59亿元，是1949年的22.38倍。

如皋人素爱莳花弄草。宋代，县内盆景蟠扎开始兴起。水绘园内落地盆景“六朝松”爆龄突纹已逾八道，相传为唐宋八大家之一曾巩之父曾易占所植。明天启年间始，除殷实富户、文人雅士喜欢栽植奇花异木，蟠扎盆景外，花木栽植技术、盆景蟠扎技艺在民间广为流传，专业花圃、“花匠”应运而生，栽植花木、蟠扎盆景逐步成为全县重要的农副业项目。其中以“云头、雨足、美人腰”为主要特点的如皋盆景，赢得全国盆景七大流派之一“如派”的美誉。战争年代，社会动荡，花木被毁，盆景蟠扎停滞。中华人民共和国成立初，“以粮为纲”，一度毁花种粮。“文化大革命”中，栽植花木，蟠扎盆景，被视为“资产阶级生活方式”遭到禁锢。改革开放后，如皋花木生产、盆景蟠扎呈现蓬勃生机，如皋盆景在国际、国内重大展览、评比和竞赛中，获金、银、铜奖200余项次。如皋市获国家林业局、中国花卉协会命名为“中国花木之乡”“全国花卉生产示范基地”，如皋盆景艺术被列入江苏省非物质文化遗产保护项目，花木盆景生产成为全市农业六大主导产业之一。

第一章 农林牧渔业

第一节 机构沿革

清代及以前,如皋无专门主管农业生产的机构。民国5年(1916年)如皋农业推广所创办,地址在磨头区八角殿。不久停办。民国19年,国民政府如皋县政府试办农副业合作社,设立如皋合作社指导局和如皋农业试验站。民国23年2月,国民政府江苏省政府决定如皋、南通、江都、无锡等6县设建设局,县内农、林、牧、渔业归县建设局第三科管理。民国25年,国民政府江苏省立棉作试验场在如皋建立。次年,省立棉作试验场与县农业试验站合并建立县棉种场。

民国34年2月,如西县政府设生产建设科,全县农村牧渔业由其管理。民国35年7月,解放战争爆发后,如皋县政府生产建设科工作中断。

民国38年5月,如皋县政府生产建设科恢复建立。7月1日,县政府生产建设科更名建设科。1950年10月,建设科析建农林科,负责指导全县农、林、牧业。1953年,县棉垦改进所、蚕桑指导所和畜牧兽医站相继建立。1954年12月,县政府建设科撤销,农林科易名农林水利科,建设科的水利业务并入农林水利科。1955年12月,县政府农林水利科划建为水利科、农林科。1956年7月,县政府农林科又划建为农业、林业两科。10月,县畜牧兽医站从农业科划出,建立畜牧科。12月,县种子站建立。1957年10月,县政府农业、林业、畜牧三科合并,建立如皋县农林局。1958年1月,县农林局划建为农业局、畜牧肥料局。1959年10月,县农业局、畜牧肥料局又合并为农林局。1960年5月,县政府设立副业局和农机局,农林局的畜牧、水产、林蚕管理业务划归县副业局管理。10月,县农林局建立测报站。12月,农机局撤销,其业务划归工业局。1962年7月,县副业局撤销,其业务并入县农林局。1965年3月,县政府将畜牧、林蚕、水产等业务从农业局划出,建立如皋县多种经营管理局。1968年4月,县农林局、多种经营管理局造反派联合夺权,成立县农林局革命委员会。1969年3月,全县农水系统各单位革委会合并建立如皋县农水系统革命委员会。1970年,县农水系统革命委员会析建为县农林局、水电局、农机局。1978年6月,县农林局析建为县农业局、多种经营管理局。1996年11月,市多种经营管理局并入市农业局,对外保留牌子。2001年9月,不再保留多种经营管理局牌子,市农业局更名市农林局。

2009年12月,如皋市农业委员会成立,原市农林局不再保留。市农业委员会为主管全市农林经济和综合管理种植业、林果业、畜禽业、园艺业、蚕桑业、水产业的市政府工作部门。2010年,市农业委员会内设综合科等9个中层机构,下设农业行政执法大队、农业技术推广中心、农林科技与信息中心、农村能源技术指导站、农产品质量检验测试中心、蚕桑技术指导站、林业技术指导站、畜牧兽医站、动物卫生监督所、水产技术指导站、种子管理站、家畜改良站12个事业单位。

第二节 生产关系变革

一、土地租用

封建社会,域内大部分土地由地主占有。民国21年(1932年),全县佃农占总农户的75.4%,基本不占有土地;半自耕农占7.7%,自耕农占16.9%,占有少量土地。全县最大的地主为如皋城的沙姓、祝姓,西乡、南乡卢姓、吴姓、周姓等家族,均拥有万亩以上土地。其中,卢港卢姓家族有大地主20多个，拥有土地10万多亩；车马湖吴姓大地主，家距如皋城30千米，自称“上如皋可以不踏别人家的田岸子”。

除地主外，寺庙亦占有大量土地，其中定慧寺拥有土地3万多亩，比如皋城占地最多的沙姓、祝姓地主占有的土地加起来还多，民间有“一沙，二祝，抵不到一秃”的说法。

富农占有较多的土地，有的亦租土地自己参加劳动，有的长年雇用长工，有的忙时雇用“忙月”（短工），还有的临时雇“散工”“日工”。

1946年土地改革前如皋县各阶层占有土地情况统计表

表8–1

阶 层	户 数		人 口		占有土地		每人平均占地（亩）
	总数（户）	占比（%）	总数（人）	占比（%）	总数（亩）	占比（%）	
总计	225366	100	928984	100	1447698	100	1.56
地主	3380	1.50	13947	1.50	517828	35.77	37.13
半地主富农	698	0.31	2882	0.31	29555	2.04	10.26
富农	9691	4.30	39981	4.30	207901	14.36	5.2
中农	83523	37.06	344150	37.1	383964	26.52	1.11
贫农	122189	54.21	505995	54.42	288354	19.92	0.57
雇农	2440	1.08	8435	0.90	571	0.04	0.07
小土地出租者和其他	3445	1.54	13594	1.47	19525	1.35	1.43

贫雇农没有或拥有极少土地，必须靠租种地主、富农的土地维持生计。雇农租种地主的土地，首先要缴“坐租”，又叫“押租”，每亩银圆20—30元，相当于田价的一半。退佃时，虽可以退回，但不计息。缴完坐租后，还须按年缴纳“行租”。行租有钱、粮两种。钱租每亩12—20元；粮租按庄稼收成，一般佃三主七、佃四主六，亦有对半分成。有的地方还采取收“预租”的办法，强迫雇户上半年预缴全年的地租，秋熟歉收不予减免。《江苏省农民银行第三年》载：如皋通常租金是用实物缴纳，一年缴纳两次，春季纳小麦和大麦，秋季纳谷子或棉花。有的地主带兵收租还要佃农供应酒饭，稍不如意就罚佃农下跪赔礼。卢庄地主卢宇宣和蒋埭地主卢荫南等，对佃农送租，要当场用风箱扬、晒垫晒，甚至强迫佃农跪在阳光下陪晒，有的被晒得当场昏倒。佃农缴租不超过腊月二十四，超过期限，每元银洋只算800文。

除地租外，佃农还要向地主送礼，逢年过节要送“看节礼”，开耕前要送“犁鸡”。遇有红白喜事，地主还要每个佃农“上人情”。

封建剥削制度下，多数农民入不敷出，被迫逃荒要饭或到地主家做长工、打短工。卢港叶家庄，几乎全庄农民都是卢姓地主家的佃农，除了种租田，主要靠打莲花讨饭糊口。当地有句俗语：“叶家庄靠港子（即卢港），不打莲花吃谎（音）子。”民国22年（1933年）版《中国工业手册·江苏》载：如皋有些人给别人作雇农，男性雇佣劳动力每天收入为0.25元，女性劳力每天收入为0.20元。

二、土地革命

民国17年（1928年）5月1日，西乡农民在中共如皋县委领导下，举行暴动，攻打地主庄园，焚烧地契。

民国19年，中共如皋县委于如皋西乡建立苏维埃政权，开展平分土地、抗租抗税斗争。是年1

月20日，中共江苏省委《给泰兴、如皋两县同志指示信》中指出："农村工作，依据你们的报告，农民抗租抗税已有数月，武装冲突已二十余次。目前党的总路线是根本肃清机会主义路线，加紧反富农斗争的暴动，立刻发动游击战争，没收地主阶级土地交农民代表会议处理，建立乡苏维埃政权。"刘瑞龙《回忆红十四军》载：民国19年，如皋南乡和西南乡大部成立区、乡革命委员会，先在江安六甲试行分配土地。5月，江安、卢港、石庄、镇涛等区在革命委员会领导下，各村成立土地委员会，调查田亩，烧毁地主的田契、租簿，按照当地每人平均土地面积，将土地分给无地或少地的农民。对反革命分子、逃亡地主，不分给土地，对恶霸地主实施镇压。6月7日，《时报》载："如皋县土地改革也列入了共产党的议事日程，但是，土地改革进行到何种程度尚未确定。土地改革将所有肥沃与贫瘠的农田都归公有，并在共产党的帮助下平均分配给会种田的人，每个60岁以下的男性公民可得到2.4亩耕地，每个14岁以下的女性公民和每个60岁以上的男性公民分得1亩。当女性结婚或者男性死亡以后，他们的土地必须归还公有，并重新分配。"10月，中国工农红军第十四军失利，国民政府重新统治如皋西乡，土地改革被迫终止。

三、土地改革

民国30年(1941年)，如西县政府开始在全县进行以"二五减租"为主要内容的减租减息斗争。至民国33年9月，共减租35894亩，受益14278户。

民国34年，抗日战争胜利后，中共如皋县委根据中央《五四指示》，改"二五减租"为"没收地主阶级土地，分给无地和少地的农民"。民国35年春，全县解放区在惩办汉奸和清算封建地主剥削罪行的斗争中，共没收地主、富农土地1.36万亩，房屋1096间，玉米和麦子10.85万千克，大米6700千克，豆饼2089片，草21.31万千克，粮折抗币20万元。5月4日、5月25日，中共华中一地委根据中共中央"我党应坚决拥护群众在反奸、清算、减租、减息、退押、退息等斗争中，从地主手中获得土地，实现耕者有其田"的指示精神，于海安镇召开土改动员大会，组成60多人的土改工作组，并确定如皋县柴湾区为一地委3个土改实验区之一进行试点。与此同时，中共如皋县委亦确定雪岸区为全县土改实验区。6月初，中共如皋县委召开土改动员会，布置在全县展开土改运动。此时，国民政府军大举进攻人民解放区，中共华中一地委发出《关于土地改革工作中的补充指示》，指出"在战争动员中加速土地改革，从完成土地改革中争取与巩固战争胜利"，提出"快分快收""迟了一天就是一季"的行动口号。在苏中战役期间，广大农民"一手拿枪，一手拿算盘""前方打仗，后方分田""白天支前，夜上分田"。至9月，全县221个乡有137个乡完成土地分配，其余各乡部分完成土地分配。

民国35年8月至民国36年夏，国民政府军占据全县大部分地区，地主、"还乡团"纷纷向分得土地的农民"扒田""夺粮"并追租，甚至残酷杀害参加土地改革的干部和农民。民国36年8月，中共领导的人民武装力量在全县收复大片根据地(称恢复区)，开展"清算复仇""复田倒粮"斗争，全面进行土改复查。在复查运动中，组织贫农团"铲墩儿""填塘儿"。9月3日，《前线报》报道：石庄区自8月16日布置全面清算复查，已有40余村2000余人参加斗争。

民国36年10月5日《前线报》报道，卢港区在复查运动中，斗出粮食5000余担，1700余人受益，最多的村每户可分得粮20担。11月，中共如皋县委召开200余名区乡干部及贫农团代表参加的大会，贯彻"放手让贫雇农做主，彻底消灭地主阶级，打垮封建势力及彻底平分土地"的新方针。至民国37年3月，全县解放区土改复查，平分土地工作基本结束。

民国37年7月，新恢复区土地改革开始。全县新恢复区为997个村，占总村数1646个的60%以上，其中经减租未清算的141个村，经减租未土改的81个村，经过土改的775个村，占恢复区村的77%。至次年春，新恢复区全部完成土改复查，平分土地工作。

1950年8月起，根据《中华人民共和国土地改革法》，全县开展新恢复区新一轮土地改革和"老区"结束土地改革工作，颁发土地执照，并宣布"过去土地契约一律无效"，废除封建土地所有制。1951年年底，全县土地改革工作结束。

四、互助合作

互助组 抗日战争时期，如皋抗日民主政府、如西县政府组织变工队、伴工组，劳武结合，抢收抢种。解放战争中，为解决出征支前民工家庭生产困难，各区、乡又组织变工组和伴工组。1950年冬，车马湖乡农民吴舜英组织全县第一个农民互助组。互助组内农户各自经营，互助伴工，欠工还工，农忙时节劳力不足的农户也能及时完成收种。至1951年年底，全县共建立互助组816个。1951年，全县第一届劳动模范代表大会上，县政府奖给吴舜英互助组大黄牛1头，在全县兴起"学习吴舜英，超过吴舜英，走组织起来道路"的热潮。至1952年秋，全县建立互助组17300个，参加农户99400户，占全县总农户的43.30%。参加人数39.10万人，占农业人口的41.10%。

合作社 1953年春夏，夏堡区搬经乡以夏宝群、夏守甫互助组为基础，试办以土地入股形式的初级农业生产合作社，命名"红旗农业生产合作社"。是为全县第一个农业生产全作社。初级社实行土地入股、合作经营、劳动记工、土劳分红的制度，一般按"土四劳六"的比例进行分配。至1954年年底，全县建立初级社560个，入社户占总农户的6.70%。1954年，全县初级社发展至3932个，入社农户11.73万户，占全县总农户的50%。1956年3月，全县掀起合作化高潮，入社农户21.80万户，占全县总农户的94%。秋，县内试办取消土地分红的高级农业生产合作社。至1957年，全县发展高级社736个，入社农户占总农户的96.68%。高级社取消土地分红，土地归高级社所有，由高级社统一经营。社下编生产队，社与队实行"包产量、包成本、包工分、超产奖励"的"三包一奖"责任制，社员劳动则按统一制定的劳动定额评工记分，年底按高级社纯收入和总劳动日，计算出每个劳动日的价格进行分配。

五、人民公社

1958年9月15日，城东、城西两区所属乡率先组建"东风人民公社"和"红旗人民公社"。9月19日，全县又有"火箭"(白蒲区5乡1镇)、"曙光"(郭园乡)、"大明"(大明乡)、"前进"(建设乡)、"光芒"(骏发乡)5个人民公社同时建立。人民公社实行公社、大队、生产队三级所有，生产队为基本核算单位。人民公社既是生产组织又是政权机构，土地归集体所有、集体使用，产品归集体所有、由集体分配，家畜、家禽以公养为主，限制社员私养家畜、家禽和从事其他家庭副业。至9月26日，全县农村实现人民公社化，共建立人民公社32个，参加农户240680户，占全县总农户的99%以上。10月11日，如城人民公社亦正式成立。在实现人民公社化的同时，全县办公共食堂10164个，用膳人数占总人数的91.7%，并新办托儿所4700个，幼儿园1468个，缝纫组292个，洗衣组139个，幸福院3个。11月1日始，全县除如城人民公社外，实行"吃饭不要钱"。12月，全县33个公社合并为12个人民公社(称大社)。

1959年年初，全县进行建社整顿，除如城、白蒲两镇单独建社外，其余一律以原大乡建社，并以原乡名为社名。全县共设48个人民公社、517个生产大队。1960年开始，全县公社食堂相继自行解散。

"文化大革命"开始后，各人民公社推行"大寨式"记工，组织批判"三自一包""四大自由""工分挂帅"，割"资本主义尾巴"。"文化大革命"结束后，如皋农村局部地方开始摸索有利发展生产的"定产定工定奖""定额记工"等管理办法。

图8-1 20世纪70年代，社员集体田间劳作

1978年，何庄公社13大队首先试行联产计酬生产责任制，社员1户或几户按照生产队指令性种植计划种植，年终按照实际产量计算报酬，零星土地划分给农户自由种植，并推行畜禽公有私养。1981年夏，邓园公社进行政社分设试点，实行党、政分开，恢复乡（镇）、村制，同时建立公社经济联合委员会，作为经济联合实体。1986年3月，各公社经济联合委员会撤销，各乡（镇）农、工、副各业分别建立服务公司。

六、家庭联产承包

1980年，全县普遍建立多种形式的农业生产责任制，其中实行联产到劳的生产队5017个，占生产队总数的58.9%，实行包产到户或包干到户的生产队1605个，占生产队总数的18.8%。

1982年下半年，全县始推行大包干（或称家庭联产承包）责任制，实行集体经营与社员家庭经营相结合、以社员家庭经营为主的双层经营体制。集体耕地按劳力或按人承包到户，土地仍为集体所有，农民有使用权。在承包期限内，土地使用权可以转让，但不准买卖，不准出租，不准抛荒，严禁在承包地上建房、取土、烧砖、葬坟。农户承包土地，自主经营，自负盈亏，定额上缴，集体不付成本，不计报酬。实行家庭联产承包责任制初期，农户只向集体净缴"三粮五钱"（国家统购粮、集体调剂粮、水利公用粮和农业税、公积金、公益金、管理费、固定资产折旧金）。其他依靠土地的某些副业生产项目如蚕桑、林业、果园、养鱼等也都采取"大包干"责任制度。

至1983年夏，全县推行家庭联产承包责任制的生产队8509个，占生产队总数的99.5%。1984年，按照"大稳定、小调整"的原则，对承包地进行合理划分，全县户均田块由原来的5.6块减为3.5块，人地相宜的比例由原10.8万户、44万亩，增至25万户、80万亩。县政府颁发承包土地使用证，规定承包期15年不变。

1987年，全县各承包户全面签订承包合同，一订3年。1989年秋，在坚持土地集体所有性质不变、集体和家庭双层经营体制不变、联产承包的形式不变、按劳地结合负担的政策不变和组与组之间不打乱平分的前提下，对农户承包土地进行合理调整，土地承包制进一步完善。全县进行较大调整的有3981个村民组，进行小调整的4046个村民组，调整面占全县村民组总数的94%。

1995年、1996年，农村出现承包户转包、土地使用权转让和农业适度规模经营。部分地区在保持土地承包长期稳定的前提下，开始建立土地流转机制，引导集体土地规范、有序、有偿的流转，本着"自愿、依法、有偿"的原则，通过"转包""转让""入股"等形式，签订流转合同进行土地承包经营权的流转。

1997年，第一轮土地承包到期。5月起，进行第二轮延长土地承包期工作。1998年，全市基本完成"延包"工作，农户拿到市政府颁发的农村集体土地承包经营权证，承包期30年不变。

图8-2 农民手捧农村集体土地承包经营权证 （1998年摄）

2001年5月，市委、市政府发出《关于加快推进农村集体土地流转，促进农业生产结构调整的意见》，制订《土地流转程序及协议规范》，编印土地流转手册，进一步规范和促进流转行为。至年底，全市土地流转面积24910.76亩，占总土地面积的3.42%，涉及农户12177户，占总农户的3.43%。

2005年，市委、市政府出台《关于农村土地二轮承包完善工作的指导意见》，在集中补签发证过程中，共补签农村土地承包合同151725份，全市签约发证率为98%，并实现土地承包资料电子化管理。2006年始，贯彻落实中共中央"明确所有权，稳定承包权，搞活使用权"的政策精神，大力推进农村土地流转，推行农村土地股份制改革，促进农业规模经营。

至2010年年末，全市土地流转面积累计

37.99万亩，兴办农地股份合作社324个，累计入股21.47万亩、入股农户13.02万户。

第三节 农田建设

一、废灶兴垦

清光绪二十七年(1901年)，通州张謇等奏请放开盐场禁垦，创建通海垦牧公司，废灶兴垦，引种棉花。清末，沿海滩涂因“雨水冲渍，卤气渐淡，茂草滋生，盐产日微”，遂有废灶兴垦之议。民国4年(1915年)，大豫盐垦公司在掘港范公堤外，围地48万亩。民国6年，华丰垦殖公司，围地2万亩，在灶地上围圩筑堤，开河挖沟，建闸设涵，架桥修路，建成水利配套、引淡滤咸、条田方整的农田。民国7年，南通清记布庄老板张树元于掘港北乡河北荡、张黄荡6万亩低洼草荡上围地，创建福记公司。

二、排盐碱改土

清乾隆《如皋县志》载：“皋濒海水受卤润。”域内盐碱土主要分布在小溪河以南，拉马河、江平公路以北，通扬运河以西的高沙土地区和如城东北、南凌河一线，其特征是沟塘水质苦咸，地表极易泛碱，有“一朝大雨水汪汪，三天不雨起盐霜”之说。

中华人民共和国成立初，县政府采取发展灌溉、加强排水、培肥改土等一系列措施，逐步洗褪、降低土壤盐碱含量。

民国38年7月至1950年春，全县展开抢修、加固江堤和并港建闸工程，改变域内河流自然流进流出的状况。1951年起，全县大规模兴修农田水利，整治内部水道，建设骨干河网，引江水进入腹地，为改造盐碱土提供充足水源。1959年土壤普查，全县有花碱土15.89万亩，占耕地总面积的10.50%；西部高沙土地区偏碱土46.60万亩，占总耕地面积32.22%；以低洼地为主的碱性含盐土15.16万亩，占总耕地面积10.41%。

20世纪70年代起，全县开始大规模平整土地，逐步实现旱改水，季节性漫水，增强土壤中物质的淋溶和积累，促进土体各层的分化。1981—1984年，进行第二次土壤普查，全县没有发现返盐地块。至此，全县排盐碱改土全面结束。

三、治沙改土

“皋地高亢，介通泰间，形如覆釜，运河带水，建瓴而下驶不复留，多仰泽于天雨”(明天启年间李衷纯语)。全县农田除东部通扬运河地区和沿江圩田地区地势平坦、土地肥沃外，占全县总耕地面积90.31%的中西部高沙土地区农田大部分为“龟背驼”(高沙土堆形如龟背)、“锅底凹”(低洼地形如锅底)，高低相差有数米。

如皋高沙土，为江淮冲积物与江淮冲积浅湖相沉积物的石灰性母质经过长期垦殖使用，在旱耕熟化条件下形成的土壤。土质沙，养分含量低；耕层浅，有效土层薄，土体构型不良；土壤通透性强，漏水漏肥严重；土壤含胶体物质少，保肥性弱。高沙土地区农田高低不平，排灌艰难，非旱即涝，农业生产自然条件较为恶劣。

1959年，城西乡组织劳力削平6000余亩高沙土，兴建电灌站，改种扩种水稻获得成功，同时进行草还田，种植绿肥，使土壤理化性状有所改善。此举，后总结为城西改土模式，称“一平、二水、三绿配套”。即平整土地，旱作改水作，种植绿肥。据测定，每亩农田施500千克绿肥，可使20厘米土层内增加有机质0.5%—0.8%，降低土壤溶重0.02—0.09克/立方厘米，总孔隙度增加1%。

城西乡削平高沙土、栽种水稻获得成功后，县委、县人委将平整高沙土列入如皋国民经济发展规划，逐年组织实施，开始了如皋治沙改土的艰巨历程。1970年调查，全县仍有高沙土耕地71万亩，分布于42个乡镇，其中高沙土占耕地面积50%以上的有27个乡镇。车马湖公社1.99万余亩土地90%以上是“龟背驼”“锅底凹”，高低相差最大的为3.3米。

1970年7月，县委发出“一年削平高沙土，二年实现旱改水，三年建成大寨县”号召，并成立“战高沙总指挥部”，调集全县劳力，大兵团作战。1970年冬至1973年，全县削平高沙土33.06万亩，动土8430万立方米，加上河道、干渠等配套工程，总动土量14048.99万立方米。农田初步实现方整化，机耕路、腰沟、丰产沟、四级河及排灌渠道相通配套，农田面貌大为改观。

图8-3 全县调集民力平整高沙土（1972年摄）

20世纪70年代中期，吴窑公社在平整土地的基础上，提出“一绿、二红、三黑、四配套、五还田”的改土措施，即大种绿肥，从如海运河取红泥下田，用长江带来的红淤泥掺沙，多施草塘泥、农家杂肥，内外三沟配套改善田间水系，作物秸秆还田。全县推广吴窑改土模式后，土壤明显改良。经测定，红淤泥含有机质1.42%，含氮0.068%，速效磷31PPM，速效钾168PPM，高于全县土壤平均数。另据对司马港地区测定，每立方米江水中含红淤泥1.3千克，一季水稻每亩灌水600立方米，可积红淤泥780千克，若持之以恒，经年累积，可使高沙土质逐步改良。

1978年至20世纪80年代初，经农业科技人员在不同类型地区多点试验和总结，全县逐步形成“两旱一水、两育配套、粮棉轮作、两年五熟、用养结合”的耕作栽培体系，并注重抓好玉米秸秆还田养地。1981—1990年，秸秆还田面积205.6万亩。

1990年，全县实施“修复沟渠路、改造低产田、建设丰产方和吨粮田”总体战，出动民工1.3万人次，动土量1300万立方米。是年，在高沙土乡镇中建立2个综合改良高沙土实验区（村）、5个辐射点（村）。经过3年综合改良，实验区10322亩耕地，平均粮食亩产增加至731.3千克，比实施综合改良前增产25.5%。1991年，如皋经历特大雨涝灾害，针对洪涝灾害暴露出来的问题，秋播前，全市（县）以“统一规划、综合治理、先急后缓、分级包干、统分结合、提高效益”为原则，将建设吨粮田作为目标，以整治灌排系统为重点，以完善小型农田水利配套为主要内容，继续治沙改土。冬，全县继续实施治沙改土工程，共削平高沙土1.67万亩，填平死沟呆塘424个，疏浚二、三级河32条，四级河884条，整治干、支渠5217条，沟渠道路建设和平整土地累计动土2000多万立方米。

20世纪90年代，全市实施农业综合开发，大力实施以防渗渠建设为重点的农田基本建设，实行沟、渠、田、林、路综合治理。每年机械直耕秸秆还田面积平均在22万亩以上。1992年，应用测土配方施肥面积92.9万亩，占播种面积42%。1995年起，实施补钾补磷工程。1997年，全市77万亩耕地补钾料、补硅66万亩。1998年，全市推广多效硅肥1800吨，名列江苏省各县（市）第一。

1998年初，江苏省高沙土综合开发计划工作会议在如皋召开。如皋提出用3年时间全面改造尚存的10万余亩零星高沙土，用8年时间进一步治理改造62.5万亩高沙土，达到农业综合开发一流水平的目标。是年，全市平整土地4.3万亩。1999年，全市平整土地4.57万亩。2005年，全市全面完成高沙土治沙改土。

四、中低产田改造

如皋成陆后数千年，土沙地薄的农业生产条件未得到改善，抗御自然灾害的能力薄弱，旱涝灾害频发，生产水平一直处于低而不稳状态。1949年，全县粮食总产量16.27万吨，平均每亩耕地产出粮食99千克。

20世纪50年代初，全县以防洪治涝为重点，加固江港堤防，疏港建闸，拓浚主干河，初步建立起灌排网络。1957年6月，焦港闸竣工。自此，焦港承担起如皋、海安两县90万亩农田的排灌任务。1958年，开挖贯通如皋、海安高沙土地区引排骨干河道——如海运河，于1959年与碾砣港闸同时竣工。如海运河具有如皋、海安排涝160万亩、灌溉87万亩的能力。

20世纪60年代，以完善骨干河网为重点，逐步发展农机灌溉，全县防涝抗旱整体功能增强，旱改水、排盐碱取得初步成果。1970年，全县机灌、电灌车口有273座，有效灌溉面积35万亩。历史上不具备生长水稻条件的江安、磨头等高沙土地区，开始栽种水稻。

1973年起，全县实施治沙改土扫尾、提高工程，加速中低产田改造进度。1978年起，全县推广丁西乡改土与耕作制度改革相结合的经验，同时大力度实施玉米秸秆还田养地。20世纪80—

90年代,全县以改造中低产田、建设“吨粮田”为目标,提高农田基本建设水平,推进科技兴农,不断加大农业投入,推进产业化,促进传统农业向现代农业转化。1978—1998年,全市(县)改造低产田35万亩,实现旱改水20.3万亩,建设吨粮田30.5万亩,新增旱涝保收农田32万亩。

2001—2005年,全市继续在农田基本建设和土地改良利用上下功夫,加速培肥改土、因土施肥、因土种植等关键技术措施的应用和普及,加强土地保养,提高土壤肥力水平,全市农村土壤的沙、漏、板、瘦、渍、旱等不良性态得到根本性的扭转。5年间,全市疏浚一、二、三、四级河1178条(段),总动土量7294.5万立方米;建造防渗渠993.2千米;改善除涝面积累计43.5万亩;增加有效灌溉面积12.15万亩;改善有效灌溉面积45.4万亩;改造中低产田13.26万亩;增加旱涝保收农田6.13万亩,建设高标准农田19.95万亩。2006—2010年,全市累计投入开发资金1.98亿元,建成高标准农田近5万亩。新增农田林网防护林5.6万亩,新增节水灌溉面积8.34万亩。

2010年,全市高效农业面积占全市耕地总面积的60.5%。

第四节 耕作制度与农业区划

一、耕作制度

一年两熟耕作制 20世纪50年代前,全县夏熟以大麦、元麦、小麦、蚕豆、豌豆(简称三麦二豆)为主,秋熟以玉米、水稻、棉花、高粱、黄豆、花生、薯类为主。1956年,全县开始低产作物改高产作物、夏玉米改春玉米、旱粮改水稻的改革,同时改良作物品种,提高单位面积产量。20世纪60年代后期,始大面积推行“一旱两水”三熟制,除保留夏熟“三麦二豆”、秋熟棉花外,一年两熟制种植面积骤减。80年代初,夏熟“三麦二豆”或油菜、秋熟中稻、黄豆、花生、玉米的耕作制度逐步恢复。1985年—1990年,全县麦稻两熟面积保持在15万亩左右。2010年,全市实行一年两熟耕作制的面积约占全市耕地面积的50%。

一年三熟耕作制 有水、旱三熟制两种。旱三熟为“三麦二豆”—玉米—薯类、荞麦、晚大豆、萝卜等;水三熟有“三麦二豆”—早稻—晚稻(简称“一旱两水”)和“三麦二豆”—玉米—晚稻(简称“两旱一水”)两种。20世纪50年代,旱三熟面积较大。1953年,全县旱三熟面积为84.70万亩。1960年,“一旱两水”三熟面积增加,旱三熟面积相应缩小。1965年始,全县大面积增加早稻和后季稻,粮食总产量明显提高。1972年,超越客观实际,“一旱两水”面积扩大至82.9万亩,因寒露风和较大面积栽插期推迟,造成粮食减产。1973年开始,合理减少三熟制早稻和后季稻面积。至20世纪70年代末,三熟制早稻基本不再栽植。此后,全市(县)水三熟以“两旱一水”为主。1985—1990年,全县旱三熟面积保持在15万亩左右。进入21世纪,全市一年三熟耕作制耕种面积逐步减少。

两旱一水、两年五熟、两育配套、粮棉轮作、用养结合耕作制 20世纪70年代,如皋对耕作制度和作物布局进行合理调整。1973年,全县适当恢复种植中稻,减少早稻面积,相应扩大玉米种植,“两旱一水”面积迅速扩大。耕作制度合理调整后,粮食显著增产。1976年,全县粮食总产43.81万吨。1982年,全县粮食总产50.23万吨,棉花亩产皮棉57.95千克。1979—1984年,推广“两旱一水”为主体的耕作制度,并形成与之相配套的“两育配套”(玉米、棉花营养钵育苗移栽)、“两年五熟”(稀茬麦(豆)-春玉米-后季稻-大麦-棉花)、“用养结合”(夹种绿肥、玉米秸秆还田)的新型耕作栽培技术体系。1985—1990年,全县“两旱一水”耕作面积常年稳定在35万亩左右,玉米面积扩大到45万亩以上,棉花面积缩减到15万—20万亩。进入21世纪后,全市耕作制度趋于多元化。

多元多熟、轻型高效耕作制 1990年起,全市在稳定发展粮食作物耕种多熟制的同时,面向市场,立足综合开发,建立和发展以粮食生产为主体,粮经结合和纯经济作物为补充的“多元多熟、轻型高效”耕作制,逐步形成集合理种植、水旱轮作、轮耕培肥、灌溉排水、良种良育、夹种套种、大棚种植、综合防治于一体的新型复合多熟高效耕作栽培体系。1996年,如皋市成为江苏省“多元多熟、轻型高效”农作制示范县(市)。此后，全市实施“活夏优秋”调整目标，原来“麦—玉米—后季稻”三熟制部分改变为“蔬菜/玉米—后季稻”“蔬菜/玉米—玉米”“蔬菜/玉米—经济作物”“草莓/玉米—后季稻”乃至大面积培育花木、草坪，常年间作、套作蔬菜等多种栽培模式。

二、农业区划

20世纪60年代末，全县依自然地形地貌、土壤水利条件、作物布局类型及耕作习惯划分为5个农业区。

蒲启线以南沿江圩田稻棉区：面积15万亩，占全县耕地面积的10.5%。夏季三麦、蚕豆，秋季水稻、棉花，实行稻棉轮作。

通扬河两岸稻棉区：面积19.6万亩，占全县耕地面积的14%。夏季三麦、蚕豆，秋季水稻、棉花、玉米，以棉花为主，稻棉轮作。

小溪河及通扬河北段粮棉区：面积34.6万亩，占全县耕地面积的24.5%。夏熟三麦、蚕豆，秋熟玉米、棉花、水稻，秋粮中玉米为主。

茅雉河以西、龙游河以东中部粮棉区：面积29.7万亩，占全县耕地面积的21%。夏熟三麦、蚕豆，秋熟玉米、杂粮、棉花和部分山芋、花生。

焦港两岸西部杂粮区：面积42.51万亩，占全县耕地面积的30%。夏熟三麦、蚕豆，秋熟玉米、杂粮、山芋、花生和部分棉花。

20世纪70年代起，农业区划发生变化，全县分为3个农业区。

中西部高沙土农业区：按1982年如皋县行政区划，包括城西、搬经、江安、磨头4个完整的区及石庄区的石北、吴窑、高井，薛窑区的下原、车马湖、九华、郭园，白蒲区的花园，丁堰区的马塘等29个乡、2个城镇、3个国营场圃。土质沙薄，土资源贫乏，灾害性天气影响大，是该区的基本特点，有耕地面积72.81万亩，占全县耕地面积的59.47%，其中沙土面积占81.01%，复种指数在220%左右，通行麦豆、花生、玉米、水稻三熟制。

东部通扬河农业区：按1982年行政区划，包括城东区，丁堰区的丁堰、丁北、丁西、建设，白蒲区的林梓、新姚、勇敢、蒲西、奚斜，薛窑区的龙舌等15个乡、2个镇。该区地势平坦，自然资源比较丰富，属如皋县粮、棉、茧高产地区，耕地面积38.46万亩，占全县耕地面积的30.59%，通行两旱一水耕作制。

沿江圩田农业区：按1982年行政区划，包括石庄区的江防、长江、张黄港、长青沙及薛窑区的营防5个乡，另有江苏省沿江农科所、南通市棉花原种场、县良种场、中心沙渔场、县九华养殖场5个国营场圃。该区土壤由长江新冲积物形成，垦殖历史较短，地势较低，土壤肥沃，濒临长江，水资源丰富。

第五节 种植业

一、三麦

小麦、大麦、元麦为域内传统夏粮主要农作物。民国21年（1932年）《中国实业志·江苏省》载：如皋县为江苏省产麦最丰区域之一，盛产大麦、小麦、裸麦（元麦）。

品种 1949年前，域内小麦传统品种有“车前子”“大黄皮”“早五天”“虾儿红”等，大麦品种有“六棱”“四棱”“老来光”“三月黄”等，元麦有“黑六柱”“斜六棱”等。20世纪50年代，县内引进“南大2419”“玉皮”等小麦良种。60年代，小麦品种推广“矮粒多”“华东6号”“华东3号”“吉利”“阿夫”“山农205”“矮秆红”“万年2号”等，大麦品种推广“尺八”“海紫214”“东大1号”“二棱春矮白洋”等，元麦品种推广“朝天六棱”“矮脚早”“萧山三月黄”等。70年代初，始注重选择矮秆、早熟、高产的三麦品种。小麦推广“钟山系统”2号、6号，“扬麦系统”1、2、3号等品种；大麦推广“早熟3号”；元麦推广“立新系统”1、2号，“浙114”“浙43”品种。70年代后期始，全县三麦品种趋于稳定。小麦品种等以“扬麦3号”为主，搭种“宁麦3号”；大麦品种以“早熟3号”为主，后以“扬麦5号”“扬麦13号”“宁麦8号”为主；元麦品种以“立新1号”为主，搭种“浙114”。2010年，小麦品种以扬麦13、宁麦13、扬麦15、扬麦16为主，种植面积为50万、5万、8万、45万亩。大麦和元麦零星种植。

耕作技术 1949年前，全县三麦耕作粗放，习惯耕深2.5寸左右，墒沟为三角形尖底沟，浅狭易淤，以散播（俗称满天星）和点播为主。施肥仅习惯于施基肥、腊肥和春肥。1958—1959年，一度倡导深耕，有“深耕一尺五，麦秆好打鼓”之说，不科学的深耕，导致三麦产量大幅下降。20世纪70年代后期，全县秋播耕深3—5寸，改尖底沟为平底沟，内外三沟配套，增开腰沟、围沟、丰产沟。改散播点播为条播为主，提倡用磷肥、碳酸氢铵深施作基肥，推广适时追施三麦孕穗肥、破口肥。80年代中期，农业科技人员完成《“扬麦3号”高产栽培模式图》编制。1986—1990年，经过试验、示范，全县推广三麦“双机”（免耕机条播、机开墒）播种技术。1995年，实施“麦田无草害工程”“良种自繁统供工程”。2010年，全市水稻秸秆还田50万亩，占种植面积的90%，小麦免耕机条播60万亩，占90%。

病虫害防治 1949年前，全县三麦锈病、吸浆虫危害面广量大，严重年份小麦锈病发病面积占总面积的50%以上。高发田块病叶率达100%。20世纪50年代，小麦吸浆虫危害猖獗。随着品种改良和针对性防治，至60年代初绝迹。60年代，全县注重品种三麦改良，淘汰“车前子”“早五天”等易感病品种，推广“吉利”等抗病品种，结合药剂防治，锈病危害逐年减轻。70年代中期，全县三麦黑穗病、赤霉病已能够控制。此后，全市（县）三麦病虫害防治技术不断改进。

产量 1949年，全县三麦亩产53.5千克。1965年，为100千克。1979年，提高至208千克。2010年，全市小麦播种面积67.5万亩，平均亩产302千克；大麦播种面积2.91万亩，平均亩产273千克；元麦基本不再种植。

二、玉米

1949年前，如皋为夏玉米种植地区。1955年，始实行“夏改春”。60年代，实行“三熟制”（年麦子、玉米、水稻各一熟）后，玉米种植季节提前。实行家庭联产承包责任制后，部分农户用大棚种植季玉米及反季节玉米，销售“青玉米”棒。

品种 1949年前，域内玉米品种以“小金黄”“香橼黄”“六十日”等低产早熟品种为主。1955年，全县推行玉米“夏改春”，引进新品种“大金黄”“金皇后”“白马牙”。1966年起，推广“八叶儿”“东台1号”“沪杂2号”“新单1号”。实行“三熟制”后，玉米品种主要为“百日旱”“猪抬头”“大兴白”“黄八叶”“六十日”及杂交种“烟三6号”“烟三10号”“沪单3号”等。20世纪70年代后期，玉米品种趋向稳定，“三熟制”玉米以县农科所培育的“皋单1号”“皋单2号”为主，复种玉米以“丹玉6号”取代“大金黄”。2005年起，市内玉米品种以“苏玉9号”“苏玉17号”为主。

栽植 1949年前，如皋玉米种植习惯于小畈子、等行距、直播、稀播，每亩种植约3000株。施肥沿用传统的斫楔肥为主的前轻后重的方法。20世纪50年代中期，全县开始推广双行密植。至60年代中期，“启海式”“大行大、小行小”与“车马湖式”“大行不大、小行不小”并存。1965年，全县推广启海式施玉米盘青肥。70年代开始，大面积推广豆麦草夹种，玉米畈宽增至2.66米，畈中豆麦幅1米，两边空行种绿肥，采取背靠背种植法，大行距1.53米，跨墒行距0.73米，小行距0.2米，每畈种两双行玉米。同时，示范推广玉米平床、散籽、薄膜育苗移栽技术和高壅土、人工去雄授粉技术。1978年，试行玉米营养钵育苗移栽，三熟制玉米每亩密度4500—5000株，复种玉米每亩密度3800—4000株。至1982年，玉米营养钵薄膜育亩移栽基本普及，同时引进塑盘乳苗双膜栽培技术。1986—1990年，全县经过试验、示范，在全县推广“一换五改”（平展型改换紧凑型玉米品种、玉米前茬小麦改大麦、阔麦幅改窄麦幅、稀植改密植、施肥技术前轻后重改前重后补、育苗移栽改地膜直播）。至此，如皋玉米耕作技术基本成熟。

病虫害防治 1949年前，域内玉米虫螟危害范围较大，常年被害株率10%左右，断茎率4%。20世纪50年代始，推广喷撒“666粉”防治玉米螟。70年代后，玉米病虫害能够有效控制。

产量 1949年，全县玉米亩产量在100千克左右。完成治沙改土前，全县玉米种植面积仍较大，亩产一般亦在200千克上下。1990年，玉米种植面积42.6万亩，平均亩产330千克。2010年，全市玉米种植面积72600亩，平均亩产371千克。

三、水稻

1949年前，如皋仅南部圩田地区和东部部分地区栽种“中稻”。

1949年后，全县水稻种植面积不断扩大。

1990年、1995年、2000年、2010年，全市(县)水稻种植面积分别为50.07万亩、58.99万亩、64.75万亩和74.12万亩。品种、种植技术、病虫害防治均有改进。

品种 1949年前，域内水稻品种以粳稻为主，同时种植少量籼稻和糯稻。籼稻品种有“大叶籼”“团儿籼”“鸡脚黄”等，粳稻有“野晚稻”及“江南晚”等，糯稻品种有“粉皮糯”“红壳糯”“黑壳糯”等。50年代中期，全县提倡籼改粳，推广“黄壳早二十日”“白壳早十日”及“胜利籼”。1963年起，推广“南通稻”“桂花球”“中籼三九九”，不久又推广“桂花黄”“农垦46”“农垦57”。1966年起，开始推广“麦、早稻、晚稻”“麦、玉米、晚稻”等“三熟制”。“三熟制”早稻品种推广中熟品种“原丰早”，试种“广六矮4号”；后季稻(晚稻)品种初为“晚粳农垦58”，不久改为“中粳农垦57”“农垦46”“桂花黄”“东方红1号”及糯稻“京引15”，1973年起推广“沪选19”“武农早”，搭种“祝糯”“通糯2号”“庆丰1号”，1975年，普遍推广“南粳33”“南粳34”及“苏粳7号”，1980年开始推广抗病品种“南粳11”和“邳粳5号”。

在推广“三熟制”时，一些地区仍习惯种植“中稻”。中稻品种除“黄壳早二十日”“白壳早十日”等外，20世纪70年代中期推广杂交中稻，80年代推广高抗白叶枯病的“盐粳2号”“盐粳3号”，1990年示范推广优质高产良种“8169-22”和“8169-33”，2005年，以优质高产的“武粳13号”“武粳7号”“武粳15号”为主推品种，搭配“武粳3号”“武香粳14号”。糯稻以“大华香糯”为主。2010年，全市水稻种植品种有南粳44、宁粳3号、镇稻11、武运粳23，种植面积分别为26万、16万、4万、3万亩。

栽植 1949年前，如皋育秧为“水育”，落谷后长期灌水，烂秧倒芽严重。20世纪50年代，全县水稻育秧仍为“水育”，栽植开始推广小株方型密植技术。1960年，开始推广“合式秧田”。1968年起，示范推广“湿润秧田”。中稻大田施肥在施足基肥的基础上，确定早施分蘖肥、重施穗肥、后期看天气看苗情补施粒肥的原则，使中稻前期发得起、中期控得住、后期清秀老健。后季稻推广“一轰肥”施肥法，栽后7天左右重施“一轰肥”，看天气看苗情补施穗肥。70年代，推广大田开沟科学排灌技术，后期早稻面积缩小。1990年，试验推广后季稻一段长秧龄、方格苗床和抛秧栽培技术。1995年，推广稻田补钾补硅技术，当年补钾补硅50万亩。1996年，如皋稻田无草害工程通过省级验收。1997年，市农技部门将塑盘湿润育秧技术的优点和肥床旱育秧的优点“嫁接”，形成轻型、节水、高产、高效的塑盘旱育秧新技术。1998年，全市中稻47.82万亩，其中旱育稀植27.4万亩，塑盘旱育抛秧20.42万亩。2010年，全市水稻种植74.8万亩，其中机插45万亩，抛秧18万亩，直播6.8万亩，移栽5万亩。

图8-4 磨头镇农业服务中心人员指导集中育秧 (1998年摄)

病虫害防治 1949年前，域内水稻病虫害无有效防治办法。20世纪50年代中后期，始实行药物防治。至80年代，三化螟、纵卷叶虫、稻飞虱、白叶枯病等水稻病虫害均能得到控制。

产量 1949年前，全县水稻亩产约250—300千克。中华人民共和国成立特别是全县基本削平高沙土、实现“旱改水”后，全县水稻种植面积不断增加，产量随着品种优化、种植技术改进不断提高。1990年，全市水稻平均亩产434千克。1995年，平均亩产517千克。1998年，平均亩产593千克。2000年，平均亩产536千克。2010年，平均亩产571千克。

四、棉花

如皋植棉历史悠久。明弘治年间(1488—1505年)，苏南棉花栽培技术在如皋普遍运用。《江苏省棉麻茶行业志》载：至清代，如皋、南通、海门等地“一望皆种棉花”。《中国实业志·江苏省》载：江北各县棉市，多集中南通，而产销则不仅南通一地，凡崇明、启东、海门、如皋等地，皆包括在内。

1949年前，全县棉花以直播散播为主，棉花普遍稀植，每亩3000株左右，耕作技术简单粗放，产量较低。1949年后，品种、种植技术均有改进，产量提高。1984年，如皋被列入国家优质棉生产基地。

品种　1949年前，全县棉种主要为传统鸡脚棉（本棉）。1951年，始推广“岱字棉15”。此后，忽视提纯复壮，“岱字棉”品种退化。1965年前后，推广“岱字棉”复壮体系，同时引进“鄂光棉”，试种“鄂光棉408”“鄂光棉556”新品种。1967年起，大面积推广“鄂光棉”并建立繁育体系。20世纪70年代，增加“宝棉13”“沪棉204”“江苏203”“江苏棉3号”“通棉12”等品种。1980年起，全县选定普及“徐州142”“徐州402”棉种。2010年，全市棉花品种有苏棉9号、苏棉10号、苏棉18号、科棉3号。

栽培技术　20世纪50年代初，全县推广棉花整枝技术，前期整雄枝，后期打顶心、打老叶。1956年起，提倡密植。1965年初，推广露天制钵育苗。70年代初，试验薄膜覆盖育苗。70年代开始，提倡因地制宜、合理密植，套栽棉每亩3700—4200株，麦后移栽每亩4000—4500株。1981年，示范使用“缩节胺”，并多点示范使用“增产灵2号”。1982年始，普及营养钵薄膜育苗移栽技术。1995年始，全市实施棉田补钾、补硅技术。2010年，棉花栽植方式为营养钵薄膜育苗移栽、地膜直播。

病虫害防治　全县棉花病虫害主要有卷叶虫、红蜘蛛、红铃虫、盲椿象、玉米螟、地老虎、棉蚜虫、叶跳虫、象鼻虫、枯萎病、立枯病等。通过使用“六六六”“二二三”乳剂和“1605”“1059”等农药防治，病虫害大部分得到控制。棉花枯萎病危害最大。1964年首先在营防公社一号大队发现4棵病株，1974年全县普查发病面积有3200亩，1981年发病面积猛增到7.13万亩。此后采取轮作换茬、调换抗病品种等措施，并于1988年引进“苏棉3号”抗病品种，枯萎病终于得到有效控制。

种植面积与产量　“民国20年（1931年），如皋每亩皮棉收量为中棉十七斤（市斤）、洋棉（美棉）十二斤”（《中国实业志·江苏省》）。1949年，全县棉花种植面积12.50万亩，平均亩产皮棉9千克。1964—1984年，全县植棉面积维持在36万亩左右，平均亩产皮棉48.7千克，其中1968年亩产皮棉首次突破百斤大关，为55千克。1984年，全国出现棉花供大于求现象，加之棉花栽培用工多，产量受气候影响大，收益较种植蔬菜、瓜果和培育苗木低，1985—1999年，全县棉花种植面积减至12万—20万亩。平均亩产皮棉45.6千克—67千克。2000年，全市取消棉花指令性种植计划，棉花栽种面积减至2.38万亩。2010年，全市种植棉花3300亩，平均亩产皮棉80千克。

图8-5　农技人员到田间指导棉花生产（1970年摄）

五、花生

民国《如皋县志》载：如皋花生为仅次于生猪、鸡蛋的“第三大宗运出产品”，广销江南地区。

中华人民共和国成立初期，如皋西部地区多种植旱杂谷，花生为其主要作物之一。1958年12月底，邓白人民公社（江安人民公社）出产的一株结荚1187颗花生的“花生王”在国务院于北京人民大会堂召开的“全国农业社会主义建设先进单位代表会议”会场上陈列。在这次会议上，如皋县人民委员会和邓白人民公社分别获国务院颁发的“农业社会主义建设先进单位”奖状。1964年，全县花生种植11.31万亩，总产2.32万吨，平均亩产量205.54千克，名列全国各县第二位。1966年，县内引种山东伏花生。1973年起，引种“徐系1号”。20世纪70年代中期起，全县提倡“缩杂（杂粮，包括花生）扩水（水稻）”“秋油（花生在内）改夏油（油菜）”，花生种植面积开始减少。

图8-6 江安(邓白)公社花生丰收,社员们运送花生到收购站 (20世纪60年代摄)

1982年,全县花生种植面积减少至3.42万亩。80年代,如皋县农业科学研究所育成高产优质花生早熟良种"76-61""74-7",在全县繁殖推广。1990年,全县花生种植面积增加至4.81万亩,平均亩产130千克。2010年,全市花生种植面积5.78万亩,平均亩产177千克。

六、油菜

20世纪80年代前,域内菜油多由普通菜籽压榨。80年代初,始引进"油菜"品种,全县油菜种植面积不足万亩。1990年,种植面积增至7.41万亩。1992年,推广应用"双低"(低芥酸、低硫甙)优质油菜品种和药肥激素混喷等技术措施。是年,油菜亩产157千克。2002年,如皋市列为国家级优质油菜基地县(市)之一,在九华、长江等8个镇开始实施基地项目建设,种植油菜19.18万亩,其中"双低"油菜占比84.22%。2005年,全市油菜种植面积增加至22.5万亩,总产3.78万吨,平均亩产168千克。2010年,全市油菜种植面积16.8万亩,平均亩产177千克。

七、豆类

如皋豆类品种繁多,主要有黄豆(大豆)、蚕豆、豌豆、赤豆、绿豆等。黄豆历来为全县主要油料作物,分早熟、晚熟两种。民国22年(1933年)《申报》年鉴统计资料载:"民国20年度,江苏省黄豆以如皋面积最多,计28.65万亩。"如皋黄豆传统品种有"羊子眼(花脸儿)""油榨古""水白豆""早黑豆""牛啃桩""时鱼豆"等。20世纪50年代初推广"牛踏扁""三白蚕豆"等蚕豆品种。1957年,引进"金大332""扬州沙豆"等黄豆品种。60年代后期,全县推广"3911""稻熟黄"等黄豆品种。70年代,推广"泰兴黑豆""五月白"。1990年,全县黄豆种植面积5.8万亩,总产1.16万吨。90年代引进"日本大蚕豆"。

2010年,全市大豆品种有大粒王、合丰25、淮豆4号、中黄13、皖豆15,蚕豆品种有三白蚕豆、启豆1号、日本大蚕豆,豌豆品种有草豌豆、白豌豆、虎皮豆、扁豆豌,绿豆品种有中绿1号、中绿2号。是年,全市大豆种植面积98700亩,亩产200千克。豌豆、赤豆、绿豆等,全市种植面积不大,多为零星种植或套种、夹种。

八、薯类

如皋种植的薯类主要有山芋、芋头、马铃薯等。2010年,全市薯类种植面积约3.17万亩。

山芋 域内种植历史最为悠久,种植面积亦最大,藤、叶主要喂猪,山芋喂猪或供人食用。1949年,全县种植面积约14.13万亩,均采用露地育苗,清明节前后下种。20世纪50年代,推广山芋温床育苗,节约薯种,实现早栽,产量提高。1954年,全县山芋种植面积24.57万亩。70年代以后,全面推广塑料薄膜温床育苗,山芋窖藏技术亦得到普遍改进,由传统的灶后堆藏,逐步改为室外小圆窖贮藏。全县全面平整高沙土后,种植面积有所下降,一般在6万—7万亩。如皋山芋传统品种有"红洋山芋""白洋山芋""黄大头"。后引进"胜利百号""华北553""宁薯1号"等。

芋头 在如皋亦有悠久的栽植历史。传统品种有"香堂芋""白堂芋""乌(紫)胡芋""竹节芋"等,其中如皋"香堂芋"以口感清香、肉质细腻著称,是久负盛名的优良芋头品种。20世纪90年代前,芋头多为零星种植。90年代后,蔬菜种植专业户开始规模种植,作为季节性蔬菜在农贸市场上市,部分产品特别是"如皋香堂芋"经过包装,作为礼品销售。

马铃薯 为20世纪70年代末引进薯类作物。实行家庭联产承包责任制后,除普通农户作为蔬菜零星种植外,一些蔬菜种植专业户亦规模种植在农贸市场上销售。

九、小杂粮

如皋地处中纬度地区，为南方、北方农作物交汇地带，土壤类型丰富，适合各类植物生长，小杂粮类型、品种丰富。小杂粮品种主要有高粱、谷子、荞麦、穄子、小米等。如皋高粱传统品种有“马尾子”“得罗儿”，谷子品种有“胎里黄”“老来红”“毛八担”等。荞麦有大粒荞、小粒荞。穄子有黏性、非黏性两种。1959年，县内引进多穗高粱。20世纪70年代，推广杂交高粱。此后，全县小杂粮种植面积减少。推行家庭联产承包责任制后，小杂粮种植恢复，一些农户种植荞麦、小米等，供调节饮食或馈赠亲友。部分种粮专业户实施小杂粮规模种植，收获后作为健康食品上市。2010年，全市种植高粱、谷子、荞麦、穄子、小米等

1949—2010年如皋市（县）部分年份主要农作物生产情况统计表

表8-2

年 份		1949	1950	1955	1960	1965	1970	1980	1985	1990	1995	2000	2005	2010
小麦	面积（万亩）	40.60	40.10	43.90	27.90	30.70	26.50	30.80	50.80	67.56	61.67	67.39	54.36	67.50
	亩产（公斤）	50.50	64	84.50	86.50	111.50	143	270.50	240	217	227	231	268	302
大麦	面积（万亩）	81	82.50	73.10	40.60	36.60	34.40	36.20	26.50	18.30	18.57	10.20	10.50	2.91
	亩产（公斤）	60	67	76	65.50	54	133	221.50	202	228	224	243	290	273
元麦	面积（万亩）	27.50	27.90	30	26.60	18.10	23	8.05	5.10	1.09	1.48	0.68	0.4	—
	亩产（公斤）	57	63.50	74	66.50	94	117	202.50	187	184	211	173	200	—
蚕豌豆	面积（万亩）	13.10	11.40	11.90	7.60	25.30	19.40	10.50	8.10	4.64	3.60	4.61	4.50	1.34
	亩产（公斤）	17	48.50	50	79	85	72.50	157.50	207	218	231	198	183	206
水稻	面积（万亩）	14.10	14.30	13.50	26.50	27.40	41.10	16.20	47	50.10	58.99	64.75	73.64	74.12
	亩产（公斤）	120	125	158.50	166	266.50	216.50	478.50	352	434	517	536	548	571
玉米	面积（万亩）	36.30	29.70	30.40	40.30	25.20	28.90	36.60	50.20	42.60	34.79	24.27	10.02	7.26
	亩产（公斤）	46.50	106	149	120	224.50	219.50	203	281	330	377	362	319	371
薯类	面积（万亩）	14.10	19.20	19.40	8.50	10.90	8.10	6.20	11.70	8.20	6.64	6.24	4	3.17
	亩产（公斤）	92	101	113.50	92.50	174.50	185	192	347	294	289	436	360	313
棉花	面积（万亩）	12.50	13.30	37.80	29.80	35.10	37.80	36.30	17.30	19.40	13.80	2.38	1.18	0.33
	亩产（公斤）	9	13	22	13.50	41.30	41.30	35	40	38.50	66	66	820	80
花生	面积（万亩）	15.70	13.60	14.20	4.30	11.10	9	7.70	5.50	4.81	4.70	6.54	5.86	5.78
	亩产（公斤）	69.50	130	125	132	137.50	128.50	51	142	130	158	170	175	177
大豆	面积（万亩）	34.70	27.30	16.50	9.80	7.50	8.40	1.60	5	5.80	5.85	10.52	8.46	9.87
	亩产（公斤）	52	72	75	66.50	158	110	160.50	284	201	173	251	192	200
油菜	面积（万亩）	0.22	0.23	0.11	0.36	—	—	0.50	1.90	7.41	9.83	14.22	22.50	16.80
	亩产（公斤）	37	40	40	45	—	—	105.50	201	145	170	189	168	177

传统小杂粮近万亩。

十、瓜果

如皋地处全国南北果树过渡地带,南方和北方果树在如皋大多有栽植。民国24年(1935年)《江苏乡土志》载:如皋樱桃居全省第一位,橘、杏、李、柿居全省第二位,白果(银杏)、栗子居全省第三位。1949年前,域内果树多为农户零散栽植。1949年,全县产果品约729.80吨。1958年,场南果园创立,面积1000亩,主产果品为伏梨。不久,县蚕种场、长青沙农场、中心沙渔场、县农科所等单位相继辟建果园。这一时期,农户散植果树锐减。1982年统计,全县共有果树2228.60亩,品种以梨、枇杷、桃、苹果、柿、橘等为大宗。实行家庭联产承包责任制后,草莓、西瓜、银杏、葡萄等瓜果加快发展。2010年,全市瓜果栽植面积2.51万亩,总产65920吨。

枇杷 如皋枇杷栽培历史悠久,今市域存树龄100年以上的枇杷树10多棵,近100年的枇杷树100多棵。如皋枇杷主要分布于东南部,以九华镇最为集中。原龙舌乡(现属九华镇)蒋桥村10组姚景山家有2棵120年树龄的枇杷树,年产枇杷150—200千克。九华镇郭李村尤广义家有19棵高树龄枇杷树,其中百年以上6棵,最大的1棵干围159厘米。1990年,全县有枇杷树4万余棵,其中1万余棵结果,年产枇杷约18万千克。"九华一号""九华二号"枇杷品种,在江苏省枇杷鉴定会议上被评为稀有特早熟良种。其中,"九华二号"枇杷6月10日前后成熟,品质名列江苏省之首;特早熟优良枇杷品种"九华一号",5月25日前后成熟,单果平均重14克。20世纪90年代以后,每年枇杷上市季节,九华镇鸭鹅荡(204国道与江平公路交会处)自然形成一处枇杷交易市场。

银杏 如皋银杏栽植有近2000年历史。民国21年(1932年)《中国实业志·江苏省》载:如皋为江苏省重要银杏产地之一。现存百年以上的古银杏树33株,其中高明镇大杨庄雄株古银杏,树高30余米,干围8.3米,树龄1500余年。九华镇赵家园雄株古银杏,树高近30米,干围6.9米,树龄1300多年。常青镇横岱村雄株古银杏,树高27米,干围7.5米,树龄1200余年。磨头镇菖蒲庵古银杏、搬经镇夏岱古银杏、黄市镇中心村古银杏、常青镇绍隆寺古银杏、定慧寺西侧古银杏,树龄均在700年以上。

1980年,全县展开大规模银杏种植,启动银杏和银杏叶基地性商品化生产。是年,林梓、奚斜、郭园地区引进银杏种苗,新植银杏近万株。此后,果木专业户开始采取播种白果成片育苗的方法,大量繁育、销售银杏幼苗。帮助农户进行银杏树嫁接亦形成产业。1985年,县供销社安排基层社副业辅导员组织、调剂银杏树苗,发放给吴窑、高井、长庄、常青、加力、江安等乡镇农户,推动银杏种植。1988年起,如皋县启动千亩银杏绿化工程,工程分布于焦港沿线,全长10千米,面积1095亩,共栽植银杏5万余株。该工程被江苏省评为优秀绿化工程。1991年,"百万银杏工程"开始实施。1992年,全市栽植银杏100万株。至1996年,全市累计定植银杏407.18万株,农户户均12.4株,银杏嫁接总数为134.6万株,挂果树12.2万株,银杏成片林2635亩,银杏苗、叶、果三结合基地1270亩,年产白果450吨,产银杏叶1800吨。20世纪末,全市银杏果、叶供大于求,销售不畅,价格锐降,新植银杏苗基本停滞。21世纪初,204国道桃园镇至下原镇沿线和吴窑镇吴奚公路沿线开始形成银杏树交易市场,主要销售胸径10厘米以上银杏树供城市、道路、景区绿化,年销售量十万株以上。至2010年末,全市有5年以上银杏成树约500万株,年销售银杏成树约20万株。

图8-7 田头银杏树 (1995年摄)

西瓜 如皋西瓜种植历史悠久。地产西瓜以林梓产“枕头西瓜”为佳。至20世纪50年代，引进“华东26号”“解放”“台黑”“蜜宝”“苏蜜”“新澄”等。50年代末至70年代初，西瓜实行计划种植，产品主要由基层供销社代购，解交县土产公司统一销售，西瓜产量较少。70年代中期，县政府始实施西瓜奖售办法，生产队每出售50千克西瓜，供销社奖售碳酸氢铵7.5千克。1976年夏，县土产公司在林梓镇设立西瓜收购组，在不到1个月的时间内收购西瓜402.44吨，其中1万余千克调往南通供应因唐山地震至南通治疗的伤残人员。

20世纪80年代初，全县从事个体西瓜生产、贩运、销售者猛增。1994年，长青沙乡利用京欣一号新品种和自然生态条件生产的“绿岛王”西瓜，以其优良的品质受到消费者的广泛欢迎。2000年，“绿沙王”商标通过国家商标局注册认证。2002年，国家绿色食品发展中心命名如皋“绿沙王”西瓜为绿色食品。2002年开始，全市西瓜薄膜覆盖栽培技术全面应用，大棚西瓜迅速增加。2010年，全市西瓜种植面积1.65万亩，产量4.86万吨。

草莓 如皋草莓种植始于20世纪80年代初期，初为零星种植，产量低、品质不高，上市量少。1985年，开始有企业向农户收购草莓，生产速冻草莓外销，全市草莓种植面积迅速扩大，并开展草莓露天地膜覆盖栽培。20世纪90年代，草莓种植成为如皋“高效农业”“创汇农业”骨干项目之一。南通光远集团如皋速冻制品有限公司和长生食品罐头有限公司负责收购，生产的速冻草莓主要销往东南亚、韩国、日本等地。1991年，如皋罐头食品厂发起组建草莓协会，并以协会为载体，厂方与栽培户实行合同购销，先后在马塘、新民、花园、奚斜、丁堰、场北、磨头、桃园、大明、何庄、建设、搬经等地建立草莓种植基地，采取厂门收购和基地设点收购相结合。收购实行保护价加浮动价，收购结束后由草莓协会与工厂洽谈，确定最终与农户的结算价。厂方与草莓协会一道，负责对栽植农户的技术辅导，先后按照客户要求引进82-6、宝交、BF2，推广森格拉、BF5、美三、美八、全明星等草莓良种，并总结推广草莓母本园育苗、假植育苗、高垄双行栽培、地膜覆盖等高产栽培技术。进入21世纪，全市草莓亩产由初期的300多千克，逐步提高到1000多千克，高产地块超过1500千克。

图8-8 桃园镇夏庄村在全市较早使用大棚种植草莓 （2006年摄）

2005年，为全市草莓产量的高峰年，厂家收购鲜草莓3180吨。2006年起，拓展大棚种植，全市城乡农贸市场保持常年有售。2010年，全市种植草莓3800亩，总产1.45万吨。

十一、蔬菜

如皋蔬菜种植历史悠久，所种蔬菜种类繁多，最常见的有青菜、小白菜、黄芽菜、菠菜、茄子、蒲芹、茼蒿、慈菇、葱、蒜、胡萝卜、白萝卜（麻萝卜）、青椒、豇豆、扁豆等，其中黑塌菜、白蒲黄芽菜等为驰名蔬菜佳品。

1949年前，蔬菜多为农户小田块种植，且多为套作间作，复种指数高，以自产、自食、自销为主。白蒲、九华一带，农户所植黄芽菜亦销往沪、苏、锡、常地区。

中华人民共和国成立后，如城、白蒲、石庄3个县属镇近郊成立蔬菜大队，按照上级下达纯作蔬菜计划，常年种植蔬菜，后随着镇区人口增加，蔬菜种植面积逐步扩大，并引入卷心菜、刀豆、花菜等。20世纪70年代，蔬菜大队开始搭建塑料棚、采用地膜覆盖等生产蔬菜，并发展机电排灌。80年代后期，快速育苗及大棚温室栽培大量使用。90年代，全市（县）农村开展种植结构调整，蔬菜种植面积逐年增加。1990年，如皋胡萝卜、白萝卜、大蒜、黄芽菜、瓜类等蔬菜种植面积

15.99万亩。1999年,在搬经镇建成搬东节水灌溉蔬菜区20公顷。2006—2010年,全市蔬菜类种植面积分别为19.54万亩、20.34万亩、21.15万亩、21.15万亩和21万亩,总产分别为31.92万吨、32.91万吨、33.78万吨、34.51万吨和48.5万吨。

十二、食用菌

如皋地区气候温和,雨水充足,棉籽壳、玉米芯、秸秆、椴木、沼气渣等栽培食用菌的辅助材料充足,利于发展食用菌生产。1966年,薛窑地区的5个公社19个大队试种蘑菇,面积4833.33平方米。此后,食用菌生产逐渐在全县推开,主要品种有蘑菇、平菇及少量的草菇、金针菇、猴头菇、香菇、银耳、黑木耳、榆菇、灵芝。1975年,如皋食品罐头厂建立,以蘑菇加工为主。县外贸公司负责出口事宜,基层供销社负责组织生产、技术辅导、菌种制作供应和设门市部代购。至1980年,全县食用菌生产形成产业链,其中蘑菇栽培面积增加至53.13万平方米。1989年,全县蘑菇种植面积111.11万平方米,其中新姚乡种植18.33万平方米,产值超过250万元,列全县各乡镇之首。《新华日报》于1991年1月20日刊载《如皋蘑菇如潮涌》的专题报道,外省、市、县到如参观者络绎不绝,新疆维吾尔自治区南垦农场派人到如皋用2个月的时间学习食用菌栽培技术。2000年后,全市涌现出一大批食用菌种植大户,在中心城区周边,不仅有当地市民种菇,还有外省、市人员租用当地土地搭棚生产食用菌。2005年,全市食用菌总产量4565吨,其中蘑菇、平菇、香菇、金针菇、木耳等实行工厂化生产。2010年,全市食用菌总产量5770吨,其中干品香菇120吨,干品黑木耳5吨,鲜品蘑菇560吨。

第六节 养殖业

一、家畜

如皋家畜饲养历史悠久,明永乐年间,域内饲养马匹较多。地方优良猪种东串猪被列入《中国猪种志》,为江苏省五大地方优良猪种之一。20世纪80年代,地方优良鸡种"如皋黄鸡"被列为江苏省地方良种鸡,如皋县被列为全国山羊板皮生产基地县和全国商品瘦肉猪生产基地县。90年代始,全市(县)牲畜规模饲养迅速发展,千头以上猪场和特种畜类饲养户不断涌现。

猪 如皋养猪历史悠久,为江苏省养猪基地之一。农户养猪,多为一户一头或几头。猪圈,东乡圈厕相连,西部多灶圈相连。清光绪年间,磨头境内的刘家渡、宋家渡、西河湾等处,有10多家猪行收购生猪销往苏南。民国《如皋县志》载:"如邑商运出口以猪只为大宗。"20世纪30年代初,如皋生猪年饲养量34万头、上市量20万头左右。民国时期,营防港、碾砣港、新生港是苏北活猪销往上海、苏州、无锡等地的重要港口。1949年,全县生猪年末栏存量27万头,年出栏肥猪23万头。1950年12月,如皋县家畜配种站在磨头建立,引进约克夏、汉普夏与当地母猪配种。此后,约克夏猪在全县迅速推广。1958年,磨头配种站开始进行猪良种繁育。1960年,全县生猪饲养量由20世纪50年代的50万头左右降至26.92万头。1963年,饲养量上升至48.22万头。1965年,上升至86.94万头。1971年,全县生猪饲养量增加至101.4万头,首次超过百万头,其中出栏37.1万头。1979年,全县生猪饲养量增加至141.42万头,出栏59.54万头。20世纪80年代初期,全县普遍推广生猪人工授精技术,发展良种母猪的特约纯繁,加速生猪地方良种化。1983年,全县生猪饲养量153.01万头,出栏78.4万头,列江苏省首位,居全国县级第二位。1988年,全县栏存母猪3.23万头,其中良种母猪1.8万头,人工授精普及率91.3%。1990年,如皋县被列为全国商品瘦肉

图8-9 生猪养殖逐渐规模化 (2010年摄)

猪生产基地县。此后,全市大力倡导发展生猪规模养殖,加快现代畜牧园区建设,生猪养殖向规模化、集约化、专业化、生态化方向发展,家庭散养明显减少。2004年统计,全市生猪饲养户年出栏50—100头的有1791户,101—500头的567户,501—3000头的28户,3001—10000头的8户。2005年,全市上市三元商品瘦肉猪60.5万头。2006—2010年,全市生猪饲养量分别为167.62万头、164.01万头、172.27万头、183.16万头、184.5万头,出栏数分别为85.10万头、82.50万头、90.35万头、98.33万头、107.38万头,年末存栏数分别为81.50万头、81.51万头、81.92万头、84.83万头、76.43万头。

牛 实现农业机械化以前,农户养牛,多为帮助耕种。传统牛品种有水牛、黄牛,东乡水稻产区多养水牛,西部旱粮地区多养黄牛。20世纪30年代初,全县耕牛饲养量0.5万头左右。1949年,全县有耕牛4.91万头。1954年,全县耕牛总数为5.76万头。是年,县内开始饲养奶牛,有奶牛2头。1956年,合作化中农户耕牛作价入社归集体所有,由集体饲养,耕牛饲养量开始逐步下降。1957年,磨头乡兴办牛奶厂,饲养奶牛20余头。1964年,全县栏存耕牛2.87万头。是年,县政府选择种牛40头,其中成年公牛34头,设立14个国社合营配种站,给予经济补助,引导耕牛品种优化,增加饲养量。1965年,各配种站共配种耕牛2405头。1968年,全县耕牛栏存量增加至3.32万头。是年,为供应如皋机场鲜奶,县种猪场增加奶牛饲养。

1972年,随着农业机械化推进,全县耕牛饲养量再次开始下降。1979年,全县耕牛存栏1.50万头,奶牛饲养量91头。1983年,全县耕牛存栏5402头。奶牛饲养量120头,年产鲜奶330吨,奶牛品种全部为中国黑白花牛。20世纪90年代初,农户开始饲养奶牛,鲜奶向城镇居民和学生销售,或销往外地乳品加工厂。1992年,全县耕牛存栏量减少至300头上下。1995—1996年,南凌、马塘、勇敢等乡引进秦川牛、鲁南黄牛和西门塔尔等牛品种,开发肉牛生产,全市牛存栏量最多时有6000多头。

图8-10 南通红梅乳业有限公司生产车间 (2010年摄)

进入21世纪,全县耕牛已很少见,肉牛养殖亦极少。2010年,全市奶牛存栏量约500头,年产奶量1270.47吨。

羊 为如皋最早饲养的家畜之一。民国及以前,以农户私养为主,全县常年饲养羊量1万只左右,品种主要是山羊,采取“缰牧”法,羊系缰绳,白天牵出,拴于有草的田埂、河边,让其在一定范围内自行采食,夜晚、雨天牵进羊舍。1949年年末,全县羊栏存量1.24万只。1957年,增至5.18万只。1961年,全县年末羊栏存19.23万只。20世纪70年代始,养殖方法逐渐改为舍饲,割草饲喂。1975年,全县羊饲养量38.74万只。1976年,全县收购山羊板皮14.64万张。80年代起,开始有农户进行规模养羊。1985年,如皋县被列为全国优质山羊板皮生产基地县。

1997年,夏堡乡畜牧兽医站首先采购波尔山羊冷冻精液,为当地山羊人工授精,繁育“波×本”杂交羊,简称“波杂羊”。是年,输精263只,受胎130只。1998年,市家畜改良站先后从徐州、广东购进原种波尔山羊种羊5只(3公2母),通过人工授精,改良“波杂羊”取得成功。2000年,市内开始有专业户发展规模养羊场。

2005年,全市栏存波尔山羊原种羊15只(8公7母),栏存“波杂羊”48890只,占全市羊栏存总数的25%。2010年,全市羊饲养量为49.3万只,出栏26.62万只,年末存栏22.68万只。

兔 1949年前,全县仅有少数农户饲养菜兔,品种为中国本种兔。1949年年末,全县兔存栏量约1050只。1956年,县内开始推广皮、毛、肉兼用的“青紫蓝”兔种。是年,全县年末兔栏存1.28万只,其中毛兔0.6万只。1961年年末,全县兔栏存25万只。1964年,全县年末兔存栏量骤减至2.4万只。1975年,全县年末兔存栏量约10万只。1980年,如皋引进西德“长毛兔”和日本“大耳兔”,东陈、南凌种兔场建立。1984年7月起,每收购1千克兔毛,县政府扶持农户20千克饲料粮,促进毛兔发展。1985年末,全县兔栏存量增加至31.13万只。1986年,全县产兔毛60.17吨,如皋县被列为全国兔毛生产重点县。此后,饲养户不断提纯复壮,选留良种,毛兔的体型、毛产量较大幅度提高,单兔年产毛从200克左右上升到500—600克,最高800克以上。20世纪80年代末,因兔毛滞销,效益下降,全县兔饲养量减少。2005—2010年,全市兔存栏量约2万只,养殖户主要分布在雪岸、郭园、江安地区。

马 清乾隆《如皋县志·民赋志·群田》载:明永乐年间,“以一儿马合一骒马为一群”“每亩二顷领儿马一,三顷领骒马一,岁免租,每二岁责纳一驹解太仆寺,凡种马死或孳生不及数者责补偿,民甚苦之。”明代,全县有群田27处,15146亩。民国《如皋县志》载:“清代革除马户,群田听民佃为已业,量亩计租。”“马,军伍、营汛及考武之家畜之,亦无上驷。”20世纪50年代初,解放军某部将一建功军马留交县农场养老。1952年,全县有马2匹。1955年,全县有马5匹。20世纪60年代后,如皋无人养马。

驴 农业合作化前,如皋西部地区养驴户较多,“农户畜以拉磨或拉车运肥”,具体饲养数量无统计数据。农业合作化后,养驴户逐渐减少。1952年,全县有驴957匹。1953年,有驴527匹。1954年,有驴559匹,1955年,有驴282匹。1960年后,全县极少见到驴。

犬 如皋人古来有养犬的习惯。民国《如皋县志》载:“皋无食犬,唯吠犬警夜,不登于俎。”战争年代,为不影响军事行动,一度大量扑杀农村散犬。20世纪30—50年代,县内有少数猎户畜有猎犬,冬春带出狩猎,捕捉黄鼠狼、野兔。80年代,县内狂犬病一度多发,各级政府多次组织扑杀野犬,其中1984年,全县有犬12万只,扑杀7万只。1993年8月,下原镇兴办宠物市场,占地面积6000平方米,日成交猫、狗3000只左右。2010年,如皋养犬仍以宠物犬、看家犬为主,极少饲养食用犬。

猫 如皋养猫,自古多为防鼠、驱鼠。20世纪80年代,部分居民饲养宠物猫。1993年8月,

1949—2010年如皋市(县)牛、猪、羊饲养情况统计表

表8-3

单位:万头、万只

年 份	牛年末栏 存	猪		羊	
		饲养量	出 栏	饲养量	年末栏存
1949	4.91	50.15	23.15	缺载	1.24
1950	5.12	61.46	30.06	缺载	1.35
1951	5.67	67.54	31.14	缺载	1.47
1952	5.09	73.64	32.84	缺载	1.56
1953	5.34	60.33	31.43	缺载	1.80
1954	5.76	48.14	26.14	缺载	2.21
1955	5.67	46	17.40	缺载	2.12
1956	5.24	57.52	27.02	缺载	2.97
1957	4.16	64	27.60	缺载	5.18
1958	3.85	59.49	29.29	4.8	3.43
1959	3.85	43.53	16.63	5.9	5.34

续表8-3

年　份	牛年末栏　存	猪		羊	
		饲养量	出　栏	饲养量	年末栏存
1960	3.54	26.92	8.12	10.20	10.85
1961	3.07	27.02	4.32	15.80	19.23
1962	2.91	38.21	8.81	15.60	18.40
1963	2.38	48.22	13.42	13.50	14.19
1964	2.87	69.62	28.32	10.80	8.82
1965	3.08	86.94	39.74	10.90	9.01
1966	3.25	83.47	37.42	10.50	7.31
1967	3.27	83.97	35.47	10.70	6.59
1968	3.32	87.41	37.41	11.10	8.23
1969	3.19	97.01	38.91	12.30	8.69
1970	2.87	96.33	36.43	12.80	8.70
1971	2.70	101.40	37.10	13.39	9.80
1972	2.68	108.50	42.90	20.36	15.09
1973	2.53	94.58	36.78	21.99	13.97
1974	2.43	101.08	39.58	26.36	20.10
1975	2.15	113.95	47.13	38.74	30.53
1976	1.88	104.24	40.54	29.08	25.05
1977	1.73	103.20	39.09	34.30	23.95
1978	1.60	111.29	36.99	40.40	26.97
1979	1.50	141.42	59.54	42.33	26.25
1980	1.41	141.48	70.71	35.88	17.10
1981	1.22	140.94	65.47	27.59	14.63
1982	1.03	151.64	69.42	27.03	12.80
1983	0.54	153.01	78.40	27.12	11.32
1984	0.32	131.69	67.68	23.52	10.14
1985	0.22	148.58	75.82	26.13	11.04
1986	0.16	152.28	81.28	28.94	13.68
1987	0.13	145.82	75.96	37.79	18.22
1988	0.09	144.72	73.99	46.33	19.09
1989	0.06	149.29	75.47	45.53	18.02
1990	0.06	160.05	82.89	44.90	18.40

续表8-3

年 份	牛年末栏 存	猪		羊	
		饲养量	出 栏	饲养量	年末栏存
1991	0.03	150.48	75.36	37.40	14.96
1992	0.03	152.37	77.17	41.30	15.50
1993	0.0247	152.21	78.16	45.50	17.44
1994	0.0248	142.57	75.00	46.95	16.95
1995	0.0241	143.47	73.00	50.96	23.45
1996	0.49	140.10	70.41	50.01	28.42
1997	0.065	146.32	68.61	50.87	28.00
1998	0.0327	153.07	75.20	60.10	29.29
1999	0.0254	153.77	78.80	62.17	30.5
2000	0.0233	156.59	79.09	62.58	31.25
2001	0.0142	157.90	79.95	60.54	31.66
2002	0.0152	160.91	82.82	71.06	33.55
2003	0.0172	162.35	82.19	74.26	34.47
2004	0.0204	165.72	82.59	76.96	35.22
2005	—	171.31	86.76	71.7	28.02
2006	—	167.62	85.10	69.69	28.2
2007	—	164.01	82.51	37.2	15.9
2008	—	172.27	90.35	42.7	20.5
2009	—	183.16	98.33	50.59	26.17
2010	0.05	184.50	107.38	49.3	22.68

下原镇兴办宠物市场后，猫开始成为商品，部分经纪人至散养户收购家猫至宠物市场交易。

二、家禽

如皋养禽，以鸡、鸭为主，一般农户每户家养3—5只。清嘉庆《如皋县志》载："鸡，家之常畜。"农户养鸡，多为产蛋，公鸡、老母鸡亦食其肉。鸡品种多为蛋肉兼用的"草鸡"。1949年末，全县鸡存栏31万只。1953年，全县鸡末栏存52万只。1954年，全县收购鲜蛋116吨。1959年，全县鸡末栏存100.77万只，禽蛋收购582吨。1961年至"文化大革命"初期，全县鸡年末栏存在30万只左右。1969年，全县鸡饲养量开始回升，全年饲养量72万只，县供销部门收购活鸡20.5万只，鲜蛋60.8吨，年末栏存32万只。1976年，如皋黄鸡原种场建立。1981年3—6月，县多种经营管理局进行域内如皋三黄鸡饲养情况普查，饲养量占鸡饲养总量的75. 52%。1982年8月1日《新华日报》载：1982年3—7月底，如皋三黄鸡苗禽调往港澳市场2215万羽。20世纪80年代前期，全县推广小公鸡阉割育肥技术。1985年，全县鸡饲养量增至774万只，年末栏存313.87万只。1989年，如皋县华珍禽业有限公司创立，年饲养罗曼父母代种鸡5.5万套、父母代肉鸡500套、"华珍"草鸡5000只、父母代绿壳蛋鸡15000套。1990—1996年，全县(市)肉鸡饲养量，每年以增养100万只的速度递增，尤以黄羽肉鸡发展为快。1997年8月，江苏省家禽生产座谈会在如皋召开。2004年，全市年养1万

1949—2010年如皋市(县)鸡饲养情况统计表

表8-4

单位:万只

年份	饲养量	年末栏存	年份	饲养量	年末栏存
1949	缺载	31.09	1980	254.48	122.49
1950	缺载	39.74	1981	343.97	153.88
1951	缺载	48.74	1982	490.41	220.41
1952	缺载	54.69	1983	435.30	185.30
1953	缺载	52.74	1984	709.02	260.66
1954	缺载	36.50	1985	773.99	313.87
1955	缺载	38.39	1986	991.02	235.92
1956	缺载	57	1987	1026.19	264.33
1957	缺载	55.22	1988	1153.32	303.80
1958	129.10	57.08	1989	952.31	274.31
1959	226.50	100.77	1990	1050	322.35
1960	151.00	66.80	1991	1100	348.63
1961	85.10	37.63	1992	1139.53	354.03
1962	65.20	28.71	1993	1220.23	363.74
1963	62	26.10	1994	1354.19	454.20
1964	64	27.75	1995	1331.80	431.80
1965	71.40	31.92	1996	1456.34	609.40
1966	68	30	1997	1773.31	915.76
1967	71.50	32	1998	2026.22	678.30
1968	71	32	1999	2277.37	727.88
1969	72	32	2000	2353.91	872.74
1970	72	32	2001	2501.60	770.01
1971	78.12	33	2002	2527.61	832.46
1972	113.60	53.60	2003	2629.74	956.71
1973	126.10	58.10	2004	2727.34	972.45
1974	160	70	2005	2857.93	980.80
1975	169.96	74.96	2006	2907.21	979.83
1976	182.60	84.60	2007	3146.43	1056.03
1977	212.70	102.70	2008	3413.81	1110.31
1978	242.80	117.80	2009	3061.79	1031.05
1979	252.11	122.11	2010	3100	1050

—5万只蛋鸡的饲养大户有20户，年出栏1万—5万只肉鸡的饲养大户744户，年出栏5万—10万只肉鸡的饲养大户13户。全年饲养量2900万只，其中黄羽肉鸡1800万只、蛋鸡1100万只。2010年，全市家禽出栏2050万只，年末存栏1050万只。

蛋鸡 如皋蛋鸡饲养历史悠久，始为饲养户散养。20世纪60年代，开始建鸡舍饲养蛋鸡。部分生产队、农场引进白壳蛋鸡"来克亨"（来航鸡），数量不多。1980年前后，县内开始饲养褐壳蛋鸡"希塞斯""罗斯""星杂579""海兰"等。1990年，开始引进"伊莎""海赛克斯""罗曼"等品种。2000年，全市蛋鸡主要品种为"罗曼"褐壳蛋鸡。2004年末，全市栏存蛋鸡567.50万只，其中规模饲养栏存2000—10000只的有1925户，10001—50000只的20户。2009年，全市栏存500只以上蛋鸡的规模养殖户2685户，栏存蛋鸡674.44万只，年产鸡蛋5.48万吨。2010年，全市产鸡蛋6万吨。

肉鸡 20世纪70年代前，城内居民食用普通蛋鸡肉。1971年，县食品公司薛窑鸡场引进肉鸡，品种为"白洛克"。此后，相继引进有色羽种"新波罗""红宝""海贝科"等，饲养数量不多。1990年起，县内肉鸡饲养快速发展。品种以白羽肉鸡"爱维因""AA"等为主。1995年起，养鸡户引进"浦东黄""广东黄""岭南黄""皖南黄""法国黄""苏禽96""麻花"等配套系肉鸡品种，饲养量较大的仍以"黄羽肉鸡"和"麻花肉鸡"为主。2004年末，全市肉鸡栏存341.50万只。是年，上市肉鸡2000—10000只的规模养殖户1047户，10001—50000只的744户，50001—100000只的13户。2009年，全市有年上市2000只以上肉禽规模养殖户1334户，累计上市肉鸡1407.42万只。2010年，全市鸡肉产量34736.58吨。

鸭 如皋养鸭量一直比养鸡量少。旧时，仅有近水塘、河流居住的农户零星散养几只，白天下塘，夜晚入巢，亦有少数人牧养"趟鸭"（成群饲养），品种多为麻鸭，每趟300—500只。西部地区一般在近水塘田地放养，东部地区，白天用小船在河港里流动放鸭，让鸭取食天然饲料，蛋期卖蛋，蛋期后卖鸭。1995年，市内引进"康贝尔"蛋鸭，较大规模饲养户鸭群有500—2000只。2000年，市内始有肉鸭饲养，品种有"北京鸭""樱桃谷鸭"等。

鹅 如皋鹅的饲养量少于鸭，农户饲养少则1对，多则3—5只，用以看门护院，兼食鹅蛋鹅肉。1990年，吴庄粮站引进"朗德鹅"200只，为县内鹅规模养殖之始。此后，全市鹅饲养量基本稳定在万只左右。

三、特种养殖

貂 20世纪80年代中期，县内始兴养貂。1985年年末，全县貂存栏141只。1987年6月，全县貂栏存量为8500只。因饲养成本高，效益较低，至20世纪90年代中期，全市貂饲养量降至百只以下。2010年，全市貂存栏不足50只。

狐狸 1996年，黄市乡（今属江安镇）柴圩村一农户，首先饲养北极狐30只。此后，九华镇又有一农户养狐35只。2010年，市内仍有人工饲养狐，数量极少。

鸽 如皋养鸽历史悠久，初为玩赏，尾装竹哨放飞。后，多养信鸽。1980年前后，有专养户饲养菜鸽在市场销售，供人食用。1995年，长江镇专业户创办四九种鸽场，鸽场占地面积0.4公顷，建筑面积3330平方米。2000年，郭园镇骄阳村专业户创办鸽场，年饲养肉鸽1万羽以上。2001年，全市有养鸽专业户近200户，其中磨头镇新港村有养鸽户28户，全村饲养种鸽2万余对，并成立新港鸽业合作社。2005年，全市养鸽24.9万羽，其中郭园镇8万羽，品种多为美国落地王鸽。2010年，全市蛋（肉）鸽栏存量78.88万羽。

乌骨鸡 又称"丝毛鸡"。20世纪70年代前，主要饲以玩赏，每饲养户饲养1—2对，成年公鸡体重1.3千克左右，母鸡0.9千克左右。20世纪70年代中期，县内始有乌骨鸡商品化养殖。2010年，全市饲养量10万—20万只。

珍珠鸡 又称"珠鸡"，用以观赏和食用。20世纪90年代中期，薛窑农场和下原镇农户开始饲养，饲养量均不大。2010年，全市珍珠鸡饲养量约1000只，尚未形成规模。

鹌鹑 1995年，始由专业户笼养，雄者取其肉，雌者取其蛋。2004年9月统计，全市有12个镇养有鹌鹑，栏存34.5万只，其中磨头镇11.9万只、下原镇6.3万只、吴窑镇2.2万只、如皋经济开发区12.3万只。至2010年，饲养量基本稳定。

雉 俗名山鸡、野鸡、环颈雉。1992年，市内始有人工饲养。1995年,雪岸安泰隆珍禽养殖场,养有“美国七彩山鸡”种山鸡3000只,另有雄山鸡700只,存栏雏山鸡4.8万只,8—10月龄雄山鸡体重1.25千克,雌山鸡0.9千克。是年,销往广东等地商品山鸡12万只。此后,全市各乡镇均有农户饲养。2010年,全市雉饲养量约10万只。

鹧鸪(野生鸟) 20世纪90年代中期,市内始有人引进饲养。1995年,如皋食品公司东门畜牧场,一度存栏600多只。成年雄鹧鸪体重600—750克,雌450—500克,肉蛋兼用。2001年,石庄镇一农户养殖300只。2010年,全市无鹧鸪养殖户。

蜂 1956年,全县有蜂40箱。20世纪60年代,县内大量栽种刺槐树,扩大油菜、棉花种植,夏秋蜜源增多,养蜂发展较快,至80年代初,全县有蜂5000箱以上。1989年,全市养蜂8000箱。90年代,市(县)内刺槐、棉花等蜜源减少,养蜂亦随之下降。至2004年,全市年存蜂量下降至2000箱以下。2010年,全市有蜂2637箱,除东陈、石庄、桃园3镇外,其余各镇均有养殖。

蛇 1992年,江安镇徐甸村一农户饲养蝮蛇,是为市内蛇养殖之始。1995年,全市养殖蛇约5000条,提取蛇毒制成粉500克,销售食用蛇5吨。2010年,全市无蛇养殖户。

四、主要畜禽疫病

猪口蹄疫 简称猪“五号病”。1970年1月,如皋肉联厂从盐城调进的一批生猪发病。随后,该厂临近的邓园、城西地区生猪相继发病,并迅速传播蔓延。7月,疫区扩展至全县39个公社,累计发病生猪1242头。1977—1982年,全县每年发病猪在2000头左右。1983年,发病猪5466头,发生面波及全县535个村。1993年1—4月,全市发生口蹄疫病猪491头。此后,全市再未发生猪口蹄疫情。

猪瘟 1950年,全县流行。1953年,白蒲、丁堰、城西等地严重发生。1954年,县棉花良种场3个月中病死猪100余头。1958年春节后,由吴窑乡引发,通过苗猪市场,迅速向全县农村扩散。全县发病猪23000头,发病率3.87%,死亡生猪2万余头,死亡率86.9%。1992年7月,林梓镇发生疫情,波及54户养猪户,199头猪染病。经防治,疫情很快得到控制。此后,全市再未有发生和流行。

猪丹毒病 俗称“打火印”,民国时即有发生。1952年,全县发病猪30857头,死亡16165头,死亡率52.39%。1954年,全县发病猪41862头,占饲养量48.14万头的8.7%,死亡11172头,死亡率26.6%。1956年,全县发病猪852头,死亡520头。1974年,全县发病猪22302头,占饲养量101.12万头的2.21%,死亡2127头,死亡率为9.54%。1985年以后,每年的发病数不超过50头,发病率在万分之一以下。

猪链球菌病 1977年,县内始见。1977—1988年,全县共发现“E群”猪链球菌病猪4586头,发病率0.03%,死亡77头,死亡率1.68%,均为零星发病。1998年7月10日,“链球菌2型”猪链球菌病开始发生,很快波及546个村,8693户,发病猪26077头,死亡8717头。同时,发生从事生猪屠宰、加工人员死亡的病例。2004年后,全市未再发现。

猪气喘病 1956年,城西、磨头等乡镇首先发现。是年,发病猪34头,死亡31头,死亡率91.17%。1957年,扩展到桃园、花园、仁静、胡芝等12个乡。1958年,蔓延到27个乡镇。1960年,流行全县48个公社,发病猪28041头,发病率10.4%,死亡18965头,死亡率67.63%。20世纪70年代,为该病发病高峰期,其中1979年发病猪68620头。1985年始,发病率下降到1%以下。1990年,绝迹。

兔瘟 1984年,县内始见,是年12月下旬,城东、城西、丁堰、江安区的一些乡镇相继发生。至翌年1—2月,全县21个乡镇的147个村,发病兔7703只,占存栏总数105734只的7.29%,死亡7654只。1985年起,开始防疫。此后,未有发病。

鸡新城疫 1950年前后,全县普遍发生,死亡率80%以上。1977年,有43个公社的552个大队发生,发病鸡46113只,发病率2.38%,死亡40982只,死亡率88.87%。1981年,全县45个公社的630个大队发生。发病鸡46495只,发病率2.14%,死亡43519只,死亡率93.59%。1985年,全县实施猪瘟、鸡新城疫免疫程序新技术推广项目,疫情得到控制。此后,未有疫情发生。

狂犬病 民国16年(1927年),县内零星发生。1953—1954年,夏堡、花园、磨头等乡镇发生。1984年6月统计,全县有870人被犬咬伤,发病致死的有12人和1头牛、2只羊。2004年,市防疫部门开始对家犬实行防疫,全市有94341只,散养犬注射狂犬病疫苗。此后,正常开展狂犬病防疫,未再发现病例。

五、畜禽疫病防治

防疫注射 1952年,县畜牧兽医站建立开始实施生猪"猪丹毒病"免疫注射。是年,防疫生猪19246头。1954年,县畜牧兽医站始对"猪瘟"进行免疫注射。1955—1963年,对曾发生3头牛炭疽病的江安及其周边地区,开展耕牛"无毒炭疽芽孢菌苗"的免疫注射工作,累计防疫牛87412头次。1959年起,开始使用"鸡新城疫苗"预防"鸡瘟"。1980年始,实施鸡、鸭、犬"鸡马立克氏""鸭瘟""狂犬病"疫苗免疫注射。1985年,实施"兔瘟""鸡痘"疫苗免疫注射。1989年起,实施"鸡传染性法氏囊病"疫苗免疫注射。1990年始,相继实施猪、禽"霍乱""鸡传染性支气管炎""鸡传染性喉气管炎""鸡减蛋综合征""猪水肿病"的免疫注射工作。1998年起,每年4—6月份,都对栏存生猪进行一次"猪链球菌苗"免疫注射。2002年起,每年全面开展"禽流感"疫苗、鸡新城疫苗、猪瘟疫苗、高致病性猪蓝耳疫苗、牛羊口蹄疫苗、链球菌苗等的免疫注射。2010年,全市为165.43万头生猪免疫注射高致病性猪蓝耳病活苗,猪瘟一免163.18万头,猪瘟二免158.39万头,猪链球菌免疫132.43万头;为29.37万头牛、羊进行口蹄疫(O-亚Ⅰ型)免疫;为规模养殖户2965.11万羽家禽、散养户217.77万羽家禽进行高致病性禽流感免疫;为2998.30万羽家禽进行鸡新城疫免疫。

免疫标识 20世纪80年代中期,县内启用畜禽防疫标识。初期,在动物(主要是猪)耳朵的下1/3边缘处,用特制的耳号钳打一缺口,称"耳号",表示该动物已经防疫注射,没有耳号的猪不得上市交易或屠宰。1997年始,改用防疫耳标,用特制的耳标钳打挂在动物(猪、牛、羊)左耳的中下部中间,耳标上有激光印制的若干位阿拉伯数字,分别代表省、市、县(区)、乡(镇)等。牲畜流通过程中,一旦有危害严重的传染病或其他问题发生,按照耳标上的号码,可追溯具体产地。

疫病监测 20世纪60年代初,县内始开展动物疫病监测工作,采取粪检方法对家畜寄生虫病进行监测。1978年,开始更新疫病监测手段。1982年,县畜牧兽医站进行牛、猪钩端螺旋体病和猪痢疾、猪喘气病、牛白血病、牛副结核病、猪萎缩性鼻炎等病的检测。1983年,采取划片布点方法,进行家禽(鸡、鸭)寄生虫病调查。1985—2010年,先后开展猪瘟、猪口蹄疫、鸡新城疫、禽流感和牛结核、牛布病、牛血吸虫、鸡白痢、伪狂犬病等对动物和人体可能造成严重危害的疫病监测工作。

检疫 1952年6月,苏北行署农林处在如皋二案港建立苏北二案港猪只转运检疫站。10月,移交如皋县管理。主要对出口牲畜宰前宰后、肉类等开展检验。1955—1963年,全县检疫工作时断时续。1964年,县畜牧兽医站恢复畜禽及苗猪市场检疫。"文化大革命"期间,苗猪市场检疫改由市场兽医负责,生猪屠宰、初加工产品检疫由各食品站负责,如皋肉联厂实行自宰自检。1984年起,全县实施畜禽流通领域"牲畜健康证明"制度,证明由乡镇畜牧兽医站出具。1996年4月起,各生猪屠宰场由各乡镇畜牧兽医站派员进驻,实施检疫。2003年起,肉制品生产企业屠宰检疫,由市畜牧兽医站派员驻厂负责。此后,畜禽流动,实行产地检疫、屠宰检疫、运输检疫、市场检疫和运载工具消毒证明制度,由市、镇畜牧兽医站实施,出具全国统一制发的专用证明。2010年,全市有畜禽卫生监督员、检疫员270人。

兽医 20世纪50年代前,县内由民间兽医,走村串乡从事牲畜阉割、治疗,行医无组织,收费没标准。1951年,全县进行民间兽医登记,共登记兽医155人,其中能看病治病的62人,余均为"阉猪匠"(专门从事牲畜阉割)。1952年,如皋县兽医协会成立,并建立联合诊所,全县兽医开始有组织行医。1955年10月起,县人委先后发布《社会兽医行医、阉割的暂行规定(草案)》《兽医联合诊所组织章程》等文件,并核发如皋社会兽医行医许可证,禁止无证游医。1956年,全县进行兽医整顿,淘汰30人,保留207人。1958年,各公社畜牧兽医站建立。1963年,全县核定兽医238人。1969年秋,全县实行"牲畜合作医疗",每个生产大队选配兽医1—2人,负责本大队牲畜疫病防治,由集体记公分,参加分配。1990年,全县

52个乡镇畜牧兽医站，有在职人员953人。2010年，全市兽医有近1000人，大多集防疫、诊治、阉割、人工授精、饲养技术辅导等于一身。

畜禽保健制度 1964年9月，县人委发出《关于推行牛猪保健制的通知》，由公社兽医站直接向畜主收取牛猪保健费。标准为牛每头每年2元，种公、母猪每头每年1元，育肥猪每头0.5元。收费后，兽医诊治，牲畜疾病。不收诊疗费，药费由畜主承担。1969年，全县全面实行牲畜合作医疗制度。1983年始，改行牲畜保健制。1985年，停止执行。

畜禽保险制度 1985年1月起，全县全面推行兽医经济承包责任制，亦称"保险制"，由畜主向兽医站"投保"，缴纳"保险费"（标准由县统一规定），兽医站则对牲畜"包防疫、包阉割、包治疗、包药费、包饲养管理技术指导、对母猪包人工授精配种，死亡畜禽赔偿"（"六包一赔"）。20世纪90年代末，畜禽"六包一赔"保险制度停止执行。2007年，全市始推行政策性畜禽保险。2008年，市政府办公室下发《关于进一步推行政策性生猪保险工作的通知》。2009年，又制订下发《关于调整政策性生猪保险相关政策和运行机制的通知》。

防疫统筹 2000年始，全市实行畜禽"防疫统筹"制度，市政府统一规定防疫要求和收费标准，乡镇兽医站与畜主签订《生猪防疫服务合同》，兽医站根据防疫要求开展服务，畜主根据统一标准预交防疫统筹费。参加防疫统筹的畜禽，发生相关疫病死亡，属兽医责任的，由兽医站按市场价格全额赔偿；非兽医责任的，按市场价格补助畜主30%。"五号病"经防疫仍然发病的，其损失由市、乡（镇）、畜主各承担1/3。

第七节 水产业

一、水产资源

清乾隆《如皋县志·食货志·渔业》载："皋地滨临江海，夙擅渔业""江海之利，莫大于渔"。民国30年（1941年），如皋县分为如西、如皋2县后，如皋（西）不再临海，水产资源主要在长江和内河。长江水域盛产鮰鱼、鲥鱼、鲴鱼、河豚等名贵鱼类及其他各种江鲜；内河鱼类品种有青、草、鲢、鳙、鲤、鲫、鳊、鲂、鳗、乌、鲈、鲻、鳝、白条等150余种；介壳类水产品有龟、鳖、螺蛳、虾、蟹、蚬、蚌等；水生植物有茭白、河藕、荸荠、慈菇、菱、芡实、水芹等。

二、养殖

民国前，域内渔业以自然繁殖，人工捕捞为主。民国31年（1942年），抗日民主根据地始建如西县养鱼合作社，主要在小龙河、拉马河等河段养殖青、草、鲢等鱼。1949年，全县渔业养殖面积0.5万亩，水产品产量261吨。1950年，全县渔业养殖面积增至0.8万亩。1958年，县政府在九华公社开垦荒地，兴建如皋县水产养殖场，并开始进行鳊、鲢、鲤、鲫种鱼培育，种鱼主要采捕长江中游江西、湖北段的"上江花子"。1964年，县水产养殖场人工繁殖鱼种获得成功。随后，戴庄、丁北2公社相继兴建鱼种人工繁殖场。实现鱼苗自繁自育后，全县内河、渔场淡水鱼养殖面积逐年扩大。至1970年，全县渔业养殖面积增加至9万亩，产量增加至4657吨。

1967年，马塘公社珍珠养殖人工嫁接技术获得成功。此后，全县逐步推广。1973年，柴湾乡在全省率先引进非洲鲫鱼进行稻田试养，取得成功，如皋县被誉为江苏省稻田养鱼"发源地"。1978年，全县44个公社建有水产养殖场。全县大规模农田水利建设，削平高沙土，填平一部分沟塘后，内河养殖面积减少。

1980年，全县大规模开展以改造废沟呆塘为主要内容的万亩精养鱼塘建设，改变传统粗放养殖方式。1982年，全县建有精养鱼塘929个，面积3253亩，放养鱼种2000多万尾。精养鱼塘一亩水面产量最高500千克以上。1985年，如皋县水产技术指导站建立，开始大力推广多种水产养殖技术。成鱼精养高产模式、异育银鲫等取得成功。

1990年，全市水产总量7100吨。是年，全县在推广高产高效养殖技术，发展稻田养殖的同时，特种水产养殖开始发展。至1993年，全市有螃蟹、甲鱼、牛蛙、黄鳝、鲶（主要为胡子鲶）等特种水产养殖户5726户，面积4020亩。1995年开始，特种养殖由原来的庭院、沟塘延伸到稻田、江滩,养殖模式由零星分散型向规模集约型转变。全市温室养鳗约3万平方米,土池养鳗近200亩,甲鱼养殖实现工厂化生产。1997年,全市特种水产养殖面积增加至12050亩。其中,螃蟹养殖面积8000亩,青虾养殖面积1500亩,甲鱼养殖面积400亩;有工厂化甲鱼养殖企业3家,温室5000平方米;鳗鱼温室养殖面积7.5万平方米,土池养殖面积200亩。此外,尚有一定规模牛蛙、金鱼、娃娃鱼等特种水产养殖。是年,全市稻田养殖面积8105亩,水产品总产量717.67吨,产值1912.78万元。2000年,全市稻田养殖面积3.7万亩,高明、夏堡、搬经等乡镇均建成万亩稻田养殖基地。石庄、长江、江安镇建成鳗鱼、河豚、螃蟹养殖基地,全市特种水产养殖面积1.64万亩。鱼蟹、鱼鳖混养面积有2000多亩,青虾养殖面积4200多亩。有210户养殖黑鱼,面积为512亩,总产达25万千克。引进田鱼亲本45组128千克;引进一龄鱼种3000尾,夏花24万尾;引进鮰鱼亲本81组228.6千克;引进七星鲈10多万尾,均获成功。是年,全市观赏鱼养殖户发展至150家,养殖面积12万平方米;异育银鲫放养面积1.06万亩。2002年,如皋花鲢鱼被认证为无公害产品。2006—2010年,全市淡水养殖面积每年保持在9.15万亩左右,其中特种水产养殖面积每年稳定在2.6万亩左右。2010年,全市水产品总量2.5万吨,实现渔业总产值8.44亿元。

三、增殖放流

2005年7月3日至7月4日,市财政、农林部门以及渔政执法人员、渔民代表等50多人分别在如海河、如皋港、司马港、南凌河、立新河等河道的10个点举行人工放流活动,人工放流青、草、鲢、鳙等品种的"夏花"(夏季乳化小鱼苗)200万尾、"斤两鱼种"(体重达到50克以上鱼苗)1500多千克。2006年7月6—10日,市水产技术指导站组织鱼种215万余尾,在市内八条主要河道的15个点进行人工增殖放流。2009年6月6日,市农林局在如皋长江江段举办南通市首届放鱼节,沿皋张汽渡长江水域放流国家一级保护动物中华鲟500多尾,暗纹东方豚4万尾,蟹苗250千克,青、草、鲢、鳙鱼苗300多万尾,放流苗种总价值68万余元。国家海洋局东海分局、农业部东海区渔政局、江苏省海洋与渔业局及南通市、如皋市有关领导参加放流活动。2010年6月,市水产技术指导站在长江如皋段、如海河、如皋港等江、河段,举行大规模增殖放流活动,共放流青、草、鲢、鳙等6个品种的"夏花"超过32000千克,价值超过30万元。

四、育珠

如皋境内河汊沟塘自古即有河蚌自然生长,并有珍珠繁育。清乾隆《如皋县志》载:河蚌"老者胎珠,其肉可食,壳堪为粉"。

20世纪60年代初,全县开始养殖河蚌,培育珍珠,并逐步推广。1969年,全县产珠2.15千克。1979年,县内三角蚌人工繁育成功。1981年,全县产珠190千克,其中马塘乡鱼场所育珍珠质量最优,列江苏省首位。1980年开始,河蚌人工繁殖、吊养笼养、手术嫁接、活体采珠和珍珠保管储存、分级出售等成套实用技术为全市育珠专业户掌握和应用。1986年,全县产珠400千克。1990年,全县产珠3240千克。进入21世纪,全市河蚌育珠业渐衰。2010年,全市无育珠专业户。

五、捕捞

长江、内河捕捞 如皋江边农民素有独置或合伙置备木渔船在长江渔汛期兼营捕捞的习惯,也有少数终年在内河以捕鱼为生的渔民。

20世纪80年代前,长江、内河渔业以捕捞鮰鱼、鲥鱼、鮰鱼、河豚和其他鱼、蟹、虾为主。鮰鱼渔期在农历一月至四月之间,以三月最盛。鮰鱼采捕初以流网或滚钩。流网,是将高5米左右,网孔径4—5厘米的渔网,横断江面下于水中,待鮰鱼游行被挂在网上,每日起网1—2次;滚钩,为一样传统捕鱼方式,是将带倒刺锋利鱼钩连续拴于绳上,捕鱼时钩上涂抹豆油,下于江中,引诱鱼类接近进而刺获,每日起钩1—2次。长江北汊沙滩淤涨之后,沿江渔民多用"插网"采捕鮰鱼。方法为,每隔3—5米立一插竿,抢在涨潮前将孔径3—4厘米的渔网张在浅沙滩之上,待涨潮时鮰鱼挂于网上,落潮后去网上采鱼。20世纪50年代,如皋年产鮰鱼5—7.5吨,60年代至70年代年产鮰鱼20—25吨。鲥鱼渔期在每年农历三月、四月,以四月最盛,有"杨柳飘絮,鲥鱼上市"之说。其渔具主要为流网，分丝制与麻制两种，为约5×10米长方形，每船用网15把至20把，网与网相互联结，涨潮时投网于江中，平潮即起网。鲥鱼产量不稳定，20世纪70年代前，高产年份全县捕获量20吨左右，低产年份仅数吨。河豚渔期在每年农历一至四月，捕捞方法主要为垂钓，一般以蚱蜢为饵料。鮰鱼渔期在春秋二季，尤以葵花期、桂花期为最盛，常用流网横断江面或下滚钩采捕，江边亦有渔民用张网或挑网捕捉。螃蟹以重阳节后大寒以前所捕蟹质最佳。采捕方法或以拖蟹网拖行水边捕获，或置竹笼于水中，内置饵料，诱其入笼，或以边长40厘米左右正方形蟹网，绑上饵料投于河中，一小时许起网一次捕捞（称为吊蟹），亦有不少人采取蟹洞抓蟹，河底采蟹（脚采到蟹后潜入水底抓取）的方法捕蟹。

20世纪80年代起，长江刀鱼、鲥鱼、鮰鱼、河豚捕获量锐减。1985年前后，长江鲥鱼绝捕。1990年前后，长江河豚绝捕。

20世纪90年代，如皋沿江地区一度出现以尼龙纱为网滥捕鳗鱼苗现象，不久被禁止。

2002年开始，实施长江季节禁捕，禁捕期为每年的4月1日至6月30日。在非禁捕期间，张黄、二案、长青沙、永平闸、碾砣港等港口地段，每日均有小渔船停靠，携所捕江鲜上岸面市。如皋市沿江开发力度加大以后，为保护渔民合法权益，自2005年起，对持有长江渔业捕捞许可证的渔船（31艘）每年发给5000元补偿，连补10年，在江苏省开"沿江开发涉渔补偿"之先河。

2010年，如皋市有专业渔民184户，渔业劳动力627人，内河渔船108艘，其中专业捕捞渔船94艘，流动渔船14艘。专业捕捞船中，长江捕捞渔船31艘。内河定置网具291口。

海洋捕捞 如皋海洋捕捞历史悠久。成陆后，即有渔民在沿海海边打鱼为生，一直多为近海捕捞。民国29年（1940年）至1957年，如皋仅有少数船户出远海捕捞黄花鱼。1958年，县渔业捕捞队成立。此后，张黄、长江、营防、江防等沿江公社相继成立捕捞队，多为木帆船出海，每年正常捕春、秋（冬）两个汛期。清明至立夏左右约100天为春汛，农历九月至腊月下旬为秋（冬）汛，也在100天左右。春汛出海捕捞，由长江口先至浙江省地段气温略高的嵊泗渔场，再逐渐北向边捕边移至吕四渔场、上海渔场；秋汛出海捕捞，由长江口出海，先在上海渔场捕捞，后逐渐南移至嵊泗、舟山、大陈渔场。出海捕捞船只尚无冷冻保鲜设施，所捕海鲜一层海鲜一层盐贮入仓内，进港后所卸海鲜称为"咸鲜"。1970年，全县江海捕捞量为536吨。1973年前后，海洋捕捞开始启用金属船体大载重量船只，并实施机器拖网作业。开始增加夏汛捕捞作业，其作业路线与秋汛作业路线相近。至1990年，全县有从事海洋捕捞的渔轮107艘。如皋出海捕捞的水产以小黄鱼、中黄鱼、大黄鱼、鲳鱼、鳓鱼、墨鱼、海鳗、鱿鱼、梭子蟹为主。

2000年以后，如皋出海捕捞作业基本终止。

附录：

长江四鲜

如皋南临长江，淡水鱼资源丰富，其中刀鱼、鲥鱼、鮰鱼、河豚4种鱼类，配以如皋独特的烹饪方法，成为极负盛名的"长江四鲜"。

鲥鱼 鲥鱼又名三来、三黎鱼、迟鱼，属鲱形目、鲱科、鲥属。其肉质细嫩鲜美，脂肪丰富，并有很高的药用价值，为中国珍稀名贵经济鱼类，1988年被列为国家一级野生保护动物。

鲥鱼美观在鳞，其鲜亦在鳞。邑人沙元炳有诗："春去江城气尚寒，牡丹开罢始登盘。小鲜比国批鳞少，隽味如文蜕骨难。"

鲥鱼烹调方法多种多样，糟鲥鱼是如皋人的独创。将取出内脏、腮板的鲥鱼，用布擦干净，切成数段，微风吹干，以酒酿夹层相叠，密封于瓷缸中，放在阴凉处。若干月之后开封，酒酿已进入鱼肉之内，散发出甜味和鱼香。清蒸后食用，既酥且嫩，其香扑鼻。

刀鱼 长江刀鱼肉质鲜美，鱼骨绵软，为鱼类中的"天下第一鲜"。刀鱼以清明节前质量为最佳。刀鱼无须去鳞即可入馔，晶亮的鱼鳞里含有大量的胶质，一经蒸煮，会自动融化。刀鱼是如皋春季名菜，闻名遐迩，有红烧、清蒸等多种吃法，"刀鱼馄饨"更是工艺考究，味道鲜美的佳肴。

鮰鱼 鮰鱼，学名长吻鮠。因肉质肥嫩，民间称"肥丫"。如皋红烧鮰鱼，白汁鮰鱼均受食客欢迎。鮰鱼鳔肥厚，富含高蛋白。酒席上，主人往往将它搛给最尊贵的客人。有的酒家还专门将鲴鱼鳔收集起来,做成红烧鲴鱼鳔,更是十分难得的佳肴。鲴鱼还具有药用价值,清代丁其誉所著《寿世秘典》称:“气味甘平,无毒。主开胃,下膀胱水。”并告诫:“不可与野猪、野鸡肉食,令人生癞。”

河豚 河豚,亦名鯸鲐,又名鲑鱼。俗呼“气包鱼”。大都生于海洋中,繁殖季节,洄游上溯到长江下游。如皋人烹饪河豚有着悠久的历史和丰富的经验。河豚的血液和眼睛等器官含有能致人死亡的神经性毒素,但因其味道鲜美,食者甚众。长江镇、石庄镇和张黄港一带烹煮河豚的厨艺较为成熟,河豚宴很有名气。食河豚后如出现中毒症状,必须及时送往医院解毒抢救。

第八节 蚕桑业

一、沿革

如皋土质、气候宜蚕,后唐时期,始采桑养蚕缫丝。明天启元年(1621年),县令李衷纯从湖州购桑数千株,分授民间,鼓励农民扩大种桑养蚕。民国初年,如皋县蚕桑讲习所在如皋城西郊演武厅旧址建立,示范引栽湖桑10余亩。民国21年(1932年),《中国实业志·江苏省·蚕桑》载:“吾国蚕桑事业,向以长江流域及珠江流域为最发达,盖以其地气候温和,地气高燥,适宜蚕桑之育植也。”“江苏蚕桑产地,遍大江南北”。该志书将江苏重要蚕桑县分为三区,载明如皋县属其中之一的“江北区”。民国23年,国民政府如皋县政府设农业技术推广站,配有蚕桑指导员,提倡隙地栽桑,无偿发给民间湖桑苗1.98万株,并派农业推广所指导员专门指导。民国38年初,全县有桑园16亩。

中华人民共和国成立初,部分农户一度把利用本地桑树、发展蚕桑生产作为救灾度荒的一项家庭副业。1950年,县政府农林科建立蚕桑指导所,负责规划和指导全县蚕桑生产。1951年,全县茧产量从1950年的600千克增加到46.65吨。1957年,全县桑园增加到1800亩。1958年,“大跃进”“人民公社化”“大炼钢铁”“大搞深耕”,一部分成材桑树被砍伐。1959年,县人委在骏发公社(今属东陈镇)投资建立国社合营的骏发桑场,引进湖桑,栽植桑田480亩,此为全县最早的成片桑田。1960年,新栽桑树被挖除,改种粮棉。1966年,如海运河重新疏浚,磨头公社4个大队在2.5千米河堤上栽植桑树,组建蚕桑场。至1967年,如海运河全线34千米的河堤上组建桑场41个,拓植湖桑2247亩。1968年,全县桑田超过11000亩,产蚕茧436.4吨。1969年,如皋县蚕种场建成,填补南通地区蚕种生产的空白,改变“南种北调”状况。此后,域内蚕种不断更新换代,制种数量扩大,蚕种质量提高。1970年,全县桑田增加至3.5万亩。“文化大革命”期间,全县蚕桑生产基本保持稳定。1978年4月,县农林局析建多种经营管理局,并建林蚕股。1979年,全县8504个生产队中有7120个生产队栽桑养蚕,桑田面积扩大到38180亩,产茧2425.90吨。蚕产量位居江苏省各县(区)第二,如皋县被列入全国蚕桑生产重点县。1982年,全县有桑田7.56万亩,占总耕地面积的6.17%。是年,南通地区在通东及如海高沙土地区,实行“缩棉、增粮、扩桑”。全县25个原属高沙土地区的公社,在已有桑田22697亩的基础上,新扩桑田9万亩。1987年,县委、县政府发文,要求经过调整、转让,把桑田向养蚕能手集中,并把承包期限延长15年。至20世纪90年代末,全市逐步形成高明、常青、搬经、磨头、吴窑、柴湾、雪岸、东陈、袁桥、如城10个栽桑养蚕重点乡镇。2005年,全市桑田面积94713亩,发蚕种242501张,总产茧9552.6吨。2010年,全市桑田面积84900亩,发蚕种248154张(位居全省第三位),蚕茧总产量11435.63吨,茧产值41426.71万元,亩桑茧值4879.47元,加上桑园综合开发套种蔬菜等,综合亩桑收益5568.07元。

二、栽桑

如皋本地桑树为木桑,树干高大,树材质地坚韧,纹理清晰,是制作家具的优质材料,成材期在20年以上,部分桑树树龄有百年以上,乃至数百年。清乾隆《如皋县志》载:“白桑叶大如掌而厚,鸡脚桑叶小而薄,子桑先葚而后叶,山桑叶尖而厚,女桑条长而小。”木桑亦可采叶饲蚕,但叶质欠佳,产叶量小,桑树干高采叶困难。

明天启元年(1621年),县内开始引种湖桑,称“女桑”。至民国时期,数度引种均未成功。

1964年,石南公社再度引进,一次栽桑3500株,取得成功。1965年始,在引种桑苗的同时,先后培训嫁接人员1000多名,湖桑在全县迅速推广。品种始为"湖桑32号",后相继引入"199""育2号""7307""湖桑7号""育101"及"7301" "71-1"等。

1979年,全县开始学习"早春温床嫁接"技术,利用塑料薄膜温床,促使砧木及穗条萌动,于早春提前嫁接,将嫁接体再置入温床复土,使之提早愈活、发芽,于4月初出床移栽。

1985年开始试验,1988年开始推广"绿枝扦插湖桑育苗"技术,在5月下旬选用新梢嫩枝扦插于特制土钵中,用塑料薄膜及草帘覆盖,使绿枝土钵处于适宜温湿环境,经30余天,嫩枝下部生根,上部发芽开叶,成活生长。扦插枝成活以后,连新生根一起移栽。至1988年,全县有47个乡镇扦插6450万株,成苗4706万株,成活率73.30%。1989年,开始在10月中旬利用秋季嫩枝扦插,扦插苗在床内越冬,翌年春移栽,此法得到逐步推广应用。

2002年,高明镇蒋岱村、东陈镇南东陈村建成两个千亩湖桑丰产方。全市有20多个村成为"千亩蚕桑重点村",并建成10多个蚕桑产业科技示范区。2005年,全市以早春温床嫁接和绿枝扦插,进行桑树品种优化,更新桑园2000亩,新扩桑园3820亩,桑树品种的优化率为70%。是年,市政府开始对桑树连片栽植给予补贴,标准为连片50亩以上的,由市政府一次性给予桑农每亩50元补贴;与老桑田连片50亩以上,对其中新栽连片20亩以上的给予每亩30元补贴。2006年,全市扩桑1.05万亩,在全部桑园面积中优良品种"71-1"桑园占90%以上。2007年开始,市政府给予育苗面积1亩以上,亩育苗2万株以上,成苗率50%以上的育苗大户每亩奖励200元,夏播桑每亩补贴桑籽2千克。2009年,市政府对新建连片100亩以上桑园每亩补贴200元。2010年,全市桑园面积为84900亩。

三、养蚕

蚕茬 1949年前,域内农家养蚕全依赖自然温度,发育慢,蚕龄长(40天左右),一般每年只养一期春蚕,4月下旬收蚁,6月上旬老熟,偶有"二春蚕"(夏蚕)、"桂花蚕"(秋蚕),为数极少。1950年,蚕农开始引进耐高温蚕种。1951—1957年,全县共养春蚕28209张,年均4029张,占全年77.50%;秋蚕8163张,年平均1166张,占全年22.50%。1956年开始,增养夏蚕,秋蚕分批饲养。1958年,受"大跃进"影响,连续套养,病害蔓延,秋蚕发种6159张,每张蚕种产蚕茧1.95千克。1959年,秋蚕发种14316张,单产2.25千克。1960年,中秋蚕发种7575张,单产1.03千克。

1962年始,经过调整,全县养蚕逐步实现春、夏、秋(早秋、中秋、晚秋)每年5期,除少量的晚秋蚕套养外,拉开间距,分清批次。1980年,提倡不养晚秋蚕,只养春蚕、夏蚕、早秋蚕、中秋蚕。1982年始,不养夏蚕和早秋蚕,把中秋蚕划分为大、小两批,形成(大)、一秋(大)、二秋(小)"两大一小"格局。

品种演进 民国前,如皋蚕种,习惯"留茧自繁",出蛾后自然交配。这种"自留种"世代相传,近亲繁殖,品种退化,体质弱,产茧低,出丝少。民国23年(1934年),蚕农引进杂交改良种"诸桂",未果。20世纪50年代,农技部门开始重新推广杂交改良品种(主要为"华9×沄汉"),大力淘汰自留土种,至60年代初,方得普及。此后,蚕种逐步向抗病高产、优质多丝发展。60年代中期,春蚕主要养育"华9×沄汉","华10×沄汉"主要作夏、秋蚕用种。60年代末开始,春种以"东肥×华合"为主,辅以"苏16×苏17",夏、秋蚕用种以"华10×306"和"苏13×苏14"为主。1971年,县内试育原蚕制种,1972年正式投产,当年制种5000张,后逐年增加。此后,蚕种以"苏5×苏6"为主,一度辅之以"苏三元""A四元",春秋兼用。1980年起,秋养春种"苏5×苏6"。1983年,全县自制蚕种10万张。1990年,全县自制蚕种增加到20万张。2005年,全市饲养第五代家蚕新品种"苏镇×春光""苏菊×明虎"19万张,饲养"苏豪×仲晔"5.2万张,优良新品种普及率100%。2006年,"苏菊×明虎""苏镇×春光""菁松×皓月"等品种发种19.18万张,中日合作协字号品种发种6.61万张。2009年开始,全面推广协字号"苏豪×仲晔"新蚕种及"苏秀×春风"多丝量新蚕种。2010年,县蚕种场累计生产、发放蚕种700万多张。

蚕种催青 如皋原始的"催青"办法,是把蚕种包藏怀中,靠人的体温焐种,孵化率在60%

左右。

1951年,全县始行人工加温进行蚕种集中催青,借用民房,以火盆加温,当蚕种转青后分发到乡村共育室收蚁。1956年,县蚕桑指导所在所内改建专用催青室1座。1968年,磨头西河湾林业站内增建催青室1座。1972年,始用电炉给催青室加温。1983年,开始使用空调器加温。1993年,市蚕桑指导所在如城征地新建1座双层12间、容量20万张蚕种的催青大楼。

稚蚕共育 1952年起,全县在推广改良蚕种的同时,推广稚蚕共育。初以乡为单位,利用公房或借用民房,作"共育室",推选养蚕积极分子担任共育员。人民公社化以后,养蚕较多的大队建专门共育室,有的则附设于蚕桑场,由蚕桑场为各养蚕单位饲育小蚕。1978年后,除部分保留的共育室承包经营外,多由养蚕户自行联合组织共育。

大蚕饲育 20世纪50年代,县内蚕农养蚕一般每天给桑5—6次。后改为"勤喂薄饲"。60年代起,随着养蚕量的不断扩大,为节约用房、用工、用桑,蚕农创造出很多新的大蚕饲育方法。室外育:室外搭棚养大蚕,补充蚕室不足;地蚕育:蚕大眠后把蚕摊在地上,不用蚕匾蚕架,不必除沙;条桑育:用带叶的桑条,直接喂蚕,减少采叶用工,延迟桑叶干瘪;室外地蚕条桑育:在桑田旁将室外、地蚕、条蚕等方法结合使用,既减少蚕室蚕具,又减轻劳动强度。

蚕室蚕具 1949年前,如皋农户养蚕量较少,一般没有专门的蚕室蚕具,人蚕同室,家具兼用作蚕具。人民公社化以后,部分大队、生产队开始兴建专门的蚕室。初为土墙、草顶、木柱、竹梁的简易蚕室。一度推广磨头、江安等地群众"地下温床育小蚕、室外搭棚养大蚕、芦苇做匾子、芦竹搭架子"的穷养蚕经验。后逐步发展为砖墙、平瓦,保温、除菌的标准化蚕室。

蚕具主要有蚕台、蚕匾、蚕蔟等。蚕台有梯形架固定蚕台、悬吊式活动蚕台等。梯形架固定蚕台:由4—5档木制梯形架一对(也有用4根木桩代替),搁上8—10根竹篙(每档2根)构成,用于搁置蚕匾;悬吊式活动蚕台:将隔层多样的木架悬于房梁,隔架上搁竹篙(每档2根)用以搁置蚕匾。

养蚕用的蚕扁有芦匾、竹匾、网匾、组叠式匾等多种。芦匾,是利用江滩芦苇编织成小型芦扉(105×80厘米左右),扎好边框,铺上纸使用;网匾,一般多用竹片制成105×80厘米方框,绷上手结网、聚乙烯编织布、窗纱等作底,再垫上纸,主要用于育小蚕;组叠式匾,用木制边框,编织布作底,四角安10厘米左右的脚,一层层叠起来使用,既省去蚕架,又提高蚕室利用率60%左右。

供成蚕结茧的蚕蔟主要有蜈蚣蔟、折蔟、方格蔟等类型。蜈蚣蔟:用稻麦草绞成草龙,分叉的稻麦秸供蚕结茧,因形似蜈蚣,谓之"蜈蚣蔟"。蜈蚣蔟体积大,不易收藏,多为一次性使用,现极少使用;折蔟:用稻麦草在专制的模具上按一定的顺序缠绕若干层,脱卸展开后而成波浪形折蔟,置于蚕匾,捉上熟蚕,蚕在波谷中营茧,其营茧环境优于蜈蚣蔟;方格蔟:为用黄板纸制成一个个方格,供一格一蚕结茧的新型蚕蔟,又称"回转蔟",有156孔、126孔多种规格,方格蔟以其营茧位置恰当、茧形匀称、茧色洁白、解舒好等特点,被蚕农普遍认可,自1973年推广,一直使用至今。

蚕具还有除沙网,主要用于清除蚕粪等。20世纪50年代开始推广使用(此前蚕匾除沙,多将蚕捉出)。初期使用聚乙烯胶丝手工结成的提蚕网,后使用钻孔薄膜(孔径1厘米),在大蚕喂叶之前覆盖蚕座后给桑,蚕从孔中上行,下次给桑前提起薄膜除沙,现大多使用此法。

四、蚕病毒害及防治

域内蚕病毒害主要有血液型脓病、浓核病、败血病、细菌性胃肠病、白僵病、黄僵病、绿僵病、曲霉病、微粒子病、蝇蛆病、农药中毒、氯化物中毒、煤气中毒等。

一般采取对蚕具在产前、产中、产后严格消毒,清除病源,加以预防。单个蚕染病,除蝇蛆病外,多不治。发现病蚕,立即淘汰隔离,防止蔓延,同时对健康蚕进行蚕体消毒和药物添食,避免感染。

20世纪50年代,取汞制剂的"西力生""赛力散"消毒杀菌。60年代,改用氯制剂"漂白粉"。70年代,使用甲醛及其制剂"毒消散"及新洁石灰浆。80年代,开始采用表面活性剂"蚕季安(1231)""蚕康宁(1631)"及多灭净、优氯净等,进

1949—2010年如皋市(县)蚕桑生产情况一览表

表8-5

年份	桑田面积(亩)	发种(张)	张产(公斤)	总产茧(吨)	每公斤茧价(元)
1949	16	缺载	缺载	缺载	缺载
1950	16	300	2	0.60	
1951	16	3867	12.10	48.65	
1952	44	3817	14.50	55.40	
1953	85	3858	18.45	71.10	
1954	119	5403	14.50	78.40	
1955	400	6331	18.10	114.65	
1956	400	7509	13.10	98.45	
1957	1800	5647	19.95	112.70	
1958	3887	10259	8.85	90.60	
1959	1151	18346	4.90	90.45	
1960	3460	18485	4.00	74.10	
1961	1753	7000	6.25	43.80	
1962	1259	4757	10.25	48.25	
1963	1259	5135	18.55	54.80	
1964	707	5267	18.00	94.85	
1965	1042	6037	18.10	109.15	
1966	2200	8321	16.20	135.65	
1967	6200	13799	15.15	209.20	
1968	11000	25339	17.35	43.64	
1969	26000	35200	15.45	544.40	
1970	35000	34373	22.05	757.65	
1971	11500	43385	18.55	806.50	
1972	11500	43540	22.05	961.70	
1973	30000	46781	20.45	957.30	
1974	30000	47769	23.10	1102.35	
1975	25000	50950	23.30	1188.9	
1976	16000	55520	23.25	1295.10	
1977	24409	68452	21.10	1437.80	
1978	33281	78165	22.95	1791.85	2.68

续表8-5

年份	桑田面积(亩)	发种(张)	张产(公斤)	总产茧(吨)	每公斤茧价(元)
1979	38180	99220	24.45	2425.90	3.24
1980	40196	113740	27.00	3072.20	3.24
1981	79265	145511	24.30	3536.95	3.38
1982	75630	165474	23.65	3909.55	3.40
1983	75630	161387	23.70	3826.55	3.54
1984	79370	176695	27.30	4825.95	3.68
1985	78101	167388	31.40	5328.85	3.66
1986	69866	157102	33.00	5229.85	3.90
1987	72576	134141	33.55	4842.60	4.80
1988	70146	135167	27.45	4728.85	10.74
1989	73933	149702	27.35	5228.05	9.92
1990	89000	172041	35.25	6028.55	9.60
1991	89000	211080	35.05	7402	10.06
1992	120165	257044	25.10	6450	9.82
1993	120000	271873	36.40	7391.53	11.76
1994	124634	296872	36.35	10786.37	19.44
1995	120000	310830	33.80	10509.38	12.00
1996	88989.85	173896.50	32.90	5724.31	13.74
1997	61948.04	147444	78.00	5606.08	18.72
1998	61950	155975.25	37.10	5784.92	15.80
1999	59394.80	146119.25	38.15	5572.87	13.12
2000	57638.50	144179	39.50	5691.62	20.60
2001	62562	169241	43.75	7401.04	17.04
2002	87448	189874	41.50	7878.77	12.46
2003	100000	196267	43.25	8486.64	17.52
2004	95946.90	206872	44.97	9303.21	18.50
2005	94713	242501	39.39	9552.60	24.38
2006	106500	273300	45.50	12400	32.10
2007	109500	305009	37.45	11400	21.20
2008	116700	缺载	缺载	缺载	19.36
2009	84900	242600	44.90	10900	25.42
2010	84900	248154	46.09	11435.63	36.22

行蚕座消毒的有防病1号和蚕座净。90年代后，推广消毒净、消特灵、消杀精、蒸毒威等氯制剂。

真菌性僵病防治 20世纪50年代初，使用汞制剂“西力生”“赛力散”与生石灰粉配制成防僵粉防治。60年代，改用氯制剂的漂白粉配制，用以防僵。70年代，用“402”稀释液体喷防僵。此后，该方法一直沿用。

病毒病防治 20世纪60年代及以前，使用大蒜汁防治脓病。70年代，采取“氯霉素”添食，防治胃肠性脓病和细菌性肠胃病。80年代，开始用盐酸肾上腺素、解磷定、阿托品等药物添食解毒。90年代，开始用“氟哌酸”“9109”防治细菌病。2010年，主要使用新鲜石灰粉。

蝇蛆病防治 20世纪60年代前，蚕农主要在蚕室门窗上张挂小红网防苍蝇入内，或以扑蝇预防。1963年，开始用“灭蚕蝇”稀释液拌桑叶添食，以杀死蚕体内寄生蝇卵，防治蝇蛆寄生。此后，该方法一直沿用。

五、桑病毒害及防治

1986年，全县桑树病虫害普查，发现桑树的虫害有48种，病害有18种，危害较大的有桑象虫、桑蓟马、红蜘蛛、桑天牛、桑蛀虫、桑尺蠖、桑毛虫、桑蟥、桑螟、黄花型萎缩病等。

桑树病虫害在蚕期间隙中防治，或选用无害于蚕的药物。2010年，桑树病害主要以细菌性桑疫病为主，偶见花叶型病毒病和丝状病毒病。主要以用抗生素喷布桑树顶端进行预防。

第九节 林业

一、林业区划

1967年，全县划分为3个防护林区，按照不同情况，有区别地推进防护林建设。20世纪80年代，开始全面推进全区域防护林网建设。至20世纪末，原按照水土条件、造林习惯而划分的防护林区，其地域、形态差异逐步减少并相互弥合，全市防护林网初步形成。

通扬平田防护林区 主要树种为刺槐、水杉、良种杨、红柏、女贞等。20世纪60年代，国家与地方配合，在丁堡、南凌、通扬等二级河国有河堤上植树造林。80年代，南凌、雪岸、东陈、新民等乡初步实现农田林网化。

高沙土农田防护林区 主要树种为意杨、泡桐、水杉、柳杉、香椿、臭椿、苦楝等。主要以四旁（路旁、河旁、渠旁、宅旁）植树及如海河、焦港、如皋抽水站引河、拉马河、司马港等河堤植树造林为主。至20世纪80年代末，区内防护林建设任务基本完成。

沿江圩田防护林区 主要树种为水杉、池杉、良种杨、泡桐、柳杉等。营防段如海河堤、长青沙江堤引植柄竹、毛竹等。区内以江堤绿化，住宅房前屋后绿化，河岸、道路两侧绿化等为主。

二、树竹品种

域内农家素来重视在宅周、沟边、隙地栽植树竹。不少农户把宅周是否有大树大竹看成是家园是否兴旺发达的标志，有“前有大树，后有密竹，儿子、孙子享清福”之说。

清乾隆《如皋县志》载：“如皋有木之属26种，果之属21种，竹之属6种，花之属43种。”民国《如皋县志》载：“如皋木之属36种，果之属28种，竹之属11种，花之属31种，卉之属46种。”

1958年，“大跃进”期间，全县许多成材杂树被砍伐，用以制作深耕“绞关犁”，树竹品种有所减少。1965年前后，全市开始大量引植泡桐，有“一年像把伞，三年好锯板，五年三丈高，十年长一抱”之说。此后较长一段时间，全县以栽植泡桐、水杉、刺槐、改良杨等速生树种为主，其中刺槐经10年培育，树高可至10米以上，干径至20—30厘米。部分地区为加快成林步伐，号召农户砍伐杂树改植速生林木，树林品种进一步减少。

1974年，刺槐被列为淘汰品种，如海运河岸线砍伐刺槐后改植意杨和水杉。

1980年前后，部分农户竹园竹子出现开花现象，竹子大面积枯死，全市竹子品种、数量锐减。

1988年，全县启动千亩银杏工程，部分地区清除杂树改植银杏树，在银杏栽植数量急剧增加的同时，杂树减少，全县树榀种进一步减少。

20世纪90年代初开始，全市（县）大力度推进城市绿化和花木产业，大量新树种、新竹种及新花种引进。

至2010年,全市花木栽培品种1300多个。主要树木品种为银杏、铁树、马尾松、黄山松、黑松、雪松、五针松、金钱松、南洋杉、刺柏、圆柏、龙柏、侧柏、扁柏、铺地柏、翠柏、绒针柏、千头柏、香柏、绵柏、黄金柏、花柏、璎珞柏、铅笔柏、米针柏、针柏、桧、万红桧、金松、杉木、水杉、柳杉、日本柳杉、池杉、罗汉松、中叶罗汉松、雀舌罗汉松、棕榈、芭蕉树、垂柳、旱柳、银柳、杞柳、毛白杨、响叶杨、加杨、小叶杨、枫杨、壳树、乔木桑、湖桑、黄桑、腊梅、紫树、龙爪槐、刺槐、丁刺槐、蒺藜、楝树、梓树、香椿、臭椿、黄杨、冬青、法青、枣树、槿树、梧桐、柿树、桂花树、泡桐、榆树、朴树、榉树、香樟等。

竹类主要有芦竹、篾竹、燕竹、锯榔头、黄竿竹、紫竹、天竹、笔竹、柄竹、斑竹、玉边竹、慈竹、米竹有13种。

果树类主要有梅、杏、银杏、胡桃、枣、栗、本桑(桑枣)、柿、苹果、水蜜桃、紫桃、蟠桃、毛桃、碧桃、红叶桃、麦李、杏李、郁李、红叶李、砂梨、白梨、杂交梨、石榴、橘、金橘、香橼、木瓜、橙、樱桃、葡萄、枇杷、无花果、猕猴桃等40多种。

三、植树造林

清代前,域内农家在房前屋后、沟边、隙地栽树成片、成网林地较少。城市主要在私家园林及居民房前屋后植树。全县林木覆盖率无统计资料。民国时,开始倡导植树造林。民国26年(1937年)版《三年来江苏省政述要·建设·农矿蚕林》载:"民国23年,如皋县造林面积83.70亩2.24万株,民国24年为248.38亩4.33万株,民国25年为96亩5.94万株。"民国27年,日本侵略军占据如皋城后,砍伐、烧毁大量树木。至民国38年初,全县已无成片林地。

1951年,全县开始恢复植树造林,当年新增成片林木16亩。1952年始,县政府组织绿化工作队,发动全民植树造林。至1957年,全县累计造林3591亩,"四旁"植树1229万株,并建立国营红星苗圃。1960年,场北、磨头2公社发起,先在如海运河堤外平台和斜坡上栽植湖桑,继后在堤顶栽植刺槐,带动如海运河沿线各乡镇兴起植树热潮,建成如海河堤顶宽20米左右刺槐林带,造林面积14553亩。

1975年,全县森林资源普查时,苗圃面积1151亩,林业用地4.21万亩,占全县总面积的1.85%。在林地中,用材林占17.28%,经济林占61.79%,竹林占0.45%,特别经济林占0.09%。"四旁"植树4487.16万株。全县活林木总蓄积为23.92万立方米,平均每人占有0.17立方米。1981年,全县有林地8.86万亩。"四旁"植树19408万株。1982年3月,县绿化委员会成立。

1984年12月,如皋县森林植物检疫站建立,先后进行"如城行道树法国梧桐龟虫防治试验""大面积防治淡竹笋夜蛾试验示范""竹竿锈病防治"等科学研究与推广应用。1986年,全国林业普查,如皋县苗圃面积5508亩,是1975年的5倍;活林木积蓄量53.07万立方米,人均0.4立方米,较1975年分别增长121.86%和136.96%;全县林木覆盖率为13.9%。是年,如皋县被林业部评为全国平原绿化先进县。

1989年,全县大力推进路渠、河堤绿化和农田林网建设。是年,新建农田林网15万亩,农田配套林网5万亩;公路绿化174.09千米,路旁植树3.5万株。

1997年,市政府与各乡镇签订"如皋市1997年度绿化工作责任书",将绿化工作列入1997—1998年度乡镇机关干部工作考核的内容(是为首次)。是年,焦港、如海河堤共栽植意杨等苗木9.16万株,面积2775.5亩。全市完成农田林网面积19.997万亩,农田林网和田旁植树计100.47万株,建成银杏成片林12000亩。

1999年,全市国有河堤退耕还林807亩,其中新造456亩,更新116亩,补栽235亩。新建农田林网5.38万亩,完善农田林网17.1万亩,农田林网植树130.4万株。全市花木面积3万亩。1998—1999年,长青沙完成江滩造林450亩。2001年,下原柳树研究所成立,专门从事柳树品种改良,发展柳树种植。

2003—2004年,交通部门在204国道、316省道、宁启铁路如皋段两侧展开绿色通道建设,全市完成成片造林37848亩,新增林网控制面积37.3万亩,植树167.4万株。全市花木种植面积14.02万亩,栽培花木品种1300多个,形成年产1.2亿株绿化苗木、300万盆盆景、400万盆盆花的生产能力。全市草坪培植面积3000余亩。

2005年,市政府提出全面建设"绿色如皋",

全力打造生态家园的目标。2006年7月,上海加泰林业有限公司如皋分公司注册成立,开市外资金在如皋投资造林之先河。2007年,如皋市启动全国绿化模范县(市)创建工作。2005—2009年,全市营造成片林面积17.59万亩,新增农田林网控制面积79.75万亩,"四旁"零星隙地植树613万株。建成以宁通高速、沿海高速、334省道以及市镇道路为主的道路绿化带224.32千米。全市有143个村达到省级绿化合格村建设标准。

2010年5月12日,如皋市被全国绿化委员会授予全国绿化模范县称号,为南通市首个获此荣誉的县(市)。是年,全市新增成片林木15180亩,其中334省道绿色通道工程植树绿化970亩,如海河生态防护林建设工程造林面积1850亩。全市桑田套种银杏面积20100亩,新增"四旁"植树613万株。新增农田林网控制面积11.5万亩。全面完成全市3631宗集体林地林权发证,累计发放林权证786份,林权证宗地发证率100%。至是年年末,全市拥有林地面积480542亩,其中桑园面积82980亩,花木面积97500亩。全市森林覆盖率为21.69%。

第十节 农业机械

一、沿革

1957年前,域内农具主要为犁、锄、耙、锹、铲、镰及人力水车、箩、筐等铁、木、竹制农具。1954年,始有柴油机、煤气机提水灌溉。1958年2月,如皋县电力灌溉委员会成立。是年,县内始有电动式脱粒机及机器动力碾米、磨面(粉)、饲料粉碎等机械出现,并开始兴建机电灌溉站(俗称"车口")。1959年,县机电灌溉总队部建立。是年,县内首次出现大中型拖拉机。1960年5月,县机电灌溉总队部撤销,县农机局建立。是年12月,县农机局撤销,于县工业局设立农机股。1961年2月,地方国营如皋县灌溉公司成立。1962年2月,县机电灌溉领导组建立。是年6月,县机电灌溉管理所建立。1964年,县电力灌溉办公室建立,负责全县电灌站的规划、设计、施工、调整和机电设备供应工作。1965年2月,县机电灌溉管理所撤销;3月,江苏省农业机械公司如皋县公司建立。是年起,手扶拖拉机开始在县内迅速增加,不少地区开始机耕、机耙、机脱、机运。1968年5月,江苏省农业机械公司如皋县公司革委会成立。1970年3月,县农业机械公司革委会和县拖拉机站合并,成立如皋县农业机械管理站革委会。1974年10月,如皋县革委会农业机械管理局建立。1975年1月,如皋县农业机械管理站革委会撤销。20世纪70年代,全县农机普及一度未按科学规律办事,急于求成,一大批性能不过关、未经试验鉴定的农机产品仓促投入使用。1983年11月,县农机局并入县水利局。1996年11月,市农业机械管理局组建,为市政府直属正科级事业单位,原水利局的农机管理职能转交市农业机械管理局。

2005年,全市机械总动力55.44万千瓦,每百亩耕地的农机动力45.1千瓦,农业生产综合机械化水平达80%。2006—2010年,全市投入农机补贴资金4363.48万元,其中省以上补贴3165.62万元、市县补贴1197.86万元。农民自筹资金14500万元。2010年,全市农机总动力68.08万千瓦,主要农作物综合机械化水平89.20%,农村排灌、耕耙、播种、开沟、收获、植保、运输、粮油饲料加工等作业项目基本实现机械化。市农机局内设农机管理科等4个中层机构,下辖农业机械安全监理所、机电排灌管理站、农业机械化技术推广站3个下属单位。

二、农机种类

耕耙机械 1957年前,县内农民耕作一直沿用古老、简陋的农具,耕地主要依靠牛拉犁,犁身

图8-11 犁地 (20世纪50年代摄)

木制而成，下装一铁制三角形犁头，犁壁呈弧形，耕田时农民在后面握犁梢，执鞭吆喝驱牛拉动前进，使犁头入土翻耕。一人一牛一犁，一天可耕地2—3亩。一些无耕牛和犁具的农户，只能用钉耙、锄头翻田整地。也有的以人力代替牛拉犁耕田。开墒挖塘使用铲、大锹等，移土主要靠人力担挑。耕后碎土、盖种，在高沙土地区使用牛拉木耙或铁耙。铁耙由长5尺左右的长方形木框并在框底装数十把小犁刀构成。耙田时人站在耙上，驱牛拉耙前进，将土耙碎。木耙与铁耙相似。圩田地区则使用钉耙、伐锄，以人力碎土、盖种。

1958年，县农场首次购进28马力拖拉机1台，并使用双轮双铧犁耕地。1959年12月，国营如皋县拖拉机站于城西公社城南大队成立，先期引进中型拖拉机"德特"20(DT-20)3台、"尤特兹"45(UTS-45)1台，后又陆续购进国产"东方红"28、"铁牛"55、"东风"50、"丰收"35等型号大中型拖拉机6台。配套农机具有铧犁、圆盘耙、拖车等。1965年，江苏省社教工作队赠送1台"工农"7型手扶拖拉机给戴庄公社。是年，购买"工农"7型手扶拖拉机的有城西、林梓、勇敢等公社。享受半价优惠的8台"工农"7A型手扶拖拉机安排给戴庄公社杨桥、八里两个大队，动力5.88千瓦。随后，"东风"12型手扶拖拉机在农村逐步增多。1969年，全县拥有大中型拖拉机20台、554.6千瓦，机引农具28部；手扶拖拉机110台、647.2千瓦，机引农具152部；机耕面积8.7万亩。

1970年，手扶拖拉机开始配套旋耕机、防滑轮、水田耱进入水田复式作业。是年，全县农田耕耙机械作业13571.7亩。1975年，全县推广城西农机站试制的75型坡度开墒机。1979年，县内开始使用如皋县拖拉机修配厂生产的JK40H型开墒机，功效比人工挖墒提高40倍。是年，全县拥有开墒机501台。

1990年，全县手扶拖拉机增加至7781台，并配套铧犁、旋耕机、水田耙、水田耱等。是年，全县开始普遍推广免耕条播机。免耕条播机不仅能机播三麦，还能完成水稻旱直播作业，以其免栽、省工、保产的优点，逐步得到农户的认可。2000年，全市拥有免耕条播机3348台。是年，全市有8台秸秆粉碎还田机开始投入应用。

2006—2009年，全市新增大中型秸秆还田机627台，小型秸秆还田机3345台。全市机耕水平上升到99.80%。2010年，全市秸秆机械化还田面积89.4万亩，列江苏省各县(市)第一。至2010年，全市拥有耕整地机械802台、7055千瓦，机引犁665台，旋耕机4905台，深松机1台；有秸秆还田机4103台，其中大中型682台，小型3421台。

排灌机械 1953年前，全县农田灌溉靠水车、水桶，另有少量与水车配套的辆子、风车，主要依靠人力、畜力、风力提水。水车分上下两部分，下部系木制长方形"龙骨车"，木架面部钉润滑竹条，底部为凹形木板引水槽，引水槽入水端装置一小轮轴，出水处置有驱动轴轮，用连头、板子连接套环，斜入河中，水车转动，板子刮水提上岸，渠入农田灌溉。上部因车而异，人力水车置有横轴，上装"榔头"，有四人轴和六人轴两种，靠人工脚踏"榔头"驱动；牛力水车置有车盘和车轴，车盘装有木齿轮带动车轴，以牛力驱动，车轴带动水车取水；风力水车置有上下两根横轴和一根竖轴，上轴装有6根风杆，扯布帆，借助风力运转，下轴带动水车取水。人力车每小时提水约5—15吨，每座车一般一天可灌溉4—6亩；牛力车每小时可提水20—30吨，每座车一天可灌溉6—10亩。

1954年，如皋县裕丰油米厂赠送一台14.7千瓦(20马力)柴油机和水泵给柴湾乡用于排涝灌溉，此为如皋首台机器动力排灌机械。此后，蒲西、石南、袁桥、夏堡、戴庄等乡分别购进不同型号、马力不等的柴油机及水泵用于排灌。至1956年，全县排灌动力机器9台，147.1千瓦(200马力)，配水泵9台。

图8-12 脚踏水车 (1986年摄)

1958年5月，县人委兴建国营城西、城东电灌站。城西站在小溪河两岸分建车口2个，19台机泵可灌溉城西、大明、邓园、戴庄、袁桥公社4万亩农田，其中水稻2万亩，此为全县建成最早的电灌车口。随着电力事业的发展，全县电灌车口陆续在各地开建，并实现由机灌到电灌的转变。20世纪60—70年代，沿江圩区先后兴建排涝站16座，装机39台套，总功率969千瓦。1971—1978年，全县新建电灌车口522座，新增装机容量15530.5千瓦，电灌车口实现全覆盖。1995年前后，各乡镇农机站专门购置1台套出水口直径8吋的水泵、泵管，以备旱涝之年与手扶拖拉机或柴油机配套

图8-13　20世纪80年代泵站

使用。至2010年，全市排灌动力机械6187台、67526千瓦，其中柴油机49台、433千瓦，电动机6138台、67093千瓦，有农用水泵6018台，节水灌溉类机械202套。

收获机械　20世纪50年代前，如皋收割稻、麦等一直靠镰刀割，脱粒用掼床掼、连枷打、石磅碾压等，扬谷用簸箕、木锨、风箱等简陋工具。“掼床”，亦称“稻床”，由木料做成中空方床，方床一般长120厘米、宽80厘米、高60—80厘米，有的以方床直接立于地面，有的一端为60—80厘米的“高脚”，一端直接斜搭于地面，呈“人”字形。方床间隙10厘米左右钉(插)上竹片或竹竿，使用时以“撬子”(以40厘米左右绳子连接两块半圆形木片)捆紧稻、麦秸秆，用力掼，使籽粒脱落。“连枷”，分头和柄两部分，头为5—6根长60—70厘米、宽1厘米左右的竹片用几套牛筋紧匝而成，上按一转轴，可在柄的一端转动。使用时，以连枷头拍于作物，使籽粒脱落。石磅，亦称碌磅、石磙子，为石头制成的圆柱(有的表面有棱)。使用时使之滚动

图8-14　掼床

碾压，使籽粒脱落。

20世纪60年代初，少量的简易脚踏滚筒式脱粒机开始应用。1965年，开始使用机动脱粒机，全县有机动脱粒机12台。1975年3月，全县购进扬场机6台。此后机电脱粒逐渐普及。所用机械主要有70型“小老虎”、500型“毛滚”、加长“毛滚”、锥形脱粒机、“三分开”(粒、草、杂分开)机等。脱粒机多为稻麦两用，按内部结构分纹杆式以脱麦为主，弓齿式以脱稻为主。

图8-15　农民脱粒　　(1987年摄)

至1990年，全县机动脱粒机增加至11527台。是年，以“桂林”“洋马”为主的5台全喂入式联合收割机推广应用，投入三麦收割。1998年，袁桥镇购买一台“久保田”半喂入式联合收割机，标志如皋的稻麦机械收割科技含量实现重大突破。

2005年，全市拥有联合收割机1053台，其中，自走式收割机866台，占总量的82%。自走式收割机中“洋马”“久保田”“东洋”等型号370台，占42.70%。全市拥有机动脱粒机36323台。随着联合收割机大量应用，扬场机逐渐停止使用。2006

图8-16 联合收割机收割水稻

（2010年摄）

年，全市新增添油菜收获机26台。2008年，新增烘干机2台，拥有“洋马”“久保田”等高性能联合收割机480台。

2010年，全市新增油菜收获机8台。拥有稻麦联合收割机1376台、52588千瓦；其中自走式收割机1372台，拥有割晒机4台、14千瓦，水稻、三麦收获机械化水平分别为95.6%和99.5%。拥有大豆、油菜、花生等其他各类收获机械4233台、1665千瓦。

种植机械 20世纪70年代前，如皋三麦播种一般在耕翻碎土后用手工撒播或条播，然后用锄、耙碎土覆盖。棉花种植原用小锹手工挖三角形小塘点播，后用简易的手工工具“人工移苗器”田间移植棉苗。1976—1978年，如皋东部棉区推广应用移植钵育苗时开移植沟用的1KMP-2型开行器，日开行20—30亩，后因棉田面积缩减而停用。

1975年，部分公社和县“五七”农场试用仿上海1型机动插秧机失败。1980年以前，全县水稻栽插，仍全部由人工栽插，为最苦、最累、工作量最大的农活之一。1980年，利用免耕条播机进入水稻旱植播试验取得成功后，旱植播水稻机械开始使用。1980年，县农机研究所引进试验2BG-6型三麦条播机，在耕整地后一次性完成播种、碎土、盖籽、镇压等工序，每小时可播3—4亩。1990年，全县三麦条播机发展至1335台，机播面积增加至26.69万亩。

1990年，塑盘方格育苗和抛秧栽植栽培技术试验获得成功。2000年，柴湾农机站农机化示范基地购进日本产“洋马”RR6型高速插秧机一台，同时引进一套水稻工厂化育秧设备与之配套，成功进行全县首次机器插秧。此后，水稻插秧机械迅速发展。2006年，全市高性能插秧机增至305台。至2010年，全市拥有播种机7704台，三麦机播率为78.21%。水稻插秧机增加至2411台、4580千瓦，其中高速插秧机80台，机插水稻53.70万亩。加上抛秧、免耕旱播等水稻播种，如皋农民基本结束了手工弯腰插秧的历史。

植保机械 1949年前，如皋农村无专门用于植保的器具。1955年，始用人力喷雾器和喷粉器。是年，全县有喷雾器、喷粉器465架。此后，喷雾器和喷粉器快速增加。人力喷雾器主要有单管式喷雾器、背负式喷雾器两种。

1970年，全县始用小型机动喷雾机。此后，高压杀虫灯等植保机械相继推广使用。2005年，全市拥有机动喷雾（粉）机2383台、3902千瓦。2008年，全市主要农作物机械化植保水平提高至99.5%。2010年，全市植保机械总量为7409台套、9635千瓦。基本满足普通农户特别是专业户规模种植植保需求。

运输机械 20世纪50年代前，全县农业运输主要靠人力肩扛肩挑，部分农户备有手推独轮车或小型农船。手推独轮车大多使用木轮，易倒费力。1960年前后，开始出现机器动力农用挂桨船。

1965年，全县首次拥有4辆大中型拖拉机配挂拖车，用于农村运输。木轮手推独轮车开始使用胶轮，全县有胶轮手推车221辆。1970年，农村开始使用配拖箱手扶拖拉机进行运输。是年，全县有配拖箱手扶拖拉机18辆。

1976年，全县始有农用运输汽车从事农村运输。是年，全县有农用运输汽车5辆。20世纪70年代，全县农村胶轮手推车和配拖箱手扶拖拉机快速发展。至1981年，全县有胶轮手推车11429辆，配拖箱手扶拖拉机4098辆。农村实行家庭联产承包责任制以后，在配拖箱手扶拖拉机继续增加的同时，适应一家一户农业生产运输需要的人力二轮平板车（俗称大车）、二轮翻斗车、机动和脚踏三轮车快速增加。各种小型运输工具具体数量无统计数据。

进入21世纪，全市手扶拖拉机数量基本稳定在8400辆左右，农用运输汽车、三轮汽车、机动三轮车特别是电动三轮车快速增加。2005年，全市农用运输汽车增加至906辆。2010年，全市拥有配拖箱手扶拖拉机8400辆，手扶变型运输车784辆，三轮汽车520辆，低速载货汽车2501辆，农用挂车788辆。农用三轮车、农用小型运输船等无具体数量统计。

加工机械 20世纪50年代中期前，全县农村粮食、油料加工和轧棉全部靠人力。粮食加工，主要以石臼人工舂米、人力推磨、牛力拉磨等办法；油料加工主要靠木榨，大豆磨碎后用甑锅蒸熟，然后用篾箍制饼榨油；轧花主要靠脚踏和牛力牵拉的轧花车，弹花则靠弓弦颤动膨松棉纤维。

1958年，全县先后建立如皋、张黄、白蒲轧花厂，实现机器动力机械轧花。轧花厂轧花机主要有皮辊轧花机、锯齿轧花机两种。1963年前后，如皋县农机修造厂试生产“DH-460”型和“63-460”型弹花机并推广应用，是为全县机械弹花之始。

1964年，全县始用机器动力碾米机、磨面机和榨油机。是年，全县有机器动力榨油机34台。1965年，始用机器动力饲料粉碎机。此后，全县粮食、油料加工和轧棉机械化率快速提高。至20世纪60年代末，全县碾米、磨面、粮食粉碎、轧棉等全面实现机械化。人工舂、磨粮食，剥棉花籽终止。

20世纪70年代特别是改革开放以后，全县（市）农业加工机械开始向提高自动化程度，提高加工品品质，扩大布点密度等方向发展。2010年，全市有各类粮食加工机械37400台，油料压榨机械2784台，各类棉花加工机械362台。

三、农机产权制度改革

实行家庭联产承包责任制前，全县大型农业机械均为生产队、生产大队和均圃所有。1985年，全县农村大部分集体所有的农业机械折价由农户购买。是年末，全县农户拥有手扶拖拉机3261台，占全市拥有量的67%。至1987年，全县农业机械产权制度改革基本结束。1998年，市农机局选择高沙土灌区的大明乡、圩田地区的龙舌乡和通扬河灌区的白蒲镇进行村组营电灌站产权制度改革试点。2001年3月16日，市政府下发《如皋市机电排灌基础设施产权制度改革实施意见》（皋政发〔2001〕48号），确定“委托经营、股份合作、租赁经营、产权转让”为全市机电排灌基础设施产权制度改革的基本方式。至2002年4月，全市机电排灌基础设施产权制度改革工作完成。2765座泵站中，产权转让164座、股份合作785座、委托经营822座、租赁承包887座、撤并封存107座。

四、农机管理

机务管理 1958年，国营电灌站建立后，县机电灌溉总队加强机电设备规范操作、维修保养、安全生产以及渠系配套建筑物维护保养等工作，逐步建立完善机电排灌管理规章制度。县拖拉机站机务管理以农机具的试运转、交接、正确运用、及时保养为主要内容，提倡“防重于治、养重于修”。兴建“三库一场”（机库、零件库、油料库、农机具停放场）。1975年，《江苏省农业机械管理规章》下发后，县农机局出台“四按”（按时、按号、按项目、按技术要求）、“禁三乱”（严禁乱拆、乱卸、乱换）、“三不漏”（不漏油、水、气）、“四净”（油、水、气、机具干净）、“五良好”（紧固、调整、润滑、电路、仪表良好）保养要求。1980年，全县开展对农机具的保养升级竞赛活动。1985年，全县大部分农业机械折价到户。1987年，全县农业机械所有权改革基本结束。此后，全市（县）农机机台管理由农机所有人自行管理。农村机电灌溉设备由乡镇农业服务中心和村委会管理。

油料管理 1974年始，县农机局将农用柴油储运、消耗定额和净化、节油技术等作为农用油的管理的重点。1983年始，县农机局以“保证重点、统筹兼顾、综合平衡”为原则，实行田、机、油三结合，按各种作业耗油定额和机械作业量合理核定供应量，优先保证各项农机作业、灌排和无电地区的粮饲加工用油。定量核定每亩标准油耗为0.8千克，每马力小时油耗为175—220克。1984年1月1日，根据农牧渔业部和商业部《关于农用柴油分配供应管理办法》，全县开始实行农用油由农机部门分配，由商业部门供应，并一度形成由供销社、乡镇农机站同时供油局面。

1990—1991年，市（县）农机局实施S195型柴油机节能技术改造，提高有效功率，减少燃油消耗，改造后每马力小时降耗28.5克。全市累计改造S195柴油机1321台。

1991年，农用柴油计划供应取消，柴油价格双轨制结束。此后,全市农机油料市场化。

农机安全监理 1973年以前,全县农机安全生产监理由县农机管理站负责。田头、场院发生的一般事故由乡镇、村自行处理,重大机械事故由县农机管理站派员处理。1974年始,农机安全监理由县农机局负责。1975年,全县开始实行农机检验及驾驶员考核发证制度,持有农机部门颁发的"农田驾驶证",方可在农田作业。1986年,如皋县农机安全监理所成立。县农机管理部门侧重检查电(机)灌车口机电设备安全,开展机电排灌人员安全教育、业务技术指导。此后,县及乡(镇)以农机安全检查员为基础,配备专职或兼职安全监理员,市级编制10人,乡镇级每站1—2人。2010年,全市有农机安全监理人员41人。

图8-17 市农机服务中心 (2006年摄)

五、农机推广

1976年3月,如皋县农业机械研究所成立。1997年,市农业机械研究所增挂如皋市农业机械化技术推广中心牌子。2000年3月,市农业机械研究所撤销,市农业机械化技术推广中心更名为市农业机械化技术推广站,主导全市新型农业机械推广工作。

棉苗开行器推广 1978年,县内东部棉区示范推广建设农机站生产的适合麦后移栽的棉苗开行器。1982年,全县机开行面积63823亩,占麦后移栽总面积的39.90%。1984年始,全县棉田面积减少,开行器逐步停止停用。

开沟机推广 1975年,国营城西电灌站试制适合高沙土地区使用的75型坡度开沟机获得成功。1976年,全县使用开沟机224台。1979年,县拖拉机修配厂生产的1K40H后置式开沟机开沟窄且深,功效是人工的40倍,深受农户欢迎,全县开沟机增至501台。20世纪80年代,前置式开沟机投入使用后,开沟机逐渐成为与手扶拖拉机配套的主要机具。2010年,全市开沟机拥有量5760台,机开沟面积57.50万亩。

免耕条播机推广 1980年,县农机研究所试用免耕条插机成功后,与开沟机一并推广。1981年,全市拥有免耕条播机9台,机播小麦633亩。1989—1992年始,市财政按每台200元的标准给购买开沟机的农户予以补助;购买免耕条播机的,每台补300元。2000年,全市免耕条播机增至3348台,机播小麦47万亩。2010年,全市免耕条播机增至6740台,机播小麦54.40万亩,旱直播水稻7万亩。

联合收割机推广 1990年,县内始有农场购买"桂林""洋马型"背负式全喂入型联合收割机收割小麦。1992年,南通产"上海"3型、奚斜乡产"皋光"牌(背负式全喂入)收割机,"福田""新疆2号"等自走式联合收割机,相继投入使用。此后,背负式收割厂逐步淘汰,保留使用部分自走式联合收割机。1998年,袁桥镇个体户以36.5万元购置日本产半喂入型久保田收割机1台,其收割稻麦的性能远远好于全喂入型。此后,又有农户购置日本产"洋马",韩国产"东洋"等型号的联合收割机。市财政对购机户按购价的5%给予补贴。2010年,全市联合收割机超过1000台,机收小麦69万亩,机收水稻73.2万亩。

机动插秧机推广 1975年,磨头、奚斜、郭园、丁西、长江、建设等公社和县"五七"农场试用仿上海1型机动插秧机,当年全县拥有量51台。不久,此型插秧机不再使用。2000年,柴湾镇农机站农机化示范基地购进日本产洋马RR6型高速插秧机1台,并引进水稻工厂化育秧设备1套与之相配套。是年,机器插秧100亩,产量比人工栽插增产3%。2001年,再购1台,栽插500亩,亦增产。连续使用成功的消息向周边辐射,推动该机械推广。与此同时,全市引进韩国产价廉、体积小的步进式插秧机7台,市财政以每台3000元的标准实施补贴,乡镇也相继出台补贴激励政策。其中丁堰镇以每台4500元的标准补贴购机户。2002年,丁堰镇步进式插秧机发展到20台,

图8-18　秸秆粉碎机在田间作业（2009年摄）

2004年，超过100台。2009年，如皋市被列为江苏省水稻生产机械化县（市）。2010年，全市有水稻插秧机2411台，其中乘坐式82台。

秸秆还田机推广　秸秆还田原由大中小型拖拉机与配套的犁、旋耕机完成作业。后专门研制反旋灭茬秸秆还田机，全市2000年推广8台，2005年发展到22台。2010年，新增大中型秸秆还田机械186台（套）。至2010年末，全市拥有秸秆粉碎还田机4103台。

油菜收获机推广　2002年，全市有油菜收获机2台，后逐步推广，至2010年，全市拥有油菜收获机40台。1台油菜收获机每小时可收获油菜2亩。

六、农机队伍培训

培训机构　1959年11月，如皋县农机训练班成立，地址在如城镇宏坝大队六生产队。初期没有固定师资和教学设施。1974年，农机训练班设负责人及后勤人员各1人。1980年，训练班配备干部、教职工共11人。此后，教学楼、宿舍、教具等逐步完备。1986年，农机训练班更名为如皋县农业机械化技术学校。2002年，县农机学校并入市技工学校。

业务技术培训　1965年，全县首期农机培训班借县商业干校举办，参加培训的电工、排灌员100余人，除商借农机人员任教外，聘请供电部门技术人员授课。此后，农机人员技术培训正常进行，早期参加培训的人员经过实践磨炼，大部分成为如皋农机系统的技术和管理骨干。至1981年，先后培训乡镇农机站、大队农机管理干部、农机会计、拖拉机驾驶员、机电排灌员、挂桨农船机工、机动喷雾器操作手、喷灌机操作手、开沟机操作手等各类农机人员7736人。此后，增加培训条播机、联合收割机等新型机具操作手。同时结合农机管理人员的技术职称评定、考核聘用等工作，培训农机管理员、安全监理员、企业营销员、财务辅导员等。2010年，全市的农机队伍在万人以上。

七、排灌设施建设

电灌车口建设　1958年5月，国营城西、城东电灌站兴建。1960年，全县建电灌车口8座。1961年，搬经国营余桥南电灌车口建成，安装电动机7台、98千瓦；邓园鹿门车口建成，安装电动机4台、81千瓦。1962年，全县新建夏堡乡芦桥、龙港和丁堰乡丁北、田庄4座车口。1963年，新建加力、邓园、新民车口。1965年，全县拥有电灌车口56座，装机281台（套），容量4945千瓦。1967年，电灌车口建设开始转入分拆、迁移和改建的调整改善期。1974年，全县建有电灌车口447座，装机1775台套，容量26938千瓦。1975年，全县实施电灌空白地段新建工程。1985年始，全县实施泵站改造。2005年，全市拥有固定泵站2079座，装机3175台（套），容量53165千瓦。

2002—2010年，全市投入泵站改造资金2008.91万元，改造泵站708座。2010年，全市拥有固定泵站2076座，装机4282台（套），容量66137千瓦，有效灌溉面积110多万亩。

如皋抽水站　为补充高沙土地区的水源而建，位于长江镇二案街西南。1968年6月开工，1970年5月竣工，总投资136万元。装有46WZL160型污工泵10台，装机容量2800千瓦。抽水能力为50立方米/秒，收益面积90万亩。站身上游段出水管下层设有排涝孔，总过水断面为39平方米，最大排涝量为209立方米/秒，自引江水流量171立方米/秒。

1973年，因长江北汊（天生港水道）不断淤塞，抽水站引河淤塞，功能全部丧失。1978年夏，县政府组织疏浚引河。1990年冬起，分5期疏浚如皋港，并在抽水站引河口辟建如皋港闸，直接从长江中汊引水，恢复如皋抽水站50立方米/秒的抽水能力。

1992年6月下旬至7月底，全市遭遇特大干旱，持续37天高温不雨，抽水站开机540台时，抽引由如皋港引进的江水972万立方米，抗旱面积

75万多亩。1995年,特大洪涝期间,开机强排,减轻长江、石庄圩田地区灾情。至2010年,如皋抽水站保持正常功能。

八、农机跨区作业

出市跨区作业 1998年开始,市农机局首次组织20台桂林、上海3型等牌号收割机至东台、大丰、响水等地作业。1999年,组织自走式收割机至灌南、邳州等地作业。2000年,组织60多台收割机(全喂入、半喂入各一半)赴山东莒县收割小麦。

2002年,如皋农机局首次组织两台高速插秧机、11台步进式插秧机赴大丰农场机插水稻,作业面积5010亩,创收10万元。2003年,丁堰镇一经纪人组织50多台插秧机赴大丰、上海、东海等农场机插秧,作业13000亩,收入近30万元。全市实现农机跨区收获小麦、水稻作业收入2100万元。2004年,全市跨区作业机插2.65万亩,收入80万元。2005年,跨区作业创收4089万元,市农机局2人受到全国跨区作业领导组(农业部)表彰。跨区机插4.97万亩,收入150万元。湖北电视台对如皋农机跨区作业作了典型报道。

2006—2010年,如皋市实现农机跨区作业收入分别为7000万元、8000万元、8200万元、1.02亿元、1.19亿元。2010年,跨区机插水稻4.65万亩,收入465万元。

引进跨区作业 1999年,市农机部门先后约请上海、常熟、宁波、奉化、溧水等地的联合收割机参加市内小麦、水稻收割。1999—2010年,引进作业单机每年1600多台次。

第十一节 农业资源综合开发

一、沿革

域内农业资源综合开发始于20世纪90年代初。初期,项目立项由县政府办公室负责。1991年夏,南通市政府向国家农业资源综合开发办公室提出申请,将如皋市、海安县高沙土改造列入国家黄淮海低产土壤改良开发试验项目。秋,市政府结合秋播在常青乡进行高沙土综合改造试点,并建立市农业资源综合开发办公室。1993年1月,常青乡高沙土改造项目以优秀等级通过国家级验收。是年,如皋市高沙土改造工程正式列为国家及江苏省农业资源综合开发项目。

1996年11月,市农业资源开发局组建,为市政府直属正科级事业单位。1996年,花汉民等代表关于加快高沙土地区农业综合开发的提案,在江苏省人民代表大会八届五次会议上,被列为人会议案。1997年,如皋市开始独立实施产业化农业资源综合开发。葛市宏远、石庄长虹特种水产养殖和丁堰陈草生猪良种基地项目首先立项。

1998年9月16日,江苏省高沙土农业综合开发计划工作会议在如皋召开。是年,如皋高沙土地区土地平整和中低产田改造,被列为江苏省农业综合开发五大工程之一。2000年8月24—26日,江苏省农业综合开发工作会议在如皋召开。全市农业资源综合开发力度进一步加大。

1992—2010年,全市农业资源综合开发共投入资金61750.19万元,其中市财政投入36090.65万元。用于土地治理项目投入计39335.97万元,共改造中低产田99.31万亩;用于产业化项目投入计22414.22万元,扶持农业产业化项目32个。

二、土地治理项目建设

1991年秋,常青乡被国家农业综合开发办公室列为高沙土地区农业综合开发试点项目区。国家无偿拨款265万元,加上地方财政拨款合计400万元,用于该乡高沙土实验区综合改良。项目以治沙改土,实现沟、渠、田、林、路配套为重点,并实施土地平整、防渗渠建设、秸秆还田工程。

1993年1月,常青乡高沙土改造项目通过国家及江苏省、南通市农业综合开发领导组的综合验收,所有工程均被评为全优工程。

1993—1996年,全市在项目区开发中低产田8.94万亩。1997年,全市共改造中低产田4.2万亩,土地治理项目涉及桃园、葛市、黄市、常青、吴窑、花园、下原7个乡镇。共投入开发资金13267.90万元,其中用于农田整治774.90万元,投劳36.16万个标准工日,总动土120.70万立方米,共平整土地6000亩,疏浚沟河75千米,建成防渗渠100.5千米,修筑机耕路39.5千米,建排灌建筑物3909座,完成8900亩农田林网开发建设任务,

图 8−19 常青镇修建高标准防渗渠（2006 年摄）

图 8−20 如城镇白萝卜生产基地　（2009 年摄）

建成初具规模的丰产方10个。是年，还投资1050万元用于泓北沙围垦一期工程建设，围垦面积2.15平方千米，开垦耕地2000亩，总动土量近30万立方米。

1998年，全市由国家立项的农业综合开发土地治理项目，涉及搬经、加力、高明、常青、磨头、花园6个乡镇，计划改造中低产田4万亩；由江苏省立项项目涉及石北、高井、夏堡、场南、场北、磨头、花园7个乡镇，计划改造中低产田6万亩。至是年年底，全市基本形成农业综合开发的两大板块。东部板块，为204国道沿线如城、磨头、桃园、下原、九华等镇，规模近20万亩；西部板块，为搬石公路沿线的搬经、常青、石庄等镇，规模40万亩。

1999年，全市农业资源综合开发涉及石北、高井、夏堡、场南、场北、磨头、花园7个乡镇的42个村。项目区共平整土地3.67万亩，动土1661.3万立方米。2000年3月，江苏省农业资源开发局、财政厅验收组对如皋市第四期（1997—1999年）国家农业综合开发项目进行抽验，项目区累计增产粮食1342.50万千克，亩均增产150.80千克；农民人均收入增长403元。

2001—2005年，国家级、省级改造中低产田项目涉及全市所有乡镇，共30.96万亩。2006—2010年，全市完成土地治理开发任务28.3万亩。

三、产业化项目建设

1996年前，全市（县）农业产业化项目建设与土地治理项目结合进行，其中，常青乡农业综合开发土地治理项目，扶持多种经营及龙头项目3个。

1997年，农业资源综合开发开始单独实施产业化项目建设。是年，立项的产业化建设项目为葛市宏远、石庄长虹特种水产养殖和丁堰陈草生猪良种基地建设。1998年，搬经项目片建成稻田养殖、特种水产、银杏、蔬菜4处生产基地。

2000—2003年，项目区增扩桑园10600亩，稻田养殖8843亩，特种蔬菜种植9130亩，苗木栽培2500亩，发展养禽16.5万羽。如城镇建成白萝卜生产基地3000亩，年产白萝卜7500吨。吴窑种羊场、吴窑山羊市场由港商与南京农业大学进行技术合作，一、二期工程投资640万元。如皋光远集团与奥地利客商合资，新上年产3000吨速冻蔬菜、年销售3000万元生产线。九鼎集团现代农产品科技开发公司与搬经镇高沙土农业综合开发科技园开展合作，利用美国胖龙温控大棚和组培楼等设施，规模生产菊花出口，建温室大棚64座，每座占地近800平方米，亩产值超过2万元。

2004年，如皋花木大世界产业化经营项目中标实施，总投资1243.11万元，主要用于产业链发

图 8−21　搬经镇鲜切菊花加工　（2002 年摄）

1992—2010年如皋市农业综合开发情况一览表

表8-6

年份	农业综合开发投入情况					
	总投入（万元）	其中:市财政投入(万元)	土地治理项目投入		产业化项目投入	
			面积(万亩)	项目资金额(万元)	项目数	项目资金额(万元)
1992	511	400	2.01	511	—	—
1993—1996	4530	1490.50	8.94	1364	7	3166
1997	12411	930	2.20	530	3	11881
1998	2435.30	1595	10	2400.30	1	35
1999	2157.37	1410	8.70	2007.37	1	150
2000	2845.66	1810	9.40	2845.66	—	—
2001	3275.74	2543.50	10	3275.74	—	—
2002	2074.60	1656.85	6.23	2074.60	—	—
2003	2391.30	1555.80	4.65	1891.30	1	500
2004	3944.11	2610	6.70	2701	1	1243.11
2005	1385	1030	3.38	1385	—	—
2006	6360.51	4430	6	3888	2	2472.51
2007	3112.20	3030	5. 90	2708	1	404.20
2008	3941.40	2992	5.30	2844	4	1097.40
2009	5815	4635	6.20	4930	5	885
2010	4560	3972	3.70	3980	6	580
合计	61750.19	36090.65	99.31	39335.97	32	22414.22

展、延伸。同时投资324万元,建设如城至皋南一线花木生产示范区。2004年,市以上财政投资1215万元,实施九华、长江镇3万亩优质稻米园区标准化生产项目,“千重浪”大米成为绿色品牌;投资482万元,与光远、长生食品加工企业联合建设石庄、郭园、袁桥镇5000亩外向、无公害蔬菜原料生产基地。南通光远集团在石庄镇项目区流转农民土地1500亩,建成外向蔬菜产业园区。是年,全市各项目区组建产业协会,形成“龙头企业+基地+专业合作经济组织+农户”的产业化项目开发模式,得到国家和省级主管部门肯定,在全省推广。

2005年,由国家立项下达的“九鼎”菊花项目总投资984.62万元,以九鼎鲜菊花基地为龙头,带动农民直接增收300万元;由国家立项下达的太阳肠衣加工项目，总投资390万元。2006年，天盟养殖有限公司扩大生产规模，实施国家一般产业化项目；长寿集团西式肉制品出口创汇生产线，成为国家参股项目。2007年，实施光远集团的600吨调味蔬菜加工项目，财政投资260万元。

2008年,全市实施产业化项目4个,其中南通天盟养殖有限公司10万头优质生猪示范基地项目，由中央财政贴息42万元；太阳肠衣6000桶精品套管肠衣加工扩建项目，省级财政贴息25万元；银燕食品年产1.5万吨中式传统肉项目，省级财政贴息35万元；如皋市坝新肠衣有限公司1万桶精品肠衣加工项目被列为国家级农业综合开发重点产业化经营项目，总投资1005.4万元，建成生产厂房6360平方米，冷藏库580平方米，购置生产设备84台套。

2009年，实施产业化经营项目5个，其中赛天蓬牧业有限公司1万头标准化优质生猪养殖基地扩建项目，财政补助120万元；江苏联众肠衣有限公司8000桶肠衣加工原料收购项目、新丝路茧丝绸有限公司1500吨高品位桑蚕茧加工原料收购项目、花木大世界有限公司2000万株绿化苗木收购项目、光远食品有限公司6000吨果蔬加工原料收购项目，财政贴息458万元。

2010年，市内实施如皋新丝路茧丝绸有限公司的200吨高品位桑蚕丝加工改扩建项目、如皋市齐富畜禽专业合作社4000头优质苗猪繁育基地扩建项目、长寿集团南山饲料有限公司12万吨饲料加工项目、如皋市金陆食品有限公司80万头生猪屠宰加工扩建项目、南通天盟养殖有限公司8万头优质生猪养殖项目、如皋太阳肠衣食品有限公司4000桶原肠收购加工项目6个产业化经营项目，财政扶持资金580万元。

第十二节 主要场圃

一、种植场圃

如皋县农场 1951年春创建于城西陆家庄，占地90亩。1952年扩建，面积增至400亩。1959年，于场内新建如皋县农业科学研究所。1961年再次扩建，面积扩展到618.67亩，有职工172人。1963年3月，农场与农科所合并，建立如皋县农业科学试验站。

如皋市良种场 1951年创建于围垦区，占地面积294.64亩，始称如皋县棉种场。1956年春，在503圩南堤外再次围垦，全场面积增至1968.68亩。是年，划出土地500亩，建立江边畜牧场。1958年，改建如皋苗圃，棉种场并入设于薛窑的南通专区农场。1959年3月，江边畜牧场、如皋苗圃合并组建如皋县苗圃，原棉种场人员从专区农场划回。

1961年，如皋县苗圃更名如皋县农场。1963年2月，更名为如皋县棉花良种繁育场。1965年，长青沙围垦，部分土地划归县棉花良种繁育场，全场占地面积增加至3843亩。1967年1月，江北部分划出，建如皋县江边林苗圃（后改建成如皋县蚕种场）。长青沙部分保留，专门从事棉花品种的提纯复壮和良种繁育。1972年，因发生棉花枯萎病，棉种繁育工作停止。1973年，改名为如皋县良种场，以生产稻麦原、良种和杂交玉米亲本种子为主。

1982年，场内开始实行“定产量、定产值、定成本、定利润、超奖减赔”的“四定奖赔”责任制。1985年，借鉴农村联产承包方式，实行联产到劳，每个劳力分地10—15亩，以户为单位，自负盈亏，定额上缴。2001年，由事业单位改制为自主经营、自负盈亏的农业科技企业。2005年8月，划归长江镇（如皋港区）管理。

如皋市农业科学研究所 前身为地址在如皋城西陆家庄的如皋县农场。1959年，在县农场内建立如皋县农业科学研究所，为县人民政府直属农业科研单位。1963年3月，与县农场合并，建立如皋县农业科学试验站。

1970年春，试验站撤销，全站人员转至县“五七”干校驻地（原永安沙劳改农场）组建如皋县“五七”农场（“五七”干校搬至原农业科学试验站）。

1973年1月，县“五七”干校撤销，复建如皋县农业科学研究所。原试验站人员划回。至1994年，先后培育出适应如皋三熟制生产的早中熟杂交玉米品种“皋单一号”“皋单二号”“皋单三号”及新组合“黄八叶2-1×0H43”及“丹玉6号”“苏玉3号”“掖单系统”；适应如皋种植的水稻品种“南粳”“盐粳”系统，花生品种“伏花生”“徐系1号”，棉花品种“通棉5号”“徐州142”“泗棉2号”，小麦品种“扬麦3号”“扬麦5号”，大麦品种“早熟3号”“盐幅矮早3”，山芋品种“徐薯18”“宁薯2号”等。完成“两育配套，两年五熟，粮棉轮作，用养结合”耕作体系的探索、实验和宣传推广；试验出“棉花小畈深墒种植”“激素促控”“稻麦的模式栽培”“麦子免耕”等新技术。

2002年12月,市农业科学研究所改制为农业科技型企业。2010年,有耕地355亩,其中科研用地150亩。资产总额310万元。

如皋市棉花原种场 位于石庄镇南部的江边,前身为如皋县“五七”干校。1969年年初,由江苏省公安厅管理的永安沙劳改农场撤销,移交给如皋县,改建为如皋县“五七”干校。1970年1月,“五七”干校迁址城西何庄陆家庄后,改建为如皋县“五七”农场。

1973年,如皋县棉花良种繁殖场撤销,将“五七”农场改建为如皋县棉花原种场,专门从事棉花提纯复壮和良种繁育工作,有原种繁育基地1260亩,良种繁育基地2.6万亩。2000年年底,土地总面积1702亩,总资产992.80万元。2001年5月,实行“以地代资,改事为企,以企套改,收支分离”为核心的改革,土地划给个人经营。

2005年8月,划归长江镇(如皋港区)管理。

二、养殖场

如皋市种猪场 位于磨头镇北首,原为如皋县牲畜配种站,建于1950年12月。1956年6月,更名如皋县种畜站,隶属农业部门管理。建站初,以推广约克夏杂交商品猪为主。1959年与城东农场(1958年2月建立,1959年迁磨头)合并,新建如皋县磨头畜牧场。

1963年7月,更名如皋县种猪场。此后,逐步发展为“东串猪”母猪保种、选育和良种繁育基地。1968年,引进“国黑白花”奶牛饲养。1979年,在磨头镇西河湾如海河南岸增设如皋县家畜人工授精总站。1985年秋,在西河湾增建如皋县种兔场,饲养西德长毛兔。至1990年,共向社会提供东串良种母猪1万多头,全场占地287亩。1994年4月,全场进行管理模式改革,将耕地、猪、牛、兔等全部分(卖)给职工个人经营。2002年12月,改制为国有农业科技型企业。2010年,种猪场已停止种猪繁育和养殖。

如皋市水产养殖场 位于九华镇,1958年开垦一片草荡建场,主要负责繁殖鱼种、鱼苗和成鱼养殖。1964年,青、草、鲢、鳙人工繁殖成功。1978年4月,中心沙围垦后于中心沙建分场。1985年,草鱼出血病胚胎免疫成功,获省科技进步三等奖。1986年12月,分场划出建中心沙养殖场。1988年,“云斑鮰鱼”繁殖成功。1999年4月,“异育银鲫”繁殖成功。2001年6月,市水产养殖场由事业单位改制为企业。2003年6月,“鳜鱼”人工繁殖成功。2004年6月,“美国斑点叉尾鮰”繁殖成功。2005年,“丁桫鱼”繁殖成功。

如皋市蚕种场 1969年4月,由如皋县江边林苗圃改建而成,位于江防乡东南部(现属长江镇),占地1500亩。1978年,在东风滩围垦土地,全场占地面积增加至3300亩。1970年秋,开始试制蚕种。1971年,开始批量生产蚕种。1986年,成为苏北地区规模最大的蚕种场。1990年,全场占地2689亩,其中耕地750亩,桑园520亩,果园450亩。年产粮食147吨,果品45吨,蚕茧3.6万千克,蚕种22.38万张。2000年,制种17万张,产值508万元。2001年6月,改制为农业科技企业。2005年8月,划属长江镇(如皋港区)管理。

如皋市养殖总场 原名如皋县薛窑种禽场,位于如海运河薛窑大桥东南河堤上。1971年,由县食品公司创立,以养鸡为主。1973年始,着重从事如皋黄鸡的提纯复壮和选育。1989年,改称如皋县养殖总场。1990年前后,开展如皋黄鸡肉用方向的开发、研究,获得成功。1990年,可批量饲养肉鸡1万只,年养如皋黄鸡种鸡2.5万只。建有孵禽坊一座,年孵鸡雏100万只。20世纪90年代中后期,生产逐渐萎缩。2000年,破产终结。

如皋市中心沙水产养殖场 位于长江镇南部江边,1978年4月开始筹建,建护江大堤1600米,围沙滩1500亩。次年,围垦外滩,就地开挖鱼池19口,形成养殖水面170亩,年底建立如皋县水产养殖场中心沙分场。1983年4月,修筑江堤2464米,挖土30万立方米,围垦滩地1043亩,扩建淡水商品鱼养殖基地。

1986年12月,从县水产养殖场划出,建立国营如皋县中心沙水产养殖场。1989年1月,投资33万元,与福建莆田市香江特种水产有限公司、香港闽星商行,合资建立如皋江福特种水产有限公司,新建鳗鱼等特种水产养殖池1.5万平方米。1990年,全场占地5331.84亩,在职职工369人,年产成鱼280吨,农副工总产值294万元,创汇100万美元。2001年6月,改制为农业科技型企业。2005年8月,划归长江镇(如皋港区)管理。

第十三节 农林牧渔名特优产品

一、如皋黄鸡

据清嘉庆《如皋县志》载：如皋古有“獐鸡”。因其羽毛黄如“獐”毛故名，又因嘴、脚、羽皆黄，俗称“三黄鸡”“草三黄”。如皋黄鸡是具有地方特色的一个鸡种，在如皋饲养已有1000多年历史。

1976年始，如皋畜牧科技人员对之开展持续选育和提纯复壮工作。先在县食品公司薛窑鸡场对如皋“三黄鸡”采用个体选择和家系选择相结合的方法，进行选育、提纯。20世纪80年代初，如皋黄鸡被作为江苏省蛋肉兼用中型黄鸡的代表品种之一，列入《江苏省家畜家禽品种志》。1998年，市多管局在搬经严桥村建如皋黄鸡原种场，再次提纯复壮。

1999年，如皋黄鸡分别在江如养殖场、严桥种鸡场进行保种，两场原种数量共2万羽，全年提供种蛋30万枚，生产如皋黄鸡25万羽，饲养如皋黄鸡父母代8万多只。经过11个世代的选育，如皋黄鸡原种的体型、外貌已趋一致，表现为体型中等，黄羽、黄喙、黄脚，颈羽、翼羽、尾羽尖端夹有黑色斑纹羽的“三黄三黑”特征，遗传稳定，种群数量上升到3万只左右。该品种成年鸡体重：公鸡1.75—2.00千克，母鸡1.45—1.65千克；母鸡体态优美清秀，公鸡体态雄伟健壮；鸡头小，喙稍弯，中等长度，单冠直立，冠色鲜红。如皋黄鸡具有耐粗饲，行动灵活，善于觅食，抗病力、适应性强，肉质鲜嫩味美等特点，既是食用佳肴，又是滋补良品，被全国20多个省、60多个县、市引进饲养。是年，如皋黄鸡被列为江苏省农业产品结构调整重点发展养殖项目。2001年，如皋黄鸡农业标准化示范区被列入省级农业标准化示范区。

2002年，如皋历史上第一个农业地方标准《如皋黄鸡》正式发布实施。2005年1月，如皋黄鸡通过江苏省畜禽品种管理委员会审定，确认为省级优良地方鸡种，并正式命名为“如皋黄鸡”。同年3月，江苏省“如皋黄鸡”农业标准化示范区通过省级验收。2008年1月，被确认为省级优良地方鸡种。2009年10月，农业部发布公告：“经国家畜禽资源委员会鉴定通过，如皋黄鸡遗传资源列入国家遗传资源。”

二、东串猪

此猪是经过长期选育的如皋地方良种猪，起源于搬经到黄桥一带。20世纪50年代，分布于如城、磨头、搬经、丁堰、石庄及下原北部、白蒲西部等地区。周身黑毛，成猪皮毛稀疏，体长，胸阔，腰背平直，臀部倾斜，耳大下垂。有嘴筒长、额纹纵向的“马脸”和嘴筒短、额纹横向的“狮头”两种。母猪性成熟早，体重35—45千克时即可初配，初产仔9头左右，二胎后产仔12—14头。泌乳力强，产后20天泌乳35—40千克。仔猪60日龄断奶窝重135—160千克。在正常饲养条件下，育肥猪日增重380—410克，七至八

图8-22 如皋黄鸡 （2009年摄）

图8-23 如皋东串猪 （1982年摄）

个月龄头重可至80—100千克，屠宰出肉率66.12%—66.93%，80千克体重屠宰胴体瘦肉率44%—45%。生肥早、小头小脚，适宜宰成胴仔猪，腌制火腿。

1963年7月，县种猪场建立后，逐步发展为"东串猪"保种与繁育基地。1978年起，东串猪育种工作得到进一步加强。改革开放初，全县饲养的母猪以东串猪及其与太湖猪杂交后代猪为主，约占饲养量的65%。

1980年，东串猪被江苏省农林厅确定为全省五大地方良种猪之一。是年，南通市农业局将选育后的东串猪起名为"通如黑猪"。

1982年，全县母猪普查，栏存母猪74946头，其中纯种母猪15641头，占20.87%，东串纯种母猪5755头，占纯种母猪36.79%。被载入1982年版《中国猪种(二)》一书。20世纪80年代后期，受市场导向，全市猪种不断更新，东串猪逐步被大型约克夏、长白、杜洛克等瘦肉型、增重更快的杂交猪种替代。1990年，全县有东串猪母猪120头，种公猪5头，育肥猪1000头左右，主要由大型养猪场、养殖场饲养。2010年，全市东串猪存栏母猪40头、公猪3头。

三、黄羽肉鸡

20世纪90年代初，市畜牧科技人员先后在薛窑种鸡场、搬经如皋黄鸡原种场进行"三黄鸡"肉用方向杂交试验，获得成功。筛选出"红宝×如黄""安卡黄×如黄"两个杂交组合，开始开发生产"如皋黄羽肉鸡"。该肉鸡既具有"三黄鸡"的黄羽、黄嘴、黄脚和肉质鲜美的特征，又具有生长快、饲料耗用少、收益高等杂交优势。60日龄体重1.25—1.35千克，料重比(2.2—2.4):1；90日龄体重1.8—2.1千克，料重比(2.7—2.8):1。2000年起，进行三品种杂交试验，以如皋黄鸡与有色羽肉鸡杂交，培育出"仿土鸡"优质黄羽肉鸡。1999—2010年，全市每年上市杂交黄羽肉鸡1200万—1800万只。

四、如皋白萝卜

如皋白萝卜已有千年种植历史，素以嫩、脆、甜享誉省内外乃至海内外。民间早有"如皋萝卜赛雪梨"的美誉。有俗语："冬吃萝卜夏食姜，不用

图8-24 如皋白萝卜 (2010年摄)

医生开药方。"丁其誉《寿世秘典》载："莱菔，气味辛甘，叶辛苦涩，无毒。主利膈，宽中、消食、下气，去痰癖，止咳嗽。生食止渴。煮食化痰、消导"。如皋白萝卜品种繁多，其品质以"捏颈儿""百日子"和"鸭蛋头"为最佳。其特点是皮薄、肉嫩、多汁、味甘不辣，嚼而无渣。经腌制加工的如皋萝卜条、萝卜皮等食品一直为具有特色的外贸畅销产品(见本志《工业名优产品》)。2010年，如皋白萝卜种植1.2万亩、产量3万吨。

五、白蒲黄芽菜

白蒲黄芽菜为如皋地方特产。清代白蒲就有菜农种植黄芽菜，传统品种有菊花蕊、瓦盖头等。成熟后呈圆鼓形，白皮包头，顶叶对抱，包心坚实，顶生叶嫩黄色，微绉，叶脉平板，易煮烂，汤若奶汁，鲜美清纯。耐贮藏。民国时期，白蒲黄芽菜通过商船销往上海、苏州、无锡、常州以及浙江、安徽、湖南等省、市。20世纪60年代，白蒲黄芽菜栽培技术传播到苏北、山东、安徽等地。2010年，全市种植面积2500亩、产量1万吨。

六、如皋香堂芋

亦称香芋。如皋农户种香芋历史悠久，因其在蒸煮烹饪过程中香气四溢，满堂芬芳而被冠以"香堂"美誉。如皋高沙土地区所产香芋为如皋一宝。"香芋与芋别为一种，生沙土瓦砾地，蔓引不穷，子生地中，霜后掘取煨煮食之，入蔬尤佳，香味绝胜"(清乾隆郑修《如皋县志》)。如皋香堂芋可制作多种美味佳肴，其香气怡人，口感细腻，质地软滑，酥而不烂。将香芋斩碎，掺进适量肉丁，与适量面粉、葱花、生姜米、精盐、味精拌和，做成直

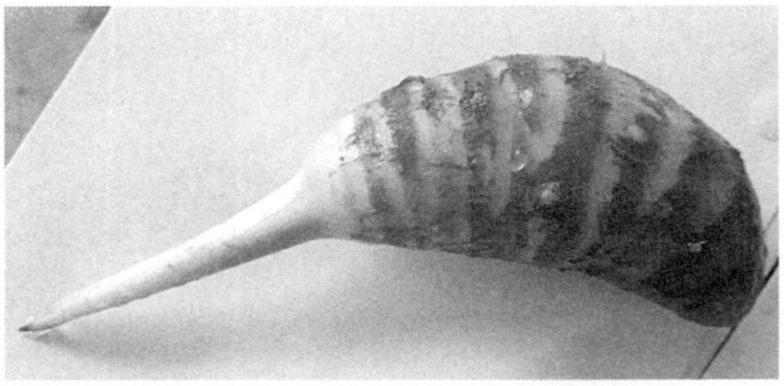

图 8-25　如皋香堂芋　　（2010 年摄）

径两三厘米的圆子，下油锅炸熟，味美价廉，为如皋名菜“芋头肉圆”。如皋香堂芋一直被作为传统乡土食品用于馈赠和款宴亲友宾客，并成为如皋长寿食品的代表。2010 年，全市种植面积 2.2 万亩、产量 2.2 万吨。

七、如皋黑塌菜

如皋黑塌菜又名如皋塌棵菜，如皋方言“趴趴菜”。如皋地方特色蔬菜，种植历史悠久。清朝乾隆年间编修的《如皋县志》载：“九月下种，十月分畦，冬后经霜更酥软，邑人呼为塌棵菜。初春嫩薹蔬茹皆胜，四月收子榨油香美不亚麻油。”如皋黑塌菜株型平展，塌地生长，经霜冻后味甜鲜美，质地柔软，清香爽口，富含维生素 C、B_1、B_2、钙以及大量膳食纤维、胡萝卜素等。其中维生素 C 和钙含量尤高，被视为青菜中的珍品，深受如皋人喜爱，享誉上海、南京、苏州、无锡、南通等大中城市。2010 年，全市种植面积 1.1 万亩、产量 1.1 万吨。

图 8-26　如皋黑塌菜　　（2010 年摄）

八、“绿沙王”西瓜

1994 年，京欣一号新品种在长青沙乡自然生态条件生长的西瓜，以其优良的品质受到消费者的广泛欢迎被人们誉为“绿岛王”。至 1997 年，种植面积增加至 1500 余亩，除供应本地市场外，大都销往上海、杭州及苏、锡、常等地区。此后，“绿沙王”西瓜每年销往江南大中城市 3000 吨以上。2000 年，大棚西瓜嫁接获得成功。是年，“绿沙王”商标通过国家商标局注册认证。2002 年，国家绿色食品发展中心确认如皋“绿沙王”西瓜为绿色食品。2010 年，全市种植面积 2600 亩、产量 5200 吨。

九、“千重浪”大米

出产于土壤湿润肥沃，空气清新，生态环境优美的江苏省绿色食品生产基地长青沙岛。2002 年 4 月，获中国绿色食品中心颁发的绿色食品证书，被评为南通市农业名牌产品。2005 年始，每年销往上海和苏南地区 4000 吨以上。

第二章 花木盆景之乡

第一节 花木

一、沿革

自唐起，如皋城乡古木竹园渐现。位于县城南郊的大谬马庄（今如城镇大明村），钱氏后裔为五代吴越王钱镠建衣冠冢时栽植古柏园；王家巷（今如城镇安定村）胡氏后裔为北宋理学先驱、教育家胡瑗建衣冠冢时亦植有古柏园。

宋代进士王观著《芍药谱》，记载芍药39种。

明嘉靖《如皋县志·物产志》载：如皋花类有牡丹、芍药、蔷薇、荼蘼、棣棠、蜀葵、紫荆、鹿葱、玉簪、木樨（桂花）、海棠、菊、芙蓉、月月红、瑞香、蜡梅、罂粟、凤仙、鸡冠、萱花等20种。清康熙十年（1671年）李渔编著《闲情偶寄·种植部》列花草57种，竹木12种。清康熙三十七年（1698年），知县周鼎鉴在如皋城北门外运盐河东垒三台山（土山），建亭阁，植花木。清乾隆《如皋县志·食货志》载：如皋花木“木之属二十六”，有松、柏、榆、枫、梓、檀、枸、女贞、冬青等；“花之属四十三”，有牡丹、杜鹃、芍药、海棠、紫荆、蔷薇、玉兰、芙蓉、山茶等。清咸丰至民国期间，战事连年，城郊不少花农毁花种菜谋求生存。

中华人民共和国成立后，农村经济体制变革，平整土地，兴修水利，田块成方，居住成行，古老村庄及树木、竹园所剩无几，贯彻“以粮为纲”，毁林种粮之举常有发生。

20世纪60年代初，公社、大队辟建苗圃、副业队，种植苗木。80年代初，由于品种单一，市场行情不明，花木生产带有盲目性，花木盆景市场一度出现滑坡。后经及时调整品种结构，开展技术攻关，花木生产得以健康发展。1986年，全国绿化委员会、林业部考核评定如皋县为全国平原绿化先进县。随后连续几届花木盆景艺术节成功举办，如皋的花卉苗木与如派盆景一起名扬海内外，成为国内旅游新景点。

进入21世纪，如皋发挥花木生产的传统优势，坚持市场导向，体制创新，加快全市花木生产的转型升级，使之形成独具如皋特色的区域农业经济，如皋亦成为全国花卉苗木的重要生产和集散基地。

二、古树

如皋城乡自古树木茂盛，私家园林遍布竹木，寺庙、祠堂多植银杏，茔地多植松、柏、榉、梓，庭院多植梅、桂，河边多植桑、楝、榆、槐、杨柳、柞榛、女贞及杂果。2002年，市农林、城建部门联合调查统计，全市百年以上古树仍然存活的共73株。其中：树龄100—299年42株，300—599年19株，600—799年4株，800—999年5株，1000年以上3株。此外，还有百年以上的朴、桑、榉、柿、枸杞、木瓜等散布全市部分镇区。

“六朝松” 现存水绘园中隐玉斋院内的落地古桧盆景，已经历北宋、南宋、元、明、清及民国6个时期，外形与松柏相似，人们习惯称之为“六朝松”，相传为唐宋八大家之一曾巩之父曾易占任如皋知县时所栽植。典型的如派“两弯半”造型，刺、圆、扁3柏叶型共生一株，高4.5米，干径30厘米，冠径4.4米。该树爆龄突纹已逾8道，树龄900余年，树势矫健，碧郁葱翠，纹理行绕，伏地三曲，状似蛟龙。终年吸引众多游人驻足观赏和摄影留念。

银杏 民国21年（1932年）《中国实业志·江苏省》记载：“如皋为江苏省重要银杏产地之一。”民国26年《江苏乡土志》载：“白果，如皋第一，次之吴县、铜山、南汇、青浦。”九华镇赵园村的一株古银杏，树龄已1300多年，高30多米，胸径217厘米，主干高4米，有18个大分枝，冠幅直径约34

米，树的东、南两面都紧靠河边，根系垂直向下，钻进地下有多深无法测量，向西北方向的根系，单暴露地面的裸根就长达29米；高明镇卢庄村的古银杏已1500多年（有说是1200多年），人称“银杏王”，树高30米，主干离地面2米高处直径271厘米，4米高处直径258厘米，树上4个大分杈，直径95厘米，还有7个小分杈，树冠约近700平方米，裸露地面的粗根向四边伸展，占地直径150米。1992年，如皋市人大常委会决定银杏为如皋市树。1994年，市委、市政府实施“百万银杏工程”，农户家前屋后栽植亦作为首选树种。2002年，调查统计全市古老树木，百年以上银杏35株，占古树总数的48%。2005年，全市有大小银杏1亿余株。2010年，在下原与吴窑交界处及原204国道边的银杏大、中、小银杏交易市场绵延数千米。

罗汉松 2002年调查统计的古老树木中，共有罗汉松6株，占总数的8.2%，集中在如城镇。其中树龄200年以上4株，都为如皋师范学校光绪门内的落地盆景，树龄最长的2株已220余年，另外2株树龄也在100年以上，均长势旺盛。罗汉松亦属制作如派盆景“两弯半”的主要造型材料。20世纪90年代，全市（县）栽植面积5000余亩，年产罗汉松盆景近200万盆，年销售60余万盆，其中出口约占销售总量的1/3。进入21世纪后，如皋不少花农以高价在省内外大规模收购罗汉松定植，待价而沽。

柏 2002年调查统计的古老树木中，各类柏树共9株，占总数12.33%。树龄在800年以上2株，500年以上1株，400年以上1株，300年以上3株，200年和100年以上各1株，均在如城镇。柏的品种有刺柏、桧（圆）柏、绒针柏、千头柏、龙柏、侧柏、台湾扁柏等。柏树为优良家具用材或园林绿化树种，幼株亦为蟠扎盆景的常用材料，在全市各镇均有栽植。进入21世纪后，全市栽植2万多亩，1亿多株，主要销往北方各省。

五针松 2002年调查统计的百年老树中，五针松5株，占总数的6.8%，集中在如城镇，其中树龄在300年以上的1株，200—299年的3株，100—199年的1株。如皋人民公园内两株五针松落地盆景，树龄均在260年以上，高3米，胸径分别为22.31厘米和22.42厘米，冠径分别为3米和4米。五针松为绿化和蟠扎盆景常用材料，全市栽植，如城镇最为集中。

黄杨 2002年调查统计的百年老树中，黄杨5株，占总数的7.8%，分布于如城、白蒲和林梓3镇，如城2株，树龄分别为310年和290余年。水绘园中的小叶黄杨落地盆景，树龄310余年，具有较高的观赏价值，只因距“六朝松”太近，相比之下，魅力不及“六朝松”，常被游客忽略。黄杨中尤以小叶黄杨和珍珠黄杨为蟠扎盆景的精贵材料。如城镇安定村花农翟锦如驯化成功珍珠黄杨，注册为“好雨”商标，林业部网站以及《中国环境报》《中国青年报》均作专题报道。

木樨 俗名桂花。2002年调查统计的古老树木中，百年以上桂花仅两株，在人民公园内，其中一株树龄110余年，树高4米，冠幅直径6米，胸径33.2厘米。进入21世纪后，全市种植总数达6000万株，产地多集中于如城镇大明、顾庄等村，畅销全国10多个省市。2003年8月，龙游河村村民彭书进创建皋南桂花研究所，花圃面积10亩，注册资金50万元，主要从事桂花品种的研究和开发。

柘 柘树，亦名黄桑、奴柘，桑科。2002年全市古树普查，百年以上柘树仅在丁堰镇夏圩村发现1株。

槐 2002年调查，全市古老槐树仅1株，位于搬经镇加力村十六组，唐贞观年间栽植树龄1400余年，为唐贞观年间所植，20世纪70年代以前，树干挺拔，冠幅巨大，后因树心、躯干中空，西、南两侧朽毁，树干倒地，当地村民将其扶起，并砌砖墙支撑。2010年所见，古槐呈15°倾斜生长，前部上翘，底部粗圆，中部空腔，上部为洞穴，顶部有5个主分枝，仅剩半边树皮及10厘米厚的树枝支撑厚厚的树冠。每年3月和8月两度开花，历经千年沧桑仍枝繁叶茂。相传，南宋名将岳飞曾在此拴过马。当地立村规民约，严禁攀爬和折损。

三、名花

紫牡丹 清乾隆《如皋县志》记载：“淳熙三年（1176年），桑梓河东孝里庄忽产牡丹一本。明年三月，花盛开，乃魏紫也。人争异之。有杭州观察推官过此，欲移植之。掘土尺许，见一石如剑，长三尺。题：‘此花琼岛飞来种，只许人间老眼看，’遂不敢移。”元代如皋解元陈应雷《题孝里庄牡丹》

图8-27 如皋紫牡丹 （2004年摄）

诗："墨染猩红露未干，仙姿未许少年看。魏家池馆今荒落，剩有飞来紫牡丹。"清代诗人袁枚将陈应雷的这首诗收入《随园诗话》。当代文学家郭沫若读过《随园诗话》后，作《如皋紫牡丹》诗："无种而生无此理，题诗人自见深心。护花预为防移植，埋石居然止盗侵。琼岛飞来成美梦，花园宴集赖高吟。牡丹有意酬知己，料应纷披直到今。"在此诗序中，郭老推论"淳熙至今已七八百年，此花谅已不存"。其实，紫牡丹在今如城仍生长茂盛。如皋水绘园牡丹亭的紫牡丹花龄60余年，为复叶叶底紫，每年都开花。

月季花 为如皋的古老品种。20世纪80年代，城西乡和大明乡（今均属如城镇）首先恢复种

图8-28 如皋市花——月季花（2004年摄）

植后，逐步推向全市，所栽培品种多数是四季开花的现代月季，共100余种。1992年，如皋市人大常委会会议决定月季花为如皋市市花。

海棠 在如皋栽植历史久远，主要分布于如城西南郊。清乾隆《如皋县志》记载："海棠有垂丝、西府、棠梨、木瓜、贴梗，而西府最胜，西府之紫锦垂丝者尤佳。"如城居民栽植以西府海棠为优，贴梗海棠次之，垂丝海棠第三。西府海棠花色淡红，为落叶小乔木。贴梗海棠花色绯红，为落叶灌木；垂丝海棠花色粉红，花梗细长下垂，亦为小乔木。海棠木质坚硬，生长期长，十数年后才开花，花开时如彤云密集，在园林花木中独具风姿。进入21世纪后，全市种植面积近2000亩，栽植近千万株，年销售近300万余株。

紫薇 如城栽培紫薇已有几十年历史，年销售量达200万株，是如皋花灌木的一个重要品种。

金松 为传统花木，既供观赏，更为名茶。清代至民国时期，在如皋"金松贵者一对值四五百金，杜鹃值一二百金"（"金"指银圆，"一二百金"即一二百块银圆）。今全市均有栽植。

杜鹃 为传统花木，既供观赏，更为名茶。乾隆《如皋县志》载："杜鹃，宫粉茶、串珠茶、杨妃茶，皆红粉色，又有一捻红、千叶红、千叶白诸名茶，各小异，惟黄色尤稀。"今全市均有栽植。

山茶 为传统花木，既供观赏，更为名茶。清乾隆《如皋县志》载："山茶花有数种，宝珠茶花簇如珠，最贵；白菱茶纯白而繁，最雅；海榴茶花蒂青，石榴茶中有碎花，踯躅茶花似。"冒辟疆族裔冒广生的《龙游河棹歌》有一首："山茶红白相间开，松柏黄杨妙剪裁。老去潜夫无一事，城南扶杖看花回。"自注："山茶种类极繁，以五百珠为贵，其极品者，以叶论值，一叶一金，尚无购处……。"今全市均有栽植。

兰 如皋城内外传统栽培的兰花为地生兰，草本、木本皆有，因其香雅，在皋邑历史上是进入室内观赏最早的花种。冒辟疆专著《兰言》，李渔的《芥子园画谱》和《闲情偶寄》中，都对兰有重笔描写。

菊 民国《如皋县志》载：清乾嘉时期，已有茶菊、野菊、翠菊、僧鞋菊、万寿菊等品种。清乾隆《如皋县志·食货志》载："菊种最多、最变、最奇，惟黄者为正色，惟甘菊入药，供茗最良。栽法详范成大史，至道刘蒙诸谱中，江南近岁，奇种更多，皆谱所未识，点缀东篱，足敌洛阳之富贵，然非隐逸本色矣。"清末，邑人贾汝言《皋南舌耕山房赏菊诗》记载如皋城内外菊花品种有金佛座、银佛座、绿牡丹、醉西施、玉牡丹、贵妃出浴、金盆托桂等148个品种，而且对每个品种都赋诗一首，

被传为佳话。民国时期，如皋菊花传统品种以姚黄、月下白为贵，随着国外洋菊引进，愈变愈奇。如皋城沦陷前，如皋公园每年均举办菊展。今全市菊花随处可见，品种多达数百种，尤其每年秋季，如皋交通要道两旁，十字路口中心转盘和公路隔离带及大型企业、学校、医院、超市、商场等处都有各色菊花盆景摆设。

芍药 北宋，王观《维扬芍药谱》中，记录民间8品芍药之珍，加上他取之旧谱31品，共记录39种名贵佳品。明嘉靖《如皋县志》已有芍药记载。清乾隆《如皋县志》载有芍药栽法：秋分后，用竹刀掘根，剥去朽蠹，以猪遗和泥分栽向阳处，更以黄酒浇之，则明年花繁而色润。皋人喜将芍药与牡丹并栽，花王、花相次第开花，使观赏期大为延长。凡园林中有牡丹者，必植芍药。牡丹、芍药全市各镇均有栽植。

第二节 如派盆景

一、沿革

如皋人民公园珍存一盆名为“蛟龙穿云”的古桧柏盆景，相传为北宋理学先驱、著名教育家胡瑗私家柏园遗存，距今已逾千年。《江苏旅游指南》载：“江苏是我国艺术盆景的发源地……有如皋宋朝大型盆景‘六朝松’等，苍古拙朴，风姿秀逸，令人驻足凝视，流连忘返。”

明代，如皋出现蟠扎盆景的工匠艺人，且逐渐形成行业。清代，如皋城内和南郊此业发展粗具规模。

中华人民共和国成立初期，中国人民解放军如城军事管制委员会从民间征集得古盆景1000余盆，移送人民公园保存，其中不少出自明清蟠扎艺人之手，精湛工艺被后人借鉴和继承。农业合作化期间，贯彻“以粮为纲”方针，农民被迫“毁花种粮”。“文化大革命”中，盆景被列为“四旧”“资产阶级生活情调”，很少有人再敢莳弄。

20世纪80年代，农村经济体制改革，解除如皋盆景生产的束缚，尤其是国内外经常举办盆景展览、评比、竞赛，给花农和盆景传人展示和交流、学习创造条件。如皋盆景获列全国七大流派后，经常参展参赛，吸取借鉴国内外先进技艺和经验，传承交流，推陈出新，培育改良成功一大批具有如皋特色的苗木，蟠扎出大量优质盆景，形成“如派盆景”品牌。在中央和国务院机关、北京人民大会堂、钓鱼台国宾馆、中南海、毛主席纪念堂、奥运会场馆、奥运村以及一些接见外宾的重要场所摆放的如派盆景数以千计。

1988年，县多种经营管理局组织缩短盆景成型时间的技改攻关成功，盆景生产跃上新的台阶。进入21世纪后，如皋花木盆景逐步成为全市农业生产六大主导产业之一。

2002年10月，全国第14届园艺与盆景艺术培训班在如皋举行。中国盆景艺术家协会秘书长张世藩在开学典礼上对全国18个省、市、区的100余名学员说：“如皋的花木盆景已有一千余年历史，是中国艺术盆景之根。”

2010年，如派盆景艺术作为非物质文化遗产，获准成为江苏省非物质文化遗产保护项目。现党和国家领导人住所，中共中央、国务院接见外宾及办公场所随处可见如派盆景被用作摆设和装饰。

图8-29 如皋市政府向北京奥运会赠送盆景 （2008年摄）

二、造型·蟠扎·陈设

造型 如皋盆景在创作构思时，“源于传统而高于传统”，以“盆景大天地，天地大盆景”“师法自然又高于自然”为创作理念，特别注意“生境”“画境”和“意境”，追求方寸盆景能“移山缩水，窥见乾坤”，并通过拟人手法，给它注入“神韵”和“灵性”，更显古朴、典雅、挺拔、华贵，左顾右盼，如诗如画，多彩多姿。“亦工亦画天功缀，云头雨足美人腰”，是如皋盆景的基本造型特色。

“云头”，即从树干基部向上，将枝叶扎成片状，形若行云，故叶片又称“云片”，覆盖盆顶，顶部的主片呈圆形或半圆形、扇形，向前稍倾，为“刘海式”或“如意式”，第一弯处弓背向上的一边，云片称为“阳片”，反之为“阴片”，分布于主干侧面，阴片和阳片一长一短，好似人手一前一后，形态自然，整个盆景前倾如俯冲，后仰似飞腾，形如狮虎，故如派盆景又有“狮式盆景”之称。

“雨足”，就以盆景根系形状而言，如派盆景根部，形如鸡爪，密如雨丝，纵横交错，并呈溅泼状分开，牢牢嵌入壅土和盆壁隙缝中。

“美人腰”，指盆景主干“S”形游龙弯，酷似美女纤细的身段，通常根据主干弯曲个数，分为“一弯半”“两弯半”、少数“三弯半”，以改变弯曲弓背和倾斜角度以及云片各自的姿态，创造出多种形似美女的婀娜腰姿。

图8-30 如皋盆景蟠扎示意图

蟠扎 如派盆景在蟠扎技巧上，以“满、残、清、奇、古、怪”见长，蟠扎技艺主要源自历史传承，吸收借鉴各家之长，章法严谨，造型规范，独树一帜。改革开放后，又吸收借鉴国外技艺，使如派盆景传统手法更显成熟。

蟠扎中，注意“因树施技”“细扎轻剪”，讲究“藏”与“露”、“巧”与“拙”、“静”与“动”、“主”与“宾”、“变化”与“统一”的有机结合。长短参差不齐，“疏可走马”“密不容针”。讲究以蟠扎为主，辅之以修剪。注重选材，常以松、柏、榆、梅、榉、紫杉、雀舌、黄杨、罗汉松、六月雪、五针松等小叶常绿树种为主要材料，施以绑扎，蟠扎成“美人腰”。绑扎传统用棕绳，后改用塑料丝、金属丝，直至纯用铝丝。绳（或丝）细如苗枝，与树自然融为一色。绳（或丝）路运用灵活巧妙，有抱头、起躺、竖仰、拢吊、平套、钩带、悬侧、掏破16字口诀，十分考究。更有“三三月景”，小中见大，“缩龙成寸”等特殊技巧。约40厘米。

1988年，如皋县多种经营管理局组织专业科技人员以缩短盆景成型时间为主攻方向，在城西花木公司、邓园苗圃、解放苗圃、宏坝苗圃等单位进行攻关试验，着重进行“四改”：改传统的棕绳蟠扎为棕绳与金属丝、塑料丝兼用，原先蟠扎一盆盆景要花4—5天，3丝兼用后，一盆盆景1—2天即可扎成；改传统盆栽为蟠扎后地栽，成型期由过去的5—10年缩短为1—2年；改规划造型为因树造型；改盆浇为管道喷灌。“四改”攻关，是千百年如派盆景蟠扎工艺的传承和突破，探索出一套速生、速成、催化等盆景生产新工艺，使生产周期缩短、生产成本降低，为如派花木盆景生产的市场化、产业化创造出一条新路。

陈设 如皋盆景在陈设上亦独特有趣。除两盆放置左右为狮蹲式外，“论堂陈设法”国内仅如皋一家，室内厅堂通常以3、5、7……奇数盆景装点一“堂”。正中一盆卓然耸立，威武、端庄，独显孤傲、尊严，酷似帝王高高在上；两侧摆放，讲究对称，通常以“两弯半”“一弯半”拱对正中。根据元末画家倪瓒（云林）画意，正中一盆称为“文树”，两旁摆设皆称为“武树”，“武树”排列，由中向外高度渐次降低，以突出多种多样人物神韵，使满堂景观趣味横生。以5或7盆摆放为例：中间“文树”似君主居高临下，俯视群臣；两旁的“两弯半”则如群臣上朝“站班”，分立左右；两端的“一弯半”则像宫娥彩女挥动长袖翩翩起舞。寓意深刻，形象逼真，神韵天成。

三、古盆景

民国之前，盆景多为官宦富贾、文人雅士私家观赏之物。民国时，战事频繁，不少盆景被劫、被毁，亦有部分散失民间。民国38年（1949年）春，如城军管会接管如皋中山公园，在全县民间征集得古老盆景1000余盆，其中不乏名品、珍品。

蛟龙穿云 是一盆具有“活文物”之称的古柏树桩盆景。相传为北宋理学先驱、著名教育家胡瑗古柏园之遗存物，树龄已逾千年，现树高150厘米，冠幅直径180厘米，盆景以一幸存的上部枝条蟠成顶片，长势旺盛。主干为如派传统工艺造型弯蟠为龙，头部两残枝经数百年风吹雨淋，形成“鹿角”，又似龙爪。躯干背部无皮木质，腹部有皮，斑驳似麟。整个躯干因稍见扭曲而颇具动感，似蛟龙正欲奋力穿云腾空而去，云片下，另有一枝探出，雄健有力，使整个盆景更添神韵。1985年

10月，在上海举办的中国盆景评比展览会上获一等奖。

灵山华盖 为元代古柏，树龄600余年。上部向后弯成弓式，树皮开裂，颇似一位阅尽人间沧桑岁月的耄耋老翁，敞开衣襟，袒胸露腹，昂首高歌。主干苍劲突兀，造化神功，树干老化，多处呈舍利状，仅有顶片一枝独秀，枝繁叶茂，别具一格。

大展宏图 是一盆树龄已480余年的绒针柏盆景。主干古老自然，左右云片共托一顶片，强健有力，青翠欲滴。1997年，在全国盆景评比展览会上获二等奖。

图8-31 古盆景“大展宏图”

龙腾虎跃 是一盆饱经400余年风霜雨露的绒针柏树桩盆景。高94厘米，冠幅140厘米，树势倾而不倒，弯而不折。近看树干千姿百态，形似蛟龙腾空，树冠浓密滴翠，又似猛虎欲奔；远视整个盆景静中有动，生机盎然。1997年10月，在扬州举办的第四届中国盆景评比展览会上获一等奖。

图8-32 古盆景“龙腾虎跃”

苍鹰展翅 是树龄300余年的五针松盆景。云片错落有致，庄重典雅，呈一侧倾斜且向上伸展，形似苍鹰正欲展翅翱翔，强健有力。原存烈士馆（人民公园内），1992年迁移至东门烈士陵园。

万事如意 是一盆树龄300余年的雀舌罗汉松盆景。为正宗如派“一弯半”格式，整个树体灵动飘逸，枝片布局严谨，典雅高贵。有古诗赞其“文站武飘刘海顶，抱胸弯背片如云”。

苍复南山 是一盆树龄已有180余年的五针松盆景，造型近于传统文树格式，云片错落有致，庄重典雅。另有两盆姐妹景于1976年奉调运往北京，在毛主席纪念堂陈设。1985年，在全国盆景评比展览会上获二等奖。

图8-33 古盆景“苍复南山”

皋龙腾飞 是一盆典型的如派“两弯半”罗汉松盆景，树龄150余年。它由三阳、三阴、三背、顶共十片组成，造型古朴自然，静中有动，虚中见实。专家评析称：“前似风飘潇洒，后若跨雨飘临，左观呈S形前倾，右视卧露似眠，俯瞰怒云穿石，仰望嶙峋千枝，无不成趣。”1985年获全国盆景评比展览会二等奖。

鹤鸣秋月 是一盆树龄150余年的古雀舌罗汉松盆景。主干弯曲细小，自然成趣，为传统如派“三弯半”，云片长短参差各宜，具有扎工精细、姿态优美等特点，多方位、多角度欣赏效果明显。1989年，在全国盆景评比展览会上获二等奖。

虬骨嶙峋 由黄杨蟠扎而成，树龄130余年。主干古老、挺劲、自然，似参天古木，枝片疏密有致，树皮爆裂，展现出顽强的生命力，为黄杨中少见精品。2001年，获全国盆景展评铜奖。

层云叠翠 是树龄已100余年的雀舌罗汉松盆景。典型的如派代表作“一弯半”，枝片布局严谨，显得典雅高贵。2001年，获全国盆景展评银奖。

迎宾 是一盆中叶罗汉松树桩盆景，树龄100余年，高55厘米，冠幅65厘米。制作者以写实的手法，采用多修剪、少蟠扎的技术处理，减少人工痕迹，添加天成之象，故使姿态挺拔秀美，层次清晰分明，栽植配盆颇有新意，松树紧靠盆端，在失重感中形成临崖矗立、承云托雾之势，留出3/4的空间，一叶飘片凌空舒展，既照应上下，又稳住重心，拓宽观赏空间。这盆作品是对黄山迎客松的高度浓缩，真切、自然，酷似一幅立体画。

九天滴翠 是一盆树龄已300余年的五针松盆景。云片错落有致，层次分明，侧枝平展，枝梢向上微斜伸展，上下垒叠9层，一片云彩一重天，"九天"谓之极高，层层滴翠，独具匠心。

四、现代名盆景

饱览人间春色 由国际盆景艺术大师花汉民创作，为雀梅盆景，不同于派，不拘一格，容阳刚狂悍之气于一身，线条粗犷、构图生动、气韵恢弘、内涵深邃，达到出神入化的艺术境界。

1990年6月，在日本大阪举行的国际花卉博览会上同时获国际金奖和国际优秀金奖（博览会最高荣誉奖）。

自古人间欢乐多 以柽柳为素材，法自然、少人工，根茎苍老，枝叶青翠，独特的叶形飘逸洒脱，远看如一副水墨丹青。1992年，在中国海峡两岸盆景名花研讨会上获金奖。

春江花月夜 为配以几架、花格构成的一套组合盆景。其袖珍玲珑的盆景造型，搭配着圆形的花格，恍若云中仙子嫦娥在月下翩翩起舞；几架旁边的小饰物有一道骨仙风的名仕在岸边抚琴，潮水伴着琴声，月色洒满花丛，一种美妙的意境在心中流淌，一种抽象的美在具体的物中体现。

1994年，获江苏省第八届盆景展览会一等奖。1997年10月，在江苏省扬州市举办的第四届中国盆景评比展览会上获银奖。

回归 1997年创作，所选7株雀舌罗汉松经过盆栽培养，树冠株株有顶，极具欣赏价值。树木与点缀的小石之间有青苔过渡，更显自然、和谐。

是年10月，在江苏省扬州市举办的第四届中国盆景评比展览会上获银奖。

金龙盼归 由盆景艺术大师王如生制作，为黑松盆景，主干弯曲犹如蟠龙，顶冠丰满而又富有层次，其中一侧片向前舒展，如一位母亲正翘首企盼远方归来的游子。

1999年，在"澳门杯"全国盆景花卉精品展览评比中获一等奖。

古老的记忆 由盆景艺术大师王如生制作，为刺柏盆景，整个盆景不拘一格，采用不对称设计，造型古朴。刺柏裸露的根部、撅断的枝干苍遒有力，透出一股历史的沧桑。丰满的顶盖和侧片，展示出顽强的生命力。

2001年5月，在江苏省苏州市举办的第五届中国盆景评比展览会上获一等奖。

如意 为典型如派雀舌盆景，以"云头雨足美人腰"的两弯半造型为特色，层次分明，前后呼应。2002年，在荷兰鹿特丹举行的世界园艺博览会上获金奖。

枯木逢春 为古老的榆树桩盆景，榆树由如皋绿园多年培育而成。顶部云片丰满，中部树干古老苍劲，根部似龙爪般有力，将榆树支撑于盆中，浑然一体。

2002年3月，在荷兰鹿特丹举行的世界园艺博览会上获金奖。

瓶中景 为水杉盆景，膨大的根部远望像一个花瓶，细细的枝条卷曲飞扬，像插在瓶中的花枝。整个盆景因树造型，以形得名，别具一格。

2002年3月，在荷兰鹿特丹举行的世界园艺博览会上获金奖。

图8-34 现代名盆景"枯木逢春"

图8-35 现代名盆景"瓶中景"

如皋盆景参加国际和中国港、澳、台地区评比获金奖(冠军、一等奖)情况一览表

表8-7

展(评)时间	展(评)名称 及主办单位	获奖作品名称 (树种)	奖项	送展(评) 单　位	作 者
1986-10	第十八届国际花卉博览会 (意大利佩夏)	大叶罗汉松	金奖	如皋绿园	如皋绿园
1988-03	香港维多利亚公园花卉展	牧归(虎刺)	冠军	如皋绿园	花汉民
1990-06	国际花卉博览会 (日本大阪)	饱览人间春色 (雀梅)	金奖	如皋绿园	花汉民
1991	香港第五届花鸟虫鱼展 (中国香港北区)	绿荫深处	冠军	人民公园	人民公园
1992-03	香港花卉博览会	大地回春	一等奖	如皋绿园	如皋绿园
1992-05	国际花卉博览会 (荷兰)	故乡的树	金奖	如皋绿园	如皋绿园
1992-09	中国海峡两岸 盆景名花研讨会	自古人间欢乐多 (柽树)	金奖	如皋翠园	王如生
1999-11	澳门杯 全国盆景花卉精品展览	金龙盼归	一等奖	如皋翠园	王如生
2003-03	世界园艺博览会 (荷兰鹿特丹)	如意(雀舌)	金奖	如皋绿园	如皋绿园
		枯木逢春(榆树)	金奖	如皋绿园	如皋绿园
		瓶中景(水杉)	金奖	如皋绿园	如皋绿园

如皋盆景参加国家级评比获金奖(冠军、一等奖)情况一览表

表8-8

展(评) 时 间	展(评)名称 及主办单位	获奖作品名称 (树种)	奖项	送展(评) 单　位	作者
1985-10	第一届中国盆景大奖赛 (上海虹口公园)	蛟龙穿云(刺柏)	一等奖	人民公园	人民公园
1994-11	全国首届林业 名特优新产品博览会	针柏	金奖	如皋绿园	冒志如
1995	花卉盆景展(北京)	华盖(榆树)	一等奖		夏宝林
1996-10	全国民间盆景展 (江苏如皋市)	雀舌	一等奖	如皋绿园	金桂林
1997-10	第四届中国盆景评比展览会 (江苏扬州市)	龙腾虎跃(绒针柏)	一等奖	人民公园	人民公园

续表8-8

展(评)时间	展(评)名称及主办单位	获奖作品名称(树种)	奖项	送展(评)单位	作者
1998-09	首届花卉科技信息交流会暨第二届中国花卉交易会(辽宁大连市)	多盆各树种盆景	特色展位奖、最佳展位奖、设置布置奖	如皋绿园	如皋绿园
2000-05	首届大树博览会暨华东地区盆景艺术节(上海市)	罗汉松	金奖	如皋绿园	如皋绿园
		小叶罗汉松	金奖		吴光明
2001-04	华东地区盆景艺术展(上海市)	刺柏	特等奖	如皋翠园	王如生
2001-05	第五届中国盆景评比展览会(江苏苏州市)	古老的记忆(刺柏)	一等奖	如皋翠园	王如生
2002-10	第二届中国(如皋)盆景艺术节(江苏如皋)	黄山烟云	金奖	如皋泰尔特服装公司	如皋泰尔特服装公司
		思乡	金奖	如皋绿园	如皋绿园
		榆	金奖	如皋绿园	金桂林
		玉骨祥云	金奖		刘松奎
		金雀	金奖		孙建农
2004-05	中国(新沂)盆景花卉艺术节(江苏新沂市)	刺柏	金奖	如皋泰尔特服装公司	张奎宏
		五针松	金奖		石月奎
		罗汉松	金奖	如皋翠园	王如生
		五针松	金奖		孙建明
2004-10	全国盆景展(福建泉州)	雀舌	金奖	如皋翠园	王如生
2006-10	中国“长寿杯”盆景精品大赛(江苏如皋)	罗汉拜寿(罗汉松)	特等奖	东方大寿星园	
		云中吟(柏树)	特等奖		花永恕
		悬崖青云(雀舌罗汉松)	一等奖	如皋绿园	
2008-10	建设部	唐寅笔意(赤松)	一等奖	如皋翠园	王如生

如派盆景获省级金奖(冠军、一等奖)情况一览表

表8-9

展(评)时间	展(评)名称及主办单位	获奖作品名称(树种)	奖项	送展(评)单位	作者
1988-10	江苏省第四届盆景评比展览会(徐州市)	一盘没有下完的棋	一等奖	如皋绿园	如皋绿园

续表8-9

展(评)时间	展(评)名称及主办单位	获奖作品名称(树种)	奖项	送展(评)单位	作者
1990-10	江苏省第六届盆景艺术评展会(无锡市)	清溪渔隐	一等奖	如皋翠园	王如生
1994-03	江苏省第八届盆景评比展览会(无锡市)	春江花月夜(小叶罗汉松)	一等奖	如皋翠园	王如生
		黄杨	一等奖		刘松奎
1999-09	江苏省第十一届盆景评比展览会(如皋市)	银杏(挂果)	金奖	如皋绿园	郑长才
		金龙迎秋	金奖	如皋翠园	王如生
2002-10	江苏省第十二届盆景评比展览会(如皋市)	凌云雄风	金奖		王金荣
		壮志	金奖		刘松奎
		罗汉松	金奖	如皋绿园	如皋绿园
		黄杨	金奖	如皋绿园	如皋绿园
2003-10-01	江苏省花木盆景协会评比	黑松	金奖	如皋翠园	王如生
		柏树	金奖	江苏花木城	花永怒
		榆树	金奖	如皋绿园	如皋绿园
2003-10	江苏省第十三届盆景评比展览会	雀舌罗汉松	金奖	江苏花木城	花永怒
2004-10	江苏省农林厅 江苏省花木盆景协会	罗汉拜寿	金奖	如皋翠园	王如生
2010-10	江苏省第十五届盆景艺术展(如皋)	罗汉松	金奖	人民公园	
		刺柏	金奖		翟本建
		黄杨	金奖		章明如
		雀舌罗汉松	金奖		吴光明
		黄杨	金奖		刘维勤
2010-11	"久发杯"2010江苏省盆景艺术节 (南通)	雀舌罗汉松	金奖	如皋翠园	王如生
		真柏	金奖		陈冠军

第三节"花木之乡"认定

一、如皋花木盆景引起国内外关注

1983年,如皋盆景以自身特有的蟠扎技巧和造型艺术特色,经中国盆景艺术家协会考证认定与扬(州)派、苏(州)派、(四)川派、岭南(广东)派、(上)海派、(安)徽派齐名,并称全国盆景技艺"七大流派"。1987年11月7日,中国意大利花木盆景联合公司意方代表小布洛斯基访华,考察如皋县人民公园、邓园苗圃盆景场、城西花木公司(绿园)等花木生产基地。1999年9月22—23日,台湾"江苏长江两岸旅台18县(市)敦睦联谊会文化经贸访问团”一行11人,访问考察如皋绿园、水绘园、鲜切花基地。21世纪初,先后有中国台商协会秘书长秦秋年一行、印度尼西亚华商总会主席吴国富夫妇等到访如皋,参观考察花木盆景。2004年4月16日,经国家旅游局批准,花木大世界成为全国首批、如皋首个国家级农业旅游示范点,对外接待日益增多。美国、澳大利亚等20多个国家的200名文教专家和出席四、五、六届中国(如皋)花木盆景艺术节的国际友人、宾客、客商及媒体记者参观考察如皋花木盆景生产。

至2010年止,采访报道过如皋花木盆景的媒体有:新华社、中央电视台、《人民日报》《中国花卉报》《中国花卉盆景》杂志、中青在线、中国网、新华网、《新华日报》《江苏科技报》《南通日报》《江海晚报》等近20家媒体。报道的主要内容有《中国花卉报》刊载文章《花木富了顾庄村;中央电视台《神州风采》栏目组摄制电视专题片《盆景生产》《全国农村科技致富能手花汉民》,后者在中央电视台和江苏、上海电视台播映;中央电视台《神州风采》栏目组还多次到如皋拍摄如皋绿园等风景和工农业(包括花木盆景)生产场景;《中国花卉报》在如皋召开全国通联工作会议,聚焦如皋花木盆景生产,组织集中采访报道。

1992年10月至2010年,先后到如皋参观考察花木盆景生产的党和国家领导人有:宋平、彭冲、迟浩田、吴学谦、姜春云、彭珮云等,彭冲、迟浩田分别题词。其他领导有:新华社香港分社副社长朱育成,农业部副部长刘坚,外交部副部长万永祥率团一行40人,国家林业局党组副书记、副局长李育材,中国进出口银行行长周可仁一行7人,中国农业发展银行副行长朱剑,中央警卫局一行,南京军区政委方祖岐、福州军分区政委陆凤彬等。

二、全国花卉生产示范基地

1999年,国家林业局、中国花卉协会联合对如皋花木生产状况进行调查、考核,认定如皋自然环境适合各类花卉苗木培植、繁育,不仅花卉生产历史悠久,栽培技术先进,而且大面积连片种植,苗圃、林场等基础设施完善,花卉苗木品种齐全、市场活跃,决定命名如皋为“全国花卉生产示范基地”。1999年12月,国家林业局、中国花卉协会向如皋颁发铜牌。

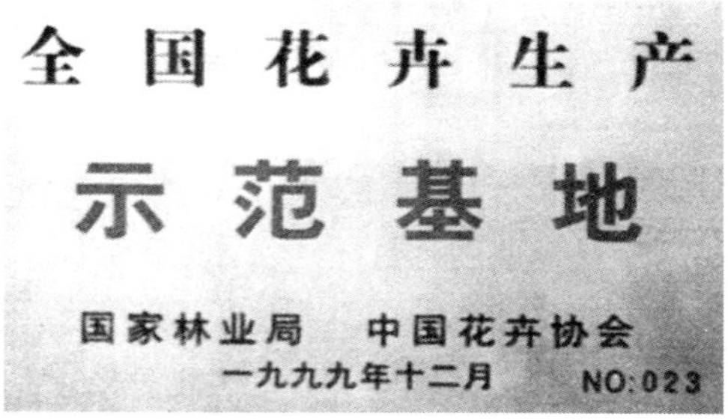

图8-36 国家级花卉生产基地铜牌

三、中国花木之乡

1999年年底至2000年年初,国家林业局和中国花卉协会对如城(主要是原城西乡)花木盆景生产情况进行较长时间调研、考核,认定如皋花木生产具有悠久的历史,产量丰、品种优、市场广阔,其中如城及周边地区已经成为苏中苏北很有影响、全国知名的花木生产基地和花卉苗木集散地,决定命名如城镇为“中国花木之乡”。2000年6月,国家林业局和中国花卉协会联合授予如城镇“中国花木之乡”铜牌(2011年11月,中国花卉协会命名如皋市为“中国花木之乡”)。

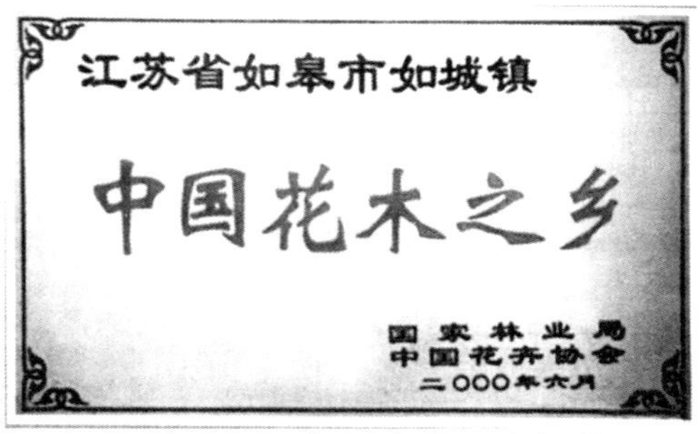

图8-37 中国花木之乡铜牌

四、江苏省园林城市

2003年,中共如皋市委、市政府开始创建和申报江苏省园林城市。此后,如皋开始有计划、大力度地推进园林绿化工作。至2008年,除水绘园、新世纪广场等景观不断优化外,又相继实施滨河路风光带等一大批园林景观工程,园林式工厂、园林式学校、园林式机关建设全面推进。是年年底,如皋市通过江苏省园林城市检查考核。2009年1月12日,江苏省人民政府办公厅发文,命名如皋市为江苏省园林城市。此后,如皋开始申报创建国家园林城市。

第四节 花事活动

一、对外交流

1987年春,享受国务院特殊津贴的如皋花木盆景专家花汉民应邀参加意大利第18届花卉博览会,在罗马议会大厅,宣读论文,随后在意大利讲学两周。此后,又赴日本、荷兰等国讲学,进行盆景蟠扎技艺表演。

20世纪80年代起,如皋绿园多次派员赴荷兰、德国、比利时、美国、加拿大、新加坡等国表演盆景蟠扎技艺和洽谈盆景交易。

二、中国(如皋)花木盆景艺术节

1996年10月8日,如皋市首届中国(如皋)花木盆景艺术节开幕,共举行两天。日本、美国、韩国、泰国、澳大利亚等国家和中国香港、台湾地区的70余名宾客及江苏省、南通市、如皋市相关领导,市属单位和乡镇负责人,全国各地客商共500余人出席。节前,如城至大明的"十里花市"粗具规模,"鲜切花基地"一期工程竣工投产;节中,中外客商实地察看,并举行经贸洽谈;节后,如皋绿园、江苏花木城等企业发展成常年花市和新的旅游观光景点。

2002年10月28日,第二届中国(如皋)花木盆景艺术节开幕。国家林业局、中国盆景艺术家协会及10多个省市区的领导和宾客出席。开展"'绿园杯'全国盆景精品赛""江苏省第十二届盆景展""如皋市花木盆景展销会""全国第十四届园艺与盆景艺术培训班"4项系列活动。

2004年10月28日,第三届中国(如皋)花木盆景艺术节开幕。共开展长寿盆景展、如皋出口盆景样品展、古盆展、获奖盆景展、如皋花木盆景协会会员(单位)盆景作品展与中国(如皋)植物生态长寿研讨会、江苏植物学会年会如皋花木盆景展销等7项系列活动。农业部、中国绿化基金会、江苏省农林厅等领导应邀出席。中央电视台、中国网、花木杂志社等10多家新闻媒体采访报道。

2006年10月28日举行的中国"长寿杯"盆景精品大赛,为第四届中国(如皋)花木盆景艺术节的主要内容,通过古老如皋盆景、古老根雕、赏石艺术的展示,叫响如皋"中国花木盆景之都"的品牌。

2008年10月28日,第五届中国(如皋)花木盆景艺术节开幕。本届艺术节主要活动为如皋市古树名木"养老金"建立暨认养启动仪式,为全国首创。国家林业局、江苏省林业局及南通、如皋各级领导出席。全市73株古树名木的认养率90%。同时还主办南通市"卉森杯"盆景艺人职业技能竞赛。

2010年10月28日,第六届中国(如皋)花木盆景艺术节开幕。本届艺术节的主要活动有:江苏省第十五届盆景艺术展暨颁奖仪式、如派盆景蟠扎大赛和表演、南通市首届暨如皋市第二届红木雕刻职业技能大赛、如皋东方盆景园揭牌等,其中红木雕刻技能大赛,有全市28名红木雕刻能手现场比拼。艺术节期间,10个花木合作项目集中签约,总投资额为2.5亿元。

三、重要会议和参观考察

1987年后,随着如皋花木盆景的社会影响不断扩大,江苏省乃至全国性的花木盆景重要会议和专题活动不少在如皋举办。先后有:江苏省花木盆景评比展销会、江苏省出口盆景现场会、全国盆景精品赛、江苏省花木盆景专业委员会理事长会议、全国第十四届园艺与盆景艺术培训班、江苏省园艺工作会议、江苏省农业综合开发工作会议、中国江苏花木产业发展论坛、江苏省苗木交易会暨省苗木商会成立大会等。出席会议的有国家林业局,中国花卉报社,中国花卉协会,中国林业大学,南京林业大学,南京农业大学,福建省军区,江苏省政府、省人大、省财政厅、省农林厅、省花木协会、省花木联合会的领导和专家,上海市、辽宁省等16个省市及江苏省南京、扬州、无锡、苏州、常州、盐城、武进、江都、江浦、句容、沭阳、吴江等重点花木产区的领导、专家和客商。会议主要参观点有如皋花木大世界、如皋绿园、水绘园、江苏花木城、九鼎鲜切花基地、十里花市、如城镇十万亩花木园区等。

1997年后,到如皋考察、调研花木盆景生产的有多名江苏省省委、省政府领导及省相关部门负责人。2001年11月25日，由江西省副省长率领的江西省农业考察团专程到如皋考察花木生产。2004年5月17日，江西省农业领导干部培训班学员70余人参观考察皋南镇安定花木专业村和如城镇城东村花木生产基地。

四、学术研究

学术团体 1983年，如皋市花木盆景协会建立，挂靠如皋市林业站，宗旨是围绕农业产业结构调整，宣传花木盆景产业政策，推广新的实用技术，调查研究，开展科技咨询，提供信息服务，组织参加国内外比赛、展评，促进花木专业技术发展，努力帮助花农增收致富。每年春季向政府提供花木销售情况报告和市场行情分析，供决策参考。协会于1998—2010年的历届盆景艺术节期间先后组织"宏坝杯""绿园杯""邓园杯""解放杯""长寿杯"盆景蟠扎大赛和老年盆景蟠扎比赛。

研究成果 20世纪90年代后，协会会同柳树、桂花、珍珠黄杨、乡土树种、彩色树种、草坪等研究所和花木专业户，引进、驯化、改良七叶树、金合欢、喜树、杜英、重阳木、马褂木、枫香、珍珠黄杨、金丝重柳、红栌、丝棉木等新品种以及各类彩色草坪均获成功。多名协会会员在《中国花卉报》等专业报刊发表研究文章；协会会同市档案局、农林局编辑出版《如皋花木》《如皋盆景》，均由吉林人民出版社出版；协会会员还编著《中国园艺·花汉民盆景集》《中国民间盆景》，分别由江苏美术出版社和同济大学出版社出版，前者由刘海粟题写书名，后者由陈从周作序。

图8-38 享受国务院特殊津贴的盆景艺术家花汉民在培植盆景 （2010年摄）

第五节 花木栽培和销售

一、花木栽培

宋时起，如皋开始有富绅兴修园林，明代起造园之风更盛，城郊花农应运而生。城南逄家荡、安居庄不少农民改粮种花，后逐渐扩至桥儿头、王家巷、顾家庄一带。民国18年至民国22年（1929—1933年）国民政府江苏省政府统计：如皋全县有零星花圃，栽培花木用地近20亩。

1958年起，各公社、大队以副业场、副业队名义建苗圃。至1966年，全县有较大苗圃25个，苗木栽培面积约800余亩。

1979年，政府鼓励发展多种经营，全县兴办苗圃53个，种植花木增加至4500余亩。至20世纪80年代末，全县共有30多个乡（镇）经营苗木，较大苗圃268个，并出现个体花木专业户，苗木品种发展至2000余种，花木总面积有1.8万余亩。城西、大明、邓园3乡成为知名的花木生产乡；城西乡的顾庄、石桥、解放、城南、纪庄和大明乡的王巷、大镠、茶庵头等初步形成花木生产专业村。

1991年，全县确定顾庄、纪庄、安定等9个村作为"花木专业村"试点，花木盆景生产开始升温。至1994年，仅城西乡新增花木种植面积4000亩。

1995年，全市13个主要苗木生产单位花草苗木销售额超过千万元。是年，江苏省最大的鲜切花基地——江苏花木城落成。

2000年，全市花木盆景、林苗基地总面积为3万亩，其中花木生产占地面积1.95万亩，主要分布在如城镇、大明乡和长江镇（如皋港区）。如城镇花木科技示范园通过江苏省级检查验收。如城镇的顾庄、纪庄和大明乡的大明、王巷等花木专业村的花木生产面积占全市75%。花木生产基本形成商品化、规模化、专业化、产业化、集约化。

2002年，全市花木栽培总面积5.7万亩，有专业苗圃100多个，有如城顾庄、纪庄和皋南安定等花木专业村10个，有花木专业户1.50万户。全市花木盆景业从业人员有3万多人，栽培品种1300多个，具有年产绿化苗木1.50亿株，盆景300万盆，盆花1000万盆的能力。如皋绿园的白秀芳菊花，如城镇顾庄村的罗汉松、蜡梅、垂杨柳、桂花，皋南镇东、西两个长庄村的草坪等特色产品基地形成规模。市委、市政府委托袁桥镇竞标拍卖苗木生产管理权的方式向当地农民发包镇内的1450亩河坡青坎。全市41.60千米的沿江内外坎共3400亩土地全面推行堤防管理区植树绿化承包制，明确责任，实行收入分成。如皋焦港闸管理所职工建立股份制的绿港花木有限公司，把江堤绿化作为一项产业，在沿江堤岸遍植紫薇、垂柳、桧柏、黄杨和银杏等，并以"公司加基地"模式，培育形成30万株冬青苗木的生产能力。

2005年，全市建有2个大型花木交易专业市场，设有柳树、桂花、珍珠黄杨、乡土树种、彩色树种、草坪6家花木专业研究所，3家二级资质、20多家三级资质园林绿化施工企业，开始走出如皋承接国内外园林绿化和景观设计施工工程。

2008年，全市花木生产总面积19.95万亩，花木从业人员4.52万多人，花木专业户2.51万多户，花木经纪人5200多人，年产绿化苗木2亿株、草坪600万平方米、盆景300余万盆、盆花1500余万盆。如皋市被确定为江苏省五大重点花木产区之一。

图8-39 如城镇季园温室大棚培育花卉（2010年摄）

2010年，全市花木生产总面积为20多万亩，栽培品种1300余个，已形成年产绿化苗木3.50亿株、盆景300余万盆、盆花400余万盆、草坪250余万平方米、鲜花1500余万枝的生产规模。

二、花木销售

如皋花木销售历史悠久。宋代，县内建造园林的富户始到农村采购花木。明代，县内造园之风日盛，始有部分花农肩挑或用小车运至城区销售。清代，县内所产花木除在县内销售外，有部分销往扬州及江南。中华人民共和国成立初期，花木销售一度中断。1958年始，部分公社、大队创办苗圃、副业场（队），苗木主要销售给机关、企事业单位，用于绿化、美化。20世纪80年代初，全县花木主要依靠城西乡花木公司对外销售。1986年，如皋绿园和各苗圃共推出3批计527盆盆景，参加在意大利热亚那市举办的第5届国际花展和在意大利佩夏市举办的第18届花展，获得多项奖励，全部送展盆景销售一空。

1988年，全县花木盆景销售总额1800万元。如皋绿园等盆景生产销售企业组织200多盆盆景至香港销售，很快销售一空。随后全市组织7471盆盆景远销荷兰、加拿大、捷克3国，为国家创汇15万美元。

1991年全市销售盆景50余万盆，销售总额2100余万元，为国家创汇20余万美元。

1999年，全市花木销售市场相对向如城周边和各主要交通要道两边集中，销售花木、盆景、草皮总额1.5亿元，其中出口盆景4万余盆，创外汇10余万美元。

2005年，全市花卉、苗木、盆景销往国内香港等20多个省（直辖市、自治区、特别行政区），花木盆景出口荷兰、意大利、日本等10多个国家，共销售花木（包括鲜切花、观赏花木、种苗用花卉）1.8亿株，盆景（包括盆花、观叶植物）120万盆，草坪60万平方米，年销售总额超过10亿元，其中出口创汇25万美元。

2008年，全市花木盆景年销售总额41亿多元，首次突破40亿元。出口额500万美元，其中切叶、切花销售800万枝，销售额1.5亿元；盆花130万盆，销售额0.8亿元；观叶植物销售50万盆，销售额1亿元；盆景120万盆，销售额0.2亿元；观赏苗木1.33亿株，销售额15亿元；草坪20万平方米，销售额1亿元；园林绿化工程用花木销售额21.5亿元。

2010年，花木盆景年销售额50余亿元。全市具有一级园林绿化施工资质的企业1家、二级资质的企业8家、三级资质的企业21家。全年园林绿化施工收入10亿元。花木盆景已成为如皋第一大特色产业。

三、花木专业市场

1994年位于今益寿南路西侧的江苏花木城开业，成为如皋第一个专门从事花木生产销售的专业市场。1997年，如皋开始推进如城至大明204国道沿线（今益寿南路）"十里花市"的建设，至1999年，花木生产销售专业户逐步将道路两侧花木经营店房补齐，十里花市形成。2000—2002年，搬经富莱尔园艺场、下原柳树研究所、吴窑长庄路口的银杏树交易市场相继建立。2003年位于皋南镇大明村的如皋花木大世界落成开业，成为华东地区超大型的花木交易场所。至2010年，以如城镇为中心，204国道和316省道两线为筋脉的花木销售网状市场成为全国知名的大型花木盆景集散地。

四、主要花木产销单位

如皋人民公园 建于民国4年（1915年），初名如皋公园，位于古如皋城东北隅。民国18年，孙中山先生奉安，改称中山公园。民国38年1月，如城军管会接管，更名如皋县人民公园。1998年，经江苏省政府批准，列为南通唯一的国家一级园林，园内留存众多珍贵历史文物遗迹、古盆景和古树名木。进入20世纪90年代，花木种植和盆景制作主要用于城市和会场、景点的装饰、布置或参加上级评比、竞赛、交流，不参与市场经营活动。其中，有2盆五针松盆景被选送至毛主席纪念堂。

如皋绿园有限公司 1983年7月创立。初名城西花木公司原址在204国道如城段（今益寿南路）西侧。为城西乡集体企业，以花木盆景产销为主，兼营观赏鱼养殖。1989年，更名江苏省如皋绿园，并建立占地14.3亩的花木盆景销售基地和占地20余亩的生产基地。此后，相继成立中荷合资江苏翠绿盆景有限公司、中意合资如皋泰克玛盆景有限公司，扩大盆景出口，每年出口盆景20多集装箱，创汇300余万美元。1996年始，花木出口量减少。2003年始，企业改制。2006年6月，更名如皋绿园有限公司，企业法人郑长才。2009年，经国家林业局批准，于原址南约1千米兴建东方盆景园，园区占地面积350亩，建筑面积1.8万平方米，分一园、四区、八厅。园内，塑有五大盆景流派盆景产地岭南（广东）、四川、扬州、苏州、如皋的浓缩景观。建有假山、曲廊、小桥流水，密布奇花异草、顽石根雕、竹亭草堂。内设古盆馆、奇石馆、鱼乐园、水上乐园、老年人茶社、盆栽精品园等景点，陈放获奖、参赛盆景精品近万盆，为苏北集商贸旅游、娱乐休闲、文化交流于一体的大型园林景观。至2010年，所产盆景在国内外盆景展销、评比活动中，共获奖牌30余枚，其中金牌7枚。先后接待彭冲、姜春云、迟浩田、宋平等党和国家领导人及20多个国家的驻华使节参观考察。先后获江苏农业龙头企业、南京林业大学园林高职实习实训基地、中共中央办公厅警卫局盆景生产养护基地等称号。

如皋花木大世界 位于如城镇大明村，创办于2002年9月，集花木盆景生产交易、信息技术培训、科技研究开发、园林施工养护、生态旅游观光、休闲文化娱乐、花木盆景租赁等于一体，占地总面积600亩，是中国盆景艺术家协会的常务理事单

图8-40 如皋绿园 （1996年摄）

图8-41 全国农业旅游示范点在如皋花木大世界举行揭牌仪式 （2004年摄）

位。全国15个省市的花木客商在此设摊位1480余个，经营品种1320多个，是华东知名的花木集散地，为如皋对外开放的窗口之一。先后被评为江苏省文明市场、江苏省重点农产品批发市场、江苏省优秀农业产业化龙头企业、全国农业旅游示范基地。2010年交易总额接近50亿元，并于江苏沭阳开办花木大世界连锁市场。

南通城中园林工程有限公司 成立于1999年11月，位于如皋市如城镇贺洋村204国道场北路口南侧。注册资本3168万元，主要经营园林绿化综合工程设计、施工、养护，苗木、花卉、盆景、草坪的种植、销售以及园林技术咨询、技术培训、园林机械销售等，具有国家园林绿化施工一级资质、风景园林工程设计专项二级资质、园林古建筑工程专业承包三级资质，业务范围覆盖北京、上海、山东、河北、山西、湖北等省市，其中徐州燕子楼公园绿化项目获江苏省建设厅和江苏省风景园林协会优质工程奖。至2010年，拥有各类大中型机械设备、设施等固定资产2238万余元，各类工程技术人员90余人，其中工程师31人，高级技术工人35人。

如皋市梅源园林景观工程有限公司 位于如城镇纪庄村，1995年创建，是从事园林绿化工程设计、施工和管理，具有国家园林绿化二级资质的专业公司。拥有一级造景师5人、二级项目经理12人，园林古建项目经理9人。先后承接上海环球公园、方泰敬老院、嘉定绿化风光带，山东青岛经济开发区，扬中港西南路、明珠广场、大桥广场、江洲广场，无锡赛维拉花园，连云港邓小平雕塑公园，山东枣庄大宗寺庙古建园林，南通钟秀路、虹桥路、疏港路等大型绿化和园林小品景观工程。拥有近500亩花木生产基地，年产苗木100余万株，草坪20万平方米，盆景盆花10余万盆。

如皋市兴昌实业有限公司 位于如皋江安镇西来桥北隔河，与靖江市相邻，前身为创建于1968年的葛市苗圃，苗木基地700余亩，常年培育100余种花卉苗木，具有绿化施工二级资质、防渗漏施工三级资质、石料墙体、地面装饰、设计施工三级资质，是集生产、加工、经营绿化苗木、花卉、建材等于一体的综合性生产经营型公司，注册资本1000万元。“十一五”期间，承建宁通公路、204国道、上海仁恒·运杰河滨公园等大型绿化工程。所产苗木销往北京、上海、南京、苏州、无锡等花木市场。

如皋市绿洲园艺有限公司 成立于2002年，位于如城镇钱长村，注册资金1108万元，是集科研、生产、营销、施工、服务于一体的园林景观装饰专业公司，具备三级园林施工资质，拥有花木生产基地120亩，温室大棚100余个。先后承接上海欧美乐园，安徽宿州众德·祥福园，南京工业大学校园，南通大学城校区、北濠山庄、润友大厦、醋酸纤维有限公司及如皋城建嘉园等多处绿化和景观工程。

如皋市江源植物造景有限公司 位于如城镇贺洋村，建于2000年，具有园林施工三级资质，为中国盆景艺术家协会常务理事单位。主营园林艺术绿化工程与施工、地栽景观、植物培植与销售、园林技术咨询与协作等。先后承接南京热电厂、淮北二电厂、江苏省级机关大院、南京燕子矶公园、苏通大桥、南通经济开发区及如皋新世纪广场等绿化工程。

图8-42 植物造景 （2008年摄）

南通田源无土草坪有限公司 创建于2010年6月，位于郭园镇范刘村204国道西侧，注册资金800万元，主要生产经营无土草坪，品种有果岭草、百慕大、马尼拉、天鹅绒、细叶麦冬等，草坪基地面积1200亩，已建成设施500亩。以公司为主体，建立草坪生产专业合作社，带动公司周边农民共同致富。

卷九 工业·建筑业·房地产业

第一章 工业

第二章 建筑业

第三章 房地产业

盐业为如皋最早工业产业。西汉初期，如皋蟠溪古煮盐区，是两淮和江浙地区煎盐之始。唐贞观年间，如皋始用"风脱水"工艺加工萝卜干。清代，如皋火腿、香肠、肉松及如皋贴绒工艺品等工业品名扬海内外。民国初，如皋工业仍以手工业家庭作坊为主。民国3年（1914年），乡绅沙元炳等创办如皋县平民工厂，是为全县第一家工厂。20世纪30—40年代，战事频仍特别是日本侵略军的垄断和掠夺，至全县工业发展停滞，至民国37年底，全县仅存耀如电厂等3家工厂，且均处于停产半停产状态。中华人民共和国成立初，全县机械、轻工、纺织、粮油加工等工业恢复发展。至1953年，全县工业企业增至90余家，实现工业总产值2100万元，比1949年增长2.3倍，部分工业品恢复出口。"大跃进"运动前后，全县工业畸形发展，新建和扩建地方国营企业30多家，新增县属和社队企业近150家。不久，一批企业被关并。20世纪70年代初始，乡镇（含队办）企业迅速发展。1978年，全县工业总产值4.64亿元。中共十一届三中全会后，全县工业快速发展。1978—1998年，全市（县）工业总产值以年均16.77%的速度递增。2010年，全市工业总产值2288.65亿元，是1978年的493.24倍。

1956年前，全县无建筑企业，建筑施工由木匠、泥瓦匠等临时组合进行。1956年，如皋县建筑工程站成立。此后，随着建筑施工能力的增强，县内建筑企业除承建本地大型建筑工程外，业务向市(县)外、省外、国外拓展。如皋建筑队伍以技术精湛、作风过硬、建筑质量优良被誉为"建筑劲旅""如皋铁军"。1995年，江苏省政府授予如皋市"建筑之乡"称号。2007年2月，江苏省政府授予如皋市"建筑强市"称号。2010年，全市有建筑企业202家，建筑施工人员15.57万人，建筑业总产值362亿元。

1956年前，全县房地产多为私有，与一般商品一样自由买卖，但房地产业规模较小。20世纪50年代实现土地社会主义公有制，土地买卖被禁止，同时基本完成城镇私房社会主义改造。此后，城镇居民住房计划分配，职工住房实行福利分配。1987年，如皋县城镇建设开发公司成立，专业从事房地产开发。随着住房制度改革的不断深入，全市（县）房地产业逐步兴盛。2006—2010年，全市房地产开发建设投入近100亿元，新建商品房560万平方米。2010年，全市销售商品住宅4282套、65.83万平方米，销售额24.29亿元。

第一章 工业

第一节 管理机构

一、沿革

民国前,如皋历代官府仅设盐业机构。民国元年(1912年),如皋民政分府始设劝业课,主管全县工业生产。

民国17年,国民政府如皋县政府设建设局,管辖水利事务所、电话交换处、电气公司、县立工厂。民国25年初,改设技术室,下设实业课(另设总务课、技术课),民国26年撤销。民国27年,日本侵略军占据如皋后,全县大部分工厂关闭,专门管理机构消失。民国34年2月,如西县政府设生产建设科,主管抗日民主根据地工业。民国38年5月,县政府设工商管理科,主管全县工业、商业,办公地址在南大街5号。7月,县政府生产建设科划建为建设科和生产合作推进社。

1950年8月,县政府工商管理科改称工商科。1955年5月,县政府建立手工业管理科。1956年2月,县人委将工商科划建为工业科和商业科,工业科负责管理全县工业。1957年7月,如皋县手工业生产合作联社建立,与手工业管理科合署办公,负责管理全县手工业工厂、合作社、合作小组和个体手工业劳动者。

1958年5月,县人委工业科改建为如皋县工业局。7月,县手工业管理科、县手工业联社与县工业局合并,对外挂工业局、手工业联社两块牌子。是年,县人委成立工业办公室,负责决定全县工业企业的兴办,1959年撤销。

1960年5月,县工业局划分为重工业局和轻工业局。1961年6月,重工业局划分为工业局和农业机械局。1961年1月,县重、轻工业局又合并为工业局。12月,如皋县手工业管理局成立。1962年6月,县手工业管理局划分为手工业管理局和手工业联社。

1967年3月,县工业局、手工业管理局瘫痪。1968年9月,如皋县工业手工业领导组成立。1968年12月,县革委会成立抓革命促生产指挥组(简称生产指挥组),1969年9月,县工业手工业领导组并入。1970年12月,如皋县工业局成立(又称第一工业局)。

1975年12月,如皋县社镇工业局成立。1976年1月,县革委会成立工交财贸办公室,生产指挥组撤销。1976年2月,社镇工业局改称第二工业局,主管全县社镇工业和9个区农具厂。1978年4月,县工交财贸办公室划分为县工业交通办公室和县财贸办公室。1979年9月,县第二工业局与工业局(第一工业局)合署办公,同时成立县人民政府经济委员会(简称县经委),主管全县经济工作。

1980年2月,县工业局撤销,成立如皋县电子化学工业公司、机械工业公司、工艺美术服装工业公司、纺织工业公司、轻手工业公司,同时建立县经委社镇工业组。1984年3月,如皋县轻工建材公司成立,纺织工业公司改建为纺织丝绸工业公司。5月,如皋县乡镇企业管理办公室成立。6月,县轻手工业公司、县轻工建材公司合并为如皋县轻工建材工业公司。1985年1月,县乡镇企业管理办公室改称县乡镇企业管理局。

1992年2月,如皋市经济体制改革委员会建立。1996年11月,市经济委员会、计划委员会、经济体制改革委员会、经济协作委员会合并,组建如皋市计划与经济委员会(简称市计经委);市电子化学工业公司、机械工业公司、工艺美术服装工业公司、纺织丝绸工业公司、轻手工业公司精简合并为市机械电子化学工业公司、纺织丝绸工业公司、轻工建材工业公司。

2001年9月,市政府机构调整,撤销市计划与经济委员会、财经贸易委员会、乡镇企业管理局，组建如皋市发展计划与经济贸易委员会(简称市计经贸委)，挂市乡镇企业管理局和市安全生产监督管理局牌子；撤销市机械电子化学工业公司、轻工建材工业公司、纺织丝绸工业公司，其承担的行政管理职能划归新组建的市发展计划与经济贸易委员会，轻工建材工业公司承担的住户室内装饰业管理职能划交市建设局，被撤销的三个工业公司所属企业公有资产由如皋市资产营运公司管理。2004年12月，市发展计划与经济贸易委员会职能整合，组建如皋市发展和改革委员会(简称市发改委)。至2010年，全市工业经济由市发改委及其挂牌机构如皋市经济贸易委员会主管。

二、主要机构

如皋市经济贸易委员会 2004年12月成立的如皋市发展和改革委员会，对外挂如皋市经济贸易委员会、如皋市中小企业局、如皋市第三产业办公室牌子。2010年1月，如皋市经济贸易委员会更名为如皋市经济和信息化委员会，为市发展和改革委员会挂牌机构，全市工业经济由其主管。

如皋市乡镇企业管理局 1984年5月，如皋县经委社镇工业组撤销，如皋县乡镇企业领导小组成立，下设如皋县乡镇企业办公室，负责主管全县的乡镇工业。1985年1月，如皋县乡镇企业办公室改称如皋县乡镇企业管理局，主管全县乡(镇)村办工业企业，隶属县经济委员会。2001年9月市乡镇企业管理局撤销。

纺织丝绸工业公司 1980年2月，如皋县纺织工业公司建立。1984年3月，更名为如皋县纺织丝绸工业公司，隶属于县经济委员会。1996年11月，工艺美术服装公司中服装行业管理职能划入。2003年撤销市纺织丝绸工业公司，其原承担的行政管理职能划归市发展计划与经济贸易委员会。

机械电子化学工业公司 1980年2月，如皋县机械工业公司建立。1996年11月与市电子化学工业公司合并组建市机械电子化学工业公司。2001年，撤销市机械工业公司，其原承担的行政管理职能划归市发展计划与经济贸易委员会。

轻工建材工业公司 1980年2月，如皋县轻手工业公司建立。同年12月，从轻手公司划建如皋县建材工业公司，1983年7月，县政府将县建材公司划归轻手公司。1984年6月，经县政府批准，两公司合并为如皋县轻工建材工业公司，统一主管全县的县属轻工建材企业和部分乡镇企业，隶属于县经济委员会。1996年11月，工艺美术服装工业公司中工艺美术行业行政管理职能划入。2001年，撤销市轻工建材工业公司，其原承担的行政管理职能划归市发展计划与经济贸易委员会。

第二节 生产关系变革

一、私营工业社会主义改造

民国前，如皋工业多为个体手工作坊。

民国时期，全县工业除北洋政府县公署创办的平民工厂及如西县政府创办的少数企业外，多为个体或私营，以个体为主。民国38年(1949年)2月，县委对全县工业进行调查，全部工业总产值856.5万元，其中个体及农兼手工业产值占92.5%。

中华人民共和国成立初期，个体私营工业继续发展。至1954年，全县有手工业行业97种，个体手工业户2105户，从业人员7351人，农民兼营商品性手工业的47901户，从业人员78981人。是年，县委贯彻中央“积极引导、稳步前进”方针，着手改造私营工业、手工业，变生产资料私有制为社会主义公有制。至年底，发展手工业合作社15个，入社手工业者570人，占全县个体手工业者总数7.78%。

1955年，全县在丝线、结网、刻印、缝纫、五金、竹器等主要行业组织发展11个手工业生产合作社、2个供销生产合作社和7个生产小组，社(组)员1828人，占全县手工业者总人数44%。

1956年1月，全县以如城为中心掀起对私营工业、手工业社会主义改造高潮，在五六天时间内，建立手工业合作社(组)58个，社(组)人员总数8459人，占全县手工业者总数的93%；实行公私合营的企业8家，并入地方国营企业的针织企业8家、印刷企业14家，从业人员153人。至1956年年底，全县对私营工业企业社会主义改造基本完成。

二、工业企业产权制度改革

20世纪90年代初期，全市(县)属、乡镇工业的结构性、积累性矛盾显露。

1993年，全市开始工业企业产权制度改革，公有资产退出企业，劣势企业退出市场，理顺企业产权归属，置换职工劳动关系，破除全市工业的体制性障碍。至1998年，全市乡镇企业产权制度改革结束。

至2010年年底，全市市属企业产权制度改革基本结束，有近3万名职工走向市场，共退出国有资产5352万元。

市属企业产权制度改革 1993年5月28日，经济体制改革委员会等四部门联合下发《如皋市市属企业推行股份合作制的实施意见(试行)》，选择如皋印刷厂、如皋水泥制品厂、南通市电站阀门厂、如皋糖厂等20家企业进行股份合作制试点。职工自愿入股、财产共同占有，逐步建立自主经营、自负盈亏、共同劳动、民主管理、利益共享、风险共担、按劳分配和按股分红的管理体制。

图9-1 改制前的南通市电站阀门厂 (1993年摄)

1994年上半年，经江苏省经济体制改革委员会批准，如皋市组建江苏昌昇机械股份有限公司、江苏南天集团股份有限公司、江苏南浦机电股份有限公司、江苏九鼎集团股份有限公司、江苏红杏绢丝绸股份有限公司、南通皋鑫电子股份有限公司。同年，如皋袜厂在全市市属工业企业中第一家实施破产，进入破产清算程序。

1995年，市委、市政府组织人员赴山东省诸城市学习“先售后股”的经验。1995年12月6日，全市企业产权制度改革动员会召开。1996年4月，市委、市政府印发《如皋市属企业“先售后股”暂行规定》。是年，如皋市减速机厂、食品厂、农机公司，江安剪床厂等资产500万元以下的市属国有、集体工业企业，将国有或集体资产评估后的净资产出售给企业内部全体职工，把原来的国有企业、集体企业，改造为内部职工持股的、属于社会主义劳动群众集体所有的股份制或股份合作制企业。

图9-2 市委书记郝政现场推进高压电器厂企业改制工作 (1995年摄)

1998年7月，市委、市政府出台《关于放开搞活我市国有、城镇集体中小企业的若干意见》，加大企业产权制度改革扶持、鼓励力度，鼓励产权转让，鼓励企业经营者、职工个人买断企业，企业整体转让可将非经营性资产剥离，企业欠发的职工工资、医疗费等经有关部门审核同意，视作企业所欠职工债务，连同欠缴的社会保险基金等费用，以净资产出售所得予以补足；企业整体转让或出售实物资产，采取公开招标方式；鼓励兼并和资产重组，鼓励优势企业对资不抵债和小微亏企业实施兼并；允许股权在企业内部流转，鼓励经营者控股，经营者持大股，净资产300万元以下的企业，政府和集体不再参股或不再控股；净资产300万元以上的企业，非公有股份占比不低于总股本的50%，经营层股份占比不低于非公有股份的50%，经营者个人必须持大股，所占股份必须不低于经营层股份的20%(简称五五二股权结构)；规范租赁经营；采取多种方法安置企业富余人员，允许在确定转让底价时，按不超过职工总人数10%的比例从净资产中剥离富余人员安置费用，作为解除

如皋市市属工业企业产权变更情况一览表

表9-1

企业名称	所有制性质	改制时职工人数（人）	改制时资产净值（万元）	产权变更形式		变更时间	改制后情况
				破产清算	改制		
如皋县剪床厂	集体	227	25		√	1998-03	南通天力锻压机床有限公司
如皋县减速机厂	集体	187	89		√	1998-09	如皋减速机有限公司
如皋通光毛纺厂	集体	110	99.8		歇业转让	1998	—
如皋县化工厂	集体	100	6.2	拆迁关闭		1999-09	如皋市印刷有限公司
如皋纸箱厂	集体	324	288	√		1999-12	—
如皋县车辆厂	集体	215	169.7		√	2000-08	如皋昌昇电控有限公司
江苏钢球厂	集体	337	238		√	2000-11-20	南通通用钢球有限公司
如皋县针织内衣厂	国营	820	787.2	√		2000-12-25	—
如皋县纺织机械制造厂	集体	246	213		√	2001-01-18	如皋爱吉科纺织有限公司
如皋县化工二厂	集体	300	250		√	2001-01	—
如皋县白蒲地毯总厂	集体	454	170.9	√		2001-03-28	—
如皋县建筑钢模板厂	集体	120	45	√		2001-03-29	—
江苏如皋食品罐头厂	国营	1107	1293.6	√		2001-03-30	—
南通市量刃具厂	集体	401	116	√		2001-03	—
如皋糖厂	国营	393	365.8		√	2001-05-23	如皋花神糖业有限公司
如皋县白蒲针织厂	集体	385	89	√		2001-05-25	—
如皋线厂	集体	673	423.6	√		2001-07-25	—
如皋动力机厂	国营	1370	5400	√		2001-08-01	—
如皋县染织厂	国营	1572	1306.1	√		2001-08-15	—
如皋县工艺结网总厂	集体	254	171.6		√	2001-08-31	如皋汇利服饰有限公司
白蒲印刷厂	集体	148	37	√		2001-08	—
如皋县制革机械厂	集体	181	50.8	√		2001-10-23	—

续表9-1

企业名称	所有制性质	改制时职工人数（人）	改制时资产净值（万元）	产权变更形式		变更时间	改制后情况
				破产清算	改制		
如皋县水泥厂	集体	276	148		√	2001-12-14	如皋市协和水泥制造有限公司
江苏省如皋肉类食品(集团)公司	国营	2550	1300.8	√		2001-12-17	—
如皋县食品厂	集体	177	48		√	2002-01-08	—
如皋县丝织厂	集体	983	679.1	√		2002-01-22	—
如皋县工艺丝毯总厂	集体	689	541.6	√		2002-06-28	—
如皋米面厂	国营	210	156.03		√	2002-07-18	如皋米面厂有限公司
如皋县毛巾厂	集体	932.9	1968	√		2002-07-18	—
南通市矿山机械厂	集体	1500	1200		√	2002-10	江苏昌昇集团股份有限公司
如皋县砖瓦机械总厂	集体	200	27	√		2002-12-01	—
如皋县高压电器厂	集体	802	579.6		√	2002-12-15	江苏如高高压电器有限公司
如皋橡胶厂	集体	197	150		√	2003-01	如皋市北极光橡胶有限公司
石庄压力机床厂	集体	156	345	√		2003-01	—
如皋县工艺编织总厂	集体	318	299.3	√		2003-03-28	—
南通锻压机床厂	集体	1100	1200	√		2003-04-30	—
如皋印刷厂	国营	385	237.39		√	2003-05-08	—
如皋县缫丝厂	集体	1221	250	√		2003-06-28	—
如皋县织袜厂	集体	677	186.4	√		2003-06-30	—
如皋化肥厂	国营	1300	4348		√	2003-06-30	如皋市白蒲复合肥有限公司
如皋酱醋厂	国营	267	149		√	2003-06	整体拍卖于如皋市经济开发区,职工享受改制待遇后解散
如皋造纸厂	集体	400	407	√		2003-10-21	—
如皋县羊毛衫厂	集体	253	122.2	√		2003-11-25	—
如皋县无线电三厂	集体	504	84.5	√		2003-11-28	—
如皋县木工机械厂	集体	239	49	√		2003-12-04	—

续表9-1

企业名称	所有制性质	改制时职工人数（人）	改制时资产净值（万元）	产权变更形式		变更时间	改制后情况
				破产清算	改制		
如皋县水泥制品厂	集体	360	180		√	2003-12-08	如皋擎六建材有限公司
如皋轴承厂	国营	657	350.9	√		2004-02-16	—
如皋县无线电厂	国营	709	2030		√	2004-04-12	南通皋鑫电子股份有限公司
如皋县谢甸砖瓦厂	国营	226	78.89	√		2004-05-30	—
如皋县电站阀门厂	集体	242	339		√	2004-07-28	南通市电站阀门有限公司
如皋酒厂	国营	493	716.77	√		2004-08-13	—
如皋县丁堰纺织厂	集体	3188	3532.15		√	2004-09-02	如皋丁堰纺织有限公司
如皋轧花厂	集体	210	268.1		整体改制	2004-09	如皋市三禾棉业有限公司
张黄轧花厂	集体	75	13.10		整体转让	2004-09	如皋市焦港棉业有限公司
如皋油厂	国营	242	408.5	√		2004-11-28	—
白蒲轧花厂	集体	154	164.5		企业重组	2004-12	如皋市白蒲扎花厂
如皋绢纺厂	集体	1484	1314	√		2006-05	—

劳动合同人员的经济补偿；搞好已改制企业的规范运作和配套改革，妥善处理好银行、信用社贷款债务。原来已改制的股份制、股份合作制企业按此文件进行规范和完善。

2001年9月，市政府办公室转发市改制办公室《关于市属工业企业国有（集体）产权、股权转让的实施意见》，企业改革工作全面、规范推进。主要做法是实行“两退、两转、两买断、四配套”。“两退”即公有资产全部退出竞争性行业，劣势企业退出市场。“两转”即股份合作制企业向股份制转化，私营个体企业向现代企业制度转化。“两买断”即买断土地使用权、买断厂房设备。“四配套”即用工制度、分配制度、人事制度和社会保障制度配套。凡是保留国有、集体职工身份的职工都彻底进行身份置换，做到“两清”，即产权关系清、人员身份清。

此后，全市各系统根据《意见》实施市属企业产权制度改革。全市国资系统企业破产、深化完善改革、国有资产退出单位共76家，其中破产企业44家，深化完善改革企业10家，国有资产退出企业22家。商贸系统破产、深化完善改革的工业企业37家，其中破产企业5家，深化完善改革的工业企业3家，对职工补偿清算终止劳动合同企业29家。全市共收回公有资产4300多万元，引入个人资本、民间资本、社会资本17468万元，12460名职工置换劳动关系，解决欠发职工工资、集资款、经济补偿金1.49亿元，4830名离退休人员工资实行社会化发放，解套银行抵押资产3.18亿元。

至2010年年底，全市市属企业产权制度改革告一段落。

乡镇企业产权制度改革 1992年下半年，市委、市政府组织人员赴山东莱阳学习股份合作制改革办法。

1993年,乡镇工业企业产权制度改革在全市逐步推开,当年乡镇企业改制520家,新吸收股金9934万元,其中社会法人股1669万元,占16.8%,个人股8265万元,占83.2%。

1994年,全市乡镇工业企业大力度推进股份合作制改革,改制企业计961家,占应改制乡镇企业数75%。改制中产生股份合作制企业58家,公有民营企业314家,企业转让产权66家。

1995年,全市乡镇企业以增资扩股为重点,完善股份合作制改革,新增股金1.26亿元。其间,以股份合作制为主要形式的产权制度改革,与部分地区集资风相交叉,出现一些问题,后经过整改,产权不明、政企不分的问题基本得到解决。

1996年初,市政府组织有关部门和乡镇企管站负责人再赴山东诸城学习考察,并选择林梓、长江、丁西三个乡的22个不同类型企业进行"先售后改"(先出售后改制)改革试点。

3月底,市委、市政府召开中小企业产权制度改革动员大会,动员全市乡镇企业像推行家庭联产承包责任制那样"强行入轨",推进以"先售后改"为主要形式的企业产权制度改革。主要特点为明晰产权一步到位。在对企业总资产评估的基础上,将与企业生产经营活动无关的资产(如职工食堂等附属设施)剔除,并按政策提取规定比例的坏账准备金后,以净资产为依据确定转让价格,出售给受让人,然后由主要受让人组建企业管理班子,进行企业内部配套改革。

会后,市委、市政府从机关、企事业单位抽调150人组成督导组、指导组,分赴乡镇进行改制指导。各乡镇党委、政府成立改制领导组,并从乡镇部门抽调人员组成具体工作班子。全市组织直接参与改制工作人员计850人。

全市乡镇企业产权制度改革中,实施既"切一刀"(所有企业都要进行改制)又不搞"一刀切"(改制形式不硬性统一)的做法。针对乡镇企业严重资不抵债的问题,不少乡镇采取先租后售、零价转让、竞价出售、先售后改等办法,使一批困难企业再现生机和活力。

截至1996年11月,全市推行"先售后改"企业319家,其中个人购买159家,合伙购买10家,法人购买150家,合计转让金额6605.86万元,现款兑现3829.13万元,办理借贷手续2776.73万元。另外,还有239家企业推行租赁经营,年租金1933.93万元。26家企业推行抵押承包,押现金额169.82万元。推行股份合作制的企业45家,增扩股量达到3826.78万元。改制前,乡镇办企业资不抵债计146家,对此类企业,采取"先售后改"形式109家,资不抵债总额计4474.32万元,转让额278.14万元,实际溢价值为4752.46万元。长庄乡对资不抵债的通用机械厂实行"零价转让",场南乡对资不抵债的福利化工厂实行竞价转让,邓园乡对资不抵债高达760万元的毛纺厂实行"先租后售",石庄镇对资不抵债企业实施"连续责任"做法,即对造成企业资不抵债的原经营者追究责任,以零价转让形式,要求原经营者接受转让并继续经营。

1997年,全市重点推进净资产300万元以上16家企业和年销售收入2000万元以上14家骨干企业改制,并推进租赁企业的改制。对属集体投资兴办而冒充"校办企业""福利企业""劳武企业"的,按照能售则售原则推进改革。对挂集体牌子,实为个人投资的企业一律还其本来面目,恢复为私营企业。

1998年,全市乡镇企业改制进入攻坚扫尾阶段。市委、市政府提出"五个一"(一鼓作气、一个不漏、一丝不苟、一步到位、一着不让)工作要求,确保实现"五个百分之百"(产权明晰率、换证换据率、"红帽子"企业摘帽率、出资验资到位率以及租赁企业全面引入私营机制)。

在全市乡镇企业推行"先售后改""以售为主"的产权制度改革中,改革企业1564家,其中组建有限责任公司197家,组建股份合作制企业122家,转为私营企业689家,转为个体166家,租赁引入私营机制95家,注销合并企业295家。改革中,彻底打破过去按乡办、村办、组办、私营、个体来划分企业类型的传统格局,形成以有限责任公司、股份合作制、私营、个体划分企业类型的新格局,全市此四种类型企业分别占企业总数的15.22%、9.7%、54.3%和13.23%。

至1998年年底,全市乡镇企业产权制度改革结束。

如皋市乡镇企业产权制度改革情况一览表

表9-2

乡镇别	企业性质			改制前账面资产			改制评估资产			改制形式						未改制（家）	再次改制（家）	股权设置				
	乡办（家）	村办（家）	其他（家）	总资产（万元）	总负债（万元）	净资产（万元）	总资产（万元）	总负债（万元）	净资产（万元）	先售后股（家）	转私营（家）	改建公司（家）	股份合作（家）	租赁（家）	其他（家）			政府股（股）	量化股（股）	职工股（股）	经营层股（股）	经营者股（股）
合计	510	363	99	212943.72	185919.24	27024.48	210066.57	1116017.1	24049.47	148	217	29	63	341	39	85	122	931.66	1663.19	3162.83	2467.35	1319.52
如城镇	21	22	0	41706.73	30682.74	11203.99	44176.44	31425.17	12751.27	11	0	0	1	29	2	0	0	0	0	116.96	0	50.12
白蒲镇	13	11	5	4351.55	3359.66	991.39	4190.12	3215.03	975.09	1	10	1	1	13	0	3	7	0	12.48	10.14	2.34	0.78
石庄镇	19	11	0	7768.17	6853.46	914.71	7619.44	7051.54	567.36	14	5	0	0	5	0	6	7	0	99.06	193.50	147.60	75.70
丁堰镇	28	22	0	15721.69	15779.04	-57.35	14522.6	15131.44	-608.84	6	29	0	0	5	0	10	2	0	70	23.95	47.88	11.50
新民乡	8	17	7	8520.2	6019.45	2500.75	7640	6227.53	1412.47	4	11	0	3	14	0	0	0	0	0	0	0	0
柴湾乡	4	5	8	3497.3	3245.7	251.6	3308	3113.50	194.50	5	3	7	1	1	0	0	2	40	69	16.40	22.30	82
南凌乡	7	7	3	1885	2056.8	-171.8	1821.49	2039.60	-218.11	3	10	0	0	4	0	0	2	0	0	0	0	0
雪岸乡	9	9	12	2673.5	2420.9	252.6	2673.5	2420.90	252.60	5	18	0	2	5	0	0	2	8	27	234	151	72
东陈镇	15	19	0	5191.09	3775.53	1415.56	4835.25	3589.52	1245.73	8	4	2	2	18	0	0	2	146	582	717	706	217
丁北镇	9	7	8	4499.92	4081.41	418.51	5089.5	4243.30	846.2	1	4	2	0	9	6	2	0	0	123	0	0	0
丁堰乡	15	7	0	1746.59	2587.22	-840.63	1918.06	2659.96	-741.90	0	2	0	1	15	0	4	0	0	0	4	0	0
建设乡	10	4	0	1518.45	1849.57	-331.12	1421.46	1371.25	50.21	3	5	0	0	4	0	2	2	63	30.5	28.60	14.80	9.90
马塘乡	5	1	11	2284.8	2623.57	-338.77	2266.2	2608.20	-342	0	14	0	0	2	0	1	3	0	0	0	0	0
林梓镇	19	8	1	6381.3	5169.00	1212.3	5660	4335	1325	10	3	0	2	11	0	2	1	0	149.2	0	86	8
新姚乡	17	14	1	3941	3934.3	6.7	4240.2	3851.70	388.50	1	8	0	0	14	9	0	5	0	0	0	20	10
勇敢乡	10	15	0	2520	2071	449	2549	2097	452	0	14	1	0	8	0	2	7	0	0	0	0	0
奚斜乡	13	4	0	1324.94	1248.74	76.2	1219.76	1138.50	81.26	0	4	0	0	10	1	2	3	0	0	19.55	8	1.50

续表9-2

乡镇别	企业性质			改制前账面资产			改制评估资产			改制形式						未改制（家）	再次改制（家）	股权设置				
	乡办（家）	村办（家）	其他（家）	总资产（万元）	总负债（万元）	净资产（万元）	总资产（万元）	总负债（万元）	净资产（万元）	先售后股（家）	转私营（家）	改建公司（家）	股份合作（家）	租赁（家）	其他（家）			政府股（股）	量化股（股）	职工股（股）	经营层股（股）	经营者股（股）
花园乡	4	1	7	1059.80	784.95	274.85	1089.20	881.93	207.27	0	7	1	1	3	0	0	0	0	0	0	0	0
下原镇	5	12	0	2151.69	2282.3	–130.61	2085.22	2255.26	–170.04	0	10	1	1	4	1	0	0	0	0	0.90	0.90	0.90
车马湖	12	3	0	765.650	603.69	161.96	766.62	582.27	184.35	0	2	0	4	6	3	0	0	55.14	0	12	111.60	98.60
龙舌乡	5	15	0	5037.50	2342.55	2694.95	4964.49	2286.73	2677.76	0	4	1	0	9	6	0	0	0	0	0	0	0
营房乡	9	6	4	1360.51	1152.95	207.56	1322	1151.35	170.65	1	4	0	0	13	1	0	1	0	0	0	0	0
九华乡	8	4	4	461.08	311.06	150.02	472.58	326.11	146.47	3	2	1	1	9	0	0	0	0	0	2.80	21	18
郭园乡	9	6	0	1010.43	700.19	310.24	1026.71	692.38	334.33	0	0	4	0	11	0	0	0	0	0	0	0	0
江防乡	15	6	0	2523.48	2250.04	273.44	2393.59	2007.79	385.80	0	2	1	6	10	0	3	11	0	0	0	83.40	25
长江镇	20	6	1	15468.93	16581.26	–1112.33	14352.05	16732.9	–2380.85	5	6	0	0	5	0	10	1	0	0	0	0	0
石北乡	10	3	0	2094.73	2085.79	8.94	2042.60	2127.82	–85.22	5	4	0	1	3	0	0	3	0	28.12	127.20	27	26.56
吴窑镇	18	11	0	6837.57	6040.32	797.25	6930.24	6400.16	530.08	11	3	0	1	3	0	11	18	0	30.5	225.83	203.11	50.16
高并乡	9	4	0	2575.74	2397.01	178.73	2460.76	2443.69	17.07	7	0	0	5	0	0	1	4	56	0	0	0	0
长青沙	7	4	0	1294.43	726.38	568.05	1294.43	726.38	568.05	0	0	0	9	2	0	0	6	353.32	0	49.64	124.91	23
长庄乡	8	19	0	1318	1275	43	1397	1253	144	3	19	0	1	4	0	0	4	87	0	0	33	90
场南乡	11	0	0	3302.69	3722.97	–420.28	3619.53	3836.63	–216.10	7	0	0	0	4	0	0	2	35	14	113.70	60.50	53.20
场北乡	5	0	5	725.28	1113.03	–387.75	601.96	1169.78	–567.82	1	3	0	0	4	0	2	2	0	10.45	50	83	35
磨头镇	9	6	0	616.10	479	137.10	841.93	722	119.93	1	1	0	1	9	1	2	2	0	0	0	0	0
桃园乡	6	4	2	345.24	179.75	165.49	345.24	179.75	165.49	0	7	0	1	4	0	0	2	0	0	0	0	0
大明乡	12	10	0	1508.50	1346.76	162.04	1583.89	1345.06	238.83	0	12	0	0	8	1	1	4	0	0	0	0	0

续表9-2

乡镇别	企业性质			改制前账面资产			改制评估资产			改制形式						未改制（家）	再次改制（家）	股权设置				
	乡办（家）	村办（家）	其他（家）	总资产（万元）	总负债（万元）	净资产（万元）	总资产（万元）	总负债（万元）	净资产（万元）	先售后股（家）	转私营（家）	改建公司（家）	股份合作（家）	租赁（家）	其他（家）			政府股（股）	量化股（股）	职工股（股）	经营层股（股）	经营者股（股）
葛市乡	9	1	0	9457.28	7723.79	1733.49	8524.42	7955.86	568.56	7	0	0	0	3	0	0	0	0	269.32	459.95	35	142.60
黄市乡	7	1	0	1163.84	1272.41	–108.57	1029.62	1000.79	28.83	0	0	0	2	5	0	1	0	0	0	0	7.92	0
江安镇	6	6	0	1000.10	1047.06	–46.96	922.34	1146.36	–224.02	0	0	0	0	9	3	0	0	0	0	0	0	0
胜利乡	7	0	2	5624	522.30	401	5792.52	5544.07	248.45	4	0	0	0	3	0	2	0	13.20	49.06	54.21	103.80	49.70
高明乡	5	2	2	624.20	500.80	123.40	560.80	490.25	70.55	0	0	0	0	7	2	0	0	0	0	0	0	0
常青乡	8	4	0	4253.20	2977.80	1275.40	3488.40	2593.10	895.30	2	10	0	0	0	0	0	2	0	30	300	203	140.90
搬经镇	10	4	12	7638.30	6938.80	654.50	7128.20	7023	105.20	0	7	6	5	8	0	0	1	0	0	0	0	0
加力乡	6	2	0	2102.20	1917.20	185	1907	1736	171	2	3	0	1	2	0	0	1	0	0	0	13	5
夏堡乡	6	5	4	4061.40	3175.90	885.50	4308.80	2841.90	1466.9	0	0	1	2	10	2	0	2	0	0	0	0	0
何庄乡	12	11	0	1485.40	1457.12	28.28	2239.01	2080.90	158.11	2	12	0	1	7	1	0	2	75	58.50	26.50	43	22.50
袁桥镇	8	7	0	1507.86	1357.94	149.92	1470.92	1516.58	–45.99	0	2	0	6	1	0	6	7	0	0	0	0	0
戴庄乡	9	1	0	1098.06	588.11	232.95	1216.32	957.46	258.86	5	1	0	0	3	0	1	2	0	0	206	90	0
邓园乡	7	4	0	5475.30	6175.20	–699.90	5435.20	6122.70	–687.50	2	2	0	1	2	0	4	0	0	0	0	0	0
城西乡	6	12	0	1463	1119	344	1402.50	1368	34.50	8	0	0	0	3	0	7	0	0	11	170	7	0

第三节 所有制结构

一、国有工业

民国29年至民国30年(1940—1941年),新四军先后于如西抗日民主根据地创办新业印刷所、修械所和子弹厂。

中华人民共和国成立初期,原新生、群益油厂首先合并为地方国营如皋油厂。此后,如皋棉织厂、机修厂、毛猪加工厂、米面厂、酒厂、酱醋厂等国营企业相继建立。1956年,全县有国营企业16家,工业总产值2990万元。

1979年,全县国营工业企业增加到43家,占全县工业企业总数的2.8%。1990年,全县国营工业企业43家,总产值56563万元,固定资产原值22781万元,职工15885人,生产500多种工业产品,销往全国各地和60多个国家和地区。1995年,全市工业企业9204家,其中国有工业企业53家。主要国有大中型企业有:如皋肉联厂、电子材料厂、动力机械厂、无线电一厂、针织内衣厂、染织厂、食品罐头厂;全市工业总产值1016781万元,其中国有工业企业产值154601万元,占15.2%。

随着工业企业改制的不断扩大和深入,一部分企业改制为股份制企业,一部分企业国有资本逐步退出,全市国有工业企业数量减少,产值占比下降。至2000年,全市工业企业数增加至10060家,国营工业企业数量降至22家,产值占比降为7.6%。2004年,全市国有工业企业1家,就业人员25人(第一次全国经济普查结果)。2005年,全市规模以上工业企业453家,其中国有工业企业仅如皋市林梓铜材厂(民政系统福利企业)1家,有职工48人,当年产值18037万元,占全市规模以上年工业总产值0.09%。2010年,如皋规模以上工业企业中无国有工业企业。

二、市(县)属集体工业

1956年,私营工业进行社会主义改造后,经“改组、兼并”,全县有11家工业企业被确定为县属集体企业。1959年,全县有10家国营工业企业被调整为县属集体企业。1976年,全县有33家区、镇属企业上升为县属集体企业。1978年,全市工业产值中,县属集体工业占51.87%。

1979年,全县共有县属集体企业54家,占全县工业企业总数的3.5%,总产值7415.17万元,利润805.67万元。1990年,全县县属集体工业发展至291家,职工27584人,总产值54287万元,利税2626万元,固定资产原值23756万元。企业分布于纺织、针织、丝毯、服装、电子、化工、机械等10个门类,产品400多种。主要县属集体企业有丁堰纺织厂、如皋毛巾厂、如皋纺织厂、如皋丝织总厂、如皋绢纺厂、如皋缫丝厂、如皋丝毯总厂、南通矿山机械厂等。1995年,全市市属集体工业企业256家,占工业企业总数的2.8%;产值218000万元,占全市工业总产值的21.44%。

2001年,开始实施工业企业产权制度改革,2005年,全市规模以上市属集体企业为如皋市自来水厂1家,有职工209人,年产值1414.3万元。2010年,全市规模以上市属集体企业仍为如皋市自来水厂1家,年产值3990万元,从业人员198人。

三、乡镇工业

如皋县乡(社、镇)办工业企业起步于20世纪50年代,新姚、丁堰、下原、磨头、城西5个铁木竹生产合作社为最早建立的乡镇工业企业。乡(社、镇)办工业企业开始集中于农具、编织、绣花、砖瓦、粮食加工等门类,生产工艺初以手工为主。1958年,全县社镇工业企业共115家,除社办农具厂45家外,主要企业为黄市针织厂、邓园纺织厂、邓园杂粮加工厂、新民综合厂、如城人发厂等,完成年产值37万元。1960年,全县社镇工业企业发展到187家,完成产值345万元,主要产品有铁木农具、长毛绒、土布、人发、猪鬃、肠衣等。

1961—1962年,县委、县政府调整工业布局。1962年年末,全县除各公社农具厂外,另有工业企业14家,年产值65万元。

1968年,全县社镇办工业企业共27家,其中社办企业17家,镇办企业10家。1970年6月,南凌公社自筹资金,新建18门轮窑1座,购置400型制砖机、半自动制瓦机各1台,创办全县第一家乡办砖瓦厂。至1975年,全县有23个公社相继兴办砖瓦厂。

1978年，全县社镇企业完成工业产值16855万元，实现利税1253万元，年务工人数5.36万人。

中共十一届三中全会后，全县社镇工业企业快速发展，部分生产大队开始兴办企业。社镇队办工业企业统称为“社队企业”。1980年，全县社队企业完成产值27722万元，比1978年增长64.47%。1984年1月，“人民公社体制”终结后，社队企业改称乡镇企业，并开始实施以推行和完善经营承包责任制为重点的经营体制改革。是年，全县乡镇工业完成产值44365万元，为1978年的2.63倍。

1985年，全县乡镇工业企业发展到1548家，其中镇办工业企业72家、乡办工业企业577家、村办工业企业788家、其他主体兴办工业企业147家，企业数比1978年增加2.21倍，在乡镇企业务工人员93400人，占全县总人口的6.73%。乡镇企业固定资产原值9843万元，定额流动资金7309万元；完成工业产值63304万元，占全县工业总产值的47.22%；实现利润3019万元，上缴税金2369万元，发放工资4614万元。

1986年起，全县乡镇企业围绕提高经济效益，强化企业管理，大力推行经营承包责任制，“集体承包”“合伙承包”“个人承包”等多种承包经营形式出现，“联产、联质、联耗、联利”和“基本任务、基本工资、费用包干、超奖减赔”等计酬方式得到普遍推广。工业企业之间开始实行横向联合，企业由分散经营向联合协作和专业化转化。

1988年，全县乡镇企业中，出口创汇企业有51家，出口产品46个，实现外贸供货额6283万元。1990年，全县共有年产值超百万元乡镇企业229家，其中产值超千万元企业15家。

20世纪90年代初开始，乡镇企业产权不明、政企不分、企业产品结构不合理、低水平重复建设、管理滞后、资金不足等积累性矛盾日益突出。1991年，如皋乡镇企业产品获国际博览会金奖、银奖各1项，获省新产品“金牛奖”3个，获省专利“佳利杯”奖4个，获南通市新产品“金鹰奖”40个。是年，全市乡镇工业企业实现产值16.98亿元，占全市工业总产值的55.78%；完成利税7533万元，占全市工业利税的72.4%。乡镇工业占据全市工业经济“半壁江山”。

1992年起，全市乡镇企业利用区位优势、资源优势和基础优势，通过合资、合作，大力引进国外、境外先进技术和设备。1992年，全市新办“三资”企业99家，合同利用外资838.45万美元，完成外贸交货额7.26亿元。1993年，全市乡镇企业总产值34.37亿元，工业总产值“亿元镇”从1990年的2个增至9个，如城镇、长江镇工业企业总产值超过3亿元。

1994年，全市乡镇企业效益下滑，全年完成利税1.51亿元，比1993年下降27.8%。是年开始，全市乡镇企业“股份合作制”“租售结合”和“产权转让”等改革逐步展开。是年，实现乡镇全部工业总产值49.42亿元，亿元乡镇增加至15个。1995年9月，由经贸部、农业部联合评选的全国千家出口创汇先进企业揭晓，如皋市纬编厂、丁沪织布厂、手套厂、工艺绣品总厂等4家企业被评为“1993—1994年度全国出口创汇先进企业”。如皋市乡镇企业管理局同时被评为全国出口创汇先进单位。

1998年，全市乡镇企业运行质量明显提升，全年实现产值76亿元，占全市工业总产值的73.76%；利税总额为1.92亿元，其中利润6323万元；资产负债率73.87%，比1997年降低7个百分点。是年，全市产值超千万元的乡镇企业有74家，全部工业产值超亿元的乡镇为35个，形成乡镇企业集团23个，其中国家级集团2个，省级集团6个。是年，搬经、邓园、郭园、下原、戴庄等乡镇工业集中区初步形成；新民乡新王庄村的肠衣、戴庄乡天元村的宠物玩具、下原镇进胜村的医疗器械和灯具、龙舌乡顾元村的塑料绳网、黄市乡联络村的肉制品、奚斜乡奚庄的娱乐牌、丁堰镇北沙村的绗缝、花园乡花园村的雨具等生产加工专业村相继建成。至是年，全市乡镇“三资”企业累计160家，完成外贸交货额12.4亿元，7家自营出口企业，完成自营出口总额5035万美元。是年，乡镇企业完成技术改造项目36项，投入100万元以上的技改项目53个，其中500万元以上项目12个。1992—1998年，全市乡镇企业累计开发新产品300余个，其中61个产品获省级新产品称号，6个产品被评为省级以上名牌。

是年，全市乡镇企业产权制度改革全部到位，自此不再对乡镇企业实施专门管理和单独统计。

1978—1998年如皋市(县)乡镇工业产值统计表

表9-3

单位:万元

年份	全市工业产值	乡镇工业产值	乡镇工业占比(%)
1978	46378	16855	36.34
1979	57651	19475	33.78
1980	70370	27722	39.39
1981	77635	29704	38.26
1982	87481	30709	35.10
1983	93682	34270	36.58
1984	110983	44365	39.97
1985	134072	63304	47.22
1986	155399	83755	53.89
1987	182045	111777	61.40
1988	236088	149397	63.28
1989	245348	160764	65.52
1990	266967	150875	56.51
1991	304500	169842	55.78
1992	385607	222594	57.73
1993	536895	322997	60.16
1994	737845	477426	64.71
1995	1016781	536018	52.72
1996	965768	682610	70.68
1997	1006340	724257	71.97
1998	1030302	759955	73.76

注:此表以1990年不变价统计

四、民营工业

1956年完成对手工业、个体私营工业社会主义改造前,全县工业以民营工业为主。完成对手工业和个体私营工业社会主义改造后,民营工业消失。中共十一届三中全会以后,全市(县)民营工业得到恢复发展。1983年,全县个体私营工业总产值353万元,比1978年增长4.12倍。1990年年底,全县5922家工业企业中,个体私营工业企业合计4146家,其中农村个体工业企业3526家,农村合作经营性质工业企业230家,城镇个体工业企业390家,占全县工业企业总数的70%。

中共十四大召开后,市委、市政府大力推进企业产权制度改革,全市民营工业企业数量快速增加,规模不断扩大。1995年,全市年产品销售收入100万元以上的私营工业企业27家。1998年,全市个体私营企业工业总产值50.47亿元,占全市当年现价工业总产值的46.02%;实缴税金5172.45万元,吸收劳动力6.38万人。其中销售收入500万元以上的私营工业企业26家,产值亿元以上的9家。

2001年,全市规模以上企业工业总产值中民营经济占比为77.8%,2002年为92.5%。2003年,全市民营经济发展提速,新增私营工业企业861家,注册资本10.64亿元,新增个体工商户5981户,注册资本1.45亿元。民营经济年内完成固定资产投资额22.56亿元,比2002年增长119%。个私企业新增就业人员1.55万人。全市民营经济工业企业完成工业总产值183.45亿元,实现营业收入167.87亿元。

2004年,全市新增个体工商户4.91万户、私营企业4230家、私营企业注册资本67.4亿元,比2003年分别增长733.6%、454.4%、721.4%。全年民营经济固定资产投资额、规模民营工业现价产值、销售收入分别占全市总额的95%、92.6%和92%。全市形成石化、农用车、新材料等民营经济特色板块57个,其中超亿元板块20个,超10亿元板块2个。

2005年,全市开始实施“产业集聚化”战略,引导企业集聚、产业集群、经营集约。在如皋经济开发区、如皋港区发展壮大的同时,全市有17个镇建成工业集中区,并建成18个特色专业园区。是年,全市新增个体工商户30619户、公司制企业1853个、非公司制企业3682个,公司制企业注册资本19.56亿元,非公司企业注册资本55.40亿元,新增规模民营企业91个。全部民营企业实现销售收入180.26亿元,民营经济入库税收7.01亿元,占全市全部税收的66.3%。如城镇被评为南通市“民营经济总量10强镇”,搬经镇被评为南通市“全民创业10强镇”,下原、九华、林梓、常青、郭园5个镇被评为南通市“民营经济增幅10强镇”,搬经镇搬经社区、郭园镇郭园社区、九华镇九华社区、如城镇城南社区被评为南通市“民营经济发展明星村(社区)”,江苏英田集团有限公司、江苏九鼎集团有限公司、江苏省如高高压电器有限公司、江苏力星钢球有限公司、如皋市双马化工有限公司、如皋市丁堰纺织有限公司、上海制皂(集团)如皋有限公司、江苏昌昇集团股份有限公司、如皋市宏茂铸钢有限公司等14个企业进入“南通市百强民营企业”行列。

2006—2010年,全市民营企业新增中国名牌产品3个、省名牌产品22个、上市企业2家,参与修订国家、行业标准21项,南通神马电力科技有限公司获中国标准创新贡献二等奖。培育各级工程技术研究中心111家,累计获省重大科技成果转化项目8个、争取上级科技专项资金9600万元。

2010年,全市有规模以上民营工业企业931家,实现应税销售471亿元,实缴税金21.2亿元。民营工业企业涵盖船舶制造及配套、汽车及配件、石化及精细化工三大主导产业,新能源、新材料、电子电器电力三大新兴产业,特色机械、特钢冶金、特色食品、纺织服装四大传统产业。民营工业企业中,高新技术产业产值占全市规模工业总产值的32.97%,比2005年提高8个百分点。熔盛重工成为南通市第一家应税销售超百亿的企业,南通锻压成为全国主要液压机产品研制与生产的企业之一,神马科技成为全国最大的输变电橡胶件和复合绝缘子制造企业,英田集团成为全国民营经济500强企业,元升集团成为中国太阳能行业十强企业,九鼎集团成为中国建材百强企业,长寿集团成为农业产业化国家重点龙头企业。

五、股份制工业

1992年,全市开始股份制、股份合作制试点工作,市属工业兴办6家股份制有限责任公司,乡镇(村)兴办20家股份合作企业。1993年,全市新改建股份合作制企业533家,其中乡镇工业企业520家,市属工业企业13家;吸收股金总额5.8亿元,其中乡镇企业4.3亿元,市属企业1.5亿元;新增股本10611万元,其中乡镇企业9934万元,市属企业677万元。全市工业系统共组建有限责任公司25家。

1997年,全市股份制工业企业总产值82552万元(1990年不变价),占全市工业总产值8.2%,实现利润1452万元,职工人数4407人。2000年,全市有股份合作制、股份制工业企业199家,其中股份合作制167家,股份制32家,实现产值161610万元,员工16325名。

2010年,全市有规模以上股份合作制工业企业1家,有限责任公司71家,股份有限公司7家。股份制工业企业总产值1671682.9万元,占全市规模以上工业总产值16.92%;实现利润127223万元,占全市规模以上工业企业利润总额的21.67%;职工15877人,占全市规模以上工业企业从业人员年平均人数的10.84%。

六、外资和中国港、澳、台地区投资工业

1985年,如皋县服装厂、皋城工艺服装厂、中联公司与中国香港利物发展有限公司合资成立南通利通皋服装有限公司,是为全县首家港资与内地资本合资企业。此后,全县外资和中国港、澳、台地区投资工业企业逐渐增加。

1990年,全县拥有外资和中国港、澳、台地区投资工业企业5家,总产值295万元。1991年,全市外资和中国港、澳、台地区投资工业企业增加到18家,总产值1261万元,员工928人。2000年,全市外资和中国港、澳、台地区投资工业企业增加至140家,主营业务收入91514万元,从业人员9866人。

2010年,全市有规模以上外资和中国港、澳、台地区投资工业企业157家,占规模以上工业企业总数13.6%;产值2809408.6万元,占规模以上工业总产值28.43%;员工52828人,占规模以上工业企业从业人员年平均数的36.08%。

第四节 工业门类

一、制盐业

制盐业是如皋最早的产业之一。西汉初年,如皋沿海地区(今东陈镇一带)开始煮盐,“濞煮海水为盐……,此淮浙煎盐所始”(《历代盐业源流》)。吴王刘濞招募天下“亡命人”(流亡他乡的人)在蟠溪等地区煮海水为盐,史称吴盐。《扬州府志》载:“吴王濞开邗沟,自扬州茱萸湾通海陵仓(今泰州东)及如皋蟠溪。濞以诸侯专煮海盐为利,凿河通道运盐,此运盐河之始也。”此后,域内盐业继续发展。三国时期,曹操恐滨江郡县为孙权所略,强令徙民,如皋成为隙地,煮盐业一度停止。

东吴赤乌四年(241年),吕岱招抚产盐区乡民回归,煮盐业重新恢复。东晋太元七年(382年),古扶海洲接陆,江海之会的廖角嘴由李堡移至掘港,煮盐区随之扩至掘港、丰利、马塘等地。清《州乘一览》载:“其时此地有亭有场,亭以聚灰,场以晒灰。亭侧凿池贮灰,汲海潮以灌其中,俟周时灰水融溢,卤方流入小坑而移蓄于池,谓之卤池,跨卤池盘灶而屋之,谓之灶房。凡取卤煎盐以雨晴为度,晴时亭池干爽,挽牛刺取土,置于草上成溜,大者高二尺,方一丈以上,挖卤池于溜侧,妇人小丁执芦萁揽水浇灌,食顷则卤入池,取石莲十枚试之,全浮者全收盐,半浮者半收盐,三莲以下浮者则卤未堪用,需却刺开而别聚溜。卤可用者,始贮于卤槽,载入灶屋……取捋芦柴、艿草,旋以石灰封盘,角散皂角于盘内,起火煮卤,一溜之卤分三盘至五盘,每盘成盐三石至五石。”

唐太和五年(831年),海陵县析东南5乡(原如皋县地)置如皋场,如皋场辖有东陈、角斜、丰利、掘港、马塘、栟茶等煎盐亭场,产盐量很大,从如皋场沿运盐河运盐至扬州包装转销全国各地的运盐船,络绎不绝。宋时,朝廷因受边境外患困扰,决定以盐利接济边饷,更注重发展盐业生产。是时,如皋被确定为淮南盐主要产区,所产盐与通、楚二州盐同被划定销往江、浙、荆、湖、淮等路、州、县。

至北宋开宝七年(974年),原设在泰州的海陵监迁至如皋,以加强盐业管理。《太平寰宇记》载:“海陵监,煮盐之务也。……开宝七年,移监于如皋县置,从盐场之便也。”宋以后,海岸线东移,产盐区亦东移。

民国30年(1941年)3月,如皋划为如西、如皋2县,东境掘港、马塘、丰利、栟茶一带盐产地段均划属如皋县(现如东县)。

1958年12月,县委响应“向海中取宝、叫荒滩献盐”号召,按照南通地委安排,在如东县小洋口地区兴建地方国营如皋盐场。该处位于如东县光荣、丰利两人民公社以东,西起小洋口闸,南以栟掘公路为界,南北东三面环海。1959年3月,全县民工8656人,组成11个施工大队至洋口海滩围堤。7月,完成土方73万立方米,筑成海堤长10公里,开纳潮河10余公里。8月,因资金难以为继,工程停顿,已建海堤受风雨、海潮袭击,土方20%以上流失海中。

1960年初,全县2万民工再赴如东海滩建盐场,至4月底围堤工程竣工,累计完成土方180万余立方米,围成海堤14880米,围圈海滩面积2047公顷。10月,又完成土方50万立方米,建成双孔纳潮闸1座,铺盐滩12份。至1961年,完成投资额计161.08万元,建成投产7份滩,产盐80吨。鉴于如皋盐场位于如东县境内,跨县管理不便,1962年10月,根据南通地区专员公署决定,如皋制盐场划归如东县管辖,改称如东县洋口制盐场。

1984年,如皋县盐业批发部建食盐包装厂。将食用粉洗盐、粉精盐以每袋500克小包装后投放市场。1996年,开始生产小包装加碘盐。1998年1月,如皋盐业支公司购如皋市五交化公司位于新民乡新生村8组2400平方米仓库1座,用于食盐小包装生产和食盐存储。2000年起,小包装食盐由南通分公司加工配送,如皋不再有食盐加工企业。

二、肠衣制品业

如皋生猪饲养量大,猪肠资源丰富。民国10

年(1921年),县内开始有3户居民开办肠衣加工作坊。民国11年,全县肠衣加工作坊发展至9户,并有部分形成肠衣栈。民国12年,全县肠衣开始经上海转口南洋和欧美国家。除栈主加工肠衣外,亦有家庭手工业者加工,其成品由栈主转销上海英、美、法、德等国商人。民国27年至民国34年,如皋肠衣由日本人统制。只有少数上海英、法、德租界商人,以高出日商10倍的价格到如皋收购。

1950年,如皋肠衣停止出口。1951年,南通专区如皋毛猪加工厂成立,将肠衣列为主要产品之一。1958年,全县肠衣恢复对外出口。20世纪70年代,香肠、火腿肠等食品业兴起,如皋肠衣加工业快速发展,大量肠衣加工中小企业出现。1986年,江苏省土畜产进出口分公司授予如皋肉联厂畜产品加工分厂锦旗一面,誉其为"省肠衣工作的后台柱"。

2006年,江苏联众肠衣有限公司投资6.8亿元,以绿色、环保、节能、高效、清洁、安全为原则,于如皋经济开发区建设占地420亩、建筑面积20万平方米的"中国肠衣城",作为全市肠衣生产基地。至2009年,有120多家肠衣生产企业进驻。

2010年,全市有出口注册肠衣生产企业8家,规模以上肠衣生产企业22家,个体肠衣加工户300多家,实现年销售15亿元,出口创汇4000万美元。肠衣生产和出口量均占全国总量的30%以上,产品远销美国、欧盟、日本等20多个国家和地区。并形成研发、生产、经营为一体的集聚化生产模式。

图9-3 中国肠衣城 (2009年摄)

南通仁寿食品有限公司 1986年创立,初名如皋市庆丰肠衣有限公司,年生产销售猪肠衣约1.2万桶。1998年10月,取得欧盟3200/05059注册及来料加工许可证。2007年9月,新注册南通仁寿食品有限公司,投资2000万元在如皋经济开发区"中国肠衣城"内征用土地2万平方米,扩建新厂房2座,新建冷库900平方米,当年投产。产品主要销往欧盟、美国等地区。2010年,实现应税销售9236.60万元。

如皋市坝新肠衣有限公司 1988年创立,位于如皋经济开发区,占地5.28万平方米,建筑面积2万平方米,注册资本2860万元,为民营企业,系中国食品土畜商会肠衣分会理事单位,江苏省农业产业化经营龙头企业。1999年,获得欧盟卫生注册证书,2005年,通过ISO9001:2000管理体系认证和HACCP食品管理体系认证。拥有从原肠加工到成品加工、肝钠素加工生产流水线,产品主要销往欧盟、美国、日本等20多个国家和地区。2010年,应税销售1.15亿元。

南通宏达肠衣有限公司 1990年创立,位于如城镇,为加工、销售肠衣系列产品的有限责任公司,江苏开元国际集团的肠衣出口加工基地。主要产品有:盐渍猪肠衣、羊肠衣、肝素钠等。2010年,实现应税销售5796.75万元。

南通天龙畜产品有限公司 1996年11月创立,位于丁堰镇凤山村,系中外合资企业,注册资本金1286万元,固定资产330万元。先后获欧盟、俄罗斯、美国、加拿大卫生注册,并通过ISO9001质量管理体系认证和HACCP食品安全体系认证。产品主要销往欧洲、美国、日本等国家、地区以及国内二十多个省(市、自治区)。2010年,实现应税销售1.04亿元。

如皋市太阳肠衣食品有限公司 1999年创立,位于如皋经济开发区,占地1.2万平方米,注册资本1180万元。为民营企业,南通市农业产业化龙头企业。通过欧盟、美国、加拿大等国家和地区食品注册认证,同时获得国内ISO9001:2000认证。产品主要有盐渍猪肠衣和羊肠衣、精品真空肠衣、精品套管肠衣等,全部销往国际市场,覆盖欧美及亚洲10多个国家和地区。2010年,实现应税销售1.13亿元。

江苏联众肠衣有限公司 2006年,由如皋市坝新肠衣有限公司、如皋市太阳肠衣食品有限公司、南通仁寿食品有限公司、如皋市正大肠衣有限公司四家企业投资组建。位于如皋经济开发区,主要从事肠衣收购、销售,肝钠素粗品加工、销售,肠衣生产经营管理咨询服务等。其投资兴建的中国肠衣城，占地420亩，项目总投资6.8亿元，总建筑面积20万平方米。2010年，实现应税销售1.40亿元。

三、食品工业

唐贞观年间，定慧寺僧人三勒首创“风脱水”加工萝卜干独特工艺。后酿造、肉类加工等工业逐渐兴起。明崇祯十四年(1641年)，董小宛创制酥糖，后以其姓氏命名为“董糖”。清咸丰元年(1851年)，浙江金华火腿商利用如皋特产东串猪猪腿制作火腿，创建同和泰制腿栈，此为如皋第一家火腿栈，后广丰、王裕昌、恒余、同泰来、祥记、瑞生和、大华、瑞泰、恒昌等11家制腿栈相继开办。

如皋火腿为全国三大名腿之一，素有“北腿”之称，《中国实业志·江苏省》载：“我国之火腿业中心有三，即云南之腾越(宣威)、浙江之金华及江苏之如皋。”清康熙年间，白蒲镇三香斋制作的白蒲茶干，为享誉久远的地方名特产。雍正年间，由老万和茶食店创制的林梓潮糕以优质糯米和粳米舂成的米粉，配以桂花、白糖、松仁、桃仁等为原料制作而成，其传统工艺特色，源远流长。清道光年间，丁堰镇徐恒昌茶食店制作的脆饼，极一时之盛，驰名通、如、海、泰、杨及运盐河沿线。清咸丰年间，开设于如皋城的如京茶食店，有职工30余人，加工茶食因质量高和品种多而驰名。

清末，在如皋城酱酒号中有“三鼎、一大昌、八大家”之说，即鼎茂、鼎源、鼎盛、徐大昌和严长泰、严恒泰、进泰、石德昌、南祥发、北祥发、袁同泰、祥发酱园，均为前店后作坊。其中徐大昌有员工16人，年产米酒、陈元酒、蜜酒2000坛(每坛25公斤)。全县所产酒类品种繁多。民国《如皋县志》载：“三白酒，城中家酿第一。元枯(陈元酒)，城中市沽之佳者，岁久愈厚。次曰老枯”“甕头春，亦惟家酿者美”“雪酒，出白蒲镇”“安邑春，出马塘场，名枣儿红”“薄荷露，出马塘、丰利、掘港”“盛壁青，乡村多有之”“蜜酒，药丸糁饭而成，谓之原浆”“闭甕，乡村浊醪”“生酒，村坊所卖，谓之开生”“烧酒，有糟烧、米烧、芦穄烧各种”“药烧有史国公、长青、万应诸名”“木瓜、玫瑰、沉香、乔饼、佛手露、竹叶青、葡萄等以上皆各以物浸”“冰雪，冰糖、乌龙，乌梅所浸。”

民国初，全县火腿生产企业增加至28家。民国18年(1929年)，合营股份公司中国制腿公司如皋火腿制造厂投产。是年，如皋火腿生产企业增加至31家。民国27年，如皋城有21家茶食店。其他还有不少茶食店分散于县内其他乡镇。民国38年初，如城较有名的茶食店有如京、五云斋、大麒麟阁等。

图9-4 如皋毛猪加工厂收购中国制腿公司的房产界址碑

中华人民共和国建立以后，如皋食品工业发展迅速。1951年10月，南通专区如皋毛猪加工厂在如城西门大圣庙巷创建。1955年后，如皋酒厂、米面厂、酱醋厂、油厂、石桥头油厂、食品厂、白蒲油米厂、茶干厂加工场等一批国营、集体食品工业企业先后建成，形成以肉类、粮油、酿造、腌酱制品、豆制品加工为主体的食品工业。江苏省如皋肉类食品(集团)公司为大型国营企业，下设屠宰、分割肉、肉制品、畜产品、冷冻、制革、生化制药、猪鬃等9个分厂，生产6大类130多个品种，出口产品40多种，时为全国食品系统重要出口生产基地。

1976年，如皋食品罐头厂、糖厂等企业相继创办，填补如皋制糖、罐头加工工业空白。至1990年，全县拥有各类食品厂200余家，个体食品加工场1000余个，产值2亿多元，居全省各县之首，速冻能力1.3万吨，亦为全省之冠；出口产值近6000万元，其中如皋食品罐头厂出口2329万元，如皋肉类食品(集团)公司出口2014万元。此间，如皋糖厂“花神牌”绵白糖，获江苏省优质产品称号；如皋食品罐头厂“长城牌”火腿罐头、“梅林牌”香酥禾花雀罐头、“荷花牌”卤猪肚等罐头，20余次获江苏省优质产品和国家“优秀新产品”

等称号；如皋酒厂“水明楼牌”董小宛宴酒、绘园春曲酒、陈元酒、香雪糯米酒，获全国地方名酒博览会评比“三金一银”奖，“水明楼”牌白蒲黄酒多次获江苏省优质食品、名牌产品和国家博览会、国际金奖。

20世纪90年代中期以后，国际、国内食品市场急剧变化，计划经济时代形成的一套生产经营体制已经不能适应发展要求，如皋食品工业受到猛烈冲击，全行业开始大规模改革改制和企业重组工作。至2010年，全市食品行业有规模以上企业57家，年产值53.31亿元。

中国制腿公司 民国18年（1929年），由上海6家出口火腿商合资在如皋创立。股东来自江苏、安徽、广东及香港、南洋等地，为当时全国最大的火腿制作企业，有实业部授予的火腿出口专卖权。年产火腿12万只，产值30万元。总经理李筱川（安徽祁门人），被称为“火腿大王”。所产火腿大多出口菲律宾。民国27年，日本侵略军占据如皋后，公司停业。1953年9月，以2.8亿元将房产卖给如皋毛猪加工厂。

江苏省如皋肉类食品（集团）公司 1951年10月创立，位于如城西门大圣庙巷，初名南通地区如皋毛猪加工厂。1953年9月，购进原中国制腿公司和厂房，次年10月迁入，以腌腊生产加工为主。后改称如皋肉类联合加工厂，1987年定名江苏省如皋肉类食品（集团）公司。占地50万平方米，建筑面积16万平方米，拥有各种主要生产设备868台（套），动力机械总能力9024千瓦。日宰杀加工生猪能力6000头，冷藏速冻能力186.7吨，储存能力4500吨。下设屠宰加工厂、分割肉加工厂、肉制品加工厂、畜产品加工厂、冷冻厂、动力机械厂、制革厂、生化制药厂、猪鬃加工厂等9个分厂。主要产品分冻制品、肉制品、腊制品、畜产品，猪皮革、生化药品6大类130多个品种。其中，出口产品40多种，为全国食品系统出口产品的重要生产基地。白条肉、分割肉、肉松的出口量居全国首位，“金梅牌”肉松1985年3月获国际美食学会与旅游观光委员会授予的金质奖章，此为中国肉制品在国际上获得的第一枚金牌，1989年1月又获首届中国食品博览会金奖。1990年，产值6893.2万元，上缴国家税金68.5万元，出口产品产值2018.4万元。是年，成立中日合资米久食品有限公司。此后，公司连年出现购销倒挂，经营亏损。2004年1月15日，破产终结。重新成立今天食品有限公司，后组建为如皋长寿食品集团总公司。

国营如皋酒厂 1955年创立，位于如城南城脚。1956年始，制麯，主产白酒和黄酒。1964年，白蒲黄酒厂并入。1988年，所产水明楼牌黄酒获首届中国食品博览会银奖。占地（含白蒲黄酒厂）6.08万平方米，建筑面积2.59万平方米，主要生产设备130台（套）。1990年，产值3785.8万元，利税253.67万元。2004年8月13日，破产终结，重新组建江苏省水明楼酒业有限公司，原白蒲黄酒厂组建南通白蒲黄酒有限公司。

国营如皋酱醋厂 1956年，由如城严恒泰、马大源、黄隆泰、吴瑞丰、陈三泰5家私营酱园组建。初名公私合营如皋酱醋厂，位于如城通仓桥北首，后迁至如城工农桥北首，新厂占地3.5万平方米，建筑面积1.86万平方米。1968年，改为国营如皋酱醋厂。主要生产设备20台（套）。主导产品为如皋甜萝卜条、增味条、江苏萝卜粒等。1989年，江苏萝卜粒、增味条获商业部和江苏省商业厅命名为优质食品。产品除销国内，还销往日本、东南亚等地和中国香港地区。1990年产值903.6万元，利税41.2万元，出口产品产值99.6万元。此后，经营陷入困境。2004年8月，改制结束。南工场拆除，北工场整体转让。

如皋市食品厂 1958年8月创立，原名如皋县糖果糕点厂，位于如城通城巷。1988年，迁至如城西郊，占地1.07万平方米，建筑面积0.5万平方米。有电动糖果机等设备18台（套）。为县属集体企业。1990年，产值258.6万元，利税10.8万元。20世纪90年代开始，经营日趋艰难。2002年1月，企业改制，180名职工清算分流，以零资产转让，重新组建股份制民营企业如皋市食品厂有限责任公司。

江苏如皋食品罐头厂 1976年创立，位于如城西郊红星村。系国营企业，为轻工部、外贸部定点生产罐头、速冻食品的综合型出口企业。建厂初期，仅生产辣菜瓶装罐头。1979年9月，开始代其他厂生产出口罐头。10月，获国家工商行政管理局批准使用“荷花牌”注册商标。1980年，获轻工部批准承担出口罐头生产任务，外销代号为

"K11"。是年,占地9万平方米,建筑面积3.26万平方米,拥有各种生产设备500多台(套),15条生产流水线、3座冷库和万余亩果蔬原料基地。生产的罐头有肉类、禽类、水产类、果蔬类、野味等60多个品种,速冻蔬菜有10多个品种。1990年产值3557.53万元,上缴国家税金32.7万元,出口产品产值2329.5万元。1996年9月,破产重组为如皋市罐头冻菜制品总厂。2000年9月,如皋市罐头冻菜制品总厂改制,重新组建为如皋市长生食品罐头有限公司。

如皋花神糖业有限责任公司 1976年创立,初名如皋糖厂,位于磨头镇西河湾。初期年产绵白糖470吨,产值100万元。1980年,开始利用制糖副产品制酒精、白酒及饮料,并增建年产180吨多维豆浆晶生产线1条。1983年,在全国48家200吨小型甜菜制糖企业生产评比中,获总分第10名,居江苏省同行业之首。全厂占地8.18万平方米,建筑面积1.5万平方米,主要生产设备130台(套)。2001年5月,改制为如皋花神糖业有限责任公司。2010,实现应税销售3167.47万元。

南通玉兔集团有限公司 1984年创立,位于江安镇,占地4万平方米。现建有食品、肠衣、化工3个分厂,形成生猪屠宰、分割、产品加工到冷藏、贮运、销售一条龙模式。主产品为如式香肠、肉松等六大类共100多个品种,年产量5000多吨,销往全国60多个大中城市和日本、德国、美国、英国、新加坡、印度、意大利等国家。为农业部授予的"综合管理达标企业"、江苏省"重合同守信用企业"、江苏省"AAA级特优质资信企业"。"玉兔"食品是"中国国际农业博览会名牌产品""江苏省消费者协会推荐产品""中国长寿文化节指定产品"。"玉兔"商标是江苏省著名商标。公司先后通过ISO9001国际质量体系认证、QS认证、HACCP体系认证和出口食品卫生注册认证。2010年,实现应税销售2.35亿元。

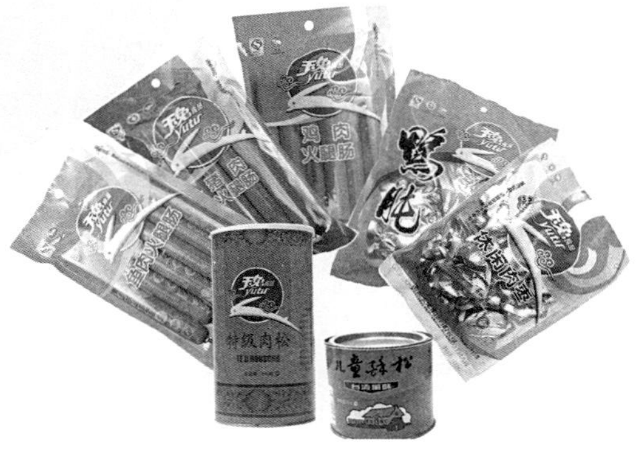

图9-5 "玉兔"系列长寿食品

南通市银燕食品有限公司 1984年创立,位于磨头镇。1996年,改制为股份制企业。拥有生产厂房50000多平方米,固定资产5000多万元。是专业从事养殖、屠宰、分割、深加工的复合型肉类产品企业,主要产品有畜、禽分割制品,中式腌腊、酱卤、烘焙制品,西式糕点、低温制品,小包装休闲制品等8大系列60多个品种。产品主要由大型卖场销售,在国内设40多个办事处。2010年,实现销售收入240.39万元。

如皋市长江食品有限公司 1997年创立,位于长江镇。是国内专业生产食品添加剂的知名企业。按美国FCCIV及欧洲、日本的标准组织生产,主要产品为"皋江"牌系列食品添加剂,销往美、英、韩、澳大利亚、阿根廷等国家。产品先后通过ISO9001:2000国际质量体系认证,HACCP食品卫生与安全管理体系认证,获得美国"STAR—K"核准发放的"KOSHER"证书和伊斯兰教协会颁发的"HALAL"证书。2010年,占地2.18万平方米,有固定资产2000多万元,实现应税销售1.18亿元。

江苏城市人食品有限公司 2003年,由南通市银燕食品有限公司、上海立丰食品管理有限公司、上海香河食品供应有限公司共同投资3000万元创立,位于磨头镇工业集中区。南通市银燕食品有限公司控股80%。专业生产加工真空包装休闲食品,猪、牛肉制品,腌腊制品,猪肉、鱼肉和蔬菜类罐头制品,西式熟食制品及调味品等。先后通过ISO9001:2000质量管理体系认证、HACCP食品安全管理体系认证、14001:1996环境管理体系认证。2010年,实现应税销售165.22万元。

江苏长寿集团股份有限公司 前身为江苏省如皋肉类食品(集团)公司,2003年6月,改制为民营企业江苏长寿集团股份有限公司。为农业产业化国家重点龙头企业、中国名牌产品生产企业、全国农产品加工企业技术创新机构、中国肉食加工行业销售百强企业,江苏省重点出口龙头企业、科技星火龙头企业、南通市百强民营企业和“放心肉工程”定点企业。注册总资本4.89亿元，资产总额5.86亿元，占地100.95万平方米，有子公司22家。实施“公司+基地+农户”的模式和“保护价+浮动价”的利益机制，具有年繁养屠宰生猪60万头、家禽3000万羽、加工肉制品5万吨、冷藏容量2万吨的生产能力。先后通过ISO9001质量管理、ISO14001环境管理、ISO10012计量保证和B类主导产品的HACCP食品安全管理等体系认证，是江苏省首批领取肉制品市场准入“QS”证企业。主要产品为分割肉、肠衣、速冻蔬菜和肉松、火腿、香肠、脱脂肉、肉粽等，销往全国大中城市和日本、韩国、新加坡、欧盟等10多个国家和地区。2010年，实现应税销售2.35亿元。

四、纺织丝绸工业

嘉庆《如皋县志》载：明天启年间，知县李衷纯因“皋俗不谙纺织，布匹市自江南”“令特劝种木棉，制机杼之具，布之四门，教之织纴，而免其赋”。至清代，全县乡村农家大多有手摇纺纱车，脚踏手推木制织布机亦较普遍，所织之布称“土布”，以石庄土布、如皋城红青布为著名。清咸丰、同治年间，如皋丝绸以质地优良驰名海内外。

民国3年（1914年）建平民工厂，设有织布、织毛巾工场。民国13年丁堰建阜昌染织股份有限公司，始用机器从事棉布织造。民国时期，全县有丝厂1家、丝线作坊20多家，从事手工络丝、制线生产的近1000人。受战争影响，至1949年，全市纺织丝绸企业大多停产。

1955年，在合作社基础上创办国营如皋针织厂（后称国营如皋针织内衣厂），1958年，如皋县杂纤维纺织厂（如皋纺织厂），地方国营如皋纺织一厂、纺织二厂，如皋棉毛纺织厂、如皋针织品厂等纺织企业建成投产。1969年12月，如皋缫丝厂投产。1969年建立的红旗缫丝厂于1973年开始生产丝织物，进而转产织绸，后于1979年更名为如皋县丝织厂。1980年，历时近3年建设、总投资1300万元的丁堰纺织厂全面投产。1983年7月，总投资429.7万元的如皋绢纺厂破土动工，1985年投产。1986年7月，投资3600万元（其中外资350万美元）的如皋纺织厂气流纺车间正式投产。

1990年，全县县属纺织企业拥有环纺锭7.3万枚，气流纺机18台3456头，织布机1865台，剑杆织机16台，年产纱1.1万吨，棉布4310.71万米；全县有立缫机1500台，2.98万绪，丝织机600台，年产白厂丝660.41吨，丝织品352.08万米。1996—2000年，部分企业运行困难，全市改革改制工作全面展开，在一批企业实施破产退市的同时，又催生出一批体制新、机制活的企业。

2010年，全市有纺织业规模企业244家，规模企业产值100.56亿元。

平民工厂 民国2年（1913年）筹建，次年投产创立，位如皋城苏家巷南典当内。全厂分设东西工场，东工场织布、织毛巾、漂染；西工场加工藤器、竹器、洋铁等。有资产1万元，徒工100名。民国16年，增设木工车间，改称县立工厂。民国27年，日本侵略军占据如皋城后关闭。

丁堰达记布厂 前身为阜昌染织股份有限公司。民国13年（1924年），丁堰陈端等人集资20万元创办。民国16年9月，投产。占地8公顷，主要设备有300匹马力水汀引擎、贝卜克管炉等，产品主要为白坯布。民国19年，因经营管理不善倒闭。民国20年，由上海达丰染织厂租赁，改名丁堰达记布厂。民国27年，日本侵略军占据丁堰后关闭。

如皋线厂 1950年创立，初名如城丝线社，位于如城北大街，并于上海设如皋丝线专营门市部。1953—1968年，几易厂名。1971年，与如城木纱厂合并，正式定名如皋线厂，县属集体企业。1974年，始为上海丝绸总公司生产出口经纬线，列入国家计划。主要产品有地毯线、各类工艺绣线、缝纫线、真线纬编绸服装线等近20种。1989年，出口产品桑蚕丝经纬捻线丝、纬线被纺织工业部评为优质产品。2001年7月，破产终结，原厂区被如皋市国有土地储备中心收储。

国营如皋市针织内衣厂 1955年创立，位于如城沈家巷，后迁吴家巷。中型企业，为江苏省针织内衣生产定点厂。1979年，定名国营如皋县针织内衣厂，占地2.43万平方米，建筑面积2.42万平方米。主要生产设备有棉毛织机、大圆机、台机、罗纹机及各种缝纫设备计600台（套）。年产内衣500万件，坯布600吨。主要产品有32S豆灰棉毛衫，腈纶T恤衫等200多种，销往全国20多个大中城市和美国、日本、加拿大等10多个国家和地区。1990年产值1873.17万元，利税13.01万元,出口产品产值526.5万元。2000年12月破产终结。

如皋市纺织厂 1958年创立,位于如城百岁巷口,后移至如城章家祠。初名如皋县杂纤维纺织厂,1975年改为如皋县纺织厂,中型企业。1984年,与香港华润纺织品有限公司达成气流纺工程补偿贸易协议,于如城北门外新建气流纺车间,主机RV气流纺纱机从西德引进。全厂占地8.90万平方米,建筑面积5.25万平方米,有环纺机、气流纺纱机及无纺布机等主要生产设备652台(套)。主要产品有皋城牌2020单面纱卡、52×54麻棉布等。1986年名列全国输港棉纱第二位。1990年产值6511.6万元,上缴国家税金188万元,出口产品产值394.1万元。2001年,破产终结。

国营如皋市染织厂 1958年创立,位于如城丰乐桥北首。初为地方国营如皋棉毛纺织厂,有脚踏木织机20台,主要生产纱毛呢等。1979年改名为国营如皋县染织厂,移址如城环城西路东侧。占地5.52万平方米,建筑面积4.48万平方米。主要产品有金翅牌配套系列装饰布、大提花沙发布、色织化纤布3大类,获纺织工业部、江苏省优质产品称号,产品销往美、苏、日等国家和地区,为国家二级企业。1990年,产值4351.7万元,利税317.8万元。2001年8月,破产终结。

如皋市缫丝厂 1969年创立,位于搬经镇谢家甸,初名地方国营如皋缫丝厂。1975年,转为县属集体企业。1980年,迁至如城北门小溪河南岸,占地面积2.67万平方米,建筑面积1.2万平方米,主要设备有立缫机300台、6000绪,复摇机240台。1984—1985年,年产白厂丝150吨,年产值596.1万元。1985年,定为中型企业。主要产品梅花牌白厂丝,由省纺工部门定点厂家织绸出口。1990年,产值2196.8万元,利税47.3万元,出口产品产值2308.3万元。1996年,改制为江苏红杏绢丝绸股份有限公司。2003年6月破产终结,厂区被如皋市国有土地储备中心收储。

如皋市毛巾厂 1971年创立,位于东陈镇东风河西岸。初建时名为如皋县回纺厂,主产回纺布,系县属集体企业。1973年,改为如皋县工艺品织造厂,转产机织茶巾、揩巾。1978年,生产出口茶巾、揩巾、毛巾近10个品种,成为生产毛巾的专业厂家。1979年,定名为如皋县毛巾厂,占地4.49万平方米,建筑面积2.75万平方米。主要生产设备有1515型毛巾织机及其配套设备186台(套),生产毛巾系列品种406个。1988年,高低毛圈面浴巾获江苏省优秀新产品"金牛奖",印喷面巾、提喷枕巾、印花毛巾获纺织工业部优秀产品奖。1989年,被评为国家二级企业。1990年,上升为中型企业。所产毛巾、浴巾获经济贸易部技术进步奖。是年,产值2918.3万元,利税168.6万元,出口产品产值1643.1万元。1991年,经济效益指标位列全国毛巾行业四强。2002年7月,破产终结。

如皋市丁堰纺织厂 1977年创立,位于丁堰镇。初建时为社办企业,后改为县、社联办企业。1984年,上升为县属集体企业。后成为国家中型纺织企业,南通市综合实力百强企业,如皋市重点骨干企业。具备生产多种规格的普梳、精梳纱线及坯布技术能力,主要产品有纯棉、化纤、混纺三大系列近50个品种,年产纱9000吨、线1200吨、布3000万米。2000年,通过ISO 9002国际质量体系认证。先后获江苏省先进企业、省文明单位等称号。2004年,改制为丁堰纺织有限公司。2010年,实现应税销售2.64亿元。

如皋市丝织厂 1979年创立,位于如城西北小溪河北岸。县属集体企业。省丝绸总公司生产外贸真丝绸定点厂、苏北丝绸行业骨干企业之一。占地面积5.1万平方米,建筑面积3.4万平方米,主要设备有丝织机438台,并有络、并、捻、经、浆、纡等配套设备。产品有骏花缎、斜纹绸、软缎被面及合纤织物等50多种,涤条呢、涤纶花呢、纺毛花呢分别获省丝绸新品种设计一、二、三等奖。菱花绸于1989年获省第二届"佳丽丝"优质新产品奖。1990年,产值3150.25万元,利税99.42万元,出口产品产值2119.6万元。2002年1月,破产终结。

如皋市绢纺厂 1982年创立,位于如城西郊,县属集体企业。占地面积6.42万平方米,建筑面积2.9万平方米。主要设备有绢纺锭、丝纺锭及其配套设施419台(套)。主产品210N/2、60N/2、140N/2绢丝;25N/1、17N/2丝以及60N/2-120N/2绢麻绢毛混纺线等,销往日本等国家和中国香港地区。1990年,产值3220.5万元,利税

245.3万元,出口产品产值3195.9万元。2002年5月,破产终结。

如皋市西东色织厂有限公司 1999年6月创立,位于丁堰镇。注册资本201万元,固定资产2849万元,中外合资企业。占地面积66000平方米,建筑面积25600平方米。专业生产大提花装饰布、细支大提花服装面料、床上用品布、沙发布、窗帘布等,年产能力600万米。2001年,通过ISO 9001质量体系认证。2010年,实现应税销售7254.02万元。

如皋市丹凤纺织有限公司 2002年创立,位于吴窑镇,占地面积3万平方米。主要经营纱、布、服装加工及销售,纺织机械配件加工及销售。拥有纱锭40000枚,年产"纤手"牌各种纱支电清无结优质纯棉纱3000多吨,产品销往苏、锡、常及浙江、山东等地区。2010年,实现应税销售3705.64万元。

江苏金元亚麻有限公司 2003年10月创立,由浙江金元亚麻有限公司和香港金达控股集团合资组建,位于如皋经济开发区鹿门村。注册资本9295万元,职工963人,固定资产8282万元。为专业生产、销售特种天然亚麻纱的中美合资企业,拥有25000锭亚麻纱湿纺生产线,年生产能力为5000吨亚麻纱,时为江苏省最大的亚麻纺纱企业。主要工艺设备和技术处于国内先进水平,产品质量符合出口欧美纱标准。2010年,实现应税销售3.27亿元。

如皋市协和印染有限公司 2003年12月创立,位于如城中山东路58号。占地4.8万平方米,装备有1800连续轧染生产线、退煮漂联合机、直辊布铗丝光联合机等及配套设备,主要生产高支高密府绸、纱卡、贡缎、帆布等,并有防水、树脂、特夫垄阻燃、防紫外线等T/C类、麻类、全棉类产品,年生产能力3500万米,产品得到LTS、SGS、上海科垦公司等国际检测机构的认可。2010年,实现应税销售9777.94万元。

五、轻工建材工业

清代,如皋城乡即有纸坊生产土纸(草纸),并有木刻板印刷店、刻字店。农村有烧制砖瓦的小窑,其中掘港地区的砖瓦以土质好做工细苏北知名。清末民国初,如皋民间出现石印社、印刷社。

民国2年(1913年)2月,皋鸣报社首次用铅字活字印刷报纸。南通翰墨林印刷厂为县内第一家印刷厂,在如皋城二衙巷口设有营业处,接洽印刷业务。民国16年,如皋地方出版事业委员会成立,职工10名,为如皋第一家印刷厂。后陆续发展有30多家印刷厂、店及装订作坊。民国29年,如皋县西南行政公署于如西抗日民主根据地创办新业印刷所。民国32年,新四军在郭园创办三友印刷厂。同年,苏中三分区于如西创建大众书店印刷厂和《江潮报》印刷厂,所承印的《江潮报》曾得到中共中央华中局表彰,被誉为"印刷中的奇迹"。民国时期,乡间小集镇制鞋坊、砖瓦土窑亦有布设。

中华人民共和国成立初期,随着农业、工商业的逐步恢复、发展,与经济建设和人民生活密切相关的建材工业应运而生。1951年,县教育工会合作社印务部成立,为县印刷厂前身,有职工14人,年产值3万元。1952年,如城铁业手工业合作社建立。1954年,裕民造纸厂建成。1956年,白蒲印刷厂,如城制笔社、刻字社、木器社、制鞋合作社等轻工企业建立。1958年,如城跃进纸厂、石庄造纸厂相继创办,是年5月,国营如皋县砖瓦厂于倪健乡创建(现搬经镇谢甸村)。同年,如皋县建筑工程公司于如城南门设立预制场,生产花格、门窗、平瓦等非承重房屋构件。1959年,葛市石灰厂建成。1969年,胜利耐火材料厂建成投产。1970年,如皋县水泥厂、纸箱厂建成。

1985年,全县轻工产业年产值为6787万元,其中县属企业10家,年产值1900万元。21世纪初,全市轻工建材企业改革改制完成,改制中重组一批轻工建材企业。

2010年,全市轻工建材行业共有规模以上企业234家,年产值170.42亿元。

国营如皋印刷厂 1951年4月,由4名技工利用国民政府时期大声报社丢下的150千克铅字,在如城西云路巷兴办如皋县教育工会合作社印务部,主要印刷簿本。1954年,改为南通韬奋印刷厂如皋分厂。20世纪50年代,该厂工人技术革新成果"格线连排法""铁木器开机"和"三栏式手摇折页机"蜚声省内外。1980年,正式定名国营如皋印刷厂,厂址如城闸桥东路,占地0.92万平方米,建筑面积0.81万平方米,拥有包装、印刷等生产设备154台。主要承接各类商品包装装潢、宣传画册、年历画、学生课本、教材等印刷业务。1983—1990年,承印的15种教科书被评为江苏省优质产品,其中8种被国家教委、国家新闻出版局评为优质产品。1990年,产值875.80万元,利税73.11万元。是年,改制为如皋市印刷有限公司。

如皋市煤球厂 1953年创立,位于如城南大街八字巷口(现海阳路120号)。由县民政局主办,为县属集体企业。初以手摇机械制造煤球。1960年,改用电力。20世纪60年代,开始"一主多副"。1968年,兼营拉丝及轴承修理。1969年,轴承车间划出独立建厂。20世纪70年代,增加钢丝绳和元钉制造业务。80年代,创办拉丝、鞋钉分厂。1987年,煤球厂迁至如城工农桥南,占地3300余平方米。1992年10月,拉丝厂、鞋钉厂从煤球厂划出单独核算。1995年起,陷入半瘫痪状态。1999年停产。2000年,启动产权制度改革。2005年,资产划归国有资产营运公司管理。

如皋造纸厂 1954年创立,位于东城脚。初名如皋裕民造纸厂,为县民政局社会福利厂,有职工30余人。1958年,如城跃进纸厂、石庄造纸厂并入,定名地方国营如皋造纸厂。1962年,易名如皋造纸厂,并改为县属集体企业。1980年,迁至磲砣港闸管所管理区,与磲砣港闸管所所属砖瓦厂联营,并将江防芦苇厂并入,占地9.5万平方米,建筑面积0.92万平方米,拥有主要生产设备30台(套),主产光纸、书写纸、包装纸板、瓦楞纸。1990年,产值517.3万元,上缴国家税金35.4万元。2003年10月,破产终结。

国营谢甸砖瓦厂 1958年创立,位于加力乡谢甸村。占地8.7万平方米,建筑面积0.86万平方米。1983年,所产红标准砖,被评为江苏省优质产品。是年7月,增挂上海同济大学如皋涂料厂厂牌,实行厂校联营。1990年,产值165.7万元。2004年,破产终结。

如皋轧花厂 1958年创立,位于通扬公路西侧小溪河边,为县属集体企业。占地1.98万平方米,建筑面积1.33万平方米,有主要设备54台(套),年加工能力为2.25万吨籽棉。1987年,建国家储备棉仓库,面积2000平方米。1990年,产值1117万元,利税19.9万元。1991年起,陆续投入1401万元创办如皋热电厂。1996年,如皋市华源实业总公司建立,领辖如皋轧花厂与如皋热电厂,分别独立核算。2000年开始,如皋棉花种植面积锐减,棉花加工量逐年下降。2003年,加工皮棉830吨。2004年,改制为三禾棉业商贸有限公司。

如皋市石灰厂 1969年创立,位于如城东水关河东,隶属木材建材公司。1980年,独立核算,为县属集体企业,占地6000平方米,建筑面积500平方米,有石灰窑2座,年产石灰1.3万吨。1985年,产值27.7万元。1988年,更名为如皋新型建筑装潢材料公司,经营品种增加防水材料、水暖器材、墙体涂料等。1997年11月,在市物资局系统首家破产终结。

南通新空间幕墙材料制造有限公司 1970年创立,位于东陈镇,占地5万平方米。拥有一条铝卷开平线、三条精装钣金生产线,两条涂装生产线,一条蜂窝生产线,采用日本AMADA,加拿大ACCURPRESS等钣金生产设备和日本兰氏喷涂系统,主要生产氟碳喷涂铝单板、蜂窝板,精装内装饰板系列,产品销往法国、日本、新加坡等国家和中国香港等地区。2010年,实现应税销售8155.79万元。

江苏九鼎集团有限公司 前身为如皋玻璃纤维厂,1972年创立。1980年,成为航空航天专用玻纤制品定点生产企业。1992年,组建南通华泰集团。1995年10月,更名为江苏九鼎集团有限公司。总部位于如城镇中山路1号,是一家集新材料、新能源、生物工程为主,兼营房地产、家纺等的综合性企业。

下属江苏九鼎新材料股份有限公司于2007年12月在深圳证券交易所挂牌上市。江苏九鼎新材料股份有限公司下属江苏天地风能设备有

图9-6 国内首座全电熔万吨玻纤池窑（2006年摄）

限公司专业从事风力发电机组的研发、制造与销售，并承接风力发电场的投资、运营。

下属南通九鼎生物工程有限公司主要从事生物可降解塑料系列产品的研发、生产和销售。在聚乳酸核心工艺、设备技术方面已拥有完全自主知识产权，申报专利11项。其产品聚乳酸（PLA）于2008年获科技部、商务部、国家质量监督检验检疫总局、国家环境保护总局联合授予的国家级重点新产品证书。

至2010年，是国内规模最大、实力最强、技术最先进的纺织型玻纤制品生产企业，是全球最大的增强砂轮用玻纤网片供应商。拥有国内首座全电熔池窑，采用深池冷顶电熔技术，填补国内空白，其产品和商标获中国名牌产品、江苏省名牌产品、江苏省著名商标称号。是国家重点高新技术企业、中国玻纤深加工制品基地。是年，实现应税销售6.28亿元。

南通庞蓉包装材料有限公司　2006年创立，位于东陈镇，占地2.66万平方米，总投资3500万元。专业设计、制造高标准编织袋、纸塑复合型包装袋、200L塑料包装桶等，为中国包装行业的重点企业之一，年生产各类馒头袋8000万条以上，产品主要销往国内及东南亚、欧美等地区。2010年，实现销售应税1532.90万元。

国鼎（南通）管桩有限公司　2006年，由香港国鼎有限公司投资2980万美元兴建，位于长江镇（如皋港区），占地14.65万平方米，拥有280余米长江岸线，建有万吨级码头1座。主要生产港口码头用大直径（700—1400毫米）和工民建用小型（300—600毫米）混凝土管桩。有单节长度41米大直径管桩的生产设备，年产各种规格管桩520万米（其中大直径管桩150万米）。2010年，实现应税销售1.74亿元。

六、机械工业

清末，县内有铁匠店打制钉耙、锄子、镰刀、大小锹等小农具，另有刀剪店制作菜刀、剃头、剪子等。

1952年3月，在国家“生产自救、恢复经济”口号引导下，“如城铁业工人生产自救小组”成立。次年，发展为“如皋手工业合作社”，此为如皋第一个手工业合作组织，主要生产钉耙、锄头、镰刀等农具。1956年2月，全县第一个机械工业企业“如皋县新式农具中心修配站”（后为如皋机械修配厂、如皋动力机厂）成立，主要生产喷雾器、脱粒机和农用水泵等。随后，各区乡镇均创建农具厂。

“大跃进”时期，一批合作社先后过渡建厂，铁业社、木器社合并组建农业机械厂，白铁社转建白铁厂，白蒲、丁堰、石庄、搬经等乡镇的一些手工业合作社组也先后转建区农具厂。1964年年底，如皋机械修配厂研制的DH-460型弹花机，成为全县第一个被纳入国家计划的机械产品，标志着如皋机械工业的制造技术、生产水平开始向机械化作业和批量生产方向发展。

20世纪70年代，由如皋机械工业企业开发的S195柴油机、16吨凿井绞架、JJM5卷扬机、BY32-100型四柱成型液压机、电站高温高压阀门等一批产品列入国家计划。动力机厂研制的10米龙门刨床和矿山机械厂研制的4米立车，成为苏北知名的大型机械设备。同时，如皋动力机厂、矿山机械厂等5家企业先后参与“610”线军工生产。

至20世纪80年代末，全县以动力机厂、矿山机械厂、高压电器厂为骨干的机械工业体系基本形成。农用机械生产企业有动力机厂、车辆厂、车辆配件厂等，主要生产农用柴油机、手扶拖拉机拖箱、650型和350型胶轮车、力车条，南352脱粒机、碾米机等农机产品；机床机械生产企业有南通锻压机床厂、如皋县剪床厂、如皋压力机床厂、南通兴荣机床厂等，主要生产液压机、剪床机等产品；工程机械生产企业有南通市矿山机械厂、如皋县砖瓦机械总厂、如皋县木工机械厂、如皋县制革机械厂、如皋县纺织机械制造厂、如皋交通机械厂、如皋通用机械厂、如皋县客车厂、如皋食品机械厂等，主要生产系列卷扬机、胶印机、制砖机、制革机、精纺机、小客车及客货两用车等；其他机械制造企业有南通市电站阀门厂、如皋县高压电器厂、如皋县减速机厂、南通市量刃具厂、如皋县建筑钢模板厂、如皋县电线电站阀门厂等，主要生产互感器、游标卡尺、建筑钢模板、轴承、钢球等产品。

1996—2000年，全市机械工业面临运作机制老化、生产效率不高的矛盾，很多企业生产经营困难。进入21世纪，随着改革改制逐步到位，企业产权明晰,活力增强,整个行业逐步走出困境。

2010年,全市机械工业规模企业有156家,产值91.95亿元。形成了数控锻压、数控印刷、输变电设备、环保机械、纺织机械、工程机械、食品机械、塑料机械等产业集群。

国营如皋动力机厂 1956年创立,初为县新式农具中心修配站,主要从事小农具修理和小五金生产,年产值3万元。1957年,于如皋南门辟地新建厂房,更名县铁工厂。1958年,更名地方国营如皋通用机械厂。1959年,研制成功25马力柴油机。同年底,如皋钢铁厂、农机厂、机床厂、电机厂、内燃机厂等并入,成立地方国营如皋县机械修配厂。1975年,成为生产S195柴油机的专业厂家,更名为国营如皋动力机厂,占地面积6.80万平方米,建筑面积4万平方米,主要生产设备342台(套),有9条专业生产线,主要产品S195柴油机于1985、1987年分别获机械工业部、江苏省优质产品称号,销往全国并出口东南亚地区。1995年,生产柴油机1421万台,产值1.9亿元,实现利润820万元。2001年8月,破产终结。

江苏昌昇集团股份有限公司(南通市矿山机械厂) 1958年创立,位于如城南门外大兴桥东首,初名如皋县铁木机械合作工厂,主要从事家具及小农具生产。1974年,更名南通市矿山机械厂。1995年10月,组建江苏昌昇集团股份有限公司。占地面积4.20万平方米,建筑面积2.50万平方米,拥有各种冷热加工机械设备172台(套),主导产品有慢动、快速、凿井、耙矿4个系列的卷扬机以及胶印机、塔式起重机、机械手混凝土喷射机等40多个品种,年产700多台,产品除销售国内,还销往缅甸、泰国等10多个国家。2002年7月,"昌昇"牌印刷机与"龙卷"牌卷扬机被中国质量检验协会授予全国质量稳定合格产品称号,2003年获江苏省优秀产品"金牛奖",2002—2005年,连续三次获江苏名牌产品;"昌昇"商标被评为江苏省著名商标。2005年,被认定为国家级高新技术企业、南通市百强民营企业、江苏省知识产权先进企业。2010年,实现应税销售3.36亿元。

江苏如高高压电器有限公司(如皋市高压电器厂) 1967年创立,初名如皋县电机厂,3间简易厂房,后定址环城西路。1979年9月,更名如皋高压电器厂,占地面积4.69万平方米,建筑面积

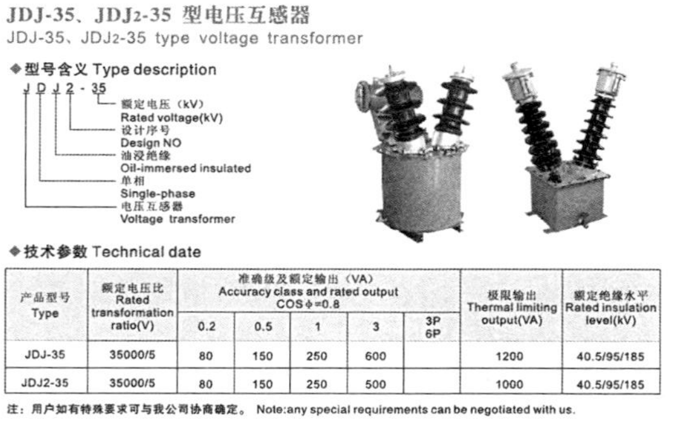
JDJ-35、JDJ2-35 型电压互感器
JDJ-35、JDJ2-35 type voltage transformer

◆型号含义 Type description

◆技术参数 Technical date

产品型号 Type	额定电压比 Rated transformation ratio(V)	准确级及额定输出(VA) Accuracy class and rated output COSφ=0.8					极限输出 Thermal limiting output(VA)	额定绝缘水平 Rated insulation level(kV)
		0.2	0.5	1	3	3P 6P		
JDJ-35	35000/5	80	150	250	600		1200	40.5/95/185
JDJ2-35	35000/5	80	150	250	500		1000	40.5/95/185

注:用户如有特殊要求可与我公司协商确定。 Note:any special requirements can be negotiated with us.

图9-7 JDJ-35型电压互感器主要参数

2.06万平方米。拥有机械加工和电器加工设备150台(套)。主要产品有110KV以下的电流与电压互感器、高压隔离开关等52种,其中JDIJJI-35电压互感器获部、省优质产品称号。1990年,新产品LCWB6-110电流互感器获省优秀新产品"金牛奖"。2002年12月改制,以净资产4255.26万元整体转让,由江苏如高高压电器有限公司受让。2010年,实现应税销售6.67亿元。

江苏力星钢球有限公司 1972年创立,初名如皋县车辆配件厂,位于如城镇跃进东路,主要生产人力车配件、农业机械配件。1988年,转产钢球,为南通市首家生产钢球的专业厂家,由如城镇镇办企业上升为县属集体企业。1989年更名如皋钢球厂,1993年升格为江苏钢球厂,1995年以江苏钢球厂为核心企业组建江苏力星集团。1997年,与机械工业部洛阳轴承研究所合作组建成全国第一家省级滚动体工程技术中心。2000年11月,改制为南通通用钢球有限公司,后易名江苏力星钢球有限公司,主要生产精密微小、汽车专用、碳钢和不锈钢四大类、数百种规格的轴承钢球,为世界著名的SKF、KOYO、CKN、NTN、TIMKEN、ILJIN等跨国公司配套,列"2001年度中国机械工业核心竞争力100强"企业。2010年,实现应税销售3.57亿元。

南通超达机械科技有限公司 1985年3月创建,位于桃园镇。专营各类汽车内饰模具,PU、EPP、EPS发泡模具、检具和自动化工装设备的设计加工,是中国和江苏省模具协会会员企业、省高新技术企业。长期服务于宝马、奔驰、大众、福特、丰田、本田、尼桑等国外知名品牌的企业,产品销往30多个国家和地区。设计和研发中心获

数项发明专利。2010年,实现应税销售1.01亿元。

江苏汤臣汽车零部件有限公司 2000年创立,位于江安镇。专业生产汽车零部件,为东风汽车集团、长春一汽、北方奔驰等企业配套,设如皋和湖北十堰、广西柳州3个生产基地,是江苏省高新技术企业。拥有金切、冲压、锻造、热处理等生产设备500余台(套)。主要产品有3—13吨及以上系列鼓式制动器、气压盘式制动器、差速器壳总成等,配套出口日本、韩国、沙特、印度等10多个国家。2010年,实现应税销售2.05亿元。

南通力威机械有限公司 2001年9月创立,位于如城镇新官村,注册资本1800万元,固定资产1156万元,是集研发、制造、销售、服务于一体的卷扬机、绞车专业生产企业。生产用厂房面积36000平方米,拥有大、中型机械设备90多台(套)。主要产品三大类、280多个品种。产品通过ISO 9001:2000质量管理体系认证,获国家质量总局颁布的大型建筑卷扬机生产许可证、煤矿安全生产许可证、CCS、ABS等多家中外船级社认证。2010年,实现应税销售1.33亿元。

南通锻压设备股份有限公司 2002年3月21日创立,位于如皋经济开发区锻压产业园区内,初名南通锻压设备有限公司,是一家专业从事锻压设备研发、生产和销售的国家级高新技术企业,系国内金属成形机床行业重点骨干企业、全国最大的民营液压机制造企业,行业综合排名国内前三强。公司占地面积250万平方米,建筑面积13.5万平方米,固定资产1.43亿元,拥有各类金加工、运输、起重等设备300多台(套)。主要产品有各类液压机、机械压力机等近百个,适用于汽车、航空航天、核电、船舶等行业和领域,销往国内各省市并出口美国、日本及欧洲、东南亚国家和地区。2010年11月25日,改制为南通锻压设备股份有限公司。设有江苏省企业院士工作站,通过ISO 9001:2008质量管理体系标准认证和欧盟产品CE认证,获得采用国际标准产品标志证书,拥有国家专利授权27项。"庆华"商标为江苏省著名商标,"庆华"牌液压机被认定为江苏名牌产品。2010年,实现应税销售2.84亿元,其中出口300万美元。公司于2011年12月在深交所上市。

双钱集团(如皋)轮胎有限公司 2004年3月创立,为双钱集团股份有限公司和香港恒升投资有限公司、上海众山投资发展有限公司、马来西亚高丽制钢(马联)有限公司共同投资组成的中外合资企业。位于如皋经济开发区,占地面积1000亩。主要产品有"双钱""回力"牌全钢丝子午线载重轮胎、工程轮胎和农用轮胎等。"双钱"牌轮胎为中国轮胎行业十大民族品牌之首产品、中国名牌产品、上海十大标志性品牌,"双钱"商标为中国驰名商标、十大最具价值的上海老商标、中华老字号。2007年,国际轮胎品牌评估机构TIRE REVIEW BRANDS STUDY把中国"双钱"品牌首次列入排行榜。2009年5月,自主研发的农业子午线轮胎成功下线。2009年11月,自主研发的新回力轮胎成功下线。至2010年,在如皋总投资22亿元,具有年产250万套全钢丝载重子午轮胎和10万套全钢丝子午线工程轮胎的生产能力,通过国家强制性产品("CCC")认证、美国交通运输部(DOT)证书、欧洲经济委员会(ECE)认证以及ISO 9001质量管理体系认证和ISO 14001环境管理体系认证。2010年,实现应税销售25.49亿元。

图9-8 双钱集团首次通过如皋火车站场外运产品 (2009年摄)

南通德玛瑞机械制造有限公司 2006年创立,位于郭园镇,占地46.69亩。主要从事海洋平台工程、全方位回转推进舵系、甲板机械等零部件生产和加工。拥有立式车钻床、数控落地镗铣加工中心、卧式加工中心、变位机、全数字超声波探伤仪、四柱液压机、数控切割机等设备,其中数控双柱立式车床具有精确分度等功能。2010年,实现应税销售3.05亿元。

南通华东油压科技有限公司 2008年10月

创办，2009年7月1日正式投产，位于白蒲镇。生产车间近2万平方米，拥有从日本引进的全自动铸造生产线1套，5吨点熔炼炉2座，配套设备100多台（套）。总投资5000万元，主要生产加工、经销批发液压机械及部件、液压元件等。2010年，实现应税销售2.33亿元。

七、石油化学工业

清朝后期，县内有恒昌、裕丰等南货店以乌桕油（乌桕籽油）为原料制作素油苏烛，部分销往里下河地区。民国初年，石合泰五洋店制造"白鹤"牌肥皂及石碱矿烛等。

1957年，如皋县生物化工厂建立，是为如皋第一家化工企业。1966年，如皋化肥厂创立，以生产碳酸氢铵为主。1967年7月，如皋县磷肥厂创立。1970年，在如皋县鞋帽厂炼胶车间的基础上成立如皋县橡胶厂，初始生产再生胶轮胎，后生产海绵专用胶、橡胶防水涂料等。20世纪60年代至80年代，如皋县化工二厂、如皋县油脂化工厂、国营如皋生物化学制药厂、如皋县制药厂等企业陆续成立。

1990年，全县化学工业总产值7782.9万元。1995年，全市市属化学工业企业总产值为6260.8万元。1996—2000年，市属化学工业企业推进产权制度改革，强化内部管理，着力降本增效。同时新增华峰化工有限公司、申亚油脂化工公司、双马化工公司、红星化工公司、恒祥化工公司、东邦化工公司、长江食品公司、宏梓化工有限公司、中如化工公司等15家规模化工企业。2000年，全市非公有制化学工业规模企业总产值增加到1.76亿元。

2002年，如皋港区兴建承载化工企业落户的石油化工和精细化工园区。2003年，南通焯晟石化公司、南通长江燃料油净化公司、华大石化公司、阳鸿石化公司、南通德源高科公司等一批规模化工企业在如皋港化工园区落户。上海制皂集团在丁堰镇投资兴建。是年，全市化工产业中有规模企业32家，规模化工工业企业总产值12.1亿元，实现销售收入10.3亿元。

2010年，全市化工规模企业142家，规模化工工业企业产值207.67亿元。

如皋市化工厂 1957年创立，县属集体企业，为如皋最早建立的化工企业。初名如皋生物化工厂，1981年易名为如皋县化工厂。厂址如城新皋桥东首。占地面积1.05亩，建筑面积600平方米，主要生产设备48台（套）。主要产品为除氧封存剂、840纺织清洗剂和105净洗剂等。1990年产值67.5万元。1999年，因旧城改造拆迁关闭，拆迁补偿用于职工安置。

国营如皋化肥厂 1966年创立，位于白蒲镇通扬运河西侧，为全民所有制企业。占地8.82万平方米，建筑面积5.3万平方米，有主要生产设备792台（套）。建厂初期，年产合成氨5000吨，产值45.17万元。1968—1982年，国家投资150多万元，先后建成余热发电、三废（废气、废液、废渣）治理及日产150吨煤球车间等。年生产合成氨2.50万吨，碳酸氢铵10万吨。1984年5月，被化学工业部评为全国小氮肥行业扭亏增盈先进单位。次年，获江苏省化学工业厅节能降耗奖。2003年6月，改制为如皋市复合肥有限公司。

南通泰利达化工有限公司 1975年创立，位于丁堰镇丁新路，初名如皋市化工二厂，为镇办集体企业，1989年上升为县属集体企业。占地2.5公顷，建筑面积1.5万平方米，拥有全自动快装锅炉、冷冻机、发电机组、高压反应器等设备140台（套）。主要生产808洗涤剂，2001-A纺纱添加剂，105、6501、1201净洗剂等精细化工产品，年产量5000吨。2001年1月改制，更名为南通泰利达化工有限公司。2010年，实现应税销售8033.89万元。

上海制皂（集团）如皋有限公司 1988年创立，位于丁堰镇。前身为如皋市亚雅油脂化工有限公司，是上海制皂集团丁堰石油化工产品生产基地。2003年6月，资产重组，注册资本为8800万元，其中如皋市亚雅油脂化工有限公司出资750万元，占注册资本的8.52%；上海制皂（集团）有限公司出资4400万元，占注册资本的50%；自然人出资3650万元，占注册资本的41.48%。公司主要产品有电池、皂粒、甘油、硬脂酸、肥皂、液洗等。2010年，实现应税销售3.05亿元。

如皋市双马化工有限公司 1996年创立，位于东陈镇。为国内专业从事脂肪酸及其系列延伸产品生产的大型企业，年产"端马"牌硬脂酸10万吨、脂肪酸5万吨、甘油1万吨、油酸5000吨、硬脂

图9-9　如皋市双马化工有限公司厂房
（2009年摄）

酸盐类4000吨。下属独资子公司南通新邦化工有限公司年生产二苯胺5000吨、橡胶防老剂6000吨，并有PVC复合稳定剂以及皂粒、皂片等产品。产品销往全国20多个省市。在新加坡、印度尼西亚和中国香港地区均有投资，其中在印尼雅加达保税区投资1780万美元兴办硬脂酸生产企业，并购买棕榈种植园8万公顷，成为如皋境外投资规模最大的企业。2010年，实现应税销售18.62亿元。

南通市华峰化工有限责任公司　1997年创立，初为如皋市第三化工厂、如皋市通福化工厂改制组建的股份制企业。位于石庄镇。2007年10月，南通华峰化工有限公司、香港龙杰化工有限公司共同出资1亿元，在如皋港精细化工园区新建集科、工、贸于一体的企业。占地面积10.8公顷，建筑面积8万平方米，员工260人。通过ISO 9001国际质量体系及ISO 14001环境管理体系认证。产品主要有药物、药物中间体、四氮唑系列、光敏剂四大系列，拥有自主进出口经营权，设有1000平方米的现代化研发中心，被评为中国质量、服务、信誉AAA级企业，江苏省AAA级资信企业，江苏省高新技术企业。2010年，实现应税销售1.43亿元。

如皋市中如化工有限公司　1998年4月如皋市中如化工（集团）改制创立，位于吴窑镇。占地面积3.26公顷，建筑面积12800平方米，固定资产1208万元。主要产品有“中如”牌碳酸钙系列、硬聚氯乙烯（PVC-U）给排水管材、PVC造粒、PVC管材、脱硫剂、单氰氨、包装材料6大类40多个品种。年产轻质碳酸钙2万吨，活性轻质碳酸钙4000吨，重质碳酸钙、活性重质碳酸钙、方解粉等2.5万吨，PVC电缆料3000吨，PVC管材300吨，合成渣脱剂3000吨，单氰氨2500吨，纸模托150万套。为全国碳酸钙行业“二十强企业”，农业部全面质量管理达标企业，通过ISO 9001:2000国际质量体系认证，主要产品PVC电缆料被评为江苏省名牌产品。2010年，实现应税销售1.32亿元。

江苏南天农科化工有限公司　1998年10月创立，位于白蒲镇，占地面积0.9公顷，总投资1000万元，员工180多人。主要从事研发、生产、销售丙烯酰胺和聚丙烯酰胺系列产品，年产丙烯酰胺6000吨、聚丙烯酰胺1000吨，销往美国、加拿大、法国、韩国、印度、秘鲁等国家。2010年，实现应税销售2.76亿元。

江苏隆昌化工有限公司　1999年创立，位于丁堰镇，占地面积2.73公顷。主要从事氯化苯、对二氯苯、间二氯苯、邻二氯苯、2,5-二氯硝基苯、3,4-二氯硝基苯、邻硝基对氯 苯胺(红色基3GL)、2,4-二氯苯乙酮等精细化学品的生产。有江苏省环保厅颁发的危险废物经营许可证和国家质量监督检验检疫总局颁发的邻二氯苯、邻硝基对氯苯胺（3GL）生产许可证。产品主要销往国内，同时出口欧美、日本等国家和地区。2010年，实现应税销售4369.36万元。

南通荣威塑胶工业有限公司　2004年5月，由荣威集团控股有限公司投资创立，位于柴湾镇，注册资本4100万美元，总投资5亿元人民币，占地面积346亩。产品有家庭泳池、充气床垫、充气玩具、水池净化设备等9大类，以自主品牌产品Bestway出口至100多个国家和地区。2010年，实现应税销售1.61亿元。

江苏天泽化工有限公司　其前身是成立于1983年的常熟市前港化工有限责任公司，2005年，产业转移至石庄镇，更名为江苏天泽化工有限公司。占地16.65公顷。是一家专业生产农药中间体、医药中间体的企业。产品主要有硝酸胍、硝基胍、咪唑烷、氰基乙酯、叔丁苯、甲基硝基胍、原乙酸三甲酯、原乙酸三乙酯等，四成出口。2005年，通过ISO 9001:2000国际质量体系认证。2010年，实现应税销售1.96亿元。

德源（中国）高科有限公司　2005年创立，位于长江镇（如皋港区）。由马来西亚德源有限公司独资兴办，注册资本5000万美元，一期总投资

9999万美元。主要产品脂肪酸、脂肪醇,副产品甘油。2010年,实现应税销售6.62亿元。

南通焯晟石油化工有限公司 2005年8月建成投产,位于长江镇(如皋港区)。是集石化生产、供销为一体的民营企业,隶属于江苏熔盛重工集团有限公司。以重油为主原料,主要生产工业用和民用轻、重质燃料油。一期工程由一座5万吨级综合油品码头、总容量25万立方米油库和每年150万吨重油深加工装置3部分组成。工程总投资3.95亿元,取得江苏省安全生产委员会颁发的危险品安全生产许可证。2010年,实现应税销售1.23亿元。

江苏宝众宝达药业有限公司 2006年2月创立,位于长江镇(如皋港区),占地19.45公顷。是香港瑞华药业国际有限公司在国内投资新建的综合性原料药厂,总投资9000万美元。厂房按照中国GMP(《药品生产质量管理规范》和《兽药生产质量管理规范》)以及美国、欧盟GMP的标准设计和建造,主要从事医药、兽药和精细化学品的研发、生产和销售,实施质量管理体系(ISO 9000)、环境管理体系(ISO 14000)和职业安全卫生管理体系(ISO 18000)标准,产品主要出口美国、欧洲、日本等国家和地区。2010年,实现应税销售2.70亿元。

八、电子工业

1969年4月,如皋县红旗广播器材修配厂成立,是为如皋最早的电子工业企业。1978年7月,如皋无线电二厂建立,为县属集体企业,最初生产半导体杂质浓度分布测试仪和激光晶轴定向仪,后生产干式路灯接触器,电子触发器,系列高压汞灯镇流器,反应离子刻蚀仪等。1977年,开始筹建如皋无线电三厂,初生产GYI型压塑云母电容器,1988年后引进西德、日本真空锭镀锌铝膜、薄膜无杆电容生产线各1条。

1987年,南通市电子材料厂建成,为机械电子工业部生产聚丙烯电容膜定点厂,产品被轻工业部评为A级产品。1995年,南通市电子材料厂上升国家大型企业,南通市电子专用设备厂为国家高新企业,如皋无线电厂上升为国家级企业,20世纪90年代,全市电子工业销售质量、创新、品牌等列全国县级第18位。

进入21世纪,全市电子产业快速发展,南通市神马电力科技有限公司、江苏思源赫兹互感器有限公司、如皋市凯凯电信器材有限公司等骨干企业先后建成投产。

2010年,全市电子工业共有规模以上企业29家,规模工业产值24.60亿元。

南通皋鑫电子股份有限公司 始为1969年4月建成的县红旗广播器材修配厂,以生产舌簧喇叭为主,兼营修配广播器材,址在如城锦绣街。1972年,县服装厂硅堆车间并入。1976年,更名为国营如皋无线电厂。1980年,迁至如皋汽车站西,占地2.02万平方米,建筑面积1.74万平方米。1985年,引进美国塑封二极管生产线、日本年产1300万支塑封硅堆生产线等设备。主要生产塑封硅堆、玻璃整流二极管、硅整流升压阻尼二极管等全系列产品,为国产彩电配套,其中塑封硅堆获国家质量金奖。1996年4月,改制为南通皋鑫电子股份有限公司。2010年,实现应税销售1.90亿元。

江苏如皋市大昌电子有限公司 1995年5月创立,位于如皋经济开发区。主要从事整流二极管、TO220、高压硅堆生产制造,形成三大系列百余种产品,年生产二极管近20亿只,产品配套于康佳、创维、海信、LG、三星等整机生产厂家。1999年,通过ISO 9002:1994质量保证体系认证。2002年,执行ISO 9001:2000质量管理和ISO14001环境管理兼容体系。2010年,实现应税销售1.01亿元。

如皋市易达电子有限责任公司 1995年6月创立,位于搬经镇,占地57.49亩。为研发、生产和销售为一体的半导体器件制造企业。主营产品为整流开关、稳压等系列二极管,应用于彩色电视机、彩色显示器、仪器、高保真音响、各种电器、计算机主板及其他电器中。二极管年综合产量20亿支,为国内多家家电企业配套,并销往美国、韩国、印度等国家和中国台湾、香港地区。2002年,通过ISO 9001:2000质量体系认证,2003年,取得自营进出口权。2010年,实现应税销售7486.50万元。

南通市神马电力科技有限公司 1996年8月创立,位于如城镇益寿南路,时为全国最大的输变电设备用橡胶密封件和硅橡胶复合绝缘子制造企业,江苏省高新技术企业、江苏省政府重点支持科技企业。拥有资产2.6亿元,占地18.80公顷。

1999年，开发出与设备同寿命的橡胶密封件，填补国内空白。2001年4月，通过ISO 9001:2000质量体系认证。2002年，被评定为江苏省民营科技型企业，并成为变压器类橡胶件行业标准主要起草单位之一。2003年，开发出技术水平位于国际领先地位的复合空心绝缘子产品，填补国际技术空白。同年，向全球10多个国家申报了国际PCT，承担江苏省和国家火炬计划项目。2004年，承担江苏省重大科技成果转化项目。电气设备用复合空心绝缘子生产项目被国家发改委列入装备制造业重点企业国债项目。2010年，实现应税销售2.27亿元。

江苏华灿电讯股份有限公司 2000年创立，位于长江镇(如皋港区)，占地9.99公顷，为专业从事移动通信配套件及移动基站天线研发、生产和销售的民营科技型企业，国家高新技术企业。注册资金6750万元，职工2000余人。与中国科学技术大学、东南大学、电子科技大学、江苏大学等多家知名高校建立长期产学研合作关系，建有江苏省特种天线工程技术研究中心和院士工作站，并被纳入中国通信标准化协会会员单位和TD技术论坛高级会员单位。在国内建有如皋天馈附件生产基地和基站天线生产基地，镇江射频同轴连接器、避雷器生产基地，深圳高低频线缆组件生产基地。2010年，实现应税销售5.17亿元。

南通康比电子有限公司 2002年3月创立，位于如城镇，是香港康比电子集团在大陆全额投资的第三个公司，固定资产1868万元，注册资本3286万元。占地面积近6.67公顷，厂房面积近3万平方米。主要从事新型半导体元器件的生产和开发。每年生产整流二极管、桥式整流器及贴片二极管等新型元器件50亿只、晶圆片300万片，其中百分之八十以上出口东南亚、欧美等地。先后通过ISO 9001、ISO 14001、美国UL安全认证，所有产品符合欧盟ROHS标准。2010年，实现应税销售1.54亿元。

江苏思源赫兹互感器有限公司 2004年，由思源电气股份有限公司、江苏如高高压电器有限公司与香港赫兹投资公司合资兴建，位于如皋经济开发区，为新型互感器制造企业、江苏省高新技术企业。占地10公顷，建筑面积6万平方米，其中5万平方米为现代化厂房。产品主要原料均从国外进口，主要生产500千伏及500千伏以下电流互感器和各种高压电压互感器，电缆线、铝箔、变压器油、化工材料及密封圈材料、阀门等。博士、硕士、本科毕业的工程技术人员和专业管理人员占员工总人数的45%，并聘请国外专家负责技术和质量管理。产品通过荷兰“KEMA”试验室的全部型式试验，并通过国家级鉴定。2010年，实现应税销售3.17亿元。

如皋市日鑫电子有限公司 2006年创立，位于下原镇，占地2.5公顷，建筑面积1.2万平方米，总资产5000多万元。集研发、生产、销售于一体，系科技成长型企业，获得国家发明专利两项，实用新型专利六项。2010年，被认定为江苏省高新技术企业，是年11月，自主研发的无铅二极管台面制作工艺和酸洗机流出的二极管清洗工艺在中国国际专利与名牌博览会上获金奖。主产品为塑封整流二极管、肖特基二极管和快恢复、高效率整流二极管等半导体器件，应用于计算机、彩电、音响、通信、各类电源、照明等领域，所有产品符合欧盟ROHS标准，公司通过ISO 9001国际质量体系认证和ISO 14001环境体系认证及SGS认证。2010年，实现应税销售2738.84万元。

九、采掘冶铸业

1949年前，如皋金属冶铸业仅有手工操作的铁匠铺、锡匠铺、铜匠铺，以制作修理小型铜、锡、铁器为主，产品多为民用。1958年，全县开展“大炼钢铁”运动，9月20日召开“向钢铁大进军誓师大会”，不到一个月时间，各区、镇先后兴建10个钢铁厂和一批炼铁炉，土高炉、小高炉“遍地开花”，仅如城就兴建土高炉400多只。不久，大部分工厂因原料不足、产品质量低劣而关闭。1975年，始建如皋轧钢厂、沪如联营轧钢厂、如皋稀贵金属冶炼厂等冶铸企业，从事轧钢和白银、黄金的冶炼等。

1976年，县政府组建队伍赴位于江苏徐州的如皋阎台煤矿采掘煤炭。如皋采掘工业始于此，如皋阎台煤矿亦为如皋唯一的采掘企业。

20世纪80年代至90年代，如皋冶铸工业未有大的发展。进入21世纪，全市冶铸业发展速度加快。2002年，如皋市海洋船舶设备铸造厂建成投产。2003年，如皋市轧钢厂在产权改革中，由南通融翔钢铁有限公司出资收购、兼并,重组为江苏如皋钢铁有限公司。2010年,如皋市规模以上冶铸企业55家,规模工业产值41.35亿元。

江苏如皋钢铁有限公司 1975年创立,初名如皋县长江轧钢厂,位于长江镇,为镇办集体企业。1983年,更名如皋县轧钢厂。占地6.65公顷,建筑面积0.75万平方米。主要设备有轧钢机组、5吨电弧炼钢炉、150立方米/小时制氧机组、100千瓦高频焊管机组等。主产产品为8—10吋钢锭、热轧圆钢、螺纹钢、32毫米系列热轧窗框钢等。1990年,实现产值1678.13万元,利税76.41万元。20世纪90年代,长期处于停产、半停产状态。2003年,企业产权制度改革,由南通融翔钢铁有限公司出资收购、兼并,重新组建江苏如皋钢铁有限公司。主要从事棒线材制造销售,产品被评为江苏省名牌产品,年产量150万吨左右,主要销往南京、上海、浙江等地。2004年,取得ISO 9001质量管理体系认证和ISO 14001:2004环保体系认证,获中国质量、服务、信誉AAA级企业等证书。2010年,实现应税销售11.13亿元。

南通华东液压铸业有限公司 1975年创立,位于白蒲镇。占地7.80公顷,固定资产1.20亿元。系中国液气密协会理事会理事单位、国家级高新企业,专业从事液压类、汽车零部件类高牌号铸铁件生产。铸铁材质有HT250-HT350、QT400-18-QT700-2、蠕墨铸铁以及铜,铬,钼合金铸铁等。主要检测设备有直读式光谱仪、三坐标测量仪、炉前快速热分析仪等。年产各类高牌号铸铁件40000吨。2010年3月,开发的1-5010199船舶液压大型马达泵体获2009年度江苏省机械工业科技进步奖。2010年,实现应税销售2.03亿元。

如皋阎台煤矿 始为江苏省建设兵团所建,为全民所有制企业,位于徐州市铜山县紫庄乡。1976年12月,根据江苏省委文件(苏委发〔1976〕339号),移交如皋县续建,行政隶属如皋县计划委员会,业务归口南通市煤炭工业公司。基本建设投资总额2150.3万元,其中兵团完成1130.3万元,如皋县续建完成1020万元。煤矿占地面积12万平方米,建筑面积2.83万平方米,设计生产能力年产6万吨,为小型矿井。1976年,如皋在阎台煤矿工作的干部职工共350余人。1979年,增加到

图9-10 如皋县阎台煤矿 (1985年摄)

1150余人。1990年末964人。1976年10月至1989年底,如皋共在该矿采煤90多万吨,其中1989年10.35万吨。后因资金投入不足,安全事故多发,生产难以为继,于1995年8月20日宣告破产。

南通市宾利有色金属材料有限公司 1999年8月创立,位于九华镇。是一家专业生产各种牌号合金铝锭、锌锭的企业,年产合金铝锭、锌锭万余吨,产品主要销往华东地区金属制品企业。公司先后通过GB/T9001:2000IDT、ISO 9001:2000标准企业质量管理体系认证。2010年,实现销售收入6119.80万元。

南通聚星铸锻有限公司 2004年成立,位于搬经镇,是在昆山市聚星铸锻件有限公司基础上发展起来的民营企业。公司占地面积80亩,建筑面积1.80万平方米。拥有15吨LF精炼炉+VD真空脱气炉,4吨电液锤2台,专业生产冶炼各种材质、规格的钢锭,锻造各种规格的圆钢和方坯。年产优质钢锭35000吨,锻圆、锻方25000吨。2010年,实现应税销售1.47亿元。

南通浩鑫液压铸业有限公司 2006年9月建立,位于下原镇,占地2.80公顷,建筑面积1.20万平方米。专业从事液压阀、液压泵、液压马达、高压过滤器、汽车零部件、高速传动件等牌号铸件的生产,铸件材质有HT250-T350、QT400-18-QT700-2、RuT260-RuT420及各种合金铸铁,年生产能力1.20万吨。2010年,实现应税销售2598.70亿元。

十、造船及船舶配套业

如皋滨江临海,船舶修造业历史悠久。至中华人民共和国成立初期,如皋造船多为船主聘请

工匠手工制造,生产工具以斧、凿、刨、锯为主,无专门造船企业。1956年,如皋航运公司始建造船厂。

20世纪70年代,滨江临水乡镇纷纷兴建水泥船修造厂,生产小型农用、运输水泥船。80年代,开始建造以钢铁为船身的船舶,制造技术亦发展为机械制造。1990年,全县有如皋航运公司造船厂、长江造船厂、长江拆船厂、丁西乡船厂、丁西皋南船厂、张黄船舶修造厂等船舶修造企业10家。

进入21世纪,全市船舶制造业高速发展。2005年10月28日,熔盛重工造船项目开工建设,一期投资49.8亿元,年生产能力800万吨。熔盛重工的开工建设,吸引船舶配套企业落户如皋。

2010年,全市有规模以上造船及船舶配套企业39家,实现总产值152.70亿元。

南通长青沙船舶工程有限公司 1991年10月创立,位于长江镇(如皋港区),是以船舶贸易、造船、修船、钢结构加工、金属结构防腐等为主业的船舶制造企业。占地60公顷,拥有1600米沿江岸线,有各类专业技术人员450人。主要产品为大中型多用途船及海洋工程船,年生产能力超过35万综合吨。先后建造海洋工程船、化学品船、散货船、铺管居住船、大型运输船等60余艘。2010年,实现应税销售6.66亿元。

江苏熔盛重工集团有限公司 2005年10月开工建设,由上海阳光集团发起投资,造船与海洋工程项目总投资约120亿元。位于长江镇(如皋港区)东南部,占地约1万亩,拥有长江岸线约3.7公里。是经国家发改委审批的大型海洋装备制造企业,也是江苏省"十一五"规划中的重点建设工程项目,江苏省100家重点扶持民营企业之一。拥有102米×465米,102米×530米,106米×530米,139.5米×580米4座大型干船坞,其中139.5米×580米干船坞时为世界最大干船坞;拥有至2010年国内最大的1600吨龙门吊1座,另有900吨龙门吊3座,舾装码头8个,材料码头2个;主要业务为造船、海洋工程、动力工程、工程机械四大板块。2006年10月,首制船巴拿马船型开工。2008年2月28日首制船交付,6月 造船板块通过劳氏质量管理体系认证,8月 通过ISO 9001认证并与巴西淡水河谷签署12条40万吨矿砂船建造合同。2009年5月,博士后工作站挂牌;11月 院士工作站揭牌。是年,公司年销售额突破100亿元。2010年11月,在香港联交所上市。是年,实现应税销售收入128.18亿元,成为中国最大的民营造船企业。

南通通茂船舶制造有限公司 2006年6月创立,位于长江镇(如皋港区)。有液压机、剪板机、自动焊机、半自动切割机、空压机等造船专用设备及塔吊、龙门吊、汽车吊等固定起吊设备,并拥有200米岸线的舾装码头。主要产品有散货船、集装箱船、多用途船及各种驳船。产品分获挪威DNV、韩国KR、法国BV、美国ABS及中国CCS等船级社质量认可。除国内用户外,产品还销往韩国、新加坡、马来西亚、德国、荷兰等国家和中国香港地区。2010年,实现应税销售1.41亿元。

华泰重工(南通)有限公司 2006年8月创立,位于长江镇(如皋港区)。主要从事船舶、海洋钢结构、大型液罐等的制造。总投资5000万美元,拥有3万平方米装焊车间、2万平方米生产平台、3万平方米产品堆场、万吨级舾装码头、5万吨和8万吨船台各1座。年生产能力超50万载重吨。2010年,实现应税销售5.47亿元。

南通市通宝船舶有限公司 2006年创立,位于长江镇(如皋港区),拥有长江岸线1000米,占地36公顷。是集造船、修船、钢结构加工等为一体的中型船舶制造企业。已形成海洋工程船舶比较完备的建造体系。向荷兰、新加坡、马来西亚、印尼等国家出口各类机动船、甲板驳、海洋石油平台工程船、居住船、铺管船等24艘。2007年经国家批准享有自营进出口权。2010年,实现应税销售3.44亿元。

江苏翔晟重工有限公司 2007年2月创立,位于长江镇(如皋港区)。总投资1.3亿元,占地6公顷,厂房面积4.50万平方米。产品有船用锚及船用集装箱紧固件等船用产品,并生产风力发电、海洋工程、港口工程及大型建筑机械铸件、钢结构件。产品中HY-17、HY-23钢板组合锚开创国内同行生产先例。生产的最大锚60吨,年生产能力3.60万余吨,先后获得中国(CCS)、美国(ABS)、英国(LR)、德国(GL)、挪威(DNV)、日本(NK)、法国(BV)、韩国(KR)、意大利(RINA)、俄罗斯(RS)等船级社认可。产品销往30多个国家和地区,生产的超大抓力锚广泛应用于海洋石油钻井平台。2010年,实现应税销售1.46亿元。

南通华凯船舶设备有限公司 2007年4月创立,位于长江镇(如皋港区),主要从事滚装设备、海洋工程及船舶分段等生产。总投资5000万元,占地12公顷,建筑面积3.50万平方米。生产主要设备有双梁桥式起重机、双梁半门式起重机、井架式电磁桥机等。2010年,实现应税销售2.05亿元。

江苏德瑞斯华海船用设备有限公司 2007年创立,位于长江镇(如皋港区)。专业从事船用舱口盖、滚装系统、甲板机械等设备设计、配套和制造。产品应用于中国船舶工业集团公司(CSSC)、中国船舶重工集团公司(CSIC)、中远集团(COSCO)、中海集团(CHINASHIPPING)等各大造修船、航运企业集团船舶,并为世界著名船企配套。获4项国家专利,具备开发设计40万吨级以上大型矿砂船、1.8万箱以上超大型集装箱船等船舶舱口盖系统、滚装通道设备和锚绞机的能力。2010年,实现应税销售3.37亿元。

江南德瑞斯(南通)船用设备制造有限公司 2008年3月创立,是由江南重工股份有限公司、德瑞斯华海船用设备有限公司、上海船舶研究设计院共同出资组建的大型船用舱口盖制造企业。位于长江镇(如皋港区),占地217.52公顷。主要服务中远川崎、长兴重工、熔盛重工、扬州大洋、外高桥等国内外船厂,产品涵盖集装箱船、散货船、汽车滚装船等船型。年生产船用钢结构设备能力4.50万吨。2009年7月,通过ISO 9001:2008质量管理体系认证。焊接工艺通过BV、GL、LR、DNV、NK工厂资格认证。2010年,实现应税销售1.71亿元。

十一、汽车及零部件工业

1970年创立的白蒲镇机械厂为全县第一家汽车配件生产企业。1981年,张黄港乡兴办张黄港汽车修理厂。1983年,江苏英田集团建立,经过数年发展,年产值达数十亿元,主产品有“英田”牌三轮汽车、低速载货汽车、轻型载货汽车、自卸汽车等。

开发、开放大潮中,如皋汽车及配件业迅速发展。2000年,江苏汤臣汽车及零部件有限公司落户江安镇,主产汽车各类铸造、锻造配件,为全国多家汽车制造集团定点协作配套单位。2004年3月,上海轮胎橡胶集团前3期总投资13亿元的子午线轮胎生产项目在如皋经济开发区开工建设,年内建成投产。

2010年10月,深圳陆地方舟(江苏)新能源电动汽车有限公司在如皋经济开发区奠基,项目总投资40亿元,设计年产电动汽车20万辆。是年年末,全市汽车及配件行业有规模企业8家。实现规模工业总产值57.06亿元,占全市规模工业经济总量的11.18%。

白蒲镇机械厂 1970年创立,位于白蒲镇新蒲大桥东尾北侧。主产品有摇臂钻床、台式钻床、高速小台钻等,同时生产压制化油器上体、滤清器、风叶架、压力表外壳等汽车配件、仪表配件。20世纪80年代末,停产。

如皋客车厂 1984年8月,张黄港汽车修理厂购置张家港鹿苑客车厂汽车底盘和发动机1套,手工生产出双排座客货两用车1辆。此后,整车生产迅速发展,汽车修理厂亦更名为如皋客车厂,所产小型客车注册商标“狼山”牌。鼎盛时,年产小型客车2200辆,产值2亿元。20世纪90年代末,停产。

江苏英田集团 1983年创立,位于如皋经济开发区英田园区。是一家集制造、科研、贸易于一体的民营企业集团。下辖企业10个,拥有固定资产4.80亿元,占地88公顷,建筑面积58万平方米,有高、中级技术人员680多名,员工近4000人。2005年,英田产品被评为江苏省名牌产品,集团被评为中国民企500强和中国制造业500强企业。是年,工业总产值18.60亿元,销售额17.64亿元,利润总额3899万元,工业增加值4.34亿元,为南通市十强民营企业、南通市销售收入50强企业。企业主导产品“英田”牌三轮汽车、低速载货汽车、轻型载货汽车、自卸汽车,被国家发改委列入公告目录。2010年,实现应税销售5.80亿元。

十二、工艺美术工业

如皋风筝为最古老的工艺品。东晋义熙年间,如皋灯彩逐渐兴起。

清初,董小宛首创贴羽画。清康熙二十七年(1688年),如皋城石学仙以各色鸟羽剪贴于彩缎之上,拼成花鸟、人物,创剪彩贴羽花鸟画。清乾隆年间，地方官员以石学仙贴羽杏黄缎帐幔朝贡，获乾隆皇帝褒奖。此后，如皋贴羽工艺名声大振。后人仿作，因鸟羽难集，改用彩色丝绒，名为“贴绒”，有贴绒团扇、贴绒条幅、对子、册页等，为如皋独树一帜的工艺品。清宣统二年（1910年），如皋贴绒画与如皋绢灯、风筝同获南洋劝业会物品博览会嘉奖。

民国初，沈卓吾、姜渭潢、孙思绪合创花边结网公司，产品部分外销，是为如皋普通妇女手工产品外销之始。民国3年（1914年），如皋女子职业学校建立，设刺绣、贴绒等专业课。民国6年，女红传习所建立，招收女徒工150余人，设花边、刺绣、纸工、贴绒等课。民国15年，如皋贴绒扇、贴绒画参加省地方产品展出并获奖。产品远销南洋诸岛。

1949年后，如皋工艺美术行业进一步发展，产品在保留传统特色的基础上不断创新。1952年，如城结网生产合作社和农联结网社相继成立，以花边台布、发网为主要产品。1966年，如城结网生产合作社依托上海工艺品进出口公司生产钩针服饰。1968年，如皋的钩针服饰获国家外贸部门颁发的免检证书。1972年，由白蒲麻纺厂与拼线厂合并组建的白蒲回纺厂转产羊毛地毯。次年，由如城弹花社演变的如皋絮棉厂转产工艺丝毯，首幅120道高密度丝毯问世，如皋工艺服饰、绗缝制品逐渐成为全县出口创汇主要行业之一。进入21世纪，市属集体企业进行全面改革改制，新建一批民营工艺美术工业企业。2010年，全市工艺美术品制造业有规模企业32家，总产值13.70亿元。

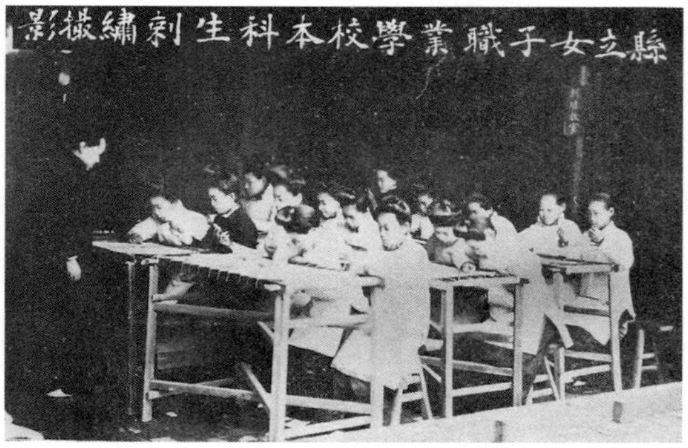

图9-11　民国时期，县立女子职业学校学生参加刺绣学习

如皋市工艺结网总厂　1952年创立，原在如城冒家巷，后迁如城西门青云巷。厂名原为如城结网生产合作社，后更名如皋县结网生产合作社、如皋县工艺结网一厂，1981年定名为如皋县工艺结网总厂。1984年，与上海抽纱出口联营公司实行工贸联营，增挂上海抽纱品出口联营公司江苏省如皋钩绣服饰联营厂厂牌，拥有手编织机120台，大型织网机4台及有关配套设备182台（套）。出口产品以外发（发给厂外生产人员）加工为主，全县设42个加工分厂，生产人员2万余人。主要产品有勾、棒针衣和工艺手编衫、渔网等。1990—1991年，该厂产品丝毛高级柔姿衫、勾棒高级时装套裙、工艺编织衫、高级马海毛系列工艺时装等连续多次获全国博览会金、银奖，

图9-12　工艺结网总厂组织时装表演（1991年摄）

有15只产品获全国优秀旅游产品奖，轻工部、江苏省工艺美术百花奖、优秀新产品奖。产品远销欧美亚洲10多个国家和地区，年创汇160多万美元。1990年实现产值929.4万元，利税120.4万元，出口产品产值823.6万元。2001年8月，企业改制，重新组建为如皋市汇利服饰有限公司。

如皋市工艺编织总厂　1952年创立，初名农联结网社，位于新民乡福寿庵，设新民、东陈两个工场。1969年，更名如皋回纺厂。1979年，东陈工场划出兴建县毛巾厂，新民工场定名如皋县工艺结网二厂。1984年，工艺结网二厂与上海抽丝品出口联营公司联营，增挂上海抽丝出口联营公司江苏如皋抽丝衣饰联营厂厂牌，厂址移至如城跃进东路，后又更名为上海抽丝出口（集团）公司江苏如皋编织联营厂。1985年，引进渔网织机，

改传统手工编织为机器织造。1986年，更名如皋市工艺编织总厂。全县设有50多个生产点，有渔网织机、手编机、针织横机等200台(套)。主产勾棒针衣和真丝高档特艺衫等。1988年，五洲牌手工棒针衫获第七届中国工艺美术品百花奖，真丝高档特艺衫获轻工部优秀新产品一等奖。1990年，勾棒针衣获中国第23届出口产品展览会金奖、中国首届轻工博览会金奖。产品销往美国、日本、英国等20多个国家和地区。是年，实现产值1002.1万元，利税120.9万元。2003年3月，破产终结。

如皋市工艺丝毯总厂 1958年创立，初名如城弹花社、后更名如皋县絮棉厂。位于如城健康路。1973年，转产工艺丝毯。1974年4月，更名如皋县工艺丝毯厂，为华东第一家、全国第二家丝毯厂。1980年10月，"敦煌"丝毯获江苏省优质产品奖，并获江苏省首届著名商标证书。1981年，更名如皋县工艺丝毯总厂。1990年，总厂迁如城镇环城南路。有厂区4处，分别位于育婴堂巷、健康路、健康西路及环城南路，年生产能力2万平方米，年创汇200余万美元。主产地毯、挂毯、壁挂3大系列1000多个品种。1986年秋，《和平的春天》被选为中国政府赠送世界儿童基金会成立40周年的礼品，悬挂于联合国大厅。1988—1990年，产品连续71次在省、全国及国际上获得金、银奖及其他荣誉称号，两次作为国礼赠送联合国总部。1994年，实现产值1860万元，销售收入2268.7万元。1995年，先后实施内部股份制、分线承包、划块启动、转让闲置资产、疏散下岗人员等措施，摆脱经营困境。20世纪90年代，为庆贺邓小平90寿辰，制作邓小平肖像壁毯；为美国总统克林顿制作珍藏毯《幸福鸟》；为中南海贵宾楼制作大型壁毯《国色天香》《繁花似锦》；香港回归前夕，为北京人民大会堂北京厅制作大型壁挂《欢乐的港湾》等。先后被评定为国家二级企业、全国工艺美术行业优秀质量管理企业、国家轻工业出口创汇先进企业和质量管理先进企业。2002年6月，破产终结。

如皋市白蒲地毯总厂 1958年创立，初名回纺厂(麻纺厂和并线厂合并而成)，位于白蒲镇南大街。1972年，转产地毯，定名如皋县白蒲镇地毯厂。1974年，改为县属集体企业，定名如皋县白蒲地毯厂。1987年，更名为如皋县白蒲地毯总厂，为轻工部定点企业。产品销往欧美、中东、日本等40多个国家和中国香港地区，其中120道手工打结地毯于1989年、1990年连续获轻工部、首届中国博览会百花奖、银奖。1990年，实现产值670.9万元，利税62.1万元。2001年3月，破产终结。

南通市燕南工艺品有限公司 2001年8月创立，位于丁堰镇，占地1.20公顷。是一家专业从事绣品、绗缝产品、家用纺织及工艺品加工生产的企业，部分产品采用如皋传统手工缝、贴、绣、绗等工艺制作。2010年，实现应税销售收入2963.86万元。

南通针王工艺品有限公司 2002年创立，位于白蒲镇，占地12.50亩。主要生产销售各式手工棒针、钩针、编扎花服装、围巾、帽子、手套等，产品销往美国、澳大利亚、日本及欧洲各国。2010年，实现应税销售351.97万元。

十三、服装业

1949年前，如皋城镇均有个体裁缝店，乡间多为裁衣师傅上门缝制衣服。1949—1990年，全县先后创建服装生产专业工厂30多家，拥有各种设备676台(套)，主要产品有各类绣衣、工艺童装、真丝内衣、羽绒服、裘皮服、西服、衬衫、睡衣等，产品销往40多个国家和地区。在乡、镇、村办服装企业中，县手套厂、裘革服装厂较为知名，生产的裘革、皮革及飞行服装，畅销上海、北京、沈阳、南京、兰州等16个大中城市和6个大军区，并有13个产品被定为外贸产品。

1993年7月，顺远服饰有限公司成立。1994年3月，南通俪桑时装有限公司成立。此后一大批服装服饰有限公司相继落户如皋，全面应用工业缝纫机，并大量引进、使用电子打结机、电子打眼机、电子钉扣机、高速平缝机等电子缝纫设备。至20世纪90年代末，全市服装工业在全部工业中占据重要位置。进入21世纪，全市服装工业发展提速。

2010年，全市有纺织服装制造业(含鞋帽)规模以上企业175家，总产值64.74亿元。

如皋服装总厂 1956年创立，初于如城状元坊口租民房3间，后几经迁移，1983年至环城南路，定名如皋服装总厂。为江苏省出口绣衣、童装主要定点生产企业，在南通市首家获出口服装质量许可证。1989年，组建中外合作南通利通皋服装有限公司，年生产能力150万件各类服装，主产品有各类绣衣、工艺童装、真丝针织内衣、牛仔服、羽绒服、裘皮服、西服、衬衫、夹克衫九大系列。1990年，实现产值1758万元，利税111.3万元，出口产品产值1951.2万元。1996年，破产终结。

南通泰慕士服装有限公司 1992年8月创立，由日本英瑞株式会社与江苏九鼎集团合资兴办，注册资本1150万美元。位于如皋经济开发区，占地3.6公顷。专业从事高档针织面料和针织服装生产，拥有织造、染色、后整理、缝纫、印绣花、水洗、缝制一条龙生产链。累计申报各项专利57项，其中发明专利11项。先后获中国纺织服装行业竞争力500强、全国服装行业百强企业、江苏省服装行业50强、江苏省明星侨资企业等称号。2010年，实现应税销售3.50亿元。

南通明龙时装有限公司 1996年创立，位于如城镇，占地7公顷，厂房面积5.30万平方米。是一家集设计、生产、销售、服务于一体的中高档宠物服装企业，建有国际一流品牌宠物服装OEM、ODM生产基地，拥有“Reiko”宠物用品品牌，年产量1600万件套，产品主销日本、美国及欧洲。2010年，实现应税销售8036.45万元。

南通三润服装有限公司 1997年创立，位于九华镇。集设计、生产、进出口贸易于一体，通过ISO 09001、ISO 14000、ITS、SGS、AEON、UNIQLO认证，有自办服装工厂5家，长期合作的定点服装工厂250家以上，产品覆盖中高档时装及休闲女装，年销售量近1000万件，款式超1.20万款。2010年，实现应税销售1.29亿元。

如皋市旭日时装有限公司 2001年创立，位于吴窑镇，占地1.30公顷，建有厂房4000多平方米。拥有电脑机、吸风烫台、套结机、锁眼机、双针绷缝机、多针机、全自动输送带检针机等300多台（套）。主要生产时装、童装、工艺服装，年产量150多万件，产品主要销往日本、欧美等10多个国家和地区。2010年，实现应税销售2693.42万元。

南通三荣实业有限公司 2003年9月创立，中日合资企业，位如皋市九华镇，投资总额3800万元，占地面积4.13公顷，建筑面积2.10万平方米。2010年，实现应税销售1.67亿元。

十四、新能源工业

1996年9月，江苏元升太阳能有限公司成立。此后，南通美能得、南通爱康、江苏奥斯特等大中型太阳能热水器生产企业相继建成投产。2004年2月，如皋市太阳能同业商会成立，拥有从事太阳能热水器制造、经营的会员企业42家。是年，江苏元升太阳能集团组建。

2009年，九鼎集团研制出1.5兆瓦风力发电机组，并启动2.5兆瓦、3兆瓦风力发电机组研发。2010年，以江苏元升、江苏力源、江苏奥斯特为代表的太阳能热水器生产企业产品市场占有率为18%。全市新能源工业规模企业8家，规模工业产值5.71亿元。

图9-13 中国太阳能光能发展论坛在如皋市举办 （2010年摄）

江苏元升太阳能集团 1996年9月创立，位于如城镇红星社区，是集太阳能热利用科技研发、产品制造、销售于一体的大型骨干企业，是江苏唯一、全国第二大拥有太阳能光热转换完整产业链企业。是中国太阳能行业热利用专业委员会认定的全国太阳能行业十强企业、国家太阳能利用专业委员会副主任单位、中国太阳能热利用产业联盟副理事长单位、江苏省高新技术企业、南通市太阳能光热商会会长单位。生产项目有高硼硅玻璃坯管制造、全玻璃真空集热管制造、太阳能热水器制造、大型集热工程设计制造与安装等，产品获多项国家专利，为江苏省名牌产品，“元升”商标为江苏省著名商标。先后通过ISO 9001、ISO 14001和GB/T28001管理体系认证，CCC国家强制性产品认证及中国环境标志、中国环保和节能产品、国家产品鉴衡认证，与国家玻璃检测中心、秦皇岛玻璃工业研究设计院及多所高等院校合作成立江苏元升技术研发中心。产品行销国内各地并销往60多个国家和地区。2010年，实现应税销售1.37亿元。

江苏奥斯特太阳能有限公司 2003年创立，位于桃园镇。具有年生产家用太阳能热水器30万台、集热面积30万平方米的能力。先后通过ISO 9001:2008质量体系认证、ISO 14001环境体系认证、国家“3C”强制认证、中国环境标志认证、中国环保和节能产品认证、金太阳认证、康居认证。自主研发“奥斯特”太阳能五大系列60个产品，获国家保护发明专利4个，产品销往全国各地并出口美国、日本、俄罗斯、印度、泰国、波兰、黎巴嫩、新加坡等国家和地区。2010年，实现应税销售801.95万元。

江苏爱康太阳能科技股份有限公司 2006年创立，位于如皋经济开发区，在无锡、苏州、南通、佛山拥有生产制造基地。主要生产太阳能电池专用铝边框、EVA胶膜、光伏支架系统、光伏专用接线盒等产品。“爱康”太阳能产品销往日本、德国、西班牙、南非、澳大利亚、巴西等国家。2010年，实现应税销售9015.02万元。

南通美能得太阳能电力科技有限公司 2009年2月创立，为中美合资企业。位于如皋经济开发区，占地面积6.44公顷，厂房面积22706.23平方米。为中美合资企业。主要从事太阳能光伏组件的生产和研发，为用户提供太阳能光伏并网、离网发电系统的设计、安装及维护等服务，获UL、TUV、KTL、MCS、ISO 9001，ISO 14001，OHSMS18001等国际组织认证，亦获中国“金太阳”证书。“美能得”(Amerisolar)牌产品出口德国、法国、意大利、西班牙、荷兰、英国，美国、加拿大、韩国、澳大利亚、希腊等国家和地区。2010年，实现应税销售1.49亿元。

十五、电力工业

如皋电力工业主要有火力发电、潮汐发电、沼气发电、风能及余热发电、垃圾发电等。民国7年(1918年)12月，皋明电灯公司开始发电，是为如皋第一座火力发电厂，亦为如皋最早的电力企业。民国10年至民国38年初，白蒲振蒲电灯公司、新生电厂建成发电。

1957年，石庄油米厂建发电站，安装28千瓦发电机1台，供厂内照明，并向石庄镇提供照明用电。

1958年开始，如皋沿江地区利用长江天然潮汐资源，相继建成永平闸、周圩闸、碾砣港闸、焦港闸潮汐发电站，除提供照明用电外，为粮食加工提供动力。1959年10月，焦港闸口建成风力发电站1座，是为如皋的第一座风力发电厂。

1976年，县政府在全县大力发展沼气池，生产沼气的基础上，开始有企业利用沼气发电。李桥食品站沼气发电站是全县第一家沼气发电企业，装机容量8千瓦，电力供照明和粮食加工。

1979年8月，如皋糖厂安装750千瓦发电机组1台，利用余热发电。是为全县第一家利用余热发电企业。1981年，县食品公司畜牧场沼气发电站建成。1983年3月，白蒲化肥厂安装750千瓦发电机组1台，利用余热发电。

1995年，如皋热电厂投入运行。2005年，市政府引进上海电气集团股份有限公司以BOT的方式投资兴建的南通区域生活垃圾焚烧热电联产项目开工建设，2008年开始发电。2008年，南通华多种猪繁育有限公司大型猪场沼气发电工程建成，总投资293.87万元，池容1200立方米，沼气发电机组容量150千瓦，每天可处理猪场污水100吨，平均每天产沼气100立方米，年发电65万千瓦时。2009年9月，江苏长寿集团在江安镇联络村实施农业部大型沼气发电工程建设项目。

耀如电气公司 民国7年(1918年)秋，邑绅沙元炳、汪云龙、沙元榘合议投股办电，得到南通通明电气公司支持，出资3万银圆控股，股东共同出资购置75千瓦、55千瓦柴油发电机各1台，于如皋城东水关南河边建厂房。12月，安装完毕开始发电，定名皋明电灯公司。民国10年，增加125千瓦柴油发电机1台，年发电量12万千瓦时。民国12年，更名耀如电气公司。民国17年，保留东水关南河边老厂，另于东门外老坝头串场河西岸扩建新厂。民国18年，添置125千瓦柴油发电机1台。民国21年，购进英国克劳斯莱厂生产的300马力柴油机和瑞士西门子开启式三相交流200千瓦发电机1台，次年装机竣工发供电，输出电压2300伏。日本侵略军占据如皋城后，日商开办的江北公司控制耀如电气公司，变卖资产和库存柴油，仅维持200千瓦1台机组发电。民国32年，停止发电。民国34年9月，新四军派员接管并拨款1万元购买柴油，恢复发电。民国38年1月，如城军事管制委员会贷款购置燃料，恢复发电。1951年，更名为公私合营耀如电气公司。1957年，南通地区行政公署将海门大生三厂美制阿脱拉斯600马力400千瓦柴油发电机组调拨给耀如电厂，1959年6月装机竣工投产。是年发电量221万千瓦时。1959年9月，扩建1500千瓦汽轮发电机组，1960年4月竣工。1961年，年发电量493万千瓦时。1963年6月，1号、2号机组停止发电。1964年3号机组并网发电。1973年9月3日，停止发电。

白蒲新生电厂(振蒲电灯公司) 民国10年(1921年)创立，位于白蒲镇北极乐庵西，占地0.9亩，安装16千瓦发电机1台。民国17年，因资金短缺停止发电。民国24年，恢复发电。民国27年3月，日本侵略军侵占白蒲后被迫停业。1949年，白蒲新生电厂建成。1965年，白蒲变电所建成后停止发电。

周圩闸潮汐发电站 1959年创立，装机容量40千瓦，原动机转子直径1米，2台发电机，配有2.3千伏降压为0.4千伏的50千伏安自耦变压器1台，架设2.3千伏线路2.5公里，供郭园乡部分村组照明。1960年，江苏省科委将周圩闸潮汐发电站列入自然能源的开发与综合利用科技重点单位。20世纪60年代末，停止发电。

焦港风力发电站 1959年10月创立，位于焦港闸口，为木枢型结构。装机容量24千瓦，原动机转子直径1.2米。1959年10月，江苏省政府在发电站召开全省现场会推广。1960年，全国水、风、潮发电经验交流大会在该站召开。20世纪60年代末，停止发电。

如皋市热电厂 1995年投入运行，位于如城益寿路539号，工程总投资6357.76万元。占地1.90公顷。以供热为主，同时发电入网。主要设备为35吨/时锅炉1台、UG-35/5.3-M6锅炉2台、NG25/20杭汽3000千瓦背压机组1台，C6-4.9/0.98青岛汽轮机6000千瓦抽凝机组1台。年产汽39.90万吨，发电5400万千瓦时。1995年10月底，1台锅炉和1台6000千瓦抽凝机组投入运行。1993—2005年，平均年上网电量2147万千瓦时。至2010年，因热负荷偏低、热网管损偏高、煤炭价格提高、全负债经营等原因，一直未能达到设计生产能力。2010年，供气14万多吨。

南通区域生活垃圾焚烧热电联产项目 2005年，由上海电气集团股份有限公司以BOT的方式投资兴建，位于长江镇(如皋港区)。项目总投资4.39亿元人民币，占地7.99公顷，配置3×75吨循环流化床垃圾焚烧炉，2×15兆瓦汽轮发电机组。生产能力为日处理城市生活垃圾1500吨，每小时供蒸气120吨，年发电量2.37千瓦时，节约标准煤9.57万吨。2007年12月10日，试运行。2008年6月6日，1号机组经江苏省经贸委、环保局等49家单位验收合格，正式投入运行。

长寿集团沼气发电项目 2009年9月建成，位于江安镇联络村。为农业部大型沼气发电项目，项目采用USR工艺，配备200千瓦沼气发电机组，日最大产气量1200立方米，日最大发电量1800千瓦时。

2010年如皋市应税销售前百强工业企业一览表

表9-4

单位：万元

企业名称	名次	所属镇(区)	应税销售收入
江苏熔盛重工有限公司	1	长江镇	1281839.74
双钱集团(如皋)轮胎有限公司	2	开发区	254887.12
如皋市双马化工有限公司(含新邦)	3	东陈镇	186230.24
江苏如皋钢铁有限公司	4	长江镇	111284.39
如皋市宏茂铸钢有限公司	5	长江镇	80144.50

续表9-4

企 业 名 称	名次	所属镇(区)	应税销售收入
江苏省如高高压电器有限公司	6	开发区	66727.87
南通长青沙船舶工程有限公司	7	长江镇	66615.13
德源(中国)高科技有限公司	8	长江镇	66231.05
江苏九鼎集团有限公司	9	如城镇	62803.61
江苏英田集团	10	如城镇	57996.10
华泰重工(南通)有限公司(含船务、华凯)	11	长江镇	54664.13
江苏华灿电讯股份有限公司(含华兴、亚信、惠升、高分子)	12	长江镇	51705.18
南通华东油压科技有限公司(含油压、液压)	13	白蒲镇	43648.05
南通恒康海绵制品有限公司(含数控)	14	丁堰镇	37448.45
江苏力星钢球有限公司	15	如城镇	35659.83
南通泰慕士服装有限公司(英瑞)	16	开发区	34856.23
南通市通宝船舶有限公司(含美丽昌)	17	长江镇	34383.70
江苏德瑞斯华海船用设备有限公司(麦凯)	18	长江镇	33709.68
如皋市昌昇集团股份有限公司	19	如城镇	33617.25
江苏金元亚麻有限公司(紫薇)	20	开发区	32687.31
江苏思源赫兹互感器有限公司	21	开发区	31712.72
上海制皂集团(如皋)有限公司	22	丁堰镇	30539.99
南通锻压设备有限公司	23	开发区	28425.59
江苏南天农科化工有限公司	24	白蒲镇	27610.06
南通宝众宝达药业有限公司	25	长江镇	26977.35
如皋市丁堰纺织有限公司	26	丁堰镇	26358.96
南通玉兔集团有限公司	27	江安镇	23524.30
江苏长寿集团股份有限公司	28	开发区	23479.11
南通神马电力科技有限公司(含橡胶)	29	如城镇	22691.69
南通东润实业有限公司	30	九华镇	22448.98
南通市云峰铜材有限公司	31	林梓镇	21110.87
江苏汤臣汽车零部件有限公司	32	江安镇	20544.54
南通市星球石墨设备有限公司	33	九华镇	20000.82
南通天泽化工有限公司	34	石庄镇	19605.24
南通金帝贵金属有限公司	35	桃园镇	19362.24
南通三泉服装有限公司(源泉、泰尔特服装、染整)	36	开发区	19175.63

续表9-4

企　业　名　称	名次	所属镇(区)	应税销售收入
南通皋鑫电子股份有限公司(含科技、天元)	37	如城镇	18996.86
如皋市逸人服饰有限公司(含苓美)	38	林梓镇	18121.93
国鼎(南通)管桩有限公司	39	长江镇	17427.76
江南德瑞斯(南通)船舶设备制造有限公司	40	长江镇	17065.70
南通三荣实业有限公司	41	九华镇	16652.26
南通荣威塑胶工业有限公司	42	开发区	16069.40
如皋市凯凯电信器材有限公司(含五金、塑料、构件、开关)	43	长江镇	16058.20
南通恒绮纺织有限公司	44	常青镇	15463.81
南通康比电子有限公司	45	如城镇	15357.80
南通市鸿基织造有限公司	46	常青镇	15200.93
南通美能得太阳能电力科技有限公司	47	开发区	14926.29
南通聚星铸锻有限公司	48	搬经镇	14695.60
江苏翔晟重工有限公司	49	长江镇	14631.61
南通市华峰化工有限公司	50	石庄镇	14318.87
南通通茂船舶制造有限公司	51	长江镇	14087.26
江苏联众肠衣有限公司	52	开发区	13956.47
江苏元升太阳能集团有限公司(高硼硅、浴歌)	53	如城镇	13705.57
南通力威机械有限公司	54	如城镇	13311.13
如皋市中如化工有限公司	55	吴窑镇	13160.39
南通三润时装有限公司	56	九华镇	12853.46
南通焯晟石油化工有限公司	57	长江镇	12312
如皋市长江食品有限公司	58	长江镇	11786.27
上海电器环保热电(南通)有限公司	59	石庄镇	11554.05
如皋市坝新肠衣有限公司	60	开发区	11519.97
南通宝聚颜料有限公司	61	长江镇	11358.91
如皋市太阳肠衣食品有限公司	62	开发区	11300.50
南通晟罡建材有限公司	63	长江镇	10982.98
南通超达机械科技有限公司(模具)	64	桃园镇	10714.19
南通奔多电子新材料有限公司	65	开发区	10656.34
南通天龙畜产品有限公司	66	丁堰镇	10472.76
江苏万达特种轴承有限公司	67	如城镇	10177.22
如皋市田园装饰布有限公司	68	开发区	10083.32

续表9-4

企　业　名　称	名次	所属镇(区)	应税销售收入
如皋市大昌电子有限公司	69	开发区	10066.37
如皋市海华毛纺织品有限公司	70	长江镇	9802.39
如皋市协和印染有限公司	71	如城镇	9777.94
南通雷成运动休闲服饰有限公司(制衣、染整、针织)	72	开发区	9372.37
南通市振新精细化工有限公司	73	常青镇	9247.67
南通仁寿食品有限公司	74	开发区	9236.60
南通亨利镍网有限公司	75	白蒲镇	9195.60
南通市利泰非金属化工设备有限公司	76	九华镇	9077.07
善龙食品(南通)有限公司	77	长江镇	9054.66
如皋市兴武化工有限公司	78	如城镇	9046.62
南通爱康太阳能器材有限公司	79	开发区	9015.02
南通美迪森服装有限公司	80	石庄镇	8972.05
江苏中伟业通讯设备有限公司	81	长江镇	8785.78
如皋市永兴肠衣有限公司(正大)	82	桃园镇	8771.36
江苏海通海洋工程装备有限公司	83	长江镇	8567.69
如皋永祥皮革制品厂	84	石庄镇	8459.78
南通绅宝利工艺服装有限公司	85	石庄镇	8372.57
南通沿江管业有限公司	86	长江镇	8174.44
南通市新空间幕墙材料制造有限公司	87	东陈镇	8155.79
南通明龙时装有限公司	88	如城镇	8036.45
南通泰利达化工有限公司	89	丁堰镇	8033.89
如皋市大生线路器材有限公司	90	如城镇	7993.59
如皋市亚雅油脂化工有限公司	91	丁堰镇	7909.27
江苏南天絮凝剂有限公司	92	白蒲镇	7872.26
伟达塑胶工业(南通)有限公司	93	开发区	7797.04
圣密克洁具(如皋)有限公司	94	开发区	7551.59
如皋市易达电子有限责任公司	95	搬经镇	7486.5
如皋贝特福制线有限公司	96	开发区	7416.46
如皋市港建混凝土有限公司	97	长江镇	7324.18
如皋市西东色织厂有限公司	98	丁堰镇	7254.02
南通鸿志化工有限公司	99	林梓镇	7235.37
南通鼎杰钢业有限公司	100	九华镇	7159.71

第五节 工业名优产品

一、食品类

如皋萝卜条(干) 以素有“赛雪梨”美誉的如皋白萝卜为原料,经腌制加工而成,生津开胃、消滞解腻,为著名“长寿食品”。唐大和年间,如皋僧人三勒以风脱水方法制成萝卜干,名“三勒菜”。民国17年(1928年),如皋萝卜干出口南洋诸国,以其“四绝”(香、脆、甜、嫩)蜚声海外。1949年,如皋酱醋厂始生产“东皋牌”萝卜条。1964年,定名“江苏萝卜条”。1981年,获江苏省同行业评比第一名。1983年,获外经部出口产品荣誉证书、江苏省优质食品奖。1985年,获出口产品优良荣誉奖。1988年,获中华人民共和国首届食品博览会银质奖。1991年,获轻工部优质产品奖,并冠以“中国名产”“中国特产”标志,畅销日本、新加坡、马来西亚、印度尼西亚、菲律宾、欧美等国家和中国港、澳、台地区。2010年,全市有萝卜条腌制加工企业40多家,年生产能力达2万吨。

董糖 明末清初,由医理董小宛创制。1985年,获江苏省优质食品称号(参见卷十第一章第十节《名菜·名点·土点》)。

白蒲茶干 清康熙三十五年(1696年)创制,古名菽乳干,因其近似茶色,又是茗茶配食佳品,得名茶干。具有工艺别致、细腻筋韧、色鲜味美、久食不厌等特点。清乾隆皇帝下江南时,食后赞不绝口,并御笔书赐“只此一家”条幅。清道光《白蒲镇志》载:“蒲镇菽乳干为绝品。通称茶干,言可佐茗饮也……尝分铺崇川(今南通市)制作,终不及此地味美。”白蒲茶干尤以“三香斋”茶干著名,在县内及周边地区一直畅销不衰。清道光《白蒲镇志》载:“此斋怀绝技世代传袭,又兼得本县盛产白皮黄豆、水质清纯,实占有地利人和之便。”1979年始,白蒲茶干生产迅速发展,厂家增加至数十家。1994年,“三香斋”白蒲茶干获江苏省食品展销会金奖。1995年,获江苏省食品博览会最受消费者欢迎奖。1996年,获北京国际食品及加工技术博览会金奖。2001年,获中国国际农业博览会名牌产品。2002年,被确定为首届中国长寿文化节指定产品。

图9-14 1994年,白蒲黄酒获全国黄酒行业名牌产品奖

白蒲黄酒 清康熙五十五年(1716年),浙江绍兴章姓一家落户白蒲,开办糟坊,以上等粳米、酒药、麦曲为糖化发酵剂,采用传统工艺酿制。20世纪80年代中期,白蒲黄酒厂厂长张万珍在传统工艺基础上独创“二次喂饭”工艺,亦称“二次酿造法”,黄酒色泽、口感、营养等进一步提升,被称为“干黄酒”。1986—1987年,获江苏省优质食品奖、江苏省名优食品“美食杯”展评会优秀产品奖。1988年,获首届中国食品博览会银奖。是年,白蒲黄酒注册“水明楼”商标。1991年,“水明楼”牌干黄酒获轻工部优质产品称号。1993年,获日本第五届国际酒、饮品博览会金奖。1994年,获全国黄酒行业质量检评优质及名牌产品奖。1995年,获北京国际食品及加工技术博览会金奖。1998年,被中国食品工业协会认定为中国质量达标食品。1999年,获中国国际农业博览会金奖。2002年,“水明楼”牌白蒲黄酒获国家工商行政总局“原产地保护”认证。2005年,获“国家免检产品”称号。1997—2016年,连续14年被评为江苏省名牌产品。

林梓潮糕 清雍正十年(1732年),由林梓镇费氏老万和茶食店创制。林梓潮糕以上乘糯米粉为主料,辅之以桂花、松子、绵白糖、红绿丝等,用鲜荷叶垫笼蒸制而成,具有丰满细韧、荷香四溢、食用方便等特点,盛夏严冬均可食用。至清嘉庆元年(1796年),老万和潮糕名扬江浙地区。1979年始,林梓潮糕生产迅速发展,成为最为畅销的地方特产之一。2002年,被确定为首届中国长寿文化节指定产品。2007年,被收录于《江苏

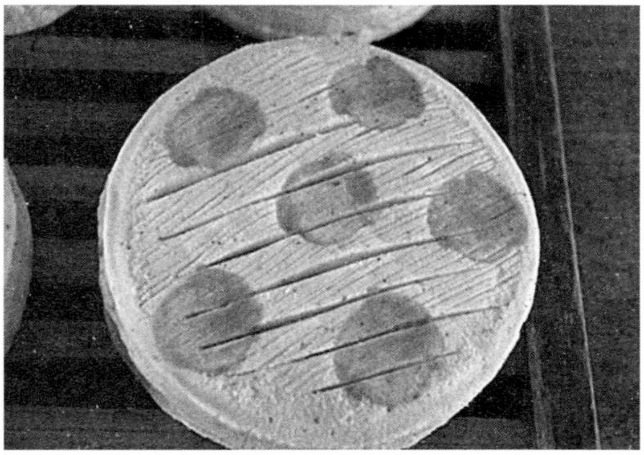

图9-15 林梓潮糕

名菜、名点》。

如皋陈元酒 古称“元枯”“枯陈”，属低度甜黄酒。由作坊选用精元米，以麦曲为糖化发酵剂，配以中药材，经长时间低温密封发酵酿制，醇甜浓厚、芳香柔和、酒质清冽、色如玛瑙，生津开胃、舒精活血，为如皋传统名酒。清嘉庆，《如皋县志》载：“元枯，城中市沽之，佳者，岁久愈厚。”1955年，如皋酒厂始生产。1993年，在上海迎春全国地方名酒博览会上获金奖。

证书

国营如皋酒厂：

你单位 水明楼牌 陈元酒 被认定为'99中国国际农业博览会名牌产品。

特发此证。

'99中国国际农业博览会

一九九九年九月

图9-16 1999年，水明楼牌陈元酒获中国国际农业博览会名牌产品称号

如皋火腿 清咸丰年间始创，为如皋传统名特产品，与金华火腿（南腿）齐名，被称为“北腿”。具有薄皮细爪、造型美观（形似琵琶或竹叶）、色泽鲜艳、咸香味美等独特风格，以色、香、味、形“四绝”著称。清光绪二十一年（1895年），如皋广丰腌腊制腿公司（亦称广丰制腿栈）生产的火腿，获美国檀香山国际博览会金奖。清宣统

图9-17 如皋长寿集团晾晒火腿（2009年摄）

二年（1910年），在江宁（今南京）举行的南洋劝业博览会上获优异荣誉奖。是时，如皋为江苏省制腿中心、全国三大“制腿中心”之一（《中国实业志·江苏省》），如皋火腿畅销海内外，在上海及美国旧金山等地设有分栈。

民国23年（1934年），如皋火腿获江苏省物品展览会嘉奖。1981—1982年，分别获商业部、江苏省优质名特产品奖。1984年，蝉联商业部优质名特产品称号。

进入21世纪，如皋火腿生产工艺更趋科学。2006年9月，“如皋”牌中式火腿被中国名牌战略推进委员会评为中国名牌产品。

如皋肠衣 肠衣加工为如皋传统手工业，约始制于清光绪初年。如皋肠衣塑韧而有弹性、柔软而滑润，是灌制香肠等的上好材料。民国12年（1923年），如皋肠衣始经上海转口南洋及欧美国家和地区。此后，一直被列为“一路货”（最高级），在国际市场畅销不衰。英商安利洋行一度在如皋设点专营。1958年，恢复出口。1964年，年产量增至140万根。

至20世纪80年代末，如皋肠衣成为全国重要外贸商品，出口量约占全国出口总量的20%。1991年3月，如皋“地球牌”猪肠衣获轻工业部优质产品奖。

如式香肠 清光绪年间始创，以如皋肠衣填装猪后腿鲜肉制作，红白分明，香味浓郁，与广式（广州产）香肠齐名。清宣统二年（1910年）6月，如皋曹鸿记香肠于南洋劝业会博览会上获二等奖。民国23年（1934年），如式香肠在江苏省物品

展览会上获嘉奖。

1982年,如式香肠先后被评为江苏省优质名特产品、商业部优质名特产品。1984年,再次被评为商业部优质名特产品。1985年,获国家质量奖审定委员会颁发的银质奖。1989年,获中国食品博览会金奖。1992年,南通市银燕食品有限公司生产的"银燕"牌香肠,获全国新产品技术博览会金奖;南通玉兔集团有限公司生产的"玉兔牌"香肠,被评为江苏省名牌产品、中国国际农业博览会名牌产品。1994年,"金翅"牌鸡肉香肠在江苏省食品展销会上获金奖。1999年,如皋肉联厂所产香肠在北京国际博览会上再获金奖。

如皋肉松 民国3年(1914年),由苏州传入。1934年,如皋"菁华齐"所产肉松在江苏省物品博览会上展出(《江苏省物品博览会报告》)。1936年,太仓徐寿生在如皋城开设太仓肉松第二厂,如皋沦陷时停产。约1940年,友来肉松厂开业产品大量销往上海。1951年,如皋肉联厂对传统肉松生产工艺进行革新,所产肉松形似猴毛,色泽金黄,咸中带甜,柔软疏松,独树一帜,成为最畅销的产品之一。

1958年始,如皋肉联厂所产"金梅"牌肉松,畅销国内北京、上海、香港、澳门等大中城市及法国、新加坡、马来西亚等国家和地区,年产量最高时为470吨。1971—1984年,获商业部、轻工部、外经部优质名特产品称号和荣誉证书。1985年3月,"金梅"牌肉松在法国巴黎获得国际美食学和旅游观光委员会授予金质荣誉奖章。是为中华人民共和国在国际上获得的第一枚肉食品金牌。1986年,"金梅"牌肉松获国家银质奖章。1989年,再获首届中国食品博览会金奖。1992年,"如皋"牌肉松获香港国际食品博览会金奖。1996年,再获国际食品博览会金奖。1999年,在北京国际博览会上再获金奖。

如皋分割肉 1963年始创,为如皋肉联厂外贸产品之一。1983年,获中国粮油食品进出口公司江苏省分公司授予的"精工细作,品质优良"锦旗。1986—1987年,被评为全省同类产品第一名。2007年,江苏长寿集团有限公司生产的"今天"牌鲜冻分割猪肉,获中国名牌产品称号。

如皋罐头 1980—1984年,如皋罐头厂生产的"梅林"牌香酥禾花雀罐头3次获得江苏省优质产品奖;"梅林"牌火腿罐头,被轻工部、外贸部确定为外贸定点产品。1985年4月,"长城"牌火腿罐头获江苏省第四届轻工业优秀新产品称号。8月,"梅林"牌火腿罐头被选送参加在日本举行的国际万物博览会。是年,"梅林"牌火腿罐头获江苏省轻工业厅优秀新产品称号。1987年,"长城"牌397克火腿罐头获江苏省优质产品称号。1988年,梅林牌560克青刀豆罐头获江苏省优质产品称号;"长城"牌火腿罐头获首届中国食品博览会银奖。1990年,"梅林"牌火腿罐头获江苏省优质食品称号。

"花神"牌绵白糖 1988年,由如皋制糖厂采用进口蔗糖精制成的"花神"牌绵白糖,获江苏省优质产品称号。

"金翅"牌腊鸡腿 1994年,在江苏省食品展销会上获金奖。

"玉兔"牌香肚 1994年,南通玉兔集团有限公司生产的"玉兔"牌香肚在江苏省食品展销会上获金奖。

"龙游河"牌系列白酒 1995年,由戴庄乡南通弯龙酿造厂研制生产的"龙游河"系列白酒,获全国民用高新技术博览会金奖。

二、工艺品类

如皋灯彩 始创于东晋义熙年间。至明清时,行销菲律宾、马来西亚、新加坡等南洋诸国。民国时期,如皋绢灯种类多达100种以上,既是精美的装饰品,又是高雅的艺术珍藏品,多次参加国内外灯彩大展,屡次获奖。清宣统二年(1910年)6月,石紫绶制作的彩色绢灯参加在江宁(南京)举办的南洋劝业会展览并获嘉奖。民国4年(1915年),在美国旧金山举办第十三届巴拿马太平洋世界博览会上获二等奖。民国10年,在印度举办的国际彩灯展赛会上,获二等奖。民国23年,在江苏省第四次物品展览会上,石为林(石紫绶之子)制作的绢灯获嘉奖。20世纪80年代后,如皋绢灯畅销上海、南京、深圳等大中城市。

如皋风筝 如皋风筝制作、放飞历史悠久,是中国风筝发祥地之一,与北京、天津、山东潍坊并称中国四大风筝产地,其折叠风筝和组合音响风筝为全国首创。清光绪《通州直隶州志》第四卷《民赋志·物产》载:"风鸢出如皋,自草虫鱼鸟舟至于仙佛，无巧不具；有一排九雁、十三雁者，可折叠藏之。”如皋风筝有硬翅、软翅之分，硬翅以竹片、芦苇秆为骨架，软翅以竹篾为骨架。有正方、六角、八角、九串铃、七簇星、鹞子等数十种。风筝表面多用桑皮纸或绢，彩绘装饰或贴民间剪纸图案，并安装白果壳、小竹筒、葫芦、瓠子等制成的哨子、嘟子、嗡子。放飞时声震长空。清末，在南京举办的南洋劝业会上，如皋艺人石紫绶制作的收摺风筝获嘉奖。

此后，艺人郭文和在如派风筝制作传统技艺基础上，研制出风格独特、易折叠、便携带、形态各异的“郭氏风筝”。1986年，郭氏“老鹰摩云”风筝在全国民间工艺品展览会上获一等奖；“蜈蚣”先后在荷兰、比利时展出，获纪念奖。1991年，如皋风筝在南通举办的国际风筝节上获“立体大型”冠军。

如皋贴绒画 为如皋独有工艺生产的艺术品，具有错翠钩红、立体感强、不易褪色等特点。

明末清初，董小宛创作贴绒梅花扇。杨芳灿有咏其贴绒梅花扇诗：“错翠勾红世无比，活色生香点缀工，入手翩翩蝉翼轻，剩墨零纨总可怜。”是为如皋贴绒画最早记载。清康熙年间，进士石为崧之女石学仙弘扬如皋贴绒艺术，如皋贴绒画声名远扬。清乾隆年间，如皋贴绒画受到皇帝褒奖，声名更盛。清宣统二年（1910年）6月，如皋文秀斋的贴绒画在江宁（南京）南洋劝业会上获嘉奖。

民国4年（1915年），在美国旧金山举办的第十三届巴拿马世界博览会上，文秀斋的贴绒画再次获奖。民国15年5月，文秀斋贴绒画“镜屏”在江苏省第三次地方物品展览会上获奖。民国23年，县女工传习所制作的贴绒画《挂印封侯条山》《英雄独立条山》在江苏省会展中再次获奖。民国《如皋县志》载：“波绢贴绮作画、屏、灯、扇，家家能立，盛行（销）京都各省。”

如皋红木雕刻 为如皋特色传统工艺之一。20世纪80年代，红木雕刻在奚斜乡恢复发展，并逐步形成特色产业，列入“国礼”。国务委员唐家璇代表中国政府，将为纪念世界历史文化名人孔子诞辰2550周年而出版的黄金版《论语》赠送（被称为中华第一经书）联合国收藏，其紫檀木书盒，即由奚斜乡雕刻艺人制作。1994年11月，在全国首届林业名特优新产品博览会上，如皋红木雕刻作品获金奖。此后，多项产品销售除西藏以外的所有省份及港、澳地区，并出口美国、日本、加拿大、俄罗斯、欧洲及东南亚等国家。

“敦煌”牌工艺丝毯 1979年，如皋丝毯总厂生产的敦煌牌120道—360道工艺丝毯在江苏省丝毯行业评比中获第一名。1980年，获江苏省优质名牌产品证书和江苏省著名商标证书。1981年11月，参加全国丝毯行业质量评比名列第二。1982年，获中国工艺美术品“百花奖”。1985年，获轻工业部产品质量评比第二名。是年，120道手工丝毯获国家银质奖。1986年，大型壁毯《和平的春天》被作为国家礼品，赠送联合国儿童基金会。《美罗6号》《美罗8号》和《智慧之光》，被美国国家工艺品博物馆、美国纽约现代艺术博物馆购买珍藏。1988年，“敦煌”牌工艺丝毯获轻工部出口产品“金杯奖”。1990年，《桂林山水》被作为国家礼品赠送给联合国。1995年8月，《幸福鸟》艺术挂毯成为美国总统克林顿的私藏珍品。2000年12月，以北宋著名画家王希孟的《千里江山图》和乾隆时期著名画家钮云峰的《百福·百禄·百寿图》为蓝图，制成真丝壁画，被史树青、耿宝昌、谢启灵等10位国家著名鉴定专家誉为“代表了丝毯行业国内最高水平”。

“水绘园”牌钩针衣 如皋工艺结网总厂生产，集钩、绣、贴、镶技法为一体。1982年，获江苏省工艺美术品“百花奖”。1984年，在全国旅游产品内销工艺品评比中获大会表扬奖。1985年，获轻工业部中国工艺美术品“百花奖”。1991年4月，在第二届北京国际博览会上获银奖。

“水绘园”牌棒针衣 如皋县工艺结网总厂生产，以质地柔软，立体感强远销海内外。1983年，获对外经济贸易部优质出口产品证书。1985年，获江苏省工艺美术品“百花奖”，并被省轻工业厅评为江苏省第四届轻工业优秀产品。1986年，获轻工业部中国工艺美术品“百花奖”优秀创作设计一等奖。1988年，分别获轻工业部“百花奖”和优秀出口产品铜质奖。

“五洲”牌钩针衣 如皋县工艺编织总厂生产。1985年，获江苏省工艺美术品“百花奖”。1986年，获江苏省钩衣工艺设计一等奖。1988年，获全国轻工业产品“金龙腾飞杯”银质奖。

“五洲”牌棒针衣 如皋县工艺编织总厂产品，以柔软舒松、保暖性能好远销海内外。1986年，获江苏省计划经济委员会颁发的工艺美术品“百花奖”和江苏省工业厅颁发的“四新产品”一等奖。1988年，分别获轻工业部美术品“百花奖”和全国轻工出口产品“金龙腾飞杯”银质奖。

“水绘园”牌工艺编织衫 如皋工艺结网总厂生产，以图案逼真，纹理清晰，手感丰厚远销海内外。1988年，在全国旅游产品、内销产品工艺品交易会上获优秀旅游产品奖。

“三友”牌120道羊毛地毯 白蒲地毯总厂生产。1991年4月，在第二届北京国际博览会上获银奖。

“千里”牌丝麻交织软雕丝毯 如皋丝毯二厂生产。1991年4月在第二届北京国际博览会上获银奖。

“蓝迪”牌麻布镶拼绣衣 如皋绣品总厂生产。1991年4月在第二届北京国际博览会上获银奖。

三、纺织品类

如皋丝线 如皋丝线制作始于明天启年间。至清末，如皋丝线一直为朝服用线和贡品，清慈禧太后宫中所用结发“辫子绳”亦为如皋丝线制作，并大量销往国外。20世纪60年代，如皋线厂创制“雄鹰”牌42S/3股41米真丝缝纫线，为中国人民解放军总后勤部指定军需用品。70年代，如皋线厂生产的“雪松”牌22DS150/3桑蚕丝纬线被确定为江苏省外贸定点购销产品，销往日本、欧美和中国港澳地区。

“皋城”牌单棉纱卡 如皋纺织厂生产。1972年，白坯布获准直接出口。1979年，被评为江苏省优良产品。1980年，被评为江苏省优质产品、优质名牌产品。1981年，在江苏省纺织工业厅组织的实物抽样评比中，名列全省第一。1988年，被评为部优产品。

“闪光”牌系列针织内衣 如皋针织内衣厂生产。1977年，成为江苏省纺织工业厅定点产品。1982年，32支豆灰棉毛衫被评为江苏省优良产品。1987年，网眼T恤被评为江苏省优质产品，并被推荐参加纺织工业部“金球奖”评比；32支棉毛T恤被评为江苏省优良产品。1988年，32支棉毛T恤被评为纺织工业部优良产品。

“兰友”牌系列毛巾 如皋毛巾厂生产，有提花和喷花床罩、毛巾被、枕巾、面巾、茶巾等。1980年，L11涂料印花茶巾、“204”提花枕巾、“213”提花枕巾被评为江苏省优良产品。1981年，204提花枕巾、“213”提花枕巾被评为江苏省优质产品。1985年、1986年，“8002”毛巾被连续2年被评为江苏省优良产品。1988年，“兰友”牌提花枕巾、印喷枕巾、印花面巾同时被评为部优产品。1991年10月，“9007”提花喷花毛巾被、“6004”毛巾等8个品种在全国优秀花型设计评比和配套产品大奖赛中获奖。1995年，“兰友”牌系列毛巾获江苏省名牌产品称号。

“金翅”牌系列雪花呢 如皋染织厂生产，为国内首创。1980年10月投放市场，创一次性订货60万米的全省最高纪录。1981年，获江苏省纺织优秀新产品奖、全国纺织品优秀花纹设计二等奖。1982年，再获江苏省纺织优秀新产品奖。1983年，获国家经委颁发的全国优秀新产品“金龙奖”。

“海燕”牌棉纶丝袜 1980年，被评为南通地区优质产品。1982年，获江苏省优良产品证书。1986年，新产品“金丝球”被评为纺织工业部优质产品。

“金翅”牌纯棉大提花沙发布 如皋染织厂生产，为江苏省重要出口商品之一，畅销苏联、东欧各国及阿尔及利亚。1981年，获全国花纹设计奖。1982年，被江苏省经委评委省优质产品。1986年，获纺织工业部优质产品证书。

“大方”牌男女弹力袜 如皋袜厂生产。1982年，被评为江苏省优良产品。1984年，再次被评为江苏省优良产品。1985年，被评为江苏省优质产品。1988年，获出口许可，远销西欧、中东等国家和地区。

系列丝织物 如皋县丝织厂生产。1984年“97111”软缎被面获江苏省优良产品称号，被确定为江苏省丝绸总公司的定点产品；“62102”花软缎被评为江苏省优良产品；“92330”涤丽绫、“S1101”美丽绸纱被评为江苏省优良产品。1985年，“90484”涤条呢获江苏省内销绸缎新产品开发评比一等奖。

“EW60”“EW200”无碱无蜡布 如皋玻璃纤

维厂生产。1984年，被选用于长征三号火箭和试验通信卫星，受到中共中央、国务院、中央军委的通令嘉奖。

“金翅”牌仿麻系列装饰布 如皋染织厂生产，外观豪华、色泽高雅、质感优良。1984年，获江苏省纺织工业厅纺织装饰品“新苑杯”奖。1985年，再次获“新苑杯”奖，并被评为江苏省优质名牌产品。20世纪80年代，为国内高档宾馆、饭店装饰材料，并销往美国、苏联、日本等国家和中国港澳地区。

“梅花”牌白厂丝 如皋县白蒲缫丝厂生产，有19/21D、20/22D、24/26D、27/29D等多个品种，为江苏省丝绸总公司出口丝定点产品。1985年、1986年，连续2年被评为江苏省优质产品。

“丁香”牌42S纯棉普梳机织纱 如皋县丁堰纺织厂生产。1986年，获江苏省计划经济委员会颁发的优质产品证书。

“丁香”牌纯棉横贡缎 由如皋县丁堰纺织厂在传统地方名产横贡缎基础上改进用料、工艺创新生产。1988年，被评为江苏省优质产品，参加全国同类产品质量评比获第一名，被评为部优质产品。

腈纶彩条薄绒衫 如皋纬编厂生产。1988年，被评为江苏省优质产品。此后，一直畅销日本市场。

“280”导风筒基布 如皋玻璃纤维厂生产。1991年，获部优质产品称号。

沙发巾 场北乡如皋市织毯厂生产，1994年，获首届中国金榜技术与产品博览会金奖。

真丝毯 如皋市针织内衣厂生产。1995年12月，在全国针织行业博览会上获金奖。

电热内衣 如皋市针织内衣厂生产。1995年12月，在全国针织行业博览会上获银奖。

“鼎”牌纺织玻纤纤维制品 江苏九鼎新材料股份有限公司生产。2005年，被评为江苏省名牌产品。

“鼎”牌纺织玻璃纤维土工格栅 江苏九鼎新材料股份有限公司生产。2006年，评为中国名牌产品。

四、机械工业品类

“如皋”牌SW2-35少油断路器 如皋高压电器厂生产。1975年，经江苏省水电局等5部门鉴定，填补江苏省空白，并被第一机械工业部评为全国一等品。1986年，国家经委再次认定为国家一等品。

“龙卷”牌JJM5慢速卷扬机 南通市矿山机械厂生产。1979年，在国家建委组织的全国同行业产品质量检查中获“质量优胜”红旗。1985年，在中国建筑机械协会组织的质量检查中获第一名。1986年，被评为江苏省优质产品和城乡建设环境保护部优质产品。

“三多”牌JD-25型荧光灯安全座 如皋县家用电器厂生产。1982年，被毛主席纪念堂选用。1987年，被评为江苏省优质产品。

“如皋”牌JDJJ1-35电压互感器 如皋高压电器厂生产，为机械工业部、水利电力部定点产品。1982年，被评为全国行检优等品。1984年，被评为江苏省优质产品。1985年，被评为机械工业部优质产品。是年，如皋高压电器厂生产受到江苏省人民政府通令嘉奖。

“机友”牌BGY-15功率油耗仪 如皋拖拉机修配厂研制生产。1984年，经江苏省农机局鉴定，填补省内空白。1985年，农牧渔业部颁发优质产品证书。

“小康”牌7C1农用挂车 如皋车辆厂和产。1984年，在江苏省行业产品质量检查中，被评为第三名，并被评为江苏省优质产品。

“RF”牌J61Y-P55170V·DN10-20直通焊接式截止阀 如皋电站阀门厂和产。1985年，被评为江苏省优质产品。

“如动”牌S195柴油机 如皋动力机厂生产。1985年，单卧式四冲程12马力柴油机被评为江苏省优质产品。1987年，被机械工业部评为优质产品。

“三多”牌Zr-4型多用插座 如皋县家用电器厂生产。1987年，被评为江苏省优质产品。

“机友”牌1KSQ-35A开沟机 如皋拖拉机修配厂生产。1988年，被评为江苏省优质产品。

“如皋”牌LB6-35型电流互感器 如皋高压电器厂生产。技术性能达到80年代国际水平。1988年，被评为江苏省优质产品。

ZPM水平式往复炉排燃样机 如皋市耐热铸造厂生产。1994年7月，在首届中国金榜技术与产品博览会上获金奖。

MY508双管格栅荧光灯 南通胜浦照明电器有限公司(下原)生产。1994年,在中国国际照明电器及灯饰技术产品展览会上获金质奖。

节能往复炉机 如皋市耐热铸造厂生产。1994年4月,获中国首届金榜技术和产品博览会金奖。

"梦蝶"牌弹簧席梦思 搬经利美泰服装有限公司生产。1995年,获全国第七届国家科委新产品、新技术博览会金奖。

植物纤维快餐盒生产线 南通电子专用设备厂生产。1996年,在全国专利产品及新产品博览会上获金奖。

"力星"牌轴承钢球 江苏力星集团生产。2001年3月,被江苏省名牌产品认定委员会命名为江苏省名牌产品。

"昌昇"牌胶印机 江苏昌昇集团生产。2001年3月,被江苏省名牌产品认定委员会命名为江苏省名牌产品。

"元升"牌太阳能热水器 江苏元升太阳能集团生产。2005年,被评为江苏省名牌产品。

"英田"牌柴油机 江苏英田集团生产。2005年,被评江苏省名牌产品。

"迈特"牌聚丙烯电容薄膜 江苏南天集团股份有限公司生产。2006年,被评为江苏省名牌产品。

"力源"牌太阳能热水器 南通力源太阳能有限公司生产。2007年,被评为江苏省名牌产品。

"如皋"牌高压断路器 江苏如高高压电器有限公司生产。2007年,被评为江苏省名牌产品。

五、电子、化工产品类

"如皋"牌整流二极管 如皋无线电厂生产。1985年,塑封、玻璃钝化封装整流二极管获电子工业部质量评比三等奖;2C173—78塑封硅堆,获国家质量金奖。1988年,塑封、玻璃钝化封装整流二极管被评为部优产品。1991年,2CN4C硅整流二极管在全国电子产品集中测试质量评比中获一等奖。1991年12月,获部优产品称号。

"古钱"牌独石云母电容器 如皋无线电三厂研制。1984年,经江苏省电子工业厅鉴定,填补省内空白。1986年,CT4低频独石云母电容器获江苏省电子产品质量评比三等奖。

NDX-Ⅲ高压钠灯电子触发器 如皋县无线电二厂生产。1988年,被评为江苏省优质产品。

聚丙烯电容薄膜 南通电子材料厂生产。1993年9月,在北京中国第二届国际电子博览会上获金奖。1994年6月,获第五届亚太国际贸易博览会金奖。

高性能磁材压机 南通电子专用设备厂生产。1993年,要中国高新技术产品博览会上获金奖。

塑封高压硅堆系列 南通皋鑫电子股份有限公司生产。1995年9月,获首届中国高新技术成果暨新产品交易博览会金奖,被评为江苏省名牌产品。

晶刚瓷粉 如皋市第五塑料制品厂(江安)生产,系一种新型多功能建筑涂料。1994年,获国际轻工、电器精品展览经贸洽谈会金奖。

"丁堰"牌808洗涤剂 如皋县化工二厂生产。1987年,被评为江苏省优质产品。

第二章 建筑业

第一节 机构沿革

民国17年（1928年），国民政府如皋县政府设建设局，管理公共建筑事务。民国27年至民国29年，国民政府如皋县政府设建设科。民国36年7月，县内分别建有县水作工会、木作工会。

1950年，如皋县建筑工会成立。1956年10月，如皋县建筑工程站建立。1958年10月，县建筑工程站改名为如皋县建筑工程公司，全县49个人民公社相继成立建筑站。1977年，如皋县建筑工程管理总站建立。

1979年2月，如皋县基本建设局成立，撤销县建筑工程管理总站，统一管理全县建筑队伍。3月，如皋县建筑民兵团组建。1981年2月，县建筑民兵团撤销，如皋县建筑工程联合公司建立，与基建局两块牌子、一套班子。

1984年1月，机构改革，县基本建设局撤销，如皋县建筑工程总公司（对外称如皋县建工局）组建。是年，经南通市政府批准，如皋县建筑工程总公司又称为南通市建筑安装工程总公司第六公司。1985年，县建筑工程总公司与东陈、吴窑、搬经、袁桥、加力、新姚、郭园、如城等较大的9家乡镇建筑站联合组建南通市第六建筑安装工程公司，张黄港、邓园、丁堰、石北、丁北、白蒲、丁西、林梓等9家乡镇建筑站联合组成如皋县建筑工程联合公司。县建筑工程总公司先后在无锡、新疆、大庆、上海、吉林、海拉尔、青岛、山西、湖北、白城、涿州、南京、徐州、南通等地设立办事处。

1986年，经县政府批复同意建立南通市第六建筑安装工程公司如城办事处，统一管理县内建筑工程。1989年，如皋县建筑工程总公司撤销，如皋县建筑工程局组建，实行政企合一。1992年5月，市建筑工程局易名为如皋市建筑工程管理局。是年，市建筑工程管理局列入政府工作部门序列。1997年，明确市建筑工程管理局为市政府主管全市建筑行业的职能部门。2000年2月，市建管局与南通市第六建筑安装工程公司签订改制协议书，实行政企分开。2001年始，全市建筑队伍在外地施工管理机构不再称为办事处，改称南通六建驻外分公司。是年，市建筑工程管理局与市建设局合署办公。

2009年2月，如皋市政府投资项目工程建设中心建立，为市人民政府直属正科级事业单位，代表市政府行使业主职能和项目管理职能，具体负责市政府投资建设项目的集中统一管理和组织实施及单位自建项目的监督指导。

2010年1月，市住房和城乡建设局组建，将市建设局、建管局、房改办的职责整合列入市住房和城乡建设局，挂市建筑工程管理局、市规划局牌子，不再保留市建设局、市建筑工程管理局、市政府住房制度改革办公室。

第二节 体制改革与行业管理

一、体制改革

1956年前，如皋建筑业均为私营。1956年，始出现集体性质的建筑企业。1978年始，如皋建筑业在企业内部，根据生产经营需要，实行企业经理负责制和以工程项目为对象的承包责任制，将施工生产进度和质量、安全、效益等各项指标层层分解，定岗、定责到人，实行多劳多得、奖勤罚懒、奖优罚劣、上不封顶、下不保底、奖罚兑现的经济分配制度。

1983年，企业经营自主权扩大，实行开放式自主经营。是年起，实施管理体制改革，任务由行政计划分配改为招标投标承包制；企业流动资金由无偿占用改为有偿占用；行业管理由对企业直接管理逐步改为间接管理。在9个省14个城市设立办事处，由办事处统一对外经营、统一分配施工任务、统一施工管理、统一竣工结算、统一经济分配。县建工局班子成员和机关干部大多到各大办事处任实职，加强一线领导。

2000年2月，实施改制，南通市第六建筑安装工程公司易名为南通市第六建筑安装工程有限公司。经评估，原公司总资产为17510.29万元，总债务为12003.26万元，净资产为5507.03万元，募集职工股金680万元，全部现金购股，新公司注册资本6069.45万元（其中法人股4713.45万元，内部职工个人股1356万元）。市政府委托建管局负责人，代表市政府与该公司董事长签订政企分开正式协议。南通六建向市建管局上缴行业管理费、无形资产有偿使用费总计540万元。5月，如皋市第一建筑安装工程公司改制为有限责任公司。是年，全市建筑企业全面改制，原各乡镇建筑站分别通过资产评估、股东大会、注册登记等程序，相应建立产权明晰的股份制或有限责任公司。

二、施工管理

1979年3月，如皋县建筑民兵团建立，管辖各公社建筑队伍（民兵连），组织农村建筑队伍进城、出省施工，投入城市工程建设，并建立和完善各项管理制度。是时建工系统有县建筑公司施工人员870多名，49个公社建筑站纳入建筑民兵团管辖，编有48个连、183个排，建筑民兵10322人。1984年12月，如皋县建筑工程局（建工局）如城工程处建立，如城地区建筑工程实行统一管理。

1986年9月，南通市第六建筑安装工程公司如城办事处建立，对县内工程实行统一管理，同年12月，如皋县政府转发如皋县整顿建筑市场领导小组《关于整顿和加强建筑市场管理的意见》，对乡镇建管站工作班子配备、企业或个体户开业申请、工程建设程序、工程验收等方面做出具体规定。

1989年5月，县建工局成立对外工程领导小组，负责对外工程合作事务。继后成立南通建筑工程对外合作公司如皋县分公司，同时设立如皋县建筑工程局出国办公室。

20世纪80年代，全县建筑业规模发生巨变，建筑职工人数，从1980年的14300人上升到1989年的35800人，增长2.50倍。建筑业收入从1980年796万元上升至1989年的1.20亿元，增长15倍多，1987年至1989年连续3年收入超亿元。施工产值从1980年的4543万元上升到1989年的3.81亿元，增长8.40倍。固定资产从1980年的167.73万元增加到1989年的414.94万元，增长2.7倍。流动资金从1980年的35.46万元增加至1989年的2661.26万元，增长75倍。机械装备从1980年的总值93.76万元上升至1989年的3112.7万元，增长33.2倍，拥有各种建筑机械超过6000台。具有技术职称的工程技术人员从1980年全行业12名，增加至1989年的2001名。建筑行业工人占全县总劳动力4.6%，建筑业产值占全县工农业总产值15.9%，年完成建筑面积130万平方米。

1989—1990年，国家大力压缩基建投资规模，建筑业市场疲软、任务不足，建筑市场竞争激烈。如皋建筑业系统及时调整战略，采取整顿队伍、强化内部管理、提高企业素质等措施，提出“振奋精神、奋力爬坡、共渡难关”的口号，制订“巩固东北、提高西北、稳住沪徐、改善其他、发展能源交通、开拓国际市场”的经营战略。

1991—1995年，市（县）委、市（县）政府作出“大力发展建筑业”决策，提出如皋建筑业在南通市范围内“瞄一争二保第三”、经济收入突破2亿元的奋斗目标。1992年，市建管局提出“抓住历史机遇趁势而上，加快步伐、发展自己、实现新的飞跃”的发展战略。1994年9月，市政府发出《关于进一步加强我市建筑业管理工作的通知》，对全市建筑市场、工程承包、工程质量、安全生产、农村民房建筑施工管理等做出具体规定。1995年5月，如皋市国外工程办公室成立。8月，如皋市建工房地产开发有限责任公司建立，由如皋市第一建安公司和南通市第六建安公司两个法人股东共同出资，此为市建管局在政企合一情况下创办的第一个房产开发公司。

1996年11月，市建管局在向约旦、美国关岛、俄罗斯、科威特、新加坡等国派遣建筑劳务的基础上，成立如皋市对外工程建设有限责任公司。1998年6月，市政府办公室转发南通市建管局《关于加强乡镇建筑市场管理的意见》。10月，市建委、建管局、人事局3部门联合进行全市53个乡镇建管员考核，择优录取，46名建管员考核合格被列入政府事业编制。12月，如皋市建筑工程质量检测中心成立，设有专职工作人员13名，检测项目涵盖建筑施工领域常规项目。1999年5月，南通六建国际合作有限公司成立。

2005年年初，市政府协调会议决定，自2005年1月起，全市建筑工程施工许可证由建管局发放。2006—2010年，全市建筑企业承建工程一次交验合格每年均为100%。

三、资质管理

1984年5月，县建筑工程总公司根据建设部有关规定，结合如皋实际，会同县城乡建设环境保护局、工商局制订《关于城乡集体所有制建筑企业资质审查的暂行规定》，明确甲级资质企业由县核准报省主管部门审批，乙级资质企业由县审核报市审批，丙级、丁级资质企业由县审批。未经审查批准的企业不得到工商部门申领营业执照，不得从事生产经营。同时，还规定不同资质企业的具体条件和经营范围。

1986年，建筑企业根据省有关文件规定，进行套改定级，第六建筑安装工程公司套改为国家二级资质企业，县建筑工程联合公司和县建筑工程公司两家为三级资质企业，另有20家四级企业。1992年初，市第一建安公司第四工程处（加力），如皋市第二建筑安装工程公司邓园、白蒲、胜利、丁西、江防、张黄港、石北7个工程处，以及新民、柴湾等26个工程队升级为建筑工程公司。5月，全面加强出省施工队伍管理，市建筑工程管理处对市内建筑工程核发施工许可证，并对农村工匠实行资格管理。1994年6月，南通六建经建设部批准，晋级为国家建筑工程总承包一级资质企业。

1998年，市建管局对全市2.5万名从事民房建筑的个体工匠进行为期5个月的资质审查，1000名泥瓦匠取得承建二层以下民房建筑施工证书，同年11月，被《中国建设报》第1676期头版以《如皋市千余瓦泥匠持证上岗》为题报道。

1999年，全市各类建筑业施工企业资质实施年度检查，并报省、市建筑业主管部门审查批准通过，资质年检合格企业计74家，其中一级建筑资质企业1家、二级9家、三级36家、四级27家、五级1家。2001年12月，南通市吴窑建筑安装工程有限公司晋级为国家房屋总承包一级资质企业。2003年7月，江苏江中集团有限公司重新组建。2005年12月，经建设部批准，南通六建晋升为国家房屋总承包特级资质企业。2006年，江苏江中集团有限公司晋升为国家房屋建筑总承包特级资质企业。

2010年，全市建筑业通过资质审定企业202家，其中特级企业2家，一级企业20家（专业7家），二级企业48家（专业24家），三级企业89家（专业55家），劳务分包企业43家。施工总承包企业占比为36.1%，专业承包企业占比为42.6%，劳务分包企业占比为21.3%，施工专业范围延伸到30多个门类。全市建有桥梁工程、钢结构、建筑智能化、消防设施、防腐保温、建筑装饰装修等一批特色专业企业。

四、建筑队伍

县内建立建筑企业前，遍布如皋城乡的泥瓦匠、木匠、篾匠、石匠、漆匠，合称为“五匠”。其中，从事建筑业的瓦木工匠，学技术靠以师带徒、父传子艺。修屋建房常常一两个师傅带几个徒弟和小工协作完成，工程竣工后自行解散。20世纪40年代末，全县有泥瓦工匠586人，木工匠651人。1979年，全县建筑业在册从业人数6900多人，其中工程技术人员和施工管理人员316人。

1980年9月，县基本建设局与如城二中合作，开办学制为二年的工民建和学制一年的建筑财务、工程预算专业培训班。先后联合办班5期，培养学生598名。大多数毕业生通过实践锻炼，成为如皋建筑业的骨干。1983年，县基本建设局与江苏省电视大学如皋分校合作，开办工民建和建筑财会、经济管理大专班，先后开设9个班，400多人毕业。

1984年，如皋县建筑专业学校成立，隶属县建筑工程总公司，办校经费和人员由总公司解决。1984—2002年，市（县）建筑专业学校共培养建筑专业人员1.30万人次。在此期间，该校举办职工岗位培训，通过长短期结合、自培与委培“两条腿走路”方式，累计培训初、中级各类技术人员、特种作业人员4905人次。此外，胜利、丁北、勇敢、奚斜等公社（乡）建筑站，与当地初级中学、农技部门合作兴办建筑职业班，累计培训879人。

1979—2005年，如皋建工系统举办多期电工、焊接工、塔吊司机、架子工、钢筋工、预算员、材料员、机械管理员、会计员、项目经理、经营管理人员等培训班，并选派一批具有高中水平的建筑工人进入建筑职工大学深造，累计培训各类人员2.5万人次。

2006—2010年，全市建筑业培训各类技术人员25616人，其中培训一、二级建造师1364人次，企业负责人（A类）、项目负责人（B类）、专职安全生产管理人员（C类）人员2460人次，“五大员”（施工员、资料员、质检员、机械员、材料员）3652人次，工人技能培训17654人次（其中技师培训486人次）。2010年，全市建筑施工总人数15.5万人。

第三节 建筑市场

一、沿革

1958年，县建筑公司和各公社建筑站开始有组织地承建大会堂、厂房、商店、民房、道路、电灌车口等，其活动范围仅在县内。

1974年，县内建筑企业和队伍开始拓展县外建筑市场。是年，丁堰建筑工程队50多人，赴甘肃承建徽县酒厂，龙舌、勇敢、石南公社建筑工程队500多人进入湖北襄樊施工，承揽长途汽车站、江华机械厂等工程。为全县最早出省施工的建筑队伍。

1985年2月，南通市建筑安装工程总公司分包，如皋县建筑工程总公司参与上海瑞金大厦建设工程建设，是为县建筑施工队伍在县外参建的第一幢高层建筑。1986年3月，南通市第六建筑安装工程公司签约总包徐州市九州大厦，由吴窑工程处承建，是为如皋建筑企业和队伍独立总承包并承建的第一幢高层建筑。9月，南通市第六建筑安装工程公司东陈工程处派30名工人到约旦施工，与南通市对外合作公司合作分包约旦王国别墅工程，是为如皋建筑队伍走出国门之始。2000年，全市建筑业净资产4.25亿元，承包施工面积599万平方米，建筑施工总产值29.5亿元，建筑业增加值10.1亿元，建筑业外经营业额1200万美元。

2005年，全市建筑队伍遍及国内28个省（直辖市、自治区）和5个国家及地区。有5000—10000名施工人员规模的市场5个，万名以上施工人员规模的市场3个。有施工面积超过30万平方米的市场15个，其中超过80万平方米的市场8个，超过100万平方米的市场6个。是年，全市建筑业净资产16.59亿元，承包施工面积2000万平方米，建筑施工产值134.5亿元，建筑业增加值17.19亿元，建筑业外经营业额6000万美元，出国（境）建筑施工劳务人员1141人。

2006年，全市建筑业以北京为中心的京津冀市场，施工面积260万平方米；以长春为中心的东北市场，施工面积260万平方米，其中吉林省市场连续8年保持高速增长，双包施工面积超过160万平方米，成为南通乃至江苏省在吉林最大的双包市场；以沪苏锡为中心的华东市场，施工面积近400万平方米，新派境外建筑市场劳务人员1062人，完成建筑业外经营业额3570万美元。南通六建在阿联酋获得无限期注册。

2007年，全市建筑业有施工面积超100万平方米的区域市场11个，其中东北市场施工面积430万平方米，华北市场施工面积850万平方米，华东市场施工面积750万平方米，西南部市场施工面积200万平方米，中西部市场施工面积815万平方米。新派出国建筑施工劳务人员3458人次，完成境外施工营业额1.2亿美元。2008年，华东市场施工面积超过2000万平方米，华北市场施工面积近1000万平方米。全年新派出国（境）建筑施工劳务人员3070人，完成境外建筑施工营业额1.50亿美元，其中南通六建建设集团直接签约完成总承包工程量8850万美元。

2010年，全市建筑业净资产89.80亿元，承包施工面积6094万平方米，建筑施工产值362亿元，建筑业增加值37.26亿元，建筑业外经营业额2.16亿美元。拥有建立施工面积超过100万平方米的区域市场10个，华东市场施工面积

2469.5万平方米，华北市场施工面积1539.1万平方米，中西部市场施工面积1093.3万平方米，东北市场施工面积689.8万平方米，西南市场施工面积129.3万平方米，境外工程完成营业额2.16亿美元，南通六建建设集团列ENR国际承包商225强第158位，成为连续两年入围该榜的中国地方建筑企业。

二、海外市场

美国市场 1989年5月，中建总公司人事部到如皋考核选拔，挑选合格的98名建筑工人派往美国关岛施工。

苏联市场 1989年5月，88名如皋建筑工人乘火车离开大庆，前往苏联达里涅列钦斯克水泥厂、木材厂施工。

科威特市场 1990年2月，南通六建进入科威特建筑市场，分包阿哈迈迪一警察署项目。5月，组织工人去科威特，承建一所小学和科威特审计署工程。

阿联酋市场 2005年9月，南通六建建设集团有限公司迪拜分公司在阿联酋迪拜注册成功，获得阿联酋建设主管部门批准。此后，承建迪拜双塔等多座大型建筑。2006年，在阿联酋获得无限期注册。

三、外省市场

新疆市场 1979年春，根据中央和江苏省政府支援新疆油田建设指示精神，县基建局组织县建筑工程公司及高明、车马湖、马塘、加力、高井等14个建筑工程队计1500人，赴新疆克拉玛依油田施工。20世纪80年代初，县基建局于新疆油田设立办事处。

黑龙江市场 1979年春，县基建局组织1200人的施工队伍赴大庆油田施工。20世纪80年代初，县基建局于大庆油田设立办事处。1993年3月，郭园工程队至哈尔滨施工。是年，南通六建与金马集团合作承建天顺房地产开发公司花苑商城。1994年，南通六建再与金马集团合作,引进吴窑、何庄、搬经、奚斜、丁堰、桃园7个工程队承包昆仑商城10万平方米一期工程。1998年,市建管局设立哈尔滨办事处。

湖北市场 1980年6月，常青工程队至湖北宜昌施工，承建六机部所属国营403厂的3栋宿舍楼，计9000多平方米。1997年，常青、石北工程队至武汉施工，与山西省六建公司合作，承建津津花园工程。南通六建在武汉注册，并成立武汉分公司，先后承建华中科技大学喻园小区、华中科技大学武昌分校教学楼、翠微小区等一批大型工程。

山西市场 1981年3月，长江、江防、郭园3个建筑工程队600人，至山西平朔露天煤矿与山西省二建公司合作分包矿区工程。是年，县基建局设立山西办事处。1982年，如皋县建筑安装联合工程公司一支建筑队伍至山西朔县平朔煤矿施工。1984年，进入太原市施工。是年，县建工局设太原办事处。南通六建在山西省太原市年施工面积超过150万平方米，施工人数15000人。其中，吴窑工程队承建的山西国贸大厦高156米。2009年，江中集团组成一支253名工人的建筑队伍，至山西省阳泉市承建盛世新城工程。2010年，江中集团组织275人的施工队伍，承建山西省晋城市晋城中等专业学校实训楼。

广东市场 1984年，县建工局设立深圳办事处。此后，县内建筑队伍陆续进入深圳市施工。2006年9月，南通六建建设集团承建广东省中山市中达电子新建厂房工程，建筑面积9万平方米，施工产值1.08亿元。

上海市场 1983年，林梓、丁北、吴窑、江防、东陈、新民等乡（镇）建筑工程队300多人，至上海市承揽分包或劳务合作工程。是为全县最早至上海市承揽工程的建筑队伍。是年，县基建局设立上海办事处。此后，如皋县建筑队伍与上海市第一至第八建筑工程公司联营分包合作，进一步开拓上海市建筑市场。1984年，县建工局上海工程处建立。

河北市场 1984年，丁堰乡建筑站组织200多人的工程队至河北省承建石油部物探局办公楼工程。县建工局设立河北涿州办事处。1994年10月，南通六建戴庄工程队至石家庄市承建东海国际大厦，建筑面积6万多平方米。1995年，勇敢工程队、雪岸工程队亦至石家庄市施工，市建管局成立石家庄办事处。勇敢工程队承建的中国人民解放军总参谋部退休干部住宅，面积7.6万平方米。是年，南通六建在石家庄市取得独立总承包资质。1999年9—10月，建设部部长俞正声，河北省省长钮茂生，分别到石家庄市如皋建筑工地视察，对南通六建雪岸工程队给予良好评价。

辽宁市场 1984年，场南乡建筑站组织工程队至辽宁省盘锦市承揽一般民用住宅工程。1985年，至辽河油田承建办公楼及住宅、污水处理厂等工程，队伍发展到500人。是年，县建工局设立辽河办事处。2000年6月，下原、建设、桃园、勇敢4个工程队1000人进入辽宁省沈阳市施工，南通六建签约承建沈阳理工大学行政办公楼和经贸分院、材料分院、机械分院教学楼等工程12万平方米。2005年，南通六建建设集团沈阳分公司成立。

吉林市场 1985年4月，新姚、江防乡建筑站组织400多人的工程队至吉林省白城市承建住宅工程。是年，县建工局设立白城办事处。1986—1987年，场南工程队与吉林建筑工程公司合作承建吉化炼油厂（250厂）宿舍楼工程。1987年，东陈工程队300人至吉林省长春市承建信达开发公司住宅小区工程。1988年3月，县建工局设立吉林办事处。是年，东陈工程队、勇敢工程队至吉化公司施工，承建吉化250厂高层宿舍楼。1990年，县建工局设立长春办事处。

内蒙古市场 1985年，新民、下原、搬经、石北4个乡建筑站组织300多人的工程队，至内蒙古自治区呼伦贝尔盟海拉尔市施工。县建工局设立海拉尔办事处。2006年4月，南通六建建设集团承建内蒙古亿峰岛璞园，建筑面积16.8万平方米。是年，江中集团一支273人建筑队伍，承建内蒙古满洲里北方市场。此后，南通六建建设集团先后承建内蒙古自治区国贸花园二期工程、家世界购物广场、万正商城、维邦金融广场、宏信广场（内蒙古自治区农村信用联社综合楼工程）、汇商广场等项目，建筑面积250.7万平方米，建筑产值29.69亿元。其中，宏信广场被评为内蒙古自治区优质样板工程、国家优质工程，维邦金融广场F座被评为内蒙古自治区“草原杯”，万正商城一标段被评为内蒙古自治区优质样板工程。

天津市场 1986年，柴湾乡建筑站组织工程队至天津市，承建天津大无缝钢管厂厂房。江泽民、李瑞环先后在该工地视察。1994年3月，新姚、马塘乡工程队至天津市承建大港油田3号住宅楼1万平方米。是年，龙舌、马塘乡工程队亦在天津市承建大港油田3号院高层住宅。市建管局设天津办事处。2008年，江中集团一支374人的建筑队伍，承建天津市华纳豪园三期工程。

山东市场 1986年6月，县建筑工程总公司与铁道部第三工程局联营，东陈、吴窑、新姚3个工程队至青岛施工，其中东陈工程队承建国家教委青岛疗养院，吴窑工程队承建农行金融大厦，新姚工程队承建物资中心等工程。是年，县建工局设立青岛办事处。此后，县内建筑工程队又承建青岛海尔冰箱厂办公大楼、大型厂房等工程。1992年3月，吴窑工程队至山东烟台市承建38层的华信大厦。市建管局设烟台办事处。1994年3月，石北工程队承建山东省济南火车站大楼。1995年，雪岸工程队承建济南市林祥大厦和6万平方米的山东泉城广场工程。南通六建与济南三建联营，年建筑工程量增至10万平方米以上。市建管局设立山东办事处，南通六建设山东工程处。2007年，江中集团组派出一支402人的建筑队伍，承建山东省枣庄市大官庄棚户区改造（富翔庄园）住宅小区，派出一支364人的建筑队伍，在山东省烟台市承建苏州市前北楼润锦花园小区工程。

北京市场 1995年4月，丁堰、东陈乡工程队至北京市分别承建北京旅游公司综合楼和小汤山别墅山庄。7月，市建管局设立北京办事处。2000年，市建筑企业在北京取得承包注册资格，结束在北京市建筑纯劳务分包的历史。2002年，南通六建承包的中国人民解放军61046部队退休干部住宅5—8号楼工程，位于北京市海淀区韩家川，地下1层，地上9层，建筑面积2.8万平方米。是为如皋建筑队伍在北京市场的第一个总承包工程，获北京市三片组优质工程奖。此后，又承建北京未来假日花园二期工程A、B、C、D、E楼及地下车库工程，总建筑面积13.37万平方米，获得北京市三片组优质工程、结构“长城杯”，江苏省外“扬子杯”、江苏省建筑业新技术应用示范工程等荣誉。2006

年，江中集团一支268人的建筑工程队伍，在北京市承建远洋山水二期9号楼。

陕西市场 1998年6月，何庄、郭园乡工程队至陕西省承建西安市御花园别墅12800平方米。次年，市建管局正式设立西安办事处。

浙江市场 2003年3月，南通六建在浙江省宁波市承建2.4万平方米的宁波经胜科技有限公司新建厂房工程。不久，又承接7.3万平方米的明珠万达广场三区西块工程。2006年7月，南通六建建设集团承建浙江嘉兴亮皇新建厂房，建筑面积6万平方米。11月，承建宁波雅戈尔置业公司开发的世纪花园三标段，建筑面积5.8万平方米。

重庆市场 2004年2—8月，南通六建建设集团常青工程队承包重庆市泽世达H型32层住宅6.2万平方米。

安徽市场 2005年7月，南通六建建设集团徐州分公司打开安徽市场，承建芜湖市第十二中学教学楼。随后，南京、南通、苏州三个分公司相继进入，分别承建安徽省池州市军分区A、B宿舍楼，安徽省海螺科研中心，中达电子（芜湖）有限公司蓝领公寓等工程。2006年9月，南通六建建设集团承建安徽省合肥市华润置地润溪镇项目，建筑面积4.7万平方米。此后，先后承建中达电子（芜湖）有限公司蓝领公寓一期（DL1—DL2）新建工程，芜湖世贸滨江花园特色商业街，合肥湖滨世纪城E9区1—11号楼，安徽中庙碧桂园一期、二期多层洋房工程，中兴花园11—14号、3号、5号楼工程，合肥市熔安动力船用低速动力柴油机总装综合楼、第三标段和安家园工程，中国芜湖商品交易博览城一期工程，芜湖世贸5#地块酒店及办公楼工程，芜湖柏庄·春暖花开五期总承包等工程。2010年，江中集团一支624人的建筑队伍承建安徽省芜湖市白象绿洲二期安置房（含廉租房）二标段工程。

广西市场 2006年3月，南通六建建设集团承建广西壮族自治区南宁市仁德洋荷南湖广场，建筑面积8万平方米。

四川市场 2006年7月，弘霖建筑安装工程公司派出400多人，承建成都万科房产公司加洲湾住宅小区，计9.2万平方米。

福建市场 2006年9月，南通六建建设集团承建福建省友达光电干部宿舍工程，建筑面积4.2万平方米。此后，先后承建上杭市天合家园工程、厦门市新景缘住宅工程、厦门市边防扩建等5项工程，建筑面积18.2万平方米，建筑施工产值2.13亿元。

甘肃市场 2010年2—9月，南通六建建设集团承建甘肃省兰州市银滩花园经济适用房小区、格兰绿都住宅小区和第六佳园危旧房屋改造等工程，建筑面积11.3万平方米，建筑施工产值1.44亿元。

四、江苏市场

江苏无锡市场 1977年，丁北建筑工程队承建无锡印染厂工程。1979年，县基建局设立无锡办事处。2006年，江中集团一支421人的建筑队伍承建无锡市工商行政楼工程，该工程竣工后获国家鲁班奖。

图9-18 无锡工商行政管理大楼(2006年摄)

江苏徐州市场 1978年，县建筑工程公司在徐州承建矿务局医疗大楼、阎台煤矿等工程，下原建筑站承建徐州医学院附属医院工程，郭园建筑站承建徐州第三人民医院宿舍楼工程。如皋建筑业江苏徐州市场开始形成。1979年，县基建局设立徐州办事处。1999年，南通市吴窑建安公司承建徐州市标志性建筑建银大厦（32层），建筑面积4.5万平方米。2005年，江中集团派出435名的建筑队伍，承建徐州医学院门诊综合楼。

江苏南京市场 1980年3月，九华、东陈、南凌、花园4乡（镇）建筑工程队650人至南京市，先后承建栖霞炼油厂、南京机床厂、南京钢厂、浦口开发区住宅工程等。是年，县基建局设立南京办事处。2007年，江中集团组派一支439人的建筑队伍，承建江苏省建设管理综合楼。

江苏南通市场 1980年7月，勇敢、九华、奚斜3乡建筑工程队176人至南通市，承建向阳锅炉厂、交通局办公楼、新生织布厂、煤石公司、姚港油库等工程。长庄、车马湖、磨头、夏堡4乡（镇）建筑站工程队370人亦在南通市施工。1981年，县基建局设立南通办事处。2000年2月，南通市第六建筑安装公司市政路桥公司成立，先后在南通市承建316省道E标段、通州刘河大桥等工程。

江苏苏州市场 1992年10月，九华、黄市2乡和市交通局建筑工程队，承建苏州市大龙岗小区住宅工程。1993年2月，市建管局设立苏州办事处。2005年春，江中集团一支354人的建筑队伍承建张家港市金茂创业大厦，一支349人的建筑队伍承建张家港市金城商务用房土建工程。2005年，江中集团组派652人的建筑队伍，承建苏州科技文化中心工程。2008年，江中集团组建392人的一支建筑队伍，在昆山市承建昆山吉田国际广场。

江苏扬州市场 2005年4月，南通六建集团承建扬州新天地西湖步行街商2—商5工程。2008年4月，承建扬州中德大上海公寓步行街2号楼工程，建筑面积2.3万平方米。

江苏常州市场 2006年，南通六建建设集团承建常州市御城项目，建筑面积15.8万平方米，建筑施工产值1.5亿元。此后，承建常州市富康宁花园二期工程，常州市世茂香槟湖二期工程，江苏大峘集团溧阳冶金工程技术有限公司办公楼、车间楼，北港生态小区一期二标段等工程，建筑面积25万平方米，建筑施工产值2.94亿元。2009年，江中集团承接常州泰富城安装工程。

江苏宿迁市场 2006年，江中集团一支305人建筑队伍，在宿迁市泗洪县承建泗洪水岸城邦二期工程。2007年7月，南通六建建设集团承建宿迁市名流雅居028号等7幢宿舍楼建设工程，建筑面积2万平方米。此后，又承建名流雅居二期、名流新天地、宿迁市体育中心和全民健身中心等工程，建筑面积10万平方米，建筑施工产值1.46亿元。

江苏盐城市场 2007年1月，南通六建建设集团承建大丰市职教中心食堂实训楼，建筑面积1.4万平方米。

江苏淮安市场 2007年5月，南通六建建设集团承建淮安市富士康D1/D2厂房工程，建筑面积5.2万平方米。此后，承建淮安市糖厂迁建工程，富誉电子科技（淮安）有限公司A8、A9栋厂房土建及给排水工程，淮安市弘辉首馥豪园工程，涟水县中联壹城新莲小区工程等工程。

江苏泰州市场 2007年5月，南通六建建设集团承建靖江市粮食物流平房仓B标工程。随后，承建泰州市海陵区泰高路世茂多层工程、泰州市盛和东方名邸二期工程34号—37号楼及5号地下室、泰州市杨湾海螺水泥厂二期、泰州星威园一期工程等项目。

江苏连云港市场 2008年10月，南通六建建设集团承建连云港市天顺风电法兰有限公司机电加工车间。2010年7月起，承建连云港市名仕家园一、二期二标段工程和一期三标段工程。

江苏镇江市场 2008年，江中集团组派一支362人的建筑队伍，承建镇江市优山美地样板区工程。南通六建建设集团承建永隆城市广场1期A标工程，建筑面积5.1万平方米。2009年，南通六建建设集团承建扬中区金州水务有限公司净水厂扩建工程。2010年，承建镇江市永隆城市广场雍景苑工程，建筑面积10.6万平方米。

第四节 主要建筑企业·名优工程

一、主要建筑企业

江苏南通六建建设集团有限公司 1956年10月创立，初名如皋县建筑工程站。1958年10

月，更名为如皋县建筑工程公司。1979年，更名为如皋县建筑民兵团。1981年2月，更名为如皋县建筑安装联合公司。1984年，更名为南通市建筑安装工程总公司第六公司，定为甲级企业。1985年11月，与东陈、吴窑等9个乡建筑站联合组建南通市第六建筑安装工程公司。1994年6月30日，晋升为一级资质建筑施工企业。1998年7月，取得境外工程承包签约权。

2000年2月，南通市第六建筑安装工程公司改制为有限责任公司。2001年10月，获房屋建筑工程施工总承包一级企业资质。是年起，连年被评为江苏省建筑业综合实力20强企业、江苏省外经10强建筑企业。2002年2月，经江苏省工商行政管理局批准，组建以南通六建为母公司的省级建设集团。

2005年，江苏南通六建建设集团晋升为房屋建筑工程施工总承包特级资质。2005—2010年，获发明专利2项、实用新型专利10项；参与编制国家和地方行业标准3项；创国家级工法3项；获全国QC成果5项、省级工法9项、省级QC成果47项；由南通六建总承包、承建（含下属分公司、工程队承建）、参建的工程获“鲁班奖”12项；全国用户满意工程1项、全国新技术应用示范工程1项、省级以上优质工程111项、省级新技术应用示范工程17项；创国家AAA级安全文明标准化诚信工地1项、省级安全文明工地90项，承建的工程一次交验合格率100%，优良率60%以上。多次获全国优秀施工企业，全国建筑企业科技进步与技术创新先进企业，全国重合同、守信用企业，江苏省建筑业最佳企业，江苏省技术进步先进企业，江苏省知名建设承包商等称号。

2010年，发展成为集房屋建筑、机电安装、装修装饰、园林古建、地基基础、防腐保温、道路、桥梁、码头、隧道等工程承包和房地产开发、培训教育等多元化经营于一体的集团企业，下辖15个区域公司，7个专业承包公司和6个参控股公司。拥有各类经济技术人员4000余名，从业人员37277人；总资产18亿元；年施工能力1000万平方米以上；建筑施工面积1562万平方米，建筑施工总产值105.33亿元。

江苏宏景集团有限公司 1969年10月创立，初名如皋县下原公社建筑站。1986年11月，编为县建筑工程联合公司第九工程队。1989年11月，更名为如皋县下原建筑工程公司（独立三级资质）。1992年3月，更名为如皋市下原建筑工程公司。2000年11月，组建为南通市下原建筑安装工程有限公司。2002年6月，获房屋建筑工程施工总承包二级资质。2006年8月，晋升一级资质。2007年，组建江苏宏景集团有限公司，下辖分公司5个，驻外分公司10个，为集房地产开发、房建施工总承包、劳务分包和材料经营、机电设备安装、钢结构施工、机械设备租赁于一体的综合性集团。至2010年，先后取得ISO 9001、ISO 14001、OHSMNS18001三项管理体系认证。承建施工的北京理化测试中心大楼等多项工程获参建“鲁班奖”、江苏省“扬子杯”奖等。先后被江苏省建筑行业协会、省建筑工程管理局评为省机械设备管理先进单位、省质量管理先进单位、省安全管理先进单位。

2010年，从业人员17006人，房屋建筑施工面积278.24万平方米，完成建筑业总产值18.12亿元。

南通大辰建设集团有限公司 1969年10月创立，初名如皋县东陈公社建筑站。1985年，编为南通市第六建筑安装工程公司602工程队（联合二级资质）。1988年12月，组建如皋县第二建筑安装工程公司。1991年6月1日，更名为如皋市第一建筑安装工程公司第二工程处。1992年12月，增挂南通建筑工程总承包公司第一工程公司牌子（一级资质）。1993年，被列入中国500家最大乡镇企业，名列建筑企业第一。1995年，与马来西亚企业合资创办南通华荣鹰架有限公司。至1999年，获中国集体建筑企业协会全面质量管理“金屋奖”和江苏省建筑业“最佳企业”称号。

2000年，南通六建安装工程公司改制为股份制企业。2004年年初，更名为南通大辰建设工程有限公司。是年，晋升房屋建筑总承包一级资质。2005年，成立南通大辰劳务、南通大辰安装、南通大辰置业3家独立法人子公司，取得设备安装、金属门窗、钢结构3个专业承包三级资质和房地产开发三级资质、劳务一级资质。2010年，从业人员2863人，房屋建筑施工面积

141.29万平方米，完成建筑业总产值15亿元。

江苏江中集团有限公司 1970年11月创立，初名如皋县吴窑公社建筑站。1980年始，开拓徐州、新疆、上海等地市场。1984年，成为独立法人企业。1985年，与东陈等9个建筑站一起与县建筑工程总公司联合组建南通市第六建筑安装工程公司。1986年，承建18层的徐州九州大厦，成为如皋第一家承建高层建筑的施工单位，并进入大庆油田及黑龙江省黑河、嫩江等地区施工。1987—1991年，开辟山东、内蒙古及黑龙江省哈尔滨市建筑市场。

1994年5月，吴窑建筑站更名南通市吴窑建筑安装工程公司。1995年，将17支建筑施工队整合成8支规模队伍，陆续开辟无锡、北京、太原建筑市场。1998年，建成两幢地下2层、地上42层，建筑面积18万平方米的山西国际贸易中心大厦，成为全市第一家承建超高层建筑的企业。1999年，通过ISO 9002国际质量体系认证。是年底，建立中共南通市吴窑建安公司委员会，为南通市乡镇企业中第一个建立党委的企业。

2000年6月，吴窑建筑安装工程公司完成企业内部体制改革。7月，更名为南通市吴窑建筑安装工程有限公司，形成经营层控股、管理层持大股、干部职工参股的法人治理机制。2001年12月，晋升为国家房屋建筑工程施工总承包一级企业。是年，建成全市乡镇建筑企业第一家职工培训中心。2003年5月，更名为江苏江中集团有限公司。是年，开始进入房地产开发市场，在如皋市区开发建设14万平方米的江中花园。2005年4月，总部改设于南通市南通大厦。

2006年，吴窑建筑安装工程有限公司晋升为房屋建筑工程施工总承包特级资质。至2010年，有从业人员4万人，下辖15个建筑分公司，其中2个房地产公司，5个专业公司，获承建、参建“鲁班奖”6项、国家优质工程奖8项、江苏省“扬子杯”奖60项、省优质工程奖280项，先后获中国建筑业领先企业、中国建筑500强企业、全国优秀施工企业、全国用户满意施工企业、全国最佳施工企业、全国工程质量安全管理先进单位、江苏省文明单位、江苏省优秀民营企业、江苏省建筑业先进企业、江苏省建筑业综合实力20强企业、江苏省建筑业科技进步和技术创新先进单位等荣誉200多项。2010年，房屋建筑施工1000万平方米，建筑业总产值81亿元。

南通市昌盛建筑安装工程有限公司 1972年4月创立，初名如皋县雪岸公社建筑站。1985年3月，更名为如皋县雪岸建筑工程队。1988年12月，更名为如皋县雪岸建筑工程公司（三级资质）。1994年5月，更名为如皋市建筑基础工程公司。1995年，承建济南市电力局经纬大厦，被评为山东省“示范工程”，济南市“十佳工程”。1997年，承建石家庄市26层邮政大厦，在全国工程质量检查中列为示范工程。

2000年11月，如皋市建筑基础工程公司改制为南通市雪岸建筑安装工程有限公司。2002年6月，获房屋建筑工程施工总承包二级资质。2003年3月，更名为南通市昌盛建筑安装工程有限公司。2006年8月，获房屋建筑工程施工总承包一级资质。

至2010年，先后开辟上海、黑龙江、北京、河北、山东、新疆、浙江、山西、江苏、广西等国内建筑市场和美国、科威特等国际市场，承建建筑工程500多项，一次交验合格率100%，优良品率80%以上。先后获国家、省、市优质工程奖200多项，其中“参建鲁班奖”7项，省、部优55项。是年，从业人员5880人，房屋建筑施工面积161.53万平方米，建筑业总产值13.50亿元。

江苏南通弘霖建设有限公司 1972年10月创立，初名如皋县勇敢公社建筑工程队。1988年12月，更名为如皋县勇敢建筑安装工程公司。1990年3月，加入南通市第六建筑安装工程公司编为第五工程处。1994年5月，更名为南通市勇敢建筑安装工程公司（建筑施工二级资质）。1997年，获中国集体建筑企业协会全面质量管理“金屋奖”。

2001年元月，改制成立南通市勇敢建筑安装工程有限公司。是年，获江苏省建筑业“十佳”企业。2003年8月，通过ISO 9001：2000质量管理体系认证。2004年9月，获建筑装饰装修二级资质。2007年5月，更名为江苏南通弘霖建设有限公司。2008年6月，晋升为房屋建筑工程施工总承包一级企业。

至2010年，5次被评为江苏省建筑业“最佳”企业。参建的大庆市悦园、怡园、府明小区工程获“鲁班奖”，并先后获“扬子杯”“白玉兰”“长城杯”“沈哈长三市优”“黄鹤杯”等省优工程奖数十项。2010年，从业人员7862人，房屋建筑面积271.42万平方米，建筑业总产值15亿元。

南通市戴庄建筑安装工程有限公司 1973年6月创立，初名如皋县戴庄公社建筑站。1986年1月，更名为如皋县戴庄建筑工程队。1992年1月，更名为如皋市第一建筑安装工程公司第六工程处。1995年2月，划转为南通市第六建筑安装工程公司第六（戴庄）工程处。1998年6月，更名为南通市戴庄建筑安装工程有限公司。2000年，改制为股份制企业。2005年，下辖8个专业土建分公司和市政公用、装修装饰、园林古建筑、房地产4个直属分公司。施工队伍分布于北京、上海、南京、石家庄、徐州、太原、邯郸、蚌埠、盐城、扬州、南通、合肥等地。

至2010年，先后获中国集体建筑企业协会全面质量管理金屋奖、江苏省集体建筑业先进企业、江苏省建筑业最佳企业等称号。2010年，从业人员2760人，房屋建筑施工面积131.60万平方米，建筑业总产值10.1亿元。

南通市常青建筑安装工程有限公司 1977年创立，初名如皋县常青公社建筑站。1980年，组建60多人的“建筑民兵连”赴新疆克拉玛依承建工程。此后，相继到湖北宜昌、山西太原、上海、天津等地承揽工程。1985年4月，更名如皋县常青建筑工程队。1992年4月，更名如皋市常青建筑工程公司。2001年5月，改制为民营股份制企业，更名如皋市常青建筑安装工程公司。2004年9月，更名南通市常青建筑安装工程有限公司。2005年1月，晋升房屋建筑工程施工总承包二级资质。2010年，从业人员8495人，房屋建筑施工面积293.73万平方米，完成建筑业总产值12.86亿元。

江苏南通六建集团元辰设备安装工程有限公司 1988年8月创立，初名南通市第六建筑安装工程公司安装工程处。后更名为南通市第六建筑安装工程公司设备安装分公司。2001年，山东省泉城广场项目获参建“鲁班奖”。2002年9月，从江苏南通六建建设集团有限公司析出，改制为江苏南通六建集团元辰设备安装工程有限公司，为江苏南通六建建设集团有限公司的子公司。2003年10月，获钢结构安装工程二级资质。是年，山东邮政技术中心项目获参建“鲁班奖”。2005年11月，获机电设备安装工程专业承包一级资质。2010年，下辖哈尔滨、长春、北京、太原、济南、南京、上海、如城、海外、钢结构等分公司，从业人员1755人，施工产值3.04亿元。

江苏金莱雅集团有限公司 1990年5月创立，初名如皋鑫厦装饰工程总汇。2000年，改制为南通市金莱雅装饰工程有限公司。2001年，成立南通市金莱雅广告有限公司。2003年，先后更名为江苏金莱雅装饰工程有限公司、江苏金莱雅装饰广告有限公司。2008年，组建江苏金莱雅集团有限公司。拥有建筑装饰设计甲级、建筑装饰装修专业承包一级、消防设计乙级、建筑防水施工三级、金属门窗工程施工三级资质，为江苏省装饰行业协会理事单位。至2010年，先后被评为江苏省优秀装饰企业、江苏省建筑业“最佳”企业。承包施工的南京烟草建邺综合办公楼装饰工程、江苏省烟草公司南京分公司办公楼装饰工程获江苏省“紫金杯”建筑装饰优质工程奖、江苏省“紫金杯”家庭装饰优质工程奖。2010年，从业人员610人，建筑业总产值1.8亿元。

江苏江陵建设集团有限公司 1990年，丁堰、丁西、张黄港、胜利、邓园、石北、江防、葛市8个乡和白蒲、林梓2个镇建筑工程队组建如皋县第一建筑安装工程公司。1995年，建立如皋市建工房地产开发公司。2000年，改制为如皋市第一建筑安装工程有限公司。具有房屋建筑施工总承包一级资质及市政公用工程施工总承包二级、建筑装修装饰工程专业承包二级、园林古建专业承包三级及水利水电总承包三级资质。承建的大庆龙岗小区工程获参建“鲁班奖”，涿州市物探局地震资料解释楼、石油部物探局第二职工医院、如皋市供电局微波大楼获江苏省“扬子杯”奖。施工工程一次合格率为100%，优良率达60%以上。2010年，从业人员2763人，房屋建筑施工面积75.74万平方米，建筑业总产值6.52亿元。

南通市新空间装饰工程有限公司 1991年创立，初名如皋县装饰配套公司。1993年，更名如皋市新空间装饰工程公司。2001年4月，更名为南通市新空间装饰工程有限公司。6月，改制为股份制企业。2005年，组建南通市新空间幕墙材料制造有限公司、新空间铝材有限公司，并和香港富联集团合资成立新空间智能科技有限公司。至2010年，成为具有国家建筑装饰装修专业承包一级资质、幕墙专业承包二级资质、装饰设计乙级资质及金属门窗、钢结构、消防等专项资质的大型综合性装饰施工企业，获得江苏省优秀装饰企业称号。2010年，从业人员252人，建筑业总产值1.8亿元。

二、名优工程

管理精细，工艺精湛是如皋建筑业传统。建筑企业承建大型建设工程项目后，大量项目获名优工程奖。至2010年，市（县）内建筑企业（队伍）承建的建筑工程获中国建筑工程“鲁班奖”18项，江苏省“扬子杯”建筑工程质量奖82项，江苏省建筑装饰工程优质工程“紫金杯”奖3项，国家优质工程银质奖4项。

华东师大教工住宅楼 位于上海华东师范大学教工住宅区一村。1985年，由南通市第六建筑安装工程公司总承包，林梓工程队承建。当年开工，当年竣工。被评为上海市优良工程，获江苏省“扬子杯”优质工程奖。这是如皋建筑史上第一次，也是南通六建第一次获省优质工程奖项目。

大庆油田商贸中心 位于大庆市西滨路与昆仑大街交叉路口。1992年，由南通市第六建筑安装工程公司总承包，东陈工程处承建。被评为大庆市特优工程、黑龙江省优质工程，获江苏省“扬子杯”优质工程奖、中国建筑工程“鲁班奖”。是南通六建（东陈）和如皋建筑业史上首次获得的“鲁班奖”工程。

如皋市建筑企业获省部级以上部分名优工程奖一览表

表9–5

获得奖项	工程名称	承建单位	获奖年度
“扬子杯”优质工程	上海华东师大一村高层住宅	南通市第六建安公司	1991
	吉林省白城89870部队宾馆	如皋市第一建安公司	1991
	大庆石油管理局综合活动中心	如皋市第一建安公司	1992
	吉林省化学工业公司炼油厂幼儿楼	南通市第六建安公司	1992
	大庆市龙南景园小区(1号–10号)建筑群	如皋市第一建安公司	1992
	大庆市龙南902LN–5号高层住宅楼	南通市第六建安公司	1993
	大庆市大庆油田商贸中心	如皋市第二建安公司	1993
	盘锦市辽河油田体育馆	如皋市第二建安公司	1993
	大庆市粮食局油脂商贸中心	如皋市雪岸建安公司	1993
	大庆市艺术学校主楼演播厅	如皋市下原建安公司	1993
	大庆市高新技术开发区标准厂房	如皋市第一建安公司	1993
	河北省石油部物探局第二职工医院	如皋市第一建安公司	1993
	大庆市井下机关办公楼白城市五交化市场	南通市第六建安公司	1994
	大庆怡园居住小区一组团住宅群吉化炼油厂综合楼	南通市第六建安公司	1994

续表9-5

获得奖项	工程名称	承建单位	获奖年度
“扬子杯”优质工程	建行如皋支行综合楼	南通市第六建安公司第六工程处（戴庄）	1995
	大庆市石油管理局体育活动中心	如皋市第二建安公司	1995
	如皋市人民医院综合病房楼	南通市第六建安公司	1996
	如皋市城建房产开发公司综合楼	南通市第六建安公司	1996
	如皋市供电局营业大楼	如皋市第一建安公司	1996
	大庆龙南望远小区1号、3号、9号、10号楼	南通市第六建安公司	1996
	哈尔滨昆仑商城二期住宅丽晶座	南通市第六建安公司	1997
	大庆石油管理局远望小区8号、13号、15号高层住宅楼	南通市第六建安公司	1997
	徐州黄山新村1#综合楼	南通市第六建安公司	1998
	长青一汽大众234栋住宅楼	南通市第六建安公司	1998
	哈尔滨昆仑商城二期，哈尔滨昆仑商城二期荣耀宝座晶华座、丽景天地升阳座、风和座	南通市第六建安公司	1998
	大庆让湖路区西宾16号住宅楼 大港油田3号院高层住宅A座	南通市第六建安公司	2000
	山东国税局住宅2号楼	如皋市建筑基础工程公司	2000
	哈尔滨荣耀世纪综合楼	南通市吴窑建筑安装工程公司	2000
	无锡国联大厦	南通市第六建安公司	2001
	南通邮电综合楼	南通市第六建安公司	2001
	襄樊市隆中致远阁	南通市第六建安公司	2001
	徐州师范大学敬文图书馆	南通市第六建安公司	2001
	如皋市供电局微波营业综合楼	如皋市第一建安公司	2002
	南通市邮政综合楼	江苏南通六建建设集团	2002
	徐州师范大学师资培训中心楼	江苏南通六建建设集团	2002
	苏州新世纪花园20号楼	江苏江中集团	2003
	徐州中国矿大教二北楼	江苏江中集团	2003
	南通移动通信综合楼	江苏南通六建建设集团	2004
	如皋市人民医院综合病房楼	江苏南通六建建设集团	2004
	徐州市国土资源大厦　徐州建银大厦	江苏江中集团	2004
	无锡保利广场南块商业步行街 无锡国际学校科技·实验·图书馆	江苏江中集团	2005
	徐州华润花园高层住宅 徐州医学院新校区图书馆	江苏江中集团	2005

续表9-5

获得奖项	工程名称	承建单位	获奖年度
“扬子杯”优质工程	徐州师范大学教学主楼	江苏南通六建建设集团	2005
	无锡保利广场二期二标段1-3号楼 无锡锁厂地块“现代之星”	江苏江中集团	2006
	徐州朝阳大厦	南通市幸福建筑安装工程公司	2006
	南通润友大厦	江苏南通六建建设集团	2007
	中国矿业大学材料学院楼、机电学院楼	江苏江中集团	2007
	扬子中学易地新建多功能教学楼	江苏南通六建建设集团	2008
	徐州建筑职业技术学院多功能体育馆	江苏南通六建建设集团	2008
	无锡保利广场二期4#楼酒店及写字楼（金陵大酒店） 无锡工商行政管理局综合业务大楼（无锡市行政服务中心）	江苏江中集团	2008
	徐州市公路主枢纽信息服务中心	江苏江中集团	2008
	江苏省建设管理综合楼	江苏江中集团	2009
	苏州科技文化艺术中心	江苏江中集团	2009
	徐州贵邦财富大厦 中国矿业大学南湖校区博物馆	江苏江中集团	2009
	如皋市行政综合服务中心	江苏南通六建建设集团	2009
	飞云现代城一标段工程	江苏南通六建建设集团	2009
	景都花苑高层商住楼	江苏南通六建建设集团	2009
	长春中医药大学附属医院门诊综合楼	江苏南通六建建设集团	2009
	大庆油田采油三厂多层车库工程	江苏南通六建建设集团	2009
	大庆靓湖国际花园E1-1#楼	江苏南通六建建设集团	2009
	吉林大学第一医院医技楼	江苏南通六建建设集团	2009
	长青中海莱茵东郡四期住宅工程 二标D7、D8、D9号楼 二标D1、D2、D3、D5、D6号楼	江苏南通六建建设集团	2009
	林安园小区工程	江苏南通六建建设集团	2009
	休门城中村改造1号、2号楼	江苏南通六建建设集团	2009
	重庆阳光华庭四期B3区4号楼	江苏南通六建建设集团	2009
	翠亭苑商品住宅一期21号-40号别墅及会所工程	江苏南通六建建设集团	2009
	哈尔滨东升江畔A、D、E、F栋 哈尔滨都市嘉园B栋	江苏江中集团	2009
	武警黑龙江省消防警官公寓	江苏江中集团	2009

续表9-5

获得奖项	工程名称	承建单位	获奖年度
"扬子杯"优质工程奖	联邦·东方明珠5号、6号、7号楼工程	江苏江中集团	2009
	南京马波斯公司一期厂房	江苏南通六建建设集团	2010
	和泰大厦	江苏南通六建建设集团	2010
	如皋市中医院病房楼	江苏南通六建建设集团	2010
	四川省绵竹市文化馆和年画馆灾后重建工程	江苏南通六建建设集团	2010
	绵竹市经济开发区江苏工业园道路工程	江苏南通六建建设集团	2010
	中医药大学附属医院门诊部二期工程	江苏南通六建建设集团	2010
	中国国际社区J8高层住宅工程	江苏南通六建建设集团	2010
	菊园新区B12地块商品住宅项目二期北地块99#-110#	江苏南通六建建设集团	2010
	三金鑫城国际C地块一标段1号、2号、5号楼	江苏南通六建建设集团	2010
	徐州市发展大型履带式起重机涂装车间	江苏江中集团	2010
	徐州市李可染艺术馆	江苏江中集团	2010
	哈尔滨警务区干休所住宅改造 项目	江苏江中集团	2010
江苏省建筑装饰优质工程"紫金杯"奖	中国移动通信集团江苏公司南通分公司南通大厦B座	江苏金莱雅集团有限公司	2009
	大连明珠8#楼	江苏江中集团建筑装潢有限公司	2009
	大连奥纳电影城华南店	江苏江中集团建筑装潢有限公司	2009
部优、省优工程奖	大庆市龙岗景区居住小区、大庆市四十四中学教学楼 [获黑龙江省优质甲级(金牌)工程奖]	南通市第六建安公司	1992
	东风新村3-32A·B·C,38A·B住宅楼 东风新村6-17 19号住宅楼,大庆电业局D-8号住宅楼 [获黑龙江省优质乙级(银牌)工程奖]	南通市第六建安公司	1992
	吉化炼油厂幼儿园被评为化工部优良工程	南通市第六建安公司五处(勇敢)	1992
	220K黑龙江先锋复电所(获能源部优质工程)	南通市第六建安公司一处(吴窑)	1992
	南通市学田小区50号楼(获建设部优质样板工程)	南通市第六建安公司戴庄工程队	1994
	太原电视台技术演播大楼工程 (被评为山西省优良工程) 中房徐州开发公司西苑小区安居工程9#住宅楼 (被评为江苏省省级优质工程银奖) 南通师专图书馆扩建工程 (被评为江苏省省级优良工程银奖) 北京西三旗邮政综合楼(获北京市优质工程奖)	南通市第六建安公司(戴庄) 南通市第六建安公司	1994 1996 1997 2000

续表9-5

获得奖项	工程名称	承建单位	获奖年度
上海市建设工程“白玉兰”奖	上海铁合金厂成品备件仓库移地改造工程	南通市第六建安公司	
	上海市中国银行奉贤支行营业综合楼 上海市育秀16号楼 上海市奉贤职教中心综合楼	南通市第六建安公司	1995 1996 1999
国家优质工程银质奖	大庆美家国际名品展示中心 无锡市保利广场南商业步行街	江苏江中集团	2006
	无锡市保利广场二期4#酒店及写字楼工程	江苏江中集团	2008
	苏州工业园区南环路东延工程	江苏江中集团	2009
中国建筑工程“鲁班奖”	大庆油田商贸中心	如皋市第二建安公司(东陈)	1994
	大庆市府明小区7-1号、7-10号、7-11号综合住宅楼,7-45号、7-47号、7-28号住宅楼工程	南通市第六建安公司	1994
	大庆石油管理局悦园小区5-1号、5-2号、4-1号、4-2号、4-3号、4-4号、4-5号、4-6号、4-7号住宅工程及悦园中学	南通市第六建安公司	1995
	大庆市龙岗明园居住小区1-2号、1-3号、1-4号、1-5号、1-6号、1-7号、2-1号、2-2号、2-3号、2-4号、2-5号、2-6号、2-7号、2-8号住宅楼,明园小学教学楼、B型托儿所	南通市第六建安公司	1996
	大庆石油管理局黎明住宅小区·乐园住宅小区	南通市第六建安公司	1997
	哈尔滨丽景天地综合楼	南通市吴窑建安工程公司	1999
	济南泉城广场	南通市第六建安公司雪岸工程队	2000
	哈尔滨荣耀世纪综合楼	南通市吴窑建安工程公司	2000
	哈尔滨宏景小区A栋商住房	南通市吴窑建安工程公司	2001
	山东省邮政技术中心	南通六建元辰设备安装工程有限公司	2003
	无锡工商行政管理局综合业务大楼	江苏江中集团	2008
	阿联酋迪拜双塔(中国首届境外建筑工程鲁班奖)	江苏南通六建建设集团	2009
	江苏省建设厅科技综合楼	江苏江中集团	2009
	科技文化艺术中心	江苏江中集团	2010
	大庆石油科技博物馆	江苏南通六建建设集团	2010

第三章 房地产业

第一节 房地产开发

一、开发建设

中华人民共和国成立前,如城住宅多为砖木结构,除少数二层楼房外,均为平房,近郊农民世代住泥墙草房为多。城区人均住房面积不足6平方米。

1949年始,城区人口不断增加,兴办工厂占用房屋较多。20世纪50年代末,拓建海阳路、跃进路,拆去一部分房屋,居民住房更为紧张,人均住房面积降至4平方米。拓建街道后,县人委相继投资建设钱桥、花园、井儿口3处居民点,均为平房。

1978年始,县革委会先后在如城兴建东皋、蒲行口、健康、肉联厂4处居民新村,均为3层以上砖混结构楼房。同时,居民也建私房,多为平房。

1982年起,国家机关、企事业单位开始自建职工住宅。1985年,新建公房42083平方米,334户居民建私房10744平方米。至此,如城建成区基本没有空地可供建房,住房开发渐向如城城郊扩展。1986年,如城郊区村民90户建平房,17户建楼房,计6217平方米。

1987年,全县住宅建设逐步以建公房为主转向以建商品房为主。1988—1989年,全县商品房建设总投资2888.6万元,建成商品房35幢,面积81104平方米。

1990—1993年,如皋市(县)城镇建设开发公司竣工商品房面积129327平方米。其间,市(县)内私营房地产开发企业逐渐增多。1992年,全市有房地产经营企业9家。1994年,发展至18家。是年,全市完成房地产综合开发投资1.24亿元,施工面积27.63万平方米,其中城镇住宅建设投资1.1亿元,住宅竣工17.8万平方米。

1995年,如城城区开始实施大规模旧城改造,全年房地产开发投资2亿元,施工面积20多万平方米。部分集镇亦启动旧镇改造,扩大集镇规模,改善集镇基础设施,并引导农民进镇建房,兴建镇区商品住房。其中雪岸乡拆除镇区旧房1100平方米,新建3层以上综合用房2.10万平方米;石庄镇新建7幢商住楼,面积1.20万平方米。1997年,城区商品住宅竣工面积80万平方米,建成绘园、闸桥、锦绣等10个住宅小区。13个建制镇商品住宅竣工面积242.90万平方米。

2000年,城区重点实施武定苑小区拆迁改造。在住房建设中大力推广新技术、新产品、新材料,东方花园小区首次使用淤泥粉煤灰带孔砖作外墙材料,屋面设置7厘米厚泡塑保温层,门窗采用80系列塑钢门窗。武定苑小区在开发建设中使用长江淤泥黏土烧结砖作为墙体材料,将水电远程抄表等设备安装入户。

2002年起,旧城旧镇改造的商品房建设、农民集中居住房建设与局部万顷良田建设交织进行。是年,全市完成房地产投资3.57亿元,开发建筑面积49.77万平方米,竣工面积20.75万平方米。2004年,全市完成房地产建设投资6.94亿元,其中商品房建设投资4.88亿元,房地产开发施工面积80.25万平方米,相继完成城建嘉园一期工程、丹桂园、颐园小区、阳光花苑、白蒲镇碧霞苑等住宅小区的开发建设。年内,桃园镇农民别墅区一期工程8幢别墅全部售出,引户入镇60户,新增镇区人口1500多人。

2005年,全市完成房地产开发投资金额14.40亿元,开发建设面积137.41万平方米。东陈、丁堰、林梓、吴窑、江安、常青、搬经、磨头、桃园等镇和如皋经济开发区农民集中居住和镇区别墅小区项目陆续启动。长江、石庄镇旧镇改造工程展开。

2006年，全市完成房地产开发投资21.50亿元，开发建筑面积143万平方米。城区盛世华庭二期、金鹰花园一期、申港豪园、水韵华庭、亿丰商贸城、西欧国际广场等一批项目竣工，龙游御境、荷兰小镇、世纪光华苑、蓝湾景天花园、金九华府等项目相继开工建设。是年，全市22个镇(区)规划确定493个农民集中居住点，开工358个点，建成入住5166户。其中长江镇(如皋港区)全年拆迁1500多户，腾出耕地1000余亩，农民集中居住楼年内新开工40万平方米。2007年，全市房地产新开工面积152万平方米。是年，城区龙游御境一期、金九华府一期、颐园小区、金鹰广场、世纪光华苑、龙新家园、浅水湾、中山花园、城南片区等20多个项目相继完工。

2008年，全市新开工房地产面积155万平方米。城区在建超10万平方米小区16个，小高层和高层超过170幢。长江镇(如皋港区)全年完成拆迁6086户，整理复垦土地4600亩；安置房开工建设8610户，春江花苑经多年施工，已建成130万平方米，累计安置农户近8000户，人口2万多人。

2009年，全市房地产开工面积156万平方米。主城区华府御庭、浅水湾二期、金鼎酒店、金茂国际、一品公寓、盛泰名都等29个房地产项目全面开工建设，完成老小区改造工程30个，建设金茂国际、都市华庭、新城花园、城市花园等开发项目及拆迁安置房近30万平方米。城东、仙鹤集居点竣工10万平方米。如皋经济开发区西欧、威格、一品、万豪等一批房产项目开工，农民集中居住房全年新开工建设45万平方米，总面积17.8万平方米，可以解决5000多名职工住宿问题的职工公寓开工建设。

2010年，全市房地产新开工面积173万平方米。主城区光华三期、龙游御境四期、荷兰小镇、惠政小区、中央景城、约克小镇、金茂国际等新建小区加速施工，建成400套经济适用房和廉租房，建设安置房57万平方米。长江镇(如皋港区)开工建设农民安置房13018套，竣工9006套。

1991—2010年如皋市房地产开发情况一览表

表9-6

年度	房地产开发投资额（万元）	施工面积（平方米）	竣工面积（平方米）	年度	房地产开发投资额（万元）	施工面积（平方米）	竣工面积（平方米）
1991	854	147037	71498	2001	19752	269363	84283
1992	989	69468	29153	2002	25551	409300	193500
1993	3161	105816	57165	2003	33760	496333	99374
1994	5672	149094	93360	2004	66626	814545	484936
1995	23576	410334	210506	2005	49517	477887	184600
1996	21136	379086	233317	2006	76475	885627	97360
1997	12282	286973	119706	2007	122020	1466544	125762
1998	9571	262862	178660	2008	130901	2047577	351475
1999	9652	252577	71927	2009	148480	2560609	418785
2000	11908	232352	112910	2010	182896	3357029	617844

1991—2010年如皋市主要房地产开发项目一览表

表9-7

序号	项 目 名 称	开 发 企 业
1	东景豪庭	南通苏源置业有限公司
2	石庄南大街	南通顺威置业有限公司
3	太平村商居楼	南通建龙置业有限公司
4	桃园商业街	桃花源置业有限公司
5	海港新城	江苏绿佳置业有限公司
6	圣名国际广场	江苏昊天投资有限公司
7	城建嘉园、都市华庭等	如皋市城镇建设开发有限公司
8	普庆苑	南通华宇房地产开发有限公司
9	龙游御境	南通佳弘置业有限公司
10	鼎鑫商业街	南通瑞尔置业有限公司
11	商居楼	江苏天瑞置业有限公司
12	金九华府	南通市金威置业有限公司等
13	颐园	南通市鑫祥房地产开发有限公司
14	荷兰小镇	江苏凌云置业有限公司
15	蓝湾景天	南通实力房地产有限公司等
16	华盛苑	南通瑞华置业有限公司
17	丽泽华庭	南通正达房地产开发有限公司
18	浅水湾	江苏万城集团有限公司
19	约克小镇	南通兆丰置业有限公司
20	秀水公寓、丹桂园等	如皋市九天房地产开发有限责任公司
21	金鼎名城	如皋市金鼎置业有限公司
22	盛泰名都	南通市盛泰置业有限公司
23	堡盈居	如皋市凯特港置业有限公司
24	锦绣花园	南通中春置业有限公司等
25	水清华庭	南通宝虹房地产开发有限公司
26	宜欣花园	如皋市宜欣房地产开发有限公司
27	南大街	南通顺威置业有限公司
28	天通商贸综合楼	江苏天通置业有限公司
29	兴蒲华庭	江苏天瑞置业有限公司等

续表9-7

序号	项 目 名 称	开 发 企 业
30	凯瑞丰泽	江苏凯瑞置业有限公司
31	金茂国际	如皋金茂置业有限公司
32	元泰大楼	南通市元泰置业有限公司
33	金磨华庭	如皋市国安房地产开发有限公司
34	美伦堡	南通金陆置业有限公司
35	鑫品佳园	如皋鑫品房地产开发有限公司
36	秀水庭	通州市威格房地产开发有限公司
37	文明佳苑	南通文明置业有限公司
38	金茂国际	如皋金茂置业有限公司
39	如意湾二期	如皋市秦峰置业有限公司
40	吴窑台商城	江苏正泰房地产开发有限公司如皋分公司
41	东方花园	江苏九鼎房地产开发有限公司
42	上海新城	上海西部企业(集团)如皋地产置业有限公司
43	城北新苑等	江苏长寿集团置业有限公司
44	南景园等	江苏万城集团有限公司
45	集贤公寓等	南通市集贤置业有限公司
46	江中花园	江苏江中集团有限公司
47	华府名庭	江苏长寿集团置业有限公司等
48	凌翔花苑	南通同升房地产开发有限公司
49	西欧名邸	如皋市西欧房地产有限公司
50	米兰阳光	南通大辰置业有限公司
51	汇景名豪	南通名泰房地产开发有限公司
52	郭园镇迎宾商住楼	南通双诚置业有限公司
53	华府御庭	如皋市晟地置业有限公司
54	水绘曦园	南通中润置业有限公司
55	锦绣华庭	如皋三荣置业有限公司
56	林梓商贸城	南通锋达置业有限公司如皋分公司
57	东郊花园	如皋市东郊置业有限公司
58	阳光花苑	南通华宇房地产开发有限公司
59	万豪臻品	如皋万豪置业有限公司
60	苏浙大市场	南通市金威置业有限公司
61	龙游御境四期	南通佳弘置业有限公司

续表9-7

序号	项 目 名 称	开 发 企 业
62	世纪佳园	光华置业集团有限公司如皋分公司
63	文昌路水木城	江苏天瑞置业有限公司
64	福友综合楼	南通福友置业有限公司
65	林梓明珠花园	南通新巍置业有限公司
66	滨江琦景	如皋市华鼎置业有限公司
67	金磨市场	南通英明置业有限公司
68	玲珑阁	如皋市凯特港置业有限公司
69	紫竹园中央景城	南通市龙新房地产开发公司

二、开发企业

1984年,如皋县商品住宅公司建立,1985年公司正式运作,是为如皋第一家专业房地产企业。1994年,全市房地产开发企业18家,其中乡镇开发企业9家,经过省以上建设主管部门资质审查的14家。1998年始,加强对房地产开发企业的资质审查和年检工作。2000年,全市有城镇房地产开发企业15家。2003年3月,市消费者协会和市房地产协会联合举办首届“放心商品房”评比活动,全市18家房地产企业参加评选,经过广大市民投票和有关部门评选、公证处公证,如皋市城镇建设开发公司、如皋市云达房地产开发有限公司、如皋市九天房地产开发有限公司、如皋市凌云房地产开发有限公司、如皋市建工房地产开发有限公司、如皋市鑫厦房地产综合开发有限公司、如皋市华泰房地产综合开发责任公司和南通现代房地产开发有限公司8家企业获得首届“放心商品房”企业称号。是年,各房地产开发企业全部纳入全国房地产信用档案系统管理。2005—2009年,全市房地产开发企业数量保持在40家左右。2010年,全市房地产开发企业共45家,其中注册地址在如城镇的20家,注册地址在长江镇(如皋港区)的16家,注册地址在其他镇、区的9家。

如皋市城镇建设开发有限公司 1984年创立,初名如皋县商品住宅公司。为县城乡建设环境保护局下属全民事业单位。1987年,更名为如皋县城镇建设开发公司。2005年,改制为民营股份制企业如皋市城镇建设开发有限公司,注册资金1.5亿元,拥有房地产开发一级资质。在城区相继开发健康西村、东皋新村、皋南新村、绘园一区、武定苑、秀水苑、城建嘉园、盛世华庭等住宅小区以及文峰大世界(海阳路)、农工商超市、皋南幼儿园、健康小学等商业及公用设施。累计开发各类住宅260多万平方米,商业、办公及其他设施100多万平方米,其中名流·新天地获住建部颁发的“最佳人居”奖,武定苑小区获江苏省住建厅颁发的“明星楼盘”奖,城建嘉园、都市华庭、御龙湾分获江苏省住建厅颁发的“优秀住宅”奖。2006年,通过ISO 9001:2000标准质量认证。先后获中国优秀房地产开发商、江苏省房地产开发五十强、江苏省重质量,守信誉诚信单位等数十项荣誉称号。至2010年,成为以房地产开发为龙头,酒店管理、工程监理、建筑安装、商品混凝土生产、物业

图9-19 如皋市城镇建设开发有限公司开发的城建嘉园住宅小区 (2008年摄)

服务、园林绿化、物资贸易等相关产业多元发展的企业。

南通市集贤置业有限公司 1993年创立,以房地产开发为主营业务。先后开发建设三星级涉外旅游饭店天成大酒店、天平市场、中山国际广场、经联广场以及集贤公寓、幸福新村、蒲行苑、城市花园等数十个旧城改造项目或安置房项目。具有房地产开发二级资质。

江苏九鼎房地产开发有限公司 1995年2月创立,系江苏九鼎集团投资组建。具有房地产开发二级资质、年开发建设15万平方米的能力。先后开发建设东方花园一、二期高档住宅,雪岸综合楼,九鼎集团综合厂房,锦绣苑部分综合楼,海阳公寓小区等,工程质量合格率为100%。

江苏江中集团房地产开发有限公司 2000年创立,为江苏江中集团子公司。具有二级开发资质、年开发建设60万平方米的能力,为南通市住宅产业商会常务理事单位。先后开发安定广场、江中花园、泗洪县衡山花园等。其中江中花园被江苏省建设厅授予江苏省优秀住宅称号,衡山花园小区被江苏省建设厅评为2009年全省住宅工程质量分户验收示范小区、园林式住宅小区。2008—2009年,被江苏省质量诚信监督委员会评为 江苏质量诚信AAA级品牌会员企业。

图9-20 江中江中集团房地产开发有限公司开发的江中花园住宅小区 (2006年摄)

如皋市九天房地产开发有限责任公司 2001年9月创立,注册资金6000万元,拥有综合开发二级资质。在城区先后开发秀水公寓、蒲行苑、迎春花园、丹桂园等商住小区共20多万平方米。2006年,到淮安市投资创办淮安九天置业有限公司,开发10万平方米迎春嘉园商住小区。所开发建设的金九华府小区被江苏省住建厅授予优秀住宅称号小区。

图9-21 如皋市九天房地产开发有限责任公司开发的金九华府住宅小区 (2009年摄)

江苏万城集团有限公司 2005年9月创立,(集团核心企业江苏凌云置业有限公司成立于2003年3月),注册资本3.36亿元。2006年,通过ISO 9001质量管理体系认证。先后被评为全国质量、服务诚信示范单位,江苏市场重质量守诚信优秀企业等。至2010年,辖成员企业30多家,为集资本经营、房地产开发、基础设施建设、建筑设计安装、园林园艺、物业管理、食品加工、商业贸易、酒店经营、文化发展等于一体的大型综合性企业,累计开发建设房地产项目400多万平方米,分布于如皋、南京、宜兴、无锡、淮安、连云港、山东、内蒙古等10多个地区,涵盖城市公寓、别墅、酒店、总部经济园、城市综合体等。其中在如皋开发南景园、锦绣苑、荷兰小镇、浅水湾、春江花苑、百岁苑、丰乐苑、新城花园等,浅水湾小区被评为江苏省优秀住宅。

图9-22 江苏万城集团有限公司开发的浅水湾住宅小区 (2009年摄)

2010年如皋市房地产开发企业一览表

表9-8

序号	企业名称	资质等级	注册地址
1	江苏城开地产集团有限公司	一级	如城镇中山路517号
2	江苏九鼎房地产开发有限公司	二级	如城镇中山路3号
3	江苏长寿集团置业有限公司	二级	如城镇闸桥东路34号
4	南通正达房地产开发有限公司	二级	如城镇中山路东方豪都6楼
5	江苏江中集团房地产开发有限公司	二级	吴窑镇鲁班西路18号
6	上海西部企业(集团)如皋地产置业有限公司	二级	如城镇益寿路809号
7	南通市集贤置业有限公司	二级	如城镇
8	江苏万城集团有限公司	二级	如城镇福寿路金河大厦377号
9	江苏唯诚房地产开发有限公司	暂定二级	长江镇(如皋港区)长江东路8号
10	江苏昊天投资有限公司	暂定二级	长江镇(如皋港区)
11	如皋市如城房地产开发有限公司	三级	如城镇陆桥苑401#9号房
12	如皋市鑫厦房地产综合开发有限公司	三级	如城镇海阳路(物价局楼)
13	如皋市广信房地产开发有限公司	三级	如城镇
14	南通市嘉信置业有限公司	三级	如城镇大明村
15	润宏房地产(如皋)有限公司	三级	如城镇福寿路(海阳南路)
16	南通市祥龙置业有限公司	三级	柴湾镇
17	南通兴蒲置业有限公司	三级	白蒲镇松杨社区居委会11组
18	南通华辉置业有限公司	三级	如城镇庆余路808号
19	江苏凯瑞置业有限公司	暂定三级	桃园镇天堡村14组31号
20	如皋市振兴房地产开发有限责任公司	暂定三级	如城镇
21	南通六建置业有限公司	暂定三级	如城镇福寿路336号
22	南通汇伦房地产开发经营有限公司	暂定三级	如城镇
23	如皋市华厦房地产开发有限公司	暂定三级	如城镇健康南村11#楼6室
24	南通华欧房地产开发有限公司	暂定三级	如城镇如皋市皋南新村412
25	南通德远置业有限公司	暂定三级	如城镇健康南路(建安公司)
26	如皋市振东置业有限公司	暂定三级	如城镇迎春街道城东社区
27	南通瑞华置业有限公司	暂定三级	丁堰镇
28	如皋市龙泰置业有限公司	暂定三级	郭园镇
29	南通宝虹房地产开发有限公司	暂定三级	长江镇(如皋港区)海坝村1组

续表9-8

序号	企业名称	资质等级	注册地址
30	南通华宏置业有限公司	暂定三级	长江镇(如皋港区)永平村六组
31	中贸房地产开发(南通)有限公司	暂定三级	长江镇环镇南路136号
32	南通仁顺置业有限责任公司	暂定三级	吴窑镇
33	南通玖嘉房地产开发有限公司	暂定三级	江安镇府前路166号
34	南通中春置业有限公司	暂定三级	如皋港开发区海坝村14组
35	富昇房地产开发(南通)有限公司	暂定三级	长江镇(如皋港区)长江东路8号
36	韦德置业(南通)有限公司	暂定三级	长江镇(如皋港区)
37	恒汇房地产开发(南通)有限公司	暂定三级	长江镇(如皋港区)
38	南通皇室会房地产开发有限公司	暂定三级	长江镇(如皋港区)长江东路8号
39	南通杰汇置业发展有限公司	暂定三级	长江镇(如皋港区)长江东路8号
40	永和房地产开发(南通)有限公司	暂定三级	长江镇(如皋港区)精细化工园区
41	南通乐华房地产开发有限公司	暂定三级	长江镇(如皋港区)长江东路8号
42	南通江乐房地产开发有限公司	暂定三级	长江镇(如皋港区)长江东路8号
43	卓怡房地产开发(南通)有限公司	暂定三级	长江镇(如皋港区)长江东路8号
44	南通江华置业有限公司	暂定三级	长江镇(如皋港区)江华路
45	南通现代房地产开发有限公司	四级	搬经镇加北村

第二节 房产市场

一、房产交易

旧时，如皋城乡房地产交易很少，一般为买卖双方通过中间人或经济人协商立约办理。1966年起，私房买卖受到限制。至20世纪80年代初期，全县没有形成正式、规范的房地产交易市场。1989年，县房地产交易所办理买卖房屋28户，67.5间，建筑面积1070.87平方米，成交额14.36万元。1990年，私房成交77户，193.5间，建筑面积3561.58平方米，成交额42.12万元；商品房成交128户，建筑面积8782.12平方米，成交额278.69万元。取消福利分房，实行住房市场化后，房地产开发建设速度加快，全县商品房成交业务急剧上升。1995年，全市销售商品房(住宅)建筑面积99112平方米，销售额7709万元。2001年，全市销售商品房8.6万平方米，预售商品房7.4万平方米；平均房价每平方米1100元；存量房产买卖过户1335户，面积10.56万平方米，其中房改房上市成交7.80万平方米；房地产抵押发证820户；全年房地产交易额5084万元，交易总面积42.75万平方米；抵押发证820户，面积56.30万平方米，成交额(含按揭)1.98亿元。2005年，全市商品房销售面积35.43万平方米，其中住宅27.77万平方米；商品房销售额81244万元，其中住宅销售50541万元，全年销售住宅2043套；办理房产产权初始登记2928份，建筑面积53.34万平方米；办理房产转移登记1463份，建筑面积60.07万平方米；办理房地产抵押登记2290份，建筑面积109.26万平方米。2006—2009年，全市商品房销售面积143.59万平方米，销售额41.6亿元。2010年，全市商品房销售面积65.83万平方米，其中住宅54.9万平方米；商品房销售额24.29亿元，其中住宅销售19.44亿元，全年销售住宅4282套。

二、交易管理

1988年，如皋县城镇住房制度改革领导小组建立，启动“房改”。是年3月，县房地产交易所成立，负责办理房地产转让、抵押等业务。规定县内房地产交易必须到房地产交易所办理，订立统一的合同，交纳有关税费，办理过户手续。此后，政府开始培育住房消费市场。1993年1月1日起，《如皋市城镇住房制度改革实施方案》施行，“房改”中优惠出售的公有住房，均使用统一印制的《优惠出售公有住房买卖契约》和《如皋市优惠出售公有住房审批表》，由买卖双方到市房地产交易所按规定办理交易、过户、领证手续。

1998年，市建设局制订《如皋市商品住宅实行住宅质量保证书和住宅使用说明书的规定》，规范房产交易行为，维护购房者合法权益。同时部署房地产开发企业资质审查、年检工作，并将物业管理摆上重要日程。2000年，市政府出台《关于规范、培育、发展房地产市场的意见》，从城市规划、土地使用、开发资质、行政收费等6个方面对房地产交易市场提出明确要求。同时，下发《如皋市房改房上市交易暂行办法》，对房改房上市交易作出具体规定。2002年4月18日，如皋市房地产业协会成立，首批吸纳团体会员38名，个人会员53名，协会将组织和推进全市房地产业和市场的健康有序发展列为主要工作任务。下半年，市建设局根据国家7部委联合下发的《关于整顿和规范房地产市场秩序的通知》，成立整顿工作组，重点对房地产开发企业违规预售商品房，房地产中介服务机构和物业管理企业不规范行为进行整顿和规范，全市检查房地产开发项目26个，物业管理企业8家，房地产中介服务机构3家。市建设局、如皋工商局联合制订《关于加强商品房买卖合同管理的通知》，规范商品房预售行为。是年，市政府制订《关于培育房地产市场若干意见》，对培育房地产一、二级市场作出部署。2005年，市建设局组织人员对全市商品房销售中介机构调查摸底。2009年，市房地产交易所全面实施商品房买卖合同网上登记备案管理制度。是年，全市举办2届大型房产交易会，销售商品房657套、建筑面积8.47万平方米、成交额3.04亿元。2010年，市住建局制订下发《关于规范商品房销售价格行为的通知》，全市商品房销售全面实行“一价清”和明码标价，防止商品房交易中的欺诈和搭车收费行为。

2003—2010年如皋市部分房地产开发项目销售情况一览表

表9-9

开发项目	开发商	销售套数	平均单价（元/平方米）	销售面积（平方米）	销售总额（元）
东方花园二期	江苏九鼎房地产开发有限公司	6	4285.17	749.00	3209593.00
都市华庭一期	如皋市城镇建设开发有限公司	70	5117.32	9898.43	50653428.90
都市华庭南区一期	如皋市城镇建设开发有限公司	78	5124.46	8505.70	43587093.36
都市华庭第二期	如皋市城镇建设开发有限公司	25	3625.08	2721.10	9864217.90
都市华庭南区二期	如皋市城镇建设开发有限公司	119	4794.41	14796.11	70938672.35
都市华庭三期	如皋市城镇建设开发有限公司	33	3666.04	3106.16	11387306.04
都市华庭（南区）三期	如皋市城镇建设开发有限公司	1	5440.00	117.17	637405.00
华府御庭	如皋市晟地置业有限公司	209	5080.88	28589.70	145260710.00
汇景名豪	南通名泰房地产开发有限公司	122	5766.22	15702.00	90541243.19

续表9–9

开发项目	开发商	销售套数	平均单价（元/平方米）	销售面积（平方米）	销售总额（元）
佳弘·龙游御境	南通佳弘置业有限公司	90	5972.34	11742.03	70127448.80
金鼎名城A区	如皋市金鼎置业有限公司	444	4648.64	59798.45	277981457.20
金茂国际	如皋金茂置业有限公司	561	4603.23	61233.00	281869437.75
蓝湾景天	南通实力房地产有限公司	12	4168.85	1335.57	5567789.90
丽泽华庭	南通正达房地产开发有限公司	53	4990.10	6392.79	31900685.00
美伦堡666号楼	南通金陆置业有限公司	62	3289.66	6832.60	22476921.37
美伦堡686号楼、838号楼	南通金陆置业有限公司	66	3548.70	8031.42	28501136.17
美伦堡868号楼、A2	南通金陆置业有限公司	23	3853.70	2866.34	11046024.20
南通台商城	江苏正泰房地产开发有限公司如皋分公司	2247	6762.81	63212.40	427493294.00
浅水湾	南通万城置业有限公司	389	3614.10	49041.64	177241615.37
上海新城二期	上海西部企业（集团）如皋地产置业有限公司	170	3810.06	18982.95	72326152.21
盛泰名都	南通市盛泰置业有限公司	50	3625.69	6990.18	25344253.83
水绘曦园	南通中润置业有限公司	149	6030.85	22473.29	135532976.00
万豪·臻品	如皋万豪置业有限公司	138	4745.90	16241.59	77080990.00
西欧名邸1、2、4、5号楼	如皋市西欧房地产有限公司	236	2367.28	25661.04	60746955.99
西欧名邸3、6、10、13号楼	如皋市西欧房地产有限公司	4	4457.62	469.50	2092852.00
西欧名邸7、8、9、11、12号楼	如皋市西欧房地产有限公司	162	2661.25	16678.17	44384780.00
鑫品佳园	如皋鑫品房地产开发有限公司	116	3291.14	11790.03	38802693.00
秀水苑一期	江苏威格房地产开发有限公司如皋分公司	44	4681.32	9634.88	45103942.00
约克小镇	南通兆丰置业有限公司	46	4342.72	12928.34	56144111.00

卷十 商贸服务与旅游业

晋以前，如皋商贸以食盐及粮食、食油交易为主。隋初，随各业渐兴，如皋、蒲涛、临江三县治形成集镇、集市。再次成陆并复置县后，全县商贸服务业恢复并逐步发展，盐业产销两旺，运盐河两畔聚集茶馆、酒肆、客栈、日用杂货等店铺。明末清初，大量外地商民到如皋经商，全县集镇发展至33个，商贸行业以盐、当(铺)、米、布、药材5行最为发达。至清末，全县商号增至3750多家，约1/3集中在县城，如皋城成为苏中地区最重要商贸重镇之一。民国中期特别是日本侵略军占据如皋时期，不少商户逃离如皋城镇，大量商铺停业。其中如皋沦陷后，全县商号仅剩886家，市场萧条。新四军收复如皋后，全县商贸服务业一度十分兴旺，民歌《别处哪儿有》即反映是时如皋地区商贸服务业兴旺景象。国民政府军重新占据如皋后，全县物价飞涨，市场冷清。至民国37年(1948年)末，全县各类商号大多处于半瘫痪状态。1954年，全县始开展私营商业社会主义改造。此后，私营商贸基本消亡。至1976年，全县商贸服务单位(网点)保留1670个。期间，物资匮乏，多种日用品凭券、凭证供应，商贸服务业发展缓慢。改革开放后，全县逐步形成多种流通渠道、多种经济成分、多种经营形式并存的商业模式。1990年，全县商业企业发展至14543户，从业人员28491人，农副产品收购总额4.28亿元，社会商品零售总额8.39亿元，国营、集体、个体商业零售额之比为1:2.25:0.77。1994年始，全市国有、集体商贸服务企业全面实施产权制度改革，大多改制为股份制、个体私营企业。同时，个体私营商贸服务企业迅速增加，一批大型连锁经营商业企业落户如皋。2010年，全市实现社会消费品零售总额170.01亿元，是1978年1.19亿元的142.87倍。是年，全市市场成交额185亿元，有营销额超亿元的市场12个；全市服务业增加值144.8亿元。

如皋是"江苏历史文化名城""中国花木盆景之乡""世界长寿乡"，同时，是中国工农红军第十四军诞生地，抗日战争、解放战争时期有"苏中小延安"之称，自然、人文景观众多，旅游资源丰富。改革开放以后，全市(县)旅游业加快发展，形成数条较为成熟的旅游线路和一大批景区、景点。2005年，如皋市被评为全国优秀旅游城市。至2010年，全市有国家AAAA级景区1个、AAA级景区(点)4个、AA级景区(点)1个，另有全国农业旅游示范点1个。拥有星级旅游饭店10家，国内旅行社及旅行社营业部20家。2010年接待国内游客279.42万人次，接待海外游客5789人次，国内旅游综合收入33.46亿元，旅游外汇收入653.23万美元。

第一章 商贸服务业

第一节 管理机构

一、沿革

清以前，如皋无专门的商贸服务业管理机构记载。清光绪三十年(1904年)，邑绅沙元炳创建如皋商会，于县内较大集镇设立办事处。是为如皋最早的商贸自治组织。民国初期，国民政府如皋县政府社会科兼管商业。民国19年(1930年)，成立合作事业指导所，设指导员3人。民国20年，全县建消费合作社31个，社员965人，股份3038股；另建农业合作社14个，以推进农业为主，部分从事商业供销业务。民国25年，全县消费合作社发展到73个，拥有资金351亿元(时币)。民国27年3月，日本侵略军侵占如皋，国民政府如皋县政府撤至如皋东乡。民国29年，日商在如皋县设立中国合作社如皋县支社，藉此垄断全县农副产品收购和商品销售。是年8月，新四军东进至如皋西乡，开始在抗日民主根据地兴办合作社，至民国32年2月，建有合作社17个，拥有股金56.17万元。是年，如西县政府设贸易管理局。民国33年9月撤销。民国34年6月，如西县政府设工商管理局，管理商品流通。是年冬，改设货物管理局，管理贸易和征税，后设财贸局，下设货管课。同时，国民政府如皋县政府所在地的马塘区组织油坊合作社。民国35年7月，国民政府军进攻如皋城，国民政府如皋县政府进驻如皋城，如皋县政府设于如皋城的合作社被迫撤出，迁移至三仓、东台、滨海等地，先后改称协昌商店、黄海商店，主要经营五洋、百货等，为军需民用服务。是年，国民政府如皋县政府设合作指导室，由3名合作指导员管理合作事业，所辖如城店员合作社开业。民国37年冬，如皋县政府设货物管理局。民国38年4月，黄海商店从西乡迁回如城，改称如城合作社。5月，如皋县政府撤销县货物管理局。7月，设工商管理科，同时设生产合作推进社，7月1日，如皋县政府生产合作推进社成立，在县政府大院内办公，有干部5人。1949年12月，改称如皋县政府合作推进社。1950年5月，改称县供销合作总社。1956年2月，县人委工商科析为工业科和商业科，并增设县农产品采购局，管理棉麻、蚕茧、畜产品购销业务。7月，县人委商业科改为县商业局。1957年4月，县农产品采购局撤销，改县服务局，管理副食品采购批发业务。1958年4月，县合作总社并入县商业局。1961年1月，县物资局建立。是年11月，县合作总社从县商业局划出。1970年12月，县合作总社再次并入县商业局。1979年9月，县合作总社又从县商业局析出复建。1996年，市商业局改称市商业总会。2001年，市商业总会撤销。2010年1月，如皋市商务局建立。

图10-1 沙元炳所题“如皋商会”匾额

二、主要机构

如皋市商务局(如皋县商业局) 1956年7月，县人委商业科改建为如皋县商业局，负责管理全县国营、集体、个体商业企业。1968年，县商业局革命委员会成立。1969年，商业局革委会与百货、糖业烟酒、五金、盐业等公司革委会合并为生活资料公司革命委员会。1971年1月，生活资料公司革委会与生产资料公司革委会合并成立县革命委员会商业局，履行商业、供销合作、工商行政管理3个部门职能。1996年11月，市政府调整机构设置，市商业局更名为如皋市商业总会，不再作为市政府工作机构。2001年，市商业总会撤销，组建市商贸资产营运公司(挂市商贸物资总会牌子)，企业性质。2005年，商贸物资总会、商贸资产营运公司撤销。职能合并到市经济贸易委员会。 2010年1月，在如皋市政府机构改革中，组建如皋市商务局。商务局共设6个中层机构。

如皋市供销合作总社 1950年5月，县政府合作推进社，改称如皋县供销合作总社。10月，改称苏北如皋县合作总社。1953年1月，改称江苏省如皋县合作总社。1956年2月，县合作总社推销科经营的棉、麻、茧、畜产品等业务划交县农产品采购局。4月，水产品购销业务移交县水产购销站。5月，药材业务划交中国药材公司如皋县公司，煤业、建筑器材业务划交中国煤建公司如皋县公司。1957年4月，棉、麻、茧、畜产品等业务划归县合作总社，副食品业务划交县服务局。9月，县服务局撤销，副食品业务划回县合作总社。1958年4月，县合作总社并入县商业局，对外保留县合作总社牌子。

1961年11月，县合作总社从县商业局析出，内设7个股室及农产品、生产资料、土产杂品三个经理部。1968年6月，县合作总社革委会建立。1969年3月，县合作总社供销综合公司、物资综合公司、煤石公司革委会合并建立县生产资料公司革委会。1970年12月，县生产资料公司革委会撤销，县合作总社再次并入县商业局。

1979年9月，恢复县供销合作总社，全县有基层供销社50个。1980年6月，恢复白蒲、石庄区供销社。1983年，供销社系统进行体制改革，恢复“三性”(组织上的群众性、管理上的民主性、经营上的灵活性)，改“官办”为“民办”，通过召开全县供销社五届一次社员代表大会，选举产生理事会、监事会，并改称如皋县供销合作社联合社(简称县供销联社)。1991年3月，县供销合作联社更名为如皋县供销合作总社。2003年4月，市政府批准市供销合作总社机关人员依照公务员管理，所需经费列入市财政预算。2010年，如皋市供销合作总社核定参照公务员管理25人。

如皋市(县)物资局 1961年1月，如皋县物资局建立，下设金属设备公司、综合经理部。1964年，建丁堰、白蒲基层物资站。1968年4月，县物资局撤销，改建综合公司革委会，隶属于县革委会生产指挥组。1969年1月，综合公司革委会与县农资公司等合并组建生产资料公司革委会。是年，于丁堰、白蒲、吴窑设物资站、煤炭石油站。1970年12月，县物资局建制恢复，称县革委会物资局。1981年4月，改称如皋县物资局。1990年，县物资局下设木材建材公司、燃料公司、金属机电化轻公司、生产资料服务公司、物资贸易中心5个全民性质公司，及丁堰、白蒲、吴窑、张黄港物资站，如皋县煤球厂、如皋市拉丝厂。1993年，县物资局有下属全民企业10家，集体企业5家，下设物资销售网点101个，派驻全国各地办事处或分公司17个。1998年年底，市物资局改为非政府工作机构，称如皋市物资总会。2001年，在市级机关机构改革中，撤销市物资总会，其承担的行政管理职能划归新组建的市发展计划与经济贸易委员会。组建市商贸资产营运公司挂市商贸物资总会牌子，企业性质，物资总会所属企业的公有资产由该公司营运。

2005年下半年，市政府撤销市商贸物资总会、商贸资产营运公司，将其合并至如皋市发展和改革委员会(经济贸易委员会)，原商业和物资系统所属企业的公有资产亦转由如皋市发改委(经贸委)管理。

第二节 生产关系变革

一、个体私营商业社会主义改造

清康熙、乾隆年间，县内私营店铺增多。清光绪三十四年(1908年)，全县领取税户执照的店铺增至3757家。民国37年(1948年)底，全县有私商4197户。1949年，县政府在大力发展国营商业和供销合作商业的同时，除对迷信品、银楼、牙行逐步淘汰以外，扶持发展私营商业。1949—1952年，人行如皋支行给私营商业贷款1.30亿多元，占全县贷款总额69%。1952年，县人民政府贯彻“公私兼顾”原则，进一步发挥私营商户积极性，调整76种商品批零差价和批发起点，让私营商业适当扩大经营。是年，全县共有私营商户5110户，从业人员8971人。

1954年,根据国家"安排与改造相结合"的方针和"逐个行业改造"的办法,全市开始个体私营商业进行社会主义改造。是年,主要对粮食批发行业、棉布经销行业实施改造。1955年,分别对百货、文具、木行、肉类食品行业和锅蓆瓷茶业、烟业进行改造。1956年,分别对南货、竹窑、西药、中药等行业进行改造。改造中,组织小商小贩走合作化道路,由经销、代销向合作合营过渡。1956年底,全县对个体私营商业社会主义改造全面完成。参加改造的商户共6007家,占全县总商户的86%。大多组成合作商店、合作小组,亦有部分成为国营、合作商业企业的供销店(点)。

1958年,部分合作商业企业并入国营商业企业或人民公社供销部,全县452个商业核算单位并为298个。一度还将1700多户个体商贩并入合营、合作商店,统一核算。是年,全县合作商业有38个行业,198个合作商店,998个网点。

1962年,合作商店核算单位由668个增至992个,网点增加到1458个,农村下伸点394个。1965年,开始将合作商业的业务范围限制为:仅经营日用品、家用小商品和收购零星土特产品。1969年,开始动员城镇门店下伸农村,至1971年全县共有240多人下派到下伸店。1972年,采用代替、撤并、增设、保留、退聘、开除等方法,整顿合作商业,下放到农村点389人,开除回农村16人,退职133人,改行6人。

1983年,全县合作商业全部改为集体所有制商业。

二、商业企业产权制度改革

国有商业企业改制 民国34年(1945年)3月,如西县设县内第一个国营商业贸易机构裕民公司,采购军需物资和部分民用物资,在经济上开展对敌斗争。民国38年1月开始,执行国营商业优先发展方针,先后设立粮食、百货、猪业、土产、专卖、盐业、花纱布7个国营公司,分别从事相关物资购销业务,并在农村各主要集镇设营业组、收购站、批发部。1952年,全县国营商业销售额1300多亿元,占全县商业销售总额53.36%,初步形成比较完整的国有商业体系。

2000年,商业系统国有商业企业产权制度改革全面开始。改制方式、方法主要为:小型企业以售为主,能售不租,经营者持大股,国有资产从企业有序退出;资不抵债企业,实行破产清算或破产重组;改制企业与主管部门脱钩,国有企业职工与企业脱钩。2001年,进一步推进国有商业企业实行"能私不公、能股不控、能卖不租"改革,加速国有资产退出,部分企业在改制后重新组建股份有限公司。是年11月,如皋肉联厂进入破产重组程序。2004年,如皋市国有商业企业产权制度改革全面完成。

合作商业、集体所有商业企业改制 1958年,供销合作商业并入国营商业,基层供销社成为国营商业的基层单位。1961年,供销合作商业从国营商业中分离,恢复为合作商业。1969年,全县合作供销商业再次改为国营商业,全县不少合作商店改为国营商店,形成国营商业独家经营的局面。1979年9月,供销合作商业又从国营商业中析出,恢复合作商业性质。1983年,供销社进行体制改革,恢复为农民群众集体所有的合作经济组织。1990年,商业局系统集体商业有在职职工2172人,核算单位88个,网点367个,股金72万元,销售额6075万元,利润89万元;供销合作联社系统集体商业(不含供销社)有在职职工2892人,核算单位131个,商业总店60家,网点836个,股金341.76万元,销售额1.36亿元,利润37.49万元。

2000年,商业系统推行以"清算、解散、注销"为重点的产权制度改革,选择8家独立核算企业作资产出售、全员分流试点,有174名职工解除劳动合同,与企业脱钩。是年6月,市委下发《关于深化完善供销社企业改革转制的实施意见》,供销社系统以"能售不租,能私不公"为原则的集体商业企业产权制度改革全面展开。9月石庄供销社店房公开拍卖,11月白蒲镇供销社整体出售,12月营防供销社整体出售。至年底,全市供销系统52个基层供销社中有48个生活资料经营部门集体资产退出,退出资本1620万元,分流人员1376人,社员股金余额从年初的1.50亿元下降为1.08亿元。是年,全系统养老金征缴率93%,退休人员养老金按月足额发放。

2001年,商业系统小型集体商业通过面向社会公开出售、旧城改造拆迁补偿等筹资途径,基本完成"清算、解散、注销"的改制,变现资产691.96

万元,分流职工712人,对已退休人员相应办理医保手续,并划交社区管理。

2001—2002年,全市供销社系统实现资产变现7356.82万元,解除职工与企业劳动合同2452人,兑付社员股金3806.38万元。2003年,严重资不抵债的大明、车马湖、葛市、新姚、石庄镇供销社和日杂公司、金翅实业公司等7家企业依法破产终结。供销社系统全年出售资产1350.5万元,兑付社员股金440万元,分流人员415人。2004年3月,市供销总社全面清产核资。经评估和测算,确定所属126家企业不同的改制形式。其中股份制改造、整体转让或分块出售72家,破产重组或清算终结54家。县棉麻公司、如皋招商城、张黄轧花厂、县物资公司、县农资公司等8家企业,于9月末全面实现产权制度改革。至年底,社有资产退出1.58亿元,占社有资产总数的81%;兑付社员股金1574万元,全系统社员股金下降至1380万元;变更劳动关系1020人,支付职工工龄补偿金及欠发工资6000多万元;全系统3143名退休职工2986人划进社区管理,帮助1358名退休职工办理医疗保险;化解银行债务1.1亿元。

2005年年底,全市供销系统商业企业产权制度改制全面结束。累计盘活变现资产3.5亿元,集体资产全部退出,集体性质企业全面改为私营。累计有8300多名干部职工变更劳动关系走向市场,退休人员全部进入社区管理;累计清退社员股金2.05亿元,社员股金全面兑付结束;所有集体商业企业全部实现"产权关系清、人员关系清、法律关系清"的"三清"改制目标。

三、个体商业恢复发展

1980年,在允许自由进货,议价销售,长途贩运,跨行业经营的大背景下,全县个体商业开始恢复发展,农贸市场开始恢复。

1984年,全县个体经营商户发展至18678户,从业人员22726人,零售总额3171万元,占全县商品零售总额的8.5%。1990年,全县个体私营商业零售总额上升至1.50亿元,占社会商品零售总额的17.92%。2000年,全市社会消费品零售总额275786万元,其中个体私营商业销售总额123582万元,占44.8%。

2010年,全市个体商户增加至67288家,个体经营商业企业21312户,个体商业零售总额103.66亿元,占全社会消费品零售总额170.01亿元的60.97%。

如皋市供销社商业企业产权制度改革情况一览表

表10-1

单位名称	创建时间	1990年基本情况			产权改革情况		
		职工人数（人）	固定资产（万元）	销售额（万元）	改制形式	结束时间	重组企业
白蒲中心社	1952-11	117	59.8	1245.6	分块出售	2004-12	如皋市广进供销有限公司
奚斜供销社	1958	47	23.9	529.2	分块出售	2005-11	—
新姚供销社	1954-10	57	30.8	730.8	分块出售 破产终结	2004-12	如皋市新姚为农服务社
勇敢供销社	1958-04	51	23.1	564	整体转让	2005-04	—
林梓供销社	1959	53	22.1	592.5	分块出售	2005-11	—
蒲西供销社	1971	62	24.3	406.5	分块出售	2001-12	—
花园供销社	1958	43	18.3	330.6	分块出售	2004-06	—

续表10-1

单位名称	创建时间	1990年基本情况			产权改革情况		
		职工人数（人）	固定资产（万元）	销售额（万元）	改制形式	结束时间	重组企业
丁堰中心社	1950-05	177	180.3	1532.2	分块出售	2004-08	如皋市天都供销有限公司
皋东供销社	1989-05	42	20.9	658.3	分块出售	2004-12	如皋市皋东为农服务社
丁西供销社	1957-10	45	34.8	715.8	分块出售	2004-12	—
马塘供销社	1953-02	63	43.6	1022.5	分块出售	2005-06	—
建设供销社	1979	48	37.9	621.3	分块出售	2006-11	—
丁北供销社	1957-10	51	19.8	744.3	整体转让	2004-12	如皋市久泰供销有限公司
城东中心社	1951-09	89	179.1	1135.7	分块出售	2005-12	如皋市华顺供销有限公司
南凌供销社	1971	68	15.9	793.8	分块出售	2005-10	—
柴湾供销社	1950-01	72	12.7	629.1	分块出售	2004-10	如皋市相民供销有限公司
雪岸供销社	1979	63	17.1	710.3	整体转让	2005-12	如皋市盛丰供销有限公司
新民供销社	1954-07	72	37.1	516.2	分块出售	2005-02	—
城西中心社	1951-02	170	53.5	1442.9	整体转让	2005-01	如皋市盈泰供销有限公司
何庄供销社	1953-01	67	30.1	663.8	分块出售	2005-06	如皋市盈泰供销公司何庄经营部
袁桥供销社	1950	77	35.5	794.3	分块出售	2005-12	如皋市袁桥为农服务社
戴庄供销社	1971	68	29.7	755.0	分块出售	2005-11	—
石庄中心社	1954	78	12.2	512.4	分块出售	2005-12	如皋市星联超市有限公司
长江供销社	1951-04	98	55.9	1044.9	分块出售	2005-06	—
江防供销社	1971-04	70	23.9	680.2	分块出售	2007-07	—
石北供销社	1971-07	54	10.6	442.9	分块出售	2006-04	—
张黄港供销社	1971	84	26.3	608.4	依法破产	2004-12	—
高井供销社	1971-05	57	10.1	424.6	整体转让	2005-03	—
吴窑供销社	1949-10	86	21.6	635.5	分块出售	2005-11	—
长青沙供销社	1978-07	37	7.0	322.9	分块出售	2005-12	—

续表 10-1

单位名称	创建时间	1990年基本情况			产权改革情况		
		职工人数（人）	固定资产（万元）	销售额（万元）	改制形式	结束时间	重组企业
薛窑中心社	1957–09	76	50.7	560.2	分块出售	2004–12	如皋市郭李供销有限公司
郭园供销社	1951	60	40.3	589.0	依法破产	2005–01	—
车马湖供销社	1959	71	25.0	276.3	依法破产	2005–06	—
九华供销社	1959	54	35.6	403.0	分块出售	2004–01	如皋市九华绿丰果蔬专业合作社
营防供销社	1951–05	59	40.9	485.5	分块出售	2004–10	—
龙舌供销社	1959	55	13.5	700.5	分块出售	2006–07	如皋市新龙供销有限公司
下原供销社	1952–04	91	50.0	607.5	分块出售	2005–03	—
搬经中心社	1950–02	170	125.7	1629.1	分块出售	2004–12	如皋市日新供销有限公司
高明供销社	1951–01	60	12.8	756.2	分块出售	2005–06	—
夏堡供销社	1961–11	57	44.3	785.8	整体转让	2006–12	如皋市家洋纺织品有限公司
常青供销社	1961–11	39	29.5	484.4	分块出售	2005–03	—
加力供销社	1961–11	60	36.4	598.2	整体转让	2004–04	南通崇光商贸有限公司
磨头中心社	1950–01	135	60.9	835.8	分块出售	2005–12	—
场南供销社	1951–04	52	23.4	351.9	分块出售	2004–12	—
场北供销社	1959	52	29.6	463.6	分块出售	2005–03	—
桃园供销社	1961–11	39	22.6	200.3	分块出售	2007–12	—
长庄供销社	1959	53	29.1	390.5	分块出售	2005–06	—
大明供销社	1959	51	28.5	391.5	整体转让	2004–06	如皋市皋南为农服务社
江安中心社	1949–10	108	34.8	699.8	分块出售	2005–12	—
胜利供销社	1949–10	74	24.0	453.8	依法破产	2005–09	—
葛市供销社	1959–10	79	23.1	424.7	依法破产	2006–12	—
黄市供销社	1959	70	23.5	534.3	分块出售	2004–06	—
如皋市棉麻公司	1950–03	49	52.4	2220.7	整体转让	2004–09	如皋市棉麻有限公司
如皋市农业生产资料公司	1950–03	154	120.4	3942.6	整体转让 分块出售	2005–12	如皋市益群农资有限公司

续表10-1

单位名称	创建时间	1990年基本情况			产权改革情况		
		职工人数（人）	固定资产（万元）	销售额（万元）	改制形式	结束时间	重组企业
如皋市再生资源公司	1984-07	51	49.9	754.8	摘牌清算	2005-01	如皋市鹏飞物资回收有限公司
如皋市供销物资公司	1961	59	50.7	745.9	整体转让	2004-07	—
如皋市土产畜产公司	1950-03	123	355.8	479.9	整体转让	2004-06	如皋市大地广场有限公司
如皋市供销社工业品公司	1985-07	58	45.7	1818.9	整体转让	2005-12	江苏品德连锁超市有限公司
如皋市日杂果品公司	1950-03	100	70.9	1335.6	破产	2005	—

注：原表保留一位小数；本表所列企业不包括供销社系统工厂

第三节 管理、经营机制改革

一、管理机制改革

民国35年(1946年)初，如西县政府设立的地方国营裕民公司改为国营企业江海公司的如皋办事处。1949年底，江海公司奉命撤销。1953年，国营商业与供销合作商业按经营范围分工。国营商业收购国营企业的工业产品，对私营企业计划订货，取消供销合作商业工业品批发业务。供销合作商业零售工业产品须从国营公司批发进货。1954年，国营商业领导城市市场和城市个体私营商业社会主义改造。1956年，国营商业主管日用工业品和部分生产资料的收购和供应，向乡镇延伸批发机构。百货、专卖品、花纱布国营公司在磨头、丁堰、白蒲、石庄、九华、搬经6处设综合批发部。商业社会主义改造完成后，开始全面实行计划经济管理体制。1958年，县合作总社并入商业局，基层供销社亦划归商业局管理。1961年，供销合作社从商业局划出，恢复管理全县农村合作商业。1969年，县合作总社再次划归商业局，全县不少合作商店改为国营商店，形成国营商业独家经营的局面。1979年，国营商业开始实行“利改税”。是年9月，县合作总社再次从商业局划出，成为全县农村合作商业的主管部门。1983年，根据上级有关文件精神，恢复供销社为农民群众集体所有性质，改“官办”为“民办”。各基层供销社普遍召开社员代表大会，修改供销合作社章程。9月，召开如皋县供销合作联社第五届社员代表大会，通过《如皋县供销合作联社章程》(草案)，选举产生第五届理事会、监事会。各基层供销社作为县供销合作联社的社员向县联社交纳自有20%的社员股金。1985年，县供销社成立商业公司，领导全县农村集体商业，各乡相继建立商业总店，与基层供销合作社脱购。1991年12月，如皋市供销合作总社召开第七届社员代表大会，决定撤销理事会、监事会，选举产生社务委员会。此后，市联社及基层企业的负责人改为任命制。

2001年，市级机关机构改革中，由商业局改称的市商业总会撤销，其承担的行政管理职能划归新组建的市发展计划与经济贸易委员会。组建市商贸资产营运公司(挂市商贸物资总会牌子)，原市商业总会所属企业的公有资产由该公司营运。2005年，商贸物资总会、商贸资产营运公司职能合并到如皋市经济贸易委员会，原商业和物资系统所属企业的公有资产由如皋市经济贸易委员会管理。2010年1月，在如皋市政府机构改革中，组建如皋市商务局，将市经济贸易委员会的内贸职责、市对外贸易经济合作局的职责，整合划入市商务局。

二、经营机制改革

全县个体私营商业社会主义改造完成后，商贸服务业开始全面实行与计划经济体制相适应的经营机制。中共十一届三中全会后，开始允许自由进货，议价销售，长途贩运，跨行业经营。1979年，国营商业开始推行经济责任制和经理承包负责制。1983年，供销系统在丁堰供销社开展经营承包责任制试点，并向全系统推广经验。1984年，县供销联社又在奚斜供销社进行层层承包、层层组阁、层层聘用的试点，改革用工、人事、分配制度。供销社系统所属的公司、工厂和基层供销社全面推行主任（厂长、经理）负责制和任期目标责任制。1985年起，全县市场进一步放开、搞活，长期形成的经营活动在系统内单一渠道封闭运行的格局逐步被打破，出现农商、工商、商商之间多种形式的联合，经销、代销、联销、代理、深购远销等形式广泛运用。是年，县物资局与上海宝山钢铁厂达成资源互补协议：如皋每年提供名优肉食产品供应宝钢为其职工生活服务，作为宝钢的副食品基地；宝钢每年支持如皋一定数量的钢材和生铁，作为如皋物资局系统比较稳固的钢铁货源基地。这一经营机制改革举措，被载入《江苏改革开放十年》丛书。1987年，县供销联社对所属县级公司进行专业划细，组建8个专业公司。基层以经济区域建立11个批发站，全面开展深购远销业务。1990年，宝山钢铁公司支持如皋钢材3.01万吨、生铁2.76万吨，如皋为"宝钢"提供各类副食品2080吨。

1991年，市（县）供销社系统完善经营承包责任制，变企业法人代表1人承包为企业领导班子集体承包，年终考核承包指标，实行工效挂钩。1992年，全市供销社系统进行以人事、用工、经营和分配制度改革为重点的"四放开"改革，实行部门、柜组负责人风险抵押，招标竞标，竞争上岗，全系统有800多个柜组开展招标竞争上岗。1993年，全市供销社系统针对不同企业类型，分别实施"定额包干、全奖全赔""基本指标、考核指标、争取指标阶梯分层考核分配""一社多制、多种形式承包"等改革。是年，商业局系统经营机制改革亦加大力度，62名职工取得16个商店的经营自主权。1994年，国营商业普遍实行联销计奖、联利计酬、计件工资、浮动工资等办法。全面划细核算单位，百货、糖酒、饮服、食品、医药、五金、蔬菜等公司共重组29个分公司和经营部，采用招标承包、竞争上岗办法，全系统有185人获得自主经营权。食品公司的大部分食品站普遍实行抽底承包，或转让经营权、离店承包。1996年，部分商业企业开始以组建行业协会形式，协调开展连锁经营，绝大多数企业改变柜台经营模式，兴办超市。仅1997年，全市就兴办各类超市46家。

1998年8月，市商业总会制订《关于国有商业企业实行"民营"改革转制中租赁经营实施办法》，市百货公司开展首轮租赁承包，47个柜组缴纳租赁承包费185.575万元，组合职工上岗228人。市百货、糖酒、五金公司实行柜组为单元的抽底承包。

1998年底，全市商业企业通过"抽底承包、租赁经营、经营权转让"等多种形式，基本完成经营机制改革。此后，结合商业企业产权制度改革，经营机制改革不断深化。

第四节 商品流通

一、农副产品收购

清代，如皋农副产品收购由私商经营，收购品种主要有生猪、家禽、禽蛋、畜皮、棉花、蚕丝、花生等。民国9年（1920年），英美商人到如皋开设公司，大量收购禽蛋。民国26年，全县有蛋行30多家，其中如皋城有20多家。上海蛋行驻如皋分庄有夏泰、会丰、张黄港等7家。

中华人民共和国成立之初，如皋农副产品收购主要由县供销合作社经营。1953年11月，实行粮食统购统销。粮食收购和供应，划归粮食部门。商业、供销社主要收购生猪、活羊、家禽、鲜蛋、蜂蜜、蚕茧、棉花、兔毛、肠衣、药材、芦菲、柳条、折子、黄芽菜、萝卜、白果、金针菜、瓜子、羊角椒、蓖麻籽等农副产品。1958年，县供销社并入县商业局，农副产品基本上由国营商业收购包销。1973年4月开始，实行农副产品统一奖售办法。1975年，增加水貂、长毛兔、蘑菇、芦笋等收购项目。收购方法有自由收购、派购、统购、预购、议购等。对棉花、生猪等实行换购、奖售及加价、议价收购。1988年以后，农民自产的农副产品，在完成国家收购计划和合同订购任务后，逐步放开，允许自由销售。1990年，全县农副产品收购额4.28亿元。

中共十五大以后，农副产品流通体制改革日趋深化。粮食购销实行"敞开收购，顺价销售，收购资金封闭运行"政策；棉花主要依靠市场机制实行资源合理配置的新体制，建立新型的产销关系；生猪坚持"定点屠宰、集中检疫、统一纳税、分散经营"的基本方针；蚕茧购销执行"统一收购、统一经营"的政策。其他农副产品经营放开，价格放开，由市场调节。

棉花收购　清代，如皋东乡掘港、马塘有花行收购棉花。清末民国初，主要由南通大生纱厂购进。民国13年（1924年），丁堰阜昌染织股份有限公司大量收购地产棉花，后仍以花行收购输出为主。民国24年，"棉花为全县农副产品输出之大宗"（《如皋县纪要》）。民国27年，日本侵略军侵占如皋后，于县境内设江北公司收购棉花。民国35年秋，全县有花行5家，以韩兴记花行较为著名。境内农村棉花集散地主要在白蒲。白蒲兴北花行为南通银花洋行代购棉花。农村中亦有小轧户向棉农收购籽棉轧成皮棉后，售给花行或代农民轧皮棉，用于捻条纺线织土布。民国36年，白蒲达记花行与南通源城花行联营代购。

1949年，中国花纱布公司苏北分公司如皋支公司收购棉花，全年收购1105吨。1950年，如皋城乡居民消费合作社及县土产公司收购棉花，亦有私营花行收购。1951年秋，政府颁布法令：私营花行、商贩不得经营棉花。县供销合作社于桃园、营防、二案、石庄、白蒲、下原、郭园、石桥头、姜园、五接、平西、李桥设立收花站，开始为花纱布公司代购棉花。1952年，全县有收花站13个。二案供销社首创棉农按计划错时交售方式，减少棉农售棉等待时间，《新华日报》对此发表评论员文章，向全省推广。1954年9月，实行棉花统购统销，规定棉农所产棉花除规定的自留外（自留棉每人不超过1.5千克），全部卖给国家。棉花收购仍由花纱布公司经营，委托供销社收购。1954—1955年，全县增设东陈、柴湾、搬经等12个收花站。1955年，实行预购、奖售，签订合同，发放定金。每担皮棉奖售棉布3.30米，粮食5千克，饼肥25—50千克。1956年，县农产品采购局建立，县供销社棉花收购业务划交该局。1957年，棉花收购业务重新划归县供销合作社，全县设收花站48个。除县内留作絮棉用外，调往上海、浙江、贵州、陕西、广西、黑龙江、辽宁、吉林及省内10多个市、县。1958年，棉花收购采取划片定点、以生产队出售，结算到生产队的办法。全县共设收花站38个。1962年，实行换购政策。交售自留棉1—9级（1972年改1—5级），加价并每0.5千克换购布票5市尺。1965—1974年，全县棉花收购先后由棉麻公司、供销综合公司、生产资料公司、棉麻土产公司、棉麻公司经营。

图10-2　农民到收购站出售棉花　（1987年摄）

1978年，县内纺织工业发展，所收购棉花开始直接供应县内纱厂，当年供应籽棉1210吨，后逐年增加。1979年，实行超售加价百分之三十奖励政策。1984年，实行农户承包地所产棉花自行出售，全县棉花收购站93个，其中临时站43个。对所收购棉花取消指令性调拨供应计划，允许纺织企业自行选购。1985年，取消棉花统购统销政策，改为合同定购。1988年，恢复棉花计划调拨，如皋调出计划内籽棉2650吨。1990年，全县设收花站41个。棉花收购实行合同订购、奖售、超售加价政策。是年，收购籽棉6510吨，供应本县纱厂3920吨，调出1515吨。1994—1998年，全市每年棉花收购量稳定在6000—8000吨之间。1999年，全市棉花种植面积降至3.8万亩，向县外收购、采购新棉2000多吨。2001—2003年，每年向县外收购、采购新棉6000吨以上。2004年，市棉麻公司改制为如皋市棉麻有限公司，如皋轧花厂改制为三禾棉业商贸有限公司，张黄轧花厂改制为如皋市焦港棉业有限公司，继续从事棉花购销业务。进入21世纪，全市棉花种植面积不断缩减。2010年，全市生产皮棉132吨，棉农所产籽棉，多由收购专业户登门收购。

蚕茧收购 明代，全县蚕茧生产开始兴起，但产量较低，无专门收购行店。民国8年（1919年），始有正昌隆茧行专门收购蚕茧，有烘灶6单，年收购5000千克。此后，昇源、源昌、惠农茧行相继开业。1951年，县供销合作社设蚕茧收购站，全年收购32.20吨。1952年，供销合作社分别设立吴窑、白蒲、新建、鄂埭、丁堰、袁桥、搬经、东陈等蚕茧收购站，亦有少数私营茧行经营收购业务。1954年，实行蚕茧预购，向茧农预支定金。1956年，私营茧行全面停业，蚕茧收购业务统由供销合作社经营。

1958年，取消预购政策，此后全县蚕茧收购量连续3年下降。1960年，划区定站收购，共设收购站11个。1961年，恢复预购政策，并实行奖售，蚕茧收购量回升。1969年，全县蚕茧收购首次突破500吨。此后，收购量连续上升。1978年，蚕茧收购业务由外贸公司委托基层供销社代收购。1981年，新建大明、胜利、车马湖、花园、新姚、高明、新建、戴庄等9个蚕茧收购站。1982年，雪岸、花园、车马湖、丁北、胜利等公社设站收购，直接解交县外贸公司。1987年，全县有收购站52个，其中供销社38个。1993年，市供销总社与市茧丝绸公司均成为全市蚕茧经营主管部门，市供销社负责全市供销社系统归口的蚕茧收购站购销经营管理工作，市茧丝绸公司负责管理直属站和经批准的乡、村自烘灶。1995年，市供销总社负责的蚕茧收购业务连同54个蚕茧收购站全部划交市茧丝绸公司。后，市茧丝绸公司改制重组。2000年后，全市蚕茧收购企业有如皋新丝路公司、如皋菲菲公司、如皋贵源丝织厂、如皋顺达制丝厂、如皋凌东公司、如皋天利制丝厂、如皋华田茧站等。

生猪收购 1949年前，如皋生猪主要由私营猪行收购，亦有屠宰户自由收购。1950年，生猪收购由县供销合作社负责。1956年2月，改由县农产品采购局收购生猪。1958年，县供销合作社恢复收购业务。1959年后生猪收购量下降，年均不足7.2万头。1960年实行奖售政策。1962年10月开始，生猪收购由县食品公司及下属各乡镇食品站负责，县供销社收购业务全部划交县食品公司，划出收购站（点）25个。“文化大革命”期间，全县年生猪收购量在30万—50万头之间。1979年后，收购量上升，年均收购60多万头。1980年，奖售政策取消。1985年，全县生猪由25个乡镇食品站、县食品公司、如皋肉类联合加工厂、县罐头厂收购，亦有乡镇由个体屠宰户收购。1987年，全县收购生猪73.95万头。是年4月，生猪收购屠宰全面放开，个体屠户急剧增加。1990年，全县有食品站27个，分别为柴湾、南凌、东陈、雪岸、丁堰、白蒲、新姚、林梓、奚斜、花园、袁桥、郭园、石庄、长青沙、吴窑、江安、葛市、黄市、吴庄、搬经、加力、夏堡、戴庄、袁桥、何庄、磨头、场北。是年，全县收购生猪72.05万头。

1995年，食品公司下属食品站普遍实行抽底承包或转让经营权，部分员工从事畜禽养殖或其他职业。1996年2月，市政府建立如皋市生猪屠宰管理领导组，下设办公室，各乡镇也建立相应组织。

20世纪90年代以后，如皋生猪购销以个体屠宰户、长途运销专业户和新组建的肉食品加工企业为主体。1991—2009年，如皋市生猪年饲养量保持在150万头至170万头左右，年出栏肥猪70万头至90万头。2001年，全市食品站、市食品公司改制结束，如皋肉联厂进入破产程序。2010年，全市生猪年饲养量184.5万头，出栏肥猪103万头。

蘑菇收购 1966年，南通罐头厂在如皋县扶持蘑菇生产，并设点收购，为如皋蘑菇生产销售之始。1976年，县供销合作社在白蒲、薛窑基层供销社设立蘑菇收购站。是年，如皋罐头厂派员驻各收购站收购，所收蘑菇解交如皋罐头厂，部分销往南通、扬州。并由县外贸公司下达收购计划，组织出口西德、美国、加拿大等国。1978年，全县蘑菇始销南京、扬州、上海等地，其中销往扬州200吨。1982年，市政府出台奖售政策，每出售0.50

千克一、二级菇，奖励0.08元。是年，发放奖金1.30万元。1983年，新增收购站13个，增加收购窗口74个，收购人员增至845人。1988年，实行等内菇统购，全县设收购站38个。1989年，提高收购标准，降低价格，个体商贩借机大量收购，贩销外地。仅勇敢乡就外流蘑菇400吨。1990年，全县设收购站30个。1991年，基层收菇站解交如皋罐头厂鲜菇1953.45吨。1992年，解交南通罐头厂464吨、如皋罐头厂1177吨。1993年以后，如皋罐头厂罐头外销量逐年减少，菇农所产鲜蘑菇，大部分在市内外农贸市场销售。

皮张收购 1949年前，如皋皮张收购以私营皮毛行为主，间有外地客商到如皋收购，收购品种有黄狼皮、牛皮、猪皮、羊皮、狗皮、兔皮等，多由上海转销国外。1950年，县生产合作推进社设收购站12个，收购羊皮、兔皮等。此后，皮张收购采取控制政策，猪皮多由如皋肉联厂加工。1951年，皮张由土产杂品经理部和畜产公司南通分公司如皋收购处经营。基层供销社、皮毛行代收，内部调拨销往上海等地。牛皮年收购量在5000张之内，黄狼皮在1万张左右。1956年，皮张经营业务划交农产品采购局，该局组织猎户狩猎，是年收购黄狼皮1.09万张。

1957年，农产品采购局撤销，皮张收购仍由县供销合作社经营。1961年，皮张收购实行换购。1965—1971年，山羊皮、家兔皮收购量减少。1978年，县对外贸易公司建立，经营畜产皮张业务。基层供销社代外贸公司收购。1980年后，兔皮、貂皮收购量猛增。各基层供销社均设土畜产品收购部。1982年始，羊皮收购实行奖售，收购量大幅度增加，年收购羊皮13万张左右。1984年，如皋县成为江苏省山羊板皮生产基地，山羊板皮收购量逐年增加，牛皮收购量逐年减少，黄狼皮收购在1万—4万张之间。1985年，全县收购山羊板皮32.58万张、绵羊皮0.19万张。

1986年，如皋县土产畜产公司建立，与各基层供销社实行山羊板皮分购联销。1988年，全县收购羊皮45.65万张、黄狼皮3.21万张。1990年，皮张统由县土产畜产公司收购，全县设立皮张收购点60余个，收购山羊板皮29.51万张。是年，县内农村皮张(羊皮)收购除供销社系统所设收购点外，在工商部门登记注册仅如皋市第二鞋帽厂1家。1995年，全市设有皮张经营企业27家。2005年后，全市皮张业务由100多家个体、私营企业经营。

中药材收购 如皋中药材资源丰富。清嘉庆《如皋县志》载："时产中药材217种。"1949年前，全县由各中药房收购中药材。1949年始，县供销合作社设中药材经营管理处，管理并经营中药材收购业务，收购品种较少。1956年，中药材经营管理处划出，建中国药材公司如皋县公司，统一经营中药材收购业务。1958年，中药材公司并入医药公司，委托各乡卫生院、部分基层供销合作社、医药商店、烈军属土杂品回收站、如城皮毛废品商店等代购，并实行奖售政策，先后奖售粮食、布票、饼肥、尿素等。是年，贯彻国务院"中药材就地生产，就地供应"的方针，全县下达中药材种植计划1848亩。种植药材品种有川芎、板蓝根、玄胡、地黄、白术、百合、芍药、浙贝母、红花、玄参、丹参、苡仁、补骨脂、泽泻、黄花等，全由县内收购、销售。20世纪60年代起，全县中药材种植面积减少，同时刺猬板、龟板、鳖甲等动物药材亦大量减少，收购量随之减少。1984年始，药材生产由指令性计划改为指导性计划。

1985年，全县收购品种171种，收购值80万元，创历史最高纪录。1986—1988年，如皋药材公司被省药材公司评为先进集体。1990年，全县设中药材收购网点近100个，收购品种141种，收购值48万元。1995年以后，中药材收购不再列入统计。1995—2010年，如皋医药公司主要从安徽亳州、江西樟树等地收购中药材，每年收购原材料约100万元—150万元。

黄、红麻收购 清光绪年间，如皋城赵姓麻绳店收购黄麻、红麻，搓绳后销售。民国时期，种植分散，一般自产自用，收购量极少。1949年始，麻类收购业务由华东区麻供处经营，南通地区专员公署下达种植计划，收购量不能满足工农业生产需要。1956年，开始由县农产品采购局经营麻类收购业务。1957年，麻类列入国家统购物资。收购业务划交县供销合作社采购科，由基层供销社收购。计划部门下达收购计划，调拨使用计划由省棉麻公司下达。20世纪60年代，全县麻年收购量在50吨左右，并实行奖售。每出售50千克熟麻、生麻分别奖平价标准肥22.5千克、15千克。

1974年，黄、红麻集中于场南、场北、磨头公社种植，并实行预购。全年发放预购定金3.2万元，设收购站3个，收购黄、红麻256.55吨。1976年起，收购量超500吨。1978年，收购678.55吨。1985年，取消黄、红麻统购。1986年起，麻种植指令性计划改为指导性计划，全县麻收购量剧减。

鲜萝卜、萝卜干收购 1949年前，鲜萝卜由私营酱园收购。1949年起，由如城水产地货同业委员会管理私商收购。1954年，县供销社开始收购鲜萝卜和萝卜干。1955年，开始实行合同定购，县供销合作社与城郊、城南70个生产队签订收购合同。是年，全县收购鲜萝卜130吨，萝卜干650吨。1957年，白蒲、如城、石庄、丁堰、郭园、下原、搬经、磨头8个供销社设立萝卜干收购推销站。1964年，萝卜干收购业务划归商业局经营。1966—1976年，全县萝卜、萝卜干收购量极少。1978年，县外贸公司建立后，组织收购萝卜干出口。1984年，除酱醋厂、外贸公司收购外，部分供销合作社为酱醋厂代购。1985年，城西供销社兴办酱醋厂，专业从事鲜萝卜收购、萝卜干加工，所注册的“雉水牌”萝卜干远销新加坡、日本等国家，国内销往上海、江苏、广东、江西、安徽等地大中城市。1987年，外贸收购萝卜干1414.95吨。1990年，外贸收购萝卜干1380.71吨。

此后，萝卜、萝卜干收购由各生产、销售企业自行组织。2001—2010年，以如皋萝卜条为主营产品的南通春华食品有限公司、如皋仁宗食品有限公司每年收购鲜萝卜均在4000吨左右。

二、生产资料购销

金属材料、机电 民国前，全县农用铁件及日用铜、锡制件所使用的原材料，由民间作坊、店铺自行向外埠采购，或在本埠收购废旧材料。县内无专营金属材料购销（不含贵金属金、银、铂等）的商铺。民国30年（1941年），新四军于如西县建军工修械所、子弹厂、榴弹厂，收购和征用民间铜钱等，并从上海、泰兴、泰州等地购买原材料。1949年起，钢、铁、铜、铅、锡、铝制品主要由供销社、百货店、杂货店、私营铁匠铺经销，百货公司设五金批发部和零售专柜。1961年起，金属购销业务划归县金属设备公司经营。1964年，全县以“长销多进、专用少进、短线物资备有适当库存”为原则，从福建、江西、安徽等地协进生铁368吨，金属材料1250吨，电动机93台，柴油机40台，轧花机40台，碾米机24台，磨面机45台，打稻机25台，锤击机6台，农机配件25万余件，后增加锌、铜、铝、电线等品种。年金属购销品种发展到100多个，其中建筑材料有角钢、中板、薄板、槽钢、线材、普圆钢、无缝管6大类27个型号。1987年起，全县钢材大多品种敞开供应。1990年9月，如皋第一家生产资料有形市场县金属材料市场建立，该市场时为苏北地区最大的金属材料市场。1991年，全市（县）销售钢材51215吨，生铁8574吨，铜及铜材1315吨，铝及铝材1019吨，铅96吨，锌179吨。1992年，市金属材料机电化轻公司销售额首次突破1亿元。1992—1994年，如皋市连续3年列“全国物资流通百强县”。20世纪90年代后期，市国营物资经营系统的企业逐步萎缩，乃至关门歇业，相继改制。2001—2010年，嘉信钢材市场、苏中钢材市场等先后建立。市内经营各类金属材料和机电产品的企业及其他个体门店布设于集镇和公路两侧，购销两旺。

五金 明、清时，全县小型铁制农具由犁头店、铁匠铺、铁炭行制造和销售。日常生活所用金属制品，由铜锡器店或走乡串户的铜匠、锡匠制作或销售。民国初年，全县铁丝、铅丝、元钉（时称洋钉）、螺丝钉、白铁皮依靠进口，货源来自上海等地。民国22年（1933年），如皋城赵姓开设五金店，专营五金。后有专、兼营五金业的数家商店开业。1949年开始，五金主要由百货店、杂货店及供销合作社经营。百货公司设五金批发部和五金零售专柜。1963年，县五金公司成立，专营五金业务。如城较大商店及区供销合作社设五金专柜，销售品种5000多个。1966年，全县销售铁丝227吨，元钉104吨。有少数铁、铜、锡匠铺制作并销售生活用小型用具。1980年始，有个体户领证经营小五金。1991年后，所有五金销售全面放开，家用小五金货源充裕，销售平稳，建筑五金销量剧增。铁丝、元钉等小五金购销不再列入统计。

化工 清代，全县有油漆商店，经营桐油、生熟漆及油漆辅料，兼营染料和国画颜料。地产植物染料“靛青”，名噪一时，如皋城、石庄镇等地有多家专营“靛青”的“青行”，除当地及附近县乡到商铺购买外，大量销往外地。清末、民国初，德国产化学染料阴丹士林等进入如皋市场，由宁波商人开店经销。县内主要油漆、染料商店有祥泰生、王益泰、鼎泰、大德等。民国9年(1920年)始，出现颜料专业商店。1954年始，生漆、桐油列入国家统购统销，化学油漆多以上海、苏州等地进货。1956年，油漆商店实行公私合营。1958年，染料等由如城百货合作商店经营。次年，划归京货广货合作商店经销。1963年，划归县五金公司经营。市(县)地方工业供销公司、市(县)物资贸易中心亦经营化工产品。1984年，化工产品经销开始放开，少数个体户开始领证经营。1990年，全县有化工产品经销店近300家，其中油漆商店100余家。进入21世纪，化工产品市场逐步放开，国营、集体商业企业退出市场，个体私营化工产品经销企业遍布城乡。

交电 民国初年，全县交电产品主要为电灯灯泡及配套用品，由广货店兼营。民国10年(1921年)，始有进口自行车、人力车及零配件销售，多从上海进货。民国16年，县内开始有电子管收音机销售。民国19年，自行车脱销。至民国22年，全县有无线电(收音机)、电风扇及电器材料专业商店10余家。1949年，交电产品开始由县供销合作社经营。1951年，交电产品由县百货公司及百货商店开始兼营交电产品。1962年，交电产品购销划归金属设备公司经营。1963年，划归新组建的县五金公司。1964年，如城始有半导体收音机面市。1972年，始销黑白电视机。是年，销售自行车3312辆，半导体收音机1799台，黑白电视机4台。1974年，始有收录机在如皋市场销售。20世纪80年代，新增彩色电视机、摩托车、洗衣机、电冰箱、空调机、冷饮机、吸尘器等交电产品销售，部分为进口产品。1990年起，家用电器和交通工具成为如皋市场更新换代速度、销售量增长最快的商品，各类零售店、专营店、大卖场不断涌现。2010年抽样调查，全市城市住户每百户拥有洗衣机104台，电冰箱103台，彩色电视机185台，家用电脑72台，空调器169台，摄像机8台，摩托车、助力车148辆。农村住户每百户拥有自行车127辆，电动自行车110辆，摩托车95辆。

汽车 1992年，市农机有限公司在如皋市场首销汽车，是年销售昌河牌小面包车10辆。此后，汽车市场快速繁荣，众多汽车销售企业建立。2006年，汽车销售列入专项统计。是年，全市汽车购进总额1189.3万元，销售总额1441.4万元。2010年，全市限额以上汽车销售企业有如皋市中都汽车销售有限公司、如皋市华东汽车销售服务有限公司、如皋益昌汽车销售服务有限公司、如皋市苏源汽车销售有限公司、南通恒源汽车销售有限公司、南通益都汽车销售服务有限公司、如皋市三洋汽车销售服务有限公司、如皋长江汽车销售服务有限公司、如皋市林洋汽车销售服务有限公司、如皋市东方汽车摩托车有限公司、如皋市广益汽车销售有限公司、南通立发汽车销售有限公司等。全市汽车购进总额48774.1万元，销售总额51461.6万元，分别是2006年的41.01倍和35.7倍。

农机具 1949年前，如皋农业生产使用钉耙、锄头、犁头等传统小型铁制农具，主要靠铁匠、木匠制作及销售。1950年，农机具由县内各基层供销社供应，主要品种有钉耙、镰刀、锄头、竹柄、扁担、扫帚等。1956年，始销双轮双铧犁、耘锄、播种机等新型农机具。1959年上半年，如皋县综合经理部农机商店建立，后先后改称农业机械经理部、如皋县物资局综合公司农机门市部、如皋县农机供应站。1973年3月，更名为如皋县农业机械公司。1963年，全县农机具销售品种90多个，年销售量10.05万件。1969年，开始有柴油机、拖拉机、脱粒机、农用水泥船等大型农机具销售，年销售量650台(条)。20世纪90年代，开始增加插秧机、扬场机、电动机、机动喷雾器等销售。1979年，丁北、袁桥农机站开始经营农机配件。1980年，县农业机械公司销售的农机品种有2166个。1990年，全县农机供应门市部在乡镇设网点65个，其中农机站25个，供销社19个，个体户9个，兼营农机配件商店4个。2010年，全市农机具销售店(点)113个。

化肥 民国初年，如皋有德国产肥田粉进入市场，主要由“五洋”(洋火、洋油、洋皂、洋蚀、洋烟)商店经销，售量很小。1950年，县供销合作社经营化肥业务，全年销售化肥36.60吨。1951年始，各基层供销社推广销售氮肥、磷肥。农业合作化后，化肥需要量增加，供应不足，基层供销社帮助农民采取堆制发酵、加工提炼、培养细菌、制成颗粒等办法生产土化肥并指导使用。1958年，县“双土”领导小组成立，加强对土化肥、土农药生产的领导。1958—1961年，国家分配化肥减少，县供销合作社从扬州、江阴等地采购磷肥375吨供应市场。1962年，始供应氨水，弥补化肥货源不足，当年供应氨水1010吨。1966年，如皋化肥厂投产，供销社按计划直接进货，安排供应。1973年，各基层供销社开始生产供应“5406”菌肥一、二级菌种，其中1975年供应26万瓶。1977年，全县土化肥生产停止，不再供应菌种。1974年，开始供应钾肥、复合肥，全年销售复合肥1134吨。1986年，全县化肥计划与供应矛盾突出，化肥市场出现多头插手、倒买倒卖现象，县供销社系统组织计划外化肥4.04万吨供应市场。1987年，氨水供应停止。

1990年，化肥供货渠道畅通，全年化肥销售量14.06万吨。1995年，市供销社系统实施农资连锁经营。1998年，农资经营全面放开，全市化肥销售以个体、私营门点为主。2002—2004年，市供销总社先后在市内举办30个为农综合服务社，从事化肥、农药销售供应和咨询服务。2010年，在个体私营门店经营的同时，全市累计建成为农服务社310家，在全省率先实现为农服务社全覆盖。

农药　1949年前，如皋无农药销售。1952年，供销合作社推广农药治虫，品种主要有“六六六”粉、“二二三”乳剂和石灰硫黄合剂，后有“1605”“1059”高效农药。1952—1954年，供应农药27.70吨。1954年始，农药供应量逐年上升。20世纪70年代初期，全县销售的农药品种主要有“六六六”有机磷混合粉、硫酸铜、“乐果”“苏化二〇三”“4049”亚胺硫磷、“西维因”“多茵里”“敌敌畏”等，逐步淘汰“西力生”“富民隆”“滴滴涕”“赛力散”等，以计划供应为主，年供应量2000—4000吨。1975年，化学农药转向高效低毒、低残留品种，主要有“托布津”“多菌灵”“克菌丹”“克瘟散等杀菌剂”；二甲四氯、“敌草除”“杀草胺”等除草剂；“叶蝉散”“杀虫脒”“呋喃丹”等杀虫剂及矮壮素等植物生长调节剂。销售仍以计划供应为主，年供应量3000—5000吨。1983年始，农药供应量减少到2000吨以内。1985年，增加菊酯类杀虫剂供应，主要品种有敌杀死、速灭杀酊。1989年，农药开始实行由供销社专营。1997年，市供销总社组织开展农药连锁经营。供销社改制后，全市农药由农技部门、个体商户和为农综合服务社共同经营。

木材　清代，皖南商人至如皋开设木行，继之本地商人开始经营。光绪初年，如城有吴祥泰、张仁兴、程三和3家木行。光绪末年，新开范协成木行，称盛一时。民国初年，开设的木行有森大、东兴恒、刘金记3家。民国27年（1938年），南方各省先后沦陷，木材来源断绝，县内木行大多停业。民国35年，全县开设的木行有义森泰、源益、鸿益、鸿森、协和等5家，白蒲有潘益顺1家，石庄有汤氏开设的3家。民国38年初，县内木行主要有恒记、同泰、信记、源康、义和、源大、郎记、春记、维生、义康等19家，货源来自江西、湖南、四川、云南、贵州、福建等地，品种主要有方木杉、圆木杉、松杂木等。5月，县工商科将私营木行合并，后收归国家经营。1951年11月，执行苏北行署对木材管理指示，对木行重新登记。1954年，木材列为一类计划物资，统由国家经营。1955年9月，县木材公司成立。1961年，销售木材3294立方米，其中农用1544立方米，占46.90%。1966—1970年，全县木材购销停滞在1961年的水平。

1980年后，木材市场开放，允许自由购销，个体经营木材商户增多，亦有产地商人到如皋城乡设点经销，货源充足。县内木材主要来自福建、湖南、湖北、广西、四川、黑龙江、贵州、江西等地。另有从美国、苏联及东南亚进口的杂材。1987年，经营木材品种44个，全年销售圆木10632立方米，锯材1321立方米。自1992年开始，木材销售量不再列入统计。20世纪90年代中期以后，市民家具、房屋装修等多购置成品，全市木材市场销量逐渐下降。在乡镇等级公路两侧、水口和小集市仍设有外地产新材和本地拆旧房料的销售摊点。

建材　清代，全县有铁炭行，经营铁件和煤炭；有竹窑行，经营毛竹、地产青竹及其制品、石灰及窑货。后五洋商店经营元钉、铅丝、铁皮等。民国27年（1938年）日本侵略军侵占如皋后，建材行业大部歇业或改行，仅存少数炭行、竹窑行，业务量极小。1949年后，钢铁及其制品主要由县供销合作社和合作商店经营。1958年，县内大炼钢铁，所炼出的钢铁质量低劣，无法使用和销售。

1960年,县建材公司经营木材、人造板、石灰、水泥、石块、黄沙、石子、玻璃、沥青和耐火材料等。1961年,县金属设备公司经营钢铁业务,销售量不大。1974年后,水泥梁柱、楼板、门框、窗架等多由水泥制品厂制售。1980年始,城乡居民开始兴建楼房,建筑材料销售量逐年增大,经营品种100多个,其中钢铁6大类27个型号。建筑、装潢用品专业商店应运而生,越来越多的个体户经营此业。1987年,钢材、生铁等大多品种敞开供应,全年销售钢铁、铜铝材3.17万吨。1990年,全县销售钢材、生铁、铜铝材6.44万吨,水泥61474吨,玻璃9934箱。20世纪90年代以后,所有建材品种均为市场采购和供应,经营者大部分为个体户和私营企业。

三、生活资料销售

百货 清光绪末年,全县始有"五洋"商店,货源来自欧洲。民国初期,日本日用工业品进入如皋市场,城内有洋货店10多家。民国8年(1919年)开始,外国日用品多由广州进口,洋货店改称广货店。五四运动后,全县抵制日货、洋货,国产日用品逐步跻身市场,南货店改称百货店、杂货店。县内有永和公、裕泰恒等百货店、杂货店100多家。1956年开始,全县开展私营工商业社会主义改造。此后,百货业与其他行业几经分合。至1990年,全县经营百货的商店主要有百货大楼、人民商场、海阳商场、四海商场和白蒲、石庄国营商业公司及各乡镇供销社、商业总店等。火柴、肥皂、洗衣粉、手表、缝纫机、热水瓶胆等百货主要品种,全面取消计划分配。此后,全市百货市场日趋繁荣,品种不断升级换代,城乡形成大型超市主导百货市场,个体私营小型百货门点便民购买的市场格局。

棉布 明末,如皋地产土布销售县内及海安、东台、泰县、兴化和盐城等地。至清末,石庄镇布行林立,成为苏北土布购销集散地之一,有"石庄行"之称。同时,如皋城有冯永昌、曹松记、汪德大布行(庄),白蒲镇有道生等布行(庄)。民国时期,如皋城有大同、宏福记布店,丁堰镇有姜永和、钱震昌、郝有记布店,林梓镇有永昌元、陈万兴布店,最多时全县有棉布商店83家。其中部分商店兼营进口细布、贡呢、哔叽、羽绸、市漂等舶来品。中华人民共和国成立后,棉布业务初由百货公司兼营,继后,供销社和较大门店亦设立棉布专柜。1952年,全县有棉布商店87家。1954年9月,棉布实行计划供应,使用布票。成立中国花纱布公司江苏省如皋县支公司,经营原百货公司兼营的纱布业务,同时将如城45家棉布店改为花纱布公司经销店或代销店。1956年,对私营商业进行社会主义改造,将如城30多家棉布商店改为公私合营棉布商店,其他乡镇个体棉布商户组成合作商店。1966年,公私合营棉布商店上升为国营,后并入生活资料公司。1968年,棉布合作商店并入杂货、百货合作商店。1970年后,化纤布逐步占据市场,棉布销量减少。1982年废止布票,敞开供应,并允许集体商业经营布匹。1987年,全县销售棉布680.49万米,化纤布250.56万米,混纺布330.08万米。1993年后,市内私营个体工商户剧增,国营、供销合作社商业棉布经营主体格局被打破,棉布销售量不列入统计。进入21世纪,由于服装销售业的繁荣,缝纫店加工费提高,大众消费习惯从购布制衣转为购买成衣,除缝纫店兼营布匹供顾客选料制衣外,专门的棉布销售店极少。

绸缎 清代,县城西大街有泰和绸缎店,货源来自南京、丹阳、苏州、吴江、常州、杭州等地,品种有杭绸、杭罗、杭纺、湖绉、贡缎、文绢等,销量不大。清末民初,县城有大昌金、大纶绸缎店等。民国19年(1930年),如皋上市哔叽、贡呢、马裤呢、派力司等毛织品,多从上海进货转销。民国25年,县城谢福和绸缎店开业。民国27年至民国34年如皋沦陷期间,绸缎业务衰落。1951年,县百货公司专设绸缎商店,城乡较大的布店设有绸缎架柜。1965年,棉布商店亦兼营绸缎、仿丝绸、化纤布。1987年,全县销售绸缎88万米。自1993年起绸缎销售不作专门统计。

鞋帽、服装 清末民国初,如皋鞋帽业有蓝恒泰、恒裕、美华等店。另有估衣店10多家,多设于县城大治巷。林梓镇有荣记估衣店1家。抗日战争爆发后,估衣行业渐衰,成衣店、缝纫店相继兴起。1951年,服装、鞋帽由县百货公司、乡(镇)供销社经销。1960年8月,对布鞋、胶鞋实行凭证供应。1975年敞开供应。1980年后,个体服装、鞋帽店增多。1987年,全县销售各式服装103.47万件,皮鞋15.94万双,胶鞋64.17万双。1993年后,各类服装、鞋帽店，专卖店，卖场不断增加，花色品种不断更新，批发、零售灵活经营，货源充足，购销两旺。服装、鞋帽销售亦不再作专门统计。

肉食　清代至民国时期，鲜肉由鲜肉店铺自宰自销，城镇有经营熟肉店摊。如城熟肉店有曹鸿记、一品香、唐裕泰等10余家。另有广丰制腿栈销售咸肉、风肉、火腿等。四海楼羊肉店、王元儿野味店、白玉山鸡鸭店各具特色。水产品多由捕捞者于集镇设行或自行出售，如皋城集中于城中心鱼市口，有蔡新盛、周合兴等经营鱼虾、河蟹及海鲜。全县禽蛋一部分自产自销，一部分由禽蛋行收购后销往苏南及上海等地。民国9年(1920年)有外资代理商于如城开设禽蛋收购公司。民国20年前后，全县禽蛋业一度兴旺，新生港、张黄港为向江南转口输出地，有培林等禽蛋行数十户。如皋城有蔡永盛、刘忠记等副食品店铺百余家，丁堰有袁泰和等10家，林梓有沈寿记等7家。

1949年，全县经营副食业店铺490家。1950年，苏北猪业公司如皋腌腊办事处成立，收购生猪宰杀，并销售鲜肉及猪内脏。如城有鲜肉、肉食品摊贩1000多个。1954年9月，取缔私营屠宰商，统由县食品公司和供销社收购、加工、批发。1956年，乡镇食品站成立，经营鲜肉业务。私营鲜肉、熟肉店铺，组织成肉食业合作商店。是年，江苏省水产供销公司如皋县公司成立，经营水产品等。1959—1961年(三年困难时期)，农民没有粮食饲养生猪，城乡市场几无猪肉销售。1962年，对城镇居民实行猪肉定量供应。1967年，成立县蔬菜公司，经营蔬菜及部分副食品。

1978年，开放农贸市场，国营、集体、个体多种渠道经营，副食品市场活跃。1985年，成立县副食品公司，主营各类副食品。1987年，如皋市生猪收购屠宰全面放开，个体屠宰户大量增加。1990年，全县销售猪肉3.42万吨、家禽46.80万羽、禽蛋1248吨，宰杀活羊10.33万头应市。1993年起，肉食品销售不作专门统计。1995年后，生猪及其产品的购销进入国营食品站、加工厂(含个体私营加工厂)、个体屠宰户(“小刀手”)共存的状态。1995年，全市有“小刀手”近2000人。1996年，市政府建立如皋市生猪屠宰管理领导组，下设办公室，采取“定点屠宰、集中检疫、统一纳税、分散经营”的方法。此后，全市农贸市场均设有若干肉食品个体经营摊位，肉食供应充足。

豆制品　至中华人民共和国成立初期，如皋豆制品业均由私人经营，各集镇有豆腐店(坊)，乡村有个体户制作豆腐，挑担串村叫卖。品种有干豆腐、水豆腐、百页、茶干、素鸡等。1950—1956年，如城有个体豆制品店(坊)15家，1957年，如城个体豆腐店(坊)组成如城豆腐合作商店，白蒲镇设有白蒲茶干商店，其他乡镇办有豆制品副业组，乡村有少数个体豆腐户。1959年开始，城镇居民凭票供应豆制品。1985年，如城豆腐合作商店改为县豆制品厂，设代销店14个。1987年9月，豆制品市场开放，敞开供应。1990年后，全县豆制品产销两旺，品种有干豆腐、水豆腐、卜页、茶干、面筋泡、豆腐皮、面筋，另有制成品素鸡、兰花干、油豆腐、素牛肉、素排骨等。

腌酱制品　唐贞观年间，定惠寺僧人三勒始制萝卜干，以后延续不衰。清代，常州、徽州等地商人至如皋开设酱园，大酱园均设有作坊，制作豆酱、酱油、酱菜等。亦有的兼制食醋、酒、小磨麻油，以批发为主，兼营零售。清末民初，县内徐大昌、严恒泰、鼎茂、德裕、祥发、北祥发、石德昌、进泰称酱糟八大家，覆盖如皋市场，并销往南通、泰州、东台等地。民国27年(1938年)日本侵略军侵占如皋，全县酱园业衰落。民国35年逐渐恢复。1956年，如城酱园业参加公私合营，组建如皋酱醋厂、酒厂和酱酒合作商店。20世纪60年代起，酱酒业发展迅速，酱酒店、基层供销社、副食品商店等均经营。销售品种主要有酱(豆酱、面酱、饼酱、辣酱等)、酱油(面抽、豆抽、乳抽)、食醋(香醋、白醋、陈醋、姜法醋等)、酱菜(萝卜头、佛手萝卜、兰花萝卜、生姜、莴苣、蒜苗、牛角瓜、黄芽菜、大头菜等)、腌菜(萝卜片、萝卜条、萝卜鲞、甜条、菜蕻子、小蒜、糖蒜、大椒、什锦菜等)，以及酒类品种数十个。1979年始，域外产品进入如皋市场。此后，市场销售品种正常保持100多个，地产酱菜多在农贸市场设摊销售。

食糖　清代，如皋食糖主要靠外地输进，由杂货商店经营。民国时期，进口的红糖、白糖进入如皋市场。1949年，食糖由县商业局副食品经理部经营。1960年8月，实行食糖定量供应。1963年，由县糖业烟酒公司批发，杂货商店销售。1965年下半年，压缩行业用糖并基本停止供应民用食糖。1977年，位于磨头镇西河湾的如皋糖厂建立。1978年，以糖甜菜为原料生产绵白糖472.5吨投入市场，以后逐渐改为代商业部门加工进口粗糖供应生产厂家和市民。1987年下半年，对城镇居民实行平价定量供应，议价敞开供应，全年供应食糖4278吨。嗣后，食糖价格放开，全部敞开供应。1990年全年销售食糖2296吨。1992年销售食糖6080吨。1993年后食糖销量不列入统计。

茶食　清代，维扬茶食技师到如皋经营茶食店，多为前店面后作坊，品种有糖货、酥货、油货、炒货和糕点5类100多个品种。民国时期，如城有茶食店21家，五云斋、如京、石生茂、大麒麟阁等茶食店较为著名。民国27年（1938年）日本侵略军侵占如皋后，县城内各大茶食店先后闭歇，茶食业务衰微。如皋全境解放后，全县茶食业得以恢复。1956年，全县茶食业分别参加合作小组、合作商店，集中生产，设点销售。杂货商店和乡镇供销合作社亦销售茶食。1958年，实行产销分工，茶食商店只销不产。1960年8月开始，茶食实行凭票供应。1973年开始，茶食敞开供应。1980年后，茶食个体加工户增多。如皋董糖、丁堰脆饼等地方名品销售量大增。国营商业、集体商业、供销合作社改制后，茶食多由个体、私营（店、户）经营。

酒类　清末民初，全县制售酱糟的有100余家，除制售豆酱、酱油、酱菜外，兼制售白酒、红酒，较大的店设有作坊，以批发为主。酒类品种有三白酒、陈元酒、甕头春、冰雪酒、安邑春（枣儿红）、薄荷露、生酒、蜜酒、烧酒（糟烧、米烧、芦穄烧等）、药酒（史国公、长春、万应、木瓜玫瑰、沉香、佛手露、竹叶青、葡萄、乌龙等）。

1949年起，酒类由副食品公司经营，以地产酒为主。1960年，酒类实行凭证供应。1963年，酒类由糖业烟酒公司批发，酱酒商店及代销店零售。20世纪60—70年代，全县市场白酒供应量严重不足。1988年开始，各类酒品敞开供应。1990年，全县零售各类酒品7418吨。

1993年起，酒类销售不再单独统计。20世纪90年代后，随着人民生活水平提高，全市城乡大型超市、零售小店、宾馆、酒楼、排档，均有各种酒品陈列、供应。

中药、西药　清代，全县规模较大的中药铺有23家。乾隆年间，浙江兰溪人来如城开设诸葛实裕中药铺。民国期间，中药铺逐渐增多。如皋城有诸葛实裕、永懋慎、广生德、天一堂、永源等17家，其中诸葛实裕、永懋慎、广生德3家零售兼批发。白蒲有葆春堂、瑞春堂、万同春等6家。丁堰有松山堂、泰山堂、香山堂等6家。石庄有朱生泰等4家。药材多由上海、镇江、杭州、宁波等地购进。亦有自己加工制作，销往县内及海安、东台、盐城等地。民国初年，如皋始有西药销售，从上海进货，多为德、日、法、美等国所产，国产极少。如皋城、白蒲、丁堰和一些乡集镇设有小型中（西）药商店。

民国34年（1945年），美国药品大量进入如皋市场。1948年，全县有中、西药商店135家。1949年，如皋百货公司兼营西药业务，县供销合作社系统经营中药材、中成药业务。1950年起，国产药品渐增，进口药品减少。1956年，中西药业参加社会主义改造，成立县医药公司和县药材公司。西药由县医药公司及下设的医药批发站经销。药材公司及公私合营医药商店经营西药、中药、中药材、中成药、医疗器械、玻璃仪器等。各乡镇医院亦同时代销中、西药。1958年，县内中、西药合并经营。1966年，限制麻醉药品供应。20世纪90年代中期以后，私营医药商店纷纷建立。2010年全市有个体私营药店146家。

杂货　清咸丰年间，全县恒昌杂货店开业，以经营优质红烛等出名。此后，杂货业兴旺一时，如皋城有车裕生、万生等锅蓎商店，兴昌恒、宏大等瓷器商店。白蒲有顺大森、王元吉、方永大，石庄有仁和祥，丁堰有生和恒等茶叶商店。清末，杂货兼营肥田粉、元钉、卷烟等。民国初，全县杂货店140余家。如皋城恒昌、永懋慎、恒大、源记4家杂货店和石合泰、春生福、协大3家“五洋”店及白蒲裕源昌、吉和昌、鼎裕、同茂等规模较大。乡镇杂货店中，白蒲30余家，林梓30余家，丁堰40余家，石庄10余家，张黄港20余家，黄市2家，岔河（今属如东县）、石甸（今属如东县）各1家。民国8年（1919年），全国抵制洋货，如皋市场洋货渐少。1949年后，国货渐次取代洋货。1956年，如城杂货业先后由杂货商店、副食品商店、日用品综合商店、杂货合作商店经营。1980年起，个体日杂店铺增多，经营品种约1500个。1990年后，个体私营杂货网点遍布全市(县)城乡。

四、废旧物资收购

明末清初，如皋估衣(衣庄)业形成，主要销售典当过期不赎的抵押品。民国初年，废品旧货业形成。业主多为中小业户，其中小业主以城乡贫民和小手工业者居多，或设摊开店，或肩挑车推、走街串乡，本小利薄。中华人民共和国建立初，废旧物资回收的品种和数量较少，主要由货郎担走街串乡收购或换购。如城、石庄等较大集镇亦有估衣、旧货店及旧货摊。1951年，供销社开始经营废旧物资。此后，在较长时间内，市供销社系统和物资局系统先后经营废旧物资。改革开放以后，废旧物资行业得到各级政府的进一步重视。

估衣业 清末，如皋城有估衣店近20家，大部分集中于大寺巷，有歇后语"大寺巷的估衣店——一家挨一家"。估衣店一般店堂四壁悬挂衣物，店员则手持衣物唱价叫卖。民国20年(1931年)，如皋城成立估衣同业公会，有估衣店15家，营业兴旺，盈利颇丰。

民国27年如皋沦陷后，估衣业随之衰落，或停歇，或改营他业，仅存林荣欣、吴子记、德和、德源等。1951年，如城有估衣店7户。1956年1月，估衣同业公会解散，6家估衣店同时加入公私合营棉布商店，估衣业不复存在。

旧货业 清末，如皋开始有旧货业，如皋城有门面牌号的仅复隆昌1家，位于迎春桥西；丁堰镇有严合兴、裴正兴两家，店员9人。旧货业代客买卖者居多，古旧器具、古董、珠宝、字画等皆经营，或假座茶馆、酒店洽谈生意，或在旧货集散地设摊收购或出售，购者多为贫民，售者得利亦薄；古玩饰品买主多系外路商贾和本地豪富，售者获利甚丰。

民国27年(1938年)日本侵略军侵占如皋，居民生活贫困，纷纷变卖杂物，旧货业畸形发展，从事此业人数陡增，或挑担摆摊，或走门串户，有的还从事旧房料买卖。

1953年，全县有80余户从事旧货经营。1956年6月，50余散户组成如城旧货合作商店，总店设于鱼市口西，下设门市部4个，分布于东、西、南、北大街。1962年，如城旧货商店仅群利、大众两店，1965年两店合并。1966年后改名信托商店，1976年改称文物商店。1982年，县文物商店划归文化局管理，专营古董、珠宝收购，兼售图书及文化用品。2003年，体制改革，文物商店解散。

20世纪90年代后，珠宝、古董、字画经营者逐渐增多，其中有的挂牌经营，并事收藏，亦有少数行商路边设摊扎堆经营。

废品业 民国初年，如皋城东乡十里铺汤家湾一带出现专做人发生意的商人，既收购人发又收购破布、旧棉花等废品售给纸坊，作为造纸原料。民国13年(1924年)后，如皋城皮毛废品行逐渐增多。

民国27年，全县有皮毛废品行近20家。民国28年，如皋城皮毛废品行联合成立皮毛废品同业公会。民国36年，改称皮毛油骨同业公会。1949年，有会员8家。20世纪40—50年代，活跃在城乡的货郎，走街串乡，收集破布、废铁等杂物，再卖给坐商。坐商除向货郎、拾荒者收购过手货外，还向厂家、店家直接收购，回店(坊)简单加工后，转手出售。

1951年，皮毛油骨同业公会有会员7家。1952年发展至18家。基层供销社(站)亦纷纷设立废品收购部，逐步取代小商小贩。1955年6月，县供销社推销科下设土产废品采购站，负责全县的废旧物资购销业务。1956年1月，皮毛油骨同业公会解散，17家会员组成4个合作组，下设4个收购部，有职工20多人，另设烈军属废品收购站。1957年，国家将废钢铁、废铅锡、杂铜等列为统购物资，由县供销社统一收购，继后又将废橡胶、废轮胎列入国家统购和管理。1958年，全县废旧物资回收在"大跃进"的时代背景下畸形发展，层层动员开展"杂铜、废钢铁、废橡胶回收突击月"活动。是年，全县收购废杂铜811.7吨，废铝锡602吨，废钢铁1110.7吨，废品收购总额320.12万元，比1957年上升3.29倍。是年，县供销社与县商业局合并，废旧物资业务由商业局下设农产品采购经理部管理，如城4个皮毛废品合作组合并成立农副产品综合商店，下设东门、西门、南门、北门及西吊桥5个收购部。1961年11月，县供销社土产杂品经营部主管废旧物资业务。1965年2月开始，废旧物资业务隶属如皋县土产公司。1980年7月，如皋县日杂废旧物资公司建立，专业经营废旧物资。1984年,县物资局系统金属机电公司增设金属回收公司,回收旧金属及报废机电、汽车。1985年5月,如城畜产废旧物资综合商店成立,下设陆桥、南门吊桥、普济、迎春、大治、丰乐、庆余、中心8个门市部及破布加工场。1987年,国家取消回收废钢铁指令性计划,废钢铁市场放开。1990年,除如城外,各乡镇有废旧物资收购网点80个,其中个体点16个。20世纪90年代后,市内废旧物资收购陆续转为个体或合伙经营,网点遍布城乡。2010年,全市经工商注册登记的废旧物资收购经营户325户。

五、燃料购销

清光绪前,全县燃料主要为柴、草,农户间柴草直接买卖,亦有部分农户将干柴运至城镇销售。清光绪年间,全县始有煤炭、煤油购销。中华人民共和国成立初,全县燃料购销主要由个体和私营商行、商户经营。1950年前后,燃煤购销由县供销合作社负责。1956年,燃油开始实行计划供应。1957年,燃煤实行计划调拨。20世纪80年代初,全县始有液化石油气销售,为小罐购进,直接销售。1980年,全县第一座燃油加油站建成。1988年,全县首座石油液化气站建成,开始液化气分装销售。1991年,停止燃油计划供应。1992年,放开燃煤市场。2001年,如皋市益有管道燃气有限公司成立,开始管道燃气供应。

燃煤 清光绪年间,如皋城董姓于曹家桥南堍开设董震隆铁炭行,是为全县第一家专营燃煤购销的商铺。民国初,随电厂等用煤工业企业的增加及铁匠、铜匠等手工业的发展,工业用煤日趋增多,同时城镇居民用煤作燃料亦逐步增多,燃煤购销量逐年增加。是时,全县炭行主要有顾鑫记、中兴、庄同兴、皮厚安等。民国19年(1930年)2月12日《如皋报》载:白煤块每吨32元,开平煤每吨14元,银炭每石3.50元。民国27年初,全县始有机制煤球出售,价格高,销量少。日本侵略军占据如皋后,煤炭来源断绝,炭行全部闭歇。日本侵略军投降后,全县陆续有5家炭行开张。

1949年,全县使用煤炭的工业、手工业企业400多家,城镇居民用煤作燃料的约占一半以上。1950年前后,全县燃煤购销开始由县供销合作社所属公司负责兼营。随着燃煤使用量逐年增大,一度出现燃煤供不应求状况。1956年7月,中国煤建公司如皋县分公司成立,经营原县供销合作社所属公司兼营的煤炭业务。1957年4月,煤炭供应开始由国家统一计划、统一调拨。1960年,开始对机关、团体、城镇居民实行计划供应,农村生活用煤凭乡(镇)证明或发条供应。因农村缺草缺煤严重,采取"压缩城镇煤炭供应标准,停止烧窑用煤供应,向生活让路"措施,增加农村燃料困难户煤炭供应。1963年,县煤炭石油公司成立,全县煤炭供应首先保证农业灌溉用煤,压缩城镇烟煤供应量。是年,全县煤炭销售量8.09万吨。1980年,全县煤炭销售17.51万吨。1990年,全县煤炭销售34.34万吨。

1992年年底开始,国家取消煤炭统配计划,煤炭供应步入市场化轨道。至2010年底,全市取得煤炭经营资格的经营企业约20家。

燃油 清光绪年间,煤油进入如皋市场,货源来自英、美等国,品牌有太古、鹰、壳、僧帽、美孚等,称"洋油",主要用于点灯照明。燃油作为生产资料始于民国7年(1918年)。是年秋,皋明电灯公司购置75千瓦、55千瓦柴油发电机各1台。燃料都从外地采购。民国时期,煤油由销售"五洋"商店(行)经销,规模较大的有如皋城的石合泰、春生福,石庄的汪万通,张黄港的石合泰等。至1949年,全县石油供应仍以民用煤油为主。此后,随着工业、农业、交通机械化水平提高,全市燃油购销量不断提高。1956年,实行煤油计划供应。1957年,实行燃油计划限量供应,油品多为国外品牌。1960年,燃油供应以国产燃油替代进口燃油。1963年,县煤炭石油公司成立,对石油实行专项管理,全年销售成品油2311吨。1971年,于十里墩建油库1座。1980年,于如城西门建加油站1座。是年始,全市计划内燃油供应量与需求量出现较大差距。县煤炭石油公司组织计划外成品油弥补计划供应量不足。1986年1月,县煤炭石油公司重组,由江苏省石油公司如皋支公司专营石油,如皋县燃料公司主营煤炭,兼营石油。1990年12月,于张黄港乡建县第二加油站。是年,全县销售燃油2.56万吨,其中计划内石油1.04万吨,计划外石油1.52万吨。1991年,石油市场进一步放开。1994年5月,国家取消指令性计划内平价油和高价油的供应,成品油经营全部市

1949—2010年如皋市(县)社会消费品零售总额一览表

表10–2

单位:万元

年 份	销售总额	比上年(%)	年 份	销售总额	比上年(%)
1949	1799	—	1980	19875	29.63
1950	1870	3.94	1981	21007	5.69
1951	2123	13.53	1982	24012	14.30
1952	2657	25.15	1983	26976	12.34
1953	3266	22.92	1984	31802	17.89
1954	4445	36.10	1985	36036	13.31
1955	4445	0	1986	44315	22.97
1956	3981	–11.66	1987	52702	18.93
1957	3883	–2.52	1988	71197	35.09
1958	4495	15.76	1989	72864	2.34
1959	3880	–15.85	1990	72029	–1.16
1960	4888	25.98	1991	76540	6.26
1961	4423	–10.51	1992	92337	20.63
1962	4946	11.85	1993	121924	32.04
1963	4565	–8.35	1994	161736	32.65
1964	5444	19.26	1995	207643	28.38
1965	6650	22.12	1996	240498	15.82
1966	6433	–3.37	1997	243724	1.31
1967	6419	–0.22	1998	247169	1.41
1968	5799	–10.69	1999	259010	4.79
1969	6993	20.59	2000	275786	6.48
1970	7845	12.18	2001	294511	6.80
1971	8127	3.59	2002	330726	12.30
1972	9090	11.85	2003	373554	12.94
1973	9671	6.39	2004	436435	16.83
1974	9739	–2.91	2005	723400	65.70
1975	10931	12.26	2006	840100	16.10
1976	10690	–2.25	2007	986100	17.40
1977	11167	4.46	2008	1237300	25.50
1978	11890	6.47	2009	1470100	18.80
1979	15332	28.95	2010	1700100	18.50

注:2005年实绩为评估调整后数据

场化。1999年，开始对成品油经营企业进行专项整治，取消一部分不符合条件站(点)经营资格，同时中国石油化工股份有限公司大量收购系统外加油站。至2005年，全市有加油站43座，其中中石化42座。2010年，全市设有加油站91座，全年销售汽油66710吨、柴油57335吨，其中，中石化如皋分公司销售量占比80.31%。

燃气 如城居民使用石油液化气始于20世纪80年代初，石油液化气气源地为广东天河及安徽、河南、山东等地，以石油液化气罐购进，直接以罐销售。1986年9月，全县第一座石油液化气供应站在城西许庄村兴建，1988年4月竣工正式对外供气。购销方式为罐车购进，分装至客户提供的小罐销售。至1998年，全市拥有液化气贮配站10座，总容量1218立方米，瓶装供应网点24个。1999年，全市共建有液化气贮配站12座，总容量1578立方米。2000年，全市共有液化气贮配站13座、瓶装供应网点30个，管道液化气站1座，总容量1568立方米。全市居民液化气普及率70%，其中城镇95%、农村60%。

2001年5月，如皋市沪东城镇管道燃气公司与四川省成都益有股份有限公司共同投资1.5亿元兴建的如皋市益有管道液化气有限公司管道燃气供气工程开工建设。2002年7月8日，益有管道液化气首期工程竣工点火，对皋南新村和惠隆居民小区正式供气。至12月底，共铺设燃气管道主管网6公里，庭院管网覆盖宏济、文定、武定、秀水、锦绣等居民小区，共有2300户居民开户通气。是年，全市新增500立方米液化石油气贮配站1座。

2003年，全市建有液化石油气贮配站14座，贮气总量2180立方米，液化石油气用户31万多户。其中，管道供气具备通气条件的用户5000户，供气约3000户。2005年，全市共有瓶装液化石油气储存充装站13座，储存规模2218立方米。2006年，管道液化气实现LNG和LPG双气源供气。2008年，全市液化石油气购销量1.5万吨。2009年，全市液化石油气购销量1.8万吨。2010年，全市液化石油气购销量为2.1万吨，首次突破2万吨。

六、主要商品流通企业

如皋市食品有限责任公司 1950年2月创立，初名苏北猪业公司如皋腌腊办事处。1958年，南通地区水产供销公司如皋水产站并入。1964年，水产站划出重建。1969年再次并入。1978年5月，定名江苏省食品公司如皋县公司。1978年、1982年两次获商业部经营鲜蛋先进单位称号。1987年，下辖禽蛋经营部、综合经营部、县畜禽繁殖场及薛窑种禽场及34个区乡(镇)食品站。1990年2月，与如皋肉联厂组建肉类食品(集团)公司。1993年4月，划出，重新恢复食品公司建制。此后，经营处于半瘫痪状态。2001年，破产终结。

如皋市农业生产资料总公司 原为县合作推进社供销部。主要经营化肥、农药、农业机械、铁竹木农具、塑料薄膜、桐油等。1961年，易名县农业生产资料公司。1968年，县农业生产资料、土产、棉麻3个公司合并组建县供销综合公司。次年3月，并入县生产资料公司。1971年，农业生产资料业务划出，恢复农业生产资料公司。1990年，有职工154人，固定资产120.45万元，营业面积4267.38平方米，销售额3942.58万元，利润13.69万元。1992年9月，改称如皋市农业生产资料总公司。2004年8月，采取“整体转让、分块出售”形式改制，公有资产全部退出。2005年12月，破产终结。

如皋市棉麻有限公司 1950年3月创立，初为县合作推进社经理部。1953—1963年，先后改称县农产品采购局、县供销合作社采购科、农副产品经理部、农副产品采购公司。1965年，更名江苏省如皋县棉麻公司，隶属县供销合作社，经营棉、麻、茧业务。1968年，与县农业生产资料公

图10-3 如皋百货大楼 (1995年摄)

司、县土产公司合并成立县供销综合公司。1969年,改称县生产资料公司。1971年,县农业生产资料业务划出,更名县棉麻土产公司。1974年,土产业务划出,仍称县棉麻公司。1989年,获商业部、农林部科技兴棉奖。1995—1997年,经营处于高峰状态,年销售额近2亿元,此后年销售额在8000万元左右。2004年4月,改制,资产评估确认值为5123.24万元,土地使用权价值650.83万元,负债4732.55万元,剥离资产798.90万元,剥离后净资产242.62万元。是年9月,产权和国有土地使用权,在公司内部公开转让,整体改建为如皋市棉麻有限公司。

如皋市百货公司 1951年8月创立,初名中国百货公司江苏省南通支公司如皋办事处,设有第一、北门、西门、南门4个门市部。1953年5月,更名中国百货公司江苏省如皋县商店,经营食糖、百货、纸张、西药、五化交电、文化用品、杂货、颜料等4300多个品种。1955年8月,更名中国百货公司江苏省如皋县公司,批发、零售业务分设。1956年9月,文化用品业务划出。10月,西药业务划出。1957年,文化用品业务恢复。1959年,兴建位于如城海阳路的百货大楼,1961年5月建成。1962年,五金、化工、交通器材、家电销售业务划出。1966年,更名如皋县百货公司。1969年,并入县生活资料公司。1974年,划出,恢复。1983年9月,纺织品、针织品批发业务划出。1990年,有职工277人,营业面积2920平方米,固定资产297.30万元,经营品种1.2万多个,全年销售额4206.12万元。1998年,推行首轮租赁承包。1999年,启动产权改革。2004年改制结束,清算摘牌。

如皋市日杂果品总公司 1953年创立。初为县供销社下设的生活资料批发部。1954年,改称县日用杂品经理部。1963年,改称土产杂品公司。1965年2月,改称县土产公司;3月,改称江苏省如皋县日用杂品果品公司;11月,复名县土产公司。1968年,与县棉麻公司、县农资公司合并为县供销综合公司。1973年,恢复县土产公司。1985年6月,改称县土产果品公司,增设废旧物资回收公司、县工业品联购分销公司批发部。1987年5月,定名如皋县日杂果品公司,下设批发部和零售门市部。1990年,职工100人,固定资产90.70万元,营业面积1040平方米,销售额1335.58万元。1992年,更名为如皋市日杂果品总公司。1997年,因连年亏损歇业。是年12月,筹建汇丰大世界。1998年10月,汇丰大世界被上海星地超市股份有限公司以2000万元并购。2005年,破产终结。

如皋市木材建材公司 1955年9月创立,初名中国木材公司江苏省如皋县公司,专营木材,兼营水泥、黄沙、石子、石灰及玻璃。1961年1月,并入物资局综合经营部。1975年8月,更名江苏省如皋县木材建材公司。1990年,职工225人,营业面积32362平方米,固定资产411.14万元,销售额3937.90万元。1992年10月,木材经营与建材经营分开,分别成立如皋市建筑材料总公司、如皋市木材总公司,各自单独核算。如皋市木材建材公司自行注销。

如皋市医药有限公司 1956年5月,由县供销合作社中药材经营部划出,成立中国药材公司如皋县公司。同年10月,百货公司西药业务划出,成立中国医药公司江苏省如皋县公司。1958年,医药、药材两公司合并为江苏省如皋医药公司。1959年起,先后于白蒲、石庄、薛窑、丁堰、搬经、江安建立批发部。1980年,更名江苏省医药公司如皋县公司,经营中药材、中成药、药品、化学试剂、医疗器械、玻璃仪器等。1990年,职工220人,固定资产132万元,经营面积7176平方米,销售额2000万元。2003年6月,国有资产全部退出,建立如皋市医药有限公司。2010年,销售额1.2亿元。

人民商场 1957年9月创立,初名公私合营如城棉布店。1958年,并入日用品综合商店。1966年,更名如皋第二百货商店,上升为国营企业。1974年,划入县糖业烟酒公司。1983年,定名人民商场。主要经营百货、针纺织品、服装鞋帽、文体用品、家用电器、五金交电、糖烟酒、化妆品、塑料制品等,批零兼营。1990年,职工136人,营业面积1900平方米,固定资产38.14万元,销售额1244.29万元。1996年,经营开始萎缩。2003年,中山路扩宽,商场拆除,拆迁补偿款用于253名职工清算补偿。2005年,破产终结。

江苏省如皋市糖业烟酒公司 1958年5月,由中国专卖公司江苏省如皋县公司、中国蔬菜食品杂货公司江苏省如皋县公司、中国盐业公司江苏省如皋县公司合并建立。初名县商业局副食品经理部，经营糖酒烟、食盐、干鲜果副食品，以批发为主，兼营零售。1962年2月，更名江苏省如皋县副食品公司。1963年1月，更名中国糖业烟酒公司如皋县公司，下设批发部、零售部和仓库。1968年12月，并入县生活资料公司。1974年，县生活资料公司撤销，原公司恢复。1980年，盐业划出。1983年，建人民商场。1994年，开始推行裂变单体、划细核算、招标承包、竞争上岗、联销计奖等一系列改革。20世纪90年代，公司经营萎缩。2002年，国有资产全部退出，全部职工与公司解除劳动合同并给予一次性经济补偿。2005年，改制结束，摘牌清算。

如皋市农机有限责任公司 1959年春创立，初名县综合经理部农机商店，主要销售农业机械配件。1960年，改称综合公司门市部。1962年，改称农业机械经理部。1965年，改称农业机械供应站，后并入生产资料公司。1973年3月，定名如皋县农业机械公司，隶属水电局，经营农业机械及配件，兼营农机修理。1998年10月，改制为如皋市农机有限责任公司。2001年，完成职工劳动关系置换，股权流转。此后，扩大摩托车、农业机械、机电产品、电动车等销售。2003年、2005年，相继成立南通嘉华汽车销售服务有限公司、南通福联汽车贸易有限公司，分别代理"东风悦达·起亚""长安福特"品牌轿车。连续多年获全国农机流通行业百强企业、江苏省诚信单位等称号。2010年，销售额0.85亿元。

海阳商场 1959年创立，初名南门商场，营业面积300平方米，设棉布、百货、茶食、酱酒、锅蔴、瓷茶、染料、皮毛废品等柜组。1969年，更名如皋县百货公司第三商店，隶属县生活资料公司。1974年，划归百货公司。1979年5月，划归如城百货商店，并改为集体所有制企业。1985年，定名海阳商场。1990年，职工72人，营业面积700平方米，年销售额160万元。2001年，启动改制出售，与80名职工解除劳动合同。2004年，清算摘牌。

如皋市供销物资总公司 1961年创立，原为县供销社所属贸易货栈。1963年2月，改称如皋县信托贸易公司。1965年2月，与县土产杂品公司合并，组建如皋县土产公司。1980年3月，贸易货栈恢复，与县土产公司一套班子，两块牌子，分别核算。1981年5月，贸易货栈划出，单独经营。1984年7月，土产、果品业务划进，贸易货栈改称综合贸易公司。1989年5月，增挂江苏省如皋县供销联社物资公司牌子。1990年10月，更名如皋县供销物资公司。1992年，更名如皋市供销物资总公司，经营木材、建材、有色金属、煤炭、包装柳器等。从云南边境采购红木投放如皋市场，是该公司的经营特色。2004年7月，清算摘牌。

如皋市金属机电化轻公司 1962年8月创立，初名如皋县金属设备公司，隶属县物资局，主要经营钢材、有色金属、机电设备、化工原料。1984年10月，增设金属回收公司，回收废旧金属及报废机电、汽车。1990年10月，更名为如皋县金属机电化轻公司，有职工114人，营业面积6409平方米，固定资产201万元，经营品种4大类5340个。1993年下半年，按经营项目拆分成立如皋金属材料总公司、如皋机电设备公司、如皋化工轻工公司、如皋金属回收公司4个经营实体。2000年下半年，金属公司、机电公司、化轻公司改制，与职工清算补偿，终止劳动合同。金属公司、化轻公司重新组建股份制民营企业。2004年，机电公司清算摘牌。

如皋市五金化工交电公司 原为如皋百货公司批发部。1963年1月，从百货公司划出成立江苏省五金机械公司如皋县五金商店，经营五金、交电、化工，批发兼零售。1969年，并入县生活资料公司。1974年，生活资料公司撤销，建立县五金化工交电公司。1990年，职工192人，固定资产240.02万元，经营品种8000个，销售额2441.30万元，利润61.50万元。1995年，实行租赁承包经营。1996年，建立内部股份制。1998年，实行抽底承包。1999年，因债务沉重停业。2000年，整体改制，与职工解除劳动合同。2002年，营业大楼拍卖。2004年6月底，清算摘牌。

如皋市生产资料服务总公司 1980年，从县综合公司划出组建，经营方式为代购、代销、代加工、代运输，经营品种为有色金属、黑色金属，同时经营轻化原料、机械、电器、煤炭石油、木材建材等。1992—1994年，年销售额近2亿元，连续3年列南通市同行业销售利润"双第一"。1995年，销售陡降。1996年，采取“分灶吃饭”“分兵突围”举措，成立如皋市第二有色金属贸易有限公司、如皋第二生产资料贸易有限公司、如皋远大贸易有限公司，独立核算，自主经营。2001年，各分公司分别重组股份制民营企业。2005年，自行注销。

如皋市商业总公司 1981年5月创立，初名如皋县商业公司，既是如皋县供销联社管理归口集体商业的职能机构，又是县供销社系统归口集体商业的联合经营实体。1990年，有职工164人，营业面积2800平方米，固定资产210万元，年销售额2274.62万元。1992年，更名如皋市商业总公司。1997年3月，管理职能划出。2000年，经营亏损歇业。2005年，清算摘牌。

如皋市再生资源总公司 1985年6月，县土产公司划为县废旧物资回收公司和县日用杂品公司。1987年6月，县废旧物资公司划出单独建制。1988年7月1日，更名县物资回收利用公司，主要经营废旧物资的回收、销售和加工。1990年12月，更名县再生资源公司。1992年，更名如皋市再生资源总公司。1999年，改建为再生资源有限责任公司。2002年，停业。2005年1月，公司改制，与职工解除劳动合同，清算摘牌。

如皋市工业品总公司 1985年7月创立，原系如皋日用杂品公司联购分销批发部，主要开展工业品联购分销业务。1986年11月，改为如皋县供销合作联社工业品联购分销公司。1990年10月，更名如皋县供销社工业品公司。是年，建供销大厦，建筑面积5800平方米。1992年，先后更名如皋市工业品公司、如皋市工业品总公司。1994年，所辖供销大厦被评为全国供销社商场销售百强，列第39位。1995年，供销大厦被评为全国供销社百强商场，列第23位。1998—2000年，供销大厦严重亏损。2001年，开始产权制度改革。2005年12月，改制终结，清算摘牌。

如皋市燃料公司 1986年1月，由县煤炭石油公司划出组建，隶属如皋市物资局，主要从事煤炭经营，参与煤炭计划管理。1990年，下设北门、东门、丁堰、白蒲、张黄港5个供应站，兼营石油。是年，职工128人，营业面积913平方米，固定资产220.50万元，销售煤炭26.28万吨，销售额5337.50万元，利润33.60万元。1994年，经营开始衰退。2000年，进入破产程序。2004年，破产终结。

中国石油化工股份有限公司江苏南通如皋石油分公司 1986年1月，县煤炭石油公司析建如皋石油公司，从事石油计划管理及经营。1990年，职工156人，营业面积26989平方米，固定资产410万元，经营品种4大类32个，销售额3027.58万元。1997年10月，全部国有资产无偿划归省公司，经营模式纳入集团化，为统进分销、二级配送、连锁经营，不再保留原成品油采购、批发、储运等业务。2000年3月，主体资产（主业）划入中国石油化工股份有限公司，成立中国石油化工股份有限公司江苏南通如皋石油分公司。2010年，销售汽油53634吨、柴油45985吨，汽油、柴油销售量在如皋全市占比80.31%。

如皋市土产畜产总公司 1986年6月，县土产果品公司析出组建，经营草制品、革制品、野生植物油料、野生植物纤维原料、土产化工原料、肠衣、畜产皮毛、议价粮油、肉食禽蛋、鲜果等。设农副产品贸易中心及瓜果市场。1989年6月，在中山西路建食品冷冻厂，加工、储藏鲜活农副产品。1991年6月，食品冷冻厂划出。1994年2月，建如皋市招商城。2004年6月，破产终结。

如皋市皋城再生资源有限公司 2002年11月创立。为原如皋市再生资源总公司改制后组建的再生资源经营有限公司。设有丁堰、龙舌、如皋经济开发区、如城、建设等6个经营分部，合计占地面积9000平方米，建筑面积3600平方米。主要从事生产性废旧金属收购、分类、整理、销售，民用废旧收购、销售。2010年，收购废钢6000吨、废铝线2000吨、废电缆500吨、其他有色金属1200吨，销售额6000万元。

如皋市物资贸易中心 1987年创立，占地面积1.7万平方米，营业面积8600平方米，为县内第一个多功能、开放式的综合型生产资料交易中心。1990年9月开业，主营钢材、有色金属、普通机械、仪器仪表、木材建材、化工产品、度量衡器具、煤炭、金属丝及制品。兼营宾馆、餐厅、糖烟酒、五金交电等。是年，销售额1009.70万元，利润44.93万元。2000年起，严重亏损。2001年7月，破产终结。

如皋文峰大世界有限公司 1997年12月创

立，是江苏文峰集团连锁发展股份有限公司在异地开办的第一家百货分店，营业面积6600平方米，经营各类商品2万余种。1998年，实现商品销售0.7亿元。2001年，实现商品销售1.38亿元。2004年5月，投入千万元资金实施扩建改造。先后获得江苏省诚信单位、江苏省百城万店无假货示范店等称号。2008年，文峰集团投资2.5亿元，兴建如皋文峰广场，占地1.73公顷，主楼25层，裙楼6层，融购物中心、商务办公、酒店公寓为一体，其中营业面积6万平方米。2010年11月，如皋文峰广场落成开业。是年，销售额3.19亿元。

南通东方石油化工港储有限公司 1998年创立，为香港富佳投资有限公司与中国工艺品进出口总公司合资兴建的仓储物流企业，位于长江镇长（如皋港区），仓储占地面积80多亩，有各种类型石化储罐26只，容量22万立方米，有5万吨级和千吨级码头各1座，年吞吐量200多万吨。海关总署批准该公司设立9.5万立方米公共液体石化保税罐，商务部批准该公司年30万吨原油进口配额储容。

南通阳鸿石化储运有限公司 2002年7月创立，位于长江镇（如皋港区），由香港阳鸿投资公司投资，专业从事液体石化产品的仓储业务。2010年，总资产2.5亿元，员工72人，占地面积342亩。拥有长江岸线600米，建有8万吨级和3万吨级石油化工专用泊位各1个，年吞吐量400万吨。分燃料油、柴油、汽油、基础油、化工品和酸类6个储罐区，建有储罐43个、总储容量22.3万立方米。

品德超市连锁有限公司 2002年12月开业，为市供销社系统改制后新成立的日用工业品龙头企业，主要从事日用工业品的连锁经营配送与管理。被商务部批准为"万村千乡市场工程"试点企业，新农村建设网络工程实施单位，连续5年被评为江苏省放心消费单位。2010年，在全市有连锁店248家，其中加盟店223家，销售额2亿多元。

五星电器如皋大卖场 2003年5月1日，在原如皋百货大楼开业，为江苏五星电器有限公司的连锁经营单位，主要传销各类电器，营业面积3800平方米。2010年，销售额突破1亿元。

如皋大润发商业广场 2007年11月建成开业，由台湾润泰集团投资2亿元兴建，占地面积3.34公顷，建筑面积6.93万平方米。2010年，销售额3.55亿元。

第五节 食盐专营

一、盐政管理

管理机构 宋开宝七年（974年），海陵盐署移至如皋，分管所辖各场的盐课、煎发、运输进仓、仓储管理等事务。县境各场设催煎使，管理盐业生产。元代，各场均隶属两淮都转运盐使管理，县级不设盐务专管机构。马塘、掘港、丰利、栟茶盐场设司令、司丞、管勾各1人，"主掌督制收盐、恢办盐课之事"。明朝时，马塘、掘港、丰利3个盐场的盐务属两淮运司下设的通州分司管辖，栟茶盐场属泰州分司管辖。清早期，沿袭明制。清咸丰七年（1857年），两淮运盐使驻泰州，在泰州设立淮南总局，于丁堰设立通属分局，经理所属盐场抽税等事务，清咸丰十一年撤销。民国初期，域内有掘港、丰利秤放局负责盐务稽核。民国29年（1940年）如皋析为如东、如西两县后，如西（皋）县域内较长时间无专门盐务管理机构。

1950年1月20日中央人民政府政务院规定食盐产销由盐业公司统一管理后，全县食盐管理机构先后有中国盐业公司泰州支公司如皋推销组、如皋盐业批发部、江苏省盐业公司如皋支公司。1993年11月16日，如皋市盐务管理局成立。此后，局、公司合署办公，两块牌子一套班子，市盐务管理局负责依法查处市内私产、私运、私购、倾销、倒买倒卖盐产品的盐业违法案件，保障全市食盐安全。1996年5月，如皋盐政稽查大队建立。

2010年，市盐务管理局（公司）设5个中层机构。

监督管理 历代盐政均以缉私为首务。唐代，如皋盐区私盐查缉属扬州盐法巡院统辖。五代时，通州南部设有私茶盐巡检使。宋代，如皋场设巡检官，负责警察亭户私卖。明代，为查缉私贩，于行盐要隘设巡检司。明嘉靖二十四年（1545年），如皋县掘港和海门、通州等地巡检司划归通州公司提调，石庄巡检司划归泰州分司提调。清代,尤为注重盐务缉私,规定盐务缉私由盐务官员与州、县官协同负责。清顺治十七年(1660年),县专设巡役缉私。清乾隆四十三年(1778年),如皋县与东台县交界处增设陆路巡役4名。民国3年(1914年),北洋政府发布《私盐治罪法》和《缉私条例》,淮南通泰盐区设缉私营(缉私武装)。民国20年,缉私武装改称税警。

中华人民共和国成立后,盐务缉私由盐务机关和地方政府协同实施。1950年1月,如皋盐务检查所设立。7月,如皋盐务检查所撤销,有关业务由县税务机构办理。20世纪80年代中期,私卖、贩私、外盐倾销等现象有所抬头。1987年,根据《江苏省盐政管理办法》规定,全县盐业缉私仍由县税务局负责。

1990年,如皋县盐业公司开展盐政法规宣传活动,强化盐政管理。1991年起,聘请乡镇盐政管理员,扩大信息窗口。1993年11月,如皋市盐务管理局成立,与公安、检察、技术监督、交通、工商等职能部门组成联合执法队伍,管理边界盐业市场,打击各类盐业违法活动。1994—2010年,全市累计查处各类盐业违法案件2039起,查处非法盐产品1692.83吨。2010年,市盐务局有专兼职盐政管理执法人员17名,配备有盐政执法车2辆及摩托车、照相机、摄像机等缉私工具。

二、食盐行销

品种 如皋向为纯淮南盐销区,群众习惯食用小粒盐。经1952年第三季度试销,1953年2月底起,全面销售大粒盐。1981年,从第二季度起,各基层供销社、商店,食盐供应做到有粗有细,城乡群众都能吃到细盐。

1984年,江苏省盐业公司适应群众需求,对淮北大粒盐加工后投放如皋市场。品种有:粉洗盐,淮北大粒盐经洗涤、粉碎、脱水而成,其含氯化钠96%以上,可溶性和不溶性杂质0.85%以下,含水分2.65%以下;粉精盐,淮北大粒盐经洗涤、粉碎、脱水、烘干、筛选而成,其含氯化钠98.50%以上,基本无水分杂质;粉碎盐,淮北大粒盐经粉碎而成,其含氯化钠95%以上,泥沙、杂质较高,作腌制用盐。

1987年,如皋盐业支公司开始全面供应500克小包装粉洗食盐。1996年为预防因缺碘而起的地方病,从第二季度起,在食盐中加适量的碘,称为加碘盐投放市场。2006年后,多品种营养盐供应城乡市场。

价格 如皋市场盐价有史料可考在民国19年(1930年)。中华人民共和国建立后,国家采取“稳定市场、稳定物价”政策,在一段比较长的时间内,盐价与米粮价相比,有所下降。1988年11月25日起提高盐价。食用原盐价格从每500克0.15元提高到0.23元,粉洗盐每500克再加价0.04元,粉精盐每500克再加价0.06元。塑料袋小包装食盐在各种散装盐的基础上另行加价。

1996年加碘盐投放市场后,如皋按江苏省物价局制定的加碘盐销售价格销售。2002年后价格未有变化。

营销 如皋盐场所产食盐,一部分本地自销,一部分运销外埠。城乡居民用盐,近场区多直接购买或以粮食换取灶户之余盐(灶丁向政府缴纳额定课盐后剩余之盐);远场区则由贫民肩挑车负,少量贩运,走街串巷,沿门挨户零卖。明万历七年(1579年),令近场州县居民以米易盐,只许肩挑背负,不许多捆大包,除数量以外,并无过多限制。清雍正年间,如皋居民食用、腌制所需食盐,查明数量,由盐场酌留余盐。县查明属实贫困居民,造具名册,移送盐场,盐场依据名册,制发循环号筹,根据远近,限定日期,依筹发售,一次不超过20千克,供其零卖,盐场将逐日给筹名单及领买盐数,按月造册,移送两淮盐运司通州分司核查。清乾隆元年(1736年)开始,贫民肩挑背负食盐20千克以内易米度日的,不在查禁之列,不许官司禁捕,停止凭名册、给筹售盐的办法。清同治年间,如皋归入淮南税盐的行销范围。贩户贩运食盐,重量限300千克,在完纳正、杂课银后,由两淮盐运司给予票照护运销售。清光绪三十四年(1908年),如皋与海门、通州辟为食盐口岸。10月,沙元炳创办大咸官盐栈,包销通州、海门、如皋三地食盐,在如皋城、丁堰等地设有分店,垄断全县的食盐市场。盐摊(铺)贩卖须向大咸官盐栈领取营业执照,从官盐栈批发,按规定价格销售。民国27年(1938年),大咸官盐栈解体。日伪机构攫取城镇食盐运销权。广大农村的食盐,大多由盐贩从海滨产区贩运零卖。民国35年,全县销盐4480吨。

中华人民共和国成立后，盐业产运销纳入社会主义计划经济轨道，由国家统一管理，统一经营。1951年，中国盐业公司泰州支公司在如皋设推销组，推销组营业地址在如城西门蒲行口，同年秋移至秀水港，所辖销区范围为如皋、海安两县及如东县的丁堰、东陈等区。销区内有如皋盐业合营处、海安盐业合营处、曲塘盐业合营处、海安黄桥盐联、白蒲公平盐店、海安天泰盐店6家盐商，直接向盐场报运，经营批发业务。1952年，开始实行盐业统购专卖政策。1953年3月，中国盐业公司如皋批发部设立。1954年，全县有食盐供应店125家。1954年8月后，对盐店实行计划购盐。1959年，如皋盐业批发部与县蔬菜公司合并为如皋县蔬菜公司。1963年，县蔬菜公司析建南通盐业公司如皋批发处。1965年，南通盐业公司如皋批发处改称如皋盐业批发部，兼供海安县食盐。“文化大革命”期间，食盐实行计划供应，如皋盐业批发部先后并入县生活资料公司、百货公司和糖业烟酒公司，全县年销盐量7000—11000吨。1980年4月，县糖业烟酒公司析建南通盐业公司如皋中转站。1983年7月，以如皋盐业中转站为基础组建江苏省盐业公司如皋批发部。1984

民国19年至民国37年（1930—1948年）如皋市场盐价一览表

表10-3

年份	币别	盐价（元）	米价（元）	1公斤盐可换大米数（公斤）
民国19年（1930年）	法币	0.11	0.09	1.32
民国20年	法币	0.12	0.07	1.72
民国21年	法币	0.11	0.07	1.78
民国22年	法币	0.11	0.04	2.45
民国23年	法币	0.12	0.05	2.34
民国24年	法币	0.11	0.06	1.75
民国25年	法币	0.11	0.06	1.77
民国26年	法币	0.11	0.06	1.78
民国27年	法币	0.12	0.05	2.52
民国28年	法币	0.18	0.09	2.08
民国29年	法币	0.25	0.34	0.85
民国30年	法币	1.17	0.72	1.60
民国31年	7月起为伪储券	4.99	2.69	2.01
民国32年	伪储券	9.25	4.54	1.96
民国33年	伪储券	38.72	29.03	1.32
民国34年	伪储券	3835.25	3584.56	1.09
民国35年	法币	235.94	234.12	1.01
民国36年	法币	1960.25	1946.22	1.01
民国37年	9月起为金圆券	810.21	1112.66	0.75

表10-4

1996—2002年如皋市碘盐价格变动情况一览表

单价:元/500克

年度	品名	单价	品名	单价
1996	加碘粉洗盐	0.61	加碘粉精盐、井矿盐	0.64
1999	加碘粉洗盐	0.90	加碘粉精盐、井矿盐	0.95
2000	加碘粉洗盐	0.90	加碘粉精盐、井矿盐	1
2002	加碘精制盐	1.40	—	—

年12月,如皋批发部改建为江苏省盐业公司如皋支公司。全市食盐由江苏省盐业公司如皋支公司实行专营。

1990年,全县销售各类盐品8058吨,其中食用盐5867吨。2000年,如皋盐业支公司强化送销管理,削减去95个转批点,建立18个送销管理站,聘请48名送销员,初步形成覆盖全市的碘盐送销网络。2004年,开始全面实施盐品配送服务。2005年,全市销售各类盐品34542吨,其中销售小包装碘盐5180吨。2007年,开始对全年用盐量40吨以上的大户,提供“送货上门、开票划款、发货装车、配送直达、卸车堆放”一条龙服务。2006—2010年,全市食盐年销售量分别为36900吨、32748吨、33061吨、37652吨、42297吨,其中,小包装碘盐年销售量6000吨左右。

图10-4 如皋市盐业支公司召开肠衣用盐大户座谈会 (2006年摄)

第六节 烟草专营

一、专卖管理

管理机构 民国《如皋县志》载:烟店公所始于清代,有房屋数十间。中华人民共和国成立后,如皋烟类商品由中国专卖公司江苏省如皋县公司负责专卖。1984年,烟业从糖烟酒公司划出,成立如皋县烟草专卖局、卷烟经营公司,接受南通市烟草专卖局(南通卷烟经营公司)及县政府双重领导,负责全县烟草专卖管理、客户服务、卷烟配送和市场供应。2005年,烟草业体制改革,取消县级公司法人资格,原江苏省烟草公司如皋市公司更名为江苏省烟草公司南通分公司如皋市卷烟营销部。2010年5月,改称如皋市烟草专卖局(南通市烟草公司如皋分公司)。2010年,如皋市烟草专卖局(分公司)有员工121人,下设专卖监督管理科等4个科室和3个客户服务部、1个卷烟配送中转站。

市场管理 1949年,中国专卖公司江苏省如皋县公司建立,自此由国营公司统一经营烟草批发业务。20世纪80年代末,卷烟市场出现制假贩假,破坏烟草专卖的现象。1990年,在加强烟草市场管理专业队伍建设的同时,烟草部门聘请公安、交通义务检查员14人,在如城、搬经、杨庄、张黄港、丁西设立5个检查站,开始开展正常性路查和突击性夜查。1991年,全市建立专卖管理所12个,聘用专卖检查员48名,建立健全专卖管理网络。1994年,如皋在参与全省组织的打击假冒云南名烟行动中,全年检查8次,检查520余个烟草经营户,查获车马湖乡三江物资公司假冒“红塔山”香烟4400条。1998年,调整烟草专卖管理网络,全县设立13个专卖管理所。1999年9月25日凌晨,查获贩运假冒卷烟364件。是年,全市共铲除销售假烟窝点20多个。2001年,全市市烟草入网销售率为99%。2005年,如皋烟草局下设如城、下原、石庄3个稽查中队,有专职稽查人员21人,稽查车辆7辆,配有摄像机及通信设备。全年累计出动打假4465人次,查处案件1007起,查获各类违规经营卷烟6033.4条,罚没金额12278.78元。2006年,查获一起卷烟销售网络案件,涉案金额61.4万元,如皋烟草局受到江苏省烟草专卖局通令嘉奖。2007年,开始实施卷烟喷码到条,并印制真假烟识别友情提醒书6000份张贴于零售店面醒目位置。2007—2010年,全县共破获非法经营卷烟大案8起,案值12052.08万元,有23名犯罪嫌疑人被移送司法部门处理。2006年、2009年,两次在市热电厂利用发电锅炉公开销毁假烟14768.9条。2010年,全年查处各类烟草违法案件231起,查获各类违法卷烟12489条,处以罚没48080元。

许可证管理 根据国务院颁布的《烟草专卖条例》,1983年11月起,全县实行烟草经营许可制度,烟草经营商店(点、户)持个体工商户、法定代表人或企业负责人的身份证明,营业地点房屋权属证明或房屋租赁协议等到烟草专卖局申领许可证后方可经营烟草制品。至2010年12月31日,如皋烟草专卖局共发09版烟草专卖许可证6508份,在册6364份,注销144份。

二、烟品行销

行销 清道光前,如皋城开设的烟店有乾元泰、恒兴泰、郭万昌、卢德兴等10余家。另白蒲镇有昶利时、利源通、德润生烟店规模较大;石庄、丁堰等镇和农村小镇均有商店、杂货店经营烟类。

清道光年间,鸦片(俗称大烟)传入如皋,鸦片商领照开业,称土栈。辛亥革命后,鸦片贩卖被禁止,土栈关闭,少数奸商隐蔽贩、销。民国初年,香烟卷烟、甘肃产水烟(青条)传入如皋,逐渐畅销。20世纪20—40年代,全县烟业以水烟店为盛。

中华人民共和国成立初期,卷烟由私商和初建立的供销社经营。1956年,私营卷烟业实行社会主义改造。此后,城乡供销社、合作商店及下伸点、双代店均有烟品销售。如城、白蒲、石庄仍有少量个体小商贩以及自负盈亏的合作小组保持烟类经营。1958年,中国烟草专卖公司江苏省如皋县公司、中国盐业公司江苏省如皋县公司合并组成县商业局副食品经理部,经营糖烟酒、食盐、干鲜果、副食品等。1960年开始,卷烟限量发券配供。1962年,部分高档卷烟实行高价供应。1963年1月,县商业局副食品经理部更名为中国糖业烟酒公司如皋县公司,主要经营全县糖烟酒业务。1965年3月,乙、丙、丁级卷烟先后退出高价范围,实行平价敞开供应。1976年,甲级卷烟仍由糖业烟酒公司计划供应。1958—1978年,全县城乡烟民习惯消费的甘肃产水烟,货源短缺,需求远远大于供应,投机倒把现象严重。

20世纪80年代初,卷烟市场逐渐开放,卷烟进货渠道除省内以外,拓展至安徽、河南、甘肃、山东、云南、上海、陕西等省市。1991年12月份起,全面放开卷烟价格,实行批发价格上下浮动,零售价格随行就市。1994年,市烟草公司与徐州卷烟厂联合研制以如皋园林"水绘园"命名的香烟,实行联产联销。12月,产销双方召开"水绘园"牌香烟义卖新闻发布会,所得利润14000元捐赠给如皋市见义勇为基金会。1997年,如皋市烟草公司专门配置两辆密封车用于送货,地产烟送货率100%,省外烟送货率70%以上,年销"水绘园"牌香烟7030件。2006年,全面统一使用省烟草局新业务管理软件,由南通分公司将卷烟直接配送至每一个零售客户,卷烟仓库实现零库存。2009年,如城地区首次开展创建卷烟零售店"示范一条街"活动,强化客户卷烟出样标准,并在各乡镇逐步推广。年内,所有卷烟配送车辆均安装GPS定位仪,用以提高卷烟配送管理水平。2010年,卷烟配送中转站启动"TMS"物流线路维护系统,完成卷烟销售39838箱,实现销售额6.6亿元,实现税利1.8亿元。

烟品 如皋烟店最初经销旱烟、皮丝、青条,后增加卷烟。如皋旱烟始产于清初,由旱烟店自产自销。清末民初,旱烟产销最盛。民国初年,卷烟自上海传入如皋。民国19年(1930年)始,因水烟逐渐传入,旱烟销路日小,产量减少。民国至中华人民共和国成立初期,卷烟牌号有大前门、白金龙、大英、红金、老刀、飞马、大联珠、黄金龙、美丽等。此后,香烟牌号不断更新、变化。"大跃进"期,如城杂货合作商店一度购进烟叶,生产青条(水烟),不久停产。进入21世纪后,江苏产地的南京、红杉树、一品梅、苏烟等品牌以及高档精装的云烟系列、中华烟系列等成为如皋市场的旺销品种。

第七节 集市·市场

一、集市

如皋集市始于唐代。清代中叶，如皋城为全县贸易重镇，白蒲镇、林梓镇为棉花集散中心，张黄港、新生港为以出口生猪为主的农副产品集散地。民国时期，农村集市发展较多，有东陈、丁堰、磨头、车马湖、石庄、江安、卢港、镇涛（今薛窑）、李堡、立发、双甸、岔河、马塘、掘港、丰利、苴镇等，柴湾、郭园、陈市、下原、黄市、葛市、石桥头、李桥、曹家铺、新坝、南灶、北灶、南坎、北坎、西场、丁所等集镇设有苗猪、蔬菜、粮油、鱼米、柴草、木材等专业市场。石庄为全县有名的山竹、青竹、土布、靛青集散地。民国27年（1938年），日本侵略军占据如皋后，集市贸易萧条。

中华人民共和国成立初期，全县集市贸易曲折发展，其间一度出现管理过严现象，农副产品多实行统购统销。1954年，逐步建立国家领导下的粮食交易市场，禁止粮棉油等物资自由买卖、贩运，规定统购统销外粮油棉交易需在国家粮油市场进行，禁止场外交易。1956年下半年，开放水产、蔬菜、耕畜、家禽、非二类中药材自由市场。

1958年，集市一度被管死。1959年，自由市场重新开放，集市贸易恢复。1959年年底至1960年年初，全县40多个公社组织集市贸易50多次，参加人数18万多人，成交额16万多元。1961年，如皋县贸易货栈成立。“文化大革命”期间，集市贸易被视为“滋生资本主义的土壤”，严加限制。允许上市的农副产品只准就地交易，不准贩运。1976—1978年，严格限制粮油、家禽、猪肉、竹木手工业品上市。1979年始，逐步放宽上市品种限制，集市贸易由单一的农副产品市场向农副产品、工业品、手工业品等综合性市场发展。1980年，全县集市贸易点增至52处。1987年，全县乡镇设有集市贸易点128处。1990年，全县有集市贸易点131处，其中粮食市场19处，苗猪市场39处，工业品市场6处，农贸市场55处，竹木市场6处，水果批发、山羊、家具、农副产品、旧自行车、花鸟鱼虫市场各1个。农村集市有服务员566人，管理员86人。

20世纪90年代，全市中心集镇建有农贸市场，部分交通便利、人口集中的地方形成常年营业的小集市。农民早晨赶集买卖蔬菜、瓜果、副食品、小农具、生活日用品，有的地方还形成晚市。进入21世纪，如皋集市发展进一步加快。

庙会 如皋庙会是民间宗教及岁时习俗，始于唐代，俗称“香期”，一般以当地庙宇神佛或菩萨“诞辰”“出家”“成道”“成佛”等为集会日期，香客、乡民、商人、游客、艺人等自发赴会，少则1天，多则3天，相沿成例。民众乘烧香拜佛机会，交流商品。日本侵略军侵占如皋后，庙会停办。中华人民共和国成立后，各地庙会相继恢复。1956年，城乡私营工商业合营、合作后，亦派员赶庙会。“大跃进”时期，部分庙宇被拆毁，或改为工厂、学校，庙会渐淡。“文化大革命”中，庙会被视为封建迷信而禁止。

1980年，县内部分集镇相继恢复庙会。1987年，全县举办庙会27次。此后，各地庙会正常举行，且规模逐渐扩大，商品档次不断提高，文娱、体育、休闲活动内容与时俱进。

图10-5 袁桥乡庙会 （1996年摄）

物资交流会 1951年10月，县城乡物资交流促进委员会成立，下设6人执行小组。是年，县政府组织代表团参加苏北地区土特产交流大会。1952年8月12日，县政府工商科、城区工商联合会、县人民银行于如城联合举办全县物资交流会。自新生路关帝庙向西至沙家河塘沿路两侧搭棚，设临时售货摊点。城内各商店张灯结彩，罗列商品。上海、山东、南通、东台等地89个县公私客商和各乡镇供销社、私营商店，近8万人参加交流会，交流会历时8天，成交额119亿元。此后，石庄、搬经、九华、白蒲、新坝、五接桥、郭园、二案、磨头、下原、马塘、东陈等集镇亦相继举办物资交流会，参加人数近60万人，成交额264亿多元。此后数年间，县贸易代表团22个700多人，参加扬州、上海、南京等地物资交流会，销售如皋传统特产，采购甘肃水烟、杭州丝绸、山东红枣等。1956年，磨头、石庄、二案、搬经、郭园、下原、东陈、马塘、白蒲等地举办物资交流会，参会10万多人，成交总额24.43万元。12月，石庄、搬经、二案、郭园等集镇举行初级市场物资交流会，参会7万余人，成交额8.33万元。

"文化大革命"期间，物资交流会废止。1978年后，逐渐恢复。1987年9月，如皋县首届出口商品展览会于县招待所举行，历时15天，展出纺织、丝绸、工艺服装、轻工建材、电子化工、机械、粮油、土产品2000多个品种，与美国、日本、印尼和中国香港地区、北京、天津、上海等地客商达成合同意向1.35亿元。1988年，全县工业企业集资1500万元，建成3万平方米的县工业品展销大

图10-6 如皋市工业产品展销会（1991年摄）

如皋县（市）部分传统庙会一览表

表10-5

地 点	农历时间	天 数	地 点	农历时间	天 数
黄市乡河北村	正月十五	1	高明庄卢西	三月二十二	1
搬经镇芹湖村	二月十九	1	柴湾乡	三月二十七	1
加力乡	二月十九	1	石庄镇	清明节	1
黄市乡河北村	二月二十三	1	胜利乡西燕	四月初二	1
高明乡卢西	二月二十六	1	江安乡老庄村	四月初三	1
搬经镇三里港	三月初一	1	搬经镇	四月初四	1
李桥镇	三月初一至初三	3	碾砣港闸口	公历五月一	1
胜利乡石桥头	三月初三	1	常青乡土山	四月初八至初九	2
九华乡	三月初八至初九	2	高明乡卢西	四月十一	1
何庄乡筲箕村	三月十一	3	常青乡吴庄	四月十六	1
磨头镇	三月十二	1	东陈镇	四月二十	1
胜利乡西燕村	三月十五	1	常青乡土山	六月十五	1
袁桥镇黄蒲村	三月十五	1	高明乡高明庄	六月十九	1
常青乡吴庄	三月十九	1	石庄镇	七月十五	1
搬经镇	三月十九	1	柴湾乡	八月十二	1
戴庄乡戴庄村	三月十九	2	戴庄乡	九月二十	1
林梓镇东乡	三月十九	1	石庄镇	十月初一	1
郭园镇	三月十九至二十	2			

楼。进入21世纪以后,传统的物资交流会,逐步被各类展销会、洽谈会所取代。

二、市场

1978年前,除苗猪市场外,如皋场所固定、设施配套的市场很少。

1978年后,全县市场建设步伐加快。至1983年,全县共有各类市场104个,其中,新建棚顶市场18个,逐步改变日晒雨淋露天交易状况。1983年,新建农贸市场8个、其他市场3个,全县市场年成交额4439万元。1984—1989年,全县投入资金282.93万元,新建益人桥、西郊、天平等市场,迁建如皋苗猪市场,修建、扩建一批农贸市场,市场总数增至126个、面积14.92万平方米,年均成交额1.64亿元。在稳步发展农贸市场的同时,开放发展工业品市场5个,其他类市场14个。全县初步形成以如城为中心,以县属镇为骨干,以乡村市场为依托的商品交易市场网络。

1990年,县物资部门新建金属材料市场,是为全县第一个生产资料有形市场,亦为苏北地区最大的金属材料市场。1995年,全市市场面积33.55万平方米,年成交额10亿元。西皋市场、天平市场、招商城年成交额均突破亿元。

1996年后,全市市场建设呈现出投资主体多元化、投资方式多样化,实现由数量扩张向质量提高的转变。1998年,天平市场成交额5.5亿元,城北市场成交额2.6亿元,招商城成交额3.5亿元。江苏花木城、吴窑山羊市场形成特色。

2001—2005年,全市新建、扩建、改建市场31个,总投资16.71亿元,单体投资规模5391.93万元,总摊位7984个,从业人数18746人,占地面积139.49公顷,经营面积80.86万平方米。

2010年,全市各镇区及部分小集镇建有农贸市场,市场成交额185亿元,其中超亿元市场12个。

如皋市苗猪市场 1956年创立,初名如城苗猪服务所,位于王施陆家桥南首,由10家私营小猪行合作组成,隶属县食品公司。1958年,与如城兔市场合并,更名畜牧服务所,属县供销社领导。后几经分合,1975年更名如皋县苗猪市场(亦称如城集市贸易服务所)。1985年迁南门外通扬路南侧(今福寿路),占地7亩,为全县最大的苗猪市场。海安、如东、大丰、东台等邻县客户均到此进行苗猪交易。1988、1989年被国家工商行政管理局授予"全国文明集贸市场"称号。1992年迁如皋经济开发区(工发大厦北侧),占地11.1亩,经营开始滑坡。1995年5月迁至如城纪庄村(苗圃),占地4.5亩。1996年经营陷入困境。1996年下半年实行整体承包,自负盈亏。2002年7月改制,对职工清算补偿,终止劳动合同。2005年,清算摘牌。

中国山羊交易城 1982年,占地2亩的简易山羊交易市场在吴窑镇建成,主要经营山羊收购、贩运、屠宰加工。1983年,迁至317线路西,很快成为苏北地区著名的山羊专业市场。至1987年,旺季时日入市2000人次以上,成交活羊近1万头。1989年,市场扩至14亩。1992年,更名中国山羊交易城,旺季时日入市3000人次以上,日成交额近70万元。1995年,成交山羊130多万只,成交额1.4亿元,年出场山羊肉50多吨,羊皮近100万张。2005年,中国山羊交易城改制为吴窑山羊市场有限公司,迁如港公路西侧,占地43亩。2010年,吴窑镇常年从事山羊收购、屠宰加工、贩运的专业户1500多个,3000多人,其中贩运山羊年收入3万元以上的有200多户。镇内几乎家家户户养羊,一户多则上百头,少则数十头。2010年,市场成交额3.30亿元。

如皋市宠物市场 1987年创立,位于下原镇蔡荡村。1990年,扩建交易大厅。1993年,实行股份合作制。2010年,市场占地0.60公顷,交易大棚面积640平方米,市场管理人员40人,周边地区宠物经纪人1000多人,宠物用品超市经营品种千余种,日成交宠物3000多只,成交额20多万元。《新华日报》《人民日报》海外版等新闻媒体多次作专题报道。

如皋市城北市场 1996年4月创立,占地50亩,总投资2000万元,是苏北地区大型农副产品批发市场之一。有营业用房168间,商住房100套,室内经营面积10350平方米,肉类、水产、蔬菜、副食品4个批发区固定摊位380个,自产自销临时摊位300多个,停车场3个。1997—2004年,连续8年被评为江苏省文明市场。2004年,被评为肉菜粮放心工程省级先进市场。2010年,成交额6.85亿元。

2010年如皋市交易额亿元以上市场一览表

表10-6

名称	期末摊位数（个）	市场营业面积（平方米）	年商品成交额（亿元）	名称	期末摊位数（个）	市场营业面积（平方米）	年商品成交额（亿元）
如皋市天平市场	668	8864	23.60	如皋市苏中综合市场	354	7960	1.40
如皋市西皋市场	210	5500	6.20	如皋市吴窑山羊市场	60	2550	3.30
如皋苏浙大市场	1202	105000	3.77	如皋市搬经农贸市场	160	8500	1.57
南通市嘉信钢材交易市场	249	34000	2.50	如皋市磨头集贸综合市场	120	7700	1.10
如皋市花木大世界	1080	135000	9.13	如皋市城北市场	530	20000	6.85
如皋市丁堰农贸市场	150	8000	1.50	如皋市亿丰商贸城市场物业管理	160	45000	1.08

天平市场 1987年元旦开业，位于如城镇西郊村。一期工程建筑面积68380平方米，主要经营日用小百货、酒类、饮料、文化用品、小五金、小食品、针织鞋帽、家用电器、建筑材料等。二期工程占地100亩，建筑面积65000平方米，设兽药、饲料添加剂、纺织品、服装鞋类、油漆、箱包、窗帘等专业经营区。市场摊位1200多个，从业人员4500多人。出租摊位607个，其余由经营者买断。2001年，被评为江苏省文明市场。2010年，商品成交额23.60亿元。

南通群宇摩配市场 1998年创立，位于如城镇许庄村。以经营摩托车及配件为主。1998年，销售额300万元。2010年，销售额3500万元，被中国汽车、摩托车工业协会命名为国家定点市场。

苏浙大市场 2006年10月开业，位于如城福寿西路188号，占地330亩，总建筑面积25万平方米，商铺1680余个。由香港金汇国际投资集团控股的南通市金威置业有限公司投资4亿元兴建。分为小商品区、家居家装区、副食品区、服装区4个交易区，建有10多条专营商铺一条街。至2010年，拥有3万平方米的中央休闲广场、星级商店、商务中心、休闲娱乐中心、时尚精品街等配套服务设施，集销售、展览、储运、电子商务、商情服务等多项功能于一体，入驻经营户900多户。

林梓红木工艺品市场 2001年12月开业，位于林梓镇，通榆公路两侧。占地2公顷，仿古建筑面积1万平方米，总投资500万元，由红木工艺品经营者集资兴建。首期进场经营企业24家，为南通市独家红木工艺品市场。

南通嘉信钢材交易市场 2006年3月开业，位于如城镇南郊。由上海鑫狮商贸合作公司全额投资，规划面积450亩。2008年，被江苏省工商

图10-7 嘉信钢材市场 （2009年摄）

局评为江苏省百强市场。至2010年，建成集现货贸易、仓储物流、加工配套等多种功能于一体的大型钢材专业市场，入驻企业300多家，其中注册资金500万元以上的企业100多家，常年库存各类钢材6万余吨。2010年，成交额2.50亿元。

第八节 服务行业

一、餐饮业

明末清初，全县餐饮服务业初具规模，菊花火锅、去粪羊肉为上贡佳肴。清晚期，餐饮服务分包席馆和饭店。包席馆一般由厨师开办，订整桌菜由厨师送上门并帮助热菜。饭店则提供用餐场所。咸丰年间，大雅楼开办，早间卖点心、面肴，中晚卖菜肴。此后，如皋城几家茶馆、饭店模仿成为茶菜馆。清末至如皋沦陷，全县特别是如皋城饮食业发展较快，茶肆酒楼遍布大街小巷，知名茶菜馆有老松林、四海楼、中华园、东皋酒家、江南春、李青莲、功德林等。名菜佳肴有"如皋三醉"，"董肉"（跑油肉）、红扒猪蹄、蟹灌鱼丸、芝麻肉、赛海参、生炒蝴蝶片、松鼠鳜鱼、玻璃肚片、剞刀腰花、烤酥方、烤鸭、清蒸鱼翅、水晶肴蹄、一品燕窝等。龙凤园的汤包、蟹包，双复园的鳝鱼肴，张吉记的叉烧，西门阿李的烧烤，老松林的肴面等均深受消费者欢迎。传统小吃有蟹黄大包、小汤包、水晶包、五仁馒首、千层油饼、虾仁烧卖、各式烧饼等。斜角、米虾饼、虾池、洗沙馒首、麻油馓子、豆腐花等别有风味。另有走街串巷挑担叫卖的老酵馒首、五香茶蛋、油豆腐、熟荸荠、冰糖山楂串等。乡镇中较为有名的菜馆有石庄的聚泰园、丁堰的合和居、白蒲的同兴泰等。日本侵略军侵占如皋后，全县餐饮业萧条。民国38年初，县内仅有少量小规模私营餐饮店。

中华人民共和国成立后，县内餐饮业逐步恢复。1956年，全县私营饮食业参加社会主义改造，建立如皋县饮食服务公司，乡镇设饮食服务合作组。此后，餐饮服务业一直缓慢发展。中共十一届三中全会后，全县饮食业恢复生机，传统菜肴回归市场，饮食网点增多，个体饮食店遍布大街小巷，小吃摊点林立。20世纪90年代后，个体、私营餐饮业加快发展，国营、集体饮食业萎缩。1995年，全市餐饮业零售额6850万元。1997年，饮业零售额首次突破亿元。2005年，增至5.35亿元。2010年，全市年零售额500万元以上的餐饮企业有江苏江中集团宾馆有限公司、南通丽都假日酒店有限公司、南通泰华大酒店有限公司、南通雅博大酒店管理有限公司、南通泛亚大酒店有限公司、如皋市新天地餐饮服务有限公司、如皋光华国际大酒店有限公司、如皋光华淮扬府餐饮有限公司、如皋市江陵大酒店有限公司。是年，全市餐饮业营业总额13.01亿元。

二、住宿业

明清时期，如皋城设有客店。民国时期，如皋城有新安、万盛、迎宾、大华、中央、悦宾、集贤等旅社，其他集镇亦有旅店。中华人民共和国成立初，县政府将住宿业列为特殊行业，严格管理。1956年，全县旅社参加社会主义改造，如城较大旅社加入县饮食服务公司，小型私营旅社（店）歇业。20世纪70—80年代，全县住宿业发展较快，部分饭店附设旅社，部分政府机关和规模较大企业设有招待所，服务设施不断改善。改革开放后，县内出现私人开设旅社。1990年，全县有旅社（招待所）200余家。

20世纪90年代，全市（县）住宿业由中低档向中高档发展。除如皋汽车站附近设有便民、普通旅馆外，中心城区、如皋经济开发区范围的中高档旅馆，一般配置空调、彩电、电梯，客房有标准间、套房，内外装饰豪华，附设大、中、小会议室，并出现集住宿、餐饮、娱乐、沐浴、休闲于一体的宾馆。2003年11月，泰华大酒店，被评定为如城首家三星级酒店。2004年，全市有住宿业企业320家，总床位8240张。2010年，全市住宿业营业总额2686.70万元。有三星级宾馆5家，二星级宾馆1家。

三、美容美发业

元代，县内开始有专门梳栉盘辫的店铺。清顺治三年（1646年），出现剃发店和流动的剃头匠。民国初年，如皋城理发同业公会组成，每年农历七月十三日全行业举行集会（香期），并开始使用化学、火钳烫发。1949年，全县有理发店数百家，其中如城50多家，全记、顺记、美容、洁容、万年青较为著名，称甲级店。其余为乙级店，从事理发业的140多人。一些理发师傅除理发外还为客人捶背、按摩、搬落枕、治腰痛、治沙眼，取进入眼、耳、鼻中的异物等，一般不另收报酬。1956年，全县开展理发业社会主义改造，城镇理发户组成合作服务总店。1979年后，个体理发店发展迅速，遍及全县乡镇。1990年，全县有合作理发店10余家，个体理发店438家。此后，理发业发展更快，理发网点遍布集镇和农村，店名亦趋于多样化、个性化，其中不少兼营发型设计、美容等，不但为顾客理发、烫发，还开展植发、染发、文眉、化妆等多种服务。

四、洗浴业

清嘉庆以前，如皋城仅设有功兴池、日新池两家浴室。浴室称“澡堂子”。功兴池在南门内堂子巷，日新池在北门外堂子巷。清晚期，陆续增开三星池、浴春池和沂春池。浴室门口悬挂灯笼作“开汤”标志，因每天开汤，有歇后语“澡堂子的灯笼——天天挂”。

民国初年，全县有浴室10多家，其中如皋城内有大兴池、沂春池、丰乐池、龙泉池、清泉池等9家，白蒲、石庄、林梓各1家。1953年，如城工商联在马家巷内首创女子浴室1家。1956年，洗浴业参加社会主义改造。1985年5月，洗浴业归属县第二饮服公司。1990年，全县有浴室20多家，大都设有女子部。1996年起，集体所有制浴室改制为民营。20世纪90年代，集镇出现大量个体浴室，如城、石庄、白蒲开始出现桑拿浴室。此后，全市洗浴业快速发展，许多浴室还推出推拿、按摩甚至色情服务。同期，出现足浴、汗蒸等新的专业门店（会所）。2010年，全市有经工商部门登记注册的各类浴室300多家。

五、茶饮业

唐中叶，县内初现茶馆，时称茶亭、茶店。唐开成三年（838年）7月20日，日本僧人圆仁“未时到如皋茶店”（《入唐求法巡礼行记》）。清代，如皋城茶社遍及街巷，有双复、大雅楼、龙凤园、九如茶座、雨香村、中华园、江南春等茶社40多家。清末，如皋城规模较大的同福园和茗芳园茶馆各能坐客100多人。民国初，出现茶菜馆，增售面点，称“荤茶馆”，仅供应清茶的茶馆被称为“清茶馆”。如皋城著名的荤茶馆有范家桥北的雨香村和烟店巷的九如茶馆。20世纪20年代前后，如皋城十字街北建有兴商茶园，设有数百个座位，除提供茶水外，还有戏班子为茶客演出。民国29年（1940年），如皋城有茶社30多家。县内各集镇亦有茶社、茶摊。1956年，茶饮业参加社会主义改造。“文化大革命”期间，茶社一度关闭。1980年后，茶社逐步恢复。

20世纪90年代，茶社、茶馆快速发展。茶馆里的常客多为单位员工、船民、菜农、客商，也有颐养天年的老人，甚至有部分人午后到茶馆租桌子，玩纸牌、打麻将。此后，茶社不仅数量增加，规模、档次提高，服务内容也不断更新、拓展。其中有一些茶社坚持秉承传统，定慧寺门前的功德林素食馆一直保留传统经营方式。进入21世纪，茶社多与棋牌室合并经营，并出现茶吧、酒吧、咖啡馆等。

六、绘像、摄影摄像业

清代，全县绘像业较兴盛。清末，照相技术传至如皋，开始出现照相馆，此后照相业逐步发展。1953年，县内始有照片着彩技术。1966年，县内国营照相馆创立。1984年，县内始有彩色照相。1988年，如皋电视台成立，摄像技术开始在县内运用。不久，摄像服务业兴起。至2010年，摄影成为十分普通的技术，作为一种业态萎缩，比较兴盛的是摄像服务。

绘像 清代，全县有专业绘像师10余人。如皋城南街许家巷的殷馨一、南烟店巷的汪怡伯、益人桥口的丁氏均祖传绘像。扎灯艺人石紫绶亦兼营画像。画像多用国画画法在宣纸上写生，一种是正面礼服端坐的标准像，供后辈供奉瞻仰，一种是便服或坐或立，配以景物，姿态随便的“行乐图”，供生前欣赏。清末，西洋炭画技法传入如皋，画像用照片作底，用九宫格放大、炭笔着色。如皋城武庙巷的丁玉衡、鱼市口的刘静安，均采用此种画法。1952年后，仍有部分绘像艺人在大街设摊画像，或走村串户，登门服务。20世纪80年代后，随着照相摄影业的发展，传统绘像业萎缩，有艺人改用漫画、速写等技法从事此业。

摄影 清光绪三十年（1904年），如皋城关帝庙的卢姓小道士购置一架小照相机和照相材料，在花园巷住宅内开设“美如英”照相馆，是为全县第一家照相馆。清光绪三十二年，蔡姓在关帝庙西厢房创办鸿雪轩照相馆，使用德国产海利亚人相镜头、镜箱照相机和英国产柯达全色胶卷以及黑白唯他佛、爱素灯光印相纸为客照相。民国18年(1929年)，如皋照相馆引进沙克梯转镜，可拍摄大型团体照。新增18吋和24吋的电光放大机，营业范围扩大。民国34年，较大集镇开设照相馆。1949年，全县有照相馆40余家。1956年2月，鸿雪轩等7家照相馆合并组成如皋照相合作组。20世纪60年代中期，照相馆采用电光技术，为顾客摄制礼服照、花式镜框照等花式照片。1966年10月，县照相合作组改建为国营如皋照相馆。1982年，如皋照相馆采用新式电光设备和先进摄影技术。1984年，县内始有彩色照相。1987年，如皋照相馆有各种洗扩设备23台(套)，能摄制20多个型号的照片。全县有照相馆40余家，另有个体摄影户10多户。1990年，全县有照相馆近50家，个体摄影户71户。此后，个体照相馆日益增多，多从事艺术人像、婚纱摄影等。至2010年，全市有经工商部门登记注册的各类照相馆和流动、设点的照相专业户数百家，普遍使用一次成像、随照随取、微机扫描、数码照相等技术。

摄像 20世纪80年代末，县内始有经营者使用便携式摄像机提供摄像服务。红白喜事、店铺开业、工程开工等，摄像经营者常带摄像机上门服务，将有关场景制成录像带或碟片等供服务对象欣赏或保存。进入21世纪，摄像服务业迅速发展，大多婚庆、广告、传媒公司同时提供摄像服务，并出现了礼仪摄像、广告摄像、儿童成长摄像等专业门店。

七、娱乐服务业

20世纪80年代初起，全县城、镇逐渐兴办舞厅、卡拉OK厅、电子游戏室、网吧、露天舞池等娱乐场所。大型宾馆亦设有舞厅、卡拉OK厅或小型舞池。客户在舞厅、卡拉OK厅随意点歌、唱歌、跳交谊舞，除收门票外，有的点歌付款。20世纪90年代后期，网吧电脑少则10台，多则数十台、上百台，按小时收费，供顾客上网聊天、游戏或查找资料等。少数不法业主还利用网吧设电子赌博机谋利。进入21世纪，绝大多数舞厅、卡拉OK厅，发展成为KTV，有的还发展成综合性娱乐会所，规模和服务项目不断出新，个别店提供色情服务。

至2010年，全市经工商部门登记发证的歌舞厅19家，电子游戏房、网吧56家。

八、修理业

中华人民共和国成立前，全县城乡修理匠主要从事修犁修耙、补锅焗碗、修锁配钥匙以及木制家具、用具修理等。修理匠少数在街头巷尾摆摊设点，多数则成日赶市串乡，随唤随修。中华人民共和国成立初，补锅焗碗等逐渐淘汰钟表、收音机、自行车等修理增多。20世纪80年代后，家用电器日渐普及，三轮车、自行车社会持有量日益增多，摩托车、汽车广泛使用，各类农机具使用率提高，全市(县)修理业得到更大规模的发展。从事农机具和各种车辆修理的修理厂和门点多数分布在集镇街头和公路两侧。小型农具、生活用具的修理店、户一般分散在乡村小镇，沿路墙壁上往往有醒目的广告标明修理户住址及电话号码，以方便查找。从事串门修理的则更多。

修理人员大多为下岗职工，部分城乡知识青年凭祖传技艺、参加技能培训、拜师学艺或自学成才，从事小型生产用具、小家电、家庭生活用具修理。亦有部分外地流入人员从事修理业。

九、服务外包业

21世纪初，全市服务外包业起步。2005年后，市委、市政府利用江苏省将沿江地区作为服务外包产业发展基地的机遇，编制服务外包产业发展总体规划，明确发展目标、发展重点，重点打造如皋经济开发区、长江镇(如皋港区)、如城镇、如皋科技城(软件园)等服务外包集聚区，加强与国内外大、中型服务外包企业合作，培育服务外包骨干企业。2008年，市委、市政府制订出台《关于大力发展服务外包产业的意见》，明确相关激励扶持政策。2009年7月，如皋软件园兴建软件外包办公楼。

2010年5月，由中国软件行业协会、江苏省经济和信息化委员会、江苏省科学技术厅、江苏省国际服务外包企业协会、如皋市人民政府主办的2010中国(如皋)软件和服务外包峰会暨2009(第六届）中国软件出口（服务外包）排行榜发布会在如皋举行。会上，如皋市获得2009中国软件和服务外包政府推进奖。2010年，全市有晟峰信息、先锋科技、锐道网络、平衡木信息、速迈网络等服务外包企业66家，软件外包执行额1亿多元。

十、中介服务业

20世纪90年代初，全县中介服务业起步，主要从事对外劳务、职业、婚姻、房屋租赁中介等业务，在如城等主要集镇开设窗口，挂牌经营，收取佣金。不久，全市农村涌现一大批农民经纪人，最多时有数千人。90年代中期后，全市中介服务业经营范围逐步扩展到工程承包、科技项目评估、信息咨询、技术转让、二手车销售、房地产评估等领域。1997年，市工商部门对全市经纪人中介机构进行全面调查摸底，清理整顿。1998年，将经纪人资格认定、经纪人注册登记纳入规范化管理轨道，对全市127位经纪从业人员核发经纪资格证书。2010年，全市计有各类中介从业人员5000多人，涉及25个行业，在工商部门登记注册的中介服务企业有江苏中江人力资源服务有限公司、如皋市沿江人力资源开发服务有限公司等28家。

图10-8 农民经纪人接受培训 （2009年摄）

2010年如皋市中介服务企业一览表

表10-7

名 称	成立时间	经 营 地 址
如皋市科技开发和工商企业担保有限公司	1995-05-16	如城镇观风路1号
如皋市沿江人力资源开发服务有限公司	2006-09-20	长江镇（如皋港区）海坝村1组
如皋市如城新农村投资有限公司	2007-05-17	如城镇福寿路390号
江苏管家物业有限公司	2002-05-08	如城镇万寿南路999号 （如皋高新技术产业开发区晟峰软件大楼内）
如皋市中海人力资源服务有限公司	2002-05-22	如城镇中山路622号
江苏苏中江人力资源服务有限公司	2002-06-07	如城镇海阳路184号
如皋市通昊劳务有限公司	2004-05-28	如城镇大明村二组
如皋天地建设工程有限公司	2004-07-03	搬经镇袁庄村十五组
江苏城开地产集团有限公司	1990-10-09	如城镇万寿南路999号（软件园北区B楼1936室）
如皋市城建房屋拆迁有限责任公司	2001-04-29	如城镇通城巷60号北侧一间
如皋市星球劳务有限公司	2005-04-11	如城镇新北商城D1#11室
江苏中邦劳务有限公司	2005-05-11	如城镇益寿路519号（金鹰大厦9层1室）
如皋市苏中就业培训服务有限公司	2005-07-05	如城镇紫竹园312幢五层1-11室
如皋市中建劳务合作有限公司	2005-09-17	桃园镇天堡路2号
南通市吉通信息科技有限公司	2006-06-06	白蒲镇高阳中路68号

续表 10-7

名　　称	成立时间	经　营　地　址
如皋市华龙劳务有限公司	2006-07-04	九华镇九华居40组
南通宝融企业发展有限公司	2009-07-24	长江镇航海路99号
南通市一诺物业管理有限公司	2010-04-08	如城镇健康路43号
南通泰达通信器材有限公司	2010-04-14	如城镇蒲行新村10幢210室
如皋市成缘工程项目信息中介服务部	2004-05-24	长江镇二案居委会十组
如皋市育才交通培训服务有限公司	1998-09-29	如城镇益寿南路458号
如皋市金穗会计服务有限公司	2002-08-26	如城镇宁海路
南通双羽林信息咨询有限公司	2003-08-28	长江镇(如皋港区)
如皋苏浙大市场有限责任公司	2005-08-01	如城镇城西村19、20、21组
南通中惠劳务合作有限公司	2006-01-20	如城镇中山路678号
如皋市顺驰二手车有限公司	2007-09-20	如城镇许庄村四组
南通公正房地产评估事务所如皋分所(普通合伙)	2003-03-21	如城镇海阳北路房地产交易中心二楼
南通益众房地产评估咨询有限公司	2010-04-02	如城镇通城巷62号

十一、礼仪服务业

如皋城乡自古十分讲究红白喜事(嫁娶、小孩出生、贺寿、乔迁、开业等喜庆之事及长寿老人善终)礼仪、程式。1949年前,如皋城有妆娘(亦称妆妈)专门为出嫁女子服务,并代办请客、招待和"赞礼"。20世纪50—60年代,商户、家庭操办红白喜事仍聘请有威望、懂礼仪的个人主持。"文化大革命"中,倡导移风易俗,传统礼仪被禁。20世纪80年代始,随着人们的物质生活改善和改革开放,大型公务活动日益增多,家庭红白喜事的程序日益复杂,要求不断提高,礼仪服务市场需求扩大。1998年1月,如皋市星城会议礼仪服务有限公司注册成立,是为全市首家礼仪服务企业。此后,全市礼仪服务业迅速发展,城镇相继建立会务、婚庆等专业化服务企业。农村相继出现音响出租、吹奏等婚丧礼仪服务专业户、专业队和礼仪主持等专业服务人员。2010年,全市登记注册的礼仪服务企业22家。

2010年如皋市礼仪服务企业一览表

表 10-8

名　　称	成立时间	经　营　地　址
如皋市星城会议礼仪服务有限公司	1998-01-13	如城镇海陵大厦三楼
如皋市益民停车服务有限公司	2004-03-09	如城镇海阳路81号
南通华乐婚庆礼仪有限公司	2005-09-24	丁堰镇凤山小区二排四号
如皋市典创信息咨询有限公司	2005-12-26	石庄镇张杨园村
南通妙留文化传媒有限公司	2006-03-22	如城镇丰乐苑丰乐街111号

续表10-8

名　　称	成立时间	经 营 地 址
南通龙泉装饰有限公司	2006-07-27	如城镇福寿路377号
如皋市千喜礼仪服务有限公司	2006-08-28	如城镇武定苑307号楼6号店房
如皋金茂置业有限公司	2007-07-24	如城街道中山西路1号
南通五爱国际文化艺术有限公司	2007-08-03	如城镇城西村(苏浙大市场6幢33号)
如皋市德和建设工程有限公司	2007-08-30	如城镇贺洋村六组21号
南通思益数码影像制作有限公司	2008-05-15	如城镇自住园商业综合楼503室
如皋市视点广告有限公司	2008-09-17	如城镇百岁苑204幢605室
南通辰乾文化传播有限公司	2009-03-12	如城镇万寿南路999号(软件园北区A楼1505室)
南通观美广告有限公司	2009-09-01	如城镇申港豪园桃源路962号
南通同源广告有限公司	2010-02-24	东陈镇凌云村21组
南通高登商贸发展有限公司	2010-04-02	长江镇(如皋港区)疏港路10号108室
南通市一诺物业管理有限公司	2010-04-08	如城镇健康路43号
如皋市大治广告有限公司	2010-04-21	如城镇青云路1号
南通万劢广告传媒有限公司	2010-05-27	如城镇剧场路丰乐苑50、52号店面房
南通百年缘文化传媒有限公司	2010-06-30	如城镇丰乐苑102幢内环路店房19室
如皋市众缘酒店经营管理有限公司	2010-07-22	如城镇惠政西路999号
如皋市高远广告传媒有限公司	2010-08-05	如城镇城北居13组23号

十二、现代物流

20世纪90年代后期，市内现代物流业起步。2003—2007年，沿江地区共投资70多亿元加快现代物流基础设施建设。东方石化、阳鸿石化、焯晟储运(石化)、和来福船舶配套、皋张汽渡、港务集团、昊天商贸物流中心等现代物流企业相继落户。如皋奔驰、九洲大件运输公司从事大件运输、安装一条龙服务，业务范围涉及20多个省(市)150多个城市。位于丁堰镇的江苏天储棉花物流公司，集现代贸易、配送、仓储等多种功能于一体，成为苏北棉花物流枢纽。2007年年底，全市登记注册的物流企业113家。2008年，如皋港现代物流基地通过省级专家评审，成为江苏省第三批重点物流基地。基本建成又来沙石化产品仓储中转基地、如皋港务集团有限公司散杂货基地、熔盛重工集团舾装码头、江苏沙钢集团如皋冶金物流加工配送中心。2009年，全市现代物流业实现营业收入5.50亿元，实现社会物流总量3500万吨。全市营业收入100万元以上的物流企业25家，其中亿元企业3家。2010年，如皋港区建有内港池3座，建成15万吨级码头2座，万吨级以上码头19座，具备年一亿吨货物的吞吐能力。如皋港一类口岸正式对外开放，如皋海关、边检、出入境检验检疫等联检部门相继设立运行，保税仓库、监管仓库、现代物流外包服务中心等功能配套项目陆续建成，外贸集装箱航线开通。

十三、其他服务业

打印、喷绘　20世纪80年代，全县打印复印业兴起，初使用机械打字机，手推油印机。20世纪90年代初，出现电脑打印、复印服务。进入21

世纪后，部分文印社（店）增加刻绘喷绘、标牌设计和大型会标广告制作、彩色复印、制图晒图、扫描储存等服务项目。

汽车装饰美容 2004年2月23日，如城快捷汽车美容店成立，是为全市第一家汽车美容店。此后，汽车美容在街道、乡镇迅速发展。2010年，全市登记注册的汽车美容店19家。

保安 1993年4月27日，如皋市保安公司成立。此后，各大中型企事业单位和行政机关等的安全保卫工作多由保安公司提供服务。2010年，全市有专职保安人员1400人。

家政 20世纪90年代末，干洗店和家政保姆、搬家、钟点工、家教等服务在城镇逐步兴起。进入21世纪，农村家政服务兴起，主要从事婚丧喜庆大棚、桌凳出租，家庭重大红白喜事餐饮承包服务、护理老人等。

第九节 主要服务企业

一、百年老店

如皋一些商号以其独特工艺技术和服务方式，在长期经营中积累形成特有产品、特色服务或独特商业文化，成为省市乃至全国闻名遐迩的经典老店。2007年2月，林梓老万和潮糕店、白蒲三香斋茶干店、老松林饭店、麒麟阁食品店、广生德大药房5家百年老店入选《江苏老店》。南通市共入选8家。

林梓“老万和”潮糕店 明初，沈万四在林梓南街开设“老万和”糖坊兼营糕点。“老万和”的糕点，配以中药茯苓、桂花，操作工艺秘不传人。

清雍正十年（1732年），“老万和”茶食店创制林梓潮糕。此后一直保持手工工艺特色，所制潮糕原料选用当年产优质糯米、粳米米粉，拌和绵白糖、金桂花、松仁及红绿瓜丝，用荷叶垫底，制成直径约30厘米、厚5厘米的圆形糕坯，从表面向下横切62道，深2—3厘米，置于水上以蒸笼蒸制而成。成品甜而不腻，柔润爽口，风味绝正。20世纪80年代后，林梓潮糕除了保留传统的品种外，又新创夹心糕、中型糕、小型糕等。配料增加葡萄干、枣泥、山楂、果仁等，适应不同口味的消费者需求，并采用真空包装技术，延长产品保质期。

白蒲三香斋茶干店 始创于清朝顺治年间，其产品三香斋茶干久负盛名。“菽乳干。湖州厝三香斋，自国初开张蒲镇，菽乳干为绝品，通称茶干，言可佐茗饮也，四远知名。本斋固有不传之秘，亦与镇中水土合宜，尝分铺崇川所作，终不及此地味美”（清道光《白蒲镇志》）。清朝乾隆皇帝南巡，品尝“三香斋”茶干后，题写“只此一家”，予以褒扬。

白蒲三香斋茶干店秉承传统加工工艺，选料考究，精工细作，300多年不衰。三香斋捆扎茶干使用白蒲地区所产的一种“蒮草”（“俗名关丝草”）。这种草，闻之有清香，折之不断，拉有抻劲（韧性），以此草扎茶干，有草香沁入茶干，茶干更加味美。

“三香斋”茶干，1994年获江苏省食品展销会金奖，1995年获江苏省食品博览会最受消费者欢迎奖，1996年获北京国际食品及加工技术博览会金奖，1997年获中国公认名牌产品，2001年获中国国际农业博览会名牌产品，2002年被评为首届中国长寿文化节指定产品。2003年，“三香斋”茶干店被评为江苏区域重点明星企业、江苏省农副产品质量信得过单位。

老松林饭店 清光绪元年（1875年）创立，现位于如城海阳中路39号。初为如皋陈、戴表兄弟二人合股经营的饺子店，店号取楹联“松间明月常相照，林外清泉静自流”首字而成。

民国28年（1939年），“老松林”创制灌汤包、加蟹大包、水晶包、水晶肴蹄、肴蹄盖浇面、龙虎斗等特色菜点，其中灌汤包与扬州富春包、镇江小笼包齐名。1956年，接受社会主义改造，走上合作化道路，几经易名，后改为闸桥饭店。1983年，老松林饭店复名。此后，“老松林”挖掘传统菜肴、特色小吃，陆续上市60多个品种。20世纪80年代末，“老松林”一级红案厨师陈广生等研制成灌蟹鱼丸，被载入《中国菜谱》。

1996年，在原址新建。1997年，被内贸部授予“中华老字号”称号。2002年，改为民营。

麒麟阁食品店 清光绪三十年（1904年）秋，由泰州花姓商人与如皋“五仁馒头”摊主合伙创立，位于县衙附近。产品一直以高质量取信顾客。民国21年(1932年),大麒麟阁茶食店开业,位于西大街申冤巷口中。由如皋城马子立、马子仁与扬州陈锦堂、镇江李栻如合资开办。1994年,南通麒麟阁食品厂创办,注册商标“雉水麒麟阁”,设址丰乐桥南首。

麒麟阁食品店一直保持前店后坊(厂)经营模式,产品有糖货、酥货、油货、炉货和糕点五大类,近百个品种。2010年,拥有员工100多名,年产茶食1000吨,产品销往上海、南京、无锡、张家港等地,先后获江苏市场名优产品、中国长寿文化节指定产品、首届江苏名特优农产品等荣誉。

广生德大药房 民国元年(1912年),如皋城沙元炳、富绅汪子霖、钱莲塘和磨头章姓合资1万银圆创立,位于如皋城丰乐桥西北西典巷内,初名“广生德药材行”,专营批发和收购地产药材。次年,沙元炳发起扩股,增资1万银圆,在丰乐桥东租赁新安会馆房屋60余间,增辟零售门市部。前堂供中医询诊和按药方销售中药,后坊分为刀坊、料坊、货坊、酒坊。逐渐形成集收购、制作、批发、零售于一体,丸、散、膏、丹、露、酒、饮片等门类齐全,参、茸、犀、羚等贵重药物货源充足的名扬江海的中药房。张謇为其题写“广生德国药号”。

1956年5月,广德生大药房划入新组建的中国药材公司如皋县公司。1958年冬,如城西大街拓宽,广生德前店被拆。2000年,旧城改造,广生德被拆除。2003年,如皋市医药公司实施产权制度改革,成立广生德大药房有限公司。至2010年,发展为拥有7家分公司、12家连锁店的药品连锁销售公司,全店员工60人,经营3000多个中、西药品种,年销售额超1000万元。

二、其他服务企业

龙凤园饭店 清光绪二十年(1894年)创立,初名丹桂园茶馆。清宣统元年(1909年),更名龙凤园茶馆,开设书场,营业面积300平方米。民国27年(1938年)日本侵略军占据如皋城后,迁海安镇马巷。民国31年,回如皋城复业。1956年,参加合作商店,更名第十食堂。1966—1979年,先后更名向阳饭店、新皋饭店。1980年,更名龙凤园饭店。1990年,职工22人,营业面积350平方米,营业额24万元,利润5.20万元。1997年,跃进路改造,饭店拆迁。2002年2月,清算摘牌。

如皋饮食服务公司 1956年创立,由新安、万盛、迎宾、中央、大华等私营旅社、饭店组成。初为公私合营性质,1966年改为国营。1980年8月,更名如皋县饮食服务公司,辖老松林、四海楼等饭店,大华、迎宾、新皋等旅社和照相馆等。1986年,兴建金城饭店。1987年,增设全县首家干洗店。1988—1990年,经济效益连续3年居南通市6县市同行业之首。1990年,职工259人,营业面积8440平方米,固定资产211.64万元,营业额848.44万元。1995年开始,部分下属企业拆迁和改制。2001年,与旅泰华人合资创建如皋泰华大酒店,是为全市餐饮业第一家中外合资企业。2002年2月开始,变卖资产,补偿清算,分流人员。2007年4月,摘牌。

绘园宾馆 1958年6月创立,位于定慧寺西首。为县政府招待所,分内城河河南区、河北区。建有南楼、圆明楼、中楼、东楼。南楼为古典建筑,亭阁水榭,其余3座楼为现代建筑,总建筑面积1.10万平方米,有客房203间,床位688个。另设大餐厅2个,小餐厅15个,会议厅10个。1988年4月,更名绘园宾馆。1995年,河南区扩建5号楼,增加26个高级客房。1997—2003年,征用土地7.2亩,分别成立五星空调销售、绘园洗涤中心、机关餐厅、桑拿浴室4个分公司。2003年5月,公开拍卖河南资产。此后,河北房屋拆除,199名职工清算分流。2004年,机构撤销。

江中集团宾馆 1998年开业,位于吴窑镇区,由江苏江中集团投资3000多万元兴建。建筑面积1万多平方米。1999年,被江苏省旅游局评定为三星级旅游涉外宾馆。2010年,拥有标准客房及套房60余套,中、西餐厅可同时容纳400人就餐,中、小会议室可容纳1000余人,桑拿、舞厅、健身、棋牌室等娱乐设施较为齐全。

南通泰华大酒店 2000年1月开业,位于如城安定北街,系中泰合资企业,如皋旅游定点饭店。建筑面积1.20万平方米,营业面积近4000平方米,总投资5500万元。2003年11月,被评定为三星级酒店,为全市首家。

光华国际大酒店 2006年10月开业,位于如城镇宁海西路199号。占地近1公顷,总建筑面积54500平方米,地下一层、地上21层。设有284间(套)客房,有总统套房、商务套房、普通套房、商务间、标准间、行政间等。大小餐厅及包厢拥有餐位近2000个,可提供各式中餐和西餐。设有大型宴会厅、咖啡吧、封闭酒吧和6个大小会议室。康娱中心集室内游泳池、桑拿、KTV、健身、棋牌等娱乐于一体。

江苏天储物流有限公司 2005年8月建成开业,位于丁堰镇,为上海天月投资有限公司投资建立的大型物流民营企业。投入1.5亿元建成的如皋棉花专用仓库及其附属配套设施,占地120亩,具有23幢国内新型高标准棉花专用仓库,8000平方米标准露天货棚堆场,总库容量5万吨,日均装卸能力1000吨以上,年周转量20万吨。建有年吞吐量300万吨的4个码头作业泊位,40台油罐总存储量25.4万立方米的油库区;设计年吞吐能力30万吨的汽车发货栈台,以及配套的油品输送管道等。同时还拥有2台蒸汽生产能力为10吨/小时的锅炉,公司被确定为全国棉花交易指定交割仓库和中国纺织品进出口总公司棉花公司协议仓库,纳入国家储备棉代储库管理。

如皋港务集团有限公司 2005年6月创立,位于长江镇(如皋港区),由江苏省金海岸投资发展公司投资约15亿元兴建,占有长青沙长江岸线1025米,占地1600亩。至2010年,建有5万吨级以上泊位4个。

江苏先锋信息科技有限公司 2009年创立,位于如皋科技城(软件园)。专业从事BPO外包服务,设有呼叫、直邮、电子商务、数据录入和培训等业务中心,拥有500多个坐席。呼叫中心采用全球先进技术搭建基于NGN网络呼叫中心平台,配有物理双路由光纤及双回路供电,能提供全天候不间断服务;直邮中心日处理信函包裹能力5万件;电子商务中心为自主开发的第三方贸易平台;数据录入中心拥有客户原始文字资料仓库1座、录入坐席35个和数据资料存放专用仓库2个,日录入处理客户数据3万条。2010年,先后成立北京、成都、长春、武汉和西宁五个分公司,为国内外知名品牌提供服务。

南通晟峰信息科技有限公司 2009年4月创立,位于如皋科技城(软件园)。注册资金500万元,营业面积1000多平方米。主营对日软件服务外包,国内企事业单位的信息化推广和咨询服务,计算机系统设计、集成等。产品涉及文化教育、医疗、通信、金融、制造业、流通服务业等领域。公司设立后,2010年,国内外软件业务产值收入2000万元。

如皋市锐道网络科技有限责任公司 2010年创立,位于如皋软件园。拥有公司物理座席400个,与青牛(北京)技术有限公司合作,为客户提供呼叫中心服务。

南通邦略资讯有限公司 2003年创立,2010年进驻如皋软件园软件研发大楼。是一家专门提供再生塑料信息的资讯公司,为中国再生塑料业第一家电子商务平台,拥有中国再生塑料业唯一经劳动部门认定的证书培训学习系统,中国最大的塑料企业、资源再生企业数据中心。专业服务于境外废料供应企业、国内废料进口及加工企业、第三方贸易服务商。

南通华财理账顾问有限公司 2010年3月入驻如皋软件园,系北京华财理账顾问有限公司投资成立的全资子公司。注册资本300万元,主营财务外包、审计评估、上市咨询、税务顾问等。为如皋企业提供综合财税服务,包括对大型企业上市融资的培育、诊断、咨询、审计评估等全程辅导咨询服务;对成长型、科技型企业提供高新技术企业认定、内控设计、全面预算管理咨询等服务;为中小企业提供在线财务外包服务。

第十节 名菜·名点·土点

一、名菜

董肉 明末,董小宛创制,故名董肉,民间亦称跑油肉、虎皮肉。选择肥瘦均匀的带皮猪肋条肉(五花肉),刮洗干净,切成大小适中的长方形块,放进开水锅内煮5—10分钟。取出漂洗,将猪皮刮净。投以葱、姜,倒入适量黄酒,再放入清水,煨至八成熟。出锅后,擦干皮上的水分,趁热均匀涂抹陈元酒或掺入少量酱酒的黄酒,然后置油锅中煎炸。待肉皮表层炸硬,即从油锅取出冷却。将炸好的肉块切成1—2厘米厚的片,皮朝下整齐码放于扣碗内,加料酒、酱油、白糖、精盐、葱段、姜片,上笼蒸得酥烂取出。挑出葱段、姜片,把扣碗翻身扣在碗或盘内。浇上汤汁,围上爆炒的豌豆苗或青菜等。此肉，肥而不腻，形似虎皮，质地酥烂，醇香味美。

扒红蹄　选择1千克左右带皮猪蹄膀1只，取出膀骨，刮洗干净。锅中倒入适量酱油、料酒、水，佐以姜、葱，将猪蹄膀浸没汤中大火煨煮1小时左右，再加冰糖、醋适量，改文火煨煮。翻动几次，蹄膀酥烂后盛起装盆，皮面朝上，衬以爆炒的绿叶蔬菜。扒红蹄表皮红而亮，甜咸适中，酥糯爽口。亦有"红绸被面"之称。

芝麻肉　选择猪里脊肉，横切成薄片，用精盐、葱汁、姜汁拌和，腌0.5小时左右，使其入味。将淀粉、鸡蛋清适量搅拌成茸状，加入黑芝麻后，再搅拌。把腌好的精肉片挂糊，散入八成熟油锅，炸成金黄色，趁热上桌。

水晶肴蹄　由大雅楼创制。选用带皮的猪前蹄膀，剖开，取骨，刮洗干净后，从瘦肉一面，用铁杆戳若干小孔，深可及皮。以姜汁、葱汁、精盐适量，将蹄膀腌制3—5天。然后，入清水浸泡5—8小时，洗净，加姜、葱、黄酒、五香，入清水煨煮。待蹄膀酥烂，将其捞出，放入边高4厘米左右的深盘内，皮朝下，理平。肉上以重物加压。约0.5小时后，取出压物，将刮去浮油的汤汁舀入深盘内，以淹没肉面为度。冷冻后，切做冷盘，盖以姜丝。

图10-9　水晶肴蹄

红烧狮子头　由大雅楼创制。选用去骨、去皮"五花肉"，刮洗干净后，将肉剁碎，加入适量葱汁、姜汁、黄酒、清水、蛋清，放入切碎的去皮荸荠，搅拌打茸。加适量精盐，再搅拌。抓起适量肉料，在手上团成圆形，外面浇上淀粉汁，入八成热油锅，煎成金黄色，起锅后即放入冷水中。再加葱、姜、黄酒、酱油适量，用砂锅烧开，放入"狮子头"，文火煨煮1小时左右。加糖、醋再煮0.5小时左右，出锅装盆，衬以爆炒的绿叶蔬菜。在螃蟹上市时，以熬制的蟹黄和蟹肉和于剁碎的肉料中，或包于肉圆内，制作成螃蟹狮子头，其风味更为独特。

蟹烧蹄筋　将膨发的猪蹄筋压进冷水浸泡1小时左右，捞出，切成大小适宜的段，以高汤煨煮，佐以精盐、姜丝、蟹黄。待蹄筋酥烂，投入爆炒的黑木耳、笋丝、红胡萝卜块（片）翻炒，加青蒜花翻和，装盘，淋上香油后食用。

蜜汁火腿　选用如皋火腿，根据需要量切块，温水略浸泡，刮洗干净。入开水锅，加姜、葱、料酒煮沸3—5分钟，取出漂洗，上笼蒸熟。冷却后切片码于大碗内，倒入姜、葱汁，鸡汤，再蒸，先后3次，以此去掉火腿的腊味，调出其鲜味。出笼后滗去鸡汤，扣入盘内，倒入适量蜂蜜，盖上爆炒的绿叶蔬菜食用。

去腥羊肉　选用20—25千克的公山羊宰杀后，除去羊内脏，挂在风口吹上数日，以散去膻味。入清水浸泡，刮、洗、烫后，入开水，加葱、姜、料酒煮沸10多分钟，捞出，再行刮洗干净。放进清水，加葱、姜、料酒、袋装的绿豆、如皋白萝卜等煨至七成熟，捞出拆骨。再放入滗去油沫的羊汤中小煮片刻取出。冷却后，切片码入盘内。将青蒜白、生姜丝，盖在羊肉上，吃时淋上酱油。此为无膻味冷切羊肉。红烧羊肉，是将风吹几天的羊肉刮洗干净后，连骨剁成小块，入开水，加葱、姜、料酒煮沸，捞出，清水冲洗，滤干后，加进如皋白萝卜、适量熟猪油、袋装绿豆、尖红辣椒煨煮，适时加入适量冰糖，煮至肉烂汤稠，趁热食用。

鸡丝金银花　选用1.5—2.5千克如皋三黄鸡公鸡1只，宰杀后洗净，入开水，加葱、姜、料酒煮沸，捞出冲洗干净，放进清水，加葱、姜，煨熟，取出鸡肉冷却，将鸡胸脯肉取下，撕成细丝，加进煨鸡汤汁、姜米、精盐，文火煨至快要收汤，待用。将金银花洗净，开水氽过，滤尽水分，与鸡丝拌和，装盘。

灌蟹鱼丸　选用1.5—2千克青鱼1条，宰杀洗净，片下鱼肉，剔除鱼刺。将鱼肉剁碎，放入盆内。加适量的葱汁、姜汁、水、淀粉、蛋清，按照同一方向搅拌成茸状。加适量精盐，再行搅拌，成膏状，备用。把蟹黄与猪油下锅，熬成红黄色的蟹油，盛于碗内，待冷却凝结后，将蟹油搓成直径0.6—1厘米的小丸备用。以调羹取适量鱼茸，于手上做圆，再把蟹黄丸包于鱼圆内，入冷水锅，慢火烧至鱼圆浮于水面，捞出。与制作好的配菜烩制，或者烧汤。

爆炒蝴蝶片 选用200—300克黄鳝3—5条，宰杀、去骨，洗净，切成约2.5厘米宽、6厘米长的鱼片，置小盆内，加葱、姜汁、精盐、料酒腌制入味，挂浆。入低度热油锅划开，捞出滤油备用。将配菜洋葱、竹笋、红胡萝卜切片，和姜丝入锅爆炒，盛出。将鳝鱼片入油锅，爆炒片刻，加适量酱油、糖醋、高汤，将配菜放进，勾薄芡，炒和盛盘，淋上香油，撒上白胡椒粉后食用。

炝白虾 选用立春海白虾，剪去虾芒，清洗，滤干后，趁活以白酒、姜汁、精盐适量炝之。食用前，浇上酱油、醋、白胡椒粉、香油等做成的卤汁。

醋熘黄鱼 选用1千克左右的黄鱼1条，洗净，在鱼身两面剞成菱形花纹，刀距2厘米，深至骨。再将鱼放入湿淀粉浸满一层。慢慢放入油锅内，炸成淡黄色，捞出。略冷后，再放入旺油锅炸成金黄色捞出，装盘。另用炒锅置旺火上，放入油、葱、姜、蒜末炸香，加入酱油、料酒、绵白糖，清水适量，烧开后以湿淀粉勾薄芡，再加入香油、醋、爆炒过的蒜苗、熟花生油搅匀成卤汁。再取炒锅一只，烧得锅底微红，舀入花生油适量，随即倒入卤汁，搅匀后，趁热浇在鱼上，端上酒席时仍发出吱啦吱啦的脆响。

五辛盘 为如皋古典名菜，春天“造五辛盘以辟厉气”（丁其誉《寿世秘典》）。选用大蒜、小蒜、芸苔（一种油菜）、胡荽、簇葱，一说簇葱、韭菜、生姜、芥菜、蒜，洗净，切成细丝，开水焯过，以精盐、芝麻屑、香油拌食。

爆炒薹尖 选择新鲜青菜薹洗净，入油锅爆炒，加入适量清汤，加精盐，不盖锅，趁嫩食用。

糖醋豌豆苗 掐鲜嫩的豌豆苗，洗净，入油锅爆炒。加入适量清汤、酱油、糖、醋，不盖锅，翻炒盛盘。

二、名点

董糖 明崇祯十四年（1641年）董小宛首创，初名酥糖，后以创制人董小宛姓氏称为“董糖”。清人《崇川咫闻录》载：“其精美，首推董糖。董糖，冒巢民妾董小宛所造。”以上等白面粉、纯净饴糖、蜕皮芝麻、花生仁、椒盐、玫瑰、桂花等原料

图10-10 董糖

精制而成，色白微黄，皮薄如纸，每块一寸见方，具有酥、松、香、甜特点。入口易化，营养丰富，老少皆宜。董小宛曾经将董糖自南京秦淮河边邮给如皋冒辟疆，故又名秦淮董糖、秦邮董糖。董小宛嫁给冒辟疆，隐居水绘园后，常以董糖待客。董小宛去世后，其方为邑人所得。1985年后，百年老店麒麟阁按照传统工艺生产董糖。

八珍糕 《寿世秘典》记载了如皋八珍糕的制作配方和工艺：“人参4两，山药、茯苓、芡实、莲实各6两，糯米3升（约3千克），粳米7升，白糖3斤，白蜜1斤”“将人参等5味各为细末，糯米、粳米为粉，与药末和匀。将白糖和白蜜汤中炖化，随将粉药趁热和匀。摊铺笼内，切片蒸熟，火上烘干，瓷器收贮。每晨用白汤泡用数片，饥时，干用甚便 。”旧时，诸葛实裕药店亦生产参燕八珍糕，配方比上述多燕窝，既是休闲茶食，又是医疗保健食品。

如皋烧饼 如皋烧饼与黄桥烧饼、泰兴草炉烧饼并称苏北烧饼三大派。以精面烫酵，以焙烘干脆的烧饼碾碎，加精盐做馅，分别用素油、荤油做两种酥。经过擦酥、卷酥后，分别包上处理好的大葱、野菜、萝卜丝、红糖、网油渣、猪板油丁等馅，分别做成葱油烧饼、荠菜烧饼、萝卜丝烧饼、箬烧饼、甜烧饼、油渣烧饼、加油烧饼，以薄糖稀涂饼面，再撒上已经褪壳的白芝麻。贴入烧饼炉，3—5分钟后出炉。不少市民买一两只烧饼，加一碗豆腐脑或者豆浆，便是一顿可口的早餐。加油、加酥的如皋烧饼，更是佳品。

灌汤包、蟹包 灌汤包以煮熟的腿板肉丁、

笋丁等掺和于用猪皮熬成的汤汁中，加精盐、味精、勾薄芡做馅。以老酵发酵的面团作皮料。蒸熟的包子提出后，移入装有姜丝、酸醋的碟中，咬一个小口，轻轻吸食包馅，再食包子皮。如皋灌汤包以老松林、龙凤园制作的最有特色。在灌汤包馅中加入适量蟹黄制成的包子，称蟹包。如皋中华园蟹包、老松林蟹包、四海楼蟹包、孟家蟹包久负盛名。进入21世纪，商家将蟹包“包装”，供客户馈赠亲友。

三、土点

蒿儿团 《寿世秘典》记载：“二月，采蒿苗，和面粉，作饼食，化痰、利膈，去胸中烦热。”蒿儿团美味可口，还有医疗保健的功能。做法是将蒿草嫩头采回，洗净切碎，和糯米屑，包上以豆沙、红糖、炒熟的芝麻屑和花生米屑等制作的馅，隔水蒸熟，黏糯香甜。

荞麦屑饼 《寿世秘典》记载：“荞麦，气味甘，平寒无毒。主降气、宽肠，磨积滞，消热肿风痛，除白浊、白带、脾积、泄泻。作饭食，压丹石毒，甚良。”县内一直种植荞麦。农家习惯以切碎的雪里蕻咸菜，加熟芝麻屑或炒熟的花生米屑为馅。做成带馅的荞麦屑饼，亦有将荞麦屑和鸡蛋，以水调成糊状，均匀贴于锅面，文火烘脆，称荞麦屑摊饼。清明节，不少居民用杨柳嫩叶做荞麦屑摊饼。

冷征 大麦、小麦、元麦初熟，采其穗，揉去芒刺，在锅中炒熟。再搓揉，褪麦壳，扬尽糠皮，放进干净的石磨中磨成条状。柔软爽口，带有清香，和上白糖压拌，更香甜可口。如皋有俗语：街上人吃不到乡下磨口的冷征，乡下人吃不到城里炉上的热烧饼。冷征还可以加韭菜末、生姜米做成冷蒸饼后食用。

山芋饼 取山芋洗净，切成连刀薄片，中间嵌进剁碎肉食和葱花等做成的馅，挂上面糊，沸油煎炸成金黄色，外脆里嫩，山芋甜，馅儿香。或以鸡蛋皮丝、白蒲茶干丁、切碎的青黄豆米、葱花等，加味精勾芡，做成馅，嵌山芋饼，味道亦佳。

芋头圆 用去皮芋头，刨成丝，与适量的面粉、葱花、精盐、拌和，做成比鸡蛋小一点的团，用油炸成金黄色，捞出，趁热吃，别有风味。如果掺进适量的肉丁，其味更佳。

焦屑 将大麦、元麦或小麦晒干、拣净，在铁锅内放入用油和黄沙熬成的油炒，将锅烧热，然后每锅约放入500克左右干麦，在锅内翻炒。爆成麦花后筛去油炒，制成焦麦。将焦麦磨成细粉，即成焦屑。取焦屑适量，加入开水或糁儿粥，加糖调成糊状，即可食用。

第二章 粮油购销

第一节 管理机构

清代，如皋知县聘请“幕友”掌握全县漕粮征收，县衙设“粮房”“钱粮柜”，办理完粮纳税事务。宣统三年（1911年），“幕友”制废除，由民政署主计课征收田赋。

民国初，沿袭清制。民国16年（1927年），国民政府如皋县政府二科下设田赋征收处。民国27年，日本侵略军侵占如皋城后，国民政府如皋县政府田赋征收处随县府迁东乡马塘。是年，伪维新政权如皋县公署设田赋征收处。民国28年夏，伪政权如皋县政府沿设。民国29年冬，抗日民主政权如皋县西南行政公署设粮食科。民国30年，改设粮食局。民国31年12月，并入如西县财经局。民国34年，日本侵略军投降后，伪如皋县政府田赋征收处终止。12月，如皋县政府改设财粮科。民国35年3月，县政府财粮科改为县财粮局。7月23日，随县政府撤出如皋城。10月，县财粮局与县货管局合并组建县财经局。民国37年11月，县财粮局恢复。民国38年3月，县财粮局析建如皋县粮食局，管理全县粮食征收、保管、调运、加工。

1950年5月，县粮食局改称中央公粮库如皋县分库。1951年12月，如皋县粮食局重建。1955年，全县各区成立粮管所。

1968年9月，县粮食局改称如皋县粮油公司革命委员会，1974年2月改称如皋县革命委员会粮食局，1981年5月复称如皋县粮食局。

2010年，如皋市粮食局内设5个职能科室，辖如皋市粮油检测中心及市粮食购销公司、粮食储备库、粮食物流中心、粮食购销公司资产经营部4家国有粮食购销企业。

第二节 粮油收购

一、粮食收购

1949年前，全县粮食收购由私营粮行、粮店经营。1950年，中国粮食公司如皋办事处成立，以高于市场价格收购，打击投机倒把。同时，委托县供销合作社代购，付给手续费1%—1.5%，全县设代购点18处。1953年11月，全县实行粮食统购，严禁私商购粮。1954年，掀起踊跃出售爱国余粮运动，动员农民交售余粮。1955年5月，县政府于何庄、营防、钱长（后属大明乡）3乡进行“三定”（定产、定购、定销）试点，后每区选1乡试点。6—7月，全县“三定”到户，核定各户粮田面积和交售任务，3年不变，视丰歉适当调整。

1958年“大跃进”运动中，县内部分地区一度虚报产量，放高产“卫星”，导致粮食高征购、农民口粮不足。1963年，全县开始实行议购换购，议购粮食5.3吨，用日用工业品和生产资料换购余粮2375吨。1964年，县粮食局从镇江、苏州议购山芋170吨调剂县粮食市场，并通过县内粮食市场收购胡萝卜700吨，议购大米481吨，赈济部分缺粮区。1965年，全县粮食收购实行一定三年政策，根据丰歉情况，超产超购，减产减购，超购加价。1971年8月，实行包购政策，五年不变，征购有余粮生产队增产粮食的40%，按国家统购价加价百分之三十作为奖励。对缺粮生产队增产的粮食，冲减统销量的60%。1972年，全县净购粮食1352.9吨，净差入4383.70吨。1979年夏，粮食统购价提高20%，超过统购部分再加价5%。1980年，粮食征购实行一年一包，每年下达承包征购数量。

1981年10月，如皋县粮油议购议销公司成立，开始实行粮食购销差额管理、调拨包干，征购任务落实到生产队，收购按先公粮、统购，再超购、议购，不搞既购又销。1983年，粮食部门统一议购议销规定取消，农民在完成征购任务后，余粮可多渠道出售。1985年，县内小麦、玉米、稻谷实行合同定购，取消统购。

1989年，粮食合同定购改为国家定购，收购数量为指令性任务，当年粮食收购6.6万吨。1993年4月1日起，全县取消农村粮食统销，保留国家粮食定购。1997年，实行农民完成国家定购任务后，其所售余粮"当市场粮价高于收购保护价时，粮食部门按市场粮价收购；当市场粮价低于保护价时，粮食部门按不低于保护价收购"。2000年新粮上市起，红小麦、玉米、旱籼稻、常规籼稻退出定购和保护价收购范围，粳稻退出定购，实行保护价。2001年秋，粮食市场放开收购，放开粮价，放开市场，取消保护价。

2002年，全市年收购粮食84986吨，其中优质稻5000多吨。2005年，收购粮食12.02万吨。2009年、2010年，全市粮食企业收购粮食数量为26.09万吨、21.2万吨。

二、油料收购

1949年前，油料由私营油坊、油商经营。1949年，县供销合作社开始收购油料。1954年1月，县油脂公司成立，对油脂油料实行统一收购，并纳入国家计划，禁止私营油坊油商收购。县供销合作社在全县设收购点52处。1956年，全县实行油料统购：菜籽除留种外，全部由国家统购；花生重点产区按实际产量扣除留种、留食、留油每户20千克外，其余统购90%；花生一般产区统购产量的50%—75%；棉籽统购70%。1961年，实行"奖售"，每收购50千克花生仁、菜籽、芝麻分别奖售原粮10千克、7.5千克、12.5千克。1962年，改奖售为"定产量、留口油，余量统购，只购不销"。1963年，开始实行议购议销，当年议购油料2640千克。1972年10月，议购油料停止。

1972—1975年，全县实行油料收购"三定"（定种植面积、定产量、定收购计划）：超过种植面积的油料全部统购；未完成种植面积，调增粮食定产和征购任务或核减粮食统销计划；超购部分加价30%（1979年取消）；菜籽全部留作农民用油。1978年，恢复议购。20世纪80年代，油料收购实行平价和议价"双轨制"，出现油料平转议、议转平和议购议销等，油料议价收购作为平价供应的补充。

1981年，如皋县粮油议购议销公司成立，开展县外采购。全年采购花生25万千克，芝麻10万千克，黄豆29.75万千克。1983年农村实行家庭联产承包责任制后，全县油料收购仍实行"三定"政策，按承包面积落实到户。

1984年，减少统购品种，油料收购多渠道经营，取消超产超购，减产减购。1985年，县粮油议购议销公司更名为如皋县粮油贸易公司。黄豆、花生实行合同定购，菜籽敞开收购，棉籽随籽棉收购。1993年，保留菜籽合同定购。1986—1993年，全市（县）国有粮食购销企业议购油脂9105吨，年平均1138.10吨。1993年4月1日后，全市国有粮油企业通过市场调节的粮油购销量年平均9万吨以上。

第三节 粮油供应

一、粮食供应

民供 中华人民共和国成立前，粮食主要由私营粮商、粮店经营。中华人民共和国成立初，粮食市场仍由私营粮商控制。1950年，国营粮食公司如皋办事处筹建，经营粮食购销业务，调节市场供求。先后从盐城、淮阴、泰州等地调运大批粮食至如皋销售。全县征购的粮食一部分投放市场，采取合作社代销，私营粮店零售等措施，打击投机奸商，稳定粮食市场。

1953年12月，城镇人口开始实行粮食计划供应，计数不定量，全县设售粮点72处。1954年，全县遭受大水灾，县政府从东北、四川、江西等地调拨大米、杂粮，保证缺粮户供应。是年，私营粮店转业或闭歇。1955年9月1日，全县机关、团体、学校、工厂、国营商业等单位人员实行粮食定量供应。是年，"全国通用粮票"发行。

1958年，全县各人民公社兴办集体食堂6601个，对农村社员一度实行吃饭不要钱，就餐人数占农村人口的98.01%，粮食浪费现象严重。1959

年，农村集体食堂停办。1960年9月，城镇居民和机关工作人员月人均定量口粮为11.5—13千克，月人均减少供应计划1—1.5千克，按比例供应大米、标准面粉、元麦、生仁饼、山芋干等。1961年，农村年人均口粮119千克。是年开始，豆饼纳入粮食销售计划。

1963年，开始粮食议销，当年议销大米48万千克。1972年，全县遭雨涝、病虫、低温等自然灾害，粮食减产，夏秋之交，提前供应3636个生产队、115025户、545830人口粮。1985年，调整供应农村缺粮人口的口粮、各种补助粮及饲料、种子、救灾等用粮的销售价格，实行购销同价。1990年，全县定量供应5.25万户，131305人，供应粮食2.83万吨。1991年，全市遭受特大洪涝灾害，全年购进议价粮食26986吨，议销粮食35156吨。

1993年4月1日起，取消农村统销和城镇居民定量供应，停止使用粮票。2001年秋粮收购开始，实行粮食购销市场化，全市粮食经营网点遍布城乡。至2010年，全市粮食供应充足，价格稳定。

军供 民国29年（1940年），如皋抗日民主政府建立，县财粮部门负责党、政、军粮食供给。党、政、军提付粮草的凭证，由分区、县政府分别印制，县财粮部门具体负责管理。民国34年9月，在如、泰地方武装和万余民兵围攻如皋城的战斗中，如西县政府成立战时供给委员会，并设立支前供应站5处。民国35年，各区设立粮站，党、政、军部门凭提付凭证及单位证明信件直接到粮站提付。战时，部队除到支前粮站提付粮食外，可直接向乡村提付。在苏中战役中，全县先后设支前粮站9处，供应在县境内3次战斗的部队用粮。民国38年2月底，如皋县渡江战役支前总队部成立，在渡江战役中供应部队及民工粮食195余万千克，火草、马草380余万千克。

中华人民共和国成立后，如皋县粮食局所属经营企业承担域内军粮供应任务，其中，县粮食局直属一库（泰山粮库）负责对武警和消防中队的供应，直属五库（磨头粮站）负责对驻如空军部队的供应。

2005年3月开始，军粮供应货源由军供点自行组织改为南通市粮食局军粮办指定的军粮加工单位统一配送，军供点实行代供应。

1955年如皋县城镇居民粮食定量供应标准一览表

表10–9

单位：千克/人·月

等　级	标准
特殊重体力劳动者	23—27.5
一般重体力劳动者	18—22
轻体力劳动者	14—17
机关、团体工作人员、公私合营企业职员、店员和其他脑力劳动者	14—14.5
大、中学生	15—16
一般居民和十周岁以上儿童	12
六周岁以上不满十周岁的儿童	10
三周岁以上不满六周岁的儿童	6.5
不满三周岁的儿童	3.5

1964年如皋县城镇居民粮食定量供应标准

表10-10

单位:千克/人·月

工种类别	标准	备注	工种类别	标 准	备 注
(一)特重体力劳动者			一般铁工	17—18	
二级土法榨油打榔头工人	23—25		制曲工人	18	
三级搬运装卸工人	22—23		(三)轻体力劳动者		
板车搬运工人	21—23		一级电焊工人	17	
(二)重体力劳动者			内燃机工人	17	
重型手工打铁工人	20—22	包括锻工	电动机驾驶员工人	17	
公路养路工人	20—22		保全工	17	
酿酒工人	21—22		磅秤修理工人	17	
砖瓦厂制坯烧窑工人	21—22		脚踏轧花工人	17	
土法榨油工人	20—22		手工织布工人	16—17	
机米扛箩工人	20—22		一般瓦工	17	
工厂内重型运送工人	19—22		一般木工	16—17	
二级一般基建水电安装工、瓦、木工	18.5—20		职业肩挑工人	17	
手工打包工人	20		拖灰车工人	17	
海外捕鱼工人	20	出海期间不再补助	手摇煤球工人	16—17	
专业屠宰工人	18.5—20		流动电影放映员	17	
制酱醋工人	18—20		机器操作工人	17	
高空外线安装工人	20		二轮车工人	17	
锅炉工人	20		送货工人	16—17	
拖煤工人	20		漂染工人	17	
专业拖粪车工人	20		渔民	15—17	
运输船工	17—18		二级邮电递信员	16	超过数暂保留
制皮革工人	18		民警	16	
内线安装工人	18		印刷工人	14—16	
车床工	17—18		浸纱工人	16	
钳工	18		做豆腐工人	16	超过数暂不动
翻砂工人	18	超过数暂保留	炊事勤杂人员	15.5—16	

续表 10-10

工种类别	标准	备注	工种类别	标 准	备 注
竹器工人	15.5—16		警卫员	15	
打棉线工人	15.5—16		车匠工	15	超过数暂保留
纸厂生产工人	14.5—16	超过数暂不动	烘茧缫丝工	15	
二级专业老虎灶工人	16		机面工 电力	15	
染布工人	15—16		机面工 人力	15.5	
修脚踏车工人	15—16		人发、猪鬃整理工	13.5—15	
清道工人	14.5—16		四级缝纫被服制造工	14	
城镇电影放映员	15.5		理发工人	14	
专职体育教员	15.5		一般手工业	14	
打丝线工人	15.5—17		织芦菲工人	14	
电动制煤球工人	16		(四)国家机关、人民团体、企事业单位干部、工作人员		
浴室擦背工人	16	超过数保留	县 城	14	
饲养员	16		县以下	14.5	
滚芦柴工人	16		(五)学生		
熟食糕点后作工人	15—16		县城高、初中学生	16	
一般包装工人	14.5—16		农村集镇高、初中学生	15	
制中药后作工人	15.5		(六)居民		
三级电动喂花工人	15		一般居民和10周岁以上儿童	12	
电动机织布工	15		6周岁以上不满10周岁儿童	10	
纺纱、摇纱针织工	14.5—15		3周岁以上不满6周岁儿童	6.5	
仓库保管员	15		不满3周岁儿童	3.5	

二、食油供应

1949年前，如皋食油由私营油坊、油商经营。中华人民共和国成立初，县供销社经营油脂购销业务。1954年11月，如皋县油脂公司成立，接管县供销合作社油脂购销业务，实行统一经营，禁止私商经营，同时委托县供销社代销。全县设供应点62处，其中供销社供应点22处。1956年，油脂实行统购统销。除花生重点生产区留口油外，其他地区实行全购全销。城镇定量人口和农村缺油区，按人定额计划供应。城镇定量人口每人每月0.25千克，农村每人每月0.19千克。单人户按1.5人供应，双人户按2.5人供应。工商行业用油实行计划供应，县级会议、退伍老红军、二等以上残废军人、住院病员、归国华侨及回民、在庙僧尼实行补助。1957年，油脂供应划归粮食部门经营。

1959年、1961年，两度调减城乡供应标准。1963年，县粮食部门开展议购议销业务，全年议销食油18.61吨。1972年，油脂议销停止，1978年恢复。1979年，粮油市场开放。1982年始，定量人口、常年定销人口元旦、春节供应半高价菜油，作为计划供应的补充。1983年起,允许多渠道经营,开放油脂市场。农村实行家庭联产承包责任制后,农户自行安排油料作物种植,收获油料自销自储。城乡居民的食油需求余缺,在放开的油脂市场上自行调剂。1993年4月1日,全市食油计划供应取消。此后,全市食油供应全面实现市场化。

三、饲料供应

清代及民国时期,全县饲料销售主要品种有糠麸和饼类,由私商经营或农户自由贸易。1949年,饲料由国家定点经销。县江海公司兼营米粮油饼业,县供销合作社经营豆饼、糠麸,亦有少量摊贩经营。1953年11月实行粮食统购统销后,饲料经营纳入国家计划管理范围。1954年,县供销社系统赴外地采购麸糠6000吨投放市场。1957年4月,饲料销售业务移交粮食部门,采取划片、定点、凭证供应,全县设供应点22个。1958年,县粮食部门从广东空运水浮莲,从苏南引进水葫芦、水花生等水生饲料种苗15万千克,推广繁殖利用,并开展水生饲料越冬保苗工作。1962年4月,对“四渣”(糖渣、酒渣、豆腐渣、酱渣)统一管理,由县委农工部负责分配,主要供应种猪场和贫困生产队的集体养猪。1975年,渣、糟饲料交县粮食局分配。

1980年10月,县粮食局成立如皋县饲料公司,专门管理全县饲料销售。是年,国营种畜场种畜、奶牛,公安系统警犬,水产养殖场鱼类饲料核定供应。1984年起,配合饲料敞开议价供应。1992年,市粮食系统销售饲料31685吨。

1993年4月1日后,个体私营饲料经营企业增加,直接将饲料配送畜禽饲养大户,部分畜禽饲养大户自备加工机械,自产自用。

第四节 粮油市场·购销企业

一、粮油市场

清代,如皋城、白蒲镇、林梓镇为县内主要粮食集散地,由私商陆陈行经营籴粜业务。民国29年至民国34年(1940—1945年),大米、面粉等由供销合作社经营。民国38年1月至1950年2月,少数不法粮商抢购套购,囤积居奇,哄抬粮价,全县粮价出现4次较大波动。县政府工商科吸收遵纪守法、有信誉的74家私营粮商建立5处米粮联营处。中国粮油公司如皋分公司紧急调运大米、杂粮、油、饼等投放市场,平抑物价。1953年11月,全县实行粮食统购统销,禁止私营粮店经营粮食、食油。如城、白蒲、石庄、丁堰46户私营粮店改由政府委托代销。年底,县内私营粮店(行)全部闭歇。

1954年2月,各乡镇供销社设粮食交易所。9月,城区、城东、东陈、丁堰、马塘、白蒲、车马湖、薛窑、石庄、江防、平西、何庄、江安、芦港、夏堡、磨头、城西17个区设粮食管理所。是年,全县有粮食市场52处,其中粮食部门4处、供销合作社部门48处。

1955年,根据江苏省粮食厅、供销联社通知精神,粮油归口粮食部门经营。1956年2月,东陈、马塘、车马湖、江防、平西、何正、夏堡7个区粮食管理所撤销,增设下原区粮食管理所。是年,全县国营粮油市场调整为22处。1958年7月,11个区粮食管理所撤销,如城、白蒲、石庄3个镇粮食管理所和48个乡粮食管理所设立。1960年2月,乡(镇)粮管所改称人民公社粮食管理所。1962年7月,公社粮食管理所,改称公社粮食购销站。1967年4月,粮油市场改称粮油集市交易所,全县有13处。

1973年,全县14处粮油市场恢复。1979年,开放粮油议价市场,国家、集体、个人均可经营,亦可兼营粮油加工业务。是年,如城西门、南门、北门及白蒲、薛窑、郭园、石庄、二案、吴窑、张黄港、黄市、石桥头、搬经、东陈、磨头、丁堰等粮油集市贸易管理所恢复建立。1980年9月,如城镇和各区中心粮食管理所改称如城镇粮管所和区粮管所。

1990年,全县设有丁堰、白蒲、薛窑、石庄、江安、搬经、磨头、城西、如城、城东10个粮食管理所和53个乡镇粮站,有粮油贸易市场19个。

1995年2月,如皋市粮油中心批发市场建立。各粮管所和大部分粮站相继在集市和交通便利的地方建立议价粮油经营市场或门市部,在当地开展议价粮油经营,调剂市场余缺,同时开展外购内销、内购外销和外购外销。此后，除中心市场和农贸市场建有粮油经营专门区域外，各类粮油商店、超市、专营户快速发展，全市粮油市场更趋多元化。

二、购销企业

民国27年(1938年)，全县有粮行140家，其中如皋城75家、磨头7家、张黄港9家、新生港5家、东陈6家、白蒲5家、丁堰4家。1949年，全县有油饼粮商328家，其中如皋城有乾益祥、于可大、大和公等100多家，每日成交粮食100余吨。

1950年2月，县总工会发起建立皋民运输社(后并入城区合作社)。黄海商店从东台迁至如城，改建为城区合作社，并建立油饼部。江海公司兼营米粮油饼。是年，中国粮食公司如皋办事处建立，行政属县政府领导，业务隶属中国粮食公司南通支公司。1951年初，全县22个集镇共设粮店338家，其中如城152家、农村集镇186家。6月，如城及石庄、白蒲、林梓等镇的粮商以镇为单位联营。1952年，全县粮油购销点组合为23个。

1953年，根据政务院粮食实行计划供应的命令，全县各粮食联营处(合营处)解散，统一由县粮食局在各集镇设立粮食供销点。1955年，县粮食局在全县设粮食购销站41个。此后，全县粮油一直实行统购统销。

20世纪80年代中后期，随着粮油市场的逐步放开，全县私营粮油购销企业迅速增多，规模不断扩大。国有粮食企业亦开始“一业为主，多种经营”，在搞好粮食收购、销售、调拨、储存、加工的同时，纷纷发展综合经营。

2003年，市政府结合区划调整，按照“有退有进，进而有为，退而有序”的原则，调整乡镇国有粮食购销企业布局，除保留28家企业继续开展粮油购销业务外，新民、柴湾、雪岸、丁西、建设、林梓、勇敢、蒲西、奚斜、下原、龙舌、营防、郭园、长江、石庄、高井、葛市、胜利、高明、加力、吴庄、芹湖、场南、大明、桃园、何庄、邓园、城西等粮站(库)不再经营粮油购销业务。

2005年，全市国有、集体粮食购销企业开始推进产权制度改革。根据不同情况，分别采取产权转让、整体出售、破产清算、改制重组、所库整合等改制形式，当年有16家企业完成改制。2009年，市粮食局将所属14家经营单位合并为港区、通扬、城南、城北4家粮管所及一家购销公司。

至2010年，全市粮食系统企业改制工作全面结束。全市有如皋市粮食购销公司、如皋市粮食储备库、如皋市粮食物流中心、如皋市粮食购销公司资产经营部4家国有粮油购销企业，私营、个体粮油经营企业500多家。

第五节 粮油储备、调运

一、储备

明代，全县有赈济仓、军储仓、社仓30个，均属盐课司，分官仓、民仓。官仓，为“调节粮价，备荒赈恤”而设，粮食来源于截留漕米、官绅捐输及财政支出购买，归地方政府管理，常平仓、均贮仓、军储仓、预备仓等为官仓。官仓惯例“存七粜三”，每年春季粜出三成，秋收后购补。民仓，有盐义仓、社仓、义谷仓等，由官府监督，民间自理，公推殷实富户为社长，费用在借粮利息中扣除。民仓粮食可出借，利息一般为加一。

清末民国初，全县各类粮仓有兑军仓、便民仓、社仓、常平仓、均贮仓、预备仓、赈济仓、盐义仓等，大多管理不善，贪污严重。民国《如皋县志》载：民国初年，县议会积谷仓息收入19406506文，支出19183428文，结存224078文；动缺折耗5067石5斗2升8合7勺5抄6撮，结存8604石7斗5升。

民国3年(1914年)7月30日《如皋白话报》载：“如皋办积谷仓数十年，赈荒之事，从未有闻。闻有时因米价昂贵，开仓平粜，所碾之米，不堪下咽。”民国23年，全县有公、私立粮仓9座，其中省立1座、县立3座、私立2座、农民银行设3座，15个区储粮26.64吨。民国24年10月《如皋县政纪要》载：“本邑县仓带征之积谷亩捐，多经历前任移挪，而区仓因陋就简，兼因工作人员工作不力，致使存谷无多，甚有颗粒无存者。”民国26年至民国34年，公库粮食由农户代管。

民国34年9月，新四军江南部队北调，在县境借用民房，设简易军用粮站。另有杨腰庄(今如城镇张八里村)、木叶庄(今如城西门外五里墩南首)、土山乡(今常青镇土山村)、瓦屋头(今如城镇邓园村)、阚庄(今如城镇阚庄村)等地方粮站。民国35年上半年,解放区设有粮库、粮站多处,无固定地点和房屋。

民国38年1月,县粮食局以公房和寺庙修建粮库,地方粮食国库制度自此始。1950年,在白雁桥首建砖木结构木板地坪苏式粮仓2幢,容量3000吨。年底,全县建有木板壁硬仓217间,容量9200吨;砖壁软仓36间,容量1300吨。1951年,县粮食局在芹湖(今属搬经镇)、吴窑建粮食仓库48间。1952年,全县改建粮食仓库315间、基建房式仓88间,总容量1.56万吨。

1955年,全县开展创建四无(无虫、无霉、无鼠雀、无事故)仓库活动。1956年,全县有"四无"仓库14个。吴窑粮站保管员崔才爵在储粮防虫灭鼠方面探索出一系列行之有效的方法,是年5月出席全国劳模大会。1957年,全县增建小型粮食仓库26间,容量1300吨,草仓房34间,容量7350吨。1958年,县管粮食有2/3由农村生产队代为保管,各生产队均建有大小不等的粮仓。1968年,学习北方储粮经验,用土圆囤(土墙草盖)存粮。

1980年1月起,每乡设有1个粮站,粮站均建有粮库。1988年,全县增建仓库内地坪2160平方米,"四无"仓库仓容10.98万吨,占总仓容84%。营防粮站被评为江苏省"四无免检单位"。至1991年,经省市分级鉴定,全市68个保粮单位,13个被评为省市级"四无免检单位",其余55个被鉴定为"四无仓库"。

1993年4月1日取消粮食统购统销后,市粮食局根据上级要求,将周转粮库存划为转特种储备、国家储备、江苏省储备、如皋市地方储备。1999年3月,全市国有粮食购销企业库存粮总量8.10万吨。

2007年,市粮食局开始实施集粮食物流中心、粮油检测中心、粮情监测中心、军粮供应中心和5万吨粮食储备库"五位一体"的如皋粮食储备库建设工程。至2008年年底,工程全部竣工,结束如皋没有规模粮食储备库的历史。此后,继续推进粮库项目建设。储备库粮食物流中心的3万吨圆筒仓项目、200吨粮食烘干项目和400吨稻谷加工生产线项目先后竣工。

2010年10月,启动粮食购销公司丁堰粮库3万吨仓容改扩建项目。

二、调运

明清时期,全县粮食运输以肩挑、车推、船运为主。上缴粮食以水运方式交兑。清康熙19年(1680年)开始,按朝廷规定,县内仓廒所存粮食留于境内,不隔省调拨。

民国初,始出现汽车运输粮油。县内征收漕粮均按时价向上一级折缴代金。抗日战争期间,如西县政府所征粮食实行边区边乡免费义运。党政机关供给粮,按标准发给提粮证(有价),就地提拨加工。此规定,延至解放战争时期的解放区。

1949年,县粮食部门开始使用驳船运粮。是年,全县先后设立23处粮草供应点,支持解放军渡江作战。1950年6月,县政府规定,征粮25公里以内,义务运送,超过25公里发给运费。10月,改为50公里以内义务运送。水运分8个等级付费,以实物计抵运费。

20世纪50年代,县内商品小麦大部分调出,再从南通市唐闸调入面粉。省内调运,以元麦、稻谷、大米、玉米为主,大麦、杂粮为辅。油脂油料调入较少,调出以花生油、棉油为主。外省市调进如皋的粮食,在南通港未建之前,水路运输主要由上海市十六铺中转,少部分由南京市下关和南通天生港中转。后改由南通港、张黄港调进。铁路运输由无锡、昆山和南京市下关中转。县内粮食运输工具主要为船只和小推车。唯有严冬枯水季节,马塘、桃园等粮站水运困难,间或以汽车等陆运工具运输。

1963年,开始实行粮食统一调运。1977年1月,县粮食局建汽车队运输粮油,有汽车7辆,载重量22吨。9月,购置30千瓦船运拖舱1艘、水泥船5艘。1982年,汽车队改为集水陆运输于一体的运输队。

1987年,全县调入粮油品种有稻谷、小麦、玉米、棉油、菜油等。20世纪90年代后,全市畜禽业迅速发展,粮食部门针对全市粮食差进量大、粮食进出频繁等特点,按月下达调拨运输计划,按照调进调出数量,统一平衡,尽量利用内河水位高的季节,一步到点,一次进厂。

1949—1997年如皋市(县)粮食调运情况统计表

表10-11

单位:万斤

年度	调入 省外	调入 省内	调出 省外	调出 省内	年度	调入 省外	调入 省内	调出 省外	调出 省内
1949	0	0	0	11.4	1974	2370	6870	85	351
1950	0	430	0	55	1975	1970	9305	164	571
1951	0	1613	0	387	1976	899	8165	151	1318
1952	0	3688	0	1231	1977	6487	6706	840	568
1953	6020	6997	179	1053	1978	1457	11343	146	143
1954	1262	2744	1768	342	1979	1375	9704	103	264
1955	2341	312	1627	191	1980	2986	9375	197	268
1956	2487	2937	2741	304	1981	423	21807	4	60
1957	5890	6268	1880	115	1982	1512	25335	3	19
1958	6674	0	5899	0	1983	360	26926	1	268
1959	4144	3894	671	2593	1984	478	17447	73	288
1960	268	3259	3512	918	1985	0	27965	53	58
1961	2295	2093	475	2520	1986	0	59614	0	0
1962	2835	1778	573	1632	1987	0	13154	0	0
1963	1676	1707	229	1251	1988	474	18652	0	0
1964	4618	4063	1277	1277	1989	0	14404	0	0
1965	3135	6462	1282	1768	1990	0	15344	0	0
1966	3833	5380	308	1616	1991	3313	8990	0	0
1967	4103	9924	424	3650	1992	116	3352	0	0
1968	573	6932	531	3580	1993	0	0	0	0
1969	3323	2435	238	5890	1994	0	0	0	0
1970	3501	3679	90	3515	1995	0	2200	0	0
1971	3316	6566	184	2844	1996	0	0	0	0
1972	8066	5175	533	2591	1997	0	2374	0	0
1973	7217	7502	182	1292	1998年开始不作统计				

第六节 粮油检测

一、检测机构

20世纪50年代初，县粮食局仓储股设化验室。50年代中期，各区粮管所设防化员，各粮站作价员兼职化验员，各粮油加工厂设有化验室。1980年6月，县粮食局成立中心化验室。2005年12月，市粮食局中心化验室更名为如皋市粮油检测中心，内设物检室、化验室、计量室、干燥室、样品室、试剂室、光谱室、光电室、色谱室、品质分析室、资料室等。

2007年，市粮油检测中心获国家级粮油质量检测资质和国家粮情监测定点机构资格。

图10-11 如皋市粮食检测中心 （2007年摄）

2010年，市粮油检测中心通过国家认证委组织实施的国家实验室资质认证。

二、检测方法

水分检测 20世纪50—70年代，使用油蒸式水分测定器，初为单层烧瓶，后改用双层烧瓶和油浴式、灯烘箱及隧道式水分测定仪。80年代后，采用电热恒温箱。90年代后，使用数显式电热恒温箱，粮管所（站）采用电子快速水分测定仪。

粮温测定 20世纪50年代起，使用长柄铁杆温度计。70年代后期，使用热敏电阻测温仪，一根测温杆可同时测定粮堆一点中的上、中、下3层粮温。80年代，使用半导体电子测温仪。进入21世纪，采用计算机粮情测控系统。

出糙 20世纪70年代前，如皋一直沿用手掌互搓及手木砻检测稻谷出糙。70年代开始，使用手摇出糙机。1981年起，使用电动出糙机。90年代后，使用国家标准电动出糙机。

容重测定 20世纪50年代，使用“51”式容重器。60年代，使用“61”式容重器，县内一度广泛使用木杆式土制容重秤。90年代后，使用HGT—1000型容重器。

选筛 20世纪50年代起，使用的筛层由3层发展到9层、12层，筛目直径0.5—5毫米。

第三章 旅游业

第一节 旅游资源

一、自然旅游资源

如皋地处长江下游，为海相、河相沉积的沙嘴、沙洲冲积平原，地势平坦，境内无山川湖泊，地质地貌类自然旅游资源较少。

域内生物资源丰富，种类繁多。古树名木、名花有较高观赏价值，部分名贵水产、动植物为旅游饮食的优质食材。

成陆于上世纪初的长青沙岛完整保存自然风貌，土质优良环境未受污染，适宜发展生态旅游。21世纪初，市政府开始对长青沙自然旅游资源进行规划、开发。

二、人文旅游资源

如皋是六大"世界长寿乡"之一。作为世界上仅有的一个地处平原、滨江近海、人口稠密、经济较发达地区的长寿市，如皋的长寿文化和长寿现象令海内外瞩目。访百岁寿星，探长寿秘诀，品长寿食品，享长寿环境的"银色"旅游，对中外游客具有强大吸引力。

如皋历史悠久，境内名胜古迹、历史文物众多，"古色"旅游资源丰富。全市有文物保护单位29家，重要文物景点86处。古典名园水绘园亭台楼阁、山水花木布局精致，冒辟疆与董小宛的故事生动感人，传为佳话；东大街、集贤里古建筑群，保存完好，颇具特色；千年古刹定慧寺以其特有的"水环寺，楼抱殿，山门北向"奇特布局闻名海内外；百年名校如皋师范校园、孔庙大成殿、内外城河、石合泰民居和灵威观等古迹，体现如皋千年古城的历史文化底蕴。

如皋盆景数百年技艺传承，形成风格独具的"如派盆景"。如皋是著名的花木盆景之乡，由花木大世界、中华盆景园（东方盆景园）以及如城镇顾庄村农家盆景园等组成如皋园林、盆景观赏带，绵延5千米，是全国农业旅游示范点、"绿色"旅游理想目的地。

如皋具有悠久的革命历史，如西一带有苏中"小延安"之称。境内保留着60多处革命战争年代的遗址、遗迹和纪念设施，其中纪念如泰五一农民暴动的五一起义广场，如泰工农红军成立遗址，中国工农红军第十四军纪念馆、纪念碑、纪念公园，苏中"七战七捷"战役遗址等，皆为游客缅怀革命先烈，接受革命传统教育的良好场所，是"红色"旅游的重要目的地。

经过长期打造、积淀，"游古城、谒古寺、访名园、赏盆景、品佳肴、拜寿星"为主题的长寿之旅成为长江三角洲闪亮的旅游品牌。

第二节 旅游开发

一、管理机构

20世纪80—90年代，全市（县）旅游开发、管理由市（县）外事侨务办公室兼管。2001年9月，如皋市旅游局成立，为市政府直属事业单位，委托市建设局管理。2007年，市旅游局单独设立，仍为市政府直属事业单位，并由市政府投资设立市旅游投资发展有限公司。2010年1月，市旅游局调整为市政府工作部门，内设行业管理科等5个科室和旅游执法监察大队、旅游质量监督所。

二、旅游景区

如皋市为全国优秀旅游城市。经过多年挖掘整理，至2010年，全市丰富的旅游资源整合为10多处著名旅游景区。

水绘园风景区 为国家AAAA级景区，位于如皋古城东北隅，由国家重点文物保护单位"水绘园"、省级文物保护单位"东水关"、国家一级园林如皋人民公园组成，是一座集自然景观和人文景观于一体的游览胜地。明末，冒起宗建逸园，佘元美建壶领园（清初转让给范大仕，更名古澹园）。民国元年（1912年），姜佐周等人以古澹园为基础，含逸园旧址扩建公园。民国4年，定名如皋公园。1989—1994年，市（县）城建部门于人民公园北半部复建原水绘园景点12处。2006年后，向东拓展，面向碧霞路新建东大门，与东大街古建筑群连成一片，统称"水绘园景区"。园内西侧隐玉斋，据考为唐宋八大家之一曾巩幼年读书处，"隐玉"门额为曾巩弟曾肇追思其兄亲笔题写；中山亭、长寿博物馆、鲁班祠包含丰富人文旅游资源。至2010年，水绘园风景区有水明楼、雨香庵、隐玉斋、妙隐香林、壹默斋、枕烟亭、寒碧堂、洗钵池、悬霤山房、湘中阁、涩浪波、鹤屿、波烟玉亭、镜阁、小三吾亭、碧落庐等景点近20处。

内外城河观光带 环绕千年古城中的内外两道城河，外圆内方，如皋古城区形似古钱币。2002年，内外城河景点建设、沿河"亮化"和环河公路工程相继实施，风光带、景点逶迤交织，堤坡绿树成荫，河面碧波荡漾，入夜华灯璀璨。内城河沿线有水绘园、东水关、如皋师范学堂、定慧寺、集贤里、石合泰、颐园等著名景点。靖海门、文昌阁、丞相亭、抗日战争胜利纪念碑、范公苑、灵威观、安定广场、射雉亭等人文景观排列于外城河内侧的环河公路两侧。2005年11月4日，内外城河风光带被江苏省旅游局批准为国家AAA级旅游区(点)。

花木盆景观光带 如皋十里花市北起如城城南中华盆景园（东方盆景园），南至大明河，益寿南路5千米多的主干道把两侧数百家花木盆景庭院、生产销售企业、观光景点串联在一起，形成独特的花木盆景观光带。

中华盆景园位于十里花市北首，由"如皋绿园"改造扩建，园内设有全国各大流派精品盆景园、植物造景园、水上娱乐园、民族情趣园、游乐休闲园等园区，为苏北知名的集商贸旅游、娱乐休闲、文化交流于一体的大型园林。

江苏花木城位于中华盆景园南侧，1994年3月创建，从庭院观赏植物到厅堂花卉盆景，从山石小品摆件到庭园绿化用苗，可任意观赏、选购。在国际、国内盆景园艺节上频频获奖的罗汉松、百年榆树桩、古树黄杨球、蟠扎五针松等名品陈设其间。

鲜切花基地位于1995年5月由如皋绿园创建，内部布设各类花卉的露天场圃和玻璃温室。全园年生产梅花、天竹、月季、玫瑰、菊花、杜鹃等名花800多万枚，各类盆花500多万盆。

江苏如皋花木大世界，紧邻益寿南路。创建于2002年，是如派盆景的缩影和窗口，内有1480个花木盆景销售摊位和如派盆景园、根雕馆、君子兰园、南方花卉一条街、苗木广场、山水艺术盆景园、苗木花卉盆景制作工艺园、圣诞园、大树园等10个农业旅游景点。2004年4月，被国家旅游局确认为国家级农业旅游示范点。

顾庄农家盆景园由著名花木盆景专业村形成，面积1950亩，居民3220人，全村融天工情趣与自然风景于满园，汇园艺盆景与家居生活为一体，一户一景致，一户一特色。

益寿南路主干道东侧排列着解放苗圃、如皋花木销售中心，加上数百座别墅民宅前，面道而列的盆景花卉庭园，交织成为花木盆景观赏、经营的半爿街。

长青沙生态度假区 位于长青沙岛西北。长青沙岛是长江下游的冲积小岛。1965年开始围垦，经数度扩围，植树造林，开挖河道、鱼池，逐步形成一片生态风景区。"十一五"期间，有计划地进行生态度假区建设，所有的园林、房屋、道路、桥梁建设均突出体现生态园林风格。先后建成生态酒店、游泳馆、钓鱼台会所、迷你乐园、荷花池、采摘园、品珍园、地球村、北京四合院、桂花园、名木古树园、寿星园等，形成一处集经贸交流、健身休闲、旅游度假为一体，四面环水、空气清纯、风景秀丽、环境优美、交通便捷的高档度假区。

长寿风情旅游区 包含东方大寿星园、长寿博物馆等景点。

东方大寿星园位于如城镇城西村鹤庄，是彰显如皋长寿文化的标志性景观，为国家AAA级旅游景区。铜铸大寿星，高49米，是全国唯一巨型寿星塑像,中国道教协会会长任法融题字"天下第一大寿星"。园中绿色广场可以容纳2万名游客,塑像前设有拜寿台,右侧有摸寿台,大寿星正面有天鹅湖,供游客乘舟荡漾。草坪大广场有五世同堂牌坊。长寿长廊环绕广场北侧,内塑如皋历代长寿名人青铜塑像。大门右侧有百老千禧万寿园,园中设置如皋108位百岁老人的生活场景雕塑,展示长寿之乡的长寿秘诀。2004年10月28日开园,至2010年,年接待游客5万人以上。

如皋市长寿博物馆位于水绘园匿峰庐,有匿峰庐、清水阁、容安草舍、罗树庵4组建筑。是展示如皋长寿现象的一个窗口。匿峰庐内为序厅,综述如皋长寿历史和如皋风俗风情;清水阁介绍如皋长寿文化节和如皋长寿老人;容安草舍内展现如皋长寿产业;罗树庵内展出如皋长寿研究主要成果。

寿星家门访寿星是如皋长寿风情旅游区的特色活动,游客可以踏进寿星家门一睹百岁寿星风采,实地了解寿星的个人经历、生活规律、饮食习惯、养生之道,分享寿星数代同堂、儿孙绕膝的天伦之乐。

红色旅游区 景点包括红十四军公园、红十四军纪念碑、如皋烈士陵园,吴庄烈士陵园,苏中七战七捷皋南、丁林、如黄路战斗遗址等。

红十四军公园位于如城镇东郊,占地261亩。2010年5月,以纪念馆为主体的一期工程竣工。红十四军纪念馆建筑面积7680平方米,分八个展厅、一个序厅、一个尾厅共10部分。另有市民广场、素质拓展训练基地等配套设施。

古城旅游区 景点包括水绘园、东大街古建筑群、集贤里、石合泰、如皋师范学校、如皋博物馆、如皋市丝毯艺术博物馆、戴氏家藏博物馆、孔庙大成殿及安定广场、范公苑、文昌阁等。

安定广场为现代化城市广场(详见卷五第一章《城区建设·公用设施·广场》)。

范公苑位于如城海阳路澄江桥西侧,为纪念范仲淹而建,园内布局精巧紧密,亭廊玲珑剔透,巨幅浮雕再现范仲淹率领民工奋力筑海堤的场景。

文昌阁为明朝嘉靖年间所建,位于城墙之上,初名崇德楼,俗称望江楼,又名文昌庙、文昌宫。后历次修葺,为如皋城胜景之一。民国27年(1938年),毁于日军本侵略战火。2003年,重建于外城河东南段北岸,与千年古刹定慧寺隔路相望。

宗教文化旅游区 包括定慧寺、福成庵、灵威观、法宝寺等景点(详见卷二十一第三章《宗教》)

三、旅游线路

20世纪90年代前,如皋没有固定的旅游线路,游客大多根据各自的安排参观相关景点。90年代初,开始形成"古城如皋一日游""古城如皋二日游"等相对固定的旅游线路,后称为传统旅游线路。2002年,随着长寿旅游的兴起,形成相对固定的"长寿之旅一日游""长寿之旅二日游"线路。2005年,根据游客需求开辟长寿之旅、古城文化之旅、如皋修学之旅、绿色生态之旅等线路。2009年,全市旅游资源整合,戴氏家藏博物馆、丁堰观音山寺、如皋花木大世界、九华千年古银杏树,内

图10-12 文昌阁 (2008年摄)

外城河风光带、石合泰民俗馆、如皋师范学校、顾庄生态园、东方大寿星园、东大街、集贤里、灵威观、古镇白蒲、安定广场、长青沙岛生态旅游度假区、田园森林东风滩、长江镇沿江船厂群,以及革命历史教育旅游区等景区(点)先后编入旅游线路。2010年,开始安排综合旅游线路。

古城如皋一日游 水绘园—定慧寺—花木大世界

古城如皋二日游(1) 首日:水绘园——范公苑。

次日:定慧寺——花木大世界——江苏花

木城。

古城如皋二日游(2) 首日:花木大世界——水绘园——范公苑。

次日:定慧寺——法宝禅寺——花木盆景观光带。

长寿之旅一日游 内外城河风光带——定慧禅寺——长寿特色餐饮——水绘园——工艺丝毯博物馆——江苏花木城。

长寿之旅二日游 首日:长寿特色餐饮——水绘园——长寿文化展,看如皋长寿之乡专题片——听长寿保健专题讲座——寻访百岁老人。

次日:定慧禅寺——工艺丝毯博物馆——长寿特色餐饮——江苏花木城。

综合一日游 线路A:水绘园——工艺丝毯博物馆——定慧寺——东方大寿星园——江苏花木大世界。

线路B:水绘园——定慧寺——长青沙岛生态旅游度假区——滨江湿地运动公园——田园森林(东风滩)——熔盛造船厂。

综合二日游 首日:定慧寺——内外城河风光带(集贤里—文昌阁—丞相亭—范公苑—射雉亭)——水绘园——工艺丝毯博物馆。

次日:东方大寿星园——寻访百岁老人——顾庄生态园——中华盆景园——江苏花木大世界——长青沙岛生态旅游度假区——滨江湿地运动公园、田园森林——东风滩——熔盛造船厂。

四、旅游商品

如皋旅游商品价廉物美、精巧便携、富有如皋特色。

土产四宝 如皋萝卜干、白蒲黄酒、白蒲茶干、林梓潮糕。

特产四珍 如皋香肠、如皋火腿、如皋肉松、如皋董糖。

名产四奇 如派盆景(其中有便于携带的微型盆景)、工艺丝毯、如皋风筝、如皋红木雕刻(其中有微型雕刻制品酸枝木雕十八罗汉、红木寿星等)。

如皋百岁碗 如皋在江西景德镇定制,首制5000套,碗的白色内壁正中为100个“寿”字组成的注册商标“万岁宴”红底金字盘寿。“万岁碗”依次编号,绝版发行。

第三节 旅游企业

一、旅行社

如皋市东方国际旅行社有限公司 1996年创立,位于如城镇广福路148号(颐园内)。是经国家旅游管理部门批准并核发经营许可证的独立法人机构,如皋市第一家旅行社,南通市旅行社协会常务理事单位。1999年加入上海春秋旅游联合体,实现联网经营。工作人员10人,6人拥有国家旅游局颁发的总经理、部门经理和导游资格证书。

如皋市假日旅行社有限公司 2000年创立,位于如城秀水路1号。是经国家旅游管理部门批准并核发经营许可证的独立法人机构,南通市旅行社协会会员单位。工作人员10人,3人拥有国家旅游局颁发的总经理、部门经理资格证书,5人拥有导游资格证书。

南通天天假期国际旅行社有限公司 2000年创立,初名如皋市春秋旅行社有限公司,位于如城镇福寿路199号。是经国家旅游管理部门批准并核发经营许可证的独立法人机构,南通市旅行社协会会员,文明诚信窗口单位。工作人员10名,3人拥有国家旅游局颁发的总经理、部门经理资格证书,8人拥有导游资格证书。

南通星际国际旅行社有限公司 2003年3月创立,位于如城镇健康路58号。是经国家旅游局批准,在工商行政管理部门注册登记,具有独立法人资格的企业。公司旅游业持证管理人员6人,持证导游人员8人,其中中级导游员2人,注册会计师1人。

如皋市扬子国际旅行社有限公司 2004年7月创立,位于如城镇福寿路292号,是经国家旅游局批准成立,并核发经营许可证的独立法人机构。拥有持国家旅游局颁发的总经理资格证书人员2人,会计师1人,部门经理资格证书及持证导游人员6人。

如皋市快乐之旅国际旅行社有限公司 2004年创立,位于如城海阳中路158号天成大酒店一楼，是经国家旅游管理部门批准并核发经营许可证的独立法人单位，南通旅游协会会员单位。员工8人，拥有国家旅游局颁发的总经理、部门经理资格证书4人，导游持证人员5人。

如皋市南国国际旅行社有限公司 2005年创立，位于如城镇福寿路320号。是经国家旅游局批准并核发经营许可证的独立法人机构，经营国内旅游的专营企业。有旅游局颁发的总经理、部门经理资格证的3人，导持游资格证书的6人。

南通大众旅行社有限公司 2002年创立，位于如城碧霞路299号。是经国家旅游管理部门批准并核发经营许可证的独立法人机构，南通市旅行社协会会员单位。工作人员11人，拥有国家旅游局颁发的总经理、部门经理资格证书的3人，导游资格证书的6人。

如皋光辉旅行社有限公司 2007年创立，位于如城福寿路大润发商业广场A区。是经国家旅游管理部门批准并核发经营许可证的独立法人机构。工作人员16人，拥有国家旅游局颁发总经理资格证书的2人、部门经理资格证书的5人，导游资格证书的16人。

二、旅游宾馆、饭店

光华国际大酒店，位于如城镇宁海西路199号，以淮扬菜系为特色。

江中集团宾馆，旅游三星级，位于吴窑镇，特色菜为“全羊席”。

泰华大酒店，旅游三星级，位于如城镇安定街156号，以淮扬菜系为特色。

泛亚大酒店，旅游三星级，位于丁堰镇丁新路79号，以淮扬菜系为特色。

江陵大酒店，旅游三星级，位于如城镇怡年路168号，以长寿养生菜为特色。

佩尔斯大酒店，旅游三星级，位于如城镇中山路、益寿路交会处，以淮扬菜系的特色。

东方豪都，旅游二星级，位于如城镇安定街中山路口，以淮扬菜系的特色。

老松林饭店，位于如城镇海阳中路39号，以如皋特色菜为主。

三禾大酒店，位于如城镇益寿路18号，以如皋特色菜为主。

天成大酒店，位于如城镇海阳中路158号，以淮扬菜系为特色。

一洲大酒店，位于如城镇秀水路9号，以淮扬菜系为特色。

如皋大地同发酒店，位于如城镇宁海中路194号，以如皋特色菜为主。

如皋天河渔村，位于如城镇中山西路海事大厦，以江鲜、如皋特色菜为主。

如皋绿园春酒店，位于如城镇宁海西路62号，以潮、粤菜系为特色。

丽泽华庭大酒店，位于如城镇中山路99号，以淮扬菜系为特色。

三、旅游出租汽车公司

如皋市绘园出租汽车公司，位于环西大桥南侧路西。

如皋市振如运输服务出租有限公司，位于如城益寿路交通大厦内。

如皋市日月出租汽车有限公司，位于如城镇皋北新村805幢114号。

上海大众汽车如皋销售服务有限公司，位于地址经济开发区。

四、旅游定点购物中心

如皋天天乐超市，位于如城海阳路天成大酒店对面。

江苏江源植物造景公司，位于204国道十里花市南。

南通美玲食品厂，位于如皋经济开发区。

南通郭氏风筝社，位于如城镇育贤路8号。

卷十一　财政·税务·金融

元朝前，县级无独立财政，地方财政收支由朝廷集中统管。元代，县衙始设计吏，执掌会计。清末，县衙始试编财政预算。民国17年(1928年)，国民政府如皋县政府始设财政局，以苛捐杂税组织地方财政收入。民国29年，如西抗日民主根据地建立，根据地财政以保障供给争取革命战争胜利为基本任务。中华人民共和国成立初，县委、县政府采取一系列措施，恢复生产，发展经济，财政收入有所增加。"大跃进"及人民公社化运动中，全县经济遭遇挫折，财政收入锐减。1962年，全县财政收入降至1115万元，比1958年减少781万元。"文化大革命"期间，全县财政收入在低水平徘徊。改革开放特别是进入21世纪后，全市(县)财政收入随经济发展快速增长。2010年，全市实现财政总收入78.08亿元，是1978年3747万元的208.38倍，其中一般预算收入33.69亿元，位居江苏省各县(市)第八位。

西汉至元代，域内税收均以盐税、田赋为主。明清时，陆续加征助饷、杂力等附加捐银40余种。国民政府如皋县政府财政局设立后，又增加各种附税(捐)70余种。民国22年，全县附税征收额超出正税17倍。日本侵略军占据如皋后，日伪苛捐杂税名目更多，且多依仗武力强征。中华人民共和国成立初，全县执行复税制，税务部门采取查账征收、民主评议征收、定期定额征收、查定征收等方式征税。1978年，全县各项税收2476.2万元。20世纪80年代始，税收征管体制实施一系列改革。1994年，国税、地税征管分开。2005年，始免征农业税。2010年，全市各项税收52.28亿元，是1978年的211.15倍。

明末清初，全县始有典当、银楼。清末，始设钱庄。20世纪30年代，国民政府江苏省农民银行、交通银行、中国农民银行等相继在如皋城设立分支机构，是为如皋有银行之始。民国31年12月，如西抗日民主政府创建江淮银行如西县办事处兼金库。中华人民共和国成立初，中国人民银行在如皋设分支机构，业务量极小。1950年年末，全县储蓄存款仅4943元。20世纪50年代，随着全县经济恢复发展，人民银行在乡镇设立分支机构，中国农业、工商、建设银行亦先后在如皋设立分支机构并发展基层网点。1978年后，随着经济快速发展，全市(县)金融机构增多，金融业务量大幅增长。2010年，全市共有各类银行11家，全市金融机构本外币存款余额492.82亿元，城乡居民储蓄存款余额316.80亿元，各项贷款余额247.86亿元。

民国3年，境内始有保险机构。日本侵略军侵占如皋后，全县保险机构均外迁或停办。中华人民共和国成立后，全县保险业务恢复。1978年后，保险业较快发展。进入21世纪后，全市保险机构大幅增加。2010年，市内保险机构共53家。

第一章 财政

第一节 沿革

民国前,县级无独立财政。全县财政概算、收支等由知县管理。元代,县衙始设计吏。清末,始试编县级财政预算。

民国初年,全县财政管理沿袭清制。民国17年(1928年)10月1日,国民政府如皋县政府财政局成立,县财政附属于省,县级仍没有独立的财政收入,以自筹资金维持开支,造成苛捐杂税繁多。民国18年,国民政府如皋县政府财政局易名如皋县财务局。民国24年,县财政被确定为一级地方财政,乡(镇)财政收支由乡(镇)公所编制概算,汇编入县概算。民国27年3月,日本侵略军侵占如皋城,县财务局随国民政府如皋县政府撤至如皋东乡。民国29年,如西抗日民主根据地建立初期,沿用国民政府章程征收工商税和农业税,以后不断修订完善。民国29年8月至民国31年年底,如皋县抗日民主政府、如皋县西南行政公署、如西县政府设财政科,下设田赋征收处、杂税处、猪只营业税征收处、党政军审计委员会,区设财粮助理,乡设财粮管理员。民国31年,根据中共华中局《华中抗日根据地财政经济政策草案》,根据地财政实行统筹收支,自给自足。财政收入包括田赋、屠宰税、契税、公学产款等,一律解县金库,用于县内各级行政经费和游击队、民兵经费等。是年12月,县财政科、粮食局、金库与苏中三专署税务管理总局合并,建立如西县财经局,统归如西县政府管理。民国34年9月,苏皖边区政府第一行政区专员公署在如皋城成立,对如皋财政实行统一管理,收入由边区政府组织征收,支出按系统逐级编制预算由边区政府核发。12月,县财经局撤销,改建财粮局,各区设立财粮股,负责粮食征收、保管、调运和财政收支。民国35年5月县财委会建立。10月,县财粮局与货管局合并成立县财经局。8月,国民政府军队重占如皋城,恢复对全县财政的控制。民国36年起,中共如皋地方组织和人民政权在西乡组织群众缴粮纳税,支援前线,同时贯彻精兵简政方针,挤出资金用于工农业生产,改善人民生活。民国37年11月,县货管局析出,财粮局恢复。至年末,国民政府如皋县政府统治下的如皋财政濒临崩溃。

民国38年年初,中共如皋县委、如皋县政府致力恢复发展经济,保障群众基本生活,县级财政状况明显改善。3月,县财粮局划分为县政府财务科和县粮食局。9月,县政府财务科与县税务局合并组建县财政局。1950年5月,县财政局划分为县政府财政科和如皋县税务局。1952年8月,县政府财政科与县粮食局、农税科合并,如皋县政府财粮科成立。其间,全县实行统收统支财政体制,集中资金支持生产和各项事业发展。1953年,县级财政实行"划分收支、分级管理"的预算管理体制。1957年1月,县政府财粮科易名财政科。1958年7月,县人委财政科、保险公司、税务局合并为县财政局。1961年11月,县财政局析为县财政局和县税务局,各公社设财务委员1名。1962年始,根据上级指示精神,财政局采取冻结机关团体和企业专项存款,压缩基本建设投资,控制社会集团购买力,清理"小金库"等措施,改善全县财政状况。1968年6月,县财政局、县税务局合并成立县财税局革命委员会。1970年12月,改称县财税局。"文化大革命"期间,全县财政处于混乱状态,财政收入、支出在低水平徘徊。

中共十一届三中全会后,全县财政体制由"高度集中、统收统支"改变为"统一领导、分级管理",财政收支规模逐年增长。1981年始,全县财政、税收、财务管理体制进行一系列改革。1989年,全县预算内财政收入首次突破亿元,成为全国财政大县之一。财政收入大幅增长的同时，财政供需矛盾依然突出，收不抵支。1986—1992年，市（县）财政连年赤字。1992年，市财政净结余-2944万元，其中市级-3699万元，乡级755万元。1993年起，全市财政形势有所好转。是年，实现收支平衡。

1994年起，如皋市在全省率先实行乡镇分税制财政体制，实现财权与事权的初步统一。是年，市财政局制订"收入进专户、收费凭两证、收支按预算、按级定奖惩"的预算外资金管理办法。1995年1月，市财政局成立资金管理科，扎口管理财政局各项有偿资金收支。7月，设立预算外资金管理办公室，为行政管理型全民事业单位，专事市级行政事业单位预算外资金收支管理。

1996年，全市全面建立乡镇国库。1998年起，市财政局贯彻执行积极的财政政策。是年，政策性因素和经济运行质量的双重影响，全市财政收入增长缓慢，导致公职人员工资不能及时发放。1999年，市财政局进一步强化预算外收支管理，对市级行政事业单位实行委派制和报账制，并试行政府集中统一采购，实行汽车维修、公务接待等政府定点，其中汽车维修、保养等由政府限定总额，定额到车。是年4月，市财政局增设下属全民事业单位市会计管理中心，报账制单位会计实行集中办公，委派会计实行集中统一管理。11月，市财政局下属全民事业单位市财政财务稽查大队建立，专事全市财政财务监督检查。

2001年，全市财政收入首次突破5亿元，受到省政府表彰。是年，市财政局增挂市国有资产管理委员会办公室牌子。2002年9月，如皋市政府采购办公室成立，挂如皋市控制社会集团购买力办公室牌子，对政府采购实行集中统一招标。在市级行政事业单位推行部门预算制度改革，实行基本费用定额预算，专项经费专项预算。

2003年，全市财政收入快速增长。是年，全市财政收入9.04亿元，比2002年增长41.5%。2004年，全市财政总收入11.13亿元。2005年，全市财政总收入13.02亿元。2006—2009年，全市财政总收入分别为17.5亿元、27.07亿元、39.41亿元、51.75亿元，年增长率均在20%以上。

2010年1月，市财政局增挂如皋市政府国有资产监督管理办公室牌子。7月，如皋市国有资产管理局建立，为政府工作部门。是年，全市财政总收入78.08亿元，是上年的150.9%，是1978年3747万元的208.38倍。其中一般预算收入33.69亿元，位居江苏省各县（市）第8位。市财政局内设10个职能科室，下设如皋经济开发区（柴湾镇）、长江镇（如皋港区）、如皋市软件园（桃园镇）、如城镇4个财政分局及14个镇财政所。

图11-1　如皋市财政收入增收获省政府表彰

第二节 财政体制

一、市（县）级财政

明清时期，县财政收入由知县掌管，支出由上级直接拨付或抵充。民国初期，军阀割据，全县财政无统一体制。民国16年（1927年），全县财政体制为中央、省、县三级体制。民国29年起，如西抗日民主根据地财政由县抗日民主政府自收自支。民国30年10月，伪县政府实行二级财政体制，将收入最多的田赋、契税、营业税划归中央统管，县级财政收入主要来自中央拨款及地方自治征收的税、捐、费。民国34年9月,全县财政改行苏皖边区第一行政区专员公署统筹统支。民国35年8月,国民政府如皋县政府实行三级财政体制。

中华人民共和国成立初期,全县实行“统筹统支”财政体制,县财政收支向苏北行署财政处结报,教育、水利、民政、公安等经费,直接向苏北行署有关业务部门结报。1953—1957年,中央、省市、县三级“分类分成”的财政体制实行,核定地方税为县固定收入,不够开支部分由省核定补助。

1954年,全县税收实行税收省、县分成,其中农业税县留成10%—15%、工商所得税和营业税县留成10%。1955年始,商品流通税和货物税县各留成3%。1956—1957年留成比例分别提高至8%和10%。1958年,全县实行“两放、三统、一包”(放人员、放资金,统一政策、统一计划、统一流动资金管理,包财政任务)的财政体制。在商品流通税、货物税、营业税、工商所得税和农业税收入中,县财政分成收入比例调整为22.4%。1959年,全县实行“收支下放、总额分成”的财政体制,县内各种财政收入均全额列入财政决算,按照县财政总收入与总支出,算出省、县分成比例。1971—1973年,财政收入县级核定留用比例为28%。1973年,调整为31%。超支分成县级由原来的60%改为20%,固定分成为2%,作为县内机动财力。

1974—1981年,全县实行“固定比例留成,超收分成,支出按指标包干”的财政体制,县级分得财政收入的比例由29.9%提高至40.2%。1982—1987年,实行“收支挂钩、全额比例包干”的财政体制。1982年,县级财政留成比例46.5%,1983—1984年为48.1%,1985—1987年为49.9%。1988—1993年,全市(县)实行“收入递增包干”的财政体制,以1987年财政决算参与分成的收入为基数,每年递增5.7%,在递增率以内的收入上解50.91%,市(县)级留成49.09%,超过递增率的收入全部留如皋,收入达不到递增率影响上解的部分,由如皋用自有财力补偿。

1994年,中央实行“分税制”财政管理体制。南通市财政局按照如皋市1993年财政收入实绩,将如皋市净上划收入数额作为对如皋税收返还基数。是年,全市税收返还基数为9279万元,其中消费税131万元、增值税9148万元。同时,核定如皋市外贸出口退税320万元。此后,每年定额上解。2005年,省财政对补助增长与财政收入增长挂钩实行封顶,如皋市财政转移支付补助额固定为14365万元。

2010年,市财政收入科目为:中央财政收入,包括增值税的75%、消费税、企业所得税的60%、个人所得税的60%。市级财政收入,包括一般预算收入增值税的25%、营业税、企业所得税的40%、个人所得税的40%、资源税、城市维护建设税、房产税、印花税、城镇土地使用税、土地增值税、车船使用牌照税、耕地占用税、契税、行政性收费收入、罚没收入、专项收入、其他收入。基金收入,包括政府性基金收入、社保基金收入。支出科目为:一般预算支出,包括一般公共服务、国防、公共安全、教育、科学技术、文化体育与传媒、社会保障和就业、医疗卫生、环境保护、城乡社区服务、农村水事务、交通运输、工业商业金融等事务、其他支出。基金支出,包括政府性基金支出、社会保障基金支出。

二、乡(镇)级财政

1984年前,乡(镇)实行“统收统支”的财政管理体制。1985年,县政府决定建立乡(镇)级财政,实行“核定收支、收支挂钩、增收按段分成、减收扣减支出、结余留用、一年一定”财政管理体制。

1986—1991年,乡(镇)财政实行“核定收支、收支挂钩、增收分成、减收减支、结余留用”的财政管理体制。取消增收按段分成和一年一定的规定,比上年增收的部分乡(镇)分成8%,比上年减收的部分乡(镇)负担10%,屠宰税仍按50%划归乡(镇)财政。未列入支出包干基数的经费,由县财政与主管部门联合下达专项指标。

1992—1993年,全市乡(镇)实行“核定基数,递增包干,收支挂钩,定缴定补,超收分成,短收赔补”的财政管理体制。在明确乡(镇)收支范围,核定收支基数的基础上,分别确定各乡(镇)收入递增比例,递增率为7%、8%、9%、10%四个档次,支出递增比例统一为5%。每年基数内的财政收支相抵,收入基数超过支出基数的部分,乡

(镇)定额上缴市财政;支出基数超过收入基数的部分,市财政对乡(镇)财政给予定额补助。

1994年,全市乡(镇)相应实行“分税制”财政体制。此后,进行4次调整。1996—1998年,国家预算调节基金列入市财政固定收入;土地增值税、土地使用税等原市财政固定收入,专项分成收入中固定资产投资方向调节税列入乡(镇)固定收入;市、乡(镇)共享收入中增值税乡(镇)分成由10%调整为12.5%,耕地占用税上缴省和南通市60%,其余部分市与乡镇分成比例为4:6。结算办法由上一轮的定额上缴、定额补助调整为递增上缴、递减补助。

1999—2000年,市政府委托乡(镇)征收的个体工商户增值税新增部分乡(镇)分成50%;收入大于支出上缴基数递增比例由上一轮10%调整为6%,支出大于收入补助基数递减比例,由上一轮的6%、8%、10%分别调整为6%、5%、4%;1988年后的政策性增支(不含新增人员经费),市财政补助50%。

2001—2002年,市、乡(镇)共享增值税收入,由上一轮乡(镇)分成12.5%调整为乡(镇)分成25%;实行乡(镇)财政收入增量上缴与全市财政收入增幅挂钩,以核定的乡(镇)收入基数(不包括基金费)为基数,每年市财政收入平均增幅内增量部分的20%上缴市财政,超过全市平均增幅部分市财政不予征收。取消市政府每年下达乡(镇)年度财政收入目标任务并进行考核奖惩的规定。

2003—2005年,全市各乡(镇)农村中小学在编在册教职工及正式离退休人员按国家统一规定的项目和标准发放的工资(含离休人员省以下津贴、补贴,下同)纳入市级财政供给范围,每年各乡(镇)按2003年4月工资基数固定上解市财政,列入市本级财政预算。国家出台重大调资政策及新增人员,相应增加的国家统一规定标准工资部分,由各乡(镇)在年终结算时专项上解。

2006年1月,市政府实施镇财政体制改革。镇级财政实行“预算共编、账户统设、收入上划、资金统拨、支出控制、票据统管、债务审批”体制。2007年,实施“镇财市管”改革,各镇收入资金由集中上缴国库改为直接上缴国库,扩大镇级财政直接支付比重。此后,镇级财政体制未再作大的调整。

第三节 财政收支

一、财政收入

唐元和年间,县衙始有收入,主要为所征税赋的留成。宋代,全县财政收入以盐税、田赋为主。明清时期,地方财政收入,除正赋外,陆续加征助饷、杂力、水脚、耗羡、折色等附加捐银40余种,地方举办的书院、社学、义学等教育经费,主要来源于学田、公房租金。清末,全县财政收入主要来自赋税和学田租金,全县有学田16185.41亩。同时,举借外债和发行公债等。

民国初,全县仍无固定支出来源,建设费用主要以征收捐款等办法解决。至民国17年(1928年),国民政府如皋县政府除征实、征借和征收公粮外,增加各种附税(捐)70余种。是年,全县财政收入15.65万元。民国22年,全县附税征收额超出正税17倍,县财政收入151.24万元。民国27年日本侵略军侵占如皋后,伪县政权制订“商七民三”(商店70%,富户30%)的摊派标准,搜刮民财。民国29年初,伪县公署所需经费除按“商七民三”制摊派外,另开征地方税。8月,县抗日民主政府实行“指借”制度,出具借条向地主、富户借钱,在征收田赋时抵算。同时,开征地价税,每亩征收3角(流通券)。民国35年秋,国民政府如皋县政府采取预借田赋方法,每亩预借小麦2.5千克,并加派督征员催征。民国36年,国民政府如皋县财政税入总预算为801.2万元(法币),包括课税收入170.94万元(营业税、土地税、屠宰税、营业牌照税、筵席及娱乐税等)、管理收入1.88万元、财产孳息收入5.83万元、其他收入2.55万元、补助收入360万元、特别课税收入260万元。

中华人民共和国成立初,县财政收入主要来源为企业收入、工商税收入、农业税收入及其他收入等。1954年,全县财政收入1110.00万元(折合新币),首次突破1000万元,其中企业收入81万元、工商税收入481.5万元、农业税收入488.7万元、其他收入58.80万元。1958—1962年,受“大跃进”、人民公社化运动影响,全县国民经济遭受挫折,财政收入大幅度下降。1962年,全县财政收入1115万元，比1958年减少781万元，下降41%。1963—1965年，全县国民经济稳步发展，财政逐步走出困境。1965年，县财政收入1620.30万元，超收58.74万元。“文化大革命”中，全县财政收入在低水平徘徊。

1978年，全县财政收入3747.1万元，比1977年增长6.26%。1986年，税收增长与生产增长比例不相适应，财政收入增长0.78%。1989年，全县财政收入首次突破亿元。1991年，全市遭受特大洪涝灾害，农业税收入减少70.4万元，财政收入10662.5万元，比1990年下降0.3%。1993年，财政收入16709万元，完成年初预算的123.8%。是年，实现财政收支平衡。1994年，税收分为国税、地税，全市财政总收入20619万元，其中中央财政收入为11125万元，地方财政收入为9494万元。1997年，全市财政收入31132万元，首次突破3亿元。

2001年，是全市国有集体企业改制后私营个体企业纳税增长较快的一年，全市私营个体税收近7700万元，比2000年增长59.4%。全市财政总收入5.16亿元，首次突破5亿元。2003年，如皋市在全省率先建立定报企业税源台账。是年，全市工商税收入2.30亿元，比2002年增长41.5%。2004年起，全市税源控管由专业职能部门向多部门延伸，在农业税税率下降3个百分点，农业税收入减少3352万元的情况下，财政收入比2003年增长12.12%。2005年，市政府出台财政收入序时动态考核办法，实现财政收入按序时进度均衡入库。是年，全市财政收入13.02亿元，其中地方财政收入5.45亿元，居南通市第二位。2004年、2005年，如皋市连续被江苏省政府、南通市政府评为“财政收入上台阶先进单位”。2006年，如皋市再次被评为江苏省财政收入上台阶先进集体。

2010年，全市实现财政总收入78.08亿元，比2009年增收26.33亿元，增长50.9%。其中一般预算收入33.69亿元，比2009年增收12.04亿元，增长55.6%，位居江苏省县(市)第8位，实现“跨江争八强”目标。一般预算收入中税收占比87.2%，列江苏省县(市)第3位。

二、财政支出

国民政府财政支出 清代，全县财政支出以官员薪俸、军队饷银为主，次为赔款、练兵和办实业等。

民国初年，全县财政支出主要用于行政支出，部分用于教育、公安、农业等。民国35年(1946年)起，国民政府如皋县政府财政支出主要用于官员薪俸和战争。民国36年上半年，国民政府如皋县政府财政支出比预算增加6.09亿元(中储券)，收支净差额为111亿元。各项支出中，公安及警察支出1.44亿元、其他支出314.25亿元。其他支出中，用于官员生活补助费用占70%以上，教育、文化、卫生、社会救济及经济建设总支出占3.75%。其中：教育文化支出占支出总数的1.97%。民国37年4月17日至6月15日，如皋绥靖临时经费支出121.81亿元。

人民政府财政支出 民国29年(1940年)始，如皋县抗日民主政府、如西县政府财政支出实行“军事第一，生活第二”的方针，经费主要用于军事和救济，对党政军工作人员按最低限度实行供给制。民国34年，县政府发放救济粮2.5万千克。民国35年，疏浚龙游河，县政府以工代赈支付给贫困农民小麦65.63万千克，草2.58万千克。同时，县政府还负责对前线的供给，苏中“七战七捷”在如皋的三战中，全县供给前线粮食50万千克。民国37年至民国38年，全县支援中国人民解放军渡江，调运粮食406万千克，直接送往前线的粮食195万千克、草380万千克。

中华人民共和国成立初，全县财政支出遵循“量入为出，统筹兼顾，厉行节约，有效开支”的原则，有计划地使用财政资金。“文化大革命”期间，全县财政支出一直处于低水平状态。改革开放后，随着财政收入增加，财政支出亦大幅度增加。1986年，县级财政出现赤字。1991年，全市财政一般预算支出9495.1万元，其中农业支出比1990年增长50.8%。

2003年起，全市公共财政不断加大对“三农”、民生和社会事业的投入。2004年，在全市财政支出76613万元中，用于河道整治800万元，用于农村道路建设160万元，用于农桥维修配套100万元，用于高沙土治理125万元，用于农村大病救助配套资金740万元，用于农村劳动力配套资金80万元，用于农村改水资金1572万元。是年，如皋市在江苏省各县(市)中率先完成农村改水任务。2009年，全市财政一般预算支出33.89亿元，比2008年

1949—1990年如皋县若干年份财政收支情况统计表

表11-1

单位:万元

年份	财政收入(预算内)	总计支出	年份	财政收入(预算内)	总计支出
1949	606.80	39.80	1970	2364.10	820
1952	918	134.20	1975	3453	1311.60
1955	1179	261	1980	3730.70	2511.70
1960	1814	991.40	1985	7317.10	4348.20
1965	1620.30	643.90	1990	10690.20	9305.30

1991—2010年如皋市财政收支情况统计表

表11-2

单位:万元

年度	财政收入合计	一般预算支出	年度	财政收入合计	一般预算支出
1991	10662.50	9495.10	2001	51593	40824
1992	12041	10054	2002	65518	51606
1993	16709	13648	2003	90358	64874
1994	20619	17129	2004	101311	76613
1995	25847	18690	2005	130166	102378
1996	28011	22262	2006	175010	130929
1997	31132	23535	2007	270693	175866
1998	32169	26124	2008	394141	271202
1999	29258	28106	2009	517513	338918
2000	35377	30615	2010	780841	474512

增加支出6.77亿元,其中,教育支出6.54亿元。2010年,全市财政一般预算支出47.45亿元。

第四节 管理监督

一、预算管理

唐代以前,如皋一直执行“上计”(县令定期向朝廷呈报文书)制度。一年一次上计,三年进行大计,宋朝起,朝廷常编《会计录》,地方财政收支由朝廷安排。明代,编制黄册、鱼鳞图册。清代,预算管理,范围狭窄,内容简单。清末,朝廷颁布《清理财政章程》,试办财政预算编制,至辛亥革命终止。

民国初,县级财政预算采用“跨年制”。民国17年(1928年)国民政府如皋县政府财政局建立后,全县每年财政收入、支出均有预算、决算。民国后期,预算年度改用“历年制”。抗日战争和解放战争时期,根据地和解放区逐步建立预算管理制度。

中华人民共和国成立后,财政部门负责组织财政预决算编制。2002年,市政府制订《部门预算管理试行办法》(皋政发〔2002〕7号),全市始实行部门预算制度。按照预算内外资金综合预算、定员定额、收支平衡等原则,市级机关及事业单位(包括差额补助、自收自支事业单位),实行"一个部门,一本预算"。部门支出预算实行"二上二下"的编制程序。基层预算单位按照统一的定额标准和行政业务、事业发展规划,编制预算建议报送市财政局(一上)。市财政局审核部门预算建议后下达预算控制数(一下);部门根据预算控制数编制本部门预算报送市财政局(二上)。市财政局根据市人民代表大会批准的市级财政预算,批复部门预算(二下)。支出预算,按批复执行。不得随意审批追加拨款项目。支出实行国库集中支付。部门收入预算,实行票款分离和收支两条线管理。预算外收入超收部分按一定比例奖励给征收单位用于补充其业务经费不足;不能完成预算外收入任务的,同比例扣减拨款计划或支出预算。

2003年,全市全面实行"内外统管,综合平衡"的部门预算编制方法,将行政性收费、政府性基金收入、经营收入等全部纳入编制范围。2004年,突出部门和单位在预算编制中的主体地位,初步形成预算编制、执行与监督相分离的制度。2005年,取消"收支挂钩、超收分成",实行"收支脱钩、超收奖励"政策,对奖励资金实行比例控制和总量控制。2007年,省管市财政管理体制实施。2008年,市政府颁发《关于进一步强化财政预算管理的意见》,完善预算执行机制,规范预算追加程序和审批权限。2009年,市财政局出台《关于建立预算追加审核制度的通知》《如皋市市级财政项目支出绩效评价操作指南》。

2010年,市财政局将部门预算项目与会计核算科目对接,实行预算编制、预算执行、会计核算三维管理,建立预算执行动态监控反馈机制。

二、行政事业财务管理

元代,县衙始设计吏,掌管会计事务。民国初,沿袭旧制。民国17年(1928年)10月始,国民政府县财政局负责监督全县所有资金的收支。同时,县政府建立公共财产管理局,管理公共财产。民国19年7月5日第482期《江苏省理论公报》载:"省财政厅发现如皋县财政局作为特别税收的那部分用于建设工程的钱,实际上未交建设局用于这些工程,有17000元被非法转用。"

民国29年8月,如皋县抗日民主政府设财政科,管理行政事业经费。此后,全县行政事业财务管理均由县政府财政部门负责。

1950—1980年,全县行政事业财务管理分为"全额预算管理单位"和"差额预算管理单位"两类进行。无收入单位的支出,全部列入财政预算。1981年始,县财政局对实行"全额预算管理"的行政、事业单位,采取"全额预算包干"或"部分项目预算包干"的办法管理。

1988年始,行政事业单位财政拨款实行"定额用款、超支不补、结余留用"包干使用责任制。1990年,事业单位逐步实行承包经营责任制,创收抵顶财政拨款与奖励挂钩办法,鼓励事业单位合法创收。1993年,市政府制订《关于加强市级行政事业经费管理的意见》,严格控制不合理支出。2002年5月,市直单位、乡镇行政事业单位人员以及全体教师的工资,按国家统一标准实行市财政统一发放,分设在各镇的工资专户被撤销。市财政局设立工资资金专户并实行封闭运行,行政事业单位奖金、补贴、津贴实行报批制度。

2004年,市政府对全市部门、单位统一着装情况进行全面清理,共清理不符合统一着装规定的部门、单位20个,人员1111人。2005年,出台《关于深化"收支两条线"管理改革的意见》,部门和单位的预算支出安排与预算外收入规模脱钩,切断单位收入和支出之间的关系。2005年起,取消预算外资金收入超收分成办法,实行"超收奖励、短收扣减"政策。出台《公务接待管理暂行规定》,对公务接待费实行总额控制和比例控制,市级机关控制在单位人员公用经费的30%以内,乡镇控制在35%以内。出台《加强机关事业单位奖金、津贴、补贴、福利等有关待遇管理的若干规定》。2009年,对市级预算单位全面实施公务卡结算制度。

2010年,实施非税收入一票制改革,全面推行"单位开票、银行代收、实时入库"征缴方式。

三、企业财务管理

1953年,县政府财粮科开始对地方国营企业生产成本、资金运用、管理费用、上缴利润等进行审查核定。1954年,全县实行地方国营企业超计划利润分成制度。国营企业超计划利润40%留归企业或主管部门,60%解交国库。1958年起,企业奖励基金制度废止。1962年,除商业部门仍实行利润留成办法外,其余企业不再实行利润分成办法,企业奖励基金制度恢复。1969年,企业奖励基金制度取消。1973年,商业部门利润留成制度取消,县政府对国营企业固定资产实行无偿调拨,流动资金由县财政直接拨款。1978年,提取企业基金办法恢复。企业完成国家下达指标可提取企业基金,比例为职工全年工资总额的5%;不能全面完成计划指标,适当扣减。1979年,企业利润留成制度恢复,县政府对企业固定资产实行有偿调拨。1980年,县政府开征企业固定资金占用费、流动资金占用费。1981年,全县实行企业利润留成和盈亏包干。1983年,全县实施企业利改税改革1983年4月至1984年8月,利税并存。此后,逐步向完全以税代利过渡。

1987年起,县政府推行企业承包经营责任制,根据"包死基数,确保上交,超收多留,歉收自补"原则,理顺国家与企业分配关系。1988年,在国营企业中,分别不同情况,推行工资与上缴利税挂钩,工资与承包合同"三项指标"(实现利润、归还专项贷款、上缴税利)挂钩,单一产品工资含量包干等效益工资制度。1992年,对全市国有工业、粮食、商业、外贸企业进行全面清仓查库,查出并核定企业潜亏额3466.05万元。1993年1月1日起,对国有企业实行"税利分流,税后还贷"办法。1996年,全市始推行以"先售后股"为主要形式的企业产权制度改革。市财政局加强对改制企业的资产评估立项和确认工作,对企业申报核销的不良资产审核把关。2001年,市财政局等部门实地查验改制企业,审核账册资料,发现企业申报不良资产不实,对照政策应不予核销计200万元。此后,市财政局对企业财务管理向服务转变。

2004—2010年,全财政累计安排新型工业化、科技进步奖励资金1.15亿元,累计安排神马电力、九鼎集团等龙头企业专项扶持资金9815万元。市财政局累计为1150家企业申报工业、农业、服务业项目349个,争取扶持资金9.98亿元。

四、农业财务管理

镇(乡)村财务管理 中华人民共和国成立初期,全县农村财务管理工作由县财政部门具体负责。1961年,县财政局、县委农村工作部根据中央"十二条"和加强人民公社财政工作的指示,进行农村理财、建账工作,包括清理财务账目、各项资金、固定资产、粮食物资、各项往来、劳动工分、社员投资、往来分配、生产队收支等,并整顿旧账,建立新账,补记积压账目。此后,各公社配备经营管理员,负责村级财务会计辅导工作。

1983年,全县农村实行家庭联产承包责任制

图11-2 如皋市第一期农村财会人员财政支农政策培训 (2007年摄)

后,村提留、乡统筹按上年农民人均纯收入提取。比例为5%,随着农民人均纯收入逐年增长,提留统筹逐年增加,农民负担一度失控,镇、村财务管理以控减农民负担和镇村不合理开支为重点。

2001年,全市实行农民按章纳税、政府依法收税、集体按规定筹资筹劳的制度。2005年,全市全面取消农业税。此后,市政府对三农(农村、农业、农民)只予不取,财政反哺农业的农民种粮补贴、村级运转经费、计划生育补助等涉农补贴逐年增加。村级资金实行"村有乡管、审核预算、审查开支、民主理财、加强管理",防止截留、平调和挪用涉农补贴。

农业投资管理 1959年始,支援农业生产投资,单独列入县级财政预算。1968年,小型农田水利经费列入财政预算。1981年始,支援农村社队资金,由无偿拨款逐步过渡到无偿和有偿相结合,并实行项目经济效益考核。1983年,农业技术推广费、畜禽补助费列入财政预算。1984年,水产补助费列入财政预算。

1985年,贯彻省改进支援农村乡镇投资使用管理办法的意见,在全面核实清理的基础上,将委

托农业银行发放的乡村企业周转金，纳入财政管理统一。1987年，县财政局制订财政周转金有偿使用办法。

1988年，全县开征农业发展基金，首先开征土地矿产资源费。此后，陆续开征防洪保安资金、水利工程水费、生猪发展基金、蚕桑技术改进费、粮食技术改进费、土地有偿出让金、新菜地开发建设基金、建农基金。用以弥补预算内农业投入不足。1989年，县政府建立农业发展基金领导小组，办公室挂靠财政局农财股，负责预算外农业发展基金的筹集、使用和管理工作。是年，征收农业发展基金183万元。1990年，县委农工部、县财政局等部门整理汇编《农发基金筹集、使用和管理制度》。1995年、1996年，全市农发基金支出1600万元。2000年，如皋市在全省率先对农业综合开发项目资金实行县级报账制。

1992—2010年，市农业资源开发共投入资金6.18亿元，其中市财政投入3.61亿元。投资资金普遍实施项目化管理。

五、国库管理

明清时期，全县田赋等税收统缴布政司侯部，称解支。县内俸工、祭祀、杂支等项经费均由布政司批准后，在解支数中扣除留用，称留存。

民国初，全县金库出纳范围及规模均小于实际财政收支的范围和规模。民国19年（1930年）始，相继有江苏省农民银行、交通银行、中国农民银行在如皋设立分支机构，代理金库。民国31年12月，如西抗日民主根据地江淮银行在如西县设立办事处，兼理金库。

中华人民共和国成立后，国库如皋支库设立。1950年3月，贯彻上级财政部门统一要求，地方财政收支账目国库取消，地方金库撤销，所有财政库存资金按期解省库，地方支出统一由中央拨付。1955年4月1日起，地方税款收入汇票取消，改用银行内部划转方式报解，当日收入当日上报。

1992年10月1日起，市财政局在新民、丁堰、勇敢、车马湖、石庄、葛市、搬经、长庄、城西9个乡镇进行国库业务试点。1996年1月1日，各乡镇金库全面建立并开始运转，农业税作为乡镇固定收入，就地入库，乡镇全额留用。2002年4月，市财政局国库科成立。2003年6月，市财政局制定《关于市级财政性资金实行国库集中统一核算的通知》，财政预算资金、预算外资金、各项财政专项资金、财政性借款及归集在财政专户的其他资金一律纳入市级国库或财政专户管理，由市财政局国库科集中核算，统一支付。2005年，市财政局全面更新预算外收入核算系统，市级各执收单位收取的各类资金、预算外收入实时入库。

2006年，市政府出台《如皋市国库管理制度改革试行方案》《如皋市国库管理制度改革会计核算暂行办法》《如皋市国库管理制度改革资金支付管理暂行办法》等规范性文件，并将如皋市一中、质监站、房地产监理所、统计局4个单位列为国库集中支付制度改革试点单位。2007年，全市国库集中收付改革全面推进。全市163个市级行政事业预算单位纳入国库集中支付改革范围。2009年，全市实施国库速达工程，市级部门预算单位全面推行“公务卡”结算方式。

2010年，市财政局归并镇财市管和国库集中支付相近职能，年底国库集中支付“网上申报、网上审核、网上支付”试运行。是年，市财政局共办理国库集中支付业务59668笔，支付资金58.43亿元，其中直接支付52.15亿元，占89.3%。

六、国有资产管理

产权登记 1991年，市财政局国有资产管理科成立。是年，国资科开始对市属企业和企业化管理事业单位进行产权登记，共登记125家，资产总额90719.99万元。1992年，对130家全民所有制企事业单位的国有资产办理初始产权登记，共登记国有资产23851万元，国有资本金22549万元。1993年，开始办理企业单位国有资产产权登记年检。1996年1—5月，中华人民共和国成立后全市（县）首次行政事业单位产权登记完成，353个行政事业单位核定登记资产96418万元，负债32629万元，国有资产总额63789万元。2001年，经年检全市国有企业38个，资产总量-588万元；行政事业单位339个，资产总量124576万元。

资产清查 1992年，市财政局进行行政事业单位清产核资试点，并推进闲置设备调剂工作。是年，调剂17件、48.95万元。1993年2月，开展行政事业单位财产清查和市属企业清产核资试点工作。至1993年6月底，共清查行政事业单位

1032个，登记资产42276万元，查出账外资产5187万元。1994年，扩大企业清产核资范围，共清查企业16家、资产50546万元，申报处理资产5575万元，其中申报核销货款3497.60万元。

1995年，全市国有企业清产核资工作全面展开，以1995年3月31日为统一时间点，全市国有企业资产总额193724万元，负债总额148145万元，所有者权益45579万元。2007年，市财政局先后出台《如皋市行政事业单位资产核实暂行办法》《如皋市行政事业单位资产处置暂行办法》和《如皋市行政事业单位资产清查专项核查指南》等文件，组织全市463家行政事业单位进行资产清查。2008年，根据江苏省委、省政府要求，开展党政机关事业单位公有房屋土地使用情况专项清理工作。

2010年，按照国有资产管理规范化、标准化、精细化要求，全面完成全市镇（区）、行政事业单位

图11-3 财会人员清查企业账册（1999年摄）

资产数据的采集、录入、审核、上报工作。1993年、1994年、1996年、1998年，全市清产核资办公室4次被评为江苏省国家行政事业单位财产清理工作先进集体。

资产评估 1993—2002年，市财政部门共为100个企业（项目）资产进行评估立项和确认，评估确认资产价值90303.54万元，比申报（账面）价值67780.08万元，净增22523.46万元。此外，为18家改制企业剔除不合理资产申报损失200万元。

收益收缴 1999年，市财政局制定《如皋市国有资产收益收缴管理办法》。2000—2002年，全市共收缴国有资产收益1206.10万元。2003年，市财政局、市监察局联合下发《关于切实加强行政事业单位房屋租赁经营管理的通知》。是年，收取公用房屋租金98.50万元。2004—2010年，全市每年收取行政事业单位房屋租金约100万元。

资产盘活 2001年5月，市政府下发《如皋市行政资产管理暂行办法》，并成立如皋市行政事业资产管理办公室。如皋市在全省率先实行如城规划区内市级机关、非企业化管理事业单位及列入行政事业单位财务管理社会团体占有和使用的房屋、建筑物、土地等资产集中管理。是年，市政府分两批划收58个单位的相关产权，共划收房屋建筑物使用面积62984平方米，价值5809万元，盘活部分存量资产。

2002年4月，如皋市行政事业资产经营有限公司挂牌，对行政事业单位办公用房、闲置房屋、土地进行调剂，以市场化办法经营行政事业资产。2008年初，除市人民法院、市人民检察院、市公安局、市总工会、市委老干部局外，在如城市级机关部门（单位）全部搬进市行政中心办公。市财政局、市机关事务局组织对各部门（单位）原办公地点资产进行清点、登记，并按照公开、公平、公正、市场化原则对部分资产进行统一处置。2009年，实现行政资产处置收入1100多万元。2010年，市财政资产处置收入340多万元。

七、社会集团购买力控制

1960年，全县开始实施社会集团购买力控制。"文化大革命"期间，控制社会集团购买力工作一度停顿。1974年，县革委会发出《严格控制社会集团购买力，制止年终突击花钱的紧急通知》。1977年，县财政局与县商业局共同制订社会集团购买力的管理办法，把控制指标管理落实到公社、镇一级，并实行凭社会集团购货证供应商品的办法。1979年、1980年，全县列入专控审批的商品分别为27种和32种。

1988年，县政府发出《关于进一步做好严格控制社会集团购买力工作的通知》，县财政局制定《关于做好严格控购工作的具体要求》。是年，全县累计审批集团购买金额116.9万元，比1987年实际执行数237.2万元减少50.7%。

1990年，如皋县在南通市率先实行控制社会集团购买力专管员制度，聘请专管员133人，形成全县控购管理网络。1991年，市（县）政府对乡镇

企业控购工作进行检查，仅购买小汽车一项，压缩支出103.9万元。1992年，市级财政实现机关购置小汽车和添置高档办公用品零预算。

1995年3月起，市政府恢复对汽车购置资金的审核。用预算外资金购置专控商品的，事先必须申报预算外资金使用计划；预算内资金购置专控商品的，实行会审制度，重大项目须提请市长办公会议讨论确定。

1997年，市委、市政府下发《关于发扬艰苦奋斗精神，反对奢侈浪费行为的规定》，对购置小汽车、大轿车、大哥大等高档消费品实行层层报批制度。2002年，市政府采购办公室挂如皋市控制社会集团购买力办公室牌子，负责控制社会集团购买力的有关工作。2004年7月1日起，全市小汽车控购取消。此后，行政机关、事业单位购买大件商品，列入财政预算和政府集中采购。

八、政府采购

1999年3月，市政府颁发《如皋市政府采购试行办法》，设立政府采购中心，对部分支出项目尝试进行集中采购。2001年4月，市政府制订《如皋市政府采购暂行办法》，对定点印刷、定点加油、车辆定点维修、定点业务接待等做出明确规定，并制定政府采购人员工作守则，建立政府采购信息统

图11-4　如皋市政府采购执行情况专项检查工作会议　（2004年摄）

计和信息公告制度。

2002年，市政府采购办公室成立。2003年，市财政局等部门下发《如皋市政府采购管理暂行规定》《如皋市政府采购供应商入围资质规定》《关于政府采购招标项目统一到市招标中心组织实施的通知》等文件，如皋市在全省率先实现政府采购管理机构与集中采购职能分离，并建立供应商信息库和政府采购评审专家库，实行采购权、验收权、资金支付权三权分离。2005年，全市扩大政府集中采购范围与规模，对列入部门预算的采购项目实行每月一次集中公开招标，并将工程类项目纳入政府采购范围，实行事前申报制度，并试行重大政府采购项目资金由市财政直接支付。

2006年，市政府出台《市镇两级政府分散采购管理暂行办法》等11件规范性文件。是年，全市政府采购总金额3.1亿元，比2005年增长48.6%，节约资金3340万元，节约率10.77%。2007年，市财政局建立和完善治理政府采购领域商业贿赂防范机制，出台《如皋市政府采购管理办法》，并开通如皋市政府采购网。2008年，制订和完善集中采购程序性规章，完善公开招标、邀请招标、竞争性谈判、询价采购、单一来源采购5种采购方式的采购手续。

2010年，全市政府采购规模5.28亿元，资金节约率14.55%。是年，市政府完成政府采购网上竞价系统开发，实行协议供货项目网上竞价，推进“阳光采购”。《如皋市政府采购网上竞价管理办法（试行）》被南通市纪委评为创新好制度。

第五节　债券发行与融资

一、国债发行

民国26年（1937年）上半年，境内始发行国民政府航空、公路建设公债，至抗日战争爆发停止。1946年3月，苏皖边区政府向所属各县发行救灾公债，政府颁发劝募公债实施办法向富裕商民、富农、开明绅士劝募，如皋发行250万元（华中币）。

1950年1月26日，如皋县人民胜利折实公债推销委员会成立，开始发行1950年第一期人民胜利折实公债。公债发行、还本利息均以实物折算，全县认购42203份。1955年还本付息结束。

1954年5月，县内始发行国家经济建设公债，全县各界及驻如部队共认购30.52万元。1955年2月，如皋县经济建设公债推销委员会成立，全县各界认购1955年度经济建设公债406083元，占计划451635元的90%。至1958年，全县共认购国家经济建设公债186.15万元。是年，民国35年苏皖边区政府发行的救灾公债兑付结束。1968年，全

1981—1990年如皋县国债发行情况统计表

表11-3

单位：万元

年 份	发行任务	实际发售		占任务%
		集体	个人	
合计	3300.52	865.20	2647.86	106.44
1981	105.52	105.50	0.02	100.50
1982	140	69.95	87.88	112.70
1983	148	47.62	104.41	102.70
1984	148	51.01	104.52	105.10
1985	254	51.47	204.57	102
1986	256.50	47.88	222.68	105.50
1987	256.50	50.89	229	108.54
1988	383	74	316.78	102
1989	1179	237.80	998	101.80
1990	430	129.08	380	117.72

1991—1998年如皋市财政自办发行国债情况统计表

表11-4

单位：万元

年 份	实际完成数	兑付数	免费代保管
合计	9969.60	4771.93	4504.40
1991	576	205.26	152.40
1992	991	1281.50	799
1993	1800	435.17	600
1994	1820	1155	1900
1995	1642.6	1695	1053
1996	1470	—	—
1997	670	—	—
1998	1000	—	—

县认购的国家经济建设公债兑付结束。

1981年起，县财政部门组织、分配、宣传、推销国债，各金融机构负责发售。至1990年，累计销售国债3513.06万元。1991年7月，如皋市国债服务部成立，负责本市国债的承销、兑付、转让、代保管等。至1998年，全市累计发行国债9969.6万元，兑付4771.93万元，代保管4504.4万元。1998年始，国债发行逐步改由证券公司及金融等机构进行。2001年，如皋市国债服务部撤销，其职能划归国库科。此后，全市国债发行无准确统计。

二、融资、筹资

中华人民共和国成立初，为迅速恢复发展经济，繁荣市场，保障供给，县供销合作社以社员股票的方式融资，具体数额缺载。改革开放初期，县政府以地方建设基金的方式筹集地方建设资金。1988年，根据国家有关规定，开始以彩票销售的方式筹集社会福利、体育等事业发展专项资金。此后，又相继建立市交通投资公司、市城建投资公司等融资平台。

2009年，市政府将市交通投资公司、市城建投资公司、如皋港沿江公司、如皋经济开发区经贸公司的资产以合并报表的形式，整合为新的政府融资平台。至2010年年底，政府融资平台发行债券申报材料通过国家发展改革委员会的审核，进入人民银行、证券会会签程序。

地方经济建设资金筹集 1995年2月，市政府下发决定，在全市范围内组织筹集地方建设基金。筹集对象为1994年在编的市级机关各部门及区乡镇机关干部、职工，市属企业、乡镇企业干部、职工，建工系统、干部职工及劳务输出人员，持证经营的个体工商户、私营企业从业人员，文教、卫生、科技、各群众团体等单位干部及工作人员。1995年、1996年，共筹集基金6771万元。所筹集基金由市政府统一安排，先后借贷给市无线电三厂、染织厂、绢纺厂、液压件铸造厂等32家集体工业企业和6家经营公司。市政府对资金筹集以财政委托形式，委托南通信托投资公司如皋办事处具体办理。

1998年1月，南通信托投资公司如皋办事处撤销，委托关系终止。市政府建立市地方经济建设资金管理办公室，具体管理地方建设基金的有关债权债务及相关事务。

福利彩票销售 1988年11月，县民政局派员去常州参观、学习有奖募捐福利彩票发行工作并接受培训。随后，如皋县社会福利有奖募捐委员会建立，下设办公室。次年春节期间，民政、公安、工商、税务、司法、城管、交通等部门联合，于如城中心区组织首期福利彩票销售，采用传统型刮开式兑奖，彩票面额2元，6天完成50万元彩票销售。此后彩票销售出现下滑，一度采取按系统、分乡镇下达指标摊派销售的方法。1989年，销售彩票5万元。1992年，在丁堰镇集中销售彩票时，发生群众哄抢彩票、奖品的恶性事件。

1993年始，市社会福利有奖募捐委员会办公室总结经验教训，改进彩票销售、兑奖办法，彩票销售额逐渐回升。

2007年12月12日，福利彩票“中福在线”成立。至2010年，全市累计销售福利彩票23855万元，其中即开型福利彩票5972万元、电脑福利彩票17883万元。累计筹集公益金1908万元，主要用于发展福利事业。

体育彩票销售 2000年，市体委开始组织向社会发售体育彩票，并设立全市首家销售体育彩票的站点。

至2010年，全市共有体育彩票销售站点138个，体育彩票总销售额28073.1万元，其中2010年销售8418.6万元。体育彩票销售留成部分主要用于发展体育事业。

第二章 税务

第一节 机构沿革

一、沿革

宋元时期,全县税务由县令掌管。明代,县衙置税课大使1人,协助知县掌管赋税,下设力役、催役、借债之役,负责征催赋税。清初,知县聘请"幕友"掌管全县漕粮征收,县衙内设"钱粮柜",办理完粮纳税事宜。清宣统三年(1911年),"幕友"制废除,县民政分府主计课负责田赋征收。

民国初年,县知事负责处理税收事宜。民国17年(1928年),全县税收由国民政府如皋县财政局管理。民国27年,日伪政权在如皋城设田赋征收处。

民国29年,县抗日民主政府财政科下设田赋征收处、杂税处、猪只营业税征收处,负责赋税征收。民国30年1月,苏中三分区税务管理局在如西县设立季家市(现属靖江市)、铁篙笆、土墩港3个税务分局,负责征收根据地进出口货物税。6月,苏中三分区税务管理局于如西县设立一总局(亦称如西县税务局),下设4个分局。一分局设于黄市,二分局设于石庄,三分局设于土墩港,四分局设于古溪(现属泰兴市)。4个分局下设10个税务所。

民国31年12月,苏中三分区税务一总局与如西县财政科、粮食局、金库合并成立如西县财经局,原税务分局及税务所统归县财经局领导。民国34年12月,如西县工商管理局更名为如西县货物管理局,负责进出口货物和税务管理。县财经局析建县政府财粮科,负责粮赋征收。民国35年3月,县政府财粮科更名县财粮局。10月,县货物管理局、财粮局合并组建县财经局。民国37年11月,县财粮局、货管局恢复。是年,民国政府如皋县政府将田赋征收处并入税捐稽征处。民国38年3月,县货物管理局更名县税务局。9月,县政府财务科、县税务局合并为县财政局,下设税捐稽征管理处及6个税务稽征所。

1950年5月,县税务局恢复。1958年7月,县政府财政科、县保险公司、县税务局合并成立县财政局,下设税政股管理税务。1961年11月,县税务局恢复,下设10个税务所。1968年6月,县财政局、税务局合并成立县财税局革委会。12月,县财税局革委会撤销,全县财税工作由县革委会生产指挥组财贸领导小组负责。1970年12月,县革委会财税局建立。1974年4月,更名为县革委会财政局。1980年12月,县革委会财政局撤销,县财政局成立,内设税政股。1983年10月,县政府从县财政局析建县税务局。县税务局辖11个税务所。1986年8月,各乡镇设立税务组。1988年8月,县税务局增设税务稽查队。是年10月,县税务局迁至如城镇跃进东路8号。

1994年9月30日,根据上级统一部署,市税务局析建为江苏省如皋市国家税务局、如皋市地方税务局。

二、主要机构

如皋市国家税务局 1994年9月30日设立,由南通市国家税务局实行垂直领导,新办公大楼位于如城东皋路、育贤路交叉口东北侧。2010年,内设8个科室,下辖7个税务分局、1个稽查局,年末在职职工246名。

如皋市地方税务局 1994年9月30日设立,为市政府职能部门,新办公大楼位于如城海阳路、秀水路交叉口西北侧。1999年1月1日起,受上级地方税务机关和如皋市政府双重领导,以上级地方税务机关领导为主。2010年,内设7个职能科室，下设5个征管分局、1个纳税服务局、1个稽查局，在职职工208人。

第二节 税制和税种

一、税制

唐代前，如皋盐税、田赋等征收后直接解缴朝廷。唐元和年间，地方征收的税赋始分上供、送使、留州3部分，地方始有税收提留。元代，朝廷实施高度集中的税收体制，地方征收的税金全额上缴朝廷。明清时期，全县田赋等税收统归布政使司侯部，称解支。县内俸工、祭祀、杂支等项经费由布政使批准后，在解支数中扣除留用，称存留。地方性杂税，由县衙自定章程征收。

民国时期，国民政府关税、盐税、统税（货物税）、直属税、公债等由中央政府统管。田赋、契税、屠牙税、营业税等，由省政府管理。县级地方税收主要有田赋附加、契税附加、屠牙税、地方捐（车捐、房捐、筵席捐、娱乐捐、厘捐）等；日伪统治期间，沦陷区税制参照并苛于国民政府统治区，大多强征，并经常税外抢掠；抗日民主根据地和解放区，初期参照国民政府统治区税制，后逐步建立“累进制”等根据财产多少执行不同税率的制度，富人多缴，穷人少缴。

中华人民共和国成立初，税收统归中央管理。1950年，按照政务院公布的《全国税收实施要则》，境内税收有农业税、货物税、工商业税、盐税、存款利息所得税、工商业所得税、交易税、房产税、地产税、特种消费行为税和车船牌照税。1953年，税制简化，工商类税收简并为货物税、商品流通税、营业税、印花税、屠宰税、牲畜交易税、文化娱乐税7个税种。1956年，根据中华人民共和国工商统一税条例，境内工商企业缴纳的商品流通税、货物税、营业税、印花税合并为工商统一税。1957年，县供销合作社所得税始执行5级累进税率制度。1958年，按照国家规定，全县始执行地区差别比例税率的农业税制度。是年起，全县农村一度实行财政包干，不再征税；城区实行“税利合一”，取消税收。1962年，县供销合作社始执行所得税比例税率制度，税率为39%。1963年4月，按照国务院发布的《关于调整所得税负担和改进征收办法的试行规定》，个体经济税率由21级改为14级，对合作商店由21级改为9级，手工业合作社由21级改为8级。1966年，农村社队企业所得税税率调整，税率为20%。1973年，按照《中华人民共和国工商税条例（草案）》，将工商统一税及其附加和企业缴纳的城市房地产税、车船使用牌照税、屠宰税合并改为工商税。

“文化大革命”中，全县实行工商企业自行计算、自行填票、自行交库“三自”办税与税务机关查核相结合的税收征管方式，个体工商业户以“双定”（定额、定率）征收方式征收营业税和所得税。

1980年，全县开征个人所得税和中外合资企业所得税。1983年，执行建筑税征收暂行条例，全县恢复征收牲畜交易税、屠宰税，开征增值税，国营企业实行第一步利改税。1984年1月县财税机构分设后，除牧业税未开征外，农业税、农业特产税和耕地占用税全部由财政部门负责征收。9月，全县实现从单一税制向以流转税和所得税为主体，其他各税相配合，多层次、多税种的复合税制转化。1985年始，全县执行《中华人民共和国集体企业所得税暂行条例》和《中华人民共和国城市维护建设税条例》以及奖金税暂行规定。1986年始，执行《中华人民共和国房产税暂行条例》《城乡个体工商业户所得税暂行条例》《个人收入调节税暂行条例》《车船使用税暂行条例》。1988年始，执行《城镇土地使用税条例》《印花税暂行条例》。

1994年1月，市税务部门按规定，取消盐税，将盐税并入资源税的征收范围，城乡维护建设税、土地使用税、车船使用税、城市房地产税、屠宰税、固定资产投资方向调节税、印花税由地税征收。2月，根据国家税务总局《出口货物退（免）税管理办法》，市税务部门不再负责进口货物征免税。国家税制改革后，全市全面实施新税制，产品税、增值税、营业税和工商统一税4个税种改为增值税、消费税、营业税3个税种，改革以后的流转税制统一适用于内外资企业，取消对外资企业征收的工商统一税。

1994年9月30日，市国税局、市地税局分别设立以后，按照分工，各自负责市内有关税种的征收管理。1999年11月1日，除专项基金存款和教育专项储蓄利息外，储蓄存款利息始征收个人所得税。2001年1月1日起，开征车辆购置税，停征固定资产投资方向调节税、车辆购置附加费，取消屠宰税。2004年，全市农业税下调3个百分点。2005年始，全面取消农业税。

2010年，市国税局征收的税种有增值税、消费税、部分企业所得税、车辆购置税、个人储蓄存款利息个人所得税（该税种于2008年10月9日停征，但对2008年10月9日前的定期储蓄存款，在兑付、结息时仍按停征日之前的利息以20%的税率计征）等，并负责防洪保安资金征收。市地税局征收的税种有营业税、个人所得税、土地增值税、城市维护建设税、房产税、资源税、城镇土地使用税、印花税、部分企业所得税、耕地占用税、契税、车船税等，另外，征收或代征地方教育基金、教育费附加、地方教育附加、文化事业建设费收入、社会保险基金收入、残疾人保障基金等。

二、税种与征收

盐税　盐税是域内最早开征的税种，官府实行食盐专营始征收，具体开征时间和税率无记载。

农业税（田赋）　元代前，如皋田赋由县衙征收，均征实物。明代，全县田赋征收由税课大使协助知县管理，除力役、催役、催债等具体负责征收外，农村由保长负责一个区域的田赋征收。明洪武九年（1376年）始，境内田赋逐渐折征白银。明万历九年（1581年），额办、派办、京库、岁需以及土贡方物全部合并计亩征银，称田赋“一条鞭”制度。清顺治十八年（1661年）朝廷令如皋县加征练响银1.05万两。是年，境内大旱，部分地区颗粒无收，知县李振奇为民请命，减征练响。清康熙二十年（1681年），知县奏请境内糟米交兑地点由泰州改至如皋直接兑付，农民负担减轻。清康熙、雍正年间（1662—1735年），始实行摊丁于地，永不加赋。此后，全县田赋不再以人为课税对象。

民国时期，国民政府田赋分地丁、漕粮、租课3种。每亩征收正税银1.5元（银元），省附税银0.25元（银元），县附税银0.30元（银元）。除正附税外，驿站、地租、漕仓、俸工、耗羡等附加全部删除，另据赋税多少，酌情加征每亩0.004元（银元）或0.005元（银元）。民国3年（1914年），境内加征省附税每亩0.3元，屯米则依照附运民田，每担统征折作银5元，以4元为正税，1元为附税。

民国29年10月，如皋县西南行政公署开征公粮，采取“指借”办法，向地主及一些殷实富户借钱、借粮，言明在以后征收救国粮时抵算。11月，开始征收救国公粮、公草，除赤贫户外，每亩征粮约1.5千克，随粮征草每亩0.25—0.75千克。民国30年，如西县政府开征地价税，每亩0.3元（法币）。民国31年夏，全县地价税改征收实物，统称“粮赋”。秋，县政府开始实行农业累进税制，按人均土地多少实行5级累进：100亩以下的不加征，101—200亩的每亩加征0.25千克，201—300亩的每亩加征0.5千克，301—400亩的每亩加征0.75千克，401—500亩的每亩加征1千克，500亩以上的每亩加征1.5千克。是年，全县征粮303.6万千克，征银80.99万元（法币）。

民国33年秋，县政府改5级累进制为8级累进制，按田亩多少分为8级，同时征收公粮，每亩征粮以小麦为标准：3亩以下田赋2.5千克，公粮免征；3—10亩田赋2.5千克，公粮3.25千克；10—20亩田赋2.5千克，公粮3.75千克；20—50亩田赋2.5千克，公粮4.75千克；50—100亩田赋2.5千克，公粮5.5千克；100—250亩田赋2.5千克，公粮6.25千克；250—500亩田赋2.5千克，公粮7千克；500亩以上每亩田赋2.5千克，公粮7.75千克。稻谷、黄豆、高粱与小麦的折实标准为1∶1、2∶3和10∶8，其他杂粮一律不收。是年，全县征粮1324.57万千克。民国35年夏，全县征粮仍执行8级累进制，级差距略有变化。秋，县政府实施土地改革，全县人均占有土地数量差距缩小，累进制废除。始按照土地土质好差实行5等定额计征方法。民国36年夏，境内战事频发，粮食产量大减，苏中一分区专员公署决定如皋县按民国35年秋征收标准，减半征收公粮、公草。是年，全县征粮50万千克，征款5000万元（华中币）。民国37年，全县征款1500万元（华中币）。

中华人民共和国成立初，田赋改为农业税，仍实行累进税制，以征收实物为主。全县分老解放区、新解放区，折成中等田后，人均土地0.3亩以下的免征，超过0.3亩的分为10个等级，根据不同税率征收。1952年始，税率调整为24级。1958年始，实行比例税制，粮食作物、薯类作物、经济作物、园艺作物等，按照上级规定计算标准，统一折算成主要粮食产量,称“常年杂税产量”,然后按照规定比例计算应缴纳农业税数额,农业税率最高为14.5%。

20世纪60年代初,全县农业税税率最低为9.8%,个体农业户所在农业社适用税率提高10%—20%。1965年,全县农业税全部改以现金结算。1970年始,采取非现金结算办法,纳税单位送税入库时,金融部门根据“先税后贷”“先国后社”的原则,办理结算手续。20世纪70年代至80年代初,全县农业税按统一确定的常年产量依率计征,“稳定负担、增产不增税”,并实行实物交纳,货币结算。

全县实行联产承包责任制以后,全县农业税实行户缴户结,列入“三粮五钱”,包干上缴。1985年,根据国务院规定,全县农业税实行折征代金,按“倒三七”的比例,纳税农民所售粮食百分之三十执行原征购价,百分之七十执行原超购价,并调整农业税折征单价,稳定农村负担,保证国家财政收入。

2000年7月,市税务部门进行全县农村税费改革试点。2003年,全市农业税下调3个百分点。2005年起,全市免征收农业税。

契税 清初始征,分买契和典契。买契价银每两纳税3分。清末,买契税率调整至9%。典契税率为6%。民国元年至民国3年(1912—1914年),买契、典契税率均调整至5%。民国4年,国民政府将买契税率调整至6%,典契税率调整至3%,并将契税列入国税范围。民国17年,国民政府将契税改为省地方税,并将买契税率调整至9%,典契税率调整至6%。民国21年12月,全县契税减半征收1个月。是年,全县共征契税9.45万元。民国22年10月,再次减半征收1个月。民国23年5月,全县契税税率调减为买契6%、典契3%。

民国29年,如西抗日民主根据地开征契税,买契税率6%,典契税率为估价的3%。民国35年,国民政府如皋县政府征收契税583.8万元(法币)。1950年4月起,契税税率调整为,买契税率调整为买价的6%,典契税率为典价的3%,赠予契税税率为土地现价的6%,除正税外,另征1%的监征费。交换的土地或房屋其价值相等,不征契税;不相等的,按超过部分征收契税。1953—1965年,全县共征收契税5.34万元。

“文化大革命”期间,契税征收工作停滞。

1981年11月,境内恢复契税征收,至1990年共征收契税7.1万元。1990年3月始,县财政局配备专职人员主管契税征收。1994年9月,契税并入其他相关税种。2010年4月始,契税征收由市财政局调整至如皋地税局。是年,全市征收契税26481万元。

当税 清康熙三年(1664年),境内始征,仅征年税。清光绪三十四年(1908年),全县征收当税税银235两1钱。是年始,改为帖捐,用于海防饷银。民国18年(1929年),帖捐改为登录费,开设典当铺必须交纳登录费,领取登录凭证,方可开业。民国30年始,并入营业税。

营业税 清咸丰三年(1853年)始征,称“厘金”,税务官员于水陆要道设立关卡征收。清咸丰六年,始设关所征收。具体征收数额无记载。

民国11年(1922年),始有征收数额记载。是年,全县征收4450.1元。民国20年2月,国民政府如皋县营业税征收局设立,向全县77种物品交易和46种物品制造征收营业税。税率以营业额为标准的0.1%—1%,以资本额为标准的0.2%—2%。民国21年,全县征收营业税8000元。民国27年3月,日本侵略军强令如皋城各商店一律按国民政府规定的征收税率缴纳一季度营业税,强征各种税款20多万元(法币)。此后,日伪不断提高税率,且到处设卡,重复征收,甚至强抢。国民政府如皋县政府统治区,照常征收。

民国29年,县抗日民主政府始在根据地开征营业税,商品交易按3%税率征收,制造业按1.5%税率征收,牙行业按15%税率征收。

1950年,税务部门开始对从事商品零售、建筑安装、各类服务的单位和个人征收营业税。商品零售、交通运输、建筑安装、公用事业等企业税率为3%;饮食、住宿服务,租赁等行业税率为5%;商品批发、代理服务企业和临时经营商贩(无营业执照),税率为进销差价、佣金收益、经营额的10%。1958年9月,税务部门按规定将营业税改为工商统一税的一个税目征收。1972年3月,又将营业税改为工商税的一个税目征收。1982年7月始,对银行业务收入征收营业税,税率为5%。

1984年4月始,对保险业务收入征收,税率为5%。1987年1月始,恢复对国营建筑安装企业承包建筑安装工程、修缮业务及其他工程作业征收。1988年5月始,对典当业征收。

1990年1月始,对律师、会计、税务和审计事务所征收。9月,营业税增设土地使用权转让及出售建筑物和经济权益转让税目,税率均为5%。1993年5月起,商品零售及其他饮食业税率由3%提高至5%。

1994年9月始,全市营业税主要由市地税局负责征收,市国税局仅对金融、保险业征收营业税。2006—2010年,全市累计征收营业税25.59亿元,其中2010年征收8.67亿元。

过境税 清咸丰六年(1856年),境内立发桥(今属海安)、如皋城东门外老坝头、南门外洪济闸、西门外王施陆家桥、北门外庆余桥始设关所,对过往货物货主征税。时称"关税"。清咸丰七年,柴湾增设关所,主要对扬州、泰州输往川、湘、赣等地货物货主征税。此后,如皋城郊外王施陆家桥、李堡(今属海安)、西场(今属海安)、丁家所(今属海安)等处亦增设关所,对过往货物货主征税。清末,境内各关所裁撤。

民国27年(1938年)日本侵略军占据如皋以后,日伪军在占领区交通要道复设关卡,对过往货物货主征税。此后,国民政府如皋县政府辖区亦设卡收税。境内关卡众多,重复收税,货主不堪重负。

民国29年11月,如皋抗日民主政府接管国民政府如皋县政府后,抗日民主根据地范围内只设一道关卡。日本侵略军投降后,全境只设一道关卡,禁止重复征税。"千条船呀万条船,千条万条来往像梭穿,除了解放区,别处哪儿有?布朝北呀米朝南,朝北朝南只报一道捐,除了解放区,别处哪儿有?"(民歌《别处哪儿有》)即反映是时状况。1949年,过境税停止征收。

牙税 清代,县内始征牙税,凡经营牙行代客买卖,必须先申请领取部帖,分等课税,收入解缴朝廷。民国29年(1940年),如皋抗日民主政府始征,税率7%—8%。民国37年始,税率分为特、甲、乙、丙、丁等。按佣薪收入,特等税率20%,甲等税率18%,乙等税率16%,丙等税率14%,丁等税率12%。1950年1月,改为工商业税。

屠宰税 清代,境内始征,凡宰杀猪、羊,依律征收。后改为无交易行为者免征。民国初,国民政府如皋县政府沿袭清制。

民国29年(1940年),县抗日民主政府始征。税率,初期为屠宰猪羊的3%、其他牲畜的5%。后调整为所有屠宰牲畜的1%。民国35年8月,国民政府如皋县政府将税率调整为屠宰牲畜的5%。县政府仍执行1%。解放区采取"杀一报一,先报后宰,凭票宰杀,依证查验,滚花上市"的方法;边区采取包办制,按月以屠户认定纳税额征收。

1951年初,根据政务院《屠宰税暂行条例》,境内屠宰税税率调整为10%,按牲畜屠宰后的实际价值从价计征。1957年7月,税率调整为8%。1959年始,经营屠宰业务的国营企业向境外调拨的牲畜,按收购价征收10%的屠宰税。

1965年10月始,国营屠宰企业收购生猪的税率调整为5%;农村社员宰杀生猪到集市出售,集体伙食单位、其他团体、个人宰杀生猪,税率调整为按4%。1973年,税务部门对国营食品公司屠宰税改以工商税征收,对不缴纳工商税的集体伙食单位及个人按屠宰牲畜头数定额征收。1985年9月,对农民和集体伙食单位收购生猪、菜牛、菜羊,按照财政部《关于改进屠宰税征税办法的若干规定》中的第一条规定改按产品税征收;对农民和集体伙食单位自养、自宰的生猪,仍按每头定额3元征收;对自养、自宰的菜羊暂缓征收。

1994年9月始,屠宰税由市地税局征管,纳税对象为从事牲畜屠宰的单位和个人,按照实际收购的头数计算纳税额,生猪每头10元,牛、马、驴、骡每头18元,羊每头1元。2002年起,屠宰税停征。

印花税 民国2年(1913年),境内始征。1927年,国民政府县税务部门根据国民政府财政部《印花税暂行条例》,对境内各类经济合同、账簿、产权转移契据等征收印花税。

1950年,县财政局根据政务院《印花税暂行条例》,以定额税和比例税征收。定额税分为0.02元、0.05元、0.20元、0.50元4档,凭证所载金额不满1元者免征,各种娱乐票券不满15元者一律征0.02元;比例税率分为千分之一、万分之三、万分之五、万分之零点五、万分之零点三5档。1953年起,对发货票、银钱收据等停征。1958年9月,与货物税、商品流通税、营业税一起合并为工商统一税。1988年8月,恢复单独征收。

1989年4月至1993年12月，市（县）税务局对中外合资企业、合作经营企业，外资企业及在如皋的营业机构，凡缴纳工商统一税的，暂时免征。

1994年9月始，由市地税局征管。具有经营标的合同或书据按五档税率征收，税率为0.03‰—1‰；生产经营用账册、房产权证、工商营业执照、商标注册证、专利证、土地使用证按5元/件征收。1995年，全市征收43万元。2005年，征收845万元。2006—2010年，累计征收13411万元，其中2010年征收4704万元。

货物税 民国时，国民政府县税务机关开始对县内13类产品征收。民国32年（1943年）9月，如西县政府颁布《如西县征收油酒产销税暂行统制办法》。烧酒产销货物税，就坊征收每作10元（抗币，本目下同），双甑双料每作16元；油类产销货物税，就坊征收，黄豆每作3元，花生每作5元，菜籽每作5元，芝麻每作4元，棉籽每作2元。1949年4月，根据苏北行政公署《征收货物产销税暂行办法》，全县征收货物产销税的产品有棉纱、化妆品、麦粉、迷信品、植物油、酒类。

1950年1月，根据中央人民政府颁布的《货物税暂行条例》，全县征收货物税的产品有棉纱、酒类、砖瓦、水产品、土布、原木、原竹、迷信品、鞭炮、皮张、麦粉。1958年9月工商税制改革后，并入工商统一税。

工商所得税 民国25年（1936年），国民政府县税务机关始征。1949年，县财政局根据政务院颁布的《工商业税暂行条例》，对以营利为目的工商业，按所得金额累进计算纳税额，累进级数为14级，最低一级全年所得额100元以下，最高一级全年所得额3000元以上，税率5%—30%。

1951年，县税务局按照政务院修正的《工商业税暂行条例》，将累进等级由14级调整至21级。1953年，将以所得税额百分之一点五征收的地方附加，并入所得税内征收。

1957年始，对供销合作社改按5级累进税率征收所得税。1958年始，县财政局对县供销合作社、公私合营企业停征所得税；对手工业合作组织减半征收所得税2年；将交通运输合作组织营业税和所得税合并，税率2.5%—5%；对经营确有困难的合作商店，给予减税照顾，减税幅度不超过30%；对合作小组和小商小贩免缴所得税。

1961年始，供销合作社不再以利润上缴财政，按5级累进税率征收所得税。对交通运输合作组织恢复分别征收营业税和所得税。1962年开始，基层供销社改按39%比例税率征收所得税。

1963年4月，按照国务院颁布的《关于调整工商所得税负担和改进征收办法的试行规定》，税务部门开始对个体经济改按14级全额累进税率征收所得税，最低一级全年所得额在120元以上的税率按7%征收，最高一级全年所得额在1300元以上的税率按62%征收。对合作商店改按9级超额累进税率征收所得税，最低一级全年所得额在250元以下的税率按7%征收，最高一级全年所得额超过2万元的部分税率按60%征收。对手工业合作社、交通运输合作社改按8级超额累进税率征收所得税，最低一级全年所得额在300元以下的税率按7%征收，最高一级全年所得额超过8万元的部分税率按55%征收。1966年，对农村社队企业改按20%的比例税率征收所得税。

1980年10月，县财政局对全县合作商店改按8级超额累进税率征收所得税。1983年10月，县税务局对基层供销社改按8级超额累进税率征收所得税。1984年，对农村社队企业改按8级超额累进税率征收所得税。1986年10月，对个体经济改按10级超额累进税率征收所得税，最低一级所得额1000元以下，税率7%，最高一级所得额3万元以上，税率60%。

1988年始，私营企业税率调整为35%。1983—1988年，全县共征收工商所得税7505.7万元。此后，停止征收。

因地制宜税 民国29年（1940年），如皋县抗日民主政府开征，又称特产税、特种税。征税品种为棉花、毛猪、黄花鱼，税率棉花从价征收3%，毛猪从价征收1%，黄花鱼从价征收5%。县政府成立因地制宜税征收处，并于白蒲、丁堰、石庄、丁所（今属海安县）、立发（今属海安县）设立5个分征处，于如皋城南门、北门及马塘、岔河（今属如东县）、李家桥、碾砣港等地派驻税务员1—3人。民国36年2月上旬至5月上旬，县政府共征收29246.98万元（法币）。7月，停止征收。

“进出口”税 民国29年（1940年），如西抗日民主根据地始对进出根据地货物征收“进出口”税。货物运出根据地前，货主先办理保证手续，保证货物运出根据地销售后，购回货管机关指定的相当于运出根据地货物价值的货物，再向税务机关交纳进出口税，货管机关即发给货物运出根据地许可证；进入根据地或从根据地转运的货物，在进入根据地第一个税所办理纳税手续后，即可在根据地内通行无阻，不再纳税。民国33年，根据地征收的进出口税占税收总收入的90.44%。民国35年解放战争开始后，如皋西乡解放区内继续征收。民国38年4月，停止征收。

筵席、娱乐税　民国36年（1947年）1月，国民政府开征。筵席税从价征收，税率15%；娱乐税按每天出售的票价收入征收，税率15%。筵席税征收范围为如皋城7户茶菜商号。

1949年10月，县财政局开征文化娱乐税。1951年，县税务局根据财政部《特种消费行为税暂行条例（草案）》，开始对电影、戏剧、筵席、冷饮、旅馆业改征特种消费行为税。电影、戏剧按票价收入计征，筵席、冷饮按每次消费金额计征，旅馆按每房间每日房金和住宿费计征。筵席税实际未征收。1953年，特种消费行为税取消，电影、戏剧业按文化娱乐税征收，筵席、冷饮、旅馆业并入营业税。1956年10月，按照《文化娱乐税条例》，始免征戏曲、话剧、歌剧、曲艺、杂技演出的文化娱乐税，共免税2年。

1966年9月，文化娱乐税停止征收。1994年1月，根据江苏省政府文件，市税务局恢复开征筵席税。9月始，筵席税由市地税局征管。2008年，根据国务院《关于废止部分行政法规的决定》，停止征收。

牌照税　民国时始征。国民政府相关部门对境内使用的运输工具，发给牌照，征收牌照税。自用的减半征收。

1951年9月，财政局开征车船使用牌照税。对全县机动、非机动载人车辆按辆定额征收，对机动货车和机动、非机动船只按净吨位定额征收。1973年，并入工商税，仅对外国企业、个人及外侨交通运输工具使用者征收。1979年1月始，县革委会财政局根据江苏省税务局通知，除向私营营运车辆业主征收外，其余停征。1984年，利改税和工商税制全面改革后，县税务局对国内企业恢复征收。1986年9月始，除自行车外，全面恢复征收。

1994年9月，始由市地税局征管。船只按0.6元/吨—5元/吨定额征收，载货汽车按16元/吨—60元/吨征收，载人汽车，二、三轮摩托车，人力、畜力车，自行车分别以320元/辆—1.2元/辆定额征收。1995年，全县征收车船使用牌照税144万元。2007年1月1日始，根据《车船使用税暂行条例》，明确从事机动车交通事故责任强制保险业务的保险机构为机动车车船税的扣缴义务人。2006—2010年，全市征收车船税6033万元，其中2010年征收1740万元。

利息所得税　1950年开征，由银行代扣，税率20%。1987年，并入个人所得税。2007年8月15日，根据国务院指示，税率调整至5%。2008年10月9日始，免征储蓄存款利息个人所得税。

城市房地产税　1950年年初开征，初为房产税和地产税。6月，两税合并为房地产税。1973年始，停止征收。1986年，房产税恢复征收。1989年，城镇土地使用税开征。至1990年，全县共征收房产税437.56万元、城镇土地使用税31.53万元。此后，市地税局正常征收房产税和城镇土地使用税。1994年9月始，房产税和城镇土地使用税由市地税局征收。1995年，全市共征收128万元。2005年，共征收1733万元。2006—2010年，全市累计征收城镇土地使用税和房产税20958万元，其中2010年征收6809万元。

牲畜交易税　1951年开征，征收范围为牛、马、驴、骡、猪、羊6种牲畜交易。1953年，县地税局根据税法只对牛、马、驴、骡4种牲畜交易征税，纳税人为牲畜的购买者，起征点为1头，税率5%。1967年停征。1983年1月1日始，根据国务院《牲畜交易税暂行条例》，县财政局恢复对牛、马、骡、驴、骆驼5种牲畜交易征收交易税，税率5%。1994年，牲畜交易税取消。

商品流通税　1953年1月1日开征。征税商品的品种有配制酒、白酒、泡制酒、土甜酒、果木酒、药酒、各种兽皮、羊毛、羽毛、猪鬃、原木、棉纱等。交纳商品流通税后，商品可行销全国，除另有规定外，不再征收附加和其他各税。1953年1月至1958年8月，全县共征收2067.98万元。1958年9月，并入工商统一税。

工商统一税　1958年9月13日，货物税、商品流通税、营业税和印花税合并为工商统一税。其中：属工农业产品部分的税目105个，不同税率

40个，税率最高69%（甲级卷烟），税率最低1.5%（棉坯布）；属商业、交通运输业、服务业部分不同税率5个，最高税率7%，最低税率2.5%。1963—1972年，全县共征收4842.31万元。

1973年，原缴纳工商统一税的企业和已试行综合税率的国营、集体企业，改按工商税的规定执行。此后，工商统一税仅适用于从事生产经营的外商独资经营企业、中外合资经营企业和中外合作经营企业。外商投资企业生产的出口产品，除国家限制出口的产品以外，免征工商统一税。1994年1月1日起，停止征收。

集市交易税 1962年4月16日开征。1964年，被国务院列为保留税种，暂不征收。1979年，恢复征收。1994年1月，停止征收。

工商税 1973年试征。税目44个，税率17个，最高税率66%（粮食酿酒），最低税率3%（农药）。1979年，县财政局始对银行、信用社和信托公司开征工商税。1981年6月，恢复焚化品工商税征收，税率为55%。1983年12月，对商业批发环节开始征收工商税。至1984年9月，全县共征工商税53887.32万元。是年10月始，改为产品税、增值税、营业税等。

中外合资经营企业所得税 1980年9月10日开征。征税对象为中外合资经营企业在中国和境外所得，税率为30%，另按应纳所得税额附征地方所得税，税率为10%，企业及其分支机构在境外缴纳的所得税税款，可在应纳税额中扣除。中外合营企业外国合营者从企业分得的利润汇出国外时，按汇出额征收所得税，税率为10%。1991年7月1日起，根据全国人大决定停止征收。

外国企业所得税 1982年1月1日开征。采用超额累进税率，按所得额大小分为5级，最低一级为年所得额不超过25万元，税率为20%，最高一级为年所得额超过100万元的部分，税率为40%。另按应纳税所得额征收地方所得税，税率为10%。

烧油特别税 1982年7月1日开征。1994年，停止征收。

国营企业所得税 1983年6月1日，开征。1994年，停止征收。

建筑税 1983年10月1日开征，征收对象为自筹基本建筑投资、技术改造项目中的建筑工程投资、按规定不纳入国家固定资产投资计划的建筑投资等。

增值税 1983年开征。系根据增值税试行办法，将机器机械及其零配件、农业机具及其零配件、缝纫机、自行车、电风扇等产品在工业生产环节的工商税改征。1984年9月，轴承、钢材、印染绸缎、原料药、成剂药生产改征增值税。

1986年，纺织产品生产改征增值税。是年7月，日用机械、日用电器、电子产品和搪瓷制品生产改征增值税。1987年7月，轻工产品生产改征增值税，外购生产的布、棉型涤纶、坯布、棉型涤纶色织布按应纳税额减征50%，化纤用量在百分之三十以上的毛针织布、毛复制品、人造皮毛税率由20%调减至18%，线、带按应纳税额减征50%。1988年，建材、有色金属等产品生产改征增值税。至1989年，全县共征收增值税14244万元。

1994年1月1日始，全市执行新的《增值税暂行条例》。1994年5月1日始，化肥、农药生产销售，种子、种苗、化肥、农药、农机批发、零售免征增值税。1995年，全市征收1.79亿元。2005年，全市征收6.00亿元。2010年，全市征收20.55亿元，其中直接征收15.98亿元，免抵调库4.57亿元。

国营企业调节税 1983年开征。1994年，停止征收。

产品税 1984年开征，为工商税中划出的一个新税种。征税产品为工业品及农、林、牧、水产品两大部分，税目270个。1994年1月1日起，产品税产品改征增值税、消费税。

奖金税 1984年，根据国务院《关于国营企业发放奖金有关问题的通知》，开始征收。包括国营企业奖金税、集体企业奖金税、事业单位奖金税等，其中国营企业年度奖金除发明奖、10种特定原材料节约奖、技术改进合理化建议奖外，其他奖金按超额累进的办法征收。

1985年，根据国务院规定，开始实行全年奖金不超过4个月标准工资的免税，达到5个月超过部分征收30%，达到6个月超过部分征收100%，超过6个月超过部分征300%。1994年，停止征收。

城市维护建设税 1985年1月1日开征，原按工商利润提取的城建资金、国家城市维护费和工商税附加同时取消。纳税义务人为缴纳产品税、增值税、营业税的单位和个人,以实际缴纳"三税"的税额计算缴纳。

1994年,改按增值税、营业税、消费税的税额为计税基数。开征城市维护建设税后,是年9月,市国、地税机构分设,城市维护建设税由市地税局负责征管。1995年,征收798万元。2005年,征收3870万元。

2006—2010年,如皋市累计征收城市维护建设税44212万元。其中,2010年,征收13132万元。

集体企业所得税、国营企业工资调节税 1985年开征,1994年停止征收。

城乡个体工商业户所得税 1986年开征,采用10级超额累进税率。1994年,并入新的个人所得税。

个人收入调节税 1987年1月1日开征,税率分为按个人综合收入计税的超倍累进税率和按个人单项收入计税的比例税率两种。

图11-5 年所得12万元以上的纳税人到税务机关自行纳税申报 (2007年摄)

城镇土地使用税 1988年11月1日开征。1994年9月始,由市地税局负责征管。2007年1月1日起,将外商投资企业、外国企业纳入城镇土地使用税的征税范围。

2009年,市政府办公室下发《关于调整城镇土地使用税市区标准征收范围的通知》,自2010年1月1日起,调整全市城镇土地使用税等级范围和单位税额标准。如城镇、如城经济开发区(柴湾镇)、长江镇(如皋港区)为一类地区,税率为4元/每平方米·年;其他地区为二类地区,税率为2元/每平方米·年。

2006—2010年,全市累计征收城镇土地使用税29151万元。其中,2010年征收10770万元。

私营企业所得税 1988年开征,税率35%。私营企业投资者税后利润用于个人消费的部分,征收个人收入调节税,税率为40%。1994年,停止征收。

固定资产投资方向调节税 1991年开征。1995年,全市征收66万元。2000年,征收3万元。2001年,停止征收。

外商投资企业和外国企业所得税 1991年7月1日开征。按照应纳税所得额计算,国家所得税税率为30%,地方所得税税率为3%。

企业所得税 1994年1月1日开征,税率为33%。21世纪初,根据上级有关法规,市地税局、国税局明确税收征管范围,2001年前兴办的应税企业所得税由地税局征管,2002年1月1日以后兴办的应税企业所得税由国税局征管。2010年,全市共征收8.89亿元。

个人所得税 1994年1月1日开征。1994年9月始,个人储蓄存款利息个人所得税由市国税局征管,其余由市地税局征管。1995年,全市征收个人所得税115万元。2005年,征收4954万元。2006—2010年,累计征收10.06亿元,其中2010年征收4.08亿元。

消费税 1994年1月1日开征,原"特别消费税"的征收规定同时废止。1994年1月起,甲类卷烟消费税税率调减为40%,香皂消费税税率调减为5%,金、银和金基、银基合金首饰,金、银和金基、银基合金镶嵌首饰消费税税率由10%调减为5%。市国税局、地税局分设后,由市国税局征管。1995年,全市征收428万元。2010年,征收828万元。

车辆购置税 2001年1月1日开征,代替车辆购置附加费,税率为10%。2009年3月1日至2009年12月31日,排气量在1.6升以下的车辆减半征收。2010年1月至2010年12月,排气量在1.6升以下的车辆减按7.5%征收。

土地增值税 2002年开征。是年,征收1万元。2005年,征收933万元。2006—2010年,累计征收25874万元,其中2010年征收12275万元。

资源税 2004年开征,征税对象为境内耗用黏土的砖瓦企业。是年,全市征收27万元。2005年,征收56万元。2006—2010年,累计征收300万元,其中2010年征收48万元。

关税 2009年7月13日,如皋海关开办关税征收业务。2010年,如皋海关代征进口增值税12.75亿元,代征进口消费税4.14亿元。

第三节 基金·费用

一、基金

国家能源交通重点建设基金 1983年1月1日开征,由市税务局负责征收。征收对象为全县国营企业事业单位、机关团体、部队和地方政府的各项预算外资金,集体企业、事业单位以及其他预算外企业交纳所得税后的利润。1994年,税制改革予以取消。

国家预算调节基金 1989年1月1日开征,由市税务局负责征收。征收对象为全县国营企业事业单位、机关团体、部队和地方政府的各项预算外资金,集体性质企事业单位、私营企业以及个体工商户缴纳所得税后利润。1994年,税制改革时停止。

市场物价调节基金 1989年1月1日开征。征收对象为全县有销售(营业)收入的企事业单位、个体工商户,征收比例为销售(营业)额的1‰,金融保险单位营业额的2%。2003年,停止征收。

粮食风险基金 1995年开征。征收对象为全市有销售(营业)收入的企业,自收自支事业单位和其他有关单位。征收比例为企业上年销售收入的1‰,批发收入的0.5‰,餐饮、住宿、娱乐服务收入的1.5%,利息收入的0.5%,保险费收入的0.5%,新开办企业注册资本金的1%。

残疾人保险基金 2004年1月开征,由市地税局直接征收。机关、企事业单位和城乡其他各类经济组织中安置残疾人比例达不到从业人员总数1.5%的,每少1人,征收上年度单位职工人平均工资的90%。

人防建设基金 2002年,由市地税局起征。征收对象为企业和实行自收自支、企业化管理的事业单位。以上年末职工在岗人数每人每年14元标准征收。2010年起,由市地税局代征。

二、费用

绥靖临时费 民国35至民国37年(1946—1948年),国民政府如皋县政府以“绥靖”名义,成立绥靖临时费经理委员会负责征收,以征收实物为主。民国37年秋,规定绥靖公粮每亩黄豆7.5千克,地主负担2/3,佃农负担1/3;绥靖公草每亩7.5千克,由佃农负担。全县共下达绥靖公粮641.25万千克、绥靖公草641.25万千克征收任务。同时规定,无实物者准予折款缴纳,每千克小麦折价21万元(金圆券),3千克小麦折算2千克黄豆。此后,停止征收。

自治自卫经费 解放战争时期,由各区自行征收、建账使用,全部征收实物。民国37年(1948年)8月,石庄区召开乡镇人民代表暨地方士绅会议,决定征收自治自卫经费。“区署及乡镇公所人员薪给不敷维持生活者,予以津贴。区署办公费不足,由地方每月津贴小麦195千克,如仍不足,下次再补。国防驻军以糙米调换小麦,亏耗小麦525千克,由区署补助。拨给石庄小学教师暑期补助费计小麦125千克。此外,因购枪支弹药,所需经费,分摊各乡镇捐献粮食:石南镇1650千克,石北镇13000千克,新生镇25000千克,永隆乡15000千克;砖桥镇乡11500千克”。

教育费附加 1986年7月1日,由县税务局起征,由税务部门征收。征收对象为凡缴纳消费税、增值税、营业税的单位和个人(除外商投资企业和外国企业、外籍人员)。费率为缴纳增值税、消费税、营业税额的4%。1986年7月1日起,施行《征收教育费附加的暂行规定》。1994年9月,划归市地税局负责征收。1995年,全市征收36万元。2005年,征收1567万元。2006—2010年,全市累计征收教育费附加21318万元。2010年12月1日起,根据《国务院关于统一内外资企业和个人城市维护建设税和教育费附加制度的通知》,市地税局将外商投资企业、外国企业及外籍个人纳入教育费附加的征收范围。

烟酒专项收入 1988年,经国务院批准开征,由县税务局负责征收。1994年,税制改革时停止征收。

文化事业建设费 1997年1月1日，由市地税局起征。纳税对象为缴纳娱乐税、广告营业税的单位和个人，费率为缴纳税额的3%。

职工教育经费 2000年1月，由市地税局起征。征收对象为各类事业单位和各类经济组织，其中有能力开展职工培训并组织培训的，统筹工资总额的0.5%，没有能力开展职工培训且未组织培训的，统筹工资总额的2.5%。2010年，由市地税局代征。

绿化费及义务植树统筹费 2003年，由市地税局起征，由财税部门征收。征收对象为机关、团体、企事业单位，以职工在职人数，绿化费每人每年8元，义务植树统筹费每人每年5元计征。2010年，由市地税局代征。

旅游事业发展费 2004年1月，由市地税局征收。征收对象为从事旅游经营活动的旅行社、饭店、餐馆、旅游景点等。2004年、2005年，均征收20.5万元。

第四节 税收管理

一、登记

明初，全县田赋征收底册有黄册、鱼鳞册两种。黄册以户造册，又称户领丘册，册内详细记载业户的田地以及“旧管”“新收”“开除”实际土地的亩数。鱼鳞册以地块造册，以状如鱼鳞得名，册内详绘土地方圆情形、并注明土地字号，地方名称及丈尺数目，编订为册。清代，沿袭明制。后鱼鳞册毁，征收田赋靠书吏经办。民国3年（1914年），县测绘局丈量全县田亩，并将丈量结果汇编成册形成“田赋册本”，交县粮柜。县粮柜按照新丈量田亩数据计算征收漕粮。民国22年，国民政府如皋县政府对全县田亩进行清丈造册，编制全县田赋征收簿记。

1951年7月，县政府农税科建立册串室，开展税务登记核串工作，并建立册串登记制度。秋，县政府农税科编制全县土地户籍号次册。

1952年8月，县政府财政科和农税科合并建立财粮科，组织大批人员深入全县乡村，进行“查田定产”，全县耕地面积增加12.6%，常年计税产量提高22.2%。12月，县政府财粮科在县内主要集镇的工商业户中推行建账、建证。1954年9月，如皋县税收登记造串委员会成立，组织700余人参加税收登记造串。1959年8月下旬起，县政府组织对全县48个公社的计税面积进行丈量登记。1961年7月，全县各税务所全面更换“纳税鉴定卡”并登记备案，解决“大跃进”中税务稽查制度被废弃的问题。

1982年8月27日至10月上旬，全县各税务所组织力量依法对2820个企业和纳税人进行税务登记。1994年12月，市国税局进行全面税务登记。全市税务登记的国营集体企业226户，“三资”企业53户，个体工商户712户。1996年，按照全国统一部署，市地税局全面换发税务登记证。2001年，市国税局再次进行全市系统税务登记，全市登记内资企业2567户，“三资”企业118户，个体工商户8506户，其中一般纳税人1653户，小规模纳税人914户。

2010年，市国税局登记纳税人总户数15330户，其中增值税纳税人14752户，企业所得税纳税人5418户，个体工商户8782户。增值税纳税人中，一般纳税人4455户，小规模纳税人10297户；企业所得税纳税人中，查账征收户4934户；个体工商户中，定额纳税户7698户，不达点户3421户，查账征收户1084户。

二、征管

明清时期，以丁征银，以田征赋。以麦纳粮的称“本色”，用纱绢折价纳粮的称“折色”。一般分“夏税”和“秋粮”两次征收。民国22年（1933年），国民政府如皋县政府对田赋、营业税、契税等税制进行调整，统一田赋附加税名称，并改变田赋征收制度，推行义图制度等管理方法。

民国29年如西抗日民主根据地建立后，在根据地对货物进口税、营业税、牙税、屠宰税、契税等均明确具体管理方法。民国32年9月，如西县政府颁布《如西县征收油酒产销税暂行统制办法》。是年12月起，全县按苏中区战时《进出口税暂行管理办法》进行过境税征管。

民国33年秋，如西县政府颁布《如西县三十三年度秋季粮赋征收实施细则》。民国37年10

月，全县解放区按照华中行政办事处《货物税暂行管理方法》《货物税征收管理暂行章程》《货物产销税征收管理暂行章程》《营业税征收暂行章程》进行税务管理。民国38年4月，全县按照苏北行政公署颁布的货物产销税、营业税、房捐、屠宰税等征收办法和苏北税务局制发的稽征货物产销实施办法进行税务管理。6月，县税务局对货物产销税就厂、就坊征收，对粮坊、油坊、屠宰户、土烟经销户等实施启查封和集中盖花等征收管理制度。

1950—1952年，县税务局在根据有关规定废除国民政府各种苛捐杂税的同时，采取查账征收、民主评定征收和定期定额征收的管理方法，并根据多种经济成分并存的实际，试行按地段、分行业各税种统一管理。1956年起，全县税务税收采取查账征收、查定征收、查验征收、定期定额征收、定率征收、起运征收、委托代征、委托代扣代缴8种征管方法。农业、手工业和资本主义工商业社会主义改造完成后，根据公有制经济占绝对优势的特点，在如城、白蒲、石庄3个县属镇采取按行业，结合地段征管的办法，在农村(含农村小城镇)采取每个税务员巡回管理几个乡税务的征管办法。1961年，全县有代扣税款单位57个，农村代征员288人，大队、生产队办税员675人，并建立护税小组156个，有1321人；建立财税辅导小组27个，有151人。

1967年，县政府制订《关于加强孵坊纳税管理办法》和《关于改进屠宰税征收办法》。1972年，制订《如皋县工商税收管理办法》和《如皋县临时经营税征收办法》。1973年后，对如城地区的企业采取按系统分行业各税统管，对白蒲、石庄、丁堰镇采取按工业、商业两条线管理，其余各类企业专人统管。1982年9月，对工商企业全面进行税务登记发证，并加强对发货票证统一印制与领发使用的管理。1983年，制定颁布《如皋乡镇企业税收优惠政策》等一系列税收文件，乡镇企业每年平均享受税收照顾900多万元。

20世纪80年代末，全县全面推行“征管和稽查两分离”模式，税收征收采取自报核交征收、分期核实征收、核定征收、定期定额征收等方式。

1994年9月，市国税、地税机构分设。国税局负责增值税、消费税、营业税(仅金融保险业)、部分内资企业所得税(中央企业及其投资的企业、铁道部门、金融保险业)，外商投资企业和外国企业所得税、个人储蓄存款利息个人所得税、车辆购置税等的征收管理；地税局负责营业税(不含金融保险业)、个人所得税、城市维护建设税、部分企业所得税、房产税、车船使用税、城镇土地使用税、土地增值税、印花税、车船税、契税等的征收管理，并负责征收教育费附加、残疾人保障金、人防建设资金、职工教育经费、工会经费、绿化费及义务植树统筹费等。市地税局沿袭“管户制”征管模式，乡镇设立地税所，以区设立中心所，专管员到单位上门收税，手工开具税票。

1995年5月，市国税局进行第一次征管模式改革，建立税务代理、税款征收、税务稽查“三位一体”，相互制约、监督、促进、配合的税收征管格局。1996年，市国税局开始使用江苏国税征管信息系统。1997年，市地税局推行“以计算机网络为依托，集中征收，重点稽查”模式，取消单纯由专管员征收的方法，由“管户制”向“管事制”转变。纳税人到征收服务厅申报纳税，使用微机开具税票。是年，市地税局组织地方税收9077万元，比1996年增加10%。

2000年9月1日，市地税局接管社会保险费征缴工作。

2001年，市国税局进行第二次国税征管改革，税收征管软件和“金税工程”相互配套，简化申报和缴税手续，建立管理分局实现专业化管理，推行一级稽查。2002年，市地税局推进税银一体化建设，通过与市信用合作联社联网，全市7800多户纳税人直接从银行缴纳税款。市国税局对内资企业所得税征收主体做出调整，明确2002年之后

图11-6 如皋地税服务大厅 (2006年摄)

新办的内资企业所得税由国税局负责征收。

2003—2004年，市国税局实施第三次税收征管改革，基层税务分局不再设立行政管理机构，撤销征收分局，成立征收计统科承担征收、计统职能。2006年，市政府建立综合治税办公室，加强全市税收管理。2007年，全市地方税收收入7.55亿元，比2006年增长48.98%。实现市级营业税收入2.9亿元，比2006年增长47.97%。土地使用税增幅343.87%，车辆购置税增幅65.38%。2008年始，防洪保安资金征收改由市国税局负责。2009年，市地税局推进“精管百户”工程、“绿色生态税源”工程，实施建筑项目清理、房产税和土地使用税清理、土地增值税清算等。

2010年4月1日，契税征管由市财政局划转市地税局。是年，全市地方税收25.78亿元，比2009年增长72.25%。

三、稽查

1952年底，如城成立建账推进委员会，同时成立助税委员会，下设助税、护税小组，协助税务机关查缉偷漏税案件。1956年，县人委制订《如皋县手工业合作组织缴纳工商业税暂行办法》《如皋县关于国合、公私合营企业纳税问题的规定》。全县税务稽管人员分成3个稽管组，第一组负责国营企业和公私合营企业，第二组负责手工业社企业，第三组负责合作商店及市场，分条线对纳税情况进行稽核。农村税务员仍实行分乡税收稽管。1964年，全县清查处理投机倒把案件785件，补税罚款13.87万元。20世纪80年代末，全面推行“征管和稽查两分离”模式。

1994年，市国税局税务稽查分局成立，负责

图11-7　如皋国税推进“服务e站”服务品牌建设（2009年摄）

全市国税系统税收稽查工作。各基层国税分局设有稽查所，实行二级稽查。全市国税稽查人员占税务人员的40%左右。此后，市国税系统每年对纳税人稽查面均不低于20%。是年，市国税局推行“金税工程”，增值税专用发票存根联与抵扣联，由系统进行交叉稽核比对。

1997年，市地税局组织对金融保险、建筑安装、饮食服务、社会中介等行业专项税务稽查10次，查补入库税款800多万元。组织对企业所得税、个人所得税等税种专项稽查8次，查补入库税款300多万元。全年查处税务违章案件102起，查补地方税150万元。

1998年，市国税局对全市加油站的加油机进行铅封，控制加油行业税源流失。协查常州国税专用发票案、浙江金华虚开专用发票案（补证）、河北南宫虚开专用发票案、上海淞江虚开专用发票案、南通德顺物资贸易公司虚开专用发票案、如东虚开专用发票案等。1999年，市地税局组织个体税收、建筑市场税收、屠宰税收和零散税收专项治理。1999—2000年，市国税局办理上海青浦、淞江重大涉税专票案，协查徐州市铜山县专票案、江阴市国税专票案、浙江嘉善国税专票案。

2001年，市国税局实行一级稽查。查处潘以刚团伙虚开伪造增值税专用发票案，主犯潘以刚被判处有期徒刑10年，判处罚金14万元；查处倪韶宏、陈昌明等虚开增值税专用发票案，查获虚开的假增值税专用发票197份，价税1296.61万元，抵扣税款188.64万元，涉案人员31人，5人被提请批准逮捕。是年，市地税局开展厂中厂、店中店、场中摊地方税收专项清理，共清查厂中厂189家，店中店210家，场中摊1400个，补征税款370万元。2002年，市地税局建立按月与工商、国税部门核对管户制度、非正常户巡查制度和延期缴纳税款审批制度，规范税收日常稽核操作流程，全年清理陈欠税款520万元。

2003年，市地税局实施税收一级稽查，全年查补税款、罚款、滞纳金1600万元。市国税局组织开展对化妆品和护肤护发行业消费税、个人所得税，出口货物“免、抵、退”税等专项检查。2004年，市政府启动社会综合治税工程。2007年，市国税局组织开展废旧物资回收经营企业规范、清理，共取消不符合免税资格的废旧经营企业23

1949—2010年如皋市(县)年税收收入统计表

表11-5

单位:万元

1994年国地税分设前				1994年国地税分设后		
年度	税收收入	年度	税收收入	年度	国税收入	地税收入
1949	11.72	1972	1207	1995	17924.4	4582
1950	130.92	1973	1390.2	1996	18500	6544
1951	256	1974	1441.1	1997	19863	7368
1952	381.54	1975	1691	1998	20654	8239
1953	397.66	1976	1876	1999	15950	9077
1954	450.45	1977	2195.80	2000	23179	10319
1955	431.28	1978	2468.4	2001	34837	12207
1956	543.94	1979	2856.1	2002	38526	14608
1957	483.10	1980	3055.2	2003	46263	22109
1958	576.57	1981	3490.7	2004	55015	27828
1959	550.19	1982	4175.8	2005	69923	36060
1960	595.87	1983	4491	2006	92074	50661
1961	536.61	1984	5100	2007	133569	75464
1962	641.54	1985	6172	2008	180010	113278
1963	620	1986	6363	2009	219595	149682
1964	866.37	1987	7016	2010	278800	257832
1965	1039.37	1988	8034.7			
1966	732.06	1989	9000.95			
1967	697.3	1990	9455.12			
1968	749.5	1991	9575.03			
1969	884.10	1992	10520.23			
1970	918.40	1993	15015.67			
1971	999.6	1994	18605			

家，并对铜材生产加工企业、石油化工企业、电动车生产企业、纺织企业、产废用废企业、建筑安装企业等进行专项稽查。市地税局尝试“数字稽查”模式，实施分级分类稽查，共查结127户，查补税收1283万元。2009年，市地税局全面推广纳税评估软件，借助纳税评估电子选票、分析模型和行业税源监控电子模型实施税务稽查。

2010年，市国税局实施数据信息情报化。强化第三方信息收集和对已采集数据的增值利用，全年累计采集外部信息876条，经分析筛选下发应对信息125条，共补征税5549.32万元，加收滞纳金335.42万元；提取内部信息2147条，经筛选下发应对信息762条，共补征税930.49万元，加收滞纳金21.98万元，调减亏损669.54万元。1995—2010年，市地税局共对3830个纳税人实施检查，查补税款19079.36万元，加收滞纳金560.27万元，罚款2305.81万元。1996—2010年，市国税局共稽查办结各类涉税案件5225件，累计查补税收21591.75万元，其中10万元以上案件227件，40万—100万元案件65件，100万元以上案件26件，移送司法机关处理249件。

四、减免税、退税

民国前，域内税收减免由地方官员向朝廷奏报，并根据朝廷旨意办理。民国时期，减免税、退税无定则。中华人民共和国成立后，始注重根据实际情况实施减免税、退税。税收减免分“灾减”和“社减”两种。灾减的原则是轻灾少减，重灾多减，特重灾全免；社减，主要对军烈属、供给制工作人员家属中的贫困者，孤寡老人等免征或减征。1952年，全县遭受严重自然灾害，苏北行政公署批准如皋县实施较大幅度的税收减免。“文化大革命”中，税收减免税权下放、分散，且比较混乱。1978年，县革委会对年终决算集体分配收入人均不足50元的生产队免征农业税，略高于50元的予以照顾，并实行减免税“一定三年不变”。20世纪80年代始，减免税、退税逐步走上法治化、规范化轨道。1994年，市国税局共办理出口退税225万元，办理增值税政策性退税5408万元，办理享受涉外企业所得税征前减免4007万元。2002年1月1日，市国税局始根据有关规定审批科研单位、大专院校、新办城镇劳动就业服务企业、软件生产企业的企业所得税减免，并开始审批生产性外商投资企业所得税“两免三减半”、地方所得税的优惠、外资金融机构企业所得税“一免两减半”、外商投资先进技术企业和出口企业延长减半征收所得税优惠等。是年，市地税局根据有关法规、政策，办理减免税6541.45万元，其中“非典”影响企业减免税314.4万元，下岗再就业税收优惠34万元。

2005年，全市共办理出口退税13875万元。2006年，办理出口退税15118万元，办理三资企业增值税和企业所得税退税8872万元。2007年，办理出口退税22978万元，办理三资企业增值税和企业所得税退税6602万元。2008年，办理出口退税47610万元，办理三资企业增值税和企业所得税退税6496万元。2009年，办理出口退税126629万元，办理三资企业增值税和企业所得税退税7088万元。

2010年，办理出口退税147249万元，办理三资企业增值税和企业所得税退税8022万元。

第三章 金融

第一节 银行业

一、钱庄

清光绪十六年(1890年),县内已有钱庄。至清末,全县共有钱庄11家。民国初期,全县共有钱庄34家。民国27年(1938年)日本侵略军侵占如皋后,钱庄全部关闭。后有“地下钱庄”出现。民国31年,如皋城先后有恒济(东大街)、森元(锦绣街)、源如(十字街)、阜成(南大街)、源大(东大街)、容大(西大街)、永元、晋元、寅泰(大治巷口)、裕大(西大街)、同康(朱衣巷口)、全记(西大街)、恒如(西大街)钱庄13家,以经营远期申票(开出远期上海的汇票),套取现金,囤积物资,坐等物价上涨,牟取暴利。民国34年8月日本侵略军投降后,全县物价急剧跌落,各钱庄囤积物资不够偿还债务。民国38年初,全县钱庄均闭歇。

鲍德丰钱庄 清光绪十六年(1890年),由扬州鲍姓盐商创办,位于如皋城冒家巷。经营银钱兑换、存款、放款、以进出差价为利。后由曾任福建布政使的周姓经营,清光绪末年闭歇。

同裕钱庄 清光绪年间,由扬州胡姓创办,位于如皋城鱼市口东侧。清光绪末年闭歇。

福康祥钱庄 开业年代不详,由如皋城祝氏兄弟创办,位于如皋城许家巷,除经营存款、放款、汇划业务外,兼营物资贩运,将粮食、大豆运至日本,换购甜菜制成的食糖。清光绪末年,因亏损而闭歇。

裕丰和钱庄 清光绪末年,由镇江殷姓与如皋城王姓合资创办,位于如皋城段家巷殷宅。民国15年(1926年),改组为“裕丰和协记”,迁至大刘巷刘宅,资金7500银圆,经营存款、放款、汇划业务。民国24年前,受中国实业银行委托推行钞票。民国27年闭歇。

涌盛钱庄 开业年代不详,由吴姓如皋人创办,位于如皋城东大街十字街口。

源大钱庄 清光绪三十三年(1907年),由陈姓镇江人、杜姓扬州人、吴姓如皋城人等4人合资创办,位于如皋城状元坊,有资金8000银圆,除办理存、放、兑、汇划业务外,兼营金、银、珠宝收购。至民国初年,资金升至4万—5万银圆。民国27年(1938年)停业。民国36年,复业,更名源大成钱庄,设于如皋城南大街。民国37年闭歇。

保康钱庄 开业年代不详,由袁姓石甸人创办,位于白蒲镇北大街。民国22年(1933年)闭歇。

福源钱庄 开业年代不详,由沈姓白蒲人创办,位于白蒲镇北大街。

晋康钱庄 开业年代不详,由沈姓林梓人为主集资创办,位于林梓镇河东,办理存、汇款和兑换银圆业务。民国27年(1938年)停业。

鸿康钱庄 开业年代不详,由安徽休宁吴姓、臧姓合股创办,位于如皋城丰乐桥口,年均业务发生额30万—40万元,兼收县政府田粮赋税。民国16年(1927年)闭歇。

鸿升钱庄 民国元年(1912年),由邓姓白蒲人等集资创办,位于白蒲镇北大街。后因股东变化,更名“寿丰钱庄”。

裕如钱庄 民国9年(1920年),由沙元炳发起合股创办,位于如皋城沙家河塘东,资金2万元,除正常钱庄业务外,代收地方田赋。民国23年,受中国银行委托发行法币。民国25年,因国民政府如皋县政府欠发小学教员和行政人员工资8—9个月,印发田赋预证券抵作垫支,造成资金不敷周转而倒闭。

公裕钱庄 民国11年(1922年),由安徽陈姓和如皋城马姓、李姓等合股创办,位于如皋城南大街曹家巷口。民国23年,改营实物抵押贷款,设堆栈(仓库)业务,并受中南银行委托发行法币。民国27年,因堆栈遭日本侵略军抢劫而停业。

鼎裕钱庄 民国15年(1926年),由如皋城王姓、南通曹姓、镇江汪姓等合股投资4万元创办,位于如皋城大治巷。民国23年,营业额14万元。民国27年春停业,次年清理闭歇。民国36年,复业,移址如皋城西大街,经营存贷、汇兑,兼营黄金、"五洋"。民国38年年初停业。

二、信用(供销)合作社

20世纪30年代中期,全县有信用合作社33个。有的是钱庄改名为信用合作社,有的是因规定不新批钱庄而取名为信用合作社,均为少数富商或官吏独资或合股经营。30年代后期相继解体。

民国32年(1943年)2月,如西县江安区士绅周元实、苏子木等合股创办信用供销合作社,办理存、贷款业务,经营粮油食品及百货。如西抗日民主政府调拨粮食4万吨,作为提倡股投资。是年,全县9个区陆续创办信用供销合作社,并增设乡分社。民国36年上半年,国民党白蒲"中统"组织,发动400多户社员投资入股,在白蒲镇上真殿内建立南通县白蒲供销合作社,下设信用、供销、生产3个部,除从事商业经营外,办理整借零还小额贷款和往来汇款业务,民国37年年底闭业。

1952年12月,县人民银行在解放乡试办全县第一个信用合作互助组,扩股108户,认股145股。1953年3月,白蒲区官扬乡成立全县第一个信用合作社。是年底,全县有信用合作社1个、信用合作互助组18个,入社、组农户2193户,投股2416股,股金4574元。组织存款2000元,发放个体贷款4000元。至1954年年底,全县有信用合作社139个,信用互助组12个,全年吸收存款29.93万元,占银行农村存款的27.6%。1956年,全县小乡并大乡,信用合作社调整为100个。

1958年7月,全县行政区划调整,大乡信用合作社缩减为48个,乡级信用社与乡人民银行机构合署办公。同时,以高级农业生产合作社为单位建立信用服务站652个。11月,全县成立公社信用部48个和生产大队信用分部576个。1961年3月,信用合作社和信用服务站恢复。1962年5月,全县信用合作社普遍召开社员代表大会,选举产生新的理、监事会。至年底,全县有信用合作社46个,信用服务站853个。

"文化大革命"期间,全县一度实行贫下中农管理信用合作社。1970年,信用社原管理体制恢复。1976年4月,如皋县信用合作联社建立。

1990年,全县有信用合作社51个、信用分社16个、储蓄所15个、服务站817个、流动资金总额1331.70万元、固定资金总额799.70万元。2010年12月8日,市农村信用合作联社改制,组建江苏如皋农村商业银行。

三、银行

民国19年(1930年),江苏省农民银行如皋分行在如皋城建立,为全县第一家银行。此后,中国交通银行如皋办事处、江苏省银行如皋办事处、中国农民银行如皋分理处等相继落户。民国29年,如西抗日民主根据地创立后,江淮银行如西县办事处、江淮银行三支行、华中银行一分行(华中银行如皋办事处)等金融机构相继创办。

中华人民共和国成立后,中国人民银行、建设银行、农业银行等国有银行均在如城开设分支机构,为计划经济时期占主体地位的金融机构。

进入21世纪后,全市国有银行逐步转为国有商业银行,一批城市银行、专业银行、私营银行亦纷纷落户。

2010年,全市有中国人民银行如皋市支行、中国农业发展银行如皋市支行、中国工商银行股份有限公司如皋市支行、中国农业银行股份有限公司如皋市支行、中国银行股份有限公司如皋支行、中国建设银行股份有限公司如皋支行、江苏如皋农村商业银行股份有限公司、交通银行股份有限公司南通如皋支行、中国邮政储蓄银行如皋市支行、江苏银行如皋支行、无锡农村商业银行如皋支行11家银行,网点遍布城乡。

江苏省农民银行如皋分行 民国19年(1930年)10月设立,位于如皋城冒家桥西首祝宅,有职员10余人。从事农村贷款、合作社放款、储押放款,代理保险、信托和省、县金库业务。设海安、白蒲2个分理处和独立核算的储蓄处。仓储质押的农业仓库设于东马塘、掘港、双甸(今均属如东县)和西场(今属海安县),除办理农产品储押外,代如皋分行办理汇款、储蓄业务,代理省办姚园乡和县办磨头、郭园、卢港农业仓库业务。民国27年日本侵略军侵占如皋后，分行及仓库均停业。民国36年2月，如皋分行复业，行址迁至如皋城南大街周宅。农村放款停办，仅办理汇兑业务和商业往来透支、贴现、买汇。民国37年底停办。

中国交通银行如皋办事处 民国21年（1932年）设立，位于如皋城南大街周宅，有职员7人。办理商业放款、汇兑，代理国库，并办理各类储蓄。抗日战争期间，迁至上海。民国36年3月，迁回如皋，位于曹家巷杨宅。民国37年底，复迁至上海。

江苏省银行如皋办事处 民国36年（1947年）春设立，位于如皋城南大街，有职员8人。经营商业放款，大多以往来透支形式贷款，并办理定期质押放款。民国37年底停办。

中国农民银行如皋分理处 民国36年（1947年）设立，位于如皋城东大街，有职员8人。一度由国民政府如皋县政府会同善后救济协会设贷款所于火星庙，计贷1亿元（法币），由县政府下达各区8857万元，共发放给小贩、贫民291户。民国37年底歇闭。

如皋县银行 民国37年（1947年）11月，由薛承宗等22人发起组建，为公商合办，位于如皋城西大街鱼市口与大治巷之间，有职员41人。资本总额1亿元（法币），折合黄金13.43两，分为10万股，每股1000元，其中公股占20%、商股占80%。先收半数开业，开业后3个月内募足。开业后，原江苏省农民银行代理的县金库，交由该行代理，并办理贷款、汇划业务。民国37年底，如皋县银行迁至上海。

江淮银行如西县办事处 民国31年（1942年）12月设立，位于如西抗日民主根据地江安，兼理金库。民国32年初，贯彻中共中央“精兵简政”指示，如西县政府将粮食局、财政科、银行、金库等机构合并为财经局。

江淮银行三支行 民国33年（1944年）设立，位于如西抗日民主根据地江安，代理如西、泰县、泰兴、靖江、紫石（今海安县）5县金库。银行与金库合署办公，对内称三分区金库，对外称江淮银行三支行。民国34年12月，华中银行一分行建立后，江淮银行三支行随之撤并。

华中银行如皋办事处（华中银行一分行） 民国34年（1945年）12月设立，位于如皋城冒家桥西，下辖泰兴、泰县、台北（今大丰县）、东台4个支行和靖江、如东、紫石、东南4个办事处。代理金库，发行货币，并在进出口业务较多的张黄港设立兑换所，后又在郭园设立兑换所。民国35年7月，国民政府军大规模进攻解放区，华中银行一分行北撤，另设华中银行如皋办事处，有职员30余人，于江安、西来一带活动。9月，如皋市办事处部分人员北撤，其余人员于如皋、泰兴、泰县、靖江交界地区坚持活动，至民国36年2月停止。民国37年8月，华中银行于如皋农村设立如皋县办事处，办理金库业务。民国38年1月，华中银行如皋县办事处接管国民政府如皋县银行。6月，更名中国人民银行如皋县办事处。

中国人民银行如皋市支行 1950年5月，中国人民银行如皋县办事处更名中国人民银行如皋县支行，既行使货币发行和金融管理职能，又从事信贷、储蓄、结算等业务。1951年6—12月底，先后建立石庄、磨头、搬经、九华、李桥、城东、姚家园、二案、马塘、石桥头、郭家园、高家庄、袁桥13个营业所及城北分理处、城西服务组。1958年11月，全县实现人民公社化后，撤销原设区营业所，按人民公社建制设立48个营业所，与公社信用社合署办公。并按片设立12个中心营业所和集镇营业所，另于如城设立3个储蓄所。1962年5月，除支行设营业部外，在9个区和8个集镇设立营业所。撤销34个公社营业所，公社信用社恢复单独开展业务。

1968年5月，支行革命委员会成立。1972年7月，全县设12个营业所和1个飞机场分理处，工作人员181人。1978年10月，支行革命委员会撤销，中国人民银行如皋县支行恢复。

1979年7月，农村金融业务划至中国农业银行如皋县支行。1984年1月，中国工商银行如皋县支行与人行如皋支行合署办公。1986年12月，中国工商银行如皋县支行析出，人行如皋支行独立行使中央银行分支机构职能，为县政府工作部门，不再办理信贷、存储、汇划等具体业务。1990年5月，经人民银行江苏省分行、外汇管理局江苏分局批准，国家外汇管理局如皋支局成立，与人行如皋支行合署办公，统一管理全市外汇外债。

1991年8月，设立金融系统监察室。2003年12月，银监会南通分局如皋办事处从人行如皋支行析出。

2010年，人行如皋支行有员工34人，内设货币信贷与统计等6个科室。

中国工商银行股份有限公司如皋支行 1984年1月，中国工商银行如皋县支行成立。初期，与人行如皋支行合署办公，按照"一个机构，两块牌子，资金分开，两套账目"的过渡办法营业，业务上分别接受各自上级行领导。6月，设立中国工商银行南通分行如皋信托代理处。1986年12月，与人行如皋支行正式分开，成为主管城市金融业务的国家专业银行，承担原人民银行办理的工商信贷和储蓄业务。1987年10月，设立中国工商银行如皋县信息咨询公司，1990年改建为中国工商银行南通分行科协科技咨询部如皋代理处。1990年4月，设立中国工商银行南通市信托投资公司证券交易所如皋代理处。1995年，转型为国有商业银行。2005年10月，改制为股份制银行。

图11-8 工行储蓄流动宣传队伍 （1995年摄）

2010年，有员工160人，内设6个科室，下设城镇网点(二级支行)6个，集镇网点(二级支行)4个。2010年末，各项存款余额54.36亿元，贷款余额29.68亿元，不良贷款占比为0.45%。

中国农业银行股份有限公司如皋市支行 1955年12月设立，位于如城大治巷25号。1957年6月，农行如皋支行撤销并入人行如皋支行。1963年12月，重建。1965年12月，再度并入人行如皋支行。

1979年7月，农行如皋支行再次重建。受中国人民银行委托，统一领导和管理农村信用合作社。1981年3月，始办信托业务。1982年2月，全县农行营业所与信用社联合经营。1984年10月，中国农业银行如皋县支行信托部建立，专门办理信托存款、信托放款和租赁贷款，吸收委托存款，办理委托放款，引进和拆借资金，以支持乡镇企业发展。1988年10月，如皋县农村金融学会成立，并设金融研究室，专门从事农村经济、农村金融研究。

图11-9 如皋县农村金融学会第一次年会 （1988年摄）

1989年，农行如皋县支行信托部撤销，存贷业务并入农行如皋支行。12月，全县农行营业所与信用社分开经营。1993年6月，国际业务办事处挂牌营业。1994年7月，代理农业发展银行业务。8月，在南通市农行系统率先成立房地产信贷部。1996年9月，与农村信用合作社托管关系解除。2009年6月，更名中国农业银行股份有限公司如皋市支行。

2010年末，各项存款余额68.89亿元，贷款余额21.79亿元，不良贷款余额为零。内设财会运营部等5部室，下辖营业机构15个，在职员工294人。

中国银行股份有限公司如皋支行 1985年3月21日成立，办理进出口企业存、贷款以及华侨汇款解付、华侨存款、外币存款等业务，为经营外贸业务的国家专业银行。1987年10月，更名中国银行如皋支行。2000年年初，迁至海阳中路新大楼办公、营业。2005年8月，中国银行股份有限公司如皋支行正式挂牌。

2010年年末，本外币存款余额75.52亿元，本外币贷款余额50.48亿元，当年中间业务收入6451万元。五级分类本外币贷款不良率0.12%。内设5个部室，下辖10个网点支行，在职员工187人。

中国建设银行股份有限公司如皋支行 1952年10月，交通银行如皋代理处建立，由中国人民银行如皋县支行代管，办理国家基建拨款业务。1954年10月，交通银行如皋代理处撤销，成立中国人民建设银行如皋代理处。1959年4月，中国人民建设银行如皋县办事处成立。1963年12月撤销。

1964年始，县财政局将基建拨款业务分别划给人行如皋支行、农行如皋支行代理，至1974年12月，基建拨款业务回归县财政局。

1977年9月，中国人民建设银行如皋县办事处恢复，隶属县财政局，与县财政局合署办公，业务由上级行垂直领导。1980年6月，更名中国人民建设银行如皋县支行，办理基本建设拨款、结算和放款，管理基本建设支出预算和进行财务监督。

1986年始，陆续开办城乡居民储蓄、会计现金结算、工商建筑企业流动资金贷款等业务。1988年1月，迁至如城镇雁桥西河边(原县人民武装部院内)办公、营业。1990年4月，迁至如城镇环城南路办公、营业。1996年2月，更名中国建设银行如皋市支行。2004年9月，更名中国建设银行股份有限公司如皋支行。

2010年年末，一般性存款余额92亿元，各项贷款余额41亿元，资产不良率0.77%，当年中间业务收入8697万元。内设6个部室，下辖网点支行3个、营业部1个、分理处9个，其中乡镇网点6个。在职员工195人。

中国农业发展银行如皋市支行 1996年9月成立，位于农业银行如皋市支行大院内。2002年8月，迁至如城镇福寿路386号。2010年，累计发放贷款46490万元，年末贷款余额122274万元，年末存款余额16880万元，全年核算盈余2961万元。内设3个部室，在职员工18人。

如皋农村商业银行 1976年4月，如皋县信用合作联社成立，与县人民银行合署办公。1979年，划归农行如皋支行管理。1982年3月，农行如皋支行营业所与信用社实行“统一领导、联合经营、利润分成”。1983年，县信用合作联社实施体制改革，恢复集体所有制性质。1987年12月，县信用合作联社与农行如皋支行分开办公，仅接受农行如皋支行的政策领导，独立行使对基层信用社的业务、财务等管理权限。1990年，全县有信用合作社51个、信用分社16个，储蓄所15个，服务站817个，流动资金1331.70万元，固定资金799.70万元。

1996年1月，如皋市农村信用合作社联合社成立，与农行如皋支行脱钩，独立经营核算及管理。2000年10月，与所辖农村信用社合并为十个法人，召开首届社员代表大会。2004年5月，更名如皋市农村信用合作联社。

2010年12月8日，如皋市农村信用合作联社改制，建立江苏如皋农村商业银行，为股份制银行。年末，存款余额112.71亿元，各项贷款余额81.51亿元，五级分类不良贷款占比2.41%。内设15个部室。下辖营业网点57个、自动服务区59个，在职员工635人。

邮政储蓄银行如皋市支行 民国20年(1931年)，如皋邮政局始办邮政储金业务。

1950年9月，始办存簿储金及定期存款2种储蓄业务。1953年9月1日，邮局代理银行的储蓄业务全部停办。1986年11月15日，如皋邮电局恢复邮政储蓄业务，由营业处兼办，白蒲、丁堰、薛窑、二案、江安5个支局开办邮储业务。1990年12月，县邮政局设邮政储蓄专柜。是年，全县有邮储网点16个。2004年年末，如皋邮政储蓄余额18.11亿元，列全国邮储百强市第十二位。

2008年，邮政储蓄银行如皋市支行成立。2010年，新增邮储10.7亿元，年末邮政储蓄总额55.37亿元。

江苏银行如皋支行 2008年11月28日成立，位于如城海阳中路8号，有员工20人。内设综合管理部等4个部门。2010年年末，各项存款8.12亿元，贷款余额8.35亿元。

交通银行南通如皋支行 2010年12月8日开业，位于如城镇健康路1号。支行内设信贷部、营业部2个部门，在职员工22人。

无锡农村商业银行如皋支行 2010年12月10日开业，位于如城镇福寿路368号。在职员工14人。

四、货币

约3000年前，境内即有货币流通，大致分为贝币、金属铸币、印制币，亦有流通券和本

如皋域内流通的铜钱品种一览表

表11-6

朝　代	制 钱 种 类 名 称
战国	蚁鼻钱 刀币 明刀
秦	半两
西汉 东汉	半两 五铢 大泉五十 货布 货泉 差布 剪凿
三国	大泉当千
东晋、十六国	四铢 五铢
隋	五铢
唐	开元通宝 乾元重宝 会昌开元通宝
五代十国	唐国通宝
北宋、辽	宋元通宝 太平通宝 淳化元宝 至道元宝 成平元宝 景德元宝 祥符元宝（通宝）天禧通宝 天圣元宝 明道元宝 景祐元宝 皇宋通宝 庆历重宝 至和元宝 嘉祐元宝（通宝）治平元宝（通宝）熙宁元宝（重宝、通宝）元丰通宝 元祐通宝 绍圣元宝 元符通宝 圣宋元宝 崇宁通宝 大观通宝 政和通宝 宣和通宝
南宋、金	建炎通宝 绍兴元宝（通宝）乾道元宝 淳熙元宝 绍熙元宝 庆元通宝 嘉泰通宝 嘉定通宝 圣宋重宝 大宋通宝 绍定重宝 端平通宝 嘉熙通宝 淳祐元宝 皇宋元宝 景定元宝 咸淳元宝 正隆元宝 大定通宝 泰和通宝
元	至大通宝 至正通宝
明	大中通宝 洪武通宝 永乐通宝 宣德通宝 弘治通宝 嘉靖通宝 万历通宝 天启通宝 崇祐通宝 隆武通宝 永历通宝 大顺通宝 兴朝通宝 利用通宝 裕民通宝 昭武通宝 洪化通宝 太平通宝
清	顺治通宝 康熙通宝 雍正通宝 乾隆通宝 嘉庆通宝、道光通宝 咸丰通宝（重宝）同治重宝 同治通宝 光绪通宝 宣统通宝
太平天国	太平天国圣宝
民国	民国通宝

票流通。

铜钱　又称“制钱”“零钱”，俗称“小钱”。考古发现，境内有秦代铸造的“半两钱”、汉代铸造的“五铢钱”和宋、明、清所铸铜钱等多种。

银两　唐代始，在境内流通。民国22年（1933年）4月6日后，全县所有收付、交易一律使用银圆，银两不再作为货币流通。

银圆　俗称“洋钱”“大洋”。全县流通的银圆有清光绪年间“光绪元宝”（龙洋）、“大清银币”。清末，“宣统元宝”。民国时期，“袁大头”（铸有袁世凯头像）、“孙头”（铸有孙中山头像）、“黎头”（铸有黎元洪头像），并有少量帆船图案的“船洋”和部分省铸造的银圆。墨西哥“鹰洋”及英国、日本、印度等国银圆一度亦在全县流通。1949年3月1日后，全县禁止银圆流通，由人民银行回收。

银角子　光绪末年，在全县与银圆同时流通，为银铸辅币，面值有“伍角”“贰角”“壹角”“伍分”4种，又称“小洋”。10枚1角银角子相当于1枚银圆。后由于各省滥铸，银质成分下降，需11、12枚乃至更多方可兑换1枚银圆。辛亥革命后，全县有少量香港银角子流入。1938年（民国二十七年）日本侵略军侵占如皋后，有少量日本和朝鲜银角子流入。

关金券　民国20年（1931年）发行，原为国民政府中央银行专用于缴纳关税的钞票。民国34

年抗日战争胜利后，关金券在全县流通，与法币的比值为1:20，每张票面额最低为拾分，最高为25万元。民国37年，停止使用。

法币 民国24年(1935年)11月，始在全县流通。钱庄代理中国银行、中南银行、中国实业银行发行法币，可获延期交回银圆的优惠。法币主币有壹元、伍元、拾元3种，辅币有壹角、贰角、伍角、壹分、伍分5种，并有镍质硬辅币伍分、拾分、贰拾分3种。民国27年日本侵略军侵占如皋后，法币被伪币取代。抗战胜利后，恢复使用。民国37年8月，停止使用。

日本军用券 民国27年(1938年)春，日本侵略军使用军用券在全县市场上购物，商家不敢拒收，后即至日本商人开办的公司、合作社、洋行购货，随收随用。

兑换券 民国28年(1939年)，由国民政府如皋县政府发行。面额“贰角”，用于找零。币面标明“每拾角兑换国币壹圆”，背面注明“此券在本县境内可完粮纳税”，并规定此券自发行之日起使用期以1年为限。

流通券 民国29年(1940年)，如西抗日民主政权建立后，根据地内有南通县流通券、东台县流通券、东南流通券、如泰靖流通券、如皋县流通券等纸币流通。石庄等地还有南通大生纱厂发行的大生票子和咸益公所的流通券等纸币流通。

图11-10 如泰靖流通券

中储券 俗称“储备票子”。民国30(1941年)，由南京伪“中央储备银行”发行。抗日战争胜利后，全县停止使用。

抗币 民国31年(1942年)，如西抗日民主根据地内江淮(苏中区)、盐阜(苏北区)、淮南、淮北4个地方性银行发行的货币，统称抗币。面额有“壹角”“伍角”“壹圆”“贰圆”“伍圆”。民国33年，设于如西县农村的江淮银行三支行，印制发行石

图11-11 江淮银行发行的货币

印版“壹分”“贰分”“壹角”“贰角”等纸辅币和黄杨木版“贰拾元”“伍拾元”“壹佰元”3种本票在市场流通。每元抗币与法币的比值：民国31年12月为1:5，民国32年7月为1:9，民国33年1月为1:10，民国33年10月为1:50。1954年5月，每元抗币兑换人民币4000元，全县共收回各种抗币304.10万元。

季恺本票 民国34年(1945年)，由苏中三分区财经处和江淮银行三支行发行，在如西抗日民主根据地流通，作为抗币使用。面额有20元、50元、100元3种。票面为竖式长方形，印有三分区专员刘伯厚、副专员汪海粟财经处长兼江淮银行三支行行长季恺签名和印章。是苏中地区印钞厂印制发行的唯一钱币，也是在如西抗日根据地最受欢迎的大额钱币，群众称之为“季恺本票”，也称“新抗币”。

图11-12 季恺本票

华中币 民国34年(1945年)9月，由苏皖边区政府领导的华中银行一分行于如皋发行。1949年12月，根据中国人民银行总行指示，全部以人民币兑换回收。

金圆券 民国37年(1948年)8月,由国民政府改革币制时发行,以1元金圆券兑换300万元法币的比值在全县流通。

民国38年1月,停止使用。

人民币 民国38年(1949年)3月1日,全县始用由中国人民银行总行发行的人民币。此后,各版人民币在全县均有流通。1955年3月1日,中国人民银行如皋支行在全县设点兑换新版人民币,新旧币比值为1∶10000。

五、存款

辛亥革命前,如皋民间存款由钱庄收储。民国3年(1914年),如皋城大咸盐栈、大同公司和如京茶食3个商家合办新华银行奖票如皋推销处,代北京新华银行销售有奖储蓄。民国16年,黄七五创办万国储蓄会如皋支会,隶属上海分会,收储零存整付有奖储蓄,每月在上海抽奖,登报公布。民国19年,江苏省农民银行如皋分行开办储蓄业务,抗日战争爆发后停办。民国20年,如皋邮局开办邮政储金业务,有支票储金、定期储金、零存整付、礼券业务等种类,业务量很小。民国21年中国交通银行如皋办事处开办储蓄业务。民国24年黄七五兼办中法储蓄会,日本侵略军侵占如皋后均停办。民国37年年末,全县有储户2632户,存款余额15亿多元。

中华人民共和国成立初期,全县银行存款量极少。1950年12月底,人行如皋支行储蓄余额4943元。1951年,人行如皋支行在如城城北、城西设立2个分理处,开办"折实储蓄",同时开办"透支存款"(开户时签订协议,多存可以多透支,小额透支不须申请,大额透支须事先申请,同意后方可透支),实行优惠利率,鼓励私商和居民存款。1952年年底,城乡居民储蓄存款余额28万元,是1949年年底余额的56.65倍。

1953年,人行如皋县支行清理退还20世纪30年代江苏省农民银行如皋分行、中国交通银行如皋办事处、中法储蓄会所欠储户存款。此后,随全县经济社会发展,城乡居民储蓄存款额上升。1972年末,全县存款余额突破1000万元。1985年年末,存款余额超亿元。1993年年末,存款余额12.9亿元。2010年年末,全市金融机构共设储蓄网点168处,存款余额492.81亿元,其中城乡居民储蓄存款余额316.80亿元,企事业单位存款余额86.95亿元。

折实储蓄 1949年年初,由人行如皋支行开办。以几项主要生活物资,按市价折算成一个折实单位,并随物价涨落而变动,储户存款不因物价波动而受到损失。全县采用"大米2市斤,元麦1市斤,豆油1两(16两制),孔雀细布1市尺"4种实物为1个计算单位,开户以100个折实单位起存,期限10天至1年,不满1个月不计息,1个月月息2厘,加1个月增1厘,最高不超过1分。1950年上半年,全县物价趋于稳定,7月起停办。

保本保值定期储蓄 1950年5月试办。存入时以货币数目开户,注明当日折实单位牌价,"听涨不听落",不论物价涨落,储户既保本又保值。1952年6月停办。

定活两便储蓄 1950年6月开办。5元起存,存入不满15天支取按活期利率计算。15天以上但未达到定期时限按定期存款利率7折计息。1950年12月停办。1985年6月恢复,存期半年以下按活期计息,半年以上按未达到定期时限定期利率9折计息。1989年6月,改为3个月以下按活期计息。

定额储蓄 1951年开办,具有定活两便性质。存单为固定面额,有1元、5元、10元、50元、100元5种。不记名,不挂失,全县通兑。1955年停办。

活期储蓄 1949年5月开办。开户时银行发给存折或活期支票,随时存取,利率比定期储蓄低。至2010年,此项储蓄未间断。

售粮优待储蓄 1953年12月,配合农村统购统销开办此项储蓄。有定额定期和保本保值2种,存期1—6个月,月利率20‰。

整存整取定期储蓄 1949年1月开办,约定存期,一次存入,到期支取本息。1990年,存期有3个月、6个月、9个月、1年、2年、3年、5年和8年8个档次。至2010年,全市各商业银行均开办此项储蓄。

零存整取定期储蓄 1959年开办。存款在约定期限内,每月存入一次,到期一并提取本息。1979年,始开办集体零存整取定期储蓄,存期1年。1990年,存期有1年、3年、5年3个档次。至2010年,全市各商业银行均开办此项

1949—2010年如皋市(县)城乡居民储蓄存款情况统计表

表11-7

单位:万元

年度	期末金融机构		年度	期末金融机构	
	存款余额	城乡居民储蓄存款		存款余额	城乡居民储蓄存款
1949	1	0.07	1980	10099	2860
1950	9	0.50	1981	13149	3886
1951	68	9	1982	15424	5199
1952	213	28	1983	17095	7568
1953	247	28	1984	21480	9079
1954	313	58	1985	23004	12497
1955	574	68	1986	35775	16886
1956	306	178	1987	38087	23070
1957	649	98	1988	40478	25374
1958	1105	166	1989	53798	35386
1959	1274	357	1990	74688	53820
1960	1382	374	1991	100020	74404
1961	1676	586	1992	133251	94245
1962	1130	298	1993	182223	129164
1963	1611	541	1994	240581	178117
1964	2937	333	1995	335508	248620
1965	3050	384	1996	420957	322262
1966	2833	489	1997	489730	389709
1967	2834	560	1998	571171	464325
1968	4250	836	1999	646013	520292
1969	4860	654	2000	725660	576600
1970	4216	598	2001	839601	676461
1971	4732	599	2002	1024517	807647
1972	5526	1101	2003	1249304	953130
1973	5830	1023	2004	1483359	1112000
1974	6746	931	2005	1764771	1301000
1975	6262	1081	2006	2088384	1554022
1976	5983	1123	2007	2615268	1751182
1977	5358	1304	2008	2996671	2210399
1978	6330	1629	2009	3914880	3637979
1979	10569	1850	2010	4928108	3167965

储蓄。

钢铁储蓄 1958年，在大炼钢铁高潮中先后于如城、磨头开办，面额有2元、5元、10元、50元4种，存期有6个月、1年、2年3种。以定额存单加盖“钢铁储蓄”戳记代替存单。

江苏省地方工业建设定期储蓄 又称地方建设定期储蓄。1959年5月开办，全县储蓄任务25万元，期限1年。1960年4月继续举办，全县储蓄任务37万元，期限1年。

大额定期储蓄 1988年年初，工行如皋支行、中行如皋支行先后开办。期限分1个月、3个月、6个月、9个月和1年，面额有500元、1000元、5000元，利率上浮10%。9月，工行如皋支行改利率上浮5%。

预储备购自行车专项储蓄 1960年10月，为解决群众买自行车难的问题，人行如皋支行与县百货公司联合举办。储户每月存入20元，定期1年，到期本息相当于1辆自行车款。百货公司自行车到货后，公布存户的存单号码，存户凭存单到百货公司购置自行车。1962年5月24日，因货源不足，供应不及时，银行通告存户退储或转存定期存款。

华侨人民币定期储蓄 1955年10月开办，利率高于同期一般储蓄。1964年1月1日停办。1971年10月1日，恢复1年期储蓄。1979年4月1日，恢复3年、5年期储蓄。

农村爱国有奖储蓄 1951年12月开办，面额2元（折现币），存期3个月，存期内开奖1次，到期支付。1952年9月停办。

江苏区零存整取定期有奖储蓄 1951年5月开办，采用按月贴花方式，面额分整户每月4元（折现币）、1/2户每月2元、1/4户每月1元，存期2年，月月开奖。以10万整户为1个开奖组，江苏省内通存通兑。1953年，存期改为1年期，增设连环奖。1959年1月停办。7月恢复。1961年1月停办。1989年，中行如皋支行恢复开办，每户10元，存期1年，月月开奖。

活期有奖储蓄 1959年9月开办，储户凭银行发给的存折账号兑奖。银行按中奖存户的中奖号码和等级以存款平均余额付给奖金，以奖代息。1961年1月停办，1980年一度恢复，1984年再次停办。

集体零存整取有奖有息储蓄 1988年，由工行如皋支行开办。每户每月存10元，储期1年，到期付息2元。以1万户为1个开奖组，全年开奖2次。1989年，增设鼓励奖，奖品为彩电、冰箱和自行车代购券。1990年，改为按季开奖。

定额定期有奖储蓄 1985年开办，分定额定期有奖储蓄、定额定期有息有奖储蓄。期限分6个月、1年、2年，存额每户20元、50元、100元。以1万户为1个开奖组，奖品有实物、奖金和购物券。

个人外币储蓄 1987年12月，由中行如皋支行开办。存款货币为美元、英镑、港币、日元、马克、法郎等，分定期、活期、定活两便3种。定期分3个月、半年、1年、2年4个档次。定期起存金额不低于人民币150元的等值外币，活期存款起存金额不低于人民币120元等值外币。定活两便以存入日定期同档利率9折计算利息。本息均以外币支付。

保值储蓄 1988年9月开办。存期3年和3年以上居民定期储蓄（含1988年9月前所存），期满时除由银行按规定的利率支付利息外，并按国家统计局根据物价上涨幅度公布的保贴率付给保值贴补息。保值贴补率低于零，则无物价补贴。

有奖贴水储蓄 1989年，由工行如皋支行、中行如皋支行开办。工行如皋支行开办的为每户存款370元，发面额500元存单，计逾期息。中行如皋支行开办的为每户存款75元，发面额100元存单，不计逾期息。定期均为3年，奖品奖额各不相同，各办1期后停止。

摸奖储蓄 1988年，由农行如皋支行开办。面额30元，2年期，以全部利息分设一、二、三、四等实物奖。储户当场摸奖，中奖者当场领取奖品。共办25组，收储余额707.9万元。此后，工行如皋支行开办1期，收储25万元。1989年3月，均停办。

大额可转让储蓄 1990年初开办，面额和期限与大额定期储蓄相同。5月停办。

六、贷款

商贸贷款 1949—1952年，全县商业贷款着重支持私营商店恢复经营，以抵押放款为主，不办理信用贷款。放款日平均余额不超过存款余额的11%。1952年年末,全县商业贷款余额28.85万元,其中对国营商业及供销合作社贷款10.31万元,占商业贷款总额的35.74%。

1955年,全县银行实行国营商业贷款、农产品采购放款新办法,信贷与物资运行相结合,全年发放采购贷款2035万元,年末商业贷款余额1175万元。1956年,银行贷款优先安排国营商业,保证统购统销资金需求。年底,全县商业贷款余额1454万元,其中粮食收购和国营企业放款785万元,占全部贷款余额的54%。

1958年"大跃进"运动中,商业贷款大幅度增加。年末,全县商业贷款余额1932万元,比1957年增加1.58倍。

1961年始,银行加强对企业流动资金管理,贷款增长过快势头得到遏制。1962年、1963年、1965年,全县商业贷款余额分别为2664.56万元、2642.11万元、4580.45万元。

"文化大革命"期间,全县商业信贷处于瘫痪状态。1976年,县商业管理部门组织调查66个商业企业,资金不合理占用额达153万元,商品呆滞积压现象较为普遍。

改革开放后,随着商业经济快速发展,商业贷款随之上升。1979年年末,全县商业贷款余额11173万元,首次超过亿元。以后,逐年递增,1990年末为33709万元。此后,商业贷款不作单独统计。

农业贷款 民国19年(1930年),江苏省农民银行如皋分行主要向富裕农民及合作社发放农业贷款。民国19年至民国20年,全县104户获贷款,平均每笔贷款981元。民国37年,华中银行如皋办事处在江安、卢港等老区发放实物贷款,年末余额2333万元(华中币)。民国38年初,将支持农民恢复生产作为农村金融工作的重点,贷款以实物为主。1949年,全县发放麦种、苗猪实物贷款34.40万千克,贷款近5万户,发放盐贷2万千克,年底贷款余额1.17万元。

1950年冬春之交,全县遭受冻灾,麦苗大面积冻死、冻伤,银行及时向13954户受灾特困户发放贷款19.97万元。1952年,银行支持参加互助组织的农民,贷款利率8折优惠,向17303个互助组发放贷款28.3万元。1954年6—7月,全县遭遇特大水灾,银行发放月息为7.5‰、期限为3年的救灾贷款12.06万元。1956年,银行成立支援春耕生产办公室,组织贷款发放,全年放贷303万元。

1959—1961年3年困难时期,人行如皋支行共发放农业贷款1776.16万元,并清理1961年前陈欠农业贷款,1964年,经中国人民银行江苏省分行批准,2次豁免陈欠农业贷款合计134万元,占陈欠贷款总额166万元的80.72%。是年,鉴于部分贫困农民归还合作基金贷款困难,核销未收回贷款36.96万元,占放贷总数的32.12%。

"文化大革命"中,全县农业贷款特别是农户个体贷款回落,余额徘徊在10万元上下,最低的1966年农户个体贷款仅6万元。

1980年后,全县农村推行"大包干",农贷主要投向专业户、重点户开展多种经营。1980—1990年,农行如皋支行、如皋信用联社累计发放农业贷款17830万元,年均1621万元。1985—1990年,农行如皋支行累计发放扶贫贷款25464户840万元。1990年后,农业贷款不作单独统计。

工业贷款 1949年年底,全县工业贷款余额3300元。1956年,支持手工业合作化运动,信贷数额大幅度增加,年末工业贷款余额104.05万元。1958年,为支持大炼钢铁,银行发放工业贷款208万元,为1957年的6.93倍。

1963年始,控制工业贷款规模。1965年,全县工业贷款余额104.37万元,比1962年下降45.75%。此后,工业贷款逐步步入正轨。1980年,支持企业挖潜、革新与改造,开办中短期设备贷款,全年贷款18家工厂52个项目,计146万元。1981年,重点支持轻纺工业,贷款2384万元,占工业贷款总数的62.84%。1982年,重点支持食品、罐头、丝绸3个行业,年内放贷48个设备贷款项目,年末工业贷款余额342.46万元。1985年,银行推行有计划控制的按销资率核定的贷款合同制。

1990年年末,全县工业贷款余额24194万元。此后,工业贷款不作单项统计。

基建贷款 1978年,建行如皋县办事处始办基本建设贷款业务,主要项目有施工企业流动资金贷款、小型基本建设贷款、小型技术贷款、出口工业品贷款和社队企业发展基金贷款。1982年,始办更新改造设施贷款、文化专项贷款、农村集

1949—2010年如皋市(县)金融机构期末贷款余额统计表

表11-8

单位:万元

年度	期末贷款余额	年度	期末贷款余额	年度	期末贷款余额
1949	2	1970	6754	1991	101203
1950	11	1971	7958	1992	127057
1951	22	1972	9357	1993	154100
1952	60	1973	8965	1994	188544
1953	206	1974	10353	1995	250874
1954	273	1975	9683	1996	299067
1955	1269	1976	10157	1997	336333
1956	1859	1977	10775	1998	357733
1957	2006	1978	11819	1999	362176
1958	2616	1979	13934	2000	356130
1959	3499	1980	17488	2001	382090
1960	3262	1981	20951	2002	433348
1961	3303	1982	24104	2003	541289
1962	3391	1983	27914	2004	596916
1963	3336	1984	34040	2005	720217
1964	4488	1985	43552	2006	952815
1965	5156	1986	58356	2007	1185320
1966	5329	1987	65499	2008	1385680
1967	6203	1988	69364	2009	1801595
1968	7263	1989	74367	2010	2478596
1969	6337	1990	87406		

镇影剧院贷款、环境保护委托贷款。1984年,始办中央、地方级“拨改贷”贷款、农村建房物资供销贷款。1978—1990年,累计发放各项基建贷款18618.39万元,年均1432.18万元。

20世纪90年代后,房地产业贷款成为基建贷款的主体。1991年房地产业贷款854万元,1995年2.3亿元,2000年1.19亿元,2005年4.95亿元。2010年,全县房地产贷款8.18亿元。

七、结算

民国时期,全县工商企业之间的商品交易或资金调拨,同城一般采取支票结算,异地则以汇兑结算为主要方式。如西抗日民主根据地内几乎没有汇兑业务。

1949年,华中银行如皋县办事处、人行如皋县办事处共汇出773笔、71201元,汇入1096笔、110721元。1952年,随着金融业社会主义改造的完成,全县逐步建立起统一的转账结算体系。是年,汇出13420笔、2144.37万元,汇入14639笔、2248.52万元。1950—1952年,全县转账与现金交易比例年平均100:27.09。

1953年,人行如皋支行推行第一个成套结算方式。1955年,增加付款委托书和限额支票,取消"保付结算"。除按现金管理规定准许使用现金外,其余必须通过银行清算资金。1956年,结算管理以农村非现金结算为重点,农村农业社、手工业社、供销社、信用社之间,以及与国家采购单位间的交易往来,通过划拨办理结算,减少大量现金调拨。

1958年"大跃进"运动中,结算工作秩序混乱。1962年,贯彻"调整、巩固、充实、提高"方针,银行充实柜面人员,整顿结算纪律,加强管理和监督。1966—1971年,全县无转账数据统计。

1972年始,结算工作中"错、乱、慢、压"状况改善,同时恢复结算货款。1978年,全县银行取消凭实物收据办理托收。1980年,开办异地委托收款结算,不能办理托收承付结算的单位,委托银行收取货款。1984年,开办新的票汇结算,公私企事业单位均可使用。汇票可到银行取款,也可到指定单位购置物资,结算多余款银行可代为退回。

图11-13　如皋人民银行票据交换中心（1990年摄）

图11-14　中行如皋支行国际结算部办公大厅（2002年摄）

1985年,各金融单位改进结算开户工作,凡具有法人地位、实行独立核算、有一定自有流动资金的企事业单位和个体户都准予开户;非独立核算的企事业单位准予开立存折户;农村工商企业进城设立门市部,凭城区营业执照和原开户银行证明可开立辅助账户。是年,农行如皋支行推行定额结算方式,收购单位在结算农副产品价款时,农户自由选择付取现金或使用定额支票。

1986年12月,工行如皋支行始办商业承兑汇票和银行承兑汇票2种结算业务。1987年起,人行如皋支行建立票据交换中心,工行如皋支行、农行如皋支行、建行如皋支行、中行如皋支行共有8个下属单位每天到票据交换中心进行票据交换工作。1989年4月1日起,全县各专业银行执行中国人民银行颁发的《银行结算办法》。1989年8月1日,异地托收承付结算方式停用。1990年4月1日,恢复。

1991—2010年,全市(县)专业银行办理结算主要有托收承付、委托收款、银行汇票、商业汇票(商业承兑汇票、银行承兑汇票)、信汇、汇兑、信用卡、支票、银行本票等方式。

八、外汇、侨汇

1985年前,人行如皋支行代理全县外币收兑和华侨汇款。1985年3月起,全县外汇和外贸信贷业务由中国银行南通分行如皋办事处办理。

1990年5月,国家外汇管理局如皋支局建立,行使全县外汇管理职能。1993年6月,农行如皋支行成立国际业务代办处,主要为开户三资企业吸收各项外币储蓄存款、人民币存款,发放外币贷款、人民币配套贷款,办理外汇结算业务等。1995年,建行如皋支行开办国际金融业务。

外汇管理和结算　明代到民国初年,全县丝绸产品,肉制品如皋火腿、如式香肠,手工艺品贴绒、包灯、收折风筝,人发、猪鬃、肠衣、萝卜干、黄狼皮、山羊皮及手工黑白线网、手套等出口,外商在县内经营的安利、茂林、培林、班达等洋行业务,其进出款项均通过上海中国银行汇划县内钱庄收付。

中华人民共和国成立后,人行如皋支行办理全县外币收兑。1986—1990年,中行如皋支行吸收社会闲散外汇资金，制止外汇黑市活动。1990年5月，如皋外汇管理支局成立，开展对外汇外债的管理。年末，全县外汇余额645551美元、504.64英镑、7827519日元、4000马克、472056港元，办理三资企业存款40122.50美元。全年共办理外汇留成进账261笔，计519.6万美元；支出97笔，计391.48万美元；调剂外汇支出17笔，计135.45万美元。

2001—2005年，人行如皋支行发放出口收汇核销单38187份，收汇核销74765.01万美元；办理进口付款5956.57万美元，核销4796.09万美元。

2010年，人行如皋支行执行22家(次)进口付汇现场核查，向市内企业发放出口核销单27965份，收汇核销118093.54万美元，核销率99.23%。完成国际收支申报17340笔，金额17.18亿美元。完成269家外商投资企业联合年检工作，累计查处涉案金额折美元1417万元，罚款计人民币118.9万元。在南通率先实现国际收支网上申报。

侨汇 民国19年(1930年)，江苏省农民银行如皋分行代理中国银行办理华侨汇款业务。1938—1948年，因战争影响，华侨汇款业务停止。

1950年，中国人民银行如皋县支行恢复侨汇业务。初期，不能直接通汇，须经上海、南京等地转汇。是年，全县侨汇业务仅3笔187元(折新人民币)。1959年10月，人行如皋县支行在县百货公司设立侨汇专柜，侨汇100元人民币供应粮食6千克，食油、食糖、猪肉各1千克，棉布3.33米，并发给适量糕点供应券。1962年9月，100元侨汇人民币物资供应标准增加到粮食40千克、食油2千克、食糖2.5千克、猪肉1.5千克、棉布5米，春节期间还增加供应糯米5千克、精面5千克、花生仁1.25千克、芝麻0.25千克。1965年，全县办理侨汇242笔、16511元。

"文化大革命"期间，人行如皋县支行取消侨汇物资供应，并规定华侨储蓄利息不能并入华侨储蓄本金转存，侨汇受阻。

1978年，恢复侨汇物资供应，重新确定侨汇物资供应部门，并实行外汇额度留成，供地方使用。是年，恢复华侨定期存款优惠利率。

1985年6月前，全县华侨汇款由人行如皋支行受上级行委托解付。1985年6月1日起，中国银行南通分行如皋办事处负责解付全县侨汇。1987年，全县侨汇377笔，计人民币25.92万元。1988年，侨汇380户、479笔，计人民币64.56万元。1990年，侨汇501笔，计人民币39.50万元。1990年后，全市(县)侨汇不作统计。

九、债券

航空、公路建设公债 民国26年(1937年)上半年，国民政府发行航空、公路建设公债，江苏省农民银行如皋分行、中国交通银行如皋办事处代理发行。发行时，先发给收据，后凭收据换领债券。抗日战争爆发后，停止发行。偿还延至民国37年初。

救灾公债 民国35年(1946年)3月，在全县发行，面额为50元、100元、200元、500元4种，月息2分。全县共发行9200万元(华中币)。1958年，兑付结束，以100元公债券兑换人民币1.10元。

人民胜利折实公债 1950年1月，在全县发行，共认购42203份，以每份合大米3千克、面粉0.75千克、白细布1.33米、煤炭8千克计值，按国营商店挂牌批发价计算价值。面额为1分、10分、100分、500分4种。分值随物价涨落，由中国人民银行总行公布。国家统一抽签，分5年偿还，年利率为5%，每年3月1日还本付息。1955年后，中国人民银行对尚未兑付的，每分兑付人民币2.44元。

国家经济建设公债 1954—1958年，在全县发行，总计认购186.15万元，其中1954年认购30.52万元，1955年认购41.70万元，1956年认购22.71万元，1957年认购38.96万元，1958年认购52.17万元。1955年起，付息及抽签还本。1968年，全部偿还完毕。

期票 1961年，对1958年刮"共产风"时的"一平二调"款项，采取分期支付现金和发行期票的办法进行退赔。江苏省规定第一期由财政直接兑现，第二期由各级人民银行发行期票，定名中国人民银行江苏省分行期票。面额为5元、10元、20元、50元、100元、500元6种，由江苏省分行统一印发。期票定期2年，不计息，不得流通，不得提前支付，到期凭票向发行期票的银行或营业所兑取现金。至1985年7月，全县发期票91.15万元，其中兑付现金35.04万元、注销期票54.34

万元、余额1.77万元。

国库券 1981年始，在全县发行，面额为5元、10元2种，年利率4%，期限10年。是年，全县发行105.52万元，其中集体认购44%。此后，全县发行多期：1983年152.03万元，其中集体认购31.30%；1984年155.54万元，其中集体认购20%；1985年256.04万元，其中集体认购20%；1986年270.56万元，其中集体认购17.70%；1987年279.89万元，其中集体占18.18%；1988年390.79万元，其中集体占18.88%；1989年313.99万元，只向个人发行。1990—2000年，国库券发行采取无记名方式，不作统计。

金融债券 1985年11月，由农行如皋支行发行，面额为50元、100元2种，期限1年，年息9%。全县共认购150万元。1986年，认购300万元。是年，工行如皋支行发行金融债券313万元。1987年，工行如皋支行发行金融债券240万元、农行如皋支行发行500万元、中行如皋支行发行60万元。1988年，工行如皋支行发行金融债券490.16万元，兑付157.69万元；农行如皋支行168.22万元，兑付297.42万元；中行如皋支行发行91.72万元，兑付63.18万元。1989年，工行如皋支行发行金融债券197.75万元，兑付548.59万元；农行如皋支行发行100万元，兑付352.80万元；中行如皋支行发行70万元，兑付81.27万元。1990年，工行如皋支行发行593万元，兑付499万元；农行如皋支行兑付30万元；中行如皋支行发行95万元，兑付65万元；建行如皋支行发行50万元。1991年，人行如皋支行批准3家企业发行长期金融债券400万元。1992年，人行如皋支行发行企业长期金融债券200万元，建行如皋支行发行，电力企业投资金融债券100万元。1993年，人行如皋支行批准发行企业金融债券300万元，建行如皋支行发行金融债券800万元。1995年，人行如皋支行累计申报、批准、发行金融债券8385万元。

国家重点建设债券 1987年6月，由国家专业投资公司发行。全县计划任务187.72万元，是年全部完成，其中集体单位购买174.59万元、地方财政预算外资金垫付13.13万元。1988年，全县计划任务510万元，完成75.83万元。1989年，全县计划任务310万元，完成139.31万元。

国家重点企业（电力）债券 1987年，由中国建设银行发行。全县计划任务71.88万元，实际完成56.13万元，其中集体认购46.13万元、个人购买10万元。

贴水金融债券 1987年，由工行如皋支行一次发行100万元。

地方财政债券 1988年，县政府委托金融机构发行地方财政债券102万元，其中农行如皋支行58万元、县信用联社4万元，县保险公司40万元。债券分5年期和2年期2种，年利率分别为7.5%和8%，到期一次还本付息。

特种国债 1989年，由县财政局负责发行，总额123.04万元，期限5年，利率为15%。1990年，发行129.08万元。

保值公债 1989年，全县发行799.94万元，其中工行如皋支行发行541.67万元、农行如皋支行发行199.97万元、中行如皋支行发行23.30万元、建行如皋支行发行35万元。期限3年，到期一次还本付息，年利率按中国人民银行同期储蓄存款利率加保值补贴率，再加一个百分点计息。

融资券 1989年4月，人行如皋支行为解决部分企业资金短缺问题，批准全县一批重点骨干企业向社会公开发行融资券。是年，共发行830万元，其中委托工行如皋支行发行240万元、农行如皋支行发行520万元、中行如皋支行发行70万元。1990年，发行1640万元，兑付1290万元。其中：委托工行如皋支行发行1290万元，兑付520万元；农行如皋支行发行200万元，兑付720万元；中行如皋支行发行150万元，兑付50万元。1991年，人行如皋支行批准全市（县）30家企业发行短期融资券2980万元，工行如皋支行代理17户企业发售融资券2455万元。1992年，人行如皋支行批准发行短期融资券4000万元、企业内部融资券3125万元，其中工行如皋支行代理25家企业发售融资券1875万元，建行如皋支行为丁堰色织厂发售短期融资券200万元。1993年，人行如皋支行批准发行企业融资券62家次、7590万元，建行如皋支行代理企业发行融资券1600万元。1994年，人行如皋支行批准发行企业短期融资券5940万元。1995年，工行如皋支行代理企业发行融资券3550万元，农行如皋支行代理发行1750万元。1996年，人行如皋支行批准28家企业发行融资券3470万元，工行如皋支行代理企业发行融资券2220万元。

第二节 保险业

一、沿革

民国3年（1914年）6月，上海华安合群保险公司设立如皋分公司（《通海新报》），其业务有人寿、运输、水、火和农产品保险等。民国4年8月，金星水火人寿保险公司设立如皋保险分局。12月，华洋人寿保险公司设立如皋寿险业务代理处。民国6年8月，英太古洋行水火保险公司设立如皋水、火险业务代理处。民国18年，江苏省农民银行代理英商太平洋保险业务，在如皋城设立如皋分行，代理保险业务。民国27年春，日本侵略军占领如皋城，以上保险机构均外迁或撤停。

1950年，中国人民保险公司设立如皋特约代理处，全县保险业务恢复。1952年8月，中国人民保险公司如皋支公司成立，独立对外开展业务。1959年1月，中国人民保险公司停办国内保险业务，如皋支公司撤销。

1980年，中国人民保险公司如皋支公司恢复营业。2001年起，境内保险机构不断增加，至2005年，先后有平安、太平洋、天安、大众、华泰、中华联合、太平、大地、永安、安邦、阳光等多家保险机构落户。

2010年，在市工商部门注册登记的保险机构计40家，其中保险代理机构2家。

二、主要保险机构

中国人民保险公司如皋支公司 1950年2月，中国人民保险公司如皋特约代理处设立，隶属南通支公司，保险业务由中国人民银行如皋县办事处经办，对外称“平记代理处”，开办火险、运输险和团体人身险等业务。1951年6月，中国人民银行如皋办事处增设保险股。1952年1—2月，磨头、石庄人行如皋支行营业所设保险代理处，二案设立保险分理处。5月，保险业务划归县政府财政科。8月，中国人民保险公司如皋支公司成立，独立对外开展业务。1953年10月，公司人员减少50%。11月，接管海安支公司业务。1954年9月，如东县所属蒲东、丁堰、雪岸3个区16个乡保险业务移交如皋支公司，如皋县平西区6个乡保险业务划归南通县管辖。1955年，海安县保险业务从如皋支公司划出。1958年10月，如皋支公司与县财政局合并。

1959年1月，中国人民保险公司停办国内保险业务，如皋支公司撤销，除简易人生险业务由县人民银行续办外，其他业务的后续工作由财政局接受处理。

1980年8月，中国人民保险公司如皋支公司恢复建立，隶属人行如皋支行领导，办理具体保险业务。1983年6月，农行如皋支行所属各营业所和信用社设立52个保险代理处。1984年11月，如皋支公司从人行如皋支行划出，独立开展业务。1991年3月，在搬经建立第一个镇保险所。至1992年，全市除长青沙乡外，均建立乡（镇）保险

2010年如皋市保险机构一览表

表11–9

类　别	企业名称	地　址
财产保险机构	中国人民人寿保险股份有限公司如皋支公司	如城镇福寿路399号
	中国人寿财产保险股份有限公司如皋支公司	如城镇福寿路紫竹苑3号楼4–5号
	中国平安财产保险股份有限公司如皋支公司	如城镇许庄村4组（如城镇中荣联运部）
	中国平安财产保险股份有限公司如皋支公司	林梓镇高阳中路147号–14
	中国太平洋财产保险股份有限公司如皋支公司	如城镇益寿路6号
	太平财产保险有限公司如皋支公司	如城镇益寿路世纪金钻664、666号

续表11-9

类 别	企业名称	地 址
财产保险机构	中华联合财产保险股份有限公司如皋支公司	如城镇福寿西路158号4楼
	中华联合财产保险股份有限公司如皋支公司	长江镇通江路66号
	中华联合财产保险股份有限公司如皋支公司	白蒲镇蒲西路99号
	中华联合财产保险股份有限公司如皋支公司	搬经镇绘龙北路20号
	中国大地财产保险股份有限公司如皋支公司	健康南路(建安公司4楼)
	紫金财产保险股份有限公司如皋支公司	如城镇健康南路2号4楼
	大众保险股份有限公司如皋支公司	如城镇福寿路386号(农发行办公4楼)
	天安保险股份有限公司如皋支公司	如城镇海阳路15号
	安邦财产保险股份有限公司江苏分公司如皋营业部	如城镇益寿路271号
	阳光财产保险股份有限公司如皋支公司	如城镇益寿路621、623、625号
	都邦财产保险股份有限公司南通中心支公司	如城镇海阳路29号
	永安财产保险股份有限公司南通中心支公司如皋营业部	如城镇黄金大道A02-35号
人寿保险机构	中国人寿保险股份有限公司如皋支公司	如城镇福寿路369号
	中国人民财产保险股份有限公司如皋支公司	如城镇福寿路399号
	中国平安人寿保险股份有限公司南通中心支公司	如城镇丽泽华庭202幢2-1室
	中国平安人寿保险股份有限公司南通中心支公司	白蒲镇碧霞苑朝西9号房3楼
	中国平安人寿保险股份有限公司南通中心支公司	九华镇郭李村12组1号2层
	中国平安人寿保险股份有限公司南通中心支公司	石庄镇凤鸣社居1组73号4层
	中国平安人寿保险股份有限公司南通中心支公司	江安镇镇中居6组(府前街计生服务站)
	中国平安人寿保险股份有限公司南通中心支公司	高明镇胜利居委会1组
	中国平安人寿保险股份有限公司南通中心支公司	磨头镇磨头居委会8组
	太平人寿保险有限公司南通中心支公司如皋营业部	如城镇宁海东路南侧(勘测大厦3楼)
	中国太平洋人寿保险股份有限公司如皋支公司	如城镇中山路390号
	中国太平洋人寿保险股份有限公司南通中心支公司	石庄镇石庄路138号
	中国太平洋人寿保险股份有限公司南通中心支公司	吴窑镇人民路58号
	阳光人寿保险股份有限公司南通中心支公司	如城镇益寿南路64号
	民生人寿保险股份有限公司江苏分公司如皋营业部	如城镇中山路陆桥苑300号3楼
	泰康人寿保险股份有限公司南通中心支公司	如城镇世纪金钻A03幢益寿南路65号
	生命人寿保险股份有限公司南通中心支公司	如城镇中山路578号2楼
	嘉禾人寿保险股份有限公司江苏分公司如皋支公司	如城镇益寿路1-4号2楼
	合众人寿保险股份有限公司南通中心支公司	如城镇紫竹园商业综合楼501-50

续表11-9

类 别	企业名称	地 址
人寿保险机构	新华人寿保险股份有限公司南通中心支公司如皋营业部	如城镇海阳路310号金荣国际广场
保险代理机构	江苏诚信保险代理有限公司如皋分公司	如城镇益寿南路630号
	江苏华邦保险代理有限公司如皋市分公司	如城镇益寿南路612号

所。1993年,石庄区保险办事处、白蒲区保险办事处先后成立。

1996年3月,中国人民保险公司改制为中国人民保险集团,中国人民保险公司如皋支公司分设为中保财产保险有限公司如皋支公司和中保人寿保险有限公司如皋支公司。9月15日,两公司正式挂牌,对外开展业务。

中国人民财产保险股份有限公司如皋支公司 1996年3月,由中国人民保险公司如皋支公司分设,专营以财产为保险标的的保险业务。1999年1月,财保如皋支公司复名中国人民保险公司如皋支公司。

2003年7月,中国人民保险公司如皋支公司更名中国人民财产保险股份有限公司如皋支公司(简称财保如皋支公司)。

2010年,公司固定资产1500万元,员工41人,下设代理网点11个,聘用代理人员95人,开办财产保险类、车险类、意外险类、责任险类、短期健康险类、农业保险类7大类400多个险种,所占份额逾全市保险额40%。

中国人寿保险股份有限公司如皋支公司 1996年3月,由中国人民保险公司如皋支公司分设。2003年5月,更名中国人寿保险公司如皋支公司。2003年8月,更名中国人寿保险股份有限公司如皋支公司(简称寿保如皋支公司)。是年,在全市建立代理网点118个,总保费收入首次超"两亿"。2010年,寿保如皋支公司总资产18亿元,内设5部1室,下设13个农村网点,员工76人,业务代理人1200多人。

三、险种

民国3年(1914年),境内始有保险机构,其业务有人寿、运输、水、火和农产品保险等。

1950年,中国人民保险公司如皋特约代理处开办险种有火险、运输险和团体人身险等。1951年,对县级机关、国营企业和县供销合作社实行财产强制保险,并逐步对车辆、船舶、货物运输等业务实行强制保险。同时,开办居民家庭财产火险和农村养猪、养牛保险。1953年,停办农村业务,整顿城市业务。1956年2月,恢复办理农村牲

1980—1990年保险公司在如皋开办的保险种类一览表

表11-10

类别	险 种
财产保险类	企业财产保险、企业财产附加机器设备损坏险、个体工商户财产保险、家庭财产保险城镇居民家财险附加盗窃险、家庭财产(两全)保险、商品销售保险、机动车辆保险、机动车第三者责任保险、机动车附加车上责任险、船舶保险、货物运输保险、农村场头火灾保险、蘑菇养殖保险、芦苇火灾保险
人寿保险类	团体人身意外伤害保险、团身险附加医疗保险、公路及水路旅客意外伤害保险、建筑工人意外伤害保险、船工意外伤害保险、煤矿工人意外伤害险、简易人身保险、母婴安康保险、机动车驾乘人员平安保险、溜冰意外伤害保险、中小学生团体平安保险、农村团体劳动力保险、子女婚嫁金保险、独生子女平安保险、独生子女父母养老金保险、少儿养老金保险、企业职工养老金保险、农村个体养老金保险、义务兵养老金保险、义务兵及其父母人身平安保险

2010年全市保险公司开办主要保险种类一览表

表11-11

类别	险种
财产保险类	办公室综合保险、住宿学生财产综合保险、广告综合保险、加油站综合保险、汽车修理厂综合保险、汽车经销商综合保险。 财产保险基本险、财产保险综合险、计算机保险、现金保险、企业财产保险、家庭财产保险。 公众责任保险、餐饮场所责任保险、校(园)方责任保险、物业管理责任保险、监护人责任保险、血站采供血责任保险、驾驶员培训学校责任保险、机动车辆停车场责任保险、电梯责任保险、风景名胜区责任保险、特种设备第三者责任保险、产品责任保险、雇主责任保险、律师职业责任保险、注册会计师职业责任保险、建设工程设计责任保险、单项建设工程设计责任保险、保险代理人职业责任保险、保险经纪人职业责任保险、工程监理责任保险、医疗责任保险、董事、监事及高级管理人员职业责任保险、建设工程勘察责任保险、船舶检验师职业责任保险、美容师职业责任保险、建筑工程保险、安装工程保险、公共场所第三者责任保险。 公路货物运输保险、国内公路货物运输定额保险、公路货物运输保险附加盗窃及抢劫保险、铁路货物运输保险、水路货物运输保险、国内水路和陆路货物运输保险、国内航空货物运输保险、海洋运输货物保险、海洋运输冷藏货物保险、海洋运输散装桐油保险、船舶保险。 团体人身意外伤害保险、交通意外伤害保险、任我游—交通工具意外伤害保险、机动车驾驶人员意外伤害保险、旅游观光景点、娱乐场所人员意外伤害保险、住宿旅客意外伤害保险、出境人员意外伤害保险、手术安全意外伤害保险、学生、幼儿意外伤害保险。 车辆损失险、机动车第三者责任险、车上人员责任险、车上货物责任险、不计免赔责任险、单独玻璃破损险、车上划痕险、机动车交通事故责任强制保险、机动车辆附加险。 种植业保险、养殖业保险。
人寿保险类	祥瑞终身保险、祥瑞还本终身保险、康宁终身保险、康宁定期保险、国寿少儿两全保险、国寿福瑞两全保险、国寿福馨两全保险、国寿如意两全保险、国寿松柏养老金保险、国寿松鹤养老保险、国寿英才少儿保险、国寿养老金还本保险、国寿个人养老金保险、国寿子女教育婚嫁备用金保险、国寿简易人身保险、子女教育保险(其中有子女教育保险、国寿99鸿福两全保险)、国寿金色夕阳养老年金保险、国寿养老年金保险、国寿团体年金保险(补充养老保险型)、国寿千禧理财两全保险(分红型)、国寿鸿福相伴两全保险、国寿鸿盛终身保险(分红型)、国寿鸿寿年金保险(分红型)、国寿鸿泰两全保险(分红型)、国寿鸿祥两全保险(分红型)、国寿鸿运少儿两全保险(分红型)、国寿永泰团体年金保险(分红型)、国寿鸿瑞两全保险(分红型)、国寿鸿星少儿两全保险(分红型)、国寿康宁重大疾病保险(分红型)、国寿鸿泰两全保险(2003年版、分红型)、国寿鸿星两全保险(分红型)、国寿鸿宇两全保险(分红型)、国寿永泰团体年金保险(2003年版、分红型)、国寿康恒重大疾病保险、国寿康裕重大疾病保险、国寿鸿丰两全保险(分红型)、国寿鸿裕两全保险(分红型)等。

畜保险和居民家庭财产、火险等业务。1958年5月,全县开办生猪平时包防疫、猪病包治疗、死亡包赔偿的“三包”保险。1959年1月10日,保险业务停办,保险机构撤销。

1980年8月,中国人民保险公司如皋支公司恢复后开办企业财产和机动车辆2个险种。1981年,增办船舶保险。1982年,恢复开办货物运输和短期团体人身(建筑工人意外伤害险)2个险种。1984年5月,在全县开展家庭财产保险业务。1986年,开辟乡镇企业养老金保险,试办学生平安保险等业务。1987年,全民企业职工养老保险移交县劳动部门办理。1988年,开办子女婚嫁保险业务。至1990年,全县财产、人身保险种类增至35个。1990年2月,中保如皋支公司委托县人武部代办义务兵养老保险业务。5月,在丁北乡试办家庭财产(两全)保险。是年,试办农村劳动力团体人身保险、家用电器商品销售保险和计划生育系列保险等业务。1991年,开办农村保险和长效还本家财险。1993年,推出技改项目投资两全险、雇主责任险新业务。1994年,停办技改项目投资保险和雇主责任保险,发展国际保险业务。

2010年,全市保险机构开办的财产保险、人寿保险险种分别有100个以上。

四、保费

1950年,中国人民保险公司如皋特约代理处累计收取保费5224元。1951年,对县级机关、国营企业和供销合作社实行财产强制保险,在农村试办生猪保险,年保费收入2.2万元。1952年,增办船舶和耕牛保险,生猪保险由试办改为全县开办,保费收入大幅增加,年保费收入139954元。1953年,停办农村业务,整顿城市业务,业务量有所下降,年保费收入11万元。此后几年,保费收入逐渐下降。1956年,中保如皋支公司将保险重点转向农村,并在自愿基础上恢复牲畜保险。1957—1958年,全县保费合计517339元。1959年1月,全县停办保险业务。

1980年8月1日,全县恢复办理国内保险业务,至年底,中保如皋支公司承保企业财产险402户,承保汽车142辆,收取保费42万元。1981年,增办船舶保险,承保108艘,全年保费收入60万元。1984年,全县保险费收入132万元,首次突破100万元。

1990年,全县实收保费1051.39万元,保费收入突破千万元。2000年,财保如皋支公司保费收入2184万元,寿保如皋支公司保费收入5156万元。2002年,寿保如皋支公司保费收入首次超过1亿元。2006年,财保如皋支公司开拓非车险业务"两意险"、责任险,全年收取非车险保费945万元,占总业务量的33%。2008年,寿保如皋支公司实行驻村代表工作制,通过建设"保险村"等,年保费收入39139万元,比2007年增长43.48%。2009年,财保如皋支公司开发电子商务销售、电子网银理赔业务,减少客户往返,实行限时赔付并适当调整险种,在连续5年经营亏损后扭亏为盈。

2010年,财保如皋支公司保费收入8872万元,比2009年增长84.71%,保费收入列南通6县(市)第一,保费增长率居全省县(市)第一。寿保如皋支公司在全市新建48个驻村工作室,先后在6个乡镇开展计生系列保险,全面推进个险、团险、银保业务,全年保费6.2亿元,比上年增长21.29%。

五、理赔

1950—1956年,全县保费收入合计51.7万元,理赔款合计16.19万元,总赔付率31.32%。

1980年,全县恢复保险业务,年保费收入42万元,支付赔款3920元,赔付率0.93%。1983年7月1日,境内遭龙卷风袭击,4个公社受灾、9个投保企业的财产出险,中保如皋支公司支付企业财产保险赔款27.8万元。其中龙卷风造成场北供销社倒塌房屋106间,1003种商品受雨淋变质,中保如皋支公司支付赔款16.89万元。1984年春节期间,全县大雪成灾,夏季又遭台风袭击,造成1650户家庭财产出险,保险公司理赔3万余元,其中3户保费9.36元、赔款4250元。1986年,张黄港航运公司501船队12条驳船装载的芦柴在二百亩以东江面发生火灾,船、柴遭毁,单项赔款14.96万元。1988年11月9日凌晨,县绢纺厂发生火灾爆炸事故,职工4死9伤,房屋、设备、产品损失严重,保险公司专项赔款9.97万元。是月,县农资公司吴庄仓库发生火灾,烧毁农药、化肥、仓库等,赔款5.75万元。1989年9月16日,境内遭龙卷风袭击,夏堡乡郭庄小学教室倒塌,压死学生3人,全县家庭财产出险8000多户,赔款36万元。1991年夏,全市发生特大洪涝灾害,市保险公司先在受灾较为严重的丁堰乡召开理赔兑现大会,当场对796户受灾家庭发放赔款3.2万元,后相继对301家企业、2.5万个家庭支付赔款243万元。1993年7月13日,位于环西路(今益寿路)的海绵厂发生火灾,赔款66.56万元。8月5日,全市遭特大暴雨袭击,大面积保险财产受灾,财保如皋支公司组织24人投入理赔工作,共理赔454家企业、2万多户家庭,支付赔款471.4万元。1994年4月9日,马塘缫丝厂发生火灾事故,保险公司支付赔款56.18万元。

1995年11月7日,如皋市展望海运有限公司"展望"号货轮航行至上海吴淞口以东海域,遭受10级大风袭击而沉没,22名船员4人死亡、18人失踪,保险公司破例先理赔后报批,20天内先后2次预赔合计118万元,次年1月再次赔款572.90万

1950—2010年如皋市(县)保费、理赔、赔付率统计表

表11-12

单位:万元

年度	类别	保费	理赔款	赔付率%
1950	—	0.52	—	—
1951	—	2.2	0.72	32.72
1952	—	14.00	7.4	52.86
1953	—	11.00	6.54	59.45
1954	—	9.22	0.43	4.66
1955	—	8.05	0.07	0.09
1956	—	6.71	1.03	15.29
1957	—	51.73	—	—
1958				
1980	—	42.00	0.39	0.93
1981	—	60.00	2.05	3.42
1982	—	72.7	4.3	5.91
1983	—	84.2	48.9	58.08
1984	—	132	31	23.48
1985	—	238.9	78.1	32.69
1986	—	387.4	179.8	46.41
1987	—	566.4	266.4	47.03
1988	—	709.4	264.4	35.86
1989	—	829.68	400.49	48.27
1990	—	1051.39	347.11	31.79
1991	—	1506.8	596.2	39.6
1992	—	2403.4	850	35.4
1993	—	3255.4	1284	39.4
1994	—	2852	1066	37.4
1995	—	3047.4	1749.2	57.4
1996	财保	2246.57	1227.78	54.7
	寿保	1243.6	238.72	19.2
1997	财保	2359.41	1468.19	62.2
	寿保	2501.85	182.74	7.3
1998	财保	2562	1584.5	61.8
	寿保	3300	271.15	8.2
1999	财保	2261.3	1684.7	74.5
	寿保	4628	638.43	13.8
2000	财保	2184	1346	61.6
	寿保	5156	674	13.1
2001	财保	2552.3	1218	47.7
	寿保	7515	894	11.9
2002	财保	2320.4	1218	52.5
	寿保	14370	469	3.3
2003	财保	2654	1395	52.6
	寿保	22549	1674	7.4
2004	财保	2801	1672	60
	寿保	22254	1119	5.0
2005	财保	2658	2084.1	78.4
	寿保	22602	1068	4.7
2006	财保	2857	2985	104.5
	寿保	27000	1200	4.4
2007	财保	3569	2935	82.2
	寿保	27279	5661	20.8
2008	财保	4479.5	3571	79.72
	寿保	39139	10995	28.09
2009	财保	4803	3864	80.45
	寿保	51146.31	12019	23.50
2010	财保	8872	5698	64.22
	寿保	62035	9486	15.29

元。1997年8月18—20日，全市遭受11号强台风袭击，财保如皋支公司组织6个抗灾理赔小组分赴灾区，5天内完成受灾户现场勘察，1个月内对200家企业支付赔款156万元，向近1万户家庭支付家庭财险赔款60万元。1999年1月15日午夜，泰慕士服装有限公司发生重大火灾，财保如皋支公司支付赔款311.81万元。12月，如皋市糖厂从广东购进白砂糖由上海“安鼎欣”轮装载启运途中，遇大风造成货损，经查勘支付货运险赔款32.34万元。2002年，财保如皋支公司通过“95518”服务专线，处理机动车险赔案1539件，累计支付赔款1218.7万元。2005年8月，如皋市康爱特化工公司因“麦莎”台风引发雷击爆炸事故，尽管企业保额不足，财保如皋支公司仍按投保比例赔偿47.7万元，帮助企业恢复生产。2008年1月底，全市遭受50年未遇的特大、持续暴雪灾害，财保如皋支公司组成4个救灾理赔小组，对房屋受损的66家企业、849户家庭支付赔款787.14万元。2009年，财保如皋支公司办理苏中建材家具公司雨灾保险赔款249.29万元，为如皋保险史上单笔数额最高的雨灾赔款。

2010年，财保如皋支公司处理理赔案件4574件，赔款5698万元，赔付率64.22%；寿保如皋支公司处理赔案5234件，赔款9486万元，赔付率15.29%。

第三节 证券业

一、股票交易

1992年5月，经中国人民银行江苏分行批准，南通市信托投资公司如皋办事处成立，位于环城南路(今福寿路)中段，兼营股票的委托买卖业务。1995年，经中国人民银行江苏分行批准，中信证券有限公司如皋市环城南路营业部成立，位于环城南路(现福寿路)海阳南路路口东侧，为苏北地区唯一县级市营业部，下设启东、海门2个服务部，有员工36人，主要从事证券代理买卖，代理还本付息、分红派息，证券代保管、鉴证，代理登记开户。至1996年，全市股票交易在网客户900多户，总成交量逾6亿元。1997年，南通市信托投资公司如皋办事处下设证券部。全市股票交易账户增至4000余户，股票成交额超过7亿元。1998年1月8日，南通市信托投资公司如皋办事处所经营的股票客户、交易、业务等并入中信证券如皋营业部。1999年，全市股票交易账户增至5628户，股票交易(含国债现货、国债回购、各项基金)总量上升至132亿元。至2000年，中信证券如皋营业部股票交易客户增至15700个，年度综合交易额215.89亿元，在中信证券系统排名第四。2002年，中信证券如皋营业部营业面积扩展至7000多平方米，设1000余台工作站，采用双向卫星系统，实现无形席位全自动报盘，设有网上交易主站和银证转账系统。交易系统升级换代，采用光纤通信、千兆网技术，交易跑道安全、快捷、高效，专门从事沪深A、B股及国债现货、回购、基金、债券发行、投资咨询等业务。是年，全市开户总数上升至21000余户，A股基金交易量30亿元。2007年，中信证券如皋营业部基金、股票交易量380亿元。2010年，全市新增有效客户790人，A股基金交易量216亿元。

图11-15 中信证券如皋环城南路营业部(2006年摄)

二、企业上市

2007年12月11日，经中国证券监督管理委员会核准，江苏九鼎新材料股份有限公司股票在深圳交易所上市发行，实现全市企业股票上市零的突破。证券简称九鼎新材，证券代码002201，网上发行价格每股10.19元。

2010年11月19日，江苏熔盛重工集团在香港联交所挂牌上市，证券代码01101，以每股8港

图11-16 2007年12月26日，如皋市首家上市公司江苏九鼎新材料股份有限公司在深圳交易所挂牌

元价格发售17.5亿股，其中国际配售90%，公开发售10%，共融资140亿港元。熔盛重工为是年内地赴香港上市的最大民营企业和非金融类企业。

第四节 典当·银楼·拍卖

一、典当

如皋典当业始于明代，兴盛于明清至中华民国时期，业务主要为实物抵押贷款。当物有金银首饰、珠宝、玉器、银器、铜器、锡器、衣、被、布匹、粮食、家具等，收押后出具当票，载明所当物品、抵押价款、抵押期限，交押者收执。抵押品由典当朝奉估价，“值十当五”(价值10元的押品，押价至多5元)，期限一般为6—20个月，月息2分。物价平稳和跌落时利率不变，若物价上涨，则利率上升至1角、2角、3角不等。到期可延期一月赎回，逾期不赎回，由典当将押品拍卖。当票遗失可以挂失。抵押者如有急用或无力赎回，可出售当票。

民国17年(1928年)，全县典当业同业组织如皋县典当业同业公会成立，民国31年解散。中华人民共和国成立至20世纪80年代初，全县无典当业。20世纪80年代末，工行如皋支行试办银河典当行，1990年划归工商部门管理。1992年，如皋市再生资源总公司创办典当拍卖行，开业不久即闭歇。至2010年，全市有几家个体典当开业，规模均较小。

永祥典 创办于明代，位于如皋城南街闸桥南堍，后迁至当铺巷，有房屋100余间。清初，为镇江赵氏购置接管经营。清光绪三十四年(1900年)歇业。

永济典 建于明代，位于如皋城南门马家巷，有房屋100余间。清咸丰年间(1851—1861年)，由居住扬州的徽籍商人鲍氏接管经营，亦称南典。清光绪三十四年(1900年)，毁于火灾。

万鸿典 由安徽马氏创办，建于明代，位于如皋城西大街丰乐桥西，有房屋184间。清初，转让给安徽休宁孙氏接管，称为西典。清光绪二十四年(1898年)闭歇。清光绪二十八年，由曾任清廷户部侍郎的同乡吴廷芬接管，有资本30万银圆，职员30余人。民国27年(1938年)春，日本侵略军侵占如皋后一度停业。民国28年清理。民国29年闭歇。

永和典 由雺峰园盐商徐氏创办，建于清朝中期，位于如皋城北街廒巷口，称北典，有房屋100余间。清宣统三年(1911年)，由徽州戴氏接管，有资本20万银圆，职员33人。民国27年(1938年)停业。民国28年闭歇。

隆泰典 由安徽程姓等集资创办，建于清代，位于白蒲镇秀才巷南段东侧，有房屋100多间。民国4年(1915年)，因经营不善而闭歇。民国9年，以1万银圆将全部房屋和用具卖给陈祥丰粮行。

泰熙典 由安徽婺源金姓创办，建于清嘉庆二十五年(1820年)，位于石庄镇，分为东栈、西栈，东栈设于石庄桥东，以典衣服、首饰为主；西栈设于石庄桥西，以典棺材、稻谷为主。有职工50余人。民国27年(1938年)闭歇。

白蒲北典 清道光元年(1821年)创立，位于白蒲镇北脚行巷内，营业不久毁于火灾。

同济典 位于郭园镇。具体情况不详。

二、银楼

清乾隆年间(1736—1795年)，县内有数家银铺，大多资金较少，以自做自卖或来料加工为主，称银匠店、银匠铺。清光绪年间，银铺改称银楼。如皋城内有银楼10多家，小店居多。工人多数来自镇江、扬州。

民国初年，有的银匠店逐步发展，除加工出售饰品外，还兼营金、银买卖业务。如皋城润玉斋银楼为全县开业最早的银楼，后改店号邓广润。此后，全县规模较大的银楼有宝祥、宝源、宝庆、江义昌、江永昌、万祥6家，其中以宝祥银楼声誉为盛。宝祥银楼开业于清末，由安徽婺源俞姓、镇江孙姓、口岸李姓等合资经营，有银匠20余人、店员10余人，资金有黄金100两、白银500两，从上海购进及门市零星收购金银制造加工首饰，以金银成色好、饰品规格品种多、分量准确为经营特色，民国27年(1938年)春停业，次年拆股闭歇。嗣后，由宝祥职工江姓、严姓合资复业，更名宝祥记银楼。其余银楼在日本侵略军侵占如皋后多数闭歇，后又逐步恢复。

民国34年抗日战争胜利时，全县有银楼40多家，其中如皋城17家、白蒲镇6家、石庄镇4家、丁堰镇5家、林梓镇2家、东陈镇2家、郭园3家、磨头镇2家。另有一些规模较小的银匠铺。民国35年，全县银楼增至69家，其中如皋城35家。民国37年，国民政府滥发纸币，物价飞涨，黄金、银圆交易再度活跃。如皋城银楼以宝祥、宝庆、江永昌、万祥、万昌、宝源等业务量较大，且与国民政府银行有联系，以其作后盾，从而控制全县金银市场。

民国38年3月，根据《华东区金银管理暂行办法》，金银由人民银行统一管理，统购统配，市场不得流通。全县银楼大部闭歇、改业。1956年合作化期间，如城、白蒲、石庄地区一些未停业或改业的个体银楼，组织银饰品加工合作组，隶属手工业联合社领导，金银进出受人行如皋支行控制。1963年6月，为加强金银管理，人行如皋支行对全县银饰品加工合作组和56个银饰品加工个体户进行全面检查整顿，重新建立7个银饰品加工组，其余全部取缔。后因业务清淡、难以维持，全县银饰品加工组先后停业、转业。此后20年，全县无银楼和金银饰品加工销售。

1984年12月，经中国人民银行江苏省分行批准，金银饰品商店于如城跃进东路(今中山东路)开业，兼营来料加工。嗣后，全县放开经营金银饰品。

进入21世纪，全市金银饰品业迅猛发展，零星首饰加工点(多数称金店)遍及城乡集镇、街道，大型商场、超市亦设立金银珠宝专柜，新世纪、万福、新天宝等大型金银珠宝专业连锁店在如城开业。2010年，全市注册登记的含金银珠宝加工、经营业务的企业(店铺)279家。

三、拍卖

1993年2月，经市计划委员会批准，如皋市金城拍卖行成立，为市物价局下属事业单位物价检查所经济实体，物价检查所、价格事务所、信息工作站、金城拍卖行4块牌子1套班子。拍卖行成立初，先后进行市纪委罚没收缴“大哥大”拍卖，优选吉祥电话号码拍卖，工商、税务机关罚没物品、应税物品拍卖，珍藏优选编号百岁碗拍卖，小灵通吉祥号码“爱心扶孤助学”拍卖等。

1998年，根据《中华人民共和国拍卖法》“设区的市才能设立拍卖企业”的规定，如皋市金城拍卖行在工商年检时注销歇业，全市拍卖业务中止。2004年2月，南通华隆拍卖有限公司成立，全市拍卖业务恢复。

至2010年，共举办拍卖活动800余场次，成交额4.5亿多元，拍卖业务涉及政府机关、社团组织公益性项目拍卖，公有资产退出过程中的产权拍卖，改制破产企业资产拍卖，银行抵债偿贷物品拍卖，法院涉案纠纷物品拍卖，纪检、工商、税务、技术监督等行政执法机关委托的罚没物品拍卖，民间私人财产和物品的拍卖等领域。

第五节 民间借贷·合作基金

一、民间借贷

境内民间借贷盛行于清代和民国时期，有私人借贷、打会、高利贷等，偿还有借钱还钱、借钱还物、借物还钱、借物还物等，可立契约亦可不立契约，期限有定期和不定期。1949年后，全县民间借贷现象有所减少。1977年，互助储金会出现，一度遏制民间自由借贷活动。至2010年，全市民间借贷仍然存在，有的带有非法集资、高利贷性质。

打会 中华人民共和国建立前，全县较为流行打会。20世纪50—60年代，为民间“凑份子”互助互济、救急救难的筹款形式，一般不支付利息，少数支付比银行利息稍高的利息。不支付利息最流行的有“和同会”“抢会”等。和同会，请会者称“首会”，一般邀10—20人参加凑份子，份子钱数额视需要和可能由参会者商定，以掷骰子、抓阄等形式确定“收会”者次序，最后收会者称“收底会”。抢会，一般发生在遭天灾人祸后，只由受灾者收一次会，以后陆续归还份子钱，不付利息。支付利息的主要有“桶儿会”“至公会”。桶儿会，因每月摇一次签、中签者收会得名，一般利息约15%。至公会，以收会次序逐次减息，第一个收会付息最高，约为15%，以后每次收会降息1个百分点。1963年，如城镇人民委员会组织调查8个单位，参加打会的人数占职工总数的80%以上，每会10—20人，大会每份10元，小会每份2元。改革开放后，全县打会形式的民间借贷逐渐消失。

高利贷 中华人民共和国成立前，在全县城乡普遍存在。主要有“印子钱”“驴打滚”等形式，是有钱有势者乘人之危巧取豪夺的一种借贷方式，可至借款人倾家荡产。印子钱，以借贷时借贷人必须在“金摺儿”上按“印子”（章）得名，有借贷时先付利息整借整还或整借零还等形式。整还，一般月息约20%；零还，以日计息，一日收回一次本息，利率更高。驴打滚，亦称“利滚利”，除本金依月或日计息，未按约定还本付息，本息一同逐月或日计算。中华人民共和国成立后，县政府严厉禁止高利贷，但亦有违法放贷者。1963年11月，如城有60户放高利贷约1万元。1975年4月，龙舌、郭园、江安、黄市、胜利、磨头、大明、下原8个乡，有放高利贷和其他形式有息借贷共63笔，金额4828.20元，月息最低高于银行同期利率33%，最高为银行同期利率的3—6倍。至2010年，全市城乡仍有一些违法放高利贷者，有的小企业及个人借高利贷解决流动资金困难，无力偿还而导致企业破产、个人倾家荡产。

集资 20世纪80年代起，为全县主要民间借贷方式。1989年5月5日人行如皋支行《关于全县社会集资情况的调查》载：“对全县615户企业，1987年至1989年一季度社会集资情况进行了一次调查，集资总金额为7356.21万元，其中1987年集资累计金额为990.65万元，1988年为2245.58万元，1989年一季度为4119.98万元。”1989年，县政府规定：集资年利率不超过10%—12%；分红按照固定资产净值加自有资金加股金三者合计不超过8%。20世纪90年代后，全市（县）民间集资依然较多见，利息高的年利率约20%，2010年，全市仍有少数部门、乡镇组织集资。

二、合作基金

1987年，全县农村以乡镇为单位建立农村合作基金会，共建有农村合作基金会49个。农村合作基金会建立初期，管理不善，乱支乱用，借贷手续不严，借出款、担保款不能按规定时间回笼，资产流失等问题暴露，长江、林梓、花园等乡镇发生挤兑风波。

1999年6月，全市启动农村合作基金会清理整顿工作。至年底，清盘关闭37家，合并12家。市政府采取并入、收购和置换等方式，由市农村信用合作联社接收并入的农村合作基金会资产10172.23万元，债务9932.31万元。2000年春节前，清盘关闭的基金会所在乡镇进行首期股金兑付，共兑付农户股金1.29亿元。至年底，全市农村合作基金会股金余额3.55亿元，投放余额4.77亿元，分别比1998年6月底下降38.5%和26.7%。

2001年，市政府综合运用行政、经济、法律手段清收欠款，累计清收投放款9500万元，其中现金1850万元、股单抵还6300万元。兑付后，农户股金余额由年初3.55亿元下降至年末2.23亿元。2003年年末，农户股金余额减至1.19亿元。2005年，全市累计清收原农村合作基金会投放款3499万元。至年末，全市农户个人股金总额降至0.82亿元。吴窑镇、常青镇、柴湾镇农户股金全部兑付结束。至2010年，全市农户个人股金兑付工作结束。

第六节 金融管理

一、市场货币管理

禁用伪币 清朝后期，银圆大量流通后停止银块流通。民国24年（1935年），县内根据国民政府决定，发行纸币，收回银圆。抗日战争、解放战争时期，伪政权和国民政府先后占领如皋县城镇，控制交通线，共产党领导的农村根据地被分割，还有部分不固定的游击区处于被包围之中，伪币流入量大，法币仍是市场主币，抗币处于从属地位。民国27年，日本侵略军侵占如皋后，强迫群众使用日军发行的军用券，并开设消费合作社，用白糖、肥皂、火油、火柴等物品套换银圆，不收法币。民国31年6月后，汪伪政权在全县沦陷区停用法币，并大量投放伪币。大量法币、伪币涌进抗日民主根据地抢购粮、棉、猪、油、蛋、禽等，使根据地物资流向沦陷区。

民国32年1月，如西县政府根据中共华中局统一部署，开展禁用伪币运动，向区、乡、村发出紧急通知，严格禁止机关、部队、干部、党员使用伪币。并颁布查禁伪币布告：严禁伪币充斥市场；确立抗币本位制，一切公私买卖、经济往来、订立租约契约，都以抗币为标准；对持有伪币者，限期登记，限期出口换回物资，少则自行处理，多则予以暂时封存；有计划统一组织出口；布告后不得再接受和使用伪币，违者予以没收。

民国34年2月21日《江潮报》载：三分区有60多万户，估计每户存有伪币5000元，总计存有伪币30多亿元。三分区5个县中，如西县超过其平均数，最低约有8亿元左右伪币流入，而抗币发行只有200万元，仅占伪币的四百分之一。5月，为避免持有伪币的民众遭受损失，如西县政府贯彻苏中区规定，以抗币与伪币1∶180比价兑换。6月，调整为1∶220。此比价使民众从沦陷区带伪币到根据地使用不划算，从而引导民众自觉不带伪币而全部购回物资到根据地变价。此外，如西县政府还采取完粮纳税只收抗币不收伪币、加强物资管理、制止伪币继续流入等措施，使伪币得到有效抵制，根据地物价基本稳定。

排除法币 民国30年（1941年）后，国民政府滥发纸币，货币贬值，物价暴涨。如西抗日民主根据地在禁用伪币的同时，开展排除法币工作，以平抑物价，树立抗币本位制威信，维护人民财产，保证生产发展。

民国34年冬至民国35年上半年，全县货币流通方面主要工作任务是防止和杜绝法币流通，建立华中币本位制。其他抗币可等值兑换华中币，也可等值继续流通，回笼后不再投放市场。为防止法币重新流入，县政府在张黄港港口设立兑换所，以华中币兑换法币和黄金，进一步排除法币，扩大华中币货币阵地。

民国35年8月，国民政府军占领如皋城，民众为形势所迫，纷纷抛出华中币和其他抗币。为稳定华中币币值，江海公司奉命，大量出售民用物品，并组织农村小贩从江海公司批货，串乡走村销售，回笼华中币。

民国36年8月，华中第一军分区部队南下作战，解放区逐渐扩大，县财经部门组织征粮收税，公粮代金和税收只收华中币，不收法币。其时，全县市场上法币多于华中币。解放区继续排除法币，禁止白银、铜钱流通，以尽快恢复确立华中币为本位币。县财经部门在全县边沿地区交通要道设立兑换所，凡进入解放区的商人，均必须将法币或黄金兑换成华中币，以增加华中币投放量。并将兑换的大量法币和黄金到敌占区购置军需物资、医药用品等。

民国37年9月，国民政府在全县发行金圆券，时间短暂，仅在如皋城、白蒲、林梓、丁堰、石庄等集镇流通。

打击假币、查处变相货币 民国37年（1948年），流入境内的假华中币相当于全县华中币流量的1/3。民国38年3月5日，苏皖边区第一行政区法院查处一起伪造华中币案件，将主犯判处死刑。

1950年，县公安、银行、税务等部门，公开张贴假币样品，让群众识别真假。同时，加强港口、车站检查，发现携带、使用假币者，一律送公安部门处理。

1980年，县商业、供销部门在收购棉花、蚕茧、生猪时一度向农民出具“白条”。后增加信贷规模融通资金，“白条”问题得到及时解决。县有关部门对如城4家电影院和剧场发行“兑换券”进

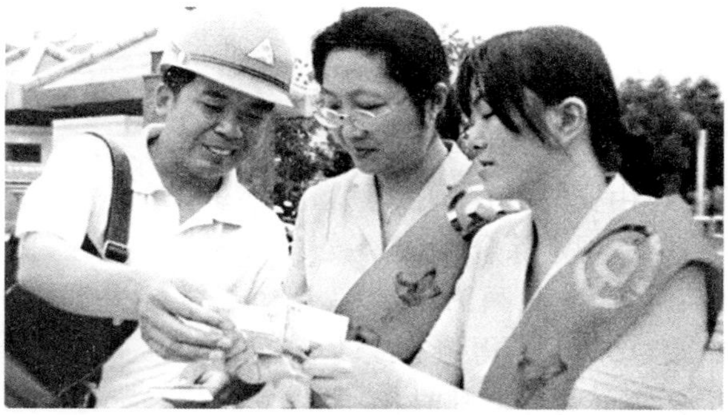

图11－17 银行员工街头反假币宣传（2006年摄）

行检查，查处“电影兑换券”“戏剧兑换券”折合人民币7.75万元。

1988年，县审计局、人行如皋支行联合检查在城有关单位使用“购物券”和电影“代金券”的情况，查处18个单位使用“购货券”“代金券”总额1.77万元，罚款2318.67元。1991年8月，市公安部门破获一起制作假人民币案件，缴获假币27张，捣毁制作窝点2个。是年，全市收缴假币205张。1992年，人行如皋支行共收缴假币195张，查获千万元以上假币案3起。1996年，共收缴假人民币12383张、99964元。1999年，收缴假人民币1900张、125790元。

2000年5月，人行如皋支行组织金融机构在全市开展以“爱护人民币、反假币”为主题的《人民币管理条例》宣传。是年，共收缴假人民币1085张、53235元。2001—2004年，共收缴假人民币11239张、949457元；侦查假币案件21起，涉案金额12450元；回笼损伤券37639万元；鉴定假币35起、516张、35210元。

2005年5月、10月，开展集中反假币宣传活动，新办、补办反假币资格上岗证书128份，对28家金融机构网点开展反假币工作专项检查，共解交没收伪变造人民币3431张、263207元，假币鉴定38起、3290元。

2006年，制订实施《如皋市金融机构人民币质量管理考核暂行办法》，开展打击非法出售、印刷人民币图样迷信品专项整治。2007年，在全市各镇（区）和如城社区设立28个反假货币宣传站，在全市行政村聘请反假币宣传员332名，形成反假货币宣传基层网络。2008年，举办反假货币培训12期，累计收缴假货币9029张、611829元。2010年，市反假货币联席会议成员单位组织开展“反假货币宣传月”活动。

二、金银管理

收兑　民国24年（1935年）前，金银为流通货币，自由交易。民国24年11月，国民政府实施法币政策，规定除金、银饰品外，均需换取法币，禁止银圆流通。民国37年8月，国民政府再次实施币制改革，严令不得持有或转让金银，只有依法按比价兑换金圆券。其时，全县解放区内允许金银私有，并允许金银在市场上流通。

民国38年6月，贯彻《华东区金银管理暂行办法》和苏北行政公署《关于实行金银管理办法的指示》，全县金银饰品业除出售制成品外，不得私相买卖金银，不得收兑金银饰品。金银由国家统一管理，统购、统售，民间持有的金银，只允许交售人民银行，不得借贷抵押、自相销售、交换或留用。出土无主金银，均为国家所有，任何单位和个人不得熔化、销毁或占有。除具有历史文物价值的金银器物交文物部门外，其余交售中国人民银行。

1956年，如城、白蒲、石庄3镇组织3个银饰品加工组，经人行如皋支行批准，代客加工金银首饰。在人民公社化和“大跃进”年代，群众受“共产风”影响，自发变卖金银，形成银行收兑高潮。1958—1960年，全县收兑杂色银3198017克、银圆205527枚、黄金18870克。

1963年6月，县手工业联社和人行如皋支行抽调专人，检查整顿全县3个银饰品加工组和56个个体户，重新建立7个银饰品加工组，其余全部取缔。1964年12月，检查整顿全县钢笔修理业，查出非法经营金笔尖2642只。“文化大革命”时期，“红卫兵”破“四旧”，将金银列为查抄对象，群众被迫变卖，银行收兑金银数量陡增。1966年8—9月，人行如皋支行收兑黄金2299克、白银128530克、银圆6367枚。

1983年起，贯彻执行《中华人民共和国金银管理条例》，除经人民银行许可，委托专业银行和信用社代办外，其他任何单位和个人不得收购金银。至1990年，人行如皋支行累计收兑杂色黄金267461克、包镶金3470克，“三废”回收黄金18285克、白银4607328克，收兑杂色白银9828393克、银圆747562枚。

2003年，全市金银市场开放，经营金银不再作为特殊行业进行管理。

配售　20世纪50年代初，人行如皋支行合理供应镶牙、银饰业合作社及工业用银。1956年，全年配售白银288千克。1970年，配售无线电厂以及锯木加工用银811.5千克，其中白银40千克、银焊条771.5千克。1984年，美籍华僧寿冶法师资助人民币1万元，用于定慧寺重塑佛像，人行如皋支行经申报批准供应黄金900克。1987年，人行如皋支行供应机械、电子行业白银329千克。1988年，供应白银320千克，另从“三废”中回收调剂解决104.25千克。1987—1990年，对生产中耗用金银的出口创汇企业配售白银1294克，计划外配售白银606.7克、黄金6克。此后，全市金银饰品销售逐步放开。

三、信贷管理

中华人民共和国成立前，境内银行信贷管理机构、方式较混乱。1953—1957年，全县银行运用货币、结算、信贷、利率、汇率等经济杠杆，有效调节市场需求。1962年，贯彻国务院《关于切实加强银行工作的集中统一，严格控制货币发行的决定》，组织货币净回笼563.50万元。

“文化大革命”期间，金融管理不能正常进行。

1989年，人行如皋支行清理核对账户，查出214家企业多头开户。实施企业结算账户许可证管理，企业持人民银行颁发的开户许可证方可至专业银行或信用社办理开户手续。至1990年底，人行如皋支行对全县工商企业颁发企业开户许可证1322份。

1991—1992年，人行如皋支行贯彻“控制总量，调整结构，强化管理，适时调节，提高效益”的货币信贷方针，合理安排信贷规模和资金，累计发放贷款调剂规模1149万元。1993年，全市金融系统清理违章拆借资金1318万元，清理违规贷款8161万元。

1995年，人行如皋支行建立五日、旬、月报告制度，定期检查国有商业银行和各非金融机构信贷规模执行情况及资金状况，规定各金融机构单笔500万元以上贷款一律报备。1996年8月，始对企业颁发贷款证。11月，全面推行贷款证管理，并实行年检。是年，对金融机构业务运作实施“窗口指导”，督促其以资产负债比例和风险管理原则规范操作。2000年，引导金融机构增加信贷投入，调整信贷结构，支持地方经济快速健康发展。全市共发放再贷款1.7亿元，其中并购农村合作基金会6000万元、支农1.1亿元。

2001年，人行如皋支行着重监督检查再贷款的使用和归还情况。是年，全市共发放支农再贷款1.5亿元，无息再贷款1.8亿元。2004年，人行如皋支行出台《如皋市关于进一步加强中小企业信贷支持的实施意见》等文件，重新建立企业信贷测报网。

2005年5月，人行如皋支行、市发改委组织召开银企合作交流会，6家金融机构与全市73家骨干企业、民营企业签订合作协议，总金额20亿元。2008—2010年，人行如皋支行、市发改委等部门按季召开银政联席会、经济金融形势分析会、信贷工作例会，按季发布货币信贷执行情况报告。

四、银行业务监管

1986年12月，人行如皋支行独立行使中国人民银行分支机构职能。1992年4月至7月，全市金融系统参与全国范围的固定资产项目拖欠清理，累计清进534.6万元，清出483.5万元。

1993年，人行如皋支行撤销或并转603个布局不合理、经营不规范的农村信用站，取缔124个擅自设立的邮政储蓄代办点。1998年，调查清理农村信用社机构网点，清出19家无证经营机构，对其中确需保留的12家机构责成单位按设立程序补齐手续，其余7家予以撤销。

2001年，人行如皋支行对全市114家外商投资企业进行年检，确定合格企业89家，暂缓通过企业7家，不予通过企业18家。2002年，以压缩、降低不良贷款为重点，强化对金融机构的监管。2007年，将市内证券、保险公司纳入反洗钱监控网络。2009年，全市开展“打击非法集资”和“银行卡犯罪”活动。

2010年10月，如皋市创建金融生态县达标工作通过省级验收。